Hanau · Steinmeyer · Wank

Handbuch des europäischen Arbeits- und Sozialrechts

Handbuch des europäischen Arbeits- und Sozialrechts

von

Dr. Dres. h.c. Peter Hanau
em. Professor an der Universität zu Köln

Dr. Heinz-Dietrich Steinmeyer
Professor an der Universität Münster

Dr. Rolf Wank
Professor an der Universität Bochum

Verlag C. H. Beck München 2002

Die Deutsche Bibliothek – CIP-Einheitsaufnahme

Hanau, Peter:
Handbuch des europäischen Arbeits- und Sozialrechts /
von Peter Hanau ; Heinz-Dietrich Steinmeyer ; Rolf
Wank. – München : Beck, 2002
  ISBN 3 406 48718 1

Verlag C. H. Beck im Internet:
beck.de

ISBN 3 406 48718 1

© 2002 Verlag C. H. Beck oHG
Wilhelmstraße 9, 80801 München
Satz und Druck: Druckerei C. H. Beck Nördlingen
(Adresse wie Verlag)

Gedruckt auf säurefreiem, alterungsbeständigem Papier
(hergestellt aus chlorfrei gebleichtem Zellstoff)

Vorwort

Das Recht der Europäischen Union wirkt immer stärker in das nationale Recht ein. Das gilt auch für das Arbeits- und Sozialrecht. Zwar ist es weitgehend auf der Grundlage von Richtlinien in deutsches Recht umgesetzt. Dennoch bedarf es auch des Rückgriffs auf das EG-Recht selbst; so zur Ermittlung der Entstehungsgeschichte und insbesondere zur gemeinschaftsrechtskonformen Auslegung. Soweit eine Umsetzung des EG-Rechts in das deutsche Recht noch nicht erfolgt ist, verrät der Blick ins Gemeinschaftsrecht, was den deutschen Bürger künftig erwartet. Da das EG-Recht Arbeitsrecht und Sozialrecht als Einheit sieht („Sozialpolitik"), werden beide Gebiete in diesem Buch auch als Einheit behandelt. Das Handbuch unternimmt den Versuch, das Individualarbeitsrecht und das kollektive Arbeitsrecht ebenso wie das Sozialrecht der EG möglichst umfassend darzustellen.

Arbeits- und Sozialversicherungsrecht der EG sind Teil einer eigenen Rechtsordnung. Deshalb werden auch die Organe der EG, soweit sie für das Arbeits- und Sozialversicherungsrecht von Bedeutung sind, vorgestellt, ebenso auch die Wirkungsweise des EG-Rechts und die Art und Weise der Anwendung und der Umsetzung des EG-Rechts im deutschen Recht.

Schwerpunktmäßig haben bearbeitet Prof. Dr. Peter Hanau die Freizügigkeit und das kollektive Arbeitsrecht, Prof. Dr. Heinz-Dietrich Steinmeyer das Sozialversicherungsrecht und Prof. Dr. Rolf Wank das Individualarbeitsrecht der EG.

Die Verfasser danken der Volkswagen-Stiftung für ihre großzügige Unterstützung bei der Erstellung dieses Handbuchs sowie ihren Mitarbeitern in Köln (s. § 15 Fn. 1), Münster und Bochum für ihre wertvolle Hilfe. Ein ganz besonderer Dank gilt Herrn Dr. Udo Börgmann, der an der Vorbereitung des individualrechtlichen Teils maßgeblich beteiligt war.

Köln, Münster, Bochum, im April 2002

Peter Hanau
Heinz-Dietrich Steinmeyer
Rolf Wank

Inhaltsübersicht

1. Abschnitt. Das Arbeits- und Sozialrecht der EG im Überblick

		Seite
§ 1	Einführung	1
§ 2	Die Bedeutung des Gemeinschaftsrechts für die Praxis	2
§ 3	Überblick über die arbeitsrechtlichen EG-Vorschriften	3
§ 4	Überblick über die sozialrechtlichen EG-Vorschriften	7
§ 5	Arbeitsvölkerrecht und Internationales Privatrecht	13
§ 6	Völkerrecht des Sozialversicherungsrechts und Internationales Sozialversicherungsrecht	15

2. Abschnitt. Die Europäische Union

§ 7	Grundlagen der Europäischen Union	25
§ 8	Die Organe der EU	32
§ 9	Grundlagen des Gemeinschaftrechts	138
§ 10	Das Verhältnis des Europäischen Gemeinschaftsrechts zum deutschen Recht	233

3. Abschnitt. Die Entwicklung des Arbeits- und Sozialrechts der EG

§ 11	Die geschichtliche Entwicklung	262
§ 12	Die Rolle der Sozialpolitik im EGV nach dem Vertrag von Amsterdam	294

4. Abschnitt. Das Arbeitsrecht im Gemeinschaftsrecht

§ 13	Grundrechtsschutz in der Gemeinschaft	337
§ 14	Der Arbeitnehmer- und der Arbeitgeberbegriff im EG-Recht	378
§ 15	Freizügigkeit der Arbeitnehmer	391
§ 16	Gleichbehandlung von Mann und Frau	541
§ 17	Der soziale Dialog	620
§ 18	Einzelne Richtlinien	620
§ 19	Kollektives Arbeitsrecht	860

5. Abschnitt. Das Sozialrecht im Gemeinschaftsrecht

§ 20	Einführung	921
§ 21	Das Koordinierungssystem der Verordnung Nr. 1408/71	923
§ 22	Die Regelung des Art. 7 Abs. 2 der VO 1612/68	969
§ 23	Einzelne Risiken	985
§ 24	Soziale Sicherung Selbständiger	1077
§ 25	Die Einbeziehung der Beamten in das Koordinierungssystem der Verordnung 1408/71	1095
§ 26	Probleme der Integration privatrechtlicher Sicherungssysteme in das System der Verordnung 1408/71	1099

Inhaltsübersicht

§ 27	Europäisches Behindertenrecht	1118
§ 28	Die Konvergenz der Ziele und Politiken der sozialen Sicherheit in den Mitgliedstaaten der Europäischen Union	1128
§ 29	Kartellrecht und Sozialrecht	1159
§ 30	Die Ost-Erweiterung der Europäischen Union und das europäische Sozialrecht	1184

6. Abschnitt. Internationales Recht

§ 31	Internationales Arbeitsrecht	1193
§ 32	Internationales Sozialrecht	1229

7. Abschnitt. Arbeitsvölkerrecht

§ 33	Einführung	1271
§ 34	Das Arbeitsvölkerrecht der Vereinten Nationen	1271
§ 35	Die Welthandelsorganisation (WTO)	1289
§ 36	Das Recht des Europarates	1291

Inhaltsverzeichnis

	Seite	Rn.
Abkürzungsverzeichnis	XXI	

1. Abschnitt. Das Arbeits- und Sozialrecht der EG im Überblick

		Seite	Rn.
§ 1	Einführung	1	1
§ 2	Die Bedeutung des Gemeinschaftsrechts für die Praxis	2	1
	I. Kenntnis der gemeinschaftsrechtlichen Rechtsvorschriften	2	1
	II. Kenntnis der EuGH-Rechtsprechung und des Gerichtsverfahrens	2	8
	III. Kenntnis der Organe und ihres Zusammenwirkens	3	10
§ 3	Überblick über die arbeitsrechtlichen EG-Vorschriften	3	1
	I. Individualarbeitsrecht	3	1
	II. Kollektives Arbeitsrecht	6	18
§ 4	Überblick über die sozialrechtlichen EG-Vorschriften	7	1
	I. Allgemeines	7	1
	II. Das europäische koordinierende Sozialrecht	8	4
	III. Die Bedeutung der Verordnung (EWG) Nr. 1612/68 für das europäische Sozialrecht	11	21
	IV. Richtlinien mit Bezug zur sozialen Sicherheit	11	23
	V. Sondereinflüsse des primären Gemeinschaftsrechts auf das Sozialrecht	12	25
§ 5	Arbeitsvölkerrecht und Internationales Privatrecht	13	1
	I. Internationales Privatrecht und Internationales Arbeitsrecht	13	1
	II. Arbeitsvölkerrecht	14	6
§ 6	Völkerrecht des Sozialversicherungsrechts und Internationales Sozialversicherungsrecht	15	1
	I. Allgemeines	15	1
	II. Völkerrecht des Sozialversicherungsrechts	15	3
	III. Zwischenstaatliches Sozialversicherungsrecht	16	7
	1. Allgemeines	16	7
	2. Die einzelnen Abkommen	16	12
	3. Zusammenfassende Wertung	19	29
	4. Gemeinsame Grundsätze zum Leistungsrecht	19	31
	IV. Das internationale Sozialversicherungsrecht	21	39
	1. Allgemeines	21	39
	2. Modifikationen durch die Regelungen zur Ein- und Ausstrahlung	22	44

2. Abschnitt. Die Europäische Union

		Seite	Rn.
§ 7	Grundlagen der Europäischen Union	25	1
	I. Aktive Sozialpolitik durch den Europäischen Sozialfonds	29	16
	II. Hilfsfunktion im Rahmen der wirtschaftlichen Integration	29	17
	III. Autonome Sozialpolitik	30	18
	IV. Faktische Auswirkungen der Wirtschaftsintegration auf die Sozialpolitik	30	19
	V. Entwicklung des sozialen Dialogs	31	23
§ 8	Die Organe der EU	32	1
	I. Entwicklung und Grundlagen	33	1
	1. Gemeinsame (Haupt-)Organe	34	2
	2. Nebenorgane und weitere Institutionen	36	20

Inhaltsverzeichnis

	Seite	Rn.
II. Rat, Parlament, Kommission	37	28
1. Der Rat	37	31
2. Das Europäische Parlament	46	65
3. Die Europäische Kommission	57	116
III. Der Europäische Gerichtshof	65	150
1. Einführung	67	150
2. Der Gerichtshof im engeren Sinne	68	154
3. Das Gericht erster Instanz	73	169
4. Verfahrensarten	78	183
5. Analyse der Arbeitsweise des EuGH	96	247
6. Änderungen durch den Vertrag von Nizza	119	351
IV. Der Europäische Rechnungshof	120	353
1. Zusammensetzung	120	354
2. Aufgaben	121	356
3. Arbeitsweise und Organisation	122	362
V. Nebenorgane und weitere Institutionen	124	369
1. Der Wirtschafts- und Sozialausschuss	124	370
2. Der Ausschuss der Regionen	128	393
3. Die Strukturfonds der EG	132	414
§ 9 Grundlagen des Gemeinschaftsrechts	138	1
I. Rechtsnatur der Europäischen Gemeinschaft	139	1
1. Unmittelbare Geltung und Anwendbarkeit des Gemeinschaftsrechts	140	4
2. Vorrang des Gemeinschaftsrechts	141	6
3. Fehlende Staatlichkeit der Gemeinschaft	142	10
4. Rechtspersönlichkeit der Gemeinschaft	143	14
II. Rechtsquellen des Gemeinschaftsrechts	143	15
1. Grundlagen	143	15
2. Primärrecht	144	19
3. Sekundärrecht	151	49
III. Auslegung und Rechtsfortbildung des Gemeinschaftsrechts	171	175
1. Vorbemerkung	173	175
2. Allgemeine Auslegungsregeln	179	213
3. Die gemeinschaftskonforme Auslegung als Auslegungsgrundsatz des nationalen Rechts	188	261
4. Die Rechtsfortbildung im Gemeinschaftsrecht	189	266
IV. Strukturprinzipien des EGV	196	285
1. Zielausrichtung und Kompetenzsystem	197	285
2. Der Gemeinsame Markt	202	308
3. Die Wirtschafts- und Währungsunion	216	364
4. Die gemeinsamen Politiken	224	430
5. Das Subsidiaritätsprinzip	225	437
6. Das Diskriminierungsverbot nach Art. 12 EGV	232	465
7. Zusammenfassung	232	468
§ 10 Das Verhältnis des Europäischen Gemeinschaftsrechts zum deutschen Recht	233	1
I. Europäisches Gemeinschaftsrecht und Grundgesetz	233	1
1. Problematik	234	1
2. Überprüfbarkeit von Gemeinschaftsrecht durch nationale Gerichte	237	11
II. Die Umsetzung von europäischem Gemeinschaftsrecht in deutsches Recht	240	22
1. Einführung	240	22
2. Die Umsetzung von Richtlinien	241	25
3. Besonderheiten im Arbeits- und Sozialrecht	250	54
III. Die unmittelbare Anwendbarkeit des Europäischen Gemeinschaftsrechts	254	70
1. Begriff	254	70
2. Unmittelbare Anwendbarkeit des Primärrechts	255	71
3. Unmittelbare Anwendbarkeit des sekundären Gemeinschaftsrechts	255	72

Inhaltsverzeichnis

		Seite	Rn.

3. Abschnitt. Die Entwicklung des Arbeits- und Sozialrechts der EG

		Seite	Rn.
§ 11	Die geschichtliche Entwicklung	262	1
	I. Die Anfänge	262	2
	1. Die Jahre 1957 bis 1971	262	2
	2. Die Jahre 1972 bis 1986	265	9
	II. Die Einheitliche Europäische Akte	272	27
	1. Verabschiedung der EEA	272	27
	2. Änderungen im Bereich der Sozialpolitik	275	38
	3. Entwicklung der Sozialpolitik bis 1993	276	41
	4. Der soziale Dialog	284	63
	III. Das Abkommen von Maastricht	284	65
	IV. Der Europäische Wirtschaftsraum (EWR) und die Osterweiterung	286	72
	1. Einführung	286	72
	2. Mitglieder des EWR	287	75
	3. Die Geschichte des EWR-Abkommens	288	77
	4. Der Inhalt des EWR-Abkommens	288	80
	5. Organe des EWR	289	86
	6. Ausblick	290	91
§ 12	Die Rolle der Sozialpolitik im EGV nach dem Vertrag von Amsterdam	294	1
	I. Stellenwert der Sozialpolitik	296	1
	II. Die sozialpolitischen Bestimmungen des EGV	303	23
	1. Überblick	303	23
	2. Die allgemeinen, programmatischen Sozialvorschriften (Art. 136, Art. 140 EGV)	304	29
	3. Die sozialpolitischen Kompetenzen	306	38
	4. Der soziale Dialog nach Art. 118b EGV a. F. und Art. 139 n. F.	326	113
	5. Der „Titel VIII. Beschäftigung"	332	140
	6. Bildungs- und Jugendpolitik	333	145
	7. Sozialpolitische Relevanz der übrigen Bestimmungen	334	146
	III. Die sozialpolitischen Bestimmungen der anderen Gemeinschaftsverträge	335	151
	1. Der EGKS-Vertrag	335	151
	2. Der EAG-Vertrag	336	154

4. Abschnitt. Das Arbeitsrecht im Gemeinschaftsrecht

		Seite	Rn.
§ 13	Grundrechtsschutz in der Gemeinschaft	337	1
	I. Problematik	339	1
	II. Einzelne Grundrechte	341	6
	1. Eigentum	341	6
	2. Handelsfreiheit	347	33
	3. Berufsfreiheit	347	34
	4. Freie Wahl des Arbeitsplatzes	349	43
	5. Koalitionsfreiheit	350	44
	6. Meinungsfreiheit	351	49
	7. Unverletzlichkeit der Wohnung	352	54
	8. Der allgemeine Gleichheitssatz	354	60
	III. Verfahrensgrundrechte	362	83
	1. Der Grundsatz des rechtlichen Gehörs	362	84
	2. Die Begründungspflicht	363	87
	3. Der Grundsatz ne bis in idem	365	95
	IV. Soziale Grundrechte der Arbeitnehmer	366	96
	1. Die Gemeinschaftscharta der sozialen Grundrechte der Arbeitnehmer	366	96
	2. Die Erklärung des EP vom 12. April 1989	368	105
	V. Das Diskriminierungsverbot auf Grund der Rasse oder der ethnischen Herkunft sowie die Gleichbehandlung in Beschäftigung und Beruf	370	109
	1. Allgemeines	370	109
	2. Die Antidiskriminierungsrichtlinie 2000/43/EG	371	112
	3. Die Gleichbehandlung in Beschäftigung und Beruf, RL 2000/78/EG	373	126

Inhaltsverzeichnis

		Seite	Rn.
	VI. Die Charta der Grundrechte der Europäischen Union	374	129
	1. Vorgeschichte	375	130
	2. Der Inhalt der Charta der Grundrechte der EU	376	136
§ 14	Der Arbeitnehmer- und der Arbeitgeberbegriff im EG-Recht	378	1
	I. Der Begriff des Arbeitnehmers	379	1
	1. Allgemeines	379	1
	2. Der Arbeitnehmerbegriff i. S. des Art. 39 EGV (Art. 48 EGV a. F.)	379	3
	3. Der Arbeitnehmerbegriff i. S. des Art. 42 EGV (Art. 51 EGV a. F.) sowie der auf der Grundlage von Art. 42 EGV (Art. 51 EGV a.F.) erlassenen Verordnungen	386	17
	4. Der Arbeitnehmerbegriff i.S. der Betriebsübergangsrichtlinie 77/187/EWG (heute: 2001/23/EG)	387	19
	5. Der Arbeitnehmerbegriff im technischen Arbeitsschutz	388	20
	6. Telearbeit	388	21
	7. Bedienstete der Gemeinschaften	389	28
	II. Der Begriff des Arbeitgebers	390	31
§ 15	Freizügigkeit der Arbeitnehmer	391	1
	I. Einleitung	394	1
	II. Anwendungsbereich der Freizügigkeitsvorschriften	396	8
	1. Persönlich	396	8
	2. Sachlich	398	15
	3. Räumlich; Übergangsvorschriften	399	17
	4. Berechtigung	400	20
	III. Art. 39 Abs. 3 EG (Der Zugang zum Arbeitsmarkt)	400	21
	1. Ausreiserecht	401	24
	2. Einreise- und Aufenthaltsrecht	401	28
	3. Recht auf Zugang zur Beschäftigung und Ausübung einer Beschäftigung	416	84
	4. Einschränkungen	422	111
	IV. Diskriminierungsverbot	434	148
	1. Verbot der Diskriminierung aus Gründen der Staatsangehörigkeit	434	149
	2. Privatrechtliche Drittwirkung des Diskriminierungsverbots	449	194
	3. Besonderheiten für Familienangehörige	457	222
	V. Beschränkungsverbot	460	233
	1. Rechtsprechung des EuGH	461	235
	2. Grenzüberschreitender Sachverhalt	463	245
	3. Grenzen des Beschränkungsverbots	463	246
	4. Wirkung des Beschränkungsverbots	463	247
	5. Drittwirkung des Beschränkungsverbots	465	252
	VI. Assoziierte Staaten	465	254
	1. Türkei	466	255
	2. Europa-Abkommen	481	310
	3. Sonstige assoziierte Staaten, insbesondere Mittelmeerabkommen	484	322
	4. Abkommen über Partnerschaft und Zusammenarbeit mit osteuropäischen Staaten	486	327
	5. Schweiz	486	327 a
	VII. Berufsausbildungsfreizügigkeit	486	328
	1. Einschlägigkeit des EG-Vertrages	487	329
	2. Diskriminierungsverbot beim Zugang zur Ausbildung	489	336
	3. Einreise- und Aufenthaltsrecht	502	380
	VIII. Anerkennung von Ausbildungen	504	390
	1. Reglementierte Berufe	506	394
	2. Sonstige Abschlüsse	510	412
	IX. Beschäftigung im Rahmen der Dienstleistungs- und Niederlassungsfreiheit	512	419
	1. Der Zugang zur Beschäftigung	514	421
	2. Arbeitsbedingungen	524	464
	3. Assoziierte Staaten	532	495
	4. Türkei	532	496
	5. Europa-Abkommen	533	501

Inhaltsverzeichnis

		Seite	Rn.
§ 16	Gleichbehandlung von Mann und Frau	541	1
	I. Der Grundsatz des gleichen Entgelts – Art. 141 EGV (Art. 119 EGV a. F.) und die Lohngleichheitsrichtlinie 75/117/EWG	544	1
	1. Entwicklungsgeschichte	544	1
	2. Anwendungsbereich und unmittelbare Anwendbarkeit	549	20
	3. Diskriminierungsformen im Entgeltbereich	550	22
	4. Der Begriff des „Entgelts"	586	174
	5. Der Begriff der „gleichen Arbeit"	588	181
	6. Die Lohngleichheitsrichtlinie 75/117/EWG	589	184
	7. Umsetzung der Lohngleichheitsrichtlinie in nationales Rechts	590	188
	II. Die Gleichbehandlungsrichtlinie 76/207/EWG	592	194
	1. Persönlicher Anwendungsbereich	592	195
	2. Sachlicher Anwendungsbereich	593	196
	3. Weitere Verpflichtungen aus der Richtlinie	606	239
	4. Umsetzung der Gleichbehandlungsrichtlinie in das deutsche Recht	607	243
	III. Die Beweislastrichtlinie	616	273
	1. Entstehungsgeschichte	616	273
	2. Inhalt der Richtlinie	616	274
	IV. Sonstige Maßnahmen zur Verwirklichung der Chancengleichheit von Frauen und Männern	618	281
	1. Entschließung des Rates über die ausgewogene Mitwirkung von Frauen und Männern am Entscheidungsprozess	618	281
	2. Viertes mittelfristiges Aktionsprogramm der Gemeinschaft zur Verwirklichung der Chancengleichheit von Frauen und Männern (1996–2000)	619	283
§ 17	Der soziale Dialog	620	1
§ 18	Einzelne Richtlinien	620	1
	I. Nachweis der Arbeitsbedingungen	623	1
	1. Die Nachweis-Richtlinie 91/533/EWG	623	1
	2. Umsetzung in das deutsche Recht	625	9
	II. Betriebsübergang	631	37
	1. Die Betriebsübergangsrichtlinie 2001/23/EG	633	37
	2. Umsetzung in das deutsche Recht	650	112
	3. Die Änderungsrichtlinie 98/50/EG und ihre Auswirkungen auf das deutsche Recht	664	153
	III. Zahlungsunfähigkeit des Arbeitgebers	668	170
	1. Die Zahlungsunfähigkeitsrichtlinie 80/987/EWG	668	170
	2. Der Änderungsvorschlag	670	179
	3. Umsetzung in das deutsche Recht	671	180
	IV. Massenentlassungen	673	190
	1. Die Massenentlassungsrichtlinie 98/59/EG	673	190
	2. Umsetzung in das deutsche Recht	677	205
	V. Teilzeitarbeitnehmer	678	213
	1. Entstehungsgeschichte der Richtlinien zu den atypischen Arbeitsverhältnissen	679	213
	2. Die Teilzeitarbeitsrichtlinie 97/81/EG	681	218
	3. Umsetzung in das deutsche Recht	684	235
	VI. Befristung von Arbeitsverträgen	685	251
	1. Die Befristungsrichtlinie 1999/70/EG	686	251
	2. Umsetzung in das deutsche Recht	689	268
	VII. Arbeitnehmerüberlassung	692	285
	VIII. Arbeitszeit	693	289
	1. Allgemeines	694	289
	2. Die Arbeitszeitrichtlinie 93/104/EG	694	292
	3. EWG-Verordnung 3820/85	708	354
	IX. Mutterschutz	711	364

Inhaltsverzeichnis

		Seite	Rn.
X. Jugendarbeitsschutz		712	369
1. Die Jugendarbeitsschutzrichtlinie 94/33/EG		712	369
2. Umsetzung in das deutsche Recht		718	403
XI. Elternurlaub		719	412
1. Die Elternurlaubsrichtlinie 96/34/EG		720	412
2. Umsetzung in das deutsche Recht		721	423
XII. Technischer Arbeitsschutz		723	430
1. Das System des technischen EG-Arbeitsschutzrechts		724	430
2. Gemeinschaftsrechtliche Vorschriften des technischen Arbeitsschutzes		727	440
XIII. Datenschutz		834	972
1. Die Datenschutzrichtlinie 95/46/EG		835	972
2. Umsetzung in das deutsche Recht		848	1029
XIV. Schutz der Würde am Arbeitsplatz		852	1043
1. Empfehlung 92/131/EWG der Kommission zum Schutz der Würde von Frauen und Männern am Arbeitsplatz vom 27. November 1991		853	1043
2. Umsetzung in das deutsche Recht		858	1069
XV. Entschließung 1999/C 186/02 des Rates betreffend gleiche Beschäftigungschancen für behinderte Menschen		859	1078
XVI. Die neue sozialpolitische Agenda		860	1084
§ 19	Kollektives Arbeitsrecht	860	1
	I. Tarifverträge und Arbeitskämpfe	861	1
	1. Europarechtliche Tarifautonomie?	862	1
	2. Kollektivvereinbarungen auf Gemeinschaftsebene (Art. 139 EGV)	864	7
	3. Durchführung von Richtlinien durch die Sozialpartner (Art. 137 Abs. 4 EGV)	869	18
	4. Rechtsmittel der Sozialpartner	869	20
	5. Europäisches Arbeitskampfrecht?	870	21
	II. Der Europäische Betriebsrat	870	22
	1. Rechtsgrundlagen	871	22
	2. Anwendungsbereich	873	32
	3. Das besondere Verhandlungsgremium	882	57
	4. Fortgeltung bestehender, gesetzesverdrängender Vereinbarungen	884	64
	5. Vereinbarungen mit dem besonderen Verhandlungsgremium	888	76
	6. Europäische Betriebsräte kraft Gesetzes	891	83
	7. Schutzvorschriften und Sanktionen	894	97
	III. Europarechtliche Regelungen zum nationalen kollektiven Arbeitsrecht	896	101
	1. Rechtsgrundlagen	896	101
	2. Beteiligung auf überbetrieblicher Ebene	897	103
	3. Öffnungsklauseln für Tarifverträge	898	109
	4. Beteiligung auf betrieblicher Ebene	900	121
	IV. Die Europäische Aktiengesellschaft	905	137
	1. Ursprünge und historische Entwicklung	907	137
	2. Die Beteiligung der Arbeitnehmer	913	153

5. Abschnitt. Das Sozialrecht im Gemeinschaftsrecht

		Seite	Rn.
§ 20	Einführung	921	1
§ 21	Das Koordinierungssystem der Verordnung Nr. 1408/71	923	1
	I. Grundlagen	925	1
	II. Persönlicher Geltungsbereich	927	12
	1. Derzeitiger Stand	927	12
	2. Ausblick	933	42
	III. Sachlicher Geltungsbereich	934	51
	1. Einführung	934	51
	2. Art. 4 Abs. 1 und 2 als umgrenzende Regelungen	935	53
	3. Art. 5 als Präzisierungsvorschrift	935	58

Inhaltsverzeichnis

	Seite	Rn.
4. Nicht erfasste Sozialleistungen	936	62
5. Sondersysteme für Beamte	936	65
6. Art. 4 Abs. 2a als Bindeglied zwischen Abs. 1 und Abs. 4	937	70
IV. Gleichbehandlung	938	73
V. Kollisionsnormen	939	79
1. Art. 6 bis 8 VO 1408/71	940	80
2. Bestimmung der anzuwendenden Rechtsvorschriften	946	103
VI. Gemeinsame Strukturelemente	964	173
1. Verbot des Zusammentreffens von Leistungen	965	175
2. Die Zusammenrechnung von Versicherungszeiten	967	190
3. Die Exportierbarkeit von Leistungen	968	192
VII. Perspektiven des Europäischen Sozialrechts	968	194
§ 22 Die Regelung des Art. 7 Abs. 2 der VO 1612/68	969	1
I. Stellung und Bedeutung der Norm im Rahmen des europäischen Sozialrechts	970	1
II. Der sachliche Anwendungsbereich	975	29
1. Soziale Vergünstigung	975	31
2. Nicht von Art. 7 Abs. 2 erfasste Leistungen	979	55
III. Der persönliche Anwendungsbereich	980	60
1. Der Begriff des Arbeitnehmers	981	65
2. Familienangehörige	983	79
IV. Fazit	983	87
§ 23 Einzelne Risiken	985	1
I. Krankheit und Mutterschaft	986	2
1. Einleitung	987	2
2. Die gesetzlichen Grundlagen	987	5
3. Der Anwendungsbereich des europäischen koordinierenden Krankenversicherungsrechts	988	8
4. Bestimmung der anzuwendenden Rechtsvorschriften	991	15
5. Die Leistungsgewährung	1000	67
6. Erstattung zwischen den Trägern	1005	91
7. Zusammenfassung	1006	95
II. Invalidität	1006	98
1. Allgemeines	1007	98
2. Leistungsbestimmung nach Gemeinschaftsrecht	1008	108
3. Begriff und Feststellung der Invalidität	1013	125
4. Leistungen	1016	145
5. Verschlimmerung und Wiederaufnahme	1019	158
III. Alter und Tod	1020	162
1. Einleitung	1020	162
2. Das Koordinierungssystem der Verordnung Nr. 1408/71	1022	170
IV. Arbeitsunfälle und Berufskrankheiten	1033	238
1. Einleitung	1034	238
2. Gesetzliche Grundlagen und Anwendungsbereich der europäischen Unfallversicherung	1034	240
3. Bestimmung der anzuwendenden Rechtsvorschriften	1039	261
4. Versicherte Risiken und Leistungsgewährung	1041	272
5. Besonderheiten bei Berufskrankheiten	1047	304
6. Die Sachleistungsaushilfe	1051	316
7. Die Erstattung zwischen den Unfallversicherungsträgern	1052	317
8. Der Rechtsübergang des Anspruchs gegen den Drittschädiger auf ausländische Unfallversicherungsträger	1052	319
V. Arbeitslosigkeit	1052	320
1. Einleitung	1052	320
2. Sachlicher Anwendungsbereich	1053	327
3. Zusammenrechnung von Versicherungszeiten	1053	331

Inhaltsverzeichnis

	Seite	Rn.
4. Berechnung der Leistungen	1054	337
5. Arbeitslose, die sich in einen anderen Staat als den zuständigen Staat begeben	1055	339
6. Auseinanderfallen von Wohnstaat und Beschäftigungsstaat	1056	343
7. Perspektiven	1056	345
VI. Familienleistungen und Ausbildungsförderung	1056	347
1. Einleitung	1057	347
2. Familienleistungen	1058	352
3. Recht der Ausbildungsförderung	1065	388
4. Synthese der bisherigen Rechtsentwicklung	1070	408
VII. Sozialhilfe	1071	413
1. Begriff und Stellung der Sozialhilfe im Gemeinschaftsrecht	1071	413
2. Auswirkungen auf das Aufenthaltsrecht	1076	442

§ 24 Soziale Sicherung Selbständiger ... 1077 ... 1

	Seite	Rn.
I. Einführung	1078	1
II. Entwicklungstendenzen im Bereich der Alters- und Hinterbliebenensicherung in der Europäischen Union	1079	8
1. Der erfasste Personenkreis	1079	9
2. Die Leistungen	1085	40
3. Bewertung	1087	51
III. Ausblick auf andere Risiken und die Entwicklungen in Mittel- und Osteuropa	1089	62
1. Risiko der Krankheit	1089	63
2. Die Absicherung für den Fall des Berufs- oder Arbeitsunfalls	1090	70
3. Die Absicherung gegen das Risiko der Arbeitslosigkeit	1090	71
4. Die Situation in den Reformländern Mittel- und Osteuropas	1090	74
IV. Die Vorgaben des primären Gemeinschaftsrechts	1090	75
V. Probleme der Einbeziehung der Selbständigen in das europäische koordinierende Sozialrecht	1091	79
VI. Zukunftsperspektiven	1095	99

§ 25 Die Einbeziehung der Beamten in das Koordinierungssystem der Verordnung 1408/71 ... 1095 ... 1

§ 26 Probleme der Integration privatrechtlicher Sicherungssysteme in das System der Verordnung 1408/71 ... 1099 ... 1

	Seite	Rn.
I. Einleitung	1100	1
II. Mögliche Gestaltungsformen einer Kombination öffentlicher und privater Sicherungsformen	1101	5
III. Koordinationsrechtliche Problemstellungen aus der Kombination öffentlicher und privater Sicherungsformen	1101	10
1. Der gegenwärtige Rechtszustand	1102	12
2. Die Problematik einer Einbeziehung privatrechtlicher Sicherungssysteme in das Koordinierungssystem der Verordnung	1103	17
IV. Die Herstellung der Freizügigkeit bei den privaten Systemen als Herausforderung	1106	33
V. Die Richtlinie zur Wahrung ergänzender Rentenansprüche – Entstehungsgeschichte und wesentlicher Inhalt	1107	46
1. Entstehungsgeschichte	1108	47
2. Wesentlicher Inhalt	1109	54
VI. Versuch einer Bewertung anhand des wesentlichen Inhalts der Richtlinie	1110	60
1. Ziel und Anwendungsbereich der Richtlinie	1110	60
2. Gleichbehandlung hinsichtlich der Aufrechterhaltung von Rentenansprüchen	1110	62
3. Grenzüberschreitende Zahlungen	1111	66
4. Regelungen für entsandte Arbeitnehmer	1111	69
5. Unterrichtung anspruchsberechtigter Personen	1112	74

Inhaltsverzeichnis

		Seite	Rn.
VII.	Fazit aus der Richtlinie	1112	76
VIII.	Perspektiven	1113	80
	1. Rentenreform 2001	1113	80
	2. Steuerrechtliche Probleme bei der betrieblichen Altersversorgung	1113	83
	3. Der Vorschlag einer Richtlinie über Einrichtungen der betrieblichen Altersversorgung	1116	98

§ 27 Europäisches Behindertenrecht 1118   1
 I. Grundlagen 1118   1
 II. Unterschiedliche grundsätzliche Herangehensweisen 1120 10
 III. Regelungen in den Verfassungen europäischer Staaten 1120 14
  1. Ausdrückliche Regelung des Verbots der Diskriminierung Behinderter 1120 15
  2. Allgemeine Diskriminierungsverbote 1121 18
  3. Wirkungen des verfassungsrechtlichen Diskriminierungsverbots 1121 21
 IV. Anti-Diskriminierungsregeln im einfachen Recht 1121 23
  1. Regelungen im Strafrecht 1121 24
  2. Regelungen in anderen Bereichen der Gesetzgebung 1122 27
 V. Verpflichtungen zur Förderung in Verfassungen 1122 30
 VI. Verpflichtungen zur Förderung im einfachen Recht 1123 35
 VII. Einzelne Politikbereiche 1123 38
  1. Erziehung und Ausbildung 1123 39
  2. Mobilitätshilfen 1124 46
  3. Behindertengerechter Zugang zu Gebäuden 1124 49
  4. Arbeitsleben 1125 53
 VIII. Resümee 1127 72

§ 28 Die Konvergenz der Ziele und Politiken der sozialen Sicherheit in den Mitgliedstaaten der Europäischen Union 1128   1
 I. Einführung 1129   1
 II. Die Empfehlung des Rates vom 27. Juli 1992 über die Annäherung der Ziele und Politiken im Bereich des sozialen Schutzes 1130   6
  1. Allgemeines 1130   6
  2. Gegenstand der Konvergenz 1131 20
  3. Analyse der wesentlichen Ergebnisse des Berichts „Soziale Sicherheit in Europa" 1132 24
  4. Bewertung der Konvergenz-Strategie 1134 30
 III. Perspektiven und Ausblick 1135 35
 IV. Übertragung der Überlegungen auf den Bereich des Arbeitsrechts 1135 38
 V. Konvergenz als Ergebnis europarechtlicher Koordinierung 1136 44
 VI. Gesundheitsreform in den Mitgliedstaaten der Europäischen Union 1136 47
  1. Strukturen der Gesundheitssysteme in der Europäischen Union 1137 48
  2. Die Situation in den verschiedenen Mitgliedstaaten 1139 62
  3. Vergleichende Bewertung 1143 95
 VII. Tendenzen zur Einführung von Kapitaldeckung bei der Altersversorgung 1144 101
  1. Einführung 1144 102
  2. Strukturen der Alterssicherungssysteme und Ansätze für Reformen 1146 108
  3. Überblick über Situation und Entwicklung in verschiedenen Ländern 1146 113
  4. Resümee 1158 177
 VIII. Bewertung des Konvergenzgedankens und weitere Entwicklungen 1158 180

§ 29 Kartellrecht und Sozialrecht 1159   1
 I. Einleitung 1160   1
 II. Deutsches und europäisches Kartellrecht 1161 11
  1. Grundzüge des deutschen Kartellrechts 1162 17
  2. Grundzüge des europäischen Kartellrechts 1168 48
 III. Zwischenergebnis 1173 71
 IV. Aktuelle Einzelfragen 1173 73
  1. Festbeträge bei Arzneimitteln 1173 74
  2. Änderungen durch das GKV-Gesundheitsreformgesetz 2000 1177 93

Inhaltsverzeichnis

		Seite	Rn.
	V. Fazit für das Sozialrecht	1180	103
	VI. Folgewirkungen im Arbeitsrecht	1181	109
	1. Allgemeines	1181	109
	2. Ausnahme vom europäischen Kartellrecht für Tarifverträge	1181	112
	3. Die Zusatzversorgungseinrichtungen als Adressaten des Kartellrechts	1182	119
§ 30	Die Ost-Erweiterung der Europäischen Union und das europäische Sozialrecht	1184	1
	I. Einleitung	1184	1
	II. Das europäische Gemeinschaftsrecht in seiner derzeitigen Ausgestaltung	1185	7
	III. Die Reform des europäischen koordinierenden Sozialrechts	1187	16
	IV. Der Sozial- und Wirtschaftsraum Europa	1188	18
	1. Wettbewerb der Systeme und „Sozialdumping"	1188	19
	2. Die Wirtschafts- und Währungsunion	1189	24
	V. Praktische Herausforderungen für die Beitrittsländer	1189	26
	VI. Zusammenfassung und Ausblick	1191	37

6. Abschnitt. Internationales Recht

		Seite	Rn.
§ 31	Internationales Arbeitsrecht	1193	1
	I. Einführung	1194	1
	1. Internationales Privatrecht und Internationales Arbeitsrecht	1194	1
	2. Inkorporation des EuSchVÜ und einheitliche Auslegung	1196	8
	II. Individualarbeitsrecht	1198	16
	1. Anwendbarkeit der kollisionsrechtlichen Vorschriften	1198	16
	2. Struktur der gesetzlichen Regelung	1199	21
	3. Die Rechtswahl der Parteien	1200	28
	4. Die Anknüpfung ohne Rechtswahl	1209	80
	5. Die Einschränkungen des Arbeitsvertragsstatuts durch zwingendes Recht	1217	112
	6. Umfang des Arbeitsvertragsstatuts	1226	165
	7. Anwendbarkeit des EGBGB n. F. auf vor dem 1. 9. 1996 begründete Arbeitsverhältnisse	1229	177
§ 32	Internationales Sozialrecht	1229	1
	I. Begriff des internationalen Sozialrechts	1231	1
	1. Kollisionsrechtliche Begriffsbestimmung	1231	4
	2. Ursprung der Norm	1232	7
	3. Regelungsgegenstand der Norm	1232	9
	II. Die Rechtsquellen des internationalen Sozialrechts	1233	14
	1. Internationale Normen	1233	16
	2. Supranationale Normen	1234	21
	3. Multilaterale Normen	1235	27
	4. Nationale Rechtsquellen	1236	30
	III. Regelungen des Geltungsbereichs inländischen Sozialrechts	1237	36
	1. Die Kollisionsnormen im internationalen Sozialrecht	1237	37
	2. Das internationale Sozialrecht der steuerfinanzierten Sozialleistungen	1241	59
	3. Das internationale Sozialversicherungsrecht	1248	91
	4. Das Arbeitsförderungsrecht	1254	125
	IV. Internationales Sozialrecht und internationales Privatrecht	1255	130
	1. Grundsätzliches Verhältnis von internationalem Sozialrecht und internationalem Privatrecht	1255	131
	2. Arbeit als Regelungsgegenstand	1256	139
	3. Schadensausgleich als Regelungsgegenstand	1257	142
	V. Das zwischenstaatliche Sozialrecht	1257	143
	1. Die typische Struktur von Abkommen über soziale Sicherheit	1258	147
	2. Das Verhältnis zwischenstaatlichen Sozialrechts zum nationalen Sozialrecht	1262	165
	3. Vergleich der Strukturen des zwischenstaatlichen Sozialrechts mit denen des europäischen Sozialrechts	1264	169
	4. Verhältnis des zwischenstaatlichen zum europäischen Sozialrecht	1268	189
	5. Das Sozialrecht im Europäischen Wirtschaftsraum	1270	195

Inhaltsverzeichnis

		Seite	Rn.
7. Abschnitt. Arbeitsvölkerrecht			
§ 33	Einführung	1271	1
§ 34	Das Arbeitsvölkerrecht der Vereinten Nationen	1271	1
	I. Die Menschenrechtspakete der UNO	1273	5
	1. Die Allgemeine Erklärung der Menschenrechte	1273	5
	2. Der Internationale Pakt über bürgerliche und politische Rechte (IPBPR)	1274	10
	3. Der Internationale Pakt über wirtschaftliche, soziale und kulturelle Rechte (IPWSKR)	1276	27
	4. Das Übereinkommen zur Beseitigung jeder Form von Diskriminierung der Frau	1279	47
	5. Das Übereinkommen über die Rechte des Kindes	1280	53
	II. Die Internationale Arbeitsorganisation (IAO, ILO)	1281	58
	1. Entstehungsgeschichte und Zielsetzung	1281	58
	2. Struktur und Organe der IAO	1282	64
	3. Die Normsetzung durch die IAO	1283	71
	4. Zusammenfassung	1288	104
§ 35	Die Welthandelsorganisation (WTO)	1289	1
	I. Einleitung	1289	1
	II. Struktur und Organisation	1289	2
	III. Inhalt und Zweck der WTO	1290	4
	1. Allgemeines Zoll- und Handelsabkommen (GATT)	1290	5
	2. Allgemeines Abkommen über den Handel mit Dienstleistungen (GATS)	1290	7
§ 36	Das Recht des Europarates	1291	1
	I. Einleitung	1291	1
	II. Die Europäische Menschenrechtskonvention	1292	7
	III. Die Europäische Sozialcharta (ESC)	1293	15
Sachregister		1295	

Abkürzungsverzeichnis

a. A.	anderer Ansicht
a. a. O.	am angegebenen Ort
ABl. EG	Amtsblatt der Europäischen Gemeinschaft
Abs.	Absatz
Abschn.	Abschnitt
AcetV	Acetylenverordnung
AcP	Archiv für die civilistische Praxis
AEMR	Allgemeine Erklärung der Menschenrechte
Änd.	Änderung
AEntG	Arbeitnehmerentsendegesetz
a. F.	alte Fassung
AFG	Arbeitsförderungsgesetz
AG	Aktiengesellschaft
AGBG	Gesetz zur Regelung der Allgemeinen Geschäftsbedingungen
AFG	Arbeitsförderungsgesetz
AiB	Arbeitsrecht im Betrieb (Zeitschrift)
AktG	Aktiengesetz
Amtl.	Amtliche
ANBA	Amtliche Nachrichten der Bundesanstalt für Arbeit
Anm.	Anmerkung
AöR	Archiv für öffentliches Recht
AP	Arbeitsrechtliche Praxis
Arbeitgeber	Der Arbeitgeber (Zeitschrift)
ArbG	Arbeitsgericht
AR-Blattei	Arbeitsrecht-Blattei
ArbRGeg	Arbeitsrecht der Gegenwart
ArbStättV	Arbeitsstättenverordnung
ArbStoffV	Verordnung über gefährliche Arbeitsstoffe (Arbeitsstoffverordnung)
ArbZG	Arbeitszeitgesetz
ArchVR	Archiv für Völkerrecht
Art.	Artikel
ASiG	Gesetz über Betriebsärzte, Sicherheitsingenieure und andere Fachkräfte für Arbeitssicherheit
ASR	Arbeitsstätten-Richtlinien
AuA	Arbeit und Arbeitsrecht (Zeitschrift)
AÜG	Gesetz zur Regelung der gewerbsmäßigen Arbeitnehmerüberlassung (Arbeitnehmerüberlassungsgesetz)
Aufl.	Auflage
AufzV	Verordnung über Aufzugsanlagen (Aufzugsverordnung)
AuR	Arbeit und Recht (Zeitschrift)
AVG	Angestelltenversicherungsgesetz
AVV	Allgemeine Verwaltungsvorschriften
AWD	Außenwirtschaftsdienst
AZO	Arbeitszeitordnung
BAG	Bundesarbeitsgericht
BAnz.	Bundesanzeiger
BArbBl.	Bundesarbeitsblatt
BAT	Bundesangestelltentarif
BAT-Wert	Biologischer Arbeitstoleranzwert
BayVBl.	Bayerische Verwaltungsblätter
BB	Betriebs-Berater (Zeitschrift)
Bd.	Band
BDSG	Bundesdatenschutzgesetz

Abkürzungsverzeichnis

Beih.	Beiheft
Beil.	Beilage
Bek.	Bekanntmachung
BerDGesVR	Berichte der Deutschen Gesellschaft für Völkerrecht
BeschFG	Beschäftigungsförderungsgesetz
BetrAV	Betriebliche Altersversorgung (Zeitschrift)
BetrAVG	Gesetz zur Verbesserung der betrieblichen Altersversorgung
BetrVG	Betriebsverfassungsgesetz
BG	Die Berufsgenossenschaft (Zeitschrift)
BGB	Bürgerliches Gesetzbuch
BGBl.	Bundesgesetzblatt
BlStSozArbR	Blätter für Steuerrecht, Sozialversicherung und Arbeitsrecht
BMA	Bundesminister für Arbeit und Sozialordnung
BR-Drucks.	Bundesrats-Drucksache
BSG	Bundessozialgericht
BSGE	Entscheidungen des Bundessozialgerichts
BSt	Statut der Beamten der Europäischen Gemeinschaft
BT-Drucks	Bundestagsdrucksache
Buchst.	Buchstabe
Bull.EG	Bulletin der Europäischen Gemeinschaften
BUrlG	Bundesurlaubsgesetz
BVerfG	Bundesverfassungsgericht
BVerfGE	Entscheidungen des Bundesverfassungsgerichts
BVerwG	Bundesverwaltungsgericht
BVerwGE	Entscheidungen des Bundesverwaltungsgerichts
BVG	Besonderes Verhandlungsgremium
CDE	Cahiers de droit européen
CEEP	Europäischer Zentralverband der öffentlichen Wirtschaft
CEN	Comitée Européen de Normalisation
CENELEC	Comitée Européen de Normalisation Electrotechnique
ChemG	Gesetz zum Schutz vor gefährlichen Stoffen (Chemikaliengesetz)
CMLR	Common Market Law Report
CMLRV	Common Market Law Review
CR	Computer und Recht
DampfkV	Verordnung über Dampfkesselanlagen (Dampfkesselverordnung)
DB	Der Betrieb (Zeitschrift)
Der PersR	Der Personalrat (Zeitschrift)
ders.	derselbe
d.h.	das heißt
dies.	dieselbe(n)
DIN	Deutsche Industrie-Norm, Deutsches Institut für Normung
Diss.	Dissertation
DÖV	Die Öffentliche Verwaltung (Zeitschrift)
DRdA	Das Recht der Arbeit (österreichische Zeitschrift)
DRiZ	Deutsche Richterzeitung
DruckbehV	Verordnung über Druckbehälter, Druckgasbehälter und Füllanlagen (Druckbehälterverordnung)
DStR	Deutsches Steuerrecht (Zeitschrift)
DtZ	Deutsch-Deutsche Rechts-Zeitschrift
DuD	Datenschutz und Datensicherung (Zeitschrift)
DVBl.	Deutsches Verwaltungsblatt
DVGW	Deutscher Verein von Gas- und Wasserfachmännern
DWiR	Deutsche Zeitschrift für Wirtschaftsrecht
DZWiR	Deutsche Zeitschrift für Wirtschaft
EAGV	Vertrag über die Europäische Atomgemeinschaft
EAS	Hartmut Oetker/Ulrich Preis (Hrsg.), Europäisches Arbeits- und Sozialrecht, Loseblatt

Abkürzungsverzeichnis

EBR	Europäischer Betriebsrat
EEA	Einheitliche Europäische Akte
EFTA	European Free Trade Area Europäische Freihandelszone
EG	Europäische Gemeinschaft
EGB	Europäischer Gewerkschaftsbund
EGBGB	Einführungsgesetz zum Bürgerlichen Gesetzbuche vom 18. 8. 1896
EGKS	Europäische Gemeinschaft für Kohle und Stahl
EGKSV	Vertrag über die EGKS
EGMR	Europäischer Gerichtshof für Menschenrechte
EGStGB	Einführungsgesetz zum Strafgesetzbuch
EGB	Europäischer Gewerkschaftsbund
EGV	Vertrag zur Gründung der Europäischen Gemeinschaft
EINECS	European Inventory of Existing Commercial Chemical Substances
Einf.	Einführung
Einl.	Einleitung
einschr.	einschränkend
EKMR	Europäische Kommission für Menschenrechte
ElexV	Verordnung über elektrische Anlagen in explosionsgefährdeten Räumen
ELRev	European Law Review
EMRK	Europäische Menschenrechtskonvention
endg.	endgültig
Entsch.	Entscheidung
EP	Europäisches Parlament
ErfK	Erfurter Kommentar zum Arbeitsrecht, 2. Aufl. 2001
ESC	Europäische Sozialcharta
EU	Europäische Union
EuG	Europäisches Gericht erster Instanz
EuGH	Europäischer Gerichtshof
EuGRZ	Europäische Grundrechte-Zeitschrift
EuR	Europarecht (Zeitschrift)
EuroAS	Europäisches Arbeits- und Sozialrecht (Zeitschrift)
EuSchVÜ	Übereinkommen über das auf vertragliche Schuldverhältnisse anzuwendende Recht
EuZW	Europäische Zeitschrift für Wirtschaftsrecht
EWG	Europäische Wirtschaftsgemeinschaft
EWGV	Vertrag zur Gründung der Europäischen Wirtschaftsgemeinschaft
EWiR	Entscheidungen zum Wirtschaftsrecht
EWR	Europäischer Wirtschaftsraum
EWS	Europäisches Wirtschafts- und Steuerrecht (Zeitschrift)
EzA	Entscheidungssammlung zum Arbeitsrecht
EzAÜG	Entscheidungssammlung zum Arbeitnehmerüberlassungsgesetz und zum sonstigen drittbezogenen Personaleinsatz
f.	folgend
ff.	folgende
FPersG	Fahrpersonalgesetz
FS	Festschrift
Fußn.	Fußnote
FusV	Fusionsvertrag
g.	gegen
GA	Generalanwalt
GefStoffV	Gefahrstoffverordnung
gem.	gemäß
GeschO	Geschäftsordnung
GewO	Gewerbeordnung
GG	Grundgesetz
ggfs.	gegebenenfalls
GK	Gemeinschaftskommentar

Abkürzungsverzeichnis

GleibG	Gleichbehandlungsgesetz
Grabitz/Hilf	Das Recht der Europäischen Union, Loseblatt-Kommentar
GS	Geprüfte Sicherheit
GSG	Gesetz über technische Arbeitsmittel (Gerätesicherheitsgesetz)
GVBl.	Gesetz- und Verordnungsblatt
HAG	Heimarbeitsgesetz
Halbs.	Halbsatz
HGB	Handelsgesetzbuch
Hrsg.	Herausgeber
HzA	Handbuch zum Arbeitsrecht
IAK	Internationale Arbeitskonferenz
IAO	Internationale Arbeitsorganisation
IAO-Verf.	Verfassung der IAO
i. d. F.	in der Fassung
IGH-Statut	Statut des Internationalen Gerichtshofs vom 26. 6. 1945
ILO	International Labour Organization
InfAuslR	Informationsbrief Ausländerrecht
InsO	Insolvenzordnung
Integration	Integration (Beil. zur „Europäischen Zeitung")
IPBPR	Internationaler Pakt über bürgerliche und politische Rechte
IPR	Internationales Privatrecht
IPRax	Praxis des Internationalen Privat- und Verfahrensrechts (Zeitschrift)
IPRNG	Gesetz zur Neuregelung des Internationalen Privatrechts vom 25. 7. 1986
IPWSKR	Internationaler Pakt über wirtschaftliche, soziale und kulturelle Rechte
i. S.	im Sinne
i. V. m.	Verbindung mit
JA	Juristische Arbeitsblätter (Zeitschrift)
JArbSchG	Gesetz zum Schutze der arbeitenden Jugend (Jugendarbeitsschutzgesetz)
JöR	Jahrbuch des öffentlichen Rechts der Gegenwart
Jura	Juristische Ausbildung (Zeitschrift)
JuS	Juristische Schulung (Zeitschrift)
JZ	Juristenzeitung
Kap.	Kapitel
Kennz.	Kennziffer
KJ	Kritische Justiz (Zeitschrift)
KO	Konkursordnung
Kompaß	Zeitschrift
KritJ	Kritische Justiz (Zeitschrift)
KSchG	Kündigungsschutzgesetz
KTS	Zeitschrift für Insolvenzrecht
LAG	Landesarbeitsgericht
lfd.	laufende
LG	Landgericht
LohnFG	Gesetz über die Fortzahlung des Arbeitsentgelts im Krankheitsfalle (Lohnfortzahlungsgesetz)
LSG	Landessozialgericht
MAK-Wert	Maximale Arbeitsplatzkonzentration
MDR	Monatsschrift für Deutsches Recht
MedGV	Verordnung über die Sicherheit medizinisch-technischer Geräte (Medizingeräteverordnung)
Mitbestimmung	Die Mitbestimmung (Zeitschrift)
MittAB	Mitteilungen aus der Arbeitsmarkt- und Berufsforschung

Abkürzungsverzeichnis

MK	Münchener Kommentar
MLR	Modern Law Review
MünchArbR	Münchener Handbuch zum Arbeitsrecht, 2. Aufl. 2000, mit Ergänzungsband, 2001
MuSchG	Gesetz zum Schutz der erwerbstätigen Mutter (Mutterschutzgesetz)
m. w. N.	mit weiteren Nachweisen
Nachtr.	Nachtrag
NJW	Neue Juristische Wochenschrift (Zeitschrift)
Nr.	Nummer
NVwZ	Neue Zeitschrift für Verwaltungsrecht
NWVBl.	Nordrhein-Westfälische Verwaltungsblätter
NZA	Neue Zeitschrift für Arbeitsrecht
NZA-RR	Neue Zeitschrift für Arbeitsrecht – Rechtsprechungsreport
NZS	Neue Zeitschrift für Sozialrecht
OWiG	Gesetz über Ordnungswidrigkeiten
Palandt	Bürgerliches Gesetzbuch, 61. Aufl. 2002
PCB	Polychlorierte Biphenyle
PCT	Polychlorierte Terphenyle
PersR	Personalrat (Zeitschrift)
PSA	Persönliche Schutzausrüstungen
RabelsZ	Rabels Zeitschrift für ausländisches und internationales Privatrecht
RdA	Recht der Arbeit (Zeitschrift)
RdE	1. Recht der Elektrizitätswirtschaft (1979–1991) 2. Recht der Energiewirtschaft (ab 1992)
RDV	Recht der Datenverarbeitung
Receuil Dalloz	(Zeitschrift)
RGBl.	Reichsgesetzblatt
RIW	Recht der Internationalen Wirtschaft (Zeitschrift)
RL	Richtlinie
RL ArbSt	Arbeitsstättenrichtlinie 89/654/EWG
RL ArbZ	Arbeitszeitrichtlinie 93/104/EG
RL BauSt	Baustellenrichtlinie 92/57/EWG
RL Befr	Befristungsrichtlinie 1999/70/EG
RL BildSch	Bildschirmarbeitsplatzrichtlinie 90/279/EWG
RL BenPSA	Richtlinie 89/656/EWG über die Benutzung von persönlichen Schutzausrüstungen
RL BehArbM	Richtlinie 89/655/EWG über die Benutzung von Arbeitsmitteln
RL BewL	Beweislastrichtlinie 97/80/EG
RL BvF	Richtlinie 93/103/EG über Mindestvorschriften für Sicherheit und Gesundheitsschutz bei der an Bord von Fischereifahrzeugen
RL DatSch	Datenschutzrichtlinie 95/46/EG
RL EltU	Elternurlaubsrichtlinie 96/34/EG
RL Gleichb	Gleichbehandlungsrichtlinie 76/207/EWG
RL JArbSch	Jugendarbeitschutzrichtlinie 94/33/EG
RL Last	Richtlinie 90/269/EWG über die Handhabung von Lasten
RL MassE	Massenentlassungsrichtlinie
RL MedSch	Richtlinie 92/29/EWG über die medizinische Versorgung auf Schiffen
RL MuSch	Mutterschutzrichtlinie 92/75/EWG
RL Nachw	Nachweisrichtlinie 91/533/EWG
RL SichK	Sicherheitskennzeichnungsrichtlinie 92/58/EWG
RL Transp	Transportmittelrichtlinie
Rn.	Randnummer
RRL	Rahmenrichtlinie
Rs.	Rechtssache(n)
RTDE	Revue trimestrielle du droit européen

Abkürzungsverzeichnis

RÖV	Verordnung über den Schutz vor Schäden durch Röntgenstrahlen (Röntgenverordnung)
RV Befr	Rahmenvereinbarung über befristete Arbeitsverträge
RV EltU	Rahmenvereinbarung über den Elternurlaub
RV Teilz	Rahmenvereinbarung über Teilzeitarbeit
RVO	Reichsversicherungsordnung
S.	Satz/Seite
s.	siehe
SAE	Sammlung arbeitsrechtlicher Entscheidungen (Zeitschrift)
SE	Societas Europaea (Europäische Aktiengesellschaft)
SeemG	Seemannsgesetz
SEW	Sociaal Economische Wetgeving (Zeitschrift)
SGB	Sozialgesetzbuch
SGb	Die Sozialgerichtsbarkeit (Zeitschrift)
Slg.	Sammlung der Rechtsprechung des Gerichtshofes der Europäischen Gemeinschaften
Soergel	Kommentar zum BGB, 12. Aufl.
SozSich	Soziale Sicherheit (Zeitschrift)
SprAuG	Gesetz über Sprecherausschüsse der leitenden Angestellten
SpuR	Sport und Recht (Zeitschrift)
Staat	Der Staat (Zeitschrift)
st. Rspr.	ständige Rechtsprechung
StGB	Strafgesetzbuch
StrlSchV	Verordnung über den Schutz vor Schäden durch ionisierende Strahlen (Strahlenschutzverordnung)
st. Rspr.	ständige Rechtsprechung
TAB	Technischer Aufsichtsbeamter
TRGS	Technische Regeln für Gefahrstoffe
TVG	Tarifvertragsgesetz
TzBfG	Teilzeit- und Befristungsgesetz
UEAPME	Europäische Vereinigung des Handwerks und der Klein- und Mittelbetriebe
UNICE	Union der Industrie- und Arbeitgeberverbände Europas
Unterabs.	Unterabsatz
UVV	Unfallverhütungsvorschrift
v.	vom
VbF	Verordnung über Anlagen zur Lagerung, Abfüllung und Beförderung brennbarer Flüssigkeiten zu Lande (Verordnung über brennbare Flüssigkeiten)
VBG	Vorschrift der Berufsgenossenschaft
VDE	Verein Deutscher Elektrotechniker
vdG/T/E	von der Gröben/Thiesing/Ehlermann, Kommentar zum EU-/EG-Vertrag, 5. Aufl. 1997
VDI	Verein Deutscher Ingenieure
verb. Rs.	verbundene Rechtssachen
VerfO	Verfahrensordnung
VerfOeI	Verfahrensordnung für das Gericht erster Instanz
VergO	Vergleichsordnung
VerwA	Verwaltungsarchiv
Die Verwaltung	Zeitschrift
VG	Verwaltungsgericht
vgl.	vergleiche
VN	Vereinte Nationen
VO	Verordnung
Vorbem.	Vorbemerkung
VVDStRL	Veröffentlichungen der Vereinigung der Deutschen Staatsrechtslehrer

Abkürzungsverzeichnis

VwVfG	Verwaltungsverfahrensgesetz
WuW	Wirtschaft und Wettbewerb (Zeitschrift)
WSI-Mitt.	Mitteilungen des wirtschafts- und sozialwissenschaftlichen Instituts des Deutschen Gewerkschaftsbundes
WuW	Wirtschaft und Wettbewerb (Zeitschrift)
WVRK	Wiener Übereinkommen über das Recht der Verträge vom 23. 5. 1969 (BGBl. 1985 II, 926)
ZaöRV	Zeitschrift für ausländisches öffentliches Recht und Völkerrecht
ZAR	Zeitschrift für Ausländerrecht
z. B.	zum Beispiel
ZBR	Zeitschrift für Beamtenrecht
ZfA	Zeitschrift für Arbeitsrecht
ZFRVgl.	Zeitschrift für Rechtsvergleichung
ZfSH/SGB	Zeitschrift für Sozialhilfe und Sozialgesetzbuch
ZfV	Zeitschrift für Versicherungswesen
ZGR	Zeitschrift für Unternehmens- und Gesellschaftsrecht
ZHR	Zeitschrift für das gesamte Handelsrecht und Wirtschaftsrecht
ZIAS	Zeitschrift für ausländisches und internationales Arbeits- und Sozialrecht
Ziff.	Ziffer
ZIP	Zeitschrift für Wirtschaftsrecht
ZRP	Zeitschrift für Rechtspolitik
ZTR	Zeitschrift für Tarif-, Arbeits- und Sozialrecht des öffentlichen Dienstes
ZVglRWiss	Zeitschrift für vergleichende Rechtswissenschaft

1. Abschnitt.
Das Arbeits- und Sozialrecht der EG im Überblick

§ 1 Einführung

Wer sich in Deutschland mit dem Arbeits- oder mit dem Sozialrecht befasst, kann jeweils auf ein vollständiges System zurückgreifen. Ebenso verhält es sich in den anderen Mitgliedstaaten der EG.[1] Zwar bestehen Unterschiede im Hinblick auf den Grad der Kodifikation. So ist das französische Arbeitsrecht im Code du Travail zusammengefasst, während das Arbeitsrecht beispielsweise in Deutschland und in Großbritannien auf eine Fülle von Einzelgesetzen verteilt ist. 1

Demgegenüber besteht für das Recht der EG in den Bereichen des Arbeits- und Sozialrechts kein entsprechendes geschlossenes System. Das liegt daran, dass die EG als Wirtschaftsgemeinschaft konzipiert wurde und deshalb ursprünglich so gut wie keine Kompetenzen auf dem Gebiet des Arbeits- und Sozialrechts vorsah. 2

Dies änderte sich grundlegend mit der Verabschiedung der Einheitlichen Europäischen Akte (EEA). Mit der Einfügung des Art. 118a (jetzt: Art. 141 EGV) in den EG-Vertrag verfügte die Gemeinschaft erstmals über eine ausdrückliche Kompetenznorm zum Erlass verbindlicher Rechtsakte im Bereich des Arbeits- und Sozialrechts. Mit dem Maastrichter Protokoll und dem darauf basierenden Abkommen über die Sozialpolitik[2] wurde die Kompetenz der Gemeinschaft auf nahezu alle Bereiche der Gemeinschaftscharta der sozialen Grundrechte der Arbeitnehmer von 1989[3] ausgedehnt. Der **Vertrag von Amsterdam** hat diese Regelung in den EG-Vertrag integriert, so dass jetzt der EG-Vertrag selbst weitgehende arbeitsrechtliche Kompetenzen vorsieht.[4] 3

Mit der Ausweitung der Rechtsetzungskompetenz der Gemeinschaft im Bereich des Arbeits- und Sozialrechts ist auch der Einfluss des Gemeinschaftsrechts auf das deutsche Arbeits- und Sozialrecht gewachsen. Für den Rechtsanwender ist es allerdings schwierig zu erkennen, warum und in welchen Fällen er sich mit dem Gemeinschaftsrecht befassen muss.[5] Deshalb soll im Folgenden das Arbeits- und Sozialrecht der EG im Überblick dargestellt werden.[6] 4

---

[1] Zum terminologischen Problem EG oder EU s. *Hölscheidt/Baldus*, DVBl. 1996, S. 1449; zum terminologischen Problem EGV oder EG s. *Lechleitner*, EuZW 2001, S. 513.

[2] S. dazu § 11 Rn. 67 ff.

[3] S. dazu § 13 Rn. 96 ff.

[4] Vgl. Art. 137 ff. EGV. Der Vertrag über die Europäische Union vom 7. Februar 1992 führte zu einer Umbenennung des Vertrages zur Gründung der Europäischen Wirtschaftsgemeinschaft (EWG-Vertrag – EWGV), der seitdem die Bezeichnung „Vertrag zur Gründung der Europäischen Gemeinschaft" (EG-Vertrag – EGV) trägt. Der nachfolgende Text orientiert sich an dem Vertrag zur Gründung der Europäischen Gemeinschaft v. 25. März 1957 in der konsolidierten Fassung mit den Änderungen durch den Vertrag von Amsterdam v. 2. Oktober 1997. Auch bei der Wiedergabe der zum EWG-Vertrag ergangenen Rechtsprechung des Gerichtshofs wird, soweit sachliche Gründe dem nicht entgegenstehen, bereits die Neubenennung zugrunde gelegt.

[5] S. auch *Desax/Christen/Schim van der Loeff*, EG/EU-Recht, Wie suchen? Wo finden?, 2. Aufl. 2001.

[6] Zum Zugang zu EG-Dokumenten und zur Transparenzverordnung (Abdruck auch NJW 2001, S. 3172) s. *Partsch*, NJW 2001, S. 3154; *Wägenbaur*, EuZW 2001, S. 680.

§ 2 Die Bedeutung des Gemeinschaftsrechts für die Praxis

I. Kenntnis der gemeinschaftsrechtlichen Rechtsvorschriften

1   Die Kenntnis der einschlägigen arbeits- und sozialrechtlichen Gemeinschaftsvorschriften ist für den Praktiker stets dann unentbehrlich, wenn sie **unmittelbar anwendbar** sind.

2   Anders als im Arbeitsrecht bedient sich der Gemeinschaftsgesetzgeber im Sozialrecht vielfach der Verordnung. Verordnungen der EG stehen materiell einem Gesetz gleich. Sie sind nach Art. 249 Abs. 2 EGV (Art. 189 Abs. 2 EGV a. F.) in den Mitgliedstaaten der EG unmittelbar anwendbar, bedürfen somit also keiner Transformation oder Inkorporierung in deutsches Recht. EG-Verordnungen müssen daher in Deutschland ebenso beachtet werden wie deutsche Gesetze.

3   Im Übrigen besteht für manche Artikel des EG-Vertrages nach der Rechtsprechung des EuGH ebenfalls eine unmittelbare Anwendbarkeit. Soweit sie subjektive Rechte begründen, können sich die begünstigten Bürger unmittelbar auf die einschlägige Vertragsnorm berufen.[1]

4   Demgegenüber sind Richtlinien grundsätzlich für eine unmittelbare Anwendung nicht geeignet. Sie bedürfen gem. Art. 249 Abs. 3 EGV (Art. 189 Abs. 3 EGV a. F.) vielmehr noch der Umsetzung durch die einzelnen Mitgliedstaaten. Nach der Rechtsprechung des EuGH können Richtlinien ausnahmsweise aber dann unmittelbare Wirkung entfalten, wenn das Verhältnis des Staates zum Bürger betroffen ist. Voraussetzung ist jedoch, dass die Richtlinie entweder nicht rechtzeitig oder nicht zutreffend in deutsches Recht umgesetzt wurde und dass die einschlägige Richtlinienbestimmung inhaltlich unbedingt und hinreichend genau ist.[2]

5   Aber auch dann, wenn Vorschriften des Gemeinschaftsrechts **nicht unmittelbar anwendbar** sind, sind sie für den mit arbeits- und sozialrechtlichen Fragestellungen betrauten Rechtsanwender von Bedeutung.

6   So ist etwa die Kenntnis bereits verabschiedeter Richtlinien, die den Mitgliedstaaten noch eine Frist zur Umsetzung in nationales Recht einräumen, für den Praktiker deshalb wichtig, weil es ihm dadurch ermöglicht wird, seine weitere Planung auf die zukünftige Umsetzung in das deutsche Recht auszurichten.

7   Die Kenntnis des nicht unmittelbar anwendbaren Gemeinschaftsrechts kann aber auch wegen der Pflicht zur gemeinschaftskonformen Auslegung nationalen Rechts wichtig sein.[3]

II. Kenntnis der EuGH-Rechtsprechung und des Gerichtsverfahrens

8   Wie die Kenntnis höchstrichterlicher Entscheidungen nationaler Gerichte unentbehrlich ist, so muss sich der **Praktiker** auch mit der einschlägigen Rechtsprechung des EuGH vertraut machen. Die nationalen Gerichte sind nämlich an dessen Rechtsprechung grundsätzlich gebunden.

9   Die Kenntnis der Arbeitsweise des Gerichtshofs ist insbesondere für das **Vorabentscheidungsverfahren** gem. Art. 234 EGV (Art. 177 EGV a. F.) wichtig.[4] Arbeitsgerichte,

---

[1] Zur unmittelbaren Anwendbarkeit des Primärrechts s. § 10 Rn. 71.
[2] Zur unmittelbaren Anwendbarkeit des sekundären Gemeinschaftsrechts s. § 10 Rn. 72 ff.
[3] S. dazu § 9 Rn. 261 ff.
[4] Zu den wichtigsten Verfahrensarten s. § 8 Rn. 183 ff.

I. Individualarbeitsrecht

Landesarbeitsgerichte, Sozialgerichte, Landessozialgerichte sind berechtigt, das Bundesarbeitsgericht und das Bundessozialgericht sind sogar verpflichtet, den EuGH anzurufen, wenn sie in einem schwebenden Verfahren Zweifel über die Auslegung des EG-Vertrages oder über die Gültigkeit und die Auslegung der Handlungen der Gemeinschaft haben. Die genaue Kenntnis der Arbeitsweise des Gerichtshofs[5] hilft den Parteien und ihren Anwälten bei der Entscheidung, wann es sinnvoll ist, das jeweilige nationale Gericht zu einer Vorlage gem. Art. 234 EGV (Art. 177 EGV a. F.) anzuregen, um so dem eigenen Klagebegehren zum Erfolg zu verhelfen.[6]

III. Kenntnis der Organe und ihres Zusammenwirkens

Die Kenntnis der Organe und ihres Zusammenwirkens erleichtert es dem Praktiker, den jeweiligen Stand des Rechtssetzungsverfahrens besser einzuschätzen. Dadurch wird er in die Lage versetzt, etwaige Rechtsentwicklungen frühzeitig zu erkennen und in seine Planung einzubeziehen. 10

§ 3 Überblick über die arbeitsrechtlichen EG-Vorschriften

I. Individualarbeitsrecht

Die Abgrenzung zwischen **Arbeitnehmern** und Selbständigen erfolgt im deutschen Arbeitsrecht für alle Teilbereiche nach einheitlichen Kriterien. Diese Kriterien können auf das Gemeinschaftsrecht nicht ohne weiteres übertragen werden. Wie der EuGH in ständiger Rechtsprechung festgestellt hat, bestimmt sich die Frage, wer Arbeitnehmer i. S. gemeinschaftsrechtlicher Vorschriften ist, nicht nach dem Recht der Mitgliedstaaten, sondern nach Gemeinschaftsrecht. Anders als im deutschen Recht ist der Begriff des Arbeitnehmers im Gemeinschaftsrecht für die einzelnen Verordnungen und Richtlinien jeweils gesondert durch Auslegung zu ermitteln. Der EuGH hat allerdings allgemeine Grundsätze herausgearbeitet, die für die Ermittlung des jeweiligen Arbeitnehmerbegriffs heranzuziehen sind. Eine besondere Problematik ergibt sich für das deutsche Recht daraus, dass Beamte im Gemeinschaftsrecht grundsätzlich keinem Sonderrecht unterliegen.[1] 1

Einen eigenständigen **Arbeitgeberbegriff** enthält das EG-Recht nicht. Allerdings sind nach einzelnen Vorschriften kleinere und mittlere Unternehmen privilegiert. Auf das deutsche Arbeitsrecht hat sich dies bisher nicht ausgewirkt. Jedoch hat der EuGH in seinem Urteil vom 30. 11. 1993 entschieden, dass die Kleinbetriebsklausel des § 23 Abs. 1 KSchG keine gemeinschaftswidrige Beihilfe i. S. von Art. 87 Abs. 1 EGV (Art. 92 Abs. 1 EGV) darstellt.[2] 2

Von großer praktischer Bedeutung für das deutsche Arbeitsrecht sind die gemeinschafts-rechtlichen Bestimmungen zum geschlechtsspezifischen **Diskriminierungsverbot**.[3] Art. 141 EGV (Art. 119 EGV a. F.), der nach der Rechtsprechung des EuGH unmittelbare Wirkung auch gegenüber Privaten entfaltet, enthält den Grundsatz des gleichen Entgelts bei gleicher Arbeit.[4] Das geschlechtsspezifische Diskriminierungsverbot 3

---

[5] Zur Arbeitsweise des EuGH s. § 8 Rn. 154 ff. und 247 ff.
[6] Zur Bedeutung des Vorabentscheidungsverfahrens für die Praxis s. § 8 Rn. 223.
[1] Näher dazu unter § 14 Rn. 10.
[2] Näher dazu unter § 14 Rn. 33.
[3] Im Einzelnen dazu § 16.
[4] S. dazu § 16 I.

des Art. 141 EGV (Art. 119 EGV a. F.) wird durch die Richtlinie 75/117/EWG über die Anwendung des Grundsatzes des gleichen Entgelts für Männer und Frauen vom 10. Februar 1975 (Lohngleichheitsrichtlinie) konkretisiert.[5] Die Richtlinie 76/207/EWG (Gleichbehandlungsrichtlinie) vom 9. Februar 1976 verbietet geschlechtsspezifische Diskriminierungen in Bezug auf den Zugang zur Beschäftigung, die Arbeitsbedingungen und die Berufsbildung.[6] Die Richtlinie 86/378/EWG vom 24. 7. 1986 normiert den Grundsatz der Gleichbehandlung von Frau und Mann für den Bereich der betrieblichen Altersversorgung.[7]

4 Nach der Richtlinie 91/533/EWG über die Pflicht des Arbeitgebers zur **Unterrichtung des Arbeitnehmers** über die für seinen Arbeitsvertrag oder sein Arbeitsverhältnis geltenden Bedingungen vom 12. März 2001 hat der Arbeitnehmer einen Anspruch darauf, spätestens 2 Monate nach Aufnahme der Arbeit über die wesentlichen Punkte seines Arbeitsverhältnisses informiert zu werden. Seiner Verpflichtung zur Umsetzung dieser Richtlinie ist der deutsche Gesetzgeber im Wesentlichen durch das Gesetz zur Anpassung arbeitsrechtlicher Bestimmungen an das EG-Recht vom 20. Juli 1995 nachgekommen.[8]

5 Die Richtlinie 2001/23/EG zur Angleichung der Rechtsvorschriften der Mitgliedstaaten über die Wahrung von Ansprüchen der Arbeitnehmer beim **Übergang von Unternehmen,** Betrieben oder Betriebsteilen vom 12. März 2001 enthält Bestimmungen, die die Arbeitnehmer bei einem Inhaberwechsel schützen und insbesondere die Wahrung ihrer Ansprüche gewährleisten sollen. Von den Richtlinien zur Gleichberechtigung von Mann und Frau abgesehen, ist sie die praktisch bedeutsamste arbeitsrechtliche Richtlinie.[9]

6 Der Schutz der Arbeitnehmer im Falle der **Zahlungsunfähigkeit** des Arbeitgebers ist in der Richtlinie 80/987/EWG zur Angleichung der Rechtsvorschriften der Mitgliedstaaten über den Schutz der Arbeitnehmer bei Zahlungsunfähigkeit des Arbeitgebers vom 20. 10. 1980 geregelt. Diese sehr allgemein gehaltene Richtlinie schreibt die Bildung von Garantieeinrichtungen zur Sicherung von Arbeitnehmeransprüchen bei Zahlungsunfähigkeit des Arbeitgebers außerhalb eines Insolvenzverfahrens vor.[10]

7 Zu den zeitlich ersten Richtlinien auf dem Gebiet des Arbeitsrechts gehört die Richtlinie 75/129/EWG zur Angleichung der Rechtsvorschriften der Mitgliedstaaten über **Massenentlassungen** vom 17. Februar 1975. Die Richtlinie enthält keine materiellrechtlichen Kündigungsregelungen. Sie regelt lediglich die Konsultation von Arbeitnehmervertretern sowie das gegenüber der Arbeitsverwaltung einzuhaltende Verfahren. Der Anwendungsbereich der Richtlinie ist durch die Richtlinie 92/56/EWG zur Änderung der Richtlinie 75/129/EWG vom 24. Juni 1992 erweitert worden. Durch die Richtlinie 98/59/EG wurden beide Richtlinien aufgehoben.[11]

8 Zum Schutz von Teilzeitbeschäftigten, befristet Beschäftigten sowie Leiharbeitnehmern **(atypische Arbeitnehmer)** hat die Kommission dem Rat drei Richtlinienvorschläge vorgelegt. In Kraft getreten ist zunächst nur die Richtlinie 91/383/EWG zur Ergänzung der Maßnahmen zur Verbesserung der Sicherheit und des Gesundheitsschutzes von Arbeitnehmern mit befristetem Arbeitsverhältnis oder Leiharbeitsverhältnis vom 25. 6. 1991. Sie verbietet vor allem, dass Teilzeitbeschäftigte oder Leiharbeitnehmer einem schlechteren Arbeitsschutzstandard unterworfen werden als die sonstigen Arbeitnehmer.[12] Es vergingen mehr als 6 Jahre bis zur Verabschiedung der Richtlinie

---

[5] Näher zur Lohngleichheitsrichtlinie § 16 Rn. 1.
[6] Näher zur Gleichbehandlungsrichtlinie § 16 Rn. 192 ff.
[7] Zur Altersversorgung von Selbständigen s. § 24.
[8] Zur Richtlinie 91/533/EWG s. näher § 18 Rn. 17 ff.
[9] Zur Richtlinie 2001/23/EG s. näher § 18 Rn. 37 ff.
[10] Zur Richtlinie 80/987/EWG s. näher § 18 Rn. 170 ff.
[11] Zur Richtlinie 98/59/EG s. näher § 18 Rn. 190 ff.
[12] Zur Richtlinie 91/383/EWG s. näher § 18 Rn. 213 ff. und 926 ff.

97/81/EG vom 15. Dezember 1997 zu der von UNICE, CEEP und EGB geschlossenen Rahmenvereinbarung über Teilzeitarbeit,[13] die vornehmlich das Ziel hat, Diskriminierungen von Teilzeitbeschäftigten zu beseitigen. Am 28. Juni 1999 wurde dann schließlich die Richtlinie 1999/70/EG zu der EGB-UNICE-Rahmenvereinbarung über befristete Arbeitsverträge verabschiedet. Ihr Ziel ist die Verbesserung des Grundsatzes der Nichtdiskriminierung befristeter Arbeitsverhältnisse sowie die Verhinderung des Missbrauchs durch aufeinander folgende befristete Arbeitsverträge oder Arbeitsverhältnisse.[14]

Unmittelbar geltende **arbeitszeitrechtliche Regelungen** ergeben sich für den Bereich des Straßenverkehrs aus der EWG-Verordnung 3820/85 über die Harmonisierung bestimmter Sozialvorschriften im Straßenverkehr.[15] Zur Verbesserung von Sicherheit, Arbeitshygiene und Gesundheitsschutz der Arbeitnehmer bei der Arbeit hat der Rat zudem die Richtlinie 93/104/EG über bestimmte Aspekte der Arbeitszeitgestaltung vom 23. November 1993 erlassen.[16]

Dem **sozialen Arbeitsschutz** schwangerer Arbeitnehmerinnen, Wöchnerinnen und stillender Arbeitnehmerinnen dient die Richtlinie 92/85/EWG vom 19. Oktober 1992. Neben Arbeitszeitregelungen sowie technischen Arbeitsschutzbestimmungen enthält die Richtlinie Vorschriften zum Mutterschaftsurlaub sowie zum Kündigungsschutz.[17]

Am 22. Juni 1994 hat der Rat die Richtlinie 94/33/EG über den Jugendarbeitsschutz verabschiedet. Die Jugendarbeitsschutzrichtlinie sieht ein grundsätzliches Verbot der Kinderarbeit vor. Sie enthält zudem Bestimmungen zum Sicherheits- und Gesundheitsschutz Jugendlicher sowie Regelungen über die Arbeitszeit, Nachtarbeit und Ruhezeit von Jugendlichen.[18]

Damit sich erwerbstätige Männer und Frauen im Fall der Geburt oder Adoption eines Kindes für mindestens drei Monate um dieses Kind kümmern können, gewährt die Richtlinie 96/34/EG vom 3. Juni 1996 zu der von UNICE, CEEP und EGB geschlossenen Rahmenvereinbarung über Elternurlaub u.a. ein individuelles Recht auf Elternurlaub sowie weitere flankierende Schutzbestimmungen.[19]

In keinem Teilbereich des Arbeitsrechts hat das EG-Recht einen so weitgehenden Einfluss auf das deutsche Recht wie im Bereich des **technischen Arbeitsschutzes**. Die Zahl der Rahmen-, Einzel- und Änderungsrichtlinien, die unmittelbar oder mittelbar das technische Arbeitsschutzrecht betreffen, ist kaum noch überschaubar. Herausragende Bedeutung für das deutsche Arbeitsschutzrecht haben vor allem die Rahmenrichtlinie 89/391/EWG über die Durchführung von Maßnahmen zur Verbesserung der Sicherheit und des Gesundheitsschutzes der Arbeitnehmer bei der Arbeit vom 12. Juni 1989, die Rahmenrichtlinie 80/1107/EWG zum Schutz der Arbeitnehmer vor der Gefährdung durch chemische, physikalische und biologische Arbeitsstoffe bei der Arbeit vom 27. November 1980 sowie die zu diesen Rahmenrichtlinien ergangenen Einzelrichtlinien.[20]

Am 24. Juni 1995 hat der Rat die Richtlinie 95/46/EG zum Schutz natürlicher Personen bei der Verarbeitung personenbezogener Daten und zum freien Datenverkehr verabschiedet. Die Datenschutzrichtlinie soll zum einen die Freizügigkeit von personenbezogenen Daten erleichtern und fördern, und zum anderen einen strengen Schutz der Personen und ihrer Privatsphäre sicherstellen. Anders als das deutsche Bundesdatenschutzgesetz

---

[13] Zur Richtlinie 97/81/EG s. näher § 18 Rn. 218ff.
[14] Zur Richtlinie 1999/70/EG s. näher § 18 Rn. 251ff.
[15] S. dazu näher § 18 Rn. 354ff.
[16] S. dazu näher § 18 Rn. 292ff.
[17] S. dazu näher § 18 Rn. 364ff.
[18] S. dazu näher § 18 Rn. 369ff.
[19] S. dazu näher § 18 Rn. 412ff.
[20] S. dazu näher § 18 Rn. 430ff.

verzichtet die Datenschutzrichtlinie auf unterschiedliche Regelungen für die Verarbeitung personenbezogener Daten im öffentlichen und privaten Bereich.[21]

15 Zum Schutz vor sexuellen Belästigungen am Arbeitsplatz hat die Kommission am 27. November 19991 die Empfehlung 92/131/EWG zum Schutz der Würde von Männern und Frauen am Arbeitsplatz verabschiedet, der als Anlage ein Verhaltenskodex gegen sexuelle Belästigung beigefügt ist.[22]

16 Die in Art. 39 EGV (Art. 48 EGV a. F.) verankerte **Freizügigkeit** der Arbeitnehmer[23] stellt ein wesentliches Element der gemeinschaftsrechtlichen Personenverkehrsfreiheit dar. Sie gibt Arbeitnehmern aus den Mitgliedstaaten der Gemeinschaft das Recht, zum Zwecke der Arbeitsaufnahme und der Bewerbung in andere Mitgliedstaaten einzureisen und sich dort aufzuhalten. Dabei dürfen sie im Hinblick auf ihre Arbeitsbedingungen nicht gegenüber einheimischen Arbeitnehmern benachteiligt werden; zu Arbeitsbedingungen in diesem Sinne sind gemäß Art. 7 Abs. 2 der grundlegenden Freizügigkeits-Verordnung 1612/68 auch soziale und steuerliche Regelungen zu zählen. Aus Art. 7 Abs. 4 VO 1612/68 folgt darüber hinaus, dass auch private Arbeitgeber daran gehindert sind, Arbeitnehmer aus anderen Mitgliedstaaten tarif- oder einzelarbeitsvertraglich zu benachteiligen. Neben der erwähnten Verordnung 1612/68 wird die Freizügigkeit für Arbeitnehmer insbesondere durch die Richtlinie 68/360 über die Aufhebung der Reise- und Aufenthaltsbeschränkungen für Arbeitnehmer der Mitgliedstaaten und ihre Familienangehörigen in der Gemeinschaft und die Verordnung 1251/70 über das Recht der Arbeitnehmer, nach Beendigung einer Beschäftigung im Hoheitsgebiet eines Mitgliedstaats zu verbleiben, sichergestellt. Von großer Bedeutung für die Freizügigkeit der Arbeitnehmer ist weiterhin das an anderer Stelle skizzierte koordinierende Sozialrecht.[24]

17 Im Jahre 1996 hat der Rat die sog. **Entsenderichtlinie** verabschiedet, die für entsandte Arbeitnehmer aus anderen Mitgliedstaaten der Gemeinschaft sowie aus Drittstaaten die Geltung eines Kerns am Arbeitsort geltender arbeitsrechtlicher Mindestbestimmungen festschreibt.[25]

II. Kollektives Arbeitsrecht

18 Das für die Mitgliedstaaten mit Ausnahme Großbritanniens verbindliche Sozialprotokoll von Maastricht, dessen Inhalt durch den Vertrag von Amsterdam in den EG-Vertrag übernommen wurde, sah in zweierlei Weise die Möglichkeit europäischer Rechtsetzung durch Vereinbarungen zwischen den Sozialpartnern vor.[26] So ermächtigte Art. 4 zum Abschluss von **Tarifverträgen auf Gemeinschaftsebene,** die durch die Sozialpartner selbst, die Mitgliedstaaten oder, unter bestimmten Umständen, einen Ratsbeschluss durchgeführt werden können. Außerdem schaffte Art. 2 Abs. 4 die Möglichkeit, auf Grund des Sozialprotokolls erlassene Richtlinien des Rates auf nationaler Ebene von den Sozialpartnern im Wege von Tarifverträgen durchführen zu lassen.

19 Nach jahrzehntelangen Auseinandersetzungen ist im September 1994 auf der Grundlage des Sozialprotokolls von Maastricht unter Ausschluss Großbritanniens die Richtlinie 94/45 über den **Europäischen Betriebsrat** beschlossen worden.[27] Sie sieht für in mehreren Mitgliedstaaten tätige Unternehmen ab einer bestimmten Größe die Einrichtung eines

---

[21] S. dazu näher § 18 Rn. 972 ff.
[22] Dazu näher § 18 Rn. 1043 ff.
[23] Vgl. dazu § 15.
[24] S. dazu § 21 Rn. 1 ff.
[25] S. dazu unter § 15 Rn. 6, 19 ff.
[26] S. dazu § 17, § 19 Rn. 1 ff.
[27] S. dazu § 19 Rn. 22 ff. Zum späteren Beitritt Großbritanniens § 19 Rn. 27.

Europäischen Betriebsrats oder vergleichbarer Gremien zum Zwecke der Unterrichtung und Anhörung der Arbeitnehmer vor. Gleichzeitig räumt sie den betroffenen Unternehmen die Möglichkeit ein, sich durch frühzeitige, auf freiwilliger Basis mit ihren Belegschaften geschlossene Vereinbarungen vergleichbaren Inhalts der Anwendung der Richtlinie zu entziehen.

Die ebenfalls jahrzehntelangen Auseinandersetzungen[28] über die **Europäische Aktiengesellschaft** haben erst Ende 2001 zu einem Ergebnis geführt, nämlich zu einer VO über das Gesellschaftsstatut und einer RL über die Beteiligung der Arbeitnehmer.[29] Die Auseinandersetzungen bezogen sich vor allem auf die Vertretung der Arbeitnehmer in dem Aufsichts- oder Verwaltungsorgan der Gesellschaft, die nun als Besitzstandswahrung nationaler Mitbestimmungsformen geregelt ist. Daneben sieht die RL ein dem Europäischen Betriebsrat vergleichbares Vertretungsorgan vor. Die Umsetzung in nationales Recht muss spätestens bis zum 8. 10. 2004 erfolgen.

Während der Europäische Betriebsrat und die Europäische Aktiengesellschaft nur für grenzüberschreitende Unternehmen und Unternehmensverbindungen vorgesehen sind, gilt die gleichfalls Ende 2001 verabschiedete, in drei Jahren umzusetzende **Richtlinie über die Information und Anhörung der Arbeitnehmer** in der Gemeinschaft für alle Unternehmen und Betriebe in der Gemeinschaft, die mehr als 50 bzw. 20 Arbeitnehmer haben.[30] In Deutschland wird sich vor allem die Frage stellen, ob das BetrVG die Richtlinie schon vorweggenommen hat oder ob stärkere Sanktionen für fehlende oder ungenügende Information und Anhörung erforderlich sind.

§ 4 Überblick über die sozialrechtlichen EG-Vorschriften

Schrifttum: *Eichenhofer,* Sozialrecht der Europäischen Union, 2001; *Haverkate/Huster,* Europäisches Sozialrecht, 1999; *Igl,* Europäische Union und gesetzliche Krankenversicherung, 1999; *Steinmeyer,* Überblick über die Gestaltungsprinzipien des Europäischen Sozialrechts, EAS B 9000.

Übersicht

	Rn.		Rn.
I. Allgemeines	1	IV. Richtlinien mit Bezug zur sozialen Sicherheit	23
II. Das europäische koordinierende Sozialrecht	4	V. Sondereinflüsse des primären Gemeinschaftsrechts auf das Sozialrecht	25
III. Die Bedeutung der Verordnung (EWG) Nr. 1612/68 für das europäische Sozialrecht	21		

I. Allgemeines

Der EG-Vertrag unterscheidet anders als das nationale deutsche Recht nicht genau zwischen Arbeits- und Sozialrecht, sondern erfasst beide Gebiete unter dem Stichwort „**Sozialvorschriften**". Gleichwohl kann von einem europäischen Sozialrecht gesprochen werden, das entstanden ist in Ausführung des Art. 39 EG-Vertrag, wonach innerhalb der Gemeinschaft die Freizügigkeit der Arbeitnehmer herzustellen ist. **Freizügigkeit** hat mit Sozialrecht insoweit unmittelbar etwas zu tun, als sie nicht nur bedeuten kann, dass die

---

[28] S. dazu die Darstellung § 19 Rn. 1 ff.
[29] S. dazu § 19 Rn. 153 ff.
[30] S. dazu § 19 Rn. 30 ff., zu den Vorläufern § 19 Rn. 123 ff.

Arbeitnehmer ungehindert die Grenzen der Mitgliedstaaten überschreiten können. Sie wäre nicht verwirklicht, wenn es dem Aufenthaltsstaat möglich wäre, Staatsangehörige anderer Mitgliedstaaten bei der Gewährung von Sozialleistungen anders zu behandeln als eigene Staatsangehörige; sie wäre ebenfalls dann nicht verwirklicht, wenn der Arbeitnehmer bei Wechsel in einen anderen Mitgliedstaat Anwartschaften oder Ansprüche auf Sozialleistungen verlieren würde. Aus diesem Grunde hat sich ein freizügigkeitsspezifisches Sozialrecht[1] entwickelt, das seine Grundlage findet in der Verordnung (EWG) Nr. 1408/71 über die Anwendung der Systeme der sozialen Sicherheit auf Arbeitnehmer und Selbständige sowie deren Familienangehörige, die innerhalb der Gemeinschaft zu- und abwandern.[2]

2   Ausgangspunkt ist dabei, dass **kein einheitliches Sozialleistungssystem für alle Mitgliedstaaten** geschaffen wird. Dies ist utopisch und wäre angesichts der unterschiedlichen Traditionen, Entwicklungen und Grundvorstellungen in den Mitgliedstaaten auch gar nicht wünschenswert. Die Europäische Gemeinschaft ist eine Union von Staaten mit langer eigenständiger Geschichte; die Vielfalt ist das Kennzeichen, das es zu bewahren gilt, wenn auch die fortschreitende Integration eine langsame und schrittweise Angleichung bewirken wird. Die Situation bei der deutschen Wiedervereinigung ist eine besondere und kann deshalb hiermit nicht gleichgesetzt werden.[3]

3   Will man aber die nationalen Sozialleistungssysteme als solche bestehen lassen, so kann es nur darum gehen, sie so miteinander zu **koordinieren,** dass für den Arbeitnehmer, der von einem Mitgliedstaat in einen anderen wechselt, keine Nachteile entstehen. Die Grundstruktur dieses Mechanismus bringen die Art. 39 Abs. 2 und 42 des EG-Vertrages zum Ausdruck. Nach Art. 39 Abs. 2 EG-Vertrag umfasst die Freizügigkeit „die Abschaffung jeder auf der Staatsangehörigkeit beruhenden unterschiedlichen Behandlung der Arbeitnehmer der Mitgliedstaaten in Bezug auf Beschäftigung, Entlohnung und sonstige Arbeitsbedingungen." Zur Herstellung der Freizügigkeit fordert Art. 42 des EG-Vertrages für das Gebiet der sozialen Sicherheit die Einführung eines Systems, „welches aus- und einwandernden Arbeitnehmern und deren anspruchsberechtigten Angehörigen folgendes sichert: a.) die Zusammenrechnung aller nach den verschiedenen innerstaatlichen Rechtsvorschriften berücksichtigten Zeiten für den Erwerb und die Aufrechterhaltung des Leistungsanspruchs sowie für die Berechnung der Leistungen; b.) die Zahlung der Leistungen an Personen, die in den Hoheitsgebieten der Mitgliedstaaten wohnen."

II. Das europäische koordinierende Sozialrecht

4   Diesen Vorgaben ist der Gemeinschaftsgesetzgeber in der schon erwähnten Verordnung (EWG) Nr. 1408/71 sowie der zu ihrer Durchführung ergangenen Verordnung (EWG) Nr. 574/72 nachgekommen. Diese **Verordnungen** sind gemäß Art. 42 EG-Vertrag einstimmig erlassen worden und **unmittelbar geltendes Recht.**

---

[1] Vgl. zu diesem Begriff *Schuler,* Das Internationale Sozialrecht der Bundesrepublik Deutschland, 1988, S. 274 ff.

[2] Verordnung vom 14. Juni 1971, ABl. (EG) Nr. L 149/2; siehe dazu auch Verordnung (EWG) Nr. 574/72 über die Durchführung der Verordnung (EWG) Nr. 1408/71 über die Anwendung der Systeme der sozialen Sicherheit auf Arbeitnehmer und Selbständige sowie deren Familienangehörige, die innerhalb der Gemeinschaft zu- und abwandern vom 21. 3. 1972, ABl. (EG) Nr. L 74/1; siehe hierzu auch *Eichenhofer,* Sozialrecht der Europäischen Union, 2001; *Haverkate/Huster,* Europäisches Sozialrecht, 1999; *Steinmeyer,* Überblick über die Gestaltungsprinzipien des Europäischen Sozialrechts, EAS B 9000.

[3] Vgl. zu sozialrechtlichen Fragen im Zusammenhang mit der Wiedervereinigung sowie die Parallelen und Unterschiede von deutschem und europäischem Einigungsprozess *Steinmeyer,* Die deutsche Einigung und das Sozialrecht, VSSR 1990, S. 83 ff.; *ders.,* Sozialrechtliche Probleme der Freizügigkeit in einem sich einigenden Deutschland, ZfSH/SGB 1990, S. 466 ff.

II. Das europäische koordinierende Sozialrecht

Die Verordnung 1408/71 stellt sicher, dass der Arbeitnehmer bei Wechsel in einen anderen Mitgliedstaat hinsichtlich seiner sozialen Sicherung keine Nachteile erleidet und legt fest, dass die von der Verordnung erfassten Sozialleistungen auch bei Aufenthalt in einem anderen Mitgliedstaat zu erbringen sind (sog. Leistungsexportprinzip).

Der persönliche Geltungsbereich der Verordnung (EWG) Nr. 1408/71 ist beschränkt auf Arbeitnehmer und Selbständige sowie deren Familienangehörige sowie inzwischen auch Beamte und Studierende.

Nicht alle **Zweige der sozialen Sicherheit** werden von der Verordnung erfasst. Sie beschränkt sich vielmehr auf die Leistungen bei Krankheit und Mutterschaft, Invalidität, Alter und Tod, Arbeitsunfällen und Berufskrankheiten und Arbeitslosigkeit und enthält außerdem Regelungen über Sterbegeld, Familienleistungen und -beihilfen sowie Leistungen für unterhaltsberechtigte Kindern von Rentnern und für Waisen. Ausdrücklich ausgenommen von dieser Verordnung sind die Sozialhilfe sowie Leistungssysteme für Opfer des Krieges und seiner Folgen. Nicht erfasst sind etwa auch Leistungen der Ausbildungsförderung. Die Verordnung beschränkt sich damit auf den Kernbereich der sozialen Sicherungssysteme der Mitgliedstaaten, allerdings ist auch hier eine Entwicklung des europäischen Gemeinschaftsrechts zu verzeichnen, die den Schutz der Betroffenen weiter ausdehnt.

Ähnlich wie regelmäßig auch die Sozialversicherungsabkommen zwischen Staaten sieht die Verordnung (EWG) Nr. 1408/71 in Art. 3 die **Gleichbehandlung** aller Personen vor, die unter den persönlichen Geltungsbereich dieser Verordnung fallen. Deshalb darf ein Staat einen Leistungsanspruch nicht davon abhängig machen, dass der Betreffende Staatsangehöriger dieses Staates ist. Rechtsvorschriften des nationalen deutschen Rechts knüpfen deshalb auch entweder gar nicht an die Staatsangehörigkeit an oder sehen ausdrücklich vor, dass EG-Ausländer wie Inländer zu behandeln sind. Anderslautende Vorschriften würden gegen das dem nationalen Recht vorgehende Gemeinschaftsrecht verstoßen und würden vom Europäischen Gerichtshof verworfen, wie dies schon recht häufig geschehen ist.

Der Europäische Gerichtshof und die Europäische Kommission gehen aber nicht nur gegen ausdrückliche Benachteiligungen auf Grund der Staatsangehörigkeit vor, sondern nehmen sich auch der Fälle der sog. **verdeckten Diskriminierung** an. Hier handelt es sich um Vorschriften und Vorgehensweisen, in denen nicht ausdrücklich nach der Staatsangehörigkeit unterschieden wird, wo aber eine bestimmte Regelung ihrer Ausgestaltung nach in verstärktem Maße Personen trifft, die nicht die Staatsangehörigkeit des die Norm erlassenden Mitgliedstaates haben.

Das europäische Sozialrecht sieht außerdem vor, dass Leistungen grundsätzlich nicht wegen Aufenthalt in einem anderen Mitgliedstaat vorenthalten werden dürfen (vgl. Art. 10 VO Nr. 1408/71). Vielmehr hat der Staat, in dem die Ansprüche erworben wurden, diese auch zu gewähren, wenn der Arbeitnehmer in einem anderen Mitgliedstaat wohnt; er muss die Leistung also exportieren.

In den Art. 13 bis 17a stellt die Verordnung (EWG) Nr. 1408/71 sicher, dass die Personen, die unter den persönlichen Geltungsbereich der Verordnung fallen, in jeder Situation von einer der beteiligten Sozialrechtsordnungen erfasst werden. Wenn – wie oben ausgeführt – das europäische Sozialrecht im Wesentlichen ein Koordinierungssystem darstellt, so müssen Regelungen existieren, die das jeweils anwendbare Recht bestimmen.

Da es sich um ein System zur Gewährleistung der Arbeitnehmerfreizügigkeit handelt, wird grundsätzlich **an das Beschäftigungsverhältnis angeknüpft**. Maßgebend ist also in der Regel nicht der Wohnsitz sondern der Beschäftigungsort; dies ist ähnlich wie die Regelungen der §§ 3 bis 5 SGB IV.[4] Bei vorübergehendem Aufenthalt in einem anderen

---

[4] Vgl. dazu etwa *Steinmeyer*, Die Einstrahlung im internationalen Sozialversicherungsrecht, Berlin 1981; *ders.*, Einführung in das internationale Sozialrecht, in *v. Maydell/Ruland*, Sozialrechtshandbuch (SRH), 2. Aufl. 1996, Kap. 31.

Mitgliedstaat bleibt die bisherige Sozialrechtsordnung weiterhin anwendbar, soweit es sich um Entsendungsfälle handelt (Ausstrahlung und Einstrahlung), d.h. in denen ein Arbeitnehmer von seinem Unternehmen vorübergehend in einen anderen Staat entsandt wird.

13 Die Verordnung gebraucht mehrere verschiedene Methoden, um sicherzustellen, dass der Wechsel in einen anderen Mitgliedstaat für den Wanderarbeitnehmer oder den vergleichbaren Selbständigen nicht zu Nachteilen führt. Diese Methoden tragen den Besonderheiten der jeweiligen Sozialleistung Rechnung, wobei immer zu berücksichtigen ist, dass hier Sozialleistungssysteme unterschiedlichster Konzeption zusammengeführt werden müssen, was naturgemäß zu sehr komplizierten Einzelregelungen führt.

14 Die Vermeidung von Nachteilen bei Wechsel in einen anderen Mitgliedstaat geschieht zum einen dadurch, dass zur Erfüllung von Leistungsvoraussetzungen die in den verschiedenen Mitgliedstaaten zurückgelegten Zeiten zusammengerechnet werden (**Zusammenrechnungsprinzip**). Sieht etwa § 50 Abs. 2 SGB VI eine Wartezeit von 20 Jahren vor und hat der betreffende Arbeitnehmer – sei er nun Deutscher oder EG-Ausländer – in Deutschland nur anrechenbare Zeiten von insgesamt 10 Jahren zurückgelegt, so werden für die Erfüllung der Wartezeit auch ausländische Zeiten angerechnet. Wie dieses Beispiel zeigt, spielt dieses Prinzip besonders bei Sozialleistungen für den Fall von Alter, Invalidität oder Tod eine Rolle.

15 Bei Sozialleistungen für den Fall der Krankheit stellt sich diese Frage regelmäßig nicht. Hier geht es vielmehr darum, wie bei Aufenthalt in einem anderen Mitgliedstaat als dem, in dem der Versicherungsschutz besteht, die Leistungserbringung gewährleistet werden kann. Der Versicherte soll auch bei Auslandsaufenthalt sofort und unmittelbar Leistungen für den Fall der Krankheit in Anspruch nehmen können. Dies stellt die Verordnung dadurch sicher, dass sie bestimmt, dass Sachleistungen für Rechnung des zuständigen Trägers vom Träger des Aufenthaltsstaates erbracht werden. Die Geldleistungen werden in jedem Fall vom heimatlichen Träger geleistet. Die Leistungshöhe richtet sich dann auch nach den Vorschriften des Beschäftigungsstaates.

16 Dieses Prinzip kann nur für kurzfristige Geldleistungen in der Krankenversicherung so gelten. Bei Sozialleistungen wegen Alters, Invalidität oder Tod (**Rentenleistungen**) muss aber berücksichtigt werden, dass der Arbeitnehmer Beiträge zu verschiedenen nationalen Sozialversicherungssystemen entrichtet hat bzw. Aufenthaltszeiten in verschiedenen Staaten zurückgelegt hat. Hier wäre es denkbar, den Arbeitnehmer bzw. Selbständigen so zu behandeln, als habe er immer in dem Staat gelebt und gearbeitet, in dem er schließlich den Rentenantrag stellt (sog. **Eingliederungsprinzip**). Nach diesem Prinzip ist während der Teilung Deutschland verfahren worden, wenn es etwa um Personen ging, die von der DDR in die Bundesrepublik übergesiedelt sind. Ein solches Prinzip ist aber in einer Gemeinschaft von Staaten mit unterschiedlichem Sozialleistungsniveau und starken Wanderungsbewegungen in alle Richtungen nicht sehr sinnvoll.

17 Der Gemeinschaftsgesetzgeber hat sich deshalb für ein System entschieden, nach dem zunächst jeder beteiligte Träger nach seinen Rechtsvorschriften die Rentenleistung berechnet. Er stellt dabei auch eine theoretische Berechnung dahingehend an, welcher Betrag sich ergeben würde, wenn alle mitgliedstaatlichen Zeiten nur in diesem einen Staat zurückgelegt worden wären. Dieser theoretische Betrag ist dann nach dem Verhältnis aufzuteilen, das sich aus der Zeit in diesem Staat zu allen mitgliedstaatlichen Zeiten ergibt (**pro-rata-temporis-Prinzip**). In den Fällen, in denen ein Rentenanspruch allein nach den innerstaatlichen Rechtsvorschriften bereits erfüllt ist, findet ein Vergleich zwischen dem sich daraus ergebenden Betrag und dem pro-rata-temporis-Betrag statt. Nur der höhere der beiden Beträge wird berücksichtigt. Die Obergrenze bildet der oben genannte theoretische Betrag. Vereinfacht gesagt erhält der Wanderarbeitnehmer aus jedem Mitgliedstaat den nach den jeweiligen nationalen Rechtsvorschriften berechneten Rentenbetrag, der dem dort zurückgelegten Zeitraum entspricht.

18 Das Koordinierungssystem für Leistungen wegen **Arbeitsunfall und Berufskrankheit** weist deutliche Parallelen zu dem für Leistungen bei Krankheit auf. Besonderer Regelungen bedarf es hier im Wesentlichen nur für den Fall der Berufskrankheit bei Tätigkeit in mehreren Mitgliedstaaten. Hier müssen Doppelentschädigungen vermieden werden.

Bei den Leistungen wegen **Arbeitslosigkeit** verdient hervorgehoben zu werden, dass der Wanderarbeitnehmer grundsätzlich Leistungen nach dem Recht des Beschäftigungsstaats erhält; wechselt er allerdings während des Bezugs dieser Leistungen in einen anderen Mitgliedstaat, so erlischt der Anspruch nach drei Monaten. Diese Regelung ist oft kritisiert worden, da sie freizügigkeitshindernd ist und den Arbeitslosen davon abhalten mag, in einem anderen Mitgliedstaat nach Arbeit zu suchen. Solange aber keine europaweite Arbeitsvermittlung existiert, besteht große Sorge vor einem Missbrauch, indem sich etwa der Arbeitslose in ein Land mit niedrigeren Lebenshaltungskosten und geringen Arbeitsmarktchancen begibt, um dort – so der Vorwurf – ungestört die Leistungen bei Arbeitslosigkeit verbrauchen zu können.

Sonderregelungen gelten für **Familienleistungen** – also insbesondere Kindergeld. Hier besteht das Problem darin, dass in einigen Mitgliedstaaten diese Leistungen als Leistungen der Sozialversicherung ausgestaltet sind und in anderen als steuerfinanzierte Sozialleistungen. Im ersteren Fall bietet sich eine Anknüpfung an das Beschäftigungsverhältnis, d. h. den Beschäftigungsort an, im letzteren hingegen an den Wohnsitz. Da Kindergeldleistungen und andere Familienleistungen aber typischerweise auf den Bedarf im jeweiligen Mitgliedstaat zugeschnitten sind, also die Anknüpfung an den Wohnsitz sinnvoller wäre, führt eine Anknüpfung an den Beschäftigungsort – wie sie die Verordnung vorsieht – zu Problemen.

III. Die Bedeutung der Verordnung (EWG) Nr. 1612/68 für das europäische Sozialrecht

Das europäische Sozialrecht beschränkt sich nicht allein auf die Verordnungen Nr. 1408/71 und 574/72. Bedeutung hat auch die Verordnung (EWG) Nr. 1612/68 über die Freizügigkeit der Arbeitnehmer innerhalb der Gemeinschaft,[5] auch als **arbeitsrechtliche Freizügigkeitsverordnung** bezeichnet. Nach ihrem Art. 7 Abs. 2 genießen Arbeitnehmer bei Tätigkeit in einem anderen Mitgliedstaat die gleichen steuerlichen und sozialen Vergünstigungen wie die inländischen Arbeitnehmer.

Der Begriff der **sozialen Vergünstigungen** wird vom Europäischen Gerichtshof sehr weit verstanden; in den Genuss der Vergünstigungen kommen auch die Familienangehörigen des Arbeitnehmers, soweit sie sich ebenfalls im Inland aufhalten. Deshalb können sie etwa auch vom Bezug von Leistungen der Ausbildungsförderung nicht ausgeschlossen werden. Das bedeutet, dass bei Sozialleistungen, die von der VO Nr. 1408/71 nicht erfasst werden, in diesen Fällen gleichwohl der Gleichbehandlungsgrundsatz greift.

IV. Richtlinien mit Bezug zur sozialen Sicherheit

Deutlich **geringere Bedeutung als im Arbeitsrecht** haben im Sozialrecht Richtlinien des Rates. Dies liegt zum einen daran, dass – wie noch zu zeigen sein wird – die Kompetenzen für das Setzen von Mindeststandards im Bereich der sozialen Sicherheit begrenzt sind. Zum anderen ist dies darin begründet, dass der Kern des europäischen Sozialrechts das freizügigkeitsspezifische koordinierende Sozialrecht ist. Für die sozialen Sicherungssysteme der Mitgliedstaaten ist es aber weniger einschneidend, wenn diese ohne inhaltliche Veränderungen koordiniert werden als wenn das Ziel der Freizügigkeit durch die Systeme inhaltlich verändernde Mindestvorschriften erreicht würde. Eine unmittelbar

---

[5] Vom 15. 10. 1968 – ABl. (EG) Nr. 257/2.

wirkende koordinierende Verordnung wird von Art. 42 EG-Vertrag verlangt und vermag das Ziel besser zu erreichen als Mindestvorschriften.

24 An **Richtlinien** mit Bedeutung für das europäische Sozialrecht sind zu nennen:
1. Die Richtlinie des Rates vom 19. Dezember 1978 zur schrittweisen Verwirklichung des Grundsatzes der **Gleichbehandlung von Männern und Frauen im Bereich der sozialen Sicherheit** (79/7/EWG).[6] Für das deutsche Recht bedeutsam sind hier die Entscheidungen des Europäischen Gerichtshofs zu den geringfügigen Beschäftigungsverhältnissen.[7] Wichtig für die deutsche Situation ist aber auch, dass nach Art. 7 dieser Richtlinie diese nicht der Befugnis der Mitgliedstaaten entgegensteht, die Festsetzung des Rentenalters für die Gewährung der Altersrente oder Ruhestandsrente und etwaige Auswirkungen daraus auf andere Leistungen vom Anwendungsbereich auszuschließen.
2. Die Richtlinie des Rates vom 24. Juli 1986 zur Verwirklichung des Grundsatzes der **Gleichbehandlung von Männern und Frauen bei den betrieblichen Systemen der sozialen Sicherheit** (86/378/EWG).[8] Zu dieser Richtlinie ist bereits zu bemerken, dass sie sich nicht mit dem klassischen Sozialrecht befasst sondern mit dem, was wir in Deutschland unter die betriebliche Altersversorgung fassen. Daraus wird aber zugleich auch deutlich, dass die europäische Sichtweise von der deutschen abweicht, zugleich
aber auch deutlich macht, dass sowohl durch private als auch durch öffentliche Sicherungsformen soziale Sicherheit bereitgestellt werden kann.
3. In diese Kategorie fällt auch die Richtlinie 98/49/EG des Rates vom 29. Juni 1998 zur **Wahrung ergänzender Rentenansprüche von Arbeitnehmern und Selbständigen, die innerhalb der Gemeinschaft zu- und abwandern**.[9] Da der Versuch einer Übertragung der VO 1408/71 auf die betrieblichen Systeme fehlschlagen muss, blieb nur der Weg einer Setzung von Mindeststandards, die dann aber – aus politischen Gründen – recht bescheiden ausgefallen sind und keine Sicherheit geben, dass sich aus dem primären gemeinschaftsrecht zusätzliche Vorgaben ergeben.[10]

V. Sondereinflüsse des primären Gemeinschaftsrechts auf das Sozialrecht

25 Obwohl oder vielleicht gerade weil das Sozialrecht recht dezidiert geregelt ist, hat sich in mehrfacher Weise ein besonderer Einfluss des primären Gemeinschaftsrechts ergeben.

26 So wurden und werden noch bestehende Lücken im Freizügigkeitskonzept der VO 1408/71 durch Rechtsprechung des Europäischen Gerichtshofs geschlossen.

27 Zum Beispiel war Anstoß für die Einbeziehung der Beamten in die Verordnung eine Entscheidung des Gerichtshofs, die eine Zusammenrechnung von Versicherungszeiten ohne Rücksicht auf den Umstand forderte, dass eine der beiden Zeiten in einem Sondersystem für Beamte zurückgelegt wurde.[11]

28 Für erheblichen Zündstoff haben zwei Entscheidungen des Europäischen Gerichtshofs in den Rechtssachen **Decker**[12] und **Kohll**[13] gesorgt, nach denen über das Koordinierungssystem der Verordnung hinaus unter Berufung auf die Dienstleistungsfreiheit und die

---

[6] ABl. EG Nr. L 6/6/24 vom 10. 1. 1979.
[7] EuGH v. 14. 12. 1995 Rs C-317/93 – Nolte, Slg. I-1995, S. 4652; EuGH v. 14. 12. 1995 – Rs C-444/93 – Megner, Slg. I-1995, S. 4741.
[8] In der Fassung RL 96/97 v. 20. 12. 1996 ABl. EG Nr. L 46 v. 17. 2. 1997.
[9] ABl. EG Nr. L 209 vom 25. 7. 1998 S. 46–49.
[10] S. näher *Steinmeyer*, Die Richtlinie 98/49/EG zur Wahrung ergänzender Rentenansprüche, EuZW 1999, S. 645 ff.
[11] EuGH v. 22. 11. 1995 – Rs C-443/93 – Vougioukas, Slg. 1995, I – S. 4013.
[12] EuGH v. 28. 4. 1998 – Rs C-120/95 – Decker, DB 1998, S. 987.
[13] EuGH v. 28. 4. 1998 – Rs C-158/96 – Kohll, DB 1998, S. 988.

Warenverkehrsfreiheit Leistungen zu Lasten hier des luxemburgischen Systems der gesetzlichen Krankenversicherung Leistungen abgerechnet werden können, was zu entsprechenden Fragen auch für die deutsche gesetzliche Krankenversicherung geführt hat.[14]

Schließlich hat inzwischen das europäische Wettbewerbs- und Kartellrecht erheblichen Einfluss auf die gesetzliche Krankenversicherung entwickelt. Es ist nicht zu leugnen, dass wir es mit einem Gesundheits*markt* zu tun haben, der zwar zahlreiche staatliche Vorgaben aufweist, in dem aber gleichwohl Marktmechanismen Geltung haben. Das höherrangige europäische Wettbewerbs- und Kartellrecht gewinnt hier verstärkt Einfluss.[15]

29

§ 5 Arbeitsvölkerrecht und Internationales Privatrecht

I. Internationales Privatrecht und Internationales Arbeitsrecht

Der Einsatz von Arbeitskräften im Ausland stellt sich durch die zunehmende Internationalisierung der Wirtschaft und durch global agierende multinationale Konzernunternehmen nicht mehr nur als Ausnahmefall dar. Gerade im europäischen Raum wird die durch den Binnenmarkt stark gestiegene Mobilität der Arbeitskräfte in zunehmendem Maße dazu führen, dass die Anwendbarkeit unterschiedlicher Arbeitsrechtsordnungen in Betracht kommt. Im Binnenmarkt ergibt sich diese Möglichkeit weiterhin aus der durch die Niederlassungsfreiheit ebenfalls stark gestiegenen Mobilität der Unternehmen.

1

In diese Fällen gilt es zu klären, inwieweit für die Vertragspartner eine Wahlmöglichkeit zwischen den Normen der verschiedenen Rechtsordnungen besteht und ob bestimmte Normen überhaupt zur Anwendung gelangen können. Für ein solches Aufeinandertreffen unterschiedlicher Rechtsordnungen hält das Internationale Privatrecht als Teil des **Kollisionsrechts** Regelungen bereit, die darüber entscheiden, welche nationale arbeitsrechtliche Sachnormen auf einen solchen Sachverhalt anwendbar sind.

2

Bis zu dem Inkrafttreten des **Gesetzes zur Neuregelung des Internationalen Privatrechts**[1] vom 25. 7. 1986 (**IPRNG**) bestand im Bereich des Internationalen Arbeitsvertragsrechts auf Grund der nur punktuellen Regelungen ausgewählter Arbeitsverhältnisse geradezu ein „Gesetzesvakuum",[2] welches weitestgehend durch richterliche Rechtsfortbildung gefüllt wurde.

3

Die durch das IPRNG in das EGBGB eingefügten Änderungen und Neuerungen gehen auf das Übereinkommen über das auf vertragliche Schuldverhältnisse anwendbare Recht zurück (**EuSchVÜ**), welches die Mitgliedstaaten der EG am 19. 6. 1980 zur Vereinheitlichung des Internationalen Privatrechts abgeschlossen haben.[3] Mit der Ratifizierung durch das Vereinigte Königreich ist das Übereinkommen am 1. 4. 1991 in Kraft getreten.

4

Welche Neuerungen mit diesem Gesetz verbunden sind, insbesondere bezüglich der Gestaltungsfreiheit der Verträge, und ob es damit gelungen ist, wie es die Begründung

5

---

[14] S. hierzu auch *Igl*, Europäische Union und gesetzliche Krankenversicherung, Wiesbaden 1999; *Künkele*, Kostenerstattung für medizinische Leistungen im EG-Ausland? – Zu den Auswirkungen der EuGH-Entscheidungen Kohll und Decker auf das deutsche Krankenversicherungssystem, 2000. *Verschueren*, SGb 2001, 356 ff.

[15] *Steinmeyer*, Kartellrecht und deutsche gesetzliche Krankenversicherung, FS Sandrock, Heidelberg 2000, S. 943 ff.; *ders.*, Wettbewerbsrecht im Gesundheitswesen – Kartellrechtliche Beschränkungen in der gesetzlichen Krankenversicherung, Berlin 2000.

[1] BGBl. 1986 I S. 1142.
[2] *Ferid*, IPR, § 6, Rn. 6 ff.
[3] ABl. EG Nr. L 266 S. 6 = BT-Drucks. 10/503, S. 6 ff. mit Denkschrift zum Übereinkommen und Bericht von *Giuliano/Lagarde*.

zum Regierungsentwurf ausdrückt, „der rechtsanwendenden Praxis einen zeitgemäßen Normenbestand zur Bewältigung von privatrechtlichen Sachverhalten mit Auslandsberührung an die Hand zu geben",[4] wird die Darstellung des Internationalen Arbeitsrechts zeigen.[5]

II. Arbeitsvölkerrecht

6   Die Normen des Arbeitsvölkerrechts, deren Bedeutung und Umfang in den letzten Jahrzehnten ständig gestiegen ist, rücken erst nach und nach in das Blickfeld des Rechtsanwenders. Im Gegensatz zum Internationalen Arbeitsrecht, welches kollisionsrechtliche Normen enthält, enthält das Arbeitsvölkerrecht supranationales materielles Arbeitsrecht, welches ohne auslandsrechtlichen Bezug neben den nationalen arbeitsrechtlichen Vorschriften Anwendung finden kann.

7   Es beruht in erster Linie auf multinationalen Verträgen, die entweder im Rahmen der **UNO** und ihrer Unterorganisationen oder im Rahmen des regional begrenzten europäischen (Völker-)Rechts zustande kommen. Neben weiteren bilateralen Verträgen gibt es noch eine große Zahl von Erklärungen internationaler Organisationen, denen allerdings keine Rechtsverbindlichkeit zukommt.

8   Die Regelungen des Arbeitsvölkerrechts richten sich zunächst nur an die vertragsschließenden Staaten. Verbindlichkeit für den Rechtsunterworfenen können diese Verträge innerhalb der Bundesrepublik nur durch einen entsprechenden Umsetzungsakt, also durch konkretisierende nationale Gesetze, entfalten, oder wenn es sich um sogenannte „self executing treaties" handelt. Weiterhin können internationale Bestimmungen für die Auslegung nationaler Vorschriften von Belang sein. In diesem Zusammenhang werden die **Menschenrechtspakte** der UNO[6] sowie die Struktur, der Aufgabenbereich und die rechtsetzende Tätigkeit der **Internationalen Arbeitsorganisation**[7] (IAO oder ILO = International Labour Organization) dargestellt.

9   Die Normumsetzungsfunktion der UNO beschränkt sich im Bereich des Arbeitsrechts auf Grund ihrer Stellung als Mutterorganisation auf die Kodifikation von wirtschaftlichen und sozialen Grundrechten[8] denen innerhalb der Bundesrepublik nur eine untergeordnete Rolle zukommt. Von größerer Bedeutung ist die Arbeit der eine Sonderorganisation der UNO bildenden IAO, die für eine Vielzahl völkerrechtlicher Übereinkommen auf dem Gebiet des Arbeitsvölkerrechts verantwortlich zeichnet. Die für die Arbeit des Rechtsanwenders unabdingbare Kenntnis von Inhalt und Verbindlichkeit der wesentlichen arbeitsrechtlichen Regelungen der UNO und der IAO wird in diesem Abschnitt vermittelt.

10 Hinsichtlich der durch die **Durchsetzung arbeitsvölkerrechtlicher Regelungen** sichernden Mechanismen gilt es zwischen der völkerrechtlichen und der nationalen Ebene zu differenzieren.[9] Während es im völkerrechtlichen Bereich nur für den Bereich der EMRK Schutzmechanismen gibt, die eine Bezeichnung als Rechtssystem verdienen, können die unter bestimmten Voraussetzungen zur innerstaatlichen Geltung gelangten Regeln des Völkerrechts vor innerstaatlichen Instanzen durchgesetzt werden.

---

[4] BT-Drucks. 10/503, S. 21.
[5] S. dazu § 16 Rn. 1 ff. und 31 ff.
[6] S. dazu § 34 Rn. 4 f.
[7] S. dazu § 34 Rn. 58 ff.
[8] S. dazu § 34 Rn. 4 ff.
[9] S. dazu § 34 Rn. 14 ff., 36 ff., 50 ff., 56 ff., 93 ff.

§ 6 Völkerrecht des Sozialversicherungsrechts und Internationales Sozialversicherungsrecht

Schrifttum: *Frank,* Allgemeine Regeln des internationalen Sozialrechts – zwischenstaatliche Regelungen, in: *v. Maydell/Ruland,* Sozialrechtshandbuch, 2. Aufl. 1996, Kap. 33; *Plöger/Wortmann/Kerger,* Sozialversicherung – International, Loseblatt Stand 3/2000; *Yoffee,* International Social Security Agreements, 1973.

Übersicht

	Rn.		Rn.
I. Allgemeines	1	b) Der Grundsatz der Gebietsgleichstellung	34
II. Völkerrecht des Sozialversicherungsrechts	3	c) Vermeidung der Leistungskumulation	35
III. Zwischenstaatliches Sozialversicherungsrecht	7	d) Das Leistungsexportprinzip	37
1. Allgemeines	7	e) Grundsatz der Zusammenrechnung von Versicherungszeiten	38
2. Die einzelnen Abkommen	12	IV. Das internationale Sozialversicherungsrecht	39
3. Zusammenfassende Wertung	29	1. Allgemeines	39
4. Gemeinsame Grundsätze zum Leistungsrecht	31	2. Modifikationen durch die Regelungen zur Ein- und Ausstrahlung	44
a) Der Grundsatz der Inländergleichbehandlung	32		

I. Allgemeines

Für das Sozialrecht ist zu unterscheiden zwischen völkerrechtlichen Vorgaben für die Ausgestaltung von Sozialsystemen, dem auf völkerrechtlichen Verträgen beruhenden zwischenstaatlichen Sozialrecht und dem internationalen Sozialrecht im Sinne eines Sozial-Kollisionsrechts.

Die internationalen Regelungen befassen sich mit den **Wirkungen ausländischen Sozialrechts auf die Sozialrechtsordnung der Bundesrepublik Deutschland.**[1] Hier sind neben den Regelungen des supranationalen Rechts der Europäischen Gemeinschaft auch die bilateralen und möglicherweise auch die multilateralen Verträge über Fragen des Sozialrechts zu untersuchen. Bei den Verträgen geht es zum einen darum, in- und ausländisches Sozialrecht zu koordinieren, zum anderen aber auch um multilaterale Verträge, die Mindestbedingungen festlegen. So bestehen die klassischen Sozialversicherungsabkommen über die verschiedenen sozialrechtlichen Teilbereiche, die jeweils die Aufgabe haben, die nationalen Systeme sozialer Sicherheit so miteinander zu verknüpfen, dass durch einen Wechsel in den jeweils anderen Staat oder einen Aufenthalt dort keine Nachteile entstehen. Sie verfolgen damit das gleiche Ziel wie das bereits geschilderte und behandelte europäische Sozialrecht.

II. Völkerrecht des Sozialversicherungsrechts

Bei **völkerrechtlichen Verträgen über Mindestbedingungen** sind insbesondere die Übereinkommen der Internationalen Arbeitsorganisation (International Labour Organization – ILO) zu nennen, aber auch etwa Konventionen des Europarats.

---

[1] So *Eichenhofer,* Internationales Sozialrecht und Internationales Privatrecht, 1987, S. 65, 70 ff.

4 Hier ist insbesondere zu nennen die Europäische Sozialcharta vom 18. 10. 1961,[2] die von Mitgliedern des Europarats abgeschlossen worden ist und insbesondere in den Art. 12 ff. Regelungen zum Sozialrecht enthält.

5 Zu nennen ist auch die Europäische Ordnung der sozialen Sicherheit vom 16. 4. 1964,[3] die eine Rahmenordnung für das nationale Sozialrecht der Mitgliedstaaten des Europarats setzt.

6 Aus dem Bereich der IAO ist insbesondere zu nennen das Übereinkommen Nr. 102 über die Mindestnormen der Sozialen Sicherheit vom 28. 6. 1952[4] sowie das Übereinkommen Nr. 118 über die Gleichbehandlung in der Sozialen Sicherheit.[5] In letzterem Übereinkommen verpflichten sich die Vertragsstaaten, den Staatsangehörigen, Flüchtlingen und Staatenlosen der anderen Vertragsstaaten gleiche Behandlung wie ihren eigenen Staatsangehörigen hinsichtlich der Sozialen Sicherheit zu gewähren.

III. Zwischenstaatliches Sozialversicherungsrecht

1. Allgemeines

7 Das zwischenstaatliche Recht der bilateralen Sozialversicherungsabkommen folgt im Wesentlichen **vergleichbaren Grundsätzen wie das europäische Sozialrecht,** d. h. die Abkommen bestimmen bei Sachverhalten mit Berührungen zu den jeweiligen Abkommensstaaten, welches nationale Sozialrecht anwendbar ist.

8 Sie behandeln auch die Frage der Gebietsgleichstellung und sehen im Grundsatz Vorschriften über die Zusammenrechnung von Versicherungszeiten zur Feststellung der Leistungsvoraussetzungen und der Leistungshöhe vor.

9 Weiterhin finden sich Vorschriften etwa zur Leistungsaushilfe bei Erkrankung im jeweils anderen Abkommensstaat.

10 Die Abkommen gelten grundsätzlich nur für die Staatsangehörigen der beteiligten Staaten; es finden sich aber auch Abkommen, die Drittstaatsangehörige mit einbeziehen. Auch sonst kann der persönliche Geltungsbereich je individuell von Abkommen zu Abkommen unterschiedlich ausgestaltet sein.

11 Wichtig ist weiterhin noch, dass der sachliche Geltungsbereich nicht immer den gleichen Umfang hat. So gibt es mit einigen Staaten nur Abkommen über die Altersversorgung; insbesondere die Krankenversicherung wird verschiedentlich nicht erfasst; generell ausgeklammert bleibt die Arbeitslosenversicherung.

2. Die einzelnen Abkommen

a) Bosnien-Herzegowina

12 Insoweit gilt bis zum Abschluss eines besonderen Abkommens noch das zwischen der Bundesrepublik Deutschland und Jugoslawien.

b) Bulgarien

13 Das Abkommen zwischen der Bundesrepublik Deutschland und der Republik Bulgarien über Soziale Sicherheit vom 17. 12. 1997[6] umfasst von seinem sachlichen Geltungsbereich her die Unfallversicherung in Bezug auf Renten und einmalige Geldleistungen,

---

[2] BGBl. II 1964, S. 1262; s. § 36 Rn. 15 ff.
[3] BGBl. II 1970, S. 910, 949.
[4] BGBl. II 1957, S. 1322.
[5] BGBl. II 1970, S. 803.
[6] BGBl. II 1998, S. 2013.

III. Zwischenstaatliches Sozialversicherungsrecht

die Rentenversicherung, die hüttenknappschaftliche Zusatzversicherung und die Alterssicherung der Landwirte, also insbesondere nicht die Arbeitslosenversicherung und die Krankenversicherung sowie die Sachleistungen der gesetzlichen Unfallversicherung.

c) Chile

Das Abkommen zwischen der Bundesrepublik Deutschland und der Republik Chile über Rentenversicherung vom 6. 8. 1993[7] umfasst – wie bereits aus der Benennung dieses Abkommens ersichtlich – nur einen Zweig des Systems sozialer Sicherheit.

d) Israel

Das Abkommen zwischen der Bundesrepublik Deutschland und dem Staat Israel vom 17. 12. 1973[8] – zuletzt geändert durch das Zusatzabkommen vom 12. 2. 1995[9] – bezieht sich auf die Krankenversicherung sowie den Schutz der erwerbstätigen Mutter, soweit sie die Gewährung von Geld- und Sachleistungen durch die Träger der Krankenversicherung zum Gegenstand haben, die Unfallversicherung, die Rentenversicherung und die hüttenknappschaftliche Zusatzversicherung; ausgeklammert bleibt also die Arbeitsloseversicherung.

e) Japan

Das Abkommen zwischen der Bundesrepublik Deutschland und Japan über Soziale Sicherheit vom 20. 4. 1998[10] erfasst die gesetzliche Rentenversicherung, die hüttenknappschaftliche Zusatzversicherung und die Alterssicherung der Landwirte, also nur die Alterssicherung.

f) Jugoslawien

Das Abkommen zwischen der Bundesrepublik Deutschland und der Sozialistischen Föderativen Republik Jugoslawien vom 12. 10. 1968[11] – zuletzt geändert durch Abkommen vom 30. 9. 1974,[12] das bis auf weiteres auch noch für Bosnien-Herzegowina und Mazedonien gilt, bezieht sich auf die Krankenversicherung, die Unfallversicherung, die Rentenversicherung und das Kindergeld für Arbeitnehmer.

g) Kanada

Das Abkommen zwischen der Bundesrepublik Deutschland und Kanada vom 14. 11. 1985[13] erfasst nur die Rentenversicherung, die hüttenknappschaftliche Zusatzversicherung sowie die Altershilfe für Landwirte.

h) Kroatien

Das Abkommen zwischen der Bundesrepublik Deutschland und der Republik Kroatien über Soziale Sicherheit vom 24. 11. 1997[14] erfasst die Krankenversicherung, die Unfallversicherung, die Rentenversicherung, die hüttenknappschaftliche Zusatzversicherung und die Alterssicherung der Landwirte, klammert also wie auch alle bisher dargestellten die Arbeitslosenversicherung aus.

---

[7] BGBl. II 1993, S. 1227.
[8] BGBl. II 1975, S. 245.
[9] BGBl. II 1996, S. 299.
[10] BGBl. II 1999, S. 876.
[11] BGBl. II 1969, S. 1438.
[12] BGBl. II 1975, S. 390.
[13] BGBl. II 1988, S. 28.
[14] BGBl. II 1998, S. 2034.

i) Marokko

20 Das Abkommen zwischen der Bundesrepublik Deutschland und dem Königreich Marokko über Soziale Sicherheit vom 25. 3. 1981[15] erfasst die Krankenversicherung, die Unfallversicherung, die Rentenversicherung und die hüttenknappschaftliche Zusatzversicherung sowie die Altershilfe für Landwirte.

j) Polen

21 Zwischen Deutschland und Polen bestehen insgesamt 3 Abkommen über Soziale Sicherheit:
 – Das Abkommen zwischen der Bundesrepublik Deutschland und der Volksrepublik Polen über die Sozialversicherung von Arbeitnehmern, die in das Gebiet des anderen Staates vorübergehend entsandt werden vom 25. 4. 1973[16]
 – Das Abkommen zwischen der Bundesrepublik Deutschland und der Volksrepublik Polen über Renten- und Unfallversicherung vom 9. 10. 1975[17]
 – Das Abkommen zwischen der Bundesrepublik Deutschland und der Republik Polen über Soziale Sicherheit vom 8. 12. 1990.[18]

22 Speziell mit vorübergehender Tätigkeit im jeweils anderen Vertragsstaat befasst sich das erstgenannte Abkommen. Sein sachlicher Geltungsbereich bezieht sich auf die Kranken-, Unfall- und Rentenversicherung.

k) Schweiz

23 Das Abkommen zwischen der Bundesrepublik Deutschland und der Schweizerischen Eidgenossenschaft über Soziale Sicherheit vom 25. 2. 1964[19] – zuletzt geändert durch das Zweite Zusatzabkommen zum Abkommen vom 25. Februar 1964 zwischen der Bundesrepublik Deutschland und der Schweizerischen Eidgenossenschaft über Soziale Sicherheit vom 2. 3. 1989[20] – erfasst die Rentenversicherung, die Altershilfe für Landwirte, die Unfallversicherung, das Kindergeld und die Krankenversicherung.

l) Slowenien

24 Das Abkommen zwischen der Bundesrepublik Deutschland und der Republik Slowenien über Soziale Sicherheit vom 24. 9. 1997[21] erfasst die Krankenversicherung, die Unfallversicherung, die hüttenknappschaftliche Zusatzversicherung sowie die Alterssicherung der Landwirte.

m) Türkei

25 Das Abkommen zwischen der Bundesrepublik Deutschland und der Republik Türkei über Soziale Sicherheit vom 30. 4. 1964[22] – zuletzt geändert durch Zusatzabkommen vom 2. 11. 1984 zum Abkommen vom 30. 4. 1964 zwischen der Bundesrepublik Deutschland und der Republik Türkei über Soziale Sicherheit in der Fassung des Änderungsabkommens vom 28. 3. 1969 und des Zwischenabkommens vom 25. 10. 1974[23] erfasst die Krankenversicherung, die Unfallversicherung, die Rentenversicherung und die hüt-

---

[15] BGBl. II 1986, S. 522.
[16] BGBl. II 1974, S. 926.
[17] BGBl. II 1976, S. 396.
[18] BGBl. II 1991, S. 743.
[19] BGBl. II 1964, S. 1293.
[20] BGBl. II 1989, S. 892.
[21] BGBl. II 1998, S. 1987.
[22] BGBl. II 1965, S. 1170.
[23] BGBl. II 1986, S. 1040.

III. Zwischenstaatliches Sozialversicherungsrecht   26–32 § 6

tenknappschaftliche Zusatzversicherung, die Altershilfe für Landwirte sowie das Kindergeld für Arbeitnehmer.

n) Tunesien

Das Abkommen zwischen der Bundesrepublik Deutschland und der Tunesischen Republik über Soziale Sicherheit vom 16. 4. 1984[24] erfasst die Krankenversicherung, die Unfallversicherung, die Rentenversicherung und die hüttenknappschaftliche Zusatzversicherung sowie die Altershilfe für Landwirte. 26

o) Ungarn

Das Abkommen zwischen der Bundesrepublik Deutschland und der Republik Ungarn über Soziale Sicherheit vom 2. 5. 1998[25] erfasst die Krankenversicherung, die Unfallversicherung, die Rentenversicherung und die hüttenknappschaftliche Zusatzversicherung sowie die Altershilfe für Landwirte. 27

p) Vereinigte Staaten von Amerika

Das Abkommen zwischen der Bundesrepublik Deutschland und den Vereinigten Staaten von Amerika über Soziale Sicherheit vom 7. 1. 1976[26] in der Fassung des Zusatzabkommens zum Abkommen zwischen der Bundesrepublik Deutschland und den Vereinigten Staaten von Amerika über Soziale Sicherheit vom 2. 10. 1986[27] erfasst nur die gesetzliche Alterssicherung (Rentenversicherung, hüttenknappschaftliche Zusatzversicherung und Alterssicherung der Landwirte). 28

3. Zusammenfassende Wertung

Aus dieser Übersicht über die von der Bundesrepublik Deutschland mit den Staaten abgeschlossenen Abkommen über Soziale Sicherheit, die nicht Mitglieder der Europäischen Union oder des Europäischen Wirtschaftsraums sind, hat sich ein eher vielfältiges Bild ergeben. 29

Es ist festzuhalten, dass alle Abkommen von ihrem sachlichen Geltungsbereich her die Alterssicherung (gesetzliche Rentenversicherung) erfassen. Die Arbeitslosenversicherung wird vom Abkommensrecht – soweit ersichtlich – nie erfasst. 30

4. Gemeinsame Grundsätze zum Leistungsrecht

Ungeachtet der individuellen Vertragsgestaltung kristallisieren sich in den meisten zwischenstaatlichen Abkommen gleich lautende Regelungen heraus, denen generelle Bedeutung beizumessen ist und die die Struktur des zwischenstaatlichen Sozialrechts entscheidend prägen. 31

a) Der Grundsatz der Inländergleichbehandlung

Die meisten Abkommen über Soziale Sicherheit folgen dem Grundsatz der Inländergleichbehandlung. Hiernach werden die **Staatsangehörigen der Vertragsstaaten** hinsichtlich des erfassten Personenkreises und der Leistungsseite **den eigenen Staatsangehörigen** auf Gegenseitigkeit **gleichgestellt**.[28] Ungleichbehandlungen auf Grund unterschiedlicher Staatsangehörigkeiten werden damit unterbunden. Dies kommt auch zum 32

---

[24] BGBl. II 1986, S. 584.
[25] BGBl. II 1999, S. 902.
[26] BGBl. II 1976, S. 1358.
[27] BGBl. II 1988, 83.
[28] *Yoffee*, S. 22.

Ausdruck im ILO-Übereinkommen Nr. 118 über die Gleichbehandlung in der Sozialen Sicherheit.[29] In diesem Übereinkommen verpflichten sich die Vertragsstaaten den Staatsangehörigen, Flüchtlingen und Staatenlosen der anderen Vertragsstaaten gleiche Behandlung wie ihren eigenen Staatsangehörigen hinsichtlich der Sozialen Sicherheit zu gewähren.

33 Die Inländergleichbehandlung ist ferner ein wichtiges Prinzip des europäischen Sozialrechts, was insbesondere in Art. 3 VO 1408/71 verankert ist.

b) Der Grundsatz der Gebietsgleichstellung

34 Der Grundsatz der Inländergleichbehandlung gleicht dann nicht die Nachteile einer Überschreitung nationaler Sozialordnungen aus, wenn für die Leistungsgewährung nicht die Staatsangehörigkeit, sondern ein anderer Anknüpfungspunkt, etwa der gewöhnliche Aufenthaltsort, maßgeblich ist. Um auch hier eine Gleichheit herzustellen, wird der **Auslandsaufenthalt** der von den Abkommen erfassten Personen **einem Inlandsaufenthalt gleichgestellt**.[30] Sieht etwa eine nationale Regelung vor, dass nur derjenige die beanspruchte Krankenversicherungsleistung erhält, der seinen gewöhnlichen Aufenthalt im Inland hat, so erstreckt der Grundsatz der Gebietsgleichstellung in einem Abkommen die Krankenversicherungsleistung auch auf Personen, die im anderen Vertragsstaat ihren gewöhnlichen Aufenthalt haben.

c) Vermeidung der Leistungskumulation

35 Da es Sinn der Abkommen über Soziale Sicherheit ist, zwischenstaatliche Rechte zu koordinieren, besteht eine gewichtige Aufgabe auch in der **Vermeidung der Möglichkeit einer doppelten Inanspruchnahme von Leistungen**. Dieses Ziel wird auf mehreren Wegen erreicht.

36 Eine Möglichkeit besteht in der über das bislang beschriebene Maß der Gleichstellung hinausgehenden Gleichstellung von Tatbeständen. So kann Beschäftigungszeiten in einem Vertragsstaat dieselbe Rechtserheblichkeit beigemessen werden, wie inländischen Beschäftigungszeiten.[31] Ferner ist durch die inhaltliche Angleichung derjenigen nationalen Regelungen, die eine Besserstellung für einen bestimmten Personenkreis vorsehen – sog. Tatbestandsangleichung – auch ein Weg eröffnet, unerwünschte Kumulierungen zu vermeiden. Schließlich verhindern auch Kollisionsnormen die Möglichkeit der Leistungskumulation.[32] In diesem Zusammenhang ist auf die Abwehrklauseln in bilateralen Abkommen hinzuweisen. Solche Abwehrklauseln, wie sie etwa im Schlussprotokoll zum deutsch-schweizerischen Sozialversicherungsabkommen[33] oder im Schlussprotokoll zum deutsch-türkischen Sozialversicherungsabkommen[34] zu finden sind, schließen die kumulative Anwendung mehrerer Abkommen durch ihre Sperrwirkung aus. So verhindern beispielsweise derartige Klauseln die Zusammenrechnung von in verschiedenen Staaten zurückgelegter Versicherungszeiten.[35] Damit soll gewährleistet werden, dass die Vertragsstaaten auch nur mit Sachverhalten konfrontiert werden, die gerade diesen bilateralen Bezug aufweisen.

d) Das Leistungsexportprinzip

37 Die Rechtsordnungen der meisten Staaten beschneiden oder beschränken die Übernahme von Sozialleistungen in einen anderen Staat, entweder durch das Abstellen auf den

---

[29] BGBl. II 1970, S. 803.
[30] *Frank,* in: Sozialrechtshandbuch, Kap. 33, Rn. 51.
[31] *Frank,* in: Sozialrechtshandbuch, Kap. 33 Rn. 56.
[32] *Yoffee,* S. 21.
[33] *Plöger/Wortmann/Kerger,* Sozialversicherung – International., Bd. VII, Schweiz S. 82(5).
[34] *Plöger/Wortmann/Kerger,* Sozialversicherung – International., Bd. VIII, Türkei S. 30(15).
[35] BSG, Urt. vom 21. 1. 1993 – 13 RJ 7/91 – BSGE 72, 25 ff.

gewöhnlichen Aufenthaltsort oder den Beschäftigungsort sowie durch ausdrückliche Regelungen.[36] Wurden bereits Leistungen erworben, muss es möglich sein, diese Leistungen auch in Anspruch zu nehmen, ohne dass ein Ortswechsel insoweit nachteilige Folgen hätte. Einem ausländischen Arbeitnehmer, der Rentenversicherungsleistungen in der Bundesrepublik Deutschland erworben hat, dürfen diese nicht verlustig gehen, wenn er in sein Heimatland zurückkehrt. Diese Gefahr einer sozialen Benachteiligung von Wanderarbeitnehmern und ihrer Angehörigen, wird durch die Möglichkeit **Sozialleistungen ins Ausland zu „exportieren"** gebannt. Die Wahrung von Ansprüchen durch den Leistungsexport mittels Abkommen über Soziale Sicherheit ist vor allem bei Rentenleistungen von großer Bedeutung. Im Hinblick auf die Zahlung von Renten sehen die Abkommen überwiegend vor, dass der zuständige Träger direkte Zahlungen ins betreffende Ausland leistet.[37] Hinsichtlich anderer Sozialleistungen – so etwa bei Krankenversicherungsleistungen – nehmen die ausländischen Träger aushilfsweise die Leistungserbringung vor.

e) Grundsatz der Zusammenrechnung von Versicherungszeiten

Eingangs wurde bereits auf das Problem der Erfüllung von Wartezeiten durch Wanderarbeitnehmer zur Anspruchsbegründung von Sozialleistungen, insbesondere Rentenleistungen, hingewiesen. Das deutsche Rentenrecht aber auch das Krankenversicherungs- und Arbeitsförderungsrecht kennen solche Versicherungszeiten.[38] Um auch in diesem Bereich eine Gleichstellung der Wanderarbeitnehmer und ihrer Angehörigen zu erreichen, sehen die Abkommen in der Regel die Addition der in den verschiedenen Staaten zurückgelegten Versicherungszeiten vor.[39]

IV. Das internationale Sozialversicherungsrecht

1. Allgemeines

Das internationale Sozialversicherungsrecht hat ähnlich wie das internationale Privatrecht seine Basis im nationalen Recht, das Auskunft über die bei grenzüberschreitenden Sachverhalten maßgebende Rechtsordnung gibt.

Nach § 3 SGB IV gelten die Vorschriften über die Versicherungspflicht und die Versicherungsberechtigung, soweit sie eine Beschäftigung oder selbständige Tätigkeit voraussetzen, für alle Personen, die im Geltungsbereich des Gesetzbuchs beschäftigt oder selbständig tätig sind.

Da das Sozialversicherungsrecht die Versicherungspflicht oder Versicherungsberechtigung regelmäßig an ein Beschäftigungsverhältnis anknüpft, sieht § 3 Nr. 1 SGB IV den **Ort der Beschäftigung** oder im Falle der selbständigen Tätigkeit den **Ort der selbständigen Tätigkeit** als **regelmäßigen Anknüpfungspunkt** an. Soweit allerdings die Vorschriften über die Versicherungspflicht und die Versicherungsberechtigung keine Beschäftigung oder selbständige Tätigkeit voraussetzen – wie etwa im Falle der Krankenversicherungspflicht der Rentner nach § 5 Abs. 1 Nr. 11 SGB V oder der freiwilligen Versicherung nach § 7 SGB VI – greift das Gesetz in § 3 Nr. 2 SGB IV auf die Anknüpfung an den **Wohnsitz** oder den **gewöhnlichen Aufenthalt** zurück. Die Aus- und Einstrahlung sind dann Sonderregelungen zu § 3 Nr. 1 SGB IV, also eine Modifikation des Beschäftigungsortprinzips.

Bei diesen Anknüpfungen handelt es sich jeweils um solche für die **Beitragsseite**, **nicht aber für die Leistungsseite**. In einem Sozialversicherungssystem, das auf Beitrag und Leistung aufbaut, müssen diese weitgehend einander entsprechen – allerdings aufgelo-

---

[36] Vgl. etwa für die Bundesrepublik Deutschland §§ 97 f. SGB VII, §§ 110 ff. SGB VI.
[37] *Yoffee*, S. 23.
[38] Vgl. etwa § 54 SGB V, §§ 35 ff. SGB VI, § 123 SGB III.
[39] *Frank*, in: Sozialrechtshandbuch, Kap. 33 Rn. 80.

ckert durch das Prinzip des sozialen Ausgleichs. Dem würde es widersprechen, wenn für die Beitragsseite und die Leistungsseite unterschiedliche Anknüpfungspunkte gewählt würden. Kennzeichen des internationalen Sozialversicherungsrechts ist es deshalb, **möglichst gleiche Anknüpfungen von Beitrags- und Leistungsseite** zu erzielen. Während die Anknüpfungen für die Beitragsseite in den §§ 3 bis 5 SGB IV enthalten sind, finden sich besondere Regelungen für die Gewährung von Leistungen bei Sachverhalten mit Auslandsberührung bei den Vorschriften für die einzelnen Versicherungszweige.

43   Grundlage für die Versicherungspflicht in der Sozialversicherung ist das Beschäftigungsverhältnis, das hier in der geschilderten Weise als gegeben anzunehmen ist. Für die Fälle von Auslandsberührung ist – wie es auch die §§ 3 bis 5 SGB IV tun – auf den Schwerpunkt dieses Beschäftigungsverhältnisses abzustellen. Ein Beschäftigungsverhältnis hat danach aber seinen Schwerpunkt dort, wo der Ort der tatsächlichen Tätigkeit liegt, also am Beschäftigungsort, der damit der zentrale Anknüpfungspunkt für das internationale Sozialversicherungsrecht ist.

2. Modifikationen durch die Regelungen zur Ein- und Ausstrahlung

44   Dies wird in den §§ 4 und 5 SGB IV für die Fälle der Aus- und Einstrahlung modifiziert. Nach § 4 SGB IV (**Ausstrahlung**) gelten die Vorschriften über die Versicherungspflicht und die Versicherungsberechtigung, soweit sie eine Beschäftigung voraussetzen, auch für solche Personen, die **im Rahmen eines im Geltungsbereich des SGB bestehenden Beschäftigungsverhältnisses in ein Gebiet außerhalb dieses Geltungsbereichs entsandt** werden, sofern die Entsendung infolge der Eigenart der Beschäftigung oder vertraglich im Voraus zeitlich begrenzt ist.[40] Entsprechendes gilt nach § 5 SGB IV (**Einstrahlung**), wenn Personen **im Rahmen eines außerhalb des Geltungsbereiches bestehenden Beschäftigungsverhältnisses zur vorübergehenden Tätigkeit ins Inland entsandt** werden.[41] Sie sind von der Versicherungspflicht oder Versicherungsberechtigung nach deutschem Recht ausgenommen.

45   Auch diese Vorschriften gehen von dem Grundsatz aus, dass diejenige Sozialrechtsordnung maßgebend sein soll, in deren Gebiet der **Schwerpunkt des Beschäftigungsverhältnisses** ist. Der tatsächliche Beschäftigungsort vermag jedoch nicht in allen Fällen den Schwerpunkt des Beschäftigungsverhältnisses zu kennzeichnen. Solche Fälle regeln die §§ 4 und 5 SGB IV. Bei der Ausstrahlung ist es trotz Vorliegens eines ausländischen faktischen Beschäftigungsorts nicht sinnvoll, den in der Vorschrift näher umschriebenen Personenkreis aus der deutschen Sozialversicherung auszunehmen und bei der Einstrahlung ist es trotz Vorliegens eines inländischen faktischen Beschäftigungsorts nicht sachgerecht, den betreffenden Personenkreis der deutschen Sozialversicherung zu unterwerfen. Im Fall der Ausstrahlung ist der Lebenssachverhalt derart mit dem Inland verknüpft, dass eine Verantwortlichkeit des inländischen Systems sozialer Sicherheit trotz faktischen ausländischen Beschäftigungsortes weiterhin geboten ist. Für die Fälle der Einstrahlung gilt Entsprechendes mit umgekehrten Vorzeichen.[42]

46   Die §§ 4 und 5 SGB IV bringen dies dadurch zum Ausdruck, dass sie bei der Ausstrahlung das Fortbestehen eines innerhalb des Geltungsbereichs des Sozialgesetzbuchs bestehenden Beschäftigungsverhältnisses und bei der Einstrahlung das Fortbestehen eines

---

[40] Vgl. zur Ausstrahlung *Jungk*, Das Prinzip der „Ausstrahlung" in der gesetzlichen Rentenversicherung, 1974.

[41] Vgl. dazu *Steinmeyer* Die Einstrahlung im internationalen Sozialversicherungsrecht; *Wolff/Rokita*, Aus- und Einstrahlungstheorie, in: FS 100 Jahre sozialgerichtliche Rechtsprechung, 1984, S. 709 ff.; zur Rechtslage vor Inkrafttreten des SGB IV vgl. BSG SozR 2400 § 8 Nr. 1 = BSGE 57, 96 f.; vgl. insgesamt auch *Kerger* BKK 1984, 265 ff. sowie die Richtlinien zur versicherungsrechtlichen Beurteilung von Arbeitnehmern bei Ausstrahlung (§ 4 SGB IV) und Einstrahlung (§ 5 SGB IV) vom 20. 11. 1997.

[42] Vgl. dazu *Steinmeyer*, Einstrahlung, S. 46.

außerhalb des Geltungsbereichs des Sozialgesetzbuchs bestehenden Beschäftigungsverhältnisses verlangen. Da in diesen Fällen der **vorübergehende Beschäftigungsort nicht den maßgeblichen Schwerpunkt des Beschäftigungsverhältnisses bezeichnet,** ist nach einem anderen Anknüpfungspunkt zu suchen, der in diesen Fällen geeignet ist, den Schwerpunkt des Beschäftigungsverhältnisses zu kennzeichnen und damit darüber Auskunft gibt, ob das jeweilige Beschäftigungsverhältnis trotz abweichenden Beschäftigungsortes ein außerhalb oder innerhalb des Geltungsbereichs des Sozialgesetzbuchs bestehendes ist.

Es muss sich um ein Merkmal handeln, das eine den Wechsel des Beschäftigungsortes überdauernde Verknüpfung zur jeweiligen Sozialrechtsordnung bezeichnet.[43] Verlässliche Angaben über das Fortbestehen einer Verknüpfung zur jeweils anderen Sozialrechtsordnung können nur gemacht werden bei einem Abstellen auf die vertraglichen Beziehungen etwa des Arbeitnehmers zu seinem Arbeitgeber; bei dezentral organisierten Unternehmen kommt subsidiär die Verbindung mit dem Betrieb in Betracht. Der Fortbestand eines Beschäftigungsverhältnisses innerhalb bzw. außerhalb des Sozialgesetzbuchs ist damit abhängig vom **Fortbestand der arbeitsvertraglichen Verknüpfung,** die die Entsendung überdauert. Maßgeblicher Anknüpfungspunkt ist daher der Sitz des Arbeitgebers, subsidiär der Sitz des Betriebes, dem die Vertragsbeziehung zuzuordnen ist.[44]

Unter Entsendung i. S. d. §§ 4 und 5 SGB IV ist eine durch den Arbeitgeber veranlasste und in seinem Interesse liegende Ortsveränderung zu sehen. Diese muss im Falle der Ausstrahlung erfolgen von einem Ort innerhalb des Geltungsbereichs des SGB zu einem Ort außerhalb dieses Geltungsbereichs und im Falle der Einstrahlung in umgekehrter Richtung. Vom Wortlaut gedeckt sind auch solche Fälle, in denen der Arbeitnehmer lediglich zum Zwecke der Entsendung eingestellt worden ist.[45]

Eine **Entsendung** und damit ein Fall der Ausstrahlung liegt aber nicht vor, wenn ein Arbeitnehmer in seinem ausländischen Wohnstaat von einem deutschen Unternehmen für die vorübergehende Tätigkeit in einem anderen ausländischen Staat angeworben wird. Es fehlt dann an einer Ortsveränderung vom Inland ins Ausland.[46] Trotz Fehlens einer Entsendung kann aber ein Fall der Ausstrahlung trotzdem vorliegen, wenn erhebliche Verknüpfungen mit dem Inland bestehen, die die Bedeutung dieses Merkmals im Einzelfall zurücktreten lassen.

Der Schwerpunkt des Beschäftigungsverhältnisses deckt sich aber nur dann nicht mit dem Beschäftigungsort, wenn die Tätigkeit im Rahmen der Entsendung nur eine vorübergehende ist. Deshalb verlangen die §§ 4 und 5 SGB IV, dass die Entsendung infolge der Eigenart der Beschäftigung oder vertraglich im Voraus zeitlich begrenzt ist. Eine bestimmte Frist ist nicht vorgesehen.

---

[43] Vgl. hierzu und zum folgenden *Steinmeyer,* Einstrahlung, S. 49 ff.
[44] *Steinmeyer,* Einstrahlung, S. 54.
[45] *Steinmeyer,* Einstrahlung, S. 58; so auch die amtl. Begr. in BT-Drs. 7/4122, S. 30 (zu § 4); vgl. auch *BSG* SozR 2100 § 4 Nr. 3.
[46] So auch *BSG* SozR 2100 § 4 Nr. 3.

2. Abschnitt. Die Europäische Union

§ 7 Grundlagen der Europäischen Union

Schrifttum: *Beutler/Bieber/Pipkorn/Streilk*, Die Europäische Union, 4. Auflage 1993, S. 30 ff.; *Blanke*, Der Unionsvertrag von Maastricht – Ein Schritt auf dem Weg zu einem europäischen Bundesstaat, DÖV 1993, S. 412 ff.; *Bleckmann*, Der Vertrag über die Europäische Union, DVBl. 1992, S. 335 ff.; *Everling*, Überlegungen zur Struktur der Europäischen Union und zum neuen Europa-Artikel des Grundgesetzes, DVBl. 1993, S. 936 ff.; *Janz*, Die Geschichte der europäischen Einigung nach dem Zweiten Weltkrieg, in: *Weidenfeld*, Die Identität Europas, 1985, S. 80 ff.; *Kirchoff/ Schäfer/Tietmeyer*, Europa als politische Idee und als rechtliche Form, 2. Auflage 1994; *Klein/Haratsch*, Neuere Entwicklungen des Rechts der Europäischen Gemeinschaft, DÖV 1993, S. 785 ff.; *Möschel*, Politische Union für Europa: Wunschtraum oder Alptraum?, JZ 1992, S. 877 ff.; *Oppermann/Classen*, Die EG vor der Europäischen Union, NJW 1993, S. 5 ff.; *Stolleis*, Europa – seine historischen Wurzeln und seine künftige Verfassung, 1997; *Streinz*, Der Vertrag von Amsterdam, Einführung in die Reform des Unionsvertrages von Maastricht und eine erste Bewertung der Ergebnisse, EuZW 1998, S. 137 ff.; *ders.*, Europarecht, 4. Aufl. 1999, Rn. 14 ff.; *Tomuschat*, Das Endziel der europäischen Integration, Maastricht ad infinitum?, DVBl. 1996, S. 1073.

Übersicht

	Rn.		Rn.
I. Aktive Sozialpolitik durch den Europäischen Sozialfonds	16	IV. Faktische Auswirkungen der Wirtschaftsintegration auf die Sozialpolitik	19
II. Hilfsfunktion im Rahmen der wirtschaftlichen Integration	17	V. Entwicklung des sozialen Dialogs	23
III. Autonome Sozialpolitik	18		

Nach der positiven Entscheidung des Bundesverfassungsgerichts zur Vereinbarkeit des Vertrages über die Europäische Union[1] vom 7. Februar 1992, des sogenannten **Maastrichter Vertrages,** mit dem Grundgesetz konnte das Vertragswerk am 1. November 1993, knapp zwei Jahre nach seiner Unterzeichnung, in Kraft treten. Der Unionsvertrag umfasst sieben Titel. Den Kern bilden die Titel II bis IV. Darin sind der Vertrag zur Gründung der Europäischen Gemeinschaft (EGV), welcher den Vertrag zur Gründung der Europäischen Wirtschaftsgemeinschaft (EWGV) vom 25. März 1957 abgelöst hat, der Vertrag über die Gründung der Europäischen Gemeinschaft für Kohle und Stahl vom 18. April 1951 (EGKSV) sowie der Vertrag zur Gründung der Europäischen Atomgemeinschaft vom 25. März 1957 (EAGV) zusammengefasst. Diese Verträge sind die Grundlage der Union[2] und werden ergänzt durch Bestimmungen über die gemeinsame Außen- und Sicherheitspolitik[3] sowie über die Zusammenarbeit in den Bereichen Justiz und Inneres.[4] Titel I und Titel VII enthalten einleitende gemeinsame Bestimmungen sowie Schlussbestimmungen. 1

Obwohl der Maastrichter Vertrag zu bedeutsamen Änderungen geführt hat, von denen die stufenweise Errichtung der mittlerweile vollendeten Wirtschafts- und Währungs- 2

---

[1] BGBl. II 1992, S. 1251.
[2] Vgl. Art. 1 EUV.
[3] Titel V des EUV.
[4] Titel VI des EUV.

union die tiefgreifendste war,[5] sind die wesentlichen Strukturelemente von EGV, EAGV sowie EGKSV unverändert geblieben. Kennzeichnendes Merkmal der drei Verträge ist weiterhin der funktionale Integrationsansatz, der sich in den 50er Jahren herausgebildet hat und im Zusammenhang mit der Entstehung der drei Gemeinschaften zu sehen ist. Auch der Amsterdamer Vertrag hat an diesem Befund im Grundsatz nichts geändert.

3   Die Gründung der Organisation für Europäische Wirtschaftliche Zusammenarbeit (**OEEC**),[6] des Europarates und der Europäischen Konvention zum Schutze der Menschenrechte und Grundfreiheiten (**EMRK**) in den Jahren 1948 bis 1950 waren ein sichtbares Zeichen für die Bereitschaft der westeuropäischen Staaten zu einer verstärkten Zusammenarbeit auf zwischenstaatlicher Ebene. Die Integrationsbemühungen verfolgten im Wesentlichen zwei Ziele: Mit der Einbindung der Bundesrepublik Deutschland, die diesen völkerrechtlichen Übereinkommen beitrat, in die westeuropäische Staatengemeinschaft sollte einer Isolierung Deutschlands, die ein wesentlicher Grund für das Aufkommen des Nationalsozialismus darstellte, vorgebeugt werden, zugleich wollten sich die demokratischen Staaten Westeuropas im beginnenden Kalten Krieg gegenüber den kommunistisch geprägten Staaten Osteuropas als einheitlicher Staatenblock abgrenzen.

4   Bahnbrechend für die weitere europäische Entwicklung war der „Schuman-Plan". Am 9. Mai 1950 schlug der französische Außenminister Robert Schuman der Bundesrepublik Deutschland vor, die Gegensätze zwischen beiden Ländern durch den Zusammenschluss zu einer Wirtschaftsgemeinschaft, die für andere europäische Staaten offen sein sollte, zu überwinden. Der Vorschlag wurde nicht nur von der Bundesrepublik, sondern auch von den Beneluxstaaten sowie von Italien positiv aufgenommen. So kam es am 18. April 1951 zwischen den 6 Staaten zum Abschluss des Vertrages über die Gründung der Europäischen Gemeinschaft für Kohle und Stahl (**EGKSV**). Der Vertrag sollte für die Grundstoffindustrien Kohle, Eisen und Stahl durch Wettbewerbs- und Preisregeln, Freizügigkeitsbestimmungen für Montan-Facharbeiter sowie Subventionsvorschriften einen gemeinsamen Markt errichten.

5   Im Gegensatz zu den anderen drei Verträgen der europäischen Staaten, bei denen es sich um völkerrechtliche Zusammenschlüsse handelte und die die Hoheitsrechte der Mitgliedstaaten, abgesehen von einigen Bestimmungen der EMRK,[7] unangetastet ließen, übertrugen die Mitgliedstaaten im EGKSV einen Teil ihrer Souveränitätsrechte auf zwischenstaatliche Organe, auf den Ministerrat und die Hohe Behörde. Der wesentliche Unterschied der Montanunion gegenüber den herkömmlichen völkerrechtlichen Verträgen bestand darin, dass der EGKSV den aus den Vertretern der Mitgliedstaaten zusammengesetzten Ministerrat und die gegenüber den Mitgliedstaaten unabhängige Hohe Behörde ermächtigte, innerhalb der im Vertrag zugewiesenen Kompetenzen verbindliches Recht zu setzen, das entgegenstehendes nationales Recht verdrängt. Dadurch entstand eine eigenständige Rechtsordnung, die als supranational charakterisiert wird.

6   Mit der **Ablehnung der Europäischen Verteidigungsgemeinschaft** (EVG) in Frankreich war auch die Gründung einer politischen Gemeinschaft (EPG), die zu erheblichen Souveränitätseinbußen für die einzelnen Staaten und in letzter Konsequenz wohl zur Errichtung eines europäischen Bundesstaats nach amerikanischem Vorbild geführt hätte, gescheitert. Die Mitgliedstaaten knüpften, ermutigt durch die positiven Erfahrungen mit

---

[5] Vgl. Art. 105 ff. EGV; zu den Änderungen durch den Maastrichter Vertrag *Bleckmann* DVBl. 1992, S. 335 ff.; *Oppermann/Classen* NJW 1993, S. 5, 7 ff.; *Möschel* JZ 1992, S. 877 ff.

[6] 1961 ging aus der OEEC die OECD (Organisation für Wirtschaftliche Zusammenarbeit und Entwicklung) hervor; der Vertrag ist in Sa. II unter Nr. 70 abgedruckt.

[7] Vgl. insbesondere die Befugnisse der Europäischen Kommission, des Europäischen Gerichtshofs für Menschenrechte, Art. 19 ff. EMRK.

der Montanunion, an das Konzept der wirtschaftlichen Teilintegration an. Nach zweijährigen Vorarbeiten unterzeichneten die 6 Mitgliedstaaten am 27. März 1957 den Vertrag zur Gründung der Europäischen Atomgemeinschaft (**EAGV**) und den Vertrag zur Gründung einer Europäischen Wirtschaftsgemeinschaft (EWGV), die sogenannten Römischen Verträge, welche beide am 1. März 1958 in Kraft traten.

Der EAGV ist in starkem Maße an den EGKSV angelehnt, weil er einen zentralen, aber vergleichsweise kleinen wirtschaftlichen Teilbereich auf supranationale Organe überträgt. Demgegenüber führte die Gründung der Europäischen Wirtschaftsgemeinschaft mit ihrem Ziel, in einem Zeitraum von 12 Jahren einen gemeinsamen Markt zu errichten, zu einem ungleich stärkeren Eingriff in die Rechtsordnungen der Mitgliedstaaten. Denn im Gegensatz zu den anderen beiden Verträgen umfasst der Gemeinsame Markt das gesamte Wirtschaftsleben. Im Rahmen seiner weitgesteckten wirtschaftlichen Zielsetzungen hat der EWGV umfassende Auswirkungen auf fast alle Lebensbereiche.[8] Wesentliche Merkmale des Gemeinsamen Marktes sind der Abbau zwischenstaatlicher Zölle, die Festlegung eines gemeinsamen Außenzolls, die Freizügigkeit von Waren, Personen und Dienstleistungen, die Freiheit des Kapitalverkehrs sowie eine gemeinsame Wettbewerbs-, Agrar- und Handelspolitik.[9]

Ausschlaggebend für die **Gründung der EWG** war neben dem Wunsch nach Vertiefung der Integration die Erkenntnis, dass die Fesseln nationaler Kleinstaaterei, welche etwa in Zollschranken und protektionistischen Tendenzen zum Ausdruck gekommen waren, die ökonomische Entwicklung Westeuropas hemmten.[10] Nach dem Vorbild des EGKSV übertrug der EWGV der Gemeinschaft ausdrückliche Befugnisse, die sie berechtigen, verbindliches Recht in Form von Verordnungen, Richtlinien und Entscheidungen[11] zu erlassen, das entgegenstehendes nationales Recht verdrängt. Die der Gemeinschaft zugewiesenen Aufgaben werden gem. Art. 7 EGV durch das Europäische Parlament, den Rat, die Kommission, den Europäischen Gerichtshof sowie – neu eingefügt durch den EUV – den Rechnungshof wahrgenommen.

Die Rechtsetzungstätigkeit der Gemeinschaft führte zu einer der größten Umwälzungen in der neueren Rechtsgeschichte. Es wird geschätzt, dass mittlerweile ca. 80% des Wirtschaftsrechts Gemeinschaftsrecht ist.[12] Es gibt praktisch kein Rechtsgebiet mehr, das vom Einfluss des Gemeinschaftsrechts ausgespart ist.[13] Jährlich ergehen ca. 4000 Verordnungen, meist allerdings kurzlebiger Natur im Bereich der Landwirtschaft, und ca. 700 Richtlinien oder sonstige Beschlüsse. Hunderte von Abkommen mit Drittländern werden geschlossen, ein Netz von Assoziierungs- und Freihandelsabkommen erstreckt sich über große Teile Europas und der Dritten Welt. Seit Gründung der EWG hat sich die Gemeinschaftstätigkeit etwa auf Bereiche wie die Forschungspolitik und den Umweltschutz, der 1957 in den Mitgliedstaaten noch gar nicht als eigenständiges Rechtsgebiet existiert hatte, den Verbraucherschutz und andere Gebiete des Privatrechts ausgedehnt.

Der **Maastrichter Vertrag** legte im EGV neben der Schaffung des gemeinsamen Marktes mit der Errichtung einer Wirtschafts- und Währungsunion eine zweite zentrale Gemeinschaftsaufgabe fest.[14] Auch wenn es sich bei der nunmehr errichteten unabhängigen Europäischen Zentralbank um eine neue Qualität der Integration handelt, liegt dem

---

[8] *Stettner*, Gemeinschaftsrecht und nationales Recht, in: Dauses, Handbuch des EG-Wirtschaftsrechts, Loseblatt Stand 2000, Rn. 3.
[9] Vgl. im Einzelnen Art. 3 EGV.
[10] *von der Groeben*, Der Einfluß liberaler Vorstellungen auf die Gründungsverträge der Europäischen Gemeinschaften, in: Politische Grundströmungen im europäischen Integrationsprozess, Band 15 der Schriftenreihe des Arbeitskreises Europäische Integration e. V., 1982, S. 10.
[11] Vgl. Art. 189 EWGV a. F (entsprechend dem heutigen Art. 249 EGV).
[12] Vgl. *Everling* DVBl. 1993, S. 938.
[13] *Stettner*, in: Dauses, Rn. 3.
[14] Vgl. Art. 2 und Art. 4 EGV.

EGV weiterhin das Konzept zugrunde, – nur – bestimmte wirtschaftliche Teilbereiche auf die Gemeinschaft zu übertragen (sog. funktionale Integration).[15]

11 Die Schöpfer der Europäischen Gemeinschaftsverträge haben das Fernziel einer Errichtung einer politischen Union nicht aus den Augen verloren. Der **funktionale Integrationsansatz** beruht darauf, durch eine schrittweise Vergemeinschaftung von Teilbereichen immer mehr Hoheitsrechte auf die Gemeinschaften zu übertragen, an dessen Endpunkt eine bundesstaatlich strukturierte politische Union steht. Die wirtschaftliche Integration soll praktisch die politische nach sich ziehen. Ob dieses Ziel noch in vollem Umfang Gültigkeit hat, erscheint zurzeit fraglich. Denn auch integrationsfreundliche Kräfte verfolgen nicht mehr die Gründung eines europäischen Bundesstaates. Die Schwierigkeiten im Zusammenhang mit der Verabschiedung des Maastrichter Vertrages haben deutlich gemacht, dass eine weitere Vertiefung der Integration auf Kosten der mitgliedstaatlichen Zuständigkeiten kaum Realisierungschancen haben wird. Gegenüber den 50er und 60er Jahren darf die Tatsache nicht außer Acht gelassen werden, dass die Europäischen Gemeinschaften sich von einem vergleichsweise homogenen, aus 6 Staaten bestehenden Kern zu einer Europäischen Union gewandelt hat, die inzwischen 15 und in absehbarer Zukunft noch mehr Mitgliedstaaten mit unterschiedlichen historischen Wurzeln und unterschiedlichen Wirtschafts- und Sozialstrukturen umfasst. Es liegt auf der Hand, dass für die gegenwärtig fast 400 Mio. Unionsbürger die Schaffung eines Bundesstaates zurzeit illusorisch ist. Daran hat auch die Vertragsrevision durch Amsterdam nichts geändert.

12 Dem funktionalen Integrationsansatz unterliegen die drei **Gemeinschaftsverträge** (Titel II–IV EUV). Nur soweit diese einschlägig sind, kann von einer supranationalen Rechtsordnung gesprochen werden. Der Begriff des Gemeinschaftsrechts bezieht sich damit auf das Recht der drei Verträge. Wenn im Folgenden von der Gemeinschaft die Rede ist, handelt es sich um die Europäische Gemeinschaft nach dem EGV, wobei die meisten Ausführungen ebenfalls für die Montanunion und die Atomgemeinschaft gelten.

13 Demgegenüber handelt es sich bei den Bestimmungen über die gemeinsame Außen- und Sicherheitspolitik[16] sowie den Bestimmungen über die Zusammenarbeit in den Bereichen Justiz und Inneres[17] um völkerrechtliche Vereinbarungen, die eine Koordinierung dieser Bereiche unter den Mitgliedstaaten der Europäischen Union vorsehen, jedoch nicht zu einer Abtretung von Hoheitsrechten auf supranationale Organe führen.[18] Der **EUV** beruht auf dem **Drei-Säulen-Konzept:** die 3 Gemeinschaftsverträge, die Außen- und Sicherheitspolitik sowie die Zusammenarbeit im Bereich Justiz und Inneres, das „Dach" bildet die Europäische Union. Im Bereich der Außenpolitik stellt der EUV lediglich die schon auf der Grundlage von Art. 30 EEA geregelte europäische politische Zusammenarbeit (EPZ) sowie die Zusammenarbeit in den Bereichen Sicherheitspolitik, Inneres und Justiz auf eine vertragliche Grundlage.

14 Mit Inkrafttreten des EU-Vertrags wurden folgende Bezeichnungen der Organe der Europäischen Union festgelegt:[19]
– Rat der Europäischen Union
– Europäische Kommission
– Europäisches Parlament
– Europäischer Gerichtshof

15 Auch wenn sich der EGV mittlerweile auf Bereiche wie die Politik auf dem Gebiet der Entwicklungszusammenarbeit (Art. 3 Buchst. r EGV) oder die Politik auf dem Gebiet des

---

[15] Vgl. nur BVerfG, EuZW 1993, S. 667, 677 ff.; die Währungspolitik ist in die ausschließliche Zuständigkeit der Gemeinschaft übergegangen, so dass insofern eine Parallele zur Handels- und Zollpolitik besteht, vgl. *Blanke*, DÖV 1993, S. 412, 417.
[16] Titel V des EUV.
[17] Titel VI des EUV.
[18] *Everling*, DVBl. 1993, S. 936, 940.
[19] Im Einzelnen siehe § 8.

Umweltschutzes (Art. 3 Buchst. l EGV) erstreckt, die in keinem unmittelbaren Zusammenhang zur wirtschaftlichen Integration stehen, liegt dem EGV als wesentliches Strukturmerkmal weiterhin das Prinzip der wirtschaftlichen Teilintegration zugrunde. Das zeigt sich gerade darin, dass eine Sozialunion,[20] also die weitgehende Regelung des Arbeits- und Sozialrechts durch die Gemeinschaft, nicht zum Integrationskonzept des EGV zählt.[21] Gleichwohl hat die Sozialpolitik, zu der der EGV das Arbeits- und Sozialrecht zählt,[22] insbesondere auf Grund der Amsterdamer Vertragsrevision eine so große Bedeutung erlangt, dass beide Rechtsgebiete in immer stärkerem Maße dem Einfluss des Gemeinschaftsrechts ausgesetzt sind und die Sozialpolitik als ein der Wirtschaftspolitik gegenüber gleichberechtigtes Aktionsfeld der Gemeinschaft anzusehen ist. Das europäische Arbeits- und Sozialrecht spielt sich im Wesentlichen auf den folgenden fünf Gebieten ab:

I. Aktive Sozialpolitik durch den Europäischen Sozialfonds

Die Gemeinschaft betreibt aktive Sozialpolitik mit dem Instrumentarium des Europäischen **Sozialfonds** und den anderen drei **Strukturfonds**.[23] Der Anteil strukturpolitischer Maßnahmen am Gemeinschaftshaushalt liegt bei rund einem Drittel.[24] Primäres Ziel dieser Maßnahmen ist die Bekämpfung der Arbeitslosigkeit und die Verringerung der regionalen Disparitäten innerhalb der Gemeinschaft,[25] welche darin zum Ausdruck kommen, dass das Bruttoinlandsprodukt von Irland, Griechenland, Spanien und Portugal noch immer unter dem der reicheren Mitgliedstaaten liegt, wenn auch eine deutliche Annäherung festzustellen ist.

II. Hilfsfunktion im Rahmen der wirtschaftlichen Integration

Maßnahmen auf sozialpolitischem Gebiet sind für die Herstellung des gemeinsamen Marktes erforderlich. So kann die Freizügigkeit der Arbeitnehmer, einer der wesentlichen Bestandteile eines funktionierenden Gemeinsamen Marktes, dadurch behindert werden, dass Wanderarbeitnehmer bei Leistungen der Sozialversicherungen Nachteile infolge der unterschiedlichen Systeme der Mitgliedstaaten, in denen sie gearbeitet und Anwartschaften erworben haben, erleiden. Die Gemeinschaft hat deshalb eine Verordnung[26] erlassen, welche u. a. die Zusammenrechnung sämtlicher Beschäftigungszeiten und die Sicherstellung von Zahlungen auch an Personen, die in anderen Staaten wohnen (Export von Sozialleistungen), gewährleistet. Dieses Regelungswerk lässt die nationalen Sozialversicherungssysteme unberührt, verknüpft diese aber so, dass die Wanderarbeitnehmer durch die Aufnahme einer Tätigkeit in einem anderen EU-Staat aus sozialversicherungsrechtlicher

---

[20] Zum Begriff der Sozialunion *Berié*, Europäische Sozialpolitik – Von Messina bis Maastricht, in: *Kleinhenz*, Soziale Integration in Europa I, 1993, S. 59.
[21] Vgl. dazu auch *Steinmeyer*, Das Europäische Sozialrecht nach Maastricht, VSSR 1996, S. 49 ff.
[22] *Steinmeyer*, Harmonisierung des Arbeits- und Sozialrechts in der Europäischen Gemeinschaft – eine Konsequenz aus der Schaffung eines einheitlichen Binnenmarktes?, ZIAS 1989, S. 208, 212.
[23] Der Ausrichtungs- und Garantiefonds für die Landwirtschaft (Art. 34 Abs. 3 EGV), der Europäische Fonds für regionale Entwicklung (Art. 160 EGV) sowie der Europäische Kohäsionsfonds (Art. 161 EGV).
[24] 1992 lag er noch bei 28%, vgl. EuroAS 9/1993, S. 4 f.
[25] Vgl. bereits die fünfte Erwägung der Präambel des EGV.
[26] VO Nr. 1408/71 vom 14. Juni 1971 über die Anwendung der Systeme der sozialen Sicherheit auf Arbeitnehmer und Selbständige sowie deren Familienangehörige, die innerhalb der Gemeinschaft zu- und abwandern, ABl. L 149, S. 2, zuletzt geändert durch VO Nr. 1945/93 vom 30. Juni 1993, ABl. L 181, S. 1; die VO Nr. 1408/71 ist auch abgedruckt in *Schulte*, Soziale Sicherheit in der EG, 2. Aufl., 1993, sowie in Sartorius II Nr. 185.

Sicht keine Nachteile erleiden (sog. **Koordinierung der sozialen Sicherungssysteme**).[27] Das europäische koordinierende Sozialrecht hat sich nicht zuletzt durch zahlreiche Entscheidungen des EuGH zu einem selbständigen und bedeutsamen Rechtsgebiet entwickelt[28] und in erheblicher Weise dazu beigetragen, dass die Freizügigkeit der Arbeitnehmer Realität geworden ist. Die Tatsache, dass die Verordnung die nationalen Sozialrechtssysteme nicht verändert hat, verdeutlicht den Verzicht auf die Vergemeinschaftung des Arbeits- und Sozialrechts.

III. Autonome Sozialpolitik

18   Seit 1975 ist die Gemeinschaft in verstärktem Maße dazu übergegangen, Richtlinien zu erlassen, die ihren inhaltlichen Schwerpunkt im **Arbeitsrecht** haben. Im Gegensatz zum koordinierenden Sozialrecht werden die Mitgliedstaaten verpflichtet, das nationale Recht entsprechend den Vorgaben aus den Richtlinien umzugestalten. Das Gemeinschaftsrecht führt somit zu einer teilweisen Angleichung der Rechtsordnungen der Einzelstaaten. Den Schwerpunkt der Rechtsetzungstätigkeit auf dem Gebiet des Arbeitsrechts bilden das Arbeitsschutzrecht und das Recht der Gleichbehandlung von Mann und Frau. Die Richtlinien enthalten zumeist Mindestbestimmungen, d. h. die Mitgliedstaaten bleiben befugt, im innerstaatlichen Recht zugunsten der Arbeitnehmer abzuweichen.

IV. Faktische Auswirkungen der Wirtschaftsintegration auf die Sozialpolitik

19   Die Trennung von Wirtschafts- und Sozialpolitik,[29] wie sie der Grundkonzeption des EGV zugrunde liegt, lässt sich wegen der Interdependenz beider Politikbereiche in der praktischen Rechtsetzungstätigkeit nicht aufrechterhalten. Vielmehr wirkt sich die wirtschaftliche Integration in immer stärkerem Maße auf die Sozialpolitik aus.

20   Ein Beispiel hierfür ist das **Arbeitsschutzrecht.** Die Warenverkehrsfreiheit als ein wichtiges Element des Gemeinsamen Marktes erfordert für bestimmte Bereiche die gemeinschaftsweite Vereinheitlichung der Beschaffenheitsanforderungen, weil nur auf diese Weise ein grenzüberschreitender Warenaustausch stattfinden kann. So erließ die Gemeinschaft am 14. Juni 1989 die sog. Maschinenrichtlinie, die gemeinschaftsweit geltende, zwingende Anforderungen hinsichtlich der Beschaffenheit von Maschinen aufstellt.[30] Die Bestimmungen, von denen die Mitgliedstaaten im innerstaatlichen Recht auch nicht zugunsten der Arbeitnehmer abweichen dürfen, wirken sich in der Bundesrepublik unmittelbar auf die Gerätesicherheit aus, die als ein Bestandteil des technischen Arbeitsschutzes bis zum Ablauf der Frist für die Umsetzung der Maschinenrichtlinie in der ausschließlichen Zuständigkeit der Bundesrepublik lag.[31]

21   Die Interdependenz von Wirtschaft- und Sozialpolitik zeigt sich auf viel allgemeinere Weise darin, dass durch den Wegfall der Zollschranken und der nichttarifären Handelshemmnisse sowie durch die Angleichung der Steuerregelungen und die Beseitigung an-

---

[27] Vgl. dazu unten §§ 20 ff.; s. im Überblick *Steinmeyer*, Grundfragen des Europäischen Sozialrechts, AuA 1992, 210 ff.

[28] Vgl. unten §§ 20 ff.

[29] Danach verbleibt die Sozialpolitik im Zuständigkeitsbereich der Mitgliedstaaten, während die Gemeinschaft über die Befugnisse für die wirtschaftliche Integration verfügt.

[30] Richtlinie 89/392/EWG zur Angleichung der Rechtsvorschriften der Mitgliedstaaten für Maschinen, ABl. L 183, S. 9; zuletzt geändert durch Richtlinie 93/68/EWG vom 22. Juli 1993, ABl. L 220, S. 1.

[31] *Wank/Börgmann*, Deutsches und europäisches Arbeitsschutzrecht, 1992, S. 101 ff.

derer Beschränkungen des gemeinsamen Marktes die Arbeits- und Sozialordnungen der Mitgliedstaaten für unternehmerische **Standortentscheidungen** zunehmend an Bedeutung gewinnen.[32] Eine Angleichung der nationalen Arbeits- und Sozialordnungen würde damit deren Wettbewerbsrelevanz reduzieren.

Ein weiteres Beispiel für den Zusammenhang von Wirtschafts- und Sozialpolitik ist die Errichtung der **Wirtschafts- und Währungsunion** zum 1. Januar 1999. Kostenbelastungen für Unternehmer, die sich negativ auf die Wettbewerbsfähigkeit im Binnenmarkt auswirken, können nun nicht mehr durch Auf- und Abwertungen der Währungen korrigiert werden. Für die Herstellung von Waren und für Dienstleistungen gewinnen damit die Lohnkosten noch mehr an Bedeutung. Es ist daher zu erwarten, dass die Währungsunion nachhaltigen Einfluss auf die Lohnentwicklung haben wird, die überwiegend durch Vereinbarungen der Sozialpartner auf nationaler und regionaler Ebene bestimmt wird.[33]

V. Entwicklung des sozialen Dialogs

Die zunehmende Europäisierung der Arbeitsbeziehungen wird nicht zuletzt dadurch deutlich, dass sich zwischen den **Sozialpartnern,** also den Arbeitnehmer- und Arbeitgebervertretungen, auf europäischer Ebene ein Dialog entwickelt hat. Durch die Neufassung des Gemeinschaftsvertrages in Amsterdam kann man nunmehr sogar davon sprechen, dass ein Grundstein für ein System von europäischen Kollektivvereinbarungen gelegt ist, wenngleich diese (noch) nicht mit solchen nationaler Art gleichzusetzen sind.

Strukturelle Besonderheiten ergeben sich auch aus dem Zusammentreffen von Gemeinschaftsrecht als supranationalem Recht und dem Verfassungsrecht der Mitgliedstaaten. Rechtsetzungsakte der Gemeinschaft können Grundrechtspositionen der Unionsbürger tangieren. Aus der Sicht des EGV gilt der Vorrang des Gemeinschaftsrechts unabhängig davon, ob ein Eingriff in Grundrechtspositionen vorliegt. Aus der Sicht des Grundgesetzes stellt sich die Frage, ob grundrechtsrelevante Rechtsakte des Gemeinschaftsrechts von den deutschen Gerichten, insbesondere vom Bundesverfassungsgericht, überprüft werden können. Die Regeln des Völkerrechts gehen nach Art. 25 Satz 2 GG nicht dem Grundgesetz, sondern nur den einfachen Gesetzen vor. Da es sich bei der Europäischen Gemeinschaft um ein supranationales Gebilde handelt und Art. 25 GG deshalb keine Anwendung findet, hat das Bundesverfassungsgericht in mehreren Entscheidungen bestimmte Regeln aufgestellt, die es in der Maastricht-Entscheidung teilweise modifiziert hat. Das Bundesverfassungsgericht hat darin ausdrücklich festgestellt, dass es Gemeinschaftsakte nicht nur daraufhin überprüft, ob der Rahmen des Zustimmungsgesetzes eingehalten wurde, sondern auch ob die Rechtsakte in unzulässiger Weise in die Grundrechte eingreifen. Dabei ist es unerheblich, ob deutsche Stellen einen Rechtsakt im Einzelfall umsetzen oder der Rechtsakt wie bei der Entscheidung keiner Umsetzung mehr bedarf. Die Gemeinschaftsrechtsakte sind Akte der öffentlichen Gewalt im Sinne von Art. 93 Abs. 1 Nr. 4a GG und können daher mit der Verfassungsbeschwerde angegriffen werden. Daneben kommt die abstrakte und konkrete Normenkontrolle nach Art. 93 Abs. 1 Nr. 2 bzw. Art. 100 GG zur Anwendung. Die Auswirkungen der Maastricht-Entscheidung[34] sind zum gegenwärtigen Zeitpunkt noch nicht genau abzusehen. Das Urteil stellt eine Abkehr von der bisherigen Rechtsprechung dar, weil Akte hoheitlicher Gewalt, die in die Grundrechtsposition eingriffen, nicht mit der Normenkontrollklage bzw. der Verfassungsbeschwerde angegriffen werden konnten. Das Bundesverfassungsgericht möchte

---

[32] S. dazu *Steinmeyer,* Sozialdumping in Europa – Perspektiven einer arbeits- und sozialrechtlichen Rechtsprechung, DVBl. 1995, S. 962 ff.
[33] *Berié,* Maastrichter Beschlüsse – Auf dem Weg zur Sozialunion, ZSR 1992, S. 421, 424; *Vollmer,* Wirtschaftsverfassung und Wirtschaftspolitik der EG nach „Maastricht", DB 1993, S. 25, 29.
[34] BVerfG, NJW 1993, S. 3047 ff.

die weitere Entwicklung der Europapolitik kontrollieren. Insoweit behält sich das Gericht ein Letztentscheidungsrecht vor, ob „Rechtsakte der europäischen Einrichtungen und Organe sich in den Grenzen der ihm eingeräumten Hoheitsrecht halten oder aus ihnen ausbrechen".[35] Das Verhältnis zum EuGH, der einen Grundrechtsschutz gewährleistet, definiert das Bundesverfassungsgericht als „Kooperationsverhältnis". Danach gewährleistet der EuGH den Grundrechtsschutz in jedem Einzelfall für das gesamte Gebiet der Europäischen Gemeinschaften, während sich das Bundesverfassungsgericht auf eine generelle Gewährleistung der unabdingbaren Grundrechtsstandards beschränken kann.[36] Das „Kooperationsverhältnis" hat das Bundesverfassungsgericht allerdings nicht konkretisiert.[37]

§ 8 Die Organe der EU

Schrifttum: *Bieber,* Das Verfahrensrecht von Verfassungsorganen 1992, S. 144 ff.; *Dietz / Glatthaar,* Das Räderwerk der Europäischen Kommission, S. 41 ff.; *Fastenrath,* Die Struktur der erweiterten Europäischen Union, S. 101, 113 f., EuR Beiheft 1 1994; *Glatthaar,* Einflussnahme auf Entscheidungen der EG durch die Ausschüsse der EG-Kommission, RIW 1992, S. 179, 180; *Hilf/Pache,* Der Vertrag von Amsterdam, NJW 1998, S. 710; *Klein/Haratsch,* Neuere Entwicklungen des Rechts der Europäischen Gemeinschaften – Teil 1 –, DÖV 1993, S. 785, 793/794; *Nickel,* Ein Kommentar zum Amsterdamer Vertrag aus der Sicht des Europäischen Parlaments, Integration 1997, S. 219; *Piepenschneider,* Der Vertrag von Amsterdam. Analyse und Bewertung 1997, S. 76; *Tsatsos,* Europäische politische Parteien? – Erste Überlegungen zur Auslegung des Parteienartikels des Maastrichter Vertrages – Art. 138a EGV, EuGRZ 1994, S. 45, 46 f.; *v. Bogdandy/Nettesheim,* Die Verschmelzung der Europäischen Gemeinschaften in der Europäischen Union, NJW 1995, S. 2324 ff.; *v. Drygalski,* Die Fonds der Europäischen Gemeinschaften 1988, S. 20 ff.

Übersicht

	Rn.		Rn.
I. Entwicklung der Grundlagen	1	2. Das Europäische Parlament	65
1. Gemeinsame (Haupt-)Organe	2	a) Zusammensetzung	68
2. Nebenorgane und weitere Institutionen	20	b) Zuständigkeiten	77
		aa) Beratungstätigkeit	78
II. Rat, Parlament, Kommission	28	bb) Rechtsetzungstätigkeit	85
1. Der Rat	31	cc) Kontrolltätigkeit	94
a) Zusammensetzung	32	c) Arbeitsweise und Organisation	104
b) Zuständigkeiten	37	aa) Geschäftsordnung	105
aa) Rechtsetzung	38	bb) Sitzungsperiode und Sitz	108
bb) Außenbeziehungen	39	cc) Ausschüsse	111
cc) Haushalt	41	dd) Fraktionen und Parteien	113
dd) Personalentscheidungen	42	3. Die Europäische Kommission	116
ee) Koordinierung	43	a) Zusammensetzung	118
c) Arbeitsweise und Organisation	45	b) Aufgaben	123
aa) Geschäftsordnung	46	aa) Initiativrecht	124
bb) Ausschuss der ständigen Vertreter	48	bb) Kontrollrechte	127
		cc) Exekutivfunktion	132
cc) Generalsekretariat	49	c) Arbeitsweise und Organisation	137
dd) Beschlussfassung	50	aa) Generalsekretariat	138
ee) Sitz	64	bb) Kabinette	139
		cc) Dienststellen	140

---

[35] BVerfG, NJW 1993, 3047, 3052.
[36] BVerfG, NJW 1993, 3047, 3049.
[37] Vgl. dazu *Gersdorf,* Das Kooperationsverhältnis zwischen deutscher Gerichtsbarkeit und EuGH, DVBl. 1994, S. 674 ff.

I. Entwicklung und Grundlagen

	Rn.
dd) Ausschüsse	141
ee) Sitz	144
ff) Sitzungen und Beschlussfassung	145
III. Der Europäische Gerichtshof	150
1. Einführung	150
2. Der Gerichtshof im engeren Sinne	154
a) Rechtsgrundlagen	154
b) Zusammensetzung	155
c) Spruchkörper	161
d) Das Verfahren vor dem EuGH	164
aa) Das schriftliche Verfahren	165
bb) Die mündliche Verhandlung	166
cc) Beratung und Verkündung des Urteils	167
3. Das Gericht erster Instanz	169
a) Einführung	169
b) Zusammensetzung	172
c) Spruchkörper	175
d) Zuständigkeiten	176
e) Das Verfahren vor dem Gericht erster Instanz	177
f) Rechtsmittel	180
4. Verfahrensarten	183
a) Die Vertragsverletzungsverfahren gem. Art. 226 EGV (Art. 169 EGV a. F.)	184
aa) Anwendungsbereich	185
bb) Die einzelnen Verfahrensabschnitte	188
b) Die Nichtigkeitsklage gem. Art. 230 EGV (Art. 173 EGV a. F.)	196
aa) Die Nichtigkeitsklage der Gemeinschaftsorgane und der Mitgliedstaaten	197
bb) Die Nichtigkeitsklage von Individuen	209
c) Die Untätigkeitsklage gem. Art. 232 EGV (Art. 175 EGV a. F.)	213
aa) Die Untätigkeitsklage der Gemeinschaftsorgane und der Mitgliedstaaten	214
bb) Die Untätigkeitsklage von Individuen	222
d) Das Vorabentscheidungsverfahren gem. Art. 234 EGV (Art. 177 EGV a. F.)	223
aa) Allgemeines	223
bb) Voraussetzungen eines Vorabentscheidungsverfahrens	225
cc) Das Verfahren vor dem EuGH	239
dd) Wirkungen des Urteils	240
ee) Praktische Bedeutung des Vorabentscheidungsverfahrens	244
5. Analyse der Arbeitsweise des EuGH	247

	Rn.
a) Schwierigkeiten der EuGH-Rechtsprechung	247
b) Der EuGH als Integrationsfaktor	253
aa) Grundrechtsschutz	254
bb) Unmittelbare Wirkung des Gemeinschaftsrecht	255
cc) Vorrang des Gemeinschaftsrechts	256
c) Kritik an der Rechtsprechung des EuGH	260
aa) Die Urteilsbegründungen	260
bb) Kritisierte Urteile im Einzelnen	261
d) Statistische Angaben über die Tätigkeit des EuGH	346
aa) Anhängig gemachte Rechtssachen seit 1953	346
bb) Vorabentscheidungsersuchen	347
cc) Vollzug der Urteile	350
6. Änderungen durch den Vertrag von Nizza	351
IV. Der Europäische Rechnungshof	353
1. Zusammensetzung	354
2. Aufgaben	356
3. Arbeitsweise und Organisation	362
a) Präsident	363
b) Dienststellen	365
c) Generalsekretariat	366
d) Sitzungen und Beschlussfassung	367
V. Nebenorgane und weitere Institutionen	369
1. Der Wirtschafts- und Sozialausschuss	370
a) Zusammensetzung	371
b) Funktion des Ausschusses	372
c) Arbeitsweise und Organisation	378
aa) Präsident	380
bb) Präsidium	381
cc) Plenum und Plenartagungen	383
dd) Fachgruppen und sonstige Arbeitsgruppen	384
ee) Generalsekretariat	389
2. Der Ausschuss der Regionen	393
a) Zusammensetzung	394
b) Funktion und Aufgaben des Ausschusses	397
aa) Obligatorische Stellungnahme	400
bb) Fakultative Stellungnahmen	402
cc) Akzessorische Stellungnahme	403
dd) Initiativstellungnahme	404
c) Arbeitsweise und Organisation	406
3. Die Strukturfonds der EG	414
a) Grundlagen und Entwicklung	415
b) Europäischer Sozialfonds	425
c) Gemeinschaftsinitiativen	432

I. Entwicklung und Grundlagen

Der EU-Vertrag bestimmt in Art. 3 Abs. 1 für die Europäische Union einen einheitlichen institutionellen Rahmen. Diesen Rahmen bilden primär die Organe der von der Europäischen Union umfassten Gemeinschaften EGKS, EG und EAG, was sich aus Art. 5

1

EUV ergibt, sowie die sonstigen Institutionen der Gemeinschaften. Hauptorgan der EU ist gem. Art. 4 EUV der Europäische Rat der Staats- und Regierungschefs. Durch diese Organe nimmt die Union die ihr in den Gründungsverträgen der drei Gemeinschaften und im EU-Vertrag zugewiesenen Aufgaben wahr.

1. Gemeinsame (Haupt-) Organe

2 Die Organe sind gem. Art. 7 EGKSV, 7 I EGV und 3 EAGV der Rat, die Kommission, das Parlament, der Gerichtshof und der Rechnungshof.[1]

3 Der **Europäische Rat** nimmt im institutionellen System der EU eine Sonderstellung ein. Die EU hat einen originären institutionellen Aufbau, der dem der verschiedenen staatlichen Verfassungsordnungen der Mitgliedstaaten nicht entspricht. So unterscheiden sich überwiegend schon die Funktionen und Kompetenzen der Organe der EU von denen der einzelnen Mitgliedstaaten.

4 Die Legislativkompetenz der Organe liegt weitgehend beim Rat, der sich aus Mitgliedern der Regierungen der Mitgliedstaaten bzw. aus Vertretern mit Ministerrang zusammensetzt. Der Rat ist somit das Hauptrechtsetzungsorgan der Gemeinschaften.

5 Die **Kommission** wird bezüglich ihrer Funktion im institutionellen Aufbau der EU als Motor der Integration und Hüterin der Verträge bezeichnet. Hinsichtlich ihrer Kompetenzen kommt ihr die Aufgabe eines Exekutivorgans zu.

6 Das **Europäische Parlament** ist als eine Vertretung der Völker der in der Europäischen Union zusammengeschlossenen Staaten in den Gründungsverträgen der Gemeinschaften festgeschrieben. Obwohl das Parlament seit 1979 direkt gewählt wird und somit unmittelbar demokratisch legitimiert ist, bleibt dessen Legislativfunktion als Volksvertretung auch nach dem EU-Vertrag in seiner Amsterdamer Form weit hinter der der nationalen Parlamente der Mitgliedstaaten zurück.[2]

7 Der **Europäische Gerichtshof** (EuGH) ist das Organ der Rechtsprechung der EU. Als gerichtliche Kontrollinstanz obliegt ihm gem. Art. 220 EGV die Sicherung der Wahrung des Rechts bei der Auslegung und Anwendung der Gründungsverträge, wozu auch das sekundäre Gemeinschaftsrecht zählt, was sich aus der Zuständigkeit des Gerichtshofs bei Klagen gegen Rechtsakte der Gemeinschaft gem. Art. 230 EGV ergibt.

8 Der **Rechnungshof** bildet neben dem EuGH eine weitere Kontrollinstanz für den Bereich der Haushaltsführung der EU. Ihm obliegt die Prüfung der Rechtmäßigkeit und Ordnungsmäßigkeit der Ein- und Ausgaben der Haushaltsmittel sowie der Wirtschaftlichkeit der Haushaltsführung (Art. 248 Abs. 2 EGV).

9 Der **Europäische Rat der Staats- und Regierungschefs** ist kein Gemeinschaftsorgan der drei Gemeinschaften, sondern vielmehr ein von den Gemeinschaftsorganen losgelöstes, eigenständiges Organ der Union. Er gibt der Europäischen Union gem. Art. 4 Abs. 1 EUV die für ihre Entwicklung erforderlichen Impulse und legt die allgemeinen Zielvorstellungen für diese Entwicklung fest. Des Weiteren soll der Europäische Rat die notwendige Kohärenz zwischen der Tätigkeit der Gemeinschaften und der europäischen politischen Zusammenarbeit (EPZ) gewährleisten.[3] Durch diese Aufgaben und Funktionen ist der Europäische Rat zu einer politisch übergeordneten Autorität geworden, die ihn zum Hauptorgan der Europäischen Union macht.

10 Die Gemeinschaftsorgane, die in allen drei Gründungsverträgen vorgesehen sind, sind gemeinsame Institutionen der Europäischen Gemeinschaften und nun entsprechend auch der Europäischen Union.

---

[1] Bei der Darstellung der Organe der EU wird im Wesentlichen auf die Bestimmungen im EGV verwiesen.

[2] Dazu näher unter Rn. 65 ff.

[3] Kommuniqué der Gipfelkonferenz in Paris vom 9./10. Dezember 1974, Bull. EG Nr. 12/1974, S. 7.

I. Entwicklung und Grundlagen

Die Gründungsverträge sahen jedoch von den jeweils anderen Gemeinschaften unabhängige Organe mit zum Teil unterschiedlichen Bezeichnungen vor. Ein Zusammenschluss der jeweiligen Organe zu gemeinsamen Organen der Gemeinschaften fand schrittweise statt. 11

Zunächst wurde parallel mit dem EWG- und dem EAG-Vertrag das Abkommen über gemeinsame Organe für die Europäischen Gemeinschaften vom 25. März 1957[4] geschlossen. Durch dieses Abkommen wurde ein gemeinsamer Gerichtshof und eine gemeinsame Versammlung der Europäischen Gemeinschaften geschaffen und dadurch der im EGKS-Vertrag vorgesehene Gerichtshof durch einen gemeinsamen Gerichtshof ersetzt. Ebenso trat eine einzige Versammlung an die Stelle der bereits im Rahmen des EGKSV bestehenden „Gemeinsamen Versammlung", dem heutigen Europäischen Parlament. 12

Durch den am 1. Juli 1967 in Kraft getretenen **Fusionsvertrag** (FusV)[5] wurden auch die bis dahin noch voneinander unabhängigen Räte und Kommissionen (Besonderer Ministerrat und Hohe Behörde im EGKSV) zu einer Kommission und einem Rat der Europäischen Gemeinschaften zusammengefasst. 13

Der Rechnungshof wurde durch den Vertrag zur Änderung bestimmter Finanzvorschriften vom 27. Juli 1975 eingesetzt.[6] Er ersetzt den ursprünglich im EWG- und EAG-Vertrag vorgesehenen „Kontrollausschuss" und den ursprünglich im EGKS-Vertrag vorgesehenen „Rechnungsprüfer". Durch den EUV ist der Rechnungshof nunmehr mit den Organen der EU gleichgestellt. 14

Eine einheitliche Bezeichnung der gemeinsamen Organe in den Verträgen ist offiziell zunächst durch die Einheitliche Europäische Akte[7] (EEA) erfolgt. Durch Art. 3 EEA ist die Bezeichnung „Europäisches Parlament" für die ursprüngliche Versammlung förmlich anerkannt worden.[8] Diese Bezeichnungen sind zuletzt durch die Änderungen des EUV in den Verträgen normiert worden. 15

Durch den Beschluss vom 8. November 1993[9] hat sich der Rat nunmehr die Bezeichnung **„Rat der Europäischen Union"** gegeben. Die Kommission hat sich durch einen internen Beschluss vom 17. November 1993 in „Europäische Kommission" umbenannt. Die Bezeichnungen „Rat der Europäischen Gemeinschaften" und „Kommission der Europäischen Gemeinschaften" bleiben bei juristischen und formellen Texten jedoch bestehen.[10] 16

Diese einheitliche Bezeichnung ist im Rahmen des EGKS-Vertrages nicht vorgenommen worden. Darin tragen die strukturell fusionierten Organe der drei Gemeinschaften weiterhin die in Art. 7 des Gründungsvertrages der EGKS vorgesehenen Bezeichnungen.[11] 17

Die Organe der Europäischen Union tragen demnach folgende offiziell übliche, jedoch juristisch teilweise unrichtige Bezeichnungen: 18
– Rat der Europäischen Union
– Europäische Kommission
– Europäisches Parlament
– Europäischer Gerichtshof
– Europäischer Rechnungshof.

---

[4] Sartorius II, Nr. 220.
[5] Vertrag zur Einsetzung eines gemeinsamen Rates und einer gemeinsamen Kommission der Europäischen Gemeinschaften vom 8. April 1965, Sartorius II, Nr. 220 a.
[6] ABl. Nr. L 359 v. 31. Dezember 1977, S. 10.
[7] Sartorius II, Nr. 151.
[8] Zuvor hat sich die Versammlung durch die Entschließung vom 30. März 1962 selbst als „Europäisches Parlament" bezeichnet (ABl. 1958, S. 7 und ABl. 1962, S. 1045).
[9] Vgl. den Beschluss des Rates 93/591, ABl. 1993, L 281, S. 18.
[10] Vgl. zur unterschiedlichen Terminologie auch v. Bogdandy/Nettesheim, NJW 1995, S. 2324 ff.
[11] So handelt im Rahmen des EGKSV die Kommission als Hohe Behörde, das Europäische Parlament als Gemeinsame Versammlung, sowie der Rat als Besonderer Ministerrat.

19 Die Bezeichnung des Europäischen Rates hat sich aus der Institutionalisierung und Strukturierung der Gipfelkonferenzen der Staats- und Regierungschefs der Mitgliedstaaten der Europäischen Gemeinschaften entwickelt. Zunächst wurde 1974 im Schlusskommuniqué der Gipfelkonferenz von Paris ein dreimal pro Jahr stattfindendes Zusammentreffen der Staats- und Regierungschefs festgeschrieben, wobei dafür allerdings noch nicht die Bezeichnung „Europäischer Rat" gebraucht wurde. Diese Bezeichnung der Gipfelkonferenzen fand sich erstmals 1983 in der feierlichen Erklärung von Stuttgart zur Europäischen Union,[12] die jedoch als solche keine rechtliche Wirkung hatte. Eine vertragliche Verankerung hat der Europäische Rat dann durch Art. 2 der Einheitlichen Europäischen Akte erfahren. Diese Bezeichnung wurde nun auch in den einzelnen Bestimmungen des EU-Vertrages übernommen.

2. Nebenorgane und weitere Institutionen

20 Neben diesen Organen bestimmen die Verträge noch weitere Institutionen, die man als Neben- bzw. Hilfsorgane bezeichnet.[13] Sie tragen diese Bezeichnung, da sie nicht explizit in den Art. 7 EGKSV, 7 Abs. 1 EGV und 3 EAGV als Organe der EU genannt werden, ihnen jedoch in den Verträgen spezielle Aufgaben zugewiesen sind.

21 Die für den Bereich des Arbeits- und Sozialrechts wichtigsten Nebenorgane sind im EAG- und EG-Vertrag der **Wirtschafts- und Sozialausschuss** (WSA) und der **Ausschuss der Regionen,** der durch den EU-Vertrag als institutionelle Neuerung für den Bereich der EG geschaffen wurde.

22 Beide Ausschüsse haben gem. Art. 7 Abs. 2 EGV eine beratende Aufgabe zur Unterstützung des Rates und der Kommission.

23 Der WSA besteht als Nebenorgan der EG und EAG seit der Gründung dieser beiden Gemeinschaften. Er existiert gem. Art. 5 des Abkommens über gemeinsame Organe für die Europäischen Gemeinschaften vom 25. März 1957[14] als gemeinsames Nebenorgan somit von Beginn der EG und EAG an.[15] Der WSA hat gem. Art. 7 Abs. 2 i.V.m. Art. 257 EGV die Aufgabe, den Rat und die Kommission bei Fragen des wirtschaftlichen und sozialen Lebens in der Gemeinschaft beratend zu unterstützen.

24 Die Bestimmungen über den Ausschuss der Regionen gem. Art. 7 Abs. 2 i.V.m. Art. 263 bis 265 EGV sind durch den Unionsvertrag eingeführt worden. Mit dem Ausschuss der Regionen wurde ein weiteres, dem WSA nachempfundenes Nebenorgan geschaffen, dem eine beratende Funktion bei Fragen mit regionalem und kommunalem Bezug zukommt. Der Ausschuss der Regionen besteht nur für den Bereich der EG und ist daher, im Gegensatz zum WSA, kein gemeinsames Organ mehrerer Gemeinschaften.

25 Weitere Einrichtungen der EU mit sozial- und arbeitsmarktpolitischer Relevanz sind die Fonds der EG, wovon den drei Strukturfonds, speziell dem **Europäischen Sozialfonds** (ESF) und dem **Europäischen Fonds für regionale Entwicklung** (EFRE) auf dem Gebiet der Sozialstruktur- und Arbeitsmarktpolitik die größte Bedeutung zukommt. Zu den Strukturfonds zählt ebenso der **Europäische Ausrichtungs- und Garantiefonds** für die Landwirtschaft, Abteilung Ausrichtung (EAGFL). Die Strukturfonds sind im Rahmen ihrer Reform von 1993 um zwei weitere Finanzinstrumente ergänzt worden.[16]

---

[12] Text in: Europa-Archiv, 1983, S. 420ff.
[13] Näher zur unterschiedlichen Terminologie v. *Drygalski,* S. 20ff., m.w.N.
[14] Sartorius II, Nr. 220.
[15] Ebenso besteht ein Beratender Ausschuss mit vergleichbarer Funktion im EGKSV seit der Gründung der Montanunion.
[16] Vgl. die VO (EWG) Nr. 2080/93 vom 20. Juli 1993 zur Durchführung der VO (EWG) Nr. 2052/88 hinsichtlich des Finanzinstruments für die Ausrichtung der Fischerei (ABl. Nr. L 193 vom 31. Juli 1993, S. 1) und die VO (EWG) Nr. 792/93 vom 30. März 1993 zur Errichtung eines Kohäsions-Finanzinstruments (ABl. Nr. L 79 vom 1. April 1993, S. 74), die durch die VO (EG)

Diese sind das Finanzinstrument für die Ausrichtung der Fischerei (FIAF) und der Kohäsionsfonds.[17] Beide sind strukturpolitische Finanzinstrumente, die zwar nicht zu den Strukturfonds zählen, mit denen ihre Aktionen aber koordiniert werden.[18] Die Strukturfonds sind die strukturfördernden Finanzinstrumente der Gemeinschaft. Sie besitzen keine eigene Rechtspersönlichkeit und werden von der Kommission der EU verwaltet. Ihre Haushaltsmittel sind im Haushaltsplan der Europäischen Gemeinschaft ausgewiesen.

Das institutionelle System der EU wird, neben diesen genannten, durch zahlreiche weitere Institutionen komplettiert. In diesem Zusammenhang sollen jedoch nur die für den Bereich des Arbeits- und Sozialrechts wichtigsten Nebenorgane und Institutionen behandelt werden.

Eine organisatorische Fusion hat entsprechend nur für die Hauptorgane der drei Gemeinschaften stattgefunden. Ein Zusammenschluss weiterer Institutionen ist auf Grund des diesbezüglich unterschiedlichen institutionellen Aufbaus der einzelnen Gemeinschaften nicht erfolgt.

II. Rat, Parlament, Kommission

Aus Art. 7 Abs. 1 EG-Vertrag ergibt sich die Funktion von Parlament, Rat, Kommission, Gerichtshof und Rechnungshof als gemeinsame Organe zur Wahrnehmung der gemeinschaftlichen Aufgaben. Die näheren Bestimmungen über ihre Kompetenzen, ihren innerorganschaftlichen Aufbau und ihr Zusammenwirken finden sich im fünften Teil des EG-Vertrages.

Von ihnen sind am Rechtsetzungsverfahren der EU der Rat, die Kommission und das Parlament beteiligt, wobei jedoch die Einflussnahme des jeweiligen Organs auf den Entscheidungsprozess von unterschiedlich großer Bedeutung ist.

Als Hauptrechtsetzungsorgan der Gemeinschaften bezeichnet man den Rat der Europäischen Union, da dieser mit den weitreichendsten Legislativkompetenzen ausgestattet ist und dementsprechend den größten Einfluss auf den Entscheidungsprozess in der Europäischen Union hat. Obwohl das Parlament bei der Aufzählung in Art. 7 Abs. 1 und auch im fünften Teil des EG-Vertrages zuerst genannt wird, soll auf Grund seiner überragenden Bedeutung unter den Organen an dieser Stelle zunächst der Rat behandelt werden.

1. Der Rat

Der Rat ist durch den EU-Vertrag seit dem 1. November 1993 Organ der Europäischen Union.[19] Gem. Art. 1 FusV besteht er bereits seit dem 1. Juli 1967[20] als *gemeinsames* Organ der drei Gemeinschaften.

Nr. 1164/94 vom 16. Mai 1994 zur Errichtung des Kohäsionsfonds (ABl. Nr. L 130 vom 25. Mai 1994, S. 1) ersetzt wurde.

[17] Eine ausführliche Behandlung dieser beiden Finanzinstrumente sowie des Europäischen Ausrichtungs- und Garantiefonds findet auf Grund der geringeren Bedeutung dieser Instrumente für das Arbeits- und Sozialrecht in diesem Zusammenhang nicht statt.

[18] Vgl. dazu die VO (EWG) Nr. 4253/88 des Rates vom 19. Dezember 1988 zur Durchführung der Verordnung (EWG) Nr. 2052/88 hinsichtlich der Koordinierung der Interventionen der verschiedenen Strukturfonds einerseits und zwischen diesen und den Interventionen der Europäischen Investitionsbank und der sonstigen vorhandenen Finanzinstrumente andererseits (ABl. Nr. L 374 vom 31. Dezember 1988, S. 1), sowie die Änderungen der VO (EWG) Nr. 2082/93 (ABl. Nr. L 193 vom 31. Juli 1993, S. 20).

[19] Vgl. Art. 5 EUV, in dem der Rat als Gemeinschaftsorgan und zugleich als Organ der Union genannt wird.

[20] Datum des Inkrafttretens des Fusionsvertrages vom 8. April 1965, Sartorius II, Nr. 220 a.

a) Zusammensetzung

32 Den Rat bilden gem. Art. 203 EGV die **Vertreter der Mitgliedstaaten der Europäischen Gemeinschaft,** wobei jeder Mitgliedstaat je einen Vertreter auf Ministerebene entsendet. Der Rat hat entsprechend der Anzahl der Gemeinschaftsmitglieder derzeit fünfzehn Mitglieder. Die EU-Ratspräsidentschaft bzw. der Vorsitz im Rat der Europäischen Union wechselt alle sechs Monate zwischen den Mitgliedstaaten entsprechend einer festgelegten Reihenfolge. Diese Reihenfolge wurde ab dem 1. Januar 1995 neu festgelegt. Dadurch wurde die bisherige alphabetische Reihenfolge aufgegeben und ein neues Prinzip gewählt, wodurch verhindert werden soll, dass sich drei kleinere Staaten nacheinander in der Ratspräsidentschaft ablösen. Es wurde daher folgende Reihenfolge vereinbart:[21]

Jahr	1. Hälfte	2. Hälfte
1999	Deutschland	Finnland
2000	Portugal	Frankreich
2001	Schweden	Belgien
2002	Spanien	Dänemark
2003	Griechenland	

33 Da es sich gem. 203 EGV bei den Vertretern der Mitgliedstaaten nicht mehr notwendig um Mitglieder der jeweiligen Zentralregierung handeln, sondern um solche im Ministerrang,[22] folgt daraus für die Bundesrepublik, dass **neben den Bundesministern auch Landesminister** als Vertreter im Rat tätig werden können.[23] Diese müssen jedoch befugt sein, für die Bundesregierung verbindlich zu handeln, was notwendig eine Beteiligung und Abstimmung mit der Bundesregierung mit sich bringt. Diese Möglichkeit der Beteiligung von Landesministern ist in Art. 23 Abs. 6 GG und in § 6 Abs. 2 des Gesetzes über die Zusammenarbeit von Bund und Ländern in Angelegenheiten der Europäischen Union vom 12. März 1993[24] berücksichtigt worden. Darin ist eine Übertragung der der Bundesrepublik als Mitgliedstaat der Europäischen Union zustehenden Rechte auf einen vom Bundesrat zu benennenden Vertreter der Länder in den Fällen vorgesehen, in denen im Schwerpunkt die ausschließlichen Gesetzgebungsbefugnisse der Länder betroffen sind. Eine Besonderheit ergibt sich für die parlamentarischen und beamteten Staatssekretäre der Bundesrepublik Deutschland, die, obwohl sie nach dem Grundgesetz gem. Art. 62 GG keine Regierungsmitglieder sind, in der Gemeinschaftspraxis als solche behandelt werden. Dieser Umstand widerspricht zwar dem Wortlaut des Art. 203 EGV, er dürfte jedoch in der Gemeinschaft als gewohnheitsrechtlich anerkannt gelten.[25] Diese Gleichstellung erfolgt jedoch nicht für die mitgliedstaatlichen Beamten und ständigen Vertreter der Mitgliedstaaten. Diese sind bei den Beratungen des Rates zugelassen, haben aber kein Stimmrecht.[26]

34 Es ist den Mitgliedstaaten ebenso freigestellt, welches Mitglied ihrer Regierung sie entsenden. Einen in personeller Hinsicht festgelegten Ministerrat gibt es somit nicht. Obwohl

---

[21] Quelle: Europäische Zeitung, März 1995, S. 3.

[22] Insofern ersetzt Art. 146 EGV den Art. 2 FusV, wonach nur die Mitglieder der Zentralregierung entsandt werden konnten.

[23] Vgl. auch *Geiger*, Kommentar zum EUV/EGV–Vertrag, 3. Aufl. 2000, Art. 203 Rn. 1; *Klein/Haratsch*, DÖV 1993, S. 785, 793/794.

[24] Dabei handelt es sich um das in Art. 23 Abs. 7 GG vorgesehene Gesetz zur näheren Regelung zu den Absätzen 4 bis 6 BGBl. 1993 I S. 313.

[25] Vgl. auch *Schweitzer/Hummer*, Europarecht, 5. Aufl. 1996, Rn. 144 f.

[26] Vgl. *Geiger*, Art. 203, Rn. 2.

es im institutionellen Gefüge der EU nur einen Rat der Europäischen Union gibt, existieren faktisch eine Vielzahl von Ministerräten, die sich abhängig von den zu erörternden Sachfragen aus den jeweils auf nationaler Ebene dafür zuständigen Ressortministern der Mitgliedstaaten zusammensetzen. Entsprechend seiner Zusammensetzung trägt der Rat gewöhnlich die Bezeichnung des jeweiligen Fachbereichs (z.B. Rat der Arbeits- und Sozial-, der Wirtschafts- und der Finanzminister). Als **Allgemeinen Rat** oder auch *Rat für allgemeine Angelegenheiten* bezeichnet man den Rat in der Zusammensetzung der Außenminister, da in dieser Konstellation allgemeinpolitische Angelegenheiten, wie z.B. institutionelle, sowie außen- und handelspolitische Fragen behandelt werden.

Der Rat kann in wichtigen allgemeinpolitischen Angelegenheiten auch in der Zusammensetzung der Staats- und Regierungschefs der Mitgliedstaaten der EU tagen.[27] Er ist in diesen Fällen von dem in gleicher Besetzung tagenden Europäischen Rat zu unterscheiden, da er insofern als Gemeinschaftsorgan i.S.d. Gemeinschaftsverträge handelt und an die Verfahrensvorschriften der Verträge gebunden ist.

Die Regierungsmitglieder der Mitgliedstaaten können auch als Vertreter ihrer Regierungen tagen. In diesem Fall spricht man von den im *Rat vereinigten Vertretern der Mitgliedstaaten*. Die im Rat vereinigten Vertreter der Mitgliedstaaten treten in dieser Funktion im Rahmen der im EGV vorgesehenen Bestimmungen oder auch als Konferenz der Staatenvertreter außerhalb des Gemeinschaftsrechts zusammen. Fassen die im Rat vereinigten Vertreter der Mitgliedstaaten Beschlüsse, so werden diese als **uneigentliche Ratsbeschlüsse** bezeichnet. Die Beschlüsse der Vertreter können auf primärrechtlicher Grundlage oder auch ohne Rechtsgrundlage im Gemeinschaftsrecht ergehen. Die Beschlüsse stellen keine Rechtsakte der Gemeinschaft i.S.d. Art. 249 EGV dar. Ergehen sie jedoch in den vertraglich vorgesehenen Fällen,[28] so handelt es sich bei den getroffenen Regelungen um sekundäres Gemeinschaftsrecht. Im Übrigen werden die uneigentlichen Ratsbeschlüsse bezüglich ihrer Rechtsnatur unterschiedlich qualifiziert. Entsprechend ihrer Rechtsgrundlage im Gemeinschaftsrecht werden sie im Wesentlichen als völkerrechtliche Verwaltungsabkommen bzw. Vereinbarungen,[29] als Gemeinschaftsrecht im weiteren Sinne[30] oder auch als Mischform zwischen Gemeinschafts- und Völkerrecht eingeordnet.[31] Ergehen sie ohne Rechtsgrundlage im Gemeinschaftsrecht, so können sie als gemeinschaftsnahe völkerrechtliche Abkommen qualifiziert werden.[32]

b) Zuständigkeiten

Die Zuständigkeiten des Rates sind in Art. 202 EGV allgemein formuliert. Danach hat der Rat die Aufgabe, die Wirtschaftspolitik der Mitgliedstaaten abzustimmen und darüber hinaus wird ihm eine Entscheidungsbefugnis zugewiesen. Diese allgemeine Zuweisung von Entscheidungsbefugnissen wird durch das Prinzip der begrenzten Einzelermächtigung i.S.d. Art. 5 Abs. 1 EGV eingeschränkt. Demnach dürfen gem. Art. 202 EGV die Entscheidungsbefugnisse nur nach Maßgabe des EG-Vertrages ausgeübt werden. Die allgemeinen Zuständigkeiten werden so durch die einzelnen Kompetenznormen im EGV konkretisiert und sind auch in Folge der Amsterdamer Revision nicht wesentlich erweitert worden.

---

[27] So beispielsweise im Falle des Art. 121 Abs. 3 EGV.
[28] So z.B. gem. Art. 214 Abs. 2 UAbs. 3 S. 3 EGV: Ernennung des Präsidenten und der übrigen Mitglieder der Kommission; gem. Art. 223 Abs. 1 S. 1 EGV: Ernennung der Richter und Generalanwälte; gem. Art. 289 EGV: Bestimmung der Sitze der Organe der Gemeinschaft; gem. Art. 48 Abs. 1 UAbs. 2 S. 1 EUV: Änderungen der Verträge.
[29] *Geiger*, Art. 202, Rn. 3.
[30] *Bieber*, in: Beutler/Bieber/Pipkorn/Streil, Die Europäische Union, 4. Aufl. 1993, S. 138.
[31] *Constantinesco*, Das Recht der Europäischen Gemeinschaften, 1977, Rn. 486.
[32] Vgl. näher dazu *Schweitzer*, in: Grabitz/Hilf, Das Recht der Europäischen Union, Art. 203, Rn. 14 ff.

aa) Rechtsetzung

38 Eine Konkretisierung der Entscheidungsbefugnisse des Rates ergibt sich aus Art. 249 EGV, der die Kompetenz des Rates zum Erlass von Rechtsakten der Gemeinschaft festschreibt. Der Rat erlässt danach – gemeinsam mit dem Parlament bzw. der Kommission – Verordnungen, Richtlinien, Entscheidungen und die sonstigen Rechtsakte i. S. d. Art. 249 EGV. Neben dem Rat sind daran noch die Kommission und das Parlament beteiligt. Die Kommission leitet mit einem Vorschlag an den Rat[33] das Rechtsetzungsverfahren ein. Ohne diese Initiative darf der Rat grundsätzlich nicht tätig werden. Eine Ausnahme von diesem Grundsatz machen die Art. 208 und 115 EGV. Danach kann der Rat die Kommission unter bestimmten Voraussetzungen auffordern, ihm einen Vorschlag zu unterbreiten, wodurch für den Rat ein mittelbares **Initiativrecht** konstituiert wird. Dem Parlament kommen beim Erlass von Rechtsakten der Gemeinschaft in verschiedenem Umfang Beteiligungsrechte zu. Ebenso wie Art. 202 EGV legt auch Art. 249 EGV das Prinzip der begrenzten Einzelermächtigung zugrunde. Die Ermächtigung zum Erlass von Rechtsakten steht daher unter dem Vorbehalt der Maßgabe des EG-Vertrages. Der Rat kann Rechtsakte nur unter den Voraussetzungen der einzelnen Kompetenznormen des Vertrages erlassen. Er ist insoweit an das jeweilige in den Kompetenznormen vorgesehene Verfahren gebunden.[34] Dabei sind u. U. auch noch weitere (Hilfs-) Organe, wie der Wirtschafts- und Sozialausschuss und der Ausschuss der Regionen zu beteiligen.[35]

bb) Außenbeziehungen

39 Weitere Befugnisse des Rates ergeben sich im Bereich der Beziehungen der Europäischen Union zu Drittstaaten und internationalen Organisationen. Aus Art. 300 EGV folgt die **Abschlusskompetenz des Rates für völkerrechtliche Verträge.** Diese werden auf Weisung des Rates von der Kommission ausgehandelt und anschließend dem Rat zur Abstimmung vorgelegt. Ebenso handelt es sich bei den Assoziierungsabkommen i. S. d. Art. 310 EGV um völkerrechtliche Verträge, für die der Rat gem. Art. 300 Abs. 2 EGV die Abschlusskompetenz besitzt.

40 Art. 48 des EU-Vertrages sieht im Rahmen von Vertragsänderungsverfahren der Gemeinschaftsverträge die Beteiligung des Rates vor. Gem. Art. 49 des EU-Vertrages obliegt es dem Rat, über Beitrittsanträge seitens europäischer Drittstaaten zur Europäischen Union zu entscheiden.

cc) Haushalt

41 Der Rat hat im Rahmen des in Art. 272 EGV geregelten Haushaltsverfahrens die Aufgabe, **gemeinsam mit dem Europäischen Parlament den Haushaltsplan** aufzustellen. Am Haushaltsverfahren ist noch die Kommission beteiligt, die dem Rat einen Vorentwurf des Haushaltsplans vorlegt. Die Haushaltskompetenz des Rates ist insofern eingeschränkt, da sich dieser im Haushaltsverfahren die Entscheidungsbefugnisse mit dem Parlament teilen muss.

dd) Personalentscheidungen

42 In personeller Hinsicht trifft der Rat Entscheidungen über die Zusammensetzung des Rechnungshofes, des Wirtschafts- und Sozialausschusses und des Ausschusses der Regionen. Der Rat ernennt einstimmig die **Mitglieder des Wirtschafts- und Sozialausschusses** sowie nach Anhörung des Parlaments die **Mitglieder des Rechnungshofes.**[36]

---

[33] Vgl. Art. 250–252 EGV.
[34] Ausführlich zum Rechtsetzungsverfahren s. unten Rn. 50 ff.
[35] Vgl. z. B. Art. 137 Abs. 2 EGV, der eine obligatorische Anhörung des WSA i. S. d. Art. 262 EGV vorsieht; vgl. auch Art. 161 EGV, worin die Anhörung des Ausschusses der Regionen i. S. d. Art. 265 für die Fälle vorgesehen ist, in denen es um die Belange der Strukturfonds geht.
[36] Vgl. Art. 258 Abs. 2 und Art. 247 Abs. 3 EGV.

II. Rat, Parlament, Kommission

Die Mitglieder des **Ausschusses der Regionen** werden gem. Art. 263 EGV auf Vorschlag der jeweiligen Mitgliedstaaten durch den Rat einstimmig ernannt.

ee) Koordinierung

Neben den Entscheidungsbefugnissen weist Art. 202 EGV dem Rat als weitere Aufgabe zu, für die **Koordinierung der verschiedenen Wirtschaftspolitiken** der Mitgliedstaaten zu sorgen. Diese allgemeine Aufgabenzuweisung wird durch die Vorschriften über die Wirtschaftspolitik konkretisiert.[37] In Art. 99 EGV ist das Verfahren der Koordinierung geregelt. Der Rat kann danach mit qualifizierter Mehrheit eine Empfehlung i.S.d. Art. 249 Abs. 5 EGV über die Grundzüge der Wirtschaftspolitik der Mitgliedstaaten abgeben. Mit der Abgabe einer Empfehlung als unverbindlichem Rechtsakt hat der Rat in diesem Zusammenhang nur eine eingeschränkte Möglichkeit der Einflussnahme, da die Handlungskompetenz im Bereich der Wirtschaftspolitik bei den Mitgliedstaaten verbleibt. Die Koordinierung der Wirtschaftspolitik dient als flankierende Maßnahme der Verwirklichung der Europäischen Wirtschafts- und Währungsunion, die mit dem Eintritt in die Endstufe seit dem Januar 1999 zumindest einen Übergang der Zuständigkeiten für die Währungspolitik von den Mitgliedstaaten auf die Gemeinschaft vorsieht.

Eine größere Möglichkeit der Einflussnahme auf wirtschaftspolitischer Ebene bietet sich für den Rat durch Art. 100 Abs. 1 EGV. Der Rat hat danach die Befugnis, der Wirtschaftslage angemessene Maßnahmen zu treffen, insbesondere dann, falls gravierende Schwierigkeiten in der Versorgung mit bestimmten Waren auftreten. Als Maßnahme kommt jede Form von Rechtsakt i.S.d. Art. 249 EGV in Betracht.[38] Der Rat kann somit auch für die Mitgliedstaaten verbindliche Rechtsakte im Bereich der Wirtschaftspolitik erlassen.

c) Arbeitsweise und Organisation

Den umfassenden Aufgaben und speziell der Rolle als Hauptrechtsetzungsorgan der Union kann der Rat als Gremium nicht lediglich durch die Aufteilung in Fachministerräte gerecht werden. Aus diesem Grund verfügt der Rat über einen umfassenden administrativen und diplomatischen Unterbau. Diesen bilden der Ausschuss der ständigen Vertreter der Mitgliedstaaten (Art. 207 Abs. 1 EGV) und ein Generalsekretariat (Art. 207 Abs. 2 EGV). Beide Institutionen haben ihre Grundlage auch in der Geschäftsordnung des Rates (Art. 19 und 21 GO), die dieser sich gem. Art. 207 Abs. 3 EGV gegeben hat.

aa) Geschäftsordnung

Den Organen und Institutionen der EU ist die Art und Weise der Bewältigung der ihnen durch die Verträge zugewiesenen Aufgaben und Zuständigkeiten selbst überlassen. Dieses sog. **Selbstorganisationsrecht**[39] besteht gem. Art. 207 Abs. 3 EGV auch für den Rat. Mit dem Erlass der Geschäftsordnung vom 24. Juli 1979 hat der Rat von diesem Recht Gebrauch gemacht.[40] Die Geschäftsordnung hat grundsätzlich organinterne Wirkung.[41] Der Rat ist jedoch an sie gebunden und kann sie nur in einem förmlichen Verfahren ändern.[42]

Die Geschäftsordnung regelt die Einberufung, die Aufstellung der Tagesordnung sowie den weiteren Ablauf der Ratstagungen.

---

[37] Vgl. Art. 98–104 EGV.
[38] EuGH v. 24. 10. 1973 (Balkan-Import-Export), Rs 5/73, Slg. 1973, S. 1091 ff.
[39] Vgl. zum Selbstorganisationsrecht ausf. *Bieber*, 144 ff.
[40] GO des Rates vom 24. Juli 1979, i.d.F. vom 7. Dezember 1993, ABl. L 304 vom 10. 12. 1993, S. 1 (Sartorius II Nr. 237).
[41] Vgl. *Jacqué*, in: Groeben/Thiesing/Ehlermann, Kommentar zum EU-/EG-Vertrag, 5. Auflage 1997, Art. 151 Rn. 18.
[42] Vgl. EuGH v. 23. 2. 1988 (Vereinigtes Königreich/Rat), Rs 68/86, Slg. 1988, S. 855, 901.

bb) Ausschuss der ständigen Vertreter

48 Der Ausschuss der ständigen Vertreter (AStV/COREPER)[43] ist ein **ratsinternes Gremium,** das den Rat auf diplomatischer Ebene unterstützt. Seine Mitglieder sind die ständigen Vertreter der Mitgliedstaaten bei den Gemeinschaften. Der AStV tagt in drei Konstellationen und setzt sich dementsprechend aus verschiedenen Personengruppen zusammen. Er tagt zunächst als Ausschuss der Vertreter im Botschafterrang und zum anderen als Gremium, bestehend aus deren Stellvertretern. Außerdem wurde ein *Sonderausschuss Landwirtschaft* geschaffen, der sich aus hohen Beamten der Landwirtschaftsministerien zusammensetzt und mit den Fragen der Agrarpolitik der Union befasst ist. In der Zusammensetzung der Botschafter befasst sich der AStV mit den Außenbeziehungen und den Bereichen Wirtschaft und Finanzen, Regionalpolitik, Energie und Forschung. Die stellvertretenden Botschafter nehmen als AStV die verbleibenden Aufgaben wahr. Unabhängig von der Zusammensetzung bereitet der AStV insbesondere die Ratstagungen der verschiedenen Ressorts sowie die des Europäischen Rates umfangreich vor. In diesem Zusammenhang ist es die Hauptaufgabe des Ausschusses, die **Beschlussfassung des Rates vorzubereiten.** Der EUV sieht für die Bereiche Außen- und Sicherheitspolitik sowie Inneres und Justiz koordinierende Gremien vor. Art. 18 Abs. 5 EUV stellt unbeschadet des Art. 107 EGV, d. h. neben den AStV, ein aus politischen Direktoren der nationalen Außenministerien gebildetes *Politisches Komitee* als beratendes Gremium in Fragen der Außen- und Sicherheitspolitik der Union. Art. 36 EUV setzt einen *Koordinierungsausschuss* bestehend aus hohen Beamten der Mitgliedstaaten ein, der ebenso, unbeschadet der Aufgaben des AStV, zur Vorbereitung der Arbeiten des Rates in den in Art. 34 EUV aufgeführten Bereichen beiträgt. Eine Prüfung der vorgesehenen Zusammenarbeit des Politischen Komitees und des AStV ist für einen späteren Zeitpunkt vorgesehen[44] und könnte langfristig zu einer Verschmelzung dieser Gremien führen.[45] Der Ausschuss kann außerdem Ausschüsse oder Arbeitsgruppen zu seiner Unterstützung einsetzen, wozu er durch Art. 19 Abs. 2 GO des Rates ausdrücklich ermächtigt wird.

cc) Generalsekretariat

49 Gem. Art. 207 Abs. 2 EGV bzw. Art. 21 der GO des Rates ist dem Rat ein Generalsekretariat unterstellt, an dessen Spitze ein vom Rat zu benennender Generalsekretär steht. Art. 207 Abs. 2 EGV wurde durch den EU-Vertrag eingefügt, um das Generalsekretariat in den einheitlichen institutionellen Rahmen der Europäischen Union einzugliedern und es als Institution insoweit aufzuwerten.[46] Das Generalsekretariat ist auf administrativer Ebene das Pendant zum AStV, der diplomatisches Hilfsorgan des Rates ist. Die Organisation des Generalsekretariats obliegt dem Rat. Dieser beaufsichtigt den **Generalsekretär,** der seinerseits für das reibungslose Arbeiten des Generalsekretariats verantwortlich ist. Der Generalsekretär verfügt über rund 2200 Mitarbeiter, die in nach Fachbereichen aufgeteilten Generaldirektionen tätig sind. Zu den Aufgaben des Generalsekretariats gehört es unter anderem, die Sitzungen des Rates vorzubereiten, Protokoll zu führen, den Voranschlag der Haushaltsausgaben vorzulegen (Art. 21 Abs. 3 GO) und die Haushaltsmittel des Rates zu verwalten (Art. 21 Abs. 4 GO). Der Generalsekretär notifiziert die Entscheidungen und Empfehlungen des Rates und die nicht an alle Mitgliedstaaten gerichteten Richtlinien.[47] Er übermittelt den Regierungen der Mitgliedstaaten die Ausfertigungen dieser Rechtsakte und veranlasst nach Zustimmung des Rates

---

[43] COREPER ist die allg. gebräuchliche, aus dem frz. abgeleitete Abkürzung für den Ausschuss der ständigen Vertreter: Comité des représentants permanents.

[44] Vgl. Die EUV-Erklärung Nr. 28 zu den praktischen Einzelheiten im Bereich der Gemeinsamen Außen- und Sicherheitspolitik; Sartorius II Nr. 152 c.

[45] Siehe auch *Bieber,* in: Beutler/Bieber/Pipkorn/Streil, S. 137 f.

[46] Zuvor wurden Institutionalisierung und Aufgaben des Generalsekretariats durch die Geschäftsordnung des Rates geregelt.

[47] Vgl. Art. 18 Abs. 1 S. 1 der GO des Rates.

II. Rat, Parlament, Kommission

deren Veröffentlichung.⁴⁸ Im Rahmen der gemeinsamen Außen- und Sicherheitspolitik (Art. 11 ff. EU-Vertrag) und in den Bereichen Justiz und Inneres (Art. 29 ff. EUV) notifiziert der Generalsekretär die gemeinsamen Standpunkte und die gemeinsamen Aktionen bzw. gemeinsamen Maßnahmen und veranlasst von Fall zu Fall deren Veröffentlichung.⁴⁹

dd) Beschlussfassung

Für die Beschlussfassung des Rates sieht der EGV mehrere Möglichkeiten vor. Diese sind in Art. 205 EGV definiert. Der Rat kann danach Beschlüsse
– mit einfacher Mehrheit,
– mit qualifizierter Mehrheit oder
– einstimmig fassen.

Nach welchem Abstimmungsmodus der Rat seine Beschlüsse zu fassen hat, ergibt sich aus den jeweiligen Kompetenznormen des EGV.

Wird in einer Kompetenznorm des EGV an kein bestimmtes Beschlussverfahren angeknüpft, so beschließt der Rat gem. Art. 205 Abs. 1 EGV mit **einfacher Mehrheit** der vertraglich vorgesehenen Mitglieder des Rates. Das Abstimmungsverfahren mit einfacher Mehrheit bildet – obwohl vertraglich als Regelfall vorgesehen – faktisch die Ausnahme. Lediglich bei organinternen Angelegenheiten, wie z. B. beim Beschluss der Geschäftsordnung des Rates gem. Art. 207 Abs. 3 EGV, ist die einfache Mehrheit vorgesehen. Bei Abstimmungen mit einfacher Mehrheit besitzt jedes Ratsmitglied eine Stimme. Die einfache Mehrheit kommt somit bei der Zustimmung von mindestens acht Ratsmitgliedern zustande, wobei sich die Stimmenthaltung und auch die Nichtteilnahme als Gegenstimme auswirkt.

Für die überwiegende Zahl der Beschlüsse sieht der EGV die Beschlussfassung mit **qualifizierter Mehrheit** gem. Art. 205 Abs. 2 EGV vor. Die meisten Kompetenznormen verweisen auf das anzuwendende Abstimmungsverfahren gem. Art. 251 bzw. 252 EGV.⁵⁰ Beim Abstimmungsverfahren mit qualifizierter Mehrheit erfolgt eine Stimmengewichtung. Dabei kommen jedem Mitglied seiner Bevölkerungsstärke und Wirtschaftskraft entsprechende Stimmen einer Gesamtstimmenzahl zu. Die Gesamtstimmenzahl beträgt zurzeit 87 Stimmen, davon besitzen Deutschland, Frankreich, das Vereinigte Königreich und Italien je zehn Stimmen, Spanien acht, Belgien, Griechenland, die Niederlande und Portugal je fünf Stimmen, Österreich und Schweden je vier Stimmen, Dänemark, Finnland und Irland je drei und Luxemburg zwei Stimmen. Ein Beschluss mit qualifizierter Mehrheit kommt gem. Art. 205 Abs. 2 UAbs. 1 EGV mit einer Mindeststimmenzahl von 62 Stimmen zustande, wenn dieser auf Vorschlag der Kommission gefasst wird. In allen anderen Fällen sind dazu gem. Art. 205 Abs. 2 UAbs. 2 EGV 62 Stimmen erforderlich, welche die Zustimmung von mindestens 10 Mitgliedern umfassen müssen. Die Sperrminorität liegt entsprechend bei 26 Stimmen. Das bestehende Verhältnis der jeweiligen Stimmen zueinander ist auch das Ergebnis einer Abwägung der politischen Interessen der einzelnen Mitgliedstaaten. So gilt es z. B., die Beschlussfassung mit qualifizierter Mehrheit allein durch die vier großen Mitgliedstaaten oder die ursprünglichen sechs Mitgliedstaaten zu unterbinden. Andererseits sollen auch die skandinavischen Mitgliedstaaten und auch die Benelux-Länder einen Beschluss allein nicht verhindern können. Daher musste auch bezüglich der Beschlussfassung des Rates mit qualifizierter Mehrheit unter Berücksichtigung der der Europäischen Union am 1. Januar 1995 beigetretenen Mitglieder ein Kompromiss gefunden werden. Mit diesem **„Kompromiss von Ioannina"**⁵¹ wurde eine Einigung

---
⁴⁸ Vgl. Art. 18 Abs. 2 und Abs. 5 der GO.
⁴⁹ Vgl. Art. 18 Abs. 3 der GO.
⁵⁰ Vgl. z. B. für die Maßnahmen zur Herstellung der Freizügigkeit der Arbeitnehmer Art. 40 Abs. 1 EGV und bei sozialpolitischen Maßnahmen Art. 137 Abs. 2 EGV.
⁵¹ In Ioannina (Griechenland) fand am 26. u. 27. März 1994 eine informelle Tagung der Außenminister der EU statt.

über die Frage der zukünftigen Sperrminorität bei Mehrheitsentscheidungen erzielt. Der Rat fasste am 29. März 1994 einen entsprechenden Beschluss, dessen Artikel 1 folgenden Wortlaut hat:

„Falls Mitglieder des Rates, die über insgesamt 23 bis 25 Stimmen verfügen, erklären, dass sie beabsichtigen, sich einem Beschluss des Rates, für den eine qualifizierte Mehrheit erforderlich ist, zu widersetzen, so wird der Rat alles in seiner Macht Stehende tun, um innerhalb einer angemessenen Zeit und unbeschadet der zwingenden Fristen, die durch die Verträge und durch das abgeleitete Recht, so zum Beispiel durch die Artikel 189b und 189c des Vertrages zur Gründung der Europäischen Gemeinschaft,[52] vorgeschrieben sind, eine zufrieden stellende Lösung zu finden, die mit mindestens 65 Stimmen angenommen werden kann. Während dieser Zeit unternimmt der Präsident mit Unterstützung der Kommission jeweils unter Einhaltung der Geschäftsordnung des Rates alle erforderlichen Schritte, um im Rat eine breitere Einigungsgrundlage zu ermöglichen. Die Mitglieder des Rates unterstützen ihn hierbei."[53]

54 Diese Regelung schränkt das vertraglich bestehende Mehrheitsprinzip weiter ein. Die Frage der Gewichtung der Stimmen und der **Sperrminorität** sollte im Zusammenhang mit den Überlegungen zur Reform der Institutionen später erörtert werden. Der Kompromiss von Ioannina wurde jedoch im Vertragsentwurf von Amsterdam bis zum Zeitpunkt des Inkrafttretens der nächsten Erweiterungsrunde verlängert.[54] Damit ist eine Einigung über eine Schwelle für Beschlüsse, die mit qualifizierter Mehrheit zu fassen sind, auf die erste Beitrittsrunde hinausgeschoben. Im Einzelnen heißt es zu der Gesamtproblematik nun:

„Spätestens ein Jahr vor dem Zeitpunkt, zu dem die Zahl der Mitgliedstaaten der Europäischen Union zwanzig überschreiten wird, wird eine Konferenz der Vertreter der Regierungen der Mitgliedstaaten einberufen, um die Bestimmungen der Verträge betreffend die Zusammensetzung und die Arbeitsweise der Organe umfassend zu überprüfen."[55]

55 Die Regelung verdeutlicht die Bestrebungen des Rates, auch die Beschlüsse, für die eine qualifizierte Mehrheit erforderlich ist, auf eine möglichst große Entscheidungsgrundlage stützen zu können bzw. einstimmig zu beschließen.

56 Das Erfordernis der **Einstimmigkeit** ist für den Einzelfall in den Kompetenznormen des EG-Vertrages ausdrücklich vorgesehen. Einstimmigkeit ist u. a. für alle Beschlüsse erforderlich, die sensible Bereiche nationaler Interessen tangieren und somit für die einzelnen Mitgliedstaaten von tragender Bedeutung sind.[56] Eine Änderung von Kommissionsvorschlägen kann gem. Art. 250 EGV ebenfalls nur einstimmig beschlossen werden. Wird für einen Beschluss im Rat Einstimmigkeit gefordert, so kann dieser nur bei der Anwesenheit aller Ratsmitglieder oder deren Vertreter gefasst werden. Die Stimmenthaltung von Ratsmitgliedern oder Vertretern hindert gem. Art. 205 Abs. 3 EGV das Zustandekommen eines einstimmig zu fassenden Beschlusses jedoch nicht.

57 Bei der Beschlussfassung im Rat kann sich ein Ratsmitglied allerdings nur durch ein anderes Ratsmitglied, nicht jedoch durch einen Beamten seines Mitgliedstaats vertreten lassen. Jedes Ratsmitglied kann sich dabei gem. Art. 206 EGV nur das Stimmrecht *eines* anderen Mitglieds übertragen lassen.

58 Eine Besonderheit ergibt sich in diesem Zusammenhang aus einer Abstimmungspraxis, die auf den **„Luxemburger Kompromiss"** vom 28. Januar 1966 zurückzuführen ist.

---

[52] Dem entsprechen heute Art. 251 und 252 EGV.

[53] Beschluss des Rates vom 29. März 1994 über die Beschlussfassung des Rates mit qualifizierter Mehrheit ABl. Nr. C 105 v. 13. 4. 1994, S. 1, geändert durch den Beschluss des Rates vom 1. Januar 1995, ABl. Nr. C 1 v. 1. 1. 1995, S. 1.

[54] 50. Erklärung zum Protokoll über die Organe im Hinblick auf die Erweiterung der Europäischen Union; dazu *Nickel*, Integration 1997, S. 219.

[55] Protokoll über die Organe im Hinblick auf die Erweiterung der Europäischen Union, ABl. 1997 Nr. C 340, S. 111.

[56] Vgl. z. B. das Einstimmigkeitserfordernis bei Beschlüssen von Maßnahmen auf dem Gebiet der sozialen Sicherheit gem. Art. 42 EGV.

Mit dem „Luxemburger Kompromiss" wurde der Streit zwischen den ursprünglichen sechs Mitgliedstaaten über die Abstimmungsmodalitäten auf dem Gebiet der gemeinsamen Agrarpolitik beigelegt. Es bestand in diesem Bereich Uneinigkeit über die Agrarpreise und die Finanzierung der Agrarpolitik der Gemeinschaft. Dieser Streit entstand dadurch, dass Frankreich den Übergang vom Einstimmigkeitsprinzip zur Beschlussfassung mit qualifizierter Mehrheit bei Abstimmungen über die gemeinsame Landwirtschaftspolitik gem. Art. 43 Abs. 2 UAbs. 3 EGV a. F.[57] verhindern wollte. Zur Erreichung dieses Ziels betrieb Frankreich die „Politik des leeren Stuhls" indem es von Juli 1965 bis Ende Januar 1966 die Teilnahme an den Ratssitzungen verweigerte und dessen Arbeit somit teilweise blockierte. Die durch den „Luxemburger Kompromiss" erzielte Einigung lautet in dem die Abstimmungsmodalitäten betreffenden Teil folgendermaßen:

„Stehen bei Beschlüssen, die mit Mehrheit auf Vorschlag der Kommission gefasst werden können, sehr wichtige Interessen eines oder mehrerer Partner auf dem Spiel, so werden sich die Mitglieder des Rats innerhalb eines angemessenen Zeitraums bemühen, zu Lösungen zu gelangen, die von allen Mitgliedern des Rats unter Wahrung ihrer gegenseitigen Interessen und der Interessen der Gemeinschaft gemäß Art. 2 des Vertrages angenommen werden können.

Hinsichtlich des vorstehenden Absatzes ist die französische Delegation der Auffassung, dass bei sehr wichtigen Interessen die Erörterung fortgesetzt werden muss, bis ein einstimmiges Einvernehmen erzielt worden ist.

Die sechs Delegationen stellen fest, dass in der Frage, was geschehen sollte, falls keine vollständige Einigung zustande kommt, weiterhin unterschiedliche Meinungen bestehen.

Die sechs Delegationen sind jedoch der Auffassung, dass diese Meinungsverschiedenheiten nicht verhindern, dass die Arbeit der Gemeinschaft nach dem normalen Verfahren wieder aufgenommen wird."[58]

Ebenso wie der „Kompromiss von Ioannina" weicht auch der „Luxemburger Kompromiss" von den **gemeinschaftsvertraglich vorgesehenen Abstimmungsmodalitäten** zugunsten einer breiteren Entscheidungsgrundlage ab. Es ist danach ebenfalls möglich, einen mit qualifizierter Mehrheit zu fassenden Ratsbeschluss durch ein Veto – allerdings auch nur eines Mitgliedstaats – zu verzögern, bis eine Einigung erzielt wurde. Anders als beim neueren „Kompromiss von Ioannina" soll danach für einen Beschluss allerdings Einstimmigkeit erforderlich sein. Der „Luxemburger Kompromiss" begründet jedoch nicht das Einstimmigkeitsprinzip. Einerseits handelt es sich lediglich um eine organinterne Vereinbarung im Rahmen des Selbstorganisationsrechts des Rates, die keine Vertragsverletzung zur Folge haben darf.[59] Andererseits machen die Mitgliedstaaten in der Praxis in den letzten Jahren auch keinen Gebrauch von dem ihnen damit eingeräumten Vetorecht.[60]

Die Form der Abstimmungsverfahren ist in der Geschäftsordnung des Rates geregelt. Die Abstimmung im Rat wird nach Maßgabe des Art. 7 Abs. 1 GO durch den Präsidenten veranlasst. Er stellt weiterhin die vorläufige Tagesordnung jeder Ratstagung auf. Diese besteht aus einem Teil A und einem Teil B. Die Beschlussfassung über die sog. A-Punkte erfolgt in einem vereinfachten Verfahren, indem über diese Punkte ohne Aussprache summarisch abgestimmt wird. Eine Aussprache und die entsprechende Einigung über die A-Punkte findet bereits zuvor im Rahmen des AStV statt. Unbeschadet dessen haben jedes Ratsmitglied und die Kommission die Möglichkeit, Stellungnahmen zu einem A-Punkt abzugeben, was u. U. zu einer erneuten Aussprache führen kann. Unter diesen Umständen wird dann der entsprechende A-Punkt von der Tagesordnung abgesetzt.[61]

---

[57] Dies entspricht dem Art. 37 EGV n. F.
[58] EuR 1966, S. 73 f.
[59] Vgl. dazu auch *Bieber*, in: Beutler/Bieber/Pipkorn/Streil, S. 136.
[60] Näher dazu unten: Analyse der europäischen Entscheidungsprozesse; vgl. auch *Schweitzer*, in: Grabitz/Hilf, Art. 205, Rn. 16 f., m. w. N.
[61] Vgl. Art. 2 Abs. 6 u. Abs. 7 der GO des Rates.

61 Neben diesem mündlichen Abstimmungsverfahren hat der Rat nach Maßgabe des Art. 8 der GO des Rates die Möglichkeit, unter besonderen Umständen über dringende Angelegenheiten schriftlich abzustimmen.

62 Der noch nicht ratifizierte **Vertrag von Nizza**[62] sieht ab 1. Januar 2005 eine neue Stimmengewichtung im Rat vor. Danach werden für den Fall einer qualifizierten Mehrheit die Stimmen der Mitglieder wie folgt gewichtet:

Belgien	12	Luxemburg	4
Dänemark	7	Niederlande	13
Deutschland	29	Österreich	10
Griechenland	12	Portugal	12
Spanien	27	Finnland	7
Frankreich	29	Schweden	10
Irland	7	Vereinigtes Königreich	29
Italien	29		

63 In den Fällen, in denen die Beschlüsse auf Vorschlag der Kommission zu fassen sind, kommen diese Beschlüsse mit einer Mindestzahl von 170 Stimmen zustande, welche die Zustimmung von mindestens der Mehrheit der Mitglieder umfassen. In den anderen Fällen kommen die Beschlüsse mit einer Mindeststimmenzahl von 170 Stimmen zustande, welche die Zustimmung von mindestens zwei Dritteln der Mitglieder umfassen.

ee) Sitz

64 Der Rat hat seinen Sitz in **Brüssel**. Dies besagt der auf Art. 289 EGV gestützte Beschluss über die Festlegung der Sitze der Organe und bestimmter Einrichtungen und Dienststellen der Europäischen Gemeinschaften, den die Vertreter der Regierungen der Mitgliedstaaten im Rahmen des Europäischen Rates 1992 in Edinburgh gefasst haben.[63] Dieser Beschluss schreibt in wesentlichen Teilen das fort, was die Vertreter der Regierungen der Mitgliedstaaten bereits 1965 in einem Beschluss über die vorläufige Unterbringung bestimmter Organe und Dienststellen festgelegt haben.[64] Die Tagungen des Rates finden danach in den Monaten April, Juni und Oktober in **Luxemburg** statt.

2. Das Europäische Parlament

65 In den Anfangsjahren der Europäischen Gemeinschaften diente das Europäische Parlament – damals noch als „**Versammlung**" – vornehmlich als Interessenvertretung der Gemeinschaftsbürger. Über klassische parlamentarische Rechte, wie sie die nationalen Volksvertretungen besitzen, verfügte das Europäische Parlament lange Zeit gar nicht. Der Forderung nach mehr Legislativkompetenzen stand jedoch entgegen, dass das Europäische Parlament aus Mitgliedern der einzelnen nationalen Parlamente bestand, die diese aus ihren Reihen entsandten. In dieser Zusammensetzung fehlte es dem Europäischen Parlament an einer ausreichenden demokratischen Legitimation.

66 1976 fasste der Rat auf der Grundlage des damals geltenden Art. 138 Abs. 3 UAbs. 2 EGV[65] einen Beschluss zur Einführung allgemeiner Wahlen zum Europäischen Parlament.[66]

---

[62] Konferenz der Vertreter der Regierungen der Mitgliedstaaten – Vertrag von Nizza – Von der Regierungskonferenz über die institutionelle Reform vereinbarter vorläufiger Text – SN 533/00 vom 12. Dezember 2000.

[63] Beschluss vom 12. Dezember 1992, ABl. Nr. C 341 v. 23. Dezember 1992, S. 1 (abgedruckt in: Handbuch des Europäischen Rechts, I A 70/3).

[64] Siehe den Beschluss vom 8. April 1965, ABl. Nr. C 152 v. 13. Juli 1967, S. 18.

[65] Entsprechend dem heutigen, inhaltlich allerdings vollständig geänderten 190 EGV.

[66] Akt zur Einführung allgemeiner unmittelbarer Wahlen der Abgeordneten der Versammlung vom 20. September 1976, zuletzt geändert durch Beschluss 93/81/Euratom, EGKS, EWG vom 1. Februar 1993 (Sartorius II, Nr. 266).

II. Rat, Parlament, Kommission

Die in Art. 1 dieses sog. **Direktwahlaktes** vorgesehene Direktwahl der Abgeordneten des Europäischen Parlaments hat erstmals vom 14. bis 17. Juni 1979 stattgefunden. Das erste direkt gewählte Europäische Parlament hielt seine konstituierende Sitzung am 17. Juli 1979. Durch diese Weichenstellung war ein erster, kleiner Schritt in Richtung einer Europäischen Gemeinschaft mit größerem Demokratiegehalt getan. Die alleinige Existenz eines direkt gewählten Parlaments ohne umfangreiche Legislativkompetenzen mag jedoch der Forderung einer demokratischen Verfassung, wonach alle Staatsgewalt vom Volke ausgeht, nicht gerecht werden. Die Forderungen gingen und gehen infolgedessen weiterhin dahin, dem direktgewählten Europäischen Parlament nunmehr auch entsprechend erweiterte Rechtsetzungsbefugnisse zukommen zu lassen und dem bestehenden **Demokratiedefizit**[67] innerhalb der Europäischen Union somit abzuhelfen.

Dieser Forderung ist in den letzten Jahren im Rahmen der Einheitlichen Europäischen Akte und des EU-Vertrages teilweise nachgekommen worden, wodurch das Europäische Parlament im Rahmen der Rechtsetzungsorgane der EU zunehmend an Bedeutung gewonnen hat. dies gilt insbesondere für die Veränderungen, die im Vertrag von Amsterdam erreicht worden sind. Insofern ist es durchaus berechtigt, davon zu sprechen, das Parlament sei der eigentliche „Gewinner"[68] der Vertragsrevision. Es ist darüber hinaus jedoch auch für die Zukunft zu erwarten, dass diese Entwicklung fortschreitet und sich das Europäische Parlament in seiner Funktion an die der nationalen Parlamente annähert.

a) Zusammensetzung

Das Europäische Parlament besteht gem. Art. 189 EGV aus Vertretern der Völker der in der Gemeinschaft, d.h. also auch in der Europäischen Union, zusammengeschlossenen Staaten. Die Abgeordneten des Europäischen Parlaments vertreten danach nicht nur die Interessen der Bürger ihres jeweiligen Mitgliedstaats, sondern nehmen vielmehr die **Interessen aller Unionsbürger** wahr. Statt nationaler Gruppierungen gibt es daher **auf Gemeinschaftsebene zusammengeschlossene Fraktionen**. Die Abgeordneten des EP können entsprechend Art. 5 des Direktwahlakts zugleich auch Mitglieder in den nationalen Parlamenten sein.

Für die Wahl der Abgeordneten des Europäischen Parlaments finden nach wie vor die einzelnen nationalen Wahlverfahren der Mitgliedstaaten Anwendung.[69] So wurde im Vereinigten Königreich und in Irland auch zur fünften Direktwahl des Europäischen Parlaments 1999 das Mehrheitswahlsystem angewandt, während in den übrigen Mitgliedstaaten nach Verhältniswahlsystemen gewählt wurde. Das in Art. 190 Abs. 4 EGV vorgesehene einheitliche Wahlsystem konnte bislang noch nicht eingeführt werden.

Umstritten ist in diesem Zusammenhang die „5%-Klausel", die in Frankreich und der Bundesrepublik Deutschland auch bei den Wahlen zum EP bestand hat. Das BVerfG hat die Anwendbarkeit der „5%-Klausel" bei der Wahl zum EP für verfassungsgemäß erklärt und dies mit der Sicherung der Funktionsfähigkeit des EP begründet.[70] Die Funktionsfähigkeit des EP wird jedoch dann nicht gestört, wenn sich die Parteien gleicher Gesinnung auf Gemeinschaftsebene zusammenschließen, die zwar national unter 5%, jedoch gemeinschaftsweit über 5% der Stimmen auf sich vereinigen. Auch wenn die Anwendbarkeit der nationalen Wahlsysteme dem Demokratieprinzip entspricht, sollte daher zumindest bezüglich der „5%-Klausel" eine einheitliche Lösung gefunden werden.[71]

Die Wahlperiode des EP beträgt gem. Art. 190 Abs. 3 EGV fünf Jahre. Der Wahltermin wird von den Mitgliedstaaten nach Maßgabe des Art. 9 Abs. 1 Direktwahlakt festgelegt,

---

[67] Zum „Demokratiedefizit" vgl. auch Rn. 95.
[68] So etwa explizit *Hilf/Pache*, NJW 1998, S. 710.
[69] S. auch den Überblick über die nationalen Wahlgesetz von *Hölscheidt*, in: Grabitz/Hilf, Art. 190, Rn. 30.
[70] BVerfGE 51, S. 222, 255 f.
[71] Vgl. dazu auch *Fastenrath*, EuR Beiheft 1 1994, S. 101, 113 f., mit Lösungsansätzen.

wobei die Wahl dann in einem Zeitraum von Donnerstag bis zum darauf folgenden Sonntag stattzufinden hat. Mit der Auszählung der Stimmen darf gemeinschaftsweit erst begonnen werden, wenn die Wahlen in allen Mitgliedstaaten abgeschlossen sind.[72]

72 Nach Maßgabe des Art. 19 Abs. 2 EGV besitzt jeder Unionsbürger das aktive und passive Wahlrecht bei EP-Wahlen. Jeder Unionsbürger kann danach bei den Wahlen zum EP, unabhängig von seiner Staatsangehörigkeit, an seinem Wohnsitz innerhalb der Union wählen und gewählt werden.

73 Die **Anzahl der in dem jeweiligen Mitgliedstaat gewählten Abgeordneten** bestimmt sich nach Art. 2 des Direktwahlaktes bzw. Art. 190 Abs. 2 EGV.[73] Der darin vorgesehene Schlüssel wird unter Berücksichtigung der jeweiligen Bevölkerungszahlen festgesetzt. Allerdings ist für die Sitzanzahl der Mitgliedstaaten im Europäischen Parlament ihre Bevölkerungszahl nur ein grober Anhalt. Die Sitzanzahl ist nicht proportional zur Bevölkerungszahl angelegt. Die Gesamtanzahl der Abgeordneten des Europäischen Parlaments darf gem. Art. 189 EGV die Gesamtzahl von 700 Mitglieder nicht überschreiten und beträgt derzeit 626 Mitglieder. Diese 626 Abgeordneten des Europäischen Parlaments vertreten rund 366 Millionen Unionsbürger.

74 Nach Maßgabe des Art. 2 des Direktwahlaktes ergibt sich unter Einbeziehung der Bevölkerungszahlen daraus folgendes Bild:

	EP-Abgeordnete	Bevölkerung (Mio.)
Belgien	25	9,9
Dänemark	16	5,1
Deutschland	99	79,5
Griechenland	25	10,1
Spanien	64	39,0
Frankreich	87	56,4
Irland	15	3,5
Italien	87	57,7
Luxemburg	6	0,4
Niederlande	31	14,9
Österreich	21	7,8
Portugal	25	10,4
Finnland	16	5,0
Schweden	22	8,5
Vereinigtes Königreich	87	57,4

75 Hält man die Anzahl der Sitze des jeweiligen Mitgliedstaats im EP seiner Bevölkerungszahl gegenüber, so wird das Missverhältnis der Repräsentanz zwischen den kleinen und großen Staaten deutlich. Unter Berücksichtigung der Staatengleichheit einerseits und der Kapazitätsgrenze des Europäischen Parlaments andererseits sind die kleineren Staaten bei dem derzeitigen Schlüssel bevorteilt. Würde man die Sitze im EP proportional zur Bevölkerungszahl vergeben, so würde dies entweder die Grenzen der Arbeitsfähigkeit des EP sprengen oder dazu führen, dass die kleinen Mitgliedstaaten – insbesondere Luxemburg – nicht mehr mit der Abgeordnetenzahl vertreten wären, die für eine effektive Interessenwahrnehmung und Parlamentsarbeit notwendig ist.[74]

---

[72] Art. 9 Abs. 2 Direktwahlakt.

[73] Art. 138 Abs. 1 und Abs. 2 EGV sind gem. Art. 14 des Direktwahlaktes mit dem Tag der Konstituierung des ersten direkt gewählten Europäischen Parlaments am 17. Juli 1979 in ihrer alten Fassung aufgehoben. Sie wurden durch die Bestimmungen der Art. 1–3 des Direktwahlaktes ersetzt.

[74] Näher dazu *Fastenrath*, EuR Beiheft 1 1994, S. 111 ff., m. w. N.

Der noch nicht von allen Mitgliedstaaten ratifizierte **Vertrag von Nizza**[75] sieht ab 76
1. Januar 2004 eine neue Verteilung der Sitze nach Mitgliedstaat vor:

Belgien	22	Luxemburg	6
Dänemark	13	Niederlande	25
Deutschland	99	Österreich	17
Griechenland	22	Portugal	22
Spanien	50	Finnland	13
Frankreich	72	Schweden	18
Irland	12	Vereinigtes Königreich	72
Italien	72		

b) Zuständigkeiten

Nach Maßgabe von Art. 189 EGV übt das Europäische Parlament die ihm im EG- 77
Vertrag zugewiesenen Befugnisse aus. Der Aufgaben- bzw. Zuständigkeitsbereich des Europäischen Parlaments lässt sich in drei Kategorien einteilen. Zunächst wird das EP – nicht nur, aber **v. a. innerhalb des Rechtsetzungsverfahrens der EU** – beratend tätig. Weiterhin besitzt es Entscheidungsbefugnisse im Rahmen des Rechtsetzungsverfahrens und in weiteren Bereichen des Gemeinschaftsrechts. Die verschiedenen Formen der Beteiligung des Parlaments an der Rechtsetzung sind nunmehr nach Amsterdam auf drei wesentliche Pfeiler zurückgeführt worden: auf den der Anhörung, der Zustimmung sowie der Mitentscheidung. Schließlich stehen dem EP Kontrollbefugnisse u. a. gegenüber der Kommission zu.

aa) Beratungstätigkeit

Das EP übt seine Beratungsfunktion in allen vertraglich vorgesehenen Fällen aus. In der 78
Mehrzahl der Fälle besteht die Beratungstätigkeit des EP in den Stellungnahmen, die es im Rahmen seiner Anhörungen abgibt.

Das EP bleibt jedoch nicht darauf beschränkt, seine beratenden Tätigkeiten lediglich in 79
den vertraglich vorgesehenen Fällen auszuüben. Vielmehr hat das EP ein allgemeines Beratungsrecht. Es kann im Rahmen seines Selbstbefassungsrechts zu allen Fragen, die es für wichtig erachtet, Stellung nehmen. Ob die jeweilige Stellungnahme, Entschließung oder Erklärung auch rechtlich verbindlichen Charakter hat, ist vom Einzelfall abhängig. Ihre politische Bedeutung hingegen ist unbestritten.

In den Bereichen Außen- und Sicherheitspolitik und Justiz und Inneres muss das EP 80
„zu den wichtigsten Aspekten" vom Rat gehört und seine Auffassung „gebührend berücksichtigt werden".[76]

Die beratende Beteiligung des Europäischen Parlaments am Rechtsetzungsverfahren 81
der EU besteht vornehmlich in der Wahrnehmung der vertraglich vorgesehenen Anhörungsrechte. Das EP wird im Rahmen des Rechtsetzungsverfahrens durch die Abgabe von Stellungnahmen i. S. d. Art. 192 Abs. 1 EGV daher in größerem Umfang beratend tätig.

Der ursprünglich im EG-Vertrag am häufigsten vorgesehene Fall der Beteiligung des 82
EP im Rahmen des Rechtsetzungsverfahrens ist die sog. **obligatorische Anhörung.** Das EP hat danach das Recht, vor dem Erlass von Rechtsakten durch den Rat gehört zu werden. Bei der Stellungnahme des EP im Rahmen der obligatorischen Anhörung handelt es sich um eine formelle Voraussetzung zum Erlass von Rechtsakten, deren Inhalt den Rat jedoch nicht bindet. Wird das EP in den vertraglich vorgesehenen Fällen nicht angehört,

---

[75] Konferenz der Vertreter der Regierungen der Mitgliedstaaten – Vertrag von Nizza – Von der Regierungskonferenz über die institutionelle Reform vereinbarter vorläufiger Text – SN 533/00 vom 12. Dezember 2000.

[76] Art. 21 EUV.

so kann dies allerdings zu einer Nichtigkeitsklage wegen der Verletzung wesentlicher Formvorschriften i. S. d. Art. 230 Abs. 2 EGV führen.[77]

83 Neben der obligatorischen Anhörung hat sich aus der Gemeinschaftspraxis die sog. **fakultative Anhörung** entwickelt. Danach ist das EP auch in den nicht explizit im EG-Vertrag vorgesehenen Fällen anzuhören, wenn es sich um Rechtsakte von wesentlicher Bedeutung handelt. Diese Praxis beruht auf einer Selbstbindung der Kommission,[78] wonach diese dem Rat die Anhörung des EP bei allen wesentlichen Rechtsakten und Programmen vorschlägt. Der Rat kommt diesem Vorschlag auch in aller Regel nach.

84 Die weiteren, im EG-Vertrag vorgesehenen Mitwirkungsrechte des EP im Rechtsetzungsverfahren der EU gehen über eine bloße Beratungsfunktion hinaus.

bb) Rechtsetzungstätigkeit

85 Die anfänglich noch stark unterentwickelte Rolle des EP im Gesetzgebungsverfahren der Gemeinschaft ist im Zuge der EEA und des EU-Vertrages mehr und mehr gestärkt worden. Der EG-Vertrag sieht daher Beteiligungsformen vor, in denen das EP soweit in das Gesetzgebungsverfahren einbezogen wird, dass ohne seine Zustimmung ein Rechtsakt durch den Rat nur einstimmig oder auch gar nicht verabschiedet werden kann. Der Stellungnahme des Europäischen Parlaments kommt in diesen Verfahren – anders als bei der Anhörung – auch hinsichtlich des Inhalts rechtliche Bedeutung zu. Hierbei handelt es sich um das Verfahren der **Mitentscheidung** und das der **Zustimmung**.[79]

(1) Das Verfahren der Zusammenarbeit

86 Als Verfahren der Zusammenarbeit, welches im vorherigen Abschnitt bereits angesprochen wurde, wird das in Art. 252 EGV vorgesehene Gesetzgebungsverfahren der EU bezeichnet.[80] Das Verfahren nach Art. 252 EGV wurde durch die EEA in den EG-Vertrag eingeführt, um dadurch die Rolle des EP im Gesetzgebungsverfahren zu stärken. Soll ein Rechtsakt im Verfahren nach Art. 252 EGV zustande kommen, so kann das EP zu einem ihm vorgelegten gemeinsamen **Standpunkt des Rates Stellung nehmen.** Lehnt das EP diesen Standpunkt ab, so kann der Rat den in seinem Standpunkt vorgesehenen Rechtsakt nur einstimmig beschließen. Das EP kann den Rat in diesem Verfahren daher zu einer zweiten Lesung zwingen und auch Änderungen an dem gemeinsamen Standpunkt vornehmen.[81] Den Erlass eines Rechtsakts kann das EP im Verfahren der Zusammenarbeit unmittelbar letztlich nicht verhindern. Das Verfahren nach Art. 252 EGV ist jedoch durch Amsterdam weitgehend durch das in Art. 251 EGV geregelte Verfahren der Mitentscheidung ersetzt worden.[82] Es ist nunmehr auf nur noch wenige Vertragsartikel beschränkt.[83] Damit findet das Verfahren der Zusammenarbeit vor allem noch im Bereich der Wirtschafts- und Währungsunion Anwendung.

(2) Das Verfahren der Mitentscheidung

87 Seit Amsterdam ist nunmehr das Verfahren der Mitentscheidung das wesentliche Beteiligungsfeld für das EP im Bereich der Rechtsetzung. Dieses Verfahren, das das zuvor dominierende Konzept der Zusammenarbeit abgelöst hat, ist in Art. 251 EGV geregelt.

88 Verweisen die einzelnen Kompetenznormen des EG-Vertrags auf das Verfahren nach Art. 251 EGV, so bedeutet dies für die Rolle des Europäischen Parlaments, dass der betreffende Rechtsakt ohne seine Zustimmung nicht erlassen werden kann. Das EP kann

---

[77] Vgl. EuGH v. 29. Oktober 1980 (Frères/Rat) und (Maizena/Rat), verb. Rs 138 und 139/79 Slg. 1980, S. 3393, 3424.
[78] Siehe die Mitteilung der Kommission v. 30. Mai 1973, abgedruckt bei *Grabitz/Läufer,* Das Europäische Parlament, 1980, VII B 2 a
[79] Vgl. Art. 192 EGV.
[80] Zuvor Art. 149 Abs. 2 EWGV.
[81] Näher zum Verfahren nach Art. 252 EGV sogleich.
[82] Dazu sogleich.
[83] Nämlich auf die Art. 99, 103, 106, 161, 195 und 300 EGV.

in diesem Verfahren die Annahme eines Rechtsakts durch sein **Veto,** d. h. mit absoluter Mehrheit seiner Mitglieder, verhindern. Das Verfahren nach Art. 251 EGV findet sehr weitreichend im Rahmen von 38 Rechtsgrundlagen Anwendung.[84] Dabei erfasst es nahezu alle Politikfelder der Gemeinschaft. Der durch Amsterdam erfolgte Ausbau des Anwendungsbereichs des Mitentscheidungsverfahrens steigert die Arbeitsbelastung des EP naturgemäß erheblich. Daher ist zur Erleichterung und Beschleunigung der Rechtsetzung in dieser Form das Mitentscheidungsverfahren erheblich vereinfacht worden. Von Bedeutung ist insbesondere, dass nunmehr die dritte Lesung im EP gestrichen worden ist. Darüber hinaus sind strikte Fristen vorgesehen sowie die Möglichkeit, Verfahren bereits in der ersten Lesung des EP abzuschließen.[85]

(3) Das Verfahren der Zustimmung

Für einen weiteren Bereich der Beteiligung des Europäischen Parlaments bei der Rechtsetzung der Union hat sich der Begriff des Verfahrens der Zustimmung herausgebildet. Im EG-Vertrag wird ein solches Zustimmungsverfahren nicht explizit geregelt. Das **Zustimmungserfordernis des EP** ist jedoch in einigen Kompetenznormen vorgesehen. Danach wird das EP am Ende des Verfahrens zum Erlass eines Gemeinschaftsakts beteiligt, indem es die Möglichkeit bekommt, dem Akt zuzustimmen oder ihn abzulehnen. Eine Zustimmung des Europäischen Parlaments gilt als erfolgt, wenn ein Beschluss mit der Mehrheit der Mitglieder des Parlaments zustande gekommen ist. Das EP kann bei diesem Verfahrensgang, wie auch im Mitentscheidungsverfahren, die Annahme eines Rechtsakts letztlich verhindern. Anders als beim Mitentscheidungsverfahren ist das EP nicht an der Entstehung und dem Entwurf des Rechtsakts beteiligt. Es ist daher nicht in den eigentlichen Verfahrensgang eingegliedert, sondern vielmehr darauf beschränkt, sich zu einem fertigen Entwurf als Ganzem zu erklären. Die Zustimmung des Europäischen Parlaments ist in einigen Vorschriften über das Verhältnis der EU zu Drittstaaten vorgesehen.[86] Wesentlichste Neuerung durch die Vertragsrevision ist in diesem Zusammenhang der Art. 214 Abs. 2 EGV. Dieser sieht vor, dass das Parlament der Benennung des Kommissionspräsidenten durch den Rat zustimmen muss. Dies wird sicherlich zu einer Stärkung der parlamentarischen Legitimation der Kommission beitragen.

Im Rahmen der Erweiterung der Haushaltsbefugnisse des Europäischen Parlaments wurde 1975 ein weiteres Verfahren für den Erlass gemeinschaftlicher Rechtsakte eingeführt. In der Gemeinsamen Erklärung vom 4. März 1975[87] beschlossen das Europäische Parlament, der Rat und die Kommission, ein **Konzertierungsverfahren** einzuführen und dadurch den Dialog der Rechtsetzungsorgane zu fördern. Die erweiterten Haushaltsbefugnisse sollten durch eine umfassendere Beteiligung des Europäischen Parlaments an den Entscheidungen bezüglich des Gemeinschaftshaushalts flankiert werden. Die beteiligten Organe gingen in ihrer Erklärung jedoch über diese Zielvorgabe hinaus und vereinbarten die Anwendung des Konzertierungsverfahrens für alle gemeinschaftlichen Rechtsakte von allgemeiner Tragweite, „die ins Gewicht fallende finanzielle Auswirkungen haben und deren Erlass nicht schon auf Grund früherer Rechtsakte geboten ist". Die Kommission kann bei der Vorlage eines Vorschlags mitteilen, ob das Konzertierungsverfahren bei dem betroffenen Rechtsakt in Anwendung gebracht werden kann. Die Eröffnung des Verfahrens kann vom EP oder vom Rat verlangt werden. Dies geschieht regelmäßig dann, wenn der Rat beabsichtigt, von der Stellungnahme des Parlaments abzuweichen.

Am Konzertierungsverfahren nehmen Vertreter von Parlament, Rat und Kommission teil. Ist in diesem Verfahren eine Annäherung der Standpunkte von Parlament und Rat erreicht worden, so gibt das Parlament eine weitere Stellungnahme ab und der Rat be-

---

[84] Vgl. die Übersicht zu den Entscheidungsverfahren bei *Piepenschneider,* S. 76.
[85] Im Einzelnen vgl. *Bergmann-Wirtz,* Der Amsterdamer Vertrag 1998, Kapitel 14, S. 7 ff.
[86] Vgl. die Art. 310 i. V. m. Art. 300 Abs. 3 UAbs. 2 EGV (Assoziierung), Art. 300 Abs. 3 UAbs. 2 (bei sonstigen internationalen Abkommen mit erheblicher Bedeutung) und Art. 49 EUV (Beitritt).
[87] ABl. Nr. 89 vom 22. April 1975, S. 1.

schließt endgültig. Der Anwendungsbereich des Konzertierungsverfahrens ist auf Grund der Verfahren nach Art. 251 und 252 EGV geschrumpft, da durch diese Verfahren ein umfassender Dialog der Rechtsetzungsorgane primärrechtlich geregelt wird.

92 Die Rolle des Europäischen Parlaments im Rahmen des Rechtsetzungsverfahrens der EU wurde weiterhin dadurch aufgewertet, dass das EP die Möglichkeit hat, die Kommission zur Vorlage eines Vorschlags zum Erlass eines Gemeinschaftsakts aufzufordern. Das EP hat danach gem. Art. 192 Abs. 2 EGV ein formelles Initiativrecht, welches dem des Rates gem. Art. 208 EGV entspricht.[88] In materieller Hinsicht bleibt das Initiativrecht bei der Kommission. Die Kommission behält also das Recht zur inhaltlichen Ausgestaltung ihrer Vorschläge.

93 Über besondere Rechtsetzungsbefugnisse verfügt das EP im Rahmen des **Haushaltsverfahrens** der EU. Bei der Aufstellung des Haushaltsplans gem. Art. 272 EGV entscheidet über die nicht-obligatorischen Ausgaben, d. h. über die Ausgaben, die sich nicht zwingend aus dem Vertrag oder auf Grund des Vertrages erlassenen Rechtsakten ergeben, grundsätzlich zuletzt das EP.[89]

cc) Kontrolltätigkeit

94 Während das EP in früheren Jahren seine Kontrolltätigkeiten allein gegenüber der Kommission übernehmen konnte, findet eine parlamentarische Kontrolle in beschränkter Form mittlerweile auch gegenüber dem Rat, dem Europäischen Rat und der Europäischen Zentralbank statt. Die Kontrollbefugnisse bzw. -tätigkeiten des Europäischen Parlaments bestehen aus der Wahrnehmung von Kreationsrechten, Fragerechten und direkten Kontrollrechten bzw. -pflichten.

(1) Kreationsrechte

95 Die Kreationsrechte des Europäischen Parlaments bleiben – wie auch seine Rechtsetzungsbefugnisse – hinter denen der nationalen Parlamente zurück. Das EP besitzt entgegen den mitgliedstaatlichen Parlamenten **nicht das Recht, eine Regierung der Europäischen Union zu wählen.** Diese besteht vielmehr im Rat der Europäischen Union. Der Rat setzt sich jedoch aus Regierungsmitgliedern der Mitgliedstaaten der Europäischen Union zusammen, worin ein weiteres Element des sog. **Demokratiedefizits** besteht.[90] Indes stehen dem EP Kreationsrechte gegenüber der Kommission zu. Gem. Art. 214 Abs. 2 UAbs. 1 und 3 EGV hat das EP ein Zustimmungsvotum bei der Ernennung des Kommissionspräsidenten sowie der Kommission. Es kann danach einen Präsidenten oder ein Kommissionskollegium, welches von den Regierungen der Mitgliedstaaten vorgeschlagen wird, annehmen oder ablehnen. Dabei bleibt das EP jedoch darauf beschränkt, das vorgeschlagene Kollegium en bloc anzunehmen bzw. abzulehnen. Die Ablehnung nur eines Teils der vorgesehenen Mitglieder ist nicht möglich. Die Ernennung des vom EP angenommenen Kommissionskollegiums und seines Präsidenten verbleibt allerdings bei den Regierungen der Mitgliedstaaten.[91]

96 Ebenso kann das EP von seinem weiteren Kreationsrecht gegenüber der Kommission Gebrauch machen. Dabei handelt es sich um das Misstrauensvotum des Europäischen Parlaments i. S. d. Art. 201 EGV. Das EP kann auf Antrag[92] mit der Mehrheit von zwei Dritteln der abgegebenen Stimmen, welche die Mehrheit seiner Mitglieder umfassen muss, der Kommission sein **Misstrauen** aussprechen. Der Misstrauensantrag muss gem. Art. 201 Abs. 1 EGV auf Grund der „Tätigkeit" der Kommission eingebracht werden. Wird dieser

---

[88] S. oben unter Rn. 38.
[89] Vgl. zu den obligatorischen Ausgaben Art. 272 Abs. 4 UAbs. 2 EGV.
[90] Vgl. auch Rn. 66.
[91] Siehe Art. 214 Abs. 2 UAbs. 3 S. 2 EGV.
[92] Der Misstrauensantrag bedarf der Schriftform und muss von einer Fraktion oder mindestens einem Zehntel der Mitglieder des Europäischen Parlaments gestellt werden; vgl. Art. 30 Abs. 1 GeschO EP.

II. Rat, Parlament, Kommission

Antrag mit der erforderlichen Mehrheit angenommen, so muss das Kommissionskollegium geschlossen das Amt niederlegen.[93]

(2) Fragerechte

In einigen Bereichen des EG-Vertrages, sowie in den Bestimmungen über die gemeinsame Außen- und Sicherheitspolitik und die Zusammenarbeit in den Bereichen Justiz und Inneres sind für das EP Fragerechte vorgesehen. Das EP hat danach die Möglichkeit, zur Entwicklung und zu Vorhaben in diesen Bereichen gehört zu werden und in diesem Zusammenhang Fragen zu stellen. Die Kommission ist nach Maßgabe von Art. 197 Abs. 3 EGV verpflichtet, **Fragen des Europäischen Parlaments oder seiner Mitglieder** zu beantworten. In den Bereichen Außen- und Sicherheitspolitik und Justiz und Inneres kann das EP Anfragen und Empfehlungen an den Rat richten.[94]

(3) Kontrollrechte

Die Kontrolltätigkeit des Europäischen Parlaments bleibt nicht lediglich auf Kreations- und Fragerechte beschränkt. Vielmehr werden dem EP in zahlreichen Bestimmungen des EG-Vertrages direkte Kontrollbefugnisse zugewiesen. Diese bestehen zum einen im Zusammenhang mit den obligatorischen **Berichts- und Informationspflichten** der verschiedenen Organe und zum anderen im **Untersuchungsrecht** des Europäischen Parlaments.

Eine obligatorische Kontrolle durch das EP erfolgt grundsätzlich dann, wenn die Kommission, der Rat, der Europäische Rat und die Europäische Zentralbank ihren Berichts- und Informationspflichten aus dem EG-Vertrag nachkommen. Dabei haben die Organe dem EP eigenständig ihre Berichte über die jeweiligen Gemeinschaftsbelange vorzulegen. Dazu zählen u. a. der Bericht der Kommission über die Fortentwicklung der Unionsbürgerschaft, der Jahresbericht der EZB, sowie der Jahresbericht der Kommission bezüglich der Tätigkeiten auf dem Gebiet der Forschung und technologischen Entwicklung.[95]

Gem. Art. 200 EGV legt die Kommission dem EP einen jährlichen **Gesamtbericht** vor, der in öffentlicher Sitzung vom EP zu erörtern ist. Dieser Jahresbericht hat nach Maßgabe von Art. 145 EGV grundsätzlich auch ein Kapitel über die Entwicklung der sozialen Lage in der Gemeinschaft zu enthalten. Darüber hinaus kann das EP die Kommission in diesem Zusammenhang zur Ausarbeitung weiterer Berichte auffordern[96] und hat dadurch eine zusätzliche Kontrollmöglichkeit. Weiterhin erstattet die Kommission dem EP gem. Art. 159 Abs. 2 EGV alle drei Jahre einen Bericht über die Fortschritte bei der Verwirklichung des wirtschaftlichen und sozialen Zusammenhalts, d. h. auch über die Strukturfonds der EG, die zu dessen Erreichung maßgeblich beitragen.

Die umfangreichsten Kontrollbefugnisse kommen dem EP im Rahmen des **Haushaltsverfahrens** der EG zu. Neben der Entscheidungsbefugnis über die nicht-obligatorischen Ausgaben gem. Art. 272 EGV liegt die Entlastung der Kommission für die Ausführung des Haushaltsplans beim EP. Zuvor hat die Kommission dem EP über die Ausführung des Haushaltsplans Rechenschaft abzulegen.[97] Nach Abschluss eines jeden Haushaltsjahres hat der Rechnungshof einen Jahresbericht zu erstatten, der u. a. dem EP vorgelegt wird.[98] Weitere Berichtspflichten der Kommission gegenüber dem EP ergeben sich aus Art. 276 EGV.[99]

Zur Kontrolle des Gemeinschaftsrechts steht dem EP ein weiteres Prüfungsinstrument zur Verfügung. Nach Maßgabe des Art. 193 EGV hat das EP die Möglichkeit, einen **Untersuchungsausschuss** einzusetzen, um „behauptete Verstöße gegen das Gemeinschafts-

---

[93] Art. 201 Abs. 2 S. 1 EGV.
[94] Vgl. Art. 21 EUV.
[95] Vgl. Art. 22, Art. 113 Abs. 3 und Art. 173 EGV.
[96] Art. 145 S. 2 EGV.
[97] Vgl. Art. 275 EGV.
[98] Art. 248 Abs. 4 EGV.
[99] Danach hat die Kommission alle notwendigen Informationen über die Vornahme der Ausgaben sowie über die Arbeitsweise der Finanzkontrollsysteme zu erteilen.

recht oder Missstände bei der Anwendung desselben" zu prüfen. Zur Einsetzung des nichtständigen Untersuchungsausschusses bedarf es des Antrages eines Viertels der Mitglieder des Europäischen Parlaments. Ein Tätigwerden des Untersuchungsausschusses ist allerdings ausgeschlossen, soweit ein Gericht mit dem Sachverhalt befasst ist. In diesem Zusammenhang wurde dem EP durch den Unionsvertrag aufgegeben, einen Bürgerbeauftragten zu ernennen. Gem. Art. 195 EGV ist es die Aufgabe des vom EP ernannten Bürgerbeauftragten, von Unionsbürgern angezeigte Missstände bei der Tätigkeit von Organen oder Institutionen der Gemeinschaft zu untersuchen. In vergleichbarer Weise können die Unionsbürger von ihrem Petitionsrecht gem. Art. Abs. 21 i.V.m. Art. 194 EGV Gebrauch machen. Die Untersuchung einer Petition wird jedoch nicht durch den Bürgerbeauftragten, sondern durch den Petitionsausschuss des Europäischen Parlaments vorgenommen.

103 Letztlich kann das EP seine Rechte auch klageweise geltend machen. Zur Wahrung seiner Rechte kann das EP gem. Art. 230 Abs. 3 EGV **Nichtigkeitsklage gegen Rechtsakte der Gemeinschaft** erheben, wenn diese gegen Vertragskompetenzen des Parlaments verstoßen. Ebenso kann das EP gem. Art. 232 Abs. 1 EGV Untätigkeitsklage gegen die Kommission oder den Rat erheben, wenn es diese Organe unter Verletzung des Vertrages unterlassen, einen Beschluss zu fassen.

c) Arbeitsweise und Organisation

104 Ebenso wie die anderen Organe der EU verfügt auch das EP über ein umfangreiches Selbstorganisationsrecht. Dies kommt durch die Geschäftsordnungsautonomie des Europäischen Parlaments gem. Art. 199 Abs. 1 EGV zum Ausdruck, wodurch das EP ermächtigt wird, sich autonom eine Geschäftsordnung zu geben.

aa) Geschäftsordnung

105 Das EP hat von seiner Geschäftsordnungsautonomie Gebrauch gemacht und sich bereits im Jahre 1958 eine Geschäftsordnung gegeben.[100] Die Geschäftsordnung in ihrer aktuellen Fassung[101] regelt die interne Arbeitsweise und den organisatorischen Aufbau des Europäischen Parlaments.

106 Das EP bedient sich zur Bewältigung seiner Aufgaben verschiedener interner Organe bzw. Einrichtungen. So verfügt das EP über einen aus seiner Mitte gewählten **Präsidenten** und vierzehn **Vizepräsidenten** sowie über **fünf Quästoren**.[102] Die fünf Quästoren werden ebenfalls aus der Mitte des Parlaments gewählt und haben die Aufgabe, sich mit den die Mitglieder des Europäischen Parlaments betreffenden Verwaltungs- und Finanzangelegenheiten zu beschäftigen. Der Präsident, die vierzehn Vizepräsidenten und die fünf Quästoren bilden zusammen das Präsidium, wobei die Quästoren nur Mitglieder mit beratender Stimme sind. Weiterhin verfügt das EP über ein Generalsekretariat mit einem vom Präsidium ernannten Generalsekretär an dessen Spitze.[103] Ein Kollegium, bestehend aus dem Präsidenten und den Vorsitzenden der verschiedenen Fraktionen, bildet die Konferenz der Präsidenten. Die Konferenz der Präsidenten ist u.a. zuständig für die Arbeitsorganisation des Parlaments, für Fragen im Zusammenhang mit den anderen Organen und für die Zusammensetzung und Kompetenzen der Ausschüsse.[104]

107 In der Geschäftsordnung finden sich weiterhin detaillierte Bestimmungen über die Tätigkeiten des Parlaments in Bezug auf die anderen Organe, dessen Arbeitsplan, den Sitzungsablauf der Parlamentstagungen und die Abstimmungsmodalitäten.

---

[100] Geschäftsordnung des Europäischen Parlaments in der Fassung vom 23. Juni 1958, ABl. Nr. 9/217.
[101] Vgl. die Geschäftsordnung in der Fassung vom 26. März 1981 (ABl. Nr. C 90/49), zuletzt geändert durch Beschluss v. 9. Februar 1994 (ABl. Nr. C 61 v. 28. 2. 1994, S. 100).
[102] Vgl. Art. 14 GO EP i.V.m. Art. 197 Abs. 1 EGV, Art. 15 GO EP und Art. 16 GO EP.
[103] Art. 164 GO EP.
[104] Art. 24 GO EP.

bb) Sitzungsperiode und Sitz

Die jährliche Sitzungsperiode des Europäischen Parlaments beginnt gem. Art. 196 **108** Abs. 1 EGV i.V.m. Art. 10 Abs. 2 GO EP mit seinem Zusammentritt am zweiten Dienstag des Monats März. Zu diesem Zusammentritt bedarf es keiner förmlichen Einberufung.[105] Über das Ende der Sitzungsperiode finden sich keine vertragliche Bestimmungen, womit die Dauer der Sitzungsperiode unter die interne Organisationsgewalt des Europäischen Parlaments fällt.[106] Nach der ständigen Praxis des Parlaments dauert die Sitzungsperiode das ganze Jahr und wird erst am Tag vor der Eröffnung einer neuen Sitzungsperiode für geschlossen erklärt. Gem. Art. 196 Abs. 2 EGV kann das EP auf Antrag auch zu einer außerordentlichen Sitzungsperiode zusammentreten. Durch die erwähnte Parlamentspraxis verliert die Regelung des Art. 196 Abs. 2 EGV jedoch an Bedeutung, da für eine außerordentliche Sitzungsperiode auf Grund der ganzjährigen Sitzungsperiode i.S.d. Art. 196 Abs. 1 EGV keine Notwendigkeit besteht.

Gem. Art. 289 EGV wird der Sitz der Organe der Gemeinschaft im Einvernehmen **109** zwischen den Regierungen der Mitgliedstaaten bestimmt. Dieser vertraglichen Verpflichtung sind die Mitgliedstaaten erstmals 1992 im Rahmen des Europäischen Rates in Edinburgh nachgekommen.[107] Bis zu diesem Zeitpunkt waren die Sitzungs- und Tagungsorte der Organe provisorischer Natur. Dieser Zustand basierte auf dem Beschluss der Vertreter der Mitgliedstaaten über die vorläufige Unterbringung bestimmter Organe und Dienststellen der Gemeinschaften vom 8. April 1965.[108] Darin wurden **Luxemburg, Brüssel und Straßburg** als **vorläufige Arbeitsorte der Gemeinschaften** festgeschrieben. Das EP machte danach mehrmals von seinem Selbstorganisationsrecht Gebrauch, indem es in Entschließungen den Sitz seines Generalsekretariats, die Sitzungs- und Tagungsorte des Plenums, sowie der Ausschüsse festlegte.[109] Nachdem danach zunächst Straßburg als Plenartagungsort festgelegt wurde, entschloss man sich später dazu, vermehrt auch Brüssel zum Tagungsort zu machen. In dem in Brüssel daraufhin neu errichteten Parlamentsgebäude finden die auf Grund des erweiterten Aufgabenbereichs notwendig gewordenen zusätzlichen Plenartagungen statt.[110]

Nach dem vom Europäischen Rat gem. Art. 289 EGV gefassten Beschluss ist der **Sitz** **110** **des Europäischen Parlaments** nunmehr **Straßburg**. Dort hält das EP zwölf monatlich stattfindende Plenartagungen ab. Dabei versteht man unter Plenartagungen die in einzelne Sitzungstage zerfallenden Sitzungswochen, welche im monatlichen Turnus stattfinden.[111] Entsprechend der bis 1992 geübten Tagungspraxis finden die zusätzlichen Plenartagungen auch weiterhin in Brüssel statt. Ebenso treten die Ausschüsse des EP in Brüssel zusammen, während das Generalsekretariat in Luxemburg verbleibt.

cc) Ausschüsse

Das Selbstorganisationsrecht und die damit einhergehende Geschäftsordnungsautonomie **111** des Europäischen Parlaments umfasst auch das Recht, ständige und nicht-ständige Ausschüsse einzusetzen, umso die Parlamentsarbeit vorzubereiten. Die Bildung von Ausschüssen dient der fachlichen Vorbereitung der Plenartagungen und ist für eine effiziente

---

[105] Vgl. Art. 196 Abs. 1 S. 2 EGV u. Art. 10 Abs. 2 GO EP.
[106] Vgl. EuGH v. 10. Juli 1986 (Wybot/Faure) Rs 149/85, Slg. 1986, S. 2391, 2408.
[107] Vgl. den Beschluss der Vertreter der Regierungen der Mitgliedstaaten über die Festlegung der Sitze und der Organe und bestimmter Einrichtungen und Dienststellen der Europäischen Gemeinschaften vom 12. Dezember 1992, ABl. Nr. C 341 v. 23. Dezember 1992, S. 1.
[108] ABl. Nr. C 152 v. 13. Juli 1967, S. 18.
[109] Vgl. die Entschließung vom 7. Juli 1981 zum Sitz der Organe der Europäischen Gemeinschaft und insbesondere des Europäischen Parlaments, ABl. Nr. C 234 v. 14. September 1981, S. 22.
[110] Vgl. die Entschließung zum Sitz der Organe und zum Hauptarbeitsort des Europäischen Parlaments vom 18. Januar 1989, ABl. Nr. C 47 v. 27. Februar 1989, S. 88.
[111] Vgl. Art. 10 Abs. 1 UAbs. 2 GO EP.

Gestaltung der Parlamentsarbeit unerlässlich. Das EP hat daher gem. Art. 135 Abs. 1 GO EP ständige Ausschüsse gebildet. Derzeit bestehen zwanzig Ausschüsse:[112]
1. Ausschuss für auswärtige Angelegenheiten, Sicherheit und Verteidigungspolitik
2. Ausschuss für Landwirtschaft und ländliche Entwicklung
3. Haushaltsausschuss
4. Ausschuss für Wirtschaft, Währung und Industriepolitik
5. Ausschuss für Forschung, technologische Entwicklung und Energie
6. Ausschuss für Außenwirtschaftsbeziehungen
7. Ausschuss für Recht und Bürgerrechte
8. Ausschuss für Beschäftigung und soziale Angelegenheiten
9. Ausschuss für Regionalpolitik, Raumordnung und Beziehungen zu den regionalen und lokalen Körperschaften
10. Ausschuss für Verkehr und Fremdenverkehr
11. Ausschuss für Umweltfragen, Volksgesundheit und Verbraucherschutz
12. Ausschuss für Kultur, Jugend, Bildung und Medien
13. Ausschuss für Entwicklung und Zusammenarbeit
14. Ausschuss für Grundfreiheiten und innere Angelegenheiten
15. Institutioneller Ausschuss
16. Ausschuss für Haushaltskontrolle
17. Fischereiausschuss
18. Ausschuss für Geschäftsordnung, Wahlprüfung und Fragen der Immunität
19. Ausschuss für Rechte der Frau
20. Petitionsausschuss

112 Neben diesen ständigen Ausschüssen kann das EP gem. Art. 135 Abs. 2 GO EP auch nicht-ständige Ausschüsse bzw. gem. Art. 136 Abs. 1 GO EP nicht-ständige Untersuchungsausschüsse einsetzen.

dd) Fraktionen und Parteien

113 In politischer Hinsicht setzt sich des EP aus mehreren Fraktionen zusammen. Diese Möglichkeit ist durch Art. 29 GO EP eröffnet. Danach können die Mitglieder des Europäischen Parlaments entsprechend ihrer **politischen Zugehörigkeit** Fraktionen bilden. Zur Bildung einer Fraktion bedarf es des Zusammenschlusses von mindestens neunundzwanzig Mitgliedern aus einem Mitgliedstaat, dreiundzwanzig aus zwei Mitgliedstaaten, achtzehn aus drei bzw. vierzehn aus vier oder mehr Mitgliedstaaten.[113] Das Europäische Parlament setzt sich gegenwärtig aus neun Fraktionen zusammen:[114]

	Abgeordnete
– Fraktion der Sozialdemokratischen Partei Europas	180
– Fraktion der Europäischen Volkspartei und europäischen Demokraten (Christlich-demokratische Fraktion)	242
– Fraktion der Liberalen und Demokratischen Partei Europas	43
– Konföderale Fraktion der Europäischen Unitarischen Linken/Nordische Grüne Linke	55
– Fraktion der Grünen/Freie Europäische Allianz	37
– Fraktion der Union für das Europa der Nationen	21
– Fraktion Europa der Demokratien und Unterschiede	18
– Fraktionslose	36

114 Entsprechend der fachlichen Vorbereitung der Parlamentsarbeit durch die Ausschüsse dienen die Fraktionen der Vorbereitung der politischen Willensbildung des Parlaments.

---

[112] Gem. Anlage VI der Geschäftsordnung des Europäischen Parlaments, zuletzt geändert durch den Beschluss vom Juni 1999.
[113] Art. 29 Abs. 2 GO EP.
[114] Stand: nach der Wahl 1999.

II. Rat, Parlament, Kommission

Formen von Fraktionszwang bei Abstimmungen im EP bestehen indes nicht, da die Mitglieder des Europäischen Parlaments auch innerhalb der Fraktionen ihren nationalen Interessen entsprechend votieren.

Die Fraktionen im EP finden sich als Zusammenschlüsse auf parteipolitischer Ebene teilweise auch in der sich entwickelnden europäischen Parteienlandschaft wieder. Es bestehen auf europäischer Ebene zurzeit drei Parteibünde, und zwar die **Sozialdemokratische Partei Europas**, die 1974 gegründet wurde, die **Europäische Volkspartei** sowie die **Föderation der Liberalen und demokratischen Parteien** der EG, die beide 1976 gegründet wurden. Es handelt sich dabei um Parteidachorganisationen, die die Arbeiten der verschiedenen nationalen Parteien auf europäischer Ebene zu koordinieren versuchen. Als solche sind diese Dachorganisationen nicht mit den nationalen Parteien vergleichbar, besonders, weil sie keine gemeinsame organisatorische Struktur aufweisen und sich auch nicht mit europaweiten Listen zur Wahl stellen.[115] Durch die Einführung des Art. 191 EGV ist ein Schritt in Richtung eigenständige europäische Parteien getan. Die Stellung der bestehenden europäischen Parteibündnisse im institutionellen Gefüge der Europäischen Union ist damit gestärkt, zugleich ist ihnen aber auch der Weg gewiesen, zukünftig eine Organisationsstruktur aufzuweisen, die den an sie gestellten Erwartungen entspricht.[116]

3. Die Europäische Kommission

Die Europäische Kommission bildet seit dem Inkrafttreten des Fusionsvertrages am 1. Juli 1967 **eines der gemeinsamen Organe** der Europäischen Gemeinschaften bzw. nunmehr der Europäischen Union. Ihre Ursprünge hat die Kommission, wie auch die anderen in Art. 4 EGV aufgeführten Organe, im EGKS-Vertrag, worin die Kommission als „Hohe Behörde" bezeichnet wurde und z.T. auch heute noch bezeichnet wird.[117]

In chronologischer Hinsicht bildet die Europäische Kommission in der Kette der am Rechtsetzungsverfahren beteiligten Organe das erste Glied. Das Rechtsetzungsverfahren der EU wird grundsätzlich durch den Vorschlag der Kommission eingeleitet. Sie wird daher u.a. als Initiatorin der Unionspolitik bezeichnet. Darüber hinaus hat die Kommission noch weitere umfassende Aufgaben zu erfüllen, welche sich aus Art. 211 EGV ergeben. Danach obliegt der Kommission insbesondere die Überwachung des primären und sekundären Gemeinschaftsrechts, sowie die Wahrnehmung von Exekutivbefugnissen, die ihr durch den EG-Vertrag bzw. durch den Rat auf Grund des Vertrages übertragen sind.

a) Zusammensetzung

Die Europäische Kommission besteht gem. Art. 213 Abs. 1 EGV aus zwanzig Mitgliedern.[118] Jeder Mitgliedstaat muss mit mindestens einem Mitglied, welches seine Staatsangehörigkeit besitzt, in der Kommission vertreten sein. Höchstens dürfen jedoch zwei Mitglieder gleicher Staatsangehörigkeit in der Kommission sitzen. Von den zwanzig Kommissionsmitgliedern stellen die fünf großen Mitgliedstaaten je zwei Kommissare und die zehn kleinen Mitgliedstaaten je einen.[119] Die Anzahl der Kommissionsmitglieder kann nach Maßgabe des Art. 213 Abs. 1 UAbs. 1 EGV durch einstimmigen Beschluss des Rates

---

[115] Vgl. auch *Kaufmann-Bühler*, in: Lenz, EG-Vertrag Kommentar, 2. Aufl. 1999, Art. 191 EGV, Rn. 3.

[116] Näher zur Begrifflichkeit der politischen Parteien i.S.d. Art. 191 EGV *Tsatsos*, EuGRZ 1994, S. 45, 46f.

[117] Vgl. Art. 8 EGKSV, welcher die Aufgaben der „Hohen Behörde" benennt, mit Art. 9 EGKSV, in dem die Zusammensetzung und die Pflichten der Kommission aufgeführt sind.

[118] Die Anzahl der Kommissionsmitglieder wurde durch den Beitritt Finnlands, Schwedens und Österreichs von siebzehn auf zwanzig erhöht.

[119] Bei den großen Mitgliedstaaten handelt es sich um Deutschland, Frankreich, Italien, Spanien, und das Vereinigte Königreich.

jederzeit geändert werden. Dies geschah zuletzt im Zusammenhang mit dem Beitritt Finnlands, Schwedens und Österreichs zur Europäischen Union am 1. Januar 1995.

119 Bei der **Vertragsrevision von Amsterdam** ist allerdings die Frage, wie die künftige Besetzung nach einer **Erweiterung** gehandhabt werden soll, offengeblieben. Insofern sieht das Protokoll Nr. 7 über die Organe im Hinblick auf die Erweiterung lediglich vor, dass mit Inkrafttreten der ersten Erweiterung der Kommission unbeschadet des Art. 213 EGV nur noch jeweils ein Kommissar je Mitgliedstaat angehören soll, sofern zu diesem Zeitpunkt die Stimmengewichtung im Rat in einer für alle Mitgliedstaaten annehmbaren Weise geändert worden ist. Kommt es nicht zu einer derartigen einvernehmlichen Änderung der Stimmengewichtung, kann der Rat gem. Art. 213 Abs. 1 Satz 2 EGV die Zahl der Mitglieder der Kommission ändern, um auf diese Weise den bestehenden Verteilungsschlüssel beibehalten zu können. Ob der Grundsatz „mindestens ein Kommissar pro Mitgliedstaat" auch nach der nächsten Erweiterungsrunde noch durchgehalten werden kann, erscheint fraglich.

120 Die Kommission hat gem. Art. 214 Abs. 2 UAbs. 1 EGV einen **Kommissionspräsidenten**. Dieser wird zunächst von den Regierungen der Mitgliedstaaten nach Anhörung des Europäischen Parlaments im gegenseitigen Einvernehmen benannt. Die übrigen Kommissionsmitglieder werden ermittelt, indem die Regierungen der Mitgliedstaaten in Zusammenarbeit mit dem designierten Kommissionspräsidenten diejenigen Persönlichkeiten benennen, die sie als Mitglieder für die Kommission vorgesehen haben. Diesem Kollegium muss das Europäische Parlament en bloc zustimmen (Art. 214 Abs. 2 UAbs. 3 EGV).[120] Ist die Zustimmung des Europäischen Parlaments erfolgt, wird das gesamte Kollegium von den Regierungen der Mitgliedstaaten im gegenseitigen Einvernehmen ernannt.[121] Dieses Verfahren zur Investitur der Kommission ist durch den Unionsvertrag eingeführt worden und hat erstmals bei der Ernennung der Kommission im Januar 1995 unter Kommissionspräsident Jacques Santer Anwendung gefunden.

121 Der Kommissionspräsident steht in organisatorischer Hinsicht an der Spitze der Kommission, besitzt gegenüber den anderen Kommissionsmitgliedern jedoch kein Weisungsrecht. Ihm stehen gem. Art. 217 EGV ein oder zwei Vizepräsidenten zur Seite, die aus der Mitte des Kommissionskollegiums ernannt werden. Die Aufgabe der Vizepräsidenten ist es u. a., den Präsidenten im Falle seiner Verhinderung zu vertreten.[122]

122 Die **Amtszeit** der Kommission beträgt seit 1995 **fünf Jahre** (Art. 214 Abs. 1 i. V. m. Abs. 2 EGV). Damit wurde die Amtsdauer der Kommission an die des Europäischen Parlaments angepasst. Unabhängig von der Beendigung der Amtszeit durch Zeitablauf endet das Mandat eines Kommissionsmitglieds durch Rücktritt, Tod oder Amtsenthebung. Neben dem freiwilligen Rücktritt eines Kommissionsmitglieds besteht noch die Möglichkeit eines erzwungenen Rücktritts. Dieser obligatorische Rücktritt erfolgt gem. Art. 201 Abs. 2 S. 1 EGV, wenn das Europäische Parlament einen Misstrauensantrag gegen die Kommission angenommen hat. Die Amtsenthebung eines Kommissionsmitglieds kann nach Maßgabe von Art. 216 EGV auf Antrag des Rates oder der Kommission durch den Europäischen Gerichtshof vorgenommen werden.

b) Aufgaben

123 Die Aufgaben der Kommission sind allgemein in Art. 211 EGV aufgeführt. Die Rolle der Kommission im institutionellen Gefüge der Europäischen Union lässt sich anhand dieser Aufgabenstellung charakterisieren. Man bezeichnet die Kommission entsprechend

---

[120] S. zum Zustimmungserfordernis unter Rn. 89.

[121] Die Zustimmung des Europäischen Parlaments ist gem. Art. 215 S. 2 EGV jedoch nicht erforderlich, wenn der Platz eines ausscheidenden Mitglieds nachbesetzt werden soll. Lediglich zur Nachbesetzung des Kommissionspräsidenten ist die Zustimmung des Europäischen Parlaments erforderlich (Art. 215 S. 3 EGV).

[122] Vgl. Art. 21 der Geschäftsordnung der Kommission.

II. Rat, Parlament, Kommission

ihren Aufgaben daher auch als **Motor der Integration,** als Hüterin der Verträge und als das Exekutivorgan der Gemeinschaft.

aa) Initiativrecht

Die Bezeichnung **Motor der Gemeinschaftspolitik** bzw. **Motor der Integration**[123] 124 wurzelt im Initiativrecht der Kommission zur Einleitung von Rechtsetzungsverfahren der Europäischen Union. Die Kommission wirkt gem. Art. 211 UAbs. 3 EGV am Zustandekommen der Handlungen der Rates und des Europäischen Parlaments mit. Ein Rechtsetzungsverfahren der Union wird grundsätzlich auf Initiative der Kommission eingeleitet. Auch im Rahmen der Verhandlungen zum Amsterdamer Vertrag konnte die Kommission insofern die Begehrlichkeiten auf ihr Initiativmonopol erfolgreich zurückweisen.[124] Die Kommission leitet das jeweilige Verfahren durch einen Regelungsvorschlag an den Rat ein.[125] Ausnahmsweise kann ein Rechtsetzungsverfahren mittelbar durch den Rat eingeleitet werden, indem dieser die Kommission auffordert, ihm einen Vorschlag zu unterbreiten.[126] Die Kommission ist jedoch nicht gezwungen, initiativ zu werden, da dies eine Verletzung des Grundsatzes des institutionellen Gleichgewichts darstellen würde. Ein Druckmittel ergibt sich letztlich nur aus der Möglichkeit des Europäischen Parlaments, gem. Art. 201 EGV einen Misstrauensantrag zu stellen. Der Initiativaufgabe bzw. dem Initiativmonopol[127] der Kommission kommt für den Integrationsprozess der Union daher erhebliche Bedeutung zu. Die Kommission ist bei der Vorlage eines Vorschlags bezüglich seines Inhalts darauf bedacht, den Vorschlag so zu gestalten, dass dieser die erforderliche Mehrheit im Rat erlangt. Diese Verfahrensweise ist u. a. auf eine Vereinbarung zurückzuführen, die im Rahmen des **Luxemburger Kompromisses** vom 28. Januar 1966 seitens der Mitgliedstaaten getroffen wurde.[128] Danach soll die Kommission nach Möglichkeit vor der Annahme eines Vorschlags von besonderer Bedeutung mit den ständigen Vertretern der Mitgliedstaaten in Kontakt treten. Dies entspricht auch dem Dialog zwischen Kommission und Rat, wie er in Art. 218 Abs. 1 EGV vorgesehen ist. Bevor die Kommission einen Vorschlag unterbreitet, analysiert sie daher sorgfältig den zu regelnden Sachverhalt, um den Vorschlag in politischer und qualitativer Hinsicht so zu gestalten, dass dieser im Rat eine tragfähige Mehrheit findet. Diese Vorarbeiten finden in den von der Kommission eingesetzten Ausschüssen statt, die sich u. a. aus nationalen Sachverständigen zusammensetzen.[129] Die Ausschüsse bedienen sich bei ihrer Willensbildung ihrerseits nationaler Sachverständiger, indem sie Gutachten in Auftrag geben und Expertengremien zu Rate ziehen.[130] Nicht zuletzt werden auch die nationalen Behörden und Interessengruppen[131] konsultiert. So hat die Kommission z. B. für den Bereich der Sozialpolitik ein *Grünbuch über die Europäische Sozialpolitik*[132] vorgelegt, um damit eine breit gefächerte Diskussion über die zukünftige Sozialpolitik der Europäischen Union einzuleiten. Die daraufhin bei der Kommission eingegangenen Stellungnahmen von Mitgliedstaaten, Sozialpartnern und Verbänden führten nach ihrer Auswertung im Ergebnis zum *Weißbuch über die Zukunft der Europäischen Sozialpolitik*.[133] Das Weißbuch legt die sozialpolitischen Zielsetzungen für die

---

[123] Vgl. *Hallstein/Walter,* Die Europäische Gemeinschaft, 5. Aufl. 1979, S. 87.
[124] Vgl. *Hilf/Pache,* NJW 1998, 710.
[125] Vgl. Art. 251 Abs. 2 S. 1 u. Art. 252 lit. a EGV.
[126] Vgl. Art. 208 u. Art. 115 EGV.
[127] Vgl. Grabitz/Hilf/*Hummer,* Vor Art. 155 a. F., Rn. 40.
[128] Zum Luxemburger Kompromiss siehe auch oben Rn. 58.
[129] Zum Organisatorischen Aufbau vgl. unten Rn. 141 ff.
[130] Vgl. auch *Glatthaar,* RIW 1992, S. 179, 180.
[131] So z. B. die nationalen und internationalen Arbeitgeber- und Arbeitnehmerverbände, die Verbraucherverbände, sowie die Verbände der Industrie und des Handels.
[132] Mitteilung der Kommission vom 17. November 1993, KOM (93) 551.
[133] KOM (94) 333 endg. vom 27. Juli 1994; vgl. auch das Weißbuch über Wachstum, Wettbewerbsfähigkeit und Beschäftigung, KOM (93) 700 endg.

eine bestimmte Entwicklungsphase der Sozialpolitik der Europäischen Union dar und dient seinerseits als Diskussionsgrundlage für die Ausarbeitung eines neuen sozialen Aktionsprogramms.

125 Weiterhin wird die Kommission zum Teil durch die Verträge ermächtigt, bei der Koordinierung der verschiedenen einzelstaatlichen Politiken in Zusammenarbeit mit den Mitgliedstaaten initiativ zu werden, wenn dies die Koordinierung fördert.[134]

126 Gleichermaßen kann die Kommission gem. Art. 211 UAbs. 2 EGV **Empfehlungen und Stellungnahmen** abgeben. Die Kommission bedient sich regelmäßig dieser unverbindlichen Rechtsakte, um dem europäischen Integrationsprozess eine weitere Dynamik zu geben. Die Kommission ist bei der Abgabe von Empfehlungen und Stellungnahmen nicht an die ausdrücklichen Handlungsermächtigungen der Verträge gebunden, sondern kann im Rahmen der Vertragsziele immer dann tätig werden, wenn sie es für notwendig erachtet.

bb) Kontrollrechte

127 Als allgemeine Aufgabe der Kommission nennt Art. 211 UAbs. 1 EGV die Kontrolle über die Einhaltung des primären und sekundären Gemeinschaftsrechts. Die Kommission hat **Vertragsverletzungen zu unterbinden** und dafür zu sorgen, dass **Verordnungen nachgekommen wird und Richtlinien umgesetzt werden.** Diese Kontrollfunktion hat der Kommission den Beinamen *Hüterin der Verträge* eingebracht. Bei Verstößen gegen das Gemeinschaftsrecht durch den Rat oder das Europäische Parlament hat die Kommission die Möglichkeit, eine Nichtigkeitsklage gem. Art. 231 EGV bzw. eine Untätigkeitsklage gem. Art. 232 EGV vor dem EuGH zu erheben. Wichtigstes Instrument der Kommission bei der Unterbindung von Verstößen gegen das Gemeinschaftsrecht durch einen Mitgliedstaat ist das Vertragsverletzungsverfahren gem. Art. 226 EGV. Ist die Kommission der Ansicht, dass ein Mitgliedstaat gegen eine Verpflichtung aus den Verträgen verstoßen hat, leitet sie das **Vertragsverletzungsverfahren** ein. Gegenstand eines Vertragsverletzungsverfahrens kann eine Untätigkeit bei der Umsetzung von Gemeinschaftsrecht oder eine dem Gemeinschaftsrecht zuwiderlaufende Verwaltungspraxis sein.[135] Die Einleitung des Verfahrens erfolgt entweder von Amts wegen seitens der Kommission, oder auf Grund einer Beschwerde einer Regierung, eines Verbandes, einer Gewerkschaft, eines einzelnen Unternehmens oder einer Privatperson. Die Kommission leitet daraufhin das Vertragsverletzungsverfahren ein, indem sie dem betreffenden Staat zunächst die Gelegenheit gibt, sich zu dem streitigen Sachverhalt innerhalb einer bestimmten Frist zu äußern.[136] Behält der Mitgliedstaat die beanstandete Verwaltungspraxis bei oder unterlässt er weiterhin die Umsetzung von Gemeinschaftsrecht, so gibt die Kommission in einem zweiten Schritt eine mit Gründen versehene Stellungnahme ab.[137] Kommt der Mitgliedstaat dieser Stellungnahme innerhalb der ihm von der Kommission gesetzten Frist nicht nach, so kann die Kommission nach Maßgabe des Art. 226 Abs. 2 EGV ein Klageverfahren einleiten, indem sie den Europäischen Gerichtshof anruft. Der Vorwurf der Vertragsverletzung ist bereits dann als begründet anzusehen, wenn die Umsetzung einer Richtlinie durch einen Mitgliedstaat nicht innerhalb der festgesetzten Frist erfolgt ist.[138] Daher wird in den meisten Fällen eine Klärung bereits in den ersten beiden Stadien des Verfahrens erreicht, indem der betroffene Mitgliedstaat einlenkt und sich vertragskonform verhält. Es kann jedoch auch nach der Behebung der Vertragsverletzung seitens des Mitgliedstaats ein Recht-

---

[134] Vgl. z.B. Art. 152 Abs. 2 S. 2 EGV für den Bereich der Koordinierung der gemeinsamen Gesundheitspolitik und Art. 155 Abs. 2 S. 2 EGV für die Koordinierung des Auf- und Ausbaus transeuropäischer Netze.
[135] Siehe auch *Borchardt,* in: Lenz, Art. 226, Rn. 6.
[136] Vgl. Art. 226 Abs. 1 2. Halbs. EGV.
[137] Vgl. Art. 226 Abs. 1 1. Halbs. EGV.
[138] EuGH v. 23. März 1994 (Kommission/Königreich Spanien), Rs 268/93, Slg. 1994, S. 947, 953 (Rn. 6).

schutzinteresse an der Fortsetzung eines Vertragsverletzungsverfahrens bestehen, wenn dadurch eine Haftungsgrundlage des Mitgliedstaats begründet wird.[139]

Die der Kommission durch das Vertragsverletzungsverfahren eingeräumten Kontrollrechte können als ein notwendiges Annex ihres Initiativrechts betrachtet werden. Auf diese Weise hat die Kommission ein Instrument, mit dem sie den Rechtsakten der Union, insbesondere den umzusetzenden Richtlinien, den entsprechenden Nachdruck verleihen kann. Sie kann ihre Politik damit auch über das Rechtsetzungsverfahren hinaus verfolgen. 128

Ebenso obliegt es gem. Art. 228 EGV der Kommission, die **Einhaltung und Befolgung der Urteile des Europäischen Gerichtshofs** zu überwachen. Der Verfahrensgang in diesem Verfahren ist mit dem des Vertragsverletzungsverfahrens vergleichbar, er kann jedoch mit der Verhängung eines Pauschalbetrags oder Zwangsgelds enden. 129

Im Rahmen der Koordination und der Vergabe der Strukturfondsmittel hat die Kommission darüber zu wachen, dass die von den Mitgliedstaaten verwalteten Fondsmittel den Verträgen und den Gemeinschaftsrechtsakten entsprechend eingesetzt werden. 130

Zur Erfüllung ihrer Kontrollaufgaben kann die Kommission gem. Art. 284 EGV alle erforderlichen Auskünfte einholen und alle erforderlichen Nachprüfungen vornehmen. 131

cc) Exekutivfunktion

Eng mit den Kontrollrechten der Kommission sind ihre umfangreichen Exekutivaufgaben verbunden, die einen Großteil der Aufgaben der Kommission ausmachen. Sie ist dementsprechend das Hauptexekutivorgan der Union. Die Exekutivaufgaben sind der Kommission zum einen originär durch die Verträge zugewiesen und zum anderen als abgeleitetes Gemeinschaftsrecht seitens des Rates i. S. d. Art. 211 UAbs. 4 EGV übertragen. 132

Der EG-Vertrag weist der Kommission unmittelbar **administrative Aufgaben im Rahmen der Wettbewerbspolitik**[140] **und der Wirtschafts- und Währungspolitik**[141] zu. Im Bereich der Sozialpolitik der Europäischen Union hat die Kommission gem. Art. 140 EGV die Aufgabe, eine enge Zusammenarbeit der Mitgliedstaaten in sozialen Fragen zu fördern. Dazu kann die Kommission Untersuchungen anordnen und Stellungnahmen abgeben. Nach Maßgabe des Art. 143 EGV erstellt die Kommission jährlich einen Bericht über den Stand der Verwirklichung der in Art. 136 EGV genannten Ziele. Zudem beinhaltet der Jahresbericht der Kommission gem. Art. 145 EGV grundsätzlich auch ein Kapitel über die Entwicklung der sozialen Lage in der Europäischen Union. In diesem Zusammenhang kann die Kommission gem. Art. 145 Abs. 1 UAbs. 1 EGV seitens des Europäischen Parlaments aufgefordert werden, zusätzliche Berichte über die soziale Lage auszuarbeiten. 133

Darüber hinaus **verwaltet die Kommission die drei Strukturfonds** der Gemeinschaft[142] (ESF, EFRE und EAFGL) und den **Kohäsionsfonds**.[143] 134

Eine der wichtigsten Verwaltungsaufgaben der Kommission ist die **Haushaltsführung** der Europäischen Union gem. Art. 274 EGV. Die Kommission führt den Haushaltsplan der Union in eigener Verantwortung aus und legt dem Rat und dem EP die Rechnung des Haushaltsjahres vor. 135

---

[139] Ständige Rechtsprechung des EuGH, s. etwa Urteil v. 2. Dezember 1992 (Kommission/Irland), Rs 280/89, Slg. 1992, S. 6185, Rn. 7, vgl. dazu auch *Borchardt,* in: Lenz, Art. 226, Rn. 2.
[140] Siehe z. B. für den Bereich des Kartellrechts Art. 81 und 82 EGV i. V. m. VO Nr. 17 des Rates vom 6. Februar 1962 (ABl. Nr. 13 vom 21. Februar 1962, S. 204).
[141] Vgl. z. B. Art. 99 Abs. 3 EGV (Sammlung von Berichten einzelstaatlicher Maßnahmen), Art. 115 EGV (Abgabe von Empfehlungen oder Vorschlägen) und Art. 121 (Bericht über die Entwicklung der Konvergenzkriterien).
[142] Art. 147 EGV und VO (EWG) Nr. 2052/88 des Rates vom 24. Juni 1988 (ABl. Nr. 185 vom 15. Juni 1988, S. 9).
[143] Vgl. VO (EG) Nr. 1164/94 des Rates vom 16. Mai 1994 zur Errichtung des Kohäsionsfonds (ABl. Nr. 130 vom 25. Mai 1994, S. 1).

136 Zu den Exekutivaufgaben der Kommission gehört es außerdem, die Europäischen Gemeinschaften im Rechtsverkehr nach außen zu vertreten. Werden sie privatrechtlich tätig, so werden sie gem. Art. 282 S. 2 EGV von der Kommission vertreten. Im Rahmen von völkerrechtlichen Beziehungen vertritt die Kommission diese gem. Art. 300 EGV bei den Verhandlungen über Abkommen mit dritten Staaten und internationalen Organisationen[144] und unterhält gem. Art. 302 EGV alle zweckdienlichen Beziehungen zu allen internationalen Organisationen.

c) Arbeitsweise und Organisation

137 Ebenso wie die anderen Organe verfügt auch die Kommission über einen umfangreichen organisatorischen Unterbau. Dieser basiert auf der Geschäftsordnung,[145] die sich die Kommission im Rahmen ihres Selbstorganisationsrechts[146] gibt. Dabei ist zu beachten, dass die Kommission nach außen als Kollegialorgan handelt.[147] Intern werden die Vorarbeiten zu Beschlüssen und Vorschlägen der Kommission allerdings durch eine Vielzahl von kleineren Verwaltungseinheiten bewältigt.

aa) Generalsekretariat

138 Zur Unterstützung des Präsidenten ist bei der Kommission als Dienststelle[148] ein Generalsekretariat eingerichtet. Unter der Leitung des Generalsekretärs ist es dem Kommissionspräsidenten direkt unterstellt und fällt in seinen alleinigen Zuständigkeitsbereich. Es unterstützt den Präsidenten bei der Vor- und Nachbereitung der Kommissionssitzungen, indem es u. a. die Tagesordnung zusammenstellt, die Sitzungsunterlagen verteilt und das Sitzungsprotokoll anfertigt. Insbesondere hat das Generalsekretariat dafür Sorge zu tragen, dass die einzelnen Beschlussverfahren i. S. d. Geschäftsordnung der Kommission angewandt und die gefassten Beschlüsse vollzogen werden. Ferner ist das Generalsekretariat für die amtliche Bekanntgabe und Veröffentlichung der Kommissionsbeschlüsse im Amtsblatt der EG und die Übermittlung der Dokumente an die anderen Organe der Europäischen Union verantwortlich. Ebenso obliegt es dem Generalsekretariat, die offiziellen Beziehungen zu den anderen Organe der Europäischen Union zu unterhalten. Darüber hinaus hat das Generalsekretariat die Aufgabe, die Arbeiten der anderen Organe zu verfolgen und die Kommission darüber zu unterrichten.

bb) Kabinette

139 Zunächst hat jedes Kommissionsmitglied die Möglichkeit, ein Kabinett zu bilden.[149] Dabei handelt es sich um einen **engen Mitarbeiterstab,** der das jeweilige Kommissionsmitglied bei der Vorbereitung und der Erfüllung seiner Aufgaben unterstützt. Die Größe der Kabinette hängt von der Zahl der vorgesehenen Planstellen ab. Diese werden zu Beginn jeder Amtszeit durch einen Kommissionsbeschluss festgelegt. Die Amtszeit der Kabinettsmitglieder ist an die des jeweiligen Kommissars gebunden.[150]

cc) Dienststellen

140 Die eigentliche Kommissionsverwaltung wird durch die Dienststellen der Kommission sichergestellt. Diese sind nach Ressorts in **Generaldirektionen und gleichgestellte Dienste** unterteilt. Jedem Kommissionsmitglied ist mindestens eine Generaldirektion zugeordnet, an deren Spitze ein Generaldirektor steht. Dieser untersteht dem Kommissi-

---

[144] Gleiches gilt gem. Art. 133 Abs. 3 EGV für die Verhandlungen im Zusammenhang mit der gemeinsamen Handelspolitik.
[145] Sie ist abgedruckt im Sartorius II, Nr. 235.
[146] Siehe dazu auch oben Rn. 140.
[147] Vgl. Art. 1 GO.
[148] Zu den weiteren Dienststellen der Kommission siehe unten Rn. 140.
[149] Vgl. Art. 14 GO.
[150] Siehe auch *Dietz/Glatthaar*, S. 41 ff.

onsmitglied unmittelbar und ist diesem gegenüber verantwortlich. Ebenso sind die gleichgestellten Dienste den Kommissionsmitgliedern unterstellt – der größte Teil davon dem Präsidenten direkt. Die lange Zeit gebräuchliche Nummerierung der Generaldirektionen wurde im Zuge der Umgestaltung der Kommission nach dem Antritt des Präsidenten Prodi abgeschafft. Zudem wurde die Anzahl der Dienststellen deutlich reduziert. Die inhaltliche Aufteilung der Generaldirektionen umfasst die gesamte Bandbreite der Tätigkeitsfelder der Kommission. Beispiele für Dienststellen sind etwa das Generalsekretariat, der Juristische Dienst, der Gemeinsame Dolmetscher-Konferenzdienst, der Übersetzungsdienst, der Dienst des Sprechers, die Gruppe für prospektive Analysen, das Amt für amtliche Veröffentlichungen der EG, das Statistisches Amt, die Europäische Stiftung zur Verbesserung der Lebens- und Arbeitsbedingungen und das Europäische Zentrum für die Förderung der Berufsbildung (CEDEFOP).[151] Unter den besonderen Dienststellen kommt neben dem Generalsekretariat als dem zentralen Administrativorgan der Kommission dem Juristischen Dienst die größte Bedeutung zu. Jeder Vorschlag von Rechtsakten der Kommission ist zuvor seitens des Juristischen Dienstes zu prüfen.[152]

dd) Ausschüsse

Zur Vorbereitung ihrer Beschlüsse bedient sich die Kommission zusätzlich ständiger **141** und nicht-ständiger Ausschüsse. Diese setzen sich aus Sachverständigen oder Beamten der Mitgliedstaaten zusammen und unterstützen die Kommission beratend. Die Rechtsgrundlage der beratenden Ausschüsse findet sich teilweise in den Verträgen.[153] Die Kommission kann im Rahmen ihres Selbstorganisationsrechts auch autonom beratende Ausschüsse einsetzen.

Überträgt der Rat gem. Art. 202 UAbs. 3 i. V. m. Art. 211 Abs. 4 EGV die Durchführung der von ihm erlassenen Rechtsakte auf die Kommission, so kann er bestimmte Modalitäten für die Ausübung dieser Befugnisse festlegen.[154] Dazu kann der Rat beratende Ausschüsse[155] einsetzen, die die Kommission bei der ihr übertragenen Durchführung des Gemeinschaftsrechts unterstützen.[156] **142**

Zudem kann der Rat Ausschüsse einsetzen, die neben der Unterstützung der Kommission **143** auch den Zweck haben, die Kommission bei der Ausführung der delegierten Durchführungsbefugnisse zu kontrollieren.[157] Dabei handelt es sich regelmäßig um Verwaltungsausschüsse, die sich aus Vertretern der Mitgliedstaaten zusammensetzen. Die Stellungnahme der **beratenden Ausschüsse** ist zum Teil obligatorisch, zum Teil auch nur fakultativ. Die Stellungnahme der **kontrollierenden Ausschüsse** ist vor dem Erlass von Durchführungsmaßnahmen zwingend geboten. Möchte die Kommission mit einer Maßnahme von der Stellungnahme des kontrollierenden Ausschusses abweichen, so hat sie dies dem Rat unverzüglich mitzuteilen. In diesem Fall kann der Rat eine abweichende Entscheidung treffen.

---

[151] Siehe ausführlich zu den Dienststellen in *Dietz/Glatthaar*, S. 48 ff., sowie zu den Einzelheiten insgesamt im Internet unter http://www.europa.eu.int.

[152] Vgl. Art. 20 Abs. 2 S. 2 GO.

[153] Vgl. z. B. den gem. Art. 147 Abs. 2 EGV eingesetzten Ausschuss zur Unterstützung der Verwaltung des Europäischen Sozialfonds.

[154] Vgl. Art. 202 UAbs. 3 S. 2 EGV.

[155] S. den Beschluss des Rates vom 13. Juli 1987 zur Festlegung der Modalitäten für die Ausübung der der Kommission übertragenen Durchführungsbefugnisse („Comitologie-Beschluss"), ABl. Nr. L 197 v. 18. Juli 1987, S. 33 (abgedruckt in: Handbuch des Europäischen Rechts, I A 82/3).

[156] Vgl. dazu z. B. den beratenden Ausschuss für die Entwicklung und Umstellung der Regionen gem. Art. 27 der VO (EWG) Nr. 2082/93 des Rates vom 20. Juli 1993 zur Änderung der VO (EWG) Nr. 4253/88 zur Durchführung der VO (EWG) Nr. 2052/88 (ABl. Nr. L 193 v. 31. Juli 1993, S. 20).

[157] Z. B. der Verwaltungsausschuss für die Agrarstrukturen und die Entwicklung des ländlichen Raums und der Ständigen Verwaltungsausschuss für die Fischereistrukturen gem. Art. 29 und der Verwaltungsausschuss für Gemeinschaftsinitiativen gem. Art. 29a der VO (EWG) Nr. 2082/93 des Rates (s. o.).

ee) Sitz

144 Der Sitz der Kommission wird ebenso wie der Sitz der anderen Organe gem. Art. 289 EGV im Einvernehmen zwischen den Regierungen der Mitgliedstaaten bestimmt. Dementsprechend haben die Vertreter der Regierungen der Mitgliedstaaten 1992 bei der Zusammenkunft des Europäischen Rates in Edinburgh einen Beschluss über die Festlegung der Sitze der Organe und bestimmter Einrichtungen und Dienststellen der Europäischen Gemeinschaften gefasst.[158] Die Kommission hat ihren Sitz danach in **Brüssel**. Einige Dienststellen der Kommission, wie z.B. das Amt für amtliche Veröffentlichungen und das Statistische Amt, sind in **Luxemburg** untergebracht.[159]

ff) Sitzungen und Beschlussfassung

145 Die Sitzungen der Kommission werden gem. Art. 3 Abs. 1 GO durch ihren Präsidenten einberufen. Dies geschieht mindestens einmal wöchentlich, grundsätzlich aber immer dann, wenn es die Kommissionsaufgaben erfordern. Die Sitzungen der Kabinettchefs, die zur Vorbereitung der Kommissionssitzungen dienen, finden entsprechend häufiger statt. In den Sitzungen der Kabinettchefs werden vorab die streitigen und auch die unstreitigen Punkte einer Vorlage herausgearbeitet, umso die eigentlichen Kommissionssitzungen effizienter gestalten zu können. Wird eine Vorlage einstimmig von den Kabinettschefs angenommen, so kann über diesen Vorschlag in der Kommissionssitzung ohne Aussprache abgestimmt werden (sog. „A-Punkt"). Für die Sitzungen der Kommission legt der Präsident eine Tagesordnung fest, die das von der Kommission beschlossene Jahresarbeitsprogramm berücksichtigt.

146 Die Sitzungen der Kommission sind grundsätzlich **nicht öffentlich.** Durch Beschluss kann die Kommission abweichend davon auch andere Personen anhören. Entsprechend den nicht öffentlichen Sitzungen sind auch die Beratungen der Kommission vertraulich. Es besteht allerdings die Möglichkeit, den Zugang zu einem Dokumenten der Kommission zu beantragen.[160]

147 Ihre Beschlüsse kann die Kommission im Rahmen ihrer Mitglieder in gemeinschaftlicher Sitzung oder in einem schriftlichen Verfahren fassen. Daneben besteht die Möglichkeit, dass die Kommission eines oder mehrerer ihrer Mitglieder ermächtigt, bestimmte Verwaltungsmaßnahmen in ihrem Namen zu treffen (Ermächtigungsverfahren).

148 Gem. Art. 219 Abs. 1 EGV fasst die Kommission ihre Beschlüsse mit der Mehrheit der in Art. 213 EGV vorgesehenen Mitgliederzahl,[161] d.h. also mit einfacher Mehrheit. Für einen Beschluss mit einfacher Mehrheit sind bei der momentanen Mitgliederzahl von zwanzig Kommissionsmitgliedern daher elf Stimmen notwendig. Dementsprechend ist die Kommission beschlussfähig, wenn mindestens elf Kommissionsmitglieder anwesend sind.

149 Ein abwesendes Kommissionsmitglied kann sich bei der Beschlussfassung nicht vertreten lassen. Sein Kabinettschef kann jedoch an den Beratungen teilnehmen und nach Aufforderung des Präsidenten die Meinung des abwesenden Kommissionsmitglieds vortragen.

---

[158] Beschluss vom 12. Dezember 1992, ABl. Nr. C 341 v. 23. Dezember 1992, S. 1 (abgedruckt in: Handbuch des Europäischen Rechts, I A 70/3).

[159] Vgl. dazu auch den Beschluss der Vertreter der Regierungen der Mitgliedstaaten über die vorläufige Unterbringung bestimmter Organe und Dienststellen der Gemeinschaften vom 8. April 1965 (ABl. Nr. C 152 v. 13. Juli 1967, S. 18).

[160] Vgl. dazu den Beschluss der Kommission vom 8. Februar 1994 über den Zugang der Öffentlichkeit zu den der Kommission vorliegenden Dokumenten, ABl. Nr. L 46 v. 18. Dezember 1994, S. 58 (abgedruckt in: Handbuch des Europäischen Rechts, I A 82/4).

[161] Vgl. auch Art. 6 UAbs. 3 GO.

III. Der Europäische Gerichtshof

Schrifttum: *Abele,* Anm. zu EuGH, Urt. v. 3. 6. 1992, EuZW 1992, S. 482; *Allkemper,* Wege zur Verbesserung des Individualrechtsschutzes im Vorabentscheidungsverfahren nach Art. 177 EG-Vertrag, EWS 1994, S. 253; *Arnull,* The European Union and its Court of Justice, Oxford 1999; *Bahlmann,* Haftung der Mitgliedstaaten bei fehlerhafter Umsetzung von EG-Richtlinien, DWiR 1992, S. 61; *Behr,* Development of Judicial Control of the European Communities, 1981; *Beckmann,* Probleme des Vorabentscheidungsverfahrens nach Art. 177 EWG-Vertrag, 1988; *Berenz,* Lohnfortzahlung im Urlaub erkrankter Arbeitnehmer – Anm. zur Entscheidung des EuGH im sog. Paletta-Fall, DB 1992, S. 2442; *Bernhardt,* Verfassungsprinzipien – Verfassungsgerichtsfunktionen – Verfassungsprozessrecht im EWG-Vertrag, 1987; *Bertelsmann,* Vorabentscheidungsverfahren der Arbeitsgerichtsbarkeit zum Europäischen Gerichtshof, NZA 1993, S. 775; *Bieback,* Soziale Sicherung für den Fall der Krankheit und Mutterschaft, in: Europäisches Sozialrecht, Schriftenreihe des Deutschen Sozialrechtsverbandes Bd. 36, 1992, S. 51; *Bieber/Ress,* Die Dynamik des Europäischen Gemeinschaftsrechts, 1987; *Birk/Abele/Kasel-Seibert/Maurer,* Lohnfortzahlung im Krankheitsfall – Vergleichender Überblick über das Recht der EG-Staaten, Österreichs und der Schweiz (Teil 2), ZIAS 1987, S. 159; *Blomeyer,* Anm. zu EuGH v. 4. 6. 1992, EWiR Art. 119 EWG 1/93, S. 45; *Bobke-von Camen/Veit,* Urteile des Europäischen Gerichtshofs aus dem Kreuzfeuer der Kritik, RdA 1993, S. 333; *Böhm, Monika,* Voraussetzung einer Staatshaftung bei Verstößen gegen primäres Gemeinschaftsrecht, JZ 1997, S. 5; *Borchardt,* Der Gerichtshof der EG als Ersatzgeber? in: Eichenhofer/Zuleeg,* Die Rechtsprechung des Europäischen Gerichtshofs zum Arbeits- und Sozialrecht im Streit, 1995, S. 53; *ders.,* Der Europäische Gerichtshof, 2. Aufl. 2000; *Borgsmidt,* Der Generalanwalt beim Europäischen Gerichtshof und einige vergleichbare Institutionen, EuR 1987, S. 162; *Brandt,* Der Europäische Gerichtshof (EuGH) und das Europäische Gericht erster Instanz (EuG) – Aufbau, Funktionen und Befugnisse, JuS 1994, S. 300; *Buchner,* Die Rolle des Europäischen Gerichtshofs bei der Entwicklung des Arbeitsrechts, ZfA 1993, S. 279; *Buschhaus,* Das „Francovich-Urteil" des EuGH, JA 1992, S. 142; *Clever,* Grundsätzliche Bemerkungen zur Rechtsprechung des EuGH, Deutsche Angestelltenversicherung 1993, S. 71; *Chwolik-Lanfermann,* Grundrechtsschutz in der Europäischen Union, 1994; *Cremer,* Individualrechtsschutz gegen Richtlinien, EuZW 2001, S. 453; *von Danwitz,* Die Garantie effektiven Rechtsschutzes im Recht der Europäischen Gemeinschaft, NJW 1993, S. 1108, 1115; *ders.,* Zur Entwicklung der gemeinschaftsrechtlichen Staatshaftung, JZ 1994, S. 335; *Dänzer-Vanotti,* Unzulässige Rechtsfortbildung des Europäischen Gerichtshofs, RIW 1992, S. 733; *Däubler,* Die Klage der EWG-Kommission gegen einen Mitgliedstaat, NJW 1968, S. 325; *Dauses,* Das Vorabentscheidungsverfahren nach Artikel 177 EWG-Vertrag, 1985; *ders.,* in: Quelques réflexions sur la signification et la portée de l'article 5 du traité CEE, in: Bieber/Ress, Dynamik, S. 229; *ders.,* Empfiehlt es sich, das System des Rechtsschutzes und der Gerichtsbarkeit in der Europäischen Gemeinschaft, insbesondere die Aufgaben der Gemeinschaftsgerichte und der nationalen Gerichte, weiterzuentwickeln?, Gutachten D zum 60. Deutschen Juristentag, 1994; *Detterbeck,* Staatshaftung für die Mißachtung von EG-Recht, VerwA 1994, S. 159; *Dieball,* Anm. zu EuGH, Urt. v. 4. 6. 1992, AuR 1992, S. 383; *Drewes,* Entstehen und Entwicklung des Rechtsschutzes vor den Gerichten der Europäischen Gemeinschaft, am Beispiel der Nichtigkeitsklage, 2000; *Dumon,* Questions préjudicielles et arbitrage, CDE 1983, S. 217; *Ehlers,* Die Weiterentwicklung des Staatshaftungsrechts durch das europäische Gemeinschaftsrecht, JZ 1996, S. 776; *Epping,* Die demokratische Legitimation der dritten Gewalt der europäischen Gemeinschaften, Der Staat 1997, S. 349; *Erasmy,* Der EuGH konterkariert nationales Arbeitsrecht, Arbeitgeber 1992, S. 856; *Europäisches Sozialrecht,* Schriftenreihe des Deutschen Sozialrechtsverbandes Bd. 36, 1992; *Everling,* Der Gerichtshof als Entscheidungsinstanz, in: Schwarze, Der Europäische Gerichtshof als Verfassungsgericht und Rechtsmittelinstanz, 1983, S. 137; *ders.,* Das Vorabentscheidungsverfahren vor dem Gerichtshof der Europäischen Gemeinschaften, 1986; *ders.,* Justiz im Europa von morgen, DRiZ 1993, S. 5; *ders.,* Francovich – Zweite Runde, EuZW 1993, S. 93; *Faber,* Die Klagebefugnis des Europäischen Palaments, DVBl. 1990, S. 1095; *Fastenrath,* Pflicht letztinstanzlicher nationaler Gerichte zur Einleitung eines Vorabentscheidungsverfahrens, JA 1986, S. 283; *Feger,* Die Grundrechte im Recht der Europäischen Gemeinschaften, EuZW 1992, S. 41; *Franzen,* Privatrechtsangleichung durch die Europäische Gemeinschaft, 1999; *Frowein/Hilf/Meesen/Rupp/Zuleeg,* Die Grundrechte in der Europäischen Gemeinschaft, 1978; *Füßer,* Durchsetzung der Vorlagepflicht zum EuGH gemäß Art. 234 III EG, DVBl. 2001, S. 1574; *Geiger,* Die Entwicklung eines europäischen Staatshaftungsrechts, DVBl. 1993, S. 465; *Glaesner,* Die Vorlagepflicht unterinstanzlicher Gerichte im Vorabentscheidungsverfahren, EuR 1990, S. 143; *Gündisch,* Rechtsschutz in der Europäischen Gemeinschaft, 1994; *Häde,* Staatshaftung für legislatives Unterlassen, BayVBl. 1992, S. 449; *Haedrich,* Rechtsschutz in der Europäischen Gemeinschaft, EAS B 1300; *Hailbronner,* Staatshaftung bei säumiger Umsetzung von EG-Richtlinien, JZ 1992, S. 284; *Hakenberg,* Das Vorabentscheidungsverfahren vor dem Europäischen Gerichtshof, ZIP 1995, S. 1865; *Hakenberg/Hackl,* Handbuch zum Verfahren vor dem Europäischen Gerichtshof, 2. Aufl. 2000; *Hasselbach,* Individualrechtsschutz bei Verstößen gegen das europäische Gemeinschaftsrecht, MDR 1994, S. 849; *Heinze,* Europarecht im Spannungsverhältnis zum nationalen Arbeitsrecht, ZfA 1992, S. 331; *Hilf,* Das Klagerecht des Europäischen Parlaments im Organstreit, EuR 1990, S. 273; *Hoffmann/Schulz,* Auf dem Weg zu einer europäischen Arbeits- und Sozialgerichtsbarkeit?, ZfSH/SGB 1992, S. 561; *Ipsen,* Die Verfassungsrolle des Europäischen Gerichtshofs für die Integration, in: Schwarze, Der Europäische Gerichtshof als Verfassungsgericht und Rechtsschutzinstanz, 1983, S. 29; *Jarass,* Haftung für die Verletzung von EU-Recht durch nationale Organe und Amtsträger, NJW 1994, S. 881; *Jung,* Das Gericht erster Instanz der Europäischen Gemeinschaften. Praktische Erfahrungen und zukünftige Entwicklung, EuR 1992, S. 246; *Karl,* Die Schadensersatzpflicht der Mitgliedstaaten bei Verletzungen des Gemeinschaftsrechts, RIW 1992, S. 440; *Klinke,* Der Gerichtshof der Europäischen Gemeinschaften – Aufbau und Arbeitsweise, 1989; *ders.,* Europäisches Unternehmensrecht und EuGH, Die Rechtsprechung in den Jahren 1991–1992, ZGR 1993, S. 1; *Kopp,* Staatshaftung wegen Verletzung von Gemeinschaftsrecht, DÖV 1994, S. 201; *Kronke,* Regulierungen auf dem Arbeitsmarkt, 1990; *Kropholler,* Internationales Privatrecht, 1990; *Kuster,* Anm. zu EuGH, Urt. v. 4. 6. 1992, AiB 1992, S. 528; *Kutscher/Rogge/Matscher,* Der Grundrechtsschutz in der Europäischen Gemeinschaft, 1982; *Lenaerts,* Das Gericht erster Instanz der Europäischen Gemeinschaften, EuR 1990, S. 228; *Lenz,* Zusammenwirken von Gerichtshof und nationalen Gerichten nach Artikel 177 EWG-Vertrag, in: Das Zusammenwirken der europäischen Gerichte und der nationalen Gerichtsbarkeit, Arbeitstagung vom 21.–23. Oktober 1988 in Bad Kreuznach, 1989, S. 2; *ders.,* Rechtsschutz im Binnenmarkt, EuZW 1993, S. 10; *Lieber,* Über die Vorlagepflicht des Art. 177 EWG-Vertrag und deren Mißachtung, 1986; *Lindemann,* Allgemeine Rechtsgrundsätze und europäischer öffentlicher Dienst, 1986; *Mauer,* Vergütungsberechnung für teilzeitbeschäftigte Betriebsratsmitglieder bei Teilnahme an Schulungsveranstaltungen nach dem Lohnausfallprinzip, NZA 1993, S. 56; *Marschner,* Anm. EzA § 3 LFZG Nr. 16; *Meier,* Anm. zu EuGH v. 19. 11. 1991, RIW 1992, S. 245; *Middeke/Szczekalla,* Änderungen im europäischen Rechtsschutzsystem, JZ 1993, S. 284; *Mortelsmann,* Observations in the Cases governed by Article 177 of the EEC Treaty: Procedure and Practice, CMLR 1979, S. 557; *Nessler,* Richterrecht wandelt EG-Richtlinien, RIW 1993, S. 206; *Nettesheim,* Gemeinschaftsrechtliche Vorgaben für das deutsche Staatshaftungsrecht, DÖV 1992, S. 999; *Neumann-Duisberg,* Krankenversicherung, in: Schulte/Zacher, Wechselwirkungen zwischen dem Europäischen Sozialrecht und dem Sozialrecht der Bundesrepublik Deutschland, 1991, S. 83; *Oppermann/Hiermaier,* Zur Einführung: Das Rechtsschutzsystem des EWG-Vertrages, JuS 1980, S. 782; *Ortlepp,* Das Vertragsverletzungsverfahren als Instrument zur Sicherung der Legalität im Europäischen Gemeinschaftsrecht, 1987; *Ossenbühl,* Der gemeinschaftsrechtliche Staatshaftungsanspruch, DVBl. 1992, S. 993; *Pernice,* Grundrechtsgehalte im Europäischen Gemeinschaftsrecht, 1979; *Pescatore,* Das Vorabentscheidungsverfahren nach Art. 177 EWG-Vertrag und die Zusammenarbeit zwischen dem Gerichtshof und den nationalen Gerichten, BayVBl. 1987, S. 68; *Pichler,* Der Generalanwalt beim Gerichtshof der Europäischen Gemeinschaften, 1983; *Pieper,* Mitgliedstaatliche Haftung für die Nichtbeachtung von Gemeinschaftsrecht, NJW 1992, S. 2454; *Prieß,* Die Haftung der EG-Mitgliedstaaten bei Verstößen gegen das Gemeinschaftsrecht, NVwZ 1993, S. 118; *Reich,* Der Schutz subjektiver Gemeinschaftsrechte durch Staatshaftung, EuZW 1996, S. 709; *Reiter,* Rechtsfortbildung oder Rechtsschöpfung? Die Grenzen der Rechtsprechung im Sozialraum Europa, ZfSH/SGB 1993, S. 57; *Rengeling,* Grundrechtsschutz in der Europäischen Gemeinschaft, 1993; *Rengeling/Middeke/Gellermann,* Rechtsschutz in der Europäischen Union, 1994; *Reuter,* Anm. zu EuGH v. 3. 6. 1992, DWiR 1992, S. 375; *Sack,* Zur künftigen europäischen Gerichtsbarkeit nach Nizza, EuZW 2001, S. 77; *Sander,* Der Europäische Gerichtshof als Förderer und Hüter der Integration, 1998; *Šarević,* Der EuGH als gesetzlicher Richter (Art. 101 Abs. 1 GG), DÖV 2000, S. 941; *Schaub,* Der Rechtsschutz im Arbeitsrecht vor dem Gerichtshof der Europäischen Gemeinschaften, NJW 1994, S. 81; *Schenke,* Rechtsschutz bei normativem Unrecht, 1979; *Schermers,* Judicial Protection in the European Communities, 3. Aufl., 1983; *Schiefer,* Auswirkungen der Rechtsprechung des Europäischen Gerichtshofes auf das nationale Arbeitsrecht, DB 1993, S. 38; *ders.,* Die Rechtsprechung des EuGH zur Vergütung teilzeitbeschäftigter Betriebsratsmitglieder, DB 1993, S. 1822; *Schiefer/Erasmy,* Anm. zu EuGH v. 4. 6. 1992, DB 1992, S. 1482; *Schlachter,* Anm. zu EAS Art. 119 EG-Vertrag, Nr. 39; *Schlemmer-Schulte/Ukrow,* Haftung des Staates gegenüber dem Marktbürger für gemeinschaftsrechtswidriges Verhalten, EuR 1992, S. 82; *Schockweiler,* Le régime de la responsabilité extra-contractuelle du fait

III. Der Europäische Gerichtshof

d'actes juridiques dans la Communauté européenne, RTDE 1990, S. 27; *ders.*, Die Haftung der EG-Mitgliedstaaten gegenüber dem einzelnen bei Verletzung des Gemeinschaftsrechts, EuR 1993, S. 107; *Schmidt-Aßmann*, Empfiehlt es sich, das System des Rechtsschutzes und der Gerichtsbarkeit in der Europäischen Gemeinschaft weiterzubilden?, JZ 1994, S. 832; *Schulte*, Europäisches Sozialrecht – Juristische Einführung und Überblick, in: Europäisches Sozialrecht, Schriftenreihe des Deutschen Sozialrechtsverbandes, Bd. 36, 1992, S. 7; *Schulte/Zacher* (Hrsg.), Wechselwirkungen zwischen dem Europäischen Sozialrecht und dem Sozialrecht der Bundesrepublik Deutschland, 1991; *Schultz*, Die relative Autonomie des Gerichtshofes der Europäischen Gemeinschaften, 1999; *Schwarze*, Europäisches Verwaltungsrecht im Werden – Einführung und Problemaufriß – in: Europäisches Verwaltungsrecht im Werden, 1982, S. 11; *ders.*, Das allgemeine Völkerrecht in den innerstaatlichen Gemeinschaftsbeziehungen, EuR 1983, S. 1; *ders.*, Die Befolgung von Vorabentscheidungen des Europäischen Gerichtshofs durch deutsche Gerichte, 1988; *ders.*, Grundzüge und neuere Entwicklung des Rechtsschutzes im Recht der Europäischen Gemeinschaft, NJW 1992, S. 1065; *Sedemund/Heinemann*, Rechtsschutz im Gemeinschaftsrecht, DB 1995, S. 713; *Sensburg*, Die Vorlagepflicht an den EuGH: Eine einheitliche Rechtsprechung des BVerfG, NJW 2001, S. 1259; *Sowka*, Mittelbare Frauendiskriminierung – ausgewählte Probleme, DB 1992, S. 2030; *Stein*, Lawyers, Judges and the Making of a Constitution, in: FS für Konrad Zweigert, 1981, S. 771; *Steindorff*, Sanktionen des staatlichen Privatrechts für Verstöße gegen EG-Recht, Jura 1992, S. 561; *Steinmeyer*, Die Austauschbarkeit arbeitsrechtlicher und sozialrechtlicher Gestaltungsformen und das Europäische Gemeinschaftsrecht, FS für Otto Rudolf Kissel, 1994, S. 1165; *Stotz*, in: Rengeling/von Borries, Aktuelle Entwicklungen in der EG, 1992, S. 21; *Streinz*, Auswirkungen des vom EuGH „ausgelegten" Gemeinschaftsrechts auf das deutsche Recht, Jura 1995, S. 6; *Streinz/Leible*, Staatshaftung wegen verspäteter Umsetzung der EG-Pauschalreise-Richtlinie, ZIP 1996, S. 1931; *Teske*, Die Sanktion von Vertragsverstößen im Gemeinschaftsrecht, EuR 1992, S. 265; *Tomuschat*, Die gerichtliche Vorabentscheidung nach den Verträgen über den Europäischen Gemeinschaften, 1964; *Triantafyllou*, Haftung der Mitgliedstaaten für Nichtumsetzung von EG-Recht, DÖV 1992, S. 566; *Voß*, Erfahrungen und Probleme bei der Anwendung des Vorabentscheidungsverfahrens nach Art. 177 EWGV, EuR 1986, S. 95; *Wägenbaur*, Die Prüfungskompetenz des EuGH im Rechtsmittelverfahren, EuZW 1995, S. 199; *Wank*, Arbeiter und Angestellte, 1992; *ders.*, Reform des Lohnfortzahlungsrechts, BB 1995, S. 1193; *ders.*, Anm. zu BAG Urt. v. 21. 9. 1993, SAE 1994, S. 148; *ders.*, Anm. zu EuGH, AR-Bl. Krankheit III A LohnfortzahlungsG 1000, 3.1 E Nr. 164; *ders.*, Die Rechtsfortbildung durch den Europäischen Gerichtshof, in: FS für Stahlhacke, 1995, S. 613; *ders.*, Anm. zu EuGH AP Nr. 13 zu Art. 18 EWG-Verordnung 572/72, gemeinsam mit *Börgmann*; *ders.*, Arbeitsrecht und Methode, RdA 1999, S. 130; *ders.*, Polen und das Arbeitsrecht der EG, FS für Zielinski, 2002; *Wicke*, Statement, in: Europäisches Sozialrecht, Schriftenreihe des Deutschen Sozialrechtsverbandes, Bd. 36, 1992, S. 71; *Wißmann*, Europäischer Gerichtshof und Arbeitsgerichtsbarkeit – Kooperation mit Schwierigkeiten, RdA 1995, S. 193; *Wölker*, Wann verletzt eine Nichtvorlage an den EuGH die Garantie des gesetzlichen Richters?, EuGRZ 1988, S. 97; *Wolff*, Kostenrecht und Kostenersparnis des Gerichtshofs der Europäischen Gemeinschaften, EuGRZ 1976, S. 7; *Zuleeg*, Der Schutz der Menschenrechte im Gemeinschaftsrecht, DÖV 1992, S. 937; *ders.*, Die Rolle der rechtsprechenden Gewalt in der europäischen Integration, JZ 1994, S. 1; *ders.*, Die Rechtsprechung des Europäischen Gerichtshofs zum Arbeits- und Sozialrecht im Streit, AuR 1994, S. 7.

Aus soziologischer Sicht *Elmar Schultz*, Die relative Autonomie des Gerichtshofes der Europäischen Gemeinschaften: Rechtsprechung vor und nach Maastricht, eine neo-institutionalistische Analyse, 1999.

1. Einführung

Der Gerichtshof hat seine Rechtsprechung im Dezember 1952 als Gerichtshof der Europäischen Gemeinschaft für Kohle und Stahl aufgenommen.[162]

Bei Gründung der Europäischen Wirtschaftsgemeinschaft und der Europäischen Atomgemeinschaft sah Art. 3 des Abkommens über gemeinsame Organe für die Europäischen Gemeinschaften vom 25. März 1957 vor, dass die Zuständigkeiten, die der Vertrag zur Gründung der Europäischen Wirtschaftsgemeinschaft und der Vertrag zur Gründung der

---

[162] Zur Entwicklungsgeschichte s. auch *Krück*, in: Groeben/Thiesing/Ehlermann, Vorb. zu Art. 164 bis 188 EGV a. F.

Europäischen Atomgemeinschaft dem Gerichtshof übertragen, unter den in diesen Verträgen festgelegten Bedingungen von einem einzigen Gerichtshof wahrgenommen werden. Zudem bestimmte Art. 4 des Abkommens vom 25. März 1957, dass dieser Gerichtshof mit Aufnahme seiner Tätigkeit am 7. Oktober 1958 an die Stelle des in Art. 32 des Vertrages über die Gründung der Europäischen Gemeinschaft für Kohle und Stahl vorgesehenen Gerichtshofs tritt. Der neu konstituierte „Gerichtshof der Europäischen Gemeinschaften" gehörte damit zu den ersten gemeinsamen Organen der drei Gemeinschaften. Wenn auch die den Gerichtshof betreffenden Bestimmungen der drei Gemeinschaftsverträge zum Teil angeglichen wurden, so richten sich die Zuständigkeiten des Gerichtshofs gleichwohl nach den Bestimmungen der drei Gründungsverträge und den ihnen beigefügten Satzungen.[163]

152 Art. 220 EGV (Art. 164 EGV a. F.) umschreibt die Aufgabe des Gerichtshofs dahingehend, dass er die **Wahrung des Rechts** bei der Auslegung und Anwendung des EG-Vertrages zu sichern hat. Diese allgemeine Aufgabenbeschreibung begründet jedoch keine allumfassende Zuständigkeit des Gerichtshofs für sämtliche Rechtsstreitigkeiten, die das Gemeinschaftsrecht betreffen oder berühren.[164] Wie für die anderen Organe der Gemeinschaft gilt auch für den Gerichtshof das Prinzip der begrenzten Einzelermächtigung.[165] Die Zuständigkeit des Gerichtshofs beschränkt sich somit darauf, im Rahmen der ihm enumerativ eingeräumten Zuständigkeiten tätig zu werden.[166]

153 Bis zur Errichtung des Gerichts erster Instanz[167] war der Gerichtshof erst- und letztinstanzliches Gericht zugleich. Durch die **Beiordnung des Gerichts erster Instanz** ist in bestimmten Bereichen an die Stelle des Einheitsgerichts mit einstufiger Gerichtsbarkeit ein zweigliedriger Instanzenzug getreten. Damit hat sich der Gerichtshof den in den Mitgliedstaaten bestehenden Rechtsschutzsystemen mit mehrgliedrigen Gerichtsbarkeiten angenähert.[168] Je nach Sachzusammenhang kann der Begriff „Gerichtshof" nunmehr unterschiedliche Bedeutung haben.[169] Zum einen kann der Begriff Gerichtshof die Institution als Organ der Gemeinschaft meinen, bestehend aus dem Gerichtshof im engeren Sinne sowie dem Gericht erster Instanz. Dagegen umfasst der Begriff Gerichtshof im engeren Sinne nur das aus Richtern und Generalanwälten bestehende Gericht, unter Ausschluss des Gerichts erster Instanz. Schließlich kann mit dem Begriff Gerichtshof aber auch der Spruchkörper des Gerichtshofs im engeren Sinne gemeint sein, dem nur die Richter, nicht aber die Generalanwälte angehören.[170]

2. Der Gerichtshof im engeren Sinne[171]

a) Rechtsgrundlagen

154 Die Organisation des EuGH ist zum einen in den Bestimmungen der **Art. 221 bis 224 EGV (Art. 165 bis 168 EGV a. F.)** geregelt. Weitere Vorschriften über die Organisation sowie über das Verfahren befinden sich in dem dem Vertrag beigefügten Protokoll über die **Satzung** des Gerichtshofes der Europäischen Wirtschaftsgemeinschaft vom

---

[163] Da der EG-Bereich in der Praxis im Vordergrund steht, bleiben der EGKS-Bereich und der EAG-Bereich im Folgenden weitgehend unberücksichtigt.
[164] *Krück,* in: Groeben/Thiesing/Ehlermann, Art. 164 EGV a. F., Rn. 1.
[165] Vgl. Art. 3b Abs. 1, 4 Abs. 1 EGV a. F.
[166] Grabitz/Hilf/*Grabitz,* Art. 183 EGV a. F., Rn. 4; *Klinke,* Der Gerichtshof, S. 21; *Krück,* in: Groeben/Thiesing/Ehlermann, Art. 164 EGV a. F., Rn. 1; *Oppermann,* Europarecht, Rn. 612, S. 228. Zu den Aufgaben und Funktionen im Einzelnen s. unten Rn. 183 ff.
[167] Näher dazu unten Rn. 169 ff.
[168] *Jung,* in: Groeben/Thiesing/Ehlermann, Art. 168a EGV a. F., Rn. 1.
[169] *Krück,* in: Groeben/Thiesing/Ehlermann, Vorb. zu Art. 164 bis 188 EGV a. F., Rn. 7 f.
[170] S. nachfolgend Rn. 169 ff.
[171] Nachfolgend EuGH abgekürzt.

17. April 1957.[172] Ergänzt wird die Satzung durch die am 19. Juni 1991 neu gefasste **Verfahrensordnung.**[173] Verfahrensrechtliche Besonderheiten, wie z. B. Rechtshilfeersuchen, Armenrecht und Anzeigen wegen Eidesverletzungen sind in der auf Grund von Art. 11 VerfO erlassenen Zusätzlichen Verfahrensordnung vom 4. Dezember 1974[174] geregelt. Ferner hat der EuGH, gestützt auf Art. 15 VerfO, am 4. Dezember 1974 eine Dienstanweisung für den Kanzler erlassen.[175]

b) Zusammensetzung

Gem. Art. 221 Abs. 1 EGV (Art. 165 Abs. 1 EGV a. F.) gehören dem EuGH gegenwärtig **fünfzehn**[176] **Richter** an.[177] Alle drei Jahre findet eine teilweise Neubesetzung der Richterstellen statt. Sie betrifft abwechselnd je acht und sieben Richter.[178] Die Richter werden von den Regierungen der Mitgliedstaaten in gegenseitigem Einvernehmen auf sechs Jahre ernannt.[179] Sie brauchen weder die Staatsangehörigkeit eines Mitgliedstaates zu besitzen, noch wird die Zahl der Richter, die einem Mitgliedstaat angehören dürfen, begrenzt. In der Praxis wird allerdings davon ausgegangen, dass jeder Mitgliedstaat zumindest über einen Richter seiner Nationalität verfügt.[180] Zu Richtern sind Persönlichkeiten auszuwählen, die jede Gewähr für Unabhängigkeit bieten und in ihrem Staat die für die höchsten richterlichen Ämter erforderlichen Voraussetzungen erfüllen oder Juristen von anerkannt hervorragender Befähigung sind.[181] Die Rechtsstellung der Richter ist im Einzelnen in Art. 2 bis 7 EuGH-Satzung geregelt.

Die Richter wählen aus ihrer Mitte den **Präsidenten** des EuGH für die Dauer von drei Jahren, wobei Wiederwahl zulässig ist.[182] Der Präsident leitet nach Art. 8 VerfO die rechtsprechende Tätigkeit und die Verwaltung des EuGH. Er führt den Vorsitz in den Sitzungen und bei den Beratungen. Zu seinen prozessleitenden Aufgaben gehört es u. a., den Berichterstatter zu benennen,[183] die Fristen für die Einreichung der Schriftsätze zu bestimmen[184] sowie den Termin für die Eröffnung der mündlichen Verhandlung festzulegen.[185]

---

[172] BGBl. 1957 II, S. 1166; nachfolgend EuGH-Satzung abgekürzt. Die EuGH-Satzung wurde mehrfach geändert, zuletzt durch Beschluss 94/993/EG des Rates vom 22. 12. 1994, ABl. L 379, S. 1. Zur Entstehungsgeschichte s. *Wolf,* in: Groeben/Thiesing/Ehlermann, Art. 188 EGV a. F., Rn. 2 ff.
[173] ABl. 176, S. 1; berichtigt ABl. L 383 v. 29. 12. 1992, S. 117; zuletzt geändert am 11. März 1997, ABl. L 103, S. 1; nachfolgend VerfO abgekürzt.
[174] ABl. L 350, S. 29; zuletzt geändert am 11. März 1997, ABl. L 103, S. 4.
[175] ABl. L 350, S. 33; geändert ABl. L 39 v. 15. 2. 1982, S. 1.
[176] Ursprünglich bestand der EuGH aus sieben Richtern. Mit der Erweiterung erhöhte sich die Zahl stufenweise von neun auf dreizehn Richter. Nach dem Beitritt Österreichs, Schwedens und Finnlands wurde die Zahl der Richter auf fünfzehn erhöht.
[177] Gem. Art. 15 EuGH-Satzung kann der EuGH nur in der Besetzung mit einer ungeraden Zahl von Richtern rechtswirksam entscheiden. Ergibt sich infolge Abwesenheit oder Verhinderung eine gerade Zahl von Richtern, so nimmt gem. Art. 26 § 1 VerfO der Richter, der das niedrigste Dienstalter aufweist, an den Beratungen nicht teil.
[178] Art. 223 Abs. 2 EGV (Art. 167 Abs. 2 EGV a. F.). Damit soll gewährleistet werden, dass die Amtszeit der Richter nicht gleichzeitig abläuft, sondern sich überschneidet; zu den Einzelheiten der Neubesetzung s. Grabitz/Hilf/*Wohlfahrt,* Art. 167 EGV a. F., Rn. 4.
[179] Art. 223 Abs. 1 EGV (Art. 167 Abs. 1 EGV a. F.); kritisch zur demokratischen Legitimation der Gemeinschaftsrichter *Epping,* Der Staat 1997, S. 349 ff.
[180] Grabitz/Hilf/*Wohlfart,* Art. 165 EGV a. F., Rn. 5; *Oppermann,* Europarecht, Rn. 331, S. 131.
[181] Art. 223 Abs. 1 EGV (Art. 167 Abs. 1 EGV a. F.).
[182] Art. 223 Abs. 5 EGV (Art. 167 Abs. 5 EGV a. F.).
[183] Art. 9 § 2 VerfO.
[184] Art. 41 § 2 VerfO.
[185] Art. 44 § 2 Abs. 2 VerfO.

157 Der EuGH wird von acht **Generalanwälten** unterstützt,[186] die zwar Mitglieder des EuGH, nicht aber Mitglieder des Spruchkörpers sind.[187] Sie nehmen an Urteilsberatungen und Abstimmungen nicht teil. Die Einrichtung des Generalanwalts ist dem französischen „commissaire du gouvernement" nachgebildet.[188] Anforderungen an die Staatsangehörigkeit der Generalanwälte bestehen nicht. In der Praxis werden vier Generalanwälte von den Mitgliedstaaten Bundesrepublik Deutschland, Frankreich, Großbritannien und Frankreich benannt. Für die Ernennung der Generalanwälte gelten dieselben Voraussetzungen wie für die Ernennung von Richtern.[189] Ebenfalls wie die Richter werden die Generalanwälte von der Gesamtheit der Regierungen im gegenseitigen Einvernehmen auf sechs Jahre ernannt.[190] Alle drei Jahre findet eine teilweise Neubesetzung der Stellen der Generalanwälte statt. Sie betrifft jedes Mal vier Generalanwälte.[191] Die Wiederernennung ausscheidender Generalanwälte ist zulässig.[192] Nach Art. 8 EuGH-Satzung gelten hinsichtlich der Rechtsstellung der Generalanwälte dieselben Regelungen wie für die Richter.[193]

158 Die Hauptaufgabe des Generalanwalts besteht nach Art. 222 Abs. 2 EGV (Art. 166 Abs. 2 EGV a. F.) darin, in völliger Unparteilichkeit und Unabhängigkeit begründete **Schlussanträge** zu den dem EuGH unterbreiteten Rechtssachen öffentlich zu stellen, um den EuGH bei der Erfüllung seiner in Art. 220 EGV (Art. 164 EGV a. F.) bestimmten Aufgabe zu unterstützen. Die Schlussanträge sind Bestandteil der mündlichen Verhandlung.[194] Ihrem Wesen nach handelt es sich bei ihnen um Rechtsgutachten, die mit einem konkreten Entscheidungsvorschlag enden.[195] Den Generalanwälten werden durch die Verfahrensordnung weitere Aufgaben auferlegt. Dazu gehört, dass die Generalanwälte in einer Reihe von Fällen vor der Entscheidung des Spruchkörpers zwingend angehört werden müssen.[196]

159 Nach Art. 10 § 1 VerfO wählt der EuGH jeweils auf ein Jahr einen **Ersten Generalanwalt**. Der Erste Generalanwalt entscheidet sogleich nach der Bestimmung des Berichterstatters durch den Präsidenten über die Zuweisung der Rechtssachen an die Generalanwälte. Bei Abwesenheit oder Verhinderung eines Generalanwalts trifft er die erforderlichen Maßnahmen.[197]

160 Nicht zu den Mitgliedern des EuGH gehört der **Kanzler**. Seine Rechtsstellung ist jedoch derjenigen der Mitglieder angenähert.[198] Er wird von den Richtern und Generalanwälten für die Dauer von sechs Jahren mit der Möglichkeit der Wiederwahl ernannt.[199] Der Kanzler nimmt unterschiedliche Aufgaben wahr. Zum einen hat er für den ordnungsgemäßen Ablauf der Verfahren zu sorgen. Die ihm insoweit obliegenden Pflichten erge-

---

[186] Art. 222 EGV (Art. 166 Abs. 1 EGV a. F.); für die Zeit bis zum 6. Oktober 2000 wurde jedoch ein neunter Generalanwalt ernannt.
[187] Grabitz/Hilf/*Wohlfahrt*, Art. 166 EGV a. F., Rn. 5; ausführlich zum Amt des Generalanwalts *Lenz*, FS für Everling, 1995, S. 719 ff.; *Pichler*, Der Generalanwalt beim Gerichtshof der Europäischen Gemeinschaften, 1983.
[188] *Borgsmidt*, EuR 1987, S. 162; Hailbronner/*Hailbronner*, Art. 166 EGV a. F., Rn. 1.
[189] Art. 223 Abs. 1 1. Halbs. EGV (Art. 167 Abs. 1 1. Halbs. EGV a. F.).
[190] Art. 223 Abs. 1 2. Halbs. EGV (Art. 167 Abs. 1 2. Halbs. EGV a. F.).
[191] Art. 223 Abs. 3 EGV (Art. 167 Abs. 3 EGV a. F.). Wie Art. 223 Abs. 2 (Art. 167 Abs. 2 EGV a. F.) dient auch Art. 223 Abs. 3 EGV (Art. 167 Abs. 2 EGV a. F.) der Kontinuität der Rechtsprechung und der Aufrechterhaltung des Arbeitsrhythmus des EuGH; s. Grabitz/Hilf/*Wohlfahrt*, Art. 167 EGV a. F., Rn. 4.
[192] Art. 223 EGV Abs. 4 EGV (Art. 167 Abs. 4 EGV a. F.).
[193] Art. 8 EuGH-Satzung.
[194] Art. 59 § 2 VerfO.
[195] Näher dazu *Pichler*, Der Generalanwalt, S. 106 ff.
[196] Z. B. bei der Entscheidung, ob die Nichtbeachtung von Formvorschriften die Unzulässigkeit der Klage zur Folge hat, Art. 38 § 7 Satz 2 VerfO.
[197] Art. 10 § 2 VerfO.
[198] Grabitz/Hilf/*Wohlfahrt*, Art. 168 EGV a. F., Rn. 1.
[199] Art. 224 EGV (Art. 168 EGV a. F.), Art. 12 § 4 VerfO.

ben sich sowohl aus der Verfahrensordnung als auch aus der Dienstanweisung für den Kanzler.[200] Neben seinen jurisdiktionellen Aufgaben nimmt der Kanzler Aufgaben der allgemeinen Verwaltung des EuGH einschließlich der Finanzverwaltung und der Buchführung im Auftrage des Präsidenten wahr.[201]

c) Spruchkörper

161 Der EuGH tagt grundsätzlich in Vollsitzungen. Für die Beschlussfähigkeit im Plenum brauchen nach Art. 15 Satz 2 EuGH-Satzung jedoch nur neun Richter anwesend zu sein. Dies hat sich der EuGH zunutze gemacht, um in Rechtssachen einfacherer Art[202] im sog. „kleinen" Plenum zu entscheiden.

162 Art. 221 Abs. 2 (165 Abs. 2 EGV a. F.) ermächtigt den EuGH, aus seiner Mitte Kammern mit je drei, fünf oder sieben Richtern zu bilden, die bestimmte vorbereitende Aufgaben erledigen oder bestimmte Gruppen von Rechtssachen entscheiden dürfen. Der EuGH hat von dieser Ermächtigung Gebrauch gemacht und aus seiner Mitte **vier Kammern zu je drei Richtern** (sog. kleine Kammern) und **zwei Kammern zu je fünf Richtern** (sog. große Kammern) gebildet.[203] Welche Rechtssachen zur Entscheidung an eine Kammer verwiesen werden, bestimmt sich nach Art. 221 Abs. 3 EGV (Art. 165 Abs. 3 EGV a. F.), Art. 95 VerfO. Zu den zwingenden Plenarsachen gehören alle Fälle, in denen Rechtssachen zur Entscheidung anstehen, die auf Antrag eines Mitgliedstaats oder eines Organs der Gemeinschaft anhängig sind, wenn der Mitgliedstaat oder das Organ die Tagung in Vollsitzungen verlangt.[204] Alle übrigen Rechtssachen können vom EuGH an sich einer Kammer zugewiesen werden. Eine Verweisung scheidet jedoch ausnahmsweise in zwei Fällen aus. Zum einen dürfen Vorabentscheidungssachen nicht an die Kammer verwiesen werden, sofern die Schwierigkeit oder die Bedeutung der Rechtssache oder besondere Umstände eine Entscheidung des EuGH in Vollsitzung erfordern.[205] Eine Verweisung ist ferner stets dann unzulässig, wenn ein am Verfahren beteiligter Mitgliedstaat oder ein am Verfahren beteiligtes Organ der Gemeinschaften verlangt, dass der EuGH über die Rechtssache in Vollsitzung entscheidet.[206]

163 Die Entscheidung über die Verweisung an die Kammern erfolgt nicht auf Grund eines festgelegten Geschäftsverteilungsplans, sondern erst am Ende des schriftlichen Verfahrens[207] auf der Grundlage des Vorberichts des Berichterstatters und nach Anhörung des Generalanwalts.[208]

d) Das Verfahren vor dem EuGH

164 Unabhängig von der jeweiligen Klage- und Verfahrensart[209] gliedert sich das Verfahren vor dem EuGH in drei Abschnitte, und zwar in das schriftliche Verfahren, in die mündliche Verhandlung sowie in die Beratung und Verkündung des Urteils.

---

[200] So hat er z. B. für den Fall, dass die Klageschrift nicht den Anforderungen des Art. 38 §§ 1 bis und 6 VerfO entspricht, dem Kläger eine angemessene Frist zur Behebung des Mangels oder zur Beibringung der vorgeschriebenen Unterlagen zu setzen, Art. 38 § 7 Satz 1 VerfO.
[201] Art. 23 VerfO.
[202] Z. B. Vertragverletzungsverfahren einfacherer Art, wie z. B. die nicht fristgerechte Umsetzung von Richtlinien.
[203] Art. 9 VerfO. Um der Erhöhung der Richterzahl auf 15 Rechnung zu tragen, werden zwei der kleinen Kammern vier Richter und den beiden großen Kammern sieben Richter zugeteilt.
[204] Art. 221 Abs. 3 EGV (Art. 165 Abs. 3 EGV a. F.).
[205] Art. 95 § 1 VerfO.
[206] Art. 95 § 2 VerfO. Am Verfahren beteiligt i. S. dieser Vorschrift sind Mitgliedstaaten oder Organe, die in dem Rechtsstreit Partei oder Streithelfer sind oder die im Rahmen eines Vorabentscheidungsverfahrens schriftliche Erklärungen eingereicht haben.
[207] S. dazu unten Rn. 165.
[208] Art. 95 § 2 VerfO.
[209] Zu den Besonderheiten der einzelnen Klage- und Verfahrensarten s. unten Rn. 183 ff.

aa) Das schriftliche Verfahren

165 Gem. Art. 19 EuGH-Satzung beginnt das schriftliche Verfahren grundsätzlich mit der Klageerhebung durch Einreichung einer an den Kanzler zu richtenden Klageschrift.[210] Die Anforderungen an die Klageschrift sind in Art. 38 VerfO geregelt. Nach Art. 38 § 1 VerfO muss die Klageschrift Namen und Wohnsitz des Klägers, die Bezeichnung des Beklagten, den Streitgegenstand und eine kurze Darstellung der Klagegründe, die Anträge des Klägers und gegebenenfalls die Bezeichnung der Beweismittel enthalten. Ferner ist in der Klageschrift eine Zustellungsanschrift am Ort des Gerichtssitzes, also in Luxemburg, anzugeben.[211] Die Klageschrift muss von einem Bevollmächtigten oder Anwalt der Partei unterzeichnet werden.[212] Die beim EuGH eingereichte Klageschrift wird dem Beklagten zugestellt.[213] Innerhalb eines Monats nach Zustellung der Klageschrift hat der Beklagte eine Klagebeantwortung einzureichen.[214] Auf begründeten Antrag des Beklagten kann der Präsident die Frist von einem Monat verlängern.[215] Klageschrift und Klagebeantwortung können durch eine Erwiderung des Klägers und eine Gegenerwiderung des Beklagten ergänzt werden, wobei der Präsident die Fristen für die Einreichung dieser Schriftsätze bestimmt.[216] Nach Eingang der Gegenerwiderung bestimmt der Präsident den Zeitpunkt, bis zu dem der Berichterstatter einen Vorbericht abzugeben hat.[217] Der Vorbericht soll den EuGH in die Lage versetzen, Bedeutung und Schwierigkeiten der Rechtssache abzuschätzen.[218] Der Vorbericht, der sich an den EuGH wendet und nicht-öffentlich ist, enthält auch Vorschläge zu der Frage, ob Beweiserhebungen oder andere vorbereitende Maßnahmen erforderlich sind, sowie zur etwaigen Verweisung der Rechtssache an eine Kammer des EuGH.[219] Ordnet der EuGH eine Beweisaufnahme an, die nicht vor ihm selbst stattfinden soll, so beauftragt er die Kammer mit ihrer Durchführung.[220] Für den Fall, dass der EuGH von einer Beweisaufnahme absieht, bestimmt der Präsident den Termin für die Eröffnung der mündlichen Verhandlung.

bb) Die mündliche Verhandlung

166 Zu Beginn der obligatorischen mündlichen Verhandlung, die vom Präsidenten eröffnet und geleitet wird,[221] verliest der Berichterstatter den Sitzungsbericht, der den Sachverhalt sowie das Vorbringen der Parteien aus dem schriftlichen Verfahren zusammenfasst.[222] Die Verhandlung ist öffentlich, es sei denn, dass der EuGH von Amts wegen oder auf Antrag der Parteien aus wichtigen Gründen anders beschließt.[223] Der Präsident, die übrigen Richter und der Generalanwalt können in der mündlichen Verhandlung

---

[210] Davon abweichend bedarf es in Vorabentscheidungsverfahren der Übermittlung des Vorlagebeschlusses, Art. 20 EuGH-Satzung; s. dazu unten Rn. 167 f.
[211] Art. 38 § 2 VerfO.
[212] Art. 37 § 1 VerfO.
[213] Art. 39 VerfO.
[214] Die Anforderungen an den Inhalt der Klageerwiderung sind in Art. 40 § 1 festgelegt.
[215] Art. 40 § 2 VerfO.
[216] Art. 41 VerfO.
[217] Art. 33 § 1 VerfO; das Gleiche gilt, wenn die Erwiderung oder Gegenerwiderung nicht bis zum Ablauf der festgesetzten Frist eingereicht wird oder wenn die betreffende Partei erklärt, dass sie auf die Einreichung einer Klageerwiderung oder Gegenerwiderung verzichtet.
[218] *Klinke*, Der Gerichtshof, S. 49.
[219] Art. 44 § 1 VerfO.
[220] Art. 44 § 2 VerfO. Das Verfahren der Beweisaufnahme richtet sich nach den Bestimmungen der Art. 45 ff. VerfO.
[221] Art. 56 § 1 VerfO.
[222] Art. 18 Abs. 3 EuGH-Satzung. Da der Sitzungsbericht den Parteien vor der mündlichen Verhandlung zugestellt wird, wird in der Praxis auf die Verlesung verzichtet; Grabitz/Hilf/*Wohlfahrt*, Art. 165 EGV a. F., Rn. 28.
[223] Art. 28 EuGH-Satzung.

Fragen an die Bevollmächtigten, Beistände oder Anwälte der Parteien richten.[224] Der EuGH hört die Bevollmächtigten, Anwälte und Beistände der Parteien an.[225] Die Parteien können nur durch Bevollmächtigte, Beistände oder Anwälte verhandeln.[226] Im Anschluss an die streitige Verhandlung halten die Parteivertreter ihre Plädoyers. Am Schluss der mündlichen Verhandlung stellt der Generalanwalt seine Schlussanträge und begründet sie.[227] Nach den Schlussanträgen erklärt der Präsident die mündliche Verhandlung für geschlossen.[228]

cc) Beratung und Verkündung des Urteils

An die mündliche Verhandlung schließt sich die Beratung an. Die Beratungen des EuGH und der Kammern sind nicht öffentlich.[229] An der Beratung nehmen nur die Richter teil, die bei der mündlichen Verhandlung zugegen waren, sowie gegebenenfalls der Hilfsberichterstatter, der mit der Bearbeitung der Rechtssache beauftragt ist.[230] In streitigen Punkten stimmen die Richter ab. Die Meinung, auf die sich die Mehrheit der Richter nach der abschließenden Aussprache geeinigt hat, ist für die Entscheidung des EuGH maßgebend.[231]

Das Urteil wird in öffentlicher Sitzung, zu der die Parteien geladen werden, verkündet.[232] Die notwendigen Bestandteile des Urteils sind in Art. 63 VerfO aufgelistet. Alle Endurteile enthalten eine Kostenentscheidung. Da das Verfahren vor dem Gerichtshof gem. Art. 72 VerfO grundsätzlich gerichtskostenfrei ist,[233] betrifft die Kostenentscheidung nur die außergerichtlichen erstattungsfähigen Kosten.[234]

3. Das Gericht erster Instanz

a) Einführung

Der durch die Einheitliche Europäische Akte neu in den EG-Vertrag eingefügte Art. 168a ermächtigte den Rat auf Antrag des Gerichtshofs, dem Gerichtshof durch einstimmigen Beschluss ein Gericht beizuordnen, das für Entscheidungen über bestimmte Gruppen von Klagen natürlicher oder juristischer Personen im ersten Rechtszug zuständig ist und gegen dessen Entscheidungen ein auf Rechtsfragen beschränktes Rechtsmittel beim EuGH nach Maßgabe der Satzung eingelegt werden kann.[235] Schon bald nach In-Kraft-Treten der Einheitlichen Europäischen Akte ersuchte der Gerichtshof den Rat mit Schreiben vom 29. September 1987 förmlich, ihm ein Gericht erster Instanz zuzuordnen.[236] Dem Antrag folgend, beschloss der Rat am 24. Oktober 1988 einstimmig die Errichtung

---

[224] Art. 57 VerfO.
[225] Art. 18 Abs. 3 EuGH-Satzung.
[226] Art. 58 VerfO.
[227] Art. 59 § 1 VerfO. In der Regel benötigt der Generalanwalt einige Zeit zur Ausarbeitung seiner Schlussanträge, so dass sie, von einfach gelagerten Fällen abgesehen, in einem neuen vom Präsidenten anzuberaumenden Termin, zu dem die Parteien erneut geladen werden, verlesen werden; *Krück*, in: Groeben/Thiesing/Ehlermann, Art. 166 EGV a. F., Rn. 7.
[228] Art. 59 § 2 VerfO. Gem. Art. 61 VerfO kann der EuGH jedoch nach Anhörung des Generalanwalts die Wiedereröffnung der mündlichen Verhandlung anordnen.
[229] Art. 27 § 1 VerfO.
[230] Art. 27 § 3 VerfO.
[231] Art. 27 § 5 VerfO.
[232] Art. 64 § 1 VerfO.
[233] Zu den Ausnahmen s. Art. 72 Buchst. a und b VerfO.
[234] Näher zum Kostenrecht *Wolff*, EuR 1976, S. 7 ff.
[235] Zur Entstehungsgeschichte dieser Ermächtigungsgrundlage s. *Jung*, in: Groeben/Thiesing/Ehlermann, Art. 168a EGV a. F., Rn. 5 ff.
[236] In deutscher Fassung abgedruckt als BT-Drucks. 11/2090.

des „Gerichts erster Instanz der Europäischen Gemeinschaften".[237] Mit der Schaffung des Gerichts erster Instanz[238] werden zwei Ziele verfolgt. Zum einen soll durch die Einführung zweier Instanzen für Klagen, deren Entscheidung eine eingehende Prüfung komplexer Sachverhalte erfordert, der Rechtsschutz der einzelnen Marktbürger verbessert werden. Ferner ist bezweckt, den EuGH zu entlasten, damit er sich stärker als bisher auf seine eigentliche Aufgabe, die einheitliche Auslegung des Gemeinschaftsrechts, konzentrieren kann.[239]

170 Das EuG hat sich zu Beginn des Geschäftsjahres 1989/1990 konstituiert und seine Tätigkeit aufgenommen. Wie der Begriff „beigeordnet" in Art. 225 EGV (Art. 168a EGV a.F.) deutlich macht, ist mit der Errichtung des EuG kein neues Organ geschaffen worden; institutionell ist es vielmehr Bestandteil des Organs „Gerichtshof".[240] Aus der Bezeichnung „Gericht" ergibt sich andererseits, dass ein eigenständiger Spruchkörper gewollt ist, dessen Rechtsprechungstätigkeit von der des Gerichtshofs unabhängig sein soll.[241] Diese Unabhängigkeit wird auch nicht dadurch berührt, dass sich die administrative Infrastruktur an die bestehende Verwaltung des Gerichtshofs anlehnt.[242]

171 Gestützt auf Art. 225 Abs. 4 EGV (Art. 168a EGV a.F.) hat das EuG im Einvernehmen mit dem Gerichtshof und mit einstimmiger Genehmigung des Rates am 2. Mai 1991 eine Verfahrensordnung beschlossen,[243] die am 1. Juli 1991 in Kraft getreten ist.[244]

b) Zusammensetzung

172 Das EuG besteht aus **15 Richtern.** Sie werden von den Regierungen der Mitgliedstaaten im gegenseitigen Einvernehmen für sechs Jahre ernannt, wobei die Wiederernennung ausscheidender Mitglieder zulässig ist.[245] Alle drei Jahre wird das EuG teilweise neu besetzt. Ebenso wie für die Mitglieder des EuGH besteht auch für die Mitglieder des EuG kein Staatsangehörigkeitserfordernis. Die Zusammensetzung aus fünfzehn Richtern erlaubt es, dass jeder Mitgliedstaat ein Mitglied seiner Nationalität vorschlägt. Die Rechtsstellung der Mitglieder des EuG entspricht derjenigen der Richter und Generalanwälte des EuGH.[246]

173 Die Mitglieder des EuG wählen aus ihrer Mitte den **Präsidenten** des Gerichts auf drei Jahre.[247] Für die Stellung und die Aufgaben des Präsidenten des EuG gilt Entsprechendes wie für den Präsidenten des EuGH. Nach Art. 8 VerfOeI leitet der Präsident des EuG die rechtsprechende Tätigkeit und die Verwaltung des Gerichts. Ferner führt er den Vorsitz in den Vollsitzungen und bei den Beratungen.

---

[237] Beschluss 88/591/EGKS/EWG/Euratom des Rates vom 24. Oktober 1988 zur Errichtung eines Gerichts erster Instanz der Europäischen Gemeinschaften, ABl. L 319, S. 1; zuletzt geändert durch Beschluss 95/1/EG vom 1. Januar 1995, ABl. L 1, S. 1.
[238] Nachfolgend EuG abgekürzt.
[239] Vgl. die Begründungserwägungen des Ratsbeschlusses vom 24. Oktober 1988.
[240] *Jung,* in: Groeben/Thiesing/Ehlermann, Art. 168a EGV a.F., Rn. 24; *Lenaerts,* EuR 1990, S. 228, 230.
[241] Grabitz/Hilf/*Wohlfahrt,* Art. 168a EGV a.F., Rn. 5.
[242] Näher dazu *Jung,* in: Groeben/Thiesing/Ehlermann, Art. 168a EGV a.F., Rn. 52 ff.
[243] ABl. L 136, S. 1, zuletzt geändert am 12. März 1997 (ABl. L 103, S. 6); nachfolgend VerfOeI abgekürzt.
[244] Bis zum In-Kraft-Treten dieser Verfahrensordnung galt nach Art. 11 Abs. 3 des Beschlusses vom 24. Oktober 1988 die Verfahrensordnung des EuGH entsprechend auch für das Verfahren des Gerichts erster Instanz.
[245] Art. 224 EGV (Art. 168a Abs. 3 EGV a.F.).
[246] S. Art. 225 EGV Abs. 2 EGV (Art. 168a Abs. 2 EGV a.F.), wonach für den Fall, dass der Rat nichts anderes beschließt, die den Gerichtshof betreffenden Bestimmungen des EG-Vertrages und insbesondere die Bestimmungen des Protokolls über die Satzung des Gerichtshofes auf das Gericht erster Instanz anzuwenden sind.
[247] Art. 7 § 1 VerfOeI.

Anders als der EuGH wird das EuG **nicht durch zusätzliche Generalanwälte** unter- 174
stützt. Stattdessen sieht Art. 2 § 2 VerfOeI vor, dass mit Ausnahme des Präsidenten jeder
Richter in einer bestimmten Rechtssache die Tätigkeit eines Generalanwalts ausüben
kann. Nach Art. 17 VerfOeI wird das in Vollsitzungen tagende EuG stets von einem
durch den Präsidenten des Gerichts bestellten Generalanwalt unterstützt. Dagegen wird
das in Kammern tagende Gericht nur dann von einem Generalanwalt unterstützt, wenn
die rechtliche Schwierigkeit oder der tatsächlich komplizierte Streitstoff der Rechtssache
dies nach Ansicht des Gerichts gebietet.[248] Die Entscheidung darüber, ob die Voraussetzungen für die Bestellung eines Generalanwalts vorliegen, trifft das Plenum des EuG
auf Antrag der für die Rechtssache zuständigen Kammer.[249] Der Präsident des Gerichts
bestimmt den Richter, der in dieser Rechtssache die Tätigkeit eines Generalanwalts ausübt.[250]

c) Spruchkörper

Das EuG tagt in Kammern.[251] Derzeit besteht es aus zwei Kammern mit je sieben 175
Richtern sowie zwei Kammern mit je sechs Richtern. Nach Art. 14 VerfOeI kann eine
Rechtssache aber auch an das Plenum des Gerichts oder an eine Kammer mit einer ande-
ren Richterzahl verwiesen werden.[252] Voraussetzung hierfür ist, dass die rechtliche
Schwierigkeit, die Bedeutung der Rechtssache oder besondere Umstände eine solche
Verweisung rechtfertigen. Die Entscheidung über die Verweisung an das Plenum oder
eine Kammer mit einer anderen Richterzahl trifft das Plenum auf Vorschlag der mit der
Rechtssache befassten Kammer oder auf Antrag einer Partei.[253]

d) Zuständigkeiten

Art. 225 Abs. 1 EGV (Art. 168a Abs. 1 EGV a. F.) steckt den Rahmen für die mögliche 176
Zuständigkeitsübertragung ab. Von der Zuständigkeitsübertragung ausgeschlossen sind
danach zum einen Vorabentscheidungen gem. Art. 225 EGV (Art. 177 EGV a. F.). Mit
diesem Ausschluss wird gewährleistet, dass der EuGH auch künftig für die einheitliche
Auslegung des Gemeinschaftsrechts in all den Fällen zuständig ist, in denen nationale Gerichte mit der Auslegung des Gemeinschaftsrechts Schwierigkeiten haben.[254] Ferner können dem EuG die von den Mitgliedstaaten oder von Gemeinschaftsorganen unterbreiteten
Rechtssachen nicht zugewiesen werden. Dies rechtfertigt sich aus der Erwägung, dass es
sich bei diesen Rechtssachen vielfach um solche mit verfassungsrechtlicher Bedeutung
handelt, so dass ebenfalls eine einheitliche Auslegung des Gemeinschaftsrechts sichergestellt sein muss.[255] In positiver Hinsicht beschreibt Art. 225 Abs. 2 EGV (168a Abs. 1 EGV) die
Grenzen der möglichen Zuständigkeitsübertragung dahingehend, dass dem EuG die Zuständigkeit für bestimmte Gruppen von Klagen natürlicher oder juristischer Personen
übertragen werden kann. In seinem Beschluss vom 24. Oktober 1988 hat der Rat von der
Möglichkeit zur Übertragung von Zuständigkeiten auf das EuG nur eingeschränkt
Gebrauch gemacht. Art. 3 dieses Ratsbeschlusses enthält einen eng gesteckten **Katalog
von Zuständigkeiten** des EuG.

---

[248] Art. 18 VerfOeI.
[249] Art. 19 Abs. 1 VerfOeI.
[250] Art. 19 Abs. 2 VerfOeI.
[251] Art. 10 § 1 VerfOeI.
[252] Krit. dazu *Jung*, in: Groeben/Thiesing/Ehlermann, Art. 168a EGV a. F., Rn. 50.
[253] Art. 51 VerfOeI.
[254] *Lenaerts*, EuR 1990, S. 228, 236; zu der im Schrifttum erhobenen Forderung, die Zuständigkeit des EuG auch auf Vorabentscheidungen auszuweiten, s. *Dauses*, Gutachten, S. 81 ff.; *Hoffmann/
Schulz*, ZfSH/SGB 1992, S. 561, 573; *Jung*, EuR 1992, S. 246, 261 ff.; *Wißmann*, RdA 1995, S. 193,
201 f.
[255] *Lenaerts*, EuR 1990, S. 228, 236.

- Zur Zuständigkeit des EuG gehören danach zum einen die Streitsachen zwischen den Gemeinschaften und deren Bediensteten.[256]
- Des Weiteren ist das EuG für Klagen zuständig, die gem. Art. 33 Abs. 2 und Art. 35 EGKSV gegen die Kommission erhoben werden und individuelle Entscheidungen betreffen, die auf Grund der Art. 50 und 57 bis 66 EGKSV ergangen sind.[257]
- Die dritte Gruppe von Klagen, für die das EuG zuständig ist, betrifft Klagen, die von natürlichen oder juristischen Personen gem. Art. 230 Abs. 2 EGV (Art. 173 Abs. 2 EGV a. F.) und Art. 232 Abs. 3 EGV (Art. 175 Abs. 3 EGV a. F.) gegen ein Organ der Gemeinschaften erhoben werden und die Anwendung der für Unternehmen geltenden Wettbewerbsvorschriften zum Gegenstand haben.[258]
- Schließlich ist das Gericht erster Instanz auch für Schadensersatzklagen zuständig, die im Zusammenhang mit den Rechtsakten stehen, die Gegenstand der Anfechtungs- oder Untätigkeitsklagen sind, für die das EuG zuständig ist.[259]
- Erweitert wurde die Zuständigkeit des EuG durch Beschluss des Rates vom 8. Juni 1993,[260] mit dem dem EuG nunmehr die Zuständigkeit für die Entscheidungen über alle Klagen natürlicher oder juristischer Personen im ersten Rechtszug übertragen wurde.[261]

e) Das Verfahren vor dem Gericht erster Instanz

177 Der Verfahrensablauf vor dem EuG bestimmt sich nach der für den EuGH geltenden EuGH-Satzung.[262] Ergänzt wird das Verfahren durch die vom Rat am 2. Mai 1991 beschlossene Verfahrensordnung,[263] die sich in weiten Teilen eng an die Verfahrensordnung des EuGH[264] anlehnt, und die damit dazu beiträgt, dass für beide Instanzen übereinstimmende Regelungen gelten.[265] Eine Abweichung von den für den EuGH einschlägigen Vorschriften gilt im Hinblick auf die Schlussanträge. Gem. Art. 46 Abs. 3 EuGH-Satzung kann der Generalanwalt seine begründeten Schlussanträge auch mündlich stellen.

178 Wie zu verfahren ist, wenn ein Schriftstück an das unzuständige Gericht übermittelt wird, ist in Art. 47 EuGH-Satzung geregelt. Wenn eine Klageschrift oder ein anderer Schriftsatz irrtümlich bei der Kanzlei des unzuständigen Gerichts eingereicht wird, wird der Schriftsatz von Amts wegen an das zuständige Gericht weitergeleitet.[266] Wird dagegen das unzuständige Gericht angerufen und stellt das Gericht seine Unzuständigkeit fest, so wird die Klage, ohne dass es hierzu eines besonderen Antrags bedürfte, an das zuständige Gericht verwiesen.[267] Verweist der EuGH den Rechtsstreit an das EuG, kann sich dieses nicht für unzuständig erklären.

179 Um widersprechende Urteile und überflüssige Doppelarbeit zu vermeiden, kann das EuG nach Art. 47 Abs. 3 EuGH-Satzung das Verfahren bis zum Erlass des Urteils des

---

[256] Art. 3 Abs. 1 Buchst. a des Ratsbeschlusses vom 24. 10. 1988.
[257] Art. 3 Abs. 1 Buchst. b des Ratsbeschlusses vom 24. 10. 1988.
[258] Art. 3 Abs. 1 Buchst. c des Ratsbeschlusses vom 24. 10. 1988.
[259] Art. 3 Abs. 2 des Ratsbeschlusses vom 24. 10. 1988.
[260] Beschluss 93/350/EGKS/EWG/Euratom des Rates zur Änderung des Beschlusses 88/591/EGKS/EWG/Euratom zur Errichtung eines Gerichts erster Instanz der Europäischen Gemeinschaften, ABl. L 144, S. 1.
[261] In Bezug auf Klagen in Antidumpingsachen wird das In-Kraft-Treten dieses Beschlusses allerdings auf einen Zeitpunkt verschoben, den der Rat durch Beschluss noch festlegt.
[262] Art. 46 EuGH-Satzung.
[263] S. oben Rn. 174.
[264] S. oben Rn. 154.
[265] Hinsichtlich des Verfahrensablaufs kann daher auf die Ausführungen zum Verfahren vor dem Gerichtshof verwiesen werden.
[266] Art. 47 Abs. 1 EuGH-Satzung.
[267] Art. 47 Abs. 2 EuGH-Satzung.

III. Der Europäische Gerichtshof

EuGH aussetzen, wenn zwei Verfahren bei dem EuGH und bei dem EuG anhängig sind und den gleichen Gegenstand haben, die gleiche Auslegungsfrage aufwerfen oder die Gültigkeit desselben Rechtsaktes betreffen.

f) Rechtsmittel

Art. 225 Abs. 1 EGV (Art. 168a Abs. 1 EGV a. F.) bestimmt, dass gegen Entscheidungen des EuG ein auf Rechtsfragen beschränktes Rechtsmittel beim EuGH nach Maßgabe der EuGH-Satzung eingelegt werden kann. Mit seinem Beschluss vom 24. Oktober 1988[268] hat der Rat dementsprechend die Bestimmungen der Art. 49 bis 54, mit denen die Ausgestaltung des Rechtsmittels zum EuGH näher geregelt wird, neu in die EuGH-Satzung des Gerichtshofs eingefügt. Ergänzt werden diese Bestimmungen durch den den Ablauf des Rechtsmittelverfahrens betreffenden Vierten Teil der Verfahrensordnung des EuGH. 180

Rechtsmittelfähig sind Endentscheidungen des EuG sowie Entscheidungen des EuG, die über einen Teil des Streitgegenstandes ergangen sind oder die einen Zwischenstreit beenden, der eine Einrede der Unzuständigkeit oder Unzulässigkeit zum Gegenstand hat.[269] Das beim Gericht eingelegte Rechtsmittel ist auf Rechtsfragen beschränkt. Es kann nur auf die Unzuständigkeit des Gerichts, auf einen Verfahrensfehler, durch den die Interessen des Rechtsmittelführers beeinträchtigt werden, sowie auf eine Verletzung des Gemeinschaftsrechts durch das Gericht gestützt werden.[270] Eine Überprüfung in tatsächlicher Hinsicht ist damit ausgeschlossen. Die Frist zur Einlegung des Rechtsmittels beträgt zwei Monate und beginnt mit der Zustellung der angefochtenen Entscheidung.[271] Zur Einlegung von Rechtsmitteln berechtigt sind sowohl die Prozessparteien, die mit ihren Anträgen ganz oder teilweise unterlegen sind, als auch Streithelfer, wenn die Entscheidung des Gerichts sie unmittelbar berührt.[272] Nach Art. 49 Abs. 3 EuGH-Satzung können Mitgliedstaaten und Gemeinschaftsorgane auch dann ein Rechtsmittel einlegen, wenn sie an dem Rechtsstreit vor dem Gericht erster Instanz nicht beteiligt waren.[273] Mit dieser privilegierten Rechtsmittelbefugnis der Mitgliedstaaten und Organe soll sichergestellt werden, dass unrichtige Urteile des EuG stets durch den EuGH korrigiert und so Fehlentwicklungen in der Rechtsprechung vermieden werden können.[274] Unbeschadet der Art. 242 EGV (Art. 185 EGV a. F.) und Art. 243 EGV (Art. 186 EGV a. F.) haben Rechtsmittel keine aufschiebende Wirkung.[275] 181

Das Rechtsmittelverfahren vor dem EuGH bestimmt sich vorbehaltlich der besonderen Bestimmungen der Art. 110 ff. EuGH-Satzung nach den allgemeinen Vorschriften für das Verfahren vor dem EuGH. Eingelegt wird das Rechtsmittel durch Einreichung einer den Anforderungen des Art. 112 EuGH-Satzung entsprechenden Rechtsmittelschrift bei der Kanzlei des EuGH oder des EuG.[276] Ist das Rechtsmittel begründet, so hebt der EuGH die Entscheidung des EuG auf. Er kann sodann den Rechtsstreit selbst endgültig entscheiden, wenn dieser zur Entscheidung reif ist, oder die Sache zur Entscheidung an das EuG zurückverweisen.[277] 182

---

[268] ABl. L 319, S. 1; zuletzt geändert durch Beschluss 95/1/EG vom 1. Januar 1995, ABl. L 1, S. 1.
[269] Art. 49 Abs. 1 EuGH-Satzung.
[270] Art. 51 Abs. 1 EuGH-Satzung; eingehend zur Prüfungskompetenz des EuGH im Rechtsmittelverfahren *Wägenbaur*, EuZW 1995, S. 199 ff.
[271] Art. 49 Abs. 1 EuGH-Satzung.
[272] Art. 49 Abs. 2 EuGH-Satzung.
[273] Dies gilt allerdings nicht in Streitsachen zwischen der Gemeinschaft und ihren Bediensteten.
[274] *Jung*, in: Groeben/Thiesing/Ehlermann, Art. 168a EGV a. F., Rn. 144.
[275] Art. 53 EuGH-Satzung.
[276] Art. 111 § 1 EuGH-Satzung.
[277] Art. 54 Abs. 1 EuGH-Satzung; hinsichtlich der weiteren Einzelheiten des Rechtsmittelverfahrens s. *Jung*, in: Groeben/Thiesing/Ehlermann, Art. 168a EGV a. F., Rn. 158 ff.

4. Verfahrensarten

183 Der Gerichtshof kann nur im Rahmen der ihm vom Gemeinschaftsrecht durch die jeweiligen Verfahrensarten eingeräumten Zuständigkeiten tätig werden.[278] In der Praxis sind vor allem vier Verfahrensarten von herausragender praktischer Bedeutung, und zwar das Vertragsverletzungsverfahren gem. Art. 226 EGV (Art. 169 EGV a. F.),[279] die Nichtigkeitsklage gem. Art. 230 EGV (Art. 173 EGV a. F.), die Untätigkeitsklage gem. Art. 232 EGV (175 EGV a. F.) sowie das Vorabentscheidungsverfahren gem. Art. 234 EGV (Art. 177 EGV a. F.).

a) Das Vertragsverletzungsverfahren gem. Art. 226 EGV (Art. 169 EGV a. F.)

184 Art. 211 EGV (Art. 155 EGV a. F.) verpflichtet die Kommission, für die Anwendung des EG-Vertrages sowie der von den Organen auf Grund des EG-Vertrages getroffenen Bestimmungen Sorge zu tragen. Das Vertragsverletzungsverfahren nach Art. 226 EGV (Art. 169 EGV a. F.) ist das Mittel, das der Vertrag der Kommission an die Hand gibt, um ihrer Aufgabe als Hüterin des Vertrages dadurch nachzukommen, dass sie die Mitgliedstaaten zur Erfüllung der ihnen auf Grund des Gemeinschaftsrechts obliegenden Verpflichtungen anhält.[280]

aa) Anwendungsbereich

185 Die Einleitung eines Vertragsverletzungsverfahrens[281] durch die Kommission setzt zunächst eine objektive Vertragsverletzung durch einen Mitgliedstaat voraus. Entgegen dem Wortlaut des Art. 226 EGV (Art. 169 EGV a. F.) fallen unter den Begriff der Vertragsverletzung nicht nur Verstöße gegen Bestimmungen des EG-Vertrages. Aus dem Zweck des Verfahrens, die Mitgliedstaaten zur Einhaltung des Gemeinschaftsrechts zu zwingen, folgt vielmehr, dass mit „**Vertragsverletzung**" i. S. des Art. 226 EGV (Art. 169 EGV a. F.) die **Verletzung des gesamten europäischen Gemeinschaftsrechts** gemeint ist.[282] In Betracht kommen somit insbesondere auch die Verletzung allgemeiner Rechtsgrundsätze des Europäischen Gemeinschaftsrechts, soweit diese auch die Mitgliedstaaten verpflichten, sowie Verstöße gegen Bestimmungen des Sekundärrechts.[283] Eine Vertragsverletzung kann sowohl darin liegen, dass der Staat einer Handlungspflicht nicht genügt als auch darin, dass er einer Unterlassungspflicht zuwiderhandelt.[284] Als Rechtfertigung für seine Gemeinschaftsrechtsverletzung kann sich kein Mitgliedstaat darauf berufen, dass auch die Kommission oder ein anderer Mitgliedstaat Gemeinschaftsrecht verletzt habe.[285] Jedoch muss

---

[278] Zum Katalog aller Verfahrensarten s. *Schweitzer/Hummer*, Europarecht, Rn. 460 ff., S. 138 ff.

[279] Dagegen ist Art. 227 EGV (Art. 170 EGV a. F.) betr. Klagen eines Mitgliedstaates gegen einen anderen wegen Vertragsverletzung bislang ohne größere praktische Bedeutung geblieben.

[280] Zum Vertragsverletzungsverfahren s. u. a. *Gündisch*, Rechtsschutz in der Europäischen Gemeinschaft, S. 68 ff.; *Haedrich*, EAS B 1300, Rn. 27 ff.; auch *Grabitz/Hilf/Karpenstein*, Art. 169 EGV a. F., Rn. 3 ff.; *Krück*, in: Groeben/Thiesing/Ehlermann, Art. 169 EGV a. F., Rn. 3; *Hailbronner/Hailbronner*, Art. 169 EGV, Rn. 1 ff.; *Ortlepp*, Das Vertragsverletzungsverfahren als Instrument zur Sicherung der Legalität im Europäischen Gemeinschaftsrecht, 1987; *Rengeling/Middeke/Gellermann*, Rechtsschutz in der Europäischen Union, 1994, Rn. 62 ff.

[281] Gelegentlich auch Aufsichtsklage genannt.

[282] Ganz h. M.: EuGH, Rs. 20/59, Slg. 1960, S. 681, 691; Rs. 25/59, Slg. 1960, S. 742, 760; *Bleckmann*, Europarecht, Rn. 513, S. 221; *Hailbronner/Hailbronner*, Art. 166 EGV a. F., Rn. 4; *Grabitz/Hilf/Karpenstein*, Art. 169 EGV a. F., Rn. 30; *Oppermann*, Europarecht, Rn. 629, S. 236; *Rengeling/Middeke/Gellermann*, Rechtsschutz, Rn. 73.

[283] EuGH, Rs. 20/59, Slg. 1960, S. 681, 691; EuGH, Rs. 25/59, Slg. 1960, S. 743, 760.

[284] EuGH, Rs. 31/69, Slg. 1970, S. 25, 33; *Bleckmann*, Europarecht, Rn. 514, S. 222; *Grabitz/Hilf/Karpenstein*, Art. 169 EGV a. F., Rn. 13.

[285] EuGH, Rs. 52/75, Slg. 1976, S. 277, 284 f.; *Bleckmann*, Europarecht, Rn. 514, S. 222; *Schweitzer/Hummer*, Europarecht, Rn. 467, S. 142.

III. Der Europäische Gerichtshof   186–189 § 8

man bei der Frage einer Rückwirkung oder bei der Aufstellung von Übergangsrecht auf diese Tatsache Rücksicht nehmen.

Da nur „staatliche" Vertragsverletzungen von Art. 226 EGV (Art. 169 EGV a. F.) erfasst werden, müssen die Vertragsverletzungen dem Mitgliedstaat zuzurechnen sein. Zurechenbar in diesem Sinne sind alle Regelwidrigkeiten, die direkt oder indirekt auf das **Verhalten eines Organs der Mitgliedstaaten** zurückzuführen sind.[286] Unerheblich ist, ob die Organe nach innerstaatlichem Recht unabhängig sind, wie etwa Gerichte oder Parlamente.[287] Bedient sich ein Staat einer privaten Gesellschaft, kommt es für die Zurechenbarkeit darauf an, ob die entscheidenden Lenkungs- und Leitbefugnisse noch in staatlichen Händen liegen.[288] Im Übrigen können Vertragsverstöße Privater nicht Gegenstand eines Vertragsverletzungsverfahrens nach Art. 226 EGV (Art. 169 EGV a. F.) sein. Für sie gelten vielmehr Sonderregelungen.[289] **186**

Ob die Kommission verpflichtet ist, bei Vertragsverletzungen ein Verfahren nach Art. 226 EGV (Art. 169 EGV a. F.) einzuleiten, ist in der Literatur umstritten.[290] Dafür spricht sowohl der Wortlaut des Art. 226 EGV (Art. 169 Abs. 1 EGV a. F.) als auch die Aufgabe der Kommission als Hüterin des Gemeinschaftsrechts.[291] Demgegenüber hat der EuGH in jüngeren Urteilen der Kommission ausdrücklich ein Ermessen zur Verfahrenseinleitung zugebilligt.[292] Die ablehnende Entscheidung der Kommission, kein Vertragsverletzungsverfahren einzuleiten, ist nach der Rechtsprechung des EuGH folglich auch nicht im Wege der Nichtigkeitsklage anfechtbar.[293] **187**

bb) Die einzelnen Verfahrensabschnitte

In formeller Hinsicht besteht das Vertragsverletzungsverfahren aus drei Abschnitten, und zwar dem sog. Mahnschreiben, der begründeten Stellungnahme sowie der Klageerhebung.[294] **188**

(1) Das sog. Mahnschreiben

Gem. Art. 226 Abs. 1 (Art. 169 Abs. 1 EGV a. F.) muss die Kommission dem betroffenen Mitgliedstaat zunächst Gelegenheit geben, sich zu der beanstandeten Vertragsverletzung zu äußern.[295] Das Mahnschreiben verfolgt zugleich das Ziel, den betroffenen Mitgliedstaat möglichst formlos zur Aufgabe des vertragswidrigen Verhaltens zu veranlassen.[296] In Art. 226 EGV (Art. 169 Abs. 1 EGV a. F.) selbst werden keine inhaltlichen Anforderungen an das Mahnschreiben festgelegt. Es besteht jedoch Einigkeit darüber, dass das **189**

---

[286] *Krück*, in: Groeben/Thiesing/Ehlermann, Art. 169 EGV a. F., Rn. 4.
[287] EuGH, Rs. 77/69, Slg. 1970, S. 237, 243; *Krück*, in: Groeben/Thiesing/Ehlermann, Art. 169 EGV a. F., Rn. 4; *Oppermann*, Europarecht, Rn. 629, S. 236 f.; zur Problematik, inwieweit das Vertragsverletzungsverfahren auch gegenüber Verstößen durch nationale Gerichte oder Verwaltungsbehörden möglich ist, s. *Bleckmann*, Europarecht, Rn. 511, S. 221; Hailbronner/*Hailbronner*, Art. 166 EGV a. F., Rn. 12; Grabitz/Hilf/*Karpenstein*, Art. 169 EGV a. F., Rn. 15 f.
[288] EuGH, Rs. 249/81, Slg. 1982, S. 4005, 4019.
[289] Vgl. z. B. für das Wettbewerbsrecht Art. 83 bis 85 EGV (Art. 87 bis 89 EGV a. F.).
[290] Bejahend: *Däubler*, NJW 1968, S. 325, 329; *Everling*, DRiZ 1993, S. 5, 9; Grabitz/Hilf/*Karpenstein*, Art. 169 EGV a. F., Rn. 30; *Oppermann*, Europarecht, Rn. 630, S. 237; *Ortlepp*, Vertragsverletzungsverfahren, S. 75 f.; *Schweitzer/Hummer*, Europarecht, Rn. 470, S. 144; dagegen: *Gündisch*, Rechtsschutz, S. 73; Hailbronner/*Hailbronner*, Art. 169 EGV a. F., Rn. 17; Rengeling/Middeke/*Gellermann*, Rechtsschutz, Rn. 88.
[291] Grabitz/Hilf/*Karpenstein*, Art. 169 EGV a. F., Rn. 30.
[292] EuGH, Rs. 247/87, Slg. 1989, S. 291, 301; Rs. 87/89, Slg. 1990, S. 1981, 2008 f.; Rs. 72/90, Slg. 1990, S. 2181, 2185.
[293] EuGH, Rs. 87/89, Slg. 1990, S. 1981, 2009.
[294] Hailbronner/*Hailbronner*, Art. 169 EGV a. F., Rn. 19 ff.; Grabitz/Hilf/*Karpenstein*, Art. 169 EGV a. F., Rn. 33.
[295] Für den Vorgang hat sich in der Praxis der Begriff Mahnschreiben entwickelt.
[296] EuGH, Rs. 142 u. 1334/80, Slg. 1981, 1413, 1432 f.; *Däubler*, NJW 1968, S. 325, 327; Hailbronner/*Hailbronner*, Art. 168 EGV a. F., Rn. 20.

Mahnschreiben gewisse Mindestangaben enthalten muss.[297] Dazu gehört zum einen, dass das Mahnschreiben die Tatsachen mitteilt, in denen die Kommission einen Vertragsverstoß sieht. Das Mahnschreiben muss ferner die Ankündigung enthalten, dass wegen dieser Tatsachen das Vertragsverletzungsverfahren eingeleitet wurde. Außerdem ist der betroffene Staat aufzufordern, sich innerhalb einer bestimmten Frist zu äußern.[298] Eine entsprechende Äußerungspflicht besteht für die Mitgliedstaaten jedoch nicht.[299]

(2) Die begründete Stellungnahme

190   Ist die Kommission, nachdem sie dem Mitgliedstaat durch das Mahnschreiben Gelegenheit zur Äußerung gegeben hat, weiterhin der Auffassung, dass der Staat gegen eine ihm aus dem EG-Vertrag obliegende Verpflichtung verstoßen hat, so gibt sie eine mit Gründen versehene Stellungnahme hierzu ab.[300] Die begründete Stellungnahme muss erkennen lassen, gegen welche Bestimmung des Gemeinschaftsrechts der Mitgliedstaat verstoßen haben soll und auf welche Tatsachen und Überlegungen sich diese Auffassung stützt.[301] Sie darf in tatsächlicher und rechtlicher Hinsicht nicht weiter gehen als das Mahnschreiben.[302] Die begründete Stellungnahme ist mit einer Fristsetzung zu verbinden.[303] Mit der Fristsetzung soll dem Mitgliedstaat eine letzte Gelegenheit gegeben werden, ein gerichtliches Verfahren abzuwenden.[304] Die begründete Stellungnahme enthält keine verbindliche Feststellung der Vertragsverletzung und kann daher nicht gesondert angefochten werden.[305]

(3) Die Klageerhebung

191   Kommt der Mitgliedstaat der begründeten Stellungnahme innerhalb der gesetzten Frist nicht nach, so kann die Kommission den Gerichtshof anrufen.[306] Aus der Formulierung des Art. 226 Abs. 2 EGV (Art. 169 Abs. 2 EGV a. F.) ergibt sich, dass die Klageerhebung im Ermessen der Kommission steht.[307] Eine zeitliche Frist, innerhalb derer die Kommission die Klage zu erheben hat, besteht nicht. Bei zu langem Abwarten kann jedoch der Einwand der Verwirkung des Klagerechts in Betracht kommen.[308] Der Gegenstand der Klage muss mit dem des Vorverfahrens übereinstimmen.[309]

---

[297] Grabitz/Hilf/*Karpenstein*, Art. 169 EGV a. F., Rn. 37; *Krück*, in: Groeben/Thiesing/Ehlermann, Art. 169 EGV a. F., Rn. 16; *Rengeling/Middeke/Gellermann*, Rechtsschutz, Rn. 77.
[298] Die Frist muss angemessen sein; s. dazu Grabitz/Hilf/*Karpenstein*, Art. 169 EGV a. F., Rn. 43; *Rengeling/Middeke/Gellermann*, Rechtsschutz, Rn. 78.
[299] EuGH, Rs. 31/69, Slg. 1970, S. 25, 35.
[300] Vgl. Art. 226 Abs. 1 EGV (Art. 169 Abs. 1 EGV a. F.).
[301] EuGH, Rs. 325/82, Slg. 1984, S. 777, 79; EuGH, Rs. 274/83, Slg. 1985, S. 1077, 1090; *Rengeling/Middeke/Gellermann*, Rechtsschutz, Rn. 83.
[302] EuGH, Rs. 45/64, Slg. 1965, S. 1125, 1137 f.
[303] Vgl. Art. 226 Abs. 2 EGV (Art. 169 Abs. 2 EGV a. F.).
[304] EuGH, Rs. 293/85, Slg. 1988, S. 305, 351 f.; *Krück*, in: Groeben/Thiesing/Ehlermann, Art. 169 EGV a. F., Rn. 32.
[305] EuGH, Rs. 48/65, Slg. 1966, S. 27 ff.; *Bleckmann*, Europarecht, Rn. 519, S. 224; Hailbronner/*Hailbronner*, Art. 169 EGV a. F., Rn. 32; *Rengeling/Middeke/Gellermann*, Rechtsschutz, Rn. 85; *Schweitzer/Hummer*, Europarecht, Rn. 469, S. 144.
[306] Art. 226 Abs. 2 EGV (Art. 169 Abs. 2 EGV a. F.). Wird der Vertragsverstoß vor Ablauf der in der begründeten Stellungnahme gesetzten Frist voll beseitigt, ist das mit dem Vertragsverletzungsverfahren bezweckte Ziel erreicht und die Klage gegenstandslos, *Bleckmann*, Europarecht, Rn. 520, S. 224; Grabitz/Hilf/*Karpenstein*, Art. 169 EGV a. F., Rn. 57.
[307] EuGH, Rs. 87/89, Slg. 1990, S. 1981, 2009; s. dazu auch *Schweitzer/Hummer*, Europarecht, Rn. 470, S. 144, die meinen, dass der Ermessensspielraum sehr restriktiv ausgelegt werden müsse, da andernfalls das grundsätzliche System der Kontrolle durch die Kommission durchbrochen würde.
[308] EuGH, Rs. 7/71, Slg. 1971, 1003, 1017; *Däubler*, NJW 1968, S. 325, 328; Hailbronner/*Hailbronner*, Art. 169 EGV a. F., Rn. 32; *Krück*, in: Groeben/Thiesing/Ehlermann, Art. 169 EGV a. F., Rn. 38.
[309] *Bleckmann*, Europarecht, Rn. 521, S. 224; *Oppermann*, Europarecht, Rn. 633, S. 238; *Rengeling/Middeke/Gellermann*, Rechtsschutz, Rn. 98.

III. Der Europäische Gerichtshof

Bei der von der Kommission zu erhebenden Klage handelt es sich um eine **Feststellungsklage**. Inhalt und Form der Klageschrift richten sich nach den allgemeinen Regeln der EuGH-Satzung und der Verfahrensordnung des EuGH. Für die Erhebung der Klage bedarf es eines Rechtsschutzinteresses. Ein Rechtsschutzinteresse ist jedenfalls dann zu bejahen, wenn die gegen den Mitgliedstaat erhobenen Vorwürfe weder bei Klageerhebung noch im Zeitpunkt der letzten mündlichen Verhandlung voll ausgeräumt waren.[310] Nach der Rechtsprechung des EuGH fehlt ein Rechtsschutzinteresse auch nicht allein deshalb, weil der Mitgliedstaat den gerügten Mangel nach Ablauf der in der begründeten Stellungnahme gesetzten Frist behoben hat.[311] In diesen Fällen besteht das Rechtsschutzinteresse der Kommission an der Fortführung des Verfahrens vor allem in den Fällen weiter, in denen die konkrete Gefahr einer Wiederholung des Vertragsverstoßes besteht.[312] Ob auch die Erleichterung von Schadensersatzprozessen vor den nationalen Gerichten für sich genommen das Rechtsschutzinteresse an der Fortführung der Verfahren zu rechtfertigen vermag, ist umstritten.[313]

192

Im Falle der Verurteilung des Mitgliedstaats stellt der EuGH in seiner Entscheidung die **Nichtvereinbarkeit** des beanstandeten nationalen Aktes mit dem Gemeinschaftsrecht fest, hebt den rechtswidrigen staatlichen Akt also nicht auf.[314] Das Urteil entfaltet Rechtswirkungen nur gegenüber den Parteien.[315]

193

Der verurteilte Mitgliedstaat ist verpflichtet, alle zur wirksamen innerstaatlichen Durchsetzung des Urteils erforderlichen Maßnahmen alsbald zu ergreifen.[316] Die Gemeinschaft hat jedoch keine Möglichkeit, Zwangsvollstreckungsmaßnahmen gegen einen verurteilten Mitgliedstaaten einzuleiten.[317] In rechtlicher Hinsicht blieb der Kommission bisher lediglich die Möglichkeit, gegen den sich nach wie vor vertragswidrig verhaltenden Mitgliedstaat ein erneutes Vertragsverletzungsverfahren, und zwar nunmehr wegen Verletzung des Art. 228 EGV (Art. 171 EGV a. F.), einzuleiten.

194

Mit dem durch den Vertrag über die Europäische Union eingefügten Art. 228 Abs. 2 EGV steht der Kommission nunmehr ein zusätzliches Druckmittel zur Verfügung. Art. 228 Abs. 2 (Art. 171 Abs. 2 EGV a. F.) gibt der Kommission die Möglichkeit, den EuGH anzurufen, wenn der betreffende Mitgliedstaat die sich aus dem Urteil ergebenden Maßnahmen nicht innerhalb einer von der Kommission zuvor gesetzten Frist getroffen hat. Mit der Anrufung des EuGH benennt die Kommission zugleich die Höhe des **Pauschalbetrages oder des Zwangsgeldes,** welches sie den Umständen nach für angemessen hält.[318] Kommt der EuGH zu der Feststellung, dass der verurteilte Mitgliedstaat den Maßnahmen, die sich aus dem Urteil ergeben, nicht nachgekommen ist, so kann er die Zahlung eines Pauschalbetrages oder Zwangsgeldes verhängen.

195

---

[310] EuGH, Rs. 69/77, Slg. 1978, S. 1749, 1756; EuGH, Rs. 39/72, Slg. 1973, S. 101, 112.

[311] EuGH, Rs. 7/61, Slg. 1961, S. 693, 715f.; *Schweitzer/Hummer*, Europarecht, Rn. 470, S. 144.

[312] EuGH, Rs. 26/69, Slg. 1970, S. 565, 577; Grabitz/Hilf/*Karpenstein*, Art. 169 EGV a. F., Rn. 58.

[313] Dafür der EuGH, Rs. 39/72, Slg. 1973, S. 101, 112; Rs. 240/86, Slg. 1988, S. 1835, 1856; Rs. 361/88, Slg. 1991, S. 2567, 2605; Rs. 59/89, Slg. 1991, S. 2607, 2635; zustimmend *Krück*, in: Groeben/Thiesing/Ehlermann, Art. 169 EGV a. F., Rn. 44; Hailbronner/*Hailbronner*, Art. 169 EGV a. F., Rn. 30; Rengeling/Middeke/Gellermann, Rechtsschutz, Rn. 98; ablehnend Grabitz/Hilf/*Karpenstein*, Art. 169 EGV a. F., Rn. 58.

[314] *Bleckmann*, Europarecht, Rn. 522, S. 225; *Oppermann*, Europarecht, Rn. 634, S. 238.

[315] Hailbronner/*Hailbronner*, Art. 171 EGV a. F., Rn. 5.

[316] Vgl. Art. 171 EGV a. F.; zu den Rechtswirkungen des Urteils s. auch *Krück*, in: Groeben/Thiesing/Ehlermann, Art. 171 EGV a. F., Rn. 3 ff.

[317] Grabitz/Hilf/*Karpenstein*, Art. 171 EGV a. F., Rn. 19; *Oppermann*, Europarecht, Rn. 635, S. 238; Rengeling/Middeke/Gellermann, Rechtsschutz, Rn. 112.

[318] Zur Frage, worin sich die beiden Sanktionsmittel unterscheiden, vgl. *Rengeling/Middeke/Gellermann*, Rechtsschutz, Rn. 117; *Teske*, EuR 1992, S. 265, 279.

Die Festsetzung trifft der EuGH nach freiem Ermessen.[319] Da mit dem erneuten Urteil des EuGH zugleich ein Zahlungstitel geschaffen wird, ist das Urteil gem. Art. 244 EGV (Art. 187 EGV a. F.) und Art. 256 (Art. 192 EGV a. F.) in den Mitgliedstaaten vollstreckbar.[320]

b) Die Nichtigkeitsklage gem. Art. 230 EGV (Art. 173 EGV a. F.)

196 Die dem französischen „recours pour excès de pouvoir" nachgebildete Nichtigkeitsklage[321] gem. Art. 230 EGV (Art. 173 EGV a. F.) ermöglicht es den Klageberechtigten, Handlungen des Rates und der Kommission, soweit es sich nicht um Empfehlungen oder Stellungnahmen handelt, einer Rechtmäßigkeitskontrolle durch den Gerichtshof zu unterziehen. Sie stellt damit einen der beiden wichtigsten Beiträge zur Konkretisierung des Art. 230 EGV (Art. 164 EGV a. F.) dar, wonach der Gerichtshof die Wahrung des Gemeinschaftsrechts zu sichern hat.[322] Die Nichtigkeitsklage ist ein eigenständiger Rechtsbehelf, der auf die Aufhebung einer bestimmten Maßnahme gerichtet ist. Einer vorherigen Ausschöpfung des innerstaatlichen Rechtswegs bedarf es nicht.[323] Art. 230 EGV (Art. 173 EGV a. F.) unterscheidet zwischen der Nichtigkeitsklage der Gemeinschaftsorgane und der Mitgliedstaaten einerseits und der Nichtigkeitsklage von Individuen andererseits.

aa) Die Nichtigkeitsklage der Gemeinschaftsorgane und der Mitgliedstaaten

197 Gem. Art. 230 Abs. 1 EGV (Art. 173 Abs. 1 EGV a. F.) können die Mitgliedstaaten, der Rat und die Kommission die Nichtigkeitsklage erheben. Anders als für die Nichtigkeitsklage von Individuen gem. Art. 230 Abs. 2 EGV (Art. 173 Abs. 2 EGV a. F.) kommt es für die Zulässigkeit der Nichtigkeitsklage nach Art. 230 Abs. 1 EGV (Art. 173 Abs. 1 EGV) a. F. nicht darauf an, ob die Rechte oder Interessen des klagenden Mitgliedstaats oder des klagenden Gemeinschaftsorgans verletzt sind. Für die Klageerhebung bedarf es auch keines besonderen Rechtsschutzinteresses.[324]

198 Bis zur Neufassung des EG-Vertrages war das **Europäische Parlament** dem Wortlaut nach nicht als klageberechtigtes Gemeinschaftsorgan in Art. 173 Abs. 1 a. F. aufgeführt. Über die Frage, ob das Europäische Parlament gleichwohl zu den privilegierten Klageberechtigten zu zählen war, bestand Streit.[325] In seinem „Komitologie"-Urteil vom

---

[319] Zur Schwierigkeit, einen einheitlichen Bemessungsmaßstab für die Festsetzung des Zwangsgeldes zu bestimmen, s. *Middeke/Szczekalla*, JZ 1993, S. 284, 287 ff.; *Schwarze*, NJW 1992, S. 1065, 1075.

[320] *Gündisch*, Rechtsschutz, S. 76; *Middeke/Szczekalla*, JZ 1993, S. 284, 288; *Rengeling/Middeke/Gellermann*, Rechtsschutz, Rn. 118; a. A. *Karl*, RIW 1992, S. 440; *Teske*, EuR 1992, S. 265, 279.

[321] Gelegentlich auch Anfechtungsklage oder Aufhebungsklage genannt. Zur Nichtigkeitsklage s. u. a. auch *Drewes*, Entstehen; *Gündisch*, Rechtsschutz, S. 77 ff.; *Haedrich*, EAS B 1300, Rn. 40 ff.; *Krück* in: Groeben/Thiesing/Ehlermann, Art. 173 und 174 EGV a. F.; *Hailbronner/Hailbronner*, Art. 173 und 174 EGV a. F.; *Rengeling/Middeke/Gellermann*, Rechtsschutz, Rn. 62 ff.; *Sedemund/Heinemann*, DB 1995, S. 713 ff.; Grabitz/Hilf/*Wenig*, Art. 173 und 174 EGV a. F.

[322] *Krück*, in: Groeben/Thiesing/Ehlermann, Art. 173 EGV a. F., Rn. 1.

[323] Zum Verhältnis der Nichtigkeitsklage zu anderen Klagearten s. EuGH, verb. Rs. 197–200, 243, 245 und 247/80, Slg. 1981, S. 3211, 3243; EuGH, Rs. 92/78, Slg. 1979, 777, 797 f; *Rengeling/Middeke/Gellermann*, Rechtsschutz, Rn. 126; Grabitz/Hilf/*Wenig*, Art. 173 EGV a. F., Rn. 1.

[324] EuGH, Rs. 45/86, Slg. 1987, S. 1493, 1518; EuGH, Rs. 131/86, Slg. 1988, S. 905, 927; *Oppermann*, Europarecht, Rn. 637, S. 239 f.; *Rengeling/Middeke/Gellermann*, Rechtsschutz, Rn. 177.

[325] Zu den unterschiedlichen Auffassungen im Schrifttum s. u. a. *Faber*, DVBl. 1990, S. 1095, 1099 f.; *Hilf*, EuR 1990, S. 273 278 ff.; Grabitz/Hilf/*Wenig*, Art. 173 EGV a. F., Rn. 3; *Krück*, in: Groeben/Thiesing/Ehlermann, Art. 173 EGV a. F., Rn. 22 ff.; s. zum Ganzen auch *Wank*, FS für Stahlhacke, 1995, S. 633 ff.

III. Der Europäische Gerichtshof

27. 9. 1988[326] hatte der EuGH eine vom Europäischen Parlament erhobene Nichtigkeitsklage noch als unzulässig abgewiesen. In seiner Entscheidung vom 22. 5. 1990[327] ist der EuGH dann jedoch von seiner Rechtsprechung teilweise abgerückt und hat dem Europäischen Parlament insoweit das Recht zugesprochen, eine Nichtigkeitsklage zu erheben, als die Klage auf den Schutz seiner Befugnisse gerichtet ist und sich nur auf Klagegründe stützt, mit denen die Verletzung dieser Befugnisse geltend gemacht wird. Der EuGH hat seine Entscheidung u. a. damit begründet, dass die verschiedenen im Vertrag vorgesehenen Rechtsbehelfe nicht ausreichend seien, um die gerichtliche Überprüfung einer Handlung des Rates oder der Kommission, die die Befugnisse des Parlaments missachtet, unter allen Umständen zu gewährleisten. Die Wahrung des institutionellen Gleichgewichts gebiete es jedoch, dass jedes Organ seine Befugnisse unter Beachtung der Befugnisse der anderen Organe ausübt. Die Wahrung des institutionellen Gleichgewichts verlange daher, dass eventuelle Verstöße gegen diesen Grundsatz geahndet werden können. Mit der Verabschiedung des „Maastrichter Vertrages" wurde dieser Rechtsprechung Rechnung getragen, indem dem Europäischen Parlament ausdrücklich eine Klagebefugnis zur Wahrung seiner Rechte in Art. 230 Abs. 3 EGV (Art. 173 Abs. 3 EGV a. F.) zuerkannt wurde. Zugleich wurde der Europäischen Zentralbank die Klagebefugnis zuerkannt.

Nach den Römischen Verträgen konnte **Beklagter** der Nichtigkeitsklage nur der **Rat oder die Kommission** sein. Der EuGH erklärte über den Wortlaut des Art. 230 EGV (Art. 173 EGV a. F.) hinaus jedoch auch Handlungen des **Europäischen Parlaments,** die Rechtswirkungen gegenüber Dritten entfalten, für mit der Nichtigkeitsklage angreifbar.[328] Begründet wurde die Ausweitung der Passivlegitimation mit einer Lücke im Rechtssystem des Vertrages, die dem Geist des Vertrages, wie er in Art. 220 EGV (Art. 164 EGV a. F.) Ausdruck gefunden habe, widerspreche. Entstanden sei die Lücke dadurch, dass das Europäische Parlament bei In-Kraft-Treten des Vertrages nur Beratungs- und Kontrollbefugnisse besaß. Zwischenzeitlich seien dem Europäischen Parlament jedoch weitergehende Befugnisse eingeräumt worden. Eine entsprechende Kontrolle des **„Handelns"** des Europäischen Parlaments müsse daher gewährleistet sein.[329] Nach der Neufassung des EG-Vertrages ist das Europäische Parlament nunmehr ausdrücklich als Klagegegner in Art. 230 Abs. 1 EGV (Art. 173 Abs. 1 EGV a. F.) genannt.

Anfechtbares „Handeln" des Rates, der Kommission oder des Parlaments i. S. von Art. 230 EGV (Art. 173 EGV a. F.) ist jede Maßnahme, die dazu bestimmt ist, Rechtswirkungen nach außen zu erzeugen, und zwar ohne Unterschied ihrer Rechtsnatur oder Form.[330] Die Nichtigkeitsklage beschränkt sich somit nicht auf die in Art. 249 EGV (Art. 189 EGV a. F.) genannten Handlungen (Verordnungen, Richtlinien und Entscheidungen). Mangels Verbindlichkeit von der Nichtigkeitsklage ausgeschlossen sind Empfehlungen oder Stellungnahmen.[331]

Nach Art. 230 EGV (Art. 173 EGV a. F.) kann sich die Nichtigkeitsklage nur auf die in Abs. 1 aufgeführten vier Klagegründe stützen. Zu den Anfechtungsgründen gehört zum einen die **Unzuständigkeit.** Unzuständigkeit i. S. des Art. 230 Abs. 1 EGV (Art. 173 Abs. 1 EGV a. F.) liegt vor, wenn dem handelnden Organ die Befugnis fehlt, den betreffenden Gemeinschaftsakt zu erlassen.[332] Die Unzuständigkeit kann sich dabei unter

---

[326] EuGH, Rs. 302/87, Slg. 1988, S. 5615.
[327] EuGH, Rs. 70/88, NJW 1990, S. 1899.
[328] EuGH, Rs. 294/83, Slg. 1986, 1339 ff.; EuGH, Rs. 34/86, Slg. 1986, S. 2155.
[329] EuGH, Rs. 294/83, Slg. 1986, 1339, 1365 f.
[330] EuGH, Rs. 22/70, Slg. 1971, S. 263, 277; verb. Rs. 213/88 und 39/89, Slg. 1991, S. 5643, 5696; s. dazu auch *Rengeling/Middeke/Gellermann*, Rechtsschutz, Rn. 140.
[331] Vgl. Art. 230 Abs. 1 EGV (Art. 173 Abs. 1 EGV a. F.).
[332] *Bleckmann*, Europarecht, Rn. 554, S. 235; *Rengeling/Middeke/Gellermann*, Rechtsschutz, Rn. 184.

vier Aspekten ergeben,[333] nämlich der äußeren,[334] der inneren,[335] der räumlichen[336] sowie der sachlichen Unzuständigkeit.[337]

202 Der zweite Nichtigkeitsgrund i. S. des Art. 230 Abs. 1 EGV (Art. 173 Abs. 1 EGV a. F.) ist die **Verletzung wesentlicher Formvorschriften**. Die verletzte Formvorschrift muss sich aus dem Vertrag, dem sekundären Gemeinschaftsrecht oder den allgemeinen Rechtsgrundsätzen ergeben.[338] Eine Formvorschrift ist „wesentlich", wenn ihre Verletzung den Inhalt der Rechtshandlung beeinflusst haben könnte oder es sich um eine Formvorschrift handelt, die zum Schutz des Betroffenen ergangen ist.[339]

203 Zu den weiteren Klagegründen zählt der **Ermessensmissbrauch**.[340] Der Begriff des Ermessensmissbrauchs ist nach der Rechtsprechung des EuGH auf Fälle zu beschränken, in denen auf Grund objektiver, schlüssiger und übereinstimmender Indizien anzunehmen ist, dass die Handlung zu anderen als den in ihr angegebenen Zwecken vorgenommen wurde.[341] Ist der Rechtsakt auf objektive Erwägungen gestützt, scheitert der Klagegrund des Ermessensmissbrauchs.[342] In Betracht kommen kann jedoch noch der Klagegrund der Rechtsverletzung.

204 Der Klagegrund der **Verletzung des Vertrages** oder einer bei seiner Durchführung anzuwendenden Rechtsnorm stellt eine Art Auffangtatbestand für alle Rechtsverstöße dar, die nicht von einem der drei anderen Klagegründe erfasst werden.[343] Unter diesen Tatbestand fallen alle Normen des europäischen Gemeinschaftsrechts, die für die Gemeinschaftsorgane bindendes Recht darstellen, einschließlich der allgemeinen Rechtsprinzipien und der von der Europäischen Gemeinschaft geschlossenen Völkerrechtsverträge.[344]

205 Die Nichtigkeitsklage ist **binnen zwei Monaten** zu erheben. Diese Frist soll der Wahrung der Rechtssicherheit dienen, indem sie verhindert, dass die Rechtswirkungen entfaltenden Gemeinschaftshandlungen wieder und wieder in Frage gestellt werden.[345] Die Frist beginnt je nach Lage des Falles von der Bekanntgabe der betreffenden Handlung, ihrer Mitteilung an den Kläger oder in Ermangelung dessen von dem Zeitpunkt an zu laufen, zu dem der Kläger von dieser Handlung Kenntnis erlangt hat.[346]

206 Ist die Nichtigkeitsklage begründet, so erklärt der Gerichtshof die angefochtene Handlung für nichtig.[347] Die **Nichtigerklärung** wirkt ex tunc, d. h. dass die rechtswidrige

---

[333] S. Grabitz/Hilf/*Wenig*, Art. 173 EGV a. F., Rn. 21 ff.

[334] Sie liegt vor, wenn die Regelungsmaterie nicht in den Zuständigkeitsbereich der Gemeinschaft fällt.

[335] Eine innere Unzuständigkeit ist anzunehmen, wenn ein Organ im Zuständigkeitsbereich eines anderen Organs tätig wird.

[336] Räumliche Unzuständigkeit ist gegeben, wenn das Handeln des Organs sich auf das Gebiet außerhalb der Gemeinschaft auswirkt.

[337] Bei der sachlichen Unzuständigkeit stand das benutzte Mittel dem handelnden Organ nicht zur Verfügung.

[338] EuGH, Rs. 138/79, Slg. 1980, S. 3333, 3360.

[339] EuGH, Rs. 30/78, Slg. 1980, S. 2229, 2264 f.; Rs. 117/81, Slg. 1983, S. 2191, 2207; *Bleckmann*, Europarecht, Rn. 552, S. 234 f.; *Rengeling/Middeke/Gellermann*, Rechtsschutz, Rn. 187; Grabitz/Hilf/*Wenig*, Art. 173 EGV a. F., Rn. 27.

[340] Zum Ermessensmissbrauch im europäischen Gemeinschaftsrecht s. auch *Bleckmann*, FS für Kutscher, 1981, S. 25 ff.

[341] EuGH, Rs. 68/83, Slg. 1984, S. 2447, 2465.

[342] EuGH, Rs. 266/82, Slg. 1984, S. 1, 13.

[343] *Krück*, in: Groeben/Thiesing/Ehlermann, Art. 173 EGV a. F., Rn. 89; *Schweitzer/Hummer*, Europarecht, Rn. 486, S. 148.

[344] *Bleckmann*, Europarecht, Rn. 549, S. 234.

[345] EuGH, Rs. 156/77, Slg. 1978, S. 1881, 1896.

[346] Zu den Einzelheiten der Fristberechung s. *Rengeling/Middeke/Gellermann*, Rechtsschutz, Rn. 172 ff.; Grabitz/Hilf/*Wenig*, Art. 173 EGV a. F., Rn. 63 ff.

[347] Art. 231 Abs. 1 EGV (Art. 174 Abs. 1 EGV a. F.).

Handlung als von Anfang an nicht existent anzusehen ist.[348] Bei Rechtsakten mit allgemeiner Geltung, wie Verordnungen und Richtlinien, bindet das Urteil nicht nur die Prozessparteien, sondern entfaltet allgemeine Bindungskraft, es wirkt „erga omnes".[349] Bei Rechtsakten ohne allgemeine Wirkung, wie z. B. Entscheidungen, beschränkt sich der Nichtigkeitsausspruch dagegen auf die Beziehungen zwischen den Parteien, es wirkt also nur „inter partes".[350]

Gründe der Rechtssicherheit, des Vertrauensschutzes oder der Achtung wohlerworbener Rechte Dritter können es gebieten, die **Rückwirkung** der Nichtigerklärung einer Verordnung zu **beschränken**. Von diesem Grundgedanken ausgehend, räumt Art. 231 Abs. 2 EGV (Art. 174 Abs. 2 EGV a. F.) dem Gerichtshof das Recht ein, falls er es für notwendig hält, in seinem Urteil diejenigen Wirkungen der Verordnung zu bezeichnen, die als fortgeltend zu betrachten sind. Der EuGH hat Art. 231 Abs. 2 EGV (Art. 174 Abs. 2 EGV a. F.) weit ausgelegt. Das Recht, die Wirkungen des Nichtigkeitsurteils zu bestimmen, gilt nach der Rechtsprechung des EuGH nicht nur für die Zeit zwischen dem Erlass der nichtigen Verordnung und dem Urteil, sondern darüber hinaus auch für die Zeit nach dem Urteil.[351]

Der EuGH hat Art. 231 Abs. 2 EGV (Art. 174 Abs. 2 EGV a. F.) aus Gründen der Rechtssicherheit auch auf Ungültigkeitserklärungen von Verordnungen im Rahmen von Vorabentscheidungsverfahren nach Art. 234 EGV[352] (Art. 177 EGV a. F.) angewandt. Die analoge Anwendung sei angesichts der notwendigen Kohärenz zwischen der Vorlage zur Vorabentscheidung nach Art. 234 EGV (Art. 177 EGV a. F.) und der Nichtigkeitsklage im Interesse der in der ganzen Gemeinschaft einheitlichen Anwendung des Gemeinschaftsrechts geboten.[353]

bb) Die Nichtigkeitsklage von Individuen

Nach Art. 230 Abs. 4 EGV (Art. 173 Abs. 4 a. F.) kann jede natürliche oder juristische Person unter den Voraussetzungen des Art. 230 Abs. 1 und 3 EGV (Art. 173 Abs. 1 und 3 EGV a. F.) gegen die an sie ergangenen Entscheidungen sowie gegen diejenigen Entscheidungen Klage erheben, die, obwohl sie als Verordnung oder als an eine andere Person gerichtete Entscheidung ergangen sind, sie unmittelbar und individuell betreffen. Art. 230 Abs. 4 EGV (Art. 173 Abs. 4 EGV a. F.) regelt damit die Klagebefugnis der nicht nach Abs. 1 privilegierten Personen.

Der Akt, gegen den sich die Nichtigkeitsklage richtet, braucht keine „Entscheidung" im rechtstechnischen Sinne zu sein. Gegenstand der Nichtigkeitsklage natürlicher und juristischer Personen kann vielmehr jede Handlung sein, die dazu bestimmt ist, Rechtswirkungen zu erzeugen.[354] Seine gegenteilige frühere Auffassung[355] hat der EuGH aufgegeben. Entscheidend für die Klagebefugnis ist somit, ob die Maßnahme **den Kläger unmittelbar und individuell betrifft**. Soweit die Maßnahme an den Kläger gerichtet ist, ist dieses „Betroffensein" unproblematisch.[356] Ob eine Maßnahme den Kläger unmittelbar und individuell betrifft, bedarf jedoch dann stets einer näheren Prüfung, wenn die Maßnahme an eine andere Person als den Kläger gerichtet ist oder wenn die Maßnahme an keine Person gerichtet ist, aber dennoch unmittelbare Auswirkungen auf den Kläger hat.

---

[348] EuGH, Rs. 22/70, Slg. 11971, S. 263, 279; Rs. 21/86, Slg. 1987, S. 795, 806 f.
[349] *Krück,* in: Groeben/Thiesing/Ehlermann, Art. 174 EGV a. F., Rn. 4; *Rengeling/Middeke/Gellermann,* Rechtsschutz, Rn. 194; Grabitz/Hilf/*Wenig,* Art. 174 EGV a. F., Rn. 5.
[350] *Krück,* in: Groeben/Thiesing/Ehlermann, Art. 174 EGV a. F., Rn. 4; Hailbronner/*Hailbronner,* Art. 174 EGV a. F., Rn. 2.
[351] EuGH, Rs. 81/72, Slg. 1973, S. 575, 586; EuGH, Rs. 59/81, Slg. 1982, S. 3329, 3359.
[352] S. dazu unten Rn. 223 ff.
[353] EuGH, Rs. 145/79, Slg. 1980, S. 2917, 2946.
[354] EuGH, Rs. 789 und 790/79, Slg. 1980, S. 1949, 1961; s. auch *Cremer,* EuZW 2001, S. 453.
[355] EuGH, verb. Rs. 16 und 17/62, Slg. 1962, S. 961, 978.
[356] EuGH, Rs. 193 und 194/87, Slg. 1989, S. 1045, 1078.

211 Das „unmittelbare Betroffensein" **hängt vom Rechtscharakter** der Maßnahme sowie von ihrer Rechtswirkung **ab.**[357] Handelt es sich um eine allgemein gültige Rechtsnorm, so ist ein unmittelbares Betroffensein nur dann zu bejahen, wenn sich die Rechtsnorm ohne weitere Vollzugsakte auf die rechtlich geschützten Interessen des Klägers auswirkt.[358] Bedarf es zum Wirksamwerden der gemeinschaftsrechtlichen Maßnahme noch einer Ermessensentscheidung des Mitgliedstaates, so können Dritte von ihr nicht unmittelbar betroffen sein.[359]

212 Individuell wird der Kläger von einer nicht an ihn adressierten Maßnahme nur dann betroffen, wenn sie ihn wegen bestimmter persönlicher Eigenschaften oder besonderer, ihn aus den Kreis aller übrigen Personen heraushebender Umstände berührt und ihn daher in ähnlicher Weise individualisiert wie den Adressaten einer Entscheidung.[360] Individuell betroffen sind z.B. Personen, deren Identität und Zahl vor dem Erlass der Maßnahme feststand oder feststellbar war.[361]

c) Die Untätigkeitsklage gem. Art. 232 EGV (Art. 175 EGV a.F.)

213 Die Untätigkeitsklage nach Art. 232 EGV (175 EGV a.F.) ergänzt die in Art. 230 EGV (Art. 173 EGV a.F.) vorgesehene Nichtigkeitsklage, indem sie den Betroffenen das Recht gewährt, gegen die Kommission oder den Rat gerichtlich vorzugehen, wenn diese es in Verletzung des EG-Vertrages unterlassen haben, einen Beschluss zu fassen, zu dessen Erlass sie rechtlich verpflichtet sind.[362] Bei der Untätigkeitsklage handelt es sich nach einhelliger Auffassung um eine auf die Feststellung der Vertragsverletzung gerichtete **Feststellungsklage.**[363] Im Verhältnis zu der als Gestaltungsklage konzipierten Nichtigkeitsklage nach Art. 230 EGV (Art. 173 EGV a.F.) ist die Untätigkeitsklage subsidiär.[364] Dementsprechend ist die Untätigkeitsklage unzulässig, wenn das Organ, dem die Untätigkeit zur Last gelegt wird, einen mit der Nichtigkeitsklage angreifbaren Rechtsakt, insbesondere in Form eines einen Antrag ablehnenden Beschlusses, erlassen hat.[365] Wie Art. 230 EGV (Art. 173 EGV a.F.) unterscheidet auch Art. 232 EGV (Art. 175 EGV a.F.) zwischen der Untätigkeitsklage von Mitgliedstaaten oder Gemeinschaftsorganen einerseits und der Untätigkeitsklage von Individuen andererseits.

aa) Die Untätigkeitsklage der Gemeinschaftsorgane und der Mitgliedstaaten

214 Klageberechtigt sind gem. Art. 232 Abs. 1 EGV (Art. 175 Abs. 1 EGV a.F.) zunächst die Mitgliedstaaten sowie die anderen Organe der Gemeinschaft. Trotz des miss-

---

[357] EuGH, Rs. 307/81, Slg. 1982, S. 3463, 3471; *Rengeling/Middeke/Gellermann,* Rechtsschutz, Rn. 167; zu möglichen Rechtsschutzlücken *Gundel,* Verwaltungsarchiv 2001, S. 81.
[358] EuGH, Rs. 10 und 18/68, Slg. 1969, S. 459, 482f.
[359] EuGH, Rs. 222/83, Slg. 1984, S. 2889, 2896.
[360] EuGH, Rs. 25/62, Slg. 1963, S. 213, 238; EuGH, Rs. 11/82, Slg. 1985, S. 207, 242; EuGH, EuZW 2001, S. 19; *Rengeling/Middeke/Gellermann,* Rechtsschutz, Rn. 162; kritisch dazu *von Danwitz,* NJW 1993, S. 1108, 1150.
[361] EuGH, Rs. 106 und 107/63, Slg. 1965, 548, 556; EuGH, Rs. 100/74, Slg. 1975, S. 1393, 1403.
[362] Zur Untätigkeitsklage s. u.a. auch *Gündisch,* Rechtsschutz, S. 87f.; *Haedrich,* EAS B 1300, Rn. 57ff.; *Krück,* in: Groeben/Thiesing/Ehlermann, Art. 175 EGV a.F., Rn. 1ff.; Hailbronner/ *Hailbronner,* Art. 175 EGV a.F., Rn. 1ff.; *Rengeling/Middeke/Gellermann,* Rechtsschutz, Rn. 62ff.; Grabitz/ *Wohlfahrt,* Art. 175 EGV a.F., Rn. 1ff.
[363] Hailbronner/*Hailbronner,* Art. 175 EGV a.F., Rn. 1; *Krück,* in: Groeben/Thiesing/Ehlermann, Art. 175 EGV a.F., Rn. 2; *Rengeling/Middeke/Gellermann,* Rechtsschutz, Rn. 200; Grabitz/Hilf/ *Wohlfahrt,* Art. 175 EGV a.F., Rn. 2.
[364] EuGH, Rs. 42/71, Slg. 1972, S. 105, 110; EuGH, Rs. 48/65, Slg. 1965, S. 27, 40; *Rengeling/ Middeke/Gellermann,* Rechtsschutz, Rn. 201.
[365] *Bleckmann,* Europarecht, Rn. 595, S. 248f.

III. Der Europäische Gerichtshof

verständlichen Wortlauts besteht Einigkeit darüber, dass auch der Rat gegen die Kommission und diese gegen den Rat Untätigkeitsklage erheben kann.[366] Der EuGH hat in seiner Entscheidung vom 22. 2. 1985[367] die Befugnis zur Erhebung der Untätigkeitsklage auch dem Europäischen Parlament zugestanden und dies mit dem Wortlaut des Art. 232 EGV (Art. 175 Abs. 1 EGV a. F.) sowie der von Art. 4 EGV a. F. gewollten institutionellen Stellung aller Organe begründet.[368] Da es Aufgabe des Gerichtshofs ist, Rechtsschutz zu gewähren, nicht aber selbst Rechtsschutz zu begehren, gehört der Gerichtshof trotz seiner Organstellung nicht zu den klageberechtigten Organen i. S. des Art. 234 EGV (Art. 175 Abs. 1 EGV a. F.).[369] Die den Mitgliedstaaten und anderen Organen eingeräumte Klagebefugnis hängt, wie ein Vergleich mit Art. 232 Abs. 3 EGV (Art. 175 Abs. 3 EGV a. F.) zeigt, nicht vom Nachweis eines besonderen Rechtsschutzinteresses ab.

Nach dem ursprünglichen Wortlaut des Art. 175 Abs. 1 EGV a. F. konnten Beklagte nur die Kommission und der Rat sein. Ob darüber hinaus **auch das Europäische Parlament** wegen pflichtwidriger Untätigkeit verklagt werden konnte, war bis zur Vertragsrevision durch den Unionsvertrag von Maastricht problematisch. Im Schrifttum wurde die Ansicht vertreten, dass es aus denselben Erwägungen, mit denen die Passivlegitimation des Europäischen Parlaments bei der Nichtigkeitsklage begründet worden ist,[370] auch möglich sein muss, Untätigkeitsklage gegen das Europäische Parlament zu erheben, wenn es pflichtwidrig eine Handlung unterlässt, die, wenn sie ergangen wäre, Rechtswirkungen gegenüber Dritten entfaltet hätte.[371] Im Zuge der Neufassung des EG-Vertrages durch den Maastrichter Vertrag wurde in Art. 175 Abs. 1 a. F. (Art. 232 Abs. 1 EGV n. F.) auch das Europäische Parlament als Klagegegner aufgenommen, so dass sich nunmehr auch die anderen Organe und die Mitgliedstaaten gegen Unterlassungen des Europäischen Parlaments wenden können. Ebenfalls verklagt werden kann gem. Art. 232 Abs. 4 EGV (175 Abs. 4 EGV a. F.) die neu errichtete Europäische Zentralbank.

Die Untätigkeit muss in dem Unterlassen eines „Beschlusses" liegen. Wie die französische Fassung[372] zeigt, sind unter dem Begriff „Beschluss" nicht nur die in Art. 249 EGV (Art. 189 EGV a. F.) aufgeführten Rechtsakte zu verstehen.[373] Unter den Begriff **„Beschluss"** fallen vielmehr alle Maßnahmen, deren Tragweite sich hinreichend bestimmen lässt, so dass sie konkretisiert werden und Gegenstand eines Vollzugs i. S. von Art. 232 EGV (Art. 176 EGV a. F.) sein können.[374]

Nach Art. 232 Abs. 2 EGV (Art. 175 Abs. 2 EGV a. F.) setzt die Zulässigkeit der Untätigkeitsklage voraus, dass das in Frage stehende Organ zuvor aufgefordert worden ist, tätig zu werden. Damit soll dem betreffenden Organ bewusst gemacht werden, dass sein Verhalten vom möglichen Kläger als vertragswidrig angesehen wird; es soll ihm die Möglichkeit eingeräumt werden, eine Untätigkeitsklage durch entsprechendes Tätigwerden abzuwenden.[375]

---

[366] *Krück*, in: Groeben/Thiesing/Ehlermann, Art. 175 EGV a. F., Rn. 5; *Rengeling/Middeke/Gellermann*, Rechtsschutz, Rn. 207.
[367] EuGH, Rs. 13/83, Slg. 1985, S. 1513.
[368] EuGH, Rs. 13/83, Slg. 1985, S. 1513, 1587 ff.
[369] *Oppermann*, Europarecht, Rn. 643, S. 242; *Rengeling/Middeke/Gellermann*, Rechtsschutz, Rn. 162; Grabitz/Hilf/*Wohlfahrt*, Art. 175 EGV a. F., Rn. 6.
[370] S. oben Rn. 198.
[371] Hailbronnner/*Hailbronner*, Art. 175 EGV a. F., Rn. 3; *Krück*, in: Groeben/Thiesing/Ehlermann, Art. 175 EGV a. F., Rn. 9; Grabitz/Hilf/*Wohlfahrt*, Art. 175 EGV a. F., Rn. 9.
[372] S'abstient de statuer.
[373] *Bleckmann*, Europarecht, Rn. 596, S. 249.
[374] EuGH, Rs. 13/83, Slg. 1985, S. 1556, 1592 f.; Rs. 13/83, Slg. 1985, S. 1513; *Krück*, in: Groeben/Thiesing/Ehlermann, Art. 175 EGV a. F., Rn. 11 f.; Grabitz/Hilf/*Wohlfahrt*, Art. 175 EGV a. F., Rn. 13.
[375] *Krück*, in: Groeben/Thiesing/Ehlermann, Art. 175 EGV a. F. Rn. 18.

Inhaltlich muss das **Aufforderungsschreiben** deutlich zum Ausdruck bringen, welche Maßnahmen das betreffende Organ ergreifen soll.[376]

218   Hat das betreffende Organ nicht innerhalb von zwei Monaten nach der Aufforderung Stellung genommen, so kann die Klage innerhalb einer weiteren Frist von zwei Monaten erhoben werden.[377] Eine **Stellungnahme** i. S. des Art. 232 Abs. 2 Satz 2 EGV (Art. 175 Abs. 2 Satz 2 EGV a. F.) liegt nur vor, wenn das betreffende Organ eindeutig einen Standpunkt oder eine Position zu der gerügten Untätigkeit bezieht.[378] Nicht ausreichend für eine Stellungnahme i. S. von Art. 232 Abs. 2 EGV (Art. 175 Abs. 2 EGV a. F.) sind Antworten, mit denen eine behauptete Untätigkeit weder bestritten noch zugegeben wird und die auch nicht erkennen lassen, welche Haltung das aufgeforderte Organ zu den Maßnahmen einnimmt.[379] Unzureichend ist insbesondere die bloße Ankündigung, dass der Antrag geprüft werde.[380] Dagegen ist es für die Stellungnahme nicht erforderlich, dass das aufgeforderte Organ die beantragte Maßnahme bereits innerhalb dieses Zeitraums ergreift. Es genügt vielmehr, wenn sich das Organ bindend festlegt, die Maßnahme innerhalb einer angemessenen Frist zu ergreifen.[381]

219   Erlässt das aufgeforderte Organ den gewünschten Akt **innerhalb von zwei Monaten,** ist die Untätigkeitsklage gegenstandslos und damit unzulässig.[382] Lehnt das aufgeforderte Organ es binnen zwei Monaten nach der Aufforderung ab, die von ihm verlangte Rechtshandlung zu ergreifen, ist die Untätigkeitsklage unter dem Grundsatz der Subsidiarität unzulässig, wenn gegen die ablehnende Entscheidung die Nichtigkeitsklage nach Art. 230 EGV (Art. 173 EGV a. F.) zulässig ist.[383]

220   Begründet ist die Untätigkeitsklage, wenn das aufgeforderte Organ einer sich aus dem Vertrag ergebenden **Handlungspflicht** nicht fristgemäß nachgekommen ist. Wie bei der Nichtigkeitsklage können sich Handlungspflichten aus dem Vertrag nicht nur aus Normen des EG-Vertrages selbst, sondern aus allen Normen des europäischen Gemeinschaftsrechts ergeben, die für die Organe bindendes Recht darstellen.[384] Soweit für die Handlungspflichten keine positivrechtlichen Fristen existieren, ist darauf abzustellen, welcher Zeitraum als angemessen anzusehen ist, um den Vorwurf einer rechtswidrigen Untätigkeit zu begründen.[385]

221   Ist die Untätigkeitsklage begründet, so stellt der Gerichtshof fest, dass das beklagte Organ verpflichtet gewesen wäre, im konkreten Fall tätig zu werden. Der Gerichtshof ist dagegen nicht befugt, die unterbliebene Maßnahme selbst vorzunehmen. Aus Art. 232 EGV (Art. 176 EGV a. F.) ergibt sich vielmehr die Pflicht, die zur Beendigung der Untätigkeit erforderlichen Maßnahmen zu ergreifen. Eine Frist zur Handlung wird von Art. 232 EGV (Art. 176 EGV a. F.) nicht vorgegeben. Es ist daher davon auszugehen, dass das verurteilte Organ über einen angemessenen Zeitraum verfügt.[386]

bb) Die Untätigkeitsklage von Individuen

222   Nach Art. 232 Abs. 3 EGV (Art. 175 Abs. 3 EGV a. F.) kann jede natürliche oder juristische Person nach Maßgabe der Absätze 1 und 2 vor dem Gerichtshof Beschwerde da-

---

[376] EuGH, Rs. 84/82, Slg. 1984, S. 1451, 1491; zu den weiteren Anforderungen an das Aufforderungsschreiben s. *Rengeling/Middeke/Gellermann*, Rechtsschutz, Rn. 226.
[377] Art. 232 Abs. 2 Satz 2 EGV (Art. 175 Abs. 2 Satz 2 EGV a. F.).
[378] GA *Lenz*, Rs. 13/83, Slg. 1985, S. 1513, 1528; *Rengeling/Middeke/Gellermann*, Rechtsschutz, Rn. 228.
[379] Grabitz/Hilf/*Wohlfahrt*, Art. 175 EGV a. F., Rn. 9.
[380] EuGH, Rs. 36/64, Slg. 1965, S. 447, 461.
[381] EuGH, Rs. 13/83, Slg. 1985, S. 1513, 1556.
[382] EuGH, Rs. 125/78, Slg. 1979, S. 3173, 3190.
[383] S. oben Rn. 196.
[384] *Bleckmann*, Europarecht, Rn. 597, S. 249; *Rengeling/Middeke/Gellermann*, Rechtsschutz, Rn. 236.
[385] Grabitz/Hilf/*Wohlfahrt*, Art. 175 EGV a. F., Rn. 45; *Rengeling/Middeke/Gellermann*, Rechtsschutz, Rn. 238).
[386] EuGH, Rs. 13/83, Slg. 1985, S. 1513, 1596.

III. Der Europäische Gerichtshof

rüber führen, dass ein Organ der Gemeinschaft es unterlassen hat, einen anderen Akt als eine Empfehlung oder Stellungnahme an sie zu richten. Von der Untätigkeitsklage ausgeschlossen werden damit zum einen Empfehlungen und Stellungnahmen i. S. von Art. 249 Abs. 5 EGV (Art. 189 Abs. 5 EGV a. F.). Ausgeschlossen sind ferner auch alle sonstigen nicht verbindlichen Akte.[387] Aus der Formulierung „einen Akt an sie zu richten" folgt, dass Gegenstand einer Untätigkeitsklage nur **Rechtsakte** sein können, die ihrer Form oder ihrer Rechtsnatur nach **an einzelne** gerichtet werden können.[388] Als Gegenstand der Untätigkeitsklage Privater scheiden damit neben den Empfehlungen und Stellungnahmen auch Verordnungen mit allgemeiner Geltung aus.[389] Umstritten ist, ob Private mit der Untätigkeitsklage auch Beschwerde darüber führen können, dass das betreffende Organ es unterlassen hat, gegenüber einem Dritten eine Maßnahme zu treffen, die den Kläger aber unmittelbar und individuell betroffen hätte. Zum Teil wird diese Frage wegen der Parallelität zwischen Nichtigkeitsklage und Untätigkeitsklage bejaht.[390] Dieser Rechtsauffassung steht jedoch der klare Wortlaut des Art. 232 Abs. 3 EGV (Art. 175 Abs. 3 EGV a. F.) entgegen. Dieser zeigt, dass der Klagebefugnis bei der Untätigkeitsklage bewusst engere Grenzen gesetzt wurden als bei der Nichtigkeitsklage.[391]

d) Das Vorabentscheidungsverfahren gem. Art. 234 EGV (Art. 177 EGV a. F.)

aa) Allgemeines

Das Gemeinschaftsrecht wird nur zum Teil durch Gemeinschaftsorgane selbst durchgeführt. Teilweise stellt es unmittelbar geltendes Recht in den Mitgliedstaaten dar. Überwiegend bedarf das Gemeinschaftsrecht jedoch noch entsprechender Vollzugsakte durch die Behörden der Mitgliedstaaten. Bei der gerichtlichen Überprüfung derartiger Vollzugsakte stellen sich häufig Fragen nach der Auslegung des Gemeinschaftsrechts. Um divergierende Auslegungen durch die Gerichte der einzelnen Mitgliedstaaten zu verhindern, bedurfte es einer Verfahrensart, die es gewährleistet, dass das Gemeinschaftsrecht in allen Mitgliedstaaten der Gemeinschaft immer die gleiche Wirkung hat. Diese Funktion erfüllt das Vorabentscheidungsverfahren gem. Art. 234 EGV (Art. 177 EGV a. F.).[392] Nur wenn der EuGH in allen wesentlichen Verfahren, in denen es um die Auslegung des Gemeinschaftsrechts geht, angerufen wird, kann er auch seiner Aufgabe nachkommen, die Gemeinschaftsrechtsordnung gemäß den Zielen der Gemeinschaft fortzuentwickeln.[393]

Das Vorabentscheidungsverfahren ist als Zwischenstreit vor den nationalen Gerichten ausgestaltet worden. Es beruht auf einer **Aufgabenteilung zwischen der innerstaatli-**

---

[387] EuGH, Rs. 83. und 84/84, Slg. 1984, S. 3571, 3575.
[388] *Bleckmann*, Europarecht, Rn. 606, S. 251.
[389] EuGH, Rs. 15/71, Slg. 1971, S. 797, 805; EuGH, Rs. 134/73, Slg. 1974, S. 10; EuGH, Rs. 60/79, Slg. 1979, S. 2429, 2433.
[390] *Krück*, in: Groeben/Thiesing/Ehlermann, Art. 175 EGV a. F., Rn. 16; Rengeling/Middeke/Gellermann, Rechtsschutz, Rn. 221; Grabitz/Hilf/Wohlfahrt, Art. 175 EGV, Rdn. 20.
[391] *Bleckmann*, Europarecht, Rn. 606, S. 251; Hailbronner/*Hailbronner*, Art. 175 EGV a. F., Rn. 10.
[392] Zum Vorabentscheidungsverfahren s. u. a. auch *Beckmann*, Probleme des Vorabentscheidungsverfahrens nach Art. 177 EWG-Vertrag, 1988; *Bertelsmann*, NZA 1993, S. 775 ff.; *Dauses*, Das Vorabentscheidungsverfahren nach Art. 177 EWG-Vertrag, 1985; *Everling*, Das Vorabentscheidungsverfahren vor dem Gerichtshof der Europäischen Gemeinschaften, 1986; *Franzen*, Privatrechtsangleichung, S. 269 ff.; *Gündisch*, Rechtsschutz, S. 88 ff.; *Haedrich*, EAS B 1300, Rn. 79 ff.; *Hakenberg*, ZIP 1995, S. 1865 ff.; *Klinke*, Der Gerichtshof der Europäischen Gemeinschaften – Aufbau und Arbeitsweise, 1989; *Krück*, in: Groeben/Thiesing/Ehlermann, Art. 177 EGV a. F., Rn. 1 ff.; Hailbronner/*Hailbronner*, Art. 177 EGV a. F., Rn. 1 ff.; Rengeling/Middeke/*Gellermann*, Rechtsschutz, Rn. 341 ff.; *Voß*, EuR 1986, S. 95 ff.; Grabitz/Hilf/*Wohlfahrt*, Art. 177 EGV a. F., Rn. 1 ff.; s. auch die ausführlichen Hinweise des EuGH zur Vorlage von Vorabentscheidungsersuchen durch die innerstaatlichen Gerichte, Bulletin des EuGH Nr. 31/96 vom 22. 11. 1996, S. 8 ff.
[393] *Everling*, Das Vorabentscheidungsverfahren, S. 17 f.; *Krück*, in: Groeben/Thiesing/Ehlermann, Art. 177 EGV a. F., Rn. 14.

chen Gerichtsbarkeit und dem Gerichtshof.[394] Während das jeweilige nationale Gericht zur Entscheidung des Rechtsstreits unter Anwendung des Gemeinschaftsrechts im Einzelfall berufen ist, gehört es zur Aufgabe des Gerichtshofs, eine Vorabentscheidung über die dafür erforderliche Auslegung des Gemeinschaftsrechts und die Beurteilung, ob ein Gemeinschaftsakt gültig ist, zu treffen. Das vorlegende Gericht bleibt Herr des Verfahrens, indem es insbesondere über den Gegenstand des Vorlageverfahrens entscheidet.[395] Vorlegendes Gericht und EuGH sind im Interesse der ordnungsgemäßen Anwendung und einheitlichen Auslegung des Gemeinschaftsrechts in allen Mitgliedstaaten zur Zusammenarbeit verpflichtet. Zu diesem „Geist der Zusammenarbeit" gehört, dass der EuGH den eigenen Verantwortungsbereich des innerstaatlichen Gerichts respektiert; gleichzeitig muss aber auch das innerstaatliche Gericht bei der Inanspruchnahme der durch Art. 234 EGV (Art. 177 EGV a. F.) eröffneten Möglichkeiten auf die besondere Aufgabe Rücksicht nehmen, die der EuGH in diesem Bereich erfüllt.[396]

bb) Voraussetzungen eines Vorabentscheidungsverfahrens
(1) Gegenstand des Vorabentscheidungsverfahrens

225 Nach Art. 234 Abs. 1 Buchst. a EGV a. F. entscheidet der EuGH im Wege der Vorabentscheidung zum einen über die **Auslegung des Vertrags.** Unter dem „Vertrag" sind dessen Bestimmungen einschließlich aller Anhänge, Zusatzprotokolle, Änderungen und Ergänzungen sowie die Beitrittsverträge zu verstehen.[397] Ebenfalls zum „Vertrag" gehören die ungeschriebenen allgemeinen Rechtsgrundsätze des Gemeinschaftsrechts.[398] Der Begriff der Auslegung erfasst die Ermittlung des Inhalts und der Tragweite einer bestimmten Rechtsnorm.[399] Dazu gehört auch die Schließung von Lücken im Gemeinschaftsrecht.[400] Von der Auslegung ist die Anwendung des Gemeinschaftsrechts zu unterscheiden, die bei den nationalen Gerichten liegt.

226 Im Wege der Vorabentscheidung entscheidet der EuGH ferner über die Gültigkeit und die Auslegung der **Handlungen der Organe** der Gemeinschaft einschließlich der Europäischen Zentralbank.[401] Bei der Gültigkeitsprüfung geht es um die Feststellung, ob ein Gemeinschaftsrechtsakt rechtswidrig und daher nichtig ist.[402] Zu den „Handlungen der Organe" gehört das gesamte von den Organen der Gemeinschaft erlassene sekundäre Recht. Neben den in Art. 249 EGV (Art. 189 EGV a. F.) genannten Rechtsakten fallen hierunter alle Rechtsakte, die einem Gemeinschaftsorgan zuzurechnen sind und die geeignet sind, Rechtswirkungen zu erzeugen.[403] Unerheblich ist, ob es sich um unmittelbar anwendbare Rechtsakte handelt.[404] Die Entscheidungsbefugnis erstreckt sich sowohl auf

---

[394] EuGH, Rs. 244/80, Slg. 1984, S. 3045, 3062; *Wank,* RdA 1999, S. 130, 133.
[395] Grabitz/Hilf/*Wohlfahrt,* Art. 177 EGV a. F., Rn. 2.
[396] EuGH, Rs. 244/80, Slg. 1984, S. 3045, 3063.
[397] EuGH, Rs. 44/84, Slg. 1986, S. 29, 75; *Rengeling/Middeke/Gellermann,* Rechtsschutz, Rn. 361.
[398] EuGH, Rs. 29/69, Slg. 1969, S. 491, 507; EuGH, Rs. 44/79, Slg. 1979, S. 3727, 3744; *Rengeling/Middeke/Gellermann,* Rechtsschutz, Rn. 361; Grabitz/Hilf/*Wohlfahrt,* Art. 177 EGV a. F., Rn. 16.
[399] EuGH Rs. 61/79, Slg. 1980, S. 1205, 1223. Zu den Auslegungsmethoden s. unten § 9 Rn. 175 ff.
[400] *Borchardt,* in: Eichenhofer/Zuleeg, Die Rechtsprechung des Europäischen Gerichtshofs zum Arbeits- und Sozialrecht im Streit, 1995, S. 53, 54 ff.; *Krück,* in: Groeben/Thiesing/Ehlermann, Art. 177 EGV a. F., Rn. 39; *Tomuschat,* Vorabentscheidung, S. 78 f.
[401] Art. 234 Abs. 1 Buchst. b EGV (Art. 177 Abs. 1 Buchst. b EGV a. F.); die Erweiterung der Überprüfbarkeit auf Handlungen des Europäischen Zentralbank ist durch den Unionsvertrag von Maastricht erfolgt.
[402] *Everling,* Das Vorabentscheidungsverfahren, S. 29 f.
[403] *Krück,* in: Groeben/Thiesing/Ehlermann, Art. 177 EGV a. F., Rn. 21; *Rengeling/Middeke/Gellermann,* Rechtsschutz, Rn. 364.
[404] EuGH, Rs. 11/75, Slg. 1976, S. 657, 666.

III. Der Europäische Gerichtshof

die Gültigkeit einer Handlung eines Gemeinschaftsorgans als auch auf deren Auslegung. Die Möglichkeit, eine Nichtigkeitsklage gem. Art. 230 Abs. 2 EGV (Art. 173 Abs. 2 EGV a. F.) gegen eine Entscheidung eines Gemeinschaftsorgans zu erheben, steht einem Vorabentscheidungsverfahren nicht entgegen.[405]

Nach Art. 224 Abs. 1 Buchst. c EGV a. F. (Art. 177 Abs. 1 Buchst. c EGV a. F.) kann Gegenstand des Vorabentscheidungsverfahrens schließlich auch die **Auslegung der Satzungen** der durch den Rat geschaffenen Einrichtungen sein. Dies gilt jedoch nur, wenn die Satzungen eine derartige Auslegungskompetenz vorsehen.[406] 227

Das Vorabentscheidungsverfahren gem. Art. 234 EGV (Art. 177 EGV a. F.) ist auf die Normen des Gemeinschaftsrechts beschränkt. Der Gerichtshof ist daher **nicht befugt, nationales Recht auszulegen oder anzuwenden**.[407] Der EuGH prüft weder die Zulässigkeit der Klage vor dem staatlichen Gericht, noch dessen Zuständigkeit oder korrekte Besetzung.[408] Dem EuGH ist auch jede Wertung des vom einzelstaatlichen Gerichts festgestellten Sachverhalts versagt.[409] Im Gegensatz zum Vertragsverletzungsverfahren gem. Art. 226, 227 EGV (Art. 169, 170 EGV a. F.) kann auch die abstrakte Frage nach der Vereinbarkeit nationalen Rechts mit dem vorrangigen Gemeinschaftsrecht nicht Gegenstand des Vorabentscheidungsverfahrens sein.[410] Der Gerichtshof deutet derartige Fragen allerdings in der Regel dahin um, dass das vorlegende Gericht eine Auslegung des Gemeinschaftsrechts begehrt, die es ihm ermöglicht, selbst über die Vereinbarkeit des nationalen Rechts mit dem Gemeinschaftsrecht zu entscheiden und gegebenenfalls das nationale Recht für unanwendbar zu erklären.[411] 228

(2) Vorlageberechtigte Gerichte

Das Vorabentscheidungsersuchen ist nur zulässig, wenn es von einem vorlageberechtigten Gericht ausgeht. Vorlageberechtigt sind gem. Art. 234 Abs. 2 EGV (Art. 177 Abs. 2 EGV a. F.) alle Gerichte der Mitgliedstaaten. Bei dem Begriff „Gericht eines Mitgliedstaats" handelt es sich um einen gemeinschaftsrechtlichen Begriff.[412] Maßgebend für den Begriff des „Gerichts" i. S. des Art. 234 EGV (Art. 177 EGV a. F.) ist nach der Rechtsprechung des EuGH, dass es sich nach dem nationalen Recht um eine Einrichtung handelt, die mit den institutionellen Merkmalen eines Gerichts ausgestattet ist, wozu insbesondere gehört, dass sie unabhängig und ständig mit der obligatorischen Kompetenz zur Streitentscheidung nach Rechtsnormen zuständig ist.[413] Keine Gerichte i. S. des Art. 234 EGV (Art. 177 EGV a. F.) sind demnach rein private Schiedsgerichte.[414] Ebenfalls nicht unter den Begriff des Gerichts fallen Berufsorganisationen, die nicht zur Streitentscheidung, sondern nur zur Abgabe einer Stellungnahme ermächtigt sind.[415] 229

---

[405] EuGH, Rs. 136–136/85, Slg. 1987, S. 2289, 2338; *Krück,* in: Groeben/Thiesing/Ehlermann, Art. 177 EGV a. F., Rn. 6; Grabitz/Hilf/*Wohlfahrt,* Art. 177 EGV a. F.; Rn. 18 a; a. A. *Tomuschat,* Vorabentscheidung, S. 78 f., wonach der Gerichtshof im Wege einer Vorabentscheidung nicht über die Gültigkeit individueller Rechtsakte befinden können soll, wenn diese nicht rechtzeitig angefochten worden sind.

[406] Art. 234 Abs. 1 Buchst. c EGV (Art. 177 Abs. 1 Buchst. c EGV a. F.) ist bislang praktisch bedeutungslos geblieben.

[407] Vgl. EuGH, Rs. 54/72, Slg. 1973, S. 193, 205; Rs. 77/72, Slg. 1973, S. 611, 622; Rs. 7/75, Slg. 1975, S. 679, 689; Rs. 16/83, Slg. 1984, S. 1299, 1324; *Dauses,* Gutachten, S. 53; Rengeling/Middeke/Gellermann, Rechtsschutz, Rn. 368.

[408] EuGH, Rs. 65/81, Slg. 1982, S. 33, 42 f.

[409] EuGH, Rs. 107/83, Slg. 1984, S. 2971, 2988.

[410] EuGH, Rs. 6/64, Slg. 1964, S. 1253, 1268.

[411] Vgl. z. B. EuGH, Rs. 10/71, Slg. 1971, S. 723, 729.

[412] EuGH, Rs. 61/65, Slg. 1966, S. 564, 601 f.

[413] EuGH, Rs. 61/65, Slg. 1966, S. 564, 602.

[414] EuGH, Rs. 102/81, Slg. 11982, S. 1095, 1110 f.

[415] EuGH, Rs. 138/80, Slg. 1980, S. 1975, 1977.

(3) Beurteilung der Erforderlichkeit

230 Nach ständiger Rechtsprechung des EuGH ist es Aufgabe des vorlegenden Gerichts, zu beurteilen, ob für den Erlass seines Urteils die Beantwortung einer Frage im Wege der Vorabentscheidung erforderlich ist.[416] Daraus folgt, dass der Gerichtshof nicht befugt ist, die Erforderlichkeit des Vorabentscheidungsersuchens nachzuprüfen. Etwas anderes gilt ausnahmsweise dann, wenn die Vorlagefrage nicht einem echten Rechtsstreit dient. Der Gerichtshof hat insoweit ausgeführt, dass Art. 234 EGV (Art. 177 EGV a. F.) ihm nicht die Aufgabe zuweist, Gutachten zu allgemeinen oder hypothetischen Fragen abzugeben. Er sei nicht für die Beantwortung von Auslegungsfragen zuständig, die ihm im Rahmen konstruierter Verfahren vorgelegt würden, mit deren Hilfe die Parteien den Gerichtshof zur Stellungnahme zu gemeinschaftsrechtlichen Fragen veranlassen wollen, deren Beantwortung für die Entscheidung dieses Rechtsstreits nicht objektiv erforderlich ist. Wenn sich der Gerichtshof in einem solchen Fall für unzuständig erkläre, werde damit auch in keiner Weise in die Befugnisse des nationalen Gerichts eingegriffen, sondern verhindert, dass das Verfahren nach Art. 234 EGV (Art. 177 EGV a. F.) zu anderen als den für dieses Verfahren maßgeblichen Zwecken benutzt wird.[417] – Der EuGH ist in seiner Kontrolle zu zurückhaltend. Das notwendige Filter für überflüssige Vorlagen fehlt.

(4) Vorlageverpflichtung

231 Nach Art. 234 Abs. 2 EGV (Art. 177 Abs. 2 EGV a. F.) ist ein staatliches Gericht zur Einleitung eines Vorabentscheidungsverfahrens berechtigt. Davon zu unterscheiden ist die Frage nach den vorlagepflichtigen Gerichten. Nach dem Wortlaut des Art. 234 Abs. 3 EGV (Art. 177 Abs. 3 EGV a. F.) sind dies einzelstaatliche Gerichte, deren Entscheidungen selbst nicht mehr mit Rechtsmitteln des innerstaatlichen Rechts angefochten werden können. Welche Gerichte zu den letztinstanzlichen Gerichten des Art. 234 Abs. 3 EGV (Art. 177 Abs. 3 EGV a. F.) gehören, ist allerdings umstritten. Die Befürworter der sog. **abstrakten Betrachtungsweise** sind der Ansicht, dass diese Vorschrift nur die obersten Gerichte betrifft,[418] in der Bundesrepublik also die fünf obersten Bundesgerichte und das Bundesverfassungsgericht. Demgegenüber stellt die wohl überwiegende Meinung auf eine **konkrete Betrachtungsweise** ab. Vorlagepflichtig sind danach diejenigen Gerichte, gegen deren Entscheidung im konkreten Fall kein Rechtsmittel gegeben ist.[419] Der EuGH hat sich zu dem Theorienstreit bisher noch nicht ausdrücklich geäußert. Aus einem „obiter dictum" in der Rechtssache Costa gegen E. N. E. L[420] wird jedoch gefolgert, der EuGH neige zu der konkreten Betrachtungsweise.[421] Für die konkrete Theorie spricht, dass nur durch sie der Zweck des Vorabentscheidungsverfahrens, nämlich die einheitliche Anwendung und Auslegung des Gemeinschaftsrechts in allen Mitgliedstaaten, sichergestellt werden kann.

232 Folgt man der hier vertretenen konkreten Theorie, so stellt sich die Frage, ob auch die nach deutschem Recht vorgesehene Beschwerde gegen die Nichtzulassung der Revision ein Rechtsmittel i. S. des Art. 234 Abs. 3 EGV (Art. 177 Abs. 3 EGV a. F.) dar-

---

[416] EuGH, Rs. 244/80, Slg. 1981, S. 3045, 3062; EuGH, Rs. 232/82, Slg. 1983, S. 583, 595.

[417] EuGH, Rs. 244/80, Slg. 1981, S. 3045, 3063.

[418] *Bleckmann*, Europarecht, Rn. 616, S. 255; *Dumon*, CDE 1983, S. 217; *Oppermann*, Europarecht, Rn. 655, S. 247; *Pescatore*, BayVBl. 1987, S. 33, 38; *Schermers*, Judicial Protection in the European Communities, 3. Aufl., 1983, S. 575; *Tomuschat*, Vorabentscheidung, S. 44 ff.

[419] *Bebr*, Development, S. 380; *Beckmann*, Probleme, S. 69 f.; *Brandt*, JuS 1994, S. 300, 304; *Everling*, Vorabentscheidungsverfahren, S. 45 f.; *Hakenberg*, ZIP 1995, S. 1865, 1866; *Krück*, in: Groeben/Thiesing/Ehlermann, Art. 177 EGV a. F., Rn. 65; *Lenz*, in: Das Zusammenwirken, S. 13; *ders.*, DB Beil. 15/1990, S. 13; *Lieber*, Über die Vorlagepflicht des Art. 177 EWG-Vertrag und deren Mißachtung, 1986, S. 90 f.; *Rengeling/Middeke/Gellermann*, Rechtsschutz, Rn. 384; *Schweitzer/Hummer*, Europarecht, Rn. 530, S. 160; Grabitz/Hilf/*Wohlfahrt*, Art. 177 EGV a. F., Rn. 49.

[420] Rs. 7/64, Slg. 1964, S. 1253, 1268.

[421] Vgl. Grabitz/Hilf/*Wohlfahrt*, Art. 177 EGV a. F., Rn. 49.

III. Der Europäische Gerichtshof 233–236 § 8

stellt. Für die Beschwerde gegen die Nichtzulassung der Revision gem. § 133 Abs. 1 VwGO hat das Bundesverwaltungsgericht diese Frage bejaht.[422] Ob dies auch für die **Nichtzulassungsbeschwerde** im Bereich der Arbeitsgerichtsbarkeit gilt, ist bislang noch ungeklärt.[423]

Keine Rechtsmittel i. S. von Art. 234 Abs. 3 EGV (Art. 177 Abs. 3 EGV a. F.) sind dagegen nach einhelliger Auffassung außergewöhnliche Rechtsbehelfe, wie z. B. Verfassungsbeschwerden und Wiederaufnahmeverfahren.[424]   233

Der EuGH hat in seiner Entscheidung vom 22. Oktober 1987[425] die Ansicht vertreten, auch Gerichte, die nicht letztinstanzlich entscheiden, seien zur Einholung einer **Vorabentscheidung verpflichtet, wenn sie Handlungen der Gemeinschaftsorgane für ungültig erklären wollten.** Meinungsverschiedenheiten der Gerichte der Mitgliedstaaten über die Gültigkeit von Gemeinschaftshandlungen seien geeignet, die Einheit der Gemeinschaftsrechtsordnung selbst aufs Spiel zu setzen und das grundlegende Erfordernis der Rechtssicherheit zu beeinträchtigen. Da Art. 230 EGV (Art. 173 EGV a. F.) dem Gerichtshof die ausschließliche Zuständigkeit für die Nichtigerklärung der Handlung eines Gemeinschaftsorgans zuweise, verlange es die Kohärenz des Systems, dass die Befugnis zur Feststellung der Ungültigkeit dieser Handlung, wenn sie vor einem nationalen Gericht geltend gemacht wird, ebenfalls dem EuGH vorbehalten bleibt.[426]   234

Diese Ausdehnung der Vorlagepflicht steht im Widerspruch zu dem eindeutigen Wortlaut des Art. 234 Abs. 3 EGV (Art. 177 Abs. 3 EGV a. F.). Es sind auch keine Anhaltspunkte dafür vorhanden, dass es sich insoweit um eine Lücke im Vertrag handelt, die im Wege der Rechtsfortbildung zu schließen wäre. Zudem ist zu bedenken, dass auch die unterschiedliche Auslegung von Handlungen der Gemeinschaftsorgane durch nicht vorlagepflichtige Gerichte in gleichem Maße die Rechtssicherheit beeinträchtigen kann. Die vom EuGH vorgenommene Ausdehnung der Vorlagepflicht ist somit abzulehnen.   235

Die grundsätzliche Pflicht zur Vorlage gem. Art. 234 Abs. 3 EGV (Art. 177 Abs. 3 EGV a. F.) wird durch verschiedene Ausnahmen durchbrochen. So besteht zum einen dann keine Vorlagepflicht, wenn über eine gleich lautende Frage bereits eine **gesicherte Rechtsprechung** des EuGH besteht, und zwar unabhängig davon, in welcher Art von Verfahren sich diese Rechtsprechung gebildet hat.[427] Eine Vorlagepflicht wird schließlich auch dann verneint, wenn die richtige Anwendung des Gemeinschaftsrechts derart offenkundig ist, dass keinerlei Raum für einen vernünftigen Zweifel an der Entscheidung der gestellten Frage bleibt.[428] Voraussetzung ist allerdings, dass das innerstaatliche Gericht davon überzeugt ist, dass auch für die Gerichte der übrigen Mitgliedstaaten und den Gerichtshof die gleiche Gewissheit besteht.[429] Ob diese Möglichkeit besteht, ist unter Berücksichtigung der Eigenarten des Gemeinschaftsrechts und der besonderen Schwierigkeiten seiner Auslegung zu beurteilen. Dabei ist neben der besonderen Terminologie des Gemeinschaftsrechts dem Umstand Rechnung zu tragen, dass die Vor-   236

---

[422] BVerwG, NJW 1987, S. 607; BVerwG, NVwZ 1993, S. 770.
[423] Ablehnend *Schaub*, NJW 1994, S. 81, 82.
[424] *Krück*, in: Groeben/Thiesing/Ehlermann, Art. 177 EGV a. F., Rn. 6; *Rengeling/Middeke/Gellermann*, Rechtsschutz, Rn. 385; Grabitz/Hilf/*Wohlfahrt*, Art. 177 EGV a. F., Rn. 66.
[425] EuGH, Rs. 314/85, Slg. 1987, S. 4199. Im Schrifttum ist die Auffassung des EuGH weitgehend übernommen worden; s. etwa *Allkemper*, ZGR 1993, S. 1, 14; *Everling*, DRiZ 1993, S. 5, 11; *Glaesner*, EuR 1990, S. 143, 145; Hailbronner/*Hailbronner*, Art. 177 EGV a. F., Rn. 36; *Klinke*, ZGR 1993, S. 1, 14; *Lenz*, EuZW 1993, S. 10.
[426] EuGH, Rs. 314/85, Slg. 1987, S. 4199, 4230 f.
[427] EuGH, Rs. 283/81, Slg. 1982, S. 3415, 3429; BVerfGE, BayVBl. 1989, S. 595; *Wank*, RdA 1999, S. 130, 133.
[428] EuGH, Rs. 283/81, Slg. 1982, S. 3415, 3428; ebenso BVerwGE 66, S. 29, 38; BGH, RIW 1989, S. 745; vgl. auch *Fastenrath*, JA 1986, S. 283 f.
[429] Näher hierzu *Lieber*, Vorlagepflicht, S. 113 ff.; *Steindorff*, ZHR 156 (1992), S. 1, 4 ff.

schriften des Gemeinschaftsrechts in mehreren Sprachen gleichermaßen verbindlich abgefasst sind und die Auslegung somit einen Vergleich ihrer sprachlichen Fassungen erfordert.[430]

237 Wenig erörtert wird bislang die Frage der **Regelungsdichte**. Angesichts der Tatsache, dass sich zu jeder Norm des EG-Rechts unzählige Sachverhaltsvarianten ergeben können, ist zum einen denkbar, jede einzelne Fallgestaltung dem EuGH vorzulegen. Gerade die deutschen Arbeitsgerichte sehen das vielfach als ihre Aufgabe an. Zum anderen muss man sich der Funktion des Vorabentscheidungsverfahrens durch den EuGH bewusst sein: Es genügt, wenn in den Grundfragen Übereinstimmung im Recht der Mitgliedstaaten der Gemeinschaft besteht. Der EuGH sollte die nationalen Gerichte in manchen Fällen auf seine Rechtsprechung hinweisen und es ihnen überlassen, daraus Schlüsse für Einzelfragen zu ziehen.

238 Die **Verletzung der Vorlageverpflichtung** stellt eine Vertragsverletzung dar, die zu einem Vertragsverletzungsverfahren gem. Art. 226 EGV (Art. 169 EGV a. F.) gegen den Mitgliedstaat führen kann, dem das nicht vorlegende Gericht angehört.[431] Die tatsächliche Durchführung eines Vertragsverletzungsverfahrens dürfte allerdings angesichts des in den Mitgliedstaaten geltenden Gewaltenteilungsprinzips auf Schwierigkeiten stoßen. Wegen der Unabhängigkeit der Gerichtsbarkeit wäre es nämlich den Regierungen der Mitgliedstaaten und den Gesetzgebern versagt, die nach 228 EGV (Art. 171 EGV a. F.) erforderlichen Konsequenzen aus einer Verurteilung zu ziehen.[432] Die Verletzung der Vorlagepflicht kann jedoch innerstaatliche Sanktionen nach sich ziehen. So stellt beispielsweise nach deutschem Verfassungsrecht die Nichtbeachtung der Vorlagepflicht eine Verletzung des Anspruchs auf den **„gesetzlichen Richter"** i. S. von Art. 101 Abs. 1 Satz 2 GG dar.[433] Dabei sind die oben aufgezeigten Einschränkungen im Hinblick auf gesicherte Rechtsprechung und Regelungsdichte zu beachten, des Weiteren ist die Verfassungsbeschwerde nur bei willkürlicher Nichtvorlage zulässig.[434] Hat sich das Gericht hinsichtlich des Gemeinschaftsrechts nicht ausreichend kundig gemacht, so verkennt es die Bedingungen der Vorlagepflicht.[435]

cc) Das Verfahren vor dem EuGH

239 Das Vorabentscheidungsverfahren wird dadurch eingeleitet, dass das nationale Gericht das bei ihm rechtshängige Verfahren aussetzt und die Vorlageentscheidung dem Kanzler des EuGH übersendet.[436] Er stellt diese Entscheidung den beteiligten Parteien, den Mitgliedstaaten und der Kommission zu.[437] Sofern die Gültigkeit oder Auslegung einer Handlung des Rates streitig ist, wird die Vorlageentscheidung auch dem Rat zugestellt. Binnen zwei Monaten nach dieser Zustellung können die Parteien, die Mitgliedstaaten, die Kommission und gegebenenfalls der Rat beim EuGH Schriftsätze einreichen oder schriftliche Erklärungen abgeben. Anders als das Verfahren in Direktklagen ist das Vorabentscheidungsverfahren nicht als kontradiktorisches Verfahren ausgestaltet, sondern alle Beteiligten geben zu gleicher Zeit ihre Stellungnahme ab. Das Verfahren endet mit dem Urteil des EuGH, in dem auf die vorgelegte Frage eine Antwort gegeben wird. Das Original des Urteils wird dem vorlegenden Gericht zugestellt. Die Parteien des Ausgangsver-

---

[430] EuGH, Rs. 283/81, Slg. 1982, S. 3415, 3430.
[431] Vgl. Antwort der Kommission auf die schriftliche Anfrage Nr. 608/78, ABl. C 28, S. 8.
[432] *Everling*, Vorabentscheidungsverfahren, S. 78; *Pescatore*, BayVBl. 1987, S. 68, 71; *Wölker*, EuGRZ 1988, S. 97.
[433] BVerfGE 73, S. 339, 366ff.; BVerfG, NJW 1988, S. 1456 f.; BVerfG AP Nr. 56 zu Art. 101 GG; *Füßer*, DVBl. 2001, S. 1574; *Šarčević*, DÖV 2000, S. 941; s. zuletzt BVerfG, 2. Kammer des Ersten Senats, NJW 2001, S. 1267.
[434] S. unten Rn. 244 ff.
[435] BVerfG, 2. Kammer des Ersten Senats, NJW 2001, S. 1267.
[436] Vorlageentscheidungen deutscher Gerichte ergehen regelmäßig durch Beschluss.
[437] Art. 20 Abs. 1 EuGH-Satzung.

fahrens und die Regierungen und Gemeinschaftsorgane, die Erklärungen abgegeben haben, erhalten Urteilsausfertigungen.[438]

dd) Wirkungen des Urteils

Das Urteil im Vorabentscheidungsverfahren bindet nach Maßgabe seines Tenors, der im Lichte der Entscheidungsgründe zu verstehen ist, sowohl das vorlegende Gericht als auch alle anderen Gerichte, die in derselben Sache zu entscheiden haben.[439] Die Bindungswirkung eines im Vorabentscheidungsverfahrens ergangenen Urteils schließt es jedoch nicht aus, dass das nationale Gericht, an das dieses Urteil gerichtet ist, eine erneute Anrufung des EuGH für erforderlich hält. Nach ständiger Rechtsprechung des EuGH ist eine solche Vorlage gerechtfertigt, wenn das nationale Gericht beim Verständnis oder der Anwendung des Urteils Schwierigkeiten hat, wenn es dem EuGH eine neue Rechtsfrage stellt oder wenn es ihm neue Gesichtspunkte unterbreitet, die ihn dazu veranlassen könnten, eine bereits gestellte Frage abweichend zu beantworten.[440] Mit einer solchen Vorlage kann jedoch die Gültigkeit des früheren Urteils nicht in Frage gestellt werden.

Umstritten ist, ob das Urteil darüber hinaus auch Wirkung „erga omnes" entfalten kann. Richtigerweise ist allen Urteilen des EuGH gesetzesgleiche Wirkung zuerkennen; diese Ansicht wird allerdings nur vereinzelt vertreten.[441] Nach der ganz überwiegenden Auffassung ist die rechtliche **Bindungswirkung** der Entscheidung des EuGH im Vorabentscheidungsverfahren dagegen **auf die mit dem Ausgangsverfahren befassten Gerichte begrenzt.**[442] Gleichwohl entfaltet auch nach dieser Auffassung das Urteil des EuGH im Vorabentscheidungsverfahren faktische Wirkungen, die teilweise einer egaomnes-Wirkung sehr nahe kommen.[443]

In den Fällen, in denen durch ein Urteil des EuGH die **Ungültigkeit der Handlung eines Organs,** insbesondere einer Verordnung des Rates oder der Kommission festgestellt wird, stellt dieses Urteil für jedes andere Gericht einen ausreichenden Grund dafür dar, diese Handlung bei den von ihm zu erlassenden Entscheidungen als ungültig anzusehen.[444] Der EuGH hat dieses Ergebnis mit den Erfordernissen der einheitlichen Anwendung des Gemeinschaftsrechts sowie der Rechtssicherheit begründet.

Zweifelhaft ist dagegen, ob auch nicht vorlagepflichtige Gerichte an **Auslegungen** gebunden sind, die in anderen Vorabentscheidungsverfahren ergangen sind.[445] Für eine Beachtung sprechen hier wie gegenüber Präjudizien im nationalen Recht Gründe des Gleichbehandlung sowie der Prozessökonomie; darüber hinaus der Grundgedanke der Art. 234 EGV.[446] Hält man dagegen nicht vorlagepflichtige Gerichte für an die vom EuGH vorgegebene Auslegung nicht gebunden, dann ist jedenfalls das letztinstanzliche Gericht verpflichtet, die Auslegung des EuGH zu übernehmen oder gegebenenfalls eine

---

[438] Zu weiteren Einzelheiten des Verfahrens s. *Everling,* Vorabentscheidungsverfahren, S. 56 ff.; *Mortelsmann,* CMLR 1979, S. 557 ff. sowie die Hinweise des EuGH zur Vorlage von Vorabentscheidungsersuchen durch die innerstaatlichen Gerichte, Bulletin des EuGH Nr. 31/96 vom 22. 11. 1996, S. 8 ff.
[439] EuGH, Rs. 29/68, Slg. 1969, S. 165, 178; EuGH, Rs. 135/77, Slg. 1978, S. 855, 859; EuGH, Rs. 69/85, Slg. 1986, S. 948, 952; *Beckmann,* Probleme, S. 96; *Lieber,* Vorlagepflicht, S. 119 f.; *Schaub,* NJW 1994, S. 81, 84.
[440] S. z. B. EuGH, Rs. 69/85, Slg. 1986, S. 949, 953.
[441] *Bleckmann,* Europarecht, Rn. 683, S. 275; *Wank,* FS für Zielinski m. w. N.
[442] *Dauses,* Gutachten, S. 55; *Krück,* in: Groeben/Thiesing/Ehlermann, Art. 177 EGV a. F., Rn. 88; Hailbronner/*Hailbronner,* Art. 177 EGV a. F., Rn. 45; *Oppermann,* Europarecht, Rn. 661, S. 249; Grabitz/Hilf/*Wohlfahrt,* Art. 177 EGV a. F., Rn. 70 f.
[443] Vgl. *Dauses,* Gutachten, S. 53; *ders.,* Das Vorabentscheidungsverfahren nach Artikel 177 EWG-Vertrag, S. 101 ff.; *Everling,* Vorabentscheidungsverfahren, S. 65.
[444] EuGH, Rs. 66/80, Slg. 1981, S. 1191, 1214 ff.
[445] Bejaht wird eine solche Bindungswirkung von *Rengeling/Middeke/Gellermann,* Rechtsschutz, Rn. 401.
[446] Vgl. auch Grabitz/Hilf/*Wohlfahrt,* Art. 177 EGV a. F., Rn. 73; *Wank,* FS für Zielinski.

erneute Vorabentscheidung des EuGH einzuholen, so dass jedenfalls im Instanzenzug eine Bindungswirkung erreicht wird.[447]

ee) Praktische Bedeutung des Vorabentscheidungsverfahrens

244 Nach allgemeiner Auffassung hat das Vorabentscheidungsverfahren im System des gemeinschaftsrechtlichen Invidualrechtsschutzes[448] die im Vergleich größte praktische Bedeutung.[449] Es ermöglicht dem Einzelnen oder seinem Rechtsvertreter, sich vor den nationalen Gerichten auf die ihm durch die Gemeinschaftsrechtsordnung verliehenen Rechte zu berufen und sich dadurch eines vertragswidrigen Verhaltens seines Mitgliedstaats zu erwehren.[450] Die Einleitung des Vorabentscheidungsverfahrens kann jedoch nach deutschem Recht nicht erzwungen werden. Dem Bürger steht somit kein erzwingbarer Anspruch auf Einleitung eines Vorabentscheidungsverfahrens zu.[451] Zudem ist die Zurückweisung eines Antrags der Prozessparteien auf Vorlage einer Frage an den EuGH nicht mit Rechtsmitteln angreifbar.[452]

245 Zur Verbesserung des Individualrechtsschutzes ist im Schrifttum angeregt worden, dem Einzelnen einen einklagbaren Anspruch auf Vorlage an den EuGH einzuräumen.[453] Gegen diesen Vorschlag spricht jedoch, dass sich angesichts der ohnehin schon vorhandenen Überbelastung des EuGH die Verfahrensdauer noch weiter verlängern würde.[454] Ein einklagbarer Anspruch auf Vorlage an den EuGH ist auch nicht zwingend geboten.[455] Seit der Solange II-Entscheidung des Bundesverfassungsgerichts, in der das Gericht den EuGH als gesetzlichen Richter i.S. des Art. 101 Abs. 1 Satz 2 GG anerkannt hat,[456] steht dem Einzelnen nämlich in Fällen willkürlich[457] unterbliebener Vorlage seitens eines vorlagepflichtigen Gerichts die Verfassungsbeschwerde offen.

246 Soweit das Prozessgericht nicht von sich aus eine Vorlage an den EuGH anstrebt, ist es Aufgabe der Prozessparteien oder ihrer Rechtsvertreter, das nationale Gericht von der Gebotenheit eines Vorabentscheidungsverfahrens zu überzeugen. Die Kenntnis des einschlägigen Gemeinschaftsrechts ist aus diesem Grunde unentbehrlich.

5. Analyse der Arbeitsweise des EuGH

a) Schwierigkeiten der EuGH-Rechtsprechung

247 Der EuGH ist in den letzten Jahren in das Kreuzfeuer der Kritik geraten.[458] Die gelegentlich in den Kritiken zum Ausdruck kommende Verständnislosigkeit und Überheb-

---

[447] *Everling*, Vorabentscheidungsverfahren, S. 66.
[448] Zum Individualrechtsschutz durch den EuGH s. auch *Hasselbach*, MDR 1994, S. 849 ff.
[449] *Allkemper*, EWS 1994, S, 1994, S. 253; *Beckmann*, Probleme, S. 29; *Everling*, DRiZ 1993, S. 5, 10; *von Danwitz*, NJW 1993, S. 1008, 1111; *Haedrich*, EAS B 1300, Rn. 79; *Rengeling/Middeke/Gellermann*, Rechtsschutz, Rn. 352.
[450] Vgl. *Everling*, Vorabentscheidungsverfahren, S. 18f.; *Rengeling/Middeke/Gellermann*, Rechtsschutz, Rn. 349; *Stotz*, in: Rengeling/von Borries, Aktuelle Entwicklungen in der Europäischen Gemeinschaft, 1992, S. 21, 32; *Grabitz/Hilf/Wohlfahrt*, Art. 177 EGV a. F., Rn. 9.
[451] *Everling*, DRiZ 1993, S. 5, 12; *Lenz*, EuZW 1993, S. 10, 11; *Schaub*, NJW 1994, S. 81, 84.
[452] BFHE 132, S. 217, 218; VGH Mannheim, EuGRZ 1986, S. 572; Hailbronner/*Hailbronner*, Art. 177 EGV a. F., Rn. 24; *Lenz*, EuZW 1993, S. 10, 11; *Schaub*, NJW 1994, S. 81, 84.
[453] *Allkemper*, EWS 1994, S. 253, 258; *Bernhardt*, Verfassungsprinzipien – Verfassungsgerichtsfunktionen – Verfassungsprozessrecht im EWG-Vertrag, 1987, S. 338; *Riese*, EuR 1966, S. 24, 49.
[454] *Schwarze*, NJW 1992, S. 1065, 1072; *Schmidt-Aßmann*, JZ 1994, S. 832, 838; *Wißmann*, RdA 1995, S. 193, 202.
[455] *Schmidt-Aßmann*, JZ 1994, 832, 838.
[456] BVerfGE 73, S. 339, 366 ff.
[457] Näher zum Merkmal der willkürlichen Verletzung Hailbronner/*Hailbronner*, Art. 177 EGV a. F., Rn. 39 ff.; *Sensburg*, NJW 2001, S. 1254.
[458] S. u. a. *Berenz*, Arbeitgeber 1992, S. 32 ff.; *Clever*, Sozialer Fortschritt 1992, S. 1 ff.; *Erasmy*, Arbeitgeber 1993, S. 28 ff.; *Reiter*, ZfSH/SGB 1993, S. 57 ff.

III. Der Europäische Gerichtshof

lichkeit gegenüber der Rechtsprechung des EuGH dürfte nicht zuletzt darauf beruhen, dass die besondere Lage des EuGH und die Schwierigkeiten, die der EuGH in der täglichen Praxis zu bewältigen hat, nicht hinreichend beachtet werden. Will man der Rechtsprechung des EuGH gerecht werden, so dürfen diese Besonderheiten nicht außer acht gelassen werden.

Der EuGH befindet sich vor allem insofern in einer besonderen Lage, als ihm, anders als den nationalen Gerichten, nicht von Anfang an eine fertig ausgebildete **Rechtsordnung** zur Verfügung stand, sondern diese sich erst **allmählich entwickeln** musste.[459] Hinzu kommt, dass der EuGH in sich unterschiedliche „Gerichtsbarkeiten" vereinigt. So nimmt der EuGH Kompetenzen als Verfassungsgericht, Verwaltungsgericht, Zivilgericht und als Dienst- und Disziplinargericht der Gemeinschaft wahr.[460]

Bei der Willensbildung steht der EuGH wegen seiner Größe und **Zusammensetzung** vor besonderen Schwierigkeiten. Zurzeit besteht das Plenum aus fünfzehn Richtern mit unterschiedlichen Wertvorstellungen, die in ihren Heimatländern eine unterschiedliche Ausbildung erhalten haben und die in unterschiedlichen Rechtssystemen denken.[461] Diese Besonderheiten in der Zusammensetzung des EuGH bringen zwangsläufig Probleme mit sich; dies gilt insbesondere für die Beratung der Urteile, die sich nicht nur auf den Tenor, sondern auch auf die Begründung bezieht.

Schwierigkeiten ergeben sich für den EuGH aber auch aus der Art und Vielzahl der Verfahren, die von institutionellen Grundsatzfragen über Fragen der Wirtschaftsordnung bis hin zur Anerkennung und Vollstreckung von Urteilen reichen. Häufig muss sich der EuGH mit ausgefallenen Spezialgebieten befassen, die dem Richter ein Höchstmaß an geistiger Flexibilität abverlangen.[462]

Probleme bereitet dem EuGH aber auch die steigende Zahl von Verfahren, die ihrerseits wieder dazu führt, dass sich die Verfahrensdauer verlängert.[463] Die Richter müssen sich immer wieder in die nebeneinander herlaufenden Verfahren hineindenken, was einen erhöhten Arbeits- und Zeitaufwand zur Folge hat.[464]

Will man sich nicht dem Vorwurf der Leichtfertigkeit aussetzen, so gilt es, diese besonderen Schwierigkeiten bei der Analyse der Rechtsprechung des EuGH mit einzubeziehen.

b) Der EuGH als Integrationsfaktor

In Publikationen über den EuGH wird immer wieder dessen herausragende Rolle im Integrationsprozess hervorgehoben.[465] In der Tat sind vom EuGH vielfach nachhaltigere Integrationswirkungen ausgegangen als von den Rechtssetzungsorganen.[466] Hervorgehoben seien in diesem Zusammenhang nur die Entscheidungen des EuGH zu den gemeinschaftsrechtlichen Grundrechten, zur unmittelbaren Wirkung des Gemeinschaftsrechts sowie zum Vorrang des Gemeinschaftsrechts.

aa) Grundrechtsschutz

Nach anfänglichem Zögern hat der EuGH erstmals in seinem Urteil in der Rechtssache Stauder[467] festgestellt, dass die Grundrechte in den allgemeinen Rechtsgrundsätzen enthal-

---

[459] Näher dazu *Schwarze,* in: Schwarze, Europäisches Verwaltungsrecht im Werden, 1982, S. 11 f.
[460] S. dazu *Ipsen,* Europäisches Gemeinschaftsrecht, 1972, S. 370 ff.
[461] Näher dazu *Everling,* in: Schwarze, Der Europäische Gerichtshof als Verfassungsgericht und Rechtsschutzinstanz, 1983, S. 137, 139 f.
[462] *Everling,* in: Schwarze, Der Europäische Gerichtshof, S. 137, 140 f.
[463] S. dazu unten Rn. 346.
[464] Zu den Problemen beim Ablauf des Verfahrens s. *Everling,* in: Schwarze, Der Europäische Gerichtshof, S. 137, 141 ff.
[465] Vgl. etwa *Constantinesco,* Recht der EG I, Rn. 409, S 471; *Oppermann/Hiermeier,* JuS 1980, S. 782, 783; *Schweitzer/Hummer,* Europarecht, Rn. 445, S. 134; *Rengeling/Middeke/Gellermann,* Rechtsschutz, Rn. 42; Beutler/Bieber/Pipkorn/*Streil,* Die Europäische Union, S. 236.
[466] *Constantinesco,* Recht der EG I, 1977, Rn. 409, S. 471.
[467] EuGH, Rs. 29/69, Slg. 1969, S. 419, 425.

ten und durch sie geschützt sind. In der Folgezeit hat der EuGH dann in zahlreichen Entscheidungen einzelne Grundrechte als Bestandteil des Gemeinschaftsrechts anerkannt und sie insbesondere auch konkretisiert.[468] Zu den Grundrechten, die der EuGH bis heute im Wege der Rechtsfortbildung durch Richterrecht anerkannt hat, gehören u. a. der allgemeine Gleichheitssatz,[469] das Eigentum,[470] die Religionsfreiheit[471] sowie das Recht auf freie wirtschaftliche[472] und berufliche Tätigkeit.[473] Mit seiner Rechtsprechung zu den Grundrechten ist es dem EuGH gelungen, ein Grundrechtsgefälle im Niveau des Grundrechtsschutzes der nationalen Mitgliedstaaten einzudämmen und damit den Integrationsprozess voranzutreiben.[474]

bb) Unmittelbare Wirkung des Gemeinschaftsrechts

255   Einen „Eckstein" in der Entwicklung einer Gemeinschaftsverfassung stellt die Entscheidung des EuGH in der Rechtssache van Gend und Loos[475] dar.[476] In dieser Entscheidung kommt der EuGH zu der Feststellung, dass das primäre Gemeinschaftsrecht unmittelbare Wirkungen erzeuge und individuelle Rechte begründe, welche die staatlichen Gerichte zu beachten hätten.[477] Mit dieser vom EuGH entwickelten Doktrin von der unmittelbaren Geltung, dem „Durchgriff" des primären Gemeinschaftsrechts, hat der EuGH entscheidend zur Aktivierung des Vorabentscheidungsverfahrens und damit zum Integrationsprozess beigetragen.[478] Intensiviert worden ist die Doktrin von der unmittelbaren Geltung des Gemeinschaftsrechts dann durch die Rechtsprechung des EuGH zur sog. vertikalen Drittwirkung von Richtlinien, wonach sich private Dritte bei fehlender oder falscher Umsetzung einer Richtlinie dem Staat gegenüber unmittelbar auf eine Richtlinienbestimmung berufen können, wenn sie klar und eindeutig formuliert ist, eine unbedingte Verpflichtung zu einem Tun oder Unterlassen enthält und nicht von einer nach innerstaatlichem Recht vorzunehmenden Handlung abhängt.[479]

cc) Vorrang des Gemeinschaftsrechts

256   Mit seiner Entscheidung in der Rechtssache Costa[480] hat der EuGH grundlegende Aussagen zur Rechtsstellung und Existenz der Gemeinschaft getroffen.

257   Dies gilt zum einen für die Feststellung, dass die Mitgliedstaaten mit der Gründung einer Gemeinschaft für unbegrenzte Zeit ihre Souveränitätsrechte, wenn auch auf einem begrenzten Gebiet, beschränkt und so einen eigenen Rechtskörper geschaffen hätten.[481]

---

[468] Ausführlich zum Grundrechtsschutz in der Gemeinschaft s. etwa *Chwolik-Lanfermann*, Grundrechtsschutz in der Europäischen Union, 1994; *Feger*, Die Grundrechte im Recht der Europäischen Gemeinschaften, 1984; *Frowein/Hilf/Meesen/Rupp/Zuleeg*, Die Grundrechte in der Europäischen Gemeinschaft, 1978; *Kutscher/Rogge/Matscher*, Der Grundrechtsschutz in der Europäischen Gemeinschaft, 1982; *Pernice*, Grundrechtsgehalte im Europäischen Gemeinschaftsrecht, 1979; *Rengeling*, Grundrechtsschutz in der Europäischen Gemeinschaft, 1993; *Zuleeg*, DÖV 1992, S. 937, 940 ff.; zu den für das Arbeits- und Sozialrecht wichtigen Gemeinschaftsgrundrechten s. unten § 13 Rn. 6 ff.
[469] EuGH (Ruckdeschel), verb. Rs. 117/76 und 16/77, Slg. 1977, S. 1753, 1771.
[470] EuGH (Hauer), Rs. 44/79, Slg. 1979, S. 3727, 3750.
[471] EuGH (Prais), Rs. 130/75, Slg. 1976, S. 1589, 1598 f.
[472] EuGH (Internationale Handelsgesellschaft), Rs. 11/70, Slg, 1970, S. 1137.
[473] EuGH (Hauer), Rs. 44/79, Slg, 1979, S. 3727, 3745 ff.
[474] *Ipsen*, in: Schwarze: Der Europäische Gerichtshof als Verfassungsgericht und Rechtsschutzinstanz, 1983, S. 29, 37.
[475] EuGH, Rs. 26/62, Slg. 1963, S. 1.
[476] Vgl. *Stein*, in: FS für Zweigert, 1981, S. 771, 794.
[477] Slg. 1963, S. 1, 23 ff.
[478] *Ipsen*, in: Schwarze, Der Europäische Gerichtshof, S. 29, 56.
[479] Ständige Rechtsprechung des EuGH, vgl. etwa EuGH (Becker), Rs. 8/81, Slg. 1982, S. 53 ff.; näher zur unmittelbaren Anwendbarkeit des Gemeinschaftsrechts unten § 10 Rn. 70 ff.
[480] EuGH, Rs. 6/64, Slg. 1964, S. 1251.
[481] Slg. 1964, S. 1251, 1269.

III. Der Europäische Gerichtshof   258–262 § 8

Mit dieser Aussage hat der EuGH zugleich einen Ansatz zur Trennung und Loslösung des Gemeinschaftsrechts vom Völkerrecht geschaffen.[482]

Grundlegende Bedeutung hat ferner die Feststellung des EuGH, dass das Gemeinschaftsrecht Vorrang vor nationalen Bestimmungen hat.[483] Im Zusammenhang mit der Doktrin von der unmittelbaren Geltung des Gemeinschaftsrechts gewährleistet die „Vorrang-Rechtsprechung" die Funktionsfähigkeit der Gemeinschaft. 258

Die soeben aufgeführten Leitentscheidungen belegen exemplarisch die herausragende Rolle, die dem EuGH im Prozess der europäischen Integration zukommt. 259

c) Kritik an der Rechtsprechung des EuGH

aa) Die Urteilsbegründungen

Der EuGH verzichtet in seinen Begründungen zumeist auf eine ausführliche Erörterung der das Urteil tragenden Erwägungen.[484] Auch eine Auseinandersetzung mit der Literatur findet in den Urteilsgründen nicht statt. Im sog. Francovich-Urteil[485] genügen dem EuGH beispielsweise zur Begründung der grundsätzlichen Haftung eines Mitgliedstaates für Schäden, die durch eine Verletzung seiner gemeinschaftsrechtlichen Verpflichtungen verursacht werden, sechs Sätze. Die Voraussetzungen für eine Staatshaftung werden in knappen neun Sätzen dargelegt. Betrachtet man die Tragweite dieser Entscheidung für die Mitgliedstaaten, so kommen Zweifel auf, ob eine derartige Begründung noch dem Gebot der Rechtssicherheit entspricht.[486] Diese Zweifel verstärken sich, wenn man vergleicht, mit welcher Akribie etwa das deutsche Bundesverfassungsgericht seine Entscheidungen begründet. Um dem Eindruck der Willkür vorzubeugen, täte der EuGH gut daran, in Zukunft seine Anforderungen an eine Urteilsbegründung heraufzuschrauben. Dies gilt vor allem dann, wenn er Gemeinschaftsrecht fortbildet, also rechtserzeugende Funktion ausübt. 260

bb) Kritisierte Urteile im Einzelnen

(1) Das Francovich-Urteil

Kaum eine Entscheidung des EuGH hat in den letzten Jahren ein so großes Echo[487] hervorgerufen, wie sein Urteil vom 19. 11. 1991 in der Rechtssache „Francovich u. a. gegen die Italienische Republik".[488] Dies dürfte nicht zuletzt daran liegen, dass mit dieser Entscheidung die grundsätzliche Frage nach den Kompetenzgrenzen des EuGH aufgeworfen wird. Im Folgenden soll das Urteil einer kritischen Überprüfung unterzogen werden. 261

Allerdings hat der EuGH in späteren Entscheidungen die Grundsätze des Francovich-Urteils weiterhin zugrunde gelegt, so dass inzwischen eine gefestigte Rechtsprechung 262

---

[482] Näher dazu *Schwarze*, EuR 1983, S. 1 ff.
[483] Slg. 1964, S. 1251, 1270.
[484] Zur Pflicht des EuGH, seine Entscheidungen zu begründen s. Art. 33 EuGH-Satzung; vgl. auch Art. 253 EGV (Art. 190 EGV a. F.).
[485] S. dazu nachfolgend Rn. 261 ff.
[486] Der Grundsatz der Rechtssicherheit ist Ausfluss des Rechtsstaatsgedankens; instruktiv zum Grundsatz der Rechtssicherheit *Lindemann*, Allgemeine Rechtsgrundsätze, S. 127 ff.
[487] Vgl. u. a. *Bahlmann*, DWiR 1992, S. 61; *Borchardt*, in: Eichenhofer/Zuleeg, Die Rechtsprechung des Europäischen Gerichtshofs zum Arbeits- und Sozialrecht im Streit, 1995, S. 53, 54 ff.; *Buschhaus*, JA 1992, S. 142; *Clever*, Deutsche Angestelltenversicherung 1993, S. 71; *von Danwitz*, JZ 1994, S. 335; *Detterbeck*, VerwA 1994, S. 159; *Fischer*, EuZW 1992, S. 41; *Geiger*, DVBl. 1993, S. 465; *Häde*, BayVBl. 1992, S. 449; *Jarass*, NJW 1994, S. 881; *Karl*, RIW 1992, S. 440; *Kopp*, DÖV 1994, S. 201; *Hailbronner*, JZ 1992, S. 284; *Meier*, RIW 1992, S. 245; *Nessler*, RIW 1993, S. 206 ff.; *Nettesheim*, DÖV 1992, S. 999; *Ossenbühl*, DVBl. 1992, S. 993; *Pieper*, NJW 1992, S. 2454; *Prieß*, NVwZ 1993, S. 118; *Schlemmer-Schulte/Ukrow*, EuR 1992, S. 82; *Schockweiler*, EuR 1993, S. 107; *Steindorff*, Jura 1992, S. 561; *Streinz*, Jura 1995, S. 6; *Triantafyllou*, DÖV 1992, S. 564; *Zuleeg*, JZ 1994, S. 1.
[488] Rs. 6 und 9/90, Slg. 1991, S. 5357.

vorliegt.[489] Die Literatur setzt sich inzwischen mehr mit den Einzelfragen dieser Rechtsprechung auseinander als mit der grundsätzlichen Frage nach den Grenzen der EuGH-Rechtsprechung.[490]

263 **(a) Sachverhalt.** Das Francovich-Urteil des EuGH ist im Vorabentscheidungsverfahren gem. Art. 234 EGV (Art. 177 EGV a. F.) ergangen. Italien war der Pflicht zur Umsetzung der Richtlinie 80/987/EWG des Rates zur Angleichung der Rechtsvorschriften der Mitgliedstaaten über den Schutz der Arbeitnehmer bei Zahlungsunfähigkeit des Arbeitgebers vom 20. 10. 1980[491] nicht nachgekommen.[492] Mit Urteil vom 2. 2. 1989 stellte der EuGH auf Klage der Kommission gem. Art. 226 EGV (169 EGV a. F.) fest, dass Italien durch die Nichtumsetzung dieser Richtlinie gegen seine Pflichten aus dem EG-Vertrag verstoßen hatte. Gleichwohl kam Italien auch in der Folgezeit seiner Pflicht zur Umsetzung der Zahlungsunfähigkeits-Richtlinie nicht nach. Die Kommission leitete deswegen ein erneutes Vertragsverletzungsverfahren gegen Italien ein.[493] Die Kläger der Ausgangsverfahren, die vergeblich versucht hatten, ausstehende Lohnforderungen gegen ihre ehemaligen Arbeitgeber durchzusetzen, erhoben gegen den italienischen Staat Klage und beantragten, die Italienische Republik zu verurteilen, ihnen die in der Zahlungsunfähigkeits-Richtlinie vorgesehenen Garantien zu zahlen, hilfsweise, ihnen Schadensersatz zu leisten. Da die mit den Klagen befassten nationalen Gerichte der Auffassung waren, dass die Rechtsstreitigkeiten Fragen nach der Auslegung der in Rede stehenden gemeinschaftsrechtlichen Vorschriften aufwarfen, haben sie die Verfahren ausgesetzt und dem EuGH u. a. die Frage vorgelegt, ob ein Einzelner die in der Zahlungsunfähigkeits-Richtlinie garantierten Mindestbeträge beanspruchen oder jedenfalls Ersatz des durch die Nichtumsetzung dieser Richtlinie verursachten Schadens verlangen könne.[494]

264 **(b) Urteilsgründe.** In seiner Urteilsbegründung geht der EuGH zunächst auf die Frage ein, ob sich die Kläger **unmittelbar auf** die Bestimmungen der **Zahlungsunfähigkeits-Richtlinie berufen** können. In Fortsetzung seiner bisherigen Rechtsprechung[495] stellt er insoweit fest, dass sich Einzelne mangels fristgemäß erlassener Durchführungsmaßnahmen auf Bestimmungen einer Richtlinie berufen können, wenn diese inhaltlich als unbedingt und hinreichend genau erscheinen; dies gelte auch dann, wenn die Bestimmungen Rechte festlegen, die dem Staat gegenüber geltend gemacht werden können.[496] Der EuGH prüft sodann, ob die Bestimmungen der Zahlungsunfähigkeits-Richtlinie diese Anforderungen erfüllen und kommt zu dem Ergebnis, dass die in Rede stehenden Richtlinienvorschriften zwar in Bezug auf die Bestimmung des Personenkreises, dem die Garantie zugute kommen

---

[489] EuGH (Dillenhofer u. a.), EuZW 1996, S. 654 = DB 1996, S. 2218; (Denkavit u. a.), EuZW 1996, S. 654; (Brasserie du pêcheur), JZ 1996, S. 695; dazu BGH, EuZW 1996, S. 761.
[490] *Böhm*, JZ 1997, S. 53; *Ehlers*, JZ 1996, S. 776; *Hervey/Rostant*, Industrial Law Journal vol. 25 no. 4, p. 259; *Reich*, EuZW 1996, S. 709; *Streinz/Leible*, ZIP 1996, S. 1931.
[491] ABl. L 283, S. 23; nachfolgend Zahlungsunfähigkeits-Richtlinie abgekürzt. Die Zahlungsunfähigkeits-Richtlinie verpflichtete die Mitgliedstaaten, durch Schaffung geeigneter Garantieeinrichtungen zu gewährleisten, dass Arbeitnehmern bei Zahlungsunfähigkeit ihres Arbeitgebers ein Mindestschutz gewährt wird; ausführlich zu dieser Richtlinie unten § 18 Rn. 170 ff.
[492] Gem. Art. 11 Abs. 1 der Zahlungsunfähigkeits-Richtlinie war sie innerhalb von 36 Monaten nach ihrer Bekanntgabe umzusetzen.
[493] S. den 7. Jahresbericht der Kommission an das Europäische Parlament über die Kontrolle der Anwendung des Gemeinschaftsrechts 1990, ABl. (1992) C 338, S. 62 ff.
[494] Wörtlich heißt die Vorlagefrage: „Kann nach geltendem Gemeinschaftsrecht ein einzelner, der dadurch geschädigt worden ist, dass der Staat – wie der Gerichtshof durch Urteil festgestellt hat – die Richtlinie 89/987 nicht durchgeführt hat, die Befolgung der in dieser Richtlinie enthaltenen Vorschriften, die hinreichend genau und unbedingt sind, durch den Staat verlangen, indem er sich unmittelbar gegenüber dem säumigen Mitgliedstaat auf die Gemeinschaftsvorschriften beruft, um die Garantien zu erhalten, für die dieser Staat sorgen musste, jedenfalls aber Ersatz des Schadens, den er im Zusammenhang mit den Vorschriften erlitten hat, die diese Eigenschaft nicht haben?"
[495] EuGH, Rs. 8/81, Slg. 1982, S. 53, 71.
[496] EuGH Rs. 6 und 9/90, Slg. 1991, S. 5357, 5408.

soll, und den Inhalt dieser Garantie, nicht aber hinsichtlich des Schuldners der Garantieansprüche unbedingt und hinreichend genau seien. Nach Art. 5 der Zahlungsunfähigkeits-Richtlinie verfüge der Mitgliedstaat vielmehr über einen weiten Gestaltungsspielraum, was den Aufbau, die Arbeitsweise und die Aufbringung der Mittel der Garantieeinrichtungen anbelange. Aus der Tatsache, dass die Zahlungsunfähigkeits-Richtlinie als eine von mehreren Möglichkeiten die vollständige Finanzierung dieses Systems durch die öffentliche Hand vorsehe, könne nicht gefolgert werden, dass der Staat als Schuldner der nichterfüllten Ansprüche angesehen werden könne. Die Betroffenen könnten ihre Rechte aus der Richtlinie daher nicht vor den nationalen Gerichten geltend machen.[497]

Der EuGH geht sodann auf die Frage der **Haftung des Mitgliedstaates** für durch die Verletzung gemeinschaftsrechtlicher Pflichten verursachte Schäden ein. Er beruft sich zunächst auf seine ständige Rechtsprechung, wonach die nationalen Gerichte, die im Rahmen ihrer Zuständigkeit die Bestimmungen des Gemeinschaftsrechts anzuwenden haben, die volle Wirkung dieser Bestimmungen gewährleisten und die Rechte schützen müssen, die das Gemeinschaftsrecht dem Einzelnen verleiht. Diese volle Wirksamkeit der gemeinschaftsrechtlichen Bestimmungen wäre beeinträchtigt und der Schutz der durch sie begründeten Rechte gemindert, wenn der Einzelne nicht die Möglichkeit hätte, für den Fall eine Entschädigung zu erlangen, dass seine Rechte durch einen Verstoß gegen das Gemeinschaftsrecht verletzt werden, der einem Mitgliedstaat zuzurechnen sei. Die Möglichkeit einer Entschädigung durch den Mitgliedstaat sei vor allem dann unerlässlich, wenn die volle Wirkung der gemeinschaftsrechtlichen Bestimmungen, wie bei der Richtlinie, davon abhänge, dass der Staat tätig werde. Die Haftung für Schäden, die dem Einzelnen durch dem Staat zurechenbare Verstöße gegen das Gemeinschaftsrecht entstehen, folge aus dem Wesen der mit dem EG-Vertrag geschaffenen Rechtsordnung. Die Verpflichtung der Mitgliedstaaten zum Ersatz dieser Schäden finde schließlich auch in Art. 10 EGV (Art. 5 EGV a. F.) eine Stütze, nach dem die Mitgliedstaaten alle geeigneten Maßnahmen allgemeiner oder besonderer Art zur Erfüllung ihrer Verpflichtungen aus dem Gemeinschaftsrecht zu treffen haben.[498]

Die **Voraussetzungen,** unter denen die Staatshaftung einen Entschädigungsanspruch eröffnet, hängen nach Auffassung des EuGH von der Art des Verstoßes gegen das Gemeinschaftsrecht ab. Verstoße ein Mitgliedstaat wie im vorliegenden Fall gegen seine Verpflichtung aus Art. 249 Abs. 3 EGV (Art. 189 Abs. 3 EGV), so sei ein Entschädigungsanspruch unter den drei folgenden Voraussetzungen zu bejahen:
– Erstens müsse das durch die Richtlinie vorgeschriebene Ziel die Verleihung von Rechten an Einzelne vorsehen.
– Ferner sei erforderlich, dass der Inhalt dieser Rechte auf der Grundlage der Richtlinien bestimmt werden könne.
– Schließlich müsse ein Kausalzusammenhang zwischen dem Verstoß gegen die dem Staat auferlegte Verpflichtung und dem dem Geschädigten entstandenen Schaden bestehen.[499]
– Im Übrigen sei es Sache der nationalen Rechtsordnung der einzelnen Mitgliedstaaten, die zuständigen Gerichte zu bestimmen und das Verfahren für die Klagen auszugestalten. Die im Schadensersatzrecht der einzelnen Mitgliedstaaten festgelegten materiellen und formellen Bedingungen dürften jedoch nicht ungünstiger sein als bei ähnlichen Klagen, die nur nationales Recht betreffen. Den Betroffenen dürfe es insbesondere nicht praktisch unmöglich gemacht oder übermäßig erschwert werden, die Entschädigung zu erlangen.[500]

(c) Analyse des Urteils. Mit seiner Entscheidung in der Rechtssache Francovich hat der EuGH einen gemeinschaftsrechtlichen Staatshaftungsanspruch des Einzelnen wegen

---

[497] A. a. O., S. 5408 ff.
[498] A. a. O., S. 5414.
[499] A. a. O., S. 5415.
[500] A. a. O., S. 5416.

Verstoßes gegen das Gemeinschaftsrecht anerkannt. Er leitet den Grundsatz einer Staatshaftung für Schäden, die dem Einzelnen durch dem Staat zurechenbare Verstöße gegen das Gemeinschaftsrecht entstehen, primär aus dem Wesen der mit dem EG-Vertrag geschaffenen Rechtsordnung ab.[501] Der Grundsatz der Staatshaftung wird somit auf Richterrecht gestützt. Damit stellt sich die Frage, ob der EuGH noch im Rahmen der ihm zugewiesenen Kompetenzen gehandelt hat.

268 *(aa) Zulässigkeit der Rechtsfortbildung. (aaa) Das Vorliegen einer Lücke.* Die Zulässigkeit der Begründung eines Staatshaftungsanspruchs im Wege richterlicher Rechtsfortbildung setzt zunächst eine **Lücke,** also eine planwidrige Unvollständigkeit des Regelungssystems voraus.[502]

269 Gegen die Annahme des EuGH, dass das Fehlen eines Staatshaftungsanspruches eine planwidrige Unvollständigkeit darstellt, spricht, dass die Väter des Vertrages bei der Regelung des Art. 228 EGV (Art. 171 EGV a. F.) davon Abstand genommen haben, Sanktionen vorzusehen. Dies legt den Schluss nahe, dass sie die Frage der Staatshaftung einer späteren Normierung vorbehalten wollten.[503] Gegen eine dem Vertrag immanente Staatshaftung spricht auch, dass Art. 288 Abs. 2 EGV (Art. 215 Abs. 2 EGV a. F.) nur die Haftung von Gemeinschaftsorganen, nicht aber die der Mitgliedstaaten regelt.[504] Schließlich ist der EuGH selbst noch bis zum Jahre 1975 davon ausgegangen, dass eine Staatshaftung der Mitgliedstaaten für Vertragsverletzungen im Vertrag nicht verankert ist.[505]

270 Andererseits ist auch zu berücksichtigen, dass das Recht, dessen Wahrung der EuGH zu sichern hat, nicht absolut oder statisch vorgegeben ist, sondern sich dynamisch weiterentwickelt.[506] Bei der Auslegung des Vertragstextes ist somit auch auf den aktuellen Kontext abzustellen.[507] Zu berücksichtigen ist also nicht nur der Wille des historischen Gesetzgebers sondern auch der Wille des heutigen Gesetzgebers, soweit sich der Gesetzgeber zu der ausstehenden oder einer ähnlichen Frage geäußert hat. In dieser Hinsicht ist im Hinblick auf eine Haftung der Mitgliedstaaten folgendes festzustellen: Seit Dezember 1990 tagte eine Regierungskonferenz zur politischen, Wirtschafts- und Währungsunion, die sich auch mit Überlegungen zur Reform der EG-Gerichtsbarkeit beschäftigte.[508] Im Dezember 1991 fasste die Konferenz dann den Beschluss, Art. 171 EGV (Art. 228 EGV n. F.) dahingehend zu ergänzen, dass gegen einen Mitgliedstaat, der einem Urteil nicht nachkommt, die Zahlung eines Pauschalbetrages oder Zwangsgeldes verhängt werden kann, wenn der EuGH zuvor festgestellt hat, dass der betreffende Mitgliedstaat seinem Urteil nicht nachgekommen ist. Diese Sanktionsmöglichkeit ist Bestandteil des neuen EG-Vertrages geworden.[509] Weitergehende Sanktionsmöglichkeiten, wie etwa die Staatshaftung für Vertragsverstöße, sind nicht in den Vertrag aufgenommen worden. Dies deutet ebenfalls darauf hin, dass die fehlende Regelung einer Staatshaftung im Vertrag keine planwidrige

---

[501] Art. 288 Abs. 2 EGV (Art. 215 Abs. 2 EGV a. F.) regelt die Haftung bei Pflichtverletzungen von Gemeinschaftsorganen, jedoch nicht bei Pflichtverletzung nationaler Organe. Eine Haftung der Mitgliedstaaten für durch die Verletzung gemeinschaftsrechtlicher Pflichten verursachte Schäden lässt sich aus dieser Vorschrift nicht ableiten; vgl. *Karl,* RIW 1991, S. 745, 750.

[502] Ausführlich zur Zulässigkeit sowie Voraussetzungen und Grenzen der richterlichen Rechtsfortbildung durch den EuGH s. unten § 9 Rn. 266.

[503] *Schlemmer-Schulte/Ukrow,* EuR 1992, S. 82, 91.

[504] *Dänzer-Vanotti,* RIW 1992, S. 733, 740.

[505] Vgl. BullEG, Beil. 9/75, S. 17, 18 f.

[506] S. dazu *Ress/Bieber,* in: Bieber/Ress, Dynamik, S. 13, 14; Grabitz/*Pernice,* Art. 164 EGV a. F., Rn. 8.

[507] *Dänzer-Vanotti,* RIW 1992, S. 733, 740; zur subjektiv-geltungszeitlichen Theorie s. *Wank,* Grenzen richterlicher Rechtsfortbildung, 1978, S. 59 ff., 60.

[508] *Karl,* RIW 1991, S. 745 ff.

[509] Vgl. Art. 171 EGV in der Fassung des Maastrichter Vertrages. Das Zwangsgeld kann jedoch nicht vollstreckt werden.

III. Der Europäische Gerichtshof   271–277 § 8

Lücke darstellt, sondern dass eine derartige Haftung von den Mitgliedstaaten auch heute nicht gewollt ist.[510]

Da es sich bei der Frage der Staatshaftung für Vertragsverstöße nicht um eine planwidrige Lücke, sondern allenfalls um ein Regelungsdefizit handelt, hat der EuGH die Grenzen der zulässigen Rechtsfortbildung überschritten. 271

Aber selbst wenn man das Vorliegen einer planwidrigen Lücke unterstellt, so bestehen Zweifel, ob der EuGH noch im Rahmen seiner Kompetenzgrenzen gehandelt hat. 272

(bbb) Zwingende Gebotenheit der Rechtsfortbildung. Da der Grundsatz der Staatshaftung eine Ergänzung des Vertrages bedeutet, stellt sich die Frage, ob die Rechtsfortbildung im vorliegenden Fall auch zwingend geboten war.[511] Dies ist dann anzunehmen, wenn andernfalls das Funktionieren der Gemeinschaft ernstlich gefährdet wäre. Wenn auch die Verstöße gegen das Gemeinschaftsrecht zugenommen haben,[512] kann gleichwohl noch nicht davon ausgegangen werden, dass die Vertragsverstöße ein das Funktionieren der Gemeinschaft ernsthaft gefährdendes Ausmaß erreicht hätten.[513] Hinzu kommt, dass mit der Begründung eines Staatshaftungsanspruches bei weitem nicht alle Verstöße gegen Gemeinschaftsrecht sanktioniert werden. Statt als Ersatzgesetzgeber tätig zu werden, hätte sich der EuGH daher im vorliegenden Fall zumindest darauf beschränken müssen, den Gesetzgeber zum unverzüglichen Handeln zu verpflichten. 273

(ccc) Wertende Rechtsvergleichung. Bei der Prüfung, ob eine konkrete Rechtsfortbildung zulässig ist, muss nicht nur das „Ob" der Rechtsfortbildung untersucht werden (Lücke und Beachtung der Gewaltenteilung), sondern auch deren „Wie".[514] 274

Bedenken bestehen im vorliegenden Fall gegen die Art und Weise der Rechtsfortbildung, da sich der EuGH zur Herleitung der gemeinschaftsrechtlichen Staatshaftung nicht der anerkannten Methode der wertenden Rechtsvergleichung bedient hat. Dies ist besonders deshalb verwunderlich, weil Art. 288 Abs. 2 EGV (Art. 215 Abs. 2 EGV a. F.) für den Bereich der außervertraglichen Haftung der Gemeinschaft ausdrücklich auf die Methode der Rechtsvergleichung verweist. Es wäre daher schon aus Gründen der inneren Legitimation des Staatshaftungsanspruchs geboten gewesen, auf die in Art. 288 Abs. 2 EGV (Art. 215 Abs. 2 EGV a. F.) vorgeschriebene Methode zurückzugreifen.[515] 275

Vergleicht man die Haftungsregelungen der einzelnen Mitgliedstaaten, so stellt man fest, dass zwar eine Staatshaftung zu den Prinzipien aller Mitgliedstaaten zählt, dass aber legislatives Handeln oder Unterlassen von der Staatshaftung in der Regel ausgenommen ist.[516] Die vom EuGH im Wege der Rechtsfortbildung geschaffene Staatshaftung für legislatives Unterlassen (Nichtumsetzung der Zahlungsunfähigkeits-Richtlinie) lässt sich somit auch nicht aus einer rechtsvergleichenden Wertung der Haftungsregelungen in den Mitgliedstaaten herleiten. 276

(bb) Art. 10 EGV (Art. 5 EGV a. F.) zur Begründung der Staatshaftung. Der EuGH stützt den Grundsatz der Staatshaftung ergänzend auf die in Art. 10 EGV (Art. 5 EGV a. F.) verankerte Pflicht zur Gemeinschaftstreue. Art. 10 EGV (Art. 5 EGV a. F.) ist jedoch inhaltlich zu unbestimmt, als dass man aus dieser Vorschrift einen unmittelbaren Haftungsanspruch für Schäden ableiten könnte, die dem Einzelnen durch dem Staat zurechenbare 277

---

[510] Wie hier verneinen eine planwidrige Lücke *Bobke-von Camen/Veit,* RdA 1993, S. 333, S. 339; *Dänzer-Vanotti,* RIW 1992, S. 733, 740; *Ossenbühl,* DVBl. 1992, S. 993, 995; *Schlemmer-Schulte/Ukrow,* EuR 1992, S. 82, 91.
[511] Näher zu diesem Merkmal unten § 9 Rn. 276.
[512] Vgl. die alljährlichen Berichte der Kommission an das Parlament über die Kontrolle der Anwendung des Gemeinschaftsrechts.
[513] *Karl,* RIW 1992, S. 440, 445.
[514] Näher zur Art und Weise der Lückenausfüllung unten § 9 Rn. 280.
[515] *Schlemmer-Schulte/Ukrow,* EuR 1992, S. 82, 91.
[516] *Schockweiler,* RTDE 1990, S. 27 ff.; für das deutsche Recht vgl. BGHZ 100, S. 136 ff.; BGHZ 102, S. 350 ff.; *Schenke,* Rechtsschutz bei normativem Unrecht, 1979, S. 332 ff.

Verstöße gegen das Gemeinschaftsrecht entstehen.[517] Dies gilt zumindest solange, wie das Ermessen der Mitgliedstaaten im konkreten Fall nicht auf Null reduziert ist. Nach Art. 10 EGV (Art. 5 EGV a. F.) bleibt es nämlich den Mitgliedstaaten überlassen, die jeweils geeigneten Maßnahmen zur Erfüllung der Verpflichtungen, die sich aus diesem Vertrag oder aus Handlungen der Organe der Gemeinschaft ergeben, zu treffen. Der Staatshaftungsanspruch, wie er vom EuGH ausgestaltet wurde, ist jedoch nicht die einzige mögliche Form der Rechtsschutzgewährung. Art. 10 EGV (Art. 5 EGV a. F.) scheidet daher als Grundlage für einen Staatshaftungsanspruch ebenfalls aus.[518]

278 *(cc) Voraussetzungen der Staatshaftung.* Folgt man dem EuGH und bejaht man einen Staatshaftungsanspruch dem Grundsatz nach, so stellt sich die Frage nach dessen Voraussetzungen. Dem Vorschlag des Generalanwalts *Mischo* in seinen Schlussanträgen, Schadensersatz durch ein nationales Gericht wegen Verletzung des Gemeinschaftsrechts durch einen Mitgliedstaat nach den gleichen Bedingungen zu gewähren, unter denen eine Haftung der Gemeinschaft beansprucht werden kann,[519] ist der EuGH nicht gefolgt. Der EuGH verzichtet auch darauf, darzulegen, woraus er die von ihm aufgestellten Haftungsvoraussetzungen ableitet; stattdessen begnügt er sich mit der Feststellung, dass die Voraussetzungen der Staatshaftung von der Art des Verstoßes gegen das Gemeinschaftsrecht abhängen.

279 Die Ausführungen des EuGH zu den Voraussetzungen der Staatshaftung sind zudem so kurz gehalten, dass schon jetzt neue Vorlagefragen an den EuGH vorprogrammiert sind. Im Folgenden seien nur einige dieser offen gebliebenen Fragen angeschnitten.

280 Der EuGH führt in seinem Urteil als erste Voraussetzung für die Staatshaftung bei einem Verstoß gegen die Verpflichtung zur Umsetzung einer Richtlinie an, dass das durch die Richtlinie vorgeschriebene Ziel die **Verleihung** von **Rechten an einzelne** umfasst. Was unter „Verleihung von Rechten an einzelne" in diesem Sinne zu verstehen ist, lässt der EuGH jedoch offen.[520]

281 Nach den Feststellungen des EuGH setzt die Haftung des Mitgliedstaates voraus, dass der Verstoß gegen die ihm auferlegte Verpflichtung kausal für den dem Geschädigten entstandenen Schaden ist. Fraglich ist, ob von einer **Kausalität** auch dann noch gesprochen werden kann, wenn der Einzelne das ihm durch die Richtlinie verliehene Recht unmittelbar vor den Gerichten der Mitgliedstaaten geltend machen kann. Die Tatsache, dass der EuGH zunächst eine Prüfung der unmittelbaren Wirkung der Bestimmungen der Zahlungsunfähigkeits-Richtlinie vornimmt, deutet darauf hin, dass der Entschädigungsanspruch nur dann in Betracht kommt, wenn eine Richtlinienbestimmung der unmittelbaren Wirkung nicht zugänglich ist.[521] Ausdrücklich nimmt der EuGH zu dieser Frage jedoch nicht Stellung.

282 Offen gelassen hat der EuGH auch die Fragen, ob ein Staatshaftungsanspruch ein die Vertragsverletzung feststellendes Urteil des Gerichtshofs voraussetzt[522] und ob ein rechtswidriges Verhalten des Staates genügt, um dessen Haftung auszulösen.[523]

---

[517] *Dauses,* in: Bieber/Ress, Dynamik, S. 229, 234; Grabitz/Hilf/*Grabitz,* Art. 5 EGV a.F., Rn. 6; *Karl,* RIW 1992, S. 440, 441.

[518] Im Ergebnis ebenso *Karl,* RIW 1992, S. 440, 441; *Ossenbühl,* DVBl. 1992, S. 993, 995; a.A. *Schlemmer-Schulte/Ukrow,* EuR 1992, S. 82, 85.

[519] Schlussanträge vom 28. 5. 1991, Slg. 1991, S. 5357, 5395.

[520] Nach den Ausführungen des Generalanwalts *Mischo* in seinen Schlussanträgen vom 28. 5. 1991 (Slg. 1991, S. 5357, 5398) braucht es sich nicht um subjektive Rechte der geschädigten Personen zu handeln, sondern es müssen lediglich schutzwürdige Interessen des Einzelnen betroffen sein; enger dagegen *Schockweiler,* EuR 1993, S. 107, 114.

[521] So auch *Ossenbühl,* DVBl. 1992, S. 993, 996; *Nettesheim,* DÖV 1992, S. 999, 1002; *Schlemmer-Schulte/Ukrow,* EuR 1992, S. 82, 89; a.A. *Geiger,* DVBl. 1993, S. 465, 471.

[522] Verneinend *Schockeweiler,* EuR 1993, S. 113, 115, wonach die Vertragsverletzung auch vom nationalen Richter festgestellt werden könne, sei es mit oder ohne vorherige Einschaltung des EuGH.

[523] Aus dem Schweigen des EuGH zur Verschuldensfrage wird im Schrifttum geschlussfolgert, dass entscheidend auf die rechtswidrigen Folgen eines Verstoßes gegen das Gemeinschaftsrecht abzustellen sei; so *Hailbronner,* JZ 1992, S. 284, 288; einschränkend *Ossenbühl,* DVBl. 1992, S. 993, 996.

III. Der Europäische Gerichtshof

Zusammenfassend lässt sich feststellen, dass nicht nur die Begründung des gemeinschaftsrechtlichen Staatshaftungsanspruchs durch den EuGH auf tönernen Füßen steht, sondern dass auch die Ausführungen zu den Voraussetzungen der Staatshaftung auf erhebliche Zweifel stoßen.

(2) Das Bötel-Urteil

(a) Sachverhalt. In der Rechtssache Bötel hat das LAG Berlin dem Gerichtshof im Vorabentscheidungsverfahren eine Frage nach der Auslegung des Art. 141 EGV (Art. 119 EGV a. F.) und der Richtlinie 75/117/EWG des Rates vom 10. 2. 1975 zur Angleichung der Rechtsvorschriften der Mitgliedstaaten über die Anwendung des Grundsatzes des gleichen Entgelts für Männer und Frauen vorgelegt.[524]

Diese Frage stellte sich in einem Rechtsstreit über die Vergütung, die die Klägerin (Frau Bötel), eine teilzeitbeschäftigte Hauspflegerin, von ihrem Arbeitgeber forderte. Die Klägerin war mit einer durchschnittlichen wöchentlichen Arbeitszeit von 29,25 Stunden beschäftigt. Seit 1985 war die Klägerin Vorsitzende des Betriebsrats. Im Jahr 1989 nahm sie an sechs Schulungsveranstaltungen teil, die für die Betriebsratsarbeit erforderliche Kenntnisse i. S. von § 37 Abs. 6 BetrVG vermittelten. Der Arbeitgeber bezahlte der Klägerin entsprechend ihrer individuellen Arbeitszeit die auf Grund der Schulungsveranstaltungen nicht geleisteten Arbeitsstunden. Für die außerhalb ihrer individuellen Arbeitszeit geleisteten Fortbildungsstunden erhielt die Klägerin dagegen keine Vergütung. Wäre die Klägerin vollzeitbeschäftigt gewesen, so hätte die Beklagte der Klägerin nach § 37 Abs. 2 i. V. mit Abs. 6 BetrVG eine Vergütung innerhalb der Grenzen der vollen Arbeitszeit gewähren müssen, d. h. in Höhe einer zusätzlichen Bezahlung von 50,3 Stunden.

Die Klägerin erhob Klage auf Vergütung dieser zusätzlichen Stunden in Form von bezahlter Arbeitsfreistellung oder in Form einer Bezahlung von Überstunden. Das mit dem Rechtsstreit befasste Landesarbeitsgericht Berlin beschloss, das Verfahren auszusetzen und dem EuGH die Frage vorzulegen, ob der in Art. 141 EGV (Art. 119 EGV a. F.) und in der Richtlinie 75/117/EWG niedergelegte Grundsatz des gleichen Entgelts insoweit, als teilzeitbeschäftigte Betriebsratsmitglieder in der Regel Frauen sind, der Anwendung einer nationalen Regelung entgegensteht, die die Vergütung, die teilzeitbeschäftigte Betriebsratsmitglieder von ihrem Arbeitgeber bei Teilnahme an Betriebsratsschulungen zu erhalten haben, auf ihre individuelle Arbeitszeit beschränkt, während vollzeitbeschäftigte Betriebsratsmitglieder bei Teilnahme an denselben Schulungsveranstaltungen eine Vergütung bis in Höhe der Vergütung für Vollarbeitszeit erhalten.

(b) Urteilsgründe. In seinem Vorabentscheidungsurteil vom 4. 6. 1992[525] prüft der EuGH, ob eine dem § 37 Abs. 2 i. V. mit Abs. 6 BetrVG entsprechende nationale Regelung über die Vergütung von Schulungsveranstaltungen, die für die Betriebsratstätigkeit erforderliche Kenntnisse vermitteln, eine nach Art. 141 EGV (Art. 119 EGV a. F.) unzulässige mittelbare Diskriminierung von Frauen darstellt.

Der EuGH geht zunächst auf die Frage ein, ob die Vergütung in Form von bezahlter Arbeitsfreistellung oder der Bezahlung von Überstunden für Betriebsratsschulungen unter den Begriff des „**Entgelts**" i. S. des **Art. 141 EGV (Art. 119 EGV a. F.)** und der Richtlinie 75/117/EWG fällt. Er bejaht dies mit dem Hinweis, dass derartige Vergütungen auf Grund von Rechtsvorschriften und auf Grund eines Arbeitsverhältnisses gezahlt würden. Die Betriebsratsmitglieder hätten nämlich notwendigerweise die Eigenschaft von Arbeitnehmern des Betriebs und seien damit betraut, für die Interessen des Personals einzutreten. Darüber hinaus solle die Vergütung, die auf Grund einer Regelung wie der im Ausgangsverfahren streitigen gezahlt werde, den Betriebsratsmitgliedern ein Einkommen

---

[524] Entscheidung vom 30. 1. 1990, DB 1991, S. 49 ff.
[525] Rs. 360/90 = Slg. 1992, S. 3589 = AP Nr. 39 zu Art. 119 EWG-Vertrag = DB 1992, S. 1481 = NZA 1992, S. 687.

sichern, selbst wenn sie während der Dauer von Schulungsveranstaltungen keine in ihrem Arbeitsvertrag vorgesehene Tätigkeit ausübten.

289 Sodann stellt der EuGH fest, dass teilzeitbeschäftigte Betriebsratsmitglieder in Anwendung der nationalen Regelung bezüglich der Vergütung bei der Teilnahme an Schulungsveranstaltungen **anders behandelt** würden als vollzeitbeschäftigte Betriebsratsmitglieder. Begründet wird dies damit, dass teilzeit- und vollzeitbeschäftigte Betriebsratsmitglieder die gleiche Stundenzahl für die Teilnahme an den Schulungsveranstaltungen aufwenden, die teilzeitbeschäftigten Betriebsratsmitglieder bei Schulungsveranstaltungen, die über die individuelle Arbeitszeit hinausgehen, jedoch eine niedrigere Vergütung erhalten als vollzeitbeschäftigte Betriebsratsmitglieder. Dieser Unterschied in der Behandlung der teilzeitbeschäftigten Betriebsratsmitglieder stehe im Widerspruch zu Art. 141 EGV (Art. 119 EGV a. F.) und zur Richtlinie 75/117/EWG, wenn sich herausstellen sollte, dass unter den Betriebsratsmitgliedern ein erheblich geringerer Prozentsatz Frauen vollzeitbeschäftigt ist als Männer. Etwas anderes gelte jedoch dann, wenn die Ungleichbehandlung durch Umstände zu erklären sei, die eine Diskriminierung auf Grund des Geschlechts ausschlössen.

290 Das von der deutschen Regierung geltend gemachte Argument, dass nach nationalem Recht die Vergütung bei Teilnahme an Schulungsveranstaltungen allein nach Maßgabe der nicht geleisteten Arbeitsstunden berechnet werde, hat der EuGH als Rechtfertigung für die Ungleichbehandlung nicht ausreichen lassen.[526]

291 **(c) Analyse des Urteils.** Das Bötel-Urteil des EuGH hat im Schrifttum sowohl Zustimmung[527] als auch Ablehnung[528] erfahren. Im Folgenden soll geprüft werden, ob der EuGH zu Recht angenommen hat, dass eine dem § 37 Abs. 6 i.V. mit Abs. 2 BetrVG entsprechende nationale Regelung gegen den Grundsatz des gleichen Entgelts verstößt, soweit sie teilzeitbeschäftigten Betriebsratsmitgliedern für die Teilnahme an Schulungen keinen Anspruch darauf gewährt, die über die normale Arbeitszeit hinausgehenden Stunden entweder als Freizeit oder als Überstunden vergütet zu bekommen.[529]

292 (aa) *„Gleiches Entgelt"* bei *„gleicher Arbeit".* Art. 141 EGV (Art. 119 EGV a. F.) stellt den Grundsatz des gleichen Entgelts für Männer und Frauen bei gleicher Arbeit auf. Bei der Teilnahme an Betriebsratsschulungen handelt es sich jedoch nicht um „Arbeit" i.S. des Art. 141 EGV (Art. 119 EGV a. F.).[530] Charakteristikum der Arbeit ist – jedenfalls nach der Rechtsprechung des EuGH –, dass sie für einen anderen „nach dessen Weisung" erbracht wird.[531] Das Amt eines Betriebsratsmitglieds stellt nach § 37 Abs. 1 BetrVG ein unentgeltliches Ehrenamt dar. Mit dieser Rechtsstellung der Betriebsratsmitglieder ist es jedoch

---

[526] Der EuGH hat seine Bötel-Rechtsprechung in seinen Folgeentscheidungen vom 6. 2. 1996 in der Rechtssache Leuwark (Slg. 1996, S. 243 = NZA 1996, S. 319) sowie vom 7. 3. 1996 in der Rechtssache Freers und Speckmann (Slg. 1996, S. 165 = NZA 1996, S. 430); dazu u. a. *Schlachter*, Anm. zu EAS Art. 119 EG-Vertrag, Nr. 39), bestätigt.

[527] Vgl. u. a. *Bobke-von Camen/Veit*, RdA 1993, S. 333, 334 ff.; *Dieball*, AuR 1992, S. 383 f.; *Kuster*, AiB 1992, S. 528 ff.; *Mauer*, NZA 1993, S. 56 ff.

[528] Vgl. u. a. *Blomeyer*, EWiR § 119 EWG 1/1993, S. 45 f.; *Buchner*, ZfA 1993, S. 279, 326 ff.; *Clever*, Deutsche Angestelltenversicherung 1993, S. 71, 73; *Erasmy*, Arbeitgeber 1992, S. 1005 ff.; *Schiefer*, DB 1993, S. 38, 41 f.; *ders.*, DB 1993, S. 1822 ff.; *Schiefer/Erasmy*, DB 1993, S. 1482 ff.; *Sowka*, DB 1992, S. 2030, 2032.

[529] Nach ständiger Rechtsprechung des Bundesarbeitsgerichts gewährt § 37 Abs. 6 i. V. mit Abs. 2 BetrVG keinem Betriebsratsmitglied einen Anspruch auf Ausgleich der Freizeit, die es für eine außerhalb seiner individuellen Arbeitszeit liegende Schulung aufgewandt hat; vgl. BAGE 25, S. 305, 307 ff.; BAG AP Nr. 31 zu § 37 BetrVG 1972; BAGE 65, S. 238, 241.

[530] Der EuGH hat sich in seinen Entscheidungsgründen lediglich mit dem Begriff des „Entgelts", nicht aber mit dem Begriff der „Arbeit" i. S. des Art. 141 EGV (Art. 119 EGV a. F.) auseinandergesetzt.

[531] Vgl. auch die Rechtsprechung des EuGH zum Arbeitnehmerbegriff i. S. des Art. 39 EGV (Art. 48 EGV a. F.); s. dazu unten § 14 Rn. 3 ff.

III. Der Europäische Gerichtshof   293–295 § 8

nicht vereinbar, die Ausübung der Betriebsratstätigkeit, wozu auch die Teilnahme an Schulungen gehört, als weisungsgebundene Arbeit anzusehen.[532]

(bb) Ungleichbehandlung. Aber selbst wenn man unterstellt, dass die ehrenamtliche Betriebsratstätigkeit und damit auch die Teilnahme an Betriebsratsschulungen als Arbeit i. S. des Art. 141 EGV (Art. 119 EGV a. F.) anzusehen ist, so würde eine gegen den Grundsatz des gleichen Entgelts bei gleicher Arbeit verstoßende mittelbare Diskriminierung voraussetzen, dass die teilzeitbeschäftigten Betriebsratsmitglieder hinsichtlich der Vergütung bei der Teilnahme an Schulungsveranstaltungen anders behandelt werden als vollzeitbeschäftigte Betriebsratsmitglieder. Dass der EuGH eine solche Ungleichbehandlung bejaht hat, beruht darauf, dass er von einer systematisch verfehlten Betrachtungsweise ausgeht. Betriebsratsmitglieder erhalten nämlich unabhängig davon, ob sie voll- oder teilzeitbeschäftigt sind, keine Vergütung für die Teilnahme an Betriebsratsschulungen. § 37 Abs. 6 BetrVG in der damals geltenden Fassung (vgl. jetzt § 37 Abs. 6 S. 2) schützte die Betriebsratsmitglieder lediglich davor, dass sie durch die Ausübung ihrer Tätigkeit eine Schmälerung ihres Arbeitseinkommens erleiden (Lohnausfallprinzip).[533] Voll- und teilzeitbeschäftigte Betriebsratsmitglieder wurden somit völlig gleich behandelt,[534] so dass § 37 Abs. 6 i. V. mit Abs. 2 BetrVG auch unter diesem Gesichtspunkt keine gegen Art. 141 EGV (Art. 119 EGV a. F.) oder die Richtlinie 75/117/EWG verstoßende mittelbare Diskriminierung von Frauen enthielt.

(cc) Erheblich geringerer Frauenanteil. Unberechtigt ist die im Schrifttum[535] erhobene Kritik, der EuGH sei von der unzulässigen Annahme ausgegangen, dass unter den teilzeitbeschäftigten Betriebsratsmitgliedern der Frauenanteil deutlich überwöge. Richtig ist vielmehr, dass der EuGH einen Verstoß gegen den Grundsatz des gleichen Entgelts für gleiche Arbeit nur für den Fall bejaht hat, dass „sich herausstellen sollte, dass unter den Betriebsratsmitgliedern ein erheblich geringerer Prozentsatz Frauen beschäftigt ist als Männer …". Das Vorliegen dieser Voraussetzung wird somit nicht unterstellt, sondern ist vielmehr vom vorlegenden nationalen Gericht festzustellen. Problematisch ist diese Feststellung jedoch zum einen deshalb, weil der EuGH offen lässt, was unter einem „erheblich geringeren Prozentsatz" zu verstehen ist. Zum anderen ist darauf hinzuweisen, dass das Zahlenverhältnis kein geeignetes materielles Kriterium ist, sondern dass es nur Indizcharakter hat.[536]

(dd) Objektive Rechtfertigung. Kritik verdient die Entscheidung des EuGH auch insoweit, als sie das § 37 Abs. 6 i. V. mit Abs. 2 BetrVG zugrunde liegende **Lohnausfallprinzip** als Rechtfertigungsgrund für eine (vermeintliche) Ungleichbehandlung von voll- und teilzeitbeschäftigten Betriebsratsmitgliedern zurückweist. Das Lohnausfallprinzip folgt aus der Entscheidung des deutschen Gesetzgebers, das Betriebsratsamt als unentgeltliches Ehrenamt[537] auszugestalten. Damit wollte der Gesetzgeber im Interesse einer sachbezogenen

---

[532] Zutreffend das Bundesarbeitsgericht in seinem Vorlagebeschluss vom 20. 10. 1993, AP Nr. 91 zu § 37 BetrVG = DB 1994, S. 334 = NZA 1994, S. 278; mit diesem Beschluss hat das BAG den EuGH im Vorabentscheidungsverfahren gem. Art. 234 EGV (Art. 177 EGV a. F.) zur Entscheidung folgender Frage angerufen: „Hindert das Verbot der mittelbaren Geschlechtsdiskriminierung beim Arbeitsentgelt (Art. 119 EGV und die Richtlinie 75/117/EWG des Rates vom 10. 2. 1975 zur Angleichung der Rechtsvorschriften der Mitgliedstaaten über die Anwendung des Grundsatzes des gleichen Entgelts für Männer und Frauen) den nationalen Gesetzgeber, das Betriebsratsamt als unentgeltlich zu führendes Ehrenamt auszugestalten und die Betriebsratsmitglieder lediglich vor Einkommenseinbußen zu schützen, die sie sonst durch betriebsratsbedingte Versäumung von Arbeitszeit erleiden würden?"
[533] *Fitting/Kaiser/Heither/Engels,* § 37 BetrVG, Rn. 72 f.
[534] BAG AP Nr. 91 zu § 37 BetrVG; *Buchner,* ZfA 1993, S. 279, 326 f.; *Schiefer,* DB 1993, S. 38, 42; *Sowka,* DB 1992, S. 2030.
[535] *Schiefer/Erasmy,* DB 1981, S. 1983.
[536] Näher dazu unten § 16 Rn. 25 ff.
[537] § 37 Abs. 1 BetrVG a. F.

Betriebsratsarbeit die Unabhängigkeit des Betriebsrats höher bewerten als wirtschaftliche Anreize für die Übernahme des Betriebratsamts.[538] Dieser sozialpolitischen Entscheidung des Gesetzgebers liegen somit objektive Faktoren zugrunde, die nichts mit einer Diskriminierung wegen des Geschlechts zu tun haben.[539] Der EuGH hat daher zu Unrecht die dem Lohnausfallprinzip zugrunde liegende Zielsetzung des Gesetzgebers als Rechtfertigung für eine vermeintliche Ungleichbehandlung verworfen.

296   Das BAG hat in seiner Umsetzungsentscheidung vom 5. 3. 1997[540] entschieden, dass der Ausschluss vom Freizeitausgleich für die Teilnahme an einer Betriebsratsschulung i. S. des § 37 Abs. 6 BetrVG außerhalb der persönlichen Arbeitszeit zwar die teilzeitbeschäftigten weiblichen Mitglieder eines Betriebsrats mittelbar diskriminiere, diese Diskriminierung jedoch durch objektive Gründe gerechtfertigt sei. Die Ausgestaltung des Betriebsratsamts als unentgeltliches Ehrenamt und die damit verfolgten gesetzgeberischen Anliegen dienten einem legitimen sozialpolitischen Ziel. Der Ausschluss von Ausgleichsansprüchen für teilzeitbeschäftigte Betriebsratsmitglieder und die damit einhergehende Ungleichbehandlung sei zudem zur Erreichung des rechtfertigenden Ziels geeignet und erforderlich i. S. der Rechtsprechung des EuGH. An die abweichenden Überlegungen des EuGH in seinem Vorabentscheidungsurteil vom 6. 2. 1996 in der Rechtssache Leuwark sei der Senat nicht gebunden, da diese nicht die Auslegung des Gemeinschaftsrechts beträfen.

(3) Das Paletta-Urteil

297   **(a) Sachverhalt.** In der Rechtssache Paletta hat das Arbeitsgericht Lörrach mit Beschluss vom 31. Januar 1990[541] dem EuGH mehrere Fragen nach der Auslegung des Art. 18 der Verordnung (EWG) Nr. 574/72 des Rates vom 21. März 1972 über die Durchführung der V0 Nr. 1408/71 zur Anwendung der Systeme der sozialen Sicherheit auf Arbeitnehmer und deren Familien, die innerhalb der Gemeinschaft zu- und abwandern,[542] zur Vorabentscheidung vorgelegt.

298   Diese Fragen stellten sich in einem Rechtsstreit des Vittorio Paletta, seiner Ehefrau Raffaela sowie ihrer beiden Kinder Carmela und Alberto, die alle italienische Staatsangehörige sind (im Folgenden: Kläger), gegen ihren Arbeitgeber, die in der Bundesrepublik niedergelassene Brennet AG (im Folgenden: Beklagte) über die Weigerung der Beklagten gem. dem Lohnfortzahlungsgesetz vom 27. Juli 1969[543] (LohnFG), den Lohn der Kläger fortzuzahlen.

299   Alle vier Kläger des Ausgangsverfahrens hatten sich während des ihnen von der Beklagten bewilligten Urlaubs für die Zeit vom 17. 7. bis zum 12. 8. 1989 krank gemeldet. Sie legten dem Arbeitgeber und der deutschen Krankenkasse Arbeitsunfähigkeitsbescheinigungen vor, die von der italienischen Gesundheitsverwaltung und von italienischen Ärzten stammten. Die Beklagte, bei der sich die Kläger schon in den vergangenen Jahren in gleicher Weise arbeitsunfähig krank gemeldet hatten, verweigerte die Lohnfortzahlung, weil sie der Auffassung war, sie sei an die im Ausland getroffenen ärztlichen Feststellungen, an deren Richtigkeit sie ernstliche Zweifel hatte, nicht gebunden.

300   Die Kläger riefen gegen diese Entscheidungen das Arbeitsgericht Lörrach an und machten geltend, da die Beklagte von der in Art. 18 Abs. 5 VO Nr. 574/72 vorgesehenen Befugnis, durch einen Arzt ihrer Wahl die Kläger untersuchen zu lassen, nicht Gebrauch gemacht habe, sei sie in tatsächlicher und rechtlicher Hinsicht an die vom Träger des

---

[538] BAG AP Nr. 91 zu § 37 BetrVG.
[539] BAG AP Nr. 91 zu § 37 BetrVG; *Buchner*, ZfA 1993, S. 279, 327 f.; *Schiefer*, DB 1993, S. 38, 42; *Schiefer/Erasmy*, DB 1992, S. 1482, 1483 f.; *Sowka*, DB 1992, S. 2030, 2032.
[540] BAG AP Nr. 1123 zu § 37 BetrVG 1972 = DB 1998, S. 373.
[541] DB 1990, S. 1875.
[542] ABl. L 74, S. 1; nachfolgend VO Nr. 574/72 abgekürzt.
[543] BGBl. I, S. 946; die Entgeltfortzahlung im Krankheitsfall ist nunmehr im Entgeltfortzahlungsgesetz vom 26. 5. 1994 (BGBl. I S. 1014) geregelt.

III. Der Europäische Gerichtshof

Wohnorts getroffenen ärztlichen Feststellungen über den Eintritt und die Dauer der Arbeitsunfähigkeit gebunden.

Die Vorabentscheidungsfragen des vorlegenden Gerichts gehen im Wesentlichen dahin, 301 ob Art. 18 Abs. 1 bis 4 VO Nr. 574/72 dahin auszulegen ist, dass der zuständige Träger – auch wenn es sich dabei um den Arbeitgeber und nicht um einen Träger der sozialen Sicherheit handelt – in tatsächlicher und rechtlicher Hinsicht an die vom Träger des Wohn- oder Aufenthaltsorts getroffenen ärztlichen Feststellungen über den Eintritt und die Dauer der Arbeitsunfähigkeit gebunden ist, sofern er die betreffende Person nicht durch einen Arzt seiner Wahl untersuchen lässt, wozu ihn Art. 18 Abs. 4 VO Nr. 574/72 ermächtigt.

(b) Urteilsgründe. Mit Urteil vom 3. 6. 1992[544] stellt der EuGH zunächst fest, dass 302 Art. 18 VO Nr. 574/72, der die Lage von Arbeitnehmern regelt, die in einem anderen Mitgliedstaat als dem zuständigen Staat wohnen, auf Grund der Verweisung in Art. 24 derselben Verordnung auch für Arbeitnehmer gilt, die während eines Aufenthalts in einem anderen Mitgliedstaat erkranken.

Sodann prüft der EuGH, ob die vom Arbeitgeber im Rahmen der Lohnfortzahlung 303 gem. § 1 LohnFG gewährten Leistungen **„Leistungen bei Krankheit"** i. S. der Verordnung (EWG) Nr. 1408/71 des Rates vom 14. Juni 1987 zur Anwendung der Systeme der sozialen Sicherheit auf Arbeitnehmer und deren Familien, die innerhalb der Gemeinschaft zu- und abwandern,[545] sind. Der EuGH bejaht dies. Zwar habe er im Urteil vom 13. Juli 1989[546] in der Rechtssache Rinner-Kühn entschieden, dass die Fortzahlung des Arbeitnehmerlohns im Krankheitsfall nach dem Lohnfortzahlungsgesetz unter den Entgeltbegriff i. S. des Art. 141 EGV (Art. 119 EGV a. F.) falle. Daraus folge jedoch nicht, dass die vom Arbeitgeber in diesem Zusammenhang gewährten Leistungen nicht gleichzeitig Leistungen bei Krankheit i. S. der VO Nr. 1408/71 darstellen könnten. Die Antwort auf die Frage, ob eine Leistung in den Anwendungsbereich der VO Nr. 1408/71 falle, hänge im Wesentlichen von den grundlegenden Merkmalen dieser Leistung ab, insbesondere von ihrer Zielsetzung und den Voraussetzungen ihrer Gewährung, nicht dagegen davon, ob sie nach den nationalen Rechtsvorschriften als eine Leistung der sozialen Sicherheit angesehen würde.[547] In diesem Zusammenhang sei festzustellen, dass die streitigen Leistungen dem Arbeitnehmer nur im Krankheitsfall gewährt würden und dass bei ihrer Gewährung bis zur Dauer von sechs Wochen die Zahlung des im Sozialgesetzbuch vorgesehenen Krankengeldes, bei dem es sich unstreitig um Leistungen bei Krankheit handele, ruhe. Da die Qualifizierung einer Leistung als Leistung der sozialen Sicherheit nicht von der Art ihrer Finanzierung abhänge, sei es auch unerheblich, dass diese Leistungen finanziell zu Lasten des Arbeitgebers gingen.

Der EuGH geht sodann auf die Frage ein, ob Art. 18 VO Nr. 574/72 auch anwendbar 304 ist, wenn Leistungen bei Krankheit **vom Arbeitgeber** gewährt werden. Auch diese Frage wird vom EuGH bejaht. Zur Begründung führt der EuGH an, dass der Arbeitgeber nach Art. 1 Buchst. o Ziff. iv VO Nr. 1408/71 als ein „zuständiger Träger" i. S. dieser Verordnung angesehen werden könne. Da die Definition des Art. 1 VO Nr. 1408/71 in die

---

[544] EuGH, Entsch. v. 3. 6. 1992, Rs. 45/90, AP Nr. 1 zu Art. 18 EG-Verordnung Nr. 574/72 = EuZW 1992, S. 480 = NJW 1992, S. 2687 = NZA 1992, S. 735 = EzA § 3 LFZG Nr. 16 = AR-Bl. Krankheit III A = BB 1992, S. 1721; s. zu dieser Entsch. *Abele*, EuZW 1992, S. 482; *Berenz*, DB 1992, S. 2242; *Bobke-von Camen/Veit*, RdA 1993, S. 333; *Buchner*, ZfA 1993, S. 279; *Erasmy*, Arbeitgeber 1992, S. 856; *Marschner*, Anm. EzA § 3 LFZG Nr. 16; *Reuter*, DWiR 1992, S. 373; *Schiefer*, DB 1993, S. 38; *Steinmeyer*, FS für Kissel, 1994, S. 1165; *Wank*, Anm. AR-Bl. Krankheit III A E Nr. 164; *Zuleeg*, AuR 1994, S. 77, 81; s. auch die Folgeentscheidung EuGH, Entsch. v. 2. 5. 1996 AP Nr. 13 zu Art. 18 EWG-Verordnung Nr. 572/72 m. Anm. *Wank*, gemeinsam mit *Börgmann*.
[545] ABl. L 149, S. 2; nachfolgend VO 1408/71 abgekürzt.
[546] EuGH, Rs. 171/88, Slg. 1989, S. 2743.
[547] Unter Berufung auf EuGH (Hoeckx), Rs. 249/83, Slg. 1985, S. 973; s. zu diesem Punkt *Steinmeyer*, FS für Kissel, 1994, S. 1165, 1170.

Verordnung 574/72 übernommen worden sei (Art. 1 Buchst. c VO Nr. 574/72), habe der Begriff „zuständiger Träger" i. S. von Art. 18 VO Nr. 574/72 in beiden Verordnungen dieselbe Bedeutung. Art. 18 VO Nr. 574/72 gelte daher auch dann, wenn der zuständige Träger der Arbeitgeber sei. Diese Auslegung sei umso mehr geboten, als sie der Zielsetzung des Art. 18 VO Nr. 574/72 entspreche, die insbesondere darin bestehe, Beweisschwierigkeiten für einen Arbeitnehmer zu vermeiden, dessen Arbeitsfähigkeit in der Zwischenzeit wiederhergestellt sei, und damit eine größere Freizügigkeit der Wanderarbeitnehmer zu fördern, die eine der Grundlagen der Gemeinschaft darstelle.[548] Der EuGH verwirft im Folgenden die von der Beklagten sowie der deutschen und der niederländischen Regierung vorgetragene Argumentation, der Arbeitgeber sei nicht in allen Fällen in der Lage, tatsächlich von der in Art. 18 Abs. 5 VO Nr. 574/72 vorgesehenen Befugnis sachgerecht Gebrauch zu machen. Zur Begründung führt der EuGH an, dass praktische Schwierigkeiten bei der Auslegung des Art. 18 Abs. 5 VO Nr. 574/72 unberücksichtigt bleiben müssten. Derartige praktische Probleme ließen sich im Übrigen durch den Erlass nationaler oder gemeinschaftlicher Maßnahmen, die auf eine Verbesserung der Information gerichtet sein müssten, lösen.

305 Der EuGH stellt schließlich fest, „dass Art. 18 Abs. 1 bis 4 VO Nr. 574/72 dahin auszulegen ist, dass der zuständige Träger, auch wenn es sich dabei um den Arbeitgeber und nicht um einen Träger der sozialen Sicherheit handelt, in tatsächlicher und in rechtlicher Hinsicht an die vom Träger des Wohn- oder Aufenthaltsorts getroffenen ärztlichen Feststellungen über den Eintritt und die Dauer der Arbeitsunfähigkeit gebunden ist, sofern er die betreffende Person nicht durch einen Arzt seiner Wahl untersuchen lässt, wozu ihn Art. 18 Abs. 5 VO Nr. 574/72 ermächtigt."

306 (c) **Analyse des Urteils.** Mit der vorliegenden Entscheidung, die im Schrifttum ein unterschiedliches Echo[549] hervorgerufen hat,[550] knüpft der EuGH an sein Urteil vom 12. 3. 1987 in der Rechtssache Rindone an. In diesem Urteil ging es um die Weigerung der Allgemeinen Ortskrankenkasse Bad Urach-Münsingen, einem in Italien wohnenden Arbeitnehmer italienischer Staatsangehörigkeit Krankengeld zu gewähren. Der EuGH entschied, dass Art. 18 Abs. 1 bis 4 der VO Nr. 574/72 dahin auszulegen sei, dass der zuständige Träger in tatsächlicher und in rechtlicher Hinsicht an die vom Träger des Wohnorts getroffenen Feststellungen über den Eintritt und die Dauer der Arbeitsunfähigkeit gebunden ist, sofern er nicht von der in Abs. 5 vorgesehenen Möglichkeit Gebrauch gemacht habe, den Betroffenen durch einen Arzt seiner Wahl untersuchen zu lassen.

307 Anders als in der Rechtssache Rindone geht es in der vorliegenden Rechtssache jedoch nicht um die Krankengeldgewährung durch die gesetzliche Krankenversicherung, sondern um einen Fall der Lohnfortzahlung durch den Arbeitgeber. Hinzu kommt, dass sich im vorliegenden Fall der Missbrauch des Lohnfortzahlungsbegehrens geradezu aufdrängt.[551] Im Folgenden soll die Entscheidung des EuGH in der Rechtssache Paletta näher beleuchtet werden.

308 *(aa) Leistungen bei Krankheit.* Im Ergebnis zu Recht nimmt der EuGH an, dass die Lohnfortzahlung durch den Arbeitgeber im Krankheitsfall zu den „Leistungen bei Krankheit" i. S. der VO Nr. 1408/71 zählt.

309 Das ergibt sich daraus, dass in Deutschland die Leistung ursprünglich sozialversicherungsrechtlicher Natur war und dass der Gesetzgeber nur aus Gründen der finanziellen

---

[548] Unter Berufung auf EuGH (Rindone), Rs. 22/86, Slg. 1987, S. 1339.
[549] Im Ergebnis zustimmend u. a. *Abele,* EuZW 1992, S. 482; *Bobke-von Camen/Veit,* RdA 1993, S. 333; *Marschner,* Anm. zu EuGH EzA § 3 LohnFG Nr. 16; *Steinmeyer,* FS für Kissel, S. 1165.
[550] Ablehnend u. a. *Berenz,* DB 1992, S. 2442; *Buchner,* ZfA 1993, S. 279, 304; *Erasmy,* Arbeitgeber 1992, S. 856; *Schiefer,* DB 1993, S. 38, 42.
[551] Dies wird auch von Befürworten der EuGH-Entscheidung eingeräumt, vgl. *Bobke-von Camen/Veit,* RdA 1993, S. 333.

Entlastung des Staates eine genuine Sozialversicherungsleistung schrittweise in eine Arbeitgeberleistung umgewandelt hat.[552]

Der Zusammenhang wird, wie der EuGH zutreffend feststellt, auch dadurch deutlich, dass die Pflicht der Kasse „ruht", solange der Arbeitgeber zur Zahlung verpflichtet ist.

Vor allem aber spricht zugunsten der Betrachtung des EuGH, dass die anderen nationalen Rechte, abgesehen von demjenigen der Niederlande, eine derart starke Aufspaltung in Lohnzahlung und Lohnersatz bei Leistungen im Falle von Arbeitsunfähigkeit wegen Krankheit nicht kennen.[553]

Dass die Lohnfortzahlung durch den Arbeitgeber in der deutschen Rechtsdogmatik als „Arbeitsentgelt" und nicht als Leistung der sozialen Sicherheit qualifiziert wird, spielt insofern vorliegend keine Rolle, als es sich eben nicht um Entgelt für geleistete Arbeit handelt, sondern um Lohnersatz aus sozialen Gründen; also um eine außerhalb des Äquivalenzverhältnisses stehende Leistung des Arbeitgebers.

Geht der EuGH somit zutreffend davon aus, dass die Lohnfortzahlung durch den Arbeitgeber eine Leistung der sozialen Sicherheit i.S. der VO Nr. 1408/71 darstellt, so verkennt er jedoch, dass die einschlägigen sozialversicherungsrechtlichen Vorschriften auf Arbeitgeber nur **entsprechend anwendbar** sind. Wie das internationale Privatrecht zeigt, muss man die nationale Lösung in ihrem jeweiligen Systemzusammenhang sehen. Es geht nicht an, sie internationalprivatrechtlich oder europarechtlich anders zu qualifizieren als im nationalen Recht und ihr dann auch noch den Regelungszusammenhang eines anderen Systems überzustülpen.[554] Leistungen der sozialen Sicherheit i.S. der VO Nr. 1408/71 sind zunächst nur Leistungen der Sozialversicherung. Leistungen des Arbeitgebers werden gleichsam im Wege einer Verweisung mit einbezogen. Die auf die Sozialversicherungsträger zugeschnittenen Vorschriften des Sozialrechts können daher nur entsprechend auf Arbeitgeberleistungen angewandt werden.

(bb) Der Arbeitgeber als zuständiger Träger. Des Weiteren war vom EuGH zu entscheiden, ob Art. 18 VO Nr. 574/72 auch anwendbar ist, wenn Leistungen bei Krankheit vom Arbeitgeber gewährt werden.

Gegen die Anwendbarkeit könnte sprechen, dass die Vorschrift auf Sozialversicherungsträger zugeschnitten ist, während hier der zur Leistung Verpflichtete ein Arbeitgeber ist. An dieser Stelle rächt sich das methodische Vorgehen des EuGH, der das Problem der entsprechenden Anwendung schon bei der VO Nr. 1408/71 übersehen hat; denn wenn die sozialversicherungsrechtlichen Vorschriften auf Arbeitgeber nur entsprechend anzuwenden sind, gilt dies insbesondere für die Durchführung des Verfahrens gem. der VO Nr. 574/72.

Der EuGH argumentiert begriffsjuristisch, Art. 1 Buchst. o Ziff. iv der VO Nr. 1408/71 definiere für bestimmte Fälle den Arbeitgeber als „zuständigen Träger". Dies überträgt der EuGH auf die VO Nr. 574/72. Die entsprechende Anwendung bedeutet aber, dass man dabei nicht stehen bleiben darf. Nur soweit der Arbeitgeber im Ablauf des Verfahrens einer Krankenkasse gleichsteht, ist er „zuständiger Träger". Anders als die VO Nr. 1408/71 lässt die VO Nr. 574/72 nicht einmal im Wortlaut ansatzweise erkennen, dass auch Arbeitgeber Adressaten sein sollen. Art. 18 VO Nr. 574/72 ist also anwendbar, aber eben nur entsprechend.

(cc) Die Auslegung des Art. 18 VO Nr. 574/72. Damit stellt sich die Frage, wie Art. 18 VO Nr. 572/EWG auszulegen ist. Hier muss zwischen der unmittelbaren Anwendung auf Krankenkassen und der mittelbaren Anwendung auf Arbeitgeber unterschieden werden.

---

[552] S. dazu auch *Wank*, Arbeiter und Angestellte, S. 151 ff.

[553] S. im Einzelnen *Abele*, EuZW 1992, S. 483; *Birk/Abele/Kasel-Seibert/Maurer*, ZIAS 1987, S. 45, 159; *Kronke*, Regulierungen auf dem Arbeitsmarkt, 1990; *Steinmeyer*, FS für Kissel, S. 1165, 1167 f.; *Wank*, Arbeiter und Angestellte, S. 160 ff.

[554] S. auch die Kritik von *Heinze*, ZfA 1992, S. 332, 353, 356; *Steinmeyer*, FS für Kissel, S. 1165, 1167 f.

318 Um eine unmittelbare Anwendung auf Krankenkassen ging es im Fall Rindone. Schon in dieser Entscheidung lässt der EuGH ein Gespür für eine teleologische Auslegung vermissen. Wie einseitig der EuGH denkt, zeigt die schon in der Rechtssache Rindone geäußerte und in der Rechtsache Paletta wiederholte Feststellung, dass die Zielsetzung des Art. 18 VO Nr. 574/72 „insbesondere darin besteht, Beweiserleichterungen für den Arbeitnehmer zu erreichen."[555]

319 Eine weitere Zielsetzung sowohl der nationalen als auch der gemeinschaftsrechtlichen Vorschriften über die Lohnersatzleistungen im Krankheitsfalle besteht aber darin, Leistungen nur in begründeten Fällen zu gewähren. Eine teleologische Auslegung oder, wie der EuGH formulieren würde, eine effektive Auslegung des Art. 18 VO Nr. 574/72 gebietet daher, beide Zielsetzungen zu berücksichtigen, nämlich den im Ausland erkrankten Arbeitnehmer nicht zu benachteiligen und eine missbräuchliche Inanspruchnahme auszuschließen.

320 Im Hinblick auf das erste Ziel geht es in den gemeinschaftsrechtlichen Vorschriften um die **Gleichstellung** inländischer und ausländischer Sachverhalte. Dass ein Sachverhalt im Ausland stattfindet, darf nicht zu einer Benachteiligung des Arbeitnehmers führen. Andererseits soll der Auslandsaufenthalt aber auch keine Besserstellung bewirken. Zwar können in Bezug auf den Gleichheitssatz Gemeinschaftsrecht und nationales Recht getrennte Wege gehen. Die Zuordnung zu verschiedenen Systemen ist ein sachlicher Grund dafür, dass ein Sachverhalt nach Gemeinschaftsrecht in der einen und nach nationalem Recht in der anderen Weise zu beurteilen ist.[556]

321 Nach Art. 19 Abs. 1 Buchst b VO Nr. 1408/71 sind jedoch Geldleistungen vom zuständigen Träger „nach den für diesen Träger geltenden Rechtsvorschriften" zu erbringen. Nun sind aber die deutschen Rechtsvorschriften des materiellen Rechts eng mit einer Missbrauchskontrolle verbunden. Die nationalen Rechtsvorschriften werden daher unzutreffend angewandt, wenn man diesen Aspekt unberücksichtigt lässt.

322 Im Hinblick auf die Missbrauchskontrolle muss man zunächst das Verfahren nach Art. 18 VO Nr. 542/72 betrachten. Generalanwalt *Mischo* schildert es in seinen Schlussanträgen vom 22. Januar 1987 im Einzelnen.

323 Danach sind rein formal alle Voraussetzungen für eine sorgfältige Prüfung durch den Sozialversicherungsträger des Aufenthaltsorts gegeben. Wenn dieser sorgfältig vorgeht, kann es bei der Durchführung des Verfahrens keine Probleme geben. – Aber die Annahme, dass er es immer tut, ist lebensfremd. Schon im nationalen Recht zeigt sich, dass die Krankenkassen eine Überprüfung im Zweifelsfalle meist unterlassen, wenn nicht sie, sondern der Arbeitgeber zur Zahlung verpflichtet ist, aber sehr sorgfältig prüfen, wenn sie die Zahlungspflicht trifft. Um wie viel weniger ist eine kalabrische Krankenkasse motiviert, eine Krankmeldung eines Italieners zu überprüfen, der von der deutschen Krankenversicherung Lohnfortzahlung beansprucht (umgekehrt wird man an die Sorgfalt einer deutschen Krankenkasse im Verhältnis zur italienischen Krankenkasse auch keine allzu hohen Erwartungen stellen dürfen).[557]

324 Deshalb muss es eine echte Gelegenheit für die zahlende Krankenkasse geben, die Voraussetzungen der Arbeitsunfähigkeit zu überprüfen. Sie besteht jedoch nach der Auslegung des EuGH nicht.

325 Die Vorschrift des Art. 18 VO Nr. 574/72 ist schon als Regelung Ausdruck praxisferner Verfasser, legt man sie dann auch noch unzutreffend aus, können nur Ungereimtheiten folgen.[558]

---

[555] Slg. 1987, S. 1359, 1363 f.
[556] In der Verallgemeinerung ungenau daher *Berenz*, DB 1992, S. 2442, 2443 f.; *Erasmy*, Arbeitgeber 1992, S. 856, 860.
[557] S. auch *Neumann-Duisberg*, in: Schulte/Zacher, Wechselwirkungen, S. 83, 99.
[558] Vgl. auch *Bieback*, in: Europäisches Sozialrecht, S. 51, 60; *Neumann-Duisberg*, in: Schulte/Zacher, Wechselwirkungen, S. 83, 96 f.; *Schulte*, in: Europäisches Sozialrecht, S. 7, 21 f.; *Wicke*, in: Europäisches Sozialrecht, S. 71 ff.

Die Anerkennung der Arbeitsunfähigkeit durch die ausländische Kasse erfolgt auf 326
Grund der Arbeitsunfähigkeitsbescheinigung des ausländischen Arztes. Würde sich der
entsprechende Fall in Deutschland ereignen, so hätte die Krankenkasse durch ein ausgefeiltes System von Vorschriften und Kontrollen die Möglichkeit, auf Qualität und Wirtschaftlichkeit der ärztlichen Maßnahme Einfluss zu nehmen.[559]

Irgendwelchen Einfluss darauf, dass ihre nationalen Anforderungen und Standards auch 327
von der ausländischen Kasse beachtet werden, hat die nationale Krankenversicherung
nicht. Immerhin stehen ihr aber ansatzweise öffentlich-rechtliche Kontrollmöglichkeiten
zu.

Ist so schon der Ansatz des Art. 18 VO Nr. 574/72 – jedenfalls in der Auslegung durch 328
den EuGH – fragwürdig: Entscheidung durch einen ausländischen Arzt und eine ausländische Krankenkasse ohne jede Gewähr, dass eine vergleichbare Beurteilung erfolgt, so ist
es erst recht die weitere Regelung in Art. 18 Abs. 5 VO Nr. 574/72, wonach der zuständige Träger in allen Fällen die Möglichkeit behält, durch einen Arzt seiner Wahl den
Arbeitnehmer untersuchen zu lassen.

Das könnte im Beispielsfall dadurch geschehen, dass die deutsche Krankenkasse 329
einen Arzt aus Deutschland nach Kalabrien schickt, um dort die Arbeitsunfähigkeitsbescheinigung überprüfen zu lassen. Diese Vorstellung ist aus mehreren Gründen abwegig:
– Der Kostenaufwand ist unverhältnismäßig;
– die deutsche Krankenkasse wird regelmäßig ohnehin zu spät unterrichtet;
– die deutsche Hoheitsgewalt erstreckt sich nicht auf Italien;
– ein entsandter Arzt hätte keine medizinischen Einrichtungen zur Verfügung.[560]

Die zweite Möglichkeit bestünde darin, dass die deutsche Krankenkasse einen kalabri- 330
schen Arzt mit der Kontrolluntersuchung beauftragt. Dazu müsste sie aber zunächst rechtzeitig informiert werden. Sie hat aber keine Kenntnis über Namen und Qualität kalabrischer Ärzte. Es ist zudem zweifelhaft, ob sie einen Arzt findet, der bereit ist, für die
deutsche Krankenkasse auch entgegen den Voten seines kalabrischen Kollegen und der
kalabrischen Krankenkasse zu gutachten.[561] Auch wird die ausländische Krankenkasse
wenig motiviert sein, der deutschen Krankenkasse zu einem Arzt zu verhelfen, der nachweist, dass die Krankenkasse unrecht hatte.

Lebensfremd erscheint schließlich die Vorstellung, die deutsche Krankenkasse könnte 331
auf einen anderen italienischen Arzt, der nicht zum Krankenversicherungssystem gehört,
zurückgreifen; diese Lösung ist auch systemwidrig.[562]

Die einzige sinnvolle Kontrollmöglichkeit besteht also darin, in Deutschland das Gut- 332
achten des ausländischen Arztes und der ausländischen Krankenkasse zu überprüfen. Weshalb der EuGH meint, der „Arzt seiner Wahl" müsse ein ausländischer Arzt sein, ist nicht
erklärbar; ebenso wenig, warum die Krankenkasse einerseits nicht berechtigt ist, den Arbeitnehmer vorzeitig aus dem Ausland zurückzubeordern, um ihn sofort untersuchen zu
lassen, sie ihn andererseits aber auch nicht nachträglich untersuchen lassen darf. Im Gesamtergebnis bedeutet die Auslegung des EuGH, dass Art. 18 Abs. 5 VO Nr. 542/72
vollständig leer läuft und dass der zuständige Träger keinerlei praktikable Möglichkeit hat,
die ausländischen Feststellungen zu überprüfen.

(dd) Das Verbot des Rechtsmissbrauchs. Aber selbst wenn man dem EuGH zustimmen 333
wollte, dass grundsätzlich die Bescheinigung des ausländischen Trägers nach dem Willen
des Gesetzgebers verbindlich sein soll, kann das jedenfalls nicht für Fälle von **Miss-**

---

[559] *Bieback,* in: Europäisches Sozialrecht, S. 51, 60 f.
[560] *Neumann-Duisberg,* in: Schulte/Zacher, Wechselwirkungen, S. 83, 100; *Wicke,* in: Europäisches Sozialrecht, S. 71, 74.
[561] *Neumann-Duisberg,* in: Schulte/Zacher, Wechselwirkungen, S. 83, 100; *Wicke* in: Europäisches Sozialrecht, S. 71, 74.
[562] *Neumann-Duisberg,* in: Schulte/Zacher, Wechselwirkungen, S. 83, 100.

brauchsverdacht gelten.[563] Alle europäischen Rechte kennen ein Rechtsmissbrauchsverbot in der einen oder anderen Form.[564]

334 Für die Anerkennung des Rechtsmissbrauchsverbots als eines allgemeinen Rechtsgrundsatzes des Gemeinschaftsrechts spricht vor allem, dass sich dieser Rechtsgrundsatz in verschiedenen Vorschriften des Gemeinschaftsrechts widerspiegelt. So räumt beispielsweise Art. 10 der Richtlinie 80/987/EWG des Rates vom 20. Oktober 1980 zur Angleichung der Rechtsvorschriften der Mitgliedstaaten über den Schutz der Arbeitnehmer bei Zahlungsunfähigkeit des Arbeitgebers[565] den Mitgliedstaaten ausdrücklich die Möglichkeit ein, Maßnahmen zur Vermeidung von Missbräuchen zu schaffen. Das Verbot des Rechtsmissbrauchs kommt auch in Art. 28 der Erklärung des Europäischen Parlaments zu den Grundrechten und Grundfreiheiten vom 12. 4. 1989[566] zum Ausdruck, wonach „keine Bestimmung dieser Erklärung so ausgelegt werden darf, dass sich daraus irgendein Recht ergibt, eine Tätigkeit auszuüben oder eine Handlung vorzunehmen, welche auf die Einschränkung oder Abschaffung der in dieser Erklärung aufgeführten Rechte und Freiheiten abzielt".

335 Auch der EuGH hat das Prinzip von Treu und Glauben als allgemeinen Rechtsgrundsatz für alle Maßnahmen öffentlicher Behörden und im Prozessrecht anerkannt.[567] Wenn er das Unterprinzip „Rechtsmissbrauch" auch nicht ausdrücklich genannt hat, so hat er es gleichwohl in verschiedenen Entscheidungen angewandt.[568]

336 In seinem Urteil vom 16. Dezember 1981[569] in der Rechtssache Foglia hat der EuGH seine Zuständigkeit für ein Vorabentscheidungsverfahren gem. Art. 141 EGV (Art. 177 EGV a. F.) mit der Begründung verneint, dass er nicht für die Beantwortung von Auslegungsfragen zuständig sei, die ihm im Rahmen konstruierter Verfahren vorgelegt würden. Ohne dies ausdrücklich zu nennen, beruft sich der EuGH in dieser Entscheidung auf das Rechtsmissbrauchsverbot.

337 Besonders augenfällig ist die Parallele der vorliegenden Entscheidung zum Urteil in der Rechtssache Alfieri,[570] in der der Kläger, Bediensteter des Europäischen Parlaments, Leistungen wegen Dienstunfähigkeit geltend machte. Obwohl er sich geweigert hatte, einen Arzt für den Invaliditätsausschuss zu benennen, rügte er später die von ihm selbst verursachte fehlerhafte Besetzung des Ausschusses. Damals hatte der EuGH den Einwand des Rechtsmissbrauchs akzeptiert.

338 Gerade in diesem Fall, in dem sich der Missbrauch geradezu aufdrängt, wäre der EuGH – auch im Vorabentscheidungsverfahren – verpflichtet gewesen, auf diese Rechtsschranke hinzuweisen.[571]

339 Das Verbot des Rechtsmissbrauchs als allgemeiner Rechtsgrundsatz hat zur Folge, dass – entgegen der Ansicht des EuGH – der zuständige Träger bei Missbrauchsverdacht berech-

---

[563] Zu diesem Aspekt im Falle Paletta I s. *Wank*, Anm. zu EuGH AR-Blattei Krankheit III A E Nr. 164; dem folgend Vorlagebeschluss des BAG AP Nr. 100 zu § 1 LohnFG; daran anschließend EuGH AP Nr. 2 zu Art. 18 EWG-Verordnung Nr. 574/72 m. Anm. *Wank*; s. allgemein zum Rechtsmissbrauch als Grenze der Rechtsausübung den Beschluss des BGH v. 29. 3. 1993, DB 1993, S. 927 sowie *Reuter*, DWiR 1992, S. 375, 376.

[564] S. allgemein zum Verbot des Rechtsmissbrauchs im Gemeinschaftsrecht *Ipsen*, Europäisches Gemeinschaftsrecht, S. 113; *Lindemann*, Allgemeine Rechtsgrundsätze, S. 177 f.

[565] ABl. L 283, S. 23; näher zur Zahlungsunfähigkeits-Richtlinie unten § 18 Rn. 170 ff.

[566] ABl. C 120, S. 51.

[567] EuGH, verb. Rs. 43, 45 und 48/59, Slg. 1960, S. 965, 989; Rs. 156/80, Slg. 1981, S. 1357, 1372; verb. Rs. 118–123/82, Slg. 1983, S. 2995, 3010.

[568] Vgl. EuGH, Rs. 3/66, Slg. 1966, S. 653; Rs. 140/77, Slg. 1979, S. 2117; Rs. 104/79, Slg. 1980, S. 745; Rs. 244/80, Slg. 1981, S. 3045; die Generalanwälte *Reischl* (Slg. 1978, S. 2126, 2129) und *Roemer* (Slg. 1960, S. 857, 876 f.) sprechen in ihren Schlussanträgen ausdrücklich von „Rechtsmissbrauchsprinzip" und „unzulässiger Rechtsausübung".

[569] Rs. 244/80, Slg. 1981, S. 3045.

[570] Rs. 3/66, Slg. 1966, S. 653.

[571] Das erkennt auch *Steinmeyer*, FS für Kissel, S. 1165, 177 f. an.

tigt ist, vom Arbeitnehmer zu verlangen, dass er sich nach seiner Rückkehr aus dem Ausland einer vertrauensärztlichen Untersuchung zur Überprüfung der Arbeitsunfähigkeitsbescheinigung unterzieht. Ergibt die Untersuchung, dass die ausländische Begutachtung unzutreffend ist, so ist der zuständige Träger an diese nicht gebunden.

(ee) Der Zusammenhang zwischen Verfahrensrecht und Prozessrecht. Übersehen hat der EuGH aber auch den Zusammenhang zwischen materiellem Recht und Prozessrecht einerseits, Verfahrensrecht andererseits. Die vom EuGH ausgelegten Vorschriften betreffen nur einige Punkte des Verwaltungsverfahrens. Die materiellrechtlichen Voraussetzungen einschließlich der prozessualen Voraussetzungen unterliegen aber allein dem nationalen Recht.[572]

(ff) Die Praktikabilität einer Vorschrift. Schließlich ist auf die Ansicht des EuGH einzugehen, praktische Probleme gingen ihn bei der Auslegung einer Vorschrift nichts an.[573] Damit verkennt der EuGH, dass zu den allgemeinen Auslegungszielen im Rahmen der teleologischen Auslegung auch die Praktikabilität einer Vorschrift gehört.[574] Im deutschen Recht wird dieser Gedanke teilweise auch bei der Gerechtigkeit des Ergebnisses berücksichtigt.[575]

Wenn der EuGH nicht sieht, dass es um eine entsprechende Anwendung auf einen anders gelagerten Sachverhalt geht, dann müsste er sich spätestens bei der sich notwendigerweise anschließenden „Folgenorientierung" eines Besseren besinnen. Wie dargelegt, ist Art. 18 Abs. 5 VO Nr. 574/72 schon im Hinblick auf Krankenkassen derart misslungen, dass er nur über den Rückgriff auf das Rechtsmissbrauchsverbot noch einen gewissen Sinn erhält. Im Hinblick auf Arbeitgeber ist aber der Hinweis des EuGH auf Art. 18 Abs. 5 VO Nr. 574/72 als Zynismus zu verstehen:

– Der Arbeitgeber erhält die Nachricht über die italienische Kasse, die sie – sanktionslos verspätet – an die deutsche Krankenkasse verschickt, die sie ihrerseits dem Arbeitgeber zuschickt; alles das unter Berücksichtigung der Laufzeit von Post in Italien.
– Der Arbeitgeber weiß gar nicht, wo sich sein Arbeitnehmer im Ausland aufhält; der Arbeitnehmer braucht es ihm auch nicht mitzuteilen.[576]
– Das alles unberücksichtigt: Wie soll der Arbeitgeber wissen, welche Ärzte in Kalabrien für eine Kontrolluntersuchung in Betracht kämen? Wie soll er sie beauftragen, und vor allem: innerhalb kürzester Frist?
– Einen Anspruch gegen seine Krankenkasse, für ihn überhaupt und insbesondere im Ausland tätig zu werden, hat der Arbeitgeber nicht.

Der EuGH meint aber, das könne alles unberücksichtigt bleiben. Derartige praktische Probleme ließen sich durch den Erlass nationaler oder gemeinschaftlicher Maßnahmen lösen. Nur: Im Zeitpunkt des Urteils gab es derartige Maßnahmen nicht. So verfehlt wie die einschlägigen Gemeinschaftsvorschriften sind, ist nicht zu erkennen, wo noch ein Ansatz für eine sachgerechte Lösung verbleibt.[577]

Der EuGH müsste zumindest andeuten, inwiefern er eine derartige Regelung in Zukunft für möglich hält. Es ist offenkundig, dass das Verfahren des Art. 18 Abs. 5 VO Nr. 574/72 jedenfalls in Bezug auf Arbeitgeber nicht geeignet ist und dass es auch in Zukunft keine „gemeinschaftlichen Maßnahmen" geben wird, die hier weiterhelfen. Führt aber eine Auslegung dazu, dass eine Vorschrift in der Praxis leer läuft, so ist die

---

[572] Zum Zusammenhang zwischen materiellem Recht und Beweislast *Kropholler*, Internationales Privatrecht, 4. Aufl. 2001, § 17.
[573] Dazu *Steinmeyer*, FS für Kissel, S. 1165, 1176, 1179.
[574] S. *Wank*, Die juristische Begriffsbildung, 1985, S. 96.
[575] Vgl. *Larenz*, Methodenlehre der Rechtswissenschaft, 5. Aufl. 1991, S. 348 ff.
[576] Nach § 5 Abs. 2 Satz 1 EFZG ist der Arbeitgeber nunmehr verpflichtet, dem Arbeitgeber seinen Aufenthaltsort zu nennen.
[577] Zu rechtspolitischen Vorschlägen s. *Neumann-Duisberg*, in: Schulte/Zacher, Wechselwirkungen, S. 83, 102.

Auslegung unzutreffend. Der EuGH übersieht, dass es einen **„effet utile"** nicht nur zugunsten von Arbeitnehmern, sondern auch zugunsten von Krankenkassen und Arbeitgebern gibt. Vorliegend wäre in Betracht gekommen, dem deutschen Arbeitgeber – wie auch in Missbrauchsfällen nach deutschem Recht[578] – ein Lohnverweigerungsrecht wegen des Verdachts des Rechtsmissbrauchs zuzubilligen.[579]

345 Das BAG hat, insbesondere unter Hinweis auf die Missbrauchsproblematik, die Rechtsfrage dem EuGH erneut vorgelegt, der dann den Missbrauchseinwand anerkannt hat.[580]

d) Statistische Angaben über die Tätigkeit des EuGH

aa) Anhängig gemachte Rechtssachen seit 1953

346 Unmittelbar nach Eingang wird jede Klageschrift, jedes Vorabentscheidungsverfahren sowie jedes sonstige rechtssachenbezogene Schriftstück in das Register der Kanzlei eingeschrieben.[581] Vergleicht man die Zahl der beim Gerichtshof seit 1953 anhängig gemachten Rechtssachen, so ist bis 1980 ein rasanter Anstieg der eingetragenen Rechtssachen zu verzeichnen.[582] Von 1980 an hat sich der Anstieg dann abgeschwächt. Im Zeitraum von 1985 bis 1992 ist die Zahl der anhängig gemachten Rechtssachen sowie der ergangenen Urteile relativ konstant geblieben.

Tabelle 1: Beim EuGH anhängig gemachte Rechtssachen (1953–1992)[583]

Jahr	Direkte Klagen[584]	Gesamt	Urteile
1953	4	4	–
1954	10	10	2
1955	9	9	4
1956	11	11	6
1957	19	19	4
1958	43	43	10
1959	47	47	13
1960	23	23	18
1961	25	26	11
1962	30	35	20
1963	99	105	37
1964	49	55	31
1965	55	62	52
1966	30	31	24
1967	14	37	24
1968	24	33	27

---

[578] S. BAG AP Nr. 112 zu § 626 BGB mit Anm. *Berning; Wank,* Anm. zu BAG EWiR § 626 BGB 1/94, 343.

[579] Zur gesetzlichen Neuregelung in § 275 SGB V n. F. s. *Hanau/Kramer,* DB 1995, S. 94, 97 ff.; zur früheren Rechtslage *Wank,* BB 1992, S. 1993, 1995.

[580] BAG AP Nr. 100 zu § 1 LohnFG; zur Folgeentscheidung des EuGH v. 2. 5. 1996 s. AP Nr. 13 zu Art. 18 EWG-Verordnung Nr. 572/72 m. Anm. *Wank,* gemeinsam mit *Börgmann.*

[581] Art. 16 § 1 VerfO i. V. mit Art. 14 Abs. 1, Art. 15 §§ 1, 2 DienstA.

[582] S. nachfolgend Tabelle 1.

[583] Quelle: Pressedienst des Gerichtshofes der Europäischen Gemeinschaften, Luxemburg.

[584] Anders als Vorabentscheidungsverfahren, bei denen zuerst vor einem nationalen Gericht geklagt wird, werden direkte Klagen unmittelbar beim EuGH eingebracht. Die Zahlenangaben schließen bis Ende 1989 Personalstreitsachen mit ein. Ab 1990 sind Personalstreitsachen nicht mehr in dieser Zahl enthalten, da die Zuständigkeit dafür auf das Gericht erster Instanz übergegangen ist. Seit 1990 werden jedoch die Rechtsmittelverfahren einbezogen.

III. Der Europäische Gerichtshof   347 § 8

Jahr	Direkte Klagen	Gesamt	Urteile
1969	60	77	30
1970	47	79	64
1971	59	96	60
1972	42	82	61
1973	131	192	80
1974	63	102	63
1975	61	130	78
1976	51	126	88
1977	74	158	100
1978	145	268	97
1979	1216	1322	138
1980	180	279	132
1981	214	323	128
1982	216	345	185
1983	199	297	151
1984	183	312	165
1985	294	433	211
1986	238	329	174
1987	251	395	208
1988	194	373	238
1989	246	385	188
1990	238	379	193
1991	156	342	204
1992	251	413	210
Gesamt	5301[585]	7782	3529

bb) Vorabentscheidungsersuchen

Die Zahl der an den EuGH gerichteten Ersuchen um Vorabentscheidung ist stetig gestiegen. Sie hat sich, wie die nachfolgende Tabelle belegt, innerhalb von zwei Jahrzehnten mehr als verdoppelt. Die Zahl der von der Bundesrepublik Deutschland vorgelegten Vorabentscheidungsverfahren schwankt erheblich.   347

Tabelle 2: Vorabentscheidungsverfahren (1961–1993)[586]

Jahr	Gesamt	BRD
1961	1	–
1962	5	–
1963	6	–
1964	6	–
1965	7	4
1966	1	–
1967	23	11
1968	9	4
1969	17	11
1970	32	21
1971	37	28

[585] Davon 2389 Personalstreitsachen bis zum 31. 12. 1989.
[586] Quelle: Pressedienst des Gerichtshofes der Europäischen Gemeinschaften, Luxemburg.

Jahr	Gesamt	BRD
1972	40	20
1973	61	37
1974	39	15
1975	69	26
1976	75	28
1977	84	30
1978	123	46
1979	106	33
1980	99	24
1981	109	41
1982	129	36
1983	98	36
1984	129	38
1985	139	40
1986	91	18
1987	144	32
1988	179	34
1989	139	47
1990	141	34
1991	186	54
1992	162	62
1993	204	57
Gesamt	2690	857

348 Zwischen den Mitgliedstaaten bestehen, was die Zahl der Ersuchen um Vorabentscheidung angeht, erhebliche Unterschiede. Während z. B. die Bundesrepublik Deutschland im Jahre 1993 mit 57 Vorabentscheidungsersuchen dem EuGH die höchste Zahl der Ersuchen vorgelegt hat, entfallen auf Portugal nur drei und auf Irland und Luxemburg nur jeweils ein Vorabentscheidungsersuchen. Die nachfolgende Tabelle 3 gibt die Anzahl der von jedem Mitgliedstaat insgesamt bis Ende 1992 vorgelegten Vorabentscheidungsersuchen wieder.[587]

Tabelle 3: Vorabentscheidungsersuchen pro Mitgliedstaat

Mitgliedstaat	Gesamtsumme bis Ende 1992
Bundesrepublik Deutschland	800 (62)
Belgien	281 (16)
Dänemark	41 (3)
Spanien	21 (5)
Frankreich	443 (15)
Griechenland	27 (1)
Großbritannien	150 (18)
Irland	27 (0)
Italien	295 (22)
Luxemburg	31 (1)
Niederlande	363 (18)
Portugal	7 (1)

[587] Die Zahl in Klammern gibt die Vorabentscheidungsersuchen aus dem Jahre 1992 an.

III. Der Europäische Gerichtshof   349–352 § 8

Die durchschnittliche Verfahrensdauer bei Verfahren auf Vorabentscheidungsersuchen 349 ist, wie nachfolgende Tabelle 4 zeigt, im Bezugszeitraum von 1983 bis 1989 zunächst stetig angestiegen und seit 1988 leicht rückläufig.

Tabelle 4: Dauer der Verfahren auf Vorabentscheidungsersuchen (1983–1989)

Jahr	1983	1984	1985	1986	1987	1988	1989
Dauer in Monaten Zahl	12,9	13,1	14,6	15,6	17,9	17,7	16,6

cc) Vollzug der Urteile

Die Zahl der vom EuGH erlassenen Urteile ist seit 1954 sprunghaft angestiegen.[588] In 350 ihrem siebten Jahresbericht an das Europäische Parlament über die Kontrolle der Anwendung des Gemeinschaftsrechts[589] kommt die Kommission zu der Feststellung, dass bis Ende Dezember 1989 82 Urteile des EuGH von den Mitgliedstaaten nicht vollzogen wurden. Die Verteilung auf die Mitgliedstaaten ergibt sich aus der nachstehenden Tabelle 5.

Tabelle 5: Bis zum 31. 12. 1989 ergangene und noch nicht vollstreckte Urteile des Gerichtshofs

Mitgliedstaat	Zahl der Urteile
Bundesrepublik Deutschland[590]	11
Belgien	13
Dänemark	1
Frankreich	6
Griechenland	8
Irland	1
Italien	37
Niederlande	5

6. Änderungen durch den Vertrag von Nizza

Die Neuregelungen im Vertrag von Nizza[591] haben zur Ver*selbst*ändigung des Gerichts 351 erster Instanz geführt. Dem EuG können „Gerichtliche Kammern" beigeordnet werden, Art. 220 Abs. 2, 225, 225a EGV. Gegen deren Entscheidungen besteht ein Rechtsmittel zum EuG. Auch können für bestimmte Bereiche demnächst die nationalen Gerichte Vorlagen an den EuGH machen, Art. 225 Abs. 3 EGV.

Der EuGH besteht weiterhin aus je einem Richter je Mitgliedstaat. Nur in seltenen 352 Fällen entscheidet der EuGH als Plenum, Art. 221 Abs. 3 EGV. Die Große Kammer, bestehend aus 11 Richtern, entscheidet, wenn ein Mitgliedstaat oder ein Organ als Partei dies beantragen.

---

[588] Vgl. Tabelle 1.
[589] ABl. (1990) C 232, S. 1, 43 ff.
[590] Nach einer Untersuchung über die Befolgung von Vorabentscheidungen des Europäischen Gerichtshofs durch deutsche Gerichte sind von den Vorabentscheidungen, die bis Juni 1985 vom Gerichtshof erlassen worden sind, 78% „strikt konform" von deutschen Gerichten befolgt worden; s. dazu *Schwarze*, Die Befolgung von Vorabentscheidungen des Europäischen Gerichtshofs durch deutsche Gerichte, 1988, S. 26 ff.
[591] Dazu *Lipp*, NJW 2001, S. 2657; *Wegener*, DVBl. 2001, S. 1258; *Wiedmann*, JuS 2001, S. 846, 849 f.; *Sack*, EuZW 2001, S. 77.

IV. Der Europäische Rechnungshof

Schrifttum: *Borchmann*, Beteiligung der regionalen Ebene am EG-Entscheidungsprozess, DVP 1991, S. 77f.; *Clement*, in: Tomuschat (Hrsg.), S. 110ff.; *von Drygalski*, Die Fonds der Europäischen Gemeinschaften – eine systematische Darstellung ihrer rechtlichen Grundlagen, 1988; *Fischer*, Der Ausschluss der Regionen nach dem neuen EG-Vertrag, NWVBl. 1994, S. 161ff.; *Friedmann*, in: Friedmann (Hrsg.) u. a., Der Europäische Rechnungshof und die Wirtschafts- und Finanzhilfen der EU für Mittel- und Osteuropa, Beil. a zum Bundesanzeiger 64/1994, S. 52f.; *Tomuschat*, Mitsprache der dritten Ebene in der europäischen Integration: Der Ausschuss der Regionen, 1995; *Wuermeling*, Das Ende der „Länderblindheit": Der Ausschluss der Regionen nach dem neuen EG-Vertrag, EuR 1993, S. 196 ff.

353   Der seit 1977 bestehende Rechnungshof[592] ist infolge des Maastrichter Vertrages als Europäischer Rechnungshof in Art. 4 Abs. 1 EG-Vertrages aufgeführt.[593] Damit hat er den Status eines Hauptorgans der Europäischen Union erlangt. Zuvor wurde die Rolle des Rechnungshofes durch einen Kontrollausschuss in der EWG und EAG bzw. einen Rechnungsprüfer in der EGKS wahrgenommen. Der Rechnungshof ist im Gegensatz zu den anderen Organen ein reines Kontrollorgan der Europäischen Union. Dem Rechnungshof obliegt die externe Finanzkontrolle,[594] d.h. die Prüfung der Einnahmen und Ausgaben und die Prüfung der Wirtschaftlichkeit der Haushaltsführung der Europäischen Gemeinschaften bzw. der Europäischen Union.

1. Zusammensetzung

354   Der Rechnungshof besteht gem. Art. 247 Abs. 1 EGV aus **fünfzehn Mitgliedern**.[595] Jeder Mitgliedstaat ist dabei mit einem Mitglied beim Rechnungshof vertreten. Die Mitglieder des Rechnungshofs sollen Persönlichkeiten sein, die bereits auf nationaler Ebene mit der Rechnungsprüfung betraut waren oder aus sonstigen Gründen für dieses Amt besonders geeignet sind und vollständige Unabhängigkeit garantieren. Entsprechend haben die Mitglieder des Rechnungshofs ihre Tätigkeit in voller Unabhängigkeit auszuüben und sind ausschließlich dem Wohl der Europäischen Union verpflichtet. Daher dürfen sie keine Direktiven der Regierungen der Mitgliedstaaten oder anderer Stellen entgegennehmen bzw. anfordern. Insbesondere dürfen sie während ihrer Amtszeit keine andere entgeltliche und auch unentgeltliche berufliche oder sonstige Tätigkeit ausüben. Jedes Mitglied verpflichtet sich bei Amtsantritt, während und nach Ablauf seiner Amtszeit stets die gebührende Zurückhaltung zu üben.[596]

355   Die Mitglieder werden von den jeweiligen Regierungen der Mitgliedstaaten dem Rat zur Ernennung vorgeschlagen. Die Ernennung der Mitglieder erfolgt nach Anhörung des Europäischen Parlaments durch einen einstimmigen Beschluss des Rates.[597] Die **Amtszeit** der Mitglieder des Rechnungshofs beträgt **sechs Jahre**, wobei die Wiederernennung möglich ist. Das Amt eines Mitglieds endet außer durch Zeitablauf und Todesfall ebenfalls durch Rücktritt oder Amtsenthebung. Eine Amtsenthebung kann nur auf Antrag des Rechnungshofs durch den Europäischen Gerichtshof vorgenommen werden, indem dieser feststellt, dass das entsprechende Mitglied nicht mehr die erforderlichen Voraussetzungen erfüllt bzw. seine Amtspflichten vernachlässigt.[598]

---

[592] Eingesetzt durch den Vertrag zur Änderung bestimmter Finanzvorschriften vom 27. Juli 1975 (Abl. Nr. L 359 v. 31. Dezember 1977, S. 10).
[593] Vgl. den heutigen Art. 7 Abs. 1 EGV.
[594] *Bleckmannn*, Europarecht, 7. Aufl. 1997, Rn. 345.
[595] Die Anzahl der Mitglieder des Rechnungshofs wurde durch den Beitritt Finnlands, Schwedens und Österreichs von zwölf auf fünfzehn erhöht.
[596] Vgl. Art. 247 Abs. 5 S. 2 i. V. m. Art. 3 GO des Hofes.
[597] Art. 247 Abs. 3 EGV.
[598] Vgl. Art. 247 Abs. 7 EGV.

2. Aufgaben

Gem. Art. 246 EGV nimmt der Rechnungshof die **Rechnungsprüfung** wahr. Durch Art. 248 EGV und die Haushaltsordnung der Europäischen Gemeinschaften[599] werden die Aufgaben der Rechnungsprüfung konkretisiert. Dem Rechnungshof ist danach die Rechnungsprüfung aller Einnahmen und Ausgaben der Europäischen Union übertragen. Davon ist die Rechnungsprüfung der Einnahmen und Ausgaben der von der Europäischen Union geschaffenen Einrichtungen umfasst, soweit dies nicht durch deren Gründungsakt ausgeschlossen ist. Die Rechnungsprüfung wird durch den Rechnungshof in umfassender Form wahrgenommen. Er prüft die Verwendung der Haushaltsmittel auf deren Rechtmäßigkeit, d. h. auf deren Übereinstimmung mit den Verträgen, dem Haushaltsplan und der Haushaltsordnung. Ferner kontrolliert der Rechnungshof die **Einnahmen** und **Ausgaben auf ihre Ordnungsmäßigkeit** im Hinblick auf ihre Übereinstimmung mit den zugrundeliegenden Rechnungen und Zahlungsanweisungen. Der Rechnungshof hat dem Europäischen Parlament und dem Rat über das Ergebnis dieser Prüfungen sowie über die Zuverlässigkeit der Rechnungsführung eine Erklärung vorzulegen. Die Prüfung der Einnahmen erfolgt anhand der Feststellungen und der Zahlungen der Einnahmen an die Gemeinschaften bzw. die Europäische Union. Die Ausgaben werden anhand der Mittelbindungen und der Zahlungen geprüft. Die Prüfung der Ausgaben kann vor Abschluss der Rechnung des betreffenden Haushaltsjahres durchgeführt werden, wodurch der Rechnungshof auf laufende Projekte und Maßnahmen Einfluss nehmen kann. Neben der Rechtmäßigkeit und Ordnungsmäßigkeit prüft der Rechnungshof gem. Art. 248 Abs. 2 EGV außerdem die Wirtschaftlichkeit der Haushaltsführung, indem er die zugrundeliegende Vorgänge einer Mittel-Zweck-Relation unterzieht.

Die Prüfung erfolgt anhand der **Rechnungsunterlagen,** d. h. anhand der Buchungsbelege, die von jedem Organ vierteljährlich an den Rechnungshof übermittelt werden.[600] Erforderlichenfalls erfolgt die Prüfung auch an Ort und Stelle bei den Organen der Gemeinschaft und in den Mitgliedstaaten. Die Teilnahme an Prüfungen in den Mitgliedstaaten steht den zuständigen mitgliedstaatlichen Organen frei. Auf Antrag haben die Organe der Europäischen Union und die zuständigen einzelstaatlichen Organe dem Rechnungshof alle für die Erfüllung seiner Aufgaben erforderlichen Unterlagen und Informationen zu übermitteln.

Nach Abschluss eines jeden Haushaltsjahres erstattet der Rechnungshof gem. Art. 248 Abs. 4 EGV einen **Jahresbericht,** der den anderen Organen vorgelegt wird. Der Jahresbericht wird zusammen mit den Antworten der anderen Organe im Amtsblatt der Europäischen Gemeinschaften veröffentlicht. Darüber hinaus hat der Rechnungshof gem. Art. 248 Abs. 4 UAbs. 1 EGV die Möglichkeit, jederzeit seine Bemerkungen zu besonderen Fragen in Form von Sonderberichten vorzulegen und auf Antrag eines Organs Stellungnahmen abzugeben. Bevor das Europäische Parlament gem. Art. 276 EGV den Beschluss zur Entlastung der Kommission von der Ausführung des Haushaltsplans fasst, hat es den Jahresbericht zusammen mit den Antworten der kontrollierten Organe und die entsprechenden Sonderberichte des Rechnungshofs zu prüfen. Dieser bildet somit die Grundlage für die Entlastung der Kommission.

Weiterhin unterstützt der Rechnungshof gem. Art. 248 Abs. 4 UAbs. 3 EGV das Europäische Parlament und den Rat bei der **Kontrolle der Ausführung des Haushaltsplans.**

Ebenso sieht Art. 279 EGV die Mitwirkung des Rechnungshofs beim Erlass von haushaltsrechtlichen Durchführungsbestimmungen durch den Rat vor. Danach ist zur Festle-

---

[599] Vgl. insbesondere die Art. 82–90 der Haushaltsordnung vom 21. Dezember 1977 für den Gesamthaushaltsplan der Europäischen Gemeinschaften, ABl. Nr. L 356 v. 21. Dezember 1977, S. 1, zuletzt geändert durch VO (EGKS, EG; Euratom) Nr. 2730/94 des Rates, ABl. Nr. L 293 v. 12. November 1994 (abgedruckt in: Handbuch des Europäischen Rechts, I A 90/1.3).

[600] Vgl. Art. 84 der Haushaltsordnung.

gung der Haushaltsordnung und sonstiger Verfahrensvorschriften neben der Anhörung des Europäischen Parlaments die obligatorische Stellungnahme des Rechnungshofs einzuholen.

361 Die Rolle des Rechnungshofes wurde schließlich durch den Amsterdamer Vertrag entscheidend gestärkt: ihm wurde zusätzlich in Art. 230 Abs. 3 EGV ausdrücklich ein Klagerecht vor dem Europäischen Gerichtshof zur Wahrung seiner Rechte zuerkannt.

3. Arbeitsweise und Organisation

362 Zur Regelung seines internen Arbeitsverfahrens hat sich der Rechnungshof eine **Geschäftsordnung** gegeben.[601] Diese wird u. a. auf Art. 246–248 EGV gestützt – eine explizite Ermächtigung zum Erlass einer Geschäftsordnung ergibt sich aus diesen Vorschriften jedoch nicht. Vielmehr hat sich der Rechnungshof in Anwendung seines Selbstorganisationsrechts autonom eine Geschäftsordnung geben.[602] Danach hat der Rechnungshof, wie auch die Kommission, die Form eines Kollegialorgans.[603] Unter Berücksichtigung dieses Kollegialprinzips verfügt der Rechnungshof allerdings über eine kleinere Anzahl von Verwaltungseinheiten, die ihn bei seiner Tätigkeit unterstützten.

a) Präsident

363 An der Spitze des Rechnungshofs steht der Präsident, der gem. Art. 247 Abs. 3 UAbs. 2 EGV aus der Mitte seiner Mitglieder auf drei Jahre gewählt wird. Vertreten wird der Präsident gem. Art. 7 GO durch eines der anderen Mitglieder des Rechnungshofs, wobei sich die Rangfolge nach deren Dienstalter richtet.

364 Die Aufgaben des Präsidenten sind allgemein in Art. 8 der Geschäftsordnung normiert. Danach sind die Sitzungen des Kollegiums durch den Präsidenten einzuberufen. Er legt für jede Sitzung den Entwurf einer Tagesordnung fest. In den Sitzungen führt er den Vorsitz und hat einen geordneten Ablauf der Beratungen zu gewährleisten. Er überwacht die ordnungsgemäße Verwaltung der verschiedenen Tätigkeitsbereiche des Hofes sowie seiner Dienststellen und sorgt für die Durchführung der Beschlüsse des Hofes. Weiterhin vertritt der Präsident den Rechnungshof nach außen, d. h. bei allen seinen Außenbeziehungen, insbesondere bei seinen Beziehungen zu den anderen Organen der Union und den Kontrollbehörden der Mitgliedstaaten. Außerdem ist der Präsident nur **primus inter pares** und besitzt keine Weisungsbefugnis gegenüber den übrigen Mitgliedern.

b) Dienststellen

365 Der Rechnungshof bedient sich einzelner Dienststellen, die sich in Verwaltungsdienststellen und Vorbereitungsgruppen unterteilen lassen. Zu den wichtigsten Verwaltungsdienststellen zählt der **Juristische Dienst**, die **Außenbeziehungen** und die **Innenrevision,** die direkt dem Präsidenten unterstellt sind. Zur Bewältigung der Prüfungsaufgaben hat der Rechnungshof gem. Art. 9 Abs. 1 GO drei Vorbereitungsgruppen in Form von **Prüfungsgruppen**[604] eingesetzt. Daneben besteht noch die sog. ADAR-Gruppe,[605] die für die Koordinierung der Finanzprüfung und die Prüfung der allgemeinen Rechnungs-

---

[601] Geschäftsordnung des Rechnungshofs der Europäischen Gemeinschaften vom 21. Mai 1981 (abgedruckt in: Handbuch des Europäischen Rechts, I A 85/1).
[602] *Bieber,* in: Beutler/Bieber/Pipkorn/Streil, Europäische Union, 4. Aufl. 1993, S. 153.
[603] Vgl. Art. 1 GO.
[604] Die Prüfungsgruppe I ist für den gesamten Bereich der EAFGL-Garantien zuständig. Die Prüfungsgruppe II ist verantwortlich für die EGKS, die Hilfen der Union für Mittel- und Osteuropa sowie für die Strukturfonds und Forschungsausgaben zuständig. Der Prüfungsgruppe III obliegt die Betreuung des Entwicklungshilfebereichs, der Eigeneinnahmen und der Verwaltungsausgaben der EU.
[605] ADAR ist die Abkürzung für den englischen Ausdruck „Audit development and audit results".

führung verantwortlich ist. Jeder dieser Prüfungsgruppen sind mindestens drei Mitglieder des Rechnungshofs zugewiesen, wobei der Präsident der ADAR-Gruppe angehört. Die Aufgaben der drei Prüfungsgruppen sind in Zuständigkeitsbereiche unter den ihnen angehörenden Mitgliedern aufgeteilt.[606] Ansonsten ist jedes Mitglied dem **Kollegialprinzip** entsprechend für den gesamten Verantwortungsbereich des Hofes zuständig. Aufgrund der Bestimmungen der Haushaltsordnung der Europäischen Gemeinschaften hat der Rechnungshof, wie auch die anderen Organe, einen unabhängigen Finanzkontrolleur zu bestellen, der für die interne Finanzkontrolle des Rechnungshofs zuständig ist. Der Rechnungshof verfügt über mehr als 400 Mitarbeiter in Form von Beamten und Bediensteten auf Zeit, die die Mitglieder des Rechnungshofs in den Gruppen oder als persönliche Mitarbeiter in Kabinetten unterstützen.[607]

c) Generalsekretariat

Auf administrativer Ebene wird der Rechnungshof und insbesondere der Präsident durch einen Generalsekretär unterstützt. Dieser nimmt die Geschäfte des Hofsekretariats unter der Verantwortung des Hofes wahr. Er ist dem Rechnungshof verantwortlich und hat diesem regelmäßig Bericht über seine Tätigkeit zu erstatten. Der Generalsekretär unterstützt den Präsidenten bei der Vorbereitung der Sitzungen des Hofes, bei der Einhaltung der Verfahren sowie bei der ordnungsgemäßen Durchführung der Beschlüsse des Kollegiums. In diesem Zusammenhang erstellt er die Protokollentwürfe für die Sitzungen des Hofes und ist für die Archivierung der wichtigsten Schreiben, der Beschlüsse und der Protokolle der Sitzungen des Rechnungshofes verantwortlich. Ebenso obliegt dem Generalsekretariat die Verantwortlichkeit für die Personal- und Sachverwaltung, den Informatikbereich, die Dokumentation sowie die Übersetzungsabteilung und die Bibliothek des Rechnungshofs.

d) Sitzungen und Beschlussfassung

Der Sitz des Rechnungshofs ist in **Luxemburg**.[608] Dort kommen auch die Mitglieder des Rechnungshofs regelmäßig zu ihren gemeinschaftlichen Sitzungen zusammen. Die Sitzungen finden am Sitz des Rechnungshofs in Luxemburg statt. Die Termine für die Sitzungen ergeben sich aus dem Sitzungsplan, der vom Rechnungshof zweimal im Jahr aufgestellt wird. Zusätzliche Sitzungen können jedoch auf Antrag vorgesehen werden. Die Sitzungen des Rechnungshofs sind nicht öffentlich. Sitzungen mit vertraulichem Charakter können *in engerem Kreis,* d.h. ohne Dolmetscher, abgehalten werden. Für die Beratungen des Rechnungshofs müssen gem. Art. 21 der GO mindestens zehn Mitglieder anwesend sein.

Seine Beschlüsse fasst der Rechnungshof grundsätzlich im Rahmen den gemeinschaftlichen Sitzungen seiner Mitglieder. Bestimmte Beschlüsse können auch im schriftlichen Verfahren gem. Art. 26 der Geschäftsordnung gefasst werden. Der Rechnungshof nimmt die wichtigsten Beschlüsse grundsätzlich mit der Mehrheit der Stimmen seiner Mitglieder, d.h. also mit acht Stimmen, an.[609] Einige Beschlüsse können mit der Mehrheit der bei der jeweiligen Sitzung anwesenden Mitglieder gefasst werden. Gem. Art. 21 der GO bedarf es für diese Beschlüsse daher mindestens sechs Stimmen.

---

[606] Siehe näher dazu *Friedmann,* in: Friedmann (Hrsg.) u.a., Der Europäische Rechnungshof und die Wirtschafts- und Finanzhilfen der EU für Mittel- und Osteuropa, Beil. a zum Bundesanzeiger 64/1994, S. 52f.
[607] Vgl. auch Art. 83 Abs. 1 der Haushaltsordnung der Europäischen Gemeinschaften.
[608] Vgl. den Beschluss der Vertreter der Regierungen der Mitgliedstaaten über die Festlegung der Sitze der Organe und bestimmter Einrichtungen und Dienststellen der Europäischen Gemeinschaften vom 12. Dezember 1992, ABl. Nr. C 341 v. 23. Dezember 1992, S. 1 (abgedruckt in: Handbuch des Europäischen Rechts, I A 70/3).
[609] Vgl. Art. 22 Abs. 1 der Geschäftsordnung des Rechnungshofs.

V. Nebenorgane und weitere Institutionen

369 Neben den in Art. 7 Abs. 1 EGV genannten Hauptorganen der Europäischen Gemeinschaft existieren noch zahlreiche weitere Institutionen. Besonders herausgestellt sind davon der Wirtschafts- und Sozialausschuss (WSA) sowie der Ausschuss der Regionen, die gem. Art. 7 Abs. 2 EGV als *Nebenorgane*[610] zur Unterstützung von Rat und Kommission eingesetzt werden.

1. Der Wirtschafts- und Sozialausschuss

370 Der Wirtschafts- und Sozialausschuss besteht seit der Gründung der Europäischen Wirtschaftsgemeinschaft und der Europäischen Atomgemeinschaft[611] als gemeinsames Nebenorgan beider Gemeinschaften.[612] Unabhängig davon besteht gem. Art. 18 EGKSV ein Beratender Ausschuss, der für den Bereich der Montanunion eine dem Wirtschafts- und Sozialausschuss vergleichbare Funktion wahrnimmt.

a) Zusammensetzung

371 Der Wirtschafts- und Sozialausschuss zählt seit dem Beitritt Finnlands, Österreichs und Schwedens 222 Mitglieder. Davon stellen gem. Art. 258 EGV die großen Mitgliedstaaten Deutschland, Frankreich, Italien und das Vereinigte Königreich je 24, Spanien 21 und Finnland 19 Mitglieder. Die Mitgliedstaaten Belgien, Griechenland, Niederlande, Österreich, Portugal und Schweden stellen je zwölf, Dänemark und Irland je neun und Luxemburg sechs Mitglieder. Jeder Mitgliedstaat legt dem Rat gem. Art. 259 Abs. 1 EGV eine Liste vor, die doppelt so viele Kandidaten enthält wie seinen Staatsangehörigen Sitze zugewiesen sind. Der Rat berücksichtigt die Hälfte der Kandidaten der jeweiligen Liste und ernennt diese durch einstimmigen Beschluss auf vier Jahre zu Mitgliedern des Ausschusses. Eine Wiederernennung der Mitglieder ist möglich.[613] Entsprechend seiner Rolle als **Vertretung der wirtschaftlichen und sozialen Kräfte der Mitgliedstaaten** besteht der Ausschuss aus den Vertretern der verschiedenen mitgliedstaatlichen Interessengruppen. Die Zusammensetzung soll dabei eine gleichmäßige Vertretung dieser Gruppen gewährleisten. Der Wirtschafts- und Sozialausschuss setzt sich daher aus drei Gruppierungen zusammen, die zu je einem Drittel vertreten sind. Dabei handelt es sich um die Gruppe der Arbeitgebervertreter, die Gruppe der Arbeitnehmervertreter und die Gruppe „verschiedene Interessen", die sich u. a. aus Vertretern des Handwerks, der freien Berufe und der Verbraucher zusammensetzt. Die Mitglieder des Ausschusses sind keine Vertreter ihres Mitgliedstaats. Sie sind bei der Ausübung ihrer Tätigkeit daher an keine Weisung gebunden und handeln in voller Unabhängigkeit zum allgemeinen Wohl der Gemeinschaft. Eine umfassende persönliche Unabhängigkeit der Mitglieder des Wirtschafts- und Sozialausschusses ist durch die Verträge letztlich nicht garantiert. Schließlich lassen sich die Interessenverbände eine Möglichkeit der Einflussnahme auf ihre Vertreter im Wirtschafts- und Sozialausschuss nicht nehmen, zumal es sich bei der Mitgliedschaft im Wirtschafts- und Sozialausschuss um eine Nebentätigkeit handelt und die Mitglieder zumeist hauptberuflich bei dem jeweiligen Interessenverband beschäftigt sind.

---

[610] *Schweitzer/Hummer*, Europarecht, 5. Aufl. 1996, Rn. 291 ff.; *Streinz*, Europarecht, 4. Aufl. 1999, Rn. 337; Grabitz/Hilf/*Nettesheim*, Art. 4 a. F., Rn. 30.
[611] Art. 3 Abs. 2 EAG-Vertrag.
[612] Siehe Art. 5 des Abkommens über gemeinsame Organe für die Europäischen Gemeinschaften vom 25. März 1957 (Sartorius II, Nr. 220).
[613] Vgl. Art. 258 Abs. 2 EGV.

V. Nebenorgane und weitere Institutionen

b) Funktion des Ausschusses

Der Wirtschafts- und Sozialausschuss dient als direktes Bindeglied zwischen dem Rat und der Kommission auf der einen und den nationalen und europäischen Interessenverbänden auf der anderen Seite. Die verschiedenen Interessenverbände werden dadurch in die Lage versetzt, auf die **Rechtsetzungstätigkeit der Europäischen Union Einfluss nehmen** zu können. Die Rechtsetzungsakte der Europäischen Gemeinschaften können auf diese Weise so ausgestaltet werden, dass die Wünsche der von ihnen unmittelbar betroffenen Kreise Berücksichtigung finden. Die Anpassung der Rechtsakte an die individuellen Interessen der verschiedenen Gruppen des wirtschaftlichen und sozialen Lebens führt somit zu einer effektiveren Gestaltung der jeweiligen Regelung.

Seiner beratenden Funktion kommt der Wirtschafts- und Sozialausschuss in erster Linie im Rahmen der **obligatorischen Anhörung** gem. Art. 262 Abs. 1 S. 1 EGV nach. In den im EGV vorgesehenen Fällen[614] muss der Wirtschafts- und Sozialausschuss danach seitens des Rates und der Kommission vor dem Erlass eines Rechtsaktes angehört werden. Der Wirtschafts- und Sozialausschuss hat keine Mitentscheidungsbefugnisse im Rahmen des Rechtsetzungsverfahrens, d. h. seine Stellungnahmen sind für den Rat und die Kommission nicht verbindlich. Unterbleibt allerdings die Anhörung des Ausschusses, so begründet dies als wesentlicher Formfehler die Nichtigkeit des betreffenden Rechtsaktes,[615] es sei denn, der Ausschuss hat innerhalb einer ihm gesetzten Frist keine Stellungnahme vorgelegt.[616]

Neben der obligatorischen Anhörung sieht Art. 262 Abs. 1 S. 2 EGV auch eine **fakultative Anhörung** des Wirtschafts- und Sozialausschusses vor. Der Rat und die Kommission können danach in allen Fällen, in denen sie es für zweckmäßig erachten, die Stellungnahme des Wirtschafts- und Sozialausschusses einholen. Von der Möglichkeit der fakultativen Anhörung haben der Rat und die Kommission zunehmend Gebrauch gemacht.

Überdies kann der Ausschuss gem. Art. 262 Abs. S. 3 EGV und Art. C der Präambel der GeschO auch aus eigener Initiative Stellungnahmen zu allen gemeinschaftsrelevanten Fragen abgeben. Von diesem Selbstbefassungsrecht macht der Wirtschafts- und Sozialausschuss naturgemäß dann Gebrauch, wenn die Interessen der in ihm vereinigten Lobbyisten betroffen sind und eine Anhörung des Rates bzw. der Kommission nicht erfolgt. Entsprechend der Vielschichtigkeit der Interessen der im Wirtschafts- und Sozialausschuss vertretenen Lobbyisten nimmt die Anzahl der unaufgeforderten Stellungnahmen des Ausschusses stetig zu.

Der Wirtschafts- und Sozialausschuss sieht sich zunehmend dem **„Wettbewerb" mit nichtinstitutionalisierten Interessenvertretungen** ausgesetzt. Unabhängig vom Wirtschafts- und Sozialausschuss versuchen die im Ausschuss repräsentierten, aber gerade auch die nicht in ihm repräsentierten Verbände und Interessengruppen auf die Rechtsetzungstätigkeiten der Europäischen Gemeinschaften Einfluss zu nehmen. Dies liegt zum einen daran, dass sich verschiedene Interessengruppen gar nicht bzw. nicht ausreichend im Wirtschafts- und Sozialausschuss vertreten sehen. Zum anderen bieten sich im Rahmen der Rechtsetzungsverfahren der Europäischen Gemeinschaften für die einzelnen Interessengruppen nur wenig Ansatzmöglichkeiten, um auf die Entscheidungsprozesse Einfluss nehmen zu können, so dass sich die Verbände und Gruppen oft direkt an die Kommission der EG wenden. Aus diesem Grunde sind mittlerweile mehr als 4000 Verbände, Organi-

---

[614] Die obligatorische Anhörung des WSA ist u. a. vorgesehen in folgenden Bereichen: Herstellung der Freizügigkeit (Art. 40 S. 1), Niederlassungsfreiheit (Art. 44 Abs. 1 und Abs. 2), Freier Dienstleistungsverkehr (Art. 52 Abs. 1 und Abs. 2), Binnenmarkt (Art. 95), im gesamten Bereich der Sozialpolitik (Art. 137 EGV), Europäischer Sozialfonds (Art. 148), Berufsbildungspolitik (Art. 150 Abs. 4), Gesundheitspolitik (Art. 152 Abs. 4), Strukturfonds (Art. 159 Abs. 3 und Art. 157 Abs. 1 S. 1).
[615] Vgl. *Schweitzer/Hummer*, Europarecht 1996, Rn. 299; *Streinz*, Europarecht, 4. Aufl. 1999, Rn. 339.
[616] Art. 262 Abs. 2 EGV.

sationen und Interessengruppen am Sitz der Kommission in Brüssel mit Verbindungs- bzw. Kontaktbüros vertreten.

377 Weiterhin sind zahlreiche Interessengruppen von der Zusammensetzung des Wirtschafts- und Sozialausschusses nicht berücksichtigt. Manche Verbände und Interessengruppen sind mit der Wahrnehmung ihrer Interessen im Ausschuss unzufrieden. Angesichts dieser Perspektiven ist mit einer stetigen Zunahme dieser, auch als *Euro-Lobbying* bezeichneten,[617] Vorgehensweise der verschiedenen Verbände und Interessengruppen zu rechnen.

c) Arbeitsweise und Organisation

378 Zur internen Organisation hat sich der Wirtschafts- und Sozialausschuss gem. Art. 260 S. 2 EGV eine Geschäftsordnung gegeben. Diese kann der Ausschuss inzwischen autonom gestalten, da der noch im EWG-Vertrag enthaltene Genehmigungsvorbehalt des Rates durch den EU-Vertrag entfallen ist. Der Wirtschafts- und Sozialausschuss hat auf dieser Grundlage am 2. Juni 1994 seine neue Geschäftsordnung verabschiedet.[618] Darin finden sich Bestimmungen über den organinternen Aufbau, das Abstimmungsverfahren sowie die Arbeitsweise des Ausschusses allgemein.

379 In Art. 2 der GeschO sind die Organe des Wirtschafts- und Sozialausschusses genannt. Danach hat der Ausschuss folgende Organe: den *Präsidenten,* das *Präsidium* und das *Plenum.*

aa) Präsident

380 An der Spitze des Wirtschafts- und Sozialausschusses steht der Präsident, der vom Ausschuss auf 2 Jahre gewählt wird, Art. 260 EGV. Er leitet die Arbeiten des Wirtschafts- und Sozialausschusses nach Maßgabe der Geschäftsordnung und der Verträge. Der Präsident vertritt den Ausschuss nach außen. Daneben unterhält er die Beziehungen zur Präsidentschaft des Ausschusses der Regionen. Dem Präsidenten obliegt die Einberufung sowie die Vorbereitung der Tagungen des Ausschusses.[619] Zu seiner Unterstützung stehen dem Präsidenten zwei Vizepräsidenten und ein eigenes Sekretariat zur Seite. Er kann seine Befugnisse an die Vizepräsidenten übertragen, die ihn auch während seiner Abwesenheit vertreten.

bb) Präsidium

381 Das Präsidium des Ausschusses besteht aus dem Präsidenten, zwei Vizepräsidenten und 27 Mitgliedern. Die Mitglieder des Präsidiums werden für einen Zeitraum von zwei Jahren gewählt. Die Wiederwahl des Präsidenten sowie der Vizepräsidenten ist nicht möglich, es sei denn, der Ausschuss fasst einen gegenteiligen Beschluss.

382 Das Präsidium legt unter der Leitung des Präsidenten die interne Organisation und Arbeitsweise des Ausschusses im Rahmen der Geschäftsordnung fest und trägt die politische Verantwortung für dessen allgemeine Leitung. Insbesondere obliegt es dem Präsidium, die Tätigkeiten des Ausschusses, seiner Arbeitsorgane und seines Personals mit der dem Wirtschafts- und Sozialausschuss übertragenen institutionellen Rolle abzustimmen. Aus diesem Grunde nimmt das Präsidium insbesondere die Aufgaben der Organisation und der Koordinierung der Arbeiten des Ausschusses und seiner Arbeitsorgane wahr.

cc) Plenum und Plenartagungen

383 Das Plenum ist die Versammlung der Mitglieder des Wirtschafts- und Sozialausschusses. Es tritt regelmäßig in der Gesamtheit der Ausschussmitglieder in Plenartagungen zusammen. Diese finden grundsätzlich während der letzten sieben Tage eines Monats statt. Im Rahmen der Plenartagungen beraten die Ausschussmitglieder über die Vorlagen der Stellungnahmen des Wirtschafts- und Sozialausschusses. Das Plenum berät dabei auf der

---

[617] Vgl. hierzu *Pieper,* IWB F. 11 EG Gr. 6 S. 19.
[618] ABl. Nr. L 257 v. 5. Oktober 1994, S. 32 (abgedruckt in: Handbuch des Europäischen Rechts, I A 86/1).
[619] Vgl. Art. 260 S. 3 EGV, Art. 38 Abs. 1 GeschO.

Grundlage der vorbereitenden Arbeiten der *Fachgruppen,* deren Stellungnahmeentwurf dem Plenum durch einen Berichterstatter erläutert wird. Über den endgültigen Wortlaut seiner Stellungnahmen beschließt der Ausschuss mit einfacher Mehrheit. Der Ausschuss ist beschlussfähig, wenn mehr als die Hälfte der vertraglich vorgesehenen Mitglieder anwesend ist. Die Ausschussmitglieder können ihr Stimmrecht im Falle ihrer Verhinderung schriftlich an ein anderes Mitglied übertragen. Jedes Ausschussmitglied kann jedoch nur eine Zusatzstimme übertragen werden.

dd) Fachgruppen und sonstige Arbeitsgruppen

Der Wirtschafts- und Sozialausschuss verfügt gem. Art. 261 Abs. 1 EGV über fachliche **384** Gruppen für die von den Verträgen umfassten Bereiche. Der Ausschuss umfasst gemäß Art. 11 Abs. 2 der GeschO mindestens sechs Fachgruppen. Diese umfassen derzeit folgende Gebiete:
– Landwirtschaft, ländliche Entwicklung und Umwelt
– Wirtschafts- und Währungsunion und wirtschaftlicher und sozialer Zusammenhalt
– Beschäftigung, soziale Angelegenheiten und Bürgerrechte
– Der Binnenmarkt, Produktion und Verbraucher
– Verkehr, Energie und Informationsgesellschaft
– Außenbeziehungen.

Jeder Fachgruppe gehören mindestens 35 und höchstens 72 Mitglieder an. Die genaue **385** Mitgliederzahl der jeweiligen Fachgruppe wird vom Ausschuss festgelegt. Mit Ausnahme des Präsidenten muss jedes Mitglied des Ausschusses mindestens einer Fachgruppe angehören. Die Mitglieder des Ausschusses werden entsprechend ihrer Fachkompetenz den einzelnen Fachgruppen zugeordnet und für die Dauer von zwei Jahren zu deren Mitgliedern gewählt. Sie können als Mitglieder in die jeweiligen Fachgruppen wiedergewählt werden. Die Aufgabe der Fachgruppen ist es, je nach Beratungsgegenstand die Vorlage für eine Stellungnahme oder einen Informationsbericht auszuarbeiten. Die mit den Vorarbeiten zu befassende Fachgruppe wird durch den Präsidenten bestimmt. Die Fachgruppen beraten grundsätzlich nicht gemeinsam. Sofern es jedoch für die Ausarbeitung einer Stellungnahme erforderlich ist, kann der Präsident im Einvernehmen mit dem Präsidium mehrere Fachgruppen ermächtigen, gemeinsame Sitzungen abzuhalten.

Fallen Beratungsgegenstände in den Zuständigkeitsbereich mehrerer Fachgruppen, so **386** kann der Ausschuss auf Veranlassung des Präsidiums aus seiner Mitte **Unterausschüsse** bestellen, Art. 261 Abs. 3 EGV. Die Unterausschüsse sind dann aus den Mitgliedern der betreffenden Fachgruppen zu bilden. Sie haben die Aufgabe, zu allgemeinen Fragen oder bestimmten Gegenständen Entwürfe und Stellungnahmen auszuarbeiten, die dem Ausschuss zur Beratung unterbreitet werden.

Ebenso können die Fachgruppen zu ihrer Unterstützung einen **Berichterstatter** **387** bestellen. Dieser untersucht im Rahmen der von der Fachgruppe erteilten Weisungen den Beratungsgegenstand und sammelt das Material, das als Grundlage für den Entwurf der Stellungnahmen dient. Daneben hat er die Aufgabe, die Weiterbehandlung der Stellungnahmen des Ausschusses nach ihrer Verabschiedung durch das Plenum zu verfolgen und der jeweiligen Fachgruppe darüber zu berichten. Zusätzlich können die Fachgruppen aus ihrer Mitte **Studiengruppen** mit höchstens fünfzehn Mitgliedern bilden, die den Berichterstatter gegebenenfalls unterstützen. Soweit dies für die Untersuchungen notwendig erscheint, können die Fachgruppen den Berichterstatter ermächtigen, zu seiner Unterstützung einen **Sachverständigen** heranzuziehen, der in der Lage ist, über den jeweiligen Beratungsgegenstand Auskünfte zu erteilen.

Unabhängig von den Fachgruppen können die Ausschussmitglieder selbständig **Grup-** **388** **pen** – vergleichbar mit Fraktionen – bilden. Die Gruppen mit mindestens 40 Mitgliedern wirken an der Vorbereitung und Organisation der Arbeiten des Ausschusses mit, insbesondere übernehmen sie in Verbindung mit dem Präsidium einen wesentlichen Teil der Organisation der Plenardebatten.

ee) Generalsekretariat

389 Die Verwaltung des Wirtschafts- und Sozialausschusses obliegt seinem Generalsekretariat. Das Generalsekretariat wird von einem Generalsekretär geleitet, der bei der Ausübung seines Amtes dem Präsidenten untersteht. An den Präsidiumssitzungen nimmt der Generalsekretär mit beratender Stimme teil und führt Protokoll über diese.

390 Der Generalsekretär hat für die Durchführung der Beschlüsse der Organe des Wirtschafts- und Sozialausschusses zu sorgen. Er unterstützt den Ausschuss in Verwaltungs-, Organisations- und Personalfragen. Insbesondere sorgt er für einen reibungslosen Ablauf der Sitzungen des Ausschusses und unterstützt diesen bei der Ausarbeitung der Stellungnahmen. Der Generalsekretär arbeitet den Entwurf eines Voranschlags der Ausgaben und Einnahmen des Wirtschafts- und Sozialausschusses für das kommende Haushaltsjahr aus und legt diesen dem Präsidium vor. Ebenso ist die für den Wirtschafts- und Sozialausschuss bestimmte Korrespondenz an das Generalsekretariat zu richten.

391 Das Protokoll Nr. 16 zum EU-Vertrag sieht für den Wirtschafts- und Sozialausschuss und den Ausschuss der Regionen einen gemeinsamen organisatorischen Unterbau vor.[620] Daher verfügen der Wirtschafts- und Sozialausschuss und der Ausschuss der Regionen gem. Art. 60 Abs. 8 GeschO über gemeinsame Dienste. Es obliegt den Generalsekretären beider Ausschüsse, die Angelegenheiten der gemeinsamen Dienste im gegenseitigen Einvernehmen zu regeln.

392 Das Generalsekretariat des Wirtschafts- und Sozialausschusses hat seinen Sitz in Brüssel.[621] Dort finden auch die Sitzungen der verschiedenen Arbeitsorgane des Ausschusses statt.

2. Der Ausschuss der Regionen

393 Durch den Unionsvertrag wurde die Rechtsgrundlage für einen Ausschuss der Regionen geschaffen. Der Ausschuss der Regionen ist gem. Art. 7 Abs. 2 EGV, ebenso wie der Wirtschafts- und Sozialausschuss, ein beratendes *Nebenorgan* der Europäischen Gemeinschaft. Die Struktur des Ausschusses der Regionen entspricht weitgehend der des Wirtschafts- und Sozialausschusses, wobei der Ausschuss der Regionen zu Vorlagen mit regionalem und kommunalem Bezug angehört wird.

a) Zusammensetzung

394 Dem Ausschuss der Regionen gehören derzeit 222 Mitglieder an. Die Verteilung der Sitze im Ausschuss der Regionen auf die einzelnen Mitgliedstaaten entspricht der des Wirtschafts- und Sozialausschusses. Der Ausschuss der Regionen setzt sich gem. Art. 263 Abs. 1 EGV aus **Vertretern der regionalen und lokalen Gebietskörperschaften** zusammen. Die Bezeichnung *Gebietskörperschaften* verdeutlicht, dass sich die vertretenen Regionen nicht durch eine gemeinsame kulturelle und geschichtliche Tradition charakterisieren, sondern als politische Handlungseinheiten zu verstehen sind. In der Bundesrepublik Deutschland verkörpern die Bundesländer die regionalen und die Gemeinden und Gemeindeverbände die lokalen Gebietskörperschaften. Die Mitglieder des Ausschusses werden gem. Art. 263 EGV auf Vorschlag der jeweiligen Mitgliedstaaten vom Rat auf vier Jahre ernannt. Anders als beim Wirtschafts- und Sozialausschuss wird zusätzlich eine gleiche Anzahl an Stellvertretern ernannt. Der Rat kann beim Ausschuss der Regionen nur die direkt vorgeschlagenen Mitglieder bzw. Stellvertreter ernennen. Die Auswahl aus einer

---

[620] Protokoll betreffend den Wirtschafts- und Sozialausschuss und den Ausschuss der Regionen, vom 7. Februar 1992, ABl. Nr. C 191 v. 29. Juli 1992, S. 94.

[621] Vgl. Art. 1 lit e) des Beschlusses der Vertreter der Regierungen der Mitgliedstaaten über die Festlegung der Sitze der Organe und bestimmter Einrichtungen und Dienststellen der Europäischen Gemeinschaften vom 12. Dezember 1992, ABl. Nr. C 341 v. 23. Dezember 1992, S. 1 (abgedruckt in: Handbuch des Europäischen Rechts, I A 70/3).

V. Nebenorgane und weitere Institutionen

vom jeweiligen Mitgliedstaat vorzulegenden Liste ist, anders als beim Wirtschafts- und Sozialausschuss, nicht vorgesehen. Das **Vorschlagsrecht** liegt nicht bei den Regionen, sondern **bei den Regierungen der Mitgliedstaaten**. Die deutschen Mitglieder und deren Stellvertreter werden durch die Länder benannt und dem Rat von der Bundesregierung vorgeschlagen. Die Länder haben bei ihrer Benennung sicherzustellen, dass die Kommunen mit mindestens drei Repräsentanten im Ausschuss der Regionen vertreten sind.[622] Von den 24 von der Bundesrepublik Deutschland entsandten Mitgliedern sind daher 21 Vertreter der Länder und drei Vertreter der Gemeinden und Gemeindeverbände. Die Länder sind durch Ministerpräsidenten, Minister oder Staatssekretäre vertreten. Die Kommunen sind durch Bürgermeister vertreten.

Die Mitglieder des Ausschusses sind an keine Weisungen gebunden und über ihre Tätigkeit in voller Unabhängigkeit zum allgemeinen Wohl der Gemeinschaft aus.[623] Eine gewisse Einflussnahme der Regionen auf die sie vertretenen Mitglieder im Ausschuss der Regionen ist, ebenso wie beim Wirtschafts- und Sozialausschuss, nicht auszuschließen. Die Mitglieder des Ausschusses der Regionen haben daher ständig eine Gratwanderung zu vollziehen. Auf der einen Seite haben sie völlige Unabhängigkeit zu wahren, auf der anderen Seite haben sie als Vertreter ihrer Regionen die spezifischen regionalen Interessen zu berücksichtigen.[624]

Der noch nicht von allen Mitgliedstaaten ratifizierte Vertrag von Nizza bestimmt – bei derzeit noch gleich bleibender aktueller Mitgliederzahl, dass der Ausschuss der Regionen höchstens dreihundertfünfzig Mitglieder hat; damit wird die EU-Osterweiterung berücksichtigt. Weiter bestimmt dieser Vertrag, dass die Vertreter der regionalen und lokalen Gebietskörperschaften entweder ein auf Wahlen beruhendes Mandat in einer regionalen oder lokalen Gebietskörperschaft innehaben oder gegenüber einer gewählten Versammlung politisch verantwortlich sein müssen.

b) Funktion und Aufgaben des Ausschusses

Die Einrichtung des Ausschusses der Regionen ist in erster Linie auf den stetig wachsenden Einfluss der Rechtsetzungstätigkeit der EG auf die Regionen und Kommunen der Gemeinschaft zurückzuführen. Insbesondere drängten die föderalistischen Mitgliedstaaten auf die Schaffung einer institutionalisierten Vertretung der Regionen. Dabei wurde vor allem bemängelt, dass das Gemeinschaftsrecht einerseits die **innerstaatlichen Länderkompetenzen** berührte, andererseits jedoch keine ausreichenden Mitwirkungsrechte der Länder bei der Rechtsetzungstätigkeit der Gemeinschaft vorsah.[625] Der Regionalausschuss sollte daher die Funktion einer Länderkammer auf dritter Ebene, neben Rat und Parlament, übernehmen.[626] Diese Erwartungen vermochten sich jedoch nicht durchzusetzen.

Der Ausschuss der Regionen besitzt keine eigenen Mitentscheidungsrechte. Für die Regionen wurde jedoch ein Instrument geschaffen, das ihnen erlaubt, ihre spezifischen regionalen Belange – unabhängig von ihren innerstaatlichen Möglichkeiten der Einflussnahme – auf Gemeinschaftsebene unmittelbar geltend zu machen.

Die dem Ausschuss der Regionen gem. Art. 7 Abs. 2 EGV zukommenden beratende Aufgabe nimmt dieser durch die Abgabe von Stellungnahmen wahr. In Art. 265 EGV sind vier Varianten vorgesehen, in denen der Ausschuss seine Stellungnahmen abgeben kann. Dabei wird differenziert zwischen obligatorischer, fakultativer, akzessorischer und eigenständiger Beteiligung.

---

[622] Vgl. § 14 des Gesetzes über die Zusammenarbeit von Bund und Ländern in Angelegenheiten der Europäischen Union vom 12. März 1993 (BGBl. 1993 I, S. 313).
[623] Art. 263 Abs. 4 EGV
[624] Vgl. dazu *Streinz*, Die Stellung des Ausschusses der Regionen im institutionellen Gefüge der EU – eine europarechtliche Bewertung, in: Tomuschat (Hrsg.), S. 55, 62, m. w. N.
[625] Vgl. *Wuermeling*, EuR 1993, S. 196 (199); *Fischer*, NWVBl. 1994, S. 161.
[626] Vgl. *Borchmann*, DVP 1991, S. 77 f.

aa) Obligatorische Stellungnahme

400 Zunächst schreibt Art. 265 Abs. 1, 1. Alternative EGV die Anhörung des Ausschusses der Regionen für die im EG-Vertrag vorgesehenen Fälle vor. Dabei handelt es sich um die Fälle der **obligatorischen Anhörung,** in denen der Ausschuss seitens des Rates und der Kommission vor dem Erlass eines Rechtsaktes zwingend anzuhören ist. Die obligatorische Anhörung des Ausschusses der Regionen ist im EG-Vertrag etwa in folgenden Fällen vorgesehen:
- Fördermaßnahmen im Bereich der Jugendbildungspolitik (Art. 149 Abs. 4 EGV),
- Fördermaßnahmen im Bereich der Kulturpolitik (Art. 151 Abs. 5 EGV),
- Fördermaßnahmen im Bereich des Gesundheitswesens (Art. 152 Abs. 4 EGV),
- Erlass von Leitlinien zur Förderung des Auf- und Ausbaus transeuropäischer Netze in den Bereichen der Verkehrs-, Telekommunikations- und Energieinfrastruktur (Art. 156 Abs. 3 EGV),
- Beschlüsse spezifischer Aktionen außerhalb der Gemeinschaftsfonds zur Förderung des wirtschaftlichen und sozialen Zusammenhalts (Art. 159 Abs. 3 EGV),
- Festlegung der Aufgaben, der vorrangigen Ziele und der Organisation der Strukturfonds sowie der für die Fonds geltenden allgemeinen Regeln (Art. 161 Abs. 1 EGV),
- Errichtung des Kohäsionsfonds (Art. 161 Abs. 2 EGV),
- Erlass von Durchführungsbeschlüssen im Zusammenhang mit dem Regionalfonds (Art. 162 Abs. 1 EGV).

401 Hinsichtlich ihrer Rechtsfolgen ist die obligatorische Anhörung des Ausschusses der Regionen mit der des Wirtschafts- und Sozialausschusses identisch.[627]

bb) Fakultative Stellungnahme

402 Der Rat oder die Kommission können den Ausschuss der Regionen neben der obligatorischen Anhörung auch in allen nicht im EG-Vertrag vorgesehenen Fällen um eine Stellungnahme ersuchen, soweit eines dieser beiden Organe dies für zweckdienlich erachtet.[628] Inwieweit der Rat oder die Kommission von der Möglichkeit dieser **fakultativen Anhörung** des Ausschusses der Regionen Gebrauch machen werden, ist noch nicht absehbar. Hat sich eines der beiden Organe eine Stellungnahme des Ausschusses jedoch erbeten, so ist das Ergebnis dieser Stellungnahme abzuwarten.[629]

cc) Akzessorische Stellungnahme

403 Art. 265 Abs. 3 EGV sieht eine **akzessorische Beteiligung** des Ausschusses der Regionen auch dann vor, wenn lediglich der Wirtschafts- und Sozialausschuss vom Rat oder der Kommission gehört wird. Dabei handelt es sich insbesondere um die Fälle, in denen eine obligatorische Anhörung des Wirtschafts- und Sozialausschusses i. S. d Art. 262 Abs. 1 S. 1 EGV, nicht jedoch des Ausschusses der Regionen, im EG-Vertrag vorgesehen ist.[630] Davon umfasst sind aber auch die Fälle der fakultativen Anhörung des Wirtschafts- und Sozialausschusses i. S. d. Art. 262 Abs. 1 S. 2 EGV.[631] In beiden Fällen ist der Ausschuss der Regionen vom Rat oder von der Kommission über dieses Ersuchen um Stellungnahme zu unterrichten. Die Entscheidung über eine Stellungnahme steht im Ermessen des Regionalausschusses. Maßgebend ist allein die Auffassung des Ausschusses. Sieht der Ausschuss spezifische regionale Interessen berührt, so kann er gem. Art. 265 Abs. 3 S. 2 EGV eine **akzessorische Stellungnahme** abgeben.

dd) Initiativstellungnahme

404 Der Regionalausschuss hat letztlich die Möglichkeit, aus eigener Initiative Stellungnahmen abzugeben. Im Rahmen seines ihm durch Art. 265 Abs. 4 EGV eingeräumten Selbst-

---

[627] S. oben Rn. 373.
[628] Vgl. Art. 265 Abs. 1, 2. Alternative EGV.
[629] Vgl. auch *Wuermeling*, EuR 1993, S. 196, 204.
[630] Siehe dazu oben Rn. 373.
[631] Siehe *Wuermeling*, EuR, S. 196, 202.

befassungsrechts steht es dem Ausschuss frei, zu allen gemeinschaftsrechtlichen Fragen Stellung zu nehmen, soweit er dies für zweckdienlich erachtet. Das **Selbstbefassungsrecht** des Regionalausschusses ist auf den Bereich des EG-Vertrages beschränkt.[632]

Eine beratende Funktion des Ausschusses ist im EGKS-Vertrag und EAG-Vertrag ohnehin nicht vorgesehen. Gleiches gilt für die gemeinsame Außen- und Sicherheitspolitik sowie für die Bereiche Justiz und Inneres.

c) Arbeitsweise und Organisation

Art. 264 EGV regelt die den Ausschuss der Regionen betreffende interne Organisation. Danach gibt sich der Ausschuss der Regionen eine Geschäftsordnung. Insoweit gilt das zum Wirtschafts- und Sozialausschuss Gesagte entsprechend. Die früher geltende **eingeschränkte Geschäftsordnungsautonomie,** demzufolge die Geschäftsordnung einstimmig vom Rat genehmigt werden musste, ist **durch die Amsterdamer Vertragsrevision aufgehoben.** Dementsprechend hat sich der Ausschuss der Regionen eine Geschäftsordnung gegeben, die am 28. Mai 1994 in Kraft getreten ist.[633] Diese trifft Regelungen über die Arbeitsorgane und den verwaltungsmäßigen Unterbau des Ausschusses. Die Wahl eines Präsidiums und eines Präsidenten ist bereits im EG-Vertrag vorgesehen.[634] Art. 1 der GeschO nennt neben dem Präsidium als weitere Organe des Ausschusses die Plenarversammlung und die Fachkommissionen.

Der **Präsident** leitet die Arbeiten des Ausschusses und vertritt den Ausschuss nach außen. Insbesondere obliegt es dem Präsidenten, das Präsidium sowie die Plenarversammlung mindestens einmal pro Quartal einzuberufen. Zudem entscheidet der Präsident, welche Fachkommission für die Ausarbeitung einer Stellungnahme zuständig ist.

Das Präsidium besteht aus insgesamt 36 Mitgliedern, unter ihnen der Präsident, der erste Vizepräsident und je ein Vizepräsident aus den 15 Mitgliedstaaten. Aufgabe des Präsidiums ist es, die Arbeiten der Plenarversammlung und der Fachkommissionen vorzubereiten. Das Präsidium hat durch seine vorbereitende Tätigkeit die Kontinuität der Tätigkeit des Ausschusses sicherzustellen. Außerdem hat das Präsidium für die Umsetzung der Stellungnahmen des Ausschusses Sorge zu tragen.

Der Ausschuss tagt, ebenso wie der Wirtschafts- und Sozialausschuss, als Plenum. Im Rahmen der **Plenarversammlung** beschließt der Ausschuss seine Stellungnahmen mit der Mehrheit der abgegebenen Stimmen. Das Plenum ist beschlussfähig, wenn mehr als die Hälfte der Mitglieder des Ausschusses anwesend sind.

Zur Vorbereitung ihrer Arbeiten bildet die Plenarversammlung ständige und zeitweilige **Fachkommissionen** sowie Unterausschüsse. Die Fachkommissionen sind kleinere Arbeitsgruppen, die die Aufgabe haben, die Vorlagen für die Stellungnahmen des Ausschusses der Regionen auszuarbeiten. Die Fachkommissionen sind insoweit mit den Fachgruppen des Wirtschafts- und Sozialausschusses zu vergleichen.[635] Über die Zusammensetzung der Fachkommissionen beschließt das Plenum, wobei die Zusammensetzung der ständigen Fachkommissionen der nationalen Zusammensetzung des Ausschusses entsprechen muss. Die ständigen Fachkommissionen können, wenn sie es für nützlich halten, ihrerseits Arbeitskreise einrichten. Zurzeit bestehen beim Ausschuss der Regionen sieben Fachkommissionen.[636]

---

[632] Vgl. dazu *Kaufmann-Bühler,* in: *Lenz* (Hrsg.), EGV-Kommentar, Art. 265, Rn. 4.
[633] ABl. Nr. L 132 vom 27. Mai 1994, S. 49.
[634] Art. 264 Abs. 1 EGV.
[635] Vgl. oben Rn 384 ff.
[636] *Fachkommission (FK) 1:* Regionalpolitik, Strukturfonds, wirtschaftlicher und sozialer Zusammenhalt, grenzüberschreitende und interregionale Zusammenarbeit; *FK 2:* Landwirtschaft, ländliche Entwicklung und Fischerei; *FK 3:* Transeuropäische Netze, Verkehr, Informationsgesellschaft; *FK 4:* Raumordnung, Städtefragen, Energie und Umwelt; *FK 5:* Sozialpolitik, Gesundheitswesen, Verbraucherschutz, Forschung, Fremdenverkehr; *FK 6:* Beschäftigung, Wirtschaftspolitik, Binnenmarkt, Industriepolitik, KMU; *FK 7:* Bildung, Berufsbildung, Kultur, Jugend, Sport, Bürgerrechte.

411 Der Ausschuss der Regionen verfügt weiterhin über ein **Generalsekretariat** mit einem Generalsekretär an der Spitze. Dem Generalsekretariat obliegt die Verwaltung des Ausschusses. Er hat ein reibungsloses Arbeiten des Ausschusses und seiner Organe zu gewährleisten und die Mitglieder bei der Ausübung ihres Mandats zu unterstützen. Dazu erstellt das Generalsekretariat u. a. die Sitzungsprotokolle der Organe des Ausschusses. Weiterhin regelt der Generalsekretär des Ausschusses der Regionen zusammen mit dem Generalsekretär des Wirtschafts- und Sozialausschusses in beiderseitigem Einvernehmen alle Angelegenheiten, welche die gemeinsamen Dienste beider Organe betreffen.[637]

412 Der Sitz des Ausschusses der Regionen ist Brüssel. Darauf haben sich die Vertreter der Regierungen der Mitgliedstaaten am 28. Oktober 1993 in einem ergänzenden Protokoll zum Beschluss über die Festlegung der Sitze der Organe verständigt. Bei dieser Regelung wurde berücksichtigt, dass der Ausschuss der Regionen und der Wirtschafts- und Sozialausschuss zumindest teilweise über einen gemeinsamen organisatorischen Unterbau verfügen.[638]

413 Die beiden Institutionen sollten daher an einem Arbeitsort untergebracht sein. Zurzeit tagen die Arbeitsorgane des Ausschusses der Regionen noch in den Räumlichkeiten des Wirtschafts- und Sozialausschusses. Diese Situation vermag den Anforderungen des Ausschusses der Regionen längerfristig jedoch nicht zu genügen. Es wird daher über die Schaffung neuer Arbeitsstätten und sogar über die Verlegung an einen anderen Arbeitsort nachgedacht.[639]

3. Die Strukturfonds der EG

414 Für den Bereich der gemeinschaftlichen Sozialpolitik kommt von den sonstigen Institutionen der Europäischen Gemeinschaft den Strukturfonds die größte Bedeutung zu. Dies sind gem. Art. 159 Abs. 1 S. 3 EGV der Europäische Sozialfonds, der Europäische Fonds für regionale Entwicklung und der Europäische Ausrichtungs- und Garantiefonds für die Landwirtschaft, Abteilung Ausrichtung. Als strukturpolitische Finanzinstrumente der Europäischen Gemeinschaft haben die Strukturfonds die Aufgabe, die durch die Integrationspolitik der Europäischen Union entstehenden regionalen und sozialen Unterschiede zwischen den europäischen Regionen auszugleichen.

a) Grundlagen und Entwicklung

415 Eingerichtet durch die Bestimmungen des EWG-Vertrages (Art. 123–127 a. F.) besteht der ESF seit Inkrafttreten des heutigen EG-Vertrages am 1. 1. 1958. Mit Inkrafttreten der Ratsverordnung Nr. 9 über den Europäischen Sozialfonds vom 25. August 1960 konnte der Europäische Sozialfonds seine Tätigkeit nach Maßgabe dieser Verordnung am 20. September 1960[640] aufnehmen.

416 Die Schaffung von einem oder mehreren **Ausrichtungs- und Garantiefonds für die Landwirtschaft** war bereits in Art. 40 Abs. 4 des Gründungsvertrages der Europäischen Wirtschaftsgemeinschaft vorgesehen. Auf dieser Grundlage wurde 1962 durch die Verordnung Nr. 25 der Europäische Ausrichtungs- und Garantiefonds für die Landwirtschaft (EAFGL) gegründet.[641] Der EAFGL besteht aus den Abteilungen „Ausrichtung" und „Garantie", wobei nur die Abteilung „Ausrichtung" zu den Strukturfonds der EG zählt.

---

[637] S. dazu oben Rn. 389 ff.

[638] Vgl. das Protokoll betreffend den Wirtschafts- und Sozialausschuss und den Ausschuss der Regionen, a. a. O.

[639] Vgl. *Clement*, Der Ausschuss der Regionen: Kritik und Ausblick – eine politische Bewertung, in: Tomuschat (Hrsg.), S. 97, 110 ff.

[640] Das Datum des Inkrafttretens der Verordnung ist unter Berücksichtigung des Art. 191 Abs. 2, S. 2, 2. Alt. EGV der 20. September 1960; siehe näher dazu *v. Drygalski*, S. 34.

[641] ABl. 1962, S. 991.

V. Nebenorgane und weitere Institutionen 417–421 § 8

Der Europäische Fonds für Regionale Entwicklung, auch **Regionalfonds** genannt, 417
wurde durch die Verordnung (EWG) Nr. 724/75 des Rates vom 18. 3. 1975 über die
Errichtung eines Europäischen Fonds für regionale Entwicklung errichtet.[642] Die Errichtung des EFRE und das entsprechend damit einsetzende Betreiben von Regionalpolitik wurde bis zur vertraglichen Verankerung auf Art. 235 EWGV[643] gestützt. Eine
vertragliche Verankerung des EFRE hat durch Art. 23 der Einheitlichen Europäischen Akte stattgefunden, wodurch die Art. 130a–e in den EWG-Vertrag eingefügt wurden.

Seit ihrer Gründung haben mehrere Untersuchungen und damit einhergehende Reformen hinsichtlich der Aufgaben und der Arbeitsweise der Fonds stattgefunden. 418

Eine grundlegende Reform aller Strukturfonds erfolgte 1988. Entsprechend dem durch 419
die EEA neu in den EWG-Vertrag eingeführten Art. 130d[644] sollten die Tätigkeiten der
Einzelnen, bis dahin voneinander unabhängigen Strukturfonds koordiniert und deren
Effizienz somit gesteigert werden. Dies führte dazu, dass die Kommission gem. Art. 130d
EWG-Vertrag im August 1987 einen Gesamtvorschlag vorlegte, der die Verbesserung der
Struktur und Arbeitsweise, sowie die Koordinierung der bestehenden Strukturfonds untereinander zum Ziel hatte und entsprechend zur Erhöhung der Effizienz der Fonds beitragen sollte. Der Rat hat diesen – im März 1988 abgeänderten – Vorschlag, am 24. Juni
1988 beschlossen und die darauf basierende Verordnung (EWG) Nr. 2052/88 *(Rahmenverordnung)* erlassen.[645] Zur Koordinierung der verschiedenen Strukturfonds und der
sonstigen Finanzinstrumente hat der Rat die Verordnung (EWG) Nr. 4253/88 *(Koordinierungsverordnung)* erlassen.[646] Ebenso wurden vom Rat die entsprechenden Durchführungsverordnungen zu den einzelnen Strukturfonds erlassen.[647] Durch die übergeordnete Verordnung (EWG) Nr. 2052/88 wurden die Rahmenbedingungen der drei Strukturfonds
somit einheitlich ausgestaltet. Zur Steigerung der Effizienz der Fonds wurden fünf vorrangige Ziele eingeführt, auf die sich die Interventionen der Fonds konzentrieren sollten.

In der Folgezeit sind zwei weitere strukturpolitische Finanzinstrumente geschaffen worden, die zwar nicht zu den Strukturfonds zählen, deren Aktionen jedoch flankieren. Dies 420
ist zum einen das **Finanzierungsinstrument für die Ausrichtung der Fischerei**
(FIAF)[648] und zum anderen der **Kohäsionsfonds.**[649]

Im Rahmen der Neuordnung und Erweiterung der Fonds wurden die 1988 entwickelten Ziele ergänzt.[650] Auf Antrag Finnlands und Schwedens wurde durch deren Beitritt am 421

---

[642] ABl. Nr. L 73 v. 21. 3. 1975, S. 1.
[643] D. h. den heutigen Art. 308 EGV.
[644] Den heutigen Art. 161 EGV.
[645] Vgl. VO (EWG) Nr. 2052/88 über Aufgaben und Effizienz der Strukturfonds und über
die Koordinierung ihrer Interventionen untereinander sowie mit denen der Europäischen Investitionsbank und der anderen vorhandenen Finanzinstrumente (ABl. Nr. 185 v. 15. Juli 1988,
S. 9).
[646] ABl. Nr. L 374 v. 31. 12. 1988 S. 1, zuletzt geändert durch die VO (EWG) Nr. 2082/93
v. 20. Juli 1993 (ABl. Nr. L 193 v. 31. Juli 1993, S. 20).
[647] Vgl. hinsichtlich des Europäischen Sozialfonds die Verordnung (EWG) Nr. 4255/88 (ABl. Nr.
L 374 v. 31. 12. 1988 S. 21), die Verordnung (EWG) Nr. 4254/88 hinsichtlich des Regionalfonds
(ABl. Nr. L 374 v. 31. 12. 1988 S. 15) und die Verordnung (EWG) Nr. 4256/88 hinsichtlich des
Europäischen Ausrichtungs- und Garantiefonds für die Landwirtschaft, Abteilung Ausrichtung (ABl.
Nr. L 374 v. 31. 12. 1988 S. 25).
[648] Verordnung (EWG) Nr. 2080/93 des Rates v. 20. Juli zur Durchführung der Verordnung
(EWG) Nr. 2052/88 hinsichtlich des Finanzierungsinstruments für die Ausrichtung der Fischerei
(ABl. Nr. L 193 v. 31. Juli 1993, S. 1).
[649] Verordnung (EG) Nr. 1164/94 des Rates v. 16. Mai 1994 zur Errichtung des Kohäsionsfonds
(ABl. Nr. 130 v. 25. Mai 1994, S. 1).
[650] Vgl. VO (EWG) Nr. 2081/93 zur Änderung der Rahmenverordnung (EWG) Nr. 2052/88
(ABl. Nr. L 193 vom 31. Juli 1993, S. 5).

1. Januar 1995 ein weiteres Ziel eingeführt.[651] Die Interventionen der Fonds konzentrierten sich danach auf sechs vorrangige Ziele.[652]

422 Zur **Erreichung der Ziele** wurde unter den Fonds eine Aufgabenteilung vorgenommen, die an die den Fonds durch den EG-Vertrag zugewiesenen Aufgaben angelehnt ist. Danach war es primär die Aufgabe des Regionalfonds, die Ziele 1 und 2 in den betreffenden Regionen zu unterstützen. Daneben beteiligte sich der Regionalfonds noch an Aktionen im Zusammenhang mit dem Ziel 5b. Die Förderung der Ziele 3 und 4 oblag allein dem Europäischen Sozialfonds. Außerdem beteiligte sich der Europäische Sozialfonds ergänzend an den Aktionen, betreffend die Ziele 1, 2, 5b und 6. Der EAGFL unterstützte in erster Linie die Ziele 5a und 5b, beteiligte sich aber auch an Ziel 1-Aktionen. Zur Verwirklichung des Zieles 6 trugen alle Strukturfonds jeweils in angemessener Weise bei.

423 Die den Strukturfonds und sonstigen Finanzinstrumenten zur Verfügung stehenden Fördermittel werden grundsätzlich für einen mehrjährigen Zeitraum bewilligt. Es werden daher entsprechende Verpflichtungsermächtigungen in den Haushaltsplan eingesetzt. Die Verpflichtungsermächtigung für die Fördermittel der Strukturfonds und des FIAF beliefen sich beispielsweise für den Interventionszeitraum 1994–1999 auf 141,471 Mrd. Euro.[653]

424 Im Jahre 1999 wurde aus Gründen der Steigerung der Effizienz und Konzentration eine Neubestimmung und Verringerung der Ziele der Strukturfonds vorgenommen. Demzufolge werden nun vorrangig die drei folgenden Ziele verfolgt:
Ziel 1: Entwicklung und strukturelle Anpassung der Regionen mit Entwicklungsrückstand
Ziel 2: Wirtschaftliche und soziale Umstellung der Gebiete mit Strukturproblemen
Ziel 3: Anpassung und Modernisierung der Bildungs-, Ausbildungs- und Beschäftigungspolitiken und -systemen.[654]

b) Europäischer Sozialfonds

425 Dem Europäischen Sozialfonds kommt unter den Strukturfonds der Europäischen Gemeinschaft in mehrerlei Hinsicht eine **Sonderstellung** zu. Als Bestandteil der Sozialpolitik der Europäischen Gemeinschaft (Art. 3 lit. i EGV) ist dem Europäischen Sozialfonds eigens das Kapitel 2 des Titels XI (Sozialpolitik, allgemeine und berufliche Bildung und Jugend) des EG-Vertrages gewidmet. Gem. Art. 146 EGV ist es das Ziel des Europäischen Sozialfonds, die Beschäftigungsmöglichkeiten der Arbeitskräfte im Binnenmarkt zu verbessern und damit zur Hebung der Lebenshaltung beizutragen. Dementsprechend ist der Europäische Sozialfonds von den drei Strukturfonds der Europäischen Gemeinschaft das **wichtigste Instrument zur Bekämpfung der Arbeitslosigkeit sowie zur Flankierung der nationalen Arbeitsmarktpolitiken und zur Unterstützung von Berufsausbildungs- und Berufsförderungsmaßnahmen.** Sein Einsatz ist zudem nicht auf

---

[651] Vgl. das geänderte Protokoll Nr. 6 zu den Beitrittsakten Finnlands, Österreichs und Schwedens (ABl. Nr. L 1 v. 1. Januar 1995, S. 11).

[652] Ziel 1: Förderung der Entwicklung und der strukturellen Anpassung der Regionen mit Entwicklungsrückstand; Ziel 2: Umstellung der Regionen, Grenzregionen oder Teilregionen, die von der rückläufigen industriellen Entwicklung schwer betroffen sind, Ziel 3: Bekämpfung der Langzeitarbeitslosigkeit und Erleichterung der Eingliederung der Jugendlichen und der vom Ausschluss aus dem Arbeitsmarkt bedrohten Personen in das Erwerbsleben, Ziel 4: Erleichterung der Anpassung der Arbeitskräfte an die industriellen Wandlungsprozesse und an Veränderungen der Produktionssystem, Ziel 5: Förderung der Entwicklung des ländlichen Raums durch beschleunigte Anpassung der Agrarstrukturen (Ziel 5a) und Erleichterung der Entwicklung der Strukturanpassung der ländlichen Gebiete (Ziel 5 b9, Ziel 6: Förderung der Entwicklung und strukturellen Anpassung von Gebieten mit einer extrem niedrigen Bevölkerungsdichte.

[653] Art. 12 Abs. 1 Rahmenverordnung.

[654] Vgl. Verordnung 1260/99 des Rates vom 21. 6. 1999 mit allgemeinen Bestimmungen über die Strukturfonds, ABl. Nr. L 161, vom 26. 6. 1999; wie sich diese Neuordnung der Ziele auf die einzelnen Aufgabenbereiche der Fonds auswirkt und welcher Fonds welches Ziel verfolgt, bleibt abzuwarten.

bestimmte Regionen beschränkt. Vielmehr fördert er die Entwicklung der Humanressourcen im gesamten Gebiet der Europäischen Gemeinschaft.

Seit 1958 bestehend, ist der Europäische Sozialfonds der älteste der drei Strukturfonds. **426** Im Laufe der Zeit wurde der Europäische Sozialfonds mehrmals reformiert. So wurde mit der ersten Reform des ESF im Jahre 1971[655] die ursprüngliche Maßnahmenförderung in Form von nachträglichen Erstattungen aufgegeben. Die EG hatte dadurch die Möglichkeit, die Fördermittel des Sozialfonds besser lenken zu können. Ebenfalls mit dem Ziel einer effizienteren Verteilung der ESF-Mittel wurde der Europäische Sozialfonds 1977 ein zweites Mal reformiert.[656] Wie alle vorherigen Beschlüsse des Rates bezüglich der Aufgaben des ESF, sah auch der Beschluss von 1977 eine Überprüfung des ESF vor. Diese Überprüfung führte 1983 zu einer weiteren Reform des Europäischen Sozialfonds.[657] Mit der **Reform von 1988** hat der Europäische Sozialfonds zusammen mit den beiden anderen Strukturfonds im Rahmen der Politik zur Stärkung des wirtschaftlichen und sozialen Zusammenhalts der Europäischen Gemeinschaft (Art. 158 EGV) eine entscheidende Neuausrichtung erfahren. Durch diese Reform wurden erstmals die Tätigkeiten der Fonds untereinander als auch im Verhältnis zu den Tätigkeiten der anderen Finanzierungsinstrumente koordiniert. Es wurden vier Grundsätze – d. h. Konzentration, Zusätzlichkeit der Mittel, Partnerschaft, Kohärenz – entwickelt, die bei der letzten Reform von 1993 im Wesentlichen beibehalten und teilweise neu ausgestaltet wurden. Die Interventionen der Strukturfonds konzentrieren sich demnach auf die o. g. sechs Ziele **(Grundsatz der Konzentration)**. Sie erfolgen zudem nach dem *Grundsatz der Zusätzlichkeit* oder auch Additionalität, d. h. es werden die entsprechenden nationalen Aktionen durch die Gemeinschaftsaktionen ergänzend unterstützt.[658] Dazu bedarf es einer engen Koordinierung zwischen allen Beteiligten. Deshalb arbeiten die Kommission und alle zuständigen, von dem betreffenden Mitgliedstaat benannten nationalen, regionalen und lokalen Behörden in jeder Phase einer Aktion partnerschaftlich zusammen **(Grundsatz der Partnerschaft)**.[659] Ebenso werden die gemeinschaftliche Strukturpolitik und die Wirtschafts- und Sozialpolitik aufeinander abgestimmt, um größtmögliche Synergieeffekte zu erzielen **(Grundsatz der Kohärenz)**. Die von den Strukturfonds geförderten Aktionen müssen dem Gemeinschaftsrecht und den Gemeinschaftspolitiken – insbesondere im Hinblick auf die Wettbewerbsregeln, die Vergabe öffentlicher Aufträge, den Umweltschutz und den Grundsatz der Chancengleichheit für Männer und Frauen – entsprechen.[660]

Mit der Reform von 1993 wurde auch der Europäische Sozialfonds neu ausgerichtet. **427** Insbesondere wurden die Finanzmittel aufgestockt.

Entsprechend der daraus erfolgten Neuordnung und Erweiterung der Fonds besteht **428** die Hauptaufgabe des Europäischen Sozialfonds nunmehr in der **Bekämpfung der Langzeitarbeitslosigkeit sowie der Erleichterung der Eingliederung von Jugendlichen und der vom Arbeitsmarkt ausgeschlossenen Personen in das Erwerbsleben** (vormalig Ziel 3[661]). Im Rahmen dieses Ziels unterstützt der Europäische Sozialfonds Maßnahmen zur Erleichterung der beruflichen Eingliederung von Langzeitarbeitslosen und von Jugendlichen, die eine Beschäftigung suchen. Ebenso fördert der Europäische Sozialfonds im Rahmen von Ziel 3 die Eingliederung von Personen, denen der Ausschluss aus dem Arbeitsmarkt droht. Daneben unterstützt der Fonds in diesem Zusammenhang

---

[655] Vgl. den Beschluss (71/66/EWG) des Rates (ABl. Nr. L 28 v. 4. 2. 1971, S. 15).
[656] Beschluss (77/801/EWG) des Rates vom 20. 12. 1977 (ABl. Nr. L 337 v. 27. 12. 1977, S. 8).
[657] Vgl. den Beschluss (83/516/EWG) des Rates vom 17. 10. 1983 (ABl. Nr. L 289 v. 22. 10. 1983, S. 38).
[658] Art. 4 Abs. 1 S. 1 und Art. 9 Rahmenverordnung.
[659] Art. 4 Abs. 1 Rahmenverordnung.
[660] Art. 7 Abs. 1 Rahmenverordnung.
[661] Die folgenden Ausführungen beziehen sich noch auf die alten, sechs Ziele der Strukturfonds. Welche Änderungen sich in Zukunft auf Grund der Konzentration auf drei Ziel ergeben werden, bleibt abzuwarten.

Maßnahmen zur Förderung der Chancengleichheit für Frauen und Männer im Hinblick auf die Beschäftigung, besonders in den Bereichen, in denen Frauen unterrepräsentiert sind. Insbesondere werden auch die Frauen unterstützt, die über keine berufliche Qualifikationen verfügen oder die nach einer Phase der Nichterwerbstätigkeit wieder in das Berufsleben zurückkehren möchten. Diese Zielgruppen werden insbesondere gefördert durch Maßnahmen der beruflichen Aus- und Weiterbildung, durch Orientierung und Beratung und durch Beschäftigungsbeihilfen. Dazu zählt auch die Entwicklung geeigneter Ausbildungs-, Beschäftigungs- und Unterstützungsstrukturen, einschließlich der Ausbildung des erforderlichen Personals und der Bereitstellung von Möglichkeiten zur Versorgung betreuungsbedürftiger Personen.

429   Eine weitere vorrangige Aufgabe des Europäischen Sozialfonds ist es, die **Anpassung von Arbeitskräften an die industriellen Wandlungsprozesse und an die Veränderungen der Produktionssysteme** zu erleichtern (vormalig Ziel 4). Dazu unterstützt der Europäische Sozialfonds Maßnahmen, die es insbesondere den von Arbeitslosigkeit bedrohten Arbeitskräften erleichtern, sich auf den industriellen Wandel sowie auf die Veränderung der Produktionssysteme einzustellen. Dies geschieht zum einen durch Prognosen über die Entwicklung des Arbeitsmarktes und über den Bedarf an beruflichen Qualifikationen. Zum anderen werden Weiterbildungs- und Umschulungsmaßnahmen sowie Maßnahmen zur Verbesserung und Entwicklung geeigneter Ausbildungssysteme gefördert.

430   Neben diesen allein dem ESF zufallenden Aufgaben ist der ESF auch noch ergänzend zu den anderen Strukturfonds, insbesondere zum Europäischen Fonds für Regionale Entwicklung, aktiv. Im Rahmen der früheren Ziele 1, 2 und 5b fördert der Europäische Sozialfonds Beschäftigungswachstum- und -stabilität durch Aus- und Weiterbildungsmaßnahmen sowie die Verstärkung des Arbeitskräftepotentials in Forschung, Wissenschaft und Technologie. In den Ziel-1-Regionen unterstützt der Europäische Sozialfonds ferner Maßnahmen zum Ausbau und zur Verbesserung der Systeme der allgemeinen und beruflichen Bildung sowie Maßnahmen, die die Förderung der Entwicklung und strukturellen Anpassung der Regionen durch die Ausbildung öffentlicher Bediensteter zum Ziel haben.

431   Die Arbeitsweise der Strukturfonds ist vom **Prinzip der integrierten und koordinierten Programmplanung** geleitet. Zunächst haben die Mitgliedstaaten der Kommission für die einzelnen Zielkategorien Entwicklungspläne vorzulegen, die zuvor von den zuständigen Stellen auf nationaler, regionaler oder sonstiger Ebene auszuarbeiten sind und die insbesondere den Handlungsbedarf für die jeweiligen Aktionen darzustellen haben. Auf der Grundlage dieser Pläne erstellt die Kommission im Einvernehmen mit dem betreffenden Mitgliedstaat ein **Gemeinschaftliches Förderkonzept** für einen Zeitraum von drei bis sechs Jahren. Das Gemeinschaftliche Förderkonzept umfasst u. a. die Schwerpunkte und Vorabbewertungen für die gemeinsamen Aktionen, einen Überblick über die vorgesehenen Interventionsformen und einen indikativen Finanzierungsplan, der die Laufzeit und den Höchstbetrag für die jeweiligen Interventionsformen sowie die von dem betreffenden Mitgliedstaat aufgewandten öffentlichen Mittel ausweist. Die gemeinschaftlichen Förderkonzepte bilden die Grundlage für die operationelle Phase. Im Rahmen der operationellen Phase können nur diejenigen Aktionen umgesetzt werden, die bereits in einem gemeinschaftlichen Förderkonzept durch die Kommission verabschiedet wurden. Die Umsetzung der von einem gemeinschaftlichen Förderkonzept erfassten Aktionen erfolgt überwiegend in Form der Kofinanzierung mehrjähriger **operationeller Programme**.[662] Daneben erfolgen die Interventionen des Europäischen Sozialfonds noch in der Form von Globalzuschüssen sowie durch die Unterstützung technischer Hilfe und Modell- und Demonstrationsvorhaben.[663]

---

[662] Art. 12 Koordinierungsverordnung, Art. 5 Abs. 1 ESF-Verordnung 4255/88.
[663] Art. 5 Abs. 1 ESF-Verordnung, Art. 5 Abs. 2 Rahmenverordnung.

V. Nebenorgane und weitere Institutionen

c) Gemeinschaftsinitiativen

Als Grundlage für die verschiedenen Interventionsformen können neben den Gemeinschaftlichen Förderkonzepten auch die sog. *Gemeinschaftsinitiativen* dienen.[664] Es handelt sich dabei um **Förder- bzw. Aktionsprogramme** der Europäischen Gemeinschaft, die von der Kommission aus eigener Initiative vorgeschlagen werden können. Die 1989 ins Leben gerufenen Gemeinschaftsinitiativen ergänzen die Unterstützungsmaßnahmen der Strukturfonds in bestimmten Problembereichen, die für die Europäische Gemeinschaft von besonderem Interesse sind. Im Rahmen der Strukturfondsreform von 1993 wurden auch die seit 1989 gültigen Grundsätze im Zusammenhang mit den Gemeinschaftsinitiativen bestätigt und weiterentwickelt. Für den Zeitraum 1994–1999 waren 9% der Verpflichtungsermächtigungen der Strukturfonds für Gemeinschaftsinitiativen vorgesehen.[665] Es ist bei der Kommission ein Verwaltungsausschuss für Gemeinschaftsinitiativen eingesetzt, der sich aus Vertretern der Mitgliedstaaten zusammensetzt und von einem Vertreter der Kommission geleitet wird.[666]

Für den Zeitraum von 1994 bis 1999 sind insgesamt dreizehn Gemeinschaftsinitiativen eingesetzt.[667] Diese beruhen auf fünf Themen: grenzübergreifende, transnationale und interregionale Zusammenarbeit und Netze; ländliche Entwicklung; ultraperiphere Regionen; Beschäftigung und Entwicklung der Humanressourcen; Bewältigung des industriellen Wandels.[668]

Von diesen Initiativen sind zwei unmittelbar auf die Beschäftigungs- bzw. Arbeitsmarktpolitik der Gemeinschaft ausgerichtet – zum einen die Gemeinschaftsinitiative mit dem Thema „Beschäftigung und Entwicklung von Humanressourcen" und zum anderen die Initiative „Anpassung der Arbeitnehmer an den industriellen Wandel" (**ADAPT**). Beide Gemeinschaftsinitiativen sind entsprechend ihrer Zielsetzung dem Europäischen Sozialfonds zugeordnet.

Die Gemeinschaftsinitiative „Beschäftigung und Entwicklung von Humanressourcen" ergänzt das ehemalige Ziel 3 der Strukturfonds. Sie beinhaltet drei zusammenhängende Ziele und gliedert sich dementsprechend in die Aktionsbereiche **„Employment-NOW"**, **„Employment-HORIZON"** und **„Employment-YOUTHSTART"**.

Der Aktionsbereich NOW hat die Zielsetzung, die Arbeitslosigkeit von Frauen zu verringern und die Situation von bereits erwerbstätigen Frauen durch die Förderung gleicher Beschäftigungsmöglichkeiten zu verbessern. Insbesondere werden Ausbildungsmaßnahmen sowie der Zugang zu zukunftsorientierten Beschäftigungen und zu Führungspositionen gefördert.

Mit dem Aktionsbereich **HORIZON** sollen die Beschäftigungsmöglichkeiten für Behinderte und sonstige benachteiligte Gruppen verbessert werden. Zu den sonstigen benachteiligten Gruppen zählen vor allem gefährdete Personen, einschließlich Drogenabhängige und Angehörige von Randgruppen, Einwanderer, Flüchtlinge, Fahrende, isolierte Menschen, Einelternfamilien, Obdachlose, Strafgefangene und ehemalige Strafgefangene.

Zielsetzung des Aktionsbereichs **YOUTHSTART** ist es, Jugendlichen – insbesondere denen ohne grundlegende Qualifikation oder Ausbildung – die Eingliederung in den Arbeitsmarkt zu erleichtern.

Im Rahmen der Gemeinschaftsinitiative „Beschäftigung und Entwicklung von Humanressourcen" sind je nach Aktionsbereich die folgenden Massnahmen förderungswürdig:

---

[664] Art. 11 Koordinierungsverordnung, Art. 5 Abs. 5 Rahmenverordnung.
[665] Art. 12 Abs. 5 Rahmenverordnung.
[666] Art. 29 a Koordinierungsverordnung.
[667] ABl. Nr. C 180 v. 1. 7. 1994, S. 1–66.
[668] Vgl. auch die Mitteilung der Kommission über „Die Zukunft der Gemeinschaftsinitiativen im Rahmen der Strukturfonds", KOM (94) 46 endg. vom 16. 3. 1994.

- Entwicklung geeigneter Ausbildungs-, Orientierungs-, Beratungs- und Beschäftigungssysteme;
- Vermittlung von Ausbildung und Arbeit, Berufsbildungsmaßnahmen;
- Schaffung von Arbeitsplätzen und die Unterstützung – insbesondere von Frauen – bei der Gründung von Kleinbetrieben, Unternehmen und Genossenschaften;
- Maßnahmen zur Informationsverbreitung und Sensibilisierung.

440 Dabei sind insbesondere die Maßnahmen förderungswürdig, die im Rahmen transnationaler Zusammenarbeit bzw. auf transnationaler Basis durchgeführt werden.

441 Die arbeitsmarktpolitisch ausgerichtete Gemeinschaftsinitiative „Anpassung der Arbeitnehmer an den industriellen Wandel" (ADAPT) ist mit dem neuen Ziel 4 der Strukturfonds verknüpft. Im Rahmen von **ADAPT** werden entsprechend vier Ziele verfolgt:
- Unterstützung der Arbeitnehmer, die infolge des industriellen Wandels von Arbeitslosigkeit bedroht sind;
- Steigerung der Wettbewerbsfähigkeit von Industrie, Handel und Dienstleistungsgewerbe;
- Vermeidung von Arbeitslosigkeit vor allem durch verbesserte Qualifikationen und Flexibilität der Arbeitnehmer sowie Gewährleistung größerer beruflicher Mobilität;
- Förderung zur Schaffung neuer Arbeitsplätze und neuer wirtschaftlicher Betätigungsfelder.

442 Förderungswürdig sind in diesem Zusammenhang Maßnahmen zur Vermittlung von Ausbildung, Orientierung und Beratung, Prognosen über die Arbeitsmarktentwicklung und den Ausbildungs- bzw. Qualifikationsbedarf, Schaffung und Förderung von Netzwerken und Beschäftigungsförderungsinitiativen, Maßnahmen zur Anpassung der unterstützenden Strukturen und Systeme sowie Informations-, Verbreitungs- und Sensibilisierungsmaßnahmen.

§ 9 Grundlagen des Gemeinschaftsrechts

Schrifttum: *Bieback*, Marktfreiheit in der EG und nationale Sozialpolitik vor und nach Maastricht, EuR 1993, S. 150, 152; *Blanke*, Der Unionsvertrag von Maastricht – Ein Schritt auf dem Weg zu einem europäischen Bundesstaat, DÖV 1993, S. 416; *Bleckmann*, Zum Begriff des Gemeinsamen Marktes im EWG-Vertrag, MDR 1986, S. 5, 7; *Borchardt*, Die rechtlichen Grundlagen der EG, in: Röttinger/Weyringer, Handbuch der europäischen Integration, 1991, S. 47; *Dörr*, Zur Rechtsnatur der Europäischen Union, EuR 1995, 334 ff.; *Grunwald*, Die EG als Rechtsgemeinschaft, in: Röttinger/Weyringer, Handbuch der europäischen Integration, 1991, S. 15 ff.; *Ipsen*, Europäisches Gemeinschaftsrecht, 1972, S. 113; *Ipsen*, Zehn Glossen zum Maastricht-Urteil, EuR 1994, S. 1, 8 f.; *Müller-Graff*, Verfassungsziele der EG, in: Dauses, EG-Wirtschaftsrecht, Rn. 42–76; *Pernice*, Grundrechtsgehalt im europäischen Gemeinschaftsrecht, 1979, S. 31 ff.; *ders.*, Gemeinschaftsverfassung und Grundrechtsschutz – Grundlagen, Bestand und Perspektiven, NJW 1990, S. 2409, 2412; *Rengeling*, Grundrechtsschutz in der Europäischen Gemeinschaft, 1992, S. 224 ff.; *Schröer*, Die Kompetenzverteilung zwischen der Europäischen Wirtschaftsgemeinschaft und ihren Mitgliedstaaten auf dem Gebiet des Umweltschutzes, 1992, S. 33; *Stettner*, Gemeinschaftsrecht und nationales Recht, in: Dauses, EG-Wirtschaftsrecht; *Zuleeg*, Die Europäische Gemeinschaft als Rechtsgemeinschaft, NJW 1994, 545 ff.

Übersicht

	Rn.		Rn.
I. Rechtsnatur der Europäischen Gemeinschaft	1	4. Rechtspersönlichkeit der Gemeinschaft	14
1. Unmittelbare Geltung und Anwendbarkeit des Gemeinschaftsrechts	4	**II. Rechtsquellen des Gemeinschaftsrechts**	15
2. Vorrang des Gemeinschaftsrechts	6	1. Grundlagen	15
3. Fehlende Staatlichkeit der Gemeinschaft	10	2. Primärrecht	19
		a) Die Gemeinschaftsverträge	19
		b) Das Gewohnheitsrecht	20

I. Rechtsnatur der Europäischen Gemeinschaft

	Rn.		Rn.
c) Allgemeine Rechtsgrundsätze	22	3. Die gemeinschaftsrechtskonforme Auslegung als Auslegungsgrundsatz des nationalen Rechts	261
aa) Allgemeines	22		
bb) Ableitung und Rang	33		
cc) Einzelfälle	40	4. Die Rechtsfortbildung im Gemeinschaftsrecht	266
d) Die Charta der Grundrechte der Europäischen Union	46	a) Rechtsfortbildung in der Rechtsprechung des EuGH	267
3. Das Sekundärrecht	49	b) Die Befugnis des EuGH zur Rechtsfortbildung	270
a) Grundlagen	49		
b) Verordnungen	59		
aa) Zuständigkeit	64	c) Voraussetzungen und Grenzen der Rechtsfortbildung	275
bb) Merkmale der Verordnung	67		
c) Richtlinien	84	aa) Das Ob der Rechtsfortbildung durch den EuGH	276
aa) Zuständigkeit	88		
bb) Merkmale der Richtlinie	91	bb) Die Art und Weise der Lückenausfüllung	280
d) Entscheidungen	109		
aa) Zuständigkeit	113		
bb) Merkmale der Entscheidung	115	**IV. Strukturprinzipien des EGV**	285
e) Empfehlungen und Stellungnahmen	126	1. Zielausrichtung und Kompetenzsystem	285
aa) Zuständigkeit	130	a) Grundlagen	285
bb) Unverbindlichkeit	133	b) Ziele und Aufgaben des EGV	287
cc) Rechtliche Relevanz	134	c) Kompetenzen des EGV	294
f) Sonstige Rechtsakte (Rechtsakte „sui generis")	139	2. Der Gemeinsame Markt	308
		a) Begriff des Gemeinsamen Marktes	308
aa) Verbindlich gemeinte, nichtbenannte Rechtsakte (Beschlüsse)	143	b) Der Binnenmarkt	316
		c) Die Grundfreiheiten	323
		aa) Grundlagen	323
bb) Akte ohne rechtliche Verbindlichkeit (Entschließungen)	146	bb) Die Freiheit des Warenverkehrs	332
cc) Rechtsakte der im Rat vereinigten Vertreter der Mitgliedstaaten	152	cc) Die Personenverkehrsfreiheiten	351
		dd) Die Freiheit des Kapital- und Zahlungsverkehrs	361
g) Völkerrechtliche Verträge	156	3. Die Wirtschafts- und Währungsunion	364
aa) Die Europäische Union als Völkerrechtssubjekt	158	a) Einleitung	364
bb) Vertragsabschlusskompetenz	159	b) Die WWU auf Grundlage der Maastrichter Verträge	388
cc) Verfahren	166	aa) Die erste Stufe	396
dd) Innergemeinschaftliche Wirkung von Verträgen	172	bb) Die zweite Stufe	409
		cc) Die dritte Stufe	421
III. Auslegung und Rechtsfortbildung des Gemeinschaftsrechts	175	4. Die gemeinsamen Politiken	430
1. Vorbemerkung	175	5. Das Subsidiaritätsprinzip	437
a) Auslegung des Primär- und des Sekundärrechts	185	a) Einführung	437
		b) Das Subsidiaritätsprinzip in den Verträgen der Gemeinschaft	444
b) Subjektive und objektive Auslegung	189	aa) Der Grundsatz des Art. 5 Abs. 1 EGV (Art. 3b Abs. 1 EGV a. F.)	451
c) Die dynamische Auslegung	196		
d) Primärrechtskonforme Auslegung	207	bb) Das Subsidiaritätsprinzip des Art. 5 Abs. 2 EGV (Art. 3b Abs. 2 EGV a. F.)	454
2. Allgemeine Auslegungsregeln	213		
a) Wortlaut	214	cc) Art. 5 Abs. 3 EGV (Art. 3b Abs. 3 EGV a. F.)	461
b) Systematik	227		
c) Entstehungsgeschichte	232	6. Das Diskriminierungsverbot nach Art. 12 EGV	465
d) Sinn und Zweck	241		
aa) Die Ziele des EG-Vertrages	243	7. Zusammenfassung	468
bb) Die Kollision der Gesetzeszwecke	253		

I. Rechtsnatur der Europäischen Gemeinschaft

Von einem völkerrechtlichen Zusammenschluss wie der OECD unterscheidet sich die **1** Gemeinschaft darin, dass die Mitgliedstaaten **Hoheitsrechte** auf sie **übertragen** haben. Die Organe der Gemeinschaft dürfen innerhalb der ihnen zugewiesenen Kompetenzen verbindliche Rechtsakte erlassen, die entgegenstehendes nationales Recht verdrängen. Zwar vollzog sich die Gründung der drei Gemeinschaften ebenso wie der Beitritt der neuen Mitgliedstaaten auf völkerrechtlicher Ebene. Das klassische Völkerrecht erfasst jedoch die komplexen, durch den EGV begründeten rechtlichen Strukturen nur unzureichend, weil sich die drei Gemeinschaftsverträge nicht darin erschöpfen, Rechte und Pflichten zwischen den Mitgliedstaaten zu regeln, sondern auch Rechtsbeziehungen gegenüber dem einzelnen Unionsbürger begründen. Nach ständiger Rechtsprechung des Gerichtshofs haben die Gemeinschaftsverträge eine neue Rechtsordnung geschaffen, zu deren Gunsten die Staaten in immer weiteren Bereichen ihre Souveränitätsrechte eingeschränkt haben, und deren Rechtssubjekte nicht nur die Mitgliedstaaten, sondern auch deren Bürger sind. Das Gemeinschaftsrecht hat sich so zu einer **eigenständigen Rechtsordnung** entwickelt, die durch den Begriff der **Supranationalität** charakterisiert wird.[1] Die beiden wesentlichen Ausprägungen sind die unmittelbare Anwendbarkeit und der Vorrang gegenüber dem nationalen Recht der Mitgliedstaaten.

2 Obwohl das Gemeinschaftsrecht eine autonome Rechtsordnung bildet, besteht eine enge Verknüpfung mit den nationalen Rechtsordnungen, was sich allein schon daraus ergibt, dass sich mit dem Ministerrat das wichtigste Entscheidungsgremium aus Vertretern der Regierungen der Mitgliedstaaten zusammensetzt und das Gemeinschaftsrecht zum größten Teil von den Mitgliedstaaten umgesetzt wird. Die beiden Rechtsebenen sind von demselben Bürger her legitimiert und haben dieselben Adressaten; sie sind in vielfältiger Weise aufeinander bezogen, miteinander verschränkt und wechselseitigen Einwirkungen geöffnet. Das Bundesverfassungsgericht spricht in diesem Zusammenhang von einer **normativen Verklammerung**.[2]

3 Das Gemeinschaftsrecht charakterisierte der EuGH in der Entscheidung „**Costa/Enel**" wie folgt: „Zum Unterschied von gewöhnlichen internationalen Verträgen hat der EWG-Vertrag eine eigene Rechtsordnung geschaffen, die bei seinem Inkrafttreten in die Rechtsordnungen der Mitgliedstaaten aufgenommen wurde und von ihren Gerichten anzuwenden ist. Denn durch die Gründung einer Gemeinschaft für unbegrenzte Zeit, die mit eigenen Organen, mit Rechts- und Geschäftsfähigkeit, mit internationaler Handlungsfähigkeit und insbesondere mit echten, aus der Beschränkung der Zuständigkeit der Mitgliedstaaten oder der Übertragung von Hoheitsrechten der Mitgliedstaaten auf die Gemeinschaft herrührenden Hoheitsrechten ausgestattet ist, haben die Mitgliedstaaten ihre Souveränitätsrechte beschränkt und so einen Rechtskörper geschaffen, der für ihre Angehörigen und sie selbst verbindlich ist".[3] Dennoch ist die **Gemeinschaft** selbst **kein Staat, auch kein Bundesstaat**. Sie ist, wie es das Bundesverfassungsgericht ausdrückte, eine im Prozess fortschreitender Integration stehende Gemeinschaft eigener Art, eine „zwischenstaatliche Einrichtung" im Sinne des Art. 24 Abs. 1 GG, auf die die Bundesrepublik Deutschland – wie die üblichen Mitgliedstaaten – bestimmte Hoheitsrechtsrechte übertragen hat[4] („**Staatenverbund**"[5]).

1. Unmittelbare Geltung und Anwendbarkeit des Gemeinschaftsrechts

4 Sofern eine völkerrechtliche Bestimmung im innerstaatlichen Recht gelten soll, muss sie durch einen besonderen Transformationsakt („Anwendungsbefehl") in nationales Recht umgesetzt werden.[6] Demgegenüber entfalten die meisten Bestimmungen des EGV sowie

---

[1] Vgl. etwa *Schweitzer/Hummer*, Europarecht, 5. Aufl. 1996, Rn. 872 ff.; dazu eingehend *Pieper*, Subsidiarität, 1994.
[2] BVerfGE 75, S. 382 (384); vgl. *Pernice*, NJW 1990, S. 2409, 2412.
[3] EuGH v. 15. 7. 1964 (Costa/Enel) Rs. 6/64, Slg. 1964, S. 1251 ff.
[4] BVerfGE 22, S. 296 ff.
[5] BVerfG NJW 1993, S. 3047 ff („Maastricht-Entscheidung").
[6] *Seidl-Hohenveldern*, Völkerrecht, 10. Aufl. 2000, Rn. 802.; eine Ausnahme besteht für die „self-executing" Normen; im deutschen Recht erfolgt die Umsetzung durch Art. 25, 59 Abs. 2 GG.

I. Rechtsnatur der Europäischen Gemeinschaft

die Verordnungen und Entscheidungen **unmittelbare Wirkung,** d. h. sie bedürfen keiner besonderen Umsetzung in nationales Recht. Sie gelten in den Mitgliedstaaten auch nicht als nationales Recht, sondern unmittelbar als Gemeinschaftsrecht **(unmittelbare Geltung des Gemeinschaftsrechts).**[7]

Sofern die Regelungen des Gemeinschaftsrechts Rechte und Pflichten einzelner Unionsbürger begründen, erstreckt sich die unmittelbare Geltung des Gemeinschaftsrechts auch auf diese Bürger (unmittelbare Anwendbarkeit).[8] Für den betroffenen Unionsbürger ergibt sich somit in der Geltung kein Unterschied gegenüber einer nationalen Regelung. So findet Art. 141 EGV, welcher den Grundsatz des gleichen Entgelts für Männer und Frauen bei gleicher Arbeit enthält, als verbindliches Recht in den Mitgliedstaaten Anwendung. Seine Wirkung erstreckt sich dabei auch auf das Verhältnis von Privaten zueinander, entfaltet also unmittelbare Drittwirkung.

2. Vorrang des Gemeinschaftsrechts

Die Eigenständigkeit der Gemeinschaftsrechtsordnung gegenüber den nationalen Rechtsordnungen wirft die Frage des Verhältnisses beider Rechtsordnungen zueinander auf. Dabei ist zu differenzieren zwischen der Sicht des Gemeinschaftsrechts und der des nationalen Rechts. In diesem Abschnitt wird das Verhältnis gegenüber dem nationalen Recht aus europarechtlicher Sicht behandelt.

Das Ziel der Gemeinschaftsverträge, eine in allen Mitgliedstaaten gleichermaßen geltende Rechtsordnung zu errichten, würde beeinträchtigt werden, wenn die Mitgliedstaaten dem Gemeinschaftsrecht zuwiderlaufende Regelungen treffen könnten. Um eine **einheitliche Geltung in allen Mitgliedstaaten** zu gewährleisten, beansprucht das Gemeinschaftsrecht daher Vorrang vor entgegenstehendem nationalen Recht. Zwischen den beiden Rechtsordnungen besteht damit ein Rangverhältnis. Es gilt nicht der Grundsatz der lex posterior, der Konflikte bei gleichrangigen Rechtsquellen löst.[9] Der Vorrang des Gemeinschaftsrechts ist die Konsequenz daraus, dass die Mitgliedstaaten der Gemeinschaft sich im EGV zur Abtretung von Hoheitsrechten verpflichtet haben; denn würden die Mitgliedstaaten über die Befugnis verfügen, dem Gemeinschaftsrecht zuwiderlaufendes Recht zu erlassen, hätten sie letztlich doch ihre Souveränitätsrechte in diesen Bereichen behalten. Der EuGH begründet deshalb den Vorrang damit, dass die Staaten nach Maßgabe der Bestimmungen des Vertrages Rechte und Pflichten, die bis dahin ihren inneren Rechtsordnungen unterworfen waren, für Regelungen durch die Gemeinschaftsrechtsordnung vorbehalten haben und damit eine endgültige Beschränkung ihrer Hoheitsrechte bewirkt haben, die durch spätere einseitige, mit dem Gemeinschaftsbegriff unvereinbare Maßnahmen nicht rückgängig gemacht werden kann.[10]

Der **Vorrang erstreckt sich auch auf das Verfassungsrecht.** Danach geht selbst eine Verordnung der Gemeinschaft einer Bestimmung des nationalen Verfassungsrechts vor. Der Vorrang bezieht sich auf das gesamte nationale Recht, umfasst also auch das Tarifrecht und nationales Gewohnheitsrecht. Er ist im EGV nicht ausdrücklich angesprochen,[11] jedoch seit der grundlegenden „Costa/Enel" Entscheidung des EuGH aus dem Jahre 1964[12] anerkannt. Der EuGH stützt den Vorrang des Gemeinschaftsrechts auf mehrere Erwägungen. So würden die Mitgliedstaaten die in Art. 10 Abs. 2 EGV aufgeführten Ziele gefährden und gegen das Diskriminierungsverbot des Art. 12 EGV verstoßen, wenn das

---

[7] *Borchardt,* in: Röttinger/Weyringer, S. 47.
[8] *Borchardt,* in: Röttinger/Weyringer, S. 47.
[9] *Oppermann,* Europarecht, 2. Aufl. 1999, Rn. 620.
[10] EuGH v. 15. 7. 1964 (Costa/Enel) Rs. 6/64, Slg. 1964, S. 1251 ff.
[11] Eine Ausnahme ist lediglich die Verordnung, die nach Art. 249 EGV verbindlich ist und unmittelbar in jedem Mitgliedstaat gilt.
[12] EuGH v. 15. 7. 1964 (Costa/Enel) Rs. 6/64, Slg. 1964, S. 1251 ff.

Gemeinschaftsrecht je nach der nachträglichen innerstaatlichen Gesetzgebung von einem Staat zum anderen verschiedene Geltung haben könnte.[13]

9   Der EuGH weist schließlich darauf hin, dass der EWG-Vertrag[14] durch Bestimmungen wie der Art. 296 – Art. 298 den Mitgliedstaaten das Recht zu einseitigem Vorgehen ausdrücklich einräumt.[15] Schließlich ergibt sich der Vorrang – zumindest für Verordnungen – ausdrücklich aus Art. 249 EGV.

3. Fehlende Staatlichkeit der Gemeinschaft

10   Die Befugnis der Gemeinschaft, gegenüber den Rechtsordnungen der Mitgliedstaaten vorrangiges Recht zu erlassen, wirft auf den ersten Blick Parallelen zu einem Bundesstaat auf. Trotz ihrer weitreichenden Befugnisse erfüllt die Gemeinschaft aber nicht die Merkmale eines Bundesstaates. Ihr **fehlt insbesondere die Kompetenz-Kompetenz,** d. h. die Befugnis, kraft staatlicher Souveränität Zuständigkeiten an sich zu ziehen. Die Befugnis zur Rechtsetzung beschränkt sich auf die Teilbereiche, welche die Mitgliedstaaten ihr im EGV ausdrücklich übertragen haben.[16] Nach dem Prinzip der Einzelermächtigung leitet die Gemeinschaft ihre „Gewalt" von den Mitgliedstaaten ab.[17] „Herren der Verträge" sind somit die Mitgliedstaaten geblieben, weil nur sie den EGV ändern, erweitern und aufheben können.[18] Kraft ihrer originären Staatsgewalt haben die Mitgliedstaaten auch in den Bereichen, in denen sie Hoheitsrechte auf die Gemeinschaft übertragen haben, die Legislativbefugnisse behalten.[19] Soweit jedoch innerstaatliches Recht in Widerspruch zu Normen des Gemeinschaftsrechts tritt, sind die Mitgliedstaaten auf Grund des Grundsatzes des Vorrangs des Gemeinschaftsrechts nicht berechtigt, ihr nationales Recht anzuwenden.[20] Das nationale Recht wird damit nicht „gebrochen", sondern lediglich außer Kraft gesetzt (sog. „Anwendungsvorrang" des Gemeinschaftsrechts).[21]

11   Abgesehen von der fehlenden Kompetenz-Kompetenz ist die Gemeinschaftsgewalt dadurch begrenzt, dass die Gemeinschaft mit Ausnahme der Verhängung eines Zwangsgeldes gem. Art. 228 Abs. 2 EGV und von einigen Bestimmungen im Kartellrecht über keine Zwangsmittel verfügt,[22] sie also zur **Durchsetzung auf die Unterstützung der Mitgliedstaaten angewiesen** ist und ihr damit ein wesentliches Merkmal der Staatsgewalt fehlt.

12   Als weiteres konstituierendes Element der Staatlichkeit fehlt eine EU-Staatsangehörigkeit. Die durch den Maastrichter Vertrag eingeführte **Unionsbürgerschaft**[23] schafft zwar ein rechtliches Band zwischen Bürgern der EU-Staaten, das ihnen etwa das kommunale Ausländerwahlrecht einräumt,[24] das jedoch noch keine Staatsangehörigkeit im engeren Sinne begründet.[25] Daneben gibt es noch weitere, gegen eine Staatlichkeit sprechende

---

[13] EuGH v. 15. 7. 1964 (Costa/Enel) Rs. 6/64, Slg. 1964, S. 1251 ff.
[14] Jetzt EG-Vertrag.
[15] EuGH v. 15. 7. 1964 (Costa/Enel) Rs. 6/64, Slg. 1964, S. 1251 ff.
[16] Sog. Prinzip der Einzelermächtigung oder Enumerativermächtigung.
[17] *Bieback*, EuR 1993, S. 150, 152.
[18] Hinsichtlich des Austrittsrechts einzelner Mitgliedstaaten herrscht keine Einigkeit: vgl. etwa *Bleckmann*, 149, *Streinz*, Europarecht, 4. Aufl. 1999, Rn. 91, (bejahend), ebenso BVerfG EuZW 1993, S. 667 f.
[19] *Schröer*, S. 33.
[20] EuGH v. 7. 2. 1973 (Kommission/Italien) Rs. 39/72, Slg. 1973, S. 101, 115.
[21] *Stettner*, Rn. 30.
[22] *Bleckmann*, Europarecht, 6. Aufl. 1997, Rn. 145, auch für den Fall, dass sich die Mitgliedstaaten ihren Verpflichtungen aus dem EGV widersetzen, hat die Gemeinschaft abgesehen von Art. 228 Abs. 2 UAbs. 3 EGV keine Zwangsmittel.
[23] Vgl. Art. 17 ff. EGV.
[24] Vgl. Art. 19 Abs. 1 EGV.
[25] Vgl. *Blanke*, DÖV 1993, S. 412, 415.

Aspekte, wie etwa die mangelnde Willensbildung in der Gemeinschaft oder das Angewiesensein auf die Mitgliedstaaten bei den Finanzquellen.[26]

Kennzeichnend für die Rechtsnatur der Gemeinschaft ist demnach die Tatsache, dass die staatliche Qualität fehlt, sie aber gleichwohl bundesstaatlich-föderale Züge aufweist. Das Bundesverfassungsgericht hat in seiner Entscheidung zur Vereinbarkeit des Grundgesetzes mit dem Maastrichter Vertrag die Gemeinschaft als **„Staatenverbund"** bezeichnet.[27] Ob sich dieser Begriff, der sich offensichtlich von einem bloßen Zusammenschluss in einem Staatenbund abheben soll, durchsetzt, bleibt abzuwarten.[28] Zutreffend wird die Gemeinschaft auch als Rechtsgemeinschaft charakterisiert.[29] Damit soll ausgedrückt werden, dass die Gemeinschaft durch Recht gegründet wurde, ihre Aufgabe in der Rechtsetzung besteht und ihr Handeln unter der Kontrolle des Rechts, das durch den EuGH ausgeübt wird, steht.[30]

4. Rechtspersönlichkeit der Gemeinschaft

Die Europäische Gemeinschaft besitzt ebenso wie die Montanunion[31] und die Europäische Atomgemeinschaft[32] Rechtspersönlichkeit. Art. 282 EGV verleiht ihr in jedem Mitgliedstaat die weitestgehende Rechts- und Geschäftsfähigkeit, die juristischen Personen nach den Rechtsvorschriften des jeweiligen Mitgliedstaates zuerkannt ist. Nach außen ist die Gemeinschaft gem. Art. 281 EGV völkerrechtsfähig. Sie ist daher befugt, mit anderen Völkerrechtssubjekten Verträge und Abkommen zu schließen. Mittlerweile ist die Gemeinschaft in etwa 150 Staaten, die diplomatische Vertretungen in Brüssel unterhalten, völkerrechtlich anerkannt.[33]

II. Rechtsquellen des Gemeinschaftsrechts

1. Grundlagen

Zum Europarecht wird das Europarecht im weiteren Sinne und das Gemeinschaftsrecht gezählt.[34] Das **Europarecht im weiteren Sinne** umfasst das Recht der europäischen internationalen Organisationen wie z. B. das Recht der europäischen Menschenrechtskonvention (EMRK), die Europäische Sozialcharta (ESC) oder das Recht des Europarates. Es handelt sich hierbei um herkömmliche völkerrechtliche Verträge und Abkommen, die durch den Begriff des Europarechts lediglich eine geographische Zuordnung erfahren.

Demgegenüber bezeichnet das **Gemeinschaftsrecht** die vom EGV, EGKSV sowie EAGV geschaffene autonome Rechtsordnung, welche sich vom klassischen Völkerrecht im Wesentlichen durch die unmittelbare Anwendbarkeit und den Vorrang gegenüber nationalem Recht unterscheidet.[35] Bestandteile des Gemeinschaftsrechts sind das **primäre und das sekundäre Gemeinschaftsrecht.** Das **primäre Gemeinschaftsrecht** umfasst die Gründungsverträge der Europäischen Gemeinschaften einschließlich Anlagen, Anhänge und Protokolle (Art. 311 EGV) sowie deren spätere Ergänzungen und Änderungen durch völkerrechtliche Verträge. Der Begriff des Sekundärrechts bezeichnet das von den

---

[26] *Bleckmann,* Rn. 146, 148.
[27] BVerfG, EuZW 1993, S. 667, 671.
[28] Zur Kritik am Begriff des Staatenverbundes *Ipsen,* EuR 1994, S. 1, 8 f.
[29] Vgl. *Grunwald,* in: Röttinger/Weyringer, S. 15 ff.; *Zuleeg,* NJW 1994, S. 545 ff.
[30] *Grunwald,* in: Röttinger/Weyringer, 1991, S. 16.
[31] Art. 6 EGKSV.
[32] Art. 184, Art. 185 EAGV.
[33] *Oppermann,* Rn. 157.
[34] *Schweitzer/Hummer,* Rn. 7.
[35] Vgl. oben Rn. 1 ff.

Gemeinschaftsorganen nach Maßgabe der Gemeinschaftsverträge erlassene Recht (sog. abgeleitetes Recht).

17 Nicht zum Gemeinschaftsrecht zählt das in den Titeln V und VI des EUV geregelte Recht der Zusammenarbeit der Mitgliedstaaten in den Bereichen Außen- und Sicherheitspolitik sowie Inneres und Justiz. Zwar besteht eine Verknüpfung mit dem Gemeinschaftsrecht insofern, als die Gemeinschaftsorgane Aufgaben in diesen Bereichen wahrnehmen[36], ungeschriebene Grundsätze des Gemeinschaftsrechts wie Rechtsstaatlichkeit, Demokratie und das Subsidiaritätsprinzip auch im Anwendungsbereich der Zusammenarbeit gelten und ein Beitritt zu den Europäischen Gemeinschaften an einen gleichzeitigen Beitritt zur Europäischen Union gekoppelt sein muss.[37] Der Europäischen Union fehlt jedoch insoweit der supranationale Charakter, also die Befugnis, unmittelbar geltendes und gegenüber den nationalen Rechtsordnungen vorrangiges Recht zu setzen. Sofern die Mitgliedstaaten im Bereich der Außen-, Sicherheits-, Innen- und Justizpolitik untereinander rechtliche Verpflichtungen eingegangen sind, bewegen sie sich auf der Ebene des Völkerrechts. Eine Ausnahme gilt allenfalls für die gemeinsame Aktion im Bereich der Außenpolitik.[38]

18 Die Tatsache, dass der **EUV als Mantelvertrag** die drei Gemeinschaftsverträge und die Bestimmungen über die Zusammenarbeit in den Bereichen Außen- und Sicherheitspolitik, Inneres und Justiz lediglich zusammenfasst, verdeutlicht, dass die Europäische Union keine eigenständige rechtliche Funktion hat. Anders als die Gemeinschaften verfügt die Europäische Union damit über keine Rechtspersönlichkeit.[39] Inwieweit die Europäische Union völkerrechtsfähig ist, ist noch nicht abschließend geklärt.[40]

2. Primärrecht

a) Die Gemeinschaftsverträge

19 Wichtigste Bestandteile des Primärrechts sind die drei Gründungsverträge EGV, EGKSV[41] und EAGV. Dem Primärrecht zuzuordnen sind außerdem das Abkommen über gemeinsame Organe für die Europäischen Gemeinschaften vom 25. März 1957,[42] das Abkommen zur Einsetzung eines gemeinsamen Rates und einer gemeinsamen Kommission der Europäischen Gemeinschaften vom 8. April 1965,[43] die Einheitliche Europäische Akte vom 28. Februar 1986,[44] aber auch der EUV[45] sowie die beigefügten Protokolle.[46]

b) Das Gewohnheitsrecht

20 Neben den Gemeinschaftsverträgen gehören zum Primärrecht ungeschriebene Rechtsquellen. Sie existieren auch auf der Ebene des Sekundärrechts, werden aber an dieser Stelle

---

[36] Vgl. etwa Art. 13 Nr. 1 EUV, wonach der Rat auf Grundlage allgemeiner Leitlinien des Europäischen Rates beschließt, dass eine Angelegenheit der Außenpolitik Gegenstand einer gemeinsamen Aktion wird; Art. 19 EUV (Beteiligung der Kommission im Bereich der gemeinsamen Außen- und Sicherheitspolitik); Art. 35 I EUV (Möglichkeit, um durch Übereinkommen hervorgerufene Auslegungsfragen dem EuGH vorzulegen); Art. 21 EUV (Beteiligung des Europäischen Parlaments).

[37] *Beutler*, in: Beutler/Bieber/Pipkorn/Streil, Die Europäische Union, 4. Aufl., 1993, S. 74.

[38] Art. 13–15 EUV, vgl. *Blanke*, DÖV 1993, S. 416f.

[39] *Müller-Graff*, in: Dauses, Rn. 45.

[40] Bleckmann, Rn. 166; Vgl. die Nachweise bei *Müller-Graff*, in: Dauses, Rn. 45.

[41] Der EGKSV tritt jedoch am 22. 7. 2002 außer Kraft, vgl. Art. 97 EGKSV (Geltungsdauer von 50 Jahren).

[42] Abgedr. in Sartorius II Nr. 220.

[43] Sartorius II Nr. 220a.

[44] Sartorius II Nr. 151.

[45] So *Arndt*, Europarecht, 5. Aufl., 1999, S. 50.

[46] Vgl. Art. 311 EGV; eine Aufzählung sämtlicher Rechtsquellen des Primärrechts vor Inkrafttreten des EUV findet sich bei *Schweitzer/Hummer*, Rn. 13.

II. Rechtsquellen des Gemeinschaftsrechts

behandelt, weil sie sich abgesehen von ihrem Rang nicht unterscheiden. Zu den ungeschrieben Rechtsquellen zählen das Gewohnheitsrecht und die allgemeinen Rechtsgrundsätze.

Sämtliche Rechtsordnungen kennen mit jeweils unterschiedlicher Ausprägung das Gewohnheitsrecht als eine Rechtsquelle. Voraussetzung für die Entstehung von Gewohnheitsrecht ist eine allgemeine Rechtsüberzeugung und ständige Übung.[47] Während im Völkerrecht das Gewohnheitsrecht erhebliche Bedeutung hat,[48] gilt dies für das Gemeinschaftsrecht nicht in gleichem Maße.[49] Als ein Beispiel für **Gemeinschaftsgewohnheitsrecht** kann die Praxis im Ministerrat angeführt werden, wonach auch Staatssekretäre – unabhängig von ihrer innerstaatlichen Rechtsstellung – in den Rat entsendet werden, obwohl Art. 2 des Fusionsvertrages bestimmt, dass der Rat aus Vertretern der Mitgliedstaaten besteht.[50]

c) Allgemeine Rechtsgrundsätze

aa) Allgemeines

Art. 38 Abs. 1 Nr. c des Statuts des Internationalen Gerichtshofs vom 26. Juni 1945[51] nennt „die von den Kulturvölkern anerkannten allgemeinen Rechtsgrundsätze" als eine völkerrechtliche Rechtsquelle. Es sind dies im innerstaatlichen Recht geltende Regeln mehrerer, nicht notwendig aller Staaten, die zur Lösung völkerrechtlicher Rechtsfragen herangezogen werden, sofern keine geschriebenen Normen Anwendung finden. Anerkannt im Völkerrecht als allgemeine Rechtsgrundsätze ist z.B. das Verbot des Rechtsmissbrauchs.[52] Die **Notwendigkeit allgemeiner Rechtsgrundsätze im Völkerrecht** ergibt sich daraus, dass kein umfassendes, geschriebenes Regelungswerk existiert. Der Geltungsgrund der allgemeinen Rechtsgrundsätze als Völkerrechtsquelle ist darin zu sehen, dass die Staaten untereinander das als Recht anzuwenden haben, was sie im innerstaatlichen Recht als Recht betrachten.[53] Es liegt auf der Hand, dass allgemeine Rechtsgrundsätze nur dann zur Lösung völkerrechtlicher Fragen herangezogen werden können, wenn die Grundsätze des nationalen Rechts auch tatsächlich geeignet sind, völkerrechtliche Fragen zu lösen.

Es ist anerkannt, dass allgemeine Rechtsgrundsätze im Völkerrecht nicht universell gelten müssen, sondern auch innerhalb internationaler Organisationen bzw. auf regionaler Ebene entstehen können.[54] Damit ergibt sich bereits aus dem Völkerrecht[55] die Geltung allgemeiner Rechtsgrundsätze für das Gemeinschaftsrecht. Die allgemeinen Rechtsgrundsätze sind zudem in Art. 288 Abs. 2 EGV für die außervertragliche Haftung der Bediensteten der Gemeinschaft ausdrücklich angesprochen.

Die **Bedeutung der allgemeinen Rechtsgrundsätze im Gemeinschaftsrecht ist ungleich größer als im Völkerrecht.** Dies erklärt sich aus der Besonderheit des Gemeinschaftsrechts, das eine eigene Rechtsordnung darstellt, jedoch über kein umfassendes, geschriebenes Regelungswerk verfügt. Insbesondere fehlt ein Grundrechtskatalog und Bestimmungen über den Vollzug des Gemeinschaftsrechts durch die Mitgliedstaaten.[56]

---

[47] *Arndt*, S. 51.
[48] Vgl. *Seidl-Hohenveldern*, Rn. 467 ff.
[49] Auch dadurch wird deutlich, dass sich das Gemeinschaftsrecht zu einer eigenständigen Rechtsordnung entwickelt hat.
[50] *Schweitzer/Hummer*, Rn. 17.
[51] Abgedruckt in: Sartorius II Nr. 2.
[52] *Seidl-Hohenveldern*, Rn. 508.
[53] *Bleckmann*, Rn. 572.
[54] *Bleckmann*, Rn. 577.
[55] Das Völkerrecht findet zumindest als ergänzende Rechtsquelle im Gemeinschaftsrecht Anwendung, vgl. oben Rn. 1 ff.
[56] *Beutler* in: Groeben/Thiesing/Ehlermann, Kommentar zum EU-/EG-Vertrag, Art. F, Rn. 34.

25 Das Konzept der wirtschaftlichen Teilintegration legte bei Gründung der EWG den Regelungsschwerpunkt des EWGV auf die zur Erreichung des gemeinsamen Marktes erforderlichen Bestimmungen. Zentrale Bedeutung haben danach die **Grundfreiheiten**,[57] die zwar für den einzelnen Unionsbürger die Voraussetzungen für die wirtschaftliche Betätigung auf dem Gemeinsamen Markt schaffen, jedoch keine grundrechtsgleiche Wirkung entfalten.[58] Diese besitzen lediglich das Diskriminierungsverbot gem. Art. 12 EGV, wonach jede Diskriminierung aus Gründen der Staatsangehörigkeit verboten ist, sowie Art. 141 EGV, der den Grundsatz des gleichen Entgelts für Männer und Frauen bei gleicher Arbeit vorschreibt.[59]

26 Die Notwendigkeit von Regelungen für den Grundrechtsbereich und den Vollzug des Gemeinschaftsrechts ergibt sich neben dem Fehlen entsprechender Bestimmungen im EGV aus den rechtlichen Besonderheiten des Gemeinschaftsrechts, die insbesondere in der unmittelbaren Anwendbarkeit sowie im Vorrang gegenüber den nationalen Rechtsordnungen bestehen.[60]

27 Die Gemeinschaftsorgane sind befugt, unmittelbar geltendes Recht auch gegenüber dem einzelnen Unionsbürger zu erlassen. Für den Adressaten verbindlicher Regelungen ist es unerheblich, ob die Verpflichtung auf einer Entscheidung eines Gemeinschaftsorgans gem. Art. 249 Abs. 3 EGV, auf einem Verwaltungsakt, der z. B. auf Grund einer Gemeinschaftsverordnung ergeht, oder auf einer Regelung des nationalen Rechts beruht. Entscheidend ist die Verbindlichkeit des jeweiligen Rechtsaktes. Für den Unionsbürger stellt sich damit die **Gemeinschaft als weitere Rechtsetzungsebene** neben den jeweiligen Landes- und Regionalgesetzgebern dar. Auf Gemeinschaftsrecht basierende Rechtsakte können in grundrechtsrelevante Rechtspositionen des einzelnen Unionsbürgers eingreifen, so dass sich aus rechtsstaatlichen Erwägungen die Frage nach der Zulässigkeit solcher Eingriffe stellt. Wegen des Vorrangs des Gemeinschaftsrechts sind die nationalen Behörden und Gerichte nicht befugt, einen Gemeinschaftsrechtsakt anhand nationalen Verfassungs- oder Gesetzesrechts zu überprüfen. Daraus ergibt sich fast zwangsläufig die Notwendigkeit eines effektiven Grundrechtsschutzes auf Ebene des Gemeinschaftsrechts.

28 Einen wesentlichen Impuls für die Entwicklung von Grundrechten in Form von allgemeinen Rechtsgrundsätzen gab die **Rechtsprechung des Bundesverfassungsgerichts zur Frage der Überprüfbarkeit von Gemeinschaftsrechtsakten anhand des Grundgesetzes**.[61] In der „Solange I-Entscheidung" aus dem Jahre 1974 hatte das Bundesverfassungsgericht die Überprüfbarkeit von Gemeinschaftsrechtsakten[62] anhand der Grundrechte des GG bejaht. Das Bundesverfassungsgericht begründete die Entscheidung im Wesentlichen mit dem Fehlen eines Grundrechtskataloges auf Gemeinschaftsebene. Damit erkannte es den Vorrang des Gemeinschaftsrechts für den grundrechtsrelevanten Bereich nicht an.

29 Das Bundesverfassungsgericht beachtete in seiner Entscheidung nicht in ausreichendem Maße, dass der EuGH schon 1969 begonnen hatte, aus allgemeinen Rechtsgrundsätzen Grundrechte abzuleiten, an denen Maßnahmen des Sekundärrechts überprüft werden konnten, um damit das Fehlen eines geschriebenen Grundrechtskataloges auszugleichen. In der Folgezeit versuchten die Gemeinschaftsorgane nicht zuletzt unter dem Eindruck der Solange I-Entscheidung, das Grundrechtsdefizit im EGV durch mehrere Erklärungen zu

---

[57] Vgl. genauer unten § 9 Rn. 323 ff.
[58] Vgl. im Einzelnen *Beutler*, in: GTE, Rn. 42.
[59] Vgl. dazu Rn. 5.
[60] Vgl. Rn. 6 ff.
[61] BVerfGE 37, S. 271 ff.
[62] Im zu entscheidenden Fall ging es um eine Rückzahlung einer Kaution im Rahmen der gemeinsamen Marktorganisation für Getreide, so dass eine Verletzung von Art. 14 GG in Betracht kam.

kompensieren. In einer gemeinsamen Erklärung vom 5. April 1977 bekräftigten das Parlament, der Rat und die Kommission die **Geltung von Grundrechten in der Gemeinschaft**.[63] Die Bedeutung der gemeinsamen Erklärung liegt darin, dass die Gemeinschaftsorgane erstmals den Grundrechtsschutz in der Gemeinschaft förmlich anerkannt haben. Die im Europäischen Rat vereinigten Regierungschefs der Mitgliedstaaten haben sich in der Erklärung zur Demokratie vom 8. April 1978 der gemeinsamen Erklärung angeschlossen und erklärt, „dass die Achtung und die Aufrechterhaltung der parlamentarischen Demokratie und der Menschenrechte in allen Mitgliedstaaten wesentliche Elemente ihrer Zugehörigkeit zur Europäischen Gemeinschaft sind".[64] In der Präambel zur Einheitlichen Europäischen Akte vom 28. Februar 1986 hoben die Mitgliedstaaten hervor, dass sie bemüht seien, „ganz besonders für die Grundsätze der Demokratie und die Wahrung des Rechts und der Menschenrechte, denen sie sich verpflichtet fühlen, einzutreten, um gemäß der Verpflichtung, die sie im Rahmen der Charta der Vereinten Nationen eingegangen sind, gemeinsam ihren eigenen Beitrag zur Wahrung des Weltfriedens und der internationalen Sicherheit zu leisten". Am 12. April 1989 beschloss das Europäische Parlament eine Erklärung über Grundrechte und Grundfreiheiten, in der es ausdrücklich an den bestehenden Grundrechtsschutz auf Gemeinschaftsebene anknüpft.[65] Die Erklärung enthält neben liberalen und justiziellen auch soziale Grundrechte, was bereits darin zum Ausdruck kommt, dass in der Präambel auf die Europäische Sozialcharta (ESC) Bezug genommen wird.

Den vorläufigen Schlusspunkt dieser Entwicklung setzt der **Maastrichter Vertrag**, der in **Art. 6** Abs. 2 die allgemeinen Rechtsgrundsätze des Gemeinschaftsrechts ausdrücklich anerkennt. Danach achtet die Union die Grundrechte, wie sie in der am 4. November 1950 in Rom unterzeichneten Konvention zum Schutze der Menschenrechte und Grundfreiheiten gewährleistet sind und wie sie sich aus den gemeinsamen Verfassungsüberlieferungen der Mitgliedstaaten als „allgemeine Grundsätze des Gemeinschaftsrechts" ergeben.

Auch wenn diese Erklärungen keine Bestandteile des Gemeinschaftsrechts sind und einen verbindlichen Grundrechtskatalog nicht ersetzen können, darf ihre Bedeutung nicht unterschätzt werden, weil die Gemeinschaftsorgane in der Erklärung ausdrücklich bekräftigt haben, dass die Grundrechte eine wesentliche Leitlinie für ihr Handeln darstellen. Von Bedeutung für die Entwicklung eines Grundrechtsstandards ist dabei auch, dass mittlerweile sämtliche Mitgliedstaaten der EMRK beigetreten sind, wodurch die Bindung der Gemeinschaft an die Grundrechte verstärkt zum Ausdruck gekommen ist.

Parallel zu dieser Entwicklung hat der EuGH seit 1969 seine Rechtsprechung zu den Grundrechten so stark ausgebaut, dass das **Bundesverfassungsgericht** 1986 in der „**Solange II**-Entscheidung" eine Umkehr der bisherigen Rechtsprechung vornahm[66] und den Vorrang des Gemeinschaftsrechts auch für den grundrechtsrelevanten Bereich grundsätzlich anerkannte. Ein wesentlicher Grund für das Abrücken des Bundesverfassungsgerichts war die Erkenntnis, dass der auf Gemeinschaftsebene mittlerweile erreichte Grundrechtsstandard durch die Judikatur des EuGH inhaltlich ausgestaltet worden, gefestigt und zureichend gewährleistet sei. Das Bundesverfassungsgericht führte aus: „Nach Auffassung des erkennenden Senats ist mittlerweile im Hoheitsbereich der Europäischen Gemeinschaften ein Maß an Grundrechtsschutz erwachsen, das nach Konzeption, Inhalt und Wirkungsweise den Grundrechtsstandard des Grundgesetzes im Wesentlichen gleich zu achten ist. Alle Hauptorgane der Gemeinschaft haben sich seither in rechtserheblicher Form dazu bekannt, dass es sich in Ausübung ihrer Befugnisse und in Verfolgung der

---

[63] Zum Wortlaut *Streil*, in: Beutler/Bieber/Pipkorn/Streil, S. 242.
[64] *Streil*, in: Beutler/Bieber/Pipkorn/Streil, S. 242.
[65] *Streil*, in: Beutler/Bieber/Pipkorn/Streil, S. 243.
[66] BVerfGE 73, S. 339 ff.

Ziele der Gemeinschaft von der Achtung von den Grundrechten, wie sie insbesondere aus den Verfassungen der Mitgliedstaaten und der Europäischen Menschenrechtskonvention hervorgehen, als Rechtspflicht leiten lassen werden. Es bestehen keine durchgreifenden Anhaltspunkte dafür, dass der erreichte gemeinschaftsrechtliche Grundrechtsstandard nicht hinreichend gefestigt und lediglich vorübergehender Natur sei."[67]

bb) Ableitung und Rang

33 Die Existenz allgemeiner Rechtsgrundsätze im Gemeinschaftsrecht ist in Art. 288 Abs. 2 EGV ausdrücklich anerkannt und ergibt sich bereits aus dem Völkerrecht.[68] Der EuGH entwickelt die Grundrechte, welche den Hauptanwendungsfall der allgemeinen Rechtsgrundsätze darstellen, aus den **gemeinsamen Verfassungsüberlieferungen der Mitgliedstaaten,** den internationalen Verträgen über den Schutz der Menschenrechte und den Grundrechtserklärungen der Gemeinschaftsorgane.[69] Soweit die allgemeinen Rechtsgrundsätze auf die gemeinsamen Verfassungsüberlieferungen der Mitgliedstaaten gestützt werden, wäre es denkbar, nur die Rechtssätze heranzuziehen, die in sämtlichen Rechtsordnungen der Mitgliedstaaten anerkannt sind und bei der inhaltlichen Ausgestaltung das Grundrecht das niedrigste Schutzniveau als Maßstab heranzuziehen.[70] Dieser Ansatz würde zu einer vergleichsweise schwachen Ausgestaltung des Grundrechtsstandards führen. Der EuGH verfolgt mit der sogenannten wertenden Rechtsvergleichung daher einen anderen Ansatz.[71] Es werden danach die Rechtsordnungen der Mitgliedstaaten daraufhin untersucht, ob in ihnen eine einheitliche, bestimmte Entwicklung der betreffenden Rechtsfragen zum Ausdruck gelangt.[72] Ist dies der Fall, muss der entwickelte Rechtssatz nicht in sämtlichen Mitgliedstaaten nachgewiesen werden. Bei mehreren in Betracht kommenden Lösungsmöglichkeiten wählt der EuGH diejenige aus, die den Zielsetzungen der Gemeinschaft am nächsten kommt. Er bemüht sich also, die „beste Lösung" für das europäische Gemeinschaftsrecht zu finden.[73] Die Suche nach der aus Sicht des Gemeinschaftsrechts optimalen Lösung führt dazu, dass sich die Entwicklung der Gemeinschaftsgrundrechte nicht am kleinsten Nenner der Verfassungen der Mitgliedstaaten orientiert. Ebenso wenig greift der EuGH auf den am weitesten entwickelten Grundrechtsstandard eines einzelnen Mitgliedstaates zurück.[74] Es wurde allerdings darauf hingewiesen, dass der EuGH in seinen Urteilen zum Grundrechtsschutz einen wirklichen Vergleich zwischen den Verfassungen der Mitgliedstaaten nicht vornimmt.[75] In den Urteilen erfolgt meist nur ein kursorischer Hinweis darauf, dass die Rechtsordnungen der Mitgliedstaaten den jeweiligen Rechtsgrundsatz kennen.

34 Ein weiterer wichtiger Anknüpfungspunkt des EuGH ist die Europäische Menschenrechtskonvention **(EMRK)** vom 4. November 1950. Sie hat große Bedeutung, weil ihr alle Mitgliedstaaten der Europäischen Union beigetreten sind und die Gemeinschaftsorgane in den Grundrechtserklärungen auf die EMRK Bezug nehmen. Der EuGH zieht die EMRK in seinen Urteilen zum Grundrechtsschutz ausdrücklich heran. So führt er in seinem Urteil vom 15. 5. 1986[76] aus, dass der Grundsatz des gerichtlichen Rechtsschutzes auch in den Art. 6 und 13 der EMRK verankert sei und die wesentlichen Grundsätze

---

[67] BVerfGE 73, S. 339 ff.
[68] Vgl. oben Rn. 22 ff.
[69] Vgl. *Pernice,* NJW 1990, S. 2409, 2414.
[70] Sog. kleinster gemeinsamer Nenner.
[71] Vgl. *Rengeling,* S. 224 ff.; *Pernice,* NJW 1990, S. 2409, 2414; *Ipsen,* Europäisches Gemeinschaftsrecht, S. 113.
[72] *Bleckmann,* Rn. 313.
[73] *Rengeling,* S. 228; zu beachten ist jedoch, dass das so ermittelte Ergebnis immer einen Bezug zu den nationalen Rechtsordnungen aufweisen muss.
[74] *Pernice,* NJW 1990, S. 2409, 2414.
[75] *Pernice,* Grundrechtsgehalt im europäischen Gemeinschaftsrecht, S. 31 ff.
[76] EuGH v.15. 5. 1986 (Johnston) Rs. 222/84, Slg. 1986, S. 1651, 1682.

II. Rechtsquellen des Gemeinschaftsrechts

dieser Konvention im Rahmen des Gemeinschaftsrechts zu berücksichtigen seien. Diese Passage macht deutlich, dass der EuGH die EMRK nicht zum Bestandteil des Gemeinschaftsrechts macht, was bereits aus formalen Gründen daran scheitern würde, dass die Gemeinschaft nicht Mitglied der EMRK ist.[77] Die EMRK gibt jedoch wichtige Anhaltspunkte für den Bestand der gemeinsamen Verfassungsüberlieferungen der Mitgliedstaaten und dient so der Konkretisierung der allgemeinen Rechtsgrundsätze.

Die Grundrechtserklärungen der Gemeinschaftsorgane stellen zwar kein verbindliches Gemeinschaftsrecht dar, bringen aber die Überzeugung der Mitgliedstaaten zum Ausdruck, ihre Handlungen am Maßstab der Grundrechte auszurichten. So nimmt der EuGH in der oben erwähnten Rechtssache Johnston ausdrücklich auf die gemeinsame Erklärung der Versammlung, des Rates und der Kommission vom 5. April 1977 Bezug.[78]

Die Ableitung aus den nationalen Rechtsordnungen darf nicht darüber hinwegtäuschen, dass es sich bei den allgemeinen Rechtsgrundsätzen um **autonomes Gemeinschaftsrecht** handelt, das sich hinsichtlich seiner Geltung und Rechtsqualität nicht vom Primär- und Sekundärrecht unterscheidet. Der Rang der allgemeinen Rechtsgrundsätze hängt davon ab, ob sie auf verfassungsrechtlicher oder einfachgesetzlicher Ebene ermittelt wurden. Sofern es sich wie bei den Grundrechten um Verfassungsrecht handelt, sind sie zwischen Primär- und Sekundärrecht anzusiedeln, verdrängen also entgegenstehendes Sekundärrecht.[79] Die Funktion der Grundrechte liegt gerade darin, sekundärrechtliche Eingriffe zu begrenzen. Handelt es sich um einfachgesetzliche Rechtsgrundsätze etwa des allgemeinen Verwaltungsrechts, stehen sie im Rang unter dem Sekundärrecht und beschränken sich darauf, Lücken des Sekundärrechts zu schließen.

Die auf Basis der allgemeinen Rechtsgrundsätze entwickelten Grundrechte entfalten Wirkung nur, soweit es um die **Anwendung von Gemeinschaftsrecht** geht. Nationales Recht unterliegt daher nicht dem Prüfungsmaßstab der Gemeinschaftsgrundrechte. Darin liegt ein wesentlicher Unterschied zu den Grundfreiheiten, die sich gerade gegenüber dem nationalen Recht durchsetzen müssen, um die Voraussetzungen für den gemeinsamen Markt zu schaffen.[80]

Parallelen bestehen zur deutschen Grundrechtsdogmatik. So hat der EuGH den **Verhältnismäßigkeitsgrundsatz** entwickelt und die Wesensgehaltsgarantie als Schranke bei Grundrechtseingriffen anerkannt. In der Rechtssache Nold[81] hat der Gerichtshof ausgeführt, dass das Grundrecht der Berufsfreiheit keinen uneingeschränkten Vorrang genieße, vielmehr im Hinblick auf die soziale Funktion der geschützten Rechtsgüter und Tätigkeiten gesehen werden müsse. Aus diesem Grunde werden Rechte dieser Art nur unter dem Vorbehalt von Einschränkungen geschützt, die im öffentlichen Interesse liegen. Grenzen der Berufsfreiheit seien durch die dem allgemeinen Wohl dienenden Ziele der Gemeinschaft gerechtfertigt, solange, „die Rechte nicht von ihrem Wesen angetastet werden". Umfang und Inhalt der Wesensgehalte der einzelnen Grundrechte sind bisher vom EuGH noch nicht geklärt worden. Allerdings lässt sich eine Tendenz des EuGH erkennen, einen Eingriff in den Wesensgehalt eines Grundrechts dann anzunehmen, wenn es sich um eine unverhältnismäßige Einschränkung handelt.[82]

Eine Analyse der Rechtsprechung des EuGH hat ergeben, dass bisher nur in seltenen Fällen eine Grundrechtsverletzung bejaht worden ist.[83]

---

[77] Ein Beitritt würde außerdem an Art. 66 EMRK scheitern, wonach nur Staaten der Konvention beitreten können.
[78] EuGH v.15. 5. 1986 (Johnston) Rs. 222/84, Slg. 1986, S. 1651, 1682.
[79] *Bleckmann*, Rn. 315.
[80] Vgl. zu den Grundfreiheiten unten Rn. 323 ff.
[81] EuGH v. 14. 5. 1974 Rs. 4/73, Slg. 1974, S. 491 507 f.
[82] So *Pernice*, NJW 1990, S. 2409, 2416 mit Hinweis auf Urteil vom 13. Dezember 1979 (Hauer) Rs. 44/79, Slg. 1979, S. 3727.
[83] *Rengeling*, S. 233.

cc) Einzelfälle

40 Der EuGH hat in zahlreichen Urteilen den Grundrechtskatalog immer weiter ausgebaut.[84] Trotz des mittlerweile beachtlichen Grundrechtsstandards in der Gemeinschaft darf nicht außer Acht gelassen werden, dass die Entwicklung des Grundrechtsschutzes allein davon abhängt, inwieweit der EuGH mit entsprechenden Fällen konfrontiert wird. Inhalt und Reichweite der Grundrechte in der Gemeinschaft können daher nicht eindeutig bestimmt werden. Darin liegt ein Defizit gegenüber dem geschriebenen Grundrechtskatalog nach Vorbild der Verfassungsordnungen der Mitgliedstaaten.

41 Die Entscheidungen des EuGH lassen sich grob in Urteile zum **Rechtsstaatsprinzip**, die Grundsätze des allgemeinen Verwaltungsrechts herausbilden, und solche zu den einzelnen Grundrechten unterteilen.[85] Wichtigste Ausprägung des Rechtsstaatsprinzips in der Rechtsprechung des EuGH ist das **Verhältnismäßigkeitsprinzip**.[86] In Anlehnung an die Rechtsprechung des Bundesverfassungsgerichts hat der EuGH entschieden, dass Eingriffe in Grundrechtspositionen der Unionsbürger[87] nur rechtmäßig sind, wenn sie zur Erreichung der zulässigerweise mit der fraglichen Regelung verfolgten Ziele geeignet und erforderlich sind.[88] Der Gerichtshof führt weiter aus, dass bei mehreren zur Auswahl stehenden geeigneten Maßnahmen, die am wenigsten belastende zu wählen sei. Die auferlegten Belastungen müssen im angemessenen Verhältnis zu den angestrebten Zielen stehen.[89]

42 Die Rechtsprechung des EuGH zum Verhältnismäßigkeitsgrundsatz hat durch die Aufnahme des Art. 5 in den EGV nicht an Bedeutung eingebüßt. Die Verankerung des Verhältnismäßigkeitsprinzips in Art. 5 Abs. 3 EGV bezieht sich lediglich auf das Verhältnis der Gemeinschaft gegenüber den Mitgliedstaaten. Art. 5 EGV will das Tätigwerden der Gemeinschaft auf das notwendige Maß beschränken, enthält jedoch keine Aussage darüber, inwieweit die Gemeinschaft in grundrechtsrelevante Rechtspositionen der Unionsbürger eingreifen darf.

43 Der EuGH hat weitere Konkretisierungen des Rechtsstaatsprinzips vorgenommen, indem er etwa den **Grundsatz des Vertrauensschutzes** anerkannt[90] und Regeln für den Widerruf und die Rücknahme von Verwaltungsakten entwickelt hat.[91] Er hat mittlerweile zahlreiche Grundrechte anerkannt, so dass von einem ungeschriebenen Grundrechtskatalog gesprochen werden kann. Neben den Freiheitsrechten wie etwa dem Eigentumsschutz und der Religionsfreiheit hat der EuGH den allgemeinen Gleichheitssatz als ungeschriebenes Grundrecht entwickelt, der in seinem Anwendungsbereich weit über das im EGV speziell geregelte Diskriminierungsverbote des Art. 12 EGV hinausgeht.[92]

44 Bisher wurden soziale Fragen in den Urteilen des EuGH nur am Rande gestreift, was jedoch nicht bedeutet, dass auf Gemeinschaftsebene keine sozialen Grundrechte existieren.[93] Eine wichtige Anknüpfung für das Vorhandensein **sozialer Gemeinschafts-**

---

[84] Vgl. die Nachweise bei *Schweitzer/Hummer*, Rn. 790 ff.; *Rengeling*, S. 16 ff.
[85] Vgl. auch *Schweitzer/Hummer*, Rn. 790 ff.
[86] Vgl. *Schweitzer/Hummer*, Rn. 790 ff.
[87] Im Urteil ging es um finanzielle Belastungen.
[88] EuGH, v. 11. 7. 1989 (Schräder) Rs. 265/87, Slg. 1987, 2206 (Erwägung 21).
[89] EuGH, v. 11. 7. 1989 (Schräder) Rs. 265/87, Slg. 1987, S. 2206.
[90] EuGH (Westzucker/Einführ- und Vorratsstelle für Zucker) Rs. 1/73, Slg. 1973, S. 423 ff.
[91] EuGH (Lemmerz-Werk/Hohe Behörde) Rs. 111/63, Slg. 1965, S. 893 ff., 910 ff.; mit den Urteilen zu Widerruf und Rücknahme von Verwaltungsakten begann der EuGH seine Rechtsprechung zu den allgemeinen Rechtsgrundsätzen; vgl. zu den Rechtsstaatsprinzipien überwiegend im allgemeinen Verwaltungsrecht *Schweitzer/Hummer*, Rn. 790 f.
[92] Vgl. EuGH v. 24. 6. 1986 (Malt/Hauptzollamt Düsseldorf) Rs. 236/84, Slg. 1986, S. 1923 ff.; *Schweitzer/Hummer*, Rn. 790 ff. m. w. N.
[93] So erwähnt der EuGH in seinem Urteil vom 8. Oktober 1974 (Gewerkschaftsbund) Rs. 175/73, Slg. 1974, S. 919, 925 die „allgemeinen Grundsätze des Arbeitsrechts", welche Vereinigungen das Recht geben, sich zur Verteidigung der beruflichen Interessen ihrer Mitglieder zu betätigen.

grundrechte bildet die Europäische Sozialcharta.[94] In der Entscheidung Defrenne III begründet der EuGH die Existenz des Diskriminierungsverbotes zwischen Geschlechtern unter anderem mit der ESC.[95] Über die ESC dürfte daher neben der Koalitionsfreiheit[96] über Art. 6 ESC (Recht auf Kollektivverhandlungen) auch die Tarifautonomie gewährleistet sein.

Sozialpolitische Relevanz weisen die Entscheidungen zur Berufsfreiheit auf.[97] Inwieweit soziale Teilhaberechte existieren, musste der EuGH bisher nicht entscheiden. Es ist jedoch anzunehmen, dass er einer solchen Funktion der Grundrechte eher ablehnend gegenübersteht.[98]

d) Die Charta der Grundrechte der Europäischen Union

Am 7. Dezember 2000 ist die Charta der Grundrechte der Europäischen Union von den europäischen Institutionen feierlich proklamiert worden.[99]

Damit ist diese Charta zwar nicht einer der traditionellen Rechtsquellen der Europäischen Gemeinschaft zuzuordnen; sie wird aber als wichtige **Auslegungshilfe für den Europäischen Gerichtshof** ihre Wirkung nicht verfehlen.

Bedeutsam für das Arbeits- und Sozialrecht sind insbesondere Art. 15 (Berufsfreiheit und Recht zu arbeiten), Art. 21 (Nichtdiskriminierung), Art. 23 (Gleichheit von Männern und Frauen), Art. 25 (Rechte älterer Menschen), Art. 26 (Integration von Menschen mit Behinderung), Art. 27 (Recht auf Unterrichtung und Anhörung der Arbeitnehmerinnen und Arbeitnehmer im Unternehmen), Art. 28 (Recht auf Kollektivverhandlungen und Kollektivmaßnahmen), Art. 29 (Recht auf Zugang zu einem Arbeitsvermittlungsdienst), Art. 29 (Schutz bei ungerechtfertigter Entlassung), Art. 31 (gerechte und angemessene Arbeitsbedingungen), Art. 32 (Verbot der Kinderarbeit und Schutz der Jugendlichen am Arbeitsplatz), Art. 33 (Familien- und Berufsleben), Art. 34 (soziale Sicherheit und soziale Unterstützung), Art. 35 (Gesundheitsschutz) sowie Art. 45 (Freizügigkeit und Aufenthaltsfreiheit).

3. Sekundärrecht

a) Grundlagen

Im Unterschied zum Primärrecht, unter dem das in den Gründungsverträgen selbst enthaltene Recht verstanden wird, bezeichnet das Sekundärrecht das von den Gemeinschaftsorganen in Erfüllung der ihnen übertragenen Aufgaben gesetzte Recht. Das Sekundärrecht füllt also den durch das Primärrecht vertraglich vorgegebenen Rahmen mit normativer Substanz.[100]

Von Bedeutung ist die Unterscheidung zwischen Primär- und Sekundärrecht heute nur noch für die Bestimmung des **Rangverhältnisses** der verschiedenen Rechtsquellen des Gemeinschaftsrechts selbst, dagegen hat sie keine Auswirkungen auf das Verhältnis zwischen dem Gemeinschaftsrecht und dem Recht der Mitgliedstaaten.[101]

---

[94] Vgl. etwa *Bleckmann*, Zum Begriff des Gemeinsamen Marktes im EWG-Vertrag, MDR 1986, S. 5, 7, Fußn. 7.
[95] EuGH v. 15. 6. 1978, Rs. 149/77, Slg. 1976, S. 1365, 1379.
[96] In Art. 5 ESC ist zwar die Vereinigungsfreiheit genannt, inhaltlich entspricht sie jedoch der Koalitionsfreiheit nach Art. 9 Abs. 3 GG.
[97] EuGH v 13. 12. 1979 (Hauer) Rs. 44/79, Slg. 1979, S. 3727 ff.; Urteil vom 8. 10. 1986 (Strafsache gegen Franz Keller) Rs. 234/85, Slg. 1986, S. 2897 ff.
[98] Vgl. dazu auch *Rengeling*, a. a. O., S. 68 f.
[99] Siehe Text unter „Entwurf der Charta der Grundrechte der Europäischen Union", CHARTE 4487/00 v. 28. 9. 2000; s. ferner § 13 Rn. 129 ff.
[100] *Constantinesco*, Recht der EG I, Rn. 478, S. 540.
[101] *Bleckmann*, Europarecht, Rn. 525, S. 198.

51 Das Sekundärrecht geht **dem Primärrecht im Rang nach,** es ist also nicht nur unter dem Gesichtspunkt seiner zeitlich notwendigerweise späteren Entstehung, sondern auch in der Normenhierarchie sekundär.[102] Die Gemeinschaftsorgane dürfen nur innerhalb der ihnen durch die Verträge eröffneten Kompetenzen selbst Recht setzen.[103]

52 Nicht ganz so eindeutig zu erfassen ist das Rangverhältnis der einzelnen Rechtsakte des Sekundärrechts untereinander.

53 Obwohl die Akte des sekundären Gemeinschaftsrechts grundsätzlich einer gemeinsamen Rechtsmasse angehören, ist anerkannt, dass **normative Akte den Individualakten vorgehen.**[104] Im Kollisionsfall setzt sich also beispielsweise eine Verordnung gegenüber einer Entscheidung als ranghöheres Recht durch. Dies soll sich vorrangig aus dem Gleichheitsprinzip ergeben, das auch im Gemeinschaftsrecht gilt.[105]

54 Überwiegend wird zudem angenommen, dass **grundlegende Akte den zu ihrer Konkretisierung ergangenen Akten vorgehen.**[106] Hier sollte hingegen nur dann von einem formellen Rangverhältnis gesprochen werden, wenn beide Akte vom selben Organ erlassen wurden und ein Verhältnis von Ermächtigungsgesetz zu Durchführungsakt vorliegt.[107] In diesen Fällen ist eine von der Ermächtigungsnorm abweichende Durchführungsvorschrift nichtig, sofern sie nicht konform ausgelegt werden kann.[108]

55 Ansonsten geht der grundlegende Akt seinen Konkretisierungen lediglich bei der Interpretation des Gemeinschaftsrechts vor: bleibt ein auch nicht durch Auslegung auszuräumender Widerspruch, ist der **„lex posterior-Grundsatz"** uneingeschränkt anzuwenden.[109]

56 Kein Rangverhältnis besteht hingegen zwischen den von der Kommission und den vom Rat erlassenen Rechtsakten, hier geht der spätere Rechtsakt somit eindeutig vor.[110] Kollisionsfälle dürften ohnehin nur in begrenzter Anzahl auftreten, da die Kompetenzverteilung nach den Verträgen kaum Überschneidungen vorsieht.

57 Hauptquellen des sekundären Gemeinschaftsrechts sind die in Art. 249 EGV (Art. 189 EGV a. F.) aufgezählten sogenannten „förmlichen" Rechtsakte (Verordnung, Richtlinie, Entscheidung, Empfehlung und Stellungnahme). Darüber hinaus zählen dazu jedoch auch alle sonstigen Rechtshandlungen der Gemeinschaftsorgane.

58 Die Akte des sekundären Gemeinschaftsrechts werden im Amtsblatt der EG veröffentlicht; das jeweils geltende Recht lässt sich über den Fundstellennachweis des geltenden Gemeinschaftsrechts (zwei Bände) auffinden, der in aktualisierter Fassung vom Amtsblatt herausgegeben wird.

b) Verordnungen

Schrifttum: *Ehle,* Inkrafttreten von EWG-Verordnungen und Rückwirkungsverbot, DVBl. 1970, S. 600; *Fuß,* Rechtssatz und Einzelakt im europäischen Recht, NJW 1964, S. 327, 945, 726; *Hess,* Das Verordnungsrecht nach dem Vertrage über die Montanunion, Diss. Köln 1962; *Kraushaar,* Zur Kompetenz der Kommission der EG zum Erlaß von Verordnungen, DÖV 1959, S. 726; *Möller,* Die Verordnung der Europäischen Gemeinschaften, 1967; *Rabe,* Das Verordnungsrecht der europäischen Wirtschaftsgemeinschaft, 1963.

---

[102] *Constantinesco,* Recht der EG, Rn. 478, S. 540.
[103] S. *Hein,* Die Inzidentkontrolle von sekundärem Gemeinschafsrecht durch den Europäischen Gerichtshof, Diss. Bochum, 2000.
[104] *Bleckmann,* Europarecht, Rn. 528, S. 198f.; Grabitz/Hilf/*Grabitz,* Art. 189 EGV a. F., Rn. 21; *Oppermann,* Europarecht, Rn. 431, S. 168.
[105] *Bleckmann,* Europarecht, Rn. 528, S. 198f.
[106] *Bleckmann,* Europarecht, Rn. 528, S. 198f.; Grabitz/Hilf/*Grabitz,* Art. 189 EGV a. F., Rn. 21; *Oppermann,* Europarecht, Rn. 431, S. 168.
[107] *Bleckmann,* Europarecht, Rn. 528, S. 198f.
[108] EuGH, Rs. 38/70, Slg. 1971, S. 145, 154f.
[109] *Bleckmann,* Europarecht, Rn. 528, S. 198f.
[110] *Bleckmann,* Europarecht, Rn. 529, S. 199; *Oppermann,* Europarecht, Rn. 431, S. 168.

II. Rechtsquellen des Gemeinschaftsrechts

Der EG-Vertrag kennzeichnet die Verordnung in Art. 249 Abs. 2 EGV (Art. 189 Abs. 2 EGV a. F.) als Rechtsakt, welcher allgemeine Geltung hat, in allen seinen Teilen verbindlich ist und unmittelbar in jedem Mitgliedstaat gilt.

Im Vergleich zu den anderen in Art. 249 EGV (Art. 189 EGV a. F.) aufgeführten Rechtshandlungen vermittelt die Verordnung die umfassendsten Rechtswirkungen, da die Gemeinschaft mit ihrer Hilfe supranational unmittelbar für die Mitgliedstaaten und ihre Bürger Recht setzen kann, ohne dass es einer Umsetzung in die nationalen Rechtsordnungen bedürfte. Sie stellt damit eines der wichtigsten Instrumente der Integration dar, da sie in allen Mitgliedstaaten gleiches Recht schafft.

Materiell regelt die Verordnung auf europäischer Ebene Rechtsprobleme **abstrakt/generell mit unmittelbarer Wirkung für den einzelnen** und ähnelt damit einem Gesetz.[111] Dementsprechend verwendet der EuGH im Zusammenhang mit Verordnungen auch den Begriff „quasi-legislatorische Maßnahme".[112]

Dennoch stellt die Verordnung eine „originäre Schöpfung der EG" dar[113] und lässt sich nicht ohne weiteres mit dem nationalen Gesetz gleichsetzen. So kann das Gemeinschaftsrecht insbesondere keine Unterscheidung zwischen Gesetz und Rechtsverordnung treffen, da die Verträge den Grundsatz der Gewaltenteilung nicht kennen, auf dem die Unterscheidung wesentlich beruht.[114]

Die Verordnung wird zudem von Rat und Kommission und damit gerade nicht von einem demokratisch legitimierten Organ erlassen. Anders als bei einem souveränen, nur durch die Verfassung begrenzten nationalen Gesetzgeber, dem für den Erlass von Gesetzen ein entsprechend weiter Ermessensspielraum zusteht, können die Organe der Gemeinschaft Recht nur im Rahmen von Einzelermächtigungen setzen.[115]

aa) Zuständigkeit

Zuständig zum Erlass von Verordnungen sind gem. Art. 249 EGV (Art. 189 EGV a. F.), 161 EAGV nur der Rat (auf Vorschlag der Kommission) und die Kommission (z. B. nach Art. 39 Abs. 3 Buchst. d EGV = Art. 48 Abs. 3 Buchst. d EGV a. F. auf dem Gebiet der Freizügigkeit der Arbeitnehmer).[116]

Dabei sieht die Kompetenzverteilung des primären Gemeinschaftsrechts **vorrangig** den **Rat** als Verordnungsgeber vor. Dies hat seine Ursache darin, dass sich die Mitgliedstaaten bei der Konzipierung des EWG-Vertrages ihren Einfluss bei wichtigen Rechtshandlungen sichern und ihn nicht an ein Organ mit von den Mitgliedstaaten unabhängiger Besetzung, wie der Kommission, übertragen wollten.[117]

Der Rat kann jedoch nach Art. 211 Unterabs. 4 EGV (Art. 155 Unterabs. 4 EGV a. F.) i. V. m. Art. 202 Unterabs. 3 EGV[118] (Art. 145 Abs. 3 EGV a. F.) und Art. 124 Unterabs. 4 EAGV im Rahmen von „Grundverordnungen" **an die Kommission** Befugnisse zum Erlass von Durchführungsverordnungen **delegieren.**[119] Die grundlegende Rechtsetzungskompetenz verbleibt jedoch auch nach dieser Ermächtigung beim Rat.[120]

---

[111] Vgl. ausführlich zu diesem Vergleich *Möller,* Die Verordnung, S. 268 ff.
[112] St. Rspr. seit EuGH, Rs. 8/55, Slg. 1955/56, S. 227.
[113] *Constantinesco,* Recht der EG I, Rn. 529, S. 600.
[114] *Bleckmann,* Europarecht, Rn. 413, S. 161; *Oppermann,* Europarecht, Rn. 447, S. 174; *Rabe,* Das Verordnungsrecht, S. 64.
[115] *Constantinesco,* Recht der EG I, Rn. 532, S. 603.
[116] Nach Art. 14 EGKSV ist für die allgemeine Entscheidung nur die Kommission zuständig. Eine Delegation auf den Rat ist nicht vorgesehen.
[117] Grabitz/Hilf/*Grabitz,* Art. 189 EGV a. F., Rn. 45.
[118] Vgl. zu dieser Norm die „Erklärung zu den Durchführungsbefugnissen der Kommission", Bull-EG-Beil. 2/86, S. 23.
[119] EuGH, Rs. 46/86, Slg. 1987, S. 2671.
[120] Grabitz/Hilf/*Grabitz,* Art. 189 EGV a. F., Rn. 45.

bb) Merkmale der Verordnung

67 Der Wortlaut des Art. 249 Abs. 2 EGV (Art. 189 Abs. 2 EGV a. F.) legt für die Verordnung insgesamt vier Merkmale fest, durch die sie sich von den anderen in diesem Artikel aufgeführten Rechtshandlungen unterscheidet.

(1) Allgemeine Geltung

68 Kennzeichnend für die Verordnung ist zunächst, dass sie allgemein gilt. Das Merkmal der allgemeinen Geltung legt den **abstrakt-generellen** Charakter der Verordnung fest und grenzt sie so von der Entscheidung ab.

69 Tatbestandlich ist die Verordnung somit auf eine unbestimmte Anzahl von Sachverhalten anwendbar und für einen allgemein und abstrakt umrissenen Personenkreis rechtsverbindlich.[121]

70 Unerheblich ist hingegen die Dauer der Regelung. So liegt auch dann eine Verordnung vor, wenn die Rechtshandlung nur eine vorübergehende Situation rechtlich erfassen soll.

71 Grundsätzlich unschädlich für den Verordnungscharakter eines Rechtssatzes ist ferner die Tatsache, dass er zum Zeitpunkt seines Erlasses tatsächlich nur **einen** Sachverhalt betrifft.[122] Er muss lediglich **geeignet** sein, auch für künftig auftretende Fälle gleicher Art dieselben Rechtswirkungen auszulösen.[123] Der EuGH erachtet es insoweit als ausreichend, dass feststeht, dass „diese (allgemeine) Geltung sich aus einer in dem Rechtsakt umschriebenen objektiven Rechts- oder Sachlage in Verbindung mit der Zielsetzung dieses Aktes ergibt."[124] Dies gilt jedoch nicht, wenn ein Rechtsakt zwar abstrakt formuliert ist, eine Ermittlung der von ihm Betroffenen nach Identität und Zahl aber zumindest indirekt möglich wäre. Eine solche Bestimmbarkeit des Adressatenkreises kann beispielsweise vorliegen, wenn die Regelung ein Produkt mit nur wenigen Herstellern betrifft[125] oder sich auf einen in der Vergangenheit liegenden, bereits abgeschlossenen Vorgang bezieht.[126] In diesen Fällen ist keine Verordnung, sondern eine Entscheidung i. S. von Art. 249 Abs. 4 EGV (Art. 189 Abs. 4 EGV a. F.) gegeben, da es sich statt einer abstrakt-generellen Regelung um eine Zusammenfassung mehrerer Individualentscheidungen handelt.[127] Die Bezeichnung vermag hieran nichts zu ändern.[128]

72 „Allgemeine Geltung" hat jedoch darüber hinaus noch eine **„räumlich-geographische"** Bedeutung.[129] Die Verordnung entfaltet ihre Wirkung gleichzeitig in allen Mitgliedstaaten. Nicht möglich ist damit eine Beschränkung der räumlichen Wirkung auf einzelne Mitgliedstaaten oder sonstige Teile des Gemeinschaftsgebietes. Sieht eine Verordnung eine derartige Beschränkung ihres Geltungsbereichs vor, ist sie nichtig.[130] Das Merkmal der allgemeinen Geltung fördert somit auch die Integration im räumlichen Sinne[131] und grenzt damit bereits die Verordnung von der Richtlinie ab, die zwar alle Mitgliedstaaten verpflichtet, ihre Rechtsvorschriften anzupassen, aber selbst kein für alle Mitgliedstaaten einheitliches Recht zu schaffen vermag.

73 Zuletzt deutet sich bereits im Merkmal der allgemeinen Geltung der auch in den anderen Voraussetzungen des Art. 249 EGV (Art. 189 EGV a. F.) enthaltene **„Vorrang des**

---

[121] EuGH, Rs. 101/76, Slg. 1977, S. 806; Rs. 64/80, Slg. 1981, S. 693.
[122] EuGH (RAR/Rat und Kommission), verb. Rs. 250/86 und 11/87, Slg. 1989, S. 2045.
[123] Vgl. *Ipsen,* Europäisches Gemeinschaftsrecht, S. 449.
[124] EuGH, Rs. 242/81, Slg. 1982, S. 3213; Rs. 307/81, Slg. 1982, S. 3463.
[125] EuGH, Rs. 113/77, Slg. 1979, S. 1191, 1205.
[126] EuGH, Rs. 41–44/70, Slg. 1971, S. 422.
[127] EuGH, Rs. 41–44/70, Slg. 1971, S. 422; Rs. 113/77, Slg. 1979, S. 1191, 1205.
[128] EuGH, verb. Rs. 16 und 17/62, Slg. 1962, S. 961, 978; s. auch die Schlussanträge GA *Lagrange,* Slg. 1962, S. 985, 990.
[129] Vgl. *Constantinesco,* Recht der EG I, Rn. 530, S. 601.
[130] *Constantinesco,* Recht der EG I, S. 601; *Ipsen,* Europäisches Gemeinschaftsrecht, 21/8, S. 449; *Rabe,* Verordnungsrecht, S. 31 f.
[131] *Ipsen,* Europäisches Gemeinschaftsrecht, S. 449; *Rabe,* Verordnungsrecht, S. 31 f.

II. Rechtsquellen des Gemeinschaftsrechts

Gemeinschaftsrechts" an. Eine Wirkungsweise in den einzelnen Mitgliedstaaten, wie sie im Rahmen der allgemeinen Geltung gefordert wird, kann nur vorliegen, wenn das sekundäre Gemeinschaftsrecht vor dem nationalen Recht den Vorrang erhält.

(2) Verbindlichkeit in allen Teilen

Gemäß Art. 249 Abs. 2 EGV (Art. 189 Abs. 2 EGV a. F.) ist ferner erforderlich, dass eine Verordnung in allen ihren Teilen verbindlich ist. 74

Verbindlichkeit bedeutet dabei „rechtliche Gehorsamspflicht und rechtliche Berufungsmöglichkeit".[132] Die Verordnung verpflichtet also einerseits sowohl die Gemeinschaftsorgane selbst als auch die Mitgliedstaaten, sie zu respektieren, und gewährt andererseits den betroffenen Bürgern ein im Klagewege durchsetzbares Recht auf das zu ihren Gunsten Geregelte. 75

Das Erfordernis der Verbindlichkeit **in allen Teilen** grenzt die Verordnung von der Richtlinie ab, welche nur hinsichtlich des zu erreichenden Ziels für ihre Adressaten verbindlich ist. 76

Die Verbindlichkeit in allen Teilen begründet darüber hinaus ein Verbot für die Mitgliedstaaten, unter den Rechtswirkungen der Verordnung eine Auswahl zu treffen, indem sie lediglich einige Bestimmungen respektieren und anwenden. Eine Selektion unter den Regelungen, je nachdem ob sie sich in die nationalen Besonderheiten einfügen oder nicht, scheidet aus.[133] Damit wird gleichzeitig festgeschrieben, dass der innerstaatliche Vollzug der Verordnung weder vollständig noch in Teilen verzögert werden darf. Geschieht dies dennoch, stellt ein solches Verhalten eine Vertragsverletzung dar und kann die Einleitung eines Vertragsverletzungsverfahrens gem. Art. 226 EGV (Art. 169 EGV a. F.) nach sich ziehen.[134] 77

(3) Unmittelbare Geltung

Weiteres Merkmal einer Verordnung ist ihre unmittelbare Geltung. 78

Die Verordnung bedarf demnach keines Transformations- oder sonstigen staatlichen Mitwirkungsaktes, um in den einzelnen Mitgliedstaaten unmittelbare Rechtswirkungen zu erzeugen (Durchgriffswirkung). 79

Sie begründet mit ihrer Veröffentlichung im Amtsblatt „aus sich heraus"[135] Rechte für den einzelnen Bürger, zu deren Schutz auch die nationalen Gerichte verpflichtet sind.[136] 80

(4) Geltung in jedem Mitgliedstaat

Aus der Wendung „in jedem Mitgliedstaat" lassen sich für die Verordnung verschiedene Schlussfolgerungen ziehen. 81

Zunächst verdeutlicht die Verwendung des Wortes „in" im Gegensatz zu „für" jeden Mitgliedstaat, dass die unmittelbare Wirkung der Verordnung nicht nur die Mitgliedstaaten, sondern insbesondere auch die **Gemeinschaftsbürger betrifft.** Für den Fall, dass sich eine Rechtshandlung der Gemeinschaft zwar an alle Mitgliedstaaten, aber auch nur an diese wendet, ergibt sich daraus, dass es sich bei ihr nur um eine Entscheidung handeln kann. Der Qualifizierung als Verordnung würde darüber hinaus entgegenstehen, dass die Adressaten in einem solchen Fall eindeutig individualisierbar sind.[137] 82

An der Einordnung einer Rechtshandlung als Verordnung ändert sich hingegen nichts, wenn sich die tatsächlichen Auswirkungen nicht oder nicht in gleichem Maße auf alle Mitgliedstaaten erstrecken.[138] Besteht z.B. in einem oder mehreren Mitgliedstaaten der 83

---

[132] *Ipsen,* Europäisches Gemeinschaftsrecht, S. 451.
[133] EuGH, Rs. 39/72, Slg. 1973, S. 101, 114.
[134] S. oben § 8 Rn. 184 ff.
[135] *Ipsen,* Europäisches Gemeinschaftsrecht, S. 450.
[136] EuGH, Rs. 43/71, Slg. 1971, S. 1039, 1049; Rs. 84/71, Slg. 1972, S. 89, 96; zur unmittelbaren Geltung von Verordnungen s. auch unten § 10 Rn. 72.
[137] S. Rn. 122.
[138] Sinngemäß ebenso EuGH, Rs. 6/68, Slg. 1968, S. 612, 621; Rs. 63/69, Slg. 1970, S. 205, 211.

Produktionszweig, auf den sich die Regelung bezieht, gar nicht, ist der betreffende Rechtsakt dennoch als Verordnung zu qualifizieren.

c) Richtlinien

Schrifttum: *Beyerlin,* Umsetzung von EG-Richtlinien durch Verwaltungsvorschriften, EuR 1987, S. 126; *Everling,* Umsetzung von Umweltrichtlinien durch normkonkretisierende Verwaltungsanweisungen, RIW 1992, S. 379; *Franzen,* Privatrechtsangleichung durch die Europäische Gemeinschaft, 1999; *Hauschka,* Grundprobleme der Privatrechtsfortbildung durch die Europäische Wirtschaftsgemeinschaft, JZ 1990, S. 521; *Ipsen,* FS für Ophüls, 1965, S. 67; *Kreplin,* Die Richtlinie als Instrument zur Rechtsangleichung nach Art. 100 EWG-Vertrag, NJW 1965, S. 467; *Magiera,* Die Rechtsakte der EG-Organe, Jura 1989, S. 595; *Nettesheim,* Die mitgliedstaatliche Durchführung von EG-Richtlinien, 1999; *Pernice,* Kriterien der normativen Umsetzung von Umweltrichtlinien der EG im Lichte der Rechtsprechung des EuGH, EuR 1994, S. 325; *Pescatore,* L'effet des directives communautaires – une tentative de démystification, Recueil Dalloz 1980, S. 171; *Vedder,* Die TA Luft vor dem EuGH – Richtliniendurchführung durch normkonkretisierende Verwaltungsvorschriften?, EWS 1991, S. 293; *Zuleeg,* Die Rechtswirkungen europäischer Richtlinien, ZGR 1980, S. 466; s. auch das Schrifttum in § 10 Rn. 70.

84 Gemäß Art. 249 Abs. 3 EGV (Art. 189 Abs. 3 EGV a. F.), 161 Abs. 3 EAGV sind Richtlinien für jeden Mitgliedstaat, an den sie gerichtet sind, hinsichtlich des zu erreichenden **Ziels verbindlich,** überlassen jedoch den innerstaatlichen Stellen die Wahl der Form und Mittel.[139]

85 Die Richtlinie stellt sich somit als originäre Handlungsform des Gemeinschaftsrechts dar, welche – anders als die Verordnung – kaum Ähnlichkeit mit nationalen Rechtsakten aufweist. Allenfalls ist eine entfernte Parallele zur deutschen Rahmengesetzgebung i. S. des Art. 75 GG zu ziehen;[140] Richtlinien schaffen jedoch, anders als Rahmengesetze, selbst kein unmittelbar geltendes Recht.[141]

86 Stärker als bei den anderen Handlungsformen des Art. 249 EGV (Art. 189 EGV a. F.) zeigt sich bei der Richtlinie der Bezug zur Struktur der Union als Staatenverbund und nicht als Bundesstaat.[142] Im Rahmen eines Staatenverbundes reicht es nicht aus, das Recht lediglich direkt zu vereinheitlichen, es bedarf insoweit eines „geschmeidigeren Rechtsaktes".[143] Die Richtlinie ermöglicht, da sie nur hinsichtlich ihres Ziels verbindlich ist, eine Harmonisierung, die der Vielfalt der nationalen Rechtsordnungen und -traditionen in größerem Maße Rechnung trägt.

87 Die Kompetenz zum Erlass von Richtlinien findet sich daher grundsätzlich dort, wo es sinnvoller ist, die **nationalen Regelungen lediglich anzugleichen,** sie mit Rücksicht auf die in den einzelnen Mitgliedstaaten existierenden Normgefüge jedoch nicht zu vereinheitlichen. Dies zeigt sich besonders in den Art. 94 und 95 EGV (Art. 100 und 100a EGV a. F.), die für den Bereich der Rechtsangleichung Richtlinienkompetenzen vorsehen, aber auch im Rahmen der Herstellung der Niederlassungs- und der Kapitalverkehrsfreiheit, Art. 44 Abs. 2 EGV (Art. 54 Abs. 2 EGV a. F.), Art. 47 Abs. 1 und 2 EGV (Art. 57 Abs. 1 und 2 EGV a. F.) und Art. 52 Abs. 2 EGV (Art. 63 Abs. 2 EGV a. F.).

aa) Zuständigkeit

88 Ebenso wie bei der Verordnung kommen auch bei der Richtlinie nur Rat oder Kommission als zuständige Organe in Betracht.[144]

---

[139] Ähnl. die Empfehlung gem. Art. 14 Abs. 3 EGKSV; sie lässt lediglich den Adressatenkreis offen.
[140] So Grabitz/Hilf/*Grabitz,* Art. 189 EGV a. F., Rn. 51; *Oppermann,* Europarecht, Rn. 456, S. 177.
[141] S. dazu unten Rn. 92 ff. und § 10 Rn. 73 ff.
[142] BVerfG, NJW 1993, S. 3047 (Maastricht).
[143] *Oppermann,* Europarecht, Rn. 456, S. 177.
[144] Für Empfehlungen nach Art. 14 EGKSV ist nur die Kommission zuständig.

II. Rechtsquellen des Gemeinschaftsrechts

Im Bereich der EG überwiegt dabei die Kompetenz des Rates, während im EAG-Vertrag vorrangig die Kommission zuständig ist. **89**

Der EG-Vertrag überlässt es dabei an einigen Stellen dem Rat, zwischen der Handlungsform der Richtlinie und der Verordnung (Art. 83 Abs. 1 EGV, Art. 40 EGV = Art. 87 Abs. 1, Art. 49 EGV a. F.) oder sogar völlig frei (Art. 308 EGV = Art. 235 EGV a. F.) zu wählen. Ferner ist es dem Rat, wie bei der Verordnung nach Art. 211 Unterabs. 4 EGV (Art. 155 Unterabs. 4 EGV a. F.) i. V. m. Art. 202 Unterabs. 3 EGV (Art. 145 Unterabs. 3 EGV a. F.) möglich, seine Richtlinienkompetenzen an die Kommission zu delegieren, wenn es sich lediglich um Durchführungsvorschriften handelt. **90**

bb) Merkmale der Richtlinie

Art. 249 EGV (Art. 189 EGV a. F.) schreibt für die Richtlinie ebenfalls bestimmte Merkmale vor, die sie von den anderen dort genannten Rechtsakten, insbesondere von der Verordnung, abgrenzen. **91**

(1) Verbindlichkeit hinsichtlich des zu erreichenden Ziels

Aus der Funktion der Richtlinie als Instrument der Koordination und Rechtsangleichung ergibt sich die Zweistufigkeit ihrer Wirkungsweise: Sie entfaltet zwar direkte Rechtswirkungen gegenüber den Mitgliedstaaten, ist aber nur hinsichtlich ihres Ziels verbindlich und muss ansonsten von den Mitgliedstaaten in nationales Recht umgesetzt werden.[145] **92**

„Ziel" ist dabei nicht i. S. der allgemeinen Vertragsziele der Art. 2 und 3 EGV zu verstehen, sondern muss nach heute allgemeiner Ansicht eher i. S. von „Ergebnis" aufgefasst werden.[146] Gemeint ist eine Verbindlichkeit bezüglich der sich aus dem Inhalt der Richtlinie ergebenden rechtlichen und tatsächlichen Wirkungen. Diese brauchen nicht in der Änderung des bestehenden Zustandes zu bestehen, es kann sich auch darum handeln, dass er aufrechterhalten bleibt.[147] Es wird die Ansicht vertreten, der Richtliniengeber könne die Rangintensität frei wählen.[148] Die Tatsache, dass ihre Verbindlichkeit auf ihre Ziele beschränkt ist, ändere nichts daran, dass die Ausgestaltung dieses Ziels eine so große Detailgenauigkeit aufweisen könne, dass den Mitgliedstaaten bei der Umsetzung kaum noch eine Wahlmöglichkeit verbleibe. So könne ihnen auch die Verwirklichung einer Richtlinie in Form einer Modell-Regelung (loi uniforme) auferlegt werden. Derartige inhaltlich verordnungsähnliche Richtlinien, die so exakte Vorgaben machen, dass eine ordnungsgemäße Umsetzung im Wesentlichen nur durch vollständige Übernahme des Inhalts möglich ist, finden sich vor allen im Bereich des technischen Arbeitsschutzes.[149] Nach der **überwiegenden Auffassung** im Schrifttum ist die **sachliche Regelungsintensität der Richtlinie nicht begrenzt**.[150] Die Funktionsfähigkeit der Gemeinschaft erfordere, dass die Richtlinie so detaillierte Bestimmungen enthalten könne, wie es zum konkreten Zweck der betreffenden Regelung erforderlich sei.[151] Auch der EuGH hat es bisher nicht beanstandet, dass Richtlinien bis ins Detail gehende Vorgaben enthalten. Da sich die Auffassung von der Zulässigkeit auch detaillierter Richtlinien durch- **93**

---

[145] Zur Umsetzung von Richtlinien in nationales Recht s. aus neuerer Zeit auch *Nettesheim*, Die mitgliedstaatliche Durchführung von EG-Richtlinien, 1999.
[146] *Ipsen*, FS für Ophüls, S. 67 ff.; *ders.*, Europäisches Gemeinschaftsrecht, S. 458.
[147] *Daig/Schmidt*, in: Groeben/Thiesing/Ehlermann, Art. 189 EGV a. F., Rn. 37.
[148] Vgl. dazu *Ipsen*, Europäisches Gemeinschaftsrecht, S. 459; *Schatz*, NJW 1967, S. 1694 ff.
[149] S. dazu unten § 18 Rn. 430 ff.
[150] S. etwa *Bleckmann*, Europarecht, Rn. 429, S. 166 f.; *Everling*, RIW 1992, S. 379, 380; Grabitz/Hilf/*Grabitz*, Art. 189 EGV a. F., Rn. 59; *Ipsen*, FS für Ophüls, S. 67, 71; *Kreplin*, NJW 1965, S. 467, 469; *Pernice*, EuR 1994, S. 325, 328; *Zuleeg*, ZGR 1980, S. 460, 471 ff.; kritisch gegenüber einer zu weitgehenden Regelungsdichte von Richtlinien aus neuerer Zeit *Beyerlin*, EuR 1987, S. 126, 127 f.; *Hauschka*, JZ 1990, S. 521, 532; *Oppermann*, Europarecht, Rn. 466, S. 179.
[151] Grabitz/Hilf/*Grabitz*, Art. 189 EGV a. F., Rn. 59.

gesetzt hat, wird von manchen die Bildung europäischen Gewohnheitsrechts angenommen.[152]

94 Die Verbindlichkeit nur hinsichtlich des Ziels führt nicht dazu, dass die Verpflichtung der Mitgliedstaaten auf der „ersten Stufe" weniger zwingend ausgestaltet ist als bei der Verordnung.[153] Die Mitgliedstaaten werden verpflichtet, die Richtlinie vollständig in ihre jeweiligen nationalen Rechtsordnungen umzusetzen und für entsprechende Ausführungsvorschriften zu sorgen. Im Interesse eines zügigen und in allen Mitgliedstaaten einheitlichen Vollzuges der Umsetzung wird dabei regelmäßig in der Richtlinie ein formalisiertes Verfahren vorgegeben.[154] Den Mitgliedstaaten wird dabei eine angemessene Frist zur Durchführung der Umsetzung eingeräumt.

95 Der **ordnungsgemäßen Umsetzung der Richtlinien innerhalb der vorgegebenen Fristen** wird vom EuGH eine erhebliche Bedeutung beigemessen. Die gewissenhafte Befolgung sei so wichtig, weil die Vollzugsmaßnahmen dem Ermessen der Mitgliedstaaten überlassen seien, mit der Folge, dass Rechtshandlungen dieser Art wirkungslos blieben, wenn die gesteckten Ziele nicht in der gesetzten Frist erreicht werden.[155]

96 Demgemäß wird den Mitgliedstaaten auch kaum eine Rechtfertigung für die nicht fristgemäße Umsetzung von Richtlinien zugestanden. So können sie sich insbesondere auch nicht darauf berufen, dass interne Schwierigkeiten[156] oder institutionelle Reformen[157] sie an der Ausführung gehindert hätten. Ebenso ist es unerheblich, dass andere Mitgliedstaaten die Richtlinie ebenfalls nicht fristgemäß umgesetzt haben.[158]

97 Die Kontrolle der ordnungsgemäßen Umsetzung von Richtlinien durch die Mitgliedstaaten obliegt nach Art. 211 Unterabs. 1 EGB (Art. 155 Unterabs. 1 EGV a. F.) der Kommission als Hüterin der Verträge. Für den Fall, dass die Mitgliedstaaten verspätet oder nicht in ausreichendem Maße tätig werden, kann nach einer entsprechenden Mahnung ein Vertragsverletzungsverfahren nach Art. 226 EGV (Art. 169 EGV a. F.) eingeleitet werden.[159]

(2) Wahlfreiheit hinsichtlich der Form und Mittel

98 Die Mitgliedstaaten sind zwar dem Gebot der vollständigen Umsetzung der Richtlinie unterworfen, es steht ihnen jedoch (abgesehen von den Ausnahmen des loi uniforme) in der Regel ein mehr oder weniger großer Spielraum hinsichtlich der Wahl der Form und Mittel der Ausführung zu. „Form und Mittel" kennzeichnen dabei einerseits die Rechtstechnik der Umsetzung (Gesetz, Verordnung, Verwaltungsakt), andererseits die „wirtschafts- und sozialpolitische Methode".[160] Den Mitgliedstaaten soll auf diese Weise ermöglicht werden, bei der Ausführung nationale Besonderheiten zu berücksichtigen.[161]

99 Grundsätzlich ist für eine ordnungsgemäße Umsetzung einer Richtlinie der Erlass von Ausführungsvorschriften erforderlich. Ausreichend ist insoweit, dass die vollständige Anwendung der Richtlinie in dem jeweiligen Mitgliedstaat in hinreichend bestimmter und klarer Weise gewährleistet ist. Dabei muss sich die Umsetzung gemäß dem „effet-utile"-Gedanken immer daran orientieren, die Richtlinie so in das innerstaatliche Recht überzu-

---

[152] *Bleckmann*, Europarecht, Rn. 150, S. 88. Zum Gewohnheitsrecht in der EG s. *Steinmeyer*, oben Rn 20.
[153] EuGH, Rs. 79/72, Slg. 1973, S. 667, 671 ff.; Rs. 52/75, Slg. 1976, S. 277, 284 f.; Rs. 123/76, Slg. 1977, S. 1449, 1459; Rs. 301/81, Slg. 1983, S. 467, 478.
[154] EuGH, Rs. 10/76, Slg. 1976, S. 1359, 1365.
[155] EuGH, Rs. 52/75, Slg. 1976, S. 277, 284.
[156] EuGH, Rs. 283/86, Slg. 1988, S. 3271; zur Vorwirkung von EU-Richtlinien s. *Ehricke*, ZIP 2001, S. 1311.
[157] EuGH, Rs. 68–72, 83/81, Slg. 1982, S. 153, 157; S. 163, 167; S. 175, 181; S. 183, 187; S. 189, 193.
[158] EuGH, Rs. 52/75, Slg. 1976, S. 277, 284.
[159] Näher zum Vertragsverletzungsverfahren oben § 8 Rn. 184 ff.
[160] *Daig/Schmidt*, in: Groeben/Thiesing/Ehlermann, Art. 189 EGV a. F., Rn. 39.
[161] Grabitz/Hilf/*Grabitz*, Art. 189 EGV a. F., Rn. 59; *Daig/Schmidt*, in: Groeben/Thiesing/Ehlermann, Art. 189 EGV, Rn. 39.

II. Rechtsquellen des Gemeinschaftsrechts

leiten, dass sich ihre praktische Wirksamkeit unter Berücksichtigung des angestrebten Ziels optimal entfalten kann.[162] Dies bedeutet, dass die richtlinienumsetzende Norm im Rang zumindest nicht niedriger sein darf als die zuvor geltende nationale Rechtsnorm und dass sie generell geeignet sein muss, das gesetzte Ziel zu erreichen.[163] Richtlinien brauchen nicht notwendig immer durch Gesetze oder Verordnungen umgesetzt zu werden,[164] die Änderung der Verwaltungspraxis reicht aber in jedem Fall nicht aus, um einen ordnungsgemäßen Vollzug der Richtlinie zu gewährleisten.[165] Es muss sichergestellt werden, dass die Umsetzung der Richtlinie ein Maß an Rechtssicherheit und Rechtsklarheit erlangt, das es dem Bürger erlaubt, den Regelungsbereich der Richtlinie hinreichend klar zu erfassen. Dazu gehört auch, dass der Umsetzungsakt dem Gebot der Publizität entspricht und jedermann von ihm Kenntnis erlangen kann; eine Bedingung, die interne Verwaltungsanweisungen nicht erfüllen.

Angesichts dieser Grundsätze ist daher umstritten, ob die Umsetzung von Richtlinien durch normkonkretisierende Verwaltungsvorschriften den oben dargelegten Mindestanforderungen entspricht.[166] Eine derartige Umsetzungspraxis findet sich in der Bundesrepublik vor allem im Umweltrecht. Nach der Rechtsprechung des EuGH **reichen Verwaltungsvorschriften grundsätzlich** für eine vertragsgemäße Umsetzung der Richtlinien **nicht aus,** weil sie weder die nötige Außenwirkung aufweisen noch verbindlich sind.[167]

Selbst wenn alle bislang genannten Anforderungen an Publizität und Verbindlichkeit erfüllt sind, geht ein Mitgliedstaat auch dann über die ihm durch Art. 249 Abs. 3 EGV (Art. 189 Abs. 3 EGV a.F.) gesteckten Grenzen hinaus, wenn „der Nachweis erbracht würde, dass das mit der Richtlinie verfolgte Ziel in Wirklichkeit nicht erreicht worden ist."[168]

Als Beispiel für eine solche mangelhafte Umsetzung gilt die Ausführung der Gleichbehandlungsrichtlinie 76/207/EWG durch § 611 a BGB a.F.[169] Der EuGH bemängelte, dass zwar eine von der Richtlinie geforderte Sanktion für den Verstoß gegen das Diskriminierungsverbot geschaffen worden war, dass sie aber zu gering sei und deshalb keine ausreichende Abschreckungswirkung vermitteln könne.[170]

(3) Innerstaatliche Stellen

Die Wahl der Form und Mittel wird in Art. 249 Abs. 3 EGV (Art. 189 Abs. 3 EGV a.F.) den innerstaatlichen Stellen überlassen. Dies richtet sich nicht nur an die Mitgliedstaaten selbst, sondern an alle staatlichen Organe.[171] Jedes hat im Rahmen seiner Zuständigkeit die Aufgabe, das Ziel der Richtlinie durch geeignete Maßnahmen zu erreichen. Die nationalen Gerichte sind verpflichtet, die die Richtlinien umsetzenden Rechtsvorschriften im Lichte der Richtlinie auszulegen **(richtlinienkonforme Auslegung)**.[172]

---

[162] EuGH, Rs. 48/75, Slg. 1976, S. 497, 517.
[163] EuGH, Rs. 142/82, Slg. 1983, S. 711 ff.; Schlussantrag des GA *Reischl,* S. 722 ff.
[164] EuGH, Rs. 29/84, Slg. 1985, S. 1661 ff., Leitsatz 1; Rs. 363/85, Slg. 1987, S. 173 ff.; a.A. *Bleckmann,* Europarecht, Rn. 161, S. 91.
[165] EuGH, Rs. 102/79, Slg. 1980, S. 1473, 1486; Rs. 96/81, Slg. 1982, S. 1791, 1804; Rs. 97/81, Slg. 1982, S. 1819, 1833; Rs. 160/82, Slg. 1982, 4637, 4642; Rs. 300/81, Slg. 1983, 449, 456; 1988, 1237, 1243; Rs. 116/86, Slg. 1988, 1323, 1338.
[166] Vgl. dazu *Beyerlin,* EuR 1987, S. 126 ff.; *Everling,* RIW 1992, S. 379 ff.; *Vedder,* EWS 1991, S. 293 ff.
[167] EuGH, Rs. 131/88, Slg. 1991, S. 825, 831; Rs. 58/89, Slg. 1991, S. 4983, 5023 f.; Rs. 59/89, Slg. 1991, S. 2607, 2631 f.
[168] EuGH, Rs. 10/76, Slg. 1976, S. 1365.
[169] Näher dazu unten § 16 Rn. 246 ff.
[170] EuGH, Rs. 79/83, Slg. 1984, S. 1921, 1940.
[171] EuGH, Rs. 14/83, Slg. 1984, S. 1891, Leitsatz 1; Rs. 31/87, Slg. 1988, S. 4635.
[172] EuGH, Rs. 14/83, Slg. 1984, S. 1891, Leitsatz 1; Rs. 222/84, Slg. 1986, S. 1651, Leitsatz 6; EuGH, Rs. 31/87, Slg. 1988, S. 4635; ausführlich zur richtlinienkonformen Auslegung von Richtlinien unten Rn. 261 ff.

Ferner sind auch alle Körperschaften des öffentlichen Rechts, wie Kommunen und Gemeinden, aber auch solche, die ohne in die öffentliche Verwaltung eingegliedert zu sein, von dieser abhängig sind,[173] an die Richtlinien unmittelbar gebunden.[174]

104 Die unmittelbare Bindung des Staates besteht unabhängig davon, ob er hoheitlich oder fiskalisch handelt, wie z.B. in seiner Funktion als Arbeitgeber; er ist in jedem Fall den unmittelbaren Rechtswirkungen der Richtlinie unterworfen.[175]

(4) Vertikale Drittwirkung

105 Wie bereits ausgeführt, unterscheiden sich Richtlinie und Verordnung gerade dadurch, dass die Richtlinie nur hinsichtlich des zu erreichenden Ziels, die Verordnung hingegen in Bezug auf alle ihre Teile verbindlich ist.

106 Diese klare Abgrenzung ist – jedenfalls im Grundsatz – im Interesse der Rechtssicherheit und Rechtsklarheit grundsätzlich beizubehalten, um eine völlige Verwischung beider Rechtsakte zu vermeiden.[176]

107 Demgegenüber wird nach inzwischen gefestigter Rechtsprechung des **EuGH** seit den siebziger Jahren unter bestimmten Voraussetzungen eine **unmittelbare Wirkung von Richtlinien** angenommen, mit der Folge, dass sich auch der einzelne Gemeinschaftsbürger auf sie berufen kann:[177] Wurde eine den Einzelnen begünstigende Richtlinie durch einen Mitgliedstaat nicht ordnungs- oder fristgemäß umgesetzt, steht dem Betroffenen dann ein Recht zu, wenn die jeweilige Norm inhaltlich unbedingt und hinreichend genau ist.[178]

108 Unabhängig davon ist es jedoch weiterhin nicht möglich, durch Richtlinien dem Einzelnen Pflichten aufzuerlegen; Adressaten bleiben allein die Mitgliedstaaten.[179]

d) Entscheidungen

Schrifttum: *Börner*, Die Entscheidungen der Hohen Behörde, 1965; *Fuß/Burkhard*, Anm. zu EuGH v. 15. 3. 1967, EuR 1967, S. 232; *Grabitz*, Entscheidungen und Richtlinien als unmittelbar wirksames Gemeinschaftsrecht, EuR 1971, S. 1; *Pabel*, Rechtscharakter und Anwendung der Entscheidungen im Vertrag zur Gründung der europäischen Wirtschaftsgemeinschaft, Diss. Bonn 1969; *Schindler*, Zur Problematik der Ermächtigung einzelner Mitglieder und Beamter der Kommission der Europäischen Wirtschaftsgemeinschaft (EWG) bzw. der Europäischen Gemeinschaft (EG) zum Erlaß von Verordnungen auf agrarrechtlichem Gebiet, DVBl. 1970, S. 605; *Teitgen*, La décision dans des Communautés européennes, RdC 134 (1971), S. 589; *Thierfelder*, Die Entscheidungen im EWG-Vertrag, 1968; *Werbke*, Das Recht des Einzelnen zur Berufung auf staatengerichtete Entscheidungen (Art. 189 EWGV), NJW 1970, S. 2137.

109 Entscheidungen i.S. des Art. 249 Abs. 4 EGV (Art. 189 Abs. 4 EGV a. F.) sind die vom EG-Vertrag zur Verfügung gestellten Rechtsakte zur Regelung von Einzelfällen.

110 Sie ermöglichen den Organen, gegenüber einer bestimmten Zahl von Adressaten typisch exekutiv tätig zu werden, z.B. im Rahmen von Anweisungen, Ermächtigungen oder Genehmigungen, und **ähneln** daher den **Verwaltungsakten** des deutschen Rechts nach § 35 VwVfG.[180]

---

[173] EuGH, Rs. 31/87, Slg. 1988, S. 4635.
[174] EuGH, Rs. 103/88, Slg. 1989, S. 1839, 1870f.
[175] EuGH, Rs. 152/84, Slg. 1986, S. 723., Leitsatz 4.
[176] *Oppermann*, Europarecht, Rn. 465, S. 179.
[177] Seit EuGH, Rs. 33/70, Slg. 1970, S. 1213; ständige Rechtsprechung; ausführlicher zur vertikalen Drittwirkung von Richtlinien unten § 10 Rn. 80ff.
[178] S. z.B. EuGH (Becker), Rs. 8/81, Slg. 1982, S. 53, 70f.
[179] Zur Streitfrage, ob Richtlinien horizontale Drittwirkung entfalten können, s. näher unter § 10 Rn. 85ff.
[180] *Daig/Schmidt*, in: Groeben/Thiesing/Ehlermann, Art. 189 EGV, Rn. 42; *Nicolaysen*, Europarecht I, S. 167.

II. Rechtsquellen des Gemeinschaftsrechts

Gleichzusetzen sind beide Rechtsakte dennoch nicht; eine Übertragung der zum Verwaltungsakt entwickelten Dogmatik verbietet sich allein deshalb, weil Adressaten der Entscheidung auch die Mitgliedstaaten sein können.[181] 111

Von der Verordnung unterscheidet sich die Entscheidung durch ihren genau bezeichneten Adressatenkreis, von der Richtlinie dadurch, dass sie sich nicht nur an die Mitgliedstaaten, sondern auch an natürliche und juristische Personen in der Gemeinschaft wenden und diesen die Mittel und Wege der Umsetzung verbindlich vorschreiben kann. 112

aa) Zuständigkeit

Entscheidungen können, wie Verordnungen und Richtlinien, entweder vom Rat oder von der Kommission erlassen werden. Der Rat hat nach Art. 202 Unterabs. 2 EGV (Art. 145 Unterabs. 2 EGV a. F.) eine Entscheidungsbefugnis zur Verwirklichung der Ziele, die Kommission trifft nach Art. 211 Unterabs. 3 EGV A (Art. 155 Unterabs. 3 EGV a. F.) Entscheidungen, um „das ordnungsgemäße Funktionieren und die Entwicklung des Gemeinsamen Marktes zu gewährleisten." Ausnahmsweise ist es im Rahmen eines vereinfachten Beschlussverfahrens[182] auch möglich, dass nur ein Kommissionsmitglied eine Entscheidung erlässt. 113

Da bei der Entscheidung typisch exekutives Handeln vorliegt, ist im Regelfall die Kommission für ihren Erlass zuständig; im EGKS-Bereich handelt sie insoweit sogar ausschließlich.[183] 114

bb) Merkmale der Entscheidung

Der EG-Vertrag verwendet den Begriff „Entscheidung" nicht einheitlich. Gemeinsam ist allen mit „Entscheidung" bezeichneten Rechtsakten lediglich, dass es sich um bindende Maßnahmen handelt, die jedoch auch der Kategorie der Beschlüsse oder der Rechtsakte sui generis angehören können. Unabhängig von der Bezeichnung handelt es sich also nur dann um eine Entscheidung i. S. des Art. 249 Abs. 4 EGV (Art. 189 Abs. 4 EGV a. F.), wenn die dort aufgeführten Kriterien erfüllt sind.[184] 115

(1) Verbindlichkeit in allen Teilen

Entscheidungen ist mit Verordnungen gemeinsam, dass sie gegenüber ihren Adressaten in allen ihren Teilen verbindlich sind. 116

Dabei gestalten sich die Auswirkungen dieser Verbindlichkeit bei der Entscheidung nicht anders als bei der Verordnung.[185] Die Schwierigkeit bei der Entscheidung liegt meist darin festzustellen, dass überhaupt ein verbindlicher Rechtsakt gewollt war, also in der Abgrenzung gegenüber bloßen Absichts- oder Meinungskundgebungen der Behörde.[186] Der EuGH hat bezogen auf diese Problematik eine Reihe von Abgrenzungskriterien entwickelt: 117

„Verbindlichkeit in allen ihren Teilen" verlangt zunächst, dass die Maßnahme der Behörde darauf gerichtet ist, „ihrem Adressaten Rechte zu gewähren und Pflichten aufzuerlegen."[187] Ähnlich wie für einen Verwaltungsakt im deutschen Recht wird also gefordert, dass verbindliche Rechtswirkungen normativer oder individueller Art gewollt sein müs- 118

---

[181] *Bleckmann,* Europarecht, Rn. 181; *Nicolaysen,* Europarecht I, S. 167.

[182] Vgl. Art. 27 GeschO der Kommission; dazu *Schindler,* DVBl. 1970, S. 605 ff.; *Ehlermann,* EuR 1981, S. 335 ff.

[183] Vgl. Art. 8, 14 EGKSV.

[184] *Daig/Schmidt,* in: Groeben/Thiesing/Ehlermann, Art. 189 EGV a. F., Rn. 42; *Nicolaysen,* Europarecht I, S. 167.

[185] S. oben Rn. 116 ff.

[186] Die Hohe Behörde hat aus diesem Grund in der Entscheidung Nr. 22/60 selbst eine Begriffsbestimmung vorgenommen, die sich allerdings vornehmlich an formellen Kriterien orientiert, ABl. EG (1960), S. 1248, 1249.

[187] EuGH, Rs. 23, 24, 52/63, Slg. 1963, S. 467, 484; Rs. 28/63, Slg. 1963, S. 496, 511; Rs. 53, 54/63, Slg. 1963, S. 517, 538 f.

sen,[188] die geeignet sind, die Rechtsstellung des Betroffenen zu beeinträchtigen oder zu begünstigen.[189] Ebenso kommt auch Teil- oder Zwischenmaßnahmen kein Entscheidungscharakter zu; erforderlich ist vielmehr, dass die Kommission oder der Rat zu einem bestimmten Punkt ihren Willen gebildet haben und dieser mit der Entscheidung abschließend festgelegt werden soll.[190]

119 Für den Rechtsschutz des von der Entscheidung Betroffenen ist es erforderlich, dass er in der Lage ist, bereits an der äußeren Form der Maßnahme ihre Rechtsnatur zu erkennen und die für ihn geltenden Rechtsfolgen daraus abzuleiten.[191] Dies entspricht auch dem Sinn und Zweck der Entscheidung als Einzelfallregelung, die den Adressaten wie ein Verwaltungsakt begünstigt oder belastet und somit auch wie dieser gerichtlich angegriffen werden können muss.[192]

(2) Bezeichneter Adressat

120 Ein besonderes Merkmal der Entscheidung besteht darin, dass sie nur für diejenigen allgemein verbindlich ist, die sie bezeichnet, wodurch ihr individueller Charakter deutlich wird.

121 Adressaten können dabei sowohl Mitgliedstaaten als auch private natürliche und juristische Personen sein. Der Erlass von Entscheidungen an Mitgliedstaaten ist in einigen Vorschriften des EG-Vertrags ausdrücklich vorgesehen.[193] An Einzelpersonen und Unternehmen ergehen Entscheidungen häufig im Wettbewerbssektor.

122 Die Bezeichnung des oder der[194] Adressaten einer Entscheidung erfolgt zumeist in dem jeweils letzten Artikel mit der Formel: „Diese Entscheidung ist an ... gerichtet."[195] Die namentliche Nennung ist hierbei jedoch nicht unbedingt erforderlich, es reicht aus, wenn der angesprochene Personenkreis **eindeutig individualisierbar** ist.[196] Dies wird aus den Zulässigkeitsanforderungen der Nichtigkeitsklage des Art. 230 Abs. 2 EGV (Art. 173 Abs. 2 EGV a. F.) abgeleitet.[197] Diese kann von Einzelpersonen auch gegen Rechtsakte gerichtet werden, die zwar in der Form einer Verordnung und damit ohne Bezeichnung eines bestimmten Adressaten ergangen sind, von denen sie aber „unmittelbar und individuell" betroffen werden. Eine solche individuelle Betroffenheit wird jedoch nicht schon bei genereller „Bestimmbarkeit", sondern erst dann bejaht, wenn der Kläger durch die Entscheidung wegen bestimmter persönlicher Eigenschaften oder Umstände berührt wird, die ihn aus dem Kreis aller übrigen Personen derart herausheben, dass er in ähnlicher Weise wie der Adressat selbst individualisiert werden kann.[198]

(3) Unmittelbare Wirkung

123 Der Wortlaut des Art. 249 Abs. 4 EGV (Art. 189 Abs. 4 EGV a. F.) sieht für die Entscheidung keine unmittelbare Wirkung vor. Dennoch wird angenommen, dass bei Ent-

---

[188] EuGH, Rs. 16–18/59, Slg. 1960, S. 65 ff.; Rs. 54/65, Slg. 1966, S. 544.
[189] EuGH, Rs. 42, 49/59, Slg. 1961, S. 154; Rs. 60/81, Slg. 1981, S. 2639.
[190] EuGH, Rs. 60/81, Slg. 1981, S. 2639, Rn. 10.
[191] *Constantinesco*, Recht der EG I, Rn. 565, S. 630; *Fuß/Burkhard*, EuR 1967, S. 232 ff.
[192] Grabitz/Hilf/*Grabitz*, Art. 189 EGV a. F., Rn. 72.
[193] Art. 86 Abs. 3 EGV (Art. 90 Abs. 3 EGV a. F.), Art. 88 Abs. 2 und 3 EGV (Art. 93 Abs. 2 und 3 EGV a. F.), Art. 76 Abs. 2 EGV (Art. 80 Abs. 2 EGV a. F.) und Art. 109 Abs. 2 EGV (Art. 108 Abs. 2 EGV a. F.); vgl. dazu *Thierfelder*, Entscheidungen, S. 50 f.
[194] Die Rechtsfigur der Gesamtentscheidung, die eine Reihe von Einzelentscheidungen zusammenfasst, unterliegt dabei auch im Hinblick auf die Verordnung keinen Bedenken; vgl. GA Lagrange, Slg. 1962, S. 985, 991.
[195] *Constantinesco*, Recht der EG I, Rn. 566, S. 631. *Daig/Schmidt*, in: Groeben/Thiesing/Ehlermann, Art. 189 EGV a. F., Rn. 44.
[196] EuGH, Rs. 106, 107/63, Slg. 1965, S. 547, 556; Rs. 41–44/70, Slg. 1971, S. 411, 422; Rs. 112/77, Slg. 1978, S. 1019, 1030.
[197] Vgl. auch Art. 146 Abs. 2 EAGV; Art. 33 Abs. 2 EGKSV.
[198] EuGH, Rs. 25/62, Slg. 1963, S. 211, 238; Rs. 1/64, Slg. 1964, S. 883, 895; Rs. 38/64, Slg. 1965, S. 277, 294 f.; Rs. 40/64, Slg. 1965, S. 295, 311.

II. Rechtsquellen des Gemeinschaftsrechts   124–130 § 9

scheidungen, die **an Private gerichtet** sind, die unmittelbare Wirkung schon daraus folge, dass Entscheidungen in allen ihren Teilen verbindlich sind.[199] Der Adressat sei durch eine an ihn gerichtete Entscheidung wie durch einen Verwaltungsakt unmittelbar betroffen, ohne dass es weiterer Ausführungsmaßnahmen bedürfte.

Nicht ganz eindeutig ist dieses Ergebnis, wenn es sich um eine **an Mitgliedstaaten** 124 **gerichtete** Entscheidung handelt.[200] In diesem Fall entfaltet die Entscheidung zweistufige Wirkungen: auf der ersten Stufe werden nur die Mitgliedstaaten berechtigt oder verpflichtet, so dass lediglich eine „gewisse Wahrscheinlichkeit"[201] besteht, dass auch einzelne Bürger von den Auswirkungen der Entscheidung betroffen sein werden. Erst in der zweiten Stufe greift der durch die Mitgliedstaaten umgesetzte Ausführungsakt unmittelbar in die Rechtsstellung des einzelnen Gemeinschaftsbürgers ein.

Der EuGH hat für die Entscheidung unter denselben Voraussetzungen und aus denselben 125 Erwägungen wie bei Richtlinien[202] eine unmittelbare Geltung in Ausnahmefällen bejaht.[203] Ist die Entscheidung derart detailliert, dass sie den Mitgliedstaaten bei ihren Umsetzungen keinen nennenswerten Ermessensspielraum einräumt, muss anerkannt werden, dass die Bürger bereits durch die Entscheidung selbst und nicht erst durch einen auf sie gestützten Ausführungsakt in ihren Rechten betroffen sind.[204]

e) Empfehlungen und Stellungnahmen

Schrifttum: *Morand,* Les recommandations, les résolutions et les avis du droit communautaire, CDE 1970, 623; *Bleckmann,* Zur Verbindlichkeit von Rechtsauskünften der EG-Kommission, RIW 1988, S. 963

Empfehlungen und Stellungnahmen i.S. des Art. 249 Abs. 5 EGV[205] (Art. 189 Abs. 5 126 EGV a.F.) sind im Gegensatz zu den bisher dargestellten Rechtsakten nicht verbindlich.

Obwohl der Wortlaut des Art. 249 Abs. 5 EGV (Art. 189 Abs. 5 EGV a.F.) zwischen 127 beiden Rechtsakten keine Unterschiede macht, lassen sie sich doch nach ihren Adressaten, nach der Initiative für den jeweiligen Akt und nach ihrem Ziel differenzieren.[206]

Empfehlungen richten sich hauptsächlich an Mitgliedstaaten und nur in Ausnahme- 128 fällen an Einzelpersonen. Sie sind regelmäßig auf die eigene Entschlusskraft desjenigen Gemeinschaftsorgans zurückzuführen, das sie auf Grund einer vertraglich vorgesehenen oder spontanen Initiative ausspricht.[207]

Stellungnahmen hingegen enthalten Meinungsäußerungen zu fremden Initiativen. Ihr 129 Ziel ist es, vorgefundene rechtliche oder tatsächliche Situationen, die auf ein bestimmtes Verhalten der Adressaten zurückgehen, zu beurteilen.[208]

aa) Zuständigkeit

Empfehlungen und Stellungnahmen werden in der Regel vom Rat oder der Kommissi- 130 on erlassen; im EGKS-Bereich nur von der Kommission.

---

[199] EuGH, Rs. 9/70, Slg. 1970, S. 825, 838; *Constantinesco,* Recht der EG I, Rn. 570, S. 634.
[200] Vgl. dazu *Grabitz,* EuR 1971, S. 1 ff.
[201] *Constantinesco,* Recht der EG I, Rn. 570, S. 634.
[202] S. dazu unten § 10 Rn. 73 ff.
[203] Seit EuGH, Rs. 9/70, Slg. 1970, S. 825; verb. Rs. 41–44/70, Slg. 1971, S. 411, 422; verb. Rs. 205–215/82, Slg. 1983, S. 2633, 2666.
[204] EuGH, Rs. 9/70, Slg. 1970, S. 825.
[205] Art. 161 Abs. 5 EAGV, anders als 14 Abs. 4 EGKSV.
[206] *Constantinesco,* Recht der EG I, Rn. 572, S. 636.
[207] *Constantinesco,* Recht der EG I, Rn. 572, S. 636; Grabitz/Hilf/*Grabitz,* Art. 189 EGV a.F., Rn. 76; *Daig/Schmidt,* in: Groeben/Thiesing/Ehlermann, Art. 189 EGV a.F., Rn. 46; *Ipsen,* Europäisches Gemeinschaftsrecht, S. 460.
[208] *Constantinesco,* Recht der EG I, Rn. 574, S. 637; Grabitz/Hilf/*Grabitz,* Art. 189 EGV a.F., Rn. 76; *Ipsen,* Europäisches Gemeinschaftsrecht, S. 460.

131 Der Kommission kommt dabei als Quelle die größere Bedeutung zu: Zurückgehend auf Art. 211 Unterabs. 2 EGV (Art. 155 Unterabs. 2 EGV a.F.), ist ihr im Rahmen ihrer Rolle als Hüterin der Verträge die Aufgabe zugewiesen, Empfehlungen und Stellungnahmen abgesehen von den Fällen, in denen der Vertrag dies ausdrücklich vorsieht, immer dann abzugeben, wenn sie es für notwendig erachtet. Hier liegt somit eine Abweichung vom Prinzip der vertraglich begrenzten Ermächtigung vor, sofern man dieses überhaupt auf Rechtshandlungen ohne Verbindlichkeit beziehen will.[209] Für den Rat fehlt eine entsprechende ausdrückliche Ermächtigung; man hält ihn jedoch für befugt, sich in allen Gebieten unverbindlich zu äußern, in denen ihm Kompetenzen zur verbindlichen Rechtsetzung zugewiesen sind.[210]

132 Die Verträge kennen auch Stellungnahmen von anderen Organen und Institutionen der Union, so des Parlaments, etwa im Rahmen des durch den Maastrichter Vertrag neu eingeführten Verfahrens des Art. 251 EGV (Art. 189b EGV a.F), und des Wirtschafts- und Sozialausschusses im Rahmen der obligatorischen Anhörung im Rahmen der Art. 36 Abs. 3 EGV (Art. 42 Abs. 3 EGV a.F.), Art. 40 Abs. 1 EGV (Art. 49 Abs. 1 EGV a.F.). Diese fallen jedoch nicht unter Art. 249 Abs. 5 EGV (Art. 189 Abs. 5 EGV a.F.).

bb) Unverbindlichkeit

133 Empfehlungen und Stellungnahmen zeichnen sich vorrangig dadurch aus, dass sie zwar offiziell von den zuständigen Gemeinschaftsorganen erlassen werden, dass ihnen jedoch keine Bindungswirkung zukommt. Sie führen für ihre Adressaten „nicht unmittelbar (zu) eine(r) rechtliche(n) Verpflichtung".[211] Handelt es sich bei dem Adressaten um eine private natürliche oder juristische Person, haben sie für diese lediglich den Charakter eines Ratschlages, dessen Beachtung ihr anheim gestellt ist.[212]

cc) Rechtliche Relevanz

134 Das Fehlen unmittelbarer Rechtswirksamkeit gegenüber Dritten bedeutet jedoch nicht, dass Empfehlungen und Stellungnahmen jegliche rechtliche Relevanz abzusprechen ist. Die Mitgliedstaaten sind gem. Art. 10 EGV[213] (Art. 5 EGV a.F.) nach dem Grundsatz der Gemeinschaftstreue als Empfänger von Empfehlungen oder Stellungnahmen verpflichtet, „diese **ernsthaft zu prüfen** und sich ihnen gegenüber gemeinschaftsfreundlich einzulassen."[214] Diese Verpflichtung kann als solche allerdings weder sanktioniert noch auf sonstigem Wege erzwungen werden.

135 Auch hat der EuGH, bezogen auf von der Kommission erlassene Empfehlungen, entschieden, dass diese von den Gerichten der Mitgliedstaaten bei der **Auslegung** nationaler Rechtsvorschriften zu berücksichtigen sind.[215]

136 Darüber hinaus bilden Stellungnahmen in einigen Fällen obligatorische **Stationen eines** mehrstufigen **Rechtsetzungsverfahrens.**[216] An ihr Fehlen sind Rechtsfolgen materieller und prozessrechtlicher Art geknüpft, bis hin zur Nichtigkeit des abzuschließenden Aktes.[217] Demzufolge kann ihr Erlass auch mit der Untätigkeitsklage nach Art. 223 EGV (Art. 175 Abs. 1 EGV a.F.) erzwungen werden.

---

[209] *Ipsen*, Europäisches Gemeinschaftsrecht, S. 460; *Oppermann*, Europarecht, Rn. 482, S. 183.
[210] *Oppermann*, Europarecht, Rn. 482, S. 183.
[211] EuGH, Rs. 1, 14/57, Slg. 1957, S. 213, 236.
[212] Ebenda.
[213] Vgl. auch Art. 192 EAGV, Art. 86 EGKSV.
[214] *Ipsen*, Europäisches Gemeinschaftsrecht, S. 461.
[215] EuGH, Rs. 322/88, Slg. 1989, S. 4407.
[216] So z.B. die Stellungnahme der Kommission als Voraussetzung der Anrufung des EuGH nach Art. 249 EGV (Art. 189 EGV a.F.), Art. 226 Abs. 3 EGV (Art. 169 Abs. 3 EGV a.F.) und insbesondere diejenige des EP im Rahmen des Verfahrens der Art. 251 und 252 EGV (Art. 189b und c EGV a.F.).
[217] *Ipsen* verwendet für diese Fälle den Begriff der qualifizierten Empfehlung/Stellungnahme, s. Europäisches Gemeinschaftsrecht, S. 461.

II. Rechtsquellen des Gemeinschaftsrechts

Zudem kommt bei Empfehlungen/Stellungnahmen eine **(Selbst-)Bindung** des erlassenden Organs unter dem Gesichtspunkt des Vertrauensschutzes, eines allgemeinen Rechtsgrundsatzes des Gemeinschaftsrechts, in Betracht.[218] Empfehlungen und Stellungnahmen enthalten häufig die Beurteilung einer konkreten Sachfrage, wie z. B. im Rahmen des Art. 138 EGV (Art. 118a EGV a. F.) in der Sozialpolitik. Hat das Organ zu einer bestimmten Frage seine Rechtsauffassung in einer Stellungnahme geäußert, darf es ihm nicht mehr möglich sein, von dieser später abzuweichen, wenn ein Staat oder ein Individuum eine darauf bezogene Maßnahme unternommen hat. Zumindest würde sich die Gemeinschaft insoweit schadensersatzpflichtig machen.[219]

Dies gilt umso mehr, wenn es sich um eine direkt an einen bestimmten Adressaten gerichtete Empfehlung handelt, die dieser dann auch befolgt hat.

f) Sonstige Rechtsakte (Rechtsakte „sui generis")

Schrifttum: *Bothe,* „Soft law" in den Europäischen Gemeinschaften?, FS für Hans-Jürgen Schlochauer, 1981, S. 761; *Everling,* Zur rechtlichen Wirkung von Beschlüssen, Entschließungen, Erklärungen und Vereinbarungen des Rates oder der Mitgliedstaaten der Europäischen Gemeinschaft, Gedächtnisschrift für Constantinesco, 1983, S. 133; *ders.,* Probleme atypischer Rechts- und Handlungsformen bei der Auslegung des europäischen Gemeinschaftsrechts, in: Bieber/Ress (Hrsg.), Die Dynamik des EG-Rechts, 1987, S. 417; *Feger,* Die Rechtsetzung in den Europäischen Gemeinschaften – Interorganvereinbarungen als weitere Rechtsquelle?, JA 1985, S. 437; *Kaiser,* Die im Rat vereinigten Vertreter der Regierungen der Mitgliedstaaten, FS für Ophüls, 1965, S. 107; *Meier,* Die „Mitteilung" der Kommission: Ein Instrument der Normsetzung der Gemeinschaft, FS für Ernst Steindorff, 1990, S. 1303; *Wurmeling,* Kooperatives Gemeinschaftsrecht. Die Rechtsakte der Gesamtheit der EG-Mitgliedstaaten, insbesondere die Gemeinschaftskonventionen nach Art. 220 EWGV, 1988; *Wellens/Borchardt,* Soft Law in European Community Law, ELRev 1989, S. 267

Aus dem Zusammenhang der Verträge lässt sich erkennen, dass sie auch noch andere als die in Art. 249 EGV (Art. 189 EGV a. F.) festgelegten Handlungsformen kennen, so dass die dortige Aufzählung nicht abschließend ist. So findet sich in Art. 230 EGV (Art. 173 EGV a. F.) die Wendung „Handlungen des Rates, der Kommission und der EZB", in Art. 202 EGV (Art. 145 EGV a. F.) ist ganz allgemein von der „Entscheidungsbefugnis" des Rates die Rede.[220] Darüber hinaus existieren auch Handlungen der Gemeinschaftsorgane, die im System der Verträge nicht vorgesehen sind, aber in der Praxis häufig eingesetzt werden. Eine abschließende Systematik ist bislang nicht erstellt worden[221] und würde zudem auch den Rahmen dieser Darstellung übersteigen. Eine grobe Differenzierung kann lediglich im Hinblick auf die mit der Handlung angestrebten Rechtswirkungen erfolgen.

Grundsätzlich sollte unterschieden werden zwischen den häufig als „Beschluss" bezeichneten Akten, die eine gewisse Rechtsverbindlichkeit anstreben, und sogenannten „Erklärungen", die lediglich politische Aussagen ohne Bindungswirkung treffen.[222]

Zu beachten ist jedoch, dass die Terminologie nicht ganz einheitlich ist, zumal sich schon in den verschiedenen Sprachfassungen der Mitgliedstaaten notwendigerweise Unterschiede ergeben. Vielfach wird auch der Begriff „Beschluss" als Oberbegriff für jegliches Rechtshandeln der Gemeinschaft verwandt, also einschließlich der Handlungsformen des Art. 249 EGV (Art. 189 EGV a. F.).[223]

Hier gilt also in verstärktem Maße der Grundsatz, dass der Bezeichnung des fraglichen Rechtsaktes bei seiner Auslegung lediglich eine erste Indizwirkung zukommt. In erster Linie muss jeder einzelne Akt anhand seines Inhalts beurteilt werden.[224]

---

[218] Vgl. dazu insbes. *Bleckmann,* Europarecht, Rn. 467, S. 179; *ders.,* RIW 1988, S. 963 ff.
[219] *Bleckmann,* Europarecht, Rn. 467, S. 179; *Grabitz/Grabitz,* Art. 189 EGV a. F., Rn. 82.
[220] *Rabe,* Verordnungsrecht, S. 48 ff.
[221] Vgl. aber *Nicolaysen,* Europarecht I, S. 170; *Oppermann,* Europarecht, Rn. 487, S. 184.
[222] *Oppermann,* Europarecht, Rn. 489, S. 185.
[223] *Constantinesco,* Recht der EG I, Rn. 514, S. 581.
[224] *Oppermann,* Europarecht, Rn. 499, S. 188.

aa) Verbindlich gemeinte, unbenannte Rechtsakte (Beschlüsse)

143 In der Gemeinschaftspraxis werden eine Vielzahl von Rechtsakten erlassen, die auf das Setzen verbindlicher Rechtsfolgen ausgerichtet sind; ein entsprechender Bindungswille der Urheber tritt eindeutig zutage. Sie gleichen damit den in Art. 249 EGV (Art. 189 EGV a. F.) aufgezählten förmlichen Rechtsakten (mit Ausnahme der Empfehlungen und Stellungnahmen), ihnen fehlen lediglich einige Merkmale. Es ist auch möglich, dass eine Zuordnung zu einem bestimmten Rechtsakt aus dem Katalog des Art. 249 EGV (Art. 189 EGV a. F.) theoretisch erfolgen könnte, die Bezeichnung als „Beschluss", „Programm" oder „Erklärung" aber gerade deshalb gewählt wurde, um eine genaue rechtliche Festlegung zu vermeiden.[225]

144 Akte dieser Art werden von den Gemeinschaftsorganen verhältnismäßig häufig erlassen. Sie betreffen einerseits das Binnenrecht der Gemeinschaft (Organisationsfragen, Inter-Organ-Beziehungen, Verfahrensregeln u. ä.), wobei ihnen nur interne Rechtswirkungen zugeschrieben werden; andererseits existieren auch unbenannte Rechtsakte der Gemeinschaft mit externem Verbindlichkeitsanspruch.[226] So gibt es etwa Beschlüsse des Rates über die Änderung der Zahl der Kommissionsmitglieder, Richter oder Generalanwälte[227] und Durchführungsbeschlüsse des Rates, die den Europäischen Sozialfonds betreffen (Art. 148 EGV = Art. 125 EGV a. F.).[228] Die Kommission erlässt im Rahmen der Organisationsgewalt, die jedem Gemeinschaftsorgan im innerdienstlichen Bereich ohne ausdrückliche Ermächtigungsgrundlage zusteht, verbindliche dienstliche Anweisungen („Verhaltensnormen"), die zumindest im Lichte des Grundsatzes der Selbstbindung der Verwaltung Rechtswirkungen entfalten können.[229]

145 Die Form der Beschlüsse, etwa die Notwendigkeit einer Begründung oder Veröffentlichung im Amtsblatt analog Art. 253, 254 EGV (Art. 190, 191 EGV a. F.), folgt keinen einheitlichen Vorgaben. Sie richtet sich nach dem Grad der Außenwirkung, d. h. wenn nur die Gemeinschaftsorgane selbst angesprochen werden, ist die Beachtung von Formvorgaben u. U. entbehrlich.[230]

bb) Akte ohne rechtliche Verbindlichkeit (Entschließungen)

146 Den Gemeinschaftsorganen sowie den im Rat vereinigten Vertretern der Mitgliedstaaten[231] stehen jedoch im Vergleich zu den bindenden Beschlüssen auch flexiblere Instrumente zur Verfügung. Unter dem Sammelbegriff der „Entschließungen" können grob diejenigen Rechtsakte zusammengefasst werden, bei denen eine rechtliche Verbindlichkeit nicht gewollt ist, die aber häufig Ausdruck einer politischen Willensbildung sind.[232] Inhaltlich enthalten die Entschließungen vielfach programmatische Aussagen über die zukünftige Vorgehensweise der Gemeinschaft oder der Mitgliedstaaten in den verschiedenen Politikbereichen.[233]

147 Die Entschließungen des Rates enthalten zudem teilweise Aussagen über die Position der Gemeinschaft in Bezug auf außergemeinschaftliche politische Konflikte, so z.B. der Südafrika-Kodex 1977, der Boykott gegen die Sowjetunion wegen der Besetzung Afghanistans 1980 und der Boykott gegen den Iran 1982. Infolgedessen unterscheiden sich diese

---

[225] *Bothe*, FS für Schlochauer, S. 761, 765.
[226] *Oppermann*, Europarecht, Rn. 488, S. 185.
[227] Art. 10 Abs. 3 FusV, Art. 221 Abs. 4, 223 Abs. 3 EGV (Art. 165 Abs. 4, 166 Abs. 3 EGV a. F.).
[228] Die Aufzählung ist nicht abschließend; der Rat kann ferner Beschlüsse im Rahmen der Art. 32 Abs. 3 EGV (Art. 38 Abs. 3 EGV a. F.), Art. 49 Abs. 2 EGV (Art. 59 Abs. 2 EGV a. F.) und Art. 80 Abs. 2 EGV (Art. 84 Abs. 2 EGV a. F.) erlassen.
[229] So EuGH, Rs. 148/73, Slg. 1974, S. 81 unter Übernahme des aus dem deutschen Verwaltungsrecht bekannten Grundsatzes der „Selbstbindung der Verwaltung".
[230] *Oppermann*, Europarecht, Rn. 491, S. 186.
[231] Dazu Rn. 182 ff.
[232] *Oppermann*, Europarecht, Rn. 497, S. 187.
[233] Vgl. *Everling*, in Bieber/Ress, Dynamik, S. 417, 418.

II. Rechtsquellen des Gemeinschaftsrechts

Rechtshandlungen von einfachen Äußerungen dadurch, dass sie oft eine politische (Selbst-)Bindungswirkung vermitteln und insoweit den Empfehlungen und Stellungnahmen des Art. 249 Abs. 4 EGV (Art. 189 Abs. 4 EGV a. F.) gleichen.[234]

Ihre Grenzen finden die Rechtswirkungen der Rechtsakte sui generis jedoch immer an den Vorschriften des Gemeinschaftsrechts; wenn sie den Zielen der Verträge und deren Umsetzung zuwiderlaufen, erzeugen sie keine Bindungswirkungen.[235]

Des Weiteren existieren noch eine Vielzahl von Handlungen der Gemeinschaftsorgane unter wechselnden Bezeichnungen (Erklärungen, Kommuniqués, Pläne, Mitteilungen und Programme[236]), deren angestrebte Bindungswirkungen von Fall zu Fall stark variieren.

Erklärungen können verhältnismäßig oft den Entschließungen zugerechnet werden, da sie häufig politische Stellungnahmen mehrerer Gemeinschaftsorgane darstellen, in denen diese eine gemeinsame Selbstbindung eingehen.[237] Ähnliches gilt für die sogenannten Schlussfolgerungen des Vorsitzes des Rates, die ebenfalls Selbstbindungswirkungen auslösen können.

Wie bereits festgestellt, können pauschale Zuordnungen nicht vorgenommen werden, es bedarf einer Prüfung jedes einzelnen Aktes anhand seiner Urheber und seines Inhaltes.[238]

cc) Rechtsakte der im Rat vereinigten Vertreter der Mitgliedstaaten

Getrennt davon zu erörtern sind die Rechtshandlungen der im Rat vereinigten Vertreter der Regierungen der Mitgliedstaaten,[239] die in der Gemeinschaftspraxis eine wichtige Rolle einnehmen.[240] Hier handeln die Mitglieder des Rates nicht in ihrer Funktion als Organ der Gemeinschaft, sondern als Vertreter ihrer nationalen Regierungen.

Beschlüsse dieses Gremiums, das selbst kein Organ der Gemeinschaft ist, erfolgen vielfach im Grenzbereich zwischen Gemeinschafts- und Völkerrecht und sind teilweise im Vertrag selbst vorgesehen. Sie sind immer völkerrechtliche Verträge zwischen den Mitgliedstaaten, die einen unmittelbaren Bezug zum Funktionieren der Gemeinschaft haben,[241] ohne nach heute herrschender Auffassung jedoch selbst Gemeinschaftsrecht zu sein.[242] So werden sie zwar wie Akte des Gemeinschaftsrechts im Amtsblatt der EG veröffentlicht und werden vielfach ebenso wie die „echten" Ratsbeschlüsse auf Vorschlag der Kommission erlassen; einer direkten Anwendung der Regelungen der Art. 202 ff. EGV (Art. 145 ff. EGV a. F.) und Art. 249 ff. EGV (Art. 189 ff. EGV a. F.) steht jedoch ihre völkerrechtliche Grundstruktur entgegen.[243]

Auch ihre Auslegung bestimmt sich nach dem Grad ihrer Verbundenheit mit dem Gemeinschaftsrecht: je nach Ausmaß des Gemeinschaftsbezugs können die allgemeinen völ-

---

[234] *Nicolaysen*, Europarecht I, S. 170.
[235] EuGH (Defrenne I), Rs. 43/75, Slg. 1976, S. 455, bezogen auf die Entscheidung der vereinigten Regierungsvertreter v. 30. 12. 1961 über das Verhältnis der Lohngleichheit bei Männern und Frauen zu Art. 141 EGV (Art. 119 EGV a. F.).
[236] So z.B. die Programme zur Niederlassungs- und Dienstleistungsfreiheit nach Art. 44 Abs. 1 EGV (Art. 54 Abs. 1 EGV a. F.), Art. 52 Abs. 1 EGV (Art. 63 Abs. 1 EGV a. F.).
[237] Z. B. Erklärung des Europäischen Rates zur europäischen Identität, BullEG 1973, 9/13; Gemeinsame Erklärung über das Konzertierungsverfahren 1975, ABl. EG C 89, S. 1; Gemeinsame Erklärung der Organe über den Schutz der Grundrechte, 1977, ABl. EG C 103, S. 1; Erklärung des Europäischen Rates zur Demokratie, 1971, BullEG 1978/3, S. 5 ff.; vgl. auch die Erklärungen der Konferenzen der Vertreter der Regierungen der Mitgliedstaaten zum Vertrag über die Europäische Union, ABl. EG (1992), C 191, S. 90 = BullBReg. Nr. 16, S. 113 ff.
[238] *Oppermann*, Europarecht, Rn. 499, S. 188.
[239] Vgl. dazu ausführlich *Kaiser*, FS für Ophüls, S. 107 ff.
[240] Die Konferenzen der Vertreter der Regierungen der Mitgliedstaaten haben beispielsweise die Texte des Vertrages über die Europäische Union beschlossen.
[241] Vgl. dazu *Bothe*, FS für Schlochauer, S. 761, 762; *Kaiser*, FS für Ophüls, S. 107, 120 ff.
[242] Zum früheren Meinungsstreit s. *Bleckmann*, Europarecht, Rn. 195–200, S. 106 f.
[243] *Oppermann*, Europarecht, Rn. 494, S. 186.

kerrechtlichen Auslegungsregeln, d. h. insbesondere die der Wiener Vertragsrechtskonvention, durch diejenigen des Gemeinschaftsrechts verdrängt werden.[244]

155 Der institutionell und inhaltlich enge Bezug der Beschlüsse des Rates der vereinigten Vertreter der Mitgliedstaaten sowie ihre wichtige Rolle für die Entwicklung der Integration lassen es daher angebracht erscheinen, sie den sonstigen Rechtsakten der Gemeinschaft zuzurechnen.[245]

g) Völkerrechtliche Verträge

Schrifttum: *Behr,* Gemeinschaftsabkommen und ihre mögliche unmittelbare Wirksamkeit, EuR 1983, S. 128 ff.; *Oppermann,* Europarecht und Völkerrecht, AöR 91 (1966), S. 114 ff.; *Pescatore,* Die Rechtsprechung des Europäischen Gerichtshofs zur innergemeinschaftlichen Wirkung völkerrechtlicher Abkommen, FS für Mosler, 1983, S. 661; *Schwartz,* Übereinkommen zwischen den EG-Staaten: Völkerrecht oder Gemeinschaftsrecht? FS für Grewe, 1981, S. 551; *Schwarze,* Die EWG in ihren völkerrechtlichen Beziehungen, NJW 1979, S. 456; *Tomuschat,* Zur Rechtswirkung der von der Europäischen Gemeinschaft abgeschlossenen Verträge in der Gemeinschaftsrechtsordnung, Gedächtnisschrift für Constantinesco, 1983, S. 801

156 Über die Beschlüsse der im Rat vereinigten Vertreter der Mitgliedstaaten hinaus gibt es noch weitere völkerrechtliche Verträge „am Rande" der EG-Verträge.[246] Diese zählen nicht zu den eigentlichen Rechtsakten des Gemeinschaftsrechts. Dennoch bilden rechtsgültig zustandegekommene Abkommen einen „integrierenden Bestandteil der Gemeinschaftsordnung".[247] Aus der Tatsache, dass die Organe der Gemeinschaft gem. Art. 228 Abs. 7 EGV (Art. 228 Abs. 7 EGV a. F.) an die Abkommen gebunden sind,[248] wird zudem allgemein abgeleitet, dass die Gemeinschaftsabkommen Vorrang vor dem ebenfalls von den Gemeinschaftsorganen erlassenen sekundären Gemeinschaftsrecht haben.[249] Sie sind also über dem Sekundärrecht, aber unter dem Primärrecht einzuordnen.

157 Der EuGH nimmt dementsprechend für sich in Anspruch, auch die Vereinbarkeit des Sekundärrechts mit den Abkommen im Rahmen der Nichtigkeitsklage des Art. 230 EGV (Art. 173 EGV a. F.)[250] oder einer Gültigkeitskontrolle nach Art. 234 EGV (Art. 177 EGV a. F.)[251] überprüfen zu können.[252] Ausdrücklich regelt Art. 300 Abs. 6 EGV (Art. 228 Abs. 6 EGV a. F.) lediglich, dass über ein beabsichtigtes Abkommen vorab ein Gutachten über dessen Vereinbarkeit mit dem EG-Vertrag eingeholt werden kann. Eine darüber hinausgehende **Überprüfung durch den EuGH** wird zwar durch die Möglichkeit einer vorausgehenden Kontrolle nicht ausgeschlossen, muss sich jedoch auf die Frage der Vereinbarkeit mit dem Gemeinschaftsrecht beschränken und darf sich nicht zu einer generellen Inhaltskontrolle ausweiten.[253] Keinesfalls kann im Rahmen der Kontrolle die völkerrechtliche Bindung der Gemeinschaft beseitigt werden.[254]

---

[244] *Everling,* Gedächtnisschrift für Constantinesco, S. 137, 147; *Kaiser,* FS für Ophüls, S. 107, 121.
[245] *Oppermann,* Europarecht, Rn. 493, S. 186.
[246] *Oppermann,* Europarecht, Rn. 512, S. 192.
[247] EuGH, Rs. 181/73, Slg. 1974, S. 449 ff.
[248] Über Art. 228 EGV (Art. 230 EGV a. F.) hinaus kann man den Vorrang des Völkerrechts vor dem Gemeinschaftsrecht auch aus der Tatsache ableiten, dass i. S. eines monistischen Verhältnisses zwischen Völkerrecht und Gemeinschaftsrecht das Recht des weiteren Verbandes Vorrang hat. Art. 230 Abs. 7 EGV (Art. 228 Abs. 7 EGV a. F.) hätte insoweit nur bekräftigende Funktion; vgl. *Oppermann,* Europarecht, Rn. 1673, S. 635. So hat auch der EuGH festgestellt, dass die nicht im Rahmen von Art. 230 EGV (Art. 228 EGV a. F.) bindend gewordenen Regeln des GATT Bestandteile des Gemeinschaftsrechts geworden sind; EuGH, Rs. 181/73, Slg. 1974, S. 449.
[249] Statt vieler: *Oppermann,* Europarecht, Rn. 1673, S. 635.
[250] S. dazu oben § 8 Rn. 196 ff.
[251] S. dazu oben § 8 Rn. 223 ff.
[252] EuGH, verb. Rs. 21–24/72, Slg. 1972, S. 1219.
[253] *Geiger,* Art. 228 EGV a. F., Rn. 28.
[254] Diese richtet sich erneut nach dem WVÜ II, Art. 27 Abs. 2, 46; vgl. *Geiger,* Art. 228 EGV a. F., Rn. 28.

aa) Die Europäische Union als Völkerrechtssubjekt

Zu unterscheiden ist vorab grundsätzlich zwischen der Völkerrechtsfähigkeit der Gemeinschaft im Verhältnis zu ihren Mitgliedstaaten und im Verhältnis zu Drittstaaten. Erstere ergibt sich eindeutig aus Art. 281 EGV (Art. 210 EGV a. F.), der der Gemeinschaft in dieser Hinsicht eine eigene Rechtspersönlichkeit zuordnet. Die Völkerrechtssubjektivität im Hinblick auf Drittstaaten kann hingegen nur im Wege direkter oder indirekter Anerkennung durch den jeweiligen Staat begründet werden.[255] Insgesamt ist heute die Völkerrechtssubjektivität der Gemeinschaften von ca. $^2/_3$ aller Staaten anerkannt.

158

bb) Vertragsabschlusskompetenz

Nicht so eindeutig zu bestimmen ist der Umfang der Völkerrechtssubjektivität der Gemeinschaften, d. h. ihre Verbandskompetenz.

159

Im Gegensatz zur EGKS[256] kennt der EG-Vertrag keine allgemeine Vertragsabschlusskompetenz zur Erreichung seiner Ziele, er enthält lediglich eine – etwas unübersichtliche – Anzahl von **Einzelkompetenzen.** So finden sich ausdrückliche Kompetenzen für die Wahrnehmung von Außenbeziehungen im EG-Vertrag an verschiedenen Stellen, z. B. im Bereich der Zoll- und Handelspolitik (Art. 133 EGV = Art. 113 EGV a. F.), in der Umweltpolitik (Art. 174 EGV = Art. 130r Abs. 4 EGV a. F.) und in den Beziehungen zu internationalen Organisationen, wie den Vereinten Nationen, dem GATT und der OECD. Die Gemeinschaft kann in diesen vom Vertrag erfassten Bereichen Abkommen mit Drittstaaten nach Art. 310 EGV (Art. 238 EGV a. F.) schließen.

160

Das Fehlen einer klaren Systematik erschwert jedoch die Beantwortung der Frage, ob die Gemeinschaften nur dort über Kompetenzen zum Abschluss völkerrechtlicher Verträge verfügen, wo ihnen diese ausdrücklich zugewiesen sind; ob also auch für die auswärtigen Befugnisse das Prinzip der begrenzten Einzelermächtigung gilt.[257]

161

Der EuGH hat dazu inzwischen wiederholt festgestellt, dass die Gemeinschaft auch über den ausdrücklich geregelten Bereich hinaus über **stillschweigend verliehene auswärtige Befugnisse** verfügt. Abgeleitet wird diese extensive Interpretation der Völkerrechtsfähigkeit aus einer Parallelität zwischen Innen- und Außenkompetenz: Besteht eine interne Zuständigkeit der Gemeinschaft, so hat sie dann eine externe Zuständigkeit zum Abschluss von Verträgen mit Drittstaaten, wenn diese zur Verwirklichung der Ziele der Verträge erforderlich ist.[258] Damit besteht potenziell eine Kompetenz für den gesamten Bereich des EG-Vertrages.[259]

162

Dies bedeutet jedoch nicht, dass ohne weiteres von jeder Innenkompetenz auf eine Außenkompetenz zu schließen ist. Es muss immer geprüft werden, ob diese zur Verwirklichung der Vertragsziele auch wirklich erforderlich ist. So lässt beispielsweise die in Art. 40 EGV (Art. 49 EGV a. F.) festgelegte Kompetenz im Bereich der Freizügigkeit der Arbeitnehmer grundsätzlich nicht den Schluss zu, dass eine entsprechende Kompetenz der Gemeinschaft zum Erlass von Abkommen über die Freizügigkeit der Arbeitnehmer aus Drittstaaten gegeben ist. Die Existenz solcher Abkommen hätte nicht ohne weiteres Einfluss auf die Herstellung der Freizügigkeit für EG-Arbeitnehmer.[260]

163

Die oben genannten ausdrücklichen Kompetenzzuweisungen begründen eine ausschließliche Gemeinschaftszuständigkeit für die betroffenen Bereiche. Dies hat zur Folge, dass die Mitgliedstaaten für diese Materien nicht mehr befugt sind, eigenständige Abkommen mit Drittstaaten abzuschließen.

164

---

[255] Eine indirekte Anerkennung kann u. a. in der Aufnahme diplomatischer Beziehungen liegen. Zurzeit gibt es ca. 130 bei den Gemeinschaften akkreditierte Missionen; umgekehrt existieren ca. 50 Vertretungen der Gemeinschaften; vgl. dazu *Oppermann*, Europarecht, Rn. 144.
[256] Vgl. Art. 6 Abs. 2 EGKSV.
[257] So die h. M. bis 1971, vgl. Grabitz/*Vedder*, Art. 228 EGV a. F., Rn. 4 m. w. N.
[258] EuGH (AETR), Rs. 22/70, Slg. 1971, S. 263.
[259] *Streinz*, Europarecht, Rn. 594.
[260] Vgl. auch *Ahlt*, Europarecht, S. 38.

165 Im Bereich der stillschweigenden (impliziten) Vertragsabschlusskompetenzen besteht hingegen lediglich eine konkurrierende Zuständigkeit der Gemeinschaft: Eigenständige völkerrechtliche Verträge der Mitgliedstaaten mit Drittländern sind nur dann ausgeschlossen, wenn die Gemeinschaft in dem betroffenen Bereich bereits internes Sekundärrecht erlassen hat. Hat die Gemeinschaft ihre interne Rechtsetzungskompetenz hingegen noch nicht oder noch nicht abschließend ausgeübt, sind die Mitgliedstaaten grundsätzlich frei, eigene Abkommen zu schließen. Sie sind allerdings durch das Gebot des gemeinschaftsfreundlichen Handelns in Art. 10 Abs. 2 EGV (Art. 5 Abs. 2 EGV a.F.) gehalten, die Ausführung ihrer konkurrierenden Kompetenz so auszurichten, dass die Verwirklichung der Ziele des EG-Vertrages nicht gefährdet wird.

cc) Verfahren

166 Die Regeln über das Zustandekommen völkerrechtlicher Verträge lassen sich dem Wiener Vertragsrechtsübereinkommen[261] entnehmen und richten sich demzufolge nach allgemeinem Völkerrecht.

167 In **Art. 300 EGV (Art. 228 EGV a.F.)** wird darüber hinaus das gemeinschaftsinterne Verfahren der Vertragsschließung zwischen der Gemeinschaft und Drittstaaten oder internationalen Organisationen geregelt.

168 Das Verfahren des Art. 300 EGV (Art. 228 EGV a.F.) kann angewandt werden, wenn an anderer Stelle im Vertrag oder auch stillschweigend[262] eine entsprechende Kompetenz vorgesehen ist.

169 Die Zuständigkeitsverteilung zwischen Kommission und Rat ist so geregelt, dass die Abschlusszuständigkeit grundsätzlich beim Rat liegt (Art. 230 Abs. 2 EGV = Art. 228 Abs. 2 EGV a.F.), die Verhandlungen hingegen, nach einer Ermächtigung durch den Rat, von der Kommission geführt werden (Art. 300 Abs. 1 EGV = Art. 228 Abs. 1 EGV a.F.).[263] Die Kommission verhandelt regelmäßig in Zusammenarbeit mit besonderen Ausschüssen, die vom Rat zu ihrer Unterstützung bestellt wurden (Art. 300 Abs. 1 S. 2 EGV a.F. = Art. 228 Abs. 1 S. 2 EGV a.F.).

170 Darüber hinaus ist der Rat verpflichtet, vor dem Vertragsschluss das EP anzuhören. Dies gilt auch dann, wenn bei gemeinschaftsinterner Rechtsetzung eigentlich das Verfahren der Zusammenarbeit nach Art. 252 EGV (Art. 189c EGV a.F.) oder sogar das der Mitentscheidung nach Art. 251 EGV (Art. 189b EGV a.F.) einschlägig gewesen wäre.[264]

171 Lediglich in einigen besonders bedeutsamen Fällen, die in Art. 300 Abs. 2 S. 2 EGV (Art. 228 Abs. 3 S. 2 EGV a.F.) aufgezählt werden, ist die Zustimmung des EP erforderlich, so z.B. bei Assoziierungsabkommen, bei sonstigen Abkommen, die die Zusammenarbeit der Vertragsstaaten in einem besonderem Verfahren mit eigenständigem institutionellen Rahmen vorsehen, bei Abkommen mit erheblichen finanziellen Folgen für die Gemeinschaft und bei solchen, die die Änderung eines nach dem Verfahren der Mitentscheidung gem. Art. 251 EGV (Art. 189b EGV a.F.) bereits angenommenen Rechtsaktes bedingen.

dd) Innergemeinschaftliche Wirkung von Verträgen

172 Die Problematik der innergemeinschaftlichen Wirkung von völkerrechtlichen Verträgen entspricht weitgehend derjenigen der innerstaatlichen Wirkung von durch einen einzelnen Staat abgeschlossenen völkerrechtlichen Verträgen.

173 Während das allgemeine Völkerrecht keine Antwort auf diese Fragestellung enthält, stellt Art. 300 Abs. 7 EGV (Art. 228 Abs. 7 EGV) fest, dass die nach seiner Maßgabe

---

[261] Wiener Übereinkommen über das Recht der Verträge zwischen Staaten und internationalen Organisationen vom 20.3.1986 (WVÜ II).
[262] Vgl. dazu oben Rn. 159.
[263] Art. 300 EGV (Art. 228 EGV a.F) sieht von diesem Grundsatz einige Ausnahmen vor, die dem Wortlaut der Norm entnommen werden können; vgl. auch EuGH, Rs. 327/91, EuZW 1994, S. 566.
[264] *Geiger*, Art. 228 EGV a.F., Rn. 10.

geschlossenen Abkommen für die Organe der Gemeinschaft und für die Mitgliedstaaten verbindlich sind. Die Vorschrift kann somit als genereller Vollzugsbefehl aufgefasst werden.[265]

Die unmittelbare Anwendbarkeit der völkerrechtlichen Verträge wird hingegen durch diese Regelung nicht berührt. Sie richtet sich weiterhin nach allgemeinem Völkerrecht, ist also dann gegeben, wenn sie eine klare und eindeutige Verpflichtung enthält, deren Erfüllung oder Wirkung nicht vom Erlass eines weiteren Rechtsakts der Gemeinschaft, der Mitgliedstaaten oder der Vertragspartner abhängt.[266]

III. Auslegung und Rechtsfortbildung des Gemeinschaftsrechts

Schrifttum: *Anweiler*, Die Auslegungsmethoden des Gerichtshofs der Europäischen Gemeinschaft, 1997; *Balekjian*, Die Relevanz des Europarechts für die Weiterentwicklung des Völkerrechts, FS für Verdross, 1980, S. 343; *Bernhardt*, Die Auslegung völkerrechtlicher Verträge, 1963; *ders.*, Zur Auslegung des Europäischen Gemeinschaftsrechts, FS für Hans Kutscher, 1981, S. 17; *Birk*, Die richtlinienkonforme Auslegung des deutschen Arbeitsrechts, in: FS für Theodor Tomadl, 1998, S. 34; *Bleckmann*, Teleologie und Auslegung des Europäischen Gemeinschaftsrechts, EuR 1979, S. 239; *ders.*, Die Grundrechte im Europäischen Gemeinschaftsrecht, EuGRZ 1981, S. 257; *ders.*, Zu den Auslegungsmethoden des Europäischen Gerichtshofs, NJW 1982, S. 1177; *ders.*, Die Rolle der richterlichen Rechtsschöpfung im Europäischen Gemeinschaftsrecht, Gedächtnisschrift für Léontin-Jean Constantinesco, 1983, S. 61; *ders.*, Probleme der Auslegung von EWG-Richtlinien, RIW 1987, S. 929; *ders.*, Zur Rolle der Mitgliedstaaten bei der Auslegung von Lücken im Europäischen Gemeinschaftsrecht, in: Bieber/Ress (Hrsg.), Die Dynamik des EG-Rechts, 1987, S. 283; *Blomeyer*, Der Einfluß der Rechtsprechung des EuGH auf das deutsche Arbeitsrecht, NZA 1994, S. 633; *Brechmann*, Die richtlinienkonforme Auslegung, 1994; *Bredimas*, Methods of Interpretation and Community Law, 1978; *Brown/Jacobs*, The Court of Justice of the European Communities, 1977; *Buck*, Über die Auslegungsmethoden des Gerichtshofs der Europäischen Gemeinschaft, 1998; *Bydlinski*, Juristische Methodenlehre und Rechtsbegriff, 2. Aufl., 1991; *ders.*, Über die Lex-lata-Grenze der Rechtsfindung, Symposion zu Ehren von Canaris, 1998, S. 27; *Chevallier*, Methods and Reasoning of the European Court in its Interpretation of Community Law, CMLRev. 1964, S. 21; *Coing*, Zur Auslegung von Art. 85 EWG-Vertrag, ZHR 125 (1963), S. 271; *Constantinesco*, Die Eigentümlichkeiten des Europäischen Gemeinschaftsrechts, JuS 1965, S. 289; *Daig*, Aktuelle Fragen der Vorabentscheidungen nach Art. 177 EWG-Vertrag, unter besonderer Berücksichtigung von Rechtsprechung und Praxis des Gerichtshofes der Europäischen Gemeinschaften, EuR 1968, S. 259; *Dänzer-Vanotti*, Unzulässige Rechtsfortbildung des Europäischen Gerichtshofs, RIW 1992, S. 733; *ders.*, Unmittelbare Wirkung der sechsten Umsatzsteuer-Richtlinie, BB 1981, S. 1106; *ders.*, Die richtlinienkonforme Auslegung deutschen Rechts hat keinen rechtlichen Vorrang, RIW 1991, S. 754; *Dégan*, Procédés d'interprétation tirés de la jurisprudence de la Cour de Justice de Communautés européennes, RTDE 1966, S. 189; *Di Fabio*, Richtlinienkonformität als ranghöchstes Normauslegungsprinzip?, NJW 1990, S. 947; *Ehricke*, Die richtlinienkonforme und die gemeinschaftsrechtskonforme Auslegung nationalen Rechts, RabelsZ 59 (1995), S. 598; *ders.*, Die richtlinienkonforme Auslegung nationalen Rechts vor Ende der Umsetzungsfrist einer Richtlinie, EuZW 1999, S. 553; *Emmert*, Horizontale Wirkung von Richtlinien, EWS 1992, S. 56; *Everling*, Der Gerichtshof als Entscheidungsinstanz – Probleme der europäischen Rechtsprechung aus richterlicher Sicht –, in: Schwarze, Der Europäische Gerichtshof als Verfassungsgericht und Rechtsschutzinstanz, 1983, S. 137; *ders.*, Rechtsvereinheitlichung durch Richterrecht in der Europäischen Gemeinschaft, RabelsZ (50) 1986, S. 193; *ders.*, Zur direkten innerstaatlichen Wirkung der EG-Richtlinien: Ein Beispiel richterlicher Rechtsfortbildung auf der Basis gemeinsamer Rechtsgrundsätze, FS für Carstens, Bd. 1, 1984, S. 95; *ders.*, Rechtsanwendungs- und Auslegungsgrundsätze des Gerichtshofs der EG, in: Kruse (Hrsg.), Zölle, Verbauchssteuern, europäisches Marktordnungsrecht, 1988, S. 61; *ders.*, Richterliche Rechtsfortbildung in der Europäischen Gemeinschaft, JZ 2000, S. 217; *Fiedler*, Die Funktion des Rechts in der Europäischen Einigungsbewegung, JZ 1986, S. 60; *Franzen*, Privatrechtsangleichung durch die Europäische Gemeinschaft, 1999; *Friauf*, Die Notwendigkeit einer verfassungskonformen Auslegung im Recht der

---

[265] *Geiger*, Art. 228 EGV a. F., Rn. 18.
[266] EuGH, Rs. 104/81, Slg. 1982, S. 3641, 3665; Rs. 12/86, Slg. 1987, S. 3719.

westeuropäischen Gemeinschaften, AöR 85 (1960), S. 224; *Fuß,* Der Grundrechtsschutz in den Europäischen Gemeinschaften aus deutscher Sicht, 1975; *Glaesner,* Übertragung rechtssetzender Gewalt auf internationale Organisationen in der völkerrechtlichen Praxis, DÖV 1959, S. 653; *Götz,* Europäische Gesetzgebung durch Richtlinien – Zusammenwirken von Gemeinschaft und Staat, NJW 1992, S. 1849; *Grundmann,* Die Auslegung des Gemeinschaftsrechts durch den Europäischen Gerichtshof, 1997; *Grundmann/Riesenhuber,* Die Auslegung des Europäischen Privat- und Schuldvertragsrechts, JuS 2001, S. 529; *Gündisch,* Rechtsschutz in der Europäischen Gemeinschaft, 1994, S. 53; *Habersack/Christian Mayer,* Die überschießende Umsetzung von Richtlinien, JZ 1999, S. 913; *Haedrich,* Die Rechtsordnung der Europäischen Union und ihre Bedeutung für das innerstaatliche Recht, EAS B 1000, Rn. 138 ff.; *Hergenröder,* Richtlinienwidriges Gesetz und richterliche Rechtsfortbildung, FS für Zöllner, 1998, S. 1139; *Hesse,* Grundzüge des Verfassungsrechts, 21. Aufl., 1999; *Hilf,* Die Auslegung mehrsprachiger Verträge, 1973; *Hofmann,* Normenhierarchien im europäischen Gemeinschaftsrecht, 2000; *Hommelhoff,* Zivilrecht unter dem Einfluß europäischer Rechtsangleichung, AcP 192 (1992), S. 71; *Hoffmann-Becking,* Normaufbau und Methode. Eine Untersuchung zur Rechtsprechung des Gerichtshofs der Europäischen Gemeinschaften, 1973; *Ipsen,* Die Verfassungsrolle des Europäischen Gerichtshofs für die Integration, in: Schwarze, Der Europäische Gerichtshof als Verfassungsgericht und Rechtsschutzinstanz, 1983, S. 137; *Jaenicke,* Die Europäische Gemeinschaft für Kohle und Stahl, ZaöRV 14 (1951/52), S. 727; *ders.,* Der übernationale Charakter der Europäischen Wirtschaftsgemeinschaft, ZaöRV 19 (1958), S. 153; *Joussen,* Die Auslegung europäischen (Arbeits-)Rechts aus deutsch-italienischer Perspektive, 2000; *Kapteyn/Verloren van Themaat,* Introduction to the Law of the European Communities, 1990; *Kirchner/Haas,* Rechtliche Grenzen für Kompetenzübertragungen auf die Europäische Union, JZ 1993, S. 760; *Köck,* Die Implied powers im Recht der europäischen Gemeinschaften als Anwendungsfall der implied powers internationaler Organisationen überhaupt, FS für Seidl-Hohenveldern, 1988, S. 279, *Krimphove,* Europäisches Arbeitsrecht, 1996; *Kutscher,* Über den Gerichtshof der Europäischen Gemeinschaft, EuR 1981, S. 392; *Langenbucher,* Argument by analogy in European Law, Cambridge Law Journal 57(3), 1998, S. 481; *Larenz,* Methodenlehre der Rechtswissenschaft, 6. Aufl., 1991; *Lorenz,* Richtlinienkonforme Auslegung, Mindestharmonisierung und „Krieg der Senate", NJW 1998, S. 2937; *Louven,* Der Fall der Christel Schmidt oder: Muß der Begriff des Betriebs(teil)s in § 613a BGB in europäischem Lichte neu interpretiert werden?, JuS 1995, S. 677; *Lutter,* Die Auslegung angeglichenen Rechts, JZ 1992, S. 593; *Mengozzi,* European Community Law, 1992; *Mittmann,* Die Rechtsfortbildung durch den Gerichtshof der Europäischen Gemeinschaften und die Rechtsstellung der Mitgliedstaaten der Europäischen Union, 2000; *Neuner,* Privatrecht und Sozialstaat, 1999; *Neßler,* Richterrecht wandelt EG-Richtlinien, RIW 1993, S. 206; *Nicolaysen,* Der Gerichtshof – Funktion und Bewährung der Judikative, EuR 1972, S. 375; *ders.,* Zur Theorie von den implied powers in den europäischen Gemeinschaften, EuR 1969, S. 129; *Ophüls,* Über die Auslegung der Europäischen Gemeinschaftsverträge, FS für Müller-Armack, 1961, S. 279; *ders.,* Die Geltungsnormen des Europäischen Gemeinschaftsrechts, FS für Riese, 1964, S. 1; *ders.,* Die Europäischen Gemeinschaftsverträge als Planungsverfassung, in: Kaiser, Recht und Politik der Planung in Wirtschaft und Gesellschaft, 1965, S. 229; *ders.,* Juristische Grundgedanken des Schumanplans, NJW 1951, S. 289; *ders.,* Das Wirtschaftsrecht des Schumanplans, NJW 1951, S. 381; *Oppermann,* Europarecht, 2. Aufl. 1999; *Oppermann/Feige,* Europäisches Gemeinschaftsrecht, JuS 1974, S. 484; *Ossenbühl,* Probleme und Wege der Verfassungsauslegung, DÖV 1965, S. 649; *ders.,* Der gemeinschaftsrechtliche Staatshaftungsanspruch, DVBl. 1992, S. 993; *Pescatore,* La carence du législateur communautaire et le devoir du juge, Gedächtnisschrift für Léontin-Jean Constantinesco, 1983, S. 559; *ders.,* Les aspects juridiques du Marché Commun, 1959; *ders.,* Die Gemeinschaftsverträge als Verfassungsrecht – ein Kapitel Verfassungsgeschichte in der Perspektive des europäischen Gerichtshofs, systematisch geordnet, FS für Kutscher, 1981, S. 319; *Peruzzo,* Das Problem der implied powers der Organe der Gemeinschaft, 1979; *Rengeling,* Grundrechtsschutz in der Europäischen Gemeinschaft, 1992; *Ress/Ukrow,* Neue Aspekte des Grundrechtsschutzes in der Europäischen Gemeinschaft, EuZW 1990, S. 499; *Riese,* Das Sprachenproblem in der Praxis des Gerichtshofes der Europäischen Gemeinschaften, FS für Hans Doelle, Bd. II, 1962, S. 507; *Schlemmer-Schulte/Ukrow,* Haftung des Staates gegenüber dem Marktbürger für gemeinschaftsrechtswidriges Verhalten, EuR 1992, S. 82; *Schlochauer,* Das Verhältnis des Rechts der Europäischen Wirtschaftsgemeinschaft zu den nationalen Rechtsordnungen der Mitgliedstaaten, ArchVR 11 (1963/64), S. 1; *ders.,* Der Gerichtshof der Europäischen Gemeinschaften als Integrationsfaktor, FS für Hallstein, 1966, S. 431; *Schnorbus,* Die richtlinienkonforme Rechtsfortbildung im nationalen Privatrecht, AcP 201 (2001), S. 861; *Schwarze,* Die Befugnis zur Abstraktion im europäischen Gemeinschaftsrecht, 1976; *ders.,* Der Europäische Gerichtshof als Verfassungsgericht und Rechtsschutzinstanz – Einführung und Problemaufriß –, in: Schwarze, Der Europäische Gerichtshof als Verfassungsgericht und

Rechtsschutzinstanz, 1983, S. 11; *ders.*, Europäisches Verwaltungsrecht, Bd. I, 1988; *Sinclair*, The Vienna Convention on the Law of Treaties, 2. Aufl. 1984; *Stein*, Richterrecht wie anderswo auch?, FS der Juristischen Fakultät zur 600-Jahr-Feier der Ruprecht-Karls-Universität Heidelberg, 1986, S. 619; *Steinberger*, Der Verfassungsstaat als Glied einer europäischen Gemeinschaft, VVDStRL 50 (1991), S. 9; *Steindorff*, Die Nichtigkeitsklage im Recht der Europäischen Gemeinschaft für Kohle und Stahl, 1952; *Streinz*, Bundesverfassungsgerichtlicher Grundrechtsschutz und Europäisches Gemeinschaftsrecht, 1989; *Ukrow*, Unmittelbare Wirkung von Richtlinien und gemeinschaftsrechtliche Staatshaftung nach Maastricht, NJW 1994, S. 2469; *Mertens de Wilmars*, Réflexions sur les méthodes de la Cour de Justice des Communautés Européennes, CDE 1986, S. 5; *Wank*, Grenzen richterlicher Rechtsfortbildung, 1978; *ders.*, Die juristische Begriffsbildung, 1985; *ders.*, Richterliche Rechtsfortbildung und Verfassungsrecht, ZGR 1988, S. 314; *ders.*, Die Rechtsfortbildung durch den Europäischen Gerichtshof, FS für Stahlhacke, 1995, S. 633; *ders.*, Die Auslegung von Gesetzen, 2. Aufl. 2001; *ders.*, Arbeitsrecht und Methode – Am Beispiel der rangkonformen Auslegung, RdA 1999, S. 130; *Zippelius*, Juristische Methodenlehre, 7. Aufl. 1999; *Zöckler*, Probleme der richtlinienkonformen Auslegung des nationalen Zivilrechts, Jahrbuch Junger Zivilrechtswissenschaftler, 1993, S. 141; *Zuleeg*, Die Auslegung des Europäischen Gemeinschaftsrechts, EuR 1969, S. 97.

1. Vorbemerkung

Das Gemeinschaftsrecht, und dies gilt sowohl für das primäre als auch für das sekundäre Gemeinschaftsrecht, bildet in seiner Gesamtheit eine supranationale Rechtsordnung, die ihren Ursprung in der Rechtssetzung einer supranationalen Organisation hat.[267]

Zudem stellt das Gemeinschaftsrecht nach der Rechtsprechung des EuGH[268] und der inzwischen herrschenden Meinung im Schrifttum eine **eigenständige Rechtsordnung** dar. Von daher stellt sich die Frage, welche Auslegungsmethode für das Gemeinschaftsrecht adäquat ist.

Zum einen kommt in Betracht, **völkerrechtliche Auslegungsgrundsätze** zugrunde-zulegen,[269] was – auch unter der Geltung der Auslegungsgrundsätze der Art. 31-33 WKV[270] – im Ergebnis immer noch eine stärker am Wortlaut orientierte, subjektive Auslegungsmethode bedeutet.[271] Für diesen Ansatz spricht, dass es seit Jahrzehnten eine gefestigte Rechtsprechung des Internationalen Gerichtshofes zum zwischenstaatlichen Recht und zum Recht supranationaler Organisationen gibt. Ferner sind beide Gerichte mit Richtern aus unterschiedlichen Rechtskreisen besetzt. Der von den Richtern in der internationalen Rechtsprechung gefundene **modus vivendi** hinsichtlich einer Abstimmung der unterschiedlichen methodischen Ansätze könnte durchaus Vorbildcharakter für den EuGH haben.

Dagegen ist jedoch zu berücksichtigen, dass die Europäische Union einen engeren Zusammenschluss begründet hat als den auf Grund völkerrechtlicher Verträge; so kommt eine Auslegung nach den klassischen Kriterien bei der **Auslegung von Rechtssätzen des nationalen Rechts** in Betracht und damit eine teleologische Auslegung, die nicht am Wortlaut klebt.

Als dritte Möglichkeit bietet sich an, einerseits den **klassischen Auslegungsregeln** zu folgen, andererseits aber **gemeinschaftsrechtliche Besonderheiten** zu beachten, die darin liegen, dass es sich bei dem Gemeinschaftsrecht um eine zwischen nationalem Recht und Völkerrecht anzusiedelnde Rechtsmaterie handelt[272]; damit könnte man zur Anwendung neuer Auslegungskriterien gelangen.

---

[267] *Lutter*, JZ 1992, S. 593, 598.
[268] EuGH (van Gend en Loos), Rs. 26/62, Slg. 1963, S. 24.
[269] *Louven*, JuS 1995, S. 677, 679. Ausführlich zur Auslegung im Völkerrecht vor der Geltung der WVK *Bernhard*, Die Auslegung völkerrechtlicher Verträge, 1963.
[270] Dazu ausführlich *Sinclair*, The Vienna Convention on the Law of Treaties, 2. Aufl. 1984.
[271] So etwa *Coing*, ZHR 125 (1963), S. 271, 279 ff.; *Schlochauer*, ArchVR 11 (1963/64), S. 1, 8; *Bredimas*, Methods of Interpretation and Community Law, S. 17.
[272] So bereits zu Beginn der Gemeinschaftsentwicklung *Schlochauer*, FS für Hallstein, S. 431, 447; *Ophüls*, FS für Riese, S. 1 ff.; vgl. auch *Hoffmann-Becking*, Normaufbau und Methode, S. 157 und 240.

180 Der EuGH hat dazu im Urteil vom 15. 7. 1964 zur Rechtsnatur der Gemeinschaft festgestellt:

„Zum Unterschied von gewöhnlichen internationalen Verträgen hat der EWG-Vertrag eine eigene Rechtsordnung geschaffen, die bei seinem Inkrafttreten in die Rechtsordnungen der Mitgliedstaaten aufgenommen worden und von ihren Gerichten anzuwenden ist."[273]

181 Danach handelt es sich bei dem Recht der Gemeinschaft um eine völlig neue Rechtsordnung, die weder den Regeln des internationalen noch denen des nationalen Rechts folgt, sondern eigenständige Wege auch im Bereich der Auslegung beschreiten muss.[274]

182 Für diese Ansicht spricht zum einen, dass die völkerrechtlichen Auslegungsgrundsätze zu einer zu engen Wortlautauslegung führen, dass aber andererseits die einzelnen Methodenlehren der Mitgliedstaaten unterschiedliche Ansätze zugrundelegen. Bedenken bestehen gegen diesen Ansatz aber insofern, als danach der EuGH scheinbar in der Wahl seiner Auslegungsmethoden frei ist. Demgegenüber muss er jedenfalls diejenigen Auslegungsgrundsätze beachten, die in allen Mitgliedstaaten der EG als gemeinsame Grundlage anerkannt sind.

183 Vor allem auf Grund der inzwischen beträchtlichen Praxis des EuGH, der gemäß Art. 234 (Art. 177 EGV a. F.) für die verbindliche Auslegung des Gemeinschaftsrechts zuständig ist, hat sich eine **eigenständige gemeinschaftsrechtliche Interpretation** herausgebildet, die sich größtenteils an den bekannten Auslegungsgrundsätzen anlehnt und teilweise selbständigen Grundsätzen folgt.[275] Der EuGH knüpft mit seiner Auslegung an die klassischen Auslegungsgrundsätze an, gewichtet sie aber aus gemeinschaftsrechtlicher Perspektive.[276] In einigen Fällen legt der EuGH zudem eigenständige Auslegungsmethoden zugrunde.[277]

184 Daher soll vor einer Darstellung der Anwendung der klassischen Auslegungsmethoden versucht werden, einen kurzen Überblick über die für dieses Rechtsgebiet geltenden Besonderheiten zu geben.

a) Auslegung des Primär- und des Sekundärrechts

185 Im Gemeinschaftsrecht wird zwischen Primär- und Sekundärrecht unterschieden. Teilweise wird angenommen, diese Unterscheidung sei auch im Rahmen der Auslegung relevant; es müsse grundsätzlich zwischen der Auslegung des primären (also des Verfassungs-) und des sekundären (also des Gesetzes-) Rechts unterschieden werden.[278]

186 Die Gründungsverträge der EG seien als Verfassung auf lange Zeit angelegt, sie müssten also den Notwendigkeiten, Interessen, Bedürfnissen und dem jeweiligen Konsens der Organe und der Mitgliedstaaten immer wieder angepasst werden. Das Sekundärrecht hingegen enthalte eher kurzfristige Regelungen eines bestimmten Komplexes.[279] Zudem gehe das Sekundärrecht auf die politische Tätigkeit der Gemeinschaftsorgane selbst zurück und gebe nicht, wie das Primärrecht, einen rechtlichen Rahmen vor. Für die Beurteilung der konkreten Ziele der Gemeinschaftspolitik sei der EuGH entsprechend der Gewaltenteilung nur in eingeschränktem Maße zuständig.[280]

---

[273] EuGH, Rs. 6/64 (Costa/ENEL), Slg. 1964, S. 1251, 1269.
[274] Zur umfangreichen Literatur zur Auslegung des Gemeinschaftsrecht s. aus neuerer Zeit *Birk*, in: FS für Theodor Tomandl, 1998, S. 34 ff.; *Buck*, Über die Auslegungsmethoden des Gerichtshofs der Europäischen Gemeinschaft, 1998; *Ehricke*, EuZW 1999, S. 553 ff.; *Franzen*, Privatrechtsangleichung, S. 445 ff.; *Grundmann/Riesenhuber*, JuS 2001, S. 529 ff.; *Habersack/Christian Mayer*, JZ 1999, S. 913 ff.; *Joussen*, Auslegung.
[275] *Bleckmann*, NJW 1982, S. 1177; *Oppermann*, Europarecht, Rn. 680, S. 253 f.
[276] *Bleckmann*, NJW 1982, S. 1177.
[277] *Oppermann*, Europarecht, Rn. 688, S. 257; weitere Nachw. bei *Bredimas*, Methods of Interpretation, S. 13.
[278] *Bernhardt*, FS für Kutscher, S. 17 ff.; *Bleckmann*, NJW 1982, S. 1177, 1178.
[279] *Bleckmann*, NJW 1982, S. 1177, 1778.
[280] *Bleckmann*, NJW 1982, S. 1177, 1778.

III. Auslegung und Rechtsfortbildung des Gemeinschaftsrechts

Eine grundsätzliche **Trennung zwischen der Auslegung der Gründungsverträge** 187 **und dem sekundären Gemeinschaftsrecht empfiehlt sich jedoch nicht.**[281] Nach Art. 234 EGV (Art. 177 EGV a. F.) ist der EuGH im Rahmen des Vorabentscheidungsverfahrens in beiden Fällen für die Auslegung zuständig. Das spezifische Verhältnis zwischen Primärrecht und Sekundärrecht, d. h. insbesondere die unterschiedliche Urheberschaft und Funktion, wird bereits durch die rangkonforme Auslegung berücksichtigt.[282] Zudem spricht für eine im Wesentlichen einheitliche Auslegung auch der Grundsatz der Einheit des Gemeinschaftsrechts, das als eigene Rechtsordnung in ein möglichst widerspruchsfreies System zu bringen ist.[283]

Soweit sich in der Rechtsprechung des Gerichtshofs für die Auslegung des Primärrechts 188 und des Sekundärrechts Unterschiede feststellen lassen, wird darauf in der Darstellung gesondert hingewiesen.

b) Subjektive und objektive Auslegung

Bei der Suche nach den für das Gemeinschaftsrecht relevanten Auslegungsregeln bieten 189 sich, wie dargelegt, einerseits die für das Völkerrecht verbindlichen Maximen, andererseits die Auslegungsmethoden des nationalen Verfassungsrechts an.[284] Dies gilt für die Gründungsverträge in stärkerem Maße als für die Masse der sekundären Rechtsnormen.

Es stellt sich also die Frage, ob für die Auslegung im Gemeinschaftsrecht ein subjektiv- 190 historischer Auslegungsansatz zu wählen ist, der sich an den von den Vertragsgebern gemeinschaftlich bei Abschluss des Vertrages verfolgten Zielsetzungen orientiert, oder ob es auf die objektive Funktion der Norm im Zeitpunkt ihrer Anwendung ankommt.

Bei der Unterschiedlichkeit der Verfassungsstrukturen in den einzelnen Mitgliedstaaten 191 kann von einer einheitlichen Bestimmung der für die Auslegung des nationalen Verfassungsrechts geltenden Regeln schwerlich die Rede sein. Es lassen sich jedoch einige Tendenzen erkennen, die auch für die Auslegung der Gemeinschaftsverträge Geltung beanspruchen könnten.

So wird allgemein dem sog. objektivierten Willen der Verfassung selbst der Vorrang vor 192 einem historischen Willen des Verfassungsgebers gegeben.[285] Die Auslegung der Verfassung stützt sich heute außer auf den Wortlaut vornehmlich auf systematische und teleologische Gesichtspunkte.[286] Im Völkerrecht wird hingegen dem Grundsatz nach stärker auf subjektive Elemente bei der Auslegung zurückgegriffen, auch wenn dieser Ansatz durch die Einführung des Art. 31 WVRK weitgehend relativiert wurde.[287] Da im Völkerrecht jedoch weiterhin die Vertragspartner uneingeschränkt Herren der Verträge sind, bleiben die Unterschiede signifikant. Es gilt weiterhin der Grundsatz, dass der Wille der historischen Vertragspartner insoweit maßgebend ist, als Bestimmungen, die darüber hinausgehende Bindungen der Vertragspartner zur Folge haben, im Zweifel restriktiv auszulegen sind.

Im Hinblick auf das Primärrecht haben die Gründungsstaaten der Gemeinschaft selbst 193 dafür gesorgt, dass eine subjektive Auslegung so gut wie gar nicht möglich ist; denn die offiziellen, die Vertragsverhandlungen zu den Römischen Verträgen betreffenden Dokumente sind nach dem Willen der damaligen Vertragsstaaten nicht zugänglich.[288]

---

[281] *Bernhardt,* FS für Kutscher, S. 17; *Mertens de Wilmars,* CDE 1986, S. 5 ff.; *Neuner,* Privatrecht, S. 193; *Oppermann,* Europarecht, Rn. 681, S. 254; *Zuleeg,* EuR 1969, S. 97 f.
[282] Dazu unten Rn. 207 ff. so auch *Neuner,* Privatrecht, S. 193, 213 f.; *Zuleeg,* EuR 1969, S. 97 f.
[283] EuGH, Rs. 6/64, Slg. 1964, S. 1251, 1269; *Zuleeg,* EuR 1969, S. 97 f.
[284] *Bernhardt,* FS für Kutscher, S. 17 f.
[285] So auch *Buck,* Auslegungsmethoden, S. 146, 151.
[286] *Stern,* Das Staatsrecht der Bundesrepublik Deutschland, Bd. III/2, 1994, § 78, S. 127; *Wank,* ZGR 1988, S. 314, 326 ff.
[287] Ausführlich *Grundmann,* Auslegung, S. 147 ff.
[288] *Pescatore,* Les aspects juridiques du Marché Commun, S. 81.

194 Leitender Maßstab des Gemeinschaftsrechts ist die vollständige **Verwirklichung der mit dem Vertrag verfolgten, beständig fortschreitenden Integration.**[289] Der Grundsatz, dass souveränitätseinschränkende Regelungen eng auszulegen sind, soll und kann mithin im Gemeinschafsrecht keine Anwendung finden. Dieses Ergebnis kann sich auch darauf stützen, dass die historischen Vertragspartner der EG-Verträge anstelle von Materialien oder Protokollen die Ziele ihrer Normsetzung ausdrücklich in die Verträge aufgenommen und sich gleichsam im Rahmen der verfolgten Zielsetzungen von restriktiven völkerrechtlichen Souveränitätsgrundsätzen behutsam gelöst haben.

195 Eine teilweise **subjektiv-teleologisch orientierte Auslegung** ist bei der Interpretation der **Sekundärrechts** jedoch schon deshalb geboten, weil sich die rechtsprechende Gewalt nicht ohne weiteres über den beispielsweise gegen den soeben in der Form einer Richtlinie aktualisierten Willen des Gemeinschaftsgesetzgebers hinwegsetzen darf. Aufgrund der jüngeren Gemeinschaftspraxis, nunmehr in stärkerem Maße dazu überzugehen, die den Legislativakt begleitenden Überlegungen der beteiligten Organe zu veröffentlichen, kann die rechtsprechende Gewalt nicht länger deren Berücksichtigung verweigern. Allerdings tritt mit dem Altern der Kodifikation der historische Wille immer mehr zurück. Auch können neu hinzutretende Mitglieder nicht im gleichen Maße an den Willen der bereits bei ihrem Beitritt der Gemeinschaft angehörenden Mitglieder gebunden werden.[290]

c) Die dynamische Auslegung

196 Im Zusammenhang mit der Auslegung des Gemeinschaftsrechts wird in der Literatur vielfach ohne nähere Charakterisierung hervorgehoben, dass ihr ein „dynamischer Charakter" zukommen müsse.

197 Dieser dynamische Charakter wird weitgehend mit der Erkenntnis verknüpft, dass das Gemeinschaftsrecht nicht rückwärtsgewandt nach dem Willen des historischen Gesetzgebers oder Verfassungsgebers fragt, sondern im Rahmen seiner Ziele an einer dynamischen, evolutiven Entwicklung teilnimmt.[291] Der Gerichtshof soll nicht an seine Auslegungsergebnisse gebunden sein, sondern mit der fortschreitenden Integration die Bestimmungen der Verträge unter Rückgriff auf deren Ziele stets weiter auslegen können.[292] Danach ist die dynamische Auslegung notwendiger Ausfluss einer durch einen „dynamischen Rahmenvertrag"[293] oder durch eine „Planverfassung"[294] angelegten schrittweisen Umwandlung staatlicher in überstaatliche Souveränitätsrechte.

198 Weiterhin könnte man unter dem dynamischen Charakter der Auslegung die Vorgehensweise des EuGH verstehen, der in seiner Auslegungspraxis das Gemeinschaftsrecht dadurch „dynamisiert", dass er es – auch im Hinblick auf die sich ändernden wirtschaftlichen und gesellschaftlichen Voraussetzungen und Anforderungen an die Gemeinschaft – präzisiert und zu originär gemeinschaftsrechtlichen Instituten ausgestaltet.[295]

199 Allerdings muss bei alledem der Unterschied zwischen objektiver Auslegung und Rechtsfortbildung beachtet werden. Werden neue Rechtsinstitute geschaffen oder neue Kompetenzen begründet, so geht es nicht mehr um Auslegung,[296] sondern um Rechtsfortbildung, die eigenen Zulässigkeitsvoraussetzungen unterliegt.[297]

---

[289] *Ipsen*, Gemeinschaftsrecht, S. 131 f.
[290] S. zum subjektiv-teleologischen Ansatz *Louven*, JuS 1995, S. 677, 680; allgemein *Wank*, Rechtsfortbildung, S. 59 ff.
[291] EuGH (Van Gend & Loos), Rs. 26/62, Slg. 1963, S. 24.
[292] *Bleckmann*, EuR 1979, S. 239, 255; *Buck*, Auslegungsmethoden, S. 213 f.
[293] So *Balekjian*, FS für Verdross, S. 343, 344.
[294] *Ipsen*, Gemeinschaftsrecht, S. 11 f., 198 ff.; ausführlich *Ophüls* in: Kaiser, Recht und Politik, S. 229 ff.
[295] *Bleckmann*, NJW 1982, S. 1177, 1180.
[296] So jedoch *Bleckmann*, NJW 1982, S. 177, 1180.
[297] Ausführlich zur Problematik der Rechtsfortbildung im Gemeinschaftsrecht unten Rn. 266 ff.

III. Auslegung und Rechtsfortbildung des Gemeinschaftsrechts　　　　200–203　§ 9

Im Rahmen der Auslegung darf der durch die Verträge vorgegebene Rahmen auch unter 200 dem Stichwort der dynamischen Auslegung nicht zu weit ausgedehnt werden.[298] Der Gerichtshof ist aber auch bemüht, einerseits die schrittweise Zielverwirklichung der Verträge voranzutreiben, andererseits „als Motor der Integration"[299] darauf zu achten, dass das Integrationsverständnis der Mitgliedstaaten nicht durch allzu große Sprünge überstrapaziert wird.[300] Ihre unausgesprochenen Grenzen findet die dynamische Auslegung deshalb in dem jeweils bestehenden integrationspolitischen Konsens der Mitgliedstaaten, der sich beispielsweise mittelbar an dem Stand der Gemeinschaftsrechtssetzung ablesen lässt.[301]

So kann auch nicht davon ausgegangen werden, dass im Rahmen der Auslegung im Hinblick auf den fortschreitenden Integrationsprozess die Zuständigkeit der Gemeinschaft zu Lasten der Kompetenzen der Mitgliedstaaten immer mehr erweitert werden muss.[302] Dies gilt insbesondere für den eigentlich als Unterfall der teleologischen Methode einzuordnenden Effektivitätsgrundsatz (*„effet utile"*), sowie für die Lehre von den **„implied powers"**. 201

Diese Lehre bildet einen in Anlehnung an das innerstaatliche Verfassungsrecht, insbesondere an das der Vereinigten Staaten, aus der teleologischen Auslegung entwickelten Grundsatz.[303] Nach der implied-powers-Regel werden Einrichtungen und Organisationen die zur Erfüllung ihrer Aufgaben notwendigen Kompetenzen und Rechte zuerkannt, selbst wenn sich diese durch die denkbar weiteste Auslegung eines Vertragstextes nicht feststellen lassen. In der Rechtsprechung der Gemeinschaft findet die Lehre von den implied powers sowohl bezüglich der **Kompetenzen der Gemeinschaft** als auch bezüglich ihrer Organe Anwendung. Anfänglich wurde die implied-powers-Lehre von der herrschenden Auffassung als im Gemeinschaftsrecht durch die Art. 95 EGKSV, 235 EWGV und 203 EAGV positiviert angesehen.[304] Im Unterschied zu den vorgenannten Artikeln, die nur an Zielbestimmungen der Verträge anknüpfen, hinsichtlich derer es noch an einer Kompetenzanweisung fehlt, orientiert sich die Lehre von den implied powers jedoch an bereits bestehenden Kompetenznormen.[305] Dies ergibt sich bereits aus dem Wortlaut von Art. 308 EGV (Art. 235 EGV a.F.), der seinen Anwendungsbereich mit der Formel „sind in diesem Vertrag die hierfür erforderlichen Befugnisse nicht vorgesehen" selbst auf die Fälle begrenzt, in denen sich nicht durch Auslegung der kompetenzverteilenden Bestimmungen der Verträge eine Gemeinschafts- oder Organkompetenz ermitteln lässt.[306] In diesem Sinne sind die Art. 308 EGV (Art. 235 EGV a.F.), 95 EGKSV und 203 EAGV subsidiär.[307] 202

Im Gemeinschaftsrecht ist der Anwendungsbereich des sogenannten **„effet utile"** nicht 203 gänzlich geklärt. Grundsätzlich muss jede Norm so ausgelegt werden, dass ihr überhaupt eine Bedeutung oder Wirksamkeit zukommt.[308] Teilweise wird der Anwendungsbereich

---

[298] *Oppermann*, Europarecht, Rn. 685, S. 255 f.
[299] Zum EuGH als „Motor der Integration" s. auch oben § 8 Rn. 253 ff.
[300] Vgl. etwa EuGH Rs. 209 bis 213/84, Slg. 1986, S. 1425, 1462. Als Vorfrage war zu prüfen, ob die Wettbewerbsbestimmungen des EG-Vertrages beim derzeitigen Stand des Gemeinschaftsrechts auf Fluggesellschaften anwendbar sind.
[301] Vgl. dazu EuGH, Rs. 33/70, Slg. 1971, S. 263, 275 und Rs. 39/86, Slg. 1988, S. 3161, 3195.
[302] *Bleckmann*, Europarecht, Rn. 556, S. 207.
[303] Zu deren Entwicklung ausführlich *Peruzzo*, Das Problem der implied powers der Organe der Gemeinschaft, S. 24 ff.
[304] Vgl. nur *Jaenicke*, ZaöRV 14 (1951/52), S. 727, 748; *ders.*, ZaöRV 19 (1958), S. 153, 174; *Glaesner*, DÖV 1959, S. 653, 657.
[305] Vgl. dazu ausführlich *Nicolaysen*, EuR 1969, S. 129 ff. mit umfangr. Nachw.
[306] So auch der EuGH in der Rs. 45/86, Slg. 1987, S. 1493, 1520 und in den verb. Rs. 73, 74/63, Slg. 1964, S. 3, 29; zustimmend *Kapteyn/Verloren van Themaat*, Introduction to the Law of the European Communities, S. 118; *Köck*, FS für Seidl-Hohenveldern, S. 279, 296; *Mengozzi*, European Community Law, S. 50.
[307] Vgl. dazu EuGH, Rs. C-295/90, Slg. 1992-I, S. 4231, 4233 f.
[308] EuGH, Rs. 71/74, Slg. 1975, S. 563, 584 und Rs. 2/74, Slg. 1974, S. 631, 655.

des effet utile auf eben diesen gemeinhin anerkannten Grundsatz, „to exclude any interpretation which would strip a provision of all useful practical effect",[309] reduziert. Darüber hinaus bietet die weiterhin in der Literatur vorgenommene Charakterisierung des effet utile jedoch ein ziemlich uneinheitliches Bild. Danach sollen die Bestimmungen des Gemeinschaftsrechts etwa so ausgelegt werden, dass sie Wirkung entfalten können,[310] größtmögliche Wirkung entfalten,[311] ein ordnungsgemäßes Funktionieren der Gemeinschaft sichern[312] oder eine Erreichung der vom Gesetzgeber gewollten Wirksamkeit sichern.[313] Trotz unterschiedlicher Formulierung laufen im Ergebnis alle Definitionsansätze zum effet utile auf das gleiche Ziel hinaus: Die Auslegung hat sich maßgeblich danach zu richten, was „am ehesten zum Gelingen des Integrationsvorhabens beiträgt".[314]

204 Diese Auslegungsgrundsätze hat der EuGH in Verbindung mit Art. 308 EGV (Art. 235 EGV a. F.) und sonstigen ausdrücklichen Einzelkompetenzen benutzt, um das Prinzip der begrenzten Einzelzuständigkeit in einigen Fällen „aufweichen" zu können.[315] Mit dem Grundsatz des effet utile begründet der Gerichtshof weiterhin die Möglichkeit einer Direktwirkung von Richtlinien.[316] Diese Auslegung wird jedoch nicht mehr vom Wortlaut des Art. 249 Abs. 3 EGV (früher Art. 189 Abs. 3 EGV) gedeckt. Im Ergebnis handelt es sich um eine Rechtsfortbildung,[317] zu deren Rechtfertigung der Gerichtshof sich in jüngerer Zeit auch auf das estoppel-Prinzip beruft.[318]

205 Der von einigen Autoren noch als besonderes Auslegungsprinzip des Gemeinschaftsrechts bezeichnete **„effet nécessaire"**[319] entpuppt sich bei näherer Betrachtung als vom festgestellten Anwendungsbereich des effet utile bereits umfasst.[320] Die Schöpfung dieses weiteren besonderen Auslegungskriteriums des Gemeinschaftsrechts hat ihre Grundlage in dem wesentlich engeren Verständnis von deren Verfechtern über die Reichweite des effet utile. Sofern man sich an der von der völkerrechtlichen Lehre teilweise vertretenen Wirkung des effet utile orientiert,[321] könnte man auf Grund der teleologisch wesentlich weitergehenden Interpretation des EuGH tatsächlich der Auffassung sein, dass hier neben dem effet utile etwas völlig Neues entwickelt worden ist. Dabei würde aber nicht berücksichtigt werden, dass die Maßstäbe des Völkerrechts für die Auslegungskriterien im Gemeinschaftsrecht nicht schon auf Grund der gleichen Bezeichnung Geltung beanspruchen können. Maßgeblich ist vielmehr das Verständnis des EuGH, der sich hinsichtlich der Einordnung des effet utile nicht von völkerrechtlichen Lehren leiten lässt.

206 Der Beachtung der Kompetenzgrenzen wird in der zukünftigen Entwicklung der Union eine größere Bedeutung zukommen, wie sich aus der Diskussion um den Subsidiari-

---

[309] *Mengozzi*, European Community Law, S. 201.
[310] *Bleckmann*, NJW 1982, S. 1177, 1180.
[311] *Lutter*, JZ 1992, S. 593, 603; *Brown/Jacobs*, The Court of Justice, S. 212 f.
[312] *Constantinesco*, JuS 1965, S. 289, 292.
[313] *Chevallier*, CMLRV 1964, S. 21, 32.
[314] Zutreffend *Zuleeg*, EuR 1969, S. 97, 107.
[315] *Oppermann*, Europarecht, Rn. 573 ff., S. 202 f.; krit. zur Rechtsprechung auch *Franzen*, Privatrechtsangleichung, S. 458 ff.
[316] Vgl. nur EuGH, Rs. 41/74, Slg. 1974, S. 1337, 1348.
[317] S. dazu *Dänzer-Vanotti*, BB 1981, S. 1106, 1108; *Everling*, FS für Carstens, S. 95, 96 f.
[318] EuGH, Rs. 148/78, Slg. 1979, S. 1629, 1642; dazu *Emmert*, EWS 1992, S. 56, 58 f.; *Götz*, NJW 1992, S. 1849, 1855.
[319] *Bredimas*, Methods of Interpretation and Community Law, S. 77; *Chevallier*, CMLRev. 1964, S. 21 ff.; *Mengozzi*, European Community Law, S. 256 f.; ausführlich *Grundmann*, Auslegung, S. 376 ff.
[320] *Buck*, Auslegungsmethoden, S. 213.
[321] Das wird vor allem bei *Bredimas*, Methods of Interpretation and Community Law, S. 77 deutlich, die einige Urteile des EuGH dem völkerrechtlichen Verständnis vom effet utile – „words should be interpreted at least to give a minimum efficacy to the Treaty" – zuordnet, eine weitergehende, teleologisch orientierte Interpretation jedoch als neuartig und damit als neue Stufe des „functional reasoning" bezeichnet; krit. *Grundmann*, Auslegung, S. 378 ff.

tätsgrundsatz sowie auch aus dem Maastricht-Urteil des Bundesverfassungsgerichts ersehen lässt.[322] Damit ist jedoch nicht gesagt, dass der dynamische Charakter des Gemeinschaftsrechts seine Relevanz für die Auslegung verloren hat; es gilt nur, den durch die Verträge gesteckten Rahmen einzuhalten und allzu große Integrationssprünge zu vermeiden.

d) Primärrechtskonforme Auslegung

Für das Verhältnis von sekundärem zu primärem Gemeinschaftsrecht hat der EuGH das Prinzip der sogenannten „gemeinschaftskonformen Auslegung des sekundären Rechts" entwickelt. Danach ist bei der Auslegung des Sekundärrechts immer derjenigen Lösung der Vorzug zu geben, die die Normen des Sekundärrechts mit denen des Primärrechts in Einklang bringt.[323] Die primärrechtskonforme Auslegung ist ein Unterfall des allgemeinen Prinzips der rangkonformen Auslegung.[324]

Für diese Auslegung lassen sich aus dem System des Gemeinschaftsrechts vor allem zwei zwingende Gründe anführen: Erstens muss nach dem Prinzip der begrenzten Einzelermächtigung jede Norm des Sekundärrechts auf eine Vorschrift der Gründungsverträge zurückzuführen sein und muss sich daher auch inhaltlich an dieser höheren Norm ausrichten.

Zweitens ist eine Norm, die gegen primäres Vertragsrecht verstößt, nichtig, wie sich auch aus Art. 230 EGV (Art. 173 EGV a. F.) ergibt.[325]

Ferner spricht für diese Auslegung, dass auf Grund der Einheitlichkeit des Vertrages auch im vertikalen Verhältnis zwischen Primärrecht und Sekundärrecht davon auszugehen ist, dass die im nachrangigen Sekundärrecht verwandten Begriffe inhaltlich denen des Primärrechts entsprechen. Es besteht grundsätzlich die Vermutung, dass der Normgeber sich an den primärrechtlichen Normen orientiert.[326]

Die Konformauslegung stellt kein gemeinschaftsrechtliches Spezifikum dar; dasselbe Verhältnis von rangniedrigerem zu ranghöherem Recht findet sich auch im bundesdeutschen Recht in der Beziehung zwischen Verfassungsrecht und einfachem Gesetzesrecht unter dem Stichwort der „verfassungskonformen Auslegung",[327] oder, verallgemeinernd, der „rangkonformen Auslegung".[328]

Ebenso wie bei der verfassungskonformen Auslegung sind bei der primärrechtskonformen Auslegung zwei Aspekte zu unterscheiden: Zum einen dient das Primärrecht der **Inhaltskontrolle,** d. h. dem Primärrecht widersprechendes Sekundärrecht ist nichtig. Zum anderen dient es der **Inhaltsbestimmung,** d. h. – gültiges – Sekundärrecht muss so ausgelegt werden, dass es dem Primärrecht inhaltlich am ehesten entspricht.[329]

2. Allgemeine Auslegungsregeln

Über die dargestellten Modifikationen und Weiterentwicklungen hinaus greift auch der EuGH in seiner Auslegungspraxis auf die sogenannten „klassischen" Auslegungsmethoden zurück.

---

[322] S. dazu unten Rn. 274.
[323] EuGH, Rs. 218/82, Slg. 1983, S. 4063, s. auch *Franzen*, Privatrechtsangleichung, S. 448 f. Dieses Problem der Auslegung des Sekundärrechts, also u. a. auch der Richtlinien, am Primärrecht darf nicht mit der sog. richtlinienkonformen Auslegung des nationalen Rechts anhand einer Richtlinie verwechselt werden; s. dazu unten Rn. 261 ff.
[324] *Wank*, Die Auslegung von Gesetzen, S. 65 ff.
[325] Darauf weist vor allem *Bleckmann*, NJW 1982, S. 1177, 1181 hin.
[326] So auch der Gerichtshof in der Rs. 48/75, Slg. 1976, S. 497, 512.
[327] Laut ständiger Rechtsprechung des BVerfG, BVerfGE 8, S. 210, 221, „verdient diejenige (Auslegung) den Vorzug, die einer Wertentscheidung der Verfassung besser entspricht."
[328] *Wank*, Die Auslegung von Gesetzen, S. 65 ff.
[329] S. zum Ganzen am Beispiel der verfassungskonformen Auslegung *Wank*, Grenzen richterlicher Rechtsfortbildung, 1978, S. 97 ff.

a) Wortlaut

214 Der Wortlaut wirft im Rahmen der Auslegung vor allem folgende Probleme auf:
– Wortlaut als Auslegungsverbot („klarer Wortlaut"),
– spezifisch gemeinschaftsrechtlicher Wortlaut
– juristisch-teleologischer oder umgangssprachlicher Wortlaut und
– Wortlaut als Auslegungsgrenze (Auslegung/Rechtsfortbildung).

215 Grundsätzlich orientiert sich auch im Gemeinschaftsrecht, wie in jedem anderen Rechtsgebiet, die Auslegung zunächst am Wortlaut der auszulegenden Bestimmung.

216 Die Ermittlung eines bestimmten Wortsinns wird im Gemeinschaftsrecht schon dadurch relativiert, dass es nach der Sprachenregelung der Gemeinschaft insgesamt zwölf gültige Sprachfassungen des EG-Vertrages gibt.[330]

217 Die Auffassung, dass sich der EuGH zur Bewältigung dieses Problems weitgehend der im Völkerrecht verwandten Ansätze bediene,[331] trifft nicht zu. Die Rechtsprechungspraxis zeigt, dass hier neue Wege beschritten werden. Unzulässig ist es nach der Rechtsprechung des EuGH insbesondere, bei der Auslegung nur auf den Wortlaut der Bestimmung in **einer** Amtssprache zurückzugreifen. Schon die Notwendigkeit einer einheitlichen Auslegung der Gemeinschaftsverordnungen zwingt dazu, **alle Amtssprachen** heranzuziehen und zwischen den voneinander abweichenden sprachlichen Fassungen eine Synthese zu finden.[332] Als ausschlaggebend erachtet der Gerichtshof dabei die Ausrichtung des Wortlauts am Zweck und an den Zielen der Vorschrift,[333] wobei auch das Gesamtsystem der Bestimmungen zu berücksichtigen ist.[334] Es kommt also in jedem Falle nicht – wie dies insbesondere im Völkerrecht bisweilen praktiziert wird – auf das feststellbare gemeinschaftliche Bedeutungsminimum an.

218 Die Gleichrangigkeit aller Sprachen im Gemeinschaftsrecht verbietet es weiterhin, etwa eine Urfassung der Regelung oder den jeweils klareren Text der auszulegenden Bestimmungen zu ermitteln. Auch führt die Eigenständigkeit der Gemeinschaftsordnung dazu, dass autonome, von der nationalsprachlichen Begriffsbestimmung unabhängige **gemeinschaftsrechtliche Begriffe** gebildet werden,[335] die zur einer gemeinschaftsweit gleichförmigen Rechtsanwendung führen.

219 Diese Aussage steht im Widerspruch zu einer anderen, vom EuGH für die Wortlautauslegung aus dem Französischen übernommenen Regel, der „acte clair"- oder „sens clair"-Doktrin oder auch clear meaning-rule.[336] Diese besagt, dass bei eindeutigem („klarem") Wortlaut nicht weiter auf andere Auslegungsprinzipien zurückzugreifen ist.[337]

220 Das Vorhandensein einer Vielzahl von verschiedenen sprachlichen Fassungen lässt die **Unmöglichkeit eines „klaren" Wortlauts,** bei dem sich jede weitere Auslegungsan-

---

[330] Deutsch, französisch, niederländisch, englisch, dänisch, irisch, griechisch, spanisch und portugiesisch. Mit dem Beitritt Österreichs, Schwedens und Finnlands am 1. 1. 1995 sind Schwedisch und Finnisch hinzugekommen. Für den EGKS-Vertrag wurde demgegenüber die französische Fassung als die einzig authentische festgelegt, vgl. Art. 100 EGKSV. Ausführlich zu dieser Problematik *Riese*, FS für Doelle, Bd. II, 1962, S. 507 ff.; s. ferner *Grundmann/Riesenhuber*, JuS 2001, S. 529.

[331] Vgl. dazu insbes. *Hilf*, Auslegung, S. 65 ff.

[332] EuGH, Rs. 19/67, Slg. 1967, S. 462 ff.; Leitsatz 1; Rs. 9/79, Slg. 1979, S. 2717. Vgl. dazu noch die in der Rs. 449/93, EuZW 1996, S. 181, ergangene Entscheidung, in der der Gerichtshof alle 11 sprachlichen Fassungen zur Bestimmung des Begriffs „Betrieb" herangezogen hat.

[333] EuGH, Rs. 29/69, Slg. 1969, S. 419 ff.

[334] EuGH, Rs. 6/74, Slg. 1974, S. 1287; Rs. 30/77, Slg. 1977, S. 1999.

[335] Vgl. dazu *Lutter*, JZ 1992, S. 593, 599 sowie die in der Rs.449/93, EuGH, EuZW 1996, S. 181 ff., ergangene Entscheidung. Ausführlich zur autonomen Auslegung von Rechtsbegriffen im Gemeinschaftsrecht *Franzen*, Privatrechtsangleichung, S. 475 ff.

[336] Dazu *Bleckmann*, Europarecht, Rn. 540, S. 202; *Brown/Jacobs*, The Court of Justice, S. 196; *Dégan*, RTDE 1966, S. 189, 198.

[337] Vgl. dazu *Dégan*, RTDE 1966, S. 198 ff.; *Grundmann*, Auslegung, S. 192 ff.

III. Auslegung und Rechtsfortbildung des Gemeinschaftsrechts   221–223 § 9

strengung erübrigen könnte, jedoch nur besonders deutlich zutage treten. Auch im Rahmen der Montanunion, die nur eine sprachliche Fassung kennt, führt die Anwendung der acte-clair-Doktrin letzlich nur zu einem Verzicht oder zum Verschweigen relevanter Erwägungen.[338]

Ein gesetzlicher Begriff kann seine Bedeutung grundsätzlich nicht allein aus dem grammatikalischen oder umgangssprachlichen Wortsinn heraus beziehen; systematische und teleologische Überlegungen werden immer zur Festlegung der Bedeutung im jeweiligen Kontext beitragen.[339] Vor allem ist die Ermittlung des Wortsinns immer selbst eine Form der Auslegung; nicht etwa ist der Einsatz von Auslegungsmethoden erst dann vonnöten, wenn eine eindeutige Wortbedeutung nicht festgelegt werden konnte.[340] Die acte-clair-Doktrin ist somit grundsätzlich abzulehnen.[341] Es lässt sich auch nicht feststellen, dass sich der EuGH in seiner Entscheidungspraxis von ihr hat leiten lassen. Es lässt sich kein Fall nachweisen, in dem es der EuGH bei der Feststellung eines klaren oder eindeutigen Wortlauts hat bewenden lassen und folglich einen Rückgriff auf andere Auslegungskriterien zurückwies. 221

Aus den Entscheidungen des EuGH lässt sich darüber hinaus entnehmen, dass eine Synthese aus den verschiedenen Wortbedeutungen der Mitgliedstaaten nur dann erforderlich ist, wenn sich ein spezifisch gemeinschaftsrechtlicher Wortsinn noch nicht gebildet hat. Obwohl der Rückgriff auf das in den verschiedenen Mitgliedstaaten übliche Verständnis eines Begriffes möglich ist, sollten die Bedeutungen jedoch letztlich immer zu autonomen Begriffen des Gemeinschaftsrechts verschmolzen werden.[342] Zwar kann den mitgliedstaatlichen Interpretationen eine Indizfunktion zukommen; die Feststellung dieser Bedeutung kann aber im Interesse der Einheit des Gemeinschaftsrechts immer nur einen Schritt auf dem Weg zu einem spezifisch gemeinschaftsrechtlichen Wortsinn darstellen, der sich an den Zielen der Verträge zu orientieren hat.[343] Das Gemeinschaftsrecht würde einen erheblichen Teil seiner praktischen Wirksamkeit einbüßen, wenn die Mitgliedstaaten die Begriffe weiterhin entsprechend ihrer nationalen Bedeutungsverständnisse auslegen könnten.[344] So hat z. B. der schon im deutschen Recht nicht einheitlich zu beurteilende Arbeitnehmerbegriff in Art. 39 EGV (Art. 48 EGV a. F.) eine andere, nur im Kontext der Freizügigkeit zu sehende Bedeutung und kann im Rahmen des Art. 141 EGV (Art. 119 EGV a. F.) wieder andere Personengruppen umfassen.[345] 222

Im deutschen Recht hat der **Wortlaut nach h. M. zwei Funktionen:** zum einen ist er Auslegungskriterium (unstreitig), zum anderen steckt er die Grenze der Auslegung gegenüber der Rechtsfortbildung ab (str.).[346] Dabei liegt der h. M. ein Widerspruch in der Weise zugrunde, dass sie für den Wortlaut als Auslegungskriterium auf die fachsprachliche 223

---

[338] *Zuleeg*, EuR 1969, S. 97, 100.
[339] Vgl. dazu ausführlich *Wank*, Die juristische Begriffsbildung, 1985, S. 23, 31 ff.; *ders.*, ZGR 1988, S. 314, 318; *ders.*, Die Auslegung von Gesetzen, S. 60.
[340] *Mertens de Wilmars*, CDE 1986, S. 5, 10.
[341] *Buck*, Auslegungsmethoden, S.f 165; *Mertens de Wilmars*, CDE 1986, S. 5, 10 ff.; *Zuleeg*, EuR 1969, S. 97, 100.
[342] *Mertens de Wilmars*, CDE 1986, S, 5, 12 f.; *Oppermann*, Europarecht, Rn. 682 f., S. 254 f.
[343] *Lutter*, JZ 1992, S. 593, 599; *Grundmann*, Auslegung, S. 212; *Oppermann*, Europarecht, Rn. 682 f., S. 254 f.
[344] *Oppermann*, Europarecht, Rn. 682 f., S. 254 f.
[345] Näher zum Arbeitnehmerbegriff im Gemeinschaftsrecht s. unten § 14 Rn. 1 ff.
[346] Die Wortsinngrenze wird für das deutsche Recht allgemein u. a. akzeptiert von *Bydlinski*, Juristische Methodenlehre und Rechtsbegriff, 2. Aufl., 1991, S. 437 ff.; (s. aber auch *Bydlinski*, Symposion Canaris, S. 27, 37 f.); *Canaris*, Die Feststellung von Lücken im Gesetz, 2. Aufl., 1983, S. 19 ff.; *Fikentscher*, Methoden des Rechts in vergleichender Darstellung, Bd. IV, Dogmatischer Teil, 1977, S. 294 f.; *Larenz*, Methodenlehre der Rechtswissenschaft, 6. Aufl., 1991, S. 320 ff.; ausführlicher zur Problematik im Gemeinschaftsrecht *Bleckmann*, RIW 1987, S. 929, 931, der allerdings auf die richterliche Rechtsfortbildung nicht eingeht.

Wortbedeutung abstellt,[347] beim Wortlaut als Auslegungsgrenze dagegen auf die Wortbedeutung in der Umgangssprache.[348] Das lässt sich nicht miteinander vereinbaren: Wenn man (gem. der ersten Regel) im Rahmen der Auslegung von der umgangssprachlichen Bedeutung abweichend die anders geartete fachsprachliche Bedeutung verwendet, so hätte man gegen die zweite Regel (umgangssprachlicher Wortlaut als Auslegungsgrenze) verstoßen. Macht man aber die Wortlautgrenze am fachsprachlichen Wortlaut fest, der seinerseits das Ergebnis einer umfassenden, insbesondere teleologischen Auslegung ist, so fehlt es gerade an einer außerjuristischen festen Grenze. Das gebietet es, für die Abgrenzung zwischen Auslegung und Rechtsfortbildung auf die Wortlautgrenze ganz zu verzichten und statt dessen eine **Gesetzessinngrenze** zugrundezulegen.[349]

224 Überträgt man diese Erkenntnisse auf das Gemeinschaftsrecht, so ergibt sich: Gerade die Tatsache, dass der EuGH jeweils nach dem spezifisch gemeinschaftsrechtlichen Bedeutungsinhalt der Begriffe fragt, lässt sich gegen die Existenz einer Wortsinngrenze im Gemeinschaftsrecht anführen.[350] Wenn die Bestimmung des Wortsinns im Kontext der Verträge letztlich immer unter teleologischen Gesichtspunkten erfolgt, existiert kein „üblicher Wortsinn", welcher sich allein am tatsächlichen Sprachgebrauch orientiert.

225 Das Fehlen einer Wortsinngrenze kann nicht bedeuten, dass jegliche „Auslegung" durch den EuGH schrankenlos zulässig ist oder dass zwischen Auslegung und Rechtsfortbildung nicht zu unterscheiden ist. So hat auch das Bundesverfassungsgericht in seinem Maastricht-Urteil darauf hingewiesen, dass bei der Auslegung von Befugnisnormen durch Gemeinschaftsorgane grundsätzlich zwischen der Wahrnehmung einer begrenzt eingeräumten Hoheitsbefugnis und der Vertragsänderung zu unterscheiden sei und dass eine Auslegung im Ergebnis nicht einer Vertragsänderung gleichkommen dürfe, da sie ansonsten für Deutschland keine Bindungswirkung entfalten würde.[351]

226 Für die Abgrenzung zwischen Auslegung und Rechtsfortbildung ergibt sich: Wenn das Ergebnis einer „Auslegung" dergestalt von dem bisherigen, an den Zielen des Gemeinschaftsrechts orientierten Verständnis der Norm abweicht, dass es die bislang anerkannten Normzwecke um grundlegend neue ergänzt,[352] kann es sich nur um Rechtsfortbildung handeln.[353]

b) Systematik

227 Der EuGH hat in mehreren Entscheidungen für die Auslegung Argumente herangezogen, die aus dem Zusammenhang hergeleitet waren, in dem die Vertragsbestimmungen zueinander stehen (systematische Auslegung).[354] Alle Bestimmungen sind so auszulegen, dass sie miteinander harmonieren. Insoweit wirkt erleichternd, dass der EG-Vertrag selbst eine vergleichsweise strenge Systematik begründet.[355]

228 Zurückzugreifen ist dabei zunächst auf den engeren Zusammenhang der auszulegenden Norm mit anderen Absätzen desselben Artikels, sodann mit anderen Artikeln desselben

---

[347] *Bydlinski*, Methodenlehre, S. 439; *Larenz*, Methodenlehre, S. 321; *Zippelius*, Juristische Methodenlehre, 7. Aufl. 1999, S. 45 f.

[348] *Bydlinski*, Methodenlehre, S. 441; *Larenz*, Methodenlehre, S. 322; *Zippelius*, Juristische Methodenlehre, S. 47.

[349] S. zum Ganzen *Wank*, ZGR 1988, S. 314, 316 ff.; *ders.*, Die Auslegung von Gesetzen, S. 50 ff. sowie jetzt auch *Bydlinski*, Symposion Canaris, S. 27, 47 f.

[350] So *Lutter*, JZ 1992, S. 593, 599 unter Hinweis auf EuGH, Rs. 6/72, Slg. 1973, S. 215, 244 und EuGH, Rs. 92/78, Slg. 1979, S. 777, 800.

[351] BVerfG, NJW 1993, S. 3047 ff., Leitsatz 6.

[352] Darunter fallen nicht die sog. Annexkompetenzen, die zur Verwirklichung der bestehenden Zielbestimmungen der Sache nach geboten sind.

[353] Ausführlich zur Rechtsfortbildung unten Rn. 266 ff.

[354] EuGH, verb. Rs. 31, 33/62, Slg. 1962, S. 1031, 1032; Rs. 101/63, Slg. 1964, S. 417; Rs. 59/70, Slg. 1971, S. 639; Rs. 87/75, Slg. 1976, S. 129, 138; Rs. 6/89, Slg. 1991, S. 1631, 1647.

[355] *Bleckmann*, Europarecht, Rn. 543, S. 203.

III. Auslegung und Rechtsfortbildung des Gemeinschaftsrechts   229–234 § 9

Vertragskapitels und zuletzt auf den gesamten EG-Vertrag. So muss beispielsweise beachtet werden, dass der EG-Vertrag bestimmte Materien in einzelnen Kapiteln abschließend regeln will, so dass andere Vorschriften so ausgelegt werden müssen, dass sie in diese Bereiche nicht hinübergreifen.[356]

Teilweise führt der Blick auf den engeren systematischen Zusammenhang auch dazu, 229 dass derselbe Begriff schon innerhalb des Vertrages unterschiedlich ausgelegt werden muss: Der Begriff des „Arbeitnehmers" in den Freizügigkeitsregelungen muss nicht notwendigerweise dieselben Personengruppen umfassen wie in Art. 141 EGV (Art. 119 EGV a. F.); es kann in dem einen Fall angebracht sein, leitende Angestellte oder aber Studenten unter die Norm zu fassen, in dem anderen nicht (sog. **Relativität der Rechtsbegriffe**).[357]

Der EuGH bleibt jedoch im Rahmen der systematischen Auslegung nicht beim Rück- 230 griff auf den EG-Vertrag stehen. Nach dem Prinzip der Einheit des Gemeinschaftsrechts sind **auch die beiden anderen Gemeinschaftsverträge** mit einzubeziehen.[358] Auch können unter Umständen rechtsvergleichende Erwägungen, also Überlegungen im Hinblick auf die Rechtsordnungen der einzelnen Mitgliedstaaten, systematische Argumente für die Auslegung des EG-Vertrages liefern.[359] Dabei kommt es nicht so sehr darauf an, wie häufig sich eine vergleichbare Regelung in den einzelnen Mitgliedstaaten wiederfindet, als vielmehr darauf, dass „wertend" ermittelt wird, welche nationale Lösung den Zielen des Vertrages am ehesten gerecht wird.[360] Hier werden bereits teleologische Elemente in die systematische Methode eingeführt.[361]

Ein wichtiger Aspekt der systematischen Auslegung besteht in der **Beseitigung von** 231 **Normwidersprüchen.**

c) Entstehungsgeschichte

Bei der Einbeziehung der Entstehungsgeschichte lassen sich Unterschiede in der Be- 232 handlung des primären und des sekundären Gemeinschaftsrechts feststellen.

Dies ist vor allem darauf zurückzuführen, dass die travaux préparatoires, also die Ver- 233 handlungsniederschriften zu den Gemeinschaftsverträgen, nicht veröffentlicht sind. Nur auf Anfrage eines Mitglieds der Kommission oder in speziellen Fällen, in denen der Ausschuss der Ständigen Vertreter eine entsprechende Entscheidung getroffen hat, können die Protokolle eingesehen werden. Für die Öffentlichkeit nicht zugängliche Materialien sind jedoch im Interesse der Rechtssicherheit und Rechtsklarheit bei der Auslegung grundsätzlich auszuklammern.[362]

Daraus kann jedoch nicht geschlossen werden, dass sich eine historische Auslegung des 234 **primären Gemeinschaftsrechts** grundsätzlich verbietet. Zwar fehlt es an den klassischen, für eine historische Auslegung geradezu unentbehrlichen Grundlagen, aber dieses Faktum lässt nicht den Schluss zu, dass eine historische Auslegung ausgeschlossen sein

---

[356] So darf das Verbot der Wettbewerbsverzerrungen im Rahmen des Subventionsverbots nicht so interpretiert werden, dass Subventionen, welche die etwa durch die Wechselkurspolitik eines anderen Staates entstandenen Wettbewerbsverzerrungen abbauen sollen, gestattet sind; die Problematik der Wechselkurspolitik ist in Art. 99 ff. EGV (Art. 103 ff. EGV a. F.) abschließend geregelt, die Bestimmungen der Art. 78 ff. EGV (Art. 82 ff. EGV a. F.) dürfen folglich nicht so ausgelegt werden, dass sie in diese Materie hineinragen.

[357] S. dazu *Wank*, Begriffsbildung, S. 110 ff.

[358] EuGH, Rs. 6/60, Slg. 1960, S. 1163, 1185, 1196; Rs. 101/76, Slg. 1964, S. 417, 432; Schlussantrag GA Lagrange verb. Rs. 3–18, 25, 26/58 Slg. 1960, S. 458 ff.; Schlussantrag GA Roemer verb. Rs. 27, 39/59, Slg. 1960, S. 873.

[359] Ausführlicher dazu im Zusammenhang mit den allgemeinen Rechtsgrundsätzen des Gemeinschaftsrechts, s. oben Rn. 196 ff.

[360] *Oppermann*, Europarecht, Rn. 684, S. 255.

[361] *Ossenbühl*, DÖV 1965, S. 649, 654, spricht vom systematisch-teleologischen Sinnzusammenhang; s. auch *Zuleeg*, EuR 1969, S. 97, 103.

[362] *Bernhardt*, Auslegung, S. 120; *Zuleeg*, EuR 1969, S. 97, 101.

sollte. Unabhängig von der Frage, was die Gründerstaaten zu diesem Schritt bewogen hat – sei es, dass sie gewisse Bereiche der Vertragsverhandlungen nicht bekannt werden lassen wollten[363] oder sei es, dass sie eingedenk der zukunftorientierten Ausgestaltung der Verträge eine unerquickliche Motivforschung verhindern wollten –, bleibt es dennoch dabei, dass dies auf die richterliche Entscheidungsfindung solange nicht von Einfluss ist, als sonstige Anhaltspunkte für eine historische Auslegung bestehen.

235 Wenn sich also verwertbare Materialien für die Auslegung des Gemeinschaftsrechts finden, sollte man die sich daraus ergebenden Auslegungsansätze durchaus nutzen. In diesem Zusammenhang wird darauf verwiesen, dass in den jeweiligen Mitgliedstaaten die Verhandlungen zu den nach nationalem Recht notwendigen Zustimmungsgesetzen zu den Gründungsverträgen veröffentlicht sind und dass darauf zur Auslegung zurückzugreifen sei.[364] Ob sie jedoch zu einem sinnvollen Auslegungsverständnis beitragen können und nicht zu stark die nationalen Positionen wiedergeben, bleibt fraglich. In noch stärkerem Maße gilt dies für die von den Regierungen oder deren Delegationsteilnehmern verfassten Berichte.[365] Im Übrigen ist zu bedenken: Bei einer Berücksichtigung der Vorstellungen der ursprünglichen Vertragspartner wären sämtliche neu hinzutretenden Mitglieder an den – ihnen unbekannten – Willen der ursprünglichen Vertragsgeber gebunden.

236 Diese Problematik gilt nicht für die Normen des **sekundären Gemeinschaftsrechts**.[366] Hier können zunächst **Vorentwürfe**, Vorschläge, sowie u.U. die verschiedenen Fassungen von Verordnungen, Richtlinien oder Entscheidungen durchaus von Bedeutung sein, zumal sie in der Regel im Amtsblatt oder in den Kommissionsdokumenten veröffentlicht sind.[367] Der EuGH hat festgestellt, dass insoweit auch für das Gemeinschaftsrecht der auf das römische Recht zurückgehende Rechtsgrundsatz gelte, dass bei einer Änderung der Gesetzgebung, wenn ein entgegenstehender Wille des Gesetzgebers nicht ausdrücklich zutage tritt, diejenige Auslegung zu wählen ist, welche die Kontinuität der Strukturen am besten gewährleistet.[368]

237 Des Weiteren kann beim sekundären Gemeinschaftsrecht für die historische Auslegung auch auf **Begründungen** zu den jeweiligen Rechtsakten zurückgegriffen werden. Dies gilt erstens für die nach Art. 253 EGV (Art. 190 EGV a.F.) obligatorischen Erwägungsgründe und zweitens für die von der Kommission abgegebenen Begründungen zur Gesamtheit und auch zu den einzelnen Bestimmungen der Rechtsakte, welche ebenfalls im Amtsblatt zusammen mit den jeweiligen Vorschlägen veröffentlicht werden.[369]

238 Grundsätzlich gilt jedoch nach überwiegender Ansicht für die historische Auslegung sowohl des Primär- als auch des Sekundärrechts, dass ihr nur Hilfscharakter zukommen kann, d.h. dass sie im Verhältnis zur wörtlichen, systematischen und teleologischen Auslegung grundsätzlich nur zur Unterstützung bereits gewonnener Ergebnisse dienen kann. Der historische Wille des Gesetzgebers i.S. einer subjektiven Auslegung sei nicht verbindlich, im Gemeinschaftsrecht habe die Erforschung des objektiven Sinns der Norm Vorrang.[370]

---

[363] *Pescatore*, Diskussionsbeitrag in KSE Bd. I, S. 202f., weist zutreffend auf die damit möglicherweise einhergehende Offenlegung von Meinungsstreitigkeiten hin, was die bestehende Konzeption zu gefährden vermag.

[364] *Neuner*, Privatrecht, S. 190; *Ophüls*, FS für Müller-Armack, S. 279, 287f.; GA Lagrange in seinen Schlussanträgen zu der Rs. 8/55, Slg. 1955/56, S. 197, 254.

[365] S. dazu *Ophüls*, FS für Müller-Armack, S. 279, 288; ders., NJW 1951, S. 289ff.; ders., NJW 1951, S. 381ff.

[366] Ausführlich zu den im Rahmen des sekundären Gemeinschaftsrechts bei der historischen Auslegung zu berücksichtigenden Materialien *Grundmann*, Auslegung, S. 257ff.; *Lutter*, JZ 1992, S. 593, 599ff.; ferner *Grundmann/Riesenhuber*, JuS 2001, S. 529, 530.

[367] EuGH, Rs. 94/75, Slg. 1976, S. 153; Rs. 51/76, Slg. 1977, 113; Rs. 260/78, Slg. 1979, S. 2793.

[368] EuGH, Rs. 23/68, Slg. 1969, S. 43.

[369] Dazu *Lutter*, JZ 1992, S. 593, 600.

[370] *Buck*, Auslegungsmethoden, S. 151; *Oppermann*, Europarecht, Rn. 687, S. 257.

III. Auslegung und Rechtsfortbildung des Gemeinschaftsrechts

Insofern findet sich zum Europarecht dieselbe undifferenzierte Einstellung zur subjektiven Auslegungsmethode wie zum deutschen Recht. Richtigerweise ist hier wie dort zunächst der Wille des historischen Gesetzgebers zu ermitteln. Soweit dieser festgestellt werden konnte und sich das rechtliche oder tatsächliche Umfeld nicht geändert hat, wie insbesondere bei neuen Gesetzen, ist dieser Wille auch verbindlich.[371]

Allerdings sind die Ergebnisse einer historischen Auslegung im Rahmen des Gemeinschaftsrechts vor allem deshalb mit Vorsicht zu behandeln, weil sich vielfach nur einseitige Meinungen feststellen lassen, die so wie sie dargestellt werden, keinen Niederschlag in der endgültigen Regelung gefunden haben.[372] Gemeinschaftsrechtliche Rechtssetzung trägt sowohl auf der Ebene des Primär- als auch auf der des Sekundärrechts in hohem Maße Kompromisscharakter – ein Blick auf eine der zuvor vertretenen „Extrem"positionen könnte daher geradezu verstellend wirken.[373]

d) Sinn und Zweck

Besondere Bedeutung erlangt bei der Auslegung sowohl des primären als auch des sekundären Gemeinschaftsrechts die sich an den Zielen des Vertrages orientierende teleologische Auslegungsmethode.[374] Der EuGH greift in mehreren Entscheidungen auf die Ziele der Präambel und der Art. 2 und 3 EGV zurück,[375] um bestimmte Vertragsvorschriften auszulegen, und räumt der teleologischen Methode den Vorrang vor den anderen Auslegungsmethoden ein.[376] Dieser Vorrang der Auslegung anhand der Zielbestimmungen wird auch in der Literatur immer wieder hervorgehoben.[377]

Zu beachten ist hingegen gerade bei der Rechtsprechung des EuGH, dass es auch im Rahmen der teleologischen Auslegung Grenzen gibt, jenseits derer nicht mehr von Auslegung, sondern nur noch von richterlicher Rechtsfortbildung gesprochen werden kann.[378]

aa) Die Ziele des EG-Vertrages

In den Präambeln und in einzelnen Bestimmungen der Verträge sind in allgemein gehaltener Form vertragliche Zielsetzungen formuliert, denen nach allgemeiner Auffassung eine rechtsverbindliche Wirkung zukommt.[379] In diesen Zusammenhang gilt es mithin zunächst zu klären, was unter den Zielen des Gemeinschaftsrechts zu verstehen ist.

Auch außerhalb des Gemeinschaftsrechts lässt sich feststellen, dass Gesetze kaum je nur einen Zweck verfolgen, sondern in der Regel mehrere Normzwecke verwirklichen wollen. Diese Erkenntnis gilt dabei einerseits für das Gesetzeswerk insgesamt, das u. U. neben für das ganze Gesetz verbindlichen „übergreifenden" Zielen meist noch verschiedene, auf einzelne Abschnitte bezogene Ziele kennt. Andererseits wird auch im Rahmen einer einzelnen konkreten Norm deutlich, dass mit ihr nicht nur ein einzelner Zweck, sondern zumeist **mehrere Regelungszwecke** verfolgt werden sollen.[380]

Diese Erkenntnisse gelten für das Gemeinschaftsrecht in besonderem Maße: Der EG-Vertrag selbst kennt in Art. 2 und 3 EGV „übergreifende", generelle Vertragsziele, die für

---

[371] S. *Wank*, Rechtsfortbildung, S. 59 ff.
[372] *Everling*, in: Kruse, Zölle, S. 51, 59; *Mertens de Wilmars*, CDE 1986, S. 5, 14.
[373] *Bleckmann*, NJW 1982, S. 1172; *Everling*, in: Kruse, Europäisches Marktordnungsrecht, S. 51, 59 f.
[374] *Bernhardt*, FS für Kutscher, S. 17, 22; *Bleckmann*, Europarecht, Rn. 258, S. 128; *Everling*, in: Kruse, Zölle, S. 51, 59.
[375] Statt vieler EuGH Rs. 292/82, Slg. 1983, S. 3781.
[376] EuGH, Rs. 6/72, Slg. 1973, S. 215, 216.
[377] Vgl. den Überblick bei *Everling*, in Kruse, Zölle, S. 51, 59, Fußn. 16.
[378] S. dazu auch Rn. 196, 266.
[379] Vgl. nur *Hoffmann-Becking*, Normaufbau und Methode, S. 65; *Ipsen*, Europarecht, S. 558; *Oppermann/Feige*, JuS 1974, S. 484, 485.
[380] *Wank*, Begriffsbildung, S. 93.

den gesamten Vertrag verbindlich sind.³⁸¹ Ferner finden sich in einigen Einzelbestimmungen des Vertrages weitere Ziele, die sich zunächst nur auf den Teilbereich zu beziehen scheinen, dem sie zugeordnet sind, so z. B. Art. 33 EGV (Art. 39 EGV a. F.)³⁸² für die Agrarpolitik, Art. 131 EGV (Art. 110 EGV a. F.) für die Handelspolitik, Art. 136 und 137 EGV (Art. 117 und 118 EGV a. F.) für die Sozialpolitik. Diese sollen sich jeweils in den generellen Vertragszielen wiederfinden, d. h. also einem oder mehreren der Ziele der früheren Art. 2 und 3 EGV zugeordnet werden können.

246 Schwieriger wird die Beurteilung schon im Rahmen des Art. 98 EGV (Art. 102a EGV a. F.) über die Ausrichtung der Wirtschaftspolitik. Dieser bestimmt zwar grundsätzlich, dass die Mitgliedstaaten ihre Wirtschaftspolitik „so ausrichten, dass sie im Rahmen der in Art. 99 Absatz 2 EGV genannten Grundsätze zur Verwirklichung der Ziele der Gemeinschaft i. S. des Artikels 2 beitragen" und wiederholt damit weitgehend die in den früheren Art. 2 und Art. 3a EGV genannten Grundsätze wirtschaftspolitischer Tätigkeit.³⁸³ Des Weiteren nennt er jedoch noch den Grundsatz der freien Marktwirtschaft mit offenem Wettbewerb, sowie die Tatsache, dass ein möglichst effizienter Einsatz der Ressourcen angestrebt wird. Diese Ziele dürften, beachtet man die – zumindest in der Vergangenheit – vorherrschende Ausrichtung der Gemeinschaft auf wirtschaftliche Zielsetzungen, unabhängig von ihrer Stellung unter Titel VII „Die Wirtschafts- und Währungspolitik", Gültigkeit für das gesamte Gemeinschaftsrecht beanspruchen.³⁸⁴ Die Mitgliedstaaten werden verpflichtet, die aufgeführten ordoliberalen und stabilitätspolitischen Grundsätze zu beachten.³⁸⁵ Die Ziele wirken sich damit nicht nur auf die wirtschaftspolitische Betätigung der Mitgliedstaaten, sondern auch auf die der Union selbst aus.

247 Gleiches gilt jedoch auch für die anderen oben genannten Ziele. Bei ihnen stellt sich ebenfalls die Frage, ob sie nur im Rahmen ihrer Titel dergestalt partiell herangezogen werden können, dass sie nur zur Auslegung der jeweils folgenden Einzelvorschriften und zur Ausrichtung der Politik der Gemeinschaft oder der Mitgliedstaaten auf diesem Teilgebiet dienen.³⁸⁶

248 Auch hier kann eine derartige Beschränkung im Regelfall nicht angenommen werden. Eine Maßnahme kann grundsätzlich nicht so ausgelegt werden, dass sie zwar mit den Grundsätzen der Zollpolitik übereinstimmt, aber den sozialen Status beteiligter Arbeitnehmer grundlegend gefährdet.³⁸⁷

249 Zu den im EG-Vertrag selbst enthaltenen Zielen kommen noch jene hinzu, die sich im **Vertrag über die Europäische Union**³⁸⁸ finden lassen. Dort werden in Art. 2 die Ziele der Union festgelegt. Die Union selbst besteht auf der Grundlage der Europäischen Gemeinschaften (s. Art. 1), ihre Ziele werden jedoch laut Art. 2 Abs. 1 dem Wortlaut nach lediglich nach Maßgabe „dieses Vertrages" verwirklicht.

250 Neben diesen ausdrücklich in die Regelungen des Gemeinschaftsrechts aufgenommenen Zielen („konkrete Normzwecke") gilt es zu beachten, dass es daneben noch soge-

---

³⁸¹ Aus dem Wortlaut des früheren Art. 3 EGV („Tätigkeit der Gemeinschaft") lässt sich dies nicht eindeutig entnehmen, dennoch wurde die Bestimmung vom EuGH stets als Beschreibung der Ziele des EGV verstanden; vgl. *Bleckmann*, EuR 1979, S. 239, 243. Grabitz/Hilf/*Grabitz*, Art. 3 EGV a. F., Rn. 1, stellt fest, dass es sich bei Art. 3 EGV einerseits um eine Ausführungsbestimmung zu den allgemeinen Zielbestimmungen des Art. 2 EGV handelt, er andererseits aber auch selbst eine Zielbestimmung darstellt, die nur konkreter ausgestaltet ist als Art. 2 EGV.
³⁸² „Ziel der gemeinsamen Agrarpolitik ist es ..."
³⁸³ *Geiger*, Art. 102a EGV a. F., Rn. 3.
³⁸⁴ So auch (noch für den ursprünglich geltenden Art. 104 EWGV) *Bleckmann*, EuR 1979, S. 239, 243, sowie Grabitz/Hilf/*Krämer*, Art. 104 EWGV, Rn. 2–4.
³⁸⁵ *Geiger*, Art. 102a EGV a. F., Rn. 5.
³⁸⁶ *Bleckmann*, EuR 1979, S. 239, 243.
³⁸⁷ *Bleckmann*, EuR 1979, S. 239, 243; zu dem darin enthaltenen Problem der Kollision der Gesetzeszwecke s. unten Rn. 253 ff.
³⁸⁸ Vertrag über die Europäische Union v. 7. 2. 1992, BGBl. 1992 II S. 1253.

nannte „**allgemeine Normzwecke**" gibt, die allen Gesetzen gemeinsam sind, da sie einen bestimmten Regelungsmechanismus verkörpern.[389] Darunter fällt beispielsweise der Gesichtspunkt der Praktikabilität einer gesetzlichen Regelung. Auch diese allgemeinen Normzwecke müssen – zumindest sekundär – bei jeder Gesetzesauslegung berücksichtigt werden.[390]

Im Rahmen einer teleologischen Auslegung können auch die ökonomische Analyse des Rechts sowie die Rechtsvergleichung unterstützend herangezogen werden.[391]

Für das sekundäre Gemeinschaftsrecht, insbesondere für **Richtlinien,** die für die Mitgliedstaaten nach Art. 249 Abs. 3 EGV (Art. 189 Abs. 3 EGV a. F.) grundsätzlich ohnehin nur in Bezug auf ihre Ziele verbindlich sind, gelten für die teleologische Auslegung noch gesonderte Grundsätze: Das Ziel des Sekundärrechts kann zumeist den in der Präambel dieser Rechtsakte aufgeführten Begründungserwägungen entnommen werden.[392] Zu beachten ist jedoch, dass auch hier in der Regel nicht nur ein einziger Normzweck verfolgt wird, sondern zumeist mehrere, die nicht ausdrücklich in der Präambel genannt sein müssen.[393]

bb) Die Kollision der Gesetzeszwecke

Nach einem Überblick über die Vielzahl von unterschiedlichen Normzielen, die für die Auslegung einer konkreten Norm in Betracht kommen können, und der Erkenntnis, dass jeder auszulegenden Norm des Gemeinschaftsrechts mehrere **rationes legis** zugrunde liegen können, stellt sich das Problem des **Verhältnisses der** verschiedenen **Normzwecke** zueinander.

Im Verhältnis der generellen (Art. 2 und 3 EGV) zu den „besonderen" Zielbestimmungen dürfte der Frage wenig Bedeutung zukommen, da sich die speziellen Vertragsziele, wie bereits erwähnt, auf die allgemeinen Vertragsziele zurückführen lassen und somit lediglich deren Konkretisierung darstellen.[394] Gleiches gilt für die Beziehung zwischen den Zielen des EG-Vertrages und denen des Unionsvertrages.

Aus dem Verhältnis vom Sekundärrecht zum Primärrecht lässt sich schließen,[395] dass für die Auslegung einer Norm des Sekundärrechts vorrangig diejenigen Ziele verbindlich sind, die sich in der jeweils zugrundeliegenden Norm des Primärrechts finden. So kann es einen Unterschied machen, ob eine Richtlinie auf dem Gebiet des Arbeits- und Sozialrechts auf Art. 95 EGV (Art. 100a EGV a. F.) oder Art. 138 EGV (Art. 118a EGV a. F.) zurückgeht, da im ersten Fall das Funktionieren des Gemeinsamen Marktes für die Auslegung im Vordergrund stehen sollte.[396]

Darüber hinaus kennt das Gemeinschaftsrecht zwar eine Reihe von ausdrücklich normierten Vertragszielen, bringt diese jedoch ausdrücklich in keine objektive „Wertordnung", welche ein bestimmtes Rangverhältnis festlegen würde.[397] Allenfalls ist darauf hinzuweisen, dass, gemessen an der Regelungsintensität im Vertrag sowie am Umfang der zur Verfügung gestellten Mittel zu ihrer Verwirklichung, einigen Zielen größere Bedeutung zuzukommen scheint als anderen. So kann beispielsweise der Harmonisierung der Vorschriften im Gesellschaftsrecht für sich genommen keine sehr große Bedeutung zu-

---

[389] *Wank,* Begriffsbildung, S. 93.
[390] *Wank,* Begriffsbildung, S. 95. Zur Missachtung im Falle Paletta s. oben § 8 Rn. 297 ff.
[391] *Franzen,* Privatrechtsvergleichung, S. 465 ff. (zur Rechtsvergleichung); *Grundmann/Riesenhuber,* JuS 2001, S. 529, 532 ff.
[392] Vgl. *Bleckmann,* NJW 1982, S. 1177 f.
[393] So ausdrücklich EuGH, Rs. 91/79, Slg. 1980, S. 1099; dazu *Bleckmann,* RIW 1987, S. 929, 931.
[394] Vgl. oben Rn 243.
[395] S. dazu oben Rn. 207 ff.
[396] Unzutreffend insoweit die Verwischung des Unterschieds bei *Krimphove,* Europäisches Arbeitsrecht, S. 230.
[397] *Bleckmann,* EuR 1979, S. 239, 243.

kommen, da sie im gesamten EG-Vertrag nur in Art. 44 EGV (Art. 54 Abs. 3 Buchst. g a. F.) erwähnt wird.

257 Da es jedoch keine objektive Rangordnung der verschiedenen Ziele der Gemeinschaften gibt, obliegt es dem EuGH als dem für die Auslegung zuständigen Organ in jedem Einzelfall, die für die Auslegung der in Frage stehenden Norm bestehenden Prioritäten festzulegen.[398]

258 Es kann lediglich davon ausgegangen werden, dass bei der Auslegung des Gemeinschaftsrechts anhand seiner Ziele einem Prinzip ähnlich dem der **praktischen Konkordanz** zu folgen ist, wie es aus der deutschen Grundrechtsdogmatik bekannt ist.[399] Danach stellt das Prinzip der Einheit der Verfassung für den Fall einer Kollision mehrerer Grundrechte die Aufgabe einer Optimierung: Verfassungsrechtlich geschützte Rechtsgüter sollten in der Problemlösung einander dergestalt zugeordnet werden, dass jedem von ihnen Grenzen so gezogen werden, dass am Ende beide Rechtsgüter zu ihrer optimalen Wirksamkeit gelangen.[400]

259 Für die Kollision verschiedener Vertragsziele im Gemeinschaftsrecht lässt sich daraus folgendes ableiten:

260 Das Prinzip der Einheit des Gemeinschaftsrechts gebietet es, die Ausrichtung einer Norm an einzelnen Vertragszielen so vorzunehmen, dass Widersprüche zu anderen, ebenfalls relevanten Vertragszielen vermieden werden. Sind für die Auslegung einer Norm verschiedene Vertragsziele relevant, die in nicht auflösbaren Widerstreit miteinander treten, darf zudem nicht ein Ziel so stark in den Vordergrund gestellt werden, dass das oder die anderen Ziele im konkreten Fall jegliche Bedeutung verlieren.[401] Allgemeine Ziele sind den sektoralen i. S. einer normhierarchischen Abstufung übergeordnet.[402] Bei den grundsätzlichen Vertragsbestimmungen ist nur im Ausnahmefall einer Zielsetzung, deren Auswahl im Ermessen der Organe steht, Vorrang einzuräumen.[403]

3. Die gemeinschaftsrechtskonforme Auslegung als Auslegungsgrundsatz des nationalen Rechts

261 Wenn auch in diesem Abschnitt in erster Linie diejenigen Auslegungsgrundsätze behandelt werden, die sich auf die Auslegung des Gemeinschaftsrechts selbst beziehen, so darf doch in diesem Zusammenhang die gemeinschaftsrechtskonforme Auslegung[404] nicht unerwähnt bleiben. Dieser Auslegungsgrundsatz betrifft das Verhältnis des nationalen Rechts zum Gemeinschaftsrecht und ist ein Unterfall der systematischen Auslegung. Das Verhältnis dieser beiden Rechtsordnungen zueinander ist ähnlich dem des einfachen Rechts zum Verfassungsrecht innerhalb der nationalen Rechtsordnung. Deshalb können

---

[398] *Bleckmann*, EuR 1979, S. 239, 247 f.

[399] Der Begriff wurde vor allem geprägt durch *Hesse*, Grundzüge des Verfassungsrechts, 21. Aufl. 1999, Rn. 72. Zu betonen ist allerdings, dass in der deutschen Grundrechtsdogmatik das Prinzip der praktischen Konkordanz zumeist im Zusammenhang mit der systematischen Interpretation der Grundrechte erwähnt wird (so bei *Bleckmann*, Staatsrecht II, Allgemeine Grundrechtslehren, 1985, S. 74 f.; *Pieroth/Schlink*, Grundrechte, Staatsrecht II, 12. Aufl. 1999, Rn. 348). Da es hier nur sinngemäß auf das Verhältnis der Vertragsziele angewandt wird, kann im vorliegenden Zusammenhang jedoch auch im Rahmen der teleologischen Auslegung diskutiert werden.

[400] *Hesse*, Grundzüge des Verfassungsrechts, Rn. 72.

[401] Dies lässt sich ebenfalls aus dem Prinzip der praktischen Konkordanz ableiten, das für das Verhältnis verschiedener Grundrechte zueinander auch verhindern will, dass eines von ihnen in seinem Wesensgehalt angetastet wird.

[402] *Pescatore*, FS für Kutscher, S. 319, 331.

[403] EuGH, Rs. 8/57, Slg. 1958, S. 231, 254; Rs. 9/57, Slg. 1958, S. 380, 403; Rs. 28/66, Slg. 1968, S. 1, 19 f.

[404] Vgl. zu einer genauen Abgrenzung der Begriffe „richtlinienkonforme" und „gemeinschaftskonforme Auslegung" *Ehricke*, RabelsZ 59 (1995), S. 598, 603 f.

auch die Erkenntnisse, die in Verfassungsrecht und Methodenlehre zur verfassungskonformen Auslegung gewonnen wurden,[405] auf die gemeinschaftskonforme Auslegung übertragen werden; man kann insoweit von einem **allgemeinen Prinzip der „rangkonformen Auslegung"**[406] sprechen.

Wichtig ist dabei der Gedanke, dass es eine rangkonforme Auslegung in zwei Varianten 262 gibt, die rangkonforme Auslegung als Mittel der Inhaltsbestimmung und als Mittel der Inhaltskontrolle. Beides wird, auch in einschlägigen Urteilen und Aufsätzen, häufig durcheinandergeworfen.

Gemeinschaftskonforme Auslegung als Inhaltsbestimmung bedeutet: Sind in ei- 263 ner Frage nach den Auslegungsgrundsätzen des nationalen Rechts mehrere, gleichermaßen nicht gegen Gemeinschaftsrecht verstoßende, Interpretationen eines nationalen Gesetzes möglich, so ist diejenige zu wählen, die den Wertungen des Gemeinschaftsrechts am nächsten kommt.

Demgegenüber tritt **gemeinschaftskonforme Auslegung als Inhaltskontrolle** in 264 Aktion, wenn unter mehreren nach nationalem Recht möglichen Auslegungen eine oder mehrere, oder wenn die einzige nach nationalem Recht mögliche Interpretation gegen Gemeinschaftsrecht verstoßen. In diesem Fall muss versucht werden, eine Auslegung zu finden, die sowohl den Zweck des nationalen Gesetzes soweit wie möglich verwirklicht als auch einen Widerspruch mit dem Gemeinschaftsrecht vermeidet.

Die gemeinschaftskonforme Auslegung in den beiden genannten Ausprägungen ist so- 265 wohl in der Rechtsprechung des EuGH[407] als auch in der Literatur[408] anerkannt.

4. Die Rechtsfortbildung im Gemeinschaftsrecht

Die Frage, ob und in welchem Umfang der EuGH befugt ist, Richterrecht zu schaf- 266 fen,[409] gehört zu den nicht hinreichend gelösten Problemen des Gemeinschaftsrechts.

a) Rechtsfortbildung in der Rechtsprechung des EuGH

Im Gegensatz zur deutschen juristischen Methodenlehre unterscheidet der Gerichtshof 267 nicht ausdrücklich zwischen Rechtsfortbildung und Auslegung.[410] Er folgt vielmehr der französischen Doktrin und bezeichnet auch die eindeutige Rechtsfortbildung als Auslegung.[411] Dass sich der Gerichtshof gleichwohl der Unterscheidung zwischen Auslegung

---

[405] *Wank*, Rechtsfortbildung, S. 97 ff.
[406] *Wank*, Die Auslegung von Gesetzen, S. 65 ff.
[407] EuGH, Rs. 14/83, Slg. 1984, S. 1891, 1909; Rs. 79/83, Slg. 1984, S. 1921, 1943; Rs. 80/86, Slg. 1987, S. 3969, 3986; Rs. 106/89, Slg. 1990, S. 4135, 4149; EuGH, NJW 2000, S. 2571.
[408] *Everling*, FS für Carstens, S. 95, 107; *Franzen*, Privatrechtsangleichung, S. 291 ff.; *Hergenröder*, FS für Zöllner, S. 1139 ff.; *Jarass*, EuR 1991, S. 211, 214; *Lutter*, JZ 1992, S. 593, 604; ausführlich zur richtlinienkonformen Auslegung als Unterfall der gemeinschaftsrechtskonformen Auslegung *Brechmann*, Die richtlinienkonforme Auslegung, 1994, m. w. N.
[409] Zum Richterrecht in der Europäischen Gemeinschaft s. auch *Bleckmann*, Gedächtnisschrift für Constantinesco, 1983, S. 61 ff.; *Dänzer-Vanotti*, RIW 1992, S. 733 ff.; *Everling*, RabelsZ (50) 1986, S. 193 ff.; *ders.*, JZ 2000, S. 217 ff.; *Hoffmann-Becking*, Normaufbau und Methode, 1973, S. 150 ff., 339 ff.; *Langenbucher*, Cambridge Law Journal 57 (3), 1998, S. 481; *Mittmann*, Die Rechtsfortbildung durch den Gerichtshof der Europäischen Gemeinschaften und die Rechtsstellung der Mitgliedstaaten der Europäischen Union, 2000; *Schwarze*, Die Befugnis zur Abstraktion im Europäischen Gemeinschaftsrecht, 1976, S. 105 ff.; *Wank*, FS für Stahlhacke, 1995, S. 633 ff.
[410] Vgl. auch *Dänzer-Vanotti*, RIW 1992, S. 733, 734; *Hoffmann-Becking*, Normaufbau, S. 151; *Schweitzer/Hummer*, Europarecht, Rn. 451, S. 136.
[411] Vgl. z. B. die Entscheidung des EuGH v. 29. 11. 1956 (Fédération Charbonnière des Belgique/Hohe Behörde), Rs. 8/55, Slg. 1955–1956, S. 297, 312; zu den sog. „implied powers" s. oben Rn. 201.

und Rechtsfortbildung bewusst ist, zeigen die Urteile, in denen er sich mit seinem Verhältnis zum Gemeinschaftsgesetzgeber auseinandersetzt.[412]

268 Der Gerichtshof hat seit den Anfängen seiner Rechtsprechung Rechtsfortbildung betrieben.[413] Zu der Frage, woraus er seine Befugnis zur Rechtsfortbildung herleitet, nahm der Gerichtshof erstmals in seinem **Algera-Urteil** vom 12. 7. 1957[414] Stellung, in dem er über die Zulässigkeit des Widerrufs eines begünstigenden Verwaltungsaktes der Gemeinsamen Versammlung der EGKS entscheiden musste. In seinem Urteil führte er aus, sofern die zur Entscheidung stehenden Erlasse rechtmäßig und rechtswirksam seien, stellten sie begünstigende Verwaltungsakte dar, die subjektive Rechte verleihen. Was die Zulässigkeit des Widerrufs solcher Verwaltungsakte angehe, so handele es sich hier um eine der Rechtsprechung und Lehre in allen Ländern der Gemeinschaft wohlvertraute verwaltungsrechtliche Frage, für deren Lösung der Vertrag jedoch keine Vorschriften enthalte. Um sich nicht dem Vorwurf einer Rechtsverweigerung auszusetzen, sei der Gerichtshof daher verpflichtet, diese Frage von sich aus unter Berücksichtigung der in Gesetzgebung, Lehre und Rechtsprechung der Mitgliedstaaten anerkannten Regeln zu entscheiden.[415] Aus dem Verbot der Rechtsverweigerung[416] leitete der Gerichtshof im Algera-Urteil somit nicht nur seine Befugnis, sondern sogar seine Verpflichtung zur Rechtsfortbildung her. Im Zusammenhang mit seiner späteren Rechtsprechung, wonach das Gemeinschaftsrecht eine einheitliche, kohärente Rechtsordnung bilde,[417] hat der Gerichtshof sich quasi selbst seine Legitimationsgrundlage für eine weitreichende Rechtsfortbildungsbefugnis geschaffen.[418]

269 Eine methodisch erkennbare Linie, wie die Rechtsfortbildung im Einzelfall zu erfolgen hat und welche Grenzen der Rechtsfortbildung gesetzt sind, lässt sich der Rechtsprechung des Gerichtshofs nicht entnehmen. Bei ihrer Analyse lassen sich allenfalls Tendenzen der Rechtsfortbildungsmethode erkennen. So nimmt der Gerichtshof im Bereich des Gemeinschaftsverfassungsrechts die weitestgehende Rechtsfortbildungskompetenz für sich in Anspruch. Ein anschauliches Beispiel hierfür ist die vielzitierte Entscheidung des Gerichtshofs vom 5. Februar 1963 in der Rechtssache **van Gend & Loos,**[419] in der er vornehmlich aus der Zielsetzung des Vertrages den in seiner Tragweite kaum zu überschätzenden Grundsatz herleitete, dass Rechte einzelner nicht nur entstehen, „wenn der Vertrag dies ausdrücklich bestimmt, sondern auch auf Grund von eindeutigen Verpflichtungen, die der Vertrag den Einzelnen wie auch den Mitgliedstaaten und den Organen der Gemeinschaft

---

[412] So hat er z.B. in seinem Urteil vom 26. 4. 1972 in der Rechtssache Rs. 92/71, Slg. 1972, S. 242, die Korrektur einer Bestimmung des Gemeinsamen Zolltarifes mit folgender Begründung abgelehnt: „... Sicherlich ist es in praktischer Hinsicht unbefriedigend, dass diese beiden Regelungen für die Bestimmung der Veranlagungsgrundlage von Abschöpfung einerseits und Zoll andererseits von unterschiedlichen Gesichtspunkten ausgehen; es ist jedoch nicht Sache des Gerichtshofs, hier für Abhilfe zu sorgen und im Wege der Auslegung den Inhalt der im einen oder anderen Falle anwendbaren Vorschriften zu ändern, denn hierfür ist ausschließlich der Gemeinschaftsgesetzgeber zuständig."
[413] Bereits in seiner Entscheidung Kergall, Rs. 1/55, Slg. 1955/1956, S. 9, 29, stützte er sich auf die „im Verwaltungsrecht anerkannten Grundsätze der Versetzung in den Ruhestand".
[414] Rs. 7/56 und 3–7/57, Slg. 1957, S. 83.
[415] Slg. 1957, S. 117f.
[416] Zum Rechtsverweigerungsverbot im französischen Recht vgl. Art. 4 des Code Civil, in dem es heißt: „le juge qui refusera de juger, sous prétexte du silence, de l'obscurité ou de l'insuffisance de la loi, pourra etre poursuivi comme coupable de déni de justice".
[417] Dieser Gedanke der Kohärenz der Gemeinschaftsrechtsordnung zieht sich durch die gesamte Rechtsprechung des Gerichtshofs, vgl. z.B. das Urteil des Gerichtshofs in der Rechtssache 9/61, Slg. 1962, S. 433, 478, in dem er ausführte: „Nach allgemeiner Rechtsauffassung, die auch in der Rechtsprechung anerkannt ist, bilden die Vertragsvorschriften ein ganzes; sie vervollständigen und ergänzen einander."
[418] Vgl. auch *Schwarze*, Abstraktion, S. 185 ff.
[419] Rs. 26/52, Slg. 1963, S. 1.

III. Auslegung und Rechtsfortbildung des Gemeinschaftsrechts   270, 271 § 9

auferlegt".[420] In den Bereichen, in denen für die Rechtsfortbildung ein Rückgriff auf die nationalen Rechtsordnungen in Betracht kommt, insbesondere bei der Entwicklung allgemeiner gemeinschaftlicher Rechtsgrundsätze und gemeinschaftlicher Grundrechte, bedient sich der Gerichtshof häufiger der Methode der sog. **wertenden Rechtsvergleichung**.[421] Aber auch insoweit ist keine einheitliche Linie des Gerichtshofs erkennbar. So hat der Gerichtshof etwa den Grundsatz „ne bis in idem" ohne einen Vergleich der nationalen Rechtsordnungen unmittelbar aus dem Gedanken der „Billigkeit" abgeleitet.[422]

b) Die Befugnis des EuGH zur Rechtsfortbildung

Die grundsätzliche Befugnis des Gerichtshofs, Gemeinschaftsrecht fortzubilden, steht heute außer Streit.[423] Unterschiedliche Auffassungen bestehen allerdings darüber, woraus sich die Befugnis des Gerichtshofs zur Rechtsfortbildung ableitet. 270

Nicht zu überzeugen vermag das vom Gerichtshof[424] und auch im Schrifttum[425] geltend gemachte Argument, der Gerichtshof könne sich der Aufgabe, eine Entscheidung zu treffen, nicht entziehen, wenn er nicht das Recht verweigern wolle.[426] Die ganz überwiegende Zahl der Rechtsfortbildungsurteile des Gerichtshofs sind im Vorabentscheidungsverfahren gem. Art. 234 EGV (Art. 177 EGV a. F.) ergangen. Wenn der Gerichtshof aber im Vorabentscheidungsverfahren zu dem Ergebnis kommt, dass das Gemeinschaftsrecht die Antwort auf eine bestimmte Frage nicht oder noch nicht gibt, so wäre diese Feststellung keine Rechtsverweigerung, sondern ebenfalls eine rechtliche Antwort.[427] Das vorlegende 271

---

[420] Slg. 1963, S. 25; ausgehend von dieser Entscheidung hat der Gerichtshof in zahlreichen Entscheidungen seine Rechtsprechung zur unmittelbaren Wirkung des primären und sekundären Gemeinschaftsrechts entwickelt, vgl. dazu *Everling*, FS für Carstens, Bd. 1, 1984, S. 95 ff.

[421] Vgl. z.B. EuGH (Algera), Rs. 7/56 und 3–7/57, Slg. 1957, S. 83, 118, in dem er ausführte: „Eine rechtsvergleichende Untersuchung lässt erkennen, dass in den sechs Mitgliedstaaten ein Verwaltungsakt, der dem Betroffenen subjektive Rechte verliehen hat, grundsätzlich nicht widerrufen werden kann, sofern er rechtmäßig war..."; in der Rechtssache Hauer, Rs. 44/79, Slg. 1979, S 3727, 3746 f. stellte der Gerichtshof zum gemeinschaftlichen Eigentumsrecht u. a. fest: „Für die Beantwortung dieser Frage müssen auch die Hinweise beachtet werden, die den Verfassungsnormen und der Verfassungspraxis der neun Mitgliedstaaten zu entnehmen sind. Hierzu ist als erstes festzustellen, dass es dem Gesetzgeber nach diesen Normen und in der erwähnten Praxis gestattet ist, die Benutzung des Privateigentums im Allgemeininteresse zu regeln. Zu diesem Zweck verweisen einige Verfassungen auf die immanenten Eigentumsbindungen (Art. 14 Abs. 2 Satz 1 des deutschen Grundgesetzes), auf die soziale Funktion des Eigentums (Art. 42 Abs. 2 der italienischen Verfassung), auf die Abhängigkeit seines Gebrauchs von den Erfordernissen des Gemeinwohls (Art. 14 Abs. 2 Satz 2 des deutschen Grundgesetzes und Art. 43.2.2. der irischen Verfassung) und auch auf die soziale Gerechtigkeit (Art. 43.2.1. der irischen Verfassung). In sämtlichen Mitgliedstaaten haben zahlreiche Gesetzgebungsakte dieser sozialen Funktion des Eigentumsrechts konkreten Ausdruck verliehen..."; näher zur Methode der wertenden Rechtsvergleichung unten Rn. 282.

[422] EuGH, Rs. 14/68, Slg. 1969, S. 1, 15.

[423] BVerfGE 75, S. 223, 240 f.; *Bleckmann*, Gedächtnisschrift für Constantinesco, S. 61; *Dänzer-Vanotti*, RIW 1992, S. 733, 734; *Franzen*, Privatrechtsangleichung, S. 575 ff.; *Grabitz/Pernice*, Art. 164 EGV a. F., Rn. 12 f.; *Schweitzer/Hummer*, Europarecht, Rn. 451, S. 136; *Schwarze*, Abstraktion, S. 182 f.; *Streil*, in: Beutler/Bieber/Pipkorn/Streil, Die Europäische Union, S. 240; zu den früher erhobenen Bedenken gegen einen starken Ausbau der Rechtsprechung s. vor allem *Steindorff*, Die Nichtigkeitsklage im Recht der Europäischen Gemeinschaft für Kohle und Stahl, 1952, S. 17. Aus der Erwägung, dass in der Gemeinschaft eine mit umfassenden Kompetenzen ausgestattete Legislative als Gegengewicht gegenüber dem des Gerichtshofs fehle, plädierte er für eine „Zurückhaltung des Gerichtshofs".

[424] S. bereits EuGH, verb. Rs. 7/56 und 3–7/57, Slg. 1957, S. 83, S. 118.

[425] *Everling*, RabelsZ (50) 1986, S. 195, 200, 203, 207; *Neßler*, RIW 1993, S. 206, 211; *Pescatore*, Gedächtnisschrift für Constantinesco, 1983, S. 559, 576.

[426] Ausführlich zur Brüchigkeit dieses Arguments *Stein*, FS der Juristischen Fakultät zur 600 Jahr-Feier der Universität Heidelberg, 1986, S. 619 ff.; s. ferner *Franzen*, Privatrechtsangleichung, S. 577 f.

[427] *Stein*, FS der Juristischen Fakultät Heidelberg, S. 619, 636.

nationale Gericht wäre in diesem Fall aufgerufen, die für die Entscheidung maßgebliche Frage nach nationalem Recht zu entscheiden. Ein Rückgriff auf nationales Recht käme nur dann nicht in Betracht, wenn die Vorlagefrage wegen ihres gemeinschaftsspezifischen Charakters nicht nach nationalem Recht gelöst werden könnte, wie z. B. die Frage nach dem Rechtsstatuts europäischer Beamter.[428] Lediglich in diesen Fällen müsste die Antwort zwingend vom Gerichtshof aus dem insoweit lückenhaften Gemeinschaftsrecht entschieden werden.[429]

272 Die Befugnis des Gerichtshofs zur Rechtsfortbildung ergibt sich vielmehr aus der besonderen Eigenart des Rechts in den europäischen Gemeinschaften sowie verschiedenen vertraglichen Bestimmungen. Anders als die nationalen Rechtsordnungen handelt es sich bei der Rechtsordnung der Gemeinschaft um eine notwendig unvollständige, auf den Wandel hin angelegte Rechtsordnung.[430] Angesichts der dadurch bedingten Normdefizite der europäischen Rechtsordnung musste der Gerichtshof, um nicht beim gegenwärtigen Stand der Entwicklung stehen zu bleiben, selbst Grundsätze und Maßstäbe herausbilden, an denen er eine Maßnahme messen konnte.[431] Dem Gerichtshof kam somit von Anfang an eine wesentliche Rolle als „Integrationsfaktor" zu.[432]

273 Die dem Gerichtshof zukommende Aufgabe bei der Lückenausfüllung wird bestätigt durch Art. 220 EGV (Art. 164 EGV a. F.). Danach ist es Aufgabe des Gerichtshofs, „die Wahrung des Rechts bei der Auslegung und Anwendung dieses Vertrages" zu sichern. Die Wahrung des „Rechts" umfasst über die Konkretisierung und Ausgestaltung des Gemeinschaftsrechts auch die Fortbildung des Rechts.[433] Dass dem Gerichtshof auch rechtsschöpferische Aufgaben zukommen sollen, belegt auch Art. 288 Abs. 2 EGV (Art. 215 Abs. 2 EGV a. F.), der für den Sonderfall der außervertraglichen Haftung zugleich den Weg zur Lückenschließung aufzeigt.[434]

274 Auch das **Bundesverfassungsgericht** hat in seiner Entscheidung vom 8. April 1987 die Rechtsfortbildung durch den Gerichtshof ausdrücklich anerkannt.[435] Sie wird auch nicht durch das Maastricht-Urteil vom 12. 10. 1993[436] in Frage gestellt. Mit seinem Hinweis, dass Rechtsakte der Gemeinschaftsorgane im deutschen Hoheitsbereich nicht rechtlich verbindlich wären, wenn durch sie der EG-Vertrag in einer Weise gehandhabt oder fortgebildet würde, die von dem Vertrag, wie er dem deutschen Zustimmungsgesetz zugrunde liegt, nicht mehr gedeckt ist,[437] wird lediglich eine Grenze der Rechtsfortbildungsbefugnis abgesteckt.[438] Insbesondere besteht grundsätzlich keine Kompetenz des

---

[428] Vgl. Rs. 7/76 und 3–7/57, Slg. 1957, S. 85.
[429] *Stein*, FS der Juristischen Fakultät Heidelberg, S. 619, 636.
[430] *Schwarze*, Abstraktion, S. 16 f., *ders.*, in: Schwarze, Der Europäische Gerichtshof als Verfassungsgericht und Rechtsschutzinstanz, 1983, S. 13; zum dynamischen Charakter des Gemeinschaftsrechts s. oben Rn. 196 ff.
[431] *Everling*, in: Schwarze, Der Europäische Gerichtshof als Verfassungsgericht und Rechtsschutzinstanz, S. 137, 157.
[432] *Stein*, FS der Juristischen Fakultät Heidelberg, S. 619, 620; zur Rolle des Gerichtshofs als „Integrationsfaktor" s. oben Rn. 253 ff.
[433] *Hailbronner*, Art. 164 EGV a. F., Rn. 6.; Grabitz/Hilf/*Pernice*, Art. 164 EGV a. F., Rn. 13.
[434] *Schwarze*, Abstraktion, S. 188.
[435] BVerfGE 75, S. 223, 241 ff; der 2. Senat führte diesbezüglich aus: „Zwar ist dem Gerichtshof keine Befugnis übertragen worden, auf diesem Wege Gemeinschaftskompetenzen beliebig zu erweitern; ebenso wenig aber können Zweifel daran bestehen, dass die Mitgliedstaaten die Gemeinschaft mit einem Gericht ausstatten wollten, dem Rechtsfindungswege offen stehen sollten, wie sie in jahrhundertlanger gemeineuropäischer Rechtsüberlieferung und Rechtskultur ausgeformt worden sind … Die Gemeinschaftsverträge sind auch im Lichte gemeineuropäischer Rechtsüberlieferung und Rechtskultur zu verstehen. Zu meinen, dem Gerichtshof der Gemeinschaften wäre die Methode der Rechtsfortbildung verwehrt, ist angesichts dessen verfehlt."
[436] BVerfG, NJW 1993, S. 3047.
[437] B. I. 3. der Gründe.
[438] S. dazu nachfolgend Rn. 275 ff.

III. Auslegung und Rechtsfortbildung des Gemeinschaftsrechts   275, 276 § 9

EuGH zur Rechtsfortbildung bei Kompetenzvorschriften, weil der EG-Vertrag dem Prinzip der begrenzten Einzelermächtigung folgt.[439]

c) Voraussetzungen und Grenzen der Rechtsfortbildung

Nach der Rechtsprechung des Bundesverfassungsgerichts lassen sich die Voraussetzungen und Grenzen richterlicher Rechtsfortbildung im nationalen Recht nicht von vornherein für alle Rechtsgebiete gleichermaßen in einer Formel erfassen.[440] Gleiches soll auch für das Gemeinschaftsrecht gelten: Ob und in welchem Ausmaß Gerichte befugt sind, rechtsfortbildend tätig zu werden, lasse sich nicht abstrakt oder generell bestimmen.[441] Diese salvatorische Klausel darf allerdings nicht davon entbinden, den vorhandenen Erkenntnisstand zu berücksichtigen. In der deutschen Methodenlehre ist inzwischen die Erkenntnis gesichert, dass sich die Voraussetzungen zulässiger Rechtsfortbildung sowohl aus dem Verfassungsrecht als auch aus der Methodenlehre ergeben.[442] Verfassungsrechtlich sind Gewaltenteilungsprinzip, Demokratieprinzip und Rechtsstaatsprinzip einschlägig,[443] methodisch ist das Vorliegen einer Lücke Voraussetzung.[444] Des Weiteren ist auch anerkannt, dass zwischen dem Ob und Wie einer Rechtsfortbildung unterschieden werden muss.[445]

aa) Das Ob der Rechtsfortbildung durch den EuGH
(1) Verfassungsrechtliche Grenzen

Zwar kann das Gewaltenteilungsprinzip für die EG-Organe nicht in gleicher Weise gelten wie für die nationalen Gewalten. Insbesondere ist die Austarierung zwischen Legislative und Exekutive nicht entsprechend ausgeprägt.[446] Das ändert nichts daran, dass zwischen dem EuGH einerseits und dem EG-Gesetzgeber andererseits das **Gewaltenteilungsprinzip** zu beachten ist. Dieselben Grenzen, die sich im deutschen Recht aus dem Gewaltenteilungsprinzip für die Judikative ergeben, bestehen auch für den EuGH. Rechtsfortbildung ist danach unzulässig, wenn die generellen Tatsachen oder die generellen Folgen nicht überschaubar sind, ein Eingriff in das System stattfindet oder wenn die Rechtssicherheit leiden würde.[447] Damit findet die Rechtsfortbildung des EuGH jedenfalls dort ihre Grenze, wo es um politische Gesetzgebungsfunktionen geht.[448] Der Gerichtshof darf sich nicht zum Ersatzgesetzgeber machen, der die zur Gesetzgebung berufenen Organe von ihrer Verantwortung entlastet, die notwendigen Regelungen selbst zu treffen.[449] Zu fragen ist des Weiteren, **ob der EuGH** im jeweiligen Fall im Verhältnis zum Gemeinschaftsgesetzgeber **geeigneter** ist, die Lückenausfüllung vorzunehmen.[450] Im Gemeinschaftsrecht klingt diese richterliche Selbstbeschränkung zum einen in Art. 33 Abs. 1

---

[439] *Blomeyer*, NZA 1994, S. 633, 637.
[440] BVerfGE 34, S. 269, 288.
[441] *Schwarze*, Abstraktion, S. 184; *Stein*, FS der Juristischen Fakultät Heidelberg, S 619, 627 f.
[442] S. *Wank*, ZGR 1988, S. 314, 319 ff. m. w. N.
[443] *Wank*, Grenzen richterlicher Rechtsfortbildung, S. 119 ff.
[444] *Larenz*, Methodenlehre der Rechtswissenschaft, 6. Aufl. 1991, S. 370 ff.; *Wank*, ZGR 1988, S. 313, 421; zur Gesetzeslücke im Gemeinschaftsrecht s. *Franzen*, Privatrechtsangleichung, S. 604 ff.
[445] *Bydlinski*, Juristische Methodenlehre und Rechtsbegriff, S. 472 ff.; *Larenz*, Methodenlehre, S. 401 f.; *Wank*, ZGR 1988, S. 314, 336 ff.; *Zippelius*, Methodenlehre, § 13.
[446] S. *Gündisch*, Rechtsschutz in der Europäischen Gemeinschaft, 1994, S. 53; *Kirchner/Haas*, JZ 1993, S. 760, 768; s. zum „institutionellen Gleichgewicht" *Franzen*, Privatrechtsangleichung, S. 582 f.
[447] *Wank*, Rechtsfortbildung, S. 154 ff. m. w. N.
[448] *Bleckmann*, Gedächtnisschrift für Constantinesco, S. 61, 67; *Everling*, RabelsZ (50) 1986, S. 193, 229.
[449] Vgl. *Dänzer-Vanotti*, RIW 1993, S. 733, 737; *Everling*, RabelsZ (50) 1986, 193, 230; *Fiedler*, JZ 1986, S. 60, 64, *Stein*, FS der Juristischen Fakultät Heidelberg, S. 619, 640. Insoweit gibt es Überschneidungen mit der Wesentlichkeitstheorie; s. *Ukrow*, NJW 1994, S. 2469.
[450] Zu dieser Begrenzung der Rechtsfortbildung im nationalen Recht s. *Wank*, Rechtsfortbildung, S. 151.

Satz 2 EGKSV[451] an, der dem Kenntnisvorsprung der Verwaltung Rechnung trägt und daher den Umfang der Nachprüfungsbefugnis des Gerichtshofs im Rahmen von Nichtigkeitsklagen beschränkt.[452] Sie ist zum anderen Ausdruck des Prinzips der Sicherung einer optimalen Funktionsfähigkeit der Gemeinschaft.[453] Zurückhaltung des Gerichtshofs ist vor allem dann geboten, wenn er nicht über das erforderliche Spezialwissen verfügt, um die Tragweite allgemeiner Grundsätze abschätzen zu können.[454] Bestehen Zweifel, ob der Gerichtshof zur Lückenausfüllung besser geeignet ist als der zuständige Gesetzgeber, so hat er sich, wenn nicht ausnahmsweise ernstliche Gefahren für das Funktionieren der Gemeinschaft auf dem Spiel stehen, darauf zu beschränken, den zuständigen Gemeinschaftsgesetzgeber zum Tätigwerden zu verpflichten.[455]

277 Im Schrifttum wird teilweise als weitere Voraussetzung für eine Rechtsfortbildung durch den Gerichtshof verlangt, dass die Rechtsfortbildung „zwingend geboten" sein müsse; sie dürfe nur in „Notfällen" erfolgen.[456] Eine derart weitgehende Beschränkung der Rechtsfortbildungskompetenz des Gerichtshofs ist abzulehnen. Gem. Art. 7 Abs. 1 EGV (Art. 4 Abs. 1 EGV) ist der Gerichtshof in gleicher Weise und in gleichem Rang wie die Versammlung, der Rat und die Kommission nach Maßgabe der ihm ausdrücklich zugewiesenen Befugnisse verpflichtet, zur Erfüllung der den Gemeinschaften gestellten Aufgaben beizutragen.[457] Dieser Aufgabe kann der Gerichtshof aber nur gerecht werden, wenn seine Befugnis zur Rechtsfortbildung **nicht auf „Notfälle" beschränkt** wird.[458] Auch im deutschen Recht ergeben sich im Übrigen die Grenzen richterlicher Rechtsfortbildung nicht aus einem allgemeinen „Notfall"-Prinzip, sondern aus genaueren methodischen und verfassungsrechtlichen Schranken.[459]

(2) Methodische Grenzen: Das Vorliegen einer Lücke

278 Richterliche Rechtsfortbildung setzt des Weiteren voraus, dass eine Lücke vorhanden ist. Deshalb geht die Auffassung, dass bereits „jedes Ausfüllen von Generalklauseln und unbestimmten Rechtsbegriffen im Wege der Auslegung" ein Stück Rechtsfortbildung sei,[460] fehl. Auch bei Generalklauseln und unbestimmten Rechtsbegriffen wird ein von der jeweiligen Norm erfasster Regelungsgegenstand im Wege der Auslegung „sichtbar gemacht". Die gerade bei Generalklauseln bestehende Reichweite des Regelungsgegenstandes macht es zwar wesentlich schwieriger, eine eindeutige Trennschärfe zwischen noch möglicher Auslegung und bereits erfolgender Lückenfüllung zu erreichen. Oftmals können dann nur Wertungsgesichtspunkte den Ausschlag geben. Dies ist jedoch ein typisches Problem ausfüllungsbedürftiger Generalklauseln oder unbestimmter Rechtsbegriffe und

---

[451] Art. 33 Abs. 1 Satz 2 EGKSV lautet: „Die Nachprüfung durch den Gerichtshof darf sich jedoch nicht auf die Würdigung der aus den wirtschaftlichen Tatsachen oder Umständen sich ergebenden Gesamtlage erstrecken, die zu den angefochtenen Entscheidungen oder Empfehlungen geführt hat, es sei denn, dass der Hohen Behörde der Vorwurf gemacht wird, sie habe ihr Ermessen missbraucht oder die Bestimmungen des Vertrages oder irgend einer bei seiner Durchführung anzuwendenden Rechtsnorm offensichtlich verkannt."

[452] Vgl. *Schwarze*, Europäisches Verwaltungsrecht, Bd. I, 1988, S. 283 f.

[453] *Neßler*, RIW 1993, S. 206, 212. Grundlegend zu diesem Prinzip EuGH, Rs. 805/79, Slg. 1981, S. 1045, 1076.

[454] Vgl. zu diesem Aspekt auch *Daig*, EuR 1968, S. 259, 282; *Everling*, RabelsZ (50) 1986, S. 193, 208; *Schwarze*, Abstraktion, S. 120.

[455] Von dieser Möglichkeit hat der Gerichtshof vereinzelt auch Gebrauch gemacht, vgl. EuGH, Rs. 92/71, Slg. 1972, S. 231, 242; Rs. 117/76, Slg. 1977, S. 1753, 1771.

[456] *Dänzer-Vanotti*, RIW 1992, S. 733, 736 f.; *Karl*, RIW 1992, S. 440, 444.

[457] *Hoffmann-Becking*, Normaufbau, S. 347.

[458] Für eine weitgehende Rechtsfortbildungskompetenz des Gerichtshofs im Ergebnis auch *Bleckmann*, Gedächtnisschrift für Constantinesco, S. 61, S. 64 ff.; *Everling*, RabelsZ (50) 1986, S. 193, 207; *Neßler*, RIW 1993, S. 206, 212.

[459] *Wank*, ZGR 1988, S. 314, 321 ff.

[460] *Bochardt*, Gedächtnisschrift für Grabitz, S. 29, 37.

III. Auslegung und Rechtsfortbildung des Gemeinschaftsrechts

darf den Blick nicht dafür versperren, dass es sich bei der Lückenfeststellung um ein bewährtes methodisches Kriterium handelt.

Eine Lücke ist nach allgemeinen Verständnis eine „planwidrige Unvollständigkeit" des Regelungssystems.[461] Eine „bewusste Lücke" liegt vor, wenn der Gesetzgeber bewusst von einer Regelung abgesehen hat, z. B. weil er sie einer späteren Normierung vorbehalten wollte oder weil die Regelung weiterhin den nationalen Gesetzgebern überlassen bleiben sollte. Die Korrektur „plangemäßer Fehler" obliegt nach allgemeiner Ansicht nicht der Rechtsprechung, sondern dem zuständigen Gesetzgeber.[462] Etwas anderes gilt ausnahmsweise dann, wenn verfassungsrechtliche Gründe eine solche Korrektur erzwingen.[463]

bb) Die Art und Weise der Lückenausfüllung

Liegen die Voraussetzungen für eine Lückenschließung durch den Gerichtshof vor, so schließt sich die Frage an, wie die Lückenschließung im Wege der Rechtsfortbildung zu vollziehen ist.

Anders als der Gemeinschaftsgesetzgeber hat der Gerichtshof zunächst vom gesetzten Recht auszugehen und in seinem Rahmen zu entscheiden; es bildet, von extremen Ausnahmefällen abgesehen, die Grenze seiner Befugnisse.[464] Zum Gemeinschaftsrecht, das der Gerichtshof bei seiner Rechtsfortbildung zu beachten hat, gehören auch die Verfassungsprinzipien, die der Gerichtshof selbst aus dem Vertragsrecht der Gemeinschaft ausgeformt hat.[465]

Im Schrifttum besteht weitgehende Einigkeit darüber, dass sich der Gerichtshof in den Fällen, in denen zur Lückenausfüllung auf die nationalen Rechtsordnungen zurückgegriffen werden kann, der **Methode der wertenden Rechtsvergleichung**[466] als Rechtserkenntnisquelle zu bedienen hat.[467] Bei der rechtsvergleichenden Fortbildung des Gemeinschaftsrechts ist der Gerichtshof nach allgemeiner Ansicht nicht gehalten, die maximale Lösung eines Mitgliedstaats zugrundezulegen.[468] Verbindlich ist auch nicht das arithmetische Mittel oder die Lösung, die von einer Mehrheit der nationalen Rechtsordnungen getragen wird.[469] Der Gerichtshof hat vielmehr in einem Abwägungs- und Wertungsprozess die für das konkrete Problem beste und zweckmäßigste Lösung zu wählen.[470] Als beste ist dabei diejenige anzusehen, welche den Zielen der Gemeinschaft[471] am ehesten dient und sich harmonisch in das Normgefüge des Gemeinschaftsrechts einpassen lässt.[472]

---

[461] Vgl. *Larenz*, Methodenlehre, S. 373 f.
[462] *Ossenbühl*, DVBl. 1992, S. 993, 995; *Schlemmer-Schulte/Ukrow*, EuR 1992, S. 82, 90; *Stein*, FS der Juristischen Fakultät Heidelberg, S. 619, 629.
[463] Vgl. *Stein*, FS der Juristischen Fakultät Heidelberg, S. 619, 629.
[464] *Everling*, RabelsZ (50) 1986, S. 193, S. 202.
[465] Vgl. *Ipsen*, in: Schwarze, Der Europäische Gerichtshof als Verfassungsgericht und Rechtsschutzinstanz, 1983, S. 29, 58 ff.
[466] Näher zur Methode wertender Rechtsvergleichung aus neuerer Zeit s. u. a. *Bleckmann*, EuGRZ 1981, S. 257, 272; Grabitz/Hilf/*Pernice*, Art. 164 EGV a. F., Rn. 58; *Ress/Ukrow*, EuZW 1990, S. 499, 502 ff.; *Steinberger*, VVDStRL 50 (1991), S. 9, 25 f.; *Streinz*, Bundesverfassungsgerichtlicher Grundrechtsschutz und Europäisches Gemeinschaftsrecht, 1989, S. 367 ff.; *Rengeling*, Grundrechtsschutz in der Europäischen Gemeinschaft, 1993, S. 223 ff.
[467] *Everling*, RabelsZ (50) 1986, S. 193, S. 211; *Hoffmann-Becking*, Normaufbau, S. 358 ff.; *Kutscher*, EuR 1981, S. 392, 401; *Neßler*, RIW 1993, S. 206 212; *Nicolaysen*, EuR 1972, S. 375, 383; *Ossenbühl*, DVBl. 1992, S. 993, 994; *Schlemmer-Schulte/Ukrow*, EuR 1992, S. 82, 91.
[468] *Kutscher*, EuR 1981, S. 392, 401.
[469] *Hoffmann-Becking*, Normaufbau, S. 368; *Kutscher*, EuR 1981, S. 392, 401.
[470] *Hoffmann-Becking*, Normaufbau, S. 369; *Kutscher*, EuR 1981, S. 392, 401.
[471] Zu den Zielen der Europäischen Gemeinschaftsordnung s. oben Rn. 243 ff.
[472] EuGH, Rs. 11/70, Slg. 1970, S. 1125, 1135.; GA Lagrange, Rs. 14/61, Slg. 1962, S. 557, 570 f.; *Fuß*, Der Grundrechtsschutz in den Europäischen Gemeinschaften aus deutscher Sicht, 1975, S. 71 ff.; *Hoffmann-Becking*, Normaufbau, S. 369; *Kutscher*, EuR 1981, S. 393, 401.

Kommt eine wertende Rechtsvergleichung nicht in Betracht, so sind die für die Auslegung des Gemeinschaftsrechts anerkannten Methoden entsprechend heranzuziehen.[473]

283 Wenn auch die Rechtsfortbildung zu abstrakten Rechtssätzen führt, so gilt doch die „Notwendigkeitsmaxime": Die Rechtsfortbildung darf sich nicht weiter vom anstehenden Fragebereich entfernen, als zu dessen Lösung erforderlich ist.[474]

284 Die Integrationsfunktion des Gemeinschaftsrechts erfordert des Weiteren, dass der Gerichtshof bei der Bildung von Richterrecht auch den **Konsens der Mitgliedstaaten** berücksichtigt.[475] Der Konsens muss allerdings nicht schon vor einer rechtsfortbildenden Entscheidung vorhanden sein. Erforderlich ist aber die nachträgliche Konsensfähigkeit des rechtsfortbildenden Urteils.[476]

IV. Strukturprinzipien des EGV

Schrifttum: *Baer,* Der Delors-Bericht: Ausgangspunkt für die weitere Diskussion, in: Weber, Europa auf dem Weg zur Währungsunion, 1991; *Balze,* Die sozialpolitischen Kompetenzen der Europäischen Union, 1994, S. 32; *Bieback,* Marktfreiheit in der EG und nationale Sozialpolitik vor und nach Maastricht, EuR 1993, S. 160; *Bleckmann,* Die Grundrechte im europäischen Gemeinschaftsrecht, EuGRZ 1981, S. 257; *ders.,* Zum Begriff des gemeinsamen Marktes im EWG-Vertrag, MDR 1986, S. 5 f.; *Bofinger,* Der Weg zur Wirtschafts- und Währungsunion, S. 109 ff.; *Bruha,* Rechtsangleichung in der Europäischen Gemeinschaft, ZaöRV 46 (1986), S. 10; *Gnan/Schubert,* Was bringt die zweite Stufe der Europäischen Wirtschafts- und Währungsunion?, Österreichisches Bank-Archiv 1/94, S. 47, 49 f.; *Hahn,* Zum Geltungsbereich der Europäischen Währungsunion, JZ 1993, S. 481 ff. (484); *Haller,* Die 2. Stufe der Europäischen Wirtschafts- und Währungsunion, WM 1994, S. 622; *Jarass,* EG-Kompetenzen und das Prinzip der Subsidiarität nach Schaffung der Europäischen Union, EuGRZ 1994, S. 209; *Kirchhof,* Deutsches Verfassungsrecht und Europäisches Gemeinschaftsrecht, EuR Beih. 1/1991, S. 11, 16; *Klein/Haratsch,* Neuere Entwicklungen des Rechts der Europäischen Gemeinschaften, DÖV 1993, S. 785 f; 258; *Koll,* Arbeitsschutz im Europäischen Binnenmarkt, DB 1989, S. 1234, 1239; *Köster,* Das Recht der europäischen Währungspolitiken, 1990, S. 4 ff.; *Kraxenberger,* Grundzüge der Wirtschafts- und Währungsunion, in Borkenhagen, Die deutschen Länder in Europa, 1992, S. 107, 116 ff.; *Nettesheim,* Horizontale Kompetenzkonflikte in der EG, EuR 1993, S. 243, 244; *Oppermann/Classen,* Die EG vor der Europäischen Union, NJW 1993, S. 5 f.; *Potacs,* Die Wirtschafts- und Währungsunion, in: Schwarze, Vom Binnenmarkt zur Europäischen Union, 1993, S. 71, 73 ff; *Rondorf/Wittrock,* Europäischer Binnenmarkt – vor der Verwirklichung, BArBl. 12/1992, S. 5, 7; *Seidel,* Die Beseitigung der technischen Handelshemmnisse, in: ders., Rechtsangleichung und Rechtsgestaltung in der Europäischen Gemeinschaft, 1990, S. 13; *Steinmeyer,* Harmonisierung des Arbeits- und Sozialrechts in der Europäischen Gemeinschaft – Eine Konsequenz aus der Schaffung eines einheitlichen Binnenmarktes ?, ZIAS 1990, S. 208; *ders.,* Grundfragen des Europäischen Sozialrechts, AuA 1992, S. 210 ff.; *von Borries,* Die Fortentwicklung der Europäischen Wirtschaftsgemeinschaft zur Wirtschafts- und Währungsunion, in: Rengeling/ von Borries, Aktuelle Entwicklungen in der Europäischen Gemeinschaft, S. 120 f.; *Wahlig,* Rechtliche Fragen zur Errichtung einer Europäischen Währungsunion, in Gramlich/Weber/Zehentner, Auf dem Weg zur Europäischen Währungsunion, S. 37, 41; *Wallwei/Werner,* Europäische Integration: Konsequenzen für Arbeitsmarkt und Soziales, in MittAB 1992, S. 483, 487; *Weber,* Vom EWS zur Europäischen Währungsunion, S. 3, in: ders., Auf dem Weg zur Europäischen Währungsunion, 1991; *Weber,* Die Wirtschafts- und Währungsunion nach dem Maastricht-Urteil des BVerfG, JZ 1994, S. 53.

---

[473] Zur Auslegung des Gemeinschaftsrechts s. oben Rn. 175 ff., 213 ff.
[474] S. auch *Everling,* RabelsZ (50) 1986, S. 193, S. 208; sowie zum nationalen Recht *Wank,* ZGR 1988, S. 314, 355.
[475] *Bleckmann,* Gedächtnisschrift für Constantinesco, S. 61, 81; s. auch *Everling,* RabelsZ (50) 1986, S. 193, S. 212 sowie zum nationalen Recht *Wank,* Rechtsfortbildung, S. 223 ff.
[476] *Bleckmann,* Gedächtnisschrift für Constantinesco, S. 61, S. 81.

IV. Strukturprinzipien des EGV

1. Zielausrichtung und Kompetenzsystem

a) Grundlagen

Wesentliches Strukturprinzip des EGV ist die Unterscheidung zwischen einem weitreichenden Aufgaben-Zielkatalog und einem engeren Katalog von Befugnisnormen, welche die Gemeinschaftsorgane zum Erlass von Rechtsakten ermächtigen. Der EGV überträgt den Gemeinschaftsorganen keine generelle Befugnis zum Erlass der zur Verwirklichung der Vertragsziele erforderlichen Maßnahmen.[477] Vielmehr beruht die Rechtsetzungsbefugnis der Gemeinschaftsorgane auf dem Prinzip der enumerativen Einzelermächtigung, das sich aus der teilweisen Übertragung von mitgliedstaatlichen Hoheitsrechte auf die Gemeinschaft ergibt.

Nach dem **Prinzip der begrenzten Ermächtigung** sind die Gemeinschaftsorgane zur Rechtsetzung nur befugt, soweit sie ausdrücklich im EGV dazu ermächtigt sind. Die Gemeinschaft verfügt nicht über die Kompetenz-Kompetenz.[478] Rechtssätze der Gemeinschaft müssen sich auf eine ausdrückliche Rechtsgrundlage im EGV zurückführen lassen. Das Prinzip der Einzelermächtigung ist in Art. 5 Abs. 1 EGV erwähnt, ergibt sich aber auch aus Art. 7 Abs. 1 EGV, wonach die Organe der Gemeinschaft nach Maßgabe der ihnen im EGV zugewiesenen Befugnisse handeln dürfen, sowie aus Art. 249 EGV, der die Gemeinschaftsorgane zum Erlass sekundärrechtlicher Rechtsakte nach Maßgabe des EGV ermächtigt. Das Prinzip der enumerativen Einzelermächtigung verbietet den Schluss von den weitreichenden Aufgaben und Zielen auf eine Befugnis zum Tätigwerden der Gemeinschaftsorgane. Bei einer Überschreitung der Befugnisse würden die Gemeinschaftsorgane in unzulässiger Weise in die Souveränitätsrechte der Mitgliedstaaten eingreifen, weil diese insoweit ihre Hoheitsrechte nicht abgetreten haben. Die Befugnisse sind im gesamten EGV enthalten, während die Aufgaben und Ziele fast ausschließlich in Art. 2, Art. 3 sowie Art. 4 EGV niedergelegt sind.[479]

b) Ziele und Aufgaben des EGV

Aufgabe der Gemeinschaft ist nach Art. 2 EGV, durch die Errichtung eines Gemeinsamen Marktes und einer Wirtschafts- und Währungsunion sowie durch die Durchführung der in den Artikeln 3 und 4 EGV genannten Politik die in Art. 2 EGV genannten Ziele zu fördern. Die Wirtschafts- und Währungsunion kam erst mit dem Maastrichter Vertrag hinzu.[480] Bis dahin hatte sich die Aufgabe der Gemeinschaft in diesem Bereich auf die schrittweise Annäherung der Wirtschaftspolitik der Mitgliedstaaten beschränkt. Obwohl Art. 2 EGV den Gemeinsamen Markt und die Wirtschafts- und Währungsunion gleichberechtigt erwähnt, liegt das Schwergewicht der Tätigkeit wie bisher in der Errichtung des gemeinsamen Marktes, weil trotz des mittlerweile erreichten Zieles, eine gemeinsame Währung zu schaffen, die Wirtschaftspolitik weiterhin in der Zuständigkeit der Mitgliedstaaten verblieben ist.[481]

Art. 3 und Art. 4 EGV konkretisieren die Begriffe „**Gemeinsamer Markt**" und „**Wirtschafts- und Währungsunion**". Ziel des Gemeinsamen Marktes ist es, die Volks-

---

[477] *Borchardt*, Die rechtlichen Grundlagen der EG, in: Röttinger/Weyringer, Handbuch der europäischen Integration, 1991, S. 56.
[478] Vgl. oben Rn 11.
[479] Zu den wenigen außerhalb dieser Bestimmungen niedergelegten Zielbestimmungen zählt Art. 136 EGV, vgl. (noch zu dem alten Art. 117 EGV) *Zuleeg*, in: Groeben/Thiesing/Ehlermann, Kommentar zum EU-/EG-Vertrag, 5. Auflage 1997, Art. 2, Rn. 13.
[480] Demgegenüber war die Errichtung des gemeinsamen Marktes seit 1957 die zentrale Aufgabe des EWGV.
[481] So haben die Mitgliedstaaten gem. Art. 99 Abs. 1 EGV ihre Wirtschaftspolitiken lediglich als Angelegenheit von gemeinsamen Interessen zu betrachten; vgl. auch *Beutler*, in: Beutler/Bieber/Pipkorn/Streil, Die Europäische Union, 4. Auflage 1993, S. 54.

wirtschaften der Mitgliedstaaten in einen einheitlichen Wirtschaftsraum zu integrieren. Seine wesentlichen Merkmale sind die Abschaffung der Zollschranken und die Errichtung eines einheitlichen Außenzolls gegenüber Drittstaaten, die Verwirklichung der Warenverkehrs-, Dienstleistungs-, Kapitalverkehrs- und Niederlassungsfreiheit, die Freizügigkeit der Arbeitnehmer und die Errichtung eines Systems unverfälschten Wettbewerbs.

289 Für einige Bereiche sind **gemeinsame Politiken** vorgesehen. Damit soll die Errichtung des Gemeinsamen Marktes unterstützt werden (z.B. durch eine gemeinsame Wettbewerbspolitik, Art. 3 lit. g EGV), die Gemeinschaft ermächtigt werden, bestimmte Märkte zu regeln (insbes. bei der Landwirtschaft, Art. 3 lit. e EGV) oder eine Vereinheitlichung in Bereichen erreicht werden, die keinen unmittelbaren wirtschaftlichen Bezug aufweisen (sog. sektorielle Politiken, z.B. die Sozialpolitik, Art. 3 lit. j EGV). Die Durchführung der gemeinsamen Politiken ist in Art. 2 und Art. 3 EGV ebenfalls erwähnt.[482] Sofern sie nicht unmittelbar der Verwirklichung des Gemeinsamen Marktes oder der Wirtschafts- und Währungsunion dienen, waren ihre Befugnisse zum Erlass von verbindlichen Rechtsakten vor der Vertragsrevision von Amsterdam aber gering.[483] Dies hat sich, zumindest im Bereich der Sozialpolitik, allerdings nun geändert.[484]

290 Art. 4 EGV umschreibt die für die Errichtung der Wirtschafts- und Währungsunion notwendigen **Tätigkeitsfelder.** Vereinfacht ausgedrückt können Art. 3 und Art. 4 EGV als „Inhaltsverzeichnis" des EGV bezeichnet werden, weil sie im Wesentlichen die Überschriften für die Politiken der Gemeinschaft im dritten Teil des EGV (Art. 23 – Art. 181 EGV) wiedergeben.

291 Aus der Konzeption des EGV folgt, dass die Verwirklichung der in Art. 2, Art. 3 und Art. 4 EGV genannten Aufgaben keinen Selbstzweck erfüllt. So soll nach Art. 2 EGV die Errichtung des Gemeinsamen Marktes und einer Wirtschafts- und Währungsunion zu einer harmonischen und ausgewogenen Entwicklung des Wirtschaftslebens innerhalb der Gemeinschaft, zu einem beständigen nichtinflationären und umweltverträglichen Wachstum, einem hohen Grad an Konvergenz der Wirtschaftsleistungen, einem hohen Beschäftigungsniveau, einem hohen Maß an sozialem Schutz, zu einer Hebung der Lebenshaltung und der Lebensqualität, zu einem wirtschaftlichen und sozialen Zusammenhang und zur Solidarität zwischen den Mitgliedstaaten führen. Unter diesen Fernzielen befindet sich damit auch ein bedeutender Teil mit sozialpolitischem Gehalt.[485] Signifikantes Zeichen hierfür ist – neben Art. 136 EGV – die Präambel des EG-Vertrages, wo sich Erklärungen, wie „Entschlossen, durch gemeinsames Handeln den wirtschaftlichen und sozialen Fortschritt ihrer Länder zu sichern", „Die stetige Besserung der Lebens- und Beschäftigungsbedingungen ihrer Völker als wesentliches Ziel anzustreben" (EGV), „Im Rahmen der Verwirklichung des Binnenmarktes sowie der Stärkung des Zusammenhalts den wirtschaftlichen und sozialen Fortschritt ihrer Völker zu fördern" finden.

292 Die Hauptaufgabe der Gemeinschaft, einen **Gemeinsamen Markt** zu errichten, konnte wegen ihrer Komplexität und den erheblichen Auswirkungen auf die nationalen Wirtschaften nicht mit einem Schlage verwirklicht werden.[486] Dasselbe gilt für die Wirtschafts- und Währungsunion. Der Aufgaben-Zielkatalog kann daher nur innerhalb eines langanhaltenden Prozesses verwirklicht werden. Dieser Erkenntnis trägt der EGV an zahlreichen Stellen Rechnung, wie insbesondere die Aufstellung von Zeitplänen für einige Vertragsziele verdeutlicht. So wollten die Schöpfer des EWGV den Gemeinsamen Markt innerhalb von 12 Jahre errichten. Der mittlerweile aufgehobene Art. 7 EWGV enthielt

---

[482] Art. 2 EGV: „Durchführung der in Art. 3 und Art. 3a EGV genannten gemeinsamen Politiken".

[483] Vgl. § 7 Rn. 19 ff.

[484] Vgl. § 12.

[485] So insbesondere das hohe Beschäftigungsniveau und das hohe Maß an sozialem Schutz, aber auch der wirtschaftliche Zusammenhalt.

[486] *v. Bogdandy,* in: Grabitz/Hilf, Das Recht der Europäischen Union, Art. 2, Rn. 17.

deshalb für diese Übergangszeit[487] Regelungen, wie der Gemeinsame Markt schrittweise zu verwirklichen war. Wenn auch die meisten dieser Vorgaben fristgemäß umgesetzt werden konnten, sind auch heute noch nicht alle Hindernisse, die das Funktionieren des Gemeinsamen Markt beeinträchtigen, beseitigt. Ein weiteres Beispiel für den prozesshaften Charakter des Gemeinschaftsrechts ist Art. 14 EGV, wonach der Binnenmarkt bis zum 31. 12. 1992 zu verwirklichen war.[488] Ein weiteres Beispiel ist die Errichtung der Wirtschafts- und Währungsunion in mehreren Stufen bis 1999.

Die Bedeutung der **Ziele** liegt darin, die Zweckbestimmung des EGV festzulegen. Sie stecken den weiten Rahmen ab, innerhalb dessen die Gemeinschaft tätig werden darf – unabhängig von der Frage, ob im Einzelfall eine Ermächtigung zum Erlass eines verbindlichen Rechtsaktes gegeben ist. Die Ziele dienen darüber hinaus als **Richtschnur für die Auslegung des EGV**.[489] Treten die Vertragsziele untereinander in Widerspruch, so ist im Einzelfall zu ermitteln, welchem Ziel Vorrang zukommt. Die Gemeinschaftsorgane verfügen dabei über einen weiten Spielraum. Eine bestimmte Rangfolge ist dem EGV nicht zu entnehmen.[490]

c) Kompetenzen des EGV

Die Befugnisse der Gemeinschaft zum Erlass von verbindlichen Rechtsakten[491] in Form von Verordnungen, Richtlinien und Entscheidungen[492] sind in zahlreichen Bestimmungen des EGV enthalten. Sie decken sich nicht mit dem Aufgaben-Zielkatalog. Der Schluss von einer Aufgabe auf eine Befugnis ist unzulässig.[493]

Die Kompetenzvorschriften lassen sich in **sachlich-gegenständliche** und **final ausgerichtete Vorschriften** einteilen.[494] Die erste Gruppe ist einem bestimmten Politikbereich des EGV zugeordnet.[495] Die finalen Kompetenznormen stellen dagegen unmittelbar auf die Verwirklichung eines Zieles ab und können in mehrere Politikbereiche hineinwirken. Ein Beispiel ist Art. 95 EGV. Er ermächtigt die Gemeinschaft zum Erlass der Vorschriften, die zur Errichtung des Binnenmarktes notwendig sind. Art. 95 EGV stellt damit unmittelbar auf die Verwirklichung des Binnenmarktes ab. Infolge der Komplexität des Binnenmarktes wirkt Art. 95 EGV damit in zahlreiche, auch nicht-wirtschaftliche Bereiche hinein.[496]

Indem die **finalen Kompetenzbestimmungen** auf die **Ziele des Vertrages** abstellen, wird die Reichweite des Kompetenzrahmens dieser Bestimmungen zu einem wesentlichen Teil von Art. 2 und Art. 3 EGV bestimmt. Der Aufgaben- und Zielkatalog beeinflusst damit mittelbar die Befugnisse der Gemeinschaft, so dass die Trennung von Aufgaben und Befugnissen aufgeweicht wird. Noch stärker als bei Art. 95 EGV zeigt sich die Verknüpfung von Zielen und Befugnissen bei Art. 308 EGV. Danach kann der Rat die geeigneten Vorschriften erlassen, sofern ein Tätigwerden der Gemeinschaft erforderlich erscheint, um im Rahmen des Gemeinsamen Marktes eines der Ziele des Vertrages zu verwirklichen und die im EGV hierfür erforderlichen Befugnisse nicht vorgesehen sind.[497]

Die Kompetenznormen des EGV weisen die Besonderheit auf, dass sie nicht nur den materiellen Rahmen für das Tätigwerden der Gemeinschaft festlegen, sondern auch ver-

---

[487] Gemäß Art. 7 Abs. 1 EGWV besteht die Übergangszeit aus drei Stufen von je vier Jahren.
[488] Diese Bestimmung ist nicht wie Art. 7 EGWV verbindlich.
[489] *Geiger*, EUV/EGV, Kommentar, 3. Aufl. 2000, Art. 2 EGV Rn. 4.
[490] *Geiger*, Art. 2 EGV, Rn. 4.
[491] Die Ermächtigung, unverbindliche Rechtshandlungen wie Empfehlungen oder Stellungnahmen vorzunehmen, wird an dieser Stelle nicht weiter behandelt.
[492] Vgl. Art. 249 Abs. 1 EGV.
[493] Vgl. bereits oben Rn. 286.
[494] *Nettesheim*, EuR 1993, S. 248.
[495] Vgl. etwa Art. 37 EGV für die Landwirtschaftspolitik oder Art. 39 EGV für die Freizügigkeit der Arbeitnehmer.
[496] Z. B. in den Verbraucher- und Umweltschutz, aber auch in die Sozialpolitik.
[497] Vgl. Art. 308 EGV.

fahrensrechtliche Voraussetzungen mitregeln. So sind die Gemeinschaftsorgane verpflichtet, ausschließlich die in der jeweiligen Ermächtigungsgrundlage vorgeschriebenen Handlungsformen anzuwenden.[498] Die Gemeinschaft darf gestützt auf Art. 136 EGV deshalb nur Richtlinien erlassen, weil Verordnungen und Entscheidungen nicht in dieser Kompetenznorm aufgeführt sind und daher eine entsprechende Befugnis fehlt.

298 Die Ermächtigungsgrundlagen regeln außerdem, nach **welchem Verfahren der Rechtsakt verabschiedet** wird. Diese Frage besitzt besondere Bedeutung für die Beteiligung des Europäischen Parlamentes, das über ein einfaches Anhörungsrecht oder über weitergehende Rechte im Zustimmungs- oder Mitentscheidungsverfahren[499] verfügt, und für den Abstimmungsmodus im Ministerrat. Während bis zur Einheitlichen Europäischen Akte die meisten Kompetenznormen das Einstimmigkeitsprinzip vorsahen und darüber hinaus auch in den Bereichen, in denen nach dem Mehrheitsprinzip hätte abgestimmt werden können, einstimmig entschieden wurde,[500] hat seitdem das qualifizierte Mehrheitsprinzip[501] zunehmend an Bedeutung gewonnen, was darauf zurückzuführen ist, dass zahlreiche durch die EEA und den Maastrichter Vertrag eingefügten Bestimmungen das qualifizierte Mehrheitsprinzip vorsehen[502] und die Mitgliedstaaten mittlerweile eine Abkehr von der Luxemburger Vereinbarung seit Anfang der 80er Jahre vorgenommen haben.[503] Diese Tendenz ist im Zuge der Amsterdamer Revision noch verstärkt worden. Die im Hinblick auf die Souveränitätsrechte ohnehin bedeutsame Abgrenzung der Kompetenzen der Gemeinschaft gegenüber den Befugnissen der Mitgliedstaaten hat deshalb bei den Ermächtigungsgrundlagen, welche das qualifizierte Mehrheitsprinzip vorschreiben, besondere Bedeutung, weil die Mitgliedstaaten gegen ihren ausdrücklichen Willen zur Anwendung von Verordnungen bzw. Übernahme von Richtlinien verpflichtet werden können.

299 Neben den ausdrücklichen Befugnisnormen kennt das Gemeinschaftsrecht auch **ungeschriebene Kompetenzen.** Es handelt sich dabei um die Befugnisse nach der implied-powers-Theorie und um die Annexkompetenzen. Nach der aus dem Völkerrecht[504] stammenden implied-powers-Theorie verfügt die Gemeinschaft über die Befugnisse, welche sie zur Erfüllung der ihr gestellten Aufgaben benötigt, selbst wenn diese Kompetenzen nicht ausdrücklich im EGV enthalten sind.[505] Die Befugnisse werden aus bereits vorhandenen Kompetenzen abgeleitet und dienen so der Abrundung dieser Zuständigkeiten.[506] Die implied-powers-Theorie weist Ähnlichkeiten zur Kompetenz kraft Sachzusammenhangs nach bundesdeutschem Verfassungsrecht auf.[507] Die Grenzen zwischen der Bejahung solcher Befugnisse und der Gefahr einer unzulässigen Vertragserweiterung sind nicht immer eindeutig.[508] In diesem Kontext ist denn auch die Äußerung des Bundesverfassungsgerichts zu sehen: Wenn eine dynamische Erweiterung der bestehenden Verträge sich bisher auf eine großzügige Handhabung des **Art. 308 EGV** im Sinne einer **„Vertragsabänderungskompetenz",** auf den Gedanken der inhärenten Zuständigkeiten der Europäischen Gemeinschaften („implied-powers") und auf eine Vertragsauslegung im Sinne einer größtmöglichen Ausschöpfung der Gemeinschaftsbefugnisse („effet utile") gestützt hat, so

---

[498] Nur wenn eine Befugnisnorm keine Beschränkung enthält, kann die Gemeinschaft die Form des Rechtsetzungsaktes frei wählen; ein Beispiel ist Art. 95 EGV, der die Gemeinschaft zu „Harmonisierungsmaßnahmen" ermächtigt, so dass die Gemeinschaft Richtlinien und Verordnungen erlassen darf.
[499] Art. 251, Art. 252 EGV.
[500] Entsprechend der Luxemburger Vereinbarung, vgl. *Oppermann*, Europarecht, Rn. 29.
[501] Vgl. Art. 205 Abs. 2 EGV.
[502] Vgl. nur Art. 95 und Art. 137 EGV.
[503] *Nettesheim*, EuR 1993, S. 243, 244.
[504] *Borchardt*, in: Röttinger/Weyringer, S. 57.
[505] *Schweitzer/Hummer*, Europarecht, 5. Auflage 1996, Rn. 338.
[506] *Beutler*, in: Beutler/Bieber/Pipkorn/Streil, S. 84.
[507] *Bleckmann*, Europarecht, 6. Auflage 1997, Rn. 799.
[508] Darauf hat das BVerfG ausdrücklich hingewiesen, vgl. EuZW 1993, S. 667, 679.

IV. Strukturprinzipien des EGV

wird in Zukunft bei der Auslegung von Befugnisnormen durch Einrichtungen und Organe der Gemeinschaften zu beachten sein, dass der EUV grundsätzlich zwischen Wahrnehmung einer begrenzt angewendeten Hoheitsbefugnis und der Vertragsänderung unterscheidet.[509] Das Prinzip der enumerativen Einzelermächtigung verlangt in solchen Fällen deshalb eine strenge Prüfung, ob eine Gemeinschaftsmaßnahme tatsächlich der Verwirklichung einer ausdrücklich im EGV eingeräumten Befugnis dient. Ist dies der Fall, liegt kein Verstoß gegen das Prinzip der Einzelermächtigung vor, weil sich die Befugnis zum Tätigwerden auf die Kompetenznorm zurückführen lässt.

Von der implied-powers-Theorie sind die **Annexkompetenzen** zu trennen. Hierunter werden die ungeschriebenen Befugnisse verstanden, welche die Gemeinschaft für die Vorbereitung und Durchführung ihrer Akte benötigt.[510] Ein Beispiel für eine Annexkompetenz aus dem EGV ist Art. 284, der der Kommission das Recht zur Einholung von Einkünften und zur Vornahme von Nachprüfungen gibt. Wie die Befugnisse nach der implied-powers-Theorie sind die Annexkompetenzen ungeschriebener Natur. Der Unterschied liegt darin, dass die Annexkompetenzen vorwiegend verfahrensrechtlicher Art sind.[511]

Auch wenn die Gemeinschaft nicht die Merkmale eines Staates erfüllt,[512] haben sich für die Kompetenzverteilung zwischen Mitgliedstaaten und Gemeinschaft die für einen Bundesstaat typischen Termini eingebürgert.[513] Sofern die Gemeinschaft über Befugnisse zum Erlass verbindlicher Rechtsakte verfügt, entspricht das Verhältnis zu den Mitgliedstaaten im Wesentlichen der konkurrierenden Gesetzgebung, weil die Mitgliedstaaten innerstaatliches Recht in den auf die Gemeinschaft übertragenen Bereichen anwenden dürfen, solange die Gemeinschaft noch nicht tätig geworden ist.

Über eine **ausschließliche Kompetenz** verfügt die Gemeinschaft z. B. auf dem Gebiet der Zoll- und Handelspolitik.[514] Die Mitgliedstaaten haben in diesen Bereichen ihre Zuständigkeiten in vollem Umfang auf die Gemeinschaft übertragen, so dass sie auch dann, wenn keine Gemeinschaftsregeln existieren, über eine Befugnis zur Rechtsetzung nicht verfügen. Seit dem Maastrichter Vertrag besitzt die Gemeinschaft auch für die Währungspolitik eine ausschließliche Zuständigkeit.

Hat die Gemeinschaft auf den Feldern, in denen sie über **konkurrierende Befugnisse** verfügt, noch keine Regelungen erlassen, können die Mitgliedstaaten auf diesen Gebieten ohne Einschränkungen ihre Rechtssätze anwenden bzw. neue Rechtsakte erlassen. Machen die Gemeinschaftsorgane von ihrer Rechtsetzungsbefugnis Gebrauch, führt der Grundsatz des Vorrangs des Gemeinschaftsrechts dazu, dass entgegenstehendes innerstaatliches Recht in der Weise verdrängt wird, dass die Mitgliedstaaten zwar nicht verpflichtet sind, ihr nationales Recht formell aufzuheben, jedoch die Berechtigung verlieren, dieses Recht anzuwenden.[515]

Sofern die Gemeinschaft im Bereich der konkurrierenden Gesetzgebung einen Rechtsetzungsakt erlassen will, hat sie die **Kompetenzausübungsschranken** des Art. 5 Abs. 2 und Abs. 3 EGV zu beachten. Das Subsidiaritätsprinzip gem. Art. 5 Abs. 2 EGV verlangt bei jedem Rechtsakt die Prüfung, ob nicht die Mitgliedstaaten ebenso gut wie die Gemeinschaft die Materie regeln können. Für die Frage, ob die Gemeinschaft über Befug-

---

[509] BVerfG, a. a. O.; als ein Beispiel kann die Praxis der Gemeinschaft genannt werden, vor 1987 Rs. auf dem Gebiet des Umweltschutzes zu erlassen, obwohl im EWGV der Umweltschutz keine Erwähnung fand; zum Umweltschutz vor 1987 *Grabitz/Nettesheim*, in: Grabitz/Hilf, Kommentar zur Europäischen Union, vor Art. 130r a.F, Rn. 3.
[510] *Bleckmann*, Rn. 745.
[511] Allerdings ist die Terminologie nicht einheitlich; so vergleicht Beutler die Befugnisse nach der implied-powers-Theorie mit den Annexkompetenzen nach bundesdeutschem Verfassungsrecht, vgl. *Beutler*, in: Beutler/Bieber/Pipkorn/Streil, S. 84.
[512] Vgl. Rn. 10 ff.
[513] *Balze*, S. 32.
[514] *Schweitzer/Hummer*, Rn. 343.
[515] Vgl. dazu Rn. 6.

nisse verfügt, kann das Subsidiaritätsprinzip jedoch nicht herangezogen werden. Seine Funktion erschöpft sich darin, eine Überprüfung im Einzelfall vorzunehmen, ob die Gemeinschaft von einer nach dem Prinzip der Einzelermächtigung bestehenden Befugnis Gebrauch machen darf.

305 Kompetenzfragen stellen sich auf vertikaler und horizontaler Ebene.[516] Bei der **vertikalen Kompetenzverteilung** geht es um die Abgrenzung der Befugnisse zwischen der Gemeinschaft und den Mitgliedstaaten. Es stellt sich die Frage, ob die Gemeinschaft überhaupt in einem bestimmten Bereich verbindliche Rechtsakte erlassen darf. Dagegen steht bei den horizontalen Kompetenzfragen die Befugnis der Gemeinschaft fest. Es geht lediglich darum, welches Gemeinschaftsorgan die Befugnisse wahrnimmt und welches Verfahren Anwendung findet. Wegen der unterschiedlichen Voraussetzungen hinsichtlich der Beteiligung des Europäischen Parlaments bzw. der Beschlussfassung im Ministerrat hat dabei erhebliche Auswirkungen die Frage, ob ein Rechtsakt nach dem qualifizierten Mehrheitsprinzip oder nach dem Einstimmigkeitsprinzip zu erlassen ist.

306 Die Kompetenzproblematik hat in den letzten Jahren zunehmend an Bedeutung gewonnen. Dies ist zum einen darauf zurückzuführen, dass die Rechtsetzungstätigkeit der Gemeinschaft sich auf immer neuere Gebiete erstreckt und im Laufe der Zeit eine immer dichtere Regelungsintensität erlangt hat. Als problematisch haben sich dabei Art. 94, Art. 95 und insbesondere Art. 308 EGV erwiesen, weil diese Kompetenzbestimmungen wegen ihrer finalen Ausrichtung sehr unscharfe Konturen aufweisen.[517] Dadurch wird eine – aus dem Prinzip der Einzelermächtigung folgende – eindeutige Kompetenzabgrenzung erschwert, zumal in der Rechtsprechung des EuGH eine Tendenz festzustellen ist, die Vertragsziele weit auszulegen.[518] Durch die sog. dynamische Interpretation wird daher eine stetige Ausweitung der Kompetenzbestimmungen des EGV zu Lasten der Mitgliedstaaten befürchtet.[519] Diese Entwicklung ist insbesondere bei den Ermächtigungsgrundlagen, die das qualifizierte Mehrheitsprinzip vorsehen,[520] bedenklich, weil im Gegensatz zum Einstimmigkeitsprinzip[521] Mitgliedstaaten gegen ihren Willen zur Übernahme von verbindlichen Rechtsakten der Gemeinschaft verpflichtet werden können.

307 Die Notwendigkeit, die Ermächtigungen der Gemeinschaft verlässlich von den mitgliedstaatlichen Befugnissen abzugrenzen, hat auch das Bundesverfassungsgericht in seiner Entscheidung zum Maastrichter Vertrag ausdrücklich betont.[522] Eine Tendenz zu einer stärker auf ein ausgewogeneres Verhältnis der Befugnisse gerichteten Auslegung lässt sich insofern auch auf Gemeinschaftsebene feststellen, als der EuGH dem Prinzip der Einzelermächtigung in jüngster Zeit größere Beachtung beimisst[523] und im Maastrichter Vertrag erstmals ausdrückliche Kompetenzbeschränkungen enthalten sind.[524]

2. Der Gemeinsame Markt

a) Begriff des Gemeinsamen Marktes

308 Die Errichtung eines gemeinsamen Marktes ist – neben der sozialen Angleichung – eine der zentralen Aufgaben der Gemeinschaft. Mit dem Gemeinsamen Markt sollen die **zwischenstaatlichen Wirtschaftsgrenzen schrittweise beseitigt und ein einheitli-**

---

[516] Vgl. *Nettesheim*, EuR 1993, S. 243 ff.; *Schweitzer/Hummer*, Rn. 878 ff.
[517] *Jarass*, EuGRZ 1994, S. 209.
[518] Sog. „effet utile".
[519] *Kirchhof*, EuR Beih. 1/1991, S. 11, 16.
[520] Wie z. B. Art. 95 EGV.
[521] Z. B. Art. 94 und Art. 308 EGV.
[522] BVerfG, EuZW 1993, S. 667, 674 f.
[523] Zwar hat der EuGH in den verbundenen Rechtssachen 281, 283–285 und 287/85, Slg. 1987, S. 3203 ff. erstmals ein Rechtsakt der gemeinschaftlichen Kompetenzüberschreitung aufgehoben.
[524] So sind Harmonisierungsmaßnahmen im Bereich der beruflichen Bildung ausdrücklich ausgeschlossen, Art. 149 Abs. 4 EGV; s. auch Art. 150 Abs. 4, Art. 151 Abs. 4 EGV.

cher **Wirtschaftsraum geschaffen werden,** der sich durch Freiheit nach innen und Einheitlichkeit gegenüber Drittstaaten (nach außen) auszeichnet. Staatliche Maßnahmen sollen im Gemeinschaftsgebiet als Steuerungsmittel des zwischenstaatlichen Wirtschaftsaustausches ausgeschaltet werden.[525] Der Gemeinsame Markt will für alle Produkte und Produktionsmittel die rechtlichen Voraussetzungen dafür schaffen, dass die Unionsbürger nicht auf rechtliche Hindernisse stoßen, wenn sie ihr Angebot und ihre Nachfrage auf das Gebiet der Gemeinschaft erstrecken wollen.[526] Da der Wirtschaftsaustausch innerhalb der Gemeinschaft dem freien Spiel von Angebot und Nachfrage unterliegen soll, liegt dem EGV das Konzept der freien Marktwirtschaft zugrunde, das durch Berufsfreiheit, wirtschaftliche Privatinitiative und Privatautonomie gekennzeichnet ist.[527] Dies kommt in Art. 4 EGV zum Ausdruck, der vom **„Grundsatz der offenen Marktwirtschaft"** spricht. In einigen Bereichen wie der Landwirtschaft trägt der EGV allerdings auch stark dirigistische Züge.[528]

Auch wenn der EGV keine exakte Definition enthält, bestehen über die wichtigsten Elemente des Gemeinsamen Marktes weitgehend Einigkeit:[529]

- **Abschaffung der Zollschranken** innerhalb der Gemeinschaft und Errichtung einer von einer gemeinsamen Handelspolitik begleiteten Zollunion nach außen. Wesentliche Voraussetzung für den gemeinsamen Markt ist die Abschaffung der Binnenzölle und die Aufstellung eines gemeinsamen Zolltarifes. Dieses Ziel war bereits am 1. Juli 1968 erreicht.[530] Um den Wirtschaftsverkehr mit Drittstaaten einheitlich zu gestalten, ist neben der Zoll- auch die Handelspolitik in die ausschließliche Zuständigkeit der Gemeinschaft übergegangen.[531]
- **Verwirklichung der Grundfreiheiten.** Allein durch die Verwirklichung der Zollunion ist die Freiheit innerhalb des Wirtschaftsgebietes der Gemeinschaft noch nicht garantiert. Es müssen vielmehr die rechtlichen Voraussetzungen geschaffen werden, um im Gebiet der Gemeinschaft die Freiheit des Waren-, Kapital-, Dienstleistungs- und Zahlungsverkehrs sowie die Freizügigkeit der Arbeitnehmer und das freie Niederlassungsrecht für Selbständige und Unternehmen herzustellen. Im Rahmen der Errichtung des gemeinsamen Marktes hat die Realisierung dieser sog. Grundfreiheiten zentrale Bedeutung, weil erst dann die Unionsbürger ohne Beschränkungen wegen ihrer Staatsangehörigkeit in der Lage sind, auf dem gemeinsamen Markt ein bestimmtes Produkt oder eine bestimmte Dienstleistung anzubieten.[532]
- **Schaffung annähernd gleicher Wettbewerbsbedingungen.** Mit der Verwirklichung der Grundfreiheiten sind die rechtlichen Beschränkungen, Waren, Dienstleistungen etc. gemeinschaftsweit anzubieten, weggefallen, der Marktzugang also für die Wirtschaftsteilnehmer gewährleistet. Der Wirtschaftsaustausch im gemeinsamen Markt kann jedoch durch wirtschaftspolitische Eingriffe der Mitgliedstaaten in Form von Beihilfen, Subventionen etc. oder durch unterschiedliche Wettbewerbsbedingungen behindert werden, welche auf uneinheitlichen Steuerregelungen, Sozialbelastungen oder Umweltschutzauflagen beruhen (sog. „künstliche Wettbewerbsverzerrungen").[533] Ein weiteres Merkmal des Gemeinsamen Marktes ist daher die Herstellung eines Systems eines unverfälschten Wettbewerbes, das annähernd gleiche Voraussetzungen für die wirtschaftliche Betätigung jedes Unionsbürgers schafft.

---

[525] *Grabitz*, in: Grabitz/Hilf, Kommentar zur Europäischen Union, Art. 2, Rn. 13.
[526] *Bleckmann*, MDR 1986, S. 5, 6.
[527] *Müller-Graff*, in: Dauses, Handbuch des EG-Wirtschaftsrechts, Rn. 104; *Bleckmann*, Rn. 745.
[528] Vgl. *Oppermann*, Europarecht, 2. Auflage 1999, Rn. 1364ff.
[529] Vgl. zum Begriff des gemeinsamen Marktes *Bleckmann*, MDR 1986, S. 5ff.; Grabitz/Hilf/ v. Bogdandy, Rn. 14ff.; *Zuleeg*, in: Groeben/Thiesing/Ehlermann, Art. 2; Rn. 13; *Müller-Graff*, in: Dauses, Rn. 100 ff.
[530] Grabitz/Hilf/*Voß*, Art. 23, Rn. 4.
[531] Vgl. im einzelnen Art. 133 EGV.
[532] *Bleckmann*, MDR 1986, S. 5, 6.
[533] *Bleckmann*, MDR 1986, S. 5, 8.

Der EGV **verbietet** aus diesem Grund **wettbewerbsverfälschende Maßnahmen** der Mitgliedstaaten wie staatliche Beihilfen (Art. 87 EGV), staatliche Unterstützungsmaßnahmen auf dem Gebiet der Verkehrspolitik (Art. 76 EGV) oder die Erhebung inländischer Abgaben auf Waren aus anderen Mitgliedstaaten, die höher sind als bei gleichartigen inländischen Waren (Art. 90 EGV).

Abgesehen davon sieht der EGV die Möglichkeit vor, **innerstaatliche Rechts- und Verwaltungsvorschriften,** welche die Errichtung und das Funktionieren des gemeinsamen Marktes behindern, **anzugleichen**[534] und so deren negative Auswirkungen zu beseitigen. Die Angleichung erfolgt regelmäßig durch das Instrument der Richtlinie. Im Gegensatz zu den oben erwähnten Verbotsnormen sind die nationalen Regelungen zunächst wirksam, werden dann aber so vereinheitlicht, dass sie keine oder kaum mehr spürbare Wettbewerbsverfälschungen hervorrufen. Ziel des gemeinsamen Marktes ist es daher, nicht nur Marktzugangs-, sondern sog. Marktgleichheitsrechte zu schaffen, welche den Wirtschaftsteilnehmern gleiche Wettbewerbsbedingungen durch die Beseitigung der von den staatlichen Regelungen hervorgerufenen künstlichen Unterschiede gewähren.[535]

312 Da die Wettbewerbsbedingungen von zahlreichen, gerade auch außerökonomischen Faktoren abhängen, liegt es auf der Hand, dass über das Instrumentarium der Rechtsangleichung die Gemeinschaft ihre Rechtsetzungstätigkeit auf Gebiete ausdehnt, die an sich in der Zuständigkeit der Mitgliedstaaten liegen. So hat die Gemeinschaft über Art. 94 EGV Richtlinien zum Umweltschutz,[536] Verbraucherschutz und auch zur Sozialpolitik erlassen.[537]

Schwierigkeiten treten auf, wenn es darum geht, im Einzelnen zu bestimmen, welche Wettbewerbsbedingungen angleichungsbedürftig sind. Dies wird gerade auf dem Gebiet des Arbeits- und Sozialrechts deutlich. So ist anerkannt, dass die Arbeits- und Sozialordnungen der Mitgliedstaaten Auswirkungen auf den Wettbewerb im Gemeinsamen Markt haben.[538] Die Angleichung des gesamten Arbeits- und Sozialrechts würde aber abgesehen von unüberwindbaren politischen Widerständen der Konzeption des EGV zuwiderlaufen, wonach die Mitgliedstaaten die Zuständigkeit für das Arbeits- und Sozialrecht behalten haben.[539] Für die Beurteilung, welche Bereiche des Arbeits- und Sozialrechts sich in so starkem Maße negativ auf das Funktionieren des Gemeinsamen Marktes auswirken, dass ihre Angleichung erforderlich ist, gibt es praktisch keine objektiven Kriterien, so dass die Beantwortung dieser Frage letztlich in starkem Maße von Wertungen abhängt.

313 – **Verbot von privaten oder staatlichen Wettbewerbsbeschränkungen.** Da der gemeinsame Markt auf dem Prinzip der freien Marktwirtschaft beruht, droht eine Beschränkung des Wettbewerbs durch Konzentrations- und Monopolisierungstendenzen. Der EGV sieht daher eine Wettbewerbspolitik vor, deren Funktion darin besteht, zu verhindern, dass die durch die Errichtung des Gemeinsamen Marktes geschaffenen Möglichkeiten des Wirtschaftsaustausches durch Beschränkungen des Wettbewerbs zunichte gemacht werden.[540] Um einen unverfälschten Wettbewerb zu gewährleisten, ist die Gemeinschaft ermächtigt, Wettbewerbsregeln für private Unternehmen (Art. 81 – Art. 85 EGV) sowie für öffentliche und monopolartige Unternehmen (Art. 86 EGV) aufzustellen.

---

[534] Vgl. Art. 94 EGV oder als speziellere Norm Art. 47 Abs. 2 EGV.
[535] Vgl. *Bleckmann*, MDR 1986, S. 5, 7.
[536] Auch bevor der Umweltschutz 1987 in den Vertrag Eingang fand; vgl. *Grabitz/Nettesheim*, in: Grabitz/Hilf, Kommentar zur Europäischen Union, vor Art. 130 r, Rn. 3.
[537] Vgl. dazu, insbesondere auch dazu, dass nach Amsterdam durch die Schaffung eigenständiger sozialpolitischer Kompetenzen im Bereich der Sozialpolitik der Umweg über Art. 94 EGV nicht mehr erforderlich ist, weiter unten; zum Stand der Rechtsangleichung *Oppermann*, Rn. 1220 ff.
[538] Vgl. *Steinmeyer*, ZIAS 1989, S. 208.
[539] Siehe *Steinmeyer*, AuA 1992, S. 210 ff.
[540] *v. Bogdandy*, in: Grabitz/Hilf, Art. 2, Rn. 15.

Auf dem Gebiet des **Wettbewerbsrechts** hat die **Gemeinschaft die Mitgliedstaaten** 314
als wichtigsten Gesetzgeber abgelöst. Die Bedeutung des Wettbewerbsrechts zeigt
sich nicht zuletzt darin, dass die Gemeinschaft nicht nur zum Erlass der erforderlichen
Rechtsvorschriften ermächtigt ist, sondern auch die Kommission die auf diesem Gebiet
ergangenen Verordnungen und Entscheidungen selbst durchsetzt und zu diesem Zweck
sogar Zwangsmaßnahmen, wie die Verhängung von Bußgeldern, ergreifen darf.[541]

Die wesentlichen Elemente des Gemeinsamen Marktes lassen sich mit dem EuGH 315
dahingehend zusammenfassen, dass dieser die Beseitigung aller Hemmnisse im innergemeinschaftlichen Handel erfasst mit dem Ziel der Verschmelzung der nationalen Märkte
zu einem einheitlichen Markt, dessen Bedingungen demjenigen eines wirklichen Binnenmarktes möglichst nahe kommen.[542]

b) Der Binnenmarkt

Bei Gründung der EWG 1957 herrschte Gewissheit darüber, dass das Ziel, einen ein- 316
heitlichen europäischen Wirtschaftsraum zu schaffen, nicht sogleich mit Inkrafttreten des
EWGV verwirklicht werden konnte. Der EWGV sah in Art. 8[543] daher die schrittweise
Realisierung des Gemeinsamen Marktes während einer **Übergangszeit** von 12 Jahren bis
zum 31. Dezember 1969 vor. Zahlreiche Vertragsziele wie etwa die Freizügigkeit der
Arbeitnehmer[544] oder die Gewährleistung des Kapital- und Zahlungsverkehrs,[545] sollten in
dieser Zeit verwirklicht werden. Die Übergangszeit gewann dadurch rechtliche Bedeutung, dass der EuGH zahlreichen Bestimmungen, die auf die genannte Bestimmung Bezug
nahmen, unmittelbare Wirkung zuerkannte.[546] Dadurch haben die Unionsbürger die
Möglichkeit, sich unmittelbar auf Bestimmungen wie z. B. das Niederlassungsrecht (Art. 43
EGV) zu berufen, wenn nationale Bestimmungen entgegenstehen.

Mit der Verwirklichung der **Zollunion,** der unmittelbaren Anwendbarkeit der Grund- 317
freiheiten sowie den Wettbewerbsregeln waren nach Ablauf der Übergangszeit Anfang der
70er Jahre bereits drei wesentliche Elemente des gemeinsamen Marktes weitgehend verwirklicht. Probleme bereitete aber die Beseitigung der auf unterschiedlichen staatlichen
Regelungen beruhenden Wettbewerbsunterschiede und die abweichenden Beschaffenheitsanforderungen für Waren. Unter den Mitgliedstaaten fehlte der erforderliche Konsens, diese Schranken zu beseitigen. Vielmehr nahm infolge der wirtschaftlichen Schwierigkeiten, die durch die Ölkrise 1973 ausgelöst wurden, die Tendenz zur außenpolitischen
Abwehrmaßnahmen in Form von nicht-tarifären Handelshemmnissen zu.[547]

Die **Phase der Stagnation** bei der Verwirklichung des Gemeinsamen Marktes wurde 318
erst 1985 mit der Vorlage des **Weißbuchs zur Vollendung des Binnenmarktes** beseitigt.[548] Das Weißbuch enthielt eine Bestandsaufnahme der Probleme, die bei der Verwirklichung des Gemeinsamen Marktes festgestellt wurden, und schlug als Antwort ein detailliertes Programm von knapp 300 Maßnahmen, die für erforderlich angesehen wurden,
vor, um nach einem genauen Zeitplan bis Ende 1992 einen Binnenmarkt zu errichten.

---

[541] Vgl. Art. 189 EGV sowie die VO Nr. 17 zur Durchführung der Art. 85 und 86 des EGV vom 6. Februar 1962, ABl. 1962, S. 204 ff.; abgedr. in Sa. II Nr. 165; ansonsten obliegt den Mitgliedstaaten der Vollzug des Gemeinschaftsrechts.
[542] EuGH v. 5. 5. 1982 (Gaston Schul) Rs. 15/81, Slg. 1982, S. 1409 ff., 1431 f.
[543] Dieser Artikel ist mittlerweile aufgehoben.
[544] Vgl. Art. 39 Abs. 1 EGV.
[545] Vgl. Art. 67 Abs. 1 EGV a. F.
[546] Vgl. EuGH v. 21. 6. 1974 (Reyners) Rs. 2/74, Slg. 1974, S. 631 ff.
[547] Unter den nicht-tarifären Handelshemmnissen versteht man die im Handelsverkehr mittelbar oder unmittelbar beeinflussenden Festlegungen, die mit der Folge der Kostensenkung änderbar erscheinen; hierunter können Zölle, Verwaltungspraktiken, Einfuhrzeugnisse und Prüfnachweise fallen, vgl. *Böshagen,* Abbau nicht-tarifärer Handelshemmnisse: Europäische Produktstandards?, in: *Neumann,* Europa konkret, 1990, S. 54.
[548] Vgl. KOM (85) 310 endg.

Das Weißbuch beschränkte sich auf Maßnahmen zur Beseitigung der materiellen, technischen und steuerlichen Schranken. Unter die materiellen Schranken fallen die für den Unionsbürger besonders sichtbaren Kontrollen an Grenzübergangsstellen für Personen und Waren. Die Beseitigung der technischen Schranken soll der Verwirklichung des freien Warenverkehrs dienen, die Angleichung der Umsatz- und Verbrauchssteuern gleiche Wettbewerbsbedingungen für die Wirtschaftsakteure schaffen.

319   Ein Jahr nach Vorlage des Weißbuchs erfolgten durch die **Einheitliche Europäische Akte** Änderungen des EWGV, die unmittelbar der Verwirklichung der im Weißbuch angesprochenen Ziele dienten. Nach Art. 14 EGV trifft die Gemeinschaft die erforderlichen Maßnahmen, um bis zum 31. Dezember 1992 den Binnenmarkt schrittweise zu verwirklichen. Gemäß Art. 14 Abs. 2 EGV umfasst der Binnenmarkt einen Raum ohne Binnengrenzen, in dem der freie Verkehr von Waren, Personen, Dienstleistungen und Kapital gemäß den Bestimmungen des EGV gewährleistet ist. Der ebenfalls durch die EEA in den Vertrag eingefügte Art. 95 EGV ermächtigt die Gemeinschaft, die Maßnahmen zur Angleichung der Rechts- und Verwaltungsvorschriften der Mitgliedstaaten zu erlassen, welche die Errichtung und das Funktionieren des Binnenmarktes zum Gegenstand haben. Diese Bestimmung sieht das qualifizierte Mehrheitsprinzip vor, so dass die Gemeinschaft über eine wirksame Rechtsgrundlage zum Erlass der binnenmarktrelevanten Vorschriften verfügt.

320   Wenngleich Art. 14 EGV im Gegensatz zu dem mittlerweile aufgehobenen Art. 7 EGV rechtlich unverbindlich ist, entfaltete das magische Datum „**1. Januar 1993**" als „**Start des Binnenmarktes**" eine gewisse psychologische Wirkung und trug so in nicht unerheblichem Maße dazu bei, dass der Binnenmarkt bis zum vorgesehenen Zeitpunkt weitgehend verwirklicht werden konnte. Im August 1992 waren über 90% der vorgesehenen Rechtsakte beschlossen, 75% davon in nationales Recht umgesetzt.[549] Die größten Fortschritte wurden auf dem Gebiet des freien Warenverkehrs sowie beim freien Dienstleistungs- und Kapitalverkehr erzielt.[550] Defizite existierten insbesondere noch beim Abbau der Personenkontrollen,[551] dem für den Unionsbürger sichtbarsten Zeichen für das Gelingen des Binnenmarktvorhabens, den steuerlichen Schranken und in den Bereichen Verkehr, Veterinärwesen, Pflanzenschutz und im Nahrungsmittelsektor.[552]

321   Die Einfügung des Begriffs des **Binnenmarktes** in den Vertrag wirft die Frage nach der Abgrenzung zum **Gemeinsamen Markt** auf. Die Frage ist von Bedeutung, weil bestimmte Vorschriften wie Art. 95 EGV auf den Binnenmarkt ausdrücklich Bezug nehmen. Die Legaldefinition des Art. 14 Abs. 2 EGV könnte den Schluss zulassen, dass der Binnenmarkt lediglich die vier Grundfreiheiten umfasst. Der EuGH hat diese enge Definition verworfen, indem er entschied, dass der Binnenmarkt auch unverfälschte Wettbewerbsbedingungen voraussetzt.[553] Der Binnenmarkt umfasst daher die Merkmale des gemeinsamen Marktes,[554] geht aber noch darüber hinaus, weil er auch die Beseitigung der physischen Schranken und die Freizügigkeit der Nichtarbeitnehmer anstrebt. Auf der anderen Seite bezieht er sich nicht auf die Außenbeziehungen der Gemeinschaft, umfasst also nicht die Handels- oder Außenzollpolitik.

322   Das Ziel, binnenmarktähnliche Strukturen herzustellen, besteht seit 1957.[555] Die wesentliche Neuerung gegenüber dem gemeinsamen Markt bildet daher nicht der materiell

---

[549] *Oppermann/Classen*, NJW 1993, S. 5, 6.
[550] *Rondorf/Wittrock*, BArBl. 12/1992, S. 5, 7.
[551] Dazu: *Klein/Haratsch*, DÖV 1993, S. 785 f.
[552] Vgl. Presse- und Informationsamt der Bundesregierung Nr. 6/1993, S. 6; Entschließung des Europäischen Parlamentes vom 18. Dezember 1992, abgedr. in: BT/Drs. 12/4186 Nr. 6.
[553] EuGH (Kommission/Rat) Rs. C-300/89, Slg. 1991 I, S. 2867, 2899.
[554] In diesem Sinne auch *Bleckmann*, Rn. 2112 u. 2125; in diesem Sinne auch das Weißbuch, KOM (85) 310 endg. Nr. 4.
[555] Vgl. EuGH (Gaston Schul) Rs. 15/81, Slg. 1982, S. 1409, 1431 f.

leicht veränderte Anwendungsbereich, sondern die verfahrensmäßigen Erleichterungen durch das Mehrheitsprinzip, insbesondere nach Art. 95 EGV. Mit dem Ziel, einen Binnenmarkt bis Anfang 1993 zu errichten, sollten somit in erster Linie die Defizite hinsichtlich der Verwirklichung des Gemeinsamen Marktes beseitigt werden.

c) Die Grundfreiheiten

aa) Grundlagen

Da der Gemeinsame Markt das Zusammentreffen von Angebot und Nachfrage in einem einheitlichen Wirtschaftsraum ermöglichen will, ist die Gewährleistung des freien Flusses von Waren, Dienstleistungen und Kapital unerlässlich. Die zentrale Bedeutung des freien Warenverkehrs, der Personenverkehrsfreiheiten, welche die Freizügigkeit der Arbeitnehmer, die Niederlassungsfreiheit und die Dienstleistungsfreiheit umfassen, sowie des Kapitalverkehrs wird bereits darin deutlich, dass sie als Grundfreiheiten des EGV bezeichnet werden.[556] Wegen ihrer überragenden Bedeutung werden sie teilweise Grundrechte genannt.[557] Diese Charakterisierung ist irreführend, weil sie den Unterschied zu den in erster Linie aus allgemeinen Rechtsgrundsätzen gewonnenen Grundrechten verwischt. Während die Wirkung der **Gemeinschaftsgrundrechte** sich darin erschöpft, Schranken gegenüber Handlungen der Gemeinschaftsorgane zu bilden, richten sich die **Grundfreiheiten** in erster Linie an die Mitgliedstaaten.[558] Sie wollen die rechtlichen Hindernisse der Mitgliedstaaten beseitigen, um jedem Unionsbürger Zugang zu dem das Gemeinschaftsgebiet umfassenden Markt zu verschaffen. 323

Die Grundfreiheiten basieren auf den **Grundsatz der Inländergleichbehandlung**. Danach dürfen im Anwendungsbereich des EGV keine rechtlichen Unterschiede zwischen den Staatsangehörigkeiten der Unionsbürger gemacht werden.[559] 324

Die Grundfreiheiten **konkretisieren** damit das **allgemeine Diskriminierungsverbot** des Art. 12 EGV. Ein Verstoß gegen die Grundfreiheiten liegt somit vor, wenn eine staatliche Maßnahme einen EU-Ausländer benachteiligt. Die Bedeutung der Grundfreiheiten spiegelt sich in rechtlicher Hinsicht darin wieder, dass sie subjektive Rechte für den einzelnen Unionsbürger begründen. So kann beispielsweise jeder Unionsbürger vortragen, eine Rechtsnorm eines anderen Mitgliedstaates, dürfe nicht angewendet werden, weil sie ihn in der Ausübung einer Grundfreiheit behindere.[560] Gäbe es z.B. in Deutschland eine gesetzliche Bestimmung, welche Unternehmensgründungen für EU-Ausländer erschweren würde, könnte sich ein EU-Ausländer unmittelbar auf die Niederlassungsfreiheit nach Art. 43 EGV berufen und die rechtliche Gleichbehandlung mit Deutschen verlangen. 325

Der räumliche Anwendungsbereich der Grundfreiheiten wurde durch das Abkommen über den europäischen Wirtschaftsraum (EWR) weiter ausgedehnt.[561] 326

Die Grundfreiheiten werden nicht schrankenlos gewährt. So lässt Art. 30 EGV bestimmte Durchbrechungen des Prinzips des freien Warenverkehrs zu. Die Freizügigkeit der Arbeitnehmer gilt gem. Art. 39 Abs. 4 EGV nicht für den Bereich der öffentlichen Verwaltung. 327

Nach Ablauf der Übergangszeit am 31. 12. 1969 hatte die Gemeinschaft die wesentlichen Voraussetzungen für die Verwirklichung der Grundfreiheiten erfüllt. Im Bereich des freien Warenverkehrs waren die zwischenstaatlichen Zölle abgebaut, ebenso die auf der Staatsangehörigkeit beruhenden Unterschiede im Bereich der Personenverkehrsfreiheiten. Gleichwohl waren binnenmarktähnliche Verhältnisse auch Mitte der 80er Jahre noch nicht hergestellt. 328

---

[556] Vgl. etwa *Borchardt,* in: Röttinger/Weyringer, S. 50.
[557] Vgl. etwa *Bleckmann,* EuGRZ 1981, S. 257, 258.
[558] *Beutler,* Rn. 42.
[559] Vgl. *Arndt,* Europarecht, 4. Auflage 1999, S. 93.
[560] Vgl. *Arndt,* S. 92.
[561] Vgl. dazu § 11 Rn. 72 ff.

329 Dies lag in erster Linie daran, dass die Rechtsordnungen der einzelnen Mitgliedstaaten **unterschiedliche Bestimmungen über Beschaffenheitsanforderungen von Waren und über Voraussetzungen für die Ausübung von selbständigen und unselbständigen Tätigkeiten** enthielten. Diese Regelungen gelten zwar unterschiedslos, also sowohl für Ausländer und Inländer, und verstoßen daher nicht unmittelbar gegen das Gebot der Inländergleichbehandlung, behindern aber insofern das Funktionieren des Gemeinsamen Marktes, als sie im Regelfall für Inländer leichter zu erfüllen sind, weil die Konkurrenten aus dem EU-Ausland neben ihren eigenen inländischen noch Anforderungen eines anderen Landes erfüllen müssen. Im Extremfall hat daher ein exportwilliger Hersteller 15 unterschiedliche Regelungen für ein und dasselbe Produkt zu beachten, wenn er es gemeinschaftsweit vertreiben will. Dadurch werden die Produktionskosten erhöht und die Wettbewerbsfähigkeit der jeweiligen EU-Ausländer behindert. Die nationalen Märkte werden auf diese Weise aufrechterhalten, anstatt sich gegenseitig zu durchdringen und sich allmählich in einen einheitlichen Binnenmarkt aufzulösen.

330 Eine ähnlich gelagerte Problematik tritt bei der Ausübung von Tätigkeiten auf. Will z. B. ein nach deutschen Vorschriften ausgebildeter Arzt in einem anderen EU-Staat arbeiten und erfüllt er dessen Voraussetzungen nicht, wird er in seinem Recht auf Freizügigkeit bzw. Niederlassungsfreiheit behindert. Im Gegensatz zu den unmittelbaren Verstößen gegen das Diskriminierungsverbot behindern die unterschiedslos geltenden Bestimmungen die Grundfreiheiten nicht in rechtlicher, sondern in faktischer Hinsicht.

331 Die negativen Auswirkungen der unterschiedslos geltenden **Hindernisse** versucht die Gemeinschaft **durch die Anerkennung der nationalen Anforderungen oder durch das Mittel der Rechtsangleichung zu beseitigen.**

bb) Die Freiheit des Warenverkehrs

332 Grundlagen des freien Warenverkehrs sind die **Zollunion** und das **Verbot von Einfuhrbeschränkungen** zwischen den Mitgliedstaaten. Die Zollunion basiert auf der Abschaffung der Binnenzölle und der Errichtung eines gemeinsamen Außenzolls gegenüber Drittstaaten. Obwohl die Zollunion bereits am 1. Juli 1968 verwirklicht war,[562] blieben zunächst an den Binnengrenzen Kontrollstellen zur Überwachung gesundheits- und lebensmittelrechtlicher Vorschriften. Außerdem waren Kontrollen zur Erhebung noch nicht vereinheitlichter Verbrauchssteuern, der Umsatzausgleichssteuern sowie verschiedener statistischer Daten erforderlich.[563] Diese Hindernisse konnten bis Ende 1992 weitgehend beseitigt werden.[564]

333 Eine weitere Voraussetzung für die Herstellung der Warenverkehrsfreiheit ist das **Verbot mengenmäßiger Einfuhrbeschränkungen** (Art. 28 EGV), welche bis zum Ablauf der Übergangszeit schrittweise abgebaut werden konnten.[565]

334 Nach Art. 28 EGV sind außerdem alle Maßnahmen verboten, welche die **gleiche Wirkung** wie Einfuhrbeschränkungen haben. Darunter fallen nach der Rechtsprechung des EuGH sämtliche Maßnahmen der Mitgliedstaaten, die geeignet sind, den innergemeinschaftlichen Handel unmittelbar oder mittelbar, tatsächlich oder potentiell zu behindern.[566] Danach ist grundsätzlich jede Bestimmung, welche die Einfuhr einer Ware von einem EU-Staat in einen anderen behindert, unzulässig. Der EuGH wendet die **Dassonville-Formel** auch auf unterschiedslos wirkende Maßnahmen an.[567] Das bedeutet, dass sich etwa ein italienischer Exporteur auf Art. 28 EGV berufen kann, wenn eine deutsche Norm sich als Einfuhrbeschränkung herausstellt, auch wenn diese Norm gleichermaßen

---

[562] Vgl. Grabitz/Hilf/*Voß*, Art. 23, Rn. 4.
[563] *Arndt*, Europarecht, 1994, S. 86.
[564] *Klein/Haratsch*, DÖV 1993, S. 785.
[565] Die Übergangszeit endete am 31. Dezember 1969, vgl. Art. 7 EGV a. F.
[566] Sog. Dassonville-Formel des EuGH, Urteil v. 11. 7. 1974 (Dassonville) Rs. 8/74, Slg. 1974, S. 837, 852 f.
[567] EuGH Urteil v. 20. 2. 1979 (Cassis de Dijon) Rs. 120/78, Slg. 1979, S. 649 ff.

IV. Strukturprinzipien des EGV 335–337 § 9

für Deutsche gilt. Adressaten von Art. 28 EGV sind die Mitgliedstaaten.[568] Der EuGH hat mit dieser Rechtsprechung damit den Grundsatz aufgestellt, dass unterschiedliche nationale Vorschriften als gleichwertig anzuerkennen[569] und Behinderungen des freien Warenverkehrs unzulässig sind.

Die fast uferlose **Dassonville-Formel** hat der EuGH in seiner neueren Rechtsprechung insoweit **eingeschränkt**, als bloße Verkaufsmodalitäten, wie etwa das französische Verbot des Verkaufs unter Einstandspreis[570] oder das Werbeverbot für Apotheker außerhalb der Apotheke für apothekenübliche Waren nicht als Maßnahme gleicher Wirkung zu qualifizieren sind und so dem Anwendungsbereich des Art. 28 EGV überhaupt nicht unterfallen. Im Ergebnis führt diese Einschränkung dazu, dass die Dassonville-Formel nur noch auf produktbezogene Vorschriften, also z. B. solche über die Bezeichnung, die Form, die Abmessung, das Gewicht, die Zusammensetzung, die Aufmachung, die Etikettierung und die Verpackung von Waren anzuwenden ist. Bloße Verkaufsmodalitäten wie Ladenschlusszeiten sind dagegen nicht geeignet, den freien Warenverkehr zu beeinträchtigen.[571] 335

Eine wichtige Durchbrechung des Grundsatzes des freien Warenverkehrs sieht der EGV in Art. 30 vor. Danach sind die Mitgliedstaaten befugt, **Einfuhr-, Ausfuhr- und Durchfuhrverbote oder Beschränkungen** anzuwenden, die aus Gründen der öffentlichen Sittlichkeit, Ordnung und Sicherheit zum Schutz der Gesundheit und des Lebens von Menschen, Tieren oder Pflanzen des nationalen Kulturguts von künstlerischem, geschichtlichem oder archäologischem Wert oder des gewerblichen und kommerziellen Eigentums gerechtfertigt sind. Diese Verbote oder Beschränkungen dürfen weder ein Mittel zur willkürlichen Diskriminierung noch eine verschleierte Beschränkung des Handels zwischen den Mitgliedstaaten darstellen. Die Einschränkung findet ihre Rechtfertigung darin, dass bei einer Güterabwägung zwischen dem freien Warenverkehr einerseits und für besonders bedeutsam angesehenen Rechtsgütern andererseits der Grundsatz des freien Warenverkehrs Einschränkungen erfahren muss. Bei den Ausnahmetatbeständen des Art. 30 EGV handelt es sich vorwiegend um solche aus dem nicht-wirtschaftlichen Bereich. 336

Es obliegt den Mitgliedstaaten, sich auf Art. 30 EGV zu berufen und die Rechtfertigung der getroffenen Maßnahmen darzulegen.[572] Als Ausnahmebestimmung zu Art. 28 EGV wird Art. 30 EGV eng ausgelegt.[573] Die Mitgliedstaaten besitzen allerdings einen **Beurteilungsspielraum** hinsichtlich des von ihnen für erforderlich angesehenen Ausmaßes des Schutzgutes. Eine wichtige Einschränkung erfahren die Rechtfertigungsgründe dadurch, dass die Berufung auf die nichtwirtschaftlichen Rechtfertigungsgründe des Art. 30 Satz 1 EGV weder ein Mittel zur willkürlichen Diskriminierung noch eine verschleierte Beschränkung des Handels zwischen den Mitgliedstaaten darstellen dürfen. Ob dies der Fall ist, beurteilt sich in erster Linie am Maßstab des Verhältnismäßigkeitsprinzips.[574] Danach muss eine nationale Maßnahme ein geeignetes, erforderliches und angemessenes Mittel zur Wahrung der von Art. 30 EGV geschützten Interessen sein. Bei den Rechtfertigungsgründen genießen Leben und Gesundheit von Menschen den höchsten Schutz.[575] Erhebliche 337

---

[568] *Arndt*, Europarecht, S. 103.
[569] Zum Anerkennungsprinzip *Streinz*, Europarecht, 4. Aufl. 1999, Rn. 934 ff.
[570] Vgl. EuGH v. 24. 11. 1993 (Keck u. Mithouard) Rs. C-267/91 u. C-268/91, NJW 1994, S. 121 f. sowie EuGH vom 15. 12. 1993 (Hünermund u. a. – Landesapothekenkammer Baden-Württemberg) Rs. C-292/92, NJW 1994, S. 781 f.
[571] EuGH v. 23. 11. 1989 (Torfaen Borough Council/B&Q plc) Rs. C-145/88, Slg. 1989, S. 3851 ff.; vgl. auch EuGH v. 2. 6. 1994 ('t Heuskse) verb. Rs. C-401/92 u. C-402/92.
[572] Grabitz/Hilf/*Leible*, Art. 30, Rn. 7 m. w. N.
[573] Grabitz/Hilf/*Leible*, Art. 30, Rn. 3.
[574] Zum Verhältnismäßigkeitsprinzip bei Art. 36 EGV a. F. vgl. *Hailbronner*, Handkommentar zum EWG-Vertrag, Art. 36 EGV a. F., Rn. 14; *Müller-Graff*, in: GTE, Art. 36 a. F., Rn. 92 ff.
[575] *Leible*, in: Grabitz/Hilf, Art. 30, Rn. 16.

Steinmeyer 209

praktische Bedeutung hat auch der Schutz des gewerblichen und kommerziellen Eigentums, zu dem etwa Patent-, Warenzeichen- und Urheberrechte zählen.[576]

338 Eine weitere Einschränkung des freien Warenverkehrs hat der EuGH durch die sogenannte **„Cassis de Dijon-Formel"** für unterschiedslos geltende Bestimmungen vorgenommen. Danach ist eine nationale Maßnahme nicht nur zulässig, wenn sie gem. Art. 30 EGV gerechtfertigt ist, sondern auch dann, wenn sie notwendig ist, um zwingenden Erfordernissen gerecht zu werden, insbesondere den Erfordernissen einer wirksamen steuerlichen Kontrolle, des Schutzes der öffentlichen Gesundheit, der Lauterkeit des Handelsverkehrs und des Verbraucherschutzes.[577] Die „Cassis de Dijon"-Formel ist praktisch die Konsequenz aus der sehr weiten „Dassonville"-Formel. Dogmatisch ordnet der EuGH die „zwingenden Erfordernisse" als immanente Schranken dem Art. 28 EGV zu. Es handelt sich dabei um Erwägungen des Gemeinwohls bzw. des Allgemeininteresses. Die Abgrenzung der ungeschriebenen Rechtfertigungsgründe des Art. 28 EGV gegenüber demjenigen des Art. 30 EGV ist im Einzelnen noch nicht geklärt, spielt aber in der Praxis keine so große Rolle.[578] Der Katalog der „zwingenden Erfordernisse" ist nicht abschließend. Der EuGH hat sie auf den Umweltschutz und auf kulturelle Gründe ausgedehnt.[579]

339 Die Rechtsprechung des EuGH zum freien Warenverkehr kann plastisch anhand des Urteils zum **Reinheitsgebot deutschen Bieres** verdeutlicht werden.[580] Die Kommission machte in einer Klage gegen die Bundesrepublik Deutschland die Gemeinschaftswidrigkeit von Bestimmungen des deutschen Lebensmittelrechts geltend, welche ein Verbot vorsahen, Bier, das in anderen Mitgliedstaaten nach von den deutschen Bestimmungen abweichenden Vorschriften hergestellt worden ist, unter der Bezeichnung Bier in den Verkehr zu bringen, und ein Einfuhrverbot von Bier vorsahen, das Zusatzstoffe enthält, deren Verwendung in dem Herkunftsmitgliedstaat zugelassen, aber in der Bundesrepublik Deutschland verboten ist. Die Bundesrepublik machte als Rechtfertigungsgrund den Verbraucherschutz geltend, weil der Verbraucher mit der Bezeichnung Bier ein Getränk verbinde, das nach dem Reinheitsgebot hergestellt sei, sowie auf den Gesundheitsschutz, da die Verwendung von Zusatzstoffen so gering wie möglich gehalten werden müsse.

340 Der EuGH stellte zunächst nach der Dassonville-Formel fest, dass die deutschen Bestimmungen Maßnahmen darstellen, welche die Einfuhr des Bieres in die Bundesrepublik Deutschland behindern und daher grundsätzlich nach Art. 28 EGV unzulässig seien.[581] Der EuGH wies darauf hin, dass nationale Regelungen, welche unterschiedslos für einheimische und eingeführte Erzeugnisse gelten, dadurch gerechtfertigt sein können, dass sie notwendig sind, um zwingenden Erfordernissen – unter anderem des Verbraucherschutzes – gerecht zu werden. Die Regelung müsse allerdings in einem angemessenen Verhältnis zum verfolgten Zweck stehen. Habe ein Mitgliedstaat die Wahl zwischen verschiedenen zur Erreichung desselben Ziels geeigneten Mitteln, so habe er das Mittel zu wählen, das den freien Warenverkehr am wenigsten behindere.[582]

341 Der EuGH hielt es grundsätzlich für zulässig, Verbrauchern, die aus bestimmten Grundstoffen hergestelltem Bier besondere Eigenschaften zuschreiben, die Möglichkeit zu geben, ihre Wahl unter diesem Gesichtspunkt zu treffen. Dies müsse aber nicht durch ein Verbot, Bier in den Verkehr zu bringen, welches nicht den Anforderungen des Reinheitsgebot entspreche, erfolgen, sondern könne auch mit Mitteln bewirkt werden, welche die

---

[576] Vgl. ausführlich Grabitz/Hilf/*Leible*, Art. 30, Rn. 20.
[577] EuGH Urteil v. 20. 4. 1979 (Cassis de Dijon) Rs. 120/78, Slg. 1979, S. 649, 662.
[578] Vgl. *Arndt*, Europarecht, S. 104.
[579] *Schweitzer/Hummer*, Europarecht, Rn. 1136.
[580] EuGH v. 12. 3. 1987 (Kommission/Bundesrepublik Deutschland) Rs. 178/84, Slg. 1987, S. 1227 ff.
[581] EuGH v. 12. 3. 1987 (Kommission/Bundesrepublik Deutschland) Rs. 178/84, Slg. 1987 v. 12. 3. 1987 (Kommission/Bundesrepublik Deutschland) Rs. 178/84, Slg. 1987, S. 1270 und 1273.
[582] EuGH v. 12. 3. 1987 (Kommission/Bundesrepublik Deutschland) Rs. 178/84, Slg. 1987, S. 1270.

IV. Strukturprinzipien des EGV

Einfuhr von in anderen Mitgliedstaaten rechtmäßig hergestellten und in den Verkehr gebrachten Erzeugnissen nicht behindern, insbesondere durch die Verpflichtung zu einer angemessenen Etikettierung hinsichtlich der Art des verkauften Erzeugnisses.[583]

Die Abwägung zwischen nationalem Verbraucherschutz und dem freien Warenverkehr **342** entschied der EuGH damit zugunsten des freien Warenverkehrs, weil durch eine ausreichende Etikettierung die Verbraucher ausreichend geschützt seien. Hinsichtlich des Einwandes der Bundesrepublik Deutschland, die Anzahl der Zusatzstoffe sei möglichst gering zu halten, wies der EuGH zunächst auf den Grundsatz der Verhältnismäßigkeit hin, wonach Verkehrsverbote für Erzeugnisse, die im Herstellungsmitgliedstaat zugelassene, aber im Einfuhrmitgliedstaat verbotene Zusatzstoffe enthalten, auf das Maß dessen zu beschränken seien, was für den Gesundheitsschutz tatsächlich erforderlich sei.[584] Der Gerichtshof verwies sodann darauf, dass die anderen Mitgliedstaaten diese Zusatzstoffe zuließen, wenn diese unter Berücksichtigung der Ergebnisse der internationalen wissenschaftlichen Forschung und insbesondere der Arbeiten des Lebensmittelausschusses der FAO sowie der Weltgesundheitsorganisation keine Gefahr für die Gesundheit darstellen.

Aus diesem Grund sei es Sache der Bundesrepublik, darzutun, dass das Verbot aus **343** Gründen des Schutzes der Gesundheit der Bevölkerung gerechtfertigt sei.[585] Allein mit dem Hinweis auf die potentiellen Gefahren der Aufnahme von Zusatzstoffen und des Umstandes, dass Bier ein in erheblichem Umfang konsumiertes Nahrungsmittel sei, könne die Einführung einer strengeren Regelung für Bier nicht gerechtfertigt werden.[586]

Der EuGH sah daher in den deutschen Bestimmungen einen Verstoß gegen den Ver- **344** hältnismäßigkeitsgrundsatz, der weder durch die immanenten Schranken des Art. 28 EGV noch durch Art. 30 EGV gerechtfertigt sei. Konsequenz dieses Falles war es, dass bis zur Neufassung des Biersteuergesetzes im Rahmen der EG-Verbrauchsteuerharmonisierung[587] ausländische Produzenten Biere, die nicht dem Reinheitsgebot entsprachen, in die Bundesrepublik einführen und hier vertreiben durften, während deutsche Produzenten nach wie vor an das Reinheitsgebot gebunden waren.[588]

Erhebliche Beeinträchtigungen des freien Warenverkehrs stellen die **technischen** **345** **Handelshemmnisse** dar. Es handelt sich dabei um eine spezifische Art der indirekten Behinderung des freien Warenaustausches. Ein technisches Handelshemmnis beruht darauf, dass für eine Vielzahl von Erzeugnissen in allen Staaten – jedoch von Land zu Land unterschiedliche von Amts wegen kontrollierte gesetzliche – Regelungen bestehen, die aus Gründen der öffentlichen Sicherheit und Ordnung zum Schutz bestimmter Lebens- und Rechtsgüter die Vermarktung und Verwendung der Waren davon abhängig machen, dass bestimmte gesetzlich vorgeschriebene Bedingungen erfüllt sind, insbesondere bestimmte Anforderungen über die innere und äußere Beschaffenheit der Waren sowie die Einholung behördlicher Genehmigungen oder die Durchführung von Kontrollen.[589] Darunter fällt jegliche Art von Beschaffenheitsanforderungen für Waren.

Die technischen Handelshemmnisse können **Auswirkungen auf den Arbeitsschutz** **346** haben, sofern sie für Waren gelten, mit denen Arbeitnehmer während des Produktionsprozesses in Berührung kommen. Dies gilt insbesondere für Maschinen. Es handelt sich

---

[583] EuGH v. 12. 3. 1987 (Kommission/Bundesrepublik Deutschland) Rs. 178/84, Slg. 1987, S. 1271.
[584] EuGH v. 12. 3. 1987 (Kommission/Bundesrepublik Deutschland) Rs. 178/84, Slg. 1987, S. 1274.
[585] EuGH v. 12. 3. 1987 (Kommission/Bundesrepublik Deutschland) Rs. 178/84, Slg. 1987, S. 1274.
[586] EuGH v. 12. 3. 1987 (Kommission/Bundesrepublik Deutschland) Rs. 178/84, Slg. 1987, S. 1275.
[587] BGBl. I, 1992, S. 2158 ff.; sowie BGB I, 1993, S. 1399 ff.
[588] *Arndt*, Europarecht, S. 107.
[589] So die Definition von *Seidel*, in: ders., Rechtsangleichung und Rechtsgestaltung in der Europäischen Gemeinschaft, 1990, S. 13.

damit um eine faktische Auswirkung der Warenverkehrsfreiheit auf die Sozialpolitik. Betroffen ist der gesamte Bereich der Gerätesicherheit. Sofern die Beschaffenheitsanforderungen der Sicherheit und dem Gesundheitsschutz der Arbeitnehmer dienen, stellen sie nach der Rechtsprechung des EuGH zwingende Erfordernisse im Sinne der Cassis de Dijon-Formel dar und unterfallen darüber hinaus dem Rechtfertigungsgrund Gesundheitsschutz des Art. 30 EGV.[590] Nationale Arbeitsschutzbestimmungen können demnach die Einfuhr aus anderen Mitgliedstaaten verhindern, sofern Maschinen oder andere Arbeitsgeräte aus anderen Mitgliedstaaten nicht das gleiche Schutzniveau aufweisen und dem Verhältnismäßigkeitsgrundsatz entsprechen.

347 Art. 30 EGV und die Rechtsprechung des EuGH zu den zwingenden Erfordernissen verdeutlichen, dass der EGV Beschränkungen des freien Warenverkehrs zulässt, da nicht sämtliche nationalen Anforderungen für Waren anerkannt werden können. Aus diesem Grund ermächtigt Art. 95 EGV die Gemeinschaft, durch den Erlass von **Harmonisierungsmaßnahmen** diese Beeinträchtigungen zu beseitigen. Nach Art. 95 kann sie die gemäß der Rechtsprechung des EuGH bzw. Art. 30 EGV zulässigen nationalen Bestimmungen vereinheitlichen. Vorzugsweise erfolgt die Angleichung durch das Instrument der Richtlinie. Eine Harmonisierungsmaßnahme führt dazu, dass für Waren, die dem Anwendungsbereich der Maßnahme unterfallen, einheitliche Voraussetzungen gelten. Sofern eine Ware diese erfüllt, ist sie im Gebiet der Gemeinschaft frei verkehrsfähig. Eine Harmonisierungsmaßnahme hat zur Folge, dass die Mitgliedstaaten sich nicht mehr auf die zwingenden Erfordernisse bzw. auf Art. 30 berufen dürfen.

348 Die **Vereinheitlichung der Beschaffenheitsanforderungen** führt dazu, dass in den nicht-wirtschaftlichen Bereichen des Art. 30 EGV bzw. den „zwingenden Erfordernissen" ein Standard festgelegt wird, der für einige Mitgliedstaaten zu einem Absinken des Schutzniveaus ihrer nationalen Bestimmungen führt. Art. 95 Abs. 3 EGV bestimmt daher, dass die Kommission in ihren Vorschlägen zu solchen Maßnahmen in den Bereichen Gesundheit, Sicherheit, Umweltschutz und Verbraucherschutz von einem hohen Schutzniveau auszugehen hat. Da als Anknüpfungspunkt nicht das höchste Schutzniveau eines Mitgliedstaates heranzuziehen ist, wird bereits aus Art. 95 Abs. 3 EGV deutlich, dass die Konzeption des Art. 95 EGV ein gewisses Absinken des Standards in den weit entwickelten Mitgliedstaaten in Kauf nimmt. Die Mitgliedstaaten haben lediglich die Möglichkeit, unter den strengen Voraussetzungen des Art. 95 Abs. 4 und Abs. 5 EGV von den Harmonisierungsmaßnahmen „nach oben" abzuweichen.[591]

349 Art. 95 Abs. 2 EGV klammert aus dem Anwendungsbereich von Art. 95 Abs. 1 EGV die Rechte und Interessen der Arbeitnehmer aus. Gleichwohl können produktbezogene Vorschriften der Mitgliedstaaten, welche sich faktisch auf das Arbeitsschutzrecht auswirken, nach Art. 95 Abs. 1 EGV angeglichen werden, weil ansonsten die ausdrückliche Erwähnung des Sicherheits- und Gesundheitsschutzes der Arbeitnehmer in Art. 95 Abs. 3 EGV sowie der Arbeitsumwelt in Art. 95 Abs. 4 EGV keinen Sinne ergeben würde.[592] Demzufolge konnte die Gemeinschaft die Maschinenrichtlinie,[593] die erhebliche Auswirkungen auf die nationalen Arbeitsschutzrechtsordnungen hat,[594] nach Art. 95 EGV erlassen. Danach darf der Import ausländischer Maschinen, welche die Anforderungen der Maschinenrichtlinie erfüllen, nach Deutschland nicht mehr mit der Begründung, sie seien nicht konform mit Normen des technischen Arbeitsschutzes, verhindert werden.

---

[590] Vgl. *Balze,* S. 120.
[591] Vgl. *Balze,* S. 169 ff.
[592] *Balze,* S. 138 ff.; die Ausklammerung der Rechte und Interessen der Arbeitnehmer hat somit nur Auswirkungen auf sog. standortbezogene Faktoren.
[593] Richtlinie zur Angleichung der Rechtsvorschriften der Mitgliedstaaten für Maschinen, RL 89/392/EWG v. 14. Juni 1989, ABl. L 183, S. 9; zuletzt geändert durch RL 93/68/EWG v. 22. Juli 1993, ABl. L 220, S. 1.
[594] Vgl. zur Maschinenrichtlinie ausführlich *Wank/Börgmann,* S. 101 ff.

IV. Strukturprinzipien des EGV

Die Ausarbeitung der Richtlinien zur **Beseitigung der technischen Handelshemmnisse** nahm bis Anfang der 80er Jahre sehr viel Zeit in Anspruch, weil die Kommission sämtliche Detailregelungen ausarbeitete.[595] Mittlerweile ist die Gemeinschaft dazu übergegangen, in den Angleichungsrichtlinien nur noch die grundlegenden Anforderungen festzulegen, und die genauere Ausgestaltung Normungsgremien zu übertragen.[596] Diese sog. „neue Konzeption" beruht auf einer Entschließung des Rates vom 7. Mai 1985.[597] Die Normungsaufgaben werden entweder von der CEN[598] oder CENELEC[599] wahrgenommen. Die Normen haben keinen obligatorischen Charakter, doch wird bei den Waren, die ihnen entsprechen, die Übereinstimmung mit den grundlegenden Anforderungen der Angleichungsrichtlinie vermutet, so dass ihre Beachtung im Ergebnis zu einer Beweislastumkehr führt, weil Produzenten, die ihre Ware nicht entsprechend den Normen hergestellt haben, die Konformität mit dem in der Richtlinie festgelegten Standard nachweisen müssen.[600] Die „neue Konzeption" hat im Zusammenspiel mit dem qualifizierten Mehrheitsprinzip in Art. 95 EGV zu einer erheblichen Beschleunigung des Rechtsetzungsverfahrens im Bereich der binnenmarktbezogenen Harmonisierung geführt und so zu einem wesentlichen Teil zur weitgehenden Verwirklichung des Binnenmarktes beigetragen.

cc) Die Personenverkehrsfreiheiten

Die Freiheit des Personenverkehrs untergliedert sich nach der Art der Erwerbstätigkeit in drei Grundfreiheiten: die Freizügigkeit der Arbeitnehmer (Art. 39 – Art. 42 EGV), die Niederlassungsfreiheit (Art. 43 – Art. 48 EGV) und die Freiheit des Dienstleistungsverkehrs (Art. 49 – Art. 55 EGV). Die Anwendungsbereiche der drei Freiheiten überschneiden sich nicht. Die Freizügigkeit der Arbeitnehmer betrifft die abhängige Arbeit, während das Niederlassungsrecht und die Dienstleistungsfreiheit die Ausübung einer selbständigen Erwerbstätigkeit erfasst. Die Abgrenzung zwischen der Niederlassungs- und Dienstleistungsfreiheit hängt davon ab, ob die Erwerbstätigkeit auf Dauer in einem anderen Mitgliedstaat ausgeübt werden soll (dann Niederlassungsfreiheit) oder sich die betreffende Person nur für die Zeit der Erbringung ihrer Leistungen in einem anderen Mitgliedstaat aufhält (dann Dienstleistungsfreiheit).

Ziel der Personenverkehrsfreiheiten ist in erster Linie die **Herstellung der Inländergleichbehandlung.** Die Personenverkehrsfreiheiten besitzen für die Verwirklichung des Gemeinsamen Marktes dieselbe überragende Bedeutung wie die Warenverkehrsfreiheit. Seit Ende der Übergangszeit[601] entfalten die Bestimmungen über die Freizügigkeit der Arbeitnehmer, die Niederlassungs- und Dienstleistungsfreiheit[602] unmittelbare Wirkung.[603] Darüber hinaus besitzen sie Drittwirkung, gelten also auch im Verhältnis von Privaten, was insbesondere im Bereich der Freizügigkeit der Arbeitnehmer für die Beziehung zwischen Arbeitgeber und Arbeitnehmer von erheblicher Bedeutung ist.[604]

Ebenso wie die Warenverkehrsfreiheit werden die Personenverkehrsfreiheiten **nicht schrankenlos** gewährt. So findet die Freizügigkeit der Arbeitnehmer keine Anwendung auf die Beschäftigung in der öffentlichen Verwaltung.[605] Die Rechte des Art. 39 EGV gelten auch nur vorbehaltlich der aus Gründen der öffentlichen Ordnung, Sicherheit und

---

[595] Teilweise vergingen bis zur Verabschiedung 10–20 Jahre, vgl. *Balze,* S. 122.
[596] Vgl. etwa *Koll,* DB 1989, S. 1234, 1239.
[597] ABl. Nr. C 136, S. 1.
[598] Comitée Européen de normalisation.
[599] Comitée Européen de normalisation électrotechnique.
[600] *Bruha,* ZaöRV 46 (1986), S. 10.
[601] Am 31. Dezember 1969, vgl. Art. 7 EGV.
[602] Art. 39, 43, 49 EGV.
[603] *Arndt,* Europarecht, S. 112.
[604] *Streinz,* Europarecht, Rn. 708 mit Nachweisen der EuGH-Rechtsprechung.
[605] Art. 39 Abs. 4 EGV.

Gesundheit gerechtfertigten Beschränkungen der Mitgliedstaaten.[606] Die Ausnahmebestimmungen werden restriktiv ausgelegt und sind der Überprüfung durch den EuGH zugänglich, so dass die Mitgliedstaaten nicht die Möglichkeit haben, durch eine weite Auslegung der nationalen Bestimmungen die Freizügigkeit zu beschränken.[607]

354 Auch im Bereich der **Niederlassungs- und Dienstleistungsfreiheit** sind **Ausnahmen, insbesondere bei Tätigkeiten in Ausübung öffentlicher Gewalt,** zulässig.[608] Während die Freizügigkeit der Arbeitnehmer bis zum Ende der Übergangszeit weitgehend hergestellt war,[609] ist dies bei der Niederlassungs- und Dienstleistungsfreiheit noch nicht in gleichem Maße der Fall.[610] Denn bestimmte Tätigkeiten dürfen nur mit staatlicher Zulassung ausgeübt werden und selbst wenn den Ausländern der Zugang zur Ablegung solcher Zulassungen ermöglicht wird, sind diese erst nach größeren Umstellungen oder zusätzlichen Ausbildungsgängen in der Lage, die Voraussetzungen zu erfüllen. Insoweit besteht eine Parallele zu den unterschiedslos geltenden Anforderungen für Waren,[611] weil in rechtlicher Hinsicht keine Ungleichbehandlung, wohl aber faktisch die Ausübung einer Personenverkehrsfreiheit erschwert wird.

355 Art. 47 EGV ermächtigt die Gemeinschaft deshalb, nach Art. 251 EGV Richtlinien zu erlassen, welche Diplome, Prüfungszeugnisse und sonstige Befähigungsnachweise unter den Mitgliedstaaten anerkennen[612] oder die Unterschiede durch eine Vereinheitlichung der Anforderungen abbauen.[613]

356 Die **Personenverkehrsfreiheiten** haben **größere Auswirkungen auf die Arbeits- und Sozialordnungen der Mitgliedstaaten** als der freie Warenverkehr. Das Recht der Wanderarbeitnehmer auf Inländergleichbehandlung hat zur Folge, dass sämtliche Sozialleistungen, die an die Arbeitnehmereigenschaft geknüpft sind, auch EU-Ausländern gewährt werden müssen.[614] Im Bereich des Arbeitsrechts sind EU-Ausländer wegen der Drittwirkung von Art. 39 EGV nicht nur im Anwendungsbereich von Gesetzen und Kollektivvereinbarungen, sondern auch individualvertraglich gegenüber Inländern gleich zu behandeln. Die Mitgliedstaaten sind verpflichtet, den Wanderarbeitnehmern sämtliche steuerliche Vergünstigungen zu gewähren, die an die Arbeitnehmereigenschaft angeknüpft sind.

357 Eine wichtige Erweiterung erfuhr die Freizügigkeit der Arbeitnehmer durch die Verordnung Nr. 1251/70 der Kommission vom 29. 6. 1970 über das Recht der Arbeitnehmer, nach Beendigung einer Beschäftigung im Hoheitsgebiet eines Mitgliedstaats zu verbleiben.[615] Danach kann ein Arbeitnehmer in dem Staat, in dem er sich zum Zeitpunkt der Aufgabe seines Beschäftigungsverhältnisses aufhält, verbleiben.[616]

358 Mit Inkrafttreten des Maastrichter Vertrages wurde die Freizügigkeit dahingehend ausgedehnt, dass **jeder Unionsbürger** das Recht hat, sich im Hoheitsgebiet der Mitgliedstaaten frei zu bewegen und aufzuhalten.[617] Das allgemeine Freizügigkeitsrecht ist damit losgelöst von einem wirtschaftlichen Bezug. Es unterscheidet sich von Art. 39 EGV dadurch, dass in rechtlicher Hinsicht keine Inländergleichbehandlung vorgesehen ist, sondern die Freizügigkeit allein auf das Aufenthaltsrecht beschränkt ist. Das allgemeine Frei-

---

[606] Vgl. Art. 39 Abs. 3 EGV.
[607] Vgl. Handkommentar zum EWG-Vertrag, Art. 48, Rn. 73 mit Hinweis auf EuGH-Rechtsprechung.
[608] Vgl. Art. 45, Art. 55 EGV.
[609] *Wölker*, in: GTE, Art. 49, Rn. 3.
[610] Insbesondere im Bereich der freien Berufe, des Kredit- und Versicherungsgewerbes bestehen immer noch Defizite, *Streinz*, Europarecht, Rn. 730.
[611] Vgl. Rn. 332 ff.
[612] Sog. „Anerkennungsrichtlinien" nach Art. 47 Abs. 1 EGV.
[613] Sog. „Koordinierungsrichtlinie" nach Art. 47 Abs. 2 EGV.
[614] Vgl. dazu § 21 Rn. 73 ff.
[615] ABl. L 142, S. 24.
[616] Vgl. ausführlich *Wölker*, in: GTE, Art. 48, Rn. 85.
[617] Art. 18 Abs. 1 EGV.

IV. Strukturprinzipien des EGV

zügigkeitsrecht wird nur vorbehaltlich der in dem EGV und in den sekundärrechtlichen Vorschriften vorgesehenen Beschränkungen und Bedingungen gewährt.[618] Die wichtigste derartige Einschränkung ist in Art. 1 Abs. 1 der Richtlinie 90/364/EWG über das Aufenthaltsrecht[619] geregelt, wonach das allgemeine Aufenthaltsrecht nur unter der Bedingung gewährt wird, dass der Unionsbürger für sich und seine Familienangehörigen über eine Krankenversicherung, die im Aufnahmemitgliedstaat alle Risiken abdeckt, sowie über ausreichende Existenzmittel verfügt, durch die sichergestellt ist, dass er während seines Aufenthalts nicht die Sozialhilfe des Aufnahmemitgliedstaats in Anspruch nehmen muss.

Das **Recht der Niederlassungsfreiheit** wirkt sich insofern auf das Recht der **Arbeitnehmer-Mitbestimmung** aus, als Pläne, eine juristische Person europäischen Rechts[620] für Unternehmensgründungen zu schaffen, nicht zuletzt lange daran gescheitert sind, dass sich die Mitgliedstaaten auf kein einheitliches Mitbestimmungsmodell einigen konnten. 359

Hält man sich vor Augen, dass der Sozialstaat der Bundesrepublik Deutschland Dienstleistungen und Waren in einer Größenordnung von ca. 139 Milliarden DM im Jahr nachfragt,[621] werden die Berührungspunkte zwischen den nationalen Sozialrechtsordnungen und der Dienstleistungs- und Warenverkehrsfreiheit deutlich.[622] 360

dd) Die Freiheit des Kapital- und Zahlungsverkehrs

Der Gemeinsame Markt wäre unvollständig, wenn Waren und Dienstleistungen frei zirkulieren, Arbeitnehmer und Selbständige zur Berufsausübung einen Tätigkeitsort frei wählen könnten, jedoch der Kapitalfluss beschränkt wäre. Als weitere Grundfreiheit sieht der EGV daher die Freiheit des Kapital- und Zahlungsverkehrs vor. Mit Inkrafttreten der zweiten Stufe der Wirtschafts- und Währungsunion am 1. Januar 1994[623] wurden die seit 1958 in Kraft befindlichen Art. 67–73 EGV a. F. durch die Art. 56–60 EGV abgelöst.[624] Danach sind grundsätzlich alle Beschränkungen des Kapital- und Zahlungsverkehrs zwischen den Mitgliedstaaten sowie zwischen den Mitgliedstaaten und dritten Ländern verboten.[625] Da diese Bestimmung keine Einschränkung vorsieht, dürfte sie wie die entsprechenden Vorschriften der anderen Grundfreiheiten unmittelbar anwendbar sein.[626] Die weiterhin zulässigen Beschränkungen des freien Kapital- und Zahlungsverkehrs sind in den Art. 57 – Art. 60 EGV abschließend aufgezählt. 361

Da die Ausnahmetatbestände den Kapitalverkehr stärker betreffen als den Zahlungsverkehr, bedarf es einer Abgrenzung beider Begriffe.[627] Der **Begriff Kapitalverkehr** wird im EGV nicht weiter erläutert, so dass über seinen genauen Bedeutungsgehalt Unklarheit herrscht.[628] Er umfasst das Sachkapital, also etwa Immobilien und Unternehmensbeteiligungen, sowie das Geldkapital, also z. B. Wertpapiere, mittel- und langfristige Kredite.[629] Beim Kapitalverkehr handelt es sich zumeist um eine einseitige Wertübertragung aus einem Mitgliedstaat in einen anderen, die regelmäßig zugleich eine Vermögensanlage darstellt.[630] 362

Im Gegensatz zum Kapitalverkehr ist der **Zahlungsverkehr** im EGV näher definiert. Nach Art. 73h Nr. 1 EGV a. F. waren die Mitgliedstaaten bis zum 1. Januar 1994 ver- 363

---

[618] Vgl. Art. 18 Abs. 1 EGV.
[619] ABl. L 180, S. 26.
[620] Sog. „societas europea".
[621] Vgl. Bieback, EuR 1993, S. 160.
[622] Vgl. dazu ausführlich Bieback, EuR 1993, S. 160 ff.
[623] Vgl. dazu Rn. 409 ff.
[624] Vgl. Art. 73a EGV.
[625] Art. 56 EGV.
[626] So Arndt, Europarecht, S. 129.
[627] Bis zum Inkrafttreten des Maastrichter Vertrages war der Kapitalverkehr in den Art. 67–Art. 73 EWGV, der Zahlungsverkehr in Art. 106 EWGV geregelt.
[628] Vgl. Grabitz/Ress, Art. 67 a. F., Rn. 10; Kiemel, in: GTE, 4. Auflage, Art. 67 a. F., Rn. 1.
[629] Grabitz/Ress, Art. 67 a. F., Rn. 10.
[630] Schweitzer/Hummer, Rn. 1213.

pflichtet, in der Währung des Mitgliedstaats, in dem der Gläubiger oder der Begünstigte ansässig ist, die Zahlungen zu genehmigen, die sich auf den Waren-, Dienstleistungs- und Kapitalverkehr beziehen, sowie den Transfer von Kapitalbeträgen und Arbeitsentgelten zu gestatten, soweit der Waren-, Dienstleistungs-, Kapital- und Personenverkehr zwischen den Mitgliedstaaten nach diesem Vertrag liberalisiert ist.[631] Der Zahlungsverkehr steht damit in unmittelbarem Zusammenhang zu den anderen Grundfreiheiten und hat im wesentlichen Gegenleistungscharakter.

3. Die Wirtschafts- und Währungsunion

a) Einleitung

364 In den Unionsverträgen von Maastricht gab sich die Gemeinschaft nicht nur eine neue Struktur, sondern in einer ganz bestimmten Hinsicht auch eine neue Aufgabe (Art. 2 EGV), die als das „ehrgeizigstes Ziel im europäischen Einigungsprozess"[632] angesehen wurde und mittlerweile auch verwirklicht ist: die Verwirklichung einer Wirtschafts- und Währungsunion (WWU).

365 Als bedeutende Auswirkung der Maastrichter Beschlüsse gaben die geänderten Bestimmungen der Art. 3a, 102ff. EGV a.F. im Gegensatz zum bis dahin geltenden Vertragstext des EWGV der Gemeinschaft nunmehr auch ausdrücklich die Schaffung einer WWU in drei Stufen bis zum Jahre 1999 auf. Gerade diese Neuerung wurde im Allgemeinen als „Kern-" oder **„Herzstück" des Vertragswerks von Maastricht** bezeichnet.

366 Obwohl eine derartige Absichtserklärung mit Inkrafttreten des Vertrages über die Europäische Union im Zuge der Maastrichter Verträge erstmalig vertraglich statuiert wurde, war die Idee einer gemeinsamen WWU nicht neu.

367 Bereits seit Gründung der EG im Jahre 1957 war die Verwirklichung einer europäischen Wirtschaftsunion stets Bestandteil der Vision eines gemeinsamen Europas, auch wenn dieses Ziel im EWG-Vertrag noch nicht fixiert wurde.[633]

368 Nachdem in den fünfziger und sechziger Jahren zunächst explizit nur von einer politischen Union und einer Zollunion[634] die Rede war, deklarierten die Staats- und Regierungschefs der EG-Mitgliedstaaten im Jahre 1969 auf einer Gipfelkonferenz in Den Haag[635] die Verwirklichung einer WWU zum Endziel einer Europäischen Gemeinschaft.[636]

369 Auf Grundlage diverser Vorarbeiten[637] erarbeitete eine Gruppe unter dem Vorsitz des damaligen luxemburgischen Finanzministers Pierre Werner im Auftrag der EG im Jahre 1970 den sog. **„Werner-Plan"**,[638] der erstmals eine dreistufige Entwicklung zu einer WWU vorsah.

370 Zwar wurde im Februar 1971 mit der 1. Stufe begonnen, dem Vorhaben WWU war allerdings im Folgenden kein Erfolg beschieden, was in erster Linie auf die weltwirtschaftlichen Entwicklungen der frühen siebziger Jahre, wie Ölpreis- bzw. Dollarkrise, und den Zusammenbruch des Wechselkurssystems von Bretton-Woods[639] im Jahre 1973 zurückzuführen war.

---

[631] Art. 73h Nr. 1 EGV a.F. stimmte wortgleich mit dem von Gründung der EWG bis zum Inkrafttreten des Maastrichter Vertrages geltenden Art. 106 EWGV überein.

[632] Grünbuch der Kommission der Europäischen Gemeinschaften zur Europäischen Sozialpolitik, 1993, S. 58.

[633] Die Präambel spricht lediglich von einer Einigung der Volkswirtschaften.

[634] Vgl. hierzu *Streil*, in: Beutler/Bieber/Pipkorn/Streil, S. 285 f.

[635] Konferenz vom 1. 2. 1969.

[636] Vgl. die Sonderbeilage zum Bulletin der EG 11, 1970.

[637] Im Anschluss an die Konferenz von Den Haag wurden von der Kommission und einzelnen Mitgliedstaaten verschiedene Konzepte zur Realisierung einer WWU vorgestellt.

[638] ABl. 1970, Nr. C 136, S. 1 ff.; umgesetzt durch die Beschlüsse ABl. 1971, Nr. C 28, S. 1 ff.; ABl. 1972, Nr. C 38, S. 3 ff.

[639] Vgl. *Weber*, in: ders., Auf dem Weg zur Europäischen Währungsunion, 1991.

IV. Strukturprinzipien des EGV

Der erste greifbare Ansatz auf dem Weg zu einer gemeinsamen Währungspolitik war 371 neben der Einrichtung eines Europäischen Fonds für währungspolitische Zusammenarbeit[640] insbesondere die Einführung eines **Europäischen Währungssystems** (EWS) am 13. 3. 1979,[641] welches sich aus drei Elementen zusammensetzt: einer europäischen Währungseinheit (ECU), einem Wechselkurs- und Interventionsmechanismus und einem Kreditmechanismus.[642] Stark vereinfacht verfolgt das EWS mit Hilfe dieser drei Finanzinstrumente den Zweck, innerhalb des Währungsraumes der Europäischen Gemeinschaft eine langfristige Stabilität des Geldwertes zu bewirken.[643]

Obwohl die teilnehmenden Mitgliedstaaten mit Schaffung des EWS die Bereitschaft zu 372 gemeinsamen währungspolitischem Handeln signalisierten, verlief die Entwicklung zu einer von nahezu allen Mitgliedstaaten angestrebten WWU relativ losgelöst von der Entwicklung des EWS.[644]

Nachdem in den Jahren nach Einführung des EWS keine Erfolg versprechenden Versuche[645] konkret zur Verwirklichung der WWU unternommen wurden, nahm das Vorhaben WWU mit Einfügung der Einheitlichen Europäischen Akte[646] im Jahre 1987 wieder Formen an. 373

In der Präambel der EEA und dem geänderten Art. 108a des EWGV kam die Entschlossenheit der Mitgliedstaaten zum Ausdruck, das schon vor längerer Zeit erklärte Ziel einer WWU zu erreichen. 374

Der entscheidende Schritt in Richtung WWU folgte dann im Juni 1988, als der Europäische Rat bei seinem Treffen in Hannover darauf hinwies, „dass die Mitgliedstaaten bei der Annahme der Einheitlichen Europäischen Akte bestätigt haben, dass sie eine **schrittweise Verwirklichung der Wirtschafts- und Währungsunion** anstreben" und daraufhin beschloss, eine Expertengruppe unter dem Vorsitz des EG-Komissionspräsidenten Jaques Delors zu beauftragen, „konkrete Etappen zur Verwirklichung dieser Union zu prüfen und vorzuschlagen." 375

Als Ergebnis dieser Arbeiten wurde im April 1989 der sog. **„Delors-Plan"**[647] vorgelegt, der abermals ein dreistufiges Konzept zur Verwirklichung der WWU zum Gegenstand hatte.[648] 376

Die 1. Stufe sollte danach spätestens am 1. 7. 1990 beginnen; darüber hinaus waren keine weiteren Zeitabschnitte vorgegeben, da nicht voraussehbar sei, wann die Bedingungen für den Eintritt in die 2. Stufe erfüllt sein würden. 377

Schließlich beschloss der Europäische Rat am 26./27. 7. 1989 in Madrid auf Grundlage des Delors-Berichts den Eintritt in die erste Stufe der WWU zum 1. 7. 1990. 378

---

[640] Errichtet durch VO Nr. 907/73 vom 3. 4. 1973.
[641] Seit April 1972 existierte bereits ein Abkommen über die Verringerung der Bandbreiten zwischen den Währungen der Gemeinschaft, welches schließlich durch das EWS abgelöst wurde.
[642] *Geiger,* Art. 4 EGV Rn. 6 ff.
[643] Ausführlich zu Funktion und Wirkung des EWS siehe *Cwik,* in: Lenz, EG-Handbuch, Recht im Binnenmarkt, 1994, Teil 14: Währungsaspekte, S. 863, 868 f.; *Köster,* S. 4 ff.
[644] Dies macht schon der Umstand deutlich, dass in den Jahren 1992–1993, als das Funktionieren des EWS wegen erheblichem Wertverlusts der britischen und italienischen Währung empfindlich gestört war und das EWS zu scheitern drohte, die Entwicklung zu einer WWU mit den Vertragsverhandlungen von Maastricht und der Fixierung des Endziels WWU im EGV einen Höhepunkt erreichte; teilweise wird sogar ausgeführt, der Wechselkursmechanismus des EWS habe mit der Verwirklichung der WWU direkt nichts zu tun, so *Gnan/Schubert,* in: Österreichisches BankArchiv 1/94, S. 47, 49 f.
[645] Zu weiteren erfolglosen Initiativen WWU vgl. *Oppermann,* Europarecht, Rn. 811–812.
[646] Unterzeichnet und in Kraft getreten am 28. 2. 1986, BGBl II, S. 1004.
[647] Bericht zur Prüfung der Wirtschafts- und Währungsunion, EA 44 (1989), D 283; abgedruckt auch bei *Bofinger,* S. 109 ff.
[648] Ausführlich zum Delors Bericht siehe Stellungnahme des Wissenschaftlichen Beirates beim Bundesministerium für Wirtschaft zum Bericht des Delors-Ausschusses, Studienreihe des Bundesministeriums für Wirtschaft, Nr. 63; *Baer,* in: Weber, Europa auf dem Weg zur Währungsunion, 1991.

379 Noch im gleichen Jahr stellte der Europäische Rat bei seinem Treffen in Straßburg am 8./9. 12. 1989 fest, dass der Eintritt in die erste Stufe der WWU wie im Delors-Plan vorgesehen möglich sei.
380 Tatsächlich begann die erste Stufe dann zum geplanten Zeitpunkt am 1. 7. 1990.
381 Am 10. 12. 1990 unterbreitete die Kommission einen Vertragsentwurf,[649] der die Römischen Verträge unter dem Gesichtspunkt der Verwirklichung einer WWU modifiziert.
382 Unmittelbar danach wurde in Rom die Regierungskonferenz über die WWU eröffnet, die neben einem Vorschlag der Zentralbankpräsidenten über ein Europäisches Zentralbanksystem maßgebliche Grundlage für die die WWU betreffenden Maastrichter Beschlüsse gewesen ist.[650]
383 Die entscheidenden Inhalte des gegenwärtigen, in dem Vertrag von Maastricht festgelegten Konzepts zur Schaffung einer WWU waren bereits Bestandteil des Delors Plans, der die Merkmale einer WWU präzis formulierte.
384 Danach ist unter einer Währungsunion ein **Währungsraum** zu verstehen, „**in dem im Hinblick auf gemeinsame makroökonomische Ziele die Politiken gemeinsam gestaltet werden**".
385 Im Einzelnen sollen hierfür drei Voraussetzungen erfüllt sein:
 – uneingeschränkte, irreversible Konvertibilität der Währungen;
 – vollständige Liberalisierung des Kapitalverkehrs und volle Integration der Banken und sonstigen Finanzmärkte;
 – Beseitigung der Bandbreiten und unwiderrufliche Fixierung der Wechselkursparitäten.
386 Die Wirtschaftsunion konkretisiert sich nach dem Delors-Plan in:
 – einem einheitlichen Markt mit freiem Personen-, Waren-, Dienstleistungs- und Kapitalverkehr;
 – einer Wettbewerbspolitik und sonstigen Maßnahmen zur Stärkung der Marktmechanismen;
 – gemeinsamen Politiken zur Strukturanpassung und Regionalentwicklung;
 – einer Koordinierung der makroökonomischen Politiken, einschließlich verbindlicher Regeln für die Haushaltspolitik.
387 Auf Grundlage des Delors-Berichts wurde in Maastricht nach diversen Änderungsvorschlägen schließlich das endgültige, aktuelle Konzept der Verwirklichung einer WWU in drei Stufen fixiert[651] und in den Art. 4, 98–124 des EGV statuiert.

b) Die WWU auf Grundlage der Maastrichter Verträge

388 Nach dem den Maastrichter Verträgen zugrunde liegendem Konzept sollte der Weg zu einer WWU über die Angleichung und Koordinierung der Wirtschafts- und Währungspolitiken der Mitgliedstaaten hin zu einem hohen Maß an wirtschaftlicher Konvergenz mit einer einheitlichen Währung, dem ECU,[652] für das Gebiet der Europäischen Gemeinschaft führen.

---

[649] Dok. SEK (90), 2500.

[650] *Weber*, JZ 1994, S. 53; darüber hinaus wurden weitere Vorschläge, insbesondere von Frankreich, Luxemburg und Deutschland unterbreitet; zu den Inhalten dieser Konzepte siehe *Kraxenberger*, Grundzüge der Wirtschafts- und Währungsunion, in Borkenhagen, Die deutschen Länder in Europa, 1992, S. 107, 116 ff.

[651] Zur Entwicklung vom Delors-Bericht bis zur endgültigen Fixierung der WWU durch Maastricht vgl. *Gnan/Schubert*, S. 47 ff, die das gegenwärtige Konzept treffend als „Kompromiss" bezeichnen.

[652] Der ECU war definiert als eine Korbwährung, welche sich aus bestimmten Kontingenten aller Einzelwährungen der Mitgliedstaaten zusammensetzte, so dass ein Leitkurs als Bezugsgröße für alle anderen Währungen festgelegt werden konnte. Wich eine Währung entscheidend von dem Leitkurs ab, standen bestimmte Interventionsmechanismen zur Verfügung, um die Divergenz gegenüber den anderen Währungen zu reduzieren; dazu und zum ECU allgemein siehe *Cwik*, in: Lenz, EG-Handbuch Recht im Binnenmarkt, Teil 14: Währungsaspekte, S. 874 ff. Mittlerweile ist der ECU durch den Euro abgelöst.

Dieser Prozess sollte sich bis zum Jahr 1999 in drei Stufen vollziehen, die im Hinblick 389
auf das Endziel WWU als Einleitungs-, Vorbereitungs- und Endphase definiert sind.

Jede dieser Phasen beinhaltet mehr oder weniger institutionelle und währungspolitische 390
Maßnahmen, die die ökonomischen, insb. die monetären Voraussetzungen für den Übergang in die jeweils folgende Stufe schaffen sollen, um einen möglichst fließenden Unionsprozess zu gewährleisten.

Diesbezüglich beschreibt Art. 4 EGV quasi als „Allgemeiner Teil" die Grundprinzipien 391
der Gemeinschaftspolitik in diesem Bereich, während in Titel VI des EGV (Art. 98–124)
die zeitlichen und inhaltlichen Details geregelt sind.[653]

Dabei **differenziert** Art. 4 EGV in Bezug auf die Tätigkeiten der Mitgliedstaaten und 392
der Gemeinschaft insofern ausdrücklich **zwischen Wirtschafts- und Währungspolitik,**
als parallel zu einer engen Koordinierung der Wirtschaftspolitiken der Mitgliedstaaten und
der Festlegung gemeinsamer Ziele (Abs. 1) die unwiderrufliche Festlegung der Wechselkurse im Hinblick auf die Einführung einer gemeinsamen Währung sowie die Festlegung
und Durchführung einer einheitlichen Geld- und Wechselpolitik mit dem Hauptziel der
Preisstabilität (Abs. 2) erfolgen soll. Zur Realisierung dieser Ziele wird den Beteiligten
gem. Art. 4 Abs. 3 EGV aufgegeben, stabile Preise, gesunde öffentliche Finanzen und
monetäre Rahmenbedingungen sowie eine dauerhaft finanzierbare Zahlungsbilanz zu
schaffen.

Diese Trennung von Wirtschafts- und Währungspolitik ist bedingt durch die vom Ver- 393
trag selbst festgelegte Kompetenzaufteilung für wirtschafts- und währungspolitische Entscheidungen und Maßnahmen. Danach determiniert Art. 4 Abs. 2 EGV für den Bereich
der Währungspolitik eine echte Zuständigkeit der Gemeinschaft, während Abs. 1 lediglich
eine Koordinierung der im Verantwortungsbereich der Mitgliedstaaten verbleibenden
Wirtschaftspolitiken fordert.

Eine derartige Aufspaltung der Kompetenzen ist allerdings keineswegs unproblematisch. 394
Gemeint sind dabei mögliche Friktionen, die entstehen können, sofern man es einerseits
für erforderlich hält, beide wechselseitig voneinander abhängenden Politiken von der
Gemeinschaft zu betreiben,[654] andererseits jedoch eine übermäßige Schwächung der Position der Mitgliedstaaten[655] vermeiden will.

Ungeachtet der gemeinsamen Überschrift des Titels VI „Die Wirtschafts- und Wäh- 395
rungspolitik" bleibt es nach den Vorgaben des Vertragstextes bzgl. der Wirtschaftspolitik
somit lediglich bei der Flankierung einer gemeinsamen Währungspolitik.

aa) Die erste Stufe

Die erste Stufe begann wie im Delors-Bericht vorgesehen am 1. 7. 1990. 396

Um der Vollendung des gemeinsamen Marktes zum 31. 12. 1992 ein deutliches Stück 397
näher zu kommen, wurde mit Beginn der ersten Stufe durch die RL 88/361/EWG des
Rates vom 24. 6. 1988 (sog. Kapitalverkehrsrichtlinie) zunächst die vollständige Freiheit
des Kapitalverkehrs hergestellt.[656] Diesbezüglich sollten die Mitgliedstaaten gem. Art. 116
Abs. 2 EGV gewährleisten, dass bis zum Beginn der 2. Stufe sämtliche Beschränkungen
des Kapitalverkehrs zwischen den Mitgliedstaaten sowie zwischen diesen und Drittstaaten
aufgehoben sind.

Speziell im Hinblick auf die Verwirklichung einer WWU war grundsätzliches Ziel der 398
ersten Stufe die Steigerung der **Konvergenz im Bereich der Volkswirtschaften** der

---

[653] Ergänzt werden diese durch zahlreiche Protokolle.
[654] Vgl. *von Borries,* in: Rengeling/von Borries, S. 91, 103; weiter geht es um die Frage, ob die
Währungsunion nicht sogar eine gemeinsame Wirtschaftspolitik bedingt; so *Wallwei/Werner,* MittAB
1992, S. 483, 487.
[655] Vgl. hierzu *Weber,* JZ 1994, S. 54 m.w.N., der von einem möglichen „Souveränitätsverzicht"
der Mitgliedstaaten spricht.
[656] Für Griechenland, Irland, Portugal und Spanien galt diese Richtlinie auf Grund ihrer wirtschaftlich schlechten Konstitution nicht.

Mitgliedstaaten durch verstärkte Koordinierung der Wirtschafts- und Währungspolitiken im Rahmen eines multilateralen Überwachungsverfahrens.[657]

399 Da das wesentliche Mittel zur Förderung des Unionsprozesses lediglich die verstärkte **„Koordinierung"** im Bereich der Wirtschafts- und Geldpolitiken war, beinhaltete diese erste Phase kaum zwingende institutionelle oder wirtschafts- bzw. währungspolitische Maßnahmen. Vielmehr bildeten eine Reihe von Absichtserklärungen den Schwerpunkt, die von den Mitgliedstaaten realisiert werden sollten.

400 So standen zunächst verstärkte Bemühungen der Mitgliedstaaten um größere wirtschaftliche Konvergenz im Vordergrund,[658] was in erster Linie eine Annäherung der wirtschaftlichen Entwicklung der Mitgliedstaaten bedeutete.

401 Darüber hinaus wurde den Zentralbanken der Mitgliedstaaten aufgegeben, zur intensiveren Koordinierung der einzelnen Währungspolitiken im Bereich der Geldpolitik enger zusammenzuarbeiten.[659]

402 Zur Sicherung der Preisstabilität bekräftigte der Europäische Rat auf seinem Treffen in Rom, dass möglichst viele Mitgliedstaaten am EWS teilnehmen sollen.[660]

403 Schließlich soll bis zum Ende der ersten Stufe gewährleistet sein, dass weder die Gemeinschaft noch ein Mitgliedstaat in irgendeiner Form für die Verbindlichkeit eines anderen Mitgliedstaates einsteht.

404 Bis zum Ende der ersten Stufe am 31. 12. 1993 waren in den genannten Bereichen grundlegende Fortschritte erzielt worden. Neben der Realisierung eines gemeinsamen Marktes im Waren- und Dienstleistungsverkehr wurden nahezu alle Beschränkungen des Kapitalverkehrs beseitigt.[661]

405 Darüber hinaus wurde die Koordinierung im Bereich der Wirtschaftspolitik erheblich verstärkt.[662]

406 Obwohl der Übergang in die zweite Stufe nicht von der Erfüllung bestimmter Voraussetzungen abhing, bestanden gleichwohl Zweifel an einem fristgerechten Eintritt in die zweite Stufe.

407 Die Skepsis resultierte zum einen aus der Unsicherheit über die rechtzeitige Ratifizierung der Maastrichter Beschlüsse in den einzelnen Mitgliedstaaten.[663] Darüber hinaus stand der Gemeinschaft kein probates Mittel zur Verfügung, eine stärkere Koordinierung der Mitgliedstaaten im Bereich der Wirtschaftspolitik – ohne die es nicht möglich ist, zu einer WWU „fortzuschreiten"[664] – zu garantieren.

408 Gleichwohl endete die erste Stufe fristgemäß am 31. 12. 1993.

bb) Die zweite Stufe

409 Mit Inkrafttreten des EGV am 1. November 1993 entfalteten die veränderten Regelungen der Art. 98 ff. EGV Wirksamkeit, die gewissermaßen die „Marschroute" auf dem Weg zur Verwirklichung der Ziele der Gemeinschaft im Bereich der Europäischen Wirtschafts- und Währungspolitik vorgeben. Auf Grundlage dieser Regelungen gingen mit Beginn der

---

[657] Vgl. die Schlussfolgerungen des Rates auf der Tagung in Madrid, in EA 1989, S. D 403 ff. und die Konvergenzentscheidung E 90/141/EWG des Rates vom 12. 3. 1990, ABl. 1990 L 78/23.

[658] *Streil*, in: Beutler/Bieber/Pipkorn/Streil, S. 444.

[659] Beschluss 90/142/EWG des Rates vom 12. 3. 1990 zur Änderung des Beschlusses 64/300/EWG über die Zusammenarbeit zwischen den Zentralbanken der Mitgliedstaaten.

[660] Währungsausschuss der Europäischen Gemeinschaft, Kompendium von Gemeinschaftstexten im Bereich der Währungspolitik, 1990, S. 36.

[661] Monatsberichte der Deutschen Bundesbank 1/94, Die zweite Stufe der Europäischen Wirtschafts- und Währungsunion, S. 25

[662] Kommentar des Staatssekretärs im Bundesministerium für Finanzen, Dr. Gerd Haller, WM 1994, S. 622.

[663] So *Hahn*, JZ 1993, S. 481 ff. (484).

[664] Nachricht zur Sondersitzung der EG-Kommission vom 6. August 1993, in EuZW 1993, S. 492.

IV. Strukturprinzipien des EGV 410–417 § 9

2. Stufe am 1. 1. 1994 zunächst eine Reihe von organisatorischen Um- bzw. Neugestaltungen einher.

Zentrales Element dieser Umstrukturierung war die vertragsgemäße (vgl. Art. 117 **410**
EGV) Gründung des **Europäischen Währungsinstituts** (EWI) mit Sitz in Frankfurt, welches den Gouverneurausschuss der Präsidenten der Zentralbanken auflöste und dessen sowie die Aufgaben des Europäischen Fonds für währungspolitische Aufgaben (EFWZ) übernahm.[665] Die Modalitäten in Bezug auf Bestimmung der Mitglieder und Zusammensetzung des EWI sind in Art. 117 geregelt.[666]

Dem EWI kamen die in Art. 117 Abs. 2 EGV genannten Aufgaben zu. Insbesondere **411**
sollte unter Mitwirkung des EWI die Konvergenz der nationalen Wirtschafts- und Währungspolitiken weiter gesteigert werden,[667] um der vorrangigen Zielsetzung der Preisstabilität nachkommen zu können. Zu diesem Zweck konnte sich das EWI zu wirtschafts- und währungspolitischen Fragen in Form von Empfehlungen und Stellungnahmen äußern. Außerdem konnte das EWI für diese Bereiche unverbindliche Leitlinien festlegen.

Darüber hinaus hat das EWI die Errichtung einer **Europäischen Zentralbank** (EZB) **412**
organisatorisch vorbereitet[668] und Instrumente und Verfahren einer künftigen gemeinsamen Währungs – und Geldpolitik entwickelt.

Obwohl dem EWI mit Beginn der 2. Stufe Möglichkeiten zur Beurteilung von wirt- **413**
schafts- und währungspolitischen Fragen eingeräumt worden waren, zeichneten auch in dieser 2. Phase noch die nationalen Notenbanken für den Bereich der Geldpolitik verantwortlich.[669]

Allerdings mussten die Mitgliedstaaten bis zur Errichtung eines **Europäischen Systems** **414**
der Zentralbanken (ESZB) mit Beginn der 3. Stufe gem. Art. 116 Abs. 5 i. V. m. Art. 119 EGV Maßnahmen treffen, die zur Unabhängigkeit der nationalen Zentralbanken führen und die die nationalen Rechtsvorschriften mit dem Vertragstext und der ESZB Satzung in Einklang bringen.[670]

Weitere rechtliche Modifikationen betrafen die Aufforderung an die Mitgliedstaaten, **415**
die bestehenden nationalen Haushaltsdefizite abzubauen (Art. 104 i. V.m dem Protokoll über das Verfahren bei einem übermäßigen Defizit) und das Verbot für die Nationalbanken, Geschäfte mit öffentlichen Stellen zu tätigen (Art. 101 EGV und Art. 21 ESZB Satzung i. V. m. Art. 116 Abs. 3 EGV).

Eine echte Bindung erfahren die Mitgliedstaaten durch das in den Art. 101, 104 EGV **416**
normierte Verbot der Beanspruchung von Überziehungs- oder anderen Kreditfazilitäten.

Für den Bereich der Kapitalverkehrsfreiheit als Teil der Wirtschaftsunion wurden die bis **417**
dahin geltenden Art. 67–73 EWGV mit Erreichen der 2. Stufe durch die Art. 56–60 EGV ersetzt, so dass für Kapital- und Zahlungsverkehr nunmehr gleichermaßen die Regelungen der Art. 56–60 EGV gelten. Diese Neuerung hat im Verhältnis zu den früher geltenden Bestimmungen in erster Linie die grundsätzliche rechtliche Gleichstellung von Kapital- und Zahlungsverkehr zur Folge, um dem Bemühen nach Vereinheitlichung beider Wirtschaftsbereiche auf dem Weg zu einer stärkeren Koordinierung im Bereich der Wirtschaftspolitik Rechnung zu tragen. Mit dieser Änderung der bisher geltenden Rechtsvorschriften wurde gleichzeitig auch die vierte Kapitalverkehrsrichtlinie (RL 88/361 EWG) umgesetzt, die dementsprechend nur bis zum Ende des Jahres 1993 galt.

---

[665] Das EWI hat mit der konstituierenden Sitzung des EWI-Rates am 11. Januar 1994 in Frankfurt seine Arbeit aufgenommen.
[666] Ausführlich zum EWI siehe *Gnan/Schubert,* S. 47 ff.; siehe auch Protokoll über die Satzung des Europäischen Währungsinstituts, BGBl. 1992 II, S. 1305 ff.
[667] *Oppermann/Claasen,* NJW 1993, S. 5, 9.
[668] *Klein/Haratsch,* DÖV 1993, S. 787, 792.
[669] *Wahlig,* in *Gramlich/Weber/Zehentner,* S. 37, 41.
[670] Nach Auffassung des Europäischen Parlaments genügt derzeit keine Satzung einer nationalen Zentralbank diesen Anforderungen, siehe EUROPA-Nachrichten in ZfJ 1994, S. 131.

418 In Bezug auf die Entwicklung hin zu einer einheitlichen Währung sollte schließlich die Position des ECU durch die unwiderrufliche Festlegung des Währungskorbes in der 2. Phase der WWU erheblich gestärkt werden.

419 Den Kern dieser Vorbereitungsphase bildet allerdings die Konvergenzprüfung für den Eintritt in die dritte Stufe der WWU (Art 121 EGV). Danach berichteten die Kommission und das EWI dem Rat, inwieweit die Mitgliedstaaten ihren vertraglich auferlegten Verpflichtungen nachgekommen waren und ob ein hoher Grad an dauerhafter Konvergenz erreicht war, der einen Eintritt in die 3. Stufe aus ökonomischer Sicht möglich und sinnvoll erscheinen ließ. Letzteres wurde dann durch den Rat in der Zusammensetzung der Staats- und Regierungschefs zum Abschluss des Verfahrens nach Art. 121, 123 EGV in der Gestalt der Verordnung 974/98 an folgenden, in Art. 121 EGV festgelegten **Kriterien**[671] gemessen, die von jedem an der dritten Stufe teilnehmenden Mitgliedstaat erfüllt sein mussten:

– **Erreichung eines hohen Grades an Preisstabilität,** ersichtlich aus einer Inflationsrate, die der Inflationsrate jener – höchstens drei – Mitgliedstaaten nahe kommt, die auf dem Gebiet der Preisstabilität das beste Ergebnis erzielt haben;
– **eine auf Dauer tragbare Finanzlage der öffentlichen Hand,** ersichtlich aus einer öffentlichen Haushaltslage ohne übermäßiges Defizit i. S. d. Art. 104 Abs. 6 EGV;
– **Einhaltung der normalen Bandbreiten des Wechselkursmechanismus des EWS** seit mindestens zwei Jahren ohne Abwertung gegenüber der Währung eines anderen Mitgliedstaates;
– **Dauerhaftigkeit der von dem Mitgliedstaat erreichten Konvergenz** und seiner Teilnahme am Wechselkursmechanismus des EWS, die im Niveau der langfristigen Zinssätze zum Ausdruck kommt.

420 Der Beginn der 3. Stufe der WWU sollte dann nach diversen Konsultationsverfahren und Empfehlungen,[672] die Aufschluss über den Stand der wirtschafts- und währungspolitischen Entwicklung geben sollten, vom Europäischen Rat in der Zusammensetzung der Staats- und Regierungschefs bis zum 31. 12. 1996 festgelegt werden (vgl. Art. 121 Abs. 2 und 3).

cc) Die dritte Stufe

421 Die genannte Entscheidung über den Eintritt in die dritte Stufe der Währungsunion fiel, wie bereits angemerkt, auf Grundlage einer **Prüfung,** ob die einzelnen Mitgliedstaaten die **Konvergenzkriterien** erfüllen bzw. ob eine Mehrheit der Mitgliedstaaten die erforderlichen Voraussetzungen für die Einführung einer einheitlichen Europäischen Währung erfüllt.[673] Da eine Entscheidung bis zum 31. 12. 1996 noch nicht gefallen war, begann die 3. Stufe gem. Art. 121 Abs. 4 EGV nach einer wiederholten Prüfung automatisch am 1. 1. 1999 mit der Maßgabe, dass zunächst nur diejenigen Mitgliedstaaten in die 3. Stufe eingetreten, die die Konvergenzkriterien bzw. die Voraussetzungen für eine einheitliche Währung erfüllten. Welche Staaten dies waren, bestätigte der Rat in der Zusammensetzung der Staats- und Regierungschefs zum Abschluss des Verfahrens nach Art. 121, 123 EGV in der Gestalt der Verordnung 974/98 nach tagelangen, teils dramatischen Verhandlungen am 3. 5. 1998 mit qualifizierter Mehrheit. Für die anderen Mitgliedstaaten gelten seit diesem Zeitpunkt solange Ausnahme- und Übergangsregelungen gem. Art. 122 EGV, bis sie nach wiederholten Prüfungen die Voraussetzungen für den Eintritt in die dritte Stufe erfüllen. Durch den Beschluss des Rates traten somit zum 1. 1. 1999 folgende elf Mitgliedstaaten in die dritte Stufe der Währungsunion ein: Österreich, Belgien, Niederlande, Luxemburg, Deutschland, Frankreich, Irland, Italien, Portugal,

---

[671] Kritisch *Potacs,* in: Schwarze, S. 71, 73 ff.
[672] Sehr ausführliche Erläuterung dieses Verfahrens bei von *Borries,* in: Rengeling/von Borries, S. 120 f.
[673] *Wahlig,* in: Gramlich/Weber/Zehentner, S. 42.

IV. Strukturprinzipien des EGV 422–428 § 9

Spanien und Finnland. Der Euro wurde zugleich ab dem 1. 1. 1999 zur Währung der teilnehmenden Mitgliedstaaten. Während Dänemark und Großbritannien freiwillig auf einen Beitritt zur Währungsunion verzichteten, verfehlten Griechenland und Schweden die erforderlichen Konvergenzkriterien. Griechenland hat die Kriterien später erfüllt, so dass der Ausnahmestatus nach Art. 122 EGV nur für die anderen drei Staaten gilt.

Der deutsche Beitritt war von der Bundesbank in einem von der Bundesregierung in Auftrag gegebenen Konvergenzbericht vom 27. 3. 1998 „stabilitätspolitisch für vertretbar" gehalten worden. Das **Bundesverfassungsgericht** sah in seinem **„Euro-Beschluss"** vom 31. 3. 1998 jedenfalls keine verfassungsrechtlichen Hindernisse gegen die Absicht der Bundesregierung, den Empfehlungen von Kommission und EWI im Sinne des Eintritts der dritten Stufe der Währungsunion mit 11 Teilnehmerstaaten am 1. 1. 1999 zu folgen.[674] 422

Mit Beginn der dritten Stufe wurde ein Europäisches System der Zentralbanken geschaffen (ESZB), dem die Zentralbanken der Mitgliedstaaten und die Europäische Zentralbank angehören (Art. 8 i. V. m. 105 ff. EGV).[675] Vertragsgemäß wurde zum gleichen Zeitpunkt das EWI (Art. 123 Abs. 2 EGV) aufgelöst, dessen Aufgaben die EZB erforderlichenfalls übernommen hat. Überdies ist mit Errichtung des ESZB die Zuständigkeit für die Währungspolitik endgültig auf die Gemeinschaft übergegangen. 423

Das im Vordergrund stehende Ziel des ESZB ist die Gewährleistung der Preisstabilität. Da EZB und ESZB keine Gemeinschaftsorgane sind (vgl. Art. 7 Abs. 1 EGV), verleiht der EGV der EZB in Art. 108 EGV zur möglichst ungehinderten Verfolgung dieses Zweckes einen autonomen Status, der die EZB von jeglicher Weisungsgebundenheit befreit. Daneben hat die EZB gem. Art. 110 EGV eine Rechtsetzungsbefugnis zur Erfüllung der ihr vom Vertrag übertragenen Aufgaben. 424

Der Vorrangigkeit der Preisstabilität wird darüber hinaus durch die Auflage Rechnung getragen, dass Wechselkursänderungen gegenüber Drittstaaten nur mit Zustimmung der EZB getroffen werden können (Art. 111 EGV), so dass in rechtlicher Hinsicht die Verfolgung anderer wirtschaftspolitischer Ziele gegenüber dem Ziel der Preisstabilität subsidiär ist.[676] Gem. Art. 16 des Protokolls über die EZB überwacht diese den Geldumlauf im Europäischen Währungsraum. 425

Für den Bereich der Wechselkurspolitik statuiert Art. 111 EGV quasi eine kooperationelle Kompetenz von Rat und EZB. Danach zeichnet sich der Rat gem. Art. 111 EGV grundsätzlich für die äußere Währungspolitik verantwortlich, im Rahmen derer er allerdings an die Mitwirkung der EZB gebunden ist.[677] 426

Die Zuständigkeit für die Wirtschaftspolitik verbleibt auch in der 3. Stufe bei den Mitgliedstaaten. Die Tätigkeiten der Mitgliedstaaten in diesem Bereich unterliegen jedoch bindenden Rahmenbedingungen,[678] für deren Einhaltung der Rat in einem multilateralen Überwachungsverfahren[679] Sorge zu tragen hat. 427

Der eigentliche Unionsprozess vollzieht sich dann in den Bereichen der Wechselkurs- und Währungspolitik. Mit Beginn der 3. Stufe wurden die Wechselkursparitäten sowohl untereinander als auch im Verhältnis zum **Euro** von den Mitgliedstaaten einstimmig, unwiderruflich festgelegt.[680] Der Euro ist nicht mehr nur als Währungskorb definiert, sondern er stellt eine **eigenständige Währung** dar, die die nationalen Währungen nach 428

---

[674] BVerfGE 97, 350 ff.
[675] Neben den Regelungen der Art. 105 ff. EGV finden sich weitere Bestimmungen in dem Protokoll über die Satzung des Europäischen Systems der Zentralbanken und der Europäischen Zentralbank, welches dem EUV beigegeben ist und wesentliche Details über Funktion und Arbeitsweise von ESZB und EZB enthält.
[676] *Walwei/Werner*, S. 486.
[677] *Streil*, in: Beutler/Bieber/Pipkorn/Streil, S. 446.
[678] *Geiger*, Art. 4 EGV Rn. 11.
[679] Der Rat überwacht insbesondere die wirtschaftspolitische Entwicklung der einzelnen Mitgliedstaaten und fordert sie erforderlichenfalls auf, gewisse Grundsätze zu befolgen.
[680] Näher hierzu siehe *Wahlig*, in: Gramlich/Weber/Zehentner, S. 42 und S. 44 f.

Vollzug aller zur Einführung einer einheitlichen Währung erforderlichen Maßnahmen ersetzt.[681]

429 Am 1. 1. 2002 sind dann auch die einheitlichen Banknoten und Münzen eingeführt worden.

4. Die gemeinsamen Politiken

430 Die gemeinsamen Politiken lassen sich in **drei Gruppen** einteilen[682]: Politiken, die für die Errichtung des Gemeinsamen Marktes konstituierend sind, Bereiche, für die der EGV besondere Marktregeln aufstellt, und flankierende Politiken, die in keinem unmittelbaren Zusammenhang mit dem Gemeinsamen Markt stehen.

431 Zur ersten Gruppe zählt die **Handels-, Zoll- und Wettbewerbspolitik.** Die Errichtung des Gemeinsamen Marktes erfordert zwingend eine von der Gemeinschaft in ausschließlicher Zuständigkeit betriebene Handels- und Zollpolitik.[683] Für den Bereich der Wettbewerbspolitik ist ebenfalls eine weitgehende Regelungsbefugnis durch die Gemeinschaft notwendig.[684] Diese Gruppe der gemeinsamen Politiken zeichnet sich dadurch aus, dass die Zuständigkeiten der Mitgliedstaaten weitgehend auf die Gemeinschaft übergegangen sind.

432 Besondere Marktregeln existieren für die **Landwirtschafts- und Verkehrspolitik.**[685] Die Mitgliedstaaten hielten auf diesen beiden Gebieten die Verwirklichung der Grundfreiheiten und der übrigen Merkmale des Gemeinsamen Marktes für nicht ausreichend. Die Landwirtschaftspolitik unterlag in allen sechs Gründerstaaten einer staatlichen Förderung[686] und wies sehr unterschiedliche Strukturen auf,[687] so dass die Gemeinschaft zur Errichtung einer gemeinsamen Marktorganisation ermächtigt wurde.[688] Gemeinsamer Agrarmarkt und gemeinsame Fischereipolitik[689] sind seit Jahren der Kritik von allen Seiten ausgesetzt. Viele Unionsbürger assoziieren immer noch mit Schlagwörtern wie „Butterberg", „Weinsee" oder „Fangquoten" die Europäische Union.

433 Die Besonderheit der Verkehrspolitik ist darin zu sehen, dass sie neben ihrer wirtschaftlichen Bedeutung[690] ein Instrument zur Errichtung des Gemeinsamen Marktes darstellt, weil der freie Warenverkehr und die Freizügigkeit der Arbeitnehmer nur bei entsprechenden Verkehrsstrukturen überhaupt verwirklicht werden können. Insofern besteht eine Wechselbeziehung zwischen der Verkehrspolitik und der Industrie-, Landwirtschafts-, Regional-, Umwelt-, Energie-, und Handelspolitik.[691] Obwohl aus diesen Gründen eine Regelung des Verkehrs für unerlässlich angesehen wurde, hat die Gemeinschaft bisher noch kaum Maßnahmen zur Umsetzung dieses Zieles unternommen, weshalb sie auf eine Untätigkeitsklage des Europäischen Parlaments teilweise verurteilt wurde.[692] Die Ver-

---

[681] Zur Bedeutung einer einheitlichen Währung für den Binnenmarkt siehe Europa-Report, EuZW 1995, S. 2 f.

[682] Die Terminologie hinsichtlich der gemeinsamen, sektoriellen oder flankierenden Politiken ist uneinheitlich.

[683] Vgl. Rn. 308 ff.

[684] Die Zuständigkeit für die Wettbewerbspolitik ist zwar nicht ausschließlich auf die Gemeinschaft übergegangen, jedoch für sämtliche binnenmarktrelevanten Sachverhalte; hinzu kommen die Befugnisse für den Vollzug.

[685] Vgl. Art. 3 lit. e und lit. f EGV.

[686] *Zuleeg*, in: GTE, Art. 3, Rn. 7.

[687] *v. Bogdandy*, in: Grabitz/Hilf, Das Recht der Europäischen Union, Art. 3, Rn. 10.

[688] Vgl. Art. 32–38 EGV.

[689] Sie ist in Art. 3 lit. e und Art. 32 Abs. 1 EGV ausdrücklich erwähnt.

[690] Der Anteil der Verkehrswirtschaft am Bruttosozialprodukt beträgt 7,8%; *Frohnmeyer*, in: Grabitz/Hilf, Das Recht der Europäischen Union, vor Art. 70 Rn. 3.

[691] *Frohnmeyer*, in: Grabitz/Hilf, Das Recht der Europäischen Union, vor Art. 70 Rn. 2.

[692] EuGH v. 22. 5. 1985 (Parlament/Rat) Rs. 13/83, Slg. 1985, S. 1513 ff.

IV. Strukturprinzipien des EGV   434–436 § 9

kehrs- und Landwirtschaft haben interventionistische Züge[693] und weisen damit Parallelen zum EGKSV und EAGV auf, die für den Montan- bzw. Nuklearbereich auf ähnlichen Konzepten beruhen.

Schließlich enthält der EGV Politikbereiche, die weder unmittelbar für die Errichtung **434** des Gemeinsamen Marktes noch für die der Wirtschafts- und Währungsunion zwingend erforderlich sind, aber aus unterschiedlichen Gründen von der Gemeinschaft wahrgenommen werden sollen. Diese Politiken treten wie die **Regionalpolitik,**[694] **die Industriepolitik,**[695] **die Forschungs- und Technologiepolitik,**[696] **sowie die Infrastrukturpolitik**[697] flankierend zur Errichtung des Gemeinsamen Marktes und einer Wirtschafts- und Währungsunion hinzu.

Die **Umwelt-, Gesundheits- und Verbraucherschutzpolitik,**[698] **die Kulturpoli- 435 tik**[699] sowie die **Politik der allgemeinen und beruflichen Bildung und Jugend**[700] gehen über den rein wirtschaftlichen Bereich hinaus, dienen aber dem Prozess der politischen Einigung.[701] Diesem Bereich ist auch die Sozialpolitik[702] zuzuordnen, was insbesondere durch die Vertragsrevision von Amsterdam nochmals deutlich geworden ist.[703] Außerdem zählen zu den Aufgaben der Gemeinschaft noch die Politik auf dem Gebiet der Entwicklungshilfe,[704] sowie der Energie, des Katastrophenschutzes und des Fremdenverkehrs.[705]

Im Gegensatz zu den Bestimmungen, die unmittelbar der Errichtung des Gemeinsamen **436** Marktes sowie der Wirtschafts- und Währungsunion dienen, verfügt die Gemeinschaft bei den flankierenden Politikbereichen nur über begrenztere Kompetenzen zum Erlass verbindlicher Rechtsakte. Vielfach sind Harmonisierungsmaßnahmen sogar ausdrücklich ausgeschlossen.[706] Die Aufgaben der Gemeinschaftsorgane beziehen sich mehr auf die Koordination der nationalen Politiken durch die Aufstellung von Programmen und der Unterstützung nationaler Projekte durch die Kommission. Vielfach ist die Gemeinschaft nur zum Erlass ergänzender Gemeinschaftsmaßnahmen befugt, welche im Gegensatz zu den Harmonisierungsmaßnahmen nicht in die Rechtsordnungen der Mitgliedstaaten eingreifen.[707] Eine Ausnahme besteht lediglich für die noch ausführlich zu behandelnde Sozialpolitik sowie für den Umweltschutz, in dem die Gemeinschaft über umfangreiche Rechtsetzungsbefugnisse verfügt.[708]

5. Das Subsidiaritätsprinzip

Schrifttum: *Bieber,* Subsidiarität im Sinne des Vertrages über die Europäische Union, in: Nörr/Oppermann, Subsidiarität: Idee und Wirklichkeit. Zur Reichweite eines Prinzips in Deutschland und Europa, 1997, S. 165; *Bischof,* Europarecht, 2. Auflage 1996; *Brunner,* Subsidiaritätsprinzip als europäisches Prinzip, in: Merten, Die Subsidiarität Europas, 1993, S. 9; *Calliess,* Subsidiaritäts- und Solidaritätsprinzip in der Europäischen Union, 2. Aufl. 1999; *Cass,* The word that saves Maastricht? The principle of subsidiarity and division of power within the European Community, CMLR 1992,

---

[693] Vgl. auch *Oppermann*, Europarecht, Rn. 931.
[694] Vgl. Art. 3 lit. k.
[695] Art. 3 lit. m, Art. 28 EGV.
[696] Art. 3 lit. n, Art. 163 – Art. 173 EGV.
[697] Art. 3 lit o, Art. 154 – Art. 156 EGV.
[698] Art. 3 lit. l, Art. 174 – Art. 176 EGV; Art. 3p, Art. 152 EGV; Art. 3 lit. t, Art. 153 EGV.
[699] Art. 3 lit. q, Art. 151 EGV.
[700] Art. 3 lit. i EGV, Art. 149 und Art. 150 EGV.
[701] *Geiger,* Art. 3 EGV, Rn. 4.
[702] Art. 3 lit. j.
[703] Dazu später ausführlich.
[704] Art. 3 lit. r und Art. 3 lit. s EGV, Art. 177 – Art. 188 EGV.
[705] Art. 3 lit. u EGV.
[706] Vgl. etwa 150 Abs. 4, Art. 151 Abs. 4 sowie Art. 152 Abs. 4 EGV.
[707] Vgl. etwa Art. 164 EGV für den Bereich der Forschungspolitik.
[708] Art. 176 EGV.

S. 1107; *Franzen*, Privatrechtsangleichung durch die Europäische Gemeinschaft, 1999; *Geiger*, EG-Vertrag, 2. Auflage 1995; *Hahn*, Der Vertrag von Maastricht als völkerrechtliche Übereinkunft und Verfassung, 1992; *Jarass*, EG-Kompetenzen und das Prinzip der Subsidiarität nach Schaffung der Europäischen Union, EuGRZ 1994, S. 209; *ders.*, Grundfragen der innerstaatlichen Bedeutung des EG-Rechts, 1994; *Knemeyer*, Subsidiarität – Föderalismus, Dezentralisation, ZRP 1990, S. 173; *ders.*, Subsidiarität – Föderalismus, Dezentralisation, Initiativen zu einem „Europa der Regionen", DVBl. 1990, S. 449; *Kraußer*, Das Prinzip begrenzter Ermächtigung im Gemeinschaftsrecht als Strukturprinzip des EWG-Vertrages, 1991; *Lambers*, Subsidiarität in Europa – Allheilmittel oder juristische Leerformel, EuR 1993, S. 229; *Lecheler*, Subsidiaritätsprinzip, Strukturprinzip einer europäischen Union, 1993; *Moersch*, Leistungsfähigkeit und Grenzen des Subsidiaritätsprinzips, 2001; *Möschel*, Zum Subsidiaritätsprinzip von Maastricht, NJW 1993, S. 3025; *Pieper*, Subsidiarität. Ein Beitrag zur Begrenzung der Gemeinschaftskompetenzen, 1994; *Pipkorn*, Das Subsidiaritätsprinzip im Vertrag über die Europäische Union – rechtliche Bedeutung und gerichtliche Überprüfbarkeit, EuZW 1992, S. 697; *Schmidthuber*, Das Subsidiaritätsprinzip im Vertrag von Maastricht, DVBl. 1993, S. 417; *Schmidhuber/Hitzler*, Die Verankerung des Subsidiaritätsprinzips im EWG-Vertrag – ein wichtiger Schritt auf dem Weg zu einer föderalen Verfassung der Europäischen Gemeinschaft, NVwZ 1992, S. 720; *Stein*, Subsidiarität als Rechtsprinzip?, in: Merten, Die Subsidiarität Europas, 1993, S. 23; *Stauffenberg/Langenfeld*, Maastricht – ein Fortschritt für Europa, ZRP 1992, S. 252; *Stewing*, Das Subsidiaritätsprinzip als Kompetenzverteilungsregel im Europäischen Recht, DVBl. 1992, S. 1516; *Streinz*, Europarecht, 2. Auflage 1995; *Wank*, Arbeitsrecht nach Maastricht, RdA 1995, S. 10; *Weber*, Die Wirtschafts- und Währungsunion nach dem Maastricht-Urteil des BVerfG, JZ 1994, S. 53; *Zuleeg*, Justiziabilität des Subsidiaritätsprinzips, in: Nörr/Oppermann, Subsidiarität: Idee und Wirklichkeit. Zur Reichweite eines Prinzips in Deutschland und Europa, 1997, S. 185

a) Einführung

437 „Die größere Einheit darf niemals Aufgaben übernehmen, die die kleinere Einheit zufrieden stellend erfüllen kann. Daher dürfen die Gemeinschaften neue Aufgaben nur übernehmen, wenn ihre Erfüllung auf europäischer Ebene im Interesse der Bürger unabweisbar notwendig ist und ihre volle Wirksamkeit nur auf Gemeinschaftsebene erreicht werden kann. Die nationalen, regionalen und lokalen Behörden müssen einen eigenverantwortlichen Verwaltungsspielraum behalten, damit sachgerechte und bürgernahe Entscheidungen getroffen werden können."

438 Mit diesen Worten wollten die Teilnehmer der Konferenz „Europa der Regionen" das Subsidiaritätsprinzip, das mit Art. 3b durch den Unionsvertrag (Art. 5 in der Fassung des Amsterdamer Vertrages) in den EG-Vertrag explizit eingefügt wurde, inhaltlich erfasst wissen.[709]

439 Damit kommt treffend der Grundgedanke der eingefügten Norm, einer allgemein befürchteten Zentralisierungstendenz in der Rechtssetzungspraxis der Gemeinschaft entgegenzuwirken,[710] zum Ausdruck. Sie könnte das **Architekturprinzip** einer künftigen föderalen Ordnung der Gemeinschaft darstellen[711] und einen wichtigen Beitrag im Hinblick auf eine fortschreitende Demokratisierung und verbesserte Transparenz innerhalb der Gemeinschaft leisten.[712]

440 Insgesamt sind in den drei Absätzen des Art. 5 EGV (Art. 3b EGV a.F.) drei verschiedene Elemente enthalten. Abs. 1 beschränkt die Tätigkeit der Gemeinschaft ausdrücklich dahingehend, dass sie nur dann tätig werden darf, wenn ihr durch den Vertrag bestimmte

---

[709] Abgedr. bei *Knemeyer*, ZRP 1990, S. 173, 174. Zur umfangreichen Literatur zum Subsidiaritätsprinzip s. aus neuerer Zeit auch *Bieber*, in: Nörr/Oppermann, Subsidiarität: Idee und Wirklichkeit. Zur Reichweite eines Prinzips in Deutschland und Europa, 1997, S. 165 ff.; *Calliess*, Subsidiarität- und Solidaritätsprinzip in der Europäischen Union, 2. Aufl. 1999; *Zuleeg*, in: Nörr/Oppermann, Subsidiarität: Idee und Wirklichkeit. Zur Reichweite eines Prinzips in Deutschland und Europa, 1997, S. 185 ff.

[710] *Geiger*, Art. 3b EGV a.F., Rn. 1; *Pipkorn*, in: Beutler/Bieber/Pipkorn/Streil, Die Europäische Union, S. 396; *Bischof*, Europarecht, Rn. 10 c.

[711] *Knemeyer*, DVBl. 1990, S. 449, 454.

[712] *Lenz/Langguth*, Art. 3b EGV a.F., Rn. 30.

IV. Strukturprinzipien des EGV 441–443 § 9

Befugnisse zugewiesen und bestimmte Ziele gesetzt werden.[713] Der Spielraum der Gemeinschaft ist auf die von den Mitgliedstaaten durch die Gründungsverträge festgelegten Bereiche beschränkt. Die Mitgliedstaaten haben hingegen in ihrem Hoheitsbereich die Möglichkeit, die Befugnisse und Aufgaben ihrer Organe selbst zu bestimmen (Allzuständigkeit oder Kompetenz-Kompetenz). Abs. 2 regelt die Voraussetzungen des Gemeinschaftshandelns für die Bereiche, die nicht der ausdrücklichen Zuständigkeit der Gemeinschaft zufallen. In Abs. 3 wird das in der Gemeinschaft allgemein geltende Prinzip der Verhältnismäßigkeit für das Handeln der Gemeinschaftsorgane im Verhältnis zu den Mitgliedstaaten festgeschrieben.

So sehr eine solche Bestimmung für den EGV herbeigesehnt wurde,[714] so wenig Neues **441** wird dadurch geschaffen.[715] Ihre Popularität verdankt sie dem knappen „Nein"[716] des dänischen und dem knappen „Ja"[717] des französischen Referendums,[718] in deren Folge sich zum wiederholten Male eine gewisse „Europhobie", eine ständig die Mitgliedstaaten beschleichende Angst vor der übermäßigen Regelungswut der „Brüsseler Technokraten"[719] in den Köpfen des Mannes von der Straße und auch der Entscheidungsträger breit machte. Das Studium des Vertrages ließ den Leser auf eine neu eingefügte Vorschrift stoßen, deren Inhalt scheinbar dazu angetan ist, der „Brüsseler Hydra" den einen oder anderen überflüssigen Kopf zu nehmen.[720] Endlich, so scheint es, wird der bis dato auf den oberflächlichen Betrachter grenzenlos wirkenden Regelungskompetenz der Gemeinschaft ein Riegel vorgeschoben.

An der bisherigen Rechtslage ändert sich durch die neue Norm jedoch nicht viel, sie **442** schafft lediglich Klarheit über einen Grundsatz, der sich unter anderem bereits in Art. 4 EWG-Vertrag fand.[721] Auch unter der neuen Regelung kommt es nicht darauf an, dass es für das Bestehen einer Organkompetenz einer expliziten Formulierung in den Verträgen bedarf. Weiterhin existieren auf Grund der Theorie von den „implied powers" im Rahmen ausdrücklich zugewiesener Aufgabenbereiche und auf Grund von Annexkompetenzen implizite Befugnisse der Gemeinschaft.[722]

Eine scheinbare Durchbrechung des für das Handeln der Gemeinschaftsorgane typi- **443** schen Prinzips der begrenzten Zuweisung von Befugnissen findet sich in Art. 308 EGV (Art. 235 EGV a.F.), der in den Fällen Anwendung findet, in denen es an speziellen ver-

---

[713] Ausführlich *Kraußer*, Das Prinzip begrenzter Ermächtigung, S. 21 ff.

[714] Trotz deren Einführung gab es und gibt es immer noch zahlreiche Diskussionen über die Nützlichkeit und Verbesserungsfähigkeit des Prinzips; s. dazu *Möschel*, NJW 1993, S. 3025 ff.; *von Borries*, EuR 1994, S. 263, 296 ff. Die Kommission hat dem Rat den Subsidiaritätsbericht „Eine bessere Rechtsetzung 1999" vorgelegt, der einen Überblick über die Anwendung der Grundsätze der Subsidiarität und der Verhältnismäßigkeit bei Rechtsetzungsvorschlägen der EU im Jahre 1999 wiedergibt; vgl. BR-Drucks. 721/99.

[715] Zur Entstehungsgeschichte der Vorschrift Lenz/*Langguth*, Art. 3b EGV a. F., Rn. 15 f.; *Cass*, CMLR 1992, S. 1107, 1110 ff.

[716] 50,7% Nein-Stimmen.

[717] 51,05% Ja-Stimmen.

[718] *Stein*, Subsidiarität, S. 23.

[719] Vgl. auch *Brunner*, Subsidiaritätsprinzip als europäisches Prinzip, S. 15, der die Europäische Gemeinschaft als ein „Dorado für regulierungswütige Menschen" bezeichnet.

[720] Vgl. auch den Titel des Artikels von *K. Schmidt* in: DIE ZEIT vom 23. 10. 1992, S. 23: „Das Zauberwort für Europa-Müde".

[721] *Beutler*, in: Beutler/Bieber/Pipkorn/Streil, Die Europäische Union, S. 85; *von Borries*, EuR 1994, S. 263, 268; *Stein*, Subsidiarität, S. 29; *Pipkorn*, EuZW 1992, S. 697, 698 f.; *Wank*, RdA 1995, S. 10, 21; ablehnend *Stewing*, DVBl. 1992, S. 1516, 1517. Allerdings darf nicht übersehen werden, dass mit der expliziten Festschreibung des Subsidiaritätsprinzips im Vertrag, unabhängig von jeder juristischen Bewertung, ein wichtiges politisches Signal gesetzt wird; so auch Lenz/*Langguth*, Art. 3b EGV a. F., Rn. 30.

[722] *von Borries*, EuR 1994, S. 263, 268, 268; *Lecheler*, Subsidiaritätsprinzip, S. 14; *Pieper*, Subsidiarität, S. 185.

traglichen Zuweisungen fehlt. Jedoch findet auch diese Regelung ihre Grenzen in der Erforderlichkeit neuer Vorschriften, die nur dann gegeben ist, wenn diese zur Zielverwirklichung innerhalb des Gemeinsamen Marktes notwendig sind.

b) Das Subsidiaritätsprinzip in den Verträgen der Gemeinschaft

444 Die genaue Herkunft des Subsidiaritätsprinzips ist ungeklärt.[723] Die Erklärungsversuche hinsichtlich seines terminologischen Ursprungs reichen von Hinweisen auf Verwurzelung in der katholischen Soziallehre,[724] über eine Kategorisierung als Staatsorganisationsprinzip bis hin zu einer Einordnung als grundlegendes Prinzip jeder föderalen Ordnung.[725] Die Bedeutung des Art. 5 EGV (Art. 3b EGV a. F.) ist jedoch nur aus dem vertraglichen Kontext heraus zu ermitteln. Außervertragliche gesellschafts- oder verfassungsrechtliche Anschauungen waren nicht Gegenstand der Erörterung der Regierungskonferenzen.[726]

445 Dessen Verankerung im Vertrag könnte mithin eine bloß politische Funktion in dem Sinne haben, dass es die Wellen des Unmuts gegen die Union glätten sollte.

446 Entgegen den auf Grund der Formulierungen des Art. 5 EGV (Art. 3b EGV a. F.) teilweise geäußerten Zweifeln an der Justiziabilität[727] des Prinzips wird sie allgemein bejaht. Als Rechtsprinzip unterfällt es der Prüfungskompetenz des Gerichtshofes gem. Art. 220 EGV (Art. 164 EGV a. F.).[728] Verstöße gegen die Regelung des Art. 5 EGV (Art. 3b EGV a. F.) können mit der Nichtigkeitsklage gem. Art. 230 EGV (Art. 173 EGV a. F.) angefochten werden.[729]

447 Das Subsidiaritätsprinzip war im Keim bereits in Art. 5 EGKS-Vertrag angelegt, und auch nach Art. 4 EWG-Vertrag war bereits jedes Organ der Gemeinschaft verpflichtet, nur „nach Maßgabe der ihm in diesem Vertrag zugewiesenen Befugnisse" zu handeln.[730] Demgemäß war es nach Auffassung der Kommission schon immer ein geltendes Prinzip des Gemeinschaftsrechts, welches bereits seit über 40 Jahren geübt werde.[731]

448 Eine ausdrückliche Festlegung erfuhr das Subsidiaritätsprinzip erstmals auf einem Teilgebiet des Vertrages. Mit der EEA[732] wurde für den Bereich der Umweltpolitik in Art. 174 EGV (Art. 130r Abs. 4 EGV a. F.) festgelegt:

„Die Gemeinschaft wird im Bereich der Umwelt insoweit tätig, als die in Abs. 1 genannten Ziele besser auf Gemeinschaftsebene erreicht werden können als auf der Ebene der einzelnen Mitgliedstaaten".

---

[723] Allgemein formulierend *Geiger*, Art. 3b EGV a. F., Rn. 4: „Der allgemeine Subsidiaritätsgedanke befasst sich mit der Legitimation öffentlicher Daseinsvorsorge und der Zuständigkeitsabgrenzung ihrer Träger. Die Selbstverantwortung des Individuums und der jeweils personennächsten öffentlichen Einheit haben, soweit sie die gestellte Aufgabe erfüllen können, Vorrang vor den übergeordneten größeren Einheiten".
[724] *von Borries*, EuR 1994, S. 263, 282 f.; *Stein*, Subsidiarität, S. 25.
[725] *Lecheler*, Subsidiaritätsprinzip, S. 29 ff.; umfassend *Pieper*, Subsidiarität.
[726] *von Borries*, EuR 1994, S. 263, 272; anders *Lecheler*, Subsidiaritätsprinzip, S. 45 und 59, der diesem Begriff eine eigenständige gemeinschaftsrechtliche Bedeutung absprechen möchte.
[727] *Schmidhuber/Hitzler*, NVwZ 1992, S. 720, 724 f.; *Stein*, Subsidiarität, S. 37; *Streinz*, Europarecht, Rn. 145a. Anders *Beutler*, in: Beutler/Bieber/Pipkorn/Streil, Die Europäische Union, S. 85: „eindeutig voll justiziable Begriffe".
[728] *Geiger*, Art. 3b EGV a. F., Rn. 13; *Lenz/Langguth*, Art. 3b EGV a. F., Rn. 26 ff.; *Stein*, Subsidiarität, S. 36 ff.; *Streinz*, Europarecht, Rn. 145a.
[729] Ausführlich zu dem bezüglich des Subsidiaritätsprinzips bestehenden Prüfungsumfang *Lenz/Langguth*, Art. 3b EGV a. F., Rn. 27 ff.; *von Borries*, EuR 1994, S. 263, 283 f.
[730] So auch Art. 249 EGV (Art. 189 Abs. 1 EGV a. F.) und Art. 161 Abs. 1 EAGV.
[731] Mitteilung der Kommission an den Rat, EUROPE/Dokumente Nr. 1804/05 v. 30. 10. 1992, S. 4 f.; ebenso *Lenz/Langguth*, Art. 3b EGV a. F., Rn. 4.
[732] Zur EEA s. näher § 11 Rn. 27 ff.

Über dieses Teilgebiet hinaus wird das Subsidiaritätsprinzip nunmehr als allgemeiner, 449
das gesamte Gemeinschaftsrecht beherrschender Grundsatz in Art. 5 Abs. 2 EGV (Art. 3 b
Abs. 2 EGV a. F.) formuliert:

„In den Bereichen, die nicht in ihre ausschließliche Zuständigkeit fallen, wird die Gemeinschaft nach dem Subsidiaritätsprinzip nur tätig, sofern und soweit die Ziele der in Betracht gezogenen Maßnahmen auf der Ebene der Mitgliedstaaten nicht ausreichend erreicht werden können und daher wegen ihres Umfangs oder ihrer Wirkungen besser auf Gemeinschaftsebene erreicht werden können".

Die Bundesregierung hat im Anschluss an den Subsidiaritätsbericht von 1998 für die 450
Jahre 1999 und 2000 erneut Subsidiaritätsberichte vorgelegt.[733]

aa) Der Grundsatz des Art. 5 b Abs. 1 EGV (Art. 3 b Abs. 1 EGV a. F.)

In Art. 5 Abs. 1 EGV (Art. 3 b Abs. 1 EGV a. F.) wird das bereits bekannte **Prinzip der** 451
begrenzten Einzelermächtigung (compétence d'attribution) festgeschrieben,[734] welches einen Rückgriff auf die „implied powers" und Art. 308 EGV (Art. 235 EGV a. F.) jedoch auch für die Zukunft nicht ausschließt. Die oftmals als „Generalermächtigung" bezeichnete Regelung des Art. 308 EGV (Art. 235 EGV a. F.)[735] und die Theorie der „implied powers" vermögen an dem nunmehr ausdrücklich festgeschriebenen Prinzip einer sich nur auf Einzelermächtigungen gründenden Verbandskompetenz der Gemeinschaft nichts zu ändern. Die „Generalermächtigung" des Art. 308 EGV (Art. 235 EGV a. F.) bindet die Kompetenzausübung an die Voraussetzung, dass die Tätigkeit erforderlich sein muss, „um im Rahmen des Gemeinsamen Marktes eines ihrer Ziele zu verwirklichen".[736] Die „implied powers" wollen daneben keine „Kompetenz-Kompetenz" begründen, sondern nur inhärente Zuständigkeiten offen legen. Eine Überschreitung festgeschriebener Zuständigkeiten steht jedenfalls für die Zukunft nicht zu befürchten.[737]

Die Festlegung der Verbandskompetenz der Gemeinschaft auf die Einzelermächtigung 452
ist bereits ein Ausdruck des Subsidiaritätsprinzips.[738] Neben die regelmäßig bestehende Zuständigkeit der Mitgliedstaaten tritt die jeweils durch eine primärrechtliche Regelung zu rechtfertigende Kompetenz der Gemeinschaft als Ausnahme.[739]

Die Ermittlung ihrer Grenzen ist dann regelmäßig eine Frage der auszulegenden Be- 453
stimmung. Ungeklärt bleibt jedoch, wem letztlich die Aufgabe zufällt, die Grenzen der zugewiesenen Aufgaben und Ziele zu bestimmen oder das gewonnene Auslegungsergebnis abschließend zu prüfen, denn Art. 5 EGV (Art. 3 b EGV a. F.) schweigt zu dieser Frage.

bb) Das Subsidiaritätsprinzip des Art. 5 Abs. 2 EGV (Art. 3 b Abs. 2 EGV a. F.)

Bei der Regelung des Abs. 2 handelt es sich um eine Kompetenzausübungsschranke, die 454
den Gemeinschaftsorganen eine **„Rechtfertigungslast"** auferlegt.[740] Grundsätzlich besteht eine Vermutung für die Zuständigkeit der niedrigeren, also der mitgliedstaatlichen Ebene, welche die Gemeinschaft in jedem Falle einem konkreten Begründungszwang unterwirft.[741] Die Organe der Gemeinschaft trifft als Adressaten der Regelung also regelmäßig eine Begründungs- und Beweislast.[742]

---

[733] BT-Drucks. 14/40717; BR-Drucks. 776/01.
[734] In seiner Entscheidung über Tabakwerbung betr. Richtlinie 98/43/EG v. 6. 7. 1998 hat der EuGH dieses Prinzip besonders hervorgehoben; s. EuGH, JZ 2001, S. 32 m. Anm. *Götz*.
[735] *Bischof*, Europarecht, Rn. 10; *von Borries*, EuR 1994, S. 263, 269.
[736] Dazu auch *Lambers*, EuR 1993, S. 229, 233.
[737] S. aber BVerfG, NJW 1993, S. 3047, 3057.
[738] BVerfG, NJW 1993, S. 3047, 3053.
[739] *Lenz/Langguth*, Art. 3 b EGV a. F., Rn. 4.
[740] *Streinz*, Europarecht, Rn. 145 a.
[741] *Beutler*, in: Beutler/Bieber/Pipkorn/Streil, Die Europäische Union, S. 85; *Cass*, CMLR 1992, S. 1107; *Lenz/Langguth*, Art. 3 b EGV a. F., Rn. 30; *Schmidthuber*, DVBl. 1993, S. 417, 419; *Wank*, RdA 1995, S. 10, 23.
[742] *von Borries*, EuR 1994, S. 263, 279 f.

455 Das Subsidiaritätsprinzip wird **auf die Bereiche beschränkt,** in denen der Vertrag ein Tätigwerden der Mitgliedstaaten nicht von vornherein verbietet.[743] Für den Bereich der ausschließlichen Handlungskompetenz der Gemeinschaft gilt es mithin nicht. Der Vertrag trifft zu der Frage, auf welchen Sachgebieten eine ausschließliche oder eine nicht-ausschließliche Zuständigkeit besteht, keine Aussage. Welche Form der Zuständigkeit vorliegt, ist jeweils durch Auslegung zu ermitteln.[744] Die Rechtsprechung hat jedoch einige Bereiche der **ausschließlichen Zuständigkeit** der Gemeinschaft zugewiesen:
– die Handelspolitik
– das Zollrecht
– Erhaltung der Fischereiressourcen.[745]

456 Ab der dritten Stufe der Währungsunion zählt auch die innere Währungspolitik zu diesen Bereichen.[746] Die ausschließliche Zuständigkeit der Gemeinschaft kann jedoch in diesen Bereichen durchbrochen werden, wenn sich der Rat trotz eines dringenden Regelungsbedarfs als handlungsunfähig erweist.[747]

457 Die ausschließliche Zuständigkeit der Gemeinschaft bildet die Ausnahme von der grundsätzlich anzunehmenden **nicht-ausschließlichen Zuständigkeit.** Auf diesen Gebieten ist dann ein Tätigwerden der Gemeinschaft nur möglich, wenn die Ziele „auf Ebene der Mitgliedstaaten nicht ausreichend erreicht werden können und daher wegen ihres Umfangs oder ihrer Wirkungen besser auf Gemeinschaftsebene erreicht werden können". Die Ausübung der Gemeinschaftskompetenz ist mithin an das **kumulative** Vorliegen beider Voraussetzungen geknüpft. In der Summe bedarf es damit einer Einzelfallprüfung, ob die gemeinschaftsrechtliche Regelung gegenüber einer nationalen Regelung **so wesentliche Vorteile** bringt, dass eine Hinnahme der Einschränkung nationaler Handlungsspielräume geboten ist.[748] Damit ist kein bloßer Effizienzvergleich[749] zwischen der Gemeinschaft und der Ebene der Mitgliedstaaten gemeint; ein Tätigwerden der Gemeinschaft wird bereits durch eine „weniger gute" Verwirklichung eines Regelungsziels durch einen Mitgliedstaat ausgeschlossen.

458 Die Formulierung des Art. 5 EGV (Art. 3 b EGV a. F.) gibt dem Rechtsanwender allerdings auf Grund ihrer Unschärfe kein griffiges oder leicht konkretisierbares Konzept[750] zur Klärung dieser Fragestellung an die Hand.[751] Deshalb hat der Europäische Rat bereits in seinen **Schlussfolgerungen des EG-Gipfels von Edinburgh** vom 11./12. Dezember 1992 detaillierte Regeln für die Anwendung des Subsidiaritätsprinzips durch den Rat aufgestellt.[752]

---

[743] *Geiger,* Art. 3 b EGV a. F., Rn. 7.
[744] *Geiger,* Art. 3 b EGV a. F., Rn. 7.
[745] *Bischof,* Europarecht, Rn. 10 b m. Nachw. aus der Rechtsprechung; *von Borries,* EuR 1994, S. 263, 273 f.; *Jarass,* Grundfragen, S. 13 f.
[746] *Hahn,* Der Vertrag von Maastricht, S. 42; *Weber,* JZ 1994, S. 53.
[747] *Streinz,* Europarecht, Rn. 130 f. Bei einer solchen Lage ist vom EuGH anerkannt worden, dass die Mitgliedstaaten unter weiteren Voraussetzungen – Konsultation und Zustimmung des Rates – eigene Regelungen aufrechterhalten oder gar ergänzen können; EuGH (Kommission/Vereinigtes Königreich), Rs. 804/79, Slg. 1981, S. 1045, 1073.
[748] *Jarass,* EuGRZ 1994, S. 209, 218; vgl. dazu auch die Leitlinien des Europäischen Rates in Edinburgh, Bulletin der Bundesregierung Nr. 140, S. 1277, 1281 f.; abgedr. bei *Merten,* Die Subsidiarität Europas, Anhang 4, S. 138 ff.; zusammenfassender Überblick bei *Geiger,* Art. 3 b EGV a. F., Rn. 8.
[749] *Stauffenberg/Langenfeld,* ZRP 1992, S. 252, 255.
[750] *Lecheler,* Subsidiaritätsprinzip, S. 16.
[751] So die einhellige Ansicht in der Literatur, vgl. nur *Beutler,* in: Beutler/Bieber/Pipkorn/Streil, Die Europäische Union, S. 85; *von Borries,* EuR 1994, S. 263, 279 und *Wank,* RdA 1995, S. 10, 22 mit weiteren umfangr. Nachw. in Fußn. 149.
[752] Bulletin der Bundesregierung Nr. 140, S. 1277, 1281 f., abgedr. bei *Merten,* Die Subsidiarität Europas, Anhang 4, S. 138 ff.; zusammenfassender Überblick bei *Geiger,* Art. 3 b EGV a. F., Rn. 8.

Die kumulativ vorzunehmende Prüfung bedeutet zunächst einen „**Notwendigkeits-** 459
test" dahingehend, ob die Ziele der in Betracht gezogenen Maßnahmen nicht auf der
Ebene der Mitgliedstaaten ausreichend erreicht werden können. Die im Bereich nicht
ausschließlicher Kompetenzen bestehende Prioritätsvermutung zugunsten der Mitgliedstaaten muss im Hinblick auf die faktische Sach- und Rechtslage unter Einbeziehung einer
hypothetischen Abschätzung ihrer Möglichkeiten und Fähigkeiten zum Erlass künftiger
Maßnahmen bewertet werden.[753]

Daran schließt sich ein „**Effizienztest**" an, der der Frage nachgeht, ob die Ziele wegen 460
ihres Umfangs oder wegen ihrer Wirkung besser durch die Gemeinschaft verwirklicht
werden können.[754] Wie bereits festgestellt, lässt sich eine Gemeinschaftszuständigkeit nicht
durch reine Effektivitätserwägungen begründen. Eine bessere Zielverwirklichung auf der
Gemeinschaftsebene ist beispielsweise immer dann gegeben, wenn:
– der Frage transnationale Aspekte innewohnen,
– das Fehlen einer gemeinschaftlichen Maßnahme zu den Erfordernissen des Vertrages in
  Widerspruch stünde oder
– der Nachweis erbracht werden kann, dass Maßnahmen auf gemeinschaftlicher Ebene
  deutliche Vorteile bringen werden[755]
Das Subsidiaritätsprinzip gilt auch für den EuGH.[756]

cc) Art. 5 Abs. 3 EGV (Art. 3 b Abs. 3 EGV a. F.)

Mit der Regelung des Abs. 3 wird erstmalig das durch den EuGH in ständiger Recht- 461
sprechung entwickelte Prinzip der **Verhältnismäßigkeit**[757] im Gemeinschaftsrecht explizit geregelt. Es erfasst sowohl die Bereiche der ausschließlichen als auch die der nicht-
ausschließlichen Zuständigkeit, so dass für die Gemeinschaftsorgane damit auch im erstgenannten Bereich eine Verpflichtung geschaffen wird, nicht über das für die Erreichung der
Vertragsziele erforderliche Maß hinauszugehen.[758] Grundsätzlich gilt es, die Zweck-
Mittel-Relation zu beachten und das jeweils mildeste Mittel und den geringsten Eingriff
zu wählen.[759]

Das heißt konkret, dass beispielsweise Unterstützungsmaßnahmen und Empfehlungen 462
gegenüber einer Regelung Priorität genießen, dass bei der Schaffung von Gemeinschaftsrecht möglichst Mindeststandards geschaffen werden, die den Mitgliedstaaten Raum für
höhere Standards lassen und dass die Kooperation und Koordinierung zwischen den Mitgliedstaaten eine stärkere Förderung erfahren soll.[760]

Insgesamt führt die Anwendung des Art. 5 EGV (Art. 3b EGV a.F.) hinsichtlich einer 463
Kontrolle der Schaffung von Normen durch die Organe der Gemeinschaft zu folgenden
Prüfungsschritten:
– Ist der Rahmen der Verbandskompetenz beachtet worden (Abs. 1)?
– Ist im Falle einer nicht ausschließlichen Kompetenz dem Subsidiaritätsprinzip genüge
  getan (Abs. 2)?
– Ist die Gemeinschaftsmaßnahme in dieser Regelungsintensität erforderlich (Abs. 3)?

---

[753] *Schmidhuber/Hitzler*, NVwZ 1992, S. 720. Zu den dabei möglichen Fallgestaltungen *von Borries*,
EuR 1994, S. 263, 278; *Lenz/Langguth*, Art. 3b EGV a.F., Rn. 11, s. ferner *Franzen*, Privatrechtsangleichung, S. 57 ff.
[754] *von Borries*, EuR 1994, S. 263, 277.
[755] *Wank*, RdA 1995, S. 10, 12. Beispiele zu den Auswirkungen auf die Praxis der Gemeinschaftsorgane bei *Lenz/Langguth*, Art. 3b EGV a.F., Rn. 31.
[756] *Franzen*, Privatrechtsangleichung, S. 65 ff. m. w. N.
[757] In seinen Entscheidungen behandelte der Gerichtshof jedoch meist das Verhältnis Gemeinschaft
– Bürger, vgl. dazu *Bischof*, Europarecht, Rn. 10 d; EuGH (Bayern/Eurim Pharma), Rs. 347/89, Slg.
1991, S. 1763 ff. und (Simmenthal/Italienisches Finanzamt), Rs. 35/76, Slg. 1976, S. 1871.
[758] *Möschel*, NJW 1993, S. 3025, 3026.
[759] *Bischof*, Europarecht, Rn. 10 d.
[760] *Lenz/Langguth*, Art. 3b EGV a.F., Rn. 25.

464 Der EuGH kann die Einhaltung dieser Schranken überprüfen. Dabei ist jedoch zu beachten, dass den handelnden Organen ein Beurteilungsspielraum zukommt.[761]

6. Das Diskriminierungsverbot nach Art. 12 EGV

465 Nach Art. 12 EGV sind im Anwendungsbereich des EGV sämtliche Diskriminierungen aus Gründen der Staatsangehörigkeit unzulässig. Die exponierte Stellung dieser Bestimmung im Kapitel „Grundsätze"[762] verdeutlicht die überragende Bedeutung des Diskriminierungsverbotes. Die Grundfreiheiten stellen im Wesentlichen eine Ausprägung des allgemeinen Diskriminierungsverbotes von Art. 12 EGV dar.

466 Das Diskriminierungsverbot ist unmittelbar anwendbar und kann innerhalb der Grenzen der Vertragsfreiheit Drittwirkung entfalten.[763] Diskriminierungen, die sich aus anderen Gründen ergeben, sind jedoch im Anwendungsbereich von Art. 12 EGV zulässig.[764] Wegen der unmittelbaren Anwendbarkeit hat die Befugnis der Gemeinschaft in Art. 12 Abs. 2 EGV, nach den Verfahren des Art. 251 EGV Regelungen für das Verbot von Diskriminierungen zu treffen, keine große Bedeutung.[765]

467 Umstritten ist, ob Art. 12 EGV sich auch auf die Inländerdiskriminierung erstreckt. Darunter sind die Fälle zu verstehen, in denen Inländer gegenüber EU-Ausländern durch gemeinschaftsrechtliche Bestimmungen schlechtergestellt werden. Die Problematik stellt sich insbesondere im Zusammenhang mit unterschiedslos geltenden Bestimmungen im Bereich des freien Warenverkehrs, aber auch im Bereich der Freizügigkeit der Arbeitnehmer.[766] So führte das Urteil des EuGH zum deutschen Reinheitsgebot[767] dazu, dass das Reinheitsgebot gegenüber deutschen Brauereien wie bisher gegolten hat, also nur die ausländischen Brauereien ihr Bier in der Bundesrepublik vertreiben durften, ohne das Reinheitsgebot befolgen zu müssen. Stimmen in der Literatur[768] begründen das Verbot der Inländerdiskriminierung damit, dass Art. 12 EGV „jede" Diskriminierung verbiete. Der EuGH[769] verneinte die Anwendbarkeit des Art. 12 EGV in einem solchen Fall, weil der Bezug zum Anwendungsbereich des EGV fehle.[770] Ob der EuGH an der Unbeachtlichkeit der Inländerdiskriminierung festhält, wird abzuwarten sein, da er sich in dem Urteil vom 7. Juli 1992[771] dem Verbot der Inländerdiskriminierung offenbar angenähert hat.[772]

7. Zusammenfassung

468 Die Gemeinschaftstätigkeiten sind im Wesentlichen in Art. 3 und Art. 4 EGV niedergelegt. Obwohl in Art. 2 EGV der Gemeinsame Markt und die Wirtschafts- und Währungsunion gleichberechtigt nebeneinander erwähnt werden, liegt das Schwergewicht der Gemeinschaft weiterhin auf der Errichtung des gemeinsamen Marktes, während die Wirt-

---

[761] *von Borries,* EuR 1994, S. 263, 283 f.; Lenz/*Langguth,* Art. 3 b EGV, Rn. 29.

[762] Art. 1–16 EGV.

[763] *Bleckmann,* Europarecht, 6. Aufl. 1997, Rn. 1770.

[764] So wenn Ungleichbehandlungen infolge unterschiedlicher nationaler Regelungen auftreten, vgl. *Geiger,* EG-Vertrag Kommentar, 2. Aufl. 1999, Art. 6, Rn. 9.

[765] *Geiger,* Art. 6, Rn. 15.

[766] *Bleckmann,* Europarecht, Rn. 1760.

[767] Vgl. oben Rn. 339 ff.

[768] Vgl. etwa *v. Bogdandy,* in: Grabitz/Hilf, Kommentar zur Europäischen Union, Art. 6, Rn. 7; *Bleckmann,* Europarecht, Rn. 1761 ff.

[769] EuGH v. 27. 10. 1982 (Morson), Rs. 35 u. 36/82, Slg. 1982, S. 3723, 3736.

[770] Vgl. dazu auch *Zuleeg,* in: Groeben/Thiesing/Ehlermann, Kommentar zum EU-/EG-Vertrag, 5. Auflage 1997, Art. 6, Rn. 15.

[771] EuGH v. 7. 7. 1992 (The Queen/Immigration Appeal Tribunal) Rs. 370/90, Slg. 1992, S. 4265 ff.

[772] *Schweitzer/Hummer,* Europarecht, 5. Auflage 1996, Rn. 1058.

schaftspolitik trotz der Währungsunion grundsätzlich in der Zuständigkeit der Mitgliedstaaten verbleibt. Die Errichtung des gemeinsamen Marktes wird daher als „Kern" der Gemeinschaft, die Annäherung der Wirtschaftspolitik der Mitgliedstaaten als „ihre Schale" bezeichnet.[773] Daneben bilden die flankierenden Politiken einen wesentlichen Teil des EGV, stehen aber hinsichtlich der Auswirkungen auf die nationalen Rechtsordnungen hinter den Ermächtigungsgrundlagen zur Errichtung der Wirtschafts- und Währungsunion und insbesondere zur Errichtung des gemeinsamen Marktes bzw. des Binnenmarktes weit zurück.

Die Skizzierung der Gemeinschaftstätigkeiten hat verdeutlicht, dass im Bereich der Wirtschaftspolitik die Gemeinschaft in vielen Bereichen eine größere Bedeutung als die Mitgliedstaaten hat. Es stellt sich daher die Frage nach der Wirtschaftsverfassung der Gemeinschaft.[774] Bereits die Errichtung eines gemeinsamen Marktes in der in Art. 2 und Art. 3 EGV vorgesehenen Form macht deutlich, dass eine offene Marktwirtschaft im freien Wettbewerb, so wie es Art. 4 EGV jetzt ausdrücklich bekräftigt, die Grundlage der Gemeinschaftstätigkeit ist. Die Wettbewerbsregeln, die grundsätzliche Ablehnung von staatlichen Beihilfen und die Grundfreiheiten drücken das marktwirtschaftliche Credo aus.[775] Dieser liberalen Seite stehen interventionistische Elemente gegenüber. Nicht zuletzt wegen des Einflusses von Frankreich und Italien, deren Wirtschaftspolitik traditionell dirigistische Züge zeigt,[776] enthalten die Verträge in „sensiblen" Wirtschaftsbereichen wie Kohle und Stahl, Kernenergie, Landwirtschaft und Verkehr Instrumentarien für die Gemeinschaftsorgane zu öffentlicher Intervention.

469

§ 10 Das Verhältnis des Europäischen Gemeinschaftsrechts zum deutschen Recht

I. Europäisches Gemeinschaftsrecht und Grundgesetz

Schrifttum: *Bleckmann/Pieper*, Maastricht, die grundgesetzliche Ordnung und die „Superrevisionsinstanz", RIW 1993, S. 969 ff.; *Buchner*, Die sozialpolitische Entwicklung der Europäischen Gemeinschaft im Spannungsfeld von hoheitlicher Regelung und tarifautonomer Gestaltung, RdA 1993, S. 193 ff.; *Classen*, Europäische Integration und demokratische Legitimation, AöR 1994, S. 238 ff.; *Däubler*, EG-Arbeitsrecht auf dem Vormarsch, NZA 1992, S. 577 ff.; *Flint*, Die Übertragung von Hoheitsrechten, 1998; *Götz*, Auf dem Weg zur Rechtseinheit in Europa?, JZ 1994, S. 265 ff.; *ders.*, Das Maastricht-Urteil des Bundesverfassungsgerichts, JZ 1993, S. 1081 ff.; *Häde*, Das Bundesverfassungsgericht und der Vertrag von Maastricht, BB 1993, S. 2457 ff.; *Henrichs*, Der Vertrag über die Europäische Union und seine Auswirkungen auf die Verfassungen der Mitgliedstaaten, DÖV 1994, S. 368 ff.; *Huber*, Das Kooperationsverhältnis zwischen BVerfG und EuGH in Grundrechtsfragen, EuZW 1997, 517 ff.; *Ipsen*, 10 Glossen zum Maastricht-Urteil, EuR 1994, S. 1 ff.; *Isensee*, Vorrang des Europarechts und deutsche Verfassungsvorbehalte, in: FS Stern, 1997, S. 1239 ff.; *Jarass*, Grundfragen der innerstaatlichen Bedeutung des EG-Rechts, 1994; *Kirchhof*, Deutsches Verfassungsrecht und europäisches Gemeinschaftsrecht, EuR Beiheft I/1991, S. 11 ff.; *Kokott*, Deutschland im Rahmen der Europäischen Union – zum Vertrag von Maastricht, AöR 1994, S. 207 ff.; *Lenz*, Der Vertrag von Maastricht nach dem Urteil des Bundesverfassungsgerichts, NJW 1993, S. 3038; *Lopez Castillo/Ponakiewicz*, Verfassung und Gemeinschaftsrecht in Spanien, EuGRZ 1993, S. 277 ff.; *Meessen*, Maastricht nach Karlsruhe, NJW 1994, S. 549 ff.; *Scholz*, Grundgesetz und europäische Einigung, NJW 1992, S. 2593 ff.; *Schwarze*, Das Staatsrecht in Europa, JZ 1993, S. 585 ff.; *Selmayr/Prowald*, Abschied von den „Solange-Vorbehalten", DVBl. 1999, 269 ff.; *Sokoll*, Die gesetzliche Unfallversi-

---

[773] *Beutler* in, Beutler/Bieber/Pipkorn/Streil, Die Europäische Union, 4. Auflage 1993, S. 54.
[774] *Oppermann*, Europarecht, 2. Auflage 1999, Rn. 926.
[775] *Oppermann*, Europarecht, Rn. 926.
[776] Vgl. *Oppermann*, Europarecht, Rn. 929.

cherung im Übergang zum Europäischen Binnenmarkt, NZS 1993, S. 9 ff.; *Steiger,* Europarechtliche Vorgaben für die Umsetzung von Richtlinien im Bereich der Unfallverhütung am Arbeitsplatz, SGb 1992, S. 525 ff.; *Steinmeyer,* Der Vertrag von Amsterdam und das Arbeits- und Sozialrecht, RdA 2001, 10 ff; *Stettner,* Gemeinschaftsrecht und nationales Recht, in: Dauses, Handbuch des EG-Wirtschaftsrechts, A IV, Stand: Februar 1993; *Streintz,* Das Maastricht-Urteil des Bundesverfassungsgerichts, EuZW 1994, S. 329 ff.; *Tietje,* Europäischer Grundrechtsschutz nach dem Maastricht-Urteil „Solange III"?, JuS 1994, S. 197 ff; *Tomuschat,* Die Europäische Union unter der Aufsicht des Bundesverfassungsgerichts, EuGRZ 1993, S. 489 ff.; *von Hoyningen-Huene/Compensis,* Deutsche Unfallverhütungsvorschriften im EG-Binnenmarkt, NZS 1993, S. 233 ff.; *von Simson/Schwarze,* Europäische Integration und Grundgesetz, 1992; *Wlotzke,* Umsetzung des EG-Richtlinienwerkes für Maschinen in das deutsche Arbeitsschutzrecht, BG 1990, S. 6 ff.; *Wolf,* Die Revision des Grundgesetzes durch Maastricht, JZ 1993, S. 594 ff.

Übersicht

	Rn.		Rn.
I. Europäisches Gemeinschaftsrecht und Grundgesetz	1	3. Besonderheiten im Arbeits- und Sozialrecht	54
1. Problematik	1	a) Umsetzung durch Tarifverträge	55
2. Überprüfbarkeit von Gemeinschaftsrecht durch nationale Gerichte	11	b) Umsetzung durch Unfallverhütungsvorschriften	61
a) Überprüfbarkeit anhand des Gemeinschaftsrechts	12	aa) Art. 95-Richtlinien	63
b) Überprüfbarkeit anhand nationalen Rechts	15	bb) Art. 138-Richtlinien	67
II. Die Umsetzung von Europäischem Gemeinschaftsrecht in deutsches Recht	22	**III. Die unmittelbare Anwendbarkeit des Europäischen Gemeinschaftsrechts**	70
1. Einführung	22	1. Begriff	70
2. Die Umsetzung von Richtlinien	25	2. Unmittelbare Anwendbarkeit des Primärrechts	71
a) Allgemeines	25	3. Unmittelbare Anwendbarkeit des sekundären Gemeinschaftsrechts	72
b) Umsetzung durch Gesetz und Rechtsverordnung	33	a) Verordnungen	72
aa) Adressat	33	b) Richtlinien	73
bb) Inhaltliche Anforderungen	36	aa) Die Rechtsprechung des EuGH zur unmittelbaren Anwendbarkeit von Richtlinien	73
cc) Formelle Anforderungen	43		
c) Konsequenzen für das deutsche Recht	48	bb) Das Schrifttum zur unmittelbaren Anwendbarkeit von Richtlinien	80
d) Kontrolle	51		

1. Problematik

1   Das Europäische Gemeinschaftsrecht bildet eine **eigenständige Rechtsordnung,** die unmittelbare Geltung auch gegenüber dem einzelnen Unionsbürger entfaltet und den Rechtsordnungen der Mitgliedstaaten und damit auch dem nationalen Verfassungsrecht vorgeht.[1] Die Ausübung von Hoheitsgewalt durch die Europäischen Gemeinschaften kollidiert mit dem Anspruch der Verfassungen, jeden Hoheitsakt auf die Verfassung zurückzuführen.[2] Es entsteht dadurch ein „natürliches Spannungsverhältnis zwischen dem Anspruch der Verfassung, das höchste Gesetz eines Landes zu sein, und dem Anspruch des Gemeinschaftsrechts auf Vorrang im Interesse der Rechtseinheit."[3] Um die Befugnis zur unmittelbaren Rechtsetzung durch die Gemeinschaftsorgane und den Vorrang des Gemeinschaftsrechts innerstaatlich zu legitimieren,[4] bedarf die Übertragung von Hoheits-

---

[1] Vgl. § 6 Rn. 6 ff.
[2] Vgl. *Kirchhof,* EuR 1991 Beiheft 1, S. 11 ff.
[3] *Lenz,* NJW 1993, S. 3038, 3039.
[4] Damit wird der „Souveränitätspanzer" aufgebrochen, so plastisch *Stettner,* Gemeinschaftsrecht und nationales Recht, in: Dauses, Handbuch des EG-Wirtschaftsrechts, Stand: August 2000, A IV Rn. 40.

I. Europäisches Gemeinschaftsrecht und Grundgesetz

rechten auf supranationale Organe daher einer ausdrücklichen Ermächtigung in den Verfassungen der Mitgliedstaaten.[5]

Die **Konzeption des Grundgesetzes** ist integrationsoffen. Bereits in der Präambel wird ausdrücklich betont, dass das deutsche Volk als gleichberechtigtes Glied in einem vereinten Europa dem Frieden der Welt zu dienen hat. Nach Art. 25 GG sind die Regeln des Völkerrechts Bestandteil des Bundesrechts und gehen den Gesetzen vor. Art. 24 Abs. 1 GG ermächtigt den Bund, durch einfaches formelles Gesetz, dem je nach Materie auch ohne Beteiligung des Bundesrates ergehenden Zustimmungsgesetz, Hoheitsrechte auf zwischenstaatliche Einrichtungen zu übertragen.[6] Geltungsgrund des Gemeinschaftsrechts für die Bundesrepublik Deutschland war bisher der durch die die jeweiligen Zustimmungsgesetze gemäß Art. 24 Abs. 1, 59 Abs. 2 GG[7] erteilte nationale Rechtsanwendungsbefehl.[8] Das Bundesverfassungsgericht hat diese Legitimation für ausreichend angesehen und den Vorrang des Gemeinschaftsrechts grundsätzlich anerkannt.[9]

Im Vorfeld der Unterzeichnung des Maastrichter Vertrages entbrannte in der Bundesrepublik[10] eine verfassungspolitische Diskussion über die Frage, ob der Vertrag eine **Änderung des Grundgesetzes** erforderlich macht. Weitgehend Einigkeit bestand, dass wegen der Einführung des kommunalen Ausländerwahlrechts Art. 28 GG sowie wegen der Errichtung der europäischen Zentralbank Art. 88 GG geändert werden mussten.[11] Unklarheit herrschte darüber, ob Art. 24 Abs. 1 GG eine ausreichende Ermächtigungsgrundlage für den Maastrichter Vertrag darstelle. Es wurde geltend gemacht, dass ein einfaches Zustimmungsgesetz nach Art. 24 Abs. 1 GG ohne Beteiligung des Bundesrates ausreiche.[12] Die beiden wesentlichen Argumente für eine Neuregelung im Grundgesetz waren eine für notwendig erachtete Stärkung der Mitwirkungsbefugnisse der Bundesländer, da die Europäische Gemeinschaft mittlerweile eine Vielzahl von Regelungen getroffen hatte, welche teilweise ausschließliche Kompetenzen der Länder tangieren,[13] sowie die Auffassung, dass der Maastrichter Vertrag einen „prinzipiellen Qualitätssprung" einleite,[14] der dazu führe, dass die Union nicht mehr die Merkmale eines herkömmlichen zwischenstaatlichen wirtschaftspolitischen Zweckverbandes erfülle.[15] Die Befürworter einer Grundgesetzesänderung setzten sich durch,[16] wobei dafür nicht zuletzt ausschlaggebend gewesen sein dürfte, dass die Bundesländer ansonsten wohl der in jedem Fall erforderlichen Änderungen der Art. 28 und Art. 88 GG nicht zugestimmt hätten. Die Einfügung von Art. 23 in das Grundgesetz sowie die Änderungen der Art. 28 und 88 GG erfolgten am 21. Dezember 1992.[17]

Nach Art. 23 Abs. 1 Satz 1 GG wirkt die Bundesrepublik bei der Entwicklung der Europäischen Union mit, die demokratischen, rechtsstaatlichen, sozialen und föderativen Grundsätzen und dem Grundsatz der Subsidiarität verpflichtet ist und einen dem Grund-

---

[5] Zu den anderen Ländern *Henrichs,* DÖV 1994, S. 368 ff.
[6] Sog. Zustimmungsgesetz; dem Bundesrat waren aber über das Vertragsgesetz Beteiligungsrechte eingeräumt, vgl. *Seifert/Hömig,* Kommentar zum GG, 3. Auflage 1988, Art. 24, Rn. 1 und 4 a. E.
[7] Art. 59 Abs. 2 GG regelt die Zustimmung der für die Bundesgesetzgebung zuständigen Körperschaften beim Abschluss völkerrechtlicher Verträge.
[8] *Kirchhof,* EuR 1991 Beiheft 1, S. 15.
[9] BVerfGE 31, S. 145, 174; auch die anderen Mitgliedstaaten erkennen den Vorrang an, vgl. *Henrichs,* DÖV 1994, S. 368, 370 ff.
[10] Zur Rechtslage in den übrigen Mitgliedstaaten *Henrichs,* DÖV 1994, S. 368, 370 ff.
[11] Vgl. *Scholz,* NJW 1992, S. 2593, 2594.
[12] Vgl. etwa *Schwarze,* Das Staatsrecht in Europa, JZ 1993, S. 585, 586.
[13] So etwa die Rundfunk- und Fernsehrichtlinie.
[14] So *Scholz,* NJW 1992, S. 2593, 2594.
[15] Teilweise wurde auch geltend gemacht, der Maastrichter Vertag bedürfe der Legitimation durch eine Volksabstimmung, vgl. etwa *Wolf,* JZ 1994, S. 594, 598 ff.
[16] Vgl. zum Verfahren der Neuänderung des Art. 23 GG ausführlich *Scholz,* NJW 1992, S. 2593 ff.
[17] Gesetz zur Änderung des GG BGBl. I, S. 2086.

gesetz im Wesentlichen vergleichbaren Grundrechtsschutz gewährleistet. Die Übertragung von Hoheitsrechten durch den Bund bedarf nach Art. 23 Abs. 1 Satz 2 GG ausdrücklich der Zustimmung des Bundesrates. Für Änderungen der vertraglichen Grundlagen der Europäischen Union ist die in Art. 79 Abs. 2 GG vorgeschriebene Zweidrittelmehrheit von Bundestag und Bundesrat maßgeblich. Die „Ewigkeitsklausel" des Art. 79 Abs. 3 GG gilt dabei ausdrücklich. Art. 23 Abs. 1 GG sichert damit die wesentlichen Strukturen des Grundgesetzes bei der Übertragung von Hoheitsrechten auf die Gemeinschaft.[18]

5   In den Art. 23 Abs. 2 bis Abs. 6 GG wird im Wesentlichen die Beteiligung des Bundesrates geregelt. Leitprinzip ist dabei die innerstaatliche Kompetenzaufteilung zwischen Bund und Ländern: sind ausschließliche Zuständigkeiten des Bundes berührt, hat die Bundesregierung lediglich die Stellungnahme des Bundesrates zu berücksichtigen (Art. 23 Abs. 5 Satz 1 GG), während die Wahrnehmung der Rechte, die der Bundesrepublik Deutschland als Mitgliedstaat der Europäischen Union zustehen, vom Bund auf einen vom Bundesrat benannten Vertreter der Länder übertragen werden sollen, wenn die ausdrückliche Gesetzgebungsbefugnis der Länder betroffen ist (Art. 23 Abs. 6 Satz 1 GG).

6   Auf Grundlage der Art. 23, 28 und 88 GG verabschiedeten Bundesrat und Bundestag Ende 1992 das **Zustimmungsgesetz zum Maastrichter Vertrag.**[19] Daraufhin wurden gegen das Gesetz mehrere Verfassungsbeschwerden erhoben, die den Bundespräsidenten veranlassten, das Ratifikationsverfahren auszusetzen.[20] In ihnen wurde geltend gemacht, die Aufgaben und Befugnisse des von den Bürgern gewählten Bundestages würden durch die Übertragung zahlreicher Bereiche auf die Gemeinschaft so entleert, dass Art. 38 GG und damit das Demokratieprinzip verletzt werde.[21]

7   Das mit großer Spannung erwartete **Urteil des Bundesverfassungsgerichts** vom 12. 10. 1993 billigte das Zustimmungsgesetz zum Maastrichter Vertrag.[22] Es sah darin, dass vom Bundestag Befugnisse auf die Europäische Union übergehen, keinen Verstoß gegen das Demokratieprinzip (Art. 20 Abs. 1, Abs. 2 GG), weil diesem Aufgaben von substantiellem Gewicht verblieben seien. Angesichts der Integrationsoffenheit des Grundgesetzes stehe dies einer Übertragung von Hoheitsrechten auf eine supranationale Organisation nicht entgegen.

8   Kernpunkt des Urteils war die Frage, ob die Rechtsetzungsakte der Gemeinschaft, die auch in grundrechtsrelevante Rechtspositionen der Deutschen eingreifen können, den Voraussetzungen des Demokratieprinzips genügen. Die Problematik ist vor dem Hintergrund zu sehen, dass sich jede Ausübung von Hoheitsgewalt nach dem Demokratieprinzip zu legitimieren hat, das Europäische Parlament jedoch weder ein europäisches Volk repräsentiert noch Legislativbefugnisse eines nationalen Parlaments hat, während die im Rat vertretenen Regierungen nur über eine mittelbare demokratische Legitimation verfügen und die nationalen Parlamente beim Rechtsetzungsverfahren der Gemeinschaft nicht beteiligt werden.[23]

9   Nach Auffassung des Bundesverfassungsgerichts genügen die Bestimmungen des EGV über die Rechtsetzungstätigkeit den Anforderungen des **Demokratieprinzips.**[24] Die Wahrnehmung der Hoheitsgewalt erfolge in erster Linie gouvernemental im Rat durch souverän gebliebene Staaten, die durch demokratisch legitimierte Regierungen handeln und dadurch die Integration steuern.[25] Die Mitwirkungsrechte des Bundestages werden durch das Erfordernis der Zweidrittelmehrheit nach Art. 23 Abs. GG für die Verabschie-

---

[18] *Henrichs,* DÖV 1994, S. 368, 374.
[19] Gesetz vom 28. 12. 1992, BGBl. II, S. 1251.
[20] *Streinz,* EuZW 1994, S. 329; *Bleckmann/Pieper,* RIW 1993, S. 969 ff.
[21] BVerfG, EuZW 1993, S. 667, 669.
[22] Vgl. im Einzelnen BVerfG, EuZW 1993, S. 667 ff.
[23] Vgl. BVerfG, EuZW 1993, S. 667 ff.
[24] BVerfG, EuZW 1993, S. 667, 672.
[25] BVerfG, EuZW 1993, S. 667, 673.

dung des Zustimmungsgesetzes und der in Art. 23 Abs. 2 Satz 2, Abs. 3 GG normierten parlamentarischen Verantwortlichkeit der Regierung gegenüber Bundestag und Bundesrat in Angelegenheiten der Europäischen Union ausreichend berücksichtigt. Damit wird die demokratische Legitimation in erster Linie („zuvörderst"[26]) auf nationaler Ebene wahrgenommen, zu der lediglich eine demokratische Abstützung durch das Europäische Parlament hinzutrete.[27]

Das Bundesverfassungsgericht führt in seinem Urteil weiter aus, dass das Prinzip der Einzelermächtigung gewährleiste, dass die Gemeinschaft nur von den Befugnissen Gebrauch mache, die im Vertrag vorgesehen sind. Wenn auch das Gericht in seinem Urteil an mehreren Stellen anklingen lässt, dass es fraglich sei, ob in der Vergangenheit diese Grenzen immer beachtet worden seien, ist von entscheidender Bedeutung, dass der Maastrichter Vertrag unverändert am 1. November 1993 in Kraft treten konnte.

2. Überprüfbarkeit von Gemeinschaftsrecht durch nationale Gerichte

Der Vorrang des Gemeinschaftsrechts verbietet eine Überprüfung von Gemeinschaftsrechtsakten anhand nationalen Rechts.[28] Wegen der überragenden Bedeutung der Grundrechte und dem **Fehlen eines geschriebenen Grundrechtskataloges auf Gemeinschaftsebene** ergeben sich jedoch aus der Sicht des nationalen Verfassungsrechts zumindest für den grundrechtsrelevanten Bereich Probleme, diesen Vorrang absolut gelten zu lassen. Der Vorrang des Gemeinschaftsrechts verwehre den nationalen Gerichten eine Nachprüfung, ob der Gemeinschaftsgesetzgeber die Grenzen der Gemeinschaftsverträge, insbesondere das Prinzip der Einzelermächtigung, eingehalten hat. Wäre dies zulässig, könnten die Mitgliedstaaten das Gemeinschaftsrecht modifizieren, so dass eine einheitliche Geltung auf Gemeinschaftsebene nicht mehr gewährleistet wäre. Die Kritik gegen das Maastricht-Urteil richtet sich dagegen, dass das Bundesverfassungsgericht der Bundesrepublik in beiden Punkten einen Vorbehalt eingeräumt hat.[29]

a) Überprüfbarkeit anhand des Gemeinschaftsrechts

Erlässt die Gemeinschaft einen Rechtsakt, der von keiner Befugnisnorm des EGV gedeckt ist, so liegt ein Verstoß gegen das Prinzip der Einzelermächtigung (Art. 5 Abs. 1 EGV) vor, der zur Nichtigkeit des Rechtsaktes führt. Aus der Sicht des deutschen Rechts folgt die Unwirksamkeit daraus, dass das Zustimmungsgesetz zum Maastrichter Vertrag die Gemeinschaft nur dazu ermächtigt, die Rechtsakte zu erlassen, die von Befugnisnormen des EGV gedeckt sind. Gemeinschaftsrecht und deutsches Verfassungsrecht führen damit zum selben Ergebnis. Widersprüche treten auf, wenn der EuGH und die deutschen Staatsorgane die Frage, ob eine Befugnis nach dem Prinzip der Einzelermächtigung gegeben ist, unterschiedlich beantworten. Aus europarechtlicher Sicht folgt aus dem Grundsatz des Vorrangs des Gemeinschaftsrechts, der sich auch auf die Gerichtsbarkeit des EuGH erstreckt, dass die Beurteilung des EuGH maßgeblich ist.

Das Bundesverfassungsgericht räumt jedoch in der Maastricht-Entscheidung den **deutschen Staatsorganen**, also auch der Verwaltung, eine **Überprüfungsmöglichkeit** ausdrücklich ein.[30] Liegt nach Auffassung eines deutschen Staatsorgans ein Verstoß gegen das Prinzip der Einzelermächtigung vor, ist dieses gehindert, die Rechtsakte in Deutschland anzuwenden. Die Überprüfungsbefugnis besteht auch dann, wenn der EuGH ausdrücklich festgestellt hat, dass für den fraglichen Gemeinschaftsrechtsakt eine Ermächtigungsgrundlage des EGV gegeben ist. Durch die Justiziabilität des Gemeinschaftsrechts

---

[26] BVerfG, EuZW 1993, S. 667, 672.
[27] BVerfG, EuZW 1993, S. 667, 672.
[28] Vgl. § 9 Rn. 6 ff.
[29] Vgl. etwa *Meessen*, NJW 1994, S. 549 ff; *Tomuschat*, EuGRZ 1993, S. 489 ff.
[30] BVerfG, EuZW 1993, S. 667, 673.

durch Organe der Mitgliedstaaten droht eine, vom jeweiligen nationalen Verfassungsrecht modifizierte unterschiedliche Geltung des Gemeinschaftsrechts und damit eine teilweise Umkehrung des Grundsatzes des Vorrangs des Gemeinschaftsrechts. Die dagegen geäußerte Kritik weist nicht zu Unrecht auf die Gefahr einer desintegrierenden Wirkung einer solchen Praxis hin.[31]

14 Die Konsequenzen der Maastricht-Entscheidung des Bundesverfassungsgericht sind im Einzelnen noch nicht abzusehen. Es ist jedoch anzunehmen, dass das Bundesverfassungsgericht Zurückhaltung bei der Frage üben wird, ob eine Kompetenzüberschreitung vorliegt. Es spricht viel dafür, dass das Bundesverfassungsgericht in erster Linie an den rechtsfortbildenden Aspekten der bisherigen Rechtsprechung des EuGH Kritik üben wollte.[32] In jedem Fall ist zu fordern, dass wegen der Gefahren für eine einheitliche Anwendung des Gemeinschaftsrechts ein deutsches Staatsorgan bei Zweifeln zunächst eine Entscheidung eines nationalen Gerichts herbeizuführen hat. Schließt sich das Gericht den Zweifeln an, so hat es gemäß Art. 234 EGV (Art. 177 EGV a.F.) im Vorabentscheidungsverfahren ein Urteil des EuGH einzuholen, und erst wenn diese Entscheidung die Bedenken des vorliegenden Gerichtes nicht auszuräumen vermag, kann eine Entscheidung, welche die Nichtanwendbarkeit des Gemeinschaftsaktes für das Gebiet der Bundesrepublik statuiert, als „ultima-ratio" in Betracht kommen.

b) Überprüfbarkeit anhand nationalen Rechts

15 Mit der Frage, inwieweit Gemeinschaftsakte auf ihre Vereinbarkeit mit nationalem Recht, insbesondere mit den Grundrechten, überprüft werden können, hat sich das Bundesverfassungsgericht wiederholt beschäftigt, wobei es zu einer endgültigen Klärung dieser Frage noch nicht gekommen ist.[33]

16 1967 hat das Bundesverfassungsgericht Verfassungsbeschwerden gegen Verordnungen der EWG mit der Begründung als unzulässig abgewiesen, es handele sich um Akte nichtdeutscher öffentlicher Gewalt.[34] In dem **„Solange I-Beschluss"**[35] erkannte das Bundesverfassungsgericht den Vorrang des Gemeinschaftsrechts an, modifizierte ihn jedoch dahingehend, dass solange der Integrationsprozess der Gemeinschaft nicht so weit fortgeschritten sei, dass das Gemeinschaftsrecht einen auch von einem Parlament beschlossenen und in Geltung stehenden formulierten Katalog von Grundrechten enthalte, der dem Grundrechtskatalog des Grundgesetzes adäquat sei, nach Einholung der in Art. 234 EGV geforderten Entscheidung des EuGH die Vorlage eines Gerichts der Bundesrepublik an das Bundesverfassungsgericht im Normenkontrollverfahren zulässig und geboten sei, wenn das Gericht die für es entscheidungserhebliche Vorschrift des Gemeinschaftsrechts in der vom EuGH gegebenen Auslegung für unanwendbar halte, weil und soweit sie mit einem der Grundrechte des Grundgesetzes kollidiere.[36] Für die Zulässigkeit der Normenkontrollklage ließ das Bundesverfassungsgericht genügen, dass die angegriffene Verordnung die Rechtsgrundlage für Vollzugsmaßnahmen deutscher Behörden darstelle.[37]

---

[31] *Henrichs,* DÖV 1994, S. 368, 369.
[32] *Meessen,* NJW 1994, S. 549, 552; ähnlich auch *Tomuschat,* EuGRZ 1993, S. 489, 494 mit Hinweis auf die Gefahren für die Einheitlichkeit der Union.
[33] Vgl. zur Entwicklung *Streinz,* EuZW 1994, S. 329, 331.
[34] BVerfGE 22, S. 293 ff; gemäß Art. 93 Abs. 1 Nr. 4a GG sind Verfassungsbeschwerden nur zulässig, wenn sie gegen Akte öffentlicher Gewalt erhoben werden.
[35] BVerfGE 37, S. 271 ff.
[36] BVerfGE 37, S. 271 ff.
[37] BVerfGE 37, S. 271, 283 f.; im Gegensatz zur Verfassungsbeschwerde (Akte öffentlicher Gewalt) bezieht sich eine konkrete Normenkontrollklage nach Art. 100 GG nur auf Gesetze. Da sowohl Gesetze als auch Verordnungen Rechtsgrundlagen für den Erlass von Verwaltungsakten deutscher Behörden darstellen, kommt das BVerfG zur ihrer Gleichbehandlung hinsichtlich der Normenkontrollklage.

I. Europäisches Gemeinschaftsrecht und Grundgesetz   17–19 § 10

Nachdem sich das Bundesverfassungsgericht 1979 nicht zuletzt unter dem Eindruck der 17 teilweise heftigen Kritik[38] von dieser Entscheidung distanziert hatte,[39] kehrte es 1986 die wesentliche Aussage der Solange I-Entscheidung um. Es führte aus, dass solange die Europäischen Gemeinschaften, insbesondere die Rechtsprechung des EuGH einen wirksamen Schutz der Grundrechte gegenüber der Hoheitsgewalt der Gemeinschaften generell gewährleisten, der dem vom Grundgesetz als unabdingbar gebotenen Grundrechtsschutz im Wesentlichen gleich zu achten sei, zumal den Wesensgehalt der Grundrechte generell verbürge, werde das Bundesverfassungsgericht seine Gerichtsbarkeit über die Anwendbarkeit von abgeleitetem Gemeinschaftsrecht, das als Rechtsgrundlage für ein Verhalten deutscher Gerichte oder Behörden im Hoheitsgebiet der Bundesrepublik in Anspruch genommen werde, nicht mehr ausüben. Es werde dieses Recht mithin nicht mehr am Maßstab der Grundrechte des GG überprüfen, so dass entsprechende Vorlagen nach Art. 100 Abs. 1 GG unzulässig seien.[40] Ausschlaggebend für die Abkehr war in erster Linie die konsequente Weiterentwicklung der Grundrechtsrechtsprechung des EuGH und die von den Gemeinschaftsorganen abgegebenen Erklärungen zum Grundrechtsschutz.[41] Gleichwohl hat sich das Bundesverfassungsgericht in der **Solange II-Entscheidung** eine Überprüfungsbefugnis weiterhin offengehalten.

Daran hält das Bundesverfassungsgericht in der Maastricht-Entscheidung ausdrücklich 18 fest. Zunächst weist es darauf hin, dass Akte einer supranationalen Organisation die Grundrechtsberechtigten in Deutschland betreffen und damit auch die Gewährleistungen des GG und der Aufgaben des Bundesverfassungsgerichts.[42] Daraus zieht das Bundesverfassungsgericht den Schluss, dass die Gewährleistung des Grundrechtsschutzes von beiden Gerichten in einem „**Kooperationsverhältnis**" wahrzunehmen sei, in dem der EuGH den Grundrechtsschutz in jedem Einzelfall für das gesamte Gebiet der Europäischen Gemeinschaften garantiere, das Bundesverfassungsgericht sich deshalb auf eine generelle Gewährleistung der unabdingbaren Grundrechtsstandards beschränken könne.[43] Eine Konkretisierung dieses Kooperationsverhältnisses hat das Bundesverfassungsgericht nicht vorgenommen.[44] Als Fallgestaltungen, die eine auf die deutsche Grundrechtsordnung gestützte Prüfungskompetenz auslösen, kommen diejenigen in Betracht, in denen der Grundrechtsschutz vom EuGH aus verfahrensrechtlichen Gründen nicht erreicht werden kann oder in denen ein bestimmter Grundrechtstypus, z.B. die Religions- oder Rundfunkfreiheit, generell nicht Maßstab der Rechtsprechung des EuGH ist.[45] Daneben dürften auch Überprüfungen in Betracht kommen, ob der Wesensgehalt der Grundrechte verletzt ist. Wie bei der Frage, ob des Prinzip der Einzelermächtigung eingehalten worden ist, ist hinsichtlich einer Grundrechtsverletzung das Kooperationsverhältnis dahingehend zu verstehen, dass der Grundrechtsschutz prinzipiell beim EuGH zu suchen ist.

Das Bundesverfassungsgericht hält damit an der Überprüfbarkeit weiter fest. Es betont 19 sogar ausdrücklich, dass es den Grundrechtsschutz auch gegenüber der Hoheitsgewalt der Gemeinschaft ausübe.[46] Darin liegt eine ausdrückliche Abkehr von der bisherigen Rechtsprechung, wonach Akte der Gemeinschaftsorgane nicht durch die deutschen Gerichte nachgeprüft werden konnten.[47] Der Wandel wird damit erklärt, dass trotz der formalen Trennung der beiden Rechtsordnungen infolge der immer stärkeren Durchdrin-

---

[38] Vgl. *Schweitzer/Hummer,* Europarecht, 5. Aufl. 1996, Rn. 858 m.w.N.
[39] BVerfGE 52, S. 202 ff. (sog. Vielleicht-Entscheidung).
[40] BVerfGE 73, S. 339, 387 (sog. Solange II-Entscheidung).
[41] BVerfGE 73, S. 339, 378 ff.
[42] BVerfG, EuZW 1993, S. 667, 670.
[43] BVerfG, EuZW 1993, S. 667, 670.
[44] Deutungsversuche finden sich bei *Tietje,* JuS 1994, S. 197, 200 ff.
[45] So *Götz,* JZ 1993, S. 1081, 1083.
[46] BVerfG, EuZW 1993, S. 667, 670
[47] BVerfGE 22, 293 ff.; 58, S. 1 ff.

gung von Gemeinschafts- und deutschem Recht eine Abgrenzung nicht mehr möglich sei.[48]

20 Der Prüfungsvorbehalt des Bundesverfassungsgerichts stellt die **Einheit des Gemeinschaftsrechts in Frage.** Wegen des mittlerweile weit ausgebauten Grundrechtsschutzes der Europäischen Gemeinschaften, der zu einem hohen Grad an Übereinstimmung mit den deutschen Vorstellungen geführt hat,[49] lässt sich jedoch prognostizieren, dass Verfassungsbeschwerden, die einen Rechtsakt der Gemeinschaft zum Gegenstand haben, zwar zulässig sind, jedoch in vielen Fällen mangels Erfolgsaussicht zurückgewiesen werden dürften.[50]

21 Mit der Beschwörung eines Kooperationsverhältnisses zwischen Europäischem Gerichtshof und Bundesverfassungsgericht hat das Bundesverfassungsgericht eine sehr vage und kaum praktisch handhabbare Formel geliefert. *Isensee*[51] bezeichnet vor diesem Hintergrund das Verhältnis von Verfassungsrecht und Gemeinschaftsrecht als einen gordischen Knoten, den man aber nicht notwendig mit dem Schwert eines Machtanspruchs zerschlagen müsse. Die gemeinschaftsfreundliche Vernunft gebiete, dass ein Rechtsproblem, das sich juristisch nicht lösen lasse, erst gar nicht aufkomme.

II. Die Umsetzung von Europäischem Gemeinschaftsrecht in deutsches Recht

1. Einführung

22 Die Problematik der Umsetzung in nationales Recht tritt **in erster Linie bei der Richtlinie** auf,[52] weil diese wegen ihrer Zweistufigkeit eines Transformationsaktes bedarf. Dagegen liegt das wesentliche Merkmal der Verordnung und der Entscheidung in ihrer unmittelbaren Geltung, so dass eine Umsetzung in das nationale Recht nicht erfolgen muss.[53] Verordnungen machen jedoch ein Tätigwerden des nationalen Gesetzgebers erforderlich, wenn im Rahmen des Vollzugs einer Verordnung der Erlass von Durchführungsbestimmungen notwendig wird. Ein Beispiel hierfür ist die VO Nr. 3820/85 (EWG) über die Harmonisierung bestimmter Sozialvorschriften im Straßenverkehr.[54] Art. 17 Abs. 1 VO Nr. 3820/85[55] verpflichtet die Mitgliedstaaten, die zur Durchführung der Verordnung notwendigen Rechts- und Verwaltungsvorschriften zu erlassen. Nach Art. 17 Abs. 1 U-Abs. 2 VO Nr. 3820/85 müssen sich diese Vorschriften unter anderem auf die Organisation, das Verfahren und die Mittel für die Überwachung der Bestimmungen der VO Nr. 3820/85 sowie die Ahndung im Falle von Zuwiderhandlungen erstrecken. Die Regelung ist im Zusammenhang damit zu sehen, dass der Gemeinschaft keine Befugnisse zum Verwaltungsvollzug zustehen. Der Verpflichtung aus der Verordnung kam der deutsche Gesetzgeber durch den Erlass des Fahrpersonalgesetzes (FPersG) vom 19. 2. 1987[56] nach.[57] Darin sind beispielsweise Ordnungswidrigkeiten für Zuwiderhandlungen gegen Bestimmungen der VO Nr. 3820/85 enthalten.[58]

---

[48] *Tietje*, JuS 1994, S. 197, 199 mit gleichzeitiger Kritik zu diesem Deutungsversuch.
[49] *Zuleeg-Feuerhahn*, Gemeinschaftsrecht und Grundgesetz, EuroAS 4/1994, S. 4, 5.
[50] Vgl. § 93b Abs. 1 Nr. 2b BVerfGG, wonach durch einstimmigen Kammerbeschluss die Annahme einer Verfassungsbeschwerde abgelehnt werden kann, sofern keine hinreichende Aussicht auf Erfolg besteht.
[51] *Isensee*, in: FS für Stern, S. 1239, 1268.
[52] Vgl. dazu unten ausführlich Rn. 25 ff.
[53] Vgl. § 9 Rn. 59 ff.
[54] ABl. 1985 L 370, S. 1.
[55] VO Nr. 3820/85/EWG v. 20. 12. 1985.
[56] BGBl. I, S. 640; abgedr. in Nipperdey I Nr. 356.
[57] Vgl. insbesondere §§ 2, 4 und 7a FPersG.
[58] Vgl. § 7a Abs. 1 FPersG.

Teilweise setzen Verordnungen wie Richtlinien nur Mindestbestimmungen fest. Die 23
Mitgliedstaaten sind dann befugt, strengere nationale Regelungen zu treffen. Auch hier ist
als Beispiel die VO Nr. 3820/85/EWG zu nennen, da nach Art. 11 die Mitgliedstaaten
höhere Mindestwerte und niedrigere Höchstwerte bei den Lenkzeiten – also für die Arbeitnehmer günstigere Regelungen – erlassen dürfen.[59]

Keine Umsetzungsverpflichtungen ergeben sich aus den unverbindlichen Stellungnah- 24
men und Empfehlungen.[60] Die Mitgliedstaaten können frei darüber entscheiden, ob und
auf welche Weise sie Stellungnahmen und Empfehlungen in nationales Recht transformieren.

2. Die Umsetzung von Richtlinien

a) Allgemeines

Verfügt die Gemeinschaft über **ausschließliche Zuständigkeiten,** wie im Agrar- 25
marktrecht, Kartellrecht, Außenwirtschaftsrecht und Zollrecht, greift sie als Rechtsetzungsmittel regelmäßig auf die **Verordnung** zurück. In diesen „vergemeinschafteten"
Bereichen ist die Tätigkeit der Gemeinschaft darauf gerichtet, in sich geschlossene Regelungswerke zu schaffen, welche die nationalen Rechtsordnungen ablösen.[61] Eine Umsetzung gemeinschaftsrechtlicher Vorgaben durch die Mitgliedstaaten würde dieser Konzeption zuwiderlaufen.

In den übrigen Bereichen, insbesondere bei der **Rechtsangleichung,** erfolgt die 26
Rechtsetzung **primär durch Richtlinien.** Sie bilden das geeignete Instrument, weil in
diesen Bereichen auf Gemeinschaftsebene die Schaffung eines von den nationalen Rechtsordnungen losgelösten, eigenständigen Regelungswerkes nicht zu den Zielsetzungen
des EGV zählt. Die Wirkung des Gemeinschaftsrechts erschöpft sich vielmehr darin,
die Unterschiede in den nationalen Rechtsordnungen abzubauen. Die nationalen
Rechtsordnungen werden nicht ersetzt, sondern modifiziert, um die Unterschiede zwischen den Mitgliedstaaten abzubauen. Hauptanwendungsfall der Rechtsangleichung sind
die Harmonisierungsmaßnahmen zur Verwirklichung des Binnenmarktes nach Art. 95
EGV.[62]

Im **koordinierenden Sozialrecht** soll ein selbständiges System geschaffen werden, das 27
die einzelnen Sozialversicherungssysteme miteinander verknüpft.[63] Demzufolge wird diese
Aufgabe durch das Instrument der **Verordnung** vorgenommen,[64] weil sie allein geeignet
ist, eigene verbindliche Regelungen zu treffen, ohne die nationalen Rechtssysteme
zwingend zu verändern. Demgegenüber stellt im **Arbeitsrecht** die **Richtlinie das passende Gestaltungsmittel** dar, weil in diesem Bereich eine Angleichung der nationalen
Rechtsordnungen angestrebt wird. Die Übergänge sind jedoch fließend. Da die Richtlinie den Mitgliedstaaten die Art der Umsetzung überlässt, kann sie Rücksicht auf die
sehr unterschiedlichen Arbeitsrechtsordnungen der einzelnen Mitgliedstaaten nehmen.
Außerdem legen die Richtlinien im Arbeitsrecht nur Mindestbestimmungen fest, so
dass die Mitgliedstaaten die Umsetzung ausreichend flexibel gestalten können. Da die
Richtlinie den Mitgliedstaaten bei der Umsetzung einen größeren Gestaltungsspielraum
belässt als die Verordnung, greift sie weniger intensiv in die nationalen Rechtssysteme
ein. Der Vorrang der Richtlinie im Arbeitsrecht ergibt sich damit auch aus der Verpflichtung des Art. 5 Abs. 3 EGV, wonach die Eingriffe der Gemeinschaft gegenüber den Mit-

---

[59] Insofern besteht dieselbe Konzeption wie bei den Mindestrichtlinien nach Art. 138 EGV.
[60] Vgl. Art. 249 Abs. 5 EGV.
[61] Z.B. die Schaffung einer gemeinsamen Marktorganisation in der Landwirtschaft.
[62] *Götz*, JZ 1994, S. 265, 266.
[63] Vgl. § 20.
[64] Vgl. insbesondere die VO Nr. 1408/71, ausführlich §§ 20ff.

gliedstaaten nicht über das für die Erreichung der Ziele erforderliche Maß hinausgehen dürfen.[65]

28 Diesen Vorteilen der Richtlinie steht allerdings auch eine Reihe von Nachteilen gegenüber. So wird eine einheitliche Umsetzung und Geltung des Richtlinieninhaltes dadurch erschwert, dass auf nationaler und auf Gemeinschaftsebene unterschiedliche Rechtsbegriffe und Systemgrenzen bestehen.[66] Die für die **Überprüfung** zuständige Kommission kann wegen der Flut verabschiedeter Richtlinien nicht im Einzelnen nachprüfen, ob eine korrekte Umsetzung jeder einzelnen Richtlinie in sämtlichen Mitgliedstaaten erfolgt ist. Hinzu kommt, dass nur in den wenigsten Fällen eine Richtlinie in allen fünfzehn Mitgliedstaaten fristgemäß umgesetzt wird, so dass meistens erst zu einem späteren Zeitpunkt als dem in der Richtlinie vorgesehenen die gemeinschaftsweite Geltung eintritt.

29 Diese Probleme im Zusammenhang mit der Umsetzung von Richtlinien waren ein Grund dafür, dass der EuGH mit seiner Rechtsprechung zur unmittelbaren Geltung einer Richtlinie[67] sowie durch das Erfordernis der richtlinienkonformen Auslegung des nationalen Rechts bestrebt ist, dem Inhalt von Richtlinien trotz nicht erfolgter rechtzeitiger oder ordnungsgemäßer Umsetzung zu einer möglichst optimalen Wirksamkeit im nationalen Recht zu verhelfen.[68] Bei der Umsetzung von Richtlinien ist streng zwischen dem **verbindlichen Ziel** und der **Freiheit hinsichtlich Form und Mittel** zu unterscheiden. Das „Ziel" meint die rechtlichen Wirkungen, die sich nach der Umsetzung im nationalen Recht wiederfinden müssen.[69] Der inhaltliche Gestaltungsspielraum der Mitgliedstaaten ist im Laufe der Zeit stark eingeschränkt worden. Dies ist darauf zurückzuführen, dass die Richtlinien in immer stärkerem Maße detaillierte Einzelregelungen getroffen haben. Die Grenze zur Verordnung wird fließend, wenn die Mitgliedstaaten – wie insbesondere bei technischen Regelungen[70] – nur noch die Vorgaben der Gemeinschaft übernehmen.[71] Die Detailliertheit des Richtlinieninhaltes darf jedoch nicht soweit gehen, dass den Mitgliedstaaten überhaupt kein Gestaltungsspielraum mehr verbleibt.[72] Diese Gefahr besteht im Arbeitsrecht allerdings nur beim produktbezogenen Arbeitsschutz, der die Vereinheitlichung von Anforderungen regelt, um Hindernisse des freien Warenverkehrs zu beseitigen. Dagegen enthält die überwiegende Zahl der Richtlinien im Arbeitsrecht Mindestbestimmungen, welche den Mitgliedstaaten ausreichenden Spielraum gewähren. Selbst bei der Festlegung der Mindeststandards überlassen Richtlinien teilweise den Mitgliedstaaten die Konkretisierung oder räumen weitreichende Ausnahmebestimmungen ein.

30 Ein Beispiel ist die Richtlinie 93/104/EWG v. 23. 11. 1993 über bestimmte Aspekte der Arbeitszeit.[73] Danach sind die Mitgliedstaaten verpflichtet, gemäß Art. 4 die erforderlichen Maßnahmen zu treffen, damit jedem Arbeitnehmer bei einer täglichen Arbeitszeit von mehr als 6 Stunden eine Ruhepause gewährt wird; die Dauer der Ruhepause legt die Richtlinie nicht fest; der deutsche Gesetzgeber hat sie auf 30 Minuten gelegt (§ 4 ArbZG); Art. 17 und Art. 18 der Richtlinie enthalten zahlreiche Ausnahmebestimmungen für die Mitgliedstaaten.

31 Da die Mitgliedstaaten bezüglich Form und Mittel frei sind, kann eine Richtlinie nicht eine bestimmte Art der Umsetzung, also z.B. den Erlass eines förmlichen Gesetzes, vor-

---

[65] Art. 5 Abs. 3 EGV enthält das Verhältnismäßigkeitsprinzip, auch das Subsidiaritätsprinzip kann hier angeführt werden, weil die Richtlinie mehr Befugnisse auf niedrigerer Ebene (bei den Mitgliedstaaten) belässt als die Verordnung.

[66] *Jarass*, S. 55.

[67] Vgl. § 9 Rn. 107.

[68] Vgl. § 9 Rn. 103.

[69] *Steiger*, SGb 1992, S. 525 ff.; das Ziel deckt sich nicht mit den allgemeinen Vertragszielen des Art. 2 EGV.

[70] Insbesondere beim Umweltschutz und dem freien Warenverkehr.

[71] Sog. 1:1 Umsetzung.

[72] *Hilf*, Die Richtlinie der EG – ohne Richtung, ohne Linie?, EuR 1993, S. 1, 7.

[73] ABl. 1993 L 307, S. 18.

II. Die Umsetzung von Europäischem Gemeinschaftsrecht in deutsches Recht

schreiben.[74] Die Mitgliedstaaten sind jedoch verpflichtet, die Umsetzung in der Weise vorzunehmen, dass die Ziele der **Richtlinie effektiv in das mitgliedstaatliche Recht** übergeleitet werden.[75] In vielen Fällen bleibt dem Gesetzgeber daher doch nur die Implementierung durch ein Gesetz, weil auf andere Weise die rechtlichen Wirkungen der Richtlinien, wie z. B. die Einräumung verbindlicher Individualrechte, nicht möglich ist. Der EuGH hat daher eine Anpassung der Verwaltungspraxis an den Richtlinieninhalt für nicht ausreichend angesehen, weil diese jederzeit beendet und abgeändert werden könne und keine ausreichende Publizität genieße.[76] Auch eine innerstaatliche dynamische Verweisung auf eine bestehende oder künftig ergehende Richtlinie wäre aus rechtsstaatlichen Gründen zu unbestimmt und daher unzulässig.[77] Demgegenüber bestehen keine Bedenken gegen die Praxis in Italien, wo in jüngster Zeit sogenannte Ermächtigungsgesetze erlassen werden, um die Transformation der nicht umgesetzten Richtlinien zu beschleunigen.[78] Ebenso wenig wie die Änderung der Verwaltungspraxis genügt eine bloße richtlinienkonforme Auslegung des nationalen Rechts den Anforderungen, die an eine wirksame Umsetzung gestellt werden.[79] 1991 entschied der EuGH,[80] dass eine Umsetzung umweltschutzrechtlicher Richtlinien durch die TA-Luft[81] unzulässig sei, weil trotz der Einhaltung in der Praxis normenkonkretisierenden Vorschriften wie der TA-Luft die Außenwirkung fehle und eine Abänderung jederzeit möglich sei.[82] Der EuGH begründete seine Entscheidung auch damit, dass die Bundesregierung keine Gerichtsentscheidung anführen konnte, aus der sich eindeutig die außerrechtliche Bindung der Gerichte an die TA-Luft ablesen ließe.[83] Der EuGH[84] misst also dem Erfordernis der Außenwirkung eine wichtige Bedeutung zu. Dies ist damit zu erklären, dass die Kontrolle des Richtlinieninhaltes auch durch die Unionsbürger wahrgenommen werden soll und aus diesem Grund eine ausreichende Publizität des Richtlinieninhaltes sichergestellt sein muss.

Im Ergebnis ist daher die Freiheit der Wahl und Mittel für die Mitgliedstaaten sehr stark begrenzt. Die Mitgliedstaaten sind letztlich verpflichtet, dem Richtlinieninhalt normative Wirkung im innerstaatlichen Recht zu verleihen und die Erfordernisse der Rechtssicherheit und Rechtsklarheit zu berücksichtigen.[85] **In der Bundesrepublik** kommen daher **in erster Linie Gesetze und Rechtsverordnungen** in Betracht.[86] Die Umsetzung des Richtlinieninhaltes – etwa im Bereich des Arbeitsschutzes – durch technische Normen scheidet aus.[87] Beim Arbeits- und Sozialrecht besteht für den deutschen Gesetzgeber die Besonderheit, dass neben den Gesetzen und Verordnungen auch Tarifverträge und Unfallverhütungsvorschriften normative Wirkung entfalten können,[88] so dass diese beiden Rechtsquellen grundsätzlich für eine Umsetzung in Betracht kommen.[89]

---

[74] *Birk*, in: Münch ArbR Band I, 2. Aufl. 2000, § 18 Rn. 97.
[75] *Oppermann*, Europarecht, 2. Aufl. 1999, Rn. 551.
[76] *Schmidt*, in: Groeben/Thiesing/Ehlermann, Kommentar zum EU-/EG-Vertrag, 5. Auflage 1997, Art. 189 a. F., Rn. 39.
[77] *Hilf*, EuR 1993, S. 1, 13.
[78] *Hilf*, EuR 1993, S. 1, 13 f.
[79] *Jarass*, S. 54.
[80] EuGH v. 30. 5. 1991, Rs C-361/88 (Kommission/BRD), Slg. 1991, S. 2567 ff.
[81] Die TA-Luft stellte nach früher herrschender Meinung ein sog. „antizipiertes Sachverständigengutachten" dar, heute eine sog. normkonkretisierende Verwaltungsvorschrift.
[82] *Hilf*, EuR 1993, S. 1, 14; dazu auch *Streinz*, Rn. 392.
[83] Vgl. *Hilf*, EuR 1993, S. 1, 14.
[84] Vgl. die Entscheidung zu TA-Luft, Slg. 1990 I, S. 2567.
[85] *Streinz*, Europarecht, 4. Aufl. 1999, Rn. 391.
[86] *Oppermann*, Rn. 52.
[87] Münch ArbR/*Birk*, 2. Aufl. 2000, § 18, Rn. 102.
[88] Vgl. § 4 Abs. 1 Satz 1 TVG; §§ 15 ff. SGB VII.
[89] Vgl. dazu unten 3.

b) Umsetzung durch Gesetz und Rechtsverordnung

aa) Adressat

33 Die Richtlinie ist an jeden Mitgliedstaat gerichtet, überlässt jedoch den innerstaatlichen Stellen die Umsetzung.[90] Welches Organ im innerstaatlichen Recht die Umsetzung vornimmt, beurteilt sich ausschließlich nach dem jeweiligen nationalen Recht. Die verbindliche inhaltliche Vorgabe ist streng zu trennen von der Freiheit hinsichtlich der innerstaatlichen Zuständigkeit. Erfolgt in der Bundesrepublik eine Umsetzung durch Gesetz oder Rechtsverordnung, richtet sich die Zuständigkeit nach der Kompetenzverteilung der Art. 70 ff. GG: bei ausschließlicher Bundeszuständigkeit erfolgt die Umsetzung durch den Bundesgesetzgeber,[91] im Rahmen der konkurrierenden Gesetzgebung[92] kommt es darauf an, welche nationalen Vorschriften geändert werden müssen.[93] Liegt die Zuständigkeit bei den Ländern, so sind auch diese zur Umsetzung verpflichtet. Im Arbeits- und Sozialrecht hat der Bund von seiner konkurrierenden Gesetzgebung weitestgehend Gebrauch gemacht,[94] so dass die Umsetzung von Arbeitsrechts-Richtlinien bisher durch Bundesgesetze vorgenommen worden ist.

34 Soweit der Gesetzgeber Richtlinien durch Rechtsverordnungen umsetzen will, hat er die formellen Voraussetzungen des Grundgesetzes zu beachten. Die Befugnis der Bundesregierung zum Erlass einer Rechtsverordnung muss daher auf einem Gesetz beruhen, welches dem Bestimmtheitsgrundsatz des Art. 80 Abs. 1 Satz 2 GG zu entsprechen hat.[95]

35 Die **Arbeitsrechts-Richtlinien** hat der deutsche Gesetzgeber bisher durch **Bundesgesetze** umgesetzt.[96] Die Transformation der Rahmenrichtlinie zum Schutz der Sicherheit und Gesundheit der Arbeitnehmer[97] hat der Gesetzgeber durch das Arbeitsschutzgesetz vorgenommen.[98] Die Einzelrichtlinien wurden auf der Grundlage des § 19 ArbSchG durch Rechtsverordnung der Bundesregierung umgesetzt.[99]

bb) Inhaltliche Anforderungen

36 Der Gesetz- oder Verordnungsgeber hat das mit der Richtlinie verfolgte Ziel in das nationale Recht zu übertragen. Stimmt die innerstaatliche Rechtslage bereits mit dem Ziel der Richtlinie überein, so bedarf es keiner formalen Umsetzung der Richtlinie. Eine solche Situation herrschte in der Bundesrepublik nach Verabschiedung der Insolvenz-

---

[90] Art. 249 Abs. 3 EGV.
[91] Art. 71, Art. 73 GG.
[92] Art. 72, Art. 74, Art. 74a GG.
[93] Sofern Vorschriften der Bundesländer geändert werden müssen und daher die Umsetzungsverpflichtung bei den Ländern liegt, hat allerdings der Bund das Recht zur Umsetzung, sofern er die Kompetenz zum Erlass von entsprechenden Bundesrecht besitzt.
[94] Vgl. für das Arbeitsrecht Art. 74 Nr. 12 GG; das Sozialrecht ist zwar im Art. 74 GG nicht explizit genannt, jedoch sind alle wesentlichen Materien in Art. 74 Nr. 7, Nr. 12 und Nr. 13 GG aufgeführt.
[95] Dies ist jedoch keine Anforderung nach EG-Recht.
[96] Vgl. etwa §§ 17–22a KSchG für die Richtlinie 75/129/EWG v. 17. 2. 1975 zur Angleichung der Rechtsvorschriften bei Massenentlassungen, ABl. Nr. L 48, S. 29 ff.; auch die Umsetzung der Änderungsrichtlinie 92/56/EWG v. 24. 6. 1992, ABl. L 245, S. 3 ff. soll über das KSchG erfolgen, vgl. Art. 5 des Gesetzesentwurfes der Bundesregierung zur Anpassung arbeitsrechtlicher Bestimmungen an das EG-Recht, Bundesrats-Drs. 353/94, S. 10 f.; eingefügt in das BGB wurde § 613a zur Umsetzung der Richtlinie 77/187/EWG v. 17. 2. 1977 über die Wahrung von Arbeitnehmeransprüchen beim Übergang von Unternehmen, Betrieben oder Betriebsteilen, ABl. L 61, S. 27 ff.; das am 1. 7. 1994 in Kraft getretene Arbeitszeitgesetz (ArbZG) zur Umsetzung der Richtlinie 93/104/EG vom 23. 11. 1993 über bestimmte Aspekte der Arbeitszeitgestaltung, ABl. L 307, S. 18 ff.
[97] RL 89/291/EWG v. 12. 6. 1989 über die Durchführung von Maßnahmen zur Verbesserung der Sicherheit und des Gesundheitsschutzes der Arbeitnehmer bei der Arbeit, ABl. L 183, S. 1 ff.
[98] Vgl. BGBl. I 1996, S. 1246 ff. vom 7. 8. 1996.
[99] s. dazu näher *Wank*, Kommentar zum technischen Arbeitsschutz, 1999, § 19 ArbSchG Rn. 5.

Richtlinie,[100] weil die §§ 183 ff. SGB III und §§ 7 ff. BetrAVG bereits eine ausreichende Sicherung der in der Richtlinie geregelten Ansprüche des Arbeitnehmers vorsahen.[101] In solchen Fällen ist der Gesetzgeber jedoch verpflichtet, bei Änderungen der Richtlinie gegebenenfalls das nationale Recht entsprechend anzupassen.

Die Mitgliedstaaten sind verpflichtet, die Richtlinie so umzusetzen, dass Inhalt und **Ziele sich im innerstaatlichen Recht in vollem Umfang verwirklichen.** Dies setzt voraus, dass die Bestimmtheit und Klarheit der Umsetzungsnorm nicht hinter dem Bestimmtheitsgrad der Richtlinie zurückfallen darf.[102] Nur auf diese Weise ist eine annähernd einheitliche, gemeinschaftsweite Geltung des Richtlinieninhalts möglich. **37**

Soll eine Richtlinie **Ansprüche des einzelnen Unionsbürgers** begründen, hat der Mitgliedstaat darauf zu achten, dass die notwendigen **verfahrensrechtlichen Voraussetzungen** geschaffen werden, damit der Einzelne vor den nationalen Gerichten seine Ansprüche geltend machen kann. Voraussetzung ist eine „rechtlich und inhaltlich klare Umsetzung, auf die sich der Einzelne vor dem nationalen Richter berufen kann".[103] Dies setzt auch voraus, dass das Gebot der Publizität erfüllt ist und die Betroffenen von ihren Rechten und Pflichten Kenntnis erlangen können.[104] **38**

Nicht in allen Fällen genügt eine formal korrekte Transformation. Die Umsetzung muss so vorgenommen werden, dass die **Zielsetzungen der Richtlinie** sich im nationalen Recht wiederfinden. Das **Erfordernis einer effektiven Umsetzung** der Richtlinie kann dazu führen, dass ein Mitgliedstaat gegen eine Umsetzungspflicht verstößt, obwohl er ein Gesetz erlassen und formell den Richtlinieninhalt übernommen hat. Ein Beispiel hierfür ist die fehlerhafte Umsetzung der Gleichbehandlungs-Richtlinie[105] durch den deutschen Gesetzgeber. Die Umsetzung erfolgte – wenn auch mit zweijähriger Verspätung[106] – durch das EG-Anpassungsgesetz vom 13. 8. 1980[107] mit der Einfügung der §§ 611a und 611b BGB. **39**

Art. 6 der RL 76/207/EWG verpflichtet die Mitgliedstaaten, die innerstaatlichen Vorschriften zu erlassen, die notwendig sind, damit jeder, der sich wegen eines Verstoßes gegen den in der Richtlinie näher konkretisierten Gleichbehandlungsgrundsatz für beschwert hält, seine Rechte gerichtlich geltend machen kann. Der deutsche Gesetzgeber setzte die Vorgabe dahingehend um, dass nach § 611a Abs. 2 BGB jeder Arbeitnehmer bei einem Verstoß gegen das in § 611a Abs. 1 BGB normierte Benachteiligungsverbot einen Anspruch auf Ersatz des Vertrauensschadens hat. **40**

Nachdem zwei Arbeitnehmerinnen nach einem Verstoß des Arbeitgebers gegen § 611a Abs. 1 BGB lediglich die Bewerbungskosten in Höhe von DM 7,50 als Schadensersatz erhalten hatten, klagten sie vor dem Arbeitsgericht Hamm, welches die Frage dem EuGH vorlegte.[108] Der EuGH wies darauf hin, dass Art. 6 der Richtlinie ein Klagerecht ausdrücklich vorsehe, woraus der Schluss zu ziehen sei, dass diese Bestimmung den diskriminierten Arbeitnehmerinnen Rechte bei Verstößen gegen den Gleichbehandlungsgrundsatz zuerkenne.[109] Zwar verfügen die Mitgliedstaaten über die Freiheit der Wahl der in Frage kommenden Sanktionsmittel, doch setze die Richtlinie voraus, dass die gewählte Sanktion **41**

---

[100] RL 80/987/EWG v. 20. 10. 1980 über den Schutz der Arbeitnehmer bei Zahlungsunfähigkeit des Arbeitgebers, ABl. L 283, S. 23 ff.
[101] Münch ArbR/*Birk*, § 18 Rn. 95.
[102] *Jarass*, S. 54.
[103] So treffend *Hilf*, EuR 1993, S. 1, 12; ähnlich *Streinz*, Rn. 392.
[104] *Streinz*, Rn. 392.
[105] RL 76/207/EWG zur Verwirklichung des Grundsatzes der Gleichbehandlung von Männern und Frauen hinsichtlich des Zugangs zur Beschäftigung, zur Berufsbildung und zum beruflichen Aufstieg, sowie im bezug auf die Arbeitsbedingungen, v. 9. 2. 1976, ABl. L 39, S. 40 ff.
[106] Gemäß Art. 9 Abs. 1 UAbs. 2 RL 76/207/EWG hätte die Umsetzung mit dem 8. 8. 1978 erfolgen sollen.
[107] BGBl. I 1980, S. 1308.
[108] EuGH v. 10. 4. 1984 (von Colson u. Kamann) Rs 14/83, Slg. 1984, S. 1891 ff.
[109] EuGH v. 10. 4. 1984 (von Colson u. Kamann) Rs 14/83, Slg. 1984, S. 1891 ff. Erw. 22.

geeignet sein müsse, einen tatsächlichen und wirksamen Rechtsschutz zu gewährleisten[110] und außerdem eine wirklich abschreckende Wirkung gegenüber dem Arbeitgeber zu entfalten.[111] Eine rein symbolische Entschädigung wie etwa die Erstattung der Bewerbungskosten erfülle diese Voraussetzung nicht.[112]

42 Trotz dieses Urteils ließ der Gesetzgeber § 611a Abs. 2 BGB zunächst unverändert. Einer gemeinschaftswidrigen Praxis wirkte allerdings das BAG insofern entgegen, als es in einer geschlechtsspezifischen Diskriminierung eine schwerwiegende Persönlichkeitsverletzung sah, welche einen immateriellen Schadensersatzanspruch analog §§ 823 Abs. 1 BGB, 847 rechtfertigte.[113] Im Normalfall hielt es eine Entschädigung in Höhe eines Monatsverdienstes für eine hinreichende Sanktion.[114] Durch das Gesetz zur Durchsetzung der Gleichberechtigung von Frauen und Männern (Zweites Gleichberechtigungsgesetz)[115] wurde die Vorschrift des § 611a Abs. 2 BGB mit Wirkung zum 1. 9. 1994 dahingehend geändert, dass eine angemessene Entschädigung in Geld in Höhe von maximal drei Monatsverdiensten verlangt werden kann. Auch diese Begrenzung wurde dann vom EuGH[116] wieder für europarechtswidrig erklärt, so dass die Regelung 1998 erneut geändert wurde; nunmehr ist von einer angemessenen Entschädigung in Geld die Rede.

cc) Formelle Anforderungen

43 Die Richtlinien schreiben einige formelle Anforderungen vor, welche die Mitgliedstaaten bei der Umsetzung zu beachten haben. So enthält seit 1990 jede Richtlinie die Verpflichtung, in den Durchführungsmaßnahmen oder bei der amtlichen Veröffentlichung auf die Richtlinie Bezug zu nehmen.[117] Dadurch sollen die Rechtsanwender einschließlich der Gerichte in den jeweiligen Mitgliedstaaten erkennen können, zu welchem Zeitpunkt welches Recht in Umsetzung welcher Richtlinie gelten soll.[118] Die Einzelheiten der **Bezugnahme** regeln die Mitgliedstaaten, so dass keine Verpflichtung besteht, die Bestimmungen der Richtlinie in einer ausdrücklichen Gesetzesbestimmung wiederzugeben.[119] Entscheidend ist, dass die vollständige Anwendung der Richtlinie so klar und bestimmt gewährleistet wird, dass die Begünstigten in der Lage sind, von ihren Rechten Kenntnis zu erlangen und diese gegebenenfalls vor den nationalen Gerichten geltend zu machen. Seit Inkrafttreten des Maastrichter Vertrages besteht die Verpflichtung, die Richtlinie im Amtsblatt der Gemeinschaft zu veröffentlichen (Art. 254 Abs. 1 EGV).

44 Das wichtigste formelle Erfordernis ist die **fristgemäße Umsetzung** der Richtlinie. Davon hängt ab, ob zum vorgesehenen Zeitpunkt eine gemeinschaftsweite Geltung des angeglichenen Rechtsbereiches tatsächlich eintritt. Die Praxis hat gezeigt, dass kaum eine Richtlinie von allen Mitgliedstaaten fristgerecht umgesetzt wird, obwohl diese es im Rat selbst in der Hand haben, den Termin für die Umsetzung festzulegen.[120] So hat die Kommission 354 Verstöße wegen nicht fristgerechter Umsetzung von Richtlinien allein 1991 registriert.[121]

---

[110] EuGH v. 10. 4. 1984 (von Colson u. Kamann) Rs 14/83, Slg. 1984, S. 1891, 1907 f.
[111] EuGH v. 10. 4. 1984 (von Colson u. Kamann) Rs 14/83, Slg. 1984, S. 1891 ff.
[112] EuGH v. 10. 4. 1984 (von Colson u. Kamann) Rs 14/83, Slg. 1984, S. 1891 ff.
[113] BAG AP Nr. 5 zu § 611a BGB = NZA 1990, S. 21 f.; das BAG weist dabei darauf hin, dass § 611a Abs. 2 BGB einen solchen immateriellen Schadensersatzanspruch nicht ausschließe.
[114] Vgl. MünchArbR/*Richardi*, § 11 Rn. 34 f.; allerdings könne im Betrag abgewichen werden.
[115] BGBl. I 1994 S. 1406.
[116] EuGH v. 22. 4. 1997, Rs C-180/95 (Draehmpaehl), NJW 1997, S. 1839 ff.
[117] *Bieber*, in: Beutler/Bieber/Pipkorn/Streil, Die Europäische Union, 1993, S. 196 mit Hinweis auf den Beschluss des Rates vom 8. 11. 1990.
[118] *Hilf*, EuR 1993, S. 1, 13.
[119] *Bieber* in, Beutler/Bieber/Pipkorn/Streil, S. 196.
[120] *Hilf*, EuR 1993, S. 1, 8.
[121] *Hilf* EuR 1993, S. 1, 17.

II. Die Umsetzung von Europäischem Gemeinschaftsrecht in deutsches Recht 45–47 § 10

Gerade im Arbeitsrecht gibt es **eklatante Fristverstöße.** So hatte Italien die Richtlinie 45
75/129/EWG über Massenentlassungen[122] nach mehreren Jahren noch immer nicht umgesetzt. Auch die Richtlinie 80/887/EWG über die Zahlungsunfähigkeit des Arbeitgebers vom 20. 10. 1980[123] hatte dieses Land 1989 noch nicht in das nationale Recht transformiert.[124] Die unterlassene Transformation der Insolvenz-Richtlinie bildete die Grundlage des Urteils des EuGH für die erstmalige Anerkennung von Amtshaftungsansprüchen gegen einen säumigen Staat.[125] Eine Untersuchung über die Umsetzung der Richtlinie über den Betriebsinhaberwechsel[126] hat ergeben, dass nach fast 11 Jahren Geltungsdauer immer noch keine Umsetzung in allen Mitgliedstaaten erfolgt war.[127] Doch auch die Bundesrepublik befindet sich immer wieder mit der Transformation neuerer Richtlinien zum Arbeitsrecht im Verzug. So ist die wichtige Rahmenrichtlinie zum Arbeitsschutz[128] erst durch das Gesetz über die Durchführung von Maßnahmen des Arbeitsschutzes zur Verbesserung der Sicherheit und des Gesundheitsschutzes der Beschäftigten bei der Arbeit (Arbeitsschutzgesetz – ArbSchG) vom 7. 8. 1996[129] umgesetzt worden, obwohl die Frist dafür am 31. 12. 1992 abgelaufen war.[130]

Innerstaatliche Schwierigkeiten bei der Umsetzung, die in der Bundesrepublik etwa mit 46
der in Art. 30 Abs. 1 Nr. 2 Einigungsvertrag[131] festgeschriebenen Verpflichtung, den Arbeitsschutz neu zu regeln, oder auch damit begründet werden könnten, dass die meisten Gesetze der Zustimmungsbedürftigkeit durch den Bundesrat[132] bedürfen und daher eine längere Verfahrensdauer bestehe, hat der EuGH mit Recht als Rechtfertigung für die Verletzung von Umsetzungsfristen nicht anerkannt.[133]

Ein wesentlicher Grund für die nicht rechtzeitige Umsetzung liegt in den **schwachen** 47
Sanktionsmöglichkeiten der Gemeinschaft. Hat der EuGH gemäß Art. 226 EGV einen säumigen Mitgliedstaat verurteilt und hat dieser Mitgliedstaat gleichwohl die Richtlinie nicht ordnungsgemäß umgesetzt, hatte die Kommission bisher keine Möglichkeiten, über ein Urteil Druck auf die Mitgliedstaaten auszuüben. Eine Wiederholung des Verfahrens nach Art. 234 EGV brachte im Vergleich zur Aufsichtsklage gemäß Art. 226 EGV keine weiteren Sanktionswirkungen.[134] Nunmehr sieht Art. 228 EGV in Abs. 2 UAbs. 2 und UAbs. 3 vor, dass der Gerichtshof auf Antrag der Kommission ein Pauschalbetrag oder ein Zwangsgeld gegen den säumigen Mitgliedstaat festsetzen kann. Es bleibt abzuwarten, ob diese Bestimmung die erhoffte Wirkung entfaltet.

---

[122] RL 75/129/EWG v. 17. 2. 1975 zur Angleichung der Rechtsvorschriften bei Massenentlassungen, ABl. L 48, S. 29 ff.

[123] ABl. L 283, S. 23 ff.

[124] Vgl. EuGH v. 2. 2. 1989, Rs 22/87 (Kommission/Italien), Slg. 1989, S. 143 ff.

[125] EuGH v. 19. 11. 1991, verb. Rsen C-6/90 und C-9/90 (sog. Frankovich – Fall), Slg. 1991, S. 5403 ff.

[126] RL 77/187/EWG v. 14. 2. 1977, ABl. L 61, S. 26 ff.

[127] *Birk,* Zur Schwierigkeit der Umsetzung von Richtlinien im Arbeitsrecht, 1989, S. 5.

[128] RL 89/391/EWG v. 12. 6. 1989 über die Durchführung von Maßnahmen zur Verbesserung der Sicherheit und des Gesundheitsschutzes der Arbeitnehmer bei der Arbeit, ABl. L 183, S. 1.

[129] BGBl. I S. 1246

[130] Vgl. Art. 18 Abs. 1 UAbs. 1 RL 89/391/EWG.

[131] Danach ist es Aufgabe des gesamtdeutschen Gesetzgebers, den öffentlich-rechtlichen Arbeitsschutz in Übereinstimmung mit dem Recht der Europäischen Gemeinschaften und dem damit konformen Teil des Arbeitsschutzrechts DDR zeitgemäß neu zu regeln.

[132] So auch für das Arbeitsschutzrahmengesetz, vgl. *Wlotzke,* Auf dem Weg zu einer Neuregelung des betrieblichen Arbeitsschutzes, NZA 1994, S. 602, 607.

[133] Vgl. Grabitz/Hilf/*Grabitz,* Art. 189 EWGV, Rn. 57 m. w. N.

[134] Gleichwohl erging gegen Italien dreimal und gegen Belgien zweimal ein Zweiturteil, vgl. *Hilf* EuR 1993, S. 1, 17.

c) Konsequenzen für das deutsche Recht

48 Mit dem Umsetzungsakt wird der Richtlinieninhalt nationales Recht. Das umgesetzte Recht ist in die Systematik und Strukturen des nationalen Rechts eingebettet. Es weist allerdings gegenüber dem nicht auf EG-Recht basierenden nationalen Recht Besonderheiten auf. Von besonderer Bedeutung ist die **Verpflichtung zur richtlinienkonformen Auslegung des nationalen Rechts.** Darunter ist zu verstehen, dass das nationales Recht im Lichte des Wortlautes und des Zwecks der Richtlinie auszulegen ist, um das von Art. 249 Abs. 3 genannte Ziel zu erreichen.[135] Innerstaatliche Gerichte und Behörden haben bei der Auslegung und Anwendung des umgesetzten Rechts den Richtlinieninhalt und den gemeinschaftsrechtlichen Charakter der Richtlinie zu beachten.[136] Die Verpflichtung zur richtlinienkonformen Auslegung beschränkt sich nicht nur auf die unmittelbar zur Umsetzung der betreffenden Richtlinie ergangenen Vorschriften des nationalen Rechts, sondern erfasst grundsätzlich das gesamte nationale Recht, soweit es im Zusammenhang mit dem Richtlinieninhalt steht.[137] Wie jede andere Auslegungsregel greift der Grundsatz der richtlinienkonformen Auslegung nur ein, wenn das nationale Recht überhaupt einen Spielraum eröffnet. Es liegt auf der Hand, dass die unterschiedliche Systematik, welche zwischen den jeweiligen nationalen Rechtsordnungen und dem Gemeinschaftsrecht besteht, Schwierigkeiten aufwerfen kann. Den Schlüssel zur Verhinderung solcher Friktionen und letztendlich zu einer weitgehend einheitlichen Geltung des Richtlinieninhaltes bildet das Vorabentscheidungsverfahren gemäß Art. 234 EGV, wonach die nationalen Gerichte Unklarheiten im Zusammenhang mit der Auslegung von Richtlinien durch eine Vorlage zum EuGH klären lassen können.

49 Nach Umsetzung der Richtlinie darf der Mitgliedstaat kein dem Richtlinieninhalt zuwiderlaufendes Recht erlassen. Das umgesetzte Recht entfaltet Sperrwirkung gegenüber allen Maßnahmen des nationalen Gesetzgebers.[138] Erlässt der nationale Gesetzgeber entgegenstehendes Recht, so ist dieses zwar nicht nichtig, darf jedoch wegen des Vorrangs des Gemeinschaftsrechts nicht angewendet werden.[139] Die Sperrwirkung wird im **Arbeitsrecht** allerdings dadurch abgeschwächt, dass die Richtlinien **Mindestbestimmungen** enthalten, also die Mitgliedstaaten nur nach „unten" keine Abweichungen vornehmen dürfen.

50 Die **Pflicht zur richtlinienkonformen Auslegung** des nationalen Rechts tritt nicht erst mit der Umsetzung des Richtlinieninhaltes, sondern **bereits mit Ablauf der Umsetzungsfrist** ein. Soweit Auslegungsspielräume bestehen, haben nationale Gerichte und Behörden das nationale Recht im Lichte der erlassenen, aber noch nicht umgesetzten Richtlinie auszulegen.[140] Der EuGH formuliert dies wie folgt: „Daraus folgt, dass ein nationales Gericht, soweit es bei der Anwendung des nationalen Rechts – gleich, ob es sich um vor oder nach der Richtlinie erlassene Vorschriften handelt – dieses Recht auszulegen hat, seine Auslegung soweit wie möglich am Wortlaut und Zweck der Richtlinie auszurichten hat, um das mit der Richtlinie verfolgte Ziel zu erreichen und auf diese Weise Art. 249 Abs. 3 EGV nachzukommen".[141] (Im zu entscheidenden Fall war die Richtlinie noch nicht umgesetzt). Während die unmittelbare Wirkung keine Ansprüche unter Privaten begründen kann,[142] wirkt sich die richtlinienkonforme Auslegung auf sämtliche Rechtsbeziehungen aus, gilt also auch im Verhältnis von Privatperso-

---

[135] Auslegung am Ziel der Richtlinie; vgl. *Jarass*, S. 89.
[136] *Jarass*, S. 93.
[137] *Jarass*, S. 92.
[138] *Hilf*, EuR 1993, S. 1, 7: „Kompetenzsperre".
[139] Vgl. § 9 Rn. 6 ff.
[140] Grundsätzlich EuGH v. 10. 4. 1984, Rs. 14/83 (Corson), Slg. 1984, S. 1891, 1909; kritisch *Hilf*, EuR 1993, S. 1, 10.
[141] EuGH v. 13. 11. 1990, Rs. C-106/89 (Marleasing), Slg. 1990 I S. 4135, 4159.
[142] Es geht dabei nur um Ansprüche gegen den säumigen Staat.

nen.¹⁴³ Umstritten ist, ob das nationale Recht bereits nach Erlass der Richtlinie und vor Ablauf der Umsetzungsfrist richtlinienkonform auszulegen ist.¹⁴⁴

d) Kontrolle

Die Kommission überwacht nach Art. 211 EGV die ordnungsgemäße Umsetzung der Richtlinien. Um sie dabei zu unterstützen, sind die Mitgliedstaaten verpflichtet, den Wortlaut der einzelstaatlichen Rechtsvorschriften mitzuteilen, mit welchen die Umsetzung der Richtlinie vorgenommen worden ist.¹⁴⁵ Die Informationspflicht setzt sich darin fort, dass die Mitgliedstaaten der Kommission in einem Zeitraum von regelmäßig fünf Jahren **Bericht über die Anwendung der Bestimmungen der Richtlinien** in der Praxis zu erstatten haben.¹⁴⁶ In Anbetracht der Richtlinienflut ist es der Kommission nicht möglich, in jedem einzelnen Mitgliedstaat zu überprüfen, ob eine Richtlinie nicht nur fristgerecht, sondern auch inhaltlich vollständig und effektiv in nationales Recht umgesetzt worden ist. Die Schwierigkeiten werden dadurch deutlich, dass teilweise offen eingeräumt wird, dass die Kontrolle sich nur noch auf die schlichte Registrierung der einlaufenden Umsetzungsberichte beschränken könne.¹⁴⁷

Es verwundert daher nicht, dass Anstrengungen unternommen werden, die **Vollzugskontrolle stärker zu dezentralisieren.** Eine Kontrollmöglichkeit besteht darin, über ein Vorabentscheidungsverfahren nach Art. 234 EGV die ordnungsgemäße Umsetzung der Richtlinie prüfen zu lassen. Die wichtigste dezentrale Kontrollmöglichkeit ist aber das von der Kommission ohne echte gesetzliche Grundlage eingerichtete Beschwerdeverfahren.¹⁴⁸ Jeder Unionsbürger kann der Kommission schriftlich mitteilen, dass gemeinschaftsrechtliche Vorschriften nicht oder nicht richtig angewandt werden.¹⁴⁹ Bestimmte Form- und Fristvorschriften sind dabei nicht zu beachten.¹⁵⁰ Der Unionsbürger erhält eine Empfangsbestätigung zugesandt und wird über den weiteren Verlauf des Beschwerdeverfahrens unterrichtet, insbesondere darüber, ob gegen den betreffenden Mitgliedstaat Schritte unternommen werden.¹⁵¹ Allein im Jahre 1990 wurden 1252 Beschwerden erhoben.¹⁵² Der Erfolg dieser Einrichtung des Beschwerdeverfahrens hängt im Wesentlichen davon ab, ob die Unionsbürger, insbesondere die Rechtsanwender, für die Problematik der Richtlinienumsetzung sensibilisiert werden. Ist dies der Fall, so werden damit auch die Rechte des einzelnen Unionsbürgers gestärkt.¹⁵³

Abzuwarten bleibt, ob eine wirksamere Kontrolle durch den **Bürgerbeauftragten,** der vom Europäischen Parlament gemäß Art. 195 Abs. 1 UAbs. 1 EGV ernannt wird,¹⁵⁴ ermöglicht wird.¹⁵⁵

---

¹⁴³ EuGH v. 10. 4. 1984 Rs. 14/83 (Corson), Slg. 1984, S. 1891, 1909.
¹⁴⁴ Vgl. *Jarass*, S. 92.
¹⁴⁵ Vgl. etwa Art. 18 Abs. 2 RL 89/391/EWG über die Durchführung von Maßnahmen zur Verbesserung der Sicherheit und des Gesundheitsschutzes der Arbeitnehmer bei der Arbeit v. 12. 6. 1989, ABl. L 183, S. 1 ff.; Art. 18 Abs. 4 RL 93/104/EG über bestimmte Aspekte der Arbeitszeitgestaltung v. 23. 11. 1993, ABl. L 307, S. 18 ff.
¹⁴⁶ Vgl. Art. 18 Abs. 3 UAbs. 1 Rahmen-Richtlinie 89/391/EWG; Art. 18 Abs. 5 UAbs. 1 Arbeitszeit-Richtlinie 93/104/EG.
¹⁴⁷ *Hilf*, EuR 1993, S. 1, 16.
¹⁴⁸ Vgl. *Jarass*, S. 107 f., man beruft sich dafür auf Art. 169 EGV; *Pernice*, Befugnisse der EG auf dem Gebiet des Umwelt- und Technikrechts, DV 1989, S. 1, 40 f.
¹⁴⁹ *Jarass*, S. 107.
¹⁵⁰ Die Kommission hat ein Standardbeschwerdeformular entwickelt, das für die Benutzung nicht obligatorisch ist, *Jarass*, S. 107.
¹⁵¹ *Jarass*, S. 107.
¹⁵² *Jarass*, S. 107.
¹⁵³ Ähnlich auch *Pernice*, DV 1989, S. 1, 41.
¹⁵⁴ Art. 138 e EGV wurde durch den Maastrichter Vertrag eingefügt.
¹⁵⁵ *Hilf*, EuR 1993, S. 1, 20 weist in diesem Zusammenhang auch auf Art. 138 c EGV a. F. (Untersuchungsrecht des Europäischen Parlamentes) hin; nach seiner Ansicht können beide

3. Besonderheiten im Arbeits- und Sozialrecht

54 Besonderheiten bestehen für das Arbeits- und Sozialrecht insofern, als sowohl Tarifverträge als auch Unfallverhütungsvorschriften im deutschen Recht normative Wirkung entfalten und daher grundsätzlich für eine Umsetzung der Richtlinien in Betracht kommen.

a) Umsetzung durch Tarifverträge

55 Tarifverträge haben gemäß § 4 Abs. 1 Satz 1 TVG normative Wirkung, gelten also im Verhältnis von beiderseits tarifgebundenen Arbeitnehmer und Arbeitgeber wie Gesetze. Der EuGH hat anerkannt, dass die Mitgliedstaaten den **Sozialpartnern die Umsetzung einer Richtlinie in das nationale Recht übertragen** können.[156] Letztlich bleiben die Mitgliedstaaten aber gegenüber der Gemeinschaft für die Transformation in vollem Umfang verantwortlich.[157] Die staatliche Garantie muss in allen Fällen gelten, in denen nicht anderweitig ein wirksamer Schutz gewährleistet ist.[158]

56 In neueren Richtlinien zum Arbeitsrecht hat die Gemeinschaft die Umsetzung durch Sozialpartner ausdrücklich angesprochen.[159] Die darin zum Ausdruck kommende Tendenz, die Rechte der Sozialpartner auf gemeinschaftlicher und nationaler Ebene zu stärken (doppeltes Subsidiaritätsprinzip), fand ihren Niederschlag in Art. 2 Abs. 4 des Maastrichter Abkommens über die Sozialpolitik. Danach konnte ein Mitgliedstaat den nationalen Sozialpartnern auf deren gemeinsamen Antrag die Durchführung von Richtlinien übertragen, welche nach Art. 2 Abs. 2 und Abs. 3 des Abkommens über die Sozialpolitik erlassen worden sind. Dieses Verfahren war von Art. 3 und Art. 4 des Abkommens über die Sozialpolitik zu unterscheiden, wonach die auf Gemeinschaftsebene vertretenen Sozialpartner EGB, UNICE und COOP eine richtlinienähnliche Vereinbarung treffen konnten. Art. 2 Abs. 4 des Abkommens beschränkte sich demgegenüber auf die nationale Ebene. Er enthielt insofern keine Neuerung gegenüber der bisherigen Rechtslage, als die Mitgliedstaaten auch vor Inkrafttreten des Maastrichter Abkommens hinsichtlich Form und Mittel bei der Umsetzung einer Richtlinie in nationales Recht frei waren und eine Umsetzung durch Tarifverträge nicht ausgeschlossen war.[160] Durch den Amsterdamer Vertrag hat dieses Verfahren nun Eingang in den EGV gefunden und findet sich in Art. 137 EGV.[161]

57 Überträgt ein Mitgliedstaat den nationalen Sozialpartnern die Umsetzung der Richtlinie in nationales Recht, müssen diese den Inhalt und die Ziele der Richtlinie vollständig umsetzen. Sie haben insbesondere dafür zu sorgen, dass der in den meisten Fällen weite personale Anwendungsbereich der arbeitsrechtlichen Richtlinien seine Entsprechung im nationalen Recht findet.[162] Einige Länder, wie Frankreich, Spanien und Belgien, verfügen über ein entsprechendes Tarifvertragssystem, um eine Richtlinie wirksam umzusetzen.[163]

---

neu eingefügten Artikel den Bürger bei seinem Bemühen um dezentrale Kontrolle unterstützen.

[156] EuGH v. 10. 7. 1986, Rs 235/84 (Kommission/Italien), Slg. 186, S. 2291, 2302.
[157] Dies ergibt sich ausdrücklich aus Art. 249 Abs. 3 EGV.
[158] EuGH v. 10. 7. 1986, Rs 235/84 (Kommission/Italien), Slg. 1986, S. 2291, 2302; vgl. auch Erwägung 21 des Urteils.
[159] Vgl. etwa Art. 9 Abs. 1 Nachweis-Richtlinie vom 18. 10. 1991, ABl. L 288, S. 32 ff., wonach die Mitgliedstaaten bis zum Ablauf der Umsetzungsfrist sich zu vergewissern haben, dass die Sozialpartner im Vereinbarungswege die für die Umsetzung der Richtlinie erforderlichen Maßnahmen durchgeführt haben; so auch Art. 14 Abs. 1 RL 92/85/EWG über den Schutz Schwangerer, Wöchnerinnen und stillender Arbeitnehmerinnen vom 19. 10. 1992, ABl. L 348, S. 1 ff.
[160] Vgl. Art. 249 Abs. 3 EGV.
[161] S. näher *Steinmeyer*, RdA 2001, 10 ff.
[162] So ist der Arbeitnehmerbegriff im EG-Recht sehr weit.
[163] Vgl. *Däubler*, NZA 1992, S. 577, 579 m. w. N.

II. Die Umsetzung von Europäischem Gemeinschaftsrecht in deutsches Recht 58–61 § 10

Im deutschen Recht scheint auf den ersten Blick die Allgemeinverbindlicherklärung nach § 5 TVG das geeignete Instrumentarium für eine Transformation arbeitsrechtlicher Richtlinien zu sein. Selbst wenn die einzelnen Voraussetzungen von § 5 Abs. 1 TVG erfüllt sind,[164] beschränkt sich die Wirkung der Allgemeinverbindlicherklärung gemäß § 5 Abs. 4 TVG jedoch darauf, dass der Tarifvertrag normative Wirkung unabhängig vom Erfordernis der Tarifbindung entfaltet.[165] Die Allgemeinverbindlicherklärung führt aber zu keiner Erweiterung des fachlich-beruflichen Geltungsbereiches. Dies kommt auch darin zum Ausdruck, dass der DGB als Dachverband der Einzelgewerkschaften keine Befugnis zum Abschluss von Tarifverträgen besitzt.[166] Das deutsche Tarifsystem kennt keine mit einem generellen Mandat ausgestattete Verbände.[167] Doch selbst wenn der DGB mit den Spitzenverbänden der Arbeitgeber einen Tarifvertrag zur Umsetzung einer Arbeitsrechts-Richtlinie schließen oder die Einzelgewerkschaften gleich lautende Tarifverträge mit den jeweiligen Arbeitgeberverbänden abschließen würden und entsprechende Allgemeinverbindlicherklärungen ergingen, wären alle vom Richtlinieninhalt erfassten Arbeitnehmer immer noch nicht in den Geltungsbereich der Tarifverträge einbezogen, weil auch bei einer Allgemeinverbindlicherklärung dieser Tarifverträge immer noch nur etwa 85% aller Arbeitnehmer erfasst wären.[168] **Das Tarifrecht der Bundesrepublik ist in seiner gegenwärtigen Form daher nicht für die Umsetzung von arbeitsrechtlichen Richtlinien geeignet.** 58

Da Richtlinien im Arbeitsrecht nur Mindestcharakter besitzen, haben die Tarifparteien zumindest die Möglichkeit, günstigere Arbeitsbedingungen für die Arbeitnehmer auszuhandeln. Je weniger der Gesetzgeber von den Vorgaben der Richtlinie abweicht, desto mehr Gestaltungsspielraum verbleibt daher der Tarifautonomie. Allerdings besteht dann die Gefahr, dass die nicht tarifgebundenen Arbeitnehmer nur über einen eingeschränkten Schutz verfügen. Ansonsten bleibt den Sozialpartnern wie beim herkömmlichen Gesetzgebungsverfahren lediglich die Möglichkeit, über die Ausschüsse und in Anhörungen auf die Umsetzung einer Richtlinie durch Gesetz Einfluss zu nehmen. 59

Die Gemeinschaft ist bestrebt, die Rolle der nationalen Sozialpartner zu stärken, indem sie die Mitgliedstaaten in den Richtlinien auffordert, die Umsetzung der Richtlinie in Zusammenarbeit mit den Sozialpartnern durchzuführen.[169] In Richtlinien wie der Arbeitszeit-Richtlinie[170] sind darüber hinaus zahlreiche Abweichungsmöglichkeiten für die nationalen Sozialpartner vorgesehen, welche allerdings an eine Ermächtigung durch den nationalen Gesetzgeber geknüpft werden können.[171] 60

b) Umsetzung durch Unfallverhütungsvorschriften

Wie Tarifverträge besitzen Unfallverhütungsvorschriften der Berufsgenossenschaften normative Wirkung. Die allgemeine Aufgabe der Unfallversicherung, gemäß § 1 SGB VII 61

---

[164] Die tarifgebundenen Arbeitgeber müssen danach mindestens 50% der unter den Geltungsbereich des Tarifvertrages fallenden Arbeitnehmer beschäftigten (1) und die Allgemeinverbindlicherklärung im öffentlichen Interesse liegen (2); von diesen Voraussetzungen kann nur abgesehen werden, wenn die Allgemeinverbindlicherklärung zur Behebung eines sozialen Notstandes erforderlich erscheint.

[165] Nach dem Grundsatz der Tarifbindung entfaltet ein Tarifvertrag normative Wirkung nur zwischen beiderseits Tarifgebundenen, § 4 Abs. 1 Satz 1 TVG.

[166] Sog. Tarifzuständigkeit; dies wäre allerdings nach § 2 Abs. 3 TVG zulässig.

[167] *Buchner*, RdA 1993, S. 193 ff.

[168] *Däubler*, NZA 1992, S. 577, 579.

[169] Vgl. etwa Art. 4 Arbeitszeit-Richtlinie 93/104/EG v. 23. 11. 1993, ABl. L 307, S. 18 ff., wonach die Einzelheiten der Ruhepause in erster Linie durch die Tarifvertragsparteien geregelt werden sollen. Auch hier stellt sich jedoch das Problem des persönlichen Anwendungsbereiches, so dass zumindest in der Bundesrepublik eine gesetzliche Regelung unerlässlich ist (vgl. § 4 ArbZG v. 1. 7. 1994).

[170] RL 93/104/EG v. 23. 11. 1993, ABl. L 307, S. 18 ff.

[171] Vgl. Art. 17 und Art. 18 ArbeitszeitRL; der deutsche Gesetzgeber hat von dieser Möglichkeit Gebrauch gemacht, vgl. insbesondere § 7 ArbZG.

Arbeitsunfälle und Berufskrankheiten sowie arbeitsbedingte Gesundheitsgefahren zu verhüten, wird in der Ermächtigungsgrundlage zum Erlass von Unfallverhütungsvorschriften, § 15 SGB VII, näher konkretisiert. Danach erlassen die Berufsgenossenschaften im wesentlichen Vorschriften über die Vermeidung und Bekämpfung von Arbeitsunfällen.[172] Die Unfallverhütungsvorschriften regeln Beschaffenheitsanforderungen für Arbeitsmittel und Schutzmittel sowie Verhaltenspflichten von Unternehmern und Versicherten.[173] Innerhalb der Satzungsautonomie beschlossene Unfallverhütungsvorschriften sind autonome Rechtsnormen, die verbindlich für die Mitglieder und für die Versicherten gelten.[174] Soweit Richtlinien sich mit dem sachlichen und persönlichen Anwendungsbereich des § 15 SGB VII decken, kommen daher Unfallverhütungsvorschriften für die Umsetzung von Arbeitsschutz-Richtlinien in Betracht.

62 Eine **Übertragung der Umsetzungspflicht auf die Berufsgenossenschaften** wirft jedoch in praktischer und rechtlicher Hinsicht **erhebliche Schwierigkeiten** auf. Dabei ist zwischen dem produktbezogenen Arbeitsschutz des Art. 95 EGV und Richtlinien nach Art. 138 EGV zu trennen.

aa) Art. 95-Richtlinien

63 Harmonisierungsrichtlinien nach Art. 95 EGV zur Verwirklichung des freien Warenverkehrs können einen mittelbaren Bezug zum Arbeitsschutz aufweisen, wenn Arbeitnehmer mit Waren, insbesondere Maschinen, bei ihrer Arbeit in Kontakt kommen. Solange keine Harmonisierungsrichtlinien im Bereich des produktbezogenen Arbeitsschutzes existierten, mussten aus dem EG-Ausland stammende Maschinen in der Bundesrepublik neben den Vorschriften des Gerätesicherheitsgesetzes (GSG) auch den Unfallverhütungsvorschriften entsprechen. War dies nicht der Fall, konnte die Einfuhr verhindert werden. Ein Verstoß gegen den Grundsatz des freien Warenverkehrs lag nicht vor, weil sich die Bundesrepublik auf Art. 30 EGV und die von der Rechtsprechung entwickelten zwingenden Erfordernisse berufen durfte. Mit der gemeinschaftsweiten Vereinheitlichung der Anforderungen durch die produktbezogene Maschinen-Richtlinie[175] wurden entgegenstehende innerstaatliche Bestimmungen verdrängt. Dies betraf in der Bundesrepublik vor allem die Unfallverhütungsvorschriften, welche damit stark an Bedeutung verloren.[176]

64 Der **Bedeutungsverlust der Berufsgenossenschaften** in dieser Hinsicht konnte auch nicht durch eine Umsetzung der Art. 95-Richtlinien durch Unfallverhütungsvorschriften abgefangen werden. Denn abgesehen von Problemen hinsichtlich des personalen Geltungsbereiches scheitert eine Transformation dieser Richtlinien durch die Berufsgenossenschaften bereits an der fehlenden sachlichen Reichweite der Unfallverhütungsvorschriften. Da die Richtlinien Hindernisse des freien Warenverkehrs beseitigen sollen, enthalten sie komplexe Regelungen, welche neben Arbeitsschutzaspekten weitere Regelungsgegenstände, wie etwa den Umwelt- oder Verbraucherschutz,[177] haben und sich neben den Betreibern auch an Hersteller und Importeure wenden,[178] während Unfallverhütungsvorschriften aber nur für die erste Gruppe Rechtswirkungen entfalten.[179] Die Satzungsautonomie der Berufsgenossenschaften beschränkt sich auch nur auf die Verhütung von Arbeitsunfällen, so dass für Hersteller und Importeure keine Regelungen getrof-

---

[172] Vgl. im Einzelnen § 15 Abs. 1 Nr. 1–4 SGB VII.
[173] Vgl. *Steiger*, SGb 1992, S. 525 ff.
[174] Vgl. *Eiermann*, in: Lauterbach, Kommentar zur Unfallversicherung – SGB VII/Band II, § 15 SGB VII, Rn. 8.
[175] RL 89/392/EWG v. 14. 6. 1989 zur Angleichung der Rechtsvorschriften der Mitgliedstaaten für Maschinen, ABl. EG L 183, S. 9; die Richtlinie trat am 1. 1. 1993 in Kraft.
[176] *Sokoll*, NZS 1993, S. 9, 10.
[177] *Wank/Börgmann*, Deutsches und Europäisches Arbeitsschutzrecht, 1992, S. 139.
[178] *Sokoll*, NZS 1993, S. 9, 10.
[179] *Steiger*, SGb 1992, S. 525, 526.

fen werden können. Eine Umsetzung der Art. 95-Richtlinien ohne Einschaltung des Gesetzgebers scheidet demnach zum gegenwärtigen Zeitpunkt aus.

Der deutsche Gesetzgeber hat deshalb von Anfang an eine **Umsetzung der produktbezogenen Arbeitsschutz-Richtlinien** durch Gesetze und Verordnungen betrieben.[180] Zur Transformation der Maschinen-Richtlinie und der anderen produktbezogenen Richtlinien war eine Änderung des Gerätesicherheitsgesetzes (GSG) notwendig. Der Gesetzgeber regelt die Grundlagen im GSG und die Umsetzung der einzelnen Richtlinien durch Rechtsverordnungen. Nach § 3 Abs. 1 GSG müssen in Verkehr gebrachte technische Arbeitsmittel den in den Rechtsverordnungen nach § 4 Abs. 1 Satz 1 GSG enthaltenen sicherheitstechnischen Anforderungen und sonstigen Voraussetzungen entsprechen und dürfen Leben oder Gesundheit oder sonstige in den Rechtsverordnungen aufgeführten Rechtsgüter der Benutzer oder Dritter bei bestimmungsgemäßer Verwendung nicht gefährden. Entspricht danach ein technisches Arbeitsmittel den in der jeweiligen Rechtsverordnung festgelegten Anforderungen, kann das Inverkehrbringen nicht mehr mit Hinweis auf möglicherweise entgegenstehendes Unfallverhütungsrecht verhindert werden. Der Gesetzgeber setzt die einzelnen Art. 95-Richtlinien durch entsprechende Rechtsverordnungen gemäß § 4 Abs. 1 Satz 1 GSG um.[181] Die bedeutendste Rechtsverordnung ist die Maschinenrichtlinien-Verordnung.[182]

Wenn keine Rechtsverordnungen nach § 4 GSG existieren, entfalten die **Unfallverhütungsvorschriften** dagegen weiterhin Bedeutung. Denn die technischen Arbeitsmittel dürfen nach dem subsidiär geltenden § 3 Abs. 1 Satz 2 GSG nur in Verkehr gebracht werden, wenn sie nach den allgemein anerkannten Regeln der Technik sowie den Arbeitsschutz- und Unverhütungsvorschriften so beschaffen sind, wie es die Art der bestimmungsgemäßen Verwendung gestattet.

bb) Art. 138-Richtlinien

Im Gegensatz zu den produktbezogenen Richtlinien können die Mitgliedstaaten im Anwendungsbereich von Art. 138 EGV nach „oben" abweichen, weil die Richtlinien lediglich **Mindestbestimmungen** vorsehen.[183] Sie entfalten keine Sperrwirkung wie die Art. 95-Richtlinien. **Unfallverhütungsvorschriften,** welche ein strengeres Arbeitsschutzrecht festlegen, sind daher im Gegensatz zum Anwendungsbereich der Art. 95-Richtlinien mit dem EG-Recht vereinbar. Wie bei den Tarifverträgen wird daher der Umsetzungsspielraum größer, je mehr sich die Mitgliedstaaten auf die Übernahme des Richtlinieninhaltes beschränken und die Festlegung strengerer Anforderungen den Berufsgenossenschaften überlassen.

Bei den Art. 138-Richtlinien stellt sich aber die Frage, ob nicht die Umsetzung ohne Tätigwerden des Gesetzgebers allein durch Unfallverhütungsvorschriften vorgenommen werden kann. Es ist dabei zwischen rechtlichen und tatsächlichen Schwierigkeiten zu differenzieren. In rechtlicher Hinsicht wirft der personale Anwendungsbereich der Art. 138-Richtlinien, der auf dem weiten Arbeitnehmerbegriff beruht,[184] Probleme auf. Denn Beamte nach deutschem Recht, welche Arbeitnehmer im Sinne der Rahmenrichtlinie sind,[185] unterfallen nicht dem persönlichen Anwendungsbereich der Unfallverhütungsvorschriften.[186] Selbst wenn alle der mittlerweile über 70 Unfallversicherungsträger in der Bundesrepublik eine Art. 138-Richtlinie wie z.B. die Rahmenrichtlinie zum Schutz der Sicherheit und Gesundheit der Arbeitnehmer inhaltlich korrekt umsetzten, würden damit nicht alle Adressaten der Richtlinie dem Geltungsbereich der Unfallverhütungsvor-

---

[180] Vgl. *Sokoll*, NZS 1993, S. 9, 10.
[181] Vgl. *von Hoyningen-Huene/Compensis*, NZS 1993, S. 233, 237.
[182] Vgl. *v. Hoyningen-Huene/Compensis*, NZS 1993, S. 233, 237.
[183] *Wank/Börgmann*, S. 83.
[184] Vgl. Art. 2 RahmenRL.
[185] Vgl. Art. 2 RahmenRL; ausgenommen sind nur spezifisch hoheitliche Tätigkeiten.
[186] *Wlotzke*, BG 1990, S. 6, 10.

schriften unterfallen. Doch auch in sachlicher Hinsicht ist es fraglich, ob sämtliche Arbeitsschutz-Richtlinien nach Art. 138 EGV von der Ermächtigung des § 15 SGB VII erfasst würden.[187]

69 Aus diesem Grund sieht das Arbeitsschutzgesetz in §§ 18 und 19 Verordnungsermächtigungen vor. Es erfolgt also grundsätzlich eine Umsetzung durch Rechtsverordnung. Die Unfallversicherungsträger können allerdings konkretisierende oder auch weitergehende Unfallverhütungsvorschriften erlassen. Ein Bedeutungsverlust ist für diese Unfallverhütungsvorschriften gleichwohl eingetreten.

III. Die unmittelbare Anwendbarkeit des Europäischen Gemeinschaftsrechts

Schrifttum: *Bach*, Direkte Wirkungen von EG-Richtlinien, JZ 1990, S. 1108; *Bleckmann*, Zur unmittelbaren Anwendbarkeit der EG-Richtlinien, RIW 1984, S. 774; *Däubler*, Völkerrecht und Europarecht in der Rechtsprechung der Arbeitsgerichte, FS für Gnade, 1992, S. 619; *Emmert*, Horizontale Drittwirkung von Richtlinien?, EWS 1992, S. 86; *Fischer*, Sind vertragswidrig nicht umgesetzte Richtlinien innerstaatlich nur auf Antrag anwendbar?, EuZW 1991, S. 557; *Franzen*, Privatrechtsangleichung durch die Europäische Gemeinschaft, 1999; *Freyer*, Richtlinienspezifische Probleme am Beispiel der Produkthaftung, EuZW 1991, S. 49; *Götz*, Die horizontale Drittwirkung von Richtlinien, DZWiR 1995, S. 156; *Hakenberg*, Keine horizontale Richtlinienwirkung, ZIP 1994, S. 1510; *Fuß*, Die „Richtlinie" des Europäischen Gemeinschaftsrechts, DVBl. 1965, S. 378; *Gundel*, Neue Grenzlinien für die Direktwirkung nicht umgesetzter EG-Richtlinien unter Privaten, EuZW 2001, S. 143; *Herber*, Direktwirkung sogenannter horizontaler EG-Richtlinien?, EuZW 1991, S. 401; *Herdegen*, Die EG-Gentechnikrichtlinien und das deutsche Gentechnikgesetz, RIW 1992, S. 89; *Jarass*, Folgen der innerstaatlichen Wirkung von EG-Richtlinien, NJW 1991, S. 2665; *Klein*, Unmittelbare Geltung, Anwendbarkeit und Wirkung von Europäischem Gemeinschaftsrecht, Vorträge, Reden und Berichte aus dem Europa-Institut der Universität des Saarlandes, 1988, Heft Nr. 119, 1988; *Lenz*, Entwicklung und unmittelbare Geltung des Gemeinschaftsrechts, DVBl. 1990, S. 903; *Louis*, Die Rechtsordnung der Europäischen Gemeinschaften, 1979; *Nicolaysen*, Richtlinienwirkung und Gleichbehandlung von Männern und Frauen beim Zugang zum Beruf, EuR 1984, S. 380; *ders.*, Keine horizontale Wirkung von Richtlinien-Bestimmungen, EuR 1986, S. 370; *Niedobitek*, Kollisionen zwischen EG-Recht und nationalem Recht, VerwArch 2001, S. 58, 66 ff.; *Oldenbourg*, Die unmittelbare Wirkung von EG-Richtlinien im innerstaatlichen Bereich, 1984; *Pieper*, Die Direktwirkungen von Richtlinien der Europäischen Gemeinschaft, DVBl. 1990, S. 684; *Rambow*, L'exécution des directives de la Communauté Economique Européenne en République Fédérale D'Allemagne, CDE 1970, S. 379; *Richter*, Die unmittelbare Wirkung von EG-Richtlinien zu Lasten Einzelner, EuR 1988, S. 394; *Rörig*, Die Direktwirkung von Richtlinien in Privatrechtsverhältnissen, 2001; *Scherzberg*, Die innerstaatlichen Wirkungen von EG-Richtlinien, Jura 1993, S. 225; *Spetzler*, Anm. zu FG München, Urt. v. 21. 6. 1990, EuZW 1990, S. 582; *Streinz*, Anm. zu EuGH v. 1. 6. 1999, JuS 2000, S. 78; *Winter*, Direktwirkungen von Richtlinien, DVBl. 1991, S. 657; *Zahradnik*, Privatrechtsverhältnisse und EU-Recht, 1995; *Zuleeg*, Die Rechtswirkungen europäischer Richtlinien, ZGR 1980, S. 466

1. Begriff

70 Über den Begriff der unmittelbaren Anwendbarkeit des Gemeinschaftsrechts besteht terminologische Verwirrung.[188] Im Schrifttum wird teilweise zwischen der unmittelbaren Geltung und der unmittelbaren Anwendbarkeit[189] des Gemeinschaftsrechts unterschie-

---

[187] Kritisch *Wlotzke*, BG 1990, S. 6, 10; *Steiger*, SGb 1992, S. 525, 529.
[188] Vgl. hierzu *Klein*, Unmittelbare Geltung, Anwendbarkeit und Wirkung von Europäischem Gemeinschaftsrecht, Vorträge, Reden und Berichte aus dem Europa-Institut der Universität des Saarlandes, Heft Nr. 119, S. 3 ff.; *Zahradnik*, Privatrechtsverhältnisse und EU-Recht, 1995, S. 5 ff.
[189] Als Synonyme für den Begriff „unmittelbaren Anwendbarkeit" werden auch die Begriffe „unmittelbare Wirkung" oder „unmittelbare Wirksamkeit" verwendet.

III. Die unmittelbare Anwendbarkeit des Europäischen Gemeinschaftsrechts   71, 72   § 10

den.[190] Da die unterschiedlichen begrifflichen Feststellungen keine praktischen Auswirkungen haben,[191] ist im Folgenden – in Übereinstimmung mit der überwiegenden Auffassung[192] – mit unmittelbarer Anwendbarkeit des Gemeinschaftsrechts gemeint, dass sich das Gemeinschaftsrecht dergestalt auf Private auswirken kann, dass es die Rechtsbeziehungen zwischen Mitgliedstaaten und Privaten (sog. **vertikale Drittwirkung**) oder zwischen Privaten (sog. **horizontale Drittwirkung**) regelt.

2. Unmittelbare Anwendbarkeit des Primärrechts

Dass die Normen des Vertragsrechts unmittelbar anwendbar sein können, ist seit der **71** Entscheidung des EuGH in der **Rechtssache van Gend & Loos** anerkannt.[193] In ihr hat der EuGH ausgeführt, dass die Gemeinschaft eine neue Rechtsordnung des Völkerrechts darstelle, deren Rechtssubjekte nicht nur die Mitgliedstaaten, sondern auch die Einzelnen seien. Die dem EuGH im Rahmen von Art. 234 EGV (Art. 177 EGV a. F.) zukommende Aufgabe beweise, dass die Staaten davon ausgegangen seien, dass die Bürger die Möglichkeit haben müssten, sich vor den nationalen Gerichten auf das Gemeinschaftsrecht zu berufen.[194] Der EuGH hat in späteren Entscheidungen seine Rechtsprechung zur unmittelbaren Anwendbarkeit des primären Gemeinschaftsrechts konkretisiert. Danach setzt die unmittelbare Anwendbarkeit einer Norm des primären Gemeinschaftsrechts voraus, dass diese Bestimmung den Mitgliedstaaten eine eindeutige Verpflichtung auferlegt, die zu ihrer Wirksamkeit keiner weiteren Maßnahme der Gemeinschaftsorgane oder der Mitgliedstaaten bedarf und ihnen bei der Durchführung keinen Ermessensspielraum überlässt.[195] Der EuGH hat u. a. für folgende Bestimmungen des EG-Vertrages eine unmittelbare Anwendbarkeit ausdrücklich bejaht: Art. 39 EGV (Art. 48 EGV a. F.),[196] Art. 49 EGV (Art. 59 EGV a. F.)[197] und Art. 141 EGV (Art. 119 EGV a. F.).[198]

3. Unmittelbare Anwendbarkeit des sekundären Gemeinschaftsrechts

a) Verordnungen

Dass Verordnungen unmittelbar anwendbar sein können, ist im Schrifttum unbestrit- **72** ten.[199] Auch der EuGH geht davon aus.[200] Begründet wird dies damit, dass Verordnungen nach Art. 249 EGV (Art. 189 EGV a. F.) unmittelbare Wirkungen erzeugen und infolgedessen schon geeignet seien, für den Einzelnen Rechte zu begründen, deren Schutz die

---

[190] S. etwa *Klein*, Vorträge, S. 3 ff.
[191] *Pieper*, DVBl. 1990, S. 684, 685.
[192] Vgl. statt vieler *Oldenbourg*, Die unmittelbare Wirkung von EG-Richtlinien im innerstaatlichen Bereich, 1984, S. 22 ff.
[193] EuGH, Rs. 26/62, Slg. 1963, S. 1.
[194] EuGH, Rs. 26/62, Slg. 1963, S. 25.
[195] St. Rspr., s. u. a. EuGH (Lütticke), Rs. 57/65, Slg. 1966, S. 257, 265 f.; (Costa), Rs. 6/64, Slg. 1964, S. 2151, 1273; (van Duyn), Rs. 41/74, Slg. 1974, S. 1337, 1347.
[196] EuGH (van Duyn), Rs. 41/74, Slg. 1974, S. 1337, 1347; s. zuletzt EuGH Rs. C-281/98 (Angonese), EuZW 2000, S. 468 = NJW 2000, S. 3634 (Leitsatz); dazu *Michaelis*, NJW 2001, S. 1841.
[197] EuGH (von Binsbergen), Rs. 33/74, Slg. 1974, S. 1299, 1311 f.
[198] EuGH (Defrenne II), Rs. 43/75, Slg. 1976, S. 455, 476.
[199] *Bieber*, in: Beutler/Bieber/Pipkorn/Streil, Die Europäische Union, S. 209; *Louis*, Rechtsordnung, 1979, S. 57 f.; Grabitz/Hilf/*Grabitz*, Art. 189 EGV a. F., Rn. 509; *Schweitzer/Hummer*, Europarecht, Rn. 352, S. 103; zur Frage, ob man auch einen Akt, der nach seinem Wortlaut nur die Mitgliedstaaten zur Gesetzgebung verpflichten will oder der nur den Staat zur Gesetzgebung verpflichtet, als Verordnung bezeichnen kann, vgl. *Bleckmann*, Europarecht, Rn. 409, S. 160.
[200] S. z. B. EuGH, Rs. 34/70, Slg. 1971, S. 1039, 1049; Rs. 93/71, Slg. 1972, S. 287, 294; Rs. 31/78, Slg. 1978, S. 2429, 2444.

nationalen Gerichte zu wahren hätten.²⁰¹ Nicht jede Verordnung räumt dem Einzelnen jedoch zugleich subjektive Rechte ein.²⁰² Es muss vielmehr in jedem Einzelfall festgestellt werden, welche Bestimmungen einer Verordnung dem Bürger unmittelbare Rechte einräumen und welche Bestimmungen einer solchen Wirkung nicht fähig sind.²⁰³ Dies gilt auch für die Verpflichtung Einzelner sowie für die horizontale Wirkung von Verordnungen.²⁰⁴

b) Richtlinien

aa) Die Rechtsprechung des EuGH zur unmittelbaren Anwendbarkeit von Richtlinien

(1) Vertikale Drittwirkung

73 Der EuGH hat erstmals in seiner Entscheidung zum sog. „**Leberpfennig**"²⁰⁵ festgestellt, dass auch andere Akte als Verordnungen subjektive Wirkungen entfalten können. In seinen Entscheidungsgründen führt der EuGH aus, dass nach Art. 249 EGV (Art. 189 EGV a. F.) Verordnungen unmittelbar gelten und infolgedessen schon wegen ihrer Rechtsnatur unmittelbare Wirkungen erzeugen könnten. Hieraus folge indessen nicht, dass andere in diesem Artikel genannte Kategorien von Rechtsakten niemals ähnliche Wirkungen hätten. Mit der den Entscheidungen durch Art. 249 EGV (Art. 189 EGV a. F.) zuerkannten verbindlichen Wirkung wäre es unvereinbar, grundsätzlich auszuschließen, dass betroffene Personen sich auf die durch die Entscheidung auferlegte Verpflichtung des Staates berufen könnten. Insbesondere in den Fällen, in denen etwa die Gemeinschaftsbehörden einen Mitgliedstaat oder alle Mitgliedstaaten durch Entscheidung zu einem bestimmten Verhalten verpflichten, würde der Effekt („effet utile") einer solchen Maßnahme abgeschwächt, wenn die Angehörigen dieses Staates sich vor Gericht hierauf nicht berufen und die staatlichen Gerichte sie nicht als Bestandteil des Gemeinschaftsrechts berücksichtigen könnten. Zwar könnten die Wirkungen einer Entscheidung anders sein als diejenigen einer in einer Verordnung enthaltenen Vorschrift; dieser Umstand schließe jedoch nicht aus, dass das Endergebnis, nämlich das Recht des einzelnen, sich auf die Maßnahmen vor Gericht zu berufen, gegebenenfalls das Gleiche sei wie bei einer unmittelbar anwendbaren Verordnungsvorschrift.²⁰⁶

74 In der Entscheidung **S. A. C. E.**²⁰⁷ hat der EuGH seine Argumentation aus der sog. „Leberpfennig-Entscheidung" erstmals auch auf Richtlinien erstreckt und ausgeführt, dass die in dieser Rechtssache einschlägige Richtlinienbestimmung unmittelbare Wirkungen in den Beziehungen zwischen dem Mitgliedstaat, an den die Richtlinie gerichtet sei, und den seinem Recht unterworfenen Personen erzeuge und für diese Personen Rechte nach Ablauf der Ausführungsfrist begründe, welche die innerstaatlichen Gerichte zu beachten hätten.²⁰⁸

75 In der Folgezeit hat der EuGH seine Rechtsprechung zur subjektiven Wirkung von Richtlinienbestimmungen dahingehend konkretisiert, dass sich der Einzelne in Ermangelung von fristgemäß erlassenen Durchführungsmaßnahmen gegenüber dem Staat auf Bestimmungen einer Richtlinie dann berufen kann, wenn sie inhaltlich **unbedingt** und **hinreichend genau** sind.²⁰⁹ In seiner neueren Rechtsprechung begründet der EuGH die

---

²⁰¹ EuGH, Rs. 34/70, Slg. 1971, S. 1039, 1049; s. zu Verordnungen auch oben § 9 Rn. 59 ff.
²⁰² *GA Warner*, Rs. 31/74, Slg. 1975, S. 47, 70.
²⁰³ *Bieber*, in: Beutler/Bieber/Pipkorn/Streil, Die Europäische Union, S. 209.
²⁰⁴ *Klein*, Vorträge, S. 19.
²⁰⁵ EuGH, Rs. 9/70, Slg. 1970, S. 825; s. zu Richtlinien auch oben § 9 Rn. 84 ff.
²⁰⁶ EuGH, Slg. 1970, S. 825, 838.
²⁰⁷ EuGH, Slg. 1970, S. 1213.
²⁰⁸ EuGH, Slg. 1970, S. 1213, 1223 f.
²⁰⁹ EuGH (Becker), Rs. 8/81, Slg. 1982, S. 53, 71; (Grendel), Rs. 255/81, Slg. 1982, S. 2301, 2312; (Kloppenburg), Rs. 70/83, Slg. 1984, S. 1075, 1085; s. aus neuerer Zeit (Kortas), Rs. 319/97,

III. Die unmittelbare Anwendbarkeit des Europäischen Gemeinschaftsrechts 76, 77 § 10

subjektive (vertikale) Wirkung von Richtlinienbestimmungen nicht mehr allein mit dem „effet utile", sondern zusätzlich mit dem Gesichtspunkt des venire contra factum proprium.[210]

Der Einzelne kann sich somit nach ständiger Rechtsprechung des EuGH in Ermangelung von fristgemäß erlassenen Durchführungsmaßnahmen dem Staat gegenüber auf Bestimmungen einer Richtlinie berufen, die inhaltlich unbedingt und hinreichend genau sind.[211] „Inhaltlich unbedingt" i. S. der Rechtsprechung des EuGH ist eine Richtlinienbestimmung, wenn kein Vorbehalt zugunsten eines Mitgliedstaates besteht, die Bestimmung in nationales Recht umzusetzen.[212] Für die „hinreichende Bestimmtheit" ist erforderlich, dass die Richtlinienbestimmung eine allgemeine und unzweideutige Normaussage enthält, die einen klaren Regelungszweck erkennen lässt.[213] **76**

Bis zur Änderung des EG-Vertrages durch den Vertrag von Amsterdam war zweifelhaft, ob eine auf Art. 100a EGV a. F. (jetzt Art. 95 EGV) gestützte Richtlinie auch dann unmittelbare Wirkung entfalten kann, wenn sich ein Mitgliedstaat auf die Ausscherklausel des Art. 95 Abs. 4 EGV berufen und bei der Kommission den Antrag auf Abweichung von der Durchführung dieser Richtlinie beantragt hatte, die Kommission jedoch (noch) keine Entscheidung über den Antrag erlassen hatte. In seinem Vorabentscheidungsurteil in der Rechtssache Kortas vom 1. 6. 1999[214] entschied der EuGH, dass die unmittelbare Wirkung einer Richtlinie, deren Absetzungsfrist abgelaufen ist, durch die gem. Art. 100a Abs. 4 EGV a. F. erfolgte Mitteilung eines Mitgliedstaats, die auf die Bestätigung nationaler Vorschriften gerichtet ist, die von dieser Richtlinie abweichen, nicht berührt wird, und zwar auch nicht dann, wenn die Kommission auf eine solche Mitteilung nicht reagiert.[215] Dieses Urteil ist durch den Amsterdamer Vertrag überholt. Gem. Art. 95 Abs. 4 EGV in der Fassung des Amsterdamer Vertrages beschließt die Kommission binnen sechs Monaten nach den Mitteilungen seitens des Mitgliedstaats, die betreffenden einzelstaatlichen Bestimmungen zu billigen oder abzulehnen, nachdem sie geprüft hat, ob sie ein Mittel zur willkürlichen Diskriminierung und eine verschleierte Beschränkung des Handels zwischen den Mitgliedstaaten darstellen und ob sie das Funktionieren des Binnenmarktes behindern. Trifft die Kommission innerhalb dieses Zeitraums keine Entscheidung, so gelten die betreffenden einzelstaatlichen Bestimmungen als gebilligt. Lediglich dann, wenn dies auf Grund des schwierigen Sachverhalts gerechtfertigt ist und auch keine Gefahr für die menschliche Gesundheit besteht, kann die Kommission dem betreffenden Mitgliedstaat mitteilen, dass der Zeitraum gegebenenfalls um einen weiteren Zeitraum von bis zu sechs Monaten verlängert wird. **77**

JuS 2000, S. 78. Ein Beispiel für eine Richtlinie, die nicht unbedingt und hinreichend genau ist, ist die Richtlinie 80/987/EWG des Rates vom 20. Oktober 1980 zur Angleichung der Rechtsvorschriften der Mitgliedstaaten über den Schutz der Arbeitnehmer bei Zahlungsunfähigkeit des Arbeitgebers (ABl. EG L 283, S. 23). Der EuGH hat in seinem Francovich-Urteil (Rs. 6/90, Slg. 1991, S. 5357, 5412) ausgeführt, dass die Bestimmungen der Richtlinie 80/987/EWG nicht unbedingt und hinreichend genau seien, da sie zum einen nicht regelten, wer Schuldner der Garantieansprüche sei und zum anderen der Staat nicht allein deshalb als Schuldner angesehen werden könne, weil er die Richtlinie nicht fristgemäß umgesetzt habe.

[210] So verwendet der EuGH in neueren Entscheidungen stets die Formulierung, dass „ein Mitgliedstaat, der die in der Richtlinie vorgeschriebenen Durchführungsmaßnahmen nicht fristgemäß erlassen hat, den einzelnen nicht entgegenhalten kann, dass er die aus dieser Richtlinie erwachsenen Verpflichtungen nicht erfüllt hat"; s. etwa EuGH (Ratti), Rs. 148/78, Slg. 1979, S. 1629, 1642.

[211] Nach der neuesten Rechtsprechung des EuGH (verb. Rs. 87–89/90, EuZW 1993, S. 60) ist sogar eine ausdrückliche „Berufung" auf die Richtlinie entbehrlich; s. näher hierzu *Fischer*, EuZW 1991, S. 557; *Spetzler*, EuZW 1990, S. 584.

[212] EuGH, Rs. 71/85, Slg. 1986, S. 3855, 3876f.

[213] EuGH, Rs. 71/85, Slg. 1986, S. 3855, 3875.

[214] Rs. 319/97, noch nicht in der amtlichen Sammlung veröffentlicht.

[215] S. zu diesem Urteil auch die Anmerkung von *Streinz*, JuS 2000, S. 78f.

78 Fraglich bleibt, ob sich auch umgekehrt staatliche Stellen auf noch nicht umgesetzte Richtlinienbestimmungen berufen können, wenn diese den Einzelnen belasten oder verpflichten. Der EuGH hat dies bereits in der Rechtssache Kolpinghuis[216] verneint. In seinen Entscheidungsgründen führt der Gerichtshof aus, dass eine innerstaatliche Behörde sich nicht zu Lasten eines Einzelnen auf eine Bestimmung einer Richtlinie berufen könne, deren erforderliche Umsetzung in innerstaatliches Recht noch nicht erfolgt sei.[217] Dies ergebe sich aus Art. 249 EGV (Art. 189 EGV a. F.), wonach der verbindliche Charakter einer Richtlinie nur für jeden Mitgliedstaat, an den sie gerichtet wird, bestehe. Eine Richtlinie könne daher nicht selbst Verpflichtungen für einen einzelnen begründen.[218]

(2) Horizontale Drittwirkung

79 Mit der Frage, ob Richtlinien auch im Verhältnis der Bürger untereinander Rechte und Pflichten begründen können (horizontale Drittwirkung), hatte sich der EuGH in der Rechtssache **Marshall**[219] zu befassen. Die Klägerin des Ausgangsverfahrens war von ihrem Arbeitgeber entlassen worden, weil sie das Alter erreicht hatte, in dem sie die staatliche Rente in Anspruch nehmen konnte. Das Rentenzugangsalter für Frauen liegt im Vereinigten Königreich bei 60 Jahren, während es für Männer bei 65 Jahren liegt. Die Klägerin sah in der früheren Pensionierung eine geschlechtsspezifische Diskriminierung und berief sich in der Klage gegen ihren Arbeitgeber auf Art. 5 Abs. 1 der Gleichbehandlungsrichtlinie 76/207/EWG zur Verwirklichung des Grundsatzes der Gleichbehandlung von Männern und Frauen hinsichtlich des Zugangs zur Beschäftigung, zur Berufsausbildung und zum beruflichen Aufstieg sowie in Bezug auf die Arbeitsbedingungen.[220] Der EuGH verneinte in seiner Vorabentscheidung die horizontale Drittwirkung von Richtlinienbestimmungen mit den gleichen Erwägungen wie im Fall Kolpinghuis, nämlich dass der verbindliche Charakter einer Richtlinie sich nur an den jeweiligen Mitgliedstaat richte und eine Richtlinie daher nicht selbst Verpflichtungen für einen Einzelnen begründen könne.[221] Diese Rechtsprechung hat der EuGH in späteren Entscheidungen,[222] u. a. im Urteil vom 14. 7. 1994 in der Rechtssache Faccini Dori,[223] bestätigt.

bb) Das Schrifttum zur unmittelbaren Anwendbarkeit von Richtlinien
(1) Vertikale Drittwirkung

80 Nach einer vereinzelt im Schrifttum vertretenen Auffassung bedarf es stets eines staatlichen Umsetzungsakts, um der Richtlinie innerstaatliche Wirksamkeit zu verleihen.[224] Dies folge aus der Funktion der Richtlinie, die in einer Art „indirekten" Rechtssetzung bestehe. Mit der Richtlinie sollte den Mitgliedstaaten ein gewisser Betätigungsspielraum belassen werden, wodurch man ihre Hoheitsbefugnisse schonen wollte. Wenn man den Richtli-

---

[216] Rs. 80/86, Slg. 1987, S. 3969; in dem der Vorlageentscheidung zugrunde liegenden Ausgangsverfahren war den Beschuldigten in einem Strafverfahren gegen ein Unternehmen vorgeworfen worden, Mineralwasser zum Verkauf und zur Lieferung vorrätig gehalten zu haben, das nicht den Anforderungen der Richtlinie 80/777/EWG des Rates vom 15. Juli 1980 zur Angleichung der Rechtsvorschriften über die Gewinnung von und den Handel mit natürlichen Mineralwässern (ABl. EG L 229, S. 1) entspreche. Diese Richtlinie war im fraglichen Zeitpunkt noch nicht in nationales Recht umgesetzt worden, obwohl die Frist zur Umsetzung bereits abgelaufen war.
[217] EuGH, Slg. 1987, S. 3969, 3985 f.
[218] Nunmehr st. Rspr., s. auch EuGH, Rs. 221/88, Slg. 1990, S. 495, 525; Rs. 106/89, Slg. 1990, S. 4135, 4158.
[219] EuGH, Rs. 152/84, Slg. 1986, S. 723.
[220] ABl. EG L 39, S. 40; ausführlich zu dieser Richtlinie § 16 Rn. 192 ff.
[221] EuGH, Slg. 1986, S. 723, 749.
[222] EuGH, Rs. 188/90, Slg. 1990, S. 3313, 3348; Rs. 177/88, Slg. 1990, S. 3941, 3971 ff.; Rs. 106/89, Slg. 1990, S. 4135, 4158.
[223] EuGH, Rs. 91/92, EuZW 1994, S. 498. s. zu dieser Entscheidung näher *Götz*, DZWir 1995, S. 256 ff.; *Hakenberg*, ZIP 1994, S. 1510 ff.
[224] *Fuß*, DVBl. 1965, S. 378 ff.; *Rambow*, CDE 1970, S. 379, 383.

nien, wenn auch nur in Ausnahmefällen, direkte Rechtswirkungen für den Gemeinschaftsbürger entnehmen wollte, so würde dadurch die ohnehin schon unscharfe Trennung zwischen Richtlinie einerseits und Verordnung und Entscheidung andererseits vollends beseitigt.[225]

Dagegen **bejaht** die heute ganz überwiegende Auffassung im **Schrifttum eine vertikale Drittwirkung** von Richtlinien unter den gleichen Voraussetzungen, unter denen auch der EuGH die vertikale Drittwirkung bejaht, nämlich 81
– dass die Richtlinie nicht fristgerecht oder
– unzulänglich in innerstaatliches Recht umgesetzt wurde
– und die Richtlinienbestimmungen inhaltlich unbedingt, hinreichend genau und begünstigend sind.[226]

Teilweise wird allerdings auch auf das Merkmal der begünstigenden Wirkung der Richtlinienbestimmung verzichtet und die vertikale Drittwirkung auch zu Lasten einzelner bejaht.[227] Zur Begründung wird angeführt, dass es nicht Zweck der Zweistufigkeit des Richtlinienverfahrens sei, die Individuen vor der Auferlegung von Pflichten zu schützen; dies komme auch in der Tatsache zum Ausdruck, dass zahlreiche Richtlinien der EG durchaus echte Verpflichtungen der Individuen begründeten. Die Doppelspurigkeit des Richtlinienverfahrens habe nur zum Ziel, die Souveränität der Mitgliedstaaten und vor allem der nationalen Parlamente zu schützen. Dieser Zweck entfalle, wo die Richtlinien den Voraussetzungen der unmittelbaren Anwendbarkeit entsprächen.[228] 82

Die Auffassung, die einer Richtlinie jegliche Direktwirkung abspricht, ist abzulehnen. Einer „Schonung der Hoheitsbefugnisse" des Mitgliedstaates bedarf es nämlich nur solange, wie er seiner gemeinschaftsrechtlichen Umsetzungsverpflichtung nachkommt. Andernfalls hätte er es in der Hand, die Erfüllung seiner Verpflichtung zu verzögern und damit die Zielsetzung der Richtlinie auszuhöhlen. Ebenfalls nicht überzeugen kann das Argument, dass die Anerkennung einer Direktwirkung, und sei es nur in Ausnahmefällen, zur Verwischung von Verordnung einerseits und Richtlinie andererseits führe. Die Trennung von Richtlinie und Verordnung bleibt nämlich grundsätzlich aufrechterhalten. Nur dann, wenn ein Mitgliedstaat seiner Umsetzungsverpflichtung nicht nachkommt, kann die Richtlinie im Einzelfall, nämlich unter der Voraussetzung, dass sie unbedingt und inhaltlich genau ist, Direktwirkung entfalten. 83

Mit der überwiegenden Auffassung ist allerdings davon auszugehen, dass die vertikale Drittwirkung von Richtlinien **auf subjektive Rechte beschränkt** ist. Die Begründung von Pflichten für den einzelnen durch eine nicht rechtzeitig oder unvollständig umgesetzte Richtlinie hätte zur Folge, dass der Einzelne zunächst herausfinden müsste, ob eine verpflichtende Richtlinienbestimmung überhaupt unbedingt und hinreichend genau ist. Diese oft selbst für Experten schwierige Rechtsfrage kann einem Bürger jedoch nicht zugemutet werden. Das Rechtsstaatsprinzip, das auch als gemeinschaftsrechtliches Prinzip anerkannt ist,[229] verlangt aber, dass sich der Bürger in zumutbarer Weise über seine Pflichten informieren kann.[230] 84

(2) Horizontale Drittwirkung

Während die vertikale Drittwirkung von Richtlinien weitgehend anerkannt ist und lediglich über deren Reichweite diskutiert wird, ist die Frage, ob Richtlinienbestimmungen, 85

---

[225] *Fuß*, DVBl. 1965, S. 378, 379 ff.
[226] *Däubler*, FS für Gnade, 1992, S. 619, 635; *Franzen*, Privatrechtsangleichung, S. 248 ff.; *Freyer*, EuZW 1991, S. 49, 51 f.; Grabitz/Hilf/*Grabitz*, Art. 189 EGV a. F., Rn. 60; *Lenz*, DVBl. 1990, S. 903, 909; *Oppermann*, Europarecht, Rn. 466, S. 179; *Scherzberg*, Jura 1993, S. 225, 227; *Schweitzer/Hummer*, Europarecht, Rn. 365, S. 106 f.; *Zuleeg*, ZGR 1980, S. 466, 476.
[227] *Bleckmann*, RIW 1984, S. 774 ff.
[228] *Bleckmann*, RIW 1984, S. 774, 776 f.
[229] GA Reischl, Rs. 89/79, Slg. 1980, S. 565, 566.
[230] Vgl. *Scherzberg*, Jura 1993, S. 225, 227 f.; *Zuleeg*, ZGR 1980, S. 467, 474.

die unbedingt und hinreichend genau sind, mangels ordnungsgemäßer Umsetzung auch unmittelbar unter den Bürgern (horizontale) Wirkungen entfalten können, heftig umstritten.[231]

86 Teilweise wird die Ablehnung der horizontalen Drittwirkung damit begründet, dass eine **Veröffentlichung von Richtlinien** nicht zwingend vorgeschrieben ist.[232] Dieser Einwand kann jedoch nicht überzeugen. Tatsache ist, dass Richtlinien, die an sämtliche Mitgliedstaaten gerichtet sind, seit 1960 im Amtsblatt veröffentlicht werden. Ob für die Geltung von Richtlinienbestimmungen die tatsächliche Veröffentlichung im Amtsblatt ausreicht, um rechtsstaatlichen Anforderungen an Eingriffsnormen zu genügen, bestimmt sich jedoch nicht nach den nationalen Verfassungen, sondern nach der Gemeinschaftsrechtsordnung selbst.[233] Davon abgesehen ist mit dem EU-Vertrag vom 7. 2. 1992 eine Veröffentlichungspflicht für Richtlinien in Art. 254 EGV a. F. (Art. 191 Abs. 2 EGV a. F.) normiert worden, so dass dem Argument der mangelnden Veröffentlichungspflicht inzwischen ohnehin der Boden entzogen ist.

87 Gegen eine horizontale Anwendung von Richtlinien spricht aber zum einen, dass die horizontale Drittwirkung zu einer Begünstigung des einen und zu einer **Belastung** des anderen Marktbürgers führen würde. Die Drittwirkung von belastenden Richtlinienbestimmungen verbietet sich jedoch bereits aus den oben genannten Gründen. Die horizontale Drittwirkung ist aber auch aus einem anderen gewichtigen Grund abzulehnen. Die vertikale unmittelbare Wirkung von Richtlinienbestimmungen beruht im Wesentlichen auf dem Grundsatz des venire contra factum proprium. Diese Arglisteinrede ist jedoch scharf zu trennen von einer unmittelbaren, positiven gesetzlichen Wirkung auch auf die Rechtsverhältnisse Privater untereinander, auf die die Einrede gerade nicht anwendbar ist.[234]

88 Anerkannt hat der EuGH die Direktwirkung einer nicht umgesetzten EG-Richtlinie unter Privaten vor kurzem für einen Sonderfall in der Rechtssache Unilever Italia.[235] Nach Art. 9 Abs. 1 der Richtlinie 83/193/EWG, einer Arbeitsschutz-Richtlinie, nehmen „die Mitgliedstaaten den Entwurf einer technischen Vorschrift nicht vor Ablauf von drei Monaten nach Eingang der Mitteilung gem. Art. 8 I bei der Kommission an." Der EuGH entschied, dass die Unanwendbarkeit einer technischen Vorschrift, die nicht gem. Art. 8 der Richtlinie übermittelt wurde, in einem Rechtsstreit zwischen Einzelnen geltend gemacht werden kann.[236]

---

[231] Gegen eine horizontale Drittwirkung sprechen sich u. a. aus: *Bach*, JZ 1991, S. 1109, 1115; *Freyer*, EuZW 1991, S. 49, 52; *Herber*, EuZW 1991, S. 401 ff.; *Klein*, Vorträge, S. 25; *Jarass*, NJW 1991, S. 2665, 2666; *Oppermann*, Europarecht, 1991, Rn. 466, S. 179; *Scherzberg*, Jura 1993, S. 225, 228; *Schweitzer/Hummer*, Europarecht, Rn. 365, S. 106 f.; *Pipkorn*, in: Beutler/Bieber/Pipkorn/Streil, Die Europäische Union, S. 212; für eine horizontale Drittwirkung sind dagegen u. a. *Bleckmann/Pieper*, IWB Nr. 19 v. 10. 10. 1989, Europäische Gemeinschaften, F. 5., Gr. 3, S. 721, 725; *Emmert*, EWS 1992, S. 56, 63 ff.; *Herdegen*, RIW 1992, S. 89, 92; *Nicolaysen*, EuR 1984, S. 380, 385 ff.; *ders.*, EuR 1986, S. 370 f.; *Richter*, EuR 1988, S. 394, 399 f.; *Winter*, DVBl. 1991, S. 657, 665; für eine horizontale Anwendbarkeit von Richtlinien s. auch *GA Lenz* in seinem Schlussantrag in der Rechtssache Paola Faccini Dori, EuGH Slg. 1994, S. 3328, 3338 ff.

[232] *Klein*, Vorträge, S. 25.

[233] S. hierzu *Richter*, EuR 1988, S. 394, 402.

[234] *Herber*, EuZW 1991, S. 401, 402; *Bieber*: in: Beutler/Bieber/Pipkorn/Streil, Die Europäische Union, S. 212.

[235] EuGH Rs. C 443/98, EuZW 2001, S. 153.

[236] Dazu *Gundel*, EuZW 2001, S. 143.

3. Abschnitt: Die Entwicklung des Arbeits- und Sozialrechts der EG

Schrifttum: *von Alvensleben*, Die Rechte der Arbeitnehmer bei Betriebsübergang im Europäischen Gemeinschaftsrecht, 1992; *Balze*, Die sozialpolitischen Kompetenzen der Europäischen Union, 1995; *Berié*, Europäische Sozialpolitik – Von Messina bis Maastricht, in: Kleinhenz, Soziale Integration in Europa I, 1993, S. 31 ff.; *Böttcher* (Hrsg.), Soziales Europa 1993 – Noch eine Illusion?, 1990; *Bruha*, Rechtsangleichung in der Europäischen Gemeinschaft, ZaöRV 46 (1986), S. 1 ff.; *Clever*, Gemeinschaftscharta sozialer Grundrechte und soziales Aktionsprogramm der EG-Kommission – Zwischenbilanz und Ausblick, ZfSH/SGB 1990, S. 225 ff.; *Coen*, in: Bleckmann, Europarecht, 6. Auflage 1997, § 31 Die Sozialpolitik; *Däubler*, Sozialstaat EG? Notwendigkeit und Inhalt einer Europäischen Grundrechtsakte, in: Däubler, Sozialstaat EG? Die andere Dimension des Binnenmarktes, 1989, S. 40 ff.; *Duren*, Comment expliquer la politique sociale de la Communauté, RMC 1991, S. 381 ff.; *Eichenhofer*, Sozialrecht der Europäischen Union, 2001; *Ermer/Schulze/Schulz-Nieswand/Sesselmeier*, Soziale Politik im EG-Binnenmarkt, 1989; *Hanau*, Nicht eine, sondern zwei Dimensionen, EG-Magazin 1990, S. 26 ff.; *Haverkate/Huster*, Europäisches Sozialrecht, 1999, insbes. S. 46 ff.; *Heynig*, Ist eine Lösung für das Dilemma der europäischen Sozialpolitik in Sicht?, AWD 1969, S. 227 ff.; *Junker*, Arbeits- und Sozialrecht in der Europäischen Union, JZ 1994, S. 277 ff.; *Kampmeyer*, Protokoll und Abkommen über die Sozialpolitik der Europäischen Union, 1998; *Ketelsen*, Sozial- und Arbeitspolitik, in: Röttinger/Weyringer, Handbuch der Europäischen Integration, 1. Auflage 1991, S. 762 ff.; *Krebsbach*, Europäische Sozialpolitik: Hemmschuh der Integration?, 1974; *Mäder*, Das Strategie-Konzept der EG-Kommission: Die soziale Dimension des Binnenmarktes, ZfSH/SGB 1992, S. 68 ff.; *Masberg/Pintz*, Die Sozialpolitik der Europäischen Gemeinschaft, in: Hauff/Pfister-Gaspary, Internationale Sozialpolitik, 1982, S. 51 ff.; *von Maydell*, Die Europäische Charta sozialer Grundrechte, in: von Maydell, Soziale Rechte in der EG, 1990, S. 122 ff.; *Novak*, EG-Grundfreiheiten und Europäisches Sozialrecht, EuZW 1998, 366 ff.; *Oppermann/Classen*, Die EG vor der Europäischen Union, NJW 1993, S. 5 ff.; *Ott*, Angleichung der mitgliedstaatlichen Systeme der sozialen Sicherheit unter einem gemeinsamen Dach der europäischen Sozialpolitik, NZA Beil. 22/1990, S. 3 ff.; *Pipkorn*, Maßnahmen der Gemeinschaft im Bereich des Arbeitsrechts, NZA Beil. 3/1986, S. 2 ff.; *Ringler*, Europäische Sozialunion, 1997; *Rondorf/Wittrock*, Europäischer Binnenmarkt – vor der Verwirklichung, BABl. 12/1992, S. 5 ff.; *Schmähl/Rische*, Europäische Sozialpolitik, 1997; *Schuster*, Rechtsfragen der Maastrichter Vereinbarungen zur Sozialpolitik, EuZW 1992, S. 178 ff.; *Seidel*, Zur Verfassung der Europäischen Gemeinschaft nach Maastricht, EuR 1992, S. 125 ff.; *Steck*, Europäischer Binnenmarkt – Start frei, Der Arbeitgeber 1993, S. 24 ff.; *Steinmeyer*, Der Vertrag von Amsterdam und seine Bedeutung für das Arbeits- und Sozialrecht, RdA 2001, 10 ff; *ders.*, Freizügigkeit und soziale Rechte in einem Europa der Bürger, in: Magiera (Hrsg.), Das Europa der Bürger in einer Gemeinschaft ohne Binnengrenzen, 1990, S. 63 ff.; *ders.*, Harmonisierung des Arbeits- und Sozialrechts in der Europäischen Gemeinschaft – eine Konsequenz aus der Schaffung eines einheitlichen Binnenmarktes?, ZIAS 1989, S. 208 ff.; *ders.*, Sozialdumping in Europa, DVBl. 1995, 962 ff.; *Stiller*, Europäische Tarifverträge als Instrumente der sozialen Integration der Gemeinschaft, ZIAS 1991, S. 194 ff.; *Vaitl*, Sozialpolitische Perspektiven der Europäischen Gemeinschaft, ZfSH/SGB 1990, S. 113 ff.; *Volkmann*, EG-Binnenmarkt 1992 – Standortdiskussion, Europastrategien der Unternehmer und Arbeitnehmerinteressen, WSI-Mitt. 1989, S. 543 ff.; *v. Hoyningen-Huene/Compensis*, Deutsche Unfallverhütungsvor-schriften im EG-Binnenmarkt, NZS 1993, S. 233 ff.; *Wallyn*, Sozialpolitik der Gemeinschaft und Beteiligung der Sozialpartner an der Entscheidungsbildung auf Europäischer Ebene, Soz. Europa 1/1988, S. 13 ff.; *Wank*, Arbeitsrecht nach Maastricht, RdA 1995, S. 10 ff.; *Watson*, Social Policy after Maastricht, CMLR 1993, S. 481 ff.; *Weinstock*, Europäische Sozialunion – Historische Erfahrungen und Perspektiven, in: Däubler, Sozialstaat EG? Die andere Dimension des Binnenmarktes, 1988, S. 15 ff.; *Weiss*, Die europarechtliche Regelung der Massenentlassung, RdA 1992, S. 367 ff.; *Wellner/Schmich*, Europa auf dem Wege zur Sozialunion, 1988; *Wlotzke*, EG-Binnenmarkt und Arbeitsrechtsordnung – Eine Orientierung, NZA 1990, S. 417 ff.

§ 11 Die geschichtliche Entwicklung

Übersicht

	Rn.		Rn.
I. Die Anfänge	2	b) Die soziale Dimension des Binnenmarktes	42
1. Die Jahre 1957 bis 1971	2	4. Der soziale Dialog	63
2. Die Jahre 1972 bis 1986	9		
a) Pariser Gipfelkonferenz (1972) und Sozialpolitisches Aktionsprogramm (1974)	9	III. Das Abkommen von Maastricht	65
		IV. Der Europäische Wirtschaftsraum (EWR) und die Osterweiterung	72
b) Umsetzung des Sozialpolitischen Aktionsprogramms	15	1. Einführung	72
aa) Beschäftigungspolitik	16	2. Mitglieder des EWR	75
bb) Verbesserung der Lebens- und Arbeitsbedingungen	17	3. Die Geschichte des EWR-Abkommens	77
cc) Sozialer Dialog und Wirtschaftsdemokratie	21	4. Der Inhalt des EWR-Abkommens	80
dd) Zusammenfassung	26	5. Organe des EWR	86
		6. Ausblick	91
II. Die Einheitliche Europäische Akte	27	a) Die Rolle des EWR im Hinblick auf die Erweiterung der Europäischen Union im Jahre 1995	91
1. Verabschiedung der EEA	27		
2. Änderungen im Bereich der Sozialpolitik	38	b) Die weitere Entwicklung der Europäischen Union	101
3. Entwicklung der Sozialpolitik bis 1993	41	aa) Arten von Abkommen	103
a) Rechtsetzungstätigkeit nach Art. 118a EGV a. F.	41	bb) EU-Beitritt	114

1 Die sozialpolitische Entwicklung der Gemeinschaft lässt sich in mehrere Phasen einteilen: Während die **Sozialpolitik** zwischen 1957 und 1971 eine weitgehend unbedeutende, der Wirtschaftspolitik untergeordnete Rolle spielte, konnte sie sich in den Jahren 1972 bis 1980 zu einem **eigenständigen Politikbereich entwickeln.** Die allgemeine Lähmung in der Gemeinschaftstätigkeit zu Beginn der 80er Jahre schloss auch die Sozialpolitik nicht aus. Ausgelöst durch den Integrationsschub der Einheitlichen Europäischen Akte und durch die Diskussion um die soziale Dimension des Binnenmarktes erfuhr die Sozialpolitik dann wieder ab 1987 eine erhebliche Aufwertung, die sich in zahlreichen Richtlinien, insbesondere zum Arbeitsrecht, niedergeschlagen hat.

I. Die Anfänge

1. Die Jahre 1957 bis 1971

2 Die sozialpolitischen Aktivitäten der ersten Phase standen unter dem Primat, die Hindernisse der Freizügigkeit der Arbeitnehmer zu beseitigen. Die Gemeinschaft erließ bis 1968 die erforderlichen Rechtsvorschriften,[1] so dass diese **Grundfreiheit noch vor**

---

[1] RL 64/221/EWG vom 25. 2. 1964 zur Koordinierung der Sondervorschriften für die Einreise in den Aufenthalt von Ausländern, soweit sie aus Gründen der öffentlichen Ordnung, Sicherheit oder Gesundheit gerechtfertigt ist, ABl. 1964, S. 56 ff.; VO (EWG) Nr. 1612/68 vom 15. 10. 1968 über die Freizügigkeit der Arbeitnehmer innerhalb der Gemeinschaft, ABl. L 257, S. 2 ff.; RL 68/360/EWG vom 15. 10. 1968 zur Aufhebung der Reise- und Aufenthaltsbeschränkungen für Arbeitnehmer der Mitgliedstaaten und ihre Familienangehörigen innerhalb der Gemeinschaft, ABl. L 257, S. 13 ff.; *Ketelsen*, in: Rötinger/Weyringer, S. 762 ff; ausführlich zur Entwicklung der Freizügigkeit *Berié*, in: Kleinhenz, S. 39 ff.

I. Die Anfänge

Ende der Übergangszeit[2] weitgehend verwirklicht war. Die Verordnung über die Freizügigkeit der Arbeitnehmer innerhalb der Gemeinschaft schuf die wichtigsten rechtlichen Grundlagen für die Beschäftigung von Wanderarbeitnehmern.[3] Die bereits 1958 erlassenen und 1971 bzw. 1972 erweiterten Verordnungen über die soziale Sicherheit der Wanderarbeitnehmer[4] ermöglichte den Wanderarbeitnehmern den gleichberechtigten Zugang zu den sozialen Sicherungssystemen[5] der einzelnen Beschäftigungsländer und regelten die Voraussetzungen für die Zusammenrechnung der in den jeweiligen Ländern erworbenen Anwartschaften und deren Leistungsexport für den Fall, dass der Berechtigte in einem anderen Staat als der Leistungserbringer wohnt. Damit gelang es der Gemeinschaft bereits in der ersten Phase, die nationalen Sozialversicherungssysteme zu koordinieren.

1969 und 1970 verabschiedete der Rat zwei auf Art. 75 gestützte Verordnungen über die Harmonisierung bestimmter **Sozialvorschriften im Verkehr**.[6] Die VO Nr. 543/69 nimmt in den Begründungserwägungen Bezug auf die Entscheidung des Rates vom 13. Mai 1965 über die Harmonisierung bestimmter Vorschriften, die den Wettbewerb in Eisenbahn, Straßen und Binnenschiffsverkehr beeinflussen.[7] Die Regelung ist vor dem Hintergrund zu sehen, dass ohne größeren Aufwand die Beförderung von Menschen und Gütern grenzüberschreitend angeboten werden kann.[8] Aus diesem Grund stellen die Sozialvorschriften einen wesentlichen Faktor beim Wettbewerb auf den Verkehrsmärkten dar. Die VO Nr. 543/69 enthält Vorschriften über die Zusammensetzung des Fahrpersonals, der Lenkungs- und Ruhezeiten. Die VO Nr. 1463/70 regelt die Einführung von Kontrollgeräten im Straßenverkehr. Nach Art. 11 der VO Nr. 543/69[9] sind die Mitgliedstaaten befugt, strengere Vorschriften zu verabschieden.[10] Da es sich um Verordnungen handelt, bedürfen sie keiner Umsetzung in das nationale Recht.[11] Der Erlass der beiden Verordnungen im Zusammenhang mit der Herstellung einheitlicher Wettbewerbsbedingungen auf dem Gebiet der Verkehrspolitik ist ein Beweis dafür, dass Sozialvorschriften erhebliche Wettbewerbsrelevanz entfalten können.

Nach dem damaligen Art. 128 EWGV war es Aufgabe des Rates, in Bezug auf die Berufsausbildung allgemeine Grundsätze zur Durchführung einer gemeinsamen Politik aufzustellen. Mit Beschluss vom 2. 4. 1963[12] erließ der Rat zehn allgemeine Grundsätze zur

---

[2] Nach Art. 7 EGV a. F. am 31. 12. 1969.

[3] Vgl. dazu § 15.

[4] VO Nr. 3 des Rates vom 25. September 1958 über die soziale Sicherheit der Wanderarbeitnehmer, ABl. 1958, S. 561 ff. und VO Nr. 4 des Rates vom 3. Dezember 1958 zur Durchführung und Ergänzung der VO Nr. 3, ABl. 1958, S. 597 ff.; ersetzt durch die VO Nr. 1408/71 des Rates vom 14. Juni über die Anwendung der Systeme der sozialen Sicherheit auf Arbeitnehmer und Selbständige sowie deren Familienangehörige, die innerhalb der Gemeinschaft zu- und abwandern, ABl. L 149, S. 2 ff., zuletzt geändert durch die VO Nr. 1945/93 des Rates vom 30. Juni 1993, ABl. L 181, S. 1 ff.; VO Nr. 574/72 über die Durchführung der VO Nr. 1408/71, ABl. L 74, S. 1 ff., zuletzt geändert durch VO Nr. 1249/92 vom 30. 4. 1992, ABl. L 136, S. 28 ff.; die beiden Verordnungen sind abgedr. In: *Schulte*, Soziale Sicherheit in der EG, 3. Auflage, 1997.

[5] Bereits zum 1. Januar 1959 war der gleichberechtigte Zugang von EG-Arbeitnehmern zur Sozialversicherung gewährleistet, vgl. *von Alvensleben*, S. 29.

[6] VO Nr. 543/69 vom 25. März 1969 über die Harmonisierung bestimmter Sozialvorschriften im Verkehr, ABl. L 77, S. 49 ff.; VO Nr. 1463/70 vom 20. Juli 1970 über die Einführung von Kontrollgeräten für Berufskraftfahrer, ABl. L 164, S. 1 ff.

[7] ABl. 1965, S. 1500 ff.

[8] Vgl. *Däubler*, Sozialvorschriften für den Straßenverkehr, in: Däubler/Kittner/Lörcher, Internationale Arbeits- und Sozialordnung, 1990, S. 1004.

[9] Jetzt Art. 11 VO Nr. 3820/85.

[10] Es liegt damit dieselbe Konzeption wie bei den Richtlinien vor, die Mindestbedingungen festsetzen.

[11] Vgl. Art. 249 EGV.

[12] ABl. 1963, S. 1338 ff.

beruflichen Bildung, die allerdings in der Folgezeit die Politik der Berufsausbildung in den Mitgliedstaaten nur geringfügig beeinflusste.[13]

5   1960 wurde der **Europäische Sozialfonds** errichtet.[14] In der ersten Phase bis 1971 beschränkte sich seine Tätigkeit gemäß Art. 125 EWGV[15] darauf, die von den Mitgliedstaaten zur Berufsumschulung, an Umsiedlungsbeihilfen oder für Produktionsumstellungsmaßnahmen aufgewandten und dem Sozialfonds gegenüber geltend gemachten Kosten in Höhe von 50% zu ersetzen.[16] Eine wirkliche Strukturpolitik, wie sie in den nächsten Jahren erfolgen sollte, konnte damit noch nicht betrieben werden. Infolge der günstigen wirtschaftlichen Entwicklung und der vergleichsweise geringen regionalen Unterschiede in der Wirtschaftsentwicklung[17] bestand auch noch keine zwingende Notwendigkeit für eine solche Politik.

6   Abgesehen von diesen Regelungen erfolgten keine weiteren Aktivitäten des Ministerrates. Unter den Mitgliedstaaten und den nationalen Sozialpartnern[18] herrschte Einigkeit darüber, in dem politisch sensiblen Bereich der Sozialpolitik ihre Kompetenzen nicht auf die Gemeinschaft zu übertragen. Die Verordnungen zur Freizügigkeit standen dazu nicht in Widerspruch, weil sie der Verwirklichung einer Grundfreiheit und damit unmittelbar der Errichtung des Gemeinsamen Marktes dienten und außerdem die nationalen Systeme unberührt ließen. Infolge des kräftigen und stetigen Wirtschaftswachstums in sämtlichen Mitgliedstaaten, das mit Ausnahme von Süditalien zu einer faktischen Vollbeschäftigung führte,[19] bestand auch keine zwingende Notwendigkeit für die Ergreifung sozialpolitischer Maßnahmen auf europäischer Ebene.[20] Eine **Angleichung der Sozialpolitik kam** danach allenfalls **im Wege der Konvergenz der nationalen Systeme** in Betracht.[21] In den 60er Jahren schien daher der Beweis für die im EWGV zugrundeliegende Philosophie, der Gemeinsame Markt ziehe automatisch sozialen Fortschritt nach sich, erbracht zu sein. Der Stellenwert, den die Sozialpolitik nach der Konzeption des EWGV hatte, stand damit im Einklang mit ihrer tatsächlichen Funktion in den Jahren bis 1971.

7   Die geringe Anzahl sozialpolitischer Rechtsakte darf jedoch nicht darüber hinwegtäuschen, dass Kommission und Versammlung von Anfang an für eine aktive gemeinschaftliche Sozialpolitik eintraten.[22] So betonten die beiden Organe bereits 1959, dass eine Gemeinschaft ohne soziale Zielsetzungen unvorstellbar sei.[23] Die 60er Jahre waren dann durch Differenzen zwischen der Kommission und den Mitgliedstaaten über die Rolle der Sozialpolitik auf Gemeinschaftsebene gekennzeichnet,[24] die ihren Höhepunkt in der völligen Einstellung der Gemeinschaftstätigkeit im sozialen Bereich in den Jahren 1962 bis 1967 fanden.

8   Eine vorsichtige Abkehr von dieser Haltung nahm der Rat erst 1967 vor, als er in einem Programm für eine mittelfristige Wirtschaftspolitik die Interdependenz zwischen Wirtschafts- und Sozialpolitik auf Gemeinschaftsebene ausdrücklich anerkannte[25] und sich

---

[13] So Grabitz/Hilf/*Jansen*, Art. 128 EWGV, Rn. 5.; 1975 wurde das Europäische Zentrum für die Förderung der Berufsausbildung (CEDEFOP) geschaffen.
[14] VO Nr. 9 über den Europäischen Sozialfonds, ABl. 1960, S. 1989 ff.
[15] Dem Art. 125 EWGV entspricht der heutige Art. 146 EGV.
[16] *Ketelsen*, in: Röttinger/Weyringer, S. 762.
[17] Abgesehen von Süditalien bildete die Gemeinschaft der Sechs einen ziemlich homogenen Raum.
[18] Vgl. *Masberg/Pintz*, in: Hauff/Pfister-Gaspary, S. 55.
[19] Vgl. *Bieling*, Das Entwicklungsmodell der italienischen Wirtschaft unter besonderer Berücksichtigung sektoraler, dimensionaler und territorialer Gegebenheiten, 1982, S. 47 ff.
[20] Vgl. *von Alvensleben*, S. 30.
[21] *Bleckmann*, Europarecht, 6. Auflage, 1997, Rn. 2481.
[22] Vgl. *Ott*, NZA Beil. 22/1990, S. 3, 8; *Heynig*, AWD 1969, S. 227, 228.
[23] Vgl. *Wallyn*, Soz. Europa 1/1988, S. 13, 14.
[24] Dazu *von Alvensleben*, S. 30 f.
[25] ABl. 1967, S. 1513 ff.; darin betont der Rat, dass die mittelfristige Wirtschaftspolitik angesichts der engen Interdependenz zwischen Wirtschafts- und Sozialpolitik auch zur gleichzeitigen Erreichung

I. Die Anfänge

damit erstmals vom neoliberalen Konzept des EWGV distanzierte. Bezugnehmend auf den Beschluss des Europäische Gipfeltreffens in Den Haag im Dezember 1969 über die „weitgehende Abstimmung in der Sozialpolitik" legte die Kommission im März 1971 „Vorläufige Leitlinien für ein sozialpolitisches Programm in der Gemeinschaft" vor, in denen auf die Notwendigkeit einer Wechselwirkung zwischen wirtschaftlichen und sozialen Aspekten des Integrationsprozesses hingewiesen wurde.[26]

2. Die Jahre 1972 bis 1986

a) Pariser Gipfelkonferenz (1972) und Sozialpolitisches Aktionsprogramm (1974)

Der Ende der 60er Jahre angedeutete Wandel der Rolle der Sozialpolitik beruhte auf einer allmählichen Abkehr von der neoliberalen Grundhaltung, welche die Gründung der EWG beeinflusst hatte. Bei den Mitgliedstaaten, zu denen Dänemark (1971) sowie Irland und Großbritannien (1973) hinzukamen, setzte sich die Erkenntnis durch, dass eine rein wirtschaftliche Integration auf Dauer nicht den erhofften politischen Zusammenhalt innerhalb der Gemeinschaft herbeiführen werde.[27] Die durch die Aufbruchstimmung der 70er Jahre beeinflusste Diskussion über die weiteren Integrationsschritte rückte auch Elemente einer Sozial- und Gesellschaftspolitik der Gemeinschaft in den Vordergrund.[28]

Zwei Faktoren beschleunigten die **Abkehr von der bisherigen Philosophie**: ein europaweiter Linksruck führte zwischen 1969 und 1973 zur Übernahme der Regierungsgewalt durch sozialdemokratische Kräfte[29] oder zur Beteiligung sozialdemokratischer bzw. sozialistischer Kräfte an großen Koalitionen.[30] Da das regierende bürgerliche Lager in Frankreich und die konservative Regierung Großbritanniens sozialpolitischen Maßnahmen auf Gemeinschaftsebene nicht ablehnend gegenüberstand, herrschte zu Beginn der 70er Jahre ein weitgehender Konsens unter den Mitgliedstaaten, die Rolle der Sozialpolitik substantiell aufzuwerten.[31] Der zweite Faktor war die für 1980 geplante Schaffung einer Wirtschafts- und Währungsunion,[32] welche die Gemeinschaft als nächsten Integrationsschritt nach der weitgehenden Verwirklichung der Zollunion in der Freizügigkeit der Arbeitnehmer anvisiert hatte.[33] Es bestand Einigkeit darüber, dass die darin vorgesehene Vergemeinschaftung wesentlicher wirtschaftspolitischer Kompetenzen ohne eine gleichzeitige Annäherung der sozialen Gesellschaftspolitik politisch kaum durchsetzbar gewesen wäre.[34] Außerdem hätte die Errichtung einer Wirtschafts- und Währungsunion zwangsläufig eine stärkere Vergemeinschaftung der Sozialpolitik zur Folge gehabt, weil die Handlungsspielräume der Mitgliedstaaten insbesondere in haushaltspolitischer Hinsicht stark eingeschränkt worden wären.[35]

Die geänderte Sichtweise schlug sich erstmals in der Pariser Gipfelkonferenz vom 19. und 20. Oktober 1972 nieder. Die Mitgliedstaaten betonten in ihrer Abschlusserklärung,

---

der sozialpolitischen Ziele in der Gemeinschaft beizutragen hat. Diese Interdependenz mache es notwendig, dass die Wirtschaftsentwicklung und der soziale Fortschritt Hand in Hand verfolgt werden müssen, zitiert nach *Krebsbach*, S. 106.

[26] *Krebsbach*, S. 128f.
[27] So *von Alvensleben*, S. 32.
[28] *Ketelsen*, in: Röttinger/Weyringer, S. 762, 763.
[29] So in der Bundesrepublik (1969), in Dänemark (1971), in den Niederlanden (1972) sowie in Irland (1973).
[30] So in Belgien und Italien.
[31] Vgl. *Balze*, S. 53.
[32] Sog. Werner-Plan, vgl. die Entschließungen des Rates vom 9. 2. 1971, ABl. C 28, S. 1ff. und vom 21. 3. 1972, ABl. C 38, S. 3ff.
[33] *von Alvensleben*, S. 32.
[34] *von Alvensleben*, S. 32.
[35] Vgl. *Weinstock*, in: Däubler, S. 20; *Seidel*, EuR 1992, S. 125, 134.

dass für sie einem **energischen Vorgehen im sozialpolitischem Bereich** die gleiche Bedeutung zukomme wie der Verwirklichung der Wirtschafts- und Währungsunion.[36] Sie hielten es nicht nur für notwendig, strukturelle und regionale Ungleichgewichte innerhalb der Gemeinschaft zu beseitigen, sondern forderten die Organe der Gemeinschaft auf, ein sozialpolitisches Aktionsprogramm aufzustellen, das konkrete Maßnahmen sowie die entsprechenden Mittel, vor allem im Rahmen des Europäischen Sozialfonds, vorsehe.[37] Von besonderer Bedeutung war die Erklärung der Mitgliedstaaten, dass es zur Verwirklichung der in dem Aktionsprogramm festgelegten Aufgaben angezeigt sei, alle Bestimmungen der Verträge, einschließlich des Art. 235 EWGV,[38] „weitestgehend auszunützen".[39]

12   Das von der Kommission ausgearbeitete **Aktionsprogramm** verabschiedete der Rat in einer Entschließung am 21. Januar 1974.[40] In der Präambel betont der Rat, dass die Sozialpolitik eine eigenständige Aufgabe zu erfüllen habe und sozialpolitische Rechtsakte auch über Art. 235 EWGV[41] verabschiedet werden müssen. Er bringt seinen politischen Willen zum Ausdruck, in einer ersten Stufe bis 1976 Maßnahmen in insgesamt 24 Bereichen zu verwirklichen, die drei Hauptzielen zuzuordnen sind: Vollbeschäftigung und bessere Beschäftigung in der Gemeinschaft, Verbesserung der Lebens- und Arbeitsbedingungen, um auf dem Wege des Fortschritts deren Angleichung zu ermöglichen, und die wachsende Beteiligung der Sozialpartner an den wirtschafts- und sozialpolitischen Entscheidungen der Gemeinschaft und der Arbeitnehmer am Leben der Unternehmen und Betriebe.[42]

13   Das Programm stellt einen ersten Versuch dar, ansatzweise ein sozialpolitisches Konzept auf Gemeinschaftsebene zu entwerfen.[43] Die Verabschiedung eines Aktionsprogramms, in dem die Kommission aufgefordert wird, zu den einzelnen Punkten konkrete Rechtsetzungsvorschläge auszuarbeiten, die sie dann dem Rat zur Verabschiedung vorlegt, war eine dem EWGV unbekannte Vorgehensweise. Das Aktionsprogramm stellt lediglich eine politische Absichtserklärung ohne rechtlich verpflichtende Wirkung dar, weil die Realisierung jedes im Aktionsprogramm enthaltenen Vorschlages davon abhängt, ob nach dem Prinzip der Einzelermächtigung eine Kompetenz der Gemeinschaft gegeben ist und im Rat die erforderliche Mehrheit für die Verabschiedung des Rechtsaktes erzielt wird.[44] Die Verabschiedung eines Aktionsprogramms bietet allerdings den Vorteil, dass die Mitgliedstaaten in einem politisch sensiblen Bereich wie der Sozialpolitik zunächst ausloten können, auf welchen Gebieten überhaupt ein Konsens möglich erscheint.[45] Unter kompe-

---

[36] Vgl. den Hinweis in der Entschließung des Rates vom 2. 1. 1974, ABl. C 13, S. 1 ff.
[37] *Ketelsen,* in: Röttinger/Weyringer, S. 762 f.
[38] Nunmehr Art. 308 EGV.
[39] Vgl. *Krebsbach,* S. 141.
[40] ABl. C 13, S. 1 ff.
[41] S. Fn. 38.
[42] ABl. C 13, S. 2 f.
[43] So *Ernst,* Das Sozialrecht in der EWG, einschließlich der Einwirkungen auf das innerdeutsche Recht, 1976, S. 10.
[44] Bei den Aktionsprogrammen handelt es sich um politische Absichtserklärungen, die die für einen bestimmten Zeitraum geplanten Maßnahmen bündeln, in einen Gesamtzusammenhang stellen, Prioritäten festlegen und gegebenenfalls neue Orientierungen einleiten oder erläutern, so die Definition von *Krämer,* in: Groeben/Thiesing/Ehlermann, Kommentar zum EU-/EG-Vertrag, 5. Auflage 1997, vor Art. 130 r – Art. 130 t, Rn. 5.
[45] Vgl. *Jansen,* Die Grundlagen der Sozialpolitik im Vertragsrecht der EG, in: Lichtenberg, Sozialpolitik in der EG, 1986, S. 9; bereits am 22. November 1973 hatte der Rat in einer Erklärung ein Aktionsprogramm für den Umweltschutz verabschiedet, ABl. C 112, S. 1 ff. Die Verabschiedung von Aktionsprogrammen gehört seit 1974 zum Bestandteil der Sozialpolitik, vgl. die Entschließung des Rates über ein Aktionsprogramm für Sicherheit und Gesundheitsschutz am Arbeitsplatz vom 29. Juni 1978, ABl. C 165, S. 1 ff.; Entschließung des Rates über ein zweites Aktionsprogramm für Sicherheit und Gesundheitsschutz am Arbeitsplatz vom 27. Februar 1984, ABl. C 67, S. 2; Schlussfolgerungen des Rates über ein mittelfristiges Aktionsprogramm der Gemeinschaft im Sozialbereich vom

I. Die Anfänge   14–16 § 11

tenzrechtlichen Gesichtspunkten bedeutsam ist die „Aktivierung" des Art. 235 EWGV,[46] auf dessen Grundlage die Gemeinschaftsorgane vor 1972 nur 35 Rechtsakte verabschiedet hatten.[47]

Mit der **Pariser Gipfelkonferenz** und dem Sozialpolitischen Aktionsprogramm wurde die **Sozialpolitik erstmals als eigenständiger, autonomer Bereich des Gemeinschaftsrechts politisch anerkannt.** Da mit dieser Aufwertung keine Änderung der sozialpolitischen Bestimmungen des EWGV einherging, insbesondere der Gemeinschaft keine Kompetenznormen im Kapitel Sozialvorschriften übertragen wurden, entstand eine bis heute andauernde Kluft zwischen teilweise weitreichenden sozialpolitischen Zielsetzungen und einem Fehlen effektiver Befugnisse im EWGV zu deren Umsetzung.   **14**

b) Umsetzung des Sozialpolitischen Aktionsprogramms

Die Umsetzung des Aktionsprogramms litt unter der durch die Ölkrise im Herbst 1973 ausgelösten Weltwirtschaftskrise, weil jeder Mitgliedstaat die aufgetretenen Probleme im nationalen Alleingang zu lösen versuchte, obwohl gerade in einer solche Phase eine Intensivierung der gemeinschaftlichen Aktivitäten erforderlich gewesen wäre. Recht bald war auch die für 1980 geplante Wirtschafts- und Währungsunion gescheitert, wodurch ein Grund für die Verlagerung sozialpolitischer Kompetenzen auf die Gemeinschaft wegfiel. Eine weitere Schwierigkeit bestand darin, dass die Umsetzung der im Aktionsprogramm enthaltenen Vorschläge nur durch eine extensive Auslegung der Art. 100 und 235 EWGV[48] möglich war. Diese Bestimmungen sehen das Einstimmigkeitsprinzip vor, das bei mittlerweile neun Mitgliedstaaten eine Verabschiedung der Rechtsakte erheblich erschwerte.   **15**

aa) Beschäftigungspolitik

Infolge der **rapide gestiegenen Arbeitslosenzahlen,** die in der Gemeinschaft zwischen 1973 und 1984 von 2,6 auf 11 Mio. hochschnellten,[49] wurde die Bekämpfung der Arbeitslosigkeit zur wichtigsten sozialpolitischen Aufgabe der Gemeinschaft, zumal strukturell bedingte Beschäftigungskrisen in einzelnen Industriezweigen wie der Stahlindustrie, dem Schiffbau und der Textil- und Bekleidungsindustrie praktisch alle Mitgliedstaaten betrafen.[50] Beschäftigungsmaßnahmen wurden vom 1971 reformierten Europäischen Sozialfonds finanziert, der die zur Unterstützung der Vorhaben der Mitgliedstaaten gewährten Mitteln nun anhand eigener Kriterien selbständig auswählen konnte.[51] Etwa 90% der Mittel wurden für Berufsausbildung, die restlichen 10% für Umsiedlungsmaßnahmen ausgegeben.[52] Die Effektivität des Sozialfonds litt allerdings unter der relativ weiten Streuung der Mittel. Eine erneute Reform stockte 1978 das Budget auf 2 Milliarden ECU auf und strebte eine stärkere Bündelung der Mittel an, indem die Finanzhilfen nur noch für regional orientierte Maßnahmen und für Maßnahmen zur Bekämpfung der Jugendar-   **16**

---

22. Juni 1984, ABl. C 175, S. 1 ff.; Aktionsprogramm der Kommission zur Anwendung der Gemeinschaftscharta der sozialen Grundrechte der Arbeitnehmer, vom 29. November 1989, KOM (89) 578 endg.

[46] S. Fn. 38.
[47] *Constantinesco,* Das Recht der Europäischen Gemeinschaften, 1977, S. 280; der erste auf Art. 235 EWGV gestützte Rechtsakt wurde am 22. Dezember 1966 (Entscheidung des Rates über eine Gemeinschaftsbeihilfe für die italienische Republik zur Unterstützung entlassener Arbeitnehmer des Schwefelbergbaus, ABl. 1966, S. 4168) verabschiedet.
[48] D. h. der heutigen Art. 94 und 308 EGV.
[49] *Ketelsen,* in: Röttinger/Weyringer, 764.
[50] So gingen die Arbeitsplätze in der Stahlindustrie zwischen 1978 und 1980 um insgesamt rund 700 000 um fast 90 000 zurück, vgl. *Masberg/Pintz,* in: Hauff/Pfister-Gaspary, S. 51 ff.
[51] Bisher diente der Europäische Sozialfonds als „bloße Abrechnungsstelle", *Ketelsen,* in: Röttinger/Weyringer, S. 762.
[52] *Masberg/Pintz,* in: Hauff/Pfister-Gaspary, S. 51 ff.

beitslosigkeit eingesetzt wurden.[53] Gleichwohl blieb der Anteil der vom Gemeinschaftshaushalt finanzierten Beschäftigungsmaßnahmen relativ gering.[54]

bb) Verbesserung der Lebens- und Arbeitsbedingungen

17 Im zweiten Bereich des Aktionsprogramms, der Verbesserung der Lebens- und Arbeitsbedingungen, erließ die Gemeinschaft zwischen 1975 und 1986 **fünf Richtlinien** zur Konkretisierung des in Art. 119 EWGV[55] verankerten **Grundsatz der Lohngleichheit**.[56] In den Begründungserwägungen zur Richtlinie 75/117/EWG vom 10. Februar 1975 zur Angleichung der Rechtsvorschriften der Mitgliedstaaten über die Anwendung des Grundsatzes des gleichen Entgelts für Männer und Frauen[57] wird darauf hingewiesen, dass die Gemeinschaft neben der wirtschaftlichen auch eine soziale Entwicklung verfolge. Der EuGH billigte in der sogenannten Defrenne-Entscheidung[58] diese Interpretation. Er stellte ausdrücklich fest, dass die Gemeinschaftätigkeit sich nicht auf die Errichtung einer Wirtschaftsunion beschränke, sondern auch soziale Ziele verfolge, wie bereits die Präambel verdeutliche.[59] Art. 119 EWGV erfülle eine sozial- und wettbewerbspolitische Doppelfunktion, wobei die sozialpolitische Komponente dadurch betont werde, dass Art. 119 EWGV in das Kapitel der Sozialpolitik aufgenommen worden sei.[60] Der EuGH billigte auch den Rückgriff auf Art. 100 EWGV als zutreffende Ermächtigungsgrundlage, da die Gemeinschaft die sozialpolitischen Ziele nur durch einen Rückgriff auf das allgemeine System des EWGV und auf die Mittel, die er in den Art. 100, Art. 155 und unter Umständen Art. 235 EWGV[61] bereithalte,[62] verwirklichen könne. Damit erkannte der EuGH an, dass dem Gemeinsamen Markt auch eine soziale Funktion zukommt. Durch die weite Interpretation des Art. 100 EWGV[63] war es der Gemeinschaft damit möglich, weitreichende arbeitsrechtliche Richtlinien zu verabschieden.

18 Im **Bereich des Arbeitsrechts** erließ der Rat zwischen 1975 und 1980 drei auf Art. 100 EWGV[64] gestützte Richtlinien. Den Richtlinien lag das Konzept der Mindestbestimmungen zugrunde. Den Ausgangspunkt bildete die **Richtlinie 75/129/EWG vom 17. Februar 1975 zur Angleichung der Rechtsvorschriften bei Massenentlassungen**.[65]

---

[53] *Masberg/Pintz*, in: Hauff/Pfister-Gaspary, S. 65.
[54] Bis 1977 betrug er nur 6% der von den Mitgliedstaaten finanzierten Aus- und Umschulungsmaßnahmen, woran sich auch in der Folgezeit nicht viel änderte, *Masberg/Pintz*, in: Hauff/Pfister-Gaspary, S. 65.
[55] Als Vorgängernorm des heutigen Art. 141 EGV.
[56] RL 75/117/EWG zur Angleichung der Rechtsvorschriften der Mitgliedstaaten über die Anwendung des Grundsatzes des gleichen Entgelts für Männer und Frauen vom 10. 2. 1975, ABl. L 45, S. 19; RL 76/207/EWG zur Verwirklichung des Grundsatzes der Gleichbehandlung von Männern und Frauen hinsichtlich des Zugangs zur Beschäftigung, zur Berufsbildung und zum beruflichen Aufstieg, sowie in Bezug auf die Arbeitsbedingungen vom 9. 2. 1976, ABl. L 39, S. 40; RL 79/7/EWG zur schrittweisen Verwirklichung des Grundsatzes der Gleichbehandlung von Männern und Frauen im Bereich der sozialen Sicherheit vom 19. 12. 1978, ABl. L 6, S. 24; RL 86/378/EWG zur Verwirklichung des Grundsatzes der Gleichbehandlung von Männern und Frauen bei dem betrieblichen System der sozialen Sicherheit vom 24. 7. 1986, ABl. L 225, S. 40 sowie RL 86/613/EWG zur Verwirklichung des Grundsatzes der Gleichbehandlung von Männern und Frauen, die eine selbständige Erwerbstätigkeit – auch in der Landwirtschaft – ausüben sowie über den Mutterschutz vom 11. 12. 1986, ABl. L 359, S. 56.
[57] ABl. L 75, S. 19.
[58] EuGH v. 8. 4. 1976, Rs 43/75 (Defrenne II), Slg. 1976, S. 455 ff.
[59] EuGH v. 8. 4. 1976, Rs 43/75 (Defrenne II), Slg. 1976, S. 455, 473.
[60] EuGH v. 8. 4. 1976, Rs 43/75 (Defrenne II), Slg. 1976, S. 455, 473.
[61] Nunmehr Art. 94, 211 und 308 EGV.
[62] EuGH v. 8. 4. 1976, Rs 43/75 (Defrenne II), Slg. 1976, S. 455, 479.
[63] Nunmehr Art. 94 EGV.
[64] S. Fn. 63.
[65] ABl. L 48, S. 29; Zum Richtlinieninhalt: *Weiss*, RdA 1992, S. 367 ff.

I. Die Anfänge

Beachtung verdient der Anlass für die Verabschiedung der Richtlinie[66]: der AKZO-Konzern plante 1972 in den Niederlanden und in der Bundesrepublik Massenentlassungen. Wegen des vergleichsweise strengen Kündigungsschutz in diesen beiden Ländern nahm er die Kündigung in seiner belgischen Niederlassung vor, obwohl ursprünglich dort keine Entlassungen vorgesehen waren. Die Vorgehensweise des Konzerns zeigt, dass unterschiedliche arbeitsrechtliche Regelungen Entscheidungen eines multinationalen Konzerns innerhalb der Gemeinschaft beeinflussen können. Es folgten am 14. Februar 1977 die **Richtlinie 77/187/EWG über die Wahrung von Arbeitnehmeransprüchen beim Übergang von Unternehmen, Betrieben oder Betriebsteilen,**[67] die die Angleichung des Schutzes der Arbeitnehmer bei Arbeitgeberwechseln anstrebt, und die Richtlinie 80/987/EWG vom 20. Oktober 1980 über den Schutz der Arbeitnehmer bei Zahlungsunfähigkeit des Arbeitgebers. Ihr materieller Gehalt war teilweise gering; sie wirkten sich jedoch nicht unerheblich auf die innerstaatlichen Arbeitsrechtsordnungen aus.[68]

Nationale Egoismen, hervorgerufen durch die anhaltenden Probleme der Weltwirtschaft, hemmten die weitere Entwicklung in der Gemeinschaft. Die in besonderem Maße für politische Strömungen anfällige Sozialpolitik blieb von dem um sich greifenden Euroskeptizismus nicht ausgespart. Eine Reihe von Richtlinienvorschlägen, wie z.B. zur Regelung der atypischen Arbeitsverhältnisse,[69] wurden nicht verabschiedet. Die Mitgliedstaaten konnten sich auf keine Aktionen einigen, die den bescheidenen, mit der Verabschiedung der arbeitsrechtlichen Richtlinien eingeschlagenen Weg weitergeführt hätten.

Gewisse Fortschritte waren lediglich beim Arbeitsschutzrecht zu verzeichnen. Mit der **Richtlinie 80/110/EWG über den Schutz der Arbeitnehmer vor der Gefährdung durch chemische, physikalische oder biologische Stoffe** vom 27. November 1980[70] regelte der Rat das Gefahrstoffrecht, das er zwischen 1982 und 1986 durch den Erlass von drei Einzelrichtlinien weiter ausbaute.[71] Hinzu kamen Richtlinien über die Sicherheitskennzeichnung am Arbeitsplatz[72] und zum Schutz der Gesundheit von Arbeitnehmern, die Vinylchloridmonomer ausgesetzt sind.[73] Wie die drei Richtlinien zum Arbeitsrecht stützte der Ministerrat die Arbeitsschutzrichtlinien auf Art. 100 EWGV.[74]

---

[66] Vgl. *Pipkorn*, NZA Beil. 3/1986, S. 2, 4.

[67] ABl. L 61, S. 27.

[68] So enthielt die Richtlinie 75/129/EWG über die Massenentlassungen nur verfahrensrechtliche Vorschriften (vgl. für das deutsche Recht §§ 17–22a KSchG), so dass der AKZO-Konzern bei Beachtung der formellen Voraussetzungen die Massenentlassungen in derselben Form hätte vornehmen können.

[69] Vgl. den Vorschlag der Kommission vom 4. Januar 1982 für eine Richtlinie zur Regelung der freiwilligen Teilzeitarbeit, ABl. C 62, S. 7, geändert durch Vorschlag vom 5. Januar 1983, ABl. C 18, S. 5; Vorschlag der Kommission vom 7. Mai 1982 für eine Richtlinie zur Regelung der Zeitarbeit und der befristeten Arbeitsverträge, ABl. C 128, S. 2, geändert durch Vorschlag vom 6. April 1984, ABl. C 131, S. 1.

[70] ABl. L 327, S. 8; geändert durch RL 88/642/EWG vom 16. Dezember 1988, ABl. L 356, S. 74.

[71] RL 82/605/EWG vom 28. Juli 1982 über den Schutz der Arbeitnehmer gegen Gefährdung durch metallisches Blei und seine Verbindungen am Arbeitsplatz, ABl. L 247, S. 12; RL 83/477/EWG vom 19. September 1983 über den Schutz der Arbeitnehmer wegen Gefährdung durch Asbest am Arbeitsplatz, ABl. L 263, S. 25; RL 86/188/EWG vom 12. Mai 1986 über Gefährdungen durch Lärm, ABl. L 137, S. 28.

[72] RL 77/576/EWG vom 25. 7. 1977 zur Angleichung der Rechts- und Verwaltungsvorschriften der Mitgliedstaaten über die Sicherheitskennzeichnung am Arbeitsplatz, ABl. L 229, S. 12.

[73] RL 78/610/EWG vom 29. 6. 1978 zur Angleichung der Rechts- und Verwaltungsvorschriften der Mitgliedstaaten über den Schutz der Gesundheit von Arbeitnehmern, die Vinylchloridmonomer ausgesetzt sind, ABl. L 197, S. 12.

[74] Nunmehr Art. 94 EGV.

cc) Sozialer Dialog und Wirtschaftsdemokratie

21 In dem dritten Teil des Aktionsprogramms wurde die wachsende Beteiligung der Sozialpartner an den wirtschaftlichen und sozialpolitischen Entscheidungen der Gemeinschaft sowie der Arbeitnehmer am Leben der Unternehmen und Betriebe gefordert.[75] Dieses Ziel ist im Zusammenhang damit zu sehen, dass in allen Mitgliedstaaten die Sozialpartner, also Arbeitgeber- und Arbeitnehmervertretungen, insbesondere durch den Abschluss von Kollektivvereinbarungen die Arbeits- und Sozialbedingungen wesentlich mitgestalten[76] und eine wirkliche Aufwertung der Sozialpolitik auf Gemeinschaftsebene das kollektive Arbeitsrecht nicht ausklammern darf.

22 Die Einbindung der verschiedenen sozialen und wirtschaftlichen Gruppen in den europäischen Integrationsprozess sah der EWGV lediglich über den **Wirtschafts- und Sozialausschuss** vor.[77] Der sich seit 1968 abzeichnende Wandel der Sozialpolitik führte auf Drängen der Arbeitnehmervertreter im April 1970 zu einer Konferenz, an der Arbeitgeber- und Arbeitnehmervertreter sowie Vertreter der Mitgliedstaaten und der Kommission teilnahmen.[78] Darin kamen die Vertreter überein, in Zukunft regelmäßig derartige Dreier-Konferenzen zu veranstalten und einen ständigen Ausschuss für Beschäftigungsfragen einzusetzen. Bis 1978 wurden noch vier Dreier-Konferenzen abgehalten, von denen allerdings keine nennenswerten Impulse für die sozialpolitische Entwicklung ausgingen.

23 Aufgabe des **Ständigen Ausschusses für Beschäftigungsfragen** ist es, regelmäßig den Dialog, die Konzertierung und die Information zwischen dem Rat und der Kommission sowie mit den Sozialpartnern zu gewährleisten, um die Koordinierung der Beschäftigungspolitik in den Mitgliedstaaten unter Abstimmung auf die Zielsetzungen der Gemeinschaft zu erleichtern. Der Ausschuss setzt sich aus Vertretern der Arbeitgeber und der Arbeitnehmer, der Kommission und des Ministerrates zusammen, der den Vorsitz führt und das Sekretariat stellt. Der Ausschuss tritt zwei- bis dreimal jährlich zusammen. Er ermöglicht eine unmittelbare Konfrontation zwischen Sozialpartnern, Rat und Kommission, also zwischen Sozialpartnern und den gemeinschaftlichen Entscheidungsorganen.[79] Wenn auch die Bedeutung des Dialogs nicht zu unterschätzen ist, darf nicht übersehen werden, dass er infolge seiner reinen Beratungsfunktion wenig Einflussmöglichkeiten auf die Beschäftigungspolitik hat.

24 Bereits in die 50er Jahre zurück[80] reicht der **soziale Dialog auf sektoraler Ebene** zwischen den institutionalisierten paritätischen Ausschüssen und informellen Arbeitsgruppen[81] zurück. Im Bereich der Landwirtschaft schloss 1968 die COPA, der Verband landwirtschaftlicher Unternehmer, mit den Arbeitsgruppen der Landarbeiter sogar eine Abmachung über die Harmonisierung der Arbeitszeit für die in der Landwirtschaft ständig beschäftigten Arbeitnehmer.[82] Diese Vereinbarung ist allerdings nicht als tariffähiger Vertrag auf europäischer Ebene einzuordnen, weil sich die Vertragschließenden mangels eines europäischen Tarifstatuts nur verpflichten konnten, das Vereinbarte in nationale Tarifverträge umzusetzen.[83] Auch die Hauptaufgabe des sektoralen Dialogs liegt daher in

---

[75] Vgl. ABl. 1974 Nr. C 13, S. 3.
[76] Vgl. *Kommission der EG*, Bericht der interdirektionellen Gruppe, 1988, S. 108.
[77] Art. 193 – Art. 198 EGV; eine ähnliche Funktion nimmt im Anwendungsbereich des EGKSV der beratende Ausschuss der EGKS wahr, vgl. Art. 18, Art. 19 EGKSV.
[78] *Kommission der EG*, S. 109.
[79] *Kommission der EG*, S. 109 f.
[80] So wurde der Ausschuss für Kohle und Stahl 1955, derjenige für landwirtschaftliche Arbeitnehmer 1962 gegründet, vgl. *Wallyn*, Sozialpolitik der Gemeinschaft und Beteiligung der Sozialpartner an der Entscheidungsbildung auf europäischer Ebene, Soz. Europa 1/1988, S. 13, 19.
[81] Dazu *Kommission der EG*, S. 109, 111.
[82] *Wallyn*, Soz. Europa 1/1988, S. 13, 19; in personeller Hinsicht bezog sich die Abmachung auf die ständigen Arbeitnehmer in den Bereichen landwirtschaftliche und gärtnerische Pflanzenproduktion sowie auf die ständigen Tierpfleger.
[83] *Stiller*, ZIAS 1991, S. 194, 212.

der beratenden Funktion, den die Sozialpartner durch Stellungnahmen zu den Entscheidungen und Maßnahmen, welche von der Kommission getroffen werden und sich auf ihre jeweiligen Sektoren beziehen, wahrnehmen. In den 70er Jahren intensivierten die Beteiligten den sektoralen Dialog, der allerdings nicht einmal zu vergleichbaren Abmachungen wie 1968 auf dem Gebiet der Landwirtschaft führte.

Als Antwort auf die verstärkte Internationalisierung der Unternehmen infolge der Schaffung des Gemeinsamen Marktes war ein Ziel des Sozialpolitischen Aktionsprogramms auf die schrittweise Forderung der **Mitwirkung der Arbeitnehmer** oder ihrer Vertreter am Leben der Unternehmen gerichtet. Die zu diesem Komplex ergangenen Vorschläge für die Errichtung eines Statuts für eine Europäische Aktiengesellschaft[84] und einer fünften gesellschaftsrechtlichen Richtlinie über die Struktur der Aktiengesellschaft[85] wurden ebenso wenig wie ein Richtlinienvorschlag über die Unterrichtung und Anhörung der Arbeitnehmer von Unternehmen mit komplexer, insbesondere transnationaler Struktur[86] verabschiedet. Infolge der in den einzelnen Mitgliedstaaten erheblich voneinander abweichenden Mitbestimmungsrechte der Arbeitnehmer auf betrieblicher und Unternehmensebene verwundert es nicht, dass weder die Mitgliedstaaten noch die Sozialpartner zu einer einheitlichen Bewertung der Vorschläge kamen.[87] Bis heute fehlt – mit Ausnahme der Verabschiedung der Richtlinie über die Europäischen Betriebsräte – eine gemeinschaftsweite Regelung der Mitbestimmung, so dass der Weg zur Europäischen Aktiengesellschaft (sog. Societas Europaea) steinig war. An der Diskussion um das Statut einer europäischen Aktiengesellschaft zeigt sich einerseits die untrennbare Verflechtung von Wirtschafts- und Arbeitsrecht und andererseits, wie schwierig es ist, kollektivrechtliche Strukturen zu europäisieren.

dd) Zusammenfassung

Kennzeichnend für die sozialpolitische Entwicklung zwischen 1972 und 1986 ist eine Diskrepanz zwischen weitreichenden sozialpolitischen Zielsetzungen, die insbesondere im Sozialpolitischen Aktionsprogramm vom 21. Januar 1974 enthalten waren, und der geringen Zahl verbindlicher Rechtsakte, welche zur Umsetzung des Aktionsprogramms erlassen wurden. Infolge der weiten Auslegung der Art. 100 EWGV und Art. 235 EWGV[88] konnten die Defizite bei der Umsetzung allerdings in erster Linie nicht auf die Tatsache zurückgeführt werden, dass das Kapitel Sozialvorschriften keine sozialpolitische Kompetenznorm enthielt. Vielmehr war unter den Mitgliedstaaten nur in bestimmten Bereichen der für die einstimmige Verabschiedung der Rechtsakte erforderliche Konsens zu erzielen. Die nur **punktuelle Regelung bestimmter Fragen des Arbeitsrechts** macht deutlich, dass den Mitgliedstaaten ein übergreifendes Konzept hinsichtlich der Frage fehlte, welche Bereiche des Arbeitsrechts auf Gemeinschaftsebene geregelt werden sollten. Lediglich auf dem Gebiet der Gleichbehandlung von Mann und Frau im Arbeitsleben sowie im Arbeitsschutzrecht sind Ansätze von in sich geschlossenen Regelungskomplexen erkennbar. Der Grund für die im Vergleich zu anderen Politikbereichen geringe Zahl verbindlicher Rechtsakte auf dem Gebiet der Sozialpolitik ist auf das Scheitern der Wirtschafts- und Währungsunion, primär allerdings auf das wirtschaftliche Integrationskonzept des EWGV zurückzuführen, das eine Vergemeinschaftung der Sozialpolitik nicht zwingend erfordert. Den weiterhin der Wirtschaftspolitik untergeordneten Stellenwert der Sozialpolitik auf gemeinschaftlicher Ebene verdeutlichen exemplarisch die Sozialpartner, die über die Durchführung unverbindlicher Dialoge nicht hinauskamen.

---

[84] Geänderter Vorschlag einer Verordnung des Rates über ein Statut für eine europäische Aktiengesellschaft, EG- Bull. 1975/4.
[85] EG-Bull. 1983/6.
[86] Vorschlag der Kommission vom 15. 11. 1980, ABl. C 297, S. 3, geändert am 12. 8. 1982, ABl. C 217, S. 3.
[87] *Ketelsen*, in: Röttinger/Weyringer, S. 768.
[88] Nunmehr Art. 94 und 308 EGV.

II. Die Einheitliche Europäische Akte

1. Verabschiedung der EEA

27   In den 80er Jahren geriet die Europäische Einigung immer mehr ins Stocken. Bei steigenden Arbeitslosenzahlen[89] wies der Anteil der Gemeinschaft am Welthandel ebenso wie der Handel unter den Mitgliedstaaten eine abnehmende Tendenz auf.[90] Im Wettbewerb mit Japan und den USA wurde die Europäische Gemeinschaft zunehmend in die Defensive gedrängt.

28   Nach der Abschaffung der Zollschranken und der weitgehenden Herstellung der Freizügigkeit der Arbeitnehmer bis Ende der 60er Jahre **stagnierte die weitere Entwicklung des Gemeinsamen Marktes.** Besondere Schwierigkeiten bereiteten die Beschränkungen der Dienstleistungs- und Warenverkehrsfreiheit durch zahlreiche nationale Qualifikations- und Beschaffenheitsanforderungen. So wurde der freie Warenverkehr[91] durch sog. nicht-tarifäre Handelshemmnisse[92] gehemmt, welche die Mitgliedstaaten im Zuge der sich breit machenden nationalen protektionistischen Tendenzen als Folge der Weltwirtschaftskrise aufrechterhielten bzw. neu errichteten. Nach dem Wegfall der Beschränkungen im Bereich der Dienstleistungsfreiheit zum Ende der Übergangszeit[93] verhinderten die unterschiedlichen nationalen Rechtsvorschriften über Qualifikationsanforderungen für Dienstleistungserbringer und Regelungen über die Ausübung der Tätigkeiten eine tatsächliche Verwirklichung dieser Grundfreiheit.[94]

29   Die Probleme hielten den Mitgliedstaaten und den Gemeinschaftsorganen die Notwendigkeit einer Revision des fast 30 Jahre unverändert gebliebenen EWGV vor Augen. Nachdem Vorschläge, die Europäische Gemeinschaft zu einer Europäischen Union mit umfangreichen Kompetenzen auszubauen, am Widerstand der Mitgliedstaaten gescheitert waren,[95] löste die Kommission das Europäische Parlament als treibende Kraft einer Vertragsrevision ab. Sie schlug einen pragmatischeren Weg ein, indem sie sich ähnlich wie die damaligen Verantwortlichen bei der Ausarbeitung des EWGV auf eine Intensivierung der wirtschaftlichen Integration konzentrierte.

30   Als Grundlage für die Vertragsänderung diente das von der Kommission im Juni 1985 dem Rat auf der Gipfelkonferenz von Mailand vorgelegte **Weißbuch über die Vollendung des Binnenmarktes.**[96] Es enthält eine Bestandsaufnahme über die bisherige Gemeinschaftstätigkeit hinsichtlich der Errichtung des Gemeinsamen Marktes und kommt zu dem Schluss, dass das bereits seit 1958 bestehende Ziel des EWGV, einen einheitlichen integrierten Binnenmarkt zu schaffen, nur zum Teil erreicht worden ist.[97] Die Kommission forderte deshalb im Weißbuch den Rat auf, bis zum 31. Dezember 1992 die noch

---

[89] Sie belief sich 1985 in der Gemeinschaft auf 11,2%, während sie in den USA bei 7,2% und in Japan gar nur bei 2,6% lag, vgl. *Wellner/Schmich*, S. 163.

[90] *Albrecht*, Ein Überblick: Anlass, Gestalt und Effekte des Binnenmarktes, in: Siebert, Wenn der Binnenmarkt kommt, 1989, S. 99.

[91] Vgl. *Kreile*, Strategien der europäischen Integration und das Projekt als Binnenmarkt, Gegenwartskunde 1988, S. 453, 455; vgl. Weißbuch Nr. 6.

[92] Darunter versteht man alle im Handelverkehr mittelbar oder unmittelbar beeinflussenden Festlegungen, die mit der Folge der Kostensenkung änderbar erscheinen; hierunter können Zölle, Verwaltungspraktiken, Einfuhrzeugnisse und Prüfnachweise fallen, vgl. *Böshagen*, Abbau nichttarifärer Handelshemmnisse: Europäische Produktstandards?, in: Neumann, Europa konkret, 1990, S. 54.

[93] Vgl. Art. 59 Abs. 1, Art. 7 EGV.

[94] *Däubler*, Internationale Arbeits- und Sozialordnung, 2. Auflage 1994, S. 650.

[95] Vgl. zur Vorgeschichte der Einheitlichen Europäischen Akte *Balze*, S. 65 ff.

[96] KOM (85) 310 endg.

[97] KOM (85) 310 endg. Nr. 4.

II. Die Einheitliche Europäische Akte

bestehenden, materiellen,[98] technischen[99] und steuerlichen Schranken zu beseitigen. Das Weißbuch enthält einen detaillierten Zeitplan für die Verwirklichung der von der Kommission für notwendig angesehenen 282 Gemeinschaftsmaßnahmen.[100]

Da bereits der Gemeinsame Markt die Schaffung binnenmarktähnlicher Verhältnisse anstrebte,[101] enthält das Weißbuch – abgesehen von der Beseitigung der Personenkontrollen – in materieller Hinsicht keine Neuerungen. Durch die Ausarbeitung eines **genauen Zeitplans** sollte der Kommission und dem Rat eine Richtschnur für die Realisierung dieses Vorhabens gegeben werden.

Das Weißbuch weist auf die zwei wesentlichen Gründe für die Schwierigkeiten bei der Beseitigung der nicht-tarifären Handelshemmnisse hin: die Regelungsdichte der Angleichungsrichtlinien auf dem Gebiet des freien Warenverkehrs und das Einstimmigkeitsprinzip des Art. 100 EGV a. F. In den Angleichungsrichtlinien regelte die Gemeinschaft bisher sämtliche Details in technischer Hinsicht, was dazu führte, dass für den Erlass der Richtlinien teilweise 10 bis 20 Jahre gerechnet werden musste.[102] Nach der sogenannten **„neuen" Konzeption** sollten nun die **gegenseitigen Produktanforderungen** anerkannt werden[103] und damit eine Angleichung durch die Gemeinschaft überflüssig werden. Die Kommission wies in diesem Zusammenhang darauf hin, dass der Rat die gegenseitige Anerkennung als wirksame Strategie zur Schaffung eines Gemeinsamen Marktes im Wesentlichen mit der Begründung anerkannt habe, dass die Ziele der nationalen Gesetzgebung gleichwertig seien.[104] Nur in den Bereichen, in denen dies für zwingend notwendig erachtet wurde,[105] sollte die Gemeinschaft Angleichungsrichtlinien erlassen. Anstatt wie bisher sämtliche Detailregelungen zu treffen, sollte die Gemeinschaft jedoch nur noch die wesentlichen Anforderungen, d. h. die zwingenden Erfordernisse für Sicherheit und Gesundheit, regeln.[106] Die Konkretisierung der technischen Regelungen sollte durch das Europäische Komitee für Normung (CEN)[107] oder durch das Europäische Komitee für elektrotechnische Normung (CENELEC[108]) erfolgen. Der Rat hatte diesen Ansatz am 7. Mai 1985 in einer Entschließung über eine neue Konzeption auf dem Gebiet der technischen Harmonisierung und der Normung[109] präzisiert. Da die Ausarbeitung der Normen durch private Organisationen erfolgt, besitzen sie keinen obligatorischen Charakter. Es wird allerdings bei den Waren, welche den Normen entsprechen, die Übereinstimmung mit den grundlegenden Anforderungen der Angleichungsrichtlinie vermutet, so dass die Beachtung der Normen im Ergebnis zu einer Beweiserleichterung führt, weil Produzenten, die ihre Waren nicht entsprechend den Normen hergestellt haben, die Konformität des in der Richtlinie festgelegten Standards nachweisen müssen.[110]

---

[98] Unter den materiellen Schranken werden die Grenzkontrollen für Personen und Waren verstanden, vgl. Weißbuch, KOM (85) 310 endg. Nr. 24 ff.

[99] Darunter werden die Schranken verstanden, die auf unterschiedlichen Regelungen und Normen beruhen, vgl. Weißbuch KOM (85) 310 endg. Nr. 60; sie sind ein Unterfall der nicht-tarifären Handelshemmnisse.

[100] Vgl. den Anhang zum Weißbuch.

[101] Ständige Rechtsprechung des EuGH, vgl. nur Rs 15/81 (Gaston Schul Douane Expediteur DV), Slg. 1982, S. 1409, 1431 f.

[102] Vgl. *Berghaus*, Die Zertifizierungspolitik der EG-Kommission im Rahmen der Europäischen Harmonisierung, Die Berufsgenossenschaft, 1991, S. 4.

[103] Vgl. das Weißbuch KOM (85) 310 endg. Nr. 77–79.

[104] Weißbuch Nr. 63.

[105] Dies sind in erster Linie gesundheits-, sicherheits- oder industriepolitische Gründe, Weißbuch Nr. 77.

[106] Weißbuch Nr. 65 und 66.

[107] Commité Européen de Normalisation.

[108] Commité Européen de Normalisation électrotechnique.

[109] ABl. C 136, S. 1; vgl. auch die RL 83/189/EWG über ein Informationsverfahren auf dem Gebiet der Normen und technischen Vorschriften vom 28. 3. 1984, ABl. L 109, S. 8.

[110] *Bruha*, ZaöRV 46 (1986), S. 1, 10.

33 Die Entwicklung in den letzten zehn Jahren hat gezeigt, dass die neue Konzeption in der Tat zu einer erheblichen Beschleunigung des Richtlinienerlasses geführt hat.[111] Das Verdienst des Weißbuchs ist es, der Gemeinschaft ein neues, realistisches Ziel vorgegeben und sie damit aus der Lethargie der frühen 80er Jahre gerissen zu haben. Der Verabschiedung des Weißbuchs ging die Übernahme des Kommissionsvorsitzes durch Jacques Delors im Dezember 1984 voraus. Dieser Politiker leistete seinen persönlichen Beitrag dazu, dass die Jahre 1985 und 1986 als Ende der Phase des Euroskeptizismus bezeichnet werden können.

34 Die durch das **Einstimmigkeitsprinzip** ausgelösten Schwierigkeiten bei der Verabschiedung von Rechtsakten, das zweite im Weißbuch angesprochene Problem, konnte nur durch eine Vertragsrevision gelöst werden. Zur Notwendigkeit, Verbesserungen im Rechtsetzungsverfahren herbeizuführen, kam hinzu, dass die Gemeinschaft seit den 70er Jahren auf Gebieten wie dem Umweltschutz und der Forschungspolitik, die keine Erwähnung im Gründungsvertrag gefunden hatten, tätig geworden war,[112] und daher eine Verankerung dieser Politikbereiche im Vertrag notwendig wurde. Die Ausarbeitung der Einheitlichen Europäischen Akte (EEA), der ersten Vertragsrevision des EWGV, erfolgte in der zweiten Hälfte des Jahres 1985.[113] Sie wurde auf der Gipfelkonferenz in Luxemburg am 2. und 3. Dezember 1985 verabschiedet, trat allerdings erst am 1. Juli 1987 in Kraft, weil in Irland und Dänemark Volksabstimmungen die Ratifizierung verzögert hatten.[114]

35 In der Präambel der EEA betonen die Mitgliedstaaten, das von den Verträgen zur Gründung der Europäischen Gemeinschaften ausgehende Werk weiterzuführen und die Gesamtheit der Beziehungen zwischen den Staaten in eine Europäische Union umzuwandeln. Neben Änderungen des EWGV verankerte die EEA in Art. 30[115] die **Europäische Zusammenarbeit in der Außenpolitik** (EPZ). In dieser völkerrechtlichen Vereinbarung verpflichten sich die Mitgliedstaaten zu einer Abstimmung ihrer Außenpolitiken. Art. 30 EEA schrieb damit die seit 1974 bestehende Praxis fest, wonach der aus den Staats- und Regierungschefs, den Außenministern und dem Kommissionspräsidenten bestehende Europäische Rat dreimal jährlich tagt und u.a. die Außenpolitik der Mitgliedstaaten zu koordinieren versucht.[116] Art. 30 EEA wurde durch Titel V (Bestimmungen über die gemeinsame Außen- und Sicherheitspolitik) des EUV abgelöst. Im Gegensatz zu den drei Gemeinschaftsverträgen enthält die EPZ keine supranationalen Elemente.

36 Die **wesentlichen Änderungen des EWGV** vollzogen sich auf drei Ebenen. Die Mitwirkungsrechte des erstmals 1979 direkt gewählten Europäischen Parlaments wurden durch die Einführung des Verfahrens der Zusammenarbeit gestärkt.[117] Die EEA fügte einige Politikbereiche wie die Forschungs- und Technologiepolitik[118] und die Umweltpolitik[119] in den Vertrag ein, so dass die Gemeinschaft beim Erlass von Rechtsakten auf diesen Gebieten nicht mehr auf die Generalklausel des Art. 235 EGV a. F. zurückgreifen musste. Eine weitere Änderung der EEA lag im Ausbau des Mehrheitsprinzips. Während vor 1986 die meisten Ermächtigungsgrundlagen des Vertrages das Einstimmigkeitsprinzip

---

[111] So vergingen zwischen der Vorlage des Richtlinienvorschlages (3. 2. 1988, ABl. C 29, S. 1) und der Verabschiedung der Maschinenrichtlinie (14. 6. 1989, ABl. L 183, S. 9) nur 1 1/2 Jahre; allerdings waren mit der Verabschiedung die Normen noch nicht ausgearbeitet; die Richtlinie wurde durch die Änderung des Gerätesicherheitsgesetzes (GSG) mit Wirkung vom 1. 1. 1993 in das deutsche Recht umgesetzt, vgl. *v. Hoyningen-Huene/Compensis*, NZS 1993, S. 233, 237.
[112] Vgl. die Nachweise bei Grabitz/Hilf/*Nettesheim*, vor Art. 130 r EWGV, Rn. 3 sowie *Glaesner*, in: Grabitz/Hilf, vor Art. 130 f EWGV, Rn. 3.
[113] Vgl. ausführlich *de Ruyt*, L'Acte Unique Européen, 2. Auflage, 1989.
[114] Vgl. *de Ruyt*, S. 286.
[115] Mittlerweile aufgehoben durch den EUV.
[116] Vgl. *Oppermann*, Europarecht, 2. Auflage 1999, Rn. 36 u. 299.
[117] Vgl. Art. 189 c EGV (bis zum Inkrafttreten des EUV Art. 149 Abs. 2 EWGV).
[118] Art. 130 f bis Art. 130 p EGV.
[119] Art. 130 r EGV bis Art. 130 t EGV.

II. Die Einheitliche Europäische Akte

vorsahen, das seit dem sogenannten Luxemburger Kompromiss[120] de-facto auch für die Bereiche des qualifizierten Mehrheitsprinzips galt, setzte sich unter den Mitgliedstaaten nicht zuletzt infolge des Anwachsens der Gemeinschaft auf zwölf Staaten die Erkenntnis durch, dass durch eine Abkehr vom Einstimmigkeitsprinzip eine effektivere Entscheidungsfindung herbeigeführt werden müsse.

In den meisten neu eingefügten Ermächtigungsgrundlagen wie Art. 100 a und Art. 118 a EGV a. F. wurde das **qualifizierte Mehrheitsprinzip** festgelegt. So löste Art. 100 a EGV a. F. für die Rechtsangleichung im Zusammenhang mit der Verwirklichung des Binnenmarktes Art. 100 EGV a. F. ab, an dessen Einstimmigkeitsprinzip die Verabschiedung zahlreicher Rechtsakte gescheitert war. Wie die Entwicklung bis 1993 gezeigt hat, ermöglichte das qualifizierte Mehrheitsprinzip für die binnenmarktrelevanten Angleichungsmaßnahmen[121] eine weitaus effektivere Rechtsetzungstätigkeit als vor Inkrafttreten der EEA, wobei eine entscheidende Rolle auch die nach und nach erfolgte Abkehr von der sogenannten Luxemburger Vereinbarung gespielt hat. Der politische Wille unter den Mitgliedstaaten, das Binnenmarktprojekt zum vorgesehenen Zeitpunkt zu verwirklichen, führte im Zusammenhang mit der sogenannten neuen Konzeption im Bereich der Beseitigung der technischen Handelshemmnisse und den Erleichterungen bei der Rechtsetzung infolge des qualifizierten Mehrheitsprinzips in der Tat zu einer umfangreichen Rechtsetzungstätigkeit. Da die Kommission die im Weißbuch vorgesehenen Vorschläge zügig ausarbeitete und in den meisten Fällen im Ministerrat die Verabschiedung zügig erfolgte, waren im August 1992 über 90% der vorgesehenen Rechtsakte beschlossen und 75% davon in nationales Recht umgesetzt.[122] Damit war der **Binnenmarkt bis Anfang 1993** durch die weitgehende Umsetzung des Weißbuches vor allem in den Bereichen des freien Warenverkehrs sowie der Dienstleistungs- und Kapitalfreiheit **im Wesentlichen verwirklicht**.[123] Defizite existieren allerdings noch beim Abbau der Personenkontrollen, dem für die Unionsbürger sichtbarsten Zeichen für das Gelingen des Binnenmarktvorhabens, beim Abbau der steuerlichen Schranken[124] und in Bereichen wie dem Verkehr, dem Veterinärwesen und Pflanzenschutz, dem Nahrungsmittelsektor sowie bei der beruflichen Qualifikation und im Versicherungswesen.[125]

2. Änderungen im Bereich der Sozialpolitik

Auch wenn es im Vorfeld der EEA nicht an Vorschlägen fehlte, die Sozialpolitik insbesondere durch die Schaffung spezieller Kompetenznormen aufzuwerten, konnten sich die Mitgliedstaaten auf keinen dieser Vorschläge einigen.[126] Die Aufgabe einer umfassenden Änderung des EWGV und die weitgehende Beschränkung auf die Realisierung des Binnenmarktes blendeten die Sozialpolitik aus der Ausarbeitung der EEA weitgehend aus. Bezeichnenderweise enthielt das Weißbuch, das die Arbeiten zur EEA weitgehend bestimmte, in den knapp 300 Vorschlägen für den Erlass verbindlicher Rechtsakte keine sozialpolitische Maßnahme.[127] Entsprechend der neoliberalen Sicht, die bereits der Grün-

---

[120] Vgl. dazu *Oppermann*, Rn. 29.
[121] Neben Art. 100 a EWGV etwa auch Art. 59 Abs. 2 und Art. 70 Abs. 1 EWGV.
[122] *Oppermann/Classen*, NJW 1993, S. 5, 6.
[123] *Rondorf/Wittrock*, BABl. 12/1992, S. 5, 7.
[124] Presse und Informationsdienst der Bundesregierung Nr. 6/1993, S. 6; *Steck*, Europäischer Binnenmarkt Start Frei, Arbeitgeber 1993, S. 24.
[125] Vgl. die Entschließung des Europäischen Parlaments vom 18. Dezember 1992, abgedr. in BT-Drs. 12/4186 Nr. 6.
[126] Vgl. zur Vorgeschichte der EEA *Balze*, S. 69 ff.
[127] Hinsichtlich der sozialen Aspekte des Binnenmarktes beschränkte sich die Kommission lediglich auf die Feststellung, sie werde das Gespräch mit Regierungen und Sozialpartnern fortsetzen, um sicherzustellen, dass die durch die Vollendung des Binnenmarktes eröffneten Möglichkeiten durch geeignete Maßnahmen zur Erfüllung der gemeinschaftlichen Ziele der Vollbeschäftigung unter sozia-

dung der EWG zugrunde lag, wurde lediglich ausgeführt, dass die Sozialpolitik von den Impulsen profitieren werde, welche die Vollendung des Binnenmarktes hervorrufe.[128]

39 Auf Vorschlag Dänemarks wurden in das Kapitel Sozialvorschriften die **Art. 118a und Art. 118b EGV a. F.** in den Vertrag aufgenommen. Nach Art. 118a Abs. 1 EGV a. F.[129] bemühten sich die Mitgliedstaaten, die Verbesserung insbesondere der Arbeitsumwelt zu fördern, um die Sicherheit und Gesundheit der Arbeitnehmer zu schützen. Als Beitrag zur Verwirklichung dieses Ziels wurde der Rat ermächtigt, Richtlinien in Form von Mindestbestimmungen zu erlassen.[130] Mit dieser Bestimmung verfügte die Gemeinschaft erstmals über eine autonome sozialpolitische Kompetenznorm. In materieller Hinsicht stellte Art. 118a EGV a. F. praktisch keine Neuerung dar, weil über Art. 100 EGV a. F. vor 1986 die Gemeinschaft im Bereich des Arbeitsschutzrechtes Richtlinien erlassen konnte, der die Konzeption der Mindestbestimmungen zugrunde lag.[131] Den wesentlichen Unterschied gegenüber der zuvor bestehenden Rechtslage bildete das qualifizierte Mehrheitsprinzip, das für den Richtlinienerlass gem. Art. 118a Abs. 2 EGV a. F. vorgeschrieben war. Art. 118a EGV a. F. war somit Teil der Konzeption der EEA, die Bereiche, welche die Gemeinschaft über Art. 100 und Art. 235 EGV a. F. geregelt hatte, auf eine eigenständige vertragliche Grundlage zu stellen und durch das qualifizierte Mehrheitsprinzip verfahrensrechtliche Erleichterungen herbeizuführen. Auch Art. 118b EGV a. F. knüpfte an die bisherige Entwicklung an, indem er den Dialog zwischen den Sozialpartnern auf europäischer Ebene unter Beteiligung der Kommission festschrieb.

40 Die Verankerung der Vorschriften über den wirtschaftlichen und sozialen Zusammenhalt **(Art. 130a–Art. 130e EGV a. F.**[132]**)** in dem Vertrag war eine unmittelbare Antwort auf die Süderweiterung und die damit hervorgerufene Verschärfung der regionalen Disparitäten innerhalb der Gemeinschaft sowie auf die Prognosen, dass durch den Binnenmarkt dieser Entwicklungsabstand noch weiter vergrößert werde. Ziel der Gemeinschaftspolitik war es nach Art. 130a Abs. 2 EGV a. F., die Unterschiede im Entwicklungsstand der verschiedenen Aktionen und den Rückstand der am stärksten benachteiligten Gebiete zu verringern. Als Mittel dazu dienen die drei Strukturfonds, der Europäische Ausrichtungs- und Garantiefonds für die Landwirtschaft, der Europäische Sozialfonds sowie der Europäische Fonds für regionale Entwicklung.

3. Entwicklung der Sozialpolitik bis 1993

a) Rechtssetzungstätigkeit nach Art. 118a EGV a. F.

41 Im Bereich der Sozialpolitik machte die Gemeinschaft von dem durch die EEA neu geschaffenen Art. 118a EGV umfangreich Gebrauch.[133] Einschließlich der Änderungsrichtlinien zu früheren Arbeitsschutzrichtlinien erließ die Gemeinschaft zwischen 1989 und 1993 19 Richtlinien auf seiner Grundlage.[134] Sie hat damit die Mitgliedstaaten als den wesentlichen Gesetzgeber im Bereich des Arbeitsschutzes abgelöst. Die bedeutendste Richtlinie ist die RL 89/391/EWG vom 12. Juni 1989 über die Durchführung von Maßnahmen zur Verbesserung der Sicherheit und des Gesundheitsschutzes der Arbeitnehmer

---

len Sicherheit abgerundet werden, Weißbuch, KOM (85), 310 endg. Nr. 20; in Anbetracht der Entwicklung des sozialen Dialogs seit 1970 handelt es sich hierbei um keine Neuerung. Sozialpolitische Relevanz entfalten noch die in Nr. 90ff. angesprochenen Harmonisierungsbemühungen bei den beruflichen Qualifikationen und die Mobilität von Studenten und Nichterwerbspersonen.

[128] KOM (85) 310 endg. Nr. 20.
[129] Jetzt EGV.
[130] Zum Anwendungsbereich des Art. 118a EGV (nunmehr Art. 137 EGV) vgl. § 12 Rn. 45ff.
[131] Vgl. auch § 12 Rn. 47f.
[132] Jetzt EGV.
[133] Vgl. zur Entwicklung der Sozialpolitik in den Jahren 1987–1993 *Balze*, S. 194ff.
[134] *Balze*, S. 223.

bei der Arbeit,[135] die sogenannte **Rahmenrichtlinie zum Arbeitsschutz.** Auf ihr basieren mehr als ein Dutzend Einzelrichtlinien, so dass im europäischen Arbeitsrecht erstmals ein aufeinander abgestimmter, in sich geschlossener Regelungskomplex existiert. Auch andere Richtlinien, wie die RL 91/383/EWG vom 25. Juni 1991 zur Ergänzung der Maßnahmen zur Verbesserung der Sicherheit und des Gesundheitsschutzes von Arbeitnehmern mit befristetem Arbeitsverhältnis oder Leiharbeitsverhältnis[136] nehmen auf die Rahmenrichtlinie ausdrücklich Bezug.[137] Die Gründe für die Fortschritte im Arbeitsschutzrecht sind neben der Verankerung des Art. 118a EGV a. F. als ausdrückliche Ermächtigungsgrundlage darauf zurückzuführen, dass unter den Mitgliedstaaten und den Sozialpartnern über die Notwendigkeit, die Zahl der Arbeitsunfälle zu senken, weitgehend Einigkeit besteht, so dass die Arbeitnehmer- und Arbeitgeberinteressen nicht so unmittelbar aufeinanderprallen wie in anderen Bereichen des Arbeitsrechts.[138] Außerdem darf der ökonomische Aspekt nicht unterschätzt werden, weil Arbeitsunfälle neben dem menschlichen Leid für sämtliche Beteiligte enorme Kostenbelastungen darstellen, die sich im Binnenmarkt verstärkt auf die Wettbewerbsgerechtigkeit auswirken können.[139] Hinzu kommt schließlich, dass die Rechtsordnungen der Mitgliedstaaten beim Arbeitsschutz nicht so stark divergieren wie in anderen Arbeitsrechtsgebieten.[140]

b) Die soziale Dimension des Binnenmarktes

Nach Inkrafttreten der EEA[141] wurde die Diskussion um die soziale Dimension des Binnenmarktes zum beherrschenden sozialpolitischen Thema.[142] Schlagwortartig geht es dabei um die Spannungen, die aus einem einheitlichen Binnenmarkt und den uneinheitlichen Arbeits- und Sozialrechtsordnungen der Mitgliedstaaten resultieren.[143] Die Diskussion kreist im Wesentlichen um die Frage, ob und in welchem Maße die Schaffung des Binnenmarktes einer sozialen Flankierung bedarf. Darauf geben weder der Vertrag noch das Weißbuch eine Antwort.

Die Diskussion um die sozialen Auswirkungen des Binnenmarktes ist vor dem Hintergrund der schon Ende der 60er Jahre anerkannten Interdependenz von Wirtschafts- und Sozialpolitik zu sehen, die durch das Binnenmarktprojekt noch mehr an Bedeutung gewinnt, weil die Schaffung eines einheitlichen Wirtschaftsraumes eine verstärkte grenzüberschreitende Verflechtung der Unternehmen mit sich bringt. Es wird erwartet, dass die durch den Binnenmarkt ausgelöste Verschärfung des Wettbewerbs die Unternehmen zu mehr Kostendämpfung und Streben nach mehr Flexibilität der Arbeitsbedingungen und der Arbeitsorganisationen veranlasst.[144] In einem solchen Wettbewerb wirken sich die **jeweiligen Standortvor- und -nachteile** voll aus.[145] Für die nationalen Arbeits- und Sozialrechtssysteme bedeutet dies, dass ihre Relevanz für Unternehmensentscheidungen im gemeinsamen Binnenmarkt an Bedeutung gewinnt, je mehr die Beseitigung der mate-

---

[135] ABl. L 183, S. 1.
[136] ABl. L 206, S. 19.
[137] Vgl. Art. 1 Abs. 3 der RL 91/383/EWG.
[138] Vgl. *Clever*, ZfSH/SGB 1990, S. 225, 231; *Duren*, RMC 1991, S. 381, 386.
[139] *Löw*, EG-Harmonisierungsmaßnahmen aus der Sicht der Arbeitgeber, in: Zentralstelle für Unfallverhütung und Arbeitsmedizin des Hauptverbandes der gewerblichen Berufsgenossenschaften e. V., EG-Binnenmarktpolitik und Arbeitsschutz, 1989, S. 42.
[140] *Wirmer*, Arbeitsschutz und Arbeitsrecht im EG-Binnenmarkt, in: Bundesministerium für Arbeit und Sozialordnung, Der EG-Binnenmarkt und die Sozialpolitik, 1992, S. 25.
[141] Am 1. Juli 1987.
[142] *Däubler*, in: Däubler, S. 57 f; eine gute Zusammenfassung der sozialen Auswirkungen des Binnenmarktes bringt *Weidenfeld*, in: Däubler, Sozialstaat EG? Die andere Dimension des Binnenmarktes, 1989, S. 11 f; vgl. auch *Venturini*, Ein europäischer Sozialraum für 1992, 1989, S. 31 ff.
[143] So treffend *Hanau*, EG-Magazin 1990, S. 26.
[144] *Mäder*, ZfSH/SGB 1992, S. 68, 70.
[145] *Steinmeyer*, ZIAS 1989, S. 208, 222.

riellen, technischen und steuerlichen Schranken voranschreitet und der Binnenmarkt konkrete Gestalt annimmt.

44 Über die sozialpolitischen Folgen des Binnenmarktes gibt es divergierende Ansichten. Mit Hinweis auf die prognostizierten positiven Effekte für Beschäftigung und Wachstum[146] wird der Binnenmarkt teilweise bereits selbst als soziale Tat gepriesen.[147]

45 Dagegen wird vor allem aus Gewerkschaftskreisen der nördlichen Staaten vor der Gefahr eines **Sozialdumpings** für Mitgliedstaaten mit einem relativ hohen sozialen Standard gewarnt.[148] Der Begriff des Dumpings stammt aus dem Wettbewerbsrecht und ist daher im sozialpolitischem Zusammenhang zumindest unscharf.[149] Er ist im Zusammenhang damit zu sehen, dass bei Wegfall der Beschränkungen der Niederlassungsfreiheit[150] den Unternehmen die Möglichkeit eröffnet wird, ihren Sitz dorthin zu legen, wo sie die günstigsten gesellschafts-, steuer- und arbeitsrechtlichen Regelungen vorfinden.[151] Solche Produktionsauslagerungen und -verlegungen sind eine unmittelbare Konsequenz aus der Schaffung binnenmarktähnlicher Strukturen.[152] Die Möglichkeit, dass die Länder mit niedrigen Arbeitskosten nicht nur ihre Kostenvorteile gegenüber den reicheren Staaten ausnutzen, um auf dem Binnenmarkt größere Marktanteile zu erobern, sondern auch Anreize für Unternehmer aus anderen Mitgliedstaaten schaffen, damit diese bewogen werden, Betriebe in Länder mit geringerem Sozialniveau zu verlagern,[153] steht deshalb mit der Philosophie des EGV in Einklang. Demgegenüber wird mit dem Begriff des sozialen Dumping häufig die Gefahr ausgedrückt, dass mögliche Auslagerungen und Neugründungen von Betrieben in anderen EU-Staaten gegenüber den reicheren Mitgliedstaaten und Arbeitnehmervertretungen in gemeinschaftsweit operierenden Unternehmen als Druckmittel eingesetzt werden, um das Niveau der Arbeits- und Sozialordnungen zu senken.[154] Wie Beispiele zeigen,[155] kann insbesondere bei multinationalen Konzernen die Gefahr bestehen, dass die in verschiedenen Mitgliedstaaten gelegenen Betriebe gegeneinander ausgespielt werden.

46 Auf der anderen Seite gibt es Befürchtungen, dass von dem durch den Binnenmarkt erwarteten Wachstumsschub vorwiegend die hoch industrialisierten Regionen Zentraleuropas profitieren werden und so sich die ohnehin schon beträchtlichen regionalen Disparitäten innerhalb der Gemeinschaft noch weiter vergrößern.[156]

47 Die unterschiedliche Beurteilung der sozialen Folgen des Binnenmarktprojekts zeigt bereits, dass es sich um eine sehr komplexe Frage handelt. Unbestritten ist, dass die Bedeutung der Arbeits- und Sozialkosten für unternehmerische Entscheidungen im gemein-

---

[146] So ging der Cecchini-Bericht von einem Wachstum von durchschnittlich 4,5% und von der Schaffung 1,8 Mio. neuer Arbeitsplätze aus, vgl. *Däubler*, in: Däubler, S. 60.

[147] In der Schlussfolgerung des Rates von Madrid wies der Rat darauf hin, dass die Verwirklichung des Binnenmarktes als das wirksamste Mittel zur Schaffung von Arbeitsplätzen und zur Sicherung eines größtmöglichen Wachstums für alle Bürger der Gemeinschaft anzusehen sei, vgl. EA (D) 1988, S. 405.

[148] Vgl. etwa *Jacobi*, Gewerkschaften, individuelle Beziehungen und europäische Einigung, Die Mitbestimmung 1988, S. 609 ff; *Busch*, Der Binnenmarkt, die Entwicklung der Arbeitsteilung der Bundesrepublik mit den EG-Staaten und die Probleme der Gewerkschaften, Die Mitbestimmung 1988, S. 650 f.

[149] S. dazu näher *Steinmeyer*, DVBl. 1995, S. 962 ff.

[150] Zur Niederlassungsfreiheit oben § 9 Rn. 351 ff.

[151] *Däubler*, in: Däubler, S. 66.

[152] Sog. komparativer Kostenvorteil; vgl. auch *Bleckmann*, Zum Begriff des Gemeinsamen Marktes, MDR 1986, S. 5, 7, wonach Angebot und Nachfrage nach den Produktionsmitteln und damit der Einsatz der Produktionsmittel dort erfolgt, wo der größte Gewinn zu erzielen ist.

[153] Vgl. *Kommission der EG*, S. 65.

[154] Sog. Anpassungsdruck s. unten, *Busch*, Die Mitbestimmung 1988, S. 650; *Däubler*, in: Däubler, S. 62 ff; *Ermer/Schulze/Schulz-Nieswand/Sesselmeier*, S. 153.

[155] Vgl. die Nachweise bei *Bobke*, Information und Konsultation in grenzüberschreitend tätigen Unternehmen, AiB 1993, S. 355 ff. insbesondere Fußn. 3.

[156] *Böttcher*, S. 42.

samen Binnenmarkt zunimmt. Es darf aber andererseits nicht übersehen werden, dass sich seit Inkrafttreten des EWGV binnenmarktähnliche Strukturen kontinuierlich gebildet haben und so bereits 1988 wesentliche Elemente eines freien Marktes, auf dem sich Standortvor- und nachteile auswirken, existierten.[157]

Schließlich ist von besonderer Bedeutung, dass die reine **Belastung der Unternehmer mit** Kosten für Sozialausgaben wenig aussagekräftig ist. Entscheidend sind vielmehr die von der Produktivität abhängigen **Lohnstückkosten**.[158] Legt man diese zugrunde, so ergibt sich ein viel differenzierteres Bild, weil die Unternehmen aus den vorwiegend nördlicheren Staaten zumeist eine höhere Produktivität aufweisen. Außerdem dürfen auch die Lohnstückkosten keiner isolierten Betrachtung unterzogen werden. Denn Standortentscheidungen werden von einer Vielzahl von Bedingungen abhängig gemacht, zu denen neben der Belastung durch Arbeits- und Sozialkosten die Infrastruktur, die Qualifizierung der Arbeitnehmer, die Streikhäufigkeit etc. hinzutreten.[159] Gefahren eines Sozialdumpings für die Industrien der reicheren Mitgliedstaaten beschränken sich daher in erster Linie auf lohnintensive Bereiche wie etwa die Textil- und der Nahrungsmittelindustrie. Bei der Bezugnahme auf den Begriff des Sozialdumping sei aber bereits jetzt darauf hingewiesen, dass im Außenhandelsrecht der Gemeinschaft unter Dumping die Ausfuhr einer Ware nach der Gemeinschaft verstanden wird, deren Ausfuhrwert niedriger ist als ihr Normalwert im Ausfuhrland. Überträgt man dies auf das Arbeits- und Sozialrecht, so wäre Sozialdumping nur dann anzunehmen, wenn für die hier interessierenden Fälle das Niveau des konkurrierenden Landes von diesem selbst für grenzüberschreitende Situationen noch unterschritten würde,[160] was nicht eben wahrscheinlich ist. Wenn ein Land etwa seine **niedrigeren Lohnkosten als Wettbewerbsvorteil** nutzt, mag man das als Sozialdumping bezeichnen, ein Unwerturteil ist damit aber noch nicht zwingend verbunden. Bei der Diskussion um die sozialen Auswirkungen des Binnenmarktes darf nicht zuletzt außer acht gelassen werden, dass die Konkurrenz mit Billiglohnländern seit dem Ende der Ost-West-Konfrontation eine gesamteuropäische, ja weltweite Dimension erlangt hat und sich gegenwärtig in viel stärkerem Maße mit Ländern wie Tschechien, der Slowakei und Polen abspielt als innerhalb der Gemeinschaft. Berichte aus der Praxis zeigen allerdings auch, dass multinationale Unternehmen in verschiedenen Mitgliedstaaten gelegene Betriebe bisweilen gegeneinander auszuspielen versuchen, wenn sie Betriebserweiterungen planen oder Produktionsaufträge zu vergeben haben,[161] das Arbeitsrecht also in der Tat zum Standortfaktor im gemeinsamen Binnenmarkt werden kann. So hatte offenbar die Einführung eines Dreischichtmodells bei General Motors in Saragossa zur Folge, dass Opel Kaiserslautern Samstags- und Nachtarbeit anordnete und Opel Bochum gegen die Zusicherung, ein neues Presswerk zu bauen, die wöchentliche Betriebsnutzungszeit auf 136 Stunden ausweitete.[162]

Während die Auswirkungen auf die reicheren Regionen kontrovers diskutiert werden, bestand hinsichtlich der Konsequenzen des Binnenmarktes für die weniger entwickelten Staaten dagegen bereits bei Verabschiedung der EEA weitgehend Einigkeit darüber, dass trotz zahlreicher positiver Effekte des Binnenmarktes der verschärfte Wettbewerbsdruck eher noch zu einer Vergrößerung der regionalen Disparitäten führen werde.[163] Diese Einschätzung fand bereits Berücksichtigung mit der Einfügung der Art. 130 a – Art. 130 e EGV a. F. und des Art. 7 c EGV a. F. in den Vertrag. Die 1988 vorgenommene Verdop-

---

[157] *Steinmeyer,* ZIAS 1989, S. 208, 223.
[158] *Däubler,* in: Däubler, S. 62 f.
[159] *Volkmann,* WSI-Mitt. 1989, S. 543, 545; *Steinmeyer* ZIAS 1989, S. 208, 222, *ders.* DVBl. 1995, 962 ff.
[160] S. näher *Steinmeyer,* DVBl. 1995, 962, 963.
[161] *Bobke,* AiB 1993, S. 355 ff., insbesondere die Beispiele unter Fn. 3.
[162] *Bobke,* AiB 1993, S. 355 ff.
[163] S. Fußn. 162.

pelung der Strukturfonds bis 1993 auf 14 Mrd. Mark bildete deshalb eine wesentliche Bedingung für die weniger entwickelten Mitgliedstaaten, sich auf das Binnenmarktprojekt überhaupt einzulassen.

50 Die Diskussion um die soziale Dimension des Binnenmarktes ist noch unter einem politischen Blickwinkel zu sehen. Auf Gemeinschaftsebene setzte sich immer mehr die Erkenntnis durch, dass das Binnenmarktprojekt als Voraussetzung für einen nachhaltigen Erfolg einen möglichst **breiten sozialen Konsens** erreichen müsse.[164] Die Akzeptanz der Gewerkschaften setzt aber voraus, dass die Gemeinschaft durch aktive Maßnahmen den Binnenmarkt sozial flankiert.[165] Auch die Diskussion um ein Europa der Bürger, das als Schlagwort ebenfalls Ende der 80er Jahre aufkam,[166] ist im Zusammenhang damit zu sehen, dass eine rein wirtschaftlich orientierte Integration, also ein Europa der Märkte und der Unternehmer, auf Dauer keine ausreichende Akzeptanz unter den Marktbürgern erlangen werde.[167]

51 Die Forderungen nach Schaffung eines europäischen Sozialraums zielten nicht auf eine **Harmonisierung des Arbeits- und Sozialrechts** ab.[168] Die für die soziale Entwicklung der Gemeinschaft befürchteten negativen Folgeerscheinungen des Binnenmarktes sollten durch eine eigenständige Sozialpolitik unter Einbeziehung der Sozialpartner möglichst aufgefangen werden. Ziel war es, entsprechend Art. 117 EGV a. F. den sozialpolitischen Fortschritt auf breiter Ebene durch Maßnahmen auf dem Gebiet des sozialen und wirtschaftlichen Zusammenhalts, durch eine punktuelle Rechtsangleichung im Arbeitsrecht sowie durch eine bereichsspezifische Konvergenz beim sozialen Schutz herbeizuführen.[169]

52 Ausdrückliche Erwähnung fand die soziale Dimension des Binnenmarktes erstmals auf der Gipfelkonferenz der Staats- und Regierungschefs am 27. und 28. Juni 1988 in Hannover. In der Abschlusserklärung stellte der Rat fest, dass der Binnenmarkt nicht soziale Rückschritte im sozialen Bereich mit sich bringen dürfe, sondern vielmehr zur Verbesserung der Lebens- und Arbeitsbedingungen der Bürger beizutragen habe.[170]

53 Am 24. 9. 1988 legte die Kommission ein zentrales **Arbeitsdokument zur sozialen Dimension des Binnenmarktes** vor.[171] Einleitend betont sie, dass der Binnenmarkt die Sozialpolitik vor neue Herausforderungen stelle und deshalb eine aktive Sozialpolitik auf Gemeinschaftsebene betrieben werden müsse, deren Ziel darin bestehe, die Entwicklungsunterschiede der Mitgliedstaaten zu verringern, und die außerdem die Gewähr dafür bieten müsse, dass das in den reicheren Mitgliedstaaten erreichte Niveau des sozialen Schutzes nicht gefährdet werde.[172] Des Weiteren müssen erhöhte Anstrengungen darauf gerichtet werden, die gemeinschaftsweit hohe Arbeitslosigkeit zu verringern.[173] Die Kommission nennt als Mittel zur Durchsetzung dieser Ziele neben der Intervention durch die Strukturfonds und Maßnahmen zur allgemeinen beruflichen Bildung ausdrücklich auch gesetzgeberische Initiativen im Bereich der Arbeitsbedingungen und Arbeitsbeziehungen[174] und betont die Notwendigkeit einer Unterstützung und Mitarbeit der Sozialpartner.[175]

---

[164] *Ketelsen,* in: Röttinger/Weyringer, S. 769.
[165] So wurden Forderungen nach einem „Europa der Arbeitnehmer" erhoben, das gleichberechtigt neben dem „Europa der Konzerne" entwickelt werden soll, vgl. *Siebert,* EG-Binnenmarkt und was auf die Gewerkschaften zukommt, in: Siebert, EG-Binnenmarkt und Gewerkschaften, 1989, S. 16.
[166] Vgl. etwa *Magiera,* Das Europa der Bürger in einer Gemeinschaft ohne Binnengrenzen, 1990.
[167] *Von Maydell,* in: von Maydell, S. 137.
[168] *Mäder,* ZfSH/SGB 1992, S. 68, 72.
[169] *Mäder,* ZfSH/SGB 1992, S. 68, 72.
[170] EA 1988 (D), S. 444.
[171] KOM SEK (88) 1148 endg.
[172] KOM Sec (88) 1148 endg. Nr. 2 – Nr. 7.
[173] KOM (88) 1148 endg. Nr. 7.
[174] KOM SEK (88) 1148 endg. Nr. 6.
[175] KOM SEK (88) 1148 endg. Nr. 8.

II. Die Einheitliche Europäische Akte

Auf dem Gebiet des Arbeitsrechts hält die Kommission konkrete Bestimmungen, die allen Arbeitnehmern das Recht auf einen schriftlichen Arbeitsvertrag mit den wichtigsten Merkmalen ihres Arbeitsverhältnisses verbürgen, ebenso für notwendig wie die Festlegung gemeinsamer Mindestmaßnahme für atypische Arbeitsverhältnisse und Bestimmungen über die obligatorische Unterrichtung und Anhörung der Arbeitnehmer im Falle wichtiger Veränderungen, die gemeinschaftsweit operierende Unternehmen betreffen.[176] Das Dokument schließt mit der Forderung, dass **mit der Vollendung des Binnenmarktes ein für sämtliche Arbeitnehmer geltender „sozialer Sockel" geschaffen werden müsse,** dessen Ziele eine Maximierung der Gewinne durch eine aktive Beschäftigungspolitik, Maßnahmen zur konkreten Verwirklichung des freien Personenverkehrs, die Verbesserung des Gesundheitsschutzes und der Sicherheit der Arbeitnehmer an Arbeitsstätten, arbeitsrechtliche Maßnahmen, Solidarität und sozialer Dialog seien.[177]

Nachdem das Arbeitsdokument der Kommission von den europäischen Gewerkschaften als enttäuschend und unzureichend bezeichnet worden war, wandte sich die Kommission mit Schreiben vom 9. 11. 1988 an den Wirtschafts- und Sozialausschuss mit der Bitte, eingehende Überlegungen zum möglichen Inhalt einer EG-Charta der sozialen Grundrechte anzustellen.[178] Hintergrund für diese Forderung war die Überlegung, dass gemeinschaftsweit geltende, verbindliche und einklagbare soziale Mindestgrundrechte die Gefahr des Ausspielens der Arbeitnehmer und damit ein Sozialdumping erheblich einschränken.[179] Mit der Verankerung verbindlicher geschriebener sozialer Grundrechte sollte das Sozialstaatsprinzip auf europäischer Ebene konkretisiert werden. Zwar gelten einige soziale Grundrechte als allgemeine Rechtsgrundsätze,[180] doch ist damit noch kein ausreichender Schutz sichergestellt, weil die Ausformung jedes einzelnen Grundrechtes davon abhängt, dass der EuGH mit einem entsprechenden Fall befasst wird.[181]

Im Mai 1989 legte die Kommission einen **Vorentwurf für eine Gemeinschaftscharta**[182] **der sozialen Grundrechte** der Arbeitnehmer vor, der jedoch im Ministerrat im Juni 1989 auf Kritik stieß,[183] die aus zwei Richtungen kam. Zum einen wehrte sich Großbritannien gegen eine verbindliche Festlegung sozialer Rechte, zum anderen wurde bemängelt, dass die Rechte zu allgemein formuliert seien.[184] Symptomatisch für die Meinungsverschiedenheiten der beteiligten Kräfte hinsichtlich des Stellenwerts der Sozialpolitik auf europäischer Ebene im Allgemeinen und für die Diskussion über die Notwendigkeit sozialer Grundrechte im Besonderen waren die Auseinandersetzungen in der Bundesrepublik zwischen den Sozialpartnern im Vorfeld der Verabschiedung der europäischen Charta sozialer Grundrechte: während die Gewerkschaften die Unverbindlichkeit der geplanten Charta kritisierten, hatten die Arbeitgeber Bedenken gegen eine weitere Verlagerung sozialpolitischer Rechtsetzungsbefugnisse auf die europäische Ebene.[185]

Auf der Konferenz der Staats- und Regierungschefs am 26. und 27. 6. 1989 in Madrid sprach sich Großbritannien als einziger Mitgliedstaat gegen eine baldige Verabschiedung der Charta aus.[186] Ohne allerdings hierzu konkrete Maßnahmen vorzuschlagen, stellte der Rat hinsichtlich der sozialen Dimension des Binnenmarktes lediglich fest, dass den sozialen Fragen im Zuge der Schaffung des Europäischen Binnenmarkts die gleiche Bedeutung wie

---

[176] KOM SEK (88) 1148 endg. Nr. 78.
[177] KOM SEK (88) 1148 endg. Nr. 104.
[178] *Däubler,* in: Däubler, S. 47.
[179] *Däubler,* in: Däubler, S. 46.
[180] Vgl. dazu § 9 Rn. 22 ff.
[181] So *Däubler,* in: Däubler, S. 92.
[182] S. dazu auch *Steinmeyer,* in: Magiera (Hrsg.), S. 63 ff., 77 ff.
[183] *von Maydell,* in: von Maydell, S. 137.
[184] *von Maydell,* in: von Maydell, S. 137.
[185] *von Maydell,* in: von Maydell, S. 137.
[186] *von Maydell,* in: von Maydell, S. 137.

den wirtschaftlichen Fragen beizumessen sei und sie daher in ausgewogener Weise weiterzuentwickeln seien.[187]

58 Nachdem die Meinungsverschiedenheiten hinsichtlich der Verbindlichkeit der Gemeinschaftscharta nicht ausgeräumt werden konnten, verabschiedeten die Mitgliedstaaten mit Ausnahme Großbritanniens am 9. Dezember 1989 auf ihrer Konferenz in Straßburg die **Gemeinschaftscharta der sozialen Grundrechte der Arbeitnehmer** nur als feierliche Erklärung.[188] Ziel der Gemeinschaftscharta ist es nach der Präambel, die Fortschritte festzuschreiben, die im sozialen Bereich durch das Vorgehen der Mitgliedstaaten, der Sozialpartner und der Gemeinschaft bereits erzielt wurden. Darüber hinaus bekräftigen die elf Mitgliedstaaten feierlich, dass bei der Durchführung der Einheitlichen Akte die soziale Dimension der Gemeinschaft vollauf berücksichtigt werde und die sozialen Rechte der Erwerbstätigen in die Europäische Gemeinschaft, insbesondere der Arbeitnehmer und der Selbständigen, auf den geeigneten Ebenen weiterzuentwickeln seien.[189]

59 Im Titel I der Gemeinschaftscharta werden die in den folgenden 12 Kapiteln zusammengefassten sozialen Grundrechte der Arbeitnehmer aufgezählt: Freizügigkeit, Beschäftigung und Arbeitsentgelt, Verbesserung der Lebens- und Arbeitsbedingungen, sozialer Schutz, Koalitionsfreiheit und Tarifverhandlungen, Berufsausbildung, Gleichbehandlung von Männern und Frauen, Unterrichtung, Anhörung und Mitwirkung der Arbeitnehmer, Gesundheitsschutz und Sicherheit in der Arbeitsumwelt, Kinder- und Jugendschutz, ältere Menschen und Behinderte. Titel II regelt die Anwendung der Charta. Punkt 27 der Sozialcharta stellt ausdrücklich fest, dass für die Gewährleistung der sozialen Grundrechte die Mitgliedstaaten entsprechend den einzelstaatlichen Gepflogenheiten, insbesondere von Rechtsvorschriften und Tarifverträgen, zuständig sind. In Punkt 28 der Sozialcharta fordert der Europäische Rat die Kommission auf, so rasch wie möglich die Vorschläge für die Rechtsakte vorzulegen, mit denen die in den Zuständigkeitsbereich der Gemeinschaft gehörenden Rechte im Zuge der Verwirklichung des Binnenmarktes effektiv umgesetzt werden. Die Kapitel sind schwerpunktmäßig dem Arbeitsrecht zuzuordnen, klammern jedoch wichtige Bereiche wie den Schutz für ungerechtfertigte Entlassung, die wirtschaftliche Absicherung bei Krankheit sowie die Lohnfortzahlung bei gesetzlichen Feiertagen aus.[190] Wie aus der Präambel und Titel II deutlich wird, entfaltet die Gemeinschaftscharta weder völkerrechtliche noch gemeinschaftsrechtliche Verbindlichkeit, mit der die Umsetzung der Grundrechte auf europäischer Ebene durchgesetzt werden konnte. Sie hat lediglich den Charakter einer politischen Erklärung mit einer Selbstbindung der elf Mitgliedstaaten[191] und bleibt damit weit hinter den ursprünglichen Forderungen nach einem verbindlichen sozialen Sockel zurück.[192]

60 Bereits am 29. November 1989 hatte die Kommission ihr **Aktionsprogramm zur Anwendung der Gemeinschaftscharta** verabschiedet,[193] in dem sie darlegte, in welchen Bereichen sie die Ausarbeitung von Rechtsakten für notwendig ansehe. Das Aktionsprogramm enthält neben den zwölf der Gemeinschaftscharta entsprechenden Kapiteln noch ein zusätzliches über den Arbeitsmarkt. Es sieht insgesamt 47 konkrete Initiativen vor, die nach Auffassung der Kommission notwendig sind und die in der Charta festgelegten Grundsätze zur Anwendung zu bringen. 23 Initiativen sehen den Erlass verbindli-

---

[187] Der Rat wies vielmehr darauf hin, dass in erster Linie der Binnenmarkt selbst das wirksamste Mittel zur Schaffung von Arbeitsplätzen und zur Sicherung des größtmöglichen Wohlstands für alle Bürger der Gemeinschaft darstelle, EA (D) 1988, S. 405.
[188] Die Gemeinschaftscharta ist abgedr. in Sartorius II Nr. 190 sowie in Soz. Europa 1/1990, S. 52 ff.
[189] Soz. Europa 1/1990, S. 53.
[190] Vgl. *Wlotzke*, NZA 1990, S. 417, 421; *Vaitl*, ZfSH/SGB 1990, S. 113, 120.
[191] So *Wlotzke*, NZA 1990, S. 417, 421.
[192] Zur Sozialcharta auch *Berié*, in: Kleinhenz, S. 59 ff.
[193] KOM (89) 568 endg., abgedr. in Soz. Europa 1/1990, S. 57 ff.

II. Die Einheitliche Europäische Akte

cher Rechtsakte vor. Im Hinblick auf das ausdrücklich erwähnte Subsidiaritätsprinzip stellt die Kommission fest, dass sie die Vorschläge zum Erlass verbindlicher Rechtsakte auf die Fälle beschränken werde, in denen eine Gesetzgebung auf Gemeinschaftsebene notwendig erscheint.

In der Folgezeit verabschiedete der Rat zahlreiche der im Aktionsprogramm vorgesehenen Richtlinien zum Arbeitsrecht, die sie auf Art. 118a und Art. 100 EGV a.F. stützte,[194] sowie eine auf Art. 49 EGV a.F. basierende Verordnung zur Freizügigkeit der Arbeitnehmer.[195] Bei der **Umsetzung der Gemeinschaftscharta** fällt die erhebliche Diskrepanz gegenüber dem Binnenmarktprojekt auf. Während bis Juli 1992 erst 7 der 23 vorgesehenen verbindlichen Rechtsakte des Sozialpolitischen Aktionsprogramms verabschiedet waren, hatte der Rat bis dahin 218 der 282 im Weißbuch vorgesehenen Beschlüsse gefasst.[196] Das Umsetzungsdefizit war zu einem großen Teil darauf zurückzuführen, dass der Anwendungsbereich der damals einzigen Kompetenznorm des Kapitels Sozialvorschriften, Art. 118a EGV a.F., auf den Schutz der Sicherheit und Gesundheit der Arbeitnehmer beschränkt war.[197] Versuche, diese Bestimmung zu einer Art Generalklausel für die Gestaltung der sozialen Dimension auszubauen, wurden zu Recht von der Kommission nicht aufgegriffen. Bei wichtigen Richtlinienvorschlägen, wie über die Einsetzung europäischer Betriebsräte,[198] die erst nach dem Maastrichter Protokoll verabschiedet wurde, musste die Gemeinschaft mangels spezieller sozialpolitischer Kompetenznormen – zunächst – auf Art. 100 EGV a.F. zurückgreifen.[199] Eine Verabschiedung scheiterte in den meisten Fällen an Großbritannien, was insofern nicht überrascht, als dieses Land bereits die dem Aktionsprogramm zugrundeliegende unverbindliche Sozialcharta abgelehnt hatte. Lediglich für die Nachweisrichtlinie[200] und die Änderung der Massenentlassungsrichtlinie[201] konnte die für Art. 100 EGV a.F. erforderliche Einstimmigkeit erzielt werden.

Im Vergleich zur Realisierung des Binnenmarktprojektes verdeutlicht die Umsetzung des sozialpolitischen Aktionsprogramms symptomatisch die Probleme, welche auf Gemeinschaftsebene im Bereich der Sozialpolitik bestehen. Zum einen herrschen zwischen den Mitgliedstaaten heterogene Vorstellungen hinsichtlich der Notwendigkeit, verbindliche Rechtsakte auf europäischer Ebene zu erlassen. Zum anderen verfügte der EGV vor der Vertragsrevision von Amsterdam abgesehen von Art. 118a EGV a.F. über keine sozialpolitischen Kompetenznormen, die eine effektive Umsetzung der Richtlinienvorschläge gewährleistet.

---

[194] Die Mehrzahl (zehn Richtlinien) erging auf der Grundlage von Art. 118a EWGV, was auf das qualifizierte Mehrheitsprinzip und den Konsens zurückzuführen ist, der unter den Mitgliedstaaten darüber herrscht, im Bereich des Arbeitsschutzes gemeinschaftsweite Mindeststandards festzulegen.

[195] VO Nr. 2434/92 vom 27. Juli 1992 zur Änderung des zweiten Teils der VO Nr. 1612/68 über die Freizügigkeit der Arbeitnehmer innerhalb der Gemeinschaft, ABl. L 245, S. 1.

[196] Vgl. Stellungnahme des Wirtschafts- und Sozialausschusses zum Thema „Erster Bericht über die Anwendung der Gemeinschaftscharta der sozialen Grundrechte der Arbeitnehmer", ABl. C 287, S. 39; die schleppende Umsetzung kritisiert auch das Europäische Parlament in seiner Entschließung vom 15. Dezember 1992, abgedr. in BT/Drs. 12/4179.

[197] Vgl. zum Anwendungsbereich von Art. 118a EGV ausführlich oben 1. Abschn. C. V. 2. c. bb.

[198] Vom 20. Dezember 1990 über die Einsetzung europäischer Betriebsräte zur Information und Konsultation in gemeinschaftsweit operierenden Unternehmen und Unternehmensgruppen, ABl. C 39, S. 10, geändert durch Änderungsvorschlag vom 20. September 1991, ABl. C 336, S. 11.

[199] Vgl. zum Anwendungsbereich von Art. 100 EGV ausführlich oben 1. Abschn. C. V. 2. c. dd.

[200] RL 91/533/EWG vom 14. Oktober 1991 über die Pflicht des Arbeitgebers zur Unterrichtung des Arbeitnehmers über die für seinen Arbeitsvertrag oder sein Arbeitsverhältnis geltenden Bedingungen, ABl. L 288, S. 32.

[201] RL 92/56/EWG vom 24. Juni 1992 zur Änderung der RL 75/129/EWG zur Angleichung der Rechtsvorschriften der Mitgliedstaaten über Massenentlassungen, ABl. L 245, S. 3.

4. Der soziale Dialog

63 Nachdem die Anfänge des sozialen Dialogs Ende der 70er Jahre eingestellt worden waren, forderte der Rat in einem mittelfristigen Aktionsprogramm im Sozialbereich[202] die Kommission auf, geeignete Verfahren zu konzipieren, die es ermöglichen, unter strikter Wahrung der Autonomie und der spezifischen Zuständigkeiten der Sozialpartner die Entwicklung paritätischer Beziehungen auf Gemeinschaftsebene zu fördern.[203] Diese Anregung griff Kommissionspräsident Jacques Delors auf, so dass es am 12. November 1985 zu einer **Zusammenkunft in Val Duchesse** kam, an der Vertreter des EGB, des CEEP und der UNICE sowie drei Kommissionsmitglieder teilnahmen. Ziel des Treffens war es, ein Gespräch über die von der Kommission vorgeschlagene „Strategie der Zusammenarbeit für ein Beschäftigungswachstum" in die Wege zu leiten.[204] Ermuntert von den positiven Erfahrungen dieses Treffens setzte die Kommission im Frühjahr 1986 eine makroökonomische sowie eine mikroökonomische Arbeitsgruppe unter ihrer Leitung ein.[205] Die Arbeitsergebnisse der beiden Gruppen wurden in Form von gemeinsamen Stellungnahmen vorgelegt. Zwischen 1986 und 1991 wurden acht solcher Erklärungen verabschiedet, die sich überwiegend mit Beschäftigungsproblemen auseinander setzten. Auch wenn es sich dabei um keine verbindlichen Vereinbarungen handelt, darf in Anbetracht der unterschiedlichen Interessen, die die nationalen Mitglieder der europäischen Sozialpartner hinsichtlich der Ausgestaltung eines europäischen Sozialraums hatten, die Bedeutung der Einbindung der Sozialpartner in die Sozialpolitik der Gemeinschaft nicht unterschätzt werden. Obwohl in der Thematik auf den ersten Blick keine Unterschiede gegenüber den Treffen der Dreiparteienkonferenzen bestehen,[206] haben sich die Zusammenkünfte von Val Duchesse von der primär wirtschaftspolitischen Einbindung gelöst.[207] Der soziale Dialog ist nunmehr in viel stärkerem Maße darauf gerichtet, die Handlungsautonomie der Sozialpartner auf europäischer Ebene zu stärken und für die sozialpolitischen Ziele des EGV nutzbar zu machen.[208]

64 Die zweite durch die EEA eingefügte Bestimmung in das Kapitel Sozialvorschriften, Art. 118 b EGV a. F., schrieb den sozialen Dialog erstmals auf primärrechtlicher Ebene fest. Wenn aus dieser Bestimmung auch keine rechtlichen Verpflichtungen für die Durchführung des Dialogs hergeleitet werden können, ist Art. 118 b EGV a. F. doch ein Beweis dafür, dass die Gemeinschaftsorgane erkannt haben, dass die sozialen Ziele des EGV ohne eine Einbindung der Sozialpartner nicht möglich ist.[209] Diese durch die EEA herbeigeführte Aufwertung des sozialen Dialogs wurde im Zuge der Vertragsrevision von Amsterdam und dem dort gefassten Art. 139 EGV noch weiter geschrieben. Darauf wird im Folgenden noch einzugehen sein.

III. Das Abkommen von Maastricht

65 Im Gegensatz zur EEA war im Vorfeld der Verabschiedung des Maastrichter Vertrages die Weiterentwicklung der Sozialpolitik von Anfang an eines der zentralen Themen.[210] Unter den meisten Mitgliedstaaten herrschte Übereinstimmung, die bei der Umsetzung des Sozialpolitischen Aktionsprogramms festgestellten Defizite im Rahmen der nächsten

---

[202] Schlussfolgerung des Rates vom 22. Juni 1984, ABl. C 175, S. 1.
[203] ABl. C 175, S. 3.
[204] *Wallyn,* Soz. Europa 1/1988, S. 13, 20.
[205] *Kommission der EG,* S. 110.
[206] Beide hatten in erster Linie Beschäftigungsfragen zum Gegenstand.
[207] *Pipkorn,* in: Groeben/Thiesing/Ehlermann, Art. 118 b, Rn. 5.
[208] *Pipkorn,* in: Groeben/Thiesing/Ehlermann, Art. 118 b, Rn. 5.
[209] Ausführlich zu Art. 118 b EGV (Art. 159 n. F.) § 12 Rn. 113 ff.
[210] Vgl. Rn. 27 ff.

III. Das Abkommen von Maastricht   66–68 § 11

Vertragsrevision zu beseitigen. Den Eintritt in die **Währungsunion** wollten vor allem Deutschland und Frankreich neben einer stärkeren Demokratisierung der Entscheidungsstrukturen durch eine substantielle Aufhebung des Europäischen Parlamentes auch an **konkrete Fortschritte im sozialen Bereich** koppeln.[211] Da Art. 118 a EGV a. F. auf den Bereich der Sicherheit und Gesundheit der Arbeitnehmer beschränkt war und infolge des Einstimmigkeitsprinzips sich die im Aktionsprogramm vorgesehenen Rechtsakte wegen des Widerstands Großbritanniens nicht über Art. 100 und Art. 235 EGV a. F. durchführen ließen, sahen die drei im Vorfeld der Verabschiedung des Maastrichter Vertrages ausgearbeiteten Vorschläge zur Änderung des Gemeinschaftsvertrages in erster Linie eine Ausweitung des qualifizierten Mehrheitsprinzips vor.[212]

Die Gemeinschaftssozialpolitik war durch die Diskrepanz zwischen weitreichenden sozialpolitischen Zielen und Absichten, die insbesondere in den verschiedenen sozialpolitischen Aktionsprogrammen seit 1974 ihren Niederschlag gefunden haben, und einem schwach ausgeprägten Instrumentarium zur Durchsetzung der Ziele gekennzeichnet. Mangels spezifischer Ermächtigungsgrundlagen musste der Gemeinschaftsgesetzgeber für den Erlass primär sozialpolitischer Rechtsakte regelmäßig mit Ausnahme von Art. 118 a EGV a. F.[213] auf Art. 100 oder Art. 235 EGV a. F. zurückgreifen, was dazu führte, dass zahlreiche Vorhaben am Einstimmigkeitsprinzip scheiterten. Es liegt daher auf der Hand, dass im Vorfeld des Maastrichter Vertrages die meisten Mitgliedstaaten – unterstützt von der Kommission – Anstrengungen unternahmen, um den Stellenwert der Sozialpolitik substantiell zu verbessern[214] und insbesondere das qualifizierte Mehrheitsprinzip auf weitere Bereiche als Art. 118 a EGV a. F. auszudehnen. 66

Unter den Mitgliedstaaten bestand weitgehend Einigkeit, die geplante Wirtschafts- und Währungsunion durch eine sozialpolitisch gestärkte Union zu flankieren. Diese Pläne stießen aber auf entschiedenen Widerstand Großbritanniens, das eine Erweiterung der sozialpolitischen Befugnisse der Gemeinschaft strikt ablehnte. Um das drohende Scheitern der Konferenz von Maastricht zu verhindern, einigten sich die zwölf Mitgliedstaaten in letzter Minute auf einen Kompromiss: Sie ließen das Kapitel Sozialvorschriften (Art. 117 – Art. 122) des nunmehr in den EGV umbenannten EWGV unverändert, verabschiedeten jedoch ein **Protokoll über die Sozialpolitik,** das die elf Mitgliedstaaten mit Ausnahme Großbritanniens ermächtigt, ein Abkommen zu schließen, in dem Rechtsetzungsbefugnisse auf die Elfergemeinschaft übertragen werden können. 67

In Nr. 1 des Protokolls[215] ermächtigten die zwölf – mittlerweile 15 – Mitgliedstaaten die Staaten mit Ausnahme Großbritanniens, die Organe, Verfahren und Mechanismen des EGV in Anspruch zu nehmen, um die erforderlichen Rechtsakte und Beschlüsse zur Umsetzung der Gemeinschaftscharta der sozialen Grundrechte von 1989[216] untereinander anzunehmen und anzuwenden. Basierend auf diesem Protokoll haben die elf – jetzt 14 – Mitgliedstaaten gleichzeitig mit dem EUV das Abkommen über die Sozialpolitik verabschiedet.[217] Dadurch war die paradoxe Situation eingetreten, dass auf dem Gebiet der Sozialpolitik nunmehr zwei Gemeinschaften existierten: die herkömmliche Gemeinschaft der 15 Mitgliedstaaten, deren sozialpolitische Befugnisse sich ausschließlich nach dem EGV richteten, und eine zweite, aus 14 Mitgliedstaaten bestehende Gemeinschaft, die über die im Abkommen festgelegten Befugnisse verfügte. 68

---

[211] Vgl. auch § 9 Rn. 364 ff.
[212] Die Vorschläge stimmten dahin überein, dass sich das Mehrheitsprinzip neben dem Schutz der Gesundheit und Sicherheit der Arbeitnehmer auch auf die Bereiche Arbeitsbedingungen, Arbeitnehmerunterrichtung und Anhörung, Chancengleichheit von Mann und Frau sowie Integration vom Arbeitsleben Ausgegrenzter ausdehnt, *Schuster,* EuZW 1992, S. 178 ff.
[213] Der allerdings erst am 1. 7. 1987 in Kraft trat.
[214] Vgl. dazu *Balze,* S. 255.
[215] Abgedr. in Sa. II Nr. 152 a unter Nr. 14.
[216] Dazu Rn. 55 ff.
[217] Abgedr. in Sa. II im Anschluss an das Protokoll über die Sozialpolitik.

69 Diese Lösung warf zahlreiche verfahrensrechtliche und institutionelle Probleme auf, die in der Folgezeit der Geltung des Abkommens umfangreich diskutiert und theoretisiert wurden.[218] Hinsichtlich der Rechtsnatur stellte sich beispielsweise die Frage, ob Protokoll und Abkommen überhaupt als Gemeinschaftsrecht zu qualifizieren waren, oder ob die elf Mitgliedstaaten eine rein völkerrechtliche Vereinbarung geschlossen hatten.

70 Die durch die **Existenz zweier Sozialgemeinschaften** für die Integration der Gemeinschaft hervorgerufenen Gefahren lagen auf der Hand: Je mehr verbindliche Rechtsakte auf Grundlage des Abkommens erlassen wurden, desto schneller verfestigten sich die beiden Sozialgemeinschaften und wurde der Beitritt Großbritanniens zum Abkommen erschwert. Das Beiseitestehen Großbritanniens hätte Schule machen können für andere Bereiche[219]; ein Europa der zwei oder mehrerer Geschwindigkeiten drohte Gestalt anzunehmen.

71 Diese Gefahren sind jedoch mittlerweile gebannt. Durch die Vertragsrevision von Amsterdam wurden die Regelungen des Protokolls weitgehend in den Vertrag selber integriert. Dies war möglich geworden, nachdem die neue britische Labour-Regierung den Widerstand ihrer konservativen Vorgängerin aufgegeben und einer Integration auch der Sozialpolitik zugestimmt hatte. Dementsprechend konnte das Protokoll mit der Ratifikation des Amsterdamer Vertrages außer Kraft treten.[220]

IV. Der Europäische Wirtschaftsraum (EWR) und die Osterweiterung

Schrifttum: *Albrechtskirchinger*, Beitrittsverhandlungen: Woran es noch fehlt, EuZW 1994, S. 193; *Becker*, EU-Erweiterung und differenzierte Integration, 1999; *Bergmann*, Die Osterweiterung der Europäischen Union, ZRP 2001, S. 18; *Friedrich*, Das Abkommen über den Europäischen Wirtschaftsraum, DB 1994, S. 313; *Gugerbauer*, Der EFTA-Gerichtshof und sein Zusammenwirken mit dem EuGH, NJW 1994, S. 2743; *Hänlein*, Übergangsregelungen beim EU-Beitritt der MOE-Staaten im Bereich der Arbeitnehmerfreizügigkeit und der sozialen Sicherheit, EuZW 2001, S. 165; *Heinzmann*, Europäischer Wirtschaftsraum und EG-Erweiterung, Arbeitgeber 1994, S. 84; *Hölscheidt*, Voraussetzungen der Osterweiterung der EU, JA 2001, S. 85; *Kahil-Wolff/Mosters*, Das Abkommen über die Freizügigkeit EG – Schweiz, EuZW 2001, S. 5; *Kirschbaum*, EuroAS 1994, S. 5; *Gert Meier*, Die Ost-Erweiterung der Europäischen Union und die verschwiegenen Kosten, EuZW 2001, S. 33; *Nentwich*, EuZW 1994, S. 246; *Schön*, Der rechtliche Rahmen für Assozierungen der Europäischen Gemeinschaft, 1994; *Seibold*, Die Osterweiterung der Europäischen Union und das Arbeitsrecht der Tschechischen Republik, 2001; *Streit*, Das Abkommen über den EWR, NJW 1994, S. 555; *Wank*, Arbeitsrecht nach Maastricht, RdA 1995, S. 10; *Wiehler* (Hrsg.), Die Erweiterung der Europäischen Union, 1998 (darin: Stellungnahmen der Kommission zu den Beitrittsanträgen (Agenda 2000), S. 23 ff. (= KOM (97) 2000 – Band I).

1. Einführung

72 Am 1. 1. 1994 ist das Abkommen über den Europäischen Wirtschaftsraum (EWR)[221] gemeinsam mit dem Anpassungsprotokoll zum Abkommen über den Europäischen Wirtschaftsraum[222] in Kraft getreten.

---

[218] Vgl. hierzu *Schuster*, EuZW 1992, S. 178 ff.; *Watson*, CMLR 1993, S. 481, 489 ff.; *Balze*, S. 256; *Koenig*, Die Europäische Sozialunion als Bewährungsprobe der supranationalen Gerichtsbarkeit, EuR 1994, S. 175, 184 ff.; *Wank*, RdA 1995, S. 10 ff.; *Kampmeyer*, a. a. O.

[219] Im Bereich der Währungsunion haben sich Großbritannien und Dänemark ein Ausscherrecht für die dritte Stufe, die Möglichkeit eines „opting out", einräumen lassen, vgl. das Protokoll über einige Bestimmungen betreffend Großbritannien und das Protokoll über einige Bestimmungen betreffend Dänemark; im Zusammenhang mit der Möglichkeit, dass Großbritannien dem Abkommen über die Sozialpolitik nachträglich beitrat, wird auch vom „opting in" gesprochen.

[220] Das Protokoll wurde gem. Art. 2 Nr. 58, Art. 236 Abs. 4 des Vertrages von Amsterdam, welcher die Änderungen des EGV betrifft, aufgehoben.; siehe näher auch *Steinmeyer*, RdA 2001, S. 10 ff.

[221] EWR-Abkommen, BGBl. II 1993 S. 267; geändert durch das Anpassungsprotokoll v.17. 3. 1993, BGBl. II S. 1295.

[222] Anpassungsprotokoll, BGBl. II 1993 S. 1294.

IV. Der Europäische Wirtschaftsraum (EWR) und die Osterweiterung   73–76 § 11

Der EWR bildete danach – für kurze Zeit – die größte integrierte Wirtschaftszone der 73
Welt. Mit seinen 18 Mitgliedstaaten umfasste er 372 Millionen Einwohner auf einer Fläche von 3,6 Millionen Quadratkilometern.[223] Seine Wirtschaftskraft war, gemessen am Bruttoinlandsprodukt, um gut eine Billion Dollar größer als die der flächenmäßig größeren Nordamerikanischen Freihandelszone (Nafta),[224] die – ebenfalls seit dem 1. 1. 1994 in Kraft – bestehend aus den Mitgliedstaaten USA, Kanada und Mexiko – das zweitgrößte Wirtschaftsbündnis bildete.[225]

Der EWR verfolgte eine doppelte Zielsetzung: Für diejenigen EFTA-Länder, die den 74
Beitritt zur Union anstrebten, funktionierte der EWR als Übergangsphase der Annäherung; für die übrigen EFTA-Staaten[226] stellt der EWR eine langfristige vertragliche Assoziierung an den Binnenmarkt dar.[227] Rechtlich beruht der EWR auf einem völkerrechtlichen Übereinkommen, durch das die beteiligten EFTA-Staaten im Wesentlichen fast das gesamte Binnenmarktrecht der EU übernehmen und die EU-Mitglieder sich im Gegenzug verpflichten, die Anwendung der EU-Binnenmarktregelungen auf die EWR-Vertragsstaaten der EFTA auszudehnen.

2. Mitglieder des EWR

Vertragsparteien des EWR-Abkommens waren die Europäische Wirtschaftsgemein- 75
schaft (EWG), die Europäische Gemeinschaft für Kohle und Stahl (EGKS), die zwölf Mitgliedstaaten dieser Gemeinschaften sowie sechs Mitgliedstaaten der Europäischen Freihandelsassoziation (EFTA): Österreich, Finnland, Island, Liechtenstein, Norwegen und Schweden. Durch den EWR fanden Staaten als Wirtschaftspartner unter einem Dach zusammen, die schon bisher voneinander im höchsten Maße abhängig waren: 60% der Exporte der ursprünglichen EFTA von 1994 gingen in die Gemeinschaft; das entsprach einem Anteil von 25% aller EU-Einfuhren. So groß war nicht einmal der Importanteil der USA und Japans zusammen.[228]

Als einziges Land unter den Rest-EFTA-Staaten[229] ist die **Schweiz** nicht Mitglied des 76
EWR geworden, obwohl eine Mitgliedschaft angestrebt war und das EWR-Abkommen ursprünglich auch die Schweiz als Vertragspartei eingeschlossen hatte. Allerdings verlief die zur Frage der EWR-Mitgliedschaft am 6. 12. 1992 durchgeführte Volksabstimmung negativ, so dass eine Ratifikation des Abkommens für die Schweiz unmöglich wurde.[230] Das EWR-Abkommen konnte daher auch nicht, wie ursprünglich vorgesehen, am 1. 1. 1993 in Kraft treten; die erforderlichen Anpassungsarbeiten bedingten eine Verzögerung um ein Jahr.[231] Alle die Schweiz betreffenden Regelungen des Abkommens mussten aus dem Vertragstext gestrichen werden. Der negative Ausgang dieses Referendums hatte auch Folgen für Liechtenstein. Es bedurfte eines Anpassungsprotokolls zur Änderung des Ab-

---

[223] *Oppermann*, Europarecht, Rn. 138, S. 67.
[224] Das Bruttoinlandsprodukt des EWR betrug 1994 7,5 Billionen Dollar, das der Nafta lag bei 6,4 Billionen Dollar; vgl. Kölner Stadtanzeiger v. 3. 1. 1994, S. 1.
[225] Mehr oder weniger vergleichbare Wirtschaftsräume entstehen in allen Regionen der Welt. Die wichtigsten sind: Asiatisch-Pazifische Wirtschaftliche Zusammenarbeit (Apec); Anden-Pakt-Gemeinschaft; Gemeinsamer Markt in Südamerika (Mercosur); Vereinigung Südostasiatischer Staaten (Asean/Afta); Südasiatische Gemeinschaft für Regionale Zusammenarbeit (Saarc) und Organisation der Afrikanischen Einheit (OAU).
[226] Rest-EFTA-Staaten sind nur noch Island, Liechtenstein, Norwegen und die Schweiz.
[227] *Heinzmann*, Arbeitgeber 1994, S. 84.
[228] *Heinzmann*, Arbeitgeber 1994, S. 84.
[229] Bis zu ihrem Beitritt zur EG am 1. 1. 1973 zählten auch Großbritannien, Irland und Dänemark zur EFTA. Auch Portugal war bis zu seinem EG-Beitritt EFTA-Mitglied.
[230] Vgl. *Streit*, NJW 1994, S. 555.
[231] Gem. Art. 22 Abs. 2 des Anpassungsprotokolls sollte dieses ursprünglich bereits am 1. 7. 1993 in Kraft treten.

kommens, um der neuen Lage Rechnung zu tragen,[232] wodurch Liechtenstein – vorbehaltlich des Ausgangs eines Referendums[233] – erst zum 1. 5. 1995 der Beitritt zum EWR ermöglicht werden konnte.[234]

3. Die Geschichte des EWR-Abkommens

77   Die Grundlagen des Abkommens finden sich bereits in Freihandelsübereinkommen, die die EG seit 1973 mit den einzelnen Mitgliedstaaten der EFTA abgeschlossen hat.

78   Die Europäische Freihandelszone (European Free Trade Area, **EFTA**) wurde 1960 von denjenigen europäischen Staaten gegründet, die vor dem hohen Integrationsgrad, wie ihn die Mitgliedschaft in der Europäischen Gemeinschaft mit sich brachte, zurückschreckten. Nachdem 1973 zwei der ursprünglichen EFTA-Staaten (Großbritannien und Dänemark) zur EG übergewechselt waren, schloss die EG mit den Rest-EFTA-Staaten jeweils gesonderte Freihandelsabkommen für den gewerblichen Sektor. Zollschranken und Mengenbeschränkungen im Handel zwischen EFTA und EG wurden dadurch in einem schrittweisen, 1984 weitgehend abgeschlossenen Prozess beseitigt.

79   Angestrebt war jedoch schon damals die Schaffung eines dynamischen europäischen Wirtschaftsraumes, dessen Zielsetzung über die Beseitigung von Handelshemmnissen hinausging. Nach einigen internen Schwierigkeiten innerhalb der EG – die EG-Länder fürchteten den erhöhten Wettbewerbsdruck der hochentwickelten EFTA-Staaten – trat man am 20.6.1990 in konkrete Verhandlungen ein. Diese fanden ihren Abschluss mit der Unterzeichnung des EWR-Abkommens am 2. 5. 1992 (in Kraft trat das Abkommen am 1. 4. 1994). Einer der Hauptdiskussionspunkte während der Verhandlungen war die Frage der Schaffung einer übergeordneten Gerichtsbarkeit im Rahmen des EWR.[235]

4. Der Inhalt des EWR-Abkommens

80   Der rechtliche Gehalt des EWR-Abkommens ist zunächst auf Grund des umfangreichen und relativ unübersichtlichen Vertragswerkes schwer zu erschließen. Immerhin umfasst das Vertragswerk neben dem eigentlichen Abkommen (129 Artikel) noch zahlreiche Protokolle, Anhänge sowie eine Schlussakte, der wiederum eine große Zahl gemeinsamer Erklärungen, Einzelerklärungen und Briefwechsel beigefügt sind. Zudem müssen noch die Veränderungen durch das Anpassungsprotokoll vom 17. 3. 1993 berücksichtigt werden.

81   Dennoch lässt sich der wesentliche Inhalt des Abkommens in wenigen Punkten umreißen:[236]
– Durch den EWR-Vertrag verpflichten sich die EFTA-Staaten, die Vorschriften zur Vollendung des EG-Binnenmarkts zu übernehmen.
– Die vier im Rahmen der EU herrschenden Grundfreiheiten für Waren, Dienstleistungen, Personen und Kapital gelten – seit dessen In-Kraft-Treten – im gesamten Territorium des EWR.
– Eine gemeinsame Handelspolitik gegenüber Drittstaaten ist hingegen nicht vorgesehen. Die Vorschriften des Abkommens gelten im Wesentlichen nur für Ursprungswaren der Vertragsparteien.
– Die EFTA-Staaten bleiben von der direkten Mitwirkung an den Gemeinschaftsbeschlüssen ausgeschlossen. Ihnen kommt lediglich ein Konsultationsrecht zu (vgl. Art. 78 ff., 96 ff. EWR-Abkommen).

---

[232] Vgl. Bull.EG 12–1994, Ziff. 1.3.13.
[233] Vgl. Bull.EG 3–1995, Ziff. 1.4.49. Das Referendum ging am 9. 4. 1995 mit einer Mehrheit für den Beitritt (55,9%) aus; vgl. dazu Bull.EG 4–1995, Ziff. 1.4.59.
[234] Vgl. Bull.EG 1/2–1995, Ziff. 1.4.71.
[235] Vgl. zum Ganzen *Streit*, NJW 1994, S. 555, 556.
[236] So in etwa auch *Friedrich*, DB 1994, S. 313 ff.; *Heinzmann*, Arbeitgeber 1994, S. 84.

IV. Der Europäische Wirtschaftsraum (EWR) und die Osterweiterung   82–88 § 11

Grundpfeiler bei der Schaffung des Europäischen Wirtschaftsraumes ist gem. Art. 1 Abs. 2 EWR-Abkommen die Ausweitung der **vier Grundfreiheiten** auf die EFTA-Staaten. So gilt beispielsweise nach Art. 28 des EWR-Abkommens die EG-Freizügigkeitsverordnung 1612/68[237] nunmehr auch für die EFTA-Staatsangehörigen,[238] so dass diese überall in der Gemeinschaft arbeitserlaubnisfrei Beschäftigungen aufnehmen können. Gleiches gilt umgekehrt für EU-Bürger, die sich in den EFTA-Ländern niederlassen wollen. 82

Im Teil II des Abkommens ist der freie Warenverkehr geregelt. Die Kernbestimmungen des Abkommens gelten jedoch gem. Art. 8 Abs. 2 EWR-Abkommen nur für Ursprungswaren der Vertragsparteien. Der Begriff des Warenursprungs wird im Protokoll Nr. 4[239] präzise definiert.[240] 83

Die Übernahme der im Vertragswerk aufgeführten EG-rechtlichen Bestimmungen durch die Rest-EFTA-Staaten, mit Ausnahme der Schweiz, richtet sich nach Art. 7 EWR-Abkommen. Nach Abs. 1 werden die **EG-Verordnungen** als solche ins nationale Recht übernommen, während die EFTA-Staaten gem. Abs. 2 bei der Inkorporation der **Richtlinien** hinsichtlich Form und Durchführung frei sind. Zum Zeitpunkt des In-Kraft-Tretens des EWR war die Übernahme im Wesentlichen bereits erfolgt.[241] Dass damit für die EFTA-Staaten eine enorme gesetzgeberische Leistung verbunden war, liegt auf der Hand. Als Beispiel sei nur die Republik Österreich genannt, für die – obwohl Österreich nicht zu Unrecht schon vor seinem EWR-Beitritt als vorbildlicher Sozialstaat galt – in nahezu allen Bereichen des Arbeits- und Sozialrechts ein Anpassungsbedarf „nach oben" bestand.[242] 84

Auch neue, d. h. nach In-Kraft-Treten des EWR erlassene Rechtsvorschriften der EU werden von den Rest-EFTA-Staaten, mit Ausnahme der Schweiz, in gleicher Weise übernommen. Nach Art. 102 Abs. 1 EWR-Abkommen geschieht dies durch Änderung der Anhänge des EWR-Abkommens auf Beschluss des Gemeinsamen EWR-Ausschusses.[243] Der EWR entwickelt sich also parallel zum EG-Binnenmarkt, ohne dass dazu jedes Mal förmliche Verhandlungen und Vertragsschlüsse erforderlich werden.[244] 85

5. Organe des EWR

Teil VII des EWR-Abkommens enthält Regelungen über die Organe des EWR. 86

Politisches Leitorgan des EWR ist der **EWR-Rat**. Er setzt sich aus Mitgliedern des EG-Rates und der EG-Kommission sowie aus je einem Vertreter der Regierungen der EFTA-Vertragsparteien zusammen. 87

Als Exekutivorgan fungiert der **Gemeinsame EWR-Ausschuss.** Er besteht aus Vertretern aller Vertragsparteien und hat die wirksame Durchführung und Anwendung des Abkommens zu gewährleisten. In diesem Rahmen ist er befugt, die Protokolle durch Beschluss zu ändern (Art. 98 EWR-Abkommen) und ist auch mit der – im Zusammenhang mit neuen Vorschriften der Gemeinschaft erforderlich werdenden – Änderung der Anhänge gem. Art. 102 EWR-Abkommen befasst. Über den EWR-Ausschuss sind die EFTA-Vertragsparteien zwar nicht unmittelbar an der Weiterentwicklung des EG-Rechts beteiligt, erhalten aber im Rahmen eines Informations- und Konsultationsverfahrens die Gelegenheit, sich zu geplanten EG-Vorschriften zu äußern. 88

---

[237] Verordnung des Rates über die Freizügigkeit der Arbeitnehmer innerhalb der Gemeinschaft vom 15. Oktober 1968, ABl. EG L 257, S. 2; zuletzt geändert durch Verordnung vom 27. Juli 1992, ABl. EG L 245, S. 1.
[238] Mit Ausnahme der Bürger der Schweiz; vgl. oben Rn. 76.
[239] Vgl. auch Art. 9 Abs. 1 EWR-Abkommen.
[240] Eingehend dazu *Friedrich*, DB 1994, S. 313, 314.
[241] *Streit*, NJW 1994, S. 555, 556.
[242] Eingehend dazu *Kirschbaum*, EuroAS 1994, S. 5 ff.
[243] Vgl. dazu unten Rn. 88.
[244] *Streit*, NJW 1994, S. 555, 557.

89 Dem „Dialog" und der „Beratung" dient der **gemeinsame parlamentarische EWR-Ausschuss,** Art. 95 EWR-Abkommen. Er ist zu gleichen Teilen besetzt durch Mitglieder des EP sowie der Parlamente der EFTA-Vertragsparteien.

90 Die Einhaltung der Gemeinschaftsvorschriften durch die EFTA-Staaten wird durch eine gem. Art. 108 EWR-Abkommen geschaffene unabhängige **Überwachungsbehörde** mit Sitz in Brüssel überwacht, die die gleichen Rechte und Aufgaben wahrnimmt wie die Kommission gegenüber den Mitgliedstaaten der Union. Zuständig für Klagen wegen des Überwachungsverfahrens, Rechtsmittel in Wettbewerbssachen und die Beilegung von Streitigkeiten zweier oder mehrerer EFTA-Staaten ist der am 4. 1. 1994 mit Sitz in Genf gegründete **EFTA-Gerichtshof.**[245] Daneben können die EFTA-Vertragsparteien ihren Gerichten gestatten, den EuGH um Auslegung von EWR-Bestimmungen zu ersuchen, Art. 107 EWR-Abkommen. Der EuGH hat seine Zuständigkeit für die Auslegung des EWR-Vertrages verneint.[246]

6. Ausblick

a) Die Rolle des EWR im Hinblick auf die Erweiterung der Europäischen Union im Jahre 1995

91 Durch den **Beitritt** der drei EWR-Vertragsstaaten **Österreich, Finnland** und **Schweden** zur Europäischen Union am 1. 1. 1995 hat der zu diesem Zeitpunkt erst ein Jahr bestehende Europäische Wirtschaftsraum erheblich an tatsächlicher Bedeutung verloren. Das Abkommen besteht seitdem nur noch im Verhältnis der EU zu Liechtenstein, Norwegen und Island. Auch eine der Erwartungen, die von mancher Seite mit dem EWR verknüpft wurde, ist mit dem Beitritt enttäuscht worden: der damalige EU-Präsident Delors wollte ursprünglich die sieben EFTA-Staaten mit dem „Zuckerbrot" EWR davon abhalten, über kurz oder lang einen Aufnahmeantrag zu stellen.[247]

92 Doch schon bald strebte die Mehrheit der EFTA-Staaten die Mitgliedschaft in der Gemeinschaft an. Die schwierigen Beitrittsverhandlungen mit den drei neuen EU-Mitgliedstaaten waren nach nur wenigen Monaten bereits im April 1994 abgeschlossen.[248] Der EWR erwies sich also als „kurze Brücke" zum Beitritt der drei EFTA-Staaten. Dennoch gestalteten sich die Verhandlungen äußerst problematisch.

93 Für die drei skandinavischen Länder war der EG-Beitritt lange Zeit kein Thema, ein ausdrückliches „Nein" des norwegischen Volkes datiert aus dem Jahre 1972.[249] Eine Änderung der Interessenlage trat erst mit der Vollendung des EG-Binnenmarktes ein, an dem insbesondere die skandinavische Wirtschaft partizipieren wollte.

94 Die danach angestrebten Beitrittsverhandlungen wurden durch den EWR sicherlich erleichtert. Ein großer Teil der auftretenden Interessenkollisionen war bereits im Rahmen der Verhandlungen um das EWR-Abkommen aus dem Weg geräumt worden. Durch die Mitgliedschaft im EWR haben die wirtschaftsstarken Beitrittsstaaten auch schon einen Vorgeschmack auf die sie als EU-Mitglieder erwartende finanzielle Inanspruchnahme bekommen. Mit der EWR-Mitgliedschaft haben sich die EFTA-Staaten u. a. verpflichtet, Beiträge in den Kohäsionsfonds der EU zu leisten.[250] Für Schweden war die Mitgliedschaft in der EU mit einem finanziellen Zuschussgeschäft verbunden.[251]

---

[245] Näher zum EFTA-Gerichtshof und zu seinem Zusammenwirken mit dem EuGH *Gugerbauer,* NJW 1994, S. 2743 ff.

[246] EuGH v. 15. 6. 1999, Rs. Andersson C-321/97 und Rs. Rechberger C-140/97; dazu *Burgi,* JZ 2000, S. 979.

[247] Vgl. seine zu dem Ergebnis des norwegischen Referendums abgegebene Stellungnahme, abgedr. in Bull.EG 11–1994, Ziff. 1.3.19.

[248] Vgl. Bull.EG 1/21994, Ziff. 1.3.21.–1.3.26.

[249] Vgl. Die Zeit v. 22. 4. 1994, S. 37.

[250] Vgl. auch Teil VIII EWR-Abkommen und Protokoll 38; Streit, NJW 1994, S. 555, 557.

[251] Die Zeit v. 22. 4. 1994, S. 37.

IV. Der Europäische Wirtschaftsraum (EWR) und die Osterweiterung 95–101 § 11

Grund für das angespannte und schwierige Klima bei den Beitrittsverhandlungen war 95
vor allem, dass sie in einer Zeit der allgemeinen wirtschaftlichen Rezession stattfinden
mussten.[252] Hinzu kamen einige spezifische, die einzelnen beitrittswilligen Staaten betreffende Probleme. So trat **Norwegen** erst nach langen Verhandlungen Fischfangquoten an Spanien, Portugal, Irland und Griechenland ab und machte so den Weg für den Beitritt Norwegens als des letzten der vier EFTA-Staaten frei.[253] Gleichwohl scheiterte der Beitritt Norwegens letztlich an einer Volksabstimmung, in der 52,2% der Wahlberechtigten gegen den Beitritt stimmten.

Wichtigste Themen bei den Beitrittsverhandlungen mit **Österreich** waren u. a. der erst 96
im Zuge der EWR-Verhandlungen abgeschlossene Transitvertrag sowie die Frage von
Zweitwohnsitzbeschränkungen beim Erwerb von Liegenschaften.[254]

So positiv sich die Mitgliedschaft im EWR auch auf die Beitrittsverhandlungen auswirkte, so wenig förderlich war sie auf der anderen Seite für die Umstimmung der Beitrittsgegner in den vier EU-Anwärterstaaten.[255] Durch die Mitgliedschaft im EWR war immerhin die Teilnahme am europäischen Binnenmarkt schon gewährleistet. Warum sollte das Land also noch Mitglied in der Europäischen Union werden und Teile der nationalen Souveränität preisgeben? 97

Allerdings wurde durch den EWR letztlich noch keine absolute rechtliche Gleichstellung mit den EU-Mitgliedstaaten erreicht.[256] Ausschlaggebend für den Entschluss zur vollen Mitgliedschaft in der EU dürften neben wirtschaftlichen Fragen vor allem auch politische, in erster Linie sicherheitspolitische Erwägungen gewesen sein, und letztlich war eine unmittelbare Beteiligung an den Entscheidungsprozessen der Europäischen Union nur im Wege einer vollen Mitgliedschaft zu erreichen. 98

Österreich und Schweden sollten für den Fall ihres Beitritts jeweils vier Stimmen im 99
Ministerrat, Finnland und Norwegen jeweils drei erhalten. Auch die Frage der Abstimmungen im Ministerrat hat die Beitrittsverhandlungen bis zuletzt schwer belastet. England und Spanien wehrten sich lange gegen die Erhöhung der Sperrminorität von 23 auf 27 Stimmen. Ein Ausweg im Stimmenstreit konnte nur durch einen Kompromiss gefunden werden.[257] Ein gewisser Hang zur „Besitzstandswahrung" lässt sich also bei einigen Alt-EU-Mitgliedern schwerlich leugnen.

Von den vier beitrittswilligen EFTA-Ländern Österreich, Schweden, Finnland und 100
Norwegen sind die drei erstgenannten der EU zum 1. 1. 1995 beigetreten. Dagegen ging
die Volksabstimmung in Norwegen gegen den EU-Beitritt aus.[258]

b) Die weitere Entwicklung der Europäischen Union

Auch mit dem Beitritt der drei EFTA-Staaten ist die Erweiterung der Europäischen 101
Union noch nicht abgeschlossen. Noch während der Beitrittsverhandlungen zwischen der
EU und Norwegen traten die Außenminister der EU, Polens und Ungarns zum ersten

---

[252] *Albrechtskirchinger*, EuZW 1994, S. 193.
[253] Dabei handelt es sich beim norwegischen Fischfang nicht etwa um den zentralen Wirtschaftszweig des Landes. Nur wenige Prozent der norwegischen Bevölkerung leben direkt oder indirekt von der Fischerei.
[254] Ausführlich dazu *Nentwich*, EuZW 1994, S. 246 f.
[255] In allen vier Staaten waren Volksabstimmungen über die Beitrittsfrage erforderlich. In Österreich fiel die Beitrittsentscheidung am 12. Juni 1994, in Finnland am 2. Oktober, in Schweden am 13. November (jeweils zugunsten des Beitritts) und zuletzt in Norwegen am 28. November 1994 (gegen den Beitritt).
[256] Vgl. dazu oben Rn. 80 ff.
[257] Bei Minderheitenvoten mit 23 bis 26 Stimmen soll künftig binnen einer vernünftigen Frist (was „vernünftig" ist, entscheidet der Ministerrat von Fall zu Fall) nach einer einvernehmlichen Lösung gesucht werden.
[258] Vgl. Bull.EG 11–1994, Ziff. 1.3.19. Mit einer knappen Mehrheit (52,2%) entschied sich das norwegische Volk in einer am 28. 11. 1994 abgehaltenen Abstimmung gegen einen Beitritt.

Mal zu einem Assoziierungsrat zusammen. Mit beiden Staaten bestehen Assoziierungsabkommen, die am 1. 2. 1994 in Kraft getreten sind.[259]

102 Die Europäische Union pflegt bilaterale Beziehungen unterschiedlicher Intensität zu den verschiedensten Staaten. Obwohl die Vertragsinhalte jeweils durch die besonderen Interessen und Voraussetzungen der einzelnen Partner geprägt sind, lassen sich drei, in Intensität und Intention unterschiedliche Arten von Abkommen der EU mit Drittstaaten ausmachen: Unterschieden werden kann zwischen Assoziierungsabkommen, Handelsabkommen und Partnerschaftsabkommen.

aa) Arten von Abkommen

103 Die stärkste Form der Zusammenarbeit und Angleichung stellen die sogenannten **Assoziierungsabkommen** (auch Europaabkommen genannt) zwischen der EU und einzelnen oder mehreren Drittstaaten dar.[260]

104 Sie sind auf eine schrittweise Anpassung der Rechtsordnungen des jeweiligen Vertragsstaates an die der Gemeinschaft ausgelegt und bestehen zumeist im Verhältnis zu Staaten, die ihre konkrete Beitrittsabsicht bereits geäußert haben.

105 Ein Assoziierungsabkommen besteht beispielsweise mit der **Türkei** schon seit 1964.[261] Mit der Türkei sollte am 31. 12. 1995 eine Zollunion eingeführt werden, die bei fehlender Erfüllung der Voraussetzungen bis zum 1. 7. 1996 hinausgeschoben werden sollte.[262] Die Frage eines Beitritts der Türkei zur EU scheiterte bislang jedoch nicht zuletzt an fehlenden politischen Voraussetzungen des Landes,[263] die ihre Ursache in der Menschenrechtsproblematik und der bislang ungeklärten Zypern-Frage haben.[264] Dies hat oftmals zu einer kurzfristigen Aussetzung laufender Verhandlungen geführt.[265]

106 Eine enge Beziehung der EU besteht auch nach der gescheiterten EWR-Mitgliedschaft zur **Schweiz**.[266] Es bestehen nach wie vor Optionen für eine Beteiligung am EWR und einen Beitritt zur EU.[267] Seit dem negativen Ergebnis der Volksabstimmung laufen Verhandlungen über einzelne Themen des EWR-Bereichs zwischen der Schweiz und der EU.[268] Außerdem finden im Vorfeld eines von der Regierung vorgesehenen EU-Beitritts autonome Übernahmen von EG-Regelungen durch die Schweiz statt.[269] Einen sofortigen Beitritt haben die Schweizer in einer Volksabstimmung im März 2001 abgelehnt.

107 Assoziierungsabkommen oder Europaabkommen sind in jüngster Vergangenheit auch mit den mittel- und osteuropäischen Staaten geschlossen oder in Angriff genommen worden.

---

[259] Vgl. Bull.EG 12–1993, Ziff. 1.3.20.

[260] Zum Assoziierungsrecht der EG s. eingehend *Schön,* Der rechtliche Rahmen für Assoziierungen der Europäischen Gemeinschaft, 1994.

[261] ABl. EG L 217 v. 29. 12. 1964. vgl. auch Zusatzprotokoll zum Assoziierungsabkommen EWG/Türkei ABl. EG L 293 v. 29. 12. 1972.

[262] Bull.EG 3–1995, Ziff. 1.4.65.

[263] Zentrales Thema ist dabei immer wieder die Achtung der Menschenrechte in der Türkei, vgl. Bull.EG 11–1993, Ziff. 1.3.27; Bull.EG 1/21994, Ziff. 1.3168; Bull.EG 31994, Ziff. 1.3.25; Bull.EG 3–1994, Ziff. 1.3124.

[264] Vgl. Bull.EG 12–1994, Ziff. 1.3.62.

[265] Vgl. Bull.EG 9–1994, Ziff. 1.3.71 und Bull.EG 12–1994, Ziff. 1.3166.

[266] Seit 1972 bestehen Freihandelsabkommen mit EWG und EGKS, ABl. EG L 350 v. 31. 12. 1972, S. 189 (EWG), ABl. EG L 350 v. 19. 12. 1973, S. 13 (EGKS).

[267] Bull.EG 11–1993, Ziff. 1.3.4; Bull.EG 5–1994, Ziff. 1.3.24; Bull.EG 10–1994, Ziff. 1.3.17.

[268] Eine Auflistung der Themen, die für Vereinbarungen benannt sind, findet sich bei *Streit,* NJW 1994, S. 555, 558; zur Freizügigkeit s. *Kahil-Wolff/Mosters,* EuZW 2001, S. 5; das Bundeskabinett hat dem Entwurf eines Gesetzes zum Abkommen zwischen der Europäischen Gemeinschaft und ihren Mitgliedstaaten einerseits und der Schweizerischen Eidgenossenschaft andererseits im Februar 2001 zugestimmt.

[269] *Friedrich,* DB 1994, S. 313.

IV. Der Europäische Wirtschaftsraum (EWR) und die Osterweiterung 108–113 § 11

Polen und Ungarn waren mit ihrem am 1. 2. 1994 in Kraft getretenen Europaabkommen in dieser Region die Vorreiter. Mit diesem Abkommen sollen enge politische und wirtschaftliche Beziehungen hergestellt werden. Die Abkommen regeln die handelspolitische, wirtschaftliche und kulturelle Zusammenarbeit zwischen den Parteien und enthalten Bestimmungen über den politischen Dialog, der zu einer gemeinsamen Außen- und Sicherheitspolitik führen soll.[270] Ein Beitritt zur EU wird durch entsprechende Instrumentarien vorbereitet.[271] Polen und Ungarn haben bereits im April 1994 Anträge auf einen Beitritt zur Europäischen Union gestellt.[272] Weitere Anträge von Seiten Rumäniens, der Slowakei und Lettlands folgten im Juni[273] und im Oktober[274] 1995. 108

Auch mit **Tschechien,**[275] der **Slowakei,**[276] **Rumänien** und **Bulgarien** sind mittlerweile Europa-Abkommen geschlossen worden,[277] die im Dezember 1994 ratifiziert wurden und am 1. 2. 1995 in Kraft getreten sind.[278] 109

Die Staaten Mittel- und Osteuropas haben sich in den Europaabkommen verpflichtet, innerhalb von drei Jahren nach deren In-Kraft-Treten Rechtsvorschriften einzuführen, die denjenigen der Römischen Verträge entsprechen. Auch beim Schutz der Arbeitnehmer, der Umwelt und der Verbraucher sollen Fortschritte erzielt werden.[279] 110

Eine Vorstufe zu den Europaabkommen stellen die bloßen **Handelsabkommen** der EU mit Drittstaaten dar.[280] Derartige Abkommen sind beispielsweise mit Kasachstan, der Ukraine und den baltischen Staaten – bezüglich letzterer ist allerdings schon wieder der Abschluss von Europa-Abkommen geplant[281] –, bereits abgeschlossen worden oder stehen unmittelbar vor einem Abschluss.[282] Die Abkommen werden für einen unbestimmten Zeitraum geschlossen und umfassen die Bereiche Handel und Handelsfragen. Dank der Abkommen mit den Republiken Estland, Lettland und Litauen kann die neue Rolle der skandinavischen Staaten als EU-Mitglieder mit den zwischen den skandinavischen und baltischen Staaten bereits bestehenden Freihandelsabkommen in Einklang gebracht werden.[283] 111

Die schwächste Form der Zusammenarbeit stellen **Partnerschaftsabkommen** dar, wie sie die EU beispielsweise mit der Russischen Föderation, der Republik Moldau und der Ukraine ausgehandelt hat.[284] 112

Diese Staaten sind auf Grund ihrer wirtschaftlichen und politischen Struktur von der Möglichkeit einer Mitgliedschaft in der EU noch weit entfernt. Ähnlich verhält es sich mit 113

---

[270] Vgl. Bull.EG 3–1994, Ziff. 1.3.37.
[271] Vgl. Bull.EG 7/8–1994, Ziff. 1.3.26; Bull.EG 11–1994, Ziff. 1.3.20; Bull.EG 3–1995, Ziff. 1.4.51 f. Zum Thema Osterweiterung und Sozialrecht s. § 28.
[272] Vgl. Bull.EG 3–1994, Ziff. 1.3.18.
[273] Vgl. Bull.EG 6–1995, Ziff. 1.4.57 f.
[274] Vgl. Bull.EG 10–1995, Ziff. 1.4.60. Im November und Dezember 1995 stellten auch Estland, Litauen und Bulgarien einen Beitrittsantrag, vgl. dazu Bull.EG 11–1995, Ziff. 1.4.42. und Bull.EG 12–1995, Ziff. 1.4.60. f. Der bislang letzte Antrag wurde von der Tschechischen Republik am 17. Januar 1996 gestellt, vgl. dazu Bull.EG 1/21996, Ziff. 1.4.75.
[275] Zur Osterweiterung und zum tschechischen Arbeitsrecht s. *Seibold,* Osterweiterung.
[276] Vgl. Bull.EG 12–1991, Ziff. 1.2.2 und Bull.EG 9–1992, Ziff. 1.3.14.
[277] Vgl. Bull.EG 10–1993, Ziff. 1.3.12 und 1.3.16; Bull.EG 12–1993, Ziff. 1.3.15; Bull.EG 3–1994, Ziff. 1.3.37; Bull.EG 7/8–1994, Ziff. 1.3.32; Bull.EG 12–1994, Ziff. 1.3.21.
[278] Bull.EG 1/2–1995, Ziff. 1.4.73.
[279] Bull.EG 6–1993, Ziff. I.26.
[280] Dazu Europa-Report, EuZW 1994, S. 197.
[281] Vgl. Bull.EG 10–1994, Ziff. 1.3.22; Bull.EG 11–1994, Ziff. 1.3.25; Bull.EG 4–1995, Ziff. 1.4.64; Bull.EG 1/2–1995, Ziff. 1.4.63. Ebenso ist ein solches mit weiteren Staaten der ehemaligen Sowjetunion (vgl. dazu Bull.EG 10–1994, Ziff. 1.3.31–1.3.33.) und Slowenien (vgl. dazu Bull.EG 6–1995, Ziff. 1.4.62.) geplant.
[282] Vgl. Bull.EG 1/21994, Ziff. 1.3.39 und 1.3.40.
[283] Bull.EG 12–1993, Ziff. 1.3.13.
[284] Bull.EG 11–1993, Ziff. 1.3.16 und 1.3.18; Bull.EG 1/2–1994, Ziff. 1.3.51; Bull.EG 3–1994, Ziff. 1.3.27 und 1.3.28; Bull.EG 6–1994, Ziff. 1.3.31 und 1.3.34.

den anderen nunmehr unabhängigen Staaten auf dem Gebiet der ehemaligen Sowjetunion. Mit ihnen sollen ebenfalls Partnerschafts- und Kooperationsabkommen ausgehandelt werden, die sich auf Grund der sich ständig ändernden wirtschaftlichen und politischen Lage in einem „flexiblen und evolutiven Rahmen" bewegen sollen.[285]

bb) EU-Beitritt

114   In welchem Rahmen und in welchem Tempo sich die zukünftige Erweiterung der EU gestalten wird, bleibt abzuwarten. Die Voraussetzungen für einen EU-Beitritt ergeben sich aus Art. 49 EGV. Sie werden konkretisiert durch die **Kopenhagener Beschlüsse der EU.** Danach sind weitere Voraussetzungen neben der Anerkennung der in Art. 6 Abs. 1 EGV genannten Grundsätze die institutionelle Sicherheit, eine funktionsfähige Marktwirtschaft und die Übernahme des gemeinschaftlichen Besitzstandes („acquis communautaire"). Letzterer besteht aus rund 14000 Rechtsakten auf über 80000 Druckseiten.[286]

115   Besondere Probleme bei der EU-Erweiterung wirft die **Freizügigkeit**[287] auf. Das ifo-Institut in München hat dazu die Studie „EU-Erweiterung und Arbeitskräftemigration" vorgelegt.[288] Danach soll sich die Nettozuwanderung aus Polen, Tschechien, der Slowakei, Ungarn und Rumänien in den ersten 15 Jahren nach dem Beitritt auf 3,2 bis 4 Millionen Menschen belaufen. Migrationspotenziale seien das Lohngefälle und bessere Arbeitsbedingungen. Die EG plant auch bei einem frühen Beitritt längere Übergangsfristen bezüglich der Freizügigkeit. Nach den jetzigen Plänen ist eine fünfjährige Übergangszeit vorgesehen, in der die Freizügigkeit der Arbeitnehmer eingeschränkt bleibt. Innerhalb dieser fünf Jahre soll jeder Staat selbst entscheiden können, wie weit er seinen Arbeitsmarkt öffnet. Sollte ein Staat nach fünf Jahren noch erhebliche Störungen seines Arbeitsmarktes durch völlige Freizügigkeit befürchten, so kann er weitere zwei Jahre in Anspruch nehmen.

116   Insgesamt verhandelt die EU zurzeit mit Bulgarien, Estland, Lettland, Litauen, Malta, Polen, Rumänien, Slowakei, Slowenien, Tschechien, Ungarn und Zypern über den Beitritt.

117   Auf dem Göteborger Gipfel Mitte Juni 2001 erklärte die EU, sie wolle in drei Jahren die ersten neuen Mitglieder aufnehmen. Mit der Nennung des Zieldatums 2004 ging sie über die Erweiterungserklärung in Nizza im Dezember 2000 hinaus.

§ 12 Die Rolle der Sozialpolitik im EGV nach dem Vertrag von Amsterdam

Schrifttum: *Arl,* Sozialpolitik nach Maastricht, 1997; *Balze,* Die sozialpolitischen Kompetenzen der Europäischen Union, 1994; *Bercusson,* Soziales Europa – Ein Manifest, 1996; *Berié,* Europäische Sozialpolitik – Von Messina bis Maastricht, in: *Kleinhenz,* Soziale Integration in Europa I, 1993, S. 31 ff.; *ders.,* Maastrichter Beschlüsse – Auf dem Weg zur Sozialunion, ZSR 1992, S. 421 ff.; *Berthold,* Sozialpolitik, in: Klemmer (Hg.), Handbuch Europ. Wirtsch. Pol. 1998; *Bieback,* Die Marktfreiheit in der EG und nationale Sozialpolitik vor und nach Maastricht, EuR 1993, S. 150 ff.; *Birk,* Das Arbeitsrecht der Europäischen Gemeinschaft, in: Richardi/Wlotzke, Münchener Handbuch zum Arbeitsrecht, Band 1, 2. Aufl. 2000; *Blanpain/Klein,* Europäisches Arbeitsrecht, 2. Auflage, 1997; *Bleckmann,* Der Gemeinsame Markt, MDR 1986, S. 5 ff.; *Bobke,* Information und Konsultation in grenzüberschreitend tätigen Unternehmen, AiB 1993, S. 355 ff.; *Böttcher* (Hrsg.), Soziales Europa

---

[285] Vgl. Bull.EG 3–1994, Ziff. 1.3.49 bzgl. solcher Abkommen mit Kasachstan, Belarus, der Republik Moldau u. a. Vgl. weiterhin dazu Bull.EG 5–1994, Ziff. 1.3.35, 1.3.36 und Bull.EG 11–1994, Ziff. 1.3.33.
[286] *Bergmann,* ZRP 2001, S. 18, 19; *Hölscheidt,* JA 2001, S. 85.
[287] S. auch *Becker,* EU-Erweiterung.
[288] www.bma.bund.de, Publikationen, Forschungsbericht 286; weitere Nachw. bei *Hänlein,* EuZW 2001, S. 165.

1993 – Noch eine Illusion; *Buchner,* Die sozialpolitische Entwicklung im Spannungsfeld von hoheitlicher Regelung und tarifautonomer Gestaltung, RdA 1993, S. 193 ff.; *Bundesministerium für Arbeit und Sozialordnung* (Hrsg.), Leben und Arbeiten in Europa, 1992; *Clever,* Perspektiven europäischer Sozialpolitik nach Maastricht, 1994; *Coen,* Sozialpolitik, in: *Bleckmann,* Europarecht, 6. Aufl., 1997; *Constantinesco,* Das Recht der Europäischen Gemeinschaft I, 1977; *Däubler,* Arbeitsrecht und Auslandsbeziehungen, AuR 1990, S. 1 ff.; *ders.,* Europäische Tarifverträge nach Maastricht; EuZW 1992, S. 333 ff.; *ders* (Hrsg.), Sozialstaat EG? Die andere Dimension des Binnenmarktes, 1988; *Däubler/Kittner/Lörcher,* Internationale Arbeits- und Sozialordnung, 1990; *Dauses,* Handbuch des EG-Wirtschaftsrechts, 9. Lfg., 2000; *Deubner* (Hrsg.), Europäische Einigung und soziale Frage, 1990; *Donges u. a.* (Kronberger Kreis), Sozialunion für Europa?, 1996; *Eichenhofer,* Sozialrecht der Europäischen Union, 2001; *Ermer/Schulze/Schulz-Nieswandt/Sesselmeier,* Soziale Politik im EG-Binnenmarkt, 1989; *Hartlage-Laufenberg,* Die Europäische Gemeinschaft und das deutsche individuelle und kollektive Arbeitsrecht, RiW 1992, S. 873 ff., Heinze, Europarecht im Spannungsverhältnis zum nationalen Arbeitsrecht, ZfA 1992, S. 331 ff.; *Hauschka,* Arbeitsrechtliche Rahmenbedingungen des EG-Binnenmarktes, RiW 1990, S. 81 ff.; *Heinze,* Europarecht im Spannungsverhältnis zum nationalen Arbeitsrecht, ZfA 1992, S. 331 ff.; *Igl* (Hrsg.), Europäische Union und gesetzliche Krankenversicherung, 1999; *Joussen,* Die Stellung europäischer Sozialpolitik nach dem Vertrag von Amsterdam, ZIAS 2000, S. 191 ff.; *Junker,* Arbeits- und Sozialrecht in der Europäischen Union, JZ 1994, S. 277 ff.; *Kohler-Koch/Platzer,* Tripartismus – Bedingungen und Perspektiven des sozialen Dialogs in der EG; Integration 1986; *Konzen,* Der europäische Einfluss auf das deutsche Arbeitsrecht nach dem Vertrag über die Europäische Union, EuZW 1995, S. 39 ff.; *Kuhn,* Die soziale Dimension in der EG, 1995; *Leibfried,* Wohlfahrtsstaatliche Entwicklungspotentiale – Die EG nach Maastricht, NDV 1992, S. 107 ff.; *ders.,* Wohlfahrtsstaatliche Perspektiven der Europäischen Union – Auf dem Wege zu positiver Souveränitätsverflechtung, KJ 1994, S. 263 ff.; *Lichtenberg* (Hrsg.), Sozialpolitik in der EG, 1986; *Lochner,* Was bedeuten die Begriffe Harmonisierung, Koordinierung und gemeinsame Politik in den europäischen Verträgen?, ZgesStW 1962, S. 35 ff.; *Masberg/Pintz,* Die Sozialpolitik der Europäischen Gemeinschaft, in: Hauff/Pfister-Gaspary, Internationale Sozialpolitik, 1982;. *Mayer,* Zur sozialen Dimension des Europäischen Binnenmarktes, in: *ders.,* Der Europäische Binnenmarkt – Perspektiven und Probleme, 1989; *Merten/Pitschas* (Hrsg.), Der Europäische Sozialraum und seine Institutionen; *Meessen,* Verbände und europäische Integration, 1980; *Mosley,* The Social Dimension of European Integration, International Labour Law Review, 1990; *Moussis,* Access to Social Äeurope, 1997; *von Maydell/Schnapp* (Hrsg.), Die Auswirkungen des EG-Rechts auf die Rechtslage in der Bundesrepublik Deutschland, 1992; *Novak,* EG-Grundfreiheiten und Europäisches Sozialrecht, EuZW 1998, S. 366 ff.; *Philip,* Droit social européen, 1985; *Pipkorn,* Maßnahmen der Gemeinschaft im Bereich des Arbeitsrechts, NZA Beil. 3/1986, S. 2 ff.; *Ringler,* Die Europäische Sozialunion, 1997; *Roche/van Berkel* (Hrsg.), European Citizenship and Social Exclusion, Aldershot (GB) 1997; *Schaub,* Europäisierung des deutschen Arbeitsrechts, NZA 1994, S. 769 ff.; *Schmähl/Rische* (Hg.), Europäische Sozialpolitik, 1997; *Schulte,* Sozialpolitik und Sozialrecht in der EG, KJ 1990, S. 79 ff.; *Schönfelder/Silberberg,* Der Vertrag von Amsterdam: Entstehung und erste Bewertung, in: Integration 1997, 203 ff.; *Schulz,* Maasticht und die Grundlagen einer europäischen Sozialpolitik, 1996; *Schuster,* Rechtsfragen der Maastrichter Vereinbarungen zur Sozialpolitik, EuZW 1992, S. 178 ff.; *Simitis,* Europäisierung oder Renationalisierung des Arbeitsrechts, in: FS für Otto Rudolf Kissel, 1994; *Steinmeyer,* Harmonisierung des Arbeits- und Sozialrechts in der Europäischen Gemeinschaft – Eine Konsequenz aus der Schaffung eines einheitlichen Binnenmarktes?, ZIAS 1989, S. 208 ff.; *ders.,* Der Vertrag von Amsterdam und seine Bedeutung für das Arbeits- und Sozialrecht, RdA 2001, S. 10 ff.; *ders.,* Harmonisierung des Arbeits- und Sozialrechts in der Europäischen Gemeinschaft – Eine Konsequenz aus der Schaffung eines einheitlichen Binnenmarktes?, VSSR 1989, S. 208 ff.; *ders.,* Sozialdumping in Europa – Perspektiven einer arbeits- und sozialrechtlichen Rechtsprechung, DVBl. 1995, S. 962 ff.; *ders.,* 20 Jahre Betriebsrentengesetz, RdA 1995, S. 343 ff.; *Strohmeier,* Die soziale Dimension des Binnenmarktes, DB 1992, S. 38 ff.; *van Velzen,* Europa ohne Sozialraum – ein gefährlicher Irrweg, ZfSH/SGB 1993, S. 225 ff.; *Venturini,* Ein europäischer Sozialraum für 1992, 1989; *Vogel-Polsky/Vogel,* L'Europe sociale 1993: Illusion, alibi ou realité, 1991; *von Alvensleben,* Die Rechte der Arbeitnehmer bei Betriebsübergang im Europäischen Gemeinschaftsrecht, 1992; *Wank,* Arbeitsrecht nach Maastricht, RdA 1995, S. 10 ff.; *Weiss,* Die europarechtliche Regelung der Massenentlassung, RdA 1992, S. 368 ff.; *Wellner/Schmich,* Europa auf dem Wege zur Sozialunion, 1988; *Weinstock,* Europäische Sozialunion – historische Erfahrungen und Perspektiven, in: Däubler, Sozialstaat EG? Die andere Dimension des Binnenmarktes, 1988; *Zachert,* EG-Binnenmarkt und Arbeitsrecht, AuR 1989, S. 161 ff.; *Zuleeg,* Die Zahlung von Ausgleichszulagen über die Binnengrenzen der Europäischen Gemeinschaft, DRV 1988, S. 621 ff.

Übersicht

	Rn.		Rn.
I. Stellenwert der Sozialpolitik	1	ee) Das zu berücksichtigende Verfahren	77
II. Die sozialpolitischen Bestimmungen des EGV	23	d) Änderungen des Art. 137 EG-Vertrag durch den Vertrag von Nizza	79
1. Überblick	23	e) Art. 141 EGV	85
2. Die allgemeinen, programmatischen Sozialvorschriften (Art. 136, Art. 140 EGV)	29	f) Ausschluss europäischer Kompetenz gem. Art. 137 Abs. 6 EGV und die Möglichkeit der Aufgabenübertragung auf die Kommission gem. Art. 144 EGV	90
3. Die sozialpolitischen Kompetenzen	38	g) Abgrenzungsfragen	92
a) Vorbemerkungen	38	h) Art. 95 EGV	94
b) Art. 137 Abs. 2 EGV	43	i) Art. 94 EGV	98
aa) Verbesserung insbesondere der Arbeitsumwelt zum Schutz der Gesundheit und der Sicherheit der Arbeitnehmer	45	j) Art. 308 EGV	107
bb) Arbeitsbedingungen	51	4. Der soziale Dialog nach Art. 118b EGV a. F. und Art. 139 n. F.	113
cc) Unterrichtung und Anhörung der Arbeitnehmer	52	a) Die Rolle der Sozialpartner bei der Rechtsetzung	116
dd) Berufliche Eingliederung	55	b) Verabschiedung von Vereinbarungen	120
ee) Chancengleichheit für Männer und Frauen	57	aa) Durchführung der Vereinbarung auf nationaler Ebene	128
ff) Das Rechtssetzungsinstrumentarium	60	bb) Durchführung der Vereinbarung durch Ratsbeschluss	130
gg) Bekämpfung sozialer Ausgrenzung	64	c) Durchführung von Richtlinien durch die Sozialpartner	134
c) Art. 137 Abs. 3 EG-Vertrag	67	d) Der soziale Dialog unterhalb der Rechtssetzungsebene	135
aa) Soziale Sicherheit und sozialer Schutz der Arbeitnehmer	69	5. Der „Titel VIII. Beschäftigung"	140
bb) Vertretung und kollektive Wahrnehmung der Arbeitnehmer- und Arbeitgeberinteressen	71	6. Bildungs- und Jugendpolitik	145
cc) Beschäftigungsbedingungen der Staatsangehörigen dritter Länder	73	7. Sozialpolitische Relevanz der übrigen Bestimmungen	146
dd) Finanzielle Beiträge zur Förderung der Beschäftigung und zur Schaffung von Arbeitsplätzen	75	III. Die sozialpolitischen Bestimmungen der anderen Gemeinschaftsverträge	151
		1. Der EGKS-Vertrag	151
		2. Der EAG-Vertrag	154

I. Stellenwert der Sozialpolitik

1   Nach Art. 3 lit. j EGV zählt zu den Tätigkeiten der Gemeinschaft die Sozialpolitik mit einem Europäischen Sozialfonds. Die Sozialpolitik stellt eine der flankierenden, über den rein wirtschaftlichen Bezug hinausgehenden Politiken des EGV dar.[1] Wie aus Art. 3 lit. j EGV deutlich wird,[2] gehört die Sozialpolitik nicht zu den gemeinsamen Politiken wie z.B. die Landwirtschafts- und Verkehrspolitik.[3] Die Gemeinschaft soll keine supranationale Arbeits- und Sozialordnung errichten, welche die nationalen Systeme ablöst. Eine Sozialunion war von Anfang an nicht Bestandteil des Integrationskonzeptes des EWGV, obwohl die Sozialsysteme der sechs Gründerstaaten nicht so stark divergierten[4] wie dies heute bei 15 Mitgliedstaaten der Fall ist.

2   Gleichwohl **enthält der EGV sozialpolitische Zielsetzungen.** Nach Art. 2 EGV soll die Errichtung des Gemeinsamen Marktes und einer Wirtschafts- und Währungsunion

---

[1] Hier wird Bezug genommen auf die Definitionen bei den gemeinsamen Politiken, § 9 Rn. 289.
[2] Darin ist gerade nicht von einer gemeinsamen Sozialpolitik die Rede.
[3] Vgl. oben § 9 Rn. 430 ff.
[4] *Mosley*, social dimension, S. 157.

I. Stellenwert der Sozialpolitik

u. a. ein hohes Beschäftigungsniveau, ein hohes Maß an sozialem Schutz, die Hebung der Lebenshaltung und der Lebensqualität sowie den wirtschaftlichen und sozialen Zusammenhalt zwischen den Mitgliedstaaten fördern.[5] Die Schöpfer des EWGV gingen entsprechend der damals vorherrschenden neoliberalen Konzeption davon aus, dass die wirtschaftliche Integration den sozialen Fortschritt nach sich ziehen werde. Eine eigenständige Sozialpolitik der Gemeinschaft wurde aus diesem Grunde nicht für notwendig angesehen. Der EWGV enthielt keine Mechanismen, mit denen die Gemeinschaft für den Fall eingreifen konnte, dass die Fortschritte durch die wirtschaftliche Integration nicht zu den erwarteten positiven sozialen Auswirkungen führt.

Eine **Vereinheitlichung der nationalen Arbeits- und Sozialordnungen verlangt auch das wirtschaftliche Integrationskonzept der Gemeinschaft nicht.**[6] Die Errichtung einer Zollunion und die Verwirklichung der Grundfreiheiten als Kernelemente eines Gemeinsamen Marktes können bei unterschiedlichen Arbeits- und Sozialsystemen funktionieren.[7] Dasselbe gilt für die Wirtschafts- und Währungsunion, wobei aber abzuwarten bleibt, welche Auswirkungen die Wirtschafts- und Währungsunion auf den unveränderten Fortbestand der unterschiedlichen Systeme haben wird. Lediglich für die Verwirklichung der Freizügigkeit der Arbeitnehmer muss die Gemeinschaft einen Regelungsmechanismus schaffen, welcher die Gewähr dafür bietet, dass Wanderarbeitnehmer keine sozialversicherungsrechtlichen Nachteile erleiden. Auf Grundlage des ursprünglichen Art. 51 EGV[8] hat die Gemeinschaft bis 1986 die wesentlichen Regelungen getroffen, so dass die Freizügigkeit der Arbeitnehmer vor Ablauf der Übergangszeit praktisch verwirklicht war.[9]

Die Errichtung des Gemeinsamen Marktes erfordert neben der Verwirklichung der Grundfreiheiten und einer Zollunion ein System eines unverfälschten Wettbewerbs, das annähernd gleiche Voraussetzungen für die wirtschaftliche Betätigung jedes Unionsbürgers schafft.[10] Wettbewerbsrelevanz besitzen die Arbeits- und Sozialrechtssysteme der Mitgliedstaaten, da für unternehmerische Entscheidungen, welche Investitionen oder Betriebsgründungen betreffen, auch die Kostenbelastungen durch die jeweiligen Sozialordnungen eine wesentliche Rolle für die Frage spielen, wo der größte Gewinn zu erwarten ist.[11] Die **Wettbewerbsrelevanz der Arbeits- und Sozialordnungen** gewinnt umso mehr an Bedeutung, je weiter der Abbau der zwischenstaatlichen Schranken z. B. durch den Abbau der nichttarifären Handelshemmnisse, die Angleichung der Unternehmensbesteuerung etc. erfolgt. Allgemein gewinnen dann die nicht angeglichenen Standortfaktoren an Bedeutung.[12] Dies wird erst recht nach der Verwirklichung der Währungsunion zu gelten haben, da dann die durch Auf- und Abwertungen ausgeglichenen Produktivitätsunterschiede voll durchschlagen.

Es verwundert daher nicht, dass bereits im Vorfeld der Verabschiedung des EWGV die Auswirkungen der Sozialpolitik auf die Schaffung des Gemeinsamen Marktes kontrovers diskutiert wurden. Frankreich, das zum damaligen Zeitpunkt das höchste Sozialniveau der sechs Gründerstaaten aufwies,[13] wollte die Urlaubsregelungen, Arbeitszeitbestimmun-

---

[5] Vgl. auch die Präambel zum EGV: „Entschlossen, ... den sozialen Fortschritt zu sichern"; „In dem Vorsatz, die stetige Besserung der Lebens- und Beschäftigungsbedingungen ... anzustreben." Auch die Präambel zum EUV enthält sozialpolitische Aussagen („... den wirtschaftlichen und sozialen Fortschritt ... zu verfolgen.").

[6] *Bieback*, EuR 1993, S. 150.

[7] Vgl. dazu *Steinmeyer*, VSSR 1989, S. 208 ff.; *ders.*, DVBl. 1995, S. 962 ff.

[8] Dies entspricht dem Art. 42 EGV n. F.

[9] Vgl. unten § 15.

[10] Vgl. oben § 9 Rn. 308 ff.

[11] Nach der Konzeption des Gemeinsamen Marktes sollen Angebot und Nachfrage nach den Produktionsmitteln und damit der Einsatz der Produktionsmittel gerade dort erfolgen, wo der höchste Gewinn zu erzielen ist; vgl. *Bleckmann*, Der Gemeinsame Markt, MDR 1986, S. 5, 7.

[12] S. dazu näher auch *Steinmeyer*, DVBl. 1995, S. 962 ff.

[13] *Philip*, droit social europeèn, S. 188.

gen, Überstundenregelungen etc. angleichen, um in diesen Bereichen die Wettbewerbsbedingungen in der Gemeinschaft zu vereinheitlichen. Es betrachtete die Kosten des modernen Sozialsystems als „künstliche" Kosten, die anzugleichen seien, um einheitliche Wettbewerbsbedingungen herzustellen.[14] Dagegen qualifizierte die deutsche Seite die Sozialkosten als natürliche, standortbedingte Kosten, welche durch andere Faktoren kompensiert werden. Sie stützte sich zu Recht darauf, dass die Sozialkosten nur einen von mehreren Standortfaktoren darstellen, so dass eine isolierte Angleichung nicht notwendig sei.

6 Weitaus größere Relevanz als die Kostenbelastungen besitzen in der Tat die von der Produktivität abhängigen **Lohnstückkosten.** Hinzu kommen andere Belastungen wie Steuern und Umweltauflagen. Außerdem spielen nicht messbare Faktoren wie etwa die Qualifizierung der Arbeitnehmer, die Infrastruktur, die Streikhäufigkeit eine ebenfalls wichtige Rolle.[15] Die deutsche Delegation konnte sich in ihrer Argumentation auf ein Gutachten der Internationalen Arbeitsorganisation (ILO) über die „sozialen Aspekte der europäischen wirtschaftlichen Zusammenarbeit" aus dem Jahre 1956 stützen, das die größere Bedeutung der Qualität der angebotenen Produkte und Dienstleistungen gegenüber den Arbeits- und Sozialkosten für die Wettbewerbsfähigkeit feststellte. Aus dem Gutachten konnte der Schluss gezogen werden, dass die unterschiedlichen Arbeits- und Sozialniveaus der Mitgliedstaaten einer durch die Errichtung eines Gemeinsamen Marktes hervorgerufenen Liberalisierung des Handels nicht entgegenstehen.[16]

7 Die Auseinandersetzung in dieser Frage führte fast zum Scheitern des EWGV.[17] In dem zwischen den beiden Delegationen in letzter Minute erzielten Kompromiss setzte sich im Wesentlichen die Position der Bundesrepublik durch, da im Kapitel Sozialvorschriften (Art. 117 – Art. 122 EWGV a. F.[18]) die **Zuständigkeit der Mitgliedstaaten für das Arbeits- und Sozialrecht nicht angetastet,** also auf eine Harmonisierung durch die Gemeinschaft verzichtet wurde.[19] Für den Fall, dass das Funktionieren des Gemeinsamen Marktes durch nationale arbeits- und sozialrechtliche Vorschriften beeinträchtigt wird, kann die Gemeinschaft auf die generelle Befugnis des Art. 94 EGV zurückgreifen, der sie ermächtigt, bei solchen Störungen die nationalen Vorschriften anzugleichen. Insgesamt wird deutlich, dass die Sozialpolitik nach der Konzeption des Gründungsvertrags der wirtschaftlichen Entwicklung untergeordnet war und im Vertrag – zumindest in seiner ursprünglichen Fassung – sozialpolitische Befugnisse nur vorgesehen waren, soweit es für die wirtschaftliche Integration notwendig war.

8 Die grundsätzliche Zuständigkeit der Mitgliedstaaten erfuhr durch die **Einheitliche Europäische Akte,** die Vertragsrevision vom 28. 2. 1986,[20] eine wichtige Einschränkung insofern, als die Gemeinschaft durch Art. 118a EGV a. F.[21] ermächtigt wurde, Mindestrichtlinien zur Verbesserung der Sicherheit und Gesundheit der Arbeitnehmer zu erlassen. Der Maastrichter Vertrag ließ das Kapitel Sozialvorschriften weitgehend unberührt, führte aber im Abkommen über die Sozialpolitik zu weitreichenden Änderungen für die Mitgliedstaaten mit Ausnahme Großbritanniens.[22] Erst der Vertrag von Amsterdam schuf die Voraussetzung für die Aufnahme dieser Änderungen in den Gemeinschaftsvertrag selbst, so dass sie nun für alle Mitglieder gleichermaßen Gültigkeit besitzen.[23]

---

[14] *Junker,* JZ 1994, S. 277, 278.
[15] *Balze,* Sozialpolitische Kompetenzen, S. 180.
[16] *Weinstock,* in: Däubler, Sozialstaat EG?, S. 16.
[17] Vgl. *von Alvensleben,* Rechte der Arbeitnehmer bei Betriebsübergang, S. 20 ff.
[18] Jetzt Art. 136 ff. EGV.
[19] Vgl. insbesondere Art. 118 EGV.
[20] Dazu § 11 Rn. 27 ff.
[21] Dieser entspricht dem heutigen Art. 138 EGV.
[22] Dazu § 11 Rn. 63 ff.
[23] Dazu § 11 Rn. 71.

I. Stellenwert der Sozialpolitik

Obwohl die Konzeption des EGV eine eigenständige Sozialpolitik der Gemeinschaft nicht voraussetzt, hat die Bedeutung dieses Politikbereiches in den letzten Jahren erheblich zugenommen. Dies liegt in erster Linie daran, dass sich die Entwicklung der Sozialpolitik durch eine Abkehr von der neoliberalen Wirtschaftsphilosophie kennzeichnen lässt. Dieser Prozess begann in den 70er Jahren,[24] als die überwiegend sozialdemokratischen Regierungen auf Gemeinschaftsebene sozialpolitische Akzente setzen wollten. Hinzu kam, dass sich die Gemeinschaft mit der für 1980 in Angriff genommenen Wirtschafts- und Währungsunion neuen Aufgaben zuwenden konnte, weil die Zollunion verwirklicht und erhebliche Fortschritte bei der Verwirklichung der Personenverkehrsfreiheiten erzielt waren. Schließlich machte die durch die Ölkrise ausgelöste Weltwirtschaftskrise deutlich, dass nicht nur auf nationaler, sondern auch auf Ebene der Gemeinschaft sozialpolitische Maßnahmen ergriffen werden müssen, um die aufgetretenen Probleme zu lösen, die insbesondere in dem dramatischen Anstieg der Arbeitslosigkeit lagen und alle Mitgliedstaaten betreffen.

Mit der Vertiefung der Integration kam als Erkenntnis hinzu, dass ein rein wirtschaftliches Tätigwerden der Gemeinschaft („Europa der Konzerne") längerfristig zu Akzeptanzverlusten unter den Unionsbürgern führe und ein Zusammenwachsen der Mitgliedstaaten gefährde.[25] Demgegenüber leistet eine Politik, die Arbeitnehmerinteressen stärkt und versucht, die Folgen der wirtschaftlichen Integration sozial zu flankieren, einen Beitrag zur Vertiefung der Integration.

Die eigenständige, d.h. **vom wirtschaftlichen Bezug losgelöste Sozialpolitik** spielt sich vor allem auf den folgenden drei Ebenen ab:
- aktive Sozialpolitik durch die Fonds der Gemeinschaft;
- Erlass von Mindestbestimmungen im Arbeitsrecht;
- Entwicklung eines sozialen Dialogs;

Mit den drei **Strukturfonds,** dem Regionalfonds, dem Ausrichtungs- und Garantiefonds für die Landwirtschaft Abteilung Ausrichtung und dem Europäischen Sozialfonds sowie dem 1993 neu geschaffenen Kohäsionsfonds verfügt die Gemeinschaft über ein Instrumentarium, um die regionalen Disparitäten unter den Mitgliedstaaten zu verringern und so einen Beitrag zur Verwirklichung des wirtschaftlichen und sozialen Zusammenhalts[26] zu leisten. Die Notwendigkeit, mit dem Strukturfonds, insbesondere dem Europäischen Sozialfonds, der für die Bekämpfung der Arbeitslosigkeit eingesetzt wird,[27] aktive Sozialpolitik zu betreiben, wuchs durch den Beitritt Griechenlands, Spaniens und Portugals. Denn diese Staaten knüpften ihre Zustimmung für das Binnenmarktprojekt an eine kräftige Aufstockung der Mittel aus dem Strukturfonds, um damit die negativen Folgen des Binnenmarktes für ihre Länder auszugleichen. Die Prognosen hinsichtlich der erwarteten Folgen der Verwirklichung gingen davon aus, dass die hoch entwickelten Länder von der zunehmenden Wirtschaftsintegration stärker profitieren, während für die relativ schwachen Staaten und Regionen, also insbesondere für die Mittelmeerländer, die Probleme noch zunähmen[28] und sich die regionalen Disparitäten eher noch verschärfen.[29] Ähnliche Probleme gab es für die Schaffung der Wirtschafts- und Währungsunion, so dass Griechenland, Portugal, Irland und Spanien eine reale Verdoppelung der Strukturfondsmittel auf 300 Milliarden ECU bis 1999 für ihr Gebiet durchsetzten. Eine zentrale Aufgabe der Gemeinschaftssozialpolitik besteht daher darin, die Auswirkungen der Errichtung

---

[24] Vgl. dazu ausführlich § 11 Rn. 9 ff.
[25] So insbesondere *Leibfried,* in: NDV 1992, S. 116 f.
[26] Vgl. Art. 3 lit. j, Art 158–162 EGV.
[27] Vgl. insbesondere Art. 146 EGV.
[28] *Götzmann/Seifert,* Räumliche Disparitäten und EG-Regionalpolitik, in: *Heine/Kisker/Schikora* (Hrsg.), Schwarzbuch EG-Binnenmarkt, 1991, S. 41; *Böttcher,* Soziales Europa 1993, S. 24.
[29] Ähnliche Prognosen gibt es hinsichtlich der erwarteten Folgen der Wirtschafts- und Währungsunion; vgl. *van Velzen,* ZfSH/SGB 1993, S. 225 ff., 226.

des Binnenmarktes so zu korrigieren, dass die Diskrepanzen unter den Regionen sich nicht noch weiter verschärfen.[30] Der Sozialpolitik kommt in diesem Zusammenhang eine klassische Umverteilungsaufgabe zu.

13 Die Aktivitäten der Gemeinschaft auf dem Gebiet der Sozialpolitik erschöpfen sich jedoch nicht in der Bekämpfung der Arbeitslosigkeit und in der Verringerung der regionalen Disparitäten. Seit Mitte der 70er Jahre, als die Gemeinschaft begann, ausgehend vom Sozialpolitischen Aktionsprogramm vom 21. 1. 1974, das die Abkehr von der neoliberalen Philosophie markiert, der Sozialpolitik eine eigenständigere Rolle zuzuerkennen, ist sie dazu übergegangen, im Bereich des Arbeitsrechts nationale Regelungen durch den Erlass von gemeinschaftsweit verbindlich geltenden **Mindestregelungen in Form von Richtlinien** anzugleichen. Dieses Konzept beruht darauf, dass die Gemeinschaft für die Mitgliedstaaten verbindliche Mindeststandards festlegt, die von den Mitgliedstaaten innerhalb einer bestimmten Frist im nationalen Recht erreicht werden müssen. Die Mitgliedstaaten sind nicht gehindert, Vorschriften zu erlassen, die für die Arbeitnehmer günstigere Regelungen vorsehen.

14 Das **Konzept der Mindestbestimmungen oder des „sozialen Sockels"** ist die Konsequenz aus der Erkenntnis, dass eine Angleichung der Arbeits- und Sozialordnungen auf den jeweils höchsten Niveaus finanziell unkalkulierbar ist[31] und auf der anderen Seite die Festlegung auf ein mittleres Niveau für einige Mitgliedstaaten einen sozialpolitischen Rückschritt bedeuten würde und daher ebenfalls nicht realisierbar ist.[32] Das Konzept der Mindestnormen ist daher der einzig realistische Weg, gemeinschaftsweit geltende Arbeitsbedingungen festzulegen und auf der anderen Seite eine so große Flexibilität aufzuweisen, dass sie weitergehenden Regelungen in Form von Gesetzen und Kollektivvereinbarungen in einzelnen Mitgliedstaaten nicht entgegenstehen. Das Prinzip der Mindestbestimmungen schafft die Voraussetzungen dafür, dass die Mitgliedstaaten oder – soweit dies nach dem innerstaatlichen zulässig ist – die Sozialpartner günstigere Regelungen für die Arbeitnehmer treffen. Die Harmonisierung erfolgt demnach in zwei Schritten: In einem ersten Schritt erlässt die Gemeinschaft Mindeststandards in Form einer Richtlinie, welche die einzelnen Mitgliedstaaten dann in einem zweiten Schritt in nationales Recht umzusetzen haben.[33]

15 Die **Mindestbestimmungen wirken sich daher auf die einzelnen Mitgliedstaaten unterschiedlich aus.** So kann es vorkommen, dass ein Staat erhebliche Anstrengungen unternehmen muss, um in der vorgesehenen Zeit die Richtlinie in nationales Recht umzusetzen, während ein anderer Mitgliedstaat mit einem weiter entwickelten Arbeits- und Sozialrecht keine Veränderungen des nationalen Rechts vornehmen muss, weil er die Mindestbedingungen bereits erfüllt. Ein weiteres Problem für die weniger entwickelten Mitgliedstaaten besteht außerdem darin, dass wegen der geringeren Produktivität und weiterer Faktoren,[34] welche sie ins Hintertreffen gegenüber den reicheren Staaten bringen, die Erfüllung der Mindestbestimmungen zu erheblichen Kostenbelastungen der Unternehmen führen und die Staaten dadurch einen wesentlichen Vorteil im Wettbewerb auf den Binnenmarkt gegenüber den reicheren Mitgliedstaaten verlieren. Vor diesem Hintergrund wird deutlich, dass oftmals finanzielle Unterstützung – etwa durch Mittel aus den Strukturfonds – an die betroffenen Unternehmer solcher Länder geleistet werden müssen, damit diese die Vorgaben der Richtlinien erfüllen können, ohne dass sich ihre Wettbewerbsposition grundlegend verschlechtert.

---

[30] Vgl. dazu auch *van Velzen*, ZfSH/SGB, S. 226 f.; *Dauses*, EU-Wirtschaftsrecht Bd. 1, D. II Rndr. 10 ff.

[31] So wurde gerechnet, dass die „Herauf-Harmonisierung" auf das deutsche Niveau – dass nicht in allen Bereichen das höchste ist – etwa 1000 Milliarden DM jährlich kosten wird, vgl. *Clever*, Perspektiven, S. 3 ff.

[32] Vgl. dazu *Clever*, Perspektiven, S. 3.

[33] Zur Harmonisierung auch MünchArbR/*Birk*, § 18 Rn. 89 ff.

[34] Z. B. einer unterentwickelten Infrastruktur.

I. Stellenwert der Sozialpolitik

Der **Erlass arbeitsrechtlicher Mindestrichtlinien erfüllt einen doppelten Zweck:** 16
die Festschreibung verbindlicher Arbeitnehmerrechte erhöht die Akzeptanz unter den Marktbürgern und verringert zugleich die Wettbewerbsrelevanz der Arbeits- und Sozialordnungen. Aus Sicht der Gewerkschaften der reicheren Mitgliedstaaten besteht die Befürchtung, dass Unternehmen Betriebe dorthin verlagern und Investitionsentscheidungen dort vornehmen, wo sie mit den geringsten Kosten zu rechnen haben. Durch den Erlass von Mindestbestimmungen wird diese Gefahr zwar nicht völlig beseitigt, da immer noch unterschiedliche Regelungen bestehen, weil die Mitgliedstaaten „nach oben" abweichen können und auch nach Inkrafttreten einer Richtlinie unterschiedliche Regelungen auf Gemeinschaftsebene existieren. Es werden aber zumindest die Unterschiede verringert und den Mitgliedstaaten die Möglichkeit verwehrt, die Mindestbestimmungen zu unterschreiten. Auf der anderen Seite darf nicht übersehen werden, dass die Festlegung gemeinschaftsweiter Mindeststandards in den reicheren Mitgliedstaaten im Hinblick auf die Wettbewerbsgerechtigkeit zu Forderungen nach Abbau günstigerer nationaler Regelungen führen kann.[35] Hier macht dann das zumeist zu Unrecht gebrauchte Wort vom „Sozialdumping" die Runde.[36]

Den Erlass von Mindestrichtlinien stützte die Gemeinschaft zunächst auf Art. 94 EGV, 17
seit Inkrafttreten der EEA in erster Linie auf den damaligen Art. 118a EGV.[37] Die Angleichungsmaßnahmen auf dem Gebiet der Sozialpolitik beschränkte die Gemeinschaft bisher ausschließlich auf das **Arbeitsrecht. Im Sozialrecht** ließ ihre Rechtsetzungstätigkeit die **nationalen Systeme bisher unverändert.** Die Sozialleistungssysteme der Mitgliedstaaten weichen in struktureller Hinsicht noch stärker voneinander ab als im Arbeitsrecht, so dass einheitliche Lösungen nur schwer zu erzielen sind. Hinzu kommt, dass vielfach finanzielle Überlegungen[38] eine Rolle spielen und auf dem Gebiet des Sozialrechts nicht in vergleichbarem Maß politische Forderungen erhoben werden wie auf dem Gebiet des Arbeitsrechts.[39] Vor diesem Hintergrund wird verständlich, dass gerade auf dem Gebiet des Sozialrechts Forderungen nach freiwilliger Angleichung der nationalen Systeme zunehmend an Bedeutung gewinnen. Im Gegensatz zur Rechtsangleichung soll eine sachliche Abstimmung der nationalen Politiken unter den Mitgliedstaaten ohne besonderen Vertrag und eine „Selbstharmonisierung" oder spontane Harmonisierung durch jeden einzelnen Staat erfolgen, umso auf längere Sicht die Systeme anzunähern (Konvergenz).[40] Für die nahe Zukunft erscheint dieser Weg zumindest auf dem Gebiet des Sozialrechts der einzig mögliche, wobei erhebliche Zweifel aufkommen, ob sich die 15 Mitgliedstaaten tatsächlich zu freiwilligen Vereinbarungen entschließen, d. h. etwa dazu, den Invaliditätsbegriff oder die Altersgrenzen zu vereinheitlichen.[41]

Mit den auf Art. 42 EGV gestützten Verordnungen, welche die sozialversicherungs- 18
rechtlichen Voraussetzungen für die Herstellung der **Freizügigkeit der Arbeitnehmer** geschaffen haben,[42] hat sich ein in sich geschlossenes Regelungswerk entwickelt, so dass zu Recht von einem europäischen Sozialrecht gesprochen werden kann.[43] Der Anwendungsbereich dieser Verordnungen beschränkt sich jedoch darauf, die nationalen Sozialversicherungssysteme so zu verknüpfen, dass Arbeitnehmer, welche von der Freizügigkeit

---

[35] So wurde in Frankreich die staatliche Genehmigungspflicht für Massenentlassungen nach Verabschiedung der Richtlinie 75/129/EWG über die Massenentlassungen wieder abgeschafft, vgl. *Weiss,* Die europarechtliche Regelung der Massenentlassung, RdA 1992, S. 368.
[36] S. dazu *Steinmeyer,* DVBl. 1995, S. 962 ff.
[37] Art. 138 EGV n. F.
[38] So wird von den reicheren Ländern wie der Bundesrepublik die Gefahr des Sozialtourismus immer wieder beschworen, so *Clever,* Perspektiven, S. 16.
[39] So beziehen sich die sozialpolitischen Aktionsprogramme primär auf Fragen des Arbeitsrechts.
[40] *Birk,* in: MünchArbR, § 18 Rn. 27.
[41] Gerade in diesen beiden Punkten wäre eine Angleichung wünschenswert, vgl. dazu § 23 II u III.
[42] Vgl. dazu 5. Abschnitt (§ 20 ff)
[43] Demgegenüber wird das europäische Arbeitsrecht noch als rudimentär angesehen.

gemäß Art. 39 ff. EGV Gebrauch machen, keine Nachteile erleiden, und lässt so die einzelnen Sozialversicherungssysteme der Mitgliedstaaten unangetastet. Für diese Regelungstechnik hat sich der Begriff der **Koordinierung** durchgesetzt.[44] Im Einzelnen besteht zwar über die Unterschiede der Begriffe Angleichung,[45] Koordinierung[46] und Harmonisierung[47] keine Einigkeit. Es hat sich aber nach gründlicher Untersuchung herausgestellt, dass diese Begriffe nicht voneinander abzugrenzen und sogar mehr oder weniger beliebig austauschbar sind.[48] Für den Bereich des Arbeits- und Sozialrechts hat es sich eingebürgert, die Verknüpfung der sozialen Sicherungssysteme durch Gemeinschaftsregelungen als Koordinierung, dagegen die inhaltliche Abstimmung der Arbeitsrechtsordnungen durch gemeinschaftsrechtliche Vorgaben als Harmonisierung bzw. Angleichung zu bezeichnen.[49]

19 Die Koordinierung im Sozialrecht erfolgt in erster Linie durch den Erlass einheitlicher Kollisionsnormen.[50] Das **koordinierende europäische Sozialrecht** wirkt sich jedoch mittelbar auf die nationalen Rechtsordnungen dahingehend aus, dass bei der Einführung oder Neugestaltung einer Sozialleistung stets die gemeinschaftsrechtlichen Auswirkungen zu beachten sind. So wurde die Aufstockung der Rente auf das Sozialhilfeniveau in der Bundesrepublik Deutschland fallengelassen, weil sich die Kosten verdreifacht hätten, da die ehemaligen Wanderarbeitnehmer einen Anspruch auf diese Leistung erworben hätten.[51] Auch im Verlauf der Diskussion um die Einführung der Pflegeversicherung spielte die Frage eine beträchtliche Rolle, wie das System auszugestalten sei, um hohe Zusatzkosten durch Leistungsexport zu vermeiden.

20 Das Instrumentarium der Koordinierung scheidet aus, wenn wie im Arbeitsrecht die Unterschiede der nationalen Rechtsordnungen verringert werden sollen. Es wäre theoretisch denkbar, die für notwendig erachteten Arbeitsrechtsregelungen so zu „vergemeinschaften", dass die Gemeinschaft durch den Erlass von Verordnungen bestimmte Regelungsmaterien an sich zieht. Das nationale Recht würde durch solche Regelungen ersetzt werden. Allerdings lässt sich bei der Einsetzbarkeit der Instrumentarien nicht immer sauber zwischen beiden Gestaltungsformen unterscheiden. So lässt sich etwa im Bereich der Zusatzversorgungssysteme eine der Koordination der staatlichen sozialen Sicherungssysteme vergleichbare Situation nur erreichen, wenn auch eine gewisse Rechtsangleichung erfolgt.[52]

21 Die Gemeinschaft hat sich mit guten Gründen für das Konzept der Harmonisierung entschieden. Darunter versteht man, dass die nationalen Rechtsordnungen durch verbindliche gemeinschaftsrechtliche Vorgaben inhaltlich aufeinander abgestimmt werden.[53] Das Instrument für die **Harmonisierung im Arbeitsrecht** ist die Richtlinie. Die Zuständigkeit der Mitgliedstaaten für den angeglichenen Rechtsbereich bleibt erhalten, diese sind allerdings verpflichtet, innerhalb der in der Richtlinie vorgesehenen Frist ihr nationales Recht an die Vorgabe der Richtlinie anzupassen.[54] Das Prinzip der Rechtsangleichung nimmt auf die unterschiedlich gewachsenen Arbeitsrechtssysteme der einzelnen Mitgliedstaaten Rücksicht. Die Sozialordnungen der einzelnen Mitgliedstaaten beruhen auf unterschiedlichen historischen Wurzeln und weichen in struktureller Hinsicht teilweise erheblich voneinander ab, was eine Angleichung erschwert. Die auf dem Konzept der im

---

[44] Vgl. etwa *Junker*, JZ 1994, S. 280.
[45] Vgl. etwa Art. 94 EGV.
[46] Z. B. Art. 47 EGV.
[47] Z. B. Art. 138 (ex-118a) EGV; vgl. dazu *Balze*, Die sozialpolitischen Kompetenzen, S. 77.
[48] *Eiden*, in: Bleckmann, Europarecht, 7. Auflage 1997, Rn. 2106; *Lochner*, ZgesStW 1962, S. 35 ff.; *Steinmeyer*, ZIAS 1989, S. 211.
[49] Vgl. *Junker*, JZ 1994, S. 280; *Birk*, in: MünchArbR, § 18 Rn. 23 ff.
[50] Vgl. *Birk*, in. MünchArbR, § 18 Rn. 25; vgl. auch *Eichenhofer*, Sozialrecht der Europäischen Union, S. 55 ff.
[51] *Clever*, Perspektiven, S. 18; *Zuleeg*, DRV 1988, S. 621.
[52] S. näher *Steinmeyer*, RdA 1995, S. 343 ff.
[53] Vgl. *Junker*, JZ 1994, S. 280.
[54] Vgl. im Einzelnen § 9 Rn. 84 ff.

Arbeitsrecht auf Mindestbestimmungen beruhende Harmonisierung schafft die Voraussetzungen dafür, dass die Mitgliedstaaten oder – soweit dies nach dem innerstaatlichen Recht zulässig ist – die Sozialpartner günstigere Regelungen für die Arbeitnehmer treffen. Die Harmonisierung erfolgt demnach in zwei Schritten: In einem ersten Schritt erlässt die Gemeinschaft Mindeststandards in Form einer Richtlinie, welche die einzelnen Mitgliedstaaten dann in einem zweiten Schritt in nationales Recht umzusetzen haben.

Den **Schwerpunkt** der arbeitsrechtlichen Richtlinien bilden das **Arbeitsschutzrecht und die Gleichbehandlung von Mann und Frau.** Ansonsten hat die Gemeinschaft nur vereinzelte, punktuelle Regelungen erlassen, die ein bestimmtes Konzept nicht erkennen lassen. Damit ist die Zuständigkeit der Mitgliedstaaten im Arbeitsrecht mit Ausnahme der beiden erwähnten Bereiche bisher kaum angetastet worden. So existieren in zentralen Gebieten wie dem Kündigungsschutzrecht und dem Arbeitsvertragsrecht abgesehen von einigen Nachweispflichten des Arbeitgebers nur wenige Gemeinschaftsbestimmungen. Die Unterschiede in den Arbeitsrechtsordnungen werden insbesondere darin deutlich, dass die Bestimmungen über die Beteiligung der Sozialpartner, die in allen Mitgliedstaaten über eine zentrale Rolle bei der Gestaltung der Arbeitsbedingungen verfügen, erheblich voneinander abweichen. So verwundert es nicht, dass mit Ausnahme der Richtlinie über die Errichtung europäischer Betriebsräte nur wenige Ansätze für eine Angleichung des kollektiven Arbeitsrechts erkennbar sind. Es haben sich lediglich Strukturen eines sozialen Dialoges zwischen den auf Gemeinschaftsebene vertretenen Sozialpartnern herausgebildet. Doch auch im Individualarbeitsrecht dürfte sich an der grundsätzlichen Zuständigkeit der Mitgliedstaaten auch dann nicht viel ändern, wenn die Befugnisse der Gemeinschaft im EGV erweitert werden.

II. Die sozialpolitischen Bestimmungen des EGV

1. Überblick

Bestimmungen mit sozialpolitischer Relevanz finden sich in zahlreichen Vorschriften des EGV. Dies ist darauf zurückzuführen, dass viele wirtschaftlich ausgerichtete Normen des EGV sozialpolitische Auswirkungen haben und außerdem sich die Mitgliedstaaten über den Stellenwert der Sozialpolitik im EWGV von Anfang an nicht im klaren waren. **Die wichtigsten sozialpolitischen Bestimmungen enthält der Titel XI des EGV** (Art. 136–Art. 150 EGV), dessen Überschrift „Sozialpolitik, allgemeine und berufliche Bildung und Jugend" lautet. In diesem aus drei Kapiteln bestehenden Titel finden sich die zentralen sozialpolitischen Aussagen des EGV.

Kapitel 1 (Sozialvorschriften[55]) ist Ausdruck des Kompromisses zwischen Frankreich und der Bundesrepublik. Die Vorschriften des Kapitels 1 werden – mit Ausnahme des Art. 139 – unter Punkt 2 und 3 behandelt, Punkt 3h bis j behandelt die allgemeinen Kompetenzen der Art. 94 und 95 sowie 308; Art. 139 EGV, der den sozialen Dialog anspricht, wird als Punkt 4 im Zusammenhang mit der Rolle der Gewerkschaften und Arbeitgeberverbände behandelt.

Kapitel 2 (Art. 146–Art. 148 EGV) enthält die Vorschriften über den **Europäischen Sozialfonds.** Es ist als Bestandteil der Regional- und Strukturpolitik im Zusammenhang mit den Bestimmungen über den wirtschaftlichen und sozialen Zusammenhalt (Art. 158–Art. 162 EGV) zu sehen.

Die Art. 149 und Art. 150 EGV über die allgemeine und berufliche Bildung und Jugend (Kapitel 3) finden sich unter Punkt 6.

Neu durch den Amsterdamer Vertrag eingeführt wurde der **Titel VIII „Beschäftigung"** (Art. 125–130), der unter Punkt 5 behandelt ist.

---

[55] Art. 136–Art. 145 EGV.

28 Den Schluss (Punkt h) bilden die sozialpolitisch relevanten Bestimmungen aus anderen Politikbereichen.

2. Die allgemeinen, programmatischen Sozialvorschriften (Art. 136, Art. 140 EGV)

29 Das Kapitel Sozialvorschriften ist das Ergebnis des Kompromisses, auf den sich Frankreich und die Bundesrepublik bei der Frage einigten, welche Rolle die Sozialpolitik im EWGV einnehmen sollte. Besonders deutlich wird der Kompromisscharakter in Art. 136 EGV. Danach sind die Mitgliedstaaten gemäß Satz 1 auf die Verfolgung der dort genannten Ziele verpflichtet: Verbesserung der Lebens- und Arbeitsbedingungen der Arbeitskräfte hinzuwirken und dadurch auf dem Wege des Fortschritts ihre Angleichung, einen angemessenen sozialen Schutz, den sozialen Dialog, die Entwicklung des Arbeitskräftepotentials im Hinblick auf ein dauerhaft hohes Beschäftigungsniveau und die Bekämpfung von Ausgrenzungen. In den Sätzen 2 und 3 bringen die Mitgliedstaaten zum Ausdruck, wie dies geschehen soll: Sie sind der Auffassung, dass sich eine solche Entwicklung sowohl aus dem **eine Abstimmung der Sozialordnungen begünstigenden Wirken des Gemeinsamen Marktes** als auch aus den im EWGV[56] vorgesehenen Verfahren sowie aus der Angleichung der Rechts- und Verwaltungsvorschriften der Mitgliedstaaten ergeben wird.

30 Art. 136 Satz 1 EGV kann – insbesondere in seiner ursprünglichen Fassung als Art. 117 EGV a. F. – insoweit als ein Zugeständnis an die französische Seite gesehen werden, als sozialpolitische Zielsetzungen im Vertrag ausdrücklich angesprochen werden. Doch ist unbestritten, dass es sich bei dieser Vorschrift nach wie vor im Wesentlichen um eine Norm programmatischen Charakters handelt. Dies hat auch der EuGH mehrfach betont.[57]

31 Die **neoliberale Philosophie des EWGV**[58] kommt in **Art. 136 Satz 3 EGV** zum Ausdruck: Die in Art. 136 Satz 1 EGV angesprochene Verbesserung der Lebens- und Arbeitsbedingungen soll zum einen durch die positiven Effekte des Gemeinsamen Marktes erfolgen. Art. 136 EGV greift damit auf die Präambel und die in Art. 2 EGV festgelegten Zielsetzungen zurück, wonach die wirtschaftliche Integration zu sozialem Fortschritt führen soll. Nach Art. 136 S. 3 EGV sind die sozialen Ziele aber auch durch die vertraglich besonders vorgesehenen Verfahren zu verwirklichen. Damit sind die anderen sozialpolitischen Bestimmungen des EGV gemeint, wie z. B. Kompetenzen in Art. 137 EGV, die Regelungen über den Europäischen Sozialfonds (Art. 146 – Art. 148 EGV) oder die Bestimmungen über die Bildungspolitik (Art. 149, Art. 150 EGV). Art. 136 S. 3 EGV verweist schließlich auf die Rechtsangleichung, worunter nicht zuletzt die Bestimmungen der Art. 94 und 95 zu verstehen sind.

32 Insofern lässt sich in der Formulierung des Art. **136 Satz 3** eine **Modifizierung gegenüber derjenigen des Art. 117 EGV a. F.** feststellen. Denn im Unterschied zu diesem geht Art. 136 nicht mehr davon aus, dass sich eine Verbesserung der Lebens- und Arbeitsbedingungen der Arbeitskräfte insbesondere aus dem eine Abstimmung der Sozialordnungen begünstigenden Wirken des Gemeinsamen Marktes ergeben werde. Die ursprüngliche Vorstellung der Verfasser des EG-Vertrages, dass sich bei einer wirtschaftlichen Integration ein sozialer Fortschritt fast von selbst einstellen werde, ist durch die Neufassung verlagert worden. Dies wird nicht nur an der bereits erwähnten Neufassung des Satzes 3 deutlich, nach dem die sozialen Ziele eben auch durch die vertraglich vorgesehenen Verfahren, also autonom gegenüber der wirtschaftlichen Zielsetzung, zu verwirklichen sind, sondern auch und insbesondere dadurch, dass Satz 1 des neuen Art. 136 EGV die dort genannten Ziele als Ziele der Gemeinschaft, nicht allein der Mitgliedstaaten bezeichnet.

---

[56] Jetzt EGV.
[57] EuGH v. 29. 9. 1987 (Giménez Zaera) Rs. 126/86, Slg. 1987, S. 3697, 3716.
[58] Jetzt EGV.

II. Die sozialpolitischen Bestimmungen des EGV 33–36 § 12

Nach dem Prinzip der Einzelermächtigung (Art. 5 Abs. 1 EGV[59]) ist im EGV **zwischen allgemeinen Vertragszielen und der Rechtsetzungsbefugnis zu unterscheiden.** Art. 136 EGV enthält keine Ermächtigung zum Erlass von Richtlinien oder Verordnungen. Der programmatische Charakter der in Art. 136 EGV aufgeführten sozialen Ziele bedeutet aber nicht, dass diesen jede Rechtswirkung fehlt. So geben sie wichtige Anhaltspunkte für die Auslegung anderer Vorschriften des Vertrages und des sekundären Gemeinschaftsrechts im Sozialbereich. Art. 136 EGV macht auch deutlich, dass die Gemeinschaft selbständige sozialpolitische Zielsetzungen verfolgt.[60] Dies ist von Bedeutung, weil die ausdrücklich erwähnten sozialpolitischen Ziele des Art. 136 EGV mit den Tatbestandsmerkmalen der allgemeinen Kompetenzbestimmungen, insbesondere Art. 94 EGV und Art. 308 EGV, verknüpft werden können und die Gemeinschaft so zum Erlass verbindlicher sozialpolitischer Rechtsakte befugt sein kann. Seit dem Inkrafttreten des Maastrichter Vertrags enthält nunmehr auch Art. 3 EGV eine ausdrückliche sozialpolitische Zielsetzung.[61] 33

Die Angleichung der Lebens- und Arbeitsbedingungen soll nach Art. 136 S. 1 EGV im Wege des Fortschritts erfolgen. Damit wird zum Ausdruck gebracht, dass die Angleichung sich nicht auf einem Niveau einpendeln soll, das für einige Mitgliedstaaten einen Rückschritt bedeuten würde. Wegen des weiten Gestaltungsspielraums der Gemeinschaftsorgane dürfte sich jedoch aus dieser Aussage kein verbindliches Verbot ableiten lassen, Maßnahmen zu erlassen, die punktuell einen Rückschritt für einige Staaten bedeuten würden.[62] 34

Nach **Art. 140 EGV** hat die Kommission die Aufgabe, die Zusammenarbeit zwischen den Mitgliedstaaten in praktisch allen sozialen Fragen des Arbeits- und Sozialrechts zu fördern.[63] Zu diesem Zweck wird sie in enger Verbindung mit den Mitgliedstaaten durch Untersuchungen, Stellungnahmen und die Vorbereitung von Beratungen tätig. Art. 140 EGV überträgt der Gemeinschaft damit ebenso wenig wie Art. 136 EGV Kompetenzen zum Erlass verbindlicher Rechtsakte. Bei einer Beurteilung des Art. 140 EGV ist jedoch zu berücksichtigen, dass die Konsultationen der Mitgliedstaaten unter der Leitung der Kommission zahlreiche Rechtsakte mit sozialpolitischem Gehalt vorbereitet und immerhin dazu geführt haben, dass sozialpolitische Fragen auf Gemeinschaftsebene erörtert werden, was in der Anfangsphase bis 1972 von erheblicher Bedeutung war. 35

Die Befugnisse der Kommission im Anwendungsbereich des Art. 140 EGV beschränken sich auf die **Erstellung von Untersuchungen, Stellungnahmen und die Vorbereitung von Beratungen.**[64] Streit über die Reichweite dieser Bestimmung trat auf, als die Kommission 1985 eine verbindliche Entscheidung nach dem damaligen Art. 189 Abs. 3 EGV[65] zur Einführung eines Mitteilungs- und Abstimmungsverfahrens über die Wanderungspolitik gegenüber Drittländern auf Art. 140 EGV gestützt hatte.[66] Die Entscheidung verpflichtete die Mitgliedstaaten, die Kommission über ihre geplanten Maßnahmen bzw. Abkommen betreffend Arbeitnehmern aus Drittländern rechtzeitig zu unterrichten, also z.B. über Maßnahmen hinsichtlich Zuwanderung, Aufenthalt und Beschäftigung, über Abkommen auf diesen Gebieten, oder über Kooperationsabkommen, die sich auf diese Gebiete erstrecken. Einige Mitgliedstaaten fochten die Entscheidung mit der Begründung an, Art. 140 EGV ermächtige die Kommission nicht dazu, eine verbindliche 36

---

[59] Vgl. dazu oben § 9 Rn. 294 ff.
[60] EuGH v. 29. 9. 1987 (Giménez Zaera) Rs. 126/86, Slg. 1987, S. 3697, 3716.
[61] Vgl. Art. 3 lit. j) EGV, wonach eine Sozialpolitik mit einem Europäischen Sozialfonds zu den Tätigkeiten der Gemeinschaft zählt.
[62] Da die meisten Bestimmungen die Gemeinschaft im Arbeitsrecht lediglich Mindestbestimmungen enthalten, spielt diese Frage allerdings kaum eine praktische Rolle.
[63] Vgl. die Aufzählung, die z.B. die soziale Sicherheit und das Arbeitsrecht enthält.
[64] Art. 140 S. 2 EGV.
[65] Das ist der heutige Art. 249 Abs. 3 EGV.
[66] Entscheidung 85/381/EWG v. 8. 7. 1985, ABl. L 217, S. 25.

in einem Bereich zu treffen, der wie die Wanderungspolitik in die ausschließliche Zuständigkeit der Mitgliedstaaten falle. Außerdem begnüge sich die Entscheidung nicht mit der Ausgestaltung des Konsultationsverfahrens, da nach Art. 3b der angefochtenen Entscheidung die Konsultationen sicherzustellen hätten, dass die mitgeteilten Vorhaben, Abkommen und Vorschriften mit den Politiken der Gemeinschaft in Einklang stehen müssten.

37 Der **EuGH** stellte zunächst fest, dass die Wanderungspolitik gegenüber Drittländern einen Bezug zu den sozialen Fragen des Art. 140 EGV aufweise, weil die Beschäftigungslage der Arbeitskräfte aus der Gemeinschaft durch Arbeitskräfte aus Drittländern beeinträchtigt werden könne.[67] Der Anwendungsbereich von Art. 140 Satz 1 EGV[68] sei damit erfüllt, jedoch nur, soweit die Entscheidung 85/381/EWG nicht die Förderung der kulturellen Eingliederung in die Konsultationen einbeziehe. Hinsichtlich der Rechte der Kommission betonte der EuGH, sie verfüge über die Befugnisse, die zur Erfüllung der ihr zugewiesenen Aufgaben unerlässlich sind. Dies bedeute, dass Art. 140 S. 2 EGV[69] der Kommission alle zur Organisation der Konsultationen erforderlichen Befugnisse verleihe. Dazu zähle die Verpflichtung der Mitgliedstaaten, an den Konsultationen teilzunehmen und die für die Durchführung der Konsultationen unerlässlichen Informationen der Kommission mitzuteilen.[70] Dagegen überschreite Art. 3b der angefochtenen Entscheidung die Befugnisse der Kommission, soweit den Mitgliedstaaten über das Verfahren hinausgehende Verpflichtungen auferlegt werden, etwa der Abschluss von Abkommen verboten werde, die nach Auffassung der Kommission nicht in Einklang mit den Politiken und Maßnahmen der Gemeinschaft stehen.[71] Der EuGH hat deshalb die Entscheidung aufgehoben. Die daraufhin erlassene Entscheidung 88/384/EWG[72] der Kommission beachtet die Vorgaben des EuGH-Urteils und ist bisher auch nicht angegriffen worden.

3. Die sozialpolitischen Kompetenzen

a) Vorbemerkungen

38 Den Kompetenznormen, also den Bestimmungen, die die Gemeinschaft zum Erlass verbindlicher Rechtsakte (Verordnungen, Richtlinien und Entscheidungen) ermächtigen, kommt innerhalb des EGV zentrale Bedeutung zu. Von ihrer Reichweite hängt ab, in welchem Umfang die Mitgliedstaaten Souveränitätsrechte auf die Gemeinschaft übertragen haben. Zu den Kompetenznormen mit sozialpolitischer Zielrichtung zählen in erster Linie Art. 137, Art. 141, Art. 94, Art. 95 und Art. 308 EGV. Während sich die Art. 137 und 141 EGV im Kapitel Sozialvorschriften befinden, handelt es sich bei den anderen drei Vorschriften um Generalklauseln, die neben ihrer primär wirtschaftspolitischen Ausrichtung auch den Erlass sozialpolitischer Rechtsakte zulassen.

39 In verfahrensrechtlicher Hinsicht lassen sich die genannten Bestimmungen danach unterscheiden, ob sie das **qualifizierte Mehrheitsprinzip oder das Einstimmigkeitsprinzip** vorsehen. Art. 137 Abs. 2, Art. 141 Abs. 3 und Art. 95 EGV schreiben das qualifizierte Mehrheitsprinzip, Art. 94 und Art. 308 EGV das Einstimmigkeitsprinzip vor. Unter Souveränitätsgesichtspunkten liegt die zentrale Bedeutung der Vorschriften, die das qualifizierte Mehrheitsprinzip vorsehen, darin, dass die Mitgliedstaaten überstimmt[73] und zur Übernahme des Richtlinieninhaltes verpflichtet werden können. Doch auch bei den Bestimmungen, die das Einstimmigkeitsprinzip vorschreiben, ist nach dem Grundsatz des

---

[67] EuGH v. 9. 7. 1987 (Bundesrepublik Deutschland/Kommission) verb. Rs. 281, 283–285, und 287/85, Slg. 1987, S. 3203 ff.
[68] Jetzt EGV.
[69] Jetzt EGV.
[70] EuGH a. a. O., S. 3253.
[71] EuGH a. a. O., S. 3255.
[72] ABl. L 183, S. 35.
[73] Sofern die Mehrheit nach Art. 205 Abs. 2 EGV erreicht ist.

II. Die sozialpolitischen Bestimmungen des EGV

Prinzips der Einzelermächtigung (Art. 5 Abs. 1 EGV) streng **zwischen zulässiger Rechtsetzungstätigkeit und unzulässiger Vertragserweiterung zu unterscheiden,** so dass auch bei diesen Vorschriften im Einzelnen sorgfältig geprüft werden muss, ob ein Vorhaben der Gemeinschaft dem Anwendungsbereich der Ermächtigungsnorm unterfällt. Die in letzter Zeit nicht zuletzt durch das Urteil des Bundesverfassungsgerichts zur Vereinbarkeit des Maastrichter Vertrages mit dem Grundgesetz[74] zum Ausdruck gekommene stärkere Betonung eines ausgewogenen Verhältnisses von mitgliedstaatlichen Zuständigkeiten und Befugnissen der Gemeinschaft ist eine Konsequenz aus der in den 35 Jahren seit Inkrafttreten der Römischen Verträge erreichten Integrationsdichte, die nicht nur dazu geführt hat, dass 80% des Wirtschaftsrechts Gemeinschaftsrecht ist, sondern es – wie gerade das Arbeits- und das Sozialrecht zeigen – mittlerweile praktisch keinen Rechtsbereich mehr gibt, der nicht vom Gemeinschaftsrecht beeinflusst wird.

Die teilweise schwer verständlichen und weit gefassten Kompetenzbestimmungen erschweren in vielen Fällen eine exakte Auslegung. Für die Ermittlung des Anwendungsbereichs kann auch das Subsidiaritätsprinzip nicht als zusätzliches Kriterium herangezogen werden.[75] Wie Art. 5 Abs. 2 EGV deutlich macht, soll anhand des **Subsidiaritätsprinzips** geprüft werden, ob eine geplante Maßnahme im Einzelfall besser von den Mitgliedstaaten oder von der Gemeinschaft wahrgenommen werden soll. Dies setzt voraus, dass die Gemeinschaft nach dem Prinzip der Einzelermächtigung (Art. 5 Abs. 1 EGV) auf Grund einer Kompetenznorm zum Erlass eines Rechtsaktes ermächtigt ist. Erst wenn diese abstrakte Befugnis der Gemeinschaft bejaht worden ist, folgt als zweiter Schritt die Prüfung der Erforderlichkeit des Rechtsaktes unter Beachtung des Subsidiaritätsprinzips.

Im Bereich der Sozialpolitik trägt Art. 136 Satz 2 EGV dem Subsidiaritätsprinzip nochmals besonders Rechnung. War während der Geltung des Abkommens über die Sozialpolitik umstritten, ob auf dieses Art. 3b EGV a. F. anwendbar oder nicht,[76] so ist dies nach Einbeziehung des Abkommens in den Vertrag eindeutig der Fall, so dass die Erwähnung an dieser Stelle lediglich die Bedeutung unterstreicht, die diesem Aspekt gerade auch im Bereich der Sozialpolitik zukommen soll. Es wird in Art. 137 Abs. 1 EGV auch zum Ausdruck gebracht, dass eine umfassende Vergemeinschaftung der Sozialpolitik nicht gewollt ist, wenn es dort heißt, dass die Gemeinschaft die Tätigkeit der Mitgliedstaaten auf den dort genannten Gebieten zur Verwirklichung der Ziele des Art. 136 unterstütze und ergänze.

Eine Sonderrolle spielen die **außenpolitischen Kompetenzen der Gemeinschaft.** Ausgehend von der Völkerrechtsfähigkeit der Gemeinschaft[77] stellt sich die Frage, in welchen Bereichen die Gemeinschaft völkerrechtliche Verträge und Abkommen schließen darf. Ursprünglich ging man davon aus, dass die völkerrechtlichen Vertragsschlusskompetenzen ausdrücklich im EWGV[78] der Gemeinschaft zugewiesen sein müssten.[79] Dies hätte bedeutet, dass die Gemeinschaft abgesehen von wenigen Bereichen wie etwa der Handelspolitik (Art. 133 Abs. 3 EGV) über keine völkerrechtlichen Befugnisse verfügen würde. Der EuGH hat jedoch schon 1971 festgestellt, dass sich die Befugnis zum Eingehen völkerrechtlicher Verpflichtungen nicht nur aus ausdrücklichen Ermächtigungen im Vertrag, sondern auch aus anderen Vertragsbestimmungen und in deren Rahmen ergangenen Rechtsakten der Gemeinschaftsorgane ergebe.[80] Entsprechend der Kompetenzverteilung

---

[74] BVerfG NJW 1993, S. 3047 ff. = EuZW 1993, S. 667 ff.
[75] Zum Subsidiaritätsprinzip oben § 9 Rn. 394.
[76] Bejahend –*Langenfeld,* in: Grabitz/Hilf, Kommentar zur Europäischen Union, Stand 1999, EUV-Prot. Nr. 13 Art. 1, 1; *Schuster,* EuZW 1992, S. 178, 187; *Buchner,* RdA 1993, S. 193, 197 f.; *Konzen,* EuZW 1995, S. 39 ff., 44; a. A. *Simitis,* FS für Kissel, S. 1097, 1107.
[77] Vgl. § 9 Rn. 14.
[78] Jetzt EGV.
[79] *Pipkorn,* in: Beutler/Bieber/Pipkorn/Streil (Hrsg.), Europäische Union, 4. Aufl. 1999, S. 534.
[80] EuGH v. 31. 3. 1971 (Kommission/Rat) Rs. 22/70, Slg. 1971, S. 263 ff.

zwischen der Gemeinschaft und den Mitgliedstaaten[81] kann es sich um ausschließliche oder parallele Zuständigkeiten handeln. In einem Gutachten hat der EuGH festgestellt, dass die Zuständigkeit für den Abschluss des IAO-Abkommens Nr. 170 über die Verwendung chemischer Stoffe bei der Arbeit der Gemeinschaft und den Mitgliedstaaten gemeinsam zustehe, da der Inhalt des Abkommen teilweise Art. 118 a EGV a. F. unterfalle.[82]

b) Art. 137 Abs. 2 EGV

43 Die Neufassung des Gemeinschaftsvertrages hat die bis Amsterdam geltenden Kompetenzen nicht angetastet.[83] Allerdings hat die jüngste Vertragsrevision durch die Aufnahme des Sozialprotokolls in den Text eine erhebliche Ausweitung der Gemeinschaftsbefugnisse gebracht.

44 Art. 137 EGV übernimmt weitgehend **Art. 2 des Maastrichter Abkommens über die Sozialpolitik** und verleiht der Gemeinschaft nunmehr die Befugnis, in den dort genannten Bereichen Maßnahmen zu erlassen, d. h. zur Verbesserung der Arbeitsumwelt, im Bereich der Arbeitsbedingungen, der Unterrichtung und Anhörung der Arbeitnehmer, der beruflichen Eingliederung der aus dem Arbeitsmarkt ausgegrenzten Personen sowie der Chancengleichheit von Männern und Frauen und Gleichbehandlung am Arbeitsplatz.

aa) Verbesserung insbesondere der Arbeitsumwelt zum Schutz der Gesundheit und der Sicherheit der Arbeitnehmer

45 Nach Art. 137 Abs. 1 iVm. Abs. 2 EGV können die Mitgliedstaaten Maßnahmen erlassen, um die Verbesserung insbesondere der Arbeitsumwelt zum Schutz der Gesundheit und der Sicherheit der Arbeitnehmer zu fördern. In Art. 137 Abs. 2 EGV wird der Rat ermächtigt, gemäß dem Verfahren des Art. 251 EGV[84] und nach Anhörung des Wirtschafts- und Sozialausschusses unter Berücksichtigung der in den einzelnen Mitgliedstaaten bestehenden Bedingungen und technischen Regelungen durch Richtlinien Mindestvorschriften zu erlassen, die schrittweise anzuwenden sind.

46 Seit Inkrafttreten des ursprünglichen **Art. 118 a EGV** am 1. 7. 1987,[85] der nun in Art. 137 Abs. 1, 1. Spiegelstrich aufgegangen ist, besteht **über seinen Anwendungsbereich Unklarheit**.[86] Die Ermittlung des Kompetenzrahmens dieser Bestimmung wirft Schwierigkeiten auf, weil der nicht eindeutige Wortlaut eine Auslegung erschwert.[87] So ist der Bedeutungsgehalt des aus dem dänischen Recht stammenden Begriffs der Arbeitsumwelt[88] weitgehend unbekannt. Die unklare Fassung des damaligen Art. 118 a EGV war in erster Linie darauf zurückzuführen, dass sich die Mitgliedstaaten im Vorfeld der Einheitlichen Europäischen Akte, der ersten Vertragsrevision des EWGV,[89] lange Zeit nicht über

---

[81] Vgl. § 9 Rn. 294.
[82] EuGH Gutachten 2/91 v. 19. 3. 1993, ABl. C 109, S. 1.
[83] Es haben sich insofern allein die Nummerierungen der Kompetenznormen geändert, d. h. aus Art. 48 ff. wurden die Art. 39 ff.; die Art. 117 ff. wurden völlig neu gefasst und sind nun unter den Art. 136 ff. zu finden.
[84] Vgl. dazu § 9 Rn. 87 ff.
[85] Im Zuge der Einheitlichen Europäischen Akte, vgl. § 11 Rn. 27 ff.
[86] Vgl. ausführlich *Balze*, Sozialpolitische Kompetenzen, S. 68 ff. sowie *Pipkorn*, in: Groeben/Thiesing/Ehlermann, Kommentar zum EU-/EG- Vertrag, 5. Auf. 1997, Art. 118 a, Rn. 23 ff.; *Wank*, Der Einfluss des europäischen Arbeitsschutzrechts auf die Rechtslage in der Bundesrepublik Deutschland, in: von Maydell/Schnapp, Die Auswirkungen des EG-Rechts, S. 67 f.
[87] Die Auslegungsschwierigkeiten waren Anlass für eine Entschließung des Europäischen Parlaments vom 15. 12. 1988, auf die unklare und ungenaue Formulierung des Art. 118 a EWGV hinzuweisen und die Kommission aufzufordern, eine klare eindeutige Auslegung des Anwendungsbereiches von Art. 118 a EWGV vorzulegen, abgedr. in BT-Drs. 11/3899. Der Aufforderung ist die Kommission allerdings nicht nachgekommen.
[88] „arbeitsmiljö".
[89] Vgl. § 11 Rn. 27 ff.

den Umfang der Vertragsänderungen auf sozialpolitischem Gebiet einigen konnten und Art. 118a EGV a. F. erst in letzter Sekunde als Kompromissformel Eingang in den Vertrag fand.[90] Die Bestimmung des Anwendungsbereichs von Art. 118a EGV a. F. war jedoch von zentraler Bedeutung, weil von dieser Norm abhängt, in welchen Bereichen die Gemeinschaft gegenüber den Mitgliedstaaten autonom sozialpolitische Rechtsakte erlassen darf.

Der Streit um die Auslegung des Art. 118a EGV drehte sich im Wesentlichen darum, ob die **Richtlinien einen Bezug zur Sicherheit und Gesundheit der Arbeitnehmer aufweisen müssen,** oder Art. 118a EGV eine Ermächtigung zum Erlass von Richtlinien auf einem in umfassender Weise zu verstehendem Gebiet der Arbeitsumwelt[91] beinhaltete, was zur Folge gehabt hätte, dass die Gemeinschaft z. B. auch Probleme im Zusammenhang mit der Arbeitsorganisation[92] und beschäftigungspolitische Maßnahmen[93] regeln sowie soziale Grundnormen aufstellen dürfte.[94] Für eine solche extensive Interpretation hatte sich auch das Europäische Parlament ausgesprochen.[95]

Grammatikalische und systematisch-teleologische Erwägungen sprachen jedoch dafür, dass die Richtlinien einen Bezug zur Sicherheit und Gesundheit der Arbeitnehmer aufweisen müssen. Dies gilt nun auch für die nun geltende Bestimmung des Art. 137 Abs. 1, 1. Spiegelstrich EGV. So wird aus dieser Vorschrift deutlich, dass die Förderung der Verbesserung „insbesondere der Arbeitsumwelt" nur erfolgen soll, um die Sicherheit und die Gesundheit der Arbeitnehmer zu schützen. Bereits der Wortlaut verlangt damit einen Bezug der jeweiligen Richtlinie zum Schutz der Sicherheit und Gesundheit der Arbeitnehmer. Die Förderung „insbesondere der Arbeitsumwelt" stellt lediglich das Mittel zur Erreichung dieses Ziels dar. Dieses Ergebnis ist auch aus systematischen Gründen gerechtfertigt, weil nach wie vor an dem Grundsatz der begrenzten Einzelermächtigung sowie der Grundkonzeption festzuhalten ist, derzufolge die sozialpolitischen Zuständigkeiten weiterhin bei den Mitgliedstaaten liegen. Ein Abstellen auf das Tatbestandsmerkmal „Verbesserung insbesondere der Arbeitsumwelt" würde eine saubere Kompetenzabgrenzung unmöglich machen, da der Begriff wegen des Wortes „insbesondere" nicht eingegrenzt werden könnte, und deshalb mit dem Prinzip der Einzelermächtigung (Art. 5 Abs. 1 EGV) unvereinbar wäre. Für einen Bezug der Richtlinien zur Sicherheit und Gesundheit der Arbeitnehmer spricht außerdem ein historisches Argument: d. h. der Umstand, dass Art. 118a EGV a. F., also die unmittelbare Vorgängernorm des hier diskutierten Art. 137 Abs. 1, 1. Spiegelstrich EGV, wie andere seinerzeit durch die EEA in den Vertrag aufgenommene Kompetenzbestimmungen[96] an die Rechtsetzungstätigkeit der Gemeinschaft vor der EEA anknüpft, als Rechtsakte – wie im Bereich der Verbesserung der Sicherheit und Gesundheit der Arbeitnehmer[97] – mangels anderer Ermächtigungsgrundlagen auf Art. 94 und Art. 308 EGV gestützt werden mussten, und ein Ziel der EEA darin bestand, der Gemeinschaft für diese Bereiche spezielle Befugnisnormen bereitzustellen[98] und den

---

[90] Vgl. *Balze,* Sozialpolitische Kompetenzen, S. 68 ff.
[91] *Zachert,* AuR 1989, S. 161, 163, zählt dazu etwa die Lohnpolitik, Mitsprache und Mitbestimmung oder Bildungs- und Weiterbildungsmöglichkeiten.
[92] So etwa die Entschließung des EGB, abgedr. in Soz. Europa 1992 – Materialien zur gewerkschaftlichen Bildungsarbeit, hrsg. vom DGB-Bundesvorstand, 1989, S. 41.
[93] *Däubler,* in: Däubler/Kittner/Lörcher, Internationale Arbeits- und Sozialordnung, 1990, S. 653 f.
[94] *Mayer,* in: *ders.,* Der Europäische Binnenmarkt, S. 341, 349.
[95] Entschließung des Europäischen Parlaments vom 15. 12. 1988, ABl. 1989 C 12, S. 182; ähnlich der Wirtschafts- und Sozialausschuss in seiner Stellungnahme zu den sozialen Aspekten des Binnenmarktes (Europäischer Sozialraum) vom 19. 11. 1987, ABl. C 356, S. 32.
[96] Z. B. Art. 130s EGV (Umwelt).
[97] Vgl. im Einzelnen unten § 18.
[98] *Balze,* Sozialpolitische Kompetenzen, S. 107 f.; *Oppermann,* Europarecht, 2. Aufl. 1999, Rn. 1633; ein weiterer Grund für die Verabschiedung der Kompetenznormen lag darin, verstärkt Bestimmungen mit dem qualifizierten Mehrheitsprinzip in den Vertrag aufzunehmen.

Erlass solcher Richtlinien durch die Verankerung des qualifizierten Mehrheitsprinzips zu erleichtern.

49 Die Kommission hat sich dieser Sicht angeschlossen[99] und unter der Geltung des Art. 118a EGV a. F. nur Richtlinienvorschläge mit einem Bezug zur Sicherheit und Gesundheit der Arbeitnehmer vorgelegt.[100] Die Versuche, Art. 118a EGV a. F. durch eine extensive Interpretation zu einer Art sozialpolitischen Generalklausel auszudehnen, haben offenbar bezweckt, das Kompetenzdefizit des EGV auf sozialpolitischem Gebiet zu verringern. Die durchaus nachvollziehbare politische Forderung nach einem Zuwachs sozialpolitischer Befugnisse kann jedoch nicht über die Missachtung des Prinzips der Einzelermächtigung und der allgemeinen Auslegungskriterien verwirklicht werden, sondern nur mittels einer Änderung des Vertrages.[101]

50 Die somit bestehende Befugnis nach Art. 137 Abs. 1, 1. Spiegelstrich EGV erstreckt sich auf **sämtliche Bereiche des technischen Arbeitsschutzes,** also insbesondere auf den Schutz vor Arbeitsmitteln und Arbeitsstätten, sowie auf den **sozialen Arbeitsschutz,** der das Arbeitszeitrecht, sofern es sich um Höchstarbeitszeiten handelt, die Festsetzung eines Mindesturlaubes, und den Mutter- und Jugendarbeitsschutz erfasst.[102] Innerhalb dieses Rahmens sind auch individual- und kollektivarbeitsrechtliche Regelungen zulässig. So kann die Gemeinschaft ein Kündigungsverbot für Schwangere in einer auf Art. 137 Abs. 1, 1. Spiegelstrich EGV gestützten Richtlinie ebenso erlassen wie Anhörungsrechte der Arbeitnehmervertretungen[103] in Arbeitsschutzfragen.[104]

bb) Arbeitsbedingungen

51 Art. 137 Abs. 1, 2. Spiegelstrich iVm Abs. 2 EGV überträgt der Gemeinschaft die Befugnis, Maßnahmen im Bereich der „Arbeitsbedingungen" zu erlassen. Diese, ebenfalls bereits im Sozialprotokoll enthaltene Bestimmung, die nun für die ganze Gemeinschaft gilt, dürfte eine **erhebliche Kompetenzausweitung** beinhalten. Wie bereits beim Begriff der „Arbeitsumwelt" ist auch derjenige der „Arbeitsbedingungen" unklar. Es bedarf bei ihm einer europäischen Begriffsbestimmung, die deshalb auf Probleme stoßen wird, weil der Begriff im Vertrag an keiner Stelle definiert ist. Zwar wird er vom Vertrag an verschiedenen Stellen verwendet – so etwa in Art. 136, 140 oder auch 39 EGV. Und er findet sich zudem auch in der Gemeinschaftscharta der sozialen Grundrechte wieder.[105] Eine Definition oder nähere Eingrenzung lässt sich jedoch nicht antreffen. Der Begriff gilt jedoch gemeinhin als Auffangtatbestand für weite Bereiche des Arbeitsrechts. Mit Ausnahme der von Art. 137 Abs. 6 EGV ausgeschlossenen Felder wird er der Gemeinschaft die Möglichkeit geben, auf sämtlichen Feldern des Individualarbeitsrechts tätig zu werden. Als besonders bedeutsam kann insoweit gelten, dass vor allem auch die Regelungen zur Begründung und zum Inhalt des Arbeitsverhältnisses erfasst werden.[106]

---

[99] Vgl. etwa KOM (SEC) 1988 1148 Nr. 48.

[100] Vgl. zu den auf Art. 118a EGV gestützten Richtlinien und den Richtlinienvorschlägen *Balze*, Sozialpolitische Kompetenzen, S. 198 ff.

[101] Vorschläge, die Gemeinschaft zum Erlass von Richtlinien auf zahlreichen Gebieten der Sozialpolitik zu ermächtigen, scheiterten im Vorfeld des Maastrichter Vertrages an der Haltung Großbritanniens; vgl. unten.

[102] Vgl. im Einzelnen *Balze*, Sozialpolitische Kompetenzen, S. 112 ff.

[103] Also in der Bundesrepublik Betriebsräte.

[104] Vgl. Art. 10 Mutterschutz-Richtlinie und Art. 11 Arbeitsschutz-Rahmenrichtlinie.

[105] Ziffer 7 der Charta postuliert, die Verwirklichung des Binnenmarktes solle zu einer Verbesserung der Lebens- und Arbeitsbedingungen führen; Art. 9 wiederum betont, die Arbeitsbedingungen müssten entsprechend den Gegebenheiten der einzelnen Länder durch das Gesetz, durch einen Tarifvertrag oder einen Beschäftigungsvertrag geregelt werden.

[106] In diesem Sinne, zu den entsprechenden Regelungen des Sozialabkommens, auch *Balze*, Sozialpolitische Kompetenzen, S. 259, unter Rückgriff auf eine systematische Auslegung des Art. 2 Abs. 2 des Sozialabkommens; s. auch *Berié*, ZSR 1992, S. 421, 432.

II. Die sozialpolitischen Bestimmungen des EGV

cc) Unterrichtung und Anhörung der Arbeitnehmer

Art. 137 Abs. 1, 3. Spiegelstrich iVm Abs. 2 EGV sieht die Befugnis der Gemeinschaft 52 vor, Maßnahmen auf dem Gebiet der Unterrichtung und Anhörung der Arbeitnehmer zu treffen. Diese Kompetenz war ursprünglich in das Maastrichter Abkommen über die Sozialpolitik aufgenommen worden, um die Verabschiedung der Richtlinie 95/94/EG zu ermöglichen.[107]

Problematisch dürfte bezüglich dieser Kompetenz weniger ihr insgesamt sehr eindeutiger 53 Inhalt, als vielmehr ihre **Abgrenzung zu derjenigen des Art. 137 Abs. 3, 3. Spiegelstrich** sein, die für Maßnahmen zur Vertretung und kollektiven Wahrnehmung der Arbeitnehmer- und Arbeitgeberinteressen einschließlich der Mitbestimmung die Einstimmigkeit vorschreibt. Die Grenzziehung zwischen den beiden Befugnisnormen wird sich danach richten müssen, ob sich die betreffende Maßnahme auf die Etablierung von Informations- und Konsultationsverfahren beschränkt oder ob sie darüber hinaus zusätzlich eine Mitbestimmung der Arbeitnehmer bei Entscheidungen vorsieht, die für das Unternehmen von besonderer Relevanz sind.[108]

Es zeigt sich aber bereits an dieser Stelle, dass die Neuregelung noch reichlich Konflikt- 54 stoff mit sich bringen wird, denn schon im deutschen Betriebsverfassungsrecht wäre eine an dieser Linie vorgenommene Abgrenzung von Teilbereichen nicht leicht.

dd) Berufliche Eingliederung

Art. 137 Abs. 1, 4. Spiegelstrich iVm Abs. 2 sieht eine Gemeinschaftskompetenz für 55 die berufliche Eingliederung der aus dem Arbeitsmarkt ausgegrenzten Personen vor. Diese Befugnis gilt jedoch, so der Vertrag, nur **„unbeschadet des Art. 150 EG-Vertrag n. F."**[109]

Diese Bestimmung ist folglich mit Art. 150 Abs. 4 EGV in Beziehung zu setzen, wo- 56 nach zwar der Rat Maßnahmen zur Verwirklichung der Ziele des Art. 150 erlassen kann. Diese dürfen jedoch keinerlei Harmonisierung der Rechts- und Verwaltungsvorschriften der Mitgliedstaaten mit sich bringen. Der genaue Inhalt des Verweises auf Art. 150 EGV ist jedoch nicht ohne weiteres erkennbar. Es lässt sich einerseits vertreten, durch den Verweis auf Art. 150 werde in Art. 137 Abs. 1 deutlich gemacht, dass die Grundregel des Art. 150 Abs. 4 auch hier bestehen bleibe, eine Harmonisierung also auch hier nicht erfolgen dürfe. Dies hätte jedoch zur Folge, dass die Kompetenz aus Art. 137 Abs. 1 mit der aus Art. 150 für diesen Teilbereich deckungsgleich wäre. Es ließe sich allerdings andererseits auch daran denken, Art. 137 Abs. 1 insoweit als lex specialis zu sehen, was bedeuten würde, dass in diesem Teilbereich der Eingliederung von Arbeitslosen eine Harmonisierung möglich wäre. Die Formulierung „unbeschadet" spricht jedoch wohl mehr für die erste Auslegungsalternative; diese Auffassung wird auch bei einer grammatikalischen Auslegung im Wege der Wortsinnermittlung bestätigt: zieht man beispielsweise die englische Sprachfassung heran, so spricht auch diese für die erstgenannte Ansicht: denn dort heißt es „without prejudice to Art. 150", was man mit „unbeschadet" oder „ohne Schaden für" übersetzen könnte.[110]

---

[107] Die Richtlinie 94/95/EG vom 22. 9. 1994 über die Einsetzung eines Europäischen Betriebsrates oder die Schaffung eines Verfahrens zur Unterrichtung und Anhörung der Arbeitnehmer in gemeinschaftsweit operierenden Unternehmen und Unternehmensgruppen, ABl. L 254, S. 64 ff., ist dann letztlich doch auf der Grundlage des Art. 2 Abs. 3 (Vertretung und kollektive Wahrnehmung der Arbeitnehmerinteressen) erlassen worden, doch wurde die genannte Regelung ursprünglich zu dem Zweck aufgenommen, diese Richtlinie, gegen die sich Großbritannien gewehrt hatte, zumindest für die übrigen 11 (14) Mitgliedstaaten zu ermöglichen; vgl. dazu *Wank*, RdA 1995, S. 10, 19.

[108] Diese Abgrenzung vertrat für das Abkommen über die Sozialpolitik bereits *Langenfeld*, in: Grabitz/Hilf, EUV-Prot. Nr. 14, Art. 2 Rn. 4.

[109] Art. 127 EG-Vertrag a. F.

[110] Ähnlich ohne nähere Argumentation *Coen* in Lenz, EGV-Kommentar, 2. Aufl., Art. 137 Rn. 27.

ee) Chancengleichheit für Männer und Frauen

57 In Art. 137 Abs. 1, 5. Spiegelstrich iVm Abs. 2 EGV wird der Gemeinschaft die Befugnis übertragen, Maßnahmen auf dem Gebiet der Chancengleichheit von Männern und Frauen auf dem Arbeitsmarkt und der Gleichbehandlung am Arbeitsmarkt zu verfolgen. Die kompetenzmäßige Erfassung dieses Feldes verschafft der Gemeinschaft auch auf diesem besonderen Gebiet des Arbeitsrechts eine **eigene Rechtsetzungsbefugnis**. Dies stellt eine gegenüber der bis zur Revision von Amsterdam geltenden Fassung des EG-Vertrages bedeutende Neu- und Weiterentwicklung dar: denn nun erhält die Gemeinschaft erstmals expressis verbis eine eigenständige diesbezügliche Kompetenz.

58 Die bisher zu diesem Thema ergangenen Richtlinien – wie etwa die Richtlinie 76/207/EWG – waren – mangels einer eigenständigen Befugnis – jeweils auf der Grundlage der allgemeinen Kompetenznormen der Art. 100 bzw. Art. 235 a. F. erlassen worden. Nunmehr sind diese Fälle kompetenzrechtlich „eingefangen" worden. Hinzu kommt die eigenständige Fortentwicklung dieser Kompetenzfrage in Art 141 EGV: denn dort ist bestimmt, dass die Gemeinschaft mit qualifizierter Mehrheit tätig werden kann, um das in Art. 141 EG-Vertrag n. F. EGV (Art. 119 a. F.) verankerte Gemeinschaftsgrundrecht auf Gleichbehandlung unmittelbar umzusetzen.

59 Ein wichtiger Unterschied gegenüber früher, der aber im allgemeinen Trend der Neuregelungen im sozialpolitischen Bereich steht, ist in der **Emanzipation dieser Kompetenz** von den wirtschaftlichen Aspekten zu sehen: war die Regelung des ursprünglichen Art. 119 EGV a. F. noch mit einem wirtschaftlichen Zweck verknüpft, ist dies nunmehr nicht erforderlich. Damit wird auch die ursprüngliche Sichtweise der Vorschriften zur Gleichbehandlung beim Entgelt aufgegeben, die darin bestand, eine Benachteiligung von Unternehmen gegenüber solchen Unternehmen zu verhindern, die in Mitgliedstaaten ansässig sind, welche die geschlechtsbezogene Lohndiskriminierung noch nicht beseitigt hatten.[111] Die Vorschriften haben sich damit endgültig von dieser ursprünglich auf Frankreich zurückgehenden und auf Deutschland gemünzten Befürchtung als Basis der Regelung gelöst.

ff) Das Rechtsetzungsinstrumentarium

60 Die in Art. 137 Abs. 1 EGV angesprochenen Bereiche konnten auch schon vor dem Amsterdamer Vertrag und vor dem Maastrichter Abkommen über die Sozialpolitik Gegenstand europäischer Rechtsetzung sein. Gerade an dem bereits genannten Beispiel der Richtlinien zur Gleichstellung von Männern und Frauen wird jedoch deutlich, dass bislang – mangels entsprechender Kompetenzen – als Ermächtigungsnorm die alten Art. 100 und 235 EGV herangezogen werden mussten. Diese verlangten aber zur wirksamen Beschlussfassung Einstimmigkeit. Nunmehr aber stehen diese Bereiche einer Entscheidung des Rates mit qualifizierter Mehrheit offen.

61 Beim Verfahren ist anstelle des bisherigen Kooperationsverfahrens das **Mitentscheidungsverfahren** nach Art. 251 EG-Vertrag n. F. getreten. Über die Anhörung des Wirtschafts- und Sozialausschusses hinaus ist auch die Anhörung des Ausschusses der Regionen erforderlich. Es genügt nach Art. 251 eine qualifizierte Mehrheitsentscheidung, soweit das Parlament zustimmt.

62 Eine entscheidende Eingrenzung stellt die von Art. 137 EGV festgelegte Bestimmung dar, dass die auf dieser Rechtsgrundlage ergehenden Richtlinien nur Mindestvorschriften enthalten dürfen. Doch baut die Regelung insoweit auf bisherigen Erfahrungen auf. In diesem Bereich ist es für die Akzeptanz von europäischen Regelungen entscheidend, die mitgliedstaatliche Handlungsfreiheit mit Blick auf die Beibehaltung bzw. Einführung höherer Standards möglichst weitgehend zu schonen.[112]

63 So wird zwar in besonderer Weise dem **Subsidiaritätsgrundsatz** gem. Art. 5 Abs. 2 EGV und insbesondere auch gem. Art. 136 Satz 2 EGV Rechnung getragen. Andererseits

---

[111] Vgl. EuGH Defrenne II, Slg. 1976, 455; *Geiger*, EG-Vertrag, 2. Aufl., Art. 119 Rn. 1
[112] Grabitz/Hilf/*Langenfeld*, EUV-Protokoll Nr. 14, Rn. 6.

stellt jedoch die Beschränkung der Rechtssetzungsbefugnis auf den Erlass von Mindestvorschriften auch eine wesentliche Kompetenzschranke dar, die zwei Schlüsse möglich erscheinen lässt: einerseits wäre denkbar, auf diese Weise sei erkennbar, dass die Gemeinschaft auch nach der Neufassung durch den Amsterdamer Vertrag weiterhin nicht über eine umfassende arbeits- und sozialrechtliche Kompetenz – anders als etwa im Bereich der Wirtschaft – verfüge. Andererseits erscheint jedoch auch vertretbar, dass die Beschränkung auf Mindestvorschriften der Tatsache Rechnung trägt, dass im sensiblen Bereich des Arbeits- und Sozialrechts bei der Frage einer Harmonisierung besondere Vorsicht geboten ist; daraus folgt dann auch, dass hierdurch nicht eine geringere Wertigkeit der sozialen Zielverwirklichung im Kompetenzgefüge zum Ausdruck kommt sondern lediglich den Besonderheiten dieses Gebietes Rechnung getragen wird.

gg) Bekämpfung sozialer Ausgrenzung

In Art. 137 Abs. 2 Unterabsatz 3 EGV findet sich eine gegenüber vor der Vertragsrevision von Amsterdam neue Befugnis: ihr zufolge kann der Rat zur Bekämpfung sozialer Ausgrenzung nach dem Verfahren des Art. 251 Maßnahmen annehmen, die dazu bestimmt sind, die Zusammenarbeit zwischen den Mitgliedstaaten durch Initiativen zu fördern, die die Verbesserung des Wissensstandes, die Entwicklung des Austauschs von Informationen und bewährten Verfahren, die Förderung innovativer Ansätze und die Bewertung von Erfahrungen zum Ziel haben. **64**

Anders als bei den Maßnahmen des Art. 137 Abs. 1 iVm Abs. 2 EGV handelt es sich hier nicht um eine Kompetenz zum Erlass von Mindestvorschriften, sondern die Gemeinschaft wird vielmehr zu Maßnahmen ermächtigt, die auf die Verbesserung der Zusammenarbeit gerichtet sind. Infolgedessen beabsichtigt die Kommission laut ihres Sozialpolitischen Aktionsprogramms 1998–2000 unter anderem, eine Mitteilung über die soziale Eingliederung vorzulegen, die Strategie zur Chancengleichheit von Menschen mit Behinderungen weiterzuführen und insbesondere einen Vorschlag zu prüfen, in dem ein Rahmen für die Förderung der Integration der vom Arbeitsmarkt ausgeschlossenen Personen abgesteckt wird; darüber hinaus will sie auch Anreize zur Bekämpfung der sozialen Ausgrenzung vorschlagen.¹¹³ **65**

Die Thematik der sozialen Ausgrenzung („**social exclusion**") hat lange Zeit die sozialpolitische Diskussion auf europäischer Ebene beeinflusst.¹¹⁴ In ersten Äußerungen im Zusammenhang mit dem Inkrafttreten des Amsterdamer Vertrages hat die Kommission die Bedeutung dieses Politikbereichs betont. **66**

c) Art. 137 Abs. 3 EG-Vertrag

Art. 137 Abs. 3 EGV eröffnet der Gemeinschaft im sozialen Bereich noch weitere Befugnisse, die diese allerdings nur **einstimmig** in Anspruch nehmen darf. Insoweit ist der Gemeinschaft die Möglichkeit eröffnet, Beschlüsse auf dem **Gebiet der sozialen Sicherheit und des sozialen Schutzes der Arbeitnehmer** zu treffen, weiterhin **bezüglich des Schutzes der Arbeitnehmer bei Beendigung des Arbeitsvertrages**. Zudem werden Kompetenzen hinsichtlich der Vertretung und der **kollektiven Wahrnehmung von Arbeitnehmer- und Arbeitgeberinteressen** eingeräumt, für die **Beschäftigungsbedingungen der Staatsangehörigen von Drittländern** sowie hinsichtlich **finanzieller Beiträge zur Förderung der Beschäftigung und zur Schaffung von Arbeitsplätzen**. **67**

Bei allen diesen neuen Kompetenzen ist also zu bedenken, dass hier nur einstimmig entschieden werden kann und man sich für die angesprochenen Themen auch bisher **68**

---

¹¹³ Sozialpolitisches Aktionsprogramm, Mitteilung der Kommission, COM (98) 259 v. 29. 4. 1998.
¹¹⁴ s. dazu etwa *Roche/van Berkel* (Hrsg.), European Citizenship and Social Exclusion, Aldershot (GB) 1997; s. auch Empfehlung des Rates über gemeinsame Kriterien für ausreichende Zuwendungen und Leistungen im Rahmen der Systeme der sozialen Sicherung (92/441/EWG).

schon mit Art. 100 und 235 EG-Vertrag a. F. behelfen konnte. Der Unterschied besteht aber darin, dass man nunmehr für einschlägige Initiativen nicht mehr einen auf wirtschaftliche Ziele gerichteten Begründungsaufwand treiben muss. Es genügt statt dessen, sich ausdrücklich auf die sozialpolitisch motivierten Befugnisse zu beziehen. Hier wird also deutlich, dass sich nunmehr die Sozialpolitik endgültig emanzipiert hat und zu einem eigenständigen Bereich der europäischen Integration geworden ist.

aa) Soziale Sicherheit und sozialer Schutz der Arbeitnehmer

69 In dieser weitreichenden Kompetenznorm, die auch bereits für die elf (vierzehn) Mitgliedstaaten des Sozialprotokolls galt, ist nunmehr geregelt, dass die Gemeinschaft Richtlinien mit Mindestvorschriften erlassen kann, die Regelungen auf dem Gebiet des Sozialrechts einschließlich der Sozialhilfe enthalten. Dies geht deutlich hinaus über das, was bisher von der Gemeinschaft im Bereich des Sozialrechts geregelt werden konnte. Bisher beschränkte sich die ausdrückliche Kompetenz auf Regelungen zur Koordination von Systemen der sozialen Sicherheit[115] nach dem alten Art. 51 EG-Vertrag – nunmehr Art. 42 EG-Vertrag n. F.

70 Durch diese Vorschrift ist erstmals auch die Möglichkeit eröffnet, nicht nur koordinierend tätig zu werden, sondern auch **Harmonisierungsmaßnahmen** zu ergreifen. Dies bietet sich aus der Sicht des europäischen koordinierenden Sozialrechts etwa bei der Angleichung von Altersgrenzen der Alterssicherungssysteme oder bei der Annäherung der Invaliditätsbegriffe an. Allerdings wird hier – auf praktischer Ebene – das Erfordernis der Einstimmigkeit eine allgemeine Angleichung der sozialen Sicherungssysteme der Mitgliedstaaten wohl verhindern.

bb) Vertretung und kollektive Wahrnehmung der Arbeitnehmer- und Arbeitgeberinteressen

71 Art. 137 Abs. 3, 2. Spiegelstrich gestattet der Gemeinschaft Maßnahmen auf dem Gebiet der Vertretung und kollektiven Wahrnehmung der Arbeitnehmer- und Arbeitgeberinteressen, einschließlich der Mitbestimmung, vorbehaltlich des Abs. 6 dieser Vorschrift. Diese Kompetenznorm wirft dabei weniger inhaltliche, als vielmehr Abgrenzungsprobleme auf. Inhaltlich erfasst sie sowohl die **betriebliche als auch die Unternehmensmitbestimmung.** Diese Kompetenzzuweisung, die sich wörtlich übereinstimmend auch im Abkommen über die Sozialpolitik befunden hat, ermöglichte der Gemeinschaft der 11 (14) die Verabschiedung der Richtlinie 94/45/EG über die Einsetzung eines Europäischen Betriebsrats.[116]

72 Problematisch erscheint aber die Abgrenzung von Art. 137 Abs. 1 3. Spiegelstrich und Art. 137 Abs. 3 3. Spiegelstrich, da fraglich ist, wo genau die Grenzlinie zwischen „**Unterrichtung und Anhörung der Arbeitnehmer**" einerseits und „Vertretung und kollektive Wahrnehmung der Arbeitnehmer- und Arbeitgeberinteressen, einschließlich der Mitbestimmung" verläuft. Diese Frage ist alles andere als theoretisch, da für Maßnahmen nach Absatz 1 nur eine qualifizierte Mehrheit erforderlich ist, für Maßnahmen nach Abs. 3 hingegen Einstimmigkeit. Problematisch wird dies in Fällen, in denen es um die Unterrichtung von Arbeitnehmern geht, dies jedoch zugleich die Vertretung und kollektive Wahrnehmung von Arbeitnehmerinteressen betrifft.[117]

---

[115] EuGH Urt. v. 15. 1. 1986, Rs. 41/84 – Pinna I, Slg. 1986, 2365; *Lenz-Scheuer*, Art. 42 Rdn. 1.

[116] Richtlinie 94/45/EG des Rates über die Einsetzung eines Europäischen Betriebsrats oder die Schaffung eines Verfahrens zur Unterrichtung und Anhörung der Arbeitnehmer in gemeinschaftsweit operierenden Unternehmen und Unternehmensgruppen vom 22. 9. 1994, ABl. EG Nr. L 254 v. 30. 9. 1994, S. 64.

[117] Ein ähnliches Problem ergibt sich, wenn Richtlinien Regelungen sowohl bezüglich Art. 137 Abs. 1 als auch bezüglich Abs. 3 enthalten, also etwa Arbeitsbedingungen und Elemente zum Schutz des Arbeitnehmers bei Beendigung des Arbeitsvertrages.

cc) Beschäftigungsbedingungen der Staatsangehörigen dritter Länder

Art. 137 Abs. 3, 4. Spiegelstrich EGV ermächtigt die Gemeinschaft zu Maßnahmen im Bereich der Beschäftigungsbedingungen der Staatsangehörigen dritter Länder, die sich rechtmäßig im Gebiet der Gemeinschaft aufhalten.

Diese Zuständigkeit ist im Zusammenhang mit der Abschaffung der Grenzkontrollen innerhalb der Gemeinschaft und insgesamt der Tendenz zu sehen, langfristig einen **einheitlichen europäischen Arbeitsmarkt** zu errichten.[118] Die genannte Kompetenz ermöglicht es, den Realitäten besser Rechnung zu tragen, die darin bestehen, dass die innergemeinschaftliche Mobilität von Arbeitskräften nicht auf Staatsangehörige der Mitgliedstaaten beschränkt ist. Im Bereich des koordinierenden europäischen Sozialrechts ist die Einbeziehung von Drittstaatsangehörigen bereits auf den Weg gebracht.

dd) Finanzielle Beiträge zur Förderung der Beschäftigung und zur Schaffung von Arbeitsplätzen

In den Bereich der Beschäftigungspolitik gehört die Kompetenz aus Art. 137 Abs. 3, 5. Spiegelstrich EGV. Die in diesem enthaltene Ermächtigung zu finanziellen Beiträgen zur Förderung der Beschäftigung und zur Schaffung von Arbeitsplätzen, und zwar **unbeschadet der Bestimmungen über den Sozialfonds**, führt dazu, dass die Gemeinschaft außerhalb des Instrumentariums des Europäischen Sozialfonds, der keine Kompetenzen zur Harmonisierung der Arbeitsmarktpolitiken enthält,[119] finanzielle Beiträge zur Verfügung stellen und in Form von Richtlinien inhaltliche Korrekturen vornehmen kann.

Nachdem durch die Revision von Amsterdam nunmehr ein neuer „Titel VIII. Beschäftigung" im EGV enthalten ist, findet sich diese Vorschrift in systematischer Hinsicht nicht mehr an der richtigen Stelle, da sie unmittelbar Maßnahmen zur Beschäftigungspolitik ermöglicht und demzufolge – ähnlich wie Art. 125 ff. EG-Vertrag n. F. unmittelbar darauf angelegt ist, das Ziel der „Förderung der Beschäftigung" gemäß Art. 2 EG-Vertrag n. F. zu verfolgen.

ee) Das zu berücksichtigende Verfahren

Es war bereits erwähnt worden, dass im Rahmen der Maßnahmen gem. Art. 137 Abs. 3 EGV, anders als bei Abs. 1 – wo Mehrheitsentscheidung ausreicht –, für die Ausübung der hier betroffenen Rechtsetzungsbefugnisse Einstimmigkeit im Rat erforderlich ist. Hinzu kommt, dass die Rolle des Parlaments nicht von gleichem Gewicht ist; dieses ist bei Maßnahmen wie auch der Wirtschafts- und Sozialausschuss sowie der Ausschuss der Regionen lediglich anzuhören. Dies dürfte darin begründet sein, dass in diesen sensiblen Kernbereichen des Arbeits- und Sozialrechts die Mitgliedstaaten den entscheidenden Einfluss behalten wollten.

Trotz fehlender ausdrücklicher Regelung wird man auch hier annehmen müssen, dass diese Kompetenz durch den Erlass von Richtlinien wahrgenommen werden kann, die lediglich Mindestvorschriften vorschreiben können, über die die Mitgliedstaaten in ihren Bestimmungen jedoch hinausgehen können.

d) Änderungen des Art. 137 EG-Vertrag durch den Vertrag von Nizza

Art. 137 erfährt durch den noch nicht von allen ratifizierten Vertrag von Nizza eine nicht unerhebliche Änderung.[120] Die Kataloge der Absätze 1 und 3 werden im Absatz 1 zusammengefasst und ergänzt. Absatz 1 lautet dann:

---

[118] Vgl. dazu *Leibfried*, KJ 1994, S. 263, 266 ff. der von einer „hinkenden Arbeitsmarktintegration" spricht.
[119] Vgl. Art. 146–148 EG-Vertrag n. F.
[120] Konferenz der Vertreter der Regierungen der Mitgliedstaaten, Vertrag von Nizza, Von der Regierungskonferenz über die institutionelle Reform vereinbarter vorläufiger Text, SN 533/00.

"Zur Verwirklichung der Ziele des Artikels 136 unterstützt und ergänzt die Gemeinschaft die Tätigkeit der Mitgliedstaaten auf folgenden Gebieten:
a) Verbesserung insbesondere der Arbeitsumwelt zum Schutz der Gesundheit und der Sicherheit der Arbeitnehmer
b) Arbeitsbedingungen
c) soziale Sicherheit und sozialer Schutz der Arbeitnehmer,
d) Schutz der Arbeitnehmer bei Beendigung des Arbeitsvertrags,
e) Unterrichtung und Anhörung der Arbeitnehmer,
f) Vertretung und kollektive Wahrnehmung der Arbeitnehmer- und Arbeitsgeberinteressen einschließlich der Mitbestimmung, vorbehaltlich des Absatzes 5,
g) Beschäftigungsbedingungen der Staatsangehörigen dritter Länder, die sich rechtmäßig im Gebiet der Gemeinschaft aufhalten,
h) Berufliche Eingliederung der aus dem Arbeitsmarkt ausgegrenzten Personen, unbeschadet des Artikels 150,
i) Chancengleichheit von Männern und Frauen auf dem Arbeitsmarkt und Gleichbehandlung am Arbeitsplatz,
j) Bekämpfung der sozialen Ausgrenzung,
k) Modernisierung der Systeme des sozialen Schutzes, unbeschadet von Buchstabe c."

80 Wichtig erscheint hier, dass der Katalog um die Bekämpfung der sozialen Ausgrenzung und die Modernisierung der Systeme des sozialen Schutzes ergänzt werden wird. Es wird so eine bessere Übersichtlichkeit der Vorschrift erreicht.

81 Eine wirklich bedeutsame Modifikation findet sich in Absatz 2 des neugefassten Art. 137, der wie folgt lauten wird:

"Zu diesem Zweck kann der Rat
a) unter Ausschluss jeglicher Harmonisierung der Rechts- und Verwaltungsvorschriften der Mitgliedstaaten Maßnahmen annehmen, die dazu bestimmt sind, die Zusammenarbeit zwischen den Mitgliedstaaten durch Initiativen zu fördern, die die Verbesserung des Wissensstandes, die Entwicklung des Austauschs von Informationen und bewährten Verfahren, die Förderung innovativer Ansätze und die Bewertung von Erfahrungen zum Ziel haben;
b) in den in Absatz 1 Buchstaben a bis i genannten Bereichen unter Berücksichtigung der in den einzelnen Mitgliedstaaten bestehenden Bedingungen und technischen Regelungen durch Richtlinien Mindestvorschriften erlassen, die schrittweise anzuwenden sind. Diese Richtlinien sollen keine verwaltungsmäßigen, finanziellen oder rechtlichen Auflagen vorschreiben, die der Gründung und Entwicklung von kleinen und mittleren Unternehmen entgegenstehen.
Der Rat beschließt gemäß dem Verfahren des Artikels 251 nach Anhörung des Wirtschafts- und Sozialausschusses sowie des Ausschusses der Regionen, außer in den in Absatz 1 Buchstaben c, d, f und g genannten Bereichen, in denen er einstimmig auf Vorschlag der Kommission nach Anhörung des Europäischen Parlaments und der oben genannten Ausschüsse beschließt. Der Rat kann einstimmig auf Vorschlag der Kommission nach Anhörung des Europäischen Parlaments beschließen, dass das Verfahren des Artikels 251 auf die Buchstaben d, f und g angewandt wird."

82 Das bedeutet, dass die bisher nur auf die Bekämpfung der sozialen Ausgrenzung beschränkten **Maßnahmen zur Förderung der Zusammenarbeit zwischen den Mitgliedstaaten sich auf den gesamten Katalog beziehen können,** allerdings ausdrücklich keine Harmonisierung bewirken sollen. Die Kommission kann dann in weiteren Bereichen etwa durch Mitteilungen die Sozialpolitik in diesen Bereichen vorantreiben. Außer bei der Bekämpfung der sozialen Ausgrenzung und der Modernisierung der Systeme des sozialen Schutzes kann der Rat Mindestvorschriften erlassen. Es bleibt dann im Grundsatz bei der Verteilung von Mehrheitsentscheidungen und Einstimmigkeitserfordernis, allerdings mit der wichtigen Modifikation, dass der Rat die Erstreckung des Verfahrens nach Art. 251 EGV auch auf die anderen Bereiche mit Ausnahme der sozialen Sicherheit und des sozialen Schutzes der Arbeitnehmer erstrecken kann. Damit ist ein weiterer – immer noch vorsichtiger – **Schritt hin zur Ausweitung der Mehrheitsentscheidungen** im Bereich der Sozialpolitik getan.

II. Die sozialpolitischen Bestimmungen des EGV

Der bisherige Absatz 3 wird damit im Ergebnis gestrichen und der bisherige Absatz 4 wird Absatz 3. Wichtig ist noch der neu gefasste Absatz 4, der lauten wird: 83

„Die auf Grund dieses Artikels erlassenen Bestimmungen
– berühren nicht die anerkannte Befugnis der Mitgliedstaaten, die Grundprinzipien ihres Systems der sozialen Sicherheit festzulegen und dürfen das finanzielle Gleichgewicht dieser Systeme nicht erheblich beeinträchtigen;
– hindern die Mitgliedstaaten nicht daran, strengere Schutzmaßnahmen beizubehalten oder zu treffen, die mit diesem Vertrag vereinbar sind."

Durch den ersten Spiegelstrich wird die Befugnis der Mitgliedstaaten im Bereich des Sozialrechts betont, was allerdings angesichts der Ausklammerung des Buchstaben c) aus der Möglichkeit des Übergangs zur Mehrheitsentscheidung nur begrenzte Bedeutung haben dürfte. Allerdings mag das Verbot der erheblichen Beeinträchtigung des finanziellen Gleichgewichts der Systeme größere Bedeutung erlangen, da hier auch Auswirkungen anderer Gesetzgebungsakte nach Art. 137 Bedeutung erlangen können. Interessant ist auch, dass hier offenkundig die Formulierung des EuGH in den Rechtssachen Kohll[121] und Decker[122] übernommen worden ist, wo sie zur Rechtfertigung der Einschränkung von Grundfreiheiten diente.[123] Allerdings wird es schwierig sein, festzustellen, wann eine erhebliche Beeinträchtigung vorliegt. 84

e) Art. 141 EGV

Die Regelung zur Gleichbehandlung von Männern und Frauen beim Entgelt ist immer schon von hoher sozialpolitischer Bedeutung gewesen. Sie ist nunmehr in Art. 141 EGV enthalten, war ursprünglich jedoch in Art. 119 EGV normiert. 85

Das wesentliche Zugeständnis an die Position Frankreichs 1957 war die Einfügung von Art. 119 in den EWGV.[124] Danach hat jeder Mitgliedstaat während der ersten Stufe[125] den Grundsatz des gleichen Entgelts für Männer und Frauen bei gleicher Arbeit anzuwenden und in der Folge beizubehalten. Im Gegensatz zum programmatischen Charakter des ehemaligen Art. 117 EGV entfaltete diese Bestimmung unmittelbare Wirkung nicht nur im Verhältnis der Gemeinschaft gegenüber den Mitgliedstaaten sondern auch zwischen Privaten, also Arbeitnehmern und Arbeitgebern (sog. Drittwirkung). Ausschlaggebend für die Aufnahme von Art. 119 EWGV[126] in den Vertrag waren nicht sozialpolitische Gründe, sondern Gesichtspunkte der Wettbewerbsgerechtigkeit, weil Frankreich im Bereich der Gleichberechtigung über die fortschrittlichste Gesetzgebung der 50er Jahren verfügte.[127] 86

Obwohl Art. 119 EGV a.F. die Gemeinschaft nicht zum Erlass von Rechtsakten ermächtigte, kam dieser Bestimmung wegen ihrer **unmittelbaren Wirkung** zentrale Bedeutung zu, die sich darin zeigte, dass die EuGH-Rechtsprechung zu Art. 119 EGV a.F. zusammen mit den Urteilen zum koordinierenden Sozialrecht für die Wanderarbeitnehmer die größte Bedeutung im Bereich der Sozialpolitik hat. Der EuGH hatte den Anwendungsbereich von Art. 119 EGV a.F. erheblich dadurch erweitert, dass er seit 1981 einen Verstoß gegen Art. 119 EGV auch bei mittelbarer Diskriminierung angenommen hatte.[128] Eine **mittelbare Diskriminierung** in diesem Sinne liegt vor, wenn eine Regelung oder Maßnahme zwar unterschiedslos auf Männer oder Frauen anzuwenden ist, 87

---

[121] EuGH v. 28. 4. 1998 – Rs C-158/96, NZS 1998, S. 280 ff.
[122] EuGH v. 28. 4. 1998 – Rs C-120/95, NZS 1998, S. 283 ff.
[123] S. auch *Steinmeyer*, Veränderte rechtliche Dimensionen (Vertragsfreiheiten), in *Igl* (Hrsg.), Europäische Union und gesetzliche Krankenversicherung, S. 79 ff.
[124] Jetzt EGV.
[125] Also bis 31. 12. 1961, Art. 7 Abs. 1 UAbs. 2 EGV.
[126] Jetzt EGV.
[127] *Philip*, Droit social européen, 1985, S. 188.
[128] EuGH v. 31. 8. 1981 (Jenkins/Kinksgate) Rs. 96/80, Slg. 1981, S. 911 ff.

diese aber für die Personen eines Geschlechts wesentlich nachteiligere Wirkungen entfaltet als bei Personen des anderen Geschlechts und diese nachteiligen Wirkungen auf dem Geschlecht oder der Geschlechterrolle beruhen.[129] Die Bedeutung von Art. 119 EGV a. F. zeigte sich nicht zuletzt darin, dass die Gemeinschaft über die Generalklauseln Art. 94 und Art. 308 EGV fünf Richtlinien zur Konkretisierung des Gleichbehandlungsgrundsatzes erlassen hat.

88 Der neue Art. 141 EGV ist gegenüber der alten, aber auch gegenüber der Regelung des Art. 6 im Abkommen über die Sozialpolitik beträchtlich erweitert worden. Mit dem völlig neu gestalteten und nicht auf das Abkommen über die Sozialpolitik zurückgehenden Abs. 3 erhält die Gemeinschaft die **Kompetenz, Maßnahmen zur Gewährleistung der Anwendung des Grundsatzes** der Chancengleichheit von Männern und Frauen im Arbeits- und Beschäftigungsleben, einschließlich des Grundsatzes des gleichen Entgelts bei gleicher oder gleichwertiger Arbeit zu beschließen. Diese Befugnis, von der der Rat im Rahmen des Mitentscheidungsverfahrens gemäß Art. 251 EG-Vertrag bei Anhörung des Wirtschafts- und Sozialausschusses Gebrauch machen kann, dehnt den bisherigen Anwendungsbereich des Gleichbehandlungsgebots von der Frage des Entgelts generell auf das Arbeitsleben und die Beschäftigung aus. Es ist allerdings festzustellen, dass auch unter altem Rechtszustand bereits die Tendenz groß war, über den Bereich des Entgelts hinauszugehen. Der Europäische Gerichtshof tat dies durch eher großzügige Auslegung und der Rat durch Heranziehung anderer Kompetenzvorschriften.

89 Bedeutsam ist auch die Regelung des Art. 141 Abs. 4, wonach die Mitgliedstaaten nicht gehindert sind, zur Erleichterung der Berufstätigkeit des unterrepräsentierten Geschlechts oder zur Verhinderung bzw. zum Ausgleich von Benachteiligungen in der beruflichen Laufbahn spezifische Vergünstigungen beizubehalten oder zu beschließen. Diese Vorschrift war als Absatz 3 auch schon im Art. 6 des Abkommens über die Sozialpolitik enthalten und erlaubt **spezifische Fördermaßnahmen.** Das europäische Recht steht also derartigen Maßnahmen nationalen Rechts nicht mehr entgegen.[130]

f) Ausschluss europäischer Kompetenz gem. Art. 137 Abs. 6 EGV und die Möglichkeit der Aufgabenübertragung auf die Kommission gem. Art. 144 EGV

90 Art. 137 Abs. 6 EGV stellt, wie bereits Art. 2 Abs. 6 des Sozialabkommens, einen eindeutigen Kompetenzausschluss dar. Demzufolge bleiben das **Arbeitsentgelt,** das **Koalitionsrecht,** das **Streikrecht** sowie das **Aussperrungsrecht ausdrücklich aus der Rechtssetzungskompetenz der Gemeinschaft ausgeklammert.** Es handelt sich hier um Themenbereiche, die von den Mitgliedstaaten als so sensibel angesehen werden, dass sie ausschließlich im Bereich der nationalen Zuständigkeit verbleiben sollen. Dies lässt sich nicht etwa begründen mit dem Hinweis auf die Besonderheiten dieser Bereiche, die einer europäischen Regelung nicht zugänglich seien, denn im Vertrag ist durchaus die kollektive Einigung europäischer Sozialpartner und die Setzung von Rahmenbedingungen dafür vorgesehen; solche zugelassenen Ansätze zu einem europäischen kollektiven Arbeitsrecht müssen aber unvollkommen bleiben, wenn wesentliche Teile des kollektiven Arbeitsrechts ausgeklammert bleiben.

91 Nach Art. 144 EGV können schließlich vom Rat festgelegte Aufgaben im Zusammenhang mit der Durchführung gemeinsamer Maßnahmen auf dem Gebiet der Sozialpolitik der Kommission übertragen werden. Diese Vorschrift ist im Grunde überflüssig, weil sie lediglich Art. 211 UAbs. 4, Art. 202 UAbs. 3 EGV wiederholt.[131] Art. 145 EGV verpflichtet die Kommission, jährlich einen Bericht zur sozialen Lage in der Gemeinschaft zu verfassen.

---

[129] *Hailbronner,* Handkommentar EU, Art. 119, Rn. 13.
[130] Siehe aber EuGH Rs. C-450/93 (Kalanke), Slg. 1995, I-3096
[131] Grabitz/Hilf/*Jansen,* Art. 121, Rn. 1.

g) Abgrenzungsfragen

Da Art. 137 EGV insgesamt 14 Bereiche des Arbeits- und Sozialrechts auflistet, ist damit 92
zu rechnen, dass Richtlinieninhalte sich nicht immer auf einen dieser Bereiche beschränken und deshalb Abgrenzungsfragen aufwerfen. Berührt eine Richtlinie entweder nur Bereiche des Einstimmigkeitsprinzips oder nur solche des Mehrheitsprinzips, so ist die Frage nicht weiter von Bedeutung. Anders verhält es sich jedoch dann, wenn Bereich geregelt werden sollen, die in Art. 137 Abs. 1 (qualifizierte Mehrheit) und zugleich in Art. 137 Abs. 3 EGV (Einstimmigkeit) geregelt sind. Ähnliches gilt in Verhältnis zu Art. 137 Abs. 6 EGV.[132]

Versuche, den **inhaltlichen Schwerpunkt des jeweiligen Richtlinienvorschlags** zu bestimmen, dürften außerordentlich schwierig sein.[133] Richtschnur für eine solche Abgrenzung müssten vielmehr die Auswirkungen der Richtlinien auf die Souveränitätsrechte der Mitgliedstaaten sein. Wegen des qualifizierten Mehrheitsprinzips kann es dazu kommen, dass überstimmte Mitgliedstaaten verpflichtet werden, Richtlinien nach Art. 137 Abs. 2 i. V. m. Abs. 1 in innerstaatliches Recht umzusetzen. Enthält eine solche Richtlinie auch Materien des Art. 137 Abs. 3, so würde darin eine Umgehung des Einstimmigkeitsprinzips liegen. Wenn etwa in einem Richtlinienvorschlag, der sich überwiegend mit Regelungen über Arbeitsbedingungen befasst, auch eine zentrale Kündigungsschutzbestimmung enthalten ist, diese Richtlinie mit qualifizierter Mehrheit verabschiedet wird, wäre entgegen Art. 137 Abs. 3 EGV eine kündigungsschutzrechtliche Regelung auf Grund einer Mehrheitsentscheidung ergangen.

Sofern demnach Bereiche des Art. 137 Abs. 3 in einem Richtlinienvorschlag enthalten 93
sind, erfordert es der Schutz der Souveränitätsrechte der Mitgliedstaaten, dass in derartigen Fällen die Richtlinie einstimmig verabschiedet wird; anderenfalls muss dieser Gegenstand abgetrennt und zum Gegenstand einer eigenen Richtlinie gemacht werden.[134]

h) Art. 95 EGV

Über die genannten expliziten sozialpolitischen Kompetenzen des Vertrages hinaus 94
kann die Gemeinschaft auf diesem Feld ihre Maßnahmen jedoch auch auf die allgemeinen Kompetenznormen stützen. Dies hat sie insbesondere vor Amsterdam regelmäßig auch tun müssen.

Nach Art. 95 Abs. 1 EGV[135] kann der Rat **Maßnahmen zur Angleichung der** 95
Rechts- und Verwaltungsvorschriften der Mitgliedstaaten treffen, **welche die Errichtung und das Funktionieren des Binnenmarktes zum Gegenstand haben**.[136] Art. 95 EGV ist als zentrale Ermächtigungsgrundlage für die Beseitigung von Hindernissen des freien Warenverkehrs und damit für die Schaffung des Binnenmarktes von großer Bedeutung. Ausgeklammert aus dem Anwendungsbereich des Art. 95 Abs. 1 EGV sind nach Art. 95 Abs. 2 EGV Bestimmungen über die Steuern, über die Freizügigkeit sowie über die Rechte und Interessen der Arbeitnehmer. Die Gemeinschaft ist danach nicht befugt, arbeitsrechtliche Bestimmungen, die für die Errichtung und das Funktionieren des

---

[132] Zu denken wäre etwa an eine Richtlinie, die Arbeitsbedingungen und kündigungsrechtliche Fragen zum Gegenstand: denn man muss wegen der unterschiedlichen Regelungen, die für die Beschlussfassung im Rat und die Beteiligung des Parlaments geklärt werden, welche Variante des Art. 137 EGV einschlägig ist.
[133] Dazu im Einzelnen *Balze*, Sozialpolitische Kompetenzen, S. 268.
[134] Dieses Ergebnis wird gestützt von Art. 139 Abs. 2 UAbs. 2. Danach gilt bei einem Beschluss des Rates über die Durchführung von Vereinbarungen, die die Sozialpartner auf europäischer Ebene abgeschlossen haben, das Einstimmigkeitsprinzip immer dann, wenn ein Bereich des Art. 137 Abs. 3 betroffen ist.
[135] Das ist der ursprüngliche Art. 100a EGV.
[136] Vgl. zu Art. 95 EGV oben § 10 Rn. 63 ff.

Binnenmarktes erforderlich sind, über diese Bestimmung anzugleichen.[137] Die **Bedeutung des Art. 95 EGV für die sozialpolitischen Kompetenzen** ist damit eher **historischer Natur** und lag überwiegend darin, dass diese Bestimmung sozialpolitische Rechtsakte weitgehend ausklammerte. Hielt die Gemeinschaft eine Angleichung arbeitsrechtlicher Regelungen für notwendig, um Störungen des Binnenmarktes zu beseitigen, musste sie bislang, d. h. auch nach der EEA 1987 auf Art. 94 EGV[138] zurückgreifen.[139]

96 Eine **Ausnahme** gilt lediglich für den **produktbezogenen Arbeitsschutz.** Darunter werden die Bestimmungen zur Verwirklichung des freien Warenverkehrs verstanden, die Beschaffenheitsanforderungen für Produkte aufstellen, mit denen Arbeitnehmer bei ihrer Arbeit in Kontakt kommen. Typisches Beispiel ist die auf den ehemaligen Art. 100a EWGV[140] gestützte Maschinenrichtlinie, die gemeinschaftsweit geltende, durch Normen konkretisierte Beschaffenheitsanforderungen für Maschinen aufstellt. Kein Mitgliedstaat kann seit Inkrafttreten der Richtlinie am 1. 1. 1993 mit der Begründung, eine in einem EU-Staat rechtmäßig hergestellte oder in Verkehr gebrachte Maschine verstoße gegen nationales Arbeitsschutzrecht, die Einfuhr einer solchen Maschine unterbinden.[141]

97 Die Verabschiedung der **Maschinenrichtlinie** verstieß nicht gegen das Prinzip der Einzelermächtigung (Art. 5 Abs. 1 EGV), auch wenn der damalige Art. 100a Abs. 2 EGV Rechte und Interessen der Arbeitnehmer aus dem Anwendungsbereich des Art. 100a EGV a. F. ausklammerte. Denn aus Art. 100a Abs. 3 und Abs. 4 EGV a. F. ergab sich, dass die Gemeinschaft zum Erlass arbeitsschutzrelevanter Harmonisierungsbestimmungen befugt sein musste. Nach Art. 100a Abs. 3 EGV a. F. hatte die Gemeinschaft ein hohes Niveau in den Bereichen Gesundheit, Sicherheit, Umweltschutz und Verbraucherschutz zu gewährleisten. Dies entspricht auch der heutigen Regelung in Art. 95 Abs. 3 EGV. Systematische Erwägungen führen dazu, dass unter dem Begriffspaar Sicherheit und Gesundheit die Arbeitssicherheit und Gesundheit der Arbeitnehmer zu verstehen ist.[142] Die Bedeutung dieses Begriffspaares würde leer laufen, wenn die Gemeinschaft bereits nach Art. 100a Abs. 2 EGV a. F./Art. 95 Abs. 2 EGV überhaupt nicht befugt wäre, Harmonisierungsmaßnahmen mit Arbeitsschutzrelevanz zu verabschieden. Dasselbe würde für Art. 100a Abs. 4 EGV a. F./Art. 95 Abs. 4 EGV gelten, der die Mitgliedstaaten ermächtigt, aus Gründen der Verbesserung der Arbeitsumwelt nationale Bestimmungen anzuwenden, die den freien Warenverkehr behindern.[143]

i) Art. 94 EGV

98 Art. 94 EGV ermächtigt die Gemeinschaft, diejenigen Rechts- und Verwaltungsvorschriften der Mitgliedstaaten anzugleichen, die sich unmittelbar auf die Errichtung und das Funktionieren des Gemeinsamen Marktes auswirken. Die **Rechtssetzungsbefugnis nach Art. 94 EGV** erstreckt sich nicht wie bei den meisten anderen Kompetenznormen wie z. B. Art. 71 oder Art. 40 EGV auf einen bestimmten Politikbereich,[144] sondern knüpft unmittelbar an die Verwirklichung des Gemeinsamen Marktes an. Hintergrund für die

---

[137] Vgl. zum Anwendungsbereich von Art. 95 EGV (noch zu seiner Fassung als Art. 100a EGV) ausführlich *Balze*, Sozialpolitische Kompetenzen, S. 123 ff.

[138] D. h. den ursprünglichen Art. 100 EGV.

[139] Art. 94 EGV bezieht sich auf den Gemeinsamen Markt, der aber im Wesentlichen mit dem Begriff des Binnenmarktes übereinstimmt; dazu oben § 9 Rn. 308 ff.

[140] Jetzt EGV.

[141] Dies war vorher nach Art. 36 EWGV (jetzt EGV) und den vom EuGH entwickelten ungeschriebenen Rechtfertigungsgründe zulässig, vgl. EuGH v. 28. 1. 1986 (Kommission/Frankreich) Rs. 188/84, Slg. 1986, S. 419 ff.

[142] Vgl. *Balze*, Sozialpolitische Kompetenzen, S. 138 ff m. w. N.

[143] Allerdings muss die Kommission den nationalen Souveränitätsvorbehalt gemäß Art. 100a Abs. 4 Unterabs. 2 EGV genehmigen.

[144] Also z. B. auf die Verkehrspolitik (Art. 75 EGV) oder die Verwirklichung der Freizügigkeit der Arbeitnehmer (Art. 39 EGV).

II. Die sozialpolitischen Bestimmungen des EGV

Rechtsangleichungsbefugnis ist die Tatsache, dass eine Reihe außerökonomischer Faktoren, die im Zuständigkeitsbereich der Mitgliedstaaten liegen, die Entstehung eines gemeinsamen Marktes behindern können. Typisches Beispiel sind die in Art. 30 EGV genannten Rechtfertigungsgründe, also etwa der Gesundheitsschutz oder der gewerbliche Rechtsschutz. So kann ein Mitgliedstaat die Einfuhr von Waren aus anderen EU-Staaten verhindern, wenn seine gesundheitspolitischen Anforderungen nicht erfüllt werden.[145] Diese Beeinträchtigung des Gemeinsamen Marktes kann die Gemeinschaft dadurch beseitigen, dass in Harmonisierungsrichtlinien nach Art. 94 bzw. Art. 95 EGV gemeinschaftsweite Anforderungen aufgestellt werden, wodurch die Mitgliedstaaten die Befugnis verlieren, sich auf die Rechtfertigungsgründe des Art. 30 EGV zu berufen. Die Konzeption der Rechtsangleichung zielt darauf ab, die nationalen Rechtsordnungen nicht durch Gemeinschaftsrecht oder durch umfassende Uniformität der nationalen Rechtsordnungen zu ersetzen, sondern punktuell eine inhaltliche Übereinstimmung in bestimmten Fragen herbeizuführen. Die Tatbestandsmerkmale des Art. 94 EGV sind so unbestimmt gefasst, dass die Gemeinschaftsorgane über einen weiten Beurteilungsspielraum bei der Frage verfügen, wann sich nationale Bestimmungen unmittelbar auf das Funktionieren des Gemeinsamen Marktes auswirken.[146] Letztlich stellt das Einstimmigkeitserfordernis des Art. 94 EGV das wesentliche Korrektiv gegen eine zu starke Aushöhlung der mitgliedstaatlichen Befugnisse dar.

Es stellt sich die Frage, ob **sozialpolitische Regelungen der Mitgliedstaaten das Funktionieren des Gemeinsamen Marktes behindern können.** Diese Frage stellte sich vor der Vertragsrevision von Amsterdam sogar noch umso drängender, weil die Gemeinschaft zu dieser Zeit noch über nahezu keine eigenständigen Befugnisse auf sozialpolitischem Gebiet verfügte. Demzufolge waren sozialpolitische Maßnahmen vor Amsterdam regelmäßig auf die Generalklausel des Art. 100 EGV a.F./Art. 94 EGV zu stützen. Man behalf sich in diesen Fällen dann regelmäßig mit folgender Argumentation: Ein wesentliches Element des Gemeinsamen Marktes liegt in der Schaffung einheitlicher Wettbewerbsbedingungen.[147] Über die Wettbewerbsrelevanz der Arbeits- und Sozialordnungen für unternehmerische Entscheidungen in einem einheitlichen Wirtschaftsraum bestand bereits im Vorfeld der Schaffung des EWGV Einigkeit. Die Mitgliedstaaten hielten jedoch eine Angleichung der Sozialsysteme als Voraussetzung für das Funktionieren des Gemeinsamen Marktes nicht für erforderlich, weil sich die Auffassung durchgesetzt hatte, dass neben den Sozialordnungen auch andere Standortfaktoren[148] das unternehmerische Verhalten beeinflussen. Für den Fall, dass in einzelnen Fällen nationale arbeits- oder sozialrechtliche Bestimmungen den Gemeinsamen Markt beeinträchtigen, hat die Gemeinschaft die Möglichkeit, diese Störungen durch einen Rückgriff auf Art. 94 EGV zu beseitigen.

Bis Anfang der 70er Jahre machte die Gemeinschaft auf sozialpolitischem Gebiet nicht von Art. 94 EGV/Art. 100 EWGV Gebrauch, was den Schluss zulässt, dass sozialpolitischen Maßnahmen zu dieser Zeit kein wesentlicher Stellenwert zugemessen wurde. Nach dem Pariser Gipfel von 1974 und seinem Hervorbringen eines „sozialen Europas" ging dann die Gemeinschaft jedoch dazu über, **auch Richtlinien mit vorwiegend arbeitsrechtlichem Inhalt auf Art. 94 EGV/Art. 100 EWGV zu stützen.** Diese Praxis ist nicht darauf zurückzuführen, dass nunmehr die Sozialsysteme die wirtschaftliche Integration behinderten. Vielmehr waren politische Umwälzungen zu Beginn der 70er Jahre verantwortlich, als die Gemeinschaft sich zunehmend von der neoliberalen Wirtschaftsphilo-

---

[145] Allerdings dürfen die nationalen Bestimmungen keine verschleierte Beschränkung des Handels zwischen den Mitgliedstaaten darstellen, Art. 30 Satz 2 EGV.
[146] Grabitz/Hilf/*Langeheine*, Art. 100, Rn. 36; *Taschner*, in: Groeben/Thiesing/Ehlermann, Kommentar zum EWGV, Art. 100, Rn. 30; *Röttinger*, in: Lenz, EGV-Kommentar, 2. Aufl. 1999, Art. 94 Rn. 11.
[147] Zu den Elementen des Gemeinsamen Marktes oben § 9 Rn. 308 ff.; s. hierzu auch *Steinmeyer*, DVBl, 1995, S. 962, 964 f.
[148] Wie z.B. die Steuerbelastung, Umweltschutzauflagen etc.

sophie des EWGV distanzierte und der Sozialpolitik eine eigenständige Rolle in der Gemeinschaftspolitik zuerkennen wollte. Es wurde die Interdependenz von wirtschaftlicher und sozialer Entwicklung herausgestellt und daraus die Notwendigkeit des Erlasses sozialpolitischer Rechtsakte auf Gemeinschaftsebene abgeleitet. Das Problem für die Gemeinschaft bestand darin, dass sie über keine sozialpolitische Kompetenznorm verfügte – Art. 118a EGV a. F. fand erst 1987 Eingang in den Vertrag und Amsterdam sollte noch rund fünfundzwanzig Jahre auf sich warten lassen –, um diese politische Forderung umzusetzen. Die Gemeinschaft griff deshalb auf die Generalklauseln des Art. 100 und Art. 235 EWGV[149] zurück. Die Richtlinien betrafen die Gleichbehandlung von Mann und Frau im Arbeitsleben, das Arbeitsschutzrecht sowie punktuell weitere Fragen des Arbeitsrechts.[150] Den primär sozialpolitischen Bezug der Richtlinie verdeutlicht die Tatsache, dass die auf die genannten Kompetenznormen gestützten Richtlinien Mindestbestimmungen enthalten, also eine Vereinheitlichung der Regelungen nicht in dem Maße im Vordergrund stand wie der sozialpolitische Fortschritt.

101 Den Bezug dieser Richtlinien zu Art. 94 EGV/Art. 100 EWGV begründete die Gemeinschaft mit einer **weiten Definition des Gemeinsamen Marktes,** der nicht nur eine Beseitigung der Wettbewerbsunterschiede, sondern auch eine ausgewogene soziale Entwicklung anstrebt. Der EuGH billigte diese Definition, indem er festgestellt hat, dass der Vertrag sich nicht auf die Errichtung einer Wirtschaftsunion beschränke, sondern, wie die Präambel hervorhebe, zugleich durch gemeinsames Vorgehen der soziale Fortschritt gesichert und die ständige Besserung der Lebens- und Arbeitsbedingungen der europäischen Völker angestrebt werden solle.[151] Indem Art. 117 Abs. 2 EGV a. F. ausdrücklich die Rechtsangleichung als einen Bereich aufzähle[152] – so die damalige Argumentation des EuGH, der den sozialen Fortschritt herbeiführen solle, werde deutlich, dass die Rechtsangleichung die Gemeinschaft verpflichte, die sozialpolitische Zielsetzung des Art. 117 Abs. 1 EGV a. F. im Rahmen von Art. 100 EGV[153] mit zu berücksichtigen. Zu den Elementen des funktionierenden Gemeinsamen Marktes zählt damit die Ausgewogenheit der wirtschaftlichen und sozialen Entwicklung.[154] Die Gemeinschaft konnte deshalb auch bereits vor Amsterdam auch solche Maßnahmen auf dem Gebiet des Arbeits- und Sozialrechts nach Art. 100 EWGV angleichen, welche nicht nur Maßnahmen decken, die aus wirtschaftlichen, sondern auch solche, die aus sozialpolitischen Gründen gerechtfertigt sind, sofern sie einen wirtschaftlichen Bezug aufweisen und damit der Errichtung oder dem Funktionieren des Gemeinsamen Marktes dienen.[155] Für das Erfordernis der unmittelbaren Auswirkung auf das Funktionieren des Gemeinsamen Marktes genügt es daher, wenn auch Erfordernisse der Wirtschaftsintegration für die Begründung einer Richtlinie angeführt werden können.[156]

102 Bei einer Definition des Gemeinsamen Marktes, der auch eine ausgewogene soziale Entwicklung zum Gegenstand hat, unterfallen letztlich so gut wie alle arbeitsrechtlichen Fragen dem Art. 94 EGV,[157] zumal auch das einschränkende Tatbestandsmerkmal der unmittelbaren Auswirkung wegen seiner Unbestimmtheit nur schwache rechtliche Aussagefähigkeit entfaltet. Die Gemeinschaft hat zwar bisher nur einige arbeitsrechtliche Richtlinien auf Grundlage von Art. 94 EGV erlassen; diese umfassen allerdings die unterschiedlichsten Bereiche und reichen von einem in der Nachweis-Richtlinie geregelten

---

[149] Jetzt Art. 94 und 308 EGV.
[150] Die Massenentlassung, den Betriebsübergang und den Insolvenzschutz.
[151] EuGH v. 8. 4. 1976 (Defrenne II) Rs. 43/75, Slg. 1976, S. 455, 473.
[152] Neben dem begünstigenden Wirken des Gemeinsamen Marktes und dem im EWGV vorgesehenen Verfahren.
[153] Heute Art. 94 EGV.
[154] *von Alvensleben,* Die Rechte der Arbeitnehmer, S. 62.
[155] *Steinmeyer,* VSSR 1989, S. 217.
[156] *von Alvensleben,* Die Rechte der Arbeitnehmer, S. 64.
[157] *Birk,* in: MünchArbR 1, § 18, Rn. 33.

arbeitsvertraglichen Kernbereich über die Insolvenz-Richtlinie bis zum Arbeitsschutz und der Gleichberechtigung von Mann und Frau im Arbeitsleben.[158] Aus welchen Gründen gerade diese Bereiche des Arbeitsrechts den Gemeinsamen Markt beeinträchtigen und ein Angleichungsbedürfnis hervorrufen ist nicht ersichtlich. Hier führen die Besonderheiten des europäischen Entscheidungsprozesses dazu, dass eine systematische Aufarbeitung häufig auf der Strecke bleibt.

Im Hinblick auf das Prinzip der Einzelermächtigung, das zu den wesentlichen Strukturprinzipien des EGV zählt,[159] erscheint die **generalklauselartige Weite von Art. 94 EGV bedenklich**. Denn eine nach der extensiven Interpretation des Gemeinsamen Marktes grundsätzlich zulässige Vergemeinschaftung zahlreicher sozialpolitischer Bereiche über Art. 94 EGV würde der Konzeption des Vertrages zuwiderlaufen, wonach die Mitgliedstaaten grundsätzlich die Zuständigkeit im Bereich der Sozialpolitik behalten haben. Andererseits erhöht die fortschreitende wirtschaftliche Integration die Gefahr sozialpolitischer Fehlentwicklungen. So macht in besonders exemplarischer Weise die erste auf Art. 94 EGV[160] gestützte arbeitsrechtliche Richtlinie, die Richtlinie über Massenentlassungen,[161] deutlich, dass die unterschiedlichen Sozialbestimmungen der Mitgliedstaaten innerhalb eines multinationalen Konzerns untereinander ausgespielt werden können: Der AKZO-Konzern plante 1972 in den Niederlanden und in der Bundesrepublik Massenentlassungen. Wegen des vergleichsweise strengen Kündigungsschutzes in diesen beiden Ländern nahm er die Kündigungen in seiner belgischen Niederlassung vor, obwohl ursprünglich dort keine Entlassungen vorgesehen waren.[162] Die Gefahr, dass die unterschiedlichen Arbeits- und Sozialsysteme den Ausschlag für unternehmerische Entscheidungen geben und gegeneinander ausgespielt zu werden drohen, besteht auch bei geplanten Betriebserweiterungen und der Vergabe von Produktionsaufträgen. So hatte die Einführung eines Drei-Schicht-Modells bei General Motors in Saragossa zur Folge, dass Opel Kaiserslautern Samstags- und Nachtarbeit anordnete und Opel Bochum gegen die Zusicherung, ein neues Presswerk zu bauen, die wöchentliche Betriebsnutzungszeit auf 136 Stunden ausweitete.[163]

Wenn sich auch mittlerweile die Kompetenzsituation auf dem sozialpolitischen Gebiet durch die Revision von Amsterdam grundlegend geändert hat und die Gemeinschaft über weitreichende sozialpolitische Befugnisse verfügt, so ist doch nach wie vor ein – wenn auch schmalerer – **eigenständiger Anwendungsbereich des Art. 94 EGV** für sozialpolitische Maßnahmen denkbar. Die Schwierigkeit besteht nun – wie bereits zu Zeiten, als Art. 94 EGV die Einzige denkbare Kompetenz für europäische Sozialpolitik war – darin, Kriterien zu finden, die es ermöglichen, dass sich der Anwendungsbereich von Art. 94 EGV nicht auf das gesamte Arbeits- und Sozialrecht bezieht, gleichwohl aber der vom EuGH zu Recht anerkannten sozialen Komponente des Gemeinsamen Marktes Rechnung getragen wird.

Die **Auslegung des Art. 94 EGV** hat sich an der Frage zu orientieren, ob negative Auswirkungen des Gemeinsamen Marktes auf die sozialpolitische Entwicklung korrigiert werden sollen oder ob losgelöst davon eine Verbesserung der Arbeits- und Sozialordnungen angestrebt wird. Nur wenn der Gemeinschaftsgesetzgeber das Angleichungsbedürfnis

---

[158] Eine noch breitere Palette wird ersichtlich, wenn man auch die Vorschläge berücksichtigt; so wurden Richtlinienentwürfe wie die über die europäischen Betriebsräte, den Elternurlaub und die Teilzeiturlaub auf Art. 100 EWGV gestützt; sie scheiterten allerdings in den meisten Fällen am Veto Großbritanniens.
[159] Vgl. Art. 3b Abs. 1 EGV.
[160] Damals noch Art. 100 EWGV.
[161] RL 75/129/EWG vom 17. 2. 1975 zur Angleichung der Rechtsvorschriften bei Massenentlassungen, ABl. L 48, S. 29.
[162] *Pipkorn*, NZA Beil. 3/1986, S. 2, 4; *Steinmeyer*, VSSR 1989, S. 208, 215 ff.; *ders.*, DVBl. 1995, S. 962, 964.
[163] *Bobke*, AiB 1993, S. 355.

darlegen und begründen kann, ist der Anwendungsbereich des Art. 94 EGV eröffnet. In diesem Zusammenhang kann das in Art. 5 Abs. 2 EGV verankerte Subsidiaritätsprinzip an Bedeutung gewinnen, dessen Funktion darin besteht, die Rechtsetzungstätigkeit der Gemeinschaft insofern zu begrenzen, als bei jedem geplanten Rückgriff auf eine Kompetenznorm geprüft werden muss, ob es erforderlich ist, dass die Gemeinschaft anstelle der Mitgliedstaaten einen bestimmten Rechtsakt erlässt. Es muss also ein Bedürfnis für eine Gemeinschaftsregelung nachgewiesen werden. Aus Art. 5 Abs. 2 EGV lässt sich zumindest eine Begründungspflicht ableiten, aus welchen Gründen sich die Notwendigkeit eines Richtlinienerlasses ergeben soll. Weder in den Begründungserwägungen[164] noch im Richtlinieninhalt der bisherigen arbeitsrechtlichen Richtlinien wurde hinreichend deutlich, inwieweit sich die nationalen arbeitsrechtlichen Regelungen unmittelbar auf den Gemeinsamen Markt auswirken.[165]

106 Vor diesem Hintergrund ist die Gemeinschaft nach Art. 94 EGV **ermächtigt, soziale Fehlentwicklungen des Gemeinsamen Marktes zu korrigieren** und Maßnahmen gegen Produktionsverlagerungen zu ergreifen, die nicht auf wirtschaftliche Faktoren, sondern auf Unterschiede in den rechtlichen Rahmenbedingungen zurückzuführen sind. Denn es ist gerade Aufgabe der Rechtsangleichung, zu verhindern, dass Unterschiede der einzelnen Sozialsysteme zu künstlichen Produktionsverlagerungen führen.[166] So war die Rechtsetzungsbefugnis nach Art. 94 EGV/Art. 100 EGV a. F. im Falle der Richtlinien über die Massenentlassungen, über die Wahrung von Arbeitnehmeransprüchen beim Übergang von Unternehmen, Betrieben oder Betriebsteilen[167] sowie der Insolvenzrichtlinie[168] ebenso gegeben wie bei der Richtlinie über die Einsetzung europäischer Betriebsräte, die wegen des Widerstandes Großbritanniens nach dem Maastrichter Abkommen verabschiedet wurde, aber ursprünglich auf Art. 94 EGV/Art. 100 EGV a. F. gestützt werden sollte, weil diese Richtlinien eine Reaktion darauf sind, dass in einem zunehmend vereinheitlichten Wirtschaftsraum binnenmarktrelevante Entscheidungen der Unternehmen sich zu einem wesentlichen Teil an den Arbeits- und Sozialordnungen orientieren. Der Gefahr, dass dadurch ein Nivellierungsdruck in den einzelnen Mitgliedstaaten nach unten ausgelöst wird, ist die Gemeinschaft damit begegnet, dass sie in diesen sensiblen Bereichen verbindliche gemeinschaftsweite Mindeststandards festgelegt hat. Dagegen wird bei Richtlinien wie der auf Art. 94 EGV gestützten Nachweisrichtlinie[169] ein solcher Bezug zum Gemeinsamen Markt nicht deutlich.

j) Art. 308 EGV

107 Neben den speziellen Kompetenznormen aus den Art. 136 ff. EGV sowie Art. 94 EGV kommt als **allgemeine Rechtsgrundlage für den Erlass sozialpolitischer Rechtsakte** auch Art. 308 EGV in Betracht. Sofern im EGV die erforderlichen Befugnisse nicht vorgesehen sind, kann die Gemeinschaft danach einstimmig die geeigneten Vorschriften für den Fall erlassen, dass ein Tätigwerden der Gemeinschaft erforderlich erscheint, um im Rahmen des Gemeinsamen Marktes eines der Vertragsziele des EGV zu verwirklichen. Art. 308 EGV knüpft unmittelbar an die Vertragsziele an, die vorwiegend in Art. 3 und Art. 4 EGV aufgezählt sind, und schließt damit die für die Struktur des EGV charakteris-

---

[164] Eine Begründungspflicht besteht bereits nach Art. 190 EGV.
[165] So wird in den Begründungserwägungen etwa zur Nachweis-Richtlinie lediglich formelhaft festgestellt, dass die Unterschiede sich unmittelbar auf das Funktionieren des Gemeinsamen Marktes auswirken können, vgl. ABl. 1991 Nr. L 288, S. 32.
[166] *Coen*, in: Bleckmann, Europarecht, Rn. 1854.
[167] RL 77/187/EWG v. 14. 2. 1977, ABl. L 61, S. 27.
[168] RL 80/987/EWG v. 20. 10. 1980 über den Schutz der Arbeitnehmer bei Zahlungsunfähigkeit des Arbeitgebers, ABl. L 283, S. 23.
[169] RL 91/533/EWG vom 14. 10. 1991 über die Pflicht des Arbeitgebers zur Unterrichtung des Arbeitnehmers über die für seinen Arbeitsvertrag oder sein Arbeitsverhältnis geltenden Bedingungen, ABl. L 288, S. 32.

II. Die sozialpolitischen Bestimmungen des EGV 108–110 § 12

tische Lücke zwischen den Zielen und den Befugnisnormen des EGV.[170] Art. 308 EGV überträgt der Gemeinschaft keine Kompetenz-Kompetenz, d. h. die Ermächtigung, sich mit Befugnissen auszustatten.[171] Die Übertragung neuer Kompetenzen und Vertragsziele ist nur im Wege einer Vertragsänderung möglich, wie Art. 48 EUV ausdrücklich klarstellt. Auf die Abgrenzung zwischen zulässiger Wahrnehmung einer begrenzt eingeräumten Hoheitsbefugnis und unzulässiger Vertragserweiterung hat das Bundesverfassungsgericht in seiner Entscheidung zur Vereinbarkeit des Maastrichter Vertrages mit dem Grundgesetz ausdrücklich hingewiesen und klargestellt, dass Sekundärrechtsakte, die von einer Befugnisnorm des EGV nicht gedeckt sind und gegen das Prinzip der Einzelermächtigung verstoßen, in der Bundesrepublik keine Bindungswirkung entfalten.[172]

Hintergrund für Art. 308 EGV ist der **dynamische Charakter des Vertrages**, denn 108 die Gründungsstaaten waren sich bewusst, dass die im Vertrag ausdrücklich formulierten Kompetenzen auf Dauer nicht ausreichen werden, die Ziele zu verwirklichen. Die generalklauselartige Weite erschwert die im Hinblick auf das Prinzip der Einzelermächtigung (vgl. Art. 5 Abs. 1 EGV) notwendige Bestimmung des Anwendungsbereichs erheblich. Die Gemeinschaftsorgane besitzen auch im Rahmen des Art. 308 EGV einen sehr weiten Beurteilungsspielraum hinsichtlich der Frage, ob ein Tätigwerden der Gemeinschaft erforderlich ist, so dass wie bei Art. 94 EGV das Einstimmigkeitsprinzip das wesentliche Korrektiv für eine zu starke Aushöhlung der mitgliedstaatlichen Befugnisse darstellt. Da die Verwirklichung der Ziele im Rahmen des Gemeinsamen Marktes zu erfolgen hat, sind nur solche Rechtsakte von Art. 308 EGV erfasst, die auch einen wirtschaftspolitischen Bezug aufweisen. Dieser Bezug zum Gemeinsamen Markt ist aber weiter gefasst als bei Art. 94 EGV. Während nach dieser Vorschrift eine Angleichungsrichtlinie auf die Verwirklichung des Gemeinsamen Marktes gerichtet sein muss, genügt es bei Art. 308 EGV, wenn die Maßnahme die Grundstruktur des Gemeinsamen Marktes nicht beeinträchtigt.[173]

Bis 1972 blieb die Bedeutung des damaligen Art. 235 EWGV – heute Art. 308 EGV - 109 vergleichsweise gering. Der Rat erließ im Höchstfall fünf Rechtsakte jährlich.[174] Die Vorschrift diente ausschließlich dazu, in Politikbereichen, in denen die Gemeinschaft über spezielle Befugnisse verfügte, „ergänzende" oder „flankierende" Vorschriften zu erlassen, insbesondere auf den Gebieten der Landwirtschaft und des Zollrechts.[175] Die Funktion des ursprünglichen Art. 235 EWGV beschränkte sich darauf, bestehende Kompetenzen abzurunden.[176]

Mit Realisierung der Zollunion und der weitgehenden Verwirklichung der Freizügig- 110 keit der Arbeitnehmer wandte sich die Gemeinschaft neuen Gebieten wie der Umwelt- und Forschungs-, aber auch der Sozialpolitik zu.[177] Da der EWGV diese Felder überhaupt nicht erwähnte[178] oder nur unzureichende Befugnisse enthielt,[179] „entdeckte" die Ge-

---

[170] Vgl. *Constantinesco*, Das Recht der Europäischen Gemeinschaft I, S. 272; *Schwartz*, in: Groeben/Thiesen/Ehlermann, Kommentar zum EWGV, Art. 235, Rn. 14.
[171] Abgesehen davon, dass der EGV vom Prinzip der Einzelermächtigung ausgeht, wäre eine Vertragserweiterung bereits auf mitgliedstaatlicher Ebene aus Gründen des Demokratieprinzips unzulässig, weil die Ermächtigung der nationalen Regierungen, im Rat Rechtsakte zu erlassen, sich nur auf die ausdrücklich im EGV vorgesehenen Befugnisse erstreckt.
[172] BVerfG v. 12. 10. 1993, EuZW 1993, S. 667, 679.
[173] *Schwartz*, in Groeben/Thiesing/Ehlermann, Art. 235, Rn. 158.
[174] Grabitz/Hilf/*Grabitz*, Art. 235, Rn. 9
[175] Grabitz/Hilf/*Grabitz*, Art. 235, Rn. 10
[176] Insoweit liegt ein Fall der „implied-powers" Theorie vor, vgl. dazu oben § 9 Rn. 299.
[177] Vgl. § 11.
[178] Wie die Umwelt- und Forschungspolitik bis zum Inkrafttreten der Einheitlichen Europäischen Akte.
[179] Wie z.B. die Freizügigkeit, die durch die auf Art. 235 EWGV basierende Richtlinie 74/34/EWG vom 17. 12. 1974 über das Recht der Staatsangehörigen eines Mitgliedstaates, nach Beendi-

meinschaft Art. 235 EGV a. F. als die Bestimmung, die das Defizit zwischen weitreichenden Zielen und fehlenden oder unzureichenden Befugnissen auszugleichen vermochte. In einer Entschließung des Rates über ein sozialpolitisches Aktionsprogramm vom 21. 1. 1974[180] bekräftigten die Mitgliedstaaten, dass die sozialpolitischen Aktionen gemäß den Bestimmungen der Verträge, einschließlich Art. 235 EGV a. F., durchgeführt werden müssen. Seit 1973 hat die Gemeinschaft gestützt auf Art. 235 EGV a. F. und Art. 100 EGV a. F. ihre Rechtsetzungstätigkeit zunehmend ausgedehnt.

111 Nach Art. 3 lit. e EGV gehört die Sozialpolitik mit dem Europäischen Sozialfonds zu den Tätigkeiten der Gemeinschaft. Sozialpolitische Ziele sind damit Bestandteil des EGV, wie auch Art. 136 EGV verdeutlicht. Sozialpolitische Richtlinien und Verordnungen können daher auf Art. 308 EGV gestützt werden, soweit sie nicht die Grundstruktur des Gemeinsamen Marktes antasten. Eine **umfassende Vergemeinschaftung des Arbeits- und Sozialrechts** mit der Konsequenz, dass die nationalen Rechtsordnungen durch europäische Normen abgelöst werden, **würde aber gegen das Integrationskonzept des EGV verstoßen**. Es müssen daher Kriterien entwickelt werden, das Spannungsverhältnis zwischen weitreichenden sozialpolitischen Zielsetzungen des EGV und der Konzeption des EGV, wonach die Zuständigkeit für diesen Bereich grundsätzlich bei den Mitgliedstaaten liegt, zu lösen. Einen Anhaltspunkt für die Frage, welche Bereiche der Regelungsbefugnis der Gemeinschaft entzogen sind, Art. 137 Abs. 6 EGV geben, wonach das kollektive Arbeitsrecht und das Arbeitsentgelt ausdrücklich der Regelungsbefugnis der Gemeinschaft entzogen sind. Der Erlass von Rechtsakten in diesen Bereichen dürfte daher auch nicht über Art. 308 EGV gedeckt sein. Macht die Gemeinschaft auf anderen Gebieten des Arbeits- und Sozialrechts von Art. 308 EGV Gebrauch, muss sie wie bei Art. 94 EGV im Einzelnen unter Beachtung des Subsidiaritätsprinzips darlegen und begründen, dass ein Bedürfnis für eine gemeinschaftsweite Regelung besteht und sich die Maßnahme im Rahmen des Gemeinsamen Marktes bewegt, also auch einen wirtschaftspolitischen Bezug aufweist.

112 Im Bereich der Sozialpolitik hatte die Gemeinschaft die Richtlinie zur Verwirklichung des Grundsatzes der Gleichbehandlung von Männern und Frauen hinsichtlich des Zugangs zu Beschäftigungen, zur Berufsbildung und zum beruflichen Aufstieg sowie im Bezug auf die Arbeitsbedingungen[181] und die Richtlinie zur Verwirklichung des Grundsatzes der Gleichbehandlung von Männern und Frauen bei den betrieblichen Systemen der sozialen Sicherheit[182] auf Art. 308 gestützt.[183] Unter kompetenzrechtlichen Gesichtspunkten wirft der Erlass der beiden Rechtsakte keine Probleme auf, weil die Richtlinien der Verwirklichung der in Art. 119 EGV a. F.[184] festgelegten Gleichbehandlung von Mann und Frau im Arbeitsleben und damit einem spezifischen, eindeutig umrissenen Gemeinschaftsziel dienen. Auch die jeweils 1975 auf dieser Grundlage verabschiedeten Verordnungen über die Gründung eines europäischen Zentrums für die Förderung der Berufsbildung[185] und über die Gründung einer europäischen Stiftung zur Verbesserung der Lebens- und Arbeitsbedingungen[186] sind von Art. 308 EGV umfasst.

4. Der soziale Dialog nach Art. 118 b EGV a. F. und Art. 139 n. F.

113 Obwohl die Arbeits- und Sozialrechtsordnungen der Mitgliedstaaten teilweise weit auseinander klaffen, stimmen sie darin überein, dass die Sozialpartner in sämtlichen Mitglied-

---

gung der Ausübung einer selbständigen Tätigkeit im Hoheitsgebiet eines anderen Mitgliedstaats zu bleiben, ABl. L 14, S. 10, ausgedehnt wurde.

[180] ABl. C 13, S. 1.
[181] RL 76/207/EWG vom 9. 2. 1976, ABl. L 39, S. 40.
[182] RL 86/378/EWG vom 24. 7. 1986, ABl. L 225, S. 40.
[183] D. h. auf den ursprünglichen Art. 235 EGV.
[184] Heute Art. 141 EGV.
[185] VO (EWG) Nr. 337/75 v. 10. 2. 1975, ABl. L 39, S. 1.
[186] VO (EWG) Nr. 1365/75 v. 16. 6. 1975, ABl. L 139, S. 1.

staaten einen wesentlichen Einfluss auf die Gestaltung der Arbeitsbeziehungen ausüben. Koalitionsfreiheit und Tarifautonomie gehören zu den tragenden Grundsätzen der Rechtsordnungen der 15 Mitgliedstaaten. Da mittlerweile, nach Amsterdam, die Errichtung einer Sozialunion, d. h. die Regelung der wesentlichen arbeits- und sozialrechtlichen Bestimmungen durch die Gemeinschaft, Bestandteil des Integrationskonzepts des EGV geworden ist, müssten auch Koalitionen auf europäischer Ebene die Entwicklung des europäischen Arbeits- und Sozialsystems unmittelbar mitgestalten.

Kollektivarbeitsrechtliche Strukturen haben sich jedoch auf europäischer Ebene bisher kaum herausgebildet. Zwar wurde mittlerweile basierend auf dem Maastrichter Abkommen über die Sozialpolitik die Richtlinie über den Europäischen Betriebsrat verabschiedet,[187] doch lässt die Richtlinie die mitgliedstaatlichen Betriebsverfassungsrechte weitgehend unberührt; diese werden lediglich um eine europäische Dimension ergänzt. Die Rechte der Euro-Betriebsräte gehen über den Bereich der Information und Konsultation nicht hinaus.

Auch **europäische Tarifstrukturen** sind bisher noch nicht einmal ansatzweise zu erkennen. Es fehlt sowohl an schlagkräftigen europäischen Sozialpartnern, die gegebenenfalls unter Androhung von Arbeitskämpfen den Abschluss von Kollektivvereinbarungen durchsetzen, als auch an einem dem deutschen TVG vergleichbaren Tarifstatut, das festlegt, unter welchen Voraussetzungen auf europäischer Ebene geschlossene Kollektivvereinbarungen normative Wirkung für Arbeitnehmer und Arbeitgeber entfalten. Das Maastrichter Abkommen über die Sozialpolitik hat zurzeit seiner Geltung verdeutlicht, dass das kollektive Arbeitsrecht in der ausschließlichen Zuständigkeit der Mitgliedstaaten verbleiben sollte. Denn die 14 Mitgliedstaaten mit Ausnahme Großbritanniens haben in Art. 2 Abs. 6 des Abkommens über die Sozialpolitik die Bereiche Koalitionsrecht, Streikrecht und Aussperrungsrecht ausdrücklich der Rechtsetzungsbefugnis der Gemeinschaft der 14 entzogen. Dies gilt nunmehr auch gem. Art. 137 Abs. 6 EGV für die Gemeinschaft selbst. Ausgehend von der Erkenntnis, dass in absehbarer Zeit mit dem Abschluss europäischer Kollektivverträge nicht zu rechnen ist, hat der Vertrag jedoch den europäischen Sozialpartnern in Art. 138 und Art. 139 EGV die Möglichkeit eingeräumt, die Europäische Kommission als Initiativorgan im Rechtsetzungsverfahren abzulösen, um wenigstens auf diese Weise die Stellung der europäischen Sozialpartner zu stärken.[188]

a) Die Rolle der Sozialpartner bei der Rechtsetzung

Die Art. 138 und 139 EGV regeln die Rolle und die Beteiligung der Sozialpartner im europäischen Kontext; unter bestimmten Voraussetzungen ist ihnen hierbei die Möglichkeit eingeräumt, europäische Sozialvorschriften mitzugestalten. Diese Regelung fand sich bereits im Abkommen über die Sozialpolitik und von ihr ist für die Gemeinschaft der 11 (14) Mitgliedstaaten auch bereits mehrfach Gebrauch gemacht worden.

Wenn auch eine Beteiligung der Sozialpartner am normalen europäischen Rechtsetzungsverfahren im Vertrag nicht ausdrücklich vorgesehen ist, so hat die Kommission in der Praxis bei sozialpolitischen Vorhaben die Sozialpartner doch immer wieder freiwillig konsultiert.[189] Diese Praxis erhält nun in Art. 138 Abs. 1 bis 3 EGV eine vertraglich festgelegte Grundlage.

Zwar ist im Vertrag nicht bestimmt, welche **Organisationen im Einzelnen zu den Sozialpartnern zu zählen sind**. Doch hat die Kommission bereits im Jahre 1994, zurzeit also der Geltung des Sozialabkommens, das auch für die Art. 138 und 139 EGV Vorgängerbestimmungen enthielt, deutlich gemacht, die angehörten Organisationen müssten „(1) branchenübergreifend, sektor- oder berufsspezifisch sein und über eine Struktur auf

---

[187] RL 94/45/EG v. 22. 9. 1994, ABl. L 254, S. 64.
[188] Vgl. unten b.
[189] Vgl. dazu die Mitteilung der Kommission an den Rat und an das Europäische Parlament zur Anwendung des Protokolls über die Sozialpolitik., KOM (93) 600 endg. = BR-Drucks 61/94.

europäischer Ebene verfügen; (2) aus Verbänden bestehen, die in ihrem Land integraler Bestandteil des Systems der Arbeitsbeziehungen sind, Vereinbarungen aushandeln können und soweit wie möglich die Mitgliedstaaten vertreten sowie (3) über die geeigneten Strukturen verfügen, um effektiv an dem Anhörungsprozess teilnehmen zu können."[190]

119 Eine **formalisierte Beteiligung am Rechtssetzungsverfahren** findet sich in den Absätzen 2 bis 4 des Art. 138. Danach hört die Kommission zunächst im Vorfeld, d. h. vor der – offiziellen – Unterbreitung von Vorschlägen im Bereich der Sozialpolitik die Sozialpartner zu der Frage an, wie eine Gemeinschaftsaktion gegebenenfalls ausgerichtet werden sollte. Diese Verpflichtung der Kommission, bereits in einem sehr frühem Stadium die Sozialpartner zu beteiligen, wird von dieser in der Praxis bereits jetzt derart erfüllt, dass die Kommission die Sozialpartner bei Diskussionen über anstehende Vorhaben einbezieht. Dabei verfährt sie hier nach einer Liste der anzuhörenden Organisationen. In dieser Anhörung kann dann als Ergebnis durchaus auch zum Ausdruck kommen, dass eine Gemeinschaftsmaßnahme nicht als zweckmäßig angesehen wird; die Letztentscheidung behält hier aber die Kommission, die bei von ihr angenommener Zweckmäßigkeit der Gemeinschaftsmaßnahme die Sozialpartner zum Inhalt des in Aussicht genommenen Vorschlags anhört. Darauf können die Sozialpartner dann mit einer Stellungnahme bzw. ggf. einer Empfehlung reagieren.

b) Verabschiedung von Vereinbarungen

120 Ein weiteres Verfahren sehen Art. 138 Abs. 4 und Art. 139 EGV vor. Diese enthalten die Voraussetzungen dafür, auf welche Weise zwischen den Sozialpartnern auf europäischer Ebene geschlossene Vereinbarungen Rechtswirkungen entfalten können, die über den Kreis der Sozialpartner hinausgehen.

121 Die Regelung ist vor dem Hintergrund fehlender europäischer Tarifstrukturen zu sehen. Es gibt auf europäischer Ebene kein dem deutschen Tarifvertragsgesetz vergleichbares Normengerüst, das festlegt, unter welchen Voraussetzungen Regelungen der Sozialpartner verbindliche Wirkung für Dritte entfalten. Es fehlt also jegliche Bestimmung über eine mögliche Allgemeinverbindlichkeit der zwischen den Sozialpartnern getroffenen Vereinbarungen.

122 Die Rolle der Sozialpartner ist in den Art. 138 und 139 EGV jedoch durch einen neuen Mechanismus gestärkt worden: diesen Vorschriften zufolge haben sie nunmehr die Möglichkeit, im **Rechtssetzungsverfahren die Kommission als Initiativorgan abzulösen** und von ihnen geschlossene Vereinbarungen können vorbehaltlich einer Bestätigung durch die Kommission und den Rat normative Wirkung entfalten.

123 Dabei gibt Art. 139 Abs. 1 EGV im Wesentlichen den Wortlaut des ursprünglichen Art. 118b EGV a. F. wieder. Die Freiheit der Sozialpartner, grenzüberschreitende Vereinbarungen abzuschließen, wäre auch ohne diese Bestimmung garantiert, da zwischen den Sozialpartnern der Grundsatz der Vertragsfreiheit Anwendung findet. Wegen des Fehlens eines europäischen Tarifsystems würde eine solche Vereinbarung jedoch nur schuldrechtliche Wirkung entfalten. Art. 139 Abs. 2 i. V. m. Art 138 Abs. 4 EGV ermöglichen darüber hinaus jedoch nun, dass eine Vereinbarung über den Kreis der vertragschließenden Parteien hinaus Geltung erlangen kann.

124 Wollen die Sozialpartner tätig werden, so haben sie die Möglichkeit, im Rahmen der Anhörung nach Art. 138 Abs. 3 EGV der Kommission mitzuteilen, dass sie gewillt sind, eine Vereinbarung abzuschließen (Art. 138 Abs. 4 Satz 2 EG-Vertrag). Es wird damit der sog. Prozess nach Art. 139 in Gang gesetzt, dessen Dauer höchstens neun Monate betragen darf; eine Verlängerung auf Grund gemeinsamen Beschlusses von Europäischer Kommission und Sozialpartnern ist allerdings möglich.[191]

---

[190] Vgl. o. g. Mitteilung der Kommission.
[191] Vgl. dazu auch die Mitteilung der Kommission an den Rat und das Europäische Parlament zur Anwendung des Protokolls über die Sozialpolitik, KOM (93) 600 endg. = BR-Drucks. 61/94, S. 15.

II. Die sozialpolitischen Bestimmungen des EGV

Wenn auch Art. 138 Abs. 4 EGV eine Beteiligung des Europäischen Parlaments beim Zustandekommen von Vereinbarungen nicht ausdrücklich vorsieht, so hat die Kommission gleichwohl bekräftigt, dass das **Europäische Parlament** in jedem Fall in allen Phasen des Anhörungsverfahrens oder der etwaigen Verhandlungen zwischen den Sozialpartnern unterrichtet werden muss. Die Autonomie der Sozialpartner soll dabei jedoch nicht berührt werden[192]

Die Durchführung einer auf diesem Wege getroffenen Vereinbarung wird in Art. 139 Abs. 2 EGV geregelt. Dieser zeigt für diesen Prozess zwei Alternativen auf. Die Umsetzung der Vereinbarung kann entweder auf nationaler Ebene durch die Mitgliedstaaten bzw. die nationalen Sozialpartner erfolgen. Oder sie ist auf europäischer Ebene in Form eines Ratsbeschlusses auf Vorschlag der Kommission durchzuführen. Es liegt im Ermessen der Beteiligten, auf welche Alternative sie zurückgreifen. Das zweitgenannte Verfahren kommt allerdings nur in Betracht, sofern Materien des Art. 137 EGV betroffen sind.

Im Einzelnen sind bezüglich der beiden Alternativen **noch zahlreiche Fragen offen.**[193] So herrscht etwa Unklarheit über die Rechtsnatur der von den Sozialpartnern gemäß Art. 139 EGV abzuschließenden Vereinbarungen. Aus Art. 139 Abs. 1 EG-Vertrag lässt sich der Schluss ziehen, dass Vereinbarungen besondere vertragliche Beziehungen darstellen, denn die Herstellung vertraglicher Beziehungen umfasst nach dem Wortlaut des Art. 139 Abs. 1 EGV auch den Abschluss von Vereinbarungen. Im Gegensatz dazu spricht Art. 139 Abs. 2 EGV nur von Vereinbarungen. Zweck dieser Bestimmung ist es, den Anwendungsbereich von Vereinbarungen europäischer Sozialpartner auf Dritte zu erstrecken. Vereinbarungen sind daher Verträge, die einer Umsetzung bedürfen, um über die schuldrechtliche Wirkung hinaus Rechte und Pflichten für Dritte, also insbesondere für Arbeitnehmer und Arbeitgeber sowie für die nationalen Sozialpartner zu begründen.[194]

aa) Durchführung der Vereinbarung auf nationaler Ebene

Nach Art. 139 Abs. 2 1.Alt. EGV kann die Durchführung der auf Gemeinschaftsebene geschlossenen Vereinbarungen entweder durch die Sozialpartner oder durch die Mitgliedstaaten erfolgen. Damit sind die nationalen Sozialpartner gemeint, da den auf Gemeinschaftsebene tätigen Sozialpartnern das Instrumentarium der Umsetzung fehlt. Zur Zeit der Geltung des Sozialabkommens und der Vorgängernormen zu Art. 138f. EGV hatten die Unterzeichnerstaaten des Abkommens in einer Erklärung zu dem entsprechenden Art. 4 Abs. 2 des Abkommens über die Sozialpolitik bestimmt: „dass die Erste der Durchführungsvorschriften zu den Vereinbarungen zwischen den Sozialpartnern auf Gemeinschaftsebene nach Artikel 4 Absatz 2 die Erarbeitung des Inhalts dieser Vereinbarungen durch Tarifverhandlungen gemäß den Regeln eines jeden Mitgliedstaats betrifft und dass diese Vorschrift mithin weder eine Verpflichtung der Mitgliedstaaten, diese Vereinbarung anzuwenden oder diesbezügliche Umsetzungsregeln zu erarbeiten, noch eine Verpflichtung beinhaltet, zur Erleichterung ihrer Anwendung die geltenden innerstaatlichen Vorschriften zu ändern." Die **Umsetzung** hängt damit von der **freien Entscheidung der Mitgliedstaaten und der nationalen Sozialpartner** ab. Hieran hat auch die Übernahme dieser Regelung in den EG-Vertrag nichts geändert.

Die Umsetzung selber kann in diesem Fällen durch **Tarifverträge** erfolgen.[195] Eine Vereinbarung kann jedoch auch durch den Gesetzgeber der Mitgliedstaaten direkt durchgeführt werden. Dieser kann jeweils ein Gesetz oder eine Rechtsverordnung erlassen und der Vereinbarung damit eine rechtliche Wirkung verschaffen. Eine Verpflichtung der nationalen Sozialpartner oder Gesetzgeber zur Umsetzung lässt sich – wie bereits ange-

---

[192] Vgl. o. g. Mitteilung der Kommission.
[193] Vgl. etwa *Buchner*, RdA 1993, S. 193, 199 ff.; *Däubler*, EuZW 1992, S. 333 ff.; *Balze*, Sozialpolitische Kompetenzen, S. 273 ff. – jeweils noch zum Abkommen über die Sozialpolitik.
[194] *Balze*, Sozialpolitische Kompetenzen, S. 273 – noch zum Abkommen über die Sozialpolitik.
[195] *Junghans*, in Lenz, zu Abk. Sozialpolitik, Rn. 8; *Heinze*, ZfA 1992, S. 331, 338.

merkt – dem Art. 139 EGV jedoch nicht entnehmen. Es zeigt sich an dieser Stelle also das gleiche Problem wie bei der Umsetzung der Richtlinien gem. Art. 137 Abs. 4 EGV: hier wie dort können zwar die Sozialpartner zur Umsetzung berufen sein. In beiden Fällen jedoch gibt es keine Garantie eines einheitlichen Rechts. Und die nicht tariflich gebundenen Arbeitnehmer und Arbeitgeber unterliegen nicht der entsprechenden Regelung eines Tarifvertrages.

bb) Durchführung der Vereinbarung durch Ratsbeschluss

130 Haben die Sozialpartner eine Vereinbarung in einem Bereich des Art. 137 EGV abgeschlossen, so können sie nach Art. 139 Abs. 2 2.Alt. EGV gemeinsam beantragen, dass der Rat auf Vorschlag der Kommission einen **Beschluss zur Durchführung der Vereinbarung erlässt.** Handelt es sich um die Materien des Art. 137 Abs. 1 EGV, so entscheidet der Rat mit qualifizierter Mehrheit, ansonsten einstimmig; die Sperrklausel des Art. 137 Abs. 6 EGV gilt auch hier.

131 Zentrale Bedeutung hat der Beschluss des Rates auf Vorschlag der Kommission. Allerdings herrscht hier **Unklarheit über die Rechtsqualität des Beschlusses,** zumal dieser Begriff sich nicht als einer der Rechtsetzungsakte der Gemeinschaft in Art. 249 EG-Vertrag findet.[196] Zum Teil wird dem Beschluss dieselbe Wirkung wie einer Entscheidung im Sinne des Art. 249 EG-Vertrag beigemessen.[197] Wesentliches Merkmal der Entscheidung ist die Verbindlichkeit und die Einzelfallbezogenheit. Sie wird aus diesem Grund mit dem Verwaltungsakt des deutschen Verwaltungsrechts verglichen.[198] Der hier interessierende Beschluss ist jedoch weder an die Mitgliedstaaten noch an einen individualisierbaren Personenkreis gerichtet; er weist darüber hinaus auch keine rechtliche Selbständigkeit auf, weil er seine Wirkungen nur im Zusammenhang mit der Vereinbarung entfaltet.

132 Seine rechtliche Qualität kann sinnvoll nur unter Bezugnahme auf den Zweck des Art. 139 Abs. 2 2. Alt. EGV bestimmt werden. Durch diese Vorschrift sollte den Sozialpartnern die Möglichkeit eingeräumt werden, die Kommission als Initiativorgan beim Erlass von Richtlinien nach Art. 137 EGV abzulösen und selbst Regelungen zu erarbeiten. Da solche Vereinbarungen zunächst nur schuldrechtliche Wirkungen entfalten, würde das Verfahren des Art. 138 Abs. 4 EGV (Ablösung der Kommission als Initiativorgan) praktisch leer laufen, gäbe es keine Möglichkeit, der Vereinbarung Normqualität zu verleihen. Der Ratsbeschluss soll daher die Voraussetzungen dafür schaffen, dass einer Vereinbarung normative Wirkung verliehen werden kann. Deshalb darf er auch nicht isoliert, sondern muss im Zusammenhang mit dem Rechtsetzungsverfahren nach Art. 137 EGV gesehen werden. Dieses beginnt mit einer Anhörung der Sozialpartner durch die Kommission gemäß Art. 138 Abs. 2 EGV und zeigt seine Besonderheit darin, dass die Sozialpartner anschließend die Kommission als Initiativorgan ablösen können. Demzufolge hat der Beschluss also die Aufgabe, der Vereinbarung verbindliche Wirkung zu verleihen.[199] Es besteht damit also eine Parallele zur Verabschiedung einer Verordnung, Richtlinie oder Entscheidung durch den Rat im Rahmen der Art. 249 bis 252 EGV bzw. Art. 137 Abs. 2 bzw. Abs. 3 EGV,[200] denn die Verbindlichkeit dieser Rechtsetzungsakte kommt auch erst nach einem entsprechenden Ratsbeschluss zustande. Da das Verfahren nach Art. 138 Abs. 4 i. V. m. Art. 139 Abs. 2 EGV eine Alternative zum „normalen" Richtlinienerlass des Art. 138 EGV darstellt, **erlangt die Vereinbarung durch einen Beschluss richtliniengleiche Wirkung.**[201] Allerdings sind Kommission und Rat an den Vorschlag der

---

[196] S. näher auch *Wank*, RdA 1995, S. 10, 20.
[197] In diesem Sinne *Däubler*, EuZW 1992, S. 333, 334; *Buchner*, RdA 1993, S. 193, 201.
[198] *Oppermann*, Europarecht, Rn. 565.
[199] *Kliemann*, S. 187 geht ebenfalls von einer verbindlichen Wirkung aus, indem sie den Beschluss als „Rechtsakt" bezeichnet.
[200] *Balze*, Sozialpolitische Kompetenzen, S. 277
[201] *Buchner*, RdA 1993, S. 193, 201

II. Die sozialpolitischen Bestimmungen des EGV

Sozialpartner nicht gebunden.[202] Dies bedeutet, dass sie nicht verpflichtet sind, die Vereinbarung in dieser Weise umzusetzen; sie können aber auch **im Rahmen dieses Verfahrens die Vereinbarung nicht inhaltlich verändern.** Es bleibt also nur die inhaltlich unveränderte Durchführung der Vereinbarung durch Ratsbeschluss oder als Alternative die Verabschiedung einer Richtlinie zum fraglichen Bereich, wobei dann die Gemeinschaftsinstitutionen die inhaltliche Ausgestaltung in der Hand haben.

Auf die durch einen Ratsbeschluss bestätigte Vereinbarung finden die für die Richtlinie nach Art. 137 EG-Vertrag geltenden Grundsätze Anwendung. Die Vereinbarung besitzt Vorrang vor dem nationalen Recht und ist wie eine Richtlinie in nationales Recht umzusetzen. In entsprechender Anwendung von Art. 137 Abs. 5 EG-Vertrag sind die Mitgliedstaaten auch nicht gehindert, strengere Schutzmaßnahmen beizubehalten oder zu treffen. **133**

c) Durchführung von Richtlinien durch die Sozialpartner

Der Amsterdamer Vertrag sieht auch noch in einer anderen Weise eine Mitwirkung der Sozialpartner vor. Nach Art. 137 Abs. 4 EGV können die Sozialpartner Richtlinien durchführen. Im Kern handelt es sich hier um eine **deklaratorische Regelung,** da auch schon vor dem Amsterdamer Vertrag Einigkeit darüber bestand, dass Richtlinien auch durch Vereinbarungen der nationalen Sozialpartner durchgesetzt werden können.[203] Eine Durchführung durch die Sozialpartner kommt aber nur in Betracht, wenn sie einen dahingehenden gemeinsamen Antrag beim Mitgliedstaat stellen. Allerdings ist die Bedeutung dieses Antragserfordernisses begrenzt, da die Sozialpartner kaum zur Umsetzung gezwungen werden können.[204] **134**

d) Der soziale Dialog unterhalb der Rechtssetzungsebene

Unterhalb der Rechtsetzungsebene hat sich in den letzten 30 Jahren der soziale Dialog entwickelt, dessen Grundgedanke darin besteht, die sozialpolitische Entwicklung auf Gemeinschaftsebene durch eine aktive Beteiligung der Tarifpartner voranzutreiben.[205] Nach Art. 139 EGV kann der soziale Dialog zwischen den Sozialpartnern auf europäischer Ebene, wenn diese es für wünschenswert halten, zu vertraglichen Beziehungen führen. **135**

Die wichtigsten drei Sozialpartner auf europäischer Ebene sind die **Union der Industrien der Gemeinschaft (UNICE),** der Zusammenschluss der Arbeitgeber der westeuropäischen Staaten, die **Europäische Zentrale der öffentlichen Wirtschaft (CEEP)** sowie der **Europäische Gewerkschaftsbund (EGB).** Daneben gibt es zahlreiche sektorielle Zusammenschlüsse wie den Ausschuss der berufsständischen landwirtschaftlichen Organisationen der EG (COPA), den Zentralverband der europäischen Holzindustrie (CEI) oder die Internationale Straßentransportunion (IRU). **136**

Die Gründung der UNICE erfolgte am 1. März 1958. Er ist in erster Linie als Industrieverband konzipiert. Erst 15 Jahre später schlossen sich die meisten nicht-kommunistischen Gewerkschaften Westeuropas zum EGB zusammen. Dem sozialen Dialog steht die UNICE grundsätzlich positiv gegenüber.[206] Jedoch werden Versuche, den Dialog in Absichtserklärungen, gemeinsame Resolutionen, Empfehlungen oder europäische Rahmenabkommen münden zu lassen, von Arbeitgeberseite regelmäßig abgelehnt.[207] Dagegen sind **137**

---

[202] S. näher *Wank,* RdA 1995, S. 10, 20 f.
[203] Vgl. nur EuGH v. 30. 1. 1985 – Rs 143/83, Slg. 1985, 427 (Kommission ./. Dänemark); EuGH v. 10. 7. 1986 – Rs. 235/84, Slg. 1986, 2291 (Kommission ./. Italien)
[204] S. hierzu auch *Krebber,* in: (Callies/Ruffert (Hrsg.), Kommentar zum EUV/EGV, 1999, Art. 137 Rn. 27 ff.
[205] Vgl. unten § 17.
[206] Kommission, Bericht der interdirektionellen Gruppe 1989, S. 109.
[207] *Kohler-Koch/Platzer,* Tripartismus – Bedingungen und Perspektiven des sozialen Dialogs in der EG, in: Integration 1986, S. 166, 169 f.

die Gewerkschaften stärker an verbindlichen Regelungen interessiert. Ihr Problem besteht jedoch darin, dass ihre sachliche und personelle Ausstattung weit hinter den Arbeitgeber- und Unternehmerverbänden zurücksteht[208] und sich die Arbeitnehmerinteressen im Gegensatz zur Arbeitgeberseite schwerer bündeln lassen. So erschwert die Mitgliedschaft auch von Nicht-EU-Gewerkschaften eine Konzentration auf spezifische Angelegenheiten der Europäischen Union. Die Schlagkraft des EGB wird noch dadurch geschmälert, dass gemeinsame Ziele nur schwer zu formulieren sind und in einer Zeit, in der bereits auf nationaler Ebene die Gewerkschaften große Probleme haben, ihre Mitglieder nicht zu verlieren, die Arbeitnehmer sich für grenzüberschreitende Angelegenheiten offenbar nicht solidarisieren lassen. So stehen innerhalb eines multinationalen Unternehmens oft die Arbeitnehmerinteressen verschiedener Betriebe gegenüber. Geht es darum, einen größeren Auftrag in einem Betrieb zu vergeben oder eine Investitionsentscheidung zu treffen, liegt es auf der Hand, dass jede Belegschaft versucht, den Zuschlag zu erhalten. Die Nähe zum natürlichen Gegenspieler, dem Arbeitgeber, ist oft größer als zur Belegschaft eines anderen Mitgliedstaates. Die nördlichen Gewerkschaften sind an einer Angleichung der Arbeits- und Sozialordnungen interessiert, um eine Unterbietungskonkurrenz möglichst zu verhindern. Demgegenüber haben die südlichen Gewerkschaften vielfach ein Interesse an der Beibehaltung des Gefälles, weil darin ein wesentlicher Standortvorteil liegt. Die räumliche Distanz, Sprachprobleme und Unterschiede im Lebensstandard etc. sind weitere Faktoren, die die Zusammenarbeit der Arbeitnehmervertretungen erschweren.

138 Gerade vor dem Hintergrund der seit 1999 geltenden Währungsunion erscheint eine engere Abstimmung der Gewerkschaften der Mitgliedstaaten geboten. Denn wenn Produktivitätsunterschiede nicht mehr wie bisher durch Auf- und Abwertungen ausgeglichen werden können, verbleiben nur noch die Löhne als Korrekturmechanismus. Es liegt auf der Hand, dass dadurch erheblicher Druck auf die Lohntarifverhandlungen ausgeübt wird.

139 Ob die Arbeitnehmervertretungen auf europäischer Ebene an Schlagkraft zunehmen, hängt dabei weniger von den zum gegenwärtigen Zeitpunkt unzureichenden rechtlichen Rahmenbedingungen ab, als vielmehr von der Erkenntnis, dass die durch den Binnenmarkt und die geplante Währungsunion verstärkte Internationalisierung der Wirtschaftsbeziehungen europäische Lösungsansätze herausfordert. Die Europäisierung der Arbeitsstrukturen setzt nicht voraus, dass die Gewerkschaften den Abschluss eines Tarifvertrages anstreben, der einheitliche Löhne zwischen Kiruna und Palermo festsetzt. Möglicherweise gelingt es jedoch den Arbeitnehmervertretungen eines europaweit tätigen Unternehmens, mit der Arbeitgeberseite zu punktuellen, verbindlichen Abmachungen in Form eines europäischen Firmentarifvertrages zu kommen. Ein erster Impuls kann dabei von den Euro-Betriebsräten ausgehen.

5. Der „Titel VIII. Beschäftigung"

140 In den Bereich sozialrechtlicher Innovationen durch den Amsterdamer Vertrag fällt auch die nach schwierigen Verhandlungen[209] erfolgte Einfügung des neuen Titels „VIII. Beschäftigung" in den EGV. Dieser enthält zur näheren Konkretisierung des in Art. 2 EUV/EGV aufgenommenen Gemeinschaftsziels der „Förderung eines hohen Beschäftigungsniveaus" sechs Artikel. Ihnen zufolge arbeiten die Mitgliedstaaten und die Gemeinschaft auf die Entwicklung einer koordinierten Beschäftigungsstrategie hin, die insbesondere auf die Förderung der Qualifizierung, Ausbildung und Anpassungsfähigkeit der Arbeitnehmer sowie die Fähigkeit der Arbeitsmärkte hin ausgerichtet ist, auf die Erforder-

---

[208] *Föhr*, Gewerkschaften und europäische Integration, in: *Meessen*, Verbände und europäische Integration, 1980, S. 105.
[209] *Schönfelder/Silberberg*, Der Vertrag von Amsterdam: Entstehung und erste Bewertung, in: Integration 1997, S. 203, 208.

nisse des wirtschaftlichen Wandels zu reagieren.[210] Auf diese Weise sollte unter Wahrung der nationalen Zuständigkeiten in der Beschäftigungspolitik die Grundlage für die künftige Entwicklung einer koordinierten Beschäftigungsstrategie in Europa gelegt werden.[211]

Der neue Titel belässt die **Kompetenz der Beschäftigungspolitik vollständig in der Zuständigkeit der Mitgliedstaaten** und beschränkt sich im Wesentlichen darauf, die **Förderung der Beschäftigung als gemeinsames Interesse** zu betrachten. Demzufolge, so Art. 126 Abs. 2 EGV stimmen sie ihre diesbezüglichen Tätigkeiten im Rat aufeinander ab, ohne dass der Gemeinschaften diesbezügliche Kompetenzen eingeräumt würden. Diese muss sich darauf beschränken, die Zusammenarbeit zwischen den Mitgliedstaaten zu fördern und deren Maßnahmen in diesem Bereich zu unterstützen, wobei die Zuständigkeit der Mitgliedstaaten zu beachten ist.[212]

Die **unterstützende Tätigkeit der Gemeinschaft** ist im Wesentlichen in Art. 128 EGV geregelt, der dem Rat und der Kommission die Erstellung eines gemeinsamen Jahresberichtes aufträgt, anhand dessen der Europäische Rat jährlich die Beschäftigungslage in der Gemeinschaft prüft und hierzu Schlussfolgerungen annimmt. Anhand dieser Schlussfolgerungen legt der Rat sodann Leitlinien vor, die die Mitgliedstaaten bei ihrer Beschäftigungspolitik berücksichtigen.

Über diese **unverbindliche Leitlinienkompetenz** hinaus kann der Rat bei Mitentscheidung des Parlaments gem. Art. 129 EGV **gewisse Maßnahmen mit Anreizcharakter** zur Förderung der Zusammenarbeit zwischen den Mitgliedstaaten und zur Unterstützung ihrer Beschäftigungsmaßnahmen beschließen. Diese Maßnahmen können etwa auf beschäftigungspolitische Pilotprojekte gerichtet sein oder allgemein auf Initiativen, die darauf abzielen, den Austausch von Informationen und bewährten Verfahren zu entwickeln. In erster Linie geht es demzufolge um Austausch von Erfahrungen, die Erstellung vergleichbarer Analysen und Gutachten und ähnliche Maßnahmen. Ausdrücklich ausgeschlossen von dieser Kompetenz wird in Art. 129 S. 2 EGV die Harmonisierung der Rechts- und Verwaltungsvorschriften der Mitgliedstaaten.

Neu ist schließlich der durch Art. 130 EGV eingerichtete Beschäftigungsausschuss der eine beratende Funktion zur Förderung der Koordinierung der Beschäftigungs- und Arbeitsmarktpolitik der Mitgliedstaaten einnimmt. Eingesetzt vom Rat nach Anhörung des Parlaments sitzen in ihm je zwei Mitglieder jedes Mitgliedstaates sowie der Kommission.

6. Bildungs- und Jugendpolitik

Gemäß der Art. 149 und Art. 150 EGV, die durch den Maastrichter Vertrag 1992 in den EGV eingeführt wurden, soll die Gemeinschaft die Mitgliedstaaten im Bereich der allgemeinen und der beruflichen Bildung unterstützen. Harmonisierungsbefugnisse der Gemeinschaft sind in beiden Bereichen ausdrücklich ausgeklammert.[213] Die Befugnis der Gemeinschaft beschränkt sich darauf, die **Zusammenarbeit zwischen den Mitgliedstaaten zu fördern und die Tätigkeit der Mitgliedstaaten zu unterstützen und zu ergänzen.**[214] Nach Art. 149 Abs. 4 EGV kann der Rat Fördermaßnahmen organisatorischer und finanzieller Art erlassen. Er hat den Wirtschafts- und Sozialausschuss sowie den Ausschuss der Regionen zu hören. Für das Verfahren gilt das Mitentscheidungsverfahren nach Art. 251 EGV. Gemäß Art. 150 Abs. 4 EGV kann der Rat nach dem Verfahren des Art. 251 EGV Maßnahmen zur Verwirklichung der in Art. 150 Abs. 2 EGV aufgeführten Ziele der beruflichen Bildung erlassen.

---

[210] So Art. 125 EGV n. F.
[211] So die Bundesregierung in ihrer Denkschrift, BR-Drs. 784/97, 154.
[212] Art. 127 Abs. 1 EGV n. F.
[213] Vgl. Art. 149 Abs. 4 und Art. 150 Abs. 4 EGV.
[214] Vgl. Art. 149 Abs. 1, Art. 150 Abs. 1 EGV.

7. Sozialpolitische Relevanz der übrigen Bestimmungen

146 Die Verwirklichung bestimmter Vertragsziele erfordert in vielen Fällen die (Mit)regelung sozialpolitischer Sachverhalte. In folgenden Bereichen kann eine solche Verknüpfung vorliegen:
- Freizügigkeit: Zusammenrechnung und Export von in verschiedenen Mitgliedstaaten erworbenen Anwartschaften; vgl. Art. 42 EGV;
- Dienstleistungsfreiheit, insbesondere Erbringung von Sozialleistungen und Probleme im Zusammenhang mit der Entsendung von Arbeitnehmern;
- freier Warenverkehr, insbesondere die Auswirkungen auf den Arbeitsschutz;
- Niederlassungsfreiheit, vgl. die Probleme im Zusammenhang mit der Schaffung einer europäischen Aktiengesellschaft;
- Kapitalverkehr, insbesondere Fragen im Zusammenhang mit der betrieblichen Altersversorgung;
- Verkehrspolitik; gestützt auf Art. 75 Abs. 1 lit. d EWGV[215] hat der Rat bereits 1969 und 1970 zwei Verordnungen über Sozialvorschriften im grenzüberschreitenden Straßenverkehr erlassen, die arbeitszeitrechtliche Vorschriften über Lenk- und Ruhezeiten vorsehen[216];
- Landwirtschaft; gemäß Art. 37 Abs. 3a EGV hat die Gemeinschaft bei der Errichtung einer Agrarmarktordnung die Beschäftigung und Lebenshaltung der in der Landwirtschaft Beschäftigten zu beachten.

147 Die Interdependenz von Wirtschafts- und Sozialpolitik führt dazu, dass zahlreiche **Maßnahmen,** die primär der Errichtung des Gemeinsamen Marktes dienen, **wirtschaftlichen Charakter haben, sich aber auch auf die Sozialpolitik auswirken.** So wirft die Verwirklichung der Freizügigkeit der Arbeitnehmer zahlreiche arbeits- und sozialrechtliche Fragen auf. Ein weiteres Beispiel ist die Verkehrspolitik. Nach Art. 71 EGV ist die Gemeinschaft ermächtigt, die für eine gemeinsame Verkehrspolitik erforderlichen Maßnahmen zu treffen. Bereits 1969 erließ sie die Verordnung (EWG) Nr. 543/69 über die Harmonisierung bestimmter Sozialvorschriften im Verkehr.[217] Diese Bestimmung enthält zu einem wesentlichen Teil arbeitszeitrechtliche Regelungen für das Fahrpersonal im Straßenverkehr. Sie nimmt Bezug auf das vom Rat am 30. 5. 1965 verabschiedete Programm über die Harmonisierung bestimmter Vorschriften, die den Wettbewerb im Eisenbahn-, Straßen- und Binnenschiffsverkehr beeinflussen.[218] Eine Regelung von Arbeitszeitfragen in diesem Zusammenhang ist vor dem Hintergrund zu sehen, dass Sozialvorschriften im Bereich des Straßenverkehrs einen wesentlichen Wettbewerbsfaktor ausmachen, weil die Beförderung von Menschen und Gütern ohne größeren Aufwand grenzüberschreitend angeboten werden kann. Ziel dieser Verordnung ist es daher, für den Straßenverkehr die Wettbewerbsrelevanz der nationalen Arbeitszeitvorschriften für das Fahrpersonal zu verringern und gleichzeitig die Sicherheit und den Gesundheitsschutz der Arbeitnehmer zu verbessern.

148 **Staatliche Beihilfen** können den Wettbewerb verfälschen und sind daher gemäß Art. 87, 88 EGV grundsätzlich verboten. Solche Beihilfen können eine sozialpolitische Zielsetzung haben. Dies ist etwa für die Bundesrepublik relevant geworden bei den Zuschüssen zur landwirtschaftlichen Sozialversicherung im Fall von Beitragsentlastungen für die Landwirte.[219]

---

[215] Das entspricht dem Art. 71 EGV heutiger Fassung.
[216] VO (EWG) Nr. 543/69/v. 25. März 1969 über die Harmonisierung bestimmter Sozialvorschriften im Verkehr, ABl. L 77, S. 49; VO (EWG) Nr. 1463/70 v. 20. Juli 1970 über die Einführung von Kontrollgeräten für Berufskraftfahrer, ABl. L 164, S. 1.
[217] VO (EWG) Nr. 543/69 v. 25. 3. 1969, ABl. L 77, S. 49; geändert durch VO (EWG) Nr. 3820/85 v. 20. 12. 1985, ABl. L 370, S. 1.
[218] ABl. 1965, S. 1500.
[219] *von Maydell,* in: ders., Soziale Rechte in der EG, 1990, S. 122, 132; er weist auch auf die Beihilfeproblematik bei der Bekämpfung der Langzeitarbeitslosigkeit hin.

Auswirkungen für die Bundesrepublik hatte eine Entscheidung des EuGH zum **Allein-** 149
vermittlungsmonopol der Bundesanstalt für Arbeit.[220] Diese Problematik dürfte mittlerweile dadurch entschärft sein, dass dieses Monopol seit dem 1. 8. 1994 beseitigt worden ist. Der EuGH qualifizierte die Arbeitsvermittlung als normale wirtschaftliche Tätigkeit, was zur Folge hat, dass kein Mitgliedstaat künftig diesen Bereich als eine ausschließlich der öffentlichen Einrichtungen vorbehaltene Aufgabe ansehen und behandeln darf.[221] Das Vermittlungsmonopol unterliegt daher den Wettbewerbsregeln des EGV, insbesondere Art. 86 EGV, der für öffentliche Unternehmen die Anwendbarkeit der Art. 81 ff. EGV bestimmt.[222]

Der EuGH entschied, dass ein Mitgliedstaat Art. 86 EGV verletzt, wenn er eine Lage 150 schafft, in der die Anstalt zwangsläufig gegen Art. 82 EGV (Missbrauch einer marktbeherrschenden Stellung) verstößt, was insbesondere der Fall ist, wenn wie bei der Vermittlung von Führungskräften das Arbeitsvermittlungsmonopol nicht in der Lage ist, die Nachfrage auf dem Markt nach solchen Leistungen zu befriedigen, gleichwohl aber die Ausübung der Vermittlungstätigkeiten durch private Personalberatungsunternehmen unter Strafe gestellt wird.[223]

III. Die sozialpolitischen Bestimmungen der anderen Gemeinschaftsverträge

1. Der EGKS-Vertrag

Der Vertrag über die Gründung der Europäischen Gemeinschaft für Kohle und Stahl 151 vom 18. April 1951 (Montanunionvertrag) übertrug in einem begrenzten, aber gerade zur damaligen Zeit äußerst bedeutsamen Wirtschaftsbereich erstmals Hoheitsrechte auf supranationale Organe. Die positiven Erfahrungen der ersten Jahre seit Inkrafttreten dieses Vertrages am 23. 7. 1952 beeinflussten entscheidend die Römischen Verträge, also den EWGV und den EAGV. Zweck des Montanunionvertrages ist nach Art. 1 EGKSV die Schaffung eines gemeinsamen Marktes für Kohle und Stahl. Zu den Aufgaben der Montanunion zählt neben der Ausweitung der Wirtschaft die Steigerung der Beschäftigung und die Hebung der Lebenshaltung in den Mitgliedstaaten (Art. 2 EGKSV). Nach Art. 3 lit. e EGKSV haben die Organe der Montanunion[224] auf eine Verbesserung der Lebens- und Arbeitsbedingungen der Arbeiter hinzuwirken.

Der dritte Teil des EGKSV (Wirtschafts- und Sozialbestimmungen) enthält einige sozi- 152 alpolitische Vorschriften.[225] Art. 69 EGKSV regelt die **Herstellung der Freizügigkeit der Kohle- und Stahlfacharbeiter**. In Abs. 4 sieht er ein **Diskriminierungsverbot** bei der Entlohnung und den Arbeitsbedingungen zwischen inländischen und Wanderarbeitnehmern vor und verpflichtet die Mitgliedstaaten, alle noch erforderlichen Vereinbarungen anzustreben, um zu erreichen, dass die Bestimmungen über die Sozialversicherung den Wechsel der Arbeitsplätze nicht behindern. Die Gefahr eines **Sozialdumpings** will Art. 68 § 3 EGKSV vermeiden. Danach kann die Kommission Empfehlungen erlassen, die

---

[220] EuGH v. 23. 4. 1991 (Höfner u. Elser/Macroton) Rs. 41/90, Slg. 1991, I, S. 2010 ff.
[221] *Simitis*, FS für Otto Rudolf Kissel, S. 1097, 1103.
[222] Die Dienstleistungsfreiheit hat der EuGH als nicht tangiert angesehen, weil es sich um einen reinen Inlandssachverhalt gehandelt hat, EuGH a. a. O., S. 2019 f.
[223] EuGH a. a. O., S. 2015 ff.
[224] Die Hohe Behörde, die Gemeinsame Versammlung, der Besondere Ministerrat, der Gerichtshof und der Rechnungshof (Art. 7 EGKSV); 1965 erfolgte eine Zusammenlegung der Organe der drei Gemeinschaften im Fusionsvertrag.
[225] Vgl. *Schulze*, Entwicklungslinien der Europäischen Sozialpolitik seit 1952, in: Ermer/Schulze/Schulz-Nieswandt/Sesselmeier, Soziale Politik im EG-Binnenmarkt, S. 6; *Wellner/Schmich*, Europa auf dem Wege zur Sozialunion, S. 45 ff.

den Richtlinien nach dem EGV entsprechen (vgl. Art. 14 Abs. 3 EGKSV), um Lohnsenkungen auszugleichen, die Unternehmen aus Wettbewerbsgründen veranlasst haben und die zu einer Senkung des Lebensstandards der Arbeitnehmer führen. Die Bestimmung hat zwar keine praktische Relevanz erlangt, zeigt jedoch, dass bereits 1951 die Möglichkeit nicht ausgeschlossen werden konnte, dass ein verschärfter Wettbewerb in den sechs Mitgliedstaaten zu einer Senkung des Lebensstandards der Arbeitnehmer führen könnte.

153 Art. 55 EGKSV hat die Aufgabe, die technische und wirtschaftliche Forschung auch im Interesse der **Betriebssicherheit** zu fördern. Wegen der großen strukturellen Probleme im Montansektor seit 1972 hat Art. 56 EGKSV besondere Bedeutung. Danach gewährt die Montanunion wirtschaftliche Ausgleichsleistungen an betroffene Arbeitnehmer für Umstrukturierungen, Betriebsschließungen etc.[226] Maßgebend in der Bundesrepublik sind die einschlägigen Richtlinien der Bundesanstalt für Arbeit, die sog. MUV-Beihilfen, die Art. 56 EGKSV für die Bundesrepublik näher konkretisieren.

2. Der EAG-Vertrag

154 Neben der Herstellung der Freizügigkeit der qualifiziert Beschäftigten auf dem Gebiet der Kernenergie (Art. 96 EAGV) sind aus sozialpolitischer Sicht die Art. 30 ff. EAGV bedeutsam, welche die Gemeinschaft in einem gesonderten Kapitel „Gesundheitsschutz" ermächtigen, nach Art. 31 EAGV **Grundnormen für den Gesundheitsschutz der Bevölkerung und der Arbeitskräfte gegen die Gefahren ionisierender Strahlungen** festzusetzen. Diese Grundnormen konkretisiert die Richtlinie 76/579/Euratom zur Festlegung der überarbeiteten Grundnormen für den Gesundheitsschutz der Bevölkerung und der Arbeitskräfte gegen die Gefahren ionisierender Strahlen.[227]

---

[226] *Däubler,* Einleitung zum Vertrag über die Gründung der Europäischen Gemeinschaft für Kohle und Stahl, in: Däubler/Kittner/Lörcher, Internationale Arbeits- und Sozialordnung, 1990, S. 746.

[227] RL 76/579/Euratom v. 1. 6. 1976, ABl. L 187, S. 1, geändert durch RL 79/343/Euratom v. 27. 3. 1979, ABl. L 105, S. 10, geändert durch RL 80/836/Euratom v. 15. 7. 1980, ABl. L 246, S. 1.

4. Abschnitt. Das Arbeitsrecht im Gemeinschaftsrecht

Neben dem Grundrechtsschutz in der EG, soweit er sich insbes. auf das Arbeitsrecht bezieht, werden im Folgenden einzelne Sachmaterien des EG-Arbeitsrechts (im Gegensatz zum Sozialrecht der EG) behandelt.

§ 13 Grundrechtsschutz in der Gemeinschaft

Schrifttum: *Badura,* Grundprobleme des Wirtschaftsverfassungsrechts, JuS 1976, S. 205; *Baer,* Grundrechte ante portas, ZRP 2000, S. 361; *Baethge,* Grundzüge des Vertrages von Maastricht, BayVBl. 1992, S. 711; *Bast,* Der Grundsatz des rechtlichen Gehörs im Gemeinschaftsrecht, RIW 1992, S. 742; *Börner,* Diskriminierungen und Subventionen, 1965; *Brinkmann,* Charta der Grundrechte der Europäischen Union, EuroAS 1999, S. 155; *Burghardt,* Die Eigentumsordnungen in den Mitgliedstaaten und der EWG-Vertrag, 1969; *Chwolik-Lanfermann,* Grundrechtsschutz in der Europäischen Union, 1994; *dies.,* Braucht die Europäische Union einen Grundrechtskatalog?, ZRP 1995, S. 126; *Däubler-Gmelin,* Eine europäische Charta der Grundrechte – ein Beitrag zur gemeinsamen Identität, EuZW 2000, S. 1; *Di Fabio,* Eine europäische Charta, JZ 2000, S. 737; *Drewes,* Entstehen und Entwicklung des Rechtsschutzes vor den Gerichten der Europäischen Gemeinschaften, am Beispiel der Nichtigkeitsklage, 2000; *Eickmeier,* Eine europäische Charta der Grundrechte, DVBl. 1999, S. 1026; *Emmerich/Fritsche,* Der Grundsatz der Verhältnismäßigkeit als Direktive und Schranke der EG-Rechtsetzung, 2000; *Feige,* Der Gleichheitssatz im Recht der EWG, 1973; *Feger,* Die Grundrechte im Recht der Europäischen Gemeinschaften, 1984; *Friauf,* Unternehmenseigentum und Wirtschaftsverfassung, DÖV 1976, S. 624; *Frowein,* Eigentumsschutz im Europarecht, FS für Kutscher, 1981, S. 189; *Ganten,* Die Drittwirkung der Grundfreiheiten, 2000; *Gerstner/Goebel,* Grundrechtsschutz in Europa, Jura 1993, S. 626; *Grzybek,* Prozessuale Grundrechte im Europäischen Gemeinschaftsrecht, 1993, S. 225; *Gundel,* Die Rechtfertigung von faktisch diskriminierenden Eingriffen in die Grundfreiheiten des EGV, Jura 2001, S. 79; *Häberle,* Die Wesensgehaltsgarantie des Art. 19 Abs. 2 Grundgesetz, 3. Aufl. 1983; *ders.,* Grundrechte im Leistungsstaat, VVDStRL 30 (1972), S. 43; *ders.,* Grundrechte und parlamentarische Gesetzgebung im Verfassungsstaat – das Beispiel des deutschen Grundgesetzes, AöR 114 (1989), S. 362; *Haedrich,* Die Rechtsordnung der Europäischen Union und ihre Bedeutung für das innerstaatliche Recht, EAS B 1000; *Häfner/Strawe/Zuegg,* In der Auseinandersetzung um eine Charta der Grundrechte der Europäischen Union, ZRP 2000, S. 365; *Henrichs,* Die Rechtsprechung des Europäischen Gerichtshofs in Personalsachen, EuR 1982, S. 231; *Hilf,* Die Notwendigkeit eines Grundrechtskataloges, in: Weidenfeld, Der Schutz der Grundrechte in der Europäischen Gemeinschaft, 1992, S. 56; *Hoffmann,* Die Grundfreiheiten des EG-Vertrags, 2000; *Kenntner,* Die Schrankenbestimmungen der EU-Grundrechtscharta – Grundrechte ohne Schutzwirkung?, ZRP 2000, S. 423; *Kewenig,* Der Grundsatz der Nichtdiskriminierung im Völkerrecht der internationalen Handelsbeziehungen, Bd. 1, 1972, S. 73; *Kingreen,* Die Struktur der Grundfreiheiten des Europäischen Gemeinschaftsrechts, 1999; *ders.,* Die Gemeinschaftsgrundrechte, JuS 2000, S. 857; *Kugelmann,* Grundrechte in Europa, 1997; *Knöll,* Die Diskussion um die Grundrechtscharta der Europäischen Union aus dem Blickwinkel der deutschen Länder, NJW 2000, S. 1845; *Koenig,* EU-Grundrechtscharta – ein neuer supranationaler Kompetenztitel?, EuZW 2000, S. 417; *Kutscher,* Der Schutz von Grundrechten im Recht der Europäischen Gemeinschaften, in: Kutscher/Rogge/Matscher, Der Grundrechtsschutz im Europäischen Gemeinschaftsrecht, 1982, S. 33; *Langguth,* Grundrechtsschutz und Politische Union, EuZW 1991, S. 393; *Leistner,* Das Koalitions- und Streikrecht der Beamten und sonstigen Bediensteten der Europäischen Gemeinschaft, DVBl. 1975, S. 281; *Lenaerts,* Grundrechtsschutz in der Europäischen Gemeinschaft und im Rahmen der Europäischen Menschenrechtskonvention, ZFRVgl. 1992, S. 281; *Lenz,* Der europäische Grundrechtsstandard in der Rechtsprechung des Europäischen Gerichtshofs, EuGRZ 1993, S. 585; *Lindemann,* Allgemeine Rechtsgrundsätze und europäischer öffentlicher Dienst, 1986; *ders.,* Ein

§ 13 Grundrechtsschutz in der Gemeinschaft

Grundrechtskatalog für Europa, NJW 1997, S. 3289; *Lindner,* EG-Grundrechtscharta und gemeinschaftsrechtlicher Kompetenzvorbehalt, DÖV 2000, S. 543; *Lörcher,* Das Verhältnis des europäischen Gemeinschaftsrechts zu den Grundrechten des Grundgesetzes, JuS 1993, S. 1011; *ders.,* Soziale Grundrechte in der EU-Grundrechtscharta, AuR 2000, S. 241; *Losch/Radau,* Grundrechtskatalog für die Europäische Union, ZRP 2000, S. 84; *Meesen,* Europäische Grundrechtspolitik, in: Frowein/Hilf (Hrsg.), Die Grundrechte in der Europäischen Gemeinschaft, 1978, S. 35; *Mestmäcker,* Wirtschaftsordnung und Staatsverfassung, FS für Böhm, 1965, S. 383; *Jürgen Meyer,* Die EU ist auch eine Wertegemeinschaft – Die Grundrechtscharta soll die Integration fördern, ZRP 2000, S. 114; *Jürgen Meyer/Engels,* Aufnahme von sozialen Grundrechten in die Europäische Grundrechtscharta?, ZRP 2000, S. 368; *Michelsen,* Das rechtliche Gehör im Verwaltungsverfahren der Europäischen Gemeinschaften, Diss. Hamburg 1974; *Mohn,* Der Gleichheitssatz im Gemeinschaftsrecht, 1990; *Mosler,* Zur Anwendung der Grundsatzartikel des Vertrages über die Europäische Gemeinschaft für Kohle und Stahl, ZaöRV 17 (1956/57), S. 407; *Nowak/Schnitzler,* Erweiterte Rechtfertigungsmöglichkeiten für mitgliedstaatliche Beschränkungen der EG-Grundfreiheiten, EuZW 2000, S. 627; *Penski/Elsner,* Eigentumsgewährleistung und Berufsfreiheit als Gemeinschaftsgrundrechte in der Rechtsprechung des Europäischen Gerichtshofs, DÖV 2001, S. 265; *Pernice,* Grundrechtsgehalte im Europäischen Gemeinschaftsrecht, 1979; *ders.,* Gemeinschaftsverfassung und Grundrechtsschutz – Grundlagen, Bestand und Perspektiven, NJW 1990, S. 2409; *Pescatore,* Die Menschenrechte und die europäische Integration, Integration 1969, S. 103; *ders.,* Bestand und Bedeutung der Grundrechte im Recht der Europäischen Gemeinschaften, EuR 1979, S. 1; *Reich,* Zur Notwendigkeit einer Europäischen Grundrechtsbeschwerde, ZRP 2000, S. 375; *Rengeling,* Grundrechtsschutz in der Europäischen Gemeinschaft, 1993; *Rengeling/Middeke/Gellermann,* Rechtsschutz in der Europäischen Union, 1994; *Ress/Ukrow,* Neue Aspekte des Grundrechtsschutzes in der Europäischen Gemeinschaft, EuZW 1990, S. 499; *Ritgen,* Grundrechtsschutz in der Europäischen Union, ZRP 2000, S. 371; *Rüber,* Der Gerichtshof der Europäischen Gemeinschaften und die Konkretisierung allgemeiner Rechtsgrundsätze, 1970; *Rupp,* Die gewerblichen Schutzrechte im Konflikt zwischen nationalen Grundrechten und europäischem Gemeinschaftsrecht, NJW 1976, S. 993; *Scheffler,* Die Pflicht zur Begründung von Maßnahmen nach den Europäischen Gemeinschaftsverträgen, 1974; *Schmidt,* Zu den rechtlichen Grundfragen des Gemeinsamen Marktes, 1962; *Scholz,* Grundrechtsprobleme im europäischen Kartellrecht – Zur Hoechst-Entscheidung des EuGH, WuW 1990, S. 99; *Schott,* Der Begründungszwang für Akte der Exekutiven der Europäischen Gemeinschaften, Diss. Saarbrücken 1971; *Schulte,* Soziale Grundrechte in der Europäischen Union, EuroAS 2000, S. 5; *Schwarze,* Der Schutz des Gemeinschaftsbürgers durch allgemeine Verwaltungsgrundsätze im EG-Recht, NJW 1986, S. 1067; *ders.,* Europäischer Grundrechtsschutz – Grundfragen, aktuelle Rechtsentwicklungen, künftige Perspektiven, ZfV 1993, S. 1; *ders.,* (Hrsg.), Die Entstehung einer europäischen Verfassungsordnung, 2000; *Schwemmer,* Die Bindung des Gemeinschaftsgesetzgebers an die Grundfreiheiten, 1995; *Selmer,* Die Gewährleistung der unabdingbaren Grundrechtsstandards durch den EuGH, 1998; *Stadler,* Die Berufsfreiheit in der europäischen Gemeinschaft, 1980; *Steindorff,* Der Gleichheitssatz im Wirtschaftsrecht des Gemeinsamen Marktes, 1965; *Streinz,* Bundesverfassungsgerichtlicher Grundrechtsschutz und Europäisches Gemeinschaftsrecht, 1989; *Szeczekalla,* Grundrechte für Europa – Die Europäische Union nach Nizza, DVBl. 2001, S. 345; *Thiel,* Europa 1992: Grundrechtlicher Eigentumsschutz im EG-Recht, JuS 1991, S. 276; *Wank,* Die juristische Begriffsbildung, 1985; *ders.,* Arbeiter und Angestellte, 1992; *Weber,* Die Europäische Grundrechtscharta – auf dem Weg zu einer europäischen Verfassung, NJW 2000, S. 537; *Wetter,* Die Gemeinschaftscharta des EuGH, 1998; *Wunderlich,* Das Grundrecht der Berufsfreiheit im Europäischen Gemeinschaftsrecht, 2000; *Zieger,* Die Rechtsprechung des Europäischen Gerichtshofs, JöR 22 (1973), S. 299; *Zimmermann,* Die Preisdiskriminierung im Recht der EGKS, 1972

Übersicht

	Rn.		Rn.
I. Problematik	1	c) Die Prüfung einer Verletzung des Eigentumsgrundrechts	14
II. Einzelne Grundrechte	6	aa) Beschränkung des Eigentums	15
1. Eigentum	6	bb) Enteignung	27
a) Eigentumsschutz aus Art. 295 EGV (Art. 222 EGV a. F.)	7	2. Handelsfreiheit	33
b) Die Anerkennung eines gemeinschaftsrechtlichen Eigentumsgrundrechts	9	3. Berufsfreiheit	34
		a) Die Anerkennung eines Grundrechts der Berufsfreiheit	34

I. Problematik

	Rn.		Rn.
b) Die Prüfung einer Verletzung des Grundrechts der Berufsfreiheit	41	**IV. Soziale Grundrechte der Arbeitnehmer**	96
4. Freie Wahl des Arbeitsplatzes	43	1. Die Gemeinschaftscharta der sozialen Grundrechte der Arbeitnehmer	96
5. Koalitionsfreiheit	44	a) Der Inhalt der Gemeinschaftscharta	98
a) Normative Regelungen	44	aa) Berufsfreiheit	100
b) Die Rechtsprechung des EuGH	46	bb) Streikfreiheit	101
6. Meinungsfreiheit	49	cc) Gleichbehandlung von Männern und Frauen	103
a) Normative Regelungen	49	b) Die Anwendung und Umsetzung der Gemeinschaftscharta	104
b) Die Rechtsprechung des EuGH	51	2. Die Erklärung des EP vom 12. April 1989	105
7. Unverletzlichkeit der Wohnung	54	a) Der Inhalt der Erklärung	106
8. Der allgemeine Gleichheitssatz	60	b) Die Bedeutung der Erklärung	108
a) Anerkennung eines allgemeinen Gleichheitssatzes im Grundsatz	61	**V. Das Diskriminierungsverbot auf Grund der Rasse oder der ethnischen Herkunft sowie die Gleichbehandlung in Beschäftigung und Beruf**	109
aa) Die Rechtsprechung des EuGH	63	1. Allgemeines	109
bb) Schrifttum	64	2. Die Antidiskriminierungsrichtlinie 2000/43/EG	112
b) Materiell-rechtliche Reichweite des allgemeinen Gleichheitssatzes	69	a) Zweck und Begriffsbestimmung	112
c) Adressat des allgemeinen Gleichheitssatzes	81	b) Geltungsbereich	117
d) Rechtsfolgen bei Verletzung des allgemeinen Gleichheitssatzes	82	c) Ausnahmeermächtigung	119
		d) Rechtsbehelfe und Rechtsdurchsetzung	120
III. Verfahrensgrundrechte	83	e) Sozialer Dialog	123
1. Der Grundsatz des rechtlichen Gehörs	84	f) Förderung der mit der Gleichbehandlung befassten Stellen	124
a) Das Recht auf Gehör als Verfahrensgrundrecht	84	g) Sanktionen	125
b) Die Reichweite des Anspruchs auf rechtliches Gehör	85	3. Die Gleichbehandlung in Beschäftigung und Beruf, RL 2000/78/EG	126
2. Die Begründungspflicht	87	**VI. Die Charta der Grundrechte der Europäischen Union**	129
a) Die Begründungspflicht als Verfahrensgrundrecht	87	1. Vorgeschichte	130
b) Zweck und Umfang der Begründungspflicht	88	2. Der Inhalt der Charta der Grundrechte der EU	136
3. Der Grundsatz ne bis in idem	95		

I. Problematik

Die Gemeinschaftsverträge selbst enthalten keinen Grundrechtskatalog,[1] sondern lediglich einzelne und begrenzte Grundrechtsregelungen als Ausformungen des allgemeinen

---

[1] Zur Frage der Erforderlichkeit eines Grundrechtskataloges auf Gemeinschaftsebene s. aus älterer Zeit u. a. *Chwolik-Lanfermann*, ZRP 1995, S. 126 ff.; *Lenaerts*, ZfRVgl. 1992, S. 281 ff.; *Lenz*, NJW 1997, S. 3289 ff. Zur aktuellen Diskussion um eine EU-Grundrechtscharta s. u. a. *Baer*, Grundrechte ante portas, ZRP 2000, S. 361; *Brinkmann*, Charta der Grundrechte der Europäischen Union, EuroAS 1999, S. 155; *Däubler-Gmelin*, Eine europäische Charta der Grundrechte – ein Beitrag zur gemeinsamen Identität, EuZW 2000, S. 1; *Di Fabio*, Eine europäische Charta, JZ 2000, S. 737; *Eickmeier*, Eine europäische Charta der Grundrechte, DVBl. 1999, S. 1026; *Häfner/Strawe/Zuegg*, In der Auseinandersetzung um eine Charta der Grundrechte der Europäischen Union, ZRP 2000, S. 365; *Kenntner*, Die Schrankenbestimmungen der EU-Grundrechtscharta – Grundrechte ohne Schutzwirkung?, ZRP 2000, S. 423; *Kingreen*, Die Gemeinschaftsgrundrechte, JuS 2000, S. 857; *Knöll*, Die Diskussion um die Grundrechtscharta der Europäischen Union aus dem Blickwinkel der deutschen Länder, NJW 2000, S. 1845; *Koenig*, EU-Grundrechtscharta – ein neuer supranationaler Kompetenztitel?, EuZW 2000, S. 417; *Lindner*, EG-Grundrechtscharta und gemeinschaftsrechtlicher Kompe-

Gleichheitsgrundsatzes, wie etwa den Grundsatz des gleichen Entgelts für Männer und Frauen in Art. 141 EGV (Art. 119 EGV a.F.).[2] Während der EuGH die Geltung von Gemeinschaftsgrundrechten zunächst abgelehnt hatte,[3] leitete er mit seiner Entscheidung in der Rechtssache Stauder[4] eine Wende ein. In seinen Entscheidungsgründen zählte er die Grundrechte erstmals zu den allgemeinen Grundsätzen der Gemeinschaftsrechtsordnung, die er zu sichern habe. Auf der Grundlage dieser Entscheidung hat der EuGH in der Folgezeit im Wege der Rechtsfortbildung durch Richterrecht eine Vielzahl von Grundrechten in die Rechtsordnung der Gemeinschaft eingebaut.[5] Zur Herleitung von Gemeinschaftsgrundrechten stützt sich der EuGH sowohl auf die gemeinsamen Verfassungsüberlieferungen der Mitgliedstaaten als auch auf die Europäische Menschenrechtskonvention und das sog. „soft law".

2 Mit dem Vertrag über die Europäische Union vom 7. Februar 1992 ist der Schutz der Grundrechte erstmals ausdrücklich vertraglich geregelt worden. Gem. **Art. F Abs. 2 (Titel 1) EUV** achtet die Union die Grundrechte, wie sie in der am 4. November 1950 in Rom unterzeichneten Europäischen Konvention zum Schutz der Menschenrechte und Grundfreiheiten (EMRK) gewährleistet sind und wie sie sich aus den gemeinsamen Verfassungsüberlieferungen der Mitgliedstaaten als allgemeine Grundsätze des Gemeinschaftsrechts ergeben.

3 Materiell-rechtlich hat die Regelung des Art. F Abs. 2 jedoch keine Verbesserung gebracht.[6] Mit ihr sind vielmehr die Grundsätze, die der EuGH schon in der Vergangenheit für die Entwicklung von Gemeinschaftsgrundrechten aufgestellt hat,[7] übernommen worden. Mit dem Amsterdamer Vertrag ist der Grundrechtsschutz in den Vertrag über die Europäische Union aufgenommen worden.[8]

4 Zusammen mit dem Vertrag von Nizza wurde die „**Charta der Grundrechte** der Europäischen Union" verabschiedet; ihr Verhältnis zum EGV sowie zur Grundrechts-Rechtsprechung des EuGH bedarf noch der Klärung.[9]

5 Im Folgenden werden die für das Arbeits- und Sozialrecht besonders bedeutsamen Gemeinschaftsgrundrechte näher erörtert.

---

tenzvorbehalt, DÖV 2000, S. 543; *Lörcher*, Soziale Grundrechte in der EU-Grundrechtscharta, AuR 2000, S. 241; *Losch/Radau*, Grundrechtskatalog für die Europäische Union, ZRP 2000, S. 84; *Jürgen Meyer*, Die EU ist auch eine Wertegemeinschaft – Die Grundrechtscharta soll die Integration fördern, ZRP 2000, S. 114; *Jürgen Meyer/Engels*, Aufnahme von sozialen Grundrechten in die Europäische Grundrechtscharta?, ZRP 2000, S. 368; *Reich*, Zur Notwendigkeit einer Europäischen Grundrechtsbeschwerde, ZRP 2000, S. 375; *Ritgen*, Grundrechtsschutz in der Europäischen Union, ZRP 2000, S. 371; *Schulte*, Soziale Grundrechte in der Europäischen Union, EuroAS 2000, S. 5; *Weber*, Die Europäische Grundrechtscharta – auf dem Weg zu einer europäischen Verfassung, NJW 2000, S. 537 sowie unten Rn. 129 ff.

[2] Näher zu diesem Grundsatz unter § 16 Rn. 1 ff.
[3] Vgl. EuGH, Rs. 1/58, Slg. 1958/59, S. 43, 64; Rs. 40/59, Slg. 1960, S. 885, 920 f.; Rs. 6/64, Slg. 1964, S. 1251, 1270.
[4] Rs. 29/69, Slg. 1969, S. 419.
[5] Aus dem umfangreichen Schrifttum zum Grundrechtsschutz in der Gemeinschaft s. aus neuerer Zeit u.a. auch *Beutler*, in: Groeben/Thiesing/Ehlermann, Grundrechtsschutz, S. 6199 ff.; *Chwolik-Lanfermann*, Grundrechtsschutz in der Europäischen Union, 1994; *Drewes*, Entstehen; *Gerstner/Goebel*, Jura 1993, S. 626; *Haedrich*, EAS B 1000, Rn. 48 ff.; *Hilf*, in: Weidenfeld, der Schutz der Grundrechte in der Europäischen Gemeinschaft, 1992, S. 56 ff.; *Kugelmann*, Grundrechte in Europa, 1997; *Langguth*, EuZW 1991, S. 393 ff.; *Lenz*, EuGRZ 1993, S. 585 ff.; *Lörcher*, JuS 1993, S. 1011 ff.; *Pernice*, NJW 1990, S. 2409 ff.; *Rengeling*, Grundrechtsschutz in der Europäischen Gemeinschaft, 1993; *Selmer*, Die Gewährleistung der unabdingbaren Grundrechtsstandards durch den EuGH, 1998; *Streinz*, Bundesverfassungsgerichtlicher Grundrechtsschutz und Europäisches Gemeinschaftsrecht; *Schwarze*, ZfV 1993, S. 1 ff.; *Wetter*, Die Gemeinschaftscharta des EuGH, 1998.
[6] *Baethge*, BayVBl. 1992, S. 711, 712.
[7] *Chwolik-Lanfermann*, Grundrechtsschutz, S. 282.
[8] Art. 6 Abs. 2 EUV.
[9] S. o. Fußn. 1 sowie Rn. 148.

II. Einzelne Grundrechte

1. Eigentum

Die Verwirklichung des Gemeinsamen Marktes ist ohne eine grundrechtliche Eigentumssicherung nicht denkbar. Der freie Wettbewerb innerhalb der Gemeinschaft kann nur stattfinden, wenn auf das Eigentum als Korrelat der Freiheit nicht verzichtet wird.[10] Angesichts des hohen Stellenwertes, der dem Eigentumsschutz für das Funktionieren des Gemeinsamen Marktes zukommt,[11] stellt sich die Frage, ob und inwieweit ein Grundrecht auf Eigentumsschutz gemeinschaftsrechtlich anerkannt ist.

a) Eigentumsschutz aus Art. 295 EGV (Art. 222 EGV a. F.)

Bedenken gegen einen gemeinschaftsrechtlichen Eigentumsschutz ergeben sich im Hinblick auf Art. 295, 30 EGV (Art. 222, 36 EGV a.F.). Art. 295 EGV a. F. bestimmt, dass der Vertrag die Eigentumsordnung in den verschiedenen Mitgliedstaaten unberührt lässt. Art. 30 EGV (Art. 36 EGV a. F.) konkretisiert diese Regel für den Bereich der gewerblichen Schutzrechte. Danach sind Beschränkungen des freien Warenverkehrs ausgeschlossen, soweit sie zum Schutz des gewerblichen und kommerziellen Eigentums gerechtfertigt sind.

Im Schrifttum wurde zu Art. 222 EGV a. F. die Ansicht vertreten, die Vorschrift stehe der Entwicklung eines gemeinschaftsrechtlichen Eigentumsrechts entgegen. Die Gemeinschaft habe mit dieser Vorschrift aus gutem Grund auf die Konstituierung einer eigenen grundrechtlichen Eigentumsgarantie verzichtet. Die Eigentumsgarantie bestimme sich daher allein nach den nationalen Rechtsordnungen.[12] Gegen diese Auffassung spricht jedoch, dass Art. 295 EGV (Art. 222 EGV a. F.) nur die Eigentums**ordnung** in den einzelnen Mitgliedstaaten unberührt lässt.[13] Damit soll sichergestellt werden, dass die Gestaltung der Eigentumsordnung, insbesondere Sozialisierung und Privatisierung, weiterhin Sache der Mitgliedstaaten bleibt.[14] Die Bestimmung enthält dagegen keine Eigentumsgarantie für den einzelnen Bürger oder für Unternehmen.[15] Demgemäss geht die herrschende Auffassung zu Recht davon aus, dass Art. 222 EGV keine Verweigerungsnorm für die Entwicklung eines europäischen Eigentumsgrundrechts darstellt.[16]

b) Die Anerkennung eines gemeinschaftsrechtlichen Eigentumsgrundrechts

Der EuGH hat erstmals in der Rechtssache Nold[17] festgestellt, dass das Eigentum zu den im Gemeinschaftsrecht geschützten Grundrechten zählt.[18] Eine eingehendere Auseinan-

---

[10] Vgl. *Badura*, JuS 1976, S. 205, 213; *Friauf*, DÖV 1976, S. 626; *Pernice*, Grundrechtsgehalte, S. 178.
[11] Nach Grabitz-Hilf/*Wenig*, Art. 173 EGV a. F., Rn. 42 steht das Grundrecht auf Eigentumsschutz wegen der im Wesentlichen wirtschaftlichen Regelungsmaterie des EG-Vertrages „an erster Stelle".
[12] *Rupp*, NJW 1976, S. 993, 994.
[13] *Streinz*, Grundrechtsschutz, S. 405.
[14] Grabitz-Hilf/*Schweitzer*, Art. 222 EGV a. F., Rn. 2.
[15] *Burghardt*, Die Eigentumsordnungen in den Mitgliedstaaten und der EWG-Vertrag, 1969.
[16] *Pernice*, Grundrechtsgehalte, S. 182; *Rengeling*, Grundrechtsschutz, S. 42; *Streinz*, Grundrechtsschutz, S. 405; *Thiel*, JuS 1991, S. 276.
[17] Rs. 4/73, Slg. 1974, S. 491, 507. Dagegen enthielt das Urteil in der Rechtssache Ruhrkohle – verb. Rs. 36–38 und 40/59, Slg. 1960, S. 885, 920f. – noch keinen Hinweis auf die Anerkennung eines gemeinschaftsrechtlichen Eigentumsgrundrechtsschutzes; der EuGH führte vielmehr aus, dass das Recht der Gemeinschaft weder einen geschriebenen noch einen ungeschriebenen allgemeinen Rechtsgrundsatz des Inhalts enthalte, dass ein erworbener Besitzstand nicht angetastet werden dürfe.
[18] Im Ergebnis hat der EuGH jedoch eine Eigentumsverletzung verneint.

dersetzung mit dem Eigentumsgrundrecht erfolgte dann in seiner Entscheidung vom 13. 12. 1979 in der **Rechtssache Hauer**.[19]

10 Zum besseren Verständnis sei der der Entscheidung zugrundeliegende Sachverhalt kurz skizziert. Frau Hauer, Eigentümerin eines Grundstücks in der Gemeinde Bad Dürkheim, beantragte am 6. Juni 1975 die Genehmigung zur Neuanpflanzung von Weinreben auf ihrem Grundstück. Diese Genehmigung wurde u. a. mit der Begründung verweigert, dass die Verordnung Nr. 1162/76 des Rates vom 17. Mai 1976 über Maßnahmen zur Anpassung des Weinbaupotentials an die Marktbedürfnisse[20] für die Zeit vom 1. Dezember 1976 bis zum 30. November 1980 jede Neuanpflanzung von Rebsorten untersage, die für die betreffende Verwaltungseinheit in die Kategorie der Kellertraubensorten eingestuft worden seien. Frau Hauer erhob gegen den ablehnenden Widerspruchsbescheid Klage vor dem Verwaltungsgericht Neustadt. Sie berief sich in ihrer Klage u. a. auf eine mögliche Unvereinbarkeit der Gemeinschaftsverordnung mit Art. 12 und 14 des deutschen Grundgesetzes. Das Verwaltungsgericht Neustadt setzte die Entscheidung aus und legte dem EuGH im Vorabentscheidungsverfahren u. a. die Frage vor, ob Art. 2 Abs. 1 der Verordnung Nr. 1162/76 dahin auszulegen sei, dass das darin statuierte Verbot der Erteilung von Genehmigungen für Neuanpflanzungen umfassend gelte.

11 Der EuGH bekräftigt in seinen Entscheidungsgründen zunächst, dass das **Eigentumsrecht** in der Gemeinschaftsrechtsordnung gem. den gemeinsamen Verfassungskonzeptionen der Mitgliedstaaten **gewährleistet** werde, die sich auch in Art. 1 des Zusatzprotokolls zur Konvention zum Schutze der Menschenrechte und Grundfreiheiten vom 20. März 1952[21] widerspiegele.[22] Sodann greift er die in Art. 1 des Zusatzprotokolls getroffene Unterscheidung zwischen einer Beeinträchtigung des Eigentums durch Entzug oder Beschränkung auf und stellt fest, dass das Neuanpflanzungsverbot nicht als eine Maßnahme zur Entziehung des Eigentums angesehen werden könne, sondern dass das Verbot lediglich die Benutzung des Eigentums einschränke.[23]

12 Der EuGH kommt im Folgenden zu dem Ergebnis, dass das in der Verordnung Nr. 1162/76 enthaltene Neuanpflanzungsverbot eine rechtmäßige **Beschränkung der Nutzung** des Eigentums darstelle. Zur Begründung beruft er sich sowohl auf Art. 1 Abs. 2 des Zusatzprotokolls als auch auf die Verfassungsbestimmungen von drei Mitgliedstaaten,[24] die eine Einschränkung der Benutzung des Privateigentums im Allgemeininteresse zuließen. Ferner verweist er darauf, dass in sämtlichen Mitgliedstaaten sonstige Vorschriften bestünden, die die Benutzung des Grundeigentums aus sozialen Gründen zuweilen erheblich einschränken.[25]

13 Der EuGH prüft schließlich noch, ob die in der umstrittenen Regelung enthaltenen Einschränkungen tatsächlich dem allgemeinen Wohl dienenden Zielen der Gemeinschaft entsprechen und ob sie nicht einen im Hinblick auf den verfolgten Zweck unverhältnismäßigen, nicht tragbaren Eingriff in die Vorrechte des Eigentümers darstellen, der das Eigentumsrecht in seinem Wesensgehalt antastet. Er führt dazu aus, dass es für die **Ver-**

---

[19] EuGH, Rs. 44, 79, Slg. 1979, S. 3727.
[20] ABl. EG L 135, S. 32.
[21] BGBl. 1956 II S. 1880; nachfolgend Zusatzprotokoll abgekürzt.
[22] Art. 1 dieses Zusatzprotokolls bestimmt: „Jede natürliche oder juristische Person hat ein Recht auf Achtung ihres Eigentums. Niemandem darf sein Eigentum entzogen werden, es sei denn, dass das öffentliche Interesse es verlangt, und nur unter den durch Gesetz und durch die allgemeinen Grundsätze des Völkerrechts vorgesehenen Bedingungen. Die vorstehenden Bestimmungen beeinträchtigen jedoch in keiner Weise das Recht des Staates, diejenigen Gesetze anzuwenden, die er für die Regelung der Benutzung des Eigentums im Einklang mit dem Allgemeininteresse oder zur Sicherung der Zahlung der Steuern oder sonstigen Abgaben oder von Geldstrafen für erforderlich hält."
[23] EuGH, Slg. 1979, S. 3727, 3746.
[24] Art. 14 Abs. 2 S. 1 und 2 des deutschen Grundgesetzes, Art. 42 Abs. 2 der italienischen Verfassung sowie Art. 43.2.1 und 2 der irischen Verfassung.
[25] EuGH, Slg. 1979, S. 3727, 3746 f.

hältnismäßigkeit des Eingriffs darauf ankomme, welchen Zweck die umstrittene Verordnung verfolge und ob zwischen den in dieser Verordnung vorgesehenen Maßnahmen und dem im vorliegenden Fall von der Kommission angestrebten Ziel ein angemessenes Verhältnis bestehe.[26] Im Ergebnis verneint der EuGH einen unverhältnismäßigen Eingriff. Er stellt abschließend fest, dass die Einschränkung der Benutzung des Eigentums, die das mit der Verordnung Nr. 1162/76 für einen begrenzten Zeitraum verhängte Verbot der Neuanpflanzung von Weinreben mit sich bringt, durch die dem allgemeinen Wohl dienenden Ziele der Gemeinschaft gerechtfertigt sei und das in der Gemeinschaftsrechtsordnung anerkannte und garantierte Eigentumsrecht nicht in seinem Wesensgehalt antaste.[27]

c) Die Prüfung einer Verletzung des Eigentumsgrundrechts

Ausgehend von der Entscheidung des EuGH in der Rechtssache Hauer ist für die Prüfung, ob eine Maßnahme gegen das gemeinschaftsrechtliche Eigentumsgrundrecht verstößt, danach zu differenzieren, ob ein Fall der Eigentumsbeschränkung oder aber des Entzugs des Eigentums gegeben ist. **14**

aa) Beschränkung des Eigentums

Die Prüfung der Rechtmäßigkeit einer Beschränkung des Eigentums erfolgt nach der Rechtsprechung des EuGH in drei Schritten. **15**

(1) Eingriff in Form der Beschränkung

Auf der ersten Stufe ist zu prüfen, ob ein Eingriff[28] in Form der Beschränkung des Eigentums vorliegt. Dies setzt voraus, dass überhaupt in eine durch das Gemeinschaftsrecht geschützte Position des Eigentums eingegriffen wird. Welche Positionen vom Schutzbereich des gemeinschaftsrechtlichen Eigentumsgrundrechts erfasst werden, ist jedoch noch weitgehend ungeklärt. Zu einzelnen Positionen hat der EuGH allerdings mehr oder weniger konkret Stellung bezogen. **16**

(a) Eingerichteter und ausgeübter Gewerbebetrieb. Ob vom Eigentumsgrundrecht das Recht am eingerichteten und ausgeübten Gewerbebetrieb geschützt wird, ist vom EuGH bisher nicht ausdrücklich entschieden worden. In der Rechtssache Biovilac[29] verwarf der EuGH die von der Klägerin erhobene Rüge, die in Frage stehende Regelung stelle eine Verletzung ihres Eigentumsrechts und ihres Rechts am eingerichteten und ausgeübten Gewerbebetrieb dar, mit der Begründung, dass die von der Kommission erlassenen Maßnahmen sich zwar nachteilig auf den Absatz ihrer Erzeugnisse auswirken könnten, diese negativen Auswirkungen jedoch einer Beeinträchtigung des Wesensgehalts nicht gleichgestellt werden könnten.[30] Der Umstand, dass der EuGH eine Beeinträchtigung des **Wesensgehaltes** des Eigentums verneinte, nicht aber einen Eingriff in den Schutzbereich des Eigentums an sich, legt die Vermutung nahe, dass auch das Recht am eingerichteten und ausgeübten Gewerbebetrieb zum gemeinschaftsrechtlichen Eigentum zu zählen ist.[31] **17**

(b) Erwerbschancen. Wie der EuGH bereits in seinem Nold-Urteil entschieden hat, kann die Gewährleistung nicht auf den Schutz bloßer kaufmännischer Interessen ausgedehnt werden. Deren Ungewissheit gehöre vielmehr zum Wesen wirtschaftlicher Tätigkeit.[32] **18**

---

[26] EuGH, Slg. 1979, S. 3727, 3747.
[27] EuGH, Slg. 1979, S. 3727, 3749.
[28] Zur Frage, ob „Eingriffe" in Grundfreiheiten des EGV auch faktische Diskriminierungen betreffen, s. *Gundel*, Jura 2001, S. 79.
[29] EuGH, Rs. 59/83, Slg. 1984, S. 4057.
[30] EuGH, Slg. 1984, S. 4057, 4079 f.
[31] Vgl. *Rengeling*, Grundrechtsschutz, S. 46.
[32] EuGH Rs. 4/73, Slg. 1974, S. 491, 508; bestätigt durch EuGH (Valsabbia), verb. Rs. 154, 205, 206, 226–228, 263 und 264/78 sowie 39, 31 und 85/79, Slg. 1980, S. 907, 1010 f.

19 **(c) Belastung mit Abgaben.** Mit der Frage, ob auch Abgaben dem gemeinschaftsrechtlichen Eigentumsgrundrecht unterfallen, hatte sich der EuGH erstmals in der **Rechtssache Schräder**[33] zu befassen.

20 Dem Rechtsstreit lag folgender Sachverhalt zugrunde: Die Firma Schräder, ein mit verarbeitetem Getreide handelndes Unternehmen, meldete für das Jahr 1987 eine bestimmte Menge Getreide als verarbeitet an. Das Hauptzollamt Gronau erhob dafür eine sog. Mitverantwortungsabgabe im Getreidesektor in Höhe von 49 492,80 DM. Die Firma Schräder klagte gegen die erhobene Abgabe beim Finanzgericht Düsseldorf. Sie vertrat die Ansicht, dass die einschlägige Gemeinschaftsverordnung[34] ungültig sei, da sie u. a. gegen die vom Gemeinschaftsrecht garantierten Grundrechte, und zwar das Eigentumsrecht und die Berufs- und Wirtschaftsfreiheit, verstoße. Das Finanzgericht Düsseldorf setzte das Verfahren aus und legte dem EuGH die Frage vor, ob die einschlägige Gemeinschaftsverordnung ungültig ist.

21 Der EuGH prüft die Abgabenbelastung am Eigentumsrecht und kommt dann zu der Feststellung, „dass die Regelung über die Mitverantwortungsabgabe das Eigentumsgrundrecht der Getreideverarbeiter in keiner Weise beeinträchtigt".[35] Ob damit Abgaben an sich dem Eigentumsgrundrechtsschutz unterfallen können, lässt sich dieser Entscheidung allerdings nicht eindeutig entnehmen. In einer späteren Entscheidung[36] stellte der EuGH dann jedoch unter Berufung auf das Vorbringen des Vereinigten Königreichs apodiktisch fest, dass die Verpflichtung, eine Abgabe zu zahlen, nicht als Verstoß gegen das Eigentumsrecht angesehen werden könne.[37]

22 **(d) Sozialversicherungsansprüche.** Die Frage, ob auch Sozialversicherungsansprüche vom Schutz des Eigentumsgrundrechts erfasst werden, konnte der EuGH in seiner Testa-Entscheidung von 19. Juni 1980[38] dank einer verhältnismäßigkeitskonformen Auslegung des Art. 69 der Verordnung Nr. 1408/71 offen lassen. Im Schrifttum wird eine Einbeziehung von Sozialversicherungsansprüchen in das gemeinschaftsgrundrechtlich geschützte Eigentum befürwortet.[39]

(2) Rechtfertigung des Eingriffs

23 Auf der zweiten Stufe schließt sich die abstrakte Prüfung an, ob die in der umstrittenen Regelung enthaltene Einschränkung im Hinblick auf den Schutz des Allgemeininteresses erforderlich ist. Diese Prüfung erfolgt generell unter Rückgriff auf die Verfassungsüberlieferungen der Mitgliedstaaten.[40]

---

[33] EuGH, Rs. 265/87, Slg. 1989, S. 2263.
[34] Verordnung Nr. 1579/86 des Rates vom 23. Mai 1986, ABl. EG L 139, S. 29.
[35] EuGH, Slg. 1989, S. 2263, 2267f.
[36] EuGH, verb. Rs. 143/88 und 92/89, EuZW 1991, S. 313. Dem Rechtsstreit des Ausgangsverfahrens lag folgender Sachverhalt zugrunde: Das Hauptzollamt Itzehoe hatte für die *Zuckerfabriken Süderdithmarschen* AG (Antragsteller) eine auf die Verordnung Nr. 1914/87 des Rates vom 2. 7. 1987 zur Einführung einer besonderen Tilgungsabgabe für Zucker im Wirtschaftsjahr 1986/87 (ABl. EG L 183, S. 5) gestützte Tilgungsabgabe in Höhe von 1 982 942,66 DM festgesetzt. Die Antragstellerin legte gegen diesen Bescheid Einspruch ein, der zurückgewiesen wurde. Daraufhin beantragte sie beim Finanzgericht Hamburg, die Vollziehung des Abgabenbescheids auszusetzen. Das Finanzgericht Hamburg gab dem Antrag auf Aussetzung der Vollziehung statt und legte die Frage nach der Gültigkeit der Verordnung Nr. 1914/87 dem EuGH zur Vorabentscheidung vor.
[37] Kritisch zu dieser Entscheidung *Schilling,* EuZW 1991, S. 310.
[38] EuGH, verb. Rs. 41/121 und 796/79, Slg. 1980 S. 1979, 1797f.
[39] *Frowein,* FS für Kutscher, S. 189, 198; Grabitz-Hilf/ *Pernice,* Art. 164 EGV a. F., Rn. 76.
[40] In seinem Hauer-Urteil stellt der EuGH diesbezüglich fest: „Insbesondere bestehen in allen Weinbauländern der Gemeinschaft zwar unterschiedlich strenge, aber zwingende Rechtsvorschriften in Bezug auf die Anpflanzung von Weinreben, die Auswahl der Rebsorten und die Anbaumethoden. In keinem der betreffenden Länder werden diese Vorschriften grundsätzlich als unvereinbar mit der Wahrung des Eigentumsrechts betrachtet", Slg. 1979, S. 3227, 3747.

(3) Verhältnismäßigkeit des Eingriffs

Auf der dritten Stufe ist schließlich zu prüfen, ob die Beschränkungen des Eigentums dem allgemeinen Wohl dienenden Zielen der Gemeinschaft entsprechen und nicht einen im Hinblick auf den verfolgten Zweck unverhältnismäßigen, nicht tragbaren Eingriff darstellen, der die so gewährleisteten Rechte in ihrem Wesensgehalt antastet.[41]

Zunächst muss die eigentumseinschränkende Maßnahme also ein legitimes Ziel des europäischen Gemeinwohls verfolgen, wobei die Konkretisierung dieses Gemeinwohls den zuständigen Gemeinschaftsorganen obliegt. Sodann ist eine Güterabwägung vorzunehmen; es ist also zu prüfen, ob zwischen der umstrittenen Maßnahme und dem mit ihr angestrebten Ziel ein angemessenes Verhältnis besteht. Ob die Angemessenheit auch die Verhältnismäßigkeit im engeren Sinne umfasst, geht aus der Rechtsprechung des EuGH allerdings nicht eindeutig hervor.[42]

Unklar ist auch, was der Wesensgehalt eines Grundrechts ist und wie er bestimmt wird. Zum Teil wird die vom EuGH in ständiger Rechtsprechung verwandte Formulierung, es sei zu prüfen, ob die in der umstrittenen Regelung enthaltenen „Beschränkungen nicht einen im Hinblick auf den verfolgten Zweck unverhältnismäßigen, nicht tragbaren Eingriff darstellen, der die so gewährleisteten Rechte in ihrem Wesensgehalt antastet",[43] dahingehend interpretiert, dass in Abkehr von der sog. „Kerntheorie" im deutschen Recht[44] eine unverhältnismäßige Einschränkung eines Grundrechts zugleich eine Verkennung von dessen Wertsetzung und damit einen Eingriff in seinen Wesensgehalt darstellt.[45]

bb) Enteignung

Die Enteignung ist der schärfste mögliche Eingriff. Dass auch eine Enteignung unter strengen Voraussetzungen möglich sein muss, ergibt sich daraus, dass andernfalls die für das Gemeinwohl unverzichtbaren Maßnahmen nicht durchgeführt werden könnten.[46] Problematisch ist, wann von einer Enteignung gesprochen werden kann und welche Voraussetzungen für eine rechtmäßige Enteignung vorliegen müssen.

(1) Der Begriff der Enteignung

Wie sich aus den Entscheidungsgründen des EuGH in der Rechtssache Hauer entnehmen lässt,[47] ist eine Enteignung jedenfalls dann anzunehmen, wenn die Beeinträchtigung des Eigentümers darauf gerichtet ist, die Benutzung des Eigentums nicht nur zu beschränken, sondern das Eigentum vollkommen zu entziehen.

---

[41] Vgl. EuGH (Hauer), Rs. 44/79, Slg. 1979, S. 3727, 3747; EuGH (Schräder), Rs. 265/87, Slg. 1989, S. 2263, 2268; EuGH (Zuckerfabriken Süderdithmarschen AG), verb. Rs. 143/88 und 92/89, EuZW 1991, S. 313, 317. Die Prüfung der Verhältnismäßigkeit bei der Überprüfung von Eigentumsbeschränkungen entspricht der Rechtsprechung des Bundesverfassungsgerichts. Es hat schon früh entschieden, dass die dem Gesetzgeber aufgegebene Inhalts- und Schrankenbestimmung des Eigentums nach Art. 14 Abs. 1 GG alle übrigen Verfassungsnormen zu beachten habe, zu denen als Bestandteil des Rechtsstaatsprinzips auch der Grundsatz der Verhältnismäßigkeit gehöre; s. BVerfGE 14, S. 263, 278. Zur Frage des Eingriffs in EG-Grundfreiheiten im Bereich der sozialen Sicherheit s. *Nowak/Schnitzler*, EuZW 2000, S. 627; allgemein zu Grundrechtsschranken in der EG *Schildknecht*, Grundrechtsschranken der Europäischen Gemeinschaft, 2000.
[42] Vgl. dazu *Streinz*, Grundrechtsschutz, S. 414 f.
[43] Vgl. etwa EuGH (Zuckerfabriken Süderdithmarschen AG), verb. Rs. 143/88 und 92/89, EuZW 1991, S. 313, 317.
[44] Zum Theorienstreit in Deutschland s. *Häberle*, Die Wesensgehaltsgarantie des Art. 19 Abs. 2 Grundgesetz, 3. Aufl. 1983; *ders.*, AöR 114 (1989), S. 362, 387 f.; *Hesse*, Grundzüge des Verfassungsrechts der Bundesrepublik Deutschland, 20. Aufl., 1999, Rn. 332 ff.
[45] Grabitz-Hilf/*Pernice*, Art. 164 EGV a. F., Rn. 73; a. A. *Streinz*, Grundrechtsschutz, S. 422, nach dessen Auffassung der Rechtsprechung des EuGH nicht eindeutig entnommen werden könne, wie er den Begriff „Wesensgehalt" sehe.
[46] *Frowein*, FS für Kutscher, 1981, S. 189, 191.
[47] EuGH, Slg. 1979, S. 3227, 3746.

29 Fraglich ist dagegen, ob eine Enteignung auch dann vorliegt, wenn das Eigentum nicht entzogen wird, bestimmte Maßnahmen ihrem Wesen nach aber einer Entziehung des Eigentums sehr nahe kommen. Generalanwalt *Lenz* hat in seinem Schlussantrag in der Rechtssache **Agricola Commerciale Olio**[48] die aufgeworfene Frage bejaht. Dem Rechtsstreit lag folgender Sachverhalt zugrunde: Die klagenden Unternehmen hatten auf Grund einer von der Kommission eröffneten Ausschreibung durch Losentscheid den Zuschlag größerer Partien Olivenöl zu äußerst günstigen Preisen erhalten. Die Durchführung des Verkaufs verzögerte sich infolge von Einsprüchen. Zwischenzeitlich meinte die Kommission einen so erheblichen Preisanstieg auf dem Olivmarkt festgestellt zu haben, dass sie durch eine Verordnung die Ausschreibung rückwirkend aufhob. Sie begründete die rückwirkende Aufhebung damit, dass im übergeordneten Interesse die befürchtete schwere Marktstörung nicht hingenommen werden könne. Die klagenden Unternehmen erhoben die Rüge der rechtswidrigen Enteignung. Bezugnehmend auf diese Rüge führte Generalanwalt *Lenz* in seinem Schlussantrag aus, dass zum Eigentum auch vermögenswerte subjektive Rechte des öffentlichen Rechts zählten, wenn dadurch Rechtspositionen geschaffen worden seien, die denjenigen von Eigentümern nahe kämen. Ein Entzug solcher Rechte bewege sich nicht mehr im Rahmen der Sozialbindungen des Eigentums, sondern sei als „enteignender bzw. enteignungsgleicher Eingriff" zu bewerten. Der EuGH ging in seinen Entscheidungsgründen auf die Frage des gemeinschaftsrechtlichen Schutzes des Eigentums nicht ein. Er erklärte die Verordnung zur Aufhebung der Ausschreibung schon deshalb für nichtig, weil sich die Gründe, die die Kommission zur Aufhebung der Ausschreibung angeführt hatte, nicht als stichhaltig erwiesen hatten.[49]

(2) Voraussetzungen für eine rechtmäßige Enteignung

30 Zu den Voraussetzungen, unter denen eine Enteignung rechtmäßig ist, hat Generalanwalt *Lenz* in seinem Schlussantrag in der Rechtssache Agricola Commerciale Olio Stellung genommen und festgestellt, dass ein solcher Eingriff nach den Rechtsordnungen aller Mitgliedstaaten eine gesetzliche Grundlage voraussetze. Zudem dürfe eine Enteignung nur zum Wohle der Allgemeinheit vorgenommen werden, was sich nicht zuletzt aus den im Gemeinschaftsrecht geltenden Prinzipien der Rechtssicherheit und der Gesetzmäßigkeit der Verwaltung ergebe. Ferner müsse für einen solchen Eingriff eine Entschädigung geleistet werden. Nur die Frage, ob die Entschädigung vollständig oder nur angemessen sein müsse, könne auch im Wege der Rechtsvergleichung nicht eindeutig geklärt werden.[50]

31 Der EuGH brauchte über die Voraussetzungen einer rechtmäßigen Enteignung bisher nicht zu entscheiden. Lediglich im Fall Wachauf hat er zu der Frage der Entschädigungspflicht Stellung genommen und ausgeführt, dass eine gemeinschaftsrechtliche Regelung, die dazu führen würde, dass der Pächter nach Ablauf des Pachtverhältnisses entschädigungslos um die Früchte seiner Arbeit und der von ihm in dem verpachteten Betrieb vorgenommenen Investition gebracht würde, mit den Erfordernissen des Grundrechtsschutzes in der Gemeinschaftsrechtsordnung unvereinbar wäre.[51]

32 Zusammenfassend lässt sich somit feststellen, dass das Eigentumsrecht zu den Grundrechten gehört, deren Schutz die Gemeinschaftsrechtsordnung gewährleistet. Über den Inhalt und die Grenzen der Eigentumsgarantie bestehen allerdings noch erhebliche Unklarheiten. Es wird die Aufgabe des EuGH sein, die bestehenden Unsicherheiten durch eine Präzisierung seiner Rechtsprechung zu beseitigen.

---

[48] EuGH, Rs. 231/81, Slg. 1984, S. 3911.
[49] EuGH, Slg. 1984, S. 3881, 3866.
[50] Rs. 231/81, Slg. 1984, S. 3911.
[51] Rs. 5/88, Slg. 1989, S. 2609, 2639.

II. Einzelne Grundrechte 33, 34 § 13

2. Handelsfreiheit

Während der EuGH in den Rechtssachen Internationale Handelsgesellschaft[52] die Handelsfreiheit bereits implizit anerkannt hat,[53] geht er in seinem sog. **Altöl-Urteil** vom 7. Februar 1985[54] erstmals auf die gemeinschaftsgrundrechtliche Gewährleistung der Handelsfreiheit ein. In dieser Entscheidung ging es um die Gültigkeit der Richtlinie 75/439/EWG des Rates vom 16. Juni 1975 über die Altölbeseitigung.[55] Nach dieser Richtlinie treffen die Mitgliedstaaten die erforderlichen Maßnahmen zur schadlosen Sammlung und Beseitigung von Altölen, wobei vorzugsweise deren Wiederverwendung anzustreben ist. In Art. 5 der Richtlinie ist vorgesehen, dass in Fällen, in denen die in Art. 2, 3 und 4 festgelegten Ziele nicht anders erreicht werden können, die Mitgliedstaaten die erforderlichen Maßnahmen dafür treffen, dass ein oder mehrere Unternehmen die ihnen von den Besitzern angebotenen Erzeugnisse gegebenenfalls in dem ihnen von der zuständigen Behörde zugewiesenen Bezirk sammeln oder beseitigen. Gem. Art. 6 Abs. 1 der Richtlinie benötigt jedes Unternehmen, das Altöle beseitigt, eine Genehmigung. Das vorlegende nationale Gericht legte dem EuGH u. a. die Frage vor, ob die Zulassungsregelung mit den Grundsätzen der Handelsfreiheit, des freien Warenverkehrs und des freien Wettbewerbs vereinbar ist. Der EuGH führt in seinen Entscheidungsgründen aus: „Die Grundsätze des freien Warenverkehrs und des freien Wettbewerbs sowie die grundrechtliche Handelsfreiheit stellen allgemeine Grundsätze des Gemeinschaftsrechts dar, über deren Einhaltung der Gerichtshof wacht".[56] Im Folgenden markiert der EuGH dann die Grenzen der grundrechtlichen Handelsfreiheit und stellt dazu fest, dass der Grundsatz der Handelsfreiheit nicht absolut gelte. Beschränkungen der grundrechtlich geschützten Handelsfreiheit seien vielmehr zulässig, wenn sie durch im Allgemeininteresse liegende Ziele gerechtfertigt seien, sofern das Wesen der Handelsfreiheit nicht beeinträchtigt werde.[57] Der EuGH hat damit in Übereinstimmung mit den Verfassungen aller Mitgliedstaaten die Handelsfreiheit als Gemeinschaftsgrundrecht ausdrücklich anerkannt.

3. Berufsfreiheit

a) Die Anerkennung eines Grundrechts der Berufsfreiheit

Bereits in seiner Nold-Entscheidung vom 14. Mai 1974[58] hat der EuGH anerkannt, dass die freie Berufsausübung zu den gemeinschaftsrechtlich geschützten Grundrechten gehört.[59] Eine eingehendere Auseinandersetzung mit dem Inhalt und den Grenzen dieses Grundrechts erfolgt allerdings erst im **Urteil Keller**.[60] Dem Vorabentscheidungsurteil lag ein Strafverfahren zugrunde. Die Staatsanwaltschaft Freiburg hatte gegen Herrn Keller ein Verfahren wegen Zuwiderhandlung gegen die Verordnung Nr. 997/81/EWG der Kommission vom 26. März 1981 über die Durchführungsbestimmungen für die Bezeichnung und Aufmachung der Weine und Traubenmoste[61] eingeleitet. Sie warf ihm vor, die von ihm erzeugten Tafelweine auf dem Flaschenetikett als „durchgegoren" bezeichnet zu haben, obwohl nach Art. 13 Abs. 6 der Verordnung Nr. 997/81/EWG nur die Bezeich-

---

[52] Rs. 11/70, Slg. 1970, S. 1125, 1134 f.
[53] Ausführlich zur Handelsfreiheit s. *Pernice,* Grundrechtsgehalte, S. 68 ff.
[54] EuGH (Procureur de la République), Rs. 240/83, Slg. 1985, S. 531.
[55] ABl. EG L 194, S. 31.
[56] EuGH, Slg. 1985, S. 531, 548.
[57] EuGH, Slg. 1985, S. 531, 549.
[58] Rs. 4/74, Slg. 1974, S. 491, 507 f.
[59] Ausführlich zur Berufsfreiheit *Stadler,* Die Berufsfreiheit in der europäischen Gemeinschaft, 1980; *Wunderlich,* Das Grundrecht der Berufsfreiheit im Europäischen Gemeinschaftsrecht, 2000.
[60] EuGH, Rs. 234/85, Slg. 1985, S. 2897.
[61] ABl. EG L 106, S. 1.

nung „trocken" zulässig gewesen wäre. Auf Antrag des Beschuldigten setzte das Amtsgericht Breisach das Verfahren aus und legte die Frage nach der Gültigkeit der einschlägigen Vorschriften dem EuGH zur Vorabentscheidung vor. In seinem Vorlagebeschluss ging das Amtsgericht davon aus, dass die einschlägigen Bestimmungen, nach denen die deutschen Produzenten ihre Tafelweine nur unter Verwendung der darin vorgesehenen Angaben bezeichnen dürfen, deren durch Art. 12 des Grundgesetzes garantierte Berufsfreiheit beeinträchtigen.

35 In seinem Urteil bekräftigt der EuGH zunächst seine bisherige Rechtsprechung, dass die Gültigkeit von Handlungen der Gemeinschaftsorgane nur nach Gemeinschaftsrecht beurteilt werden könne. Das Vorbringen des nationalen Gerichts, die Grundrechte in der ihnen von der Verfassung eines Mitgliedstaats gegebenen Gestalt seien verletzt, könne daher für sich allein die Gültigkeit einer Gemeinschaftshandlung oder deren Geltung in diesem Staat nicht berühren. Sodann bestätigt der EuGH seine Rechtsprechung, dass das Recht auf freie Berufsausübung zu den allgemeinen Rechtsgrundsätzen gehöre, die er zu wahren habe. Zu den Schranken des Grundrechts auf freie Berufsausübung führt er aus, dass die Ausübung dieses Rechts nur in den Grenzen gewährleistet werde, die durch die dem Gemeinwohl dienenden Ziele der Gemeinschaft gesetzt würden. Der Wesensgehalt dieses Rechts dürfe jedoch nicht angetastet werden.[62]

36 Der EuGH verneint im Folgenden eine Verletzung der Freiheit der Berufsausübung. Die gemeinschaftsrechtliche Regelung der Weinetikettierung unterwerfe zwar die Berufstätigkeit der betroffenen Unternehmen in einem klar abgegrenzten Bereich gewissen Beschränkungen. Sie lasse jedoch den Wesensgehalt dieses Rechts unangetastet. Außerdem sei das Verbot der Bezeichnung „durchgegoren" durch die allgemeinen Ziele der gemeinsamen Marktorganisation für Wein gerechtfertigt und auch erforderlich.[63]

37 Die Verletzung der Ausübung der Berufsfreiheit war auch Gegenstand der Entscheidung in der **Rechtssache Rau**.[64] In dem zugrundliegenden Rechtsstreit ging es um die Rechtmäßigkeit einer Aktion zum Verkauf verbilligter Butter in Berlin. Um Erkenntnisse darüber zu gewinnen, wie die Verbraucher auf eine Senkung des Butterpreises reagieren, beschloss die Kommission, gestützt auf Art. 4 der Verordnung Nr. 1079/77 des Rates vom 7. Mai 1977 über eine Mitverantwortungsabgabe und Maßnahmen zur Erweiterung der Märkte für Milch und Milcherzeugnisse,[65] in Berlin 900 Tonnen Butter aus öffentlichen Beständen in 250-g-Packungen mit der Aufschrift „kostenlose EWG-Butter" abzupacken. Diese Packungen sollten sodann in einer gemeinsamen Verpackung zusammen mit jeweils einer Packung Marktbutter desselben Gewichts vermarktet werden. Der Preis dieser Doppelpackung durfte den während des Vermarktungszeitraums geltenden Preis für 250 g Marktbutter nicht überschreiten. Auf Klagen mehrerer Margarinehersteller legte das Verwaltungsgericht Frankfurt dem EuGH im Vorabentscheidungsverfahren u. a. die Frage vor, ob die Entscheidung der Kommission wegen einer Verletzung des Grundsatzes der Verhältnismäßigkeit in das Grundrecht der Berufsausübung eingreife.

38 Der EuGH verneint in seinem Urteil eine Verletzung des Grundsatzes der freien Berufsausübung, ohne allerdings auf dieses Grundrecht näher einzugehen.[66]

39 Mit der Frage, ob auch die **Freiheit der Berufswahl** grundrechtlich geschützt ist, musste sich der EuGH erstmals in seinem Urteil vom 18. 9. 1986[67] befassen. In dem der Entscheidung zugrundeliegenden Vertragsverletzungsverfahren ging es um das grundsätzliche Verbot, Qualitätswein bestimmter Anbaugebiete außerhalb des Anbaugebietes der

---

[62] EuGH, Slg. 1985, S. 2897, 2912.
[63] EuGH, Slg. 1985, S. 2897, 2913 f.
[64] EuGH, Verb. Rs. 133–136/85, Slg. 1987, S. 2289.
[65] ABl. EG L 131, S. 6.
[66] EuGH, Slg. 1987, S. 2289, 2344.
[67] EuGH, Rs. 116/82, Slg. 1986, S. 2519.

verarbeiteten Trauben oder dessen unmittelbarer Nähe herzustellen. Die Regierung der Bundesrepublik Deutschland vertrat die Ansicht, das Verarbeitungsverbot stelle eine schwere Beeinträchtigung des Eigentumsrechts und des Rechts der freien Berufswahl dar, die nicht im allgemeinen Interesse der Gemeinschaft gerechtfertigt sei. Zur Rüge der Verletzung der freien Berufswahl führte der EuGH in seinem Urteil aus, das Verarbeitungsverbot beeinträchtige nicht den Wesensgehalt der freien Berufswahl. Es berühre nicht einmal unmittelbar, sondern nur mittelbar ein damit zusammenhängendes Recht, da es sich auf die Berufsausübung auswirke.[68]

Mit der Formulierung, dass der **Wesensgehalt der freien Berufswahl** nicht betroffen sei, hat der EuGH implizit anerkannt, dass auch die freie Berufswahl dem gemeinschaftsrechtlichen Grundrechtsschutz unterliegt. Da somit sowohl die Berufsausübung als auch die Berufswahl grundrechtlich gewährleistet werden, lässt sich insoweit auch vom Gemeinschaftsgrundrecht der Berufsfreiheit sprechen. 40

b) Die Prüfung einer Verletzung des Grundrechts der Berufsfreiheit

Den Entscheidungen des EuGH zur Berufsfreiheit ist zu entnehmen, dass die Prüfung, ob eine Maßnahme der Gemeinschaft gegen das Grundrecht der freien Berufsausübung verstößt, parallel der Prüfung einer Eigentumsrechtsverletzung erfolgt.[69] Es ist also zunächst festzustellen, ob ein Eingriff in die gemeinschaftsgrundrechtlich geschützte Berufsfreiheit vorliegt. Sodann ist abstrakt zu prüfen, ob die in der umstrittenen Regelung enthaltene Einschränkung im Hinblick auf den Schutz des Allgemeininteresses gerechtfertigt ist. Auf der dritten Stufe ist schließlich zu prüfen, ob die Beschränkung der Berufsfreiheit einem dem allgemeinen Wohl dienenden Ziel der Gemeinschaft entspricht und nicht einen im Hinblick auf den verfolgten Zweck unverhältnismäßigen Eingriff darstellt. Eine Grundrechtsverletzung ist stets dann anzunehmen, wenn der „Wesensgehalt" der Berufsfreiheit angetastet wird. 41

Wie beim Eigentumsgrundrecht fehlt es auch beim Gemeinschaftsgrundrecht der Berufsfreiheit bislang an einer dogmatischen Durchdringung. Offengelassen hat der EuGH insbesondere auch die Frage, was unter dem „Wesensgehalt" der Berufsfreiheit zu verstehen ist. 42

4. Freie Wahl des Arbeitsplatzes

In seinem Urteil vom 16. 12. 1992[70] hatte der EuGH im Rahmen eines Vorabentscheidungsverfahrens gem. Art. 234 EGV (Art. 177 EGV a. F.) darüber zu entscheiden, ob Art. 3 Abs. 1 der Betriebsübergangsrichtlinie 77/187/EWG[71] es einem Arbeitnehmer verwehrt, der im Zeitpunkt des Übergangs i. S. von Art. 1 Abs. 1 der Richtlinie beim Veräußerer beschäftigt ist, dem Übergang seines Arbeitsverhältnisses auf den Erwerber zu widersprechen. Der EuGH entschied, dass die Betriebsübergangsrichtlinie 77/187/EWG es dem Arbeitnehmer ermöglichen wolle, sein Beschäftigungsverhältnis mit dem neuen Arbeitgeber zu den Bedingungen fortzusetzen, die mit dem Veräußerer vereinbart waren; die Richtlinie verpflichte den Arbeitnehmer aber nicht, sein Arbeitsverhältnis mit dem Erwerber fortzusetzen. Eine solche Verpflichtung verstieße gegen Grundrechte des Arbeitnehmers, der bei der Wahl seines Arbeitgebers frei sein müsse und nicht verpflichtet werden können, für einen Arbeitgeber zu arbeiten, den er nicht frei gewählt habe.[72] Ohne nähere Begründung hat der EuGH damit die freie Wahl des Arbeitsplatzes dem gemeinschaftsgrundrechtlichen Schutz unterstellt. 43

---

[68] EuGH, Slg. 1986, S. 2519, 2545.
[69] Vgl. Grabitz-Hilf/*Pernice*, Art. 164 EGV a. F., Rn. 67.
[70] EuGH AP Nr. 97 zu § 613a BGB.
[71] ABl. EG L 61, S. 26; ausführlich zu dieser Richtlinie § 18 Rn. 37 ff.
[72] S. zu dieser Entscheidung auch unten § 18 Rn. 24.

5. Koalitionsfreiheit

a) Normative Regelungen

44 Eine gesetzliche Regelung, die die Koalitionsfreiheit allgemein gewährleistet, kennt das Gemeinschaftsrecht nicht. Art. 48 EGKSV enthält lediglich eine auf Arbeitgeber beschränkte Regelung der Koalitionsfreiheit. Art. 48 Abs. 1 EGKSV bestimmt: „Das Recht der Unternehmen, Verbände zu bilden, wird durch diesen Vertrag nicht berührt. Die Mitgliedschaft bei diesen Verbänden ist freiwillig. Sie können jede Tätigkeit ausüben, die zu den Bestimmungen dieses Vertrages oder zu den Entscheidungen oder Empfehlungen der Hohen Behörde nicht in Widerspruch steht".[73]

45 Für den Bereich der Verwaltung der Europäischen Gemeinschaften ist die Koalitionsfreiheit in Art. 24 a des Statuts der Beamten bei den Europäischen Gemeinschaften festgelegt. Danach haben „die Beamten...Vereinigungsfreiheit; sie können insbesondere Gewerkschaften oder Berufsverbänden der europäischen Beamten angehören."[74]

b) Die Rechtsprechung des EuGH

46 Mit der Koalitionsfreiheit musste sich der EuGH in seiner Entscheidung vom 8.10.1974[75] befassen. Klägerin war der **Gewerkschaftsbund Europäischer öffentlicher Dienst** (Union syndicale), eine Gewerkschaft von Beamten und sonstigen Bediensteten der europäischen Organe und Einrichtungen. Der Beklagte, der Rat der Europäischen Gemeinschaft, erhob die Einrede der Unzulässigkeit der Klage. Er vertrat die Auffassung, der Gewerkschaftsbund sei in dem zugrunde liegenden Rechtsstreit nicht berechtigt, zur Vertretung der Kollektivinteressen des Personals zu klagen und die Rechtmäßigkeit eines Verwaltungsaktes anzufechten. Der EuGH beschloss, über die Einrede gem. Art. 91 § 4 der Verfahrensordnung[76] vorab zu entscheiden.

47 In seinen Entscheidungsgründen stellt der EuGH fest, dass den Beamten nach Art. 24 a des Beamtenstatuts Vereinigungsfreiheit zustehe; sie könnten insbesondere Gewerkschaften oder Berufsverbänden von europäischen Beamten angehören. Der EuGH stuft sodann den klagenden Gewerkschaftsbund als Vereinigung ein und spricht ihm die Parteifähigkeit zu. Zur Begründung führt er aus, dass die in Art. 24 a des Beamtenstatuts anerkannte Vereinigungsfreiheit nach den allgemeinen Grundsätzen des Arbeitsrechts nicht nur bedeute, dass die Beamten und Bediensteten das Recht hätten, Vereinigungen ihrer Wahl zu gründen, sondern auch, dass diese Vereinigungen sich zur Verteidigung der beruflichen Interessen ihrer Mitglieder jeder erlaubten Tätigkeit widmen könnten. Die gerichtliche Klage gehöre zu den Mitteln, die solchen Vereinigungen zur Verfügung stehe. In der Gemeinschaftsrechtsordnung sei die Ausübung dieses Rechts jedoch an die Voraussetzungen geknüpft, die in den Gründungsverträgen für das Rechtsschutzsystem niedergelegt seien. So könne eine parteifähige und ordnungsgemäß vertretene Berufsvereinigung nach Art. 173 Abs. 2 EGV Anfechtungsklage gegen die Entscheidungen erheben, die im Sinne dieser Bestimmung an sie ergangen seien. Dagegen stehe die Klage im Rahmen der gerichtlichen Verfahren nach Art. 90 und 91 des Beamtenstatuts nur den Beamten und sonstigen Bediensteten offen.[77]

---

[73] Im Schrifttum wird die Ansicht vertreten, Art. 48 Abs. 1 EGKSV sei auf alle drei Gemeinschaftsverträge zu erstrecken, so dass die Koalitionsfreiheit für alle Arbeitgeber gelte. Die allgemeine Koalitionsfreiheit der Arbeitnehmer lasse sich aus dem Gleichheitsgrundsatz ableiten, da die Zubilligung der Koalitionsfreiheit nur an die Arbeitgeber die Waffengleichheit der Sozialpartner zerstören würde; vgl. *Feger*, Die Grundrechte im Recht der Europäischen Gemeinschaften, 1984, S. 184.

[74] Zur Entwicklungsgeschichte des nachträglich eingefügten Art. 24 a des Beamtenstatuts vgl. *Leistner*, DVBl. 1975, S. 281, 282 ff.

[75] EuGH (Gewerkschaftsbund), Rs. 175/73, Slg. 1974, S. 917, 925.

[76] Zur Verfahrensordnung des EuGH s. § 8 Rn. 164 ff.

[77] EuGH, Slg. 1974, S. 917, 924 f.

II. Einzelne Grundrechte

Der EuGH hat mit seiner Entscheidung das Koalitionsrecht der Bediensteten der Gemeinschaft ausdrücklich anerkannt. Allerdings verzichtet er darauf, dieses Recht als Grundrecht einzustufen. Stattdessen spricht er von einem „allgemeinen Grundsatz des Arbeitsrechts". Da die Koalitionsfreiheit in allen Mitgliedstaaten der Gemeinschaft gewährleistet wird, kann jedoch davon ausgegangen werden, dass der EuGH im Falle der Entscheidungserheblichkeit die Koalitionsfreiheit auch als Gemeinschaftsgrundrecht anerkennen wird. Für die Anerkennung der allgemeinen Koalitionsfreiheit als Gemeinschaftsgrundrecht sprechen insbesondere auch Art. 11 EMRK,[78] Titel 1 Ziff. 11 der Gemeinschaftscharta der sozialen Grundrechte der Arbeitnehmer[79] sowie Art. 11 der Erklärung der Grundrechte und Grundfreiheiten.[80]

6. Meinungsfreiheit

a) Normative Regelungen

Eine ausdrückliche Anerkennung der Meinungsfreiheit kennt das Gemeinschaftsrecht nicht. Es enthält in den einschlägigen Statutsvorschriften für Beamte lediglich Vorschriften, die die Meinungsäußerungsfreiheit einschränken. So bestimmt Art. 12 Abs. 1 des Statuts der Beamten der Europäischen Gemeinschaften,[81] dass sich der Beamte jeder Handlung, insbesondere jeder öffentlichen Meinungsäußerung zu enthalten hat, die dem Ansehen seines Amtes abträglich sein könnte. Weitere Einschränkungen der Meinungsäußerungsfreiheit ergeben sich aus Art. 17 BSt. Art. 17 Abs. 1 BSt enthält die Verpflichtung des Beamten zur Verschwiegenheit. Nach Absatz 2 bedürfen Veröffentlichungen, die sich auf die Tätigkeit der Gemeinschaften beziehen, der vorherigen Zustimmung der Anstellungsbehörde. Die Zustimmung darf nach Art. 17 Abs. 2 Satz 2 BSt allerdings nur versagt werden, wenn die geplante Veröffentlichung geeignet ist, die Interessen der Gemeinschaften zu beeinträchtigen.

Im Schrifttum wurde im Gegenschluss zu den einschränkenden Bestimmungen der Meinungsäußerungsfreiheit für Beamte gefolgert, dass von einer grundsätzlichen Geltung der Meinungsäußerungsfreiheit für die Bediensteten der Gemeinschaften auszugehen ist.[82]

b) Die Rechtsprechung des EuGH

Die Verletzung des Rechts auf freie Meinungsäußerung wurde in mehreren Klagen vonseiten der Kläger zur Begründung ihrer Klage vorgetragen.[83] Der EuGH konnte die

---

[78] Art. 11 Abs. 1 EMRK bestimmt: „Alle Menschen haben das Recht, sich friedlich zu versammeln und sich frei mit anderen zusammenzuschließen, einschließlich des Rechts, zum Schutze ihrer Interessen Gewerkschaften zu bilden und diesen beizutreten."

[79] Titel 1 Ziff. 11 der Gemeinschaftscharta der sozialen Grundrechte lautet: „Die Arbeitgeber und Arbeitnehmer in der Europäischen Gemeinschaft haben das Recht, sich zur Bildung beruflicher oder gewerkschaftlicher Vereinigungen ihrer Wahl frei zusammenzuschließen, um ihre wirtschaftlichen und sozialen Interessen zu vertreten. Jedem Arbeitgeber und jedem Arbeitnehmer steht es frei, diesen Organisationen beizutreten oder nicht, ohne dass ihm daraus ein persönlicher oder beruflicher Nachteil erwachsen darf"; näher zur Gemeinschaftscharta der sozialen Grundrechte der Arbeitnehmer Rn. 96ff.

[80] In Art. 11 der Erklärung der Grundrechte und Grundfreiheiten heißt es: „Jeder hat das Recht, sich frei mit anderen zusammenzuschließen, einschließlich des Rechts, mit anderen politischen Parteien und Gewerkschaften zu bilden und diesen beizutreten. Im Privatleben darf von niemandem verlangt werden, seine Zugehörigkeit zu einer Vereinigung bekanntzugeben, sofern die Vereinigung nicht gesetzeswidrig ist"; näher zur Erklärung der Grundrechte und Grundfreiheiten Rn. 6ff.

[81] Nachfolgend BSt abgekürzt.

[82] *Lindemann*, Rechtsgrundsätze und europäischer öffentlicher Dienst, 1986, S. 195.

[83] S. EuGH (Fiddelaar), Rs. 44/59, Slg. 1960, S. 1115ff; EuGH (Cowood), Rs. 60/82, Slg. 1982, S. 4625ff.; EuGH (VBVB und VBBB) verb. Rs. 43 und 63/82, Slg. 1984, S. 19ff.; EuGH (Cinéthèque), verb. Rs. 60 und 61/84, Slg. 1985, S. 2605.

Frage der Geltung der Meinungsäußerungsfreiheit mangels Entscheidungserheblichkeit jedoch lange Zeit dahingestellt lassen. In der Rechtssache **Oyowe und Traore**[84] hat er dann erstmals ausdrücklich zum Recht der Meinungsäußerungsfreiheit Stellung bezogen. Dem Rechtsstreit lag folgender Sachverhalt zugrunde: Die Kläger waren auf Grund von Sonderverträgen in den Dienst der Europäischen Gesellschaft für Zusammenarbeit eingetreten. Sie waren als Journalisten in der Redaktion einer zweimonatlich erscheinenden Zeitschrift beschäftigt, deren Herausgeber der Generaldirektor der Generaldirektion VIII „Entwicklung" der Kommission war. Die Kläger beantragten im Juni 1987 bei der Kommission gem. Art. 90 Abs. 1 BSt, sie zu Beamten der Kommission zu ernennen. Da dieser Antrag nicht beschieden wurde, legten sie Beschwerde gem. Art. 90 Abs. 2 BSt ein, die ebenfalls nicht beschieden wurde. Die Kläger erhoben daraufhin beim EuGH Klage gegen die Kommission der Europäischen Gemeinschaften und beantragten u. a., die Kommission zu verurteilen, sie zu Beamten zu ernennen oder wenigstens das Verfahren ihrer Ernennung zu Beamten einzuleiten. In der Klageerwiderung rechtfertigte die Kommission den Umstand, dass die Kläger nicht zu Beamten ernannt worden waren, damit, dass die Eigenschaft eines Gemeinschaftsbeamten mit der Repräsentation des besonderen Charakters der Staaten in Afrika, im karibischen Raum und im Pazifischen Ozean (AKP-Staaten), die die Kläger im Rahmen des gemischten Redaktionsteams der Zeitschrift wahrnähmen, unvereinbar sei.

52 Der EuGH entschied, dass die Kommission ihre Ablehnung des Antrags der Kläger auf Ernennung zu Beamten nicht objektiv habe rechtfertigen können und die stillschweigende Zurückweisung der Beschwerde der Kläger daher aufzuheben sei. In den Entscheidungsgründen führt der EuGH aus, dass die den Beamten nach dem Beamtenstatut gegenüber der Gemeinschaft obliegende Treuepflicht jedenfalls nicht so ausgelegt werden dürfe, dass sie im Widerspruch zur Freiheit der Meinungsäußerung stünde. Diese sei ein Grundrecht, dessen Wahrung der EuGH innerhalb der Gemeinschaftsrechtsordnung zu sichern habe und das besonders wichtig sei, wenn es sich wie im vorliegenden Fall um Journalisten handele, deren wichtigste Aufgabe es sei, völlig unabhängig sowohl von den Standpunkten der AKP-Staaten als auch von denen der Gemeinschaften zu schreiben.[85]

53 Der EuGH hat damit die Meinungsäußerungsfreiheit als Gemeinschaftsgrundrecht ausdrücklich anerkannt. Inhalt und Schranken dieses Grundrechts bedürfen allerdings noch der Präzisierung.

7. Unverletzlichkeit der Wohnung

54 Der Schutz der Unverletzlichkeit der Wohnung war Gegenstand der Entscheidungen in den Rechtssachen National Panasonic[86] sowie Hoechst.[87]

55 Im Fall **Panasonic** ging es um die Rechtmäßigkeit einer Entscheidung der Kommission auf Grund von Art. 14 der Verordnung Nr. 17/62/EWG des Rates vom 6. 2. 1962[88] über eine Nachprüfung aller Firmenunterlagen in den Geschäftsräumen der Firma National Panasonic (UK) Limited. Die Nachprüfung wurde von zwei hierzu beauftragten Beamten der Kommission durchgeführt. Diese fanden sich in Begleitung eines Beamten des Office of Fair Trading in den Geschäftsräumen der National Panasonic in Slough ein. Sie stellten die Entscheidung dadurch zu, dass sie sie den Leitern dieser Firma übergaben. Anschließend begannen sie mit der Nachprüfung. Sie verließen die Geschäftsräume der Firma am selben Tage unter Mitnahme von Ablichtungen mehrerer Unterlagen und von

---

[84] EuGH, Rs. 100/88, Slg. 1989, S. 4285.
[85] EuGH, Slg. 1989, S. 4285, 2309.
[86] EuGH, Rs. 136/79, Slg. 1980, S. 2033.
[87] EuGH, verb. Rs. 46/87 und 227/88, Slg. 1989, S. 2859.
[88] Sog. Kartellverordnung, ABl. EG (1962), S. 204; zuletzt geändert durch Vertrag vom 24. 4. 1994 in der Fassung des Beschlusses vom 1. 1. 1995, ABl. EG L 1, S. 1.

II. Einzelne Grundrechte

während der Nachprüfung angefertigten Vermerken. Die Firma Panasonic erhob Klage vor dem EuGH und beantragte, die Entscheidung der Kommission über eine Nachprüfung aufzuheben. Die Klägerin berief sich u.a. auf Art. 8 EMRK, wonach „jedermann ... Anspruch auf Achtung seines Privat- und Familienlebens, seiner Wohnung und seines Briefverkehrs" hat. Sie vertrat die Ansicht, diese Rechte müssten mit den erforderlichen Änderungen auch für juristische Personen gelten.

Ohne auf die grundsätzliche Geltung des Rechts der Unverletzlichkeit der Wohnung in der Gemeinschaftsverfassung einzugehen, prüft der EuGH in seinen Entscheidungsgründen in Anknüpfung an den in Art. 8 Abs. 2 EMRK[89] formulierten Eingriffsvorbehalt, ob die Nachprüfung auf Grund von Art. 14 der Verordnung Nr. 17/62/EWG das Recht auf Unverletzlichkeit der Wohnung verletzt. Der EuGH verneint dies. Nach Abs. 4 der Präambel sowie Art. 3 Buchst. f,[90] 85 und 86 EGV a.F. (Art. 81, 82 EGV n.F.) sollten diese Regeln Wettbewerbsverfälschungen zum Schaden des öffentlichen Interesses, der einzelnen Unternehmen und der Verbraucher vermeiden helfen. Die Ausübung der der Kommission in der Verordnung Nr. 17/62/EWG übertragenen Befugnisse diene der Aufrechterhaltung der vom Vertrag gewollten Wettbewerbsordnung, die Unternehmen zu achten hätten. Das Recht, auf das sich die Klägerin berufe, werde somit nicht dadurch gefährdet, dass der Kommission in der Verordnung Nr. 17/62/EWG Befugnisse zur Durchführung von Nachprüfungen ohne vorherige Mitteilung eingeräumt würden.[91]

Um die Rechtmäßigkeit einer Nachprüfungsentscheidung auf Grund von Art. 14 der Verordnung Nr. 17/62/EWG ging es auch in der Rechtssache **Hoechst**.[92] Die Firma Hoechst AG, in deren Geschäftsräumen eine Nachprüfung gegen ihren Willen durchgeführt wurde, rief den EuGH an und beantragte, die ihr übergebene Entscheidung betreffend eine Nachprüfung gem. Art. 14 Abs. 3 der Verordnung Nr. 17/62/EWG für nichtig zu erklären. Die Hoechst AG berief sich in ihrer Klageschrift u.a. auf eine Verletzung des Grundrechts der Unverletzlichkeit der Wohnung.

Anders als in seinem Panasonic-Urteil anerkennt der EuGH in seiner Entscheidung in der Rechtssache Hoechst ausdrücklich das Recht auf Unverletzlichkeit der Wohnung als Gemeinschaftsgrundrecht. Dieses Grundrecht gelte jedoch nur für die Privatwohnung, nicht aber für Unternehmen, da die Rechtsordnungen der Mitgliedstaaten in Bezug auf Art und Umfang des Schutzes von Geschäftsräumen gegen behördliche Eingriffe nicht unerhebliche Unterschiede aufweisen. Etwas anderes lasse sich auch nicht aus Art. 8 EMRK ableiten, nach dessen Abs. 1 „jedermann ... Anspruch auf Achtung seines Privat- und Familienlebens, seiner Wohnung und seines Briefverkehrs" habe. Der Schutzbereich dieses Artikels betreffe die freie Entfaltung der Persönlichkeit und lasse sich daher nicht auf Geschäftsräume ausdehnen. Im Übrigen sei festzustellen, dass hierzu keine Rechtsprechung des Europäischen Gerichtshofes für Menschenrechte vorliege.[93]

Mit dem Ausschluss von Geschäftsräumen aus dem Grundrechtsschutz hat sich der EuGH für einen engen Wohnungsbegriff entschieden.[94] Damit steht die Rechtsprechung des EuGH im Widerspruch zur Rechtsprechung des Bundesverfassungsgerichts, das bei

---

[89] Art. 8 Abs. 2 EMRK lautet: „Der Eingriff einer öffentlichen Behörde in die Ausübung dieses Rechts ist nur statthaft, insoweit dieser Eingriff gesetzlich vorgesehen ist und eine Maßnahme darstellt, die in einer demokratischen Gesellschaft für die nationale Sicherheit, die öffentliche Ruhe und Ordnung, das wirtschaftliche Wohl des Landes, die Verteidigung der Ordnung und zur Verhinderung von strafbaren Handlungen, zum Schutz der Gesundheit und der Moral oder zum Schutz der Rechte und Freiheiten anderer notwendig ist".
[90] Mit der Neufassung des EG-Vertrages durch den Unionsvertrag ist der ehemalige Art. 3 Buchst. f zu Art. 3 Buchst. g geworden.
[91] EuGH, Slg. 1980, S. 2033, 2057.
[92] EuGH, verb. Rs. 46/87 und 227/88, Slg. 1989, S. 2859.
[93] EuGH, Slg. 1989, S. 2859, 2924.
[94] Kritisch zur Herausnahme der Geschäftsräume aus dem gemeinschaftsrechtlichen Grundrechtsschutz *Ress/Ukrow*, EuZW 1990, S. 499, 502ff.; *Scholz*, WuW 1990, S. 99ff.

der Interpretation des Art. 13 Abs. 1 GG von einem weiten Wohnungsbegriff ausgeht und neben der Privatwohnung auch Arbeits-, Betriebs- und Geschäftsräume dem Schutz des Art. 13 Abs. 1 GG unterstellt.[95]

8. Der allgemeine Gleichheitssatz

60 Ein allgemeiner Gleichheitssatz,[96] an dem alle hoheitlichen Maßnahmen zu messen sind, ist im Gemeinschaftsrecht nicht ausdrücklich enthalten.[97] Damit stellt sich die Frage, ob im Gemeinschaftsrecht ein ungeschriebener allgemeiner Gleichheitssatz existiert und gegebenenfalls welche Tragweite ihm zukommt.

a) Anerkennung eines allgemeinen Gleichheitssatzes im Grundsatz

61 Die Gemeinschaftsrechtsordnung enthält für zahlreiche **spezielle Bereiche** ausdrückliche Diskriminierungsverbote.[98] Hervorzuheben sind das in Art. 12 EGV (Art. 6 EGV a. F.) enthaltene allgemeine Diskriminierungsverbot auf Grund der Staatsangehörigkeit, das in den Art. 39, 43, 49 EGV (Art. 48, 52, 59 EGV a. F.) spezielle Ausprägungen erfahren hat, das für die Landwirtschaft in Art. 34 Abs. 2 S. 2 (Art. 40 Abs. 3 S. 2 EGV a. F.) verankerte Verbot jeder Diskriminierung zwischen Erzeugern und Verbrauchern innerhalb der Gemeinschaft sowie das Gleichbehandlungsgebot von Mann und Frau hinsichtlich des Entgelts nach Art. 141 EGV (Art. 119 EGV a. F.).[99]

62 Ob den vielfältigen Spezifizierungen des Gleichbehandlungsgrundsatzes eine abschließende Wirkung zukommt oder ob sie vielmehr Ausdruck der Anerkennung eines allgemeinen Gleichheitssatzes sind, wird nicht einheitlich beantwortet.

aa) Die Rechtsprechung des EuGH

63 Grundlegend für die Anerkennung eines allgemeinen Gleichheitssatzes durch den EuGH ist das Urteil in der Rechtssache **Ruckdeschel**.[100] Dem Vorabentscheidungsverfahren lag im Wesentlichen folgender Sachverhalt zugrunde: Art. 11 der Verordnung Nr. 120/67 des Rates vom 13. 6. 1967 über die gemeinsame Marktorganisation für Getreide[101] sah die Zahlung einer Produktionserstattung für Mais zur Herstellung von Quellmehl in gleicher Weise vor wie für die Verarbeitung von Mais zu Stärke. Während die Gewährung von Erstattungen für die Stärkehersteller mit der Notwendigkeit begründet wurde, im Verhältnis zu den Preisen der Substitutionserzeugnisse wettbewerbsfähige Preise beizubehalten, wurde die Gewährung von Erstattungen für die Herstellung von Quellmehl mit den Substitutionsmöglichkeiten zwischen Stärke und Quellmehl begrün-

---

[95] BVerfGE 32, S. 54, 69 ff.; 42, S. 212, 219.
[96] Die Terminologie ist nicht einheitlich. Statt von Gleichheitssatz wird auch von Gleichbehandlungsgrundsatz gesprochen, s. *Lindemann*, Allgemeine Rechtsgrundsätze, S. 81. Im Schrifttum überwiegt allerdings der Begriff des „Gleichheitssatzes"; vgl. z. B. *Chwolik-Lanfermann*, Grundrechtsschutz, S. 70; *Feige*, Der Gleichheitssatz im Recht der EWG, 1973; *Mohn*, Der Gleichheitssatz im Gemeinschaftsrecht, 1990; *Pernice*, Grundrechtsgehalte im Europäischen Gemeinschaftsrecht, 1979, S. 196 ff.; *Rüber*, Der Gerichtshof der Europäischen Gemeinschaften und die Konkretisierung allgemeiner Rechtsgrundsätze, 1970, S. 300 ff.
[97] Nach dem Vertrag von Amsterdam vom 16. Juni 1997 (s. dazu oben § 9 Rn. 465) wird der Rat allerdings durch Art. 13 der konsolidierten Fassung ermächtigt, geeignete Vorkehrungen zu treffen, um Diskriminierungen aus Gründen des Geschlechts, der Rasse, der ethnischen Herkunft, der Religion oder der Weltanschauung, einer Behinderung, des Alters oder der sexuellen Ausrichtung zu bekämpfen.
[98] Korrelat des Gleichbehandlungsgrundsatzes ist das Diskriminierungsverbot, s. dazu *Börner*, Diskriminierungen, S. 216 ff.
[99] Näher zum Gleichbehandlungsgrundsatz von Mann und Frau § 16.
[100] EuGH, verb. Rs. 117/26 und 16/77, Slg. 1977, S. 1753.
[101] ABl. EG (1967), S. 2269.

II. Einzelne Grundrechte

det.[102] Durch Verordnung Nr. 1125/74 des Rates vom 29. April 1974 zur Änderung der Verordnung Nr. 120/67[103] wurde die Erstattung bei der Erzeugung von Quellmehl abgeschafft. Die Erstattungen für Mais zur Herstellung von Stärke blieben von der Änderung unberührt. Die Klägerinnen der Ausgangsverfahren, die Quellmehl herstellten, beantragten beim Hauptzollamt Hamburg-St. Annen Erteilung eines Erlaubnisscheines über die Gewährung von Produktionserstattungen für die Verwendung von Mais zur Herstellung von Quellmehl. Das Hauptzollamt lehnte die Anträge mit dem Hinweis ab, dass die Gemeinschaftsverordnungen die Gewährung von Produktionserstattungen bei Quellmehl nicht mehr vorsähen. Gegen diese ablehnenden Entscheidungen erhoben die Klägerinnen beim Finanzgericht Hamburg Klage. Das Finanzgericht ersuchte den EuGH um Vorabentscheidung über die Frage, ob Art. 11 der Verordnung Nr. 120/67 insoweit ungültig ist, als er nicht eine Produktionserstattung für Mais zur Herstellung von Quellmehl in gleicher Höhe vorsieht wie für die Verarbeitung von Mais zu Stärke. Der EuGH erkennt in seinem Urteil erstmals ausdrücklich die gemeinschaftsimmanente Geltung des allgemeinen Gleichheitssatzes an.[104] Er entschied, dass Art. 11 der Verordnung Nr. 120/67 des Rates über die gemeinsame Marktordnung für Getreide in seiner späteren Fassung insoweit mit dem Gleichheitsgrundsatz unvereinbar sei, als er Quellmehl und Quellstärke hinsichtlich der Erstattungen bei der Erzeugung für den zur Herstellung dieser beiden Produkte verwendeten Mais ungleich behandelt. Der EuGH verneinte zunächst einen Verstoß gegen das spezielle Diskriminierungsverbot des Art. 34 Abs. 2 S. 2 EGV (Art. 40 Abs. 3 S. 2 EGV a. F.). Diese Vorschrift verbiete zwar ohne Zweifel jede Diskriminierung zwischen Erzeugern des gleichen Produkts, sie ziele jedoch nicht mit der gleichen Deutlichkeit auch auf die Beziehungen zwischen verschiedenen Handels- und Gewerbezweigen im Bereich landwirtschaftlicher Verarbeitungserzeugnisse ab. Sodann stellt der EuGH fest, dass das in Art. 34 Abs. 2 S. 2 EGV (Art. 40 Abs. 3 S. 2 EGV a. F.) enthaltene Diskriminierungsverbot „jedoch nur der spezifische Ausdruck des allgemeinen Gleichheitssatzes" ist, „der zu den Grundprinzipien des Gemeinschaftsrechts gehört. Nach diesem Grundsatz dürfen vergleichbare Sachverhalte nicht unterschiedlich behandelt werden, es sei denn, dass eine Differenzierung objektiv gerechtfertigt wäre."[105] Eine rechtssystematische Begründung für die Anerkennung eines allgemeinen Gleichheitssatzes ist der EuGH in seiner Entscheidung allerdings schuldig geblieben. Sie lässt sich aber aus früheren Aussagen des EuGH zur allgemeinen Geltung von Grundrechten entnehmen. Bereits im Jahre 1970 hatte der EuGH in der Rechtssache Internationale Handelsgesellschaft[106] diesbezüglich ausgeführt, dass „die Beachtung der Grundrechte zu den allgemeinen Rechtsgrundsätzen (gehört), deren Wahrung der EuGH zu sichern hat. Die Gewährleistung dieser Rechte muss zwar von den gemeinsamen Verfassungsüberlieferungen der Mitgliedstaaten getragen sein, sie muss sich aber auch in die Struktur und Ziele der Gemeinschaft einfügen".[107] Der EuGH

---

[102] Zehnte Begründungserwägung zur Verordnung Nr. 120/67.
[103] ABl. EG L 128, S. 12.
[104] Eine stillschweigende Anerkennung des allgemeinen Gleichheitssatzes findet sich bereits in früheren Urteilen des EuGH, vgl. etwa EuGH (Cie d'approvisionnement), verb. Rs. 9/71 und 11/71, Slg. 1972, S. 391, 407; EuGH (Wehrhahn), verb. Rs. 63/73 und 69/72, Slg. 1973, S. 1229, 1248 ff.; EuGH (Holtz & Willemsen), Rs. 153/73, Slg. 1974, S. 675, 696 f.; EuGH (Minotiers), Rs. 11/74, Slg. 1974, S. 877, 884 ff.; EuGH (Milac), Rs. 28/76, Slg. 1976, S. 1639, 1657.
[105] EuGH, verb. Rs. 117/26 und 16/77, Slg. 1977, S. 1753, 1769 f.
[106] EuGH, Rs. 11/70, Slg. 1970, S. 1125 ff.; in dem der Entscheidung zugrunde liegenden Fall hatten die Kläger geltend gemacht, dass die Kautionsregelung im Rahmen der gemeinsamen Marktorganisation für Getreide mit den Grundsätzen der Entfaltungs- und Dispositionsfreiheit, Wirtschaftsfreiheit sowie der Verhältnismäßigkeit, wie sie sich namentlich aus den Art. 2 Abs. 1 und Art. 14 GG ergäben, unvereinbar sei.
[107] EuGH, Rs. 11/70, Slg. 1970, S. 1125, 1135; s. auch das Urteil des EuGH v. 14. 5. 1974, Rs. 4/73, Slg. 1974, S. 491, 507, in der Rechtssache Noldt, in dem der EuGH feststellt, „dass er bei der Gewährleistung dieser Rechte von den gemeinsamen Verfassungsüberlieferungen auszugehen hat.

verschaffte damit den Grundrechten durch wertende Rechtsvergleichung gemeinschaftsrechtliche Bedeutung und behandelte sie als von ihm zu wahrendes „Recht" i. S. des Art. 220 EGV (Art. 164 EGV a. F.). Seit dem Ruckdeschel-Urteil ist die Geltung des allgemeinen Gleichheitssatzes durch den EuGH in ständiger Rechtsprechung bestätigt worden.[108]

bb) Schrifttum

64 Vereinzelt wird im Schrifttum die gemeinschaftsrechtliche Geltung eines allgemeinen Gleichheitssatzes wegen der vielfältigen Spezifizierungen des Gleichheitssatzes verneint.[109] Die ganz überwiegende Auffassung im Schrifttum geht dagegen vom Bestehen eines allgemeinen Gleichheitssatzes im Gemeinschaftsrecht aus.[110] Umstritten ist lediglich die rechtssystematische Herleitung dieses Gleichheitssatzes.

(1) Herleitung aus Art. 12 EGV (Art. 6 EGV a. F.)

65 Art. 12 EGV (Art. 6 EGV a. F.) verbietet im Anwendungsbereich des EG-Vertrages jede Diskriminierung aus Gründen der Staatsangehörigkeit. Damit stellt Art. 12 EGV (Art. 6 EGV a. F.) das am allgemeinsten gehaltene Diskriminierungsverbot der speziell geregelten Gleichheitssätze dar. Einer erweiternden Auslegung des Art. 12 EGV (Art. 6 EGV a. F.) i. S. eines generellen Diskriminierungsverbots steht jedoch – trotz seiner Stellung im Grundsatzteil – entgegen, dass Art. 12 EGV (Art. 6 EGV a. F.) gerade nicht jegliche Diskriminierung schlechthin erfassen will, sondern nur eine solche, die an das Merkmal der Staatsangehörigkeit anknüpft.[111]

(2) Herleitung aus Art. 288 EGV (Art. 215 EGV a. F.)

66 Art. 288 Unterabs. 2 EGV (Art. 215 Unterabs. 2 EGV a. F.) regelt die außervertragliche Haftung der Gemeinschaft. Danach ersetzt die Gemeinschaft den durch ihre Organe oder Bediensteten in Ausübung ihrer Amtstätigkeit verursachten Schaden nach den allgemeinen Rechtsgrundsätzen, die in den Rechtsordnungen der Mitgliedstaaten gemein sind. Diese in Art. 288 EGV (Art. 215 EGV a. F.) zum Ausdruck kommende Methode soll nach einer im Schrifttum vertretenen Ansicht auch für die Herleitung eines gemeinschaftsrechtlichen Gleichheitssatzes fruchtbar gemacht werden können.[112] Dem steht jedoch entgegen, dass Art. 288 EGV (Art. 215 EGV a. F.) eine auf das Haftungsrecht beschränkte Sonderregelung darstellt und damit für eine Analogie außerhalb des Haftungsrechts nicht in Frage kommt.[113]

(3) Herleitung aus Art. 220 EGV (Art. 164 EGV a. F.)

67 Auch aus Art. 220 EGV (Art. 164 EGV a. F.) lässt sich nicht unmittelbar auf die Geltung eines allgemeinen Gleichheitssatzes schließen. Durch diese Vorschrift wird dem EuGH

Hiernach kann er keine Maßnahmen als rechtens anerkennen, die unvereinbar sind mit den von den Verfassungen dieser Staaten anerkannten und geschützten Grundrechten".
[108] Vgl. etwa EuGH (Koninklijke Scholten-Honig), Rs. 125/77, Slg. 1978, S. 1991, 2004; EuGH (Royal Scholten Honig), verb. Rs. 103/77 und 145/77, Slg. 1978, S. 2073, 2082; EuGH (Roquette frères), Rs. 138/79, Slg. 1980, S. 3333, 3358; EuGH (Uni-frex), Rs. 281/82, Slg. 1984, S. 1969/1986; EuGH (Biovilac), Rs. 59/83, Slg. 1984, S. 4057, 4078.
[109] *Ipsen*, Europäisches Gemeinschaftsrecht, 1972, S. 723; zweifelnd auch *Meesen*, in: Frowein/Hilf (Hrsg.), Die Grundrechte, S. 42.
[110] S. dazu die nachfolgend aufgeführten Nachweise.
[111] Vgl. *Feige*, Der Gleichheitssatz im Recht der EWG, S. 10 ff.; *Mohn*, Der Gleichheitssatz im Gemeinschaftsrecht, S. 10; a. A. *Mestmäcker*, FS für Böhm, 1965, S. 383, 390; *Schmidt*, Zu den rechtlichen Grundfragen des Gemeinsamen Marktes, 1962, S. 23; vgl. auch *Steindorff*, Der Gleichheitssatz im Wirtschaftsrecht des Gemeinsamen Marktes, 1965, S. 30 ff., der im ehemaligen Art. 7 EWGV ein Verbot jeder internationalen Diskriminierung sieht.
[112] *Feige*, Gleichheitssatz, S. 130 ff.
[113] Vgl. *Gilsdorf/Oliver*, in: Groeben/Thiesing/Ehlermann, Art. 215 EGV a. F., Rn. 12; *Mohn*, Der Gleichheitssatz im Gemeinschaftsrecht, S. 31.

II. Einzelne Grundrechte   68–70 § 13

zwar die Legitimation zur Heranziehung ungeschriebener Rechtsnormen eingeräumt, sie besagt aber nichts darüber, welche ungeschriebenen Rechtsgrundsätze des Gemeinschaftsrechts anzuerkennen sind.[114]

(4) Wertende Rechtsvergleichung

Die überwiegende Ansicht im Schrifttum ist bisher davon ausgegangen, dass sich der allgemeine Gleichheitssatz aus einer wertenden Rechtsvergleichung der nationalen Verfassungen ergibt.[115] Dass die gemeinsamen Verfassungsüberlieferungen der Mitgliedstaaten neben der EMRK für die Herleitung von Gemeinschaftsgrundrechten heranzuziehen sind, ist erstmals in **Art. F Abs. 2 (Titel 1) des Unionsvertrages** vom 7. Februar 1992 (nunmehr Art. 6 Abs. 2 EUV) ausdrücklich anerkannt worden.. Untersucht man die Verfassungen der Mitgliedstaaten im Einzelnen, so stellt man fest, dass ein allgemeiner Gleichheitssatz in der ganz überwiegenden Zahl der Verfassungen[116] der Mitgliedstaaten verankert ist.[117] Es kann daher kein Zweifel daran bestehen, dass auch auf Gemeinschaftsebene ein allgemeiner Gleichheitssatz anzuerkennen ist. 68

b) Materiell-rechtliche Reichweite des allgemeinen Gleichheitssatzes

Damit stellt sich die Frage nach der materiell-rechtlichen Tragweite des allgemeinen Gleichheitssatzes. Der EuGH hat diesbezüglich in seiner Entscheidung Ruckdeschel festgestellt, dass „nach diesem Grundsatz vergleichbare Sachverhalte nicht unterschiedlich behandelt werden dürfen, es sei denn, dass eine Differenzierung objektiv gerechtfertigt wäre".[118] Diese Aussage des EuGH lässt eine auffällige Parallele zur Auslegung des Art. 3 Abs. 1 GG im deutschen Recht erkennen.[119] Daher soll im Folgenden zunächst auf die Rechtsprechung des Bundesverfassungsgerichts zu Art. 3 Abs. 1 GG eingegangen werden, damit dann die Unterschiede zur Auslegung des Gleichheitssatzes im Gemeinschaftsrecht aufgezeigt werden können. 69

aa) Die Aussagen des Bundesverfassungsgerichts zu Art. 3 Abs. 1 GG

Das Bundesverfassungsgericht hat den Gleichheitssatz des Art. 3 Abs. 1 GG lange Zeit ausschließlich als Willkürverbot verstanden.[120] Ein Verstoß gegen Art. 3 Abs. 1 GG lag danach erst dann vor, wenn wesentlich Gleiches willkürlich ungleich oder wesentlich Ungleiches willkürlich gleich behandelt wurde.[121] Als willkürlich wurde dabei nur eine Differenzierung angesehen, für die sich ein vernünftiger, aus der Natur der Sache sich ergebender oder sonstwie sachlich einleuchtender Grund nicht finden ließ.[122] Das Bundesverfassungsgericht räumte dem Gesetzgeber damit einen weitreichenden Ermessensspiel- 70

---

[114] *Pernice*, Grundrechtsgehalte, S. 26.
[115] *Bleckmann*, Europarecht, Rn. 1779, S. 647 f.; *Mohn*, Gleichheitssatz, S. 32; *Pernice*, Grundrechtsgehalte, S. 276 ff.; *Pescatore*, Integration 1969, S. 103, 123 ff.
[116] Eine Ausnahme bildet Großbritannien, in dessen Rechtsordnung es kein über dem einfachen Gesetz einzuordnendes Verfassungsrecht gibt.
[117] Vgl. Art. 6 Verfassung des Königreiches Belgien; Art. 3 Abs. 1 Grundgesetz für die Bundesrepublik Deutschland; Art. 2 Verfassung der Republik Frankreich; Art. 4 Abs. 1 Verfassung der Republik Griechenland; Art. 40 Abs. 1 Verfassung der Republik Irland; Art. 11 Abs. 2 Verfassung des Großherzogtums Luxemburg; Art. 1 Verfassung des Königreiches der Niederlande; Art. 13 Abs. 1 Verfassung der Republik Portugal; Art. 14 Verfassung des Königreiches Spanien.
[118] EuGH, verb. Rs. 117/26 und 16/77, Slg. 1977, S. 1753, 1770.
[119] *Mohn*, Gleichheitssatz, S. 106; *Schwarze*, NJW 1986, S. 1067, 1070.
[120] Eingehend zur Prüfung des Art. 3 Abs. 1 GG *Wank*, Arbeiter und Angestellte, S. 5 ff. m. w. N.
[121] BVerfGE 3, S. 58, 135 f.; 9, S. 201, 206 ff.; 14, S. 221, 238; 23, S. 12, 25; 50, S. 57, 77; 54, S. 11, 26; 59, S. 84, 95.
[122] BVerfGE 1, S. 14, 52; 11, S. 245, 253; 14, S. 142, 150; 18, S. 38, 46; 18, S. 121, 124; 21, S. 6, 9; 23, S. 50, 60; 25, S. 101, 105; 46, S. 224, 233; 49, S. 260, 271; 54, S. 11, 25 f.; 64, S. 158, 168 f.

raum ein.¹²³ Durch Beschluss vom 7. 10. 1980¹²⁴ trat der 1. Senat des Bundesverfassungsgerichts erstmals dem Verständnis von Art. 3 Abs. 1 GG i. S. eines bloßen Willkürverbots entgegen und stellte fest, dass eine Verletzung von Art. 3 Abs. 1 GG schon dann anzunehmen sei, wenn ein Gruppe von Normadressaten im Vergleich zu anderen Normadressaten anders behandelt wird, obwohl zwischen beiden Gruppen keine **Unterschiede von solcher Art und solchem Gewicht** bestehen, dass sie die ungleiche Behandlung rechtfertigen können.¹²⁵ In seinem Beschluss vom 30. 5. 1990¹²⁶ präzisierte das Bundesverfassungsgericht dann seine Rechtsprechung zu Art. 3 Abs. 1 GG, indem es den Legitimationszusammenhang als neuen Topos¹²⁷ einführte. Zwischen der konkreten Ungleichbehandlung auf der Tatbestandsseite und der konkreten Rechtsfolge muss danach ein Sinnzusammenhang bestehen. Es müssen im Tatsächlichen Unterschiede gerade im Hinblick auf die geregelte Einzelfrage von solcher Art und von solchem Gewicht vorliegen, dass sie gerade diese Form der Regelung rechtfertigen. Auch nach der neuen Formel bleibt grundsätzlich das Ermessen des Gesetzgebers erhalten, gegenüber der bloßen Willkürprüfung werden lediglich die Grenzen des Ermessens enger gesteckt.

bb) Die Konkretisierung des allgemeinen Gleichheitssatzes durch den EuGH

71 Nach Ansicht des EuGH setzt die Pflicht zur Gleichbehandlung zunächst voraus, dass **vergleichbare Sachverhalte** vorliegen.¹²⁸ Dabei ist zu beachten, dass Vergleichbarkeit nicht Gleichheit und schon gar nicht Identität bedeutet.¹²⁹ An einer Vergleichbarkeit fehlt es, wenn zwischen den zu vergleichenden Sachverhalten objektive Unterschiede von einigem Gewicht vorhanden sind.¹³⁰ Neben der Vergleichbarkeit der Sachverhalte setzt der allgemeine Gleichheitssatz eine Ungleichbehandlung voraus. Anders als das Bundesverfassungsgericht, nach dessen Ansicht es auf eine mit der Ungleichbehandlung verbundene Benachteiligung nicht ankommt,¹³¹ verlangt der EuGH, dass mit der Ungleichbehandlung eine Benachteiligung einhergeht.¹³² Auf die Absicht der Benachteiligung kommt es dagegen nicht an.¹³³

72 Eine Diskriminierung liegt nach der Rechtsprechung des EuGH nicht vor, wenn eine Differenzierung **objektiv gerechtfertigt** ist.¹³⁴ Der EuGH hat bisher jedoch noch nicht klargestellt, nach welchen Kriterien die objektive Rechtfertigung zu prüfen ist. Die bisher zu dieser Frage ergangenen Entscheidungen bergen eine erhebliche Rechtsunsicherheit in sich.

---

¹²³ Zur Reichweite des dem Gesetzgeber eingeräumten Ermessens vgl. BVerfGE 1, S. 264, 276; 2, S. 118, 119; 4, S. 7, 18; 9, S. 124, 130; 12, S. 326, 333, 337 f.; 12, S. 341, 348; 54, S. 11, 26; 64, S. 158, 168 f.

¹²⁴ BVerfGE 55, S. 72, 88.

¹²⁵ Der 1. Senat hat in späteren Entscheidungen an seiner neuen Formel festgehalten, vgl. etwa die Entscheidung des 1. Senats vom 28. 1. 1992 zur Verfassungswidrigkeit des Nachtarbeitsverbots für Arbeiterinnen, AP Nr. 2 zu § 19 AZO. Ob sich das Bundesverfassungsgericht damit endgültig von der bloßen Willkürprüfung verabschiedet hat, ist noch ungeklärt.

¹²⁶ BVerfG, NJW 1990, S. 2246, 2247.

¹²⁷ Vgl. zu diesem Begriff *Wank*, Die juristische Begriffsbildung, S. 87 ff.

¹²⁸ EuGH (Ruckdeschel), verb. Rs. 117/76 und 16/77, Slg. 1977, S. 1753, 1770.

¹²⁹ EuGH (Kommission/Italien), Rs. 169/78, Slg. 1980, S. 385, 400.

¹³⁰ EuGH (Klöckner), verb. Rs. 17/61 und 20/61, Slg. 1962, S. 653, 693; in dem der Entscheidung zugrunde liegenden Fall ging es um die speziellen Diskriminierungsverbote der Art. 3b und 4b EGKS-Vertrag; zum Begriff der Vergleichbarkeit vgl. auch *Kewenig*, Der Grundsatz der Nichtdiskriminierung im Völkerrecht der internationalen Handelsbeziehungen, Bd. 1, 1972, S. 73; *Mohn*, Gleichheitssatz, S. 48 ff.

¹³¹ BVerfGE 18, S. 38, 46; s. dazu auch *Wank*, Arbeiter und Angestellte, S. 177, 222, 471 f.

¹³² EuGH (Klöckner), verb. Rs. 17/61 und 20/61, Slg. 1962, S. 653, 692 f.; zustimmend *Mosler*, ZaöRV 56/57, S. 407, 421.

¹³³ Vgl. EuGH (Bilka), Rs. 170/84, AP Nr. 10 zu Art. 119 EGV; ebenso *Ipsen*, Europäisches Gemeinschaftsrecht, S. 604; *Zimmermann*, Preisdiskriminierung, S. 79.

¹³⁴ EuGH (Ruckdeschel), verb. Rs. 117/86 und 16/77, Slg. 1977, S. 1753, 1770.

Im Rahmen spezieller Gleichheitssätze unterscheiden sich die Prüfungsansätze danach, 73
ob es sich um die Prüfung der objektiven Rechtfertigung direkter oder mittelbarer Diskriminierungen handelt.

(1) Unmittelbare Diskriminierungen

Für die Rechtfertigung von direkten Diskriminierungen verlangt der EuGH, dass objektiv 74
gewichtige Gründe vorhanden sind.[135] Ob neben dem objektiv gewichtigen Grund weitere
Kriterien für die Rechtfertigungsprüfung heranzuziehen sind, erscheint fraglich. In seiner
Entscheidung vom 17. Juli 1963[136] führte der EuGH im Zusammenhang mit der Prüfung, ob
eine von der Kommission an Frankreich erteilte Ermächtigung zur Erhebung von Sonderabgaben wegen ihrer diskriminierenden Wirkung aufzuheben ist, aus: „Eine Diskriminierung
im materiellen Sinne würde vorliegen, wenn gleichgelagerte Sachverhalte ungleich oder
verschieden gelagerte gleich behandelt würden …" Die Kommission ist außerdem gehalten,
ihre Eingriffe auf das „unbedingt Erforderliche" zu beschränken; deshalb muss sie berechtigt
sein, nur die Vorgänge ins Auge zu fassen, die als Ursache der Schwierigkeiten in Betracht
kommen. Sie hat ferner „mit Vorrang solche Maßnahmen zu wählen, die das Funktionieren
des Gemeinsamen Marktes am wenigsten stören".[137] Diese Aussage des EuGH lässt es offen,
ob er die Prüfung der Verhältnismäßigkeit des Mittels als Rechtfertigungskriterium oder aber
als einen von der Rechtfertigung unabhängigen eigenständigen Prüfungspunkt ansieht.
Aufschlussreicher erscheinen dagegen die Ausführungen des EuGH in der Rechtssache
Finsider.[138] Der EuGH stellt in seinen Entscheidungsgründen fest: „Wie der Gerichtshof
unter anderem in seinem Urteil vom 13. Juli 1962 in den verbundenen Rechtssachen 17 und
20/61 (Klöckner/Hohe Behörde, Slg. 1962, 655) entschieden hat, kann der Kommission
eine Diskriminierung nur vorgeworfen werden, wenn sie vergleichbare Sachverhalte in
unterschiedlicher Weise behandelt und dadurch bestimmte Betroffene gegenüber anderen
benachteiligt hat, ohne dass diese Ungleichbehandlung durch das Vorliegen objektiver Unterschiede von einigem Gewicht gerechtfertigt wäre. Um beurteilen zu können, ob die
Ungleichbehandlung, die die Klägerin der Kommission vorwirft, einen Ermessensmissbrauch ihr gegenüber darstellt, ist daher zunächst zu prüfen, ob diese Behandlung auf dem
Vorliegen objektiver Unterschiede beruht, die im Hinblick auf die Ziele, die die Kommission im Rahmen ihrer Industriepolitik für die europäische Eisen- und Stahlindustrie verfolgen
darf, von Gewicht sind".[139] Angesicht der engen Verknüpfung von Rechtfertigungsgrund
und differenzierendem Mittel liegt der Schluss nahe, dass der EuGH eine eingeschränkte
Verhältnismäßigkeitsprüfung im Rahmen der Rechtfertigungsprüfung vornimmt. Für
die Rechtfertigung ist somit nicht allein darauf abzustellen, ob ein gewichtiger Grund für die
Ungleichbehandlung vorliegt, sondern das differenzierende Mittel darf zur angestrebten
Zielsetzung auch nicht außer Verhältnis stehen. Durch das Erfordernis eines „gewichtigen"
Grundes sowie der „Mittel-Ziel-Relation" geht die Prüfung der objektiven Rechtfertigung
über eine bloße Willkürprüfung hinaus. Die Rechtfertigungsprüfung des EuGH weist damit
eine deutliche Parallele zur Rechtsprechung des 1. Senats des Bundesverfassungsgerichts auf,
der ebenfalls von der bloßen Willkürprüfung abgekehrt ist, und eine Verletzung des Art. 3
Abs. 1 GG bereits dann annimmt, wenn eine Gruppe von Normadressaten im Vergleich zu
anderen Normadressaten anders behandelt wird, obwohl zwischen beiden Gruppen keine
Unterschiede von solcher Art und solchem Gewicht bestehen, dass sie die ungleiche Behandlung rechtfertigen können.[140]

---

[135] EuGH v. 13. 7. 1962 (Klöckner), Slg. 1962, S. 655, 693; s. auch GA *Reischl* in seinen Schlussanträgen in der Rechtssache Holtz & Willemsen, Rs. 153/73, Slg. 1974, S. 675, 707, der für die Rechtfertigung einen „objektiven sachlich einleuchtenden und gewichtigen Grund" fordert.
[136] EuGH (Italien/Kommission), Rs. 13/63, Slg. 1963, S. 357 ff.
[137] EuGH (Italien/Kommission), Rs. 13/63, Slg. 1963, S. 357, 384.
[138] EuGH, Rs. 250/83, Slg. 1985, S. 142 ff.
[139] EuGH, Rs. 250/83, Slg. 1985, S. 142, 152.
[140] BVerfGE 55, S. 72, 88.

(2) Mittelbare Diskriminierungen

75 Strengere Anforderungen an die Rechtfertigung einer benachteiligenden Ungleichbehandlung stellt der EuGH im Bereich der mittelbaren Diskriminierungen von Männern und Frauen auf.[141] Der Tatbestand der mittelbaren Diskriminierung liegt nach der Rechtsprechung des EuGH vor, wenn eine Regelung oder Maßnahme in ihrer Ausgestaltung geschlechtsneutral formuliert ist, der Anteil der von der Regelung oder Maßnahme nachteilig Betroffenen eines Geschlechts erheblich größer ist als der Anteil des anderen Geschlechts und die nachteilige Wirkung nicht anders als mit dem Geschlecht erklärt werden kann.[142] Eine mittelbare Diskriminierung scheidet dagegen aus, wenn die Regelung oder Maßnahme durch objektive Faktoren, die nichts mit einer Diskriminierung auf Grund des Geschlechts zu tun haben, gerechtfertigt ist.[143] Anders als in den Fällen der direkten Diskriminierung hat der EuGH im Bereich der mittelbaren Diskriminierungen die Kriterien, die der Rechtfertigungsprüfung zugrunde zu legen sind, klar herausgestellt. Bereits in seiner Bilka-Entscheidung stellte der EuGH fest, dass eine mittelbar benachteiligende Ungleichbehandlung eines Geschlechts nur gerechtfertigt ist, wenn diese:
– einem wirklichen Bedürfnis des Unternehmens dient
– und die benachteiligende Maßnahme für die Erreichung dieses Ziels geeignet und erforderlich ist.[144]

76 Anders als bei direkten Diskriminierungen lässt der EuGH bei der Rechtfertigungsprüfung von mittelbaren Diskriminierungen somit keinen Zweifel daran, dass bereits bei der Rechtfertigungsprüfung Verhältnismäßigkeitserwägungen stattzufinden haben. Ein Rechtfertigungsgrund für eine benachteiligende mittelbare Ungleichbehandlung eines Geschlechts setzt nach der Rechtsprechung des EuGH somit voraus, dass die Differenzierung einem wirklichen Bedürfnis des Arbeitgebers oder einer notwendigen Zielsetzung des Gesetzgebers[145] entspricht und das differenzierende Mittel zur Erreichung dieser Zielsetzung geeignet und erforderlich ist. Der Gleichbehandlungsgrundsatz von Männern und Frauen stellt damit weitaus mehr als nur ein Willkürverbot dar. Raum für geschlechtsspezifische Differenzierungen bei gleichgelagerten Sachverhalten besteht nur in sehr engen Grenzen.[146]

cc) Die Konkretisierung des allgemeinen Gleichheitssatzes im Schrifttum

77 Im Schrifttum gehen die Auffassungen über die inhaltliche Ausgestaltung des allgemeinen Gleichheitssatzes auseinander. Ähnlich wie das Bundesverfassungsgericht bis zu seinem Beschluss vom 7. 10. 1980[147] verstehen die Vertreter der engsten Auffassung den gemeinschaftsrechtlichen Gleichheitssatz als ein einfaches Willkürverbot.[148]

78 Den weitestgehenden Ansatz vertritt *Pernice*, nach dessen Ansicht „der Verhältnismäßigkeitsgrundsatz als materieller Prüfungs- und Beurteilungsmaßstab unmittelbar in das Kraftfeld des gemeinschaftsrechtlichen Gleichheitssatzes (gelangt)".[149] Eine benachteiligende Ungleichbehandlung ist demnach nur dann rechtmäßig, wenn die Unterschiedlichkeit der

---

[141] S. dazu ausführlich unten 4§ 16 Rn. 25 ff.

[142] EuGH (Bilka), Rs. 170/84, AP Nr. 10 zu Art. 119 EWG-Vertrag; EuGH (Teuling), Rs. 30/85, Slg. 1987, S. 2497, 2521 f.; EuGH (Rinner-Kühn), Rs. 171/88, AP Nr. 16 zu Art. 119 EWG-Vertrag; EuGH (Handels- og Kontorfunktionaerernes Forbund i Danmark), Rs. 109/88, EuZW 1990, S. 317; EuGH (Ruzius-Wilbrink), Rs. 102/88, AP Nr. 22 zu Art. 119 EWG-Vertrag; EuGH (Kowalska), Rs. 33/89, EuZW 1990, S. 316; EuGH (Nimz), Rs. 184/89, EuZW 1991, S. 217.

[143] S. die Nachweise in der vorherigen Fußnote.

[144] EuGH, Rs. 170/84, AP Nr. 10 zu Art. 119 EWG-Vertrag.

[145] Vgl. EuGH (Rinner-Kühn), Rs. 171/88, AP Nr. 16 zu Art. 119 EWG-Vertrag.

[146] Näher dazu § 16 Rn. 195.

[147] S. oben § 13 Rn. 70.

[148] *Bleckmann*, Europarecht, Rn. 1781, S. 648 f.; *Feige*, Gleichheitssatz, S. 191; s. auch *Ipsen*, Europäisches Gemeinschaftsrecht, S. 593.

[149] *Pernice*, Grundrechtsgehalte, S. 206.

II. Einzelne Grundrechte

Behandlung zu derjenigen der Sachverhalte nicht außer Verhältnis steht und die Differenzierung zur Erreichung des insgesamt legitimen Zieles erforderlich und geeignet ist.[150]

Dieser vom EuGH für die Prüfung mittelbarer geschlechtsspezifischer Diskriminierungen herangezogene Maßstab lässt sich jedoch nicht auf den allgemeinen Gleichheitssatz übertragen. Außerhalb des speziellen Verbots (mittelbarer) Diskriminierungen von Frauen und Männern stellt er eine zu enge Verknüpfung von Gleichheitssatz und Verhältnismäßigkeitsgrundsatz dar. Ein derart strenger Maßstab lässt sich auch aus einem wertenden Vergleich des Gleichheitssatzes in den verschiedenen Mitgliedstaaten nicht herleiten. 79

Andererseits wird aber auch die Ansicht, die den Gleichheitssatz i. S. eines einfachen Willkürverbotes versteht, der wachsenden Bedeutung der Grundrechte nicht (mehr) gerecht. Zustimmung verdient eine „vermittelnde" Betrachtungsweise. Danach ist das Verhältnismäßigkeitsprinzip in den Gleichheitssatz insoweit integriert, als es um die Proportionalität der Maßnahme geht.[151] Eine benachteiligende Ungleichbehandlung gleichgelagerter Sachverhalte ist folglich mit dem Gleichheitssatz nur vereinbar, wenn für die Ungleichbehandlung ein objektiver Grund vorhanden ist und die differenzierende Maßnahme im angemessenen Verhältnis zum angestrebten Zweck steht. 80

c) Adressat des allgemeinen Gleichheitssatzes

Adressaten des allgemeinen Gleichheitssatzes sind in erster Linie die Organe der Gemeinschaft, die Hoheitsbefugnisse ausüben, also der Rat, die Kommission und der EuGH. Ob und inwieweit der allgemeine Gleichheitssatz darüber hinaus auch die Mitgliedstaaten und die Individuen bindet, ist umstritten.[152] 81

d) Rechtsfolgen bei Verletzung des allgemeinen Gleichheitssatzes

In der Rechtssache Ruckdeschel hat der EuGH festgestellt, dass die Verordnung Nr. 1125/74 des Rates vom 29. April 1974 zur Änderung der Verordnung 120/67 gegen den allgemeinen Gleichheitssatz verstieß.[153] In dieser Verordnung wurde die Erstattung bei der Erzeugung von Quellmehl abgeschafft, die Erstattung für Mais zur Herstellung von Stärke hingegen beibehalten. Der EuGH erklärte die Vorschrift jedoch nicht für ungültig. Er stellte vielmehr fest, dass er die Rechtswidrigkeit nicht dadurch beseitigen könne, dass er die in Frage stehende Vorschrift insgesamt oder teilweise für ungültig erklärt. Es sei vielmehr Sache der zuständigen Organe, die zur Beseitigung des Rechtsverstoßes erforderlichen Maßnahmen zu treffen. Dies sei umso mehr angezeigt, als es mehrere Möglichkeiten gebe, die Gleichbehandlung wiederherzustellen.[154] Diese Vorgehensweise entspricht der vielfach praktizierten Rechtsprechung des Bundesverfassungsgerichts, das im Falle eines Verstoßes einer Norm gegen Art. 3 Abs. 1 GG die Norm ebenfalls nicht für nichtig, sondern lediglich für verfassungswidrig erklärt und den Gesetzgeber zur Beseitigung des Gleichheitsverstoßes auffordert.[155] Dieser – der Logik der Relation allein gerecht werdende – Ansatz wurde vom EuGH allerdings im Falle der mittelbaren Diskriminierung aufgegeben; hier gibt es nach Ansicht des EuGH nur die Möglichkeit einer Angleichung nach oben. 82

---

[150] *Pernice*, Grundrechtsgehalte, S. 206.
[151] *Mohn*, Gleichheitssatz, S. 115; s. zum deutschen Recht *Wank*, Arbeiter und Angestellte, 1992, S. 22 ff.
[152] Vgl. dazu *Bleckmann*, Europarecht, Rn. 1780, S. 648; *Beutler*, in: Groeben/Thiesing/Ehlermann, Bd. IV, Grundrechtsschutz, Rn. 36; *Ipsen*, Europäisches Gemeinschaftsrecht, S. 596 ff.; *Mohn*, Gleichheitssatz, S. 41 ff. m. w. N.
[153] S. dazu oben § 13 Rn. 63.
[154] EuGH (Ruckdeschel), verb. Rs. 117/76 und 16/77, Slg. 1977, S. 1753, 1771.
[155] Näher dazu *Wank*, Arbeiter und Angestellte, S. 26 f. m. w. N.

III. Verfahrensgrundrechte

83   Von den soeben erörterten materiellen Grundrechten zu unterscheiden sind die sog. Verfahrensgrundrechte.[156] Sie tragen zur objektiven Richtigkeit der zu treffenden Rechtsakte bei und gewährleisten, dass die betroffenen individuellen Grundrechtsinteressen im Vorfeld der verbindlichen Entscheidung eingebracht werden.[157] Im deutschen Recht werden der Grundsatz des rechtlichen Gehörs, die Begründungspflicht sowie der Grundsatz ne bis in idem den Verfahrensgrundrechten zugeordnet. Im Folgenden wird untersucht, ob entsprechende Verfahrensgrundrechte auch auf Gemeinschaftsrechtsebene existieren.

1. Der Grundsatz des rechtlichen Gehörs

a) Das Recht auf Gehör als Verfahrensgrundrecht

84   Der Grundsatz des rechtlichen Gehörs zählt zu den elementaren Grundrechten in den Verfassungen aller modernen Rechtsstaaten.[158] Er ist zugleich Bestandteil der Rechtsordnungen aller Mitgliedstaaten[159] und hat auch in verschiedenen Vorschriften des primären und sekundären Gemeinschaftsrechts seinen Niederschlag gefunden.[160] Dass der Grundsatz des rechtlichen Gehörs auch zu den allgemeinen Rechtsgrundsätzen der Gemeinschaftsrechtsordnung gehört, entspricht allgemeiner Ansicht.[161] Zweifel bestehen lediglich im Hinblick auf die Reichweite dieses Grundsatzes.

b) Die Reichweite des Anspruchs auf rechtliches Gehör

85   In seinem Urteil vom 22. 3. 1961 in der Rechtssache SNUPAT[162] hat der EuGH den Grundsatz des rechtlichen Gehörs zunächst für gerichtliche Verfahren anerkannt. Er entschied, dass es gegen elementare Rechtsgrundsätze verstoßen würde, eine gerichtliche Entscheidung auf Tatsachen und Urkunden zu gründen, von denen die Parteien selbst oder auch nur eine der Parteien keine Kenntnis nehmen und zu denen sie daher auch nicht Stellung nehmen könnten.[163] In der Rechtssache Moli[164] bejahte der EuGH dann

---

[156] Die Terminologie ist nicht einheitlich. Statt von Verfahrensgrundrechten wird zum Teil auch von prozessualen Grundrechten, Verfahrensgrundsätzen oder Verfahrensrechten gesprochen; eingehend zu den Verfahrensgrundrechten *Grzybek*, Prozessuale Grundrechte im Europäischen Gemeinschaftsrecht, 1993.

[157] Grabitz-Hilf/*Pernice*, Art. 164 EGV a. F., Rn. 80; zur Bedeutung der Grundrechte im Verfahren vgl. auch *Häberle*, VVDStRL 30 (1972), S. 43, 86, 125.

[158] Vgl. bereits die Schlussanträge des GA *Roemer* in der Rechtssache Kergall, Rs. 1/55, Slg. 1955–1956, S. 31, 45.

[159] Vgl. *Bast*, RIW 1992, S. 742, 743; *Michelsen*, Das rechtliche Gehör im Verwaltungsverfahren der Europäischen Gemeinschaften, Diss. Hamburg 1974, S. 158 ff.; *Lindemann*, Allgemeine Rechtsgrundsätze, S. 146; *Zieger*, JöR 22 (1973), S. 299, 316.

[160] S. etwa Art. 36 Abs. 1, Art. 88 Abs. 1 EGKSV und Art. 76 des Statuts der Beamten der Europäischen Gemeinschaften.

[161] EuGH (Alvis), Rs. 32/62, Slg. 1963, S. 107, 123; (Consten und Grundig) verb. Rs. 56 und 58/64, Slg. 1966, S. 321, 394 f.; (Hoffmann-La Roche), Rs. 85/76, Slg. 1979, S. 461, 511; (Hoechst), verb. Rs. 46/87 und 227/88, Slg. 1989, S. 2859, 2923; *Feger*, Grundrechte, S. 121; *Kutscher*, in: Kutscher/Rogge/Matscher, Die Grundrechte im Europäischen Gemeinschaftsrecht, S. 44; *Oppermann*, Europarecht, Rn. 486, S. 187; Grabitz-Hilf/*Pernice*, Art. 164 EGV a. F., Rn. 82; *Rengeling/Middeke/Gellermann*, Rechtsschutz, Rn. 599; *Schweitzer/Hummer*, Europarecht, 5. Aufl. 1996, Rn. 791, S. 242 f.

[162] EuGH, verb. Rs. 42 und 49/59, Slg. 1961, S. 109.

[163] EuGH, Slg. 1961, S. 109, 169.

[164] EuGH, Rs. 121/76, Slg. 1977, S. 1971.

III. Verfahrensgrundrechte

den Grundsatz des rechtlichen Gehörs auch für das Verwaltungsrecht. Wenn die Verwaltung eine Maßnahme treffe, die die Interessen des Einzelnen erheblich verletzen könne, so müsse sie dem Betroffenen die Möglichkeit einräumen, sich zu äußern.[165] Zweifel an der Reichweite des Grundsatzes des rechtlichen Gehörs ergeben sich auf Grund der Entscheidung des EuGH in der Rechtssache Hoffmann-La-Roche.[166] In ihr stellte der EuGH fest, dass die Gewährung des rechtlichen Gehörs „in allen Verfahren, die zu Sanktionen, namentlich zu Geldbußen oder zu Zwangsgeldern führen können, einen fundamentalen Grundsatz des Gemeinschaftsrechts" darstelle, der auch in einem Verwaltungsverfahren beachtet werden müsse.[167] Ob der EuGH damit den Grundsatz des rechtlichen Gehörs auf Rechtsakte mit Sanktionscharakter beschränken wollte, lässt sich der Entscheidung nicht entnehmen.[168] Die Verletzung des Anspruchs auf rechtliches Gehör im Verwaltungsverfahren stellt einen Verfahrensfehler dar, der zur Unwirksamkeit und damit zur Aufhebung der Verwaltungsmaßnahme durch den EuGH führen kann.[169] Welche Rechtsfolgen sich aus einer Verletzung des Anspruchs auf rechtliches Gehör durch den EuGH selbst ergeben, ist dagegen bisher nicht geklärt.[170]

Dem Grundsatz des rechtlichen Gehörs wird bereits dann genügt, wenn der Betroffene Gelegenheit zur schriftlichen Äußerung hatte. Einer mündlichen Anhörung bedarf es grundsätzlich nicht.[171] **86**

2. Die Begründungspflicht

a) Die Begründungspflicht als Verfahrensgrundrecht

Gem. Art. 253 EGV (Art. 190 EGV a. F.) sind Verordnungen, Richtlinien und Entscheidungen, die vom Europäischen Parlament und vom Rat gemeinsam oder vom Rat oder von der Kommission angenommen werden, mit Gründen zu versehen.[172] Für das Dienstrecht muss nach Art. 25 Abs. 2 S. 2 des Statuts der Beamten der Europäischen Gemeinschaften jede beschwerende Verfügung mit Gründen versehen sein. Ob die Begründungspflicht darüber hinaus als ein Verfahrensgrundrecht anzuerkennen ist, ist vom EuGH bisher nicht entschieden worden. Dagegen haben die Generalanwälte schon frühzeitig die Begründungspflicht als einen allgemeinen Rechtsgrundsatz anerkannt.[173] Im Schrifttum[174] wird **87**

---

[165] EuGH, Slg. 1971, S. 1971, 1979.
[166] EuGH, Rs. 85/76, Slg. 1979, S. 461.
[167] EuGH, Slg. 1979, S. 461, 511.
[168] Grabitz-Hilf/*Pernice*, Art. 164 EGV a. F., Rn. 82.
[169] EuGH, Rs. 233/85, Slg. 1987, S. 739, 758 f.; Bast, RIW 1987, S. 743 ff.; *Rengeling/Middeke/Gellermann*, Rechtsschutz, Rn. 599.
[170] Vgl. dazu *Rengeling/Middeke/Gellermann*, Rechtsschutz, Rn. 600.
[171] EuGH (van Landewyck), Rs. 209–215 und 218/78, Slg. 1980, S. 3125, 3232.
[172] S. auch die entsprechenden Bestimmungen der Art. 162 EAGV und Art. 15 EGKSV.
[173] So hat Generalanwalt *Reischl* in seinen Schlussanträgen in der Rechtssache Bonu ausgeführt: „Es bedarf keiner besonderen Hervorhebung, dass Entscheidungen, die den Bürger beschweren, mit einer Begründung zu versehen sind. Dieser allgemeine Rechtsgrundsatz folgt bereits aus dem Rechtsstaatsprinzip, das auch Bestandteil der Gemeinschaftsrechtsordnung ist, und hat insbesondere in den Art. 15 des EGKS-Vertrags, 190 des EWG-Vertrags und 162 des EAG-Vertrags sowie in Artikel 25 Abs. 2 des Beamtenstatuts seinen Niederschlag gefunden.", Rs. 89/79, Slg. 1980, S. 553, 566; s. auch die Schlussanträge der GA *Rosès* in der Rechtssache Kohler, verb. Rs. 316/82 und 40/83, Slg. 1984, S. 661, 667, die die Begründungspflicht als einen auf dem Grundsatz der Gesetzmäßigkeit der Verwaltung beruhenden allgemeinen Rechtsgrundsatz bezeichnet.
[174] Zur Begründungspflicht s. auch *Bleckmann*, Europarecht, Rn. 492 ff.; S. 188 ff.; Grabitz-Hilf/*Grabitz*, Art. 190 EGV a. F., Rn. 3 ff.; *Schmidt*, in: Groeben/Thiesing/Ehlermann, Art. 190 EGV a. F., Rn. 2 ff.; *Lindemann*, Allgemeine Rechtsgrundsätze, S. 154 ff.; *Scheffler*, Die Pflicht zur Begründung von Maßnahmen nach den Europäischen Gemeinschaftsverträgen, 1974; *Schott*, Der Begründungszwang für Akte der Exekutiven der Europäischen Gemeinschaften, Diss. Saarbrücken 1971.

die Begründungspflicht teilweise ausdrücklich,[175] zum Teil aber auch nur inzident den allgemeinen Rechtsgrundsätzen zugeordnet.[176] Soweit zum Geltungsgrund der Begründungspflicht Stellung genommen wird, wird sie aus dem Rechtsstaatsprinzip abgeleitet.[177]

b) Zweck und Umfang der Begründungspflicht

88   Nach ständiger Rechtsprechung des EuGH beruht Art. 253 EGV (Art. 190 EGV a. F.) nicht lediglich auf formalen Erwägungen, sondern will den „Parteien die Wahrnehmung ihrer Rechte, dem Gerichtshof die Ausübung seiner Rechtskontrolle und den Mitgliedstaaten sowie deren etwa interessierten Angehörigen die Unterrichtung darüber ermöglichen, in welcher Weise die Exekutive den Vertrag angewandt hat."[178]

89   Grundsätzlich genügt die Begründung bereits dann den Anforderungen, wenn sie nur die „wichtigsten rechtlichen und tatsächlichen Erwägungen" darlegt, „auf denen die Maßnahmen beruhen und die für das Verständnis des Gedankengangs erforderlich sind".[179] Dies kann in durchaus knapper Form geschehen, solange Klarheit und Schlüssigkeit nicht beeinträchtigt werden.[180] Nicht erforderlich ist, dass die Begründung alle tatsächlich oder rechtlich einschlägigen Gesichtspunkte enthält.[181]

90   Ob eine Verletzung der Begründungspflicht vorliegt, hängt von der Rechtsnatur der jeweiligen Maßnahme ab.[182] Individuelle Entscheidungen unterliegen dabei strengeren Begründungserfordernissen als abstrakt-generelle Rechtsakte.[183]

91   **Individuelle Entscheidungen** müssen substantiiert begründet sein, insbesondere wenn es sich um Ermessensentscheidungen handelt.[184] Aus dem Zweck der Begründungspflicht, dem Betroffenen die Möglichkeit zur Überprüfung der Rechtshandlung zu geben, folgt, dass die Begründung umso eingehender sein muss, je weiter der Ermessensspielraum der Verwaltung ist.[185] Nicht ausreichend sind bloße formelhafte Begründungen, bloße Hinweise auf bestehende Rechtsnormen oder deren Übernahme als Begründung.[186]

92   Bei einem **Akt mit Normcharakter** kann sich die Begründung darauf beschränken, zum einen die Gesamtsituation anzugeben, die zu seinem Erlass geführt hat, und zum anderen die allgemeinen Ziele zu nennen, die mit ihm erreicht werden sollen.[187] Nicht erforderlich ist, dass die verschiedenen, manchmal sehr zahlreichen und komplexen tatsächlichen und rechtlichen Einzelheiten dargelegt werden.[188] Ferner verlangt die Begründungspflicht nicht, dass für einzelne Vorschriften einer Regelung eine selbständige und erschöpfende Begründung gegeben wird.[189]

93   Weitreichende Bedeutung im Hinblick auf die Begründungspflicht von Legislativakten hat die Entscheidung des EuGH vom 26. 3. 1987 in der Rechtssache Kommission gegen

---

[175] *Lindemann,* Allgemeine Rechtsgrundsätze, S. 164; *Zieger,* JöR 22 (1973), S. 299, 325.
[176] *Henrichs,* EuR 1982, S. 248f.; Grabitz-Hilf/*Pernice,* Art. 164 EGV a. F., Rn. 80.
[177] *Lindemann,* Allgemeine Rechtsgrundsätze, S. 164; *Zieger,* JöR 22 (1973), S. 299, 325.
[178] S. etwa EuGH, Rs. 24/62, Slg. 1963, S. 141, 145; als weitere Funktion der Begründungspflicht wird im Schrifttum die Selbstkontrolle angeführt, vgl. *Bleckmann,* Europarecht, Rn. 493, S. 188; Grabitz-Hilf/*Grabitz,* Art. 190 EGV, Rn. 3; *Ipsen,* Europäisches Gemeinschaftsrecht, S. 517; *Scheffler,* Die Pflicht, S. 49f.; *Schmidt,* in: Groeben/Thiesing/Ehlermann, Art. 190 EGV a. F., Rn. 4.
[179] EuGH, Rs. 24/62, Slg. 1963, S. 143, 155.
[180] EuGH, Rs. 24/62, Slg. 1963, S. 143, 155.
[181] EuGH (GZT), Rs. 203/85, Slg. 1986, S. 2049, 2059.
[182] EuGH (Beus), Rs. 5/67, Slg. 1968, S. 127, 144; Grabitz-Hilf/*Grabitz,* Art. 190 EGV a. F., Rn. 5; *Schmidt,* in:Groeben/Thiesing/Ehlermann, Art. 190 EGV a. F., Rn. 8.
[183] *Schweitzer/Hummer,* Europarecht, 5. Aufl. 1996, Rn. 395, S. 116.
[184] Vgl. EuGH, Rs. 36–38,40/59, Slg. 1960, S. 885, 922.
[185] *Bleckmann,* Europarecht, Rn. 494, S. 189.
[186] Grabitz-Hilf/*Wenig,* Art. 173 EGV a. F., Rn. 34.
[187] EuGH (Welding), Rs. 87/78, Slg. 1978, S. 2457, 2468.
[188] EuGH (Beus), Rs. 5/67, Slg. 1968, S. 127, 144.
[189] EuGH (Geitling), Rs. 2/56, Slg. 1957, S. 9, 37.

Rat.[190] Die Kommission beantragte in diesem Rechtsstreit, die vom Rat erlassenen Verordnungen Nr. 3599/85 und 3600/85 zur Anwendung von Zollpräferenzen für bestimmte Waren aus Entwicklungsländern für nichtig zu erklären. Zur Begründung berief sich die Kommission u. a. darauf, dass die Verordnungen schon wegen Fehlens einer genauen Rechtsgrundlage nichtig seien.[191]

Der EuGH gab der Klage statt. In seinen Entscheidungsgründen bekräftigte er zunächst **94** seine bisherige Rechtsprechung, nach der die Handlungen der Gemeinschaft, um der Begründungspflicht des Art. 253 EGV (Art. 190 EGV a. F.) zu genügen, eine Darstellung der sachlichen und rechtlichen Umstände enthalten müssen, auf die sich das Organ gestützt hat. Dem EuGH müsse die Ausübung seiner Rechtskontrolle und den Mitgliedstaaten sowie den Beteiligten die Unterrichtung darüber ermöglicht werden, in welcher Weise die Gemeinschaftsorgane den Vertrag angewandt haben. Zum Erfordernis der Angabe der Rechtsgrundlage in Verordnungen führt der EuGH sodann aus, dass die fehlende Bezugnahme auf eine Vertragsbestimmung zwar möglicherweise dann keinen wesentlichen Mangel darstelle, wenn die Rechtsgrundlage eines Rechtsakts anhand anderer Anhaltspunkte in diesem Rechtsakt bestimmt werden könne. Eine ausdrückliche Bezugnahme auf die Rechtsgrundlage sei indessen unerlässlich, wenn die Betroffenen und der EuGH ansonsten über die genaue Rechtsgrundlage im Unklaren gelassen würden.[192]

3. Der Grundsatz ne bis in idem

Der EuGH hat zur Geltung des Grundsatzes ne bis in idem erstmals in der Rechtssache **95** Gutmann[193] Stellung genommen. Der Kläger hatte einen Verweis wegen des Missbrauchs von Gemeinschaftseinrichtungen erhalten und war deswegen sowohl vorläufig seines Dienstes enthoben als auch versetzt worden. Dagegen erhob der Kläger Beschwerde. In seinem Urteil führte der EuGH aus, der Grundsatz „ne bis in idem" verbiete „nicht nur die Verhängung mehrerer Disziplinarstrafen für ein und dieselbe Verfehlung, sondern sogar schon die Einleitung mehrerer Disziplinarverfahren auf Grund desselben Tatsachenkomplexes".[194] In der Rechtssache Wilhelm[195] hatte der EuGH dann über die Kumulierung gemeinschaftsrechtlicher und mitgliedstaatlicher Sanktionen wegen Verletzung von Wettbewerbsregeln zu entscheiden. Der EuGH bejahte in seinem Urteil zwar die Zulässigkeit zweier Parallelverfahren wegen eines Wettbewerbsverstoßes,[196] stellte dann jedoch fest, dass einer Doppelsanktion ein allgemeiner Billigkeitsgedanke entgegenstehe, der es gebiete, die frühere Sanktionsentscheidung bei der Bemessung der später zu verhängenden Sanktion zu berücksichtigen.[197] Mit der Verpflichtung zur Anrechnung hat der EuGH das Verbot der Doppelbestrafung materiellrechtlich ausgestaltet. Offengeblieben ist bisher allerdings die Frage, ob der Grundsatz ne bis in idem nicht nur für strafrechtliche, sondern auch für verwaltungsrechtliche Sanktionen gilt.[198]

---

[190] EuGH, Rs. 45/86, Slg. 1987, S. 1493.
[191] In den Begründungserwägungen der Verordnungen hieß es lediglich „gestützt auf den Vertrag zur Gründung der EWG".
[192] EuGH, Slg. 1987, S. 1493, 1519 f.
[193] EuGH, verb. Rs. 18 und 35/65, Slg. 1966, S. 153.
[194] EuGH, Slg. 1966, S. 153, 178.
[195] EuGH, Rs. 14/68, Slg. 1969, S. 1.
[196] Die Zulässigkeit einer solchen Verfahrenshäufung leitete der EuGH aus dem besonderen System der Zuständigkeitsverteilung zwischen der Gemeinschaft und den Mitgliedstaaten auf kartellrechtlichem Gebiet ab.
[197] EuGH, Slg. 1969, S. 1, 15.
[198] S. dazu *Pernice,* Grundrechtsgehalte, S. 41.

IV. Soziale Grundrechte der Arbeitnehmer

Schrifttum: *Beutler,* Die Erklärung des Europäischen Parlaments über Grundrechte und Grundfreiheiten vom 12. April 1989, EuGRZ 1989, S. 185; *Däubler,* Sozialstaat EG? – Die andere Dimension des Binnenmarktes, 1989; *Frowein,* Zur völkerrechtlichen und verfassungsrechtlichen Gewährleistung der Aussperrung, 1976; *Heyer,* Bericht über die Tagung „Die Unionsbürgerschaft und das Arbeits- und Sozialrecht" der Europäischen Rechtsakademie Trier am 3. und 4. November 1994, RdA 1995, S. 165; *Klein/Beckmann,* Neuere Entwicklungen des Rechts der Europäischen Gemeinschaften, DÖV 1990, S. 179; *v. Maydell,* Die Europäische Gemeinschaftscharta sozialer Grundrechte, in: v. Maydell (Hrsg.), Soziale Rechte in der EG, 1990; *Schnapp,* Soziale Rechte aus verfassungsrechtlicher Sicht, in: v. Maydell, Soziale Rechte in der EG, S. 5; *Scholz/Konzen,* Die Aussperrung im System von Arbeitsverfassung und kollektivem Arbeitsrecht, 1980; *Wank,* Das Recht auf Arbeit im Verfassungsrecht und im Arbeitsrecht, 1980; *ders.,* Zum Vorschlag einer Kodifizierung des Arbeitskampfrechts, RdA 1989, S. 263; *ders.,* Grundlagen des Arbeitskampfrechts, FS für Kissel, 1994, S. 1225; *ders.,* Die Rechtsfortbildung durch den Europäischen Gerichtshof, FS für Stahlhacke, 1995, S. 633; *Zachert,* EG-Binnenmarkt und Arbeitsrecht, AuR 1989, S. 161; *Zöllner,* Aussperrung und arbeitskampfrechtliche Parität, 1974; *Zuleeg,* Der Schutz sozialer Rechte in der Rechtsordnung der Europäischen Gemeinschaft, EuGRZ 1992, S. 328; *ders.,* Eine neue Gemeinschaftscharta der sozialen Grundrechte?, AuR 1995, S. 429

1. Die Gemeinschaftscharta der sozialen Grundrechte der Arbeitnehmer

96   Auf dem Gipfel am 8./9. Dezember 1989 in Straßburg haben die Staats- und Regierungschefs von elf der (damals) zwölf Mitgliedstaaten der Gemeinschaft die „Gemeinschaftscharta der sozialen Grundrechte der Arbeitnehmer"[199] angenommen.[200] Die Gemeinschaftscharta ist rechtlich nicht verbindlich.[201] Sie soll als eine Art „programmatischer Wegweiser"[202] die Fortschritte festschreiben, die im sozialen Bereich durch das Vorgehen der Mitgliedstaaten, der Sozialpartner und der Gemeinschaft bereits erzielt wurden. Mit ihr soll auch bekräftigt werden, dass bei der Durchführung der EEA die soziale Dimension der Gemeinschaft vollauf berücksichtigt ist und die sozialen Rechte der Erwerbstätigen in der Europäischen Gemeinschaft, insbesondere der Arbeitnehmer und der Selbständigen, daher auf den geeigneten Ebenen weiterzuentwickeln sind.[203] Die Gemeinschaftscharta ist geprägt von den Übereinkommen der Internationalen Arbeitsorganisation (IAO)[204] und der Europäischen Sozialcharta (ESC).[205]

97   In der gleichen Sitzung, in der die Gemeinschaftscharta angenommen wurde, hat der Europäische Rat ein von der Kommission vorgelegtes **Aktionsprogramm zur Anwendung der Gemeinschaftscharta** der sozialen Grundrechte[206] zur Kenntnis genommen und den Ministerrat ersucht, über die Vorschläge der Kommission zu beraten. In dem Aktionsprogramm stellt die Kommission verschiedene Initiativen vor, um die in der Gemeinschaftscharta festgelegten Grundsätze in ihren wichtigsten Teilen anzuwenden. Diese Initiativen sind in dreizehn Kapiteln zusammengefasst, die jeweils einem der Bereiche gewidmet sind, in denen die soziale Dimension des Binnenmarktes verwirklicht werden soll. Abgesehen von dem Kapitel „Arbeitsmarkt" entsprechen alle anderen Kapitel den einzelnen Abschnitten der Gemeinschaftscharta.

---

[199] KOM (89) 248 endg.; nachfolgend Gemeinschaftscharta abgekürzt.
[200] Zur Entstehungsgeschichte der Gemeinschaftscharta s. unten § 13 Rn. 96.
[201] Zur Forderung, die Gemeinschaftscharta in das EG-Vertragswerk aufzunehmen, s. *Zuleeg,* AuR 1995, S. 429 f.
[202] *Zuleeg,* EuGRZ 1992, S. 329, 331.
[203] Zur politischen Relevanz der Gemeinschaftscharta s. auch *von Maydell,* in: v. Maydell (Hrsg.), Soziale Rechte in der EG, 1990, S. 122, 148 ff.; *Zuleeg,* AuR 1995, S. 429 f.
[204] S. dazu unten § 32 Rn. 58 ff.
[205] S. dazu unten § 34 Rn. 15 ff.
[206] KOM (89) 568 endg.

IV. Soziale Grundrechte der Arbeitnehmer

a) Der Inhalt der Gemeinschaftscharta

Die Gemeinschaftscharta umfasst zwei Titel, die von einer Präambel eingeleitet werden. Der erste Titel enthält in 26 Ziffern, die in 12 Regelungskomplexen zusammengefasst sind, die sozialen Grundpositionen. Im zweiten Titel der Gemeinschaftscharta wird deren Anwendung und Umsetzung angesprochen.

Die in der Gemeinschaftscharta aufgeführten sozialen Grundpositionen enthalten Zielvorgaben für das Recht der Freizügigkeit, freie Berufswahl, gerechtes Entgelt, Verbesserung der Lebens- und Arbeitsbedingungen, sozialen Schutz, Koalitionsfreiheit, Tarifvertragsfreiheit, Streikfreiheit, Berufsausbildung, Gleichbehandlung von Mann und Frau, Beteiligungsrechte der Arbeitnehmer, Gesundheitsschutz und Sicherheit in der Arbeitsumwelt, Kinder- und Jugendschutz, Schutz älterer Menschen und Behinderter. Auf eine nähere Auseinandersetzung mit allen in der Gemeinschaftscharta angesprochenen sozialen Grundrechten muss hier verzichtet werden. Die folgenden Ausführungen beschränken sich auf Anmerkungen zu drei Grundpositionen.

aa) Berufsfreiheit

Ziff. 4 der Gemeinschaftscharta gewährt das Recht auf freie Wahl und Ausübung eines Berufs nach den für den jeweiligen Beruf geltenden Vorschriften. Mit der Aufnahme der Berufsfreiheit in die Gemeinschaftscharta wird die Rechtsprechung des EuGH bestätigt, in der die Berufsfreiheit bereits vor Annahme der Gemeinschaftscharta als Gemeinschaftsgrundrecht anerkannt worden ist.[207] Dagegen ist die teilweise geforderte Aufnahme eines Rechts auf Arbeit[208] in die Gemeinschaftscharta nicht erfolgt.[209] Dies ist zu begrüßen. Angesichts der inhaltlichen Konturenlosigkeit dieses Rechts wäre eine Aufnahme in die Gemeinschaftscharta ohnehin nicht mehr als „sozialpolitische Augenwischerei".[210]

bb) Streikfreiheit

Nach Ziff. 13 der Gemeinschaftscharta schließt das Recht, bei Interessenkonflikten Kollektivmaßnahmen zu ergreifen, das Streikrecht ein. Dieses Streikrecht gilt jedoch nur „vorbehaltlich der Verpflichtungen auf Grund der einzelstaatlichen Regelungen und der Tarifverträge". Eine ausdrückliche Ermächtigung, die Streikfreiheit durch nationale Bestimmungen zu beschränken, sieht Ziff. 14 der Gemeinschaftscharta lediglich für die Streitkräfte, die Polizei und den öffentlichen Dienst vor. Ob das deutsche Recht den Anforderungen der Gemeinschaftscharta an die Streikfreiheit genügt, wird teilweise, wenn auch zu Unrecht, bezweifelt. Im Unterschied zu vielen anderen Ländern ist das Streikrecht in Deutschland funktional auf die Tarifautonomie bezogen und von daher stärkeren Einschränkungen unterworfen.[211] So sind nach der Rechtsprechung des Bundesarbeitsgerichts z.B. politische Streiks,[212] „wilde" Streiks[213] sowie Sympathiestreiks[214] unzulässig. Hinzu kommt, dass das Arbeitskampfrecht der Bundesrepublik Deutschland nicht auf gesetzlicher Grundlage, sondern auf Richterrecht beruht.[215]

---

[207] S. dazu oben § 13 Rn. 34 ff.
[208] Zur Diskussion um ein „Recht auf Arbeit" s. *Ruland*, Gedächtnisschrift für Mertens, 1987, S. 679, 684; *Wank*, Das Recht auf Arbeit im Verfassungsrecht und im Arbeitsrecht, 1980; *Schnapp*, in: v. Maydell, Soziale Rechte in der EG, 1990, S. 5, 12 ff.
[209] Das Recht auf Arbeit hat *Däubler* in Art. 11 seines Vorschlags für eine Gemeinschaftscharta aufgenommen; der Vorschlag ist abgedruckt in *Däubler*, Sozialstaat EG? Die andere Dimension des Binnenmarktes, 1989, S. 112 ff.
[210] *Schnapp*, in: v. Maydell, Soziale Rechte, S. 5, 15.
[211] *Zachert*, AuR 1989, S. 161, 166.
[212] Vgl. BAG AP Nr. 82 zu Art. 9 GG Arbeitskampf.
[213] Vgl. BAG AP Nr. 32, 42, 58, 106 zu Art. 9 GG Arbeitskampf.
[214] Vgl. BAG AP Nr. 85, 90 zu Art. 9 GG Arbeitskampf.
[215] Zum Vorschlag einer Kodifizierung des Arbeitskampfrechts s. *Wank*, RdA 1989, S. 263 ff. Zu den sich aus dem Gesetz ergebenden Grundsätzen *ders.*, FS für Kissel, 1994, S. 633 ff.

102 Offengelassen ist in der Gemeinschaftscharta die Frage, ob auch die Aussperrung des Arbeitgebers als zulässige Arbeitskampfmaßnahme anerkannt wird. Dafür spricht, dass Ziff. 13 der Gemeinschaftscharta eng an Art. 6 Nr. 4 der Europäischen Sozialcharta angelehnt ist und dass nach ganz überwiegender Auffassung diese Vorschrift auch die Aussperrung als „kollektive Maßnahme" garantiert.[216]

cc) Gleichbehandlung von Männern und Frauen

103 Gem. Ziff. 16 Abs. 1 der Gemeinschaftscharta ist die Gleichbehandlung von Männern und Frauen zu gewährleisten; die Chancengleichheit für Männer und Frauen ist weiter auszubauen. Nach Abs. 2 sind zu diesem Zweck überall dort, wo dies erforderlich ist, die Maßnahmen zu verstärken, mit denen die Verwirklichung der Gleichheit von Männern und Frauen vor allem im Hinblick auf den Zugang zur Beschäftigung, Arbeitsentgelt, Arbeitsbedingungen, sozialen Schutz, allgemeine und berufliche Bildung sowie beruflichen Aufstieg sichergestellt wird. Abs. 3 sieht schließlich vor, dass die Maßnahmen auszubauen sind, die es Männern und Frauen ermöglichen, ihre beruflichen und familiären Pflichten besser miteinander in Einklang zu bringen. Ziff. 16 der Gemeinschaftscharta geht damit über die primärrechtliche Vorschrift des Art. 141 EGV (Art. 119 EGV a. F.) hinaus, die den Gleichbehandlungsgrundsatz auf den Entgeltbereich beschränkt.[217]

b) Die Anwendung und Umsetzung der Gemeinschaftscharta

104 Nach Ziff. 27 der Gemeinschaftscharta sind für die Gewährleistung der sozialen Grundrechte und die Durchführung der für den reibungslosen Ablauf des Binnenmarktgeschehens notwendigen Sozialmaßnahmen die Mitgliedstaaten entsprechend den einzelstaatlichen Gepflogenheiten, insbesondere von Rechtsvorschriften und Tarifverträgen, zuständig. In Ziff. 28 der Gemeinschaftscharta fordert der Rat die Kommission auf, so rasch wie möglich die unter ihre Zuständigkeit i. S. der Verträge fallenden Vorschläge für Rechtsakte vorzulegen, mit denen die in den Zuständigkeitsbereich der Gemeinschaft gehörenden Rechte im Zuge der Verwirklichung des Binnenmarkts effektiv umgesetzt werden.[218] Im letzten Quartal eines jeden Jahres hat die Kommission einen Bericht über die Durchführung der Gemeinschaftscharta seitens der Mitgliedstaaten und der Europäischen Gemeinschaft zu erstellen.[219] Dieser Bericht ist dem EP und dem Wirtschafts- und Sozialausschuss zuzuleiten.[220] Ein besonderes Überwachungsverfahren, wie es beispielsweise für die Übereinkommen und Empfehlungen der Internationalen Arbeitsorganisation besteht,[221] sieht die Gemeinschaftscharta allerdings nicht vor.

2. Die Erklärung des EP vom 12. April 1989

105 Das EP hat am 12. April 1989 eine „Erklärung der Grundrechte und Grundfreiheiten" verabschiedet.[222] Als Grundlage diente dem EP der von dem Abgeordneten *De Gucht* verfasste Bericht vom 20. März 1989.[223] In seiner einleitenden Begründung zählt das EP die Erwägungen auf, die für die Verabschiedung der Erklärung maßgebend waren. Das EP

---

[216] Vgl. *Frowein*, Zur völkerrechtlichen und verfassungsrechtlichen Gewährleistung der Aussperrung, 1976, S. 10 ff.; *Scholz/Konzen*, Die Aussperrung im System von Arbeitsverfassung und kollektivem Arbeitsrecht, 1980, S. 61 ff.; *Seiter*, Streikrecht und Aussperrungsrecht, 1975, S. 129 ff.; *Zöllner*, Aussperrung und arbeitskampfrechtliche Parität, 1974, S. 10 f.
[217] S. dazu unten § 16 Rn. 1 ff.
[218] *von Maydell*, in: v. Maydell (Hrsg.), Soziale Grundrechte, S. 148, sieht in dieser Aufforderung einen Ansatzpunkt für die praktische Relevanz der Gemeinschaftscharta.
[219] Ziff. 29 der Gemeinschaftscharta; zum dritten Bericht der Kommission s. BR-Drucks. 62/94.
[220] Ziff. 30 der Gemeinschaftscharta.
[221] Vgl. dazu *Haase*, in: v. Hauff/Pfister-Gasparay, Internationale Sozialpolitik, 1982, S. 113, 121.
[222] ABl. C 120, S. 52; nachfolgend Erklärung abgekürzt.
[223] Dok. 2-A 2–3/89; abgedruckt in EuGRZ 1989, S. 207.

IV. Soziale Grundrechte der Arbeitnehmer

stellt zunächst fest, dass es, wie dies auch in der Präambel der EEA zum Ausdruck kommt, geboten ist, sich auf der Grundlage der Grundrechte für die Demokratie einzusetzen. Im Folgenden bekräftigt das EP u. a. auch seine feste Entschlossenheit, ein grundlegendes Gemeinschaftsinstrument mit verbindlichem Rechtscharakter zu schaffen, das die Grundrechte garantiert. Das EP knüpft damit an seinen Vertragsentwurf vom 14. Februar 1984 zur Gründung der Europäischen Union an.[224] In Art. 4 dieses Entwurfs ist die Ausarbeitung eines Grundrechtskataloges als eine der wichtigsten Aufgaben für die Union vorgesehen.

a) Der Inhalt der Erklärung

Unter dem Titel „Allgemeine Bestimmungen" werden in der Erklärung insgesamt 24 Artikel aufgeführt. Sie umfassen zum einen die „klassischen" Grundrechte, wie die Würde des Menschen (Art. 1), das Recht auf Leben (Art. 2), die Rechtsgleichheit (Art. 3), die Gedankenfreiheit (Art. 4), die Meinungs- und Informationsfreiheit (Art. 5 Ziff. 1), die Freiheit von Kunst, Wissenschaft, Forschung und Lehre (Art. 5 Ziff. 2), den Schutz des Privatlebens (Art. 6), den Schutz der Familie (Art. 7), die Freizügigkeit (Art. 8), das Eigentumsrecht (Art. 9), die Versammlungsfreiheit (Art. 10), die Vereinigungsfreiheit (Art. 11), die Berufsfreiheit (Art. 12), den Grundsatz ne bis in idem (Art. 20), das Rückwirkungsverbot (Art. 21) und das Verbot der Todesstrafe (Art. 22). Neben diesen „klassischen Grundrechten" enthält die Erklärung aber auch soziale Grundrechte, und zwar das Recht auf gerechte Arbeitsbedingungen (Art. 13), den Schutz kollektiver sozialer Rechte (Art. 14), den sozialen Schutz (Art. 15) und das Recht auf Bildung (Art. 16). Des Weiteren enthält die Erklärung Staatszielbestimmungen, die die Demokratie (Art. 17) sowie den Umwelt- und Verbraucherschutz (Art. 24) betreffen. Ein dem Datenschutz dienendes Grundrecht ist in Art. 18 der Erklärung geregelt, wonach jeder das Recht hat, sich über ihn betreffende Verwaltungsdokumente und Daten zu informieren und ihre Berichtigung zu verlangen. Art. 23 der Erklärung räumt schließlich jedem das Recht ein, sich schriftlich mit Bitten und Beschwerden an das EP zu wenden.

Der 2. Abschnitt der Erklärung enthält unter dem Titel Schlussbestimmungen vier weitere Artikel. Art. 25 beschreibt den Geltungsbereich der Erklärung. Nach Art. 25 Ziff. 1 der Erklärung werden durch die Erklärung alle Personen innerhalb des Geltungsbereichs des Gemeinschaftsrechts geschützt. Soweit einzelne Grundrechte den Bürgern der Gemeinschaft[225] vorbehalten sind,[226] können sie gem. Art. 25 Ziff. 2 der Erklärung ganz oder teilweise auf andere Personen ausgeweitet werden. Art. 26 enthält eine Wesensgehaltsgarantie. Die in der Erklärung aufgeführten Rechte und Freiheiten dürfen innerhalb der in einer demokratischen Gesellschaft vertretbaren und erforderlichen Grenzen nur durch eine Rechtsvorschrift eingeschränkt werden, in der in jedem Fall der Wesensgehalt der Rechte und Freiheiten unangetastet bleibt. Art. 27 der Erklärung enthält eine Regelung, die ein Verbot der Verschlechterung des bereits erreichten Grundrechtsstandards in den Mitgliedstaaten und in der Gemeinschaft vorsieht. Danach darf keine Bestimmung der Erklärung als Beschränkung des bereits erreichten Grundrechtsschutzes ausgelegt werden. Art. 28 der Erklärung verbietet schließlich, eine Bestimmung so auszulegen, dass sich daraus irgendein Recht ergibt, eine Tätigkeit auszuüben oder eine Handlung vorzunehmen, welche auf die Einschränkung oder Abschaffung der in der Erklärung angeführten Rechte und Freiheiten abzielt.

---

[224] ABl. EG C 77, S. 33.
[225] Bürger der Gemeinschaft i. S. der Erklärung ist jeder, der die Staatsangehörigkeit eines der Mitgliedstaaten hat, s. Art. 25 Ziff. 3 der Erklärung. Zur Unionsbürgerschaft nach Maastricht s. *Heyer*, RdA 1995, S. 165 ff.
[226] Z. B. das Recht auf Freizügigkeit (Art. 8).

b) Die Bedeutung der Erklärung

108 Die Erklärung schafft kein unmittelbar geltendes Recht.[227] Rechtliche Bedeutung kommt der Erklärung somit allenfalls bei der Auslegung oder Rechtsfortbildung zu.[228] Gewichtiger dürfte die praktische Bedeutung der Erklärung sein. Mit ihr wird nämlich ein weiterer Schritt auf dem Weg zu einer Kodifizierung eines rechtsverbindlichen gemeinschaftsrechtlichen Grundrechtskataloges getan.[229]

V. Das Diskriminierungsverbot auf Grund der Rasse oder der ethnischen Herkunft sowie die Gleichbehandlung in Beschäftigung und Beruf

Schrifttum: *Baer,* Recht gegen Fremdenfeindlichkeit und andere Ausgrenzungen, ZRP 2001, S. 500; *Berger-Delhey,* Alle Tiere sind gleich, aber einige Tiere sind gleicher als andere, ZTR 2001, S. 162; *Nickel,* Handlungsaufträge zur Bekämpfung von ethnischen Diskriminierungen in der neuen Gleichbehandlungsrichtlinie 2000/43/EG, NJW 2001, S. 2668; *Thüsing,* Der Fortschritt des Diskriminierungsrechts im Europäischen Arbeitsrecht, ZfA 2001, S. 397; *ders.,* Handlungsbedarf im Diskriminierungsrecht, NZA 2001, S. 1061; *Waas,* Die neue EG-Richtlinie zum Verbot der Diskriminierung aus rassischen oder ethnischen Gründen, ZIP 2000, S. 2151.

1. Allgemeines

109 Der neu in den Amsterdamer Vertrag eingefügte Art. 13 EGV ermächtigt den Rat dazu, unbeschadet der sonstigen Bestimmungen dieses Vertrages, „im Rahmen der durch den Vertrag auf die Gemeinschaft übertragenen Zuständigkeiten auf Vorschlag der Kommission und nach Anhörung des Europäischen Parlaments einstimmig geeignete Vorkehrungen (zu) treffen, um Diskriminierungen aus Gründen des Geschlechts, der Rasse, der ethnischen Herkunft, der Religion oder der Weltanschauung, einer Behinderung, des Alters oder der sexuellen Ausrichtung (zu) bekämpfen".

110 Auf seiner Tagung in Tampere vom 15. und 16. Oktober 1999 ersuchte der Europäische Rat die Kommission, so bald wie möglich Vorschläge zur Durchführung des Art. 13 EGV im Hinblick auf die Bekämpfung von Rassismus und Fremdenfeindlichkeit zu erarbeiten. Am 15. November 1999 hat die Kommission auf der Grundlage des neuen Art. 13 EGV ein Bündel von Maßnahmen zur Bekämpfung der Diskriminierungen in der EU vorgelegt.

111 Ausgehend von der Erkenntnis, dass Diskriminierungen aus Gründen der Rasse oder der ethnischen Herkunft die Verwirklichung der im EG-Vertrag festgelegten Ziele unterminieren, insbesondere die Erreichung eines hohen Beschäftigungsniveaus und eines hohen Maßes an sozialem Schutz, die Hebung des Lebensstandards und der Lebensqualität, den wirtschaftlichen und sozialen Zusammenhalt sowie die Solidarität und das Ziel der Europäischen Union zu einem Raum der Freiheit, der Sicherheit und des Rechts beeinträchtigen können,[230] hat der Rat auf Vorschlag der Kommission[231] am 29. Juni 2000 die Richtlinie 2000/43/EG zur Anwendung des Gleichbehandlungsgrundsatzes ohne Unterschied der Rasse oder der ethnischen Herkunft[232] verabschiedet.

---

[227] Zur Bedeutung der Erklärung s. auch *Beutler,* EuGRZ 1989, S. 185; *Klein/Beckmann,* DÖV 1990, S. 179, 180.
[228] *Zuleeg,* EuGRZ 1992, S. 329, 331.
[229] *Klein/Beckmann,* DÖV 1990, S. 179, 180.
[230] Vgl. den 9. Erwägungsgrund der Richtlinie 2000/43/EG.
[231] ABl. EG C 116, S. 56; s. zu diesem Vorschlag auch *Hornung-Draus,* EuroAS 1999, S. 207 ff.; *dies.,* Arbeitgeber 1/2000, S. 14 f.
[232] ABl. EG L 180, S. 20; nachfolgend Antidiskriminierungsrichtlinie – RL AntiDiskr – abgekürzt.

V. Das Diskriminierungsverb. sowie d. Gleichbehandl. i. Beschäftig. u. Beruf 112–116 § 13

2. Die Antidiskriminierungsrichtlinie 2000/43/EG

a) Zweck und Begriffsbestimmung

Zweck der Antidiskriminierungsrichtlinie ist die Schaffung eines Rahmens zur Bekämpfung der Diskriminierung auf Grund der Rasse oder der ethnischen Herkunft im Hinblick auf die Verwirklichung des Grundsatzes der Gleichbehandlung in den Mitgliedstaaten.[233]   **112**

Gem. Art. 2 Abs. 1 RL AntiDiskr bedeutet „Gleichbehandlungsgrundsatz" i. S. der Richtlinie, dass es keine unmittelbare oder mittelbare Diskriminierungen aus Gründen der Rasse oder der ethnischen Herkunft geben darf. Die Definitionen von unmittelbaren und mittelbaren Diskriminierungen deckt sich weitgehend mit denen, wie sie sich in der Gleichbehandlungsrichtlinie 76/207/EWG,[234] der Beweislastrichtlinie 97/80/EG [235] und der Rechtsprechung des EuGH über mittelbare Diskriminierung auf dem Gebiet der Gleichbehandlung von Männern und Frauen[236] finden. Gem. Art. 2 Abs. 2 Buchst. a RL AntiDiskr liegt eine unmittelbare Diskriminierung vor, wenn eine Person auf Grund ihrer Rasse oder ethnischen Herkunft in einer vergleichbaren Situation eine weniger günstige Behandlung als eine andere Person erfährt, erfahren hat oder erfahren würde. Eine **mittelbare Diskriminierung** i. S. der Richtlinie liegt nach der Begriffsbestimmung des Art. 2 Abs. 2 Buchst. b RL AntiDiskr vor, wenn dem Anschein nach neutrale Vorschriften, Kriterien oder Verfahren Personen, die einer Rasse oder ethnischen Gruppe angehören, in besonderer Weise benachteiligen können, es sei denn, die betreffenden Vorschriften, Kriterien oder Verfahren sind durch ein rechtmäßiges Ziel sachlich gerechtfertigt, und die Mittel zur Erreichung dieses Zieles sind angemessen und erforderlich. Anders als nach der Rechtsprechung des EuGH zur Gleichberechtigung von Mann und Frau kommt es nach dieser Richtlinie nicht mehr auf Zahlenverhältnisse an.[237]   **113**

Durch Art. 2 Abs. 3 RL AntiDiskr werden **Belästigungen** Diskriminierungen i. S. dieser Richtlinie gleichgestellt. Als Belästigungen gelten unerwünschte Verhaltensweisen, die im Zusammenhang mit der Rasse oder der ethnischen Herkunft einer Person stehen und bezwecken oder bewirken, dass die Würde der betreffenden Person verletzt und ein von Einschüchterungen, Anfeindungen, Erniedrigungen, Entwürdigungen oder Beleidigungen gekennzeichnetes Umfeld geschaffen wird.[238] Art. 2 Abs. 3 S. 2 RL AntiDiskr ermächtigt die Mitgliedstaaten, den Begriff „Belästigung" im Einklang mit den einzelstaatlichen Rechtsvorschriften oder Gepflogenheiten zu definieren. Gem. Art. 2 Abs. 2 RL AntiDiskr gilt als Diskriminierung i. S. dieser Richtlinie auch die Anweisung zur Diskriminierung einer Person aus Gründen der Rasse oder der ethnischen Herkunft.   **114**

Die vorliegende Richtlinie stellt **Mindestanforderungen** dar. Den Mitgliedstaaten bleibt es unbenommen, Vorschriften einzuführen oder beizubehalten, die im Hinblick auf die Wahrung des Gleichbehandlungsgrundsatzes günstiger als die in dieser Richtlinien vorgesehenen Vorschriften sind.[239] Gem. Art. 9 Abs. 2 RL AntiDiskr darf die Richtlinie keinesfalls als eine Rechtfertigung für eine Absenkung des von den Mitgliedstaaten bereits garantierten Schutzniveaus in Bezug auf Diskriminierungen in den von der Richtlinie abgedeckten Bereichen benutzt werden.   **115**

Gem. Art. 16 RL AntiDiskr sind die Mitgliedstaaten verpflichtet, die vorliegende Richtlinie bis spätestens zum 19. Juli 2003 in nationales Recht umzusetzen.   **116**

---

[233] Art. 1 RL AntiDiskr.
[234] S. zur Gleichbehandlungsrichtlinie § 16 Rn. 192 ff.
[235] S. zur Beweislastrichtlinie § 16 Rn. 273 ff.
[236] S. zur dieser Rechtsprechung auch § 16 Rn. 25 ff.
[237] *Waas*, ZIP 2000, S. 2151, 2152 f.
[238] Art. 2 Abs. 3 S. 1 RL AntiDiskr.
[239] Art. 6 Abs. 1 RL AntiDiskr.

b) Geltungsbereich

117 Art. 3 RL AntiDiskr legt den Geltungsbereich der Richtlinie fest. In persönlicher Hinsicht gilt die Richtlinie für alle Personen in öffentlichen und privaten Bereichen, einschließlich öffentlicher Stellen. In sachlicher Hinsicht verbietet Art. 3 Abs. 1 Buchst. a bis h Diskriminierungen in Bezug auf folgende Bereiche:
- die Bedingungen – einschließlich Auswahlkriterien und Einstellungsbedingungen[240] – für den Zugang zu unselbständiger und selbständiger Erwerbstätigkeit, unabhängig von Tätigkeitsfeld und beruflicher Position, sowie für den beruflichen Aufstieg;
- den Zugang zu allen Formen und allen Ebenen der Berufsberatung, der Berufsausbildung, der beruflichen Weiterbildung und der Umschulung einschließlich der praktischen Berufserfahrung;
- die Beschäftigungs- und Arbeitsbedingungen, einschließlich Entlassungsbedingungen und Arbeitsentgelt;
- die Mitgliedschaft in einer Arbeitnehmer- oder Arbeitgeberorganisation oder einer Organisation, deren Mitglieder einer bestimmten Berufsgruppe angehören, einschließlich der Inanspruchnahme solcher Leistungen;
- den Sozialschutz, einschließlich der sozialen Sicherheit und der Gesundheitsdienste;
- die sozialen Vergünstigungen;
- die Bildung;
- den Zugang zu und die Versorgung mit Gütern und Dienstleistungen, die der Öffentlichkeit zur Verfügung stehen, einschließlich Wohnraum.

118 Gem. Art. 3 Abs. 2 RL AntiDiskr betrifft die Richtlinie nicht unterschiedliche Behandlungen aus Gründen der Staatsangehörigkeit und auch nicht die Vorschriften und Bedingungen für die Einreise von Staatsangehörigen dritter Staaten oder staatenloser Personen in das Hoheitsgebiet der Mitgliedstaaten oder deren Aufenthalt in diesem Hoheitsgebiet sowie eine Behandlung, die sich aus der Rechtsstellung von Staatsangehörigen dritter Staaten oder staatenloser Personen ergibt.

c) Ausnahmeermächtigung

119 Art. 4 RL AntiDiskr enthält eine Ausnahmeermächtigung. Danach können die Mitgliedstaaten vorsehen, dass eine Ungleichbehandlung auf Grund eines mit der Rasse oder der ethnischen Herkunft zusammenhängenden Merkmals keine Diskriminierung darstellt, wenn das betreffende Merkmal auf Grund der Art einer bestimmten beruflichen Tätigkeit oder der Rahmenbedingungen ihrer Ausübung eine wesentliche und entscheidende berufliche Voraussetzung darstellt und sofern es sich um einen rechtmäßigen Zweck oder eine angemessene Anforderung handelt.

d) Rechtsbehelfe und Rechtsdurchsetzung

120 Zur Durchsetzung der Richtlinie verpflichtet Art. 7 RL AntiDiskr die Mitgliedstaaten, sicherzustellen, dass alle Personen, die sich durch die Nichtanwendung des Gleichbehandlungsgrundsatzes in ihren Rechten für verletzt halten, ihre Ansprüche aus dieser Richtlinie auf dem Gerichts-, Verwaltungs- oder Schlichtungsweg geltend machen können, und zwar auch dann, wenn das Verhältnis, während dessen die Diskriminierung vorgekommen sein soll, bereits beendet ist.

121 Besondere Bedeutung kommt der Beweislastregelung des Art. 8 Abs. 1 RL AntiDiskr zu. Danach haben die Mitgliedstaaten zu gewährleisten, dass immer dann, wenn Personen, die sich durch die Nichtanwendung des Gleichbehandlungsgrundsatzes für verletzt halten und bei einem Gericht oder einer anderen zuständigen Stelle Tatsachen glaubhaft machen, die das Vorliegen einer unmittelbaren oder mittelbaren Diskriminierung vermuten lassen,

---

[240] Zur Problematik im deutschen Recht s. *Waas*, ZIP 2000, S. 2151, 2153.

es dem Beklagten obliegt, zu beweisen, dass keine Verletzung des Gleichbehandlungsgrundsatzes vorgelegen hat. Von dieser Beweislastregelung ausgenommen sind gem. Art. 8 Abs. 2 AntiDiskr Strafverfahren. Die Mitgliedstaaten können von der Beweislastregelung des Art. 8 Abs. 1 RL AntiDiskr dann absehen, wenn die Ermittlung des Sachverhalts dem Gericht oder der zuständigen Stelle obliegt.[241]

Gem. Art. 9 RL AntiDiskr verpflichtet die Richtlinie die Mitgliedstaaten, im Rahmen ihrer nationalen Rechtsordnung die erforderlichen Maßnahmen zu treffen, um den Einzelnen vor Benachteiligungen zu schützen, die als Reaktion auf eine Beschwerde oder auf die Einleitung eines Verfahrens zur Durchsetzung des Gleichbehandlungsgrundsatzes erfolgen. Zudem haben die Mitgliedstaaten zu gewährleisten, dass die gem. dieser Richtlinie getroffenen sowie die bereits einschlägigen Vorschriften allen Betroffenen in geeigneter Form in ihrem Hoheitsgebiet bekannt gemacht werden[242]

e) Sozialer Dialog

Art. 11 und 12 RL AntiDiskr regeln den Dialog zwischen den Sozialpartnern und mit Nichtregierungsorganisationen dahingehend, dass die Mitgliedstaaten den Dialog mit den genannten Stellen mit dem Ziel fördern sollen, gegen die verschiedenen Formen von Diskriminierung anzugehen und diese zu bekämpfen.

f) Förderung der mit der Gleichbehandlung befassten Stellen

Gem. Art. 13 Abs. 1 RL AntiDiskr hat jeder Mitgliedstaat eine oder mehrere Stellen zu bezeichnen, deren Aufgabe darin besteht, die Verwirklichung des Grundsatzes der Gleichbehandlung aller Personen ohne Diskriminierung auf Grund der Rasse oder der ethnischen Herkunft zu fördern. Art. 13 Abs. 2 RL AntDiskr umreißt den Zuständigkeitsbereich dieser Stellen. Danach gehören folgende Aufgaben zur Zuständigkeit dieser Stellen:
— unbeschadet der Rechte der Opfer und der Verbände, der Organisationen oder anderer juristischer Personen nach Art. 7 Abs. 2 die Opfer von Diskriminierungen auf unabhängige Weise dabei zu unterstützen, ihrer Beschwerde wegen Diskriminierung nachzugehen;
— unabhängige Untersuchungen zum Thema der Diskriminierung durchzuführen;
— unabhängige Berichte zu veröffentlichen und Empfehlungen zu allen Aspekten vorzulegen, die mit diesen Diskriminierungen im Zusammenhang stehen.

g) Sanktionen

Art. 15 RL AntiDiskr schreibt den Mitgliedstaaten die Festlegung wirksamer Sanktionen vor. Nach dieser Vorschrift müssen die Sanktionen, die bei einem Verstoß gegen die einzelstaatlichen Vorschriften zur Anwendung dieser Richtlinie zu verhängen sind, geeignet sein, um deren Durchsetzung zu gewährleisten. Die Sanktionen, die auch Schadensersatzleistungen an die Opfer umfassen können, müssen wirksam, verhältnismäßig und abschreckend sein.

3. Die Gleichbehandlung in Beschäftigung und Beruf, RL 2000/78/EG

Neben den speziellen Richtlinien betreffend die Gleichberechtigung von Mann und Frau sowie der Antidiskriminierungsrichtlinie bezüglich Rasse oder ethnischer Herkunft hat die EG inzwischen in Verwirklichung des allgemeinen Gleichheitssatzes die Richtlinie des Rates zur Festlegung eines allgemeinen Rahmens für die Verwirklichung der **Gleichbehandlung in Beschäftigung und Beruf** verabschiedet. Nach einem Vorschlag der

---

[241] Art. 8 Abs. 4 RL AntiDiskr.
[242] Art. 10 RL AntiDiskr.

Kommission vom 27. 6. 2000[243] erfolgten Stellungnahmen des Wirtschafts- und Sozialausschusses[244] und des EP.[245] Die Kommission legte daraufhin einen geänderten Vorschlag vor.[246] Er wurde im Rat am 28. November 2000 verabschiedet.[247] Zweck ist nach Art. 1 ein allgemeiner Rahmen zur Bekämpfung der Diskriminierung wegen der Religion oder der Weltanschauung, einer Behinderung, des Alters oder der sexuellen Ausrichtung in Beschäftigung und Beruf. Art. 2 definiert die unmittelbare und die mittelbare Diskriminierung, wobei es – wie in der Antidiskriminierungsrichtlinie – nicht auf Zahlenverhältnisse ankommt.

127 In der Bestimmung über den Geltungsbereich, Art. 3, werden in Absatz 3 Leistungen jeder Art seitens der staatlichen Systeme oder der damit gleichgestellten Systeme der sozialen Sicherheit ausgenommen. Bestimmte berufliche Anforderungen können gem. Art. 4 einen Rechtfertigungsgrund bedeuten. Art. 6 lässt nationale Regelungen zur Altersteilzeit zu (s. auch den 14. Erwägungsgrund). Art. 10 enthält eine den anderen Gleichbehandlungsrichtlinien entsprechende Regelung über die Umkehr der Beweislast bei Glaubhaftmachung einer Diskriminierung.

128 Die Bundesregierung hat inzwischen den Entwurf für ein „Gesetz zur Verhinderung von Diskriminierungen im Zivilrecht" vorgelegt. Im Wesentlichen werden die bestehenden Generalklauseln konkretisiert. Der Betroffene kann danach eigene Ansprüche durchsetzen. Macht der Betroffene eine Diskriminierung geltend, muss der Vertragspartner den Nachweis führen, dass keine Diskriminierung vorliegt.

VI. Die Charta der Grundrechte der Europäischen Union

129 **Schrifttum**: *Baer,* Grundrechtscharta ante portas, ZRP 2000, S. 361; *v. Bogdandy,* Grundrechtsgemeinschaft als Integrationsziel?, JZ 2001, S. 157; *Brinkmann,* Charta der Grundrechte der Europäischen Union, EuroAS 1999, S. 155; *Calliess,* Die Charta der Grundrechte der Europäischen Union – Fragen der Konzeption, Kompetenz und Verbindlichkeit, EuZW 2001, S. 261; *Colneric,* Grundrechtsschutz durch den Gerichtshof der Europäischen Gemeinschaften, AuR 2001, S. 366; *Däubler,* In bester Verfassung; zur Verabschiedung der europäischen Grundrechte-Charta, Blätter für deutschen und internationale Politik 2000, S. 1315; *ders.,* EU-Grundrechte-Charta und kollektives Arbeitsrecht, AuR 2001, S. 380; *Däubler-Gmelin,* Eine europäische Charta der Gundrechte – Beitrag zur gemeinsamen Identität, EuZW 2000, S. 1; *Di Fabio,* Eine europäische Charta, JZ 2000, S. 737; *Eickmeier,* Eine europäische Charta der Grundrechte, DVBl. 1999, S. 1026; *Grabenwarter,* Die Charta der Grundrechte für die Europäische Union, DVBl. 2001, S. 1; *Häfner/Strawe/Zuegg,* In der Auseinandersetzung um eine Charta der Grundrechte der Europäischen Union, ZRP 2000, S. 365; *Kingreen,* Die Gemeinschaftsgrundrechte, JuS 2000, S. 857; *Kenntner,* Die Schrankenbestimmungen der EU-Grundrechtscharta – Grundrechte ohne Schutzwirkung?, ZRP 2000, S. 423; *Knöll,* Die Diskussion um die Grundrechtscharta der EU aus dem Blickwinkel der deutschen Länder, NJW 2000, S. 1845; *Koenig,* EU-Grundrechtscharta – ein neuer supranationaler Kompetenztitel? EuZW 2000, S. 417; *Lindner,* EG-Grundrechtscharta und gemeinschaftlicher Kompetenzvorbehalt, DÖV 2000, S. 543; *Lörcher,* Soziale Grundrechte in der EU-Grundrechtecharta, AuR 2000, S. 241; *Losch/Radau,* Grundrechtskatalog für die Europäische Union, ZRP 2000, S. 84; *Magiera,* Die Grundrechtecharta der Europäischen Union, DÖV 2000, S. 1017; *Meyer,* Die EU ist auch eine Wertegemeinschaft, ZRP 2000, S. 114; *Jürgen Meyer/Engels,* Aufnahme von sozialen Grundrechten in Europäische Grundrechtscharta, ZRP 2000, S. 368.; *Reich,* Zur Notwendigkeit einer Europäischen Grundrechtsbeschwerde, ZRP 2000, S. 375; *Ritgen,* Grundrechtsschutz in der Europäischen Union, ZRP 2000, S. 371; *Thomas Schmitz,* Die Grundrechtecharta aus rechtsdogmatischer und grundrechtstheoretischer Sicht, JZ 2001, S. 833; *Schulte,* Soziale Grundrechte in der Europäischen Union – Stand der Diskussion –, EuroAS 2000, S. 5; *Schwarze,* Der Grundrechtsschutz für Unternehmen in der Europäischen

---

[243] ABl. C 177 E v. 27. 6. 2000, KOM (1999) 565.
[244] ABl. C 204 v. 18. 7. 2000.
[245] Bull.EG 10–2000 Ziff. 1.3.13.
[246] Geänderter Vorschlag der Kommission, KOM (2000) 652.
[247] ABl. L 303 v. 2. 12. 2000.

Grundrechtecharta, EuZW 2001, S. 517; *Tettinger,* Die Charta der Grundrechte der Europäischen Union, NJW 2001, S. 1010; *Weber,* Die Europäische Grundrechtscharta – auf dem Weg zu einer europäischen Verfassung, NJW 2000, S. 537; *Weiss,* Grundrechte-Charta der EU auch für Arbeitnehmer?, AuR 2001, S. 374; *Zachert,* Die Arbeitnehmergrundrechte in der Europäischen Grundrechtscharta, NZA 2001, S. 1041.

1. Vorgeschichte

Wie bereits dargelegt, existiert auf Grund der Rechtsprechung des EuGH bereits ein Grundrechtsschutz in der Gemeinschaft, ohne dass insoweit eine gesetzliche Normierung vorläge. Nunmehr soll ein solcher Grundrechtsschutz auch gemeinschaftsrechtlich kodifiziert werden. Er geht über den bisher durch die Rechtsprechung entwickelten Stand weit hinaus und enthält insbes. gegenüber den Ergebnissen der Rechtsprechung eine detailliertere Regelung.

Die Forderung nach einem europäischen Grundrechtskatalog hat das BVerfG schon im Jahre 1974 in seinem Solange I-Beschluss[248] erhoben, in dem es eine Vorlage einer EG-Verordnung gem. Art. 100 Abs. 1 GG für zulässig erachtete, da in deren Vollzug durch eine deutsche Verwaltungsbehörde oder deren Handhabung durch ein deutsches Gericht Ausübung deutscher Staatsgewalt liege. In der Folgezeit wurde auch im einschlägigen staats- und europarechtlichen Schrifttum das Fehlen einer Europäischen Grundrechtscharta immer wieder bemängelt.[249] Der Durchbruch für eine Kodifizierung eines Grundrechtskataloges erfolgte schließlich durch den auf die deutsche Ratspräsidentschaft[250] zurückzuführenden **Beschluss des Europäischen Rates** vom 3./4. 7. 1999 **in Köln**.[251] Der Europäische Rat hat auf diesem Gipfel in Köln beschlossen, eine Charta der Grundrechte für die Europäische Union zu erstellen. In dem Beschluss heißt es, dass es „im gegenwärtigen Entwicklungsstand der Union erforderlich" sei, eine solche Charta auszuarbeiten „um die überragende Bedeutung der Grundrechte und ihre Tragweite für die Union sichtbar zu verankern."[252] Die Charta sollte nach dem Willen des Europäischen Rates Freiheits- und Gleichheitsrechte sowie die Verfahrengrundsätze umfassen, wie sie in der EMRK gewährleistet sind und wie sie sich aus den „gemeinsamen Verfassungsüberlieferungen der Mitgliedstaaten als allgemeine Grundsätze des Gemeinschaftsrechts ergeben". Des Weiteren sollte die Charta „die Grundrechte enthalten, die nur den Unionsbürgern zustehen".[253]

In der Charta sollten zudem wirtschaftliche und soziale Rechte Berücksichtigung finden, und zwar so „wie sie in der Europäischen Sozialcharta und in der Gemeinschaftscharta der sozialen Grundrechte der Arbeitnehmer enthalten sind (Art. 136 EGV), soweit sie nicht nur Ziele für das Handeln der Union begründen".[254] Die Ausarbeitung des Entwurfs sollte durch ein **Gremium** erfolgen.

Ausgehend von der Erkenntnis, dass die Grundrechtscharta als Teil einer künftigen Gemeinschaftsverfassung einer breiteren demokratischen Legitimation bedarf, hat der

---

[248] BVerfGE 37, 271, 280 = NJW 1974, S. 1697 und 2176.
[249] S. z. B. *Hilf,* in: Weidenfeld, Der Schutz der Grundrechte in der Europäischen Gemeinschaft, 1992, S. 56 ff.; *Lenz,* NJW 1997, S. 3289 f.; *Preuß,* KJ 1998, S. 1 ff.
[250] S. dazu den Vortrag der Bundesjustizministerin *Däubler-Gmelin* vom 27. 4. 1999, in: Europäische Gespräche 2/1999, hrsg. von der Vertretung der Europäischen Kommission in Deutschland,; s. auch *dies.,* ZRP 1999, S. 81, 84.
[251] S. zu diesem Beschluss auch *Schwarze,* DVBl. 1999, S. 1677 ff.; *Weber,* NJW 2000, S. 537 ff.; s. ferner die Bundesratsentschließung vom 17. 3. 2000, BR-Drucks. 47/2000.
[252] Vgl. Anhang IV der Schlussfolgerungen des Europäischen Rates in Köln am 3./4. 6. 1999; BullEG Nr. 49 vom 16. 8. 1999, S. 509 ff., 514.
[253] Vgl. Anhang IV der Schlussfolgerungen des Europäischen Rates in Köln am 3./4. 6. 1999; BullEG Nr. 49 vom 16. 8. 1999, S. 509 ff.
[254] Vgl. Anhang IV der Schlussfolgerungen des Europäischen Rates in Köln am 3./4. 6. 1999, BullEG Nr. 49 vom 16. 8. 1999, S. 509 ff. Zum Problem der Abgrenzung sozialer Grundrechte von reinen Staatszielbestimmungen s. *Weber,* NJW 2000, S. 537, 541.

Europäische Rat auf seinem Gipfeltreffen im Oktober 1999 in Tampere (Finnland) die Zusammensetzung und das Arbeitsverfahren des Gremiums festgelegt. Das Gremium ist danach ein ständiges Organ, dem 62 Mitglieder angehören, und zwar 15 Beauftragte der Staats- und Regierungschefs, ein Vertreter der Europäischen Kommission, 16 Mitglieder des EP und 30 Mitglieder der nationalen Parlamente (2 aus jedem Mitgliedstaat). Im Gremium sind zudem vier Beobachter, und zwar zwei Vertreter des EuGH, die von diesem benannt werden, und zwei Vertreter des Europarates, darunter einer des Europäischen Gerichtshofs für Menschenrechte. Das Gremium ist verpflichtet, bei der Ausarbeitung des Entwurfs einer EU-Charta der Grundrechte den Wirtschafts- und Sozialausschuss, den Ausschuss der Regionen und den Europäischen Bürgerbeauftragten anzuhören. Es ist berechtigt, auch andere Gremien, gesellschaftliche Gruppen oder Sachverständige anzuhören.

134 Das Gremium hat seine Arbeit erstmals am 17. Dezember 1999 in Brüssel aufgenommen. Auf dieser ersten Sitzung wurde der ehemalige Bundespräsident und Präsident des Bundesverfassungsgerichts der Bundesrepublik Deutschland, Herzog, zum Vorsitzenden gewählt.

135 Am 28. Juli 2000 hat das Gremium den ersten vollständigen **Entwurf der EG-Grundrechtscharta** vorgelegt.[255]

2. Der Inhalt der Charta der Grundrechte der EU

136 Die Grundrechtscharta ist in eine Präambel und die nachfolgend aufgeführten sieben Kapitel gegliedert:

I. Würde des Menschen
II. Freiheiten
III. Gleichheit
IV. Solidarität
V. Bürgerrechte
VI. Justizielle Rechte
VII. Allgemeine Bestimmungen.

137 Gem. ihrer Ziff. 5 bekräftigt die Charta unter Achtung der Befugnisse und Aufgaben der Gemeinschaft und der Union und des Subsidiaritätsprinzips die Rechte, die sich vor allem aus den gemeinsamen Verfassungstraditionen der Mitgliedstaaten, aus dem Vertrag über die Europäische Union und aus den Gemeinschaftsverträgen, aus der Europäischen Konvention der Menschenrechte und Grundfreiheiten (EMRK), aus der von der Gemeinschaft und dem Europarat beschlossenen Sozialcharta sowie aus der Rechtsprechung des EuGH und des Europäischen Gerichtshofs für Menschenrechte ergeben. Ziff. 7 bestimmt, dass jeder „Person" die nachstehenden aufgeführten Rechte und Freiheiten garantiert sind. Im Folgenden werden die für das Arbeits- und Sozialrecht bedeutsamen Grundrechte kurz skizziert.

138 Nach dem in Kapitel II enthaltenen Art. 15 Abs. 1 hat jede Person das Recht, einen frei gewählten **Beruf auszuüben**, um ihren Lebensunterhalt zu verdienen. Gem. Art. 15 Abs. 2 haben alle Unionsbürger die Freiheit, in jedem Mitgliedstaat Arbeit zu suchen, zu arbeiten, sich niederzulassen oder Dienstleistungen zu erbringen oder in Anspruch zu nehmen. Staatsangehörigen dritter Länder, die sich regelmäßig im Hoheitsgebiet der Mitgliedstaaten aufhaben, wird in Art. 15 Abs. 3 ein Anspruch auf Arbeitsbedingungen gewährt, die denen der Unionsbürger entsprechen.

139 Art. 16 erkennt die **unternehmerische Freiheit** an. Art. 17 Abs. 1 räumt jeder Person das Recht ein, ihr rechtmäßig erworbenes **Eigentum** zu besitzen, zu nutzen, darüber zu verfügen und es zu vererben. Ferner darf nach diesem Artikel niemand sein Eigentum entzogen werden, es sei denn aus Gründen des öffentlichen Interesses und nur in den

---

[255] Bull. 10–2000, Ziff. 1.21.

Fällen und unter den Bedingungen, die in einem Gesetz vorgesehen sind, sowie gegen eine angemessene Entschädigung. Die Nutzung des Eigentums darf insoweit geregelt werden als dies im Allgemeininteresse erforderlich ist. Unter den Schutz des Art. 17 fällt auch das geistige Eigentum.

Kapitel III enthält in Art. 20 bis 24 Konkretisierungen des allgemeinen **Gleichheitssatzes** sowie spezielle Diskriminierungsverbote. Art. 21 Abs. 1 verbietet Diskriminierungen insbesondere wegen des Geschlechts, der Rasse, der Hautfarbe, der ethnischen oder sozialen Herkunft, der genetischen Merkmale, der Sprache, der Religion oder der Weltanschauung, der politischen oder sonstigen Anschauung, der Zugehörigkeit zu einer nationalen Minderheit, des Vermögens, der Geburt, einer Behinderung, des Alters oder der sexuellen Ausrichtung.

Hauptstreitpunkt im Konvent war die Frage, ob ein Katalog **sozialer Grundrechte** in die EU-Grundrechtscharta aufgenommen werden soll. Die der CDU/CSU und anderen konservativen Gruppierungen angehörenden Delegierten hatten dies zunächst abgelehnt. Zwischen allen politischen Gruppen im Konvent konnte jedoch ein Kompromiss über die Aufnahme sozialer Grundrechte in die EU-Grundrechtscharta erzielt werden. Die folgenden sozialen Grundrechte sind in das 4. Kapitel des Entwurfs unter der Überschrift „Solidarität" aufgenommen worden:

– Art. 25: Recht auf Unterrichtung und Anhörung der Arbeitnehmer im Unternehmen
– Art. 26: Recht auf Kollektivverhandlungen und Kollektivmaßnahmen
– Art. 27: Recht auf Zugang zu einem Arbeitsvermittlungsdienst
– Art. 28: Schutz bei ungerechtfertiger Entlassung
– Art. 29: Gerechte und angemessene Arbeitsbedingungen
– Art. 30: Schutz der Jugendlichen am Arbeitsplatz
– Art. 31: Einklang von Familien- und Berufsleben
– Art. 32: Soziale Sicherheit und soziale Unterstützung
– Art. 33: Gesundheitsschutz
– Art. 34: Zugang zu Diensten von allgemeinem wirtschaftlichen Interesse
– Art. 35: Umweltschutz
– Art. 36: Verbraucherschutz.

Der in Kapitel VII unter der Überschrift allgemeine Bestimmungen enthaltene Art. 49 Abs. 1 sieht vor, dass die Charta unter Einhaltung des Subsidiaritätsprinzips für die Organe und Einrichtungen der Union sowie für die Mitgliedstaaten ausschließlich bei der Durchführung des Rechts der Union gelten soll. Art. 49 Abs. 2 trägt der Besorgnis Rechnung, dass die EU-Grundrechtscharta zur einer Kompetenzerweiterung „durch die Hintertür" führen kann. Art. 49 Abs. 2 legt ausdrücklich fest, dass diese Charta weder neue Zuständigkeiten noch neue Aufgaben für die Gemeinschaft und für die Union begründet und dass sie die in den Verträgen festgelegten Zuständigkeiten und Aufgaben nicht verändert.

Die EU-Grundrechtscharta lässt eine Reihe von **Fragen offen.**

Nach dem äußeren Bild der EU-Charta haben alle darin enthaltenen Regelungen den gleichen Charakter als Grundrechte. Tatsächlich handelt es sich aber zum Teil um reine Staatsziele, die nicht individuell einklagbar sind; diese Staatsziele und sozialen Grundrechte sollten von den „echten Grundrechten" abgehoben werden.

Wenn auf der einen Seite betont wird, dass diese Charta keine neuen Zuständigkeiten schaffen soll, dann dürfte sie auf der anderen Seite keine Grundrechte enthalten für Bereiche, in denen die EU keine Zuständigkeit hat. Dieser Grundsatz wurde jedoch nicht beachtet; so normiert die EU-Charta zum Beispiel ein Grundrecht der Koalitionsfreiheit, obwohl die EU dafür keine Zuständigkeit hat.

Offen ist auch, inwieweit die EU-Charta auch im Hinblick auf Private gilt.

Im Hinblick auf die Grundrechtsträgerschaft ist unklar, inwieweit auch juristische Personen Grundrechtsschutz genießen. Nur in Art. 40 der EU-Charta sind sie ausdrücklich benannt. Entsprechend Art. 19 Abs. 3 GG müssen aber auch eine Reihe anderer Grundrechte auf juristische Personen anwendbar sein.

148 Der Kritik bedarf auch die Frage der Schrankenbestimmungen. In der bisherigen Rechtsprechung des EuGH wurden Grundrechtsschranken in weitem Umfang anerkannt. Die EU-Charta sichert nicht durch eindeutige und klare Mindestgrenzen, dass Grundrechte nicht in der Praxis ausgehebelt werden können.[256]

149 Unklar ist, welchen rechtlichen Status die EU-Charta der Grundrechte haben wird. Der Europäische Rat hat auf seinem Gipfel am 3./4. 7. 1999 in Köln lediglich erklärt, dass er die Charta der Grundrechte der Europäischen Union auf der Grundlage des Entwurfs feierlich proklamieren wolle. Die Prüfung, ob und gegebenenfalls auf welche Weise die Charta in die Verträge aufgenommen wird, hat sich der Europäische Rat ausdrücklich vorbehalten.[257]

150 Auf dem Gipfel in Nizza vom 7. bis zum 11. Dezember 2000 haben die Staats- und Regierungschefs der EU-Mitgliedstaaten die EU-Charta **feierlich proklamiert**.

151 Nach dem Willen des Deutschen Bundestages soll sich die Bundesregierung in der Europäischen Union dafür einsetzen, dass die Grundrechtscharta rechtsverbindlich ausgestaltet und dass ein individuelles Klagerecht ermöglicht wird. Ein entsprechender Antrag der Koalitionsfraktionen[258] mit diesen Forderungen wurde vom Deutschen Bundestag am 7. 7. 2000 mehrheitlich gebilligt.

152 Die Frage der Tragweite der Charta soll 2004 im Rahmen einer Folgekonferenz geprüft werden.

§ 14 Der Arbeitnehmer- und der Arbeitgeberbegriff im EG-Recht

Schrifttum: *Bleckmann,* Europarecht, Rn. 1067; *Böse,* Arbeitnehmerfreizügigkeit und öffentlicher Dienst, EuZW 1992, S. 639; *Däubler,* Arbeitnehmerähnliche Personen im Arbeits- und Sozialrecht und im EG-Recht, ZIAS 2000, S. 326; *Dauses,* Grundlagen der Rechtsprechung des Europäischen Gerichtshofes – Auswirkungen auf Bund und Länder, BayVBl. 1989, S. 609; *ders.,* Das deutsche Beamtenrecht und das Europäische Gemeinschaftsrecht, EuZW 1990, S. 565; *ders.,* Die neuere Rechtsprechung des Europäischen Gerichtshofs zum Arbeitsrecht, NZA Beil. 3/1986, S. 11; *Dörr,* Das Deutsche Beamtenrecht und das Europäische Gemeinschaftsrecht, EuZW 1990, S. 565; *Eichenhofer,* Sozialrecht als Gegenstand des Gemeinschaftsrechts, EAS B 1200; *Everling,* Zur Rechtsprechung des Europäischen Gerichtshofs über die Beschäftigung von EG-Ausländern in der öffentlichen Verwaltung, DVBl. 1990, S. 225; *ders.,* Die Rechtsprechung des Europäischen Gerichtshofs zur Freizügigkeit im öffentlichen Dienst, in: Battis, Europäischer Binnenmarkt und nationaler öffentlicher Dienst, 1989, S. 23; *Forch,* Europäische Freizügigkeit und nationaler Ämterzugang, NVwZ 1987, S. 27; *Goerlich/Bräth,* Europäische Freizügigkeit und nationaler Ämterzugang, DÖV 1987, S. 1038; *Handoll,* Article 48 (4) EEC and Non-National Access to Public Employment, ELR 1988, S. 223; *Klang,* Soziale Sicherheit und Freizügigkeit im EWG-Vertrag, 1986; *Kroppenstedt,* Europäische Freizügigkeitsrechte und nationaler öffentlicher Dienst, in: Battis, Europäischer Binnenmarkt und nationaler öffentlicher Dienst, 1989, S. 45; *Lecheler,* Öffentliche Verwaltung in den Mitgliedstaaten nach Maßgabe der „Dynamik der Europäischen Integration", Die Verwaltung 1989, S. 137; *ders.,* Nationaler öffentlicher Dienst und Europäisches Freizügigkeitsrecht, in: Battis, Europäischer Binnenmarkt und nationaler öffentlicher Dienst, 1989, S. 127, 129 ff.; *Meyer,* Die europäische Integration und das deutsche Beamtenrecht, BayVBl. 1990, S. 97; *Mögele,* Grundzüge der Rechtsordnung der Europäischen Gemeinschaften, BayVBl. 1989, S. 577, 586; *Rebhahn,* „Neue Arbeitnehmer" und Gemeinschaftsrecht, in: Pichler (Hrsg.), Rechtliche Strategien zur Bewältigung der Wandlungen im Erwerbsleben, Wien 2000, S. 107; *Riegel,* Die europäische Integration und das deutsche Beamtenrecht, BayVBl. 1990, S. 556; *Rogalla,* Dienstrecht der Europäischen Gemeinschaften, 1981; *Schweitzer,*

---

[256] *Kennter,* ZRP 2000, S. 423 ff.
[257] Vgl. Anhang IV der Schlussfolgerungen des Europäischen Rates in Köln am 3./4. 6. 1999, BullEG Nr. 49 vom 16. 8. 1999, S. 509 ff.
[258] BT-Drucks. 14/3387.

I. Der Begriff des Arbeitnehmers

Lehrerberuf und Arbeitnehmerfreizügigkeit, Gedächtnisschrift für Eberhard Grabitz, 1995, S. 747; *Schulte,* Auf dem Weg zu einem Europäischen Sozialrecht?, EuR 1982, S. 357; *Stadler,* Die Berufsfreiheit in der Europäischen Gemeinschaft, 1980; *Steindorff,* Berufsfreiheit für nicht-wirtschaftliche Zwecke im EG-Recht, NJW 1982, S. 1902; *Wank,* Empirische Befunde zur „Scheinselbständigkeit" – Juristischer Teil, Forschungsbericht 262a Sozialforschung, Hrsg. Bundesministerium für Arbeit- und Sozialordnung, 1997, *ders.,* Telearbeit, 1997; *ders.,* Telearbeit, NZA 1999, S. 225

Übersicht

	Rn.		Rn.
I. Der Begriff des Arbeitnehmers	1	3. Der Arbeitnehmerbegriff i. S. des Art. 42 EGV (Art. 51 EVG a. F.) sowie der auf der Grundlage von Art. 42 EGV (Art. 51 EVG a. F.) erlassenen Verordnungen	17
1. Allgemeines	1		
2. Der Arbeitnehmerbegriff i. S. des Art. 39 EGV (Art. 48 EGV a. F.)	3		
a) Gemeinschaftsrechtlicher Begriff	5	4. Der Arbeitnehmerbegriff i. S. der Betriebsübergangsrichtlinie 77/187/EWG (heute: 2001/23/EG)	19
b) Merkmale des Arbeitnehmerbegriffs	6		
aa) Erbringung von Leistungen für einen anderen	7	5. Der Arbeitnehmerbegriff im technischen Arbeitsschutz	20
bb) Abhängigkeitsverhältnis	14	6. Telearbeit	21
cc) Entgeltlichkeit	15	7. Bedienstete der Gemeinschaften	28
d) Die Ausnahmebestimmung des Art. 39 EGV (Art. 48 Abs. 4 EGV a. F.)	16	II. Der Begriff des Arbeitgebers	31

I. Der Begriff des Arbeitnehmers

1. Allgemeines

Der Begriff des Arbeitnehmers taucht in zahlreichen Rechtsvorschriften des primären 1 und sekundären Gemeinschaftsrechts auf. Gleichwohl fehlt es bis heute an einer europarechtlichen Definition dieses Begriffes. Angesichts der Komplexität der unterschiedlichen Rechtsmaterien des EG-Rechts ist an einen für das gesamte EG-Recht geltenden einheitlichen Arbeitnehmerbegriff noch nicht zu denken.

Sofern Sachverhalte vorliegen, die keinen Bezug zum Gemeinschaftsrecht aufweisen, 2 bestimmt sich der Arbeitnehmerbegriff ausschließlich nach dem jeweiligen nationalen Recht. Liegt ein sog. grenzüberschreitender Sachverhalt vor, ist das einschlägige Gemeinschaftsrecht zu berücksichtigen. Der Gemeinschaftsgesetzgeber kann hinsichtlich des Arbeitnehmerbegriffs auf das jeweilige nationale Recht verweisen, einen ausschließlich eigenen gemeinschaftsrechtlichen Begriff des Arbeitnehmers vorsehen oder den Arbeitnehmerbegriff nur partiell dem Gemeinschaftsrecht unterwerfen. Ist der Arbeitnehmerbegriff, auf den der Gemeinschaftsgesetzgeber abstellt, zweifelhaft, so muss er jeweils durch Rückgriff auf die allgemein anerkannten Auslegungsgrundsätze unter Berücksichtigung des Kontextes und im Lichte der Ziele des Vertrages gefunden werden.[1]

2. Der Arbeitnehmerbegriff i. S. des Art. 39 EGV (Art. 48 EGV a. F.)

Die in Art. 39 EGV (Art. 48 EGV a. F.) garantierte Freizügigkeit der Arbeitnehmer[2] ge- 3 hört neben der Niederlassungsfreiheit sowie dem freien Waren- und Kapitalverkehr zu den gemeinschaftsrechtlichen Grundfreiheiten. Mit ihr sollen die Voraussetzungen dafür geschaffen werden, dass sich die Arbeitskräfte in dem Gebiet ansiedeln können, in dem sie

---

[1] Vgl. EuGH (Levin), Rs. 53/81, Slg. 1982, S. 1035, 1048 sowie EuGH v. 11. 7. 1985 (Mikkelsen), Rs. 105/84, Slg. 1985, S. 2639, 2652f.
[2] Ausführlich zur Freizügigkeit und der sie konkretisierenden Verordnungen s. *Hanau,* § 15.

die besten Arbeits- und Produktionsbedingungen vorfinden.³ Durch die Freizügigkeit soll den Begünstigten zugleich die stetige Verbesserung der Lebens- und Beschäftigungsbedingungen ermöglicht werden.⁴ Für die europäische Integration kommt der Freizügigkeit damit ein hoher Stellenwert zu.⁵

4   Die Freizügigkeitsgarantie des Art. 39 EGV (Art. 48 EGV EGV a.F.) gilt für „Arbeitnehmer". Was unter dem Begriff des Arbeitnehmers zu verstehen ist, wird in Art. 39 EGV (Art. 48 EGV a.F.) nicht näher definiert. Eine weitgehende Konkretisierung hat der Begriff des Arbeitnehmers allerdings durch die Rechtsprechung des EuGH erfahren.

a) Gemeinschaftsrechtlicher Begriff

5   Der EuGH hat sich erstmals in der Rechtssache Unger⁶ mit der Frage auseinandergesetzt, ob die nähere Bestimmung des Begriffs des Arbeitnehmers i.S. der Art. 39–42 EGV (Art. 48–51 EGV a.F.) den innerstaatlichen Rechtsordnungen überlassen bleibt oder ob es sich um einen Begriff mit gemeinschaftsrechtlicher Bedeutung handelt. Zutreffend geht der EuGH davon aus, dass der Begriff „Arbeitnehmer" i.S. der Art. 39–42 EGV (Art. 48–51 EGV a.F.) nach Gemeinschaftsrecht auszulegen ist. Würde die Regelungskompetenz für den Begriff des Arbeitnehmers den Mitgliedstaaten überlassen, so wäre jeder Staat in der Lage, den Begriffsinhalt Veränderungen zu unterwerfen und bestimmten Personengruppen nach Belieben den Schutz des Vertrages zu entziehen. Dadurch wären die Art. 39–42 EGV (Art. 48–51 EGV a.F.) ihrer Bedeutung beraubt und die Ziele des Vertrages ernsthaft gefährdet.⁷ An der gemeinschaftsrechtlichen Bedeutung des Arbeitnehmerbegriffs i.S. der Art. 39–42 EGV (Art. 48–51 EGV a.F.) hat der EuGH in ständiger Rechtsprechung festgehalten.⁸ Die heute einhellige Auffassung im Schrifttum ist dieser Auslegung gefolgt.⁹

b) Merkmale des Arbeitnehmerbegriffs

6   Welche Anforderungen an den Begriff des Arbeitnehmers i.S. des Art. 39 EGV (Art. 48 EGV a.F.) zu stellen sind, hat der EuGH bis heute nicht erschöpfend geklärt. Ein Definitionsversuch findet sich in der Entscheidung vom 3.7.1986 in der Rechtssache Lawrie-Blum.¹⁰ Der EuGH stellt in diesem Urteil zunächst heraus, dass der Begriff des Arbeitnehmers anhand objektiver Kriterien zu definieren ist, die das Arbeitsverhältnis im Hinblick auf die Rechte und Pflichten der betroffenen Personen kennzeichnen. Sodann führt

---

³ *Dauses,* BayVBl. 1989, S. 609, 613; *Magiera,* DöV 1987, S. 221 ff.
⁴ Vgl. auch Art. 2 des EG-Vertrages.
⁵ *Kroppenstedt,* in: Battis, Europäischer Binnenmarkt, S. 45.
⁶ Rs. 75/63, Slg. 1964, S. 379.
⁷ Slg. 1964, S. 379, 396 f.
⁸ EuGH (Walrave), Rs. 36/74, Slg. 1974, S. 1405, 1421; (Donà), Rs. 13/76, Slg. 1976, S. 1333, 1340; (Levin), Rs. 53/81, Slg. 1982, S. 1035, 1049; (Lawrie-Blum), Rs. 66/85, Slg. 1986, S. 2121, 2144; (Bettray), Rs. 344/87, Slg. 1989, S. 1621, 1644; (Bermini), Rs. 3/90, Slg. 1992, S. 1071; (Raulin), Rs. 357/89, Slg. 1992, S. 1027.
⁹ *Blanpain/Klein,* Europäisches Arbeitsrecht, 2. Aufl. 1996, S. 90; *Bleckmann,* Europarecht, 6. Aufl. 1997, Rn. 1555, S. 571; *Dauses,* BayVBl. 1989, S. 609, 613; *Dörr,* EuZW 1990, S. 565, 567; *Everling,* DVBl. 1990, S. 225, 227; ders., in: Europäischer Binnenmarkt, S. 34; *Grabitz/Hilf-Randelzhofer,* Art. 48 EGV a.F., Rn. 2; *Kroppenstedt,* in Europäischer Binnenmarkt, S. 50; *Mögele,* BayVBl. 1989, S. 577, 586; *Oppermann,* Europarecht, 6. Aufl. 1997, Rn. 1555, S. 571; *Schweitzer,* Gedächtnisschrift für Grabitz, S. 747, 749; *Schweitzer/Hummer,* 5. Aufl. 1996, Rn. 1155 f., S. 353 f.; *Schulte,* EuR 1982, S. 357, 363; *Steindorff,* NJW 1982, S. 1902, 1904; anders noch ein Teil der älteren Literatur, s. *Boeckh,* in: Groeben/Boeckh, Kommentar zum EWG-Vertrag, Bd. 1, 1958, Anm. 3b zu Art. 48; *Wohlfart* in: Wohlfahrt/Everling/Glaesner/Sprung, Die Europäische Wirtschaftsgemeinschaft, 1960, Anm. 2 zu Art. 48 EWGV.
¹⁰ Rs. 66/85, Slg. 1986, S. 2121.

I. Der Begriff des Arbeitnehmers

das Gericht aus, dass das wesentliche Merkmal des Arbeitsverhältnisses darin bestehe, „dass jemand während einer bestimmten Zeit für einen anderen nach dessen Weisungen Leistungen erbringt, für die er als Gegenleistung eine Vergütung erhält".[11] Die Kriterien, die der EuGH seiner Definition zugrunde legt, werden im Folgenden einer näheren Betrachtung unterzogen.

aa) Erbringung von Leistungen für einen anderen
(1) Tätigkeit im Wirtschaftsleben

Besondere Bedeutung für den Begriff des Arbeitnehmers kommt der Frage zu, ob von diesem Begriff Personen auszuschließen sind, die Leistungen im nicht-wirtschaftlichen Bereich erbringen. Der EuGH hat sich mit dieser Problematik erstmals in seinem Walrave-Urteil vom 12. 12. 1974 beschäftigt und dazu ausgeführt, dass die Art. 39–51 EGV (Art. 48–51 EGV a. F.) nur Betätigungen erfassen, die einen Teil des Wirtschaftslebens i. S. von Art. 2 des Vertrages ausmachen.[12] An das Vorliegen einer Tätigkeit im Wirtschaftsleben sind, wie der EuGH in späteren Entscheidungen klargestellt hat, jedoch keine hohen Anforderungen zu stellen. Ausreichend sei grundsätzlich, dass für die erbrachte Leistung eine Vergütung als Gegenleistung erbracht wird.[13]

(2) Art der Rechtsbeziehungen

Fraglich ist, ob der Arbeitnehmerbegriff auch solche Beschäftigungen umfasst, die in öffentlich-rechtlichen Dienstverhältnissen erbracht werden.

Das Bundesverwaltungsgericht hat die Auffassung vertreten, Art. 39 EGV (48 EGV a. F.) regele nur die Freizügigkeit der in einem privatrechtlich ausgestalteten Arbeitsverhältnis Beschäftigten.[14] Nur bei diesen sei der wirtschaftliche Austausch von Arbeitsleistung und Vergütung vorrangig. Dagegen stehe bei den öffentlich-rechtlichen Dienstverhältnissen der Beamten, Richter und Soldaten vor allem die staatspolitische Aufgabe im Vordergrund.

Der EuGH ist dieser einschränkenden Auslegung des Arbeitnehmerbegriffs i. S. der Art. 39 Abs. 1–3 EGV (Art. 48 Abs. 1–3 EGV a. F.) entgegengetreten. Mangels jeglicher Unterscheidung in Art. 39 EGV (Art. 48 EGV a. F.) sei es ohne Bedeutung, ob jemand als Arbeiter, Angestellter oder Beamter beschäftigt werde, oder ob sein Beschäftigungsverhältnis dem öffentlichen oder dem privaten Recht unterliege. Diese rechtlichen Qualifizierungen könnten je nach den einzelstaatlichen Rechtsvorschriften verschiedenen Inhalt haben und seien deswegen für die Bedürfnisse des Gemeinschaftsrechts als Auslegungsmerkmal ungeeignet.[15] Mit seinem Sotgiu-Urteil vom 12. 2. 1974 hat der EuGH zwei für den Begriff des Arbeitnehmers bedeutsame Aussagen getroffen. Art. 39 EGV (Art. 48 EGV a. F.) findet demnach grundsätzlich auch auf die im öffentlichen Dienst beschäftigten Arbeitnehmer Anwendung. Für diese europarechtliche Auslegung des Arbeitnehmerbegriffs spricht neben dem Wortlaut des Art. 39 EGV (Art. 48 EGV a. F.) auch die systematische Auslegung der Vorschrift. Wäre der EG-Vertrag nur auf privat-

---

[11] Slg. 1986, S. 2121, 2144.
[12] Rs. 36/74, Slg. 1974, S. 1405, 1418; ebenso EuGH (Donà), Rs. 13/76, Slg. 1976, S. 1333, 1340; (Levin), Rs. 53/81, Slg. 1982, S. 1035, 1050; (Lawrie-Blum), Rs. 66/85, Slg. 1986, S. 2121, 2145; (Bettray), Rs. 344/87, Slg. 1989, S. 1621, 1645.
[13] EuGH (Bettray), Rs. 344/87, Slg. 1989, S. 1621, 1645.
[14] BVerwG, DVBl. 1985, S. 742. Ebenso hat der VGH Mannheim, NJW 1982, S. 543, einer britischen Staatsangehörigen, die nach Absolvierung der deutschen Examina Aufnahme in den Vorbereitungsdienst für das Lehramt an Gymnasien begehrte, das Recht auf Freizügigkeit aus Art. 39 EGV (Art. 48 EGV a. F.) abgesprochen. Begründet hat der VGH Mannheim seine Entscheidung u. a. damit, dass das Schulwesen nicht Gegenstand der Wirtschaftspolitik und des Wirtschaftsgeschehens sei.
[15] EuGH (Sotgiu), Rs. 152/73, Slg. 1974, S. 153, 163.

rechtlich ausgestaltete Arbeitsverhältnisse anwendbar, so bedürfte es nicht des Art. 39 Abs. 4 (Art. 48 Abs. 4 EGV a. F.), um Beschäftigungen in der „öffentlichen Verwaltung" von der Freizügigkeit auszuschließen.[16] Ferner erfasst der gemeinschaftsrechtliche Arbeitnehmerbegriff, anders als im deutschen Recht,[17] auch Personen, die in einem Beamtenverhältnis beschäftigt sind.

(3) Teilzeitbeschäftigungen

11   Auf Art. 39 EGV (Art. 48 EGV a. F.). können sich nach ständiger Rechtsprechung des EuGH nicht nur Personen berufen, die eine gewisse Mindestzahl an Arbeitsstunden leisten.[18] Zu den Zielen des EG-Vertrages gehöre nach Art. 2 und 3 EGV a. F. die Beseitigung der Hindernisse für den freien Personenverkehr zwischen den Mitgliedstaaten, damit unter anderem eine harmonische Entwicklung des Wirtschaftslebens innerhalb der Gemeinschaft und eine Hebung der Lebenshaltung gefördert werden. Teilzeitbeschäftigungen seien aber für eine große Anzahl von Personen ein wirksames Mittel zur Verbesserung ihrer Lebensbedingungen. Dies gelte selbst dann, wenn die Teilzeitbeschäftigung möglicherweise zu Einkünften führe, die unter dem lägen, was in dem jeweiligen Mitgliedstaat als Existenzminimum angesehen würde. Da unter die Vorschriften über die Freizügigkeit der Arbeitnehmer jedoch nur die Ausübung tatsächlicher und echter Tätigkeiten fielen, müssten allerdings diejenigen Tätigkeiten außer Betracht bleiben, die einen so geringen Umfang haben, dass sie sich als völlig untergeordnet und unwesentlich darstellen.[19] In seiner Entscheidung vom 26. 2. 1992 in der Rechtssache Raulin hat der EuGH dann erstmals dazu Stellung bezogen, wann eine Tätigkeit als „völlig untergeordnet und unwesentlich" einzustufen ist.[20] Der EuGH kommt in seiner Entscheidung zu dem Schluss, dass es Aufgabe des jeweiligen nationalen Gerichts sei, die Tatsachen zu ermitteln, die für die Feststellung erforderlich sind, ob der Betroffene „tatsächliche und echte Tätigkeiten" verrichte. Bei Gelegenheitsarbeiten sei das innerstaatliche Gericht berechtigt, auch die Unregelmäßigkeit und die beschränkte Dauer der im Rahmen eines Vertrages tatsächlich erbrachten Leistungen zu berücksichtigen. Der Umstand, dass der Betroffene im Rahmen eines Arbeitsverhältnisses nur sehr wenige Stunden gearbeitet habe, könne ein Anhaltspunkt dafür sein, dass die ausgeübten Tätigkeiten nur untergeordnet und unwesentlich seien. Ferner könne das Gericht auch den Umstand berücksichtigen, dass sich der Betroffene zur Arbeit auf Abruf des Arbeitgebers zur Verfügung halten muss.[21]

---

[16] *Forch*, NVwZ 1987, S. 27, 28; *Steindorff*, NJW 1982, S. 1902, 1904.

[17] Nach deutschem Recht sind Beamte keine Arbeitnehmer. Ihr Dienstverhältnis unterscheidet sich vom Arbeitsverhältnis der Arbeitnehmer u. a. dadurch, dass es nicht durch einen Arbeitsvertrag, sondern durch Verwaltungsakt begründet wird. Ferner erhalten Beamte nach deutschem Rechtsverständnis kein Entgelt für ihre Arbeitsleistung, sondern werden angemessen alimentiert; s. auch *Kroppenstedt*, in: Battis, Europäischer Binnenmarkt, S. 49; *Zöllner/Loritz*, Arbeitsrecht, 5. Aufl., 1996, § 5 I 5, S. 58.

[18] EuGH (Levin), Rs. 53/81, Slg. 1982, S. 1035, 1050; v. 3. 7. 1986 (Lawrie-Blum), Rs. 66/85, Slg. 1986, S. 2121, 2145.

[19] S. statt vieler EuGH (Levin), Rs. 53/81, Slg. 1982, S. 1035, 1050.

[20] Rs. 37/89, Slg. 1992, S. 1027. Dem EuGH wurde im Vorabentscheidungsverfahren nach Art. 234 EGV (Art. 177 EGV a. F.) die Frage vorgelegt, ob ein Arbeitnehmer mit einem „oproeocontract" als Arbeitnehmer i. S. von Art. 39 EGV (Art. 48 EGV a. F.) anzusehen ist. Der „oproeocontract" stellt im niederländischen Recht ein Mittel zur Anwerbung von Arbeitskräften in Bereichen wie dem Hotel- und Gaststättengewerbe dar, in denen der Arbeitsanfall saisonbedingt ist. Arbeitslohn und Sozialleistungen schuldet der Arbeitgeber nur hinsichtlich der tatsächlich geleisteten Arbeitsstunden. Der „oproeocontract" verpflichtet den Betroffenen nicht, einem „Abruf" von Seiten des Arbeitgebers nachzukommen.

[21] EuGH, Slg, 1992, S. 1027, 1060; s. allgemein zur Teilzeitarbeit § 18 Rn. 213 ff.

I. Der Begriff des Arbeitnehmers

(4) Beschäftigungen zur Wiedereingliederung oder Rehabilitation

In der Rechtssache Bettray[22] hatte der EuGH darüber zu entscheiden, ob jemand dadurch Arbeitnehmer i. S. des Gemeinschaftsrechts wird, dass er ein entgeltliches Beschäftigungsverhältnis eingeht, das im Rahmen des niederländischen „Wet Sociale Werkvoorziening" (WSW) weitgehend aus öffentlichen Mitteln finanziert wird. Dabei geht es um ein Programm der staatlichen Sozialpolitik zur Förderung und Wiederherstellung der Arbeitsfähigkeit solcher Personen, die auf Grund einer in der Regel physischen oder geistigen Behinderung auf dem Arbeitsmarkt nicht konkurrieren können. Die niederländische Regierung vertrat in dem Verfahren die Auffassung, dass auf die Beschäftigung eines Angehörigen eines Mitgliedstaats im Rahmen der WSW angesichts des spezifischen Charakters dieses Gesetzes der EG-Vertrag und die auf Grund dieses Vertrages ergangenen Bestimmungen über die Freizügigkeit der Arbeitnehmer nicht anwendbar seien. Zur Untermauerung ihrer Auffassung hat die niederländische Regierung vorgetragen, dass die Einstellung auf Grund der WSW zu einem Beschäftigungsverhältnis führe, das Art. 19 WSW als Rechtsverhältnis „sui generis" definiere. Auch stehe bei der Ausübung einer Tätigkeit im Rahmen der WSW nicht das wirtschaftliche Interesse der Parteien im Vordergrund, sondern das Interesse des WSW-Arbeitnehmers an der Erhaltung, Wiederherstellung oder Förderung seiner Arbeitsfähigkeit. Ferner stelle die vom Arbeitnehmer im Rahmen der WSW ausgeführte Arbeit grundsätzlich keine vollkommene Gegenleistung für seinen Lohn dar, und sie sei nur möglich, weil der Staat für diese Regelungen Mittel bereitstelle, die nicht wirtschaftlichen, sondern rein sozialen Zwecken dienten. Durch die Tätigkeit solle die Arbeitsfähigkeit erhalten, wiederhergestellt oder gefördert werden. Die Entlohnung hänge nicht von der Produktivität des Betroffenen ab, so dass die mit der WSW verbundenen Kosten zu mehr als 80% vom Staat getragen würden. Schließlich würden im Rahmen der WSW nicht Arbeitnehmer gesucht, die für die Ausführung der beabsichtigten Arbeiten geeignet, sondern Tätigkeiten, die für die Behinderten geeignet seien.

Der EuGH hat die von der niederländischen Regierung vorgetragenen Gründe zum überwiegenden Teil verworfen, im Ergebnis jedoch letztlich die Arbeitnehmereigenschaft einer im Rahmen der WSW beschäftigten Person verneint. Was den Umstand betrifft, dass es sich bei der im Rahmen der WSW ausgeführten Tätigkeit um ein Verhältnis „sui generis" handelt, hat der EuGH unter Berufung auf sein Urteil vom 12. 2. 1974 in der Rechtssache Sotgiu[23] nochmals darauf hingewiesen, dass die Art des Rechtsverhältnisses zwischen dem Arbeitnehmer und dem Arbeitgeber für die Anerkennung als Arbeitnehmer unerheblich sei. Auch der Umstand, dass die Produktivität der im Rahmen der WSW beschäftigten Personen gering sei und ihre Entlohnung deshalb weitgehend aus öffentlichen Mitteln bestritten werde, stehe der Arbeitnehmereigenschaft nicht entgegen. Für die Frage, ob jemand als Arbeitnehmer i. S. des Art. 39 EGV (Art. 49 EGV a. F.) anzusehen sei, spiele es keine Rolle, wie hoch seine Produktivität sei oder woher die Mittel für seine Entlohnung stammen. Die Arbeitnehmereigenschaft der im Rahmen der WSW Beschäftigten sei aber deshalb zu verneinen, weil deren Tätigkeiten nicht als tatsächliche und echte wirtschaftliche Tätigkeiten angesehen werden könnten, da sie nur ein Mittel der Rehabilitation oder Wiedereingliederung der Arbeitnehmer in das Arbeitsleben darstellten und die entgeltliche Arbeit, die auf die körperlichen und geistigen Möglichkeiten des Einzelnen zugeschnitten ist, den Betroffenen erst früher oder später wieder in die Lage versetzen solle, einer gewöhnlichen Beschäftigung nachzugehen.[24]

bb) Abhängigkeitsverhältnis

Der Arbeitnehmerbegriff i. S. des Art. 39 EGV (Art. 48 EGV a. F.) setzt als weiteres Merkmal voraus, dass die Leistung für einen anderen „nach dessen Weisung" erbracht

---

[22] Rs. 344/87, Slg. 1989, S. 1621.
[23] Rs. 152/73, Slg. 1974, S. 153.
[24] EuGH (Bettray), Rs. 344/87, Slg. 1989, S. 1621, 1645.

wird. Das Merkmal der Weisungsgebundenheit ist in Abgrenzung zum Begriff der selbständigen Erwerbstätigkeit im Niederlassungsrecht der Unternehmer zu sehen.[25] Gem. Art. 43 Abs. 2 EGV (Art. 52 Abs. 2 EGV a. F.) umfasst die Niederlassungsfreiheit nämlich die Aufnahme und Ausübung „selbständiger" Erwerbstätigkeiten. Selbständig i. S. des Art. 43 EGV (Art. 52 EGV a. F.) ist eine Erwerbstätigkeit nach herrschender Auffassung im Schrifttum, wenn die berufliche Tätigkeit auf eigene Rechnung und auf eigenes Risiko ausgeübt wird.[26] Im Gegensatz dazu übt der Arbeitnehmer i. S. des Art. 39 (Art. 48 EGV a. F.) „unselbständige" Erwerbstätigkeit aus, d. h. dass die vom ihm erbrachte Leistung für fremde Rechnung und fremdes Risiko erfolgt. Da *leitende Angestellte* ihre Beschäftigung für fremde Rechnung und auf fremdes Risiko ausüben, fallen sie somit unter den Begriff des Arbeitnehmers i. S. des Art. 39 EGV (Art. 48 EGV a. F.).[27] Ebenso gehören nach Auffassung des EuGH *Studienreferendare* zu den Arbeitnehmern i. S. des Art. 39 EGV (Art. 48 EGV a. F.).[28] Sie seien während der gesamten Dauer des Vorbereitungsdienstes der Weisung und der Aufsicht der jeweiligen Schule unterstellt. Während eines wesentlichen Teils des Vorbereitungsdienstes hätten sie den Schülern Unterricht zu erteilen und würden damit „zugunsten der Schule" Dienstleistungen erbringen, denen ein gewisser wirtschaftlicher Wert zukomme.[29] Da sich das Niederlassungsrecht auch auf die Leitung von Gesellschaften bezieht[30] und *Vorstandsmitglieder, Geschäftsführer und Aufsichtsratsmitglieder* von Gesellschaften die unternehmerischen Entscheidungen für die jeweilige Gesellschaft treffen, handelt es sich bei diesen Personen nach überwiegender Ansicht im Schrifttum nicht um Arbeitnehmer, sondern um „selbständig Erwerbstätige".[31]

cc) Entgeltlichkeit

15 Der Arbeitnehmerbegriff setzt schließlich voraus, dass die Erbringung von Leistungen entgeltlich erfolgt. Die Tätigkeit muss nach der Rechtsprechung des EuGH lediglich den Charakter einer entgeltlichen Arbeitsleistung haben.[32] Auf die Höhe des Entgelts kommt es grundsätzlich nicht an.[33] Ebenso unerheblich ist, woher die Mittel für die Entlohnung stammen.[34] Etwas anders gilt lediglich dann, wenn das Entgelt so geringfügig ist, dass sich die Tätigkeit insgesamt als völlig untergeordnet und unwesentlich darstellt. In diesem Fall fehlt es bereits an einer für den Arbeitnehmerbegriff erforderlichen Tätigkeit im Wirtschaftsleben.[35] Wegen des umfassenden Entgeltbegriffs fällt auch die Besoldung der Beamten, ungeachtet der Alimentierungsfunktion der Besoldung, unter den Entgeltbegriff.[36] Entgegen einer zum Teil im Schrifttum vertretenen Auffassung[37] sind unbezahlt tätige

---

[25] *Bleckmann*, Europarecht, Rn. 1067, S. 446; *Everling*, Das Niederlassungsrecht im Gemeinsamen Markt, 1963, S. 16; *Platz*, EWG-Niederlassungsrecht und individuelle Rechtspositionen, 1966, S. 12.
[26] *Bleckmann*, Europarecht, Rn. 1055, S. 571; *Bühnemann*, Die Niederlassungsfreiheit von Versicherungsunternehmen im Gemeinsamen Markt, 1967, S. 107; *Everling*, Niederlassungsrecht, S. 16; *Lahusen*, Presseberufe im Gemeinsamen Markt, 1973, S. 14; *Stadler*, Die Berufsfreiheit in der Europäischen Gemeinschaft, 1980, S. 5.
[27] Im Ergebnis ebenso *Fröhlich*, Niederlassungsrecht und Freizügigkeit in der EWG und EFTA, 1965, S. 28; *Stadler*, Die Berufsfreiheit in der Europäischen Gemeinschaft, 1980, S. 4; *Wohlfahrt* in: Wohlfahrt/Everling/Glaesner/Sprung, Die Europäische Wirtschaftsgemeinschaft, 1960, Anm. 2 zu Art. 48.
[28] EuGH (Lawrie-Blum), Rs. 66/85, Slg. 1986, S. 2121, 2144.
[29] EuGH (Lawrie-Blum), Rs. 66/85, Slg. 1986, S. 2121, 2144; kritisch dazu *Forch*, NVwZ 1987, S. 27, 28.
[30] Art. 52 Abs. 2 EGV.
[31] *Everling*, Niederlassungsrecht, S. 16; *Platz*, EWG-Niederlassungsrecht, S. 13 f.
[32] EuGH (Lawrie-Blum), Rs. 66/85, Slg. 1986, S. 2121, 2145.
[33] EuGH (Levin), Rs. 53/81, Slg. 1982, S. 1035, 1050.
[34] EuGH (Bettray), Rs. 344/87, Slg. 1989, S. 1621, 1645.
[35] S. oben § 14 Rn. 7.
[36] EuGH (Lawrie-Blum), Rs. 66/85, Slg. 1986, S. 2121, 2144.
[37] *Fröhlich*, Niederlassungsrecht, S. 28; *Stadler*, Berufsfreiheit, S. 4; *Wohlfahrt* in: Wohlfahrt/Everling/Glaesner/Sprung, Die Europäische Wirtschaftsgemeinschaft, Anm. 2 zu Art. 48.

I. Der Begriff des Arbeitnehmers

§ 14

Praktikanten oder Volontäre keine Arbeitnehmer i. S. des Art. 39 EGV (Art. 48 EGV a. F.), da ihre Tätigkeit nicht entgeltlich ausgeübt wird.[38]

c) Die Ausnahmebestimmung des Art. 39 EGV (Art. 48 Abs. 4 EGV a. F.)

Die Bereichsausnahme des Art. 39 Abs. 4 EGV (Art. 48 Abs. 4 EGV a. F.) enthält keine Beschränkung des Arbeitnehmerbegriffs, sondern nimmt nur den Zugang zur öffentlichen Verwaltung vom Anwendungsbereich des Art. 39 EGV (Art. 48 EGV a. F.) aus.[39] Sind Arbeitnehmer einmal in den Dienst der Verwaltung aufgenommen, rechtfertigt Art. 39 Abs. 3 EGV (Art. 48 Abs. 4 EGV a. F.) keine unterschiedliche Behandlung in Bezug auf Entlohnung oder sonstige Arbeitsbedingungen.[40] Umstritten ist allerdings, ob der Begriff der „öffentlichen Verwaltung" auf das Recht der Mitgliedstaaten verweist und von diesen autonom ausgelegt werden kann, oder ob es sich um einen gemeinschaftsrechtlichen Begriff handelt. Die Vertreter der Meinung, die im Begriff der „öffentlichen Verwaltung" eine Verweisung auf das jeweilige nationale Recht der Mitgliedstaaten sieht, begründen dies damit, dass der EG-Vertrag die Befugnis zur Regelung der Verwaltungsorganisation unberührt lasse.[41] Nach der Rechtsprechung des EuGH[42] sowie der überwiegenden Auffassung im Schrifttum[43] ist der Begriff der „öffentlichen Verwaltung" dagegen nach Gemeinschaftsrecht auszulegen. Dem ist zuzustimmen. Die Gegenauffassung verkennt, dass Art. 39 Abs. 4 EGV (Art. 48 Abs. 4 EGV a. F.) nicht in das Recht der Mitgliedstaaten, ihre Verwaltungsorganisation frei zu gestalten, eingreift, sondern es vielmehr darum geht, welche Tätigkeiten Inländern vorbehalten bleiben dürfen.[44] Wenn auch weitgehende Einigkeit darüber herrscht, dass der Begriff der „öffentlichen Verwaltung" i. S. des Art. 39 Abs. 4 EGV (Art. 48 Abs. 4 EGV a. F.) gemeinschaftsrechtlich zu bestimmen ist, so ist die Kernfrage, welche Stellen konkret der öffentlichen Verwaltung i. S. des Art. 39 Abs. 4 EGV (Art. 48 Abs. 4 EGV a. F.) zuzuordnen sind, heftig umstritten.[45] Der EuGH legt den Begriff der „öffentlichen Verwaltung" in ständiger Rechtsprechung funktional aus.[46] Als Ausnahme vom Grundprinzip der Freizügigkeit und der Nichtdiskriminierung der Arbeitnehmer in der Gemeinschaft sei Art. 39 Abs. 4 EGV (Art. 48 Abs. 4 EGV a. F.) auf das zu beschränken, was zur Wahrung der Interessen, die diese Bestimmung den Mitgliedstaaten

---

[38] Zum Arbeitnehmerbergriff i. S. der Art. 39 ff. EGV (Art. 49 ff. EGV a. F.) sowie der auf Art. 42 EGV (Art. 51 EGV a. F.) erlassenen Verordnungen s. auch *Hanau* § 15 Rn. 8 ff. sowie *Wank*, Empirische Befunde zur „Scheinselbständigkeit" – Juristischer Teil, Forschungsbericht 262a Sozialforschung, Hrsg. Bundesministerium für Arbeit und Sozialordnung, 1997, S. 32 ff.
[39] EuGH (Sotgiu), Rs. 152/73, Slg. 1974, S. 153, 163.
[40] EuGH (Sotgiu), Rs. 152/73, Slg. 1974, S. 153, 163.
[41] *Lecheler*, Die Verwaltung, 1989, S. 137, 138; *ders.* in: Europäischer Binnenmarkt, S. 127, 129 ff.; *Meyer*, BayVBl. 1990, S. 97, 99.
[42] EuGH (Sotgiu), Rs. 152/73, Slg. 1974, S. 153, 163; (Lawrie-Blum), Rs. 66/85, Slg. 1986, S. 2121, 2146.
[43] *Dauses*, EuZW 1990, S. 565, 568 ff.; *Everling*, DVBl. 1990, S. 225, 227; *Goerlich/Bräth*, DÖV 1987, S. 1038 ff.; *Kroppenstedt*, in: Battis, Europäischer Binnenmarkt, S. 45, 50; *Schweitzer/Hummer*, Europarecht, Rn. 1162, S. 355.
[44] *Everling*, DVBl. 1990, S. 225, 227; s. auch *Riegel*, BayVBl. 1990, S. 556.
[45] Auf den Streitstand kann hier nicht eingegangen werden; näher dazu u. a. *Böse*, EuZW 1992, S. 639, 640 ff.; *Dauses*, NZA Beil. 3/1986, S. 11, 15 f.; *ders.*, BayVBl. 1989, S. 609, 614; *Dörr*, EuZW 1990, S. 565, 568 ff.; *Everling*, DVBl. 1990, S. 225, 228; *ders.*, in: Battis, Europäischer Binnenmarkt, S. 23, 37 ff.; *Forch*, NVwZ 1987, S. 27, 29 ff.; *Handoll*, ELR 1988, S. 223 ff.; *Kroppenstedt*, in: Battis, Europäischer Binnenmarkt, S. 45, 51 ff.; *Grabitz/Hilf-Randelzhofer*, Art. 48 EGV a. F., Rn. 59 ff; *Riegel*, BayVBl. 1990, S. 556 f.; *Schweitzer*, Gedächtnisschrift für Grabitz, S. 747, 751 ff.
[46] S. EuGH (Sotgiu), Rs. 152/73, Slg. 1974, S. 153; (Belgien I), Rs. 149/79, Slg. 1980, S. 3881; (Belgien II), Rs. 149/70, Slg. 1982, S. 1845; (Frankreich), Rs. 307/84, Slg. 1986, S. 1725; (Lawrie-Blum), Rs. 66/85, Slg. 1986, S. 2121; (Italien), Rs. 225/85, Slg. 1987, S. 2625 ff.; zuletzt EuGH (Bleis), Rs. 4/91, Slg. 1991, S. 5627, 5641.

zu schützen erlaubt, unbedingt erforderlich sei.[47] Demnach schließe Art. 39 Abs. 4 EGV (Art. 48 Abs. 4 EGV a. F.) nur diejenigen Stellen vom Geltungsbereich des Art. 39 Abs. 1–3 EGV (Art. 48 Abs. 1–3 EGV a. F.) aus, die eine „unmittelbare oder mittelbare Teilnahme an der Ausübung hoheitlicher Befugnisse und an der Wahrnehmung solcher Aufgaben mit sich bringen, die auf die Wahrung der allgemeinen Belange des Staates oder anderer öffentlicher Körperschaften gerichtet sind und deshalb ein Verhältnis besonderer Verbundenheit des jeweiligen Stelleninhabers zum Staat sowie die Gegenseitigkeit von Rechten und Pflichten voraussetzen.[48]"

3. Der Arbeitnehmerbegriff i. S. des Art. 42 EGV (Art. 51 EGV a. F.) sowie der auf der Grundlage von Art. 42 EGV (Art. 51 EGV a. F.) erlassenen Verordnungen

17   Zur Freizügigkeit der Arbeitnehmer innerhalb der Gemeinschaft gehört, dass sichergestellt wird, dass für den Arbeitnehmer und seine Familienangehörigen aus der Ausübung des Freizügigkeitsrechts in sozialrechtlicher Hinsicht keine Nachteile erwachsen. Art. 42 S. 1 EGV (Art. 52 S. 1 EGV) ermächtigt den Rat daher, die auf dem Gebiet der sozialen Sicherheit notwendigen Maßnahmen zu beschließen. In Ausführung des Art. 42 EGV (Art. 51 EGV a. F.) hat der Rat am 25. 9. 1958 die Verordnung Nr. 3 über die soziale Sicherheit von Wanderarbeitnehmern[49] erlassen. Zur Durchführung der Verordnung Nr. 3 ist am 3. 12. 1958 die Verordnung Nr. 4[50] verabschiedet worden. Die Verordnungen Nr. 3 und Nr. 4 sind am 1. 1. 1959 in Kraft getreten. Seit dem 1. 10. 1972 sind sie durch die Verordnung 1408/71/EWG des Rates vom 14. 6. 1971 über die Anwendung der Systeme der sozialen Sicherheit auf Arbeitnehmer und deren Familien, die innerhalb der Gemeinschaft zu- und abwandern[51] sowie durch die Verordnung 574/72/EWG des Rates vom 21. 3. 1972 über die Durchführung der Verordnung 1408/71/EWG[52] ersetzt worden.

18   Die persönliche Reichweite des Arbeitnehmerbegriffs in der primärrechtlichen Vorschrift des Art. 42 EGV (Art. 51 EGV a. F.) sowie in den in Ausführung des Art. 42 (Art. 51 EGV a. F.) erlassenen sekundärrechtlichen Verordnungen ist umstritten.[53] Der EuGH hat dem Art. 42 EGV (Art. 51 EGV a. F.) sowie den auf der Grundlage dieser Vorschrift erlassenen Verordnungen stets einen sozialrechtlichen Arbeitnehmerbegriff zugrunde gelegt. Bereits in seinem Urteil vom 19. 3. 1964 in der Rechtssache Unger[54] stellte der EuGH zu Art. 4 der Verordnung Nr. 3 fest, dass der Begriff „ein Arbeitnehmer oder ihm Gleichgestellter" i. S. der Verordnung Nr. 3 vom Gemeinschaftsrecht her zu verstehen sei und sich auf alle Personen erstrecke, die in dieser Eigenschaft, unabhängig von ihrer Bezeichnung, von den verschiedenen Systemen des innerstaatlichen Sozialversicherungsrechts erfasst würden.[55] Dieser extensive sozialrechtliche Arbeitnehmerbegriff hat auch in der Verordnung 1408/71/EWG seinen Niederschlag gefunden. Nach Art. 1

---

[47] EuGH (Lawrie-Blum), Rs. 66/85, Slg. 1986, S. 2121, 2146.
[48] S. zuletzt EuGH (Bleis), Rs. 4/91, Slg. 1991, S. 5641; zur Ausnahmeregelung des Art. 39 Abs. 4 EGV (Art. 48 Abs. 4 EGV a. F.) s. näher *Hanau* § 15 Rn. 21 ff.
[49] ABl. EG Nr. 30, S. 561.
[50] ABl. EG Nr. 30, S. 561.
[51] ABl. EG L 194, S. 2, in der Neufassung der Verordnung 118/97 des Rates vom 2. Dezember 1996, ABl. EG L 28, S. 4; zuletzt geändert durch Verordnung vom 8. Februar 1999, ABl. EG L 38, S. 1.
[52] ABl. EG L 74, S. 1, in der Neufassung der Verordnung 118/97 des Rates vom 2. Dezember 1996, ABl. EG L 28, S. 102; zuletzt geändert durch Verordnung vom 8. Februar 1999, ABl. EG L 38, S. 1.
[53] Näher dazu *Klang*, Soziale Sicherheit, S. 101 ff.; *Steinmeyer*, unten § 21 Rn. 22.
[54] Rs. 75/63, Slg. 1964, S. 379.
[55] Rs. 75/63, Slg. 1964, S. 379. 397.

I. Der Begriff des Arbeitnehmers

Buchst. a ist Arbeitnehmer jede Person, die gegen ein Risiko oder gegen mehrere Risiken, die von den Zweigen eines Systems der sozialen Sicherheit für Arbeitnehmer erfasst werden, pflichtversichert oder freiwillig weiterversichert ist. Mit dieser extensiven Auslegung des Arbeitnehmerbegriffs löst sich der Arbeitnehmerbegriff im Bereich der „sozialen Sicherheit" von dem nach arbeitsrechtlichen Kriterien bestimmten Arbeitnehmerbegriff des Art. 39 EGV (Art. 48 EGV a.F.). Folgt man der Auffassung des EuGH, die vom überwiegenden Schrifttum geteilt wird,[56] so kommt man zu dem systemwidrigen Ergebnis,[57] dass innerhalb eines Kapitels des EG-Vertrages zwei unterschiedliche Arbeitnehmerbegriffe, nämlich ein arbeitsrechtlicher und ein sozialrechtlicher, existieren.[58]

4. Der Arbeitnehmerbegriff i.S. der Betriebsübergangsrichtlinie 77/187/EWG (heute: 2001/23/EG)

In der Rechtssache Mikkelsen[59] wurde dem EuGH im Vorabentscheidungsverfahren **19** die Frage vorgelegt, ob vom Arbeitnehmerbegriff der Richtlinie 77/187/EWG über die Wahrung von Ansprüchen der Arbeitnehmer beim Übergang von Unternehmen, Betrieben oder Betriebsteilen[60] auch eine Person erfasst werde, die einen erheblichen Teil des Einflusses in einer Gesellschaft besitze, deren Aufsichtsratsvorsitzender sie überdies ist.[61] Das Gericht stellte, wie schon im Urteil in der Rechtssache Levin,[62] zunächst fest, dass der Begriff des „Arbeitnehmers" im jeweiligen Regelungszusammenhang zu sehen ist. Um seine Bedeutung zu ermitteln, müsse daher auf die allgemein anerkannten Auslegungsgrundsätze zurückgegriffen werden, wobei vom gewöhnlichen Sinn dieses Begriffes in dem betreffenden Zusammenhang auszugehen sei und die Anhaltspunkte, die sich möglicherweise aus den gemeinschaftsrechtlichen Texten sowie den den Rechtsordnungen der Mitgliedstaaten gemeinsamen Auffassungen ergeben, zu berücksichtigen seien.[63] Die Richtlinie 77/187/EWG wolle ihren Begründungserwägungen zufolge die Ansprüche der Arbeitnehmer bei einem Wechsel des Arbeitgebers gewährleisten und sehe hierfür unter anderem vor, dass die Pflichten des Veräußerers gegenüber den Arbeitnehmern aus einem Arbeitsvertrag oder einem Arbeitsverhältnis auf den Erwerber übergehen; sie gewähre den Arbeitnehmern ferner Schutz vor einer bloß durch den Unternehmensübergang begründeten Kündigung. Daraus ergebe sich, dass die Richtlinie 77/187/EWG nur eine teilweise Harmonisierung auf dem betreffenden Gebiet vornehme, indem sie hauptsächlich den den Arbeitnehmern durch die Rechtsvorschriften des einzelnen Mitgliedstaates selbst gewährten Schutz auch auf den Fall des Unternehmensübergangs ausdehne. Die Richtlinie verfolge somit das Ziel, soweit wie möglich den Fortbestand des Arbeitsverhältnisses mit dem Erwerber in unveränderter Form sicherzustellen, um zu verhindern, dass die von dem Unternehmensübergang betroffenen Arbeitnehmer allein auf Grund dieses Übergangs schlechter gestellt werden. Sie wolle indessen kein für die gesamte Gemeinschaft auf Grund gemeinsamer Kriterien einheitliches Schutzniveau schaffen. Somit könnten sich auf

---

[56] Vgl. die Nachweise bei *Klang*, Soziale Sicherheit, S. 139 ff.; s. auch *Dörr*, EuZW 1990, S. 565, 567.
[57] So auch *Karpenstein*, in: Groeben/Boeckh/Thiesing/Ehlermann, EWG-Vertrag, 3. Aufl. 1982, Vorbem. zu Art. 48 und 49 EWGV, Rn. 2 und 13; nach Ansicht *Karpensteins* ist dieser Systembruch mit der unterschiedlichen Tendenz der Vorschriften zu erklären.
[58] Kritisch dazu *Klang*, Soziale Sicherheit, S. 160 ff.; zum Arbeitnehmerbegriff i.S. des Art. 42 EGV (Art. 51 EGV a.F.) s. auch *Eichenhofer*, EAS B 1200, Rn. 64 ff.; *Steinmeyer*, unten § 21 Rn. 12 ff.; *Wank*, Empirische Befunde zur „Scheinselbständigkeit" – Juristischer Teil, Forschungsbericht 262a Sozialforschung, Hrsg. Bundesministerium für Arbeit- und Sozialordnung, 1997, S. 32, 36 f.
[59] Rs. 105/84, Slg. 1985, S. 2639.
[60] ABl EG L 61, S. 26; näher zu dieser Richtlinie unten § 18 Rn. 37 ff.
[61] Rs. 105/84, Slg. 1985, S. 2639 ff.
[62] EuGH (Levin), Rs. 53/81, Slg. 1982, S. 1035, 1048.
[63] Slg. 1985, S. 2639, 2652.

die Richtlinie 77/187/EWG nur Personen berufen, die auf die eine oder andere Weise nach den Rechtsvorschriften des betreffenden Mitgliedstaats als Arbeitnehmer geschützt seien.[64]

5. Der Arbeitnehmerbegriff im technischen Arbeitsschutz

20 Der organisatorischen Sicherstellung des technischen Arbeitsschutzes dient die Rahmenrichtlinie 89/391/EWG des Rates vom 12. 6. 1989 über die Durchführung von Maßnahmen zur Verbesserung der Sicherheit und des Gesundheitsschutzes der Arbeitnehmer bei der Arbeit.[65] Sie legt die grundlegenden Anforderungen des betrieblichen Arbeitsschutzes fest. Art. 5 Abs. 1 der Richtlinie verpflichtet den Arbeitgeber, „für die Sicherheit und den Gesundheitsschutz der Arbeitnehmer in Bezug auf alle Aspekte, die die Arbeit betreffen, zu sorgen." Eine Konkretisierung des Arbeitnehmerbegriffs findet sich in Art. 3 der Richtlinie. Nach Art. 3 Buchst. a) fällt unter den Begriff des Arbeitnehmers jede Person, die von einem Arbeitgeber beschäftigt wird, einschließlich der Praktikanten und Lehrlinge, jedoch mit Ausnahme von Hausangestellten.[66] Auf Grund des eindeutigen Wortlauts ist damit klargestellt, dass auch Beamte und Leiharbeitnehmer vom Arbeitnehmerbegriff der Richtlinie erfasst werden.

6. Telearbeit

21 Telearbeit wird teilweise zu den atypischen Beschäftigungsformen gerechnet, nach anderer Auffassung steht die Zugehörigkeit zum allgemeinen Arbeitnehmerbegriff im Vordergrund.

22 Die **Kommission** hat am 20. Juli 2000 den Sozialpartnern ein Dokument zur „Modernisierung und Verbesserung der Arbeitsbeziehungen" übermittelt, in dem es vor allem um Telearbeit geht. Damit hat die Kommission die erste Phase der Konsultation gem. Art. 138 EGV eingeleitet. Die Sozialpartner wurden gebeten, ihren Standpunkt zu folgenden Punkten darzulegen:
– Weiterentwicklung einer Reihe von vereinbarten Grundprinzipien, die zur Modernisierung der Arbeitsbeziehungen eingehalten werden sollen,
– Schaffung eines Mechanismus zur Überprüfung der bestehenden gesetzlichen und vertraglichen Bestimmungen im Bereich Arbeitsbeziehungen,
– Festlegung von Rahmenbestimmungen über Telearbeit und
– Festlegung von Rahmenbestimmungen über ökonomisch abhängig Beschäftigte.

23 In den Antworten der Sozialpartner stellte sich ein Konsens über die Bedeutung einer Modernisierung der bestehenden Vorschriften heraus.

24 Im Hinblick auf die zweite Stufe der Konsultation hat die Kommission eine Gebrauchsdefinition zugrundegelegt:

„Telearbeit ist eine Form der Arbeitsorganisation und/oder –ausführung, die mindestens einen wesentlichen Teil der Arbeitszeit einnimmt und von einer natürlichen Person im Rahmen eines Arbeitsvertrages ausgeübt wird, für welches alle im Folgenden genannten Bedingungen gelten müssen:
– die Arbeit wird aus der Ferne (außerhalb der Räumlichkeiten des Unternehmens und außerhalb des Ortes, an dem die Arbeit erwartet wird) erledigt,
– die Arbeit wird mit Hilfe von Informations- und Datenübertragungstechnologien, insbesondere dem Internet, erledigt."

---

[64] Slg. 1985, S. 2639, 2653; dagegen vertrat die Kommission in dem Verfahren die Auffassung, der Begriff des Arbeitnehmers i. S. der Richtlinie 77/187/EWG sei auf Gemeinschaftsebene zu bestimmen.

[65] ABl. EG L 183, S. 1, näher zu dieser Richtlinie unten § 18 Rn. 440ff. m.w.N.

[66] Zu den Hausangestellten gehören alle Personen, die zur Verrichtung von Hausarbeiten in einem Privathaushalt angestellt sind.

I. Der Begriff des Arbeitnehmers   25–29 § 14

Die Kommission schlägt vor, dass sich die Sozialpartner mit folgenden Grundprinzipien 25
befassen:
– Freiwilligkeit und Recht auf Rückkehr
– garantierte Beibehaltung des Status eines Arbeitnehmers
– garantierte Gleichbehandlung
– Informationen, die dem Telearbeitnehmer zu übermitteln sind
– Kostenübernahme durch den Arbeitgeber
– Garantie der Bewilligung einer auf die Bedürfnisse abgestimmten Ausbildung
– Schutz im Bereich Arbeitsschutz und Arbeitssicherheit
– Arbeitszeit
– Schutz der Privatsphäre und Schutz personenbezogener Daten
– Pflege des Kontakts mit dem Unternehmen
– kollektive Rechte der Telearbeitnehmer
– Zugang zur Telearbeit.

Im **deutschen Recht** ist anerkannt, dass der Rechtsstatus des Telearbeiters von der Art 26
der Vertragsgestaltung abhängt; Telearbeiter können daher sowohl Arbeitnehmer als auch
Selbständige sein.[67] Allerdings wirft diese Form der Arbeitsgestaltung eine Reihe besonderer Rechtsprobleme auf.[68]

Der **Ausschuss** der EU-Kommission **für den sozialen Dialog** im Telekommunikati- 27
onssektor hat am 7. 2. 2001 Leitlinien für die Organisation von Telearbeit verkündet.[69]

7. Bedienstete der Gemeinschaften

Das Dienstrecht der Europäischen Gemeinschaft ist in der auf Grund des Art. 24 Abs. 1 28
des Fusionsvertrages vom 8. 4. 1965[70] erlassenen Verordnung 259/68/EWG des Rates
vom 29. 2. 1968[71] geregelt.[72] Kapitel 1 der Verordnung enthält sowohl das Beamtenstatut
(EurBSt) als auch die Beschäftigungsbedingungen der sonstigen Bediensteten (BSB). Den
Begriff des „Arbeitnehmers" kennt das öffentliche Dienstrecht nicht.

Nach Art. 1 Abs. 1 EurBSt ist Beamter der Gemeinschaften i.S. des Statuts, „wer bei 29
einem der Organe der Gemeinschaften durch eine Urkunde der Anstellungsbehörde dieses
Organs nach den Vorschriften des Statuts unter Einweisung in eine Dauerplanstelle zum
Beamten ernannt worden ist." Da der Europäischen Gemeinschaft eine Staatsqualität nicht
zukommt,[73] handelt es sich bei dem Beamtenbegriff im Dienstrecht der EG um einen
überwiegend organrechtlichen Begriff.[74] Voraussetzung für die Ernennung zum Beamten
ist stets das Vorliegen einer Dauerplanstelle.[75] Nicht notwendig für den Beamtenstatus ist
die Wahrnehmung hoheitlicher Aufgaben. Den Status eines europäischen Beamten genießen auch Boten, Sekretärinnen oder Kraftfahrer, die eine Dauerplanstelle bekleiden.[76]
Nach Art. 55 Abs. 1 EurBSt stehen die Beamten im aktiven Dienst ihrem Organ jederzeit
zur Verfügung. Art. 11 Abs. 1 EurBSt verpflichtet den Beamten, sich bei der Ausführung

---

[67] *Wank*, NZA 1999, S. 225.
[68] *Wank*, Telearbeit, m.w.N.
[69] Abgedr. in RdA 2001, S. 186.
[70] BGBl. II 1965, S. 1454 ff.
[71] ABl. EG L 56, S. 1.
[72] Zur Entwicklungsgeschichte des Europäischen Dienstrechts s. *Rogalla*, Dienstrecht der Europäischen Gemeinschaften, 1981, S. 3 ff. Zur Rechtsnatur des Dienstrechts der EG s. *Lindemann*, Allgemeine Rechtsgrundsätze und europäischer öffentlicher Dienst, 1986, S. 55 ff.
[73] S. dazu BVerfG, BVerfGE 22, S. 293; *Beutler* in: Beutler/Bieber/Pipkorn/Streil, Die Europäische Union, S. 70.
[74] *Rogalla*, Dienstrecht, S. 55.
[75] S. dazu sowie zu den weiteren Voraussetzungen *Rogalla*, Dienstrecht, S. 55 ff; *Schwarze*, Europäisches Verwaltungsrecht, Bd. 1, 1988, S. 288 ff.
[76] *Stadler*, Berufsfreiheit, S. 16.

seines Amtes und in seinem Verhalten ausschließlich von den Interessen der Gemeinschaften leiten zu lassen. Der Beamte darf von keiner Regierung, Behörde, Organisation oder Person außerhalb seines Organs Weisungen anfordern oder entgegennehmen.[77]

30   Die Organe der Europäischen Gemeinschaft beschäftigen neben den Beamten „sonstige Bedienstete". Die sonstigen Bediensteten[78] werden vorübergehend oder auf Zeit durch privatrechtlichen Vertrag eingestellt.[79] Die Ausgestaltung der Verträge richtet sich nach den Beschäftigungsbedingungen der sonstigen Bediensteten (BSB).[80]

II. Der Begriff des Arbeitgebers

31   Wie der Begriff des Arbeitnehmers taucht auch der Begriff des Arbeitgebers in zahlreichen primär- und sekundärrechtlichen Vorschriften des Gemeinschaftsrechts auf. Diese Vorschriften verzichten allerdings darauf, den Begriff „Arbeitgeber" zu definieren, sondern setzen ihn vielmehr voraus. Eine Ausnahme stellt insoweit die für den technischen Arbeitsschutz bedeutsame **Richtlinie 89/391/EWG** über die Durchführung von Maßnahmen zur Verbesserung der Sicherheit und des Gesundheitsschutzes der Arbeitnehmer bei der Arbeit[81] dar. Nach der Legaldefinition des Art. 3 Buchst. b dieser Richtlinie ist Arbeitgeber „jede natürliche oder juristische Person, die als Vertragspartei des Beschäftigungsverhältnisses mit dem Arbeitnehmer die Verantwortung für das Unternehmen bzw. den Betrieb trägt". Für das deutsche Recht steht damit fest, dass auch der Bund, die Länder, die Gemeinden und die anderen Körperschaften des öffentlichen Rechts Arbeitgeber i. S. der Richtlinie 89/391/EWG sind, sofern sie Beamte oder Arbeitnehmer beschäftigen.

32   Rechtliche Relevanz für das EG-Arbeitsrecht und damit für das nationale Recht kommt auch dem Umstand zu, ob ein Arbeitgeber zu den **Kleinunternehmen** zählt. So ermächtigt etwa Art. 7 Abs. 5 der Richtlinie 2001/23/EG zur Angleichung der Rechtsvorschriften der Mitgliedstaaten über die Wahrung von Ansprüchen der Arbeitnehmer beim Übergang von Unternehmen, Betrieben oder Betriebsteilen[82] die Mitgliedstaaten, die in Art. 6 Abs. 1–3 der Richtlinie vorgesehenen Informations- und Konsultationspflichten auf Betriebe zu beschränken, die hinsichtlich der Zahl der beschäftigten Arbeitnehmer die Voraussetzungen für die Wahl der Bestellung eines Kollegiums als Arbeitnehmervertretung erfüllen.

33   Die geringe Zahl der Beschäftigten, die ein Arbeitgeber in seinem Betrieb beschäftigt, kann auch für die Frage, ob eine mittelbare Diskriminierung durch objektive Gründe gerechtfertigt ist, von Bedeutung sein. So stellte der EuGH in seiner Entscheidung vom 30. 11. 1993 in der Rechtssache Kirsammer[83] fest, dass die in § 23 Abs. 1 Satz 3 KSchG enthaltene Regelung, wonach bei der Feststellung der Zahl der Arbeitnehmer gem. § 23 Abs. 1 Satz 2 KSchG[84] nur Arbeitnehmer zu berücksichtigen sind, deren regelmäßige Arbeitszeit wöchentlich 10 Stunden oder monatlich 45 Stunden übersteigt, jedenfalls deshalb keine mittelbare Diskriminierung darstellt, weil sie objektiv gerechtfertigt ist. Die in Frage stehende Regelung gehöre nämlich zu einem Bündel von Maßnahmen, die den Kleinunternehmen, die eine wesentliche Rolle bei der wirtschaftlichen Entwicklung und

---

[77] Zu den weiteren Pflichten des Beamten s. *Rogalla*, Dienstrecht, S. 124 ff.
[78] Es handelt sich um den Bediensteten auf Zeit, die Hilfskraft, den örtlichen Bediensteten und den Sonderberater.
[79] S. *Rogalla*, Dienstrecht, S. 73 ff.
[80] Zu weiteren Einzelheiten s. *Rogalla*, Dienstrecht, S. 32 ff., 141 ff.
[81] ABl. EG L 183, S. 1; näher zu dieser Richtlinie unten § 18 Rn. 440 ff.
[82] ABl. EG L 82, S. 16; näher zu dieser Richtlinie unten § 18 Rn. 37 ff.
[83] Rs. 189/91, Slg. 1993, S. 6185 = AP Nr. 13 zu § 23 KSchG.
[84] § 23 Abs. 1 Satz 2 KSchG nimmt *Kleinbetriebe* von den Kündigungsschutzbestimmungen des ersten Abschnitts des Kündigungsschutzgesetzes aus. Das sind Betriebe, in denen in der Regel weniger als 6 Arbeitnehmer beschäftigt sind.

der Schaffung von Arbeitsplätzen in der Gemeinschaft spielen,[85] die ihnen auferlegten Lasten erleichtern sollen. Eine derartige Regelung beruhe somit auf objektiven Faktoren, die nichts mit einer Diskriminierung auf Grund des Geschlechts zu tun hätten.

§ 15 Freizügigkeit der Arbeitnehmer

Neueres Schrifttum: *Arens,* Der Fall Bosman, SpuRt 1996, S. 39; *ders.,* Der deutsche Bosman, SpuRt 1996, S. 39; *Becker,* Freizügigkeit in der EU – auf dem Weg vom Begleitrecht zur Bürgerfreiheit, EuR 1999, S. 522; *Blanpain,* Les gladiateurs du sport, 1993; *ders.,* Geschichte und Hintergründe des Bosman-Urteils, AuR 1996, S. 161; *Bleckmann,* Die Personenverkehrsfreiheit im Recht der EG, DVBl. 1986, S. 69; *Birk* in MünchArbR, 2. Aufl. 2000, § 19 Rn. 3 ff.; *Borchardt,* Der sozialrechtliche Gehalt der Unionsbürgerschaft, NJW 2000, 2057; *v. Danwitz,* Zur gegenseitigen Anerkennung von Vordienstzeiten im öffentlichen Dienst der Mitgliedstaaten der EU, JZ 1998, S. 563; *Delbrück/Tietje,* Die Frage der unmittelbaren Anwendbarkeit des Assoziationsratsbeschlusses EWG/Türkei Nr. 3/80, ZAR 1995, S. 29; *de Groot,* Auf dem Weg zu einer europäischen Staatsangehörigkeit, in: Coen u. a. (Hrsg.), Europa '93 – Auf dem Weg zur Europäischen Union, S. 87; *Dinkelmeyer,* Das „Bosman"-Urteil des EuGH und seine Auswirkungen auf den Profifußball in Europa, 1999; *Fabis,* Die Auswirkungen der Freizügigkeit gem. Art. 48 EGV auf Beschäftigungsverhältnisse im nationalen Recht, 1995; *Fikentscher,* Adrian, Das Kartellrecht im Sport, SpuRt 1995, S. 149; *ders.,* EG-Freizügigkeit und bezahlter Sport, SpuRt 1996, S. 34; *Fischer,* Die FreizügigkeitsVO/EG zum allgemeinen Aufenthaltsrecht von Unionsbürgern, ZAR 1998, S. 159; *Fleischer,* Absprachen im Profisport und Art. 85 EGV, WuW 1996, S. 473; *Ganten,* Die Drittwirkung der Grundfreiheiten, Berlin 2000; *Gargulla,* Die arbeits- und aufenthaltsrechtlichen Begünstigungen für osteuropäische Arbeitnehmer und Selbständige durch die Europa-Abkommen – Sein oder Schein?, InfAuslR 1995, S. 181; *Gebhardt,* Modelle für die Reform des Transfersystems für Berufsfußballspieler, 2000; *Gramlich,* Vertragsfreiheit für Sportler in EG-Mitgliedstaaten am Beispiel Deutschlands, SpuRt 2000, S. 89; *Gutmann,* Europarechtlicher Diskriminierungsschutz für türkische Arbeitnehmer, AuR 2000, S. 81; *ders.,* Die Assoziationsfreizügigkeit türkischer Staatsangehöriger, 2. Aufl. 1999; *Hailbronner,* Grundregeln der Freizügigkeit in *Dauses,* Handbuch des EG-Wirtschaftsrechts, D I, 1998; *Hanau,* Die arbeitsrechtliche Bedeutung der Freizügigkeit der Arbeitnehmer in der EG, in: von Maydell (Hrsg.), Soziale Rechte in der EG, 1990, S. 55; *Heidersdorf,* Ausländerklauseln im Profisport, 1998; *Heinze,* Reichweite und Grenze der Freizügigkeit als Grundrecht für Arbeitsuchende, in Heinze u. a. (Hrsg), 9. Bonner Europa-Symposion Arbeitsförderung in Europa 1997, S. 53; *Heyer,* Diskriminierungs- und Beschränkungsverbot im Rahmen der gemeinschaftsrechtlichen Arbeitnehmerfreizügigkeit, Diss. Köln 1996; *Hilf/Pache,* Das Bosman-Urteil des EuGH, NJW 1996, S. 1169; *Hillgruber,* Die Entwicklung des deutschen Beamtenrechts unter Einwirkung des europäischen Gemeinschaftsrechts, ZfBR 1997, S. 1; *Hobe/Tietje,* Europäische Grundrechte auch für Profisportler, JuS 1996, S. 486; *Husmann,* Ost-Erweiterung der EU und Arbeitnehmerfreizügigkeit, ZIAS 1999, S. 419; *Jackel,* Schutzpflichten im deutschen und europäischen Recht, 2001; *Jaensch,* Die unmittelbare Drittwirkung der Grundfreiheiten, 1996; *Jarass,* Die Grundfreiheiten als Grundgleichheiten, in: FS für Ulrich Everling, 1995, S. 593; *Kaufmann/Kessler/v. Maydell* (Hrsg.), Arbeits- und Sozialrecht bei grenzüberschreitendem Fehlverhalten, 1998; *Kelber,* Die Transferpraxis beim Vereinswechsel im Profifußball auf dem Prüfstand, NZA 2001, S. 11; *Kluth,* Die Bindung privater Wirtschaftsteilnehmer an die Grundfreiheiten des EG-Vertrages – Eine Analyse am Beispiel des Bosman-Urteils des EuGH –, AöR 122 (1997), S. 557; *Lichtenberg/Limme/Gümrükcu,* Gastarbeiter – Einwanderer – Bürger? Die Rechtstellung türkischer Arbeitnehmer in der EU, 1996; *Lippert,* Soziale Vergünstigungen und Arbeitnehmerfreizügigkeit in Europa, 1995; *Lorenz, Frank,* Der Einfluss der Rechtsprechung des Europäischen Gerichtshofs auf das deut-

---

[85] In ihrem ersten Bericht kommt die Europäischen Beobachtungsstelle für kleine und mittlere Unternehmen (KMU) zu der Feststellung, dass die sog. Kleinstunternehmen – wozu Unternehmen gezählt werden, die zwischen einem und neun Arbeitnehmern beschäftigen 93% der Unternehmen in der Europäischen Union ausmachen. Die Kleinunternehmen sind nach dem Bericht der KMU die Einzigen, die 1991 und 1992 mehr Arbeitsplätze geschaffen haben; näher zu diesem Bericht EG-Nachrichten Nr. 47 v. 6. 12. 1993, S. 4.

sche Individualarbeitsrecht, Diss. Konstanz 1995; *Majtesowicz,* Möglichkeiten und Grenzen einer einheitlichen Dogmatik der Grundfreiheiten, 2001; *Palme/Hepp-Schwab/Wilske,* Freizügigkeit im Profisport – EG-rechtliche Gewährleistungen und prozessuale Durchsetzbarkeit, JZ 1994, S. 343; *Plath,* Individualrechtsvereinbarungen im Berufsfußball, 1999; *Reichold,* Europäische Freizügigkeit und nationales Arbeitsrecht, 1997; *ders.,* Arbeitsrechtsstandards als „Aufenthaltsmodalitäten", ZEuP 1998, S. 434; *Roloff,* Das Beschränkungsverbot des Art. 39 EG und seine Auswirkungen auf das nationale Arbeitsrecht, Diss. Köln 2001; *Roth,* Drittwirkung der Grundfreiheiten?, in: FS für Ulrich Everling, 1995, S. 1231; *Rothfuchs,* Die traditionellen Personenverkehrsfreiheiten des EG-Vertrags und das Aufenthaltsrecht der Unionsbürger, 1999; *Rumpf, Olav,* Wann erlischt das Aufenthaltsrecht nach Art. 6 I des Beschlusses Nr. 1/80 des Assoziationsrats EWG-Türkei?, NVwZ 1994, S. 1189; *ders.,* Zur Ausweitung der Freizügigkeit türkischer Arbeitnehmer durch die Rechtsprechung des EuGH, RIW (AWI) 1995, S. 764; *Schäffer,* Die neue FreizügigkeitsVO/EG, NVwZ 1998, S. 31; *Schieffer,* Privilegierte Drittstaatsangehörige: EU-Familienangehörige und Assoziationsabkommen, in Hailbronner (Hrsg.) 30 Jahre Freizügigkeit in Europa, S. 183; *Schindler,* Die Kollision von Grundfreiheiten und Gemeinschaftsgrundlagen, 2001; *Schneider-de Groot,* Die Freizügigkeit für Lehrer im Europäischen Binnenmarkt, in: Coen/Hölscheidt/Pieper (Hrsg.), Europa '93 – Auf dem Weg zur Europäischen Union, 1993, S. 382; *Schotten,* Die Auswirkungen des Europäischen Gemeinschaftsrechts auf den Zugang zum öffentlichen Dienst in der Bundesrepublik Deutschland, 1994; *Schweitzer,* Lehrerberuf und Arbeitnehmerfreizügigkeit, Gedächtnisschrift für Eberhard Grabitz, 1995, S. 747; *Schulz,* Freizügigkeit für Unionsbürger; *Seidel,* Ausländische Arbeitnehmer auf dem deutschen Arbeitsmarkt, ZAR 1995, S. 51; *Sieveking,* Probleme des Rechtsstatus von Grenzgängern, in Hailbronner (Hrsg.), 30 Jahre Freizügigkeit in Europa, S. 219; *ders.,* Die Anwendung des Assoziationsratsbeschlusses Nr. 3/80 auf türkische Staatsangehörige in Deutschland, NZS 1994, S. 213; *ders.,* Die Rechtsstellung von Drittstaatsangehörigen nach Assoziationsrecht, ZIAS 1995, S. 227; *Schumacher,* Grenzgänger: Soziale und steuerliche Aspekte, in Hailbronner (Hrsg.), 30 Jahre Freizügigkeit in Europa, S. 199; *Stopper,* Deutsche Rechtsprechung zu Transferzahlungen seit „Bosman" SpuRt 2000, S. 1; *Streinz,* Die Auswirkungen des EG-Rechts auf den Sport, SpuRt 1998, S. 1, 45, 89; *Tettinger,* Sport als Verfassungsthema, JZ 2000, S. 1069; *Trommer,* Die Transferregelungen im Profisport im Licht des „Bosman"-Urteils im Vergleich zu den Mechanismen im bezahlten amerikanischen Sport, 1999; *Veltmann,* Der Anwendungsbereich des Freizügigkeitsrechts der Arbeitnehmer gemäß Art. 39 EG, 2000; *Waltermann/Janke,* Arbeitnehmerfreizügigkeit und Leistungen bei Arbeitslosigkeit in Europa, DB 1998, S. 1030; *Weber,* Die Rechtsstellung algerischer Staatsangehöriger in der Europäischen Gemeinschaft, ZAR 1996, S. 37; *ders.,* Die Freizügigkeit für Arbeitnehmer in der EG nach der Entscheidung „Bosman", RdA 1996, S. 107; *ders.,* Der Status arbeitsuchender türkischer Staatsangehöriger, NVwZ 1997, S. 652; *Weiß,* Die Personenverkehrsfreiheiten von Staatsangehörigen assoziierter Staaten, 1998; *ders.,* Transfersysteme und Ausländerklauseln unter dem Licht des EG-Kartellrechts, SpuRt 1998, S. 97; *Weth/Kerwer,* Grenzgänger, RdA 1998, S. 233; *Zuleeg,* Die Grundfreiheiten des gemeinsamen Markts im Wandel, in: FS für Ulrich Everling, 1995, S. 1717.

Übersicht[1]

	Rn.		Rn.
I. Einleitung	1	aa) Einreisevoraussetzungen	32
II. Anwendungsbereich der Freizügigkeitsvorschriften	8	bb) Deklaratorische Aufenthaltserlaubnis-EG	36
		b) Während der Stellensuche	42
1. Persönlich	8	aa) Vermittelbarkeit	43
a) Nationalität	9	bb) Dauer der Arbeitsuche	46
b) Arbeitnehmerstatus	14	cc) Keine Inanspruchnahme von Sozialhilfe	49
2. Sachlich	15	dd) Keine Aufenthaltserlaubnis-EG	50
3. Räumlich; Übergangsvorschriften	17	c) Während der Arbeitslosigkeit	51
4. Berechtigung	20	aa) Vorherige Beschäftigung im Rahmen des Freizügigkeitsrechts	52
III. Art. 39 Abs. 3 EG (Der Zugang zum Arbeitsmarkt)	21	bb) Unfreiwilligkeit der Arbeitslosigkeit	53
1. Ausreiserecht	24		
2. Einreise- und Aufenthaltsrecht	28	cc) Anspruch auf Verlängerung der Aufenthaltserlaubnis	55
a) Während der Berufstätigkeit	31		

[1] Für wertvolle Hilfe danke ich meinen früheren Wissenschaftlichen Mitarbeitern Dr. Jörg Heyer und Dr. Sebastian Roloff.

	Rn.		Rn.
d) Nach der Berufstätigkeit	58	bb) Sozialrecht	175
aa) Voraussetzungen des Verbleiberechts	60	cc) Steuerrecht	189
bb) Geltendmachung des Verbleiberechts	65	2. Privatrechtliche Drittwirkung des Diskriminierungsverbots	194
cc) Deklaratorische Aufenthaltserlaubnis-EG	66	a) Drittwirkung des Diskriminierungsverbots im Rahmen bestehender Vertragsverhältnisse	196
e) Besonderheiten für Familienangehörige	67	b) Drittwirkung des Diskriminierungsverbots bei der Einstellung?	201
aa) Aufenthaltsrecht	68	aa) Begründbarkeit de lege lata	203
bb) Verbleiberecht	79	bb) Tatbestand der Diskriminierung durch die ablehnende Einstellungsentscheidung	206
cc) Besondere Einreisedokumente	82	cc) Rechtsfolge	208
3. Recht auf Zugang zur Beschäftigung und Ausübung einer Beschäftigung	84	dd) Grundrechtsverletzung?	214
a) Kein Erfordernis eines tatsächlichen Stellenangebots	85	c) Drittwirkung des Diskriminierungsverbots im Sportverbandsrecht	218
b) Gleicher Zugang zur Beschäftigung	86	3. Besonderheiten für Familienangehörige	222
aa) Keine Arbeitserlaubnis für EG-Wanderarbeitnehmer erforderlich	87	a) Arbeitsbedingungen des Art. 7 Abs. 1 VO 1612/68	223
bb) Höchstquotenverbot	88	b) Soziale und steuerliche Vergünstigungen des Art. 7 Abs. 2 VO 1612/68	226
cc) Qualifikationsanforderungen	91		
dd) Sprachkenntnisse	92	V. Beschränkungsverbot	233
ee) Arbeitsvermittlung	95	1. Rechtsprechung des EuGH	235
ff) Zugangsprivilegien für Schwerbehinderte	96	a) Bosman	236
gg) Anwerbefreiheit für Arbeitgeber	97	b) Lehtonen	240
c) Vorrang vor Drittstaatsangehörigen?	100	c) Graf	242
aa) Arbeitsvermittlungsverfahren nach der VO 1612/68	101	2. Grenzüberschreitender Sachverhalt	245
bb) Individuelle Arbeitsvermittlung	102	3. Grenzen des Beschränkungsverbots	246
d) Besonderheiten für Familienangehörige	104	4. Wirkung des Beschränkungsverbots	247
aa) Begünstigte Familienangehörige	105	5. Drittwirkung des Beschränkungsverbots	252
bb) Anwendbarkeit des Art. 11 VO 1612/68 auf innerstaatliche Sachverhalte	107	VI. Assoziierte Staaten	254
cc) Zulässige Tätigkeiten	109	1. Türkei	255
4. Einschränkungen	111	a) Zugang zum Arbeitsmarkt	257
a) Ordre-Public-Vorbehalt	112	aa) Erstmaliger Zugang zum Arbeitsmarkt eines Mitgliedstaats von der Türkei aus	257
aa) Persönlicher Anwendungsbereich	114	bb) Zugang zum Arbeitsmarkt eines Mitgliedstaats von einem anderen Mitgliedstaat aus	261
bb) Sachlicher Anwendungsbereich	116	cc) Verbleib auf dem Arbeitsmarkt eines Mitgliedstaats	262
cc) Begriff der öffentlichen Sicherheit und Ordnung im Sinne des Art. 39 Abs. 3 EG	119	b) Arbeitsbedingungen	298
dd) Gefährdung der öffentlichen Gesundheit	129	aa) Assoziationsrechtliches Diskriminierungsverbot	298
ee) Verfahrensrechte	130	bb) Anwendungsbereich	302
b) Zugang zur öffentlichen Verwaltung	133	2. Europa-Abkommen	310
aa) Begriff der öffentlichen Verwaltung	134	a) Zugang zum Arbeitsmarkt	312
bb) Art. 39 Abs. 4 EG als Ausnahme vom Diskriminierungsverbot?	144	aa) Im Rahmen bilateraler Regierungsabkommen	315
		bb) Besonderheiten für Familienangehörige	318
IV. Diskriminierungsverbot	148	b) Arbeitsbedingungen	319
1. Verbot der Diskriminierung aus Gründen der Staatsangehörigkeit	149	3. Sonstige assoziierte Staaten, insbesondere Mittelmeerabkommen	322
a) Formen der Diskriminierung	150	4. Abkommen über Partnerschaft und Zusammenarbeit mit osteuropäischen Staaten	327
aa) Unmittelbare Diskriminierung	150	5. Schweiz	327 a
bb) Mittelbare Diskriminierung	152		
cc) Rechtfertigung	157	VII. Berufsausbildungsfreizügigkeit	328
dd) Problem der Inländerdiskriminierung	159	1. Einschlägigkeit des EG-Vertrages	329
b) Anwendungsbereich des Diskriminierungsverbots	168	a) Art. 149, 150 EG	329
aa) Arbeitsrecht	170		

	Rn.		Rn.
b) Anwendbarkeit des Art. 12 EG	330	a) Dienstleistungsfreiheit	422
c) Begriff der Berufsausbildung	332	aa) Arbeitnehmer aus Mitgliedstaaten der Gemeinschaft	423
2. Diskriminierungsverbot beim Zugang zur Ausbildung	336	bb) Arbeitnehmer aus Drittstaaten	425
a) Allgemeines Diskriminierungsverbot	336	b) Niederlassungsfreiheit	458
aa) Recht auf Einschreibung	337	aa) Keine allgemeine Annex-Freizügigkeit	459
bb) Problem des Numerus Clausus	338	bb) Annex-Freizügigkeit für Schlüsselpersonal?	462
cc) Staatliche Beihilfen zum Hochschulzugang	341	2. Arbeitsbedingungen	464
b) Spezielle Diskriminierungsverbote	343	a) Problem des sog. Sozialdumpings	464
aa) Als Wanderarbeitnehmer	344	b) Regelung durch das Internationale Arbeitsvertragsrecht	466
bb) Als Familienangehöriger eines Wanderarbeitnehmers	352	aa) Art. 30 EGBGB	466
cc) Als Dienstleistungsempfänger	363	bb) Art. 34 EGBGB	469
dd) Im Rahmen des Assoziationsabkommens mit der Türkei	368	c) Entsenderegelungen	471
3. Einreise- und Aufenthaltsrecht	380	d) Weitere Grundlagen für die Anwendung deutschen Arbeitsrechts	488
a) RL 93/96	382	aa) Selbständige	489
b) Im Rahmen der Arbeitnehmerfreizügigkeit oder Dienstleistungsfreiheit	388	bb) Arbeitnehmerüberlassung	490
c) Im Rahmen der Assoziationsvereinbarungen mit der Türkei	389	cc) Anwendung inländischen Arbeitsrechts auf ausländische Arbeitgeber	491
VIII. Anerkennung von Ausbildungen	390	dd) Vergabe öffentlicher Aufträge nur bei Anwendung deutscher Tariflöhne	493
1. Reglementierte Berufe	394	3. Assoziierte Staaten	495
a) Einzelrichtlinien	396	4. Türkei	496
b) Rechtsprechung des EuGH	399	5. Europa-Abkommen	501
c) Allgemeine Anerkennungsrichtlinien	402	a) Niederlassungsrecht	502
aa) Regelung für Hochschuldiplome	405	aa) Gewährleistung durch das Europaabkommen	503
bb) Regelung für sonstige Befähigungsnachweise	409	bb) Mitgebrachtes Personal	508
2. Sonstige Abschlüsse	412	b) Dienstleistungsrecht	514
a) Qualifikationen für nicht reglementierte Berufe	413	aa) Gewährleistung durch das Europaabkommen	515
b) Akademische Grade	415	bb) Mitgebrachtes Personal	516
IX. Beschäftigung im Rahmen der Dienstleistungs- und Niederlassungsfreiheit	419	cc) Verhältnis zu den Werkvertragsabkommen	520
1. Der Zugang zur Beschäftigung	421		

I. Einleitung

1 Die Art. 39 bis 42 EG[2] legen als wesentlichen Bestandteil der gemeinschaftsrechtlichen Personenverkehrsfreiheit die Freizügigkeit der Arbeitnehmer als gemeinschaftsweite Freiheit fest, sich unselbständig wirtschaftlich zu betätigen.[3] Die Freizügigkeit für Arbeitnehmer wird ergänzt durch die Niederlassungsfreiheit nach Art. 43 ff. EG, die das Recht selbständig Tätiger festlegt, sich zum Zwecke der Erwerbstätigkeit in anderen Staaten der Gemeinschaft niederzulassen. Die Freizügigkeit der Arbeitnehmer gewährt diesen einen status negativus, nämlich die Freiheit, von den Mitgliedstaaten nicht an der unselbständigen Tätigkeit in einem anderen Mitgliedstaat gehindert oder dabei benachteiligt zu werden;[4] es handelt sich dagegen um kein gemeinschaftsrechtliches Grundrecht auf Arbeit im Sinne eines status positivus.

---

[2] Zitierweise nach Hinweis der Kommmission für Vertrag in der Fassung von Amsterdam; EGV für den Vertrag in der Fassung von Maastricht, NJW 2000, S. 52.

[3] In der Bundesrepublik Deutschland (alte Bundesländer) waren im März 1994 ca. 590 000 Staatsangehörige anderer (damaliger) Mitgliedstaaten der Gemeinschaft sozialversicherungspflichtig beschäftigt; einen Überblick über die einschlägigen Zahlen bietet *Seidel,* Ausländische Arbeitnehmer auf dem deutschen Arbeitsmarkt, ZAR 1995, 51 ff.

[4] Dass auch aus Sicht der Kommission dieses Ziel noch nicht vollständig verwirklicht ist, zeigt die Einsetzung einer Gruppe hochrangiger Experten unter Leitung von *Simone Veil* durch die Kommissi-

I. Einleitung 2–5 § 15

Art. 39 Abs. 1 EG stellt infolge der Änderung durch den Vertrag von Amsterdam nicht 2
mehr auf die Herstellung der Freizügigkeit, sondern auf deren Gewährleistung ab. Dies
bedeutet nach dem Willen der Vertragschließenden keinen rechtlichen Unterschied zum
bisherigen Inhalt, die Veränderung ist in dem Kapitel zur Vereinfachung des EG-Vertrages
aufgenommen. Sie verdeutlicht aber die Unbedingtheit der Grundfreiheit.[5]

Der Inhalt des Freizügigkeitsrechts ergibt sich aus Art. 39ff. EG sowie den dazu ergan- 3
genen Konkretisierungen durch sekundäres Gemeinschaftsrecht und lässt sich im Wesentlichen in ein Recht auf Zugang zum Arbeitsmarkt in den jeweils anderen Mitgliedstaaten
sowie ein damit einhergehendes **Diskriminierungsverbot** und neuerdings auch ein
Beschränkungsverbot aufteilen.

Zunächst folgt aus Art. 39 Abs. 3 EG – allerdings unter dem Vorbehalt des nationa- 4
len ordre public – das **subjektive Recht der Arbeitnehmer** der Mitgliedstaaten, sich
um in anderen Mitgliedstaaten tatsächlich angebotene Stellen zu bewerben (lit. a)), sich
zu diesem Zweck im Hoheitsgebiet der Mitgliedstaaten frei zu bewegen (lit. b)), sich
zum Zwecke der Ausübung einer Beschäftigung in einem anderen Mitgliedstaat aufzuhalten (lit. c)) und dort nach Beendigung seiner Tätigkeit zu verbleiben (lit. d)). Diese
Rechte wurden insbesondere konkretisiert durch die Verordnung 1612/68/EWG des
Rates v. 15. 10. 1968 über die Freizügigkeit der Arbeitnehmer innerhalb der Gemeinschaft,[6] die Richtlinie 68/360/EWG des Rates v. 15. 10. 1968 zur Aufhebung der
Reise- und Aufenthaltsbeschränkungen für Arbeitnehmer der Mitgliedstaaten und ihre
Familienangehörigen innerhalb der Gemeinschaft,[7] die Verordnung 1251/70/EWG der
Kommission v. 29. 6. 1970 über das Recht der Arbeitnehmer, nach Beendigung einer
Beschäftigung im Hoheitsgebiets eines Mitgliedstaats zu verbleiben,[8] und die Richtlinie
64/221/EWG des Rates v. 25. 2. 1964 zur Koordinierung der Sondervorschriften für
die Einreise und den Aufenthalt von Ausländern, soweit sie aus Gründen der öffentlichen Ordnung, Sicherheit und Gesundheit gerechtfertigt sind.[9] Die – infolge der unmittelbaren Wirkung von Verordnungen teils deklaratorische, teils konstitutive – Umsetzung dieser Vorschriften in das deutsche Recht erfolgte durch das Gesetz über die
Einreise und den Aufenthalt von Staatsangehörigen der Mitgliedstaaten der Europäischen Wirtschaftsgemeinschaft[10] (Einzelheiten unter Rn. 21 ff). Ergänzend die Richtlinie
über das Aufenthaltsrecht bestimmter nicht oder nicht mehr erwerbstätiger Personen,
s. u. Rn. 42 ff.

Die zweite Säule des Freizügigkeitsrechts ist das in Art. 39 Abs. 2 EG festgelegte **Ver-** 5
bot der Diskriminierung von Wanderarbeitnehmern aus Gründen ihrer Staatsangehörigkeit (Dazu unten Rn. 149 ff.). Danach umfasst die Freizügigkeit die Abschaffung jeder
auf der Staatsangehörigkeit beruhenden unterschiedlichen Behandlung der Arbeitnehmer
der Mitgliedstaaten in Bezug auf Beschäftigung, Entlohnung und sonstige Arbeitsbedingungen. Auch diese Vorschrift erfährt im gemeinschaftlichen Sekundärrecht eine Konkretisierung durch die bereits erwähnte Freizügigkeits-VO 1612/68, die in ihrem Art. 7
Abs. 1 und 2 den weitest denkbaren Begriff von Arbeitsbedingungen einführt, indem dazu
auch steuerliche und soziale Vergünstigungen gezählt werden, die der Aufnahmestaat den
inländischen Arbeitnehmern gewährt.

---

on im Januar 1996, die die bestehenden und möglichen Hindernisse bei der Ausübung der Freizügigkeitsrechte untersuchen und Möglichkeiten zu ihrer Überwindung vorschlagen soll, vgl. die Mitteilung der Kommissare *Flynn, Gradin* und *Monti* an die Kommission, SEC (96) 97.

[5] *Lenz/Scheuer* Vor Art. 39 Rn. 3.
[6] ABl. Nr. L 257/1, zuletzt geändert durch VO 2434/92/EWG v. 27. 7. 1992, ABl. Nr. L 245/1;
auch abgedruckt in EAS A 2000; s. Vorschlag zur Neufassung ABl. 1998 Nr. C 344/9.
[7] ABl. Nr. L 257/13; auch abgedruckt in EAS A 3000.
[8] ABl. Nr. L 142/24; auch abgedruckt in EAS A 2010.
[9] ABl. S. 850; auch abgedruckt in Sartorius II, Nr. 180 b.
[10] In der Fassung v. 31. 1. 1980 (BGBl. I S. 116), zuletzt geändert durch Gesetz v 24. 1. 1997
(BGBl. I S. 51).

6 Die dritte Säule ist das vom EuGH entwickelte **Beschränkungsverbot,** das sich auch gegen nichtdiskriminierende Beschränkungen der Freizügigkeit wendet (dazu unten Rn. 233).

7 Aus dem Verbot, Wanderarbeitnehmer in der Gemeinschaft aus Gründen ihrer Staatsangehörigkeit zu benachteiligen, ergibt sich auch die in Art. 42 EG festgeschriebene Notwendigkeit, ein System zur Sicherstellung der sozialen Ansprüche von Wanderarbeitnehmern zu schaffen. Das auf dieser Ermächtigungsgrundlage beruhende soziale Koordinierungsrecht für Wanderarbeitnehmer, insbesondere die Verordnung 1408/71/EWG v. 14. 6. 1971 über die Anwendung der Systeme der sozialen Sicherheit auf Arbeitnehmer und Selbständige sowie deren Familienangehörige, die innerhalb der Gemeinschaft zu- und abwandern,[11] und die dazu ergangene Durchführungs-Verordnung 574/72/EWG des Rates v. 21. 3. 1972,[12] wird an anderer Stelle ausführlich behandelt.[13]

II. Anwendungsbereich der Freizügigkeitsvorschriften

1. Persönlich

8 Die Inanspruchnahme der Freizügigkeitsrechte in ihrer Grundform hat zwei in der Person des Berechtigten zu erfüllende Voraussetzungen: Dieser muss Angehöriger eines Mitgliedstaates sein und die Arbeitnehmereigenschaft im Sinne des Gemeinschaftsrechts haben. Von diesem Grundsatz gibt es allerdings eine Reihe von Ausnahmen, etwa für drittstaatsangehörige Familienmitglieder oder im Bereich der Verbleiberechte.

a) Nationalität

9 Art. 39 Abs. 2 EG spricht von den Arbeitnehmern der Mitgliedstaaten; diese Formulierung sagt nicht eindeutig aus, dass damit die Arbeitnehmer mit der Staatsangehörigkeit eines Mitgliedstaats gemeint sind, sondern könnte auch auf die Zugehörigkeit zum Arbeitsmarkt eines Mitgliedstaates abstellen, die auch bei Drittstaatsangehörigen gegeben sein kann. Klarheit in diesem Zusammenhang schafft aber Art. 1 Abs. 1 VO 1612/68, der den gleichberechtigten Zugang zur Beschäftigung in der Europäischen Gemeinschaft von der Staatsangehörigkeit eines Mitgliedstaats abhängig macht. Demnach müssen auch Art. 39 ff. EG so verstanden werden, dass die Anwendbarkeit der Freizügigkeitsvorschriften grundsätzlich eine EG-Staatsangehörigkeit voraussetzt; nach der Einführung einer Unionsbürgerschaft[14] in Art. 17 EG, die als einziges Tatbestandsmerkmal die Staatsangehörigkeit eines Mitgliedstaats vorsieht, erfordert demnach die Inanspruchnahme der Freizügigkeitsrechte grundsätzlich die Unionsbürgerschaft. Die Feststellung, wer Staatsangehöriger ist, obliegt grundsätzlich den Mitgliedstaaten selbst. Unschädlich ist es, zusätzlich zur Staatsangehörigkeit eines Mitgliedstaats der Gemeinschaft auch eine Drittstaatsangehörigkeit zu besitzen, selbst wenn nach dem Recht des Aufnahmestaats ausschließlich die Drittstaatsangehörigkeit Anerkennung findet.[15] Eine Reihe von Mitgliedstaaten hat Erklärungen abge-

---

[11] ABl. Nr. L 149/2, berichtigt 1973 ABl. Nr. L 128/22 und 1980 ABl. Nr. L 82/1, in der Neufassung der VO 2001/83/EWG des Rates v. 2. 6. 1983, ABl. Nr. L 230/6, zuletzt geändert durch VO Nr. 1386/2001 v. 5. 6. 2001.

[12] ABl. Nr. L 74/1, in der Neufassung der VO 2001/83/EWG des Rates v. 2. 6. 1983, ABl. Nr. L 230/6, zuletzt geändert durch VO 1386/2001 v. 5. 6. 2001.

[13] S. u. § 21.

[14] Die Entwicklung von der Marktbürgerschaft zur Unionsbürgerschaft beschreibt *Randelzhofer,* Gedächtnisschrift für Grabitz, S. 581 ff.; zum sozialrechtlichen Gehalt *Borchardt* NJW 2000, 2057.

[15] EuGH v. 7. 7. 1992, Rs. C-369/90 (Micheletti), Slg. 1992, 4239, 4262, Rn. 10 ff., in einem Fall, der die Niederlassungsfreiheit betraf. Näher zu dieser Entscheidung und der mitgliedstaatlichen Kompetenz, das Staatsangehörigkeitsrecht zu regeln, *de Groot,* Auf dem Weg zu einer europäischen Staatsangehörigkeit, in: Coen u. a. (Hrsg.), Europa '93 – Auf dem Weg zur Europäischen Union, S. 87 ff.

II. Anwendungsbereich der Freizügigkeitsvorschriften

geben, die den Kreis ihrer Staatsangehörigen im Sinne des Gemeinschaftsrechts näher bestimmen sollen. So hat die Bundesrepublik anlässlich der Unterzeichnung von EWGV und EAGV erklärt, dass Deutsche im Sinne des Gemeinschaftsrechts alle Deutschen im Sinne des Art. 116 GG sind, nicht nur diejenigen, deren Staatsangehörigkeit sich aus dem Reichs- und Staatsangehörigkeitsgesetz ergibt. Umfangreiche Sonderregelungen ergeben sich auch aus einer Erklärung Großbritanniens[16] in Verbindung mit dem British Nationality Act 1983.[17] Keine Freizügigkeit genießen Personen aus den außereuropäischen Ländern und Hoheitsgebieten, die mit Dänemark, Frankreich, den Niederlanden oder dem Vereinigten Königreich besondere Beziehungen unterhalten, da Abkommen nach Art. 186 EG bisher noch nicht geschlossen wurden.[18]

Drittstaatsangehörigen werden als entsandten Arbeitnehmern gewisse freizügigkeitsähnliche Rechte eingeräumt. Zwar erfolgt dies in erster Linie, um die Dienstleistungsfreiheit des Arbeitgebers zu gewährleisten (dazu unten Rn. 425 ff). Doch führt dies als Reflex dazu, dass Arbeitnehmer aus Drittstaaten ein Recht auf Anerkennung ihrer in EG-Staaten erworbenen Diplome haben.[19] Diesen Anspruch kann indes nur der Arbeitgeber gerichtlich durchsetzen. Eine Entschließung des Europäischen Parlaments vom 16. 7. 1998 zu dem Aktionsplan der Kommission zur Förderung der Freizügigkeit der Arbeitnehmer (KOM 97/586) fordert zwar Freizügigkeit auch für in einem Mitgliedstaat zugelassene Drittstaatsangehörige, dieser Ansatz ist jedoch bis heute noch nicht umgesetzt.

Dementsprechend können sich Drittstaatsangehörige, auch wenn sie in einem Mitgliedstaat der Gemeinschaft ansässig sind und dem dortigen Arbeitsmarkt regulär angehören, nicht auf die Freizügigkeitsvorschriften des Gemeinschaftsrechts berufen.[20] Keine gemeinschaftsrechtliche Freizügigkeit genießen auch Staatenlose und Flüchtlinge.[21]

Der geltende Rechtszustand, dass Drittstaatsangehörige grundsätzlich keine Freizügigkeitsrechte genießen, wird angesichts einer Zahl von über 10 Mio. Bürgern aus Drittstaaten, die sich in der Gemeinschaft niedergelassen haben, vielfach als unbefriedigend empfunden; insbesondere die Europäische Kommission hat aus diesem Grunde eine Diskussion mit dem Ziel angeregt, auch den Angehörigen von Drittstaaten, die sich legal in einem Mitgliedstaat der Gemeinschaft aufhalten, langfristig die gleichen Rechtspositionen zu verschaffen, die auch Unionsbürger genießen.[22] Die Kompetenz für die Wanderungspolitik gegenüber Angehörigen von Drittstaaten ist erst mit dem Vertrag von Amsterdam in den Art. 61 ff. EG teilweise auf die Organe der Gemeinschaft übertragen worden[23].

Neben der Staatsangehörigkeit eines Mitgliedstaats der Gemeinschaft ist auch die **Zugehörigkeit zu einem Mitgliedstaat des Europäischen Wirtschaftsraums** ausrei-

---

[16] ABl. 1972, L 73/196.
[17] Einen Überblick über die Sonderregelungen für die einzelnen Mitgliedstaaten geben Grabitz/Hilf-*Randelzhofer*, Art. 48 EWGV, Rn. 9 ff.; vdG/T/E/*Wölker*, Vorbem. zu Art. 48 EGV, Rn. 45.
[18] VdG/T/E/*Wölker*, Vorbem. zu Art. 48 EGV, Rn. 50.
[19] Art. 3 Abs. 4 Richtlinie zur Ausdehnung der grenzüberschreitenden Dienstleistungsfreiheit auf in der Gemeinschaft niedergelassene Staatsangehörige dritter Länder, ABl. 1999, C-67/12.
[20] EuGH v. 5. 7. 1984, Rs. 238/83 (Meade), Slg. 1984, 2631; vgl. auch vdG/T/E/*Wölker*, Vorbem. zu Art. 48, Rn. 41; Grabitz/Hilf-*Randelzhofer*, Art. 48 EWGV, Rn. 7. Auf die Angehörigen mit der EG nach Art. 310 EG assoziierter Staaten wird unten eingegangen.
[21] Für diese gilt aber gemäß Art. 2 Abs. 1 VO 1408/71 das koordinierende Sozialrecht der Gemeinschaft, wenn sie in einem Mitgliedstaat wohnen; hierzu neuerdings EuGH v. 11. 10. 01, Rs. C 95–98/99 (Khalil), EuroAs 2002, S. 5.
[22] Ein auf Art. 63 EG gestützter Vorschlag der Kommission für eine Richtlinie des Rates betr. den Status der langfristig aufenthaltsberechtigten Drittstaatsangehörigen ist im ABl. C 240 v. 28. 8. 2001, 79–87, veröffentlicht. Zu der SozialversicherungsVO 1408/71 (dazu unten § 21 II) hat Generalanwalt Jacobs in den Rechtssachen C 95–98/99 am 30. 11. 2000 die Anwendung auf innerhalb der Gemeinschaft wandernde Staatenlosen und Flüchtlingen vorgeschlagen. Dies hat auch der EuGH (a. a. O.) Fn. 21) so bewertet.
[23] S. Rn. 34.

chend; dies ergibt sich aus dem Art. 39 EG nachgebildeten Art. 28 EWR-Abkommen sowie den besonderen Bestimmungen des Anhangs V zu diesem Abkommen.[24] In diesem Zusammenhang ist allerdings zu beachten, dass die Regelungen des EWR und damit auch das daraus folgende Diskriminierungsverbot zugunsten von Wanderarbeitnehmern aus den EWR-Staaten keine Rückwirkung entfalten und somit keine Anwendung auf vor Bildung des EWR abgeschlossene Sachverhalte finden können. Nach dem Beitritt Österreichs, Finnlands und Schwedens zur Europäischen Gemeinschaft mit Wirkung v. 1. 1. 1995 entfalten die Regelungen des EWR nur noch Wirkung für die Staatsangehörigen Norwegens, Islands und Liechtensteins.

b) Arbeitnehmerstatus

14 Voraussetzung der Anwendbarkeit der Freizügigkeitsvorschriften ist weiterhin grundsätzlich die Arbeitnehmereigenschaft des Freizügigkeitsberechtigten. Art. 1 Abs. 1 VO 1612/68 erwähnt als Kriterium der Arbeitnehmereigenschaft eine „Tätigkeit im Lohn- oder Gehaltsverhältnis". Daraus hat der EuGH als Voraussetzung der Arbeitnehmereigenschaft abgeleitet, dass eine weisungsgebundene Erbringung von Leistungen für einen Dritten gegen eine Vergütung erforderlich ist.[25] Um ein gemeinschaftsweit einheitliches Verständnis des Arbeitnehmerbegriffs und damit der Art. 39 ff. EG zu gewährleisten, verbietet es der EuGH den Mitgliedstaaten in ständiger Rechtsprechung, weitere als die soeben genannten Voraussetzungen für die Arbeitnehmereigenschaft im Sinne der Freizügigkeitsbestimmungen aufzustellen.[26] Weitere Einzelheiten zum Arbeitnehmerbegriff oben § 14.

2. Sachlich

15 In sachlicher Hinsicht setzt die Anwendbarkeit der Freizügigkeitsregeln vor allem einen grenzüberschreitenden Sachverhalt voraus.[27] Die Art. 39 ff. EG und das dazu ergangene Sekundärrecht bleiben daher auf Sachverhalte unanwendbar, denen die Auslandsberührung fehlt, wenn z.B. Arbeitnehmer betroffen sind, die weder die Staatsangehörigkeit eines anderen Mitgliedstaats der Gemeinschaft besitzen noch in der Vergangenheit in einem anderen Mitgliedstaat gearbeitet haben oder dies für die Zukunft konkret planen. So wird ein grenzüberschreitender Sachverhalt im Sinne des Gemeinschaftsrechts bejaht, wenn ein Wanderarbeitnehmer die Staatsangehörigkeit des Aufnahmestaats angenommen hat und nun dort kein Ausländer mehr ist.[28] Der Arbeitnehmer kann seine Rechte auch gegenüber seinem eigenen Mitgliedstaat geltend machen. Voraussetzung ist jedoch, dass es sich um einen grenzüberschreitenden Sachverhalt handelt.[29] Der Arbeitnehmer muss also

---

[24] Näher *Welte*, ZAR 1994, S. 80.
[25] EuGH v. 3. 7. 1986, Rs. 66/85 (Lawrie-Blum), Slg. 1986, 2121, 2144, Rn. 17; v. 31. 5. 1989, Rs. 344/87 (Bettray), Slg. 1989, 1621, 1645, Rn. 12; v. 8. 6. 1999, Rs C 337/97 (Meensen) Slg. 3304. Zur Abgrenzung bei Geschäftsführern juristischer Personen Schlussantrag vom 15. 2. 1996 in Rs. 107/94 (Asscher).
[26] EuGH v. 21. 6. 1988, Rs. 39/86 (Lair), Slg. 1988, 3161, 3201, Rn. 41 f.; v. 21. 6. 1988, Rs. 197/86 (Brown), Slg. 1988, 3205, 3244, Rn. 21 ff. Deshalb sind auch Beamte als Arbeitnehmer anzusehen, EuGH v. 22. 11. 1995 Rs 443/93 (Vougiouskas) EuroAS 1996, S. 14.
[27] St. Rspr. seit EuGH v. 28. 3. 1979, Rs. 175/78 (Saunders), Slg. 1979, 1129, 1135, Rn. 11; später z.B. EuGH v. 27. 10. 1982, verb. Rs. 35 u. 36/82 (Morson u. Jhanjan), Slg. 1982, 3723, 3726, Rn. 15; v. 16. 12. 1992, Rs. C-206/91 (Poirrez), Slg. 1992, 6685, 6707, Rn. 11; v. 25. 10. 2001, Rs. C 189/00 (Ruhr) EuZW 2002, 154, v. 11. 10. 2001, Rs. C 95-98/99 (Khalil u. a.).
[28] EuGH v. 23. 2. 1994, Rs. C-419/92 (Scholz), Slg. 1994, 505, 521, Rn. 8.
[29] Vgl. dazu EuGH v. 7. 7. 1992, Rs. C-370/90 (Singh), Slg. 1992, 4265, 4293 ff., Rn. 19 ff.; EuGH v. 31. 3. 1993, Rs. C-19/92 (Kraus), Slg. 1993, 1663, 1693, Rn. 15 m.w.N; EuGH v. 26. 1. 1999, Rs. C 18/95 (Terhoeve), Slg. 1999, 345, 385, Rn. 36; EuGH v. 15. 6. 2000 (Selves), EuZW 2000, 538; ebenso EuGH v. 27.91988 (Daily Mail), Slg. 1988, 5483 zur Niederlassungsfreiheit.

II. Anwendungsbereich der Freizügigkeitsvorschriften　　　　　　　　　　16–18　§ 15

etwa eine Anstellung im Ausland suchen,[30] infolge einer Entsendung im europäischen Ausland gearbeitet haben[31] oder nach einem Auslandsaufenthalt in seinem Heimatstaat eine Anstellung innehaben.[32]

Die Anwendungsvoraussetzung des grenzüberschreitenden Sachverhalts hat zur Folge, 16 dass sich zu dem Problem der Ausländerdiskriminierung im Laufe der Jahre das Problem der Inländerdiskriminierung gesellt hat; dies kann immer dann auftreten, wenn das Gemeinschaftsrecht Wanderarbeitnehmern Rechtspositionen verschafft, die das nationale Recht für die eigenen Staatsangehörigen nicht in gleicher Form vorgesehen hat.[33]

3. Räumlich; Übergangsvorschriften

Von einigen hier nicht zu vertiefenden Sonderregelungen[34] abgesehen wirft der räumliche 17 Anwendungsbereich der Freizügigkeitsvorschriften keine besonderen Schwierigkeiten auf. Er deckt sich mit den Staatsgebieten[35] der Mitgliedstaaten der Gemeinschaft; weiterhin gehören, wie auch für den persönlichen Anwendungsbereich der Freizügigkeitsvorschriften bereits ausgeführt, Norwegen, Island und Liechtenstein als Mitgliedstaaten des EWR hinzu. Anwendbar sind die Freizügigkeitsvorschriften grundsätzlich auch außerhalb des Hoheitsgebiets der Mitgliedstaaten, soweit einzelne Arbeitsverhältnisse eine hinreichend enge Verbindung zum räumlichen Anwendungsbereich des EGV aufweisen.[36] Dies ist z. B. der Fall, wenn ein Arbeitnehmer eines in der Gemeinschaft niedergelassenen Unternehmens in einen Drittstaat vorübergehend entsandt wird,[37] oder ein von einem Mitgliedstaat in einem Drittland geschlossener Arbeitsvertrag zumindest teilweise dem Recht des Mitgliedstaats unterliegt.[38] Nicht anwendbar ist der EGV in Andorra, Monaco, San Marino und dem Vatikan.[39]

Bei dem **Beitritt Spaniens und Portugals** zur EG war in Art. 216 der Beitrittsakte 18 (Abl. L 302 v. 15. 11. 1985) bestimmt: „Die Art. 1 bis 6 der VO Nr. 1612/68 über die Freizügigkeit der Arbeitnehmer in der Gemeinschaft sind in Portugal gegenüber Angehörigen der anderen Mitgliedstaaten und in diesen gegenüber portugiesischen Staatsangehörigen erst ab 1. 1. 1993 anwendbar". Es handelt sich hier also um eine wechselseitige Beschränkung der Freizügigkeit aus und nach Portugal. Dagegen sah die Beitrittsakte keine besonderen Bedingungen für die Niederlassungs- und Dienstleistungsfreiheiten vor. Daraus schloß der EuGH in der Rush-Portuguesa-Entscheidung vom 27. 3. 1990,[40] dass portugiesische Unternehmen ihre Arbeitnehmer schon vor der vollen Freizügigkeit in andere Mitgliedstaaten entsenden durften. Ähnlich nun auch die Entwürfe zu den Beitrittsakten der MOE-Staaten (s. § 11 Rn. 114 ff.).

---

[30] EuGH v. 15.12. 1995, Rs. 415/93 (Bosman), Slg. 1995, 4921, 5066, Rn. 88.
[31] EuGH v. 26. 1. 1999, Rs. C 18/95 (Terhoeve), Slg. 1999, 345, 385, Rn. 36; zu Grenzgängern *Weth/Kerwer* RdA 1998, S. 233.
[32] Vgl. dazu EuGH v. 7. 7. 1992, Rs. C-370/90 (Singh), Slg. 1992, 4265, 4293 ff., Rn. 19 ff.; v. 31. 3. 1993, Rs. C-19/92 (Kraus), Slg. 1993, 1663, 1693, Rn. 15 m. w. N.; EuGH v. 26. 1. 1999, Rs. C 18/95 (Terhoeve), Slg. 1999, 345, 386, Rn. 26.
[33] Zum Problem der Inländerdiskriminierung näher unten Rn. 159.
[34] Wie z. B. der Frage der Einbeziehung der überseeischen Gebiete mancher Mitgliedstaaten.
[35] Einschließlich der zum jeweiligen Hoheitsgebiet gehörenden Küstenmeere.
[36] EuGH v. 12. 12. 1974, Rs. 36/74 (Walrave u. Koch), Slg. 1974, 1405, 1420, Rn. 28; v. 12. 7. 1984, Rs. 237/83 (Prodest), Slg. 1984, 3153, 3161 f., Rn. 6 f.; v. 27. 9. 1989, Rs. 9/88 (Lopes da Veiga), Slg. 1989, 2989, 3009 f., Rn. 15; v. 29. 6. 1994, Rs. C-60/93 (Aldewereld), Slg. 1994, 2991, 3003, Rn. 14; vdG/T/E/*Wölker*, Vorbem. zu Art. 48–50 EGV, Rn. 59.
[37] EuGH v. 12. 7. 1984, Rs. 237/83 (Prodest), Slg. 1984, 3153, 3161 f., Rn. 6 f.; v. 29. 6. 1994, Rs. C-60/93 (Aldewereld), Slg. 1994, 2991, 3003, Rn. 14.
[38] EuGH v. 30. 4. 1996, Rs. C-214/94 (Boukhalfa), Slg. 1996, 2253, 2278, Rn. 15, 16.
[39] Grabitz/Hilf-*Hummer*, Art. 227 EGV, Rn. 52 ff.; vdG/T/E/*Wölker*, Vorbem. zu Art. 48–50 EGV, Rn. 57.
[40] C 113/98, Slg. 1990, 1417, 1443; dazu unten Rn. 428.

19 Eine noch schwächere Einschränkung der Freizügigkeit sah der **Beitrittsvertrag mit Griechenland** vor (Abl. L 291 v. 19. 11. 1979). Danach behielten sich die Mitgliedstaaten vor, bei Auftreten von sozialen Schwierigkeiten infolge der Freizügigkeit die Gemeinschaftsorgane zu ersuchen, dieses Problem in Übereinstimmung mit dem EG-Recht zu lösen. Auch dies ist eine wechselseitige Regelung für die Freizügigkeit aus und nach Griechenland.

4. Berechtigung

20 Die Rechte aus Art. 39 EG können neben dem Arbeitnehmer auch vom Arbeitgeber geltend gemacht werden, wenn er einen Arbeitnehmer eines Mitgliedstaates beschäftigen möchte und ihm dies von staatlicher Seite unter Hinweis auf den fehlenden Wohnsitz oder die fehlende nationale Staatsangehörigkeit des Arbeitnehmers verweigert wird.[41] In dem vom EuGH entschiedenen Fall wollte ein Arbeitgeber einen Geschäftsführer bestellen, der seinen Wohnsitz außerhalb Österreichs hatte. Der EuGH stellt darauf ab, dass die Freizügigkeit ihre Wirkung nicht voll entfalten könnte und umgangen würde, wenn die Mitgliedstaaten dem Arbeitgeber die Einstellung nicht ortsansässiger Arbeitnehmer verbieten könnten.[42] Dies ergebe sich auch aus Art. 2 der VO 1612/68, wonach der Arbeitgeber nach den geltenden Rechtsvorschriften Arbeitsverträge schließen und erfüllen könne.[43] Weiterhin könne sich der Arbeitgeber auf die Rechtfertigungsgründe des Art. 39 Abs. 3 EG berufen,[44] so dass es nur folgerichtig sei, wenn er sich auch auf die Vorteile des Art. 39 EG berufen könne.[45]

III. Art. 39 Abs. 3 EG (Der Zugang zum Arbeitsmarkt)

21 Erste Säule des gemeinschaftsrechtlichen Freizügigkeitsrechts ist der Anspruch der Wanderarbeitnehmer aus Mitgliedstaaten der Gemeinschaft auf Zugang zum Arbeitsmarkt der anderen Mitgliedstaaten; erst durch dieses Recht wird die Freizügigkeit der Arbeitnehmer zur Freizügigkeit im engeren Sinne des Wortes und unterscheidet sich von einem schlichten Diskriminierungsverbot. Das Wesen des gemeinschaftsrechtlichen Freizügigkeitsrechts besteht demnach in erster Linie darin, dass die Mitgliedstaaten sich eines Teils ihrer ausländerrechtlichen und einwanderungspolitischen Kompetenzen begeben haben; das daraus folgende Zugangsrecht für Unionsbürger steht lediglich unter dem Vorbehalt der öffentlichen Ordnung, Sicherheit und Gesundheit (Art. 39 Abs. 3 EG)[46] sowie einer Bereichsausnahme für diejenigen Aufgaben im öffentlichen Dienst, die mit der Wahrnehmung hoheitlicher Aufgaben verbunden sind (Art. 39 Abs. 4 EG).[47]

22 Freizügigkeitsberechtigte Personen unterliegen dem nationalen Ausländerrecht nur insoweit, als ihnen der EGV und die sonstigen gemeinschaftsrechtlichen Freizügigkeitsvorschriften keine ausländerrechtlichen Privilegien verschaffen die Mitgliedstaaten haben (mit den oben erwähnten Einschränkungen) kein Recht, einem Unionsbürger als Wanderarbeitnehmer die Einreise oder den Aufenthalt zu untersagen.[48]

23 Aber auch unter arbeitsmarktpolitischen Gesichtspunkten bedeutet das Freizügigkeitsrecht einen teilweisen Kompetenzverlust für die Mitgliedstaaten, die sich im Normalfall

---

[41] EuGH v. 7. 5. 1998, Rs. C 350/96 (Clean Car Autoservice), Slg. 1998, 2521, 2545, Rn. 16 ff.
[42] EuGH v. 7. 5. 1998, Rs. C 350/96 (Clean Car Autoservice), Slg. 1998, 2521, 2545, Rn. 21.
[43] EuGH v. 7. 5. 1998, Rs. C 350/96 (Clean Car Autoservice), Slg. 1998, 2521, 2545, Rn. 23.
[44] EuGH v. 15.12. 1995, Rs. 415/93 (Bosman), Slg. 1995, 4921, 5066, Rn. 84.
[45] EuGH v. 7. 5. 1998, Rs. C 350/96 (Clean Car Autoservice), Slg. 1998, 2521, 2545, Rn. 24.
[46] Dazu unten Rn. 111 ff.
[47] Dazu unten Rn. 133 ff.
[48] Dazu sogleich 1, 2.

III. Art. 39 Abs. 3 EG (Der Zugang zum Arbeitsmarkt)

die Entscheidung vorbehalten, ob ein (auch legal im Inland befindlicher) Ausländer eine Tätigkeit im Inland aufnehmen darf.[49] Aus Art. 39 Abs. 3 EG folgt, dass diese Entscheidung den Mitgliedstaaten im Hinblick auf Unionsbürger und sonstige aus dem EGV bzw. dem sekundären Gemeinschaftsrecht Freizügigkeitsberechtigte nicht mehr freisteht; diesen ist der Zugang zum Arbeitsmarkt in jedem Falle zu gewähren.

1. Ausreiserecht

Dem Recht eines Arbeitnehmers, in einen anderen Mitgliedstaat einzureisen, muss notwendigerweise sein Recht vorausgehen, aus seinem eigenen Herkunftsstaat auszureisen.[50] Dies ergibt sich aus einer Gesamtschau des Art. 39 Abs. 3 lit. a), b) und c) EG,[51] wonach sich der Wanderarbeitnehmer im Hoheitsgebiet der Mitgliedstaaten frei bewegen darf; diese Vorschrift kann sinnvollerweise nicht nur als Recht auf freie Bewegung innerhalb eines Staatsgebiets verstanden werden, sondern muss auch die Bewegungsfreiheit von einem Mitgliedstaat in einen anderen umfassen, da ansonsten die Personenverkehrsfreiheit für Arbeitnehmer durch Art. 39 EG nicht wirklich gewährleistet wäre, sondern im Belieben der nach diesem Verständnis nicht verpflichteten Herkunftsstaaten stünde.[52]

Dementsprechend gewährt Art. 2 RL 68/360 die Ausreisefreiheit der Arbeitnehmer der Mitgliedstaaten. Mit dem Ausreiserecht zum Zwecke der Beschäftigungsaufnahme in einem anderen Mitgliedstaat, das inbesondere Abs. 1 Satz 1 festlegt, verbindet sich die Pflicht der Mitgliedstaaten, ihren Staatsangehörigen Personalausweis oder Reisepass als einzig zulässige Ausreisedokumente (Abs. 1 Satz 2, Abs. 4) auszustellen und zu verlängern (Abs. 2).

Inwieweit mit dem Ausreiserecht ein Recht verbunden ist, infolge der Inanspruchnahme der Ausreisefreiheit keinerlei Nachteile im Herkunftsstaat zu erleiden, wird im Rahmen dieser Darstellung an anderer Stelle erörtert.[53]

Art. 2 Abs. 1 Satz 3 RL 68/360 bestimmt, dass Familienangehörige im Sinne der VO 1612/68 dasselbe Ausreiserecht genießen wie der Arbeitnehmer, von dem sie dieses herleiten.

2. Einreise- und Aufenthaltsrecht

Art. 39 Abs. 3 EG gewährt den Unionsbürgern ein Einreise- und Aufenthaltsrecht zu Zwecken der unselbständigen Beschäftigung. Das Einreiserecht ergibt sich aus der Formulierung in lit. b), wonach die Unionsbürger sich zum Zwecke der Bewerbung um tatsächlich angebotene Stellen im Hoheitsgebiet der Mitgliedstaaten frei bewegen dürfen. Lit. c) fügt dem das notwendige Aufenthaltsrecht zum Zwecke der Ausübung einer Beschäftigung hinzu. Dieses unmittelbar aus Art. 39 EG folgende[54] Aufenthaltsrecht für Unionsbürger, das im deutschen Recht seinen Niederschlag im AufenthG/EWG findet, ist gemeinschaftsrechtlich durch die Art. 3 ff. der RL 68/360 konkretisiert. Die Erwerbstätigkeit muss aber nicht das alleinige Ziel der Einreise sein.[55]

---

[49] Vgl. § § 285 SGB III.
[50] Grabitz/Hilf-*Randelzhofer*, Art. 48 EWGV, Rn. 38; dazu schon ausführlich *Marx*, EuR 1973, S. 133.
[51] *Marx*, EuR 1973, S. 133, 139 f., geht demgegenüber von einer Gewährleistung durch Art. 48 Abs. 3 lit. a) EGV aus.
[52] VdG/T/E/*Wölker* Art. 48 EGV, Rn. 17; Das Fehlen einer ausdrücklicheren Regelung im EGV wird von *Marx*, EuR 1973, S. 133, 139, auch mit der rechtlichen Situation zurzeit der Gründung der Europäischen Gemeinschaften erklärt, die zwar von Zuzugs-, nicht aber von Abzugsbeschränkungen geprägt war.
[53] Dazu s. u. V.
[54] EuGH v. 4. 12. 1974, Rs. 41/74 (van Duyn), Slg. 1974, 1337, 1347, Rn. 5 ff.; v. 8. 4. 1976, Rs. 48/75 (Royer), Slg. 1976, 497, 512, Rn. 33.
[55] EuGH v. 23. 3. 1982, Rs. 53/81 (Levin) Slg. 1982, 1035 Rn. 21.

29 Von Art. 39 EG zu unterscheiden ist der durch die Maastrichter Verträge in den EGV eingefügte Art. 18, nach dessen Abs. 1 jeder Unionsbürger vorbehaltlich der im Gemeinschaftsrecht enthaltenen Beschränkungen und Bedingungen das Recht hat, sich im Hoheitsgebiet der Mitgliedstaaten frei zu bewegen und aufzuhalten. Diese Vorschrift zielt auf diejenigen Unionsbürger ab, die bislang keine der von einer wirtschaftlichen Zwecksetzung abhängigen Personenverkehrsfreiheiten (dies sind neben der Freizügigkeit der Arbeitnehmer die Niederlassungsfreiheit gemäß Art. 43 ff. EG und die Dienstleistungsfreiheit gemäß Art. 49 ff. EG) für sich in Anspruch nehmen konnten, da sie sich nicht zu Erwerbszwecken in anderen Mitgliedstaaten aufhalten wollten. Für diesen Kreis nicht erwerbstätiger Personen wurden im Jahre 1990 drei Richtlinien erlassen, die deren Freizügigkeitsrechte innerhalb der Gemeinschaft konkretisieren; neben einer allgemeinen Richtlinie für nicht erwerbstätige Unionsbürger[56] sind dabei zwei speziellere Richtlinien für ehemals Erwerbstätige[57] und für Studenten[58] verabschiedet worden. Art. 18 EG begründet jedoch – im Gegensatz zu Art. 39 EG – kein unmittelbar anwendbares Individualrecht auf Einreise und Aufenthalt in andere Mitgliedstaaten der Gemeinschaft, sondern gewährt dieses nur nach Maßgabe des oben erwähnten Sekundärrechts. Ob Art. 18 EG ein eigenständiges Aufenthaltsrecht gewährt, ist umstritten.[59] Dies ist indes im Rahmen von Art. 39 EG ohne besondere Relevanz, da die Freizügigkeit bereits ein Aufenthaltsrecht einräumt. Art. 18 EG tritt damit nicht als Grundlage des Freizügigkeitsrechts für Arbeitnehmer in der Gemeinschaft in Erscheinung. S. auch Fn. 99.

30 Im Folgenden werden die Voraussetzungen des freizügigkeitsrechtlichen Einreise- und Aufenthaltsrechts des Art. 39 Abs. 3 EG in ihren Grundzügen dargestellt, wobei eine Unterscheidung zwischen aktuell Erwerbstätigen, ehemals Erwerbstätigen im Sinne des Verbleiberechts und Arbeitsuchenden sowie den Familienangehörigen getroffen wird.

a) Während der Berufstätigkeit

31 Während der Berufstätigkeit folgt das Aufenthalts- und Einreiserecht unmittelbar aus Art. 39 Abs. 3 lit. b) und c) EG, während sich die Einzelheiten aus der RL 68/360 bzw. dem AufenthG/EWG ergeben, durch das diese Richtlinie ihre Aufnahme in das deutsche Recht gefunden hat.

aa) Einreisevoraussetzungen

32 Art. 3 Abs. 1 RL 68/360 sieht als einzige Voraussetzung der Einreise die Vorlage eines gültigen Personalausweises oder Reisepasses vor.[60] Dabei ist umstritten, ob schon die Entstehung des Einreiserechts von der Vorlage eines Reisepasses oder Personalausweises abhängt.[61] Mit dem EuGH ist davon auszugehen, dass Formerfordernisse des sekundären Gemeinschaftsrechts nicht für die Entstehung des unmittelbar aus dem Primärrecht folgen-

---

[56] RL 90/364/EWG.
[57] RL 90/365/EWG = EAS A 3005.
[58] RL 93/96/EWG des Rates v. 24. 10. 1993, ABl. L 317/59 = EAS A 3420. Die ihr inhaltlich entsprechende ursprüngliche Richtlinie 90/366/EWG ist vom EuGH mit Urteil v. 7. 7. 1992, Rs. C-295/90 (Parlament/Rat), Slg. 1992, 4193, 4230 ff. für nichtig, weil auf die falsche Rechtsgrundlage gestützt, erklärt worden.
[59] Dafür: Callies/Ruffert/*Kluth* Art. 18 EG, Rn. 9; Dagegen: vdG/T/E/*Haag* Art. 8a EGV, Rn. 4; Lenz/*Kaufmann-Bühler* Art. 18 EG, Rn. 1. Passkontrollen sind jedenfalls zulässig, EuGH v. 21. 9. 1999, Slg. 6207 Rn. 43, zur Umsetzung in Deutschland EuGH v. 20. 3. 1997, Slg. 1668; Fischer ZAR 1998, S. 159. EuGH v. 20. 9. 2001, Rs. C 184/99 (Grzelczyk), EuZW 2002, 52, leitet aus dem Aufenthaltsrecht ein Recht auf Sozialhilfe ab.
[60] Ein gültiger Ausweis in diesem Sinne liegt auch vor, wenn er nur im Ausstellungsland gültig sein soll, EuGH v. 5. 3. 1991, Rs. C-376/89 (Giagounidis), Slg. 1991, 1069, 1092, Rn. 16.
[61] So *Hailbronner*, § 10 AufenthG/EWG Rn. 3 a.E. (vgl. aber Rn. 2); a.A. *Fischer*, NVwZ 1990, S. 1151.

III. Art. 39 Abs. 3 EG (Der Zugang zum Arbeitsmarkt) **33, 34** § 15

den Freizügigkeitsrechts konstitutiv sein können.[62] Dennoch muss den Mitgliedstaaten die Möglichkeit gegeben sein, Personen, deren Identität sich nicht feststellen lässt, die Einreise zu verweigern. Fehlende Dokumente können daher der Geltendmachung der gleichwohl bestehenden Freizügigkeitsrechte im Wege stehen, soweit sich die Feststellung der Identität nicht auf anderem Wege bewerkstelligen lässt. Die formalen Voraussetzungen der Einreise, die dem Schutz der Interessen der Mitgliedstaaten dienen sollen, können aber keinen Einfluss auf die Entstehung der unmittelbar aus Art. 39 Abs. 3 EG folgenden Freizügigkeitsrechte haben.

In diesem Zusammenhang steht ein Entscheidung des EuGH vom 21. 9. 1999.[63] Darin heißt es ausdrücklich (Rn. 42ff): **33**

„Soweit keine gemeinschaftlichen Bestimmungen für die Kontrolle der Außengrenzen der Gemeinschaft, die auch gemeinsame oder harmonisierte Vorschriften über die Einwanderungs-, Visums- und Asylbedingungen umfassen, erlassen worden sind, setzt die Ausübung dieser Rechte voraus, wie die Kommission zu Recht hervorgehoben hat, dass der Betroffene belegen kann, dass er die Staatsangehörigkeit eines Mitgliedstaats besitzt.

43. Zur entscheidungserheblichen Zeit gab es weder gemeinsame Vorschriften noch eine Harmonisierung der Gesetze der Mitgliedstaaten über die Kontrolle der Außengrenzen und die Ausländer-, Visums- und Asylpolitik. Selbst wenn die Staatsangehörigen der Mitgliedstaaten nach Artikel 7a oder Artikel 8a EG-Vertrag ein unbedingtes Recht besäßen, sich in den Mitgliedstaaten frei zu bewegen, behielten die Mitgliedstaaten folglich das Recht, Identitätskontrollen an den Binnengrenzen der Gemeinschaft durchzuführen, die einen Betroffenen, wie in den Richtlinien 68/369, 73/148, 90/364, 90/365 und 93/96 vorgesehen, zur Vorlage eines gültigen Personalausweises oder Reisepasses verpflichteten, damit festgestellt werde könnte, ob er Staatsangehöriger eines Mitgliedstaats ist und damit das Recht hat, sich in den Mitgliedstaaten frei zu bewegen, oder ob er Staatsangehöriger eines Drittlandes ist, der dieses Recht nicht besitzt.

...

45. Auf die vorgelegten Fragen ist daher zu antworten, dass nach dem zur maßgeblichen Zeit geltenden Gemeinschaftsrecht weder Artikel 7a noch Artikel 8a EG-Vertrag es einem Mitgliedstaat verbot, von einer Person unabhängig davon, ob sie Bürger der Europäischen Union war, bei der Einreise über eine Binnengrenze der Gemeinschaft unter Strafandrohung zu verlangen, dass sie ihre Staatsangehörigkeit belege, soweit die Sanktionen denen für entsprechende innerstaatliche Vergehen vergleichbar und nicht unverhältnismäßig waren und damit keine Behinderung des freien Personenverkehrs darstellten".

Inzwischen ist die Visa-, Asyl- und Einwanderungspolitik eine gemeinsame Politik nach Art. 61ff. EG. In Art. 62 Abs. 1 Nr. 1 EG heißt es ausdrücklich, dass der Rat innerhalb von fünf Jahren Maßnahmen beschließt, die sicherstellen, dass Personen an den Binnengrenzen nicht mehr kontrolliert werden (s. auch Fn. 23). Das Abkommen von Schengen vom 14. 6. 1989[64] und vom 19. 6. 1990,[65] das zunächst rein völkerrechtliche Bedeutung hatte, ist durch das Protokoll Nr. 2 des Amsterdamer Vertrages „Zur Einbeziehung des Schengenbesitzstandes" und den Beschluß des Rates vom 20. 5. 1999 zur „Bestimmung des Schengen-Besitzstandes"[66] in den Rahmen der Europäischen Union einbezogen worden.[67] Das Abkommen hat indes keine Auswirkungen auf das Aufenthaltsrecht, da nach Art. 2 Abs. 3 des 2. Schengener Abkommens das Mitführen und Vorzeigen von Urkunden und Bescheinigungen nach den nationalen Rechten von der Abschaffung der Personenkontrolle an den Grenzen unberührt bleiben. Das ergibt sich auch aus Art. 64 Abs. 1 EG, nach dem die Aufrechterhaltung der öffentlichen Ordnung und der Schutz der inneren Sicherheit in der Zuständigkeit der Mitgliedstaaten verbleiben.[68] **34**

---

[62] EuGH v. 8. 4. 1976, Rs. 48/75 (Royer), Slg. 1976, 497, 513, Rn. 38ff.
[63] EuGH v. 21. 9. 1999, Rs. C-378/97, Slg. 6207, 6251.
[64] BGBl. 1993 II, S. 1019.
[65] BGBl. 1993 II, S. 1010.
[66] ABl. 1999 L 176/1, 176/17.
[67] Grabitz/Hilf/*Röben* Vor Art. 61 EG, Rn. 4ff.
[68] *Hailbronner*, AuslR, D 1 § 2, Rn. 6.

35 Es ist den Mitgliedstaaten nach alter Rechtslage und nach neuer erst recht nicht gestattet, die Ausübung einer Erwerbstätigkeit als Zweck der Einreise bei dieser Gelegenheit zu überprüfen, was sich aus einem Vergleich des Art. 3 RL 68/360 mit Art. 4 ergibt, wonach der Nachweis eines Arbeitsverhältnisses nur für den Nachweis des Aufenthaltsrechts, nicht aber des Einreiserechts erforderlich ist.[69] Die Einreisevorschriften der RL 68/360 sind in §§ 2, 10 AufenthG/EWG in deutsches Recht umgesetzt worden.

bb) Deklaratorische Aufenthaltserlaubnis-EG

36 Die Details des unmittelbar aus Art. 39 Abs. 3 lit. c) EG folgenden Aufenthaltsrechts für Wanderarbeitnehmer sind in Art. 4 RL 68/360 geregelt. Nach dessen Abs. 1 können die Mitgliedstaaten die Gewährung des Aufenthaltsrechts von der Vorlage einer Reihe von Dokumenten abhängig machen, die in Abs. 3 aufgeführt sind. So kann vom Arbeitnehmer neben seinem Reisepass oder Personalausweis eine Einstellungserklärung oder Arbeitsbescheinigung verlangt werden. Deutlicher als bei dem ohne entsprechende Dokumente nicht geltend zu machenden Einreiserecht wirkt sich beim Aufenthaltsrecht aus, dass es unmittelbar aus Art. 39 Abs. 3 EG folgt und seine Gewährung durch die Mitgliedstaaten daher rein deklaratorischer Natur ist.[70] So führt der Ablauf der Gültigkeit des Personalausweises eines Wanderarbeitnehmers weder zum Erlöschen seines Aufenthaltsrechts, noch verschafft dies dem Aufnahmestaat das Recht, den Betreffenden auszuweisen.[71]

37 Lediglich zum Nachweis ihres Aufenthaltsrechts erhalten die EG-Wanderarbeitnehmer vom Aufnahmestaat gemäß Art. 4 Abs. 2 RL 68/360 eine **deklaratorische „Aufenthaltserlaubnis** für Angehörige eines Mitgliedstaats der EWG", deren zwingender Wortlaut sich aus der Anlage zur Richtlinie ergibt.[72] Über die Vorlage des Einreisedokuments sowie einer Arbeitsbescheinigung, die die Dauer des Beschäftigungsverhältnisses erkennen lässt (Art. 6 Abs. 3 Satz 3 RL 68/360), hinaus dürfen keine weiteren Unterlagen, wie z. B. der Nachweis der Zugehörigkeit zu einem bestimmten System der sozialen Sicherheit, zur Ausstellung der Aufenthaltserlaubnis-EG verlangt werden.[73] Bei Erfüllung der Voraussetzungen des Art. 4 RL 68/360 haben die nationalen Behörden demnach keinen Ermessensspielraum hinsichtlich der Ausstellung der Aufenthaltserlaubnis-EG.

38 Die **inhaltlichen Anforderungen** an die Aufenthaltserlaubnis-EG ergeben sich aus Art. 6 RL 68/360 und sind in § 3 AufenthaltsG in deutsches Recht umgesetzt worden. Nach Art. 6 Abs. 1 RL 68/360 muss die Aufenthaltserlaubnis für das gesamte Hoheitsgebiet des Aufnahmestaats gelten, eine Mindestgültigkeitsdauer von fünf Jahren haben und ohne weiteres zu verlängern sein. Die Unerheblichkeit von bis zu sechsmonatigen oder durch Militärdienst gerechtfertigten Aufenthaltsunterbrechungen ergibt sich aus Art. 6 Abs. 2. Nur für Arbeitsverhältnisse, die voraussichtlich zwischen drei Monaten und einem Jahr dauern, lässt Abs. 3 die Erteilung einer auf diese Dauer befristeten Aufenthaltserlaubnis-EG zu.

---

[69] VdG/T/E/*Wölker*, Art. 48, Rn. 19; Antwort des Rates auf eine schriftliche Anfrage, ABl. 1978 C 245/19; *Hailbronner*, AuslR, D 1 § 2 Rn. 2.
[70] EuGH v. 8. 4. 1976, Rs. 48/75 (Royer), Slg. 1976, 497, 512, Rdnr 31 ff.; v. 5. 2. 1991, Rs. C-363/89 (Roux), Slg. 1991, 273, 291, Rn. 12.
[71] Im gleichen Sinne *Hailbronner*, AuslR D 1 § 10 Rn. 2.
[72] „Diese Aufenthaltserlaubnis wird auf Grund der Verordnung (EWG) Nr. 1612/68 des Rates der Europäischen Gemeinschaften vom 15. Oktober 1968 und der zur Durchführung der Richtlinie des Rates vom 15. Oktober 1968 erlassenen Vorschriften ausgestellt. Gemäß der genannten Verordnung hat der Inhaber dieser Aufenthaltserlaubnis unter denselben Bedingungen wie die [für die Bundesrepublik: deutschen] Arbeitnehmer das Recht auf Zugang zu Beschäftigungen im Lohn- oder Gehaltsverhältnis und auf deren Ausübung im [für die Bundesrepublik: deutschen] Hoheitsgebiet."
[73] EuGH v. 5. 2. 1991, Rs. C-363/89 (Roux), Slg. 1991, 273, 291 f., Rn. 16 ff.

III. Art. 39 Abs. 3 EG (Der Zugang zum Arbeitsmarkt)

Über die Vorgaben der RL 68/360 hinaus sieht § 7a AufenthG/EWG die Möglichkeit 39 vor, die Aufenthaltserlaubnis-EG unbefristet zu erteilen.[74] Hierbei handelt es sich um eine Aufenthaltserlaubnis nach § 27 AuslG.[75] Diese liegt, da sie vom Gemeinschaftsrecht nicht gefordert wird, den vom deutschen Gesetzgeber festgelegten Voraussetzungen. Dies sind gemäß § 7a Abs. 1 AufenthG/EWG ein mindestens fünfjähriger ständiger Aufenthalt in der Bundesrepublik, deutsche Sprachkenntnisse, ausreichender Wohnraum i.S. des § 17 Abs. 4 AuslG und eigenständige, gesicherte wirtschaftliche Verhältnisse ohne die Inanspruchnahme öffentlicher Mittel. Die wirtschaftlichen Verhältnisse im Sinne § 7a Abs. 1 Nr. 4 AufenthG sind gesichert, wenn angenommen werden kann, dass der Arbeitnehmer auf absehbare Dauer eigenständig und ohne Inanspruchnahme öffentlicher Mittel leben kann. Öffentliche Mittel sind nicht soziale Leistungen, die durch eigene Beiträge erworben wurden.[76] Eigenständigkeit erfordert, dass der Arbeitnehmer eigene finanzielle Mittel besitzt oder dem Arbeitnehmer auf Grund rechtlicher Verpflichtung von Dritten Zuwendungen gewährt werden. Der ausreichende Wohnraum i.S. des § 17 Abs. 4 AuslG geht dabei über die Anforderungen des Wohnraums hinaus, wie ihn etwa Art. 10 Abs. 3 VO 1612/68 bzw. § 7 Abs. 1 AufenthG/EWG zur konstitutiven Voraussetzung der Aufenthaltserlaubnis für Familienangehörige[77] macht, da davon auszugehen ist, dass der Gesetzgeber bei Erteilung eines dauerhaften Aufenthaltstitels erhöhte Maßstäbe an die erfolgte soziale Integration anlegen wollte.[78]

Arbeitnehmer, deren **Aufenthalt voraussichtlich maximal drei Monate** dauert, be- 40 dürfen gemäß Art. 8 Abs. 1 lit. a) RL 68/360 bzw. § 8 Abs. 2 Satz 1 AufenthG/EWG keiner schriftlichen Aufenthaltserlaubnis, sondern können ihr Aufenthaltsrecht anhand des Einreisedokuments und einer Erklärung des Arbeitgebers über die vorgesehene Beschäftigungszeit nachweisen; die Erklärung des Arbeitgebers wird vom AufenthG/EWG jedoch nicht verlangt. Auch das gemäß Art. 8 Abs. 2 RL 68/360 gemeinschaftsrechtlich zulässige Erfordernis einer Aufenthaltsanzeige an die zuständigen Behörden des Aufnahmestaats entfällt in der Bundesrepublik gemäß § 9 AufenthG/EWG, wenn die voraussichtliche Dauer des Aufenthalts einen Monat nicht übersteigt. Keiner Aufenthaltserlaubnis bedürfen gemäß Art. 8 Abs. 1 lit. b) RL 68/360 bzw. § 8 Abs. 3 AufenthG/EWG auch sog. Grenzarbeitnehmer, die im Aufnahmestaat arbeiten, ihren Wohnsitz jedoch im Hoheitsgebiet eines anderen Mitgliedstaates haben; diese müssen auch keine Aufenthaltsanzeige im Sinne des Art. 8 Abs. 2 RL 68/360 bzw. § 9 AufenthG/EWG abgeben.[79]

Art. 9 Abs. 1 RL 68/360 erlaubt den Mitgliedstaaten für die Aufenthaltsdokumente von 41 Freizügigkeitsberechtigten eine Gebühr in maximal der Höhe der Personalausweisgebühren für Inländer zu verlangen. Darüber hinausgehend sieht § 13 AufenthG/EWG die Gebührenfreiheit der erforderlichen Aufenthaltsdokumente vor.

b) Während der Stellensuche

Art. 39 Abs. 3 EG spricht nicht ausdrücklich von einem Einreise- und Aufenthaltsrecht 42 für Angehörige anderer Mitgliedstaaten, die sich im Aufnahmestaat auf Stellensuche begeben wollen. Dennoch sind auch diese zum Kreise der aus Art. 39 Abs. 3 EG Freizügigkeitsberechtigten zu zählen. Dies ergibt sich zum einen aus dem vom EuGH in ständiger Rechtsprechung verfochtenen Grundsatz, dass die Freizügigkeit der Arbeitnehmer als eine

---

[74] Diese Regelung soll verhindern, dass Freizügigkeitsberechtigte zusätzlich zu ihrem europarechtlichen Aufenthaltsrecht einen unbefristeten Aufenthaltstitel nach dem AuslG beantragen, *Hailbronner,* § 7a AufenthG/EWG, Rn. 1.
[75] VGH Mannheim v. 9. 6. 1993, RspDienst 1993, Beilage 8, B3; *Hailbronner,* AuslR, D 1 § 7a, Rn. 2.
[76] *Hailbronner,* § 7a AufenthG/EWG, Rn. 6.
[77] Dazu näher s. u. Rn. 73 ff.
[78] *Hailbronner,* § 7a AufenthG/EWG, Rn. 5; *Fischer,* ZAR 1991, S. 1, 5.
[79] BT-Drucksache V/4125, amtliche Begründung zu § 9 AufenthG/EWG.

der Grundlagen der Gemeinschaft der weiten Auslegung bedürfe[80] und ein Ausschluss der Arbeitsuchenden den Freizügigkeitsvorschriften ihre praktische Wirksamkeit nähme.[81] Auch ergibt sich der Wille des europäischen Gesetzgebers zur Einbeziehung der Arbeitsuchenden in den Kreis der Freizügigkeitsberechtigten aus Art. 5 VO 1612/68, wonach Arbeitsuchende aus anderen Mitgliedstaaten Anspruch auf gleiche Hilfe durch die Arbeitsämter haben wie arbeitsuchende Inländer.[82] Arbeitsuchende finden daher auch im AufenthG/EWG grundsätzlich Berücksichtigung, wie sich der Formulierung „eine Beschäftigung (...) ausüben oder *ausüben wollen*" in § 1 Abs. 1 Nr. 1 AufenthG/EWG entnehmen lässt. Ein eigenes Freizügigkeitsrecht haben Arbeitsuchende nach den genannten Grundsätzen auch, wenn sie sich nicht auf ein konkretes Stellenangebot bewerben wollen oder gar ein konkretes Beschäftigungsangebot eines inländischen Arbeitnehmers vorweisen können.[83] Das ergibt sich aus einem Gegenschluss zu Art. 4 Abs. 3 der RL 68/360.[84] Aus Art. 39 EG folgt damit ein Einreise- und Aufenthaltsrecht für Angehörige anderer Mitgliedstaaten, die zum Zwecke der Stellensuche die Freizügigkeit in Anspruch nehmen wollen. Für die Einreise gelten die Voraussetzungen, die oben für Arbeitnehmer ausgeführt wurden. Einer näheren Untersuchung bedürfen jedoch die Vorbehalte und Voraussetzungen, unter denen insbesondere das Aufenthaltsrecht Stellensuchender steht.

aa) Vermittelbarkeit

43 Umstritten ist zunächst, inwieweit dieses unmittelbar aus Art. 39 EG abzuleitende Freizügigkeitsrecht für Stellensuchende unter dem Vorbehalt ihrer tatsächlichen Vermittelbarkeit auf dem inländischen Arbeitsmarkt steht. Nach der Vorstellung des deutschen Gesetzgebers soll eine Berufung auf die Freizügigkeitsvorschriften für diejenigen nicht in Frage kommen, in deren Person ein nicht behebbares Beschäftigungshindernis vorliegt.[85] Da in diesem Fall die Ausrichtung des Aufenthalts auf eine wirtschaftliche Betätigung hin fehlen dürfte, ist dieser Standpunkt wohl gemeinschaftsrechtskonform; es fällt allerdings schwer, Beispiele für derartige Beschäftigungshindernisse zu bilden, die eine Beschäftigung aus in der Person des Arbeitsuchenden liegenden Gründen gänzlich unmöglich machen.[86] Zudem wurde eine Kontrollbefugnis der Mitgliedstaaten in Bezug auf das Bestehen eines Arbeitsplatzes bereits abgelehnt.[87] Sofern eine Möglichkeit denkbar ist, dass der Arbeitsuchende eine Stelle findet, wäre es dagegen gemeinschaftsrechtlich grundsätzlich unzulässig, ihm Einreise und Aufenthalt zu untersagen.

44 Ungeklärt ist auch, ob sich die inländische Arbeitsmarktlage auf die Freizügigkeitsrechte Stellensuchender auswirken kann. Hailbronner lässt die schlechte Arbeitsmarktlage genügen, wenn aus dieser auf den fehlenden Willen des Arbeitsuchenden, eine Erwerbstätigkeit auszuüben, geschlossen werden kann.[88] Fraglich erscheint allerdings, auf welche Weise der für diese Fälle geforderte Mangel der ernsthaften Absicht, eine Beschäftigung auszuüben, nachzuweisen sein soll. Wie *Wölker*[89] zu Recht feststellt, kann eine Beschäftigungsmöglichkeit schon auf Grund der natürlichen Fluktuation auf dem Arbeitsmarkt nie vollständig ausgeschlossen werden.[90]

45 Im Ergebnis ist daher davon auszugehen, dass Gründe, die die Vermittelbarkeit eines Arbeitsuchenden vollständig ausschließen, zwar der Inanspruchnahme der Freizügigkeit

---

[80] EuGH v. 26. 2. 1991, Rs. C-292/89 (Antonissen), Slg. 1991, 745, 777, Rn. 11 m.w.N.
[81] EuGH a.a.O., Rn. 12.
[82] Auch hierauf weist der EuGH a.a.O., Rn. 14, hin.
[83] *Hailbronner,* § 8 AufenthG/EWG, Rn. 1 a.E.
[84] vdG/T/E/*Wölker* Art 48 EGV, Rn. 36.
[85] Amtliche Begründung zu § 1 AufenthG/EWG, BT-Drucksache V/4125, S. 9 f.
[86] In diesem Sinne auch vdG/T/E/*Wölker,* Art. 48 EGV, Rn. 38.
[87] VdG/T/E/*Wölker* Art 48 EGV, Rn. 38.
[88] *Hailbronner,* § 1 AufenthG/EWG, Rn. 26.
[89] VdG/T/E/*Wölker,* Art. 48, Rn. 38.
[90] EuGH v. 23. 3. 1982, Rs. 53/81 (Levin), Slg. 1982, 1035, 1051, Rn. 20.

III. Art. 39 Abs. 3 EG (Der Zugang zum Arbeitsmarkt)   46–48 § 15

theoretisch entgegenstehen können, praktisch jedoch in der zur Verweigerung der Freizügigkeit erforderlichen Eindeutigkeit kaum jemals vorliegen dürften.

bb) Dauer der Arbeitssuche

Fraglich ist weiterhin die zeitliche Begrenzung des dem Stellensuchenden zustehenden 46 Aufenthaltsrechts. Die RL 68/360 trifft hierzu keine Aussage, während § 8 Abs. 1 AufenthG/EWG davon spricht, dass Arbeitsuchende während der ersten drei Monate ihrer Stellensuche keine Aufenthaltsgenehmigung benötigen. Diese Regelung im deutschen Recht entspricht einer Erklärung der Mitgliedstaaten anlässlich der Verabschiedung der VO 1612/68 und der RL 68/360, wonach das Freizügigkeitsrecht zum Zweck der Stellensuche während eines Zeitraums von mindestens drei Monaten ausübbar sein soll.[91] Dem lässt sich im Umkehrschluss die Vorstellung der Mitgliedstaaten entnehmen, dass die Frist nicht länger als drei Monate währen muss. Es bestehen allerdings seitens des EuGH Bedenken gegen die rechtliche Erheblichkeit dieser Erklärung, da sie in das Gemeinschaftsrecht keinen Eingang gefunden habe.[92] Dies könnte jedoch fraglich sein, da die Erklärung im Rahmen der historischen Auslegung der VO 1612/68 bzw. der RL 68/360 Bedeutung haben kann.

Im Ergebnis lässt der EuGH aber offen, ob eine vom nationalen Recht eingeräumte 47 Frist von drei Monaten den gemeinschaftsrechtlichen Anforderungen an die praktische Wirksamkeit der Freizügigkeitsregeln noch entspricht; in dem seiner Entscheidung zugrundeliegenden Fall hat er betont, dass es eine gemeinschaftsrechtliche Regelung für die Dauer der Stellensuche nicht gebe, eine Frist von sechs Monaten[93] aber ausreichend sei und die praktische Wirksamkeit der Freizügigkeitsregeln nicht gefährde. Allerdings hat er dies eingeschränkt und festgestellt, dass auch nach Ablauf dieser Frist eine Ausweisung nicht in Frage komme, wenn der Betroffene den Nachweis erbringe, mit begründeter Aussicht auf Erfolg die Arbeitsuche fortzusetzen.[94] Da der EuGH ausdrücklich von einer Arbeitsuche mit begründeter Erfolgsaussicht spricht, ist an deren Nachweis eine höhere Anforderung als nur die regelmäßige Kontaktaufnahme mit dem Arbeitsamt zu stellen; vielmehr ist hier zu verlangen, dass sich das Interesse des Stellensuchenden auf Stellen bezieht, für die es in dem betreffenden Bezirk in der jüngeren Vergangenheit auch zu Vermittlungen gekommen ist.

Vor dem Hintergrund der neuen RL 90/364[95] dürfte die Frage der Dauer des aus 48 Art. 39 Abs. 3 EG abzuleitenden Aufenthaltsrechts zu Zwecken der Arbeitsuche jedenfalls

---

[91] Abgedruckt im Sitzungsbericht der Rs. 53/81 (Levin), Slg. 1982, 1035, 1043; wörtlich heißt es: „Die in Artikel 1 (der RL 68/360) genannten Personen, nämlich Angehörige eines Mitgliedstaats, die sich in einen anderen Mitgliedstaat begeben, um dort eine Beschäftigung zu suchen, verfügen zu diesem Zweck über einen Mindestzeitraum von drei Monaten. Haben sie bei Ablauf dieses Zeitraums keine Beschäftigung gefunden, so kann ihr Aufenthalt im Hoheitsgebiet dieses Staates beendet werden. Sollten diese Personen jedoch während des genannten Zeitraums die öffentliche Fürsorge (Sozialhilfe) in Anspruch nehmen, so können sie aufgefordert werden, das Hoheitsgebiet dieses Staats zu verlassen." Ergänzend bestimmt Art. 69 der VO 1408/71, dass der Anspruch auf Arbeitslosenunterstützung 3 Monate aufrechterhalten bleibt, wenn der Arbeitslose in einem anderen Mitgliedstaat Arbeit sucht. Dazu EuGH v. 13. 6. 1996, Rs C-170/95 (Spataro), Slg. 1996, 2933.
[92] EuGH v. 26. 2. 1991, Rs. C-292/89 (Antonissen), Slg. 1991, 745, 778, Rn. 18.
[93] So die britische Regelung im Vorlagefall.
[94] EuGH a.a.O., S. 779, Rn. 21 f. Da die einschlägige Regelung in Belgien den Nachweis fortbestehender Erfolgsaussichten der Arbeitsuche nach Ablauf von drei Monaten nicht zulässt, hat die Europäische Kommission Klage vor dem EuGH erhoben.
[95] Die RL hat bislang keinen Eingang in das AufenthG/EWG gefunden, dürfte aber nach den Grundsätzen über die unmittelbare Geltung von Richtlinien (s. dazu oben § 10 Rn. 73 ff.) nach Ablauf der Umsetzungsfrist am 30. 6. 1992 mittlerweile in der Bundesrepublik unmittelbar anwendbar sein. Der Bundesminister des Innern leitet die Anwendbarkeit der RL aus der Generalklausel des § 2 Abs. 2 AuslG ab, so dass auch nach der Vorstellung der Bundesregierung von der Anwendbarkeit der Richtlinienbestimmungen auszugehen ist (vgl. auch Rundschreiben des Innenministeriums Rhein-

an Bedeutung verlieren, soweit die Voraussetzungen der Richtlinie erfüllt sind. Diese verlangt in Art. 1 für das Aufenthaltsrecht nicht Erwerbstätiger den Nachweis einer Krankenversicherung und ausreichender Existenzmittel für die Zeit des Aufenthalts, die sicherstellen müssen, dass nicht die Sozialhilfe des Aufnahmestaates in Anspruch genommen werden muss. Unter diesen Voraussetzungen ist das Aufenthaltsrecht der Betroffenen gemäß Art. 3 RL 90/364 nicht begrenzt, und die Frage nach einer zeitlichen Begrenzung des aus Art. 39 Abs. 3 EG folgenden Aufenthaltsrechts stellt sich nicht mehr.

cc) Keine Inanspruchnahme von Sozialhilfe

49   Damit ist aber nicht geklärt, ob ein Aufenthaltsrecht nach Art. 39 EG für Arbeitsuchende auch dann besteht, wenn diese die Sozialhilfe des Aufnahmelandes in Anspruch nehmen. Die bereits zitierte Erklärung der Mitgliedstaaten sah vor, dass die Inanspruchnahme von Sozialhilfe Anlass zur Ausweisung geben könne.[96] Nach den Regeln der historischen Auslegung ist dies – entgegen den Bedenken des EuGH – als Hinweis darauf zu werten, dass das Freizügigkeitsrecht für Stellensuchende die Mitgliedstaaten nicht dazu verpflichten soll, Sozialtourismus zu dulden, indem Arbeitsuchende die Sozialhilfe des Aufnahmestaates in Anspruch nehmen. Das OVG Rheinland-Pfalz hat aus der Erklärung den Schluss gezogen, dass das Freizügigkeitsrecht für Arbeitsuchende grundsätzlich und ohne Rücksicht auf eine etwa fortbestehende ernsthafte Absicht, erwerbstätig zu werden, auch schon vor Ablauf der Dreimonatsfrist erlösche, wenn Sozialhilfe in Anspruch genommen werde.[97] Dass kein gemeinschaftsrechtlicher Anspruch Arbeitsuchender auf Sozialhilfe bestehen kann, ergibt sich aus der Rechtsprechung des EuGH zum Diskriminierungsverbot des Art. 7 Abs. 2 VO 1612/68, wonach dieses nur Arbeitnehmern, nicht aber Personen zugute komme, die zum Zwecke der Arbeitssuche zuwandern.[98] Unter diesen Umständen und vor dem Hintergrund der gemeinschaftsrechtlichen Wertung, die sowohl der erwähnten Erklärung der Mitgliedstaaten als auch der RL 90/364 zugrundeliegt, muss daher davon ausgegangen werden, dass die Mitgliedstaaten nicht verpflichtet sind, Personen ein Aufenthaltsrecht zu gewähren, die zum Zwecke der Arbeitssuche einreisen, ohne selbst für ihren Unterhalt sorgen zu können, und dem nach deutschem Recht grundsätzlich unabhängig von der Nationalität bestehenden Sozialhilfeanspruch[99] durch Ausweisung begegnen können.

dd) Keine Aufenthaltserlaubnis-EG

50   Aus § 8 Abs. 1 AufenthG/EWG ergibt sich, dass auch diejenigen Stellensuchenden, die ein aus Art. 39 EG folgendes Freizügigkeitsrecht haben, keinen Anspruch auf Ausstellung einer Aufenthaltserlaubnis-EG erheben können. Vielmehr bleiben sie ohne ausdrücklichen

---

land-Pfalz v. 30. 4. 1993, InfAuslR 1993, 260 f.). Dies scheint die Kommission allerdings nicht zu überzeugen, da sie mittlerweile wegen der nicht erfolgten Umsetzung Klage vor dem EuGH erhoben hat (Rs. C-96/95), der auch stattgegeben wurde, Urteil v. 20. 3. 1997, Slg. 1668.
[96] S. o. Fn. 91.
[97] OVG Rheinland-Pfalz, InfAuslR 1988, 67.
[98] EuGH v. 18. 6. 1987, Rs. 316/85 (CPAS de Courcelles/Lebon), Slg. 1987, 2811, 2839, Rn. 26 f. S. auch § 22 Rn. 77.
[99] Vgl. § 120 BSHG, der allerdings einen Missbrauchsvorbehalt beinhaltet. S. auch Schlussantrag v. 28. 9. 2000 in der Rechtssache C 184/99 (Grzelczyk): Kein aus Art. 12, 17 EG abgeleiteter Anspruch aller Unionsbürger auf Sozialhilfe, wenn dadurch ein Beendigungsgrund für das Aufenthaltsrecht geschaffen würde. Anders das Urteil des EuGH in dieser Sache v. 20. 9. 2001, EuZW 2002, 52: Mit dem Verbot der Diskriminierung aus Gründen der Staatsangehörigkeit und der Unionsbürgerschaft (Art. 12, 17 EG) sei es unvereinbar, die Sozialhilfe vom Anwendungsbereich der VO 1612/68 abhängig zu machen. Dies betrifft den Status von Studenten, für die eine der VO entsprechende Regelung noch fehlt, kann aber nicht dazu führen, die in der VO selbst enthaltenen Einschränkungen zu beseitigen. Allerdings dürfte auch im Rahmen der VO 1612/68 die Einschränkung des EuGH (a. a. O. Rn. 43) gelten, dass aufenthaltsbeendigende Maßnahmen nicht die automatische Folge der Tatsache sein dürfen, dass Sozialhilfe in Anspruch genommen wird.

Aufenthaltstitel, was der wohl auch gemeinschaftsrechtlich intendierten Vorläufigkeit ihres Aufenthaltsrechts Ausdruck verleiht. Etwas anderes ergibt sich auch nicht aus der Anwendbarkeit der RL 90/364, da diese in Art. 2 Abs. 2 unter anderem auf Art. 6 Abs. 2 RL 68/360 verweist, wonach bei kürzerfristigen Aufenthalten von nicht länger als einem Jahr vorhersehbarer Dauer eine Aufenthaltserlaubnis-EG nicht erteilt wird; bei einem Aufenthalt zum Zwecke der Arbeitssuche kann wohl nicht von einer vorhersehbaren längeren Dauer ausgegangen werden.

c) Während der Arbeitslosigkeit

Wie sich aus Art. 7 RL 68/360 ergibt, führt unfreiwillige Arbeitslosigkeit – ebenso wie vorübergehende Arbeitsunfähigkeit infolge Krankheit oder Unfalls – im Aufnahmestaat nicht zum Verlust der Freizügigkeitsrechte aus Art. 39 EG. Dieser Gedanke liegt auch Art. 7 Abs. 1 VO 1612/68 zugrunde, wonach arbeitslos gewordenen Wanderarbeitnehmern die gleichen Hilfen im Hinblick auf berufliche Wiedereingliederung oder Wiedereinstellung zuteil werden müssen wie inländischen Arbeitnehmern. § 3 Abs. 4 S. 2 AufenthG/EWG setzt dies in deutsches Recht um. **51**

aa) Vorherige Beschäftigung im Rahmen des Freizügigkeitsrechts

Aus dem Vorstehenden ergibt sich, dass die gemeinschaftsrechtliche Stellung von unfreiwillig Arbeitslosen im Sinne der RL 68/360 günstiger ist als die von Arbeitsuchenden i. S. des letzten Abschnitts. Zu klären ist daher zunächst, worin sich beide Gruppen unterscheiden, da unfreiwillig Arbeitslose jedenfalls grundsätzlich auch Arbeitsuchende sein dürften. Ausschlaggebend ist in diesem Zusammenhang, ob ein Wanderarbeitnehmer im Aufnahmestaat bereits als Arbeitnehmer in einem Beschäftigungsverhältnis von den Freizügigkeitsrechten des EGV Gebrauch gemacht hat; nur dann kann er auch unfreiwillig Arbeitsloser im Sinne der RL 68/360 bzw. der VO 1612/68 sein.[100] Wer dagegen im Aufnahmestaat niemals im Rahmen der Freizügigkeit gemäß Art. 39 EG als Arbeitnehmer tätig war, kann auch nicht unfreiwillig arbeitslos im Sinne der Freizügigkeitsvorschriften sein. **52**

bb) Unfreiwilligkeit der Arbeitslosigkeit

Erforderlich ist weiterhin, dass unfreiwillige Arbeitslosigkeit vorliegt. Fraglich ist, worin sich diese von freiwilliger Arbeitslosigkeit unterscheidet. Dabei kann grundsätzlich auf die Freiwilligkeit des Arbeitslosenwerdens oder des Arbeitslosbleibens abgestellt werden. Unzweifelhaft dürfte sein, dass aus dem Anwendungsbereich der Freizügigkeitsvorschriften der Art. 39 ff. EG herausfällt, wer freiwillig arbeitslos bleibt, da es dann an der wirtschaftlichen Zwecksetzung des Aufenthalts im Aufnahmestaat fehlt; Kriterium hierfür dürfte sein, ob sich der Betreffende der Arbeitsvermittlung zur Verfügung stellt. Eindeutig ist weiterhin, dass unfreiwillig arbeitslos ist und ggfs. bleibt, wer seine Stelle ohne eigenes Zutun infolge einer Kündigung verliert und sich der Arbeitsvermittlung zur Verfügung stellt. Klärungsbedürftig ist dagegen der Fall, dass ein Arbeitnehmer seine Stelle infolge eigener Kündigung oder im Rahmen eines Aufhebungsvertrages verliert. Dann kann nicht immer von Unfreiwilligkeit des Arbeitslosenwerdens gesprochen werden. Dennoch kommt es auch in diesen Fällen für den Fortbestand des Freizügigkeitsrechts lediglich darauf an, ob der Wille, wieder eine Beschäftigung aufzunehmen, hervortritt, indem der Betroffene sich der Arbeitsvermittlung zur Verfügung stellt. **53**

Dies steht auch mit der Wertung der im deutschen Recht gemäß § 144 Abs. 1 Nr. 1 SGB III vorgesehenen Sperrfristen für die Zahlung von Arbeitslosengeld im Falle der Lösung des Arbeitsverhältnisses durch den Arbeitnehmer im Einklang. Auch in diesen **54**

---

[100] EuGH v. 26. 5. 1993, Rs. C-171/91 (Tsiotras), EuZW 1993, 451 f., Rn. 9 ff., wo der Status des unfreiwillig Arbeitslosen im Sinne des Gemeinschaftsrechts einem Griechen verweigert wird, der lediglich vor dem griechischen Beitritt zur Gemeinschaft in der Bundesrepublik tätig war.

Fällen entfällt der Anspruch auf Zahlung von Arbeitslosengeld nicht, sondern ruht lediglich. Würde für die Freiwilligkeit der Arbeitslosigkeit im Sinne des Gemeinschaftsrechts auf die Lösung des Arbeitsverhältnisses in diesem Sinne abgestellt, so gingen EG-Wanderarbeitnehmer, die den Tatbestand des § 144 Abs. 1 Nr. 1 SGB III erfüllen, ihrer gemeinschaftsrechtlichen Freizügigkeitsrechte verlustig, da sie aus dem Anwendungsbereich der Freizügigkeitsvorschriften herausfielen. Dies würde zur Gefahr einer gemäß Art. 7 Abs. 2 VO 1612/68 verbotenen Diskriminierung von Arbeitnehmern aus anderen Mitgliedstaaten der Gemeinschaft führen, da es diesen nur mit erheblich gravierenderen Konsequenzen als ihren inländischen Kollegen möglich wäre, im Falle der eigenen Unzufriedenheit ein Arbeitsverhältnis von sich aus zu beenden. Daraus ergibt sich, dass die ihnen drohenden Rechtsfolgen auch auf die Sperrfrist vor der Zahlung von Arbeitslosengeld beschränkt sein müssen. Unfreiwillige Arbeitslosigkeit im Sinne des Gemeinschaftsrechts liegt damit auch vor, wenn ein EG-Wanderarbeitnehmer von sich aus ein Arbeitsverhältnis löst, sich aber anschließend der Arbeitsvermittlung zur Verfügung stellt. Als freiwillig arbeitslos in diesem Sinne muss lediglich gelten, wer sich der Arbeitsvermittlung nicht zur Verfügung stellt.

cc) Anspruch auf Verlängerung der Aufenthaltserlaubnis

55 Die unfreiwillige, vom zuständigen Arbeitsamt als solche bestätigte Arbeitslosigkeit kann gemäß Art. 7 Abs. 1 RL 68/360 nicht zum Entzug einer gültigen Aufenthaltserlaubnis führen; nach Art. 7 Abs. 2 RL 68/360 bzw. § 3 Abs. 3 AufenthG/EWG ist es allerdings möglich, bei anhaltender, länger als zwölf Monate währender unfreiwilliger Arbeitslosigkeit eines EG-Wanderarbeitnehmers die Verlängerung seiner Aufenthaltserlaubnis-EG auf mindestens zwölf weitere Monate zu beschränken.

56 Dass in der Vorschrift von der „ersten Verlängerung" die Rede ist, schafft keine Klarheit für den Fall, dass ein Langzeitarbeitsloser nach Ablauf der ersten Verlängerung seiner Aufenthaltserlaubnis-EG deren neuerliche Verlängerung anstrebt. Die Formulierung des Art. 7 Abs. 2 RL 68/360 könnte einerseits in dem Sinne verstanden werden, dass eine weitere Verlängerung der Aufenthaltserlaubnis für Langzeitarbeitslose nicht erfolgen muss, so dass Langzeitarbeitslose nach der einmaligen Verlängerung ihrer Aufenthaltserlaubnis-EG ihr freizügigkeitsrechtliches Aufenthaltsrecht verlieren. Andererseits könnte die Vorschrift so aufgefasst werden, dass ein Langzeitarbeitsloser, dessen Aufenthaltserlaubnis bereits zum zweiten Mal verlängert wird, infolge seines längeren Aufenthalts im Aufnahmestaat eine soweit verfestigte aufenthaltsrechtliche Position hat, dass ihm eine Befristung nach Art. 7 Abs. 2 RL 68/360 nicht mehr zuzumuten ist.

57 Der deutsche Gesetzgeber hat in § 3 Abs. 3 Satz 2 AufenthG/EWG, der sinnvollerweise nur als Rechtsfolgenverweisung aufgefasst werden kann, festgelegt, dass unfreiwillige Arbeitslosigkeit im oben dargestellten Sinne keinen Einfluss auf den Fortbestand der Freizügigkeitsrechte hat. Diese Regelung dürfte sich auch im Einklang mit den Absichten der RL 68/360 befinden. Ein anderes Verständnis von Art. 7 Abs. 2 RL 68/360 würde zu dem gemeinschaftsrechtlich untragbaren Ergebnis führen, dass die Freizügigkeitsrechte und damit auch die in der Regel an die Verfügbarkeit für die Arbeitsvermittlung anknüpfenden Ansprüche nach dem SGB III nach 24monatiger Arbeitslosigkeit entfallen können. Eine solche Regelung stünde insbesondere im Widerspruch zu Art. 7 Abs. 1 VO 1612/68.

d) Nach der Berufstätigkeit

58 Art. 39 Abs. 3 lit. d) EG gibt den EG-Wanderarbeitnehmern das Recht, nach Beendigung einer Beschäftigung im Hoheitsgebiet eines Mitgliedstaats unter von der Kommission festzulegenden Bedingungen zu verbleiben. Infolge der Ermächtigung der Kommission ist Art. 39 Abs. 3 lit. d) EG nicht unmittelbar anwendbar.[101] Die Kommission hat von ihrer

---

[101] VdG/T/E/*Wölker*, Art. 48, Rn. 2 a. E., 81.

Ermächtigung durch den Erlass der Durchführungsverordnung 1251/70[102] Gebrauch gemacht, die für die Betroffenen unmittelbare Ansprüche begründet; zusätzlich wurde das Verbleiberecht in § 1 Abs. 1 Nr. 5, § 6a AufenthG/EWG in die deutsche Rechtsordnung eingefügt.

Der Zweck des Verbleiberechts besteht darin, es dem Wanderarbeitnehmer und seinen Familienangehörigen[103] aus humanitären Gründen zu ermöglichen, auch nach dem Ausscheiden aus dem Arbeitsprozess dort zu verbleiben, wo sich der Mittelpunkt der Lebensbeziehungen befindet.[104]

aa) Voraussetzungen des Verbleiberechts

Vom Verbleiberecht begünstigt sollen nach dem in Art. 2 VO 1251/70 zum Ausdruck kommenden Zweck der Regelung Arbeitnehmer werden, die ihre Berufstätigkeit im Aufnahmestaat endgültig beenden. Art. 2 Abs. 1 Lit. a) VO 1251/70 macht daher zur Voraussetzung des Verbleiberechts, dass der Arbeitnehmer zum Zeitpunkt der Aufgabe der Beschäftigung das im Aufnahmestaat vorgeschriebene Rentenalter erreicht hat, dort zumindest in den letzten zwölf Monaten einer Beschäftigung nachging und sich seit mindestens drei Jahren dort aufgehalten hat. § 6a Abs. 2 Nr. 1 AufenthG/EWG lässt hier das Alter von 65 Jahren unabhängig davon genügen, ob damit das deutsche Rentenalter erreicht ist.[105] Art. 2 Abs. 1 lit. b) dehnt den Anwendungsbereich der VO 1251/70 auf dauernd Arbeitsunfähige aus, die einen mindestens zweijährigen ständigen Aufenthalt im Aufnahmestaat vorweisen können; beruht die Arbeitsunfähigkeit auf einem Arbeitsunfall oder einer Berufskrankheit mit der Folge eines Rentenanspruchs im Aufnahmestaat, so besteht kein Erfordernis einer bestimmten Aufenthaltsdauer. Voraussetzung ist im Falle von lit. b) aber auch, dass die Aufgabe der Erwerbstätigkeit auf der Arbeitsunfähigkeit beruht.[106] Schließlich erfasst lit. c) auch Grenzgänger, die ihren Wohnsitz im Aufnahmestaat haben und in der Vergangenheit mindestens drei Jahre lang auch dort gearbeitet haben.

Ein ständiger Aufenthalt in diesem Sinne liegt gemäß Art. 4 VO 1251/70 auch dann vor, wenn dieser bis zu insgesamt drei Monaten im Jahr oder zur Ableistung des Wehrdienstes unterbrochen wurde. Als Beschäftigungszeiten gelten auch die Zeiten unfreiwilliger Arbeitslosigkeit und die Fehlzeiten infolge von Krankheit oder Unfall (so auch § 6a Abs. 6, Abs. 7 Nr. 1, 2 AufenthG/EWG).

Einem Redaktionsversehen liegt nach herrschender Auffassung die Regelung des Art. 2 Abs. 2 VO 1251/70 (und, da auf dieser Vorschrift beruhend, auch des § 6a Abs. 4 AufenthG/EWG) zugrunde, wonach das Erfordernis bestimmter Aufenthalts- und Beschäftigungszeiten entfällt, wenn der Ehegatte des Arbeitnehmers die Staatsangehörigkeit des Aufnahmestaats besitzt oder durch Eheschließung mit dem Arbeitnehmer verloren hat, diese Regelung aber nicht für Grenzgänger gelten soll.[107] In der Tat lässt sich nicht nachvollziehen, auf welcher Überlegung diese Einschränkung für die gemäß Art. 2 Abs. 1 lit. c) VO 1251/70 verbleibeberechtigten Grenzgänger basiert. Auch bei diesen muss daher, entgegen § 6a Abs. 4, 5 AufenthG/EWG, die Dauer der vorhergegangenen Beschäftigung in der Bundesrepublik außer Betracht bleiben, wenn sie die Voraussetzungen des Art. 2 As. 2 VO 1251/70 bzw. § 6a Abs. 4 AufenthG/EWG erfüllen.

---

[102] Verordnung 1251/70/EWG der Kommission v. 29. 6. 1970 über das Recht der Arbeitnehmer, nach Beendigung einer Beschäftigung im Hoheitsgebiet eines Mitgliedstaats zu verbleiben, ABl. Nr. L 142/24; auch abgedruckt in EAS 2010.
[103] Dazu s. u. Rn. 67 ff.
[104] VdG/T/E/*Wölker*, Art. 48, Rn. 81.
[105] Eine Erhöhung des Rentenalters in der Bundesrepublik hat somit auf das Verbleiberecht nur dann Auswirkungen, wenn auch das AufenthG/EWG geändert wird.
[106] *Hailbronner*, § 6a AufenthG/EWG, Rn. 5.
[107] VdG/T/E/*Wölker*, Art. 48, Rn. 83.

63 Kein subjektives Freizügigkeitsrecht aus der VO 1251/70 haben dagegen Staatsangehörige eines Mitgliedstaates, die sich in einem Aufnahmestaat, in dem sie früher tätig waren, im Anschluss an ihre Berufstätigkeit erneut niederlassen wollen, nachdem sie diesen inzwischen dauerhaft verlassen hatten. Dies ergibt sich aus Art. 8 Abs. 2 VO 1251/70, wonach die Mitgliedstaaten lediglich zur Förderung derartiger Niederlassungswünsche angehalten werden; ein subjektives Recht dürfte sich aus dieser Vorschrift nicht ableiten lassen. Die Rechtsstellung dieses Personenkreises hat sich aber durch die Verabschiedung der RL 90/365 insoweit gebessert, als danach unter deren Voraussetzungen (Krankenversicherung und eigenes Auskommen ohne Inanspruchnahme von Sozialhilfe im Aufnahmestaat) gemäß Art. 1 Abs. 1 ein subjektives Freizügigkeitsrecht besteht.

64 Eine Nachwirkung des Arbeitnehmerstatus kann sich bei einem anschließenden, mit der Berufstätigkeit zusammenhängenden Hochschulstudium ergeben.[108]

bb) Geltendmachung des Verbleiberechts

65 Personen, die nach den soeben dargestellten Regelungen ein Verbleiberecht im Aufnahmestaat haben, müssen dieses gemäß Art. 5 VO 1251/70 bzw. § 6a Abs. 8 AufenthG/EWG binnen einer Frist von zwei Jahren vom Zeitpunkt der Entstehung des Rechts an ausüben; ein zwischenzeitliches – auch längerfristiges – Verlassen des Aufnahmestaates ist unschädlich.

cc) Deklaratorische Aufenthaltserlaubnis-EG

66 Für die wiederum deklaratorische Aufenthaltserlaubnis, die die Behörden des Aufnahmestaates dem Verbleibeberechtigten auszustellen haben, gelten gemäß Art. 6 VO 1251/70 bzw. § 6a Abs. 9, 10 AufenthG/EWG die gleichen Grundsätze wie bei freizügigkeitsberechtigten Arbeitnehmern. Auch ermöglicht es § 7a Abs. 1 AufenthG/EWG den Verbleibeberechtigten unter den dort genannten Voraussetzungen, eine unbefristete Aufenthaltserlaubnis-EG zu erhalten.

e) Besonderheiten für Familienangehörige

67 Das Gemeinschaftsrecht will es den Freizügigkeitsberechtigten nicht zumuten, ihr Freizügigkeitsrecht ohne die Begleitung ihrer Familien in Anspruch zu nehmen, da ansonsten die Rechte der Art. 39 ff. EG ausgehöhlt und in ihrer Wirksamkeit verringert würden. Da aber die Familienmitglieder häufig nicht Arbeitnehmer im Sinne des Freizügigkeitsrechts sind, vielfach auch die Staatsangehörigkeit eines Drittstaats haben, haben sie häufig kein eigenes Freizügigkeitsrecht gemäß Art. 39 ff. EG. Demzufolge war es notwendig, für Familienmitglieder von Freizügigkeitsberechtigten in den einschlägigen Vorschriften des sekundären Gemeinschaftsrechts abgeleitete Freizügigkeitsrechte zu schaffen, deren Voraussetzungen und Inhalte im Folgenden darzustellen sind.

aa) Aufenthaltsrecht

68 Ungeachtet ihrer Staatsangehörigkeit ergibt sich für bestimmte Familienmitglieder von EG-Wanderarbeitnehmern aus Art. 10 Abs. 1 VO 1612/68 ein Aufenthaltsrecht im Aufnahmestaat: Es sind dies der Ehegatte, die Verwandten in absteigender Linie im Alter bis zu 21 Jahren sowie seine und seines Ehepartners sonstigen Verwandten in auf- und absteigender Linie, soweit diesen vom Freizügigkeitsberechtigten Unterhalt gewährt wird.

(1) Ehegatte

69 Entscheidend für die Berechtigung von Ehegatten ist nicht der tatsächliche Bestand der ehelichen Lebensgemeinschaft, sondern der rechtliche Bestand der Ehe, so dass ein dauernd getrennt lebender Ehegatte das Aufenthaltsrecht des Art. 10 Abs. 1 VO 1612/68 bis zur Scheidung beanspruchen kann.[109] Ebenfalls nicht erforderlich ist eine ständige ge-

---

[108] EuGH v. 21. 6. 1988, Rs 39/86 (Gir), Slg. 3161.
[109] EuGH v. 31. 2. 1985, Rs. 59/85 (Diatta), Slg. 1985, 567, 589 f., Rn. 18 ff.

III. Art. 39 Abs. 3 EG (Der Zugang zum Arbeitsmarkt)   70–72 § 15

meinsame Familienwohnung.[110] Eheähnliche Lebensgemeinschaften erfüllen den Tatbestand des Art. 10 Abs. 1 VO 1612/68 dagegen nicht.[111] Die Anerkennung der in einzelnen Mitgliedsländern, darunter Deutschland, eingeführten gleichgeschlechtlichen „Ehen" verlangt das Europarecht nicht. Die Richtlinie 2000/78 vom 27. 11. 2000 für die Verwirklichung der Gleichbehandlung in Beschäftigung und Beruf (Abl. L 303/16) richtet sich zwar gegen Diskriminierung wegen der sexuellen Ausrichtung, sagt aber ausdrücklich, dass einzelstaatliche Vorschriften über den Familienstand unberührt bleiben, ebenso die Vorschriften und Bedingungen für die Einreise von Staatsangehörigen dritter Länder oder staatenlosen Personen in das Hoheitsgebiet der Mitgliedstaaten oder deren Aufenthalt in diesem Hoheitsgebiet sowie eine Behandlung, die sich aus der Rechtsstellung von Staatsangehörigen dritter Länder oder staatenlosen Personen ergibt.

(2) Unterhaltsgewährung

Während die Tatbestandsmerkmale der Verwandtschaft in auf- bzw. absteigender Linie 70 sowie des Alters von 21 Jahren keiner weiteren Erläuterung bedürfen, ist der in Art. 10 Abs. 1 VO 1612/68 erscheinende Begriff der Gewährung von Unterhalt problematisch zu nennen. Dabei ist von dem durch den EuGH[112] festgelegten Grundsatz auszugehen, dass eine Unterhaltsleistung i.S. des Art. 10 Abs. 1 VO 1612/68 immer dann vorliegt, wenn tatsächlich Unterhalt geleistet wird, ohne Rücksicht auf Grund und Umfang dieser Leistung sowie die Unterstützungsbedürftigkeit des Angehörigen. Dem Tatbestandsmerkmal der Unterhaltsleistung steht somit nicht entgegen, dass der Unterstützte gleichzeitig Sozialhilfe in Anspruch nehmen muss.[113]

Umstritten ist der vom EuGH entwickelte Grundsatz allerdings, soweit eine Unterstüt- 71 zungsbedürftigkeit des jeweiligen Familienangehörigen verlangt wird. So vertritt GA *Lenz* in seinem Schlussantrag zur oben angeführten Entscheidung des EuGH[114] den Standpunkt, dass die Bedürftigkeit des Familienangehörigen gegeben sein müsse. Dies erscheint aus dem Grunde ein sinnvoller Ausgangspunkt, dass andernfalls die Einbeziehung von Angehörigen in das Aufenthaltsrecht des Art. 10 VO 1612/68 schon durch die Zahlung geringster und für die Lebenshaltung nicht unbedingt notwendiger Beträge hergestellt werden könnte; dies widerspräche dem Sinn der Vorschrift, die für ein Aufenthaltsrecht „entfernterer" Verwandter ihre materielle Abhängigkeit vom Freizügigkeitsberechtigten verlangt. Zu beachten ist allerdings auch, dass ein Freizügigkeitsberechtigter ein legitimes Interesse daran haben kann, seinen Verwandten im Sinne des Art. 10 Abs. 1 VO 1612/68 mit eigenen Mitteln einen höheren Lebensstandard zu ermöglichen, den diese allein nicht erreichen können, ohne deswegen bedürftig im Sinne des nationalen Sozialhilferechts zu sein.

Dies führt zu der weiteren Schwierigkeit, wie die Unterhaltsbedürftigkeit im Falle ihrer 72 Erforderlichkeit festzustellen sein soll. Nationalstaatliche Definitionen können hier schon aus dem Grunde nicht zum Ziel führen, dass es die Mitgliedstaaten dann in der Hand hätten, den Kreis der aus Art. 10 Abs. 1 VO 1612/68 aufenthaltsberechtigten Familienmitglieder anhand der Definition der Unterhaltsbedürftigkeit weitgehend selbst zu bestimmen. Die einheitliche Anwendung des Gemeinschaftsrechts wäre auf diesem Wege

---

[110] *Hailbronner*, in Dauses (Hrsg.): Handbuch des EG-Wirtschaftsrechts, D.I, Rn. 45.
[111] EuGH v. 17. 4. 1986, Rs. 59/85 (Reed), Slg. 1986, 1283, 1300, Rn. 15; ein Gebot, ständigen Lebensgefährten ein Aufenthaltsrecht zu gewähren, kann sich nach dieser Entscheidung allerdings aus dem Diskriminierungsverbot des Art. 6 Abs. 1 EGV i.V.m. Art. 7 Abs. 2 VO 1612/68 ergeben, wenn der Aufnahmestaat den ständigen Lebensgefährten von eigenen Staatsangehörigen ein Aufenthaltsrecht gewährt, EuGH a.a.O, S. 1303 f., Rn. 28 ff. Der in Fn. 22 erwähnte Richtlinienentwurf will nicht verheiratete Lebenspartner gleichstellen.
[112] EuGH v. 18. 6. 1987, Rs. 316/85 (CPAS de Courcelles/Lebon), Slg. 1987, 2811, 2838, Rn. 20 ff.
[113] *Hailbronner*, in Dauses (Hrsg.): Handbuch des EG-Wirtschaftsrechts, D.I, Rn. 44.
[114] Rs. 316/85 (CPAS de Courcelles/Lebon), Slg. 1987, 2811, 2820, 2828.

nicht zu gewährleisten.[115] Aus alledem ergibt sich, dass es notwendig ist, auf den Begriff des Unterhalts abzustellen. Das Aufenthaltsrecht kann, wie gezeigt wurde, nicht davon abhängen, dass der Familienangehörige bedürftig im Sinne des jeweiligen nationalen Sozialhilferechts ist. Erforderlich ist allerdings, dass ihm tatsächlich Unterhalt geleistet wird. An einer Unterhaltsleistung im Sinne des Art. 10 Abs. 1 VO 1612/68 fehlt es allerdings, wenn der Beitrag für die Lebensführung des Unterstützten ganz unwesentlich ist; statt dessen ist zu verlangen, dass die Unterhaltsleistung einen spürbaren Beitrag zur Lebenshaltung des Unterstützten darstellt. Nur dann liegt, unabhängig vom Niveau des auf diesem Wege erreichten Lebensstandards, eine Unterhaltsgewährung i.S. des Art. 10 Abs. 1 VO 1612/68 mit den dort festgelegten aufenthaltsrechtlichen Folgen vor.[116]

(3) Wohnung

73   In Art. 10 Abs. 1 VO 1612/68 ist nicht ausdrücklich von einem Aufenthaltsrecht die Rede, sondern lediglich vom Recht bestimmter Familienangehöriger, beim Freizügigkeitsberechtigten Wohnung zu nehmen. Daraus ergibt sich aber nicht, dass der ständige Aufenthalt in einer gemeinsamen Familienwohnung Voraussetzung des Aufenthaltsrechts ist.[117] Dies folgt insbesondere aus dem räumlich unbeschränkten Recht gemäß Art. 11 VO 1612/68,[118] eine Tätigkeit im Hoheitsgebiet des Aufnahmestaates auszuüben; wenn dieses Recht mit einer Pflicht zur gemeinsamen Wohnung einherginge, wäre es weitestgehend eingeschränkt. Es steht dem aufenthaltsberechtigten Familienangehörigen daher frei, auch an anderer Stelle als beim ursprünglich Freizügigkeitsberechtigten Wohnung zu nehmen.[119]

74   Dies ändert aber nichts daran, dass Voraussetzung der Entstehung des Aufenthaltsrechts für Familienangehörige gemäß Art. 10 Abs. 3 Satz 1 VO 1612/68 eine Wohnung des Wanderarbeitnehmers für sich und seine Familie ist, die den normalen Anforderungen für die in der gleichen Region beschäftigten inländischen Arbeitnehmer genügt. Dementsprechend verlangt § 7 Abs. 1 AufenthG/EWG eine nach den am Aufenthaltsort geltenden Maßstäben angemessene Wohnung. Die Tragweite des Art. 10 Abs. 3 VO 1612/68 wird jedoch durch das in Satz 2 enthaltene Verbot beeinträchtigt, im Zuge der Feststellung der Angemessenheit des Wohnraums Arbeitnehmer aus anderen Mitgliedstaaten zu diskriminieren. Wölker hält die Vorschrift des Art. 10 Abs. 3 daher für vertragswidrig.[120] Der Familiennachzug für eigene Staatsangehörige unterliege nämlich keinerlei Beschränkungen.[121]

75   Den geforderten Standard muss die Wohnung dem EuGH[122] zufolge nur bei der erstmaligen Erteilung der Aufenthaltserlaubnis für den Familienangehörigen haben, während der spätere Wegfall dieser Voraussetzung der Verlängerung der Aufenthaltserlaubnis nicht entgegenstehen darf, solange kein Missbrauch der Vorschrift vorliegt.[123] Auch muss sich die Angemessenheit einer Wohnung aus Rechtsvorschriften und nicht lediglich den tatsächlichen Gegebenheiten ergeben.[124]

---

[115] Darauf weist GA *Lenz* in seinen Schlussanträgen in der Rs. 316/85 (CPAS de Courcelles/Lebon), Slg. 1987, 2811, 2820 hin.

[116] S. Art. 10 Abs. 1 des Entwurfs zur Veränderung der VO 1612/68 ABl. 12. 11. 1998 Nr. C 344/11.

[117] EuGH v. 31. 2. 1985, Rs. 59/85 (Diatta), Slg. 1985, 567, 589, Rn. 18; Dauses/*Hailbronner* D I, Rn. 42.

[118] Dazu s. u. 3 e).

[119] VdG/T/E/*Wölker*, Art. 48 Rn. 70.

[120] VdG/T/E/*Wölker* Art. 48 EGV, Rn. 73.

[121] A. A. EAS/*Coester-Denkhaus*, B 2100, Rn. 57.

[122] EuGH v. 18. 5. 1989, Rs. 249/86 (Kommission/Bundesrepublik Deutschland), Slg. 1989, 1263, 1290, Rn. 12.

[123] EuGH a.a.O., Rn. 14, wonach ein Missbrauchsvorbehalt für den Fall gilt, dass eine Wohnung nur kurzfristig zur Erlangung des Aufenthaltsrechts für Familienangehörige beschafft wurde.

[124] GA *Mischo* in der Rs. 249/86 (Kommission/Bundesrepublik), Slg. 1989, 1276, 1279 f., Rn. 16 f.

III. Art. 39 Abs. 3 EG (Der Zugang zum Arbeitsmarkt)   76–82 § 15

Aus der genannten Entscheidung des EuGH hat der deutsche Gesetzgeber die Konsequenzen gezogen, indem er § 7 Abs. 10 in das AufenthG/EWG eingefügt hat. In dieser Vorschrift wurde auch der Missbrauchsvorbehalt des EuGH konkretisiert, indem ein Missbrauch für den Fall vermutet wird, dass die Umstände dafür sprechen und die Voraussetzungen der angemessenen Wohnung binnen sechs Monaten nach Erteilung der Aufenthaltserlaubnis-EG entfallen sind. 76

(4) Aufenthaltserlaubnis-EG

Besondere Voraussetzungen für die Erteilung der Aufenthaltserlaubnis-EG für Familienangehörige sieht Art. 4 Abs. 3 lit. d), e) RL 68/360 vor. Danach können, neben den üblichen Einreisedokumenten, auch Bescheinigungen des Herkunftsstaats über das Verwandtschaftsverhältnis sowie die Unterhaltsgewährung durch den Wanderarbeitnehmer verlangt werden. Während Art. 4 Abs. 4 RL 68/360 im Rahmen einer Unterscheidung zwischen Familienangehörigen mit Drittstaatsangehörigkeit und solchen mit Unionsbürgerschaft für die erstgenannten nur ein Aufenthaltsdokument mit der gleichen Gültigkeit wie jenes des Freizügigkeitsberechtigten verlangt, verzichtet das AufenthG/EWG auf diese Unterscheidung. Im Übrigen gelten für die Aufenthaltserlaubnis-EG des Familienangehörigen die Grundsätze, die auch ihrer Erteilung für Wanderarbeitnehmer zugrunde liegen. 77

(5) Sonstige Familienangehörige

Art. 10 Abs. 2 VO 1612/68 verlangt von den Mitgliedstaaten die Begünstigung des Zugangs sonstiger Familienangehöriger des Wanderarbeitnehmers, denen dieser Unterhalt gewährt oder mit denen er im Herkunftsland in häuslicher Gemeinschaft lebt. Die Schwelle zu einem subjektiven Recht der Betroffenen dürfte damit jedoch trotz der Erwähnung der Angehörigen gemäß Abs. 2 in Art. 10 Abs. 3 VO 1612/68 noch nicht überschritten sein.[125] 78

bb) Verbleiberecht

Familienangehörige im Sinne des Art. 10 VO 1612/68 von Verbleibeberechtigten haben gemäß Art. 3 Abs. 1 Satz 1 VO 1251/70 ebenso wie diese ein Verbleiberecht im Aufnahmestaat, das binnen zweier Jahre nach seiner Entstehung ausgeübt werden muss. Gemäß Satz 2 steht ihnen dieses Recht auch nach dem Tode des ursprünglich Freizügigkeitsberechtigten zu; die entsprechende Regelung trifft § 7 Abs. 3, 4 AufenthG/EWG. 79

Ob Art. 10 Abs. 1 und Abs. 2 der VO 1612/68 erfasst sind, ist umstritten.[126] Dies kann wegen der deutschen Rechtslage in den § 7 Abs. 2 und 3 AufenthG/EWG dahinstehen, denn die Vorschrift trifft keine Unterscheidung. 80

Art. 3 Abs. 2 VO 1251/70 bzw. § 7 Abs. 2 AufenthG/EWG regelt das Verbleiberecht von Familienangehörigen, wenn der Wanderarbeitnehmer während seiner Erwerbstätigkeit im Aufnahmestaat verstorben ist. Ein Verbleiberecht für seine hinterbliebenen Familienmitglieder besteht dann, wenn der Wanderarbeitnehmer sich zum Zeitpunkt seines Todes seit mindestens zwei Jahren ständig im Aufnahmestaat aufgehalten hatte oder infolge eines Arbeitsunfalls oder einer Berufskrankheit gestorben ist. Außerdem kann sich ein Verbleiberecht in diesem Fall daraus ergeben, dass der überlebende Ehegatte die Staatsangehörigkeit des Aufnahmestaats besitzt oder durch die Eheschließung verloren hatte. 81

cc) Besondere Einreisedokumente

Von Familienangehörigen von EG-Wanderarbeitnehmern kann bei der Einreise neben den gewöhnlichen Einreisedokumenten wie Pass oder Personalausweis die Vorlage von Bescheinigungen des Herkunftsstaats über ihr Verwandtschaftsverhältnis zum Wanderar- 82

---

[125] S. aber Art. 10 Abs. 1 lit. c) des Entwurfs zur Veränderung der VO 1612/68 ABl. 12. 11. 1998 Nr. C 344/11.
[126] Bejahend: vdG/T/E/*Wölker* Art. 48 EGV, Rn. 86; Dagegen GA Lenz Rs. 346/85 (CPAS Courcelles) Slg. 1987, 2823.

beitnehmer sowie, erforderlichenfalls, die Unterhaltsgewährung durch den Wanderarbeitnehmer verlangt werden.[127]

83 Gemäß Art. 3 Abs. 2 RL 68/360 bzw. § 2 Abs. 3 AufenthG/EWG sind die Mitgliedstaaten berechtigt, von drittstaatsangehörigen Familienmitgliedern von Wanderarbeitnehmern für die Einreise einen Sichtvermerk zu verlangen, müssen aber zu dessen Erlangung alle Erleichterungen bieten. Die Vereinbarkeit dieser Regelung mit dem gegenwärtigen Freizügigkeitskonzept ist zweifelhaft.[128] Die Visumspflicht behindert nämlich die Freizügigkeit der Arbeitnehmer. Die Kommission hat daher einen Vorschlag gemacht, nach dem das Visum auch an einem dritten Ort ausgestellt werden kann.[129] Die Verwaltungsgerichte verneinen bereits jetzt die Rechtfertigung aufenthaltsbeendender Maßnahmen bei Verstößen gegen die Visumspflicht.[130] Der Antrag auf Erteilung einer Aufenthaltserlaubnis beinhalte ein vorläufiges Aufenthaltsrecht auch bei illegaler Einreise.

3. Recht auf Zugang zur Beschäftigung und Ausübung einer Beschäftigung

84 Unabhängig von der Frage eines Einreise- und Aufenthaltsrechts ist für die Aufnahme einer Beschäftigung in der Bundesrepublik durch einen ausländischen Staatsangehörigen grundsätzlich die Erteilung einer Arbeitserlaubnis gemäß § 284 SGB III erforderlich. Von diesem Grundsatz weicht das Freizügigkeitsrecht des EGV ab, indem es ein Zutrittsrecht von Angehörigen der Mitgliedstaaten zum Arbeitsmarkt anderer Mitgliedstaaten festlegt; dieses Recht ergibt sich aus Art. 39 Abs. 3 lit. a), c) EG. Die auch aus der VO 1612/68 folgenden Einzelheiten des Rechts von EG-Wanderarbeitnehmern auf Zugang zur Beschäftigung in allen Mitgliedstaaten sollen im Folgenden näher dargelegt werden.

a) Kein Erfordernis eines tatsächlichen Stellenangebots

85 In Art. 39 Abs. 3 lit. a) EG ist davon die Rede, dass die Wanderarbeitnehmer das Recht haben, „sich um tatsächlich angebotene Stellen zu bewerben". Dies ist allerdings nicht in dem Sinne zu verstehen, dass der Zugang zum Arbeitsmarkt der Mitgliedstaaten davon abhängt, dass die Initiative für die Bewerbung in Form eines Stellenangebots vom Arbeitgeber ausgehen muss, da ein so enges Verständnis dieses Rechts die Freizügigkeitsrechte erheblich verkürzen würde und daher mit dem Geist der Personenverkehrsfreiheiten nicht in Einklang zu bringen ist. Aus diesem Grunde kann die Initiative ebenso gut vom Arbeitnehmer wie vom Arbeitgeber ausgehen.[131]

b) Gleicher Zugang zur Beschäftigung

86 Der Zugang zur Beschäftigung ist den EG-Wanderarbeitnehmern diskriminierungsfrei zu gewähren. Dieser Grundsatz ergibt sich aus Art. 39 Abs. 3 lit. c) EG und wird in Art. 1–6 VO 1612/68 näher ausgestaltet, wobei in mehreren dieser Vorschriften Formulierungen enthalten sind, die das Diskriminierungsverbot beim Zugang zur Beschäftigung zum Ausdruck bringen. Im Folgenden sollen die wesentlichen Inhalte und Auswirkungen dieser Regelungen dargelegt werden.

aa) Keine Arbeitserlaubnis für EG-Wanderarbeitnehmer erforderlich

87 Konstituierend für den freien Zugang zur Beschäftigung durch Wanderarbeitnehmer aus anderen Mitgliedstaaten der Gemeinschaft ist, dass diese keine Arbeitserlaubnis gemäß § 284 SGB III von den zuständigen Behörden benötigen.

---

[127] *Hailbronner*, § 2 AufenthG/EWG, Rn. 1.
[128] *Hailbronner*, § 2 AufenthG/EWG, Rn. 7.
[129] KOM 97/586, S. 13
[130] VGH Kassel v. 16. 11. 1995, InfAuslR 1996, S. 340; *Hailbronner*, § 2 AufenthG/EWG, Rn. 10.
[131] VdG/T/E/*Wölker*, Art. 48, Rn. 28 m. w. N.; Grabitz/Hilf-*Randelzhofer*, Art. 48, Rn. 37.

III. Art. 39 Abs. 3 EG (Der Zugang zum Arbeitsmarkt)

bb) Höchstquotenverbot

Art. 4 Abs. 1 VO 1612/68 verbietet es den Mitgliedstaaten, auf Staatsangehörige der anderen Mitgliedstaaten Quotenregelungen anzuwenden, die den Zugang von Ausländern zu bestimmten Beschäftigungen als Ausländer zahlen- oder anteilmäßig beschränken. Art. 4 Abs. 2 VO 1612/68 gebietet es, Arbeitnehmer aus anderen Mitgliedstaaten als Inländer mitzuzählen, wenn Vergünstigungen für ein Unternehmen von einer bestimmten Quote dort beschäftigter inländischer Arbeitnehmer abhängen.

Dabei ist zu beachten, dass sich Art. 4 vom Wortlaut her nur auf Rechts- und Verwaltungsvorschriften der Mitgliedstaaten bezieht, so dass die Überprüfung privater Quotenregelungen, wie sie etwa vielfach in den Satzungen von Sportverbänden anzutreffen sind, am Maßstab des Art. 4 VO 1612/68 offen war.[132] Art. 4 der VO 1612/68 ist indes Ausprägung des Diskriminierungsverbots, so dass jedenfalls Art. 7 Abs. 2 und 4 der VO 1612/68 zu dem gleichen Ergebnis führen.[133] Der EuGH hat in der Bosman-Entscheidung auch Art. 4 für das Verbot der Quotenregelung Privater herangezogen.[134] Der Ausschluss ist in Nationalmannschaften wiederum zulässig, da keine wirtschaftliche Tätigkeit im Sinne des EG-Vertrages betroffen ist, sondern der Sport als solcher.[135]

Ein Beispiel für eine staatliche, von Art. 4 Abs. 1 VO 1612/68 untersagte Höchstquotenregelung stellte eine belgische Regelung dar, die belgischen Staatsangehörigen bestimmte Arbeitsplätze in der Seeschifffahrt vorbehielt und vom EuGH für unvereinbar mit Gemeinschaftsrecht erklärt wurde.[136]

cc) Qualifikationsanforderungen

Art. 6 Abs. 1 VO 1612/68 verbietet es den Mitgliedstaaten, bei Angehörigen anderer Mitgliedstaaten einen anderen Maßstab für die gesundheitliche und berufliche Qualifikation für eine bestimmte Tätigkeit anzulegen als bei eigenen Staatsangehörigen. Die Vorschrift besagt nur, dass die Mitgliedstaaten keine erhöhten Anforderungen an die Qualifikation von EG-Wanderarbeitnehmern stellen dürfen. Sie verbietet es ihrem Wortlaut nach aber nicht, für bestimmte Tätigkeiten eine im Inland absolvierte Ausbildung zu verlangen. Die Lösung des Problems der mittelbaren Diskriminierung von Wanderarbeitnehmern im Rahmen der Anerkennung ausländischer Diplome und Befähigungsnachweise ergibt sich demnach nicht aus Art. 6 VO 1612/68. Sie ist vielmehr im Verbot mittelbarer Diskriminierung und in den von der Gemeinschaft erlassenen Rechtsakten zu suchen, die sich auf die Anerkennung von Berufsausbildungen aus anderen Mitgliedstaaten beziehen.[137]

dd) Sprachkenntnisse

Eine Ausnahme vom Verbot der mittelbaren Diskriminierung im Rahmen des Zugangs zur Beschäftigung wird für Regelungen gemacht, die bestimmte Sprachkenntnisse voraussetzen; diese können sich zwar als mittelbare Diskriminierung[138] aus Gründen der Staatsangehörigkeit darstellen, sind aber im Rahmen des für die einzelne Stelle Erforderlichen als Zugangsvoraussetzung zulässig.

---

[132] Dafür EAS/*Coester-Denkhaus* B 2100, Rn. 30, der sich sogar ausdrücklich gegen die Privatautonomie als Rechtfertigungsgrund der Diskriminierung äußert; dagegen vdG/T/E/*Wölker* Art. 48 EGV, Rn. 32.
[133] VdG/T/E/*Wölker* Art. 48 EGV, Rn. 32.
[134] EuGH v. 15. 12. 1995, C-415/93 (Bosman), Slg. 1995, 4921, 5074, Rn. 118 = NJW 1996, 505 = EuZW 1996, 82.
[135] EuGH v. 14. 7. 1976, Rs. 13/76 (Donà/Mantero), Slg. 1976, 1333, 1340, Rn. 14/16.
[136] EuGH v. 1. 12. 1993, Rs. C-37/93 (Kommission/Belgien), Slg. 1993, 6295, 6300, Rn. 2; In der Bundesrepublik stellt sich dieses Problem nicht, da die Tätigkeit auf Seeschiffen gemäß § 9 Abs. 1 Nr. 2 AEVO ohnehin arbeitserlaubnisfrei ist.
[137] Dazu s. u. Rn. 396 ff., insbesondere zur RL 89/48 und 93/56.
[138] Zum Begriff der mittelbaren Diskriminierung s. u. Rn. 152.

93 Nicht erschöpfend geklärt ist dabei bislang die Frage, wann Sprachkenntnisse als im Sinne dieser Vorschrift erforderlich gelten können. Der EuGH[139] hat die Notwendigkeit von Kenntnissen der irischen Sprache für die Beschäftigung als Kunstdozent an einer irischen Schule für erforderlich gehalten, obwohl der Unterricht nahezu ausschließlich in englischer Sprache abgehalten wird. Die Erforderlichkeit wurde in diesem Fall mit dem erklärten Ziel der irischen Politik begründet, das Irische als Nationalsprache zu fördern. Dabei betont der EuGH die Pflicht des jeweiligen Mitgliedstaats, das gesetzte Sprachkenntniserfordernis so diskriminierungsarm wie möglich geltend zu machen. Außerdem bemüht er sich, die Verankerung der die Diskriminierung rechtfertigenden irischen Politik in der irischen Verfassung deutlich zu machen.[140] Aus letzterem kann geschlossen werden, dass der EuGH nicht jede Begründung der Erforderlichkeit von Sprachkenntnissen akzeptieren würde, die sich auf ein beliebig änderbares Ziel nationaler Politik beruft. Vielmehr ist zu vermuten, dass das zitierte Urteil des EuGH mehr auf politischen als auf juristischen Erwägungen beruht und sich daher nur schwer allgemeingültige Erkenntnisse daraus ableiten lassen.[141]

94 Unzulässig ist, dass Ortsansässige eine bestimmte Sprache verwenden dürfen, dieses Recht Ausländern aber verwehrt wird.[142] Der Schutz ethnisch-kultureller Minderheiten stellt nach Ansicht des EuGH keinen Rechtfertigungsgrund dar, da es nicht ersichtlich ist, warum die Erstreckung der sprachlichen Ausnahmeregelung auf EU-Ausländer den Minderheitenschutz beeinträchtigen sollte.[143] Auch Private dürfen die Einstellung nicht durch diskriminierende Anforderungen erschweren.[144]

ee) Arbeitsvermittlung

95 Art. 5 VO 1612/68 gibt EG-Wanderarbeitnehmern einen Anspruch auf gleiche Hilfe durch die Arbeitsämter der Mitgliedstaaten bei der Arbeitssuche, wie sie auch inländischen Arbeitnehmern zuteil wird. Dies dürfte sich allerdings, wie sich aus der systematischen Stellung des Art. 5 VO 1612/68 und der Handhabung der Freizügigkeit für Arbeitsuchende ergibt, weniger auf die Zahlung von Arbeitslosengeld beziehen als auf die konkrete Hilfe bei der Vermittlung einer Stellung. Vor diesem Hintergrund folgerichtig ist die Entscheidung der Bundesanstalt für Arbeit, keine Vermittlung von Ausbildungsplätzen bei Stellenangeboten vorzunehmen, die hinsichtlich der Nationalität der Bewerber Einschränkungen enthalten.[145]

ff) Zugangsprivilegien für Schwerbehinderte

96 Ein besonderes Problem wirft eine deutsche Regelung auf, die Schwerbehinderten unter bestimmten Voraussetzungen Privilegien beim Zugang zur Beschäftigung gewährt.[146] So legt § 2 Abs. 2 SGB IX, dass als Schwerbehinderter nur anerkannt wird, wer (u.a.) Wohnsitz oder gewöhnlichen Aufenthalts- oder Beschäftigungsort in der Bundesrepublik hat. Man wird die Bestimmung aber europarechtskonform auslegen können, dass sie auch erst Beschäftigung Suchende erfasst.

gg) Anwerbefreiheit für Arbeitgeber

97 Art. 2, 3 Abs. 2 lit. b) VO 1612/68 beinhalten über die Erleichterungen, die Wanderarbeitnehmern aus anderen Mitgliedstaaten für den Zugang zum Arbeitsmarkt der Mitglied-

---

[139] EuGH v. 28. 11. 1989, Rs. C-379/87 (Groener), Slg. 1989, 3967, 3993 f., Rn. 19 ff.
[140] EuGH a.a.O., 3992, Rn. 17.
[141] In diesem Sinne auch vdG/T/E/*Wölker*, Art. 48, Rn. 34.
[142] EuGH v. 24. 11. 1998 Rs. C-274/96 (Bickel und Franz), Slg. 1998, 7637, 7655, Rn. 16, zu Art. 12 EG.
[143] EuGH v. 24. 11. 1998 Rs. C-274/96 (Bickel und Franz), Slg. 1998, 7637, 7655, Rn. 29.
[144] EuGH v. 6. 6. 2000 Rs. C-281/98 (Angonese) EuZW 2000, 468; AP Nr. 3 Art. 39 EG.
[145] Dienstblatt-Runderlass 161/89 v. 21. 12. 1989; dies geht durch die Einbeziehung von Drittstaatlern über das gemeinschaftsrechtlich Geforderte noch hinaus.
[146] Zu diesem Problem bereits *Hanau*, EuR 1974, S. 197, 205.

staaten verschafft werden, hinaus eine Regelung, die als „Anwerbefreiheit" aufgefasst werden kann. Dort wird das Recht von Arbeitgebern festgelegt, Arbeitnehmer auch in anderen Mitgliedstaaten als denjenigen anzuwerben, in denen ihr Unternehmen ansässig ist. Dabei legt Art. 2 fest, dass auch Arbeitgeber Stellenangebote und -gesuche mit Arbeitnehmern aus anderen Mitgliedstaaten austauschen sowie Arbeitsverträge schließen und erfüllen können, ohne dass sich daraus Diskriminierungen ergeben dürfen. Dieses Diskriminierungsverbot gilt seinem Wortlaut nach nicht nur zugunsten der Wanderarbeitnehmer, sondern auch der Arbeitgeber, die Wanderarbeitnehmer beschäftigen oder beschäftigen wollen.

Noch konkreter ergibt sich eine Anwerbefreiheit auf dem Hoheitsgebiet fremder Mitgliedstaaten für Arbeitgeber aus Art. 3 Abs. 2 lit. b) VO 1612/68. Danach sind (u. a.) Vorschriften unzulässig, die die Veröffentlichung von Stellenangeboten von Bedingungen abhängig machen, die für inländische Arbeitgeber nicht gelten. Hier ist demnach der Fall ins Auge gefasst, dass ein Arbeitgeber ein Stellenangebot z.B. in einer Tageszeitung in einem anderen Mitgliedstaat veröffentlichen möchte, und die Vorschriften dieses Staates besondere Vorschriften für diese Veröffentlichung vorsehen, die von inländischen Arbeitgebern nicht erfüllt werden müssen. Demnach zielen die genannten Vorschriften darauf ab, für die Arbeitgeber in den Mitgliedstaaten die Möglichkeit zu schaffen, Arbeitnehmer in anderen Mitgliedstaaten anzuwerben, ohne dabei Diskriminierungen durch den Mitgliedstaat, in dem sie ansässig sind, oder den Mitgliedstaat, in dem sie die Arbeitnehmer anwerben wollen, zu erleiden.

Auf die Vorschrift des Art. 2 der VO 1612/68 stellt der EuGH auch im Zusammenhang mit einer aktuellen Entscheidung ab, in der es dem Arbeitgeber verwehrt wurde, einen Arbeitnehmer einzustellen, der außerhalb des Niederlassungslandes des Unternehmens seinen Wohnsitz hat.[147] Diese Regelung könne auch der Arbeitgeber erfolgreich angreifen, da ansonsten die Freizügigkeit um ihre Wirkung gebracht werden könnte.[148] Diese Auslegung werde durch Art. 2 der VO 1612/68 gestützt, da diese Vorschrift ausdrücklich bestimme, dass Arbeitnehmer und Arbeitgeber Arbeitsverträge nach den geltenden Vorschriften schließen und erfüllen könnten.[149]

c) Vorrang vor Drittstaatsangehörigen?

Es wurde bereits festgestellt, dass Arbeitnehmer aus anderen Mitgliedstaaten hinsichtlich des Zugangs zur Beschäftigung einen Anspruch auf gleichrangige Behandlung mit den inländischen Arbeitnehmern haben. Fraglich ist, ob darüber hinaus ein Anspruch der EG-Wanderarbeitnehmer besteht, gegenüber drittstaatsangehörigen Wanderarbeitnehmern beim Zugang zur Beschäftigung privilegiert zu werden. Art. 1 Abs. 2 VO 1612/68 scheint, wie aus seinem Wortlaut zu schließen ist, davon auszugehen, dass im Regelfall jedenfalls die inländischen Arbeitnehmer Vorrang gegenüber ausländischen Arbeitnehmern beim Zugang zu den verfügbaren Stellen genießen und dieser auch den Angehörigen anderer Mitgliedstaaten einzuräumen ist. Unklar ist insbesondere, ob es sich hier lediglich um eine Konkretisierung des Gleichbehandlungsgrundsatzes beim Zugang zur Beschäftigung handelt oder ob ein grundsätzlicher Vorrang von Unionsbürgern gegenüber Drittstaatsangehörigen beim Zugang zur Beschäftigung festgelegt wird.[150] Gesondert zu beurteilen sind eventuelle Privilegien für Drittstaatsangehörige, deren Herkunftsstaaten besondere Assoziierungsvereinbarungen mit der Gemeinschaft getroffen haben.[151]

---

[147] EuGH v. 7. 5. 1998, Rs. C 350/96 (Clean Car Autoservice), Slg. 1998, 2521, 2545, Rn. 23.
[148] EuGH v. 7. 5. 1998, Rs. C 350/96 (Clean Car Autoservice), Slg. 1998, 2521, 2545, Rn. 21.
[149] EuGH v. 7. 5. 1998, Rs. C 350/96 (Clean Car Autoservice), Slg. 1998, 2521, 2545, Rn. 23.
[150] So vdG/T/E/*Wölker*, Art. 48, Rn. 30 m.w. N.
[151] Dazu s. u. VI, Rn. 254 ff.

aa) Arbeitsvermittlungsverfahren nach der VO 1612/68

101 Das Arbeitsvermittlungsverfahren der Art. 15 ff. VO 1612/68 regelt den grenzüberschreitenden Austausch von Stellenangeboten und -gesuchen zwischen den Mitgliedstaaten. Ihm liegt der Gedanke zugrunde, dass ein eventueller Überhang an Arbeitsplätzen oder -gesuchen in einzelnen Mitgliedstaaten vorrangig in anderen Mitgliedstaaten einen Ausgleich finden sollte. An diesem Ausgleichsverfahren durch die Übermittlung von Stellenangeboten und -gesuchen sind nur die Mitgliedstaaten beteiligt, so dass insoweit jedenfalls von einer verbesserten Ausgangsstellung für die Mitgliedstaaten bzw. deren Staatsangehörigen gegenüber den Angehörigen von Drittstaaten gesprochen werden kann.

bb) Individuelle Arbeitsvermittlung

102 Zu klären ist weiter, ob das Freizügigkeitsrecht einen Anspruch der Arbeitnehmer der Mitgliedstaaten festlegt, bei der Vermittlung von Arbeitsplätzen durch die zuständigen Arbeitsämter vorrangig gegenüber Drittstaatsangehörigen berücksichtigt zu werden, so dass diese Arbeitsämter aus gemeinschaftsrechtlichen Gründen daran gehindert wären, Arbeitsgesuche von Drittstaatsangehörigen zu vermitteln, solange Arbeitnehmer aus Mitgliedstaaten der Gemeinschaft verfügbar sind. Ein solcher Vorrang könnte sich z. B. dadurch konkretisieren, dass bei Drittstaatlern die Erteilung der Arbeitserlaubnis grundsätzlich davon abhängig gemacht wird, dass geeignete Unionsbürger für eine bestimmte Stelle nicht gefunden werden können. Nach deutschem Recht besteht ein solcher Vorrang gem. § 285 Abs. 1 Nr. 2 SGB III, aber nicht uneingeschränkt, denn den gleichen Vorrang wie Deutsche und Unionsbürger haben Ausländer mit unbefristeter Aufenthaltserlaubnis oder Aufenthaltsberechtigung (§ 284 Abs. 1 Nr. 2 SGB III) oder Arbeitsberechtigung gem. § 286 SGB III.

103 Gegen eine zwingende Nachrangigkeit von Arbeitskräften aus Drittstaaten im Rahmen der individuellen Arbeitsvermittlung spricht insbesondere die Tatsache, dass die Wanderungspolitik der Mitgliedstaaten gegenüber Drittstaaten bisher nicht der Kompetenz der Gemeinschaft unterlag, sondern in der Entscheidungsbefugnis der Mitgliedstaaten verblieben war.[152] An diesem Befund änderte auch ein gemeinschaftsrechtliches Konsultationsverfahren nichts, das die Kommission gemäß Art. 137 EG eingeführt hat.[153] Wenn aber die Wanderungspolitik gegenüber Drittstaaten in der Kompetenz der Mitgliedstaaten liegt, muss es diesen auch gestattet bleiben, den Zugang von Drittstaatlern, auch soweit diese bereits Angehörige des heimischen Arbeitsmarkts sind, selbst zu regeln. Dies kann sich freilich ändern, wenn und soweit der Rat von der Ermächtigung in Art. 61, 63 EG Gebrauch macht, einwanderungspolitische Maßnahmen zu treffen.

d) Besonderheiten für Familienangehörige

104 Oben wurde dargestellt, welche Familienangehörigen des EG-Wanderarbeitnehmers ungeachtet ihrer Staatsangehörigkeit ein Einreise- und Aufenthaltsrecht im Aufnahmestaat haben. Davon zu unterscheiden ist die Frage, welche Familienangehörigen des Wanderarbeitnehmers auch einen Anspruch auf Zugang zum Arbeitsmarkt des Aufnahmemitgliedstaats haben. Dies ist unproblematisch hinsichtlich derjenigen Familienmitglieder, die ihrerseits Unionsbürger sind, da sie bei der Aufnahme einer Tätigkeit in den Genuss eigener Freizügigkeitsrechte gelangen. Einer näheren Betrachtung bedarf demgegenüber die Frage, unter welchen Voraussetzungen drittstaatsangehörige Familienmitglieder eines EG-Wanderarbeitnehmers Anspruch auf Zugang zur Beschäftigung im Aufnahmestaat haben. Geregelt ist dies in Art. 11 VO 1612/68, der eine einheitliche Regelung für die Familienangehörigen von Wanderarbeitnehmern sowie von Selbständigen, die von der Niederlas-

---

[152] EuGH v. 9. 7. 1987, verb. Rs. 281, 283–285, 287/85 (Deutschland, Frankreich, Niederlande, Dänemark, Vereinigtes Königreich/Kommission), Slg. 1987, 3203, 3251 ff., Rn. 15 ff.

[153] Entscheidung 85/831 der Kommission v. 8. 7. 1985 zur Einrichtung eines Mitteilungs- und Abstimmungsverfahrens über die Wanderungspolitik gegenüber Drittländern (ABl. L 217/25).

III. Art. 39 Abs. 3 EG (Der Zugang zum Arbeitsmarkt)	105–107 § 15

sungsfreiheit Gebrauch gemacht haben, trifft. Zur Rechtsstellung der Familienangehörigen von Drittstaatlern s. Fn. 22.

aa) Begünstigte Familienangehörige

Art. 11 VO 1612/68 räumt das Recht, im Hoheitsgebiet irgendeine Tätigkeit im Lohn- 105 oder Gehaltsverhältnis auszuüben, dem Ehegatten sowie denjenigen Kindern des Wanderarbeitnehmers ein, die noch nicht 21 Jahre alt sind oder denen er Unterhalt gewährt. Der persönliche Anwendungsbereich des Art. 11 VO 1612/68 ist damit enger als der des den Kreis der aufenthaltsberechtigten Familienmitglieder festlegenden Art. 10 VO 1612/68. So gibt es insbesondere kein Recht auf Beschäftigungsaufnahme für die drittstaatsangehörigen Familienmitglieder des Wanderarbeitnehmers in aufsteigender Linie, also seine Eltern und Großeltern, sowie seine Enkel; auch die Familienmitglieder im Sinne des Art. 10 Abs. 2 VO 1612/68 sind nicht erfasst. Auch nicht begünstigt sind die drittstaatsangehörigen Kinder (nur) des Ehegatten des Wanderarbeitnehmers, selbst wenn sie unter 21 Jahren alt sind oder ihnen vom Wanderarbeitnehmer Unterhalt gewährt wird. Es kann nicht davon ausgegangen werden, dass es sich bei diesem engeren Anwendungsbereich des Art. 10 gegenüber Art. 11 um ein redaktionelles Versehen handelt.[154]

Problematisch ist im Zusammenhang mit der Aufnahme einer Beschäftigung auch das 106 Kriterium der Unterhaltsgewährung. Die Schwierigkeiten ergeben sich hier daraus, dass die Aufnahme einer Tätigkeit in vielen Fällen die Unterhaltsgewährung entfallen lassen dürfte. Der Anwendungsbereich des Art. 11 VO 1612/68 wäre somit erheblich eingeengt, wenn man daraus auf den Wegfall des Berufsausübungsrechts für die drittstaatsangehörigen, über 21 Jahre alten Kinder des Wanderarbeitnehmers schließen wollte; erfasst wären dann nur noch die Fälle, in denen die Unterhaltsgewährung trotz der Aufnahme einer Tätigkeit fortgesetzt wird. Die nächstliegende Lösung dieses Problems liegt darin, für das Kriterium der Unterhaltsgewährung auf den Zeitpunkt des erstmaligen Zutritts zum Arbeitsmarkt abzustellen.[155] Dies erscheint schon zum Zwecke eines einheitlichen Verständnisses des Art. 11 VO 1612/68 sinnvoll, da das Kriterium des Alters von unter 21 Jahren sinnvoll auch nur in der Weise verstanden werden kann, dass es zum Zeitpunkt des erstmaligen Zugangs zum Arbeitsmarkt vorliegen muss; andernfalls fände die Berufstätigkeit drittstaatsangehöriger Kinder mit deren 21. Geburtstag zumindest europarechtlich ihr Ende. Ausschlaggebend muss daher sowohl für das Kriterium des Alters als auch für jenes der Unterhaltsgewährung der Zeitpunkt des erstmaligen Zutritts zum Arbeitsmarkt sein.

bb) Anwendbarkeit des Art. 11 VO 1612/68 auf innerstaatliche Sachverhalte?

Der Wortlaut des Art. 11 VO 1612/68 lässt die Vermutung zu, dass davon auch dritt- 107 staatsangehörige Familienangehörige eines Arbeitnehmers mit EG-Staatsangehörigkeit erfasst sein soll, der im Mitgliedstaat seiner Herkunft tätig, mithin kein Wanderarbeitnehmer ist. Zu klären ist, ob dies die zutreffende Auslegung der Vorschrift ist.[156] Dagegen spricht, dass Art. 39 ff. EG und damit auch die auf Art. 40 EG beruhende VO 1612/68 insgesamt einen auf grenzüberschreitende Sachverhalte begrenzten Anwendungsbereich haben. So hat nunmehr auch der EuGH entschieden mit Urteil vom 5. 6. 1997[157] unter Verweis auf den erforderlichen Bezug des Sachverhalts zum Gemeinschaftsrecht. Habe der Arbeitnehmer nie ein Freizügigkeitsrecht ausgeübt, könne Gemeinschaftsrecht keine Anwendung finden.[158] Dass in der deutschen Fassung des Art. 11 VO 1612/68 anders als in

---

[154] VdG/T/E/*Wölker*, Art. 48, Rn. 74. Ein Vorschlag der Kommission, den persönlichen Anwendungsbereich des Art. 11 VO 1612/68 dem des Art. 10 anzupassen (ABl. 1989, C 100/6; 1990, C 119/10), wurde bislang nicht umgesetzt.
[155] VdG/T/E/*Wölker*, Art. 48, Rn. 74.
[156] So vdG/T/E/*Wölker*, Art. 48, Rn. 75.
[157] EuGH v. 5. 6. 1997, verb. Rs. C 64/96 und 65/96 (Uecker und Jacquet), EuZW 1997, 636 ff.
[158] EuGH v. 5. 6. 1997, verb. Rs. C 64/96 und 65/96 (Uecker und Jacquet), EuZW 1997, 636, 637, Rn. 16, 17.

den anderen Rechtsordnungen ein Verweis auf die berufliche Tätigkeit in einem „anderen Mitgliedstaat" fehle, ändere nichts an diesem Ergebnis.[159] Ziel des Art. 39 EG und dessen Konkretisierung in Art. 11 der VO 1612/68 sei es, frei in einen Mitgliedstaat einzureisen, um dort eine Tätigkeit auszuüben. Dies sei bei rein nationalen Sachverhalten nicht der Fall. Gegen diese Entscheidung spreche nicht die in Art. 18 EG vorgesehene Unionsbürgerschaft, da die Vorschrift nicht die Ausdehnung auf rein nationale Sachverhalte bezwecke.[160]

108 Dagegen greift auch der Gesichtspunkt einer Inländerdiskriminierung[161] nicht durch, die darin besteht, dass u. U. die drittstaatsangehörigen Familienmitglieder von Wanderarbeitnehmern im Gegensatz zu jenen von inländischen Arbeitnehmern ein gemeinschaftsrechtliches Berufszugangsrecht haben. Außerhalb des Anwendungsbereichs des Gemeinschaftsrechts entstehende Diskriminierungen von Inländern sind nicht mit den Mitteln des Gemeinschaftsrechts zu beseitigen; dabei handelt es sich vielmehr um eine Aufgabe der jeweiligen nationalen Rechtsordnungen,[162] auch will der in Fn. 22 erwähnte Richtlinienentwurf nur die Freizügigkeit von Angehörigen von „Unionsbürgern, die das Recht auf Freizügigkeit in Anspruch nehmen" gewährleisten.

cc) Zulässige Tätigkeiten

109 Festzuhalten ist schließlich, dass die von Art. 11 VO 1612/68 begünstigten drittstaatsangehörigen Familienmitglieder von Wanderarbeitnehmern und Selbständigen aus anderen Mitgliedstaaten gemeinschaftsrechtlich nicht zur Aufnahme einer selbständigen Tätigkeit berechtigt sind, sondern lediglich die Gestattung einer Tätigkeit im Lohn- oder Gehaltsverhältnis verlangen können. Diese Begrenzung ist in der Praxis indes ohne Belang, da Art. 2 Abs. 2 S. 2 der RL 90/364 und 90/365 auch Angehörigen das Recht zu selbständigen Tätigkeiten einräumen.[163]

110 Unerheblich ist dagegen, ob für eine bestimmte unselbständige Tätigkeit im nationalen Recht besondere Zulassungsbedingungen bestehen, soweit diese vom drittstaatsangehörigen Familienmitglied erfüllt werden[164]; dieser hat unter den gleichen Voraussetzungen einen Anspruch auf Zugang zum Beruf wie der ursprüngliche freizügigkeitsberechtigte Wanderarbeitnehmer, von dem er sein Berufszugangsrecht ableitet.[165]

4. Einschränkungen

111 Die Rechte auf Einreise und Aufenthalt in anderen Mitgliedstaaten sowie Berufszugang und -ausübung dort werden durch Art. 39 EG in zweierlei Weise eingeschränkt. Zum einen macht Art. 39 Abs. 3 EG einen Ordre-Public-Vorbehalt der aus Gründen der öffentlichen Ordnung, Sicherheit und Gesundheit gerechtfertigten Beschränkungen. Weiterhin legt Abs. 4 EG fest, dass Art. 39 keine Anwendung auf die Beschäftigung in der öffentlichen Verwaltung findet.

---

[159] EuGH v. 5. 6. 1997, verb. Rs. C 64/96 und 65/96 (Uecker und Jacquet), EuZW 1997, 636, 637, Rn. 20.
[160] EuGH v. 5. 6. 1997, verb. Rs. C 64/96 und 65/96 (Uecker und Jacquet), EuZW 1997, 636, 637, Rn. 23.
[161] EuGH v. 5. 6. 1997, verb. Rs. C 64/96 und 65/96 (Uecker und Jacquet), EuZW 1997, 636, 637, Rn. 23; s. dazu unten Rn. 159.
[162] EuGH v. 5. 6. 1997, verb. Rs. C 64/96 und 65/96 (Uecker und Jacquet), EuZW 1997, 636, 637, Rn. 23.
[163] VdG/T/E/*Wölker* Art. 48 EGV, Rn. 76.
[164] EuGH v. 7. 5. 1986, Rs. 131/85 (Gül), Slg. 1986, 1573, 1589f., Rn. 18, für den Fall des zypriotischen Ehemanns einer Britin, der in der Bundesrepublik als angestellter Arzt arbeiten wollte.
[165] EuGH v. 7. 5. 1986, Rs. 131/85 (Gül), Slg. 1986, 1573, 1590, Rn. 20; v. 27. 9. 1988, Rs. 235/87 (Matteucci), Slg. 1988, 5589, 5609, Rn. 8.

III. Art. 39 Abs. 3 EG (Der Zugang zum Arbeitsmarkt)

a) Ordre-Public-Vorbehalt

Dieser Vorbehalt wird durch das Verhältnismäßigkeitsprinzip beschränkt.[166] Auch muss der Ordre-Public-Vorbehalt im Lichte der Grundrechte der EMRK gesehen werden, zu deren Wahrung der EuGH berufen ist.[167] Zu beachten ist auch, dass der Ordre-Public-Vorbehalt als Ausnahme vom Grundsatz der Freizügigkeit grundsätzlich eng auszulegen ist, wobei den Mitgliedstaaten aber ein eigener Beurteilungsspielraum bleibt.[168]

Konkretisiert wurde der Ordre-Public-Vorbehalt durch die RL 64/221, die wiederum durch § 12 AufenthG/EWG in deutsches Recht umgesetzt wurde. Diese im Folgenden darzulegenden Vorschriften grenzen materiellrechtlich den Bereich der im Rahmen der ordre public statthaften Regelungen und Maßnahmen ein und gewähren den Betroffenen bestimmte Verfahrensrechte.

aa) Persönlicher Anwendungsbereich

Gemäß Art. 1 RL 64/221 gilt der Ordre-Public-Vorbehalt sowohl für Unionsbürger, die von der Freizügigkeit der Arbeitnehmer bzw. der Niederlassungs- oder Dienstleistungsfreiheit Gebrauch machen, als auch für deren Familienangehörige, die abgeleitete Freizügigkeitsrechte genießen. Demnach ist die Berufung auf den Ordre-Public-Vorbehalt gegenüber allen Personen, die aus dem Freizügigkeitsrecht Ansprüche herleiten können, nach Maßgabe der RL 64/221 bzw. des § 12 AufenthG/EWG beschränkt.

Nach Ansicht des EuGH können sich auch Private auf den Ordre-Public-Vorbehalt stützen.[169] Nichts spreche dagegen, dass die Rechtfertigungsgründe in Bezug auf die öffentliche Ordnung, Sicherheit und Gesundheit von Privatpersonen geltend gemacht werden könnten.[170] Der öffentliche oder private Charakter der betreffenden Regelung habe keinen Einfluss auf die Tragweite oder den Inhalt dieser Rechtfertigungsgründe.[171]

bb) Sachlicher Anwendungsbereich

(1) Regelungsgegenstände

Die Aspekte des Freizügigkeitsrechts, die unter dem Vorbehalt des ordre public stehen, ergeben sich einerseits aus Art. 2 Abs. 1 RL 64/221; danach umfasst der sachliche Anwendungsbereich der den Ordre-Public-Vorbehalt konkretisierenden Richtlinie das Einreise- und Aufenthaltsrecht der Wanderarbeitnehmer bzw. ihrer Familienangehörigen, beschränkt sich also auf die ausländerrechtlichen Gesichtspunkte der Freizügigkeit. Die Formulierung des Art. 39 Abs. 3 EG ist demgegenüber umfassender und erfasst ihrem Wortlaut nach auch das Recht, sich um angebotene Stellen zu bewerben und eine Beschäftigung nach dem Grundsatz der Inländergleichbehandlung auszuüben. Klärungsbedürftig ist mithin das Verhältnis zwischen diesen beiden Vorschriften, insbesondere die Frage, ob Art. 2 Abs. 1 RL 64/221 als abschließende Konkretisierung des Ordre-Public-Vorbehalt zu betrachten ist mit dem Ergebnis, dass sich der Ordre-Public-Vorbehalt lediglich auf die dort genannten Ansprüche bezieht.

Von Bedeutung könnte dies bei der Frage sein, ob Wanderarbeitnehmer von der Beschäftigung in sicherheitsrelevanten Wirtschaftsbereichen, wie z.B. der Rüstungsindustrie, ferngehalten werden können.[172] Gegen die Erstreckung des Vorbehalts auf den Zugang

---

[166] EuGH v. 18. 5. 1989, Rs. 249/86 (Kommission/Deutschland), Slg. 1989, 1263, 1292, Rn. 19 f.
[167] EuGH v. 18. 6. 1991, Rs. C-260/89 (ERT), Slg. 1991, 2925, 2964, Rn. 44; BVerwG v. 22. 2. 1993, EZAR 034 Nr. 2 mit Hinweis auf den besonderen Ausweisungsschutz des Art. 8 EMRK.
[168] EuGH v. 4. 12. 1974, Rs. 41/74 (van Duyn), Slg. 1974, 1337, 1350, Rn. 18 f.
[169] EuGH v. 15. 12. 1995, Rs. C 415/93 (Bosman), Slg. 1995, 4921, 5066, Rn. 86; EuGH v. 7. 5. 1998, Rs. C 350/96 (Clean Car Autoservice), Slg. 1998, 2521, 2545, Rn. 24.
[170] EuGH v. 15. 12. 1995, Rs. C 415/93 (Bosman), Slg. 1995, 4921, 5066, Rn. 86.
[171] EuGH v. 15. 12. 1995, Rs. C 415/93 (Bosman), Slg. 1995, 4921, 5066, Rn. 86.
[172] Dies bejaht Grabitz/Hilf-*Randelzhofer,* Art. 48 EWGV, Rn. 58 unter Berufung auf VG Köln, DVBl. 1980, 303 f.

zur Beschäftigung sprechen dessen Gewährleistung durch den vorbehaltlosen Art. 39 Abs. 2 EG und der Grundsatz der engen Auslegung des Ordre-Public-Vorbehalt, der in einem derartigen Zweifelsfall greifen müsse.[173] Ebenso, dass allein die Staatsangehörigkeit grundsätzlich nicht ausreichen kann, um eine Schlechterstellung zu begründen; dies gilt auch für den Ordre-Public-Vorbehalt.[174] Ein genereller Ausschluss von Wanderarbeitnehmern von bestimmten Beschäftigungen wäre damit nicht zu vereinbaren. Vielmehr erfordert ein Ausschluss, dass in der Person des Betroffenen liegende Gründe vorliegen, die auf auch für Inländer anwendbaren Prüfungskriterien beruhen.[175] Wenn aber auch Inländern der Zugang zu bestimmten Beschäftigungen unter bestimmten Umständen verwehrt werden kann, ist kein Rückgriff auf den Ordre-Public-Vorbehalt erforderlich, um eine derartige Maßnahme Wanderarbeitnehmern gegenüber zu begründen, da es dann an einer Schlechterstellung gegenüber den Inländern fehlt; vielmehr findet der Berufszugang und die Berufsausübung dann gerade im Rahmen der für Inländer geltenden Rechts- und Verwaltungsvorschriften statt, wie von Art. 39 Abs. 3 lit. c) EG vorgesehen. Demzufolge beschränkt sich der Ordre-Public-Vorbehalt, entsprechend der Regelung in Art. 2 Abs. 1 RL 64/221 und entgegen dem weiteren Wortlaut des Art. 39 Abs. 3 EG auf die Möglichkeit, das Einreise- und Aufenthaltsrecht zu beschränken.[176]

(2) Form der Regelungen

118 Weiterhin ist darauf hinzuweisen, dass nicht nur Rechts- und Verwaltungsvorschriften der Mitgliedstaaten, sondern auch Einzelmaßnahmen ihrer Behörden dem Ordre-Public-Vorbehalt unterfallen.[177] Dies lässt sich nicht dem Wortlaut des Art. 2 Abs. 1 RL 64/221 entnehmen, wo nur von „Vorschriften" die Rede ist, ergibt sich aber auch aus § 12 Abs. 1 AufenthG/EWG, wo von einzelnen Maßnahmen gesprochen wird.

cc) Begriff der öffentlichen Sicherheit und Ordnung im Sinne des Art. 39 Abs. 3 EG

119 Zwar haben die Mitgliedstaaten einen Beurteilungsspielraum bei der Feststellung, ob die öffentliche Sicherheit oder Ordnung durch einen Wanderarbeitnehmer gefährdet sind. Die Grenzen dieses Beurteilungsspielraums ergeben sich jedoch aus den Freizügigkeitsvorschriften des Gemeinschaftsrechts in ihrer Konkretisierung durch die einschlägige Rechtsprechung des EuGH, wonach der Ordre-Public-Vorbehalt eng auszulegen und nur im Rahmen des Verhältnismäßigkeitsprinzips geltend zu machen ist.[178] Weiterhin sind auch bei der Ausfüllung des Begriffs der öffentlichen Sicherheit und Ordnung die Vorgaben der RL 64/221 zu beachten. Mit diesen Maßgaben folgt der Begriff der öffentlichen Sicherheit und Ordnung den in den Mitgliedstaaten üblichen Begriffsbildungen. Danach ist in der Bundesrepublik die öffentliche Ordnung die Gesamtheit der ungeschriebenen, in einem bestimmten Gebiet geltenden Rechtsregeln, die nach der Verkehrsanschauung zum gedeihlichen Zusammenleben unentbehrlich sind. Die öffentliche Sicherheit erfordert den Schutz von Leben, Körper, Gesundheit, Freiheit, Eigentum und Vermögen des Einzelnen sowie die Unversehrtheit der Rechtsordnung und der staatlichen Einrichtungen.[179]

120 Auf die einzelnen Maßgaben der RL 64/221 und des EuGH, die sich zum Teil auf die für den Ordre-Public-Vorbehalt relevanten Gründe, zum Teil auf das Ausmaß der für eine

---

[173] VdG/T/E/*Wölker*, Art. 48, Rn. 87.
[174] EuGH v. 7. 5. 1986, Rs. 131/85 (Gül), Slg. 1986, 1573, 1589, Rn. 17, für den Gesundheitsbereich.
[175] VdG/T/E/*Wölker*, Art. 48, Rn. 87.
[176] So im Ergebnis auch vdG/T/E/*Wölker*, Art. 48, Rn. 87; Dauses/*Hailbronner* D I Rn. 48 a.
[177] EuGH v. 28. 10. 1975, Rs. 36/75 (Rutili), Slg. 1975, 1219, 1230, Rn. 21.
[178] EuGH v. 27. 10. 1977, Rs. 30/77 (Bouchereau), Slg. 1977, 1999, 2013, Rn. 33 ff.; EuGH v. 18. 5. 1982, verb. Rs. 115 u. 116/81 (Adoui und Cornuaille), Slg. 1982, 1665, 1707 f., Rn. 8.
[179] BVerfG v. 14. 5. 1985, BVerfGE 69, S. 315, 352.

III. Art. 39 Abs. 3 EG (Der Zugang zum Arbeitsmarkt) 121–124 § 15

Berufung auf den Ordre-Public-Vorbehalt notwendigen Gefährdung beziehen, wird im Folgenden eingegangen.

(1) Keine wirtschaftlichen Zwecke

So darf gemäß Art. 2 Abs. 2 RL 64/221 bzw. § 12 Abs. 2 AufenthG/EWG der Ordre-Public-Vorbehalt nicht zu wirtschaftlichen Zwecken geltend gemacht werden. Damit wird insbesondere der Rückgriff auf arbeitsmarktpolitische Ziele unmöglich gemacht.[180] Auch fiskalische Gesichtspunkte sind zu den wirtschaftlichen Zwecken im Sinne des Art. 2 Abs. 2 RL 64/221 zu zählen,[181] so dass die Ausweisung eines auf Grund Art. 39 EG freizügigkeitsberechtigten EG-Angehörigen, weil dieser in der Bundesrepublik Sozialhilfe bezieht, unzulässig sein dürfte.[182] 121

(2) Gefährdung durch persönliches Verhalten

Nicht jede beliebige Gefährdung der öffentlichen Sicherheit und Ordnung ist für die Berufung auf den Ordre-Public-Vorbehalt ausreichend. Vielmehr ist eine tatsächliche und hinreichend schwere Gefährdung erforderlich, die ein Grundinteresse der Gesellschaft berührt.[183] Weiterhin können Gefährdungen der öffentlichen Sicherheit und Ordnung (nicht der öffentlichen Gesundheit) im Sinne des Ordre-Public-Vorbehalt nur auf dem persönlichen Verhalten des Betreffenden beruhen, wie sich aus Art. 3 Abs. 1 RL 64/221 bzw. § 12 Abs. 3 AufenthG/EWG ergibt. Dies verbietet den Mitgliedstaaten vom Einzelfall losgelöste Erwägungen oder pauschale Wertungen.[184] 122

Inzwischen geklärt dürfte wohl die Frage sein, ob es bei der Bewertung einzelner Verhaltensweisen zu Ungleichbehandlungen zwischen Inländern und Wanderarbeitnehmern kommen darf. In einer früheren Entscheidung des EuGH war schon die Mitgliedschaft in einer bestimmten Gemeinschaft für die Berufung auf den Ordre-Public-Vorbehalt ausreichend, auch wenn diese nicht insgesamt verboten war, aber von den Behörden als gesellschaftsgefährdend angesehen wurde.[185] Später betonte der EuGH in diesem Zusammenhang, dass es bei der Bewertung des persönlichen Verhaltens des Einzelnen **nicht zu willkürlichen Ungleichbehandlungen zwischen Inländern und Wanderarbeitnehmern** kommen dürfe. So darf ein Mitgliedstaat nicht den Angehörigen anderer Mitgliedstaaten die Einreise wegen eines Verhaltens untersagen, das er bei seinen eigenen Staatsangehörigen duldet, ohne tatsächliche und effektive Gegenmaßnahmen zu ergreifen.[186] Demzufolge ist auch ein auf einen Teil des jeweiligen Hoheitsgebiets beschränktes Aufenthaltsverbot unzulässig, soweit nicht vergleichbare Sanktionen auch Einheimischen gegenüber zur Anwendung gelangen.[187] 123

In der Rechtsprechung des EuGH zeigt sich, dass auch **der Ordre-Public-Vorbehalt vom gemeinschaftsrechtlichen Diskriminierungsverbot überlagert** wird. Es ist den 124

---

[180] Hailbronner, ZAR 1985, S. 108, 111.
[181] VdG/T/E/Wölker, Art. 48, Rn. 102; Hailbronner, AuslR, D 1, § 12 Rn. 10; a. A. VGH München, InfAuslR 1983, S. 242, 243 f.; Willms, Soziale Sicherung durch Europäische Integration, S. 129 f.
[182] VdG/T/E/Wölker Art. 48 EGV, Rn. 103; vgl. dazu die Einschränkung für den Fall der Arbeitssuche Rn. 49.
[183] EuGH v. 27. 10. 1977, Rs. 30/77 (Bouchereau), Slg. 1977, 1999, 2013, Rn. 35; v. 18. 5. 1982, verb. Rs. 115 u. 116/81 (Adoui und Cornuaille), Slg. 1982, 1665, 1707, Rn. 8; EuGH v. 18. 5. 1989, Rs. 249/86 (Kommission/Deutschland), Slg. 1989, 1263, 1291, Rn. 17.
[184] EuGH v. 26. 2. 1975, Rs. 67/74 (Bonsignore), Slg. 1975, 297, 307, Rn. 6; EuGH v. 8. 4. 1976, Rs. 48/75 (Royer), Slg. 1976, 497, 514, Rn. 45 ff; BVerwG v. 30. 6. 1998, InfAuslR 1999, S. 59.
[185] EuGH v. 4. 12. 1974, Rs. 41/74 (van Duyn), Slg. 1974, 1337, 1350, Rdnr. 18 f., wonach die britischen Behörden einer Angehörigen der Scientology Church aus den Niederlanden, die in Großbritannien für die Scientology Church arbeiten wollte, die Einreise verweigern dürfen.
[186] EuGH v. 18. 5. 1982, verb. Rs. 115 und 116/81 (Adoui und Cornuaille), Slg. 1982, 1665, 1707 f, Rn. 7 f.
[187] EuGH v. 28. 10. 1975, Rs. 36/75 (Rutili), Slg. 1975, 1219, 1234, Rn. 50.

Mitgliedstaaten nicht gestattet, unter dem Deckmantel des Ordre-Public-Vorbehalts Wanderarbeitnehmer ungünstiger zu behandeln als Inländer. Ihre Handlungsmöglichkeiten gegenüber Wanderarbeitnehmern sind lediglich durch den Ordre-Public-Vorbehalt um die Möglichkeit der Ausweisung bzw. des Einreiseverbots erweitert, was bei eigenen Staatsangehörigen aus völkerrechtlichen Gründen nicht möglich ist.[188] Daraus folgt, dass unter diesem Gesichtspunkt sämtliche auf den Ordre-Public-Vorbehalt des Art. 39 Abs. 3 EG gestützten Maßnahmen der Mitgliedstaaten am Maßstab des Diskriminierungsverbots aus Gründen der Staatsangehörigkeit zu prüfen sind. Unterschiede in der Behandlung von Inländern und Wanderarbeitnehmern dürfen sich dann nicht beim „Ob" eines Vorgehens gegen bestimmte Verhaltensweisen zeigen, sondern allenfalls, im Rahmen des Verhältnismäßigkeitsgrundsatzes, beim „Wie", da Ausweisung und Einreiseverbot gegenüber eigenen Staatsangehörigen nicht statthaft sind.

(3) Strafrechtliche Verurteilung

125   Gemäß Art. 3 Abs. 2 RL 64/221 bzw. § 12 Abs. 4 AufenthG/EWG sind strafrechtliche Verurteilungen nicht allein ausreichend, um eine Maßnahme mit dem Ordre-Public-Vorbehalt zu begründen. Daraus wird geschlossen, dass auf den Ordre-Public-Vorbehalt gestützte Ausweisungen zu Zwecken der Generalprävention unzulässig sind.[189] Zulässig sind dagegen Gründe der Spezialprävention, insbesondere wenn die Umstände einer früheren strafrechtlichen Verurteilung eine gegenwärtigen Gefährdung der öffentlichen Sicherheit und Ordnung begründen.[190] Als unzulässig wird deshalb die auf den Ordre-Public-Vorbehalt gestützte Ausweisung von Straffälligen angesehen, deren Strafe zur Bewährung ausgesetzt wurde.[191] Notwendig ist in jedem Falle eine sich nicht in der Tatsache der Straffälligkeit erschöpfende Begründung, warum konkret von einer auszuweisenden Person eine hinreichend schwere, ein Grundinteresse der Gesellschaft berührende Gefährdung ausgeht. Die Begehung schwerer Straftaten begründet noch nicht die Vermutung der Begehung weiterer schwerer Straftaten.[192]

126   Auch wenn persönliches Verhalten, etwa der Konsum von Rauschgift, nach nationalem Recht eine Gefährdung der öffentlichen Sicherheit darstellt, rechtfertigt dies noch nicht die automatische Ausweisung, da es sich hierbei um eine Ausweisung aus generalpräventiven und nicht aus spezialpräventiven Gründen handelt.[193]

(4) Formverstöße

127   Nicht zu rechtfertigen ist eine Ausweisung durch den zwischenzeitlichen Ablauf der Gültigkeit der Einreisepapiere, wie sich aus Art. 3 Abs. 3 RL 64/221 bzw. § 12 Abs. 5 AufenthG/EWG ergibt. Das gilt auch, wenn im Zeitpunkt der Antragstellung die Aufenthaltserlaubnis bereits abgelaufen ist. So hat der EuGH für einen Türken kraft Assoziationsrecht entschieden,[194] was auf die Freizügigkeit nach Art. 39 EG übertragbar ist:

„52. Im vorliegenden Fall hat der Aufnahmemitgliedstaat die Verlängerung der befristeten Aufenthaltserlaubnis eines türkischen Staatsangehörigen mit der Begründung abgelehnt, dass dieser eine Zeit

---

[188] Vgl. EuGH v. 18. 5. 1982, verb. Rs. 115 und 116/81 (Adoui und Cornuaille), Slg. 1982, 1665, 1707, Rn. 7.
[189] EuGH v. 26. 2. 1975, Rs. 67/74 (Bonsignore), Slg. 1975, 297, 307, Rn. 6; v. 18. 5. 1982, verb. Rs. 115 und 116/81 (Adoui und Cornuaille), Slg. 1982, 1665, 1708 f., Rn. 11.
[190] EuGH v. 27. 10. 1977, Rs. 30/77 (Bouchereau), Slg. 1977, 1999, 2012, Rn. 28; HessVGH v. 20. 10. 1992, InfAuslR 1993, 50, 51 f., betont, dass auch bei schwersten Verfehlungen (Vatermord durch 14- bzw. 15jährige Griechen) eine im Einzelfall begründete Prognose für die Gefährdung der öffentlichen Sicherheit und Ordnung erforderlich ist.
[191] BVerwG v. 27. 10. 1978, BVerwGE 57, S. 61, 68; so auch *Hailbronner*, ZAR 1985, S. 108, 110.
[192] BVerwG v. 30. 6. 1998, InfAuslR 1999, S. 59.
[193] EuGH v. 19. 1. 1999 Rs. C 348/96 (Calfa), Slg. 1999, 13, 30, Rn. 24; EuGH v. 10. 2. 2000 Rs. C 340/97 (Nazli), EuGRZ 2000, S. 50, 52, Rn. 57.
[194] EuGH v. 16. 3. 2000, Rs. C 329/97 (Ergat), Slg. 2000, 1487, Rn. 52 ff.

III. Art. 39 Abs. 3 EG (Der Zugang zum Arbeitsmarkt) 128–130 § 15

lang keine gültige Aufenthaltserlaubnis mehr besessen habe. Tatsächlich können die Mitgliedstaaten von den in ihrem Gebiet anwesenden Ausländern verlangen, dass sie eine gültige Aufenthaltserlaubnisbesitzen und, wenn diese nur befristet erteilt worden ist, rechtzeitig ihre Verlängerung beantragen.

53. Diese Obliegenheiten der Ausländer entsprechen im wesentlichen Verwaltungserfordernissen.

54. Das Gemeinschaftsrecht hat den Mitgliedstaaten nämlich nicht die Befugnis zum Erlass von Maßnahmen genommen, die den nationalen Behörden die genaue Kenntnis der Bevölkerungsbewegungen in ihrem Hoheitsgebiet ermöglichen sollen(vgl. entsprechend Urteil vom 7. Juli 1976 in der Rechtssache 118/75, Watson und Belmann, Slg. 1976, 1185, Rn. 17).

55. Die Mitgliedstaaten bleiben auch grundsätzlich für die Ahndung von Verstößen gegen diese Obliegenheiten zuständig.

56. Nach der ständigen Rechtsprechung zur Nichtbeachtung der Formalitäten, die eine unter dem Schutz des Gemeinschaftsrechts stehende Person zum Nachweis ihres Aufenthaltsrechts zu beachten hat, dürfen die Mitgliedstaaten für Verstöße gegen solche Obliegenheiten zwar Sanktionen verhängen, die denen entsprechen, die bei geringfügigeren Zuwiderhandlungen von Inländern gelten; sie dürfen jedoch keine unverhältnismäßige Sanktion vorsehen, die eine Beeinträchtigung dieses Aufenthaltsrechts schaffen würde (vgl. entsprechend Urteile vom 3. Juli 1980 in der Rechtssache 157/79, Pieck, Slg. 1980, 2171, Rn. 19, und vom 12. Dezember 1989 in der Rechtssache C-265/88, Messner, Slg. 1989, 4209, Rn. 14).

57. Dies ist insbesondere bei Freiheitsstrafen und erst recht bei der Ausweisung der Fall, die die Verneinung des durch den Beschluss Nr. 1/80 verliehenen und garantierten Aufenthaltsrechts selbst darstellt (vgl. entsprechend Urteile Watson und Belmann, Rn. 20, Pieck, Rn. 19, und Messner, Rn. 14).

58. Dagegen sind die Mitgliedstaaten, wie sich bereits aus den Randnummern 40 bis 43 dieses Urteils ergibt, nicht befugt, das dem türkischen Staatsangehörigen unmittelbar durch das Gemeinschaftsrecht verliehene Recht auf freien Zugang zu jeder beruflichen Tätigkeit und das entsprechende Recht, sich zu diesem Zweck im Aufnahmemitgliedstaat aufzuhalten, dadurch zu beschränken, dass sie die Verlängerung seiner Aufenthaltserlaubnis mit der Begründung ablehnen, er habe sie verspätet beantragt."

Dies muss darüber hinaus allgemein für die Nichteinhaltung formaler Vorschriften gelten. Auch der Verstoß gegen sozialversicherungsrechtliche Vorschriften allein kann die Abschiebung nicht begründen.[195] In derartigen Fällen müssen immer weitere Gesichtspunkte hinzutreten, die nach den oben aufgeführten Kriterien auf eine Gefährdung der öffentlichen Sicherheit und Ordnung schließen lassen.[196]

dd) Gefährdung der öffentlichen Gesundheit

Art. 4 Abs. 1 RL 64/221 verweist wegen der Krankheiten oder Gebrechen, die ein Einreiseverbot oder die Verweigerung der ersten Aufenthaltserlaubnis rechtfertigen können, auf einen Anhang[197] zur Richtlinie. § 12 Abs. 6 AufenthG/EWG enthält eine dem Anhang zur RL 64/221 entsprechende Aufzählung von Krankheiten.[198] Die Immunschwächekrankheit AIDS ist in dieser Liste enthalten und begründet damit bereits mit der Infektion eine Gefährdung für die öffentliche Gesundheit.[199] Nach Erteilung der ersten Aufenthaltserlaubnis kann das Auftreten von Krankheiten und Gebrechen eine Ausweisung gemäß Abs. 2 nicht mehr rechtfertigen.

ee) Verfahrensrechte

Schließlich beinhaltet die RL 64/221 in Art. 5–9 (umgesetzt in § 12 Abs. 7–9 AufenthG/EWG) eine Reihe von Verfahrensvorschriften für Maßnahmen, die unter Berufung

---

[195] EuGH v. 5. 2. 1991, Rs. C-363/89 (Roux), Slg. 1991, 273, 294f., Rn. 31f.
[196] EuGH v. 8. 4. 1976, Rs. 48/75 (Royer), Slg. 1976, 497, 513f., Rn. 38ff.
[197] Dort wird zum Schutz der öffentlichen Gesundheit neben der Aufzählung von Tuberkulose und Syphilis auf die Quarantänevorschriften der Weltgesundheitsorganisation sowie die Vorschriften des Aufnahmelandes zum Schutz gegen ansteckende oder übertragbare parasitäre Krankheiten verwiesen.
[198] Ohne praktische Auswirkungen dürfte bleiben, dass der Anhang B zur RL 64/221 Suchtkrankheiten sowie schwere geistige und seelische Störungen und ähnliche Krankheiten als Gefährdungen der öffentlichen Sicherheit und Ordnung auffasst, während diese in § 12 Abs. 6 Nr. 4 AufenthG/EWG als Gefährdungen der öffentlichen Gesundheit aufgelistet werden.
[199] *Hailbronner*, AuslR, D I § 12, Rn. 57; vdG/T/E/*Wölker* Art. 48 EGV, Rn. 108.

auf den Ordre-Public-Vorbehalt getroffen werden. Art. 5 RL 64/221 setzt dem Aufnahmestaat eine Frist von maximal sechs Monaten für die Bearbeitung des ersten Antrags auf Erteilung der Aufenthaltserlaubnis, während der ein vorläufiges Aufenthaltsrecht besteht. Dabei hat der Aufnahmestaat im Einzelfall die Möglichkeit, beim Herkunftsstaat Informationen über das strafrechtlich relevante Vorleben des Wanderarbeitnehmers einzuholen. Gemäß Art. 6 RL 64/221 sind die Gründe für die Ausweisung oder das Einreiseverbot dem Betroffenen mitzuteilen, soweit damit keine Gefährdung der Sicherheitsbelange des Aufnahmestaates verbunden ist; § 12 Abs. 8 Satz 2 AufenthG/EWG i. V. m. § 66 Abs. 1 AuslG sieht in der Bundesrepublik darüber hinaus Schriftform für die Begründung vor. Für das Verlassen des Hoheitsgebietes sieht Art. 7 RL 64/221 im Regelfall eine Frist von fünfzehn Tagen bzw. einem Monat vor, wenn bereits eine Aufenthaltserlaubnis erteilt wurde. Art. 8 RL 64/221 gewährt den Freizügigkeitsberechtigten einen Anspruch auf den Rechtsschutz gegen die Maßnahmen, den auch Inländer gegen Verwaltungsakte haben. Zusätzlich verlangt Art. 9 RL 64/221 rechtliches Gehör für den von einer auf den Ordre-Public-Vorbehalt gestützten Maßnahme Betroffenen.[200] Die Voraussetzungen des Art. 9 Abs. 1 der RL gelten dabei auch für Art. 9 Abs. 2.[201] Den Anforderungen dieser Vorschriften genügt der in der Bundesrepublik auch gegen Maßnahmen nach § 12 Abs. 1 AufenthG/EWG mögliche Widerspruch und die anschließende Möglichkeit der verwaltungsgerichtlichen Klage.

131 Der EuGH hat für britisches Recht entschieden, dass es im Rahmen von Art. 8 Abs. 1 der RL 64/221 eines Rechtsbehelfs bedarf, der den allgemeinen Rechtsbehelfen eines Mitgliedstaats gleichgestellt ist,[202] selbst wenn es für die eigenen Staatsangehörigen einen besonderen Rechtsweg gebe.[203]

132 Daneben ging es in der Entscheidung[204] um die Frage, ob ein Angehöriger eines Mitgliedstaates,

„gegen den eine Entscheidung ergangen ist, die ihm die Einreise in das Hoheitsgebiet eines anderen Mitgliedstaats aus Gründen der öffentlichen Ordnung oder Sicherheit verwehrt, gegen Maßnahmen, die später erlassen wurden, um seine Einreise in diesen Staat zu verhindern, selbst dann über einen Rechtsbehelf nach Artikel 8 der Richtlinie und gegebenenfalls über ein Recht auf Vorlage zur Prüfung an eine unabhängige zuständige Stelle nach Artikel 9 der Richtlinie verfügt, wenn gegen die erste Entscheidung kein Rechtsbehelf eingelegt und diese nicht der unabhängigen Stelle zur Stellungnahme vorgelegt wurde.

39. Aus den Grundsätzen, die der Gerichtshof in Randnummer 12 des Urteils Adoui und Cornuaille entwickelt hat, ergibt sich, dass ein Gemeinschaftsangehöriger, der aus dem Hoheitsgebiet eines Mitgliedstaats entfernt worden ist, erneut eine Aufenthaltserlaubnis beantragen kann und dass dieser Antrag, wenn er nach einer angemessenen Frist gestellt wird, von der zuständigen Behörde des Aufnahmestaats zu prüfen ist, die insbesondere das Vorbringen des Betroffenen berücksichtigen muss, mit dem eine materielle Änderung der Umstände, die die erste Entfernung gerechtfertigt hatten, nachgewiesen werden soll.

40. Entscheidungen, mit denen dem Angehörigen eines Mitgliedstaats die Einreise in das Gebiet eines anderen Mitgliedstaats verboten wird, stellen nämlich Ausnahmen vom Grundprinzip der Freizügigkeit dar. Daher kann eine solche Entscheidung nicht auf unbegrenzte Zeit gelten. Ein Gemeinschaftsangehöriger, gegen den ein solches Verbot ergangen ist, hat daher das Recht, eine erneute Prüfung seines Falles zu verlangen, wenn die Umstände, die das Einreiseverbot gerechtfertigt hatten, seines Erachtens entfallen sind.

---

[200] Zu den Einzelheiten des nach Art. 9 RL 64/221 zu gewährenden rechtlichen Gehörs insbesondere EuGH v. 30. 11. 1995, Rs. C-175/94 (Gallagher), Slg. 1995, 4253, 4276 ff., Rn. 15 ff.

[201] EuGH v. 17. 6. 1997, Rs. C 65/95 und 111/95 (Shingara und Radiom); Slg. 1997, 3343, 3390, Rdn. 36.

[202] EuGH v. 17. 6. 1997, Rs. C 65/95 und 111/95 (Shingara und Radiom); Slg. 1997, 3343, 3387, Rn. 26.

[203] EuGH v. 17. 6. 1997, Rs. C 65/95 und 111/95 (Shingara und Radiom); Slg. 1997, 3343, 3387, Rn. 26.

[204] EuGH v. 17. 6. 1997, Rs. C 65/95 und 111/95 (Shingara und Radiom); Slg. 1997, 3343, 3390, Rn. 38 ff.

III. Art. 39 Abs. 3 EG (Der Zugang zum Arbeitsmarkt)

41. Diese Überprüfung muss nach Maßgabe der Sachlage im Zeitpunkt der Einreichung des Antrags erfolgen. Dass ein Gemeinschaftsangehöriger im Rahmen einer früheren Entscheidung keinen Rechtsbehelf nach Artikel 8 der Richtlinie eingelegt oder dass die zuständige unabhängige Stelle keine Stellungnahme nach Artikel 9 der Richtlinie abgegeben hat, steht einer Überprüfung des neuen Antrags dieses Angehörigen nicht entgegen.

42. Dieser hat vielmehr, wenn er nach Ablauf einer angemessenen Frist seit der früheren Entscheidung einen neuen Antrag auf Einreisebewilligung oder auf Erteilung einer Aufenthaltserlaubnis stellt, Anspruch auf eine neue Entscheidung, gegen die er nach Artikel 8 und gegebenenfalls nach Artikel 9 der Richtlinie einen Rechtsbehelf einlegen kann."

b) Zugang zur öffentlichen Verwaltung

Art. 39 Abs. 4 EG nimmt die Beschäftigung in der öffentlichen Verwaltung von der Anwendung des Art. 39 EG aus.[205] Dem liegt die Überlegung zugrunde, dass Tätigkeiten, die ein Verhältnis besonderer Verbundenheit zum Staat erfordern, denjenigen vorbehalten bleiben sollen, die sich aufgrund ihrer Staatsangehörigkeit in besonderen gegenseitigen Rechte- und Pflichtenbeziehungen zu diesem Staat befinden.[206] Damit sollte einem nationalen Schutzinteresse der Mitgliedstaaten Rechnung getragen werden, indem die für das Funktionieren des Allgemeinwesens wichtigsten Aufgaben eigenen Staatsangehörigen vorbehalten werden dürfen.[207] Diese ursprüngliche Zielsetzung scheint jedoch heute zugunsten eines Verständnisses des Art. 39 Abs. 4 EG durch die Mitgliedstaaten in den Hintergrund zu treten, das mit diesem Vorbehalt in erster Linie einen arbeitsmarktpolitischen Spielraum verbindet. Anders ist kaum zu erklären, dass z.B. die belgische Regierung vor dem EuGH den Standpunkt vertreten hat, dass die Tätigkeit eines gemeindlichen Gärtnereigehilfen unter Art. 39 Abs. 4 EG falle.[208] Dies weist auf das Kernproblem des Art. 39 Abs. 4 EG hin, nämlich die Entwicklung eines Begriffs der öffentlichen Verwaltung im Sinne dieser Vorschrift, der den Interessen der Mitgliedstaaten Rechnung trägt, ohne ihnen die Möglichkeit zu verschaffen, durch den vollständigen Ausschluss des weiten Wirtschaftsbereichs, in dem der Staat als Arbeitgeber auftritt, die Freizügigkeitsrechte auszuhöhlen. Untersucht werden muss weiterhin die Wirkung der Einschränkung, insbesondere die Frage, ob sie sich – ihrem Wortlaut entsprechend – auch auf das Diskriminierungsverbot des Art. 39 Abs. 2 EG erstreckt, oder ob sie lediglich das Berufszugangsrecht einschränkt.

aa) Begriff der öffentlichen Verwaltung

Die Bestimmung des Begriffs der öffentlichen Verwaltung erfolgt in mehreren Schritten. Zunächst ist die Notwendigkeit darzulegen, dass dieser Begriff eine gemeinschaftsweit einheitliche Auslegung findet. Sodann ist die Entscheidung für einen institutionellen oder funktionellen Ansatz bei der Begriffsbestimmung zu treffen. Schließlich muss der so entwickelte Begriff Anwendung finden, indem Einzelbeispiele von Tätigkeiten dargestellt bzw. gebildet werden, die unter den Begriff der öffentlichen Verwaltung fallen oder ihm nicht zuzurechnen sind.

(1) Gemeinschaftseinheitliche Auslegung

Die Frage, ob der Begriff der öffentlichen Verwaltung i.S. des Art. 39 Abs. 4 EG nach dem jeweiligen nationalen Recht oder aber gemeinschaftseinheitlich gebildet werden muss, ist nicht unumstritten. Zum Teil wird vertreten, dass nationales Recht als Auslegungselement bei der Bestimmung des Begriffs der öffentlichen Verwaltung herangezogen werden müsse.[209]

---

[205] Eine entsprechende Regelung enthält Art. 46 Abs. 1 EGV für die Niederlassungsfreiheit.
[206] EuGH v. 17. 12. 1980, Rs. 149/79 (Kommission/Belgien), Slg. 1980, 3881, 3900, Rn. 10.
[207] Die Frage, inwieweit diese Zwecksetzung zeitgemäß ist, soll an dieser Stelle nicht behandelt werden; vgl. dazu G/B/T/E/*Karpenstein*, EWGV (3. Auflage), Art. 48, Rn. 47.
[208] So das Königreich Belgien in der Rs. 149/79 (Kommission/Belgien), Slg. 1982, 1845.
[209] Vgl. die Einlassungen verschiedener Mitgliedstaaten im EuGH-Verfahren Rs. 149/79 Kommission/Belgien), Slg. 1980, 3881, 3887 ff. Ebenso *Lecheler*, Die Interpretation des Art. 48 Abs. 4 EWGV

136 Gegen diese Auffassung stehen der EuGH und weite Teile des Schrifttums. Aus der Bedeutung des Freizügigkeitsrechts und des Grundsatzes der Gleichbehandlung aller Unionsbürger müsse geschlossen werden, dass nur eine gemeinschaftseinheitliche Auslegung der Ausnahmeregelung des Art. 39 Abs. 4 EG Einheit und Wirksamkeit des Gemeinschaftsrechts sicherstellen könne.[210] Dies überzeugt auch vor dem Hintergrund, dass es den Mitgliedstaaten dadurch keineswegs genommen wird, ihren Staatsapparat nach ihren Vorstellungen zu organisieren.[211] Auch ist grundsätzlich davon auszugehen, dass im Vertrag verwandte Begriffe solche des Gemeinschaftsrechts sind; dies umso mehr, wenn sie eine Ausnahme von einer der Grundfreiheiten des Vertrages umschreiben, da ansonsten deren einheitliche Geltung beeinträchtigt würde.[212] Aus den genannten Gründen ist die gemeinschaftseinheitliche Auslegung des Begriffs der öffentlichen Verwaltung i.S. des Art. 39 Abs. 4 EG erforderlich, ohne dass auf diesem Wege die (Sicherheits-) Interessen der Mitgliedstaaten in den Hintergrund gedrängt werden müssten.

(2) Funktionelle Begriffsbestimmung

137 Der Klärung bedarf auch, ob die Begriffsbestimmung auf einer institutionell oder funktionell geprägten Betrachtungsweise beruhen muss. Ein dritter denkbarer Ansatz, wonach sich die Zugehörigkeit einer Tätigkeit zur öffentlichen Verwaltung i.S. des Art. 39 Abs. 4 EG nach der Rechtsnatur des jeweiligen Beschäftigungsverhältnisses beurteilt, ist vom EuGH frühzeitig verworfen worden.[213] Danach ist es unerheblich, ob eine Beschäftigung als Arbeiter, Angestellter oder Beamter in Frage steht, bzw. ob es sich um ein privatrechtliches oder öffentlich-rechtliches Beschäftigungsverhältnis handelt. Dies ist naheliegend, da es dieser Ansatz den Mitgliedstaaten ermöglichen würde, allein durch die entsprechende Ausgestaltung der Rechtsverhältnisse ihrer Bediensteten den Anwendungsbereich des Art. 39 Abs. 4 EG zu steuern.

138 Nach der institutionellen Betrachtungsweise käme es für die Zugehörigkeit einer Tätigkeit zur öffentlichen Verwaltung darauf an, ob sie einer Einrichtung der öffentlichen Hand zugeordnet ist, während die funktionelle Betrachtungsweise darauf abstellt, ob in der einzelnen Tätigkeit eine Funktion ausgeübt wird, die ein besonderes Verbundenheitsverhältnis im oben erwähnten Sinne[214] verlangt. Für die institutionelle Betrachtungsweise wird vor allem ein Argument ins Feld geführt, das auf dem Vergleich des Art. 39 Abs. 4 EG mit dem Art. 45 Abs. 1 EG beruht, wo ausdrücklich von Tätigkeiten die Rede ist, während Art. 39 Abs. 4 EG den Begriff der öffentlichen Verwaltung betont. Dies wird als Hinweis darauf verstanden, dass im Falle der Niederlassungsfreiheit die funktionelle, im Falle der Arbeitnehmerfreizügigkeit aber die institutionelle Sichtweise vom Vertrag ge-

---

und ihre Konsequenzen für die Beschäftigung im (nationalen) öffentlichen Dienst, S. 39 ff.; *Loschelder*, ZBR 1991, S. 102, 112; einen Überblick über den Aufbau des öffentlichen Dienstes in anderen Mitgliedstaaten gibt *Rösing*, Beamtenstatut und Europäische Gemeinschaften, S. 128 ff.
[210] EuGH v. 17. 12. 1980, Rs. 149/79 (Kommission/Belgien), Slg. 1980, 3881, 3903, Rn. 19; vdG/T/E/*Wölker*, Art. 48, Rn. 115; Grabitz/Hilf-*Randelzhofer*, Art. 48 EWGV, Rn. 59; *Ziekow*, DÖD 1991, S. 11, 14 f., jeweils m.w.N.; *Burgi*, Kommentar zur Situation von Berufen in der öffentlichen Verwaltung, 30 Jahre Freizügigkeit in Europa (Hrsg. Hailbronner), S. 115, 117.
[211] *Eschmann*, Die Freizügigkeit der EG-Bürger und der Zugang zur öffentlichen Verwaltung, S. 64; *Badura*, FS für Everling, S. 33, 38.
[212] *Everling*, DVBl. 1990, S. 225, 227.
[213] EuGH v. 12. 2. 1974, Rs. 152/73 (Sotgiu), Slg. 1974, 153, 163, Rn. 5; v. 3. 6. 1986, Rs. 307/84 (Kommission/Frankreich), Slg. 1986, 1725, 1738, Rn. 11; v. 3. 7. 1986, Rs. 66/85 (Lawrie-Blum), Slg. 1986, 2121, 2146, Rn. 26; v. 16. 6. 1987, Rs. 225/85 (Kommission/Italien), Slg. 1987, 2625, 2638, Rn. 8; EuGH v. 2. 7. 1996, Rs. C 290/94 (Kommission/Griechenland, Slg. 1996, 3285, 3320, Rn. 2; EuGH v. 2. 7. 1996, Rs. C 173/94 (Kommission gegen Belgien), Slg. 1996, 3265, 3278, Rn. 2. Zustimmend *Ziekow*, DÖD 1991, S. 11, 13; *Dörr*, EuZW 1990, S. 565, 567 m.w.N.
[214] EuGH v. 17. 12. 1980, Rs. 149/79 (Kommission/Belgien), Slg. 1980, 3881, 3900, Rn. 10; EuGH v. 2. 7. 1996, Rs. C 290/94 (Kommission/Griechenland, Slg. 1996, 3285, 3320, Rn. 2; EuGH v. 2. 7. 1996, Rs. C 173/94 (Kommission gegen Belgien), Slg. 1996, 3265, 3278, Rn. 2.

III. Art. 39 Abs. 3 EG (Der Zugang zum Arbeitsmarkt) **139, 140 § 15**

wollt sei.²¹⁵ Gegen die Überzeugungskraft dieses Arguments spricht jedoch, dass Art. 45 EG schon auf Grund seines Regelungsbereichs im Rahmen der Niederlassungsfreiheit keine Entscheidung zwischen der institutionellen und funktionellen Sichtweise zugrundeliegen kann.²¹⁶ Demzufolge sind aus der dort gewählten Formulierung auch keine Rückschlüsse auf die Unterscheidung zwischen beiden möglichen Ansätzen in anderen Vorschriften zu ziehen.

Ausschlaggebend für die Wahl des Kriteriums muss vielmehr die Auslegung des Art. 39 **139** Abs. 4 EG nach seiner Zwecksetzung sein.²¹⁷ Als Einschränkung des Freizügigkeitsrechts und damit einer der Grundfreiheiten des Vertrages ist er eng und im Lichte des Verhältnismäßigkeitsgrundsatzes auszulegen. Somit verdient diejenige Auslegung den Vorzug, die das Freizügigkeitsrecht weniger stark einschränkt, aber zur Wahrung der Interessen der Mitgliedstaaten geeignet ist.²¹⁸ Die funktionelle Betrachtungsweise hält den Anwendungsbereich des Art. 39 Abs. 4 enger und damit freizügigkeitsfreundlicher, da sie auch Stellen, die nach der institutionellen Betrachtungsweise der öffentlichen Verwaltung zuzurechnen wären, von der öffentlichen Verwaltung ausschließen kann, ohne dabei die schützenswerten Interessen der Mitgliedstaaten zu vernachlässigen. Der institutionelle Ansatz würde dagegen dazu führen, dass allein auf Grund ihrer organisatorischen Zuordnung Stellen der Arbeitnehmerfreizügigkeit entzogen werden, die auch ohne Gefährdung der Interessen der Mitgliedstaaten von einem Ausländer versehen werden könnten. Nach den Maßstäben des Verhältnismäßigkeitsprinzips ist somit die Erforderlichkeit der institutionellen Betrachtungsweise zu verneinen. Zulässig ist somit nur die auf die Funktion der einzelnen Tätigkeit abstellende Betrachtungsweise, während die rechtliche Ausgestaltung des jeweiligen Beschäftigungsverhältnisses und seine organisatorische Zuordnung im jeweiligen Mitgliedstaat keine Rolle spielen.

Für die Zuordnung einzelner Tätigkeiten zum Bereich der öffentlichen Verwaltung i. S. **140** des Art. 39 Abs. 4 EG nach der funktionellen Betrachtungsweise muss somit die Frage den Ausgangspunkt bilden, ob die Stelle das oben angesprochene besondere Verbundenheitsverhältnis ihres Inhabers zum Staat erfordert.²¹⁹ Diese Formel hat der EuGH in der Weise konkretisiert, dass eine Tätigkeit der öffentlichen Verwaltung zuzurechnen sein soll, wenn sie mit der Ausübung hoheitlicher Befugnisse und mit der Verantwortung für die Wahrung der allgemeinen Belange des Staates verbunden ist.²²⁰ Dabei lässt die Formulierung die Vermutung zu, dass es auf das kumulative Auftreten beider Kriterien ankomme, und dass hinsichtlich der Ausübung hoheitlicher Befugnisse gewisse formale Kriterien zu erfüllen seien.²²¹ Die Rechtsprechung des EuGH zeigt jedoch, dass er nicht bereit ist, die Aus-

---

²¹⁵ So zitiert der EuGH in Rs. 307/84 (Kommission/Frankreich), Slg. 1986, 1725, 1737 die französische Regierung. In diesem Sinne wohl auch *Lecheler,* Die Verwaltung 1989, S. 137, 146.
²¹⁶ VdG/T/E/*Wölker,* Art. 48 Rn. 116 m. w. N.
²¹⁷ *Eschmann,* Die Freizügigkeit der EG-Bürger und der Zugang zur öffentlichen Verwaltung, S. 69.
²¹⁸ EuGH v. 16. 6. 1987, Rs. 225/85 (Kommission/Italien), Slg. 1987, 2625, 2638, Rn. 7; EuGH v. 2. 7. 1996, Rs. C 290/94 (Kommission/Griechenland, Slg. 1996, 3285, 3320, Rn. 2; EuGH v. 2. 7. 1996, Rs. C 173/94 (Kommission/ Belgien), Slg. 1996, 3265, 3278, Rn. 2; 9. 3. 2000 (Kommission/Belgien), EuZW 2000, S. 344.
²¹⁹ EuGH v. 17. 12. 1980, Rs. 149/79 (Kommission/Belgien), Slg. 1980, 3881, 3900, Rn. 10; EuGH v. 2. 7. 1996, Rs. C 290/94 (Kommission/Griechenland, Slg. 1996, 3285, 3320, Rn. 2; EuGH v. 2. 7. 1996, Rs. C 173/94 (Kommission/Belgien), Slg. 1996, 3265, 3278, Rn. 2.
²²⁰ EuGH in ständiger Rechtsprechung, Urteile v. 17. 12. 1980, Rs. 149/79 (Kommission/Belgien), Slg. 1980, 3881, 3900, Rn. 10; v. 26. 5. 1982, Rs. 149/79 (Kommission/Belgien), Slg. 1982, 1845, 1851, Rn. 7; v. 3. 6. 1986, Rs. 307/84 (Kommission/Frankreich), Slg. 1986, 1725, 1738, Rn. 12; EuGH v. 2. 7. 1996, Rs. C 290/94 (Kommission/Griechenland, Slg. 1996, 3285, 3320, Rn. 2; v. 2. 7. 1996, Rs. C 173/94 (Kommission/Belgien), Slg. 1996, 3265, 3278, Rn. 2.
²²¹ VdG/T/E/*Wölker,* Art. 48, Rn. 112 m. w. N.; für ein alternatives Verständnis beider Kriterien sprechen sich *Everling,* DVBl. 1990, S. 225, 229, und *Eschmann,* Die Freizügigkeit der EG-Bürger und der Zugang zur öffentlichen Verwaltung, S. 101, aus.

übung hoheitlicher Befugnisse in formaler Hinsicht zu prüfen, sondern sich stattdessen auf ein einheitliches Verständnis des Gesamtbegriffes als eines einzigen Kriteriums beschränkt.[222] Ausschlaggebend dürfte daher im Rahmen einer wertenden Betrachtung die Frage sein, ob eine Tätigkeit erheblich für die Wahrung der allgemeinen Belange des Staates ist.[223] Dies dürfte insbesondere bei Tätigkeiten in den Kernbereichen der Verwaltung zu bejahen sein, die mit Aufsichts- oder Kontrollaufgaben verbunden sind.[224]

(3) Einzelbeispiele

141 Da sich der EuGH bereits in mehreren Entscheidungen mit der Zugehörigkeit einzelner Tätigkeiten zur öffentlichen Verwaltung im Sinne des Art. 39 Abs. 4 EG zu beschäftigen hatte, gibt es eine Reihe von Beispielen für die Einordnung konkreter Beschäftigungen. So hat er dem Anwendungsbereich des Art. 39 Abs. 4 EG nicht hinzugerechnet die Tätigkeiten von durch die öffentliche Hand beschäftigten Handwerkern, Bau- und Hilfsarbeitern, Lokomotivführern, Krankenschwestern und -pflegern,[225] Studienreferendaren,[226] Lehrern,[227] Fremdsprachenlektoren an Universitäten,[228] Forschern im nationalen Forschungsrat, soweit nicht mit staatlichen Leitungs- oder Beratungsfunktionen betraut[229] und staatlichen Wirtschaftsprüfern.[230] Die Kommission[231] und der EuGH[232] sehen außerhalb des Anwendungsbereichs von Art. 39 Abs. 4 EG außerdem alle Verwaltungseinrichtungen, die kommerzielle Dienstleistungen erbringen, wie das öffentliche Verkehrswesen, Luftverkehrsunternehmen, Strom- und Gasversorgung, Post- und Fernmeldewesen, Rundfunk- und Fernsehanstalten, weiterhin das öffentliche Gesundheitswesen.

142 Von der Freizügigkeit nicht erfasst sollen dagegen nach der Rechtsprechung des EuGH die Stellen von Architekten bei der Stadtverwaltung, Nachtwächtern sowie diverse sonstige Kontrolltätigkeiten im öffentlichen Dienst sein.[233] Von den Maßstäben des EuGH ausgehend kann vermutet werden, dass auch für die äußere oder innere Sicherheit rele-

---

[222] So hat der EuGH die Tätigkeiten ersichtlich nicht mit der Ausübung hoheitlicher Befugnisse befasster Architekten in der Stadtplanung (EuGH v. 26. 5. 1982, Rs. 149/79 (Kommission/Belgien), Slg. 1982, 1845, 1851, Rn. 8) sowie beratend tätiger Forscher (EuGH v. 16. 6. 1987, Rs. 225/85 (Kommission/Italien), Slg. 1987, 2625, 2639, Rn. 9 f.) dem Bereich des Art. 39 Abs. 4 EGV hinzugerechnet, während mit der Ausübung hoheitlicher Befugnisse verbundene Aufgaben von Studienreferendaren, z.B. im Rahmen der Mitentscheidung über die Versetzung von Schülern, den EuGH nicht daran hinderten, derartige Stellen auch Wanderarbeitnehmern zuzugestehen (EuGH v. 3. 7. 1986, Rs. 66/85 (Lawrie-Blum), Slg. 1986, 2125, 2147, Rn. 28).
[223] Zu diesem Ergebnis gelangt wohl auch vdG/T/E/*Wölker,* der beide Kriterien miteinander gleichsetzt. Ähnlich auch GA *Lenz* in seinen Schlussanträgen in der Rs. 66/85 (Lawrie-Blum), Slg. 1986, 2121, 2135 f., der nach einer Tätigkeit fragt, die die mittelbare oder unmittelbare Ausübung hoheitlicher Befugnisse mit sich bringt, *indem sie der Wahrung allgemeiner Belange des Staates dient.*
[224] *Everling,* DVBl. 1990, S. 225, 230.
[225] Bis hierhin alle in EuGH v. 26. 5. 1982, Rs. 149/79 (Kommission/Belgien), Slg. 1982, 1845.
[226] EuGH v. 3. 7. 1986, Rs. 66/85 (Lawrie-Blum), Slg. 1986, 2121, 2146 f., Rn. 24 ff.
[227] EuGH v. 30. 5. 1989, Rs. 33/88 (Allué I), Slg. 1989, 1591, 1609, Rn. 7; v. 27. 11. 1991, Rs. 4/91 (Bleis), Slg. 1991, 5627, 5641, Rn. 7. Für Privatlehrer ausdrücklich festgestellt in EuGH v. 15. 3. 1988, Rs. 147/86 (Kommission/Griechenland), Slg. 1988, 1637, 1656 f., Rn. 19 ff. Für Stellen, die mit der grundlegenden Ausgestaltung des Schulunterrichts und der schulischen Leistungsbewertung in einem Mitgliedstaat zu tun haben, kann etwas anderes gelten, so GA *Lenz* in seinen Schlussanträgen in der Rs. 66/85 (Lawrie-Blum), Slg. 1986, 2121, 2135; näher zu Lehrerberuf und Arbeitnehmerfreizügigkeit *Schweitzer,* Gedächtnisschrift für Grabitz, S. 747, 759 f., sowie *Schneider-de Groot,* in: Coen/Hölscheidt/Pieper (Hrsg.), Europa '93 – Auf dem Weg zur Europäischen Union, S. 283 ff.
[228] EuGH v. 30. 5. 1989, Rs. 33/88 (Allué I), Slg. 1989, 1591, 1610, Rn. 9.
[229] EuGH v. 16. 6. 1987, Rs. 225/85 (Kommission/Italien), Slg. 1987, 2625, 2639, Rn. 9 f.
[230] EuGH v. 13. 7. 1993, Rs. C-42/92 (Thijssen), Tätigkeitsbericht 23/93, S. 7.
[231] ABl. C 72/2 v. 18. 3. 1988.
[232] EuGH v. 2. 7. 1996, Rs. C 290/94 (Kommission/Griechenland, Slg. 1996, 3285, 3327, Rn. 34 ff; EuGH v. 2. 7. 1996, Rs. C 173/94 (Kommission/Belgien), Slg. 1996, 3265, 3283, Rn. 24.
[233] Alle in EuGH v. 26. 5. 1982, Rs. 149/79 (Kommission/Belgien), Slg. 1982, 1845.

III. Art. 39 Abs. 3 EG (Der Zugang zum Arbeitsmarkt) 143–145 § 15

vante Tätigkeiten eigenen Staatsangehörigen vorbehalten bleiben können. Art. 39 Abs. 4 EG unterfallen nach dem Standpunkt der Kommission[234] die Streitkräfte, die Polizei, sonstige Ordnungskräfte, die Rechtspflege,[235] die Steuerverwaltung und die Diplomatie sowie sonstige Stellen, deren Inhaber z. B. mit der Ausarbeitung von Rechtsakten oder der Überwachung ihrer Anwendung befasst sind.

Zu betonen bleibt allerdings die sich aus der Rechtsprechung des EuGH ergebende **143** Notwendigkeit, auch in Bereichen, die dem Art. 39 Abs. 4 EG unterfallen können, jede einzelne Stelle auf das Maß der mit ihr verbundenen Verantwortung für die allgemeinen Belange des Staates hin zu untersuchen.[236] Dies folgt aus seiner Entscheidung zur Einbeziehung von Forschern im nationalen Forschungsrat, wo er auf das Gewicht der einzelnen Tätigkeit abstellt und sich einer pauschalisierenden Betrachtungsweise verschließt.[237]

bb) Art. 39 Abs. 4 EG als Ausnahme vom Diskriminierungsverbot?

Der Wortlaut des Art. 39 Abs. 4 EG nährt durch die Bezugnahme auf den gesamten **144** Art. 39 EG die Vermutung, dass er nicht nur den Zugang zu bestimmten, der öffentlichen Verwaltung zuzurechnende Tätigkeiten beschränken solle, sondern darüber hinaus für den Bereich der öffentlichen Verwaltung eine Ausnahme vom Diskriminierungsverbot des Art. 39 Abs. 2 EG beinhalte. Einem solchen Verständnis stehen aber nicht nur die für den Vertrag anerkannten Auslegungsgrundsätze, wonach Ausnahme von den Grundfreiheiten eng und vor dem Hintergrund des Verhältnismäßigkeitsgrundsatzes auszulegen sind, entgegen, sondern auch die Rechtsprechung des EuGH zu Art. 39 Abs. 4 EG.[238] Das Interesse der Mitgliedstaaten, bestimmte Tätigkeiten eigenen Staatsangehörigen vorzubehalten, bleibt durch die Möglichkeit gewahrt, Ausländer von diesen Tätigkeiten auszuschließen. Die Mitgliedstaaten sind aber nicht darüber hinaus zu einer diskriminierenden Behandlung von EG-Wanderarbeitnehmern befugt, die freiwillig zu einer Tätigkeit in der öffentlichen Verwaltung zugelassen wurden, denn durch die Zulassung zeigt der betreffende Mitgliedstaat ja gerade, dass er seine Interessen nicht gefährdet sieht.[239] Die einzige von Art. 39 Abs. 4 EG gebotene Möglichkeit, Wanderarbeitnehmer anders als Inländer zu behandeln, besteht in deren Nichtzulassung zu bestimmten Tätigkeiten; diese wird durch das Verständnis der Vorschrift als reine Zugangsbeschränkung erfasst. Art. 39 Abs. 4 EG kann aber nicht zusätzlich als Ausnahme vom Diskriminierungsverbot betrachtet werden.[240]

Dem stünde auch nicht die Entscheidung eines Mitgliedstaates entgegen, einen Unions- **145** bürger aus einem anderen Mitgliedstaat zu einer Tätigkeit in der öffentlichen Verwaltung im Sinne der funktionellen Betrachtungsweise (z. B. als Polizist mit gewissen hoheitlichen Befugnissen) zuzulassen, ihn aber nicht mit den gleichen Befugnissen auszustatten. Auch in einer solchen Maßnahme wäre, bei konsequenter Verfolgung des funktionellen Verständ-

---

[234] ABl. C 72/2 v. 18. 3. 1988.
[235] Umstritten ist die Einordnung des juristischen Vorbereitungsdienstes. Für Freizügigkeit Grabitz/Hilf/*Randelzhofer*, Art. 48 EWGV, Rn. 63. Dagegen, allerdings aus Gründen, die in der mangelnden Arbeitnehmereigenschaft des Rechtsreferendare liegen sollen, *Ziekow*, DÖD 1991, S. 11, 14. In der Bundesrepublik wirft die Frage des Zugangs zum juristischen Vorbereitungsdienst in der Regel keine Probleme auf, da Ausländer – ohne Ernennung zum Beamten – zum juristischen Vorbereitungsdienst zugelassen werden, ohne allerdings staatsanwaltschaftliche Sitzungsvertretungen zu übernehmen.
[236] EuGH v. 2. 7. 1996, Rs. C 290/94 (Kommission/Griechenland, Slg. 1996, 3285, 3327, Rn. 37; *Hanau*, EuR 1974, S. 197, 202; *Dörr*, EuZW 1990, S. 565, 570; in diesem Sinne auch *Eschmann*, Die Freizügigkeit der EG-Bürger und der Zugang zur öffentlichen Verwaltung, S. 69f., 96; wohl a. A. und damit in die Nähe der institutionellen Betrachtungsweise geratend *Ziekow*, DÖD 1991, S. 11, 18; *Everling*, DVBl. 1990, S. 225, 228.
[237] EuGH v. 16. 6. 1987, Rs. 225/85 (Kommission/Italien), Slg. 1987, 2625, 2639, Rn. 9.
[238] EuGH v. 12. 2. 1974, Rs. 152/73 (Sotgiu), Slg. 1974, 153, 162, Rn. 4.
[239] EuGH v. 12. 2. 1974, Rs. 152/73 (Sotgiu), Slg. 1974, 153, 162, Rn. 4; a. A. *Lecheler*, Öffentliche Verwaltung, S. 138.
[240] VdG/T/E/*Wölker* Art. 48 EGV, Rn. 125.

nisses der öffentlichen Verwaltung, keine Diskriminierung gegenüber den inländischen Kollegen zu sehen, sondern die Nichtzulassung zu der mit mehr Befugnissen ausgestatteten Funktion. Gleiches gilt für die Frage der Beförderung von Funktionen, die nicht zur öffentlichen Verwaltung im Sinne des Art. 39 Abs. 4 EG gehören, in solche, für die die Vorschrift einschlägig ist. Auch hier wäre in der Nichtbeförderung des EG-Ausländers keine verbotene Diskriminierung zu sehen, sondern die von Art. 39 Abs. 4 EG erlaubte Nichtzulassung zu einer bestimmten Funktion.[241]

146 Auch haben die Mitgliedstaaten zwar das Recht, die Verbeamtung eigenen Staatsangehörigen vorzubehalten;[242] dies darf aber nicht zur Diskriminierung von Wanderarbeitnehmern aus anderen Mitgliedstaaten führen. Soweit daher ein Mitgliedstaat Stellen, die nach der funktionellen Betrachtungsweise nicht der öffentlichen Verwaltung i. S. des Art. 39 Abs. 4 EG zuzurechnen sind, Beamten vorbehält, darf dies nicht zur Abweisung von Bewerbern aus anderen Mitgliedstaaten führen, die, abgesehen von ihrer Staatsangehörigkeit, nach den innerstaatlichen Rechtsvorschriften qualifiziert sind.[243] Auch darf die u. U. fehlende Verbeamtung von Wanderarbeitnehmern nicht zur Folge haben, dass sie nicht die gleichen Vergünstigungen und Arbeitsbedingungen haben wie ihre verbeamteten inländischen Kollegen in vergleichbarer Funktion und mit gleicher Qualifikation. Für den im öffentlichen Dienst beschäftigten EG-Wanderarbeitnehmer ergibt sich damit ein Anspruch auf Absolvierung der entsprechenden Laufbahnprüfungen und, im Falle ihres Bestehens, auf die gleiche Arbeitsplatzsicherheit und alle sozialversicherungs-[244] bzw. pensionsrechtlichen Vorteile, wie sie auch Beamte genießen.

147 Ein Anspruch auf Verbeamtung dürfte sich dagegen aus dem Diskriminierungsverbot auch außerhalb des Anwendungsbereichs des Art. 39 Abs. 4 EG nicht ergeben, soweit und solange mit der Nicht-Verbeamtung verbundene Nachteile der oben angesprochenen Art auf andere Weise beseitigt werden können.[245]

IV. Diskriminierungsverbot

148 Das zweite wesentliche Element der Freizügigkeit neben dem Recht auf gleichberechtigten Zugang zum Arbeitsmarkt der anderen Mitgliedstaaten ist der Grundsatz der Inländerbehandlung bei der Beschäftigung. Es liegt auf der Hand, dass ein Freizügigkeitsrecht ohne einen Anspruch der Wanderarbeitnehmer auf Gleichbehandlung mit den inländischen Arbeitnehmern unvollständig wäre; das Diskriminierungsverbot ist somit die notwendige Ergänzung des Rechts auf Zugang zum Arbeitsmarkt.

1. Verbot der Diskriminierung aus Gründen der Staatsangehörigkeit

149 Art. 12 Abs. 1 EG verbietet im Anwendungsbereich des Vertrages jede Diskriminierung aus Gründen der Staatsangehörigkeit. Spezialgesetzlich[246] legt Art. 39 Abs. 2 EG fest, dass

---

[241] Vgl. EuGH v. 17. 12. 1980, Rs. 149/79 (Kommission/Belgien), Slg. 1980, 3881, 3904, Rn. 21 f.
[242] Zur Frage des Zugangs von Ausländern zum Berufsbeamtentum in der Bundesrepublik *Badura*, FS für Everling, S. 33, 35 f; *Heyer*, S. 79 ff; s. auch § 7 Abs. 1 Nr. 1 BBG und die entsprechenden Vorschriften der Landesbeamtengesetze.
[243] Vgl. EuGH v. 3. 6. 1986, Rs. 307/84 (Kommission/Frankreich), Slg. 1986, 1725, 1739, Rn. 15 ff.
[244] Zur sozialversicherungsrechtlichen Seite bei ausländischen Rechtsreferendaren *Hanau/McHardy*, Anmerkung zu BAG v. 28. 6. 1989, AR-Blattei v. 15. 10. 1991 (D) Europäische Gemeinschaften Entscheidungen 2.
[245] *Hailbronner*, Ausländerrecht Handbuch, Rn. 1055; vdG/T/E/*Wölker*, Rn. 126; a. A. wohl *Riegel*, ZTR 1992, S. 135, 137, der die Nicht-Verbeamtung grundsätzlich als gemeinschaftsrechtlich verbotene Diskriminierung betrachtet.
[246] So auch EuGH v. 30. 5. 1989, Rs. 305/87 (Kommission/Griechenland), Slg. 1989, 1461, 1476 f., Rn. 12 f.; so auch im Schrifttum: Lenz/*Scheuer* Art. 39 EG, Rn. 32.

IV. Diskriminierungsverbot

die Freizügigkeit der Arbeitnehmer jede auf der Staatsangehörigkeit beruhende unterschiedliche Behandlung der Arbeitnehmer der Mitgliedstaaten in Bezug auf Beschäftigung, Entlohnung und sonstige Arbeitsbedingungen verbietet. Näher ausgeführt wird dieser Grundsatz durch die Art. 7–9 VO 1612/68, wo insbesondere die Gebiete des nationalen Rechts Erwähnung finden, die vom Gemeinschaftsrecht als freizügigkeitserheblich betrachtet werden. Art. 13 des EG-Vertrages hat in seiner Amsterdamer Fassung eine Kompetenz für den Rat erhalten, Diskriminierungen zu bekämpfen. Für die bereits erlassenen Richtlinien[247] zur Diskriminierung wegen Rasse oder ethnischer Herkunft und zur Festlegung eines allgemeinen Rahmens für die Verwirklichung der Gleichbehandlung in Beschäftigung und Beruf muss das zu Art. 12 EG Gesagte gelten. Die Richtlinien kommen auch den Wanderarbeitnehmern zugute.

a) Formen der Diskriminierung

aa) Unmittelbare Diskriminierung

Eine verbotene Ungleichbehandlung aus Gründen der Staatsangehörigkeit liegt zunächst bei der unmittelbaren Diskriminierung vor, wenn der Tatbestand einer Regelung bestimmte Leistungen von der inländischen Staatsangehörigkeit abhängig macht. Aber auch die unterschiedliche Behandlung bei staatlichen Sanktionen führt zu einer unmittelbaren Diskriminierung. So ist etwa die unterschiedliche Höhe der Geldbuße bei der Nichtvorlage des Personalausweises nach § 12a Abs. 2 AufenthG/EWG für EU-Ausländer und nach § 5 PersonalAuswG i.V.m. § 17 OWiG für Deutsche eine unzulässige Diskriminierung.[248] Die Bundesregierung hat deshalb die Geldbuße in § 12a AufenthG/EWG auf 2000 DM herabsetzen lassen.[249]

Ausschließlich an die Staatsangehörigkeit knüpfende Diskriminierungen können grundsätzlich nicht gerechtfertigt werden, da zur Rechtfertigung geeignete sachliche Gründe nicht allein in der Staatsangehörigkeit liegen können. Keine Ausnahme von diesem Grundsatz ist die sich aus dem oben erläuterten Ordre-Public-Vorbehalt ergebende, unter bestimmten Voraussetzungen zulässige Ausweisung von EG-Wanderarbeitnehmern, da eine Ausweisung von Inländern durch die nationalen Verfassungen ausgeschlossen ist.

bb) Mittelbare Diskriminierung

Unter den Diskriminierungsbegriff des Art. 39 Abs. 2 EG fallen aber nicht nur Ungleichbehandlungen, die unmittelbar und ausdrücklich an die Staatsangehörigkeit anknüpfen. Vielmehr hat der EuGH[250] erstmals im Jahre 1974 entschieden, dass Diskriminierungen im Sinne des Freizügigkeitsrechts auch dann vorliegen, wenn auf andere Unterscheidungsmerkmale abgestellt wird, die tatsächlich zum gleichen Ergebnis führen. Diese Auslegung sei geboten, um die Wirksamkeit des Freizügigkeitsprinzips zu wahren. Außerdem stützt sich der EuGH auf die fünfte Begründungserwägung zur VO 1612/68, wo von der tatsächlichen und rechtlichen Gleichbehandlung der Arbeitnehmer die Rede ist. Die Ergänzung des Diskriminierungsbegriffs um die sog. mittelbare[251] Diskriminierung wird demnach als Mittel verstanden, um eine auch tatsächliche Gleichstellung der Wanderarbeitnehmer zu erreichen.

Die mittelbare Diskriminierung findet auch Erwähnung in Art. 3 Abs. 1 Satz 1, 2. Spiegelstrich VO 1612/68. Dort heißt es (hinsichtlich des Zugangs zu Stellen), dass Rechts-

---

[247] ABl.EG v. 19. 7. 2000 L 180/22 und v. 3. 2. 2000, L 303/16; s. auch *Coen*, Neue EU-Diskriminierungsrichtlinien, AuR 2000, S. 11.
[248] EuGH v. 30. 4. 1998, Rs. C 24/97 (Kommission/Deutschland), Slg. 1998, 2133, 2145, Rn. 14.
[249] Gesetzesentwurf BR-Drucks. 55/00; Gesetz v. 27. 12. 2000 (BGBl I, 2042); heute 1000 Euro.
[250] EuGH v. 12. 2. 1974, Rs. 152/73 (Sotgiu), Slg. 1974, 153, 164f., Rn. 11.; seitdem in st. Rspr., z.B. EuGH v. 30. 5. 1989, Rs. 33/88 (Allué), Slg. 1989, 1589, 1610, Rn. 11.
[251] Gebräuchlich sind auch die Bezeichnungen als versteckte, verschleierte oder indirekte Diskriminierung.

und Verwaltungsvorschriften bzw. Verwaltungspraktiken eines Mitgliedstaats keine Anwendung finden, die, ohne auf die Staatsangehörigkeit abzustellen, ausschließlich oder hauptsächlich eine Benachteiligung der Angehörigen der anderen Mitgliedstaaten bezwecken oder bewirken. Es folgt in Art. 3 Abs. 1 Satz 2 VO 1612/68 der Hinweis, dass Sprachkenntnisse als Unterscheidungsmerkmal im Rahmen des für die einzelne Stelle Erforderlichen zum Anknüpfungspunkt für eine Ungleichbehandlung gemacht werden dürfen. Art. 3 Abs. 1 VO 1612/68 enthält somit Hinweise auf Einzelheiten der mittelbaren Diskriminierung, die zur Übertragung auf den Diskriminierungsbegriff des Art. 39 Abs. 2 EG im Zusammenhang mit den Arbeitsbedingungen geeignet sind.

154 So kann zunächst festgehalten werden, dass es für die Feststellung einer mittelbaren Diskriminierung nicht darauf ankommt, dass diese von der fraglichen Regelung auch bezweckt ist; es reicht vielmehr, dass sie tatsächlich zustande kommt. Dies ergibt sich aus der Formulierung „bezwecken oder bewirken" in Art. 3 Abs. 1 Satz 1 VO 1612/68. Zu einer mittelbaren Diskriminierung können danach alle Unterscheidungskriterien führen, die Wanderarbeitnehmer typischerweise von einheimischen Arbeitnehmern unterscheiden.

155 Nicht ganz klar ist, welche **Anforderung an die Feststellung einer mittelbaren Diskriminierung** gerichtet werden müssen, wann also ein Unterscheidungsmerkmal unzulässig, weil diskriminierend ist. Der EuGH hat sich hierzu im Rahmen des freizügigkeitsrechtlichen Diskriminierungsverbots nur knapp geäußert; danach müssen von einer diskriminierenden Regelung im wesentlichen Arbeitnehmer anderer Mitgliedstaaten betroffen sein.[252] Dies wurde für ausreichend in einem Fall betrachtet, in dem von der in Frage stehenden Regelung zu 75% Ausländer[253] betroffen waren. In einem anderen Fall hat der EuGH verlangt, dass die Betroffenen „ausschließlich oder hauptsächlich" Ausländer sein müssen.[254] Bei anderer Gelegenheit hat sich der EuGH demgegenüber mit der Feststellung begnügt, dass „oft" Wanderarbeitnehmer betroffen sind.[255] Die Rechtsprechung des EuGH weist somit keine einheitlichen formalen Kriterien zur Feststellung eines unzulässigen Unterscheidungsmerkmals auf; vielmehr scheint es sich hier um eine summarische Prüfung zu handeln, ob Kriterien, insbesondere solche von geographischer Natur, Wanderarbeitnehmer in höherem Maße als Inländer betreffen. Damit verträgt sich auch, dass der EuGH im Lektoren-Fall[256] einen Prozentsatz an betroffenen Inländern festgestellt hat, da es nicht ohne weiteres auf der Hand liegt, dass eine bestimmte Berufsgruppe sich in erster Linie aus Ausländern zusammensetzt und in derartigen Fällen eine Substantiierung unumgänglich ist. In neueren Entscheidungen geht der EuGH dazu über, die bloße Eignung einer Regelung zur Diskriminierung von Wanderarbeitnehmern genügen zu lassen.[257] Es brauche nicht festgestellt zu werden, dass die in Rede stehende Vorschrift in der Praxis einen wesentlich höheren Anteil der Wanderarbeitnehmer betreffe. Es genüge die Feststellung, dass die betreffende Vorschrift geeignet ist, eine solche Wirkung hervorzurufen.[258] Die Vorschrift müsse sich ihrem Wesen nach nur eher auf Wanderarbeitnehmer als auf inländische Arbeitnehmer auswirken können und folglich die Gefahr begründen, dass sie Wanderarbeitnehmer besonders benachteilige.[259]

156 **Insbesondere bei** Vorschriften, die an den **Wohnsitz** für eine Unterscheidung anknüpfen, besteht die Gefahr, dass sie sich hauptsächlich zum Nachteil der Angehörigen

---

[252] EuGH v. 30. 5. 1989, Rs. 33/88 (Allué I), Slg. 1989, 1591, 1610, Rn. 12.
[253] Nicht nur aus anderen Mitgliedstaaten der Gemeinschaft.
[254] EuGH v. 7. 7. 1988, Rs. 143/87 (Stanton), Slg. 1988, 3877, 3893 f., Rn. 9.
[255] EuGH v. 8. 5. 1990, Rs. C-175/88 (Biehl), Slg. 1990, 1779, 1793, Rn. 14.
[256] EuGH v. 30. 5. 1989, Rs. 33/88 (Allué I), Slg. 1989, 1591, 1610, Rn. 12.
[257] EuGH v. 23. 5. 1996, Rs. C 237/94 (O'Flynn), Slg. 1996, 2617, 2638, Rn. 20, 21; EuGH v. 7. 5. 1998, Rs. 350/96 (Clean Car Autoservice), Slg. 1998, 2521, 2547, Rn. 29; neuestens EuGH v. 9. 3. 2000, Rs. C-355/98 (Kommission/Belgien), Slg. 2000, 1234, Rn. 31.
[258] EuGH v. 23. 5. 1996, Rs. C 237/94 (O'Flynn), Slg. 1996, 2617, 2639, Rn. 21.
[259] EuGH v. 23. 5. 1996, Rs. C 237/94 (O'Flynn), Slg. 1996, 2617, 2638, Rn. 20.

IV. Diskriminierungsverbot

anderer Mitgliedstaaten auswirke, da Gebietsfremde meist Ausländer seien.[260] Das klassische[261] und nach den Grundsätzen der mittelbaren Diskriminierung prinzipiell unzulässige Unterscheidungsmerkmal ist deshalb der Wohnsitz. Es liegt auf der Hand, dass Wanderarbeitnehmer häufig einen Wohnsitz im Ausland haben werden, so dass eine Vorschrift, die bestimmte Leistungen von einem inländischen Wohnsitz abhängig macht, einen Diskriminierungseffekt zu Lasten von Arbeitnehmern aus anderen Mitgliedstaaten erzeugen kann, ohne unmittelbar auf die Staatsangehörigkeit abzustellen.[262] Im gleichen Maße als mittelbar diskriminierendes Unterscheidungsmerkmal geeignet sind sonstige geographische Anknüpfungspunkte, da bei Wanderarbeitnehmern vielfach einzelne Sachverhalte wie z. B. Geburtsort, Herkunftsort, Ort des Qualifikationserwerbs oder der Eheschließung auf das Ausland hinweisen. Auch die geringere Beweiskraft im Ausland ausgestellter Personenstands- oder Geburtsurkunden (vgl. § 66 PersonenstandsG) stellt eine mittelbare Diskriminierung dar, da in der Regel Ausländer Personenstandsurkunden aus anderen Ländern vorlegen.[263] Besondere Anforderungen an die Urkunden zur Änderung des Geburtsdatums, die gleichermaßen für in- und ausländische Urkunden gelten, stellen aber wegen der erhöhten Betroffenheit ausländischer Bürger keine mittelbare Diskriminierung dar, da nationale Urkunden insoweit gleichbehandelt werden.[264] Aktuell ist die Frage, ob im Ausland verbrachte Dienstzeiten in den Mitgliedstaaten Berücksichtigung finden. Soweit eine solche Regelung auf Beschäftigungszeiten im gesamten öffentlichen Dienst eines Landes abstellt, muss sie nach Ansicht des EuGH den in anderen Mitgliedstaaten ausgeübten öffentlichen Dienst gleichstellen.[265] Art. 39 Abs. 4 EG steht nicht entgegen, da es sich bei der Vorschrift um den Zugang zu einer Tätigkeit handelt und nicht um die Entlohnung.[266] Weiterhin kann eine mittelbare Diskriminierung in der benachteiligenden Behandlung bestimmter Berufsgruppen liegen, wenn sich diese in der Hauptsache aus Wanderarbeitnehmern zusammensetzen.[267] Zur Anerkennung ausländischer Diplome und sonstiger Qualifikationen unten Rn. 390 ff.

cc) Rechtfertigung

Aus dem Hinweis auf die generelle Zulässigkeit des Kriteriums der Sprachkenntnisse in Art. 3 Abs. 1 VO 1612/68 ergibt sich, dass Rechtfertigungen mittelbarer Diskriminierungen grundsätzlich denkbar sind. Dies erkennt die Rechtsprechung des EuGH seit langem an.[268] Die mittelbare Diskriminierung muss dafür auf objektiven, von der Staatsangehörigkeit unabhängigen Gründen beruhen und in einem angemessenen Verhältnis zu dem Zweck stehen, der mit der Regelung verfolgt wird.[269] Ein sachlicher Grund darf nur in

---

[260] EuGH v. 7. 5. 1998, Rs. 350/96 (Clean Car Autoservice), Slg. 1998, 2521, 2547, Rn. 29; EuGH v. 14. 2. 1995, Rs. C 279/93 (Schumacker), Slg. 1995, 225, 259, Rn. 28.
[261] EuGH v. 12. 2. 1974, Rs. 152/73 (Sotgiu), Slg. 1974, 153.
[262] EuGH v. 14. 2. 1995, Rs. C 279/93 (Schumacker), Slg. 1995, 225, 259, Rn. 28.
[263] EuGH v. 2. 12. 1997, Rs. C 336/94 (Dafeki), Slg. 6761, 6780, Rn. 13.
[264] EuGH v. 14. 3. 2000, Rs. C 102/98 und 211/98 (Kocak und Örs), Slg. 1311, Rn. 51.
[265] EuGH v. 15. 1. 1998, Rs. C-15/96 (Schöning-Kougebetopoulou), Slg. 1998, 47, 67, Rn. 22; EuGH v. 12. 3. 1998 Rs. C 187/96 (Kommission/Griechenland), Slg. 1998, 1110, 1117, Rn. 20; EuGH v. 30. 11. 2000, Rs C 195/98 (Österreich); vgl. auch Art. 7 V des Entwurfs zur Änderung der VO 1612/68 ABl.EG 1998 C 344/11 und EuGH v. 23. 2. 1994 (Scholz) Slg. 1994, 505, 521. S. auch Rn. 253.
[266] EuGH v. 12. 3. 1998 Rs. C 187/96 (Kommission/Griechenland), Slg. 1998, 1110, 1116, Rn. 17.
[267] So hat der EuGH in seinem Urteil v. 30. 5. 1989, Rs. 33/88 (Allué I), Slg. 1989, 1591, 1610, Rn. 12, eine mittelbare Diskriminierung auf Grund besonderer Befristungsmöglichkeiten für die Berufsgruppe der Hochschullektoren angenommen, die sich in Italien zu 75% aus Ausländern zusammensetzen sollen.
[268] EuGH v. 12. 2. 1974, Rs. 152/73 (Sotgiu), Slg. 1974, 153, 165, Rn. 12.
[269] EuGH v. 15. 1. 1998, Rs. C-15/96 (Schöning-Kougebetopoulou), Slg. 1998, 47, 67, Rn. 21; EuGH v. 7. 5. 1998, Rs. C-350/96 (Clean Car Autoservice), Slg. 1998, 2537, 2547, Rn. 31; zuletzt Schlussantrag GA Jacobs Rs. C 195/98, Rn. 123.

dem Rahmen zu tatsächlichen Benachteiligungen von Wanderarbeitnehmern führen, der zur Verfolgung des ihm zugrundeliegenden Zwecks geeignet, erforderlich und angemessen ist.[270] Dies wurde bsp. bejaht für die Kohärenz des Steuersystems.[271] Grundsätzlich gilt dies auch für den Schutz der öffentlichen Gesundheit.[272] Ob es sich hierbei um einen Rückgriff auf Art. 39 Abs. 3 EG handelt, ist offen. Der EuGH hat in einer neuen Entscheidung für die Rechtfertigung mittelbarer Diskriminierungen auf Art. 39 Abs. 3 EG verwiesen.[273] Jedenfalls handelt es sich bei der öffentlichen Sicherheit, Ordnung und Gesundheit um grundsätzlich sachliche Gründe, wenn sie tatsächlich nach der allgemeinen Definition gefährdet sind und die Regelung geeignet, erforderlich und angemessen ist.[274]

158 Die Zulässigkeit mittelbarer Diskriminierungen wurde etwa verneint bei geringerer Beweiskraft von ausländischen Personenstandsurkunden[275] und bei einem Wohnsitzerfordernis für die Sicherstellung von Zustellungen und der Vollstreckung von Strafen.[276]

dd) Problem der Inländerdiskriminierung

159 Während im Laufe der Jahrzehnte seit der Gründung der Europäischen Gemeinschaft die rechtlichen Benachteiligungen der Wanderarbeitnehmer aus anderen Mitgliedstaaten, die unmittelbar oder mittelbar auf deren Staatsangehörigkeit beruhen, weniger geworden sind und heute wohl kein gesellschaftliches Problem mehr darstellen, kommt es infolge des Freizügigkeitsrechts heute auch zu Konstellationen, die keine Benachteiligung des Wanderarbeitnehmers aus einem anderen Mitgliedstaat der Gemeinschaft, sondern des Inländers bedeuten. Zu solchen Inländerdiskriminierungen[277] kann es insbesondere kommen, wenn das Gemeinschaftsrecht Ausländern bestimmte Rechte zuerkennt, die ihren eigenen Staatsangehörigen zu gewähren die Mitgliedstaaten nicht verpflichtet sind. Zwar kann sich grundsätzlich auch der Inländer auf Art. 39 EG gegenüber seinem Mitgliedstaat berufen, doch nur, wenn der streitige Sachverhalt einen grenzüberschreitenden Bezug aufweist. Das Problem der Inländerdiskriminierung kann z. B. im Rahmen des Familiennachzugs eine Rolle spielen, soweit dessen Voraussetzungen im nationalen Ausländerrecht enger sind als in Art. 10 VO 1612/68 geregelt.[278] Eine Inländerdiskriminierung sah in einem aus Deutschland kommenden Vorlageverfahren vor dem EuGH der Kläger darin, dass er als Beamter kein Streikrecht und eine gegenüber vergleichbaren Angestellten ungünstigere Besoldung habe, während EG-Wanderarbeitnehmer als Nicht-Beamte sich in dieser Hinsicht besser stünden.[279]

160 Inländerdiskriminierungen sind für den Betroffenen, der sich in seinem eigenen Staat gegenüber Wanderarbeitnehmern aus einem anderen Mitgliedstaat benachteiligt sieht, schwer nachvollziehbar und dürften vielfach als absurd empfunden werden, vielleicht sogar

---

[270] EuGH 7. 5. 1998 Rs. C-350/96 (Clean Car Autoservice), Slg. 1998, 2537, 2548, Rn. 36.
[271] EuGH v. 28. 1. 1992 Rs. C-204/92 (Bachmann), Slg. 1992, 249, 284, Rn. 28; ablehnend *Wernsmann* EuR 1999, S. 754, 769 ff.
[272] EuGH v. 10. 3. 1993 Rs. C-111/93 (Kommission/Luxemburg), Slg. 1993, 817, 843, Rn. 11.
[273] EuGH v. 7. 5. 1998, Rs. C-350/96 (Clean Car Autoservice), Slg. 1998, 2537, 2549, Rn. 39.
[274] EuGH v. 10. 3. 1993 Rs. C-111/93 (Kommission/Luxemburg), Slg. 1993, 817, 843, Rn. 11.
[275] EuGH v. 2. 12. 1997, Rs. C 336/94 (Dafeki), Slg. 6761, 6780, Rn. 13.
[276] EuGH v. 7. 5. 1998 Rs. C-350/96 (Clean Car Autoservice), Slg. 1998, 2537, 2548, Rn. 35, 36.
[277] Ebenfalls verwandt werden die Begriffe umgekehrte Diskriminierung oder discrimination à rebours.
[278] Vgl. dazu die Entscheidungen des EuGH v. 27. 10. 1982, verb. Rs. 35 u. 36/82 (Morson u. Jhanjan), Slg. 1982, 3723; v. 7. 7. 1992, Rs. C-370/90 (Singh), Slg. 1992, 4265. S. auch EuGH 23. 2. 1994 (Scholz) Slg. 1994, 505.
[279] EuGH v. 28. 1. 1992, Rs. C-332/90 (Steen I), Slg. 1992, 341 sowie, in einer Neuauflage derselben Angelegenheit, v. 16. 6. 1994, Rs. C-132/93 (Steen II), Slg. 1994, 2715; dieses Problem kommt hier nur exemplarisch zur Sprache, da der Zugang zum Berufsbeamtentum für Angehörige anderer Mitgliedstaaten in der Bundesrepublik inzwischen geöffnet wurde. Italienerin, die früher Deutsche war, kann in Italien Anrechnung ihrer deutschen Vordienstzeit verlangen.

IV. Diskriminierungsverbot   161–164 § 15

Zweifel an der Sinnhaftigkeit der gemeinschaftsrechtlichen Freizügigkeitsregeln schaffen. Fraglich ist daher, ob es gemeinschaftsrechtliche Mittel gibt, Inländerdiskriminierungen zu verhindern, und wieweit diese Mittel ggfs. reichen.

Ausdrücklich zulässig sind Inländerdiskriminierungen zunächst, **soweit sie das Gemeinschaftsrecht** unter dem Gesichtspunkt der „affirmative action" **vorsieht**, um tatsächlichen Benachteiligungen von Wanderarbeitnehmern entgegenzuwirken. Ein solcher Fall ist in Art. 12 Abs. 2 VO 1612/68 geregelt, wo den Mitgliedstaaten aufgegeben wird, Kinder von Wanderarbeitnehmern in besonderer Weise schulisch zu fördern. Damit geht eine rechtliche Besserstellung dieser Kinder gegenüber den Kindern von Inländern einher, die aber dem Zweck dient, deren tatsächliche Benachteiligung, insbesondere im Hinblick auf mangelnde Sprachkenntnisse, zu beseitigen. Entsprechendes gilt für die wohl auch in diesem Sinne zu interpretierende Regelung des Art. 8 Abs. 1 Unterabs. 2 VO 1612/68, wo kollektivarbeitsrechtliche Sonderrechte für EG-Wanderarbeitnehmer ausdrücklich zugelassen werden. Die mit diesen Regelungen möglicherweise verbundenen Inländerdiskriminierungen sind nicht nur mit gemeinschaftsrechtlichen Mitteln nicht angreifbar, sondern werden vom Gemeinschaftsrecht sogar gewünscht. 161

Von diesen seltenen Fällen abgesehen erscheint der Gedanke naheliegend, Inländerdiskriminierungen am Maßstab der gemeinschaftsrechtlichen Diskriminierungsverbote aus Gründen der Staatsangehörigkeit zu überprüfen. Das freizügigkeitsrechtliche Diskriminierungsverbot des Art. 39 Abs. 2 EG differenziert ebenso wenig wie das des Art. 12 Abs. 1 EG nach In- und Ausländern, sondern verbietet allgemein Diskriminierungen von Arbeitnehmern der Mitgliedstaaten aus Gründen der Staatsangehörigkeit. Auf diesem Wege wird zwar grundsätzlich auch die Schlechterstellung von Inländern gegenüber Wanderarbeitnehmern aus anderen Mitgliedstaaten verboten, allerdings nur innerhalb des von den Freizügigkeitsvorschriften (hinsichtlich Art. 39 Abs. 2 EG) bzw. des Vertrages insgesamt (hinsichtlich Art. 12 Abs. 1 EG) geregelten Bereiches.[280] 162

Daraus ergibt sich, dass **Inländerdiskriminierungen** immer dann schon nach Gemeinschaftsrecht **durch das Diskriminierungsverbot des Art. 39 Abs. 2 EG verboten** sind, wenn ein Inländer sich gegenüber seinem Herkunftsstaat in einer Lage befindet, die der eines Wanderarbeitnehmers aus einem anderen Mitgliedstaat vergleichbar ist.[281] In diesem Fall finden die Freizügigkeitsregeln und damit auch das freizügigkeitsrechtliche Diskriminierungsverbot auf ihn Anwendung. Der EuGH hat zur Voraussetzung dafür gemacht, dass in der Person des betroffenen Inländers ein sog. grenzüberschreitender Sachverhalt vorliegt. Dieser fehlt, wenn eine Person in der Vergangenheit nicht Gebrauch von seinen Freizügigkeitsrechten gemacht hat und sich auch nicht aus anderen Gründen gegenüber seinem Herkunftsstaat in einer Lage befindet, die der eines Wanderarbeitnehmers vergleichbar ist.[282] 163

Wenn ein Sachverhalt, der zu einer Inländerdiskriminierung führt, **keinerlei Bezug zu einem gemeinschaftsrechtlich geregelten Gebiet** aufweist, ist der Inländerdiskriminierung daher gemeinschaftsrechtlich bei der gegebenen Rechts- und Vertragslage nicht zu begegnen.[283] In diesen Fällen soll es nach dem Willen des **EuGH** in der Hand des jeweiligen nationalen Gesetzgebers liegen, Regelungen zu schaffen, die der Benachteili- 164

---

[280] *Oppermann,* Rn. 412; *Reitmaier,* Inländerdiskriminierungen nach dem EWG-Vertrag, S. 76; *Schöne,* RIW 1989, S. 450, 453; *Weis,* NJW 1983, S. 2721, 2723 f.
[281] Vgl. EuGH v. 7. 7. 1992, Rs. C-370/90 (Singh), Slg. 1992, 4265, 4294 f., Rn. 21 ff.
[282] Daran ist die Anwendbarkeit des Art. 39 Abs. 2 EGV im Fall Steen I, EuGH v. 28. 1. 1992, Rs. C-332/90, Slg. 1992, 341, gescheitert. In einer beim EuGH anhängigen Sache (C 109/01) geht es um den Status einer mit einem Drittstaatsangehörigen verheirateten Gemeinschaftsbürgerin, die ihr Herkunftsland verläßt und bei ihrer Rückkehr von gemeinschaftsrechtlichen Ansprüchen Gebrauch machen zu können. S. auch Rn. 248.
[283] EuGH 2. 7. 1998, Rs C 22/95, EAS Art. 48 EG-VerG Nr. 99; 11. 10. 2001, Rs 95–97/99, EAS 2002, 5. So auch Grabitz/Hilf-*Randelzhofer,* Art. 48 EWGV, Rn. 27.

gung eigener Staatsangehöriger gegenüber Wanderarbeitnehmern aus anderen Mitgliedstaaten entgegenwirken.[284]

165 Demgegenüber gibt es in der **Literatur** Stimmen, die schon heute das Problem der Inländerdiskriminierungen **unabhängig vom Vorliegen eines grenzüberschreitenden Sachverhalts** nach den vom EuGH festgelegten Kriterien gemeinschaftsrechtlich lösen wollen.[285] So soll sich nach einer Auffassung[286] die Unzulässigkeit des Kriteriums des grenzüberschreitenden Sachverhalts daraus ergeben, dass die Gemeinschaft gerade einen gemeinsamen Markt ohne Binnengrenzen anstrebe. Es sei widersinnig, die Anwendung des Gemeinschaftsrechts dann noch in einzelnen Fällen von der Grenzüberschreitung abhängig zu machen. Dem ist entgegenzuhalten, dass die gemeinschaftsrechtlichen Regelungen ihre Legitimation aus ihrem Ziel – in diesem Fall der Beseitigung von Hindernissen beim Überschreiten der Grenzen zwischen den Mitgliedstaaten – beziehen und daher nicht losgelöst von dieser Zielsetzung betrachtet werden können.

166 Von anderer Seite[287] wird angeregt, das Problem der Inländerdiskriminierung schon heute auf gemeinschaftsrechtlichem Wege zu lösen, indem die Anforderungen an den notwendigen Bezug eines Sachverhalts zum Gemeinschafts- bzw. Freizügigkeitsrecht heruntergeschraubt werden. Hier wird allerdings offengelassen, ob das Erfordernis des gemeinschaftsrechtlich relevanten Sachverhalts ganz fallengelassen werden soll – was schon mit den jeweiligen nationalen Beitrittsbestimmungen nur schwer in Einklang zu bringen sein dürfte – oder ob es zu einer Lockerung in allerdings nicht näher bezeichneter Weise kommen soll. Im einen wie im anderen Fall liefe es auf eine – mehr oder weniger weitgehende – richterrechtliche[288] Erweiterung des Anwendungsbereichs des Gemeinschaftsrechts hinaus, die die Grenzen der Befugnisse sprengen würde, die sich für die EuGH-Richter aus dem Gemeinschaftsrecht ergeben.

167 Es bleibt somit bei dem Befund, dass eventuelle Schlechterstellungen von Personen, die sich gegenüber ihrem Heimatstaat nicht in einer Situation befinden, die derjenigen eines Wanderarbeitnehmers vergleichbar ist, gemeinschaftsrechtlich beim derzeitigen Stand nicht behebbar sind, sondern mit den Mitteln des jeweiligen nationalen Rechts – in der Bundesrepublik in erster Linie auf der Grundlage des Art. 3 GG[289] – bekämpft werden müssen.

b) Anwendungsbereich des Diskriminierungsverbots

168 Das freizügigkeitsrechtliche Diskriminierungsverbot des Art. 39 Abs. 2 EG soll den Wanderarbeitnehmern einen umfassenden Gleichbehandlungsanspruch gewähren. Aus diesem Grund ist der in Art. 39 Abs. 2 EG enthaltene Begriff der Arbeitsbedingungen im weitestmöglichen Sinne zu verstehen.[290]

---

[284] In diesem Sinne auch *Weis*, NJW 1983, S. 2721; Lenz/Scheuer Art. 39 EG, Rn. 37.

[285] *Kewenig*, JZ 1990, S. 20, 23; vdG/T/E/*Wölker*, Art. 48, Rn. 12; Borchardt NJW 2000, 2057, 2059 wegen der Unionsbürgerschaft.

[286] *Kewenig*, JZ 1990, S. 20, 23.

[287] VdG/T/E/*Wölker*, Art. 48, Rn. 12. Im gleichen Sinne wohl auch LAG Hamm in seinen bislang nicht veröffentlichten Vorlagebeschlüssen gemäß Art. 177 EGV v. 26. 1. 1996 (5 Sa 2044/94) u. v. 1. 3. 1996 (5 Sa 1035/95); das Gericht macht seinen Standpunkt deutlich, dass sich das freizügigkeitsrechtliche Diskriminierungsverbot über Art. 10 VO 1612/68 auch auf drittstaatsangehörige Ehegatten deutscher Arbeitnehmer erstrecken soll, ohne dass letztere von ihren Freizügigkeitsrechten Gebrauch gemacht hätten. Anders aber EuGH 25. 10. 2001, Rs. C 189/00 (Ruhr) EuZW 2002, 154.

[288] Angesprochen ist a. a. O. ausdrücklich der EuGH.

[289] Zur Unvereinbarkeit von gemeinschaftsrechtlich verursachten Inländerdiskriminierungen mit Art. 3 GG näher *Schilling*, JZ 1994, 8, 12 ff.

[290] So neigt der EuGH in seiner Entscheidung v. 28. 11. 1978, Rs. 16/78 (Choquet), Slg. 1978, 2293, 2301 ff., Rn. 4 ff., sogar dazu, die Regelung der Fahrerlaubnis von EG-Wanderarbeitnehmern als relevant für die Freizügigkeit im Sinne des Art. 48 EGV zu betrachten, da das Recht, von der Freizügigkeit Gebrauch zu machen, für eine große Anzahl von selbständigen und unselbständigen

IV. Diskriminierungsverbot 169–171 § 15

Zu beachten ist in diesem Zusammenhang, dass das freizügigkeitsrechtliche Diskriminierungsverbot die Mitgliedstaaten in verschiedener Hinsicht bindet. Diese Bindung trifft zum einen den Staat in allen Funktionen, in denen er dem Bürger gegenüber hoheitlich auftritt und die zu den Arbeitsbedingungen im weitesten Sinne gerechnet werden können. Daneben könnte man auch an eine Bindung des Staates an das freizügigkeitsrechtliche Diskriminierungsverbot als Arbeitgeber im öffentlichen Dienst denken, also auch im Rahmen privatrechtlich geprägter Rechtsverhältnisse zu Wanderarbeitnehmern.[291] **169**

aa) Arbeitsrecht

Zunächst verbietet das freizügigkeitsrechtliche Diskriminierungsverbot den Mitgliedstaaten jegliche Schlechterstellung von EG-Wanderarbeitnehmern auf dem Gebiete des Arbeitsrechts.[292] Dieser Grundsatz findet seine Ausprägung in Art. 7 Abs. 1 VO 1612/68. Dort wird ein Gleichbehandlungsgebot hinsichtlich Beschäftigungs- und Arbeitsbedingungen festgelegt, das insbesondere Entlohnung und Kündigung sowie die berufliche Wiedereingliederung und Wiedereinstellung im Falle der Arbeitslosigkeit umfassen soll. Der weite Begriff der Arbeitsbedingungen, der dem freizügigkeitsrechtlichen Diskriminierungsverbot zugrunde liegt,[293] macht arbeitsrechtlich relevante Regelungsbereiche schwer vorstellbar, die nicht dem Gleichbehandlungsgebot unterliegen. So sind freiwillig gewährte Nebenleistungen nach der Rechtsprechung des EuGH[294] ebenso erfasst wie Vorschriften über die Voraussetzungen von Beförderungen oder des Abschlusses unbefristeter Verträge[295] oder der Anrechnung von Wehrdienstzeiten auf die Dauer der Betriebszugehörigkeit.[296] Mit dem Gleichbehandlungsgebot unvereinbar ist weiterhin eine Vorschrift, die den besonderen Kündigungsschutz für Schwerbehinderte von Voraussetzungen abhängig macht, die für Inländer nicht gelten.[297] Diese an der EuGH-Rechtsprechung orientierte Aufzählung ist nur beispielhaft und kann nicht abschließend sein; als Grundsatz muss vielmehr gelten, dass jegliche Regelung der Arbeitsbedingungen auf EG-Wanderarbeitnehmer unterschiedslos zu inländischen Arbeitnehmern anwendbar sein muss. **170**

Dieser Grundsatz gilt nicht nur für Regelungen, die das individuelle Arbeitsverhältnis des Wanderarbeitnehmers betreffen, sondern greift auch im kollektiven Arbeitsrecht **171**

Erwerbstätigkeiten vom Besitz einer anerkannten Fahrerlaubnis abhänge. Nach einer neueren Entscheidung (EuGH v. 29. 2. 1996, Rs. C-193/94 [Skanavi u. Chryssanthakopoulos], Slg. 1996, 929, 955, Rn. 38) ist es den Mitgliedstaaten zwar gestattet, von bei ihnen ansässigen Angehörigen anderer Mitgliedstaaten den Umtausch der Fahrerlaubnis zu verlangen; ein Verstoß gegen eine Umtauschpflicht darf aber nicht als Fahren ohne Fahrerlaubnis bestraft werden.

[291] Zur unmittelbaren Geltung von Richtlinien: EuGH v. 12. 7. 1990, Rs. C-188/89 (Foster u. a.), Slg. 1990, 3313, 3348, Rn. 17; Gaul, NZA 1997, S. 1022, 1023; zur Berücksichtigung von Vordienstzeiten im ausländischen öffentlichen Dienst EuGH 23. 2. 1994 (Schol), Slg. 1994, 505, 521.

[292] Zu Ortskräften in deutschen Botschaften EuGH v. 30. 4. 1996, Rs. C-214/94 (Boukhalfa), Slg. 2253, 2273.

[293] So auch vdG/T/E/*Wölker*, Art. 48, Rn. 40.

[294] EuGH v. 12. 2. 1974, Rs. 152/73 (Sotgiu), Slg. 1974, 153, 164, Rn. 9.

[295] EuGH v. 16. 6. 1987, Rs. 225/85 (Kommission/Italien), Slg. 1987, 2625, 2640, Rn. 13 f.; insbesondere in Bezug auf Fremdsprachenlektoren EuGH 20. 10. 1993, AP Nr. 17 Art. 48 EWG-Vertrag = EAS EG-Vertrag Art. 48 Nr. 69; BAG 15. 3. 1995 EzA § 620 BGB Nr. 132; BAG v. 12. 2. 1997 AP HRG § 57 b Nr. 13; dazu *Hanau*, Forschung und Lehre 1996, S. 368; auch schon EuGH v. 30. 5. 1989, Slg. 1989, 1591. Zu der Rechtslage bei Angehörigen assoziierter Staaten unten Rn. 298 ff.

[296] EuGH v. 15. 10. 1969, Rs. 15/69 (Württembergische Milchverwertung/Ugliola), Slg. 1969, 363, 369 f., Rn. 6 f.

[297] EuGH v. 13. 12. 1972, Rs. 44/72 (Marsman/Rosskamp), Slg. 1972, 1243, 1248 f., Rn. 4 f., wo allerdings offengelassen wird, ob es sich dabei um Arbeitsbedingungen im Sinne des Art. 7 Abs. 1 VO 1612/68 oder um soziale Vergünstigungen im Sinne des Art. 7 Abs. 2 VO 1612/68 handeln soll. Zu Regelungen zugunsten Schwerbehinderter siehe auch oben Rn. 96.

durch. Eine entsprechende Regelung findet sich insbesondere in Art. 8 VO 1612/68. Dessen Abs. 1 Satz 1 legt fest, dass das Gleichbehandlungsgebot auch die gewerkschaftliche Betätigung der Wanderarbeitnehmer sowie das aktive und passive Wahlrecht zu gewerkschaftlichen Leitungs- und Verwaltungsgremien umfasst. Abs. 1 Satz 2 gibt den Wanderarbeitnehmern ferner das Recht auf Wählbarkeit zu den Organen der Arbeitnehmervertretungen in den Betrieben. Daraus kann jedoch nicht geschlossen werden, dass es etwa kein gemeinschaftsrechtlich verbürgtes aktives Wahlrecht der Wanderarbeitnehmer zu den betrieblichen Arbeitnehmervertretungen gäbe;[298] dieses Ergebnis ergibt sich bereits aus dem vom EuGH[299] vertretenen weiten Verständnis des Begriffs der gewerkschaftlichen Leitungs- und Verwaltungsgremien, wonach darunter auch die Teilnahme an Einrichtungen fällt, die eine andere als gewerkschaftliche Rechtsnatur haben, aber auch der Vertretung von Arbeitnehmerinteressen dienen. Weiterhin folgt aus Art. 8 Abs. 1 VO 1612/68 das aktive und passive Wahlrecht der EG-Wanderarbeitnehmer zu den Mitbestimmungsgremien auf Unternehmensebene.[300]

172 Über die Anforderungen des Art. 8 VO 1612/68 geht das BetrVG 1972 noch hinaus, indem es in seinen §§ 7, 8, 76 das aktive und passive Wahlrecht zu den betrieblichen Arbeitnehmervertretungen auch Angehörigen von Drittstaaten zugesteht. Auch im MitbestG spielt die Nationalität für Fragen des Wahlrechts keine Rolle.

173 Art. 8 Abs. 1 Satz 1 2. Halbs. VO 1612/68 gestattet es allerdings, Angehörige anderer Mitgliedstaaten von der Teilnahme an der Verwaltung von Körperschaften des öffentlichen Rechts und der Ausübung öffentlich-rechtlicher Ämter auszuschließen. Ebenso wie bei Art. 39 Abs. 4 EG handelt es sich hier um eine eng auszulegende Ausnahmeregelung vom Freizügigkeitsgrundsatz. Sie entfaltet daher nur Wirkung für Aufgaben, die mit der Wahrnehmung hoheitlicher Befugnisse verbunden sind.[301] Auf keinen Fall einzuschränken ist auf diesem Wege das aktive Wahlrecht zu Berufsvertretungen, auch wenn diese öffentlich-rechtliche Körperschaften sind und hoheitliche Befugnisse wahrnehmen.[302] Vom Vorbehalt des Art. 8 Abs. 1 Satz 1, 2. Halbs. VO 1612/68 nicht erfasst ist schließlich die Betätigung in Personalvertretungen im öffentlichen Dienst, so dass EG-Wanderarbeitnehmer hier auch das passive Wahlrecht genießen.[303] Für ehrenamtliche Richter wird dagegen die deutsche Staatsangehörigkeit verlangt, §§ 31 GVG, 21 ArbGG; zu Änderungsbestrebungen des Landes Hessen kritisch Wassermann, NJW 1996, 1253.

174 Betriebsverfassungsrechtliche Regelungen zugunsten von EG-Wanderarbeitnehmern, die über die Regelungen des Art. 8 Abs. 1 VO 1612/68 hinausgehen, bleiben unberührt, wie Art. 8 Abs. 1 Unterabs. 2 VO 1612/68 ausdrücklich betont. Dies hat zur Folge, dass eventuell in den nationalen Rechtsordnungen der Mitgliedstaaten vorgesehene günstigere Regelungen als von Art. 8 VO 1612/68 verlangt, etwa hinsichtlich des Zugangs zu Selbstverwaltungsgremien in öffentlich-rechtlichen Körperschaften, Bestand haben sollen. Weiterhin kann aus Art. 8 Abs. 1 Unterabs. 2 VO 1612/68 die Statthaftigkeit von Regelungen geschlossen werden, die EG-Wanderarbeitnehmer im Verhältnis zu inländischen Arbeitnehmern privilegieren, um tatsächlichen Benachteiligungen entgegenzuwirken, so dass

---

[298] VdG/T/E/*Wölker*, Art. 48, Rn. 61; *Birk*, RIW 1989, 6, 12.
[299] EuGH v. 4. 7. 1991, Rs. C-213/90 (ASTI), Slg. 1991, 3507, 3530, Rn. 16; v. 18. 5. 1994, Rs. C-118/92 (Kommission/Luxemburg), Slg. 1994, 1891, 1897 f., Rn. 5 ff.
[300] *Birk*, RIW 1989, S. 6, 12.
[301] EuGH v. 17. 12. 1980, Rs. 149/79 (Kommission/Belgien), Slg. 1980, 3881, 3902, Rdnr .15; v. 4. 7. 1991, Rs. C-213/90 (ASTI), Slg. 1991, 3507, 3531, Rn. 19; vgl. auch *Uechtritz*, BayVBl. 1988, S. 743, 746.
[302] EuGH v. 4. 7. 1991, Rs. C-213/90 (ASTI), Slg. 1991, 3507, 3531, Rn. 20.
[303] vdG/T/E/*Wölker*, Art. 48, Rn. 66. Dieser Rechtslage hat als letztes Bundesland inzwischen auch Bayern durch eine Neufassung (Gesetz v. 24. 7. 1990, GVBl. 237) des Art. 14 Abs. 1 lit. c) BayPersVG (GVBl. 1986, 349) Rechnung getragen; mit überzeugender Begründung wurde diese Änderung angemahnt von *Uechtritz*, BayVBl. 1988, S. 743 ff.

IV. Diskriminierungsverbot 175–177 § 15

darin keine gemeinschaftsrechtlich unzulässige Inländerdiskriminierung[304] gesehen werden kann. Eine Regelung in diesem Sinne ist z.B. die des § 2 Abs. 5 Wahlordnung 2001,[305] wonach vor Einleitung einer Betriebsratswahl der Wahlvorstand der deutschen Sprache nicht mächtigen ausländischen Arbeitnehmern in geeigneter Weise Informationen über Gegenstand und Ablauf der Wahl zukommen lassen soll.

bb) Sozialrecht

Der sozialrechtliche Gleichbehandlungsanspruch der EG-Wanderarbeitnehmer ergibt sich zum einen schon aus dem weiten Begriff der Arbeitsbedingungen, wie er in Art. 39 Abs. 2 EG dem freizügigkeitsrechtlichen Diskriminierungsverbot zugrunde liegt, zum anderen aber auch ausdrücklich aus Art. 7 Abs. 2 VO 1612/68, wonach die Arbeitnehmer aus anderen Mitgliedstaaten die gleichen sozialen Vergünstigungen genießen wie die inländischen Arbeitnehmer.[306] **175**

(1) Soziale Vergünstigungen i. S. des Art. 7 Abs. 2 VO 1612/68

Soziale (sowie steuerliche, dazu unten[307]) Vergünstigungen im Sinne des Art. 7 Abs. 2 VO 1612/68 sind all jene Vergünstigungen, die, ob sie an einen Arbeitsvertrag anknüpfen oder nicht, den Inländern hauptsächlich wegen ihrer Arbeitnehmereigenschaft oder einfach wegen ihres Wohnorts im Inland gewährt werden, und deren Ausdehnung auf die Arbeitnehmer, die Angehörige anderer Mitgliedstaaten sind, deshalb als geeignet erscheint, die Mobilität innerhalb der Gemeinschaft zu fördern.[308] Erfasst sind dabei nicht nur Leistungen, auf die nach dem jeweiligen nationalen Recht ein Anspruch besteht, sondern auch solche, die auf der Grundlage von Ermessensentscheidungen gewährt werden.[309] Eine Ausnahme vom Gleichbehandlungsgebot hinsichtlich der sozialen Vergünstigungen in Art. 7 Abs. 2 VO 1612/68 besteht allerdings für Personen, die ihr Freizügigkeitsrecht zum Zwecke der Arbeitsuche in einem anderen Mitgliedstaat in Anspruch nehmen;[310] diese Regelung erscheint sinnvoll, um Sozialtourismus innerhalb der Gemeinschaft zu verhindern. **176**

In konsequenter Anwendung seiner Definition der sozialen Vergünstigungen i.S. des Art. 7 Abs. 2 VO 1612/68 hat der EuGH eine Vielzahl von sozialen Leistungen als auch den Wanderarbeitnehmern aus anderen Mitgliedstaaten zuzubilligen gekennzeichnet. Dies gilt für Fahrpreisermäßigungen für kinderreiche Familien,[311] Leistungen anlässlich der Geburt von Kindern,[312] Ausbildungsförderungsleistungen,[313] Überbrückungsgeld für junge **177**

---

[304] Zur Inländerdiskriminierung s.o. Rn. 159.
[305] Erste Verordnung zur Durchführung des BetrVG v. 11.12.2001, BGBl. 3494.
[306] Dazu ausführlicher unten § 22. Zuletzt EuGH 15.1.2002, Rs. C 55/00 (Gottardo) zur Berücksichtigung von Versicherungzeiten in Drittstaaten.
[307] Sogleich Rn. 189.
[308] EuGH v. 31.5.1979, Rs. 207/78 (Even), Slg. 1979, 2019, Rn. 22; v. 20.6.1985, Rs. 94/84 (Deak), Slg. 1985, 1873, Rn. 21; v. 21.6.1988, Rs. 39/86 (Lair), Slg. 1988, 3161, Rn. 21; EuGH v. 12.5.1998, Rs. C 85/96 (Martínez Sala), Slg. 1998, 2691, 2717, Rn. 25. In seiner ersten Entscheidung zur Art. 7 Abs. 2 VO 1612/68 v. 11.4.1973, Rs. 76/72 (Michel), Slg. 1973, 457, 463, Rn. 9, hatte der EuGH noch den Standpunkt vertreten, dass nur mit der Beschäftigung verbundene Vergünstigungen erfasst seien. S. dazu auch § 22.
[309] EuGH v. 14.1.1982, Rs. 65/81 (Reina), Slg. 1982, 33, 45, Rn. 17.
[310] EuGH v. 18.6.1987, Rs. 316/85 (CPAS de Courcelles/Lebon), Slg. 1987, 2811, 2839, Rn. 26 f. Dazu Rn. 49.
[311] EuGH v. 30.9.1975, Rs. 32/75 (Cristini), Slg. 1975, 1085, 1095, Rn. 17.
[312] EuGH v. 14.1.1982, Rs. 65/81 (Reina), Slg. 1982, 33, 44f., Rn. 15; v. 10.3.1993, Rs. C-111/91 (Kommission/Luxemburg), Slg. 1993, 817, 843ff., Rn. 6ff. Generalanwalt Jacobs zählt in seinem Schlussantrag in den Rs. 245/94 (Hoever) und 312/94 (Zachow) das Erziehungsgeld dazu, doch finde Art. 7 Abs. 2 keine Anwendung, wenn der in einem anderen Mitgliedstaat wohnende Arbeitnehmer die Staatsangehörigkeit des Arbeitsortes besitze (EuroAS 1996, 95); EuGH v. 12.5.1998, Rs. C 85/96 (Martínez Sala), Slg. 1998, 2691, 2717, Rn. 25.
[313] EuGH v. 21.6.1988, Rs. 39/86 (Lair), Slg. 1988, 3161, 3197, Rn. 22ff.; EuGH v. 8.6.1999, Rs. C 337/97 (Meeusen) Slg. 1999, 3289, 3312, Rn. 19.

Arbeitslose,[314] Sozialhilfe,[315] ein garantiertes Altersmindesteinkommen[316] oder Behindertenbeihilfen und Bestattungsgeld.[317] Demgegenüber hat es der EuGH[318] abgelehnt, auch die Weiterzahlung von Beiträgen zu einer zusätzlichen Alters- und Hinterbliebenenversorgung für Angestellte des öffentlichen Dienstes, die ihren Wehrdienst ableisten, als soziale Vergünstigung im Sinne des Art. 7 Abs. 2 VO 1612/68 zu behandeln, da diese Vergünstigung im Wesentlichen an die Ableistung des (inländischen) Wehrdienstes anknüpfe, nicht aber an die objektive Arbeitnehmereigenschaft des Wehrdienstleistenden oder den Wohnsitz im Inland.

178 Außerdem können zu den sozialen Vergünstigungen auch immaterielle Vorteile zu zählen sein,[319] so z.B. das Recht, vor Gericht eine andere Verfahrenssprache als die übliche zu wählen[320] oder ein Aufenthaltsrecht des nichtehelichen Lebensgefährten,[321] für den Anspruch auf Erhalt einer unbefristeten Aufenthaltserlaubnis hat dies der EuGH offen gelassen.[322]

179 Unzulässig wäre eine Einschränkung der Leistungen derart, dass für den Bezug einzelner sozialer Vergünstigungen etwa eine bestimmte Mindestaufenthaltsdauer[323] oder Mindestbeschäftigungsdauer[324] im Aufnahmestaat erforderlich sein soll; dies gilt nicht nur, soweit derartige Vorschriften nicht für inländische Arbeitnehmer gelten, sondern auch bei unterschiedslos auf inländische und ausländische Arbeitnehmer anwendbaren Vorschriften, da das Erfordernis einer bestimmten Mindestaufenthaltsdauer bzw. einer bestimmten Mindestbeschäftigungsdauer im Inland auch eine mittelbare Diskriminierung von Wanderarbeitnehmern aus anderen Mitgliedstaaten beinhaltet.[325]

180 Ebenfalls unzulässig ist es, die Gewährung einer sozialen Vergünstigung von der Verbürgung der Gegenseitigkeit mit dem Heimatstaat des Begünstigten abhängig zu machen;[326] nicht mit Art. 7 Abs. 2 VO 1612/68 dürften daher die Regelungen der Ansprüche von Ausländern im Staatshaftungsrecht von Bund und Ländern sein, soweit dort Ansprüche von EG-Ausländern von der Gegenseitigkeit abhängig gemacht wer-

---

[314] EuGH v. 20. 6. 1985, Rs. 94/84 (Deak), Slg. 1985, 1873, 1886, Rn. 24.

[315] EuGH, Urteile v. 27. 3. 1985, Rs. 249/83 (Hoeckx), Slg. 1985, 973, 989, Rn. 22 und Rs. 122/84 (Scrivner), Slg. 1985, 1027, 1036, Rn. 26; 3. 6. 1986, Rs. 139/85 (Kempf), Slg. 1986, 1741 Rn. 14; 20. 9. 2001 C 184/99 (Grzelczyk) EuZW 2002, 52, auch zu den Besonderheiten bei Werkstudenten.

[316] EuGH v. 6. 6. 1985, Rs. 157/84 (Frascogna I), Slg. 1985, 1739, 1749, Rn. 21f. u. v. 9. 7. 1987, Rs. 256/86 (Frascogna II), Slg. 1987, 3431, 3442, Rn. 6 f. S. auch Schlussantrag, vom 14. 5. 1996, Rs. 25/95 (Otto), EuroAS 1996, 127 betr. Anpassungsgeld im Steinkohlenbergbau.

[317] EuGH v. 16. 12. 1976, Rs. 63/76 (Inzirillo), Slg. 1976, 2057, 2068, Rn. 21 betr. Behinderte, v. 23. 5. 1996, Rs. 237/94 (O'Flynn) EuroAS 1996, 97 betr. Bestattung.

[318] EuGH v. 14. 3. 1996, Rs. C-315/94 (de Vos), S. 11; ein bei der Stadt Bielefeld angestellter Belgier leistete seinen Wehrdienst in Belgien ab. EuGH v. 29. 2. 1996, Rs. C-193/94 (Skanavi u. Chryssanthakopoulos), Slg. 1996, 929, 955, Rn. 38: Umtauschpflicht für ausländische Führerscheine zulässig, unzulässig ist indes eine unverhältnismäßige Sanktion.

[319] Kritisch zu der damit verbundenen Ausweitung des Begriffs der sozialen Vergünstigungen vdG/T/E/Wölker, Art. 48, Rn. 56.

[320] EuGH v. 11. 7. 1985, Rs. 137/84 (Mutsch), Slg. 1985, 2681, 2696, Rn. 17.

[321] EuGH v. 17. 4. 1986, Rs. 59/85 (Reed), Slg. 1986, 1283, 1303, Rn. 28.

[322] EuGH v. 11. 4. 2000, Rs. C 356/98 (Kaba), EuZW 2000, 350, 351 = Slg. 2665, Rn. 24

[323] EuGH v. 27. 3. 1985, Rs. 249/83 (Hoeckx), Slg. 1985, 973, 989, Rn. 24; v. 6. 6. 1985, Rs. 157/84 (Frascogna I), Slg. 1985, 1739, 1749, Rn. 24.; v. 10. 11. 1992, Rs. C-326/90 (Kommission/Belgien), Slg. 1992, 5517, 5526f., Rn. 1.

[324] EuGH Urteile v. 21. 6. 1988, Rs. 39/86 (Lair), Slg. 1988, 3161, 3201, Rn. 44 und Rs. 197/86 (Brown), Slg. 1988, 3205, 3244, Rn. 22.

[325] Vgl. EuGH v. 10. 11. 1992, Rs. C-326/90 (Kommission/Belgien), Slg. 1992, 5517, 5526f., Rn. 1; dass die angegriffenen Regelungen auch für Belgier galten, ergibt sich aus dem Sitzungsbericht, S. 5518.

[326] EuGH v. 12. 7. 1984, Rs. 261/83 (Castelli), Slg. 1984, 3199, 3214, Rn. 12.

IV. Diskriminierungsverbot   181 § 15

den.[327] Unzulässig ist es auch, die Gewährung der Leistung von der Vorlage einer Aufenthaltserlaubnis abhängig zu machen.[328]

(2) Abgrenzung zu VO 1408/71[329]

Ein Gleichbehandlungsanspruch besteht auch bei den Systemen der sozialen Sicherheit 181 nach Art. 3 Abs. 1 der VO 1408/71. Leistungen der sozialen Sicherheit liegen vor, wenn sie den Empfänger unabhängig von jeder auf Ermessenserwägungen beruhenden Einzelfallbeurteilung der persönlichen Bedürftigkeit auf Grund einer gesetzlich umschriebenen Stellung gewährt werden und sich auf eines der in Art. 4 der VO 1408/71 ausdrücklich benannten Risiken beziehen.[330] Der wesentliche Unterschied zwischen den Leistungen der sozialen Sicherheit der VO 1408/71 und den sozialen Vergünstigungen des Art. 7 Abs. 2 VO 1612/68 besteht darin, dass erstere exportfähig sind, also auch an außerhalb des Territoriums des Leistungsstaats ansässige Anspruchsteller geleistet werden, während der Anspruch auf soziale Vergünstigungen häufig Ortsansässigkeit voraussetzt.[331] Im Rahmen des Art. 3 VO 1408/71 ist dies noch nicht abschließend geklärt.[332] Deshalb könnte man meinen, dass eine Abgrenzung zwischen den sozialen Vergünstigungen des Art. 7 Abs. 2 VO 1612/68 und den Leistungen der sozialen Sicherheit, deren Koordinierung für Wanderarbeitnehmer durch die auf der Grundlage des Art. 42 EGV erlassene VO 1408/71 geregelt wird, erforderlich ist. Der EuGH prüft hingegen vielfach Leistungen sowohl an Art. 3 Abs. 1 der VO 1408/71 als auch an Art. 7 Abs. 2 der VO 1612/78.[333] Diese Vermengung wird häufig kritisiert. Der Generalanwalt Colmas entdeckt in der Rechtsprechung zwei Tendenzen:[334] Liege eindeutig eine Leistung im Sinne der VO 1408/71 vor, prüfe der EuGH die VO 1612/68 nicht mehr. Unterfalle eine Leistung beiden VOen, so messe er die Regelung an beiden VOen. Diese Rechtsprechung lehnt der Generalanwalt ab, da die VO 1408/71 auf einer anderen Grundlage (Art. 42 EG) beruhe als die VO 1612/68 (Art. 39, 40 EG) und Art. 42 EG lex specialis sei.[335] Gassner weist zudem darauf hin, dass zum Erlass der VO 1612/68 eine qualifizierte Mehrheit genügt, bei der VO 1408/71 Einstimmigkeit erforderlich ist.[336]

---

[327] VdG/T/E/*Wölker*, Art. 48, Rn. 44; der ebenfalls auf Gegenseitigkeit abstellende § 1 Abs. 4 Opferentschädigungsgesetz wurde im Jahre 1990 für Angehörige der Mitgliedstaaten geändert.

[328] EuGH v. 12. 5. 1998, Rs. C 85/96 (Martínez Sala), Slg. 1998, 2691, 2722, Rn. 55

[329] Dazu s. unten § 21, 22.

[330] EuGH v. 29. 10. 1998 (Kommission/Griechenland), Slg. 1998, 6601, 6624, Rn. 25.

[331] Soweit Arbeitnehmer zu Pflichtbeiträgen herangezogen werden, für die sie später nur im Falle ihrer fortbestehenden Gebietsansässigkeit Leistungen beziehen können, liegt daher kein Fall des Art. 7 Abs. 2 VO 1612/68 vor; Art. 7 Abs. 2 VO 1612/68 gestattet gerade die Beschränkung von Leistungen auf Gebietsansässige, so dass die Belastung für den Wanderarbeitnehmer nur in der Entrichtung der Pflichtbeiträge ohne anschließende Möglichkeit der Erstattung bei fehlender Inanspruchnahme infolge mangelnder Gebietsansässigkeit liegt, nicht aber in der Vorenthaltung der Leistungen an den nicht mehr gebietsansässigen (ehemaligen) Wanderarbeitnehmer. Es kann dann aber, sofern nicht das Exportverbot ohnehin an der VO 1408/71 scheitert, ein Verstoß gegen das Diskriminierungsverbot des Art. 7 Abs. 1 VO 1612/68 vorliegen. Vlg. dazu *Schirp*, NJW 1996, S. 1582 f., der die Pflegeversicherung unter Diskriminierungsgesichtspunkten prüft, dabei allerdings die Möglichkeit eines Verstoßes gegen Art. 7 Abs. 2 VO 1612/68 bejaht.

[332] *Sánchez-Rodas Navarro*, ZAR 1999, S. 65, 66 f.

[333] EuGH v. 29. 10. 1998 (Kommission/Griechenland), Slg. 1998, 6601, 6624, Rn. 20 zu VO 1612/68, Rn. 25 zu VO 1408/71; EuGH v. 5. 3. 1998, Rs. C 160/96 (Molenaar), Slg. 1998, 843, 886, Rn. 20 ff. nur VO 1408/71.

[334] Generalanwalt Colmas, Schlussanträge zur Rs. C 160/96 (Molenaar), Slg. 1998, 843, 876, Rn. 97.

[335] Generalanwalt Colmas, Schlussanträge zur Rs. C 160/96 (Molenaar), Slg. 1998, 843, 876, Rn. 98.

[336] *Gassner*, NZS 1998, S. 313, 314.

182 Eine soziale Leistung kann daher grundsätzlich nur dann als soziale Vergünstigung i.S. des Art. 7 Abs. 2 VO 1612/68 gelten, wenn es sich dabei nicht um eine Leistung der sozialen Sicherheit i.S. der VO 1408/71 handelt.[337] Im Einzelfall kommt es für die Einordnung einer Leistung in eine der beiden Kategorien insbesondere auf ihre Zweckbestimmung und die Voraussetzungen ihrer Gewährung an.[338]

183 Aus dem Katalog des Art. 4 Abs. 1 lit. a)–h) VO 1408/71 ergibt sich, welche Leistungen nicht unter Art. 7 Abs. 2 VO 1612/68 fallen können, da sie zum Anwendungsbereich der VO 1408/71 gehören. Es sind dies Leistungen bei Krankheit und Mutterschaft, Invalidität, Alter, für Hinterbliebene, bei Arbeitsunfällen und Berufskrankheiten, Arbeitslosigkeit sowie Familienleistungen.[339] Daraus ergibt sich allerdings nicht zwingend im Umkehrschluss, dass die in Art. 4 Abs. 4 VO 1408/71 von deren Anwendungsbereich ausgeschlossenen Sozialleistungen wie die Sozialhilfe, Leistungen für Kriegsopfer und Sondersysteme für Beamte und ihnen Gleichgestellte jedenfalls soziale Vergünstigungen im Sinne des Art. 7 Abs. 2 VO 1612/68 wären. Zwar zählt die Sozialhilfe, wie oben ausgeführt,[340] dazu; dies gilt jedoch, wie der EuGH[341] ausgeführt hat, nicht für die Kriegsopferentschädigung, da diese im Hinblick auf Dienste gewährt wird, die die Begünstigten in Kriegszeiten ihrem eigenen Land erwiesen haben. Für Beamtenversorgungssysteme dagegen dürfte das gelten, soweit Angehörige anderer Mitgliedstaaten Anspruch darauf haben, Beamte zu werden.

(3) Wohnungsmarkt

184 Wie weit der Begriff der Arbeitsbedingungen im Sinne des Art. 39 Abs. 2 EG vom Gemeinschaftsrecht gefasst wird, zeigt Art. 9 VO 1612/68, wo den Wanderarbeitnehmern ein Anspruch auf Gleichbehandlung bei der Erlangung von Wohnraum eingeräumt wird; dieser ist als Unterfall der sozialen Vergünstigungen aufzufassen[342] und wird, als notwendige Ergänzung des Freizügigkeitsrechts, gleichzeitig durch Art. 39 EG gewährt.[343]

185 So legt Art. 9 Abs. 1 VO 1612/68 zum einen die Anwendung aller die Erlangung von Wohnung betreffenden Vorschriften auch auf EG-Wanderarbeitnehmer fest. Dabei wird betont, dass dieser Gleichbehandlungsanspruch auch das Recht umfaßt, Wohnraum zu Eigentum zu erwerben. Die Gleichbehandlung der EG-Wanderarbeitnehmer im Rahmen der staatlichen Wohnungsfürsorge verlangt schließlich Art. 9 Abs. 2 VO 1612/68. Dies gilt insbesondere für die Eintragung in die Listen der Wohnungssuchenden, wo sie denselben Rang und die gleichen Vergünstigungen genießen wie inländische Arbeitnehmer.

---

[337] So die alte Rechtsprechung: EuGH v. 27. 3. 1985, Rs. 122/84 (Scrivner), Slg. 1985, 1027, 1034, Rn. 16; Generalanwalt Colmas, Schlussanträge zur Rs. C 160/96 (Molenaar), Slg. 1998, 843, 876, Rn. 98; *Gassner*, NZS 1998, S. 313, 31.

[338] So die alte Rechtsprechung EuGH v. 6. 7. 1978, Rs. 9/78 (Gilliard), Slg. 1978, 1661, Rn. 12; v. 31. 5. 1979, Rs. 207/78 (Even), Slg. 1979, 2019, Rn. 11; v. 27. 3. 1985, Rs. 249/83 (Hoeckx), Slg. 1985, 973, 986, Rn. 11.

[339] Die in der Bundesrepublik eingeführte Pflegeversicherung fällt unter Art. 4 Abs. 1 Buchstabe a der VO 1408/71. EuGH v. 5. 3. 1998, Rs. C 160/96 (Molenaar), Slg. 1998, 843, 886, Rn. 20ff. Siehe zu dieser Frage auch *Schirp*, NJW 1996, S. 1582, hält die Einstufung sowohl als „Leistung bei Alter" als auch bei „Invalidität" und „Krankheit" für möglich und *Gassner*, NZS 1998, 313; *Zuleeg*, Europarechtliche Probleme der gesetzlichen Pflegeversicherung, in Ebsen (Hrsg.), Europarechtliche Gestaltungsvorgaben für das deutsche Sozialrecht, S. 103ff; *Klein*, Deutsches Pflegeversicherungsrecht versus Europarecht.

[340] S.o. Rn. 177. Zur Abgrenzung Sozialhilfe und sozialhilfeähnliche Leistung: Gutachten Bernd Schulte „Judikatur des EuGH zur Abgrenzung des sachlichen Anwendungsbereichs VO 1408/71 im Hinblick auf Sozialhilfe und ähnliche Leistungen", Bundesministerium für Familie und Senioren, 1994.

[341] EuGH v. 31. 5. 1979, Rs. 207/78 (Even), Slg. 1979, 2019, 2034, Rn. 23.

[342] So wohl auch vdG/T/E/*Wölker*, Art. 48, Rn. 60.

[343] EuGH v. 30. 5. 1989, Rs. 305/87 (Kommission/Griechenland), Slg. 1989, 1461, 1478, Rn. 18.

IV. Diskriminierungsverbot

Infolge einer entsprechenden Entscheidung des EuGH[344] zur Reichweite des Diskriminierungsverbots bei der Niederlassungs- und Dienstleistungsfreiheit müssen auch zinsgünstige staatliche Immobiliarkredite sowie der Erwerb oder die Anmietung öffentlich geförderten Wohnraums EG-Wanderarbeitnehmern im gleichen Maße wie Inländern gewährt werden. 186

Über den Wortlaut des Art. 9 VO 1612/68 hinaus leitet der EuGH auch für den Fall der Arbeitnehmerfreizügigkeit aus Art. 39 EG das Recht ab, nicht nur Wohnraum, sondern auch sonstige Immobilien gleichberechtigt mit Inländern zu erwerben.[345] 187

Dieser Grundsatz ist noch völlig unberücksichtigt in der Diskussion um die Frage der Zulässigkeit sogenannter „Einheimischenmodelle".[346] Diese bestehen in verschiedenen Gestaltungsmöglichkeiten, wobei sich in der Regel Eigentümer im Gegenzug für die bauplanerische Ausweisung ihres Grundstücks als Bauland zivilrechtlich verpflichten, ihre Grundstücke nicht an Personen zu veräußern, die nicht eine gewisse Zeit in dem jeweiligen Ort ansässig gewesen sind. Durch diese Modelle versuchen kleinere Gemeinden, ihre Einwohner davon abzuhalten, den Ort auf Grund steigender Wohnpreise zu verlassen.[347] 188

cc) Steuerrecht

Ebenfalls von Art. 7 Abs. 2 VO 1612/68 verboten sind steuerrechtliche Benachteiligungen von EG-Wanderarbeitnehmern. Dies bedeutet nicht nur, dass – wie sich aus dem Verbot der unmittelbaren Diskriminierung auf Grund der Staatsangehörigkeit ergibt – für EG-Wanderarbeitnehmer dieselben Steuervorschriften wie für Inländer unterschiedslos anwendbar sein müssen, sondern auch, dass Tatbestände im Steuerrecht, die an Inlands- bzw. Auslandssachverhalte anknüpfen, genauer Betrachtung daraufhin bedürfen, ob sie sich möglicherweise als durch Art. 7 Abs. 2 VO 1612/68 ebenfalls verbotene mittelbare Diskriminierung der Wanderarbeitnehmer darstellen. 189

So beinhaltet die Verweigerung einer Lohn- oder Einkommenssteuer-Rückerstattung für Arbeitnehmer, die nicht das ganze Jahr, auf das sich die Steuerberechnung bezieht, im Hoheitsgebiet des betreffenden Mitgliedstaates ansässig waren, eine mittelbare Diskriminierung der Wanderarbeitnehmer und ist damit gemeinschaftsrechtlich nicht zulässig.[348] Ebenso kann unter bestimmten Voraussetzungen in der Vorenthaltung bestimmter steuerlicher Vergünstigungen (wie z. B. das Ehegatten-Splitting) für nur beschränkt Steuerpflichtige, die nicht gebietsansässig sind, eine mittelbare Diskriminierung der Wanderarbeitnehmer liegen, da diese Sachverhalte häufig Grenzgänger betreffen dürften, die nicht in dem Staat wohnen, in dem ihr Arbeitseinkommen versteuert wird.[349] Eine Dirskriminierung ist freilich nur möglich, wenn der steuerpflichtige Haushalt nahezu das gesamte Einkommen in dem Beschäftigungsstaat erzielt und ihm dort die Steuervergünstigungen 190

---

[344] EuGH v. 14. 1. 1988, Rs. 63/86 (Kommission/Italien), Slg. 1988, 29, 53, Rn. 16 ff.
[345] So EuGH v. 30. 5. 1989, Rs. 305/87 (Kommission/Griechenland), Slg. 1989, 1461, 1478, Rn. 19, wo es um eine griechische Regelung ging, wonach in festgelegten Grenzgebieten der Erwerb von Immobilien von der griechischen Staatsangehörigkeit abhängen sollte; nach den griechischen Regelungen galten ca. 55% des Hoheitsgebiets als Grenzgebiet in diesem Sinne (EuGH a. a. O., S. 1475, Rn. 3).
[346] BVerwG v. 11. 2. 1993, NJW 1993, 2695 ff.
[347] Zu der Problematik vgl. *Breuer*, Bauplanungsrechtliche Instrumente zum Schutz der Sozialstruktur, 1985, Schriftenreihe Bundesminister für Raumordnung, Bauwesen und Städtebau, Nr. 02 034; neuerdings *Burgi*, JZ 1999, S. 873.
[348] EuGH v. 8. 5. 1990, Rs. C-175/88 (Biehl), Slg. 1990, 1779, 1793, Rn. 14.; zu diesem Urteil näher *Knobbe-Keuk*, DB 1990, S. 2573, die darin ein Signal für ein über das Diskriminierungsverbot hinausgehendes freizügigkeitsrechtliches Beschränkungsverbot sieht; zu dieser Frage näher s. u. V.
[349] Vgl. EuGH v. 14. 2. 1995, Rs. C-279/93 (Schumacker), Slg. 1995, 225, 258 ff., Rn. 25 ff.; dazu die Anmerkung von *Kaefer*, BB 1995, 441; EuGH v. 14. 2. 1995 Rs. C 279/93 (Schumacker), Slg. 1995, 225, 261, Rn. 36; EuGH v. 14. 9. 1999, Rs. C 391/97 (Gschwind), EuZW 2000, 60, 62, Rn. 27; zu Art. 43 EG identische Rechtsprechung: EuGH v. 27. 6. 1996, Rs. C 107/94 (Asscher), Slg. 1996, 3089, 3125, Rn. 43.

aufgrund einer Wohnsitzklausel vorenthalten bleibt.[350] In diesem Fall kann weder der Wohnsitzstaat noch der Beschäftigungsstaat die besonderen persönlichen Verhältnisse des Arbeitnehmer berücksichtigen und seine steuerlichen Vergünstigungen an ihn weitergeben.[351] Zwischen der Situation eines solchen Gebietsfremden und der des Gebietsansässigen, der eine vergleichbare nichtselbständige Beschäftigung ausübt, besteht jedoch kein objektiver Unterschied, der eine Ungleichbehandlung hinsichtlich der Berücksichtigung der persönlichen Lage und des Familienstandes des Steuerpflichtigen bei der Besteuerung rechtfertigen könnte.[352] Anders ist dies, wenn der Wohnsitzstaat die besonderen persönlichen Verhältnisse auf Grund des erzielten Einkommens in dem Staat berücksichtigen kann.[353] Wenn der vom Wohnsitzstaat divergierende Staat aber durch eine prozentuale und absolute Grenze nicht der Steuer unterliegender Einkünfte die Möglichkeit eröffnet, der persönlichen Lage im Wohnsitzstaat auf einer ausreichenden Besteuerungsgrundlage Rechnung zu tragen, ist dem Erfordernis des Diskriminierungsverbots jedenfalls auch Genüge getan.[354]

191 Das durch Art. 20 Abs. 2 lit a) cc) des Doppelbesteuerungsabkommens zwischen Deutschland und Frankreich vorgesehene Anrechnungsverfahren stellt keine mittelbare Diskriminierung in Deutschland arbeitender Franzosen dar, da sich Gebietsansässige und Gebietsfremde im Hinblick auf die direkten Steuern nicht in einer vergleichbaren Situation befänden, da das Einkommen des Gebietsfremden in einem fremden Hoheitsgebiet nur einen Teil seiner Gesamteinkünfte darstellt.[355] Die übrigen Nachteile ergeben sich in erster Linie aus den unterschiedlichen Steuersätzen der betreffenden Mitgliedstaaten, deren Festsetzung in die alleinige Zuständigkeit der Mitgliedstaaten fällt.[356]

192 Auch kann z.B. die mangelnde Abzugsfähigkeit bestimmter Versicherungsbeiträge vom zu versteuernden Einkommen, weil diese nicht im Inland, sondern im Ausland gezahlt wurden, eine mittelbare Diskriminierung von Wanderarbeitnehmern bedeuten.[357]

193 Einen Weg zu möglichen Rechtfertigungen von mittelbaren Diskriminierungen von Wanderarbeitnehmern im Bereich des Steuerrechts auf Grund ihrer Staatsangehörigkeit hat der EuGH allerdings auch gewiesen, indem er das Recht der Mitgliedstaaten hervorhob, durch eine entsprechende Gestaltung ihrer Steuergesetzgebung die Kohärenz ihres Steuersystems zu gewährleisten.[358] Eine solche Kohärenz nimmt der EuGH an, wenn ein unmittelbarer Zusammenhang zwischen der steuerlichen Benachteiligung des Gebietsfremden und einem Steuervorteil bei demselben Steuerpflichtigen in demselben Mitgliedstaat besteht.[359] Daraus ergibt sich, dass einzelne Vorschriften mit diskriminierender Wirkung nicht isoliert betrachtet werden dürfen, sondern dass die Bedeutung dieser Vorschriften für das Steuersystem und die Steuergerechtigkeit in einen größeren Zusam-

---

[350] EuGH v. 14. 2. 1995 Rs. C 279/93 (Schumacker), Slg. 1995, 225, 261, Rn. 36; EuGH v. 14. 9. 1999, Rs. C 391/97 (Gschwind), EuZW 2000, 60, 62, Rn. 27; zu Art. 43 EG identische Rechtsprechung: EuGH v. 27. 6. 1996, Rs. C 107/94 (Asscher), Slg. 1996, 3089, 3125, Rn. 43.
[351] EuGH v. 14. 2. 1995 Rs. C 279/93 (Schumacker), Slg. 1995, 225, 261, Rn. 36.
[352] EuGH v. 14. 2. 1995 Rs. C 279/93 (Schumacker), Slg. 1995, 225, 261, Rn. 37.
[353] EuGH v. 14. 9. 1999, Rs. C 391/97 (Gschwind), EuZW 2000, 60, 62, Rn. 29. In dem vom EuGH entschiedenen Fall wurden 42% des Einkommens im Ausland erzielt.
[354] EuGH v. 14. 9. 1999, Rs. C 391/97 (Gschwind), EuZW 2000, 60, 62, Rn. 28.
[355] EuGH v. 12. 5. 1998, Rs. C 336/96 (Gilly), Slg. 1998, 2793, 2839, Rn. 49.
[356] EuGH v. 12. 5. 1998, Rs. C 336/96 (Gilly), Slg. 1998, 2793, 2839, Rn. 47.
[357] EuGH v. 28. 1. 1992, Rs. C-204/90 (Bachmann), Slg. 1992, 249, 279 ff., Rn. 8 ff.; dazu auch EuGH v. 11. 8. 1995, Rs. C-80/94 (Wielockx), Slg. 1995, 2493, 2516, Rn. 22, wo es im Zusammenhang mit der Niederlassungsfreiheit um steuerliche Abzugsmöglichkeiten für gebietsfremde Steuerpflichtige geht. In der neuen Rs. C 288/01 geht es um die Abzugsfähigkeit von Krankenversicherungsbeiträgen der ausländischen Versicherer.
[358] EuGH v. 28. 1. 1992, Rs. C-204/90 (Bachmann), Slg. 1992, 249, 281 ff., Rn. 17 ff; EAS/Coester/Denkhaus B 2100, Rn. 47.
[359] EuGH v. 28. 1. 1992, Rs. C-204/90 (Bachmann), Slg. 1992, 249, 281 ff., Rn. 21.

menhang gestellt werden müssen, ehe ein Verstoß gegen Art. 7 Abs. 2 VO 1612/68 festgestellt werden kann. Im Schrifttum ist das Merkmal auf Kritik gestoßen.[360] Der unmittelbare Zusammenhang sei nicht durchführbar, da es kein generelles Korrespondenzprinzip gebe.[361] Es sei zudem nicht geklärt, ob von einer isolierten oder einer übergreifenden Normbetrachtung ausgegangen werde.

2. Privatrechtliche Drittwirkung des Diskriminierungsverbots

Während bislang erörtert wurde, welche Wirkung das freizügigkeitsrechtliche Diskriminierungsverbot für die Mitgliedstaaten in ihrer hoheitlichen Funktion oder auch jener als Arbeitgeber von Wanderarbeitnehmern zeitigt, soll nun der Frage der Drittwirkung des freizügigkeitsrechtlichen Diskriminierungsverbots im Verhältnis von Privatpersonen untereinander, insbesondere im Verhältnis von Wanderarbeitnehmern zu ihren tatsächlichen Arbeitgebern oder möglichen Arbeitgebern nachgegangen werden.[362] Die Notwendigkeit einer derartigen Drittwirkung liegt auf der Hand, da ansonsten in allen nicht staatlich geregelten Belangen den Wanderarbeitnehmern der Schutz des Gleichbehandlungsgrundsatzes vorenthalten werden könnte und dies die Gefahr einer Aushöhlung der gemeinschaftsrechtlichen Freizügigkeit mit sich brächte.

Dabei wird, systematischen Überlegungen zum Trotz, mit der Frage der Drittwirkung im Rahmen bestehender Vertragsverhältnisse begonnen, da hier, im Gegensatz zur Möglichkeit eines privatrechtlichen Diskriminierungsverbots bei der Entscheidung über die Begründung neuer Vertragsverhältnisse (insbesondere der Einstellungsentscheidung des privaten Arbeitgebers), eine gesicherte gemeinschaftsrechtliche Grundlage besteht.

a) Drittwirkung des Diskriminierungsverbots im Rahmen bestehender Vertragsverhältnisse

Grundsätzlich gilt das Verbot, Wanderarbeitnehmer aus anderen Mitgliedstaaten diskriminierend zu behandeln, auch für Privatpersonen. Dies ist, soweit es sich auf bereits bestehende Vertragsverhältnisse bezieht (die in einem – allerdings weit zu fassenden – Zusammenhang mit der Beschäftigung des Wanderarbeitnehmers stehen müssen), durch das Gemeinschaftsrecht in verschiedener Weise abgesichert.

So beinhaltet **Art. 7 Abs. 4 VO 1612/68** eine ausdrückliche Regelung der Drittwirkung[363] des freizügigkeitsrechtlichen Diskriminierungsverbots. Danach sind sämtliche Bestimmungen in Tarif- oder Einzelarbeitsverträgen sowie sonstigen Kollektivvereinbarungen über den Zugang zur Beschäftigung und die Bedingungen der Beschäftigung nichtig, soweit sie für EG-Wanderarbeitnehmer diskriminierende Bedingungen vorsehen oder zulassen.

Darüber hinaus hat der EuGH[364] die Drittwirkung des freizügigkeitsrechtlichen Diskriminierungsverbots auch **Art. 39 Abs. 2 EG unmittelbar** entnommen und so verhindert, dass in einzelnen Fällen die Drittwirkung an Tatbestandsmerkmalen des Art. 7 Abs. 4

---

[360] *Wernsmann,* EuR 1999, 754, 774; *Benz,* Die beschränkte Steuerpflicht im Lichte der EG Freizügigkeit, Bonn 1996, S. 120, 124.
[361] *Wernsmann,* EuR 1999, S. 754, 770.
[362] Allgemein zur Drittwirkung der Grundfreiheiten im Europäischen Gemeinschaftsrecht *Steindorff,* FS für Lerche, S. 575 ff.; *Roth,* FS für Everling, S. 1231 ff; *Jaensch,* Drittwirkung der Grundfreiheiten, Bonn 1997; *Fabis,* Die Auswirkungen der Freizügigkeit gemäß Art. 48 EG-Vertrag auf Beschäftigungsverhältnisse im nationalen Recht, Frankfurt a. Main 1995. *Jackel,* Schutzpflichten im deutschen und europäischen Recht, S. 237; *Schindler,* Die Kollision von Grundfreiheiten und Gemeinschaftsgrundrechten, 2001.
[363] Zur Möglichkeit der horizontalen Drittwirkung von gemeinschaftsrechtlichen Verordnungen s. o. § 9 Rn. 72.
[364] EuGH v. 12. 12. 1974, Rs. 36/74 (Walrave u. Koch), Slg. 1974, 1405, 1419 f., Rn. 16 ff.; v. 14. 7. 1976, Rs. 13/76 (Donà), Slg. 1976, 1333, 1340 f., Rn. 17 f.

VO 1612/68 scheitert, was insbesondere hinsichtlich des Merkmals der in Bezug genommenen vertraglichen Vereinbarungen denkbar wäre.³⁶⁵ Durch die Begründung der Drittwirkung auch unmittelbar aus Art. 39 EG hat der EuGH somit eine umfassende Drittwirkung des freizügigkeitsrechtlichen Diskriminierungsverbots für alle Regelungen festgelegt, die im weiteren Sinne mit der Beschäftigung von Wanderarbeitnehmern im Zusammenhang stehen. Demzufolge beschränkt sich die Pflicht zur Gleichbehandlung nicht auf Leistungen des Arbeitgebers, die auf vertraglichen Vereinbarungen beruhen, sondern erfasst desgleichen freiwillige Leistungen von Arbeitgebern.³⁶⁶

199 Die belastende Drittwirkung des freizügigkeitsrechtlichen **Diskriminierungsverbots** zieht die Frage nach ihren **Grenzen** nach sich; grundsätzlich darf nämlich die Drittwirkung von Gemeinschaftsrecht nicht zur Verletzung von Grundrechten Betroffener führen.³⁶⁷ Als Grundrechte, deren mögliche Verletzung hier Beachtung verdient, kommen jene in Betracht, die der EuGH in seiner Rechtsprechung auf der Grundlage einschlägiger internationaler Konventionen sowie der Verfassungsüberlieferung der einzelnen Mitgliedstaaten anerkannt hat.³⁶⁸ Es kann daher nur in einem Maße zur Drittwirkung des freizügigkeitsrechtlichen Diskriminierungsverbots kommen, das mit den Grundrechten der Betroffenen Privatpersonen, auch unter Berücksichtigung des Verhältnismäßigkeitsgrundsatzes, vereinbar ist. Soweit sich auf der einen Seite der im Range eines gemeinschaftsrechtlichen Grundrechtes stehende Anspruch des Wanderarbeitnehmers auf Inländergleichbehandlung³⁶⁹ und z. B. der Anspruch des Arbeitgebers auf Berufsfreiheit³⁷⁰ bzw. Vertragsfreiheit³⁷¹ oder die im Rahmen der Vereinigungsfreiheit³⁷² zu gewährende Tarifautonomie der Tarifvertragsparteien gegenüberstehen, ist zwischen den widerstreitenden Grundrechtspositionen praktische Konkordanz herzustellen.

200 Die Abwägung zwischen den genannten Grundrechten und dem Anspruch des Wanderarbeitnehmers auf Gleichbehandlung mit den inländischen Arbeitnehmern dürfte in aller Regel zugunsten des Diskriminierungsverbots ausfallen, da ein Interesse der Individual- oder Kollektivarbeitsvertragsparteien, Wanderarbeitnehmer diskriminierende Regelungen zu schaffen, nicht schützenswert erscheint; Ausnahmen mögen hier im Bereich der Vereinigungsfreiheit bzw. Satzungsautonomie von Sportverbänden bestehen,³⁷³ die es diesen ermöglicht, ihre Statuten so zu gestalten, dass der Zweck der Vereinigung bestmöglich verfolgt werden kann. Grundsätzlich dagegen überwiegt im Rahmen bestehender Vertragsverhältnisse das Diskriminierungsverbot zugunsten der Wanderarbeitnehmer die Vertrags- bzw. Vereinigungsfreiheit privatrechtlich handelnder Rechtssubjekte.³⁷⁴

---

³⁶⁵ So fiele es in den oben angesprochenen Fällen schwer, die inkriminierten Regelungen unter die Begriffe des Einzelarbeitsvertrags, Tarifvertrags oder der sonstigen Kollektivvereinbarung zu subsumieren.
³⁶⁶ EuGH v. 12. 2. 1974, Rs. 152/73 (Sotgiu), Slg. 1974, 153, 164, Rn. 9; die Entscheidung betraf zwar die Deutsche Bundespost als öffentliche Arbeitgeberin, ist aber auch auf private Arbeitgeber übertragbar, da der EuGH sich ausdrücklich auf Art. 7 Abs. 4 VO 1612/68 bezieht.
³⁶⁷ So vdG/T/E/*Wölker*, Art. 48, Rn. 47.
³⁶⁸ Dazu ausführlich *Rengeling*, Grundrechtsschutz in der Europäischen Gemeinschaft, München 1993; *Chwolik-Lanfermann*, Grundrechtsschutz in der Europäischen Union, Frankfurt am Main 1994. Siehe auch oben 4. Abschnitt § 13.
³⁶⁹ So EuGH v. 15. 10. 1987, Rs. 222/86 (Heylens), Slg. 1987, 4097, 4117, Rn. 14.
³⁷⁰ EuGH v. 13. 12. 1979, Rs. 44/79 (Hauer), Slg. 1979, 3727, 3750, Rn. 31 ff.; v. 11. 7. 1989, Rs. 265/87 (Schräder), Slg. 1989, 2237, 2268, Rn. 15; v. 10. 7. 1991, verb. Rs. C-90 u. 91/90 (Neu), Slg. 1991, 3617, 3637 f., Rn. 13; dazu ausführlich *Stadler*, Die Berufsfreiheit in der Europäischen Gemeinschaft, 1980.
³⁷¹ EuGH v. 10. 7. 1991, verb. Rs. C-90 u. 91/90 (Neu), Slg. 1991, 3617, 3637 f., Rn. 13.
³⁷² Dieser Begriff erscheint bei EuGH v. 8. 10. 1974, Rs. 175/73 (Gewerkschaftsbund, Massa u. Kortner), Slg. 1974, 917, 925, Rn. 14.
³⁷³ Dazu s. u. Rn. 2/8.
³⁷⁴ Näher zum Ganzen *Heyer*, S. 154 ff.

IV. Diskriminierungsverbot

b) Drittwirkung des Diskriminierungsverbots bei der Einstellung?

Den Boden der gesicherten gemeinschaftsrechtlichen Erkenntnis verließ lange die weiterführende Frage, inwiefern, über die Drittwirkung des Diskriminierungsverbots in bestehenden Vertragsverhältnissen hinaus, auch die Entscheidung Privater über die Begründung von Vertragsverhältnissen durch das freizügigkeitsrechtliche Diskriminierungsverbot gebunden ist.[375] Dies betrifft im Bereich der Freizügigkeit für Arbeitnehmer insbesondere die Einstellungsentscheidung des privaten Arbeitgebers. Eine so weitreichende Drittwirkung des freizügigkeitsrechtlichen Diskriminierungsverbots hätte mithin zur Folge, dass private Arbeitgeber EG-Wanderarbeitnehmern nicht ohne sachlichen Grund Inländer vorziehen dürften.

Ein entsprechendes Verständnis erscheint als Schlussstein der Freizügigkeitsvorschriften im europäischen Arbeitsmarkt wünschenswert und erforderlich, da ansonsten die Inanspruchnahme der Freizügigkeitsregeln durch die ablehnende Haltung privater Arbeitgeber unterlaufen werden könnte.[376] Zu untersuchen ist daher im Folgenden die Frage, ob eine so weitreichende horizontale Drittwirkung dem Gemeinschaftsrecht bei seinem heutigen Stand entnommen werden kann und welche Rechtsfolge ggfs. eine diskriminierende Einstellungsentscheidung haben könnte.

aa) Begründbarkeit de lege lata

Kaum zu begründen ist eine Drittwirkung des Diskriminierungsverbots bei der Einstellungsentscheidung mit Art. 7 Abs. 4 VO 1612/68, da diese Vorschrift ihrem Wortlaut nach nur bestehende Regelungen betrifft, mithin ein Vertragsverhältnis voraussetzt. Allerdings ist zu beachten, dass Art. 7 Abs. 4 VO 1612/68 auch diskriminierende vertragliche Regelungen betrifft, die den Zugang zur Beschäftigung betreffen, so dass z. B. eine tarifvertragliche Vereinbarung zwischen einer Gewerkschaft und einem Arbeitgeberverband, nur inländische Arbeitnehmer einstellen zu wollen, nach Art. 7 Abs. 4 VO 1612/68 nichtig wäre, soweit sie Wanderarbeitnehmer aus anderen Mitgliedstaaten betrifft. Dies ist jedoch nicht der Fall, der an dieser Stelle untersucht werden soll. Hier geht es vielmehr um die Entscheidung des Arbeitgebers, ob er einen sich um eine Arbeitsstelle bewerbenden Wanderarbeitnehmer einstellen soll, nicht aber um eine eventuelle und gemäß Art. 7 Abs. 4 VO 1612/68 ohnehin unbeachtliche vertragliche Verpflichtung gegenüber Dritten, den Wanderarbeitnehmer nicht einzustellen. Auf die Entscheidung des Arbeitgebers, ein Vertragsverhältnis zu begründen oder nicht zu begründen, ist Art. 7 Abs. 4 VO 1612/68 nicht anwendbar.

Denkbar ist es, die Drittwirkung mit der hier in Frage stehenden Reichweite von Art. 39 Abs. 2 EG zu begründen. Wie bereits ausgeführt wurde, hat der EuGH[377] die unmittelbare Wirkung des Art. 39 Abs. 2 EG zu Lasten von Privaten festgestellt. Allerdings war in dieser Rechtsprechung jeweils von „Maßnahmen" die Rede, die eine kollektive Regelung im Arbeits- und Dienstleistungsbereich enthalten sollten. Damit kann den genannten Entscheidungen nicht ausdrücklich eine Drittwirkung im hier untersuchten Sinne entnommen werden. Diese Beschränkung des EuGH bedeutet aber nicht zwangsläufig, dass damit die Bandbreite der Drittwirkung des Art. 39 Abs. 2 EG erschöpfend dargelegt worden wäre.[378] Der EuGH[379] begründet die Drittwirkung des Art. 39 Abs. 2 EG damit,

---

[375] *Fabis*, Auswirkungen der Freizügigkeit, S. 193 ff; *Hanau*, Die arbeitsrechtliche Bedeutung der Freizügigkeit der Arbeitnehmer in der EG, in: von Maydell (Hrsg.), Soziale Rechte in der EG, S. 55, ihm entgegnend *Buchner*, MünchArbR,1. Aufl., § 37, Rn. 201 ff., und, *Hanau* zustimmend, *Lorenz*, Der Einfluss der Rechtsprechung des Europäischen Gerichtshofs auf das deutsche Individualarbeitsrecht, Diss. Konstanz 1995, Vierter Teil, I.1.a.
[376] Vgl. *Hanau*, a. a. O. S. 60.
[377] EuGH v. 12. 12. 1974, Rs. 36/74 (Walrave u. Koch), Slg. 1974, 1405, 1419 f., Rn. 16 ff.; v. 14. 7. 1976, Rs. 13/76 (Donà), Slg. 1976, 1333, 1340 f., Rn. 17 f.
[378] So aber *Buchner*, MünchArbR, 1. Aufl. § 37, Rn. 202; anders 2. Aufl., § 39 Rn. 77.
[379] A. a. O., Fn. 377.

dass es bei ihrem Fehlen zu Verkürzungen des Freizügigkeitsrechts durch privatrechtliche Vereinigungen kommen könnte. Die oben dargelegte mögliche Beeinträchtigung der Freizügigkeitsrechte durch diskriminierende Einstellungsentscheidungen privater Arbeitgeber reicht danach in der Logik der Rechtsprechung des EuGH zur Begründung einer Drittwirkung des Diskriminierungsverbots bei der Einstellungsentscheidung.

205 Dies hat der EuGH in neuester Rechtsprechung nun auch so beurteilt.[380] In dem Fall ging es um eine mittelbare Diskriminierung bei der Einstellung durch das Erfordernis eines Diploms, das nur in einer bestimmten Provinz eines Mitgliedstaates erworben werden konnte. Der EuGH hat die unmittelbare Wirkung des Diskriminierungsverbots über seine Rechtsprechung zu Art. 141 EG hergeleitet. Somit findet Art. 39 Abs. 2 EG auch auf Diskriminierungen bei der Einstellung Anwendung.

bb) Tatbestand der Diskriminierung durch die ablehnende Einstellungsentscheidung

206 Die Probleme bei der Feststellung des Tatbestands einer aus Staatsangehörigkeitsgründen diskriminierenden Einstellungsentscheidung dürften dieselben sein, wie sie sich auch bei der Prüfung der Diskriminierung von Frauen im Rahmen der Einstellung ergeben. Hier ist der Rechtsprechung des EuGH[381] zu folgen, wonach eine Geschlechtsdiskriminierung erst dann zu bejahen ist, wenn das Geschlecht bzw. das mittelbar darauf abstellende Kriterium den wesentlichen Grund für die Nichteinstellung darstellt. Eine auf der Staatsangehörigkeit beruhende unterschiedliche Behandlung bei der Einstellung im Sinne des Art. 39 Abs. 2 EG liegt daher vor, wenn ein Bewerber aus einem anderen Mitgliedstaat nicht eingestellt wird, obwohl er auf Grund der vom Arbeitgeber selbst zugrunde gelegten sachlichen Maßstäbe, bzw., im Falle evidenter Unsachlichkeit der angewandten Maßstäbe, nach einem objektiven Maßstab hätte eingestellt werden müssen.[382] Dabei ist die Beweislage für den diskriminierten Wanderarbeitnehmer genauso schwierig wie für die diskriminierte Frau, weswegen hier – in analoger Anwendung des § 611a Abs. 1 Satz 3 BGB – eine Beweislastumkehr zu Lasten des Arbeitgebers eintreten muss.[383]

207 In diesem Zusammenhang ist allerdings darauf hinzuweisen, dass im Bereich der mittelbaren Diskriminierung Rechtfertigungen von Wanderarbeitnehmer benachteiligenden Kriterien denkbar sind. So läge z.B. keine verbotene mittelbare Diskriminierung auf Grund der Staatsangehörigkeit in der Entscheidung eines Arbeitgebers, einen Wanderarbeitnehmer aus dem Grunde nicht einzustellen, dass seine Sprachkenntnisse den Anforderungen der zu besetzenden Stelle nicht genügen; hier können selbstverständlich für private Arbeitgeber keine strengeren Voraussetzungen gelten als für den Staat, der gemäß Art. 3 Abs. 1 Unterabs. 2 VO 1612/68 Sprachkenntnisse erforderlichenfalls zum Differenzierungskriterium machen darf. Auch sollte dem Arbeitgeber die Entscheidung freistehen, einen Wohnsitz in der Nähe des Betriebes zum Einstellungskriterium zu machen, wenn und soweit dies sachlich begründet werden kann. In der Nichtberücksichtigung eines Wanderarbeitnehmers, dem die Bereitschaft zur Wohnsitznahme in der Nähe der Arbeitgebers fehlt, wäre dann keine mittelbare Diskriminierung in Anlehnung an die sog. Wohnsitzklauseln[384] zu entnehmen.

cc) Rechtsfolge

208 Nachdem davon auszugehen ist, dass die Diskriminierung eines Bewerbers aus einem anderen Mitgliedstaat bei der Einstellung auf Grund dessen Staatsangehörigkeit grundsätz-

---

[380] EuGH v. 6. 6. 2000, Rs. C 281/98 (Angonese), Rn. 33 ff; EuZW 2000, S. 468; AP Nr. 3 Art. 39 EG; kritisch *Streinz/Leible* EuZW 2000, 459, 463; *Michaels* NJW 2001, 1841, 1842; Weber RdA 2001, 183, 184.
[381] EuGH v. 8. 11. 1990, Rs. C-177/88 (Dekker), Slg. 1990, 3941, 3972, Rn. 10.
[382] *Heyer,* S. 166.
[383] Die allerdings Glaubhaftmachung der Diskrimierung voraussetzt.
[384] S. o. zu Fn. 259 ff.

IV. Diskriminierungsverbot   § 15

lich einen Verstoß gegen Gemeinschaftsrecht, insbesondere Art. 39 Abs. 2 EG darstellt, ist im Folgenden zu klären, welche Rechtsfolgen dieser Verstoß zeitigt. Grundsätzlich wären hier zwei Wege gangbar, nämlich die Bestrafung des diskriminierenden Arbeitgebers im Rahmen öffentlich-rechtlicher Vorschriften sowie zivilrechtliche Folgen der diskriminierenden Handlungsweise, deren Bandbreite (zumindest theoretisch) von Schadensersatz- und Schmerzensgeldansprüchen bis hin zu Einstellungsansprüchen gehen kann.

(1) Öffentlich-rechtliche Maßnahmen

De lege lata kommen allerdings, jedenfalls in der Bundesrepublik Deutschland, öffentlich-rechtliche Maßnahmen gegen den Arbeitgeber nicht in Betracht, da entsprechende Vorschriften nicht bestehen und infolge des strafrechtlichen Analogieverbots auch nicht durch die entsprechende Anwendung vorhandener Vorschriften, wie etwa des § 406 SGB III,[385] ersetzt werden können.

(2) Einstellungsanspruch

Ebenfalls ausscheiden dürfte ein Einstellungsanspruch des diskriminierten Wanderarbeitnehmers. Dieser kann sich aus dem Rechtsinstitut des Verschuldens bei Vertragsverhandlungen schon aus dem Grunde nicht ergeben, dass dieses nur zum Ersatz des negativen Schadens führt, während ein Einstellungsanspruch den positiven Schaden darstellen würde und aus diesem Grunde mit der c. i. c. nicht erlangt werden kann.[386] Aber auch aus § 823 Abs. 2 BGB i. V. m. Art. 39 Abs. 2 EG folgt kein Einstellungsanspruch. Dies ergibt sich daraus, dass das Gemeinschaftsrecht auch im Falle der Geschlechtsdiskriminierung als Rechtsfolge keinen Einstellungsanspruch verlangt.[387] Daraus ist zu schließen, dass auch dem freizügigkeitsrechtlichen Diskriminierungsverbot des Art. 39 Abs. 2 EG nicht zu entnehmen ist, dass es bei der Einstellung diskriminierten Wanderarbeitnehmern einen Anspruch auf Einstellung gegen den diskriminierenden Arbeitgeber gewähren will. Vielmehr ist hier die vom EuGH[388] als gemeinschaftsrechtskonform akzeptierte Grundhaltung des deutschen Gesetzgebers hinsichtlich der Geschlechtsdiskriminierung, keinen Einstellungsanspruch zu gewähren (vgl. § 611a Abs. 3 BGB), auf die Diskriminierung aus Gründen der Staatsangehörigkeit zu übertragen. Ein Einstellungsanspruch scheitert somit zum einen an der diesen nicht vorsehenden Zielsetzung des Art. 39 Abs. 2 EG als des verletzten Schutzgesetzes, zum anderen am Fehlen eines darüber hinausgehenden Gewährleistungswillens des deutschen Gesetzgebers im Falle der Diskriminierung.

(3) Entschädigungsanspruch

Auch für die Frage eines Schadensersatzanspruchs ist von der Rechtsprechung des EuGH auszugehen, wonach die Mitgliedstaaten verpflichtet sind, Maßnahmen mit hinreichender Wirksamkeit für die Beseitigung der Diskriminierung zu ergreifen; als solche kommt die Gewährung eines Entschädigungsanspruchs in Frage.[389] Dabei muss im Rahmen einer zivilrechtlichen Entschädigungsregelung jeder Verstoß gegen das Diskriminierungsverbot die Haftungsfolge auslösen, ohne Rücksicht auf eventuelle Rechtfertigungsgründe oder mangelndes Verschulden des betreffenden Arbeitgebers.[390]

---

[385] Nach dieser Vorschrift macht sich u. a. strafbar, wer einen nichtdeutschen Arbeitnehmer zu Arbeitsbedingungen beschäftigt, die in einem auffälligen Mißverhältnis zu denen vergleichbarer deutscher Arbeitnehmer stehen.
[386] A. A. *Fabis,* Auswirkungen der Freizügigkeit, S. 208 f.
[387] EuGH, Urteile v. 10. 4. 1984, Rs.14/83 (von Colson u. Kamman), Slg. 1984, 1891, 1907, Rn. 19; Rs. 79/83 (Harz), Slg. 1984, 1921, 1940, Rn. 19; a. A. *Fabis,* Auswirkungen der Freizügigkeit, S. 209.
[388] A. a. O. (vorige Fn.).
[389] EuGH, Urteile v. 10. 4. 1984, Rs. 14/83 (von Colson u. Kamman), Slg. 1984, 1891, 1907, Rn. 18; Rs. 79/83 (Harz), Slg. 1984, 1921, 1940, Rn. 18.
[390] EuGH v. 8. 11. 1990, Rs. C-177/88 (Dekker), Slg. 1990, 3941, 3976, Rn. 24 f.

212 Diesen Anforderungen dürfte die Entschädigungsregelung des § 611a Abs. 2 Satz 1 BGB entsprechen. Es bietet sich daher an, diese Vorschrift als Ausprägung des gemeinschaftsrechtlichen Verbots der Geschlechtsdiskriminierung auf die Diskriminierung aus Gründen der Staatsangehörigkeit zu übertragen, so dass sich ein Entschädigungsanspruch für nach den oben dargelegten Maßstäben im Rahmen der Einstellungsentscheidung eines privaten Arbeitgebers diskriminierte EG-Wanderarbeitnehmer von bis zu drei Monatsgehältern ergeben kann.

213 Für diese Auffassung spricht eine aktuelle Entscheidung des EuGH zur Diskriminierung nach der Staatsangehörigkeit bei der Einstellung.[391] Der EuGH stellt hierbei zentral auf die Parallele zu Art. 141 EG ab und macht daher auch die Parallele zu den Sanktionen des Art. 141 EG deutlich:

„Der Gerichtshof hat unterstrichen, dass die Arbeitsbedingungen in den verschiedenen Mitgliedstaaten teilweise durch Gesetze oder Verordnungen und teilweise durch von Privatpersonen geschlossene Verträge oder sonstige von ihnen vorgenommene Akte geregelt sind und dass eine Beschränkung des Verbots der Diskriminierung auf Grund der Staatsangehörigkeit auf behördliche Maßnahmen zu Ungleichheiten bei seiner Anwendung führen könnte (vgl. Urteile Walrave, Rn. 19, und Bosman, Rn. 84).

34. Auch hat der Gerichtshof entschieden, dass die Tatsache, dass bestimmte Vertragsvorschriften ausdrücklich die Mitgliedstaaten ansprechen, nicht ausschließt, dass zugleich allen an der Einhaltung der so umschriebenen Pflichten interessierten Privatpersonen Rechte verliehen sein können (vgl. Urteil vom 8. April 1976 in der Rechtssache 43/75, Defrenne, Slg. 1976, 455, Rn. 31). Der Gerichtshof ist daher in Bezug auf eine Vertragsvorschrift mit zwingendem Charakter zu dem Ergebnis gelangt, dass das Diskriminierungsverbot auch für alle die abhängige Erwerbstätigkeit kollektiv regelnden Tarifverträge und alle Verträge zwischen Privatpersonen gilt (vgl. Urteil Defrenne, Rn. 39).

35. Diese Erwägung muss erst recht für Artikel 48 des Vertrages gelten, in dem eine Grundfreiheit formuliert wird und die eine spezifische Anwendung des in Artikel 6 EG Vertrag (nach Änderung jetzt Artikel 12 EG) ausgesprochenen allgemeinen Diskriminierungsverbots darstellt. In diesem Zusammenhang soll er ebenso wie Artikel 119 EG-Vertrag (die Artikel 117 bis 120 EG-Vertrag sind durch die Artikel 136 EG bis 143 EG ersetzt worden) eine nichtdiskriminierende Behandlung auf dem Arbeitsmarkt gewährleisten."

dd) Grundrechtsverletzung?

214 Während das in Art. 7 Abs. 4 VO 1612/68 geregelte Diskriminierungsverbot in die Inhaltsfreiheit der vom Arbeitgeber bzw. den Parteien der Kollektivverträge geschlossenen Verträge eingreift, bewirkt das Diskriminierungsverbot bei der Einstellungsentscheidung einen Eingriff in die Abschlussfreiheit, die im gemeinschaftsrechtlichen Verständnis der Vertragsfreiheit nach der Rechtsprechung des EuGH[392] ausdrücklich enthalten ist. Zu untersuchen ist daher, ob die Gewährung eines Entschädigungsanspruchs an diskriminierte Bewerber mit der gemeinschaftsrechtlichen Vertragsfreiheit zu vereinbaren ist.

215 Dabei ist zu berücksichtigen, dass die Vertragsfreiheit den Arbeitgebern im Kern das Recht gewährleisten soll, die für ihr Unternehmen günstigen Entscheidungen zu treffen, wobei den Betroffenen eine Einschätzungsprärogative zugestanden werden muss, die jedoch ihrerseits keine evident unsachlichen Entscheidungen tragen kann. In diesem Bereich dürfte sich ein Eingriff verbieten. Wie jedoch oben dargelegt wurde, ist eine diskriminierende Einstellungsentscheidung im hier besprochenen Sinne nach vernünftigen Maßstäben keine für das Unternehmen günstige Entscheidung, so dass eine mit einer derartigen Entscheidung verbundene zivilrechtliche Sanktion sich nicht als Eingriff in den Kernbereich der gemeinschaftsrechtlichen Vertragsfreiheit darstellt. Außerhalb dieses Kernbereichs dagegen wandelt sich das Recht auf Vertragsfreiheit in ein Recht, Verträge willkürlichen Inhalts mit willkürlich gewählten Partnern zu schließen. Dieses Recht muss gegenüber dem freizügigkeitsrechtlichen Diskriminierungsverbot aus Gründen der Staats-

---

[391] EuGH v. 6. 6. 2000, Rs. C 281/98 (Angonese), a. a. O. Rn. 33 ff.
[392] EuGH v. 10. 7. 1991, verb. Rs. C-90 u. 91/90 (Neu), Slg. 1991, 3617, 3637 f., Rn. 13 m. w. N., wo von dem Recht die Rede ist, sich den Geschäftspartner frei auszuwählen.

angehörigkeit, das durch seine Drittwirkung einer der Grundfreiheiten des Gemeinschaftsrechts zur Durchsetzung verhelfen soll, zurücktreten. Eine Abwägung zwischen der Vertragsfreiheit der betroffenen Arbeitgeber und dem Freizügigkeitsrecht der Wanderarbeitnehmer ergibt demzufolge, dass ein Eingriff in die Vertragsfreiheit grundsätzlich zulässig ist, auch soweit die Frage des Kontrahierungspartners betroffen ist.

Auch hält sich die im Diskriminierungsfalle drohende Sanktion – der Entschädigungsanspruch des diskriminierten Bewerbers analog § 611a Abs. 2 Satz 1 BGB – in dem durch den Verhältnismäßigkeitsgrundsatz vorgegebenen Rahmen. Dies wäre für einen – hier abgelehnten – Einstellungsanspruch zweifelhaft gewesen; eine zivilrechtliche Sanktion wie die vorgesehene jedoch erscheint nicht nur geeignet, Diskriminierungen entgegenzuwirken, sondern auch erforderlich, insbesondere vor dem Hintergrund der früher im geschriebenen Recht der Bundesrepublik vorgesehenen Entschädigungsregelung bei Geschlechtsdiskriminierungen, die sich als nicht hinreichend abschreckend erwies.[393] Von der Erforderlichkeit der Entschädigungsregelung kann somit ausgegangen werden. Auch erscheint sie in Anbetracht ihres Zwecks, Diskriminierungen von Bewerbern durch Arbeitgeber entgegenzuwirken, nicht als unverhältnismäßig im engeren Sinne, so dass sie sich als insgesamt mit dem Verhältnismäßigkeitsgrundsatz vereinbar darstellt.

Eine Entschädigungsregelung in analoger Anwendung des § 611a Abs. 2 BGB verletzt somit nicht das gemeinschaftsrechtliche Grundrecht der Vertragsfreiheit der betroffenen Arbeitgeber.

c) Drittwirkung des Diskriminierungsverbots im Sportverbandsrecht

Die Auseinandersetzung um die Drittwirkung des freizügigkeitsrechtlichen Diskriminierungsverbots für das selbstgesetzte Recht von Sportverbänden ist ebenso dauerhaft wie aktuell. Sie konnte sich seit Mitte der siebziger Jahre auf zwei einschlägige Urteile des EuGH[394] beziehen und hat durch die Entscheidung des EuGH im Fall Bosman[395] erheblichen Auftrieb erhalten. Im Zentrum der Diskussion[396] standen dabei jahrelang die sog. Ausländerklauseln im Profisport.[397] Infolge des großen Publikumsinteresses am Fußballsport eignen sich diese regelnden Verbandsvorschriften gut zur exemplarischen Darstellung des freilich auch andere Sportarten betreffenden Problems. Die Regelungen, die von den meisten Fußballverbänden in Europa in ihre Satzungen aufgenommen wurden,[398] sahen im Wesentlichen eine Beschränkung der Anzahl ausländischer Spieler in einer inländischen Vereinsmannschaft vor und waren Gegenstand der Entscheidungen des EuGH in den Fällen Donà und Bosman.

Mit seiner letztgenannten Entscheidung hat der EuGH festgestellt, dass eine den Einsatz von ausländischen Spielern in Vereinsspielen begrenzende Satzungsvorschrift gegen Art. 39

---

[393] Nicht umsonst wurde die Entschädigungsregelung des § 611a Abs. 2 Satz 1 BGB auch „Portoparagraph" genannt.
[394] EuGH v. 12. 12. 1974, Rs. 36/74 (Walrave u. Koch), Slg. 1974, 1405; v. 14. 7. 1976, Rs. 13/76 (Donà), Slg. 1976, 1333.
[395] EuGH v. 15. 12. 1995, Rs. C-415/93 (Bosman), Slg. 1995, 4921 = NJW 1996, 505 = EuZW 1996, 82.
[396] Seit dem Bosman-Urteil des EuGH sind insbesondere zu erwähnen die im Schrifttumsverzeichnis aufgeführten Beiträge von *Arens, Blanpain, Dinkelmeyer, Fikentscher, Fleischer, Gebhardt, Gramlich, Heidersdorf, Hilf/Pache, Kelber, Kluth, Plath, Stopper, Streinz, Tettinger, Trommer, Weber, Weiß*.
[397] Das ebenfalls in der Bosman-Entscheidung behandelte Problem der Beschränkung von Freizügigkeitsrechten durch die Transferregelungen der Sportverbände wird unten Rn. 236 im Zusammenhang mit der Diskussion eines freizügigkeitsrechtlichen Beschränkungsverbots angesprochen.
[398] Vgl. z.B. § 22 Nr. 2 lit. a) SpO DFB in der alten Fassung: „In Spielen einer Lizenzmannschaft dürfen sich unter Beachtung der Vorschriften der FIFA und UEFA jeweils drei ausländische Spieler im Spiel befinden." In der aktuellen Fassung: „In Spielen einer Lizenzmannschaft dürfen sich unter Beachtung der Vorschriften der FIFA und UEFA jeweils drei Spieler im Spiel befinden, die nicht als Europäer gelten."

Abs. 2 EG verstößt.[399] Um zu dieser Feststellung zu gelangen, musste eine Reihe von juristischen Hürden übersprungen werden. So stellte sich zunächst die Frage nach der Anwendbarkeit des Freizügigkeitsrechts auf den Berufsfußball. Diesen hat der EuGH als wirtschaftliche Betätigung und damit unter das Gemeinschaftsrecht fallend qualifiziert.[400] Die Drittwirkung für Sportverbände hat er unmittelbar aus Art. 39 Abs. 2 EG abgeleitet,[401] möglicherweise, um sich der Schwierigkeit der Subsumtion der Verbandssatzungen unter einen der in Art. 7 Abs. 4 VO 1612/68 genannten Regelungstypen[402] zu entziehen. Eine staatsangehörigkeitsbedingte Diskriminierung liege schon dann vor, wenn der Einsatz ausländischer Spieler beschränkt wird, und nicht erst, wenn auch die Beschäftigung, d. h. das Unter-Vertrag-Nehmen eines Spielers aus einem anderen Mitgliedstaat der Gemeinschaft erschwert wird.[403] Auf diesem Wege und mit dem zusätzlichen Hinweis auf Art. 4 VO 1612/68, der diskriminierende Quotenregelungen verbietet, gelangte der EuGH zur Feststellung einer Diskriminierung im Sinne des Freizügigkeitsrechts durch die Ausländerklauseln.

220 Problematischer ist die Untersuchung möglicher Rechtfertigungen für die angegriffenen Ausländerklauseln. Die dazu von ihren Verteidigern vorgebrachten Argumente finden ihren Ansatzpunkt in dem schon in den früheren einschlägigen Entscheidungen des EuGH erwähnten sog. Sport-Privileg, wonach die gemeinschaftsrechtlichen Freizügigkeitsvorschriften Regelungen nicht entgegenstehen, die aus nichtwirtschaftlichen Gründen, die mit dem spezifischen Charakter und Rahmen bestimmter Begegnungen zusammenhängen, gerechtfertigt sind.[404] Im Bosman-Urteil hat der EuGH diese ursprünglich etwas sybillinische Formel dahingehend ergänzt, dass damit Begegnungen zwischen Nationalmannschaften gemeint sind.[405] Die für die Ausländerklauseln auch bei Vereinsspielen vorgebrachten Argumente der beteiligten Fußballverbände wurden als inhaltlich unzutreffend abgelehnt; so gebe es keine durch die Herkunft der Spieler zu vermittelnde und mit der sportlichen Tätigkeit notwendig verbundene Bindung an den jeweiligen Mitgliedstaat, da die Vereine ausweislich der von ihnen beschäftigten Spieler schon regional nicht in diesem Sinne gebunden seien.[406] Das sog. Nationalmannschafts-Argument, dass insbesondere eine Chancenverminderung für den inländischen Fußballnachwuchs bei unbeschränkter Beschäftigungsmöglichkeit für ausländische Stars und damit einhergehende langfristige Schwächung der Nationalmannschaft hervorhebt, wurde mit Hinweis auf die bei Wegfall der Ausländerklauseln erweiterten Möglichkeiten des fußballerischen Nachwuchses verworfen, sich seinerseits im Ausland Arbeit zu suchen.[407] Schließlich sei das sportliche Gleichgewicht schon durch die bestehenden Regelungen nicht aufrechtzuerhalten, da die reichsten Vereine ein Übergewicht auch dadurch erhalten könnten, dass sie die besten inländischen Spieler einstellen.[408] Daher soll ausschließlich die Regelung zulässig sein, dass in einer Nationalmannschaft keine Ausländer spielen dürfen, während der Einsatz von EG-Ausländern in Vereinsmannschaften unbeschränkt zuzulassen ist. Während die Unzulässigkeit von Ausländerklauseln in Bezug auf EG- und EWR-Staatsangehörige damit geklärt und heute wohl unangefochten ist, ist die Auseinandersetzung über ihre Zulässigkeit in Bezug auf sonstige Ausländer in vollem Gange. Einzelne Entscheidungen in- und ausländischer Gerichte betrachten sie als Verletzung der Assoziationsabkommen in Bezug

---

[399] Zur Behandlung der Transferregelungen durch den EuGH im Bosman-Urteil s. u. Rn. 236.
[400] EuGH v. 15. 12. 1995, Rs. C-415/93 (Bosman), Slg. 1995, 4921, 5063, Rn. 73.
[401] EuGH v. 15. 12. 1995, Rs. C-415/93 (Bosman), Slg. 1995, 4921, 5066, Rn. 84.
[402] Dort ist von Tarif- und Einzelarbeitsverträgen sowie sonstigen Kollektivvereinbarungen die Rede.
[403] EuGH a. a. O., Rn. 120.
[404] EuGH a. a. O., Rn. 127 f.; v. 14. 7. 1976, Rs. 13/76 (Donà), Slg. 1976, 1333, 1340, Rn. 14 f.
[405] Die Formulierung des EuGH lässt keinen Raum für die Annahme, dass damit auch im Europapokal spielende Vereinsmannschaften gemeint sein könnten.
[406] EuGH a. a. O., Rn. 131 f.
[407] EuGH a. a. O., Rn. 134.
[408] EuGH a. a. O., Rn. 135.

IV. Diskriminierungsverbot 221–224 § 15

auf die jeweiligen Staatsangehörigen (dazu Rn. 320). Ein weitergehender Ansatz ergibt sich aus der Argumentation der EG-Kommission in der Auseinandersetzung mit dem Weltfußballverband FIFA, und eben nicht nur mit dem europäischen Verband UEFA, über die Transferregelungen, dass die verbandsmäßige Regelung des Marktes für sportliche Dienstleistungen gegen das Kartellverbots des Art. 81 (früher 85) EG verstoße (dazu Rn. 239). Im deutschen Recht ist das an Arbeitgeber (und Betriebsräte) gerichtete Verbot einer Benachteiligung wegen der Staatsangehörigkeit in § 75 BetrVG zu beachten.

Während die verbandsrechtlichen Ausländerklauseln wanken, wird von der Innenministerkonferenz des Bundes und der Länder nach Presseberichten erwogen, Aufenthaltserlaubnisse für Nicht-EU-Ausländer zum Zweck des berufsmäßigen Fußballspielens nur noch für die oberste Spielklasse zu erteilen, um die Betätigungsmöglichkeiten des deutschen und EG-Nachwuchses zu fördern. Für andere Sportarten ist wohl Ähnliches vorgesehen, während der deutsche Fußballbund eine Spielerlaubnis für Ausländer auch für die 2. Spielklasse fordert. 221

3. Besonderheiten für Familienangehörige

Hinsichtlich der Geltung des freizügigkeitsrechtlichen Diskriminierungsverbots für die Familienangehörigen muss eine Unterscheidung zwischen der Gleichbehandlung bei den Arbeitsbedingungen, wie sie Art. 7 Abs. 1 VO 1612/68 gewährt, und dem Anspruch der Familienangehörigen auf die sozialen und steuerlichen Vergünstigungen, der in Art. 7 Abs. 2 VO 1612/68 geregelt ist, getroffen werden. 222

a) Arbeitsbedingungen des Art. 7 Abs. 1 VO 1612/68

Die Familienangehörigen von Wanderarbeitnehmern haben ebenso wie diese einen Anspruch auf Gleichbehandlung bei den Arbeits- und Beschäftigungsbedingungen. Hinsichtlich derjenigen Familienangehörigen, die die Staatsangehörigkeit eines Mitgliedstaats der Gemeinschaft haben, ergibt sich dies bereits aus der unmittelbaren Anwendung von Art. 39 Abs. 2 EG, Art. 7 Abs. 1 VO 1612/68.[409] Dagegen ist dem Wortlaut des Art. 11 VO 1612/68 nicht eindeutig zu entnehmen, ob auch drittstaatsangehörige Familienmitglieder des Wanderarbeitnehmers, die von ihrem Recht auf Berufszugang Gebrauch gemacht haben, einen Anspruch auf Gleichbehandlung bei den Arbeitsbedingungen geltend machen können. Diese Frage wurde vom EuGH[410] ebenfalls bejaht; danach haben Familienmitglieder, die das Recht auf Berufszugang haben, einen Anspruch darauf, den Beruf unter denselben Bedingungen auszuüben wie der Wanderarbeitnehmer, von dem sie ihre Rechte ableiten. Dies führt zu einem Anspruch der drittstaatsangehörigen Familienmitglieder im Sinne des Art. 11 VO 1612/68 auf Inländerbehandlung. Allerdings beschränkt sich der EuGH auf diejenigen Familienmitglieder, die ein Recht aus Art. 11 VO 1612/68 herleiten können. Sonstige drittstaatsangehörige Familienmitglieder im Sinne des Art. 10 Abs. 1, 2 VO 1612/68, die kein eigenes Berufszugangsrecht haben, genießen demnach auch nicht auf Grund der genannten Entscheidung des EuGH ein Gleichbehandlungsrecht bei den Arbeitsbedingungen. 223

Fraglich ist, ob sich in dieser Konstellation ein Diskriminierungsverbot für Familienangehörige aus Drittstaaten, die kein gemeinschaftsrechtliches Berufszugangsrecht haben, aus Art. 12 Abs. 1 EG ergeben kann, sobald sie von einem Mitgliedstaat auf Grund dessen nationaler Regelungen zur Berufsausübung zugelassen worden sind. Dies wirft die Frage nach der Anwendbarkeit des Art. 12 EG auf Drittstaatsangehörige auf, zu der sich der 224

---

[409] Diesen allenfalls im Hinblick auf redaktionelle Nachlässigkeiten bei der Formulierung des Art. 11 VO 1612/68 („selbst wenn") anzuzweifelnden Befund hat der EuGH – jedenfalls für Familienmitglieder mit der Staatsangehörigkeit eines Mitgliedstaats – mit Urteil v. 27. 9. 1988, Rs. 235/87 (Matteuci), Slg. 1988, 5589, 5609, Rn. 8, festgestellt; so auch vdG/T/E/*Wölker*, Art. 48, Rn. 74.
[410] EuGH v. 7. 5. 1986, Rs. 131/85 (Gül), Slg. 1986, 1573, 1590, Rn. 20 f.

EuGH bislang nicht ausdrücklich geäußert hat; mit Blick auf den personellen Anwendungsbereich des EGV kann wohl nicht von der grundsätzlichen, unterschiedslosen Anwendbarkeit des Art. 12 EG auf sämtliche Drittstaatsangehörigen in der Gemeinschaft ausgegangen werden. Diese Sichtweise erscheint aber insbesondere dann nicht zwingend, wenn es sich um Drittstaatsangehörige handelt, die sich ihrerseits im persönlichen Anwendungsbereich des EGV befinden, wie z.B. die Familienangehörigen von Wanderarbeitnehmern gemäß Art. 10 Abs. 1 und 2 VO 1612/68.[411] Die Formulierung der Vorschrift beschränkt ihren Anwendungsbereich nicht auf Unionsbürger im Sinne des Art. 17 EG; vielmehr ist davon auszugehen, dass der persönliche Anwendungsbereich all diejenigen als Begünstigte umfasst, die vom Vertrag bzw. dem einschlägigen Sekundärrecht in Bezug genommen wurden, soweit ihre Rechtsstellung nicht ausdrücklich abweichend geregelt wurde. Somit bleibt den Mitgliedstaaten zwar die Möglichkeit, über das „Ob" des Berufszugangs der nicht schon durch Art. 11 VO 1612/68 begünstigten drittstaatsangehörigen Familienmitglieder im Sinne des Art. 10 Abs. 1 und 2 VO 1612/68 zu entscheiden; sind diese aber einmal zur Beschäftigung zugelassen, gilt auch für sie hinsichtlich der Beschäftigungsbedingungen als des „Wie" der Berufsausübung das Verbot der Diskriminierung aus Gründen der Staatsangehörigkeit gemäß Art. 12 Abs. 1 EG.

225 Keine direkte Änderung bringt die Richtlinie des Rates (2000/43) zur Anwendung des Gleichbehandlungsgrundsatzes ohne Unterschied der Rasse oder der ethnischen Herkunft.[412] Er verbietet jede Diskriminierung beim Zugang zu Beschäftigung, beruflichen Aufstieg und bei der berufliche Bildung nach Rasse oder ethnischer Herkunft.[413] Damit ist aber noch nicht das Merkmal der Staatsangehörigkeit erfasst, hinter dessen Berücksichtigung sich freilich eine ethnische Diskriminierung verbergen kann. Partiell weitergehend ist der Fn. 22 dargestellte Richtlinienentwurf.

b) Soziale und steuerliche Vergünstigungen des Art. 7 Abs. 2 VO 1612/68

226 Zu klären ist weiterhin, unter welchen Umständen Familienangehörige von Wanderarbeitnehmern Anspruch auf die sozialen und steuerlichen Vergünstigungen des Aufnahmestaats im Sinne des Art. 7 Abs. 2 VO 1612/68 haben. Dies stellt wiederum kein Problem dar für die Familienmitglieder mit Unionsbürgerschaft, da sie bei Ausübung einer Beschäftigung eigene Freizügigkeitsrechte und damit einen eigenen Gleichbehandlungsanspruch aus Art. 7 Abs. 2 VO 1612/68 haben. Auch erstreckt sich der Anspruch auf gleiche Arbeitsbedingungen – und damit gleiche soziale und steuerliche Vergünstigungen wie Inländer – auf drittstaatsangehörige Familienmitglieder von Wanderarbeitnehmern, die im Aufnahmestaat einer Beschäftigung nachgehen. Dies folgt für die Familienmitglieder i.S. des Art. 11 VO 1612/68 aus der Rechtsprechung des EuGH.[414] Für sonstige drittstaatsangehörige Familienmitglieder im Sinne des Art. 10 Abs. 1 und 2 VO 1612/68 dürfte sich dieser Anspruch – wie oben[415] bereits dargestellt – aus Art. 12 Abs. 1 EG ergeben.

227 Demgegenüber spielt die Unterscheidung zwischen nicht berufstätigen Familienmitgliedern mit und ohne Unionsbürgerschaft für Art. 7 Abs. 2 VO 1612/68 keine Rolle, da sie im einen wie im anderen Falle keine eigenen Freizügigkeitsrechte als Arbeitnehmer genießen und aus diesem Grunde gleichermaßen auf die vom Wanderarbeitnehmer abgeleiteten Rechte angewiesen sind.[416]

228 Der EuGH hatte zunächst Leistungen für Familienangehörige aus dem Anwendungsbereich des Art. 7 Abs. 2 VO 1612/68 ausgeschlossen.[417] Inzwischen hat sich jedoch in

---

[411] Vgl. Grabitz/Hilf-*v. Bogdandy*, Art. 12 EG, Rn. 35; vdG/T/E/*Zuleeg*, Art. 6 EGV, Rn. 16.
[412] ABl. 2001 L203/16.
[413] Art. 1 ff der Richtlinie.
[414] EuGH v. 7. 5. 1986, Rs. 131/85 (Gül), Slg. 1986, 1573, 1590, Rn. 20 f.
[415] S.o. Rn. 105, 106.
[416] In diesem Sinne auch Lenz-*Scheuer*, Art. 39 EG, Rn. 51.
[417] EuGH v. 11. 4. 1973, Rs. 76/72 (Michel), Slg. 1973, 457, 463, Rn. 9.

seiner Rechtsprechung die Auffassung durchgesetzt, dass – insbesondere in Anbetracht des weiten Begriffs der Arbeitsbedingungen – soziale und steuerliche Vergünstigungen für Familienmitglieder sich vielfach gleichzeitig als Vergünstigungen für die betreffenden Wanderarbeitnehmer darstellen und daher von Art. 7 Abs. 2 VO 1612/68 erfasst sein können; andernfalls wäre die Mobilität des Arbeitnehmers und seine Integration im Aufnahmestaat behindert.[418] Dabei handelt es sich um eine nur mittelbare Begünstigung, die voraussetzt, dass die Leistung gleichzeitig eine Vergünstigung für den Wanderarbeitnehmer darstellt.[419] Dies erfordert insbesondere, dass es sich um Angehörige i. S. des Art. 10 VO 1612/68 handelt, die vom Wanderarbeitnehmer Unterhalt erhalten. Wenn der Wanderarbeitnehmer nicht (mehr) zum Unterhalt seines Familienangehörigen beiträgt, kommt ihm der Vorteil der sozialen oder steuerlichen Vergünstigung auch nicht (mehr) mittelbar zugute.[420]

Zu den so begünstigten Familienangehörigen müssen auch diejenigen im Sinne des Art. 10 Abs. 2 VO 1612/68 zählen, soweit der Aufnahmestaat ihnen ein Aufenthaltsrecht gewährt, da die Enge ihrer familiären Beziehung zum Wanderarbeitnehmer durch ihre Aufzählung in Art. 10 Abs. 2 VO 1612/68 hervorgehoben wird und ihre Begünstigung auch eine Rolle für die Mobilität und die Integration des Wanderarbeitnehmers spielen dürfte.[421] Ausschlaggebend muss auch hier sein, ob sich eine Vergünstigung zumindest auch als solche zugunsten des Wanderarbeitnehmers darstellt, was infolge der erwähnten Enge der Verwandtschaftsbeziehung häufig der Fall sein dürfte.[422]

Die Mittelbarkeit des Anspruchs auf soziale und steuerliche Vergünstigungen steht nicht der eigenen Berufung des Familienangehörigen darauf entgegen, sofern die oben ausgeführten gemeinschaftsrechtlichen Voraussetzungen des mittelbaren Anspruchs vorliegen und das nationale Recht die unmittelbare Gewährung der entsprechenden Vergünstigung vorsieht.[423]

Als mittelbare Diskriminierung und damit unzulässige Voraussetzung der Gewährung von sozialen Vergünstigungen können sich im Falle von nur mittelbar dem Wanderarbeitnehmer zugunsten kommenden Leistungen insbesondere für Angehörige inländischer Arbeitnehmer nicht geltenden Klauseln darstellen, die die Leistung für Angehörige von Wanderarbeitnehmern von einem inländischen Wohnsitz abhängig machen.[424]

Eine unmittelbare Einbeziehung der Familienmitglieder ohne Arbeitnehmereigenschaft in den Kreis der durch Art. 7 Abs. 2 VO 1612/68 unmittelbar Begünstigten über Art. 12 Abs. 1 EG[425] dürfte dagegen nicht in Betracht kommen, da die sozialen und steuerlichen Vergünstigungen zu den Arbeitsbedingungen im weiten Sinne gehören und ein darauf bezogener

---

[418] EuGH v. 16. 12. 1976, Rs. 63/76 (Inzirillo), Slg. 1976, 2057, 2068, Rn. 21; v. 20. 6. 1985, Rs. 94/84 (Deak), Slg. 1985, 1873, 1886, Rn. 21; v. 18. 6. 1987, Rs. 316/85 (CPAS de Courcelles/Lebon), Slg. 1987, 2811, 2836, Rn. 11 f.

[419] EuGH v. 25. 6. 1997, Rs. C 131/96 (Mora Romero), Slg. 1997, 3659, 3681, Rn. 16; Grabitz/Hilf-*Randelzhofer,* Art. 48 EWGV, Rn. 33; *Ziekow,* Der gemeinschaftsrechtliche Status der Familienangehörigen, DÖV 1991, S. 363, 365 m. w. N.

[420] Vgl. EuGH v. 18. 6. 1987, Rs. 316/85 (CPAS de Courcelles/Lebon), Slg. 1987, 2811, 2836, Rn. 13.

[421] vdG/T/E/*Wölker,* Art. 48, Rn. 52; wohl auch Lenz-*Scheuer,* Art. 39 EG, Rn. 51.

[422] Für die Möglichkeit der Einbeziehung von Familienangehörigen i. S. des Art. 10 Abs. 2 VO 1612/68 spricht auch, dass der EuGH in einem entsprechenden Fall die Art. 10 Abs. 1 und 2 VO 1612/68 parallel prüft, Urteil v. 18. 6. 1987, Rs. 316/85 (CPAS de Courcelles/Lebon), Slg. 1987, 2811, 2838, Rn. 22 f.

[423] EuGH v. 26. 2. 1992, Rs. C-3/90 (Bernini), Slg. 1992, 1071, 1107 f., Rn. 26.

[424] So für den Fall der Studienförderung EuGH v. 26. 2. 1992, Rs. C-3/90 (Bernini), Slg. 1992, 1071, 1107 f., Rn. 28; im gleichen Sinne EuGH v. 13. 11. 1990, Rs. C-308/89 (di Leo), Slg. 1990, 4185, 4208, Rn. 13 f.; neuerdings abgelehnt bei unbefristeter Aufenthaltserlaubnis EuGH v. 11. 4. 2000, Rs. C356/98 (Kaba), Slg. 2665, Rn. 28 ff.

[425] Vgl. für den Fall des Art. 7 Abs. 1 VO 1612/68 oben a).

Gleichbehandlungsanspruch daher nach der Systematik der gemeinschaftsrechtlichen Freizügigkeitsvorschriften nur Personen zugute kommen kann, die selbst Arbeitnehmer sind.

V. Beschränkungsverbot

233   Die Rechtsprechung des EuGH zu den Grundfreiheiten hat sich über das Diskriminierungsverbot zu einem Beschränkungsverbot erweitert. Ausgehend von der Warenverkehrsfreiheit (Dassonvilleformel)[426] und der Dienstleistungsfreiheit[427] hat er auch bei der Niederlassungsfreiheit[428] und bei der Freizügigkeit der Arbeitnehmer[429] ein Beschränkungsverbot aus den Grundfreiheiten i. V. mit Art. 3 I c EGV abgeleitet. Vor der Entscheidung des EuGH zu Bosman gab es bereits Anhaltspunkte für eine derartige Entwicklung. Sie finden in der Rechtsprechung des EuGH unter verschiedenen Gesichtspunkten. So darf es im Hinblick auf die Dienstleistungsfreiheit wohl inzwischen als gesichert gelten, dass diese von den Mitgliedstaaten auch die Beachtung eines Beschränkungsverbots im oben genannten Sinne verlangt, gegen das nur im Rahmen wichtiger Interessen des Allgemeinwohls und unter Beachtung des Verhältnismäßigkeitsgrundsatzes verstoßen werden darf.[430] Ein Argument für die Übertragung dieses Beschränkungsverbots auf die Niederlassungsfreiheit und die Freizügigkeit der Arbeitnehmer folgt nun daraus, dass in der Rechtsprechung des EuGH immer wieder die Neigung hervortritt, diese beiden Freiheiten und die Dienstleistungsfreiheit, jedenfalls soweit ihr personenverkehrsrechtlicher Einschlag betroffen ist, parallel zu handhaben.[431] Dies spricht dafür, auch Niederlassungsfreiheit und Arbeitnehmerfreizügigkeit als durch ein diskriminierungsunabhängiges Beschränkungsverbot gesichert zu betrachten.

234   Aber auch in der EuGH-Rechtsprechung,[432] die sich unmittelbar auf Art. 39 bzw. 43 EG bezieht, fanden sich vor Bosman in zunehmendem Umfang Anhaltspunkte dafür, dass der EuGH Verstöße gegen die Arbeitnehmerfreizügigkeit und die – hinsichtlich des Umfangs ihrer Gewährleistung weitestgehend gleichgeartete – Niederlassungsfreiheit nicht mehr vom Vorliegen einer unmittelbaren oder mittelbaren Diskriminierung aus Gründen der Staatsangehörigkeit abhängig machen, sondern nur noch nach der Eignung von Maßnahmen fragen will, die Inanspruchnahme der Arbeitnehmerfreizügigkeit bzw. der Niederlassungsfreiheit zu erschweren, ohne dass es dabei darauf ankäme, dass sich die Situation für Inländer günstiger darstellt.[433]

---

[426] EuGH v. 11. 7. 1974, Rs. 8/74 (Dassonville), Slg. 1974, 837, Rn. 5.

[427] EuGH v. 3. 12. 1974, Rs. 33/74 (van Binsbergen), Slg. 1974, 1299, Rn. 10/12.

[428] EuGH v. 31. 3. 1993 Rs. C 19/92 (Kraus), Slg. I 1993, S. 1663, 1697, Rn. 32.

[429] EuGH, Urteil v. 15. 12. 1995 (Bosman), Slg. 1995, 4921, 5069; EuZW 1996, S. 82, 88, Rn. 96: „Bestimmungen, die einen Staatsangehörigen eines Mitgliedstaates daran hindern oder davon abhalten, sein Herkunftsland zu verlassen, um von seinem Recht auf Freizügigkeit Gebrauch zu machen, stellen Beeinträchtigungen dieser Freiheit dar, auch wenn sie unabhängig von der Staatsangehörigkeit der betroffenen Arbeitnehmer Anwendung finden." Ebenso LAG Schleswig-Holstein 12. 6. 1998 NZA 1998, 1248.

[430] Diese Entwicklung begann mit der Entscheidung des EuGH v. 3. 12. 1974, Rs. 33/74 (Van Binsbergen), Slg. 1974, 1299; seitdem hat der EuGH seine Rechtsprechung ausgebaut, beispielhaft genannt seien seine Entscheidungen v. 17. 12. 1981, Rs. 279/80 (Webb), Slg. 1981, 3305; v. 24. 3. 1994, Rs. C-275/92 (Schindler), Slg. 1994, 1039; ausführlich dazu *Heyer,* S. 196 ff und *Roloff,* S. 3 ff.

[431] In diesem Sinne schon EuGH v. 7. 7. 1976, Rs. 118/75 (Watson/Belman), Slg. 1976, 1185, 1197 (insbesondere Rn. 8/10).

[432] Ausgehend von EuGH v. 7. 7. 1976, Rs. 118/75 (Watson u. Belmann), Slg. 1976, 1185; v. 7. 2. 1979, Rs. 115/78 (Knoors), Slg. 1979, 399; v. 30. 4. 1986, Rs. 96/85 (Kommission/Frankreich), Slg. 1986, 1475; v. 7. 7. 1988, Rs. 143/87 (Stanton), Slg. 1988, 3877; v. 8. 5. 1990, Rs. C-175/88 (Biehl), Slg. 1990, 1779; v. 7. 7. 1992, Rs. C-370/90 (Singh), Slg. 1992, 4265; v. 31. 3. 1993, Rs. C-19/92 (Kraus), Slg. 1993, 1663.

[433] EuGH v. 7. 3. 1991, Rs. C 10/90 (Masgio), Slg. 1991, 1119, 1139, Rn. 18.

V. Beschränkungsverbot

1. Rechtsprechung des EuGH

Die Rechtsprechung des EuGH zu dem Beschränkungsverbot soll ab der Entscheidung Bosman aufgezeigt werden. **235**

a) Bosman

In der Entscheidung Bosman ging es um die Zulässigkeit von Ablösesummen für die Einstellung von Profifußballern. Der EuGH hat die Verpflichtung des neuen Vereins zur Zahlung einer Ablösesumme nach Ablauf des Vertrags mit dem alten Verein als Beschränkung der Freizügigkeit des Arbeitnehmers angesehen. Die Verpflichtung zur Zahlung einer Ablösesumme nach Vertragsablauf beeinflusse unmittelbar den Zugang eines Arbeitnehmers zum Arbeitsmarkt anderer Mitgliedstaaten.[434] **236**

Weiterhin hat der EuGH auch die während des Verfahrens veränderte Fassung der Transferregeln, wonach ein Spieler zwar in Spielen wirksam eingesetzt werden könne, der Verein aber Sanktionen bei der Nichtzahlung der Ablösesumme unterworfen wird, als Behinderung verstanden.[435] Denn auch diese Regelung hindere den Spieler ebenso wirksam am Zugang zu dem ausländischen Arbeitsmarkt wie ein Verbot der Einstellung. Der Verein überlege sich auch in diesem Fall, ob er die Entschädigungen an den abgebenden Verein überhaupt zahlen könne. Weiterhin hat der EuGH im konkreten Fall eine Begrenzung nach den Grundsätzen des Keck-Urteils abgelehnt, da die Regelung unmittelbar den Zugang betreffe und daher nicht mit vertriebsbezogenen Regelungen gleichgestellt werden könnte.[436] **237**

Der EuGH hat somit alle Maßnahmen für unzulässig erklärt, die rechtlich oder faktisch den Zugang zu einem Arbeitsmarkt gänzlich ausschließen. **238**

Nachdem der EuGH die Behinderung des Vereinswechsels durch Ablösesummen nach Vertragsablauf verworfen hat, hat die Europäische Kommission gegenüber den internationalen Fußballverbänden (FIFA und UEFA) weitergehende Bedenken geltend gemacht. Als Behinderung der Freizügigkeit wurden teils die Länge der nicht nur nach § 624 BGB, sondern europaweit üblichen vertraglichen Bindungen von fünf Jahren normiert, teils die Höhe der Ablösesummen, teils ihre Durchsetzung durch Verbandssanktionen. Die Bedenken gegen die verbandsrechtlichen Regelungen wurden auch auf das Kartellverbot des Art. 81 (früher 85) EG gestützt und beziehen sich insoweit auf Spieler ohne eine EU-Staatsangehörigkeit (dazu *Streinz*, SpuRT 1998, 92). Anfang 2001 hat sich die Kommission mit den Fußballverbänden FIFA und UEFA dahin geeinigt, dass es bei der fünfjährigen Vertragsdauer bleiben kann, in Verträgen mit Spielern bis zu 28 Jahren aber eine Kündigungsmöglichkeit nach drei Jahren einzuräumen ist, bei Spielern über 28 Jahren nach zwei Jahren. Transferentschädigungen sind nur noch bei Vertragsbruch vorgesehen (Kritisch U. *Fischer* EuZW 2002, 97). Sonderregeln sind für junge Spieler vorgesehen. Offen, aber wohl anzunehmen ist, dass vergleichbare Regelungen auch mit anderen Sportverbänden angestrebt werden. Rein nationale Transferregeln werden dagegen nach Auffassung der Kommission nicht vom EU-Wettbewerbsrecht erfasst. **239**

b) Lehtonen

In der Sache Lehtonen ging es wie bei Bosman um Fragen des Profisportes.[437] Der EuGH hatte zu beurteilen, ob Transferfristen belgischer Basketball-Profis, die einen bestimmten Zeitraum festlegen, in welchem ein Spieler den Verein wechseln kann, die **240**

---

[434] A.a.O. Rn. 103.
[435] A.a.O. Rn. 101.
[436] A.a.O. Rn. 103.
[437] EuGH v. 13. 4. 2000, Rs. C 176/96 (Lehtonen), Slg. 2714 = NZA 2000, S. 645 = EuZW 2000, S. 375 = AP Nr. 1 Art. 39 EGV.

Freizügigkeit beeinträchtigen. Der Wechsel des Vereins außerhalb dieser Frist war mit verbandsrechtlichen Sanktionen belegt. Wie im Bosman-Urteil konnte der Spieler zwar wirksam vom Verein arbeitsvertraglich verpflichtet werden, durfte indes nicht bei den Spielen unter Androhung verbandsrechtlicher Sanktionen eingesetzt werden. Dabei wurden Wechsel aus dem europäischen Ausland gegenüber den nationalen Wechseln privilegiert. Der EuGH nahm trotzdem eine Behinderung der Freizügigkeit durch die Transferfristen an. In dem Urteil geht er von dem Bosman-Urteil aus und legt wiederum dar, dass die Freizügigkeit beeinträchtigt werde, wenn eine Regelung einem Verein untersagt, bestimmte Spieler einzusetzen, da diese Regelung die Beschäftigungsmöglichkeit des betroffenen Spielers beschränke.[438] Auch wenn die Regelung nicht die Beschäftigung als solche beträfe, sondern die Möglichkeit, den Spieler für die Wettkämpfe aufzustellen, so liege es auf der Hand, dass diese Regelung die Beschäftigungsmöglichkeit beschränke.[439] Daran ändere die Tatsache, dass nationale Spieler den Verein überhaupt nicht wechseln könnten, nichts.[440]

241 Interessant an dieser, nach Bosman konsequenten Entscheidung ist, dass der EuGH keine Abgrenzung zwischen Zugang zum Beruf und der Berufsausübung in Anlehnung an die Kriterien der vertriebs- und produktbezogenen Behinderung der Warenverkehrsfreiheit vornimmt. Der Generalanwalt hatte diese Abgrenzung noch versucht,[441] der EuGH hingegen unterlässt jede Abgrenzung. Es liege „auf der Hand", dass eine Transferregelung den Zugang zum Arbeitsmarkt beeinträchtige.[442] Die Entscheidung Lehtonen ist damit in einem Zusammenhang mit der Entscheidung zu Bosman zu sehen, wonach sich das Beschränkungsverbot auf alle faktischen, den Zugang als solchen hindernde Maßnahmen erstreckt.

c) Graf

242 In der Sache Graf ging es um die Frage, ob der Verlust einer Abfindung bei Arbeitnehmerkündigung eine Behinderung der Freizügigkeit darstellt.[443] Die österreichische Regelung enthält einen nach Dienstjahren gestaffelten Anspruch des Arbeitnehmer gegen den Arbeitgeber auf Zahlung einer Abfindung. Dieser entsteht nach 3 Dienstjahren und beträgt das Zweifache des für den letzten Monat gezahlten Entgelts. Die Abfindung steigt bis zum 25. Dienstjahr auf das Zwölffache des Entgelts für den letzten Monat an (§ 23 Abs. 5 AngG). Der Anspruch entfällt, wenn der Arbeitnehmer das Arbeitsverhältnis kündigt, ohne wichtigen Grund vorzeitig austritt oder wenn ihn ein Verschulden an der vorzeitigen Entlassung trifft.

243 Der EuGH hat eine Beschränkung der Freizügigkeit abgelehnt unter Verweis darauf, dass die Maßnahme zu ungewiss sei und zu indirekt auf die Freizügigkeit einwirke.[444] Die Regelung müsse geeignet sein, den Arbeitnehmer daran zu hindern, sein Arbeitsverhältnis zu beenden, um eine unselbständige Tätigkeit bei einem anderen Arbeitgeber auszuüben. Der Verlust einer Abfindung hänge nicht von der Entscheidung des Arbeitnehmers ab, ob er bei seinem bisherigen Arbeitgeber bleibe oder nicht, sondern von einem zukünftigen hypothetischen Ereignis, nämlich einer späteren Beendigung des Arbeitsverhältnisses, die

---

[438] EuGH v. 13. 4. 2000, Rs. C 176/96 (Lehtonen) Slg. 2714 = NZA 2000, S. 645, 648, Rn. 50.
[439] EuGH v. 13. 4. 2000, Rs. C 176/96 (Lehtonen) Slg. 2714 = NZA 2000, S. 645, 648, Rn. 50. Ein Allgemeininteresse am geordneten Ablauf sportlicher Wettkämpfe, auch durch Transferfristen, wurde aber anerkannt, Rn. 53 f.
[440] EuGH v. 13. 4. 2000, Rs. C 176/96 (Lehtonen), NZA 2000, S. 645, 648, Rn. 49.
[441] Generalanwalt *Alber* in dieser Rs.
[442] EuGH a. a. O.
[443] EuGH v. 27. 1. 2000, Rs. C 190/98 (Graf), EuGRZ 2000, S. 48, 50, Rn. 23 = EuZW 2000, S. 252.
[444] EuGH a. a. O.

V. Beschränkungsverbot

der Arbeitnehmer selbst weder herbeigeführt noch zu vertreten habe.[445] Ein derartiges Ereignis sei zu ungewiss und wirke zu indirekt, als dass diese Regelung die Freizügigkeit des Arbeitnehmers beeinträchtigen könnte.[446]

Der EuGH fordert somit als Untergrenze für eine Behinderung, dass die Maßnahme nicht zu indirekt oder zu mittelbar auf die Freizügigkeit einwirkt. **244**

2. Grenzüberschreitender Sachverhalt (s. dazu schon oben Rn. 15)

Das Beschränkungsverbot betrifft lediglich grenzüberschreitende Sachverhalte.[447] Ziel **245** der Freizügigkeit ist nämlich die Herstellung eines Binnenmarktes. Dies stellt Art. 3 Abs. 1 lit. c) EG klar, worin der Binnenmarkt durch die Beseitigung der für die einzelnen Grundfreiheiten bestehenden Hindernisse gekennzeichnet ist. Binnenmarkt ist aber nicht der Binnenmarkt in den Mitgliedstaaten, sondern zwischen den Mitgliedstaaten. Das legt Art. 3 Abs. 1 lit. c) EG ausdrücklich fest, indem er von dem Binnenmarkt „zwischen den Mitgliedstaaten" spricht. Der Begriff des Binnenmarktes setzt somit logisch voraus, dass es sich bei dem Beschränkungsvorgang um einen grenzüberschreitenden Sachverhalt handelt. Dafür genügt es, wenn der Arbeitnehmer die Grenze zum Erreichen des Arbeitsplatzes überschreitet, sog. Grenzarbeitnehmer.[448] Für innerstaatliche Vorgänge ergibt sich eine entsprechende Gewährleistung der Freizügigkeit aus Art. 12 GG.[449]

3. Grenzen des Beschränkungsverbots

Das so verstandene Beschränkungsverbot ist in zweierlei Hinsicht begrenzt. Zum einen **246** steht es beschränkenden Maßnahmen der Mitgliedstaaten, die dem Schutz von zwingenden Allgemeininteressen dienen und dem Verhältnismäßigkeitsgrundsatz entsprechen,[450] nicht entgegen, wobei beim EuGH[451] die Tendenz unverkennbar ist, seine Prüfungskompetenz, insbesondere im Bereich der Verhältnismäßigkeit beschränkender Maßnahmen, Schritt für Schritt auszudehnen. Eine zweite Grenze des Beschränkungsverbots liegt in der vom EuGH[452] festgestellten Befugnis der Mitgliedstaaten, Umgehungen ihrer Rechtsvorschriften durch die Inanspruchnahme der Freiheiten des EGV zu verhindern.

4. Wirkung des Beschränkungsverbots

Das freizügigkeitsrechtliche Beschränkungsverbot im hier dargestellten Sinne hat viel- **247** fältige Auswirkungen.

---

[445] EuGH a.a.O., Rn. 24.
[446] EuGH a.a.O., Rn. 23.
[447] EuGH (Bosman) a.a.O., Rn. 90: Bewerbung reicht; BAG 20. 4. 1996, AP Nr. 12 § 611 BGB Berufssport.
[448] EuGH v. 27. 11. 1997, Rs. C 57/96 (Meints), Slg. 1997, 6689; EuGH v. 8. 6. 1999, Rs. C-337/97 (Meeusen), Slg. 1999, 3289, 3312 = AP Nr. 9 Art. 48 EGV, Rn. 20; vgl. auch Art. 7a des Entwurfs zur Änderung der VO 1612/68 vom 12. 11. 1998, ABl.EG C 344/11; einschränkend EuGH 26. 1. 1993 (Werner) Slg. 1993, 429, 470 Rn. 16: Verlagerung des Wohnsitzes reicht nicht.
[449] BAG 20. 11. 1996 AP Nr. 12 § 611 BGB Berufssport; BGH 27. 9. 1999 BGHZ 142, S. 304; *Tettinger*, JZ 2000, S. 1069, 1074.
[450] EuGH 30. 11. 1995 (Gebhard) Slg. 1995, 4165, 4197 Rn. 37; EuGH, Urteil v. 15. 12. 1995 (Bosman) a.a.O. Rn. 105; EuGH v. 13. 4. 2000 (Lehtonen) a.a.O., Rn. 51 ff.
[451] EuGH jeweils v. 26. 2. 1991, Rs. C-154/89 (Kommission/Frankreich), Slg. 1991, 659, 686 ff., Rn. 16 ff.; Rs. C-180/89 (Kommission/Italien), Slg. 1991, 709, 723 f., Rn. 19 ff.; Rs. C-198/89 (Kommission/Griechenland), Slg. 1991, 727, 741 f., Rn. 20 ff.
[452] EuGH v. 7. 2. 1979, Rs. 115/78 (Knoors), Slg. 1979, 399, 410, Rn. 25; v. 3. 10. 1990, Rs. 61/89 (Bouchoucha), Slg. 1990, 3551, 3568, Rn. 14; v. 7. 7. 1992, Rs. C-370/90 (Singh), Slg. 1992, 4265, 4295, Rn. 24.; *Schilling*, EuGRZ 2000, S. 3, 38.

248 So zeigt sich ein Effekt des Beschränkungsverbots besonders in Sachverhalten, die das Problem der Inländerdiskriminierung[453] aufwerfen, hier vor allem im Zusammenhang mit der Anerkennung im Ausland erworbener Qualifikationen von Inländern und dem Familiennachzug. Die Rechtsprechung des EuGH,[454] wonach Inländer, die von den Freizügigkeitsrechten Gebrauch gemacht haben und sich infolgedessen bei der Rückkehr ihrem Heimatstaat gegenüber in einer Lage befinden, die der von Wanderarbeitnehmern aus anderen Mitgliedstaaten vergleichbar ist, mindestens Anspruch auf die Behandlung haben, die ihnen als Wanderarbeitnehmer aus anderen Mitgliedstaaten zuteil würde, gibt hier deutliche Hinweise. Sie ist nicht mit dem Verbot der Diskriminierung aus Gründen der Staatsangehörigkeit zu begründen, sondern weist darauf hin, dass es nach dem Verständnis des EuGH den Freizügigkeitsvorschriften nicht nur um die Verhinderung von Diskriminierungen aus Gründen der Staatsangehörigkeit geht, sondern auch um die Vermeidung von speziellen Hindernissen für die grenzüberschreitende Tätigkeit, seien davon In- oder Ausländer betroffen. Mit diesem Verständnis überschreitet der EuGH bereits den engeren Rahmen der Art. 39 ff. EG und kann viele Fälle der Inländerdiskriminierung gemeinschaftsrechtlich befriedigend lösen.

249 Darüber hinaus aber kommt dem Beschränkungsverbot noch eine wesentlich weiterreichende Bedeutung zu. Während bei den soeben genannten Beispielen zwar keine Diskriminierung aus Gründen der Staatsangehörigkeit vorlag, aber eine solche aus Gründen der Inanspruchnahme der Freizügigkeitsrechte, reicht ein anderer Aspekt des Beschränkungsverbots noch weiter. Er hat sich schon mehrfach in Entscheidungen[455] gezeigt, in denen der EuGH zwar von der unzulässigerweise beschränkenden Wirkung einer Maßnahme für die grenzüberschreitende Inanspruchnahme der Personenverkehrsfreiheiten ausging, die (ihrerseits schon nicht sehr hohen) Anforderungen der mittelbaren Diskriminierung aus Gründen der Staatsangehörigkeit aber nicht erfüllt[456] oder jedenfalls nicht nachgewiesen[457] waren. Hier zeigt sich, dass dem EuGH die theoretische Eignung einzelner Maßnahmen oder Regelungen zur Störung der Inanspruchnahme der Freizügigkeitsrechte reicht, ohne dass die Voraussetzungen der mittelbaren Diskriminierung aus Gründen der Staatsangehörigkeit noch der näheren Prüfung bedürften. Der Kreis der nationalen Vorschriften, die auf diese Weise ins Visier einer Verhältnismäßigkeitsprüfung auf Vereinbarkeit mit dem europäischen Freizügigkeitsrecht geraten können, ist auf diese Weise um all jene Normen erweitert worden, deren Diskriminierungswirkung für Wanderarbeitnehmer wegen deren Staatsangehörigkeit schwer nachweisbar, aber denkbar ist. Vor dem Hintergrund des Beschränkungsverbots genügt schon die theoretische Eignung einer Vorschrift, die Inanspruchnahme der Freizügigkeitsrechte zu erschweren, um in eine Prüfung der mit der Beschränkung verfolgten Allgemeinwohlzwecke und der Verhältnismäßigkeit der Vorschrift einzutreten.

250 Ein Beispiel für eine Vorschrift des deutschen Arbeitsrechts, die auf diese Weise in europarechtliche Bedrängnis geraten war, war die Unverfallbarkeitsregelung des § 1 BetrAVG,[458] wonach die Zusage einer betrieblichen Altersversorgung erst unverfallbar wurde, nachdem sie zehn Jahre lang bestanden hat, Abs. 1 Satz 1, 1. Spiegelstrich. Zwar

---

[453] Zum Begriff Rn. 159; z.B. EuGH v. 7. 2. 1979, Rs. 115/78 (Knoors), Slg. 1979, 399; v. 7. 7. 1992, Rs. C-370/90 (Singh), Slg. 1992, 4265; v. 31. 3. 1993, Rs. C-19/92 (Kraus), Slg. 1993, 1663; s. *Weiß*, EuR 1999, S. 499, 511.

[454] Vgl. z.B. EuGH v. 7. 7. 1992, Rs. C-370/90 (Singh), Slg. 1992, 4265, 4293 ff., Rn. 19 ff.; v. 31. 3. 1993, Rs. C-19/92 (Kraus), Slg. 1993, 1663, 1693, Rn. 15 m.w.N.

[455] EuGH v. 7. 7. 1988, Rs. 143/87 (Stanton), Slg. 1988, 3877; v. 8. 5. 1990, Rs. C-175/88 (Biehl), Slg. 1990, 1779.

[456] Die mittelbare Diskriminierung gar nicht erst geprüft hat der EuGH im Urteil v. 7. 7. 1988, Rs. 143/87 (Stanton), Slg. 1988, 3877.

[457] EuGH v. 8. 5. 1990, Rs. C-175/88 (Biehl), Slg. 1990, 1779.

[458] Gesetz zur Verbesserung der betrieblichen Altersversorgung v. 19. 12. 1974, BGBl. I S. 3610, zuletzt geändert durch Gesetz v. 26. 6. 2001, BGBl. S. 3610.

dürfte es kaum nachweisbar sein, dass diese Vorschrift zu mittelbaren Diskriminierungen von Wanderarbeitnehmern wegen deren Staatsangehörigkeit führte; dennoch erscheint es denkbar, dass die Bindung an das Unternehmen, die mit der zehnjährigen Frist verbunden ist, sich als Hindernis für den Einzelnen darstellt, von seinen Freizügigkeitsrechten Gebrauch zu machen, sei der Betreffende Inländer oder Wanderarbeitnehmer aus einem anderen Mitgliedstaat. Im Falle einer z.B. von der Kommission im Wege des Vertragsverletzungsverfahrens gemäß Art. 226 EG zu veranlassenden Prüfung des § 1 BetrAVG auf Vereinbarkeit mit den Freizügigkeitsvorschriften des EGV müsste der mit der Regelung verfolgte Zweck auf den Prüfstand des gemeinschaftsrechtlichen Verhältnismäßigkeitsgrundsatzes gestellt werden.[459]

An diesem Beispiel zeigt sich, dass ein freizügigkeitsrechtliches Beschränkungsverbot, wie es nach der hier vertretenen Auffassung der Rechtsprechung des EuGH zu entnehmen ist, einer weitreichenden Prüfung der nationalen arbeitsrechtlichen Vorschriften auf ihre Vereinbarkeit mit dem Prinzip der Arbeitnehmerfreizügigkeit den Weg ebnet, ohne dass es dabei noch auf den Nachweis einer zumindest mittelbar aus Gründen der Staatsangehörigkeit diskriminierenden Wirkung ankommt.

5. Drittwirkung des Beschränkungsverbots

Ungeklärt ist bisher, wie sich das Beschränkungsverbot zwischen Privaten auswirkt. Bisher hat der EuGH das Beschränkungsverbot lediglich für Verbände anerkannt.[460] Auch im Schrifttum wird diese Begrenzung vertreten.[461] Zum Teil wird die Drittwirkung auf spürbare Beeinträchtigungen beschränkt.[462] Andere lehnen jegliche Drittwirkung ab,[463] wohingegen sie andere umfassend anerkennen.[464]

Richtig dürfte es wohl sein, eine gewisse Bindung Privater anzunehmen. Diese darf nicht so streng wie für den Staat sein, da Art. 39 EG primär gegen den Staat gerichtet ist. Folglich greift eine Drittwirkung über die Generalklauseln des BGB (§§ 242, 138, 826 BGB), sofern der Gesetzgeber seiner Schutzpflicht nicht gerecht geworden ist. Ansonsten wäre bereits ein befristetes Arbeitsverhältnis oder eine Rückzahlungsklausel eine Beschränkung der Freizügigkeit, die einer Rechtfertigung bedürfte. Dies berücksichtigt aber nicht ausreichend die Privatautonomie des Arbeitgebers und des Arbeitnehmers. Für Verbände ist eine verstärkte Kontrolle über § 242, 138 BGB anzunehmen, wie sie auch wegen der sozialen Macht der Verbände im deutschen Verfassungsrecht anerkannt ist.[465] Bedenklich ist deshalb das strenge Senioritätsprinzip in den Tarifverträgen für das Cockpit-Personal.

VI. Assoziierte Staaten

Neben den Mitgliedstaaten der Gemeinschaft und den hinsichtlich der Arbeitnehmerfreizügigkeit gleichgestellten noch verbliebenen EWR-Mitgliedstaaten gibt es eine weitere

---

[459] Dazu *Bittner*, Europäisches und nationales Betriebsrentenrecht, 2000, 124; *Rihm*, Der supranationale Schutz von Anwartschaften aus ergänzenden betrieblichen Altersversorgungssystemen innerhalb der EU, 1998; *Steinmeyer*, FS für Ahrend, 1992, 475 und EuZW 1999, S. 645. Im Zuge der Rentenreform ist durch das in Fn. 458 genannte ÄnderungsG die Unverfallbarkeit auf 5 Jahre verkürzt worden. Dies hat die europarechtlichen Bedenken gemindert, aber nicht ganz beseitigt.

[460] EuGH, Urteil v. 15. 12. 1995 (Bosman), EuZW 1996, S. 82, 86, Rn. 84; EuGH v. 13. 4. 2000, Rs. C 176/96 (Lehtonen) Slg. 2714 = NZA 2000, 645, 648, Rn. 51 ff.

[461] *Jaensch*, Die unmittelbare Drittwirkung der Grundfreiheiten, 1996 S. 263 zu den intermediären Gewalten.

[462] *Möllers*, EuR 1998, S. 20, 36.

[463] *Burgi*, EWS 1999, S. 327, 330; *Callies/Ruffert/Brechmann* Art. 39 EG, Rn. 51; *Kluth* AöR 122 (1997), S. 556, 568; *Streinz/Leible* EuZW 2000, 459.

[464] *Ganten*, Die Drittwirkung der Grundfreiheiten, S. 94 ff.

[465] *Stern*, Staatsrecht III/1, S. 1595.

Gruppe von Staaten, deren Angehörige Freizügigkeitsrechte oder zumindest Ausschnitte davon besitzen. Im Folgenden soll ein Überblick über einschlägige assoziationsrechtliche Regelungen gegeben werden.[466]

1. Türkei

255 Die Europäische Wirtschaftsgemeinschaft und die Türkei schlossen im Jahre 1963 ein auf den späteren Beitritt der Türkei zur EWG gerichtetes Assoziationsabkommen.[467] Nach seinem Art. 12 wollten sich die Vertragspartner von den Art. 39–41 EG leiten lassen, um untereinander die Freizügigkeit der Arbeitnehmer schrittweise herzustellen.[468] Ein späteres Zusatzprotokoll[469] zum Assoziationsabkommen ergänzte diese Absichtserklärung. So sollte nach Art. 36 Abs. 1 die Freizügigkeit der Arbeitnehmer zwischen der Gemeinschaft und der Türkei bis zum 31. 12. 1986 schrittweise hergestellt werden, wofür ein zwischen den Vertragspartnern einzurichtender Assoziationsrat gemäß Abs. 2 die erforderlichen Regeln festzulegen hat; dieser hat jedoch bisher nicht die für die Herstellung des vollen Freizügigkeitsstatus für türkische Arbeitnehmer erforderlichen einstimmigen Beschlüsse gefasst. Art. 37 Zusatzprotokoll verlangt von den Mitgliedstaaten, eine Regelung vorzusehen, die in Bezug auf die Arbeitsbedingungen keine auf der Staatsangehörigkeit beruhenden Diskriminierungen türkischer Wanderarbeitnehmer zulässt. Art. 39 Zusatzprotokoll enthält neben einer Aufforderung an den Assoziationsrat, auf dem Gebiet der sozialen Sicherheit Bestimmungen zu erlassen,[470] eine Reihe von Regelungen auf dem Gebiet des koordinierenden Sozialrechts und hat damit, unabhängig von der Frage seiner unmittelbaren Anwendbarkeit, einen mit dem der VO 1408/71 vergleichbaren Regelungsbereich.

256 Zwischenzeitlich hat der zwischen der Gemeinschaft und der Türkei eingerichtete Assoziationsrat eine Reihe von Beschlüssen getroffen. Hier ist insbesondere der Beschluss Nr. 1/80 über die Entwicklung der Assoziation[471] zu nennen, der in seinem zweiten Kapitel detaillierte Regelungen der Freizügigkeit der Arbeitnehmer beinhaltet. Vor allem deutsche Gerichte haben in letzter Zeit wiederholt den EuGH in Vorlagefragen angerufen, die zu erheblichen Modifikationen des deutschen Ausländerrechts geführt haben. Genannt seien nur die Entscheidungen des EuGH in der Sache Akman (19. 11. 1998),[472] Birden (26. 11. 1998),[473] Ergat (16. 3. 2000),[474] Günaydin (30. 9. 1997),[475] Ertanir (30. 9. 1997),[476] Nazli (10. 2. 2000),[477] Tetik (23. 1. 1997)[478] und Eker (29. 5. 1997).[479]

---

[466] Weitere Initiativen auf Gemeinschaftsebene zur Verbesserung der Rechtsstellung Drittstaatsangehöriger führt *Sieveking*, ZIAS 1995, 226, 230 ff., auf; die Kommission fordert Freizügigkeit auch für Drittstaatsangehörige (s. oben Fn. 22, 23). Allgemein zur Assoziierung oben § 11 Rn. 103 ff. und unten Rn. 501 ff.

[467] Abkommen zur Gründung einer Assoziation zwischen der Europäischen Wirtschaftsgemeinschaft und der Türkei v. 12. 9. 1963, ABl. 1964, 3687 = BGBl. 1964 II, 510.

[468] Dazu grundlegend, ohne allerdings zum damaligen Zeitpunkt die spätere dynamische Rechtsprechung des EuGH berücksichtigen zu können, *Hailbronner*, EuR 1984, S. 54 ff.

[469] Zusatzprotokoll zum Assoziierungsabkommen v. 23. 11. 1970, ABl. 1972 L 293/1 = BGBl. 1972 II, 385.

[470] Dieser Aufforderung ist der Assoziationsrat am 19. 9. 1980 durch den ARB 3/80 (ABl. EG Nr. C 110/60) nachgekommen; dazu näher *Sieveking*, NZS 1994, S. 213, sowie *Delbrück/Tietje*, ZAR 1995, S. 29.

[471] V. 19. 9. 1980 (ANBA 1981, 2); im folgenden ARB 1/80 genannt.

[472] Slg. 1998, 7519.

[473] Slg. 1998, 7747.

[474] Slg. 2000, 1487.

[475] Slg. 1997, 5143.

[476] Slg. 1997, 5179.

[477] EuGRZ 2000, 50 = Slg. 2000, 973.

[478] Slg. 1997, 329.

[479] Slg. 1997, 2697.

VI. Assoziierte Staaten

a) Zugang zum Arbeitsmarkt

aa) Erstmaliger Zugang zum Arbeitsmarkt eines Mitgliedstaats von der Türkei aus

Ein Recht auf erstmaligen Zugang zum Arbeitsmarkt der Mitgliedstaaten der Gemeinschaft für Arbeitnehmer, die unmittelbar aus der Türkei kommen, kann keinem der genannten assoziationsrechtlichen Rechtsakte entnommen werden, wie sich aus folgendem ergibt.[480]

(1) Art. 12 Assoziationsabkommen

Kein Recht auf erstmaligen Zugang beinhaltet Art. 12 des Assoziationsabkommens. Bei dieser Vorschrift handelt es sich lediglich um eine Absichtserklärung, auf die der Einzelne sich nicht berufen kann.[481] Die unmittelbare Wirkung einer Vorschrift des Assoziationsrechts setzt nämlich nach der Rechtsprechung des EuGH[482] voraus, dass eine Vorschrift unter Berücksichtigung ihres Wortlauts und im Hinblick auf Sinn und Zweck des Abkommens eine klare und eindeutige Verpflichtung enthält, deren Erfüllung oder deren Wirkungen nicht vom Erlass weiterer Akte abhängen. Diese Voraussetzungen kann Art. 12 Assoziationsabkommen nicht erfüllen; die Formulierung hat nur Programmcharakter und ist zu vage, um zu unmittelbarer Geltung gelangen zu können, da sie nicht mit der notwendigen Eindeutigkeit dem Einzelnen feststellbare Rechte vermittelt. Dies folgt bereits daraus, dass die Vorschrift keinen Zeitpunkt bestimmt, zu dem die Freizügigkeit hergestellt sein soll. Der außerdem bestehende Streit darüber, ob die Freizügigkeit im Sinne des Art. 12 Assoziationsabkommen mit der des Art. 39 EG identisch ist, oder ob es sich um eine besondere Form der Freizügigkeit, eine sog. Assoziationsfreizügigkeit, handelt,[483] ist allerdings im Sinne eines einheitlichen Begriffs der Freizügigkeit im Gemeinschaftsrecht zu entscheiden. Dies ergibt sich schon daraus, dass die Assoziation mit der Türkei im Ursprung als Beitrittsassoziation konzipiert war und schon aus diesem Grunde die Freizügigkeit im Sinne des Art. 39 EG als Zielvorstellung bestand,[484] so dass es keinen zwingenden Grund für die Begriffsverwirrung gibt, die eine je nach Zusammenhang unterschiedliche Bedeutung des Worts „Freizügigkeit" im Gemeinschaftsrecht nach sich zöge.

(2) Art. 36 Zusatzprotokoll

Zum gleichen Ergebnis führt die Prüfung des Art. 36 Zusatzprotokoll, der allerdings mehr Ansatzpunkte als Art. 12 Assoziationsabkommen für eine unmittelbare Anwendbarkeit bietet. So lässt sich der Vorschrift der 1. 12. 1986 als der Zeitpunkt entnehmen, zu dem die Freizügigkeit der Arbeitnehmer herzustellen ist; dabei ist ausdrücklich von „wird […] hergestellt" die Rede, nicht etwa von „soll hergestellt werden". Diese Formulierung wurde in Verbindung mit der Rechtsprechung des EuGH,[485] der mit Ende der Über-

---

[480] Nicht näher eingegangen wird an dieser Stelle auf das Abkommen v. 18. 11. 1991, das die Bundesrepublik mit der Türkei über sog. Werkvertragsarbeitnehmer-Kontingente getroffen hat; dazu ausführlich *Hänlein*, ZIAS 1996, S. 21.
[481] EuGH v. 30. 9. 1987, Rs. 12/86 (Demirel), Slg. 1987, 3719, 3754, Rn. 25; zustimmend *Vedder*, EuR 1988, S. 50, 60; *Hailbronner*, Ausländerrecht Handbuch, Rn. 1117; schon vorher BVerwGE 78, S. 192 ff. = BVerwG NJW 1984, S. 2775; a. A. *Dimakopoulos*, Wanderarbeiter aus der Türkei in der Europäischen Gemeinschaft, S. 30 ff.; *Krück*, Die Freizügigkeit der Arbeitnehmer nach dem Assoziierungsabkommen EG/Türkei, EuR 1984, S. 289, 292.
[482] EuGH v. 30. 9. 1987, Rs. 12/86 (Demirel), Slg. 1987, 3719, 3752, Rn. 14; v. 20. 9. 1990, Rs. C-192/89 (Sevince), Slg. 1990, 3461, 3502, Rn. 15.
[483] Vgl. *Krück*, EuR 1984, S. 289, 292 f.; *Rumpf*, Freizügigkeit und Assoziation EG-Türkei, RIW 1993, S. 214, 216.
[484] *Rumpf*, RIW 1993, S. 214, 216.
[485] EuGH v. 4. 12. 1974, Rs. 41/74 (van Duyn), Slg. 1974, 1337, 1347, Rn. 5 ff.; v. 8. 4. 1976, Rs. 48/75 (Royer), Slg. 1976, 497, 512, Rn. 33.

gangszeit die Freizügigkeitsvorschriften des Art. 39 EG für unmittelbar anwendbar erklärte, als Argument für eine unmittelbare Geltung der Freizügigkeitsrechte für türkische Staatsangehörige ab dem 1. 12. 1986 gewertet.[486] Als entscheidendes Argument gegen eine unmittelbare Wirkung mit Ablauf der in Art. 36 Zusatzprotokoll gesetzten Frist wird dem die Regelung des Abs. 2 entgegengesetzt, wonach der Assoziationsrat die für die Herstellung der Freizügigkeit erforderlichen Regeln festlegt; daraus wird der Schluss gezogen, auch bei Art. 36 Abs. 1 Zusatzprotokoll handele es sich lediglich um einen Programmsatz.[487] Nach diesem Verständnis kann auch der zeitliche Rahmen, den Art. 36 Abs. 1 setzt, nur eine Zielvorstellung sein, deren Umsetzung hinsichtlich des „wie" und des „ob" in die Kompetenz des Assoziationsrats fällt, der nach politischen und wirtschaftlichen Gesichtspunkten entscheiden und den Zusammenhang mit der Annäherung der Wirtschaftspolitiken und der Errichtung einer Zollunion beachten müsse.

(3) ARB 1/80

260   Auch dem Beschluss Nr. 1/80 des Assoziationsrats kann nichts entnommen werden, was auf einen Anspruch türkischer Staatsangehöriger auf erstmaligen Zutritt zum Arbeitsmarkt der Mitgliedstaaten hindeuten würde.[488] Vielmehr ist dort in der Regel von den türkischen Arbeitnehmern die Rede, die dem regulären Arbeitsmarkt eines Mitgliedstaats bereits angehören.[489] Auch Art. 8 Abs. 1 ARB 1/80, der sich auf die Anwerbung türkischer Arbeitnehmer aus der Türkei bezieht, ist lediglich ein Programmsatz und nicht geeignet, subjektive Freizügigkeitsrechte türkischer Arbeitnehmer zu begründen.

bb) Zugang zum Arbeitsmarkt eines Mitgliedstaats von einem anderen Mitgliedstaat aus

261   Untersucht werden muss auch die Frage, ob türkische Arbeitnehmer, die rechtmäßig dem Arbeitsmarkt eines Mitgliedstaats angehören, Anspruch auf Zugang zu den Arbeitsmärkten der übrigen Mitgliedstaaten haben. Aber auch eine derartige gemeinschaftsinterne Freizügigkeit für türkische Staatsangehörige lässt sich dem Assoziationsrecht bei seinem derzeitigen Stand nicht entnehmen.[490] Zwar trifft der durch ARB 3/80 konkretisierte Art. 39 Zusatzprotokoll Regelungen für den Fall, dass ein türkischer Wanderarbeitnehmer von einem Mitgliedstaat in einen anderen zieht; die Tatsache, dass die Vorschrift bestimmte Umstände der Wanderungen von einem Mitgliedstaat in den anderen regelt, belegt aber nicht, dass sie auch ein dementsprechendes Recht einräumen will. Auch die ausdrückliche Formulierung des Art. 6 ARB 1/80, wonach die dort vorgesehenen Rechte von dem Mitgliedstaat zu gewähren sind, dessen Arbeitsmarkt der Betroffene angehört, spricht nicht für eine gemeinschaftsinterne Freizügigkeit für türkische Staatsangehörige.[491]

cc) Verbleib auf dem Arbeitsmarkt eines Mitgliedstaats

262   Anders stellt sich dagegen ein Recht auf Verbleib auf dem Arbeitsmarkt eines Mitgliedstaats dar, dem ein Arbeitnehmer türkischer Staatsangehörigkeit bereits regulär angehört.

---

[486] *Rumpf,* RIW 1993, S. 214, 217, m. w. N. in Fn. 30.
[487] EuGH v. 30. 9. 1987, Rs. 12/86 (Demirel), Slg. 1987, 3719, 3753, Rn. 21; VGH BW NVwZ 1982, S. 696; BVerwG, NJW 1987, S. 3094; BSG, NJW 1987, S. 604; VGH BW InfAuslR 1991, S. 221.
[488] EuGH v. 10. 2. 2000, Rs. C 340/97 (Nazli), EuGRZ 2000, 50, 52, Rn. 29; EuGH v. 16. 12. 1992, Rs. C-237/91 (Kus), Slg. 1992, 6781, 6815, Rn. 25, betont ausdrücklich, dass der ARB 1/80 die Befugnis der Mitgliedstaaten unberührt lässt, Vorschriften über die Einreise türkischer Staatsangehöriger in ihr Hoheitsgebiet und die Voraussetzungen der ersten Beschäftigung zu erlassen.
[489] Vgl. Art. 6, 10 ARB 1/80.
[490] So auch *Hailbronner* in Dauses (Hrsg.), Handbuch des EG-Wirtschaftsrechts, D.I, Rn. 64, 66; *Huber,* NVwZ 1991, S. 242, 243; *Weiß,* Freizügigkeit assoziierter Staatsangehöriger, S. 29.
[491] A.A. *Rumpf,* RIW 1993, S. 214, 221, soweit er davon ausgeht, dass eine vierjährige Beschäftigungsdauer eine Erstreckung der Freizügigkeit auf das Recht impliziere, des Aufenthalt innerhalb der Gemeinschaft beliebig zu wechseln.

VI. Assoziierte Staaten   263–265 § 15

Insbesondere die Rechtsprechung des EuGH[492] in den letzten Jahren zum ARB 1/80 hat für eine Festigung der ausländerrechtlichen Position türkischer Staatsangehöriger geführt, die bereits regulär dem Arbeitsmarkt eines Mitgliedstaats angehörten.

(1) Arbeitserlaubnisrecht

So wird insbesondere Art. 6 ARB 1/80 ein Recht türkischer Wanderarbeitnehmer auf 263 den Verbleib im Arbeitsmarkt eines Mitgliedstats entnommen. Die Vorschrift sieht in Abs. 1 vor, dass ein türkischer Wanderarbeitnehmer, der dem regulären Arbeitsmarkt eines Mitgliedstaats angehört, unter bestimmten Umständen einen Anspruch auf Verlängerung seiner Arbeitserlaubnis in diesem Mitgliedstaat hat. So führt ein Jahr ordnungsgemäßer Beschäftigung zu einem Anspruch auf Verlängerung der Arbeitserlaubnis bei dem gleichen Arbeitgeber, soweit ein Arbeitsplatz vorhanden ist (1. Spiegelstrich). Drei Jahre ordnungsgemäßer Beschäftigung verschaffen türkischen Wanderarbeitnehmern, vorbehaltlich des Vorrangs von Arbeitnehmern aus den Mitgliedstaaten, ein Recht auf Stellenbewerbung für den gleichen Beruf, aber auch bei anderen Arbeitgebern, das sinnvollerweise nur im Zusammenhang mit dem Recht auf Erteilung einer entsprechenden Arbeitserlaubnis gesehen werden kann (2. Spiegelstrich). Schließlich führt eine vierjährige ordnungsgemäße Beschäftigung dazu, dass der Betreffende freien Zugang zu jeder von ihm gewählten Beschäftigung im Lohn- oder Gehaltsverhältnis hat (3. Spiegelstrich).

(a) Unmittelbare Anwendbarkeit des Art. 6 ARB 1/80. Daran könnten sich 264 Zweifel insbesondere daraus ergeben, dass Art. 6 Abs. 3 ARB 1/80 die Mitgliedstaaten mit der Regelung der Einzelheiten der Durchführung durch einzelstaatliche Vorschriften beauftragt. Dies hat den EuGH[493] jedoch nicht davon abgehalten, die unmittelbare Anwendbarkeit des Art. 6 ARB 1/80 mehrfach ausdrücklich festzustellen. In Abs. 3 wird dem EuGH zufolge lediglich die den Mitgliedstaaten obliegende Pflicht zum Erlass von Verwaltungsvorschriften konkretisiert, die zur Durchführung der Vorschriften von Art. 6 ARB 1/80 erforderlich seien.[494] Auch wird darauf hingewiesen, dass die Formulierung des Art. 12 ARB 1/80, wo von der „automatischen" Anwendung der Art. 6 und 7 ARB 1/80 die Rede ist, die Vorstellung des Assoziationsrats selbst belegt, dass Art. 6 unmittelbar anwendbar sein soll.[495] Sowohl der Wortlaut des Art. 6 ARB 1/80 als auch seine Stellung im Gefüge des Assoziationsrechts EG/Türkei als Handlung des Assoziationsrats im Rahmen der Ermächtigung nach Art. 36 Abs. 2 Zusatzprotokoll weisen demnach darauf hin, dass die Vorschrift unmittelbar anwendbar ist.

(b) Begriff der ordnungsgemäßen Beschäftigung. Zur Ordnungsmäßigkeit einer 265 Beschäftigung muss die Überlegung den Ausgangspunkt bilden, dass eine nach den jeweiligen einzelstaatlichen Vorschriften illegale Beschäftigung nicht ordnungsgemäß im Sinne des Art. 6 ARB 1/80 sein kann, weil andernfalls das durch die assoziationsrechtlichen Vorschriften nicht beseitigte Recht der Mitgliedstaaten unterlaufen werden könnte, über den erstmaligen Zugang türkischer Staatsangehöriger zu ihrem nationalen Arbeitsmarkt

---

[492] EuGH v. 20. 9. 1990, Rs. C-192/89 (Sevince), Slg. 1990, 3461; v. 16. 12. 1992, Rs. C-237/91 (Kus), Slg. 1992, 6781; v. 5. 10. 1994, Rs. C-355/93 (Eroglu), Slg. 1994, 5113; v. 6. 6. 1995, Rs. C-434/93 (Bozkurt), Slg. 1995, 1475; EuGH v. 19. 11. 1998, Rs. C 210/97 (Akman), Slg. 1998, 7519; EuGH v. 26. 11. 1998, Rs. C 1/97 (Birden), Slg. 1998, 7747; EuGH v. 16. 3. 2000, Rs. C 329/97 (Ergat), Slg. 2000, 1487; EuGH v. 30. 9. 1997, Rs. C 36/96 (Günaydin), Slg. 1997, 5143; EuGH v. 30. 9. 1997, Rs. C 98/96 (Ertanir), Slg. 1997, 5179 ; EuGH v. 10. 2. 2000, Rs. C 340/97 (Nazli), EuGRZ 2000, 50 ; EuGH v. 23. 1. 1997, Rs. C 171/95 (Tetik), Slg. 1997, 329. EuGH v. 29. 5. 1997, Rs. C 386/95 (Eker), Slg. 1997, 2697.

[493] EuGH v. 20. 9. 1990, Rs. C-192/89 (Sevince), Slg. 1990, 3461, 3502, Rn. 17; v. 16. 12. 1992, Rs. C-237/91 (Kus), Slg. 1992, 6781, 6816, Rn. 30; EuGH v. 26. 11. 1998, Rs. C 1/97 (Birden), Slg. 1998, 7747, 7775, Rn. 19; EuGH v. 10. 2. 2000, Rs. C 340/97 (Nazli), EuGRZ 2000, 50 , 52, Rn. 24 ff.

[494] EuGH v. 20.9. 1990, Rs. C-192/89 (Sevince), Slg. 1990, 3461, 3503 f., Rn. 22.

[495] VG Koblenz v. 12. 12. 1991, InfAuslR 1992, S. 86, 89.

selbst zu entscheiden. Voraussetzung einer ordnungsgemäßen Beschäftigung ist eine gesicherte und nicht nur vorläufige Rechtsposition des Betroffenen auf dem Arbeitsmarkt des jeweiligen Mitgliedstaats.[496]

266 Grundsätzlich nicht ausschlaggebend ist, aus welchem Grunde der Aufenthaltstitel erteilt wurde.[497] An einer gesicherten Position auf dem Arbeitsmarkt kann es aber fehlen, wenn die Aufenthaltsberechtigung lediglich auf dem Suspensiveffekt eines Rechtsmittels beruht, das der Betroffene gegen eine Maßnahme eingelegt hat, die auf die Beendigung seines Aufenthalts zielt.[498] Verfahrensrechtlich begründete Aufenthaltsrechte können nicht Grundlage einer ordnungsgemäßen Beschäftigung i.S. des Art. 6 Abs. 1 ARB 1/80 sein; dies schließt aber nicht aus, dass sie im Falle des Erfolgs eines Rechtsmittels rückwirkend zu materiellen Aufenthaltsrechten werden und damit auch wieder zu Zeiten ordnungsgemäßer Beschäftigung führen können.[499]

267 Keine ordnungsgemäße Beschäftigung liegt vor, wenn der Aufenthaltstitel die Ausübung jeglicher Erwerbstätigkeit ausdrücklich ausschließt, da dies in der Regel im Falle des Zuwiderhandelns bereits zu illegaler Beschäftigung führen dürfte. Dies muss auch für den Fall gelten, dass dem Aufenthalt des Betroffenen ein Zweck zugrundeliegt, der sich nach dem nationalen Recht nicht als Erwerbstätigkeit darstellt; auch dann verhindert ein ausdrückliches Verbot der Erwerbstätigkeit, dass der Betroffene auf dem nationalen Arbeitsmarkt eine gesicherte Position erlangen kann.[500] Demgegenüber kann die Ausübung einer nach deutschem Recht arbeitserlaubnisfreien Beschäftigung zu einer gesicherten Position auf dem Arbeitsmarkt führen.[501] Anderenfalls hätten es die Mitgliedstaaten in der Hand, die Rechtsfolgen des Art. 6 Abs. 1 ARB 1/80 für bestimmte Tätigkeiten auszuschließen, indem diese vom Erfordernis der Arbeitserlaubnis befreit werden.[502] Die Beseitigung des Tatbestandsmerkmals der Zugehörigkeit zum regulären Arbeitsmarkt der Mitgliedstaaten kann nicht in das Belieben der Mitgliedstaaten gestellt werden, indem diese ihren regulären Arbeitsmarkt ganz oder zum Teil in „besondere" Arbeitsmärkte aufteilen. Grundsätzlich können alle materiellrechtlich begründeten Aufenthaltstitel Grundlage einer ordnungsgemäßen Beschäftigung sein, die nicht jede Erwerbstätigkeit des Betroffenen und damit seinen Zugang zum nationalen Arbeitsmarkt ausdrücklich ausschließen.

268 Auch die Erteilung auf einen bestimmten Zeitraum und einen bestimmten Zweck beschränkter Arbeits- und Aufenthaltserlaubnisse steht der Berücksichtigung von innerhalb der Befristung zurückgelegten Beschäftigungszeiten als ordnungsgemäß i.S. des Art. 6 Abs. 1 ARB 1/80 nicht entgegen.[503] Eine Befristung des Aufenthaltstitels kann auch nicht auf Art. 6 Abs. 3 des ARB 1/80 gestützt werden, da diese Vorschrift die Mitgliedstaaten nicht zu Beschränkungen der Rechte des Art. 6 ARB berechtigt.[504]

---

[496] EuGH v. 20. 9. 1990, Rs. C-192/89 (Sevince), Slg. 1990, 3461, 3505, Rn. 30; v. 16. 12. 1992, Rs. C-237/91 (Kus), Slg. 1992, 6781, 6812, Rn. 12; EuGH v. 26. 11. 1998, Rs. C 1/97 (Birden), Slg. 1998, 7747, 7784, Rn. 55.

[497] EuGH v. 16. 12. 1992, Rs. 237/91 (Kus), Slg. 1992, 6781, 6814, Rn. 22.

[498] EuGH v. 20. 9. 1990, Rs. C-192/89 (Sevince), Slg. 1990, 3461, 3505, Rn. 31.

[499] Dies ergibt sich im Umkehrschluss aus EuGH v. 20. 9. 1990, Rs. C-192/89 (Sevince), Slg. 1990, 3461, 3506, Rn. 32.

[500] BVerwG v. 24. 1. 1995 – 1 C 2.94 – AuAS (Ausländer- und Asylrecht) 1995, 134; nicht zuzustimmen ist daher dem vom BVerwG aufgehobenen Urteil des OVG Schleswig-Holstein v. 9. 3. 1993, InfAuslR 1993, 164, 166, soweit es die Betreuung ihrer Enkelkinder in der Bundesrepublik durch eine türkische Staatsangehörige, der die Erwerbstätigkeit in der Bundesrepublik ausdrücklich untersagt worden war, zur Grundlage einer ordnungsgemäßen Beschäftigung macht.

[501] *Welte*, InfAuslR 1993, S. 285, 287.

[502] Auf dieses Argument weist das BVerwG in seinem Vorlagebeschluss v. 11. 4. 1995 (1 C 20.93) an den EuGH (dortige Rs. C-171/95 [Tetik]) hin.

[503] EuGH v. 30. 9. 1997, Rs. C 98/96 (Ertanir), Slg. 1997, 5179, 5209, Rn. 55; so auch *Huber*, NVwZ 1991, S. 242, 243; a. A. *Welte*, InfAuslR 1993, S. 285, 286, sowie *Saenger*, ZAR 1993, S. 34, 37.

[504] EuGH v. 30. 9. 1997, Rs. C 98/96 (Ertanir), Slg. 1997, 5179, 5203, Rn. 31.

(c) **Zugehörigkeit zum regulären Arbeitsmarkt eines Mitgliedstaats.** Nach 269
Art. 6 ARB 1/80 muss der türkische Arbeitnehmer dem regulären Arbeitsmarkt eines
Mitgliedstaats angehören. Das ist der Fall, wenn der Arbeitnehmer im Hoheitsgebiet eines
Mitgliedstaates tätig wird oder eine hinreichend enge Verknüpfung mit diesem Gebiet
aufweist.[505] Ob die Zugehörigkeit zum regulären Arbeitsmarkt darüber hinaus ein eigenständiges Kriterium aufweist, wird vom EuGH und Stimmen im Schrifttum abgelehnt.[506]
So hatte der EuGH in der Entscheidung vom 26. 11. 1998 über die Frage zu entscheiden,
ob die Tätigkeit nach § 19 BSHG wegen des überwiegend sozialen Charakters der Tätigkeit eine Zugehörigkeit zum regulären Arbeitsmarkt ausschließen könnte. Der Zweck, der
mit der Tätigkeit verfolgt würde, könnte dem Arbeitnehmer nicht die Rechte des Art. 6
ARB nehmen.[507] Weiterhin wäre eine andere Auslegung widersprüchlich, da die mit § 19
BSHG verfolgte Eingliederung in den Arbeitsmarkt durch eine solche Auslegung des
Art. 6 ARB 1/80 verhindert würde.[508] „Folglich bezeichnet der Begriff „regulärer Arbeitsmarkt" die Gesamtheit der Arbeitnehmer, die den Rechts- und Verwaltungsvorschriften des betroffenen Staates nachkommen und somit das Recht haben, eine Berufstätigkeit in seinem Hoheitsgebiet auszuüben. Entgegen dem Vorbringen der deutschen
Regierung und der Kommission ist dieser Begriff nicht dahin auszulegen, dass er den
allgemeinen Arbeitsmarkt im Gegensatz zu einem besonderen Arbeitsmarkt bezeichnet,
der sozialen Zwecken dient und von öffentlichen Stellen gefördert wird."[509]

(d) **Unterbrechung der ordnungsgemäßen Beschäftigung.** Die Unterbrechung 270
von Zeiten ordnungsgemäßer Beschäftigung wird weitgehend durch Art. 6 Abs. 2 ARB
1/80 geregelt. Danach gelten der Jahresurlaub sowie die Abwesenheit wegen Mutterschaft,
Arbeitsunfall oder kurzer Krankheit als Zeiten ordnungsgemäßer Beschäftigung, während
Zeiten unverschuldeter bzw. unfreiwilliger,[510] von den Behörden ordnungsgemäß festgestellter Arbeitslosigkeit sowie langer Krankheit zwar nicht als Beschäftigungszeiten i. S. des
Abs. 1 angesehen werden, aber auch nicht die bis dahin erworbenen Ansprüche berühren.
Dies gilt auch bei Langzeitarbeitslosigkeit türkischer Arbeitnehmer, die bereits in der
Bundesrepublik gearbeitet haben.[511]

Ergänzend ist auf ein Urteil des EuGH hinzuweisen, wonach die ordnungsgemäße Be- 271
schäftigung als beendet gilt, wenn der Arbeitnehmer dauernd arbeitsunfähig ist.[512] Dies
leuchtet ein, da die Grenze des Begriffs der ordnungsgemäßen Beschäftigung erreicht sein
muss, wenn die Fortsetzung der Beschäftigung ausgeschlossen ist. Ein Fortbestand des
Aufenthaltsrechts könnte dann nur aus einem Verbleiberecht für türkische Rentner folgen,
das aber weder im ARB 1/80 noch an anderer Stelle in den Assoziationsvereinbarungen
mit der Türkei vorgesehen ist.[513]

Auch eine dauernde Rückkehr in die Türkei kann zum Verlust der Rechte aus Art. 6 272
Abs. 1 ARB 1/80 führen, wobei es den Mitgliedstaaten überlassen bleibt, im Einzelnen

---

[505] EuGH v. 26. 11. 1998, Rs. C 1/97 (Birden), Slg. 1998, 7747, 7778, Rn. 33; EuGH v. 30. 9. 1997, Rs. C 36/96 (Günaydin), Slg. 1997, 5143, 5168, Rn. 29; EuGH v. 6. 6. 1995, Rs. C 434/93 (Bozkurt), Slg. 1995, 1475, 1501, Rn. 22, 23; EuGH v. 30. 9. 1997, Rs. C 98/96 (Ertanir), Slg. 1997, 5179, 5205, Rn. 39.
[506] EuGH v. 26. 11. 1998, Rs. C 1/97 (Birden), Slg. 1998, 7747, 7783, Rn. 53.
[507] EuGH a. a. O. Rn. 43.
[508] EuGH a. a. O. Rn. 45.
[509] EuGH a. a. O. Rn. 51.
[510] *Gutmann*, ZAR 1996, S. 70, 72, führt aus, dass vor dem Hintergrund der Übersetzungen des ARB 1/80 in die anderen Amtssprachen der Gemeinschaft und des Art. 7 Abs. 1 RL 68/360 die unverschuldete Arbeitslosigkeit im Sinne unfreiwilliger Arbeitslosigkeit zu verstehen ist.
[511] A. A. *Gutmann*, ZAR 1996, S. 70, 73, der allerdings keine klare Trennung zwischen der Arbeitssuche von Personen, die im Aufnahmestaat nie berufstätig waren, und von im Aufnahmestaat arbeitslos gewordenen Personen vornimmt.
[512] EuGH v. 6. 6. 1995, Rs. C-434/93 (Bozkurt), Slg. 1995, 1475, 1505 f., Rn. 36 ff.
[513] *Gutmann*, ZAR 1996, S. 70, 72.

festzulegen, wann eine dauernde Rückkehr vorliegt.[514] Fraglich ist, ob eine nicht unter die Tatbestände des Art. 6 Abs. 2 ARB 1/80 zu subsumierende Unterbrechung der ordnungsgemäßen Beschäftigung nach erstmaliger Erfüllung der Voraussetzungen des Art. 6 Abs. 1, 3. Spiegelstrich ARB 1/80 die bis dahin erworbenen arbeitserlaubnis- und aufenthaltsrechtlichen Positionen unberührt lässt. Als eine Unterbrechung, die zum Erlöschen des Aufenthaltsrechts führt, hat es der EuGH angesehen, wenn der Arbeitnehmer das Rentenalter erreicht hat, oder vollständig und dauernd arbeitsunfähig geworden ist.[515] Ist der Arbeitnehmer indes nur vorübergehend an der Ausübung seines Arbeitsverhältnisses gehindert, ohne dass seine Fähigkeit zu Berufstätigkeit ausgeschlossen ist, bleiben die Rechte nach Art. 6 Abs. 1 3. Spiegelstrich erhalten.[516] Zu der Zeit in Untersuchungshaft führt der EuGH aus:

„Auch wenn das Aufenthaltsrecht als Folge aus dem Recht auf Zugang zum Arbeitsmarkt und auf tatsächliche Ausübung einer Beschäftigung also nicht unbegrenzt gewährt wird, führt doch nur die endgültige Beschäftigungslosigkeit des Arbeitnehmers zwangsläufig zum Verlust der durch Artikel 6 Absatz 1 des Beschlusses Nr. 1/80 verliehenen Rechte.

40. Zwar setzen die in Artikel 6 Absatz 1 erster bis dritter Gedankenstrich vorgesehenen Rechte grundsätzlich die Ausübung einer ordnungsgemäßen ununterbrochenen Beschäftigung von einem, drei oder vier Jahren voraus. Doch umfasst der dritte Gedankenstrich dieser Vorschrift das Recht des betroffenen Arbeitnehmers, der bereits ordnungsgemäß in den Arbeitsmarkt des Aufnahmestaats eingegliedert ist, sein Arbeitsverhältnis vorübergehend zu unterbrechen. Ein solcher Arbeitnehmer gehört also weiterhin dem regulären Arbeitsmarkt dieses Staates an, sofern er innerhalb eines angemessenen Zeitraums tatsächlich eine andere Beschäftigung findet, und genießt dort während dieses Zeitraums ein Aufenthaltsrecht.

41. Nach alledem ist die vorübergehende Unterbrechung des Beschäftigungszeitraums eines türkischen Arbeitnehmers wie des Klägers während seiner Untersuchungshaft als solche nicht geeignet, diesem seine unmittelbaren Rechte aus Artikel 6 Absatz 1 dritter Gedankenstrich des Beschlusses Nr. 1/80 zu nehmen, sofern er innerhalb eines angemessenen Zeitraums nach seiner Haftentlassung wieder eine Beschäftigung findet."[517]

273 Im Fall des Art. 6 Abs. 1, 3. Spiegelstrich ARB 1/80 besonders zu betrachten ist die freiwillige Aufgabe einer Tätigkeit, um eine neue Beschäftigung zu suchen. Auf der Grundlage des soeben Ausgeführten könnte dies dazu führen, dass die damit eintretende Arbeitslosigkeit, dauere sie auch nur wenige Tage, den Verlust der bis dahin erworbenen Ansprüche nach sich zieht.[518] Hier ist mit Blick auf die Zielsetzung des Art. 6 Abs. 1, 3. Spiegelstrich ARB 1/80 eine Differenzierung zwischen Arbeitslosigkeit als Unterbrechung der ordnungsgemäßen Beschäftigung und einem kurzen beschäftigungslosen Zwischenraum zwischen zwei nicht unmittelbar aufeinander folgenden Arbeitsverhältnissen erforderlich. Der Sinn der Vorschrift besteht gerade darin, hinreichend integrierten türkischen Arbeitnehmern den Wechsel der Arbeitsstelle zu ermöglichen; dafür kann es nicht darauf ankommen, ob aus einem bestehenden Arbeitsverhältnis heraus eine neue Stelle gesucht wird oder es zu einer kurzen Phase der Arbeitslosigkeit kommt, solange diese nur wenige Tage oder Wochen dauert. Bloße beschäftigungslose Übergangszeiten von angemessener Dauer führen daher nicht zum Verlust der einmal erworbenen Rechtsposition des Art. 6 Abs. 1, 3. Spiegelstrich ARB 1/80.[519]

274 Die ordnungsgemäße Beschäftigung setzt grundsätzlich voraus, dass der Aufenthalt rechtmäßig ist. Fraglich ist deshalb, ob der verspätete Antrag auf Verlängerung der Aufenthaltser-

---

[514] LSG Baden-Württemberg v. 29. 1. 1993, AiB 1993, S. 395, 397, nimmt eine dauernde Rückkehr in diesem Sinne erst nach einer in Anlehnung an § 2 Abs. 6 AEVO gewonnenen Frist von sechs Monaten an; ebenso *Huber*, NJW 1985, 2061, 2070 f. m. w. N.; a. A. *Hailbronner* D 5.4, Rn. 30; OVG NW v. 20. 2. 1995, InfAuslR 1995, S. 282.
[515] EuGH v. 6. 6. 1995 (Bozkurt), Slg. 1995, 1475, 1506, Rn. 39.
[516] EuGH v. 10. 2. 2000, Rs. C 340/97 (Nazli), EuGRZ 2000, S. 50, 53, Rn. 38.
[517] EuGH a. a. O. Rn. 39 ff.
[518] So *Huber*, Handbuch des Ausländer- und Asylrechts, B 402 Art. 6, Rn. 50.
[519] EuGH v. 23. 1. 1997, Rs. C 171/95 (Tetik), Slg. 1997, 329, 350, Rn. 30.

laubnis den Bestand der ordnungsgemäßen Beschäftigung betreffen kann. Der EuGH lehnt dies ab unter Verweis auf die allgemeinen Grundsätze zur Beachtung von Formalitäten.[520] Die Mitgliedstaaten seien zwar befugt, Sanktionen für das Zuwiderhandeln gegen aufenthaltsrechtliche Bestimmungen vorzusehen, diese dürften jedoch weder unverhältnismäßig sein noch das verliehene Aufenthaltsrecht aufheben oder beschränken.[521] Auch kurze Zeiträume ohne gültige Aufenthaltserlaubnis seien unerheblich für die Berechnung.[522]

(e) Besondere Voraussetzungen des Art. 6 Abs. 1, 1. Spiegelstrich ARB 1/80. 275
Art. 6 Abs. 1, 1. Spiegelstrich ARB 1/80 sieht die Verlängerung der Arbeitserlaubnis bei demselben Arbeitgeber vor. Klärungsbedürftig ist daher, ob auch die vorangegangene einjährige Beschäftigung bei demselben Arbeitgeber stattgefunden haben muss oder ob ein Wechsel des Arbeitgebers während dieser Zeit unschädlich sein soll. Gegen die Unschädlichkeit eines Arbeitsplatzwechsels spricht insbesondere, dass dann unklar bleibt, aus welchem Grunde die Arbeitserlaubnis nur für die Tätigkeit bei demselben Arbeitgeber verlängert werden muss;[523] der Vorschrift ist vielmehr der Wille zu entnehmen, eine Integrationsleistung zu belohnen, die in der Stetigkeit einer einjährigen ununterbrochenen Beschäftigung bei demselben Arbeitgeber zum Ausdruck kommt. Ein türkischer Arbeitnehmer erfüllt daher die Voraussetzungen des Art. 6 Abs. 1 erster Spiegelstrich ARB 1/80 nicht, wenn er während des ersten Jahres der Beschäftigung mit Zustimmung der nationalen Behörden zwar ununterbrochen, aber bei verschiedenen Arbeitgebern tätig war und die Beschäftigung bei seinem letzten Arbeitgeber fortsetzen will.[524]

(f) Besondere Voraussetzungen des Art. 6 Abs. 1, 2. Spiegelstrich ARB 1/80. 276
Die 2. Alternative spricht nicht ausdrücklich von der Verlängerung der Arbeitserlaubnis, sondern von einem Recht auf Stellenbewerbung nach drei Jahren ordnungsgemäßer Beschäftigung. Dennoch ist davon auszugehen, dass die Vorschrift auch ein Recht gegen den jeweiligen Mitgliedstaat auf Verlängerung der Arbeitserlaubnis geben will, da sie ansonsten leerlaufen würde.[525] Die den Vorgang der Stellenbewerbung in den Vordergrund rückende Formulierung soll vielmehr verdeutlichen, dass hier erstmals[526] der Wechsel des Arbeitsplatzes unter bestimmten Umständen für die aus Art. 6 ARB 1/80 folgenden Ansprüche unschädlich ist. Für die Verlängerung der Arbeitserlaubnis für die Beschäftigung beim bisherigen Arbeitgeber bleibt die 1. Alternative einschlägig.

Eingeschränkt wird die 2. Alternative allerdings durch die Notwendigkeit, dass das 277 Stellenangebot über die Arbeitsämter vermittelt worden sein muss. Dies erleichtert den Mitgliedstaaten die Wahrung des Vorrangs der gemeinschaftsangehörigen Arbeitnehmer, der der Vorschrift ebenfalls zu entnehmen ist. Weiterhin darf die Arbeitserlaubnis nur für eine Beschäftigung in demselben Beruf erteilt werden, wobei die Anforderungen an die Identität des Berufsbildes nicht allzu hoch gespannt sein sollten.

(g) Besondere Voraussetzungen des Art. 6 Abs. 1, 3. Spiegelstrich ARB 1/80. 278
Nach vier Jahren ordnungsgemäßer Beschäftigung in einem Mitgliedstaat haben türkische Wanderarbeitnehmer nach der 3. Alternative freien Zugang zu jeder Beschäftigung im Lohn- oder Gehaltsverhältnis. In diesem Falle ist, wie sich aus der unterschiedlichen Formulierung der 2. Alternative ergibt, auch keine Arbeitsmarktprüfung mehr zulässig.

---

[520] EuGH v. 16. 3. 2000, Rs. C 329/97 (Ergat), Slg. 2000, 1487, 1522, Rn. 56.
[521] EuGH a. a. O. Rn. 56, 58.
[522] EuGH v. 30. 9. 1997, Rs. C 98/96 (Ertanir), Slg. 1997, 5179, 5211, Rn. 64 ff.
[523] *Hailbronner*, Ausländerrecht Handbuch, Rn. 1130.
[524] EuGH v. 39. 5. 1997 (Eker), Rs. C 386/95, Slg. 1997, 2697, 2716, Rn. 30; EuGH v. 5. 10. 1994, Rs. C-355/93 (Eroglu), Slg. 1994, 5113, 5138, Rn. 14; a. A. SG Bremen v. 30. 9. 1982, InfAuslR 1983, S. 144 sowie Rundschreiben des Ministeriums des Inneren und für Sport des Landes Rheinland-Pfalz v. 25. 3. 1993 – 317/19 304-1, InfAuslR 1993, S. 259.
[525] In diesem Sinne auch Runderlass der Bundesanstalt für Arbeit v. 24. 11. 1980, ANBA 1981, S. 2 (auch abgedruckt in InfAuslR 1982, 34).
[526] Dies betont der EuGH mit Urteil v. 5. 10. 1994, Rs. C-355/93 (Eroglu), Slg. 1994, 5138, Rn. 14.

279 **(h) Deklaratorische Arbeitserlaubnis.** Die Arbeitserlaubnis, auf die gemäß Art. 6 Abs. 1 ARB 1/80 bei Vorliegen von dessen jeweiligen Voraussetzungen Anspruch erhoben werden kann, ist deklaratorischer Natur und nicht nach Maßgabe der AEVO zu erteilen, soweit das Assoziationsrecht eigene Regelungen trifft.[527] Dementsprechend kommt auch eine Verweigerung der Arbeitserlaubnis unter Berufung auf § 6 Abs. 1 Nr. 3 AEVO nicht in Betracht; die Herstellung der Gleichbehandlung bei den Arbeitsbedingungen kann nicht über die Verweigerung der Arbeitserlaubnis erfolgen.

(2) Aufenthaltsrecht

280 Ein originäres Aufenthaltsrecht für türkische Staatsangehörige lässt sich den Assoziationsvereinbarungen nicht entnehmen. Auch Art. 6 ARB 1/80 regelt unmittelbar nur die arbeitserlaubnisrechtliche Seite der Beschäftigung türkischer Arbeitnehmer in der Gemeinschaft.[528] Das daraus folgende Dilemma, dass die Mitgliedstaaten zwar zur Verlängerung der Arbeitserlaubnis, nicht aber der Aufenthaltserlaubnis türkischer Wanderarbeitnehmer verpflichtet sein könnten, hat der EuGH durch ein aus Art. 6 Abs. 1 ARB 1/80 abgeleitetes Aufenthaltsrecht gelöst;[529] die Vorschriften des Art. 6 ARB 1/80 liefen leer, wenn sie nicht mit einem zeitlich entsprechenden Aufenthaltsrecht gekoppelt seien.

281 Daraus ergibt sich als Voraussetzung eines assoziationsrechtlichen Aufenthaltsrechts für türkische Wanderarbeitnehmer, dass die Tatbestandsmerkmale einer der Alternativen des Art. 6 Abs. 1 ARB 1/80 erfüllt sind und bleiben,[530] so dass das akzessorische Aufenthaltsrecht der türkischen Wanderarbeitnehmer nur soweit und solange bestehen bleibt, wie sie auch Ansprüche aus Art. 6 Abs. 1 ARB 1/80 geltend machen können. So kann auch die Unterbrechung der Tätigkeit i. S. des Art. 6 Abs. 1 ARB 1/80 zum Wegfall des Aufenthaltsrechts führen, wenn der Arbeitnehmer dauerhaft arbeitsunfähig ist.[531] Ebenso besteht wohl auch kein assoziationsrechtlich geschütztes Verbleiberecht türkischer Wanderarbeitnehmer nach Beendigung ihrer Beschäftigung in einem Mitgliedstaat der Gemeinschaft.[532]

282 Die von den nationalen Behörden auf Grund der zitierten Rechtsprechung des EuGH bei Vorliegen der Voraussetzungen des Art. 6 Abs. 1 ARB 1/80 zu erteilende Aufenthaltserlaubnis ist deklaratorischer Natur[533] und gemäß Art. 6 Abs. 1 AuslG zu erteilen.[534]

(3) Besonderheiten für Familienangehörige

283 Auch der ARB 1/80 enthält in seinem ebenfalls unmittelbar anwendbaren[535] Art. 7 einige konkrete Regelungen über die Stellung von Familienangehörigen türkischer Wan-

---

[527] EuGH v. 30. 9. 1997, Rs. C 36/96 (Günaydin), Slg. 1997, 5143, 5172, Rn. 49; EuGH v. 16. 3. 2000, Rs. C 329/97 (Ergat), Slg. 2000, 1487, 1522 Rn. 62; *Gutmann*, insofern ablehnende Anmerkung zu LSG Baden-Württemberg v. 29. 1. 1993, AiB 1993, 395, S. 397.
[528] EuGH v. 20. 9. 1990, Rs. C-192/89 (Sevince), Slg. 1990, 3461, 3505, Rn. 28; v. 16. 12. 1992, Rs. C-237/91 (Kus), Slg. 1992, 6781, 6814, Rn. 20.
[529] EuGH v. 20. 9. 1990, Rs. C-192/89 (Sevince), Slg. 1990, 3461, 3505, Rn. 29; v. 16. 12. 1992, Rs. C-237/91 (Kus), Slg. 1992, 6781, 6816, Rn. 29.
[530] BVerwG v. 14. 4. 1993, InfAuslR 1993, 258, 259.
[531] EuGH v. 6. 6. 1995, Rs. C-434/93 (Bozkurt), Slg. 1995, 1475, 1505 f., Rn. 36 ff.; zur Schädlichkeit von Unterbrechungen der Tätigkeit s. Rn. 270 ff. Näher zum Erlöschen des Aufenthaltsrechts auch *Rumpf*, NVwZ 1994, S. 1189 ff.
[532] *Gutmann*, ZAR 1996, S. 70, 72; diese Frage lässt *Rumpf*, NVwZ 1994, S. 1189, 1191 offen, weist aber auf die Verbleibe-VO 1251/70 als äußerste Grenze eines eventuellen assoziationsrechtlich verbrieften Verbleiberechts für türkische Wanderarbeitnehmer hin.
[533] EuGH v. 30. 9. 1997, Rs. C 36/96 (Günaydin), Slg. 1997, 5143, 5172, Rn. 49; EuGH v. 16. 3. 2000, Rs. C 329/97 (Ergat), Slg. 2000, 1487, 1523, Rn. 62; *Huber*, NVwZ 1991, S. 242, 243; *Nachbaur*, JZ 1992, S. 351, S. 353; jedenfalls im Ergebnis *Gutmann*, ZAR 1996, S. 70, 76 f.
[534] VG Stuttgart v. 10. 2. 1993, InfAuslR 1993, S. 169, 170; v. 18. 3. 1993, InfAuslR 1993, S. 209, 210.
[535] Dies stellt der EuGH mit Urteil v. 5. 10. 1994, Rs. C-355/93 (Eroglu), Slg. 1994, 5113, 5139 f., Rn. 17, für Art. 7 Abs. 2 ARB 1/80 fest; es gibt jedoch keinen Gesichtspunkt, der gegen eine Ausdehnung dieser Rechtsprechung auf Art. 7 Abs. 1 ARB 1/80 spricht.

VI. Assoziierte Staaten   284–288 § 15

derarbeitnehmer, die in Tatbestand und Rechtsfolgen an Art. 6 ARB 1/80 erinnern. Darüberhinaus sind dem Assoziationsrecht mit der Türkei keine Vorschriften über die Stellung Familienangehöriger von türkischen Wanderarbeitnehmern zu entnehmen.

(a) **Kein Nachzugsrecht.** Ein eigenständiges Familiennachzugsrecht für die Angehörigen türkischer Arbeitnehmer gewährt das Assoziationsrecht nicht. Art. 7 ARB 1/80 als einschlägige Vorschrift verhält sich ausdrücklich nur zu denjenigen Familienangehörigen des türkischen Wanderarbeitnehmers, die die Genehmigung erhalten haben, zu ihm zu ziehen. 284

(b) **Persönlicher Anwendungsbereich des Art. 7 ARB 1/80.** Der persönliche Anwendungsbereich des Art. 7 ARB 1/80 umfasst ohne nähere Eingrenzung Familienangehörige türkischer Wanderarbeitnehmer, die die Erlaubnis erhalten haben, zu ihm zu ziehen. Dies legt den Schluss nahe, dass Familienangehöriger im Sinne dieser Vorschrift nur sein kann, wessen Zuzug im Hinblick auf seine Eigenschaft als Familienangehöriger vom jeweiligen Mitgliedstaat gestattet wurde. Dieser Sichtweise hat sich der EuGH[536] jedoch nicht angeschlossen, sondern er bezieht in den persönlichen Anwendungsbereich des Art. 7 ARB 1/80 auch Familienangehörige ein, deren Einreisegenehmigung nicht zu Zwecken der Familienzusammenführung erteilt wurde. Aus diesem Grund ist auch für den Anwendungsbereich des Art. 7 ARB 1/80 eine Definition des Familienangehörigen im Sinne der Vorschrift erforderlich. Naheliegend erscheint hier die Anlehnung an Art. 11 VO 1612/68, da auch diese Vorschrift den Zugang von Familienangehörigen zum Arbeitsmarkt von Wanderarbeitnehmern regelt und es nicht angeht, den Kreis von Familienangehörigen türkischer Wanderarbeitnehmer mit Berufszugangsrechten weiter zu ziehen als den entsprechenden Kreis der Familienangehörigen von EG-Wanderarbeitnehmern. Familienangehörige im Sinne des Art. 7 ARB 1/80 sind daher der Ehegatte des türkischen Wanderarbeitnehmers und seine Kinder, die noch nicht 21 Jahre alt sind oder denen er Unterhalt gewährt.[537] Im Hinblick auf das Fehlen eines eigenständigen Familiennachzugsrechts muss dabei für das Alter sowie die Unterhaltsbedürftigkeit der Zeitpunkt der Einreise in den Aufnahmestaat maßgeblich sein. 285

Auf die Staatsangehörigkeit des Familienmitglieds kommt es nicht an; auch Familienmitglieder mit Drittstaatsangehörigkeit zählen zum persönlichen Anwendungsbereich des Art. 7 ARB 1/80. 286

(c) **Zugang zum Arbeitsmarkt.** Art. 7 Abs. 1, 1. Alt. ARB 1/80 erinnert an Art. 6 Abs. 1, 2. Alternative ARB 1/80. Voraussetzung eines Rechts auf Stellenbewerbung, das einen Anspruch auf Erteilung der Arbeitserlaubnis nach sich ziehen dürfte, der allerdings unter dem Vorbehalt einer Arbeitsmarktprüfung und des Vorrangs der EG-Arbeitnehmer steht, ist danach nur ein mindestens dreijähriger ordnungsgemäßer Aufenthalt im Aufnahmestaat. Der Begriff des Stellenangebots ist hier ebenso zu verstehen wie im Fall des Art. 6 Abs. 1, 2. Alt. ARB 1/80, um den Arbeitsämtern der Mitgliedstaaten die Möglichkeit zu geben, den Vorrang der EG-Arbeitnehmer zu wahren. 287

In Übertragung der zu Art. 6 Abs. 1 ARB 1/80 entwickelten Kriterien für die ordnungsgemäße Beschäftigung ist Voraussetzung des ordnungsgemäßen Aufenthalts, dass dieser nicht auf einem rein verfahrensrechtlichen Aufenthaltsrecht beruht, wie es sich etwa aus der aufschiebenden Wirkung eines Rechtsbehelfs gegen eine sog. aufenthaltsbeendende Maßnahme ergeben könnte. Ein weiteres ungeschriebenes Tatbestandsmerkmal des Art. 7 Abs. 1 muss sein, dass dem Zweck der Privilegierung von Familienangehörigen gegenüber sonstigen türkischen Arbeitnehmern[538] Rechnung getragen wird, indem wäh- 288

---

[536] EuGH v. 5. 10. 1994, Rs. C-355/93 (Eroglu), Slg. 1994, 5113, 5141, Rn. 22, wo ausdrücklich der den gegenteiligen Standpunkt vertretenden Bundesregierung widersprochen wird.
[537] Etwas zu eng hier *Hailbronner*, Ausländerrecht Handbuch, Rn. 1138, der neben dem Ehegatten lediglich die minderjährigen Kinder als Familienangehörige im Sinne des ARB 1/80 versteht.
[538] Vgl. die Regelung des Art. 6 Abs. 1, 2. Alt. ARB 1/80, die nach dreijähriger Beschäftigung (nicht Aufenthalt) erst ein Zugangsrecht zu einem bestimmten Beruf gewährt.

rend des Aufenthalts ein familiäre Lebensgemeinschaft zwischen dem türkischen Wanderarbeitnehmer und den durch Art. 7 ARB 1/80 privilegierten Familienmitgliedern bestand.[539] Ziel der Vorschrift ist es nämlich, Familien zusammenzuführen. Ansonsten bestünde die Gefahr des Missbrauchs durch Scheinehen.[540] Eine Ausnahme gilt dann, wenn objektive Gegebenheiten das fehlende Zusammenleben rechtfertigen, etwa ein entfernter Arbeitsplatz oder eine entfernte Berufsausbildungsstätte.[541] Unterbrechungen des Aufenthaltes sind so zu beurteilen wie im Rahmen von Art. 6 ARB 1/80, wobei unfreiwillige Aufenthalte in der Türkei bis zu 6 Monaten unbeachtlich sind, wie auch das Fehlen einer Aufenthaltserlaubnis.[542]

289 Aus Art. 7 Abs. 1, 2. Alt. ARB 1/80 folgt ein weitergehendes Berufszugangsrecht für Familienangehörige mit mindestens fünfjährigem ordnungsgemäßem Aufenthalt im Aufnahmestaat, die freien Zugang zu jeder Beschäftigung im Lohn- oder Gehaltsverhältnis haben. Eine Arbeitsmarktprüfung durch die nationalen Arbeitsämter findet hier nicht statt.

290 Eine weitergehende Privilegierung der Kinder türkischer Wanderarbeitnehmer ergibt sich aus Art. 7 Abs. 2 ARB 1/80, sofern sie im Aufnahmestaat eine Berufsausbildung abgeschlossen haben. Ihnen steht dann, unabhängig von ihrer eigenen Aufenthaltsdauer, ein unbeschränktes Berufszugangsrecht zu, wenn ein Elternteil seit mindestens drei Jahren im Aufnahmestaat ordnungsgemäß beschäftigt war. Das Kriterium der ordnungsgemäßen Beschäftigung ist hier i. S. des Art. 6 Abs. 1 ARB 1/80 zu verstehen. Diese Privilegierung kann als Anerkennung der fortgeschrittenen Integration derjenigen betrachtet werden, die nach den Vorschriften des Aufnahmestaates eine Berufsausbildung durchlaufen haben. Unter dem Begriff der Berufsausbildung sind dabei alle berufsqualifizierenden Ausbildungen mit staatlich anerkanntem Abschluss einschließlich der Hochschulausbildung[543] zu verstehen, während die allgemeine Schulausbildung nicht zur Berufsausbildung in diesem Sinne zu zählen ist.

291 **(d) Abgeleitetes Aufenthaltsrecht.** Auch die Berufszugangsrechte des Art. 7 ARB 1/80 müssen, um nicht ihrer Wirkung beraubt zu werden, mit einem abgeleiteten Aufenthaltsrecht der Begünstigten verbunden sein;[544] entsprechend hat der EuGH[545] zu Art. 7 Abs. 2 ARB 1/80 entschieden. Es ist auch kein Grund ersichtlich, der dagegen spräche, dieses Aufenthaltsrecht auch bei Erfüllung der Voraussetzungen des Art. 7 Abs. 1 ARB 1/80 anzunehmen.[546] Sobald daher die Voraussetzungen des dreijährigen ordnungsgemäßen Aufenthalts im Aufnahmestaat gemäß Art. 7 Abs. 1, 1. Alt. ARB 1/80 oder der im Aufnahmestaat abgeschlossenen Berufsausbildung gemäß Art. 7 Abs. 2 ARB 1/80 erfüllt sind, liegt die Erteilung bzw. Verlängerung einer Aufenthaltserlaubnis für Familienangehörige türkischer Wanderarbeitnehmer nicht mehr im Ermessen des jeweiligen Mitgliedstaats.

---

[539] EuGH v. 17. 4. 1997, Rs. C 351/95 (Kadiman), Slg. 1997, 2133, 2156, Rn. 38; zur Frage nichtehelicher Lebensgemeinschaften vgl. EuGH v. 22. 6. 2000, Rs. C 65/98 (Eyüp), Slg. 2000, 4747, 4778, Rn. 36 ff., der die Unterbrechung der Ehe durch eine von den geschiedenen Ehepartnern fortgeführten Lebensgemeinschaft nicht als Unterbrechung der beachtlichen Zeit iSd Art. 7 des ARB 1/80 bewertet.

[540] EuGH a. a. O. Rn. 38.

[541] EuGH a. a. O. Rn. 42.

[542] EuGH a. a. O. Rn. 48, 51; EuGH v. 16. 3. 2000, Rs. C 329/97 (Ergat), Slg. 2000, 1487, 1523 Rn. 52 ff; *Hailbronner* D 5.4, Rn. 35 e.

[543] Dies ergibt sich aus der Entscheidung des EuGH v. 5. 10. 1994, Rs. C-355/93 (Eroglu), Slg. 1994, 5113, wo die Voraussetzungen des Art. 7 Abs. 2 ARB 1/80 durch den Abschluss eines Hochschulstudiums erfüllt wurden.

[544] *Gutmann*, InfAuslR 1991, S. 33, 34; *Huber*, NVwZ 1991, 242, 243.

[545] EuGH v. 5. 10. 1994, Rs. C-355/93 (Eroglu), Slg. 1994, 5113, 5140 f., Rn. 20.

[546] VG Frankfurt, Beschluss v. 12. 4. 1995 – 13 G 457/95 (s) –, AuAS (Ausländer- und Asylrecht) 1995, 138, 139.

VI. Assoziierte Staaten   292–294 § 15

Es ist nicht erheblich, ob die Voraussetzungen des Art. 7 Abs. 2 ARB 1/80 weiterbestehen.[547] Nach abgeschlossener Ausbildung besteht in der Regel ohnehin keine Unterhaltspflicht mehr, wodurch die Vorschrift bei gegenteiliger Auslegung hinfällig würde. **292**

(4) Beschränkungen der Rechte des ARB 1/80

Die Rechte des ARB 1/80 werden nicht vorbehaltlos gewährt. Vielmehr beinhaltet der **293** ARB 1/80 in seinen Art. 12 und 14 ausdrückliche Regelungen über die Einschränkung der Rechte, die er in seinem die Wanderarbeitnehmer betreffenden Abschnitt gewährt. Nur auf der Grundlage dieser Vorbehalte sind auch Einschränkungen der Rechte der Art. 6, 7 ARB 1/80 zulässig, und zwar auch im Hinblick auf das abgeleitete Aufenthaltsrecht. Darüber hinausgehende Einschränkungen durch nationales Ausländerrecht sind demgegenüber nicht zulässig, da ansonsten die Möglichkeit der Mitgliedstaaten bestünde, die unmittelbar gewährten Rechtspositionen der Art. 6, 7 ARB 1/80 durch nationales Recht auszuhöhlen.[548]

(a) Einschränkung durch Art. 14 Abs. 1 ARB 1/80. Art. 14 Abs. 1 ARB 1/80 **294** enthält einen Ordre-Public-Vorbehalt, der demjenigen in Art. 39 Abs. 3 EG wörtlich entspricht. Dies wirft die Frage auf, ob der Ordre-Public-Vorbehalt des Assoziationsrechts auch in Tatbestand und Rechtsfolgen mit dem des Art. 39 Abs. 3 EG in seiner Konkretisierung durch die RL 64/221 übereinstimmt.[549] Diese Frage kristallisiert sich insbesondere dann als entscheidend heraus, wenn die Zulässigkeit der Ausweisung türkischer Staatsangehöriger aus (nach Art. 39 Abs. 3 EG unzulässigen) Gründen der Generalprävention in Rede steht; sie wurde bisher in der verwaltungsgerichtlichen Rechtsprechung nach Möglichkeit offen gelassen.[550] Das OVG Münster[551] hat die Ausweisung eines nach Art. 6 Abs. 1 ARB 1/80 berechtigten türkischen Arbeitnehmers am Maßstab des gemeinschaftsrechtlichen Ordre-Public-Vorbehalts gemessen. Diese Entscheidung verdient Zustimmung, wofür neben dem gleichen Wortlaut des Art. 39 Abs. 3 EG und des Art. 14 Abs. 1 ARB 1/80 auch spricht, dass die Vertragsparteien in Art. 12 des Assoziationsabkommens ihren Willen zum Ausdruck gebracht haben, sich bei der Entwicklung der Freizügigkeit von Art. 39 ff. EG leiten zu lassen. Bei der Anwendung des Art. 14 ARB 1/80 ist demnach auf die zum gemeinschaftsrechtlichen Ordre-Public-Vorbehalt entwickelten dargestellten Grundsätze zurückzugreifen.[552] Dies hat der EuGH jetzt ausdrücklich festgestellt.[553] Es sollen die Grundsätze zu Art. 39 ff EG übertragen werden, was im Wortlaut der Beschlüsse und der Zielrichtung der Vertragsschließenden zum Ausdruck komme.[554]

---

[547] EuGH v. 19. 11. 1998, Rs. C 210/97 (Akman), Slg. 1998, 7519, 7550, Rn. 45.

[548] *Gutmann*, InfAuslR 1991, S. 33, 35; a. A. *Hailbronner*, in Dauses (Hrsg.), Handbuch des EG-Wirtschaftsrechts, D.I, Rn. 67, wonach die Ausweisungstatbestände des AuslG auch gegenüber durch ARB 1/80 privilegierten türkischen Staatsangehörigen anwendbar bleiben sollen.

[549] Offengelassen vom BVerfG, Beschluss v. 29. 11. 1991, InfAuslR 1992, S. 81, 82; Dafür: *Rittstieg*, InfAuslR 1991, S. 1 bzw. 1993, S. 172; *Gutmann*, InfAuslR 1991, S. 33 bzw. 1993, S. 49; *Huber*, NVwZ 1991, S. 242, 243 sowie NVwZ 1993, S. 246, 248; *Wattenberg*, InfAuslR 1993, S. 88, 90; *Benassi*, InfAuslR 1993, S. 205, 207 f.; *Welte*, InfAuslR 1993, S. 285, 287; wohl auch Kanein/*Renner*, § 45 AuslG, Rn. 37.

[550] Z.B. BVerwG v. 31. 10. 1991, InfAuslR 1992, S. 83 bzw. v. 17. 2. 1992, InfAuslR 1992, S. 199; VGH BW v. 23. 9. 1992, InfAuslR 1993, S. 163, 164. In einer Entscheidung des OVG Schleswig-Holstein v. 16. 2. 1993, InfAuslR 1993, S. 166, 168, wurde allerdings schon eine etwas weitergehende Annäherung an den gemeinschaftsrechtlichen Ordre-Public-Vorbehalt vollzogen, wenn auch nur mit einem Erst-Recht-Schluss.

[551] OVG Münster v. 29. 4. 1993, InfAuslR 1993, S. 317, 318.

[552] So auch *Rumpf*, NVwZ 1994, S. 1189, 1190, mit Hinweis auf einen unveröffentlichten Beschluss des VG Darmstadt v. 22. 6. 1993 – V/2 H 968/90; *Cremer*, InfAuslR 1995, S. 138, 140; *Gutmann*, ZAR 1996, S. 70, 74, betont darüberhinaus, dass Art. 14 ARB 1/80 lediglich deklaratorischen Charakter habe.

[553] EuGH v. 10. 2. 2000, Rs. C 340/97 (Nazli), EuGRZ 2000, S. 50, 54, Rn. 54.

[554] EuGH v. 10. 2. 2000, Rs. C 340/97 (Nazli), EuGRZ 2000, S. 50, 54, Rn. 55; a. A. Hailbronner D 5.4, Rn. 42 ff.

295 **(b) Einschränkung durch Art. 12 ARB 1/80.** Insbesondere die Berufszugangsrechte der Art. 6, 7 ARB 1/80 werden nicht nur durch den Ordre-Public-Vorbehalt des Art. 14 Abs. 1 ARB 1/80, sondern außerdem durch den Arbeitsmarktvorbehalt des Art. 12 ARB 1/80 eingeschränkt. Danach können Mitgliedstaaten der Gemeinschaft von der Anwendung der Art. 6, 7 ARB 1/80 absehen, wenn ihr Arbeitsmarkt ernsten Störungen ausgesetzt oder von solchen bedroht ist, die ernste Gefahren für den Lebensstandard und das Beschäftigungsniveau in einem Gebiet, einem Wirtschaftszweig oder einem Beruf mit sich bringen können. Damit gehen die Möglichkeiten für die Mitgliedstaaten, die durch ARB 1/80 gewährten Rechtspositionen einzuschränken, wesentlich über die des gemeinschaftsrechtlichen Ordre-Public-Vorbehalts hinaus, da die Rücksichtnahme auf die Arbeitsmarktlage der Mitgliedstaaten im Rahmen des Art. 39 Abs. 3 EG gemäß Art. 2 Abs. 2 RL 64/221 bzw. § 12 Abs. 2 AufenthG/EWG unzulässig ist.

296 Die Fassung des Tatbestands des Art. 12 ARB 1/80 wirft das Problem auf, über die Ernsthaftigkeit von Störungen des Arbeitsmarkts entscheiden zu müssen. Feststehen dürfte aber, dass auf diese Vorschrift keine singulären Entscheidungen, einzelnen türkischen Wanderarbeitnehmern die Arbeitserlaubnis zu verweigern, gestützt werden können, da von einem Einzelnen wohl kaum eine ernsthafte Gefahr im hier geforderten Sinne ausgehen kann. Daher hat einer Anwendung des Art. 12 ARB 1/80 immer ein grundsätzlicher Beschluss der für die Erteilung von Arbeitserlaubnissen im Mitgliedstaat zuständigen Behörde vorauszugehen, in dem der gefährdete Wirtschaftszweig oder Beruf bzw. das gefährdete Gebiet zu bezeichnen ist. Da es sich bei der ernsten Störung i. S. des Art. 12 ARB 1/80 um einen unbestimmten Rechtsbegriff handelt, unterliegt er der uneingeschränkten verwaltungsgerichtlichen Überprüfung; andernfalls hätten es die Mitgliedstaaten überdies in der Hand, bei angespannter Arbeitsmarktlage die Anwendung des ARB 1/80 willkürlich auszusetzen.

297 Notwendig soll dann gemäß Art. 12 Satz 2 ARB 1/80 auch eine diesbezügliche Information des Assoziationsrats durch den jeweiligen Mitgliedstaat sein, deren Zeitpunkt in der Vorschrift allerdings nicht festgelegt ist.

b) Arbeitsbedingungen

aa) Assoziationsrechtliches Diskriminierungsverbot

298 Ein Diskriminierungsverbot zugunsten türkischer Arbeitnehmer erscheint im Assoziationsrecht der Gemeinschaft mit der Türkei an zwei Stellen: So ist in Art. 37 Zusatzprotokoll geregelt, dass jeder Mitgliedstaat für die in der Gemeinschaft beschäftigten Arbeitnehmer türkischer Staatsangehörigkeit eine Regelung vorsieht, die in Bezug auf die Arbeitsbedingungen und das Entgelt keine auf der Staatsangehörigkeit beruhende Diskriminierung gegenüber Arbeitnehmern aus EG-Mitgliedstaaten enthält. Ähnlich bestimmt Art. 10 Abs. 1 ARB 1/80, dass die Mitgliedstaaten den regulär ihrem Arbeitsmarkt angehörenden türkischen Arbeitnehmern eine Regelung einräumen, die hinsichtlich des Arbeitsentgelts und der sonstigen Arbeitsbedingungen jede Diskriminierung auf Grund der Staatsangehörigkeit ausschließt.

(1) Unmittelbare Anwendbarkeit des Art. 37 Zusatzprotokoll

299 Dass Art. 37 Zusatzprotokoll ein Diskriminierungsverbot beinhaltet, kommt mit der Deutlichkeit zum Ausdruck, die der EuGH[555] zur Voraussetzung der unmittelbaren Anwendung von Bestimmungen des Assoziationsrechts gemacht hat.[556] Fraglich ist allenfalls, ob die Vorschrift auch ohne weiteren Rechtsetzungsakt zur Anwendung gelangen soll; ihr Wortlaut lässt daran insofern Zweifel zu, als nur davon die Rede ist, dass die Mitgliedstaaten eine nichtdiskriminierende Regelung „vorsehen". Unter Berücksichtigung der Rechtsprechung des EuGH ist hier aber wohl davon auszugehen, dass den Mitgliedstaaten

---

[555] EuGH v. 30. 9. 1987, Rs. 12/86 (Demirel), Slg. 1987, 3719, 3752, Rn. 14; v. 20. 9. 1990, Rs. C-192/89 (Sevince), Slg. 1990, 3461, 3502, Rn. 15.
[556] *Krück*, EuR 1984, S. 289, 301.

nur das Recht bleibt, Durchführungsbestimmungen zu erlassen, sie aber über das „Ob" des Diskriminierungsverbots nicht entscheiden können und somit die unmittelbare Anwendbarkeit des Art. 37 Zusatzprotokoll zu bejahen ist.[557]

Dies folgt zum einen aus der Rechtsprechung des EuGH[558] zu einer hinsichtlich des (verneinten) Erfordernisses weiterer Umsetzungsakte nahezu gleich lautenden Vorschrift im Kooperationsabkommen mit Marokko,[559] der unmittelbare Anwendbarkeit zugestanden wird; umso mehr muss dies für entsprechende Vorschriften in einem auf eine noch engere Zusammenarbeit gerichteten Beitrittsabkommen wie dem mit der Türkei gelten. Zum anderen dürfte bei Regelungen, die mit erheblicher Eindeutigkeit formuliert sind, mit dem EuGH[560] davon auszugehen sein, dass damit einhergehende Aufforderungen an die beteiligten Staaten, gesetzgeberisch tätig zu werden, lediglich die Konkretisierung ihrer Verpflichtung sind, völkerrechtliche Abkommen nach Treu und Glauben zu erfüllen. **300**

(2) Unmittelbare Anwendbarkeit des Art. 10 Abs. 1 ARB 1/80

Für Art. 10 Abs. 1 ARB 1/80 gilt das zu Art. 37 Zusatzprotokoll Ausgeführte entsprechend; auch diese Vorschrift ist unmittelbar anwendbar, da sie den Mitgliedstaaten keinen Spielraum bei der Entscheidung über die Einführung eines Diskriminierungsverbots lässt.[561] **301**

bb) Anwendungsbereich

Die unmittelbare Anwendbarkeit des assoziationsrechtlichen Diskriminierungsverbots zugunsten türkischer Wanderarbeitnehmer aus Art. 37 Zusatzprotokoll bzw. Art. 10 Abs. 1 ARB 1/80 führt zu der Frage nach seiner Reichweite und den Rechtspositionen, auf die es sich erstreckt. Nach seinem Wortlaut gilt es für das Entgelt und sonstige Arbeitsbedingungen, wobei insbesondere der letzte Begriff Auslegungsschwierigkeiten aufwirft. Diese sind mit Rückgriff auf den entsprechenden Begriff im gemeinschaftsrechtlichen Freizügigkeitsrecht,[562] aber unter Berücksichtigung assoziationsrechtlicher Besonderheiten[563] zu klären. **302**

---

[557] Grabitz/Hilf-*Vedder*, Art. 238 EWGV, Rn. 40d; *ders.*, EuR 1988, 50, 61; wohl auch *Krück*, EuR 1984, 289, 292. Der gleichen Auffassung scheint die Kommission zu sein, wie sich aus einem Briefwechsel mit dem DGB ergibt (EuroAS 3/1993, S. 3). Hinsichtlich der Direktwirkung des Diskriminierungsverbots bezieht sie sich allerdings auf Art. 10 ARB 1/80, dessen Formulierung mit der des Art. 37 Zusatzprotokoll nahezu völlig übereinstimmt. A. A., ebenfalls bezogen auf Art. 10 ARB 1/80, ist VGH BW v. 31. 3. 1992, InfAuslR 1992, S. 200, 202, wegen mangelnder inhaltlicher Konkretisierung, sowie *Hailbronner*, Ausländerrecht Handbuch, Rn. 1141, der sich zur Begründung darauf stützt, dass das dem EGV zugrunde liegende Freizügigkeitskonzept des gemeinsamen Marktes auf das Assoziationsverhältnis zur Türkei nicht übertragen werden könne.

[558] EuGH v. 31. 1. 1991, Rs. C-18/90 (Kziber), Slg. 1991, 199, 226f., Rn. 19ff.; v. 20. 4. 1994, Rs. C-58/93 (Yousfi), 1353, 1363f., Rn. 16f.

[559] Art. 41 Abs. 1 des Kooperationsabkommens mit Marokko (VO Nr. 2211/78/EWG, ABl. L 264/1) lautet: „Vorbehaltlich der folgenden Absätze wird den Arbeitnehmern marokkanischer Staatsangehörigkeit und den mit ihnen zusammenlebenden Familienangehörigen auf dem Gebiet der sozialen Sicherheit eine Behandlung gewährt, die keine auf der Staatsangehörigkeit beruhende Benachteiligung gegenüber den Staatsangehörigen der Mitgliedstaaten, in denen sie beschäftigt sind, bewirkt." Der dem Art. 37 Zusatzprotokoll inhaltlich noch ähnlichere Art. 40 des Kooperationsabkommens war in den Vorlageverfahren nicht einschlägig, da es um Fragen der sozialen Sicherheit ging.

[560] EuGH v. 20. 9. 1990, Rs. C-192/89 (Sevince), Slg. 1990, 3461, 3503f., Rn. 22ff.

[561] Ob auf Art. 37 Zusatzprotokoll oder Art. 10 Abs. 1 ARB 1/80 Bezug genommen wird, ist demnach im Ergebnis unerheblich. So beziehen sich auch ein Teil der oben (Fn. 472ff.) zitierten Fundstellen direkt auf Art. 10 Abs. 1 ARB 1/80; a. A. *Hailbronner* D 5.4, Rn. 49ff.

[562] Dagegen *Hailbronner*, Ausländerrecht Handbuch, Rn. 1141, der von der mangelnden Übertragbarkeit des durch den Binnenmarkt geprägten Freizügigkeitsrechts des EGV auf das Assoziationsrecht ausgeht. Diesem Unterschied wird dadurch hinlänglich Rechnung getragen, dass türkische Arbeitnehmer kein eigenes Zuzugsrecht haben; weitergehende Benachteiligungen hier tätiger türkischer Arbeitnehmer dürften dagegen auf diesem Wege nicht zu rechtfertigen sein.

[563] Wie etwa im Bereich des Familiennachzugs, s. Rn. 308.

303 Vorauszuschicken ist hinsichtlich des persönlichen Anwendungsbereichs des Diskriminierungsverbots, dass es seinem eindeutigen Wortlaut zufolge nicht nur für diejenigen türkischen Arbeitnehmer Wirkung entfaltet, die bereits Rechtspositionen im Sinne des Art. 6 Abs. 1 ARB 1/80 innehaben, sondern jedem türkischen Wanderarbeitnehmer, der regulär dem Arbeitsmarkt eines Mitgliedstaats angehört, ab dem ersten Tage seiner Beschäftigung zugute kommen muss. Darüber hinaus muss es, zumindest mittelbar in Form eines Anspruchs auf Gleichbehandlung mit dem türkischen Wanderarbeitnehmer, von dem Rechte abgeleitet werden, auch für die drittstaatsangehörigen Familienmitglieder gelten, denen von den Mitgliedstaaten der Zuzug gestattet wurde und die sich in einem Beschäftigungsverhältnis befinden. Dies ergibt sich aus der Übertragung der EuGH-Rechtsprechung[564] zum Gleichbehandlungsanspruch der – in Art. 39 Abs. 2 EG ebenfalls nicht ausdrücklich erwähnten – drittstaatsangehörigen Familienmitglieder von EG-Wanderarbeitnehmern.

(1) Arbeitsrecht

304 Unproblematisch ist dabei, dass sich der Begriff der Arbeitsbedingungen (Art. 37 Zusatzprotokoll) bzw. sonstigen Arbeitsbedingungen (Art. 10 Abs. 1 ARB 1/80) auf die arbeitsrechtlichen Rahmenbedingungen der Beschäftigung erstreckt, so dass in diesem Bereich jede Benachteiligung türkischer Wanderarbeitnehmer und ihrer Familienangehörigen verboten ist. Damit dürfte neben den individualarbeitsrechtlichen Bestimmungen auch das kollektive Arbeitsrecht erfasst sein. Dies folgt daraus, dass das hier auf Grund der Anlehnung der Assoziationsfreizügigkeit an die Gemeinschaftsfreizügigkeit in Art. 12 Assoziationsabkommen zur Begriffsbestimmung dienende freizügigkeitsrechtliche Verbot der Diskriminierung hinsichtlich der Arbeitsbedingungen gemäß Art. 39 Abs. 2 EG durch die Bestimmungen der Art. 7–9 VO 1612/68 konkretisiert wird.[565] Daher müssen auch die in Art. 8 VO 1612/68 einbezogenen Rechtsgebiete dem Diskriminierungsverbot unterstehen. Dementsprechend hat das BAG die Lektorenrechtsprechung des EuGH auf türkische Fremdsprachenlektoren übertragen.[566]

305 Der Rückgriff auf Art. 7 Abs. 4 VO 1612/68 ergibt des Weiteren, dass auch einzel- oder kollektivvertragliche Regelungen, soweit sie Diskriminierungen türkischer Wanderarbeitnehmer oder ihrer Familienangehörigen vorsehen oder zulassen, keine Anwendung finden können; somit entfaltet das Diskriminierungsverbot des Art. 37 Zusatzprotokoll bzw. Art. 10 Abs. 1 ARB 1/80 auch Drittwirkung (zweifelnd *Streinz*, SpuRt 1998, 48). Deshalb ist auch die Ausweitung der Ausländerklauseln im Berufssport auf Türken problematisch, zumal § 75 BetrVG die Benachteiligung wegen der Staatsangehörigkeit verbietet. Würde man die Assoziationsbestimmungen enger auslegen als § 75 BetrVG, würde sich die Frage stellen, ob erstere insoweit spezieller sind. In Anbetracht der Tatsache, dass das Assoziationsrecht nicht im gleichen Maße wie das Freizügigkeitsrecht der Art. 39 ff. EG Zugangsrechte zum Arbeitsmarkt der Mitgliedstaaten beinhaltet, dürfte allerdings zweifelhaft sein, ob auch die Entscheidung privater Arbeitgeber über die Begründung von Arbeitsverhältnissen dem Diskriminierungsverbot der Art. 37 Zusatzprotokoll, 10 Abs. 1 ARB 1/80 unterliegt, denn dies kann im Assoziationsrecht nicht – wie im Gemeinschaftsrecht (s. oben Rn. 201 ff.) – als Schlussstein der Freizügigkeit geboten sein.

(2) Sozialrecht

306 In sozialrechtlicher Hinsicht hat das Diskriminierungsverbot zugunsten türkischer Wanderarbeitnehmer, soweit sich aus dem Assoziationsrecht nichts anderes ergibt, die Tragweite des den Begriff der sonstigen Arbeitsbedingungen konkretisierenden Art. 7 Abs. 2

---

[564] EuGH v. 7. 5. 1986, Rs. 131/85 (Gül), Slg. 1986, 1573; v. 27. 9. 1988, Rs. 235/87 (Matteucci), Slg. 1988, 5589, 5609, Rn. 8.
[565] *Heyer*, S. 298 ff.
[566] BAG v. 22. 3. 2000, BB 2000, S. 828.

VI. Assoziierte Staaten 307–310 § 15

VO 1612/68. Somit gehören die sozialen Vergünstigungen, die der Aufnahmestaat gewährt (neben den steuerlichen Vergünstigungen) zu den sonstigen Arbeitsbedingungen i. S. der Art. 37 Zusatzprotokoll bzw. 10 Abs. 1 ARB 1/80. Dazu zählen daher alle Vergünstigungen, die vom Aufnahmestaat seinen eigenen Staatsangehörigen auf Grund ihrer Arbeitnehmereigenschaft oder auch nur auf Grund ihres Wohnsitzes im Inland gewährt werden und deren Erstreckung auf Wanderarbeitnehmer geeignet erscheint, die Mobilität zu fördern.[567]

Auch erstreckt sich aus den oben genannten Gründen der Gleichbehandlungsanspruch auf die Rechte des Art. 9 VO 1612/68, so dass der türkische Wanderarbeitnehmer Anspruch auf die Hilfe auf dem Wohnungsmarkt hat, die auch Inländern sowie EG-Wanderarbeitnehmern zuteil wird. **307**

Der Familiennachzug zählt im Bereich der Freizügigkeit gemäß Art. 39 ff. EG zu den Arbeitsbedingungen im Sinne des Art. 39 Abs. 2 EG, indem er zu den immateriellen sozialen Vergünstigungen gerechnet wird.[568] Dennoch wird man aus dem assoziationsrechtlichen Gleichbehandlungsanspruch kein Recht auf Familiennachzug ableiten können, da die Vorschriften des Assoziationsrechts, die sich auf Familienangehörige von Wanderarbeitnehmern beziehen, deutlich machen, dass sich aus dem Assoziationsrecht gerade keine Einschränkung der Mitgliedstaaten hinsichtlich der Entscheidung über den Familiennachzug ergibt.[569] Eine Ausweitung des Gleichbehandlungsanspruchs auf ein Recht auf Familiennachzug würde sich somit über eine aus dem Assoziationsrecht folgende Beschränkung hinwegsetzen und ist vor dem Hintergrund der geltenden Rechtslage abzulehnen. **308**

Hinzuweisen ist auch auf Art. 39 Zusatzprotokoll und den ARB 3/80,[570] die die soziale Sicherheit zum Gegenstand haben. Aus Art. 3 Abs. 1 ARB 3/80 ergibt sich für die türkischen Wanderarbeitnehmer sowie ihre Familienangehörigen und Hinterbliebenen ein unmittelbar anwendbarer[571] Anspruch auf Inländergleichbehandlung auf dem Gebiet der sozialen Sicherheit.[572] Dazu zählen, in Anlehnung an den Anwendungsbereich der VO 1408/71, gemäß Art. 4 Abs. 1 ARB 3/80 Leistungen bei Krankheit und Mutterschaft, bei Invalidität, Alter, Leistungen an Hinterbliebene, bei Arbeitsunfällen und Berufskrankheiten, Sterbegeld, Leistungen bei Arbeitslosigkeit und Familienleistungen. Nicht erfasst sind dagegen gemäß Art. 4 Abs. 4 ARB 3/80 die Sozialhilfe sowie Leistungen für Kriegsopfer. **309**

2. Europa-Abkommen

Mit einer Reihe von Staaten Mittel- und Osteuropas hat die Gemeinschaft nach dem Ende des kalten Krieges Assoziationsvereinbarungen in Form sog. gemischter Abkommen unter Mitwirkung der Mitgliedstaaten geschlossen (Art. 310 EG), die sich weitgehend **310**

---

[567] EuGH v. 31. 5. 1979, Rs. 207/78 (Even), Slg. 1979, 2019, Rn. 22; v. 20. 6. 1985, Rs. 94/84 (Deak), Slg. 1985, 1873, Rn. 21; v. 21. 6. 1988, Rs. 39/86 (Lair), Slg. 1988, 3161, Rn. 21.
[568] Vgl. EuGH v. 17. 4. 1986, Rs. 59/85 (Reed), Slg. 1986, 1283, wo zwar von einer nichtehelichen Lebensgemeinschaft die Rede ist; dies lässt sich aber auf die (für die gemeinschaftsrechtliche Freizügigkeit in Art. 10–12 VO 1612/68 ausdrücklich geregelte) Frage des Familiennachzugs übertragen, da aus der genannten Entscheidung allgemein gefolgert werden kann, dass das Recht, sich mit nahe stehenden Personen zu umgeben, eine soziale Vergünstigung im Sinne des Art. 39 Abs. 2 EGV ist.
[569] Vgl. Art. 7 ARB 1/80.
[570] ABl. EG Nr. C 110/60; dazu näher *Sieveking*, NZS 1994, S. 213, sowie *Delbrück/Tietje*, ZAR 1995, S. 29.
[571] EuGH v. 4. 5. 1999, Rs. C 262/96 (Sürül), Slg. 1999, 2685, 2760, Rn. 48 ff; EuGH v. 14. 3. 2000, verb. Rs. C 102/98 und C 211/98 (Kocak und Örs) Slg. 1311, Rn. 35; a. A. *Hailbronner* D 5.4, Rn. 75.
[572] Die Fassung des Art. 2 ARB 3/80 deutet *Sieveking*, NZS 1994, S. 213, 214, zufolge darauf hin, dass die Anwendbarkeit des ARB 3/80 nicht von einer Wanderung abhängt.

entsprechen und unter der Bezeichnung „Europa-Abkommen" bekannt sind;[573] die Abkommen haben außerdem gemeinsam, dass sie sich auf die Möglichkeit eines späteren Beitritts zur Gemeinschaft beziehen, ohne allerdings den Partnerstaaten diesbezüglich konkrete Perspektiven zu eröffnen. Am 1. 2. 1994 nach Abschluss des Ratifizierungsverfahrens in den Mitgliedstaaten in Kraft getreten sind die Vereinbarungen mit Polen und Ungarn,[574] der Tschechischen Republik,[575] der Slowakischen Republik,[576] Rumänien[577] und Bulgarien[578] mit Slowenien,[579] Estland, Lettland und Litauen.[580]

311   Die auf Beitritt gerichteten Abkommen sind noch nicht in eine konkrete Aufnahme eines neuen Mitgliedstaats gemündet. Dennoch wird in der Agenda 2000 vorgeschlagen, mit Ungarn Polen, Estland, Tschechien und Slowenien Verhandlungen über den Beitritt aufzunehmen.[581] Gestützt auf die VO 622/98 des Rates vom 16. 3. 1998[582] sind mit allen 10 vorgenannten Staaten Beitrittspartnerschaften geschlossen worden.[583] Im folgenden soll dargestellt werden, inwieweit aus den Bestimmungen der Europa-Abkommen Freizügigkeitsrechte für Wanderarbeitnehmer aus den jeweiligen Partnerstaaten folgen; dabei wird exemplarisch das Abkommen mit Polen dargestellt, das in den hier zu besprechenden Teilen mit den übrigen bereits unterzeichneten Europa-Abkommen inhaltlich übereinstimmt.

a) Zugang zum Arbeitsmarkt

312   Titel IV, Kapitel I des Europa-Abkommens mit Polen regelt die Freizügigkeit der Arbeitnehmer (Art. 37 ff Europaabkommen mit Polen[584]). Allerdings enthält das Abkommen keine Vorschriften, die polnischen Arbeitnehmern einen Anspruch auf Zutritt zum Arbeitsmarkt der Mitgliedstaaten verschaffen. Damit fehlt es an einem assoziationsrechtlich verbrieften Recht polnischer Arbeitnehmer auf erstmaligen Zuzug in das Hoheitsgebiet eines Mitgliedstaats zum Zwecke der Beschäftigungsaufnahme. Dies findet zusätzliche Betonung in Art. 58 Abs. 1 Europa-Abkommen, wo festgehalten wird, dass die Vertragsparteien auch für die Zwecke des hier einschlägigen Titels IV des Europa-Abkommens nicht daran gehindert sind, ihre Vorschriften über Einreise und Aufenthalt, Beschäftigung und Beschäftigungsbedingungen anzuwenden, sofern sie dies nicht in einer Weise tun, die die einer Vertragspartei aus einer Abkommensbestimmung erwachsenden Vorteile zunichte macht oder verringert.

313   Auch fehlen Regelungen, die – vergleichbar dem Art. 6 ARB 1/80 des Assoziationsrats EG/Türkei – für polnische Wanderarbeitnehmer eine assoziationsrechtliche Verfestigung ihrer Rechtsposition nach einer bestimmten Zeit der Zugehörigkeit zum Arbeitsmarkt eines Mitgliedstaats vorsehen.

---

[573] Näher zu den Europa-Abkommen *Gargulla*, Die arbeits- und aufenthaltsrechtlichen Begünstigungen für osteuropäische Arbeitnehmer und Selbständige durch die Europa-Abkommen – Sein oder Schein?, InfAuslR 1995, 181; *Husmann*, Ost-Erweiterung und Arbeitnehmer-Freizügigkeit, ZIAS 1999, S. 417 und unten Rn. 501 ff. sowie § 11 Rn. 108, dort Rn. 114 auch zum geplanten EU-Beitritt.
[574] VOen Nr. 3491/93 und 3492/93, ABl. 1993 L 319/1/4, BGBl. 1993 II, 1316 (Polen), 1472 (Ungarn).
[575] Vertragstext: BT-Drucks. 12/7621, 9 ff.
[576] Vertragstext: BT-Drucks. 12/7622, 9 ff.
[577] Vertragstext: BT-Drucks. 12/7010, 9 ff.
[578] Vertragstext: BT-Drucks. 12/7012, 9 ff.
[579] Entwurf der Kommission v. 3. 5. 1994, Ratsdokument 6736/94; BT-Drucks. 13/77, Nr. 302, S. 77.
[580] Jeweils am 12. 6. 1995, BGBl. II 1996, 1667, 1880 und 2187.
[581] Beilage 5/97 zum EU Bulletin, S. 64 ff.
[582] ABl. vom 23. 4. 1998 Nr. L 85.
[583] ABl. vom 23. 4. 1998 Nr. L 121.
[584] ABl. vom 31. 12. 1993 Nr. L 348.

VI. Assoziierte Staaten   314–319 § 15

Dennoch enthält das Europa-Abkommen an zwei Stellen Vorschriften über den Zugang   314
von Wanderarbeitnehmern zur Beschäftigung in Mitgliedstaaten der Gemeinschaft, die
allerdings ebenfalls keine subjektiven Rechte auf Zugang zum Arbeitsmarkt eines Mitgliedstaats beinhalten.

aa) Im Rahmen bilateraler Regierungsabkommen

So findet die Frage des Zugangs polnischer Wanderarbeitnehmer zur Beschäftigung Er-   315
wähnung in Art. 41 Abs. 1, 1. Spiegelstrich Europa-Abkommen, wo auf bestehende Zu-
gangserleichterungen durch bilaterale Abkommen mit Polen hingewiesen wird, die gewährt, beibehalten und verbessert werden sollten. Dies bezieht sich zum einen auf die sog.
Gastarbeiterabkommen, die die Bundesregierung unter anderem mit Polen abgeschlossen
hat,[585] und die einem festgelegten Kontingent[586] von Arbeitnehmern aus dem jeweiligen
Partnerstaat unabhängig von der Arbeitsmarktlage Gelegenheit geben sollen, zum Zwecke
der Verbesserung ihrer sprachlichen und beruflichen Kenntnisse einen festgelegten Zeitraum in der Bundesrepublik zu den dort üblichen Arbeitsbedingungen zu arbeiten.

Art. 41 Abs. 1 Europa-Abkommen ist allerdings schon seinem Wortlaut nach weit da-   316
von entfernt, Arbeitsmarktzugangsrechte polnischer Wanderarbeitnehmer zu begründen.
Seine Funktion dürfte zum einen darin bestehen klarzustellen, dass die sog. Gastarbeit-
nehmer-Abkommen nicht durch die Europa-Abkommen verdrängt werden sollen, zum
anderen in einer Funktion zur Weiterentwicklung derartiger Abkommen liegen.[587]

Zu den Fragen der Annex-Freizügigkeit für entsandte Arbeitnehmer zu zählen und   317
mithin im Zusammenhang mit der Niederlassungs- und Dienstleistungsfreiheit zu besprechen[588] sind die Inhalte der von der Bundesrepublik mit verschiedenen mittel- und osteuropäischen Ländern geschlossenen Werkvertragsabkommen, auch soweit sie im Europa-
Abkommen in Art. 41 im Kapitel über die Freizügigkeit angesprochen sind.

bb) Besonderheiten für Familienangehörige

Weiterhin sieht Art. 37 Abs. 1, 2. Spiegelstrich Europa-Abkommen vorbehaltlich der in   318
den einzelnen Mitgliedstaaten geltenden Bedingungen und Modalitäten für die Ehegatten
und Kinder eines rechtmäßig in einem Mitgliedstaat beschäftigten polnischen Arbeitnehmers ein Zugangsrecht zum Arbeitsmarkt dieses Mitgliedstaats während der Geltungsdauer
der Arbeitserlaubnis des polnischen Arbeitnehmers vor, sofern dieser nicht als Saisonar-
beitnehmer oder im Rahmen bilateral vereinbarter Kontingente beschäftigt wird. Dies
kann zwar in Anbetracht des erwähnten Vorbehalts keinen Anspruch auf Erteilung einer
Arbeitserlaubnis unter Umgehung der üblichen Arbeitsmarktprüfung geben, dürfte aber
einer mitgliedstaatlichen Regelung entgegenstehen, die ein Zugangsrecht zum Arbeitsmarkt für den begünstigten Personenkreis generell ausschließt, da dann gegen das Aus-
höhlungsverbot des Art. 58 Abs. 1 Europa-Abkommen verstoßen würde.

b) Arbeitsbedingungen

Hinsichtlich der Arbeitsbedingungen polnischer Wanderarbeitnehmer trifft das Europa-   319
Abkommen in Art. 37 Abs. 1, 1. Spiegelstrich eine ausdrückliche Regelung, die allerdings
unter dem Vorbehalt der in den einzelnen Mitgliedstaaten geltenden Bedingungen und Modalitäten steht: danach wird den Arbeitnehmern polnischer Staatsangehörigkeit, die im Ge-

---

[585] Vereinbarung zwischen der Regierung der Bundesrepublik Deutschland und der Regierung der
Republik Polen über die Beschäftigung von Arbeitnehmern zur Erweiterung ihrer beruflichen und
sprachlichen Kenntnisse v. 7. 6. 1990, Dienstblatt-Runderlass der BA Nr. 99/90 v. 16. 8. 1990,
BGBl. 1991 II, S. 501, geändert BGBl. 1995 II, S. 127. Dazu *Faist/Sieveking/Reim/Sandbrink*, Ausland im Inland, Die Beschäftigung von Werkvertragsarbeitnehmern in der BRD, 1999.
[586] Für den Austausch mit Polen ist im oben erwähnten Abkommen ein Kontingent von 1000 Arbeitnehmern auf jeder Seite vorgesehen.
[587] *Gargulla*, InfAuslR 1995, S. 181, 184.
[588] S. Rn. 501 ff.

biet eines Mitgliedstaats rechtmäßig beschäftigt sind, eine Behandlung gewährt, die hinsichtlich der Arbeitsbedingungen, der Entlohnung und der Entlassung keine auf der Staatsangehörigkeit beruhende Benachteiligung gegenüber den eigenen Staatsangehörigen bewirkt.

320   Wenn auch davon ausgegangen werden muss, dass der Begriff der Arbeitsbedingungen im Assoziationsrecht ebenso wie im Gemeinschaftsrecht zu verstehen ist und aus diesem Grunde nicht nur die Arbeitsbedingungen im engeren Sinne des Art. 7 Abs. 1 VO 1612/68, sondern auch im Sinne des Art. 7 Abs. 2 VO 1612/68 vom Diskriminierungsverbot grundsätzlich erfasst sind,[589] führt doch der Vorbehalt zugunsten der Bedingungen und Modalitäten der Mitgliedstaaten dazu, dass eine Berufung auf das Diskriminierungsverbot gegenüber einer nationalen Vorschrift in aller Regel erfolglos sein dürfte. Dieser Vorbehalt steht zwar nicht grundsätzlich einer unmittelbaren Anwendung des Diskriminierungsverbots entgegen, verengt aber seinen Anwendungsbereich so sehr, dass die praktische Erheblichkeit des Art. 37 Abs. 1, 1. Spiegelstrich Europa-Abkommen sehr gering sein dürfte. Die Ausländerklauseln im Berufssport werden aber zunehmend unter Berufung auf die Europaabkommen angegriffen.[590] Weitere Klärung könnte sich in einem beim EuGH anhängigen Rechtsstreit über die Frage ergeben, ob die Grundsätze des Bosman-Urteils auf einen ungarischen Fußballspieler anwendbar sind.[591] Soweit der EuGH eine Ungleichbehandlung von Berufsportlern aus diesen Ländern zulassen sollte, stellt sich wieder die Frage, ob aus § 75 BetrVG eine weitergehende Gleichstellung abzuleiten ist, oder ob das Europaabkommen insoweit eine abschließende Regelung enthält.

321   Das BAG hat dem EuGH die Frage der Anwendbarkeit der Lektorenrechtsprechung auf polnische Fremdsprachenlektoren vorgelegt.[592]

3. Sonstige assoziierte Staaten, insbesondere Mittelmeerabkommen

322   Auch ansonsten gibt es kein Assoziationsabkommen der Gemeinschaft, das den Angehörigen eines Drittstaats Rechte auf Zugang zum Arbeitsmarkt der Mitgliedstaaten gewährt. Von Interesse sind in einzelnen Assoziationsabkommen enthaltene Vereinbarungen, die Diskriminierungsverbote zugunsten der Arbeitnehmer aus den Partnerländern hinsichtlich der Arbeitsbedingungen und der sozialen Sicherheit enthalten.

323   Entsprechende Regelungen finden sich in den Kooperationsabkommen mit Tunesien,[593] Marokko,[594] Algerien[595] und Jugoslawien.[596] Mit Tunesien und Marokko wurden jeweils neue Assoziationsabkommen[597] abgeschlossen. Beispielhaft für die in dieser Hinsicht gleich lautenden Vorschriften seien hier die einschlägigen Regelungen des Abkommens mit Marokko erwähnt. Gemäß Art. 40 Abs. 1 (64 Abs. 1 neu) des Kooperationsabkom-

---

[589] A. A. *Gargulla*, InfAuslR 1995, S. 181, 184, mit Hinweis auf die ihres Erachtens zur Rechtfertigung von Ungleichbehandlungen rechtmäßig dem Arbeitsmarkt von Mitgliedstaaten angehörender Wanderarbeitnehmer geeigneten Unterschiede zwischen dem Freizügigkeitskonzept des Binnenmarktes und jenem des Assoziationsrechts.

[590] LG Dortmund 15. 1. 1998 SpuRt 1999, S. 31, Fall Kolpak, vom OLG Hamm dem EuGH vorgelegt; LG Hannover SpuRt 1998, S. 74; *Gramlich/Niese* SpuRt 1998, S. 61; a. M. LG Frankfurt 1998, 48; *Streinz* SpuRt 1998, S. 48.

[591] Rs C 264/98 (Balog), Verhandlung war am 14. 11. 2000. Der Fall wurde vergleichsweise beigelegt, nachdem die FIFA Transferentschädigungen nur noch bei Vertragsbruch vorsieht (s. Rn. 239).

[592] BAG v. 22. 3. 2000, NZA 2000, S. 828. Vom EuGH mit Urteil v. 29. 1. 2002, NZA 2002, 377, bejaht.

[593] ABl. 1978 L 265/2.

[594] ABl. 1978 L 264/2.

[595] ABl. 1978 L 263/2.

[596] ABl. 1983 L 41/2.

[597] Tunesien: ABl. 30. 3. 1998 Nr. L 97 in Kraft seit dem 26. 1. 1998; Marokko: ABl. 18. 3. 2000 Nr. L 70 in Kraft seit dem 24. 1. 2000.

VI. Assoziierte Staaten   324–326   § 15

mens gewährt jeder Mitgliedstaat den Arbeitnehmern marokkanischer Staatsangehörigkeit, die in seinem Hoheitsgebiet beschäftigt sind, eine Behandlung, die hinsichtlich der Arbeits- und Entlohnungsbedingungen keine auf der Staatsangehörigkeit beruhende Benachteiligung gegenüber seinen eigenen Staatsangehörigen bewirkt. Art. 41 (65 neu) Abs. 1 Kooperationsabkommen gewährt den marokkanischen Arbeitnehmern und ihren Familienangehörigen einen Inländergleichbehandlungsanspruch auf dem Gebiet der sozialen Sicherheit, der allerdings unter dem Vorbehalt der folgenden Absätze des Art. 41 (65 neu)steht.

Der EuGH[598] hat hinsichtlich beider Vorschriften festgestellt, dass sie nicht nur rein **324** programmatischen Charakter besitzen, sondern unmittelbare Anwendung finden. Aus dieser Rechtsprechung folgt, dass die genannten Kooperationsabkommen einen umfassenden Gleichbehandlungsanspruch hinsichtlich der Arbeitsbedingungen und der sozialen Sicherheit gewähren.[599]

Fraglich ist, ob die Arbeitsbedingungen im weiten Sinne des Art. 39 Abs. 2 EG zu verstehen sind. So hatte der EuGH in seinem Urteil v. 2. 3. 1999 die Frage zu beurteilen, ob **325** aus Art. 40 Abs. 1 des Abkommens mit Marokko ein Aufenthaltstitel folge.[600] Der EuGH hat dies abgelehnt und auf die Unterschiede sowohl zu Art. 39 EG als auch zu Art. 6 des ARB 1/80 abgestellt.[601] Das Assoziationsrecht mit der Türkei sei vom Wortlaut und Zweck auf die Möglichkeit eines Beitritts gerichtet, das Abkommen mit Marokko solle lediglich die Zusammenarbeit zwischen den Vertragsstaaten fördern.[602] Eine Ausnahme greife aber dann, wenn dem marokkanischen Arbeitnehmer in Bezug auf die Ausübung der Beschäftigung weiterreichende Rechte eingeräumt worden sein sollten als in dem Aufenthaltstitel.[603] Die Wirksamkeit des Abkommens erfordere es, dass während der von der Arbeitserlaubnis erfassten Zeit auch tatsächlich dieses Recht ausgeübt werden könne.[604] Indes gelte dies natürlich nur unter dem Vorbehalt der öffentlichen Sicherheit und Ordnung.[605]

Umstritten ist die Rechtsprechung des EuGH zu der Gleichbehandlung hinsichtlich **326** Ansprüchen aus der sozialen Sicherheit von Familienangehörigen.[606] In diesen Entscheidungen geht der EuGH davon aus, dass es bei dem sozialrechtlichen Gleichbehandlungsanspruch aus den Abkommen mit den Mittelmeerländern keine Unterscheidung in eigenständige und abgeleitete Rechte Familienangehöriger gebe.[607] Anders als Ansprüche aus Art. 3 der VO 1408/71/EWG begründeten die Assoziationsabkommen eigenständige

---

[598] EuGH v. 31. 1. 1991, Rs. C-18/90 (Kziber), Slg. 1991, 199, 226f., Rn. 22f.; s. auch EuGH v. 20. 4. 1994, Rs. C-58/93 (Yousfi), Slg. 1994, 1353; EuGH v. 5. 4. 1995, Rs. C-103/94 (Krid), Slg. 1995, 719, 736, Rn. 21, zum wortgleichen Art. 39 Abs. 1 des Kooperationsabkommens mit Algerien; EuGH v. 3. 10. 1996, Rs. C 126/95 (Hallouzi-Choho), Slg. 1996, 4807, 4827, Rn. 19; EuGH v. 15. 1. 1998, Rs. C 113/97 (Babahenini), Slg. 1998, 183, 194, Rn. 18; EuGH v. 2. 3. 1999 Rs. C 416/96 (Eddline El-Yassini), Slg 1999, 1209, 1246, Rn. 25; EuGH v. 11. 11. 1999, Rs. C 179/98 (Mesbah), Slg. 1999, 1955, 7996, Rn. 42; *Navarro*, ZAR 1999, S. 65.

[599] Unter Bejahung der unmittelbaren Anwendbarkeit der assoziationsrechtlichen Diskriminierungsverbote äußert sich *Weber*, ZAR 1996, 37f., kritisch zu der Reichweite, mit der der EuGH die Vorschriften in seiner o. zitierten Rechtsprechung versieht.

[600] EuGH v. 2. 3. 1999 Rs. C 416/96 (Eddline El-Yassini), Slg 1999, 1209, 1246, Rn. 33.

[601] EuGH a. a. O. Rn. 46, 49.

[602] EuGH a. a. O. Rn. 49, 54.

[603] EuGH a. a. O. Rn. 64.

[604] EuGH a. a. O. Rn. 66.

[605] EuGH a. a. O. Rn. 67.

[606] EuGH v. 5. 4. 1995, Rs. C 103/94 (Krid), Slg. 1995, 719, 740, Rn. 39; EuGH v. 3. 10. 1996, Rs. C 126/95 (Hallouzi-Choho), Slg. 1996, 4807, 4827, Rn. 30; EuGH v. 15. 1. 1998, Rs. C 113/97 (Babahenini), Slg. 1998, 183, 194, Rn. 19.

[607] EuGH v. 5. 4. 1995, Rs. C 103/94 (Krid), Slg. 1995, 719, 740, Rn. 39; EuGH v. 3. 10. 1996, Rs. C 126/95 (Hallouzi-Choho), Slg. 1996, 4807, 4827, Rn. 30; EuGH v. 15. 1. 1998, Rs. C 113/97 (Babahenini), Slg. 1998, 183, 194, Rn. 19.

Rechte der Familienangehörigen.[608] Diese Rechtsprechung kann zu Ungleichbehandlungen von EU-Inländern führen, worauf im Schrifttum hingewiesen wird.[609] Wenngleich der EuGH seine Rechtsprechung zu Art. 3 der VO 1408/71 inzwischen modifiziert hat und die Unterscheidung in abgeleitete und eigene Rechte bei Familienleistungen ablehnt,[610] so ist die Ungleichbehandlung nur schwer zu begründen. Es widerspricht der Kompetenzordnung des EG-Vertrages, wenn über Assoziationsverträge Drittstaaten weitergehende Rechte eingeräumt werden als EU-Bürgern. Über diesen Umweg könnte sich die Gemeinschaft neue Kompetenzen schaffen, was nur unter strengen Voraussetzungen möglich sein kann. Diese Kritik wird nicht durch die neuerliche Differenzierung des EuGH[611] zwischen Assoziationsrecht und Gemeinschaftsrecht aufgehoben, da sich diese Entscheidungen nicht auf die Diskriminierung bei der sozialen Sicherheit beziehen. Dennoch könnte sich eine Lösung des Problems aus den neuen Abkommen mit Marokko und Tunesien ergeben. In dem neuen Art. 65 Abs. 1 des Abkommens mit Marokko ist ein Satz 3 angefügt, der besagt, dass diese Bestimmung nicht dazu führen könne, dass die auf Art. 41 EG gestützten Vorschriften (etwa VO 1408/71) in anderer Weise angewendet werden als die auf Art. 67 des Abkommens gestützten Bestimmungen. Dies könnte darauf hindeuten, dass bei den Verhandlungen eine Begrenzung der Ansprüche Angehöriger erzielt worden ist. Allerdings ist der Wortlaut nicht vollkommen klar, zumal der EuGH regelmäßig die sozialrechtlichen Gleichbehandlungsansprüche bereits aus dem Abkommen selbst ableitet und es des Erlasses sekundären Assoziationsrechtes nicht mehr bedarf. Dennoch muss der EuGH bei der Auslegung dieses Anspruchs den Ausschluss berücksichtigen.

4. Abkommen über Partnerschaft und Zusammenarbeit mit osteuropäischen Staaten (s. auch § 11 Rn. 112 f.)

327   wurden von der EU geschlossen mit Russland (24. 6. 1954, BGBl. II 1997, 846), Weißrussland (6. 3. 1995, BGBl. II 1997, 296), der Ukraine (14. 6. 1994 BGBl. II, 268) und Kirgisistan (9. 2. 1995 BGBl. II 1997, 246). Sie enthalten dasselbe Diskriminierungsverbot wie Europa-Abkommen und sind deshalb auch für die Ausländerklauseln auch im Berufssport bedeutsam. Nach Presseberichten hat das Arbeitsgericht Madrid mit Urteil vom 29. 11. 2000 diese Klauseln als Verletzung des Abkommens mit Russlands angesehen (anders *Streinz,* SpuRT 1998, S. 48).

5. Schweiz

327a   Durch einen bilateralen Vertrag mit der EU wird die wechselseitige Freizügigkeit zwischen der Schweiz und den Mitgliedstaaten hergestellt, auf Seiten der Schweiz mit Übergangsfristen.

VII. Berufsausbildungsfreizügigkeit

Schrifttum: *Beckedorf/Henze,* Neuere Entwicklungen in der Bildungspolitik der Europäischen Gemeinschaft, NVwZ 1993, S. 125; *Classen,* Bildungspolitische Förderprogramme der EG, EuR 1990, S. 10; *Cremer,* Ausbildungsrechtliche Ansprüche türkischer Kinder auf Grund des Assoziations-

---

[608] EuGH v. 5. 4. 1995, Rs. C 103/94 (Krid), Slg. 1995, 719, 740, Rn. 39; EuGH v. 15. 1. 1998, Rs. C 113/97 (Babahenini), Slg. 1998, 183, 194, Rn. 32 zum gleichen Fall ablehnend für EG-Bürger: EuGH v. 8. 7. 1992 (Taghavi), Slg. 1992, 4401, 4418, Rn. 12.

[609] *Weiß,* Personenverkehrsfreiheiten von Staatsangehörigen assoziierter Staaten, S. 33, Fn. 101; *Navarro,* ZAR 1999, S. 65, 68.

[610] EuGH v. 30. 4. 1996, Rs. C 308/93 (Cabanis-Issarte), Slg. 1996, 2097, 2135, Rn. 30; EuGH v. 10. 10. 1996, verb. Rs. C 245/94 und 312/94 (Hoever und Zachow), Slg. 1996, 4895, 4938, Rn. 33.

[611] EuGH v. 2. 3. 1999 Rs. C 416/96 (Eddline El-Yassini), Slg 1999, 1209, 1246, Rn. 33; EuGH v. 11. 11. 1999, Rs. C 179/98 (Mesbah), Slg. 1999, 7955, 7957, Rn. 19, Leitsatz in ZAR 2000, S. 84, mit Anm. *Weber*.

VII. Berufsausbildungsfreizügigkeit   328–330 § 15

ratsbeschlusses EWG/Türkei Nr. 1/80; *Degen,* Die Unionsbürgerschaft nach dem Vertrag über die Europäische Union unter besonderer Berücksichtigung des Wahlrechts, DÖV 1993, S. 749; *Dörig,* Der Zugang zur Anwaltschaft nach der EG-Diplomanerkennungsrichtlinie, EuZW 1991, S. 243; *Feuerich,* Die Umsetzung der Diplomanerkennungsrichtlinie durch das Eignungsprüfungsgesetz für die Zulassung zur Rechtsanwaltschaft, NJW 1991, S. 1144; *Goll,* in: Hensster u. a. (Hrsg.), Europäische Integration und globaler Wettbewerb, S. 189; *Hailbronner,* Europa 1992 – Freizügigkeit für Studenten und Auszubildende in der Europäischen Gemeinschaft, JuS 1991, S. 9; *Henninger,* Europäisches Berufsrecht, BB 1990, S. 73; *Heyer,* Diskriminierungs- und Beschränkungsverbot im Rahmen der gemeinschaftsrechtlichen Arbeitnehmerfreizügigkeit, Diss. Köln 1996; *Klein/Haratsch,* Das Aufenthaltsrecht der Studenten, die Unionsbürgerschaft und intertemporales Gemeinschaftsrecht, JuS 1995, S. 7; *Lach,* Die Möglichkeit der Niederlassung europäischer Rechtsanwälte in Deutschland, NJW 2000, S. 1609; *Leibrock,* Stand und Perspektiven der gegenseitigen Anerkennung der Diplome, EuZW 1992, S. 465; *ders.,* Die Umsetzung der Hochschuldiplom-Richtlinie in Deutschland, EuZW 1993, S. 634; *Oberheim,* Die Eignungsprüfung für EU-Rechtsanwälte, NJW 1994, S. 1846; *Wägenbaur,* Auf dem Wege zur Bildungs- und Kulturgemeinschaft, Gedächtnisschrift für Eberhard Grabitz, 1995, S. 851; *v. Wallenberg,* Die Bedeutung des Meisterbriefs in Zeiten von Qualitätsmanagement und Europäischen Normen, EuZW 1995, S. 396; *Weber, Kathrin,* Die Bildung im Europäischen Gemeinschaftsrecht und die Kulturhoheit der deutschen Bundesländer, 1993; *Willms,* Soziale Sicherung durch Europäische Integration, 1990; *Winkel,* Freizügigkeit und Anerkennung von Befähigungsnachweisen nach EU-Recht, WiVerw 1998, S. 83.

Obwohl sich im EGV keine ausdrückliche, der Arbeitnehmerfreizügigkeit gemäß **328** Art. 39ff. EG entsprechende Regelung einer Ausbildungsfreizügigkeit findet, läge eine solche infolge der zunehmenden Vernetzung und Internationalisierung der Volkswirtschaften der Mitgliedstaaten in deren Interesse. Aus diesem Grunde bemühen sich die gesetzgebende und die rechtsprechende Gewalt in der Gemeinschaft seit längerem und mit wachsendem Erfolg, eine Freizügigkeit zum Zwecke der Berufsausbildung aus dem Gemeinschaftsrecht zu entwickeln.[612]

1. Einschlägigkeit des EG-Vertrages

a) Art. 149, 150 EG

In Art. 149 Abs. 1 EG ist die Pflicht der Gemeinschaft festgelegt, die Zusammenarbeit **329** zwischen den Mitgliedstaaten auf dem Bildungssektor zu fördern, wobei sie deren Verantwortung für die Lehrinhalte und die Gestaltung des Bildungssystems strikt zu beachten hat. Dabei soll gemäß Abs. 2 die Tätigkeit der Gemeinschaft unter anderem die Mobilität der Lernenden und Lehrenden fördern, wozu der Rat gemäß Abs. 4 Fördermaßnahmen und Empfehlungen erlassen darf, ohne dass dabei die Rechts- und Verwaltungsvorschriften der Mitgliedstaaten harmonisiert werden können. Art. 150 EG verpflichtet die Gemeinschaft zur Unterstützung und Ergänzung der Maßnahmen der Mitgliedstaaten auf dem Gebiet der beruflichen Bildung.[613] Dabei hat sie unter anderem das Ziel zu verfolgen, die Mobilität der Ausbilder und der in beruflicher Bildung befindlichen Personen, insbesondere der Jugendlichen, zu fördern; der Rat kann gemäß Abs. 4 zu diesem Zweck Maßnahmen erlassen, ohne dabei das Recht der Mitgliedstaaten zu harmonisieren.

b) Anwendbarkeit des Art. 12 EG

Zu klären ist weiterhin, inwiefern die oben genannten Art. 149 f. EG, unter Umstän- **330** den im Zusammenwirken mit anderen Vorschriften der Gemeinschaft, geeignet sind, die Grundlage für eine gemeinschaftsweite Ausbildungsfreizügigkeit zu bilden, indem sie den Anwendungsbereich des Gemeinschaftsrechts auf in der Berufsausbildung befindliche Personen erstrecken und diese damit dem Geltungsbereich zumindest des allgemeinen

---

[612] Vgl. etwa Vorschlag des Europäischen Parlaments und des Rates über die Mobilität von Studierenden, in der Ausbildung stehenden Personen, jungen Freiwilligen, Lehrkräften und Ausbildern in der Gemeinschaft, KOM (1999) 708.

[613] Zum Verhältnis der Begriffe „Bildung" zu „berufliche Bildung" s. u. Rn. 332ff.

Verbots der Diskriminierung aus Gründen der Staatsangehörigkeit in Art. 12 EG einverleiben. Diese Frage stellt sich insbesondere vor dem Hintergrund der Fassung der Art. 149 f. EG (wie auch des bis zum Inkrafttreten der Maastricht-Verträge geltenden Art. 128 EWGV), da diese nicht den Anschein erwecken, zu einer Verpflichtung der Mitgliedstaaten führen zu können, sondern eher als ausschließliche Verpflichtung der Gemeinschaft zu Fördermaßnahmen aufgefasst werden könnten.

331 Nach der Rechtsprechung des EuGH[614] kommt das allgemeine Diskriminierungsverbot des Art. 12 Abs. 1 EG auf alle Sachverhalte zur Anwendung, die Berührungspunkte mit einem der Sachverhalte aufweisen, die das Gemeinschaftsrecht regelt. Nicht ausschlaggebend soll sein, ob die Gemeinschaft für einen bestimmten Bereich auch die Rechtsetzungskompetenz hat; vielmehr ergibt sich die Anwendbarkeit des Art. 12 Abs. 1 EG auf alle Regelungsbereiche des Gemeinschaftsrechts aus der Abrundungsfunktion, die das allgemeine Verbot der Diskriminierung aus Gründen der Staatsangehörigkeit hat.[615] Demzufolge steht es der Anwendbarkeit des Art. 12 Abs. 1 EG auch nicht entgegen, dass die Bildungs- und Ausbildungspolitik nicht in die Zuständigkeit der Gemeinschaftsorgane fällt, da sie dennoch zum Anwendungsbereich des EGV zählt.[616] Dies folgt nicht nur aus den Vorschriften des EGV,[617] die sich ausdrücklich auf die Bildung bzw. Ausbildung beziehen, sondern auch aus verschiedenen anderen Vorschriften des Sekundärrechts der Gemeinschaft, die bestimmte Rechte auf dem Bildungssektor vermitteln, wie z. B. Art. 7 Abs. 3, Art. 12 VO 1612/68 oder der auf Art. 128 EWGV beruhende Beschluss 63/266/EWG[618] des Rates, wonach die allgemeinen Grundsätze der gemeinsamen Bildungspolitik jedem Einzelnen eine angemessene Ausbildung bei freier Wahl des Berufs, der Ausbildungsstätte sowie des Ausbildungs- und Beschäftigungsorts ermöglichen müssen.[619] Da die Voraussetzungen für den Zugang zur Berufsausbildung mithin in den Anwendungsbereich des EGV fallen, unterliegen sie nach den oben dargestellten Grundsätzen auch dem allgemeinen Verbot der Diskriminierung aus Gründen der Staatsangehörigkeit. So jetzt ausdrücklich EuGH 20. 9. 2001, Rs. C 184/99 (Grzelcyk), EuZW 2002, 52.

c) Begriff der Berufsausbildung

332 Die Feststellung des EuGH,[620] dass die Regelung des Zugangs zur Berufsausbildung dem allgemeinen Diskriminierungsverbot aus Gründen der Staatsangehörigkeit unterliegt, macht eine Definition des Begriffes der Berufsausbildung erforderlich, da infolge der Ausrichtung des Gemeinschaftsrechts auf die Regelung wirtschaftlicher Zusammenhänge nicht ohne weiteres davon ausgegangen werden kann, dass Bildung im Allgemeinen von der zitierten Rechtsprechung des EuGH erfasst sein soll. Für eine entsprechende Differenzierung sprechen auch die neuen Art. 149, 150 EG, die zwischen allgemeiner Bildung und beruflicher Bildung unterscheiden.

---

[614] St. Rspr., z. B. EuGH v. 27. 10. 1982, verb. Rs. 35 u. 36/82 (Morson u. Jhanjan), Slg. 1982, 3723, 3736, Rn. 15.

[615] Grabitz/Hilf-*v. Bogdandy,* Art. 6 EGV, Rn. 44.

[616] EuGH v. 13. 7. 1983, Rs. 152/82 (Forcheri), Slg. 1983, 2323, 2336, Rn. 17.

[617] Unschädlich ist in diesem Zusammenhang, dass Art. 128 EWGV inzwischen durch Art. 149 f. EGV ersetzt wurde, da damit keine Herabminderung der bildungspolitischen Aussagegehalts des Gemeinschaftsrechts verbunden ist. Art. 128 EWGV lautete: „Auf Vorschlag der Kommission und nach Anhörung des Wirtschafts- und Sozialausschusses stellt der Rat in Bezug auf die Berufsausbildung allgemeine Grundsätze zur Durchführung einer gemeinsamen Politik auf, die zu einer harmonischen Entwicklung sowohl der einzelnen Volkswirtschaften als auch des Gemeinsamen Markts beitragen kann." Zu dieser Änderung des Vertrages näher *Wägenbaur,* Gedächtnisschrift für Grabitz, S. 851 ff.

[618] Beschluss v. 2. 4. 1963, ABl. 1963, 1338.

[619] EuGH in ständiger Rechtsprechung seit seinem Urteil v. 13. 2. 1985, Rs. 293/83 (Gravier), Slg. 1985, 593, 612 f., Rn. 19 ff. mit weiteren Beispielen zu gemeinschaftsrechtlichen Regelungen, die die Bildungspolitik betreffen.

[620] EuGH v. 13. 2. 1985, Rs. 293/83 (Gravier), Slg. 1985, 593, 613, Rn. 25 f.

VII. Berufsausbildungsfreizügigkeit   333–336 § 15

So hat auch der EuGH[621] nicht auf eine Definition der Berufsausbildung verzichtet, in- 333
dem er dazu jede Form der Ausbildung zählt, die auf eine Qualifikation für einen bestimmten Beruf oder eine bestimmte Beschäftigung vorbereitet oder die die besondere
Befähigung zur Ausübung eines solchen Berufes oder einer solchen Beschäftigung verleiht,
unabhängig von Alter und Ausbildungsniveau der Schüler oder Studenten und selbst dann,
wenn der Lehrplan auch allgemeinbildenden Unterricht enthält.

Dieser weite Begriff der Berufsausbildung umfasst neben der Ausbildung in Arbeitsver- 334
hältnissen mit privaten oder öffentlichen Arbeitgebern, bei denen der Auszubildende für
seine Tätigkeit bezahlt wird, auch die Ausbildung in staatlichen Bildungseinrichtungen,
wie z.B. Berufsschulen oder Umschulungszentren,[622] nicht aber den Besuch allgemeinbil-
dender Schulen und sonstiger staatlicher Einrichtungen, bei denen der allgemeinbildende
Charakter des Unterrichts im Vordergrund steht; dies dürfte z.B. bei den meisten von
Volkshochschulen angebotenen Bildungsprogrammen der Fall sein. Ebenfalls zur Berufsausbildung im Sinne der Definition des EuGH zu zählen ist der in der Regel entgeltliche Besuch privater bzw. privat finanzierter Ausbildungseinrichtungen, solange nur die
Berufsqualifikation im Vordergrund steht. In diesem Zusammenhang ist allerdings darauf
hinzuweisen, dass bestimmte Formen der Berufsausbildung im Sinne der Definition des
EuGH speziellen Diskriminierungsverboten des EGV unterfallen; soweit ein Berufs-
bildungsverhältnis gleichzeitig ein Arbeitsverhältnis im Sinne des Art. 39 EG ist, gilt auch das
Diskriminierungsverbot des Art. 39 Abs. 2 EG.[623] Beim entgeltlichen Besuch privater
Berufsbildungseinrichtungen wird vom Auszubildenden die passive Dienstleistungsfreiheit
in Anspruch genommen, so dass dann das Diskriminierungsverbot des Art. 50 EG zugunsten des Auszubildenden eingreift.[624]

Der Begriff der Berufsausbildung umfasst in der Regel auch Studiengänge an öffentli- 335
chen Hochschulen,[625] solange nicht die Vertiefung der Allgemeinkenntnisse gegenüber der
Berufsausbildung im Vordergrund steht.[626] Unabhängig von der Frage, ob die Hochschulausbildung Art. 149 EG[627] oder Art. 150 EG zuzurechnen ist, dürfte sie jedenfalls unter der
Geltung der neuen Art. 149, 150 EG auch weiterhin, soweit sie nach den Kriterien der
Entscheidung des EuGH im Fall Brown[628] als berufsqualifizierend eingestuft werden kann,
dem Anwendungsbereich des EG und damit auch des allgemeinen Diskriminierungsverbots des Art. 12 EG unterfallen. Daher kommt es nicht einer Erstreckung der EuGH-
Rechtsprechung auf die allgemeine Bildung gleich, auch in Zukunft für die berufsqualifi-
zierende Hochschulausbildung auf Art. 12 EG zurückzugreifen. Die Ausbildung an einer
öffentlichen Hochschule ist keine Inanspruchnahme der passiven Dienstleistungsfreiheit.[629]

2. Diskriminierungsverbot beim Zugang zur Ausbildung

a) Allgemeines Diskriminierungsverbot

Das allgemeine Diskriminierungsverbot des Art. 12 Abs. 1 EG steht jeglichen Maßnah- 336
men entgegen, die den Zugang von Angehörigen anderer Mitgliedstaaten zur Berufsausbildung erschweren oder unmöglich machen.[630] Dies sei im Folgenden am Beispiel des Zugangs

---

[621] EuGH v. 13. 2. 1985, Rs. 293/83 (Gravier), Slg. 1985, 593, 614, Rn. 30.
[622] Vgl. Art. 7 Abs. 3 VO 1612/68.
[623] Dazu s. u. Rn. 355.
[624] EuGH v. 7. 12. 1993, Rs. C-109/92 (Wirth), Slg. 1993, 6447, 6464.
[625] EuGH v. 2. 2. 1988, Rs. 24/86 (Blaizot), Slg. 1988, 379, 404, Rn. 19 f.
[626] EuGH v. 21. 6. 1988, Rs. 197/86 (Brown), Slg. 1988, 3205, 3241 f., Rn. 10.
[627] Dafür Lenz-*Engelhard/Müller-Solger*, Art. 127, Rn. 2, mit Hinweis auf den Bezug zu „Lehrenden und Lernenden".
[628] EuGH a. a. O (Fn. 626).
[629] EuGH v. 7. 12. 1993, Rs. C-109/92 (Wirth), a. a. O.
[630] EuGH v. 13. 2. 1985, Rs. 293/83 (Gravier), Slg. 1985, 593, 613, Rn. 24; v. 21. 6. 1988, Rs. 39/86 (Lair), Slg. 1988, 3161, 3194, Rn. 12.

zu Hochschulstudiengängen erläutert, wobei darauf hingewiesen werden muss, dass für sonstige Formen der Berufsausbildung im gleichen Maße der Grundsatz gilt, dass der einzelne Mitgliedstaat Angehörige anderer Mitgliedstaaten keinen diskriminierenden Zugangsbeschränkungen unterwerfen darf. Zum Einreise- und Aufenthaltsrecht Rn. 380 ff.

aa) Recht auf Einschreibung

337 Daraus folgt zunächst der Grundsatz, dass es Mitgliedstaaten nicht erlaubt ist, Angehörigen anderer Mitgliedstaaten auf Grund ihrer Staatsangehörigkeit die Einschreibung an einer Hochschule zu versagen;[631] in einem solchen Verhalten läge eine unmittelbare Diskriminierung auf Grund der Staatsangehörigkeit. Aber auch mittelbare Diskriminierungen aufgrund der Staatsangehörigkeit sind im Anwendungsbereich des Vertrages gemäß Art. 12 Abs. 1 EG verboten,[632] so dass auch z. B. auf inländischen Wohn- oder Herkunftsort abstellende Voraussetzungen der Einschreibung unzulässig sind. Zulässig ist dagegen das Erfordernis des Nachweises bestimmter Kenntnisse der Sprache, in der gelehrt wird, da es sich hier um ein sachlich zu begründendes Unterscheidungsmerkmal handelt, auch wenn es in erster Linie Ausländer treffen dürfte; dies ergibt sich auch aus dem in Art. 3 Abs. 1 Satz 2 VO 1612/68 zum Ausdruck kommenden Rechtsgedanken. Die Anwendung des allgemeinen Diskriminierungsverbots auf den Hochschulzugang seit der Gravier-Entscheidung des EuGH[633] hat sich in § 27 Abs. 1 S. 2 HRG niedergeschlagen, der nunmehr hinsichtlich des Hochschulzugangs Ausländer aus anderen Mitgliedstaaten der Gemeinschaft gleichstellt, soweit sie die für das Studium erforderlichen Sprachkenntnisse[634] nachweisen können.

bb) Problem des Numerus Clausus

338 Problematisch bleibt dennoch der Zugang zu Fächern, für die ein numerus clausus gilt, so dass die Anzahl der zuzulassenden Studenten beschränkt ist. Dabei ist von der Überlegung auszugehen, dass das Diskriminierungsverbot ausländischen Studenten nicht bessere Zugangsmöglichkeiten als inländischen Studenten verschaffen soll, so dass es (weniger aus gemeinschaftsrechtlichen Gründen, denn aus solchen des nationalen Rechts) wohl nicht in Frage kommt, unter Berufung auf Art. 12 Abs. 1 EG Studenten aus anderen Mitgliedstaaten unbeschränkt zuzulassen. Schwierig ist die Wahl eines diskriminierungsfreien, Ausländer weder bevorzugenden noch benachteiligenden Verfahrens insbesondere, wenn die Kriterien der Vergabe von Studienplätzen in sog. N. C.-Fächern an Inlandssachverhalte anknüpfen, wie z. B. eine bestimmte Durchschnittsnote der Hochschulzugangsberechtigung. Die in den einzelnen Mitgliedstaaten verwendeten Notenskalen weichen häufig voneinander ab, so dass eine nach der deutschen Sechser-Skala errechnete Mindestnote nicht ohne weiteres auf ausländische Reifezeugnisse übertragen werden kann. Zweifelhaft ist die Eignung sog. Ausländerquoten zur Lösung der Vergleichsschwierigkeiten zwischen deutschen und ausländischen Zeugnissen als Voraussetzung für den Hochschulzugang, da mit der Erschöpfung der Quote eine potentielle Ausschlusswirkung verbunden ist.[635]

339 Grundsätzlich sind zwei Verfahren denkbar, um die im Ausland erworbenen Hochschulzugangsberechtigungen Angehöriger anderer Mitgliedstaaten[636] im Verhältnis zu den inländischen Schulabschlüssen zu bewerten. So wäre zum einen ein Verfahren vorstellbar, das für die Angehörigen der einzelnen Mitgliedstaaten nach jeweils vergleichbaren Schulabschlüssen Quoten bildet, die sich z. B. nach ihrem Anteil an den Bewerbern im jeweili-

---

[631] EuGH v. 3. 5. 1994, Rs. C-47/93 (Kommission/Belgien), Slg. 1994, 1593, 1607, Rn. 14.
[632] Grabitz/Hilf-*v. Bogdandy*, Art. 6 EGV, Rn. 12 ff.
[633] EuGH v. 13. 2. 1985, Rs. 293/83 (Gravier), Slg. 1985, 593.
[634] Damit können nur Deutschkenntnisse gemeint sein, nicht aber eventuell erforderliche fachspezifische Fremdsprachenkenntnisse, Hailbronner-*Großkreutz*, Kommentar zum HRG, § 27, Rn. 11 b.
[635] *Hailbronner,* JuS 1991, S. 9, 14.
[636] Das Problem der Bewertung kann sich daneben auch bei Deutschen stellen, die ihren Schulabschluss im Ausland erworben haben; es handelt sich dann um eine Frage der Inländerdiskriminierung.

gen Studiengang richten könnten; dann müsste innerhalb der jeweiligen Gruppe die Relation der abgewiesenen Bewerber zu den angenommenen Bewerbern mit dem entsprechenden Verhältnis unter den Bewerbern mit deutscher Hochschulzugangsberechtigung übereinstimmen. Dieses Verfahren hätte den Vorteil, einen Vergleich unterschiedlich aufgebauter Abschlusszeugnisse aus verschiedenen Mitgliedstaaten der Gemeinschaft zu umgehen. Der Nachteil läge allerdings in dem schwer durchschaubaren Verfahren, wobei insbesondere die alljährlich von neuem erforderliche Festlegung der Quoten einige Schwierigkeiten und erheblichen Aufwand bereiten dürfte.

Das andere denkbare Verfahren könnte einen Vergleich der in verschiedenen Ländern erworbenen Qualifikationen ermöglichen, indem nicht ein errechenbarer Notenschnitt der Bewertung zugrunde gelegt wird, sondern ein prozentualer Rang, der Auskunft über die Einstufung des Bewerbers im Verhältnis zu denjenigen gibt, die gleichzeitig mit ihm im selben Staat den entsprechenden Schulabschluss erworben haben. Dies würde allerdings gleichzeitig erfordern, dass die qualitativen Zugangskriterien nach dem im Inland üblichen Verfahren nicht mehr nach der in Zehntelschritte unterteilten Durchschnittsnote festgelegt werden, sondern, unter Umständen unter Rückgriff auf diese Durchschnittsnote, anhand eines nach Prozentzahlen zu bezeichnenden Rangs, der unter den Inhabern des gleichen Schulabschlusses erreicht werden muss. Der Nachteil dieser Vorgehensweise bestünde in der Notwendigkeit, ein Verfahren zur Feststellung dieses Rangs zu erarbeiten; der Vorteil dürfte demgegenüber darin liegen, dass auf diesem Wege dem auch in der Diplomanerkennungsrichtlinie 89/48 zum Ausdruck kommenden Prinzip eher entsprochen würde, in anderen Mitgliedstaaten erworbene Abschlüsse anzuerkennen, so dass dieser Ansatz eher als der zuvor genannte eine echte Gleichbehandlung beinhaltet. 340

cc) Staatliche Beihilfen zum Hochschulzugang

Über den bloßen Anspruch auf gleichberechtigten Zugang zur Hochschule hinaus verschafft das allgemeine Diskriminierungsverbot des Art. 12 Abs. 1 EG den Studenten aus anderen Mitgliedstaaten auch einen Anspruch auf Inländergleichbehandlung bei unmittelbar auf das Studium bezogenen Leistungen des Staates. Es macht daher keinen Unterschied, ob eine Hochschule allein aus Steuermitteln oder auch aus Gebühren der Studenten finanziert wird; jedenfalls dürfen von den Studenten aus Mitgliedstaaten der Gemeinschaft keine Beiträge verlangt werden, die nicht auch Inländer zahlen müssen.[637] Allerdings ergibt das allgemeine Diskriminierungsverbot nur einen Anspruch auf Gleichbehandlung bei Förderungsleistungen des Staates, die der Deckung von Einschreibgebühren oder sonstigen Universitätsgebühren dienen;[638] sonstige Förderleistungen, etwa Beiträge zum Lebensunterhalt der Studenten, sind nicht vom allgemeinen Diskriminierungsverbot erfasst, so dass Studenten aus anderen Mitgliedstaaten der Gemeinschaft nicht allein unter Berufung auf Art. 12 Abs. 1 EG Anspruch darauf erheben können. S. aber Rn. 384. 341

Der Anspruch auf Gleichbehandlung bei der Deckung von Studiengebühren o. ä. durch staatliche Beihilfen gilt unabhängig von der Art der Berechnung oder der Konzeption einer Beihilfe; wenn diese z.B. sowohl die Studiengebühren abdeckt als auch eine darüberhinausgehende Hilfe zum Lebensunterhalt beinhaltet, so ist auf Grund des allgemeinen Diskriminierungsverbots des Art. 12 Abs. 1 EG der auf die Deckung der Studiengebühren entfallende Anteil auch dem Studenten aus einem anderen Mitgliedstaat zu gewähren.[639] 342

b) Spezielle Diskriminierungsverbote

Neben dem allgemeinen Diskriminierungsverbot des Art. 12 Abs. 1 EG können eine Reihe von speziellen Diskriminierungsverboten des EGV eine Rolle für Angehörige von 343

---

[637] EuGH v. 3. 5. 1994, Rs. C-47/93 (Kommission/Belgien), Slg. 1994, 1593, 1606, Rn. 11 f.
[638] EuGH v. 21. 6. 1988, Rs. 39/86 (Lair), Slg. 1988, 3161, 3194 f., Rn. 14 ff.; v. 21. 6. 1988, Rs. 197/86 (Brown), Slg. 1988, 3205, 3243, Rn. 17 ff.
[639] EuGH v. 26. 2. 1992, Rs. C-357/89 (Raulin), Slg. 1027, 1063, Rn. 28.

Mitgliedstaaten der Gemeinschaft spielen, die eine Berufsausbildung im oben genannten Sinne in einem anderen Mitgliedstaat absolvieren wollen. Welche Diskriminierungsverbote dies im Einzelnen sind, hängt davon ab, ob die betreffenden Personen nicht nur hinsichtlich ihrer Berufsausbildung in den Anwendungsbereich des EGV fallen, sondern auch z. B. als Wanderarbeitnehmer, Familienmitglied eines Wanderarbeitnehmers oder als Dienstleistungsempfänger.

aa) Als Wanderarbeitnehmer
(1) Arbeitnehmereigenschaft in der Berufsausbildung

344   Es gibt viele Berufsausbildungen, die gleichzeitig die gemeinschaftsrechtlichen Kriterien des Arbeitsverhältnisses erfüllen, so dass ihre Absolventen nicht nur Auszubildende, sondern auch Arbeitnehmer i. S. der Art. 39 ff. EG sind und von allen freizügigkeitsrechtlichen Diskriminierungsverboten profitieren. Dabei ist insbesondere an die Ausbildung bei privaten oder öffentlichen Arbeitgebern zu denken, soweit sie gegen Bezahlung erfolgt. So dürften die sog. „Azubis" aus anderen Mitgliedstaaten in aller Regel zugleich Arbeitnehmer sein und damit in den Genuss der Freizügigkeitsrechte gelangen.

345   Nach der Rechtsprechung des EuGH[640] können aber auch Personen als Arbeitnehmer im Sinne des Gemeinschaftsrechts gelten, die sich nicht in einem Arbeitsverhältnis befinden. Dies ergibt sich zum einen aus Art. 7 Abs. 3 VO 1612/68 für Wanderarbeitnehmer, die Berufsschulen und Umschulungszentren in Anspruch nehmen; der Beruf dieser Bildungsstätten wird nicht immer mit dem Bestand eines Arbeitsverhältnisses einhergehen, kann aber schon der Systematik der VO 1612/68 nach auch dann nicht zum Verlust der Arbeitnehmereigenschaft im Sinne des Freizügigkeitsrechts führen, wenn der Betreffende sich in keinem Arbeitsverhältnis befindet.

346   Auf diese Möglichkeit[641] sowie eine Reihe von anderen Konstellationen, in denen Wanderarbeitnehmer i. S. der Art. 39 ff. EG nicht in einem Arbeitsverhältnis stehen, hat der EuGH auch hingewiesen, um die Möglichkeit eines Fortbestands der Arbeitnehmereigenschaft bei Studenten zu begründen. Die Arbeitnehmereigenschaft kann danach bei Aufnahme eines Studiums durch einen EG-Wanderarbeitnehmer in dem Mitgliedstaat seiner bisherigen Tätigkeit in zwei Fällen erhalten bleiben. Eine Möglichkeit besteht darin, dass zwischen dem im Aufnahmemitgliedstaat ausgeübten Beruf und dem Studium ein Zusammenhang besteht,[642] während ein Zusammenhang mit früher in anderen Mitgliedstaaten ausgeübten Berufen nicht ins Gewicht fällt.[643] Kriterium für den geforderten Zusammenhang kann neben der Art und Verschiedenartigkeit der ausgeübten Tätigkeit im Verhältnis zum Studium die Dauer der Zeitspanne zwischen Berufstätigkeit und Studienbeginn sein;[644] je kürzer die Zeit ist, die zwischen dem Ende der Berufstätigkeit und der Aufnahme des Studiums verstreicht, desto eher dürfte der notwendige Zusammenhang in zeitlicher Hinsicht gegeben sein. Was den kumulativ zu fordernden inhaltlichen Zusammenhang betrifft, sollten keine überspannten Anforderungen etwa derart gestellt werden, dass das Studium exakt auf den zuvor auszuübenden Beruf bezogen sein muss. Vielmehr sollte es genügen, dass die im Zusammenhang mit der Berufstätigkeit erworbenen Kenntnisse, Fähigkeiten und Erfahrungen unter normalen Umständen auch für den im Rahmen der Hochschulausbildung erlernten Beruf von Nutzen sein können.

347   Ein inhaltlicher Zusammenhang im hier beschriebenen Sinne ist dagegen für den Erhalt der Arbeitnehmereigenschaft nicht erforderlich, wenn der Wanderarbeitnehmer durch unfreiwillige Arbeitslosigkeit und den aus diesem Grunde entstandenen oder jedenfalls

---

[640] EuGH v. 21. 6. 1988, Rs. 39/86 (Lair), Slg. 1988, 3161, 3198 ff., Rn. 29 ff.
[641] EuGH v. 21. 6. 1988, Rs. 39/86 (Lair), Slg. 1988, 3161, 3200, Rn. 35. Dazu eingehend Schlussantrag des GA Alber in der Rechtssache C 184/99 (Rudi Grzelczyk) v. 29. 9. 2000. Die Entscheidung des EuGH in dieser Sache (Rn. 331) ließ die Frage offen.
[642] EuGH v. 21. 6. 1988, Rs. 39/86 (Lair), Slg. 1988, 3161, 3200, Rn. 37.
[643] EuGH v. 26. 2. 1992, Rs. C-357/89 (Raulin), Slg. 1992, 1027, 1061, Rn. 18 f.
[644] EuGH v. 26. 2. 1992, Rs. C-3/90 (Bernini), Slg. 1992, 1071, 1106, Rn. 19.

VII. Berufsausbildungsfreizügigkeit

naheliegenden Umschulungsbedarf zu einem Wechsel des Berufszweigs veranlasst wird und aus diesem Grund eine neue – auch universitäre – Ausbildung anstrebt.[645] Hinsichtlich des zeitlichen Zusammenhangs ergeben sich hier keine Abweichungen gegenüber sonstigen Wanderarbeitnehmern, die unfreiwillig arbeitslos geworden sind. Auch ist zu berücksichtigen, dass unfreiwillige Arbeitslosigkeit in der Regel eine für den Betroffenen überraschende Situation schafft und von diesem daher nicht verlangt werden kann, sich zu diesem Zeitpunkt oder in der allernächsten Zukunft Klarheit über seine nachfolgenden Ausbildungsbemühungen verschafft zu haben. Somit bleiben im Falle der unfreiwilligen Arbeitslosigkeit auch die Anforderungen an den zeitlichen Zusammenhang zwischen der Berufstätigkeit und dem Studienbeginn erheblich hinter dem oben dargestellten zurück.

Eine Übertragung der Arbeitnehmereigenschaft auf ein Studium kommt dagegen nicht in Frage, wenn die bereits vor Arbeitsbeginn feststehende Zulassung zu einem bestimmten Studium Voraussetzung für die Aufnahme der Berufstätigkeit war. In diesem Falle ist die Berufstätigkeit gegenüber dem Studium von untergeordneter Bedeutung;[646] der durch die vorherige Berufstätigkeit erworbene Status eines EG-Wanderarbeitnehmers kann dann nicht auf das Studium ausstrahlen, so dass der Schutz der speziellen Diskriminierungsverbote der Arbeitnehmerfreizügigkeit dann entfällt. **348**

(2) Ausbildungsförderung

Der Erhalt der Arbeitnehmereigenschaft im Studium nach den oben dargestellten Kriterien bewirkt, dass die betreffenden Wanderarbeitnehmer gemäß Art. 7 Abs. 2 VO Anspruch auf Gleichbehandlung bei den sozialen und steuerlichen Vergünstigungen des Aufnahmestaats haben. Dies bedeutet, dass der Gleichbehandlungsanspruch über die unmittelbar auf den Zugang zur Berufsausbildung bezogenen Leistungen hinausgeht und auch solche Leistungen deckt, die vom Aufnahmestaat eigenen Angehörigen nach den oben dargestellten Kriterien der sozialen Vergünstigung im Sinne des Art. 7 Abs. 2 VO 1612/68 gewährt werden. Dies sind all jene Vergünstigungen, die, ob sie an einen Arbeitsvertrag anknüpfen oder nicht, den inländischen Arbeitnehmern im Allgemeinen hauptsächlich wegen deren objektiver Arbeitnehmereigenschaft oder einfach wegen ihres Wohnorts im Inland gewährt werden, und deren Ausdehnung auf die Arbeitnehmer, die Angehörige anderer Mitgliedstaaten sind, deshalb als geeignet erscheint, die Mobilität innerhalb der Gemeinschaft zu fördern.[647] **349**

Zu den Vergünstigungen in diesem Sinne zählt nach der Rechtsprechung des EuGH auch eine Ausbildungsförderung durch den Aufnahmestaat, die dem Wanderarbeitnehmer nicht nur zur Deckung eventueller Studien- bzw. Ausbildungsgebühren, sondern auch als Beitrag zum sonstigen Lebensunterhalt gewährt wird.[648] Diese Leistungen sind diskriminierungsfrei zu gewähren, weswegen sie nicht für EG-Ausländer von einer bestimmten Dauer der dem Studium vorausgehenden Berufstätigkeit abhängig gemacht werden können;[649] allerdings hat der EuGH auch darauf hingewiesen, dass mit diesem Diskriminierungsverbot ein Missbrauchsvorbehalt verbunden ist. Er hat sich nicht näher zu der Frage geäußert, unter welchen Umständen von einem Missbrauch der Freizügigkeitsrechte ausgegangen werden kann, weil ein Wanderarbeitnehmer sich nur zu dem Zweck in **350**

---

[645] EuGH v. 21. 6. 1988, Rs. 39/86 (Lair), Slg. 1988, 3161, 3200, Rn. 37; EuGH v. 26. 2. 1992, Rs. C-357/89 (Raulin), Slg. 1992, 1027, 1062, Rn. 22.
[646] EuGH v. 21. 6. 1988, Rs. 197/86 (Brown), Slg. 1988, 3205, 3245 f., Rn. 27 f.
[647] EuGH v. 31. 5. 1979, Rs. 207/78 (Even), Slg. 1979, 2019, Rn. 22; v. 20. 6. 1985, Rs. 94/84 (Deak), Slg. 1985, 1873, Rn. 21; v. 21. 6. 1988, Rs. 39/86 (Lair), Slg. 1988, 3161, Rn. 21. In seiner ersten Entscheidung zu Art. 7 Abs. 2 VO 1612/68 v. 11. 4. 1973, Rs. 76/72 (Michel), Slg. 1973, 457, hatte der EuGH noch den Standpunkt vertreten, dass nur mit der Beschäftigung verbundene Vergünstigungen erfasst seien.
[648] EuGH v. 21. 6. 1988, Rs. 39/86 (Lair), Slg. 1988, 3161, 3196, Rn. 23 f.
[649] EuGH v. 21. 6. 1988, Rs. 39/86 (Lair), Slg. 1988, 3161, 3201, Rn. 41 ff.

einen anderen Mitgliedstaat begeben hat, um im Anschluss an eine vergleichsweise kurze Berufstätigkeit ein Stipendium für das Studium in Anspruch zu nehmen.[650] Hier wäre wünschenswert, dass der Gemeinschaftsgesetzgeber eine Klarstellung vornimmt.[651] Soweit die staatliche Ausbildungsförderung Inländern auch eine Ausbildung in einem anderen Mitgliedstaat der Gemeinschaft oder einem Drittstaat finanziert, muss dies auch für EG-Wanderarbeitnehmer gelten,[652] und zwar auch, wenn sie die Ausbildung in ihrem Heimatstaat absolvieren;[653] allerdings müssen in dem Fall, dass ein Wanderarbeitnehmer den Aufnahmestaat verlässt, um mit einem von diesem gewährten Stipendium in seinem Herkunftsstaat eine Ausbildung zu absolvieren, konkrete Anhaltspunkte dafür vorliegen, dass der Lebensmittelpunkt des Betreffenden weiterhin im Aufnahmestaat liegen soll, also keine dauerhafte Rückkehr in den Herkunftsstaat vorliegt. Andernfalls dürfte mit einer Pflicht zum Export des Stipendiums die Grenze des vom EuGH[654] erwähnten Missbrauchsvorbehalts erreicht sein, da dann der Sinn des Gleichbehandlungsgrundsatzes, Mobilitätshindernisse für Arbeitnehmer und ihre Angehörigen zu beseitigen, in sein Gegenteil verkehrt würde.[655]

(3) Besuch von Berufsschulen und Umschulungszentren

351 Vor dem Hintergrund der vom EuGH praktizierten weiten Auslegung des Begriffs der sozialen Vergünstigungen auch für Personen, die sich zwar nicht mehr in einem Arbeitsverhältnis befinden, aber weiterhin die Arbeitnehmereigenschaft im Sinne des Freizügigkeitsrechts haben, tritt Art. 7 Abs. 3 VO 1612/68 weitgehend in den Hintergrund. Dieser regelt einen Teilbereich des Verbots der Diskriminierung beim Zugang zur Berufsausbildung, indem den Wanderarbeitnehmern der diskriminierungsfreie Besuch von Berufsschulen und Umschulungszentren zugestanden wird. Berufsschulen sind Einrichtungen, die nur eine Ausbildung vermitteln, die entweder in eine Berufstätigkeit eingebettet ist oder mit einer solchen, insbesondere während einer Lehre, eng verbunden ist, also keine Universitäten.[656] Auch unter den Begriff der Umschulungszentren wird die Hochschule nicht zu subsumieren sein; darunter fallen Bildungsstätten, die darauf ausgerichtet sind, Berufstätigen, die aus persönlichen Gründen oder bedingt durch die Arbeitsmarktlage ihren bisherigen Beruf nicht weiter ausüben wollen oder können, eine Zweitausbildung zu ermöglichen. Der denkbaren Deutung, dass durch die Aufzählung von Berufsschulen und Umschulungszentren in Art. 7 Abs. 3 VO 1612/68 sonstige staatliche Ausbildungsstätten aus dem Anwendungsbereich des Art. 7 Abs. 2 VO 1612/68 ausgeschlossen sind, ist der EuGH[657] dennoch ausdrücklich nicht gefolgt. Vielmehr stehen beide Vorschriften nebeneinander, so dass sich auch unmittelbar aus Art. 7 Abs. 3 VO 1612/68 ein Anspruch auf diskriminierungsfreien Zugang zu staatlichen Stipendien ergeben dürfte, auch soweit sie zum Lebensunterhalt beitragen.[658] Im Unterschied zu Art. 7 Abs. 2 VO 1612/68, der den Erhalt der Arbeitnehmereigenschaft (mit den oben dargestellten Ausnahmen) nur dann vorsieht, wenn zwischen der vorangegangenen Berufstätigkeit und einer Hochschulausbildung ein Zusammenhang besteht, weist das Tatbestandsmerkmal der Umschulung in Art. 7 Abs. 3 VO 1612/68 darauf hin, dass hier kein inhaltlicher Zusammenhang zwischen

---

[650] EuGH a. a. O. Rn. 43.
[651] *Willms*, Soziale Sicherung durch Europäische Integration, S. 67.
[652] EuGH v. 27. 9. 1988, Rs. 235/87 (Matteucci), Slg. 1988, 5596, 5611, Rn. 16.
[653] So EuGH v. 13. 11. 1990, Rs. C-308/89 (di Leo), Slg. 1990, 4185, 4208 f., Rn. 13 ff. für die Tochter eines Wanderarbeitnehmers.
[654] EuGH v. 21. 6. 1988, Rs. 39/86 (Lair), Slg. 1988, 3161, 3201, Rn. 43.
[655] *Hailbronner*, JuS 1991, S. 9, 13.
[656] EuGH v. 21. 6. 1988, Rs. 197/86 (Brown), Slg. 1988, 3205, 3242, Rn. 12.
[657] EuGH v. 21. 6. 1988, Rs. 39/86 (Lair), Slg. 1988, 3161, 3198, Rn. 27.
[658] So GA *Slynn* in seinen Schlussanträgen v. 14. 7. 1988 in der Rs. 235/87 (Matteucci), Slg. 1988, 5589, 5600 f.

VII. Berufsausbildungsfreizügigkeit

der Berufstätigkeit, die die Arbeitnehmereigenschaft begründet hat, und der anschließenden Berufsausbildung vorliegen muss.[659]

bb) Als Familienangehöriger eines Wanderarbeitnehmers

Auch die Familienangehörigen von Wanderarbeitnehmern genießen besondere Rechte hinsichtlich ihrer Bildung und Ausbildung, die allerdings nicht auf die berufliche Ausbildung beschränkt sind, sondern auch den Schulbesuch umfassen.

Je nach dem Verwandtschaftsverhältnis können sich Zugangsrechte zu Bildung und Berufsbildung und damit verbundene Gleichbehandlungsansprüche aus Art. 12 VO 1612/68 (für Kinder des Wanderarbeitnehmers) oder aus Art. 7 Abs. 2 VO 1612/68 (für sonstige Familienangehörige i.S. der Art. 10, 11 VO 1612/68) ergeben.

(1) Bildungsrechte der Kinder

Art. 12 VO 1612/68 räumt in seinem Abs. 1 den im Aufnahmestaat wohnhaften Kindern von EG-Wanderarbeitnehmern einen Gleichbehandlungsanspruch hinsichtlich der Teilnahme am allgemeinen Unterricht sowie der Lehrlings- und Berufsausbildung ein. Mit dieser Trennung wird die Unterscheidung zwischen der allgemeinen Bildung einerseits und der beruflichen Bildung andererseits verdeutlicht, die allerdings im Hinblick auf die Rechte der Kinder von EG-Wanderarbeitnehmern aus Art. 12 Abs. 1 VO 1612/68 keine Rolle spielt.[660]

(a) Persönlicher Anwendungsbereich des Art. 12 VO 1612/68. Von Art. 12 Abs. 1 VO 1612/68 begünstigt sind alle Kinder von aktuellen oder ehemaligen Wanderarbeitnehmern, die ihren Wohnsitz im Aufnahmeland haben. Nach der Systematik der freizügigkeitsrechtlichen Regelungen des Status der Familienangehörigen von Wanderarbeitnehmern ist davon auszugehen, dass es auch im Hinblick auf Art. 12 VO 1612/68 nicht auf die Staatsangehörigkeit eines Mitgliedstaats ankommt, so dass drittstaatsangehörige Kinder von Wanderarbeitnehmern gleichermaßen begünstigt sind.

Weiterhin kommt es, wie schon aus dem Wortlaut der Vorschrift folgt, nicht darauf an, dass der EG-Wanderarbeitnehmer, von dem das Kind seine Rechte herleitet, sich noch im Aufnahmestaat aufhält. Zwar lässt die Vorschrift grundsätzlich auch die Deutung zu, dass die Formulierung „oder beschäftigt gewesen ist" lediglich Wanderarbeitnehmer betrifft, die im Anschluss an ihre Beschäftigung im Aufnahmestaat vom Verbleiberecht Gebrauch machen. Dieser Deutung hat der EuGH allerdings die Grundlage entzogen, indem er festgestellt hat, dass sich auch Kinder von in ihren Herkunftsstaat zurückgekehrten Wanderarbeitnehmern auf Art. 12 VO 1612/68 berufen können, wenn sie nur ohne Unterbrechung am Unterricht im Aufnahmestaat teilgenommen haben.[661]

Unmaßgeblich ist auch, wie alt das betreffende Kind ist oder ob ihm vom ursprünglich Freizügigkeitsberechtigten Unterhalt gewährt wird; es muss allerdings zusammen mit mindestens einem Elternteil zu einem Zeitpunkt im Aufnahmestaat gelebt haben, als dieses Elternteil dort beruflich tätig war.[662] Darüber hinaus ist zu fordern, dass auch die Ausbildung des Kindes (und sei es die allgemeine, die mit der Einschulung in die Grundschule beginnt) sich mit dem Zeitraum überschneiden oder überschnitten haben muss, in dem

---

[659] GA *Slynn* in seinen Schlussanträgen v. 14. 7. 1988 in der Rs. 235/87 (Matteucci), Slg. 1988, 5589, 5600f.

[660] Vgl. EuGH v. 15. 3. 1989, verb. Rs. 389 u. 390/87 (Echternach u. Moritz), Slg. 1989, 723, 763, Rn. 28; EAS/Coester/Denkhaus, B 2100, Rn. 63–65.

[661] EuGH v. 15. 3. 1989, verb. Rs. 389 u. 390/87 (Echternach u. Moritz), Slg. 1989, 723, 761f., Rn. 21 f.; die Argumentation des EuGH im entschiedenen Fall lässt allerdings die Vermutung zu, dass auch kurzfristige Unterbrechungen des Aufenthalts unschädlich sein können, solange die darauf folgende Rückkehr in den Aufnahmestaat auf Ursachen beruht, die sich aus der vorangegangenen Ausbildung im Aufnahmestaat ergeben.

[662] So ausdrücklich EuGH v. 4. 5. 1995, Rs. C-7/94 (Gaal), Slg. 1995, 1031, 1048, Rn. 25, 27.

der Wanderarbeitnehmer sich auf der Grundlage des Art. 39 EG – also auch auf Grund eines Verbleiberechts[663] – im Aufnahmestaat aufgehalten hat. Nicht ausreichend wäre demgegenüber, dass der Wanderarbeitnehmer den Aufnahmestaat vor Einschulung seiner Kinder endgültig verlassen hat, wenn diese bei einer späteren Rückkehr Ausbildungsrechte gemäß Art. 12 VO 1612/68 geltend machen wollen.

358 **(b) Ausbildungsförderung.** Über die bloßen Zugangsrechte zur allgemeinen und beruflichen Bildung hinaus beinhaltet Art. 12 Abs. 1 VO 1612/68 auch einen Anspruch auf Gleichbehandlung bei allgemeinen Maßnahmen, die die Teilnahme am Unterricht erleichtern sollen. Dazu zählt der EuGH auch staatliche Studienbeihilfen, da diese einen Beitrag zur Integration in das soziale Leben des Aufnahmelandes darstellen.[664] Dieser Gleichbehandlungsanspruch umfasst nach der Rechtsprechung des EuGH[665] die sozialen Vergünstigungen des Art. 7 Abs. 2 VO 1612/68, da für die Kinder von Wanderarbeitnehmern, die sich auf Art. 12 VO 1612/68 berufen, das Diskriminierungsverbot den gleichen Inhalt haben muss wie für die Wanderarbeitnehmer selbst. Er soll sogar gelten, wenn das betreffende Kind eines Wanderarbeitnehmers seine Ausbildung nicht im Aufnahmestaat, sondern in seinem Heimatstaat absolviert.[666] Auf den ersten Blick steht dieses Ergebnis im Widerspruch zu der Formulierung des Art. 12 Abs. 1 VO 1612/68, wonach nur Kinder begünstigt sind, die ihren Wohnort im Aufnahmestaat haben. Der EuGH unterscheidet aber zwischen dem Studienort und dem Wohnort; entscheidend soll nicht der Studienort, sondern der davon möglicherweise verschiedene Wohnort sein.[667] Dem aus Art. 12 VO 1612/68 berechtigten Kind müssten genau die gleichen Möglichkeiten und Unterstützungsleistungen des Staates zustehen, die auch Kinder einheimischer Arbeitnehmer haben; soweit diese bei einem Studium im Ausland durch staatliche Beihilfen gefördert werden, muss dies auch für die Kinder von Wanderarbeitnehmern gelten, selbst wenn sie in ihrem Herkunftsland studieren.[668]

359 **(c) Besondere Förderung der allgemeinen Schulbildung.** Art. 12 Abs. 2 VO 1612/68 verpflichtet die Mitgliedstaaten darüber hinaus, die Herstellung tatsächlicher Chancengleichheit der Kinder von Wanderarbeitnehmern durch besondere Bemühungen zu fördern. Derselbe Gedanke liegt der RL 77/846[669] über die schulische Betreuung der Kinder von Wanderarbeitnehmern zugrunde, die insbesondere durch die Einführung eines kostenlosen Vorunterrichts dazu beitragen soll, etwaige sprachliche Defizite der Kinder von Wanderarbeitnehmern zu beseitigen.

(2) Ansprüche sonstiger Familienangehöriger

360 Auch sonstige Familienangehörige eines Wanderarbeitnehmers können, unabhängig von ihrer Staatsangehörigkeit, über das bloße Zugangsrecht zur beruflichen Bildung, das sich bereits aus Art. 12 Abs. 1 EG ergibt, hinausgehende Ansprüche auf Ausbildungsförderung haben.

361 Berufstätige Familienmitglieder von Wanderarbeitnehmern haben dabei die gleichen Rechte wie der Wanderarbeitnehmer selbst, wenn sie ihre Berufstätigkeit beenden oder

---

[663] Ebenfalls ausreichend dürfte ein Aufenthaltsrecht des Kindes als Hinterbliebener eines Wanderarbeitnehmers sein.
[664] EuGH v. 15. 3. 1989, verb. Rs. 389 u. 390/87 (Echternach u. Moritz), Slg. 1989, 723, 764, Rn. 33 f.; EAS/Coester/Denkhaus, B 2100, Rn. 63–65; im entschiedenen Fall handelte es sich um eine niederländische Studienbeihilfe, die neben den Kosten des Zugangs zum Unterricht die Lebenshaltungskosten des Studenten sowie ggfs. seine Unterhaltspflichten, die Kosten für Bücher und, erforderlichenfalls, für eine Krankenversicherung abdecken sollte.
[665] EuGH v. 15. 3. 1989, verb. Rs. 389 u. 390/87 (Echternach u. Moritz), Slg. 1989, 723, 764, Rn. 34; v. 13. 11. 1990, Rs. C-308/89 (di Leo), Slg. 1990, 4185, 4208 f., Rn. 14 f.
[666] EuGH v. 13. 11. 1990, Rs. C-308/89 (di Leo), Slg. 1990, 4185, 4208 f., Rn. 14 f.
[667] EuGH a. a. O. Rn. 12.
[668] Dagegen *Hailbronner*, JuS 1991, S. 9, 13.
[669] RL 77/486 des Rats v. 25. 7. 1977, ABl. Nr. L 199/32.

einschränken, um sich ihrer beruflichen Bildung zu widmen und dabei staatliche Hilfe in Anspruch nehmen wollen.

Für nicht berufstätige Familienmitglieder von Wanderarbeitnehmern gilt dagegen, dass ihnen die sozialen Vergünstigungen des Aufnahmestaates nur insoweit zustehen, als diese sich zugleich als soziale Vergünstigungen für den Wanderarbeitnehmer darstellen, von dem der betreffende Familienangehörige seine Rechte ableitet.[670] Dies gilt unabhängig davon, dass sich auch der Familienangehörige selbst auf den Anspruch berufen kann, wenn der Aufnahmestaat die in Rede stehende Leistung nur unmittelbar gewährt.[671] Voraussetzung des Anspruchs auf Ausbildungsförderungsleistungen, die über die Deckung eventueller Gebühren für die Ausbildung hinausgehen, bleibt aber, dass sie zumindest mittelbar für den Wanderarbeitnehmer eine soziale Vergünstigung bilden. Dies ist nach der Rechtsprechung des EuGH[672] insoweit der Fall, als er seinen Abkömmling weiter unterstützt. Fraglich ist, ob hieraus auch eine Beschränkung der vom Staat geschuldeten Ausbildungsförderung auf den Betrag folgen kann, mit dem der Wanderarbeitnehmer seinem Familienmitglied Unterhalt gewährt und in dessen Höhe sich folglich ein entlastender Effekt für den Wanderarbeitnehmer einstellen könnte. Eine Studienfinanzierung, die ein Mitgliedstaat den Kindern von Arbeitnehmern gewährt, stellt für einen Wanderarbeitnehmer eine soziale Vergünstigung im Sinne des Artikels 7 Absatz 2 der Verordnung Nr. 1612/68 dar, wenn letzterer weiter für den Unterhalt des Kindes aufkommt. Dies wäre jedoch eine zu enge Betrachtungsweise, da sie, soweit die Ausbildungsförderung von der Leistungsfähigkeit des berufstätigen Ehegatten abhängt, zu widersinnigen Ergebnisse führen würde. Dann könnte nämlich dem Ehegatten eines finanziell nur bedingt leistungsfähigen Wanderarbeitnehmers, der demzufolge auch nur in geringem Umfang Unterhalt leisten kann, auch nur ein entsprechend geringer Förderungsbetrag zustehen. Dies läuft aber dem Sinn der Ausbildungsförderung, wie sie in der Bundesrepublik praktiziert wird, zuwider. Daher muss der Grundsatz gelten, dass sich die Ausbildungsförderung von Familienangehörigen im Rahmen ihrer auch für Inländer geltenden Voraussetzungen für den Wanderarbeitnehmer immer dann in voller Höhe ihrer Gewährung als soziale Vergünstigung im Sinne des Art. 7 Abs. 2 VO 1612/68 darstellt, wenn dieser zum Zeitpunkt der erstmaligen Gewährung der Beihilfe in irgendeiner Form zum Unterhalt seines Familienangehörigen beiträgt, sei es z.B. durch die Gewährung von Wohnraum oder konkrete finanzielle Beiträge. Sofern durch die Beihilfe die Unterstützungsbedürftigkeit des Familienangehörigen entfällt, kann dies auch nicht zum Wegfall des Förderungsanspruchs führen.

cc) Als Dienstleistungsempfänger

Der EuGH[673] hat klargestellt, dass die Dienstleistungsfreiheit der Art. 40, 41 EG nicht nur den Fall erfasst, dass der Dienstleistende grenzüberschreitend tätig wird, indem er sich zum Dienstleistungsempfänger begibt, sondern dass auch der umgekehrte Fall geregelt ist, indem sich der Empfänger der Dienstleistung zum Erbringer begibt (sog. passive Dienstleistungsfreiheit). Soweit daher die Absolventen von Ausbildungen gleichzeitig Empfänger von Dienstleistungen sind, kann ihre Ausbildung auch unter dem Schutz des Diskriminierungsverbots für die passive Dienstleistung stehen, das Art. 49, 50 EG zu entnehmen ist. Zu klären ist daher einerseits, ob und unter welchen Umständen der Besuch von Ausbildungseinrichtungen sich als Inanspruchnahme der passiven Dienstleistungsfreiheit darstellt, andererseits, welche Rechte mit ihrer Inanspruchnahme verbunden sind.

---

[670] EuGH v. 8.6.1999, Rs. C 337/97 (Meeusen), Slg. 1999, 3289, 3304 Rn. 19; EAS/Coester/Denkhaus, B 2100, Rn. 69.
[671] EuGH v. 26.2.1992, Rs. C-3/90 (Bernini), Slg. 1992, 1071, 1107 f., Rn. 26.
[672] EuGH v. 26.2.1992, Rs. C-3/90 (Bernini), Slg. 1992, 1071, 1107, Rn. 25, mit Hinweis auf Urteil v. 18.6.1987, Rs. 316/85 (CPAS de Courcelles/Lebon), Slg. 1987, 2811, 2836, Rn. 13; EuGH v. 8.6.1999, Rs. C 337/97 (Meeusen) a.a.O.
[673] EuGH v. 31.1.1984, verb. Rs. 286/82 u. 26/83 (Luisi u. Carbone), Slg. 1984, 377, 401, Rn. 10.

(1) Bildung und Ausbildung als Dienstleistung

364　Klärungsbedürftig ist zunächst, unter welchen Umständen eine Ausbildung sich als Dienstleistung i. S. der Art. 49 ff. EG darstellt. Dabei ist von der gesetzlichen Vorgabe des Art. 50 EG auszugehen, wonach Dienstleistungen in der Regel gegen Entgelt erbracht werden, so dass der unentgeltliche Besuch von Bildungsanstalten nicht als Inanspruchnahme einer Dienstleistung zu betrachten ist. Aber auch entgeltliche Ausbildungsleistungen staatlicher Unterrichtsanstalten sind nach der Rechtsprechung des EuGH in der Regel keine Dienstleistungen. So kann der Unterricht an einer staatlichen Fachschule, der innerhalb des nationalen Bildungswesens zum Sekundarunterricht gehört, nicht als Dienstleistung i. S. des EGV qualifiziert werden.[674] Dies wird damit begründet, dass staatliche Bildungsleistungen dem Wesen der Dienstleistung nicht entsprächen, da sie nicht auf Gewinnerzielung ausgerichtet seien und überdies in der Regel aus dem Staatshaushalt finanziert würden. Diese Wesensverschiedenheit der staatlichen Ausbildung von einer Dienstleistung würde auch nicht durch die Erhebung von Studiengebühren von ausländischen Absolventen beseitigt. Entsprechendes gilt für im Wesentlichen aus öffentlichen Mitteln finanzierte Hochschulen.[675] Wird dagegen der Unterricht an einer Hochschule bzw. einer sonstigen Bildungseinrichtung im Wesentlichen aus privaten Mitteln, insbesondere der Studenten und ihrer Eltern finanziert und dient dem Zweck, einen Gewinn zu erwirtschaften, so liegt eine Dienstleistung i. S. des Art. 50 EG vor, da dann entgeltliche Leistungen angeboten werden.[676]

365　Demzufolge kann davon ausgegangen werden, dass der entgeltliche Unterricht an privatrechtlich organisierten Bildungsinstituten in der Regel eine Dienstleistung i. S. der Art. 49 ff. EG darstellt. Dies hat zur Folge, dass deren Beschränkung durch den Staat des Dienstleistungserbringers oder -empfängers verboten ist, was jedenfalls zu einem Zugangsrecht führen muss, das einerseits dem Staat, in dem die entsprechende Einrichtung ihren Sitz hat, Maßnahmen verbietet, die Angehörigen anderer Mitgliedstaaten den Zugang zu derartigen Bildungseinrichtungen erschweren, andererseits dem Staat des Auszubildenden Beschränkungen in Verbindung mit dem Besuch einer ausländischen Bildungseinrichtung verbietet.

(2) Gleichbehandlungsanspruch

366　Zweifelhaft erscheint dagegen, ob das an die Mitgliedstaaten gerichtete Verbot, den Dienstleistungsverkehr zu beschränken, zu einer Pflicht des Aufnahmestaates führen kann, Ausbildungsförderungsleistungen, die für den Besuch derartiger Einrichtungen im Inland gewährt werden, auch auf Absolventen aus anderen Mitgliedstaaten zu erstrecken.[677] Dagegen sprechen vor allem zwei Gesichtspunkte: So spricht gegen einen Anspruch auf Beihilfen, die der Deckung des Lebensunterhalts dienen, ein Vergleich mit der aus dem allgemeinen Diskriminierungsverbot des Art. 12 Abs. 1 EG fließenden Ausbildungsfreizügigkeit, die einen entsprechenden Anspruch gleichfalls nicht gewährt. Aber auch eine Pflicht zur Finanzierung der Ausbildung selbst durch Beiträge zur Deckung des dafür vom privaten Anbieters erhobenen Entgelts, wie sie aus der auf das allgemeine Diskriminierungsverbot gestützten Ausbildungsfreizügigkeit folgen kann, kann es bei der Inanspruchnahme der passiven Dienstleistungsfreiheit nicht geben, da es nicht Aufgabe der Mitgliedstaaten sein kann, über die Beseitigung von Beschränkungen der Dienstleistungsfreiheit hinaus auch die Finanzierung der von Angehörigen anderer Mitgliedstaaten in Anspruch genommenen Dienstleistungen ganz oder teilweise zu übernehmen. Einen Anspruch auf

---

[674] EuGH v. 27. 9. 1988, Rs. 263/86 (Humbel u. Edel), Slg. 1988, 5365, 5388, Rn. 18 ff.
[675] EuGH v. 7. 12. 1993, Rs. C-109/92 (Wirth), Slg. 1993, 6447, 6470, Rn. 19.
[676] EuGH v. 7. 12. 1993, Rs. C-109/92 (Wirth), Slg. 1993, 6447, 6470, Rn. 19.
[677] So ist z. B. nach dem BAFöG auch die Förderung von Ausbildungen bei privaten Bildungsanstalten denkbar.

VII. Berufsausbildungsfreizügigkeit

eine Förderung der entgeltlichen Ausbildung durch den aufnehmenden Mitgliedstaat kann es daher auch im Bereich der passiven Dienstleistungsfreiheit nicht geben.[678]

Fraglich ist, wie sich die gleiche Frage für den abgebenden Staat darstellt. Soweit ein Mitgliedstaat den eigenen Staatsangehörigen (bzw. gleichberechtigten, im Inland ansässigen Angehörigen anderer Mitgliedstaaten) Unterstützungsleistungen für den Besuch von Bildungseinrichtungen gewährt, die Dienstleistungen erbringen, indem sie entgeltlich und mit der Absicht der Gewinnerzielung tätig sind, muss er dies auch für den Besuch entsprechender Einrichtungen im EG-Ausland tun. Ansonsten läge eine durch Art. 49, 50 EG verbotene Beschränkung der passiven Dienstleistungsfreiheit vor, da ihre Inanspruchnahme durch die Vorenthaltung der Förderung erschwert würde. Somit besteht für den Staat, aus dem der Dienstleistungsempfänger bzw. Auszubildende kommt, die Pflicht, eventuell gewährte Förderungsleistungen im Rahmen ihrer für inländische Ausbildungen geltenden Voraussetzungen auch für entsprechende Ausbildungen in anderen Mitgliedstaaten zu gewähren.

dd) Im Rahmen des Assoziationsabkommens mit der Türkei

Der näheren Untersuchung bedürfen auch die Ausbildungsrechte, die sich für türkische Wanderarbeitnehmer und ihre Familienangehörigen im Rahmen der Assoziationsvereinbarungen der Gemeinschaft mit der Türkei ergeben. In diesem Zusammenhang muss vorausgeschickt werden, dass das allgemeine Diskriminierungsverbots des Gemeinschaftsrechts in Art. 12 Abs. 1 EG für türkische Wanderarbeitnehmer keine Anwendung findet, so dass kein allgemeiner Anspruch türkischer Staatsangehörige auf Zugang zur Ausbildung innerhalb der Gemeinschaft besteht, wie ihn der EuGH[679] mit dem allgemeinen Verbot der Diskriminierung aus Gründen der Staatsangehörigkeit für Angehörige der Mitgliedstaaten der Gemeinschaft und ihre Familienangehörigen begründet hat. Als Grundlage entsprechender Ansprüche kämen damit für die türkischen Wanderarbeitnehmer und ihre Familienangehörigen nur die Vorschriften des Assoziationsrechts in Frage.

(1) Ausbildungsrechte türkischer Wanderarbeitnehmer

Zunächst gilt es zu klären, ob sich aus dem Assoziationsrecht ein Anspruch türkischer Arbeitnehmer auf Zugang zur Berufsausbildung ergibt. Dabei ist zu berücksichtigen, dass das Assoziationsrecht, insbesondere in seiner Ausprägung durch Art. 6 ARB 1/80, den türkischen Wanderarbeitnehmern keinen Anspruch auf Zugang zum Arbeitsmarkt der Mitgliedstaaten gibt, sondern lediglich, unter bestimmten Umständen, auf Verbleib auf dem Arbeitsmarkt eines Mitgliedstaats (s. oben Rn. 261).

Vor diesem Hintergrund dürfte ein Recht auf Teilnahme an der Berufsausbildung unter Aufrechterhaltung der Arbeitnehmereigenschaft im Bereich des Assoziationsrechts ausscheiden. Dieses kann sich auch nicht aus dem grundsätzlich unmittelbar anwendbaren Diskriminierungsverbot der Art. 37 Zusatzprotokoll, 10 ARB 1/80 ergeben, da dieses nur im Rahmen dessen einen Gleichbehandlungsanspruch gewähren kann, was vom Assoziationsrecht geregelt ist. Dieses soll seinem eindeutigen Inhalt nach nur die Umstände der Berufstätigkeit türkischer Wanderarbeitnehmer regeln, enthält aber keinen Hinweis auf Rechtspositionen, die im Anschluss an die Berufstätigkeit eine Rolle spielen könnten; so ergibt sich aus dem Assoziationsrecht auch kein Verbleiberecht für türkische Wanderarbeitnehmer nach Beendigung ihrer Berufstätigkeit in einem Mitgliedstaat. Daher ist davon auszugehen, dass türkische Wanderarbeitnehmer nicht die Rechte, die ihnen als Arbeitnehmer gemäß Art. 6, 10 ARB 1/80 zustehen, nach Aufgabe ihrer Tätigkeit in einer Berufsausbildung, die nicht im Rahmen eines Arbeitsverhältnisses absolviert wird, behalten.

---

[678] So im Ergebnis wohl auch Grabitz/Hilf-*Randelzhofer*, Art. 59 EWGV, Rn. 20.
[679] EuGH v. 13. 2. 1985, Rs. 293/83 (Gravier), Slg. 1985, 593, 613, Rn. 24; v. 21. 6. 1988, Rs. 39/86 (Lair), Slg. 1988, 3161, 3194, Rn. 12.

371 Fraglich ist, ob ein Anspruch auf Zulassung zu staatlichen Ausbildungsgängen für türkische Wanderarbeitnehmer, die sich gleichzeitig in einem Beschäftigungsverhältnis befinden, aus dem assoziationsrechtlichen Diskriminierungsverbot folgen kann. Hier ist eine Differenzierung anhand der Rechtsprechung des EuGH im Fall Brown erforderlich. Danach kann seinen gemeinschaftsrechtlichen Gleichbehandlungsanspruch als Arbeitnehmer nicht hinsichtlich des Studiums geltend machen, wessen Arbeitsverhältnis im Vergleich zum Studium von untergeordneter Bedeutung ist.[680] Soweit sich daher eine Ausbildung als Fortbildung darstellt, die eine Berufstätigkeit begleitet, ist sie Teil der Arbeitsbedingungen und vom assoziationsrechtlichen Diskriminierungsverbot erfasst; steht dagegen die Ausbildung im Vordergrund und ist die Arbeitnehmereigenschaft von untergeordneter Bedeutung, so zählt sie nicht zu den Arbeitsbedingungen und es besteht kein darauf bezogener assoziationsrechtlicher Gleichbehandlungsanspruch.[681] Infolge der Abhängigkeit der Arbeitnehmerrechte des Art. 6 Abs. 1 ARB 1/80 von einem bestehenden Beschäftigungsverhältnisse muss auch davon ausgegangen werden, dass die Zielsetzung des Assoziationsrechts nicht verlangt, türkischen Wanderarbeitnehmern einen Gleichbehandlungsanspruch beim Bezug von Ausbildungsförderungsleistungen zu gewähren. Dies ergibt sich auch daraus, dass ein Arbeitsverhältnis, das zur Deckung des Lebensunterhalts nicht ausreicht, als im Verhältnis zu einem gleichzeitig betriebenen Studium untergeordnet betrachtet werden muss.

372 Soweit dagegen eine Berufsausbildung im Rahmen eines Arbeitsverhältnisses im Sinne des Gemeinschaftsrechts stattfindet, kann sich ein türkischer Wanderarbeitnehmer jedenfalls nach Ablauf der Vierjahresfrist des Art. 6 Abs. 1, 3. Spiegelstrich ARB 1/80 auf seinen Anspruch auf Verbleib auf dem Arbeitsmarkt eines Mitgliedstaats berufen, um eine Arbeits- und Aufenthaltserlaubnis für eine derartige Ausbildung zu erhalten.

(2) Ausbildungsrechte der Kinder türkischer Wanderarbeitnehmer

373 Zu untersuchen sind weiterhin die Ausbildungsrechte der Kinder türkischer Wanderarbeitnehmer. Solche können sich nicht aus Art. 7 Abs. 2 ARB 1/80 ergeben, wo zwar vom Abschluss einer Berufsausbildung die Rede ist, aber ausweislich des Wortlauts wohl kein eigener Anspruch auf Zugang zu derselben geschaffen wird. Auch die Systematik des ARB 1/80 spricht dagegen, da die Art. 6 und 7 ARB 1/80 die Zugangsrechte zum Arbeitsmarkt und nicht zur Berufsausbildung regeln.

374 Konkrete Rechte ergeben sich dagegen aus Art. 9 ARB 1/80. Nach dessen Satz 1 haben türkische Kinder, die rechtmäßig bei ihrem gegenwärtig oder früher ordnungsgemäß beschäftigten Elternteil in einem Mitgliedstaat der Gemeinschaft wohnen, unter Zugrundelegung derselben Qualifikationen wie inländische Kinder Zugang zur allgemeinen Schulbildung, zur Lehrlingsausbildung und zur beruflichen Bildung. Satz 2 stellt allerdings klar, dass sich dies nicht auf Stipendien erstreckt, da danach die betroffenen türkischen Kinder einen Anspruch auf die im Bildungsbereich vorgesehenen Vorteile nur haben können, nicht aber haben müssen.

375 Die dem Art. 12 VO 1612/68 nahezu wortgleich nachgebildete Vorschrift ist in dessen Licht zu interpretieren, wobei die Frage nach ihrer unmittelbaren Anwendbarkeit voranzustellen und – jedenfalls für Art. 9 Satz 1 ARB 1/80 – zu bejahen ist.[682] Die Regelung ist hinreichend präzise, um bestimmte Rechte für die Kinder türkischer Wanderarbeitnehmer zu beinhalten, und es sind nach ihrem Inhalt auch keine weiteren Rechtsakte erforderlich, um ihr Geltung zu verschaffen. Anders verhält es sich bei Art. 9 Satz 2 ARB 1/80, der durch die Formulierung „können Anspruch haben" deutlich macht, dass es den Mitglied-

---

[680] EuGH v. 21. 6. 1988, Rs. 197/86 (Brown), Slg. 1988, 3205, 3245 f., Rn. 27 f.

[681] Mit dem Hinweis auf die Unanwendbarkeit des Art. 7 Abs. 2 VO 1612/68 für türkische Staatsangehörige verneint *Hailbronner*, JuS 1991, 9, 13, der allerdings im Gegensatz zu der hier vertretenen Auffassung nicht von der unmittelbaren Anwendbarkeit des assoziationsrechtlichen Diskriminierungsverbots ausgeht, einen Gleichbehandlungsanspruch beim Zugang zur Berufsausbildung.

[682] So auch *Cremer*, InfAuslR 1995, S. 45.

VII. Berufsausbildungsfreizügigkeit

staaten der Gemeinschaft überlassen bleibt, ob sie durch einen eigenen Rechtsakt diesen Anspruch gewähren oder nicht. Art. 9 Satz 2 ARB 1/80 ist somit nicht unmittelbar zugunsten der Kinder türkischer Wanderarbeitnehmer anwendbar.[683]

Im Unterschied zu Art. 12 VO 1612/68, der keinen fortdauernden Aufenthalt der freizügigkeitsberechtigten Eltern im Aufnahmestaat verlangt, ergibt sich ein solcher im Falle des Art. 9 ARB 1/80 aus dem Erfordernis, dass die **türkischen Kinder bei ihren Eltern wohnen müssen.** Dies kann zwar nicht im Sinne der Notwendigkeit verstanden werden, sich eine Wohnung zu teilen, ist aber als Verknüpfung des Aufenthalts der Kinder mit dem der Eltern zu deuten. Als „türkische" Kinder im Sinne des Art. 9 ARB 1/80 müssen auch Kinder von türkischen Wanderarbeitnehmern gelten, die eine Drittstaatsangehörigkeit haben, da es der Systematik des gesamten Freizügigkeitsrechts der Gemeinschaft widersprechen würde, die abgeleiteten Rechte der Familienangehörigen von Arbeitnehmern innerhalb der Gemeinschaft von ihrer Staatsangehörigkeit abhängig zu machen.

Zu klären ist, welchen Inhalt die von Art. 9 Satz 1 ARB 1/80 gewährten Rechte haben. Naheliegend ist, dass es sich hier um einen **Anspruch auf gleichberechtigten Zugang zur** allgemeinen und beruflichen **Ausbildung** in den Mitgliedstaaten für den oben dargestellten Kreis der Begünstigten handelt. Dem steht auch nicht die Formulierung „unter Zugrundelegung derselben Qualifikationen" entgegen, da diese dazu dient klarzustellen, dass Ansprüche auf Förderung durch staatliche Zuschüsse zur Deckung des Lebensunterhalts nicht bestehen sollen; wäre hier die allgemeinere Formulierung des Art. 12 VO 1612/68 übernommen worden („unter den gleichen Bedingungen"), so hätte dies zur Folge gehabt, dass Art. 9 Satz 1 ARB 1/80 seinem Wortlaut nach im Widerspruch zu Art. 9 Satz 2 ARB 1/80 stünde, der einen subjektiven Anspruch auf Gleichbehandlung bei sozialen Vorteilen gerade ausschließt.[684] Die restriktive Formulierung des Art. 9 Satz 1 ARB 1/80 dient demnach lediglich der Verdeutlichung einer strikten Beschränkung des Gleichbehandlungsanspruchs auf die Umstände der Zulassung zur allgemeinen und beruflichen Ausbildung.[685]

Der auf die Kinder türkischer Wanderarbeitnehmer beschränkte Anspruch des Art. 9 Satz 1 ARB 1/80 auf gleichberechtigten Zugang zur allgemeinen und beruflichen Bildung dürfte **inhaltlich** dem aus dem allgemeinen Diskriminierungsverbot des **Art. 12 Abs. 1 EG** folgenden Anspruch auf gleichberechtigten Zugang zur Berufsausbildung für Gemeinschaftsangehörige **entsprechen**, so dass sich daraus ein Recht ergibt, unter den gleichen Umständen und ohne die Erhebung diskriminierender Studiengebühren oder ähnlicher Abgaben zur Ausbildung zugelassen zu werden. Soweit einzelne Ausbildungen, insbesondere in der Lehrlingsausbildung, auch eine Arbeitserlaubnis voraussetzen, ist Art. 9 Satz 1 ARB 1/80 auch das Recht auf deren Erteilung zu entnehmen. Die Beschäftigung im Rahmen der Berufsausbildung stellt auch eine ordnungsgemäße Beschäftigung i. S. des Art. 6 Abs. 1 ARB 1/80 dar, so dass daraus weiterreichende Rechte auf Verbleib auf dem Arbeitsmarkt des jeweiligen Mitgliedstaats folgen können.

Vor dem Hintergrund insbesondere der Formulierung des Art. 9 Satz 2 ARB 1/80 wird man auch nicht davon ausgehen können, dass, entsprechend der Handhabung des Art. 7 Abs. 2 VO 1612/68, die Frage der Ausbildungsförderung des Kindes eines türkischen Wanderarbeitnehmers zu dessen Arbeitsbedingungen im Sinne des assoziationsrechtlichen Diskriminierungsverbots der Art. 37 Zusatzprotokoll, 10 ARB 1/80 zu zählen ist. Vielmehr steht dieses Diskriminierungsverbot unter dem Vorbehalt abweichender Regelungen

---

[683] Vgl. *Hailbronner*, Ausländerrecht Handbuch, Rn. 1141.
[684] A. A. *Cremer*, InfAuslR 1995, S. 45, 47 ff., der aus Art. 9 Abs. 1 Satz 1 ARB 1/80 auch einen Anspruch auf Ausbildungsförderung ableitet.
[685] Gegen einen Anspruch auf gleichen Zugang zur Ausbildung aus dem ARB 1/80 Hailbronner-*Großkreutz*, Kommentar zum HRG, § 27, Rn. 11 a, mit Hinweis auf VGH Kassel v. 25. 8. 1987, DVBl. 1988, S. 407, 408, das aber den ARB 1/80 nicht erwähnt.

des Assoziationsrechts, so dass der fehlende subjektive Anspruch auf Gleichbehandlung bei den Ausbildungsförderungsleistungen der Konstruktion eines entsprechenden Anspruchs als Teil der diskriminierungsfrei zu gewährenden Arbeitsbedingungen des dann mittelbar begünstigten Wanderarbeitnehmers nicht in Frage kommt.

3. Einreise- und Aufenthaltsrecht

380 Soweit im Rahmen der vorangegangenen Ausführungen ein Zugangsrecht zur allgemeinen oder beruflichen Ausbildung festgestellt wurde, muss dieses jeweils mit einem Einreise- und Aufenthaltsrecht verbunden sein, um nicht ins Belieben der Mitgliedstaaten gestellt zu sein.

381 Art. 18 EG, wonach jeder Unionsbürger das Recht hat, sich im Hoheitsgebiet der Mitgliedstaaten vorbehaltlich der gemeinschaftsrechtlichen Beschränkungen und Bedingungen frei zu bewegen, gibt dafür keine Rechtsgrundlage, da es nach dieser Vorschrift im Wesentlichen auf den Inhalt der spezielleren Regelungen des Gemeinschaftsrechts ankommt und sie daher nicht geeignet ist, subjektive Rechte des einzelnen Unionsbürgers zu vermitteln.[686] Bis zum Inkrafttreten der RL 93/96[687] über das Aufenthaltsrecht der Studenten wurde das Aufenthalts- und Einreiserecht der im Rahmen des allgemeinen Diskriminierungsverbots aus Gründen der Staatsangehörigkeit zur Berufsausbildung zugelassenen Angehörigen anderer Mitgliedstaaten, die keine sonstigen Freizügigkeitsrechte hatten, ebenfalls aus dem allgemeinen Diskriminierungsverbot abgeleitet, da dieses ansonsten entwertet würde.[688] Die auf Grund dessen vom jeweiligen Mitgliedstaat zu erteilende Aufenthaltsgenehmigung sollte deklaratorischer Natur und nur durch das Recht der Mitgliedstaaten beschränkbar sein, die Deckung der Kosten für Lebensunterhalt und Krankenversicherung vom Einreisenden zu verlangen, da das allgemeine Diskriminierungsverbot sich auf beides nicht erstreckt.[689]

a) RL 93/96

382 Um dem unbefriedigenden Zustand, dass sich ein gemeinschaftsrechtliches Freizügigkeitsrecht für Personen in der beruflichen Ausbildung allein aus Richterrecht ergab und so nicht die wünschenswerte Rechtssicherheit in den Mitgliedstaaten vermitteln konnte, abzuhelfen, wurde erstmals 1990 eine Richtlinie[690] über das Aufenthaltsrecht der Studenten verabschiedet. Der EuGH[691] stellte allerdings alsbald deren Ungültigkeit fest, da sie auf der unrichtigen Rechtsgrundlage des Art. 308 EG basierte, ließ ihre Wirkung jedoch bis zum Erlass einer neuen Richtlinie auf der Rechtsgrundlage des heutigen Art. 13 EG unberührt.[692] Daraufhin verabschiedete der Rat am 29. 10. 1993 die RL 93/96 über das Aufenthaltsrecht der Studenten, deren Inhalt im Folgenden dargestellt werden soll.

383 Ein **Aufenthaltsrecht genießen** gemäß Art. 1 Satz 2 RL 93/96 bei einer anerkannten Lehranstalt zum Hauptzweck der beruflichen Bildung eingeschriebene **Studenten,** die kein Aufenthaltsrecht auf Grund anderer Bestimmungen des Gemeinschaftsrechts haben,[693]

---

[686] *Degen,* DÖV 1993, S. 749, 752; a. A. *Klein/Haratsch,* JuS 1995, S. 7, 11 f.
[687] Richtlinie v. 29. 10. 1993, ABl. Nr. L 317/59; dazu sogleich unten.
[688] EuGH v. 26. 2. 1992, Rs. C-357/89 (Raulin), Slg. 1992, 1027, 1065, Rn. 34.
[689] EuGH a. a. O. Rn. 37 ff.
[690] Richtlinie 90/366 v. 28. 6. 1990, ABl. Nr. L 180/30.
[691] EuGH v. 7. 7. 1992, Rs. C-295/90 (Parlament/Rat), Slg. 1992, 4193, 4233 ff., Rn. 11 ff.
[692] Zu den mit der nach Erlass der RL in Kraft getretenen Änderungen des EWGV durch die Maastrichter Verträge verbundenen Problemen des sog. intertemporalen Gemeinschaftsrechts *Klein/ Haratsch,* Das Aufenthaltsrecht der Studenten, die Unionsbürgerschaft und intertemporales Gemeinschaftsrecht, JuS 1995, S. 7 ff., die auf Art. 18 Abs. 2 EGV als nunmehr zutreffende Ermächtigungsgrundlage hinweisen, die RL 93/96 aber gleichwohl für wirksam halten.
[693] Dazu sogleich unten.

VII. Berufsausbildungsfreizügigkeit 384–386 § 15

sowie deren Ehegatten und unterhaltsberechtigte Kinder.[694] Dabei sind unter Studenten i. S. der Richtlinie nicht nur Personen zu verstehen, die an einer staatlichen Universität immatrikuliert sind, sondern der Begriff der Studenten ist hier in einem weiteren Sinne zu verstehen, der alle Personen umfasst, die sich in einer beruflichen Ausbildung der oben[695] dargestellten Art befinden; soweit diese sich z. B. in einem der Ausbildung dienenden Arbeitsverhältnis befinden und daher eigene Freizügigkeitsrechte gemäß Art. 39 ff. EG genießen, sind sie auf Grund des Wortlauts der Richtlinie von ihrer Anwendung ausgenommen, bleiben aber trotzdem Studenten im Sinne ihres Art. 1 Satz 2.

Das ein Einreiserecht bedingende Aufenthaltsrecht steht unter dem Vorbehalt, dass die **384** Studenten durch eine Erklärung oder auf andere Weise glaubhaft machen können, **über die Mittel für ihren Lebensunterhalt** zu **verfügen** und einen im Aufnahmestaat sämtliche Risiken abdeckenden Krankenversicherungsschutz genießen. Über den Wortlaut des Art. 1 Satz 2 RL 93/96 hinaus ist dies so zu verstehen, dass diese Voraussetzungen auch für eventuell mitreisende Familienangehörige erfüllt sein müssen. Dieser Vorbehalt hat in Anlehnung an die Rechtsprechung des EuGH zum Freizügigkeitsrecht für Studenten den Zweck sicherzustellen, dass die Mitgliedstaaten keinen Personen ein Aufenthaltsrecht zubilligen müssen, die sich anschließend als bedürftig herausstellen und dann unter Umständen nach den innerstaatlichen Rechtsvorschriften einen Anspruch auf Sozialhilfe haben können. Die damit verbundene Diskriminierung aus Gründen der Staatsangehörigkeit ist nicht gemäß Art. 12 Abs. 1 EG verboten, da die Leistung von Unterhaltsbeihilfen für Studenten nicht im Anwendungsbereich des EGV liegt.[696] Dem gleichen Zweck dient Art. 3 RL 93/96, der ausdrücklich klarstellt, dass die Richtlinie keinen Anspruch der aufenthaltsberechtigten Studenten auf Unterhaltsbeihilfen von Seiten des Aufnahmestaats begründet; anders jetzt der EuGH.[697]

Gemäß Art. 2 Abs. 1 Satz 2 RL 93/96 ist den Studenten eine EG-Aufenthalts- **385** genehmigung zu erteilen, deren Gültigkeit auf die voraussichtliche Dauer der Ausbildung bzw., sofern diese länger als ein Jahr währt, auf ein Jahr beschränkt werden kann. Für Familienmitglieder mit Drittstaatszugehörigkeit sind entsprechende Aufenthaltsdokumente mit gleicher **Gültigkeitsdauer** auszustellen. Für die Einreise darf vom Aufnahmestaat ausschließlich ein gültiger Personalausweis bzw. Reisepass sowie der Nachweis der oben genannten Voraussetzungen verlangt werden. Weiterhin finden die neben dem Ausreiserecht aus dem Herkunftsstaat vor allem formale Fragen regelnden Art. 2, 3 und 9 RL 68/360 gemäß Art. 2 Abs. 2 Satz 1 RL 93/96 auf die Begünstigten entsprechende Anwendung.

Das **Aufenthaltsrecht** der RL 93/96 **endet mit der Ausbildung.** Außerdem wird **386** sein Bestand in Art. 4 RL 93/96 vom Fortbestand der in Art. 1 genannten Bedingungen abhängig gemacht. Dies dürfte eine Ergänzung des in Art. 2 Abs. 2 Unterabs. 3 RL 93/96 vorgesehenen Ordre-Public-Vorbehalts sein, der den Mitgliedstaaten Abweichungen von der RL ausdrücklich nur im Rahmen der Art. 2 bis 9 der RL 64/221 gestattet. Art. 4 RL 93/96 erlaubt den Mitgliedstaaten, über die Ausweisungstatbestände der RL 64/221 hinaus und in Abweichung von dessen Art. 2 Abs. 2, wonach die Gründe der öffentlichen Sicherheit, Ordnung und Gesundheit nicht für wirtschaftliche Zwecke geltend gemacht

---

[694] Für letztere ist das Aufenthaltsrecht der RL 93/96 konstitutiv, während für in der Berufsausbildung befindliche Personen, die ein entsprechendes Recht schon vor Geltung der RL aus dem allgemeinen Diskriminierungsverbot ableiten konnten, aus Aufenthaltsrecht der RL 93/96 wohl nur deklaratorischen Charakter hat, *Klein/Haratsch*, JuS 1995, S. 7, 9.

[695] S. o. Rn. 335.

[696] EuGH v. 26. 2. 1992, Rs. C-357/89 (Raulin), Slg. 1992, 1027, 1063, Rn. 25 sowie die 7. Begründungserwägung zur RL 93/96. Zu den mit diesem Vorbehalt verbundenen Problemen ausführlich *Klein/Haratsch*, JuS 1995, 7, 9 ff., Schlussantrag des GA vom 28. 9. 2000 in der Rechtssache C 184/99 (Rudi Grzelczyk).

[697] a. a. O. (Rn. 331) unter Berufung auf Art. 12, 17 EG. Zur Bedeutung der verfügbaren Existenzmittel EuGH 25. 5. 2000, Rs. 424/98, EAS Art. 189 EG-Vertrag Nr. 15.

werden dürfen, die Ausweisung von Studenten aus anderen Mitgliedstaaten, die nicht mehr die Voraussetzungen des Art. 1 erfüllen. Dabei ist allerdings das Verhältnismäßigkeitsprinzip zu beachten, so dass z. B. vorübergehende Lücken im Krankenversicherungsschutz nicht für die Ausweisung reichen dürften. Ebenso EuGH a. a. O. (Rn. 331): keine automatische Ausweisung wegen der Inanspruchnahme von Sozialhilfe.

387 Art. 2 Abs. 2 Satz 2 gibt den drittstaatsangehörigen Ehegatten des Studenten und Kindern, denen er Unterhalt gewährt, ein unbeschränktes Recht auf Zugang zum Arbeitsmarkt des Aufnahmestaats. Dieses entspricht dem Recht des Art. 11 VO 1612/68 mit Ausnahme des Vorbehalts, dass es schon unterhalb der Altersgrenze von 21 Jahren auf die Unterhaltsgewährung ankommt.

b) Im Rahmen der Arbeitnehmerfreizügigkeit oder Dienstleistungsfreiheit

388 Soweit Personen in der Berufsausbildung eigene oder von Familienangehörigen abgeleitete Freizügigkeitsrechte im Sinne der VO 1612/68 besitzen oder die passive Dienstleistungfreiheit in Anspruch nehmen, ergibt sich ihr Einreise- und Aufenthaltsrecht, ohne die von der RL 93/96 vorgesehenen Einschränkungen, aus den jeweils einschlägigen Vorschriften der RL 68/360[698] bzw. des Art. 10 VO 1612/68.

c) Im Rahmen der Assoziationsvereinbarungen mit der Türkei

389 Soweit die Kinder türkischer Wanderarbeitnehmer aus Art. 9 Satz 1 ARB 1/80 ein Recht auf Zugang zur allgemeinen und beruflichen Bildung haben, muss damit, nach der vom EuGH[699] in einschlägigen Entscheidungen mehrfach herausgestellten Logik des Assoziationsrechts, auch ein Aufenthaltsrecht verbunden sein, das seinerseits, gemäß Art. 14 Abs. 1 ARB 1/80, nur im Rahmen des Ordre-Public-Vorbehalts zu beschränken ist. Dieses Aufenthaltsrecht muss zunächst die Zeit bis zum Abschluss der jeweiligen Ausbildung umfassen, kann dann aber, sofern eine Berufsausbildung abgeschlossen wurde, von dem Aufenthaltsrecht abgelöst werden, das aus der Geltendmachung der in Art. 6 und 7 ARB 1/80 vorgesehenen Arbeitsmarktzugangsrechte folgt.

VIII. Anerkennung von Ausbildungen

390 Als Gegenstück zur Ausbildungsfreizügigkeit als der Möglichkeit, eine Ausbildung in einem anderen Mitgliedstaat zu erwerben, bedarf die Frage der Erörterung, unter welchen Umständen eine in einem Mitgliedstaat erworbene Berufsausbildung in einem anderen Mitgliedstaat Anerkennung findet und damit den Zugang zu denjenigen Berufen eröffnet, die im Aufnahmestaat eine bestimmte Berufsausbildung voraussetzen. Im Ausgangspunkt ergibt sich dieses Problem vor allem für Wanderarbeitnehmer, soweit sie auf die Anerkennung einer vor Inanspruchnahme ihrer Freizügigkeitsrechte im Herkunftsland erworbenen Ausbildung angewiesen sind. Es ist den Mitgliedstaaten vorbehalten, die Voraussetzungen für die Berufsausübung in ihrem Hoheitsgebiet festzulegen, soweit diese noch nicht harmonisiert sind.[700] Auch liegt keine unmittelbare Diskriminierung aus Gründen der Staatsangehörigkeit darin, eine im Inland erworbene Berufsqualifikation zur Voraussetzung der Berufsausübung zu machen, soweit auch die Angehörigen anderer Mitgliedstaaten die

---

[698] Art. 1 Abs. 1 RL 68/360 erwähnt ausdrücklich auch die Personen, die sich in einen anderen Mitgliedstaat begeben, um dort Dienstleistungen entgegenzunehmen.
[699] Vgl. EuGH v. 20. 9. 1990, Rs. C-192/89 (Sevince), Slg. 1990, 3461; v. 16. 12. 1992, Rs. C-237/91 (Kus), Slg. 1992, 6781; v. 5. 10. 1994, Rs. C-355/93 (Eroglu), Slg. 1994, 5113; v. 6. 6. 1995, Rs. C-434/93 (Bozkurt), Slg. 1995, 1475.
[700] EuGH v. 15. 10. 1987, Rs. 222/86 (Heylens), Slg. 1987, 4097, 4116, Rn. 10; v. 7. 5. 1991, Rs. C-340/89 (Vlassopoulou), Slg. 1991, 2357, 2382, Rn. 9; v. 7. 5. 1992, Rs. C-104/91 (Borrell), Slg. 1992, 3003, 3027, Rn. 7; v. 31. 3. 1993, Rs. C-19/92 (Kraus), Slg. 1993, 1663, 1693, Rn. 15.

VIII. Anerkennung von Ausbildungen
391–393 § 15

Möglichkeit zum Erwerb der entsprechenden Qualifikation haben. In dem Bestehen auf einem im Inland erworbenen berufsqualifizierenden Abschluss liegt aber in der Regel eine mittelbare Diskriminierung, da vielfach eher die Angehörigen anderer Mitgliedstaaten als diejenigen des Aufnahmestaates als Inhaber ausländischer Diplome den Wunsch nach Zulassung zur Berufsausübung äußern dürften.[701] Indes zeigen verschiedene Entscheidungen des EuGH und die Herleitung des Anerkennungsverfahrens aus Art. 10 EG, dass es sich eher um ein Ausprägung des Beschränkungsverbots handelt.[702] Denn eine mittelbare Diskriminierung der eigenen Staatsangehörigen ist logischerweise ausgeschlossen und damit ist die Anerkennung ausländischer Diplome allein aus dem absoluten Gehalt der Freizügigkeit abzuleiten.

391 Betroffen sind nämlich auch Arbeitnehmer, die innerhalb der Gemeinschaft von der Ausbildungsfreizügigkeit im oben[703] dargestellten Sinne Gebrauch gemacht haben und ihre dabei erworbene Berufsqualifikation nach ihrer Rückkehr ins Herkunftsland dort zur Berufsausübung nutzen möchten. Dies spielt in das Problem der Inländerdiskriminierung hinein, und gerade im Zusammenhang mit der Anerkennung ausländischer Berufsqualifikationen hat der EuGH[704] bereits mehrfach zum Ausdruck gebracht, dass die Mitgliedstaaten eigenen Angehörigen, die sich in einer Lage befinden, die derjenigen von Wanderarbeitnehmern aus anderen Mitgliedstaaten vergleichbar ist, die Rechte zugestehen müssen, die auch Wanderarbeitnehmer aus anderen Mitgliedstaaten im Zusammenhang mit dem grenzüberschreitenden Charakter ihrer Tätigkeit genießen.

392 Im EGV findet das Problem der Anerkennung von Diplomen und Zeugnissen Erwähnung in Art. 47, wo der Rat aufgefordert wird, entsprechende Richtlinien zu erlassen, um die Aufnahme und Ausübung selbständiger Tätigkeiten zu erleichtern. Dass nicht nur selbständige, sondern im hohen Maße auch unselbständige Tätigkeiten die gegenseitige Anerkennung von Diplomen verlangen, ergibt sich allerdings daraus, dass viele der klassischen „reglementierten" Berufe wie z.B. der des Arztes oder Rechtsanwalts, deren Ausübung vom Staat an bestimmte Qualifikationen geknüpft wird, auch in unselbständiger Form ausgeübt werden können. Dies hat auch der Rat bei Erlass seiner einschlägigen Anerkennungsrichtlinien 89/48[705] und 92/51[706] erkannt, indem er diese nicht nur auf Art. 47 Abs. 1 EGV gestützt hat, sondern daneben auch auf Art. 40 EG, der die Rechtsetzungsermächtigung für Fragen der Arbeitnehmerfreizügigkeit enthält.

393 Im Folgenden soll dargestellt werden, welche gemeinschaftsrechtlichen Regelungen zur Gewährleistung der Berufsausübung mit im Ausland erworbenen Berufsqualifikationen bestehen. Diese liegen sowohl in richterrechtlicher Form vor als auch in einer Vielzahl von Richtlinien, die zum Teil auf eine Harmonisierung bestimmter Ausbildungsgänge abzielen, im Übrigen, wie die Richtlinie 89/48, 92/51 und 99/42, Vorschriften über die gegenseitige Anerkennung grundsätzlich voneinander verschiedener Ausbildungen beinhalten. Zu unterscheiden ist dabei zwischen der – gemeinschaftsrechtlich weitgehend geregelten – Anerkennung von Berufsqualifikationen, die die Voraussetzung für den Zu-

---

[701] In diesem Sinne auch EuGH v. 1. 2. 1996, Rs. C-164/94 (Aranitis), Slg. 1996, 135, 148 Rn. 30.
[702] EuGH v. 31. 3. 1993, Rs. C-19/92 (Kraus), Slg. 1993, 1663, 1693, Rn. 31, 32; EuGH v. 8. 7. 1999, Rs. C 234/97 (Bobadilla), NZA 1999, 861= Slg. 1999, 4773.
[703] S. o. Rn. 336 ff.
[704] EuGH v. 7. 2. 1979, Rs. 115/78 (Knoors), Slg. 1979, 399, 410, Rn. 24; v. 6. 10. 1981, Rs. 246/80 (Broekmeulen), Slg. 1981, 2311, 2329, Rn. 20.
[705] Richtlinie des Rates v. 21. 12. 1988 über eine allgemeine Regelung zur Anerkennung der Hochschuldiplome, die eine mindestens dreijährige Berufsausbildung abschließen, ABl. 1989 Nr. L 19/16.
[706] Richtlinie des Rates v. 18. 6. 1992 über eine zweite allgemeine Regelung zur Anerkennung beruflicher Befähigungsnachweise in Ergänzung zur Richtlinie 89/48/EGW, ABl. 1992 Nr. L 209/25.

gang zu sog. reglementierten Berufen bilden, und der Anerkennung sonstiger Abschlüsse in Berufen, zu denen der Zugang von dem jeweiligen Mitgliedstaat qualifikationsunabhängig gewährt wird.

1. Reglementierte Berufe

394 Von entscheidender Bedeutung ist die Frage der Anerkennung ausländischer Berufsausbildungen im Bereich der reglementierten Berufe, jener Berufe also, zu denen nur unter Erfüllung bestimmter Anforderungen an die berufliche Qualifikation des Betreffenden Zugang gewährt wird. Die so bestehende Zugangssperre für alle Personen, die über die erforderliche Qualifikation nicht verfügen, stellt sich als Mobilitätsbremse und damit als erhebliches Hindernis für die Verwirklichung der Arbeitnehmerfreizügigkeit und Niederlassungsfreiheit auf Gemeinschaftsebene dar, da nicht wenige Berufe, und zwar auch solche außerhalb des Bereichs der öffentlichen Verwaltung i. S. des Art. 39 Abs. 4 bzw. 45 EG, auf diese Weise reglementiert sind; dies trifft z. B. für die medizinischen Berufe und die der Architekten, Lehrer und Rechtsanwälte zu.

395 Aus diesen Gründen nahmen sich sowohl der EuGH als auch der Europäische Gesetzgeber des Problems der Anerkennung von Berufsqualifikationen in reglementierten Berufen bereits frühzeitig an und entwickelten eine Reihe von Regelungen, die im Folgenden skizziert werden sollen.

a) Einzelrichtlinien

396 Zunächst beschritt der europäische Gesetzgeber den Weg, für einzelne Berufe Mindestausbildungsbedingungen festzulegen, deren Einhaltung die Grundlage für die gegenseitige Anerkennung von Diplomen bilden sollte. Dementsprechend gibt es z. B. Regelungen für die Berufe der Ärzte,[707] Krankenschwestern und -pfleger,[708] Zahnärzte,[709] Tierärzte[710] und Apotheker.[711] Den Richtlinien liegt das Prinzip zugrunde, die jeweiligen Ausbildungen im Sinne eines Mindeststandards einander anzupassen und daran die Verpflichtung der gegenseitigen Anerkennung der Abschlüsse zu knüpfen. Auf eine darüber hinausgehende Darstellung der Einzelheiten der Richtlinien soll hier verzichtet werden.[712] Außerdem gibt es eine im Jahre 1985 nach siebzehnjährigem Ringen verabschiedete Richtlinie für Architekten,[713] die allerdings keine Koordinierung der Ausbildung, sondern lediglich Maßnahmen zur gegenseitigen Anerkennung der Diplome vorsieht.

397 Soweit die selbständige Ausübung bestimmter Handwerksberufe, wie heute noch in einigen Mitgliedstaaten üblich, einen Meisterbrief oder einen vergleichbaren Befähigungsnachweis verlangt, ergaben sich außerdem Vorschriften zur Anerkennung bestimmter Tätigkeitszeiten in anderen Mitgliedstaaten, nicht aber von Diplomen oder Prüfungszeugnissen, aus der RL 64/427.[714]

398 Der Weg, die gegenseitige Anerkennung der Diplome durch die Harmonisierung der Ausbildungsstandards sicherzustellen, erwies sich jedoch, wie insbesondere das Beispiel der

---

[707] RL 75/362 u. 363 v. 16. 6. 1975, ABl. 1975, L 167/1, 14;93/16 v. 5. 4. 1993.
[708] RL 77/452 u. 453, ABl. 1977 L 176/1, 8.
[709] RL 78/686 u. 687, ABl. 1978, L 233/1, 10. Dazu zuletzt EuGH v. 29. 11. 2001, Rs. 202/99, ferner 25. 2. 1999, Rs C 137/97, EAS Art. 52 Slg. Nr. 40.
[710] RL 78/1026 u. 1027, ABl. 1978, L 362/1, 7.
[711] RL 85/432 u. 433, ABl. 1985, L 253/34, 37.
[712] Zu den Einzelrichtlinien auch *Leibrock,* EuZW 1992, S. 465.
[713] RL 85/384 v. 10. 6. 1985, ABl. 1985, S. 223/15. Dazu EuGH v. 22. 1. 2002 – Rs. 31/00 (Dreessen).
[714] RL 64/427/EWG v. 7. 7. 1964, ABl. 1964, 1880; näher dazu und zum Verfahren der Anerkennung für die selbständige Betätigung in Handwerksberufen *v. Wallenberg,* Die Bedeutung des Meisterbriefs in Zeiten von Qualitätsmanagement und Europäischen Normen, EuZW 1995, S. 396 ff.

VIII. Anerkennung von Ausbildungen 399–402 § 15

Architektenrichtlinie zeigt, als mühsam und überdies nicht für alle Berufe gangbar. So ist im Bereich technischer oder medizinischer Berufe eine Harmonisierung der Ausbildungen noch vergleichsweise gut vorstellbar, während andere Berufe – insbesondere die rechtsberatenden – kaum Spielraum für eine koordinierte und daher anerkennungsfähige Ausbildung bieten. Diese Erkenntnis führte zu einer Abkehr vom Mittel der Einzelrichtlinie und zur Verabschiedung von Richtlinien mit dem Ziel, generelle Anerkennungsregelungen aufzustellen. Außerdem spiegelte sie sich in der vorab darzustellenden einschlägigen Rechtsprechung des EuGH zu den Anforderungen an das Verfahren zur Anerkennung ausländischer Diplome wider, die ihrerseits Eingang in die später verabschiedeten Anerkennungsrichtlinien fand.

b) Rechtsprechung des EuGH

Ehe die Richtlinien über ein allgemeines Verfahren zur gegenseitigen Anerkennung 399 berufsqualifizierender Abschlüsse ihre Wirkung entfalteten, hatte sich der EuGH in seiner Rechtsprechung verschiedentlich mit dieser Frage zu beschäftigen; den Richtlinien, soweit sie nach der hier angesprochenen Rechtsprechung ergingen, ist auch anzumerken, dass sie sich auf die einschlägigen Urteile des EuGH beziehen.

So hatte der EuGH[715] im Jahre 1987 über die Anerkennung des Diploms eines belgi- 400 schen Fußballtrainerdiploms in Frankreich zu entscheiden; die Ausübung dieses Berufs setzt in Frankreich ein inländisches oder als gleichwertig anerkanntes ausländisches Diplom voraus. Der EuGH stellte fest, dass auf Grund der Gebote der Arbeitnehmerfreizügigkeit die Mitgliedstaaten die Möglichkeit der Anerkennung ausländischer Diplome in einem Verfahren prüfen müssen, das ausschließlich das Maß der beim Antragsteller zu vermutenden Kenntnisse und Fähigkeiten mit den Erfordernissen des nationalen Diploms vergleicht. Zudem muss eine gerichtliche Überprüfung einer ablehnenden Verwaltungsentscheidung möglich sein und der Antragsteller Kenntnis von den Ablehnungsgründen erhalten.[716]

Entsprechend hat der EuGH die Fälle einer griechischen Rechtsanwältin in Deutsch- 401 land[717] und eines britischen Immobilienmaklers in Spanien[718] entschieden. Auch hier wurde die Verpflichtung der Mitgliedstaaten festgestellt, die beim Antragsteller zu vermutenden Kenntnisse und Fähigkeiten der Entscheidung im Anerkennungsverfahren zugrundezulegen. Der EuGH wies jedoch in beiden Entscheidungen auch auf die Berechtigung der Mitgliedstaaten hin, die Unterschiede zwischen den nationalen Rechtsordnungen zu berücksichtigen, soweit diese für den fraglichen Beruf relevant sind. Wenn hier Lücken zu vermuten sind, darf danach der Nachweis verlangt werden, dass die fehlenden Kenntnisse erworben wurden.

c) Allgemeine Anerkennungsrichtlinien

Nachdem sich die Möglichkeiten, eine gemeinschaftsweite Anerkennung in anderen 402 Mitgliedstaaten erworbener Berufsausbildungen im Wege einer Harmonisierung dieser Ausbildungen zu erreichen, als begrenzt erwiesen hatten, ging der europäische Gesetzgeber dazu über, die Voraussetzungen der gegenseitigen Anerkennung von Berufsqualifikationen in allgemeinen Anerkennungsrichtlinien zu regeln. Zu diesem Zweck wurden die

---

[715] EuGH v. 15. 10. 1987, Rs. 222/86 (Heylens), Slg. 1987, 4097, 4116 ff., Rn. 13 ff.
[716] EuGH a. a. O. Rn. 13 ff.
[717] EuGH v. 7. 5. 1991, Rs. C-340/89 (Vlassopoulou), Slg. 1991, 2357, 2384 f., Rn. 16 ff.; der Zulassungsantrag von Frau Vlassopoulou war am 13. 5. 1988 und damit vor Inkrafttreten der Richtlinie 89/48 (s. u.) gestellt worden, so dass diese auf den Fall nicht anwendbar war, obwohl zum Zeitpunkt der Entscheidung des EuGH die Umsetzungsfrist (4. 1. 1991) bereits abgelaufen war.
[718] EuGH v. 7. 5. 1992, Rs. C-104/91 (Borrell), Slg. 1992, 3003, 3028 f., Rn. 11 ff. Ebenso EuGH 14. 9. 2000, Rs. C-238/98 (Hocsman), Slg. 6640, betr. die Anerkennung eines argentinischen medizinischen Diploms eines Spaniers in Frankreich.

Richtlinien 89/48[719] sowie die parallel dazu aufgebaute Ergänzungsrichtlinie 92/51[720] und ergänzend die Richtlinie 99/42[721] erlassen.

403 Die Richtlinien regeln, unter welchen Umständen die Voraussetzungen der beruflichen Ausbildung, die der einzelne Mitgliedstaat für den Zugang zu einzelnen Berufen festgesetzt hat, durch in anderen Mitgliedstaaten erworbene Diplome und sonstige Befähigungsnachweise erfüllt werden können. Dabei scheint die RL 89/48 darauf hinzudeuten, dass die Anerkennungsregeln nur angewandt werden können, wenn Staatsangehörige anderer Mitgliedstaaten Zugang zu einem reglementierten Beruf verlangen, denn dem Wortlaut ihres Art. 2 Abs. 1 nach gilt die RL 89/48 nicht, wenn ein Wanderarbeitnehmer einen in seinem Herkunftsstaat reglementierten Beruf dort auf Grund eines in einem anderen Mitgliedstaat erworbenen Diploms ausüben möchte. Dieses Verständnis dürfte jedoch zu eng sein, was sich einerseits aus der Rechtsprechung des EuGH[722] zur bis zur Grenze des Missbrauchs der Freizügigkeitsregeln gegebenen Pflicht der Mitgliedstaaten ergibt, ihre eigenen Staatsangehörigen, die sich ihnen gegenüber in der Lage eines Wanderarbeitnehmers befinden, mit den Freizügigkeitsrechten des EGV auszustatten, andererseits aus der Regelung des persönlichen Anwendungsbereichs der Ergänzungsrichtlinie 92/51,[723] deren Art. 2 Abs. 1 schon seinem Wortlaut nach eigene Staatsangehörige des Aufnahmestaates einbezieht. Daher ist davon auszugehen, dass alle Angehörigen von Mitgliedstaaten der Gemeinschaft oder des EWR sich auch auf die RL 89/48 berufen können, selbst wenn sie die Anerkennung von Diplomen in ihrem Herkunftsstaat beantragen.

404 Hinsichtlich des Verfahrens der Anerkennung lehnen sich beide Richtlinien merklich an die Heylens-Entscheidung des EuGH an, indem sie in Art. 8 Abs. 2 RL 89/48 bzw. Art. 12 Abs. 2 RL 92/51 festlegen, dass die Prüfung der Anträge auf Ausübung reglementierter Berufe schnellstmöglich, längstens in einer Frist von vier Monaten ab Einreichung vollständiger Unterlagen durch den Antragsteller, abgeschlossen sein und der Bescheid mit einer Begründung versehen sein muss. Außerdem muss gegen die Entscheidung oder ihre Unterlassung ein Rechtsmittel gegeben sein.

aa) Regelung für Hochschuldiplome

405 Der in ihrem Art. 3 zum Ausdruck kommende Grundgedanke der RL 89/48[724] besteht darin, dass Angehörigen anderer Mitgliedstaaten der Zugang zu einem Beruf, der im Aufnahmestaat ein mindestens dreijähriges Studium voraussetzt (sog. reglementierter Beruf i. S. von Art. 1 lit c), d) RL 89/48), nicht wegen mangelnder Qualifikation verweigert werden darf, wenn sie für diesen Beruf im Herkunftsstaat ihrerseits durch ein mindestens dreijähriges Studium qualifiziert waren. Dabei ist allerdings zu beachten, dass nach der

---

[719] Richtlinie des Rates v. 21. 12. 1988 über eine allgemeine Regelung zur Anerkennung der Hochschuldiplome, die eine mindestens dreijährige Berufsausbildung abschließen, ABl. 1989 Nr. L 19/16. Die Umsetzung der Richtlinie in den Mitgliedstaaten bereitet Schwierigkeiten, wie sich aus mehreren Verurteilungen von Mitgliedstaaten durch den EuGH in Vertragsverletzungsverfahren wegen der Nichtumsetzung ergibt, vgl. EuGH v. 23. 3. 1995, Rs. C-365/93 (Kommission/Griechenland), Slg. 1995, 499; v. 13. 7. 1995, Rs. C-216/94 (Kommission/Belgien), Slg. 1995, 2155. Auch ein Schadensersatzanspruch gegen den Mitgliedstaat wegen Verdienstausfall durch Nichtanerkennung von Diplomen kommt in Betracht, EuGH 4. 7. 2000 (Haim II) EuZW 2000, S. 733 = Slg. 5148.

[720] Richtlinie des Rates v. 18. 6. 1992 über eine zweite allgemeine Regelung zur Anerkennung beruflicher Befähigungsnachweise in Ergänzung zur Richtlinie 89/48/EGW, ABl. 1992 Nr. L 209/25.

[721] ABl. 1999 Nr. L 201/77.

[722] Z. B. EuGH v. 7. 2. 1979, Rs. 115/78 (Knoors), Slg. 1979, 399, 410, Rn. 24.

[723] Dazu sogleich unten bb), Rn. 409 ff.

[724] Zu den Einzelheiten *Henninger*, Europäisches Berufsrecht, BB 1990, 73 ff.; *Heyer*, S. 124 ff.; *Leibrock*, Stand und Perspektiven der gegenseitigen Anerkennung der Diplome, EuZW 1992, S. 465; *ders.*, Die Umsetzung der Hochschuldiplom-Richtlinie in Deutschland, EuZW 1993, S. 634.

VIII. Anerkennung von Ausbildungen

Rechtsprechung des EuGH[725] ein reglementierter Beruf im Sinne der RL 89/48 nicht schon dann vorliegt, wenn eine bestimmte Tätigkeit aus tatsächlichen Gründen eine bestimmte Ausbildung verlangt; erforderlich ist vielmehr, dass diese Festlegung auch rechtlich erfolgt ist.

Darüberhinaus sieht die Richtlinie in Art. 4 verschiedene Ausgleichsmechanismen für den Fall vor, dass die im Aufnahmestaat geforderte Studiendauer erheblich über der im Herkunftsstaat verlangten liegt oder die im Herkunftsstaat absolvierte Ausbildung sich von der im Aufnahmestaat verlangten inhaltlich wesentlich unterscheidet. Während der Aufnahmestaat im erstgenannten Fall den Nachweis zusätzlicher Berufserfahrung fordern darf, kann er inhaltliche Unterschiede in der Ausbildung zum Anlass nehmen, vom Betroffenen nach dessen Wahl entweder die Absolvierung eines Anpassungslehrgangs oder einer Eignungsprüfung zu verlangen; bei rechtsberatenden Berufen hat der Aufnahmestaat, nicht der Antragsteller, die Wahl zwischen Anpassungslehrgang und Eignungsprüfung.

Für die Zulassung von Rechtsanwälten mit Diplomen aus anderen Mitgliedstaaten der Gemeinschaft hat man sich bisher in der Bundesrepublik[726] wie in mehreren anderen Mitgliedstaaten[727] für eine Eignungsprüfung[728] entschieden. Entsprechende Umsetzungsregelungen wurden für die Berufe von Wirtschaftsprüfern[729] und Steuerberatern[730] getroffen. Indes besteht neuerdings die Richtlinie 98/5.[731] Sie wurde am 9. 3. 2000 in deutsches Recht umgesetzt.[732] Sie tritt am 14. 3. 2000 in Kraft. Danach kann ein Rechtsanwalt in jedem Mitgliedstaat unter seiner erworbenen Berufsbezeichnung tätig sein (sogenannte europäische Rechtsanwälte). Nach § 2 Abs. 1 des EuRAG ist der Anwalt in die Rechtsanwaltskammer aufzunehmen. Die Zulassung zur deutschen Anwaltschaft kann nach drei Jahren effektiver und regelmäßiger Tätigkeit im deutschen Recht erteilt werden.[733] Nach § 13 des EuRAG kann im Anwalt nach dreijähriger geringer Tätigkeit im deutschen Recht durch den Nachweis der Tätigkeit und durch ein Gespräch die Zulassung erhalten. Daneben besteht weiterhin die Möglichkeit einer Eignungsprüfung nach § 16 EuRAG.[734]

Weiterhin enthält die RL 89/48 in Art. 6 Regelungen über die Anerkennung etwa notwendiger Nebenbescheinigungen sowie in Art. 7 über die Voraussetzungen der Befugnis, die im Aufnahmestaat vorgesehene Berufsbezeichnung zu führen.

---

[725] In diesem Sinne hat der EuGH mit Urteil v. 1. 2. 1996, Rs. C-164/94 (Aranitis), Slg. 1996, 135, 148, auf eine Vorlagefrage des OVG Berlin v. 25. 4. 1994 geantwortet: in dem entschiedenen Fall ging es darum, ob der Beruf des Geologen, für den man in der Bundesrepublik nur mit einem entsprechenden Diplom eine Anstellung findet, ein reglementierter Beruf im Sinne der RL 89/48 ist. Nach der Entscheidung ist die RL 89/48 zwar auch bei einer indirekt wirkenden rechtlichen Reglementierung eines Berufs anwendbar, nicht aber bei einer rein tatsächlich wirkenden Reglementierung, EuGH 10. 5. 2001 Rs. 285/00 bejaht für Psychologen.

[726] Gesetz über die (Zulassung zur) Eignungsprüfung für die Zulassung zur Rechtsanwaltschaft v. 6. 7. 1990, BGBl. I, S. 1349, sowie die dazu ergangene Verordnung v. 18. 12. 1990, BGBl. I, S. 2881.

[727] Dänemark, Frankreich, Griechenland, Großbritannien, Irland und Luxemburg haben sich bereits im gleichen Sinne festgelegt.

[728] Näher zu dieser Eignungsprüfung *Feuerich*, Die Umsetzung der Diplomanerkennungsrichtlinie durch das Eignungsprüfungsgesetz für die Zulassung zur Rechtsanwaltschaft, NJW 1991, S. 1144; *Oberheim*, Die Eignungsprüfung für EU-Rechtsanwälte, NJW 1994, S. 1846; *Dörig*, Der Zugang zur Anwaltschaft nach der EG-Diplomanerkennungsrichtlinie, EuZW 1991, S. 243; kritisch *Goll*, in: Henssler u. a. (Hrsg.), Europäische Integration und globaler Wettbewerb, S. 189 ff.

[729] BGBl. I 1990, S. 1462; BGBl. I 1991, S. 675.

[730] BGBl. I 1990, S. 2756.

[731] ABl. 1998 Nr. L 77/36, hierzu *Ewig*, NJW 1999, S. 268, *Lach*, NJW 2000, S. 1609.

[732] BGBl. 2000 Teil 1 Nr. 9, S. 182.

[733] Kritisch zu diesem Merkmal *Lach*, NJW 2000, S. 1609, 1612.

[734] Hierzu BVerwG v. 26. 10. 1999, NJW 2000, S. 753.

bb) Regelung für sonstige Befähigungsnachweise

409 Die RL 89/48 deckt nur einen Teil der reglementierten Berufe ab und war somit nicht in der Lage, das Problem der Anerkennung von in anderen Mitgliedstaaten erworbenen Berufsqualifikationen vollständig zu lösen. Aus diesem Grunde wurde bald nach Erlass der RL 89/48 die Ergänzungsrichtlinie 92/51[735] verabschiedet, die die Anerkennung der beruflichen Diplome, Prüfungszeugnisse und Befähigungsnachweise für unterhalb der Ebene des Hochschuldiploms liegende Ausbildungsanforderungen regelt und überdies Möglichkeiten der Anerkennung auch für den Fall vorsieht, dass der Aufnahmestaat eine Berufsausbildung auf einem höheren Niveau als der Herkunfts-/Ausbildungsstaat verlangt.

410 Zu diesem Zweck wurde durch die Richtlinie 92/51 ein dreistufiges System geschaffen, das sich aus dem Ausbildungsniveau der Hochschuldiplome nach mindestens dreijährigem Studium als oberer Ebene, sonstiger postsekundärer, Personen mit Hochschulzugangsberechtigung vorbehaltener Ausbildungsgänge von mindestens einem Jahr Dauer als mittlerer Ebene und der sonstiger, durch Prüfungszeugnisse und Befähigungsnachweisen zu belegender Ausbildungen als unterer Ebene zusammensetzt. Es gilt der Grundsatz, dass der Nachweis einer höher- oder gleichwertigen Qualifikationsstufe grundsätzlich für die Zulassung ausreicht, der Nachweis einer eine Stufe unter der geforderten liegenden Qualifikation dagegen unter Umständen den Aufnahmestaat in die Lage versetzt, zusätzliche Berufserfahrung zu verlangen. Unter Berufung auf die Ergänzungsrichtlinie nicht möglich ist dagegen der Durchstieg über zwei Qualifikationsstufen hinweg, d. h. die Zulassung zu einem reglementierten Beruf, der im Aufnahmestaat eine Ausbildung verlangt, die sich auf der oberen Stufe befindet, während der Antragsteller lediglich eine Qualifikation der unteren Stufe nachweisen kann.

411 Darüberhinaus gelten die Ausgleichsregelungen, die sich auch aus Art. 4 RL 89/48 ergeben. Die Anerkennung beruflicher Nebenbescheinigungen und die Voraussetzungen der Führung von Berufsbezeichnungen sind in Art. 10f. RL 92/51 ebenso wie in Art. 6f. RL 89/48 geregelt. Außerdem beinhaltet die RL 92/51 eine Reihe von Anhängen, die für einzelne Ausbildungsgänge in einzelnen Mitgliedstaaten Klarstellungen hinsichtlich ihrer Einstufung in das beschriebene dreistufige System vornimmt.

2. Sonstige Abschlüsse

412 Während für die Anerkennung von Ausbildungen für reglementierte Berufe, wie gezeigt, ein ausgefeiltes Regelungssystem besteht, das die Voraussetzungen für eine weitgehende Verwirklichung der Arbeitnehmerfreizügigkeit und der Niederlassungsfreiheit schafft, bestehen im Bereich sonstiger Abschlüsse, seien es akademische Grade oder sonstige berufliche Qualifikationen, die nicht die Voraussetzung für den Zugang zu einem bestimmten Beruf bilden, noch erhebliche Defizite. Soweit hier nicht die rein faktisch vermittelte Notwendigkeit, eine bestimmte Berufsausbildung absolviert zu haben, einen Beruf zum reglementierten Beruf im Sinne der Anerkennungsrichtlinien macht,[736] kann daher noch Bedarf nach weiteren Regelungen bestehen. Im Folgenden soll daher kurz angedeutet werden, wie sich nach dem heutigen Stand des Freizügigkeitsrechts die Möglichkeiten einer Anerkennung sonstiger beruflicher bzw. universitärer Abschlüsse darstellen.

a) Qualifikationen für nicht reglementierte Berufe

413 Soweit die Ausübung eines Berufs in einem Mitgliedstaat nicht auf Grund dortiger Verwaltungs- oder Rechtsvorschriften eine bestimmte berufliche Qualifikation erfordert, sind die Anerkennungsrichtlinien grundsätzlich nicht anwendbar, so dass für einen Wan-

---

[735] Näher *Henninger*, Europäisches Berufsrecht, BB 1990, S. 73 ff.; *Heyer*, S. 132 ff.
[736] In diesem Sinne EuGH v. 1. 2. 1996, Rs. C-164/94 (Aranitis), Slg. 1996, 135, 148.

derarbeitnehmer mit einer in einem anderen Mitgliedstaat erworbenen beruflichen Qualifikation auch keine Möglichkeit besteht, dies im Rahmen der genannten Richtlinien staatlicherseits anerkennen zu lassen. Dennoch ist aus tatsächlichen Gründen ein Interesse an einer derartigen Anerkennung denkbar, da die Aussichten eines Arbeitnehmers mit einer ausländischen Qualifikation, im Inland eingestellt zu werden, vielfach darunter leiden dürften, dass inländische Arbeitgeber den Wert der ausländischen Qualifikation und den Inhalt der durch sie nachgewiesenen Kenntnisse nicht einzuschätzen vermögen. Der EuGH[737] hat darauf hingewiesen, dass außerhalb des Anwendungsbereichs der Anerkennungsrichtlinien die Diskriminierungsverbote der Art. 12, 39, 43 EG eingreifen können, so dass sich auch im Bereich nicht reglementierter Berufe ein Schutz vor der Nicht-Anerkennung im Ausland erworbener Qualifikationen aus dem Gemeinschaftsrecht ergibt.[738]

Um dieser möglichen tatsächlichen Benachteiligung von Wanderarbeitnehmern entgegenzuwirken, hat die Gemeinschaft außerdem ein Entsprechungssystem[739] entwickelt, das für eine Reihe von Branchen festlegt, welche der nationalen Berufsausbildungen sich insoweit entsprechen, dass bei ihren Absolventen in etwa vergleichbare Kenntnisse und Fähigkeiten vermutet werden können. Es handelt sich dabei um Ausarbeitungen der Tätigkeitsprofile, die Facharbeiter oder Fachangestellte auf Grund ihres nationalen beruflichen Zeugnisses üblicherweise mindestens ausfüllen können. Auf diese Weise haben inländische Arbeitgeber die Möglichkeit, sich ein Bild von den Fähigkeiten zu verschaffen, die sie bei Inhabern bestimmter ausländischer Befähigungsnachweise voraussetzen können. Wünschenswert wäre der weitere Ausbau dieses Entsprechungssystems, wobei zu berücksichtigen ist, dass vergleichbare Entsprechungsregelungen im Bereich der akademischen Ausbildung wohl wesentlich schwieriger zu erstellen sein und das im Rahmen des SEDOC-Verfahrens verwendete System hier an seine Grenzen stoßen dürfte.

b) Akademische Grade

Einer Betrachtung bedarf schließlich die Frage, unter welchen Umständen lediglich akademische Grade wie in einem anderen Mitgliedstaat erworbene Doktor- oder LL. M.-Titel Anerkennung in Mitgliedstaaten der Gemeinschaft finden müssen. Derartige akademische Grade stellen zwar selbst keine zwingenden, in staatlichen Vorschriften vorgesehene Voraussetzungen für den Zugang zu bestimmten Berufen dar, können aber die Einstellung durch den einzelnen Arbeitgeber unter Umständen sehr erleichtern, da sie zugunsten ihres Inhabers in der Regel die Vermutung erheblicher Kompetenz auf dem betreffenden Gebiet der Wissenschaft begründen. Es liegt somit auf der Hand, dass die Frage einer eventuellen Pflicht der Mitgliedstaaten zur Anerkennung im europäischen Ausland erworbener akademischer Grade eine bedeutende Rolle einerseits für die Freizügigkeit der Arbeitnehmer spielen dürfte, soweit Arbeitnehmer aus anderen Mitgliedstaaten ihre akademischen Grade anerkennen lassen wollen, zum anderen auch von großer Bedeutung für die Inanspruchnahme der oben erläuterten Ausbildungsfreizügigkeit durch eigene Staatsangehörige sind, die im Ausland einen Titel erwerben und diesen im Herkunftsland führen möchten.

In diesem Zusammenhang ist vor allem eine Entscheidung des EuGH[740] aus dem Jahre 1993 von Interesse. Ihr lag ein Rechtsstreit zwischen einem deutschen Staatsangehörigen und dem Land Baden-Württemberg zugrunde. Dieses weigerte sich, den in Großbritan-

---

[737] EuGH v. 1. 2. 1996, Rs. C-164/94 (Aranitis), Slg. 1996, 135, 148, Rn. 30.
[738] EuGH v. 8. 7. 1999, Rs. C 234/97 (Bobadilla), Slg. 1999, 4733, 4795 = NZA 1999, 861, 863, Rn. 31 ff. Ebenso EuGH 31. 5. 2001 Rs. 283/99, EAS Art. 48 EG-Vertrag Nr. 121, betr. private Sicherheitsdienste; 29. 5. 2001 Rs. 263/99 betr. Beförderungsberater.
[739] Verzeichnis der Berufstätigkeiten und Berufe im internationalen Ausgleich im Rahmen des SEDOC-Systems, erhältlich für die verschiedenen Berufsgruppen bei der Bundesanstalt für Arbeit.
[740] EuGH v. 31. 3. 1993, Rs. C-19/92 (Kraus), Slg. 1993, 1663.

nien erworbenen LL. M.-Grad des Betroffenen anzuerkennen, da er nicht bereit war, die für die Prüfung der Titelführungsbefugnis durch das zuständige Landesministerium nach deutschem Recht übliche Gebühr von (damals in Baden-Württemberg) 130,– DM zu zahlen. Das Interesse an dieser Fallkonstellation unter beiden vorgenannten Gesichtspunkten ergibt sich daraus, dass die Pflicht zur Einholung einer Einzelgenehmigung zur Führung ausländischer akademischer Grade auch EG-Ausländer trifft, die einen akademischen Grad in ihrem Herkunftsstaat erworben haben und sich nicht nur vorübergehend im Aufnahmestaat aufhalten. Der EuGH hatte zu entscheiden, ob die Regelung, dass im Ausland erworbene akademische Grade in der Bundesrepublik erst nach staatlicher Genehmigung geführt werden dürfen, gegen das Gemeinschaftsrecht verstößt.

417 Der Gerichtshof stellt zunächst fest, dass die Frage der Anerkennung im Ausland erworbener akademischer Grade, auch wenn diese nicht Zugangsvoraussetzung für einen bestimmten Beruf sind, in den Anwendungsbereich des Gemeinschaftsrechts fallen, und zwar auch, soweit eigene Staatsangehörige die Befugnis zur Führung entsprechender Titel beantragen.[741] Mangels einschlägiger gemeinschaftsrechtlicher Regelungen wies der EuGH anschließend auf die grundsätzlich bestehende Befugnis der Mitgliedstaaten hin, die Einzelheiten der Titelführungsbefugnis selbst zu regeln. Dieses Recht finde allerdings seine Begrenzung in den Erfordernissen der Arbeitnehmerfreizügigkeit und Niederlassungsfreiheit der Art. 39, 43 EG, da es nicht zu tatsächlichen Behinderungen ihrer Inanspruchnahme kommen dürfe.[742] Daher nahm der EuGH anschließend eine Prüfung der deutschen Regelung vor dem Hintergrund des freizügigkeitsrechtlichen, diskriminierungsunabhängigen Beschränkungsverbots am Maßstab des Verhältnismäßigkeitsgrundsatzes vor und kamen zu dem Schluss, dass der Zweck der Regelung, die Öffentlichkeit vor der irreführenden Verwendung akademischer Grade zu schützen ein berechtigtes Interesse darstelle, das eine staatliche Überprüfung und die damit verbundene Beschränkung der Freizügigkeitsrechte grundsätzlich rechtfertigen könne.[743] Dem Verhältnismäßigkeitsgrundsatz entspreche diese Prüfung allerdings nur, wenn sie sich auf die Ordnungsmäßigkeit der Verleihung durch eine dafür zuständige Hochschule beschränkt, und überdies im Rahmen eines leicht zugänglichen, nicht mit der Zahlung überhöhter Verwaltungsgebühren oder zu schweren Sanktionen verbundenen sowie gerichtlich überprüfbaren Verfahrens erfolge.[744]

418 Als verallgemeinerungsfähiger Kern dieser Entscheidung ergibt sich für die Anerkennung akademischer Grade durch die Mitgliedstaaten der Gemeinschaft zunächst, dass sie dem Gemeinschaftsrecht unterliegt und mithin am Maßstab des freizügigkeitsrechtlichen Beschränkungsverbots und damit des Verhältnismäßigkeitsgrundsatzes überprüft werden kann. Unzulässig ist es insbesondere, wenn die Mitgliedstaaten neben der formellen Ordnungsmäßigkeit des Titelerwerbs auch die Inhalte des ihm vorausgehenden Studiengangs im Einzelnen überprüfen wollen. Auf diese Weise dürfte gemeinschaftsrechtlich ein recht weitreichender Schutz der Anerkennung akademischer Grade ermöglicht worden sein, dem auch das Fehlen einschlägiger Regelungen des sekundären Gemeinschaftsrechts keinen wesentlichen Abbruch tut.

IX. Beschäftigung im Rahmen der Dienstleistungs- und Niederlassungsfreiheit

Schrifttum: *Badura,* Verfassungsfragen der Entsendung ausländischer Arbeitnehmer nach Deutschland, FS für *Söllner* 2000, S. 207; *Bieback,* Rechtliche Probleme von Mindestlöhnen, insbesondere nach dem AEntG, RdA 2000, S. 207; MünchArbR/*Birk,* 2. Aufl. 2000, § 19 Rn. 121 ff.;

---

[741] EuGH a.a.O, S. 1694 f., Rn. 17–23.
[742] EuGH a.a.O., S. 1696, Rn. 28.
[743] EuGH a.a.O., S. 1697 f., Rn. 35 f.
[744] EuGH a.a.O., S. 1698 f., Rn. 38–42.

IX. Beschäftigung im Rahmen der Dienstleistungs- u. Niederlassungsfreiheit 419, 420 § 15

Borgmann, Entsendung Drittstaatsangehöriger Arbeitnehmer durch EU-Unternehmen nach Deutschland, ZAR 1996, S. 119; *Büdenbender*, Die Erklärung der Allgemeinverbindlichkeit von Tarifverträgen nach dem Arbeitnehmer-EntsendeG, RdA 2000, 193; *Däubler*, Ein Antidumping-Gesetz für die Bauwirtschaft, DB 1995, S. 726; ders., Die Mitwirkungsrechte des Betriebsrats bei grenzüberschreitender Entsendung von Arbeitnehmern, in: Köbele/Sahl (Hrsg.), Die Zukunft der Sozialkassensysteme der Bauwirtschaft im Europäischen Binnenmarkt, S. 196; *Deinert,*Grenzüberschreitende Erbringung von Dienstleistungen und Beschäftigungen von Drittstaatsangehörigen, AuR 2000, S. 92; *Feuerborn*, Grenzüberschreitender Einsatz von Fremdfirmenpersonal, EAS, B 2500; *Gargulla*, Die arbeits- und aufenthaltsrechtlichen Begünstigungen für osteuropäische Arbeitnehmer und Selbständige durch die Europa-Abkommen – Sein oder Schein?, InfAuslR 1995, S. 181; *Hailbronner*, Privilegierte Drittstaatsangehörige in der Europäischen Union, in: FS für Everling, 1995, S. 399; *Hanau*, Lohnunterbietung („Sozialdumping") durch Europarecht, in: FS für Everling, S. 415; ders., Das Arbeitnehmerentsendegesetz, NJW 1996, S. 1395; *Hold*, Arbeitnehmer EntsendeG, AuA 1996, S. 113; *Hanau/Heyer*, Rechtliche Regelungen bei grenzüberschreitender Arbeitnehmerentsendung in der EG, Die Mitbestimmung 10/93, S. 16; *Junker/Wichmann*, Das Arbeitnehmer-EntsendeG – doch ein Verstoß gegen Europäisches Recht?, NZA 1996, S. 505; *Kempen*, Staatliche Schutzpflicht gegenüber der Tarifautonomie?, FS für Gitter, 1995, S. 427; *Krebber,* Die Bedeutung von Entsenderichtlinie und Arbeitnehmer-Entsendegesetz für das Arbeitskollisionsrecht, IPrax 2001, 22; *Kuschel,* Die Niederlassungsfreiheit für Unternehmen der Europäischen GEmeinschaft in den Europaabkommen der EG mit der CSFR, Polen und Ungarn, EuZW 1992, S. 571; *Löwisch*, Der Entwurf einer Entsende-Richtlinie der EU in rechtlicher Sicht, in: FS für Zeuner, 1994, S. 91; *Marschner*, Arbeitserlaubnis für Drittstaatsangehörige Arbeitnehmer im Rahmen der Europäischen Union, NZA 1996, S. 186; *Müller,* Andreas,Die Entsendung von Arbeitnehmern in der EU, 1997; *Ossenbühl/Cornils*, Tarifautonomie und staatliche Gesetzgebung, Verfassungsmäßigkeit von § 1 Abs. 3a AEntG, Forschungsbericht 280 des Bundesministeriums für Arbeit und Sozialordnung, 2000; *Rebhan*, Entsendung von Arbeitnehmern in der Eu – Arbeitsrechtliche Fragen zum Gemeinschaftsrecht, Das Recht der Arbeit (Wien), 1999, S. 173; *Sieveking*, Werkvertragsabkommen, EuroAS 1995, 42; *Steinmeyer*, Sozialdumping in Europa, DVBl. 1995, S. 962; *v. Danwitz*, Das neugefasste AEntG auf dem Prüfstand, RdA 1999, S. 322. *Wank/Börgmann*, Die Einbeziehung ausländischer Arbeitnehmer in das deutsche Urlaubskassenverfahren, NZA 2001, 177.

Wer im Rahmen der Arbeitnehmerfreizügigkeit gemäß Art. 43ff. EGV eine Tätigkeit **419** in einem anderen Mitgliedstaat der Gemeinschaft aufnimmt, ist durch das Diskriminierungsverbot des Art. 43 Abs. 2 EGV – jedenfalls rechtlich – weitgehend vor Benachteiligungen im Verhältnis zu inländischen Arbeitnehmern geschützt, da ihm gleiche Arbeitsbedingungen, die auch die steuerlichen und sozialen Vergünstigungen des Aufnahmestaates einschließen, zustehen. Gleiches gilt für Arbeitgeber, die im Zuge der Niederlassungs- oder Dienstleistungsfreiheit auf dem Gebiet eines anderen Mitgliedstats tätig werden; auch sie unterstehen dem Schutz gemeinschaftsrechtlicher Verbote der Diskriminierung aus Gründen der Staatsangehörigkeit und haben Anspruch darauf, bei ihrer Tätigkeit keine Nachteile zu erleiden, die auf ihrer ausländischen Staatsangehörigkeit bzw. fehlenden Gebietsansässigkeit beruhen.

Im Zusammenhang mit der Niederlassungs- und Dienstleistungsfreiheit ergibt sich aus **420** den Diskriminierungsverboten der Art. 43, 49 EGV unmittelbar aber nur ein Verbot der Benachteiligung der sich niederlassenden oder Dienstleistungen erbringenden Arbeitgeber selbst; fraglich bleibt, welche Vorschriften und Arbeitsbedingungen für Arbeitnehmer gelten, deren sich die betreffenden Arbeitgeber bei der Erbringung ihrer Leistungen bedienen. Demnach gilt es zu klären, inwieweit sich das Diskriminierungs- und Beschränkungsverbot im Bereich der Dienstleistungs- und Niederlassungsfreiheit auf die Möglichkeiten auswirkt, eigene Arbeitnehmer mitzubringen und im Aufnahmestaat zu beschäftigen. Erörterungsbedürftig ist hierbei zum einen die Frage des Zugangs mitgebrachter Arbeitnehmer zum Arbeitsmarkt des Aufnahmestaates, zum anderen die Frage der Arbeitsbedingungen mitgebrachter Arbeitnehmer.

1. Der Zugang zur Beschäftigung

421 Eine wesentliche Frage, die sich im Zusammenhang mit der Beschäftigung von Arbeitnehmern im Rahmen der Niederlassungs- und Dienstleistungsfreiheit stellt, ist diejenige nach dem Recht der betreffenden Unternehmer, eigene Arbeitskräfte mitzubringen. Zu erörtern ist, inwieweit eine Annex-Freizügigkeit, also Aufenthalts- und Beschäftigungsrechte für Arbeitnehmer, die sich aus der Niederlassungs- oder Dienstleistungsfreiheit ihrer Arbeitgeber herleiten, besteht. Dabei ist zunächst zwischen mitgebrachten Arbeitnehmern aus Mitgliedstaaten der Gemeinschaft und solchen aus Drittstaaten zu unterscheiden. Ausgegangen werden soll vom Fall der entsandten Arbeitnehmer im Rahmen der Dienstleistungsfreiheit, während die Abweichungen für mitgebrachte Arbeitnehmer bei der Niederlassungsfreiheit im Anschluss daran erörtert werden.

a) Dienstleistungsfreiheit

422 Im Zusammenhang mit der Dienstleistungsfreiheit stellt sich die Frage des Zugangs von Arbeitnehmern des Dienstleisters zum Hoheitsgebiet eines anderen Mitgliedstaats immer dann, wenn im Rahmen der aktiven Dienstleistungsfreiheit, bei der Dienstleistungen vom Dienstleister im Staat des Dienstleistungsempfängers erbracht werden, die Beschäftigung von Arbeitnehmern erforderlich wird. In der Regel dürfte der Dienstleistungserbringer ein Interesse daran haben, sich zu diesem Zwecke seiner eigenen, bereits eingearbeiteten Mitarbeiter zu bedienen. Zu klären ist daher, welche aufenthalts- und arbeitserlaubnisrechtlichen Erfordernisse gegeben sein müssen, damit Dienstleister mit eigenem Personal im Aufnahmestaat arbeiten dürfen.

aa) Arbeitnehmer aus Mitgliedstaaten der Gemeinschaft

423 Die Frage nach Annex-Freizügigkeitsrechten von Arbeitnehmern aus Mitgliedstaaten der Gemeinschaft ist leicht zu beantworten, dass sie keine abgeleiteten Freizügigkeitsrechte in Anspruch nehmen müssen, sondern eigene Freizügigkeitsrechte aus Art. 39 ff. EG haben. Dem kann nicht entgegengehalten werden, dass es sich hier nicht um die Beschäftigung bei inländischen Arbeitgebern handelt, da die VO 1612/68, wie sich aus ihren Begründungserwägungen ergibt, auch für den Fall der Tätigkeit im Rahmen der Dienstleistungsfreiheit Geltung entfalten will.[745] Demzufolge gelten für Arbeitnehmer aus Mitgliedstaaten der Gemeinschaft dieselben einreise-, aufenthalts- und arbeitserlaubnisrechtlichen Voraussetzungen hinsichtlich des Zugangs zur Beschäftigung in anderen Mitgliedstaaten im Rahmen der Dienstleistungsfreiheit wie für Wanderarbeitnehmer, die bei einem inländischen Arbeitnehmer beschäftigt werden oder werden wollen. Es ist somit nicht zulässig, von diesen Arbeitnehmern zu verlangen, dass sie eine Arbeitserlaubnis einholen. Auch ist ihnen das Einreise- und Aufenthaltsrecht nach Maßgabe der RL 68/360, bzw. in der Bundesrepublik des AufenthG/EWG zu gewähren.

424 Diese Rechte für die entsandten Arbeitnehmer aus Mitgliedstaaten umfassen neben den Einreise- und Aufenthaltsrechten für sich selbst auch die für ihre Familienangehörigen im Sinne des Art. 10 Abs. 1 VO 1612/68, unabhängig von deren Staatsangehörigkeit. Es ist kein Grund dafür erkennbar, in Anbetracht der möglicherweise jahrelangen Dauer von Entsendungen die Familiennachzugsrechte der VO 1612/68 von der Anwendung auf im Rahmen der Dienstleistungsfreiheit tätige Arbeitnehmer auszunehmen; stattdessen ist von ihrer vollen

---

[745] Die 4. Begründungserwägung zur VO 1612/68 bezieht Arbeitnehmer, die im Rahmen der Dienstleistungsfreiheit tätig werden, ausdrücklich in ihren Anwendungsbereich ein. Ebenso EuGH 20. 5. 1992 (Ranrath), Slg. 1992, 3351, 3383, Rn. 25; *Gerken/Löwisch/Rieble* BB 1995, S. 2370, 2373; *Hanau* NJW 1996, S. 1369, 1378; *Rieble* ZfA 2002, 1, 44 ff.; a. M. *Däubler* EuZW 1997, S. 613, 614; *Koberski/Sahl*, AEntG, § 1 Rn. 104; Generalanwalt *Mischo*, Schlussantrag v. 13. 7. 2000 (Finalarte), Rn. 19, 30 in den verb. Rs C 49/98 ff. und die Entscheidung des EuGH in dieser Sache v. 25. 10. 2001, EuZW 2001, 759.

Anwendbarkeit auszugehen, wobei sie sich aus tatbestandlichen Gründen erst dann konkretisieren, wenn der betroffene Arbeitnehmer über eine eigene Wohnung verfügt, was aus praktischen Gründen bei kürzeren Entsendungen vielfach nicht der Fall sein dürfte.

bb) Arbeitnehmer aus Drittstaaten

Problematischer ist diese Frage nach den Zugangsrechten der im Rahmen der Dienstleistungsfreiheit mitgebrachten Arbeitnehmer hingegen, soweit Drittstaatsangehörige entsandt werden sollen. Diese können, auch vor dem Hintergrund der vierten Begründungserwägung zur VO 1612/68, nicht als mit eigenen Freizügigkeitsrechten ausgestattet betrachtet werden, da sie zwar infolge des Zwecks ihrer Tätigkeit in den sachlichen Anwendungsbereich der VO 1612/68 fallen mögen, aber auf Grund ihrer Drittstaatsangehörigkeit dem persönlichen Anwendungsbereich der Freizügigkeitsvorschriften und der VO 1612/68 nicht unterfallen. Im Hinblick auf diese Arbeitnehmer stellt sich daher die Frage nach einer auf der Gewährleistung der Dienstleistungsfreiheit für ihre Arbeitgeber beruhenden Annex-Freizügigkeit. 425

(1) Begründung und Inhalt der Annex-Freizügigkeit

Nachdem davon auszugehen ist, dass entsandte Arbeitnehmer aus Drittstaaten keine eigenen Freizügigkeitsrechte aus dem EGV genießen, können sich Einreise-, Aufenthalts- und Beschäftigungsrechte allenfalls von ihren die Dienstleistungsfreiheit in Anspruch nehmenden Arbeitgebern ableiten lassen. Während das Diskriminierungs- und Beschränkungsverbot der Art. 49, 50 EGV im Bereich der Dienstleistungsfreiheit dafür spricht, den entsendenden Dienstleistern möglichst keine Beschränkungen aufzuerlegen, woraus sich die Forderung nach Einreise- und Beschäftigungsrechten für das gesamte Personal ergibt, steht dem auf der anderen Seite die Rn. 12 dargelegte folgende Kompetenz der einzelnen Mitgliedstaaten für die Einwanderungs- und Beschäftigungspolitik im Verhältnis zu Drittstaaten gegenüber. 426

Mit der daran anschließenden Frage, wie diese beiden Positionen miteinander in Einklang zu bringen sind, bzw. welcher Gesichtspunkt den Vorrang genießt, hatte sich der EuGH[746] in zwei Fällen näher zu beschäftigen. 427

Im Fall Rush Portuguesa[747] stellte sich die Frage nach dem Recht eines portugiesischen Bauunternehmens, Aufträge in Frankreich mit seinem eigenen, portugiesischen Personal auszuführen. Zu dieser Zeit genossen portugiesische Arbeitnehmer noch kein individuelles Freizügigkeitsrecht, obwohl Portugal bereits Mitglied der EG war und die Art. 59 ff. EWGV auch für portugiesische Unternehmen galten. Der EuGH[748] entschied, dass das portugiesische Unternehmen zur Mitnahme seines gesamten Personals berechtigt sei, da das Unternehmen ansonsten im Vergleich zu seinen inländischen Konkurrenten diskriminiert würde. Von Interesse war dies zunächst insofern, als der EuGH sich damit nicht auf den Vorschlag[749] einließ, die Annex-Freizügigkeit für Arbeitnehmer ohne eigene Freizügigkeitsrechte auf das sog. Schlüssel- oder Vertrauenspersonal des Entsenders mit Führungsaufgaben oder besonders qualifizierten Tätigkeiten zu beschränken, und ihn für den Rest des Personals auf die Anwerbung im Aufnahmestaat zu verweisen. Auf diese Anregung ist er nicht näher eingegangen, sondern hat nur festgestellt, dass sich das Einreiserecht auf das gesamte Personal erstrecke. 428

Dabei blieb allerdings die Frage unbeantwortet, ob dies auch für Personal aus Drittstaaten gelten sollte, da es in diesem Fall von Anfang an nur um Portugiesen ging. 429

Die Antwort kam durch eine weitere Entscheidung des EuGH vom 9. 8. 1994.[750] In diesem Fall stand das Recht eines belgischen Arbeitgebers in Rede, in Frankreich mit 430

---

[746] EuGH v. 27. 3. 1990, Rs. C-113/89 (Rush Portuguesa), Slg. 1990, 1417; v. 9. 8. 1994, Rs. C-43/93 (Vander Elst), Slg. 1994, 3803. Dazu *Deinert*, AuR 2000, 92.
[747] EuGH v. 27. 3. 1990, Rs. C-113/89 (Rush Portuguesa), Slg. 1990, 1417.
[748] EuGH v. 27. 3. 1990, Rs. C-113/89 (Rush Portuguesa), Slg. 1990, 1417, 1443, Rn. 12.
[749] Insbesondere GA *Van Gerven*, Schlussanträge v. 7. 3. 1990, Slg. 1990, 1425, 1434.
[750] Rs. C-43/93 (Vander Elst), Slg. 1993, 3803.

marokkanischen Arbeitnehmern – die die Hälfte des dabei eingesetzten Personals ausmachten – im Rahmen der Dienstleistungsfreiheit Abbrucharbeiten zu erbringen. Infolge der Nichteinholung der nach französischem Recht erforderlichen Arbeitserlaubnis für drittstaatsangehörige Arbeitnehmer wurde dem Arbeitgeber eine Geldstrafe auferlegt, gegen die dieser sich unter Berufung auf Art. 59, 60 EGV zur Wehr setzte. Im Kern stellte sich somit die Frage, ob die französischen Vorschriften, denen zufolge die Beschäftigung von drittstaatsangehörigen Arbeitnehmern von einer – zudem kostenpflichtigen – Genehmigung durch die zuständigen Behörde abhängig ist, mit der EG-Dienstleistungsfreiheit vereinbar ist.

431 Der EuGH wies auf das im Bereich der Dienstleistungsfreiheit herrschende Beschränkungsverbot hin und setzte sich mit der geldbußebewehrten Pflicht zur Einholung einer kostenpflichtigen Arbeitserlaubnis durch die französische Regelung in ihrer Eigenschaft als Beschränkung der Dienstleistungsfreiheit auseinander. Den Konflikt zwischen der Kompetenz der französischen Regierung für die Beschäftigungspolitik gegenüber den Angehörigen von Drittstaaten und der beschränkungsfreien Gewährleistung der Dienstleistungsfreiheit löste der Gerichtshof unter Hinweis auf die Kurzfristigkeit der Beschäftigung im Rahmen der Dienstleistungsfreiheit zugunsten des Beschränkungsverbots auf.[751] In der Tätigkeit im Rahmen der Erbringung von vorübergehenden Dienstleistungen sah der EuGH keinen Zutritt zum Arbeitsmarkt, so dass die den Arbeitsmarktzutritt durch Ausländer regelnden französischen Vorschriften für die Regelung der Dienstleistungserbringung nicht erforderlich und damit als nicht verhältnismäßige Beschränkung der Dienstleistungsfreiheit unzulässig waren.[752]

432 Mit seiner Entscheidung im Fall Vander Elst hat der EuGH somit eine Annex-Freizügigkeit für drittstaatsangehörige Arbeitnehmer, die im Rahmen der Erbringung von Dienstleistungen beschäftigt werden, geschaffen, die sowohl dem Erfordernis einer kostenpflichtigen Arbeitserlaubnis entgegensteht als auch ein konstitutives Einreise- und Aufenthaltsrecht der betreffenden Arbeitnehmer beinhaltet. Dieses ist in Anlehnung an die Freizügigkeitsvorschriften zu gewähren, so dass es nur im Rahmen des Ordre-Public-Begriffes des Art. 39 Abs. 3 EGV bzw. der RL 64/221 beschränkt werden kann. Für die Frage der Erteilung einer (deklaratorischen) Aufenthaltserlaubnis ergeben sich die anzuwendenden Grundsätze aus der entsprechenden Anwendung der RL 68/360. Die Bundesanstalt für Arbeit hat ihre Auffassung zu diesen Fragen in einem auf Anweisung des Bundesministeriums für Arbeit und Sozialordnung ergangenen Runderlass[753] niedergelegt, der im Folgenden jeweils berücksichtigt wird.

(2) Voraussetzungen der Annex-Freizügigkeit

433 Während der EuGH im Fall Rush Portuguesa vom gesamten Personal des Dienstleistungserbringers sprach, mit dem dieser einreisen dürfe, so hat er im Fall Vander Elst einige Einschränkungen vorgesehen, die verdeutlichen, dass die Annex-Freizügigkeitsrechte nicht allein von einem Arbeitsverhältnis mit dem Dienstleistungserbringer abhängen. So wird betont, dass die betreffenden marokkanischen Arbeitnehmer sich in Belgien rechtmäßig aufhielten und mit einer Arbeitserlaubnis ordnungsgemäß beschäftigt waren.[754] Auch wird das Merkmal der nur vorübergehenden Entsendung hervorgehoben. In der Urteilsformel selbst ist schließlich von ordnungsgemäß und dauerhaft beschäftigten Arbeitnehmern die Rede. Der die Annex-Freizügigkeitsrechte in Anspruch nehmende Drittstaatsangehörige muss somit verschiedene Anforderungen erfüllen, die zum einen seinen ausländerrechtlichen Status im Entsendestaat betreffen, zum anderen sein Arbeitsverhältnis.

---

[751] EuGH a.a.O. Rn. 21.
[752] EuGH a.a.O. Rn. 22.
[753] Dienstblatt-Runderlass Nr. 72/95 v. 8. 8. 1995; dazu *Marscher* NZA 1996, S. 186; *Borgmann*, ZAR 1996, S. 119; Zweifel an der Europarechtmäßigkeit in einer Äußerung der EU-Kommission, EP-Drs. 2468/95 DE.
[754] EuGH v. 9. 8. 1994, Rs. C-43/93 (Vander Elst), Slg. 1993, 3803, 3825 f., Rn. 18 ff.

IX. Beschäftigung im Rahmen der Dienstleistungs- u. Niederlassungsfreiheit 434–438 § 15

(a) Ordnungsgemäße Beschäftigung. Erforderlich ist danach zunächst eine unter aufenthalts- und arbeitserlaubnisrechtlichen Gesichtspunkten ordnungsgemäße Beschäftigung im Entsendestaat; dort muss der betreffende Arbeitnehmer die gesetzlichen Voraussetzungen erfüllen, um eine Aufenthalts- und Arbeitserlaubnis zu haben. Aus der wiederholten Betonung durch den EuGH,[755] dass im Rahmen der Dienstleistungsfreiheit entsandte Arbeitnehmer nicht dem Arbeitsmarkt des Aufnahmestaates angehören, ist zu schließen, dass sie auch während der Erbringung der Dienstleistung im Aufnahmestaat dem Arbeitsmarkt des Entsendestaates angehören. Auch geht der EuGH davon aus, dass die Arbeitnehmer nach Beendigung ihrer Tätigkeit im Aufnahmestaat in den Entsendestaat zurückkehren. Die Anforderungen an die ordnungsgemäße Beschäftigung des drittstaatsangehörigen Arbeitnehmers im Entsendestaat gehen somit über die bloße Legalität seiner Tätigkeit hinaus; vielmehr muss er auch das Recht haben, im Anschluss an seine Tätigkeit im Rahmen der Dienstleistungsfreiheit im Aufnahmestaat in den Entsendestaat zurückzukehren, und er darf nach den dortigen Rechtsvorschriften nicht die Zugehörigkeit zum dortigen Arbeitsmarkt verlieren. 434

Wenn diese Voraussetzungen nicht in der Person des Arbeitnehmers erfüllt sind, liegt keine ordnungsgemäße Beschäftigung im Sinne der Rechtsprechung des EuGH vor, so dass dann für den Arbeitnehmer keine Annex-Freizügigkeit im Rahmen der Dienstleistungsfreiheit des Arbeitgebers besteht. 435

(b) Dauerhafte Beschäftigung. Notwendig ist weiterhin, dass der betreffende Arbeitnehmer von seinem die Dienstleistungsfreiheit in Anspruch nehmenden Arbeitgeber dauerhaft beschäftigt und nur vorübergehend in den Aufnahmestaat entsandt wird. Die Formulierungen des EuGH schaffen indes keine Klarheit; auch die Tatsache, dass der Begriff der **vorübergehenden Entsendung** ebenfalls in dem aus dem EVÜ hervorgegangenen Art. 30 Abs. 2 Nr. 1 EGBGB erscheint, löst das Definitionsproblem nicht unmittelbar, da auch im internationalen Arbeitsvertragsrecht Streit über die Bedeutung des Begriffs der vorübergehenden Entsendung herrscht. So ist unklar, ob die vorübergehende Entsendung eine bestimmte Dauer nicht überschreiten darf,[756] oder ob es ausreicht, dass sie nicht endgültig sein soll.[757] Jedenfalls dürften starre zeitliche Grenzen zur Lösung des Problems ungeeignet sein, da sich z. B. bei einer Gesamtbeschäftigungsdauer von mehreren Jahrzehnten eine Entsendung von einigen Jahren als vorübergehend darstellen kann, während bei der einjährigen Entsendung eines Arbeitnehmers, der erst seit wenigen Wochen zum Unternehmen gehört, Zweifel an angebracht wären. 436

Sinnvoll ist daher zur Feststellung einer vorübergehenden Entsendung eine **Gesamtbetrachtung,** die allerdings von einigen Minimalanforderungen an den Begriff der Entsendung, deren vorübergehenden Charakter und die Dauerhaftigkeit der Beschäftigung auszugehen hat: So setzt der Begriff der Entsendung immer voraus, dass ein Arbeitnehmer an einem Ort tätig wird, der nicht den geographischen Schwerpunkt seines Arbeitsverhältnisses markiert (so auch Art. 2 der EG-Entsenderichtlinie 96/71 und – zur SozialversicherungsVO 1408/71 – EuGH v. 9. 11. 2000, Slg. 9386). Daraus folgt, dass die Einstellung eines Arbeitnehmers im Entsendestaat alleine zum Zwecke seiner Beschäftigung im Aufnahmestaat keine Entsendung i. S. der Rechtsprechung des EuGH sein kann. Stattdessen muss der Arbeitnehmer zum Stammpersonal des Arbeitgebers im Entsendestaat in der Weise gehören, dass er dort nicht lediglich zum Zwecke der Entsendung eingestellt wurde; daher ist zu fordern, dass der Arbeitnehmer vor der Entsendung bereits für seinen Arbeitgeber im Entsendestaat tätig war. 437

Weiterhin kann eine Entsendung, nach deren Ende nicht die Rückkehr des Arbeitnehmers und seine Weiterbeschäftigung im Entsendestaat vorgesehen ist, nicht als vorü- 438

---

[755] EuGH v. 27. 3. 1990, Rs. C-113/89 (Rush Portuguesa), Slg. 1990, 1417, 1444, Rn. 15; v. 9. 8. 1994, Rs. C-43/93 (Vander Elst), Slg. 1993, 3803, 3825, Rn. 21.
[756] *Kraushaar,* BB 1989, S. 2124, hält eine Höchstdauer von zwei bis drei Jahren für angemessen.
[757] So *E. Lorenz,* RdA 1989, S. 223.

bergehend betrachtet werden, sondern nur als endgültig. Es handelt sich dann um einen bloßen Wechsel des regelmäßigen Arbeitsorts, aber nicht um eine vorübergehende Entsendung. Aus diesem Grund ist als Minimalanforderung an den Begriff der vorübergehenden Entsendung zu verlangen, dass neben der Arbeits- und Aufenthaltserlaubnis des Entsendestaats auch der Arbeitsvertrag des entsandten Arbeitnehmers mit seinem die Dienstleistungsfreiheit in Anspruch nehmenden Arbeitgeber eine Rückkehr in den Entsendestaat und die dortige Weiterbeschäftigung vorsieht. Die Laufzeit des Arbeitsvertrages muss mithin die der Entsendung übersteigen.

439 Darüberhinaus muss dem Kriterium der dauerhaften Beschäftigung das **Erfordernis eines unbefristeten Arbeitsvertrags** des entsandten Arbeitnehmers entnommen werden; eine dauerhafte Beschäftigung kann nicht bei Arbeitnehmern angenommen werden, die lediglich im Rahmen eines befristeten Vertrages für ihren Arbeitgeber tätig sind. Andernfalls wäre das Kriterium der Dauerhaftigkeit kaum sinnvoll einzugrenzen, da dann eine bestimmte zurückgelegte Dauer des Arbeitsverhältnisses den Ausschlag geben müsste, die ihrerseits wiederum ins Verhältnis zur Dauer der Entsendung und der geplanten Gesamtdauer des Arbeitsverhältnisses zu setzen wäre. Aus Gründen der Praktikabilität liegt eine dauerhafte Beschäftigung daher nur dann vor, wenn es sich um keinen befristeten Arbeitsvertrag handelt.

440 Ob neben den genannten Kriterien die vorübergehende Entsendung im Rahmen der Dienstleistungsfreiheit auch den Gesichtspunkt der Kurzfristigkeit enthalten sollte,[758] erscheint zweifelhaft; dies entspricht zum einen nicht dem Wortlaut der Rechtsprechung des EuGH, dürfte aber auch seiner Intention nicht entsprechen, da die Dauer der im Rahmen der Annex-Freizügigkeit statthaften Entsendung notwendigerweise von der Dauer der Dienstleistung abhängen muss, deren Beschränkungsfreiheit durch die Annex-Freizügigkeit gewährleistet werden soll. Es ist aber nicht festgelegt, dass die Erbringung von grenzüberschreitenden Dienstleistungen i. S. der Art. 49 ff. EG von vornherein einem zeitlichen Limit unterliegt; es sind auch – z. B. im Großbautenbereich – Dienstleistungen denkbar, die nur über einen Zeitraum von mehreren Jahren erbracht werden können, so dass eine generelle Beschränkung der Dauer zulässiger Entsendungen nicht sinnvoll wäre.

441 Ebenfalls nicht erforderlich ist, dass die vom Arbeitnehmer zu verrichtenden Tätigkeiten bestimmte qualitative Anforderungen erfüllen, nachdem die entsprechende Anregung des GA *Van Gerven* in seinen Schlussanträgen im Fall Rush Portuguesa vom EuGH nicht aufgegriffen wurde. Die dauerhafte Beschäftigung im Sinne der Annex-Freizügigkeit stellt keinerlei inhaltliche Anforderungen an die Beschäftigung des betreffenden Arbeitnehmers.

442 Dauerhafte Beschäftigung und vorübergehende Entsendung können somit nur bei Arbeitnehmern bejaht werden, die sich im Besitz eines unbefristeten Arbeitsvertrages befinden und vor der Entsendung bereits für ihren Arbeitgeber im Entsendestaat tätig waren, deren Rückkehr in den Entsendestaat und dortige Weiterbeschäftigung nach ihrer Tätigkeit im Aufnahmestaat vorgesehen ist und bei denen sich die Dauer der Entsendung nicht in einem im Wege der Einzelfallbetrachtung zu ermittelnden Mißverhältnis zur Gesamtdauer des Arbeitsverhältnisses befindet; das letztgenannte Kriterium ist allerdings problematisch, da die Voraussetzungen der Annex-Freizügigkeit nicht so gestaltet sein dürfen, dass die Mitgliedstaaten im Zuge einer restriktiven Auslegung des Tatbestands der Annex-Freizügigkeit deren konstitutive Gewährleistung durch den EGV umgehen können.[759] Aus diesem Grunde müssen sich die Mitgliedstaaten bei diesem flexiblen Kriterium auf die Verhinderung evidenten Missbrauchs beschränken. Der Runderlass der Bundesanstalt für Arbeit verlangt eine vorangegangene Tätigkeit bei den ausländischen Unternehmen von mindestens einem Jahr sowie eine genau zeitliche Begrenzung der inländischen Tätigkeit.

---

[758] In diesem Sinne muss wohl *Kraushaar*, BB 1989, S. 2124, verstanden werden.
[759] In EuGH v. 27. 3. 1990, Rs. C-113/89 (Rush Portuguesa), Slg. 1990, 1417, 1445, Rn. 17, findet sich die Feststellung, dass der Grundsatz des freien Dienstleistungsverkehrs nicht illusorisch gemacht und seine Ausübung nicht dem Ermessen der Verwaltung unterworfen werden dürfe.

IX. Beschäftigung im Rahmen der Dienstleistungs- u. Niederlassungsfreiheit 443–448 § 15

(c) **Tätigkeit im Rahmen der Dienstleistungsfreiheit.** Eine weitere – selbstverständliche – Voraussetzung der Annex-Freizügigkeit besteht darin, dass der betreffende Arbeitnehmer im Rahmen der Dienstleistungsfreiheit seines Arbeitgebers im Aufnahmestaat tätig werden muss. Notwendig ist, dass sein Arbeitgeber im Aufnahmestaat einen Auftrag übernommen hat, der in den Bereich der gemeinschaftsrechtlichen Dienstleistungsfreiheit fällt und die Entsendung von Personal erforderlich macht. 443

(3) Kontrolle der Zugangsrechte

Da nach der Rechtsprechung des EuGH davon ausgegangen werden muss, dass auch drittstaatsangehörige Arbeitnehmer von Dienstleistenden aus anderen Mitgliedstaaten eine auf Art. 49 ff. EGV gestützte Annex-Freizügigkeit genießen, die den Zugang zur Beschäftigung im Rahmen der zu erbringenden Dienstleistung ebenso beinhaltet wie ein konstitutives Einreise- und Aufenthaltsrecht im Aufnahmestaat, stellt sich die Frage nach der Möglichkeit der Mitgliedstaaten, das Vorliegen der oben ausgeführten Voraussetzungen zu kontrollieren. 444

In diesem Zusammenhang ist zum einen der Inhalt entsprechender Kontrolle zu skizzieren, zum anderen stellt sich die Frage nach ihrer gemeinschaftsrechtlichen Zulässigkeit. 445

(a) **Inhalt der Kontrollen.** Kontrollen der Voraussetzungen der Annex-Freizügigkeit bei drittstaatsangehörigen Arbeitnehmern müssen sich auf sowohl auf die Ordnungsmäßigkeit der Beschäftigung im Entsendestaat als auch auf die Dauerhaftigkeit des Arbeitsverhältnisses erstrecken. Eine weitere Voraussetzung ist die Beschäftigung im Aufnahmestaat im Rahmen der Erbringung von Dienstleistungen gemäß Art. 49 EGV durch den Arbeitgeber. 446

In der Praxis hat sich dazu auf der Grundlage des Runderlasses der Bundesanstalt für Arbeit folgendes Verfahren herausgebildet, über das *Marschner*[760] berichtet: Das entsendende (in einem anderen EU-Mitgliedstaat ansässige) Unternehmen hat die zur Prüfung der Grundvoraussetzungen erforderlichen Unterlagen bei der in dem Mitgliedstaat tätigen Auslandsvertretung der Bundesrepublik einzureichen. Die Auslandsvertretung prüft das Vorliegen der Voraussetzungen anhand eines von der BA gestellten Prüfbogens, der auf die oben genannten Voraussetzungen zugeschnitten ist. Zum Zwecke der Prüfung sind von Entsendeunternehmen folgende Unterlagen vorzulegen: 447
– Dienstleistungsvertrag des Unternehmens mit einem bundesdeutschen Auftraggeber,
– Arbeitsvertrag des drittstaatsangehörigen Arbeitnehmers mit dem entsendenden Unternehmen,
– Aufenthaltsgenehmigung und gegebenenfalls Arbeitserlaubnis des Entsendestaates,
– Nachweis über die Sozialversicherung.

Der Prüfbogen und die dazugehörigen Unterlagen werden an die in Frankfurt a. M. ansässige „Zentralstelle für Arbeitsvermittlung (ZAV)" weitergeleitet, die als besondere Dienststelle der BA fungiert. Die ZAV spricht – nach erneuter Prüfung – gegenüber der Auslandsvertretung die Zusicherung der Erteilung einer deutschen Arbeitserlaubnis aus, damit die Einreise-Visa vor der Entsendung erteilt werden können. Die ZAV benennt auch das zuständige Arbeitsamt. Nach Erteilung der Zusicherung wird der Vorgang von der ZAV unverzüglich an das Arbeitsamt abgegeben. Parallel zur Zusicherung der Arbeitserlaubnis wird der Auslandsvertretung die Höhe des Lohnes mitgeteilt, von dessen Zahlung die Erteilung der bundesdeutschen Arbeitserlaubnis abhängt. Bei der Beantragung der Arbeitserlaubnis beim zuständigen Arbeitsamt, das die Unterlagen von der Zentralstelle erhält und die Arbeitserlaubnis endgültig erteilt, muss eine entsprechende Erklärung des Entsendeunternehmens zum Arbeitslohn vorgelegt werden. Hierauf sowie auf die Notwendigkeit der Beantragung eines bundesdeutschen Ersatzausweises zum Sozialversicherungsausweis (Antragstellung bei der örtlich zuständigen AOK) wird das Entsendeunter- 448

---

[760] NZA 1996, S. 187.

nehmen bereits von der Auslandsvertretung hingewiesen. Die endgültige Erteilung der Arbeitserlaubnis vollzieht sich in der Weise, dass die von der ZAV vorbereiteten Erlaubnisvordrucke vom Arbeitsamt um die Geltungsdauer der Erlaubnis ergänzt und schließlich nach Vorlage der Lohnerklärung ausgehändigt werden.[761]

449 **(b) Vereinbarkeit mit der Dienstleistungsfreiheit.** Im Folgenden ist der Frage nachzugehen, welche Möglichkeiten die gemeinschaftsrechtlichen Grundfreiheiten den Mitgliedstaaten lassen, das Vorliegen ihrer Voraussetzungen zu prüfen. Dabei wird von der einschlägigen Rechtsprechung des Gerichtshofs ausgegangen und anschließend die Frage untersucht, inwieweit und unter welchen Umständen diese das Erfordernis deklaratorischer Aufenthalts- und Arbeitsdokumente zulässt.

450 *(aa) Grundsätze des EuGH zur Kontrollbefugnis.* Die konstitutiven Einreise-, Aufenthalts- und Beschäftigungsrechte, die die Annex-Freizügigkeit beinhaltet, verbieten es den Mitgliedstaaten, den Aufenthalt und die Beschäftigung drittstaatsangehöriger Arbeitnehmer im Rahmen der Dienstleistungsfreiheit von konstitutiven Erklärungen ihrerseits abhängig zu machen. Dennoch ist es, insbesondere vor dem Hintergrund der Notwendigkeit einer Kontrolle der Voraussetzungen der Annex-Freizügigkeit, erforderlich, deren Vorliegen anhand deklaratorischer Dokumente nachzuweisen. Allerdings haben die Mitgliedstaaten bei der Durchführung der Kontrollen Beschränkungen der Dienstleistungsfreiheit zu vermeiden, soweit diese nicht durch ein in verhältnismäßiger Weise verfolgtes Allgemeininteresse gerechtfertigt sind. Schon in einer Entscheidung aus dem Jahre 1976 hatte der EuGH[762] die Frage zu entscheiden, unter welchen Umständen bestimmte Verwaltungsformalitäten die Personenverkehrsfreiheit des EGV in unzulässiger Weise beschränken. Damals stellte der Gerichtshof fest, dass eine Verpflichtung der von der Personenverkehrsfreiheit Begünstigten, dem Aufnahmestaat zum Zwecke der Überwachung ihres Aufenthalts bestimmte Auskünfte zu erteilen, grundsätzlich mit dem Gemeinschaftsrecht vereinbar ist, wie sich auch aus Art. 8 RL 68/360 ergibt. Kritisch zeigte sich der EuGH gegenüber unverhältnismäßigen Formalitäten und der Androhung von Rechtsfolgen für den Fall der Nichtbeachtung, die sich diskriminierend oder freizügigkeitsbeschränkend auswirken.[763] Im Fall Rush Portuguesa hat der EuGH[764] ausdrücklich das Recht der Mitgliedstaaten zu Kontrollen festgestellt, die allerdings nicht den Grundsatz des freien Dienstleistungsverkehr illusorisch machen oder dem Ermessen der Verwaltung unterwerfen dürften. Danach ist davon auszugehen, dass den Mitgliedstaaten jedenfalls die Mittel an die Hand gegeben sind, die Voraussetzungen der gemeinschaftsrechtlichen Personenverkehrsfreiheit zu überprüfen, die Art und Weise der Kontrollen jedoch im Einklang mit dem Verhältnismäßigkeitsgrundsatz stehen muss.[765]

451 *(bb) Deklaratorische Aufenthaltserlaubnis.* Dass im Rahmen der gemeinschaftsrechtlichen Personenverkehrsfreiheiten die Ausstellung deklaratorischer Aufenthaltsdokumente unproblematisch ist, ergibt sich bereits aus der entsprechenden Regelung der Arbeitnehmerfreizügigkeit, die in Art. 4 RL 68/360 die Erteilung einer deklaratorischen EG-Aufenthaltserlaubnis an Wanderarbeitnehmer vorsieht. Es kann daher kein Verstoß gegen die Dienstleistungsfreiheit sein, die Voraussetzungen des aus der Annex-Freizügigkeit folgenden Aufenthaltsrechts der Betroffenen im Zuge der Ausstellung einer deklaratorischen Aufenthaltserlaubnis zu überprüfen. Auch steht die Dienstleistungsfreiheit nicht grundsätzlich dem Erfordernis eines Visums entgegen, wie sich aus Art. 3 Abs. 2 RL

---

[761] Vgl. EuGH v. 17. 12. 1991, Rs. 279/80 (Webb), Slg. 1981, 3305, 3325, Rn. 17 ff., wonach aus Gründen des Allgemeininteresses bestimmte Genehmigungserfordernisse des Aufnahmestaates auch im Rahmen der Dienstleistungsfreiheit aufrechterhalten werden dürfen; im entschiedenen Fall betraf dies die Umstände der Arbeitnehmerüberlassung.
[762] EuGH v. 7. 7. 1976, Rs. 118/75 (Watson/Belmann), Slg. 1976, 1185.
[763] EuGH a. a. O. Rn. 17 ff.
[764] EuGH v. 27. 3. 1990, Rs. C-113/89 (Rush Portuguesa), Slg. 1990, 1417, 1445, Rn. 17 f.
[765] In diesem Sinne auch Grabitz/Hilf-*Randelzhofer*, Art. 60 EWGV, Rn. 25 a. E.

IX. Beschäftigung im Rahmen der Dienstleistungs- u. Niederlassungsfreiheit   452–456   § 15

68/360 ergibt.[766] Allerdings ist davon auszugehen, dass die Ausstellung der deklaratorischen Aufenthaltserlaubnis nicht mit einer Kostenbelastung verbunden sein darf, die sich als Beschränkung der Dienstleistungsfreiheit darstellt. Der Klarheit halber ist hier wiederum die Anlehnung an die RL 68/360 geboten, deren Art. 9 vorsieht, dass die Kosten der im Rahmen der Arbeitnehmerfreizügigkeit erteilten Aufenthaltsdokumente die Höhe der Ausstellungsgebühr für die Personalausweise der Inländer nicht übersteigen dürfen.

Gemeinschaftsrechtlich zulässig ist nach alledem eine Pflicht der entsandten Arbeitnehmer zur Einholung einer deklaratorischen Aufenthaltserlaubnis für die Dauer ihrer voraussichtlichen Tätigkeit im Rahmen der Dienstleistungsfreiheit ihrer Arbeitgeber. Zu diesem Zweck dürfen die Mitgliedstaaten die Vorlage der oben[767] aufgeführten Bescheinigungen und Erklärungen von Arbeitnehmer, Arbeitgebers und des Entsendestaates verlangen, um die Voraussetzungen der Annex-Freizügigkeit vollständig überprüfen zu können. 452

(cc) Deklaratorische Arbeitserlaubnis. Zweifelhaft erscheint, ob darüber hinaus die Mitgliedstaaten die Aufnahme der Beschäftigung von der Erteilung einer Arbeitserlaubnis abhängig machen dürfen. Ein konstitutives Beschäftigungsrecht ergibt sich für die im Rahmen der Dienstleistungsfreiheit entsandten Arbeitnehmer bereits aus Art. 49, 50 EGV, so dass eine vom Aufnahmestaat auszustellende konstitutive Arbeitserlaubnis nicht in Betracht kommen kann. Aber auch eine deklaratorische Arbeitserlaubnis begegnet Zweifeln. 453

Die Entscheidung des EuGH im Fall Vander Elst[768] enthält Hinweise darauf, welche Formalitäten den Mitgliedstaaten im Zusammenhang mit dem freien Dienstleistungsverkehr gestattet sind. Dabei bleibt aber unklar, ob das Erfordernis einer deklaratorischen Arbeitserlaubnis für die drittstaatsangehörigen entsandten Arbeitnehmer zulässig ist, da der EuGH[769] als unzulässig ausdrücklich nur eine kostenpflichtige Arbeitserlaubnis bezeichnet, für deren Nichteinholung ein Bußgeld angedroht wird. Diese Formulierung lässt die Möglichkeit offen, dass es den Mitgliedstaaten gestattet bleibt, die Einholung einer kostenlosen deklaratorischen Arbeitserlaubnis zur Pflicht zu machen, sofern die Nichtbeachtung dieser Pflicht nicht mit einem Bußgeld bewehrt ist. Anders hat sich der EuGH[770] dagegen im Fall Rush Portuguesa geäußert, wo er die Pflicht zur Einholung einer Arbeitserlaubnis ohne Einschränkungen für mit der Dienstleistungsfreiheit der portugiesischen Arbeitgeber unvereinbar erklärt hat. Auch diese Entscheidung kann aber infolge des Umstands, dass sie sich auf die Besonderheiten des portugiesischen EG-Beitritts bezog, nicht zu völliger Klarheit über die Zulässigkeit einer deklaratorischen Aufenthaltserlaubnis schaffen. 454

Ein deutlicheres Bild ergibt sich dagegen unter Berücksichtigung der die Entscheidungen des EuGH[771] in den beiden Entsendungsfällen tragenden Überlegung, dass die entsandten drittstaatsangehörigen Arbeitnehmer nicht dem Arbeitsmarkt des Aufnahmestaates angehören, sondern weiterhin demjenigen des Entsendestaates. Unter diesem Gesichtspunkt stellt sich nämlich die Arbeitserlaubnis als Mittel der Mitgliedstaaten, die Zusammensetzung des eigenen Arbeitsmarktes zu bestimmen bzw. zu kontrollieren, dar. Soweit die Berechtigung der betroffenen Arbeitnehmer, sich im Aufnahmestaat aufzuhalten, der Kontrolle bedarf, so wird diese im Rahmen der Erteilung der deklaratorischen Aufenthaltserlaubnis sichergestellt. 455

Die Rechtsprechung des EuGH muss daher in dem Sinne verstanden werden, dass sie den Mitgliedstaaten verbietet, den entsandten drittstaatsangehörigen Arbeitnehmer 456

---

[766] Nach dieser Vorschrift können die Mitgliedstaaten von drittstaatsangehörigen Familienmitgliedern mit von Wanderarbeitnehmern abgeleiteten Freizügigkeitsrechten einen Sichtvermerk verlangen.
[767] S. o. Rn. 446.
[768] EuGH v. 9. 8. 1994, Rs. C-43/93 (Vander Elst), Slg. 1993, 3803.
[769] EuGH v. 9. 8. 1994, Rs. C-43/93 (Vander Elst), Slg. 1993, 3803, 3827, Rn. 26.
[770] EuGH v. 27. 3. 1990, Rs. C-113/89 (Rush Portuguesa), Slg. 1990, 1417, 1445, Rn. 19.
[771] EuGH v. 27. 3. 1990, Rs. C-113/89 (Rush Portuguesa), Slg. 1990, 1417, 1444, Rn. 14 f.; v. 9. 8. 1994, Rs. C-43/93 (Vander Elst), Slg. 1993, 3803, 3825, Rn. 21.

eine Pflicht zur Einholung einer deklaratorischen Arbeitserlaubnis aufzuerlegen, auch wenn diese keine Kosten für die betroffenen Arbeitnehmer oder deren Arbeitgeber verursacht.

457 Die EG-Kommission hat dem Europäischen Parlament unter Berufung auf die Vander Elst-Entscheidung (Fn. 768) erklärt, sie habe Bedenken gegen die deutsche Praxis, von den durch EU-Unternehmen entsandten Drittstaatsangehörigen nicht nur ein Visum, sondern auch eine Arbeitserlaubnis zu verlangen; die Einleitung eines Vertragsverletzungsverfahrens nach Art. 226 EG werde geprüft,[772] ist aber nicht erfolgt.

b) Niederlassungsfreiheit

458 Auch im Zusammenhang mit der Inanspruchnahme der Niederlassungsfreiheit durch einen Arbeitgeber stellt sich die Frage, inwieweit dessen Personal ebenfalls das Recht hat, in den Aufnahmestaat einzureisen, um dort einer Tätigkeit für den bisherigen Arbeitgeber nachzugehen. Unproblematisch ist dabei wiederum der Fall der gemeinschaftsangehörigen Arbeitnehmer des sich in einem anderen Mitgliedstaat niederlassenden Arbeitgebers, da diese eigene Freizügigkeitsrechte genießen und uneingeschränkt in den Genuss der Rechte der Art. 39 ff. EGV und der VO 1612/68 kommen.

aa) Keine allgemeine Annex-Freizügigkeit

459 Schwieriger ist die Frage dagegen für drittstaatsangehörige Arbeitnehmer des niederlassungswilligen Arbeitgebers zu beantworten. Dabei ist davon auszugehen, dass wohl auch die gemeinschaftsrechtliche Niederlassungsfreiheit einem Beschränkungsverbot unterliegt, das den Mitgliedstaaten nicht nur mittelbare und unmittelbare Diskriminierungen aus Gründen der Staatsangehörigkeit, sondern jegliche Maßnahme verbietet, die sich als Hindernis für die Niederlassungsfreiheit darstellt, ohne durch Gründe des Allgemeinwohls gerechtfertigt und verhältnismäßig zu sein. Fraglich ist, ob vor diesem Hintergrund die Rechtsprechung des EuGH zur Annex-Freizügigkeit für die drittstaatsangehörigen Arbeitnehmer im Rahmen der Dienstleistungsfreiheit ihrer Arbeitgeber auf den Fall der Niederlassungsfreiheit übertragen werden kann, oder ob die Unterschiede zwischen der Niederlassungs- und der Dienstleistungsfreiheit hier eine andere Bewertung verlangen.

460 Während die Niederlassung auf die dauernde Integration des Niederlassungswilligen in die Wirtschaft des Aufnahmestaats ausgerichtet ist, wird die Dienstleistung durch eine zeitweise, vorübergehende Tätigkeit charakterisiert.[773] Von einem Niederlassungswilligen kann demzufolge eine weitergehende Integrationsbereitschaft im Aufnahmestaat und damit auch Anpassung an die dort herrschenden gesetzlichen Regelungen erwartet werden, als von einem Dienstleistenden. Während die Verpflichtung, nur Personal aus Drittstaaten einzusetzen, das nach den Vorschriften des Aufnahmestaates eine konstitutive Aufenthalts- und Arbeitserlaubnis erhalten hat, infolge der (relativen) Kurzfristigkeit einer Dienstleistung die Dienstleistungsfreiheit auszuhöhlen geeignet ist, muss für die Niederlassungsfreiheit mit einem derartigen Erfordernis, soweit es durch die arbeitsmarktpolitischen Notwendigkeiten des Aufnahmestaats gerechtfertigt werden kann, keine gemeinschaftsrechtlich unzulässige Beschränkung verbunden sein.

461 In Übereinstimmung mit diesen Überlegungen hat der EuGH[774] in seiner Entscheidung im Fall Vander Elst darauf hingewiesen, dass die Anforderungen des nationalen Rechts, die ein Niederlassungswilliger zu erfüllen hat, über diejenigen im Rahmen der Dienstleistungsfreiheit hinausgehen können. Dies ist vor allem vor dem Hintergrund der Entscheidung über die Annex-Freizügigkeit nahe liegend, da nach der vom EuGH vertretenen

---

[772] Amtsblatt der EG 1996 C 9/51.
[773] Zur Abgrenzung zwischen Niederlassungs- und Dienstleistungsfreiheit Grabitz/Hilf-*Randelzhofer*, Art. 52 EWGV, Rn. 8 ff.
[774] EuGH v. 9. 8. 1994, Rs. C-43/93 (Vander Elst), Slg. 1993, 3803, 3824 f., Rn. 17 f.

IX. Beschäftigung im Rahmen der Dienstleistungs- u. Niederlassungsfreiheit 462, 463 § 15

Auffassung die dabei eingesetzten Arbeitnehmer nicht dem Arbeitsmarkt des Aufnahmestaates angehören, und arbeitsmarktpolitische Gegebenheiten und Notwendigkeiten demzufolge nicht zu einer Beschränkung ihrer Tätigkeit führen dürfen. Demgegenüber ist davon auszugehen, dass Arbeitnehmer, deren Arbeitgeber sich in einem anderen Mitgliedstaat der Gemeinschaft niedergelassen haben, auch dem dortigen Arbeitsmarkt angehören, da ihre Tätigkeit auf Dauer ausgerichtet und eine baldige Rückkehr in den Herkunftsstaat regelmäßig nicht geplant ist.[775] In dieser Situation muss der einwanderungs- und beschäftigungspolitischen Kompetenz des Aufnahmestaats ein höherer Stellenwert eingeräumt werden als der Beschränkungsfreiheit des Niederlassungsverkehrs. Es ist daher grundsätzlich davon auszugehen, dass keine gemeinschaftsrechtlich unzulässige Beschränkung mit dem Erfordernis verbunden ist, die Beschäftigung von im Rahmen der Niederlassungsfreiheit mitgebrachtes Personal mit Drittstaatsangehörigkeit nach den Regelungen des Aufnahmestaates von diesem genehmigen zu lassen, was auch die Möglichkeit einschließt, dass die Genehmigung in Anbetracht der Arbeitsmarktlage des Aufnahmestaates nicht erteilt.

bb) Annex-Freizügigkeit für Schlüsselpersonal?

Zu überlegen ist allerdings, ob dieser Grundsatz für das gesamte Personal ohne Ansehen 462 der Funktion des einzelnen Arbeitnehmers gelten muss, oder ob für besonders spezialisierte oder mit Führungsaufgaben betraute Arbeitnehmer eine Ausnahme gemacht werden kann.[776] Dem liegt der Gedanke zugrunde, dass die wirtschaftliche Betätigung eines Niederlassungswilligen in weitgehendem Umfang von seinem Schlüsselpersonal geprägt sein kann, und daher die fehlende Möglichkeit, dieses – soweit es aus Drittstaaten stammt – im Aufnahmestaat zu beschäftigen, unter Umständen eine einschneidende Behinderung der Niederlassungsfreiheit darstellen kann. Art. 54 EWG-Vertrag (jetzt Art. 43 EG) richtet sich denn auch gegen Beschränkungen der Niederlassungsfreiheit durch Beschränkungen für den Eintritt des Personals der Hauptniederlassung in ihre Leitungs- oder Überwachungsprogramm.

Dass derartige Regelungen aus der Sicht der Gemeinschaft vorstellbar sind, ergibt sich 463 auch aus den entsprechenden Vorschriften in den Europaabkommen,[777] soweit sie eine Annex-Freizügigkeit für Schlüsselpersonal vorsehen. Auch bietet sich eine Handhabung in Anlehnung an die in den Europaabkommen vorgesehene Definition des durch die Annex-Freizügigkeit begünstigten Schlüsselpersonals an, zu dem danach insbesondere höhere Führungskräfte und hochspezialisierte Fachkräfte zu zählen sind.[778] Unter den genannten Gesichtspunkten spricht manches dafür, im Rahmen der Niederlassungsfreiheit eine Annex-Freizügigkeit des drittstaatsangehörigen Schlüsselpersonals anzunehmen, die selbstverständlich unter dem Vorbehalt des Missbrauchs durch die sich niederlassenden Arbeitgeber steht; solange mit einer derartigen Annex-Freizügigkeit kein Missbrauch getrieben wird, dürften sich ihre Auswirkungen bei einer engen Definition des Schlüsselpersonals wohl in für den Arbeitsmarkt des Aufnahmestaates regelmäßig erträglichem Umfang halten. Klarheit über eine derart eingeschränkte Annex-Freizügigkeit im Rahmen der Niederlassungsfreiheit könnten allerdings – vorbehaltlich freiwilliger Maßnahmen einzelner Mitgliedstaaten – nur Klarstellungen durch den Europäischen Gesetzgeber oder entsprechende Entscheidungen des EuGH schaffen.

---

[775] Vgl. a.a.O. Rn. 21.
[776] Vgl. den von GA *Van Gerven* in seinen Schlussanträgen v. 7. 3. 1990 im Fall Rush Portuguesa, Slg. 1990, 1425, 1434, für die Dienstleistungsfreiheit gemachten Vorschlag.
[777] So sieht Art. 52 Abs. 1 des Abkommens mit Polen Entsprechendes für das Schlüsselpersonal im Rahmen der Niederlassungsfreiheit für polnische Unternehmen vor.
[778] Art. 52 Abs. 2 des Europaabkommens zählt zu den berechtigten Führungskräften solche, die ihre Anweisungen von Vorstands- oder Aktionärsebene empfangen und Personalverantwortung tragen. Fachkräfte im Sinne der Vorschrift sind Arbeitnehmer mit ungewöhnlichen, für bestimmte Aufgaben erforderlichen technischen oder sonstigen Kenntnissen.

2. Arbeitsbedingungen

a) Problem des sog. Sozialdumpings

464 Akut wird die Frage nach den Arbeitsbedingungen mitgebrachter Arbeitnehmer insbesondere in den Fällen, in denen das internationale Arbeitsvertragsrecht die betroffenen Arbeitnehmer nicht dem Recht des Aufnahmestaates unterstellt, sondern diese grundsätzlich weiterhin nach dem Recht des Staates, aus dem der Arbeitgeber kommt, behandelt werden. Während im Falle der Niederlassung in der Regel das Recht des Aufnahmestaates die Arbeitsverhältnisse mitgebrachter Arbeitnehmer regieren dürfte, ergeben sich im Bereich der Dienstleistungsfreiheit wesentlich häufiger Konstellationen, die zur Anwendbarkeit ausländischen Arbeitsrechts führen und damit die Möglichkeit eröffnen, dass im Aufnahmestaat tätige Arbeitnehmer weiterhin den im Entsendestaat üblichen Arbeitsbedingungen unterliegen. Unter bestimmten Umständen, wenn nämlich das auf diesem Wege in den Aufnahmestaat importierte Lohn- und Sozialleistungsniveau des Entsendestaates deutlich unter dem des Aufnahmestaates liegt, kann diese Konstellation zu dem führen, was in der gegenwärtigen rechtspolitischen Diskussion mit dem Begriff „Sozialdumping"[779] umschrieben wird, wobei über dessen genauen Inhalt Unklarheit herrscht. So wird zum einen das sozial unerwünschte, aber nicht zwangsläufig rechtswidrige Phänomen eines Wettbewerbs nicht der besseren Leistungen, sondern der schlechteren Arbeitsbedingungen als Sozialdumping bezeichnet; für diese Erscheinung bietet sich auch der neutralere Begriff der „Lohnunterbietung" an.[780] Einer vom Wettbewerbsrecht ausgehenden Definition[781] zufolge ist als Soziales Dumping nur das durch Tarifbruch oder Verletzung sonstiger Arbeitsbedingungen ermöglichte Preisunterbieten zu bezeichnen. Diese Definition bietet einen juristisch greifbaren Ausgangspunkt für die Diskussion um das Sozialdumping, weil sie neben dem Tatbestandsmerkmal des „Preisunterbietens", das unzweifelhaft gerade in manchen besonders für derartige Phänomene anfälligen Wirtschaftsbereichen wie der Baubranche zu beobachten ist, auch dasjenige des Tarifbruchs oder einer sonstigen Verletzung der Arbeitsbedingungen aufstellt. Sozialdumping als unerlaubte Praxis erfordert somit die Feststellung rechtswidriger Arbeits- und Beschäftigungsbedingungen, wobei der Bruch von Tarifverträgen nur eine der möglichen Ursachen eventueller Rechtswidrigkeit ist. Dieser Ausgangspunkt führt zu der Notwendigkeit, zunächst die für entsandte Arbeitnehmer geltenden gesetzlichen und tariflichen Arbeitsbedingungen herauszuarbeiten.

465 Gleiche Arbeits- und Lohnbedingungen für in der Bundesrepublik beschäftigte ausländische Arbeitnehmer im Vergleich zu inländischen Arbeitnehmern werden im Normalfall entweder durch § 285 SGB III sichergestellt, der die Versagung der Arbeitserlaubnis bei ungünstigeren Arbeitsbedingungen vorsieht, oder – bei Arbeitnehmern aus anderen Mitgliedstaaten, die nicht arbeitserlaubnispflichtig sind – durch das freizügigkeitsrechtliche Diskriminierungsverbot des Art. 39 Abs. 2 EGV bzw. Art. 7 VO 1612/68, wonach gesetzliche oder vertragliche Regelungen der Arbeitsbedingungen unzulässig sind, die eine ausländische Arbeitnehmer gegenüber inländischen benachteiligende Regelung enthalten. In Ermangelung einer Arbeitserlaubnispflicht für aus anderen Mitgliedstaaten entsandte Arbeitnehmer entfällt das Kontrollinstrument des § 285 SGB III von vornherein, so dass die Beschäftigung nicht schon in ihrer Zulässigkeit von gleichen Arbeits- und Lohnbedingungen abhängt.

---

[779] Näher zu dieser Diskussion *Hanau*, Lohnunterbietung („Sozialdumping") durch Europarecht, in: FS für Everling, S. 415; *Steinmeyer*, Sozialdumping in Europa, DVBl. 1995, S. 962.
[780] Vgl. *Hanau*, a.a.O. S. 415, 416.
[781] *Hefermehl*, Wettbewerbsrecht, 17. Auflage, Einl. UWG, Rn. 164.

b) Regelung durch das Internationale Arbeitsvertragsrecht

aa) Art. 30 EGBGB

Das Arbeitsvertragsstatut aus dem Ausland entsandter Arbeitnehmer ist in Art. 30 **466** EGBGB geregelt, der auf Art. 6 des von den damaligen Mitgliedstaaten der Gemeinschaft geschlossenen Übereinkommens von Rom über das auf vertragliche Schuldverhältnisse anzuwendende Recht basiert.[782] Dabei ist vorab festzuhalten, dass zum Arbeitsvertragsstatut in diesem Sinne auch die in der Bundesrepublik über § 4 Abs. 1 TVG normativ wirkenden Regelungen von Tarifverträgen zählen,[783] da es sich dabei um materielles Recht handelt, auch wenn es nicht das staatliche Gesetzgebungsverfahren durchlaufen hat, sondern im Rahmen der sozialen Selbstverwaltung gesetzt wurde. Daraus folgt, dass (vorbehaltlich des von den Tarifparteien festgelegten Anwendungsbereichs der Tarifverträge) die Geltung eines deutschen Arbeitsvertragsstatuts für die entsandten Arbeitnehmer auch die Möglichkeit schaffen würde, tariflich festgelegte Mindestarbeits- und Lohnbedingungen auf deren Arbeitsverhältnisse anzuwenden und der Lohnunterbietung im Rahmen der gemeinschaftsrechtlichen Dienstleistungsfreiheit entgegenzuwirken.

Nach Art. 30 Abs. 1 EGBGB gilt auch im Rahmen von Arbeitsverträgen der Grundsatz **467** der Rechtswahlfreiheit, allerdings darf dem Arbeitnehmer das zwingende, arbeitnehmerschützende Recht des Staates nicht entzogen werden, an dessen Recht bei der Feststellung des Arbeitsvertragsstatuts nach objektiven Kriterien anzuknüpfen wäre. Art. 30 Abs. 2 EGBGB legt die grundlegenden Kriterien der objektiven Anknüpfung fest und enthält unter Nr. 1 auch eine Aussage zu entsandten Arbeitnehmern, wonach die vorübergehende Entsendung eines Arbeitnehmers in einen anderen Staat nicht dazu führt, dass dieser auch als der gewöhnliche Erfüllungsort des Arbeitsvertrags und damit als Sitz des objektiven Arbeitsvertragsstatuts gilt, dessen Schutz dem Arbeitnehmer nicht entzogen werden darf. Für den Fall der Entsendung gilt somit, dass in der Regel das Recht des Entsendestaates als gewöhnlicher Erfüllungsort des Arbeitsvertrags, nicht aber das des Arbeitsorts das objektive Arbeitsvertragsstatut bildet, so dass unter den Voraussetzungen des Art. 30 Abs. 2 Nr. 1 EGBGB eine Anwendung der in deutschen Tarifverträgen festgelegten Mindestarbeits- und Lohnnormen auf die Arbeitsverhältnisse nach Deutschland endstander Arbeitnehmer schon aus kollisionsrechtlichen Gründen nicht in Betracht kommt.

In diesem Zusammenhang ist aber zu beachten, dass für dieses Ergebnis die Vorausset- **468** zungen der vorübergehenden Entsendung[784] gegeben sein müssen. Sofern es sich um keine vorübergehende Entsendung handelt, sondern z.B. um eine dauernde Entsendung, oder um gar keine Entsendung, da der Arbeitnehmer schon zum Zweck der Tätigkeit im Aufnahmestaat eingestellt wurde, dürfte der gewöhnliche Erfüllungsort des Arbeitsvertrags mit dem Arbeitsort identisch sein, mit der Folge dass sich für die Anwendung deutscher Tarifverträge (und sonstiger zwingender arbeitsrechtlicher Vorschriften) auf in die Bundesrepublik entsandten Arbeitnehmer dann keine kollisionsrechtlichen Hindernisse ergeben.

bb) Art. 34 EGBGB

Im Normalfall jedoch ist davon auszugehen, dass die Arbeitsverhältnisse entsandter Ar- **469** beitnehmer dem objektiven Arbeitsvertragsstatut des Entsendestaates unterliegen und nicht auf dem Wege über Art. 30 EGBGB dem Schutz der deutschen Tarifverträge und Arbeitsgesetze unterstellt werden können. Dann stellt sich in zweiter Stufe die Frage, ob Art. 34 EGBGB im Wege der Sonderanknüpfung dazu führen kann, dass deutsche Tarifverträge und sonstige arbeitnehmerschützende Regelungen ungeachtet des ausländischen objektiven Arbeitsvertragsstatuts Wirkung entfalten können. Nach dieser Vorschrift, die

---

[782] Dazu MünchArbR/*Birk*, 2. Aufl. 2000, 920; *Schlachter* NZA 2000, S. 57; *Junker*, Internationales Arbeitsrecht im Konzern, 1992, mit Besprechung von *Hergenröder* ZfA 1999, 1.

[783] Dies ergibt sich aus dem über Art. 36 EGBGB für die Auslegung des Art. 30 EGBGB verbindlichen Bericht von *Giuliano/Lagarde*, BT-Drucks. 10/503, S. 57.

[784] S. dazu oben Rn. 438.

auf Art. 7 des Übereinkommens über das auf vertragliche Schuldverhältnisse anwendbare Recht beruht, sind diejenigen Bestimmungen des deutschen Rechts immer anwendbar, die einen Sachverhalt ohne Rücksicht auf das auf ihn anwendbare Recht international zwingend regeln. Dies kann insbesondere bei Regelungen der Fall sein, die ein öffentliches Interesse staats-, sozial- oder wirtschaftspolitischer Natur schützen, wie der gesamte öffentlich-rechtliche Arbeits- und Gesundheitsschutz.[785] Entscheidend ist daher, ob und unter welchen Umständen deutschen Tarifverträgen diese international zwingende Wirkung beigemessen werden kann, deren Wirkungsanspruch über Art. 34 EGBGB zur Anwendung auch auf Arbeitsverhältnisse mit ausländischem Arbeitsvertragsstatut führt, und die z.B. für die Bestimmungen des technischen Arbeitsschutzes und des besonderen Kündigungsschutzes anerkannt ist.

470 Nach der älteren Rechtsprechung des BAG[786] konnte dies noch nicht einmal für allgemeinverbindliche Tarifverträge bejaht werden. Heute herrschend dürfte demgegenüber die in der Literatur überwiegende Auffassung sein, dass allgemeinverbindliche deutsche Tarifverträge zwingende internationale Geltung über Art. 34 EGBGB beanspruchen können.[787] Dies wird im Wesentlichen damit begründet, dass der für den international zwingenden Geltungsanspruch erforderliche Schutz öffentlicher Interessen durch die allgemeinverbindlichen Tarifverträge in der Allgemeinverbindlicherklärung gemäß § 5 TVG zum Ausdruck komme. Dies kann aber seit Erlass des EntsendeG nicht mehr aufrechterhalten werden, weil dieses nur für allgemeinverbindliche Tarifverträge bestimmter, eng begrenzter Branchen eine international zwingende Wirkung vorsieht. Dazu das Folgende.

c) Entsenderegelungen

471 Für das Arbeitsrecht (nicht für das Sozialversicherungsrecht) verlangt die **EG-Richtlinie 96/71 vom 16. 12. 1996 über die Entsendung von Arbeitnehmern** im Rahmen der Erbringung von Dienstleistungen eine erweiterte Anwendung des inländischen Rechts auf aus dem Ausland entsandte Arbeitnehmer. Sie stützt sich auf Art. 57 II, 66 (alt)EG-Vertrag, die Richtlinien über die Aufnahme und Ausübung selbständiger Tätigkeiten im Rahmen der Niederlassungs- und Dienstleistungsfreiheit vorsehen. Sie enthält teils eine Verpflichtung (in Bezug auf gesetzliche und für das Baugewerbe geltende tarifliche Regelungen über Arbeitszeiten, Mindesturlaub, Mindestlöhne, Arbeitnehmerüberlassung, Gesundheitsschutz, Gleichbehandlung), teils eine Ermächtigung (in Bezug auf andere Materien im Bereich der öffentlichen Ordnung und auf allgemeinverbindliche Tarifverträge außerhalb des Baugewerbes) zur Anwendung des zwingenden inländischen Arbeitsrechts.[788] Dies hindert den nationalen Gesetzgeber daran, mit seinen Regelungen hinter der Umsetzungspflicht zurückzubleiben und über die Umsetzungsermächtigungen hinauszugehen.[789]

---

[785] Begründung des Regierungsentwurfs zum EGBGB, BT-Drucks. 10/504, S. 83.

[786] BAG v. 4. 5. 1977, AP Nr. 30 zu § 1 Tarifverträge: Bau; zustimmend: *Wiedemann/Stumpf*, TVG, § 1 Rn. 34; *Löwisch*, in: Münchener Handbuch des Arbeitsrechts, § 254, Rn. 6.

[787] *Däubler*, Die Mitwirkungsrechte des Betriebsrats bei grenzüberschreitender Entsendung von Arbeitnehmern, in: Köbele/Sahl (Hrsg.), Die Zukunft der Sozialkassensysteme der Bauwirtschaft im Europäischen Binnenmarkt, S. 196, 201 f.; *ders.*, Tarifvertragsrecht, 3. Auflage, Rn. 1698 m.w.N.; *Hönsch*, NZA 1988, S. 117; *Wimmer*, Die Gestaltung internationaler Arbeitsverhältnisse durch kollektive Normenverträge, S. 208 ff.; gegen eine generelle Einstufung allgemeinverbindlicher Tarifverträge als Eingriffsnormen i. S. des Art. 34 EGBGB spricht sich *Junker*, Internationales Arbeitsrecht im Konzern, S. 443, aus, scheint dies jedoch im Einzelfall für möglich zu halten.

[788] § 1 Abs. 2 Entsendung hat von dieser Ermächtigung in Bezug auf allgemeinverbindliche Tarifverträge der Seeschiffartsassistenz Gebrauch gemacht. Zur Beschäftigung ausländischer Arbeitnehmer auf deutschen Binnenschiffen *Rieble* in: Probleme des Binnenschiffahrtsrechts IX, 2000.

[789] Ebenso *Rebhahn*, Das Recht der Arbeit, Wien, 1999, 173, 177, im Ergebnis auch *Birk* RdA 1999, 13, 17.

IX. Beschäftigung im Rahmen der Dienstleistungs- u. Niederlassungsfreiheit 472–481 § 15

Die Vereinbarkeit der Richtlinie und der sie umsetzende nationalen Gesetze mit der **Dienstleistungsfreiheit** gem. Art. 59 (jetzt 4a) EG-Vertrag wurde vielfach bezweifelt. Der EuGH hat die Frage im Urteil vom 23. 11. 1999 (Arblade), Slg. 1999, 8453, 8488 = NZA 2000, 85, wie folgt entschieden: 472

1. Die Artikel 59 EG-Vertrag (nach Änderung jetzt Artikel 49 EG) und 60 EG-Vertrag (jetzt Artikel 50 EG-Vertrag) schließen es nicht aus, dass ein Mitgliedstaat einem Unternehmen, das in einem Mitgliedstaat ansässig ist und vorübergehend Arbeiten im ersten Staat ausführt, vorschreibt, den von ihm entsandten AN die Mindestvergütung zu zahlen, die in dem im ersten Mitgliedstaat geltenden Tarifvertrag festgelegt ist, sofern die betreffenden Bestimmungen hinreichend genau und zugänglich sind, um einem solchen AG in der Praxis nicht die Feststellung, welche Verpflichtungen er beachten müsste, unmöglich oder übermäßig schwer zu machen. 473

2. Die Artikel 59 und 60 des Vertrages schließen es aus, dass ein Mitgliedstaat einem Unternehmen, das in einem anderen Mitgliedstaat ansässig ist und vorübergehend Arbeiten im ersten Staat ausführt, – auch durch Polizei- und Sicherheitsgesetze – vorschreibt, für jeden entsandten AN Arbeitgeberbeiträge im Rahmen von Systemen wie den belgischen Schlechtwetter- und Treuemarkensystemen zu entrichten und jedem dieser AN eine Personalkarte auszuhändigen, obwohl dieses Unternehmen bereits in dem Staat, in dem es ansässig ist, für dieselben AN und dieselben Beschäftigungszeiten Verpflichtungen unterliegt, die im Hinblick auf ihren Zweck, den Schutz der Interessen der AN, im Wesentlichen vergleichbar sind. 474

3. Die Artikel 59 und 60 des Vertrages schließen es aus, dass ein Mitgliedstaat einem Unternehmen, das in einem anderen Mitgliedstaat ansässig ist und vorübergehend Arbeiten im erste Staat ausführt, – auch durch Polizei- und Sicherheitsgesetze – vorschreibt, Personal- oder Arbeitsunterlagen wie eine Arbeitsordnung, ein besonderes Personalregister und für jeden entsandten Arbeitnehmer ein persönliches Konto in der nach der Regelung des ersten Staates verlangten Form zu erstellen, wenn der soziale Schutz der AN, der diese Erfordernisse rechtfertigen kann, bereits durch die Vorlage der Personal- und Arbeitsunterlagen gewahrt wird, die das betreffende Unternehmen gemäß der Regelung des Mitgliedstaats, in dem es ansässig ist, führt. 475

Dies ist der Fall, wenn das Unternehmen bezüglich der Führung der Personal- und Arbeitsunterlagen bereits in dem Staat, in dem es ansässig ist, für dieselben AN und dieselben Beschäftigungszeiten Verpflichtungen unterliegt, die im Hinblick auf ihren Zweck, den Schutz der Interessen der AN, mit den in der Regelung des Aufnahmemitgliedstaats enthaltenen vergleichbar sind. 476

4. Die Artikel 59 und 60 des Vertrages schließen es nicht aus, dass ein Mitgliedstaat ein Unternehmen, das in einem anderen Mitgliedstaat ansässig ist und vorübergehend Arbeiten im ersten Staat ausführt, verpflichtet, während des Zeitraums der Betätigung im Hoheitsgebiet dieses Staates bereitzuhalten, wenn diese Maßnahme erforderlich ist, um ihm eine effektive Kontrolle der Beachtung seiner durch die Wahrung des sozialen Schutzes der AN gerechtfertigten Regelung zu ermöglichen. 477

5. Die Artikel 59 und 60 des Vertrages schließen es aus, dass ein Mitgliedstaat einem Unternehmen, das in einem anderen Mitgliedstaat ansässig ist und vorübergehend Arbeiten im ersten Staat ausführt, – auch durch Polizei- und Sicherheitsgesetze – vorschreibt, fünf Jahre lang, nachdem es die Beschäftigung von AN im ersten Mitgliedstaat eingestellt hat, Personalunterlagen wie das Personalregister und das persönliche Konto an dem in diesem Mitgliedstaat gelegenen Wohnsitz einer natürlichen Person aufzubewahren, die diese Unterlagen als Bevollmächtigter oder Aufsichtsperson führt. 478

Mit Urteil vom 15. 3. 2001 (Rs. 165/98) EuZW 2001, 315, hat der EuGH dies bestätigt, zugleich aber für kurze Einsätze von Grenzgängern die Prüfung verlangt, ob die Anwendung der am Arbeitsort geltenden Mindestlohnregelungen zum Schutz der Arbeitnehmer erforderlich und verhältnismäßig ist. 479

In Deutschland wurde die Richtlinie durch das AEntG vorweggenommen, das nach Erlass der Richtlinie neugefasst wurde. 480

Die Änderungen des AEntG[790] durch das Gesetz zu Korrekturen in der Sozialversicherung und zur Sicherung der Arbeitnehmerrechte sind erheblich.[791] In der **Amtlichen Begründung** (BT-Drs. 14/45, S. 17) heißt es dazu: 481

---

[790] Zur alten Fassung zuletzt *Ulber*, Kommentar zum AÜG und zum AEntG, 1998.
[791] Zu Einzelheiten s. die Kommentierung des Verfassers im ErfK, 2. Auflg. 2000.

„Mit den vorgesehenen Änderungen des Arbeitnehmer-Entsendegesetzes wird in erster Linie der gemeinschaftsrechtlichen Verpflichtung zur abschließenden Umsetzung der Richtlinie 96/71/EG des Europäischen Parlaments und des Rates vom 16. Dezember 1996 über die Entsendung von AN im Rahmen der Erbringung von Dienstleistungen (Abl. EG Nr. L 18/1 vom 21. Januar 1997) Rechnung getragen. Dieser Zielsetzung dient insbesondere die Aufhebung der Befristung des Gesetzes, dessen Außerkrafttreten bislang für den 1. September 1999 vorgesehen war.
Im Interesse einer wirksamen Durchführung des Gesetzes sind weitere Änderungen vorgesehen. Im Wesentlichen handelt es sich dabei um folgende Bestimmungen:
– Die bislang ausschließliche Anknüpfung des Gesetzes an allgemeinverbindliche Tarifverträge wird ergänzt um eine Rechtsverordnungsermächtigung zugunsten des Bundesministeriums für Arbeit und Sozialordnung. In der Rechtsverordnung können auch nicht tarifgebundene Arbeitgeber verpflichtet werden, bestimmte tarifvertragliche Arbeitsbedingungen einzuhalten. Diese Arbeitsbedingungen gelten dann kraft gesetzlicher Anordnung zwingend auch für Arbeitgeber mit Sitz im Ausland.
– Der Gestaltungsfreiraum der betroffenen Tarifvertragsparteien wird dahin gehend erweitert, dass ein auch für entsandte Arbeitnehmer geltender Tarifvertrag im Sinne des Arbeitnehmer-Entsendegesetzes künftig nicht nur eine unterste Lohngruppe, sondern auch höhere Lohngruppen umfassen darf.
– Es wird eine verschuldensunabhängige Haftung des Generalunternehmers eingeführt. Er soll im eigenen Interesse verstärkt darauf achten, dass seine Subunternehmer die nach dem Arbeitnehmer-Entsendegesetz zwingenden Arbeitsbedingungen einhalten.
– Die rechtlichen Rahmenbedingungen für die Kontrolltätigkeit der Aufsichtsbehörden werden insbesondere im Bereich der Meldevorschriften und der Zusammenarbeit der Behörden erweitert. Die Sanktionsvorschriften werden durch eine Anhebung des Bußgeldrahmens verschärft."

482 Die Neuregelung stellt klar, dass das Entsendegesetz auch auf inländische Arbeitgeber anwendbar ist. Dies war zu der früheren Gesetzeslage in einem Beschluss des OLG Düsseldorf vom 3. 7. 1998[792] verneint worden.[793] Der Wortlaut des Gesetzes ist also irreführend, da es keineswegs nur auf grenzüberschreitende Dienstleistungen anwendbar ist. Dies beruht auf dem gemeinschaftsrechtlichen Gebot, die Niederlassungs- und Dienstleistungsfreiheit nicht durch ausländische Unternehmen besonders belastende Vorschriften einzuschränken.[794] Darauf beruht auch die Regelung des § 1 Abs. 1, nach der das Gesetz nur anwendbar ist, wenn der jeweilige Tarifvertrag auf alle in seinem Geltungsbereich tätigen inländischen Arbeitgeber anwendbar ist, ohne Rücksicht auf ihren Sitz. Im Baugewerbe ist das der Fall, da § 5 BRTV-Bau auf den „Lohn der Baustelle" verweist. Dagegen ist es nicht notwendig, dass der Tarifvertrag seine Geltung für aus dem Ausland entsandte Arbeitnehmer ausdrücklich regelt, denn diese ergibt sich unmittelbar aus dem Gesetz. Fraglich ist, ob neben den Entgelten auch ergänzende Bestimmungen wie Ausschlussfristen geregelt werden können. M. E. ist das zu bejahen, bisher aber nicht erfolgt.

483 Die von dem Gesetz erfassten Tarifverträge haben eine besondere Qualität, da ihre Durchsetzung nicht den unmittelbar Beteiligten überlassen ist, sondern durch öffentliche Kontrollen und Sanktionen verstärkt wird. Dadurch dürften diese Tarifverträge aber keinen zusätzlichen öffentlich-rechtlichen Charakter bekommen, wie auch die Unterhaltspflichten ihren zivilrechtlichen Charakter nicht dadurch verlieren, dass ihre Verletzung nach § 170 StGB strafbar ist.

484 Bisher bezog sich die Regelung nur auf einheitliche Mindestentgelte für alle unter den Geltungsbereich eines Tarifwerkes fallenden Arbeitnehmer. Dies bedeutete, dass es sich um eine unterste Lohnkategorie handeln musste, die keine spezifischen Tätigkeitsmerkmale voraussetzen durfte.[795] Die nunmehr geltende Formulierung „Mindestentgelte" soll ausweislich der oben wiedergegebenen Amtlichen Begründung die Tarifvertragsparteien

---

[792] NZA 1998, 1286.
[793] Dagegen *Hanau*, NZA 1998, 1249; dagegen wiederum *Böhm*, NZA 1999, 128.
[794] *Koberski/Sahl/Hold* AEntG, 1997, § 1 Rn. 6, 114.
[795] *Kretz*, AEntG, 1996, 37.

ermächtigen, auch höhere Lohngruppen zu erfassen;[796] eine Verpflichtung dazu ist nicht gewollt. Allerdings steht es nicht im Belieben der Tarifparteien, ob sie einen allgemeinverbindlichen Tarifvertrag im Geltungsbereich des AEntG auch für entsandte AN gelten lassen wollen oder nicht. Eine Erstreckung tarifvertraglicher Entgeltregelungen für höhere Entgeltgruppen auf entsandte AN kann deshalb nur dadurch vermieden werden, dass insoweit von einer Allgemeinverbindlicherklärung abgesehen oder wenigstens das Arbeitsortprinzip aufgegeben wird. Dies ist am einfachsten möglich, indem über die verschiedenen Entgeltgruppen ein besonderer Tarifvertrag abgeschlossen wird, während streitig ist, ob ein einheitlicher Tarifvertrag teilweise für allgemeinverbindlich erklärt werden kann.[797] Eine allgemeinverbindliche Entgeltregelung liegt nur vor, wenn sowohl die Umschreibung der Vergütungsgruppen als auch die ihnen zugeordneten Entgeltsätze allgemeinverbindlich sind. Den allgemeinen Vorrang von FirmenTV vor – auch allgemeinverbindlichen – VerbandsTV hat das Gesetz nicht beseitigt, von EuGH 24. 1. 2002, Rs C 104/99, EzA Art. 49 EG-Vertrag 1999 Nr. 3 und *Junker* NZA 1996, 505 beanstandet.

485 Neu ist die in Abs. 3a enthaltene Verordnungsermächtigung, deren Verfassungsmäßigkeit von BVerfG bestätigt wurde.[798] Fraglich ist, ob ein Antrag auf Allgemeinverbindlicherklärung (AVE) nur zu berücksichtigen ist, wenn die in § 5 Abs. 1 Nr. 1, 2 und Abs. 2 genannten materiellrechtlichen Voraussetzungen einer AVE gegeben sind. Die Verordnungsermächtigung hätte dann nur die Bedeutung, dass sie das in § 5 TVG geregelte Verfahren vor dem Tarifausschuss und das Einspruchsrecht der Länder aufheben würde. So wird sie vom BVerfG und *Ossenbühl/Cornils* verstanden, Bedenken in ErfK/*Hanau*, AEntG § 1 Rn. 12 (2. Aufl.).

486 Die Rechtsverordnung hat keinen Vorrang vor inländischen Tarifverträgen in deren Geltungsbereich.[799] Konkurrieren inländische Tarifverträge mit der Rechtsverordnung, ist diese nicht mehr allgemeingültig und verliert deshalb ihre Geltung für nicht an diesen inländischen Tarifvertrag gebundene ausländische, entsendende AG.[800]

487 Das für Klagen gegen die Urlaubskasse des Baugewerbes zuständige Arbeitsgericht Wiesbaden hat den EuGH angerufen, um die Vereinbarkeit der Urlaubsregelung des AEntG mit Art. 48 (jetzt 39), 59 (jetzt 49) und 60 (jetzt 50) EG zu klären.[801] Die Schlussanträge des Generalanwalts MISCHO vom 13. 7. 2000 (Rs. C 49/98 ff.) führen dazu auf der Grundlage der Arblade-Entscheidung des EuGH vom 23. 11. 1999 aus:

„1. Die Artikel 59 und 60 EG-Vertrag sind dahin auszulegen, dass sie einem Mitgliedstaat nicht verbieten, ein in einem anderen Mitgliedstaat ansässiges Unternehmen, das vorübergehend Arbeiten in dem erstgenannten Staat ausführt, zu verpflichten,
a) Rechtsnormen von Tarifverträgen anzuwenden, die eine Urlaubslänge vorsehen, die über die in der Richtlinie 93/104/EG des Rates der Europäischen Union vom 23. November 1993 über bestimmte Aspekte der Arbeitszeitgestaltung festgelegte Mindestlänge des Jahresurlaubs hinausgeht,
b) ein Urlaubskassenverfahren anzuwenden, nach dem die Urlaubsvergütung unmittelbar an den entsandten Arbeitnehmer ausgezahlt wird, während sie bei den im Aufnahmemitgliedstaat ansässigen Unternehmen an den Arbeitgeber gezahlt wird,
c) Auskünfte zu erteilen, sofern diese Auskünfte erforderlich und angemessen sind,
 – um eine wirksame Kontrolle der Einhaltung der im Aufnahmemitgliedsaat geltenden Arbeits- und Beschäftigungsbedingungen zu gewährleisten und
 – um das ordnungsgemäße Funktionieren eines Urlaubskassenverfahrens sicherzustellen.
2. Die Artikel 59 und 60 EG-Vertrag sind dahin auszulegen, dass sie der Anwendung eines Urlaubskassenverfahrens wie des Ausgangverfahrens streitigen auf in anderern Mitgliedstaaten ansässige

---

[796] s. ErfK/*Hanau*, § 1 AEntG Rn. 10, 11, auch mit Nachweis zu der Gegenansicht Löwisch.
[797] s. ErfK/*Schaub*, § 5 TVG Rn. 10.
[798] 18. 7. 2000 EzA Art. 9 GG Nr. 69; dazu eingehend *Ossenbühl/Cornils*, Tarifautonomie und staatliche Gesetzgebung, Forschungsbericht des Bundesministeriums für Arbeit und Sozialordnung, 2000.
[799] *Ossenbühl/Cornils* a. a. O. S. 63 ff.
[800] *Ossenbühl/Cornils* a. a. O. S. 67.
[801] NZA-RR-1998, 217.

Unternehmen, die Dienstleistungen im Baugewerbe erbringen, entgegenstehen, solange nicht sämtliche im Aufnahmemitgliedstaat ansässigen Unternehmen, die nur teilweise baugewerbliche Tätigkeiten ausüben, in Bezug auf ihr im Baugewerbe beschäftigtes Personal diesem Verfahren unterworfen sind.

3. die Richtlinie 96/71/EG des Europäischen Parlaments und des Rates vom 16. Dezember 1996 über die Entsendung von Arbeitnehmern im Rahmen der Erbringung von Dienstleistungen ordnet die Einführung eines gegen Artikel 59 und 60 EG-Vertrag verstoßenden Urlaubskassenverfahrens weder an noch lässt sie es zu."

Dem hat sich der EuGH mit Urteil vom 25. 10. 2001 angeschlossen.[802]

d) Weitere Grundlagen für die Anwendung deutschen Arbeitsrechts

488 Da das AEntG, wie dargelegt, keine Ausnahmeregelung ist, sondern eine Ergänzung der bestehenden Vorschriften über die Maßgeblichkeit des Rechts des Arbeitsorts, kann sich diese auch aus anderen Rechtsgrundlagen ergeben. Dazu das Folgende:

aa) Selbständige

489 Insbesondere aus Großbritannien kommen Arbeitskräfte zu uns, die sich hier als Kleinunternehmer im Rahmen von Werkverträgen verdingen, tatsächlich aber wie Arbeitnehmer in den Betrieb des hiesigen Unternehmers eingegliedert werden. Aus unserer Sicht liegt dann Scheinselbständigkeit vor, mit der Folge, dass in Wirklichkeit ein Arbeitsverhältnis zu dem deutschen Unternehmer anzunehmen ist. Es kann aber sein, dass der Beschäftigte nach dem Recht seines Heimatlandes als Selbständiger anzusehen ist und auch eine entsprechende Bescheinigung für das Sozialversicherungsrecht besitzt.[803] Dies führt zu der Frage, ob in solchen Fällen der ausländische, der inländische oder der europäische Arbeitnehmerbegriff maßgeblich ist. Da es hier aus europarechtlicher Sicht um die Abgrenzung zwischen Dienstleistungsfreiheit und Freizügigkeit der Arbeitnehmer geht, wird der zu Art. 39 EG-Vertrag vom EuGH entwickelte Arbeitnehmerbegriff maßgeblich sein. Dieser deckt sich mit dem deutschen, da er auf die weisungsgebundene Erbringung von Leistungen für einen anderen gegen Vergütung abstellt.[804] Wesentliche Faktoren dafür sind die Beteiligung am Geschäftsrisiko, die Möglichkeit zur Auswahl eigener Mitarbeiter sowie die freie Gestaltung der Arbeitszeit.[805] Unerheblich sind die Höhe der Vergütung und die Dauer der Arbeitszeit.

bb) Arbeitnehmerüberlassung

490 Gliedert sich ein aus dem Ausland kommender Arbeitnehmer nicht, wie ein Scheinselbständiger, selbst in ein inländisches Unternehmen ein, sondern geschieht dies auf Grund der Überlassung durch ein ausländisches Unternehmen, liegt Arbeitnehmerüberlassung vor. Auch in diesem Fall gilt das AÜG.[806] Dies gilt nach ganz herrschender Meinung auch für die Sanktionen bei unerlaubter Arbeitnehmerüberlassung aus dem Ausland.[807] Keine Arbeitnehmerüberlassung, sondern genehmigungsfreie Entsendung iS

---

[802] EuZW 2001, 759. Dazu *Wank/Börgmann* NZA 2001, 177; *v. Danwitz* EuZW 2002, 237.
[803] S. dazu EG-VO Nr. 574/72 über die Durchführung der VO 1408/71 über die Anwendung der Systeme der sozialen Sicherheit auf Arbeitnehmer und Selbständige sowie deren Familienangehörige, die innerhalb der Gemeinschaft zu- und abwandern.
[804] EuGHE 1982, 1039 Nr. 13; 1986, 2121 Nr. 16; 1989, 1621 Nr. 11.
[805] EuGHE 1989, 4459 Nr. 36.
[806] S. EuGH 17. 12. 1981, EuGHE 1981, 3305, 3327 (279/80/Webb). Einschränkend EuGH 25. 10. 2001, Rs. C 493/99, EzA § 1 AÜG Nr. 11: §§ 1 Abs. 1 und 1b AÜG verstoßen gegen Art. 43, 49 EG, soweit sie für im anderen Mitgliedstaat ansässige Bauunternehmen eine Niederlassung in Deutschland verlangen.
[807] BSG 25. 10. 1988, BSGE 64, 145, 151; *Schüren*, AÜG, 1994, Einl. Nr. 608 m.w.N.; anders *Vor*, Zeitarbeit im Rechtsvergleich Deutschland-Großbritannien sowie bei Grenzüberschreitung, 1992, 199; gegen *Vor Marschall* RdA 1995, S. 314.

von Art. 1 Abs. 3a, b der Entsenderichtlinie liegt bei zeitlich begrenzter Entsendung innerhalb desselben Unternehmens oder derselben Unternehmensgruppe vor.

cc) Anwendung inländischen Arbeitsrechts auf ausländische Arbeitgeber

Während es in den Fällen der Scheinselbständigen und der unerlaubten Arbeitnehmerüberlassung um die Anwendung deutschen Arbeitsrechts auf Grund von Arbeitsverhältnissen mit inländischen Arbeitgebern geht, kommt es in einer weiteren Fallgruppe unabhängig vom AEntG zur Anwendung inländischen Arbeitsrechts auf ausländische Arbeitgeber. Dies sind die Fälle, in denen nach Art. 30 EGBGB deutsches Arbeitsrecht auf Entsendungen nach Deutschland anwendbar ist, weil die Entsendung entweder nicht vorübergehend oder nicht aus einem gewöhnlich im Ausland vollzogenen Stammarbeitsverhältnis erfolgt. Dem Gesetzgeber des AEntG war bewusst, dass in diesen Entsendefällen ohnehin deutsches Arbeitsrecht gilt, und er hatte deshalb in § 1 a.F. ausdrücklich den Vorbehalt gemacht, dass das AEntG nur gilt, soweit nicht ohnehin deutsches Recht für das Arbeitsverhältnis maßgeblich ist. In der Neufassung ist das nur beseitigt worden, um nicht den Eindruck zu erwecken, das AEntG gelte nicht, soweit deutsches Recht auf entsandte Arbeitnehmer schon auf Grund Art. 30 EGBGB anwendbar ist.

Die Kontroll- und Bußgeldvorschriften des AEntG sind deshalb auch anwendbar, wenn sich die Geltung der deutschen Tarifverträge im Anwendungsbereich des Gesetzes nicht erst aus dem Gesetz selbst, sondern schon aus Art. 30 EGBGB ergibt. Soweit deutsche Tarifverträge dagegen nur auf Grund des Art. 30 EGBGB maßgeblich sind, bleiben die Arbeitnehmer auf die arbeitsgerichtliche Durchsetzung ihrer Ansprüche angewiesen.

dd) Vergabe öffentlicher Aufträge nur bei Anwendung deutscher Tariflöhne

Die Bundesländer Bayern, Berlin, Hamburg, Hessen, Nordrhein-Westfalen, Rheinland Pfalz und Sachsen-Anhalt und neuerdings auch der Bund (Gesetzentwurf abgedruckt in NZA 2001 Heft 23; neueste Fassung im Bericht des BT-Ausschusses für Wirtschaft und Technologie, BT-Drucksache 14/8896 v. 24. 4. 2002) haben beschlossen oder planen, die Vergabe öffentlicher Bauaufträge und auch die Privatisierung öffentlicher Dienste, an die Bedingung zu knüpfen, dass die Auftragnehmer ihren Arbeitnehmern örtlich einschlägige Tariflöhne zahlen, wobei nicht nur die allgemeinenverbindlichen Mindestlöhne gemeint sind. Diese Praxis stimmt in ihrer Zielsetzung mit der Entsenderichtlinie und dem Entsendegesetz überein, doch ist fraglich, ob sie zur Verwirklichung dieser Zielsetzung ein zulässiges Mittel verwendet. Die Europäische Kommission hat eine Überprüfung der Berliner Praxis eingeleitet, Unternehmen, die sich um öffentliche Bauaufträge und öffentlichen Dienstbewerben, zur Abgabe einer Erklärung aufzufordern, mit der sich die Unternehmen zu einer Entlohnung ihrer Beschäftigten im Rahmen der geltenden Lohn- und Tarifverträge verpflichten. Wenn es sich um allgemeinverbindliche Tarifverträge handeln würde, die von der Entsenderichtlinie erfasst werden würden, dürften keine europarechtlichen Bedenken gegen diese Praxis bestehen. Dagegen dürfte es europarechtlich kaum zulässig sein, Tarifverträge auch dann für das öffentliche Bauwesen praktisch verbindlich zu machen, wenn sie die Voraussetzungen der Entsenderichtlinie nicht erfüllen. Allerdings bestimmt die EG-Baukoordinierungsrichtlinie von 1971/89,[808] dass der öffentliche Auftraggeber von den Bietern eines Auftragsverfahrens die Erklärung verlangt, dass sie bei der Ausarbeitung ihres Angebots den Verpflichtungen hinsichtlich der Arbeitsschutzbedingungen und Arbeitsbedingungen Rechnung getragen haben, die dort gelten, wo die Bauarbeiten auszuführen sind. Es ist aber nicht anzunehmen, dass dadurch die Beschränkungen der späteren und spezielleren Entsenderichtlinie unterlaufen werden dürfen.

Im deutschen Recht ist von dem Entsendegesetz auszugehen, nach dem Unternehmen von der Teilnahme an einem öffentlichen Vergabewettbewerb für eine angemessene Zeit bis

---

[808] EG-Amtsblatt 1971 L 185 S. 55 v. 21. 7. 1989, EuGH 26. 9. 2000, EuZW 2000, 755, hält vergabefreundliche Kriterien für zulässig. Dazu *Pache/Rüger* EuZW 2002, 169.

zur nachgewiesenen Wiederherstellung ihrer Zuverlässigkeit ausgeschlossen werden sollen, die wegen eines Verstoßes gegen das Gesetz mit einer Geldbuße von wenigstens 5000,- DM belegt worden sind. Das gilt auch schon vor Durchführung eines Bußgeldverfahrens, wenn im Einzelfall angesichts der Beweislage kein vernünftiger Zweifel an einer schwerwiegenden Verfehlung besteht. Darüber hinaus entspricht es dem Gesetz, von Bewerbern um öffentliche Aufträge die Versicherung zu verlangen, dass sie die vom Gesetz erfassten tarifvertraglichen Arbeitsbedingungen einhalten werden. Dagegen ist es auch insoweit problematisch, Tarifverträge durch Vergabebedingungen praktisch allgemeinverbindlich zu machen, die es nach dem TVG nicht sind und deshalb auch nicht vom Entsendegesetz erfasst werden. BGH 18. 1. 2000,[809] hat die Angelegenheit dem BVerfG vorgelegt, dabei zwar die Entsenderrichtlinie nicht erwähnt, wohl aber die einschlägige Rechtsprechung, (s. oben Rn. 487) und die Frage aufgeworfen, ob das Berliner Vergabegesetz einer europarechtlichzulässigen gesetzlichen Mindestlohnregelung gleichsteht. Er hat dies allerdings offengelassen und die Sache nicht dem EuGH, sondern dem BVerfG vorgelegt, da ein Verstoß gegen Art. 9 III GG (negativ Koalitionsfreiheit)und das GWB vorliege.

3. Assoziierte Staaten

495 Einer Erörterung bedarf weiterhin die Frage, ob sich im Zusammenhang mit Abkommen, die die Gemeinschaft mit Drittstaaten getroffen hat, Annex-Freizügigkeitsrechte im Zuge der Beschäftigung im Rahmen eventueller Niederlassungs- oder Dienstleistungsrechte ergeben können. Dabei soll auf die Frage entsprechender Rechte im Zusammenhang mit der Assoziation mit der Türkei sowie den Europaabkommen mit diversen Staaten Mittel- und Osteuropas eingegangen werden.

4. Türkei

496 Das Assoziationsabkommen der Gemeinschaft mit der Türkei sieht in seinen Art. 13 und 14 vor, sich von den einschlägigen Vorschriften des Gemeinschaftsrechts leiten zu lassen, um untereinander die Beschränkungen des freien Niederlassungs- und Dienstleistungsverkehrs aufzuheben. Art. 41 des Zusatzprotokolls enthält ebenfalls Regelungen, die den Niederlassungs- und Dienstleistungsverkehr zwischen der Gemeinschaft und der Türkei betreffen. So sieht Abs. 1 vor, dass die Vertragsparteien untereinander auf diesem Gebiet keine neuen Beschränkungen einführen. Abs. 2 überträgt dem Assoziationsrat die Aufgabe, Zeitfolge und Einzelheiten für die schrittweise Beseitigung der Beschränkungen des freien Niederlassungs- und Dienstleistungsverkehrs festzulegen.

497 Den genannten Vorschriften sind allerdings keine konstitutiven Niederlassungs- und Dienstleistungsrechte türkischer Staatsangehöriger zu entnehmen, so dass auch ein konstitutives Aufenthalts- und Beschäftigungsrecht für Personen daraus nicht folgen kann, die von türkischen Arbeitgebern im Rahmen von Dienstleistung oder Niederlassung beschäftigt werden sollen.

498 Dies ergibt sich daraus, dass die genannten Vorschriften schon ihrem Wortlaut nach nicht den Schluss auf ihre unmittelbare Geltung zulassen. Dies gilt sowohl für Art. 13 Assoziationsabkommen, bei dem es sich um einen reinen Programmsatz handelt,[810] als auch für Art. 14 Assoziationsabkommen, der infolge seiner Parallelstruktur ebenso wie Art. 13 zu behandeln ist.

499 Dasselbe gilt aber auch für Art. 41 Abs. 2 Zusatzprotokoll. So ergibt sich insbesondere aus einem Vergleich zwischen dieser Vorschrift und dem die Freizügigkeit der Arbeit-

---

[809] ZIP 2000, S. 246. Für Zulässigkeit *Kempen,* FS für Däubler, 1999, S. 503; *Rust,* FS für Däubler, S. 900 und ZIP 2000, S. 205; *Däubler,* ZIP 2000, S. 681; a.M. *Bartosch* EuZW 2001, 229; *Scholz* RdA 2001, 193; *Kämmerer/Thüsing* ZIP 2001, 596; *Kling* EuZW 2002, 229; differenzierend *Seifert* ZfA 2001, 1. *Rittner,* EuZW 1999, S. 677.
[810] VGH Baden-Württemberg v. 10. 5. 1982, NVwZ 1982, S. 696; *Hailbronner,* Ausländerrecht, Rn. 1117; Grabitz/Hilf-*Randelzhofer,* Vorbemerkung vor Art. 52 EWGV, Rn. 38.

nehmer betreffenden Art. 36 Zusatzprotokoll, der seinerseits kein unmittelbares Freizügigkeitsrecht gewährt, dass kein unmittelbares Niederlassungs- und Dienstleistungsrecht aus dem Zusatzprotokoll folgen kann. So geht die Regelungsermächtigung für den Assoziationsrat in Art. 41 Abs. 2 Zusatzprotokoll weiter. Außerdem enthält Art. 36 Zusatzprotokoll einen genauen zeitlichen Rahmen für die Herstellung der Arbeitnehmerfreizügigkeit, während Art. 41 Abs. 2 Zusatzprotokoll hinsichtlich Niederlassungs- und Dienstleistungsfreiheit den zeitlichen Ablauf noch offen hielt. Art. 41 Abs. 2 Zusatzprotokoll bleibt damit deutlich hinter Art. 36 Zusatzprotokoll zurück, was die Möglichkeit seiner unmittelbaren Anwendbarkeit betrifft. Umso mehr muss aus der mangelnden unmittelbaren Anwendbarkeit des Art. 36 Abs. 2 Zusatzprotokoll geschlossen werden, dass auch eine unmittelbare Anwendbarkeit von Art. 41 Abs. 2 Zusatzprotokoll nicht in Frage kommen kann. Auch fehlt es bislang an einschlägigen Beschlüssen des Assoziationsrats, so dass es keine konstitutive assoziationsrechtliche Niederlassungs- oder Dienstleistungsfreiheit für türkische Staatsangehörige gibt. Demzufolge fehlt es auch an einer Regelung, die den Mitgliedstaaten der Gemeinschaft die Zulassung der Beschäftigung von Arbeitnehmern aus der Türkei oder sonstigen Drittstaaten im Zuge einer Niederlassungs- und Dienstleistungsfreiheit türkischer Arbeitgeber abverlangen würde.

Stattdessen ist davon auszugehen, dass die Mitgliedstaaten ihre Regelungsbefugnis für die Frage der Niederlassung und die Erbringung von Dienstleistungen durch türkische Staatsangehörige in vollem Umfang behalten haben. Eine Einschränkung gilt hier nur insofern, als das assoziationsrechtliche Diskriminierungsverbot des Art. 10 Abs. 1 ARB 1/80 bzw. Art. 38 Zusatzprotokoll auch für die bei türkischen Arbeitgebern beschäftigten türkischen Arbeitnehmer gilt, die regulär dem Arbeitsmarkt eines Mitgliedstaats angehören. Dieses Diskriminierungsverbot dürfte allerdings nur die im Rahmen der Niederlassung eines türkischen Arbeitgebers beschäftigten türkischen Arbeitnehmer betreffen, nicht dagegen nur im Rahmen der Erbringung von Dienstleistungen tätige Arbeitnehmer, da diese nach der Rechtsprechung des EuGH[811] nicht dem Arbeitsmarkt des Aufnahmestaates angehören und damit nicht unter den Anwendungsbereich des assoziationsrechtlichen Diskriminierungsverbots fallen. Dabei muss betont werden, dass dieses Diskriminierungsverbot nur die türkischen Arbeitnehmer schützt, nicht aber ihre Arbeitgeber. Diese können nicht auf Grund einzelner Vorschriften des Assoziationsrechts Gleichbehandlung im Aufnahmestaat verlangen.

5. Europa-Abkommen

Differenzierte Regelungen der Niederlassungs- und Dienstleistungsfreiheit sowie der Möglichkeit, in diesem Zusammenhang mitgebrachtes Personal zu beschäftigen, enthalten demgegenüber die sog. Europaabkommen mit mehreren Staaten Mittel- und Osteuropas, von denen im Folgenden wiederum jenes mit Polen exemplarisch dargestellt werden soll, soweit die hier erörterten Fragen betroffen sind.

a) Niederlassungsrecht

In diesem Zusammenhang soll zunächst dargestellt werden, in welcher Weise das Europaabkommen ein eventuelles Niederlassungsrecht von Unternehmen und Unternehmern aus Polen regelt, und welche Aussagen es darüberhinaus über die Beschäftigung von mitgebrachtem Personal enthält, das im Rahmen einer Niederlassung beschäftigt wird.

aa) Gewährleistung durch das Europaabkommen

Das Niederlassungsrecht polnischer Unternehmer und Unternehmen in den Mitgliedstaaten der Gemeinschaft ist in Art. 44 Abs. 3 Europaabkommen geregelt.[812] Danach ge-

---

[811] Z. B. Rush Portuguesa.
[812] Dazu auch *Kuschel*, Die Niederlassungsfreiheit für Unternehmen der Europäischen Gemeinschaft in den Europaabkommen der EG mit der CSFR, Polen und Ungarn, EuZW 1992, S. 571.

währen die Mitgliedstaaten polnischen Gesellschaften und Staatsangehörigen sowohl für die Niederlassung selbst als auch für die Geschäftstätigkeit der in ihrem Gebiet niedergelassenen polnischen Gesellschaften und Staatsangehörigen die Inländergleichbehandlung. Der Unterscheidung zwischen der Niederlassung einerseits und der Geschäftstätigkeit andererseits muss entnommen werden, dass sich der Gleichbehandlungsgrundsatz nicht nur auf das „Wie" der Niederlassung, sondern auch auf das „Ob" bezieht. Dies ergibt sich auch aus Art. 44 Abs. 4 Europaabkommen, wonach „Niederlassung" die Aufnahme und Ausübung bestimmter selbständiger Erwerbstätigkeiten ist, zu denen insbesondere gewerbliche, kaufmännische, handwerkliche[813] und freiberufliche Tätigkeiten gehören.[814] Dem Wortlaut der Vorschrift nach muss sich daher das Diskriminierungsverbot auch auf die Aufnahme der selbständigen Erwerbstätigkeit beziehen. Die von Art. 44 Abs. 3 eingeräumten Rechte dürften die Eindeutigkeit haben, die Voraussetzung der unmittelbaren Anwendbarkeit ist; auch machen sie sich erkennbar nicht vom Erlass weiterer Rechtsakte abhängig, so dass davon auszugehen ist, dass Privaten die Berufung auf Art. 44 Abs. 3 Europaabkommen möglich ist.[815]

504 Demzufolge ist Art. 44 Abs. 3 Europaabkommen ein unmittelbar anwendbares Gleichbehandlungsrecht bei der Niederlassung für polnische Unternehmer und Unternehmen in den Mitgliedstaaten der Gemeinschaft zu entnehmen. Art. 45 Europaabkommen hebt jedoch hervor, dass den Mitgliedstaaten Beschränkungen dieses Rechts in dem Maße gestattet sind, wie diese auch für inländische Staatsangehörige und Gesellschaften gelten, so dass lediglich Diskriminierungen auf Grund der Staatsangehörigkeit, nicht aber – unter den Voraussetzungen des Art. 45 Europaabkommen – diskriminierungsfreie Beschränkungen des Niederlassungsrechts verboten sind.[816]

505 Weitere Einschränkungen des Niederlassungsrechts ergeben sich aus Art. 53 Abs. 1 Europaabkommen, wonach es nur unter dem Vorbehalt der öffentlichen Ordnung, Sicherheit und Gesundheit gewährt wird; um der Einheitlichkeit der Auslegung gemeinschaftsrechtlicher Vorschriften willen ist dieser Ordre-public-Grundsatz im Sinne desjenigen in Art. 48 Abs. 3 EGV zu verstehen, so dass er beispielsweise nicht zur Verfolgung wirtschaftlicher Zwecke durch den Aufnahmestaat geltend gemacht werden kann.[817] Weiterhin enthält Art. 53 Abs. 2 Europaabkommen den Vorbehalt, dass das Niederlassungsrecht sich nicht auf Tätigkeiten erstreckt, die dauernd oder zeitweise mit der Ausübung hoheitlicher Befugnisse verbunden sind; diese Formel ist erkennbar an Art. 39 Abs. 4, 45 EGV angelehnt und muss im gleichen Sinne gelesen werden.

506 Schließlich bestimmt Art. 58 Abs. 1 Europaabkommen, der gleichermaßen für die Arbeitnehmerfreizügigkeit wie den Niederlassungs- und Dienstleistungsverkehr zwischen den Mitgliedstaaten der Gemeinschaft und Polen gilt, dass die Vertragsparteien nicht an der Anwendung ihrer Vorschriften über Einreise, Aufenthalt, Beschäftigung, Beschäftigungsbedingungen, Niederlassung von natürlichen Personen und Erbringung von Dienstleistungen gehindert sind, soweit sie dadurch nicht die Vorteile zunichte machen oder verringern, die sich aus dem Abkommen ergeben. Daraus ist wohl zu schließen, dass die

---

[813] Problematisch könnte dieses Niederlassungsrecht insbesondere im Hinblick auf sog. Scheinselbständige werden.

[814] Eine Einschränkung ergibt sich allerdings aus Art. 44 Abs. 6 Europaabkommen, der in Verbindung mit Anhang XIIe zum Europaabkommen den Erwerb und Verkauf natürlicher Ressourcen sowie von land- und forstwirtschaftlichen Nutzflächen ausnimmt.

[815] EuGH 20. 11. 2001, Rs. C 268/99, EuZW 2002, 120 m. Anm. *B. Huber,* betr. Prostitution. Dies scheint auch dem offiziellen Verständnis in den Niederlanden zu entsprechen, wie sich aus dem Hinweis von *Stock,* InfAuslR 1994, 392, auf ein einschlägiges Rundschreiben des niederländischen Justizministeriums ergibt; gegen die unmittelbare Anwendbarkeit von Art. 44 Abs. 3 Europaabkommen ist *Gargulla,* InfAuslR 1995, S. 181, 189.

[816] Im Hinblick auf bestimmte, in Anhang XIIc zum Europaabkommen aufgeführte Finanzdienstleistungen gilt auch kein Diskriminierungsverbot aus Gründen der Staatsangehörigkeit.

[817] A.A. *Gargulla,* InfAuslR 1995, S. 181, 188 f.

einschlägigen nationalen Vorschriften der Mitgliedstaaten im Ganzen grundsätzlich anwendbar bleiben, aber nicht vom Europaabkommen gewährte konstitutive Rechte wesentlich beschneiden oder aushöhlen dürfen.[818] Danach wäre es wohl nicht zulässig, einem polnischen Staatsangehörigen das Recht zur Niederlassung in der Bundesrepublik unter Hinweis auf ein fehlendes Aufenthaltsrecht zu verweigern, sofern sich diese Maßnahme nicht im Einklang mit Art. 53 Abs. 1 Europaabkommen befindet.

Im Ergebnis muss von einem echten Niederlassungsrecht polnischer Staatsangehöriger und Gesellschaften in den Mitgliedstaaten der Gemeinschaft ausgegangen werden, das zwar – im Rahmen der Inländergleichbehandlung – beschränkt werden darf, unter dem Ordre-Public-Vorbehalt steht, die Ausübung hoheitlicher Tätigkeiten nicht einschließt und die Anwendung des nationalen Ausländerrechts nicht ausschließt, dabei aber weder verringert noch zunichte gemacht werden darf. Demzufolge muss es einem polnischen Unternehmer oder Unternehmen möglich sein, sich im Falle der Ablehnung seiner Niederlassung durch die Behörden eines Mitgliedstaates auf das Europaabkommen zu berufen, um die Zulässigkeit der Verwaltungsmaßnahme am Maßstab des Assoziationsrechts überprüfen zu lassen.

bb) Mitgebrachtes Personal

Zu klären ist nun, ob und in welchem Maße dieses Niederlassungsrecht das Recht polnischer Arbeitgeber beinhaltet, eigene Arbeitnehmer mit polnischer Staatsangehörigkeit oder der eines Drittstaats in einen Mitgliedstaat mitzubringen. Dabei stellt sich wiederum zum einen die Frage nach dem Zugangsrecht von Personen, die kein eigenes gemeinschaftsrechtliches Freizügigkeitsrecht haben, zur Beschäftigung in einem Mitgliedstaat, zum anderen die nach den Arbeitsbedingungen des Personals natürlicher oder juristischer Personen aus Polen, die sich in einem Mitgliedstaat der Gemeinschaft niedergelassen haben.

(1) Zugangsrecht für Schlüsselpersonal

Art. 52 Abs. 1 Europaabkommen enthält eine ausdrückliche Regelung der Annex-Freizügigkeit im Zusammenhang mit dem assoziationsrechtlichen Niederlassungsrecht für polnische Unternehmer und Unternehmen im Gemeinschaftsgebiet. Danach darf im Einklang mit den Rechtsvorschriften des Aufnahmelandes dort Personal beschäftigt werden, das die polnische Staatsangehörigkeit hat, ausschließlich von einem Begünstigten des Niederlassungsrechts bzw. einer Tochtergesellschaft beschäftigt wird und in sog. Schlüsselpositionen tätig ist. Schlüsselpersonal i. S. des Abs. 1 sind gemäß Art. 52 Abs. 2 Europaabkommen Führungskräfte, die Leitungsfunktion haben und ihre Anweisungen im Wesentlichen von Vorstand und Aktionären erhalten, sowie Personen mit außergewöhnlichen Qualifikationen oder Kenntnissen; außerdem muss das Schlüsselpersonal, um in den Genuss der Annex-Freizügigkeit zu gelangen, seit mindestens einem Jahr vor der Abstellung beschäftigt worden sein.

Fraglich ist, in welchem Maße diese Annex-Freizügigkeit für polnisches Schlüsselpersonal durch Art. 52 Europaabkommen gewährleistet wird. So ist insbesondere die Tragweite der Einschränkung in Art. 52 Abs. 1 Europaabkommen festzustellen, wonach die Beschäftigung des Schlüsselpersonals im Einklang mit den Rechtsvorschriften des Aufnahmelandes stehen muss. Zudem ist in Abs. 1 Satz 2 die Rede von den für das Schlüsselpersonal auch im Rahmen der Annex-Freizügigkeit erforderlichen Aufenthalts- und Arbeitserlaubnisse, die nur für den jeweiligen Beschäftigungszeitraum gültig sein sollen. Schließlich ist nochmals auf Art. 58 Europaabkommen hinzuweisen, der die Zuständigkeit der Mitgliedstaaten für die Ausländer- und Beschäftigungspolitik unterstreicht. Art. 58 Abs. 1 Europaabkommen enthält allerdings auch das Verbot, im Rahmen der mitgliedstaatlichen Kompetenzen

---

[818] EuGH 27. 9. 2001, Rs. 27. 9. 2001, EuroAS 2002, 30. Dagegen schließt *Gargulla*, InfAuslR 1995, S. 181, 189, vom Vorbehalt des Art. 58 Abs. 1 Europabkommen auf die fehlende unmittelbare Anwendbarkeit der Vorschriften über die Niederlassungsfreiheit.

die Vorteile, die für polnische Unternehmen oder Unternehmer aus den Vorschriften über den Niederlassungsverkehr erwachsen, zunichte zu machen. Daraus wird wohl zu schließen sein, dass die Mitgliedstaaten zwar, insbesondere zum Zwecke der Kontrolle, die polnischen Staatsangehörigen, die von der Niederlassungsfreiheit Gebrauch machen, sowie das Schlüsselpersonal den jeweiligen ausländerrechtlichen Vorschriften unterwerfen, dass aber nichtsdestotrotz ein Anspruch auf Erteilung der notwendigen Dokumente besteht, soweit die Voraussetzungen des Europaabkommens gegeben sind. Sollte dagegen die Annex-Freizügigkeit für Schlüsselpersonal durch Hinweis auf die Arbeitsmarktlage im Aufnahmestaat unterlaufen werden, so dürfte dies den Tatbestand der verbotenen Aushöhlung der Rechte aus dem Europaabkommen erfüllen, wie er in Art. 58 Abs. 1 Satz 1 des Abkommens festgelegt ist. Im gleichen Sinne ist auch die Forderung zu verstehen, dass sich die Beschäftigung im Rahmen der Annex-Freizügigkeit im Einklang mit den Rechtsvorschriften des Aufnahmestaates befinden muss. Hiermit kann nicht gemeint sein, dass vor Erteilung von Arbeitserlaubnissen an Angehörige des Schlüsselpersonals eine Arbeitsmarktprüfung stattfinden darf, sondern nur, dass die Beschäftigungsbedingungen sich im Rahmen des im jeweiligen Aufnahmestaat Zulässigen halten müssen. Im Ergebnis ist somit festzuhalten, dass Art. 52 Abs. 1 dem polnischen, seit mindestens einem Jahr beschäftigten Schlüsselpersonal polnischer Unternehmen oder Unternehmer ein konstitutives Annex-Freizügigkeitsrecht gewährt, das von den Mitgliedstaaten der Gemeinschaft zu beachten ist. Dies schließt allerdings nicht aus, dass die Mitgliedstaaten die Erteilung der Arbeitserlaubnis an das Vorliegen bestimmter Beschäftigungsbedingungen knüpfen, wie es etwa in der Bundesrepublik durch den auch im Hinblick auf Art. 52 Abs. 1 Europaabkommen voll anwendbaren § 285 SGB III sichergestellt werden soll. Die Mitgliedstaaten können daher nicht über das „Ob", aber über das „Wie" der Beschäftigung des die Annex-Freizügigkeit genießenden Schlüsselpersonals entscheiden.

511 Aus der Fassung des Art. 52 Europaabkommen ergibt sich nicht nur die Annex-Freizügigkeit des Schlüsselpersonals im genannten Sinne, sondern auch die Abgrenzung zu demjenigen Personal, das keine Annex-Freizügigkeit genießt. In dieser Hinsicht sind zunächst alle Arbeitnehmer des sich im Gemeinschaftsgebiet niederlassenden Unternehmens zu nennen, die nicht zum Schlüsselpersonal i. S. des Art. 52 Abs. 2 Europaabkommen zählen. Weiterhin kommen all jene nicht in Betracht, die vom Unternehmen erst seit weniger als einem Jahr beschäftigt werden. Drittens kann kein Arbeitnehmer mit Drittstaatsangehörigkeit die Annex-Freizügigkeit in Anspruch nehmen. Daraus ergibt sich, dass polnische Unternehmen, die sich im Gemeinschaftsgebiet niederlassen oder dort eine Tochtergesellschaft gründen wollen, entweder dort Personal suchen müssen, soweit Schlüsselpositionen nicht im Rahmen des Art. 52 Abs. 1 Europaabkommen besetzt werden können, oder von dem jeweiligen Mitgliedstaat Aufenthalts- und Arbeitserlaubnisse für ihre nicht unter Art. 52 Abs. 1 Europaabkommen fallenden Arbeitnehmer einholen müssen, auf die kein assoziationsrechtlicher Anspruch bestehen kann.

(2) Arbeitsbedingungen

512 Weiterhin stellt sich die Frage nach den Arbeitsbedingungen der Arbeitnehmer in den Unternehmen, die vom Niederlassungsrecht des Art. 44 Abs. 3 Europaabkommen Gebrauch gemacht haben. Unproblematisch ist dies für die Arbeitnehmer, die nicht zum Schlüsselpersonal gehören; ihre Beschäftigung steht, soweit es sich nicht um Angehörige von Mitgliedstaaten der Gemeinschaft handelt, unter dem Vorbehalt der jeweiligen mitgliedstaatlichen Rechtsordnung, so dass z. B. in der Bundesrepublik im Zusammenhang mit der Erteilung einer Arbeitserlaubnis § 285 SGB III eingreift, der für ausländische Arbeitnehmer die Arbeitsbedingungen vergleichbarer deutscher Arbeitnehmer verlangt. Das Gleiche gilt aber auch für die als Schlüsselpersonal mitgebrachten Arbeitnehmer, die ein assoziationsrechtliches Zugangsrecht zur Beschäftigung im Aufnahmestaat bei ihrem polnischen Arbeitgeber haben. Auch bei diesem Personenkreis unterliegen die Beschäftigungsbedingungen gemäß Art. 52 Abs. 1 Europaabkommen den Regelungen des nationalen Rechts, so dass in der Bundesrepublik auch bei diesem Personenkreis die Voraussetzungen des § 285 SGB III Anwendung finden.[819]

Im Ergebnis werden daher die Arbeitsbedingungen des gesamten Personals der in den Gemeinschaftsstaaten niedergelassenen polnischen Unternehmen in der Regel zumindest rechtlich denen des Personals einheimischer Unternehmen entsprechen. Abgesichert wird dieser Befund durch Art. 30 EGBGB, der in den allermeisten Fällen beim Personal in der Bundesrepublik niedergelassener Unternehmen auch zur Anwendbarkeit zumindest der zwingenden Normen des deutschen Arbeitsrechts führt, da sich der Schwerpunkt in aller Regel in der Bundesrepublik befinden dürfte. Unter rechtlichen Gesichtspunkten bestehen demzufolge keine Lücken, die es den in der Bundesrepublik niedergelassenen polnischen Unternehmen gestatten würden, ihr Personal zu Bedingungen zu beschäftigen, die durch Lohnunterbietung und die damit verbundenen Wettbewerbsvorteile gekennzeichnet sind.

b) Dienstleistungsrecht

Der Untersuchung bedarf weiterhin, in welchem Maße etwaige aus den Art. 55 ff. Europaabkommen folgende Dienstleistungsrechte für polnische Unternehmen Zugangsrechte für deren Arbeitnehmer sowie die Möglichkeit schaffen, zu Arbeitsbedingungen zu beschäftigen, die zu signifikanten Wettbewerbsvorteilen gegenüber einheimischen Konkurrenten führen können. Dabei folgt wiederum auf die Erörterung der assoziationsrechtlichen Dienstleistungsfreiheit diejenige einer eventuellen Annex-Freizügigkeit für Arbeitnehmer des Dienstleistungsunternehmens.

aa) Gewährleistung durch das Europaabkommen

Zweifelhaft erscheint die Gewährleistung eines unmittelbar anwendbaren Dienstleistungsrechts durch Art. 55 des Abkommens. Nach dessen Abs. 1 sollen die Vertragsparteien die erforderlichen Maßnahmen treffen, um schrittweise die Erbringung von Dienstleistungen durch Angehörige der jeweils anderen Vertragspartei zu erlauben, die dort niedergelassen sind. Im Rahmen dieser Liberalisierung soll dann nach Abs. 2 für mitgebrachtes Personal das Gleiche wie bei der Niederlassungsfreiheit gelten. Die nähere Ausgestaltung der schrittweisen Einführung der Dienstleistungsfreiheit bleibt dem zwischen der Gemeinschaft und Polen bzw. Ungarn einzurichtenden Assoziationsrat überlassen (Abs. 3). Die Freiheit des Dienstleistungsverkehrs wird damit nicht im gleichen Maße gewährt wie die Niederlassungsfreiheit, vielmehr wird deutlich, dass die Unmittelbarkeit eines entsprechenden Dienstleistungsrechts zuvor den Erlass weiterer Rechtsakte durch den Assoziationsrat erfordert; aber auch die Formulierung von der „schrittweisen" Erlaubnis ohne Koppelung mit einem konkreten Datum spricht gegen die unmittelbare Anwendbarkeit der Vorschrift, da das in Frage stehende subjektive Recht hier nicht mit der notwendigen Eindeutigkeit bestimmt wurde. Art. 55 wird daher wohl kaum als unmittelbar anwendbar betrachtet werden können; es gibt kein konstitutives Dienstleistungsrecht unmittelbar aus dem Europaabkommen für polnische Dienstleistungsunternehmen.

bb) Mitgebrachtes Personal

Durch diesen Befund wird aber nicht die Möglichkeit völlig ausgeschlossen, dass es zu Annex-Freizügigkeitsrechten kommt. Dies ist möglich, wenn ein Mitgliedstaat, ohne dazu assoziationsrechtlich verpflichtet zu sein, polnischen Unternehmen die Erbringung von Dienstleistungen in seinem Hoheitsgebiet gestattet. Dann stellt sich die Frage nach der Reichweite von Art. 55 Abs. 2 Europaabkommen, wonach dem Leistungserbringer im Einklang mit den Rechtsvorschriften des Aufnahmestaates und unter Vorbehalt des Art. 58

---

[819] Soweit für einen Teil des Schlüsselpersonals gemäß § 9 Nr. 1 ArbeitsgenehmigungsVO i. V. m. § 5 Abs. 2 BetrVG Arbeitserlaubnisfreiheit besteht, dürfte dies nicht wesentlich zur Verschärfung des Niedriglohnwettbewerbs beitragen, da es sich dabei in der Regel um Personal handelt, dessen Entlohnung auch westlichen Ansprüchen genügt.

Abs. 1 Europaabkommen die Mitnahme seines Schlüsselpersonals i. S. des Art. 52 Abs. 2 Europaabkommen zu gestatten ist. Hier sind zwei Deutungsmöglichkeiten denkbar: entweder könnte dieses Mitnahmerecht immer dann eingreifen, wenn einem polnischen Unternehmen die Erbringung von Dienstleistungen in einem Mitgliedstaat der Gemeinschaft gestattet wird, so dass zwar den Mitgliedstaaten assoziationsrechtlich zwar die Entscheidung über die Zulassung bleibt, im Bejahensfalle aber nicht das Schlüsselpersonal des Dienstleistungserbringers zurückgewiesen werden darf.

517 Auf der anderen Seite könnte Art. 55 Abs. 2 Europaabkommen in dem Sinne verstanden werden, dass seine Anwendung vollständig im Ermessen der Mitgliedstaaten steht, da diese über die Zulassung im Ganzen zu entscheiden haben und daher auch über die Zulassung ohne mitgebrachtes Schlüsselpersonal als Minus im Rahmen des Verhältnismäßigkeitsprinzips entscheiden können müssen. Diese Argumentation kann aber aus dem Grunde nicht überzeugen, dass eine Zulassung ohne Schlüsselpersonal in vielen Fällen eine leere Hülse wäre, da gerade bei größeren Unternehmen bzw. juristischen Personen das Schlüsselpersonal die Identität des Dienstleistungserbringers ausmacht, ohne das eine Erbringung der vereinbarten Dienstleistung nicht möglich ist. Daher ist davon auszugehen, dass die Zulassung eines polnischen Unternehmens zur Dienstleistung in einem Mitgliedstaat der Gemeinschaft zwangsläufig die Annex-Freizügigkeit des Art. 55 Abs. 2 Europaabkommen nach sich zieht, die Mitgliedstaaten also keine eigenständige Entscheidung darüber treffen können, ob der Dienstleistungserbringer berechtigt ist, sein Schlüsselpersonal mitzubringen.

518 Allerdings steht auch dieses Recht unter dem Vorbehalt des Art. 58 Abs. 1 Europaabkommen, so dass es den Mitgliedstaaten unbenommen sein dürfte, auf die Beschäftigung des mitgebrachten Schlüsselpersonals seine eigenen Rechtsvorschriften über die einzuhaltenden Beschäftigungs- und Lohnbedingungen anzuwenden. Dies ergibt sich daraus, dass es nach der Rechtsprechung des EuGH den Mitgliedstaaten schon bei der gemeinschaftsrechtlichen Dienstleistungsfreiheit der Art. 49 ff. EGV gestattet ist, auf entsandte Arbeitnehmer ihre Vorschriften über Mindestlöhne anzuwenden; umso mehr muss dies bei der Erbringung von Dienstleistungen im Rahmen der Europaabkommen gelten, die keine echte Dienstleistungsfreiheit gewährleisten, sondern nur eine Entwicklung hin zur Dienstleistungsfreiheit in Aussicht stellen. Auch dürfte der Vorteil, der gemäß Art. 58 Abs. 1 Europaabkommen nicht verringert werden darf, nicht in der Möglichkeit der Lohnunterbietung liegen, sondern in der Möglichkeit des Zutritts zum Markt der Mitgliedstaaten.[820] Für die Bundesrepublik bedeutet dies, dass (rechtlich) die Einhaltung der deutschen Arbeits- und Lohnbedingungen wiederum im Rahmen des Arbeitserlaubnisverfahrens sichergestellt werden kann, da § 285 SGB III anwendbar ist.[821] Was schon für das Schlüsselpersonal gilt, muss umso mehr für die übrigen Arbeitnehmer gelten, deren sich ein polnisches Unternehmen bei der Erbringung von Dienstleistungen in einem Mitgliedstaat bedient; soweit es aus Polen entsandt wird, obliegt dem Mitgliedstaat die Entscheidung über die Erteilung einer Arbeits- und Aufenthaltserlaubnis in vollem Umfang, so dass eine Regulierung der Arbeits- und Lohnbedingungen auch dann erfolgen kann, wenn – was bei entsandten Arbeitnehmern auf Grund Art. 30 EGBGB in der Regel der Fall sein dürfte – ausländisches Recht auf die Arbeitsverhältnisse anwendbar ist.

519 Rechtlich gesehen ist damit die Möglichkeit des Niedriglohnwettbewerbs bzw. „Sozialdumpings", die sich im Rahmen der gemeinschaftsrechtlichen Dienstleistungsfrei-

---

[820] Vgl. *Hanau*, Lohnunterbietung („Sozialdumping") durch Europarecht, in: FS für Everling, S. 415, 420.
[821] Soweit für einen Teil des Schlüsselpersonals gemäß § 9 Nr. 1 ArbeitsgenehmigungsVO i. V. m. § 5 Abs. 2 BetrVG Arbeitserlaubnisfreiheit besteht, dürfte dies nicht wesentlich zur Verschärfung des Niedriglohnwettbewerbs beitragen, da es sich dabei in der Regel um Personal handelt, dessen Entlohnung auch westlichen Ansprüchen genügt.

heit durch die fehlende Arbeitserlaubnispflichtigkeit der entsandten Arbeitnehmer eröffnet, bei Dienstleistungen nach dem Europaabkommen ausgeschlossen. Dies ändert aber nichts daran, dass die Kontrolle der Einhaltung der vorgeschriebenen Arbeits- und Lohnbedingungen sehr schwer fällt, da es im Falle der Anwendbarkeit ausländischen Rechts bei entsandten Arbeitnehmern vielfach auch im Rahmen der Einstrahlung gemäß § 5 SGB IV an einer Sozialversicherungspflicht nach hiesigem Sozialrecht fehlen dürfte, so dass es kaum Gelegenheiten gibt, die Lohnbedingungen nach Erteilung der Arbeitserlaubnis zu überprüfen. Somit beschränkt sich die Verhinderung des Niedriglohnwettbewerbs leider auf die rechtliche Seite, während in tatsächlicher Hinsicht noch Lösungsbedarf besteht.

cc) Verhältnis zu den Werkvertragsabkommen

Von Interesse ist schließlich das Verhältnis der Regelungen, die die Europaabkommen 520 über die Erbringung von Dienstleistungen treffen, zu den von der Bundesregierung mit einer Reihe von Staaten Mittel- und Osteuropas geschlossenen sog. Werkvertragsabkommen.[822] Diese Abkommen sehen jeweils vor, dass im Rahmen eines zwischen der Bundesrepublik und dem beteiligten Partnerstaat festzulegenden Kontingents, das sich wiederum auf verschiedene Branchen aufteilt, Arbeitserlaubnisse für entsandte Arbeitnehmer ganz ohne oder nach eingeschränkter Prüfung der Arbeitsmarktlage erteilt werden; es handelt sich dabei mithin um eine partielle Regelung des Dienstleistungsverkehrs, die die Mitnahme entsandten Personals im Rahmen der genannten Kontingente gestattet. Allerdings sehen auch die Werkvertragsabkommen die Erteilung von Arbeitserlaubnissen für die entsandten Arbeitnehmer nur in dem Fall vor, dass die Arbeits- und Lohnbedingungen dem deutschen Niveau entsprechen.[823] Festzuhalten ist allerdings, dass auch diese Abkommen weniger rechtlich als tatsächlich Möglichkeiten schaffen, durch Zahlung von Dumping-Löhnen (die in Anbetracht der ausdrücklichen Lohnregelung in den Abkommen auch nach der wettbewerbsrechtlichen Definition diese Bezeichnung verdienen) einen Wettbewerbsvorsprung zu erlangen, der zu einem von den Abkommen wohl nicht beabsichtigten, aber dennoch hervorgerufenen erheblichen Druck auf das Lohn- und Sozialgefüge in den betroffenen Branchen führt.

Zu erörtern ist daher, ob die Europaabkommen Bezug auf die Werkvertragsabkommen 521 nehmen, indem sie das Verhältnis zwischen den bilateralen Vereinbarungen einerseits und den umfassenden Regelungen des Europaabkommens andererseits zu klären versuchen, was angesichts der grundsätzlichen Zuständigkeit der Gemeinschaft für Regelungen des Dienstleistungsverkehrs mit Drittstaaten aus Art. 113 EGV[824] nicht fernliegend erscheint.

Hinweise auf die Werkvertragsabkommen enthalten die Europaabkommen an zwei 522 Stellen: zum einen ist in Art. 41 Abs. 1 des Abkommens mit Polen im Kapitel über die Freizügigkeit der Arbeitnehmer die Rede von der Beibehaltung, dem Ausbau und dem

---

[822] Näher zu den Werkvertragsabkommen *Feist/Sieveking/Reim/Sandbrink*, Ausland im Inland, Die Beschäftigung von Werkvertragsarbeitnehmern in der Bundesrepublik Deutschland, 1997; *Klöpper*, Werkvertragsarbeiten von Arbeitnehmern aus Osteuropa im Rahmen von Regierungsabkommen, AiB 1993, S. 682; *Mayer*, Werkvertragsarbeitnehmer aus Osteuropa, BB 1993, S. 1428; *Gargulla*, InfAuslR 1995, S. 181, 184 ff.

[823] So lautet Art. 4 Abs. 1 des Werkvertragsabkommens mit Polen: „Die Arbeitserlaubnis wird dem zur Beschäftigung auf der Grundlage von Werkverträgen entsandten Arbeitnehmer des polnischen Unternehmens erteilt, soweit [...] b) seine sich aus dem Werkvertrag ergebende Entlohnung einschließlich des Teils, der wegen der auswärtigen Beschäftigung gezahlt wird, dem Lohn entspricht, welchen die deutschen Tarifverträge für vergleichbare Tätigkeiten vorsehen."

[824] Grabitz/Hilf-*Vedder*, Art. 113 EWGV, Rn. 33; *Bleckmann*, Europarecht, S. 423 ff; *Nicolaysen*, Europarecht I, S. 190; *Ernst/Beseler* in: von der Groeben/Thiesing/Ehlermann, Handbuch des Europäischen Rechts, I A 55, Art. 113, Rn. 16, 23. Differenzierend der EuGH in Gutachten 1/94 v. 15. 11. 1994, Slg. 1994, 5267, 5400 ff.

weiteren Abschluss bilateraler Abkommen zur Erleichterung des Zugangs polnischer Arbeitnehmer zur Beschäftigung in den Mitgliedstaaten, wobei die Arbeitsmarktlage sowie die Zuständigkeit der Mitgliedstaaten für die Ausländer- und Beschäftigungspolitik berücksichtigt werden sollen. Während diese Vorschrift ihrer systematischen Stellung nach ausschließlich die sog. Gastarbeitnehmerabkommen betreffen kann,[825] wird sie dennoch von offizieller Seite auch auf die Werkvertragsabkommen bezogen.[826] Hier stellt sich die Frage, welche Folgen die Aufforderung in Art. 41 Abs. 1 Europaabkommen für den Dienstleistungsverkehr mit den Partnerstaaten der Werkvertragsabkommen haben kann, insbesondere, ob daraus eine völkerrechtliche Verpflichtung folgt, nicht mehr hinter den einmal erreichten Stand (der Kontingente) zurückzugehen. Dem steht allerdings die Deutung der Bundesregierung entgegn, derzufolge die Bestimmung des Art. 41 Europaabkommen dem Auslaufen einschlägiger Werkvertragsarbeitnehmer-Kontingente wohl nicht entgegensteht.[827] Zudem wird wohl auch die Verknüpfung der Beibehaltung oder Verbesserung der Werkvertragsarbeitnehmerkontingente, wenn denn überhaupt ihre Einbeziehung in Art. 41 Abs. 1 Europaabkommen angenommen werden kann, mit der Arbeitsmarktlage in den Mitgliedstaaten, der Hinweis auf deren ausländer- und beschäftigungspolitische Kompetenz sowie die Formulierung der Vorschrift als „Soll"-Regelung dagegen sprechen, ihr einen völkerrechtlich unmittelbar verbindlichen Charakter beizumessen.[828]

523 Weiterhin enthält Art. 116 Europaabkommen einen Hinweis auf bilaterale Abkommen zwischen Polen und einzelnen Mitgliedstaaten der Gemeinschaft. Danach sollen die von diesen gewährten Rechte bis zur Verwirklichung der Gleichheit der Rechte von Einzelpersonen und Wirtschaftsbeteiligten nach Maßgabe des Europaabkommens unberührt bleiben. Damit ist eindeutig geregelt, dass nicht etwa bilaterale Vereinbarungen, zu denen auch die Werkvertragsabkommen zu zählen sind, durch die Europaabkommen verdrängt werden sollen, solange nicht die Gleichbehandlung in dem betroffenen Gebiet auf Grund der Europaabkommen sichergestellt ist. Da diese Gleichstellung auf dem Gebiet des Dienstleistungsverkehrs den Europaabkommen in ihrem derzeitigen Zustand noch nicht entnommen werden kann, ist von der Fortgeltung der Werkvertragsabkommen auszugehen. Darin dürfte auch eine gemeinschaftsrechtliche Unbedenklichkeitserklärung gegenüber dem Abschluss der Werkvertragsabkommen als Regelungen des Dienstleistungsverkehrs mit Drittstaaten durch die Bundesregierung zu sehen sein; dies steht wohl auch im Einklang mit dem im Hinblick auf den Dienstleistungsverkehr und die Handelskompetenz der Gemeinschaft differenzierenden Standpunkt des EuGH,[829] wonach die Gemeinschaft keine alleinige Vertragsschlusskompetenz hat, wenn Regelungen der Freizügigkeit natürlicher oder juristischer Personen in Vertragswerken eine Rolle spielen, die sich im Kern zum Handelsverkehr mit Drittstaaten verhalten.

---

[825] *Hanau*, Lohnunterbietung („Sozialdumping") durch Europarecht, in: FS für Everling, S. 415, 419.
[826] Denkschrift der BReg zu dem Europaabkommen mit Polen, BT-Drucks. 12/4275, S. 177.
[827] Gegenäußerung der BReg zur Stellungnahme des Bundesrates, BT-Drucks. 12/4275, S. 182.
[828] So bezeichnet auch der Parlamentarische Staatssekretär beim Bundesminister für Arbeit- und Sozialordnung, Rudolf Kraus, in der Fragestunde des Deutschen Bundestages v. 9./10. März 1994 auf Fragen der Abgeordneten Büttner und Schöfberger Art. 41 Europaabkommen als „Good-Will-Erklärung mit lediglich aufforderndem Charakter". Im gleichen Sinne *Gargulla,* InfAuslR 1995, 181, 184f.
[829] EuGH v. 15. 11. 1994, Gutachten 1/94, Slg. 1994, 5267, 5400 ff.

§ 16 Gleichbehandlung von Mann und Frau

Schrifttum: *Abele,* Anm. zu EuGH v. 11. 11. 1997, EuZW 1997, S. 758; *ders.,* Schadensersatz wegen geschlechtsbezogener Diskriminierung eines Stellenbewerbers, NZA 1997, S. 641; *Ackmann,* Anm. zu BAG v. 1. 7. 1993, EWiR § 123 BGB 2/92, S. 953; *Adomeit,* Gleichbehandlung von Mann und Frau bei Einstellung von Arbeitnehmern, DB 1980, S. 2388; *ders.,* Anm. zu BAG v. 15. 10. 1992, JZ 1993, S. 846; *Bahlmann,* Der Grundsatz der Gleichbehandlung von Mann und Frau im Gemeinschaftsrecht, 1984, S. 98; *Balze,* Die sozialpolitischen Kompetenzen der Europäischen Union, 1994; *Benda,* Notwendigkeit und Möglichkeit positiver Aktionen zugunsten von Frauen im öffentlichen Dienst, Rechtsgutachten erstattet im Auftrag der Staatskanzlei – Leitstelle Gleichbehandlung der Frau – der Freien und Hansestadt Hamburg, 1986; *Berger-Delhey,* Ein Zweites Gleichberechtigungsgesetz, ZTR 1993, S. 267; *Bertelsmann/Pfarr,* Gleichbehandlung von Frauen und Männern bei betrieblichen Zulagen, AuR 1982, S. 86; *dies.,* Diskriminierung von Frauen bei der Einstellung und Beförderung, DB 1984, S. 1297; *Beyer/Möllers,* Die Europäisierung des Arbeitsrechts, JZ 1991, S. 24; *Binkert,* Konzeptionelle Probleme bei arbeitsrechtlichen Teilreformen, JZ 1979, S. 747; *Bittner,* Anm. zu BAG v. 23. 2. 1992, SAE 1993, S. 290; *Bloch,* Gleichbehandlung von Männern und Frauen im Verhältnis des europäischen Gemeinschaftsrechts zum deutschen Arbeitsrecht, Diss. Göttingen 1988; *Christian Blomeyer,* Das Verbot der mittelbaren Diskriminierung gemäß Art. 119 EGV, 1994; *Wolfgang Blomeyer,* Anm. zu BAG EWiR § 612 BGB 1/93, S. 361; *Buchner,* Die Rolle des Europäischen Gerichtshofs bei der Entwicklung des Arbeitsrechts, ZfA 1993, S. 279; *ders.,* FS für Eugen Stahlhacke, 1995, S. 83; *Buschbeck-Bülow,* Anm. zu BAG v. 1. 7. 1993, BB 1993, S. 2087; *Busche,* Anm. zu BAG AP Nr. 8 zu § 611a BGB; *Coen,* Anm. zu EuGH v. 11. 11. 1997, EuroAS 1998, S. 12; *Colneric,* Gleichberechtigung von Mann und Frau im Europäischen Gemeinschaftsrecht, BB 1988, S. 968; *dies.,* Quotenregelung zur Frauenförderung – Anmerkungen zu dem Beschluß des BAG vom 22. Juni 1993, PersR 1994, S. 45; *dies.,* Anm. zu EuGH v. 17. 10. 1995, DZWir 1996, S. 17; *dies.,* Frauenförderung nach der Kalanke-Entscheidung des EuGH, ArbRGeg Bd. 34 (1997), S. 69; *dies.,* Frauenquoten auf dem Prüfstand des EG-Rechts, BB 1996, S. 265; *Degen,* Die Frage nach der Schwangerschaft, AiB 1993, S. 503; *Dieball/Schiek,* Anm. zu EuGH v. 17. 10. 1995, EuroAS 1995, S. 185; *Dix,* Gleichberechtigung durch Gesetz, 1984; *Döse,* Frauenarbeit in Europa und Gemeinschaftsrecht, 2000; *Eckertz-Höfer,* Frauen kommen ... Art. 3 Abs. 2 GG in Verbindung mit dem Sozialstaatsangebot, FS für Helmut Simon, 1987, S. 447; *Ehrich,* Die Entscheidung des BAG zur Zulässigkeit der Frage nach bestehender Schwangerschaft – ein Beitrag zur Verwirklichung des Diskriminierungsverbots?, DB 1993, S. 431; *Eich,* Das Gesetz über die Gleichbehandlung von Männern und Frauen am Arbeitsplatz, NJW 1980, S. 2329; *Eichinger,* Grundsatz der Gleichbehandlung hinsichtlich des Zugangs zur Beschäftigung, zur Berufsausbildung und zum beruflichen Aufstieg sowie in bezug auf Arbeitsbedingungen, EAS B 4200; *Eisemann,* Der Ersatz von immateriellen „Diskriminierungsschäden", AuR 1988, S. 225; *Freis,* Das Gesetz zur Änderung des Bürgerlichen Gesetzbuches und des Arbeitsgerichtsgesetzes, NJW 1998, S. 2779; *Fuchsloch/Weber,* Geschlechterquoten im öffentlichen Dienst, AuR 1994, S. 409 ff.; *Gamillscheg,* Die mittelbare Benachteiligung der Frau im Arbeitsleben, FS für Hans Floretta, 1983, S. 171; *Hanau,* Der gleiche Zugang zur Beschäftigung in der Privatwirtschaft nach deutschem Recht, Gedächtnisschrift für Sir Otto Kahn-Freund, 1980, S. 457; *ders.,* Die umgekehrte Geschlechtsdiskriminierung im Arbeitsleben, FS für Herschel, 1982, S. 191; *Hanau/Preis,* Zur mittelbaren Diskriminierung wegen des Geschlechts, ZfA 1988, S. 177; *Heilmann/Hoffmann,* Müssen Frauen auch heute noch besser sein? – Betrachtung zum EuGH-Urt. 17. 10. 1995 (Kalanke), AuA 1995, S. 406; *Herrmann,* Anm. zu BAG v. 28. 10. 1992, SAE 1993, S. 271; *dies.,* Anm. zu BAG v. 22. 6. 1993, SAE 1995, S. 229; *Hohmann-Dennhardt,* Antidiskriminierungsgesetz contra Grundgesetz, ZRP 1979, S. 241; *Huster,* Frauenförderung zwischen individueller Gerechtigkeit und Gruppenparität – Zu einigen Grundfragen der Rechtfertigung von Quotenregelungen, AöR 118 (1993), S. 109; *Kappes/Korte,* Anm. zu EuGH v. 27. 10. 1993, SAE 1995, S. 48; *Kempen,* Die Gleichberechtigung von Mann und Frau nach dem nordrhein-westfälischen Entwurf eines Frauenförderungsgesetzes, ZTR 1988, S. 297; *Kirsten,* Anforderungen an die Rechtfertigung einer mittelbaren Diskriminierung wegen des Geschlechts, RdA 1990, S. 282; *Kister,* Entschädigung und geschlechtsbedingte Diskriminierung bei der Begründung eines Arbeitsverhältnisses, 2000; *Kleinsorge,* Fortschritt bei der Gleichbehandlung?, BArbBl 4/1999, S. 18; *Knigge,* Gesetzliche Neuregelung der Gleichbehandlung von

Männern und Frauen am Arbeitsplatz, BB 1980, S. 1272; *Kocher,* Verfassungsrechtliche Anforderungen an die Umsetzung des Gleichbehandlungsgebots, AuR 1998, S. 221; *Körner,* Der Dialog des EuGH mit den deutschen Arbeitsgerichten, NZA 2001, S. 1046; *Krell/Winter,* Anm. zu BAG AP Nr. 51 zu Art. 119 EWG-Vertrag; *Kretz,* Neue Entwicklungen in der Europäischen Union zur Gleichbehandlung von Frauen und Männern, Jahrbuch des Arbeitsrechts Bd. 38 (2001), S. 29; *Kruse,* Verfassungsmäßigkeit von Frauenquoten im öffentlichen Dienst – zugleich eine Anmerkung zum Vorlagebeschluß des OVG Münster vom 23. 10. 1990 –, DÖV 1991, S. 1002; *Küsters,* Die Grundlagen der Europäischen Wirtschaftsgemeinschaft, 1982; *Kyriazis,* Die Sozialpolitik der Europäischen Wirtschaftsgemeinschaft in bezug auf die Gleichbehandlung männlicher und weiblicher Erwerbstätiger, 1990; *Listl-Knopik,* Aspekte zur Gleichbehandlung von Mann und Frau als Teil europäischer Sozialpolitik, ZRP 1992, S. 181; *Löwisch/Zimmermann,* § 3 lit. n BAT bleibt im Bereich der Länder anwendbar, ZTR 2000, S. 387; *Lorenz,* Gesetz über die Gleichbehandlung von Männern und Frauen am Arbeitsplatz und über die Erhaltung von Ansprüchen bei Betriebsübergang, DB 1980, S. 1745; *Loritz,* Anm. zu BAG v. 9. 10. 1991, SAE 1991, S. 372; *ders.,* Der schwierige Weg zur Lohngleichheit von Männern und Frauen, FS für Otfried Wlotzke, 1996, S. 45; *Maidowski,* Umgekehrte Diskriminierung, 1989; *ders.,* Anm. zu BAG AP Nr. 193 zu Art. 3 GG; *Mauer,* Anm. zu EuGH v. 8. 11. 1990, BB 1991, S. 693; *Mittmann,* Das Zweite Gleichberechtigungsgesetz – eine Übersicht, NJW 1994, S. 3048; *Oetker,* Urteilsanmerkung zu EuGH v. 22. April 1997 „Draempaehl", ZIP 1997, S. 798; *Pape,* Von Kalanke zu Marschall – Ein Erfolg für die Gleichberechtigung, AuR 1998, S. 14; *Pfarr,* Zur Kritik des Entwurfs eines Gesetzes über die Gleichbehandlung von Männern und Frauen am Arbeitsplatz, BlStSozArbR 1980, S. 17; *dies.,* Mittelbare Diskriminierungen von Frauen, NZA 1986, S. 585; *dies.,* Anm. zu BAG AP Nr. 24 zu § 23a BAT; *dies.,* Anm. zu BAG AP Nr. 193 zu Art. 3 GG; *dies.,* Die Frauenquote, NZA 1995, S. 809; *dies.,* Das Zweite Gleichberechtigungsgesetz, RdA 1995, S. 204; *Pfarr/Bertelsmann,* Gleichbehandlungsgesetz: Zum Verbot der unmittelbaren und der mittelbaren Diskriminierung von Frauen im Erwerbsleben, 1985; *dies.,* Diskriminierung im Erwerbsleben, 1989; *Pfeiffer,* in: Gemeinschaftskommentar zum Kündigungsschutzgesetz und zu sonstigen kündigungsrechtlichen Vorschriften, 4. Aufl., 1996, Rn. 45; *Pirstner,* Bedingte Quotenregelung entspricht dem Gemeinschaftsrecht, Urteilsanmerkung zu EuGH v. 11. November 1997 „Marschall", DRdA 1998, S. 153; *Preis/Mallossek,* Überblick über das Recht der Gleichbehandlung von Frauen und Männern im Gemeinschaftsrecht, EAS B 4000; *Raab,* Neuregelung der Entschädigung bei Benachteiligung wegen des Geschlechts durch den Arbeitgeber, DStR 1999, S. 854; *Reiche,* Gedanken zum Entwurf eines Gesetzes zur Durchsetzung der Gleichberechtigung von Frauen und Männern, ZTR 1993, S. 103; *Sachs,* Die Quotenregelung vor dem Rentenaltersbeschluß des BVerfG, NVwZ 1991, S. 437; *ders.,* Urteilsanmerkung zu EuGH v. 17. Oktober 1995 „Kalanke", EAS RL 76/207/EWG Art. 2 Nr. 11; *ders.,* Frauenquoten wieder vor dem EuGH, RdA 1998, S. 129; *v. Roetteken,* Anforderungen des Gemeinschaftsrechts an Gesetzgebung und Rechtsprechung, NZA 2001, S. 414; *Schaub,* Gleichbehandlung, Gleichberechtigung und Lohngleichheit, NZA 1984, S. 73; *Schatzschneider,* NJW 1993, S. 1115; *Schiefer,* Europäisches Arbeitsrecht, NJW 1995, S. 160; *Schiek,* 2. Gleichberechtigungsgesetz – Änderungen des Arbeitsrechts, AiB 1994, S. 450; *dies.,* EG-Gleichbehandlungsrichtlinie und deutsches Arbeitsrecht, EuroAS 1995, S. 76; *dies.,* Differenzierte Gerechtigkeit, 2000; *Schlachter,* Probleme der mittelbaren Benachteiligung im Anwendungsbereich des Art. 119 EGV, NZA 1995, S. 393; *Schnapp,* Soziale Grundrechte aus verfassungsrechtlicher Sicht, in: von Maydell (Hrsg.), Soziale Rechte in der EG, 1990, S. 5; *Scholz,* Lohngleichheit durch Verfahren, 2000; *Schüren/Beduhn,* Anm. zu BAG EzA § 612 BGB Nr. 16; *Slupik,* Der Entwurf eines Gesetzes über die Gleichberechtigung von Männern und Frauen am Arbeitsplatz, KritJ 1982, S. 58; *dies.,* Die Entscheidung des Grundgesetzes für Parität im Geschlechterverhältnis, 1988; *Steindorff,* Gleichbehandlung von Mann und Frau nach EG-Recht, RdA 1988, S. 129; *ders.,* Grenzen der EG-Kompetenzen, 1990; *Steinmeister,* Der geplante § 611a BGB: Ein frauenrechtlicher Rückschritt, ZRP 1993, S. 127; *Stober,* Frauenquoten im öffentlichen Dienst, ZBR 1989, S. 289; *Wank,* Verteilungsgerechtigkeit im Arbeitsrecht, Jura 1981, S. 393; *ders.,* Die Teilzeitbeschäftigung im Arbeitsrecht, RdA 1985, S. 1; *ders.,* Die Rechtsprechung des Bundesarbeitsgerichts im Jahre 1986, ZfA 1987, S. 355; *ders.,* Anm. zu BAG EWiR Art. 119 EWGV 7/93, S. 1084; *ders.,* Anm. zu BAG AP Nr. 36 zu § 123 BGB; *ders.,* Anm. zu BAG 26. 5. 1993, SAE 1994, S. 191; *ders.,* Arbeitsrecht nach Maastricht, RdA 1995, S. 10 ff.; *Weber,* Die Gleichbehandlung der Frau im Erwerbsleben – Neue Chancen durch Quotenregelungen, DB 1988, S. 45; *ders.,* Der Entwurf des Arbeitsvertragsgesetzes auf dem Prüfstand des Europäischen Gemeinschaftsrechts nach Art. 3 GG, BB 1992, S. 1345; *Westenberger,* Die Entschädigungs- und Beweislastregelungen des § 611a BGB im Lichte des deutschen und des europäischen Rechts, 2001; *Wiedemann,* Die Gleichbehandlungsgebote im Arbeitsrecht, 2001; *Wiese,* Verbot der Benachteiligung wegen des Geschlechts bei der Begründung eines Arbeitsverhältnisses, JuS 1990, S. 357; *Winter*, Gleiches Entgelt für gleichwertige Arbeit, 1998; *dies.*, Mittelbare Diskriminierung bei gleichwertiger Arbeit, ZTR 2001, S. 7; *Wisskirchen*, Mittelbare Diskriminierung von Frauen im Erwerbsleben, 1994; *Wißmann*, EuGH: Neues Zur Geschlechtsdiskriminierung, DB 1991, S. 650; *ders.*, Mittelbare Geschlechtsdiskriminierung: iudex calculat, FS für Otfried Wlotzke, 1996, S. 857; *Wohlfahrt/Everling/Glaesner/Sprung*, Die Europäische Wirtschaftsgemeinschaft, 1958, Vorb. vor Art. 117; *Wolter*, Probleme der Lohngleichheit zwischen Männern und Frauen, AuR 1981, S. 129; *Worzalla*, Die Folgen geschlechtsspezifischer Diskriminierung nach dem 2. Gleichberechtigungsgesetz, DB 1994, S. 2446; *ders.*, Gleichberechtigung durch Gesetz?, Arbeitgeber 1993, S. 424; *Zeller*, Die Zulässigkeit der Frage nach der Schwangerschaft, BB 1991, S. 1134; *ders.*, Die Unzulässigkeit der Frage nach der Schwangerschaft, BB 1993, S. 219; *Zimmermann-Schwartz*, Quotierung – ein rechtliches Instrument zur Förderung von Frauen im öffentlichen Dienst, NWVBl. 1987, S. 45 ff.; *Zöllner/Loritz*, Arbeitsrecht, 5. Aufl., 1998; *Zuleeg*, Gleicher Zugang von Männern und Frauen zu beruflicher Tätigkeit, RdA 1984, S. 325

Übersicht

	Rn.
I. Der Grundsatz des gleichen Entgelts – Art. 141 EGV (Art. 119 EGV a. F.) und die Lohngleichheitsrichtlinie 75/117/EWG	1
1. Entwicklungsgeschichte	1
2. Anwendungsbereich und unmittelbare Anwendbarkeit	20
3. Diskriminierungsformen im Entgeltbereich	22
a) Unmittelbare Diskriminierung	23
b) Mittelbare Diskriminierung im Entgeltbereich	25
aa) Die Rechtsprechung des EuGH zur mittelbaren Diskriminierung	25
bb) Die Rechtsprechung des BAG zur mittelbaren Diskriminierung im Entgeltbereich	96
cc) Das Schrifttum zur mittelbaren Diskriminierung im Entgeltbereich und eigene Stellungnahme	148
4. Der Begriff des „Entgelts"	174
5. Der Begriff der „gleichen Arbeit"	181
6. Die Lohngleichheitsrichtlinie 75/117/EWG	184
7. Umsetzung der Lohngleichheitsrichtlinie in nationales Recht	188
a) Geltungsbereich	189
b) Gleiche oder gleichwertige Arbeit	191
c) Differenzierungsgründe	192
d) Rechtsfolgen geschlechtsbezogener Lohndiskriminierung	193
II. Die Gleichbehandlungsrichtlinie 76/207/EWG	194
1. Persönlicher Anwendungsbereich	195
2. Sachlicher Anwendungsbereich	196
a) Ausnahmetatbestände	197
b) Anwendungsbereich der Richtlinie	209
aa) Zugang zur Beschäftigung	209
bb) Arbeitsbedingungen	224
3. Weitere Verpflichtungen aus der Richtlinie	239
4. Umsetzung der Gleichbehandlungsrichtlinie in das deutsche Recht	243
a) Das „Arbeitsrechtliche EG-Anpassungsgesetz"	244
aa) § 611 a BGB	245
bb) § 611 b BGB a. F.	250
cc) § 612 a BGB	251
b) Das „Zweite Gleichberechtigungsgesetz"	252
aa) Neufassung des § 611 a BGB in der Fassung des 2. GleichBG	253
bb) Neufassung des § 611 b BGB	258
cc) Gemeinschaftskonformität der §§ 611 a BGB, 61 b ArbGG in der Fassung des 2. GleichBG	259
c) Änderung der §§ 611 a BGB, 61 b ArbGG durch das Gesetz zur Änderung des Bürgerlichen Gesetzbuches und des Arbeitsgerichtsgesetzes	262
d) Sozialauswahl bei der betriebsbedingten Kündigung	268
e) Juristischer Vorbereitungsdienst	270
f) Der Vorschlag für eine Änderungsrichtlinie	271
III. Die Beweislastrichtlinie	273
1. Entstehungsgeschichte	273
2. Inhalt der Richtlinie	274
a) Ziel der Richtlinie	274
b) Definitionen	275
c) Anwendungsbereich	276
d) Beweislastregelung	277
e) Umsetzungsfrist	278
f) Umsetzung der Beweislastrichtlinie in das deutsche Recht	279
IV. Sonstige Maßnahmen zur Verwirklichung der Chancengleichheit von Frauen und Männern	281
1. Entschließung des Rates über die ausgewogene Mitwirkung von Frauen und Männern am Entscheidungsprozess	281
2. Viertes mittelfristiges Aktionsprogramm der Gemeinschaft zur Verwirklichung der Chancengleichheit von Frauen und Männern (1996–2000)	283

I. Der Grundsatz des gleichen Entgelts – Art. 141 EGV (Art. 119 EGV a. F.) und die Lohngleichheitsrichtlinie 75/117/EWG

1. Entwicklungsgeschichte

1 Der EG-Vertrag in seiner ursprünglichen Fassung war durch eine weitreichende Zurückhaltung auf dem Gebiet der Sozialpolitik gekennzeichnet.[1] Auf ein zusammenfassendes Kapitel Sozialpolitik wurde verzichtet.[2] Stattdessen beschränkte man sich darauf, sozialpolitische Teilaspekte in den unterschiedlichen Kapiteln des Vertrages zu regeln. Die das Kapitel Sozialpolitik einleitenden Art. 117, 118 EGV a. F. (Art. 136, 137 EGV n. F.) ließen erkennen, dass die Sozialpolitik grundsätzlich Angelegenheit der Mitgliedstaaten bleiben sollte.[3]

2 Der Grund für die Zurückhaltung auf dem Gebiet der Sozialpolitik lag in den unterschiedlichen Auffassungen, die sich bei den Vertragsverhandlungen gegenüberstanden. Die neoliberale Auffassung ging davon aus, dass die angestrebte Verbesserung der Lebens- und Arbeitsbedingungen mit der Verwirklichung des integrierten Marktes von selbst einhergehen werde.[4] Die Gegenauffassung verlangte eine Harmonisierung der Sozialvorschriften der Mitgliedstaaten. Sie sah in den unterschiedlichen Sozialkosten eine der Wettbewerbsgleichheit entgegenstehende Gefahr des sozialen Dumpings.[5]

3 Während die programmatischen Formulierungen in Art. 117, 118 EGV a. F. (Art. 136, 137 EGV n. F.) Ausdruck eines grundsätzlichen Vorrangs der neoliberalen These waren, sollte Art. 119 EGV a. F. (Art. 141 EGV n. F.), der den Grundsatz des gleichen Entgelts für Männer und Frauen bei gleicher Arbeit festlegte, den Befürchtungen der Gegenauffassung Rechnung tragen. Die Aufnahme dieser Vorschrift in das Kapitel „Sozialvorschriften" ging auf den Wunsch Frankreichs zurück. Da das französische Recht bereits gleiches Entgelt für Männer und Frauen vorsah, befürchtete die französische Regierung, dass die französische Industrie durch die Errichtung des gemeinsamen Wirtschaftsmarktes Wettbewerbsnachteile erleiden würde, wenn eine ähnliche Bestimmung in den anderen Mitgliedstaaten nicht vorhanden wäre.[6]

4 Trotz der Einbeziehung des Art. 119 EGV a. F. (Art. 141 EGV n. F.) in das Kapitel „Sozialvorschriften" beruht die Vorschrift somit nicht vorwiegend auf sozialen, sondern **auf wirtschaftlichen Erwägungen.**[7] Die soziale Zielsetzung des Art. 119 EGV a. F.

---

[1] Zur Entwicklung der Sozialpolitik in der EG s. näher § 11 sowie *Bleckmann*, Europarecht, Rn. 2481 ff., S. 871 ff.; *Balze*, Kompetenzen, S. 35 ff.; *Preis/Mallossek*, EAS B 4000, Rn. 2 ff.; *Thiele*, NJW 1972, S. 930 ff.

[2] Titel III des 3. Teils des ursprünglichen Vertrages regelte unter der Überschrift „Sozialpolitik" in den Kapiteln „Sozialvorschriften" (Kapitel 1: Art. 117–122) und „Der Europäische Sozialfonds" (Kapitel 2: Art. 123–128) Teilbereiche der Sozialpolitik. Titel IX des 3. Teils des EG-Vertrages in der Amsterdamer Fassung gliedert sich nunmehr unter der Überschrift „Sozialpolitik, allgemeine und berufliche Bildung und Jugend" in die drei Kapitel „Sozialvorschriften" (Art. 136–145), „Der Europäische Sozialfonds" (Art. 146–148) sowie „Allgemeine und berufliche Bildung und Jugend" (Art. 149–150).

[3] *Wohlfahrth/Everling/Glaesner/Sprung*, Die Europäische Wirtschaftsgemeinschaft, 1958, Vorb. vor Art. 117 EWGV.

[4] *Ehlermann/Bieber/Pipkorn*, Handbuch des Europäischen Rechts, I A 56, Vorb. zu den Art. 117–122 EGV, Rn. 18 ff.

[5] Vgl. *Balze*, Kompetenzen, S. 36 ff.; *Bleckmann*, Europarecht, Rn. 2479, S. 869 f.; *Streil*, in Beutler/Bieber/Pipkorn/Streil, Die Europäische Union, S. 449 f.

[6] *Curall*, in: Groeben/Thiesing/Ehlermann/Currall, Art. 119 EGV, Rn. 11; *Steindorff*, RdA 1988, S. 129; zur Debatte in der französischen Nationalversammlung s. *Küsters*, Die Grundlagen der Europäischen Wirtschaftsgemeinschaft, 1982, S. 457 f.

[7] *Curall*, in: Groeben/Thiesing/Ehlermann/Currall, Art. 119 EGV, Rn. 11; Grabitz/Hilf/*Jansen*, Art. 119 EGV, Rn. 3.

I. Der Grundsatz des gleichen Entgelts 5–7 § 16

(Art. 141 EGV n. F.) ist allerdings vom EuGH bereits in seinem Urteil „**Defrenne II**" aufgewertet worden.[8] Danach verfolgt Art. 119 EGV a. F. (Art. 141 EGV n. F.) einen **doppelten Zweck**. Neben der Verhinderung von Verzerrungen des innergemeinschaftlichen Wettbewerbs solle die Bestimmung auch den sozialen Zielen der Gemeinschaft dienen. Dies ergebe sich zum einen daraus, dass, wie die Präambel zeige, die Gemeinschaft nicht auf eine Wirtschaftsunion beschränkt sei, sondern zugleich durch gemeinsames Vorgehen den sozialen Fortschritt sichern und die ständige Besserung der Lebens- und Beschäftigungsbedingungen der europäischen Völker anstreben soll. Ferner werde die soziale Zweckbestimmung dadurch betont, dass Art. 119 EGV a. F. (Art. 141 EGV n. F.) in das der Sozialpolitik gewidmete Kapitel aufgenommen wurde, dessen einleitender Art. 117 EGV a. F. (Art. 136 EGV n. F.) auf die Notwendigkeit hinweise, auf eine Verbesserung der Lebens- und Arbeitsbedingungen der Arbeitskräfte hinzuwirken und dadurch auf dem Wege des Fortschritts ihre Angleichung zu ermöglichen.[9]

Stichtag für die Erfüllung des in Art. 119 EGV a. F. (Art. 141 EGV n. F.) verankerten **5** Grundsatzes des gleichen Entgelts war der Ablauf der ersten Stufe der Übergangszeit,[10] somit der 1. 1. 1962. In einer Empfehlung vom 20. 7. 1960 an die Mitgliedstaaten sprach sich die Kommission dafür aus, den Grundsatz des gleichen Entgelts für männliche und weibliche Arbeitnehmer bereits vor dem 30. 6. 1961 anzuwenden.[11] Die Anwendung des Art. 119 EGV a. F. (Art. 141 EGB n. F.) in den Mitgliedstaaten stieß jedoch auf Schwierigkeiten. Sie verabschiedeten daher am 30. 12. 1961 eine Entschließung[12] über die Angleichung der Löhne für Männer und Frauen, die den materiellen Inhalt des Grundsatzes des gleichen Entgelts präzisierte, den Zeitpunkt der vollständigen Durchführung des Grundsatzes aber auf den 31. 12. 1964 verlängerte.[13]

Mehrere der ursprünglichen Mitgliedstaaten sind dieser Entschließung gleichwohl nicht **6** nachgekommen. Aus diesem Grund hat die Kommission im Rahmen der ihr von Art. 155 EGV a. F. übertragenen Aufgaben die Regierungen sowie Arbeitgeber und Arbeitnehmer der Industrie zusammengerufen, um den Stand der Durchführung des in Art. 119 EGV a. F. (Art. 141 EGV n. F.) verankerten Grundsatzes zu prüfen und die erforderlichen Maßnahmen zu vereinbaren. Das Ergebnis dieser Arbeiten wurde in mehreren Berichten der Kommission festgehalten.[14]

Einen weiteren Schritt zur Durchsetzung des Grundsatzes des gleichen Entgelts stellte **7** die **Pariser Erklärung** der Gipfelkonferenz der Staats- und Regierungschefs vom **19.– 20. 10. 1972** dar. In ihr bekundeten die Mitgliedstaaten ihre Absicht, dem sozialpolitischen Bereich des Vertrages die gleiche Bedeutung beizumessen wie der Wirtschafts- und Währungsunion.[15] Eine nähere Ausgestaltung hat die Erklärung der Gipfelkonferenz in dem **Sozialpolitischen Aktionsprogramm** des Rates vom **21. 4. 1974**[16] gefunden. In

---

[8] Rs. 43/75, Slg. 1976, S. 455 ff.
[9] Slg. 1976, S. 455, 473.
[10] S. Art. 8 i. V. m. Art. 119 Abs. 1 des ursprünglichen EWG-Vertrages.
[11] BullEG 1960-6/7, S. 45.
[12] BullEG 1962-1, S. 7.
[13] Der EuGH hat in seinem Urteil in der Rechtssache Defrenne II ausgeführt, dass der 1. 1. 1962 als Stichtag für die vollständige Durchführung des Grundsatzes des gleichen Entgelts für männliche und weibliche Arbeitnehmer nur im Wege des Änderungsverfahrens nach Art. 236 EGV a. F. hätte geändert werden können. Die Entschließung hat demnach den vom Vertrag festgelegten Endtermin nicht geändert; vgl. EuGH, Rs. 43/75, Slg. 1976, S. 455, 478.
[14] Vgl. den zunächst letzten Bericht vom 18. 6. 1973, Gesamtbericht 1974, Ziff. 248, in dem die Kommission erklärte, sie wolle auf Grund von Art. 169 EGV a. F. (Art. 226 n. F.) Verfahren wegen Vertragsverletzungen gegen diejenigen Mitgliedstaaten einleiten, die ihre Verpflichtung aus Art. 119 EGV a. F. (Art. 141 EGV n. F.) nicht erfüllen. Zum Vertragsverletzungsverfahren s. auch oben § 8 Rn. 184 ff.
[15] S. 6. Gesamtbericht, S. 12.
[16] ABl. C 13, S. 1.

ihm wurde im Hinblick auf die Angleichung der Lebens- und Arbeitsbedingungen die Vorrangigkeit von Aktionen anerkannt, die zugunsten der Frauen in Bezug auf den Zugang zu Beschäftigung, beruflicher Bildung und beruflichem Aufstieg sowie die Arbeitsbedingungen einschließlich der Entlohnung zu unternehmen sind. Basierend auf diesem Aktionsprogramm hat der Rat dann am **10. 2. 1975 die Richtlinie 75/117/EWG** zur Angleichung der Rechtsvorschriften der Mitgliedstaaten über die Anwendung des Grundsatzes des gleichen Entgelts für Männer und Frauen[17] verabschiedet. Der Rat stellt in dieser Richtlinie fest, dass hinsichtlich der Angleichung des Entgelts für Männer und Frauen in den Mitgliedstaaten weiterhin Unterschiede bestehen. Die Richtlinie solle daher dazu dienen, die einzelstaatlichen Rechtsvorschriften in Bezug auf die Anwendung des Grundsatzes des gleichen Entgelts anzunähern. Zugleich erweiterte die Richtlinie den rundsatz des gleichen Entgelts für Männer und Frauen auch auf „gleichwertige" Arbeit.[18]

8 Ebenfalls in Ausführung des sozialpolitischen Aktionsprogramms von 1974 verabschiedete der Rat am **9. 2. 1976** die sog. **Gleichbehandlungsrichtlinie (76/207/EWG)**.[19] Mit ihr wurde der Grundsatz des Gleichbehandlung von Männern und Frauen für den Entgeltbereich auf den Bereich des Zugangs zur Beschäftigung, zur Berufsausbildung, zum beruflichen Aufstieg sowie in Bezug auf die Arbeitsbedingungen ausgedehnt.[20] Die Richtlinie sah vor, dass der Rat im Hinblick auf die schrittweise Verwirklichung des Grundsatzes der Gleichbehandlung im Bereich der sozialen Sicherheit weitere Bestimmungen erlässt. Dem ist der Rat mit der Verabschiedung der **Richtlinie 86/378/EWG** zur Verwirklichung des Grundsatzes der Gleichbehandlung von Männern und Frauen bei den betrieblichen Systemen der sozialen Sicherheit vom 24. 7. 1986 nachgekommen.[21]

9 Der Erlass der Lohngleichheitsrichtlinie 75/117/EWG änderte nichts daran, dass einzelne Mitgliedstaaten weiterhin weder Art. 119 EGV a. F. (Art. 141 EGV n. F.) noch der Richtlinie nachkamen. Dies nahm die Kommission im Jahre 1978 zum Anlass, in einem weiteren umfassenden Bericht den Stand der Durchführung des Grundsatzes des gleichen Entgelts für Männer und Frauen festzuhalten.[22]

10 Infolge der wirtschaftlichen Rezession in allen Mitgliedstaaten verlangsamten sich in der Folgezeit die Bemühungen um die europäische Integration. Die wirtschaftliche Situation verschärfte zudem die Gefahr, dass die Bemühungen, den noch immer nicht verwirklichten Grundsatz der Gleichbehandlung von Männern und Frauen in den Mitgliedstaaten durchzusetzen, zum Stillstand kommen könnten. Um dem entgegenzuwirken, erließ der **Rat** am 12. Juli 1982 eine **Entschließung zur Förderung der Chancengleichheit der Frauen.**[23] In ihr begrüßte der Rat das von der Kommission entworfene Aktionsprogramm der Gemeinschaft zur Förderung der Chancengleichheit der Frauen (1982–1985),[24] das die „Vollendung der Gleichbehandlung durch Stärkung der Rechte des Einzelnen" sowie die „Verwirklichung der Chancengleichheit in der Praxis, vor allem durch positive Aktionsprogramme" zum Gegenstand hatte.

11 In Ausführung des Aktionsprogrammes ergingen zahlreiche unmittelbar und mittelbar auf die Förderung der Chancengleichheit gerichtete Maßnahmen, insbesondere die Entschließung des Rates vom 7. 6. 1984 zur Bekämpfung der Frauenarbeitslosigkeit[25] sowie

---

[17] ABl. L 45, S. 19.
[18] Näher zu der Richtlinie unten Rn. 22.
[19] Richtlinie zur Verwirklichung des Grundsatzes der Gleichbehandlung von Männern und Frauen hinsichtlich des Zugangs zur Beschäftigung, zur Berufsbildung und zum beruflichen Aufstieg sowie in Bezug auf die Arbeitsbedingungen, ABl. L 39, S. 40.
[20] Näher zu der Richtlinie unten Rn. 192.
[21] ABl. L 225, S. 40.
[22] Dok. KOM 78, 711 endg.
[23] ABl. C 186, S. 3.
[24] ABl. C 22, S. 7.
[25] ABl. C 161, S. 4.

I. Der Grundsatz des gleichen Entgelts 12–14 § 16

die Empfehlung des Rates vom 13. 12. 1984 zur Förderung positiver Maßnahmen für Frauen.[26]

In seiner **zweiten Entschließung** zur Förderung der Chancengleichheit der Frauen wies der Rat darauf hin, dass trotz aller zwischenzeitlich getroffenen positiven Maßnahmen zur Förderung der Chancengleichheit weiterhin Ungleichheiten bestünden. Angesichts der bestehenden wirtschaftlichen Umstände drohten diese Ungleichheiten zuzunehmen. Aus diesem Grund bekräftigte der Rat die Notwendigkeit, das auf gemeinschaftlicher und einzelstaatlicher Ebene eingeleitete Vorgehen durch eine umfassende systematische und kohärente Politik auszubauen und zu verstärken, um ungeachtet der jeweiligen wirtschaftlichen Lage die faktischen Ungleichheiten zu beseitigen und eine echte Chancengleichheit herbeizuführen. Zugleich erklärte der Rat, das von der Kommission unterbreitete zweite mittelfristige Programm zur Chancengleichheit der Frauen (1986–1990), dessen Ziel auf die faktische Verwirklichung der Chancengleichheit im wirtschaftlichen, sozialen und kulturellen Leben gerichtet ist, zu unterstützen. Die Kommission wurde beauftragt, eine systematische Zusammenarbeit aller mit der Gleichstellung befassten Stellen zu organisieren. 12

Zwei weitere vom Rat erlassene Richtlinien im Bereich der Gleichbehandlung von Männern und Frauen sind die **Richtlinie 86/378/EWG** vom 24. 7. 1986[27] sowie die **Richtlinie 86/613/EWG** zur Verwirklichung des Grundsatzes der Gleichbehandlung von Männern und Frauen, die eine selbständige Erwerbstätigkeit – auch in der Landwirtschaft – ausüben sowie über den Mutterschutz vom 11. 12. 1986.[28] Ziel der Richtlinie 86/378/EWG ist es, den Grundsatz der Gleichbehandlung im Bereich der betrieblichen Versorgungssysteme zu verwirklichen.[29] Dagegen zielt die Richtlinie 86/613/EWG darauf ab, den Grundsatz der Gleichbehandlung von Männern und Frauen, die eine selbständige Erwerbstätigkeit ausüben oder zur Ausübung einer solchen beitragen, in allen Bereichen zu verwirklichen, die von den Richtlinien 76/207/EWG und 79/7/EWG nicht erfasst sind.[30] 13

Ein gewisser Impuls für die Verwirklichung des Grundsatzes der Gleichbehandlung von Männern und Frauen geht von der **Gemeinschaftscharta der sozialen Grundrechte** der Arbeitnehmer aus. In dieser von den Staats- und Regierungschefs von elf Mitgliedstaaten auf der Tagung des Europäischen Rates von Straßburg am 9. 12. 1989 verabschiedeten „feierlichen Verkündung" heißt es unter Punkt 16: 14

„Die Gleichbehandlung von Männern und Frauen ist zu gewährleisten. Die Chancengleichheit für Männer und Frauen ist weiter auszubauen.

Zu diesem Zweck sind überall dort, wo dies erforderlich ist, die Maßnahmen zu verstärken, mit denen die Verwirklichung der Gleichheit von Männern und Frauen vor allem im Hinblick auf den Zugang zu Beschäftigung, Arbeitsentgelt, Arbeitsbedingungen, sozialen Schutz, allgemeine und berufliche Bildung sowie beruflichen Aufstieg sichergestellt sind.

---

[26] ABl. L 331, S. 34; mittelbare Maßnahmen waren insbesondere die Entschließung des Rates vom 2. 6. 1983 über Maßnahmen der Berufsbildung im Hinblick auf die Einführung der neuen Informationstechnologien (ABl. C 166, S. 1); die Entschließung des Rates v. 11. 7. 1983 über die Berufspolitik in der Europäischen Gemeinschaft während der achtziger Jahre (ABl. C 193, S. 2); die Entschließung des Rates und der im Rat vereinigten Minister für das Bildungswesen vom 19. 9. 1983 über Maßnahmen zur Einführung neuer Informationstechnologien im Bildungswesen (ABl. C 256, S. 1); die Entschließung des Rates vom 23. 1. 1984 zur Förderung der Beschäftigung von Jugendlichen (ABl. C 29, S. 1) sowie die Entschließung des Rates und der im Rat vereinigten Minister für das Bildungswesen vom 3. 6. 1985 mit einem Aktionsprogramm zur Förderung der Chancengleichheit für Mädchen und Jungen im Bildungswesen (ABl. C 166, S. 1).
[27] Richtlinie zur Verwirklichung des Grundsatzes der Gleichbehandlung von Männern und Frauen bei den betrieblichen Systemen der sozialen Sicherheit, ABl. L 22, S. 48.
[28] ABl. L 359, S. 56.
[29] Vgl. zur Altersvorsorgung § 23.
[30] Vgl. zur sozialen Sicherung Selbständiger § 24.

Auch sind die Maßnahmen auszubauen, die es Männern und Frauen ermöglichen, ihre beruflichen und familiären Pflichten besser miteinander in Einklang zu bringen."

15 Neben dem politischen Bekenntnis der Regierungen vermag die Sozialcharta allerdings keine weitergehenden Wirkungen zu entfalten, insbesondere keine sozialen Rechte zu schaffen.[31]

16 Eine weitere EG-Maßnahme zur Verwirklichung des Grundsatzes der Gleichbehandlung stellt die **Entschließung des Rates vom 21. 5. 1991** dar.[32] Der Rat stellt in dieser Entschließung fest, dass trotz der Anstrengungen in der Gemeinschaft und trotz einer Verbesserung der Wirtschaftslage die Gleichbehandlung von Männern und Frauen nach wie vor nicht verwirklicht ist. Es sei daher geboten, die im Rahmen der beiden vorangegangenen Aktionsprogramme für die Chancengleichheit bereits durchgeführten Arbeiten zu konsolidieren und zugleich neue Politiken und Maßnahmen zu konzipieren, die den wirtschaftlichen und sozialen Veränderungen der neunziger Jahre und der Zeit danach Rechnung tragen. Zugleich unterstützt der Rat die Mitteilung der Kommission über ein drittes mittelfristiges Aktionsprogramm der Gemeinschaft für die Chancengleichheit für Frauen und Männern (1991–1995). Besondere Bedeutung bei der Verwirklichung der Chancengleichheit wird den Sozialpartnern beigemessen. Sie werden u. a. aufgefordert, bei den Tarifverhandlungen sowohl die Frage der gleichen Entlohnung für gleiche oder gleichwertige Arbeit aufzugreifen als auch auf eine Beseitigung der geschlechtsbedingten Diskriminierungen in den Entlohnungs- und/oder Einstufungssystemen hinzuwirken.

17 Die zuletzt vom Rat erlassene Richtlinie im Bereich der Gleichbehandlung von Männern und Frauen ist die **Richtlinie 97/80/EG** des Rates vom 15. Dezember 1997 über die Beweislast bei Diskriminierungen auf Grund des Geschlechts.[33] Zweck der Richtlinie ist es, eine wirksamere Durchführung der gegenwärtigen und künftigen Maßnahmen sicherzustellen, die von den Mitgliedstaaten gemäß dem Grundsatz der Gleichbehandlung von Männern und Frauen getroffen werden.[34]

18 Der **Vertrag von Maastricht** hat Art. 119 EGV a. F. (Art. 141 EGV n. F.) unverändert gelassen.[35] Durch das dem Maastrichter Vertrag beigefügte Protokoll Nr. 2 zu Art. 119 EGV a. F.. (Art. 141 EGV n. F.) ist die Vorschrift jedoch ergänzt worden. Das Protokoll bestimmt, dass Leistungen auf Grund eines betrieblichen Systems der sozialen Sicherheit nicht als Entgelt i. S. des Art. 119 EGV a. F. (Art. 141 EGV n. F.) gelten, sofern und soweit sie auf Beschäftigungszeiten vor dem 17. Mai 1990 zurückgeführt werden können, außer im Fall von Arbeitnehmern oder deren anspruchsberechtigten Angehörigen, die vor diesem Zeitpunkt eine Klage bei Gericht oder ein gleichwertiges Verfahren nach geltendem einzelstaatlichen Recht anhängig gemacht haben. Mit dem Protokoll zu Art. 119 EGV a. F. (Art. 141 EGV n. F.) haben die Mitgliedstaaten die Rechtsunsicherheit, die der EuGH mit seinem Barber-Urteil[36] hervorgerufen hatte, beseitigt.

19 Ergänzt wurde der EG-Vertrag durch den **Vertrag von Amsterdam.** Dem Art. 119 EGV a. F. (Art. 141 EGV n. F.) wurden zwei Absätze angefügt. Art. 141 Abs. 3 EGV n. F. bestimmt, dass der Rat Beschlüsse zur Gewährleistung des Grundsatzes der Chancengleichheit und der Gleichbehandlung von Männern und Frauen in Arbeits- und Beschäftigungsverfahren, einschließlich des Grundsatzes des gleichen Entgelts bei gleicher oder gleichwertiger Arbeit, nach dem Verfahren des Art. 251 EGV n. F. trifft. Der neu einge-

---

[31] Näher dazu *Schnapp*, Soziale Grundrechte aus verfassungsrechtlicher Sicht, in: von Maydell (Hrsg.), Soziale Rechte in der EG, 1990, S. 4 ff. sowie oben § 13 Rn. 96 ff.
[32] ABl. C 162, S. 1.
[33] ABl. EG Nr. L 14 v. 20. 1. 1998, S. 6.
[34] Näher zu dieser Richtlinie Rn. 273 ff.
[35] Zu den arbeitsrechtlichen Auswirkungen des Maastrichter Vertrages s. auch *Wank*, RdA 1995, S. 10 ff.
[36] Rs. 262/88, Slg. 1990, S. 1889; zur Kritik an dieser Entscheidung s. auch Rn. 175 ff.

I. Der Grundsatz des gleichen Entgelts

fügte Absatz 4 des Art. 141 n. F. stellt ausdrücklich klar, dass im Hinblick auf die effektive Gewährleistung der vollen Gleichstellung von Männern und Frauen im Arbeitsleben die Mitgliedstaaten nicht daran gehindert sind, zur Erleichterung der Berufstätigkeit des unterrepräsentierten Geschlechts oder zur Verhinderung oder zum Ausgleich von Benachteiligungen in der beruflichen Laufbahn spezifische Vergünstigungen beizubehalten oder zu beschließen.

2. Anwendungsbereich und unmittelbare Anwendbarkeit

Der persönliche Anwendungsbereich des Art. 119 EGV a. F. (Art. 141 EGV n. F.) umfasst alle Arbeitnehmer, d. h. Personen, die abhängige im Gegensatz zu selbständigen Leistungen erbringen,[37] für die sie als Gegenleistung eine Vergütung erhalten.[38] Unerheblich ist, ob die Arbeitnehmer im privaten oder im öffentlichen Bereich tätig sind.[39] Auch Beamte werden von Art. 119 EGV a. F. (Art. 141 EGV n. F.) erfasst.[40]

Dem Wortlaut nach wendet sich Art. 119 EGV a. F. (Art. 141 EGV n. F.) allein an die Mitgliedstaaten und verpflichtet sie, den Grundsatz des gleichen Entgelts nach Ablauf der ersten Stufe der Übergangszeit anzuwenden. Es stellt sich damit die Frage, ob Art. 119 EGV a. F. (Art. 141 EGV n. F.) trotz seines Wortlauts nicht nur in den Beziehungen zwischen Staat und Einzelperson,[41] sondern auch in den Beziehungen zwischen Einzelpersonen, also im Verhältnis Arbeitnehmer und Arbeitgeber,[42] **unmittelbare Wirkung** entfalten kann. Der EuGH hat in dem Urteil **„van Gend & Loos"**[43] schon sehr früh grundlegende Aussagen über das Verhältnis Gemeinschaftsrecht und nationale Rechte getroffen. Von herausragender Bedeutung für das Gemeinschaftsrecht ist die Feststellung des Gerichtshofes, dass die Gemeinschaft eine neue Rechtsordnung darstelle, zu deren Gunsten die Staaten, wenn auch in begrenztem Rahmen, ihre Souveränitätsrechte eingeschränkt haben. Rechtssubjekte der neuen Rechtsordnung seien nicht nur die Mitgliedstaaten, sondern auch die Einzelnen. Das von der Gesetzgebung der Mitgliedstaaten unabhängige Gemeinschaftsrecht solle den Einzelnen, ebenso wie es ihnen Pflichten auferlegt, auch Rechte verleihen. Ob eine Vorschrift des Vertrages in dem Sinne unmittelbare Wirkung im innerstaatlichen Recht entfalte, dass die Einzelnen Rechte daraus herleiten können, die von dem nationalen Richter zu beachten seien, müsse durch Auslegung der jeweiligen Vorschrift ermittelt werden. Entscheidende Kriterien für die Auslegung seien der Geist, die Systematik und der Wortlaut der jeweiligen Vorschrift des Vertrages.[44] In einer späteren Entscheidung wurde die Rechtsprechung des EuGH zur unmittelbaren Anwendbarkeit des Gemeinschaftsrechts dahingehend ergänzt, dass völkerrechtlichen Vertragsnormen, die Handlungspflichten der Mitgliedstaaten begründen, unmittelbare Wirkung nur zukommt, wenn die gemeinschaftsrechtliche Norm klar und eindeutig ist und den Mitgliedstaaten keinen Ermessensspielraum belässt.[45] Der Grundsatz der unmittelbaren An-

---

[37] S. *Wank*, Arbeitnehmer und Selbständige, 1988, zum deutschen Arbeitnehmerbegriff.
[38] Zum gemeinschaftsrechtlichen Arbeitnehmerbegriff s. *Bleckmann*, Europarecht, Rn. 552, S. 206; Grabitz/Randelshofer, Art. 48 EGV, Rn. 2; *Schweitzer/Hummer*, Europarecht, Rn. 1155, S. 353 sowie oben § 14 Rn. 3 ff.
[39] EuGH (Defrenne II), Rs. 43/75, Slg. 1976, S. 455, 474.
[40] EuGH, Rs. 20/71, Slg. 1972, S. 345, 351; Grabitz/Hilf/*Jansen*, Art. 119 EGV, Rn. 15; *Kyriazis*, Sozialpolitik, 1990, S. 32.
[41] Sog. vertikale unmittelbare Geltung.
[42] Sog. horizontale unmittelbare Geltung.
[43] Rs. 26/62, Slg. 1963, S. 1 ff, in dem der EuGH die unmittelbare Geltung von Art. 12 des ursprünglichen Vertrages (Art. 25 EGV n. F.) bejahte, obwohl die Vorschrift ihrem Wortlaut nach allein die Mitgliedstaaten verpflichtet.
[44] EuGH, Rs. 26/62, Slg. 1963, S. 1, 24.
[45] Rs. 57/65, Slg. 1966, S. 257, 266, in der der EuGH über die unmittelbare Wirkung der Art. 102, 93, 53 und 37 EGV a. F. zu entscheiden hatte.

wendbarkeit einzelner Vorschriften des EG-Vertrages entspricht heute allgemeiner Auffassung.[46]

3. Diskriminierungsformen im Entgeltbereich

22 Im Entgeltbereich verbietet Art. 119 EGV a. F. (Art. 141 EGV n. F.) jegliche Diskriminierung[47] wegen des Geschlechts.[48] Wann aber eine Diskriminierung vorliegt, lässt sich dem Art. 119 EGV a. F. (Art. 141 EGV n. F.) nicht entnehmen. Eine nähere Ausgestaltung hat der Begriff der Diskriminierung durch die Unterscheidung zwischen unmittelbarer und mittelbarer Diskriminierung erhalten.

a) Unmittelbare Diskriminierung

23 Eine unmittelbare Diskriminierung setzt zunächst das Vorhandensein einer Benachteiligung in der Weise voraus, dass eine Regelung oder Maßnahme entweder ausdrücklich nach dem Geschlecht differenziert oder dass rechtlich oder tatsächlich nur ein Geschlecht betroffen ist.[49]

24 Die unmittelbare Diskriminierung kann offensichtlich oder versteckt sein.[50] Eine offensichtliche unmittelbare Diskriminierung wäre z. B. zu bejahen, wenn eine Frau bei gleicher Dienstzugehörigkeit für die gleiche Arbeit weniger Stundenlohn als ihr männlicher Kollege erhält. Fälle versteckter unmittelbarer Diskriminierung liegen insbesondere vor, wenn mit vorgeschobenen Gründen Arbeitnehmer eines Geschlechts diskriminiert werden.[51] Unmittelbare Diskriminierungen im Entgeltbereich sind zumindest im deutschen Arbeitsrecht wegen ihres mehr oder weniger offensichtlichen Verstoßes gegen § 612 Abs. 3[52] BGB selten.

b) Mittelbare Diskriminierung im Entgeltbereich

aa) Die Rechtsprechung des EuGH zur mittelbaren Diskriminierung

(1) Die Rechtssachen Defrenne II und Macarthys

25 Die Unterscheidung zwischen unmittelbarer, offener Diskriminierung und mittelbarer, versteckter Diskriminierung wurde vom EuGH erstmals in der Rechtssache Defrenne II[53] getroffen. Dem Vorabentscheidungsersuchen lag ein Rechtsstreit zwischen einer Bordstewardess (nachfolgend: Klägerin) und ihrer Arbeitgeberin, der Aktiengesellschaft Sabena, zugrunde, der einen Entschädigungsanspruch der Klägerin dafür zum Gegenstand hatte, dass sie in der Zeit vom 15. Februar 1963 bis zum 1. Februar 1966 als Arbeitnehmerin Opfer einer Lohndiskriminierung gegenüber ihren männlichen Kollegen gewesen war. Laut dem Vorlageurteil war unstreitig, dass eine Bordstewardess die gleiche Arbeit leistete wie ein Purser und dass in der fraglichen Zeit eine Lohndiskriminierung zum Nachteil der Bordstewardessen bestanden hatte. Die Vorlagefrage ging dahin, ob Art. 119 EGV a. F. (Art. 141 EGV n. F.) für sich allein den Grundsatz der Gleichheit des Arbeitsentgelts für

---

[46] S. u. a. BVerfGE 22, S. 296; BAG AP Nr. 11 zu Art. 119 EWG-Vertrag; BAG AP Nr. 136 zu Art. 3 GG; *Bleckmann,* Europarecht, Rn. 1152 ff.; S. 406 ff.; *Eisemann,* AuR 1988, S. 225, 228; ausführlich zur unmittelbaren Anwendbarkeit des Gemeinschaftsrechts s. oben § 10 Rn. 70 ff.
[47] Zur Wortbedeutung des Begriffs „Diskriminierung" s. *Dix,* Gleichberechtigung, S. 7 ff.
[48] EuGH (Worringham), Rs. 69/80, Slg. 1981, S. 767, 792.
[49] *Pfarr,* NZA 1986, S. 585, 586.
[50] BAG AP Nr. 3 zu Art. 119 EWG-Vertrag; *Hanau/Preis,* ZfA 1988, S. 180 f.; *Wank,* RdA 1985, S. 1, 21.
[51] Näher dazu *Pfarr/Bertelsmann,* Gleichbehandlungsgesetz, Rn. 46 f.; *Hanau/Preis,* ZfA 1988, S. 177, 181.
[52] Zur Rechtsgrundlage des Diskriminierungsverbots im nationalen Recht s. Rn. 94 ff.
[53] Rs. 43/75, Slg. 1976, S, 455.

I. Der Grundsatz des gleichen Entgelts

männliche und weibliche Arbeitnehmer bei gleicher Arbeit unmittelbar in das innerstaatliche Recht der einzelnen Mitgliedstaaten der Europäischen Gemeinschaft einführt und ob er daher den Arbeitnehmern unabhängig von allen Rechtsvorschriften das Recht verleiht, vor den innerstaatlichen Gerichten Klage zu erheben, um zu erreichen, dass dieser Grundsatz gewahrt wird. In seinen Entscheidungsgründen führt der EuGH aus, dass für die unmittelbare Anwendung des Art. 119 EGV a. F. (Art. 141 EGV n. F.) zwischen unmittelbaren, offenen Diskriminierungen einerseits, und mittelbaren, versteckten Diskriminierungen andererseits zu unterscheiden sei.[54] Während unmittelbare, offene Diskriminierungen sich schon anhand der in Art. 119 EGV a. F. (Art. 141 EGV n. F.) verwendeten Merkmale gleiche Arbeit und gleiches Entgelt allein feststellen ließen, könnten mittelbare, versteckte Diskriminierungen nur nach Maßgabe eingehender gemeinschaftsrechtlicher oder innerstaatlicher Durchführungsvorschriften festgestellt werden. Zu den unmittelbaren Diskriminierungen, die sich anhand der in Art. 119 EGV a. F. (Art. 141 EGV n. F.) verwandten Merkmale allein feststellen ließen, seien namentlich diejenigen zu rechnen, die sich aus Rechtsvorschriften oder Kollektivverträgen ergäben und die durch rein rechtliche Untersuchungen ermittelt werden könnten. Zu den unmittelbaren Diskriminierungen zähle auch der Fall ungleichen Entgelts für männliche und weibliche Arbeitnehmer bei gleicher Arbeit in einem und demselben öffentlichen oder privaten Dienst oder Betrieb.[55] Die Unterscheidung zwischen unmittelbarer und mittelbarer Diskriminierung wurde vom EuGH somit allein zur Abgrenzung des unmittelbaren Anwendungsbereichs des Art. 119 EGV a. F. (Art. 141 EGV n. F.) herangezogen.[56] An der im Defrenne II-Urteil getroffenen Unterscheidung zwischen unmittelbarer und mittelbarer Diskriminierung hielt der EuGH auch noch in der Rechtssache Macarthys[57] fest.[58]

(2) Die Wende in der Rechtssache Worringham

In der Rechtssache Worringham[59] musste der EuGH u. a. über mehrere Vorlagefragen des Londoner Court of Appeal entscheiden, die sich im Rahmen eines Rechtsstreits zwischen zwei Arbeitnehmerinnen und ihrer Arbeitgeberin gestellt hatten. Die Klägerinnen des Ausgangsverfahrens warfen ihrer Arbeitgeberin vor, sie verletze dadurch ihre Verpflichtungen aus dem Equal Pay Act 1970, dass sie dem weiblichen Personal unter 25 Jahren nicht den gleichen Bruttolohn zahle wie dem gleichaltrigen männlichen Personal, das die gleiche Arbeit leiste. Bei der Arbeitgeberin galten für das Personal zwei Altersversorgungssysteme, eines für Männer und eines für Frauen. Während männliche Arbeitnehmer unter 25 Jahren verpflichtet waren, einen Beitrag in Höhe von 5% ihres Lohnes an ihr Altersversorgungssystem zu leisten, bestand eine solche Pflicht für weibliche Arbeitnehmer nicht. Um den von den männlichen Arbeitnehmern geschuldeten Beitrag zu decken, zahlte die Arbeitgeberin einen Zuschlag in Höhe von 5% auf den diesen Arbeitnehmern gezahlten Bruttolohn. Dieser Betrag wurde anschließend abgezogen und unmittelbar an die Treuhänder des in Frage stehenden Altersversorgungssystems für Rechnung dieser Arbeitnehmer gezahlt.

In seinen Schlussanträgen wandte sich Generalanwalt *Warner* ausdrücklich gegen die vom EuGH in den Rechtssachen Defrenne II und Macarthys getroffene Unterscheidung zwischen „unmittelbarer und offener" Diskriminierung und „mittelbarer und versteckter Diskriminierung" im Zusammenhang mit der unmittelbaren Anwendbarkeit des Art. 119

---

[54] Slg. 1976, S. 455, 474.
[55] Slg. 1976, S. 455, 474.
[56] Zutreffend *Blomeyer,* Das Verbot der mittelbaren Diskriminierung gemäß Art. 119 EGV, S. 52.
[57] Rs. 129/79, Slg. 1980, S. 1275 ff.
[58] In dieser Rechtssache hatte der Londoner Court of Appeal dem Gerichtshof u. a. die Frage vorgelegt, ob sich der Grundsatz des gleichen Entgelts bei gleicher Arbeit, wie er in Art. 119 EGV a. F. (Art. 141 EGV n. F.) enthalten ist, auf die Fälle beschränkt, in denen Männer und Frauen gleichzeitig die gleiche Arbeit für ihre Arbeitgeber leisten.
[59] Rs. 69/80, Slg. 1981, S. 767 ff.

EGV a. F.⁶⁰ (Art. 141 EGV n. F.). Diese Unterscheidung stehe im Widerspruch zu früheren Entscheidungen des Gerichtshofs,⁶¹ in denen festgestellt worden sei, dass die versteckte Diskriminierung ebenso diskriminiere wie die offene Diskriminierung. Die vom EuGH getroffene Unterscheidung sei für die Frage der unmittelbaren Geltung des Art. 119 EGV a. F. (Art. 141 EGV n. F.) unbrauchbar und daher verwirrend.⁶²

28 Anders als in den Rechtssachen Defrenne II und Macarthys verzichtete der EuGH in seinen Urteilsgründen in der Rechtssache Worringham auf die Unterscheidung zwischen mittelbarer und unmittelbarer Diskriminierung. Er entschied, dass Art. 119 EGV a. F. (Art. 141 EGV n. F.) unmittelbar auf alle Arten von Diskriminierungen anwendbar sei, die sich schon anhand der in der Vorschrift verwandten Merkmale gleiche Arbeit und gleiches Entgelt feststellen ließen.⁶³

(3) Die Rechtssache Jenkins

29 Der Umstand, dass der EuGH mit der Rechtssache Worringham der Kritik des Generalanwalts *Warner* Rechnung getragen und die Unterscheidung zwischen unmittelbarer und mittelbarer Diskriminierung im Zusammenhang mit der Anwendbarkeit des Art. 119 EGV a. F. (Art. 141 EGV n. F.) aufgegeben hat, darf jedoch nicht dahingehend missverstanden werden, dass auch das Verbot der mittelbaren Diskriminierung im heutigen Verständnis⁶⁴ aufgegeben wurde. Wie das Urteil in der Rechtssache Jenkins belegt, ist das Gegenteil der Fall.

30 In der Rechtssache Jenkins⁶⁵ hatte sich der Gerichtshof erstmals mit der Frage zu befassen, ob Art. 119 EGV a. F. (Art. 141 EGV n. F.) auch solche geschlechtsneutralen Bedingungen verbietet, deren nachteilige Auswirkung einen erheblich größeren Anteil weiblicher Arbeitnehmer trifft.

31 Dem Vorabentscheidungsverfahren lag ein Rechtsstreit zwischen einer auf Teilzeitbasis beschäftigten Arbeitnehmerin, der Klägerin, und ihrer Arbeitgeberin, einer Herstellerin von Damenbekleidung, zugrunde. Bis November 1975 zahlte die Arbeitgeberin unterschiedliche Stundenlohnsätze an ihre männlichen und weiblichen Arbeitnehmer. Im November 1975 führte die Arbeitgeberin neue Lohnsätze ein, nach denen Vollzeitarbeitnehmer beiderlei Geschlechts den gleichen Stundenlohn erhielten ebenso wie Teilzeitarbeitnehmer beiderlei Geschlechts. Teilzeitarbeitnehmer, d. h. diejenigen, die weniger als 40 Stunden pro Woche arbeiteten, erhielten jedoch nach diesen Sätzen 10% weniger pro Stunde als Vollzeitarbeitnehmer. In dem Betrieb der Arbeitgeberin arbeiteten 89 Personen, davon 35 Männer und 54 Frauen. Die männlichen Arbeitnehmer leisteten außer einem Arbeitnehmer alle die volle Arbeitszeit von 40 Stunden. Von den weiblichen Arbeitnehmern leisteten dagegen 5 Teilzeitarbeit. Das Employment Appeal Tribunal des Vereinigten Königreichs legte dem Gerichtshof mehrere Fragen nach der Auslegung des Art. 119 EGV a. F. (Art. 141 EGV n. F.) vor. Im Wesentlichen ging es dabei um die Frage, ob ein unterschiedliches Entgelt für Teilzeit- und Vollzeitarbeitnehmer eine nach Art. 119 EGV a. F. (Art. 141 EGV n. F.) verbotene Diskriminierung darstellen kann, wenn die Gruppe der Teilzeitarbeitnehmer ausschließlich oder überwiegend aus weiblichen Arbeitnehmern besteht.

32 In seiner Entscheidung stellte der EuGH zunächst fest, dass Art. 119 EGV a. F. (Art. 141 EGV n. F.) ausschließlich solche Unterschiede in der Behandlung verbiete, die auf dem unterschiedlichen Geschlecht der Arbeitnehmer beruhen. Die Tatsache, dass für Teilzeitarbeit ein geringerer Stundenlohn gezahlt werde als für Vollzeitarbeit, stelle für sich allein

---

⁶⁰ Schlussanträge v. 11. 12. 1980, Slg. 1981, S. 796.
⁶¹ Vgl. EuGH (Sotgiu), Rs. 152/73, Slg. 1974, S. 153; (Kommission/Irland), Rs. 61/77, Slg. 1978, S. 417; (CRAM), Rs. 237/78, Slg. 1979, S. 2645.
⁶² Slg. 1981, S. 796, 803.
⁶³ Slg. 1981, S. 767, 792.
⁶⁴ S. dazu Rn. 148 ff.
⁶⁵ Rs. 96/80. Slg. 1981, S. 911 ff.

I. Der Grundsatz des gleichen Entgelts

keine nach Art. 119 EGV a. F. (Art. 141 n. F.) verbotene Diskriminierung dar, wenn diese Stundensätze ohne Unterscheidung nach dem Geschlecht für die Arbeitnehmer der beiden Gruppen gelten. Werde eine solche Unterscheidung nicht getroffen, so verstoße die geringere Entlohnung der Teilzeitarbeit nicht gegen den in Art. 119 EGV a. F. (Art. 141 EGV n. F.) niedergelegten Grundsatz des gleichen Entgelts, „soweit die unterschiedliche Entlohnung der Teilzeitarbeit und der Vollzeitarbeit auf Faktoren beruht, die objektiv gerechtfertigt sind und nichts mit einer Diskriminierung auf Grund des Geschlechts zu tun haben".[66] Dies könne insbesondere der Fall sein, wenn der Arbeitgeber dadurch, dass er für die Teilzeitarbeit einen geringeren Stundenlohn zahlt als für Vollzeitarbeit, „aus objektiv gerechtfertigten wirtschaftlichen Gründen das Ziel verfolgt, unabhängig vom Geschlecht des Arbeitnehmers einen Anreiz zur Vollzeitarbeit zu geben".[67] Stelle sich dagegen heraus, dass ein erheblich geringerer Prozentsatz der weiblichen Arbeitnehmer als der männlichen Arbeitnehmer Vollzeitarbeit leiste, so stehe das ungleiche Entgelt dann im Widerspruch zu Art. 119 EGV a. F. (Art. 141 EGV n. F.), wenn „unter Berücksichtigung der Schwierigkeiten, die die weiblichen Arbeitnehmer haben", um Vollzeitarbeit leisten zu können, die Lohnpolitik des betreffenden Unternehmens nicht durch Umstände zu klären sei, die eine Diskriminierung auf Grund des Geschlechts ausschlössen.[68]

Der EuGH stellt sodann fest, dass die Beurteilung, ob im jeweiligen Einzelfall eine Diskriminierung der Arbeitnehmer auf Grund des Geschlechts vorliegt, dem nationalen Gericht überlassen bleibe. Er gibt in seiner Entscheidung jedoch Beurteilungskriterien vor. Bei der Beurteilung, ob tatsächlich eine geschlechtsspezifische Diskriminierung vorliegt, hätten die Richter die tatsächlichen Umstände, die Vorgeschichte und die Beweggründe des Arbeitgebers für seine Lohnpolitik zu berücksichtigen.[69]

Ohne den Ausdruck der mittelbaren Diskriminierung zu verwenden, erweiterte der Gerichtshof in der Rechtssache Jenkins den Anwendungsbereich des Art. 119 EGV a. F. (Art. 141 EGV n. F.) erstmals auch auf Fälle, in denen ein Anspruch vom Vorliegen einer geschlechtsneutral formulierten Voraussetzung abhängt, die von einem erheblich geringeren Prozentsatz eines Geschlechts erfüllt werden kann, wenn dies nicht durch objektiv gerechtfertigte geschlechtsneutrale Gründe gerechtfertigt wird.[70] Der EuGH hat sich in der vorliegenden Entscheidung offensichtlich an die Rechtsprechung des U.S. Supreme Court zum „disparate impact"[71] angelehnt und die diskriminierende **Auswirkung** einer Maßnahme im Zusammenhang mit Art. 119 EGV a. F. (Art. 141 EGV n. F.) berücksichtigt.[72]

Das Urteil in der Rechtssache Jenkins warf verschiedene neue Fragen auf. Zum einen ließ das Urteil offen, ab wann der Prozentsatz der weiblichen Arbeitnehmer „erheblich geringer" ist als der der männlichen Arbeitnehmer. Aus der Entscheidung des EuGH ging ferner nicht hervor, was er mit seiner Feststellung bezweckte, die Schwierigkeiten, die die weiblichen Arbeitnehmer haben, um die erforderliche Mindestzahl der Wochenarbeitsstunden leisten zu können, müssten berücksichtigt werden. Offengelassen hat der EuGH des Weiteren, welche Anforderungen an die Rechtfertigung aus „wirtschaftlichen Gründen" zu stellen sind. Schließlich hat der Hinweis des EuGH, das nationale Gericht habe auch den Beweggrund des Arbeitgebers für seine Lohnpolitik zu berücksichtigen, die Frage aufgeworfen, ob eine mittelbare Diskriminierung eine entsprechende Absicht des Arbeitgebers voraussetzt.

---

[66] Slg. 1981, S. 911, 925.
[67] Slg. 1981, S. 911, 925.
[68] Slg. 1981, S. 911, 925 f.
[69] Slg. 1981, S. 911, 926.
[70] Der Begriff der mittelbaren Diskriminierung wird heute allgemein in diesem Sinne verstanden.
[71] Näher zu dieser Rechtsprechung *Blomeyer*, Mittelbare Diskriminierung, S. 97 ff.; *Kyriazis*, Sozialpolitik, S. 85 ff.; *Wisskirchen*, Mittelbare Diskriminierung, S. 29 ff.
[72] *Blomeyer*, Mittelbare Diskriminierung, S. 63.

(4) Konkretisierung durch das Urteil in der Rechtssache Bilka

36   Das Urteil des EuGH in der Rechtssache Bilka hat in einigen Punkten Klärung gebracht, gleichzeitig aber auch neue Fragen aufgeworfen.

37   In dem der Entscheidung zugrundeliegenden Rechtsstreit ging es um die Anwartschaft einer Arbeitnehmerin (nachfolgend: Klägerin) auf Gewährung einer Altersrente. Die Bilka-Kaufhaus GmbH gewährte ihren Mitarbeitern seit Jahren Leistungen der betrieblichen Altersversorgung. Teilzeitbeschäftigte hatten nach der geltenden Versorgungsordnung nur dann einen Anspruch auf ein betriebliches Altersruhegeld, wenn sie während einer Betriebszugehörigkeit von 20 Jahren mindestens 15 Jahre als Vollzeitbeschäftigte tätig waren. Die Klägerin war bei der Bilka-Kaufhaus GmbH von 1961 bis 1976 als Verkäuferin beschäftigt. Nachdem sie zunächst als Vollzeitbeschäftigte tätig gewesen war, arbeitete sie von Oktober 1972 bis zur Beendigung ihres Arbeitsverhältnisses als Teilzeitbeschäftigte. Die Bilka-Kaufhaus GmbH lehnte es ab, der Klägerin eine Anwartschaft auf betriebliches Altersruhegeld zuzuerkennen, da sie nicht die Mindestzeit von 15 Jahren als Vollzeitbeschäftigte zurückgelegt hatte.

38   Der Rechtsstreit zwischen der Klägerin und der Bilka-Kaufhaus GmbH gelangte in der Revisionsinstanz vor das Bundesarbeitsgericht, das das Verfahren aussetzte und dem Gerichtshof folgende drei Fragen zur Vorabentscheidung vorlegte:[73]

„1. Kommt ein Verstoß gegen Art. 119 EWG-Vertrag in Form der „mittelbaren Diskriminierung" in Betracht, wenn ein Kaufhausunternehmen, das überwiegend Frauen beschäftigt, Teilzeitarbeitnehmer von seinen betrieblichen Versorgungsleistungen ausnimmt, obwohl von dieser Ausnahme unverhältnismäßig mehr Frauen als Männer betroffen sind?

2. Falls die Frage zu 1 bejaht wird:
a) Kann das Unternehmen diese Benachteiligung mit dem Vortrag rechtfertigen, es verfolge das Ziel, möglichst wenige Teilzeitarbeitnehmer zu beschäftigen, obwohl Gründe betrieblicher Zweckmäßigkeit eine solche Personalpolitik in der Kaufhausbranche nicht gebieten?
b) Muss das Unternehmen seine Versorgungsordnung so ausgestalten, dass die besonderen Schwierigkeiten angemessen berücksichtigt werden, die Arbeitnehmer mit familiären Verpflichtungen haben, um die Leistungsvoraussetzungen einer Betriebsrente zu erfüllen?"

39   Unter Bezugnahme auf sein Urteil in der Rechtssache Jenkins führte der Gerichtshof in seiner Bilka-Entscheidung[74] aus, dass der Ausschluss der Teilzeitbeschäftigten von der betrieblichen Altersversorgung[75] dann im Widerspruch zu Art. 119 EGV a. F. (Art. 141 EGV n. F.) stehe, wenn ein erheblich geringerer Prozentsatz von Frauen als von Männern vollzeitbeschäftigt sei und „wenn – unter Berücksichtigung der für weibliche Arbeitnehmer bestehenden Schwierigkeiten, als Vollzeitbeschäftigte zu arbeiten – diese Maßnahme nicht durch Umstände zu erklären ist, die eine Diskriminierung auf Grund des Geschlechts ausschließen." Wenn das Unternehmen jedoch darlegen könne, dass seine Lohnpolitik auf Faktoren beruhe, die objektiv gerechtfertigt seien und nichts mit einer Diskriminierung auf Grund des Geschlechts zu tun hätten, so liege keine Verletzung des Art. 119 EGV a. F. (Art. 141 EGV n. F.) vor.[76] Der EuGH hat damit die durch das Jenkins-Urteil aufgeworfene Frage nach der Diskriminierungsabsicht dahingehend beantwortet, dass es für das Vorliegen einer mittelbaren Diskriminierung auf eine Diskriminierungsabsicht des Arbeitgebers nicht ankommt, sondern dass sie sich allein nach objektiven Kriterien bestimmt. Wie im Jenkins-Urteil lässt der EuGH aber auch diesmal offen, was sich hinter der Formulierung „unter Berücksichtigung der für weibliche Arbeitnehmer bestehenden Schwierigkeiten, als Vollzeitbeschäftigte zu arbeiten" verbirgt.[77]

---

[73] BAG AP Nr. 3 zu Art. 119 EWG-Vertrag.
[74] Rs. 170/84, Slg. 1986, S. 1607 ff.
[75] Zum Entgeltcharakter der betrieblichen Altersrente s. Rn. 173 ff.
[76] Slg. 1986, S. 1607, 1627.
[77] *Blomeyer*, Mittelbare Diskriminierung, S. 65 spricht insoweit von einem „formelhaften Charakter" dieser Redewendung.

I. Der Grundsatz des gleichen Entgelts

Die Antwort des EuGH auf die 2. Vorlagefrage schafft größere Klarheit im Hinblick auf die Frage, wann eine Maßnahme, die sich vorwiegend auf eine Geschlechtsgruppe negativ auswirkt, gleichwohl gerechtfertigt ist. 40

Der EuGH entschied, dass es Sache des vorlegenden Gerichts sei festzustellen, ob und inwieweit die Gründe, die ein Arbeitgeber zur Rechtfertigung einer Lohnpolitik anführt, als objektiv gerechtfertigte wirtschaftliche Gründe angesehen werden könnten. Zur Rechtfertigung seiner Lohnpolitik, die im Ergebnis die weiblichen Arbeitnehmer benachteiligt, müssten die vom Arbeitgeber gewählten Mittel jedoch „einem wirklichen Bedürfnis des Unternehmens dienen und für die Erreichung dieses Zieles geeignet und erforderlich sein".[78] Was allerdings unter dem Merkmal des „wirklichen Bedürfnisses" zu verstehen ist, wird nicht erläutert. 41

Die dritte Vorlagefrage des BAG, ob der Arbeitgeber auf Grund des Art. 119 EGV a. F. (Art. 141 EGV n. F.) verpflichtet ist, bei der Ausgestaltung seiner Versorgungsordnung die besonderen Schwierigkeiten zu berücksichtigen, die Arbeitnehmer mit familiären Verpflichtungen haben, um die Leistungsvoraussetzungen einer Betriebsrente zu erfüllen,[79] wurde vom EuGH verneint. Der EuGH stellte diesbezüglich fest, dass sich der Anwendungsbereich des Art. 119 EGV a. F. (Art. 141 EGV n. F.) auf das Problem der Lohndiskriminierung von männlichen und weiblichen Arbeitnehmern beschränke. Dagegen würden die Probleme, die mit den anderen Beschäftigungs- und Arbeitsbedingungen zusammenhängen, allgemein in anderen Bestimmungen des Gemeinschaftsrechts, insbesondere in den Art. 117 und 118 des Vertrages (Art. 136, 137 EGV n. F.), unter dem Blickwinkel einer Abstimmung der Sozialordnungen der Mitgliedstaaten und einer Angleichung ihrer einschlägigen Rechtsvorschriften behandelt. Eine Verpflichtung des Arbeitgebers, die für seine Beschäftigten vorgesehene Versorgungsordnung so auszugestalten, dass die für Arbeitnehmer mit familiären Verpflichtungen bestehenden besonderen Schwierigkeiten kompensiert werden, gehe über den Anwendungsbereich des Art. 119 EGV a. F. (Art. 141 EGV n. F.) hinaus.[80] 42

(5) Prüfungsschritte zur Feststellung mittelbarer Diskriminierungen

Wenn die Rechtsprechung des EuGH vom Defrenne II-Urteil bis zur Bilka-Entscheidung auch verschiedene Zweifelsfragen nicht beantwortet, so lässt sie gleichwohl erkennen, in welchen Schritten die Prüfung, ob eine Entgeltregelung eine verbotene mittelbare Diskriminierung darstellt, erfolgen soll. 43

In einem **ersten Prüfungsschritt** ist zunächst festzustellen,
– ob durch eine geschlechtsunspezifische Regelung oder Maßnahme eine Geschlechtergruppe erheblich stärker betroffen ist als die andere Geschlechtergruppe. 44

Sodann ist in einem **zweiten Prüfungsabschnitt** zu prüfen,
– ob die geschlechtsunspezifische Regelung oder Maßnahme gerechtfertigt ist. Dies ist der Fall, wenn die Regelung oder Maßnahme einem wirklichen Bedürfnis des Unternehmens dient und zur Erreichung diese Zieles geeignet und erforderlich ist, wobei es auf eine Diskriminierungsabsicht nicht ankommt. 45

Offengelassen hat der EuGH sowohl die Frage, wann die stärkere Betroffenheit einer Geschlechtergruppe „erheblich" ist als auch die Frage, was unter dem Merkmal des „wirklichen Bedürfnisses" zu verstehen ist. Unklar bleibt auch, ob der EuGH im Fall der Rechtfertigung eine Ausnahme vom Verbot des Art. 119 EGV a. F. (Art. 141 46

---

[78] Slg. 1986, S. 1607, 1628. *Blomeyer*, Mittelbare Diskriminierung, S. 65 spricht insoweit von einem „formelhaften Charakter" dieser Redewendung.

[79] Im Gegensatz zur Kommission vertrat die Klägerin die Auffassung, dass die Nachteile, die die Frauen auf Grund des Ausschlusses der Teilzeitbeschäftigten von der betrieblichen Altersversorgung erlitten, wenigstens dadurch gemildert werden müssten, dass der Arbeitgeber verpflichtet werde, die Zeiten, in denen die weiblichen Arbeitnehmer familiären Verpflichtungen hätten nachkommen müssen, wie Zeiten der Vollbeschäftigung zu behandeln.

[80] Slg. 1986, S. 1607, 1629.

EGV n. F.) sieht oder ob er schon das Vorliegen einer objektiven Diskriminierung verneint.[81]

(6) Einzelfragen zur mittelbaren Diskriminierung im Entgeltbereich

47 Im Anschluss an sein Bilka-Urteil hat sich der Gerichtshof im Rahmen zahlreicher Vorabentscheidungsverfahren gem. Art. 177 EGV a. F. (Art. 234 EGV n. F.) mit Einzelfragen zur mittelbaren Diskriminierung im Entgeltbereich befassen müssen.[82]

48 **(a) Einstufungssystem – Rechtssache Rummler.** Die Frage, ob ein System beruflicher Einstufung, das von den Kriterien der muskelmäßigen Beanspruchung oder Belastung und der Schwere der Arbeit ausgeht, eine verbotene mittelbare Diskriminierung von Frauen darstellt, war Gegenstand der Entscheidung des EuGH in der Rechtssache Rummler.[83] Der EuGH stellte diesbezüglich fest, dass es mit Art. 1 der Richtlinie 75/117/EWG grundsätzlich vereinbar sei, wenn zur Differenzierung von Lohnstufen ein Kriterium verwendet werde, das auf den objektiv messbaren, für die Verrichtung der Tätigkeit erforderlichen Krafteinsatz oder auf die objektive Schwere der Arbeit abstelle. Allein der Umstand, dass ein System Kriterien verwende, die Männer eher besitzen, reiche für sich allein nicht aus, um einen Verstoß gegen das Diskriminierungsverbot zu bejahen.[84] Der EuGH führte sodann aus, dass für die Prüfung der Vereinbarkeit eines Systems mit Art. 1 der Richtlinie 75/117/EWG eine Prüfung des Systems in seiner Gesamtheit notwendig sei. Um den Grundsätzen der Lohngleichheitsrichtlinie zu entsprechen, müsse ein System, das für die Festlegung der Lohnstufen das Kriterium muskelmäßiger Beanspruchung oder Belastung oder das Kriterium Grad der Schwere der Arbeit verwende, auch Eigenschaften berücksichtigen, hinsichtlich derer die weiblichen Arbeitnehmer besonders geeignet sein können.[85] Ob das System der beruflichen Einstufung in seiner Gesamtheit eine gerechte Berücksichtigung aller Kriterien ermögliche, sei im Einzelfall von den innerstaatlichen Gerichten zu beurteilen.[86]

49 **(b) Lohnfortzahlung – Rechtssache Rinner-Kühn.** Gegenstand des Vorabentscheidungsverfahrens in der Rechtssache Rinner-Kühn[87] war die Frage, ob der zwischenzeitlich außer Kraft getretene § 1 Abs. 2 Nr. 2 des deutschen Lohnfortzahlungsgesetzes (LFZG), nach dem diejenigen Arbeiter von der Lohnfortzahlung im Krankheitsfall ausgenommen waren, in deren Arbeitsverhältnis die regelmäßige Arbeitszeit wöchentlich 10 Stunden oder monatlich 45 Stunden nicht übersteigt, gegen Art. 119 EGV a. F. (Art. 141 EGV n. F.) verstößt, wenn diese Regelung mehr Frauen als Männer betrifft. Der EuGH stellte fest, dass die Bestimmung des § 1 Abs. 3 Nr. 2 LFZG a. F. im Ergebnis die weiblichen gegenüber den männlichen Arbeitern diskriminiert und grundsätzlich im Widerspruch zur Zielsetzung des Art. 119 EGV a. F. (Art. 141 EGV n. F.) steht.[88] Der von der Bundesregierung im Verfahren geltend gemachte Rechtfertigungsgrund, dass Arbeiter, die wöchentlich weniger als 10 Stunden oder monatlich weniger als 45 Stunden leisten, nicht in einem anderen Arbeitern vergleichbaren Maße in den Betrieb eingegliedert und ihm verbunden seien, wurde vom EuGH als unzureichend angesehen. Diese Erwägungen seien keine objektiven Kriterien, die nichts mit einer Diskriminierung auf Grund des Geschlechts zu tun hätten. Ein Rechtfertigungsgrund sei jedoch gegeben, wenn der Mit-

---

[81] Vgl. dazu *Blomeyer*, Mittelbare Diskriminierung, S. 67.
[82] Ein Großteil dieser Fragen betrifft die betriebliche Altersversorgung.
[83] Rs. 237/85, Slg. 1986, S. 2101 ff.
[84] Slg. 1986, S. 2101, 2115.
[85] Slg. 1986, S. 2101, 2115; zustimmend *Colneric*, BB 1988, S. 968, 971; *Listl-Knopik*, ZRP 1992, S. 181; *Kyriazis*, Sozialpolitik, S. 163; kritisch dagegen *Buchner*, ZfA 1993, S. 279, 319.
[86] Slg. 1986, S. 2101, 2115; zur Frage, ob die gerichtliche Überprüfbarkeit tarifvertraglicher Lohn- und Gehaltsgruppenkataloge mit der Tarifautonomie vereinbar ist, s. *Dix*, Gleichberechtigung durch Gesetz, S. 262 ff.; *Knigge*, BB 1980, S. 1272, 1275; *Pfarr/Bertelsmann*, Lohngleichheit, S. 382 ff.
[87] Rs. 171/88, Slg. 1989, S. 2743 ff.
[88] Slg. 1989, S. 2743, 2760.

I. Der Grundsatz des gleichen Entgelts

gliedstaat darlegen könnte, dass die gewählten Mittel einem notwendigen Ziel seiner Sozialpolitik dienten und für die Erreichung dieses Ziels geeignet und erforderlich seien.[89]

(c) Fehlende Durchschaubarkeit eines Entlohnungssystems – Rechtssache Handels- og Kontorfunktionaerernes Forbund i Danmark. Dem Vorabentscheidungsverfahren in der Rechtssache Handels- og Kontorfunktionaerernes Forbund i Danmark[90] lag ein Rechtsstreit zwischen der dänischen Gewerkschaft der kaufmännischen Angestellten und Büroangestellten (Handels- og Kontorfunktionaerernes Forbund i Danmark, nachfolgend: Klägerin) und dem Arbeitgeberverband (Dansk Arbejdsgiverforening, nachfolgend: Beklagte), der die Danfoss A/S vertrat. Im Ausgangsverfahren hatte die Klägerin die Danfoss A/S ein erstes Mal vor dem tarifvertraglichen Schiedsgericht verklagt und sich für zwei weibliche Angestellte, eine aus dem Labor und eine aus dem Lager, auf den Grundsatz des gleichen Entgelts berufen. Sie stützte ihre Klage darauf, dass innerhalb dieser beiden Lohngruppen das durchschnittliche Entgelt der männlichen Arbeitnehmer über dem der weiblichen Arbeitnehmer gelegen habe. Die Danfoss A/S gewährte den Arbeitnehmern, die in derselben Lohngruppe waren, zwar denselben Grundlohn, zahlte jedoch ihren Arbeitnehmern individuelle Zulagen insbesondere nach Maßgabe ihrer Flexibilität, ihrer Berufsausbildung und ihrer Ancienität. Das System der individuellen Zulagen zu den Mindestlöhnen war so gestaltet, dass es einer Arbeitnehmerin unmöglich war, die Ursachen für einen Unterschied zwischen ihrem Entgelt und dem Entgelt eines männlichen Arbeitnehmers, der die gleiche Arbeit ausübt, darzulegen. In seinem Beschluss vom 16. April 1985 vertrat das tarifvertragliche Schiedsgericht die Auffassung, die Klägerin habe angesichts der geringen Zahl der Arbeitnehmer, auf deren Entgelt die Berechnungen gestützt worden waren, keinen Nachweis für eine Diskriminierung erbracht. Die Klägerin erhob daraufhin eine erneute Klage und legte ausführlichere Statistiken über die an 157 Arbeitnehmer zwischen 1982 und 1986 gezahlten Entgelte vor, wonach das durchschnittliche Entgelt der männlichen Arbeitnehmer um 6,85 % höher war als das der weiblichen Arbeitnehmer. Aufgrund dessen hat das tarifvertragliche Schiedsgericht das Verfahren ausgesetzt und dem Gerichtshof u. a. die Frage vorgelegt, ob in dem Fall, dass ein männlicher und ein weiblicher Arbeitnehmer die gleiche oder eine gleichwertige Arbeit verrichten, der Arbeitgeber oder der Arbeitnehmer die Beweislast dafür trägt, dass eine unterschiedliche Entlohnung der beiden Arbeitnehmer auf geschlechtsspezifische Faktoren zurückzuführen ist.

Der EuGH kam zu dem Ergebnis, dass wenn in einem Unternehmen ein Entlohnungssystem angewandt wird, dem jede Durchschaubarkeit fehlt, der Arbeitgeber den Nachweis erbringen müsse, dass seine Lohnpolitik nicht diskriminierend sei, sofern der weibliche Arbeitnehmer auf der Grundlage einer relativ großen Zahl von Arbeitnehmern belegt, dass das durchschnittliche Entgelt der weiblichen Arbeitnehmer niedriger ist als das der männlichen Arbeitnehmer.[91] Andernfalls stünde den weiblichen Arbeitnehmern kein wirksames Mittel zur Verfügung, um den Grundsatz des gleichen Entgelts vor den nationalen Gerichten durchzusetzen.[92]

---

[89] Slg. 1989, S. 2743, 2761; im neuen Entgeltfortzahlungsgesetz ist eine derartige Bestimmung nicht mehr enthalten.
[90] Rs. 109/88, Slg. 1989, S. 3199 ff.
[91] Slg. 1989, S. 3199, 3226.
[92] Im Gegensatz zum EuGH, der in seiner Entscheidung eine Beweislastumkehr bejahte, hielt der Generalanwalt *Lenz* in seinen Schlussanträgen vom 31. 3. 1989, Slg. 1989, S. 3209 ff., eine solche Beweislastumkehr für nicht geboten; seiner Auffassung nach könne angesichts des faktischen Unvermögens für die Klägerinnen, das erforderliche Beweismaterial beizubringen, nur eine Vermutung für eine Diskriminierung aufgestellt werden. Die Arbeitgeberseite sei (lediglich) gehalten, die Bewertung der niedrigeren Entlohnung als Diskriminierung zu widerlegen, indem sie die Lohnfortzahlung für die relevante Gruppe aufschlüsselt und für eine etwaige unterschiedliche Entlohnung objektive geschlechtsunabhängige Gründe darlegt; Slg. 1989, S. 3209, 3215. Zur Beweislastverteilung nach der erst später in Kraft getretenen Beweislastrichtlinie 97/80/EG s. Rn. 273.

52 Der EuGH nahm im vorliegenden Fall auch zu der Frage Stellung, ob für den Fall, dass die Anwendung der Zulagekriterien Flexibilität, Berufsausbildung oder Anciennität des Arbeitnehmers die weiblichen Arbeitnehmer systematisch benachteiligt, der Arbeitgeber ihre Anwendung gleichwohl rechtfertigen kann.

53 Im Hinblick auf das Kriterium der Flexibilität ist nach Ansicht des EuGH danach zu unterscheiden, zu welchem Zweck dieses Kriterium eingesetzt wird. Werde das Kriterium der Flexibilität angewandt, um die Qualität der vom Arbeitnehmer geleisteten Arbeit zu vergüten, so könne es die weiblichen Arbeitnehmer nur dann systematisch benachteiligen, wenn der Arbeitgeber es missbräuchlich anwende. Es sei nämlich nicht denkbar, dass die von weiblichen Arbeitnehmern geleistete Arbeit allgemein von geringerer Qualität wäre. Unter Zugrundelegung dieses Verständnisses könne der Arbeitgeber die Anwendung des Kriteriums der Flexibilität daher nur dann nicht rechtfertigen, wenn sie sich als systematische Benachteiligung der Frauen erweist.[93] Werde das Kriterium der Flexibilität dagegen angewandt, um die Anpassungsfähigkeit der Arbeitnehmer an unterschiedliche Arbeitszeiten und -orte zu vergüten, so sei das Kriterium zwar geeignet, die weiblichen Arbeitnehmer zu benachteiligen, die auf Grund der häufig ihnen obliegenden Aufgaben in Haushalt und Familie ihre Arbeitszeit weniger leicht als männliche Arbeitnehmer flexibel gestalten könnten. Die im Bilka-Urteil[94] getroffene Feststellung, dass Art. 119 EGV a. F. (Art. 141 EGV n. F.) den Arbeitgeber nicht verpflichtet, bei der Ausgestaltung seiner Versorgungsordnung die besonderen Schwierigkeiten zu berücksichtigen, die Arbeitnehmer mit familiären Verpflichtungen haben, lasse sich aber auch auf den vorliegenden Fall übertragen. Der Arbeitgeber könne somit die Vergütung einer solchen Anpassungsfähigkeit rechtfertigen, indem er darlegt, dass diese für die Ausführung der dem Arbeitnehmer übertragenen spezifischen Aufgaben von Bedeutung ist.[95]

54 Was das Kriterium der Berufsausbildung betrifft, stellte der EuGH zunächst fest, dass es die weiblichen Arbeitnehmer benachteiligen könne, soweit diese weniger Möglichkeiten hatten, eine so gründliche Berufsausbildung zu erwerben wie die männlichen Arbeitnehmer. Aus den bereits dargelegten Erwägungen könne der Arbeitgeber jedoch die Vergütung einer besonderen Berufsausbildung rechtfertigen. Er müsse dazu darlegen, dass diese Ausbildung für die Ausführung der dem Arbeitnehmer übertragenen spezifischen Aufgaben von Bedeutung ist.[96]

55 Auch in Bezug auf das Kriterium der Anciennität bejahte der EuGH die Möglichkeit einer Benachteiligung der weiblichen Arbeitnehmer gegenüber den männlichen Arbeitnehmern, soweit die Frauen weniger lange auf dem Arbeitsmarkt seien als die Männer oder sie ihre Berufstätigkeit häufiger unterbrechen müssten. Da die Anciennität jedoch mit der Berufserfahrung einhergehe und diese den Arbeitnehmer im Allgemeinen befähige, seine Arbeit besser zu verrichten, stehe es dem Arbeitgeber frei, die Anciennität bei der Entlohnung zu berücksichtigen. Der Arbeitgeber müsse die Bedeutung der Anciennität für die Ausführung der dem Arbeitnehmer übertragenen spezifischen Aufgaben auch nicht besonders darlegen.[97]

56 **(d) Ausschluss von Teilzeitbeschäftigten von der Zahlung eines Übergangsgeldes – Rechtssache Kowalska.** In der Rechtssache Kowalska[98] ging es um die Vereinbarkeit des § 62 des Bundesangestelltentarifvertrags (BAT) a. F. mit Art. 119 EGV a. F. (Art. 141 EGV n. F.). Das Arbeitsgericht Hamburg hatte dem EuGH die Frage vorgelegt, ob ein Verstoß gegen Art. 119 EGV a. F. (Art. 141 EGV n. F.) in der Form der „mittelbaren Diskriminierung" von Frauen vorliegt, wenn ein Tarifvertrag für den öffentlichen

---

[93] Slg. 1989, S. 3199, 3227.
[94] S. dazu Rn. 36.
[95] Slg. 1989, S. 3199, 3228.
[96] Slg. 1989, S. 3199, 3228.
[97] Slg. 1989, S. 3199, 3228.
[98] Rs. 33/89, Slg. 1990, S. 2591 ff.

I. Der Grundsatz des gleichen Entgelts

Dienst der Bundesrepublik Deutschland ein Übergangsgeld in Höhe von bis zu vier Monatsgehältern bei unverschuldetem Ausscheiden aus dem Angestelltenverhältnis vorsieht, jedoch Angestellte, mit denen nicht die volle regelmäßige Arbeitszeit vereinbart worden ist, von der Zahlung dieses Übergangsgeldes ausnimmt, und der Anteil der teilzeitbeschäftigten Frauen an der Gesamtzahl der teilzeitbeschäftigten Angestellten, die unter den Tarifvertrag fallen, erheblich größer ist als der Frauenanteil an der Gesamtzahl der unter den Tarifvertrag fallenden vollzeitbeschäftigten Angestellten.

Der EuGH entschied, dass das in Art. 119 EGV a. F. (Art. 141 EGV) enthaltene Verbot der diskriminierenden Ungleichbehandlung von männlichen und weiblichen Arbeitnehmern nicht nur für die Behörden gelte, sondern sich auch auf Tarifverträge erstrecke.[99] Sodann stellte der EuGH fest, dass eine tarifvertragliche Bestimmung, die es den Arbeitgebern gestattet, zwischen zwei Gruppen von Arbeitnehmern einen Unterschied beim Gesamtentgelt aufrechtzuerhalten, dann faktisch zu einer Diskriminierung der weiblichen Arbeitnehmer im Verhältnis zu den männlichen Arbeitnehmern führt, wenn sich herausstellt, dass prozentual erheblich weniger Männer als Frauen teilzeitbeschäftigt sind.[100] Auf die von der Beklagten vorgebrachte Rechtfertigung, dass Teilzeitbeschäftigte für ihren Unterhalt und den Unterhalt ihrer Familien nicht ausschließlich mit ihren Arbeitsentgelt aufkämen und demgemäss für den Arbeitgeber keine Verpflichtung zu einer vorübergehenden Unterstützung Teilzeitbeschäftigter bestehe, ging der EuGH nicht näher ein. Er begnügte sich vielmehr mit dem Hinweis, dass es Sache des vorlegenden Gerichts sei, festzustellen, ob die in Rede stehende tarifvertragliche Bestimmung durch objektive Gründe gerechtfertigt ist, die nichts mit einer Diskriminierung auf Grund des Geschlechts zu tun haben.[101]

(e) Berücksichtigung von Dienstzeiten für den Bewährungsaufstieg – Rechtssache Nimz. Ebenfalls um die Vereinbarkeit einer tarifvertraglichen Regelung mit Art. 119 EGV a. F. (Art. 141 EGV n. F.) ging es in der Rechtssache Nimz.[102] Das Arbeitsgericht Hamburg hatte dem EuGH die Frage vorgelegt, ob ein Verstoß gegen Art. 119 EGV a. F. (Art. 141 EGV n. F.) in der Form der mittelbaren Diskriminierung von Frauen vorliegt, wenn ein Tarifvertrag für den öffentlichen Dienst für den Bewährungsaufstieg in die nächsthöhere Vergütungsgruppe Dienstzeiten von Angestellten, die mindestens Dreiviertel der regelmäßigen Arbeitszeit eines entsprechenden vollzeitbeschäftigten Angestellten beschäftigt waren, voll anrechnet, während die Dienstzeiten von Angestellten mit weniger als drei Vierteln und mindestens der Hälfte der regelmäßigen Arbeitszeit nur zur Hälfte berücksichtigt werden.[103]

Wie in der Rechtssache Kowalska entschied der Gerichtshof, dass eine tarifvertragliche Bestimmung der in Rede stehenden Art, die es den Arbeitgebern gestattet, zwischen zwei Gruppen von Arbeitnehmern[104] einen Unterschied beim Gesamtentgelt aufrechtzuerhalten, faktisch zu einer Diskriminierung der weiblichen Arbeitnehmer im Verhältnis zu den männlichen Arbeitnehmern führt, wenn prozentual erheblich weniger Männer als Frauen teilzeitbeschäftigt sind.[105] Unter Bezugnahme auf seine frühere Rechtsprechung betont der EuGH sodann, dass eine Diskriminierung jedoch zu verneinen sei, wenn die unterschiedliche Behandlung der beiden Arbeitnehmergruppen durch objektive Faktoren gerechtfertigt sei, die nichts mit einer Diskriminierung auf Grund des Geschlechts zu tun hätten.[106]

---

[99] Zum Entgeltcharakter des Übergangsgeldes s. Rn. 176.
[100] Slg. 1990, S. 2591, 2611.
[101] Slg. 1990, S. 2591, 2612.
[102] Rs. 184/89, Slg. 1991, S. 297 ff.
[103] Vgl. § 23a Nr. 6 des Bundesangestelltentarifvertrages in seiner bis zum 31. Dezember 1987 geltenden Fassung.
[104] Nämlich denjenigen, die eine bestimmte Mindestzahl von Arbeitsstunden pro Woche oder Monat leisten, und denjenigen, die bei gleichen Aufgaben diese Mindeststundenzahl nicht erreichen.
[105] Zum Entgeltcharakter von Einstufungssystemen s. Rn. 186.
[106] Slg. 1991, S. 297, 319.

60 Das von der Beklagten des Ausgangsverfahrens vorgebrachte Argument, die Arbeitnehmer, die vollzeitbeschäftigt oder mit Dreiviertel der Arbeitszeit beschäftigt seien, gewännen schneller Fähigkeiten für ihre Tätigkeit hinzu als die übrigen Arbeitnehmer, ließ der EuGH ebenso wenig zur Rechtfertigung ausreichen wie die von der Bundesregierung vorgetragene Begründung, dass die Beschäftigten, die mindestens mit Dreiviertel der Arbeitszeit beschäftigt seien, über das größere Erfahrungswissen verfügten. Der EuGH führte dazu aus, dass es sich bei derartigen Erwägungen lediglich um verallgemeinernde Aussagen zu bestimmten Kategorien von Arbeitnehmern handele. Zwar gehe das Dienstalter Hand in Hand mit der dienstlichen Erfahrung, die den Arbeitnehmer grundsätzlich zu einer besseren Erfüllung seine Aufgabe befähige, jedoch hänge der objektive Charakter eines solchen Kriteriums von allen Umständen des Einzelfalles und insbesondere davon ab, welche Beziehung zwischen der Art der ausgeübten Tätigkeit und der Erfahrung besteht, die die Ausübung dieser Tätigkeit nach einer bestimmten Anzahl geleisteter Arbeitsstunden verschafft. Es gehöre zum Aufgabenbereich des nationalen Gerichts, in Anbetracht aller Umstände festzustellen, ob und in welchem Umfang eine tarifvertragliche Bestimmung der vorliegenden Art durch objektive Gründe, die nicht mit einer Diskriminierung auf Grund des Geschlechts zu tun haben, gerechtfertigt sei.[107]

61 Das Arbeitsgericht Hamburg hatte dem EuGH des Weiteren die Frage vorgelegt, ob für den Fall, dass die in Frage stehende tarifvertragliche Bestimmung gegen Art. 119 EGV a. F. (Art. 141 EGV n. F.) verstoße, für Teilzeitbeschäftigte mit weniger als Dreiviertel der regelmäßigen Arbeitszeit eines entsprechenden vollzeitbeschäftigten Angestellten die gleiche Bewährungszeit gelte wie für Teilzeitbeschäftigte mit mindestens Dreiviertel der regelmäßigen Arbeitszeit, oder diese Frage vielmehr im Hinblick auf die Tarifautonomie den Tarifvertragsparteien überlassen bleiben müsse. Der EuGH entschied, dass im Falle einer Diskriminierung durch eine tarifvertragliche Bestimmung das nationale Gericht verpflichtet sei, diese Bestimmung außer Anwendung zu lassen und auf die Angehörigen der durch diese Diskriminierung benachteiligten Gruppe die gleiche Regelung wie für die übrigen Arbeitnehmer anzuwenden. Die vorherige Beseitigung dieser Bestimmung durch Tarifverhandlungen oder auf anderem Wege dürfe nicht abgewartet werden.[108]

62 **(f) Vergütung für die Teilnahme an Betriebsratsschulungen – Rechtssache Bötel.** Gegenstand des Vorabentscheidungsverfahrens in der Rechtssache Bötel[109] war die Frage, ob es eine mittelbare Diskriminierung i. S. des Art. 119 EGV a. F. (Art. 141 EGV n. F.) darstellt, wenn eine gesetzliche Regelung[110] zwar Betriebsratsmitgliedern für die Arbeitszeit, die wegen Teilnahme an Betriebsratsschulungen ausfällt, ihre Vergütung sichert (Lohnausfallprinzip), jedoch teilzeitbeschäftigten Betriebsratsmitgliedern, die für die Schulung über ihre individuelle Arbeitszeit hinaus Zeit aufwenden müssen, einen Ausgleich in Freizeit oder Geld für diesen zusätzlichen Zeitaufwand auch bis zur Höhe der betrieblichen Vollarbeitszeit verweigert, obwohl der Anteil der Frauen, die von der Regelung betroffen werden, wesentlich höher ist als der Anteil der Männer.

63 Der EuGH vertrat die Auffassung, dass teilzeitbeschäftigte Betriebsratsmitglieder durch die in Frage stehende gesetzliche Regelung bezüglich der Vergütung bei der Teilnahme an Betriebsratsschulungen anders behandelt würden als vollzeitbeschäftigte Betriebsratsmitglieder. Beide Gruppen von Betriebsratsmitgliedern wendeten für die Teilnahme an diesen Schulungsveranstaltungen die gleiche Stundenzahl auf. Wenn jedoch die Schulungen über die individuelle Arbeitszeit der teilzeitbeschäftigten Betriebsratsmitglieder hinausgingen, erhielten diese vom Arbeitgeber eine niedrigere Vergütung als die vollzeitbeschäftigten Mitglieder und würden daher benachteiligt. Dieser Unterschied in der Behandlung der

---

[107] Slg. 1991, S. 297, 319.
[108] Slg. 1991, S. 297, 321.
[109] Rs. 360/90, S. 1992, S. 3589 ff.; s. zu dieser Entscheidung auch § 8 Rn. 284 ff.
[110] Bei der in Rede stehenden gesetzlichen Regelung handelt es sich um § 37 Abs. 6 BetrVG (a. F.).

I. Der Grundsatz des gleichen Entgelts 64–67 § 16

teilzeitbeschäftigten Betriebsratsmitglieder stehe im Widerspruch zu Art. 119 EGV a. F. (Art. 141 EGV n. F.), wenn diese niedrigere Vergütung nicht durch Umstände zu erklären sei, die eine Diskriminierung auf Grund des Geschlechts ausschlössen.[111] Das Argument, dass der gesetzlichen Regelung des § 36 Abs. 6 BetrVG das Lohnausfallprinzip zugrunde liegt, nach dem eine Vergütung unterschiedslos nur für die Arbeitsstunden gewährt wird, die wegen der Teilnahme an den Schulungsveranstaltungen nicht geleistet worden ist, ließ der EuGH nicht gelten.[112]

(g) Gleichwertige Tätigkeit in unterschiedlichen Berufen – Rechtssache Enderby. In der Rechtssache Enderby[113] hatte der Court of England and Wales dem Gerichtshof mehrere Fragen nach der Auslegung des Art. 119 EGV a. F. (Art. 141 EGV n. F.) vorgelegt. Diese Fragen stellten sich in einem Rechtsstreit zwischen Frau Enderby und der Frenchay Health Authority sowie dem Secretary of State for Health über die unterschiedliche Entlohnung von zwei im Rahmen des National Health Servise ausgeübten Tätigkeiten. Die Klägerin, die bei der Frenchay Health Authority als Cheflogopädin beschäftigt gewesen ist, war der Auffassung, sie werde geschlechtsspezifisch dadurch diskriminiert, dass die hauptsächlich von Frauen ausgeübte Tätigkeit einer Logopädin schlechter bezahlt werde als die hauptsächlich von Männern ausgeübte Tätigkeit eines Apothekers, obwohl beide Tätigkeiten gleichwertig seien. Die unterschiedlichen Entgelte für die fraglichen Tätigkeiten waren in voneinander unabhängigen Tarifverhandlungen derselben Tarifvertragsparteien festgelegt worden. Jeweils für sich gesehen ließen die tariflichen Entgelte für die beiden Berufe keine Diskriminierung erkennen. 64

Der EuGH urteilte, dass wenn das Entgelt für die Logopädenstellen erheblich niedriger ausfalle als das für Apothekerstellen und wenn die erstgenannten fast ausschließlich mit Frauen, die letztgenannten aber hauptsächlich mit Männer besetzt seien, der erste Anschein für eine Diskriminierung auf Grund des Geschlechts spreche. Voraussetzung sei jedoch, dass die beiden Tätigkeiten gleichwertig seien und es aussagekräftige statistische Angaben über diese Lage gebe. Die Beurteilung, ob derartige statistische Angaben vorliegen, müsse durch das nationale Gericht erfolgen. Dabei sei zu berücksichtigen, ob sich die statistischen Angaben auf eine ausreichende Zahl von Personen beziehen, und ob sie nicht rein zufällige oder konjunkturelle Erscheinungen widerspiegeln. 65

Der EuGH nahm in seinem Urteil auch zur Beweislast Stellung und führte diesbezüglich aus, dass in den Fällen, in denen der erste Anschein für eine Diskriminierung spreche, der Arbeitgeber nachzuweisen habe, dass es sachliche Gründe für den festgestellten Unterschied beim Entgelt gebe. Zur Begründung dieser Beweislastregelung nahm der EuGH auf sein Urteil in der Rechtssache Handels- og Kontorfunktionaererne s Forbund i Danmark[114] bezug und betonte, dass den Arbeitnehmern ansonsten keine Mittel zur Verfügung stünden, um die Einhaltung des Grundsatzes des gleichen Entgelts vor den nationalen Gerichten durchzusetzen. 66

Des Weiteren setzte sich der EuGH in seinem Urteil mit der Auffassung auseinander, die Gehaltsunterschiede hingen insbesondere mit der Durchführung von getrennten Tarifverhandlungen zusammen, die keinen diskriminierenden Charakter hätten.[115] Der EuGH entschied, dass der Umstand, dass die fraglichen Entgelte in je eigenen Tarifverhandlungen für die beiden betroffenen Berufsgruppen festgelegt wurden, dem ersten Anschein einer Diskriminierung dann nicht entgegenstehe, wenn diese Verhandlungen im Ergebnis zu einer unterschiedlichen Behandlung von zwei Gruppen geführt haben, die denselben 67

---

[111] Slg. 1991, S. 3589, 3612.4
[112] Slg. 1991, S. 3589, 3613; s. dazu die Kritik § 8 Rn. 284 ff.
[113] Rs. 127/92, EuZW 1994, S. 505. Zur gleichwertigen Arbeit s. zuletzt EuGH Rs. 381/99 (Brunnhofer), EuZW 2001, S. 568 = AP Nr. 2 zu Art. 138 EG; *Winter*, ZTR 2001, S. 7.
[114] Rs. 109/88, Slg. 1989, S. 3199 ff.; s. dazu oben Rn. 48.
[115] Die von Frau Enderby erhobene Klage war in der ersten Instanz u. a. mit dieser Begründung abgewiesen worden.

Arbeitgeber haben und derselben Gewerkschaft angehören. Wenn der Arbeitgeber einen Unterschied im Entgelt damit rechtfertigen könnte, dass bei jeder dieser Verhandlungen für sich genommen keine Diskriminierung vorliege, könnte er sich der Beachtung des Grundsatzes des gleichen Entgelts nämlich leicht durch getrennte Verhandlungen entziehen.

68 Auf die Frage des Court of Appeal, ob ein Unterschied im Entgelt ganz oder teilweise dadurch gerechtfertigt werden könne, dass für die Gruppe, für die ein Mangel an Bewerbern bestehe, ein höheres Gehalt als Anreiz geboten werden müsse, antwortete der EuGH dahingehend, dass es Sache des nationalen Gerichts sei, festzustellen, ob und inwieweit der Mangel an Bewerbern für eine Tätigkeit und die Notwendigkeit, ihnen durch ein höheres Gehalt einen Anreiz zu bieten, einen sachlich gerechtfertigten wirtschaftlichen Grund für den Unterschied im Entgelt der fraglichen Tätigkeiten darstellen. Der EuGH wies in diesem Zusammenhang darauf hin, dass das nationale Gericht den Grundsatz der Verhältnismäßigkeit anzuwenden habe.

69 **(h) Überstundenvergütung für Teilzeitarbeitnehmer – Rechtssache Helmig.** In seiner Entscheidung in der Rechtssache Helmig u.a.[116] musste sich der EuGH mit der Frage befassen, ob ein Verstoß gegen Art. 119 EGV a. F. (Art. 141 EGV n. F.) in der Form der mittelbaren Diskriminierung vorliegt, wenn eine tarifvertragliche Bestimmung[117] die Zahlung von Überstundenzuschlägen nur für Überstunden vorsieht, die über die in diesem Tarifvertrag festgesetzte Regelarbeitszeit hinaus geleistet werden, und die Zahlung von Überstunden ausschließt, die von Teilzeitbeschäftigten über ihre individuelle Arbeitszeit hinaus geleistet werden, soweit mit diesen Stunden die in diesen Tarifverträgen festgesetzte Schwelle nicht überschritten wird.[118]

70 Der EuGH prüfte zunächst, ob Teilzeitarbeitnehmer überhaupt gegenüber Vollzeitarbeitnehmern ungleich behandelt werden. Sodann verneinte der EuGH eine Ungleichbehandlung und begründete dies damit, dass nach der in Rede stehenden tarifvertraglichen Bestimmung ein Teilzeitarbeitnehmer, dessen vertragliche Arbeitszeit 18 Stunden beträgt, für den Fall, dass er eine 19. Stunde arbeitet, die gleiche Gesamtvergütung wie ein vollzeitbeschäftigter Arbeitnehmer für 19 Stunden bekomme. Zudem erhalte der Teilzeitbeschäftigte auch dann die gleiche Gesamtvergütung wie der Vollzeitbeschäftigte, wenn er die Schwelle der tarifvertraglich festgesetzten Regelarbeitszeit überschreitet. In diesem Falle erhalte er dann nämlich ebenfalls Überstundenzuschläge. Daraus folge, dass die fragliche Bestimmung keine Ungleichbehandlung zwischen Teilzeit- und Vollzeitbeschäftigten bewirke und dass somit auch keine gegen Art. 119 EGV a. F. (Art. 141 EGV n. F.) verstoßende Diskriminierung vorliegen könne.

71 **(i) Entgeltgleichheit im Rahmen von Stücklohnsystemen – Rechtssache Royal Copenhagen A/S.** In seinem Urteil vom 31. 5. 1995 in der Rechtssache **Royal Copenhagen**[119] hat sich der EuGH mit der Anwendung des Grundsatzes des gleichen Entgelts auf Stücklohnsysteme befasst.[120]

72 Dem aus Dänemark stammenden Ausgangsstreit lag folgender Sachverhalt zugrunde: Die Royal Copenhagen A/S stellt keramische Erzeugnisse her. Sie beschäftigt zur Herstellung dieser Erzeugnisse ungefähr 1150 Arbeitnehmer, von denen 40% Männer und 60% Frauen sind. Diese Arbeitnehmer lassen sich in drei Gruppen aufteilen: Dreher, die mit Hilfe verschiedener Techniken die Porzellanmasse herstellen, Maler, die die Erzeug-

---

[116] Verb. Rs. 399/92, 409/92, 425/92/34/93, 50/93, 78/93, EuZW 1994, S. 505.
[117] Bei der in Frage stehenden Regelung ging es um § 34 des deutschen Bundesangestelltentarifvertrages (BAT).
[118] Wobei davon auszugehen ist, dass von dieser Regelung prozentual wesentlich mehr Frauen als Männer betroffen sind.
[119] Rs. 400/93, Slg. 1995, S. 1275 = AP Nr. 68 zu Art. 119 EWG-Vertrag.
[120] S. zu diesem Urteil auch die Anmerkung von *Raab*, EAS C Art. 119 EG-Vertrag Nr. 36, S. 27 ff.

I. Der Grundsatz des gleichen Entgelts

nisse dekorieren und schließlich Arbeiter, die mit der Bedienung der Öfen, dem Sortieren, dem Schleifen, dem Transport innerhalb der Fabrik u. ä. beschäftigt sind.

Während die Gruppe der Dreher aus etwa 200 Personen besteht, sind in der Gruppe **73** der Maler 453 Personen beschäftigt. Diese Gruppen lassen sich wiederum in mehrere Untergruppen aufteilen, darunter innerhalb der ersten Gruppe die der *Rollerdreher*, die an Maschinen arbeiten, die automatisch keramische Erzeugnisse herstellen, und in der zweiten Gruppe die der *Blaumaler*, die mit einem Pinsel die Porzellangegenstände dekorieren, und die der *Wandtellermaler*, die Wandteller mit einer Spritzpistole färben und danach die Farbe von Teilen des Motivs mit Hilfe eines Schwammes entfernen.

Für alle diese Arbeitnehmer gilt derselbe Tarifvertrag. Nach diesem werden sie grund- **74** sätzlich nach Stücklohn bezahlt, d. h., sie erhalten einen Lohn, dessen Höhe ganz oder teilweise vom Arbeitsergebnis abhängt. Sie können jedoch auch eine Entlohnung durch festen Stundenlohn wählen, der für alle Mitarbeitergruppen derselbe ist. Tatsächlich erhalten etwa 70% der Dreher und 70% der Maler Stücklohn. Ihr Lohn besteht aus einem festen Anteil, der als Basisstundenlohn gezahlt wird, und aus einem variablen Anteil, der pro produziertem Gegenstand gezahlt wird.

Die Gruppe der nach Stückzahl entlohnten *Rollerdreher* besteht aus 26 Personen, die alle **75** Männer sind, und macht etwa 18% der gesamten nach Stückzahl entlohnten Drehergruppe aus. Die Gruppe der nach Stückzahl entlohnten *Blaumaler* besteht aus 156 Personen, 155 Frauen und einem Mann, und macht ungefähr 49% der gesamten nach Stückzahl entlohnten Malergruppe aus. Die Gruppe der nach Stückzahl entlohnten *Wandtellermaler* besteht aus 51 Personen, die alle Frauen sind, und macht etwa 16% der gesamten nach Stückzahl entlohnten Malergruppe aus.

Im April 1990 betrug der Durchschnittsstundenlohn der Gruppe der nach Stückzahl be- **76** zahlten *Rollerdreher* 103,93 DKR, wobei der feste Anteil 71,69 DKR betrug; als höchster Lohn wurden 118 DKR pro Stunde, als niedrigster Lohn 86 DKR pro Stunde gezahlt. In demselben Zeitraum betrug der Durchschnittslohn der nach Stückzahl entlohnten *Blaumaler* 91 DKR pro Stunde, wobei der feste Anteil bei 57 DKR lag und als höchster Lohn 125 DKR pro Stunde, als niedrigster Lohn 72 DKR pro Stunde gezahlt wurden; der Durchschnittslohn der nach Stückzahl entlohnten *Wandtellermaler* betrug 116,20 DKR pro Stunde, wobei der feste Anteil bei 35,85 DKR lag und als höchster Lohn 159 DKR pro Stunde, als niedrigster Lohn 86 DKR pro Stunde gezahlt wurden.

Der Specialarbejderforbundet (Gewerkschaft der Facharbeiter in Dänemark) war der **77** Auffassung, die Royal Copenhagen A/S verletze das Erfordernis der Lohngleichheit, da der Durchschnittsakkordlohn der Gruppe der Blaumaler, die mit Ausnahme einer Person ausschließlich aus Frauen bestehe, niedriger sei als der Durchschnittsstücklohn der Gruppe der Rollerdreher, die ausschließlich aus Männern bestehe. Er rief daher das Faglige voldgiftsret Kopenhagen (Schiedsgericht in Tarifsachen) an und beantragte festzustellen, dass die Royal Copenhagen A/S verpflichtet sei, den Durchschnittsstücklohn der Blaumaler auf das Niveau des Durchschnittslohns der Rollerdreher anzuheben. Das Faglige voldgiftsret legte dem EuGH mehrere Fragen zur Vorabentscheidung vor. Es wollte u. a. wissen, ob der in Art. 119 EGV a. F. (Art. 141 EGV n. F.) und in Art. 1 der Lohngleichheitsrichtlinie 75/117/EWG niedergelegte Grundsatz des gleichen Entgelts anwendbar ist, wenn in einem Stücklohnsystem das durchschnittliche Entgelt einer Gruppe von Arbeitnehmern, die überwiegend aus Frauen besteht, die eine bestimmte Art von Arbeit verrichten, wesentlich niedriger ist als das durchschnittliche Entgelt einer Gruppe von Arbeitnehmern, die überwiegend aus Männern besteht, die eine andere Art von Arbeit verrichten, die als gleichwertig angesehen wird.

Der EuGH stellt in seinem Urteil zunächst fest, dass der **Grundsatz des gleichen** **78** **Entgelts auf Ergebnis- oder Stücklohnsysteme anwendbar** ist. Dies folge aus Art. 119 Abs. 3 Buchst. a EGV a. F. (Art 141 Abs. 2 Satz 2 Buchst. a EGV n. F.), der ausdrücklich bestimmt, dass Gleichheit des Arbeitsentgelts ohne Diskriminierung auf Grund des Geschlechts bedeutet, dass das Entgelt für eine gleiche nach Akkord bezahlte Arbeit auf Grund der gleichen Maßeinheit festgesetzt wird. Der EuGH führt im Weiteren aus, dass der Grundsatz des gleichen Entgelts es nicht verbiete, dass Arbeitnehmer, die der einen oder der anderen Gruppe angehören, unterschiedliche Gesamtvergütungen erhalten, wenn diese auf Unterschieden zwischen den individuellen Arbeitsergebnissen der Arbeitnehmer dieser beiden Gruppen beruhen. Allein die Feststellung eines Unterschieds zwischen den durchschnittlichen Verdiensten von zwei Gruppen von Arbeitnehmern, berechnet auf Grund der individuellen Gesamtverdienste aller der jeweiligen Gruppe angehörenden Arbeitnehmer, lasse nicht den Schluss zu, dass eine Diskriminierung hinsichtlich des Entgelts bestehe.

79 Es sei Sache des nationalen Gerichts festzustellen, ob die auf die von den beiden Gruppen von Arbeitnehmern verrichteten Arbeiten anwendbare Maßeinheit die gleiche ist oder ob – falls die Gruppen unterschiedliche Arbeiten verrichten, die jedoch als gleichwertig angesehen werden – die Maßeinheit objektiv geeignet ist, ihnen gleich hohe Gesamtvergütungen zu gewährleisten.

80 Der EuGH hebt sodann hervor, dass die Beweislast für das Vorliegen einer Diskriminierung auf Grund des Geschlechts grundsätzlich bei dem Arbeitnehmer liegt, der sich diskriminiert glaubt. Unter Berufung auf seine Rechtsprechung in der Rechtssache Enderby[121] weist der EuGH jedoch darauf hin, dass sich die **Beweislast umkehren** könne, wenn Arbeitnehmer, die dem ersten Anschein nach diskriminiert sind, sonst kein wirksames Mittel hätten, um die Einhaltung des Grundsatzes des gleichen Entgelts durchzusetzen. Allein der Umstand, dass in einem Stücklohnsystem aussagekräftige Statistiken einen merklichen Unterschied im durchschnittlichen Entgelt zweier Gruppen von Arbeitnehmern erkennen lassen, reiche für den ersten Anschein einer Diskriminierung allerdings nicht aus, da diese Unterschiede auf Unterschieden zwischen den individuellen Arbeitsergebnissen der Arbeitnehmer dieser beiden Gruppen beruhen könnten.

81 Wenn sich jedoch bei einem System wie dem des Ausgangsverfahrens, in dem die individuellen Entgelte, die bei der Berechnung des durchschnittlichen Entgelts der beiden Gruppen von Arbeitnehmern zugrunde gelegt werden, aus einem variablen Anteil, der sich aus dem individuellen Arbeitsergebnis jedes Arbeitnehmers ergibt, und einem festen Anteil, der für die verschiedenen Gruppen der betroffenen Arbeitnehmer unterschiedlich ist, bestehen, nicht feststellen lässt, welche Faktoren bei der Festsetzung der Stücklohnsätze oder der für die Berechnung des variablen Teils des Entgelts zugrunde gelegten Maßeinheiten von Bedeutung gewesen sind, könne es erforderlich sein, dem Arbeitgeber die Beweislast dafür aufzuerlegen, dass die festgestellten Unterschiede nicht auf einer Diskriminierung auf Grund des Geschlechts beruhen, wenn die Arbeitnehmer sonst kein wirksames Mittel hätten, um die Einhaltung des Grundsatzes des gleichen Entgelts durchzusetzen.

82 Der EuGH weist sodann darauf hin, dass es Sache des nationalen Gerichts ist, zu prüfen, ob im vorliegenden Ausgangsrechtsstreit die Voraussetzungen für eine solche Umkehr der Beweislast erfüllt sind.

83 Zu begrüßen ist, dass der EuGH in der vorliegenden Entscheidung seine bisherige Rechtsprechung zur **Vergleichsgruppenbildung** zumindest ansatzweise konkretisiert. Er führt dazu aus, dass bei einem Vergleich des Durchschnittsentgelts zweier nach Stückzahl entlohnter Gruppen von Arbeitnehmern sichergestellt sein müsse, dass die Gruppen jeweils sämtliche Arbeitnehmer umfassen, die unter Zugrundelegung einer Gesamtheit von Faktoren, wie Art der Arbeit, Ausbildungsanforderungen und Arbeitsbedingungen, als in einer vergleichbaren Situation angesehen werden können. Der Vergleich müsse sich außerdem auf eine relativ große Zahl von Arbeitnehmern beziehen, um sicherzustellen, dass die festgestellten Unterschiede nicht etwa rein zufällige oder konjunkturelle Erscheinungen widerspiegeln oder auf Unterschiede in den individuellen Arbeitsergebnissen der betroffenen Arbeitnehmer zurückgehen.

---

[121] S. dazu oben Rn. 62.

I. Der Grundsatz des gleichen Entgelts 84–88 § 16

(j) Begriff der gleichen Tätigkeit – Rechtssache Angestelltenbetriebsrat der 84
Wiener Gebietskrankenkasse. In dem aus Österreich stammenden Ausgangsrechtsstreit stritten der Angestelltenbetriebsrat der Wiener Gebietskrankenkasse (im Folgenden: Betriebsrat) und die Wiener Gebietskrankenkasse (im Folgenden: Gebietskrankenkasse) über die Höhe des Gehalts für diplomierte Psychologen, die als Psychotherapeuten angestellt sind.

Wie aus dem Vorlagebeschluss hervorgeht, richtet sich die Festlegung der Entgelte der 85
bei den österreichischen Sozialversicherungsträgern beschäftigten Arbeitnehmer nach verschiedenen Dienstordnungen, die in Form von Kollektivverträgen zustande kommen und für die jeweilige Personalgruppe gelten. Danach werden Psychologen, die zur selbständigen Berufsausübung berechtigt sind, in die Gehaltsgruppe F, Dienstklasse I, der Dienstordnung A (DO.A) eingestuft, die für Verwaltungsangestellte, das Pflegepersonal und zahntechnische Angestellte gilt. Dagegen werden die zur selbständigen Berufsausübung als Facharzt berechtigten Ärzte in die Gehaltsgruppe B, Dienstklasse III, der Dienstordnung B (DO.B) eingestuft, die für Ärzte und Dentisten gilt. 1995 betrug das Nettogehalt eines Verwaltungsangestellten der Gehaltsgruppe F I der DO.A zwischen 24796 und 51996 öS, das eines Arztes der Gehaltsgruppe B III der DO.B dagegen zwischen 42197 und 73457 öS.

Aus dem Vorlagebeschluss geht ferner hervor, dass die zuständigen Träger drei ver- 86
schiedene Kategorien von Psychotherapeuten beschäftigen können, nämlich Ärzte, diplomierte Psychologen sowie Personen, die kein Examen als Arzt oder Psychologe abgelegt haben, jedoch über eine allgemeine Ausbildung und eine psychotherapeutische Fachausbildung verfügen.

Der Betriebsrat klagte beim Arbeits- und Sozialgericht auf Feststellung, dass auf Dienst- 87
verhältnisse zwischen der Gebietskrankenkasse und Psychotherapeuten, die ein Psychologiestudium mit Doktorat abgeschlossen haben, die DO.B Anwendung findet und die Betroffenen in der Verwendungsstufe B III einzustufen sind. Zur Begründung verwies der Betriebsrat u. a. darauf, dass durch Analogieschluss diplomierte Psychologen den Ärzten gleichgestellt werden müssten, zumal von der schlechteren Entlohnung der in der Psychotherapie beschäftigten Psychologen vorrangig Frauen betroffen seien. Das Oberlandesgericht Wien, das mit dem Rechtsstreit in der Berufungsinstanz befasst war, hat das Verfahren ausgesetzt und dem EuGH im Vorabentscheidungsverfahren die Frage vorgelegt, ob eine „gleiche Arbeit" oder ein „gleicher Arbeitsplatz" im Sinne des Art. 119 EGV a. F. (Art. 141 EGV n. F.) oder der Richtlinie 75/117/EWG auch dann vorliege, wenn die gleiche Tätigkeit über einen erheblichen Zeitraum (mehrere Entgeltzahlungsperioden) von **Arbeitnehmern mit unterschiedlicher Berufsberechtigung** ausgeübt werde.

In seinem Vorabentscheidungsurteil vom 11. 5. 1999[122] entschied der EuGH, dass zur 88
Feststellung, ob Arbeitnehmer eine gleiche Arbeit ausüben, geprüft werden müsse, ob diese Arbeitnehmer unter Zugrundelegung einer Gesamtheit von Faktoren, wie der Arbeit, Ausbildungsanforderungen und Arbeitsbedingungen, als in einer vergleichbaren Situation befindlich angesehen werden können. Wenn verschiedene Arbeitnehmergruppen, die nicht dieselbe Berufsberechtigung oder -qualifikation für die Ausübung ihres Berufes besitzen, eine anscheinend identische Tätigkeit ausüben, sei zu prüfen, ob sie – unter Berücksichtigung der Art der Aufgaben, die den einzelnen Arbeitnehmergruppen jeweils übertragen werden können, der an die Ausübung dieser Tätigkeiten geknüpften Ausbildungserfordernisse und der Arbeitsbedingungen, unter denen die Tätigkeit ausgeübt werden – eine gleiche Arbeit im Sinne von Art. 119 EGV a. F. (Art. 141 EGV n. F.) ausüben. Die Berufsausbildung stelle nicht nur einen Faktor dar, der eine unterschiedliche Vergütung für Arbeitnehmer, die gleiche Arbeit verrichten, objektiv rechtfertigen kann. Sie gehöre vielmehr auch zu den Kriterien, anhand deren sich feststellen lasse, ob die Arbeitnehmer die gleiche Arbeit verrichten.

---

[122] Rs. 309/97 Slg. 1999, S. 3217 = NZA 1999, S. 699.

89 Sodann führt der EuGH aus, dass die von der Gebietskrankenkasse als Psychotherapeuten beschäftigten Psychologen und Ärzte nur anscheinend eine identische Tätigkeit ausüben. Sie stützten sich bei der Behandlung ihrer Patienten jedoch auf in sehr verschiedenen Fachrichtungen erworbene Kenntnisse und Fähigkeiten, die bei den einen auf einem Psychologiestudium und bei den anderen auf einem Medizinstudium beruhen. Daher könnten zwei Gruppen von Arbeitnehmern mit unterschiedlicher Berufsausbildung, die auf Grund des unterschiedlichen Umfangs ihrer Berufsberechtigung, die sich aus dieser Ausbildung ergibt und auf deren Grundlage sie eingestellt wurden, unterschiedliche Aufgaben oder Tätigkeiten wahrzunehmen haben, nicht als in einer vergleichbaren Situation befindlich angesehen werden. Der Umstand, dass es für psychotherapeutische Behandlungen einen einheitlichen Tarif gebe, stehe dieser Feststellung nicht entgegen, da eine solche Tarifierung auf sozialpolitischen Gründen beruhen könne.

90 **(k) Wegfall der Weihnachtsgratifikation im Erziehungsurlaub – Rechtssache Susanne Lewen.** Gegenstand des Vorabentscheidungsverfahrens in der deutschen Rechtssache Susanne Lewen[123] war die Frage, ob ein Arbeitgeber Arbeitnehmerinnen vollständig von der Gewährung einer freiwillig als Sonderzuwendung zu Weihnachten gezahlten Gratifikation ausschließen darf. Herr Denda, Inhaber der Firma Denda Zahntechnik (im Folgenden: Beklagter) gewährt seinen Arbeitnehmern als freiwillige Zahlung eine Weihnachtsgratifikation in Höhe eines Bruttomonatsgehalts, vorausgesetzt, dass diese im Zeitpunkt der Zahlung tatsächlich beschäftigt sind. Frau Susanne Lewen, die Klägerin des Ausgangsverfahrens (im Folgenden: Klägerin), hatte bis zur Geburt ihres Kindes im Sommer 1996 bei dem Beklagten gearbeitet und nach Ablauf des Mutterschaftsurlaubes den Erziehungsurlaub angetreten. Der Beklagte zahlte der Klägerin für das Jahr 1996 kein Weihnachtsgeld, und zwar auch nicht anteilig bis zum Ende des Beschäftigungsverbots des Mutterschutzurlaubs. Mit ihrer beim Arbeitsgericht erhobenen Klage beantragte die Klägerin, den Beklagten zu verurteilen, ihr für das Jahr 1996 eine Weihnachtsgratifikation in Höhe eines Bruttomonatsgehalts zu zahlen. Da die Gratifikation nach Meinung des mit dem Ausgangsrechtsstreit befassten Arbeitsgerichts Gelsenkirchen Entgeltcharakter i.S. von Art. 119 EGV a.F. (Art. 141 EGV n.F.) hat, wollte es vom EuGH im Vorabentscheidungsverfahren u.a. wissen, ob Art. 119 EGV a.F. (Art. 141 EGV n.F.) es verbietet, dass ein Arbeitgeber Frauen, die sich zum Zeitpunkt der Zahlung einer freiwilligen Sonderzuwendung, nämlich einer zu Weihnachten gewährten Gratifikation, im Erziehungsurlaub befinden, vollständig von der Gewährung dieser Gratifikation ausschließt, ohne im Jahr der Gewährung der Gratifikation geleistete Arbeit oder zurückgelegte Mutterschutzzeiten (Beschäftigungsverbote) zu berücksichtigen.

91 Der EuGH stellte in seinem Vorabentscheidungsurteil vom 12. 10. 1999[124] zunächst fest, dass auch eine **Weihnachtsgratifikation** der im Ausgangsverfahren streitigen Art auch dann **Entgelt** i.S. von Art. 119 EGV a.F. (Art. 141 EGV n.F.) ist, wenn sie freiwillig gezahlt wird und wenn sie überwiegend oder ausschließlich zum Anreiz für zukünftige Dienstleistung oder Betriebstreue gewährt wird.

92 In Übereinstimmung mit seiner bisherigen Rechtsprechung führt der EuGH sodann aus, dass das Verbot der diskriminierenden Ungleichbehandlung von männlichen und weiblichen Arbeitnehmern wegen seines Charakters nicht nur für staatliche Stellen verbindlich sei, sondern sich auch auf alle Tarifverträge und auf alle Verträge zwischen Privatpersonen erstrecke.

93 Für die Beantwortung der Frage, ob Art. 119 EGV a.F. (Art. 141 EGV n.F.) es einem Arbeitgeber verbietet, Frauen, die sich im Zeitpunkt der Zahlung einer freiwilligen Weihnachtsgratifikation im Erziehungsurlaub befinden, vollständig von der Gewährung der Gratifikation auszuschließen, soll es nach Auffassung des EuGH auf die **Qualifizierung der Gratifikation** ankommen. Entscheidend sei, ob der Arbeitgeber mit der Gewährung

---

[123] Rs. 333/97, Slg. 1999, S. 7243 = EuZW 2000, S. 29.
[124] Rs. 333/97, Slg. 1999, S. 7243 = EuZW 2000, S. 29.

I. Der Grundsatz des gleichen Entgelts

der Weihnachtsgratifikation das Ziel verfolge, im Zeitpunkt der Zahlung „aktiv" im Arbeitsverhältnis stehenden Mitarbeitern einen Anreiz zu geben, auch in den Folgemonaten gute Arbeitsleistungen zu erbringen, und sie auf diese Weise für ihre **künftige Betriebstreue** zu belohnen, oder ob die Sonderzuwendung zu Weihnachten eine Vergütung für in der Vergangenheit geleistete Arbeit darstelle. Im ersten Fall stelle die Weigerung eines Arbeitgebers, einer Frau im Erziehungsurlaub eine von ihm freiwillig als Sonderzuwendung zu Weihnachten gezahlte Gratifikation auszuzahlen, keine Diskriminierung i. S. von Art. 119 EGV a. F. (Art. 141 EGV n. F.) dar.

Anders verhielte es sich im zweiten Fall, wenn also das nationale Gericht anhand seines nationalen Rechts die im Ausgangsverfahren streitige Gratifikation als Vergütung für im Jahr der Gewährung der Gratifikation **geleistete Arbeit** zu qualifizieren hätte. In einem solchen Fall würde ein Arbeitgeber den Arbeitnehmern im Erziehungsurlaub, die im Jahr der Gewährung der Gratifikation gearbeitet haben, eine, gegebenenfalls anteilig gekürzte, Gratifikation nur deshalb nicht gewähren, weil ihr Arbeitsverhältnis zum Zeitpunkt der Gewährung der Gratifikation ruht. Diese Arbeitnehmer würden gegenüber denjenigen benachteiligt, deren Arbeitsverhältnis bei der Gewährung der Gratifikation nicht ruht und die die Gratifikation tatsächlich als Vergütung für in diesem Jahr geleistete Arbeit erhalten. Eine solche Weigerung stelle daher eine Diskriminierung i. S. von Art. 119 EGV a. F. (Art. 141 EGV n. F.) dar, da sich weibliche Arbeitnehmer bei der Gewährung der Gratifikation häufiger im Erziehungsurlaub befänden als männliche Arbeitnehmer.

Schließlich nimmt der EuGH zur Berücksichtigung von **Mutterschutzzeiten** (Beschäftigungsverboten) Stellung und führt dazu aus, dass diese Zeiten **Beschäftigungszeiten gleichzustellen** seien. Würden nämlich Mutterschutzzeiten für die Zwecke der Gewährung einer Gratifikation, mit der geleistete Arbeit vergütet werden soll, nicht als Beschäftigungszeiten berücksichtigt, so würde eine Arbeitnehmerin allein auf Grund ihrer Arbeitnehmereigenschaft diskriminiert, da diese Zeiten als Beschäftigungszeiten abgerechnet worden wären, wenn sie nicht schwanger gewesen wäre.

bb) Die Rechtsprechung des BAG zur mittelbaren Diskriminierung im Entgeltbereich

Das Verbot der mittelbaren Diskriminierung hat sich in der Rechtsprechung des BAG langsam herausgebildet.[125] Eine nähere Ausgestaltung hat das Rechtsinstitut der mittelbaren Diskriminierung vor allem durch vier Entscheidungen des 3. Senats zum Ausschluss Teilzeitbeschäftigter von einer betrieblichen Altersversorgung erhalten.[126] Anhand der Bilka-Umsetzungsentscheidung[127] des BAG vom 20. 11. 1990[128] soll im Folgenden aufgezeigt werden, welche Kriterien es für die Prüfung, ob eine Maßnahme oder Regelung eine unzulässige mittelbare Diskriminierung von Frauen darstellt, zugrundelegt.

(1) Prüfung zur Feststellung einer mittelbaren Diskriminierung

Unter Bezugnahme auf die vom EuGH im Bilka-Urteil[129] entwickelten Maßstäbe des EuGH prüft das BAG in seinem Urteil vom 20. 11. 1990, ob der Ausschluss der Teilzeitbeschäftigten aus der Versorgungsordnung eine im Widerspruch zu Art. 119 EGV a. F. (Art. 141 EGV n. F.) stehende mittelbare Diskriminierung darstellt.

(a) Objektiver Tatbestand der mittelbaren Diskriminierung. Das BAG betont zunächst, dass die Unterscheidung der Versorgungsordnung zwischen den Gruppen der teilzeitbeschäftigten und der vollzeitbeschäftigten Arbeitnehmer zu einer (vordergründig) geschlechtsneutralen Ungleichbehandlung dieser Gruppen führt.

---

[125] Zur Entwicklung des Verbots der mittelbaren Diskriminierung für das deutsche Arbeitsrecht durch das BAG vgl. *Ch. Blomeyer*, Mittelbare Diskriminierung, S. 22 ff.
[126] Vgl. BAG AP Nr. 6 zu § 2 BeschFG 1985; Nr. 7 und Nr. 8 zu § 1 BetrAVG Gleichberechtigung.
[127] Zur Entscheidung des EuGH in der Rechtssache Bilka s. oben Rn. 36 ff.
[128] BAG AP Nr. 8 zu § 1 BetrAVG Gleichberechtigung.
[129] S. dazu oben Rn. 36 ff.

99 Sodann prüft es, ob die Ungleichbehandlung zwischen den vollzeitbeschäftigten und den teilzeitbeschäftigten Arbeitnehmern **erheblich mehr Frauen als Männer** benachteiligt. Zur Beantwortung dieser Frage stellt das BAG nicht auf die absoluten Zahlen der betroffenen Arbeitnehmer, sondern auf die Prozentsätze ab, zu denen einerseits Männer und andererseits Frauen die geforderten Voraussetzungen erfüllen.[130] Hiervon ausgehend errechnet das BAG, dass sich der Anteil der Frauen an den Teilzeitbeschäftigten auf 97,9% belief, während der Anteil der Frauen an den Vollzeitbeschäftigten nur 82,3% betrug. Das BAG schließt daraus, dass der Anteil der Frauen an den Teilzeitbeschäftigten „wesentlich höher" war als der Anteil an den Vollzeitbeschäftigten.[131]

100 Der objektive Tatbestand der mittelbaren Diskriminierung setzt nach Auffassung des BAG ferner voraus, dass die „nachteiligen **Folgen auf dem Geschlecht** oder der Geschlechterrolle **beruhen.**[132]" Das BAG bejaht im vorliegenden Fall dieses Merkmal. Es führt dazu aus, dass der Anteil der Frauen an der Gesamtzahl der Teilzeitbeschäftigten nach den Erhebungen des statistischen Bundesamtes bei steigender Tendenz stets über 92%, im Einzelhandel sogar bei über 95% liege. Die gesellschaftlichen Verhältnisse machten es verheirateten Frauen schwer, eine vollberufliche Erwerbstätigkeit mit ihren familiären Belastungen zu verbinden. Als Ausweg biete sich die Teilzeitbeschäftigung an, die männliche Arbeitnehmer nur ausnahmsweise wählen. Auch die Klägerin sei verheiratet und habe für zwei Kinder zu sorgen.

101 **(b) Rechtfertigung.** Nachdem das BAG den objektiven Tatbestand der mittelbaren Diskriminierung festgestellt hatte, prüfte es, ob die Verletzung des Lohngleichheitsgebotes objektiv gerechtfertigt werden kann. Das BAG betont zunächst, dass nicht jeder sachliche Grund, der zum Ausschluss des Willkürverbotes bei dem arbeitsrechtlichen Gleichbehandlungsgrundsatz oder nach § 2 Abs. 1 BeschFG ausreicht, eine mittelbare Diskriminierung der weiblichen Beschäftigten rechtfertigen kann. Vielmehr stelle das aus Art. 3 Abs. 2 GG und Art. 119 EGV a. F. (Art. 141 EGV n. F.) folgende **Gleichberechtigungsgebot strengere Anforderungen an die Zulässigkeit einer Differenzierung.** Art. 3 Abs. 2 GG, der ein über den allgemeinen Gleichheitssatz (Art. 3 Abs. 1 GG) hinausgehendes Differenzierungsgebot enthalte, sei nur dann nicht verletzt, wenn die biologische oder funktionale Verschiedenheit das zu ordnende Lebensverhältnis so entscheidend präge, dass etwa vergleichbare Elemente daneben vollkommen zurücktreten.[133] Art. 119 EGV a. F. (Art. 141 EGV n. F.) stelle zwar keine so hohen Anforderungen. Aber auch nach dieser Vorschrift genüge nicht jede Zweckmäßigkeitserwägung. Die unterschiedliche Behandlung der Geschlechter müsse nämlich einem wirklichen Bedürfnis des Unternehmens dienen, für die Erreichung dieses Ziels geeignet und nach den Grundsätzen der Verhältnismäßigkeit erforderlich sein. Die von der Beklagten vorgetragenen Gründe für den Ausschluss der Teilzeitbeschäftigten aus der Versorgungsordnung reichen nach Ansicht des BAG zur Rechtfertigung nicht aus. Die Beklagte habe weder die mangelnde Qualifikation der Teilzeitbeschäftigten noch die subjektive Befürchtung belegen können, dass Teilzeitkräfte weniger motiviert seien und sich weniger mit dem Unternehmen identifizierten.[134] Ebenso wenig lasse sich die Beschränkung der betrieblichen Altersversorgung mit erhöhten Personalkosten der Teilzeitbeschäftigten rechtfertigen. Nicht jeder auch noch so

---

[130] Die Beklagte beschäftigte ohne den Filialleiter, für den die Versorgungsordnung nicht galt, insgesamt 13 076 Personen, davon 11 377 Frauen und 1615 Männer. Die insgesamt 9143 Vollzeitbeschäftigten setzten sich aus 7528 Frauen und 1615 Männern zusammen. Von den insgesamt 3933 Teilzeitbeschäftigten waren 3849 Frauen und 84 Männer.

[131] Anders ausgedrückt waren 95% der Männer vollzeit- und 5% teilzeitbeschäftigt, während 66,2% der Frauen in einer Vollzeit- und 33,8% in einer Teilzeitbeschäftigung standen.

[132] Vgl. Ziff. 2 des Tenors.

[133] Unter Berufung auf die ständige Rechtsprechung des Bundesverfassungsgerichts seit BVerfGE 6, S. 389, 422 f.

[134] Die Prüfung der Rechtfertigung nimmt das BAG nicht abstrakt vor, sondern auf Grund der Verhältnisse des einzelnen Unternehmens.

geringfügige finanzielle Vor- oder Nachteil stelle ein wirkliches Bedürfnis für eine diskriminierende Regelung dar. Nach dem Verhältnismäßigkeitsgrundsatz komme das Lohngleichheitsgebot nicht erst bei Kostenneutralität zum Zuge. Vielmehr müssten erhebliche Kostenvorteile oder -nachteile die differenzierende Regelung „erfordern".

(2) Zusammenfassung der Prüfungsschritte

Ausgehend von der vorliegenden Entscheidung des BAG hat die Prüfung der mittelbaren Diskriminierung im Entgeltbereich auf zwei Prüfungsstufen zu erfolgen:

Auf der *ersten Stufe* ist zu prüfen, ob der objektive Tatbestand der mittelbaren Diskriminierung erfüllt ist. Das setzt voraus, dass eine geschlechtsneutrale Entgeltregelung zu einer *Ungleichbehandlung* zweier Gruppen führt. Die Ungleichbehandlung muss zudem eine der beiden Geschlechtergruppen *erheblich stärker benachteiligen* als die andere, wobei es nicht auf die absoluten Zahlen der betroffenen Arbeitnehmer ankommt, sondern auf die Prozentsätze, zu denen einerseits Männer und andererseits Frauen die begünstigende Voraussetzung erfüllen. Die ungleiche Wirkung der geschlechtsneutralen Entgeltregelung muss schließlich *auf den Geschlechterrollen beruhen*.

Auf der *zweiten Prüfungsstufe* ist sodann festzustellen, ob die mittelbare Diskriminierung durch objektive Gründe gerechtfertigt ist, wobei der Arbeitgeber darlegen und beweisen muss, dass die Ungleichbehandlung einem *wirklichen Bedürfnis des Unternehmens* dient und für die Erreichung dieses Ziels *geeignet und erforderlich* ist.

(3) Die BAG-Rechtsprechung zu Einzelfragen der mittelbaren Diskriminierung im Entgeltbereich[135]

(a) BAG vom 9. 10. 1991 – Ausschluss der Lohnfortzahlung für geringfügig beschäftigte Arbeiter. In seiner „Rinner-Kühn"-Umsetzungsentscheidung[136] vom 9. 10. 1991[137] hatte das BAG darüber zu entscheiden, ob der in § 1 Abs. 3 Nr. 2 LFZG[138] bestimmte Ausschluss des Anspruchs auf Arbeitsentgelt bei Arbeitsunfähigkeit in einem Arbeitsverhältnis mit einer Arbeitszeit, die wöchentlich zehn Stunden oder monatlich 45 Stunden nicht übersteigt, eine unzulässige mittelbare Diskriminierung darstellt.[139]

Das BAG bejaht im vorliegenden Fall eine gegen Art. 119 Abs. 1 EGV a. F. (Art. 141 Abs. 1 EGV n. F.) verstoßende mittelbare Diskriminierung. § 1 Abs. 3 Nr. 2 LFZG sei zwar geschlechtsneutral formuliert und deshalb unterschiedslos auf Männer und Frauen anzuwenden, in Wirklichkeit betreffe der Ausschluss aber wesentlich mehr Frauen als Männer. Nach einer Mikrozensus-Erhebung von April 1988[140] seien von 193 000 mit bis zu 9 Wochenstunden abhängig Beschäftigten 159 000, also 82,4%, Frauen gewesen. Die nachteiligen Auswirkungen des § 1 Abs. 3 Nr. 2 LFZG beruhten auch auf dem Geschlecht oder der geschlechtsspezifischen Rolle der Frau. Die traditionelle Verteilung der Geschlechterrolle weise auch heute noch in aller Regel den Frauen die Aufgabenbereiche Erziehung und Haushalt zu. Diese gesellschaftlichen Verhältnisse machten es insbesondere verheirateten Frauen schwer, eine vollberufliche Erwerbstätigkeit mit ihren familiären Belastungen zu vereinbaren. Als Ausweg verbleibe häufig nur eine Teilzeitbeschäftigung mit geringer Stundenzahl, bei der sich wegen der geringen täglichen Stundenzahl und

---

[135] Im Folgenden werden aus der umfangreichen Rechtsprechung des BAG zur mittelbaren Diskriminierung lediglich einige für die Praxis bedeutsame Entscheidungen dargestellt.
[136] Zum Urteil des EuGH in der Rechtssache Rinner-Kühn s. oben Rn. 47 ff.
[137] AP Nr. 95 zu § 1 LFZG.
[138] Die Vorschrift ist zwischenzeitlich außer Kraft getreten.
[139] Im Anschluss an die EuGH-Entscheidung in der Rechtssache Krüger (EuGH, NZA 1999, S. 1151 = NJW 2000, S. 647) wird diskutiert, ob geringfügige Beschäftigungen von tariflichen Regelungen des öffentlichen Dienstes ausgeschlossen werden können (*Hock*, ZTR 2000, S. 151; *Löwisch/Zimmermann*, ZTR 2000, S. 387). Jedenfalls auf Grund des TzBfG ist die Frage klar zu verneinen.
[140] Quelle: Hauptergebnisse der Arbeits- und Sozialstatistik 1989, S. 24.

deren flexibler Lage Erwerbstätigkeit und familiäre Pflichten miteinander in Einklang bringen ließen. Die bloße Möglichkeit einer umgekehrten Rollenverteilung durch entsprechende Lebensgestaltung der Ehepartner ändere daran nichts. Zwar sei diese Möglichkeit nicht mehr unbedingt als theoretisch zu bezeichnen, sie könne jedoch erst berücksichtigt werden, wenn sie sich in der gesellschaftlichen Wirklichkeit auf den Anteil der Frauen an der Gesamtzahl der geringfügig beschäftigten Arbeitnehmer auswirke. Das sei gegenwärtig jedoch nicht der Fall.

107 Diese mittelbare Diskriminierung werde auch nicht durch objektive Faktoren gerechtfertigt, die nichts mit einer Diskriminierung auf Grund des Geschlechts zu tun haben. Zum einen fehle es in den Gesetzgebungsmaterialien an einer sachlichen Begründung für die gewählte Arbeitszeitgrenze. Geringfügig Beschäftigte seien auch nicht weniger in den Betrieb eingegliedert und nicht weniger der Fürsorge bedürftig als andere Arbeitnehmer. Eine geringere Schutzbedürftigkeit lasse sich insbesondere nicht damit rechtfertigen, dass das Einkommen der geringfügig Beschäftigten immer nur einen Zusatzverdienst darstelle, nicht aber der Existenzsicherung einer Familie dienen könne. Angesichts der tatsächlichen Gegebenheiten auf dem Arbeitsmarkt bleibe vielen Arbeitnehmern als einzige Möglichkeit der Erwerbstätigkeit nur ein Teilzeitarbeitsverhältnis. Solche Arbeitnehmer seien auf diese Art der Beschäftigung angewiesen und deshalb in gleicher Weise schutzbedürftig wie Vollzeitbeschäftigte. Ebenso wenig ergebe sich aus der besonderen sozialversicherungsrechtlichen Lage der geringfügig beschäftigten Frauen eine objektive Rechtfertigung ihres Ausschlusses von der Lohnfortzahlung. Denn dem Vorteil der Sozialversicherungsfreiheit stehe der erhebliche Nachteil gegenüber, keine Sozialversicherungsleistungen beziehen zu können. Die fehlende Eignung und Erforderlichkeit der Regelung des § 1 Abs. 3 Nr. 2 LFZG zur Erreichung eines notwendigen sozialpolitischen Ziels werde schließlich auch dadurch deutlich, dass eine vergleichbare Ausnahme in den für Angestellte geltenden Vorschriften der Entgeltfortzahlung im Krankheitsfalle (§ 616 BGB, § 63 HGB und § 133c GewO)[141] fehle.

108 **(b) BAG vom 23. 9. 1992 – Übertarifliche Entlohnung vorwiegend für Männer.** In dem der Entscheidung des BAG vom 23. 9. 1992[142] zugrundeliegenden Fall verlangten die Klägerinnen, Kommissioniererinnen im Lager der Beklagten, Höhergruppierung von Lohngruppe 2 in die Lohngruppe 3 der Lohntarifverträge für den Groß- und Außenhandel in Niedersachsen (LTV). Zur Begründung beriefen sie sich darauf, dass die Beklagte von 18 männlichen Kommissionierern 9 Männer übertariflich nach Lohngruppe 3 und 9 weitere nach Lohngruppe 2 entlohnte, während von den 10 weiblichen Kommissioniererinnen nur eine Frau übertariflich nach Lohngruppe 3 vergütet wurde.

109 Das BAG bejahte einen Anspruch der Klägerinnen auf Vergütung entsprechend der Lohngruppe 3 LTV aus **§ 612 Abs. 3 BGB**. Es entschied, dass es gegen § 612 Abs. 3 BGB verstößt, wenn der Arbeitgeber männliche und weibliche Arbeitnehmer mit der gleichen Arbeit beschäftigt und fast die Hälfte der Männer, dagegen nur 1/10 der Frauen über Tarif entlohnt, sofern die höhere Entlohnung der männlichen Arbeitnehmer nicht durch Gründe gerechtfertigt ist, die nicht auf das Geschlecht bezogen sind.[143]

110 In seiner Urteilsbegründung führt das BAG aus, dass den Ansprüchen der Klägerinnen auch nicht entgegenstehe, dass die Beklagte neben den in Gruppe 3 eingruppierten Kommissionierern noch weitere Männer mit Kommissionstätigkeit beschäftige, die – wie die Klägerinnen – nach Gruppe 2 entlohnt werden. Ein Verstoß gegen § 612 Abs. 3 BGB erfordere nämlich nicht, dass sämtliche mit gleicher Arbeit wie die Klägerinnen beschäftigten männlichen Arbeitnehmer besser als die Klägerinnen entlohnt werden. Ein Verstoß könne vielmehr schon dann vorliegen, wenn die von der Beklagten ausgeübte Lohnpolitik

---

[141] § 63 HGB und § 133c GewO sind zwischenzeitlich außer Kraft getreten! Das EFZG enthält keine dem § 1 Abs. 3 Nr. 2 LFZG entsprechende Regelung.
[142] AP Nr. 1 zu § 612 BGB Diskriminierung.
[143] S. Ziff. 1 der Leitsätze.

I. Der Grundsatz des gleichen Entgelts 111–113 § 16

vergleichsweise wesentlich mehr weibliche als männliche Kommissionierer nachteilig betreffe. Dies sei vorliegend der Fall, da die weiblichen Beschäftigten zu 95%, die männlichen dagegen nur zu 50% Arbeitsentgelt aus der niedrigeren Lohngruppe bezögen. Die Benachteiligung der Kommissioniererinnen erfolge auch wegen des Geschlechts (§ 612 Abs. 3 Satz 1 BGB). Die Geschlechtsdiskriminierung werde schon durch die wesentlich stärkere nachteilige Betroffenheit eines Geschlechts indiziert. Es handele sich im vorliegenden Fall um eine nicht unerhebliche Zahl von Beschäftigten (insgesamt 28 Kommissionierer und Kommissioniererinnen), so dass eine zufällige ungleichmäßige Verteilung der Geschlechter auf die Lohngruppen 2 und 3 nicht wahrscheinlich sei. Hinzu komme, dass der von der Beklagten bezüglich der Kommissionierer angewandten Entlohnungspraxis die Durchschaubarkeit fehle. Für die Arbeitnehmer sei nämlich nicht erkennbar, nach welchen Kriterien die Beklagte darüber entscheidet, ob sie Kommissionierer nach Gruppe 2 oder nach Gruppe 3 entlohne. Das durchschnittliche Entgelt der Kommissioniererinnen sei niedriger als das der Kommissionierer. Wie der EuGH in seinem Urteil vom 17. Oktober 1989 in der Rechtssache Handels- og Kontorfunktionaerernes Forbund i Danmark[144] entschieden habe, folge daraus, dass dem Arbeitgeber der Nachweis dafür obliege, dass seine Lohnpolitik nicht diskriminierend sei. Nach dem Gebot der gemeinschaftskonformen Auslegung des innerstaatlichen Rechts müsse diese Beweislastregel bei der Auslegung von § 612 Abs. 3 Satz 3 i. V. mit § 611 a Abs. 1 Satz 3 BGB berücksichtigt werden.

Den sachlichen Nachweis, dass nicht auf das Geschlecht bezogene sachliche Gründe die 111 unterschiedliche Behandlung rechtfertigen, habe die Beklagte allenfalls für einen der neun nach Lohngruppe 3 entlohnten Kommissionierer führen können. Auch wenn aus diesem Grund ein Kommissionierer beim Vergleich der Entlohnung männlicher und weiblicher Beschäftigter unberücksichtigt bleiben müsste, würde dies nichts daran ändern, dass die Lohnpolitik der Beklagten vergleichsweise wesentlich mehr Frauen als Männer nachteilig betreffe. Es wäre dann nämlich immer noch von acht (= 47%) übertariflich nach Lohngruppe 3 gegenüber neun (= 53%) tarifgerecht nach Lohngruppe 2 entlohnten Kommissionierern auszugehen.

Das BAG bejaht in seiner Entscheidung auch, dass der unterschiedlichen Entlohnung 112 **Vereinbarungen** i. S. von § 612 Abs. 3 Satz 1 BGB zugrunde liegen. Zur Begründung führte es aus, dass der Begriff der Vereinbarung in § 612 Abs. 3 Satz 1 BGB weit zu verstehen sei. Er umfasse nicht nur Einzelvereinbarungen zwischen Arbeitgeber und Arbeitnehmer, sondern z. B. auch Gesamtzusagen des Arbeitgebers. Darüber hinaus liege eine Vereinbarung i. S. dieser Vorschrift zumindest auch dann vor, wenn zwar nicht alle im Einzelfall erheblichen Vergütungen auf Vereinbarung beruhen, wohl aber die zwischen ihnen bestehenden und als diskriminierend anzusehenden Unterschiede. Dies folge schon aus dem auf die Verhinderung von Geschlechtsdiskriminierungen beim Arbeitsentgelt gerichteten Zweck der Vorschrift. Sie ließe sich nämlich leicht umgehen, wenn nach § 612 Abs. 3 Satz 1 BGB sowohl für die Bezahlung der begünstigten als auch für die der benachteiligten Gruppe jeweils Vereinbarungen zu fordern wären. Der Arbeitgeber könnte dann ohne Gesetzesverstoß weibliche Arbeitnehmer durch eine ohne Vereinbarung erfolgende tarifgerechte Bezahlung gegenüber männlichen Arbeitnehmern dadurch diskriminieren, dass er die letzteren auf Grund einer Vereinbarung übertariflich vergütet.[145]

Das BAG nimmt in seiner Entscheidung schließlich auch zu den **Rechtsfolgen** des von 113 ihm festgestellten Verstoßes gegen das gesetzliche Verbot des § 612 Abs. 3 BGB Stellung und stellt unter ausdrücklicher Bezugnahme auf die Urteile des EuGH in den Rechtssa-

---

[144] Rs. 109/88, Slg. 1989, S. 3199 ff.; s. oben Rn. 50.
[145] Die Beantwortung der Frage, ob das Tatbestandsmerkmal „vereinbart" in § 612 Abs. 3 Satz 1 BGB überhaupt noch eine normative Bedeutung im Sinne einer Anwendungsvoraussetzung dieser Vorschrift haben kann, hat das BAG ausdrücklich offen gelassen.

chen Kowalska[146] und Nimz[147] fest, dass solange für die betroffenen Arbeitnehmer nicht ein neues, diskriminierungsfreies Lohnsystem geschaffen sei, die Diskriminierung dadurch beseitigt werden müsse, dass den Angehörigen der benachteiligten Gruppe die gleiche Vergütung gewährt wird wie denjenigen der – hier durch übertarifliche Bezahlung nach Lohngruppe 3 – begünstigten Gruppe.

114 (c) BAG vom 28. 10. 1992 – Sozialplanabfindung für vollzeitbeschäftigte Arbeitnehmer. In seiner Entscheidung vom 28. 10. 1992[148] hatte das BAG darüber zu entscheiden, ob bei der Ausgestaltung eines Sozialplans eine unterschiedliche Behandlung von Voll- und Teilzeitbeschäftigten hinsichtlich der Höhe der Abfindung zulässig ist. Dem lag folgender Sachverhalt zugrunde: Die Klägerin war zunächst bei der Beklagten als Textilarbeiterin vollzeitbeschäftigt gewesen. Nach der Geburt ihres Kindes arbeitete sie bis zu ihrem Ausscheiden auf Grund fristgemäßer Kündigung der Beklagten wegen Produktionseinstellung als Teilzeitbeschäftigte mit 20 Wochenstunden. In dem Betrieb der Beklagten gab es keine teilzeitbeschäftigten männlichen Arbeitnehmer. Nach dem zwischen der Beklagten und dem Betriebsrat vereinbarten Sozialplan bemisst sich die Höhe der Abfindung nach der Dauer der Betriebszugehörigkeit. „Dauerkranke" Arbeitnehmer erhalten keine Abfindung. Teilzeitbeschäftigte erhalten anteilige Abfindungen im Verhältnis ihrer Arbeitszeit im Zeitpunkt der Beendigung des Arbeitsverhältnisses zur tariflichen Arbeitszeit. Die Klägerin ist der Ansicht, sie werde durch den Sozialplan wegen ihres Geschlechts diskriminiert, weil sie auf Grund der Betreuung ihrer Kinder an einer durchgehenden Vollzeitbeschäftigung gehindert gewesen sei. Sie verlangt mit ihrer Klage für die Jahre ihrer Vollzeitbeschäftigung den vollen Abfindungsbetrag.

115 Das BAG stellt zunächst fest, dass sich der Anspruch der Klägerin auf Zahlung einer höheren Abfindung nicht aus dem Sozialplan ergebe. Sodann verneint das BAG auch einen höheren Abfindungsanspruch aus § 75 BetrVG. Die Betriebspartner seien zwar gem. § 75 BetrVG zur Gleichbehandlung der im Betrieb beschäftigten Arbeitnehmer verpflichtet. Das Anknüpfen des Sozialplans an die persönliche Arbeitszeit stelle jedoch einen sachlichen Grund für eine unterschiedliche Abfindungszahlung dar. Vom Sinn und Zweck der Sozialplanabfindung her, den von der Entlassung betroffenen Arbeitnehmern eine Überbrückungshilfe bis zu einem neuen Arbeitsverhältnis oder bis zum Bezug von Altersruhegeld zu gewähren, sei es billigenswert und vernünftig, an die persönliche Arbeitszeit anzuknüpfen. Sie sei für den sozialen Besitzstand, den der Arbeitnehmer durch die Betriebsstilllegung verliere, wesentlich, da sich das Arbeitsentgelt danach richte.

116 Im Anschluss daran prüft das BAG, ob die in Frage stehende Sozialplanregelung gegen das sich aus Art. 119 Abs. 1 EGV a. F. (Art. 141 EGV n. F.) ergebende Verbot der Diskriminierung beim Arbeitsentgelt wegen des Geschlechts verstößt. Anders als in früheren Entscheidungen verzichtet das BAG auf die Prüfung, ob überhaupt der Tatbestand der mittelbaren Diskriminierung erfüllt ist, sondern geht sofort auf die Rechtfertigung ein. Unter Bezugnahme auf das EuGH-Urteil in der Rechtssache Bilka[149] stellt das BAG fest, dass eine unterschiedliche Behandlung von Männern und Frauen dann keine Verletzung des Art. 119 Abs. 1 EGV a. F. (Art. 141 EGV n. F.) darstellt, wenn hierfür objektiv rechtfertigende Gründe vorhanden sind, die nichts mit einer Diskriminierung auf Grund des Geschlechts zu tun haben. Solche Gründe seien vorliegend gegeben. Auch wenn bei der Beklagten keine teilzeitbeschäftigten Männer arbeiteten, rechtfertige Sinn und Zweck der Sozialplanabfindung als Überbrückungshilfe die unterschiedliche Berechnung entsprechend der persönlichen Arbeitszeit im Verhältnis zur tariflichen Arbeitszeit. Die Sozialplanabfindung solle den Verlust des sozialen Besitzstandes mildern. Dieser sei aber durch die persönliche Arbeitszeit gekennzeichnet.

---

[146] Rs. 33/89, Slg. 1990, S. 2591 ff.; s. dazu oben Rn. 54.
[147] Rs. 184/89, Slg. 1991, S. 297 ff.; s. dazu oben Rn. 56 ff.
[148] AP Nr. 67 zu § 112 BetrVG 1972.
[149] Rs. 170/84, Slg. 1986, S. 1607 ff.; s. dazu oben Rn. 36 ff.

I. Der Grundsatz des gleichen Entgelts   117–120 § 16

(d) BAG vom 2. 12. 1992 – Verdoppelung der Bewährungszeiten für Teilzeit- 117
beschäftigte. Gegenstand der Entscheidung des BAG vom 2. 12. 1992[150] war eine Klage um Höhergruppierung. Die Klägerin war seit dem 1. Januar 1970 bei der Beklagten mit einer Arbeitszeit von 20 Wochenstunden beschäftigt. Sie wurde zum 1. Januar 1983 in die Vergütungsgruppe V b Fallgruppe 1 a der Anlage 1 a zum Bundes-Angestelltentarifvertrag (BAT) eingruppiert. Die Klägerin begehrte zum 1. Januar 1989 Höhergruppierung im Wege des Bewährungsaufstiegs in die Vergütungsgruppe IV b Fallgruppe 2 BAT. Obwohl sich die Klägerin bei ihrer Tätigkeit unstreitig den an sie gestellten Anforderungen gewachsen gezeigt hatte, lehnte die Beklagte die Höhergruppierung mit der Begründung ab, die Klägerin habe die hierfür erforderliche sechsjährige Bewährung noch nicht erbracht, weil nach § 23 a Satz 2 Nr. 6 BAT[151] vor dem 1. Januar 1988 mit der Hälfte der regelmäßigen wöchentlichen Arbeitszeit zurückgelegte Bewährungszeiten nur zur Hälfte anzurechnen seien. Die Klägerin sah in der **Verdoppelung der Bewährungszeiten für Teilzeitbeschäftigte** eine mittelbare Diskriminierung von Frauen gegenüber Männern, da von dieser Regelung erheblich mehr Frauen als Männer nachteilig betroffen seien.

Unter ausdrücklicher Aufgabe seiner bisherigen Rechtsprechung[152] kommt der 4. Senat 118
des BAG in seiner jetzigen Entscheidung zu dem Ergebnis, dass die in § 23 a Satz 2 Nr. 6 BAT a. F. vorgesehene hälftige Anrechnung von Bewährungszeiten mit Art. 119 EGV a. F. (Art. 141 EGV n. F.) unvereinbar und die entsprechende Regelung des Bundes-Angestelltentarifvertrages daher im vorliegenden Fall nicht anzuwenden sei.

Der 4. Senat prüft zunächst den objektiven Tatbestand der mittelbaren Diskriminie- 119
rung und bejaht ihn. Eine Besonderheit weist die Prüfung des objektiven Tatbestandes einer mittelbaren Diskriminierung durch den 4. Senat insofern auf, als er die Rechtsprechung des 5. Senats in Bezug auf das Merkmal des „Beruhens" ausdrücklich in Frage stellt. Wie oben bereits dargelegt,[153] hatte der 5. Senat bereits in seinem Urteil vom 20. 11. 1990[154] für den objektiven Tatbestand verlangt, dass die besonders die Angehörigen eines Geschlechts treffende nachteilige Wirkung einer Regelung auf geschlechtsspezifischen Gründen „beruhen" müsse. Der 4. Senat zweifelt an, ob dieses „zusätzliche" Merkmal notwendige Voraussetzung einer mit Art. 119 EGV a. F. (Art. 141 EGV n. F.) unvereinbaren mittelbaren Diskriminierung ist. Letztlich lässt der 4. Senat die Beantwortung dieser Frage jedoch mangels Entscheidungserheblichkeit offen, da im vorliegenden Fall die Benachteiligung der Teilzeitarbeitnehmer im unmittelbaren Zusammenhang mit der traditionellen Rollenverteilung zwischen den Geschlechtern stehe, die Benachteiligung mithin auf geschlechtsspezifischen Gründen im vom 5. Senat verlangten Sinn beruhe.

Hinsichtlich der Frage, ob die Ungleichbehandlung durch objektive Gründe gerecht- 120
fertigt wird, bezieht sich der 4. Senat auf die im Vorabentscheidungsverfahren ergangene Entscheidung des EuGH vom 7. Februar 1991,[155] in der der EuGH entschieden hatte, dass

---

[150] AP Nr. 28 zu § 23 a BAT.
[151] In der für die Entscheidung des Rechtsstreits maßgeblichen, am 1. Januar 1989 gültigen Fassung lautet § 23 a Ziff. 6 Buchst. a BAT wie folgt: „Bewährungszeiten vor dem 1. Januar 1988, in denen der Angestellte regelmäßig mit mindestens drei Viertel der regelmäßigen wöchentlichen Arbeitszeit eines entsprechenden vollzeitbeschäftigten Angestellten beschäftigt war, werden voll, Bewährungszeiten, in denen er mit mindestens der Hälfte der regelmäßigen wöchentlichen Arbeitszeit eines entsprechenden vollbeschäftigten Angestellten beschäftigt war, werden zur Hälfte angerechnet".
[152] In seinem Urteil vom 14. 9. 1988, AP Nr. 24 zu § 23 a BAT, hatte der 4. Senat des BAG noch die Auffassung vertreten, dass die bis zum 31. 3. 1991 geltende Fassung des § 23 a Satz 2 Nr. 6 BAT, wonach Angestellte, die nur mit der Hälfte der Arbeitszeit des BAT beschäftigt waren, die doppelte Bewährungszeit zurückzulegen hatten, nicht wegen mittelbarer Diskriminierung von Frauen gegen höherrangiges Recht verstoße und daher voll anwendbar sei; dagegen *Wank,* RdA 1985, S. 1, 16.
[153] S. oben Rn. 98
[154] AP Nr. 8 zu § 1 BetrAVG Gleichberechtigung.
[155] Rs. 184/89, Slg. 1991, S. 297 ff.; s. zu dieser Entscheidung oben Rn. 56 ff.

es zur Rechtfertigung der von § 23a Satz 2 Nr. 6 BAG a. F. für bestimmte Teilzeitbeschäftigte geforderten doppelten Bewährungszeit nicht ausreiche, allgemein auf den größeren Gewinn an Erfahrungswissen zu verweisen, der sich zwangsläufig aus dem größeren Arbeitsvolumen der mit mindestens drei Viertel der regelmäßigen Arbeitszeit Beschäftigten ergebe. Für die Frage der Rechtfertigung sei eine Prüfung aller Umstände erforderlich, insbesondere müsse der Frage nachgegangen werden, welche Beziehung zwischen der Art der ausgeübten Tätigkeit und der Erfahrung besteht, die die Ausübung dieser Tätigkeit nach einer bestimmten Anzahl geleisteter Arbeitsstunden verschafft.

121 Der 4. Senat nimmt zu Beginn seiner Rechtfertigungsprüfung zu der von der Beklagten vorgetragenen Auffassung Stellung, die in Art. 9 Abs. 3 GG gewährleistete **Tarifautonomie** verwehre es den Gerichten, tarifliche Regelungen auf ihre Zweckmäßigkeit hin zu überprüfen. Der 4. Senat führt dazu aus, dass die dem nationalen Gericht auferlegte Prüfungspflicht nicht durch die Regelungsautonomie der Tarifvertragsparteien eingeschränkt werde. Das gemeinschaftsrechtliche Lohngleichheitsgebot gehe uneingeschränkt auch Tarifverträgen vor. Der EuGH habe in der im vorliegenden Verfahren ergangenen Vorabentscheidung[156] ebenso wie in dem Urteil vom 27. Juni 1990 in der Rechtssache Kowalska[157] den nationalen Gerichten ausdrücklich die Prüfung der Rechtfertigung der in Frage stehenden Tarifvertragsbestimmungen aufgetragen, ohne insoweit Einschränkungen aus Rücksicht auf die Tarifautonomie zu machen. Der 4. Senat prüft sodann, ob die nur hälftige Anrechnung der Bewährungszeiten Teilzeitbeschäftigter durch das Motiv der Tarifvertragsparteien gerechtfertigt wird, durch den Bewährungsaufstieg den in der geforderten Beschäftigungszeit erzielten Zuwachs an Erfahrungswissen zu honorieren. Der 4. Senat räumt in seinem Urteil zwar ein, dass in einer sehr qualifizierten Tätigkeit nach vergleichsweise kurzer Bewährungszeit noch ein nicht unerheblicher Vorsprung eines Vollzeitbeschäftigten an Erfahrungswissen im Vergleich zu einem mit der halben regelmäßigen Arbeitszeit tätigen Teilzeitarbeitnehmer festzustellen sei. Von einem solchen Vorsprung, der zur Rechtfertigung der verlängerten Bewährungszeiten Teilzeitbeschäftigter nach § 23a Satz 2 Nr. 6 BAT a. F. in Betracht zu ziehen sei, könne im vorliegenden Fall jedoch nicht ausgegangen werden. Es sei nämlich nichts dafür dargetan, dass nach der Art der von der Klägerin ausgeübten Tätigkeit das Erfahrungswissen, das ein Vollzeitarbeitnehmer üblicherweise nach sechsjähriger Bewährung in Vergütungsgruppe V b BAT erworben habe, von einer mit der halben regelmäßigen Wochenarbeitszeit beschäftigten Teilzeitkraft erst nach mehr als sechsjähriger Bewährung erlangt werde. Es sei vielmehr durchaus möglich, dass schon nach wesentlich kürzerer Zeit als nach sechs Jahren das für die Arbeitsqualität maßgebliche Erfahrungswissen eines Vollzeitarbeitnehmers und eines mit der Hälfte der regelmäßigen Wochenarbeitszeit beschäftigten Teilzeitarbeitnehmers im Wesentlichen gleich ist. Zur Unterstützung seines Ergebnisses, dass die in § 23a Satz 2 Nr. 6 BAT vorgesehene hälftige Anrechnung von Bewährungszeiten nicht mit dem geringeren Erfahrungswissen zu rechtfertigen ist, verweist der 4. Senat darauf, dass § 23a Satz 2 Nr. 6 BAT in seiner seit dem 1. Januar 1988 gültigen Fassung für Bewährungszeiten seit dem 1. Januar 1988 keine Unterscheidung mehr zwischen Vollzeitarbeitnehmern und solchen Teilzeitarbeitnehmern macht, die – wie die Klägerin – mit der Hälfte der regelmäßigen Wochenarbeitszeit beschäftigt sind. Es seien aber keine Anhaltspunkte dafür vorhanden, dass mit dem 1. Januar 1988 bis dahin vorhandene Gründe weggefallen sein könnten.

122 Aus der Unvereinbarkeit der in § 23a Satz 2 Nr. 6 BAT a. F. vorgesehenen hälftigen Anrechnung von Bewährungszeiten mit Art. 119 EGV a. F. (Art. 141 EGV n. F.) schließt der 4. Senat unter Bezugnahme auf die im vorliegenden Verfahren ergangene Vorabentscheidung des EuGH, dass die von der diskriminierenden Regelung benachteiligten Arbeitnehmer in gleicher Weise zu behandeln seien wie die übrigen Arbeitnehmer, wobei

---

[156] Rs. 184/89, Slg. 1991, S. 297 ff.; s. dazu oben Rn. 56 ff.
[157] Rs. 33/89, Slg. 1990, S. 2591 ff.; s. dazu oben Rn. 54 ff.

I. Der Grundsatz des gleichen Entgelts

bis zu einer diskriminierungsfreien Neuregelung die für die begünstigte Gruppe geltende Regelung das einzig gültige Bezugssystem bleiben müsse.

(e) BAG vom 26. 5. 1993 – Bezahlte Freistellung am 24. und 31.12. Gegenstand des Urteils des BAG vom 26. 5. 1993[158] war ein Streit der Parteien darüber, ob die beklagte Stadt (Arbeitgeberin), die ihre Arbeitnehmer jeweils am 24. und 31. Dezember und üblicherweise auch an Weiberfastnacht und Karnevalsdienstag ab 12.00 Uhr unter Fortzahlung der Bezüge freistellt, verpflichtet ist, auch der nur vormittags teilzeitbeschäftigten Klägerin jeweils entsprechende Freistellungen zu gewähren.

Das BAG prüft zunächst, ob eine im Widerspruch zu Art. 119 EGV a. F. (Art. 141 EGV n. F.) stehende mittelbare Diskriminierung vorliegt. Allerdings verzichtet der 5. Senat auf die Prüfung des objektiven Tatbestands einer mittelbaren Diskriminierung; stattdessen unterstellt er zugunsten der Klägerin, dass die Benachteiligung erheblich mehr Frauen als Männer trifft, also der prozentuale Anteil der Frauen unter den Arbeitnehmern mit einer spätestens um 12.00 Uhr endenden Sollarbeitszeit erheblich größer ist als unter denen, deren Arbeitszeit nach 12.00 Uhr endet. Wie bereits in seiner Entscheidung vom 2. 12. 1992,[159] zieht der 5. Senat auch in der vorliegenden Entscheidung in Zweifel, ob die nachteilige Wirkung zusätzlich auf geschlechtsspezifischen Gründen beruhen müsse. Aber auch dieses Kriterium wird vom 5. Senat zugunsten der Klägerin unterstellt. Der 5. Senat verneint sodann eine mittelbare Diskriminierung, da die Ungleichbehandlung durch objektive Faktoren gerechtfertigt werde, die nichts mit einer Diskriminierung auf Grund des Geschlechts zu tun hätten.

Das BAG führt hierzu aus, dass ein objektiver, die Ungleichbehandlung rechtfertigender Grund auch dann vorliege, **wenn „Gleichbehandlung",** also die Gewährung der Vergünstigung auch an die Teilzeitbeschäftigten, **zu einer Veränderung des Leistungszwecks führen würde,** wenn also die den Teilzeitbeschäftigten gewährte Vergünstigung in ihrer Art nicht mehr dieselbe wäre wie die den Vollzeitbeschäftigten gewährte. Dies sei hier der Fall. Die Beklagte stelle ihre Arbeitnehmer am 24. und 31. Dezember eines jeden Jahres und in den meisten Jahren auch an Weiberfastnacht und am Karnevalsdienstag jeweils ab 12.00 Uhr von der Arbeit frei. Es handele sich also um eine streng zeit- und anlassbezogene Freistellung. Die an genau festgelegten Tagen ab einer bestimmten Uhrzeit gewährte Freistellung unterscheide sich maßgeblich von der Einräumung eines Anspruchs auf Urlaub oder bezahlte Freistellung, die die Arbeitnehmer nach Wahl an verschiedenen Tagen nehmen können. Sie unterscheide sich auch erheblich von der Einräumung eines Wahlrechts für den Arbeitnehmer, an bestimmten Tagen jeweils entweder vormittags oder nachmittags oder am Anfang oder am Ende der jeweiligen Sollarbeitszeit von der Arbeit freigestellt zu werden. Mit den Freistellungen am 24. und 31. Dezember ab 12.00 Uhr werde dem Umstand Rechnung getragen, dass auch die meisten anderen Arbeitnehmer in Deutschland an den Nachmittagen dieser beiden Tage frei haben und diese – im Gegensatz zu den Vormittagen – in der Bevölkerung als „Feier-Halbtage" angesehen werden. Für zahlreiche Arbeitnehmergruppen, insbesondere solche mit Publikumskontakt, wäre ein Einsatz am Nachmittag des 24. und 31. Dezember auch wirtschaftlich nicht sinnvoll. Es habe nichts mit einer Diskriminierung auf Grund des Geschlechts zu tun, wenn die Beklagte an den genannten Tagen bis 12.00 Uhr einen geordneten Dienstbetrieb sicherstellen wolle und bis zu diesem Zeitpunkt keine Freistellungen gewähre. Für die ebenfalls ab 12.00 Uhr gewährten Freistellungen an Weiberfastnacht und Karnevalsdienstag gelte Ähnliches. Eine mittelbare Diskriminierung der Frauen liege darin nicht.

Das BAG wirft sodann die Frage auf, ob § 612 Abs. 3 BGB verletzt ist, verneint dies aber mit der Begründung, dass § 612 Abs. 3 BGB an die Rechtfertigung der Ungleichbehandlung keine strengeren Anforderungen als 119 EGV a. F. (Art. 141 EGV n. F.) stelle.

---

[158] AP Nr. 42 zu Art. 119 EWG-Vertrag.
[159] AP Nr. 28 zu § 23a BAT mit Anm. *Wank,* EWiR Art. 119 EWGV 4/93, 1083.

127 Sodann prüft das BAG eine Verletzung des Art. 3 Abs. 2, 3 GG. Auch insoweit kommt das BAG zu dem Ergebnis, dass eine nach Art. 3 Abs. 2, 3 GG verbotene Diskriminierung nicht vorliege, wenn die Ungleichbehandlung, wie dies vorliegend der Fall sei, durch objektive Faktoren gerechtfertigt werde, die nichts mit einer Diskriminierung auf Grund des Geschlechts zu tun haben.

128 Schließlich verneint das BAG auch einen Verstoß gegen § 2 Abs. 1 BeschFG. Die bisher von ihm nicht entschiedene Frage, ob § 2 Abs. 1 BeschFG nur die „unmittelbare", also an die unterschiedliche Arbeitszeit anknüpfende Ungleichbehandlung, oder auch die „mittelbare" Benachteiligung teilzeitbeschäftigter Arbeitnehmer verbietet, lässt das BAG offen. Es unterstellt zugunsten der Klägerin, dass § 2 Abs. 1 BeschFG auch die mittelbare Ungleichbehandlung erfasst, verneint aber einen Verstoß gegen § 2 Abs. 1 BeschFG damit, dass wenn die Regelung der Beklagten weder gegen Art. 119 EGV a. F. (Art. 141 EGV n. F.) noch gegen Art. 3 Abs. 2, 3 GG verstoße, auch ein Verstoß gegen § 2 Abs. 1 BeschFG nicht in Betracht kommen könne, da zumindest „sachliche Gründe" i. S. der letztgenannten Bestimmung vorlägen, die die unterschiedliche Behandlung rechtfertigen.

129 (f) **BAG vom 5. 10. 1993 – Mittelbare Diskriminierung bei Direktversicherung.** In der Entscheidung des BAG vom 5. 10. 1993[160] stritten die Parteien darüber, ob die Beklagte der Klägerin aus Gründen der Gleichbehandlung eine betriebliche Altersversorgung gewähren muss. Die Klägerin, über 50 Jahre alt und verheiratet, war seit 1963 bei der Beklagten beschäftigt. Sie arbeitete 17 Wochenstunden. Die regelmäßige volle Arbeitszeit betrug bei der Beklagten 39 Wochenstunden. Im Jahre 1984 schloss die Beklagte für ihre Mitarbeiter bei einer Lebensversicherungsgesellschaft eine Gruppenlebensversicherung ab. Bei Vollzeitbeschäftigten mit einer Betriebzugehörigkeit von mindestens 10 Jahren trug die Beklagte den Betrag in Höhe von DM 66,60 für die Zusatzversicherung voll. Bei Teilzeitbeschäftigten mit mindestens der Hälfte der tariflichen Arbeitszeit übernahm die Beklagte einen anteiligen Betrag in Höhe von 44,40 DM. Teilzeitkräfte mit einer regelmäßigen Arbeitszeit von weniger als 19,5 Stunden waren von der Teilnahme an der Gruppenversicherung ausgeschlossen.

130 Die Beklagte beschäftigte am 1. November 1991 einschließlich der Geschäftsführung insgesamt 124 Mitarbeiter. Vollzeitbeschäftigt waren 53 Mitarbeiter, davon 37 Männer und 16 Frauen. Teilzeitbeschäftigt mit mehr als 19,5 Wochenstunden waren 21 Mitarbeiter, und zwar ausschließlich Frauen. Teilzeitbeschäftigt mit weniger als 19,5 Wochenstunden waren 50 Mitarbeiter, davon 4 Männer und 46 Frauen. Die Klägerin vertrat die Ansicht, durch den Ausschluss der weniger als halbzeitig Beschäftigten von der Gruppenversicherung werde sie als Frau diskriminiert. Sie beantragte, bei der betrieblichen Altersversorgung mit den Teilzeitbeschäftigten mit mindestens der Hälfte der tariflichen Arbeitszeit gleichgestellt zu werden.

131 Der mit der Entscheidung befasste 3. Senat bejahte den objektiven Tatbestand einer mittelbaren Diskriminierung i. S. des Art. 119 EGV a. F. (Art. 141 EGV n. F.). Die Versorgungsordnung der Beklagten unterscheide drei Gruppen von Arbeitnehmern, die Vollzeitbeschäftigten, die länger als halbzeitig Beschäftigten und die unterhalbzeitig beschäftigten Arbeitnehmer. Diese Unterscheidung sei zwar geschlechtsneutral formuliert, sie benachteilige mit dem Ausschluss der unterhalbzeitig beschäftigten Arbeitnehmer aber wesentlich mehr Frauen als Männer. Die Benachteiligung der Frauen trete offen zutage. Von den 50 Arbeitnehmern der benachteiligten Gruppe seien 46 Frauen und nur 4 Männer.

132 Der 3. Senat verneint auch das Vorliegen von Rechtfertigungsgründen. Er führt diesbezüglich aus, dass für die Ungleichbehandlung der unterhalbzeitig beschäftigten Mitarbeiter **„kein wirkliches Bedürfnis"** bestehe. Die Beklagte habe keine erheblichen, die Benachteiligung rechtfertigenden Tatsachen vorgetragen. Der Einwand der Beklagten, die unterhalbzeitig beschäftigten Arbeitnehmer leisteten nur einfache, überwiegend manuelle

---

[160] AP Nr. 20 zu § 1 BetrAVG Lebensversicherung.

I. Der Grundsatz des gleichen Entgelts

Dienste, weshalb deren Einbeziehung in die Versorgung zu einer überproportionalen Begünstigung führen würde, wies der Senat mit der Begründung zurück, dass die Beklagte ihre Versorgungsregelung nicht als Leistungs- oder Erschwerniszulage ausgestaltet habe, sondern ausschließlich vom Umfang der wöchentlichen Arbeitszeit abhängig gemacht habe. Auch den Hinweis der Beklagten auf eine bei dieser Arbeitnehmergruppe eintretende Überversorgung sah der Senat als unbeachtlich an. Die Versorgungsregelung der Beklagten stelle nicht auf einen bestimmten Versorgungsbedarf ab, sondern gewähre den begünstigten Arbeitnehmern eine zusätzliche Leistung, und zwar ohne Rücksicht darauf, ob individuell oder typischerweise ein Bedarf bestehe, und auch ohne Rücksicht darauf, ob der Arbeitnehmer mit Versorgungseinkünften aus anderen Quellen rechnen könne oder nicht.

Die vorliegende Entscheidung des 3. Senats hat vor allem klarstellende Funktion hinsichtlich des Umfangs der Gleichstellung. Der 3. Senat entschied, dass die Klägerin nicht verlangen könne, dass ihr eine betriebliche Altersversorgung in der gleichen Höhe gewährleistet werde wie den überhalbzeitig beschäftigten Teilzeitkräften. Das Lohngleichheitsgebot verlange nämlich nicht nur, dass gleicher Lohn für gleiche Arbeit gezahlt werde; diese Norm verlange vielmehr auch, dass Ungleiches entsprechend seiner Ungleichheit unterschiedlich behandelt werde. So wenig eine Teilzeitkraft das volle Arbeitsentgelt einer Vollzeitkraft oder einer längerzeitig arbeitenden Teilzeitkraft verlangen könne, so wenig habe sie Anspruch auf eine gleich hohe Versorgungsleistung wie längerzeitig arbeitende Mitarbeiter. Der Klägerin stehe **nur eine anteilige Versorgungsleistung zu.** Der 3. Senat verlangt jedoch keine exakt anteilige Versorgungsleistung, sondern lässt eine **Gruppenbildung** aus sachlich gebotenen Gründen zu. Der Senat führt diesbezüglich aus, dass die Unterteilung in die drei Gruppen der voll beschäftigten Arbeitnehmer, der überhalbzeitig und der unterhalbzeitig beschäftigten Arbeitnehmer auf einem groben Maßstab beruhe, rechtlich jedoch nicht zu beanstanden sei. Da die Beklagte ihre betriebliche Versorgung über einen Lebensversicherer abwickele, könne sie nicht einseitig durchsetzen, dass der Versicherer so viele unterschiedliche Prämiensätze und entsprechend unterschiedliche Versorgungsleistungen akzeptiere, wie es unterschiedliche Arbeitszeiten im Unternehmen der Beklagten gebe. Es sei daher nicht geboten, mit einer exakt auf die jeweilige individuelle Arbeitsleistung abgestimmten Prämienregelung exakt anteilig gleiche Versorgungsleistungen zu gewähren. Das Lohngleichheitsgebot werde dann nicht verletzt, wenn eine pauschalierende Regelung Leistungen sicherstelle, die den unterschiedlichen Umfang der Arbeit in den einzelnen Gruppen angemessen entgelte. Die Gruppenbildung der Beklagten werde diesen Anforderungen nicht gerecht. 133

(g) BAG vom 15. 2. 1994 – Betriebliche Altersversorgung und Erziehungsurlaub. In dem der Entscheidung des BAG vom 15. 2. 1994[161] zugrunde liegenden Rechtsstreit verlangten die Klägerinnen von der Beklagten, dass sie Zeiten des Erziehungsurlaubs als rentensteigernde Anmeldungs- und Steigerungszeiten für die betriebliche Altersversorgung anerkennt. 134

Sie machten geltend, durch den Ausschluss von Versorgungssteigerungen während ihres jeweiligen Erziehungsurlaubs würden sie als Frauen willkürlich benachteiligt. Der Erziehungsurlaub werde nämlich von deutlich mehr Frauen als Männern in Anspruch genommen. 135

Der 3. Senat des BAG stellt in seinem Urteil zunächst fest, dass Zeiten des gesetzlichen Erziehungsurlaubs den Bestand des Arbeitsverhältnisses unberührt lassen und nur zu einem Ruhen des Arbeitsverhältnisses führen. Daraus folge, dass Zeiten des Erziehungsurlaubs die Betriebszugehörigkeit der Klägerinnen nicht unterbrechen. 136

Im Folgenden prüft der 3. Senat, ob der Ausschluss von Versorgungssteigerungen während der Ruhensdauer in den Versorgungsrichtlinien der Beklagten unter dem Gesichts- 137

---

[161] AP Nr. 12 zu § 1 BetrAVG Gleichberechtigung; zur Gleichberechtigung in der betrieblichen Altersversorgung s. auch BAG v. 23. 5. 2000 AP Nr. 47 zu § 1 BetrAVG Gleichbehandlung.

punkt einer mittelbaren Diskriminierung von Frauen gegen das Lohngleichheitsgebot des Art. 119 EGV a. F. (Art. 141 EGV n. F.) verstößt, und verneint dies.

138 Im Ergebnis lässt es der 3. Senat dahingestellt, ob vorliegend überhaupt der Tatbestand einer mittelbaren Diskriminierung von Frauen i. S. des Art. 119 EGV a. F. (Art. 141 EGV n. F.) erfüllt ist. Der Arbeitgeber, der Zeiten des Erziehungsurlaubs nicht als leistungssteigernd anerkenne, könne sich zur Rechtfertigung seiner Leistungsgestaltung jedenfalls auf ein **wirkliches Bedürfnis** berufen. Der 3. Senat begründet dies wie folgt: Leistungen der betrieblichen Altersversorgung seien zugleich Entgelt für die dem Unternehmen erbrachte Betriebstreue des Arbeitnehmers. Der Arbeitgeber, der seinen Mitarbeitern Leistungen über eine rechtlich selbständige Versorgungseinrichtung erbringe, könne die Versorgung beitragsabhängig ausgestalten. Der Arbeitgeber zahle dann für die Dauer des Bezuges von Lohn oder Lohnersatzleistungen Prämien oder Beiträge, damit die Versorgungseinrichtung ihrerseits die im Leistungsplan vorgesehene Versorgung erbringen könne. Auch vom Arbeitgeber direkt zu erfüllende Versorgungszusagen könnten unmittelbar dienstzeit- und entgeltbezogene Versorgungsleistungen vorsehen. Der Arbeitgeber dürfe die Höhe seiner Zuwendungen somit davon abhängig machen, dass der Arbeitnehmer die ihm nach dem Arbeitsvertrag geschuldete Leistung erbringt, also tatsächlich arbeitet. Solche Gestaltungen seien weder nach nationalem noch nach europäischem Recht verboten. Es gelte vielmehr der Rechtssatz, dass Lohn nur für erbrachte Arbeit geschuldet wird, sofern nicht das Gesetz ausnahmsweise eine Lohnzahlungspflicht auch für Zeiten ohne Arbeitsverpflichtung vorsieht. Wenn der Arbeitgeber aber von der Pflicht zur Zahlung des Arbeitsentgelts befreit sei, weil das Arbeitsverhältnis ruht, dann sei der Arbeitgeber grundsätzlich, von den gesetzlichen Ausnahmen abgesehen, auch nicht verpflichtet, zusätzliche Entgeltleistungen zu erbringen. Er dürfe, so wie das Arbeitsverhältnis im ganzen ruht, auch seine Aufwendungen für zusätzliche Entgeltleistungen „ruhen" lassen.

139 Zur Unterstützung seines Ergebnisses zieht der 3. Senat sodann die bei Teilzeitarbeit von Rechts wegen gebotene Leistungsgestaltung heran. Der 3. Senat führt dazu aus, dass es geradezu Ausdruck der Gleichbehandlung sei, dass Teilzeitarbeit nur nach dem zeitlichen Anteil der Arbeitsleistung im Vergleich zur Vollzeitarbeit anteilig vergütet werde. Ein Arbeitnehmer, der Teilzeitarbeit leiste, könne nicht die gleiche Vergütung verlangen wie ein vollzeitbeschäftigter Arbeitnehmer. Andernfalls könnten die vollzeitbeschäftigten Arbeitnehmer ungerechtfertigt benachteiligt sein. Nichts anderes gelte für Leistungen der betrieblichen Altersversorgung. Ein teilzeitbeschäftigter Arbeitnehmer könne nicht eine gleich hohe betriebliche Altersversorgung fordern wie ein vollzeitbeschäftigter Arbeitnehmer. Würden Zeiten des Erziehungsurlaubs in vollem Umfang für die betriebliche Altersversorgung leistungssteigernd berücksichtigt, so wären solche Arbeitnehmer gleichheitswidrig benachteiligt, die zwar nur Teilzeitarbeit leisten, diese aber tatsächlich erbringen. Das Verhältnis von Leistung und Gegenleistung für tatsächlich erbrachte Dienste wäre in „unerträglicher Weise" erschüttert.

140 Der 3. Senat verneint auch einen Verstoß gegen Art. 3 Abs. 2 und 3 GG. Das Ruhen des Arbeitsverhältnisses mit der Folge der Aussetzung von Arbeitspflicht und Lohnfortzahlungspflicht sei von solchem Gewicht, dass eine generelle Gleichstellung der betroffenen Arbeitnehmer mit Arbeitnehmern in nicht ruhenden Arbeitsverhältnissen nicht verlangt werden könne.

141 Abschließend prüft der Senat, ob im vorliegenden Fall ein Verstoß gegen Art. 6 Abs. 4 GG in Betracht kommt. Auch dies verneint er. Dem Anspruch der Mutter auf Schutz und Fürsorge werde durch das Bundeserziehungsgeldgesetz Rechnung getragen. Ihr werde bis zu drei Jahren der Arbeitsplatz erhalten, und der Anspruch auf die gesetzliche Rente werde fortgeführt. Zudem werde eine staatliche Leistung bis zu 600.– DM monatlich gewährt. In der betrieblichen Altersversorgung bleibe ihr die Urlaubszeit als Dienstzeit bei den Unverfallbarkeitsfristen und bei der Anwartschaftsberechnung erhalten. Zu weitergehenden Entgeltleistungen sei der Arbeitgeber aus Gründen der Gleichbehandlung nicht verpflichtet.

I. Der Grundsatz des gleichen Entgelts

(h) BAG vom 23. 2. 1994 – Eingruppierung einer Erzieherin. Gegenstand des 142 Urteils des BAG vom 23. 2. 1994[162] war eine Eingruppierungsstreitigkeit. Die Klägerin war staatlich anerkannte Erzieherin mit sonderpädagogischer Ausbildung und seit 1976 bei dem beklagten Land als Lehrkraft im Angestelltenverhältnis beschäftigt. Sie war als Klassenlehrerin an einer Schule für geistig Behinderte tätig. Nach dem schriftlichen Arbeitsvertrag bestimmte sich das Arbeitsverhältnis u. a. nach dem Bundes-Angestelltentarifvertrag (BAT) und den Eingruppierungserlassen des Niedersächsischen Kultusministers in der jeweils geltenden Fassung. Nach dem maßgeblichen Eingruppierungserlass werden Lehrkräfte mit der Befähigung für das Lehramt an Sonderschulen nach Vergütungsgruppe II a, Lehrkräfte mit der ersten staatlichen Prüfung für das Lehramt an Sonderschulen nach Vergütungsgruppe III und Lehrkräfte als Gruppen-/Klassenleiter für geistig Behinderte nach sechsjähriger Bewährung nach Vergütungsgruppe IV b eingruppiert. Die Klägerin war seit dem 5. März 1983 in der zuletzt genannten Vergütungsgruppe eingruppiert und erhielt eine entsprechende Vergütung.

In der Schule der Klägerin wurden neben den Erziehern auch Sonderschullehrer, die 143 die Befähigung für das Lehramt an Sonderschulen erworben hatten, für den Unterricht als Gruppen-/Klassenlehrer herangezogen. Der Inhalt der Tätigkeit zwischen diesen Bediensteten und den Erziehern mit sonderpädagogischer Ausbildung war insoweit identisch, als bei der Planung und Erteilung von Unterricht sowie bei der Anleitung von pädagogischen Mitarbeitern nicht zwischen ihnen unterschieden wurde. Lediglich die Erstellung von sonderpädagogischen Gutachten war auf die Gruppe der ausgebildeten Sonderschullehrer beschränkt. Die an der Schule der Klägerin hierfür in Betracht kommenden zwölf Lehrkräfte hatten pro Schuljahr etwa fünf bis sieben dieser Gutachten anzufertigen.

Die Klägerin war der Auffassung, die unterschiedliche Vergütung der Sonderschullehrer 144 im Vergleich zu den Erziehern mit sonderpädagogischer Ausbildung stelle einen Verstoß gegen den Lohngleichheitssatz des Art. 119 EGV a. F. (Art. 141 EGV n. F.) dar. Wegen der Befähigung der Sonderschullehrer, sonderpädagogische Gutachten zu erstellen, sei sie zwar nicht in die gleiche, in jedem Fall aber in die Vergütungsgruppe III BAT einzugruppieren.

Das BAG stellt in seinen Entscheidungsgründen zunächst fest, dass sich der von der Kläge- 145 rin geltend gemachte Anspruch nicht schon aus dem arbeitsrechtlichen Gleichbehandlungsgrundsatz ergibt. Die unterschiedliche Vergütung sei nämlich selbst bei der Vergleichbarkeit der Tätigkeit der Klägerin mit derjenigen der Sonderschullehrer durch sachliche Gründe gerechtfertigt. Die Grundvergütung sei regelmäßig Gegenleistung für die ausgeübte Tätigkeit eines Arbeitnehmers im öffentlichen Dienst. Durch Differenzierungen bei der Höhe der Grundvergütung schaffe der Arbeitgeber darüber hinaus Anreize für eine höhere Qualifikation der Arbeitnehmer. Dies sei dann nicht sachwidrig, wenn bei einer typisierenden Betrachtung die **bessere Ausbildung zu flexibleren Einsatzmöglichkeiten führe.**[163] Danach begegne die Differenzierung im Eingruppierungserlass keinen rechtlichen Bedenken. Die Lehrkräfte mit der Befähigung zum Lehramt an Sonderschulen seien nicht wie die Erzieher auf die Lehrtätigkeit an Schulen für geistig Behinderte beschränkt, sondern könnten an sämtlichen Sonderschulen des beklagten Landes Unterricht erteilen.

Im Folgenden untersucht das BAG, ob sich der von der Klägerin begehrte Anspruch aus 146 Art. 119 EGV a. F. (Art. 141 EGV n. F.) herleiten lässt. Der 4. Senat setzt sich zunächst mit der Vergleichsgruppenbildung auseinander und stellt insoweit fest, dass eine mittelbare Diskriminierung auch dann vorliegen könne, wenn sie nicht gegenüber der gesamten Gruppe der von einer Norm Begünstigten bestehe, sondern lediglich gegenüber einer Teilgruppe, soweit diese nach objektiven Kriterien bestimmbar sei. Dies stehe in Einklang mit der Rechtsprechung des EuGH in der Rechtssache Handels- og Kontorfunktionaerernes Forbund i Danmark,[164] nach der keine systematische Benachteiligung von weiblichen

---

[162] AP Nr. 51 zu Art. 119 EWG-Vertrag.
[163] Unter Verweis auf BAG AP Nr. 106 zu § 242 BGB Gleichbehandlung.
[164] Rs. 109/88, Slg. 1989, S. 3199 ff.; s. dazu oben Rn. 48 ff.

Arbeitnehmern durch ein Vergütungssystem erfolgen dürfe. Eine mittelbare Diskriminierung komme im vorliegenden Fall wegen der unterschiedlichen Vergütung der an Schulen für geistig Behinderte eingesetzten Lehrkräfte (Sonderschullehrer einerseits und Erzieher mit sonderpädagogischer Ausbildung andererseits) in Betracht. An der rechtlichen Beurteilung, ob eine mittelbare Diskriminierung im vorliegenden Fall zu bejahen ist, sah sich das BAG jedoch wegen noch fehlender Feststellungen des LAG gehindert. Es müsse noch festgestellt werden, ob die Tätigkeit der an Schulen für geistig Behinderte eingesetzten Lehrkräfte vergleichbar ist. Dies hänge im Wesentlichen von der rechtlichen Bewertung ab, wie sich die Erstellung der sonderpädagogischen Gutachten auf die Bewertung der Arbeitsleistung der Sonderschule auswirke. Wenn der Gutachtertätigkeit keine rechtserhebliche Bedeutung zukomme, so sei die Bedeutung der auszuübenden Tätigkeiten der beiden an Schulen für geistig Behinderte beschäftigten Gruppen „gleich" i. S. des Art. 119 EGV a. F. (Art. 141 EGV n. F.). Sei die Gutachtertätigkeit dagegen von rechtserheblicher Bedeutung, so fehle es an einer Vergleichbarkeit der Arbeitsleistung beider Gruppen. Dann wäre jedoch noch zu beurteilen, ob die Arbeitsleistungen von Sonderschullehrern und Erziehern im Rahmen ihrer Tätigkeit als Gruppen-/Klassenleiter an Schulen für geistig Behinderte „gleichwertig" i. S. des Art. 119 EGV a. F. (Art. 141 EGV n. F.) i. V. mit der Richtlinie 75/117/EWG seien.

147 Das BAG geht in seinem Urteil auch auf die Rechtfertigung einer möglichen Diskriminierung ein und stellt dazu fest, dass die unterschiedliche Vergütung der an Schulen für geistig Behinderte eingesetzten Erzieher und Sonderschullehrer auf Grund des bisherigen Vortrags der Beklagten nicht gerechtfertigt wäre. Die von der Beklagten pauschal vorgetragene Begründung, dass die **wissenschaftliche Ausbildung** regelmäßig zu einem gegenüber der Gruppe der Erzieher erhöhten pädagogischen Urteilsvermögens und zu erhöhten Fertigkeiten führe, **genüge für die Rechtfertigung** der unterschiedlichen Vergütung **nicht**. Dieser Einwand lasse keine nachvollziehbaren und an der praktischen Tätigkeit der Vergleichsgruppen orientierten Gründe für die behauptete unterschiedliche Qualität ihrer Arbeitsleistung erkennen. Es bestehe nämlich kein Erfahrungssatz, wonach eine wissenschaftliche Ausbildung regelmäßig zu besseren Arbeitsergebnissen gegenüber Absolventen anderer Ausbildungsformen führe. Eine Rechtfertigung für die unterschiedliche Vergütung komme somit nur in Betracht, wenn die Beschäftigung der Sonderschullehrer einem objektiv anerkennenswerten personalwirtschaftlichen Bedürfnis des beklagten Landes entspreche, wozu es weiterer Darlegungen bedürfe.

cc) Das Schrifttum zur mittelbaren Diskriminierung im Entgeltbereich und eigene Stellungnahme

148 Wenn auch einzelne Entscheidungen des EuGH und des BAG zur mittelbaren Diskriminierung im Entgeltbereich in der Lehre auf mehr oder weniger heftige Kritik gestoßen sind,[165] so wird die Rechtsfigur der mittelbaren Diskriminierung von der ganz überwiegenden Auffassung im Schrifttum gleichwohl nicht in Frage gestellt.[166] Umstritten ist jedoch, welche Rechtsgrundlage für das Verbot der mittelbaren Diskriminierung im Entgeltbereich heranzuziehen ist. Streit besteht ferner darüber, welche Kriterien für die Prüfung einer mittelbaren Diskriminierung zugrunde zu legen sind. Im Folgenden sollen diese Streitfragen näher beleuchtet werden.

---

[165] S. etwa die kritischen Urteilsbesprechungen von *W. Blomeyer,* Anm. zu BAG EWiR § 612 BGB 1/93, S. 361; *Herrmann,* SAE 1993, S. 271; *Kappes/Korte,* SAE 1995, S. 48; *Krell/Winter,* Anm. zu BAG AP Nr. 51 zu Art. 119 EWG-Vertrag; *Loritz,* SAE 1992, S. 372; *Pfarr,* Anm. zu BAG AP Nr. 24 zu § 23a BAT; *Schüren/Beduhn,* Anm. zu EzA § 612 BGB Nr. 16; *Wank,* Anm. zu BAG EWiR Art. 119 EWGV 7/93, S. 1084; *ders.,* SAE 1994, S. 195.

[166] Im Schrifttum wird allerdings davor gewarnt, die Figur der mittelbaren Diskriminierung in eine Formelhaftigkeit erstarren zu lassen, da es „zunehmend erschwert, der Sachstruktur des speziellen Rechtsbereiches, in dem das Gleichheitsproblem eingebettet ist, noch gerecht zu werden", s. *Buchner,* ZfA 1993, S. 279, 326.

I. Der Grundsatz des gleichen Entgelts

(1) Rechtsgrundlage

Wie das BAG[167] stellt auch ein Teil des Schrifttums[168] für die Prüfung einer mittelbaren Diskriminierung vorrangig auf Art. 119 EGV a. F. (Art. 141 EGV n. F.) und Art. 3 Abs. 2, 3 GG ab. Zur Begründung wird vorgetragen, dass weder Art. 119 EGV a. F. (Art. 141 EGV n. F.) noch Art. 3 Abs. 2, 3 GG durch eine niedrigere Rechtsnorm verdrängt werden könnten.

Diese Auffassung verkennt sowohl das Verhältnis von Gemeinschaftsrecht zu nationalem Recht als auch die nationale Normenhierarchie. Der Umstand, dass Art. 119 EGV a. F. (Art. 141 EGV n. F.) nach allgemeiner Auffassung unmittelbare horizontale Geltung entfaltet,[169] befreit den nationalen Gesetzgeber nicht von der Umsetzung einer Gemeinschaftsnorm in innerstaatliches Recht. Der deutsche Gesetzgeber ist dieser Umsetzungspflicht dadurch nachgekommen, dass er den Absatz 3 in § 612 BGB eingefügt hat. Wenn aber eine Norm des Gemeinschaftsrechts wie im vorliegenden Fall europarechtskonform in nationales Recht umgesetzt worden ist, dann **kommt allein die nationale Vorschrift zur Anwendung.** Andernfalls könnte nämlich bei unmittelbar anwendbaren Gemeinschaftsnormen auf ein zeitraubendes Gesetzgebungsverfahren zur Umsetzung verzichtet werden.[170]

§ 612 Abs. 3 BGB ist aber **auch im Verhältnis zu Art. 3 Abs. 2, 3 GG die einschlägige Vorschrift.** Im Rahmen einer Normenhierarchie gilt nämlich durchweg der Grundsatz, dass grundsätzlich die Norm mit dem niedrigsten Rang anwendbar ist. Nur für die Frage der Auslegung (rangkonforme Auslegung als Inhaltsbestimmung) und für die Frage der Gültigkeit der niederrangigen Norm (rangkonforme Auslegung als Inhaltskontrolle[171]) ist auf die nächsthöhere Norm zurückzugreifen, die ihrerseits im Lichte der für sie nächsthöheren Norm auszulegen und auf ihre Wirksamkeit zu überprüfen ist. Für den Grundsatz der Lohngleichheit ist somit allein auf die einfachgesetzliche Spezialvorschrift des § 612 Abs. 3 BGB abzustellen. Eines Zugriffs auf das Gemeinschaftsrecht oder auf Art. 3 Abs. 2, 3 GG bedarf es nicht.

(2) Die Voraussetzungen einer mittelbaren Diskriminierung

Nach gängiger Auffassung des Schrifttums, die sich insoweit der Rechtsprechung des EuGH und des BAG angeschlossen hat, hat die Prüfung einer mittelbaren Diskriminierung in zwei Stufen zu erfolgen. Auf der ersten Stufe ist zu prüfen, ob der objektive Tatbestand einer mittelbaren Diskriminierung erfüllt ist. Daran schließt sich auf der zweiten Stufe die Frage an, ob die auf der ersten Stufe festgestellte Diskriminierung durch objektive, nicht geschlechtsspezifische Gründe gerechtfertigt ist.[172]

(a) Der objektive Tatbestand. Während über den zweistufigen Prüfungsaufbau im Schrifttum Einigkeit besteht, wird die Frage, welche Voraussetzungen erfüllt sein müssen, damit eine Regelung oder Maßnahme den objektiven Tatbestand einer mittelbaren Diskriminierung erfüllt, im Schrifttum kontrovers diskutiert.[173]

---

[167] Vgl. die oben Rn. 103 ff. aufgeführten Entscheidungen; eine erfreuliche Ausnahme bildet die Entscheidung des 4. Senats vom 23. 9. 1992 – oben Rn. 106 ff. –, in der der Senat vorrangig § 612 Abs. 3 BGB für die Prüfung einer mittelbaren Diskriminierung heranzieht.
[168] S. etwa *Bittner*, SAE 1994, S. 290.
[169] Die unmittelbare Anwendbarkeit des Art. 119 EGV a. F. ist seit der Entscheidung des EuGH in der Rechtssache Defrenne II, Rs. 43/75, Slg. 1976, S. 455, 476 allgemein anerkannt; näher zur unmittelbaren Anwendbarkeit des Gemeinschaftsrechts oben § 10 Rn. 70 ff.
[170] So auch *Herrmann*, SAE 1993, S. 271, 276.
[171] S. zu der Unterscheidung *Wank*, Grenzen richterlicher Rechtsfortbildung, S. 97 ff.
[172] S. zu diesem zweistufigen Prüfungsschema etwa *Pfarr/Bertelsmann*, Diskriminierung, S. 115 ff.; *Wisskirchen*, Mittelbare Diskriminierung, S. 70 ff.; *Schlachter*, NZA 1995, S. 393, 396 ff.
[173] Vgl. u. a. *Ch. Blomeyer*, Diskriminierung, S. 117 ff.; *Hanau/Preis*, ZfA 1988, S. 177, 186 ff.; *Kirsten*, RdA 1990, S. 282 ff.; *Pfarr/Bertelsmann*, Diskriminierung, S. 117 ff.; *Schiefer*, NJW 1995, S. 160 ff.; *Schlachter*, NZA 1995, S. 393 ff.; *Wisskirchen*, Mittelbare Diskriminierung, S. 70 ff.; *Wißmann*, FS für Wlotzke, S. 807 ff.

– **Erheblich stärkere Betroffenheit einer Geschlechtergruppe?**

154 Der Rechtsprechung des EuGH und BAG folgend, setzt der objektive Tatbestand einer mittelbaren Diskriminierung auch nach der überwiegenden Meinung in der Literatur voraus, dass durch eine neutrale Regelung oder Maßnahme eine Geschlechtergruppe[174] erheblich stärker betroffen ist als die andere Geschlechtergruppe.[175] Die daran anknüpfende Frage, wann das Merkmal der stärkeren Betroffenheit erfüllt ist, bereitet der Lehre gleich große Probleme wie der Rechtsprechung.[176]

155 Entgegen der vorherrschenden Auffassung ist das Merkmal der „stärkeren Betroffenheit" jedoch keine notwendige Voraussetzung einer mittelbaren Diskriminierung, und zwar aus zwei Gründen. Zum einen will der Lohngleichheitssatz den Einzelnen als Individuum davor schützen, dass er wegen seines Geschlechts benachteiligt wird. Ein von einem statistischen Ergebnis ausgehendes Prinzip kann diesem Schutzzweck nicht gerecht werden.[177] Der hinter dem Lohngleichheitssatz stehende individuelle Gerechtigkeitsgedanke verlangt vielmehr, dass auch für den Fall, dass eine Regelung oder Maßnahme im Entgeltbereich nur eine einzige Person benachteiligt, die Benachteiligung nicht „wegen des Geschlechts" erfolgt.[178] Hiervon ausgehend kann die stärkere Betroffenheit einer Geschlechtergruppe allenfalls Indizcharakter für eine mittelbare Diskriminierung haben.

156 Zum anderen geht es um die Rechtmäßigkeitskontrolle von Normen und Arbeitgebermaßnahmen. Daher kommt es auf den Regelungsgehalt als solchen an und nicht darauf, wie sich die Regelung oder die Maßnahme zufällig auswirkt.

157 Dass die an den zufälligen Ergebnissen ausgerichtete Betrachtungsweise unzutreffend ist, hat sich auch an der BAG-Rechtsprechung zur Frage gezeigt, ob der Arbeitgeber Arbeitsplatzbewerber nach der Schwangerschaft fragen darf. Entgegen einer früheren Entscheidung, nach der die Bewertung davon abhängen sollte, ob sich zufällig nur Frauen und Männer beworben hatten,[179] kommt es nach der heutigen Rechtsprechung darauf nicht an.[180]

– **Geschlechtsspezifische Gründe für die benachteiligende Auswirkung (Kausalität)?**

158 Innerhalb der herrschenden Meinung, nach der der objektive Tatbestand der mittelbaren Diskriminierung voraussetzt, dass durch eine neutrale Regelung oder Maßnahme eine Geschlechtergruppe „erheblich stärker betroffen" ist als die andere Geschlechtergruppe, wird darüber gestritten, ob es für den objektiven Tatbestand der mittelbaren Diskriminierung zusätzlich noch eines Zurechnungszusammenhangs zwischen der Maßnahme oder der Regelung und der nachteiligen Betroffenheit bedarf.

159 Wie bereits oben festgestellt,[181] hat der 4. Senat des BAG in seinem Urteil vom 2. 12. 1992[182] unter Berufung auf das Urteil des EuGH in der Rechtssache Bilka[183] bezweifelt,

---

[174] Zum Problem der Vergleichsgruppenbildung s. u.a. *Herrmann*, SAE 1993, S. 271, 279; *Pfarr/Bertelsmann*, Diskriminierung, S. 117 f.; *Raab*, EAS C Anm. zu Art. 119 EG-Vertrag Nr. 36, S. 36 ff.; *Schlachter*, NZA 1995, S. 393, 396 f.; *dies*. EAS B 4100, Rn. 43 ff.; *Wiedemann*, in: Tarifvertragsgesetz, Einl., Rn. 172 ff.; *Wisskirchen*, Mittelbare Diskriminierung, S. 84 ff.; *Wißmann*, FS für Wlotzke, S. 807 ff., 811 ff.

[175] S. z.B. *Pfarr*, NZA 1986, S. 585, 586; *Pfarr/Bertelsmann*, Diskriminierung, S. 117; *Schlachter*, NZA 1995, S. 393, 396.

[176] Vgl. dazu *Hanau/Preis*, ZfA 1988, S. 177, 187 f.; *Pfarr/Bertelsmann*, Diskriminierung, S. 117 ff.; *Schlachter*, NZA 1995, S. 393, 396 f.; *Wisskirchen*, Mittelbare Diskriminierung, S. 80 ff.

[177] Vgl. *Pfeiffer*, in: Gemeinschaftskommentar zum Kündigungsschutzgesetz, 5. Aufl., 1998, § 611a BGB, Rn. 45; *Zöllner/Loritz*, Arbeitsrecht, 5. Aufl. 1998, S. 131.

[178] So auch *Herrmann*, SAE 1993, S. 269, 280.

[179] BAG AP Nr. 31 zu § 123 BGB.

[180] BAG AP Nr. 6 zu § 611a BGB.

[181] S. oben Rn. 115 ff.

[182] AP Nr. 28 zu § 23a BAT.

[183] Rs. 170/84, Slg. 1986, S. 1607 ff; näher dazu oben Rn. 36 ff.

I. Der Grundsatz des gleichen Entgelts   160–163 § 16

dass für den Tatbestand der mittelbaren Diskriminierung noch eine besondere Kausalitätsprüfung erforderlich ist.

Im Schrifttum gehen die Auffassungen über die Erforderlichkeit einer besonderen Kausalitätsprüfung auseinander. Während *Schlachter* und *Schiek*[184] auf eine Kausalitätsprüfung ganz verzichten wollen, soll es nach *Pfarr/Bertelsmann*[185] ausreichen, dass die eine Geschlechtergruppe benachteiligende Maßnahme oder Regelung mit dem „Geschlecht oder den Geschlechterrollen zu tun haben". 160

Nach *Hanau/Preis*[186] kann einem Arbeitgeber eine benachteiligende Auswirkung einer Maßnahme oder Regelung nur dann als mittelbare Diskriminierung zugerechnet werden, wenn hierdurch ein weiterer Umstand gesetzt wird, der die bereits vorhandenen ungleichen Ausgangspositionen noch verschlechtert. 161

Auch *Wisskirchen*[187] vertritt die Ansicht, dass es für den objektiven Tatbestand eines besonderen Zusammenhangs zwischen einer Maßnahme oder Regelung und der nachteiligen Betroffenheit bedarf. Zunächst müsse eine reine Kausalitätsprüfung vorgenommen werden. Dabei sei auf den Individualfall abzustellen. Die Kausalität sei zu bejahen, wenn vier Faktoren in einem Kausalzusammenhang stünden.[188] Bezogen auf die mittelbare Diskriminierung von Frauen setze die Kausalität folgendes voraus: „eine *Maßnahme*, die ein *frauentypisches Merkmal* als Anknüpfungspunkt für eine Benachteiligung nimmt, welches von einer *Frau* erfüllt wird und sie somit zur Betroffenen macht, so dass sie einen *Nachteil* erleidet". Auf einer zweiten Stufe sei dann zu prüfen, ob die festgestellte Kausalität dem Arbeitgeber auch zugerechnet werden könne. Da positive Anknüpfungsmerkmale für die Zurechenbarkeit schwer auszumachen seien, müssten negative Merkmale gefunden werden, bei denen die Zurechenbarkeit entfalle. Als Eingrenzungsmerkmal für die Zurechenbarkeit sei zum einen die Adäquanztheorie heranzuziehen. Sie schließe unvorhergesehene und außerhalb jeglicher Lebenserfahrung liegende Kausalzusammenhänge aus. Danach könne der objektive Tatbestand beispielsweise entfallen, wenn sich die Überproportionalität erst während der Dauer einer Maßnahme ergebe. Die Zurechenbarkeit sei ferner dann zu verneinen, wenn es sich um keinen „arbeitsrechtsspezifischen" Nachteil handele. Dem Arbeitgeber dürften keine typisch im Arbeitsleben auftretenden Probleme einer Geschlechtergruppe auferlegt werden, wenn der Staat selbst keine Anstrengungen unternehme, um diesen Problemen zu begegnen. 162

Die Erforderlichkeit einer besonderen Kausalitätsprüfung stellt sich nur, wenn man der herrschenden Meinung folgt und für den objektiven Tatbestand der mittelbaren Diskriminierung eine „erheblich stärkere Betroffenheit" einer Geschlechtergruppe fordert. Wie bereits dargelegt, ist das Merkmal der „erheblich stärkeren Betroffenheit" jedoch kein notwendiges Merkmal der mittelbaren Diskriminierung. Folglich kann das Zahlenverhältnis auch nicht den Zusammenhang zwischen einer Maßnahme oder Regelung und der nachteiligen Wirkung ersetzen.[189] Es bedarf vielmehr in jedem Einzelfall der Darlegung, dass die benachteiligende Wirkung einer Maßnahme oder Regelung auf geschlechtsspezifischen Gründen „beruht". Dieser Zurechnungszusammenhang ist zum einen dann zu verneinen, wenn die konkrete Benachteiligung in keinem ursächlichen Zusammenhang mit dem Geschlecht oder den Geschlechterrollen steht, insbesondere also rein zufällig ist. Um einer völligen Ausuferung mittelbarer Diskriminierungen entgegenzutreten, muss die ein Geschlecht treffende nachteilige Auswirkung einer Regelung oder Maßnahme dem Arbeitgeber aber auch im wertenden Sinne zurechen- 163

---

[184] *Schlachter*, NZA 1995, S. 393, 397; *Schiek*, Differenzierte Gerechtigkeit, S. 148; s. auch *Wißmann*, FS für Wlotzke, S. 807, 816 ff.
[185] *Pfarr/Bertelsmann*, Diskriminierung, S. 123.
[186] *Hanau/Preis*, ZfA 1988, S. 177, 189.
[187] *Wisskirchen*, Mittelbare Diskriminierung, S. 102 ff.
[188] S. zum folgenden *Wisskirchen*, Mittelbare Diskriminierung, S. 104 ff.
[189] So auch zutr. die neue Diskriminierungsrichtlinie, s. § 13 Rn. 109 ff.

bar sein.[190] Dem Arbeitgeber dürfen nämlich keine gesamtgesellschaftlichen Probleme aufgebürdet werden.[191] Ist der Staat selbst aber nicht dazu in der Lage, geschlechtsspezifische Ungleichheiten zu kompensieren, so kann er dies auch nicht vom Arbeitgeber verlangen.[192] Hiervon ausgehend kann eine benachteiligende Auswirkung einer Maßnahme oder Regelung dem Arbeitgeber nur dann als mittelbare Diskriminierung zugerechnet werden, wenn dadurch die schon vorhandene Kluft zwischen den Geschlechtergruppen noch vergrößert wird.[193]

164 **(b) Rechtfertigung mittelbarer Diskriminierungen.** Ist der objektive Tatbestand einer mittelbaren Diskriminierung im Entgeltbereich erfüllt, so verstößt der Arbeitgeber nach einhelliger Auffassung[194] gleichwohl nicht gegen den Grundsatz des gleichen Entgelts für Männer und Frauen, wenn er darlegen kann, dass die Maßnahme ausnahmsweise gerechtfertigt ist.

165 Heftig umstritten ist jedoch, welcher Maßstab für die Rechtfertigung einer mittelbaren Diskriminierung gilt.

166 Nach der Rechtsprechung des EuGH liegt keine gegen Art. 119 EGV a. F. (Art. 141 EGV n. F.) verstoßende mittelbare Diskriminierung vor, wenn die diskriminierende Maßnahme objektiv gerechtfertigt ist und nichts mit einer Diskriminierung auf Grund des Geschlechts zu tun hat. Dies sei der Fall, wenn die vom Arbeitgeber „gewählten Mittel einem wirklichen Bedürfnis des Unternehmens dienen und für die Erreichung dieses Ziels geeignet und erforderlich sind".[195] Das BAG hat sich der Rechtsprechung des EuGH inhaltlich und terminologisch angeschlossen.[196]

167 Die im Schrifttum vertretenen Auffassungen über den Rechtfertigungsmaßstab divergieren erheblich. Nach der weitest gehenden Ansicht soll zur Rechtfertigung einer mittelbaren Diskriminierung schon das Vorliegen eines sachlichen Grundes ausreichen.[197] Dagegen können nach der engsten Auffassung nur solche Gründe eine mittelbare Diskriminierung rechtfertigen, die auch bei einer unmittelbaren Diskriminierung zur Rechtfertigung ausreichen.[198] Hiervon ausgehend, verlangt diese Meinung für die Rechtfertigung einer mittelbaren Diskriminierung zwingende biologische oder funktionale (arbeitsteilige) Gründe, die eine unterschiedliche Behandlung gebieten.

168 Zwischen diesen beiden Auffassungen werden im Schrifttum vermittelnde Auffassungen vertreten. Nach *Pfarr/Bertelsmann*[199] ist eine mittelbare Diskriminierung dann gerechtfertigt, wenn sie „zwingend geboten" ist, wobei dieses Merkmal restriktiv ausgelegt werden müsse.

169 Einen Mittelweg vertreten *Hanau/Preis*,[200] nach deren Auffassung der unterschiedliche Grad der benachteiligenden Auswirkung geschlechtsneutral gefasster Tatbestände auch

---

[190] *Hanau/Preis,* ZfA 1988, S. 177, 188; *Wisskirchen,* Mittelbare Diskriminierung, S. 102; s. auch *Wank,* RdA 1985, S. 1, 21; *ders.,* ZfA 1987, S. 355, 448; *ders.,* SAE 1994, S. 195, 198.
[191] Vgl. *Hanau/Preis,* ZfA 1988, S. 177, 189; *Herrmann,* SAE 1993, S. 269, 283; *Wisskirchen,* Mittelbare Diskriminierung, S. 105.
[192] *Hanau/Preis,* ZfA 1988, S. 177, 189; vgl. auch *Herrmann,* SAE S. 281, 192; *Wank,* RdA 1985, S. 1, 21.
[193] *Hanau/Preis,* ZfA 1988, S. 177, 189.
[194] S. etwa BAG AP Nr. 11 zu Art. 119 EWG-Vertrag; *Hanau/Preis,* ZfA 1988, S. 177, 190; *Pfarr/Bertelsmann,* Diskriminierung, S. 124; *Wisskirchen,* Mittelbare Diskriminierung, S. 107.
[195] Vgl. etwa EuGH (Bilka), Rs. 170/84, Slg. 1986, S. 1607, 1628.
[196] Vgl. BAG AP Nr. 5 zu § 1 BetrAVG Gleichberechtigung. Dort heißt es im 4. Leitsatz: „Eine unterschiedliche Behandlung der Personen eines Geschlechts ist nur dann gerechtfertigt, wenn sie einem unabweisbaren Bedürfnis des Unternehmens dient, für die Erreichung des unternehmerischen Zwecks geeignet und unter Berücksichtigung der Bedeutung des Grundsatzes der Lohngleichheit nach den Grundsätzen der Verhältnismäßigkeit erforderlich ist."
[197] *Eich,* NJW 1980, S. 2329, 2331.
[198] *Kirsten,* RdA 1990, S. 282, 285 f.; *Weber,* BB 1992, S. 1345, 1346.
[199] *Pfarr/Beckmann,* Diskriminierung, S. 124.
[200] *Hanau/Preis,* ZfA 1988, S. 177, 192.

I. Der Grundsatz des gleichen Entgelts

einen differenzierten Prüfungsmaßstab zur Folge haben müsse. Das Ausmaß tatsächlicher Betroffenheit und die Strenge des Prüfungsmaßstabes stünden in einer Wechselbeziehung. Je stärker die Benachteiligung und die Betroffenheit eines Geschlechts durch eine mittelbare diskriminierende Regelung oder Maßnahme sei, umso gewichtiger müssten die Gründe sein, die diese Regelung rechtfertigen.

Einen differenzierten Prüfungsmaßstab vertritt auch *Wisskirchen*. In Übereinstimmung mit der Rechtsprechung des EuGH verlangt sie für die Rechtfertigung ebenfalls ein „unternehmerisches Bedürfnis". Die Prüfung, ob ein solches Bedürfnis vorliege, müsse in mehreren Schritten überprüft werden. Das vom Arbeitgeber geltend gemachte unternehmerische Bedürfnis müsse zunächst eine untere Grenze überschreiten. Von einem Bedürfnis könne nur in den Fällen gesprochen werden, in denen das Unternehmen ohne die mittelbar diskriminierenden Maßnahmen in seinen Grundsätzen der Wirtschaftlichkeit betroffen sei und nicht lediglich untergeordnete ökonomische Interessen nachteilig berührt werden. Reine unternehmerische Bequemlichkeit dürfe nicht als Rechtfertigung dienen. Werde diese untere Grenze überschritten, so sei auf die von *Hanau/Preis* vertretene Formel abzustellen, wobei jedoch die gegenläufigen Rechtsgüter, wie Stärke der Betroffenheit auf der einen Seite und Gewichtigkeit des unternehmerischen Grundes andererseits, genauer aufgeschlüsselt werden müssten. Sodann müsse der unternehmerische Grund bewertet werden. Als Gründe seien nur solche anzuerkennen, die erheblich und wichtig seien, und nicht nur schlicht vorhanden oder der Artikulation fähig. Im Rahmen der Untersuchung der unternehmerischen Gründe müsse eine Verhältnismäßigkeitsprüfung vorgenommen werden.[201]

Die Auffassung, die für die Rechtfertigung einer mittelbaren Diskriminierung nur das Vorliegen eines sachlichen Grundes verlangt, ist abzulehnen. Sie verkennt, dass sich der Lohngleichheitssatz des § 612 Abs. 3 BGB neben Art. 119 EGV a. F. (Art. 141 EGV n. F.) auch aus dem Gleichberechtigungsgebot des Art. 3 Abs. 2 GG ableitet, der Ausnahmen von dem Differenzierungsverbot nur unter engen Kriterien und nicht schon aus bloß sachlichen Gründen zulässt.[202] Ebenso abzulehnen ist die Gegenposition, die eine mittelbare Diskriminierung nur dann als gerechtfertigt ansieht, wenn biologische oder funktionale (arbeitsteilige) Gründe eine unterschiedliche Behandlung geradezu gebieten. Einem Rückgriff auf den Prüfungsmaßstab der unmittelbaren Diskriminierung steht entgegen, dass die mittelbare diskriminierende Regelung eben nicht an das Geschlecht anknüpft.[203] Eine Gleichstellung von unmittelbarer und mittelbarer Diskriminierung würde zudem zu einer Ausuferung mittelbarer Diskriminierungen führen, die angesichts der weitreichenden Rechtsfolgen[204] für Arbeitgeber verfassungsrechtlich bedenklich erscheint.

Die vermittelnde Ansicht von *Pfarr* und *Bertelsmann*, wonach eine mittelbare Diskriminierung nur gerechtfertigt ist, wenn sie „zwingend geboten" ist, berücksichtigt nicht hinreichend, dass das Verbot mittelbarer Diskriminierungen im Lichte möglicher Eingriffe in Grundrechte der Arbeitgeber aus Art. 12, 14 GG zu sehen ist. Diesen verfassungsrechtlich erforderlichen Ausgleich der betroffenen Rechtsgüter ermöglicht die vermittelnde Auffassung von *Hanau/Preis,* der daher der Vorzug zu geben ist.

Die von *Wisskirchen* vorgeschlagene Prüfungsfolge stellt keine abweichende Auffassung dar; sie baut vielmehr auf der Güterabwägungsformel von *Hanau/Preis* auf und trägt dadurch, dass sie die äußeren Grenzen des „unternehmerischen Bedürfnisses" aufzeigt, zu größerer Rechtsklarheit bei.

---

[201] *Wisskirchen,* Mittelbare Diskriminierung, S. 113 ff.
[202] Vgl. BVerfGE 10, S. 59, 44; BAG AP Nr. 1 zu § 1 BetrAVG Gleichbehandlung; *Hanau/Preis,* ZfA 1988, S. 177, 191; *Schaub,* NZA 1984, S. 73, 75 f.; *Wank,* RdA 1985, S. 1, 20; *Wisskirchen,* Mittelbare Diskriminierung, S. 110.
[203] *Hanau/Preis,* ZfA 1988, S. 177, 190.
[204] Zu den Rechtsfolgen mittelbarer Diskriminierungen s. näher unten Rn. 245 ff.

4. Der Begriff des „Entgelts"

174 Art. 119 Abs. 2 EGV a. F. (Art. 141 Abs. 2 EGV n. F.) definiert den Begriff des Entgelts als die üblichen Grund- oder Mindestlöhne und -gehälter sowie alle sonstigen Vergütungen, die der Arbeitgeber auf Grund des Dienstverhältnisses dem Arbeitnehmer mittelbar oder unmittelbar in bar oder in Sachleistungen zahlt. Somit ist Entgelt i. S. des Art. 119 EGV nicht nur der Grundlohn, sondern dazu gehören auch alle Arten von Zulagen.[205]

175 Zu den zentralen Fragen des Entgeltsbegriffs gehört, ob Leistungen des Arbeitgebers zu Altersrentensystemen als „Entgelt" i. S. des Art. 119 Abs. 2 EGV a. F. (Art. 141 Abs. 2 EGV n. F.) anzusehen sind. Der EuGH wurde mit diesem Problem erstmals in der Rechtssache Defrenne I konfrontiert.[206] Er hatte in einem Ersuchen um Vorabentscheidung[207] die Frage zu beantworten, ob „die **Altersrente,** die im Rahmen der durch die Beiträge der Arbeitnehmer und Arbeitgeber sowie durch Staatszuschüsse finanzierten Sozialversicherung gewährt wird, eine Vergütung ist, die der Arbeitgeber auf Grund des Dienstverhältnisses dem Arbeitnehmer mittelbar zahlt". Der EuGH stellte zunächst fest, dass Vergütungen, die ihrer Natur nach Leistungen der sozialen Sicherheit sind, grundsätzlich nicht vom Entgeltbegriff ausgeschlossen sind.[208] Sodann verneinte er jedoch den Entgeltcharakter für solche unmittelbar durch Gesetz geregelten Sozialversicherungssysteme oder -leistungen, die zwingend für allgemein umschriebene Gruppen gelten. Es handele sich um Ansprüche der Arbeitnehmer aus gesetzlichen Systemen, an deren Finanzierung Arbeitnehmer, Arbeitgeber und gegebenenfalls die öffentliche Hand in einem Maße beteiligt seien, das weniger vom Dienstverhältnis zwischen Arbeitgeber und Arbeitnehmer als von sozialpolitischen Erwägungen abhänge.[209] Die Frage, ob Leistungen oder Beiträge zu einem betrieblichen Altersversorgungssystem als Entgelt i. S. des Art. 119 EGV a. F. (Art. 141 EGV n. F.) anzusehen sind, hat der EuGH in seiner Entscheidung Defrenne I allerdings offengelassen.[210]

176 In der Rechtssache *Worringham*[211] hatte der EuGH dann darüber zu entscheiden, ob Beiträge, die ein Arbeitgeber im Namen des Arbeitnehmers in der Weise an ein Altersversorgungssystem zahlt, dass er einen Zuschlag zum Bruttolohn gewährt, den Entgeltbegriff des Art. 119 EGV a. F. (Art. 141 EGV n. F.) erfüllen. Der EuGH bejahte die Frage und verwarf das von der britischen Regierung vorgebrachte Argument, die Zahlung der in Frage stehenden Beiträge durch den Arbeitgeber habe nicht auf einer rechtlichen Verpflichtung gegenüber dem Arbeitnehmer beruht. Entscheidend sei allein, dass die Zahlung tatsächlich erfolgt sei, einer Beitragspflicht des Arbeitnehmers entspreche und von dessen Lohn abgezogen werde.[212] In seinen Urteilen Liefting,[213] Bilka[214] und Barber[215] bestätigte der EuGH seine Rechtsprechung. In der zuletzt genannten Entscheidung stellte der EuGH zudem ergänzend fest, dass den Beiträgen des Arbeitgebers zu privaten Betriebs-

---

[205] Vgl. zuletzt EuGH (Helmig), verb. Rs. 399/92, 409/92, 425/92, 34/93, 50/93, 78/93, EuZW 1994, S. 505 für Überstundenzuschläge.
[206] Rs. 80/70, Slg. 1971, S. 445 ff.
[207] Näher zum Vorabentscheidungsverfahren oben § 8 Rn. 23 ff.
[208] EuGH, Rs. 80/70, Slg. 1971, S. 445, 451.
[209] EuGH, Rs. 80/70, Slg. 1971, S. 445, 452; zustimmend *Bahlmann,* RdA 1984, S. 98, 100; *Steindorff,* RdA 1988, S. 129, 132.
[210] Dagegen hat Generalanwalt *Dutheillet de Lamothe* in seinen Schlussanträgen dafür plädiert, betriebliche Altersrenten, die unmittelbar vom Arbeitgeber oder mittelbar über Organe, die für einen oder mehrere Berufsstände zuständig sind, an Arbeitnehmer gezahlt werden, als Entgelt i. S. des Art. 119 EGV anzusehen.
[211] Rs. 69/80, Slg. 1981, S. 767 ff.
[212] Slg. 1981, S. 767, 790.
[213] Rs. 23/83, Slg. 1984, S. 3225 ff.
[214] Rs. 170/84, Slg. 1986, S. 1607 ff.; zu dieser Entscheidung auch oben Rn. 36 ff.
[215] Rs. 268/88, Slg. 1990, S. 1889 ff.

I. Der Grundsatz des gleichen Entgelts   **177–180 § 16**

rentensystemen selbst dann Entgeltcharakter zukomme, wenn die zu diesem System gezahlten Beiträge und die sich aus ihnen ergebenden Leistungen teilweise an die Stelle der Beiträge und Leistungen des gesetzlichen Altersrentensystems träten.[216]

Vom Entgeltbegriff des Art. 119 EGV a. F. (Art. 141 EGV n. F.) erfasst werden ferner **177** Fahrpreisermäßigungen für Eisenbahnpersonal.[217] Dabei schließt der Umstand, dass die Vergünstigung nach dem Eintritt in den Ruhestand gewährt wird, den Charakter eines Entgelts i. S. des Art. 119 EGV a. F. (Art. 141 EGV n. F.) nicht aus.[218] Unerheblich ist, ob die Vergünstigung auf Grund einer vertraglichen Verpflichtung gewährt wird. Die **Rechtsnatur der Vergünstigung** ist somit **nicht entscheidend,** sondern nur dass die Gewährung der Vergünstigung im Zusammenhang mit dem Arbeitsverhältnis erfolgt.[219] Die in bar oder in Sachleistungen gezahlten Vergütungen müssen vom Arbeitgeber also wenigstens mittelbar auf Grund des Dienstverhältnisses gezahlt werden.[220] Ein solcher den Entgeltcharakter begründender Zusammenhang liegt auch vor, wenn der Arbeitgeber dem Arbeitnehmer bei dessen Entlassung wegen Arbeitsmangels eine Entschädigung gewährt.[221]

In der Rechtssache *Kowalska*[222] musste sich der EuGH mit der Frage befassen, ob auch **178** das den Arbeitnehmern beim Ausscheiden aus dem Arbeitsverhältnis gewährte Übergangsgeld in den Anwendungsbereich des Art. 119 EGV a. F. (Art. 141 EGV n. F.) fällt. Wie schon in früheren Entscheidungen betonte der EuGH in seinen Entscheidungsgründen erneut, dass der Umstand, dass bestimmte Leistungen nach Beendigung des Arbeitsverhältnisses erbracht werden, ihren Entgeltcharakter i. S. des Art. 119 EGV a. F. (Art. 141 EGV n. F.) nicht ausschließe.[223] Sodann bejaht er zu Recht den Entgeltcharakter des Übergangsgeldes. Das dem Arbeitnehmer beim Ausscheiden aus dem Arbeitsverhältnis gewährte Übergangsgeld stelle eine Art aufgeschobenes Entgelt dar, auf das der Arbeitnehmer auf Grund seines Arbeitsverhältnisses Anspruch habe, das ihm aber erst bei der Beendigung des Arbeitsverhältnisses gezahlt werde, um ihm die Anpassung an die dadurch entstandenen neuen Umstände zu erleichtern.[224]

Ob auch eine tarifvertragliche Regelung, die den Aufstieg in eine höhere Vergütungs- **179** gruppe von einer Bewährungszeit abhängig macht, zum Anwendungsbereich des Art. 119 EGV a. F. (Art. 141 EGV n. F.) gehört, war Gegenstand der Entscheidung des EuGH in der Rechtssache *Nimz*.[225] Der EuGH bejahte den Entgeltcharakter einer tarifvertraglichen Regelung, nach der Arbeitnehmer nach bestimmten Bewährungszeiten ohne weiteres in höhere Vergütungsgruppen eingestuft werden, mit der Begründung, dass derartige Vorschriften die Entwicklung der Vergütung, die einem Arbeitnehmer ohne Änderung der Tätigkeit zusteht, als solche bestimmen.[226]

Wie der EuGH in der Rechtssache *Lewen*[227] entschieden hat, ist eine Weihnachtszu- **180** wendung, die von dem Arbeitgeber an seine Arbeitnehmer gezahlt wird, auch dann Entgelt i. S. von Art. 119 EGV a. F. (Art. 141 EGV n. F.), wenn sie freiwillig gezahlt wird und

---

[216] Slg. 1990, S. 1889, 1949 f. S. zu Beamtenpensionen EuGH 29. 11. 2001 Rs. 366/99 (Joseph Griesmar), NZA 2002, S. 143.
[217] EuGH (Garland), Rs. 12/81, Slg. 1982, S. 359 ff.
[218] Während der EuGH in seiner Entscheidung Garland dies nicht besonders erwähnt, wird dies in der Entscheidung Barber ausdrücklich klargestellt; Rs. 262/89, Slg. 1990, S. 1889, 1949.
[219] EuGH (Garland), Rs. 12/81, Slg. 1982, S. 359, 370.
[220] EuGH (Barber), Rs. 262/88, Rs. 262/89, Slg. 1990, S. 1889, 1949.
[221] EuGH (Barber), Rs. 262/88, Rs. 262/89, Slg. 1990, S. 1889, 1949.
[222] Rs. 33/89, Slg. 1990, S. 2591 ff.; s. zu dieser Entscheidung auch oben Rn. 94 ff.
[223] Slg. 1991, S. 2591, 2610.
[224] Slg. 1991, S. 2591, 2611.
[225] Rs. 184/89, Slg. 1991, S. 297 ff.; s. zu dieser Entscheidung auch oben Rn. 56.
[226] Slg. 1991, S. 297, 318; zu weiteren Einzelheiten des Entgeltbegriffs s. *Currall*, in: Groeben/Thiesing/Ehlermann, Art. 119 EWGV, Rn. 64 ff.
[227] Rs. 333/97, EuZW 2000, S. 29; zu dieser Entscheidung näher oben Rn. 88 ff.

überwiegend oder ausschließlich zum Anreiz für zukünftige Dienstleistung oder Betriebstreue dienen soll.

5. Der Begriff der „gleichen Arbeit"

181 Art. 119 Abs. 1 EGV a. F. (Art. 141 EGV n. F.) verpflichtet die Mitgliedstaaten, den Grundsatz des gleichen Entgelts bei „gleicher" Arbeit anzuwenden. Ob von diesem Begriff auch „gleichwertige" Arbeit umfasst ist, wurde lange Zeit kontrovers diskutiert.[228] Vorbild für Art. 119 EGV a. F. (Art. 141 EGV n. F.) war Art. 1 des Übereinkommens Nr. 100 der IAO, wo von „Arbeit, die als gleichwertig anerkannt wird" die Rede ist. Wegen möglicher Schwierigkeiten bei der Auslegung des Begriffs „gleichwertig" wurde der Entgeltgrundsatz jedoch auf „gleiche Arbeit" beschränkt.[229] Art. 119 EGV a. F. (Art. 141 EGV n. F.) betrifft somit nach zutreffender Auffassung nur „gleiche", nicht aber „gleichwertige Arbeit".[230] Allerdings ist der Begriff der „gleichen Arbeit" extensiv auszulegen. Nicht erforderlich ist, dass die zu vergleichenden Tätigkeiten identisch sind. Ausreichend ist vielmehr, dass die Tätigkeiten in hohem Grad ähnlich sind, auch wenn sie sich nicht völlig entsprechen.[231]

182 In der Rechtssache *Macarthys*[232] hatte der EuGH über die weitere Streitfrage zu befinden, ob sich Art. 119 EGV a. F. (Art. 141 EGV n. F.) auf die Fälle beschränkt, in denen Männer und Frauen gleichzeitig die gleiche Arbeit für denselben Arbeitgeber leisten. Der EuGH verneinte dies mit der Begründung, dass die Tragweite des Begriffs der „gleichen Arbeit" nicht dadurch eingeschränkt werden dürfe, dass ein Erfordernis der Gleichzeitigkeit eingeführt werde. Es handele sich um einen rein qualitativen Begriff, der sich ausschließlich auf die Art der betreffenden Arbeitsleistung beziehe.[233] Allerdings ist der Grundsatz des gleichen Entgelts, wie der EuGH bereits in seiner Entscheidung „Defrenne II" festgestellt hat, nicht gesamtwirtschaftlich, sondern betriebsbezogen zu verstehen. Etwas anderes gilt allerdings dann, wenn sich das Entgelt einheitlich aus Rechtsvorschriften oder Kollektivverträgen ergibt.[234]

183 Für die Feststellung, ob Arbeitnehmer eine gleiche Arbeit ausüben, kommt es nach der Rechtsprechung des EuGH maßgebend darauf an, ob diese Arbeitnehmer unter Zugrundelegung einer Gesamtheit von Faktoren, wie der Arbeit, Ausbildungsanforderungen und Arbeitsbedingungen, als in einer vergleichbaren Situation befindlich angesehen werden können.[235] Wenn verschiedene Arbeitnehmergruppen, die nicht dieselbe Berufsberechti-

---

[228] Näher dazu *Kyriazis*, Sozialpolitik, S. 144 f. m. w. N.
[229] Groeben/Boeckh/Thiesing/Ehlermann/*Knolle*, 2. Aufl., Art. 119 EWGV, Anm. III.
[230] EuGH (Defrenne II), Rs. 43/45, Slg. 1976, S. 455, 474; ebenso *Bahlmann*, RdA 1984, S. 98, 100. Da die Lohngleichheitsrichtlinie 75/117/EWG (s. dazu nachfolgend Rn. 182 ff.) den Grundsatz des gleichen Entgelts auf Arbeit, „die als gleichwertig anerkannt wird", anwendet, hat die aufgeworfene Frage an Bedeutung verloren.
[231] So zutreffend Generalanwalt *Capotorti* in seinen Schlussanträgen zu EuGH (Macarthys), Rs. 129/79, Slg. 1980, S. 1275, 1296.
[232] Rs. 129/79, Slg. 1980, S. 1275 ff.; der Rechtssache lag folgender Sachverhalt zugrunde: Die englische Firma Macarthys hatte in den Jahren 1974 und 1975 einem ihrer Lagerverwalter einen Wochenlohn von 60 UK£ bezahlt. Nach dessen Ausscheiden wurde vier Monate später Frau Wendy Smith zu einem Wochenlohn von 50 UK£ eingestellt. Frau Smith wandte sich unter Berufung auf den Equal Pay Act von 1970 an das Tribunal London und beantragte die Feststellung, dass ihr das gleiche Entgelt zustehe, wie es der Vorgänger erhalten hatte.
[233] Slg. 1980, S. 1275, 1288.
[234] EuGH, Rs. 43/45, Slg. 1976, S. 455, 474; ebenso *Schweitzer/Hummer*, Europarecht, 5. Aufl. 1996, Rn. 1526; dagegen sollen nach *Currall*, in: Groeben/Thiesing/Ehlermann, Art. 119 EWGV, Rn. 95 auch Vergleiche zwischen verschiedenen Betrieben eines einzigen Arbeitgebers derselben Region zuzulassen sein, „wenn es zwischen den Betrieben keine signifikanten, regional bedingten Lohnunterschiede geben könnte."
[235] Ständige Rechtsprechung,; s. z. B. EuGH, Rs. 309/97, NZA 1999, S. 699.

I. Der Grundsatz des gleichen Entgelts 184–186 § 16

gung oder -qualifikation für die Ausübung ihres Berufes besitzen, eine anscheinend identische Tätigkeit ausüben, ist zu prüfen, ob sie – unter Berücksichtigung der Art der Aufgaben, die den einzelnen Arbeitnehmergruppen jeweils übertragen werden können, der an die Ausübung dieser Tätigkeiten geknüpften Ausbildungserfordernisse und der Arbeitsbedingungen, unter denen die Tätigkeit ausgeübt werden – eine gleiche Arbeit i. S. von Art. 119 EGV a. F. (Art. 141 EGV) n. F. ausüben.[236]

6. Die Lohngleichheitsrichtlinie 75/117/EWG

Die Richtlinie des Rates vom 10. Februar 1975 zur Angleichung der Rechtsvorschriften **184** der Mitgliedstaaten über die Anwendung des Grundsatzes des gleichen Entgelts für Männer und Frauen[237] ist – wie bereits festgestellt – in Ausführung des sozialpolitischen Aktionsprogramms des Rates vom 21. 4. 1974 ergangen und stellt zugleich das erste Rechtsinstrument im Bereich der Sozialpolitik dar.[238] Besondere Bedeutung gewinnt die Richtlinie vor allem dadurch, dass nach ihrem Art. 1 der Grundsatz des gleichen Entgelts für Männer und Frauen nicht nur auf „gleiche Arbeiten", sondern auch auf **Arbeiten, „die als gleichwertig anerkannt werden"** anzuwenden ist. Ob darin lediglich eine Konkretisierung oder aber eine Erweiterung des Art. 119 EGV a. F. (Art. 141 EGV n. F.) zu sehen ist, wird nicht einheitlich beantwortet.[239] Für letzteres spricht vor allem, dass Art. 119 EGV a. F. (Art. 141 EGV n. F.) wegen möglicher Auslegungsschwierigkeiten des Begriffs der „gleichwertigen Arbeit" auf „gleiche Arbeiten" beschränkt wurde.[240] Angesichts dieser bewussten Beschränkung des Art. 119 EGV a. F. (Art. 141 EGV n. F.) erweist sich die Erweiterung durch die sekundärrechtliche Lohngleichheitsrichtlinie als rechtlich fragwürdig.

Der persönliche Anwendungsbereich der Richtlinie stimmt mit dem des Art. 119 EGV **185** a. F. (Art. 141 EGV n. F.) überein.[241] Ebenso geht die Richtlinie von dem Begriff des Entgelts aus, wie er in Art. 119 Abs. 2 EGV (Art. 141 Abs. 2 EGV n. F.) definiert ist.[242]

Eine weitere Besonderheit der Lohngleichheitsrichtlinie gegenüber Art. 119 EGV a. F. **186** (Art. 141 EGV n. F.) besteht darin, dass nach Art. 1 Abs. 2 RL Lohn bei Verwendung beruflicher Einstufungssysteme darauf zu achten ist, dass diese Systeme auf gemeinsamen Kriterien für männliche und weibliche Arbeitnehmer beruhen und so beschaffen sind, dass Diskriminierungen auf Grund des Geschlechts ausgeschlossen werden. In seinem Urteil vom 6. 6. 1982[243] hat der EuGH klargestellt, dass Art. 1 Abs. 2 RL Lohn allerdings nicht im Sinne der vom Vereinigten Königreich vertretenen Auslegung verstanden werden darf, wonach ein Anspruch auf gleiches Entgelt ausscheidet, solange ein System der beruflichen Einstufung nicht besteht. Aus den Begründungserwägungen der Richtlinie ergebe sich vielmehr, dass der Arbeitnehmer im Falle eines Streits über die Anwendung des Begriffs der „gleichen Arbeit" das Recht haben müsse, vor einer hierfür zuständigen Stelle geltend zu machen, dass seine Arbeit einer anderen Arbeit gleichwertig sei.[244]

---

[236] EuGH, Rs. 309/97, NZA 1999, S. 699; s. zu dieser Entscheidung näher oben Rn. 86 ff.
[237] ABl. L 45, S. 19; nachfolgend Lohngleichheitsrichtlinie – RL Lohn – abgekürzt.
[238] *Bleckmann*, Europarecht, 6. Aufl. 1997, Rn. 2516, S. 888 f.
[239] Nach Auffassung des EuGH erläutert Art. 1 RL Lohn den in Art. 119 Abs. 1 EGV a. F. (Art. 141 EGV n. F.) enthaltenen Begriff „gleiche Arbeit" lediglich dahingehend, dass er auch den Fall „einer Arbeit, die als gleichwertig anerkannt wird" umfasst; (Worringham), Rs. 69/80, Slg. 1981, S. 767, S. 791; dagegen spricht *Jansen* von einer Erweiterung des in Art. 119 EGV a. F. (Art. 141 EGV n. F.) enthaltenen Grundsatzes, s. *Jansen*, in: Grabitz/Hilf, Art. 119 EGV, Rn. 13.
[240] S. oben Rn. 180.
[241] S. dazu Rn. 20 ff.
[242] EuGH (Worringham), Rs. 69/80, Slg. 1981, S. 767, S. 791; zum Begriff des Entgelts i. S. des Art. 119 EGV s. oben Rn. 172 ff.
[243] Rs. 61/81, Slg. 1982, S. 2601 ff.
[244] Slg. 1982, S. 2601, 2615 f.; zu den inhaltlichen Anforderungen an ein System beruflicher Einstufung s. EuGH (Rummler), Rs. 237/85, Slg. 1986, S. 2101 ff.; näher zu dieser Entscheidung oben Rn. 46.

187 Neben der materiell-rechtlichen Vorschrift des Art. 1 RL Lohn enthält die Richtlinie weitere **formelle Vorschriften.** So verpflichtet Art. 2 RL Lohn die Mitgliedstaaten, jedem Arbeitnehmer, der sich wegen Nichtanwendung des Grundsatzes des gleichen Entgelts für beschwert hält, den Rechtsweg zu eröffnen. Die Mitgliedstaaten haben weiter zu gewährleisten, dass alle Vorschriften, die mit dem Grundsatz des gleichen Entgelts zwischen Männern und Frauen unvereinbar sind, beseitigt werden und sicherzustellen, dass diskriminierende Bestimmungen in Tarifverträgen, Lohn- und Gehaltstabellen, Vereinbarungen oder Einzelarbeitsverträgen nichtig sind oder für nichtig erklärt werden können.[245] Art. 5 RL Lohn gewährt den Arbeitnehmern Schutz vor jeder Entlassung, die eine Reaktion auf die Wahrnehmung der in der Richtlinie enthaltenen Rechte darstellt. Die Mitgliedstaaten müssen sich ferner darüber vergewissern, dass wirksame Mittel vorhanden sind, um für die Einhaltung des Grundsatzes des gleichen Entgelts Sorge zu tragen.[246]

7. Umsetzung der Lohngleichheitsrichtlinie in nationales Recht

188 Da dem Lohngleichheitsgrundsatz von Männern und Frauen entgegenstehende Rechts- und Verwaltungsvorschriften in der Bundesrepublik nicht vorhanden waren, hätte es nach Auffassung der Bundesregierung[247] keiner gesetzlichen Vorschriften zur Umsetzung der Lohngleichheitsrichtlinie bedurft. Wegen seiner großen Bedeutung für das Arbeitsleben hat der Gesetzgeber gleichwohl den Grundsatz der Lohngleichheit für Männer und Frauen mit dem am 21. 8. 1980 in Kraft getretenen „Arbeitsrechtlichen EG-Anpassungsgesetz" vom 13. 8. 1980[248] ausdrücklich in § 612 Abs. 3 BGB eingefügt.

a) Geltungsbereich

189 Nach § 612 Abs. 3 BGB darf bei einem Arbeitsverhältnis für gleiche oder für gleichwertige Arbeit nicht wegen des Geschlechts des Arbeitnehmers eine geringere Vergütung[249] vereinbart werden als bei einem anderen Arbeitnehmer des anderen Geschlechts. Dieser Lohngleichheitssatz des § 612 Abs. 3 BGB gilt für alle Arbeits- und Ausbildungsverhältnisse.[250] Die Norm gilt auch für Tarifverträge.[251] Demgegenüber werden Tarifverträge nach herrschender Ansicht von § 612 Abs. 3 BGB nicht erfasst. Bei ihnen handele es sich um Gesetze im materiellen Sinne, so dass die Tarifvertragsparteien gemäß Art. 1 Abs. 3 GG ohnehin an die Grundrechte, insbesondere an Art. 3 Abs. 2 und 3 GG, gebunden seien.[252] Für die Betriebspartner ergibt sich das Verbot der Lohndiskriminierung aus dem arbeitsrechtlichen Gleichbehandlungsgrundsatz oder aus der spezialgesetzlichen Regelung des § 75 BetrVG.[253]

190 Ob § 612 Abs. 3 BGB auch mittelbare Diskriminierungen erfasst, wird nicht ausdrücklich geregelt. Da sowohl Art. 119 EGV als auch die Lohngleichheitsrichtlinie mittelbare Diskriminierungen verbieten, ist § 612 Abs. 3 BGB gemeinschaftskonform dahingehend

---

[245] Art. 3 und 4 RL Lohn.
[246] Art. 6 RL Lohn.
[247] Vgl. BT-Drucks. 8/3317, S. 10; zust. *Schleicher*, AR-Blattei D, „Gleichbehandlung im Arbeitsverhältnis II" D. IV. 2; a. A. *Wolter*, AuR 1981, S. 129, 132 ff.
[248] BGBl. I, S. 1308.
[249] Der Vergütungsbegriff des § 612 Abs. 3 BGB entspricht dem des Art. 119 EGV a. F. (Art. 141 EGV n. F.); s. dazu *Richardi*, MünchArbR I, § 11, Rn. 56.
[250] ErfK/*Schlachter*, § 612 BGB, Rn. 49.
[251] *Wiedemann* in Wiedemann, TVG, Einl. Rn. 232 sowie Rn. 215; ebenso *Schleicher*, AR-Blattei D, „Gleichbehandlung im Arbeitsverhältnis II" D. IV. 3 b).
[252] BAG AP Nr. 4 zu Art. 3 GG, AP Nr. 4 zu § 1 BetrAVG Gleichberechtigung; *Binkert*, JZ 1979, S. 747, 750; *Knigge*, BB 1980, S. 1272, 1275; allgemein zur Grundrechtsbindung von Tarifverträgen *Wiedemann* in Wiedemann, TVG, Einl. Rn. 198 ff. m. w. N.
[253] Vgl. *Fitting/Kaiser/Heither/Engels*, 20. Aufl. 2000, § 75 BetrVG, Rn. 50.

I. Der Grundsatz des gleichen Entgelts

auszulegen, dass auch mittelbare Diskriminierungen in den Anwendungsbereich dieser Vorschrift fallen.[254]

b) Gleiche oder gleichwertige Arbeit

Der Lohngleichheitsgrundsatz gilt nur, wenn die geschuldete Arbeitsleistung im Verhältnis zu mindestens einem Arbeitnehmer des anderen Geschlechts und desselben Betriebes völlig gleich oder zumindest gleichwertig ist.[255] Gleiche Arbeit liegt vor, wenn auf verschiedenen Arbeitsplätzen identische oder gleichartige Arbeiten verrichtet werden.[256] Das Merkmal „gleichartige Arbeit" ist zu bejahen, wenn zwar nicht identische Arbeiten verrichtet werden, jedoch unter Berücksichtigung der Vorkenntnisse, Ausbildung, Anstrengung, Verantwortlichkeit und Arbeitsbedingungen keine ins Gewicht fallenden Unterschiede äußerlich erkennbar sind.[257] Erhebliche Schwierigkeiten bereitet die Feststellung, wann eine Arbeit gleichwertig ist.[258] Die Gleichwertigkeit bestimmt sich nach der Gesetzesbegründung zu § 612 Abs. 3 BGB nach den objektiven Maßstäben der Arbeitsbewertung.[259] Anhaltspunkte für die Beurteilung können insoweit auch die Praxis der Tarifvertragsparteien und die allgemeine Verkehrsanschauung geben.[260] Außerhalb eines Arbeitsbewertungssystems gibt es keine verlässlichen arbeitswissenschaftlichen Bewertungskriterien, nach denen sich die Gleichwertigkeit genau bestimmen lässt.[261]

c) Differenzierungsgründe

§ 612 Abs. 3 Satz 1 BGB verbietet eine Entgeltdifferenzierung wegen des Geschlechts. Eine Entgeltdifferenzierung aus sachlichen, nicht geschlechtsbezogenen Gründen ist dagegen zulässig.[262] Allerdings dürfen besondere wegen des Geschlechts erlassene Arbeitsschutzvorschriften nach der ausdrücklichen Regelung des § 612 Abs. 3 Satz 2 BGB nicht als Rechtfertigung für eine geringere Entlohnung herangezogen werden. Damit ist gemeint, dass die besondere Schutzvorschrift nicht unmittelbar Grund für eine Entgeltdifferenzierung sein darf.[263] Gem. § 612 Abs. 3 Satz 3 BGB findet § 611a Abs. 1 Satz 3 BGB auf den Lohngleichheitsgrundsatz entsprechende Anwendung. Die Beweislast ist im Streitfall somit entsprechend § 611a Abs. 1 Satz 3 BGB verteilt. Dabei kommt der 2. Alternative der Beweislastregelung allerdings keine praktische Bedeutung zu. Ein differenziertes Entgelt unter dem Gesichtspunkt, dass das Geschlecht unverzichtbare Voraussetzung für die auszuübende Tätigkeit ist, dürfte nämlich praktisch ausgeschlossen sein.[264]

---

[254] *Hanau/Preis,* ZfA 1988, S. 177, 183 f.; MünchArbR/*Richardi,* § 11, Rn. 53; *Wiedemann* in Wiedemann, TVG, Einl. Rn. 234.

[255] ErfK/*Schlachter,* § 612 BGB, Rn. 62 f.

[256] MK/*Schaub,* § 612 BGB, Rn. 255.

[257] *Pfarr/Bertelsmann,* Gleichbehandlungsgesetz, S. 56, 57.

[258] Die Erstreckung des § 612 Abs. 3 BGB auf die gleichwertige Arbeit entspricht Art. 1 Abs. 1 RL Lohn; s. zu Tarifverträgen *Wiedemann* in Wiedemann, TVG, Einl. Rn. 159 ff.

[259] BT-Drucks. 8/3317, S. 10.

[260] BT-Drucks. 8/3317, S. 10.

[261] *Eich,* NJW 1980, S. 2329, 2330; daher hat auch die Kommission zur Schaffung eines Arbeitsgesetzbuches zwar einen Anspruch auf gleiches Entgelt bei gleicher Arbeit vorgesehen, jedoch den auf Gleichwertigkeit abstellenden Ausschussvorschlag nicht akzeptiert, vgl. Art. 2 des Kommissions-Entwurfs zum Arbeitsgesetzbuch – Allgemeines Arbeitsvertragsrecht – Hrsg. Bundesminister für Arbeit und Sozialordnung 1977, S. 17.

[262] MK/*Schaub,* § 612 BGB, Rn. 271, 55.

[263] *Eich,* NJW 1980, S. 2329, 2332. Beispielsweise darf eine werdende Mutter somit nicht deshalb weniger verdienen, weil sie nach § 8 MuSchG von der Nachtarbeit ausgeschlossen ist. Gleichwohl kann sie weniger verdienen, weil sie keinen Anspruch auf eine Nachtzulage hat.

[264] BT-Drucks. 8/3317, S. 10; *Knigge,* BB 1980, S. 1272, 1275; zur Rechtfertigung mittelbarer Diskriminierungen im Entgeltbereich s. oben Rn. 162 ff.

d) Rechtsfolgen geschlechtsbezogener Lohndiskriminierung

193 Vereinbarungen, die gegen das Lohndiskriminierungsverbot verstoßen, sind gem. § 134 BGB nichtig. Ob daraus für die diskriminierte Person ein Erfüllungsanspruch auf dieselbe Entlohnung wie bei den anderen erwächst, wird nicht einheitlich beantwortet.[265] Jedenfalls in den Fällen, in denen auf Grund ihres Geschlechts diskriminierte Personen gegenüber Personen des anderen Geschlechts eine geringere Vergütung erhalten und beide Personenkreise Anspruch auf eine Vergütung haben, wird nach allgemeiner Auffassung ein einklagbarer Erfüllungsanspruch auf Lohnanhebung bejaht.[266]

II. Die Gleichbehandlungsrichtlinie 76/207/EWG

194 Art. 119 EGV a. F. (Art. 141 EGV n. F.) sowie die Lohngleichheitsrichtlinie stellen auf das Problem der Lohndiskriminierung zwischen männlichen und weiblichen Arbeitnehmern beschränkte Sonderbestimmungen dar, deren Anwendung an genaue Voraussetzungen geknüpft ist.[267] Die Verabschiedung der Gleichbehandlungsrichtlinie[268] war damit notwendig, um die bereits im sozialpolitischen Aktionsprogramm von 1974[269] zum Ziel erklärte Verwirklichung der Chancengleichheit von Männern und Frauen im Berufsleben zu verwirklichen. Die allein auf Art. 235 EGV a. F. (Art. 308 EGV n. F.) gestützte Richtlinie[270] schreibt die Gleichbehandlung hinsichtlich des Zugangs zur Beschäftigung, zur Berufsbildung, zum beruflichen Aufstieg sowie hinsichtlich der Arbeitsbedingungen vor.[271]

1. Persönlicher Anwendungsbereich

195 Der persönliche Anwendungsbereich der Gleichbehandlungsrichtlinie umfasst alle Erwerbstätigen.[272] Unerheblich ist, ob es sich um privatrechtliche oder öffentlichrechtliche Dienst- oder Arbeitsverhältnisse handelt.[273] Erfasst werden auch selbständig Erwerbstätige, einschließlich der Angehörigen der freien Berufe, sowie Arbeitslose und Arbeitsuchende.[274]

---

[265] Für einen generellen Erfüllungsanspruch auf Lohnanhebung BAG AP Nr. 11 zu Art. 119 EWGV; *Colneric*, BB 1988, S. 968, 969; *Knigge*, BB 1980, S. 1272, 1275; Palandt/*Putzo*, § 612 BGB, Rn. 14; *Schleicher*, AR-Blattei D, „Gleichbehandlung im Arbeitsverhältnis II" D. IV. 3 c); differenzierend BAG AP Nr. 136 zu Art. 3 GG; MK/*Schaub*, § 612 BGB, Rn. 256. Zum Ganzen *Wiedemann*, Gleichbehandlungsgebote, S. 77ff.

[266] Vgl. BAG AP Nr. 136 zu Art. 3 GG; zu weiteren Einzelheiten des Grundsatzes der Lohngleichheit für Männer und Frauen im deutschen Recht s. MünchArbR/*Richardi* I, § 11, Rn. 26ff.; ErfK/*Schlachter*, § 612 BGB Rn. 45ff. jeweils m. w. Nachw. Zum Anspruch gegenüber einer Pensionskasse s. EuGH 9. 10. 2001 – Rs. 379/99 –, EuZW 2002, S. 29 = NJW 2001, S. 3693.

[267] EuGH (Defrenne III), Rs. 149/77, Slg. 1978, S. 1365, 1378.

[268] Richtlinie des Rates vom 9. 2. 1976 zur Verwirklichung des Grundsatzes der Gleichbehandlung von Männern und Frauen hinsichtlich des Zugangs zur Beschäftigung, zur Berufsbildung und zum beruflichen Aufstieg sowie in Bezug auf die Arbeitsbedingungen, ABl. L 39, S. 40; nachfolgend Gleichbehandlungsrichtlinie – RL Gleichb – abgekürzt. Eine Änderungsrichtlinie soll 2002 in Kraft treten.

[269] Entschließung des Rates vom 21. 1. 1974 über ein sozialpolitisches Aktionsprogramm, ABl. C, 13, S. 1.

[270] Der EG-Vertrag hat in Art. 119 a. F. (Art. 141 n. F.) den Grundsatz der Gleichbehandlung auf den Entgeltsektor beschränkt. Es stößt deshalb auf erhebliche rechtliche Bedenken, wenn Art. 235 EGV a. F. (Art. 308 EGV n. F.) als Ermächtigungsgrundlage für eine den Gleichbehandlungsgrundsatz erweiternde Richtlinie herangezogen wird; kritisch dazu auch *Buchner*, DRdA 1995, S. 366, 370. Allgemein zur Kompetenzproblematik vgl. auch *Steindorff*, Grenzen der EG-Kompetenzen, 1990.

[271] Zur Entstehungsgeschichte der Richtlinie s. näher *Eichinger*, EAS B 4200, Rn. 2 f.

[272] Grabitz/Hilf/*Jansen*, Art. 119 EGV, Rn. 16.

[273] EuGH (Kommission gegen Bundesrepublik), Rs. 248/83, Slg. 1985, S. 1459, 1478ff.

[274] *Currall*, in: Groeben/Thiesing/Ehlermann, Art. 119 EWGV, Rn. 114; *Eichinger*, EAS B 4200, Rn. 21; *Kyriazis*, Sozialpolitik, S. 34; *v. Roetteken*, NZA 2001, S. 414, 417.

II. Die Gleichbehandlungsrichtlinie 76/207/EWG

2. Sachlicher Anwendungsbereich

Nach Art. 2 Abs. 1 RL Gleichb besagt der Grundsatz der Gleichbehandlung, dass keine unmittelbare oder mittelbare Diskriminierung auf Grund des Geschlechts, insbesondere unter Bezugnahme auf den Ehe- oder Familienstand, erfolgen darf. Eine Begriffsbestimmung des Gegensatzpaares unmittelbare/mittelbare Diskriminierung enthält die Richtlinie nicht.[275] Die Richtlinie beschränkt sich vielmehr auf die Feststellung, in welchen Fällen die Richtlinie nicht anzuwenden ist, Diskriminierungen also ausscheiden. Vom Gleichbehandlungsgrundsatz der Richtlinie erfasst werden neben dem **Zugang zur Beschäftigung** einschließlich der **Auswahlkriterien** und des **beruflichen Aufstiegs**, der Zugang zu **Berufsberatung, Berufsbildung, beruflicher Weiterbildung** und **Umschulung** sowie die **Arbeits-** einschließlich der **Entlassungsbedingungen**.[276]

a) Ausnahmetatbestände

Nach Art. 2 Abs. 2 RL Gleichb können die Mitgliedstaaten solche beruflichen Tätigkeiten und gegebenenfalls die dazu jeweils erforderliche Ausbildung vom Anwendungsbereich der Richtlinie ausschließen, für die das **Geschlecht** auf Grund ihrer Art oder der Bedingungen ihrer Ausübung eine **unabdingbare Voraussetzung** darstellt. Dieser eng gefasste Tatbestand ist restriktiv auszulegen.[277] Zulässig wäre es z. B., bestimmte Tätigkeiten, wie etwa die eines Fotomodells, eines Schauspielers oder einer Sängerin aus Gründen der Physiologie und der Authentizität nur von Personen eines Geschlechts ausüben zu lassen.[278] Nach Ansicht des EuGH können Mitgliedstaaten bestimmte polizeiliche Tätigkeiten, etwa bei schweren Unruhen und terroristischen Anschlägen, Männern vorbehalten.[279]

Nach Art. 2 Abs. 3 RL Gleichb steht die Richtlinie nicht den Vorschriften zum Schutz der Frau, insbesondere bei Schwangerschaft und Mutterschaft, entgegen. In der Rechtssache Hofmann[280] hatte der EuGH darüber zu entscheiden, ob der damalige § 8a des deutschen Mutterschutzgesetzes, der nur Müttern nach Ablauf der gesetzlichen Schutzfrist einen vom Staat durch die Zahlung eines Entgelts geförderten **Mutterschaftsurlaub** gewährte, mit der Gleichbehandlungsrichtlinie vereinbar war.[281] Der EuGH bejahte dies. Zur Begründung führte er aus, dass die Gleichbehandlungsrichtlinie nicht zum Gegenstand habe, die internen Verhältnisse der Familie zu regeln oder die Aufgabenteilung zwischen den Eltern zu ändern. Ferner schütze Art. 2 Abs. 3 RL Gleichb die Bedürfnisse der Frau in zweierlei Hinsicht. Zum einen handele es sich um den Schutz ihrer körperlichen Verfassung während und nach der Schwangerschaft bis zu dem Zeitpunkt, in dem sich ihre körperlichen und seelischen Funktionen nach der Entbindung normalisiert haben. Zum anderen gehe es um den Schutz der Beziehung zwischen der Mutter und ihrem Kind während der Zeit, die sich an die Schwangerschaft und die Entbindung anschließt, damit diese Beziehung nicht durch die Doppelbelastung auf Grund der gleichzeitigen Ausübung

---

[275] Zu den Begriffen unmittelbare/mittelbare Diskriminierung vgl. § 13 Rn. 74 f.
[276] Vgl. *Eichinger*, EAS B 4200, Rn. 20.
[277] EuGH, Rs. 222/84, Slg. 1986, S. 1651; Rs. 450/93, Slg. 1995, S. 3051; *Adomeit*, DB 1980, S. 2388; *Colneric*, BB 1988, S. 968, 972; *Kyriazis*, Sozialpolitik, S. 196.
[278] Näher zu den Ausnahmetatbeständen *Dix*, Gleichberechtigung, S. 176 ff.; *Eichinger*, EAS B 4200, Rn. 55 ff.; *Kyriazis*, Sozialpolitik, S. 196 ff.
[279] EuGH (Johnston), Rs. 222/84, Slg. 1986, S. 1663, 1686 f. S. demgegenüber zum Ausschluss von Frauen vom Dienst mit der Waffe EuGH 11. 1. 2000 Rs. 285/98 (Kreil), JZ 2000, S. 412 *(Götz)*; dazu *Arndt*, NJW 2000, S. 1461; *Koch*, DVBl. 2000, S. 476; *Stein*, EuZW 2000, S. 213; *Streinz*, DVBl. 2000, S. 585.
[280] EuGH, Rs. 184/83, Slg. 1984, S. 3047 ff.
[281] Nach dem nunmehr in Deutschland geltenden Gesetz über die Gewährung von Erziehungsgeld und Erziehungsurlaub vom 25. 7. 1989 (BGBl. I S. 1550) haben sowohl Mütter als auch Väter alternativ Anspruch auf Erziehungsgeld und Erziehungsurlaub.

eines Berufs gestört werde. Unter diesen Gesichtspunkten könne ein derartiger Urlaub zulässigerweise unter Ausschluss aller anderen Personen der Mutter vorbehalten werden, da allein sie dem unerwünschten Druck ausgesetzt sein könne, ihre Arbeit verfrüht wieder aufnehmen zu müssen.[282]

199 Gem. Art. 2 Abs. 4 RL Gleichb steht die Richtlinie den **Maßnahmen zur Förderung der Chancengleichheit** für Männer und Frauen, insbesondere durch die Beseitigung der tatsächlich bestehenden Ungleichheiten, die die Chancen der Frauen im Arbeitsleben beeinträchtigen, nicht entgegen. Dieser Bestimmung liegt die Erkenntnis zugrunde, dass die Rechtsvorschriften über die Gleichbehandlung für sich nicht ausreichen, um alle faktischen Ungleichheiten zu beseitigen. Die Regierungen, Sozialpartner und sonstigen Beteiligten sollen daher durch positive Aktionen zur Frauenförderung gegen die Benachteiligung der Frauen in der Arbeitswelt vorgehen können.[283] Solche Aktionen werden teilweise auch mit dem Begriff „**umgekehrte Diskriminierung**" bezeichnet,[284] wobei von Art. 2 Abs. 4 RL Gleichb nicht nur Maßnahmen zugunsten von Frauen, sondern auch solche zugunsten von Männern[285] erfasst werden.

200 In der Vergangenheit wurde besonders darüber gestritten, ob **Quotenregelungen**,[286] mit denen eine zeitweilige Bevorzugung von Frauen in den Bereichen, in denen sie unterrepräsentiert sind, erfolgen soll, von Art. 2 Abs. 4 RL Gleichb gedeckt sind.[287] In der *Rechtssache Kalanke* musste erstmals ein höchstes deutsches Gericht über die Zulässigkeit der in § 4 Abs. 2 und Abs. 5 des bremischen Landesgleichstellungsgesetzes (LG Bremen)[288] vom 20. 11. 1990[289] enthaltenen leistungsabhängigen Quotenregelung entscheiden.[290] Der

---

[282] Slg. 1984, S. 3047, 3075; kritisch zu dieser Entscheidung *Colneric*, BB 1988, S. 968, 972.

[283] Vgl. auch die Empfehlung des Rates 84/635/EWG zur Förderung positiver Maßnahmen für Frauen, ABl. L 331, S. 34.

[284] Vgl. *Maidowski*, Umgekehrte Diskriminierung, S. 17 ff.

[285] *Quitin*, in: Verwilghen, L'égalité des traitement des hommes et des femmes dans la Communauté Européenne, Bd. 1, S. 111 ff.

[286] Bei der Beurteilung der Zulässigkeit von Quotenregelungen wird zwischen sog. „starren Quoten" und „leistungsabhängigen Quoten" unterschieden. „Starre Quoten" reservieren einen bestimmten Prozentsatz der zu besetzenden Stellen für Frauen unabhängig von ihrer Qualifikation. Dagegen ordnen „leistungsabhängige Quoten" die vorrangige Berücksichtigung von Frauen nur für den Fall an, dass zuvor die gleiche Qualifikation von weiblichen und männlichen Bewerbern festgestellt worden ist.

[287] Zur Quotendiskussion vgl. u. a. *Benda*, Notwendigkeit und Möglichkeit positiver Aktionen zugunsten von Frauen im öffentlichen Dienst, Rechtsgutachten erstattet im Auftrag der Staatskanzlei – Leitstelle Gleichstellung der Frau – der Freien und Hansestadt Hamburg, 1986, S. 179 ff.; *Colneric*, PersR 1994, S. 45 ff.; *Dix*, Gleichberechtigung, S. 350 ff.; *Eckertz-Höfer*, FS für Simon, 1987, S. 447 ff.; *Fuchsloch/Weber*, AuR 1994, S. 409 ff.; *Hanau*, FS für Herschel, S. 191 ff.; *Huster*, AöR 1993 (Bd. 118), S. 109 ff.; *Kempen*, ZTR 1988, S. 287 ff.; *Kruse*, DöV 1991, S. 1002 ff.; *Maidowski*, Umgekehrte Diskriminierung, S. 139 ff.; *Pfarr*, Anm. zu BAG AP Nr. 193 zu Art. 3 GG; *dies.*, Quoten und Grundgesetz, S. 15 ff.; *dies.*, Anm. zu BAG AP Nr. 193 zu Art. 3 GG; *dies.*, NZA 1995, S. 809 ff.; *Pfarr/Bertelsmann*, Diskriminierung, S. 89 ff.; *Sachs*, NVwZ 1991, S. 437 ff.; *Slupik*, Parität, S. 120 ff.; *Stober*, ZBR 1989, S. 289; *Weber*, DB 1988, S. 45 ff; *Zimmermann-Schwartz*, NWVBl. 1987, S. 65 ff.

[288] Art. 4 Abs. 2 und 5 LGG lauten:
„(2) Bei der Übertragung einer Tätigkeit in einer höheren Lohn-, Vergütungs- und Besoldungsgruppe sind Frauen bei gleicher Qualifikation wie ihre männlichen Mitbewerber in den Bereichen vorrangig zu berücksichtigen, in denen sie unterrepräsentiert sind. ...
(5) Eine Unterrepräsentation liegt vor, wenn in den einzelnen Lohn-, Vergütungs- und Besoldungsgruppen der jeweiligen Personalgruppe einer Dienststelle nicht mindestens zur Hälfte Frauen vertreten sind. Dies gilt auch für die nach dem Geschäftsverteilungsplan vorgesehenen Funktionsebenen."

[289] Brem. GBl. S. 433.

[290] Das OVG Münster hat in seinem Beschluss vom 23. 10. 1990, AP Nr. 30 zu Art. 33 Abs. 2 GG die Auffassung vertreten, auch leistungsabhängige Quotenregelungen seien wegen Verstoßes gegen Art. 33 Abs. 2, 3 Abs. 3 GG verfassungswidrig.

mit der Rechtssache befasste 1. Senat des BAG bejaht in seinem Vorlagebeschluss vom 22. Juni 1993[291] die Verfassungsmäßigkeit des § 4 LGG. Zugleich neigte der 1. Senat dazu, auch die Vereinbarkeit des § 4 LGG mit der RL Gleichb zu bejahen. Da der 1. Senat jedoch nicht eindeutig feststellen konnte, ob § 4 Abs. 2 und 5 LGG eine zulässige Frauenförderungsmaßnahme i. S. des Art. 2 Abs. 4 RL Gleichb darstellt, hat er dem EuGH im Vorabentscheidungsverfahren gem. Art. 177 EGV a. F. (Art. 234 EGV n. F.) die Frage vorgelegt, ob Art. 2 Abs. 4 RL Gleichb dahingehend auszulegen ist, dass von ihm auch gesetzliche Regelungen gedeckt werden, nach denen bei der Übertragung einer Tätigkeit in einer höheren Vergütungsgruppe Frauen bei gleicher Qualifikation wie ihre männlichen Mitbewerber vorrangig zu berücksichtigen sind, wenn Frauen unterrepräsentiert sind, wobei eine Unterrepräsentation vorliegt, wenn in den einzelnen Vergütungsgruppen der jeweiligen Personengruppe einer Dienststelle nicht mindestens zur Hälfte Frauen vertreten sind und dies auch für die nach dem Geschäftsverteilungsplan vorgesehenen Funktionsebenen gilt.[292]

Den Schlussanträgen des Generalanwalts *Tesauro* vom 6. 4. 1995 folgend, verneint der EuGH in seiner **Kalanke**-Entscheidung vom 17. 10. 1995[293] die Vorlagefrage des BAG. Er stellt diesbezüglich fest, dass eine nationale Regelung, wonach Frauen, die die gleiche Qualifikation wie ihre männlichen Bewerber besitzen, in Bereichen, in denen die Frauen unterrepräsentiert sind, bei einer Beförderung automatisch der Vorrang eingeräumt wird, gegen Art. 2 Abs. 1 RL Gleichb verstößt, da eine derartige Regelung eine Diskriminierung der Männer auf Grund des Geschlechts bewirke. Eine nationale Regelung wie diejenige des § 4 LGG Bremen sei auch nicht nach Art. 2 Abs. 4 RL Gleichb zulässig, wonach die Richtlinie „nicht den Maßnahmen zur Förderung der Chancengleichheit für Männer und Frauen, insbesondere durch Beseitigung der tatsächlichen Ungleichheiten, die die Chancen der Frauen … beeinträchtigen, entgegen[steht]". Diese Vorschrift diene dem bestimmten und begrenzten Zweck der Zulassung von Maßnahmen, die zwar dem Anschein nach diskriminierend sind, tatsächlich aber in der sozialen Wirklichkeit bestehende faktische Ungleichheiten beseitigen oder verringern sollen. So seien danach nationale Maßnahmen im Bereich des Zugangs zur Beschäftigung einschließlich des Aufstiegs zulässig, die die Frauen spezifisch begünstigen und darauf ausgerichtet sind, deren Fähigkeiten zu verbessern, auf dem Arbeitsmarkt mit anderen zu konkurrieren und unter den gleichen Bedingungen wie die Männer eine berufliche Laufbahn zu verwirklichen. Eine nationale Regelung, die den Frauen bei Ernennungen oder Beförderungen absolut und unbedingt den Vorrang einräumt, gehe aber über eine Förderung der Chancengleichheit hinaus und überschreite damit die Grenzen der in Art. 2 Abs. 4 RL Gleichb vorgesehenen Ausnahme. Zudem setze eine solche nationale Regelung, die darauf abzielt, dass in allen Vergütungsgruppen und auf allen Funktionsebenen einer Dienststelle mindestens ebenso viel Frauen wie Männer sind, an die Stelle der in Art. 2 Abs. 4 RL Gleichb vorgesehenen Förderung der Chancengleichheit das Ergebnis, zu dem allein die Verwirklichung einer solchen Chancengleichheit führen könnte.[294]

In seiner späteren **Marschall**-Entscheidung vom 11. November 1997[295] hat der EuGH seine vorherige Rechtsprechung in der Rechtssache Kalanke präzisiert. Gegenstand des Vorabentscheidungsverfahrens in der Rechtssache Marschall war der Vorlagebeschluss des

---

[291] BAG AP Nr. 193 zu Art. 3 GG.
[292] Kritisch zum Vorlagebeschluss des BAG *Herrmann*, SAE 1995, S. 229 ff.
[293] Rs. 450/93, Slg. 1995, S. 3051.
[294] Das vorliegende Urteil ist im Schrifttum auf ein unterschiedliches Echo gestoßen; zustimmend *Loritz*, Anm. EuZW 1995, S. 762, 763; kritisch dagegen *Colneric*, ArbRGeg, Bd. 34 (1997), S. 69; *dies.*, BB 1996, S. 265; *Dieball/Schiek*, EuroAS 1995, S. 183, 185; *Heilmann/Hoffmann*, AuA 1995, S. 406; *Preis/Mallossek*, EAS B 4000, Rnr. 116; differenzierend *Eichinger*, EAS B 4200, Rn. 93; *Sachs*, Anm. zu EuGH EAS RL 76/207/EWG Art. 2 Nr. 11, S. 21; *Barbara Schmidt*, NJW 1996, S. 1724.
[295] Rs. 409/95, Slg. 1997, S. 7531.

Verwaltungsgerichts Gelsenkirchen. Dem Ausgangsverfahren lag ein Rechtsstreit zwischen Herrn Marschall (Kläger) und dem Land Nordrhein-Westfalen (Beklagter) wegen der Bewerbung des Klägers um eine Beförderungsstelle an der Gesamtschule Schwerte zugrunde. Der Kläger bewarb sich um eine der Besoldungsgruppe A 13 zugeordnete Beförderungsstelle („Lehrer mit der Befähigung für das Lehramt der Sekundarstufe I bei entsprechender Verwendung") an der Gesamtschule Schwerte. Die Bezirksregierung Arnsberg teilte dem Kläger jedoch mit, dass beabsichtigt sei, die Stelle mit einer Konkurrentin zu besetzen. Der Kläger erhob gegen diese Entscheidung Widerspruch, den die Bezirksregierung mit der Begründung zurückwies, dass auf Grund von § 25 Abs. 2 Satz 2 des Beamtengesetzes für das Land Nordrhein-Westfalen in der Fassung der Bekanntmachung vom 1. Mai 1981[296] die ausgewählte Konkurrentin befördert werden müsse, da sie und der Kläger bei Zugrundelegung der dienstlichen Beurteilungen gleich geeignet und im Beförderungsamt der Besoldungsgruppe A 13 zum Zeitpunkt der Ausschreibung der Stelle weniger Frauen als Männer beschäftigt gewesen seien.

In der streitigen Bestimmung heißt es:

„Soweit im Bereich der für die Beförderung zuständigen Behörden im jeweiligen Beförderungsamt der Laufbahn weniger Frauen als Männer sind, sind Frauen bei gleicher Eignung, Befähigung und fachlicher Leistung bevorzugt zu befördern, sofern nicht in der Person eines Mitbewerbers liegende Gründe überwiegen..."

203 Das mit dem Rechtsstreit befasste Verwaltungsgericht sah sich durch den Unterschied zwischen der im Ausgangsverfahren streitigen Bestimmung und der Quotenregelung, die Gegenstand des Urteils Kalanke war, zur Vorlage an den Gerichtshof veranlasst. Mit seiner grundlegenden Frage wollte das vorlegende Gericht vom EuGH wissen, ob die streitige Bestimmung des Ausgangsverfahrens unter Art. 2 Abs. 4 RL Gleichb fällt und daher mit der Gleichbehandlungsrichtlinie vereinbar ist.

204 Der EuGH bestätigte in seinem Vorabentscheidungsurteil die bereits in seiner Kalanke-Entscheidung vertretene Auffassung, dass eine nationale Regelung, nach der weiblichen Bewerbern, die die gleiche Qualifikation wie ihre männlichen Mitbewerber besitzen, in Tätigkeitsbereichen, in denen im jeweiligen Beförderungsamt weniger Frauen als Männer beschäftigt sind, bei einer Beförderung automatisch der Vorrang eingeräumt wird, eine gegen die Gleichbehandlungsrichtlinie verstoßende Diskriminierung der Männer auf Grund des Geschlechts bewirkt. Sodann stellt der EuGH jedoch fest, dass in der streitigen Bestimmung des Ausgangsverfahrens ein wesentlicher Unterschied zu der Regelung besteht, die Gegenstand des Urteils Kalanke war. Die streitige Bestimmung des Ausgangsverfahrens enthalte nämlich eine **„Öffnungsklausel",** nach der Frauen nicht vorrangig befördert werden müssen, sofern in der Person eines männlichen Mitbewerbers liegende Gründe überwiegen. Sodann hebt der EuGH hervor, dass weiterhin eine strukturelle Benachteiligung von Frauen auf dem Arbeitsmarkt bestehe. Mehrere beteiligte Regierungen hätten betont, dass selbst bei gleicher Qualifikation die Tendenz bestehe, männliche Bewerber vorrangig vor weiblichen Bewerbern zu fördern. Dies hänge vor allem mit einer Reihe von Vorurteilen und stereotypen Vorstellungen über die Rolle und die Fähigkeiten der Frau im Erwerbsleben und z.B. mit der Befürchtung zusammen, dass Frauen ihre Laufbahn häufiger unterbrechen, dass sie ihre Arbeitszeit auf Grund häuslicher und familiärer Aufgaben weniger flexibel gestalten oder sie durch Schwangerschaften, Geburten und Stillzeiten häufiger ausfallen. Aus diesen Gründen bedeute allein die Tatsache, dass zwei Bewerber unterschiedlichen Geschlechts gleich qualifiziert sind, nicht, dass sie gleiche Chancen haben. Folglich könnte unter die Ausnahmeregelung des Art. 2 Abs. 4 RL Gleichb eine nationale Regelung der hier streitigen Art fallen, denn eine solche Regelung

---

[296] Gesetz und Verordnungsblatt Nordrhein-Westfalen – GVNW, S. 234; zuletzt geändert durch Art. 1 des Siebenten Gesetzes zur Änderung dienstrechtlicher Vorschriften vom 7. Februar 1995, GVNW, S. 102); im Folgenden: streitige Bestimmung.

könne dazu beitragen, ein Gleichgewicht zu den nachteiligen Auswirkungen zu schaffen, die sich für die weiblichen Bewerber aus den oben beschriebenen Einstellungen und Verhaltensweisen ergeben, und damit in der sozialen Wirklichkeit bestehende faktische Ungleichheiten zu verringern.[297]

Durch den **Vertrag von Amsterdam**[298] ist das Recht der Mitgliedstaaten, zur Gewährleistung der vollen Gleichstellung von Männern und Frauen im Arbeitsleben spezifische Vergünstigungen zur Erleichterung der Berufstätigkeit des unterpräsentierten Geschlechts sowie zur Verhinderung oder zum Ausgleich von Benachteiligungen in der beruflichen Laufbahn vorzusehen, nunmehr ausdrücklich in den EG-Vertrag aufgenommen worden.[299] Die Aussagen des EuGH in seinem Urteil in der Rechtssache Kalanke stehen daher im Einklang mit Art. 141 Abs. 4 EGV n. F.[300] 205

Unter der Geltung des Vertrags von Amsterdam hat der EuGH in der Rechtssache **Abrahamson** bekräftigt, dass eine automatische Frauenbevorzugung europarechtswidrig ist.[301] Bei einer objektiven Beurteilung müsse die besondere persönliche Lage aller Bewerber berücksichtigt werden. 206

Eine weitere Ausnahme regelt Art. 4c RL Gleichb, wonach die Richtlinie für den Zugang zu bestimmten privaten Bildungseinrichtungen auf Grund der von manchen Mitgliedstaaten gewährten Autonomie keine Anwendung findet. 207

Schließlich bestimmt Art. 1 Abs. 2 RL Gleichb, dass im Hinblick auf die schrittweise Verwirklichung der Gleichbehandlung der Bereich der sozialen Sicherheit eine nähere Ausgestaltung in späteren Bestimmungen erfährt, in denen insbesondere der Inhalt, die Tragweite und die Anwendungsmodalitäten angegeben sind.[302] 208

b) Anwendungsbereich der Richtlinie

aa) Zugang zur Beschäftigung

(1) EuGH v. 8. 11. 1990 – Rechtssache Dekker

In dem aus den Niederlanden stammenden Rechtsstreit Dekker[303] hatte der EuGH darüber zu entscheiden, ob ein Arbeitgeber unmittelbar oder mittelbar gegen den in den Art. 2 Abs. 1, 3 Abs. 1 RL Gleichb aufgestellten Grundsatz der Gleichbehandlung verstößt, wenn er es ablehnt, mit einer von ihm für geeignet befundenen schwangeren Bewerberin einen Arbeitsvertrag zu schließen. Dem Ausgangsrechtsstreit lag eine Schadens- 209

---

[297] Wie schon die Kalanke-Entscheidung, hat auch das vorliegende Urteil des EuGH in der Rechtssache Marschall im Schrifttum eine unterschiedliche Bewertung erfahren; s. dazu *Abele*, EuZW 1997, S. 758; *Coen*, EuroAS 1998, S. 13; *Eichinger*, EAS B 4200, Rn. 98 ff.; *Pape*, AuR 1998; S. 14; *Sachs*, RdA 1998, S. 129, 140.

[298] S. dazu § 12.

[299] S. den neu aufgenommenen Absatz 4 des Art. 141 EGV n. F. (Art. 119 EGV).

[300] *Coen*, EuroAS 1998, S. 12, 14; *Eichenhofer*, EAS B 4200, Rn. 103; *Pape*, AuR 1998, S. 14. Umstritten ist allerdings, ob durch Art. 141 Abs. 4 EGV n. F. nunmehr auch Quotenregelungen ohne Öffnungsklauseln als Frauenfördermaßnahmen zulässig sind; dafür *Pirstner*, DRdA 1997, S. 461; 468; a. A. *Eichenhofer*, EAS B 4200, Rn. 103.

[301] EuGH 6. 7. 2000 AP Nr. 22 zu EWG-Richtlinie Nr. 76/207 = NZA 2000, S. 935.

[302] Der Grundsatz der Gleichbehandlung von Mann und Frau in Fragen der sozialen Sicherheit ist in der späteren Richtlinie 79/7/EWG des Rates vom 19. Dezember 1978 zur schrittweisen Verwirklichung des Grundsatzes der Gleichbehandlung von Männern und Frauen im Bereich der sozialen Sicherheit (ABl. L 6, S. 24), in der Richtlinie 86/378/EWG des Rates vom 24. Juli 1986 zur Verwirklichung des Grundsatzes der Gleichbehandlung von Männern und Frauen bei den betrieblichen Systemen der sozialen Sicherheit (ABl. L 225, S. 40); geändert durch die Richtlinie 96/97/EG des Rates vom 20. Dezember 1996 (ABl. L 46, S. 20); sowie in der Richtlinie 86/613/EWG des Rates vom 11. Dezember 1986 zur Verwirklichung des Grundsatzes der Gleichbehandlung von Männern und Frauen, die eine selbständige Erwerbstätigkeit – auch in der Landwirtschaft – ausüben, sowie über den Mutterschutz (ABl. L 359, S. 56) geregelt worden.

[303] Rs. 177/88, Slg. 1990, S. 3941 ff.

ersatzklage der Frau Dekker (nachfolgend: Klägerin) zugrunde. Sie hatte sich im Juni 1981 um eine Stelle als Erzieherin beworben. Noch im Bewerbungsverfahren teilte sie dem Arbeitgeber mit, dass sie seit drei Monaten schwanger sei. Obwohl die Klägerin für die Stelle die geeignetste Bewerberin war, weigerte sich der Arbeitgeber, sie einzustellen. Er begründete dies im Wesentlichen damit, dass er von der „Stichting Risicofonds Sociale Voorzieningen Bijzonder Onderwijs"[304] nicht die Erstattung des Krankengeldes erlangen könne, das er der Klägerin während ihrer durch die Schwangerschaft verursachten Fehlzeiten zahlen müsste, dass er aber dennoch gezwungen wäre, einen Vertreter einzustellen. Diese Situation sei darauf zurückzuführen, dass in den Versicherungsbedingungen die Schwangerschaft der Krankheit gleichgestellt werde.

210 Der EuGH sah in der Weigerung des Arbeitgebers einen Verstoß gegen Art. 2 Abs. 1 und Art. 3 Abs. 1 RL Gleichb und führte hierzu aus, dass die **Verweigerung einer Einstellung wegen Schwangerschaft** nur Frauen gegenüber in Betracht komme und daher eine unmittelbare Diskriminierung auf Grund des Geschlechts darstelle. Eine Verweigerung der Einstellung auf Grund der finanziellen Auswirkungen der Fehlzeiten wegen Schwangerschaft sei als eine Weigerung anzusehen, die im Wesentlichen ihren Grund in der Schwangerschaft als solcher habe. Eine solche Diskriminierung könne auch nicht mit den finanziellen Nachteilen gerechtfertigt werden, die der Arbeitgeber im Fall der Einstellung einer schwangeren Frau während ihres Mutterschaftsurlaubs erleiden würde.[305] Für die Beurteilung der Frage mache es auch keinen Unterschied, dass sich kein Mann um die freie Stellung beworben habe.[306] Der EuGH nahm schließlich auch zu der Vorlagefrage Stellung, ob die Art. 2, 3 der Gleichbehandlungsrichtlinie für einen Schadensersatzanspruch wegen Verletzung des Grundsatzes der Gleichbehandlung voraussetzen, dass dem Arbeitgeber ein schuldhaftes Verhalten zur Last fällt. Der EuGH stellte hierzu fest, dass die Richtlinie in Art. 2 Abs. 2 bis 4 Ausnahmen von dem in ihrem Art. 2 Abs. 1 aufgestellten Grundsatz der Gleichbehandlung vorsehe, keineswegs aber die Haftung des Urhebers einer Diskriminierung davon abhängig mache, dass ein Verschulden nachgewiesen werde.[307]

(2) EuGH v. 5. 5. 1994 – Rechtssache Habermann-Beltermann

211 In einem weiteren Vorabentscheidungsverfahren musste sich der EuGH mit der **Nichtigkeit von Arbeitsverträgen wegen eines mutterschutzrechtlichen Beschäftigungsverbots** befassen.[308] Frau Habermann-Beltermann (nachfolgend: Klägerin), eine examinierte Altenpflegerin, hatte sich bei der Arbeiterwohlfahrt (nachfolgend: Beklagte) um die Stelle als Nachtwache in einem Altenheim beworben. Aus familiären Gründen konnte sie ausschließlich im Nachtdienst arbeiten. Die Klägerin wurde am 23. März 1992 mit Wirkung zum 1. April 1992 als Nachtwache eingestellt. Aus einem ärztlichen Attest

---

[304] Stiftung für den Risikofonds für die Sozialvorsorge im Bereich der besonderen Bildungsanstalten. Diese Stiftung entschädigt die ihr angeschlossenen einzelnen Arbeitgeber nach Maßgabe der internen Regelung, wenn Versicherte erkranken. Nach den Versicherungsbedingungen war die Stiftung berechtigt, die Zahlung von Krankengeld ganz oder teilweise abzulehnen, wenn der spätere Versicherungsfall im Zeitpunkt des Abschlusses des Arbeitsverhältnisses bereits vorhersehbar war.

[305] Slg. 1990, S. 3941, 3974.

[306] Slg. 1990, S. 3941, 3973. Welche Bedeutung der Dekker-Entscheidung für die im deutschen Recht umstrittene Frage zukommt, ob der Arbeitgeber berechtigt ist, eine Bewerberin nach einer bestehenden Schwangerschaft zu fragen, wird in Rechtsprechung und Literatur unterschiedlich beantwortet; vgl. zu dieser Problematik BAG AP Nr. 8 zu § 611a BGB; Nr. 36 zu § 123 BGB; *Ackmann*, Anm. zu BAG v. 1. 7. 1993, EWiR § 123 BGB 2/92, S. 953 f.; *Adomeit*, Anm. zu BAG v. 15. 10. 1992, JZ 1993, S. 446 ff.; *Buchner*, FS für Stahlhacke, 1995, S. 83, 88 ff.; *Buschbeck-Bülow*, Anm. zu BAG v. 1. 7. 1993, BB 1993, S. 2087; *Degen*, AiB 1993, S. 503 ff.; *Ehrich*, DB 1993, S. 431 ff.; *Mauer*, Anm. zu EuGH v. 8. 11. 1990, BB 1991, S. 693 f.; *Schatzschneider*, NJW 1993, S. 1115 ff.; *Wank*, Anm. zu BAG AP Nr. 36 zu § 123 BGB; *Wißmann*, DB 1991, S. 650, 651; *Zeller*, BB 1993, S. 2087 f.; *ders.*, BB 1993, S. 219 f.

[307] Slg. 1990, S. 3941, 3975.

[308] Rs. 421/92, Slg. 1992, S. 1657 ff.

vom 29. Mai 1992 ergab sich, dass die Klägerin schwanger war und die Schwangerschaft 12 Tage vor der Unterzeichnung des Arbeitsvertrages begonnen hatte. Mit Schreiben vom 4. Juni 1992 teilte die Beklagte der Klägerin mit, dass der am 23. März 1992 geschlossene Arbeitsvertrag wegen § 8 Abs. 1 des Mutterschutzgesetzes[309] nichtig sei. Das mit der Rechtssache befasste Arbeitsgericht des Ausgangsrechtsstreits legte dem EuGH die Frage vor, ob es mit der Gleichbehandlungsrichtlinie vereinbar ist, den zwischen einem Arbeitgeber und einer schwangeren Arbeitnehmerin geschlossenen Arbeitsvertrag wegen Verstoßes gegen das während der Schwangerschaft zum Schutz der schwangeren Arbeitnehmerin bestehende Beschäftigungsverbot während der Nacht als nichtig anzusehen. Des Weiteren wollte das vorlegende Arbeitsgericht wissen, ob die Gleichbehandlungsrichtlinie es verbiete, dass ein Arbeitgeber bei der vorgegebenen Fallgestaltung auf Grund seines Irrtums über das Bestehen einer Schwangerschaft bei Vertragsabschluss den Arbeitsvertrag wegen Irrtums über eine verkehrswesentliche Eigenschaft der Person nach Art. 119 Abs. 2 BGB anficht.

Der EuGH entschied, dass die Nichtigerklärung oder Anfechtung eines Arbeitsvertrags in einem Fall wie dem des Ausgangsverfahrens eine unmittelbare Diskriminierung auf Grund des Geschlechts i.S. der Gleichbehandlungsrichtlinie darstelle. Die Nichtigerklärung oder Anfechtung erfolge nämlich allein wegen der Schwangerschaft und betreffe daher ausschließlich Frauen.[310] Der EuGH hebt sodann hervor, dass, im Unterschied zur Rechtssache Dekker, die Ungleichbehandlung im vorliegenden Fall nicht unmittelbar auf der Schwangerschaft der Arbeitnehmerin beruhe, sondern sich aus dem gesetzlichen Nachtarbeitsverbot ergebe, das an die Schwangerschaft anknüpfe. Das gesetzliche Nachtarbeitsverbot für Schwangere könne jedoch den Verstoß gegen die Gleichbehandlungsrichtlinie nicht rechtfertigen. Art. 2 Abs. 3 RL Gleichb ermögliche zwar ausdrücklich, solche Schutzvorschriften zugunsten schwangerer Arbeitnehmerinnen zu erlassen. Zu beachten sei aber, dass es im vorliegenden Fall um einen Vertrag auf unbestimmte Zeit gehe und das Nachtarbeitsverbot für Schwangere daher nur für eine gegenüber der Gesamtdauer des Vertrages beschränkte Zeit wirke.[311] Es würde daher dem mit Art. 2 Abs. 3 der Gleichbehandlungsrichtlinie verfolgten Zweck zuwiderlaufen und dieser Bestimmung ihre praktische Bedeutung nehmen, wenn man es zuließe, dass der Vertrag wegen der zeitweiligen Verhinderung der schwangeren Arbeitnehmerin, die Nachtarbeit zu verrichten, für die sie eingestellt wurde, für nichtig erklärt oder angefochten werden könnte.[312] 212

(3) EuGH v. 22. 4. 1997 – Rechtssache Draempaehl

In der Entscheidung des EuGH vom 22. 4. 1997[313] in der Rechtssache Draempaehl ging es um die Frage, ob die §§ 611a Abs. 2 BGB, 61b Abs. 2 ArbGG in der Fassung des am 1. September 1994 in Kraft getretenen Gesetzes zur Durchsetzung der Gleichberechtigung von Frauen und Männern (2. Gleichberechtigungsgesetz – 2. GleiBG) vom 14. Juni 1994[314] mit der Gleichbehandlungsrichtlinie vereinbar sind. 213

Dem Ausgangsrechtsstreit lag folgender Sachverhalt zugrunde: Herr Draehmpaehl (nachfolgend: Kläger) hatte sich mit Schreiben vom 17. November 1994 auf eine Stellenanzeige der Firma Urania (nachfolgend: Beklagte) beworben, in der es u. a. hieß: „Für 214

---

[309] Nach § 8 Abs. 1 Satz 1 MuSchG dürfen werdende und stillende Mütter nicht mit Mehrarbeit, nicht in der Nacht zwischen 20 Uhr und 6 Uhr und nicht an Sonn- und Feiertagen beschäftigt werden.
[310] Slg. 1994, S. 1657, 1675.
[311] Slg. 1994, S. 1657, 1676.
[312] Slg. 1994, S. 1657, 1676f.; vgl. auch Rs. C 207/98 (Mahlburg), Slg. 2000, S. 549 m. Anm. *Nicolai,* SAE 2001, S. 79 = NZA 2000, S. 255 = NJW 2000, S. 1019.
[313] Rs. 180/95, Slg. 1997, S. 2195 = AP § 611 BGB Nr. 13; s. zu diesem Urteil u. a. *Abele,* NZA 1997, S. 641; *Busche,* EAS RL 76/207/EWG, Art. 6, Nr. 4, S. 20; *Hergenröder,* JZ 1997, S. 1172; *Oetker,* ZIP 1997, S. 798; *Schlachter,* Anm. zu § 611 BGB Nr. 13; *Worzalla,* NJW 1997, S. 1809.
[314] BGBl. I S. 1406.

unseren Vertrieb suchen wir eine versierte Assistentin der Vertriebsleitung …". Die Beklagte beantwortete die Bewerbung des Klägers nicht und sandte ihm auch seine Bewerbungsunterlagen nicht zurück.

215 Unter Berufung darauf, dass er für diese Stelle bestqualifizierter Bewerber gewesen und bei der Einstellung auf Grund des Geschlechts diskriminiert worden sei, erhob der Kläger beim Arbeitsgericht Hamburg Klage auf Schadensersatz in Höhe von dreieinhalb Monatsgehältern.

216 Zugleich verlangte ein weiterer männlicher Mitbewerber in einem Parallelverfahren vor einer anderen Kammer des Arbeitsgerichts wegen eines vergleichbaren Sachverhalts ebenfalls Schadensersatz von der Beklagten.

217 § 611a Abs. 2 Satz 1 BGB in der Fassung des 2. GleibG lautete:

„Hat der Arbeitgeber bei der Begründung eines Arbeitsverhältnisses einen Verstoß gegen das Benachteiligungsverbot des Absatzes 1 zu vertreten, so kann der hierdurch benachteiligte Bewerber eine angemessene Entschädigung in Geld in Höhe von höchstens drei Monatsverdiensten verlangen."

218 Die Regelung des § 611a Abs. 2 Satz 1 in der Fassung des 2. GleichbG wurde durch die sog. Reduktionsklausel in § 61b Abs. 2 Satz 1 ArbGG in der Fassung des 2. GleichbG ergänzt, in der er hieß:

„Machen mehrere Bewerber wegen Benachteiligung bei der Begründung eines Arbeitsverhältnisses eine Entschädigung nach § 611a Abs. 2 des Bürgerlichen Gesetzbuches gerichtlich geltend, so ist auf Antrag des Arbeitgebers die Summe dieser Entschädigungen auf sechs Monatsverdienste, oder, wenn vom Arbeitgeber ein einheitliches Auswahlverfahren mit dem Ziel mehrerer Arbeitsverhältnisse durchgeführt worden ist, auf zwölf Monate zu begrenzen."

219 Das mit dem Ausgangsrechtsstreit befasste Arbeitsgericht war der Ansicht, dass der Kläger des Ausgangsverfahrens von der Beklagten auf Grund seines Geschlechts diskriminiert worden sei und zog daraus den Schluss, dass die Beklagte grundsätzlich verpflichtet sei, den Kläger des Ausgangsverfahrens zu entschädigen. Da es jedoch der Auffassung war, dass der Ausgang des Rechtsstreits von der Auslegung der Gleichbehandlungsrichtlinie abhänge, hat es das Verfahren ausgesetzt und wollte vom EuGH vor allem zwei Fragen beantwortet haben. Zum einen wollte das vorlegende Arbeitsgericht wissen, ob es mit Art. 2 Abs. 1 und 3 RL Gleichb vereinbar sei, dass das nationale Recht einer von geschlechtsbezogener Diskriminierung betroffenen Person einen Anspruch auf Schadensersatz nur bei Verschulden des Urhebers der Diskriminierung zubilligt. Ferner wollte das Arbeitsgericht wissen, ob die in einer nationalen Rechtsnorm enthaltene Haftungsobergrenze für Diskriminierungen auf Grund des Geschlechts im Einklang mit der Gleichbehandlungsrichtlinie steht.

220 Zur Frage des **Verschuldenserfordernisses** verwies der EuGH im Wesentlichen auf sein Urteil vom 8. November 1990 in der Rechtssache Dekker,[315] in dem er bereits dargelegt hatte, dass die Gleichbehandlungsrichtlinie die Haftung des Urhebers einer Diskriminierung keineswegs vom Nachweis eines Verschuldens oder vom Fehlen eines Rechtfertigungsgrundes abhängig macht. Entscheide sich ein Mitgliedstaat für eine Sanktion, die sich in den Rahmen einer Regelung über die zivilrechtliche Haftung des Arbeitgebers einfügt, so reiche der Verstoß gegen das Diskriminierungsverbot für sich genommen aus, um die volle Haftung seines Urhebers auszulösen, ohne dass die im nationalen Recht vorgesehenen Rechtfertigungsgründe berücksichtigt werden könnten. Daher stehe die Gleichbehandlungsrichtlinie einer innerstaatlichen gesetzlichen Regelung entgegen, die wie § 611a Abs. 1 und 2 BGB für einen Anspruch auf Schadensersatz wegen Diskriminierung auf Grund des Geschlechts bei der Einstellung die Voraussetzung des Verschuldens aufstelle.

221 Zur Vereinbarkeit einer **Haftungsobergrenze** im Falle einer Diskriminierung wegen des Geschlechts führt der EuGH aus, dass die Gleichbehandlungsrichtlinie den Mitglied-

---

[315] Rs. 177/88, Slg. 1990, S. 3941.

staaten zwar keine bestimmte Sanktion vorschreibe. Sodann verweist er aber auf seine Entscheidung in der Rechtssache von Colson und Kammann,[316] in der er bereits festgestellt habe, dass Art. 6 RL Gleichb von den Mitgliedstaaten verlange, Maßnahmen zu ergreifen, die hinreichend wirksam sind, um das Ziel der Richtlinie zu erreichen; zudem müssten die Maßnahmen so ausgerichtet sein, dass sich die Betroffenen vor den nationalen Gerichten tatsächlich auf diese Maßnahmen berufen könnten. Im Übrigen hätten die Mitgliedstaaten bei der Wahl der Lösung, die das Ziel der Richtlinie verwirklichen solle, darauf zu achten, dass Verstöße gegen das Gemeinschaftsrecht nach ähnlichen sachlichen und verfahrensrechtlichen Regeln geahndet werden wie nach Art und Schwere gleichartiger Verstöße gegen das nationale Recht. Daraus folge, dass innerstaatliche gesetzliche Bestimmungen, die für einen Anspruch auf Schadensersatz wegen Diskriminierung auf Grund des Geschlechts bei der Einstellung im Gegensatz zu sonstigen innerstaatlichen zivil- und arbeitsrechtlichen Regelungen eine Höchstgrenze von drei Monatsgehältern vorgeben, diese Voraussetzungen nicht erfüllen. Der EuGH stellt sodann eine differenzierende Betrachtungsweise an und unterscheidet danach, ob der Bewerber auch bei einer diskriminierungsfreien Auswahl eingestellt oder nicht eingestellt worden wäre. Im letzteren Fall könne eine Schadenspauschalierung bis zur Höhe von drei Monatsgehältern mit Art. 6 RL Gleichb im Einklang stehen. In den Fällen, in denen der Bewerber die ausgeschriebene Stelle bei diskriminierungsfreier Auswahl erhalten hätte, komme eine derartige Schadenspauschalierung dagegen nicht in Betracht. Es sei dann vielmehr Sache des Tatrichters, den Diskriminierungsschaden konkret festzustellen.

Im weiteren nimmt der EuGH zu der Vereinbarkeit der Reduktionsklausel des § 61b Abs. 2 ArbGG mit dem Gemeinschaftsrecht Stellung und verwirft diese mit der Begründung, dass eine derartige Bestimmung dazu führen könne, dass geringere Entschädigungen als drei Monatsgehälter gewährt und die geschädigten Bewerber von der Geltendmachung ihrer Rechte abgehalten werden könnten. **222**

(4) EuGH v. 7. 12. 2000 – Rechtssache Schnorbus

In der Entscheidung des EuGH in der Rechtssache Schnorbus ging es um die Aufnahme in den juristischen Vorbereitungsdienst. Nach § 24 Abs. 3 des Hessischen Juristenausbildungsgesetzes i.V. mit § 14 der Hessischen Juristenausbildungsordnung von 1994 wurde bei der Bestimmung des Zeitpunktes für die Aufnahme des juristischen Vorbereitungsdienstes die Ableistung des Wehrdienstes und des Ersatzdienstes zugunsten von Antragstellern berücksichtigt. Der EuGH sah darin keine unerlaubte mittelbare Diskriminierung. Vielmehr sollten die Vorschriften der Verzögerung in der Ausbildung von Bewerbern Rechnung tragen, die einer Wehrpflicht oder Ersatzdienstpflicht unterliegen, und nur zum Ausgleich der Auswirkungen dieser Verzögerung beitragen. **223**

bb) Arbeitsbedingungen
(1) EuGH v. 16. 2. 1982 – Rechtssache Burton

Nach Art. 5 Abs. 1 RL Gleichb zählt auch die **Entlassung** zu den Arbeitsbedingungen i.S. der Richtlinie. Um die Auslegung dieses Begriffs ging es in der Rechtssache Burton.[317] Der EuGH hatte darüber zu entscheiden, ob die Voraussetzung, dass ein männlicher Arbeitnehmer das 60. Lebensjahr erreicht haben muss, um eine die gesetzliche Rente ergänzende Abfindung bei freiwilligem Ausscheiden erhalten zu können, während ein weiblicher Arbeitnehmer sie mit dem 55. Lebensjahr erhalten kann, eine durch die Gleichbehandlungsrichtlinie verbotene Diskriminierung darstellt. Der EuGH hob zunächst hervor, dass das Wort „Entlassung" i.S. des Art. 5 Abs. 1 RL Gleichb weit auszulegen sei und die Beendigung des Beschäftigungsverhältnisses zwischen dem Arbeitnehmer und seinem Arbeitge- **224**

---

[316] Rs. 14/83; Slg. 1984, S. 1891. Zur mehrfachen Änderung des § 611a BGB aufgrund der EuGH-Rechtsprechung s. *Westenberger*, Entschädigungs- und Beweislastregelungen.
[317] EuGH, Rs. 19/81, Slg. 1982, S. 555 ff.

ber einschließe, und zwar auch dann, wenn sie auf Grund einer Regelung über ein freiwilliges Ausscheiden erfolge.[318] Gleichwohl verneinte der EuGH einen Verstoß gegen die Gleichbehandlungsrichtlinie, da die in Frage stehende Bestimmung mit dem System der Altersversorgung im Rahmen der Sozialversicherung des Vereinigten Königreichs verknüpft sei. Art. 7 Abs. 1 Buchst. a der Richtlinie 79/7/EWG des Rates vom 19. 12. 1978 zur schrittweisen Verwirklichung des Grundsatzes der Gleichbehandlung von Männern und Frauen im Bereich der sozialen Sicherheit[319] sehe aber vor, dass die Richtlinie der Befugnis der Mitgliedstaaten nicht entgegensteht, die **Festsetzung des Rentenalters** für die Gewährung der Altersrente oder Ruhestandsrente und etwaige Auswirkungen daraus auf andere Leistungen von ihrem Anwendungsbereich auszuschließen.[320]

(2) EuGH v. 26. 2. 1986 – Rechtssache Marshall I

225   In der aus Großbritannien stammenden Rechtssache Marshall I[321] ging es um die Zulässigkeit einer **Entlassung wegen Erreichens einer Altersgrenze**. Frau Marshall (nachfolgend: Klägerin) wurde ungefähr vier Wochen nach Vollendung ihres 62. Lebensjahrs von ihrer Arbeitgeberin, einer Behörde (nachfolgend: Beklagte), entlassen, obwohl sie ihren Willen bekundet hatte, ihren Arbeitsplatz bis zum 65. Lebensjahr beizubehalten. Einziger Grund für die Entlassung der Klägerin war, dass die Klägerin eine Frau war, die die von der Beklagten für Frauen vorgesehene „Altersgrenze" überschritten hatte. Als „Altersgrenze" wurde von der Beklagten das Alter zugrunde gelegt, „von dem an die staatlichen Sozialversicherungsrenten ausgezahlt werden". Nach den nationalen rentenrechtlichen Vorschriften konnten Männer vom 65. und Frauen vom 60. Lebensjahr an staatliche Rente beziehen. Eine Verpflichtung, in dem Alter, in dem die staatliche Rente gezahlt wurde, in Rente zu gehen, bestand jedoch nicht. In Einzelfällen war die Arbeitgeberin bereit, von ihrer Entlassungspolitik nach billigem Ermessen abzuweichen. Im Falle der Klägerin wich die Arbeitgeberin tatsächlich insoweit von ihrer Entlassungspolitik ab, als sie die Klägerin noch zwei Jahre nach Vollendung ihres 60. Lebensjahres weiterbeschäftigte. Die Klägerin verklagte die Beklagte und machte geltend, ihre Entlassung zu dem angegebenen Zeitpunkt und aus dem genannten Grund sei eine geschlechtsbedingte Diskriminierung. Das vorlegende nationale Gericht wollte vom EuGH geklärt haben, ob die Entlassung der Klägerin eine durch die Gleichbehandlungsrichtlinie verbotene Diskriminierung darstellt.

226   In seinem Vorabentscheidungsurteil stellte der EuGH klar, dass die in Art. 7 Abs. 1 Buchst. a der Richtlinie 79/7/EWG enthaltene Ausnahme vom Verbot der Diskriminierung auf Grund des Geschlechts eng auszulegen sei und deshalb nur für die Festsetzung des Rentenalters für die Gewährung der Altersrente oder Ruhestandsrente und etwaige Auswirkungen daraus auf anderen Leistungen der sozialen Sicherheit gelte. Eine allgemeine Entlassungspolitik, wonach eine Frau nur aus dem Grund entlassen wird, weil sie das Alter erreicht oder überschritten hat, in dem sie Anspruch auf eine staatliche Rente erwirbt und das nach den nationalen Rechtsvorschriften für Männer und Frauen unterschiedlich ist, stelle eine durch die Gleichbehandlungsrichtlinie verbotene Diskriminierung auf Grund des Geschlechts dar.[322]

(3) EuGH v. 8. 11. 1990 – Rechtssache Hertz

227   Mit seinem Urteil in der Rechtssache Hertz[323] hatte der EuGH darüber zu befinden, ob **Entlassungen infolge von Fehlzeiten wegen einer durch Schwangerschaft oder**

---

[318] Rs. 19/81, Slg. 1982, S. 555, 576.
[319] ABl. L 6, S. 24.
[320] Slg. 1982, S. 555, 576.
[321] EuGH, Rs. 152/84, Slg. 1986, S. 723 ff.
[322] Slg. 1986, S. 723, 746; bestätigt durch EuGH (Beets-Proper), Rs. 262/84, Slg. 1986, S. 773, 792.
[323] EuGH, Rs. 179/88, Slg. 1990, S. 3979 ff.

Entbindung verursachten Krankheit gegen die Gleichbehandlungsrichtlinie verstoßen. Diese Frage stellte sich in einem Rechtsstreit zwischen Frau Hertz (nachfolgend: Klägerin), einer teilzeitbeschäftigten Kassiererin und Verkäuferin, und ihrem früheren Arbeitgeber. Die Klägerin brachte im Juni 1983 nach einer komplizierten Schwangerschaft, während der sie die meiste Zeit über krank gemeldet war, ein Kind zur Welt. Nach Ablauf ihres Mutterschaftsurlaubs nahm die Klägerin Ende 1983 ihre Arbeit wieder auf.[324] Von Juni 1984 bis Juni 1985 war die Klägerin erneut an 100 Arbeitstagen krankgemeldet. Unstrittig war die Krankheit der Klägerin eine Folge ihrer Schwangerschaft. Der Arbeitgeber kündigte das Arbeitsverhältnis mit der Klägerin unter Einhaltung der gesetzlichen Kündigungsfrist. Er begründete die Kündigung mit den Fehlzeiten der Klägerin und damit, dass es der normalen Praxis entspreche, Mitarbeiter, die oft wegen Krankheit fehlten, zu entlassen. Das mit dem Ausgangsrechtsstreit befasste Gericht legte dem EuGH die Frage vor, ob Art. 5 Abs. 1 i.V.m. Art. 2 Abs. 1 RL Gleichb eine Entlassung auf Grund von Fehlzeiten infolge einer durch Schwangerschaft verursachten Krankheit erfasse. Der EuGH verneinte die Frage. Die Gleichbehandlungsrichtlinie lasse zwar nationale Vorschriften zu, die den Frauen besondere Rechte wegen Schwangerschaft und Mutterschaft, wie zum Beispiel einen Anspruch auf Mutterschaftsurlaub, sichern. Daraus folge, dass die Frau während dieses ihr nach nationalem Recht zustehenden Urlaubs dagegen gesichert sei, auf Grund ihres Fernbleibens von der Arbeit entlassen zu werden. Es sei jedoch Sache des Mitgliedstaats, die Dauer des Mutterschaftsurlaubs so zu bemessen, dass die Arbeitnehmerinnen in der Zeit, in der mit der Schwangerschaft und der Entbindung zusammenhängende Gesundheitsstörungen auftreten, der Arbeit fernbleiben dürfen. Bei Krankheiten, die erst nach dem Mutterschaftsurlaub auftreten, bestehe kein Anlass, zwischen durch Schwangerschaft oder Entbindung verursachten Krankheiten oder anderen Krankheiten zu unterscheiden. Solche pathologischen Zustände fielen unter die allgemeine Regelung für Krankheitsfälle. Männliche und weibliche Arbeitnehmer seien nämlich in gleichem Maße dem Krankheitsrisiko ausgesetzt. Wenn auch bestimmte pathologische Gesundheitsstörungen spezifisch für das eine oder das andere Geschlecht seien, komme es lediglich darauf an, ob eine Frau unter den gleichen Voraussetzungen wie ein Mann auf Grund von Fehlzeiten wegen Krankheit entlassen werde; sei dies der Fall, liege weder eine unmittelbare noch eine mittelbare Diskriminierung auf Grund des Geschlechts vor.[325]

(4) EuGH v. 25. 7. 1991 – Rechtssache Stoeckel

In der aus Frankreich stammenden Rechtssache Stoeckel[326] hatte das vorlegende französische Strafgericht dem EuGH die Frage vorgelegt, ob Art. 5 RL Gleichb hinreichend bestimmt sei, um einen Mitgliedstaat zu verpflichten, das **Verbot der Nachtarbeit von Frauen** nicht als gesetzlichen Grundsatz, wie er in Artikel L 213–1 des französischen Code du travail[327] enthalten ist, aufzustellen.

Der EuGH entschied, dass das in Frage stehende Nachtarbeitsverbot für Frauen gegen Art. 5 RL Gleichb verstößt. Die von der französischen und der italienischen Regierung vorgetragene Begründung, das Nachtarbeitsverbot diene dem allgemeinen Ziel, die weiblichen Arbeitskräfte zu schützen, und folge aus besonderen sozialen Erwägungen, die z.B. mit der höheren Arbeitsbelastung von Frauen innerhalb der Familie zusammenhingen, reichten dem EuGH zur Rechtfertigung nicht aus. Er führte dazu aus, dass – außer in

---

[324] Nach dem anwendbaren dänischen Gesetz umfasst der Mutterschaftsurlaub 24 Wochen ab der Entbindung.
[325] Slg. 1990, S. 3979, 3998 f. S. auch EuGH 30. 6. 1998 Rs. 394/96 (Mary Brown), AP Nr. 16 zu EWG-Richtlinie Nr. 76/207.
[326] Rs. 345/89, Slg. 1991, S. 4062 ff.
[327] Art. L 213-1 des Code du travail bestimmte: „Frauen dürfen in öffentlichen oder privaten, nichtkirchlichen oder kirchlichen Fabriken, Manufakturen ... nicht in Nachtarbeit beschäftigt werden." In Absatz 2 und 3 waren eine Reihe von Ausnahmen vorgesehen. Die Nichtbeachtung dieser Vorschriften wurde mit Geldbußen geahndet.

Fällen der Schwangerschaft und Mutterschaft – die Gefahren, denen Frauen durch Nachtarbeit ausgesetzt sind, ihrem Wesen nach die gleichen seien, denen auch Männer ausgesetzt sind. Der Gefahr von nächtlichen Überfällen könne durch geeignete Maßnahmen begegnet werden, ohne den wesentlichen Grundsatz der Gleichbehandlung von Männern und Frauen zu beeinträchtigen. Es sei zudem nicht Gegenstand der Richtlinie, die internen Verhältnisse der Familie zu regeln oder die Aufgabenteilung zwischen den Eltern zu ändern. Auch die zahlreichen Ausnahmen vom Nachtarbeitsverbot für Frauen genügten nicht, um die Verwirklichung der Richtlinienziele sicherzustellen, zumal die Ausnahmeregelungen selbst eine Quelle von Diskriminierungen sein könnten.[328]

(5) EuGH v. 2. 8. 1993 – Rechtssache Marshall II

230 Über die Zulässigkeit der **Obergrenze für einen Schadensersatzanspruch** wegen Diskriminierung musste der EuGH in der Rechtssache Marshall II[329] entscheiden.

231 Frau Marshall (nachfolgend: Klägerin) war von ihrer Arbeitgeberin, einer Behörde (nachfolgend: Beklagte) unter Verletzung des Diskriminierungsverbots der Gleichbehandlungsrichtlinie entlassen worden. Die Klägerin verlangte von der Beklagten Ersatz des Schadens, den sie auf Grund ihrer Entlassung durch die Beklagte erlitten hatte. Nach dem einschlägigen Sex Discrimination Act 1975 war für die Entschädigung eine Obergrenze von (damals) 6250 UK£ vorgesehen. Das mit der Rechtssache im Rechtsmittelverfahren befasste House of Lords legte dem EuGH die Frage vor, ob es gegen die Gleichbehandlungsrichtlinie verstößt, wenn ein Mitgliedstaat für Entschädigungszahlungen wegen Diskriminierung eine Obergrenze von 6250 UK£ festsetzt. Ferner wollte das vorlegende House of Lords wissen, ob sich eine durch eine diskriminierende Entlassung beschwerte Person gegenüber ihrem Arbeitgeber auf Art. 6 RL Gleichb berufen könne, um sich der Anwendung nationaler Rechtsvorschriften zu widersetzen, mit denen Obergrenzen für den Betrag festgelegt werden, der als Entschädigung gewährt werden kann.

232 Unter Berufung auf sein Urteil in der Rechtssache Colson und Kamann[330] wiederholte der EuGH, dass Art. 6 der RL Gleichb zwar keine bestimmte Maßnahme im Fall einer Verletzung des Diskriminierungsverbots vorsehe, sondern es den Mitgliedstaaten überlasse, die geeignetste Lösung zur Verwirklichung des Ziels der Richtlinie zu wählen. Deren Ziel sei jedoch die Schaffung tatsächlicher Chancengleichheit. Sie würde nicht erreicht, wenn Maßnahmen fehlten, durch die diese Gleichheit wiederhergestellt werden könne, falls sie nicht gewahrt sei. Diese Maßnahmen müssten einen tatsächlichen und wirksamen Rechtsschutz gewährleisten und eine wirklich abschreckende Wirkung gegenüber dem Arbeitgeber haben. Im Falle einer diskriminierenden Entlassung könne jedoch die Gleichheit ohne Wiedereinstellung der diskriminierten Person oder aber finanzielle Wiedergutmachung des ihr entstandenen Schadens nicht wiederhergestellt werden. Werde als Maßnahme die finanzielle Wiedergutmachung gewählt, so müsse diese angemessen in dem Sinne sein, dass sie erlaube, die durch die diskriminierende Entlassung tatsächlich entstandenen Schäden gemäß den anwendbaren staatlichen Regeln in vollem Umfang auszugleichen. Die Festlegung einer Obergrenze der im Ausgangsverfahren streitigen Art könne keine ordnungsgemäße Durchführung von Art. 6 der Gleichbehandlungsrichtlinie darstellen, da sie den Entschädigungsbetrag von vornherein auf einem Niveau festsetze, das nicht notwendig dem Erfordernis entspricht, durch eine angemessene Wiedergutmachung des durch die diskriminierende Entlassung entstandenen Schadens tatsächliche Chancengleichheit zu gewährleisten.

233 Hinsichtlich der Frage, ob sich eine diskriminierte Person unmittelbar auf die Gleichbehandlungsrichtlinie berufen könne, stellte der EuGH fest, dass Art. 6 i. V. m. Art. 5 der Richtlinie zugunsten einer durch eine diskriminierende Entlassung beschwerten Person

---

[328] Slg. 1991, S. 4047, 4066 f.
[329] Rs. 271/91, Slg. 1993, S. 4367.
[330] Rs. 14/83, Slg. 1984, S. 1891 ff.

II. Die Gleichbehandlungsrichtlinie 76/207/EWG 234–236 § 16

Rechte entstehen lässt, die diese vor den staatlichen Gerichten gegenüber dem Staat und seinen Behörden geltend machen könne. Der Umstand, dass die Mitgliedstaaten nach Maßgabe der denkbaren Sachverhalte zwischen verschiedenen Lösungen zur Erreichung des mit der Richtlinie verfolgten Ziels wählen könnten, habe nicht zur Folge, dass der Einzelne gehindert wäre, sich in einer Situation wie der des Ausgangsverfahrens, in der die staatlichen Behörden keinerlei Beurteilungsspielraum bei der Durchführung der gewählten Lösung haben, auf Art. 6 der Gleichbehandlungsrichtlinie zu berufen.

(6) EuGH v. 30. 11. 1993 – Rechtssache Kirsammer-Hack

Gegenstand des Vorabentscheidungsersuchens in der Rechtssache Kirsammer-Hack[331] war u. a. die Frage, ob die aus § 23 Abs. 1 Satz 2 KSchG folgende Herausnahme sog. **Kleinbetriebe** mit fünf oder weniger Arbeitnehmern aus dem **Kündigungsschutz** eine gegen die Gleichbehandlungsrichtlinie verstoßende mittelbare Diskriminierung darstellt. Das vorlegende Gericht sah eine geschlechtsspezifische Benachteiligung darin, dass § 23 Abs. 1 Satz 3 KSchG solche Teilzeitbeschäftigten bei der Berechnung der Zahl der beschäftigten Arbeitnehmer nach § 23 Abs. 1 Satz 2 KSchG nicht berücksichtigt, die wöchentlich nicht mehr als 10 Stunden oder monatlich nicht mehr als 45 Stunden beschäftigt sind. Da sich diese Arbeitnehmergruppe zu fast 90% aus Frauen zusammensetze, würden sie vom Kündigungsschutz ausgeschlossen und damit mittelbar diskriminiert. 234

Zutreffend kam der EuGH zu dem Ergebnis, dass es schon am Tatbestand der mittelbaren Diskriminierung fehle. Der bloße Umstand, dass die in § 23 Abs. 1 Satz 3 KSchG genannten teilzeitbeschäftigten Arbeitnehmer bei der Entscheidung, ob der Betrieb unter das Kündigungsschutzgesetz falle, nicht berücksichtigt werden, habe keine Benachteiligung dieser Arbeitnehmer zur Folge. § 23 Abs. 1 KSchG führe nämlich nicht zu einer Differenzierung zwischen Teilzeitbeschäftigten einerseits und den übrigen Beschäftigten andererseits, sondern zu einer Differenzierung zwischen denjenigen Arbeitnehmern, die in von der Kündigungsschutzregelung befreiten Kleinbetrieben beschäftigt sind, und denjenigen, die in Betrieben beschäftigt sind, die dem Kündigungsschutz unterfallen, weil sie eine größere Zahl von Arbeitnehmern beschäftigen. Die Herausnahme aus der Kündigungsschutzregelung betreffe daher nicht besonders die teilzeitbeschäftigten Arbeitnehmer, sondern, unabhängig von ihrer Arbeitszeit, sowohl Vollzeit- als auch Teilzeitbeschäftigte. So kämen Arbeitnehmer in Kleinbetrieben nicht in den Genuss des Kündigungsschutzes, obwohl sie nicht teilzeitbeschäftigt sind. Umgekehrt fielen teilzeitbeschäftigte Arbeitnehmer unter den Kündigungsschutz, wenn sie in Betrieben beschäftigt sind, die mehr als 5 Arbeitnehmer i. S. des § 23 Abs. 1 KSchG beschäftigen. Somit lasse sich aus dem Frauenanteil unter den teilzeitbeschäftigten Arbeitnehmern in Deutschland nicht folgern, dass die in Rede stehende Bestimmung eine gegen Art. 2 Abs. 1 und Art. 5 Abs. 1 RL Gleichb verstoßende mittelbare Diskriminierung weiblicher Arbeitnehmer enthalte. Eine solche Diskriminierung läge nur dann vor, wenn erwiesen wäre, dass die Kleinbetriebe einen erheblich höheren Prozentsatz an Frauen als Männer beschäftigten. Ein derartiges Missverhältnis sei aber nicht belegt.[332] 235

(7) EuGH v. 14. 7. 1994 – Rechtssache Webb

In dem aus Großbritannien stammenden Rechtsstreit Webb[333] wollte das vorlegende Gericht im Rahmen eines Vorabentscheidungsverfahrens gem. Art. 177 EGV a. F. (Art. 234 EGV n. F.) geklärt wissen, ob der Grundsatz der Gleichbehandlung von Männern und Frauen, wie er in der Gleichbehandlungsrichtlinie festgelegt ist, der **Entlassung einer schwangeren Frau** entgegensteht, die auf unbestimmte Zeit, aber zu dem beson- 236

---

[331] Rs. 189/91, Slg. 1993, S. 6185.
[332] Der EuGH untermauerte sein Urteil schließlich noch damit, dass selbst wenn ein solches Missverhältnis nachgewiesen wäre, die beanstandete Regelung gleichwohl durch objektive Faktoren gerechtfertigt wäre, die nichts mit einer Diskriminierung auf Grund des Geschlechts zu tun hätten.
[333] EuGH, Rs. 32/93, Slg. 1994, S. 3657 ff.

deren Zweck eingestellt wurde, demnächst eine andere Arbeitnehmerin während deren Mutterschaftsurlaub zu vertreten und die diese Vertretung nicht gewährleisten kann, weil sie zum Zeitpunkt der Arbeitsaufnahme selbst schwanger war, was ihr aber erst zwei Wochen nach Aufnahme ihrer Tätigkeit bekannt wurde.

237 Der EuGH bejahte die Vorlagefrage. In seinen Entscheidungsgründen verwies er zunächst auf seine bisherige Rechtsprechung, wonach die Entlassung einer Arbeitnehmerin wegen ihrer Schwangerschaft eine unmittelbare Diskriminierung auf Grund des Geschlechts darstellt. Sodann führte er weiter aus, dass die unmittelbare Diskriminierung im vorliegenden Falle auch nicht deshalb entfalle, weil zunächst eine andere Arbeitnehmerin während ihres Mutterschaftsurlaubs vertreten werden sollte. Die Verfügbarkeit des Arbeitnehmers sei für den Arbeitgeber zwangsläufig eine wesentliche Voraussetzung für die ordnungsgemäße Erfüllung des Arbeitsvertrages. Jedoch könne der vom Gemeinschaftsrecht gewährleistete Schutz für die Frau während der Schwangerschaft und nach der Entbindung nicht davon abhängen, ob die Anwesenheit der Betroffenen in dem ihrer Mutterschaft entsprechenden Zeitraum für das ordnungsgemäße Funktionieren des Unternehmens unerlässlich sei. Die gegenteilige Wirkung würde den Bestimmungen der Richtlinie ihre praktische Wirksamkeit nehmen. Der Zustand der Schwangerschaft dürfe auch nicht mit einem krankhaften Zustand und erst recht nicht mit mangelnder Verfügbarkeit aus nichtmedizinischen Gründen verglichen werden. Zusätzlich verwies der EuGH in seinem Urteil auf Art. 10 der Richtlinie 92/85/EWG des Rates vom 19. Oktober 1992 über die Durchführung von Maßnahmen zur Verbesserung der Sicherheit und des Gesundheitsschutzes von schwangeren Arbeitnehmerinnen, Wöchnerinnen und stillenden Arbeitnehmerinnen am Arbeitsplatz,[334] worin der Gemeinschaftsgesetzgeber das Verbot der Kündigung während der Zeit vom Beginn der Schwangerschaft bis zum Ende des Mutterschaftsurlaubs verfügt hat.

238 Soweit die **Nichtverlängerung eines befristeten Arbeitsvertrages** ihren Grund in einer Schwangerschaft hat, liegt darin nach Auffassung des EuGH[335] eine unmittelbare Diskriminierung unter Verstoß gegen die Richtlinie 92/85/EWG. Eine unzulässige Entlassung unter Verstoß gegen die Richtlinien 76/207/EWG und 92/85/EWG liegt nach Meinung des EuGH auch dann vor, wenn eine Arbeitnehmerin **durch einen befristeten Arbeitsvertrag eingestellt** wurde und wenn feststeht, „dass sie aufgrund ihrer Schwangerschaft während eines wesentlichen Teils der Vertragszeit nicht würde arbeiten können."[336] Die Entscheidung ist abzulehnen.[337] Der Gleichbehandlungsgrundsatz muss hier teleologisch reduziert werden, da in diesen Fällen der Sinn des Arbeitsvertrages – atypisch – verfehlt wird. Anders zu beurteilen sind demgegenüber die Fälle der Schwangerschaft in der Probezeit.

3. Weitere Verpflichtungen aus der Richtlinie

239 Nach Art. 6 RL Gleichb haben die Mitgliedstaaten die innerstaatlichen Vorschriften zu erlassen, die notwendig sind, damit jedem, der sich wegen Nichtanwendung des Grundsatzes der Gleichbehandlung für beschwert hält, der **Rechtsweg** eröffnet ist. Aus dieser Bestimmung leitete der EuGH die Verpflichtung der Mitgliedstaaten her, Maßnahmen zu ergreifen, die hinreichend wirksam sind, um das Ziel der Richtlinie zu erreichen, und dafür Sorge zu tragen, dass die Betroffenen sich vor den nationalen Gerichten tatsächlich auf diese Maßnahmen berufen können.[338]

---

[334] ABl. L 348, S. 1; näher zu dieser Richtlinie unten § 18 Rn. 364 ff.
[335] EuGH 4. 10. 2001 – Rs. 438/99 – (Maria Luisa Jiménez Melgar), AP Nr. 3 zu EWG-Richtline Nr. 92/85 = NZA 2001, S. 1243 = EuZW 2001, S. 719.
[336] EuGH 4. 10. 2001 – Rs. 109/00 – (Tele Danmark), AP Nr. 27 zu EWG-Richtlinie Nr. 76/207 = NZA 2001, S. 1241 = EuZW 2001, S. 689.
[337] Ebenso Anm. *Thüsing*, DB 2001, S. 2451, 2452.
[338] EuGH (Harz), Rs. 79/83, Slg. 1984, S. 1921, 1940; s. dazu auch Rn. 247 f.

II. Die Gleichbehandlungsrichtlinie 76/207/EWG

Art. 7 RL Gleichb verpflichtet die Mitgliedstaaten, zu gewährleisten, dass Arbeitnehmer vor Entlassungen, die im Zusammenhang mit der innerbetrieblichen oder gerichtlichen Geltendmachung ihrer Rechte auf Gleichbehandlung stehen, geschützt werden.

Ferner sieht Art. 8 RL Gleichb vor, dass die Arbeitnehmer über alle auf die Verwirklichung der Gleichbehandlung gerichteten Vorschriften und Maßnahmen in geeigneter Form zu informieren sind.

Gem. Art. 9 RL Gleich waren die Mitgliedstaaten verpflichtet, die Richtlinie bis spätestens zum 12. August 1978 in nationales Recht umzusetzen.

4. Umsetzung der Gleichbehandlungsrichtlinie in das deutsche Recht

Da das geschlechtsspezifische Diskriminierungsverbot der Gleichbehandlungsrichtlinie im Zeitpunkt ihres In-Kraft-Tretens im bundesdeutschen Arbeitsrecht nur eingeschränkt galt, war der Gesetzgeber aufgerufen, die Gleichbehandlungsrichtlinie in Teilbereichen, insbesondere was die Begründung von Arbeitsverhältnissen betraf, innerstaatlich umzusetzen. Dies geschah in drei Etappen, nämlich durch das „Arbeitsrechtliche EG-Anpassungsgesetz" vom 13. August 1980,[339] das „Zweite Gleichberechtigungsgesetz" vom 24. Juni 1994[340] sowie das Gesetz zur Änderung des Bürgerlichen Gesetzbuchs und des Arbeitsgerichtsgesetzes vom 29. Juni 1998.[341]

a) Das „Arbeitsrechtliche EG-Anpassungsgesetz"

Um das deutsche Arbeitsrecht an die Gleichbehandlungsrichtlinie sowie an die Lohngleichheitsrichtlinie anzupassen, erließ der bundesdeutsche Gesetzgeber das am 21. August 1980 in Kraft getretene sog. „Arbeitsrechtliche EG-Anpassungsgesetz" vom 13. August 1980,[342] mit dem u.a. §§ 611a, 611b und § 612 Abs. 3[343] in das Bürgerliche Gesetzbuch eingefügt wurden.[344]

aa) § 611a BGB

(1) Diskriminierungsverbot

Der in das Bürgerliche Gesetzbuch neu eingefügte § 611a Abs. 1 Satz 1 untersagt es dem Arbeitgeber, bei einer Vereinbarung oder einer Maßnahme, insbesondere bei der Begründung des Arbeitsverhältnisses, beim beruflichen Aufstieg, bei einer Weisung oder einer Kündigung den Arbeitnehmer wegen seines Geschlechts zu benachteiligen.[345] Das

---

[339] Gesetz über die Gleichbehandlung von Männern und Frauen am Arbeitsplatz und über die Erhaltung von Ansprüchen bei Betriebsübergängen, BGBl. I S. 1308.
[340] Gesetz zur Durchsetzung der Gleichberechtigung von Frauen und Männern (2. Gleichberechtigungsgesetz – 2. GleiBG), BGBl. I S. 1406.
[341] BGBl. I S. 1694.
[342] Gesetz über die Gleichbehandlung von Männern und Frauen am Arbeitsplatz und über die Erhaltung von Ansprüchen bei Betriebsübergang, BGBl. I, S. 1308.
[343] Zur Umsetzung der Lohngleichheitsrichtlinie durch § 612 Abs. 3 BGB s. oben Rn. 186 ff.
[344] Zum Gesetzgebungsverfahren vgl. BT-Drucks. 8/3317 und BT-Drucks. 8/4259; weitere durch das „Arbeitsrechtliche EG-Anpassungsgesetz" erfolgte Ergänzungen zum Betriebsübergang beruhen auf der Richtlinie 77/187/EWG des Rates vom 14. 2. 1977 zur Angleichung der Rechtsvorschriften der Mitgliedstaaten über die Wahrung von Ansprüchen der Arbeitnehmer beim Übergang von Unternehmen, Betrieben oder Betriebsteilen, ABl. L 61, S. 26.
[345] Verfassungsrechtliche Bedenken gegen die gesetzliche Regelung der Gleichbehandlung wurden vom Bundesrat erhoben. Er beanstandete, dass die Vertragsfreiheit der Arbeitgeber stärker eingeschränkt werde, als dies sachlich geboten und verfassungsrechtlich wie rechtspolitisch vertretbar sei, s. BT-Drucks. 8/3317, Anlage 2; verfassungsrechtliche Bedenken unter dem Gesichtspunkt des Verhältnismäßigkeitsgrundsatzes wurden auch von *Wiese*, JuS 1990, S. 357, 360 geltend gemacht. Zur Kritik an dieser Argumentation vgl. die Gegenäußerung der Bundesregierung, BT-Drucks. 8/3317, Anl. 3 sowie *Schleicher*, AR-Blattei, D-Blatt, „Gleichbehandlung im Arbeitsverhältnis II", C. III.

geschlechtsspezifische Diskriminierungsverbot richtet sich an alle Arbeitgeber, nicht jedoch an die Tarifvertragsparteien.[346] Es erfasst sowohl unmittelbare als auch mittelbare Diskriminierungen.[347] Zudem ist das Diskriminierungsverbot zwingender Natur, d. h. es kann weder kollektivrechtlich noch individualrechtlich abbedungen werden.[348] § 611a Abs. 1 Satz 2 BGB enthält eine Ausnahmeregelung, die in engen Grenzen auch geschlechtsbezogene Differenzierungen für zulässig erachtet. Danach ist eine unterschiedliche Behandlung wegen des Geschlechts zulässig, soweit eine Vereinbarung oder Maßnahme die Art der vom Arbeitnehmer auszuübenden Tätigkeit zum Gegenstand hat und **ein bestimmtes Geschlecht unverzichtbare Voraussetzung** für diese Tätigkeit ist. Nach § 611a Abs. 1 Satz 3 BGB trägt der Arbeitgeber die Beweislast dafür, dass nicht auf das Geschlecht bezogene, sachliche Gründe eine unterschiedliche Behandlung rechtfertigen oder das Geschlecht unverzichtbare Voraussetzung für die auszuübende Tätigkeit ist, wenn der Arbeitnehmer im Streitfall Tatsachen glaubhaft macht, die eine Benachteiligung wegen des Geschlechts vermuten lassen.[349]

(2) Rechtsfolgen eines Gesetzesverstoßes gem. § 611a Abs. 2 BGB a. F.

246   Für den Fall eines Verstoßes gegen das Diskriminierungsverbot des § 611a BGB gab § 611a Abs. 2 BGB in seiner durch das EG-Anpassungsgesetz vom 13. August 1980 eingefügten Fassung[350] dem wegen seines Geschlechts übergangenen Bewerber oder Arbeitnehmer lediglich einen Anspruch auf Ersatz des Schadens, den der Betroffene dadurch erlitt, dass er darauf vertraute, die Begründung des Arbeitsverhältnisses oder der berufliche Aufstieg werde nicht wegen eines Verstoßes gegen § 611a Abs. 1 BGB unterbleiben.

247   Diese auf den **Ersatz des Vertrauensschadens** beschränkte Regelung wurde wegen ihres nicht hinreichenden Sanktionscharakters schon sehr früh kritisiert.[351] Aufgrund von Vorlagebeschlüssen der Arbeitsgerichte Hamm[352] und Hamburg[353] musste sich der EuGH

---

[346] Vgl. die Begründung zum Gesetzesentwurf, BT-Drucks. 8/3317, S. 6.

[347] Vgl. die Begründung zum Gesetzesentwurf, BT-Drucks. 8/3317, S. 8; zum Begriff der mittelbaren Diskriminierung s. oben Rn. 25.

[348] Vgl. die Begründung zum Gesetzesentwurf, BT-Drucks. 8/3317, S. 8.

[349] Wegen weiterer Einzelheiten zu § 611a Abs. 1 BGB muss auf die einschlägige Literatur verwiesen werden; s. u.a. *Adomeit*, DB 1980, S. 2388 f.; *Eich*, NJW 1980, S. 2329 ff.; *Gamillscheg*, FS für Floretta, 1983, S. 53 ff.; *Hanau*, Gedächtnisschrift für Kahn-Freund, 1980, S. 457 ff.; *Knigge*, BB 1980, S. 1272 ff.; *Lorenz*, DB 1980, S. 1745 ff.; *Pfeiffer*, Gemeinschaftskommentar zum Kündigungsschutzgesetz, 4. Aufl., 1996, § 611a, Rn. 3 ff.; MünchArbR/*Richardi*, I, § 11, Rn. 5 ff.; MK/*Söllner*, § 611a, Rn. 8 ff.; ErfK/*Schlachter*, § 611a BGB, Rn. 23 ff.; *Wank*, Jura 1981, S. 393; *ders.*, RdA 1985, S. 1, 20 f.

[350] Nachfolgend § 611 Abs. 2 BGB a. F.; zur Neufassung des § 611a Abs. 2 BGB durch das „Zweite Gleichberechtigungsgesetz" vom 24. Juni 1994 sowie das Gesetz zur Änderung des Bürgerlichen Gesetzbuchs und des Arbeitsgerichtsgesetzes vom 29. Juni 1998, s. nachfolgend Rn. 252 ff., 262 ff.

[351] *Bertelsmann/Pfarr*, AuR 1982, S. 86, 87; *Hohmann-Dennhardt*, ZRP 1979, S. 241 ff.; *Pfarr*, BlStSozArbR 1980, S. 17, 19; *Slupik*, KritJ 1980, S. 58, 60 ff.

[352] ArbG Hamm vom 6. 12. 1982, DB 1983, S. 1102; in dem zugrundeliegenden Fall hatten sich zwei Sozialarbeiterinnen um eine Einstellung in der Justizvollzugsanstalt Werl, in der nur Männer einsitzen, und in der sie bereits ein sechsmonatiges Praktikum erfolgreich abgeleistet hatten, beworben. Statt der beiden Sozialarbeiterinnen stellte das Land Nordrhein-Westfalen zwei männliche Bewerber ein, die über keinerlei Erfahrungen im Vollzugsdienst verfügten. Die beiden abgelehnten Bewerberinnen klagten auf Abschluss von Arbeitsverträgen als Sozialarbeiterinnen im Sozialdienst der Justizvollzugsanstalt Werl, hilfsweise auf Schadensersatz in Höhe von sechs zu erwartenden Monatsgehältern, äußerst hilfsweise auf Ersatz der entstanden Bewerbungskosten in Höhe von DM 7,20.

[353] ArbG Hamburg vom 5. 7. 1982, BB 1983, S. 1858; in diesem Fall ging es um die Ablehnung der Klägerin für die Aufnahme in das Trainee-Programm für Manager eines Unternehmens, welches Handelsbeziehungen mit Saudi-Arabien unterhielt. Die beklagte Unternehmen begründete die Ablehnung u. a. damit, dass die Klägerin nicht geeignet sei, mit Geschäftspartnern aus arabischen Staaten Geschäftsbeziehungen zu pflegen. Die in diesen Staaten herrschenden sozialen und religiösen Strukturen schlössen es aus, dass eine Frau im Rahmen dieser Geschäftsbeziehungen tätig werde. Die

II. Die Gleichbehandlungsrichtlinie 76/207/EWG

mit der Frage befassen, ob § 611a Abs. 2 BGB a. F. mit der Gleichbehandlungsrichtlinie vereinbar war. Der EuGH hob in seinen beiden Entscheidungen[354] hervor, dass aus Art. 6 RL Gleichb die Verpflichtung der Mitgliedstaaten folge, „Maßnahmen zu ergreifen, die hinreichend wirksam sind, um das Ziel der Richtlinie zu erreichen, und dafür Sorge zu tragen, dass die Betroffenen sich vor den nationalen Gerichten tatsächlich auf diese Maßnahmen berufen können. Zu solchen Maßnahmen könnten zum Beispiel Vorschriften gehören, die den Arbeitgeber zur Einstellung des diskriminierten Bewerbers verpflichten oder eine angemessene Entschädigung gewähren und die gegebenenfalls durch eine Bußgeldregelung verstärkt werden".[355] Sodann stellte der EuGH klar, dass die Richtlinie allerdings keine bestimmte Sanktion vorschreibe, sondern den Mitgliedstaaten die Freiheit belasse, unter den verschiedenen Sanktionsmöglichkeiten eine zur Verwirklichung der Zielsetzung der Richtlinie geeignete Lösung zu wählen.[356] Wenn sich ein Mitgliedstaat dafür entscheide, als Sanktion für einen Verstoß gegen das Diskriminierungsverbot eine Entschädigung zu gewähren, so müsse diese jedenfalls, damit ihre Wirksamkeit und ihre abschreckende Wirkung gewährleistet sei, in einem angemessenen Verhältnis zu dem erlittenen Schaden stehen und somit über einen rein symbolischen Schadensersatz wie etwa die bloße Erstattung der Bewerbungskosten hinausgehen. Es sei jedoch letztlich Sache des nationalen Gerichts, das zur Durchführung der Richtlinie erlassene Gesetz unter voller Ausschöpfung des Beurteilungsspielraums, den ihm das nationale Recht einräume, in Übereinstimmung mit den Anforderungen des Gemeinschaftsrechts auszulegen und anzuwenden.[357]

Der EuGH ließ es allerdings offen, ob § 611a Abs. 2 BGB a. F. als nationale Norm Bestand haben konnte. Das BAG versuchte die unzulängliche Sanktion des § 611a Abs. 2 BGB a. F. dadurch zu überwinden, dass es in Fällen von Verstößen gegen das geschlechtsspezifische Benachteiligungsverbot bei der Begründung eines Arbeitsverhältnisses der betroffenen Person grundsätzlich einen immateriellen Schadensersatzanspruch gem. §§ 823 Abs. 1, 847 BGB zuerkannte. Nach Auffassung des BAG sollte bei der Benachteiligung eines Stellenbewerbers wegen des Geschlechts regelmäßig eine Verletzung des allgemeinen Persönlichkeitsrechts vorliegen.[358] Es begründete seine Auffassung damit, dass im Arbeitsleben jeder Arbeitnehmer ein Recht habe, nach sachgerechten Maßstäben beurteilt zu werden. Ein Arbeitgeber, der bei der Auswahl zu Unrecht auf das Geschlecht abstelle, beeinträchtige damit die Entfaltungsmöglichkeiten der Bewerber, die dem gesuchten Geschlecht nicht angehören. Darin liege eine Herabwürdigung der beruflichen Fähigkeiten der ausgeschlossenen Bewerber. Sie würden bei der Bewerbung um Einstellung daran gehindert, die erstrebte Berufstätigkeit aufzunehmen und damit ihre individuelle Persönlichkeit zu entfalten, indem ihnen die chancengleiche Teilnahme an einem Auswahlverfahren von vornherein verweigert wird. In der Benachteiligung eines Menschen auf Grund seines Geschlechts liege zugleich eine Verletzung seiner Würde als Person.[359]

Die vom BAG und vom überwiegenden Schrifttum[360] vertretene Auffassung, die Benachteiligung wegen des Geschlechts beim Zugang zu einem Arbeitsverhältnis stelle re-

---

allgemein gute Qualität der Klägerin wurde nicht in Zweifel gezogen. Die Klägerin klagte auf Einstellung, hilfsweise auf Schadensersatz in Höhe von DM 12 000 DM und äußerst hilfsweise auf Ersatz der Bewerbungskosten in Höhe von DM 2,31.

[354] EuGH (von Colson und Kamann), Rs. 14/83, Slg. 1984, S. 1891 ff. sowie EuGH (Harz), Rs. 79/83, Slg. 1984, S. 1921 ff.
[355] EuGH (von Colson und Kamann), Rs. 14/83, Slg. 1984, S. 1891, 1907 sowie wortgleich EuGH (Harz), Rs. 79/83, Slg. 1984, S. 1921, 1940.
[356] Wie Vornote.
[357] EuGH (von Colson und Kamann), Rs. 14/83, Slg. 1984, S. 1891, 1909 sowie wortgleich EuGH (Harz), Rs. 79/83, Slg. 1984, S. 1921, 1942 f.
[358] BAG AP Nr. 5 zu § 611a BGB = DB 1989, S. 2279.
[359] BAG AP Nr. 5 zu § 611a BGB.
[360] *Bertelsmann/Pfarr*, DB 1984, S. 1297, 1300; *Beyer/Möllers*, JZ 1991, S. 24, 29; *Eisemann*, AuR 1988, S. 225, 231; *Zuleeg*, RdA 1984, S. 325, 331.

gelmäßig eine Persönlichkeitsrechtsverletzung dar, ist im Schrifttum auf erhebliche Bedenken gestoßen.[361] Auch nach der Auffassung des BAG kam eine Geldentschädigung bei Verletzung des allgemeinen Persönlichkeitsrechts nur in Betracht, wenn es sich um einen schwerwiegenden Eingriff in das Persönlichkeitsrecht handelte.[362] In den Fällen, in denen die geschlechtsspezifische Diskriminierung nicht den Grad des schwerwiegenden Eingriffs in das Persönlichkeitsrecht erfüllte, blieb der diskriminierte Bewerber oder Arbeitnehmer somit auf den Ersatz des Vertrauensschadens beschränkt. Damit stand aber zugleich fest, dass auch die Anerkennung eines immateriellen Schadensersatzanspruches, der nur im Regelfall begründet war, keine hinreichende Sanktionierung für Verstöße des Arbeitgebers gegen das geschlechtsspezifische Diskriminierungsverbot darstellte. Der Gesetzgeber blieb damit aufgerufen, eine angemessene Sanktionierung geschlechtsspezifischer Diskriminierungen gesetzlich zu verankern.[363]

bb) § 611 b BGB a. F.

250 Nach dem durch das „Arbeitsrechtliche EG-Anpassungsgesetz" vom 13. August 1980 neu in das Bürgerliche Gesetzbuch aufgenommenen § 611b BGB[364] sollte der Arbeitgeber einen Arbeitsplatz weder öffentlich noch innerhalb des Betriebs nur für Männer oder nur für Frauen ausschreiben, es sei denn, dass das Geschlecht eine unverzichtbare Voraussetzung i.S. des § 611a Abs. 1 BGB ist. § 611b BGB a.F. begründete als „Sollvorschrift" lediglich ein Gebot zur geschlechtsneutralen Stellenausschreibung. Eine Rechtspflicht war mit ihr nicht verbunden.[365] Gegen die bloße Ausgestaltung als Sollvorschrift leitete die Kommission ein Vertragsverletzungsverfahren gegen die Bundesrepublik Deutschland ein und erhob Klage vor dem EuGH.[366] Zur Begründung ihrer Auffassung trug die Kommission vor, dass die Ausschreibung von Arbeitsplätzen in den Anwendungsbereich der Gleichbehandlungsrichtlinie falle, da sie im Vorfeld des Zugangs zur Beschäftigung liege. Da § 611b BGB die rechtliche Durchsetzbarkeit fehle, entspreche die Vorschrift nicht den Erfordernissen des Art. 6 RL Gleichb, wonach jeder, der sich durch die Nichtanwendung des Grundsatzes der Gleichbehandlung für beschwert hält, in der Lage sein müsse, seine Rechte gerichtlich geltend zu machen.[367] Der EuGH wies die Rüge der Kommission zurück. Zwar sei festzustellen, dass man die Frage der Ausschreibung von Arbeitsplätzen insoweit nicht von vornherein vom Anwendungsbereich der Gleichbehandlungsrichtlinie ausnehmen könne, als diese Ausschreibungen in einem engen Zusammenhang mit dem Zugang zur Beschäftigung stünden und sich auf den Zugang restriktiv auswirken könnten. Der Gleichbehandlungsrichtlinie könne jedoch keine Verpflichtung zu Lasten der Mitgliedstaaten entnommen werden, Rechtsvorschriften mit allgemeiner Geltung für die Ausschreibung von Arbeitsplätzen einzuführen. Daraus folge, dass die Einfügung von § 611b BGB nicht als Erfüllung einer durch die Gleichbehandlungsrichtlinie auferlegten Verpflichtung angesehen werden könne, sondern dass diese Vorschrift als eine autonome

---

[361] Vgl. die zutreffenden Ausführungen von *Wiese*, JuS 1990, S. 357, 359 ff.

[362] Nach Auffassung des BAG soll allerdings bei Benachteiligung eines Stellenbewerbers die Persönlichkeitsrechtsverletzung im Regelfall schwerwiegend sein; s. BAG, DB 1989, S. 2279, 2280. In seiner Entscheidung vom gleichen Tage bejahte das BAG aber bereits selbst eine Abweichung vom Regelfall und sprach der Klägerin trotz festgestellter Persönlichkeitsrechtsverletzung keinen Geldentschädigungsanspruch zu, vgl. BAG, DB 1989, S. 2281.

[363] Im Ergebnis ebenso *Wiese*, JuS 1990, S. 357, 362; zur Neufassung des § 611a Abs. 2 BGB durch das „Zweite Gleichberechtigungsgesetz" vom 24. Juni 1994 sowie das Gesetz zur Änderung des Bürgerlichen Gesetzbuchs und des Arbeitsgerichtsgesetz vom 29. Juni 1998 s. nachfolgend Rn. 252 ff.

[364] § 611b BGB ist durch das „Zweite Gleichberechtigungsgesetz" vom 24. Juni 1994 neugefasst worden; s. dazu nach folgend Rn. 252 ff.

[365] Hinsichtlich weiterer Einzelheiten vgl. MK/*Söllner*, § 611b BGB, Rn. 2 ff.

[366] EuGH (Kommission gegen Bundesrepublik Deutschland), Rs. 248/83, Slg. 1985, S. 1459 ff.

[367] Slg. 1985, S. 1459, 1487.

II. Die Gleichbehandlungsrichtlinie 76/207/EWG

cc) § 612a BGB

251 Zur Absicherung des Benachteiligungsverbots wegen des Geschlechts nach § 611a Abs. 1 BGB wurde durch das Arbeitsrechtliche EG-Anpassungsgesetz § 612a BGB in das Bürgerliche Gesetzbuch eingefügt. Danach darf der Arbeitgeber einen Arbeitnehmer bei einer Vereinbarung oder einer Maßnahme nicht deshalb benachteiligen, weil der Arbeitnehmer in zulässiger Weise seine Rechte ausübt. Das Maßregelungsverbot beschränkt sich nicht auf die Fälle der Geschlechtsdiskriminierung, sondern gilt für alle Fälle, in denen ein Arbeitnehmer zulässigerweise seine Rechte ausübt.[369]

b) Das „Zweite Gleichberechtigungsgesetz"

252 Das am 1. September 1994 in Kraft getretene Gesetz zur Durchsetzung der Gleichberechtigung von Frauen und Männern (2. Gleichberechtigungsgesetz – 2. GleiBG) vom 14. Juni 1994[370] sollte nach der Begründung zum Gesetzesentwurf[371] dazu dienen, noch vorhandene Defizite in der Gleichberechtigung von Männern und Frauen durch gezielte gesetzliche Regelungen in einzelnen Schwerpunktbereichen zu überwinden. Zu diesem Zweck führt es das Gesetz zur Förderung von Frauen und der Vereinbarkeit von Familie und Beruf in der Bundesverwaltung und den Gerichten des Bundes (Frauenförderungsgesetz – FFG),[372] das Gesetz zum Schutz der Beschäftigten vor sexueller Belästigung am Arbeitsplatz (Beschäftigtenschutzgesetz)[373] sowie das Gesetz über die Berufung und Entsendung von Frauen und Männern in Gremien im Einflussbereich des Bundes (Bundesgremiengesetz-BGremG)[374] neu ein. Ferner enthält es Änderungsvorschriften zum Bundesbeamtengesetz, zum Beamtenrechtsrahmengesetz, zum Deutschen Richtergesetz, zum Betriebsverfassungs- und zum Personalvertretungsgesetz, zum Bürgerlichen Gesetzbuch, zum Arbeitsgerichtsgesetz sowie zum Arbeitsrechtlichen EG-Anpassungsgesetz vom 13. August 1980.[375]

aa) Neufassung des § 611a BGB in der Fassung des 2. GleichBG

253 Mit der Änderung des § 611a BGB durch Art. 7 Ziff. 1 des 2. GleichBG erstrebte der Gesetzgeber die „Beseitigung der rechtlichen Unklarheiten entsprechend dem bisherigen arbeitsrechtlichen EG-Anpassungsgesetz über die Gleichbehandlung von Frauen und Männern am Arbeitsplatz sowie eine wirksame Ausgestaltung von Sanktionen wegen einer geschlechtsbedingten Benachteiligung bei der Bewerbung um einen Arbeitsplatz, beim beruflichen Aufstieg oder der Kündigung".[376]

254 Während § 611a Abs. 1 BGB unverändert gelassen wurde,[377] wurde Absatz 2 neu gefasst und durch die prozessuale Vorschrift des § 61b ArbGG in der Fassung des

---

[368] Slg. 1985, S. 1459, 1488.
[369] Hinsichtlich weiterer Einzelheiten vgl. MK/*Schaub*, 3. Aufl., § 612a BGB, Rn. 4 ff.
[370] BGBl. I S. 1406.
[371] BT-Drucks. 12/5468, S. 16.
[372] Art. 1 2. GleiBG.
[373] Art. 10 2. GleibG; s. dazu auch unten § 18 Rn. 1069 ff.
[374] Art. 11 2. GleiBG.
[375] Näher zum 2. GleibG und seiner Entstehungsgeschichte s. *Berger-Delhey*, ZTR 1993, S. 267 ff.; *Mittmann*, NJW 1994, S. 3048 ff.; *Pfarr*, RdA 1995, S. 204 ff.; *Reiche*, ZTR 1994, S. 6 ff.; *Schiek*, AiB 1994, S. 450 ff.; *dies.*, EuroAS 1995, S. 76 ff.; *Westenberger*, Entschädigungs- und Beweislastregelungen; *Worzolla*, DB 1994, S. 2446 ff.; *ders.*, Arbeitgeber 1993, S. 422 ff.
[376] BT-Drucks. 12/7333, S. 4.
[377] Die Forderungen der SPD-Fraktion und der Fraktion der Grünen nach einer weitergehenden Umkehr der Beweislast in § 611a Abs. 1 Satz 3 BGB fanden im Bundestag keine Mehrheit; zum Gesetzentwurf der SPD-Fraktion s. BT-Drucks. 10/158, zum Gesetzentwurf der Fraktion der Grünen s. BT-Drucks. 11/3728.

2. GleichBG ergänzt. Nach der Neufassung des § 611a Abs. 2 BGB in der Fassung des 2. GleichBG hatte der durch einen Verstoß gegen das Benachteiligungsverbot des Absatzes 1 benachteiligte Bewerber einen **Anspruch auf angemessene Entschädigung** in Geld in Höhe von höchstens drei Monatsverdiensten,[378] wenn der Arbeitgeber den Verstoß zu vertreten hatte. Ein Anspruch des benachteiligten Bewerbers auf Begründung eines Arbeitsverhältnisses ist durch den neu eingefügten § 611a Abs. 3 BGB in der Fassung des 2. GleichBG ausdrücklich ausgeschlossen worden.

255 Ergänzt wurde die Entschädigungsregelung des § 611a Abs. 2 BGB in der Fassung des 2. GleichBG durch § 61b ArbGG in der Fassung des 2. GleichBG, der die gerichtliche Durchsetzung des Entschädigungsanspruches regelte. Absatz 2 enthielt eine summenmäßige **Begrenzung des Schadensersatzanspruches bei Mehrfachinanspruchnahme** des Arbeitgebers. Danach waren Entschädigungsansprüche für den Fall, dass sich mehrere Bewerber auf diese Stelle beworben hatten, auf sechs Monatsverdienste begrenzt. Hatte der Arbeitgeber ein einheitliches Auswahlverfahren mit dem Ziel der Begründung mehrerer Arbeitsverhältnisse durchgeführt, so lag die Obergrenze bei zwölf Monatsverdiensten.

256 Gem. § 611a Abs. 4 BGB in der Fassung des 2. GleichBG musste der Entschädigungsanspruch nach Absatz 2 innerhalb von zwei Monaten nach Zugang der Ablehnung der Bewerbung schriftlich geltend gemacht werden. Darüber hinaus verlangte § 61b Abs. 1 ArbGG in der Fassung des 2. GleichBG, dass die Klage auf Entschädigung innerhalb von drei Monaten, nachdem der Anspruch schriftlich geltend gemacht worden ist, erhoben wird.

257 Gem. § 611a Abs. 5 BGB gelten die Absätze 2 und 4 beim beruflichen Aufstieg entsprechend, wenn auf den Aufstieg kein Anspruch besteht. Mit der einschränkenden Formulierung „wenn auf den Aufstieg kein Anspruch besteht", wird klargestellt, dass der Beförderungsanspruch vorrangig vor dem Anspruch auf Schadensersatz geltend zu machen ist.

bb) Neufassung des § 611b BGB

258 Obwohl der EuGH die „Soll-Vorschrift" in ihrer bisherigen Fassung nicht beanstandet hatte,[379] ist diese durch Art. 7 Ziff. 2 GleiBG in eine Mussvorschrift umgewandelt worden. Der Gesetzgeber hat damit der Entscheidung des BVerfG vom 16. November 1993[380] Rechnung getragen, wonach § 611a Abs. 1 BGB im Lichte des Art. 3 Abs. 2 GG dahingehend ausgelegt werden müsse, dass unter das Benachteiligungsverbot auch Verfahrenshandlungen im Vorfeld der Begründung von Arbeitsverhältnissen fallen. Seien die Chancen einer Bewerberin nämlich schon durch ein diskriminierendes Verfahren beeinträchtigt worden, so könne es nicht mehr darauf ankommen, ob das Geschlecht bei der abschließenden Einstellungsentscheidung noch eine nachweisbare Rolle gespielt habe.[381]

cc) Gemeinschaftskonformität der §§ 611a BGB, 61b ArbGG in der Fassung des 2. GleichBG

259 Die Gemeinschaftskonformität der Novellierung des § 611a BGB in der Fassung des 2. GleichBG sowie des ihn ergänzenden § 61b ArbG in der Fassung des 2. GleichbG ist im Schrifttum angezweifelt worden.[382]

260 Vor allem wurde geltend gemacht, § 611a Abs. 2 BGB in der Fassung des 2. GleichBG stehe schon deshalb im Widerspruch zum Gemeinschaftsrecht, weil der Anspruch auf

---

[378] Nach § 611a Abs. 2 Satz 2 BGB galt als Monatsverdienst, was dem Bewerber bei regelmäßiger Arbeitszeit in dem Monat, in dem das Arbeitsverhältnis hätte begründet werden sollen, an Geld- und Sachbezügen zugestanden hätte.
[379] EuGH (Kommission gegen Bundesrepublik Deutschland), Rs. 248/83, Slg. 1985, S. 1459 ff.
[380] BVerfGE 89, S. 277 ff. = AP Nr. 9 zu § 611a BGB.
[381] BVerfGE 89, S. 277, 287 f.
[382] S. *Pfarr*, RdA 1995, S. 204 ff.; *Schieck*, EuroAS 1995, S. 76, 77 f.; *Steinmeister*, ZRP 1993, S. 127, 128.

II. Die Gleichbehandlungsrichtlinie 76/207/EWG

Entschädigung dem Wortlaut nach voraussetze, dass der Arbeitgeber den Verstoß gegen das Benachteiligungsverbot des Absatzes 1 „zu vertreten" hat, das Erfordernis des Verschuldens jedoch im klaren Widerspruch zur Entscheidung des EuGH in der Rechtssache Dekker[383] stehe, wonach die Gleichbehandlungsrichtlinie für einen Schadensersatzanspruch wegen Verletzung des Grundsatzes der Gleichbehandlung keinen Verschuldensnachweis verlange.[384]

Zweifel an der Wirksamkeit der Neuregelung des § 611a Abs. 2 BGB in der Fassung des 2. GleichBG wurden ferner im Hinblick auf die dort vorgesehene Schadensersatzobergrenze von drei Monatsgehältern erhoben.[385] Insoweit wurde auf die Rechtsprechung des EuGH in der Rechtssache Marshall II[386] verwiesen, in der der EuGH entschieden hatte, dass es mit der Gleichbehandlungsrichtlinie unvereinbar sei, den Ersatz des einer Person durch eine diskriminierende Entlassung entstandenen Schadens durch eine im Voraus festgelegte Obergrenze zu begrenzen.

c) Änderung der §§ 611a BGB, 61b ArbGG durch das Gesetz zur Änderung des Bürgerlichen Gesetzbuches und des Arbeitsgerichtsgesetzes

Um den Urteilen des EuGH in den Rechtssachen Dekker[387] und Draehmpaehl[388] Rechnung zu tragen,[389] hat der deutsche Gesetzgeber mit dem Gesetz zur Änderung des BGB und des ArbGG vom 29. 6. 1998[390] einen dritten Anlauf unternommen, um das deutsche Recht mit der Gleichbehandlungsrichtlinie in Einklang zu bringen.

§ 611a Abs. 1 BGB ist durch das 3. Änderungsgesetz unverändert geblieben. Hervorzuheben ist, dass sich nunmehr aus der in § 611 Abs. 3 BGB ausdrücklich erfolgten Einbeziehung von Bewerbern, die auch ohne die Diskriminierung wegen des Geschlechts nicht eingestellt wurden, ergibt, dass § 611a BGB nicht voraussetzt, dass die Einstellung gerade wegen der Geschlechtszugehörigkeit des Bewerbers unterblieben ist.[391]

Eine Änderung hat dagegen § 611a Abs. 2 BGB erfahren. In der Neufassung des § 611a Abs. 2 BGB wurde im Gegensatz zur der Vorgängerregelung erstmals auf das **Verschuldenserfordernis** als Tatbestandsvoraussetzung für einen Entschädigungsanspruch im Falle einer Diskriminierung wegen des Geschlechts bei der Einstellung verzichtet.[392] Die Neuregelung des § 611a Abs. 2 BGB gewährt dem wegen seines Geschlechts Diskriminierten – wie auch schon die Vorgängerregelung – keinen Einstellungsanspruch,[393] sondern lediglich einen Anspruch auf Gewährung einer angemessenen Entschädigung in Geld, ohne allerdings zu bestimmen, wie die Berechnung der Entschädigungshöhe erfolgen soll. Auch

---

[383] Rs. 177/88, Slg. 1990, S. 3968; s. zu dieser Entscheidung oben Rn. 207ff.
[384] Slg. 1990, S. 3968, 3975.
[385] *Pfarr*, RdA 1995, S. 204, 208ff.; *Steinmeister*, ZRP 1993, S. 127, 128.
[386] Rs. 271/91, EuZW 1993, S. 706; s. zu dieser Entscheidung oben Rn. 230ff.
[387] S. zu diesem Urteil oben Rn. 207ff.
[388] S. zu diesem Urteil oben Rn. 211ff.
[389] Vgl. Gesetzesbegründung BT-Drucks. 13/10242, S. 7 f.
[390] BGBl. I S. 1694; nachfolgend 3. Änderungsgesetz – 3. ÄndG – abgekürzt; s. zu dieser Neuregelung auch *Freis*, NJW 1998, S. 2779ff.; *Kocher*, AuR 1998, S. 221ff., *Raab*, DStR 1999, S. 854ff.; *Treber*, NZA 1998, S. 856ff.; *Westenberger*, Entschädigungs- und Beweislastregelungen, *Zwanzinger*, DB 1998, S. 1330ff.
[391] *Raab*, DStR 1999, S. 854, 855.
[392] Kritisch zum Wegfall eines Verschuldenserfordernisses *Raab*, in: Soergel, 12. Aufl., § 611a BGB Rn. 49; *ders.*, DStR 1999, S. 854, 855, der in der verschuldensunabhängigen Entschädigung einen schwerwiegenden Systembruch in der innerstaatlichen Rechtsordnung sieht. Ausführlich zur systematischen Stellung des § 611a BGB im deutschen Recht *Westenberger*, Die Entschädigungs- und Beweislastregelungen.
[393] § 611a Abs. 2 Halbs. 2 BGB; dagegen war im Bundesrat vom Gesetzgeber verlangt worden, dem wegen seines Geschlechts diskriminierten Bewerber einen Einstellungsanspruch einzuräumen; vgl. Stellungnahme des Bundesrates zum Regierungsentwurf, BT-Drucks. 13/10242, S. 10.

über die Frage, ob § 611a BGB n.F. nur den Ausgleich des immateriellen Schadens oder aber auch den des materiellen Schadens erfasst, besteht weiterhin Unklarheit.[394]

265 In § 611a Abs. 3 hat der Gesetzgeber die vom EuGH im seinem Urteil in der Rechtssache Draempaehl[395] getroffene Unterscheidung zwischen dem Entschädigungsanspruch des diskriminierten **bestqualifizierten Bewerbers** und dem Entschädigungsanspruch der übrigen diskriminierten Bewerber übernommen. Für den bestqualifizierten Bewerber ist die in der Vorgängerregelung enthaltene Begrenzung der Entschädigungshöhe auf drei Monatsverdienste weggefallen. Dagegen hält § 611 Abs. 3 n.F. für die übrigen Bewerber, die bei benachteiligungsfreier Auswahl nicht eingestellt worden wären, an der Begrenzung der Entschädigungshöhe auf drei Monatsverdienste fest. Offengelassen hat der Gesetzgeber allerdings, wie die Beurteilung, ob ein Bewerber bestqualifiziert ist, zu erfolgen hat, insbesondere bleibt unklar, ob für die Bestqualifizierung nur objektive oder auch subjektive Kriterien zu berücksichtigen sind.[396]

266 Wie schon die Vorgängerregelung des § 611a BGB in der Fassung des 2. GleichBG enthält auch die Neuregelung des § 611a Abs. 4 BGB eine materielle **Ausschlussfrist** für die Geltendmachung von Ansprüchen auf Entschädigung. Ziel dieser Ausschlussfrist ist es, im Interesse des Arbeitgebers eine schnellere Abwicklung der Entschädigungsfälle sicherzustellen. Während § 611a Abs. 4 BGB in der Fassung des 2. GleichBG jedoch noch eine einheitliche Ausschlussfrist von zwei Monaten vorsah, orientieren sich die neuen Ausschlussfristen stärker an den Fristen, die in dem konkreten Arbeitsverhältnis für sonstige Ansprüche auf Schadensersatz gelten würden. Dadurch trägt der Gesetzgeber den Vorgaben des EuGH Rechnung, der u.a. in seinem Urteil vom 22. 4. 1997 in der Rechtssache Draehmpael[397] entschieden hat, dass die Voraussetzungen, unter denen ein auf das Gemeinschaftsrecht gestützter Entschädigungsanspruch geltend gemacht werden kann, nicht ungünstiger sein dürften als bei vergleichbaren Ansprüchen auf Grund innerstaatlichen Rechts.[398] Nach der Neufassung des § 611a Abs. 4 BGB bemisst sich die Frist für die Geltendmachung einer Entschädigung wegen Benachteiligung des Geschlechts bei der Bewerbung grundsätzlich nach der für die Geltendmachung von Schadensersatzansprüchen in dem angestrebten Arbeitsverhältnis vorgesehenen Ausschlussfrist,[399] wobei die Frist jedoch mindestens zwei Monate beträgt.[400] Fehlt es in dem angestrebten Arbeitsverhältnis an vereinbarten Verfallfristen, so beträgt die Ausschlussfrist 6 Monate.[401] Auch nach der Neuregelung des § 611a Abs. 4 BGB beginnt die Ausschlussfrist mit dem Zugang der Ablehnung, also unabhängig davon, ob der Bewerber zu diesem Zeitpunkt schon erkennen kann, dass er wegen seines Geschlechts benachteiligt worden ist und ihm deshalb ein Anspruch auf Entschädigung zusteht.

267 Die in der Vorgängerregelung des § 61b Abs. 2 ArbGG enthaltene **Summenbegrenzung** für den Fall, dass mehrere Bewerber Ansprüche wegen einer geschlechtsbedingten Benachteiligung bei der Begründung eines Arbeitsverhältnisses oder beim beruflichen Aufstieg geltend machen, ist in § 61 Abs. 2 ArbGG n.F. nicht mehr enthalten.[402] § 61b Abs. 2 BGB n.F. bestimmt nunmehr, dass für den Fall, dass mehrere Bewerber wegen Benachteiligung bei der Begründung des Arbeitsverhältnisses oder beim beruflichen Auf-

---

[394] Kritisch hierzu *Raab*, DStR 1999, S. 854, 856, der allerdings davon aus geht, dass durch die Vorschrift auch der zusätzliche materielle Schaden ausgeglichen werden soll.
[395] Rs. 180/95, Slg. 1997, S. 2195; s. zu diesem Urteil oben Rn. 211ff.
[396] Krititisch insoweit *Kleinsorge*, BArBl. 4/1999, S. 18, 22.
[397] Rs. 180/95, Slg. 1997, S. 2195; s. zu diesem Urteil oben Rn. 21ff.
[398] S. Tz. 29 der Entscheidung.
[399] In Betracht kommen vor allem tarifliche Ausschlussfristen; dazu Wiedemann/*Wank*, TVG, 6. Aufl. 1999, § 4 Rn. 712ff.
[400] § 611a Abs. 4 S. 2 BGB.
[401] § 611a Abs. 4 S. 3 BGB.
[402] § 61b Abs. 1 ArbGG, nach dem die Klage auf Entschädigung nach § 611a Abs. 2 BGB innerhalb von drei Monaten, nachdem der Anspruch schriftlich geltend gemacht worden ist, erhoben werden muss, ist durch die Neuregelung des § 61b ArbGG unverändert geblieben.

stieg eine Entschädigung nach § 611a Abs. 2 BGB gerichtlich geltend machen, auf Antrag des Arbeitgebers das Arbeitsgericht, bei dem die Klage erhoben ist, auch für die übrigen Klagen ausschließlich zuständig ist.[403]

d) Sozialauswahl bei der betriebsbedingten Kündigung

Das LAG Hamburg hatte dem EuGH die Frage vorgelegt, ob sich nicht aus Art. 5 Abs. 1 der Richtlinie 76/207/EWG ergebe, dass teilzeitbeschäftigte Arbeitnehmerinnen bei Anwendung des § 1 Abs. 3 KSchG im Rahmen der sozialen Auswahl als mit vollzeitbeschäftigten Arbeitnehmern/Arbeitnehmerinnen vergleichbar anzusehen sind, wenn in einer Branche wesentlich mehr Frauen als Männer teilzeitbeschäftigt sind.

Der EuGH stellte fest, dass die fehlende Vergleichbarkeit vollzeit- und teilzeitbeschäftigter Arbeitnehmer im Rahmen der nach § 1 Abs. 3 KSchG erforderlichen sozialen Auswahl einen mittelbaren Nachteil bedeuten könne.[404] Dies könne aber durch objektive Faktoren gerechtfertigt sein, die nichts mit einer Diskriminierung auf Grund des Geschlechts zu tun haben. Beim gegenwärtigen Stand des Gemeinschaftsrechts falle die Sozialpolitik in die Zuständigkeit der Mitgliedstaaten, die hinsichtlich der Art der sozialen Schutzmaßnahmen und der konkreten Einzelheiten ihrer Durchführung über einen sachgerechten Gestaltungsspielraum verfügten. Insofern sei es Sache des nationalen Gesetzgebers, zwischen den verschiedenen beteiligten Interessen einen billigen Ausgleich zu finden. Aus dem Gemeinschaftsrecht ergibt sich daher nicht, dass Vollzeitbeschäftigte und Teilzeitbeschäftigte bei der Sozialauswahl im Rahmen einer betriebsbedingten Kündigung miteinander verglichen werden müssen.

e) Juristischer Vorbereitungsdienst

Auf Vorlage des Verwaltungsgerichts Frankfurt a.M. hatte der EuGH über eine Klage von Frau Schnorbus bezüglich der Aufnahme in den juristischen Vorbereitungsdienst zu entscheiden.[405] Die Klägerin sah in der Bevorzugung von Bewerbern, die einen Wehr- oder Ersatzdienst abgeleistet hätten, eine mittelbare Frauendiskriminierung. Der EuGH entschied, dass die Regelung über die Bevorzugung von Männern in den Juristenausbildungsvorschriften unter den Anwendungsbereich der Richtlinie 76/307/EWG falle und eine mittelbare Diskriminierung bewirke. Jedoch solle mit diesen Vorschriften nur der Verzögerung in der Ausbildung von Bewerbern Rechnung getragen werden, die einer Wehr- oder Ersatzdienstpflicht unterliegen. Die Vorschriften seien somit objektiver Natur und sollten allein zum Ausgleich der Auswirkungen dieser Verzögerung beitragen. Damit fehle es an einem Widerspruch zum Grundsatz der Gleichbehandlung von männlichen und weiblichen Arbeitnehmern.

f) Der Vorschlag für eine Änderungsrichtlinie

Auf der Grundlage des neu gefassten Art. 141 Abs. 3 EGV hat die Kommission am 7.6. 2000 den Vorschlag für eine Richtlinie zur Änderung der Richtlinie 76/207/EWG zur Verwirklichung des Grundsatzes der Gleichbehandlung von Mann und Frau vorgelegt.

Die Kommission macht geltend, dass eine Vielzahl von EuGH-Entscheidungen eine Neufassung der Richtlinie erforderlich mache. Ein neuer Art. 1a definiert die sexuelle Belästigung am Arbeitsplatz als Diskriminierung auf Grund des Geschlechts. Die **Definition der mittelbaren Diskriminierung** stimmt weitgehend mit der Richtlinie zum all-

---

[403] Zu weiteren Einzelheiten der §§ 611 BGB, 61b ArbGG muss auf die einschlägige Kommentarliteratur verwiesen werden; s.u.a. *Raab*, in: Soergel, BGB, 12. Aufl., § 611a; *Richardi*, in Staudinger, BGB, 12. Aufl., § 611; ErfK/*Schlachter*, § 611a BGB.
[404] EuGH 26.9.2000 Rs. C 322/98, AP Nr. 51 zu § 1 KSchG 1969 Soziale Auswahl.
[405] EuGH 7.12.2000 Rs. C-79/99 – Schnorbus, AP Nr. 24 zu EWG-Richtlinie Nr. 76/207.

gemeinen Gleichheitssatz überein. In Ergänzung zu Art. 10 der Richtlinie 92/85/EG betr. Elternurlaub vom Beginn der Schwangerschaft bis zum Ende des Mutterschaftsurlaubs normiert Art. 2 Abs. 3 des Entwurfs einen Anspruch von Frauen nach der Entbindung bei Ablauf des Mutterschaftsurlaubs, an ihren früheren oder an einen vergleichbaren Arbeitsplatz zurückzukehren. Die Änderungsrichtlinie ist inzwischen verabschiedet; die Verkündung stand bei Drucklegung noch aus.

III. Die Beweislastrichtlinie

1. Entstehungsgeschichte

273 Zur Verwirklichung des in Art. 119 EGV a. F. (Art. 141 EGV n. F.) und den zur Gleichbehandlung erlassenen Richtlinien aufgestellten Gleichbehandlungsgrundsatzes hatte sich die Kommission in ihrer Mitteilung an den Rat vom 20. Dezember 1985 über ein mittelfristiges Programm der Gemeinschaft zur Chancengleichheit der Frauen 1986–1990[406] verpflichtet, einen gemeinschaftsrechtlichen Rechtsakt zum Grundsatz der Beweislastumkehr bezüglich sämtlicher Vorschriften auf dem Gebiet der Gleichbehandlung vorzuschlagen.[407] Ihrer Ankündigung folgend, legte die Kommission – gestützt auf Art. 100, 235 EGV – dem Rat am 27. Mai 1988 den Vorschlag für eine Richtlinie des Rates zur Beweislast im Bereich des gleichen Entgelts und der Gleichbehandlung von Frauen und Männern[408] vor. Die zur Verabschiedung der Richtlinie erforderliche Einstimmigkeit konnte im Rat jedoch nicht erzielt werden. Im Januar 1994 forderte das Europäische Parlament in seiner Entschließung zum „Weißbuch über die europäische Sozialpolitik"[409] die Kommission auf, erneut einen Richtlinienvorschlag vorzulegen. Am 20. September 1996 legte die Kommission, diesmal gestützt auf das Abkommen über die Sozialpolitik, einen erneuten Vorschlag vor.[410] Um den Einwänden des Europäischen Parlaments Rechnung zu tragen, wurde der Vorschlag am 14. Mai 1997 gem. Art. 189a Abs. 2 EGV a. F. (Art. 250 Abs. 2 EGV n. F.) geändert.[411] Am 15. Dezember 1997 hat der Rat gem. dem Verfahren des Art. 189c EGV a. F. (Art. 252 EGV n. F.) schließlich die **Richtlinie 97/80/EG** des Rates über die Beweislast bei Diskriminierung auf Grund des Geschlechts[412] mit qualifizierter Mehrheit beschlossen.

2. Inhalt der Richtlinie

a) Ziel der Richtlinie

274 Art. 1 RL BewL umschreibt das Ziel der Richtlinie. Danach dient die Richtlinie dazu, eine wirksamere Durchführung der Maßnahmen zu gewährleisten, die von den Mitgliedstaaten in Anwendung des Gleichbehandlungsgrundsatzes getroffen werden, damit jeder der sich wegen Nichtanwendung des Gleichbehandlungsgrundsatzes für beschwert hält, seine Rechte nach etwaiger Befassung anderer zuständiger Stellen gerichtlich geltend machen kann.

b) Definitionen

275 Art. 2 RL BewL definiert den Begriff des „Gleichbehandlungsgrundsatzes" i. S. dieser Richtlinie. Gem. Art. 2 Abs. 1 RL GleichB bedeutet „Gleichbehandlungsgrundsatz", dass

---

[406] ABl. L 225, S. 40.
[407] ABl. L 225, S. 40.
[408] ABl. C 176, S. 5.
[409] ABl C 43, S. 63.
[410] ABl. C 332, S. 11.
[411] ABl. C 185, S. 21.
[412] Nachfolgend Beweislastrichtlinie – RL BewL – abgekürzt; s. zu dieser Richtlinie auch *Röthel*, NJW 1999, S. 611 ff.; *Schlachter*, RdA 1998, S. 321 ff.

III. Die Beweislastrichtlinie

keine unmittelbare oder mittelbare Diskriminierung auf Grund des Geschlechts erfolgen darf. Besondere Bedeutung kommt dem Art. 2 Abs. 2 RL BewL zu, der den Begriff der mittelbaren Diskriminierung näher umschreibt. Danach liegt eine mittelbare Diskriminierung i.S. der Richtlinie vor, „wenn dem Anschein nach neutrale Vorschriften, Kriterien oder Verfahren einen wesentlich höheren Anteil der Angehörigen eines Geschlechts benachteiligen, es sei denn, die betreffenden Vorschriften, Kriterien oder Verfahren sind angemessen und notwendig und nicht durch auf das Geschlecht bezogene sachliche Gründe gerechtfertigt."

c) Anwendungsbereich

Der Anwendungsbereich der Beweislastrichtlinie wird durch Art. 3 Abs. 1a begrenzt. Danach findet die Richtlinie zum einen Anwendung auf Situationen, die von Art. 119 EGV a.F. (Art. 141 EGV n.F.) sowie der Lohngleichheitsrichtlinie 75/117/EWG erfasst werden.[413] Sofern die Frage einer Diskriminierung auf Grund des Geschlechts angesprochen ist, gilt die Beweislastrichtlinie zudem für die Mutterschutzrichtlinie 92/85/EWG[414] sowie die Elternurlaubsrichtlinie 96/34/EG.[415] Präzisiert wird der Anwendungsbereich der Beweislastrichtlinie durch Art. 3 Abs. 1b, wonach die Richtlinie auch für zivil- und verwaltungsrechtliche Verfahren gilt, die Rechtsbehelfe nach Vorschriften gem. Art. 3 Abs. 1 RL BewL betreffen.

d) Beweislastregelung

Kernstück der Beweislastrichtlinie ist die in Art. 4 Abs. 1 getroffene Regelung der Beweislast. Danach sind die Mitgliedstaaten verpflichtet, dafür zu sorgen, dass Personen, die sich durch eine Verletzung des Gleichbehandlungsgrundsatzes für beschwert halten, bei Gericht lediglich Tatsachen glaubhaft machen müssen, die das Vorliegen einer unmittelbaren oder mittelbaren Diskriminierung vermuten lassen. Der beklagten Partei obliegt es sodann, zu beweisen, dass keine Verletzung des Gleichbehandlungsgrundsatzes vorgelegen hat. Die Beweislastregelung des Art. 4 RL BewL ist eng an die bisherige EuGH-Rechtsprechung zur Verteilung der Beweislast angelehnt.[416] Entgegen einer im Schrifttum vertretenen Auffassung[417] handelt es sich bei der Beweislastregelung nicht um einen bloßen Anscheinsbeweis i.S. der deutschen Zivilprozessrechtsprechung.[418] Der Anscheinsbeweis nach deutschem Recht ist entgegen der Zielrichtung der Beweislastrichtlinie nämlich gerade nicht mit einer Verringerung des Beweismaßes verbunden.[419] Andererseits ergibt sich schon aus dem Wortlaut des Art. 4 RL BewL, dass der Gemeinschaftsgesetzgeber mit dieser Regelung auch keine über die bisherige Rechtsprechung des EuGH hinausgehende Beweislastumkehr einführen wollte. Ausreichend, aber auch erforderlich, ist nach der Beweislastregelung des Art. 4 RL BewL zunächst, dass die klagende Partei Tatsachen vorträgt, die eine von der Geschlechtszugehörigkeit abhängige Benachteiligung als überwiegend wahrscheinlich erscheinen lässt; sodann obliegt es der beklagten Partei zu beweisen, dass der von der klagenden Partei geltend gemachte Zusammenhang nicht besteht.[420]

---

[413] ABl. L 45, S. 19; näher zu dieser Richtlinie Rn. 182 ff.
[414] ABl. L 348, S. 1; näher zu dieser Richtlinie unten § 18 Rn. 364 ff.
[415] ABl. L 14, S. 9; näher zu dieser Richtlinie unten Rn. 182 ff.
[416] Vgl. insbesondere die Ausführungen des EuGH zur Beweislastverlastverteilung in der Rechtsache Danfoss, Rs. Rs. 109/88, Slg. 1989, S. 3199, 3225 f.; näher zu diesem Urteil oben Rn. 48 ff.
[417] *Zwanziger*, DB 1998, S. 1330, 1333.
[418] Zutreffend *Schlachter*, RdA 1998, S. 611, 324.
[419] Zum Anscheinsbeweis nach deutschem Recht s.u.a. *Hartmann*, in: Baumbach/Lauterbach/Albers/Hartmann, Zivilprozessordnung, 57. Aufl. 1999, § 286, Rn. 15; *Leipold*, in: Stein/Jonas, Zivilprozessordnung, § 286, 21. Aufl. 1997, Rn. 89; *Rosenberg/Schwab/Gottwald*, Zivilprozessrecht, 15. Aufl., 1993, § 115 III 1.
[420] *Schlachter*, RdA 1998, S. 321, 324.

e) Umsetzungsfrist

278 Gem. Art. 7 RL BewL sind die Mitgliedstaaten verpflichtet, die Richtlinie bis spätestens zum 1. Januar 20001 in das nationale Recht umzusetzen.

f) Umsetzung der Beweislastrichtlinie in das deutsche Recht

279 Über die Frage, ob das deutsche Recht bereits den Anforderungen der Beweislastrichtlinie genügt oder ob es noch einer richtlinienkonformen Anpassung bedarf, besteht Streit. Nach Auffassung der damaligen Bundesregierung ist mit der Neufassung der §§ 611a BGB, § 61b ArbGG durch das am 29. 6. 1998 in Kraft getretene Gesetz zur Änderung des Bürgerlichen Gesetzbuches und des Arbeitsgerichtsgesetzes[421] zugleich eine gemeinschaftskonforme Umsetzung der Beweislastrichtlinie erfolgt.[422]

280 Demgegenüber bedurfte es nach Auffassung des Bundesrates einer deutlicheren Formulierung des § 611a Abs. 1 Satz 3,[423] und zwar dahingehend, dass dem Arbeitgeber bereits bei einer substantiiert und schlüssig vorgetragenen Ungleichbehandlung die Beweislast für das Nichtvorliegen einer unzulässigen Diskriminierung auferlegt wird. Eine so weitgehende Beweislastverteilung, die einer Beweislastumkehr gleichkommen würde, wird von der Beweislastrichtlinie jedoch nicht vorgegeben.[424] Umsetzungsbedarf besteht nach zutreffender Auffassung jedoch noch insoweit, als der deutsche Gesetzgeber noch eine dem Art. 2 RL BewL entsprechende Definition der mittelbaren Diskriminierung ins Gesetz einfügen muss.[425]

IV. Sonstige Maßnahmen zur Verwirklichung der Chancengleichheit von Frauen und Männern

1. Entschließung des Rates über die ausgewogene Mitwirkung von Frauen und Männern am Entscheidungsprozess

281 Zur Förderung der Mitwirkung der Frauen am Entscheidungsprozess auf allen Ebenen der Gesellschaft hat der Rat am 27. März 1995 die Entschließung des Rates 95/C 168/02 über die ausgewogene Mitwirkung von Frauen und Männern am Entscheidungsprozess[426] verabschiedet. In dieser Entschließung stellt der Rat fest, dass das Ziel der ausgewogenen Mitwirkung von Frauen und Männern am Entscheidungsprozess und der Übernahme von Verantwortung durch Frauen und Männer in allen Lebensbereichen eine wesentliche Vorbedingung für die Gleichstellung von Frauen und Männern ist. Dies macht es nach Ansicht des Rates erforderlich, nach Kräften auf eine Änderung der Strukturen und des Bewusstseins hinzuwirken. Mit der Entschließung 95/C 168/02 fordert der Rat insbesondere die Mitgliedstaaten zu einer Reihe von Maßnahmen auf. So sollen die Mitgliedstaaten die ausgewogene Mitwirkung von Frauen und Männern am Entscheidungsprozess als eines der vorrangigen Ziele im Rahmen ihrer Initiativen für die Chancengleichheit von Frauen und Männern fördern und dieses Ziel in ihr Regierungsprogramm aufnehmen. Die Mitgliedstaaten werden des Weiteren aufgefordert, zur Förderung einer ausgewogenen

---

[421] BGBl. I S. 1694.
[422] BT-Drucks. 13/10344.
[423] BR-Drucks. 116/98.
[424] S. auch *Schlachter*, RdA 1998, S. 321, 326, die ebenfalls davon ausgeht, dass § 611 Abs. 1 Satz 3 BGB bereits jetzt den Vorgaben der Beweislastrichtlinie genügt; a. A. *Röthel*, NJW 1999, S. 611, 614.
[425] *Röthel*, NJW 1999, S. 611, 614; *Schlachter*, RdA 1998, S. 321, 326.
[426] ABl. C 168, S. 3.

IV. Sonstige Maßnahmen zur Verwirklichung der Chancengleichheit   282–284   § 16

Mitwirkung von Frauen und Männern am Entscheidungsprozess eine umfassende und integrierte Strategie zu entwickeln, die die in Ziff. 2b) i) bis vi) der Entschließung aufgeführten Maßnahmen enthalten soll.

Die Entschließung 95/C 168/02 richtet sich nicht nur an die Mitgliedstaaten, sondern auch an die Organe und Einrichtungen der Europäischen Gemeinschaften und an die Kommission. Die Organe und Einrichtungen der Europäischen Gemeinschaften werden aufgefordert, in ihrer Eigenschaft als Arbeitgeber auf der Grundlage einer Bilanz Maßnahmen durchzuführen, die auf eine ausgewogene Einstellung von Frauen und Männern abzielen und u. a. durch Förderungs- und Ausbildungsmaßnahmen zu einer ausgewogenen Besetzung von Schlüsselpositionen im Entscheidungsprozess führen. Die Kommission wird u. a. aufgefordert, einen Entwurf für eine Empfehlung des Rates zur Förderung der ausgewogenen Mitwirkung von Frauen und Männern am Entscheidungsprozess auszuarbeiten. Schließlich richtet sich die Entschließung 95/C 168/02 auch an die Sozialpartner, die ihre Bemühungen um eine ausgewogene Mitwirkung von Frauen und Männern in den Entscheidungsgremien verstärken sollen.   **282**

2. Viertes mittelfristiges Aktionsprogramm der Gemeinschaft zur Verwirklichung der Chancengleichheit von Frauen und Männern (1996–2000)

Wie im Weißbuch über die europäische Sozialpolitik angekündigt,[427] legte die Kommission am 19. Juli 1995 den Entwurf über ein viertes mittelfristiges Aktionsprogramm der Gemeinschaft für die Chancengleichheit von Frauen und Männern (1996–2000) vor. Ziel des Programms ist es, die Chancengleichheit von Frauen und Männern bei Konzeption, Durchführung und Begleitung aller Politiken, Aktionen und Maßnahmen auf gemeinschaftlicher, nationaler, regionaler und lokaler Ebene zu fördern. Im Einzelnen werden mit dem Programm u. a. folgende Ziele verfolgt: Mobilisierung aller Akteure des wirtschaftlichen und sozialen Lebens zur Durchsetzung der Chancengleichheit; Förderung einer Politik, die es Frauen und Männern ermöglicht, Familie und Beruf miteinander in Einklang zu bringen; Förderung einer ausgewogenen Mitwirkung von Frauen und Männern an Entscheidungsprozessen; Schaffung günstigerer Voraussetzungen für eine Geltendmachung des Rechts auf Gleichstellung. Zur Verwirklichung der Ziele des Programms können nach dem Kommissionsvorschlag folgende Maßnahmen durchgeführt, verstärkt oder unterstützt werden: methodologische, fachliche und finanzielle Unterstützung integrierter Projekte zur Ermittlung und zum Transfer vorbildlicher Praktiken in der Wirtschaft, im Unternehmen und im Bereich der Beschäftigung sowie in Bezug auf die Vereinbarung von Familie und Beruf und auf die Mitwirkung der Frauen an Entscheidungsprozessen; Schaffung von Mechanismen zur Beobachtung und Begleitung der einschlägigen Politiken und Durchführung von Studien zu sämtlichen mit der Chancengleichheitsproblematik verbundenen wirtschaftlichen, sozialen und rechtlichen Fragen; kontinuierliche Evaluierung der im Rahmen des Programms eingeleiteten Aktivitäten; Durchführung jedweder Aktionen, die dem Austausch, der Information und der größtmöglichen Verbreitung des gemeinschaftlichen Besitzstandes im Bereich der Lohngleichheit und der Gleichbehandlung sowie der Ergebnisse der eingeleiteten Initiativen förderlich sind.   **283**

Der Rat der Arbeits- und Sozialminister hat am 5. Dezember 1995 das Aktionsprogramm angenommen. Entgegen dem Vorschlag der Kommission ist das Aktionsprogramm nicht mit 60 Mio. ECU, sondern nur mit 30 Mio. ECU ausgestattet.   **284**

---

[427] Bull.EG Beil. 6/93.

§ 17 Der soziale Dialog

1 So, wie im nationalen Recht der Staat sich seiner Regelungsmacht zugunsten der Tarifautonomie enthalten kann, gibt es auch im Gemeinschaftsrecht Ansätze zu einer Übertragung von Rechtssetzungsbefugnissen auf die (europäischen) Koalitionen. Allerdings bedürfen deren Vereinbarungen der Übernahme in Richtlinien, so dass der Vorgang eher der Allgemeinverbindlicherklärung im deutschen Recht vergleichbar ist. Aus jüngster Zeit sind die Befristungsrichtlinie[1] und die Teilzeit-Richtlinie[2] zu nennen, die auf Rahmenvereinbarungen der Koalitionen beruhen.[3]

2 Die demokratische Legitimation dieses Rechtssetzungsverfahrens war Gegenstand des Verfahrens UEAPME/Rat. Das EuG hat die Nichtigkeitsklage nicht angenommen.[4]

§ 18 Einzelne Richtlinien

Übersicht

	Rn.		Rn.
I. Nachweis der Arbeitsbedingungen ...	1	cc) Rechtsstellung und Funktion der Arbeitnehmervertreter oder -vertretung (Art. 5 RL BetrÜ)	105
1. Die Nachweisrichtlinie 91/533/EWG	1		
a) Allgemeines	1		
b) Anwendungsbereich	2	dd) Information und Konsultation (Art. 6 RL BetrÜ)	106
c) Der Inhalt der Richtlinie	3		
2. Umsetzung in das deutsche Recht	9	ee) Mindestnormen (Art. 7 RL BetrÜ)	111
a) Anwendungsbereich	11	2. Umsetzung in das deutsche Recht	112
b) Mindestinhalt der Niederschrift	14	a) Sachlicher Anwendungsbereich	113
c) Frist für die Nachweispflicht	27	aa) Übergang eines Betriebs oder Betriebsteils	114
d) Änderungen der Vertragsbedingungen	29	bb) Rechtsgeschäftlicher Übergang	117
e) Rechtsfolgen bei Verletzung der Nachweispflicht	30	cc) Übergang im Rahmen eines Insolvenzverfahrens	120
II. Betriebsübergang	37	b) Übergang der Rechte und Pflichten aus dem Arbeitsverhältnis	122
1. Die Betriebsübergangsrichtlinie 2001/ 23/EG	37	aa) Rechtsgeschäftliche Betriebsveräußerung	122
a) Entstehungsgeschichte der Betriebsübergangsrichtlinie 77/187/EWG	38	bb) Verschmelzung	128
b) Sachlicher Anwendungsbereich	41	c) Aufrechterhaltung kollektivvertraglicher Arbeitsbedingungen	129
aa) Übergang eines Unternehmens, Betriebs oder Betriebsteils	42	aa) Rechtsgeschäftliche Betriebsveräußerung	129
bb) Übergang durch vertragliche Vereinbarung oder Verschmelzung	82	bb) Verschmelzung	140
cc) Übergang im Rahmen eines Insolvenzverfahrens	90	d) Schutz vor Kündigungen	144
c) Territorialer Geltungsbereich	92	aa) Rechtsgeschäftliche Betriebsveräußerung	144
d) Der Inhalt der Richtlinie	93	bb) Verschmelzung	147
aa) Wahrung der Ansprüche der Arbeitnehmer (Art. 3 RL BetrÜ)	93	e) Schutz der Arbeitnehmervertretung und der Arbeitnehmervertreter	148
bb) Beendigung des Arbeitsverhältnisses (Art. 4 RL BetrÜ)	102	aa) Rechtsgeschäftliche Betriebsveräußerung	148
		bb) Verschmelzung	150

---

[1] S. § 18 Rn. 251 ff.
[2] S. § 18 Rn. 213 ff.
[3] Zum sozialen Dialog s. auch § 7 Rn. 23, § 11 Rn. 21 ff., 63 f., § 12 Rn. 113 ff., 135 ff.
[4] Dazu *Dederer*, RdA 2000, S. 216.

Einzelne Richtlinien § 18

	Rn.		Rn.
f) Information und Konsultation	151	b) Zielsetzung	253
aa) Rechtsgeschäftliche Betriebsveräußerung	151	c) Anwendungsbereich	254
bb) Verschmelzung	152	d) Materiellrechtliche Regelungen der Rahmenvereinbarung	256
3. Die Änderungsrichtlinie 98/50/EG und ihre Auswirkungen auf das deutsche Recht	153	aa) Diskriminierungsverbot	256
		bb) Maßnahmen gegen Missbrauch	261
a) Titel der Richtlinie	154	cc) Erleichterung des Wechsels auf einen unbefristeten Arbeitsplatz	263
b) Sachlicher Anwendungsbereich	155		
c) Begriff des Arbeitnehmers	159	dd) Erleichterung des Zugangs zu Aus- und Weiterbildungsmaßnahmen	264
d) Anwendung bei Übergängen im Rahmen von Insolvenzverfahren	161		
		ee) Kollektivrechtliche Regelungen	265
e) Rechtsstellung und Funktion der Arbeitnehmervertreter	162	2. Umsetzung in das deutsche Recht	268
f) Information und Konsultation	165	**VII. Arbeitnehmerüberlassung**	285
g) Schlussbestimmungen	169	**VIII. Arbeitszeit**	289
III. Zahlungsunfähigkeit des Arbeitgebers	170	1. Allgemeines	289
		2. Die Arbeitszeitrichtlinie 93/194/EG	292
1. Die Zahlungsunfähigkeitsrichtlinie 80/987/EWG	170	a) EG-Recht	292
		aa) Vorgeschichte	292
a) Anwendungsbereich	171	bb) Der Inhalt der Richtlinie	294
b) Garantieeinrichtungen	173	cc) Die Änderungsrichtlinie 2000/34/EG	320
c) Vorschriften über die soziale Sicherheit	177		
		b) Umsetzung in das deutsche Recht	332
d) Missbrauchsregelung	178	aa) Umsetzung der Arbeitszeitrichtlinie in ihrer Ursprungsfassung	332
2. Der Änderungsvorschlag	179		
3. Umsetzung in das deutsche Recht	180	bb) Umsetzung der Änderungsrichtlinie 2000/34/EG	351
a) Anwendungsbereich	181		
b) Garantieeinrichtung	183	3. EWG-Verordnung 3820/85	354
c) Soziale Sicherheit	186	a) Allgemeines	354
d) Missbrauchsregelung	188	b) Anwendungsbereich	355
IV. Massenentlassungen	190	c) Höchstdauer der Lenkzeiten	356
1. Die Massenentlassungsrichtlinie 98/59/EG	190	d) Pausen	357
		e) Ruhezeiten	359
a) Allgemeines	190	f) Erlass von Durchführungsvorschriften	362
b) Anwendungsbereich	192	g) Die Europäische Kontrollverordnung Verkehr Nr. 3821/85	363
c) Konsultations- und Anzeigepflicht	196		
d) Rechtsfolgen	203	**IX. Mutterschutz**	364
2. Umsetzung in das deutsche Recht	205	**X. Jugendarbeitsschutz**	369
V. Teilzeitarbeitnehmer	213	1. Die Jugendarbeitsschutzrichtlinie 94/33/EG	369
1. Entstehungsgeschichte der Richtlinien zu den atypischen Arbeitsverhältnissen	213		
		a) Allgemeines	369
2. Die Teilzeitarbeitsrichtlinie 97/81/EG	218	b) Anwendungsbereich	370
a) Allgemeines	218	c) Inhalt der Richtlinie	371
b) Anwendungsbereich	220	aa) Allgemeine Zielvorgaben	371
c) Materiellrechtliche Regelungen der Rahmenvereinbarung	223	bb) Verbot der Kinderarbeit	372
		cc) Beurteilung und Unterrichtung	378
aa) Diskriminierungsverbot	223	dd) Durchführung von Schutzmaßnahmen und Unterrichtung	381
bb) Beseitigung von Hindernissen	228		
cc) Kündigungsverbot	230	ee) Beschäftigungsverbote für junge Menschen	382
dd) Erleichterung des Wechsels von Vollzeitarbeit in Teilzeitarbeit und umgekehrt	231		
		ff) Arbeitszeit	384
		gg) Nachtarbeit	392
ee) Förderung qualifizierter Teilzeitarbeit	233	hh) Tägliche und wöchentliche Ruhezeiten	396
ff) Information der Arbeitnehmervertreter	234	ii) Pausen	399
		jj) Jahresruhezeit	400
3. Umsetzung in das deutsche Recht	235	kk) Jugendarbeit in Fällen höherer Gewalt	401
VI. Befristung von Arbeitsverträgen	251		
1. Die Befristungsrichtlinie 1999/70/EG	251	ll) Sanktionen	402
		2. Umsetzung in das deutsche Recht	403
a) Allgemeines	251	a) Anhebung der Altersgrenze	406

	Rn.
b) Schutz Jugendlicher vor gefährlichen Arbeiten	408
c) Arbeitsplatzbeurteilung	411
XI. Elternurlaub	412
1. Die Elternurlaubsrichtlinie 96/34/EG	412
a) Allgemeines	412
b) Anwendungsbereich	416
c) Materiellrechtliche Regelungen	417
aa) Gewährung von Elternurlaub	417
bb) Schutz der Arbeitnehmer vor Entlassungen	419
cc) Rückkehr an den früheren Arbeitsplatz	420
dd) Erhalt der zu Beginn des Elternurlaubs bestehenden Rechte	421
ee) Freistellungsanspruch in Fällen höherer Gewalt	422
2. Umsetzung in das deutsche Recht	423
XII. Technischer Arbeitsschutz	430
1. Das System des technischen EG-Arbeitsschutzrechts	430
a) Arbeitsschutzrichtlinien nach Art. 138 EGV (Art. 118a EGV a. F.)	431
b) Binnenmarktrichtlinien nach Art. 95 EGV (Art. 100a EGV a. F.)	436
2. Gemeinschaftsrechtliche Vorschriften des technischen Arbeitsschutzes	440
a) Arbeitsschutzrahmenrichtlinie 89/391/EWG	440
aa) Allgemeines	440
bb) Anwendungsbereich	444
cc) Arbeitgeberpflichten	445
dd) Arbeitnehmerpflichten	449
ee) Umsetzung in das deutsche Recht	451
b) Weitere Arbeitsschutzrichtlinien	455
aa) Richtlinien betreffend Arbeitsstätten	456
bb) Richtlinien betreffend die Geräte- und Anlagensicherheit	565
cc) Richtlinien betreffend Gefahrstoffe und physikalische Einwirkungen	661
dd) Sonstige Arbeitsschutzrichtlinien	900
c) Verordnungen, Entscheidungen, Beschlüsse und Empfehlungen	947
aa) Entscheidung des Ministerrats vom 9. Juli 1956	947
bb) Beschluss 74/325/EWG des Rates vom 27. Juni 1974	950
cc) Entscheidung 88/383/EWG der Kommission vom 24. Februar 1988	954
dd) Empfehlung 90/326/EWG der Kommission vom 22. Mai 1990	958
ee) Verordnung Nr. 2062/94 des Rates vom 28. Juli 1994	961
XIII. Datenschutz	972
1. Die Datenschutzrichtlinie 95/46/EG	972
a) Allgemeines	972
b) Anwendungsbereich	974
c) Bedingungen für die Rechtmäßigkeit der Datenverarbeitung	981
aa) Grundsätze über die Qualität der Daten	982
bb) Rechtmäßigkeit der Verarbeitung	983
cc) Besondere Datenkategorien	986
dd) Information der betroffenen Personen	991
ee) Auskunftsrecht der betroffenen Personen	993
ff) Widerspruchsrecht der Betroffenen	996
gg) Automatisierte Einzelentscheidungen	999
hh) Vertraulichkeit und Sicherheit der Verarbeitung	1000
ii) Meldung	1005
jj) Ausnahmen und Einschränkungen	1011
d) Rechtsbehelfe, Haftung und Sanktionen	1012
e) Datentransfer in Drittländer	1016
f) Verhaltensregeln	1019
g) Kontrollstelle und Datenschutzgruppe	1020
h) Gemeinschaftliche Durchführungsmaßnahmen	1026
i) Schlussbestimmungen	1027
2. Umsetzung in das deutsche Recht	1029
a) Allgemeines	1029
b) Anwendbares örtliches Recht	1033
c) Begriff der „Datei"	1034
d) „Erhebung" personenbezogener Daten	1035
e) Begriff des „Empfängers"	1036
f) Widerspruchsrecht	1037
g) Automatisierte Einzelentscheidungen	1038
h) Meldepflichten	1039
i) Vorabkontrolle	1041
j) Datentransfer in Drittländer	1042
XIV. Schutz der Würde am Arbeitsplatz	1043
1. Empfehlung 92/131/EWG der Kommission zum Schutz der Würde von Frauen und Männern am Arbeitsplatz vom 27. November 1991	1043
a) Allgemeines	1043
b) Unannehmbarkeit sexueller Belästigungen	1048
c) Maßnahmen zur Anwendung des Verhaltenskodexes	1049
d) Verhaltenskodex	1050
aa) Einleitung	1051
bb) Begriffsbestimmung	1053
cc) Rechtliche Einordnung sexueller Belästigungen	1054
dd) Gewerkschaften als Tarifvertragspartner	1056
ee) Empfehlungen für die Arbeitgeberseite	1057
ff) Empfehlungen für Gewerkschaften	1067
gg) Arbeitnehmerpflichten	1068
2. Umsetzung in das deutsche Recht	1069
XV. Entschließung 1999/C 186/02 des Rates betreffend gleiche Beschäftigungschancen für behinderte Menschen	1078
XVI. Die neue sozialpolitische Agenda	1084

I. Nachweis der Arbeitsbedingungen

Schrifttum: *Bepler,* Der Nachweis von Ausschlussfristen, ZTR 2001, S. 241; *Bergwitz,* Beweislast und Nachweisgesetz, RdA 1999, S. 188; *ders.,* Die Bedeutung des Nachweisgesetzes für die Darlegungs- und Beweislast beim Arbeitsvertrag, BB 2001, S. 2316; *Birk,* Das Nachweisgesetz zur Umsetzung der Richtlinie 91/573/EWG in das deutsche Recht, NZA 1996, S. 281; *Däubler,* EG-Arbeitsrecht auf dem Vormarsch, NZA 1992, S. 577; *ders.,* Nachweis-Rili, in: Däubler/Kittner/Lörcher, Internationale Arbeits- und Sozialordnung, 2. Aufl. 1994, S. 1142; *Feldgen,* Nachweisgesetz, 1995; *B. Gaul/Schoenen,* Aktuelle Aspekte des Rechts der Europäischen Union, AuA 1995, S. 113; *Grünberger,* Nachweisgesetz und Änderung des Kündigungsschutzrechts, NJW 1995, S. 2809; *Heither/Kloppenburg,* Vergütungskorrektur und Nachweisgesetz, RdA 2001, S. 293; *Hohmeister,* Beweislastumkehr durch das Nachweisgesetz, BB 1996, S. 2046; *Höland,* Das neue Nachweisgesetz, AuR 1996, S. 87; *Hold,* Neue Vorschriften über den Nachweis der für ein Arbeitsverhältnis geltenden wesentlichen Bedingungen und über Massenentlassungen, AuA 1995, S. 289; *Kliemt,* Nachweis des Arbeitsvertrages, EAS B 3050; *Lörcher,* Die EG-Nachweis-Richtlinie (91/533/EWG) und ihre Umsetzung in innerstaatliches Recht, AuR 1994, S. 450; *Preis,* in: Erfurter Kommentar zum Arbeitsrecht, 2. Aufl. 2001, Nachweisgesetz; *ders.,* Das Nachweisgesetz – lästige Förmelei oder arbeitsrechtliche Zeitbombe?, NZA 1997, S. 10; *Schaefer,* Das Nachweisgesetz, 1999; *Schiefer,* Gesetz zur Anpassung arbeitsrechtlicher Bestimmungen an das EG-Recht, DB 1995, S. 1910; *Schoden,* Nachweisgesetz, 1996; *Schwarze,* Praktische Handhabung und dogmatische Einordnung des Nachweisgesetzes, ZfA 1997, S. 43; *Sigemann,* Zur Umsetzung der Nachweis-Richtlinie in nationales Recht, RdA 2001, Sonderbeilage Heft 5, S. 39; *Stückemann,* Dokumentationspflichten für den Arbeitgeber, BB 1995, S. 1846; *Walker,* Anm. zu EuGH v. 4. 12. 1997, EAS RL 91/533/EWG Art. 2 Nr. 1; *Wank,* Das Nachweisgesetz, RdA 1996, S. 21; *Zwanziger,* Einzelprobleme des Nachweisgesetzes, DB 1996, S. 2027.

1. Die Nachweisrichtlinie 91/533/EWG

a) Allgemeines

Die Entwicklung neuer Arbeitsvertragsformen in den Mitgliedstaaten hat zu einer Vielfalt von Arbeitsverhältnissen geführt. Angesichts dieser Entwicklung haben sich einige Mitgliedstaaten veranlasst gesehen, Maßnahmen zu ergreifen, um die Arbeitsverhältnisse bestimmten Formerfordernissen zu unterziehen. Diese Maßnahmen zielen darauf ab, die Arbeitnehmer besser vor Unkenntnis ihrer Rechte zu schützen und den Arbeitsmarkt transparenter zu gestalten. Da die einschlägigen Rechtsvorschriften der Mitgliedstaaten in wesentlichen Punkten, wie etwa der Pflicht zur schriftlichen Unterrichtung des Arbeitnehmers über die wesentlichen Bedingungen seines Arbeitsvertrages, erheblich voneinander abweichen und diese Unterschiede sich nach Auffassung der Kommission unmittelbar auf das Funktionieren des Gemeinsamen Marktes auswirken können, hat sie dem Rat am 5. Dezember 1990 einen auf Art. 94 EGV (Art. 100 EGV a. F.) gestützten Vorschlag für eine Richtlinie über einen Nachweis für Arbeitsverhältnisse vorgelegt.[1] Sowohl der Wirtschafts- und Sozialausschuss[2] als auch das EP[3] haben den Vorschlag der Kommission vorbehaltlich einiger Änderungen begrüßt. Gestützt auf den Vorschlag der Kommission hat der Rat am 14. Oktober 1991 die **Richtlinie 91/533/EWG über die Pflicht des Arbeitgebers zur Unterrichtung des Arbeitnehmers über die für seinen Arbeitsvertrag oder sein Arbeitsverhältnis geltenden Bedingungen** verabschiedet.[4] Mit der

1

---

[1] ABl. EG C 24, S. 3; kritisch zur Ermächtigungsgrundlage *Franzen,* Privatrechtsangleichung durch die Europäische Gemeinschaft, 1999, S. 75 ff.

[2] Stellungnahme vom 24. April 1991, ABl. EG C 159, S. 32.

[3] Stellungnahme vom 18. Juli 1991, ABl. EG C 240, S. 16.

[4] ABl. EG L 288, S. 32; nachfolgend Nachweisrichtlinie (RL Nachw) abgekürzt. Zur Nachweisrichtlinie s. auch *Däubler,* NZA 1992, S. 577 f.; *ders.,* Nachweis-Rili, in: Däubler/Kittner/Lörcher, Internationale Arbeits- und Sozialordnung, 1994, S. 1142 f.; *Feldgen,* Nachweisgesetz, 1995, Rn. 6 ff.; *B. Gaul/Schoenen,* AuA 1995, S. 113, 114 f.; *Kliemt,* Nachweis des Arbeitsvertrages, EAS B 3050; *Lörcher,* AuR 1994, S. 450 ff.

Nachweisrichtlinie soll sichergestellt werden, dass grundsätzlich jeder Arbeitnehmer von seinem Arbeitgeber ein Schriftstück als Nachweis über die wesentlichen Bedingungen des Arbeitsverhältnisses erhält. Die Nachweisrichtlinie enthält Mindestvorschriften. Das Recht der Mitgliedstaaten, für die Arbeitnehmer günstigere Rechtsvorschriften anzuwenden oder zu erlassen, bleibt gem. Art. 7 RL Nachw unberührt. Mit der Nachweisrichtlinie wird zugleich die in Art. 9 der Gemeinschaftscharta der sozialen Grundrechte der Arbeitnehmer[5] enthaltene Grundposition in verbindliches Recht gefasst.[6]

b) Anwendungsbereich

2 Gem. Art. 1 Abs. 1 RL Nachw werden vom Anwendungsbereich der Richtlinie Arbeitsverhältnisse erfasst, die dem in einem Mitgliedstaat geltenden Recht unterliegen. Art. 1 Abs. 2 RL Nachw räumt den Mitgliedstaaten das Recht ein, bestimmte Arbeitsverhältnisse vom Anwendungsbereich der Richtlinie auszuschließen. Vom Geltungsbereich der Nachweisrichtlinie ausgenommen werden können danach Arbeitsverhältnisse mit einer Gesamtdauer von höchstens einem Monat sowie Arbeitsverhältnisse, deren Wochenarbeitszeit höchstens 8 Stunden beträgt. Ferner können solche Arbeitsverhältnisse ausgenommen werden, die eine Gelegenheitsarbeit oder eine „Tätigkeit besonderer Art" zum Gegenstand haben, sofern objektive Gründe in diesen Fällen die Nichtanwendung rechtfertigen. Was eine „Tätigkeit besonderer Art" ist, definiert die Nachweisrichtlinie allerdings nicht.

c) Der Inhalt der Richtlinie

3 Nach Art. 2 Abs. 1 RL Nachw hat der Arbeitgeber den Arbeitnehmer über die **wesentlichen Punkte des Arbeitsverhältnisses** in Kenntnis zu setzen. Die Unterrichtung muss mindestens die in Art. 2 Abs. 2a bis j RL Nachw aufgeführten Angaben enthalten.[7] Im Einzelnen handelt es sich um folgende Angaben: Personalien der Parteien; Arbeitsplatz oder, wenn es sich nicht um einen festen oder vorherrschenden Arbeitsplatz handelt, ein Hinweis darauf, dass der Arbeitnehmer an verschiedenen Orten beschäftigt wird; Sitz oder gegebenenfalls Wohnsitz des Arbeitgebers; kurze Charakterisierung oder Beschreibung der Arbeit[8] oder wahlweise die dem Arbeitnehmer bei der Einstellung zugewiesene Amtsbezeichnung, sein Dienstgrad und Art oder Kategorie seiner Stelle; Zeitpunkt des Beginns des Arbeitsverhältnisses; bei befristeten Arbeitsverhältnissen die vorhersehbare Dauer;[9] Dauer des Jahresurlaubs oder, falls er im Zeitpunkt der Unterrichtung noch nicht angegeben werden kann, die Modalitäten der Gewährung; Länge der bei der Kündigung des Arbeitsverhältnisses vom Arbeitgeber und vom Arbeitnehmer einzuhaltenden Kündigungsfristen; anfänglicher Grundbetrag, die anderen Bestandteile sowie Periodizität der Auszahlung des Arbeitsentgelts;[10] normale Tages- oder Wochenarbeitszeit;[11] gegebenenfalls Tarifverträge oder sonstige kollektive Vereinbarungen, in denen die Arbeitsbedingungen geregelt sind. Die Unterrichtung über die in Art. 2 Abs. 2 RL Nachw aufgeführten Mindestangaben kann gem. Art. 3 Abs. 1 RL dadurch erfolgen, dass der Arbeitgeber dem Arbeitnehmer spätestens zwei Monate nach Aufnahme der Arbeit einen schriftlichen Ar-

---

[5] Näher zur Gemeinschaftscharta der sozialen Grundrechte § 13 Rn. 96 ff.

[6] Nummer 9 der Gemeinschaftscharta lautet: „Die Arbeitsbedingungen eines jeden abhängig Beschäftigten der Europäischen Gemeinschaft müssen entsprechend den Gegebenheiten der einzelnen Länder durch das Gesetz, durch einen Tarifvertrag oder in einem Beschäftigungsvertrag geregelt sein."

[7] Zur Frage, ob die in Art. 2 Abs. 2 RL Nachw enthaltenen Angaben abschließend sind, s. unten Rn. 21 ff.

[8] Näher hierzu unten Rn. 18.

[9] Näher hierzu unten Rn. 16.

[10] Näher hierzu unten Rn. 19.

[11] Näher hierzu unten Rn. 20.

I. Nachweis der Arbeitsbedingungen

beitsvertrag, ein Anstellungsschreiben oder ein anderes Schriftstück aushändigt, in dem die Mindestangaben enthalten sind. Nach Art. 2 Abs. 3 RL Nachw können die Angaben über den Jahresurlaub, das Arbeitsentgelt, die Kündigungsfristen und die normale Tages- oder Wochenarbeitszeit durch einen Hinweis auf bestehende Vorschriften oder Tarifbestimmungen, die für die entsprechenden Bereiche gelten, ersetzt werden. Endet das Arbeitsverhältnis vor Ablauf der Frist von zwei Monaten nach Aufnahme der Arbeit, so muss gem. Art. 3 Abs. 3 RL Nachw die Unterrichtung des Arbeitnehmers spätestens bis zum Ablauf dieser Frist erfolgen.

Zusätzliche Informationspflichten schreibt Art. 4 Abs. 1 RL Nachw dann vor, wenn der Arbeitnehmer seine Arbeit in einem oder mehreren anderen Ländern als dem Mitgliedstaat ausüben muss, dessen Rechtsvorschriften sein Arbeitsverhältnis unterliegt, und die **Auslandstätigkeit** einen Monat übersteigt. Für diesen Fall hat der Arbeitgeber sicherzustellen, dass der Arbeitnehmer vor der Abreise im Besitz der in Art. 3 RL Nachw genannten Dokumente ist, die zudem mindestens folgende Zusatzangaben enthalten müssen: Dauer der im Ausland auszuübenden Arbeit; Währung, in der das Arbeitsentgelt ausgezahlt wird; gegebenenfalls die mit dem Auslandsaufenthalt verbundenen Vorteile in Geld und in Naturalien; gegebenenfalls die Bedingungen für die Rückführung des Arbeitnehmers. 4

Nach Art. 5 RL Nachw müssen **Änderungen** der in Art. 2 Abs. 2 und Art. 4 Abs. 1 RL Nachw vorgeschriebenen Mindestangaben Gegenstand eines Schriftstücks sein, das der Arbeitgeber dem Arbeitnehmer umgehend, jedoch spätestens einen Monat nach dem Wirksamwerden der betreffenden Änderung aushändigen muss. Dieses Schriftstück ist gem. Art. 5 Abs. 2 RL Nachw jedoch entbehrlich im Fall einer Änderung der Rechtsvorschriften oder Tarifvertragsbestimmungen, wenn in einem Dokument nach Art. 3 RL Nachw auf sie bezug genommen wird. 5

Nach Art. 8 Abs. 1 RL Nachw muss jeder Arbeitnehmer die Möglichkeit haben, die Rechte aus der Nachweisrichtlinie gerichtlich geltend zu machen. Art. 8 Abs. 2 RL Nachw ermächtigt die Mitgliedstaaten, die **gerichtliche Durchsetzung** davon abhängig zu machen, dass der Arbeitnehmer den Arbeitgeber vorher gemahnt hat und die Mahnung innerhalb von 15 Tagen ohne Antwort geblieben ist. Die vorherige Mahnung darf gem. Art. 8 Abs. 2 Unterabs. 2 RL Nachw allerdings nicht in den Fällen des Art. 4 RL Nachw verlangt werden. 6

Für Arbeitsverhältnisse, die bei In-Kraft-Treten der nationalen Umsetzungsvorschriften bereits bestehen, verpflichtet Art. 9 Abs. 2 RL Nachw den Arbeitgeber, Arbeitnehmern auf deren Antrag innerhalb von zwei Monaten die Dokumente nach Art. 3 RL Nachw, gegebenenfalls ergänzt gem. Art. 4 Abs. 1 RL Nachw, auszuhändigen. 7

Art. 6 RL Nachw stellt klar, dass die einzelstaatlichen Rechtsvorschriften für die Form des Arbeitsvertrages, die Regelung für den Nachweis über das Bestehen und den Inhalt des Arbeitsverhältnisses sowie einschlägige Verfahrensregeln durch diese Richtlinie nicht berührt werden. 8

2. Umsetzung in das deutsche Recht

Die Mitgliedstaaten waren gem. Art. 9 Abs. 1 RL Nachw verpflichtet, die Nachweisrichtlinie bis spätestens zum 30. Juni 1993 in nationales Recht umzusetzen. Im deutschen Recht existierten zu diesem spätesten Umsetzungstermin lediglich Art. 2 RL Nachw entsprechende Unterrichtungspflichten des Arbeitgebers, und zwar auch nur für Leiharbeitsverhältnisse,[12] Berufsbildungsverhältnisse[13] sowie Heuerverhältnisse in der Seeschifffahrt.[14] 9

Am 28. Juli 1995, also erst gut zwei Jahre nach Ablauf der in der Nachweisrichtlinie vorgesehenen Umsetzungsfrist, ist das Gesetz zur Anpassung arbeitsrechtlicher Bestim- 10

---

[12] Vgl. § 11 AÜG.
[13] Vgl. § 4 BBiG.
[14] Vgl. § 11 SeemG.

mungen an das EG-Recht vom 20. Juli 1995 in Kraft getreten.[15] Das als Artikelgesetz ausgestaltete Gesetz enthält als Kernstück in Art. 1 das der Umsetzung der Nachweisrichtlinie dienende Gesetz über den Nachweis der für ein Arbeitsverhältnis geltenden wesentlichen Bedingungen (Nachweisgesetz – NachwG –).[16] Ob das eng an die Nachweisrichtlinie angelehnte Nachweisgesetz den Vorgaben der Nachweisrichtlinie genügt, bedarf der Prüfung.[17]

a) Anwendungsbereich

11 Das Nachweisgesetz gilt nach § 1 grundsätzlich für alle Arbeitnehmer. Vom Geltungsbereich des Nachweisgesetzes ausgeschlossen sind nach der Gesetzesänderung vom 24. März 1999[18] Arbeitnehmer, die zur vorübergehenden Aushilfe von höchstens einem Monat eingestellt werden.

12 Dagegen waren gem. § 1 Nr. 1 des Nachweisgesetzes in seiner ursprünglichen Fassung vom Geltungsbereich auch Arbeitnehmer ausgeschlossen, die zu vorübergehender Aushilfe oder einer anderen gelegentlichen Tätigkeit, deren Gesamtdauer 400 Stunden innerhalb eines Jahres nicht übersteigt, eingestellt werden sowie Arbeitnehmer, die hauswirtschaftliche, erzieherische oder pflegerische Tätigkeiten in einem Familienhaushalt ausüben, wenn die Tätigkeit die Grenzen des § 8 Abs. 1 SGB IV nicht überschritt. Die Richtlinienkonformität dieser Regelung ist im Schrifttum überwiegend in Zweifel gezogen worden.[19]

13 Die jetzige Ausnahmeregelung, nach der vom Geltungsbereich des Nachweisgesetzes nur noch Arbeitnehmer ausgeschlossen sind, die zur vorübergehenden Aushilfe von höchstens einem Monat eingestellt werden, wird durch Art. 1 Abs. 2 Buchst. a 1. Spiegelstrich RL Nachw abgedeckt.

b) Mindestinhalt der Niederschrift

14 Gem. § 2 Abs. 1 NachwG ist der Arbeitgeber verpflichtet, die wesentlichen Vertragsbedingungen schriftlich niederzulegen, die Niederschrift zu unterzeichnen und dem Arbeitnehmer auszuhändigen.

15 Was als Mindestbestandteil in die Niederschrift aufzunehmen ist, ergibt sich aus den Nr. 1 bis 10 des § 2 Abs. 1 S. 2 NachwG. Zu den Mindestangaben gehören u. a. der Name und die Anschrift der Vertragsparteien (Nr. 1), der Zeitpunkt des Beginns des Arbeitsverhältnisses (Nr. 2), der Arbeitsort (Nr. 4), die Bezeichnung oder allgemeine Beschreibung der zu leistenden Tätigkeit (Nr. 5), die Dauer des jährlichen Erholungsurlaubs (Nr. 8) sowie die Fristen für die Kündigung des Arbeitsverhältnisses (Nr. 9).[20]

16 Nach § 2 Abs. 1 S. 2 Nr. 3 NachwG ist bei befristeten Arbeitsverträgen zudem die Angabe der vorhersehbaren Dauer erforderlich. Ist eine Zeitbefristung vereinbart, so bereitet die konkrete Angabe des Vertragsendes keine Schwierigkeiten. Bei Zweckbefristungen genügt die Angabe, wann der Zweck erreicht ist oder, sofern auch die Zweckerreichung nicht objektiv bestimmbar ist, die Angabe des Zwecks.[21] Die weitergehende Auffassung,

---

[15] BGBl. I S. 946 ff.
[16] Zum Nachweisgesetz s. auch *Feldgen*, Nachweisgesetz, 1995; *Grünberger*, NJW 1995, S. 2809 ff.; *Höland*, AuR 1996, S. 87 ff.; *Hold*, AuA 1995, S. 289 f.; ErfK/*Preis*, NachwG; *Schiefer*, DB 1995, S. 1910 ff.; *Schoden*, Nachweisgesetz, 1996; *Stückemann*, BB 1995, S. 1846 ff.; *Wank*, RdA 1996, S. 21 ff.; *Zwanzinger*, DB 1996, S. 2027 ff.
[17] Die Prüfung beschränkt sich auf die wesentlichsten Punkte; wegen weiterer Detailfragen wird auf die einschlägige Kommentarliteratur zum Nachweisgesetz (s. vorherige Fußn.) verwiesen.
[18] BGBl. I S. 388.
[19] S. *Feldgen*, Nachweisgesetz, Rn. 30, 103; *B. Gaul/Schoenen*, AuA 1995, S. 113, 115; *Kliemt*, EAS B 3050, S. 29 f.; ErfK/*Preis*, NachwG, § 1 Rn. 7; für die Richtlinienkonformität der ursprünglichen Ausnahmeregelung dagegen *Birk*, NZA 1996, S. 281, 284; *Schiefer*, DB 1995, S. 1910.
[20] Hinsichtlich der zusätzlichen Dokumentationspflichten bei ins Ausland entsandten Arbeitnehmern s. § 2 Abs. 2, 3 NachwG, die den Vorgaben des Art. 4 RL Nachw entsprechen.
[21] Vgl. BT-Drucks. 13/668, S. 10.

I. Nachweis der Arbeitsbedingungen   17–20 § 18

wonach bei Zweckbefristungen auch die konkret vorhersehbare Dauer mit angegeben werden müsse,[22] verkennt, dass eine solche Angabe bei Zweckbefristungen häufig gerade nicht möglich ist.[23] Auch die Nachweisrichtlinie verlangt vom Arbeitgeber nur die Angabe der **vorhersehbaren Dauer**[24] und keine darauf gerichtete Prognose.[25]

Die Anforderungen gem. § 2 Abs. 1 Satz 2 Nr. 3 NachwG werden flankiert durch § 14 Abs. 4 TzBfG, wonach die Befristung eines Arbeitsvertrages zu ihrer Wirksamkeit der Schriftform bedarf. **17**

§ 2 Abs. 1 S. 2 Nr. 5 NachwG in seiner ursprünglichen Fassung verlangte lediglich die Bezeichnung oder eine allgemeine Beschreibung der vom Arbeitnehmer zu leistenden Tätigkeit. Im Gegensatz dazu bedarf es nach Art. 2 Abs. 2 Buchst. c RL Nachw der Angabe der dem Arbeitnehmer bei der Einstellung zugewiesenen Amtsbezeichnung, seines Dienstgrades und Art oder Kategorie seiner Stelle oder stattdessen einer kurzen Charakterisierung oder **Beschreibung der Arbeit.** In seinem Vorabentscheidungsurteil vom 4. 12. 1997[26] entschied der EuGH, dass die bloße Bezeichnung einer Tätigkeit nicht in allen Fällen als Charakterisierung oder Beschreibung der vom Arbeitnehmer zu leistenden Arbeit angesehen werden könne. Der Rechtsprechung des EuGH folgend, hat der deutsche Gesetzgeber durch das Änderungsgesetz vom 29. Juni 1998[27] § 2 Abs. 1 S. 2 Nr. 5 NachwG richtlinienkonform dahingehend geändert, dass der Nachweis „eine kurze Charakterisierung oder Beschreibung der vom Arbeitnehmer zu leistenden Tätigkeit" enthalten muss. **18**

Im Nachweis anzugeben sind nach § 2 Abs. 1 S. 2 Nr. 6 NachwG auch die Zusammensetzung und die Höhe des **Arbeitsentgelts** einschließlich der Zuschläge, der Zulagen, Prämien und Sonderzahlungen sowie anderer Bestandteile des Arbeitsentgelts und deren Fälligkeit. Das Nachweisgesetz entspricht damit der Vorgabe des Art. 2 Abs. 2 Buchst. h RL Nachw. Abzulehnen ist die Auffassung, wonach die Nachweisrichtlinie auch den Hinweis auf etwaige Ausschlussfristen verlangt.[28] Die in Art. 2 Abs. 2 Buchst. h RL Nachw enthaltene Formulierung „Periodizität der Auszahlung des Arbeitsentgelts" bezieht sich nämlich nicht auf den rechtlichen Bestand des Anspruchs, sondern lediglich auf die Fälligkeit der Auszahlung, also auf die Frage, zu welchem Termin die Auszahlung jeweils erfolgt.[29] **19**

Nach § 2 Abs. 1 Satz 2 Nr. 7 NachwG hat der Arbeitgeber in dem Nachweis auch die „vereinbarte **Arbeitszeit**" anzugeben. Dagegen sieht Art. 2 Abs. 2 Buchst. i RL Nachw die Angabe der „normalen Tages- oder Wochenarbeitszeit des Arbeitnehmers" vor.[30] Die deutsche Regelung steht trotz ihres Wortlauts nicht im Widerspruch zur Nachweisrichtlinie.[31] Sie verpflichtet den Arbeitgeber nämlich nicht, nur Arbeitsverhältnisse mit einer regelmäßigen wöchentlichen oder täglichen Arbeitszeit abzuschließen, sondern belässt ihm die Möglichkeit zum Abschluss von Verträgen mit flexibler Arbeitszeitgestaltung.[32] Da sich bei den modernen Formen der Arbeitszeitgestaltung eine „normale Tages- oder Wochenarbeitszeit des Arbeitnehmers" aber nicht immer angeben lässt, entspricht es dem Schutzzweck der Nachweisrichtlinie, wenn der Arbeitnehmer auch bei diesen Arbeitszeitverein- **20**

---

[22] *Lörcher,* AuR 1994, S. 450, 454.
[23] *Kliemt,* EAS B 3050, S. 10.
[24] Art. 2 Abs. 2 Buchst. e RL Nachw.
[25] Ähnlich auch *Feldgen,* Nachweisgesetz, § 2 Rn. 150; ErfK/*Preis,* NachwG, § 2 Rn. 12.
[26] EuGH (Kampelmann), Rs. 253/96–259/96, Slg. 1997, S. 6907 = NZA 1998, S. 137.
[27] BGBl. I S. 1694.
[28] Ebenso LAG Bremen, DB 2001, S. 336; *Lörcher,* AuR 1994, S. 450, 452 Fußn. 24; a. A. LAG Schleswig-Holstein, DB 2000, S. 724.
[29] Ebenso *Kliemt,* EAS B 3050, S. 11.
[30] Der Gesetzesentwurf der Bundesregierung verlangte ursprünglich die Angabe der vom Arbeitnehmer zu leistenden „regelmäßigen wöchentlichen oder täglichen Arbeitszeit".
[31] Die Richtlinienkonformität anzweifelnd dagegen *Lörcher,* AuR 1994, S. 450, 454.
[32] Z. B. Jahresarbeitszeitverträge oder Verträge über Arbeit auf Abruf.

barungen einen schriftlichen Nachweis über den zeitlichen Umfang der von ihm zu leistenden Arbeitszeit erhält.[33]

21 Sind die Arbeitsbedingungen des Arbeitnehmers in Tarifverträgen, Betriebsvereinbarungen oder Dienstvereinbarungen geregelt, so muss der Arbeitgeber gem. § 2 Abs. 1 S. 2 Nr. 10 NachwG darauf in allgemeiner Form hinweisen. Im Schrifttum wird die Ansicht vertreten, dass ein allgemeiner Hinweis auf den Inhalt von **Kollektivvereinbarungen** nicht ausreiche, sondern der Arbeitgeber die auf das Arbeitsverhältnis anwendbaren kollektiven Regelungen im Einzelnen auflisten müsse.[34] Gefolgert wird dies aus Art. 2 Abs. 2 Buchst. j RL Nachw, der die Angabe der Tarifverträge oder der kollektiven Vereinbarungen, in denen die Arbeitsbedingungen des Arbeitnehmers geregelt sind, verlangt. Gegen eine Pflicht des Arbeitgebers zur Auflistung der jeweils anwendbaren Kollektivregelungen spricht jedoch der Sinn und Zweck der Richtlinie. Der Arbeitnehmer soll einen Anspruch darauf haben, dass ihm die **wesentlichen Bedingungen** seines Arbeitsverhältnisses schriftlich ausgehändigt werden. Müsste der Arbeitgeber aber alle auf das Arbeitsverhältnis anwendbaren Kollektivregelungen im Einzelnen auflisten, so liefe das im Ergebnis häufig darauf hinaus, dass der Arbeitnehmer nicht nur einen Anspruch auf schriftliche Mitteilung der wesentlichen, sondern auf Mitteilung aller Arbeitsbedingungen hätte. Einen so weitgehenden Anspruch wollte die Nachweisrichtlinie aber gerade nicht gewähren.[35]

22 Soweit der Inhalt des Arbeitsverhältnisses in Bezug auf Fragen des Arbeitsentgelts (Nr. 6), der Arbeitszeit (Nr. 7), des Urlaubs (Nr. 8) und der Kündigungsfristen (Nr. 9) in Tarifverträgen bestimmt wird, darf der Arbeitgeber nach § 2 Abs. 3 Satz 1 NachwG anstelle der in § 2 Abs. 1 Satz 2 Nr. 6 bis 9 NachwG genannten Einzelangaben auf die einschlägige Kollektivvereinbarung **verweisen.** Diese Erleichterung für den Arbeitgeber wird von Art. 2 Abs. 3 RL Nachw gestattet. Allerdings ist vom Arbeitgeber zu verlangen, dass der Hinweis so konkret erfolgt, dass der Arbeitnehmer ohne Schwierigkeiten von dem Inhalt der für ihn einschlägigen Regelung Kenntnis nehmen kann. Nur so wird der Zielsetzung der Nachweisrichtlinie entsprochen, nämlich sicherzustellen, dass jeder Arbeitnehmer sich über die für ihn wesentlichen Arbeitsbedingungen informieren kann.

23 Ist in Bezug auf den jährlichen Erholungsurlaub oder die Kündigungsfristen ausschließlich die gesetzliche Regelung maßgebend, so erleichtert § 2 Abs. 3 S. 2 NachwG dem Arbeitgeber die Nachweispflicht dadurch, dass er einen Hinweis auf die jeweils gültigen gesetzlichen **Urlaubs- oder Kündigungsfristregelungen** genügen lässt. Auch diese Erleichterung wird durch Art. 2 Abs. 3 RL Nachw gestattet.

24 Fraglich ist, ob es sich bei den Dokumentationspflichten des Nachweisgesetzes um einen abschließenden Katalog handelt, oder ob der Arbeitgeber auch darüber hinaus weitere „wesentliche Punkte" des Arbeitsverhältnisses in die Niederschrift aufnehmen muss. Letzteres wird im Schrifttum im Hinblick auf die Nachweisrichtlinie vertreten.[36] Der in Art. 2 Abs. 2 RL Nachw verwandte Begriff „mindestens" lässt jedoch nicht notwendigerweise den Schluss zu, dass über die dort aufgeführten Angaben hinaus weitere Punkte aufgenommen werden müssen. Wenn es dem Wunsch des Richtliniengebers entsprochen hätte, weitere wesentliche Arbeitsbedingungen unter die Informationspflicht fallen zu lassen, so hätte es vielmehr nahegelegen, dass dieser Wille durch eine entsprechend klare Formulierung in der Nachweisrichtlinie zum Ausdruck gebracht worden wäre. Für einen **ab-**

---

[33] So auch *Feldgen*, Nachweisgesetz, Rn. 165.
[34] *Kliemt*, ESA B 3050, S. 12; *Lörcher*, AuR 1994, S. 450, 454.
[35] Davon zu trennen ist die nachfolgend zu behandelnde Frage, wie konkret der Hinweis auf die anwendbaren Kollektivvereinbarungen sein muss, wenn sie die Angaben in der Niederschrift ersetzen sollen. S. zum Streitstand *Preis/Lindemann*, Anm. zu EuGH, EAS Art. 2 RL 91/533/EWG Nr. 2; zum Hinweis auf eine Verfallklausel (in einem allgemeinverbindlichen Tarifvertrag) LAG Düsseldorf, DB 2001, S. 1995 sowie *Bepler*, ZTR 2001, S. 241.
[36] *Kliemt*, EAS B 3050, S. 8; *Lörcher*, AuR 1994, S. 450, 453; ErfK/*Preis*, NachwG, § 2 Rn. 8; s. jetzt auch EuGH C-350/99 AP Nr. 4 zu § 2 NachwG betr. Überstunden.

I. Nachweis der Arbeitsbedingungen 25–29 § 18

schließenden Katalog spricht auch die sehr spezifizierte Aufzählung von wesentlichen Arbeitsbedingungen. Einer so detaillierten Aufzählung hätte es nämlich nicht bedurft, wenn den einzeln aufgeführten Arbeitsbedingungen nur Beispielcharakter zukäme. Schließlich spricht für einen abschließenden Katalog auch die Rechtssicherheit. Der Begriff „wesentliche Punkte" in Art. 2 RL Nachw ist so unbestimmt, dass eine Abgrenzung, was noch wesentlich ist und was nicht mehr, in der Praxis gar nicht realisierbar ist.

Demgegenüber hat der EuGH auf Vorlage des Arbeitsgerichts Bremen entschieden, der 25 Katalog der Nachweisrichtlinie enthalte **keine abschließende Regelung.**[37] Im konkreten Fall entschied er, dass Art. 2 Abs. 2 der Richtlinie die Leistung von **Überstunden** nicht erfasse. Doch sei es eine wesentliche und mitteilungspflichtige Regelung, wenn der Arbeitnehmer auf bloße Anordnung des Arbeitgebers zur Leistung von Überstunden verpflichtet sei.

Nach § 2 Abs. 4 NachwG entfällt die Pflicht, dem Arbeitnehmer eine Niederschrift 26 auszuhändigen, wenn die Arbeitsvertragsparteien einen **schriftlichen Arbeitsvertrag** geschlossen haben, in dem die erforderlichen Angaben enthalten sind. Für den Fall, dass der schriftliche Arbeitsvertrag nur einen Teil der erforderlichen Angaben enthält, bleibt die Verpflichtung zur Aushändigung einer Niederschrift an den Arbeitnehmer bestehen. In Übereinstimmung mit Art. 2 Abs. 2 Unterabs. 2 RL Nachw braucht diese Niederschrift dann aber nur noch die fehlenden Angaben zu enthalten.

c) Frist für die Nachweispflicht

Für neubegründete Arbeitsverhältnisse muss die Aushändigung der Niederschrift an den 27 Arbeitnehmer binnen einer Frist von einem Monat erfolgen.[38] Anders als der Referentenentwurf vom 15. Juli 1993,[39] der für den Lauf der Frist noch auf den Zeitpunkt des Abschlusses des Arbeitsvertrages abgestellt hatte, kommt es nach § 2 Abs. 1 S. 1 NachwG für die Fristberechnung auf den vereinbarten Beginn des Arbeitsverhältnisses an. Das Nachweisgesetz geht damit in zweifacher Hinsicht noch über die Anforderungen der Nachweisrichtlinie hinaus. Zum einen gewährt die Nachweisrichtlinie dem Arbeitgeber für die schriftliche Unterrichtung über die wesentlichen Punkte des Arbeitsverhältnisses nämlich eine längere Frist, und zwar eine von zwei Monaten.[40] Zum anderen beginnt die Frist nach Art. 3 Abs. 1 RL Nachw erst mit der tatsächlichen Aufnahme der Arbeit zu laufen. Da Art. 7 RL Nachw es jedoch den Mitgliedstaaten überlässt, für die Arbeitnehmer günstigere Rechtsvorschriften anzuwenden oder zu erlassen, steht die Nachweisrichtlinie den weitergehenden Regelungen des Nachweisgesetzes nicht entgegen.

Für Arbeitsverhältnisse, die bei In-Kraft-Treten des Nachweisgesetzes bereits bestanden 28 haben, sieht § 4 NachwG eine Übergangsregelung vor. Danach hat der Arbeitgeber dem Arbeitnehmer auf sein Verlangen innerhalb von zwei Monaten eine Niederschrift i. S. des § 2 NachwG auszuhändigen, sofern nicht eine früher ausgestellte Niederschrift oder ein schriftlicher Arbeitsvertrag die erforderlichen Angaben enthält.

d) Änderungen der Vertragsbedingungen

In Übereinstimmung mit Art. 5 RL Nachw verpflichtet § 3 Satz 1 NachwG den Arbeit- 29 geber, dem Arbeitnehmer auch eine Änderung der wesentlichen Vertragsbedingungen binnen eines Monats nach Wirksamwerden der Änderung schriftlich mitzuteilen. Diese Verpflichtung beschränkt sich auf die vereinbarte Änderung der Vertragsbedingungen; der Arbeitgeber braucht somit nicht jeweils eine erneute umfassende Niederschrift über alle

---

[37] EuGH 8. 2. 2001 Rs. C-350/99 (Lange) AP Nr. 4 zu § 2 NachwG = NZA 2001, S. 381 = JZ 2001, S. 1025 (Reichold) = AuR 2001, S. 108 (Buschmann); ferner Sigemann, RdA 2001, Sonderbeilage Heft 5, S. 39, 42.
[38] § 2 Abs. 1 S. 1 NachwG.
[39] BMA III a 4-31342-1.
[40] Art. 3 Abs. 1 RL Nachw.

erforderlichen Angaben anzufertigen.[41] Die Verpflichtung zur Angabe der Vertragsänderungen gilt nach § 3 S. 2 NachwG nicht, wenn sich die Änderungen aus einer Änderung der gesetzlichen Vorschriften, Tarifverträge, Betriebs- oder Dienstvereinbarungen oder ähnlichen Regelungen, die für das Arbeitsverhältnis gelten, ergibt. Insoweit wird dem Arbeitnehmer zugemutet, sich über Änderungen der auf sein Arbeitsverhältnis anwendbaren Gesetze und Kollektivverträge selbst zu informieren.[42]

e) Rechtsfolgen bei Verletzung der Nachweispflicht

30   § 5 NachwG regelt ausdrücklich, dass die Nachweispflichten nicht zuungunsten der Arbeitnehmer abbedungen werden dürfen. Eine ausdrückliche Sanktion für den Fall der Nichtbeachtung der Nachweispflicht sieht das Gesetz jedoch nicht vor. Die Aushändigung der Niederschrift hat insbesondere keine konstitutive Wirkung, so dass der Arbeitsvertrag und die vereinbarten Arbeitsbedingungen auch ohne eine Niederschrift gültig sind.[43] Dem Vorschlag des Bundesrats,[44] die Beweislast bei Verletzung der Nachweispflicht dem Arbeitgeber aufzuerlegen, ist der Gesetzgeber nicht gefolgt.[45]

31   Fraglich ist, ob das Fehlen einer ausdrücklichen **Sanktionsregelung** mit der Nachweisrichtlinie im Einklang steht. Die Nachweisrichtlinie gibt für den Fall der Nichtbeachtung der Nachweispflicht durch den Arbeitgeber keine Sanktion vor, sondern verpflichtet die Mitgliedstaaten in Art. 8 Abs. 1, die innerstaatlichen Vorschriften zu erlassen, „die notwendig sind, damit jeder Arbeitnehmer, der sich durch die Nichterfüllung der Verpflichtungen aus dieser Richtlinie für beschwert hält, nach etwaiger Befassung anderer Stellen seine Rechte gerichtlich geltend machen kann." Art. 9 Abs. 1 RL Nachw bestimmt zudem, dass die Mitgliedstaaten die erforderlichen Rechtsvorschriften treffen, um dieser Richtlinie nachzukommen.

32   Der Vorgabe des Art. 8 RL Nachw genügt das Nachweisgesetz dadurch, dass dem Arbeitnehmer im Fall der Verletzung der Nachweispflicht ein einklagbarer Anspruch auf Erfüllung der Nachweispflichten zusteht. Neben dem Erfüllungsanspruch kann der Arbeitnehmer, wenn ihm ein Schaden entsteht, ferner auf Schadensersatz aus c. i. c. (jetzt § 311 Abs. 2 BGB) oder PVV (jetzt §§ 280, 282 BGB) wegen Verletzung arbeitsvertraglicher Nebenpflichten klagen.[46]

33   Ob dies für eine gemeinschaftskonforme Richtlinienumsetzung ausreicht, erschien zunächst angesichts der EuGH-Rechtsprechung zweifelhaft. Wie der EuGH in der Rechtssache von Colson und Kamann[47] zu § 611a BGB a. F. entschieden hatte, setzt die vollständige Durchführung einer Richtlinie voraus, dass Verstöße gegen die Richtlinie mit Sanktionen belegt werden, die einen tatsächlichen und wirksamen Rechtsschutz gewähren. Die Sanktion müsse ferner eine wirklich abschreckende Wirkung gegenüber dem Arbeitgeber haben.[48]

34   Da es nicht realistisch ist, dass ein Arbeitnehmer gegen seinen Arbeitgeber eine Erfüllungs- oder Schadensersatzklage wegen Verletzung der Nachweispflicht anstrengt, kann man Zweifel an einer „wirklich abschreckenden Wirkung" haben, wie sie der EuGH in seinem Urteil vom 10. 4. 1984 verlangt hat. Gleichwohl hat der **EuGH** in seinem Vorabentscheidungsurteil vom **4. 12. 1997**[49] entschieden, dass die Nachweisrichtlinie unmittel-

---

[41] BT-Drucks. 13/668, S. 11.
[42] BT-Drucks. 13/668, S. 12.
[43] Vgl. BT-Drucks. 13/668, S. 10.
[44] Vgl. BT-Drucks. 13/668, Anl. 2, Ziff. 6.
[45] Eine Beweislastumkehr befürwortend auch *Kliemt*, EAS B 3050, S. 34; *Däubler*, NZA 1992, S. 577, 578.
[46] Zum materiellen Recht *Feldgen*, Nachweisgesetz, Rn. 57 ff.; zum Klageverfahren Rn. 70 ff.
[47] EuGH, Rs. 14/83, Slg. 1984, S. 1891 ff. = AP Nr. 1 zu § 611a BGB.
[48] EuGH, Slg. 1984, S. 1891, 1908 = AP Nr. 1 zu § 611a BGB.
[49] EuGH (Kampelmann), Rs. 253/96–259/96, Slg. 1997, S. 6907 = NZA 1998, S. 137.

bar **nicht zu einer Umkehr der Beweislast** führe. Dies ergebe sich aus Art. 6 RL Nachw, wonach die Nachweisrichtlinie nicht die einzelstaatlichen Rechtsvorschriften und -praktiken für die Regelung für den Nachweis über das Vorhandensein und den Inhalt des Arbeitsvertrages oder Arbeitsverhältnisses berühre.[50]

Im **Schrifttum** wird teilweise die Ansicht vertreten, die Nachweisrichtlinie führe zu einer Umkehr der Darlegungs- und Beweislast.[51] Das BAG hat entschieden, der Streit sei im Hinblick auf die Mitteilung über die Eingruppierung nach § 22 BAT ohne Bedeutung.[52] In einer neueren Entscheidung lehnt das BAG eine Beweislastumkehr ausdrücklich ab.[53]

Der **EuGH** hat nunmehr am 8. 2. 2001 auf Vorlage des Arbeitsgerichts Bremen festgestellt,[54] dass die Richtlinie 91/533 den nationalen Gerichten weder vorschreibe noch verbiete, die Grundsätze des nationalen Rechts anzuwenden, die eine Beweisvereitelung annehmen, wenn eine Prozesspartei gesetzlichen Dokumentationspflichten nicht nachgekommen ist.

II. Betriebsübergang

Schrifttum: *von Alvensleben*, Die Rechte der Arbeitnehmer bei Betriebsübergang im Europäischen Gemeinschaftsrecht, 1992; *Baeck/Lingemann*, Auftragsübergang als Betriebsübergang? – Neues vom EuGH, NJW 1997, S. 2492; *Bauer*, Unternehmensveräußerung und Arbeitsrecht, 1983; *ders.*, Kein Widerspruchsrecht der Arbeitnehmer bei Betriebsübergang, NZA 1990, S. 881; *ders.*, Anmerkung zum Vorschlag der Kommission zur Novellierung der Richtlinie 77/187/EWG vom 8. 9. 1994, DB 1994, S. 1982; *ders.*, Outsourcing out?, BB 1994, S. 1433; *Binkert*, Konzeptionelle Probleme bei arbeitsrechtlichen Teilreformen, JZ 1979, S. 747; *Birk*, Anm. zu BAG v. 2. 10. 1974, EzA Nr. 1 zu § 613a BGB; *ders.*, Der EuGH und das Widerspruchsrecht des Arbeitnehmers beim Betriebsinhaberwechsel nach § 613a BGB, EuZW 1993, S. 156; *Wolfgang Blomeyer*, Anm. zu EuGH v. 14. 4. 1994, EzA § 613a BGB Nr. 114; *ders.*, Anm. zu EuGH v. 11. 3. 1997, EWiR Art. 1 RL 77/187/EWG 1/97, S. 315; *Blomeyer/Huep*, Anm. zu EuGH v. 11. 3. 1997, EzA § 613a BGB Nr. 145; *Boecken*, Der Übergang von Arbeitsverhältnissen bei Spaltung nach dem neuen Umwandlungsrecht, ZIP 1994, S. 1087; *Brößke*, Übernahme eines „nach Zahl und Sachkunde wesentlichen Teils des Personals" als Voraussetzung des Betriebsübergangs, BB 1997, S. 1412; *Buchner*, Verlagerung betrieblicher Aufgaben als Betriebsübergang i. S. von § 613a BGB?, DB 1994, S. 1417; *ders.*, Lösung der Kontroverse um den Betriebsübergang – Eine konsensfähige Entscheidung des EuGH, NZA 1997, S. 408; *Buschmann*, Anm. zu EuGH v. 14. 4. 1994, AuR 1997, S. 215; *Colneric*, Gemeinschaftsrechtliche Informations- und Konsultationspflichten beim Betriebsübergang, FS für Steindorff, 1990, S. 1129; *Däubler*, Das Arbeitsrecht im neuen Umwandlungsgesetz, RdA 1995, S. 136; *Debong*, Die EG-Richtlinie über die Wahrung der Arbeitnehmeransprüche bei Betriebsübergang, 1988; *Ekkenga*, Die Überleitung von Arbeitsverhältnissen kraft rechtsgeschäftlicher Funktionsnachfolge, ZIP 1995, S. 1225; *Engels*, Arbeitsrecht in Europa, RdA 1978, S. 52; *Falkenberg*, Der rechtsgeschäftliche Betriebsübergang und seine Auswirkung auf die betriebliche Altersversorgung, BB 1987, S. 328; *Franzen*, Anm. zu EuGH v. 14. 4. 1994, EAS RL 177/187/EWG Art. 1 Nr. 8; *ders.*, Entwicklungstendenzen im europäischen und nationalen Recht des Betriebsübergangs, DZWir 1996, S. 397; *ders.*, Die Richtlinie 98/50/EG zur Änderung der Übergangsrichtlinie 77/187/EWG, RdA 1999, S. 361; *ders.*, Privatrechtsangleichung durch die Europäische Gemeinschaft, 1999; *Björn Gaul*, Die Privatisierung von Dienstleistun-

---

[50] Zur Bedeutung der Nachweisrichtlinie für die Beweislast s. näher *Preis*, NZA 1997, S. 10ff.; *Walker*, Anm. zu EuGH v. 4. 12. 1997, EAS RL 91/533/EWG Art. 2 Nr. 1.
[51] *Löwisch*, FA 1998, S. 105; *Otte*, ZTR 1998, S. 241; *Preis*, NZA 1997, S. 10; *Zöller*, PersR 1998, S. 186; weitere Nachw. bei *Bergwitz*, BB 2001, S. 2316 Fn. 9; a.A. *Hock*, ZTR 1999, S. 49, 51; *Schwarze*, RdA 1997, S. 343; *Zwanziger*, DB 1999, S. 2027; eingehend zum Ganzen *Bergwitz*, Anm. zu BAG AP Nr. 3 zu § 2 NachwG m.w.N. sowie *ders.*, BB 2001, S. 2316.
[52] BAG 2. 2000 AP Nr. 3 zu § 2 NachwG *(Bergwitz)*; s. auch BAG 26. 4. 2000 – 4 AZR 157/99 – AP Nr. 3 zu § 22 MT Ang–LV.
[53] BAG 16. 2. 2000 AP Nr. 3 zu § 2 NachwG *(Bergwitz)*.
[54] EuGH 8. 2. 2001 Rs. C-350/99 – (Lange), AP Nr. 4 zu § 2 NachwG = NZA 2001, S. 381 = ZIP 2001, S. 347 = AuR 2001, S. 108 m. Anm. *Buschmann* = JZ 2001, S. 1025 (m. Anm. *Reichold*).

§ 18 36

gen als rechtsgeschäftlicher Betriebsübergang (§ 613a BGB), ZTR 1995, S. 344; *ders.,* Die aktuelle Entwicklung zum Betriebs- und Unternehmensübergang, AuR 1995, S. 119; *Björn Gaul/Björn Otto,* Unterrichtungsanspruch und Widerspruchsrecht bei Betriebsübergang und Umwandlung, DB 2002, S. 634; *Dieter Gaul,* Die kollektivrechtlichen Auswirkungen eines rechtsgeschäftlichen Betriebsübergangs, ZTR 1989, S. 432; *Hanau,* Zur Kündigung von Arbeitsverträgen wegen Betriebsübergangs, ZIP 1984, S. 141; *ders.,* Anm. zu EuGH v. 14. 4. 1994, ZIP 1994, S. 1038; *Hanau/Vossen,* Die Auswirkungen des Betriebsinhaberwechsels auf Betriebsvereinbarungen und Tarifverträge, FS für Hilger/Stumpf, 1983, S. 271; *Heinze,* Die Arbeitgeber-Nachfolge bei Betriebsübergang, DB 1980, S. 205; *ders.,* Der Betriebsübergang in der Rechtsprechung des EuGH, DB 1997, S. 677; *Heither,* Verfahrenskoordination bei der Auslegung der EG-Richtlinie über den Betriebsübergang, RdA 1996, S. 96; *Henckel,* Die Anpassung des Rechts der Betriebsübernahme (§ 613a BGB) an die Insolvenzordnung de lege lata und de lege ferenda, ZGR 1994, S. 225; *Henssler,* Aktuelle Rechtsprobleme des Betriebsübergangs, NZA 1994, S. 913; *Herschel,* Anm. zu BAG AP Nr. 21 zu § 613a BGB; *Hergenröder,* Anm. zu EuGH v. 11. 3. 1997, AR-Blattei ES 500 Nr. 122; *v. Hoyningen-Huene/Windbichler,* Der Übergang von Betriebsteilen nach § 613a BGB; *Joost,* Betriebsübergang und Funktionsausgliederung, FS für Wlotzke, 1996, S. 683; *ders.,* Anm. zu EuGH v. 14. 4. 1994, EWiR § 613a BGB 5/94; *ders.,* Der Widerspruch des Arbeitnehmers beim Betriebsübergang – nunmehr europaweit?, ZIP 1993, S. 178; *Jung,* Die Weitergeltung kollektivvertraglicher Regelungen (Tarifverträge, Betriebsvereinbarungen) bei einem Betriebsinhaberwechsel, RdA 1981, S. 360; *Junker,* Der EuGH im Arbeitsrecht – Die schwarze Serie geht weiter, NJW 1994, S. 2527; *Knigge/Ketelsen/Marschall/Wittrock,* Kommentar zum Arbeitsförderungsgesetz, 3. Aufl. 1993; *Krause,* Das Übergangsmandat des Betriebsrats im Lichte der novellierten Betriebsübergangsrichtlinie, NZA 1998, S. 1201; *Lorenz,* Gesetz über die Gleichbehandlung von Männern und Frauen am Arbeitsplatz und über die Erhaltung von Ansprüchen bei Betriebsübergang, DB 1980, S. 1745; *ders.,* Neuvergabe von Dienstleistungsaufträgen kein Betriebsübergang?, ZIP 1997, S. 531; *Löw,* Steht das europäische Recht einem Widerspruchsrecht des Arbeitnehmers bei Betriebsübergang entgegen?, DB 1991, S. 546; *dies.,* Die Betriebsveräußerung im europäischen Arbeitsrecht, 1992; *Louven,* Der Fall der Christel Schmidt oder: Muß der Begriff des Betriebs-(teil)übergangs in § 613a BGB in europäischem Lichte neu interpretiert werden?, JuS 1995, S. 677; *Lüke,* Anm. zu BAG AP Nr. 24 zu § 613a BGB; *Lutter,* Quo vadis, EuGH? Oder: Die Putzfrau als Teilbetrieb, ZIP 1994, S. 1514; *Meilicke,* EuGH zu § 613a BGB: Widerspruch des Arbeitnehmers hindert nicht Übergang des Arbeitshältnisses, DB 1990, S. 1770; *Metzke,* Kündigungen bei Wechsel des Betriebsinhabers unter besonderer Berücksichtigung der Rechtsstellung des Betriebsrates, AuR 1996, S. 78; *Oberhofer,* Der Betriebsübergang gem. § 613a BGB – insbesondere im Konkursverfahren, AuR 1989, S. 293; *Oetker,* Die Vorgaben der Betriebsübergangsrichtlinie für die Beteiligungsrechte des Betriebsrats, NZA 1998, S. 1193; *Pietzko,* Der Tatbestand des § 613a BGB, 1988; *Preis,* Entwicklungslinien in der Rechtsprechung des EuGH zum Arbeitsrecht, ZIP 1993, S. 891; *ders.,* in: Erfurter Kommentar zum Arbeitsrecht, 2. Aufl. 2001, § 613a BGB; *Richardi,* in: Staudinger, Bd. II, Recht der Schuldverhältnisse, 13. Aufl. 1999; *Röder,* Die Fortgeltung von Kollektivnormen bei Betriebsübergang gem. § 613a BGB i.d.F. vom 13. 8. 1980, DB 1981, S. 1980; *Röder/Baeck,* Funktionsnachfolge als Betriebsübergang, NZA 1994, S. 542; *Roemheld,* Zum Übergang des Arbeitsverhältnisses nach § 613a BGB, BB 1976, S. 845; *ders.,* Anm. zu BAG v. 25. 1. 1981, SAE 1981, S. 221; *v. Roetteken,* Anforderungen des Gemeinschaftsrechts an Gesetzgebung und Rechtsprechung, NZA 2001, S. 414; *Schaub,* Rechtsprobleme des Betriebsübergangs, ZIP 1984, S. 272; *ders.,* Der arbeitsrechtliche Betriebsübergang im Recht der Gesamtrechtsnachfolge, FS für Wlotzke, 1996, S. 103; *Schiefer,* Arbeitsrechtliche Voraussetzungen und Folgen des Betriebsübergangs gem. § 613a BGB, RdA 1994, S. 83; *ders.,* Der EuGH und seine neue Definition des Betriebsübergangs, MDR 1995, S. 330; *ders.,* Europäisches Arbeitsrecht, NJW 1995, S. 160; *ders.,* Anm. zu LAG Düsseldorf v. 9. 11. 1994, DB 1995, S. 276; *Schipp,* Anm. zu EuGH v. 7. 3. 1996, EWiR § 613a BGB 3/96; *Schlachter,* Der Europäische Gerichtshof und die Arbeitsgerichtsbarkeit, 1995; *Schmalenberg,* Die Tatbestandsvoraussetzungen des Betriebsübergangs gem. § 613a BGB, NZA Beil. 3/1989, S. 14; *Schreiber,* Das Arbeitsverhältnis beim Übergang des Betriebs, RdA 1982, S. 137; *Schwanda,* Der Betriebsübergang in § 613a BGB, 1992; *Seiter,* Betriebsinhaberwechsel, 1980; *ders.,* Wechsel des Betriebsinhabers und Arbeitsverhältnis, AR-Blattei, D-Blatt, Betriebsinhaberwechsel I; *Steffan,* Anm. zu EuGH v. 11. 3. 1997, EAS RL 77/197/EWG Art. 1 Nr. 1; *Trittin,* Outsourcing von Dienstleistungen als Betriebsübergang, AiB 1994, S. 466; *ders.,* Der EuGH bestätigt die umstrittene Christel-Schmidt-Entscheidung, DB 1997, S. 1333; *Uhlenbruck,* Das neue Insolvenzrecht, 1994; *Voss,* Funktionsnachfolge als Betriebsübergang i.S. von § 613a BGB?, NZA 1995, S. 205; *Waas,* Betriebsübergang durch „Funktionsnachfolge"?, EuZW 1994, S. 528; *ders.,* Anm zu EuGH v. 7. 3. 1996, EuZW 1996, S. 212; *ders.,* Richtlinienvorschlag zum Betriebsübergang, EuZW 1995, S. 52; *Wank,* Die Geltung von Kollektivvereinbarungen nach einem Betriebsübergang, NZA 1987, S. 505; *ders.*, Anm. zu BAG, EzA § 613a BGB Nr. 42; *ders.*, Münchener Handbuch zum Arbeitsrecht, Bd. II, 2. Aufl. 2000, § 124; *ders.*, Anm. zu EuGH v. 19. 9. 1995, AP Nr. 132 zu § 613a BGB; *ders.*, gemeinsame Anmerkung zu BAG v. 22. 5. 1997 und BAG v. 17. 7. 1997, SAE 1998, S. 209; *Wank* unter Mitarbeit von *Brüning*, Der Übergang des Personals von Betriebskrankenkassen nach § 147 Abs. 2 SGB V, ZfA 1995, S. 699; *Wank* unter Mitarbeit von *Börgmann*, Der Übergang „durch Rechtsgeschäft" beim Betriebsübergang, DB 1997, S. 1229; *Wendeling-Schröder*, Betriebs(teil)übergang und Funktionsnachfolge – Anmerkungen zu neuen Tendenzen der Rechtsprechung zu § 613a BGB und zur EG-Richtlinie 77/187/EWG –, ArbRGeg 1995 (32), S. 55; *dies.*, Outsourcing out? – Zur aktuellen Debatte um Funktionsnachfolge und Betriebsübergang –, AuR 1995, S. 126; *Wiedemann* (Hrsg.), Kommentar zum Tarifvertragsgesetz, 6. Aufl., 1999; *Wiesner*, Betriebsvereinbarungen bei Betriebsübergang, BB 1986, S. 1636; *Willemsen*, Der Grundtatbestand des Betriebsübergangs nach § 613a BGB, RdA 1991, S. 204; *ders.*, Aktuelle Tendenzen zur Abgrenzung des Betriebsübergangs – Die Zeit nach „Christel Schmidt" –, DB 1995, S. 924; *ders.*, Anm. zu EuGH v. 7. 3. 1996, EAS RL 77/187/EWG Art. 1 Nr. 11; *Willemsen/Lembke*, Die Neuregelung von Unterrichtung und Widerspruchsrecht der Arbeitnehmer beim Betriebsübergang NJW 2002, S. 1159; *Wlotzke*, Arbeitsrechtliche Aspekte des neuen Umwandlungsrechts, DB 1995, S. 40; *Worzalla*, Neue Spielregeln bei Betriebsübergang, NZA 2002, S. 353; *Zöllner*, Veränderung und Angleichung tarifvertraglich geregelter Arbeitsbedingungen nach Betriebsübergang, DB 1995, S. 1401; *Zöllner/Loritz*, Arbeitsrecht, 5. Aufl. 1998; *Zuleeg*, Ist der Standard des deutschen Arbeitsrechts durch europäische Rechtsprechung bedroht? Bemerkungen zum Urteil Christel Schmidt des Europäischen Gerichtshofs, ArbRGeg 1995 (32), S. 41; *ders.*, Europäischer Gerichtshof und nationale Arbeitsgerichte aus europarechtlicher Sicht, RdA 1996, S. 96; *Zwanzinger*, Vom Reinigungsvertrag zur Krise der Europäischen Union?, DB 1994, S. 2621.

1. Die Betriebsübergangsrichtlinie 2001/23/EG

Die Betriebsübergangsrichtlinie wurde als Richtlinie 2001/23/EG vom 12. 3. 2001 als 37 „Richtlinie des Rates zur Angleichung der Rechtsvorschriften der Mitgliedstaaten über die Wahrung von Ansprüchen der Arbeitnehmer beim Übergang von Unternehmen, Betrieben oder Unternehmens- oder Betriebsteilen" (2001/23/EG) neu verkündet. Sie ist entstanden aus der ursprünglichen Richtlinie 77/187/EWG vom 14. 2. 1977, die später durch die Richtlinie 98/50/EG geändert wurde. Um die Entwicklung des EG-Betriebsübergangsrechts zu verdeutlichen, wird im Folgenden zunächst die ursprüngliche Richtlinie und anschließend die Änderungsrichtlinie dargestellt. Zitierweise in Rn. 37–152 nach der ursprünglichen Fassung).

a) Entstehungsgeschichte der Betriebsübergangsrichtlinie 77/187/EWG

Die Verwirklichung eines einheitlichen Marktes innerhalb der Gemeinschaft brachte 38 nicht nur eine Erweiterung des Marktes für die europäischen Unternehmen mit sich, sondern hatte auch eine Intensivierung des Wettbewerbs auf den Märkten der Mitgliedstaaten zur Folge. Dadurch wurden die Unternehmen gezwungen, insbesondere durch Fusionen, Zusammenschlüsse und Rationalisierung ihrer Strukturen, ihre Methoden und ihre Dimensionen zu ändern, um sich den wachsenden Erfordernissen des gemeinsamen Marktes anzupassen.[55] Mit den veränderten Unternehmensstrukturen drohte allerdings die Gefahr einer Verschlechterung der Lebens- und Arbeitsbedingungen der Arbeitnehmer, und zwar vor allem in Bezug auf die Wahrung ihrer Rechte und Vergünstigungen. In der Erkenntnis der mit der Schaffung des Binnenmarktes einhergehenden sozialen Gefahren verabschiedete der Rat am 21. 1. 1974 ein umfassendes sozialpolitisches Aktionsprogramm.[56] In ihm hat der Rat den politischen Willen zum Ausdruck gebracht, die notwen-

---

[55] Zwischen 1962 und 1970 stieg die jährliche Anzahl der Zusammenschlüsse in der Gemeinschaft der sechs Gründerstaaten von 173 auf 612. Allein im Zeitraum von 1966 bis 1970 ist eine Verdoppelung der Zuwachsrate gegenüber dem Zeitraum von 1962 bis 1966 zu verzeichnen; vgl. die Begründung des Richtlinienentwurfes der EG-Kommission, RdA 1975, S. 124 ff.

[56] ABl. C 13, S. 1.

digen Maßnahmen zur Verwirklichung des Ziels einer Verbesserung der Lebens- und Arbeitsbedingungen und ihrer Angleichung bei gleichzeitigem Fortschritt zu ergreifen, unter anderem durch den Schutz der Arbeitnehmerinteressen, insbesondere in Bezug auf die Aufrechterhaltung der Ansprüche und Vergünstigungen bei Zusammenschlüssen, Konzentrationen und Rationalisierungsmaßnahmen.

39   Zur Verwirklichung der im Aktionsprogramm niedergelegten Vorhaben legte die Kommission dem Rat am 31. 5. 1974 den **Vorschlag einer Richtlinie** zur Harmonisierung der Rechtsvorschriften der Mitgliedstaaten über die Wahrung von Ansprüchen und Vergünstigungen der Arbeitnehmer bei Gesellschaftsfusionen, Betriebsübertragungen sowie Unternehmenszusammenschlüssen[57] vor.

Nach Stellungnahmen des Europäischen Parlaments[58] sowie des Wirtschafts- und Sozialausschusses,[59] der 15 Änderungsvorschläge[60] unterbreitete, wurde schließlich am 14. 2. 1977 die **Richtlinie 77/187/EWG** des Rates zur Angleichung der Rechtsvorschriften der Mitgliedstaaten über die Wahrung von Ansprüchen der Arbeitnehmer beim Übergang von Unternehmen, Betrieben oder Betriebsteilen verabschiedet.[61]

40   Die Kommission hat dem Rat am 8. September 1994 einen Vorschlag für eine Revision der Betriebsübergangsrichtlinie vorgelegt.[62] Dieser Vorschlag wurde von der Kommission überarbeitet und dem Rat am 24. Februar 1997 in geänderter Fassung erneut vorgelegt.[63] Gestützt auf die Vorschläge der Kommission hat der Rat am 29. Juni 1998 die **Richtlinie 98/50/EG zur Änderung der Betriebsübergangsrichtlinie**[64] verabschiedet. Gem. Art. 2 der Änderungsrichtlinie 98/50/EG waren die Mitgliedstaaten verpflichtet, diese bis spätestens zum 16. Juli 2001 in nationales Recht umzusetzen.[65]

b) Sachlicher Anwendungsbereich

41   Der sachliche Anwendungsbereich der Betriebsübergangsrichtlinie wird von deren Art. 1 Abs. 1 bestimmt. Danach umfasst der Geltungsbereich den Übergang von Unternehmen, Betrieben oder Betriebsteilen auf einen anderen Inhaber sowohl durch vertragliche Vereinbarung als auch durch Verschmelzung.

aa) Übergang eines Unternehmens, Betriebs oder Betriebsteils

42   Seit dem In-Kraft-Treten der Betriebsübergangsrichtlinie musste sich der EuGH in einer Vielzahl von Vorabentscheidungsverfahren gem. Art. 234 EGV (Art. 177 EGV a. F.) mit dem Anwendungsbereich dieser Richtlinie befassen.[66]

(1) Die Rechtsprechung des EuGH bis zur Christel-Schmidt-Entscheidung vom 14. 4. 1994

43   **(a) Die Rechtssache Spijkers.** Um die Auslegung des Begriffs „Übergang von Unternehmen, Betrieben oder Betriebsteilen auf einen anderen Inhaber" ging es erstmals in

---

[57] ABl. C 104, S. 1.
[58] ABl. C 95, 28. 4. 1975, S. 17.
[59] ABl. C 255, 7. 11. 1975, S. 25.
[60] Ein Teil der Änderungsvorschläge hat seinen Niederschlag in der endgültig verabschiedeten Richtlinie gefunden, s. dazu unten Rn. 93 ff.
[61] ABl. L 61, S. 26; nachfolgend Betriebsübergangsrichtlinie – RL BetrÜ – abgekürzt.
[62] ABl. C 274, S. 10.
[63] ABl. C 124, S. 48.
[64] ABl. L 201, S. 88. Neukodifizierung durch die Richtlinie 2001/23/EG v. 12. 3. 2001, ABl. L 82, S. 16.
[65] Im Folgenden wird zunächst die Grundrichtlinie 77/187/EWG sowie ihre Umsetzung in deutsches Recht abgehandelt. Im Anschluss daran (Rn. 153 ff.) wird auf die noch umzusetzende Änderungsrichtlinie 98/50/EG in der konsolidierten Fassung durch die Richtlinie 2001/23/EG eingegangen.
[66] Im Folgenden werden die für das deutsche Recht bedeutsamsten Vorabentscheidungsurteile des EuGH dargestellt; s. auch *Franzen*, Privatrechtsangleichung, S. 347 ff.

der Rechtssache Spijkers.⁶⁷ Dem aus den Niederlanden stammenden Ausgangsrechtsstreit lag folgender Sachverhalt zugrunde:

Herr Spijkers (nachfolgend: Kläger) war als Assistent des Betriebsleiters der Firma Colaris beschäftigt, die einen Schlachthof betrieb. Die Firma Gebroeders Abattoir (nachfolgend: Beklagte) kaufte am 27. Dezember 1982, als die Geschäftstätigkeit der Firma Colaris bereits eingestellt und der „Goodwill" des Unternehmens wertlos war, den gesamten Schlachthof mit den verschiedenen Räumlichkeiten und Büros, dem Grundstück und einer Reihe beweglicher Güter. Die Beklagte, die seit jener Zeit den Schlachthof betrieb, übernahm alle bei der Firma Colaris beschäftigten Arbeitnehmer, mit Ausnahme des Klägers und eines anderen Angestellten. Die Kundschaft der Firma Colaris wurde von der Beklagten nicht übernommen. Am 3. März 1983 wurde der Konkurs über das Vermögen des Firma Colaris eröffnet. Der Kläger beantragte im Ausgangsrechtsstreit u. a., die Beklagte zu verurteilen, ihm sein Gehalt ab dem 27. Dezember 1982 zu zahlen. Das Vorlagegericht wollte vom EuGH die Frage beantwortet haben, ob unter Zugrundelegung der geschilderten Umstände von einem Übergang i. S. von Art. 1 Abs. 1 RL BetrÜ auszugehen ist.

Der EuGH ging in seinen Entscheidungsgründen zunächst auf die Zielsetzung der Betriebsübergangsrichtlinie ein. Aus dem Aufbau der Richtlinie und dem Wortlaut ihres Art. 1 Abs. 1 ergebe sich, dass diese Richtlinie bezwecke, die Kontinuität der im Rahmen einer wirtschaftlichen Einheit bestehenden Arbeitsverhältnisse unabhängig von einem Inhaberwechsel zu gewährleisten. Daraus folge, dass das entscheidende Kriterium für die Antwort auf die Frage, ob es sich um einen Übergang i. S. dieser Richtlinie handele, darin besteht, ob die fragliche Einheit ihre Identität bewahrt. 44

Im Folgenden ging der EuGH der Frage nach, ob bereits dann von einem Übergang eines Unternehmens, eines Betriebs oder Betriebsteils gesprochen werden kann, wenn nur dessen Aktiva veräußert werden. Er verzichtete im Rahmen dieser Prüfung auf eine Abgrenzung der Begriffe Unternehmen, Betrieb und Betriebsteil und begnügte sich damit, diese Begriffe dem Begriff der **„wirtschaftlichen Einheit"** unterzuordnen. Der EuGH entschied, dass es in einem Fall wie dem vorliegenden darauf ankomme, ob eine noch bestehende wirtschaftliche Einheit veräußert worden sei. Zur Beurteilung dieser Frage müssten sämtliche den betreffenden Vorgang kennzeichnenden Tatsachen berücksichtigt werden. Dazu gehörten namentlich 45

– die Art des betreffenden Unternehmens oder Betriebs,
– der Übergang oder Nichtübergang der materiellen Aktiva wie Gebäude und bewegliche Güter,
– der Wert der immateriellen Aktiva zum Zeitpunkt des Übergangs,
– die Übernahme oder Nichtübernahme der Hauptbelegschaft durch den neuen Inhaber,
– der Übergang oder Nichtübergang der Kundschaft sowie
– der Grad der Ähnlichkeit zwischen der vor und der nach dem Übergang verrichteten Tätigkeit und
– die Dauer einer eventuellen Unterbrechung dieser Tätigkeit.⁶⁸

Die genannten Umstände dürften nicht isoliert beurteilt werden, sondern seien vielmehr nur Teilaspekte einer vorzunehmenden globalen Bewertung. Für die tatsächliche Beurteilung, ob ein Übergang in dem angegebenen Sinn vorliege, sei das nationale Gericht zuständig, das dabei die vorgenannten Auslegungskriterien zu beachten habe.⁶⁹ 46

(b) Die Rechtssache Redmond Stichting. Um die Frage, wann ein Übergang von Unternehmen, Betrieben oder Betriebsteilen i. S. des Art. 1 Abs. 1 RL BetrÜ vorliegt, ging es auch in dem ebenfalls aus den Niederlanden stammenden Vorabentscheidungsverfahren in der Rechtssache Redmond Stichting.⁷⁰ 47

---

⁶⁷ Rs. 24/45, Slg. 1986, S. 1119 ff.
⁶⁸ Slg. 1986, S. 1119, 1128 f.
⁶⁹ Slg. 1986, S. 1119, 1129.
⁷⁰ Rs. 29/91, Slg. 1992, S. 3189 ff.

48 Die Klägerin des Ausgangsrechtsstreits, die Dr. Sophie Redmond Stichting, war insbesondere mit der Hilfeleistung für Süchtige befasst. Die Beklagten waren bei der Klägerin als Arbeitnehmer beschäftigt. Die Gemeinde Groningen, die der Klägerin Subventionen gewährte, die deren einzige Einkünfte waren, stellte die Gewährung dieser Subventionen mit Wirkung vom 1. Januar 1991 ein. Von diesem Zeitpunkt an wurden die Subventionen einer anderen auf dem Gebiet der Hilfeleistung für Süchtige tätigen Stiftung, der Stichting Sigma, gewährt. Anders als die Klägerin, nahm die Stichting Sigma nur Hilfeleistungsfunktionen, nicht aber Begegnungs- und Erholungsfunktionen wahr. Im Zusammenhang mit der Überleitung der Subventionen von der Klägerin auf die Stichting Sigma wurde vereinbart, dass die Kenntnisse und Mittel der Klägerin auf die Stichting Sigma übertragen werden. Das Inventar der Klägerin, das ausschließlich oder nahezu ausschließlich aus Hilfsmitteln für Begegnungs- und Erholungstätigkeiten bestand, blieb dagegen bei der Klägerin. Das von der Klägerin gemietete Gebäude wurde an die Stichting Sigma vermietet. Die Stichting Sigma übernahm zudem einige zuvor bei der Klägerin beschäftigte Arbeitnehmer.

49 Die Klägerin, die über keine Einkünfte mehr verfügte, erhob beim Kantongerecht Groningen Klage auf Auflösung der Arbeitsverträge, die zwischen ihr und den von der Stichting nicht übernommenen Arbeitnehmern bestehen.

50 Das Kantongericht Groningen setzte das Verfahren aus und legte dem EuGH u. a. die Frage vor, ob die genannten Tatumstände den Begriff des Unternehmens-, Betriebs- oder Betriebsteilübergangs i. S. des Art. 1 Abs. 1 RL BetrÜ erfüllen.

51 In seinen Entscheidungsgründen nahm der EuGH auf seine Entscheidung in der Rechtssache Spijkers Bezug und hob dabei drei Punkte hervor. Zum einen sei das entscheidende Kriterium für die Antwort auf die Frage, ob es sich um einen Übergang i. S. der Richtlinie handele, ob die fragliche **Einheit ihre Identität bewahrt,** was namentlich dann der Fall sei, wenn der Betrieb tatsächlich weitergeführt oder wiederaufgenommen wird. Zweitens müssten für die Feststellung, ob diese Voraussetzungen erfüllt seien, sämtliche den betreffenden Vorgang kennzeichnenden Tatsachen berücksichtigt werden, wozu namentlich die in der Rechtssache Spijkers aufgeführten Teilaspekte gehörten. Schließlich sei für die tatsächliche Beurteilung, ob ein Übergang i. S. des Art. 1 Abs. 1 RL BetrÜ vorliege, das nationale Gericht zuständig.[71]

52 Eine Besonderheit gegenüber dem Spijkers-Urteil weist die vorliegende Entscheidung insoweit auf, als der EuGH erstmals zu der **Übertragung von Funktionen** Stellung nahm. Der EuGH wies in seinem Urteil darauf hin, dass, wenn von einem Unternehmen nur ein Teil der Tätigkeiten auf ein anderes Unternehmen übertragen wurde, dies nicht notwendigerweise bedeutet, dass die Betriebsübergangsrichtlinie nicht anwendbar sei. Die Richtlinie regele „nämlich nicht nur den Übergang von Unternehmen, sondern auch den von Betrieben oder Betriebsteilen; solchen können Tätigkeiten besonderer Art gleichgestellt werden."

53 **(c) Die Rechtssache Watson Rask.** In dem Vorabentscheidungsverfahren in der Rechtssache Watson Rask[72] wollte das vorlegende dänische Gericht u. a. wissen, ob die Betriebsübergangsrichtlinie auch anzuwenden ist, wenn ein Unternehmer durch Vertrag einem anderen Unternehmer die Verantwortung für die Bewirtschaftung einer zuvor von ihm geleiteten innerbetrieblichen Dienstleistungseinrichtung gegen Entgelt und verschiedene Leistungen, die in dem Vertrag zwischen den beiden Unternehmen im Einzelnen geregelt sind, überträgt.

54 Diese Vorlagefrage stellte sich in einem Rechtsstreit zwischen Frau Watson Rask (nachfolgend: Klägerin) und der ISS Kantineservice A/S, einem Cateringunternehmen (nachfolgend: Beklagte). Die Klägerin war in einer der Betriebskantinen der Firma Philips A/S beschäftigt, als diese den Betrieb ihrer Kantinen durch einen Vertrag an die Beklagte

---

[71] Slg. 1992, S. 3211, 3220 f.
[72] Rs. 209/91, Slg. 1992, S. 5755 ff.

II. Betriebsübergang

übertrug. Aufgrund dieses Vertrages verpflichtete sich Philips, der Beklagten einen monatlichen Festbetrag zur Deckung der Lohnkosten, der Ausgaben für Versicherungen, Arbeitskleidung und Management sowie der Verwaltungskosten zu zahlen. Darüber hinaus stellte Philips der Beklagten die erforderlichen Räume, Ausrüstung, Elektrizität, Heizung, Telefon, Garderoben und Abfallbeseitigungseinrichtungen unentgeltlich zur Verfügung und belieferte sie zu Großhandelspreisen mit bestimmten Verbrauchsgütern, wie Einweggeschirr, Servietten usw. Die Beklagte verpflichtete sich u. a., den in den Betriebskantinen von Philips fest angestellten Arbeitnehmern bei In-Kraft-Treten des Vertrages eine Beschäftigung zu denselben Lohn- und Kündigungsbedingungen anzubieten, wie sie zuvor für diese Arbeitnehmer bestanden. Die Klägerin verlangte von der Beklagten, dass das Arbeitsentgelt ihr wie in der Vergangenheit am letzten Donnerstag des Monats ausgezahlt werde. Sie forderte außerdem, dass ihr verschiedene früher von Philips gezahlte Zulagen gewährt würden. Die Beklagte wies diese Forderungen zurück und entließ die Klägerin, die eine Fortsetzung des Arbeitsverhältnisses unter diesen Bedingungen abgelehnt hatte. Die Klägerin rief wegen Entschädigung auf Grund rechtswidriger Entlassung das Vorlagegericht an. Dieses wollte vom EuGH u. a. wissen, ob die Betriebsübergangsrichtlinie auf einen Fall wie den vorliegenden anwendbar sei.

Der EuGH bejahte die Vorlagefrage und stellte dazu insbesondere fest, dass, wenn ein **55** Unternehmen durch Vertrag einem anderen Unternehmer die Verantwortung für die Bewirtschaftung einer Einrichtung seines Unternehmens – wie einer Kantine – übertrage und jener damit die Arbeitgeberpflichten gegenüber den dort beschäftigten Arbeitnehmern übernehme, dieser Vorgang in den Anwendungsbereich der Betriebsübergangsrichtlinie, wie er in Art. 1 Abs. 1 festgelegt ist, fallen könne. Dass der in diesem Fall übertragene Tätigkeitsbereich für das übertragene Unternehmen nur von untergeordneter Bedeutung ist und nicht in einem notwendigen Zusammenhang mit dem Unternehmenszweck steht, könne nicht zum Ausschluss dieses Vorgangs vom Anwendungsbereich der Richtlinie führen. Ebensowenig werde die Anwendbarkeit der Richtlinie dadurch ausgeschlossen, dass der Vertrag zwischen dem Veräußerer und dem Erwerber Dienstleistungen betrifft, die gegen ein Entgelt, das im Einzelnen vertraglich geregelt ist, ausschließlich zugunsten des Veräußerers erbracht werden. Die Beurteilung, ob die beschriebenen Umstände insgesamt für einen „Unternehmensübergang" i. S. des Art. 1 Abs. 1 RL BetrÜ sprechen, müsse das nationale Gericht unter Berücksichtigung der vom Gerichtshof vorgegebenen Kriterien vornehmen.[73]

(2) Die Christel-Schmidt-Entscheidung des EuGH vom 14. 4. 1994

Gegenstand des Vorabentscheidungsverfahrens in der Rechtssache Christel Schmidt[74] **56** war die Frage, ob auch die **bloße Übertragung einer Dienstleistungsfunktion** den Begriff „Übergang von Unternehmen, Betrieben oder Betriebsteilen" i. S. des Art. 1 Abs. 1 RL BetrÜ erfüllt.

Dem Ausgangsrechtsstreit lag folgender Sachverhalt zugrunde: Frau Christel Schmidt **57** (nachfolgend: Klägerin) war bei der Spar- und Leihkasse (nachfolgend: Beklagte), die mehrere Filialen unterhielt, als Reinigungskraft beschäftigt. Sie reinigte als einzige Kraft die Räume einer Filiale in Wacken. Im Februar 1992 kündigte die Beklagte das Arbeitsverhältnis mit der Klägerin, da die Filiale in Wacken umgebaut und erweitert wurde und für die Reinigung des neuen Gebäudes erheblich mehr Zeit benötigt wurde, als mit der Klägerin vereinbart war. Die Beklagte vergab die Reinigungsarbeiten für die Filiale in Wacken einem Reinigungsunternehmen, das bereits die übrigen Gebäude der Beklagten reinigte. Ein Übernahmeangebot des Reinigungsunternehmens lehnte die Klägerin ab. Die Klägerin erhob gegen die Kündigung Kündigungsschutzklage. Das Arbeitsgericht wies

---
[73] Slg. 1992, S. 5755, 5779.
[74] Rs. 391/92, Slg. 1994, S. 1311 ff. = AP Nr. 106 zu § 613a BGB *(Loritz)* = EzA § 613a BGB Nr. 114 *(W. Blomeyer)* = NJW 1994, S. 2343 = ZIP 1994, S. 1036 *(Hanau)*.

die Klage ab. Das mit der Berufung befasste LAG Schleswig-Holstein setzte das Verfahren aus und legte dem EuGH die folgenden zwei Fragen zur Vorabentscheidung vor:

„1. Können die Reinigungsaufgaben eines Betriebs, wenn sie vertraglich auf eine Fremdfirma übertragen werden, einem Betriebsteil i. S. der Richtlinie 77/187/EWG gleichgestellt werden?
2. Falls die Frage 1 grundsätzlich bejaht wird: Gilt dies auch dann, wenn die Reinigungsaufgaben bis zu der Übertragung von einer einzigen Arbeitnehmerin erledigt worden sind?"

58 Der EuGH entschied, dass, wenn ein Unternehmer durch Vertrag einem anderen Unternehmer die Verantwortung für den Betrieb einer Dienstleistungseinrichtung, z.B. die Erledigung der Reinigungsaufgaben, übertrage, und jener damit die Arbeitgeberpflichten gegenüber den dort beschäftigten Arbeitnehmern übernehme, dieser Vorgang in den Anwendungsbereich der Richtlinie fallen könne.[75] Die Tatsache, dass der in diesem Fall übertragene Tätigkeitsbereich für das übertragende Unternehmen nur von untergeordneter Bedeutung sei und nicht in einem notwendigen Zusammenhang mit dem Unternehmenszweck stehe, könne nicht zum Ausschluss dieses Vorgangs vom Anwendungsbereich der Richtlinie führen.[76] Die Anwendung der Richtlinie könne auch nicht deshalb ausgeschlossen werden, weil die betreffende Arbeit vor der Übertragung von einer einzigen Arbeitnehmerin ausgeführt wurde. Die Zahl der in dem übertragenen Unternehmensteil beschäftigten Arbeitnehmer sei nämlich für die Anwendung der Richtlinie nicht entscheidend. Die Richtlinie solle die Arbeitnehmer bei einem Inhaberwechsel schützen und insbesondere die Wahrung ihrer Ansprüche gewährleisten. Dieser Schutz gelte für alle Arbeitnehmer und sei deshalb auch zu gewährleisten, wenn von der Übertragung nur ein einziger Arbeitnehmer betroffen sei.

59 Den Einwand der Regierungen der Bundesrepublik Deutschland und des Vereinigten Königreichs, dass keine Vermögensgegenstände übertragen worden seien, wies der EuGH zurück. Wenn in seiner Rechtsprechung die Übertragung von Aktiva als eines der verschiedenen Kriterien genannt werde, die vom innerstaatlichen Gericht zu berücksichtigen seien, um im Rahmen einer Gesamtbewertung eines vielschichtigen Vorgangs die Frage zu entscheiden, ob tatsächlich ein Unternehmensübergang vorliege, so könne daraus nicht geschlossen werden, dass ohne eine solche Übertragung kein Unternehmensübergang vorliegen könne.

60 Unter Berufung auf seine Rechtsprechung in der Rechtssache Spijkers hebt der EuGH hervor, dass das entscheidende Kriterium für einen Übergang eines Unternehmens oder Unternehmensteils i. S. der Betriebsübergangsrichtlinie die Wahrung der Identität der wirtschaftlichen Einheit sei. Diese ergebe sich u. a. daraus, dass dieselbe oder eine gleichartige Geschäftstätigkeit vom neuen Inhaber weitergeführt oder wiederaufgenommen werde.[77]

(3) Die Entscheidungen des EuGH nach der Christel-Schmidt-Entscheidung

61 **(a) Die Rechtssache Rygaard.** Das Vorabentscheidungsurteil des EuGH vom 19. 9. 1995 in der Rechtssache Rygaard[78] betraf die Frage, ob die Übertragung der Fertigstellung von begonnenen Arbeiten auf ein anderes Unternehmen einen Übergang eines Betriebs oder Betriebsteils i. S. der Betriebsübergangsrichtlinie darstellt.

62 Herr Rygaard, der Kläger des Ausgangsrechtsstreits (nachfolgend: Kläger), war Angestellter der Bautischlerei Pedersen A/S (nachfolgend: Firma Pedersen), die von der Firma SAS Service Partner A/S (nachfolgend: Firma SAS) mit dem Bau einer Kantine beauftragt worden war. Am 27. 1. 1992 teilte die Firma Pedersen der Firma SAS mit, dass sie die Decken- und Schreinerarbeiten von der Firma Stro Mølle fertig stellen lassen wolle. Mit

---

[75] Slg. 1994, S. 1311, 1325.
[76] Unter Bezugnahme auf das Urteil in der Rechtssache Watson Rask.
[77] Slg. 1994, S. 1311, 1326.
[78] AP Nr. 132 zu § 613a BGB mit Anm. *Wank* = DB 1995, S. 2117. S. zuletzt EuGH v. 24. 1. 2002, Rs. 51/00 (Temco), AP Nr. 32 zu EWG-Richtlinie Nr. 77/187 = EAS RL 77/187/EWG Art. 1 Nr. 23.

II. Betriebsübergang   63–66 § 18

Schreiben vom 31. 1. 1992 kündigte die Firma Pedersen dem Kläger zum 30. 4. 1992. Im Kündigungsschreiben teilte die Firma Pedersen dem Kläger mit, dass die Firma aufgelöst werde und die restlichen Kantinenarbeiten von der Firma Stro Mølle übernommen würden. Ab 1. 2. 1992 werde er von der Firma Stro Mølle übernommen, von der er bis zum Ablauf seines Arbeitsvertrages bezahlt werde.

Nachdem sich die Firma SAS mit der Fertigstellung der Arbeiten durch die Firma Stro 63
Mølle einverstanden erklärt hatte, übernahm diese die Fertigstellung der Decken- und Schreinerarbeiten. Vereinbarungsgemäß übernahm die Firma Stro Mølle von der Firma Pedersen den Kläger, zwei Lehrlinge, die von der Firma Pedersen für die Kantinenarbeiten eingesetzt worden waren, sowie die von der Firma Pedersen gelieferten und bezahlten Materialien zur Fertigstellung der Kantinenarbeiten. Der Kläger arbeitete bei der Firma Stro Mølle bis zum 26. 5. 1992. An diesem Tag erhielt er die Kündigung zum 30. 6. 1992. Der Kläger machte vor dem So-og Handelsret u. a. einen Anspruch auf Schadensersatz wegen ungerechtfertigter Entlassung geltend. Dieser legte dem EuGH die Frage vor, ob die genannten Tatumstände einen Übergang eines Betriebs oder eines Betriebsteils i. S. der Betriebsübergangsrichtlinie erfüllen.

Der EuGH verneinte die Vorlagefrage. Unter Berufung auf seine bisherige Rechtspre- 64
chung stellte er zunächst fest, dass es Zweck der Betriebsübergangsrichtlinie sei, die Kontinuität der im Rahmen einer wirtschaftlichen Einheit bestehenden Arbeitsverhältnisse unabhängig von einem Inhaberwechsel zu gewährleisten. Daraus folge, dass das entscheidende Kriterium für die Antwort auf die Frage, ob es sich um einen Übergang i. S. dieser Richtlinie handelt, darin bestehe, ob die fragliche Einheit ihre Identität bewahrt. Im Folgenden zeigt der EuGH auf, wie die Prüfung dieses Kriteriums zu erfolgen hat. Zunächst müsse geprüft werden, ob der Betrieb der betreffenden Einheit von dem neuen Inhaber mit derselben oder einer gleichartigen Geschäftstätigkeit tatsächlich weitergeführt oder wiederaufgenommen wird. Sodann müssten sämtliche den betreffenden Vorgang kennzeichnenden Tatsachen berücksichtigt werden. In diesem Zusammenhang zählt der EuGH die bereits in der Rechtssache Spijkers beispielhaft genannten Kriterien auf.[79] Wie in früheren Entscheidungen betont der EuGH erneut, dass diese Kriterien nur Teilaspekte der vorzunehmenden globalen Bewertung seien und deshalb nicht isoliert bewertet werden dürften.

Der EuGH verwirft schließlich die Ansicht des Klägers, ein Betriebsübergang i. S. der 65
Betriebsübergangsrichtlinie sei vorliegend deshalb zu bejahen, weil es nach den Ausführungen des EuGH in der Rechtssache Christel Schmidt auf den Umfang der übertragenen Tätigkeit nicht ankomme. Der EuGH stellt insoweit klar, dass ein Betriebsübergang den Übergang einer auf Dauer angelegten wirtschaftlichen Einheit voraussetze, deren Tätigkeit nicht auf die Ausführung eines bestimmten Vorhabens beschränkt sei. Dies sei bei einem Unternehmen, das eine seiner Baustellen einem anderen Unternehmen zwecks Fertigstellung übertrage, nicht der Fall. Eine solche Übertragung könne nur dann unter die Richtlinie fallen, wenn sie mit der Übertragung einer organisierten Gesamtheit von Faktoren einhergehe, die eine dauerhafte Fortsetzung der Tätigkeiten oder bestimmter Tätigkeiten des übertragenden Unternehmens erlauben würde. Dies sei nicht der Fall, wenn dieses letztgenannte Unternehmen sich, wie im vorliegenden Fall, darauf beschränke, dem neuen Unternehmen Arbeitnehmer und Material zur Verfügung zu stellen, die zur Durchführung der fraglichen Arbeiten eingesetzt werden sollen.

(b) Die Rechtssache Mercks und Neuhuys. Gegenstand des Vorabentscheidungs- 66
verfahrens in der Rechtssache Merckx und Neuhuys[80] war die Übernahme einer Vetriebsberechtigung durch eine neue Vertriebshändlerin. Die Firma Ford SA führte den Vertrieb von Kraftfahrzeugen in Brüssel und Umgebung durch eine Tochtergesellschaft, die Firma Anfo Motors SA, durch. Die Firma Anfo Motors besaß dafür eine besondere Vertriebsberechtigung. Im Oktober 1987 teilte die Firma Anfo Motors SA ihren Mitarbeitern mit,

---

[79] S. oben Rn. 45.
[80] Verb. Rs. 171 u. 172/94, Slg. 1996, S. 1253 ff. = AP Nr. 9 zu EWG-Richtlinie 77/187/EWG.

dass sie ihre Tätigkeit zum 31. Dezember 1987 vollständig einstellen werde. Ab dem 1. November 1987 vertrieb die Firma Ford SA Fahrzeuge im Großraum Brüssel durch eine unabhängige Vertragshändlerin, die Firma Novarobel SA. Letztere übernahm neben der Vertriebsberechtigung auch ca. 20% der Mitarbeiter der Anfo Motors SA. Die Firma Novarobel wollte auch die Kläger des Ausgangsrechtsstreits, Herrn Merckx und Herrn Neuhuys (nachfolgend: Kläger), übernehmen. Zudem versandte die Firma Anfo Motors SA ein Schreiben an ihre Kunden, in dem sie sie über die Geschäftsaufgabe informierte und ihnen die neue Vertragshändlerin empfahl. Die Kläger lehnten die Übernahme durch die Firma Novarobel ab. Sie waren der Ansicht, der Betrieb der Anfo Motors SA sei tatsächlich stillgelegt worden. Deshalb stünde ihnen eine Abfindung sowie eine anteilige Jahresabschlussprämie zu. Die mit dem Rechtsstreit befasste Cour du travail wollte vom EuGH wissen, ob es sich im vorliegenden Fall angesichts der geschilderten Umstände um einen Unternehmensübergang i. S. der Betriebsübergangsrichtlinie handelt.

67 Der EuGH kam in seinem Vorabentscheidungsurteil vom 7. 3. 1996[81] zu dem Schluss, dass die Übertragung der Vertriebsberechtigung in den Ausgangsverfahren vom Geltungsbereich der Betriebsübergangsrichtlinie erfasst werden könne. Dass im Ausgangsfall weder materielle noch immaterielle Aktiva des Unternehmens übertragen und auch dessen Aufbau und Organisation nicht einmal teilweise beibehalten worden sei, stehe der Anwendung der Richtlinie nicht entgegen. Die Tätigkeit des Alleinvertriebs von Kraftfahrzeugen einer bestimmten Marke in einem bestimmten Bereich bleibe ihrem Gegenstand nach nämlich auch dann unverändert, wenn sie unter einer anderen Geschäftsbezeichnung, in anderen Geschäftsräumen und mit anderen Hilfsmitteln wahrgenommen werde. Unerheblich sei auch, dass sich der Unternehmenssitz in einer anderen Zone desselben Großraums befinde, da das Vertriebsgebiet dasselbe bleibe.

68 Die Anwendbarkeit der Richtlinie scheitere auch nicht daran, dass zwischen der Firma Anfo Motors SA und der Firma Novarobel SA keine vertraglichen Beziehungen bestanden hätten. Der Begriff der vertraglichen Übertragung i. S. des Art. 1 der Richtlinie sei weit auszulegen. Nur so könne dem Zweck der Richtlinie, nämlich die Arbeitnehmer bei einer Übertragung ihres Unternehmens zu schützen, Rechnung getragen werden. Demgemäß sei die Richtlinie in allen Fällen anwendbar, in denen die für den Betrieb des Unternehmens verantwortliche natürliche oder juristische Person, die die Arbeitgeberverpflichtungen gegenüber den Beschäftigten des Unternehmen eingeht, im Rahmen vertraglicher Beziehungen wechselt.

69 **(c) Die Rechtssache Ayse Süzen.** Mit der Frage, ob die bloße Fremdvergabe von betrieblichen Leistungen ohne gleichzeitige Übertragung materieller oder immaterieller Betriebsmittel in den Anwendungsbereich der Betriebsübergangsrichtlinie fallen kann, hatte sich der EuGH erneut in der Rechtssache Ayse Süzen[82] zu befassen. Anlass war ein Vorlagebeschluss des Arbeitsgerichts Bonn vom 13. 11. 1994,[83] dem folgender Sachverhalt zugrunde lag:

70 Frau Ayse Süzen, die Klägerin des Ausgangsrechtsstreits (nachfolgend: Klägerin), war bei der Zehnacker Gebäudereinigung GmbH, der Beklagten des Ausgangsrechtsstreits (nachfolgend: Beklagte), als Reinigungskraft beschäftigt. Die Beklagte setzte die Klägerin in einer Schule im Rahmen eines ihr von der Schule erteilten Reinigungsauftrags ein. Nachdem die Schule den Auftrag gekündigt hatte, entließ die Beklagte die Klägerin sowie sieben weitere Angestellte, die alle bei der Reinigung der Schule eingesetzt waren. Anschließend erteilte die Schule den Reinigungsauftrag der Lefarth GmbH. Die Klägerin erhob beim Arbeitsgericht Bonn Klage auf Feststellung, dass ihr Arbeitsverhältnis mit der

---

[81] Slg. 1996, S. 1253 ff.; s. zu diesem Urteil auch *Franzen*, DZWir 1996, S. 397; *Lorenz*, ZIP 1997, S. 531 ff.; *Schipp*, EWiR § 613 a BGB 3/96; *Waas*, EuZW 1996, S. 212; *Willemsen*, EAS RL 77/187/EWG Art. 1 Nr. 11.

[82] EuGH 11. 3. 1997 Rs. 13/95, Slg. 1997, S. 1259 = DB 1997, S. 628.

[83] ArbG Bonn, DB 1995, S. 582.

II. Betriebsübergang

Beklagten durch die Kündigung nicht aufgelöst sei. Das Arbeitsgericht war der Auffassung, dass die Entscheidung des Rechtsstreits von der Auslegung der Betriebsübergangsrichtlinie abhänge und legte dem EuGH die Frage vor, ob es sich im vorliegenden Fall um einen Betriebsübergang i. S. der Betriebsübergangsrichtlinie handelt.[84]

In seinem Vorabentscheidungsurteil vom 11. 3. 1997[85] stellt der EuGH in Übereinstimmung mit seiner bisherigen Rechtsprechung zunächst fest, dass es für einen Übergang i. S. der Richtlinie entscheidend darauf ankommt, ob die fragliche Einheit ihre Identität bewahrt habe, was namentlich dann zu bejahen sei, wenn der Betrieb tatsächlich weitergeführt oder wiederaufgenommen werde. Dabei müssten sämtliche den betreffenden Vorgang kennzeichnenden Tatsachen Berücksichtigung finden. Anders als in der Christel-Schmidt-Entscheidung stellt der EuGH im vorliegenden Fall klar, dass bei der Bewertung der für einen Übergangs i. S. der Richtlinie maßgeblichen Kriterien nach den Produktions- oder Betriebsmethoden, die in dem betreffenden Unternehmen, Betrieb oder Betriebsteil angewendet werden, zu differenzieren sei. Allein der Umstand, dass die von dem alten und dem neuen Auftraggeber erbrachten Dienstleistungen ähnlich seien, lasse nicht den Schluss zu, dass der Übergang einer wirtschaftlichen Einheit vorliege. Eine Einheit dürfe nämlich nicht als bloße Tätigkeit verstanden werden. Ihre Identität ergebe sich aus anderen Merkmalen, wie ihrem Personal, ihren Führungskräften, ihrer Arbeitsorganisation, ihren Betriebsmethoden und gegebenenfalls den ihr zur Verfügung stehenden Betriebsmitteln. Der bloße Verlust eines Auftrags an einen Mitbewerber stelle daher für sich genommen keinen Übergang i. S. der Richtlinie dar. Das zuvor beauftragte Dienstleistungsunternehmen verliere zwar einen Kunden, bestehe aber in vollem Umfang weiter, ohne dass einer seiner Betriebe oder Betriebsteile auf den neuen Auftraggeber übertragen worden wäre. In seinen folgenden Ausführungen hält der EuGH jedoch insofern an seiner Christel-Schmidt-Rechtsprechung fest, als er ausdrücklich darauf hinweist, dass ein Übergang i. S. der Richtlinie nicht notwendigerweise auch die Übertragung von Betriebsmitteln voraussetze. Er führt dazu aus, dass insbesondere in Betrieben bestimmter Branchen, in denen es im Wesentlichen auf die menschliche Arbeitskraft ankomme, eine Gesamtheit von Arbeitnehmern, die durch eine gemeinsame Tätigkeit dauerhaft verbunden sind, eine wirtschaftliche Einheit darstellen könne. Eine solche Einheit bewahre ihre Identität über ihren Übergang hinaus, wenn der neue Unternehmensinhaber nicht nur die betreffende Tätigkeit weiterführe, sondern auch einen nach Zahl und Sachkunde wesentlichen Teil des Personals übernehme, das sein Vorgänger gezielt bei dieser Tätigkeit eingesetzt habe.

(d) Die Rechtssachen Friedrich Santner u. a. In den verbundenen Rechtssachen Friedrich Santner u. a.,[86] einem der letzten Vorabentscheidungsverfahren betreffend den Anwendungsbereich der Betriebsübergangsrichtlinie, ging es um die Frage, ob die Betriebsübergangsrichtlinie auf einen Fall anwendbar ist, in dem ein Unternehmen, das ein anderes Unternehmen mit der Reinigung seiner Räumlichkeiten oder eines Teils von ihnen beauftragt hat, beschließt, den Vertrag mit diesem Unternehmen zu kündigen und fortan selbst für die Durchführung der fraglichen Arbeiten zu sorgen.

Diese Vorlagefrage stellte sich in einem Rechtsstreit zwischen Herrn Santner (nachfolgend: Kläger) und der B + S GmbH (nachfolgend: Beklagte). Der Kläger war seit 1980 als Reinigungskraft beschäftigt, zunächst bei der Dörhöffer + Schmitt GmbH, dann bei der Beklagten, die durch eine Betriebsaufspaltung aus der Dörhöffer + Schmitt GmbH

---

[84] Aus dem Vorlagebeschluss geht nicht hervor, dass die Lefarth GmbH sechs der acht Reinigungskräfte übernommen hatte.
[85] EuGH, DB 1995, S. 582; s. zu diesem Urteil auch *Baeck/Lingemann*, NJW 1997, S. 2492 ff.; *Blomeyer/Huep*, Anm. zu EuGH, EzA § 613 a BGB Nr. 145; *Bröβke*, BB 1997, S. 1412 ff.; *Buchner*, NZA 1997, S. 408; *Buschmann*, AuR 1997, S. 215; *Heinze*, DB 1997, S. 677 f.; *Hergenröder*, Anm. AR-Blattei ES 500 Nr. 122; *Lorenz*, ZIP 1997, S. 531 ff.; *Steffan*, EAS RL 77/197/EWG Art. 1 Nr. 13; *Trittin*, DB 1997, S. 1333; *Willemsen/Annuß*, DB 1997, S. 1875 ff.; *Wank/Börgmann*, DB 1997, S. 1229 ff.
[86] EuGH, verb. Rs. 127/96, 229/96 und 74/97, Slg. 1998, S. 8179 = NZA 1999, S. 253.

hervorgegangen war. Er reinigte im Rahmen seines Arbeitsverhältnisses ausschließlich Badehäuser der Firma Hoechst, die mit den beiden vorgenannten Unternehmen aufeinander folgende Reinigungsverträge geschlossen hatte. Die Firma Hoechst kündigte jedoch ihren Vertrag mit der Beklagten und organisierte die Reinigungsarbeiten in ihren Badehäusern um. Sie wurden nunmehr teils von ihren eigenen Arbeitnehmern, teils in Kooperation mit anderen Fremdfirmen geleistet. Die Beklagte kündigte am 27. 4. 1995 den Arbeitsvertrag mit dem Kläger. Da nach dessen Ansicht ein Unternehmensübergang erfolgt war und das Arbeitsverhältnis deshalb mit der Firma Hoechst fortgesetzt werden müsse, erhob er Klage gegen die Firma Hoechst. Das mit dem Ausgangsrechtsstreit befasste Arbeitsgericht Frankfurt a.M. wollte vom EuGH wissen, ob die Betriebsübergangsrichtlinie auf einen Fall wie den vorliegenden Anwendung findet.

74 Der EuGH knüpft in seinem Vorabentscheidungsurteil vom 10. 12. 1998[87] an seine Rechtsprechung in der Rechtssache Rygaard[88] an und stellt zunächst fest, dass die Anwendbarkeit der Richtlinie den Übergang einer auf Dauer angelegten wirtschaftlichen Einheit voraussetze, deren Tätigkeit nicht auf die Ausführung eines bestimmten Vorhabens beschränkt ist. Der Begriff „Einheit" beziehe sich dabei auf eine organisierte Gesamtheit von Personen und Sachen zur Ausübung einer wirtschaftlichen Tätigkeit mit eigener Zielsetzung. Sodann weist der EuGH, wie im Vorabentscheidungsverfahren Ayse Süzen,[89] darauf hin, dass eine solche wirtschaftliche Einheit zwar hinreichend strukturiert und selbständig sein müsse, nicht aber notwendigerweise bedeutsame materielle oder immaterielle Mittel umfassen müsse. Im Folgenden wiederholt der EuGH seine bereits im Vorabentscheidungsverfahren Ayse Süzen getroffenen Feststellungen und kommt zu dem Ergebnis, dass Art. 1 der Betriebsübergangsrichtlinie dahin auszulegen sei, dass diese Richtlinie auf einen Fall, in dem ein Unternehmen, das ein anderes Unternehmen mit der Reinigung seiner Räumlichkeiten beauftragt hat, beschließt, den Vertrag mit diesem Unternehmen zu kündigen und fortan selbst für die Durchführung der fraglichen Arbeiten zu sorgen, anwendbar ist, sofern der Vorgang mit dem Übergang einer wirtschaftlichen Einheit zwischen den beiden Unternehmen einhergehe. Der bloße Umstand, dass die erst vom Reinigungsunternehmen und danach von dem Unternehmen, dem die Räumlichkeiten gehören, ausgeführten Wartungsarbeiten einander ähnlich seien, lasse nicht auf den Übergang einer solchen Einheit schließen.

75 **(e) Die Rechtssache Oy Liikenne Ab.** In der Rechtssache Oy Liikenne[90] entschied der EuGH, die Richtlinie 77/187/EWG sei auch anwendbar, wenn zwischen zwei Unternehmen, die von einer Einrichtung des öffentlichen Rechts nach einem Verfahren zur Vergabe öffentlicher Dienstleistungsaufträge gemäß der Richtlinie 92/50/EWG nacheinander mit dem Betrieb eines öffentlichen Verkehrs beauftragt worden sind, eine unmittelbare vertragliche Beziehung fehlt. Die eventuelle Anwendbarkeit der Bestimmungen der Richtlinie 77/187/EWG im Rahmen eines Vorgangs, der unter die Richtlinie 92/50/EWG fällt, könne nicht als Gefährdung der Ziele der letztgenannten Richtlinie angesehen werden. Die Wirtschaftsteilnehmer behielten in einem solchen Rahmen ihren Handlungsspielraum, um miteinander in Wettbewerb zu treten und unterschiedliche Angebote abzugeben. So könnten sie im öffentlichen Linienbusverkehr bei der Ausstattung der Fahrzeuge, deren Energieverbrauch und Umweltfreundlichkeit, der Leistungsfähigkeit, der Organisation, der Art und Weise des Kontakts zur Öffentlichkeit und, wie andere Unternehmen auch, bei der angestrebten Gewinnmarge ansetzen. Wie vom EuGH schon mehrfach betont, kommt dem Fehlen einer vertraglichen Beziehung zwischen den beiden Unternehmern, die nacheinander mit dem Betrieb von Buslinien beauftragt worden sind, keine ausschlaggebende Bedeutung zu.

---

[87] EuGH, NZA 1999, S. 253.
[88] S. oben Rn. 61.
[89] S. oben Rn. 69.
[90] EuGH 25. 1. 2001 Rs. C-172/99, Slg. 2001, S. 745 (Oy Liikenne Ab).

II. Betriebsübergang

(4) Kritik an der Rechtsprechung des EuGH

Die Entscheidung des EuGH in der Rechtssache Christel Schmidt ist sowohl im Schrifttum[91] als auch in der unterinstanzlichen Rechtsprechung[92] zu Recht auf heftige Kritik gestoßen.[93] **76**

Der EuGH verabschiedet sich in seiner Entscheidung von allgemein anerkannten Auslegungsgrundsätzen. Er verkennt, dass für die Auslegung des Art. 1 Abs. 1 RL BetrÜ zunächst vom Wortlaut auszugehen ist. Statt jedoch die Begriffe **Unternehmen, Betrieb und Betriebsteil** je für sich zu definieren, um auf diese Weise klar herauszuarbeiten, wie sich der Betriebsteil von der bloßen Übertragung einzelner Maschinen oder Funktionen unterscheidet, fasst er alle drei Begriffe unter dem noch konturloseren Oberbegriff „wirtschaftliche Einheit" zusammen.[94] Hält man jedoch am Wortlaut des Art. 1 Abs. 1 RL BetrÜ fest, so deuten schon die Begriffe Unternehmen, Betrieb und Betriebsteil darauf hin, dass diese eine arbeitsorganisatorische Einheit voraussetzen, woran es im Fall einer reinen Funktionsübertragung gerade fehlt.[95] Gestützt wird diese Auslegung durch die Entstehungsgeschichte der Betriebsübergangsrichtlinie. Nach Art. 1 des Kommissionsentwurfs vom 31. Mai 1994[96] sollte die Richtlinie Anwendung finden auf „Betriebsübertragungen, die dadurch bewirkt werden, dass einzelne Betriebe, Produktionsstätten, Nebenbetriebe oder sonstige arbeitsorganisatorische Einheiten oder Teile von diesen von einer Person ... auf ein anderes Unternehmen in der Weise übertragen werden, dass an die Stelle des bisherigen Arbeitgebers ein neuer Arbeitgeber tritt ...". Nach dieser Formulierung setzt die Anwendbarkeit der Richtlinie zumindest arbeitsorganisatorische Arbeitseinheiten oder Teile von diesen voraus. In der Betriebsübergangsrichtlinie ist der Wortlaut gestrafft worden. Dass mit der Straffung auch eine Ausweitung des sachlichen Anwendungsbereichs auf bloße Funktionsübertragungen gewollt war, ist nicht anzunehmen.[97] **77**

Die Ausweitung des Anwendungsbereichs der Betriebsübergangsrichtlinie auf **bloße Funktionsübertragungen** lässt sich auch nicht mit dem Schutzzweck der Richtlinie rechtfertigen. Die Betriebsübergangsrichtlinie will die Arbeitnehmer bei einem Inhaberwechsel schützen. Dieser setzt aber voraus, dass der Veräußerer kraft seines Willensentschlusses seine Rechtsposition auf einen Erwerber überträgt, woran es bei einer bloßen Auftragsvergabe fehlt.[98] **78**

---

[91] S. *Bauer*, BB 1994, S. 1433; *W. Blomeyer*, Anm. zu EuGH v. 14. 4. 1994, EzA § 613a BGB Nr. 114; *Buchner*, DB 1994, S. 1417; *ders.*, DB 1994, S. 2625; *Franzen*, Anm. zu EuGH v. 14. 4. 1994, EAS RL 177/187/EWG Art. 1 Nr. 8; *Gaul*, ZTR 1995, S. 344, 348 f.; *ders.*, AuR 1995, S. 119; *Hanau*, Anm. zu EuGH v. 14. 4. 1994, ZIP 1994, S. 1038; *Henssler*, NZA 1994, S. 913, 916 f.; *Joost*, Anm. zu EuGH v. 11. 4. 1994, EWiR § 613a BGB 5/94; *ders.*, FS Wlotzke, 1996, S. 683 ff.; *Junker*, NJW 1994, S. 2527 f.; *Lutter*, ZIP 1994, S. 1514 f.; *Röder/Baeck*, NJW 1995, S. 542; *Schiefer*, MDR 1995, S. 330; *ders.*, NJW 1995, S. 160, 162 ff.; *ders.*, Anm. zu LAG Düsseldorf v. 9. 11. 1994, DB 1995, S. 275; *Waas*, EuZW 1994, S. 528; *Wank*, Anm. zu EuGH v. 19. 9. 1995, AP Nr. 132 zu § 613a BGB; *Ziemons*, ZIP 1995, S. 987; differenzierend *Louven*, JuS 1995, S. 677, 682 ff.; *Willemsen*, DB 1995, S. 924.

[92] LAG Düsseldorf, DB 1995, S. 275.

[93] Verteidigt wird das Urteil dagegen von *Trittin*, AiB 1994, S. 466; *Zuleeg*, ArbRGeg 1995 (32), S. 41; *Zwanzinger*, DB 1994, S. 2621; s. auch *Ekkenga*, ZIP 1995, S. 1225 ff.; *Heither*, RdA 1996, S. 96.

[94] Vgl. auch *v. Alvensleben*, Rechte der Arbeitnehmer, S. 171 ff.; *Franzen*, Anm. zu EuGH v. 14. 4. 1994, EAS RL 77/187/EWG unter IV.

[95] Vgl. auch die Schlussanträge des Generalanwalts *v. Gerven*, nach dessen Ansicht die Begriffe Unternehmen, Betrieb oder Betriebsteil „auf eine organisierte Gesamtheit von Personen und (materiellen und/oder immateriellen) Vermögensgegenständen" verweisen; Slg. 1994, S. 1313, 1319.

[96] ABl. 1974, C 104, S. 1.

[97] *W. Blomeyer*, Anm. zu EuGH v. 14. 4. 1994, EzA § 613a BGB Nr. 114.

[98] *Joost*, FS für Wlotzke, 1996, S. 683, 695 f.; *Wank/Börgmann*, DB 1997, S. 1229 ff.

79 Der EuGH setzt sich zudem zu seiner eingangs des Urteils zustimmend referierten früheren Rechtsprechung in Widerspruch.[99] Schon in seiner Entscheidung in der Rechtssache Spijkers[100] hob der EuGH hervor, dass für die Beurteilung, ob ein Übergang i. S. des Art. 1 Abs. 1 RL BetrÜ vorliege, sämtliche den betreffenden Vorgang kennzeichnenden Tatsachen, namentlich die von ihm konkret genannten, berücksichtigt werden müssten. Die genannten Umstände dürften nicht isoliert beurteilt werden, sondern seien vielmehr nur Teilaspekte einer vorzunehmenden globalen Bewertung.[101] Diese Gesamtbewertung wirft der EuGH in seiner Christel-Schmidt-Entscheidung gerade über Bord, wenn er den Übergang auf das Merkmal „Fortführung der Funktion" reduziert.

80 Widersprüchlich ist aber auch die Urteilsbegründung in sich. Heißt es doch in ihr wörtlich: „Überträgt ein Unternehmer durch Vertrag einem anderen Unternehmer die Verantwortung für den Betrieb einer Dienstleistungseinrichtung seines Unternehmens, z. B. die Erledigung der Reinigungsaufgaben ...". Der EuGH setzt sich in seiner Entscheidung aber darüber hinweg, dass, anders als in den Rechtssachen Spijkers, Redmond Stichting und Watson Rask keinerlei Betriebssubstrat und damit auch keine Dienstleistungs**einrichtung** übertragen wurde.[102]

81 Dass die bloße Funktionsnachfolge keinen Betriebs(teil)übergang i. S. der Betriebsübergangsrichtlinie darstellt, hat der EuGH erstmals in seinem Vorabentscheidungsurteil vom 19. 9. 1995 in der Rechtssache Rygaard[103] selbst erkannt. In ihm verneint der EuGH nämlich zu Recht einen Betriebs(teil)übergang mit der Begründung, dass die Übertragung einer Baustelle zum Zwecke der Fertigstellung von Bauarbeiten nur dann unter die Richtlinie falle, wenn sie mit der „Übertragung einer Gesamtheit von Faktoren" einhergehe.[104] An diesem Merkmal fehlt es aber gerade bei einer reinen Funktionsnachfolge, wie sie der Entscheidung des EuGH in der Rechtssache Christel Schmidt zugrunde lag. Auch die Feststellungen des EuGH in den Rechtssachen Ayse Süzen und Friedrich Santner u. a. lassen erkennen, dass der EuGH nunmehr wieder an seine Rechtsprechung vor der Christel-Schmidt-Entscheidung anknüpft und dass die Gründe aus der Rechtssache Spijkers weiterhin maßgeblich sind. Der Substratgedanke ist somit auch nach der EuGH-Rechtsprechung weiterhin wichtig. Mit den Urteilen in den Rechtssachen Rygaard, Ayse Süzen und Santner u. a. haben sich die Rechtsprechung von EuGH und BAG wieder angenähert.[105]

bb) Übergang durch vertragliche Vereinbarung oder Verschmelzung

82 Weitere Voraussetzung für die Anwendbarkeit der Betriebsübergangsrichtlinie ist, dass der Unternehmens- oder Betriebs(teil)übergang durch vertragliche Vereinbarung oder Verschmelzung erfolgt.

83 Problematisch ist, was unter dem Begriff **„vertragliche Übertragung"** i. S. der Betriebsübergangsrichtlinie zu verstehen ist. Wie der EuGH bereits in der Rechtssache Abels[106] ausgeführt hat, lässt sich dieser Begriff wegen seines unterschiedlichen Inhalts im Recht der Mitgliedstaaten nicht allein auf Grund einer wörtlichen Auslegung bestim-

---

[99] *W. Blomeyer*, Anm. zu EuGH v. 14. 4. 1994, EzA § 613a BGB Nr. 114; *Buchner*, DB 1994, S. 1417 ff.

[100] S. oben Rn. 43.

[101] Slg. 1994, S. 1311, 1327; s. auch die gleich lautende Formulierung im Urteil vom 19. 2. 1992 (Redmond Stichting), Rs. 29/91, Slg. 1992, S. 3211, 3220.

[102] *Preis*, ZIP 1995, S. 891, 907.

[103] S. oben Rn. 61.

[104] S. ausführlich zu diesem Urteil *Wank*, Anm. zu BAG AP Nr. 132 zu § 613a BGB.

[105] Zur Einschätzung der EuGH-Rechtsprechung nach der Christel-Schmidt-Entscheidung s. auch *W. Blomeyer*, Anm. zu EuGH EWiR Art. 1 RL 77/177/EWG 1/97, S. 314, 315; *Buchner*, NZA 1997, S. 408 f.; *Heinze*, DB 1997, S. 677 f.; *Joost*, Anm. EWiR § 613a BGB 5/97, S. 881; *Lorenz*, ZIP 1997, S. 531 f.; *Trittin*, DB 1996, S. 1333 ff.; *Wank*, SAE 1998, S. 209 ff.

[106] Rs. 135/83, Slg. 1985, S. 469 ff.

II. Betriebsübergang

men.[107] Nach ständiger Rechtsprechung des EuGH muss der Begriff „vertragliche Übertragung" vielmehr so weit ausgelegt werden, dass er dem Schutz der Arbeitnehmer bei Übertragung des Unternehmens oder Betriebs(teils) gerecht wird. Die Betriebsübergangsrichtlinie ist demnach in allen Fällen anwendbar, in denen die für den Betrieb des Unternehmens verantwortliche natürliche oder juristische Person, die die Arbeitgeberpflichten gegenüber den Beschäftigten eingeht, im Rahmen vertraglicher Beziehung wechselt.[108] Unerheblich ist, ob das Eigentum an dem Unternehmen übertragen wird.[109] Unter den Anwendungsbereich der Betriebsübergangsrichtlinie fallen somit nicht nur rechtsgeschäftliche **Eigentumsübertragungen,** sondern auch Übertragungen durch **Vermietung, Verpachtung** und Bestellung eines Nießbrauchs.[110] Vom Anwendungsbereich der Betriebsübergangsrichtlinie erfasst wird somit auch der Fall, dass der Eigentümer den Betrieb eines verpachteten Unternehmens nach Verstößen des Pächters gegen den Pachtvertrag wieder aufnimmt. Eine solche Übernahme erfolgt ebenfalls auf Grund des Pachtvertrages. Soweit dadurch der Pächter die Eigenschaft des Unternehmensinhabers verliert und der Eigentümer diese wieder erwirbt, muss nämlich die Übernahme des Unternehmens ebenfalls als ein Übergang auf einen anderen Inhaber durch vertragliche Übertragung angesehen werden.[111]

Aus dem Schutzzweck der Betriebsübergangsrichtlinie, die Aufrechterhaltung der Rechte der Arbeitnehmer bei einem Wechsel der Unternehmensinhaber soweit wie möglich zu gewährleisten, folgt, dass sie auch dann Anwendung finden kann, wenn der Inhaber sein Unternehmen nach Beendigung eines nicht übertragbaren Pachtverhältnisses an einen neuen Pächter verpachtet.[112]

Eine vertragliche Übertragung i.S. des Art. 1 RL BetrÜ hat der EuGH auch für den Fall bejaht, dass der Eigentümer sein Unternehmen nach der Kündigung oder Aufhebung eines Mietvertrages wieder in Besitz nimmt, um es danach an einen Dritten zu verkaufen, der den seit dem Ende des Mietvertrages eingestellten Betrieb des Unternehmens kurz darauf mit gut der Hälfte des Personals, das in dem Unternehmen des früheren Mieters beschäftigt war, fortführt.[113]

Wie der EuGH in der Rechtssache Redmond Stichting[114] entschieden hat, findet der Begriff „vertragliche Übertragung" i.S. von Art. 1 Abs. 1 RL BetrÜ schließlich auch auf eine Situation Anwendung, in der eine **Behörde** beschließt, die Gewährung von Subventionen an eine juristische Person einzustellen, wodurch die vollständige und endgültige Beendigung der Tätigkeiten dieser juristischen Person bewirkt wird, um die Subvention auf eine andere juristische Person zu übertragen, die einen ähnlichen Zweck verfolgt.[115]

Nach der Entscheidung des EuGH in der Rechtssache Oy Liikenne Ab[116] kann die Richtlinie anwendbar sein, wenn zwischen zwei Unternehmen, die von einer Einrichtung des öffentlichen Dienstes nacheinander mit dem Betrieb eines öffentlichen Verkehrs beauftragt worden sind, eine unmittelbare vertragliche Beziehung fehlt.

Auch ist die Richtlinie anwendbar auf den Fall, in dem eine Stelle, die öffentliche Telekommunikationsdienste betreibt und von einer in die staatliche Verwaltung eingegliederten Einrichtung verwaltet wird, auf Grund von Entscheidungen staatlicher Stellen entgelt-

---

[107] Slg. 1985, S. 469, 483; krit. *Wank/Börgmann,* DB 1997, S. 1229 ff.
[108] S. etwa EuGH (Bork), Rs. 101/87, Slg. 1988, S. 3058, 3076; (Berg und Busschers), verb. Rs. 144 und 145/87, Slg. 1988, S. 2559, 2583; (Ny Mølle Kro), Rs. 287/86, Slg. 1987, S. 5465, 5483.
[109] EuGH (Daddy's Dance Hall), Rs. 324/86, Slg. 1988, S. 739, 752.
[110] Vgl. die Begründung des Richtlinienentwurfes der EG-Kommission, RdA 1975, S. 124.
[111] EuGH (Ny Mølle Kro), Rs. 287/86, Slg. 1987, S. 5465, 5483.
[112] EuGH (Daddy's Dance Hall), Rs. 324/86, Slg. 1988, S. 739, 753.
[113] EuGH (Bork), Rs. 101/87, Slg. 1988, S. 3057, 3076.
[114] EuGH Rs. 29/91, Slg. 1992, S. 3189 ff.
[115] EuGH Slg. 1992, S. 3189, 3219 f.
[116] EuGH 25. 1. 2001, ZIP 2001, S. 258; s. dazu oben Rn. 75.

lich in Form einer Verwaltungskonzession auf eine privatrechtliche Gesellschaft übergeht, die von einer anderen öffentlichen Einrichtung gegründet worden ist, die alle Aktien dieser Gesellschaft hält.[117]

89 Wenn eine Gemeinde als juristische Person des öffentlichen Rechts, die im Rahmen der spezifischen Form des Verwaltungsrechts handelt, Werbe- und Informationstätigkeit in Bezug auf von ihr der Öffentlichkeit angebotene Leistungen, die bisher im Interesse dieser Gemeinde von einem Verein ohne Erwerbszweck, einer juristischen Person des Privatrechts, ausgeübt wurden, selbst übernimmt, ist die Richtlinie anwendbar, wenn die übertragene Einheit ihre Identität bewahrt.[118]

cc) Übergang im Rahmen eines Insolvenzverfahrens

90 Mit der Frage, ob Art. 1 Abs. 1 RL BetrÜ auch auf den Übergang eines Unternehmens, Betriebs oder Betriebsteils anwendbar ist, wenn **über das Vermögen des Veräußerers das Insolvenzverfahren eröffnet** worden ist oder der betreffende Betrieb zur Insolvenzmasse gehört, musste sich der EuGH in der Rechtssache Abels[119] befassen.

91 Der EuGH hob in seiner Entscheidung die in allen Rechtsordnungen der Mitgliedstaaten bestehenden Besonderheiten des Insolvenzrechts hervor und zog daraus den Schluss, dass in die Betriebsübergangsrichtlinie eine entsprechende ausdrückliche Vorschrift aufgenommen worden wäre, wenn sie auch für den Übergang von Unternehmen im Rahmen solcher Verfahren hätte gelten sollen. Unterstützt würde diese Auslegung der Betriebsübergangsrichtlinie auch im Hinblick auf ihre Zielsetzung, nämlich zu verhindern, dass Strukturveränderungen innerhalb des Gemeinsamen Marktes sich zum Nachteil der Arbeitnehmer der betroffenen Unternehmen auswirken. Über die Folgen des Übergangs von Unternehmen bei Zahlungsunfähigkeit des Arbeitgebers sowie darüber, welche Maßnahmen am besten geeignet seien, die Interessen der Arbeitnehmer zu schützen, herrsche weitgehend Unsicherheit. Angesichts dieser Unsicherheit würde die Anwendbarkeit der Betriebsübergangsrichtlinie auch in Fällen des Übergangs von Unternehmen, Betrieben oder Betriebsteilen im Rahmen eines Insolvenzverfahrens die ernsthafte Gefahr einer im Widerspruch zu den sozialen Zielen des Vertrages stehenden allgemeinen Verschlechterung der Lebens- und Arbeitsbedingungen der Arbeitskräfte nicht ausschließen. Die Betriebsübergangsrichtlinie sei daher nicht auf den Übergang eines Unternehmens, Betriebs oder Betriebsteils anwendbar, wenn über das Vermögen des Veräußerers das Insolvenzverfahren eröffnet worden sei und das betreffende Unternehmen oder der betreffende Betrieb zur Masse gehöre. Die Betriebsübergangsrichtlinie überlasse es jedoch den Mitgliedstaaten, unabhängig vom Gemeinschaftsrecht allein auf der Grundlage ihres nationalen Rechts die Grundsätze dieser Richtlinie ganz oder teilweise anzuwenden.[120]

c) Territorialer Geltungsbereich

92 In territorialer Hinsicht schützt Art. 1 Abs. 2 die Rechte der Arbeitnehmer, wenn und soweit sich das Unternehmen, der Betrieb oder der Betriebsteil, das oder der übergeht, innerhalb des territorialen **Geltungsbereiches des EG-Vertrages** befindet. Vom Anwendungsbereich der Richtlinie erfasst werden somit auch in Drittstaaten gelegene Unternehmen oder Betriebe, die in Unternehmen eingegliedert werden, die sich im Gemeinsamen Markt befinden.[121]

---

[117] EuGH 14. 9. 2000, Rs. C 43/98 (Collino, Chiappero), AP Nr. 29 zu EWG-Richtlinie Nr. 77/187.
[118] EuGH 26. 9. 2000, Rs. C 175/99 (Mayeur), AP Nr. 30 zu EWG-Richtlinie 177/187.
[119] EuGH Rs. 135/82, Slg. 1985, S. 469 ff.
[120] Dagegen erklärte der EuGH in derselben Entscheidung die Betriebsübergangsrichtlinie für den Fall des niederländischen „suréance van betaling" (Zahlungsaufschub) für anwendbar; Slg. 1985, S. 469, 486. S. zur jetzigen Regelung Rn. 161.
[121] Vgl. die Begründung des Richtlinienentwurfes der EG-Kommission, RdA 1975, S. 124.

II. Betriebsübergang

d) Der Inhalt der Richtlinie

aa) Wahrung der Ansprüche der Arbeitnehmer (Art. 3 RL BetrÜ)

Kernvorschrift der Betriebsübergangsrichtlinie ist Art. 3. Danach gehen die Rechte und 93 Pflichten des Veräußeres aus einem zum Zeitpunkt des Übergangs bestehenden Arbeitsverhältnis auf den Erwerber über. Mit dieser Bestimmung soll verhindert werden, dass der Erwerber auf Grund der zivilrechtlichen Vorschriften über die Zession die Weiterbeschäftigung der Arbeitnehmer ablehnen kann oder dass er mit dem Veräußerer sogar den Ausschluss der Übernahme des Arbeitsverhältnisses vereinbart.[122] Nach Art. 3 Abs. 1 Unterabs. 2 RL BetrÜ sind die Mitgliedstaaten befugt, Regelungen zu erlassen, wonach der Veräußerer auch nach dem Übergang neben dem Erwerber für Pflichten aus einem Arbeitsverhältnis haftet.[123]

Der **Übergang kollektivvertraglich begründeter Rechte und Pflichten** auf den 94 Erwerber ist in Art. 3 Abs. 2 RL BetrÜ geregelt. Danach hat der Erwerber beim Übergang i. S. des Art. 1 Abs. 1 RL BetrÜ die kollektivvertraglich vereinbarten Arbeitsbedingungen bis zur Beendigung des Kollektivvertrages oder bis zum In-Kraft-Treten oder bis zu der Anwendung eines anderen Kollektivvertrages in dem gleichen Maße aufrechtzuerhalten, wie sie in dem Kollektivvertrag für den Veräußerer vorgesehen waren.[124]

Der Zielsetzung der Betriebsübergangsrichtlinie entsprechend, diejenigen Arbeitnehmer 95 zu schützen, die von dem Inhaberwechsel tatsächlich betroffen sind, braucht der Erwerber die kollektivvertraglich vereinbarten Arbeitsbedingungen nur gegenüber solchen Arbeitnehmern aufrechtzuerhalten, die zur Zeit des Übergangs in dem Unternehmen, Betrieb oder Betriebsteil beschäftigt sind.[125]

Wie die Aufrechterhaltung der kollektivvertraglich vereinbarten Arbeitsbedingungen 96 rechtstechnisch zu erfolgen hat, hat die Betriebsübergangsrichtlinie in ihrer endgültigen Fassung offengelassen und damit dem Regelungsermessen der Mitgliedstaaten unterstellt.

Der Begriff „**Arbeitsbedingungen**" i. S. des Art. 3 Abs. 2 RL BetrÜ wird in der 97 Richtlinie nicht weiter erläutert. Zum Teil wird dieser Begriff eng ausgelegt.[126] Danach sollen nur individuelle Rechte des Arbeitnehmers erfasst werden. Zur Begründung dieser Auffassung wird auf die systematische Stellung des Art. 3 Abs. 2 RL BetrÜ verwiesen. Abs. 2 stelle eine Ergänzung der individualrechtlich ausgestalteten Regelung des Abs. 1 dar, wolle aber über diesen nicht hinausgehen. Dieses Ergebnis werde schließlich auch durch Art. 3 Abs. 3 Unterabs. 1 RL BetrÜ bestätigt, der auf die beiden vorausgehenden Absätze Bezug nehme und ebenfalls nur individuelle Rechte betreffe.[127]

Die für eine enge Auslegung des Begriffs „Arbeitsbedingungen" vorgebrachten Gründe 98 vermögen nicht zu überzeugen. Der Begriff „Arbeitsbedingungen" ist vielmehr in einem umfassenden Sinne zu verstehen, d. h. dass von diesem Begriff sowohl individualbezogene

---

[122] Vgl. die Begründung des Richtlinienentwurfes der EG-Kommission, RdA 1975, S. 125.

[123] Die Ermächtigung zur Regelung einer Weiterhaftung des Veräußerers geht auf die Stellungnahme des Wirtschafts- und Sozialausschusses vom 7. 11. 1975 zurück; ABl. C 255, S. 25, 27. Zur Frage, ob die Unternehmensübertragung auch gegen den Willen der betroffenen Arbeitnehmer den Übergang der Rechte und Pflichten aus dem Arbeitsvertrag zur Folge hat, s. unten Rn. 123 ff.

[124] Der Richtlinienentwurf der Kommission sah dagegen eine für Betriebsvereinbarungen und Firmentarifverträge einerseits und für Verbandstarife andererseits differenzierende Regelung vor. Die in Art. 3 Abs. 2 RL BetrÜ enthaltene Regelung, dass Kollektivvereinbarungen, an die der Veräußerer gebunden war – gleichgültig, ob es sich um Betriebsvereinbarungen, Firmentarifverträge oder Verbandskollektivverträge handelt – nur solange weitergelten, bis die Betriebs- oder Tarifvertragsparteien eine andere Regelung getroffen haben, geht auf die Stellungnahme des Wirtschafts- und Sozialausschusses vom 7. 11. 1975 zurück; ABl. C 255, S. 25, 28.

[125] EuGH (Ny Mølle Kro), Rs. 287/86, Slg. 1987, S. 5465, 5486; *von Alvensleben*, Die Rechte der Arbeitnehmer, S. 240 f.

[126] *Debong*, Die EG-Richtlinie, S. 43 f.; *D. Gaul*, ZTR 1989, S. 432, 433; *Hanau/Vossen*, FS für Hilger/Stumpf, S. 271, 272 ff.

[127] *Debong*, Die EG-Richtlinie, S. 43.

Rechte als auch die Arbeitnehmerschaft als Ganzes betreffende kollektivrechtliche Bestimmungen erfasst werden.[128] Für eine **weite Auslegung** des Begriffs „Arbeitsbedingungen" spricht schon der Wortlaut des Art. 3 Abs. 2 RL BetrÜ, wonach „die in einem Kollektivvertrag vereinbarten Arbeitsbedingungen" aufrechtzuerhalten sind. Zu den in einem Kollektivvertrag vereinbarten Bestimmungen gehören aber gerade nicht nur individualbezogene Rechte. Hätte der Gemeinschaftsgesetzgeber eine Begrenzung auf individualbezogene Bestimmungen gewollt, so hätte er eine so bedeutsame Einschränkung auch im Wortlaut zum Ausdruck gebracht.[129] Bestätigt wird dies durch einen Rechtsvergleich mit anderen Mitgliedstaaten. Nahezu alle Mitgliedstaaten sind bei der Umsetzung der Richtlinie nämlich einer weiten Auslegung gefolgt, haben also die Weitergeltungsanordnung nicht auf individualbezogene Bestimmungen beschränkt.[130] Für eine weite Auslegung spricht neben dem Wortlaut vor allem auch der Schutzwzeck der Betriebsübergangsrichtlinie. Ihr Ziel ist es, die Aufrechterhaltung der Rechte der Arbeitnehmer bei einem Wechsel der Unternehmensinhaber soweit wie möglich zu gewährleisten.[131] Mit diesem von der Betriebsübergangsrichtlinie beabsichtigten umfassenden Bestandsschutz ist es jedoch nicht vereinbar, die gesamten nicht individualbezogenen Kollektivrechte von der Weitergeltungsanordnung des Art. 3 Abs. 2 RL BetrÜ auszuschließen.[132]

99 Art. 3 Abs. 2 RL BetrÜ verlangt nur den Eintritt des Erwerbers in die kollektivvertraglich vereinbarten Arbeitsbedingungen. Die das Verhältnis der Kollektivpartner regelnden schuldrechtlichen Kollektivvereinbarungen, wie die tarifliche Friedens- oder Durchführungspflicht, werden von Art. 3 Abs. 2 RL BetrÜ nicht erfasst.[133]

100 Art. 3 Abs. 2 Unterabs. 2 RL BetrÜ ermächtigt die Mitgliedstaaten, den **Zeitraum** der Aufrechterhaltung kollektivvertraglich vereinbarter Arbeitsbedingungen zu begrenzen, wobei die Begrenzungsdauer allerdings 1 Jahr nicht unterschreiten darf.

101 Nach Art. 3 Abs. 3 RL BetrÜ gelten die Absätze 1 und 2 nicht für die Rechte der Arbeitnehmer auf **Leistungen bei Alter,** bei Invalidität oder für Hinterbliebene aus betrieblichen oder überbetrieblichen Zusatzversorgungseinrichtungen.[134] Hinsichtlich dieser Rechte werden die Mitgliedstaaten lediglich verpflichtet, zum Schutz der Interessen der Betroffenen die notwendigen Maßnahmen zu treffen.

bb) Beendigung des Arbeitsverhältnisses (Art. 4 RL BetrÜ)

102 Damit der von der Richtlinie bezweckte Bestandsschutz des Arbeitsverhältnisses nicht dadurch umgangen wird, dass der Veräußerer oder der Erwerber Arbeitnehmern aus Anlass des Übergangs kündigt, stellt nach Art. 4 Abs. 1 Satz 1 RL BetrÜ der **Übergang eines Unternehmens,** Betriebes oder Betriebsteils **als solcher** für den Veräußerer oder den Erwerber **keinen Grund zur Kündigung** dar. Dagegen will die Betriebsübergangsrichtlinie nicht die Freiheit des Unternehmers beschneiden, aus Anlass der Gesellschaftsfusion oder der Betriebsübertragung organisatorische Änderungen, Produktionsänderungen, Rationalisierungsmaßnahmen und Ähnliches in den übernommenen Betrieben durchzu-

---

[128] *von Alvensleben,* Die Rechte der Arbeitnehmer, S. 244 ff.; *Löw,* Die Betriebsveräußerung, S. 70 f.; *Röder,* DB 1981, S. 1980, 1981.
[129] *Löw,* Die Betriebsveräußerung, S. 70.
[130] Vgl. den Entwurf der Kommission für einen Bericht an den Rat über die Durchführung der Richtlinie 77/187/EWG, Projet de rapport de la Commission au Conseil sur l'état d'application de la directive concernant le rapprochement des législation des Etat membres relatives au maintien des droits des travailleurs en cas de transferts d'enterprises, établissements ou de parties d'établissements, 1986, S. 33 ff.
[131] S. etwa EuGH (Daddy's Dance Hall), Slg. 1988, S. 739, 753.
[132] Zutreffend *von Alvensleben,* Die Rechte der Arbeitnehmer, S. 245.
[133] *Debong,* Die EG-Richtlinie, S. 47; *Löw,* Die Betriebsveräußerung, S. 55.
[134] Dagegen enthielt Art. 9 des Richtlinienentwurfs der Kommission für Ansprüche aus den Zusatzsystemen der sozialen Sicherheit noch besondere Regelungen zum Schutz der Betroffenen.

II. Betriebsübergang

führen.[135] Art. 4 Abs. 1 Satz 2 RL BetrÜ bestimmt deshalb, dass Kündigungen, die aus wirtschaftlichen, technischen oder organisatorischen Gründen erfolgen, durch die Richtlinie nicht eingeschränkt werden.

Art. 4 Unterabs. 2 RL BetrÜ gibt den Mitgliedstaaten die Möglichkeit, insoweit Übereinstimmung mit ihrem jeweiligen nationalen Kündigungsschutz zu erzielen, als Gruppen von Arbeitnehmern, auf die das nationale Kündigungsschutzrecht keine Anwendung findet, auch vom Anwendungsbereich der Betriebsübergangsrichtlinie ausgenommen werden können. 103

Für den Fall, dass der Arbeitnehmer das Arbeitsverhältnis kündigt, weil es aus Anlass der Gesellschaftsfusion oder der Betriebsübertragung zu einer wesentlichen Änderung seiner Arbeitsbedingungen gekommen ist, wird der Arbeitnehmer nach Art. 4 Abs. 2 RL BetrÜ aus „Gründen der Gerechtigkeit"[136] so gestellt, als ob die Beendigung des Arbeitsvertrags oder Arbeitsverhältnisses durch den Arbeitgeber erfolgt sei.[137] 104

cc) Rechtsstellung und Funktion der Arbeitnehmervertreter oder -vertretung (Art. 5 RL BetrÜ)

Art. 5 RL BetrÜ bestimmt für den Fall, dass der übergegangene Betrieb seine Selbständigkeit behält, dass die Rechtsstellung und die Funktion der Vertreter der Arbeitnehmer oder Arbeitnehmervertretung entsprechend den Rechts- und Verwaltungsvorschriften der Mitgliedstaaten erhalten bleiben. Vertreter der Arbeitnehmer sind nach der Begriffsbestimmung des Art. 2 Buchst. c RL BetrÜ die Arbeitnehmervertreter nach den Rechtsvorschriften oder der Praxis der Mitgliedstaaten, mit Ausnahme der Mitglieder der Verwaltungs-, Leitungs- oder Aufsichtsorgane von Gesellschaften, die diesen Organen in bestimmten Mitgliedstaaten als Arbeitnehmervertreter angehören. Arbeitnehmervertretung ist jede Person, Gruppe von Personen und jedes Organ, die auf Grund der Rechts- und Verwaltungsvorschriften der Mitgliedstaaten oder nach Gemeinschaftsrecht, auf Grund von Kollektivverträgen oder in sonstiger Weise dazu berufen ist, die Interessen der Arbeitnehmer im Unternehmen gegenüber dem Arbeitgeber wahrzunehmen.[138] Die Bestimmung findet gemäß Art. 5 Unterabs. 2 RL BetrÜ keine Anwendung, wenn gemäß den Rechts- und Verwaltungvorschriften oder der Praxis der Mitgliedstaaten die Bedingungen für die Neubestellung der Arbeitnehmervertreter oder die Neubildung der Arbeitnehmervertretung erfüllt sind. Durch den Verweis auf die Rechts- und Verwaltungsvorschriften oder die Praxis der jeweiligen Mitgliedstaaten vermeidet die Betriebsübergangsrichtlinie somit, dass in die in den nationalen Rechten bestehenden Einrichtungen und Strukturen der Arbeitnehmervertreter oder -vertretung eingegriffen wird. 105

dd) Information und Konsultation (Art. 6 RL BetrÜ)

Die materiellen Vorschriften über den Schutz der erworbenen Rechte der Arbeitnehmer werden durch die verfahrensrechtliche Bestimmung des Art. 6 RL BetrÜ, die die Information und Konsultation der betroffenen Arbeitnehmervertreter regelt, ergänzt. Art. 6 Abs. 1 RL BetrÜ verpflichtet zunächst sowohl den Veräußerer als auch den Erwerber, ihre jeweiligen Arbeitnehmervertreter über einen Übergang zu informieren. Die Informationspflicht erstreckt sich auf den Grund für den Übergang, die rechtlichen, wirtschaftlichen und sozialen Folgen des Übergangs für die Arbeitnehmer sowie die hinsichtlich der Arbeitnehmer in Aussicht genommenen Maßnahmen. 106

---

[135] Vgl. die Begründung des Richtlinienentwurfes der EG-Kommission, RdA 1975, S. 124, 125.
[136] Vgl. die Begründung des Richtlinienentwurfes der EG-Kommission, RdA 1975, S. 124, 125.
[137] Wann eine Änderung der Arbeitsbedingungen „wesentlich" i. S. des Art. 4 Abs. 2 RL BetrÜ ist, wird von der Richtlinie offengelassen; zur Auslegung des Wesentlichkeitsbegriffs s. *Debong*, Die EG-Richtlinie, S. 69 ff.
[138] Vgl. die Begründung des Richtlinienentwurfes der EG-Kommission, RdA 1975, S. 124, 125.

107 Art. 6 Abs. 2 RL BetrÜ verpflichtet Veräußerer und Erwerber, in Aussicht genommene Maßnahmen rechtzeitig mit ihren jeweiligen Arbeitnehmervertretern zu beraten und eine Übereinkunft anzustreben.

108 Eine Ausnahmeermächtigung ist in Art. 6 Abs. 3 RL BetrÜ vorgesehen. Danach sind die Mitgliedstaaten, in denen die Arbeitnehmervertreter hinsichtlich der zu treffenden Maßnahmen eine Schiedsstelle anrufen können, befugt, die Unterrichtungs- und Konsultationspflichten nach den Absätzen 1 und 2 auf den Fall zu beschränken, in dem der vollzogene Übergang eine Betriebsänderung hervorruft, die wesentliche Nachteile für einen erheblichen Teil der Arbeitnehmer zur Folge haben kann.

109 Des Weiteren ermächtigt Art. 6 Abs. 4 RL BetrÜ die Mitgliedstaaten, die Verpflichtungen nach den Absätzen 1–3 auf Unternehmen oder Betriebe zu beschränken, die zahlenmäßig die Voraussetzung für die Wahl oder Bestellung eines Kollegiums als Arbeitnehmervertretung erfüllen.

110 Für den Fall, dass in einem Unternehmen oder in einem Betrieb keine Arbeitnehmervertretung vorhanden ist, können die Mitgliedstaaten schließlich nach Art. 6 Abs. 5 RL BetrÜ eine Regelung vorsehen, wonach die Arbeitnehmer selbst über den unmittelbar bevorstehenden Übergang zu informieren sind.

ee) Mindestnormen (Art. 7 RL BetrÜ)

111 Die Richtlinie will nur den Mindestschutz der Arbeitnehmer im Falle von Gesellschaftsfusionen, Betriebsübertragungen sowie Unternehmenszusammenschlüssen regeln.[139] Demgemäß stellt Art. 7 RL BetrÜ fest, dass die Richtlinie nicht die Möglichkeit der Mitgliedstaaten einschränkt, für die Arbeitnehmer günstigere Rechts- oder Verwaltungsvorschriften anzuwenden oder zu erlassen.

2. Umsetzung in das deutsche Recht

112 Schon vor In-Kraft-Treten der Betriebsübergangsrichtlinie bestand in der Bundesrepublik Deutschland eine gesetzliche Regelung zum Schutz der Arbeitnehmer beim Wechsel des Betriebsinhabers. Der bundesdeutsche Gesetzgeber hatte nämlich anlässlich der Novellierung des Betriebsverfassungsgesetzes mit Wirkung vom 19. 1. 1972 einen neuen § 613a in das Bürgerliche Gesetzbuch aufgenommen. Diese Vorschrift ordnete in ihrer ursprünglichen Form zum einen den Übergang des Arbeitsverhältnisses kraft Gesetzes an und regelte gleichzeitig die Weiterhaftung des bisherigen Arbeitgebers. Am 14. 2. 1977 wurde dann die Betriebsübergangsrichtlinie verabschiedet,[140] die den Mitgliedstaaten in Art. 8 eine Frist zur Umsetzung von zwei Jahren nach ihrer Bekanntgabe einräumte. Aufgrund dieser Richtlinie hat der Bundesgesetzgeber durch „Gesetz über die Gleichbehandlung von Männern und Frauen am Arbeitsplatz und über die Erhaltung von Ansprüchen bei Betriebsübergang (Arbeitsrechtliches EG-Anpassungsgesetz)" vom 13. 8. 1980[141] § 613a BGB ergänzt.[142] Im Folgenden soll geprüft werden, ob die Bundesrepublik Deutschland damit ihrer Verpflichtung zur EG-konformen Umsetzung nachgekommen ist.[143]

---

[139] Vgl. die Begründung des Richtlinienentwurfes der EG-Kommission, RdA 1975, S. 124, 126.
[140] Zur Entstehungsgeschichte der Betriebsübergangsrichtlinie s. oben Rn. 37 ff.
[141] BGBl. I S. 1308.
[142] Die letzte Ergänzung erfolgte durch Einfügen der Absätze 5 und 6 in § 613a BGB durch das Gesetz zur Änderung des Seemannsgesetzes und anderer Gesetze; dazu Rn. 151.
[143] Die Darstellung sämtlicher Detailfragen würde den Rahmen dieser Untersuchung sprengen. Aus diesem Grunde werden nur die zentralen Problemstellungen näher erörtert. Hinsichtlich weiterer Einzelfragen wird vor allem auf die nachfolgenden Monographien verwiesen: *von Alvensleben*, Die Rechte der Arbeitnehmer, S. 270 ff.; *Debong*, Die EG-Richtlinie, S. 12 ff.; *Löw*, Die Betriebsveräußerung, S. 9 ff. Die Darstellung bezieht sich zunächst nur auf die ursprüngliche Richtlinie 77/187/EWG; zur Änderungsrichtlinie 98/50/EG s. u. Rn. 153 ff.

II. Betriebsübergang

a) Sachlicher Anwendungsbereich

§ 613a Abs. 1 BGB setzt voraus, dass ein Betrieb oder Betriebsteil durch Rechtsgeschäft auf einen anderen Inhaber übergeht.[144] **113**

aa) Übergang eines Betriebs oder Betriebsteils

Anders als in der Betriebsübergangsrichtlinie wird der Unternehmensübergang in § 613a Abs. 1 Satz 1 BGB nicht erwähnt. Da Unternehmensübergänge im deutschen Recht jedoch als Betriebsübergänge erfasst werden, wird die Richtlinienkonformität dadurch nicht berührt.[145] **114**

Zweifel an der gemeinschaftskonformen Umsetzung der Betriebsübergangsrichtlinie ergeben sich jedoch im Hinblick auf das Urteil des EuGH vom 14. 4. 1994 in der Rechtssache Christel Schmidt, in dem der EuGH entschieden hat, dass auch die bloße **Funktionsnachfolge** ohne Übernahme von sächlichen oder immateriellen Betriebsmitteln einen Betriebs(teil)übergang i.S. des Art. 1 Abs. 1 RL BetrÜ darstellen kann.[146] Dagegen ist nach ständiger Rechtsprechung des BAG die bloße Fortsetzung einer Geschäftstätigkeit ohne Übernahme immaterieller oder materieller Betriebsmittel kein Betriebsübergang.[147] **115**

Die BAG-Rechtsprechung steht damit zwar in Übereinstimmung zu früheren Entscheidungen des EuGH zum Begriff des Unternehmens- und Betriebs(teil)übergangs, nicht aber zum Christel- Schmidt-Urteil des EuGH.[148] Wenn diese Entscheidung auch zu Recht ganz überwiegend auf Kritik gestoßen ist,[149] so ist doch fraglich, ob sich das BAG über dieses Urteil hinwegsetzen kann.[150] Wegen des Anwendungsvorrangs des Gemeinschaftsrechts und der für die Gerichte der Mitgliedstaaten verbindlichen Auslegung des Gemeinschaftsrechts durch den EuGH ist das nicht möglich. Der EuGH hat jedoch selbst in den späteren Entscheidungen in den Rechtssachen Rygaard,[151] Süzen[152] und Santner u.a.[153] unter Bezugnahme auf seine frühere Rechtsprechung, insbesondere in der Rechtssache Spijkers,[154] deutlich gemacht, dass es stets auf die Übertragung einer Organisation ankommt und sich damit von der Christel-Schmidt-Entscheidung distanziert.[155] Das BAG **116**

---

[144] Zu den einzelnen Tabestandsmerkmalen des § 613a BGB s. u.a. *Gaul, Dieter*, Der Betriebsübergang, 2. Aufl. 1993; Erman-*Hanau*, BGB, § 613a; *Pietzko*, Der Tatbestand des § 613a BGB, 1988; ErfK/*Preis*, § 613a BGB; *Schiefer*, RdA 1994, S. 82ff.; *Schmalenberg*, NZA Beil. 3/1989, S. 14ff.; *Schwanda*, Der Betriebsübergang in § 613a BGB, 1992, S. 47ff.; *Seiter*, Betriebsinhaberwechsel, 1980; *ders.* AR-Blattei, D-Blatt, Betriebsinhaberwechsel I; *Wank*, MünchArbR, § 124, Rn. 26ff.; *Willemsen*, RdA 1991, S. 204ff.

[145] S. *von Alvensleben*, Die Rechte der Arbeitnehmer, S. 294; *Löw*, Die Betriebsveräußerung, S. 26f.

[146] Näher zu diesem Urteil oben Rn. 56ff.

[147] S. etwa BAG AP Nr. 76, 88 zu § 613a BGB; wenn der 2. und der 7. Senat des BAG in den Entscheidungen v. 14. 7. 1994 (NZA 1995, S. 27) und 27. 7. 1994 (AP Nr. 118 zu § 613a BGB) den Anwendungsbereich des § 613a BGB auch dahingehend ausgeweitet haben, dass ein Betriebsübergang i.S. dieser Vorschrift auch im Fall einer Funktionsnachfolge möglich sein soll, so ist gleichwohl auch nach diesen Entscheidungen eine Übertragung sächlicher oder immaterieller Betriebsmittel unentbehrlich.

[148] S. dazu oben Rn. 56ff.

[149] S. dazu oben Rn. 76ff.

[150] Dafür *Buchner*, DB 1994, S. 1417, 1423, nach dessen Ansicht das Christel-Schmidt-Urteil des EuGH weder für das Vorlagegericht noch für andere Gerichte der Mitgliedstaaten bindend ist.

[151] S. dazu oben Rn. 61 ff.

[152] S. dazu oben Rn. 69 ff.

[153] S. dazu oben Rn. 72 ff.

[154] S. dazu oben Rn. 43 ff.

[155] S. *Wank*, Anm. zu EuGH AP Nr. 132 zu § 613a BGB; *ders.*, SAE 1998, S. 209ff.; s. auch oben Rn. 81 und unten Rn. 155f.

kann daher unter Bezugnahme auf die genannten neueren Entscheidungen an seiner bisherigen Rechtsprechung festhalten.

bb) Rechtsgeschäftlicher Übergang

117 § 613a Abs. 1 BGB setzt voraus, dass ein Betrieb oder Betriebsteil[156] **„durch Rechtsgeschäft"** auf einen anderen Inhaber übergeht. Nach Auffassung des BAG[157] sowie der überwiegenden Ansicht im Schrifttum[158] ist das Tatbestandsmerkmal „durch Rechtsgeschäft" weit auszulegen. Da der Gesetzgeber für alle Fälle des Betriebsinhaberwechsels einen lückenlosen Bestandsschutz gewollt habe, bringe das Merkmal „durch Rechtsgeschäft" zum Ausdruck, dass alle Fälle eines Betriebsinhaberwechsels außerhalb der Gesamtrechtsnachfolge erfasst werden sollten.[159] Die weite Auslegung des Begriffs „durch Rechtsgeschäft" i. S. des § 613a BGB korrespondiert damit mit der Auslegung des Begriffs „vertragliche Übertragung" i. S. des Art. 1 Abs. 1 RL BetrÜ durch die EuGH-Rechtsprechung.

118 Zweifel an der gemeinschaftskonformen Umsetzung der Betriebsübergangsrichtlinie könnten sich jedoch daraus ergeben, dass der Gesetzgeber bewusst darauf verzichtet hat, § 613a BGB auch auf den Betriebs(teil)übergang durch **Verschmelzung** auszudehnen.[160]

119 Allerdings bestimmt das am 1. 1. 1995 in Kraft getretene Umwandlungsgesetz (UmwG) vom 28. 10. 1994[161] in § 324, dass § 613a Abs. 1 und 4 BGB „durch die Wirkungen der Eintragung einer Verschmelzung, Spaltung oder Vermögensübertragung unberührt" bleibt. Im Schrifttum wird zutreffend die Auffassung vertreten, dass § 324 UmwG dahingehend auszulegen sei, dass § 613a Abs. 1 und 4 BGB nunmehr bei den genannten Umwandlungsarten „gilt".[162] Ob und inwieweit es für die Frage, ob die Betriebsübergangsrichtlinie vollständig in nationales Recht umgesetzt worden ist, auf die Bestimmung des § 324 UmwG ankommt, wird im jeweiligen Sachzusammenhang zu erörtern sein.

cc) Übergang im Rahmen eines Insolvenzverfahrens

120 Der weiten Auslegung des Begriffs „durch Rechtsgeschäft" entsprechend, wendet das BAG[163] § 613a Abs. 1 Satz 1 BGB auch beim Erwerb eines Betriebes im Rahmen eines **Insolvenzverfahrens** mit der Einschränkung an, dass der Erwerber entgegen § 613a Abs. 2 BGB nicht für die bei Insolvenzeröffnung entstandenen und fälligen Ansprüche haftet.[164] Dagegen fällt nach ständiger Rechtsprechung des EuGH der Übergang im

---

[156] Da Unternehmensübergänge im deutschen Recht als Betriebsübergänge erfasst werden, ist es unschädlich, dass § 613a Abs. 1 Satz 1 BGB, anders als Art. 1 RL BetrÜ, den Begriff des Unternehmensübergangs nicht nennt; s. *von Alvensleben*, Die Rechte der Arbeitnehmer, S. 294; *Löw*, Die Betriebsveräußerung, S. 26f.

[157] BAG AP Nr. 24 zu § 613a BGB.

[158] Erman-*Hanau*, § 613a BGB, Rn. 26f.; *Heinze*, DB 1980, S. 205, 208; *v. Hoyningen-Huene/Windbichler*, RdA 1977, S. 329, 330; *Seiter*, AR-Blattei, D-Blatt, Betriebsinhaberwechsel I, B IV 2 a), aa) (2).

[159] BAG AP Nr. 24 zu § 613a BGB; für eine engere Auslegung dagegen *Lüke*, Anm. zu BAG AP Nr. 24 zu § 613a BGB; *Roemheld*, SAE 1981, S. 221, 222; *Wank/Börgmann*, DB 1997, S. 1229 ff.

[160] Der Gesetzgeber hielt insoweit einen Umsetzungsbedarf für nicht gegeben, vgl. BT-Drucks. VI/1768, S. 59.

[161] BGBl. I, S. 3210.

[162] *Boecken*, ZIP 1994, S. 1087, 1090; *Däubler*, RdA 1995, S. 136, 139; *Hartmann*, ZfA 1997, S. 21, 24; *Schaub*, FS für Wlotzke, S. 103, 105 f.; *Wank*, MünchArbR, § 124, Rn. 213 ff.; *Wlotzke*, DB 1995, S. 40, 42.

[163] BAG AP Nr. 18 und 34 zu § 613a BGB.

[164] Im Schrifttum hat die Rechtsprechung weitgehende Zustimmung gefunden, s. *Falkenberg*, BB 1987, S. 328, 330; *Schreiber*, RdA 1982, S. 137, 143; Staudinger-*Richardi*, BGB, § 613a, Rn. 194; *Wank*, MünchArbR, § 124, Rn. 161 ff.; kritisch *Zöllner/Loritz*, Arbeitsrecht, § 20 III. 7., S. 265.

Rahmen eines Insolvenzverfahrens nicht unter den Geltungsbereich der Betriebsübergangsrichtlinie.[165] Da die Anwendung der Richtlinie für die Arbeitnehmer günstiger und damit von Art. 7 RL BetrÜ gedeckt ist, steht die deutsche Rechtsprechung zur Anwendung des § 613a BGB im Insolvenzverfahren mit der Richtlinie im Einklang.[166]

Am 21. April 1994 hat der Deutsche Bundestag ohne Gegenstimmen die neue **Insolvenzordnung** (InsO) nebst Einführungsgesetz zur Insolvenzordnung (EGInsO) verabschiedet. Die Zustimmung des Bundesrates erfolgte am 18. 7. 1994.[167] Die Insolvenzordnung vom 5. 10. 1994,[168] die die Konkursordnung aus dem Jahre 1877 und die Vergleichsordnung aus dem Jahre 1935 ablöst, ist am 1. 1. 1999 in Kraft getreten. Nach der neuen Insolvenzordnung bleibt § 613a BGB für Betriebsübertragungen im Insolvenzverfahren anwendbar.[169]

b) Übergang der Rechte und Pflichten aus dem Arbeitsverhältnis

aa) Rechtsgeschäftliche Betriebsveräußerung

Nach § 613a Abs. 1 BGB tritt der Erwerber in die Rechte und Pflichten aus den im **Zeitpunkt** des Übergangs bestehenden Arbeitsverhältnissen ein. In Übereinstimmung mit dem Gemeinschaftsrecht geht auch die Rechtsprechung des BAG davon aus, dass sich der Übergang der Rechte und Pflichten zu dem Zeitpunkt vollzieht, in dem der Erwerber die tatsächliche Leitungsmacht über den Betrieb übernimmt.[170]

Umstritten war bis zur seit dem 1. 4. 2002 geltenden Neuregelung, ob das Arbeitsverhältnis unabhängig vom Willen der betroffenen Arbeitnehmer übergeht, oder ob diese durch ihren **Widerspruch** den Übergang des Arbeitsverhältnisses auf den Betriebsinhaber verhindern können. Der 5. Senat des **BAG** hat in seiner bereits vor Erlass der Betriebsübergangsrichtlinie ergangenen Grundsatzentscheidung vom 2. 10. 1974[171] bei einem Betriebsteilübergang den Arbeitnehmern ein Widerspruchsrecht zugestanden. Zur Begründung stützte sich der Senat darauf, dass der Wortlaut des § 613a Abs. 1 BGB offen sei und damit einem Widerspruchsrecht nicht entgegenstehe. In der Rechtsprechung sei bereits vor In-Kraft-Treten des § 613a BGB ein Widerspruchsrecht für erforderlich gehalten worden. Wenn der Gesetzgeber in Kenntnis dieser Rechtsprechung geschwiegen habe, spreche dies für eine Anerkennung des allgemeinen Widerspruchsrechts. Die Vorschrift des § 613a BGB diene der Sicherung der Arbeitsplätze der Arbeitnehmer. Der erweiterte Bestandsschutz setze aber nur eine Einschränkung der Vertragsfreiheit aufseiten des Arbeitgebers voraus. Schließlich lasse unsere Rechtsordnung einen „Verkauf" von

---

[165] EuGH (Abels), Rs. 135/83, Slg. 1985, S. 469, 484 f.; (Industriebond), Rs. 179, 83, Slg. 1985, S. 511, 516; (Botzen), Rs. 186/83, Slg. 1985, S. 519, 527; näher dazu oben Rn. 90 f.

[166] *Löw,* Die Betriebsveräußerung, S. 145; *Pietzko,* Der Tatbestand des § 613a BGB, S. 193; im Ergebnis ebenso *von Alvensleben,* Die Rechte der Arbeitnehmer, S. 125 f. Die gemeinschaftsrechtliche Unbedenklichkeit der Anwendung der Richtlinie im Konkurs hat der EuGH in seinem Urteil in der Rechtssache Abels, Rs. 135/83, Slg. 1985, S. 469, 486, bestätigt, in dem er feststellte, dass die Betriebsübergangsrichtlinie den Mitgliedstaaten die Möglichkeit belasse, unabhängig vom Gemeinschaftsrecht die Grundsätze der Richtlinie auf einen solchen Übergang anzuwenden.

[167] Zur Geschichte der Insolvenzrechtsreform s. *Uhlenbruck,* Das neue Insolvenzrecht, 1994, S. 17 ff.

[168] BGBl. I, S. 2866.

[169] Nicht nachgegangen wird im Folgenden der Frage, ob die neue Insolvenzordnung mit der Betriebsübergangsrichtlinie vereinbar ist.

[170] BAG Nr. 57 zu § 613a BGB; AP Nr. 6 zu § 1 BetrAVG Betriebsveräußerung; ebenso die herrschende Auffassung im Schrifttum, s. Erman-*Hanau,* § 613a, Rn. 43; *Heinze,* DB 1980, S. 205, 209; *Seiter,* AR-Blattei, D-Blatt, Betriebsinhaberwechsel I, B. VI. 6.

[171] BAG AP Nr. 1 zu § 613a BGB.

§ 18 124–126   Einzelne Richtlinien

Arbeitnehmern „schon um der menschlichen Würde willen" nicht zu.[172] Mit Urteil vom 6. 2. 1980 hat der 5. Senat ein Widerspruchsrecht dann auch erstmals für den Fall der gesamten Betriebsveräußerung bejaht.[173]

124   Der **EuGH** hat sich mit der Frage eines Widerspruchsrechts in dem Vorabentscheidungsverfahren in der Rechtssache **Berg und Busschers**[174] befasst. Er entschied, dass Art. 3 RL BetrÜ dahin auszulegen sei, dass der Übergang des Unternehmens ipso iure den Übergang der Arbeitgeberpflichten aus dem Arbeitsverhältnis vom Veräußerer auf den Erwerber bewirke, jedoch vorbehaltlich des Rechts der Mitgliedstaaten, die gesamtschuldnerische Haftung des Veräußerers und des Erwerbers nach dem Übergang vorzusehen. Diese Rechtswirkung trete selbst dann ein, wenn die in dem Unternehmen beschäftigten Arbeitnehmer dem nicht zustimmten oder Einwände dagegen geltend machten. Zur Begründung seiner Auffassung stützt sich der EuGH auf den Vergleich zwischen Art. 3 Abs. 1 Satz 1 und Satz 2 RL BetrÜ. Dieser zeige, dass der Übergang des Unternehmens den automatischen Übergang der Arbeitgeberpflichten zur Folge habe. Dem stehe auch nicht der vom Kläger des Ausgangsverfahrens vorgetragene schuldrechtliche Grundsatz entgegen, wonach der Schuldnerwechsel nur mit Zustimmung des Gläubigers erfolgen könne. Ziel der Richtlinie sei es, die Aufrechterhaltung der Rechte der Arbeitnehmer bei einem Wechsel des Inhabers des Unternehmens zu gewährleisten, indem sie den Arbeitnehmern die Möglichkeit einräumt, ihr Beschäftigungsverhältnis mit dem neuen Arbeitgeber zu denselben Bedingungen fortzusetzen, wie sie mit dem Veräußerer vereinbart waren. Die Richtlinie bezwecke jedoch nicht die Fortsetzung des Arbeitsverhältnisses mit dem Veräußerer für den Fall, dass die in dem Unternehmen beschäftigten Arbeitnehmer ihre Tätigkeit nicht für den Erwerber fortsetzen wollen.[175]

125   Im **Schrifttum** sind aus dem „Berg und Busschers"-Urteil des EuGH unterschiedliche Schlussfolgerungen gezogen worden. Zum Teil wurde aus der Entscheidung abgeleitet, dass das BAG ein Widerspruchsrecht nicht weiter anerkennen dürfe.[176] Andere hielten die Rechtsprechung des BAG auch nach der Entscheidung „Berg und Busschers" wegen der für die Arbeitnehmer günstigeren Regelung weiterhin für mit dem Gemeinschaftsrecht vereinbar.[177]

126   Das **BAG** hat in seiner Entscheidung vom 20. 4. 1989[178] zunächst noch an seiner bisherigen Rechtsprechung zum Widerspruchsrecht festgehalten, ohne auf die Entscheidung des EuGH in der Rechtssache Berg und Busschers einzugehen. In einem späteren Rechtsstreit sah sich der 2. Senat des BAG dann jedoch gehalten, den EuGH gem. Art. 234 EGV (Art. 177 EGV a. F.) anzurufen[179] und ihm die Frage der Vereinbarkeit eines Widerspruchsrechts mit Art. 3 und Art. 7 RL BetrÜ vorzulegen. Zuvor hatten bereits das Arbeitsgericht Bamberg[180] und das Arbeitsgericht Hamburg[181] dem EuGH die

---

[172] BAG AP Nr. 1 zu § 613a BGB; bestätigt durch BAG AP Nr. 10 zu § 613a BGB.
[173] BAG AP Nr. 21 zu §§ 613a BGB; im Schrifttum ist die Rechtsprechung des BAG überwiegend auf Kritik gestoßen, s. *Birk*, Anm. zu BAG v. 2. 10. 1974, EzA § 613a BGB Nr. 1; *Heinze*, DB 1980, S. 205, 208; *Herschel*, Anm. zu BAG AP Nr. 21 zu § 613a BGB; *Wank*, MünchArbR, 1. Aufl., § 120, Rn. 91, 93 m. w. N.; *Roemheld*, BB 1976, S. 845; *Schreiber*, RdA 1982, S. 137, 142; zustimmend dagegen *Falkenberg*, DB 1980, S. 783, 786; im Ergebnis auch *Seiter*, AR-Blattei, D-Blatt, Betriebsinhaberwechsel I, B. III. 2. c); s. ferner *Franzen*, Privatrechtsangleichung, S. 612 ff. Inzwischen hat der Gesetzgeber für den Sonderfall betr. das Personal von Betriebskrankenkassen sogar ein Zustimmungsrecht der Arbeitnehmer normiert; s. dazu *Wank/Brüning*, ZfA 1995, S. 699 ff.
[174] EuGH, Verb. Rs. 144 und 145/87, Slg. 1988, S. 2559 ff.
[175] EuGH, Slg. 1988, S. 2559, 2581 f.
[176] *Bauer*, NZA 1990, S. 881 ff.; *Meilicke*, DB 1990, S. 1770.
[177] *von Alvensleben*, Die Rechte der Arbeitnehmer, S. 301 f.; *Löw*, Die Betriebsveräußerung, S. 115 f.; *dies.*, DB 1991, S. 546, 548.
[178] BAG AP Nr. 81 zu § 613a BGB.
[179] BAG Beschluss vom 21. 5. 1992, AP Nr. 96 zu § 613a BGB.
[180] ArbG Bamberg Beschluss vom 7. 5. 1991, EuZW 1992, S. 160.
[181] ArbG Hamburg Beschluss vom 4. 4. 1991, EuZW 1992, S. 31.

II. Betriebsübergang

Frage nach der Vereinbarkeit des Widerspruchsrechts mit der Betriebsübergangsrichtlinie gestellt.

Über die Vorlagebeschlüsse der Arbeitsgerichte Bamberg und Hamburg hat der **EuGH** durch Urteil vom 16. Dezember 1992 in der Rechtssache Katsikas entschieden.[182] Der EuGH legte zunächst dar, dass er sich durch seine bisherige Rechtsprechung nicht gehindert sehe, ein Widerspruchsrecht des Arbeitnehmers für mit Art. 3 Abs. 1 RL BetrÜ vereinbar anzusehen. Er habe vielmehr im Urteil vom 11. Juli 1985 in der Rechtssache Mikkelsen[183] entschieden, dass der Schutz, den die Betriebsübergangsrichtlinie bieten solle, gegenstandlos sei, wenn der Betroffene selbst, auf Grund seiner eigenen, freien Entscheidung, das Arbeitsverhältnis nach dem Übergang mit dem neuen Unternehmensinhaber nicht fortsetze. In einem solchen Fall finde Art. 3 Abs. 1 RL BetrÜ keine Anwendung. Sodann stellte der EuGH fest, dass die Betriebsübergangsrichtlinie es dem Arbeitnehmer zwar ermögliche, sein Beschäftigungsverhältnis mit dem neuen Arbeitgeber zu eben den Bedingungen fortzusetzen, die mit dem Veräußerer vereinbart waren, dass sie den Arbeitnehmer aber nicht verpflichte, sein Arbeitsverhältnis mit dem Erwerber fortzusetzen. Eine solche Verpflichtung verstieße auch gegen Grundrechte des Arbeitnehmers, der bei der Wahl seines Arbeitgebers frei sein müsse und nicht verpflichtet werden könne, für einen Arbeitgeber zu arbeiten, den er nicht frei gewählt habe. Daraus folge, dass Art. 3 Abs. 1 RL BetrÜ es einem Arbeitnehmer nicht verwehre, dem Übergang seines Arbeitsverhältnisses zu widersprechen und damit auf den Schutz zu verzichten, den ihm die Betriebsübergangsrichtlinie gewähre.[184] Seit dem 1. 4. 2002 ist das Widerspruchsrecht in § 613a Abs. 6 BGB normiert.

bb) Verschmelzung

Bei der Betriebsübernahme im Rahmen einer gesellschaftsrechtlichen Verschmelzung rückt die neu gebildete Gesellschaft im Wege der Gesamtrechtsnachfolge in die Rechtsstellung der übertragenden Gesellschaft oder der verschmelzenden Gesellschaften ein. Die Rechtsnachfolgerin tritt in alle Rechte und Pflichten ein, also auch in die Rechte und Pflichten aus den bestehenden Arbeitsverhältnissen. Damit entspricht die Rechtslage in Deutschland den Anforderungen des Art. 3 Abs. 1 Unterabs. 1 RL BetrÜ.[185] Die Haftungsregelung des Art. 3 Abs. 1 Unterabs. 2 RL BetrÜ ist wegen des Untergangs der übertragenden Gesellschaft auf Fälle der Verschmelzung nicht anwendbar.[186] Die Regelung des § 613a Abs. 3 BGB, wonach die Haftungsregelung des § 613a Abs. 2 BGB in Fällen der Verschmelzung keine Anwendung findet, ist daher gemeinschaftsrechtlich unbedenklich.[187] Da das deutsche Recht somit schon vor In-Kraft-Treten des Umwandlungsgesetzes den Vorgaben des Art. 3 Abs. 1 RL BetrÜ entsprach, kommt es – was die gemeinschaftskonforme Umsetzung der Betriebsübergangsrichtlinie betrifft – auf die Frage, ob § 324 UmwG dahingehend auszulegen ist, dass § 613a BGB auf gesellschaftsrechtliche Verschmelzungen unmittelbar anwendbar ist, nicht an.

c) Aufrechterhaltung kollektivvertraglicher Arbeitsbedingungen
aa) Rechtsgeschäftliche Betriebsveräußerung

Zur Umsetzung des Art. 3 Abs. 2 RL BetrÜ hat der deutsche Gesetzgeber in § 613a Abs. 1 BGB die Sätze 2–4 eingefügt. Nach § 613a Abs. 1 Satz 2 BGB werden bei einem

---

[182] EuGH (Katsikas), verb. Rs. 132/91, 138/91 und 139/91, Slg. 1992, S. 6577 ff.
[183] EuGH Rs. 105/84, Slg. 1985, S. 2639 ff.
[184] EuGH Slg. 1992, S. 6577, 6609; da der EuGH das Widerspruchsrecht bereits für mit Art. 3 Abs. 1 RL BetrÜ vereinbar ansah, ließ er die weitere Frage, ob das Widerspruchsrecht eine günstigere nationale Regelung i. S. des Art. 7 RL BetrÜ darstellt, unbeantwortet; kritisch zu der Entscheidung des EuGH *Birk*, EuZW 1993, S. 156 ff.; zur Neuregelung s. u. Rn. 151.
[185] *von Alvensleben*, Die Rechte der Arbeitnehmer, S. 305; *Löw*, Die Betriebsveräußerung, S. 195.
[186] *Debong*, Die EG-Richtlinie, S. 35.
[187] *Debong*, Die EG-Richtlinie, S. 34; *Löw*, Die Betriebsveräußerung, S. 195.

rechtsgeschäftlichen Betriebsübergang die Rechte und Pflichten, die durch Rechtsnormen eines Tarifvertrages oder durch eine Betriebsvereinbarung geregelt sind, Inhalt des Arbeitsverhältnisses zwischen dem neuen Inhaber und dem Arbeitnehmer und dürfen vor Ablauf eines Jahres nach dem Zeitpunkt des Übergangs nicht zum Nachteil des Arbeitnehmers geändert werden. Der deutsche Gesetzgeber hat sich mit dieser Regelung für eine sog. **individualrechtliche Weitergeltung** entschieden, d. h. dass die kollektivvertraglichen Regelungen nicht als solche weitergelten, sondern in die einzelnen Arbeitsverhältnisse transformiert werden.[188] Da die Betriebsübergangsrichtlinie, anders als der Richtlinienentwurf,[189] die Art und Weise der Aufrechterhaltung der Arbeitsbedingungen den Mitgliedstaaten überlassen hat, bestehen gegen die individualrechtliche Lösung vom Grundsatz her keine gemeinschaftsrechtlichen Bedenken.[190]

130 Zweifel an der Vereinbarkeit der individualrechtlichen Lösung bestehen jedoch insofern, als § 613a Abs. 1 Satz 2 BGB nur kollektivrechtliche Regelungen erfasst, die zur Transformation in den Individualarbeitsvertrag geeignet sind.[191] Zur Feststellung der Richtlinienkonformität bedarf es daher zunächst der Prüfung, inwieweit Rechtsnormen eines Tarifvertrages oder einer Betriebsvereinbarung der Transformation zugänglich sind.

(1) Tarifvertragliche Normen

131 Unzweifelhaft transformationsfähig sind **Inhaltsnormen,** also solche Regelungen, die unmittelbar den Inhalt des Arbeitsverhältnisses betreffen.[192] Die Frage, ob oder inwieweit auch Abschlussnormen, Betriebsnormen, betriebsverfassungsrechtliche Normen sowie Normen über gemeinsame Einrichtungen in das Arbeitsverhältnis transformiert werden können, bedarf einer differenzierenden Betrachtung.

132 **Abschlussnormen** sind Bestimmungen, die den Abschluss neuer, die Wiederaufnahme alter oder die Durchsetzung unterbrochener Arbeitsverhältnisse regeln.[193] Art. 3 Abs. 2 RL BetrÜ schützt jedoch nur den Übergang bereits bestehender Arbeitsverhältnisse.[194] Soweit Abschlussnormen vom Anwendungsbereich des § 613a Abs. 1 Satz 2 BGB ausgeschlossen werden,[195] scheidet ein Verstoß gegen die Betriebsübergangsrichtlinie somit von vornherein aus.[196]

133 **Betriebsnormen** sind solche betriebsorganisatorischen Normen, deren einheitliche Anwendung auf gewerkschaftsangehörige und nicht gewerkschaftsangehörige Arbeitnehmer unumgänglich ist.[197] Der einzelne Arbeitnehmer kann die Einhaltung der Betriebsnormen in der Regel nicht verlangen. Die Einhaltung der Normen wird vielmehr durch Gewerkschaften und Betriebsrat gewährleistet.[198] Nur soweit Betriebsnormen zugleich

---

[188] § 613a Abs. 1 Satz 2 BGB stellt nach allgemeiner Ansicht einen subsidiären Auffangtatbestand dar. Sind die Vertragsparteien kraft beiderseitiger Tarifbindung an den alten Tarifvertrag gebunden, scheidet eine Transformation aus, s. Erman-*Hanau*, § 613a BGB, Rn. 79; *Wank*, NZA 1987, S. 505, 506. Für eine kollektivrechtliche Fortgeltung insgesamt *Zöllner*, DB 1995, S. 1401 ff.
[189] Abgedruckt in RdA 1972, S. 124 ff.
[190] *Debong*, Die EG-Richtlinie, S. 37 f.; *Löw*, Die Betriebsveräußerung; *Schreiber*, RdA 1982, S. 137, 146.
[191] *Löw*, Die Betriebsveräußerung, S. 73; *Röder*, DB 1981, S. 1980; *Schreiber*, RdA 1982, S. 137, 146.
[192] *Debong*, Die EG-Richtlinie, S. 39; *Hanau/Vossen*, FS für Hilger/Stumpf, S. 271, 280, 290 f.
[193] *Schaub*, Arbeitsrechts-Handbuch, § 202 III 1; *Wiedemann* in Wiedemann, TVG, § 1, Rn. 479.
[194] S. oben Rn. 93 ff.
[195] So die herrschende Auffassung, s. Hanau/Vossen, FS für Hilger/Stumpf, S. 271, 290; *Lorenz*, DB 1980, S. 1745, 1747; *Seiter*, DB 1980, S. 877, 878; a. A. *Debong*, Die EG-Richtlinie, S. 39 ohne Begründung.
[196] Zutreffend *Löw*, Die Betriebsveräußerung, S. 74.
[197] *Wiedemann* in Wiedemann, TVG, 6. Aufl. 1999, § 1, Rn. 569.
[198] *Wiedemann* in Wiedemann, TVG, § 1, Rn. 585.

auch dem einzelnen Arbeitnehmer einklagbare Rechte gewähren oder Pflichten auferlegen, sind sie in den Individualarbeitsvertrag transformierbar.[199]

Betriebsverfassungsrechtliche Normen beschäftigen sich mit der Rechtsstellung der Arbeitnehmerschaft im Betrieb und der ihrer Organe.[200] Sie kommen nach herrschender Auffassung schon von der Natur der Sache her für eine Transformation in das Arbeitsverhältnis nicht in Betracht.[201] 134

Gemeinsame Einrichtungen der Tarifvertragsparteien sollen zumeist Aufgaben übernehmen, die über das einzelne Unternehmen hinausgehen und dem Arbeitnehmer Ansprüche verschaffen, die der Arbeitgeber selbst aus organisatorischen oder finanziellen Gründen nicht gewähren kann.[202] Art. 3 Abs. 2 RL BetrÜ schützt jedoch keine Kollektivvereinbarungen, die sich ausschließlich auf das Verhältnis der Kollektivpartner beschränken.[203] Geht man mit der herrschenden Ansicht davon aus, dass sich Normen über gemeinsame Einrichtungen nicht in das Arbeitsverhältnis transformieren lassen,[204] so ist dies für die EG-konforme Umsetzung unschädlich, da mangels Anwendbarkeit der Richtlinie ein Verstoß gegen die Vorgaben der Betriebsübergangsrichtlinie auszuschließen ist.[205] 135

(2) Betriebsvereinbarungen

Ob Rechtsnormen einer Betriebsvereinbarung der Transformation in das Arbeitsverhältnis bedürfen oder ob sie kollektivrechtlich weitergelten, ist umstritten. Nach einer Ansicht gelten Betriebsvereinbarungen, wie es dem Wortlaut des Gesetzes entspricht, individualrechtlich weiter.[206] BAG[207] und die herrschende Auffassung in der Literatur[208] nehmen eine **kollektivrechtliche Fortgeltung** an; Voraussetzung ist, dass die betriebliche Identität gewahrt bleibt. Nach dieser Auffassung stellt § 613a Abs. 1 Satz 2 bis 4 BGB lediglich einen Auffangtatbestand dar, der Lücken im Bestandsschutzsystem schließen soll.[209] 136

(3) Umsetzung des Art. 3 Abs. 2 RL BetrÜ

Die in § 613a Abs. 1 Satz 2 BGB angeordnete Begrenzung der Fortgeltung auf ein Jahr entspricht der fakultativen Regelung des Art. 3 Abs. 2 Unterabs. 2 RL BetrÜ. 137

Ebenfalls keine Bedenken gegen die Richtlinienkonformität bestehen insoweit, als § 613a Abs. 1 Satz 3 BGB die Weitergeltung der Arbeitsbedingungen ausschließt, wenn 138

---

[199] *Hanau/Vossen*, FS für Hilger/Stumpf, S. 271, 290; *Schaub*, ZIP 1984, S. 272, 278; *Schreiber*, RdA 1982, S. 137, 146; *Wiedemann* in Wiedemann, TVG, § 1, Rn. 568; s. auch *Wank*, NZA 1987, S. 505, 506; a. A. *Debong*, Die EG-Richtlinie, S. 41, nach dessen Auffassung Betriebsnormen grundsätzlich vom Anwendungsbereich des § 613a Abs. 1 Satz 2 BGB ausgeschlossen sind.

[200] *Wiedemann* in Wiedemann, TVG, § 1, Rn. 587.

[201] *Hanau/Vossen*, FS für Hilger/Stumpf, S. 271, 290; *Löw*, Die Betriebsveräußerung, S. 77 f.; Soergel-*Kraft*, BGB, 12. Aufl. § 613a BGB, Rn. 111 ff.; s. auch *Wank*, NZA 1987, S. 505, 506.

[202] *Wiedemann* in Wiedemann, § 1 TVG, Rn. 610 ff., 618 f.

[203] S. oben Rn. 93 ff.

[204] *Debong*, Die EG-Richtlinie, S. 39; *Hanau/Vossen*, FS für Hilger/Stumpf, S. 271, 290; Soergel-*Kraft*, BGB, Nachtr. 1982, § 613a BGB, Rn. 16; s. auch *Wank*, NZA 1987, S. 505, 506.

[205] Entsprechendes gilt für die Transformation des schuldrechtlichen Teils des Tarifvertrages; vgl. *Löw*, Die Betriebsveräußerung, S. 74 f.

[206] *Binkert*, JZ 1979, S. 747, 751; *Falkenberg*, BB 1987, S. 329; *Gaul*, DB 1980, S. 98, 101; *M. Junker*, RdA 1993, S. 203, 204 ff.; *Lieb*, Arbeitsrecht, § 4 VIII 3 e; *Wiesner*, BB 1986, S. 1636, 1637.

[207] BAG AP Nr. 118 zu § 613a BGB m. zust. Anm. *Gussen* = NZA 1995, S. 222.

[208] *Fitting/Auffarth/Kaiser/Heither*, 20. Aufl. 2000, § 1 BetrVG, Rn. 105 ff, 77, Rn. 143 ff.; GK-*Kreutz*, § 77 BetrVG, Rn. 327 ff.; *Hanau/Vossen*, FS für Hilger/Stumpf, S. 271, 272 ff.; *Heinze*, FS für Schaub, S. 277 ff.; *Henssler*, NZA 1994, S. 913, 918; *Jung*, RdA 1981, S 362; MünchArbR-*Wank*, § 124, Rn. 199; *Schiefer*, NJW 1998, S. 1817, 1820; Soergel/*Raab*, § 613a BGB, Rn. 118; Staudinger/*Richardi/Annuß*, § 613a BGB, Rn. 175 ff.; *Stege/Weinspach*, § 77 BetrVG, Rn. 314.

[209] S. zum Ganzen ausführlich *Gussen/Dauck*, Die Weitergeltung von Betriebsvereinbarungen und Tarifverträgen bei Betriebsübergang und Umwandlung, 2. Aufl. 1997, Rn. 44 ff., 73.

die Rechte und Pflichten bei dem neuen Inhaber durch Rechtsnormen eines Tarifvertrages oder einer Betriebsvereinbarung geregelt sind. Diese Regelung stimmt mit Art. 3 Abs. 2 Unterabs. 1 RL BetrÜ überein.

139 Richtlinienkonformität besteht schließlich auch im Hinblick auf die Regelung des § 613a Abs. 1 Satz 4 BGB. Art. 3 Abs. 1 Unterabs. 1 RL BetrÜ gebietet den Bestandsschutz kollektivvertraglich geregelter Arbeitsbedingungen nämlich nur bis zum Ablauf des Kollektivvertrages.

bb) Verschmelzung

140 Fraglich ist, ob das deutsche Recht der EG-rechtlich angeordneten Fortgeltungsanordnung von Kollektivvereinbarungen im Falle einer gesellschaftsrechtlichen Verschmelzung entspricht.

(1) Tarifverträge

141 Unproblematisch ist die kollektivrechtliche Weitergeltung von Firmentarifverträgen. Da der den Tarifvertrag abschließende Arbeitgeber selbst Vertragspartner ist, tritt die übernehmende oder neu gegründete Gesellschaft im Wege der Gesamtrechtsnachfolge in die Kollektivvereinbarung ein.[210]

142 Dagegen geht die Mitgliedschaft in dem vertragsschließenden Arbeitgeberverband grundsätzlich nicht im Wege der Gesamtrechtsnachfolge auf die übernehmende oder neu gegründete Gesellschaft über.[211] Die Streitfrage, ob § 613a Abs. 1 Satz 3 bis 4 BGB analog auf Verschmelzungen anwendbar sind, hat sich mit In-Kraft-Treten des Umwandlungsgesetzes (UmwG) am 1. 1. 1995 erledigt. Nach § 324 UmwG findet § 613a Abs. 1 und 4 BGB nämlich auch auf eine Verschmelzung Anwendung.[212]

(2) Betriebsvereinbarungen

143 Die gesellschaftsrechtliche Verschmelzung hat zur Folge, dass die übernehmende oder neu gegründete Gesellschaft im Wege der Gesamtrechtsnachfolge in die bestehenden Betriebsvereinbarungen eintritt. Insoweit stimmt das deutsche Recht mit der Weitergeltungsanordnung des Art. 3 Abs. 2 RL BetrÜ überein.[213]

d) Schutz vor Kündigungen

aa) Rechtsgeschäftliche Betriebsveräußerung

144 Die Kündigungsregelung des Art. 4 RL BetrÜ ist in der Bundesrepublik durch die Einfügung des Abs. 4 in § 613a BGB umgesetzt worden. § 613a Abs. 4 Satz 1 BGB bestimmt, dass die Kündigung des Arbeitsverhältnisses eines Arbeitnehmers durch den bisherigen Arbeitgeber oder durch den neuen Inhaber wegen des Übergangs eines Betriebs oder eines Betriebsteils unwirksam ist.

145 Umstritten war früher, ob das Kündigungsverbot nach § 613a Abs. 4 BGB nur eine Konkretisierung der allgemeinen Sozialwidrigkeit[214] oder aber ein **eigenständiges Kündigungsverbot**[215] enthält. Sieht man in § 613a Abs. 4 BGB lediglich eine Konkretisie-

---

[210] *Oetker* in Wiedemann, § 3 TVG, Rn. 190 ff.

[211] BAG AP Nr. 2 zu § 3 TVG; etwas anderes gilt dann, wenn die Verbandssatzung ausdrücklich den Übergang der Verbandsmitgliedschaft in Fällen der Gesamtrechtsnachfolge vorsieht, vgl. §§ 38 Satz 1 BGB, 40 BGB.

[212] S. dazu oben Rn. 82 ff.

[213] Problematisch ist, ob im Falle der gesellschaftsrechtlichen Verschmelzung die übernehmende oder neu gegründete Gesellschaft auch an Gesamt-/Konzernbetriebsvereinbarungen gebunden ist; vgl. dazu *Löw*, Die Betriebsveräußerung, S. 196 f.

[214] LAG Berlin DB 1984, S. 1152; LAG Bremen AP Nr. 30 zu § 613a BGB; *Seiter*, AR-Blattei, D-Blatt, Betriebsinhaberwechsel I, B. V. 1 a) aa) m.w.N.

[215] BAG AP Nr. 40, 47 zu § 613a BGB = EzA § 613a BGB Nr. 42 (*Wank*); *Debong*, Die EG-Richtlinie, S. 62; *Metzke*, AuR 1986, S. 78; *Schreiber*, RdA 1982, S. 137, 147 f.

II. Betriebsübergang **146 § 18**

rung der Sozialwidrigkeit, so würden Arbeitnehmer, die nicht unter den Anwendungsbereich des Kündigungsschutzgesetzes fallen,[216] vom persönlichen Schutzbereich des § 613a Abs. 4 Satz 1 BGB ausgeschlossen. Diese Beschränkung wäre aber mit den Vorgaben des Art. 4 RL BetrÜ nicht vereinbar. Art. 4 Unterabs. 2 RL BetrÜ räumt den Mitgliedstaaten zwar die Möglichkeit ein, insoweit Übereinstimmung mit ihrem jeweiligen nationalen Kündigungsschutz zu erzielen, als Gruppen von Arbeitnehmern, auf die das nationale Recht keine Anwendung findet, auch vom Anwendungsbereich der Richtlinie ausgenommen werden können. Der EuGH hat die Ausnahmeermächtigung des Art. 4 Abs. 1 Unterabs. 2 RL BetrÜ jedoch eng ausgelegt.[217] Danach kommt die Ausnahmeermächtigung dann nicht mehr zur Anwendung, wenn die von dem Übergang betroffenen Arbeitnehmer nach nationalem Recht irgendeinen, wenn auch nur eingeschränkten Kündigungsschutz genießen.[218] Ein Kündigungsschutz in diesem Sinne ist nach der Entscheidung des EuGH bereits dann anzunehmen, wenn das nationale Recht für die Kündigung von Arbeitnehmern Kündigungsfristen vorsieht.[219] Nach § 622 BGB gelten für die ordentliche Kündigung von Arbeitsverhältnissen – unabhängig von der Anwendbarkeit des Kündigungsschutzgesetzes – Mindestkündigungsfristen. Die Ausnahmeermächtigung des Art. 4 Abs. 2 Unterabs. 2 RL BetrÜ ist somit auf das deutsche Recht nicht anwendbar.[220] Der vom BAG und dem überwiegenden Schrifttum vertretenen Auffassung, wonach § 613a Abs. 4 BGB ein selbständiges Kündigungsverbot enthält, ist zuzustimmen. Für die Auslegung des § 613a Abs. 4 BGB als selbständiges Kündigungsverbot spricht zunächst der Wortlaut der Vorschrift. § 613a Abs. 4 BGB bezeichnet die verbotswidrige Kündigung nicht i.S. der Terminologie des Kündigungsschutzgesetzes als „sozialwidrig", sondern als „unwirksam".[221] Auch die systematische Stellung des Kündigungsverbots im Bürgerlichen Gesetzbuch statt im Kündigungsschutzgesetz legt den Schluss nahe, dass der Gesetzgeber das Kündigungsverbot nicht von der Anwendbarkeit des Kündigungsschutzgesetzes abhängig machen wollte.[222] Da § 613a Abs. 4 BGB somit als ein selbständiges Kündigungsverbot anzusehen ist, also nicht Gruppen von Arbeitnehmern aus seinem Schutzbereich ausschließt, ist er insoweit richtlinienkonform.[223]

Eine dem Art. 4 Abs. 2 RL BetrÜ entsprechende Fiktion der arbeitgeberseitigen Kündigung kennt das deutsche Recht nicht. Die Eigenkündigung oder der Abschluss eines Aufhebungsvertrages im Falle einer durch den Betriebsübergang bedingten wesentlichen Änderung der Arbeitsbedingungen können sich jedoch für den Arbeitnehmer nachteilig auswirken. So werden etwa Gratifikationszahlungen vielfach unter dem Vorbehalt gewährt, dass das Arbeitsverhältnis nicht binnen einer bestimmten Frist aufgelöst wird.[224] Der

146

---

[216] Dies sind Arbeitnehmer, die die Wartefrist nach § 1 Abs. 1 KSchG noch nicht erfüllt haben oder in Betrieben mit weniger als 6 Arbeitnehmern beschäftigt sind, wobei für Teilzeitbeschäftigte die pro-rata-Regelung des § 23 Abs. 1 Satz 2 KSchG zu berücksichtigen ist. Ferner ist nach § 14 KSchG der 1. Abschnitt des Gesetzes nicht auf leitende Angestellte anwendbar.
[217] EuGH (Kommission gegen Königreich Belgien), Rs. 237/84, Slg. 1986, S. 1247 ff.
[218] Slg. 1986, S. 1247, 1255.
[219] Slg. 1986, S 1247, 1255 f.
[220] Zutreffend *von Alvensleben*, Die Rechte der Arbeitnehmer, S. 311 f.; a.A. *Debong*, Die EG-Richtlinie, S. 61.
[221] *Löw*, Die Betriebsveräußerung, S. 127; *Wank*, Anm. zu BAG, EzA § 613a BGB Nr. 42.
[222] *Löw*, Die Betriebsveräußerung, S. 127.
[223] Zur Frage, ob ein Arbeitnehmer, dem aus Anlass des Betriebsübergangs gekündigt wurde, die Klagefrist des § 4 Satz 1 KSchG einhalten muss, vgl. befürwortend *Hanau*, ZIP 1984, S. 141, 142; *Henckel*, ZGR 1984, S. 225, 236; ablehnend dagegen BAG AP Nr. 40, 47 zu § 613a BGB. Problematisch ist, ob die vom BAG im Rahmen des § 613a BGB zugrunde gelegte Beweislastverteilung mit Art. 4 Abs. 1 RL BetrÜ vereinbar ist; vgl. dazu *von Alvensleben*, Die Rechte der Arbeitnehmer, S. 314 ff., der insoweit einen Richtlinienverstoß bejaht; s. auch *Schreiber*, RdA 1982, S. 137, 147 f.
[224] Nach früherer Auffassung des BAG sind solche Klauseln allerdings dann unwirksam, wenn das Arbeitsverhältnis durch betriebsbedingte Kündigung beendet wird, s. BAG AP Nr. 84, 86, 98 zu § 611 BGB Gratifikation; anders jetzt BAG AP Nr. 147 zu § 611 BGB Gratifikation.

Arbeitnehmer sieht sich somit einer Rückzahlungsforderung ausgesetzt, wenn er wegen der mit dem Betriebsübergang verbundenen wesentlichen Verschlechterung seiner Arbeitsbedingungen kündigt oder einen Aufhebungsvertrag abschließt.[225] Dagegen droht dem Arbeitnehmer entgegen einer im Schrifttum vertretenen Auffassung[226] im Falle einer Eigenkündigung oder Vertragsaufhebung nicht die Gefahr, dass sein Anspruch auf Arbeitslosengeld gem. § 144 Abs. 1 Nr. 1 SGB III[227] einer Sperrfrist unterliegt. Die wesentliche Verschlechterung der Arbeitsbedingungen stellt nämlich einen wichtigen Grund i.S. des § 144 Abs. 1 SGB III dar, der der Verhängung einer Sperrfrist entgegensteht.[228] Da das deutsche Recht einen dem Art. 4 Abs. 1 Unterabs. 2 RL BetrÜ entsprechenden Schutz der Arbeitnehmer nicht vollständig gewährleistet, entspricht das deutsche Recht insoweit nicht den Vorgaben des Art. 4 Abs. 1 Unterabs. 2 RL BetrÜ.[229]

bb) Verschmelzung

147 Bereits vor In-Kraft-Treten des Umwandlungsgesetzes stimmte das deutsche Recht – trotz Fehlens einer dem § 613a Abs. 4 BGB entsprechenden Vorschrift – mit der Kündigungsregelung des Art. 4 Abs. 1 Unterabs. 1 RL BetrÜ überein.[230] Das BAG hatte nämlich bereits vor Einfügung der Kündigungsverbotsregelung des Abs. 4 entschieden, dass eine Kündigung aus Anlass des Betriebsübergangs eine Umgehung des von § 613a Abs. 1 a.F. bezweckten Bestandsschutzes sei, die gem. § 134 BGB zur Unwirksamkeit der Kündigung führe.[231] Eine aus Anlass der Unternehmensverschmelzung ausgesprochene Kündigung würde ebenfalls dem mit der Gesamtrechsnachfolge verbundenen Bestandsschutz der Arbeitsverhältnisse zuwiderlaufen und wäre deshalb wegen unzulässiger Umgehung unwirksam.[232] Das deutsche Recht entspricht somit auch im Hinblick auf die gesellschaftsrechtliche Verschmelzung den Vorgaben des Art. 4 Abs. 1 Unterabs. 1 RL BetrÜ. Dagegen gilt die im Hinblick auf Art. 4 Abs. 1 Unterabs. 2 RL BetrÜ festgestellte Richtlinienwidrigkeit auch für Betriebsübergänge im Rahmen gesellschaftsrechtlicher Verschmelzung.

e) Schutz der Arbeitnehmervertretung und der Arbeitnehmervertreter

aa) Rechtsgeschäftliche Betriebsveräußerung

148 In Übereinstimmung mit Art. 5 Abs. 1 Unterabs. 1 RL BetrÜ bleiben der Betriebsrat und der Sprecherausschuss bei einer rechtsgeschäftlichen Betriebsveräußerung bestehen,

---

[225] *Debong*, Die EG-Richtlinie, S. 75; *Löw*, Die Betriebsveräußerung, S. 131; a.A. *von Alvensleben*, Die Rechte der Arbeitnehmer, S. 323, nach dessen Auffassung der Arbeitnehmer dem Rückzahlungsanspruch einen Schadensersatzanspruch aus § 628 Abs. 2 BGB einredehalber entgegenhalten kann. Diese Auffassung ist abzulehnen, da § 628 Abs. 2 BGB voraussetzt, dass das vertragswidrige Verhalten des anderen Teils einen die außerordentliche Kündigung rechtfertigenden wichtigen Grund i.S. des § 626 Abs. 1 BGB darstellt. Nicht jede mit dem Betriebsübergang verbundene wesentliche Verschlechterung der Arbeitsbedingungen kann jedoch als so schwerwiegend angesehen werden, dass der betroffene Arbeitnehmer zur außerordentlichen Kündigung berechtigt wäre.
[226] S. *Löw*, Die Betriebsveräußerung, S. 131.
[227] Früher § 119 Abs. 1 Nr. 1 AFG.
[228] *von Alvensleben*, Die Rechte der Arbeitnehmer, S. 323 f.; *Debong*, Die EG-Richtlinie, S. 85; vgl. auch *Knigge/Ketelsen/Marschall/Wittrock*, Kommentar zum Arbeitsförderungsgesetz, 3. Aufl. 1993, § 119 AFG, Rn. 55.
[229] *Debong*, Die EG-Richtlinie, S. 86, *Löw*, Die Betriebsveräußerung, S. 131; a.A. *von Alvensleben*, Die Rechte der Arbeitnehmer, S. 319 ff., der Art. 4 Abs. 1 Unterabs. 2 RL BetrÜ durch die Schadensersatzvorschrift des § 628 Abs. 2 BGB umgesetzt sieht.
[230] Zur Anwendbarkeit des § 613a BGB auf Fälle der Verschmelzung s. auch oben Rn. 82.
[231] BAG AP Nr. 1 zu § 613a BGB.
[232] *Debong*, Die EG-Richtlinie, S. 65; im Ergebnis ebenso *von Alvensleben*, Die Rechte der Arbeitnehmer; a.A. *Löw*, Die Betriebsveräußerung, S. 201 f.

sofern der Betrieb seine Selbständigkeit durch den Übergang nicht verliert.²³³ Dagegen enden mit der Ausgliederung eines Betriebes aus einem Unternehmen die Voraussetzungen für die Repräsentation des Betriebes im Gesamtbetriebsrat oder Gesamtsprecherausschuss.²³⁴ Da Art. 5 Abs. 1 RL BetrÜ den Erhalt der Rechtsstellung und der Funktion der Arbeitnehmervertreter nur insoweit verlangt, „wie sie in den Rechts- und Verwaltungsvorschriften der Mitgliedstaaten vorgesehen sind", ist das mit dem Verlust der Unternehmenszugehörigkeit verbundene Ende der Mitgliedschaft im Gesamtbetriebsrat richtlinienkonform.²³⁵ Aus demselben Grunde ist es unschädlich, wenn der Betriebsrat²³⁶ oder der Sprecherausschuss²³⁷ seine Amtsfähigkeit beim Übergang auf einen öffentlich-rechtlichen Rechtsträger, eine erzieherische oder karitative Einrichtung oder eine Religionsgemeinschaft verlieren.²³⁸

Der in Art. 5 Abs. 2 RL BetrÜ angeordnete **nachwirkende Schutz** von ehemaligen Arbeitnehmervertretern wird im deutschen Recht für Mitglieder von Betriebsräten durch §§ 15 Abs. 1 Satz 2 KSchG,²³⁹ 37 Abs. 4 und 5 sowie 38 Abs. 4 BetrVG gewährleistet. Einen entsprechenden Schutz für ehemalige Mitglieder eines Sprecherausschusses sieht das Specherausschussgesetz dagegen nicht vor. Dies stellt jedoch keinen Verstoß gegen Art. 5 Abs. 2 RL BetrÜ dar. Art. 5 Abs. 2 RL BetrÜ sieht nämlich lediglich vor, dass ein Arbeitnehmervertreter bei Beendigung seines Mandats aus Anlass des Betriebsübergangs genauso zu schützen ist wie im Fall eines Amtsverlustes aus anderen Gründen. Die Schaffung materieller Schutzvorschriften zum Schutz ehemaliger Arbeitnehmervertreter wird durch Art. 5 Abs. 2 RL BetrÜ nicht angeordnet.²⁴⁰

bb) Verschmelzung

Im Falle der gesellschaftsrechtlichen Verschmelzung wird der Fortbestand des Betriebsrats oder des Sprecherausschusses nicht berührt. Soweit die Verschmelzung die Auflösung des bisherigen Gesamtbetriebsrats oder Gesamtsprecherausschusses mit sich bringt, ist dies, wie im Falle der rechtsgeschäftlichen Betriebsveräußerung, unschädlich. Art. 5 Abs. 1 Unterabs. 1 RL BetrÜ gewährt den Bestandsschutz für Arbeitnehmervertretungen, wie bereits festgestellt, nur im Rahmen der gesetzlichen Vorschriften der Mitgliedstaaten. Die Vorschriften zum Schutz ehemaliger Arbeitnehmervertreter gelten bei der gesellschaftsrechtlichen Verschmelzung im gleichen Umfang wie beim rechtsgeschäftlichen Betriebsübergang. Das deutsche Recht entspricht somit uneingeschränkt den Anforderungen des Art. 5 RL BetrÜ.²⁴¹

---

²³³ BAG AP Nr. 55 zu § 99 BetrVG; *Fitting/Kaiser/Heither/Engels*, § 1 BetrVG, Rn. 105.
²³⁴ Vgl. § 47 Abs. 2 BetrVG, § 16 Abs. 2 SprAuG.
²³⁵ *Debong*, Die EG-Richtlinie, S. 89; *Gaul*, DB 1980, S. 98, 102; *Löw*, Die Betriebsveräußerung, S. 164.
²³⁶ Vgl. § 118 Abs. 2 BetrVG.
²³⁷ § 1 Abs. 3 SprAuG.
²³⁸ *von Alvensleben*, Die Rechte der Arbeitnehmer, S. 327 f.; *Debong*, Die EG-Richtlinie, S. 89; zur Frage, ob das deutsche Recht den Vorgaben des Art. 5 Abs. 1 RL BetrÜ auch im Hinblick auf tarifvertraglich begründete Arbeitnehmervertretungen gerecht wird, vgl. *Löw*, Die Betriebsveräußerung, S. 166 f.
²³⁹ Nach der Rechtsprechung des BAG greift der besondere Kündigungsschutz des § 15 Abs. 1 Satz 2 KSchG nicht nur, wenn die Amtszeit der Arbeitnehmervertretung als Organ endet, sondern auch wenn ein Mitglied aus anderen Gründen vorzeitig aus dem Betriebsrat ausscheidet; vgl. BAG AP Nr. 6 zu § 15 KSchG.
²⁴⁰ Zutreffend *Löw*, Die Betriebsveräußerung, S. 168.
²⁴¹ *von Alvensleben*, Die Rechte der Arbeitnehmer, S. 329; *Löw*, Die Betriebsveräußerung, S. 202; anders *Debong*, Die EG-Richtlinie, S. 92, der Richtlinienkonformität im Hinblick auf die Umsetzung des Art. 5 RL BetrÜ nur unter der Einschränkung bejaht, dass § 613a BGB auf heimarbeitende Betriebsratsmitglieder entsprechende Anwendung findet.

f) Information und Konsultation

aa) Rechtsgeschäftliche Betriebsveräußerung

151 Eine dem Art. 6 Abs. 1 der ursprünglichen Richtlinie entsprechende Informationspflicht sah das deutsche Recht bis zum 1. April 2002 nicht vor. Durch das Gesetz zur Änderung des Seemannsgesetzes und anderer Gesetze vom 23. 3. 2002 wurde der Pflicht zur Normierung von Informationspflichten dadurch Rechnung getragen, dass **§ 613 a BGB** um die **Absätze 5 und 6** erweitert wurde.[242] Die bis dahin geltende Fassung des § 613a BGB entsprach nicht der Richtlinie. Nach wohl einhelliger Auffassung ist der Unternehmer gem. § 106 Abs. 2, Abs. 3 Nr. 10 BetrVG zwar verpflichtet, den Wirtschaftsausschuss über Unternehmens-, Betriebs- und Betriebsteilveräußerungen zu unterrichten;[243] diese Unterrichtungspflicht wurde der Vorgabe des Art. 6 Abs. 1 RL BetrÜ jedoch nicht gerecht. Zum einen ist schon zweifelhaft, ob der Wirtschaftsausschuss überhaupt als eine Arbeitnehmervertretung i. S. des Art. 6 RL BetrÜ angesehen werden kann.[244] Zum anderen greift die Unterrichtungspflicht gegenüber dem Wirtschaftsausschuss erst in Betrieben mit in der Regel mehr als 100 Beschäftigten. Da ein mehrköpfiger Betriebsrat bereits in Betrieben mit in der Regel mehr als 20 wahlberechtigten Arbeitnehmern gebildet werden kann (§ 9 BetrVG), die Einschränkung somit auch nicht durch Art. 6 Abs. 4 RL BetrÜ gedeckt ist, stellte § 106 BetrVG jedenfalls unter diesem Gesichtspunkt keine richtlinienkonforme Umsetzung der Unterrichtungspflicht dar.[245] Ferner fehlte es im deutschen Recht auch an einer dem Art. 6 Abs. 2 RL BetrÜ entsprechenden Konsultationspflicht.[246] Die mangelnde Umsetzung der in Art. 6 Abs. 1 und Abs. 2 RL BetrÜ angeordneten Pflichten wäre jedoch unschädlich, wenn im deutschen Recht das in Art. 6 Abs. 3 RL BetrÜ vorgesehene **Modell einer Schiedsstelle** verwirklicht worden wäre. Gem. Art. 6 Abs. 3 RL BetrÜ können die Mitgliedstaaten, deren Rechts- und Verwaltungsvorschriften eine Schiedsstelle i. S. der Vorschrift vorsehen, die Informations- und Konsultationspflichten der Absätze 1 und 2 auf den Fall beschränken, in dem der vollzogene Übergang eine Betriebsänderung hervorruft, die wesentliche Nachteile für einen erheblichen Teil der Arbeitnehmer zur Folge hat. Das Betriebsverfassungsgesetz in der Fassung vom 15. 1. 1972 hat in § 112 BetrVG eine solche Schiedsstelle i. S. des Art. 6 Abs. 3 RL BetrÜ vorgesehen. Die Einigungsstelle, die sowohl vom Unternehmer als auch vom Betriebsrat angerufen werden kann, entscheidet gem. § 112 Abs. 4 BetrVG über die Aufstellung eines Sozialplans, wenn kein Interessenausgleich über eine geplante Betriebsänderung i. S. des § 111 BetrVG zustandekommt. Bis zum Erlass des Beschäftigungsförderungsgesetzes im Jahre 1985 bestand daher weitgehende Einigkeit, dass das deutsche Recht mit § 111 BetrVG[247] eine den verminderten Anforderungen von Art. 6 Abs. 3 RL BetrÜ entsprechende Bestimmung enthält.[248] Durch das am 1. 5. 1985 in Kraft getretene Beschäftigungsförderungsgesetz vom 26. 4. 1985[249] ist das Betriebsverfassungsgesetz um § 112a ergänzt wor-

---

[242] S. BT-Drucks. 14/7760, BR-Drucks. 71/02, BGBl. I S. 1163 und dazu *Gaul/Otto*, DB 2002, S. 634; *Worzalla*, NZA 2002, S. 353; *Willemsen/Lembke*, NJW 2002, S. 1159; s. auch Rn. 165 ff.

[243] *Bauer*, Unternehmensveräußerung und Arbeitsrecht, S. 117; *Fitting/Kaiser/Heither/Engels*, BetrVG, § 106, Rn. 50; *Schreiber*, RdA 1982, S. 137, 145.

[244] Verneinend *Debong*, Die EG-Richtlinie, S. 95; *Löw*, Die Betriebsveräußerung, S. 179.

[245] Die in § 111 BetrVG vorgesehene Informations- und Konsultationsregelung gilt nur im Fall einer Betriebsänderung, die wesentliche Nachteile für die Belegschaft oder erhebliche Teile der Belegschaft zur Folge haben kann.

[246] Auch insoweit ist die in § 111 BetrVG angeordnete Konsultationspflicht auf den Fall beschränkt, dass die Betriebsänderung wesentliche Nachteile für die Belegschaft oder erhebliche Teile der Belegschaft zur Folge haben kann.

[247] Näher zu dieser Vorschrift *Fitting/Kaiser/Heither/Engels*, § 111 BetrVG.

[248] *von Alvensleben*, Die Rechte der Arbeitnehmer, S. 329 ff.; *Colneric*, FS für Steindorff, S. 1129, 1134 f.

[249] BGBl. I, S. 710.

den, der die Möglichkeiten des Betriebsrats, einen Sozialplan zu erzwingen, einschränkt. § 112a Abs. 1 BetrVG regelt, dass in den Fällen, in denen eine geplante Betriebsänderung i.S. des § 111 BetrVG allein in der Entlassung von Arbeitnehmern liegt, die Sozialplanpflicht nur bei Erreichen bestimmter Zahlengrenzen besteht.[250] Darüber hinaus entfällt die Sozialplanpflicht gem. § 112a Abs. 2 BetrVG für Betriebe eines Unternehmens in den ersten 4 Jahren nach seiner Gründung.[251] Im Schrifttum wird die Auffassung vertreten, dass nach der Einfügung des § 112a BetrVG das deutsche Recht nicht mehr dem Schiedsstellenmodell des Art. 6 Abs. 3 RL BetrÜ entspreche und es daher an einer hinreichenden Umsetzung des Art. 6 Abs. 3 RL BetrÜ fehle.[252] Entgegen dieser im Schrifttum vertretenen Auffassung führt jedoch weder die zahlenmäßige Begrenzung des § 112a Abs. 1 BetrVG noch die in § 112a Abs. 2 BetrVG enthaltene Ausnahme von der Sozialplanpflicht dazu, dass das deutsche Einigungsstellenmodell der §§ 111f. BetrVG nicht mehr dem Schiedsstellenmodell des Art. 6 Abs. 3 RL BetrÜ entspricht. Art. 6 Abs. 3 RL BetrÜ ist dahingehend auszulegen, dass das nationale Recht zwar grundsätzlich eine Schiedsstelle vorsehen muss, dass die Ausgestaltung des Verfahrens jedoch dem jeweiligen Mitgliedstaat überlassen bleibt. Dafür spricht zum einen, dass Art. 6 Abs. 3 RL BetrÜ keinerlei Anforderungen an die Beschaffenheit der Schiedsstelle aufstellt.[253] Unterstützt wird diese Auslegung durch die Entstehungsgeschichte des Art. 6 Abs. 3 RL BetrÜ. Bei der Regelung in Art. 6 Abs. 3 RL BetrÜ handelt es sich um eine von der deutschen Bundesregierung durchgesetzte Ausnahme, die es ermöglichen sollte, das deutsche Betriebsverfassungsgesetz unverändert zu lassen.[254] Dass mit Art. 6 Abs. 3 RL BetrÜ zugleich eine Festschreibung der im deutschen Betriebsverfassungsgesetz vorgesehenen Verfahrensregelungen für die Anrufung der Schiedsstelle gewollt war, kann nicht unterstellt werden. Vielmehr deutet das Fehlen inhaltlicher Anforderungen an die Schiedsstelle darauf hin, dass der Bundesrepublik und anderen Mitgliedstaaten ein Spielraum bei der Ausgestaltung des Schiedsstellenverfahrens verbleiben sollte.[255] Da sich durch die Einfügung des § 112a in das Betriebsverfassungsgesetz am grundsätzlichen Bestehen der Einigungsstelle nichts geändert hat, entspricht das deutsche Recht weiterhin dem Modell des Art. 6 Abs. 3 RL BetrÜ. Die in § 111 BetrVG geregelten Informations- und Konsultationspflichten werden somit uneingeschränkt den Vorgaben des Art. 6 RL BetrÜ gerecht.[256]

bb) Verschmelzung

Ist mit der gesellschaftsrechtlichen Verschmelzung eine Betriebsänderung i.S. des § 111 BetrVG verbunden, so finden die gleichen betriebsverfassungsrechtlichen Regelungen wie bei der rechtsgeschäftlichen Betriebsveräußerung Anwendung.[257] Art. 6 RL BetrÜ ist somit auch im Hinblick auf gesellschaftsrechtliche Verschmelzungen richtlinienkonform umgesetzt.

---

[250] Zu den Zahlengrenzen im Einzelnen s. § 112a Abs. 1 BetrVG.

[251] Dies gilt nach § 112a Abs. 2 Satz 2 BetrVG nicht für Neugründungen im Zusammenhang mit der rechtlichen Umstrukturierung von Unternehmen und Konzernen.

[252] *Colneric*, FS für Steindorff, S. 1129, 1135 ff.; *Löw*, Die Betriebsveräußerung, S. 183 f.; *Oetker*, NZA 1998, S. 1193, 1198 ff.

[253] *von Alvensleben*, Die Rechte der Arbeitnehmer, S. 332.

[254] Vgl. dazu *Engels*, RdA 1978, S. 52, 55.

[255] *von Alvensleben*, Die Rechte der Arbeitnehmer, S. 333 f.

[256] Bei Art. 6 Abs. 5 RL BetrÜ handelt es sich um eine fakultative Regelung, so dass das Fehlen eines ausdrücklichen individuellen Informationsanspruchs keinen Richtlinienverstoß darstellt. Eine vertragliche Nebenpflicht des Arbeitgebers zur Information der betroffenen Arbeitnehmer ergibt sich allerdings daraus, dass die Arbeitnehmer ansonsten von ihrem Widerspruchsrecht keinen Gebrauch machen könnten; s. BAG AP Nr. 10 zu § 613a BGB; *Debong*, Die EG-Richtlinie, S. 94; *Löw*, Die Betriebsveräußerung, S. 178.

[257] *Löw*, Die Betriebsveräußerung, S. 203.

3. Die Änderungsrichtlinie 98/50/EG und ihre Auswirkungen auf das deutsche Recht

153 Wie oben bereits erwähnt,[258] hat die Kommission dem Rat am 24. Februar 1997 einen geänderten Vorschlag für eine Revision der Betriebsübergangsrichtlinie vorgelegt.[259] Gestützt auf die Vorschläge der Kommission hat der Rat am 29. Juni 1998 die Richtlinie 98/50/EG zur Änderung der Richtlinie 77/187/EWG[260] verabschiedet. Die ursprüngliche Richtlinie 77/187/EWG und die Änderungsrichtlinie 98/50/EG wurden als Richtlinie 2001/23/EG neu verkündet.[261]

a) Titel der Richtlinie

154 Gem. Art. 1 Ziff. 1 der Änderungsrichtlinie 98/50/EG wurde der Titel der Richtlinie um den Begriff „Unternehmensteile" erweitert. In ihrer geänderten Fassung durch die Neubekanntmachung lautet die Richtlinie nunmehr: Richtlinie des Rates zur Angleichung der Rechtsvorschriften der Mitgliedstaaten über die Wahrung von Ansprüchen der Arbeitnehmer beim Übergang von Unternehmen, Betrieben oder Unternehmens- oder Betriebsteilen (2001/23/EG). Materiell-rechtliche Auswirkungen hat diese Änderung nicht.

b) Sachlicher Anwendungsbereich

155 Durch Art. 1 Ziff. 2 der Änderungsrichtlinie 98/50/EG soll der Anwendungsbereich der Betriebsübergangsrichtlinie klarer gefasst werden.[262] Gem. Art. 1 Abs. 1b der neugefassten Betriebsübergangsrichtlinie gilt als Übergang i. S. dieser Richtlinie „der Übergang einer **ihre Identität bewahrenden wirtschaftlichen Einheit** im Sinne einer organisierten Zusammenfassung von Ressourcen zur Verfolgung einer wirtschaftlichen Haupt- oder Nebentätigkeit". Mit dieser Änderung werden die durch die Christel-Schmidt-Entscheidung des EuGH hervorgerufenen Irritationen allerdings nur ansatzweise behoben. Das Merkmal „eine ihre Identität bewahrende wirtschaftliche Einheit" ist als Abgrenzungskriterium ungeeignet. Zu wünschen wäre daher gewesen, wenn in die Änderungsrichtlinie zumindest eine Regelung aufgenommen worden wäre, wonach ein Übergang einer Wirtschaftseinheit dann ausscheidet, wenn es an einer Übernahme materieller oder immaterieller Vermögensgegenstände fehlt.

156 Klarstellende Funktion kommt der Begriffsdefinition des Übergangs i. S. der Richtlinie allerdings insoweit zu, als nunmehr feststeht, dass der alleinige Übergang einer Tätigkeit des Unternehmens, Betriebs, oder Unternehmens- oder Betriebsteils als solcher keinen Übergang i. S. der Richtlinie darstellt.

157 Der durch die Änderungsrichtlinie 98/50/EG[263] neu eingefügte Art. 1 Abs. 1c regelt nunmehr ausdrücklich auch die Anwendbarkeit der Betriebsübergangsrichtlinie im Bereich des **öffentlichen Dienstes**. Gem. Art. 1 Abs. 1c Satz 1 gilt die Betriebsübergangsrichtlinie für öffentliche und private Unternehmen, die eine wirtschaftliche Tätigkeit ausüben, und zwar unabhängig davon, ob sie Erwerbszwecke verfolgen oder nicht.[264] Der

---

[258] S. oben Rn. 40.
[259] ABl. C 124, S. 48; zu den Änderungsvorschlägen der Kommission s. auch *Hanau*, ZIP 1994, S. 1568; *Waas*, EuZW 1995, S. 52 ff.
[260] ABl. L 201, S. 88.
[261] Kodifizierte Fassung vom 22. 3. 2001, ABl. L 82, S. 16.
[262] S. Erwägung 4 der Änderungsrichtlinie 98/50/EG.
[263] Art. 1 Ziff. 2 der Änderungsrichtlinie 98/50/EG.
[264] Dass auch Unternehmen ohne Erwerbszweck in den Anwendungsbereich der geltenden Betriebsübergangsrichtlinie fallen, hatte der EuGH bereits in seinem Urteil vom 8. Juni 1994, Rs. 382/92, Slg. 1994, S. 2435, 2472 f., entschieden; zu den Einzelheiten s. *Wank*, MünchArbR § 124, Rn. 18 f.

II. Betriebsübergang

Begriff des Unternehmens i. S. der Betriebsübergangsrichtlinie muss entsprechend dem Regelungszweck der Richtlinie verstanden werden; auf den wettbewerbsrechtlichen Unternehmensbegriff kann insoweit nur z. T. zurückgegriffen werden.[265]

Art. 1 Abs. 1 c Satz 2 bestimmt, dass es sich bei der Übertragung von Aufgaben im Zuge einer **Umstrukturierung** von Verwaltungsbehörden oder bei der Übertragung von Verwaltungsaufgaben von einer Behörde auf eine andere nicht um einen Übergang i. S. dieser Richtlinie handelt. Diese in die Richtlinie neu aufgenommene Beschränkung des Anwendungsbereichs geht auf das Vorabentscheidungsurteil des EuGH vom 15. 10. 1996 in der Rechtssache Henke[266] zurück, in dem der EuGH entschied, dass Strukturänderungen im Bereich der öffentlichen Verwaltung keinen Übergang i. S. der Betriebsübergangsrichtlinie darstellen.[267]

158

c) Begriff des Arbeitnehmers

Nach der neu in die Betriebsübergangsrichtlinie aufgenommen Begriffsbestimmung des Art. 2 Abs. 1 d ist Arbeitnehmer i. S. der Richtlinie jede Person, die in dem betreffenden Mitgliedstaat auf Grund des **einzelstaatlichen Arbeitsrechts** geschützt ist. Der Begriff des Arbeitnehmers i. S. der Betriebsübergangsrichtlinie ist damit, wie der EuGH schon in seiner Entscheidung in der Rechtssache Mikkelsen[268] festgestellt hat, kein rein gemeinschaftsrechtlicher Begriff.[269] Dies folgt aus der Zielsetzung der Betriebsübergangsrichtlinie, nämlich den Fortbestand des Arbeitsverhältnisses im Falle des Übergangs von Unternehmen, Betrieben oder Unternehmens- oder Betriebsteilen in unveränderter Form sicherzustellen, um zu verhindern, dass die von dem Übergang betroffenen Arbeitnehmer allein auf Grund dieses Übergangs schlechter gestellt werden. Dagegen will die Richtlinie kein für die gesamte Gemeinschaft einheitliches Schutzniveau schaffen. Auf die Richtlinie können sich daher grundsätzlich nur Personen berufen, die auf die eine oder andere Weise nach den Rechtsvorschriften des betreffenden Mitgliedstaats als Arbeitnehmer geschützt sind.

159

Um zu verhindern, dass der Anwendungsbereich der Betriebsübergangsrichtlinie von den Mitgliedstaaten ausgehöhlt wird, bestimmt der neu in die Richtlinie aufgenommene Art. 2 Abs. 2,[270] dass die Mitgliedstaaten vom Anwendungsbereich der Richtlinie bestimmte Arbeitsverträge und Arbeitsverhältnisse nicht ausschließen können, nämlich **Teilzeitarbeitsverhältnisse, befristete Arbeitsverhältnisse und Leiharbeitsverhältnisse**. Im Einzelnen dürfen diese Arbeitsverhältnisse nicht allein deshalb ausgenommen werden, weil

160

– nur eine bestimmte Anzahl von Arbeitsstunden geleistet wird oder zu leisten ist,
– es sich um Arbeitsverhältnisse auf Grund eines befristeten Arbeitsvertrags im Sinne von Art. 1 Nr. 1 der Richtlinie 91/383/EWG des Rates vom 25. Juni 1991 zur Ergänzung der Maßnahmen zur Verbesserung der Sicherheit und des Gesundheitsschutzes von Arbeitnehmern mit befristetem Arbeitsverhältnis oder Leiharbeitsverhältnis[271] handelt,
– es sich um Leiharbeitsverhältnisse i. S. von Art. 1 Nr. 2 der Richtlinie 91/383/EWG des Rates vom 25. Juni 1991 zur Ergänzung der Maßnahmen zur Verbesserung der Sicherheit und des Gesundheitsschutzes von Arbeitnehmern mit befristetem Arbeitsverhältnis oder Leiharbeitsverhältnis und bei dem übertragenen Unternehmen oder dem

---

[265] MünchArbR-*Wank*, § 124 Rn. 19.
[266] EuGH Rs. 298/94, AP Nr. 13 zu EWG-Richtlinie Nr. 77/187 = NZA 1996, S. 1279.
[267] Diese EuGH-Rechtsprechung ist vom BAG ausdrücklich bestätigt worden; s. BAG AP Nr. 165 zu § 613a BGB; s. auch BAG AP Nr. 138 zu § 613a BGB sowie AP Nr. 24 zu Art. 13 Einigungsvertrag.
[268] EuGH Rs. 105/84, Slg. 1985, S. 2639 ff.
[269] S. auch EuGH, Rs. C-343/96 (Collino, Chiappero), AP Nr. 29 zu EWG-Richtlinie Nr. 77/187 = ZIP 2000, S. 1996.
[270] Eingefügt durch Art. 1 Ziff. 2 der Änderungsrichtlinie 98/50/EG; s. zu diesen Arbeitnehmergruppen Rn. 213 ff., 251 ff., 283 ff.
[271] ABl. L 206, S. 19; s. näher zu dieser Richtlinie unten Rn. 926 ff.

übertragenen Betrieb oder Unternehmens- oder Betriebsteil als Verleihunternehmen oder Teil eines Verleihunternehmens handelt.

d) Anwendung bei Übergängen im Rahmen von Insolvenzverfahren

161 Nach der Rechtsprechung des EuGH[272] war Art. 1 Abs. 1 der Betriebsübergangsrichtlinie dahingehend auszulegen, dass der Übergang im Rahmen eines Konkursverfahrens nicht unter den Geltungsbereich der Richtlinie fällt. Wie sich aus einem Umkehrschluss zu dem neu in die Betriebsübergangsrichtlinie eingefügten Art. 4a (Art. 5 RL 2001/23/EG) ergibt, gilt die Richtlinie nunmehr grundsätzlich auch für „Übergänge von Unternehmen, Betrieben oder Unternehmens- bzw. Betriebsteilen, bei denen gegen den Veräußerer unter der Aufsicht einer zuständigen öffentlichen Stelle (worunter auch ein von einer zuständigen Behörde ermächtigter Insolvenzverwalter verstanden werden kann) ein Konkursverfahren oder ein entsprechendes Verfahren mit dem Ziel der Auflösung des Vermögens des Veräußerers eröffnet wurde." Art. 4a Abs. 1 der neu gefassten Betriebsübergangsrichtlinie (Art. 5 RL 2001/23/EG) räumt den Mitgliedstaaten jedoch ausdrücklich das Recht ein, auch die Art. 3 und 4 der Betriebsübergangsrichtlinie auf Übergänge im Rahmen von Insolvenzverfahren anzuwenden. Die Bundesrepublik Deutschland ist damit nicht gehindert, an ihrer bisherigen Rechtsprechung festzuhalten, wonach die Betriebsübergangsvorschriften der nationalen Umsetzungsnorm des § 613a BGB auch bei Übergängen im Rahmen von Insolvenzverfahren Geltung haben sollen.

e) Rechtsstellung und Funktion der Arbeitnehmervertreter

162 Nach Art. 5 Abs. 1 der Betriebsübergangsrichtlinie in ihrer Grundfassung (Art. 6 Abs. 1 RL 2001/23/EG) soll für den Fall, dass der übergegangene Betrieb seine **Selbständigkeit behält,** die Rechtsstellung und die Funktion der Vertreter der Arbeitnehmer oder der Arbeitnehmervertretung[273] so erhalten bleiben, „wie sie in den Rechts- und Verwaltungsvorschriften der Mitgliedstaaten vorgesehen sind". Der Verweis auf die nationalen Rechts- und Verwaltungsvorschriften hat sich in einigen Mitgliedstaaten als problematisch erwiesen. So räumen etwa Großbritannien und Irland dem Erwerber in ihren nationalen Vorschriften das Recht ein, Arbeitnehmervertretungen abzulehnen. Eine solche nationale Regelung steht jedoch zum Regelungszweck der Vorschrift im Widerspruch, die Kontinuität der Arbeitnehmervertretung beim Übergang zu gewährleisten. Um künftig solche Widersprüche auszuräumen, bestimmt der durch die Änderungsrichtlinie 98/50/EG neugefasste Art. 5 Abs. 1 (Art. 6 Abs. 1 RL 2001/23/EG), dass die Rechtsstellung und die Funktion der Vertreter oder der Vertretung der vom Übergang betroffenen Arbeitnehmer unter den gleichen Bedingungen erhalten bleiben, wie sie vor dem Zeitpunkt des Übergangs durch Gesetz, Regelung, Verwaltungsmaßnahmen oder Vereinbarung bestanden haben, sofern die Bedingungen für die Bildung der Arbeitnehmervertretung erfüllt sind. Auswirkungen auf das deutsche Recht hat diese Regelung nicht.

163 Für den Fall, dass der Betrieb seine **Selbständigkeit verliert,** sieht die Grundfassung der Betriebsübergangsrichtlinie keine Schutzbestimmungen vor. Demgegenüber verpflichtet der neu in die Betriebsübergangsrichtlinie eingefügte Art. 5 Abs. 1 Unterabs. 4 (Art. 6 Abs. 1 Unterabs. 4 RL 2001/23/EG) die Mitgliedstaaten, für den Fall, dass das Unternehmen, der Betrieb oder der Unternehmens- oder Betriebsteil seine Selbständigkeit verliert, die erforderlichen Maßnahmen zu treffen, damit die vom Übergang betroffenen Arbeitnehmer, die vor dem Übergang vertreten wurden, während des Zeitraums, der für die Neubenennung der Arbeitnehmervertretung erforderlich ist, im Einklang mit dem Recht oder der Praxis der Mitgliedsaaten weiterhin angemessen vertreten werden.

---

[272] S. etwa Rs. 135/83, Slg. 1985, S. 469 ff.; s. Rn. 90 f.
[273] Zu Gewerkschaften als Arbeitnehmervertretern s. *v. Roetteken,* NZA 2001, S. 414, 417.

II. Betriebsübergang

Für Betriebsteilübergänge bei Betriebsspaltungen normierte § 321 UmwG[274] bereits ein den Vorgaben des neu in die Betriebsübergangsrichtlinie eingefügten Art. 5 Abs. 1 Unterabs. 4 entsprechendes Übergangsmandat des Betriebsrats des „verbleibenden" Betriebes. Für Betriebsteilübergänge, die nicht von § 321 UmwG erfasst werden, wurde teilweise eine analoge Anwendung des § 321 UmwG bejaht;[275] nunmehr ist das Übergangsmandat in § 21a BetrVG geregelt.[276]

f) Information und Konsultation

Die Informationspflichten des Veräußerers und des Erwerbers gegenüber den Vertretern der jeweiligen von einem Übergang betroffenen Arbeitnehmer sind durch den neu gefassten Art. 6 Abs. 1 der Betriebsübergangsrichtlinie (jetzt Art. 7 Abs. 1 RL 2001/73/EG) dahingehend erweitert worden, dass sich die Information auch auf den „Zeitpunkt oder den geplanten Zeitpunkt des Übergangs" zu erstrecken hat. Das deutsche Recht bedurfte somit auch insoweit noch einer richtlinienkonformen Umsetzung,[277] die aber durch das Gesetz zur Änderung des Seemannsgesetzes erfolgt ist.

Der durch die Änderungsrichtlinie 98/50/EG in die Betriebsübergangsrichtlinie eingefügte Art. 6 Abs. 4 Unterabs. 1 (Art. 7 Abs. 4 Unterabs. 1 RL 2001/23/EG) bestimmt nunmehr, dass die in Art. 6 vorgesehenen Verpflichtungen zur Information und Konsultation unabhängig davon gelten, ob die zum Übergang führende Entscheidung vom Arbeitgeber oder von einem den Arbeitgeber beherrschenden Unternehmen getroffen wird. Nach Art. 6 Abs. 4 Unterabs. 2 der neugefassten Betriebsübergangsrichtlinie (Art. 7 Abs. 4 Unterabs. 2 RL 2001/23/EG) findet der Einwand, der Verstoß gegen die in dieser Richtlinie vorgesehene Informations- und Konsulationspflicht gehe darauf zurück, dass die Information von einem den Arbeitgeber kontrollierenden Unternehmen nicht übermittelt worden sei, keine Berücksichtigung.

Während die Grundfassung der Betriebsübergangsrichtlinie (Art. 6 Abs. 5) es noch den Mitgliedstaaten überließ, eine Informationspflicht der betreffenden Arbeitnehmer auch für den Fall vorzusehen, dass es in einem Unternehmen oder in einem Betrieb keine Vertreter der Arbeitnehmer gibt, sieht die neugefasste Betriebsübergangsrichtlinie in Art. 6 Abs. 6 (Art. 7 Abs. 6 RL 2001/23/EG) nunmehr eine zwingende Informationspflicht vor. Danach haben die Mitgliedstaaten sicherzustellen, dass die betreffenden Arbeitnehmer für den Fall, dass es unabhängig von ihrem Willen in einem Unternehmen oder in einem Betrieb keine Vertreter der Arbeitnehmer gibt, über folgende Punkte zu informieren sind:
– den Zeitpunkt oder den geplanten Zeitpunkt des Übergangs,
– den Grund für den Übergang,
– die rechtlichen, wirtschaftlichen und sozialen Folgen des Übergangs für die Arbeitnehmer,
– die hinsichtlich der Arbeitnehmer in Aussicht genommenen Maßnahmen.

Eine den Vorgaben des Art. 6 Abs. 6 (Art. 7 Abs. 6 RL 2001/23/EG) entsprechende Norm, die den Betriebsveräußerer oder den Betriebserwerber unabhängig von der Existenz einer Arbeitnehmervertretung zur Information über die in Art. 6 Abs. 6 aufgeführten Punkte verpflichtet, kannte das deutsche Recht vor der Änderung des § 613a BGB zum 1. April 2002 nicht. Eine derart weit gesteckte Informationspflicht ließ sich auch nicht aus den arbeitsvertraglichen Nebenpflichten des Arbeitgebers herleiten.[278] Art. 6 Abs. 6 der neu gefassten Betriebsübergangsrichtlinie bedurfte somit noch einer entsprechenden Um-

---

[274] BGBl. I S. 3210, zuletzt geändert durch Gesetz vom 22. Juli 1998, BGBl. I S. 1878.
[275] S. dazu *Krause*, NZA 1998, S. 1201 m.w.N.
[276] Dazu *Richardi*, Die Neue Betriebsverfassung, 2001, S. 61 ff.
[277] Zur mangelnden Umsetzung des Art. 6 Abs. 1 der Grundfassung der Betriebsübergangsrichtlinie und zur Gesetzesänderung s. Rn. 151.
[278] A.A. *Oetker*, NZA 1998, S. 1193, 1201.

setzung in das deutsche Recht.²⁷⁹ Sie ist durch das Gesetz zur Änderung des Seemannsgesetzes und anderer Gesetze erfolgt. Der neue § 613a Abs. 5 BGB normiert die Unterrichtungspflicht, Abs. 6 das Widerspruchsrecht.

g) Schlussbestimmungen

169 Gem. Art. 2 der Änderungsrichtlinie 98/50/EG waren die Mitgliedstaaten verpflichtet, sicherzustellen, dass die Änderungsrichtlinie vor dem 17. Juni 2001 in nationales Recht umgesetzt wird.

III. Zahlungsunfähigkeit des Arbeitgebers

Schrifttum: *Birk,* in: Münchener Handbuch zum Arbeitsrecht, Bd. 1, 2. Aufl. 2000, § 19; *Däubler,* in: Däubler/Kittner/Lörcher, Internationale Arbeits- und Sozialordnung, 2. Aufl. 1994, S. 1134; *Doetsch,* Die Insolvenzversicherung in der betrieblichen Altersversorgung, RdA 1977, S. 26; *Franzen,* Die Rechtsprechung des EuGH zum Schutz der Arbeitnehmer bei Zahlungsunfähigkeit des Arbeitgebers – ausgewählte Beispielsfälle zur Insolvenzgeld-Richtlinie 80/987/EWG, DZWiR 2000, S. 441; *Krimphove,* Europäisches Arbeitsrecht, 1996; *Paulsdorff,* Neuere Entwicklungen und Probleme der Insolvenzversicherung der betrieblichen Altersversorgung, KTS 1977, S. 212; *Schaub,* Arbeitsrechts-Handbuch, 9. Aufl. 2000; *Waas,* Stand des Europäischen Arbeitsrechts, ZTR 1995, S. 294.

1. Die Zahlungsunfähigkeitsrichtlinie 80/987/EWG

170 Die Interessen der Arbeitnehmer im Insolvenzverfahren wurden auf Gemeinschaftsebene erstmals für einen Teilbereich durch die Richtlinie 80/987/EWG des Rates zur Angleichung der Rechtsvorschriften der Mitgliedstaaten über den Schutz der Arbeitnehmer bei Zahlungsunfähigkeit des Arbeitgebers vom 20. Oktober 1980²⁸⁰ geregelt. Der auf Art. 94 EGV (Art. 100 EGV a. F.) gestützten Zahlungsunfähigkeitsrichtlinie liegt die Erkenntnis zugrunde, dass die in den Mitgliedstaaten bestehenden Bestimmungen zum Schutze der Arbeitnehmer bei Zahlungsunfähigkeit des Arbeitgebers erheblich variieren. Diese Unterschiede stehen einer ausgewogenen wirtschaftlichen und sozialen Entwicklung in der Gemeinschaft entgegen. Mit der Richtlinie soll auf die Angleichung der Rechtsvorschriften in diesem Bereich auf dem Wege des Fortschritts i. S. des Art. 136 EGV (Art. 117 EGV a. F.) hingewirkt werden.²⁸¹ Zu diesem Zweck sieht die Zahlungsunfähigkeitsrichtlinie die Bildung von Garantieeinrichtungen vor, aus denen die nicht befriedigten Ansprüche der Arbeitnehmer aus dem Arbeitsverhältnis im Falle der Zahlungsunfähigkeit des Arbeitgebers beglichen werden können.

a) Anwendungsbereich

171 Die Richtlinie gilt für Ansprüche von Arbeitnehmern aus Arbeitsverhältnissen gegen Arbeitgeber, die zahlungsunfähig sind.²⁸² Als **zahlungsunfähig** i. S. der Richtlinie gilt ein

---

²⁷⁹ *Franzen,* RdA 1999, S. 361, 371 f. S. dazu oben Rn. 151.
²⁸⁰ ABl. EG L 283, S. 23; nachfolgend Zahlungsunfähigkeitsrichtlinie (RL ZahlU) abgekürzt; s. zu dieser Richtlinie auch MünchArbR/*Birk,* § 19 IV 7. f.; *Däubler,* in: Däubler/Kittner/Lörcher, Internationale Arbeits- und Sozialordnung, 1994, S. 1134; *Waas,* ZTR 1995, S. 294.
²⁸¹ Vgl. den 3. Erwägungsgrund der Zahlungsunfähigkeitsrichtlinie.
²⁸² Bei den Begriffen „Arbeitnehmer" und „Arbeitgeber" handelt es sich nicht um gemeinschaftsrechtliche Begriffe. Art. 2 Abs. 2 RL ZahlU verweist insoweit vielmehr auf das jeweilige nationale Recht; s. auch die Entscheidung des EuGH vom 16. 12. 1993, Rs. 334/92, Slg. 1993, S. 6911 = EuZW 1994, S. 281, nach der die Angehörigen des Führungspersonals nicht vom Geltungsbereich der Zahlungsunfähigkeitsrichtlinie ausgeschlossen werden können, wenn das nationale Recht sie als Arbeitnehmer qualifiziert und sie nicht im Anhang der Zahlungsunfähigkeitsrichtlinie aufgeführt sind. Vom Anwendungsbereich darf ein Mitgliedstaat Arbeitnehmer nicht ausschließen, deren Angehörige Anteilseigner des Unternehmens sind, EuGH Rs. 441/99 (Rikkskatteverket), NZA 2002, S. 31.

III. Zahlungsunfähigkeit des Arbeitgebers

Arbeitgeber zum einen dann, wenn die Eröffnung eines nach den Rechts- und Verwaltungsvorschriften des betreffenden Mitgliedstaats vorgesehenen Verfahrens über das Vermögen des Arbeitgebers zur gemeinschaftlichen Befriedigung seiner Gläubiger beantragt worden ist und die zuständige Behörde entweder die Eröffnung des Verfahrens beschlossen hat[283] oder festgestellt hat, dass das Unternehmen oder der Betrieb des Arbeitgebers endgültig stillgelegt worden ist und die Vermögensmasse nicht ausreicht, um die Eröffnung des Verfahrens zu rechtfertigen.[284] Wie der EuGH in seinem zweiten Francovich-Urteil vom 9. November 1995 entschieden hat, schützt die Richtlinie nur Arbeitnehmer, die bei Arbeitgebern beschäftigt sind, die Verfahren über ihr Vermögen zur gemeinschaftlichen Befriedigung unterliegen.[285]

Eine **Ausnahmeermächtigung** sieht die Zahlungsunfähigkeitsrichtlinie in Art. 1 Abs. 2 Unterabs. 1 vor. Danach können die Mitgliedstaaten die im Anhang der Richtlinie aufgeführten Gruppen von Arbeitnehmern wegen der besonderen Art des Arbeitsverhältnisses oder wegen des Bestehens anderer Garantieformen, die den Arbeitnehmern einen Schutz gewährleisten, der dem sich aus dieser Richtlinie ergebenden Schutz gleichwertig ist, vom Anwendungsbereich der Richtlinie ausschließen.

b) Garantieeinrichtungen

Art. 3 Abs. 1 RL ZahlU verpflichtet die Mitgliedstaaten, die erforderlichen Maßnahmen zu treffen, damit Garantieeinrichtungen die Befriedigung der nicht erfüllten Ansprüche der Arbeitnehmer aus Arbeitsverhältnissen sicherstellen, die das Arbeitsentgelt[286] für den vor einem bestimmten Zeitpunkt liegenden Zeitraum betreffen. Die Mitgliedstaaten sind berechtigt, den Zeitpunkt, ab dem oder bis zu dem die nicht erfüllten Ansprüche der Arbeitnehmer zu befriedigen sind, nach Maßgabe des Art. 3 Abs. 2 RL ZahlU selbst festzulegen. In Betracht kommt danach entweder
– der Zeitpunkt des Eintritts der Zahlungsunfähigkeit des Arbeitgebers oder
– der Zeitpunkt der wegen der Zahlungsunfähigkeit des Arbeitgebers ausgesprochenen Kündigung oder aber schließlich
– der Zeitpunkt der wegen der Zahlungsunfähigkeit erfolgten Beendigung des Arbeitsverhältnisses.

Die Einzelheiten des Aufbaus, der Mittelaufbringung und der Arbeitsweise der Garantieeinrichtungen werden durch nationale Regelungen festgelegt. Die Mitgliedstaaten sind allerdings verpflichtet, insoweit folgende Grundsätze einzuhalten: Das Vermögen der Einrichtungen muss vom Betriebsvermögen der Arbeitgeber unabhängig und so angelegt sein, dass es einem Verfahren bei Zahlungsunfähigkeit nicht zugänglich ist.[287] Die Arbeitgeber müssen zur Mittelaufbringung, soweit diese nicht in vollem Umfang durch die öffentliche Hand gewährleistet ist, beitragen.[288] Schließlich muss die Zahlungspflicht der Garantieeinrichtung unabhängig von der Verpflichtung zur Mittelaufbringung gewährleistet sein.[289]

Haben Arbeitnehmer, deren Arbeitgeber zahlungsunfähig geworden ist, ihre Tätigkeit in einem Mitgliedstaat in einer Zweigniederlassung einer Gesellschaft ausgeübt, die nach dem Recht eines anderen Mitgliedstaats gegründet wurde, in dem sie ihren Sitz hat und in

---

[283] Art. 2 Abs. 1 Buchst. a RL ZahlU.
[284] Art. 2 Abs. 1 Buchst. b RL ZahlU.
[285] EuGH, Rs. 479/93, Slg. 1995, S. 3843. Zu Arbeitnehmern, deren Angehörige Inhaber von Anteilen des Unternehmens sind, s. EuGH AP Nr. 6 zu EWG-Richtlinie Nr. 80/987 = EuZW 2002, S. 350.
[286] Auch der Begriff „Arbeitsentgelt" bestimmt sich nach nationalem Recht, Art. 2 Abs. 2 RL ZahlU.
[287] Art. 5 Buchst. a RL ZahlU.
[288] Art. 5 Buchst. b RL ZahlU.
[289] Art. 5 Buchst. c RL ZahlU.

dem das Insolvenzverfahren über sie eröffnet wurde, so ist die nach Art. 3 RL ZahlU zuständige Garantieeinrichtung die Einrichtung des Staates, in dem die Arbeitnehmer ihre Tätigkeit ausgeübt haben.[290]

176 Art. 4 Abs. 1 RL ZahlU räumt den Mitgliedstaaten die Möglichkeit ein, die Zahlungspflicht der Garantieeinrichtungen zeitlich nach Maßgabe des Absatzes 2 zu begrenzen.[291] Für den Fall, dass als Zeitpunkt, ab dem oder bis zu dem die nicht erfüllten Ansprüche der Arbeitnehmer zu befriedigen sind, der Eintritt der Zahlungsunfähigkeit des Arbeitgebers gewählt wurde,[292] müssen die Mitgliedstaaten die Befriedigung der das Arbeitsentgelt betreffenden nicht erfüllten Ansprüche für die drei letzten Monate des Arbeitsverhältnisses sicherstellen, die innerhalb eines Zeitraumes von sechs Monaten vor dem Zeitpunkt des Eintritts der Zahlungsunfähigkeit des Arbeitgebers liegen. Nach Art. 4 Abs. 3 RL ZahlU können die Mitgliedstaaten ferner für die Garantiezahlungen eine Höchstgrenze festsetzen, um so die Zahlung von Beträgen zu vermeiden, die über die soziale Zweckbestimmung dieser Richtlinie hinausgehen.

c) Vorschriften über die soziale Sicherheit

177 Nach Art. 6 RL ZahlU können die Mitgliedstaaten vorsehen, dass Beiträge der Arbeitnehmer zu den einzelstaatlichen gesetzlichen Systemen der sozialen Sicherheit oder den betrieblichen oder überbetrieblichen Zusatzversorgungseinrichtungen von der Garantiepflicht ausgenommen werden. Führt der Arbeitgeber die von ihm vor Eintritt seiner Zahlungsunfähigkeit geschuldeten Pflichtbeiträge zu den einzelstaatlichen gesetzlichen Systemen der sozialen Sicherheit nicht ab, so dürfen sich daraus für die Leistungsansprüche der Arbeitnehmer gegenüber diesen Versicherungsträgern keine Nachteile ergeben. Eine sehr vage Verpflichtung im Hinblick auf den Schutz von Ansprüchen aus betrieblichen oder überbetrieblichen Zusatzversorgungseinrichtungen sieht Art. 8 RL ZahlU vor. Die Mitgliedstaaten haben sich danach zu vergewissern, dass die notwendigen Maßnahmen zum Schutz der Interessen der Arbeitnehmer hinsichtlich ihrer erworbenen Rechte oder Anwartschaftsrechte auf Leistungen im Alter, einschließlich der Leistungen für Hinterbliebene, getroffen werden. Das Gleiche gilt für Maßnahmen zum Schutze von Personen, die zum Zeitpunkt des Eintritts der Zahlungsunfähigkeit des Arbeitgebers aus dessen Unternehmen oder Betrieb bereits ausgeschieden sind, hinsichtlich ihrer erworbenen Rechte oder Anwartschaftsrechte auf Leistungen bei Alter, einschließlich der Leistungen für Hinterbliebene.

d) Missbrauchsregelung

178 Darüber hinaus räumt Art. 10 RL ZahlU den Mitgliedstaaten die Möglichkeit ein, die zur Vermeidung von Missbräuchen notwendigen Maßnahmen zu treffen. Ferner können nach dieser Vorschrift Garantieleistungen in bestimmten Fällen der Interessenkollision abgelehnt oder eingeschränkt werden.

2. Der Änderungsvorschlag

179 Inzwischen liegt der Vorschlag für eine Richtlinie des Europäischen Parlaments und des Rates zur Änderung der Richtlinie 80/987/EWG vor.[293] Die Änderungsrichtlinie will den Begriff der Zahlungsunfähigkeit weiter fassen und stärker in Einklang mit anderen Gemeinschaftsrichtlinien bringen. Um die Gefahr einer Einschränkung des Schutzbereichs

---

[290] EuGH v. 16. 12. 1999, Rs. 198/98, NZA 2000, S. 995 = EuZW 2000, S. 669. Nach einem Gemeinsamen Standpunkt vom 3. 12. 2001 ist bei grenzüberschreitenden Konkursfällen die Garantieeinrichtung des Mitgliedsstaates zuständig, in dem der Arbeitnehmer seine Arbeit ausführt.
[291] S. im Einzelnen Art. 4 Abs. 2 RL ZahlU; kritisch zu diesen Begrenzungsmöglichkeiten Münch-ArbR/*Birk*, § 18 IV. 2. a) cc); *Waas*, ZTR 1995, S. 294, 295.
[292] So z.B. in der Bundesrepublik Deutschland; näher dazu unten Rn. 181.
[293] KOM (2000) 832 endg.

III. Zahlungsunfähigkeit des Arbeitgebers

der Richtlinie zu vermeiden, soll, wie bei der Richtlinie 98/50/EG, vorgesehen werden, dass atypische Arbeitnehmer nicht vom Geltungsbereich ausgenommen werden können. Für grenzüberschreitende Fälle sieht die Änderungsrichtlinie einen erweiterten Arbeitnehmerschutz vor. Nach Art. 8a erhalten Arbeitnehmer, die bei einer deutschen Firma angestellt sind und im Ausland eingesetzt werden, im Falle der Insolvenz ihrer Firma Insolvenzausfallgeld aus Deutschland. Sind die Arbeitnehmer bei einer deutschen Tochterfirma in einem EG-Mitgliedstaat beschäftigt, so erhalten sie im Falle des Konkurses der Tochterfirma Insolvenzausfallgeld nach dortigem Recht. Problematisch waren in der Vergangenheit manche Fälle von „unselbständigen Tochtergesellschaften" im Ausland. Nach Art. 8a Abs. 1 sind die Garantieeinrichtungen des Landes, in dem der Arbeitnehmer seine Arbeit ausführt, für dessen Schutz zuständig.

3. Umsetzung in das deutsche Recht

Eine gesetzliche Regelung, die die Arbeitnehmer bei Zahlungsunfähigkeit des Arbeitgebers schützen und insbesondere die Zahlung ihrer nicht erfüllten Ansprüche für einen begrenzten Zeitraum gewährleisten soll, ist in der Bundesrepublik Deutschland bereits vor Erlass der Zahlungsunfähigkeitsrichtlinie durch das 3. AFG-Änderungsgesetz **(Gesetz über Konkursausfallgeld)** vom 17. 7. 1974[294] eingeführt worden.[295] Mit ihm wurden die §§ 141a bis 141n in das Arbeitsförderungsgesetz eingefügt. Die §§ 141a ff. AFG galten bis zum 31. 12. 1998. Seit dem 1. 1. 1999 ist die Zahlung von Insolvenzgeld in den §§ 183 ff. SGB III vom 24. März 1997[296] geregelt. Im Folgenden wird untersucht, ob die §§ 183 ff. SGB III, die einen sozialversicherungsrechtlichen Schutz des Lohnanspruchs bei Insolvenz des Arbeitgebers begründen, den Vorgaben der Zahlungsunfähigkeitsrichtlinie genügen.

a) Anwendungsbereich

Gem. § 183 Abs. 1 SGB III haben Arbeitnehmer Anspruch auf Insolvenzgeld, wenn sie
– bei Eröffnung des Insolvenzverfahrens über das Vermögen ihres Arbeitgebers,
– Abweisung des Antrags auf Eröffnung des Insolvenzverfahrens mangels Masse oder
– vollständiger Beendigung der Betriebstätigkeit im Ausland, wenn ein Antrag auf Eröffnung des Insolvenzverfahrens nicht gestellt worden ist und ein Insolvenzverfahren offensichtlich mangels Masse nicht in Betracht kommt,
(Insolvenzereignis) noch Ansprüche auf Arbeitsentgelt haben.

Der Arbeitnehmerbegriff der §§ 183 ff. SGB III ist trotz des systematischen Zusammenhangs der Regelung des Insolvenzgeldes mit der Arbeitslosenversicherung arbeitsrechtlich zu verstehen.[297] Zu den Arbeitnehmern i. S. der §§ 183 ff. SGB III gehören auch die Heimarbeiter i. S. von § 12 Abs. 2 SGB IV sowie die im Rahmen einer betrieblichen Berufsbildung Beschäftigten.[298] Hausgewerbetreibende i. S. des § 12 Abs. 1 SGB IV werden dagegen vom Arbeitnehmerbegriff nicht erfasst.[299] Ein Verstoß gegen die Zahlungsunfähigkeitsrichtlinie scheidet aber schon deshalb aus, weil Art. 2 Abs. 2 RL ZahlU hinsichtlich des Arbeitnehmerbegriffes auf das jeweilige nationale Recht verweist. Auch Leiharbeitnehmer haben Anspruch auf Insolvenzgeld. Bei legaler Leiharbeit gilt dies jedoch nur bei Zahlungsunfähigkeit des Verleihers. In diesem Fall kommt nämlich nur

---

[294] BGBl. I S. 1491.
[295] Vor In-Kraft-Treten des 3. AFG-Änderungsgesetzes bestand lediglich eine konkursrechtliche Sicherung des Arbeitsentgelts. Dieser Schutz versagte aber überall dort, wo die Konkursmasse zur Befriedigung der rückständigen Entgeltforderungen nicht ausreichte, weshalb die Arbeitnehmer im Konkursfall erhebliche Lohneinbußen hinnehmen mussten, vgl. BT-Drucks. 7/1750, S. 10.
[296] BGBl. I S. 594.
[297] Vgl. BSG, ZIP 1982, S. 1230; BSG, NZA 1992, S. 1150; *Schaub*, Arbeitsrechts-Handbuch, 9. Aufl. 2000, § 94 I a.
[298] Vgl. *Schaub*, Arbeitsrechts-Handbuch, § 94 I a.
[299] BSG, SozR 4100, Nr. 15 zu § 141b AFG.

zwischen dem Leiharbeitnehmer und dem Verleiher ein Arbeitsvertrag zustande. Erfolgt die Arbeitnehmerüberlassung ohne die erforderliche Erlaubnis, so fingiert § 10 Abs. 1 i. V. m. § 9 Nr. 1 AÜG ein Arbeitsverhältnis zwischen Entleiher und Arbeitnehmer. Gleichwohl hat der **gutgläubige** Leiharbeitnehmer in diesem Fall einen Anspruch auf Insolvenzausfallgeld, wenn der ohne Erlaubnis tätige Verleiher zahlungsunfähig wird.[300]

b) Garantieeinrichtung

183 Das Insolvenzgeld wird vom zuständigen Arbeitsamt auf Antrag gewährt. Die Mittel für das Insolvenzgeld werden allein von den Arbeitgebern getragen. Das Verfahren zur Aufbringung der Mittel richtet sich nach den §§ 358 ff. SGB III. Nach § 359 Abs. 1 SGB III bringen die Unfallversicherungsträger (§ 358 Abs. 1 SGB III) die Mittel für die Erstattung der Aufwendungen für das Insolvenzgeld durch eine Umlage der Unternehmer in ihrem Zuständigkeitsbereich auf. Die Ausgestaltung des Insolvenzgeldes als Leistung der Sozialversicherung stimmt mit den Vorgaben des Art. 5 Buchst. a bis c RL ZahlU überein.

184 Der Anspruch auf Insolvenzgeld wird durch § 183 Abs. 1 SGB III zeitlich beschränkt. Berücksichtigt werden lediglich Ansprüche auf Arbeitsentgelt für **die letzten drei** dem Insolvenzereignis vorausgehenden **Monate** des Arbeitsverhältnisses. Die zeitliche Begrenzung des Insolvenzgeldes wird von der Ausnahmeermächtigung des Art. 4 RL ZahlU gedeckt.

185 Die **Höhe des Insolvenzgeldes** entspricht dem Teil des Nettoarbeitsentgelts, den der Arbeitnehmer noch für die maßgeblichen letzten drei Monate vor dem Insolvenzereignis zu bekommen hat.[301] Die Berücksichtigung des Nettoarbeitsentgelts ist der Höhe nach nicht beschränkt. Der Ausnahmeermächtigung des Art. 4 Abs. 3 RL ZahlU kommt für das deutsche Recht keine Bedeutung zu.

c) Soziale Sicherheit

186 Die Insolvenz des Arbeitgebers, die zur Nichterfüllung der Arbeitsentgeltansprüche führt, hat regelmäßig auch die Nichtzahlung fälliger Sozialversicherungsbeiträge zur Folge. Um die Arbeitnehmer vor den versicherungsrechtlichen Nachteilen zu schützen, die ein Beitragsausfall nach sich ziehen kann, ordnet § 208 Abs. 1 SGB III an, dass der Gesamtsozialversicherungsbeitrag, der auf Arbeitsentgelte für die dem Insolvenzereignis vorausgehenden drei Monate des Arbeitsverhältnisses entfällt und bei Eintritt des Insolvenzereignisses noch nicht gezahlt worden ist, vom Arbeitsamt auf Antrag der zuständigen Einzugsstelle zu entrichten ist. Mit dieser Regelung werden **die Beiträge zur Sozialversicherung** und zur Bundesanstalt für Arbeit in gleicher Weise wie die Ansprüche auf Arbeitsentgelt gesichert. Von der Ausnahmeermächtigung des Art. 6 der Richtlinie 80/987/EWG ist somit im deutschen Recht kein Gebrauch gemacht worden.

187 Eine besondere Sicherung für Ansprüche aus der betrieblichen Altersversorgung besteht seit dem 1. 1. 1975 auf Grund des Gesetzes zur Verbesserung der betrieblichen Altersversorgung vom 19. 12. 1974.[302] Diese Insolvenzversicherung erfasst nach § 7 Abs. 2 BetrAVG auch unverfallbare Anwartschaften auf Leistungen der **betrieblichen Altersversorgung,** einschließlich der Hinterbliebenenrente. Durch die Absicherung nach dem BetrAVG werden Bezieher von Renten und Arbeitnehmer, die bereits unverfallbare Anwartschaften haben, so gestellt, als wäre der Insolvenzfall[303] des Arbeitgebers nicht eingetreten. Anstelle des zahlungsunfähigen Arbeitgebers oder der leistungsunfähigen Unterstützungskasse übernimmt der Pensions-Sicherungs-Verein als Träger der Insolvenzversicherung[304] die Zahlung der gegenwärtig oder künftig fällig werdenden Ren-

---

[300] Vgl. BSG, BB 1985, S. 665.
[301] § 185 SGB III.
[302] BGBl. I S. 3610.
[303] Das BetrAVG setzt dem Insolvenzverfahren sowie der Abweisung des Antrags auf Eröffnung des Insolvenzverfahrens mangels Masse weitere Insolvenzfälle gleich, vgl. § 7 Abs. 1 S. 3 BetrAVG.
[304] § 14 BetrAVG.

ten.³⁰⁵ Mit dem Gesetz zur Verbesserung der betrieblichen Altersversorgung bestand in Deutschland somit bereits vor Erlass der Zahlungsunfähigkeitsrichtlinie eine den Vorgaben des Art. 8 RL ZahlU genügende Regelung.

d) Missbrauchsregelung

Nach § 184 Abs. 1 SGB III hat der Arbeitnehmer keinen Anspruch auf Insolvenzgeld für Ansprüche auf Arbeitsentgelt, die er durch eine nach der Insolvenzordnung angefochtene Rechtshandlung erworben hat, die im Falle der Eröffnung des Insolvenzverfahrens anfechtbar wäre oder die der Insolvenzverwalter wegen eines Rechts zur Leistungsverweigerung nicht erfüllt. Damit wird die Insolvenzversicherung vor missbräuchlicher Inanspruchnahme geschützt.³⁰⁶ Gemeinschaftsrechtlich ist diese Ausschlussregelung von Art. 10 RL ZahlU abgedeckt, wonach die Richtlinie den Mitgliedstaaten die Möglichkeit einräumt, die zur Vermeidung von Missbräuchen notwendigen Maßnahmen zu treffen.   **188**

Zusammenfassend lässt sich somit feststellen, dass die Zahlungsunfähigkeitsrichtlinie gemeinschaftsrechtskonform in nationales Recht umgesetzt ist.   **189**

IV. Massenentlassungen

Schrifttum: *Becker,* Die EG-Richtlinie zur Angleichung des Massenkündigungsschutzes, NJW 1976, S. 2057; *Birk,* in: Münchener Handbuch zum Arbeitsrecht, Bd. 1, 2. Aufl. 2000, § 19; *Hepple,* Community Measures for the Protection of Workers Against Dissmissal, CMLR 1977, S. 489; *Hold,* Neue Vorschriften über den Nachweis der für ein Arbeitsverhältnis geltenden Bedingungen und über Massenentlassungen, AuA 1995, S. 289; *Grünberger,* Nachweisgesetz und Änderung des Kündigungsschutzgesetzes, NJW 1995, S. 2809; *Krimphove,* Europäisches Arbeitsrecht, 1996; *Marschall,* Neuregelung der Anzeigepflicht bei „Massenentlassungen", DB 1978, S. 981; *Löwisch,* Änderungen des Kündigungsschutzgesetzes, NJW 1978, S. 1237; *Pulte,* Änderung des Kündigungsschutzes bei Massenentlassungen, BB 1978, S. 1268; *Schiefer,* Gesetz zur Anpassung arbeitsrechtlicher Bestimmungen an das EG-Recht, DB 1995, S. 1910; *Valverde,* European Employment and Industrial Relations Glossary: Spain, 1991; *Waas,* Der Stand des Europäischen Arbeitsrechts, ZTR 1995, S. 294; *Weiss,* Die europarechtliche Regelung der Massenentlassung, RdA 1992, S. 367; *Zwanziger,* Der Einfluß des Europäischen Rechts auf das Kündigungsschutzrecht, AuR 2001, S. 384.

1. Die Massenentlassungsrichtlinie 98/59/EG

a) Allgemeines

In der nicht zuletzt auf Grund der Massenentlassung bei AKZO³⁰⁷ gewonnenen Erkenntnis, dass die in den Mitgliedstaaten bestehenden erheblichen Unterschiede im Kündigungsschutz zu Produktionsverlagerungen führen können, die einer harmonischen Entwicklung des Wirtschaftslebens in der Gemeinschaft entgegenwirken, hatte sich die Kommission bereits in ihrem ersten sozialpolitischen Aktionsprogramm, das der Rat in einer Entschließung am 21. Januar 1974 verabschiedete,³⁰⁸ verpflichtet, einen Richtlinienvorschlag zur Angleichung der Rechtsvorschriften der Mitgliedstaaten über Massenentlassungen vorzulegen. Bereits am 17. Februar 1975 verabschiedete der Rat – gestützt auf   **190**

---

³⁰⁵ Näher dazu *Doetsch,* RdA 1977, S. 26 ff.; *Paulsdorff,* KTS 1977, S. 212 ff.
³⁰⁶ Vgl. BT-Drucks. 7/1750, S. 12.
³⁰⁷ Der deutsch-niederländische AKZO-Konzern hat im Jahre 1972 von einer ursprünglich in den Tochterfirmen in Deutschland und den Niederlanden geplanten Massenentlassung abgesehen, und diese stattdessen in Belgien durchgeführt, das einen weniger ausgebauten Kündigungsschutz besitzt.
³⁰⁸ ABl. EG C 13, S. 1.

Art. 94 EGV (Art. 100 EGV a. F.) – die Richtlinie 75/129/EWG zur Angleichung der Rechtsvorschriften der Mitgliedstaaten über Massenentlassungen.[309]

191 Die Massenentlassungsrichtlinie von 1975 ist durch die Richtlinie 92/56/EWG des Rates vom 24. Juni 1992 novelliert worden.[310] Mit der Änderungsrichtlinie 92/56/EWG wurde zum einen der Anwendungsbereich der Massenentlassungsrichtlinie von 1975 erweitert.[311] Des Weiteren sind durch die Änderungsrichtlinie auch die Pflichten des Arbeitgebers im Bereich der Information und Konsultation der Arbeitnehmervertreter präzisiert und ergänzt worden.[312] Mit der Richtlinie des Rates 98/59/EG vom 20. Juli 1998 zur Angleichung der Rechtsvorschriften der Mitgliedstaaten über Massenentlassungen[313] ist die Massenentlassungsrichtlinie 75/129/EWG neu kodifiziert worden. Gem. Art. 8 Abs. 1 der Richtlinie 98/59/EG[314] wurden die Richtlinie 75/129/EWG und die Richtlinie 92/56/EWG aufgehoben.[315]

Die Massenentlassungsrichtlinie behandelt nur einen **Teilaspekt des Kündigungsrechts.** Nach Art. 137 Abs. 3, 2. Alt. EGV sind darüber hinaus EG-Richtlinien zulässig, die den Schutz der Arbeitnehmer bei Beendigung des Arbeitsvertrages regeln. Mittelbar findet ein Kündigungsschutz allerdings durch eine Reihe von Vorschriften statt.

b) Anwendungsbereich

192 Nach der **Definition** des Art. 1 Abs. 1 Buchst. a RL MassE sind Massenentlassungen Entlassungen, die ein Arbeitgeber aus einem oder mehreren Gründen, die nicht in der Person des Arbeitnehmers liegen, vornimmt. In quantitativer Hinsicht wird der Anwendungsbereich der Richtlinie dadurch eingeschränkt, dass Art. 1 Abs. 1 Buchst. a RL MassE voraussetzt, dass die Zahl der Entlassungen innerhalb eines Zeitraums von 30 Tagen mindestens 10 in Betrieben mit in der Regel mehr als 20 und weniger als 100 Arbeitnehmern, mindestens 10 v. H. der Arbeitnehmer in Betrieben mit in der Regel mindestens 100 und weniger als 300 Arbeitnehmern und mindestens 30 in Betrieben mit in der Regeln mindestens 300 Arbeitnehmern beträgt. Die Mitgliedstaaten können statt des Bezugszeitraums von 30 Tagen wahlweise auch einen Bezugszeitraum von 90 Tagen zugrunde legen. In diesem Fall ist die Massenentlassungsrichtlinie anzuwenden, wenn innerhalb des Zeitraums von 90 Tagen die Zahl der Entlassungen mindestens 20 mindestens beträgt, und zwar unabhängig davon, wie viele Arbeitnehmer in der Regel in dem betreffenden Betrieb beschäftigt sind.[316]

193 Für die Berechnung der Zahl der Entlassungen gem. Art. 1 Abs. 1 Buchst. a RL MassE werden diesen Entlassungen solche Beendigungen des Arbeitsvertrages gleichgestellt, die auf Veranlassung des Arbeitgebers oder aus anderen Gründen erfolgen, die nicht in der Person der Arbeitnehmer liegen, sofern die Zahl der Entlassungen mindestens fünf beträgt.[317] Damit gilt die Massenentlassungsrichtlinie nunmehr auch für Massenentlassungen,

---

[309] ABl. EG L 48, S. 29; zur Massenentlassungsrichtlinie in ihrer Ursprungsfassung s. *Becker*, NJW 1976, S. 2057 ff.; MünchArbR/*Birk*, § 19 Rn. 270 ff.; *Hepple*, CMLR 1977, S. 489 ff.; *Krimphove*, Europäisches Arbeitsrecht, S. 240 ff.; *Marschall*, DB 1978, S. 981 ff.; *Löwisch*, NJW 1978, S. 1237 ff.; *Pulte*, BB 1978, S. 1268 ff.
[310] S. zu dieser Novellierung unten Rn. 206 ff.
[311] S. dazu unten Rn. 192 ff.
[312] S. dazu unten Rn. 196 ff.; zur Änderungsrichtlinie und ihrer Entstehungsgeschichte s. auch *Grünberger*, NJW 1995, S. 2809, 2812 f.; *Lörcher*, EuroAS 1995, S. 117; *Schiefer*, 1995, S. 1910 ff.; *Weiss*, RdA 1992, S. 367 ff.
[313] ABl. EG L 225, S. 16.
[314] Nachfolgend Massentlassungsrichtlinie – RL MassE – abgekürzt.
[315] Den nachfolgenden Ausführungen liegt die neu kodifizierte Massentlassungsrichtlinie zugrunde.
[316] Art. 1 Abs. 1 Buchst. a ii RL MassE.
[317] Art. 1 Abs. 1 Unterabs. 2 RL MassE.

IV. Massenentlassungen

die auf Grund einer auf einer gerichtlichen Entscheidung beruhenden Einstellung der Tätigkeit eines Betriebes erfolgen.³¹⁸

Der **Begriff „Betrieb"** ist in der Richtlinie nicht definiert. Mit der Auslegung des Betriebsbegriffs i. S. der Massenentlassungsrichtlinie hat sich der EuGH im Vorabentscheidungsverfahren in der Rechtssache Rockfon³¹⁹ befassen müssen. Der EuGH stellt in seinem Urteil vom 7. 12. 1995 diesbezüglich fest, dass der Begriff „Betrieb" i. S. der Richtlinie ein gemeinschaftsrechtlicher Begriff sei und dass sich sein Inhalt nicht nach den Rechtsvorschriften der Mitgliedstaaten bestimmen könne. Sodann führt der EuGH aus, dass der Begriff „Betrieb" in Art. 1 Buchst. a RL MassE dahin auszulegen sei, dass er nach Maßgabe der Umstände die Einheit bezeichnet, der die von der Entlassung betroffenen Arbeitnehmer zur Erfüllung ihrer Aufgabe angehören. Ob die fragliche Einheit eine Leitung habe, die selbständig Massenentlassungen vornehmen könne, sei für die Definition des Begriffs „Betrieb" nicht entscheidend.³²⁰

Einschränkungen des Anwendungsbereichs finden sich in Art. 1 Abs. 2 RL MassE. Die Richtlinie betrifft danach nicht:
- Massenentlassungen im Rahmen von zeit- oder zweckbefristeten Arbeitsverhältnissen, wenn diese Entlassungen nicht vor Ablauf oder Erfüllung dieser Verträge erfolgen,
- Arbeitnehmer öffentlicher Verwaltungen oder von Einrichtungen des öffentlichen Rechts,
- Besatzungen von Seeschiffen.³²¹

c) Konsultations- und Anzeigepflicht

Durch die Richtlinie werden dem Arbeitgeber zwei grundlegende Pflichten auferlegt, und zwar die Konsultationspflicht sowie die Anzeigepflicht.

Zum Schutz der von einer Massenentlassung bedrohten Arbeitnehmer verpflichtet Art. 2 RL MassE den Arbeitgeber, bei beabsichtigten Massenentlassungen mit den Arbeitnehmervertretern³²² Konsultationsverhandlungen aufzunehmen. Im Rahmen der **Konsultationen** muss zumindest die Möglichkeit einer Vermeidung oder Einschränkung der Massenentlassung sowie die Verminderung ihrer Folgen erörtert werden.³²³ Die Verhandlungen hierüber sind mit dem Ziel einer Einigung zu führen. Einen Einigungszwang schreibt die Massenentlassungsrichtlinie allerdings nicht vor.³²⁴

Gem. Art. 2 Abs. 2 Unterabs. 2 können die Mitgliedstaaten vorsehen, dass die Arbeitnehmervertreter berechtigt sind, gem. den innerstaatlichen Rechtsvorschriften oder Praktiken **Sachverständige** hinzuzuziehen. Diese bloß fakultative Regelung ist praktisch ohne Bedeutung, zumal eine solche Regelung schon von Art. 5 RL MassE abgedeckt sein dürfte, wonach die Richtlinie nicht die Möglichkeit der Mitgliedstaaten einschränkt, für die Arbeitnehmer günstigere Rechts- und Verwaltungsvorschriften anzuwenden oder zu erlassen.³²⁵

---

³¹⁸ Diese Erweiterung des Anwendungsbereichs geht auf die nunmehr aufgehobene Änderungsrichtlinie 92/56/EWG zurück.
³¹⁹ Rs. 449/93, Slg. 1995 S. 4291 = EuZW 1996, S. 181.
³²⁰ EuGH, Rs. 449/93, Slg. 1995, S. 4291 = EuZW 1996, S. 181, 183.
³²¹ Auf Binnenschiffe ist die Richtlinie dagegen anwendbar.
³²² Arbeitnehmervertreter sind nach der Legaldefinition des Art. 1 Abs. 1 Buchst. b RL MassE die Arbeitnehmervertreter nach den Rechtsvorschriften oder der Praxis der Mitgliedstaaten.
³²³ Art. 2 Abs. 2 RL MassE.
³²⁴ MünchArbR/*Birk*, § 19 Rn. 279 ff.; *Waas*, ZTR 1995, S. 294, 295.
³²⁵ Der Kommissionsvorschlag sah vor, dass die Mitgliedstaaten verpflichtet werden sollten, die Beziehung von Sachverständigen zu ermöglichen; s. dazu auch *Weiss*, RdA 1992, S. 367, 371.

199 Damit die Arbeitnehmervertreter konstruktive Vorschläge unterbreiten können, hat der Arbeitgeber ihnen rechtzeitig[326] die **„zweckdienlichen Auskünfte"**[327] zu erteilen. In jedem Fall ist der Arbeitgeber verpflichtet, den Arbeitnehmervertretern schriftlich die Gründe der Entlassung, die Zahl und die Kategorien der zu entlassenden Arbeitnehmer, die Zahl und die Kategorien der in der Regel beschäftigten Arbeitnehmer, den Zeitraum, in dem die Entlassungen vorgenommen werden sollen, die vorgesehenen Kriterien für die Auswahl der zu entlassenden Arbeitnehmer, soweit die innerstaatlichen Rechtsvorschriften oder Praktiken dem Arbeitgeber die Zuständigkeit dafür zuerkennen, sowie die vorgesehene Methode für die Berechnung etwaiger Abfindungen, soweit sie sich nicht aus den innerstaatlichen Rechtsvorschriften oder Praktiken ergibt,[328] mitzuteilen. Was mit der Aufschlüsselung nach Kategorien gemeint ist, wird von der Richtlinie nicht erläutert.[329] Erfasst werden dürfte aber jedenfalls die Aufschlüsselung nach den jeweiligen Arbeitnehmergruppen (Arbeiter, Angestellte) sowie nach dem Geschlecht der zu entlassenden Arbeitnehmer.

200 Eine Abschrift dieser Mitteilung hat der Arbeitgeber der zuständigen Behörde zu übermitteln.[330] Die Abschrift muss zumindest die in Art. 2 Abs. 3 Unterabs. 1 Buchst. b vorgeschriebenen Angaben enthalten.

201 Gem. Art. 2 Abs. 4 Unterabs. 1 RL MassE gelten die Verpflichtungen aus Art. 3 Abs. 1 bis 3 RL MassE unabhängig davon, ob die Entscheidung über die Massenentlassungen von dem Arbeitgeber oder von einem den Arbeitgeber beherrschenden Unternehmen getroffen wurde. Ferner bestimmt Art. 2 Abs. 4 Unterabs. 2 RL MassE, dass hinsichtlich etwaiger Verstöße gegen die in dieser Richtlinie enthaltenen Informations-, Konsultations- und Meldepflichten der Einwand des Arbeitgebers, das für die Massenentlassungen verantwortliche Unternehmen habe ihm die notwendigen Informationen nicht übermittelt, unberücksichtigt bleibt.[331]

202 Neben der Konsultation der Arbeitnehmervertreter verpflichtet Art. 3 Abs. 1 RL MassE den Arbeitgeber, der zuständigen Behörde alle beabsichtigten Massenentlassungen schriftlich **anzuzeigen.** Die Anzeige muss alle zweckdienlichen Angaben über die Massenentlassung und die Konsultation der Arbeitnehmervertreter enthalten. In der Anzeige sind insbesondere die Gründe der Entlassung, die Zahl der zu entlassenden Arbeitnehmer, die Zahl der in der Regel beschäftigten Arbeitnehmer und der Zeitraum, in dem die Entlassungen vorgenommen werden sollen, anzugeben. Gem. Art. 3 Abs. 2 RL MassE hat der Arbeitgeber eine Abschrift der Anzeige an die Arbeitnehmervertretung zu übermitteln. Diese ist berechtigt, eine Stellungnahme an die zuständige Behörde zu richten.

d) Rechtsfolgen

203 Gem. Art. 4 Abs. 1 Unterabs. 1 RL MassE werden die der zuständigen Behörde angezeigten beabsichtigten Massenentlassungen frühestens 30 Tage nach Eingang der Anzeige wirksam. Von dieser Frist unberührt bleiben die in den Mitgliedstaaten bestehenden Kündigungsfristen für Einzelkündigungen. Die Frist des Art. 4 Abs. 1 Unterabs. 1 RL MassE ist von der Behörde dazu zu benutzen, nach Lösungen für die durch die beabsichtigten Massenentlassungen aufgeworfenen Probleme zu suchen.[332]

---

[326] Dass die Konsultationspflicht des Arbeitgebers „rechtzeitig" zu erfolgen hat, geht auf die Änderungsrichtlinie 92/56/EWG zurück.
[327] Kritisch dazu *Hepple*, CMLR 1977, S. 489, 491, der die Formulierung für zu unbestimmt hält.
[328] Die beiden zuletzt genannten Mitteilungspflichten sind durch die nunmehr aufgehobene Änderungsrichtlinie 93/56/EWG angefügt worden.
[329] Kritisch dazu auch *Weiss*, RdA 1992, S. 367, 371.
[330] Art. 2 Abs. 3 Unterabs. 2 RL MassE.
[331] Art. 2 Abs. 4 RL MassE geht ebenfalls auf die nunmehr aufgehobene Änderungsrichtlinie 93/56/EWG zurück.
[332] Zu den Ausnahmeermächtigungen s. Art. 4 RL MassE.

IV. Massenentlassungen

Die Massenentlassungsrichtlinie beschränkt sich auf reine Verfahrensfragen. Eine Regelung der Frage, welche Gründe eine Massenentlassung rechtfertigen, steht nach wie vor im Ermessen der Mitgliedstaaten. Den Arbeitsbehörden wird durch die Richtlinie keinerlei Handhabe eingeräumt, Massenentlassungen zu verbieten.[333] Soweit dennoch einige Mitgliedstaaten[334] die Befugnisse der Arbeitsbehörden für die zu entlassenden Arbeitnehmer günstiger ausgestaltet haben, ist dies gemeinschaftsrechtlich unbedenklich. Die Massenentlassungsrichtlinie sieht lediglich die Einhaltung von Mindeststandards vor. Sie beschränkt jedoch nicht die Möglichkeit der Mitgliedstaaten, für die Arbeitnehmer günstigere Rechts- oder Verwaltungsvorschriften anzuwenden oder zu erlassen.[335]

2. Umsetzung in das deutsche Recht

Die **Umsetzungsfrist** für die Massenentlassungsrichtlinie in ihrer ursprünglichen Fassung lief am 19. 2. 1977 ab. Zu diesem Zeitpunkt bestand in der Bundesrepublik Deutschland mit der Vorschrift des § 17 KSchG a. F. bereits eine Regelung über die Anzeigepflicht bei Massenentlassungen. Da diese Vorschrift den Anforderungen der Massenentlassungsrichtlinie jedoch nicht genügte, brachte die Bundesregierung am 2. September 1977 einen Gesetzesentwurf[336] ein, mit dem das deutsche Recht an die Massenentlassungsrichtlinie angepasst werden sollte. Vom Bundesrat wurden gegen den Gesetzesentwurf keine Einwendungen erhoben.[337] Nach Übernahme der Empfehlungen des Ausschusses für Arbeit und Sozialordnung[338] trat schließlich mit mehr als einjähriger Fristüberschreitung[339] das 2. Gesetz zur Änderung des Kündigungsschutzgesetzes vom 30. 4. 1978, mit dem wesentliche Bestimmungen zur Anzeigepflicht bei Massenentlassungen geändert wurden, in Kraft.[340] Mit diesem Gesetz wurde die Massenentlassungsrichtlinie aus dem Jahre 1975, von der Verspätung abgesehen, richtlinienkonform in das deutsche Recht umgesetzt.

Die Umsetzung der nunmehr aufgehobenen Änderungsrichtlinie 92/56/EWG in nationales Recht ist, wenn auch verspätet,[341] durch Art. 5 des als Artikelgesetz ausgestalteten Gesetzes zur Anpassung arbeitsrechtlicher Bestimmungen an das EG-Recht vom 20. Juli 1995 erfolgt.[342]

Der mit der Änderungsrichtlinie 92/56/EWG erfolgten Ausdehnung des **Anwendungsbereichs** der Massenentlassungsrichtlinie ist dadurch Rechnung getragen worden, dass § 17 Abs. 1 KSchG n. F. Beendigungen des Arbeitsverhältnisses, die vom Arbeitgeber veranlasst werden, Entlassungen gleichstellt. Damit wird die herrschende Auffassung in

---

[333] Kritisch dazu *Hepple*, CMLR 1977, S. 489, 492, der in der fehlenden Eingriffsmöglichkeit der Arbeitsbehörden den signifikantesten Mangel der Massenentlassungsrichtlinie sieht.
[334] In Spanien ist die Massenentlassung für den Fall, dass Arbeitgeber und Arbeitnehmervertreter keine Einigung über die Massenentlassung erzielen, von der staatlichen Genehmigung abhängig; vgl. dazu *Valverde*, European Employment and Industrial Relations Glossary: Spain, 1991, S. 92. Frankreich hat die staatliche Genehmigungspflicht von Massenentlassungen zwischenzeitlich wieder abgeschafft; näher dazu *Weiss*, RdA 1992, S. 367, 368.
[335] Art. 5 RL MassE.
[336] BR-Drucks. 400/77.
[337] BT-Drucks. 8/1041.
[338] BT-Drucks. 8/1546.
[339] Italien hat sich zur EG-konformen Umsetzung der Massenentlassungsrichtlinie fast 15 Jahre Zeit gelassen; s. dazu *Weiss*, RdA 1992, S. 367, 368.
[340] BGBl. S. 550; s. dazu auch *Becker*, NJW 1976, S. 2057 f.; *Löwisch*, NJW 1978, S. 1237 f.; *Marschall*, DB 1978, S. 981 ff.; *Pulte*, BB 1978, S. 1268 ff.
[341] Die Zweijahresfrist zur Umsetzung der Änderungsrichtlinie war bereits am 24. Juni 1994 verstrichen.
[342] BGBl. I S. 946; vgl. zur Umsetzung auch *Grünberger*, NJW 1995, S. 2809, 2812 f.; *Schiefer*, DB 1995, S. 1910, 1912 ff.

Rechtsprechung und Literatur, die § 17 Abs. 1 KSchG a. F. auch auf vom Arbeitgeber veranlasste Aufhebungsverträge und Eigenkündigungen angewandt hat, nunmehr ausdrücklich gesetzlich bestätigt.

208 Die erweiterten **Unterrichtungspflichten** gegenüber den Arbeitnehmervertretern, wie sie Art. 2 Abs. 3 Unterabs. 1 Buchst. b RL MassE vorschreibt, sind durch eine entsprechende Ergänzung des § 17 Abs. 2 KSchG richtlinienkonform in nationales Recht umgesetzt worden. Nach dem erweiterten Katalog des § 17 Abs. 2 S. 1 KSchG hat der Arbeitgeber dem Betriebsrat nunmehr folgende Angaben schriftlich mitzuteilen: die Gründe für die geplanten Entlassungen (Nr. 1); die Zahl und die Berufsgruppen der zu entlassenden Arbeitnehmer (Nr. 2); die Zahl und die Gruppen der in der Regel beschäftigten Arbeitnehmer (Nr. 3); den Zeitraum, in dem die Entlassungen vorgenommen werden sollen (Nr. 4); die vorgesehenen Kriterien für die Auswahl der zu entlassenden Arbeitnehmer (Nr. 5) sowie die für die Berechnung etwaiger Abfindungen vorgesehenen Kriterien (Nr. 6).

209 § 17 Abs. 3 n. F. KSchG regelt nunmehr in Übereinstimmung mit Art. 3 Abs. 1 RL MassE, welche Anforderungen die Anzeige des Arbeitgebers an das Arbeitsamt zu erfüllen hat. Danach muss die Anzeige schriftlich unter Beifügung der Stellungnahme des Betriebsrats zu den Entlassungen Angaben über den Namen des Arbeitgebers sowie über den Sitz und die Art des Betriebes enthalten, ferner die Gründe für die geplanten Entlassungen, die Zahl und die Berufsgruppen der zu entlassenden und der in der Regel beschäftigten Arbeitnehmer, den Zeitraum, in dem die Entlassungen vorgenommen werden sollen und die vorgesehenen Kriterien für die Auswahl der zu entlassenden Arbeitnehmer. Nach § 17 Abs. 3 S. 1 KSchG n. F. hat der Arbeitgeber dem Arbeitsamt gleichzeitig eine Abschrift der Mitteilung an den Betriebsrat zuzuleiten, die zumindest die in § 17 Abs. 2 S. 1 Nr. 1 bis 5 KSchG n. F. vorgeschriebenen Angaben enthält. Die dem Betriebsrat nach § 17 Abs. 2 S. 1 Nr. 6 KSchG n. F. zu erteilenden Angaben über die für die Berechnung etwaiger Abfindungen vorgesehenen Kriterien brauchen in der dem Arbeitsamt zuzuleitenden Abschrift der Mitteilung an den Betriebsrat somit nicht enthalten zu sein.

210 Die gemeinschaftskonforme Umsetzung der Vorgabe des Art. 2 Abs. 4 RL MassE, nach der die Informations-, Konsultations- und Meldepflichten des Arbeitgebers auch dann gelten, wenn die Entscheidung über die Massenentlassung von einem den Arbeitgeber beherrschenden Unternehmen getroffen werden, ist durch die Aufnahme einer entsprechenden **Konzernregelung** in § 17 Abs. 3a KSchG erfolgt.

211 Da der Arbeitnehmervertretung das Recht auf Hinzuziehung von Sachverständigen bereits nach geltendem Recht zusteht,[343] bedurfte Art. 2 Abs. 2 Unterabs. 2 RL MassE n. F. keiner Umsetzung in nationales Recht.

212 Zusammenfassend lässt sich feststellen, dass die neu kodifizierte Massenentlassungsrichtlinie bereits vollständig in das deutsche Recht umgesetzt ist.

V. Teilzeitarbeitnehmer

Schrifttum: *Balze*, Die sozialpolitischen Kompetenzen der Europäischen Union 1994; *Becker/Bader*, Der Vorschlag der EG-Kommission für eine Richtlinie des Rates zur Regelung der Leiharbeitsverhältnisse und befristeter Arbeitsverhältnisse – Darstellung und Kritik, RdA 1983, S. 1; *Bielenski*, Betriebliche Erfahrungen mit atypischen Arbeitsformen – Ergebnisse einer Repräsentativerhebung in acht europäischen Ländern, MittAB 1993, S. 375; *Burri*, Part-Time Work in the Netherlands, EuroAs 2001, S. 208; *Däubler*, Das geplante Teilzeit- und Befristungsgesetz, ZIP 2000, S. 1961; *Dederichs/Köhler*, Teilzeitarbeit in der Europäischen Gemeinschaft: Gesetze und Vorschriften, in: Europäische Stiftung zur Verbesserung der Lebens- und Arbeitsbedingungen, 1991; *Hohenberger/Maier/Schlegelmilch*, Regelungen und Förderprogramme zur Teilzeitarbeit in den Ländern Schweden,

---

[343] Vgl. insbesondere §§ 111 ff., 80 Abs. 3 BetrVG; s. zur Umsetzung der Richtlinie auch BAG 20. 11. 2001 – 1 AZR 97/01.

Norwegen, Großbritannien, Frankreich, Niederlande, Belgien und Österreich, Untersuchung des Wissenschaftszentrums Berlin im Auftrag des Bundesministers für Jugend, Familie, Frauen und Gesundheit, 1989; *Kliemt,* Der neue Teilzeitanspruch, NZA 2001, S. 63; *Köhler,* Teilzeitarbeit in Schweden, EuroAS 2001, S. 217; *Friederike Maier,* The Regulation of Part-Time Work: A Comparative Study of Six EC Countries, 1992; *Preis/Gotthardt,* Neuregelung der Teilzeitarbeit und befristeten Arbeitsverhältnisse, DB 2000, S. 265; *Richardi/Annuß,* Gesetzliche Neuregelung von Teilzeit und Befristung, BB 2000, S. 2201; *Rolfs,* Das neue Recht der Teilzeitarbeit, RdA 2001, S. 4; *Schiefer,* Entwurf eines Gesetzes über Teilzeitarbeit und befristete Arbeitsverhältnisse und zur Änderung und Aufhebung arbeitsrechtlicher Bestimmungen, DB 2000, S. 2118; *Marlene Schmidt,* Teilzeitarbeit in Europa. Eine Analyse der gemeinschaftsrechtlichen Regelungsbestrebungen auf vergleichender Grundlage des englischen und des deutschen Rechts, 1995; *dies.,* Die neue EG-Richtlinie zur Teilzeitarbeit, NZA 1998, S. 576; *Michael Schmidt,* Die Richtlinienvorschläge der Kommission der Europäischen Gemeinschaften zu den atypischen Arbeitsverhältnissen, 1992; *Schüren,* Ergänzungsband 2001 zu Münchener Handbuch zum Arbeitsrecht, 2. Aufl. 2000, § 161 ff.; *Schulz,* Maastricht und die Grundlagen einer Europäischen Sozialpolitik, 1996; *Thurman/Trah,* Part-time work in international perspective, in: International Labour Review, Bd. 129, 1/1990; *Viethen,* Richtlinie der EG zur Teilzeitarbeit, EuroAS 2002, S. 51; *Walwei,* Atypische Beschäftigungsformen in EG-Ländern, WSI-Mitteilungen 1993, S. 584; *Walwei/Konle-Seidl/Ullmann,* Atypische Beschäftigungsformen und Arbeitszeiten im EG-Vergleich, in: Walwei/Werner, Beschäftigungsaspekte und soziale Fragen des EG-Arbeitsmarktes, BeitrAB 142, 1991, S. 30; *Wank,* Atypische Arbeitsverhältnisse, RdA 1992, S. 103; *ders.,* Teilzeitarbeit, in Blanke (Hrsg.), Neue Beschäftigungsformen, 2002; *ders.,* EuroAS 2001, S. 186.

1. Entstehungsgeschichte der Richtlinien zu den atypischen Arbeitsverhältnissen

Die ersten Richtlinienvorschläge zur Regelung atypischer Arbeitsverhältnisse auf Gemeinschaftsebene[344] gehen auf das Jahr 1982 zurück.[345] Am 4. 1. 1982 legte die Kommission dem Rat zunächst einen „Vorschlag für eine Richtlinie des Rates zur Regelung der freiwilligen Teilzeitarbeit" vor.[346] Ziel dieser Richtlinie war es u.a., den Teilzeitbeschäftigten, unter Berücksichtigung der besonderen Merkmale ihrer Tätigkeit, die gleichen Rechte zu garantieren wie den Vollzeitbeschäftigten und damit zugleich einen Beitrag zur Verwirklichung des Grundsatzes der Gleichbehandlung von Männern und Frauen zu leisten.[347] Dem Richtlinienvorschlag zur freiwilligen Teilzeitarbeit folgte dann im Mai 1982 ein „Vorschlag für eine Richtlinie des Rates zur Regelung der Zeitarbeit".[348] In Anlehnung an das französische Vorbild[349] fasste die Kommission unter Zeitarbeit den befristeten Arbeitsvertrag und die Leiharbeit zusammen. Ziel der geplanten Richtlinie zur Regelung der Zeitarbeit war es, dem missbräuchlichen Rückgriff auf diese Arbeitsvertragsformen durch eine Gleichstellung der Zeitarbeitnehmer mit Dauerbeschäftigten entgegenzuwirken.[350]

---

[344] Zur rechtstatsächlichen Analyse atypischer Arbeitsverhältnisse in der EG s. u.a. *Bielenski,* MittAB 1993, S. 375 ff.; *Walwei,* WSI-Mitteilungen 1993, S. 548 ff.; *Walwei/Konle-Seidl/Ullmann,* in: Walwei/Werner, Beschäftigungsaspekte und soziale Fragen des EG-Arbeitsmarktes, BeitrAB 142, 1991, S. 30 ff.
[345] Zur Entwicklungsgeschichte der Richtlinienvorschläge zu den atypischen Arbeitsverhältnissen s. auch *Schmidt,* Die Richtlinienvorschläge der Kommission der Europäischen Gemeinschaften zu den atypischen Arbeitsverhältnissen, 1992, S. 41 ff.; *Wank,* RdA 1992, S. 103 ff.
[346] ABl. EG C 62, S. 7.
[347] Näher zu diesem Richtlinienvorschlag *Schmidt,* Richtlinienvorschläge, S. 140 ff.; *Wank,* RdA 1992, S. 103, 104 f.
[348] ABl. EG C 128, S. 2.
[349] Vgl. *Becker/Bader,* RdA 1983, S. 1, 9; Kommission der Europäischen Gemeinschaften, Vergleichende Studie über die Regelung der Arbeitsbedingungen in den Mitgliedstaaten, SEK (89) 1137, S. 23 f.
[350] Näher zu diesem Richtlinienvorschlag *Becker/Bader,* RdA 1983, S. 1 ff.; *Schmidt,* Richtlinienvorschläge, S. 81 ff.; *Wank,* RdA 1992, S. 103, 104 f.

214 Am 5. 1. 1983 legte die Kommission dem Rat dann einen überarbeiteten, sachlich aber weitgehend übereinstimmenden Vorschlag für eine Richtlinie des Rates zur Regelung der freiwilligen Teilzeitarbeit vor.[351] Auch der Richtlinienvorschlag zur Zeitarbeit wurde überarbeitet und dem Rat dann am 6. 4. 1984 als „Änderungsvorschlag für eine Richtlinie des Rates zur Regelung der Zeitarbeit und der befristeten Arbeitsverträge" vorgelegt.[352]

215 Zu einer Verabschiedung der Richtlinienvorschläge kam es nicht. Die Kommission gelangte vielmehr zu der Schlussfolgerung, dass die Problematik der Teilzeit- sowie der Zeitarbeit unter dem Aspekt von Wettbewerbsverzerrungen und der Entwicklung des Binnenmarktes einerseits sowie der Arbeitsbedingungen, des Gesundheitsschutzes und der Sicherheit andererseits zu behandeln sei. Da dies nicht mit denselben juristischen Mitteln bewerkstelligt werden könne, hielt die Kommission es für angezeigt, neue Richtlinienvorschläge zu erstellen, von denen sich jeder auf einen anderen Artikel des EG-Vertrages stütze, nämlich auf Art. 94 EGV (Art. 100 a. F.), Art. 95 EGV (100a EGV a. F.) und Art. 137 EGV (Art. 118a EGV a. F.). Demgemäß zog die Kommission die bisherigen Richtlinienvorschläge zur Teilzeitarbeit sowie zur Zeitarbeit zurück und legte dem Rat am 29. Juni 1990 drei neue Richtlinienvorschläge vor.[353] Bei den Vorschlägen handelte es sich um den auf Art. 94 EGV (Art. 100 EGV a. F.) gestützten Vorschlag für eine Richtlinie des Rates über bestimmte Arbeitsverhältnisse hinsichtlich der Arbeitsbedingungen,[354] den auf Art. 95 (Art. 100a EGV a. F.) gestützten Vorschlag für eine Richtlinie des Rates über bestimmte Arbeitsverhältnisse im Hinblick auf Wettbewerbsverzerrungen[355] und den auf Art. 137 EGV (Art. 118a EGV a. F.) gestützten Vorschlag für eine Richtlinie des Rates zur Ergänzung von Maßnahmen zur Verbesserung der Sicherheit und des Gesundheitsschutzes von Zeitarbeitnehmern.[356] Letzterer wurde zur besseren Konsensfindung aus dem Paket der Richtlinienvorschläge herausgelöst[357] und mit geringfügigen Modifikationen am 25. Juni 1991 als **Richtlinie 91/383/EWG des Rates** zur Ergänzung der Maßnahmen zur Verbesserung der Sicherheit und des Gesundheitsschutzes von Arbeitnehmern mit befristetem Arbeitsverhältnis oder Leiharbeitsverhältnis[358] verabschiedet.[359] Die Verabschiedung der beiden anderen Richtlinienvorschläge scheiterte am Widerstand Großbritanniens.

216 Um die arbeits- und sozialrechtliche Absicherung atypischer Arbeitsverhältnisse trotz des Widerstands Großbritanniens voranzutreiben, hat die Kommission das Verfahren nach Art. 3 Abs. 3 des Abkommens über die Sozialpolitik des Maastrichter Vertrages[360] eingeleitet und den Dachverbänden der Gewerkschaften und der Arbeitgeber am 27. September 1995 ein Konsultationsdokument zur „Flexibilisierung der Arbeitszeit und Absicherung der Arbeitnehmer" vorgelegt.

217 Im Juni 1996 kündigten die Sozialpartner ihre Absicht an, Verhandlungen aufzunehmen. Am 6. Juni 1997 schlossen die Sozialpartner die „Europäische Rahmenvereinbarung über Teilzeitarbeit" ab, die entsprechend dem Verfahren nach Art. 4 des Abkommens über die Sozialpolitik auf Vorschlag der Kommission in Übereinstimmung mit Art. 4 Abs. 2 des genannten Abkommens durch die Richtlinie 97/81/EG des Rates vom 15. Dezember 1997 zu der von UNICE, CEEP und EGB geschlossenen Rahmenver-

---

[351] ABl. EG C 18, S. 5.
[352] ABl. EG C 133, S. 1; s. dazu auch *Schmidt*, Richtlinienvorschläge, S. 125 ff.; *Wank*, RdA 1992, S. 103, 105.
[353] S. zu diesen neuen Richtlinienvorschlägen auch *Schmidt*, Richtlinienvorschläge, S. 144 ff.; *Wank*, RdA 1992, S. 103, 105 ff.
[354] ABl. EG C 224, S. 4.
[355] ABl. EG C 224, S. 6.
[356] ABl. EG C 224, S. 8; im folgenden Gesundheitsschutzrichtlinie RL GesSch abgekürzt.
[357] Integrationsbericht der Bundesregierung, BR-Drucks. 106/91, S. 62.
[358] ABl. EG L 206, S. 19.
[359] S. dazu unten Rn. 930 ff.
[360] Durch das In-Kraft-Treten des Vertrages von Amsterdam wurden die Vorschriften des Abkommens über die Sozialpolitik in die Art. 136–139 des EG-Vertrages übernommen.

einbarung über Teilzeitarbeit[361] umgesetzt wurde[362]. Durch die Richtlinie 98/23/EG vom 7. April 1998 wurde die Teilzeitarbeitsrichtlinie auf das Vereinigte Königreich ausgedehnt.

2. Die Teilzeitarbeitsrichtlinie 97/81/EG

a) Allgemeines

Die Ausgestaltung der Teilzeitarbeit in den verschiedenen Mitgliedstaaten der Gemeinschaft weist erhebliche Unterschiede auf.[363] Seit dem Jahre 1982, in dem die Kommission dem Rat erstmals einen Vorschlag für eine Richtlinie zur Regelung der Teilzeitarbeit[364] unterbreitet hatte, ist die Kommission bestrebt gewesen, auf eine gemeinschaftsweite Regelung der Teilzeit hinzuwirken. Die Bemühungen der Kommission haben, wie oben[365] bereits festgestellt, dazu geführt, dass der Rat im Verfahren nach Art. 3 und 4 des Maastrichter Abkommens über die Sozialpolitik am 15. Dezember 1997 die Teilzeitarbeitsrichtlinie verabschiedet hat. Kernstück der Teilzeitarbeitsrichtlinie ist die im Anhang beigefügte Rahmenvereinbarung der Sozialpartner,[366] die die materiell-rechtlichen Regelungen der Teilzeitarbeit enthält.[367]

Während der im Jahre 1982 vorgelegte Vorschlag für eine Richtlinie zur Regelung der freiwilligen Teilzeitarbeit[368] noch von großer Skepsis gegenüber dieser Beschäftigungsform gekennzeichnet war, steht die Teilzeitarbeitsrichtlinie der Teilzeitarbeit grundsätzlich aufgeschlossen gegenüber. Nach § 1 RV TeilZ zielt die Rahmenvereinbarung darauf ab, die Beseitigung von Diskriminierungen von Teilzeitbeschäftigten sicherzustellen, die Qualität der Teilzeitarbeit zu verbessern, die Entwicklung der Teilzeitarbeit auf freiwilliger Basis zu fördern und zu einer flexiblen Organisation der Arbeitszeit beizutragen, die den Bedürfnissen der Arbeitgeber und der Arbeitnehmer Rechnung trägt.

b) Anwendungsbereich

Der Anwendungsbereich der Rahmenvereinbarung wird durch § 2 RV TeilZ abgesteckt. Danach gilt die Rahmenvereinbarung für Teilzeitbeschäftigte, die nach den Rechtsvorschriften, Tarifverträgen oder Gepflogenheit in dem jeweiligen Mitgliedstaat einen Arbeitsvertrag haben oder in einem Arbeitsverhältnis stehen. Die Rahmenvereinbarung schafft somit keinen eigenen gemeinschaftsrechtlichen Arbeitnehmerbegriff, sondern verweist insoweit vielmehr auf den jeweiligen nationalen Arbeitnehmerbegriff.

„Teilzeitbeschäftigter" i. S. der Rahmenvereinbarung ist gem. § 3 Nr. 1 RV TeilZ ein Arbeitnehmer, dessen normale, auf Wochenbasis oder als Durchschnitt eines bis zu einem

---

[361] ABl. EG L 14, S. 9, bereinigt ABl. EG L 128 v. 30. 4. 1998, S. 71; nachfolgend Teilzeitarbeitsrichtlinie abgekürzt.
[362] S. dazu nachfolgend Rn. 218 ff.
[363] Zur Ausgestaltung der Teilzeitarbeit in den verschiedenen EG-Mitgliedstaaten s. *Dederichs/Köhler*, Teilzeitarbeit in der Europäischen Gemeinschaft, Hrsg. Europäische Stifung zur Verbesserung der Lebens- und Arbeitsbedingungen, 1991; *Hohenberger/Maier/Schlegelmilch*, Regelungen und Förderprogramme zur Teilzeitarbeit in den Ländern Schweden, Norwegen, Großbritannien, Frankreich, Niederlande, Belgien und Österreich, Untersuchung des Wissenschaftszentrums Berlin im Auftrag des Bundesministers für Jugend, Familie, Frauen und Gesundheit, 1989; *Maier*, The Regulation of Part-Time Work: A Comparative Study of Six EC Countries, 1992; *Thurman/Trah*, in: International Labour Review, Bd. 129, 1/1990.
[364] ABl. EG C 62, S. 7.
[365] S. dazu oben Rn. 213 ff.
[366] Nachfolgend RV TeilZ abgekürzt.
[367] S. zu dieser Richtlinie auch *Marlene Schmidt*, NZA 1998, S. 576 ff.; *Viethen*, EuroAS 2002, S. 51.
[368] ABl. EG C 62, S. 7.

Jahr reichenden Beschäftigungszeitraumes berechnete Arbeitszeit unter der eines vergleichbaren Vollzeitbeschäftigten liegt.[369]

222   Im Gegensatz zum Kommissionsvorschlag für eine Richtlinie des Rates über bestimmte Arbeitsverhältnisse hinsichtlich der Arbeitsbedingungen[370] aus dem Jahre 1990 verzichtet die Rahmenvereinbarung auf eine Bestimmung, nach der die Rahmenvereinbarung nicht für Arbeitnehmer gilt, deren wöchentliche Arbeitszeit im Durchschnitt unter acht Stunden liegt.[371] Nach § 2 Nr. 2 RV TeilZ sind die Mitgliedstaaten oder die Sozialpartner allerdings berechtigt, solche Teilzeitbeschäftigten von den Bestimmungen der Rahmenvereinbarung ganz oder teilweise auszuschließen, die nur gelegentlich arbeiten, sofern für diesen Ausschluss sachliche Gründe bestehen.

c) Materiellrechtliche Regelungen der Rahmenvereinbarung

aa) Diskriminierungsverbot

223   Die praktisch bedeutsamste Regelung der Rahmenvereinbarung enthält § 4 Nr. 1 RV TeilZ. Danach dürfen Teilzeitbeschäftigte in ihren Beschäftigungsbedingungen nur deswegen, weil sie teilzeitbeschäftigt sind, gegenüber vergleichbaren Vollzeitbeschäftigten nicht schlechter behandelt werden, es sei denn, die unterschiedliche Behandlung ist aus sachlichen Gründen gerechtfertigt.

224   Vom Begriff der Beschäftigungsbedingungen nicht erfasst wird das Arbeitsentgelt. Dies folgt daraus, dass sich die Rechtssetzungsbefugnis des Rates nach Art. 2 Abs. 1 und Abs. 3 des Abkommens über die Sozialpolitik, wie die ausdrückliche Regelung des Art. 2 Abs. 6 des Abkommens zeigt, nicht auch auf das Arbeitsentgelt erstreckt.[372] Anders als der Kommissionsvorschlag vom 29. Juni 1990 für eine Richtlinie über bestimmte Arbeitsverhältnisse hinsichtlich der Arbeitsbedingungen[373] klammert die vorliegende Rahmenvereinbarung zudem den Bereich der sozialen Sicherheit aus dem Anwendungsbereich des Diskriminierungsverbotes aus.

225   Gem. § 4 Nr. 2 RV TeilZ gilt dort, wo es angemessen ist, der Pro-rata-temporis-Grundsatz. Was „angemessen" i. S. des § 4 Nr. 2 RV TeilZ ist, lässt die Rahmenvereinbarung offen. An der Angemessenheit fehlt es jedenfalls dort, wo ein Recht nicht anteilig gewährt werden kann, wie z.B. beim Zugang zu sozialen Einrichtungen des Betriebes, wie z.B. Kantinen, Sportplätze, Erholungsheime und Betriebskindergärten. Insoweit haben Teilzeitbeschäftigte ein Recht auf Zugang wie vergleichbare Vollzeitbeschäftigte.[374]

226   Um den jeweiligen Situationen der einzelnen Mitgliedstaaten Rechnung zu tragen, bestimmt § 4 Nr. 3 RV TeilZ, dass die Anwendungsmodalitäten des Diskriminierungsverbots von den Mitgliedstaaten oder Sozialpartnern unter Berücksichtigung der Rechtsvorschriften der Gemeinschaft und der einzelstaatlichen und tarifvertraglichen Bestimmungen und Gepflogenheiten festgelegt werden.

---

[369] Gem. § 3 Nr. 2 RV TeilZ ist „vergleichbarer Vollzeitbeschäftigter" i.S. der Rahmenvereinbarung ein Vollzeitbeschäftigter desselben Betriebs mit derselben Art von Arbeitsvertrag oder Beschäftigungsverhältnis, der in der gleichen oder einer ähnlichen Arbeit/Beschäftigung tätig ist. Fehlt es in demselben Betrieb an einem vergleichbaren Vollzeitbeschäftigten, so hat der Vergleich anhand des anwendbaren Tarifvertrages oder, in Ermangelung eines solchen, gem. den gesetzlichen oder tarifvertraglichen Bestimmungen oder den nationalen Gepflogenheiten zu erfolgen.
[370] ABl. EG C 224, S. 4.
[371] Vgl. Art. 1 Abs. 3 des genannten Richtlinienvorschlags; zur Frage, ob ein solcher genereller Schwellenwert mit dem Verbot der mittelbaren Diskriminierung wegen des Geschlechts vereinbar gewesen wäre, s. *Marlene Schmidt*, Teilzeitarbeit in Europa, S. 338 ff. m.w.N.
[372] *Balze*, Die sozialpolitischen Kompetenzen der Europäischen Union, 1994, S. 262; *Marlene Schmidt*, NZA 1998, S. 576, 578 f.; a. A. *Schulz*, Maastricht und die Grundlagen einer Europäischen Union, 1996, S. 99.
[373] ABl. EG C 224, S. 4.
[374] *Marlene Schmidt*, NZA 1998, S. 576, 577.

V. Teilzeitarbeitnehmer

§ 4 Nr. 4 S. 1 RV TeilZ ermächtigt die Mitgliedstaaten oder die Sozialpartner, den Zugang zu besonderen Beschäftigungsbedingungen von einer bestimmten Betriebszugehörigkeitsdauer, der Arbeitszeit oder Lohn- und Gehaltsbedingungen abhängig zu machen. Mit dieser Ausnahmeermächtigung knüpft die Rahmenvereinbarung an die bisherige Rechtsprechung des EuGH an.[375] Die Zugangskriterien von Teilzeitbeschäftigten zu besonderen Beschäftigungsbedingungen sollten allerdings regelmäßig daraufhin überprüft werden, ob sie mit den in § 4 Nr. 1 RV TeilZ normierten Grundsatz der Nichtdiskriminierung im Einklang stehen.[376]

bb) Beseitigung von Hindernissen

Eine sehr konturlose Regelung zur Förderung der Teilzeitarbeit enthält § 5 Nr. 1 RV TeilZ. Gem. § 5 Nr. 1 Buchst. a RV TeilZ sollten die Mitgliedstaaten im Rahmen des § 1 RV TeilZ und im Einklang mit dem Grundsatz der Nichtdiskriminierung von Teilzeit- und Vollzeitbeschäftigten Hindernisse rechtlicher oder verwaltungsrechtstechnischer Natur, die die Teilzeitarbeitsmöglichkeiten beschränken können, identifizieren, prüfen und sie gegebenenfalls beseitigen. § 5 Nr. 1 Buchst. b RV TeilZ normiert dieselbe Verpflichtung für die Sozialpartner innerhalb ihres Zuständigkeitsbereichs.

Die Verpflichtung zur Beseitigung von Hindernissen, die die Teilzeitarbeit beschränken können, beschränkt sich, wie die Bezugnahme auf den Grundsatz der Nichtdiskriminierung zwischen Teilzeit- und Vollzeitarbeitnehmern zeigt, auf den Bereich der Beschäftigungsbedingungen i. S. des § 4 Nr. 1 RV TeilZ.

cc) Kündigungsverbot

Ebenfalls sehr vage gehalten ist das in § 5 Nr. 2 RV TeilZ geregelte Kündigungsverbot, wonach die Weigerung eines Arbeitnehmers als solche, von einem Vollzeitarbeitsverhältnis in ein Teilzeitarbeitsverhältnis oder umgekehrt überzuwechseln, keinen Kündigungsgrund darstellen sollte. Das Recht zur Kündigung gem. den gesetzlichen und tarifvertraglichen Bestimmungen aus anderen Gründen wird durch diese Regelung allerdings nicht berührt.

dd) Erleichterung des Wechsels von Vollzeitarbeit in Teilzeitarbeit und umgekehrt

Die Bestimmungen des § 5 Nr. 3 Buchst. a bis c RV TeilZ sind darauf ausgerichtet, den Wechsel von Vollzeitarbeit in Teilzeitarbeit und umgekehrt zu erleichtern. Die Verpflichtungen des Arbeitgebers sind jedoch so allgemein gehalten, dass von einem substanziellen Gehalt dieser Regelungen keine Rede sein kann.[377]

Gem. § 5 Nr. 3 Buchst. a und b RV TeilZ sollte der Arbeitgeber, soweit dies möglich ist, Anträge von Vollzeitbeschäftigten auf Wechsel in ein im Betrieb zur Verfügung stehendes Teilzeitarbeitsverhältnis ebenso berücksichtigen wie Anträge von Teilzeitbeschäftigten auf Wechsel in ein Vollzeitarbeitsverhältnis oder auf Erhöhung ihrer Arbeitszeit. Zur Erleichterung des Wechsels von einem Vollzeitarbeitsverhältnis in ein Teilzeitarbeitsverhältnis und umgekehrt sollte der Arbeitgeber gem. § 5 Nr. 3 Buchst. c bemüht sein, rechtzeitig Informationen über Teilzeit- oder Vollzeitarbeitsplätze, die im Betrieb zur Verfügung stehen, bereitzustellen.

ee) Förderung qualifizierter Teilzeitarbeit

In ihrer Unbestimmtheit kaum noch zu übertreffen ist die in § 5 Nr. 3 Buchst. d getroffene Regelung, nach der der Arbeitgeber, soweit dies möglich ist, Maßnahmen in Erwägung ziehen sollte, die den Zugang zur Teilzeitarbeit auf allen Ebenen des Unter-

---

[375] Vgl. dazu *Marlene Schmidt,* Teilzeitarbeit in Europa, S. 52 ff.
[376] § 3 Nr. 4 S. 2 RV TeilZ.
[377] S. auch die kritische Bewertung der Rahmenvereinbarung von *Marlene Schmidt,* NZA 1998, S. 576, 582.

nehmens, einschließlich qualifizierter und leitender Stellungen, erleichtern. Ferner sollte der Arbeitgeber nach dieser Regelung Maßnahmen in Erwägung ziehen, die den Zugang Teilzeitbeschäftigter zur beruflichen Bildung erleichtern, zur Förderung des beruflichen Fortkommens sowie der beruflichen Modalität. Ein Rechtsanspruch der Teilzeitbeschäftigten lässt sich dieser Regelung auch bei weitestgehender Auslegung nicht entnehmen. Die Vorschrift hat damit nicht mehr als bloße Appellfunktion.

ff) Information der Arbeitnehmervertreter

234   Während § 5 Nr. 3 Buchst. a bis d RV TeilZ individualrechtlicher Natur sind, enthält Buchst. e eine kollektiv-rechtliche Regelung. Danach sollte der Arbeitgeber bemüht sein, den bestehenden Arbeitnehmervertretungsgremien geeignete Informationen über die Teilzeitarbeit in dem Unternehmen zur Verfügung zu stellen. Auf eine Konkretisierung, welche Informationen als „geeignet" i. S. dieser Regelung anzusehen sind, haben die Sozialpartner allerdings verzichtet.

3. Umsetzung in das deutsche Recht

235   Gem. Art. 2 der Teilzeitarbeitsrichtlinie waren die Mitgliedstaaten verpflichtet, diese Richtlinie bis spätestens zum 20. Januar 2000 in nationales Recht umzusetzen.

236   Eine Umsetzung ist durch das zum **1. 1. 2001** in Kraft getretene Gesetz über Teilzeitarbeit und befristete Arbeitsverhältnisse (**TzBfG**) erfolgt, das die Vorgaben der Richtlinie zutreffend berücksichtigt hat.

237   Das TzBfG wiederholt in § 1 die Zielsetzung des § 1 RV TeilZ, Teilzeitarbeit zu fördern und die Diskriminierung Teilzeitbeschäftigter zu verhindern.

238   Die Begriffsbestimmung des Teilzeitbeschäftigten in § 2 TzBfG stimmt im Wesentlichen mit § 2 Abs. 2 BeschFG überein und setzt § 3 RV TeilZ um.

239   Das zur Umsetzung des § 4 Nr. 1 RV TeilZ normierte **Diskriminierungsverbot** des § 4 Abs. 1 S. 1 TzBfG entspricht im Wesentlichen dem früheren § 2 Abs. 1 BeschFG. Demnach darf ein Teilzeitbeschäftigter wegen der Teilzeitarbeit nicht schlechter behandelt werden als ein vergleichbarer Vollzeitbeschäftigter, es sei denn, dass sachliche Gründe eine unterschiedliche Behandlung rechtfertigen. Der Gesetzgeber wollte damit klarstellen, dass eine Besserstellung der Teilzeitbeschäftigten beispielsweise aus arbeitsmarktpolitischen Gründen nicht ausgeschlossen ist.[378] Erforderlich für eine Besserstellung der Teilzeitbeschäftigten ist aber ein sachlicher Grund.

240   Gemäß § 22 Abs. 1 TzBfG gilt das Diskriminierungsverbot nunmehr ausdrücklich auch für die Tarifvertragsparteien.[379]

241   In Konkretisierung von § 4 Abs. 1 S. 1 TzBfG normiert § 4 Abs. 1 S. 2 TzBfG den pro-rata-temporis-Grundsatz ausdrücklich für das Arbeitsentgelt und andere teilbare geldwerte Leistungen. Trotz des unklaren Wortlauts der Vorschrift ist auch im Hinblick auf das Entgelt eine Differenzierung wegen eines sachlichen Grundes zulässig.[380]

242   Mit der Vorschrift des § 6 TzBfG, der den Arbeitgeber auffordert, Teilzeitarbeit auf allen Unternehmensebenen zu ermöglichen, wollte der Gesetzgeber die vage Formulierung des § 5 Nr. 3 Buchst. d RV TeilZ umsetzen.[381]

243   § 7 Abs. 1 TzBfG verpflichtet den Arbeitgeber, Arbeitsplätze, die er ausschreibt, im Rahmen seiner betrieblichen Möglichkeiten auch als Teilzeitarbeitsplätze **auszuschrei-**

---

[378] BT-Drucks. 14/4374 S. 15 zu § 4 TzBfG.
[379] Diese Frage war bei § 6 Abs. 1 BeschFG umstritten.
[380] So auch die Gesetzesbegründung, BT-Drucks. 14/4374, S. 15 zu § 4 TzBfG; *Wank* in Blanke, Neue Beschäftigungsformen, Teilzeitarbeit Rn. 117; a. A. *Rolfs*, RdA 2001, S. 129, 134; *Däubler*, ZIP 2000, S. 1961, 1962; eine ähnliche Problematik stellt sich bezüglich der befristet Beschäftigten nach § 4 Abs. 2 TzBfG, s. dazu Rn. 269 ff.
[381] BT-Drucks. 14/4374 S. 16 zu § 6 TzBfG.

ben.³⁸² In der Praxis wirkungslos ist diese Vorschrift jedoch deshalb, weil ihr keine Verpflichtung zur Einstellung gegenübersteht.³⁸³

§ 7 Abs. 2 TzBfG, mit dem § 5 Nr. 3 Buchst. c RV TeilZ umgesetzt werden sollte³⁸⁴ **244** und der im Wesentlichen § 3 BeschFG entspricht, normiert die Verpflichtung des Arbeitgebers, einen Arbeitnehmer, der ihm den Wunsch nach einer Veränderung seiner Arbeitszeit angezeigt hat, über für diesen in Frage kommende Arbeitsplätze im Betrieb oder Unternehmen zu **informieren**.

Die vage Vorschrift des § 5 Nr. 3 Buchst. e RV TeilZ hat der Gesetzgeber zum Anlass **245** genommen, den Arbeitgeber zu verpflichten, die Arbeitnehmervertretung über Teilzeitarbeit im Betrieb und Unternehmen zu informieren.³⁸⁵

Am deutlichsten geht der deutsche Gesetzgeber über die Bestimmungen der Rahmen- **246** vereinbarung hinaus, indem er in § 8 TzBfG für Betriebe mit in der Regel mehr als 15 Beschäftigten (Abs. 7) erstmals einen allgemeinen **Rechtsanspruch auf Teilzeitarbeit** normiert, den der Arbeitgeber zu erfüllen hat, wenn nicht betriebliche Gründe entgegenstehen (Abs. 4 S. 1). Dadurch wird dem Arbeitnehmer die Befugnis zur einseitigen Änderung vertraglicher Bedingungen eingeräumt, ohne dass er dafür eine Begründung vortragen oder einen sachlichen Grund nachweisen muss. Da diese Befugnis zur willkürlichen einseitigen Änderung des Vertrages jedoch gegen das Verhältnismäßigkeitsprinzip verstößt, ist die Regelung verfassungskonform dahingehend auszulegen, dass bereits der Antrag des Arbeitnehmers auf die betrieblichen Gegebenheiten Rücksicht nehmen muss.³⁸⁶

§ 9 TzBfG verpflichtet in Umsetzung des § 5 Nr. 3 Buchst. b RV TeilZ den Arbeitge- **247** ber grundsätzlich, einen Teilzeitbeschäftigten, der ihm den Wunsch nach Verlängerung der Arbeitszeit mitgeteilt hat, bei gleicher Eignung bei der Besetzung eines entsprechenden Arbeitsplatzes bevorzugt zu berücksichtigen.

Gemäß § 10 TzBfG, der auf § 5 Nr. 3 Buchst. d RV TeilZ zurückgeht, müssen **248** auch Teilzeitbeschäftigte grundsätzlich die Möglichkeit der **Aus- und Weiterbildung** haben.

§ 11 TzBfG normiert in Umsetzung von § 5 Nr. 2 RV TeilZ ein Kündigungsverbot, **249** das sich auf die Weigerung eines Arbeitnehmers bezieht, von einem Vollzeit- in ein Teilzeitarbeitsverhältnis oder umgekehrt zu wechseln.

Der deutsche Gesetzgeber hat also mit dem Erlass des TzBfG die erforderlichen Rege- **250** lungen getroffen, um die Richtlinie umzusetzen und ist, insbesondere im Hinblick auf § 5 Nr. 3 RV TeilZ, weit über die Richtlinie hinausgegangen.

VI. Befristung von Arbeitsverträgen

Schrifttum: *Backhaus* in Ascheid/Preis/Schmidt, Großkommentar zum Kündigungsrecht, 2001; *Bauer*, Neue Spielregeln für Teilzeitarbeit und befristete Arbeitsverträge, NZA 2000, S. 1039; *Boecken*, Die Entwicklung des arbeitsrechtlichen Schrifttums im Jahre 1999, ZfA 2000, S. 379 ff.; *Däubler*, Das geplante Teilzeit- und Befristungsgesetz, ZIP 2000, S. 1961; *ders.,* Das neue Teilzeit- und Befristungsgesetz, ZIP 2001, S. 217; *Hanau*, Was ist wirklich neu in der Befristungsrichtlinie?, NZA 2000, S. 1045; *Hromadka*, Befristete und bedingte Arbeitsverhältnisse neu geregelt, BB 2001, S. 621

---

³⁸² BT-Drucks. 14/4625 S. 23 zu § 7 TzBfG.
³⁸³ *Wank* in Blanke (Hrsg.), Neue Beschäftigungsformen, Rn. 66; *Preis/Gotthardt*, DB 2000, S. 2065, 2066; *Richardi/Annuß*, BB 2000, S. 2201, 2202; *Rolfs*, RdA 2001, S. 129, 140; *Schiefer*, DB 2000, S. 2118, 2119; a.A. *Däubler* ZIP 2000, S. 1961, 1962.
³⁸⁴ BT-Drucks. 14/4374 S. 16 zu § 7 TzBfG.
³⁸⁵ BT-Drucks. 14/4374 S. 16 zu § 7 TzBfG.
³⁸⁶ *Wank* in Blanke (Hrsg.), Neue Beschäftigungsformen, Rn. 78; *Kliemt*, NZA 2001, S. 63, 65 und *Rolfs* RdA 2001, S. 129, 136 fordern deshalb, die „betrieblichen Gründe", auf die sich der Arbeitgeber berufen kann, nicht restriktiv auszulegen. Verfassungsrechtliche Bedenken auch bei *Richardi/Annuß*, BB 2000, S. 2201, 2202 f.; *Schiefer*, DB 2000, S. 2118, 2120.

und 674; *Löwisch,* Die Befristung nach dem Beschäftigungsförderungsgesetz kann weiterleben, NZA 2000, S. 1044; *Nielebock,* Die neuen gesetzlichen Regelungen zur befristeten Beschäftigung, AiB 2001, S. 75; *Preis/Gotthardt,* Neuregelung der Teilzeitarbeit und befristeten Arbeitsverhältnisse, DB 2000, S. 2065; *Richardi/Annuß,* Gesetzliche Neuregelung von Teilzeit und Befristung, BB 2000, S. 2201; *Röthel,* Europäische Rechtsetzung im Dialog, NZA 2000, S. 65; *Rolfs,* Befristung des Arbeitsvertrages, EAS B 3200; *Schiefer,* Entwurf eines Gesetzes über Teilzeitarbeit und befristete Arbeitsverhältnisse und zur Änderung und Aufhebung arbeitsrechtlicher Bestimmungen, DB 2000, S. 2118; *Schmalenberg,* Die richtige Umsetzung der Befristungsrichtlinie der EG – Konsequenzen des Gesetzgebers, NZA 2000, S. 1043; *Wank* in: Ergänzungsband 2002 zum Münchener Handbuch zum Arbeitsrecht, 2. Aufl. 2000, § 116; *Wank/Börgmann,* Der Vorschlag für eine Richtlinie des Rates über befristete Arbeitsverträge, RdA 1999, S. 383.

1. Die Befristungsrichtlinie 1999/70/EG

a) Allgemeines

251   In der Präambel zur „Europäischen Rahmenvereinbarung über Teilzeitarbeit" hatten die Sozialpartner angekündigt, zu prüfen, ob ähnliche Vereinbarungen auch für andere flexible Arbeitsformen erforderlich sind. Am 23. März 1998 kündigten sie ihre Absicht an, Verhandlungen zum Thema „befristete Arbeitsverträge" aufzunehmen. Im Januar 1999 legten die Sozialpartner den Entwurf einer Rahmenvereinbarung über befristete Arbeitsverhältnisse vor. Diese Vereinbarung wurde von den Sozialpartnern am 18. März 1999 unterzeichnet. Die Sozialpartner haben die Vereinbarung der Kommission vorgelegt und sie ersucht, die Rahmenvereinbarung dem Rat vorzulegen, damit deren Vorschriften in den Mitgliedstaaten, die das Abkommen über die Sozialpolitik unterzeichnet haben, verbindlich werden. Die Kommission hat dem Ministerrat am 1. Mai 1999 einen entsprechenden Vorschlag für eine Richtlinie zur Umsetzung der Rahmenvereinbarung der Sozialpartner über befristete Arbeitsverträge vorgelegt. Der Rat der EU hat am 28. Juni 1999 die Richtlinie 1999/70/EG zu der EGB-UNICE-CEEP-Rahmenvereinbarung über befristete Arbeitsverträge[387] verabschiedet, nach deren Art. 1 die zwischen den allgemeinen branchenübergreifenden Organisationen (EGB, UNICE und CEEP) geschlossene Rahmenvereinbarung vom 18. März 1999 durchgeführt werden soll.

252   Die materiell-rechtlichen Vorschriften regelt die im Anhang enthaltene Rahmenvereinbarung über befristete Arbeitsverhältnisse.[388] Nach Art. 2 der RL Befr waren die Mitgliedstaaten verpflichtet, die Richtlinie bis spätestens am 10. Juli 2001 in nationales Recht umzusetzen.

b) Zielsetzung

253   Gem. § 1 RV Befr soll die Rahmenvereinbarung zum einen durch Anwendung des Grundsatzes der Nichtdiskriminierung die Qualität befristeter Arbeitsverhältnisse verbessern. Zum anderen soll mit der Rahmenvereinbarung ein Rahmen geschaffen werden, der den Missbrauch durch aufeinanderfolgende befristete Arbeitsverträge oder -verhältnisse verhindert.[389]

c) Anwendungsbereich

254   Die Rahmenvereinbarung gilt nach ihrem § 2 Nr. 1 für befristet beschäftigte Arbeitnehmer, die nach den Gesetzen, Tarifverträgen oder Gepflogenheiten des jeweiligen

---

[387] ABl. EG L 175, S. 43; nachfolgend RL Befr abgekürzt. Zur RL Befr und ihrer Entstehungsgeschichte s. auch *Röthel,* NZA 2000, S. 65 ff.; *Wank/Börgmann,* RdA 1999, S. 383 ff.

[388] Nachfolgend RV Befr abgekürzt. Zur Geltung für das Assoziierungsabkommen EG/Polen s. EuGH, NZA 2002, S. 377.

[389] Der Schutz vor der höheren Gesundheitsgefährdung, der befristet beschäftigte Arbeitnehmer ausgesetzt sind, ist nicht in der Befristungsrichtlinie, sondern in der Gesundheitsschutzrichtlinie 91/383/EWG geregelt; s. zur Gesundheitsschutzrichtlinie unten Rn. 926 ff.

VI. Befristung von Arbeitsverträgen 255–259 § 18

Mitgliedstaates einen Arbeitsvertrag haben oder in einem Arbeitsverhältnis stehen. Der Arbeitnehmerbegriff bestimmt sich somit nach nationalem Recht und nicht nach Gemeinschaftsrecht. „Befristet beschäftigt" i. S. der Rahmenvereinbarung ist nach der Begriffsbestimmung des § 3 Nr. 1 RV ein Arbeitnehmer, dessen Arbeitsvertrag oder Arbeitsverhältnis direkt zwischen dem Arbeitgeber und dem Arbeitnehmer besteht und bei dem das Ende durch objektive Bedingungen festgelegt wird. Als objektive Beendigungsbedingungen des befristeten Arbeitsvertrags oder Arbeitsverhältnisses kommen z. B. das Erreichen eines bestimmten Datums, die Erfüllung einer bestimmten Aufgabe oder das Eintreten eines bestimmten Ereignisses in Betracht.

§ 2 Nr. 2 RV Befr ermächtigt die Mitgliedstaaten oder die Sozialpartner, den Geltungsbereich der Rahmenvereinbarung insofern einzuschränken, als die Rahmenvereinbarung keine Anwendung findet auf Berufsausbildungsverhältnisse und Auszubildendensysteme sowie auf Arbeitsverhältnisse, die im Rahmen eines besonderen öffentlichen oder von der öffentlichen Hand unterstützten beruflichen Ausbildungs-, Eingliederungs- oder Umschulungsprogramms abgeschlossen wurden. Die Mitgliedstaaten müssen, wenn von sie von dieser Ausnahmeermächtigung Gebrauch machen wollen, vorher die Sozialpartner anhören. 255

d) Materiellrechtliche Regelungen der Rahmenvereinbarung

aa) Diskriminierungsverbot

§ 4 RV normiert den Grundsatz der Nichtdiskriminierung befristet beschäftigter Arbeitnehmer. Gem. § 4 Nr. 1 RV Befr dürfen befristet beschäftigte Arbeitnehmer in ihren **Beschäftigungsbedingungen gegenüber vergleichbaren Dauerbeschäftigten**[390] nicht allein deswegen schlechter behandelt werden, weil für sie ein befristetes Arbeitsverhältnis gilt. Dieses Diskriminierungsverbot gilt nicht, wenn die unterschiedliche Behandlung aus sachlichen Gründen gerechtfertigt ist. 256

Vom Begriff der Beschäftigungsbedingungen nicht erfasst wird das Arbeitsentgelt. Dies folgt daraus, dass sich die Rechtssetzungsbefugnis des Rates nach Art. 137 EGV, wie die ausdrückliche Regelung des Art. 137 Abs. 6 EGV zeigt, nicht auch auf das Arbeitsentgelt erstreckt. Anders als der Kommissionsvorschlag vom 29. Juni 1990 für eine Richtlinie über bestimmte Arbeitsverhältnisse hinsichtlich der Arbeitsbedingungen[391] klammert die vorliegende Rahmenvereinbarung zudem den Bereich der sozialen Sicherheit aus dem Anwendungsbereich des Diskriminierungsverbotes aus. 257

Wo dies angemessen ist, gilt gem. § 4 Nr. 2 RV der **Pro-rata-temporis-Grundsatz**. Der Begriff der Angemessenheit wird auch hier nicht konkretisiert. Sind Rechte unteilbar, wie z. B. beim Zugang zu sozialen Einrichtungen (Kantinen, Sportplätze, Erholungsheime und Betriebskindergärten etc.), so ist befristet Beschäftigten wie vergleichbaren Dauerbeschäftigten Zugang zu diesen Einrichtungen zu gewähren. 258

§ 4 Nr. 3 RV Befr bestimmt, dass die Anwendungsmodalitäten des Grundsatzes der Nichtdiskriminierung von den Mitgliedstaaten oder den Sozialpartnern unter Berücksichtigung der einzelstaatlichen Rechtsvorschriften, Tarifverträge oder Gepflogenheiten festgelegt werden. Damit soll zum einen den jeweiligen Situationen der einzelnen Mitgliedstaaten und den Umständen bestimmter Branchen und Berufe, einschließlich saisonaler Tätigkeiten, sowie dem Umstand Rechnung getragen werden, dass Sozialpartner am bes- 259

---

[390] Unter „vergleichbarer Dauerbeschäftigter" ist nach der Begriffsbestimmung des § 3 Nr. 3 RV Befr ein Arbeitnehmer desselben Betriebs mit einem unbefristeten Arbeitsverhältnis zu verstehen, der in der gleichen oder einer ähnlichen Beschäftigung tätig ist, wobei auch die Qualifikationen oder Fertigkeiten angemessen zu berücksichtigen sind. Sofern in demselben Betrieb kein vergleichbarer Dauerbeschäftigter vorhanden ist, hat der Vergleich anhand des anwendbaren Tarifvertrags oder in Ermangelung eines solchen gem. den nationalen Gesetzesbestimmungen, Tarifverträgen oder Gepflogenheiten zu erfolgen.
[391] ABl. EG C 224, S. 4.

ten in der Lage sind, Lösungen zu finden, die den Bedürfnissen sowohl der Arbeitgeber als auch denen der Arbeitnehmer gerecht werden.[392]

260 Gem. § 4 Nr. 4 RV Befr gelten in Bezug auf bestimmte Beschäftigungsbedingungen für befristet beschäftigt Arbeitnehmer grundsätzlich dieselben Betriebszugehörigkeiten wie für Dauerbeschäftigte. Etwas anders gilt lediglich dann, wenn unterschiedliche Betriebszugehörigkeitszeiten aus sachlichen Gründen gerechtfertigt sind.

bb) Maßnahmen gegen Missbrauch

261 Die Rahmenvereinbarung zielt neben der Gleichstellung von befristeten Arbeitsverhältnissen mit vergleichbaren Dauerarbeitsverhältnissen auch darauf ab, die Möglichkeit von aufeinanderfolgenden befristeten Arbeitsverhältnissen zu unterbinden.[393] Zur Vermeidung des Missbrauchs von aufeinanderfolgenden Arbeitsverhältnissen verpflichtet § 5 RV Befr die Mitgliedstaaten, eine oder mehrere der folgendem Maßnahmen in ihrem nationalen Recht zu verankern:
– Verlängerung eines befristeten Arbeitsvertrages nur aus sachlichen Gründen
– Begrenzung der insgesamt zulässigen Dauer aufeinanderfolgender Arbeitsverhältnisse
– Begrenzung der zulässigen Zahl der Verlängerungen befristeter Arbeitsverhältnisse.

262 Die Festlegung, wann befristete Arbeitsverhältnisse als „aufeinanderfolgend" anzusehen sind, richtet sich nicht nach Gemeinschaftsrecht, sondern wird durch § 5 Nr. 2 RV in das Ermessen der Mitgliedstaaten und/oder Sozialpartner gelegt.

cc) Erleichterung des Wechsels auf einen unbefristeten Arbeitsplatz

263 Will der Arbeitgeber unbefristet beschäftigte Vollzeitarbeitnehmer einstellen, so ist er gem. § 6 Nr. 1 RV Befr verpflichtet, befristet beschäftigte Arbeitnehmer darüber zu informieren. Diese Information kann auch durch Bekanntgabe an geeigneter Stelle im Unternehmen oder Betrieb erfolgen. Damit wird befristet Beschäftigten die Möglichkeit eingeräumt, sich um eine unbefristete Vollzeitstelle zu bewerben. Eine Verpflichtung des Arbeitgebers zur vorrangigen Berücksichtigung der internen Bewerbung des befristet beschäftigten Arbeitnehmers besteht allerdings nicht.

dd) Erleichterung des Zugangs zu Aus- und Weiterbildungsmaßnahmen

264 Nach § 6 Nr. 2 RV Befr haben die Arbeitgeber den befristet Beschäftigten, soweit möglich, den Zugang zu angemessenen Aus- und Weiterbildungsmaßnahmen zu erleichtern sowie die Verbesserung ihrer Fertigkeiten, ihr berufliches Fortkommen und ihre berufliche Mobilität zu fördern.

ee) Kollektivrechtliche Regelungen

265 Während §§ 4 bis 6 RV Befr individualrechtliche Regelungen zugunsten befristet beschäftigter Arbeitnehmer vorsehen, enthält § 7 RV Befr kollektivrechtliche Bestimmungen.

266 Gem. § 7 Nr. 1 RV Befr sind befristet beschäftigte Arbeitnehmer entsprechend den nationalen Rechtsvorschriften bei der Berechnung der Schwellenwerte für die Errichtung von Arbeitnehmervertretungen in den Unternehmen zu berücksichtigen. Der Begriff der Arbeitnehmervertretung bestimmt sich nach dem nationalen Recht. Wie die Berücksichtigung im Einzelnen erfolgen soll, wird im Richtlinienvorschlag nicht festgelegt.[394] § 7 Nr. 2 RV Befr sieht vielmehr vor, dass die Anwendungsmodalitäten des § 7 Nr. 1 RV Befr von den Mitgliedstaaten oder den Sozialpartnern unter Berücksichtigung der natio-

---

[392] Vgl. Ziff. 10 und 12 der „Allgemeinen Erwägungen" zur Rahmenvereinbarung.
[393] Vgl. Ziff. 6 und 7 der „Allgemeinen Erwägungen" zur Rahmenvereinbarung.
[394] Dagegen war Art. 2 Abs. 2 des Kommissionsvorschlags für eine Richtlinie über bestimmte Arbeitsverhältnisse hinsichtlich der Arbeitsbedingungen (ABl. EG C 224, S. 4) aus dem Jahre 1990 konkreter gefasst. Danach waren beschäftigte Arbeitnehmer bei der Berechnung der Schwelle, von der ab im Unternehmen Arbeitnehmervertretungsorgane einzurichten sind, proportional zur Dauer ihrer Arbeitsleistung zu berücksichtigen.

nalen Gesetze, Tarifverträge und Gepflogenheiten und unter Berücksichtigung des in § 4 Nr. 1 RV Befr verankerten Grundsatzes der Nichtdiskriminierung festgelegt werden.

Eine sehr vage formulierte Informationspflicht des Arbeitgebers sieht § 7 Nr. 3 RV Befr **267** vor. Danach haben die Arbeitgeber, soweit dies möglich ist, eine angemessene Information der vorhandenen Arbeitnehmervertretungen über befristete Arbeitsverhältnisse im Unternehmen in Erwägung zu ziehen. Einen Rechtsanspruch der befristet beschäftigten Arbeitnehmer wollten die Sozialpartner mit dieser Vorschrift offensichtlich nicht begründen. Die Vorschrift hat daher lediglich Appellfunktion.

2. Umsetzung in das deutsche Recht

Die Richtlinie 1999/70/EG wurde im Wesentlichen durch das zum 1. 1. 2001 in Kraft **268** getretene Teilzeit- und Befristungsgesetz (**TzBfG**) in das deutsche Recht umgesetzt.[395]

Die Umsetzung von § 4 RV Befr findet sich in § 4 Abs. 2 TzBfG, der erstmals ein **269** **Diskriminierungsverbot** im Verhältnis befristet beschäftigter Arbeitnehmer zu unbefristet beschäftigten Arbeitnehmern einführt.

Obwohl § 4 RV Befr nicht das Arbeitsentgelt betrifft,[396] regelt § 4 Abs. 2 Satz 2 in **270** Konkretisierung von § 4 Abs. 2 Satz 1 TzBfG, dass Arbeitsentgelt oder eine andere teilbare geldwerte Leistung einem befristet Beschäftigten mindestens in dem Umfang zu gewähren ist, der dem Anteil seiner Beschäftigung am Bemessungszeitraum entspricht.

Auch wenn § 4 Abs. 2 S. 2 TzBfG nach Wortlaut und Systematik den Schluss zulässt, **271** bezogen auf das Entgelt sei keine Differenzierung aus sachlichen Gründen zulässig, so ergibt sich doch aus der Gesetzesbegründung[397] und aus Sinn und Zweck der Vorschrift, dass auch beim Entgelt differenziert werden darf, wenn ein sachlicher Grund vorliegt.[398]

Nach seinem Wortlaut („mindestens in dem Umfang") lässt § 4 Abs. 2 S. 2 TzBfG eine **272** unbegründete **Bevorzugung** befristet Beschäftigter zu. Aus der Richtlinie 1999/70/EG ergibt sich jedoch keine Ermächtigung der Mitgliedstaaten, eine solche Bevorzugung zu regeln, so dass gemäß dem Anwendungsvorrang des Gemeinschaftsrechts § 4 Abs. 2 S. 2 TzBfG, soweit er eine sachgrundlose Bevorzugung zulässt, nicht anwendbar ist.[399]

Bis zum In-Kraft-Treten des Beschäftigungsförderungsgesetzes vom 26. 4. 1985[400] be- **273** urteilte sich die Zulässigkeit der Befristung von Arbeitsverhältnissen nach § 620 Abs. 1 BGB sowie nach der Rechtsprechung des BAG. Der Große Senat des BAG hatte bereits in seinem Beschluss vom 12. 10. 1960[401] verlangt, dass zur Vermeidung einer Umgehung des Kündigungsschutzgesetzes für die Befristung ein sich aus dem Arbeitsverhältnis ergebender **sachlicher Grund** vorhanden sein muss. Da der allgemeine Kündigungsschutz nach dem Kündigungsschutzgesetz jedoch voraussetzt, dass das Arbeitsverhältnis länger als 6 Monate bestanden hat, ein Zielkonflikt also bei Befristungen bis zu 6 Monaten grundsätzlich ausscheidet,[402] hat die Rechtsprechung insoweit auf das Vorhandensein eines sachlichen Grundes verzichtet.[403]

---

[395] Allgemein zur Befristung nach dem TzBfG *Wank* in MünchArbR, 2. Aufl. 2000, Ergänzungsband 2001 zu § 116.
[396] S. oben Rn. 257.
[397] BT-Drucks. 14/4374 S. 16 zu § 4 Abs. 2 TzBfG.
[398] MünchArbR/*Wank*, Ergänzungsband, § 116 Rn. 239 ff.; vgl. *Hromadka*, BB 2001, S. 674, 675; *Richardi/Annuß*, BB 2000, S. 2201, 2204; a. A. *Nielebock*, AiB 2001, S. 75, 76.
[399] Das gleiche Ergebnis folgt aus Art. 3 Abs. 1 GG; vgl. *Richardi/Annuß*, BB 2000, S. 2201, 2204; a. A. *Nielebock*, AiB 2001, S. 75, 76.
[400] BGBl. I S. 1065.
[401] BAG AP Nr. 16 zu § 620 BGB Befristeter Arbeitsvertrag.
[402] Etwas anderes gilt dann, wenn die Umgehung besonderer Bestandsschutznormen, wie z. B. § 9 MuSchG für Schwangere und Mütter in Frage steht, vgl. dazu KR-*Hillebrecht*, 4. Aufl. 1996, § 620 BGB, Rn. 95 ff.; MünchArbR/*Wank*, 2. Aufl. 2000, § 116, Rn. 34 ff.; s. aber Ergänzungsband 2001 Rn. 63.
[403] So etwa BAG AP Nr. 7 zu § 1 KSchG 1969 Wartezeit *(Berger-Delhey)* = DB 1990, S. 280; zur rechtsdogmatischen Begründung MünchArbR/*Wank*, 2. Aufl. 2000, § 116, Rn. 11, 14 ff.

274   Durch das **Beschäftigungsförderungsgesetz** aus dem Jahre 1985 wurde die Zulässigkeit der Befristung bereits erleichtert. Nach § 1 Abs. 1 BeschFG war die Befristung des Arbeitsvertrages bis zur Dauer von zwei Jahren zulässig. Innerhalb dieser Zeitspanne war auch die höchstens dreimalige Verlängerung eines befristeten Arbeitsvertrages zulässig. Außerhalb des Anwendungsbereichs des Beschäftigungsförderungsgesetzes bedurfte eine Befristung eines sachlichen Grundes.

275   Da die Mitgliedstaaten nicht verpflichtet sind, die in § 5 RV aufgelisteten Maßnahmen gegen den Missbrauch auf einander folgender Arbeitsverhältnisse kumulativ in nationales Recht umzusetzen, genügten die Beschränkungen des § 1 Abs. 1 BeschFG[404] sowie das Erfordernis eines sachlichen Grundes für Befristungen außerhalb des Anwendungsbereichs des Beschäftigungsförderungsgesetzes bereits den Vorgaben des § 5 RV Befr.[405]

276   Das Beschäftigungsförderungsgesetz wurde am 1. 1. 2001 durch das Teilzeit- und Befristungsgesetz abgelöst. Durch das **TzBfG** ist der Schutz befristet Beschäftigter **vom Kündigungsschutzgesetz abgekoppelt** worden,[406] so dass das TzBfG, wie es auch die Richtlinie erfordert,[407] bereits am ersten Tag der Beschäftigung und auch in einem Kleinbetrieb gilt.[408] Der deutsche Gesetzgeber hat den Weg beschritten, in § 14 Abs. 1 S. 1 TzBfG festzuschreiben, dass eine Befristung eines **sachlichen Grundes** bedarf und in § 14 Abs. 1 S. 2 Nr. 1–8 TzBfG bestimmte sachliche Gründe aufgezählt. Darüber hinaus können, um der EG-Richtlinie zu genügen, als richterrechtliche Sachgründe für eine Befristung nur solche Gründe anerkannt werden, die der Wertung nach den in § 14 Abs. 1 S. 2 Nr. 1–8 TzBfG genannten Gründen entsprechen.[409]

277   In der Nachfolge des § 1 Abs. 1 BeschFG normiert § 14 Abs. 2 TzBfG für Neueinstellungen, dass Zeitbefristungen **ohne sachlichen Grund bis zur Dauer von zwei Jahren** zulässig sind. Innerhalb dieser zwei Jahre kann der Arbeitsvertrag dreimal ohne sachlichen Grund verlängert werden. In der Literatur wird teilweise in § 14 Abs. 2 S. 1 TzBfG ein Verstoß gegen § 8 Nr. 3 RV Befr gesehen, der verbietet, dass die Umsetzung der RV Befr zur Senkung des allgemeinen Niveaus des Arbeitnehmerschutzes führt.[410] Dies ist jedoch aus zwei Gründen zu verneinen: erstens kann eine Senkung des Schutzniveaus in einem Bereich durch eine Anhebung in einer anderen Materie ausgeglichen werden, so dass das allgemeine Niveau nicht gesenkt wird.[411] Allein die Einführung eines Diskriminierungsverbots spricht daher im Ergebnis gegen eine Absenkung des Schutzniveaus i. S. einer Gesamtabwägung.

278   Zweitens ist für die Bewertung des ursprünglichen Niveaus der Zeitpunkt des In-Kraft-Tretens der Richtlinie, also gemäß Art. 3 RL der 10. 7. 1999, entscheidend;[412] zu diesem Zeitpunkt bestand bereits die Möglichkeit sachgrundloser Befristungen gem. § 1 Abs. 1 BeschFG.[413]

---

[404] Höchstens zwei Jahre und höchstens dreimalige Verlängerung in diesem Zeitraum.
[405] A. A. *Rolfs* EAS B 3200 Rn. 35.
[406] Das BAG hatte den Befristungsschutz damit begründet, dass eine Umgehung des KSchG verhindert werden sollte.
[407] So *Hanau*, NZA 2000, S. 1045.
[408] *Backhaus* in Ascheid/Preis/Schmidt, § 14 TzBfG, Rn. 3; *Bauer*, NZA 2000, S. 1039, 1042; *Däubler*, ZIP 2001, S. 217, 222; *Preis/Gotthardt*, DB 2000, S. 2065, 2070; a. A. unter Berufung auf die Gesetzesbegründung *Schiefer*, DB 2000, S. 2118, 2121.
[409] MünchArbR/*Wank*, Ergänzungsband, § 116 Rn. 162 f.; vgl. BT-Drucks. 14/4374 S. 18 zu § 14 Abs. 1 TzBfG; a. A. *Rolfs* EAS B 3200 Rn. 37, der die Aufzählung der sachlichen Gründe für abschließend hält.
[410] *Däubler*, ZIP 2000, S. 1961, 1967; *Schmalenberg*, NZA 2000, S. 1043, 1044.
[411] *Rolfs* EAS B 3200 Rn. 39.
[412] *Rolfs* EAS B 3200 Rn. 39; *Backhaus* in Ascheid/Preis/Schmidt § 14 TzBfG Rn. 69 (11. 7. 1999); *Löwisch*, NZA 2000, S. 1044 stellt auf den Zeitpunkt des Abschlusses der Rahmenvereinbarung ab.
[413] A. A. *Däubler*, ZIP 2000, S. 1961, 1967, der im BeschFG eine befristete Ausnahmeregelung sieht.

VI. Befristung von Arbeitsverträgen

Erleichterte Befristungen sind auch nach § 14 Abs. 3 TzBfG möglich, wenn der Arbeitnehmer bei Beginn des befristeten Arbeitsverhältnisses das **58. Lebensjahr** bereits vollendet hat und zu einem unbefristeten Arbeitsvertrag mit demselben Arbeitgeber kein enger sachlicher Zusammenhang besteht. Da für solche Arbeitsverhältnisse keine der in § 5 Nr. 1 RV Befr enthaltenen Begrenzungen gilt, wird in der Literatur teilweise vertreten, § 14 Abs. 3 TzBfG sei nicht europarechtskonform.[414] Dabei wird übersehen, dass nach § 8 Nr. 1 RV Befr Regelungen zulässig sind, die für Arbeitnehmer günstiger sind als die in der Rahmenvereinbarung vorgesehenen. Für über 58Jährige ist eine gesetzliche Regelung, die einen befristeten Arbeitsvertrag erlaubt, günstiger als die sonst allgemein zu befürchtende Arbeitslosigkeit.[415]

Auch dem Einwand, § 9 Nr. 2 AÜG verstoße gegen § 5 Nr. 1 RV Befr, kann nicht gefolgt werden, denn **Leiharbeitsverhältnisse** sind gemäß § 3 Nr. 1 RV Befr vom Anwendungsbereich der Rahmenvereinbarung ausgenommen.[416]

Eine dem § 6 Nr. 1 RV Befr entsprechende Verpflichtung des Arbeitgebers, die befristet beschäftigten Arbeitnehmer über unbefristete Stellen, die im Betrieb oder Unternehmen frei werden, zu **informieren,** sieht das TzBfG in § 18 vor. Der insoweit nicht eindeutige Wortlaut ist gemeinschaftsrechtskonform dahingehend auszulegen, dass sich die Information auf freie Arbeitsplätze im gesamten Unternehmen beziehen muss.[417]

Die Umsetzung des § 6 Nr. 2 RV Befr, demzufolge der Arbeitgeber befristet Beschäftigten den Zugang zu angemessenen Aus- und **Weiterbildungsmöglichkeiten** erleichtern muss, findet sich in § 19 TzBfG.

Fraglich ist, ob das deutsche Recht der Vorgabe des § 7 Nr. 1 RV Befr genügt, wonach befristet beschäftigte Arbeitnehmer bei der Berechnung der Schwelle, von der ab im Unternehmen **Arbeitnehmervertretungsorgane** einzurichten sind, angemessen berücksichtigt werden müssen. Bedeutung gewinnt diese Regelung für das deutsche Recht hinsichtlich des Schwellenwertes für die Errichtung von Betriebsräten. § 1 BetrVG bestimmt, dass in Betrieben mit in der Regel mindestens fünf ständigen wahlberechtigten Arbeitnehmern, von denen drei wählbar sind, Betriebsräte gewählt werden. Zur Feststellung der Zahl der „in der Regel" beschäftigten Arbeitnehmer wird darauf abgestellt, wie viele Arbeitnehmer während des größten Teils des Jahres, also von Zeiten außergewöhnlicher Arbeitshäufung oder vorübergehenden Arbeitsrückganges abgesehen, im Betrieb beschäftigt sind.[418] „Ständig" i. S. des § 1 BetrVG sind Arbeitnehmer dann beschäftigt, wenn die Befristung auf unbestimmte Zeit, zumindest jedoch auf längere Zeit angelegt ist.[419] Arbeitnehmer, die bloß zu einem vorübergehenden Zweck befristet eingestellt worden sind, gehören nicht zu den ständig Beschäftigten.[420] Auf den ersten Blick scheint die im deutschen Recht fehlende Berücksichtigung der nicht auf längere Zeit befristet beschäftigten Arbeitnehmer bei der Berechnung des Schwellenwertes für die Errichtung von Betriebsräten gegen § 7 Nr. 1 RV Befr zu verstoßen, der allgemein die Berücksichtigung von befristet beschäftigten Arbeitnehmern verlangt. Es ist jedoch zu beachten, dass § 7 Nr. 1 RV Befr im Gegensatz zum Kommissionsvorschlag für eine Richtlinie des Rates über

---

[414] *Backhaus* in Ascheid/Preis/Schmidt, § 14 TzBfG Rn. 103 f.; *Däubler*, ZIP 2000, S. 1961, 1967; *Richardi/Annuß*, BB 2000, S. 2201, 2204; *Rolfs* EAS B 3200 Rn. 38; a. A. *Preis/Gotthardt*, DB 2000, S. 2065, 2072.
[415] Vgl. Gesetzesbegründung, BT-Drucks. 14/4374 S. 20 zu § 14 Abs. 3; *Preis/Gotthardt*, DB 2000, S. 2065, 2072 bejahen deshalb einen sachlichen Grund für solche Befristungen; *Richardi/Annuß*, BB 2000, S. 2201, 2204 bezweifeln sogar die Vereinbarkeit mit Art. 12 GG wegen Begünstigung der älteren Arbeitnehmer.
[416] *Rolfs* EAS B 3200 Rn. 40; zweifelnd *Preis/Gotthardt*, DB 2000, S. 2065, 2074.
[417] *Rolfs* EAS B 3200 Rn. 42.
[418] *Fitting/Kaiser/Heither/Engels*, BetrVG, 20. Aufl. 2000, § 1 Rn. 238.
[419] *Fitting/Kaiser/Heither/Engels*, BetrVG, § 1 Rn. 242.
[420] GK-BetrVG/*Kraft*, Bd. I, 6. Aufl. 1997, § 1 Rn. 62.

bestimmte Arbeitsverhältnisse hinsichtlich der Arbeitsbedingungen[421] aus dem Jahre 1990 gerade nicht verlangt, dass befristet beschäftigte Arbeitnehmer „proportional zur Dauer ihrer Arbeitsleistung" berücksichtigt werden müssen, sondern sich mit einer „angemessenen" Berücksichtigung begnügt. Da in Deutschland die Schwelle zur Errichtung eines Betriebsrats so niedrig ist wie in keinem anderen EG-Mitgliedstaat, ist es als noch „angemessen" anzusehen, wenn nicht längerfristig beschäftigte Arbeitnehmer bei der Berechnung des Schwellenwertes zur Errichtung von Betriebsräten unberücksichtigt bleiben.[422]

284 § 20 TzBfG, der über die vage formulierte Informationspflicht des § 7 Nr. 3 RV Befr hinausgeht, verpflichtet den Arbeitgeber, die Arbeitnehmervertretung über die Anzahl der befristet Beschäftigten und ihren Anteil an der Gesamtbelegschaft des Betriebes und des Unternehmens zu informieren.

VII. Arbeitnehmerüberlassung

285 Den ersten Richtlinienvorschlag zur Regelung der Arbeitsverhältnisse von Zeitarbeitnehmern legte die Kommission dem Rat im Mai 1982 vor.[423] Dieser Vorschlag wurde von der Kommission überarbeitet und dem Rat am 6. April 1994 als „Änderungsvorschlag für eine Richtlinie des Rates zur Regelung der Zeitarbeit und der befristeten Arbeitsverträge" erneut vorgelegt.[424] Zu einer Verabschiedung der Richtlinienvorschläge kam es jedoch nicht. Die Kommission zog ihren bisherigen Vorschlag vielmehr zurück. Am 29. Juni 1990 legte die Kommission dem Rat dann neben dem auf Art. 94 EGV gestützten Vorschlag für eine Richtlinie des Rates über bestimmte Arbeitsverhältnisse hinsichtlich der Arbeitsbedingungen[425] sowie den auf Art. 95 (Art. 100a EGV a.F.) gestützten Vorschlag für eine Richtlinie des Rates über bestimmte Arbeitsverhältnisse im Hinblick auf Wettbewerbsverzerrungen[426] auch den auf Art. 137 EGV (Art. 118a EGV a.F.) gestützten Vorschlag für eine Richtlinie des Rates zur Ergänzung von Maßnahmen zur Verbesserung der Sicherheit und des Gesundheitsschutzes von Zeitarbeitnehmern[427] vor. Letzterer wurde zur besseren Konsensfindung aus dem Paket der Richtlinienvorschläge herausgelöst[428] und mit geringfügigen Modifikationen am 25. Juni 1991 als **Richtlinie 91/383/EWG** des Rates zur Ergänzung der Maßnahmen zur Verbesserung der Sicherheit und des Gesundheitsschutzes von Arbeitnehmern mit befristetem Arbeitsverhältnis oder Leiharbeitsverhältnis[429] verabschiedet.[430]

286 Die Richtlinie 91/383/EWG zielt darauf ab, der höheren Gefährdung von Arbeitnehmern in befristeten Arbeitsverhältnissen oder Leiharbeitsverhältnissen durch besondere Arbeitsschutzvorschriften, insbesondere über die Unterrichtung, die Unterweisung und die ärztliche Überwachung der betreffenden Arbeitnehmer, entgegenzuwirken. Bei der Richtlinie 91/383/EWG handelt es sich um eine Ergänzungsrichtlinie zur Rahmenrichtlinie Arbeitsschutz (89/391/EWG).[431] Wegen ihres engen Zusammenhangs mit dem tech-

---

[421] ABl. EG C 224, S. 4; Art. 2 Abs. 2 des Kommissionsvorschlags.
[422] Zweifel an der Vereinbarkeit der geltenden Rechtslage mit § 7 Nr. 1 RV Befr dagegen bei *Boecken*, ZfA 2000, S. 379, 423; *Röthel*, NZA 2000, S. 65, 68; gegen die Vereinbarkeit mit der Richtlinie *Rolfs* EAS B 3200 Rn. 45.
[423] „Vorschlag für eine Richtlinie des Rates zur Regelung der Zeitarbeit", ABl. EG C 128, S. 2.
[424] ABl. EG C 133, S. 1; s. dazu auch *Schmidt*, Richtlinienvorschläge, S. 125 ff.; *Wank*, RdA 1992, S. 103, 105.
[425] ABl. EG C 224, S. 4.
[426] ABl. EG C 224, S. 6.
[427] ABl. EG C 224, S. 8.
[428] Integrationsbericht der Bundesregierung, BR-Drucks. 106/91, S. 62.
[429] ABl. EG L 206, S. 19.
[430] Zur Entstehungsgeschichte dieser Richtlinie s. näher Rn. 926 ff.
[431] Zur Rahmenrichtlinie Arbeitsschutz (89/391/EWG) s. eingehend unten Rn. 440.

nischen Arbeitsschutz wird der Inhalt dieser Richtlinie sowie ihre Umsetzung nicht an dieser Stelle, sondern unter dem Gliederungspunkt „Technischer Arbeitsschutz"[432] eingehend behandelt.

Soweit es um grenzüberschreitende Arbeitnehmerüberlassung geht, sind Fragen des **Entsendegesetzes**[433] und der Freiheit des Dienstleistungsverkehrs betroffen.

Die europäischen Sozialpartner hatten Verhandlungen zur Festlegung von **Mindeststandards** im Bereich der Zeitarbeit aufgenommen. Kernstück der Verhandlungen war die Normierung eines Gleichbehandlungsgrundsatzes, ähnlich demjenigen für Teilzeitbeschäftigte und befristet Beschäftigte. Während die Gewerkschaften forderten, dass die Arbeitsbedingungen beim Entleiher maßgeblich sein sollten, wollen die Arbeitgeberverbände die Maßgeblichkeit auf die Bereiche Arbeitsschutz und Höchstarbeitszeiten beschränken. Nach dem Scheitern der Verhandlungen hat die Kommission einen Vorschlag für eine Richtlinie des Europäischen Parlaments und des Rates über die Arbeitsbedingungen von Leiharbeitnehmern **(Zeitarbeits-Richtlinie)** vorgelegt (KOM (2002) 149 endg.)

Der EuGH hat einige Bestimmungen des Arbeitnehmerüberlassungsgesetzes für gemeinschaftswidrig erklärt.[434] So dürfe u. a. nicht verlangt werden, dass ausländische Bauunternehmen im Rahmen einer Arbeitsgemeinschaft auf dem deutschen Markt nur dann grenzüberschreitende Dienstleistungen erbringen können, wenn sie über einen Sitz oder zumindest über eine Niederlassung in Deutschland verfügen, die eigenes Personal beschäftigen und als Mitglied eines deutschen Arbeitgeberverbandes von einem Rahmen- und Sozialkassentarifvertrag erfasst werden.

VIII. Arbeitszeit

Schrifttum: *Anzinger,* Münchener Handbuch zum Arbeitsrecht, 2. Aufl. 2000, §§ 217–224; *ders.,* Die aktuelle Entwicklung im Arbeitszeitrecht, RdA 1994, S. 11; *ders.,* Neues Arbeitszeitgesetz in Kraft getreten, BB 1994, S. 1493; *ders.,* Das Arbeitszeitgesetz, FS für Wlotzke, 1996, S. 427; *ders.,* Ergänzung des Arbeitszeitgesetzes durch das Euro-Einführungsgesetz, NZA 1998, S. 845; *Balze,* Die sozialpolitischen Kompetenzen der Europäischen Union, 1994; *ders.,* Die Richtlinie über die Arbeitszeitgestaltung, EuZW 1994, S. 205; *ders.,* Arbeitszeit und Urlaub, EAS B 3100; *Berger-Delhey,* Nochmals: Der Entwurf eines Arbeitszeitgesetzes, ZTR 1994, S. 105; *Buschmann/Ulber,* Arbeitszeitgesetz, 3. Aufl. 2000; *Dobberahn,* Das neue Arbeitszeitrechtsgesetz, 2. Aufl. 1996; *Erasmy,* Ausgewählte Rechtsfragen zum neuen Arbeitzeitrecht (I), NZA 1994, S. 1105; *ders.,* Ausgewählte Rechtsfragen zum neuen Arbeitzeitrecht (II), NZA 1995, S. 97; *Fischer,* Neues aus Europa: Arbeitszeitrichtlinie für das Luftfahrtpersonal, NZA 2001, S. 1064; *Günther,* EG-Arbeitszeit-Richtlinie – Gemeinsamer Standpunkt verabschiedet, BArbBl. 10/1993, S. 17; *Hartmann,* Überlegungen zur geplanten Neufassung von Regelungen zur Arbeitszeit in Form eines Arbeitszeitgesetzes, NZA 1993, S. 734; *Janicki,* Aktuelle arbeitsrechtliche Probleme und der Entwurf eines Arbeitszeitgesetzes, 1992; *Junker,* Brennpunkte des Arbeitszeitgesetzes, ZfA 1998, S. 105; *Krimphove,* Europäisches Arbeitsrecht, 1996; *Lindena,* Die neuen Sozialvorschriften im Straßenverkehr, DB 1987, S. 688; *Litschen,* Die Zukunft des Bereitschaftsdienstes im öffentlich-rechtlichen Gesundheitswesen, NZA 2001, S. 1355; *Lörcher,* Die Arbeitszeitrichtlinie der EU, AuR 1994, S. 49; *Menecke,* Entwurf eines Gesetzes zur Vereinheitlichung und Flexibilisierung des Arbeitszeitrechts, ZTR 1993, S. 499; *Neumann/Biebl,* Arbeitszeitgesetz, 13. Aufl 2001; *Reinders,* Das neue Arbeitszeitrecht, 1995; *Schliemann,* in: Kasseler Handbuch zum Arbeitsrecht, Bd. 1, 2. Aufl. 2000, 2.5 Arbeitszeit; *Roggendorff,* Arbeitszeitgesetz, 1994; *Sondermann,* Die geplante Neuregelung des Arbeitszeitrechts, DB 1993, S. 1992; *Wank,* in: Erfurter Kommentar zum Arbeitsrecht, 3. Aufl. 2002, Arbeitszeitgesetz; *Trägner,* Bereitschaftsdienst angestellter Krankenhausärzte als Arbeitszeit, NZA 2002, S. 126; *Zeppenfeld,* Das europäische Arbeitszeitrecht und seine Umsetzung, Diss. Frankfurt a. M. 1999; *Zmarzlik,* Entwurf eines Arbeitszeitgesetzes, DB 1984,

---

[432] Rn. 430, 440 ff.
[433] S. o. § 15 Rn. 472 ff. sowie *Wank/Börgmann,* NZA 2001, S. 177 ff.; *Kienle/Koch,* DB 2001, S. 922.
[434] EuGH 25. 10. 2001 Rs. 493/99 (Kommission/Bundesrepublik Deutschland), EAS Nr. 59 EG-Vertrag Nr. 42 = EuZW 2001, S. 757 = JuS 2002, S. 180 *(Streinz).* Zum Verstoß Italiens gegen Art. 49 und 56 EGV s. EuGH Rs. 279/00 EAS EG-Vertrag (1999) Art. 49 Nr. 1.

S. 1881; *ders.*, Zur Neuregelung des Arbeitszeitschutzes, DB 1985, S. 2349; *ders.*, Zum Entwurf eines Arbeitszeitgesetzes, NZA 1987, Beil. 3, S. 15; *ders.*, Das neue Arbeitszeitgesetz, DB 1994, S. 1082; *Zmarzlik/Anzinger*, Kommentar zum Arbeitszeitgesetz, 1995.

1. Allgemeines

289   Die ersten Bestrebungen der Europäischen Gemeinschaften zur Gestaltung der Arbeitszeit gehen auf das Jahr 1975 zurück. In seiner **Empfehlung 75/457/EWG vom 22. Juli 1975**[435] sprach sich der Rat dafür aus, dass die Mitgliedstaaten durch geeignete Maßnahmen bis spätestens zum 31. 12. 1978 durchsetzen, dass die **normale Arbeitszeit,** wie sie in den einzelstaatlichen Rechtsvorschriften oder Tarifverträgen festgelegt ist, grundsätzlich 40 Stunden nicht überschreiten darf. Ferner wurde empfohlen, den Grundsatz eines vierwöchigen bezahlten Mindestjahresurlaubs ebenfalls bis spätestens zum 31. 12. 1978 einzuführen.[436]

290   Eine weitere Maßnahme auf dem Gebiet der Arbeitszeit erging mit der **Empfehlung 82/875/EWG des Rates vom 10. 12. 1982,**[437] die darauf abzielt, die **flexible Altersgrenze** im Rahmen der verschiedenen Alterssicherungssysteme der Mitgliedstaaten einzuführen. Den Mitgliedstaaten wird empfohlen, sich u. a. von dem Grundsatz leiten zu lassen, dass die Arbeitnehmer von einer vorgeschriebenen Altersgrenze an und gegebenenfalls bis zu einem bestimmten Alter das Recht haben, den Zeitpunkt, von dem an sie die Rente in Anspruch nehmen können, frei zu wählen. Ferner sieht die Empfehlung vor, dass Arbeitnehmer, die Altersruhegeld beziehen, nicht von jeglicher Form vergüteter Tätigkeiten ausgeschlossen werden.[438]

291   Nicht zuletzt wegen des unverbindlichen Charakters[439] sind die Empfehlungen aus den Jahren 1982 und 1985 von geringer praktischer Bedeutung. Einen wichtigen Schritt zur Gestaltung der Arbeitszeit auf europäischer Ebene stellt dagegen die **Richtlinie des Rates über bestimmte Aspekte der Arbeitszeitgestaltung** vom 3. August 1990 dar.[440] Rechtsverbindlichen Regelungen, die mittelbar auch die Arbeitszeit betreffen, ergeben sich zudem aus der EWG-Verordnung 3820/85 des Rates über die Harmonisierung bestimmter Sozialvorschriften im Straßenverkehr.[441]

2. Die Arbeitszeitrichtlinie 93/104/EG

a) EG-Recht

aa) Vorgeschichte

292   Die Staats- und Regierungschefs von elf der zwölf Mitgliedstaaten der Europäischen Gemeinschaften haben auf dem Straßburger Gipfel am 9. Dezember 1989 die **Gemeinschaftscharta der sozialen Grundrechte** der Arbeitnehmer angenommen.[442] Diese nicht bindende Erklärung sieht vor, dass die Verbesserung der Lebens- und Arbeitsbedingungen der Arbeitnehmer durch eine Angleichung dieser Bedingungen auf dem Wege des Fortschritts erfolgt und u. a. auch die Arbeitszeit und die Arbeitszeitgestaltung betrifft.[443] Des Weiteren hat gem. Titel I Ziff. 8 der Gemeinschaftscharta jeder Arbeitnehmer der Europäischen Gemeinschaft Anspruch auf eine wöchentliche Ruhezeit und auf einen bezahlten Jahresurlaub, deren jeweilige Dauer gemäß den einzelstaatlichen Gepflogenheiten schrittweise einander anzunähern ist. Zudem sieht Ziff. 19 der Gemeinschaftscharta

---

[435] ABl. EG L 199, S. 32.
[436] Auf die Darstellung weiterer Einzelheiten der Empfehlung wird hier verzichtet.
[437] ABl. EG L 357, S. 27.
[438] Zu weiteren Einzelheiten vgl. die Empfehlung.
[439] Vgl. Art. 249 EGV (Art. 189 EGV a. F.).
[440] Dazu nachfolgend Rn. 292.
[441] S. dazu unten Rn. 354.
[442] KOM (89), 248 endg.; s. dazu oben § 13 Rn. 96 ff.
[443] Titel I Ziff. 7 der Gemeinschaftscharta.

vor, dass jeder Arbeitnehmer in seiner Arbeitsumwelt zufrieden stellende Bedingungen für Gesundheitsschutz und Sicherheit vorfinden muss und dass sachdienliche Maßnahmen zu ergreifen sind, um die Harmonisierung der auf diesem Gebiet bestehenden Bedingungen schrittweise fortzuführen. Zur Verwirklichung der in der Gemeinschaftscharta festgelegten Grundsätze hat die Kommission ein Aktionsprogramm entwickelt,[444] in dem sie u. a. einen Richtlinienvorschlag zur Anpassung der Arbeitszeit ankündigte.[445] Am 3. August 1990 legte die Kommission dem Rat dann den Vorschlag für eine Richtlinie des Rates über bestimmte Aspekte der Arbeitszeitgestaltung vor.[446] In seiner Stellungnahme vom 18. 12. 1990 befürwortete der Wirtschafts- und Sozialausschuss den Richtlinienvorschlag mit Vorbehalten.[447] Das EP billige den Richtlinienvorschlag am 20. 2. 1991 vorbehaltlich der von ihm vorgenommenen Änderungen.[448] Am 23. 4. 1991 legte die Kommission dem Rat dann einen überarbeiteten Richtlinienvorschlag vor.[449] Mehr als 3 Jahre nach Vorlage des Kommissionsvorschlags hat der Rat am 23. November 1993 die Richtlinie 93/104/EG über bestimmte Aspekte der Arbeitszeitgestaltung verabschiedet.[450] Gem. Art. 18 Abs. 1 Buchst. a RL ArbZ war die auf Art. 138 EGV (Art. 118a EGV a. F.)[451] gestützte Richtlinie bis spätestens zum 23. November 1996 in nationales Recht umzusetzen.

Das Vereinigte Königreich hat gem. Art. 230 EGV (Art. 173 EGV a. F.) Nichtigkeitsklage erhoben[452] und beantragt, die Arbeitszeitrichtlinie insgesamt, hilfsweise Art. 4, Art. 5 Abs. 1 und 2, Art. 6 Abs. 2 und Art. 7 RL ArbZ für nichtig zu erklären. Zur Begründung machte das Vereinigte Königreich u. a. geltend, die Arbeitszeitrichtlinie sei von der Ermächtigungsgrundlage des Art. 138 EGV (Art. 118a EGV a. F.) nicht abgedeckt und verstoße zudem gegen den Verhältnismäßigkeitsgrundsatz. Mit Urteil vom 12. 11. 1996[453] hat der EuGH lediglich Art. 5 Abs. 2 RL ArbZ[454] für nichtig erklärt und die Klage im Übrigen abgewiesen.

bb) Der Inhalt der Richtlinie

Übersicht

	Rn.		Rn.
(1) Anwendungsbereich	294	(5) Gesundheitsüberwachung	307
(2) Arbeitszeit	297	(6) Sonstige Schutzvorschriften für Nacht- und Schichtarbeiter	308
(3) Mindestruhezeiten, Ruhepausen, Dauer der Arbeitszeit, Mindestjahresurlaub	299	(7) Ausnahmetatbestände	314
(4) Nachtschicht, Schichtarbeit und Arbeitsabläufe	305	(8) Mindestanforderungen	317
		(9) Mindesturlaub	319

---

[444] Aktionsprogramm der Kommission der Europäischen Gemeinschaften zur Anwendung der Gemeinschaftscharta der sozialen Grundrechte vom 29. 11. 1989, BR-Drucks. 717/89.
[445] S. 2. Teil Ziff. 3 des Aktionsprogramms.
[446] ABl. EG C 254, S. 4.
[447] Vgl. die Stellungnahme des Wirtschafts- und Sozialausschusses vom 18. 12. 1990, ABl. EG C 60, S. 26.
[448] Vgl. ABl. EG C 72, S. 86.
[449] ABl. EG C 124, S. 8.
[450] ABl. EG L 307, S. 18; im Folgenden als Arbeitszeitrichtlinie (RL ArbZ) bezeichnet. Zur Arbeitszeitrichtlinie und ihrer Entstehungsgeschichte s. auch *Balze*, Die sozialpolitischen Kompetenzen, S. 216 f.; *ders.*, EuZW 1994, S. 205; *ders.*, EAS B 3100, Rn. 13 ff.; *Günther*, BArbBl. 10/1993, S. 17 ff.; *Krimphove*, Europäisches Arbeitsrecht, 1996, S. 194 ff.; *Lörcher*, AuR 1994, S. 49 ff.
[451] Zum Kompetenzumfang des Art. 138 EGV (Art. 118a EGV a. F.) ausführlich *Balze*, Die sozialpolitischen Kompetenzen, S. 68 ff.; *ders.*, EAS B 3100, Rn. 13 ff.
[452] Zur Nichtigkeitsklage s. näher oben § 8 Rn. 196 ff.
[453] EuGH, Rs. 84/94, Slg. 1996, S. 5755 = NZA 1997, S. 23.
[454] Gem. Art. 5 Abs. 2 RL ArbZ schließt die wöchentliche Mindestruhezeit des Art. 5 Abs. 1 RL ArbZ grundsätzlich den Sonntag ein. Zur wöchentlichen Mindestruhezeit s. nachfolgend Rn. 299.

(1) Anwendungsbereich

294 Gem. Art. 1 Abs. 3 RL ArbZ gilt die Richtlinie für alle privaten und öffentlichen Tätigkeitsbereiche. Ausgenommen sind der Straßen-, Luft-, See- und Schienenverkehr, die Binnenschifffahrt, die Seefischerei, andere Tätigkeiten auf See sowie die Tätigkeiten der Ärzte in der Ausbildung.[455] § 1 Abs. 4 RL ArbZ stellt klar, dass die Bestimmungen der Arbeitsschutzrahmenrichtlinie 89/391/EWG[456] unbeschadet strengerer oder spezifischer Vorschriften in der vorliegenden Richtlinie voll anzuwenden sind. Im Hinblick auf den persönlichen Geltungsbereich wird damit auch auf den Arbeitnehmerbegriff des Art. 3 Nr. 1 der Arbeitsschutzrahmenrichtlinie 89/391/EWG Bezug genommen.[457]

295 In der **Rechtssache Simap**[458] hatte sich der EuGH mit der Frage zu befassen, ob auch spanische Ärzte, die im öffentlichen Gesundheitsdienst tätig sind, unter den Anwendungsbereich der Richtlinie fallen. Die Richtlinie enthält dazu eine Geltungsanordnung und zwei Bereichsausnahmen.[459] Grundsätzlich ist die Richtlinie nach ihrem Art. 1 Abs. 3 anwendbar auf alle privaten und öffentlichen Tätigkeitsbereiche, wobei sie Bezug nimmt auf Art. 2 Richtlinie 89/91/EWG, somit also auch auf Ärzte im staatlichen Gesundheitsdienst. Eine Bereichsausnahme enthält die Grundrichtlinie 89/391/EWG in Art. 2 betreffend Besonderheiten bestimmter spezifischer Tätigkeiten im öffentlichen Dienst. Gemeint sind damit, wie der EuGH mit Recht entschied,[460] nur Tätigkeiten, die die öffentliche Sicherheit und Ordnung gewährleisten sollen, wozu die ärztliche Grundversorgung nicht gehört. Die zweite Bereichsausnahme ergibt sich aus der Arbeitszeitrichtlinie selbst; darunter fallen u. a. der Straßenverkehr sowie Tätigkeiten der Ärzte in der Ausbildung, Art. 1 Abs. 3 RL ArbZ. Andere Ärzte werden somit nicht vom persönlichen Geltungsbereich der Richtlinie ausgenommen.

296 Der **Straßenverkehr** ist bei weitem der größte der vom Anwendungsbereich der Arbeitszeitrichtlinie ausgenommenen Sektoren. Schätzungen zufolge sind in der EU insgesamt 6,5 Millionen Personen in diesem Sektor tätig, von denen ein großer Teil selbständig Erwerbstätige sind.[461] Die für den Straßenverkehr existierende EWG-Verordnung 3820/85[462] legt außer der Lenkzeit keine maximale Arbeitszeit fest, z. B. für Tätigkeiten wie Auf- und Abladen, die einen großen Teil der täglichen Arbeitszeit der Fahrer ausmachen können, jedoch nicht durch die Verordnung abgedeckt sind. In bestimmten Fällen kann dies zu einer außerordentlich langen Gesamtarbeitszeit führen, die nicht nur die Gefährdung der Berufsfahrer, sondern aller Verkehrsteilnehmer erhöht. Hiervon ausgehend hat die Kommission in ihrem „Weißbuch zu den Sektoren und Tätigkeitsbereichen, die von der Arbeitszeitrichtlinie ausgeschlossen sind"[463] vom 7. Juli 1997 die Sozialpartner aufgerufen, bis Ende September 1998 eigenverantwortlich eine einheitliche Arbeitszeitregelung innerhalb der EU auszuhandeln. Nachdem die Verhandlungen zwischen Arbeitgebern und Gewerkschaften im Transportsektor über ein EU-weites Rahmenwerk zur Begrenzung der Arbeitszeit im Straßengüterverkehr gescheitert sind, hat die Kommission angekündigt, unter Zugrundelegung der bisherigen Verhandlungsergebnisse einen eigenen Vorschlag zur Änderung der Arbeitszeitrichtlinie zu erarbeiten und dem Ministerrat vorzulegen. Ihrer Ankündigung entsprechend hat die Kommission dem Rat im Jahre 1999

---

[455] Zur Erweiterung des Geltungsbereichs durch die Änderungsrichtlinie 2000/34/EG s. unten Rn. 320.
[456] Zur Arbeitsschutzrahmenrichtlinie 89/391/EWG s. näher oben Rn. 440.
[457] *Balze*, EAS B 3100, Rn. 22.
[458] EuGH, Rs. C-303/98 –, AP Nr. 2 zu EWG-Richtlinie Nr. 93/104 = EAS RL 93/104/EWG Art. 2 Nr. 1 *(Wank)*.
[459] Zu den Änderungen bezüglich des persönlichen Geltungsbereichs der Richtlinie, die sich aus der Änderungsrichtlinie 2000/34/EG ergeben, s. unten Rn. 321.
[460] EuGH, Rs. C-303/98 –, Tz. 36.
[461] Road Transport in the European Union: Aspects of the Organization und Enforcement of Working and Driving Time Regulations.
[462] Näher dazu unten Rn. 354.
[463] KOM (97) 334 endg.

VIII. Arbeitszeit

den Vorschlag zur Änderung der Arbeitszeitrichtlinie[464] vorgelegt. Am 22. Juni 2999 haben das EP und der Rat die Richtlinie 2000/34/EG zur Änderung der Richtlinie 93/104/EG des Rates über bestimmte Aspekte der Arbeitszeitgestaltung hinsichtlich der Sektoren und Tätigkeitsbereiche, die von jener Richtlinie ausgeschlossen sind[465] verabschiedet.

(2) Arbeitszeit

Nach Art. 2 Ziff. 1 der Arbeitszeitrichtlinie ist Arbeitszeit „jede Zeitspanne, während der ein Arbeitnehmer gemäß den einzelstaatlichen Rechtsvorschriften und/oder Gepflogenheiten arbeitet, dem Arbeitgeber zur Verfügung steht und seine Tätigkeit ausübt oder Aufgaben wahrnimmt". Als Gegenbegriff nennt Ziff. 2 die Ruhezeit als „jede Zeitspanne außerhalb der Arbeitszeit". Sind somit die beiden Eckpunkte umrissen, so ist offen, ob Arbeitsbereitschaft und Rufbereitschaft zur Arbeitszeit oder zur Ruhezeit gehören. Der EuGH hat in der **Rechtssache Simap**[466] versucht, die Lösung aus dem Wortlaut der Legaldefinition abzuleiten, was jedoch angesichts der ganz unverständlichen Formulierung nicht gelingen kann. Richtig ist demgegenüber eine teleologische Begriffsbildung, ausgerichtet an dem Zweck, die Gesundheit der Arbeitnehmer zu schützen. In Betracht kommt danach, Bereitschaftsdienst oder Rufbereitschaft pauschal dem einen oder dem anderen Eckpunkt zuzuordnen oder nach der konkreten Inanspruchnahme des Arbeitnehmers zu differenzieren. Der EuGH fand eine kombinierte Lösung. Den Bereitschaftsdienst rechnet er pauschal zur Arbeitszeit i. S. der Richtlinie, bei der Rufbereitschaft zählt nur die Zeit, in der der Arbeitnehmer tatsächlich zur Arbeit herangezogen wird, als Arbeitszeit. Von Bereitschaftsdienst spricht der EuGH insoweit, wenn der Arbeitnehmer am Arbeitsplatz dem Arbeitgeber zur Verfügung stehen muss, von Rufbereitschaft, wenn er dies außerhalb des Arbeitsplatzes tut. 297

Die Entscheidung betraf angestellte Ärzte in einem spanischen Gesundheitszentrum. Sie ist aber ohne weiteres auf Ärzte in deutschen Krankenhäusern zu übertragen. Entgegen der bisherigen Praxis und auch entgegen der Regelung im BAT muss auch in Deutschland nunmehr der Bereitschaftsdienst als Arbeitszeit i. S. des Arbeitszeitgesetzes gewertet werden.[467] 298

(3) Mindestruhezeiten, Ruhepausen, Dauer der Arbeitszeit, Mindestjahresurlaub

Gegenstand des 2. Abschnitts der Arbeitszeitrichtlinie sind die täglichen und wöchentlichen Mindestruhezeiten, die Ruhepausen, die wöchentliche Höchstarbeitszeit sowie der Mindestjahresurlaub. 299

Art. 3 RL ArbZ verpflichtet die Mitgliedstaaten sicherzustellen, dass Arbeitnehmer eine **tägliche Mindestruhezeit** von elf zusammenhängenden Stunden in einem Zeitraum von 24 Stunden einhalten.[468] Ruhezeit ist dabei die sich an die übliche Arbeitszeit anschließende Zeitspanne, während der ein Arbeitnehmer dem Arbeitgeber nicht zur Verfügung steht.[469] 300

In seiner Entscheidung zum spanischen **Bereitschaftsdienst** für Ärzte hat der EuGH klargestellt, dass ein Bereitschaftsdienst dann in die Berechnung der Arbeitszeit einzubeziehen ist, wenn der Arbeitnehmer in der Einrichtung bleiben muss.[470] 301

Gem. Art. 4 RL ArbZ haben die Mitgliedstaaten die notwendigen Maßnahmen zu treffen, damit jedem Arbeitnehmer bei einer täglichen Arbeitszeit von mehr als 6 Stunden eine Ruhepause gewährt wird. 302

---

[464] ABl. EG C 43, S. 1.
[465] ABl. EG L 195, S. 41; s. näher zur Änderungsrichtlinie 2000/34/EG unten Rn. 320.
[466] EuGH, Rs. C-303/98 = AP Nr. 2 zu EWG-Richtlinie Nr. 93/104.
[467] S. *Wank*, Anm. zu EuGH Rs. C 303/98, EAS RL 93/104/EWG Art. 2 Nr. 1. Zu dieser Entscheidung ferner Vorlagebeschluss (AG Schleswig-Holstein, DB 2002, S. 1057.
[468] Der geänderte Richtlinienvorschlag sah noch eine tägliche Mindestruhezeit von zwölf Stunden vor; s. Art. 3 des geänderten Kommissionsvorschlages.
[469] S. die Legaldefinition in Art. 2 Ziff. 2 RL ArbZ.
[470] EuGH Rs. C-303/98, AP Nr. 2 zu EWG-Richtlinie Nr. 93/104.

303 Art. 5 Abs. 1 RL ArbZ verpflichtet die Mitgliedstaaten, die erforderlichen Maßnahmen zu treffen, damit jedem Arbeitnehmer pro Siebentageszeitraum eine kontinuierliche Mindestruhezeit von 24 Stunden zuzüglich der täglichen Ruhezeit von elf Stunden gem. Art. 3 RL ArbZ gewährt wird. Auf Betreiben der Bundesrepublik Deutschland wurde Art. 5 Abs. 1 RL ArbZ durch einen Abs. 2 ergänzt, wonach die Mindestruhezeit gem. Abs. 1 den Sonntag grundsätzlich mit einschließt. Diese Regelung hat der EuGH in seinem Urteil vom 12. 11. 1996[471] für nichtig erklärt. Art. 5 Abs. 2 RL ArbZ sei von der Ermächtigungsgrundlage des Art. 138 EGV (Art. 118a EGV a. F.) nicht abgedeckt. Zwar hänge der Einschluss des Sonntags in die wöchentliche Mindestruhezeit letztlich in Anbetracht der Unterschiedlichkeit der kulturellen, ethnischen und religiösen Faktoren in den einzelnen Mitgliedstaaten von diesen ab. Der Rat habe jedoch nicht dargetan, warum der Sonntag als wöchentlicher Ruhetag in engerem Zusammenhang mit der Gesundheit und der Sicherheit der Arbeitnehmer stehen solle als ein anderer Wochentag.[472]

304 Der ursprüngliche Richtlinienvorschlag sah vor, dass Arbeitnehmern ein bezahlter Mindestjahresurlaub zu gewährleisten ist. Die Einzelheiten bezüglich Dauer und Aufteilung sollten sich nach den einzelstaatlichen Gepflogenheiten richten. Art. 7 Abs. 1 RL ArbZ hat diese vage Regelung dahingehend präzisiert, dass jedem Arbeitnehmer ein bezahlter **Mindestjahresurlaub** von vier Wochen nach Maßgabe der einzelstaatlichen Rechtsvorschriften oder Gepflogenheiten zusteht.[473] Nach Art. 7 Abs. 2 RL ArbZ darf der bezahlte Mindestjahresurlaub außer bei Beendigung des Arbeitsverhältnisses nicht durch eine finanzielle Vergütung ersetzt werden. Gem. Art. 18 Abs. 1 Buchst.b ii RL ArbZ war den Mitgliedstaaten die Anwendung des Art. 7 RL ArbZ für eine Übergangszeit von höchstens drei Jahren ab dem 23. November 1996 freigestellt.

(4) Nachtschicht, Schichtarbeit und Arbeitsabläufe

305 Art. 7 RL ArbZ beruht auf der Erkenntnis, dass lange Nachtarbeitsperioden und wechselnde Schichtpläne die Gesundheit der Arbeitnehmer beeinträchtigen und die Sicherheit am Arbeitsplatz gefährden können.

306 Nach Art. 8 Ziff. 1 RL ArbZ darf die normale Arbeitszeit für **Nachtarbeiter** im Durchschnitt acht Stunden pro 24-Stunden-Zeitraum nicht überschreiten. Nachtarbeiter ist nach der Begriffsbestimmung des Art. 2 Ziff. 4 RL ArbZ zum einen jeder Arbeitnehmer, der während der Nachtzeit normalerweise mindestens drei Stunden seiner täglichen Arbeitszeit verrichtet. Nachtarbeiter i. S. der Arbeitszeitrichtlinie ist ferner jeder Arbeitnehmer, der während der Nachtzeit[474] gegebenenfalls einen bestimmten Teil seiner jährlichen Arbeitszeit verrichtet, der in einzelstaatlichen Rechtsvorschriften, Tarifverträgen oder Vereinbarungen zwischen den Sozialpartnern festgelegt wird. Sofern ein Mitgliedstaat eine entsprechende Festlegung nicht getroffen hat, muss das nationale Gericht selbst unter Art. 2 Ziff. 4 Buchst. a) subsumieren.[475] Art. 16 Ziff. 3 RL ArbZ gestattet den Mitgliedstaaten, für die normale Arbeitszeit für Nachtarbeiter gem. Art. 8 Ziff. 1 RL ArbZ einen Bezugszeitraum festzulegen. Nachtarbeiter, deren Arbeit mit besonderen Gefahren oder

---

[471] Rs. 84/94, Slg. 1996, S. 5755 = NZA 1997, S. 23; s. zu diesem Urteil oben Rn. 292 f.

[472] S. Ziff. 37 der Begründung; zur Änderung des Art. 5 Abs. 1 RL ArbZ durch die Änderungsrichtlinie 2000/34/EG s. unten Rn. 320 ff.

[473] Die Kommission ist damit dem Vorschlag des Wirtschafts- und Sozialausschusses gefolgt, vgl. Ziff. 2.11 der Stellungnahme des Wirtschafts- und Sozialausschusses. Nach der Entscheidung EuGH Rs. 173/99 AP Nr. 3 zu EWG-Richtlinie Nr. 93/104 = EAS Nr. 1 zu Art. 7 RL 93/104/EG = EuZW 2001, S. 605 (BECTU) darf eine nationale Vorschrift den Mindesturlaub nicht von einer bestimmten Dauer des Arbeitsverhältnisses abhängig machen; s. Rn. 319.

[474] Nachtzeit i. S. der Arbeitszeitrichtlinie (Art. 2 Ziff. 3) ist jede in den einzelstaatlichen Rechtsvorschriften festgelegte Zeitspanne von mindestens sieben Stunden, welche auf jeden Fall die Zeitspanne zwischen 24 Uhr und 5 Uhr umfasst.

[475] EuGH, Rs. C-303/98 (Simap), AP Nr. 2 zu EWG-Richtlinie Nr. 93/104.

VIII. Arbeitszeit

einer erheblichen körperlichen oder geistigen Anspannung verbunden ist, dürfen allerdings maximal acht Stunden in einem 24-Stunden-Zeitraum arbeiten. Welche Arbeit unter Berücksichtigung der Auswirkungen der Nachtarbeit und der ihr eigenen Risiken mit besonderen Gefahren oder einer erheblichen körperlichen und geistigen Anspannung verbunden ist, bestimmt sich nach einzelstaatlichen Rechtsvorschriften oder Gepflogenheiten oder Tarifverträgen oder Vereinbarungen zwischen den Sozialpartnern.

(5) Gesundheitsüberwachung

Nach Art. 9 Abs. 1 Buchst. a RL ArbZ haben Nachtarbeiter einen Anspruch darauf, vor Aufnahme der Arbeit und danach in regelmäßigen Abständen kostenlos auf ihren Gesundheitszustand untersucht zu werden. Dem Vorschlag des Wirtschafts- und Sozialausschusses sowie der Entschließung des EP folgend,[476] hat der Rat den Grundsatz der Vertraulichkeit des Untersuchungsergebnisses mit in die Vorschrift aufgenommen. Das Ergebnis der ärztlichen Untersuchung unterliegt gem. Art. 9 Abs. 2 RL ArbZ der ärztlichen Schweigepflicht. 307

(6) Sonstige Schutzvorschriften für Nacht- und Schichtarbeiter

Erleidet ein Nachtarbeiter gesundheitliche Schwierigkeiten, die nachweislich darauf zurückzuführen sind, dass er Nachtarbeit leistet, so ist der Arbeitgeber gem. Art. 9 Abs. 1 Buchst. b RL ArbZ verpflichtet, den betreffenden Arbeitnehmer soweit jeweils möglich auf eine Arbeitsstelle mit Tagesarbeit zu versetzen, für die er geeignet ist. 308

Beschäftigt ein Arbeitgeber regelmäßig Nachtarbeiter, so hat er nach Art. 11 RL ArbZ die zuständige Behörde auf Ersuchen davon in Kenntnis zu setzen. 309

Art. 12 Ziff. 1 RL ArbZ verpflichtet die Mitgliedstaaten, sicherzustellen, dass Nacht- und Schichtarbeitern ein Gesundheits- und Sicherheitsschutz zuteil wird, der der Art ihrer Arbeit Rechnung trägt. 310

In der Rechtssache Simap[477] war zu klären, ob es unter Schichtarbeit fällt, wenn Ärzte täglich von 8 Uhr bis 15 Uhr arbeiten und zusätzlich einmal innerhalb von 11 Tagen mit wechselnder Arbeitszeit **Bereitschaftsdienst** leisten. Nachdem der EuGH festgestellt hatte, dass auch Bereitschaftsdienst zur Arbeitszeit gehört, folgerte er, dass die Legaldefinition der Schichtarbeit gemäß der Arbeitszeitrichtlinie[478] erfüllt sei. Nicht eingegangen ist der EuGH auf das Problem, dass Schichtarbeit hier nicht die Regelarbeitszeit darstellte, sondern nur eine Ergänzung von einem Tag gerechnet auf 11 Tage. 311

Nach Art. 12 Ziff. 2 RL ArbZ haben Arbeitgeber zu gewährleisten, dass die zur Sicherheit und zum Schutz der Gesundheit von Nacht- und Schichtarbeitern gebotenen Schutz- und Vorsorgeleistungen oder -mittel denen für die übrigen Arbeitnehmer entsprechen und jederzeit vorhanden sind. 312

Beabsichtigt ein Arbeitgeber, die Arbeit nach einem bestimmten Rhythmus zu gestalten, muss er gem. Art. 13 RL ArbZ dem allgemeinen Grundsatz Rechnung tragen, dass die Arbeitszeitgestaltung dem Menschen angepasst sein muss. Dies gilt insbesondere im Hinblick auf die Verringerung der eintönigen Arbeit und des maschinenbestimmten Arbeitsrhythmus. 313

(7) Ausnahmetatbestände

Art. 17 RL ArbZ enthält zahlreiche Ausnahmebestimmungen. So können die Mitgliedstaaten gem. Art. 17 Abs. 1 RL ArbZ von den Art. 3, 4, 5, 6, 8, und 16 RL ArbZ abweichen, wenn die Arbeitszeit wegen der besonderen Merkmale der ausgeübten Tätigkeiten nicht gemessen oder nicht im Voraus festgelegt wird oder von den Arbeitnehmern selbst 314

---

[476] Vgl. Ziff. 2.14 der Stellungnahme des Wirtschafts- und Sozialausschusses sowie Änderung Nr. 27 der Entschließung des EP, ABl. EG C 72, S. 86.
[477] EuGH, Rs. C-303/98, AP Nr. 2 zu EWG-Richtlinie Nr. 93/104.
[478] Schichtarbeiter ist nach der Begriffsbestimmung des Art. 2 Ziff. 6 RL ArbZ jeder in einem Schichtplan eingesetzte Arbeitnehmer.

festgelegt werden kann. Dies gilt insbesondere für die in Art. 17 Abs. 1 RL ArbZ aufgezählten Arbeitnehmergruppen, wie leitende Angestellte, sonstige Personen mit selbständiger Entscheidungsbefugnis, beschäftigte Familienangehörige sowie Arbeitnehmer, die im liturgischen Bereich von Kirchen oder Religionsgemeinschaften beschäftigt sind. Voraussetzung ist jedoch, dass die Mitgliedstaaten bei der Festschreibung der Ausnahmen die allgemeinen Grundsätze des Schutzes der Sicherheit und der Gesundheit der Arbeitnehmer beachten.

315 In Art. 17 Abs. 2 RL ArbZ werden eine Vielzahl von Tätigkeiten aufgelistet, bei denen sowohl durch Rechtsvorschriften als auch durch Tarifverträge oder Vereinbarungen zwischen den Sozialpartnern von den Art. 3, 4, 5, 8 und 16 der RL ArbZ nach Maßgabe des Art. 17 Abs. 4 RL ArbZ abgewichen werden darf.[479] Dies gilt vor allem auch für Tätigkeiten, die dadurch gekennzeichnet sind, dass die Kontinuität des Dienstes oder der Produktion gewährleistet sein muss. Voraussetzung für ein Abweichen nach Art. 17 Abs. 2 RL ArbZ ist jedoch, dass die betroffenen Arbeitnehmer gleichwertige Ausgleichsruhezeiten erhalten. Soweit in Ausnahmefällen auch die Gewährung gleichwertiger Ausgleichsruhezeiten aus objektiven Gründen nicht möglich ist, muss sichergestellt sein, dass die Arbeitnehmer angemessen geschützt werden.

316 Schließlich räumt Art. 17 Abs. 3 RL ArbZ den nationalen Tarifparteien und Sozialpartnern Abweichungsmöglichkeiten von den Art. 3, 4, 5, 8 und 16 RL ArbZ ein.[480]

(8) Mindestanforderungen

317 Mit der auf Art. 138 EGV (Art. 118a EGV a.F.) gestützten Arbeitszeitrichtlinie sollen lediglich Mindestvorschriften für bestimmte Aspekte der Arbeitsgestaltung im Hinblick auf die Gesundheit und die Sicherheit festgesetzt werden. Art. 15 RL ArbZ stellt klar, dass durch diese Richtlinie das Recht der Mitgliedstaaten unberührt bleibt, für die Sicherheit und den Gesundheitsschutz der Arbeitnehmer günstigere Rechts- und Verwaltungsvorschriften anzuwenden oder zu erlassen oder die Anwendung von für die Sicherheit und den Gesundheitsschutz der Arbeitnehmer günstigeren Tarifverträgen oder Vereinbarungen zwischen den Sozialpartnern zu fördern oder zu gestatten.[481]

318 Die Bestimmungen der Arbeitsschutzrahmenrichtlinie 89/391/EWG über die Durchführung von Maßnahmen zur Verbesserung der Sicherheit und des Gesundheitsschutzes der Arbeitnehmer bei der Arbeit vom 12. Juni 1989[482] finden, unbeschadet strengerer oder spezifischer Vorschriften in der vorliegenden Richtlinie, volle Anwendung.[483]

(9) Mindesturlaub

319 Art. 7 der Arbeitszeitrichtlinie gewährt einen Mindesturlaub, und zwar „nach Maßgabe der Bedingungen und Gewährung ..., die in den einzelstaatlichen Rechtsvorschriften und/oder nach den einzelstaatlichen Gepflogenheiten vorgesehen sind." In einem von der britischen Mediengewerkschaft **BECTU** angestrengten Verfahren entschied der EuGH, dass das britische Urlaubsrecht gegen Art. 7 der Richtlinie verstößt. Nach englischem Recht entsteht der Urlaubsanspruch erst, wenn der Arbeitnehmer bei demselben Arbeitgeber mindestens 13 Wochen ununterbrochen beschäftigt wurde (s. Rn. 304).

---

[479] Von der Abweichungsbefugnis ausgenommen ist die wöchentliche Höchstarbeitszeit (Art. 6 RL ArbZ) sowie der Mindestjahresurlaub (§ 7 RL ArbZ).
[480] Zu den Einzelheiten der Abweichungsbefugnisse s. Art. 17 RL ArbZ.
[481] Diese klarstellende Regelung geht auf die Entschließung des EP zurück; vgl. Änderung Nr. 38 (o. Fußn. 14).
[482] ABl. EG L 183, S. 1; näher dazu oben Rn. 440 ff.
[483] Art. 1 Abs. 4 RL ArbZ.

cc) Die Änderungsrichtlinie 2000/34/EG

Übersicht

	Rn.		Rn.
(1) Allgemeines	320	(6) Ärzte in der Ausbildung	327
(2) Ausdehnung des Geltungsbereichs	321	(7) Neu eingefügte Vorschriften	328
(3) Streichung des Art. 5 Abs. 2 RL ArbZ	323	(8) Umsetzungsfrist für die Änderungsrichtlinie	
(4) Spezifischere Gemeinschaftsvorschriften	324	linie	331
(5) Erweiterung der Ausnahmetatbestände	325		

(1) Allgemeines

Wie bereits festgestellt,[484] sind gem. Art. 1 Abs. 3 RL ArbZ bestimmte Sektoren vom Anwendungsbereich der Arbeitszeitrichtlinie in ihrer Ursprungsfassung ausgenommen, und zwar der Straßen-, Luft-, See- und Schienenverkehr, die Binnenschifffahrt, die Seefischerei, andere Tätigkeiten auf See sowie die Tätigkeiten der Ärzte in der Ausbildung.[485] Die Kommission hat in ihrem Vorschlag vom 20. September 1990 keine Sektoren und Tätigkeitsbereiche von der Arbeitszeitrichtlinie 93/104/EG des Rates ausgeschlossen; ebenso wenig hat das EP in seiner Stellungnahme vom 20. Februar 1991 derartige Ausnahmen akzeptiert. Zum Schutz der Gesundheit und Sicherheit derjenigen Beschäftigten, die bisher noch vom Anwendungsbereich der Arbeitszeitrichtlinie ausgeschlossen waren, hat die Kommission dem Rat am 24. November 1998[486] – gestützt auf Art. 138 EGV (Art. 118a EGV a. F.) – einen Vorschlag zur Änderung der Arbeitszeitrichtlinie vorgelegt. Auf der Grundlage dieses Vorschlags hat der Rat am 22. Juni 2000 die Richtlinie 2000/34/EG des Europäischen Parlaments und des Rates zur Änderung der Richtlinie 93/104/EG des Rates über bestimmte Aspekte der Arbeitszeitgestaltung hinsichtlich der Sektoren und Tätigkeitsbereiche, die von jener Richtlinie ausgeschlossen sind,[487] verabschiedet.[488]

(2) Ausdehnung des Geltungsbereichs

Gem. Art. 1 Nr. 1 der Änderungsrichtlinie wird der in Art. 1 Abs. 3 RL ArbZ festgelegte Geltungsbereich nunmehr unbeschadet der Art. 14 und 17 RL ArbZ auf alle privaten oder öffentlichen Tätigkeitsbereiche i. S. des Art. 2 der Arbeitsschutzrahmenrichtlinie 89/391/EWG[489] ausgedehnt.

Vom Anwendungsbereich der Arbeitszeitrichtlinie ausgenommen bleiben jedoch Seeleute gem. der Definition in der Richtlinie 1999/63/EG des Rates vom 21. Juni 1999 zu der vom Verband der Reeder in der Europäischen Gemeinschaft (European Community Shipowners' Association ECSA) und dem Verband der Verkehrsgewerkschaften in der Europäischen Union (Federation of Transport Workers' Unions in the European Union FTS) getroffenen Vereinbarung über die Regelung der Arbeitszeit von Seeleuten.[490]

(3) Streichung des Art. 5 Abs. 2 RL ArbZ

Wie bereits oben festgestellt,[491] hat der EuGH in seinem Urteil vom 12. November 1996 Art. 5 Abs. 2 RL ArbZ mangels ausreichender Ermächtigungsgrundlage für

---

[484] S. oben Rn. 294 ff.
[485] Betroffen ist auch das Büropersonal; s. EuGH Rs. 133/00 (J. R. Bowden), EAS Nr. 1 zu Art. 1 RL 93/104/EG; zur Erweiterung des Geltungsbereichs durch die Änderungsrichtlinie 2000/34/EG s. Rn. 321 f., 328 ff.
[486] ABl. EG C 43, S. 1.
[487] ABl. EG L 195, S. 41; nachfolgend Änderungsrichtlinie abgekürzt; s. *Timmann*, EuroAS 9–10/2000, S. 124.
[488] S. *Timmann*, EuroAS 9–10/2000, S. 124.
[489] S. dazu Rn. 440 ff.
[490] ABl. EG L 167, S. 33.
[491] Rn. 293.

nichtig erklärt. Im Lichte dieser Rechtsprechung hat der Gemeinschaftsgesetzgeber durch Art. 1 Nr. 3 der Änderungsrichtlinie die Streichung des Art. 5 Abs. 2 RL ArbZ angeordnet.

(4) Spezifischere Gemeinschaftsvorschriften

324 Schon Art. 14 RL ArbZ bestimmte, dass die Bestimmungen der Arbeitszeitrichtlinie nicht gelten, soweit andere Gemeinschaftsinstrumente spezifischere Vorschriften für bestimmte Beschäftigungen oder berufliche Tätigkeiten enthalten. Durch Art. 1 Nr. 4 der Änderungsrichtlinie wird der Wortlaut des Art. 14 RL ArbZ dahingehend präzisiert, dass der Vorrang nur für spezifischere Vorschriften „über die Arbeitszeitgestaltung" für bestimmte Beschäftigungen oder berufliche Tätigkeiten gilt.

(5) Erweiterung der Ausnahmetatbestände

325 Durch die Einbeziehung der Beschäftigten im Schienenverkehr in den Geltungsbereich ist eine Anpassung des Ausnahmekatalogs des Art. 17 RL ArbZ erforderlich geworden. Demgemäß ist der Ausnahmekatalog des Art. 17 Nr. 2.1. Buchst. c RL ArbZ, der Abweichungen von den Art. 3, 4, 8 und 16 RL ArbZ zulässt, dahingehend erweitert worden, dass die Mitgliedstaaten unter den in Art. 17 Abs. 2 RL ArbZ genannten Voraussetzungen Abweichungen auch für die im regelmäßigen innerstädtischen Personenverkehr beschäftigten Arbeitnehmer vorsehen können.[492]

326 Eine durch die Erweiterung des Geltungsbereichs bedingte zusätzliche Ausnahmebestimmung ist durch die Änderungsrichtlinie Art. 17 Abs. 2 Nr. 2.1. RL ArbZ angefügt worden, wonach die Mitgliedstaaten unten den in Art. 17 Abs. 2 RL ArbZ festgelegten Bedingungen Ausnahmen auch von den Art. 3, 4, 5, 8 und 16 RL ArbZ im Fall eines vorhersehbaren übermäßigen Arbeitsanfalls beim Eisenbahnpersonal vorsehen können, und zwar
– bei nichtständigen Tätigkeiten;
– bei Beschäftigten, die ihre Arbeitszeit in Zügen verbringen; oder
– bei Tätigkeiten, die an Fahrpläne gebunden sind und die die Kontinuität und Zuverlässigkeit des Verkehrsablaufs sicherstellen.

(6) Ärzte in der Ausbildung

327 Aus einer 1994 in Auftrag der Kommission durchgeführten Studie[493] geht hervor, dass die Handhabung des Bereitschaftsdienstes von Ärzten in der Ausbildung von einem Mitgliedstaat zum anderen sehr verschieden ist. In mehreren Ländern erwartet man von Ärzten in der Ausbildung eine bedeutende Wochenarbeitszeit und übermäßig lange ununterbrochene Einsatzzeiten. Die Studie kommt zu dem Ergebnis, dass obwohl die wöchentliche Arbeitszeit von Ärzten in der Ausbildung äußerst verschieden ausfallen kann, sie in vielen Ländern häufig 55 Stunden übersteigt. Die Kommission sieht dadurch die Sicherheit und Gesundheit einer beträchtlichen Anzahl Ärzte in der Ausbildung zweifelsfrei als gefährdet an. Die durch Art. 1 Nr. 6 der Änderungsrichtlinie dem Art. 17 Abs. 2 RL ArbZ angefügte Nr. 2.4. enthält eine flexible Regelung im Hinblick auf die Arbeitszeit von Ärzten in der Ausbildung. Unter den in Art. 17 Abs. 2 RL ArbZ genannten Voraussetzungen können die Mitgliedstaaten Ausnahmen von den Art. 6 und 16 Nr. 2 RL ArbZ bei Ärzten in der Ausbildung vorsehen. Für die Ausnahmeermächtigung von Art. 6 RL ArbZ gilt dies jedoch lediglich für eine Übergangszeit von fünf Jahren ab dem 1. August 2004.[494]

---

[492] S. Art. 1. Nr. 5 (Ziff. 2.1. Buchst. c viii) der Änderungsrichtlinie.
[493] Coshape Ltd. The Working Hours of Doctors in Training in the context of Directive 93/104/EC.
[494] Hinsichtlich der Bedingungen für eine Verlängerung dieses Übergangszeitraums s. Art. 1 Nr. 6 der Übergangsrichtlinie.

VIII. Arbeitszeit 328–331 § 18

(7) Neu eingefügte Vorschriften

Durch Art. 1 Nr. 7 der Änderungsrichtlinie sind Art. 17a und Art. 17b in die Arbeitszeitrichtlinie eingefügt worden. Gem. Art. 17a Abs. 1 RL ArbZ gelten die Art. 3, 4, 5 und 8 nicht für mobile Arbeitnehmer. „**Mobiler Arbeitnehmer**" ist nach der durch die Änderungsrichtlinie neu angefügten Begriffsbestimmung des Art. 2 Nr. 2 jeder Arbeitnehmer, der als Mitglied des fahrenden oder fliegenden Personals im Dienste eines Unternehmens beschäftigt ist, das Personen oder Güter im Straßen- oder Luftverkehr oder in der Binnenschifffahrt befördert. Art. 17a Abs. 2 RL ArbZ verpflichtet die Mitgliedstaaten jedoch zu gewährleisten, dass die mobilen Arbeitnehmer – außer unter den in Art. 17 Abs. 2 Nr. 2.2 RL ArbZ vorgesehenen Bedingungen – Anspruch auf ausreichende Ruhezeiten haben. „Ausreichende Ruhezeiten" sind nach der durch die Änderungsrichtlinie neu eingefügten Begriffsbestimmung des Art. 2 Nr. 9 RL ArbZ dann gewährleistet, wenn die Arbeitnehmer über regelmäßige und ausreichend lange und kontinuierliche Ruhezeiten verfügen, deren Dauer in Zeiteinheiten angegeben wird, damit sichergestellt ist, dass sie nicht wegen Übermüdung oder wegen eines unregelmäßigen Arbeitsrhythmus sich selbst, ihre Kollegen oder sonstige Personen verletzen und weder kurzfristig noch langfristig ihre Gesundheit schädigen.[495] 328

Eine Ausnahmeregelung sieht der neu in die Arbeitszeitrichtlinie eingefügte Art. 17a Abs. 3 für Arbeitnehmer vor, die hauptsächlich Tätigkeiten auf Offshore-Anlagen ausüben. „**Tätigkeiten auf Offshore-Anlagen**" sind nach der neu eingefügten Begriffsbestimmung des Art. 2 Nr. 8 RL ArbZ „Tätigkeiten, die größtenteils auf oder von einer Offshore-Plattform (einschließlich Bohrplattformen) aus direkt oder indirekt im Zusammenhang mit der Exploration, Erschließung oder wirtschaftlichen Nutzung mineralischer Ressourcen einschließlich Kohlenwasserstoffe durchgeführt werden, sowie Tauchen im Zusammenhang mit derartigen Tätigkeiten, entweder von einer Offshore-Anlage oder vom Schiff aus." Für Arbeitnehmer, die mit derartigen Tätigkeiten beschäftigt werden, können die Mitgliedstaaten aus objektiven, technischen oder arbeitsorganisatorischen Gründen den in Art. 16 Nr. 2 RL ArbZ genannten Bezugszeitraum auf 12 Monate ausdehnen. Diese Ausnahmeermächtigung steht jedoch unter dem Vorbehalt, dass die allgemeinen Grundsätze der Sicherheit und des Gesundheitsschutzes der Arbeitnehmer eingehalten werden. Weitere Voraussetzung für die Ausnahmeregelung ist, dass die betreffenden Sozialpartner konsultiert wurden, und – falls die Parteien dies wünschen – Anstrengungen zur Förderung aller einschlägigen Formen des sozialen Dialogs unternommen haben. 329

Gem. dem neu in die Arbeitszeitrichtlinie eingefügten Art. 17b gelten die Art. 3, 4, 5, 6 und 8 RL ArbZ nicht für Arbeitnehmer an Bord von **seegehenden Fischereifahrzeugen**, die unter der Flagge eines Mitgliedstaats fahren. Jedoch müssen die Mitgliedstaaten die erforderlichen Maßnahmen treffen, damit auch diese Arbeitnehmer Anspruch auf eine ausreichende Ruhezeit haben, und um die Wochenarbeitszeit auf 48 Stunden im Durchschnitt während eines Bezugszeitraums von höchstens 12 Monaten zu begrenzen.[496] 330

(8) Umsetzungsfrist für die Änderungsrichtlinie

Gem. Art. 2 der Änderungsrichtlinie sind die Mitgliedstaaten verpflichtet, sie spätestens bis zum 1. August 2003 in nationales Recht umzusetzen. 331

---

[495] Zum Arbeitszeitschutz für das Luftfahrtpersonal s. *Fischer*, NZA 2001, S. 1064. Zum weiteren Ausnahmevorbehalt für Arbeitnehmer, die hauptsächlich Tätigkeiten auf Offshore-Anlagen ausüben, s. den neu eingefügten Art. 17a Abs. 3 RL ArbZ sowie den folgenden Text.

[496] Hinsichtlich der weiteren Richtlinienvorgaben für Arbeitnehmer an Bord von seegehenden Fischereifahrzeugen s. die Abs. 3 bis 8 des neu in die Arbeitszeitrichtlinie eingefügten Art. 17b.

b) Umsetzung in das deutsche Recht

aa) Umsetzung der Arbeitszeitrichtlinie in ihrer Ursprungsfassung

Übersicht

	Rn.		Rn.
(1) Anwendungsbereich	333	(8) Gesundheitsüberwachung	345
(2) Tägliche Mindestruhezeit	334	(9) Umsetzungsanspruch	346
(3) Tägliche Ruhepausen	336	(10) Unterrichtungspflicht	347
(4) Wöchentliche Mindestruhezeit	337	(11) Schutz- und Vorsorgemaßnahmen	348
(5) Mindestjahresurlaub	340	(12) Arbeitsrhythmus	349
(6) Wöchentliche Höchstarbeitszeit	341	(13) Abweichungen	350
(7) Höchstzulässige werktägliche Nachtarbeit	342		

332 Der gesetzliche Arbeitszeitschutz in Deutschland ist ein Teilbereich des allgemeinen Arbeitsschutzrechts. Er dient dem Schutz des Arbeitnehmers gegen übermäßige Abnutzung seiner Arbeitskraft und will ihm in gewissem Maße ermöglichen, sich seiner Familie zu widmen und an dem kulturellen Leben des Volkes teilzunehmen.[497] Bis zum In-Kraft-Treten des Arbeitszeitgesetzes (ArbZG) vom 6. Juni 1994[498] war die wichtigste Rechtsquelle des öffentlich-rechtlichen Arbeitszeitschutzes die aus dem Jahre 1938 stammende Arbeitszeitordnung.[499] Durch das am 1. Juli 1994 in Kraft getretene neue Arbeitszeitgesetz ist der öffentlich-rechtliche Arbeitszeitschutz einschließlich des Verbots und der Zulässigkeit von Sonn- und Feiertagsarbeit der gesellschaftlichen, sozialen und technischen Entwicklung angepasst und grundsätzlich auf alle Arbeitnehmer und Beschäftigungsbereiche ausgedehnt worden.[500] Im Folgenden wird geprüft, ob das Arbeitszeitgesetz den Anforderungen der Arbeitszeitrichtlinie bereits genügt oder ob es noch nationaler Umsetzungsmaßnahmen bedarf.[501]

(1) Anwendungsbereich

333 Das Arbeitszeitgesetz gilt grundsätzlich für alle Arbeitnehmer in allen Beschäftigungsbereichen.[502] Keine Anwendung findet das Arbeitszeitgesetz gem. § 18 ArbZG auf: leitende Angestellte i.S. des § 5 Abs. 3 BetrVG sowie Chefärzte; Leiter von öffentlichen Dienststellen und deren Vertreter sowie Arbeitnehmer im öffentlichen Dienst, die zu selbständigen Entscheidungen in Personalangelegenheiten befugt sind; Arbeitnehmer, die in häuslicher Gemeinschaft mit den ihnen anvertrauten Personen zusammenleben und sie

---

[497] Zöllner/Loritz, Arbeitsrecht, § 31 I, S. 315f.
[498] BGBl. I S. 1170; zuletzt geändert durch das Euro-Einführungsgesetz – EuroEG – vom 9. 6. 1998, BGBl. I S. 1242. Näher zu diesem Änderungsgesetz Anzinger, NZA 1998, S. 845.
[499] RGBl. I S. 447; zuletzt geändert durch Anlage I Kapitel VIII Sachgebiet C Abschnitt III Nr. 7 des Einigungsvertrages vom 31. 8. 1990, BGBl. II, S. 889. Zur bisherigen Arbeitszeitordnung s. u.a. Anzinger, MünchArbR, §§ 209–217; ders., RdA 1994, S. 11 ff.; Neumann/Biebl, Arbeitszeitgesetz, 13. Aufl. 2001.
[500] Zum neuen Arbeitszeitgesetz s. Anzinger, BB 1994, S. 1493; Buschmann/Ulber, Arbeitszeitgesetz, 3. Aufl. 2000; Dobberahn, Das neue Arbeitszeitrechtsgesetz, 2. Aufl. 1999; Erasmy, NZA 1994, S. 1105; ders., NZA 1995, S. 97; Reinders, Das neue Arbeitszeitrecht, 1994; Roggendorff, Arbeitszeitgesetz, 1995; Zmarzlik, DB 1994, S. 1082ff.; Zmarzlik/Anzinger, Arbeitszeitgesetz, 1995; zu den unterschiedlichen Entwürfen und Vorentwürfen eines neuen Arbeitszeitgesetzes s. Anzinger, RdA 1994, S. 11ff.; Berger-Delhey, ZTR 1994, S. 105; Hartmann, NZA 1993, S. 734; Janicki, Aktuelle arbeitszeitrechtliche Probleme und der Entwurf des Arbeitszeitgesetzes, Berlin 1992; Sondermann, DB 1983, S. 1992; Zmarzlik, DB 1984, S. 1881f.; ders., DB 1985, S. 2339ff.; ders., NZA 1987, Beil. 3, S. 15ff.
[501] Die Prüfung beschränkt sich auf die wesentlichsten Punkte; wegen weiterer Detailfragen wird auf die einschlägige Kommentarliteratur zum Arbeitszeitgesetz (s. vorherige Fußn.) verwiesen.
[502] Zu den spezialgesetzlichen Regelungen s. § 18 Abs. 2 bis 4 ArbZG.

VIII. Arbeitszeit

eigenverantwortlich erziehen, pflegen oder betreuen; Arbeitnehmer im liturgischen Bereich der Kirchen und der Religionsgemeinschaften. Der Ausschluss der in § 18 Abs. 1 ArbZG aufgeführten Arbeitnehmer aus dem Anwendungsbereich des Arbeitszeitgesetzes ist mit der Arbeitszeitrichtlinie vereinbar, da diese in Art. 17 Abs. 1 RL ArbZ entsprechende Abweichungsermächtigungen enthält.[503]

(2) Tägliche Mindestruhezeit

Die tägliche Mindestruhezeit für Arbeitnehmer über 18 Jahre ist in § 5 ArbZG geregelt.[504] Gem. § 5 Abs. 1 ArbZG müssen Arbeitnehmer nach Beendigung der täglichen Arbeitszeit eine ununterbrochene Ruhezeit von mindestens 11 Stunden haben. Von diesem Grundsatz enthält § 5 Abs. 2 ArbZG eine Ausnahmeregelung. Danach kann in Krankenhäusern und anderen Einrichtungen zur Behandlung, Pflege und Betreuung von Personen, in Gaststätten und anderen Einrichtungen zur Bewirtung und Beherbergung, in Verkehrsbetrieben, beim Rundfunk sowie in der Landwirtschaft und in der Tierhaltung die Dauer der täglichen Mindestruhezeit um bis zu eine Stunde verkürzt werden, wenn jede Verkürzung der Ruhezeit innerhalb eines Kalendermonates oder innerhalb von 4 Wochen durch Verlängerung einer anderen Ruhezeit auf mindestens 12 Stunden ausgeglichen wird. 334

Die grundsätzliche tägliche Mindestruhezeit von 11 Stunden stimmt mit der Richtlinienvorgabe des Art. 3 RL ArbZ überein. Die Ausnahmeregelung des § 5 Abs. 2 ArbZG wird durch die Abweichungsermächtigung des Art. 17 Abs. 2 RL ArbZ gestattet. 335

(3) Tägliche Ruhepausen

In § 4 ArbZG ist die Mindestdauer der Ruhepausen nach der Dauer der Arbeitszeit gestaffelt. Sie beträgt bei einer Arbeitszeit von mehr als 6 bis zu 9 Stunden mindestens 30 Minuten, bei einer Arbeitszeit von mehr als 9 Stunden mindestens 45 Minuten, wobei die Ruhepausen in Zeitabschnitte von mindestens 15 Minuten aufgeteilt werden können. Länger als 6 Stunden hintereinander dürfen Arbeitnehmer nicht ohne Ruhepause beschäftigt werden. § 4 ArbZG entspricht damit der Vorgabe des § 4 RL ArbZ, wonach jedem Arbeitnehmer bei einer täglichen Arbeitszeit von mehr als sechs Stunden eine Ruhepause zu gewähren ist. 336

(4) Wöchentliche Mindestruhezeit

Nach § 9 Abs. 1 ArbZG ist die Beschäftigung von Arbeitnehmern an Sonn- und Feiertagen in Gewerbebetrieben grundsätzlich verboten. Das deutsche Arbeitszeitrecht geht somit von 6 Arbeitstagen (Montag bis einschließlich Samstag) in der Woche aus. Die den Arbeitnehmern zu gewährende Ruhe hat mindestens für jeden Sonntag 24 Stunden zu dauern. Die Ruhezeit ist grundsätzlich kalendermäßig zu berechnen, also von 0 Uhr morgens an. Das Sonntagsarbeitsverbot des § 9 Abs. 1 ArbZG gilt auch für mehrschichtige Betriebe mit regelmäßiger Tag- und Nachtschicht. Der Gesetzgeber hat dem Arbeitgeber in § 9 Abs. 2 ArbZG lediglich eine Abweichung von der kalendermäßigen Berechnung des Sonntags gestattet. Danach kann der Beginn und das Ende der Sonntagsruhe um bis zu 6 Stunden vor- oder zurückverlegt werden, wenn für die auf den Beginn der Ruhezeit folgenden 24 Stunden der Betrieb ruht. 337

Nach § 11 Abs. 4 ArbZG ist die Sonn- oder Feiertagsruhe des § 9 ArbZG den Arbeitnehmern grundsätzlich unmittelbar in Verbindung mit der Ruhezeit nach § 5 ArbZG zu gewähren. In Übereinstimmung mit Art. 5 Abs. 1 RL ArbZ steht Arbeitnehmern somit grundsätzlich eine kontinuierliche wöchentliche Ruhezeit von mindestens 35 Stunden zu. Soweit technische oder arbeitsorganisatorische Gründe es erfordern, kann gem. § 11 Abs. 4 ArbZG die wöchentliche Ruhezeit von 35 Stunden auf 24 Stunden verkürzt wer- 338

---

[503] A. A. die Kommission, 1. 12. 2000, KOM (2000) 787 endg.
[504] Jugendliche dürfen nach § 13 JArbSchG nicht vor Ablauf einer ununterbrochenen Freizeit von mindestens 12 Stunden beschäftigt werden.

den. Diese Einschränkung steht im Einklang mit der Arbeitszeitrichtlinie, da sie durch Art. 5 Abs. 3 RL ArbZ abgedeckt ist.

339 § 10 ArbZG durchbricht den Grundsatz des Beschäftigungsverbots für Sonn- und Feiertage allerdings durch zahlreiche Ausnahmen. Werden Arbeitnehmer an einem Sonntag beschäftigt, müssen sie gem. § 11 Abs. 3 ArbZG jedoch einen Ersatzruhetag haben, der innerhalb eines den Beschäftigungstag einschließenden Zeitraums von 2 Wochen zu gewähren ist. Art. 16 Nr. 2 RL ArbZG gestattet den Mitgliedstaaten, den Bezugszeitraum für die wöchentliche Mindestruhezeit auf bis zu 14 Tage festzulegen. Das Arbeitszeitgesetz entspricht somit auch den Vorgaben der Arbeitszeitrichtlinie in Bezug auf die wöchentliche Mindestruhezeit.

(5) Mindestjahresurlaub

340 Der Forderung des Art. 7 RL ArbZ nach einem bezahlten Mindestjahresurlaub von 4 Wochen ist der deutsche Gesetzgeber durch eine Änderung des Bundesurlaubsgesetzes nachgekommen.[505] Mit Wirkung ab dem 1. Januar 1995 ist die in § 3 BUrlG geregelte Dauer des gesetzlichen Mindesturlaubs von 18 auf 24 Werktage verlängert worden. Nach § 4 BUrlG wird der volle Urlaubsanspruch allerdings erst nach 6 Monaten erworben; das EG-Recht kennt diese Einschränkung nicht (s. Rn. 304, 319).

(6) Wöchentliche Höchstarbeitszeit

341 Anders als die Arbeitszeitrichtlinie enthält das Arbeitszeitgesetz keine ausdrückliche Regelung über die zulässige wöchentliche Höchstarbeitszeit. Sie ergibt sich jedoch mittelbar aus § 3 ArbZG.[506] Danach darf die werktägliche Arbeitszeit der Arbeitnehmer grundsätzlich 8 Stunden nicht überschreiten. Indem diese Vorschrift die zulässige Arbeitszeit für jeden Werktag auf 8 Stunden begrenzt, ergibt sich bei wöchentlich 6 Werktagen eine höchstzulässige wöchentliche Arbeitszeit von 48 Stunden. Insoweit entspricht § 3 ArbZG der Vorgabe des Art. 6 Ziff. 2 RL ArbZ, wonach die durchschnittliche Arbeitszeit pro Siebentageszeitraum 48 Stunden nicht überschreiten darf. Gem. § 3 S. 2 ArbZG kann die gesetzlich zulässige werktägliche Arbeitszeit von 8 Stunden auf bis zu 10 Stunden verlängert werden, wenn innerhalb von 6 Kalendermonaten oder innerhalb von 24 Wochen im Durchschnitt 8 Stunden werktäglich nicht überschritten werden. Anders als § 3 S. 2 ArbZG räumt die Arbeitszeitrichtlinie den Mitgliedstaaten die Festlegung eines Ausgleichzeitraumes nur von bis zu 4 Monaten ein. § 3 ArbZG steht insoweit im Widerspruch zur Arbeitszeitrichtlinie[507] und bedarf somit noch einer richtlinienkonformen Änderung.[508]

(7) Höchstzulässige werktägliche Nachtarbeit

342 Die werktägliche Arbeitszeit der Nachtarbeitnehmer[509] darf gem. § 6 Abs. 2 S. 1 ArbZG 8 Stunden nicht überschreiten. Sie kann gem. § 6 Abs. 2 S. 2 ArbZG auf bis zu 10 Stunden verlängert werden, wenn innerhalb von einem Kalendermonat oder innerhalb von 4 Wochen im Durchschnitt 8 Stunden werktäglich nicht überschritten werden. Als Nachtzeit i. S. des Arbeitszeitgesetzes gilt nach § 2 Abs. 3 ArbZG die Zeit von 23.00 bis 6.00 Uhr. Nachtarbeit ist nach der Begriffsbestimmung des § 2 Abs. 4 ArbZG jede Arbeit, die mehr als 2 Stunden Nachtzeit umfasst.

---

[505] Art. 2 des Gesetzes zur Vereinheitlichung und Flexibilisierung des Arbeitszeitrechts (Arbeitszeitrechtsgesetz – ArbZRG) vom 6. Juni 1994; BGBl. I S. 1170.
[506] Die Kommission hält das nicht für ausreichend; KOM (2000) 787 endg.
[507] Ebenso *Balze*, EAS B 3100, Rn. 63.
[508] Die fehlende Richtlinienkonformität des § 3 S. 2 ArbZG kann auch nicht dadurch kompensiert werden, dass die europäischen Mindestgrenzen an anderer Stelle, wie etwa bei der Nachtarbeitsregelung, deutlich überschritten werden; so aber zu Unrecht *Dobberahn*, Das neue Arbeitszeitrechtsgesetz, 2. Aufl. 1996, Rn. 14.
[509] Nachtarbeitnehmer i. S. des Arbeitszeitgesetzes sind nach der Begriffsbestimmung des § 2 Abs. 5 Arbeitnehmer, die auf Grund ihrer Arbeitszeitgestaltung normalerweise Nachtarbeit in Wechselschicht zu leisten haben, oder Nachtarbeit an mindestens 48 Tagen im Kalenderjahr leisten.

Die Begrenzung der höchstzulässigen werktäglichen Arbeitszeit der Nachtarbeitnehmer 343
auf 8 Stunden entspricht Art. 8 Nr. 1 RL ArbZ. Die Festlegung eines Ausgleichszeitraums
von einem Kalendermonat oder 4 Wochen wird durch die Abweichungsermächtigung des
Art. 16 Nr. 3 RL ArbZ gerechtfertigt. Die Begriffsbestimmung der Nachtzeit hält sich an
die Richtlinienvorgabe des Art. 2 Nr. 3 RL ArbZ. Hinsichtlich des Begriffs der Nachtarbeit geht das Arbeitszeitgesetz über die Vorgabe der Arbeitszeitrichtlinie hinaus, da Art. 4
Nr. 4 RL ArbZ die Grenze erst bei dreistündiger Beschäftigung während der Nachtzeit
ansetzt.

Eine dem Art. 8 Ziff. 2 RL ArbZ entsprechende Regelung, wonach die maximal zulässige werktägliche Arbeitszeit für Nachtarbeiter, deren Arbeitszeit mit besonderen Gefahren 344
oder einer erheblichen körperlichen oder geistigen Anspannung verbunden ist, bei 8
Stunden liegt, fehlt im Arbeitszeitgesetz. Um der Vorgabe des Art. 8 Nr. 2 RL ArbZG zu
entsprechen, muss daher durch einzelstaatliche Rechtsvorschriften, Tarifverträge oder
Vereinbarungen zwischen den Sozialpartnern noch festgelegt werden, welche Arbeit unter
Berücksichtigung der Auswirkungen der Nachtarbeit und der ihr eigenen Risiken mit
besonderen Gefahren oder einer erheblichen körperlichen und geistigen Anspannung
verbunden ist.

(8) Gesundheitsüberwachung

Der Vorgabe des Art. 9 Nr. 1 Buchst. a RL ArbZ entsprechend, gibt § 6 Abs. 3 ArbZG 345
Nachtarbeitnehmern einen Anspruch darauf, sich vor Beginn der Beschäftigung und danach in regelmäßigen Zeitabständen von nicht weniger als 3 Jahren arbeitsmedizinisch
untersuchen zu lassen. Nach Vollendung des 50. Lebensjahres steht Nachtarbeitnehmern
dieses Recht in Zeitabständen von einem Jahr zu. Die Kosten der Untersuchungen hat der
Arbeitgeber zu tragen, sofern er die Untersuchungen den Nachtarbeitnehmern nicht kostenlos durch einen Betriebsarzt oder einen überbetrieblichen Dienst von Betriebsärzten
anbietet.

(9) Umsetzungsanspruch

Der Umsetzungsanspruch des Art. 9 Nr. 1 Buchst. b RL ArbZ wird durch § 6 Abs. 4 346
Buchst. a ArbZG in nationales Recht umgesetzt. Danach hat der Arbeitgeber den Nachtarbeitnehmer auf dessen Verlangen auf einen für ihn geeigneten Tagesarbeitsplatz umzusetzen, wenn nach arbeitsmedizinischer Feststellung die weitere Verrichtung von Nachtarbeit den Arbeitnehmer in seiner Gesundheit gefährdet, sofern dem nicht dringende
betriebliche Erfordernisse entgegenstehen.

(10) Unterrichtungspflicht

Der in Art. 11 RL ArbZ normierten Pflicht des Arbeitgebers, die zuständige Behörde 347
auf Ersuchen von der regelmäßigen Inanspruchnahme von Nachtarbeitnehmern in Kenntnis zu setzen, wird durch § 17 Abs. 4 ArbZG entsprochen. Danach kann die Aufsichtsbehörde vom Arbeitgeber die für die Durchführung des Arbeitszeitgesetzes und der auf
Grund dieses Gesetzes erlassenen Rechtsverordnungen erforderlichen Auskünfte verlangen.

(11) Schutz- und Vorsorgemaßnahmen

Die in Art. 12 Nr. 1 RL ArbZ normierte Pflicht des Arbeitgebers, sicherzustellen, dass 348
Nacht- und Schichtarbeitnehmern ein Gesundheits- und Sicherheitsschutz zuteil wird, der
der Art ihrer Arbeit Rechnung trägt, ergibt sich im deutschen Recht bereits aus den arbeitsschutzrechtlichen Generalklauseln § 3 ArbSchG[510] sowie § 618 Abs. 1 BGB.[511] Der
Arbeitgeber ist danach nämlich verpflichtet, den Betrieb so zu regeln, dass die Arbeitnehmer gegen Gefahren für Leben und Gesundheit so weit geschützt sind, wie es die Natur

---

[510] S. näher zu dieser Vorschrift *Wank*, Kommentar zum technischen Arbeitsschutz, § 3 ArbSchG.
[511] Dazu ErfK/*Wank*, § 618 BGB.

des Betriebs gestattet. Der arbeitsrechtliche Gleichbehandlungsgrundsatz gebietet es zudem, dass Nachtarbeitnehmern zumindest der gleiche Schutz vor arbeitsbedingten Gefahren zukommt, wie den am Tage beschäftigten Arbeitnehmern.

(12) Arbeitsrhythmus

349 Die sich aus Art. 13 RL ArbZ ergebende Forderung, nach der der Arbeitgeber bei Arbeiten nach einem bestimmten Rhythmus dem Grundsatz Rechnung zu tragen hat, dass die Arbeitsgestaltung dem Menschen angepasst sein muss, wird durch § 6 Abs. 1 ArbZG in deutsches Recht umgesetzt. Danach ist der Arbeitgeber verpflichtet, die Arbeitszeit der Nacht- und Schichtarbeitnehmer nach den gesicherten arbeitswissenschaftlichen Erkenntnissen über die menschengerechte Gestaltung der Arbeit festzulegen.

(13) Abweichungen

350 Gem. § 7 ArbZG können nach Maßgabe dieser Vorschrift von §§ 3 bis 6 ArbZG abweichende Regelungen in einem Tarifvertrag oder auf Grund eines Tarifvertrags in einer Betriebsvereinbarung zugelassen werden. Diese Abweichungsbefugnisse werden durch Art. 17 Abs. 2 bis 4 RL ArbZ abgedeckt.

bb) Umsetzung der Änderungsrichtlinie 2000/34/EG

351 Das Arbeitszeitgesetz gilt, von den spezialgesetzlichen Regelungen der § 18 bis 21 ArbZG abgesehen, für **alle Arbeitnehmer.** Vom Arbeitszeitgesetz erfasst werden somit auch die Tätigkeitsbereiche im Schienenverkehr sowie von Ärzten in der Ausbildung. Die in der Änderungsrichtlinie festgelegte Erstreckung des Geltungsbereichs von Arbeitnehmern, die in diesen Tätigkeitsbereichen beschäftigt werden, entspricht somit bereits den Vorgaben der Änderungsrichtlinie.

352 Für die Beschäftigung von Arbeitnehmern auf Kauffahrteischiffen in einem Heuerarbeitsverhältnis (§ 3 SeemG) gilt anstelle des Arbeitszeitgesetzes das **Seemannsgesetz.**[512] Der öffentlich-rechtliche Arbeitszeitschutz der Besatzungsmitglieder wird in §§ 88 bis 92 SeemG geregelt, die ausreichende Ruhezeiten, wie sie durch den neu eingefügten Art. 17a ArbZG vorgegeben werden, festlegen.

353 Das Arbeitszeitgesetz gilt grundsätzlich auch für Arbeitnehmer in der **Luftfahrt.** Nur für die Besatzungsmitglieder von Luftfahrzeugen gelten anstelle des Arbeitszeitgesetzes über Arbeits- und Ruhezeiten die Vorschriften über Flug-, Flugdienst- und Ruhezeiten der Zweiten Durchführungsverordnung zur Betriebsordnung für Luftfahrtgerät vom 10. 3. 1982[513] 2. DV LuftBO. Gem. § 9 Abs. 1 S. 1 2. DV LuftBO muss jedem Besatzungsmitglied innerhalb einer 24-Stunden-Periode eine Ruhezeit von mindestens 10 Stunden gewährt werden.[514] Der Vorgabe der Änderungsrichtlinie des neu in die Arbeitszeitrichtlinie eingefügten Art. 17a Abs. 2 wird damit im deutschen Recht bereits Rechnung getragen.

3. EWG-Verordnung 3820/85

a) Allgemeines

354 Die insbesondere auf Art. 75 EGV gestützte **Verordnung 3820/85 des Rates über die Harmonisierung bestimmter Sozialvorschriften im Straßenverkehr vom 20. 12. 1985**[515] bezweckt neben der Harmonisierung der Bedingungen des Wettbewerbs zwischen Landverkehrsunternehmen sowie der Verbesserung der Sicherheit des Straßen-

---

[512] BGBl. II S. 713, zuletzt geändert durch Art. 11 des Arbeitszeitrahmengesetzes vom 6. Juni 1994, BGBl. I S. 1170.
[513] BAnz. Nr. 62 vom 31. 3. 1982; zuletzt geändert durch Art. 17 des Gesetzes vom 6. 4. 1994, BGBl. I S. 1170.
[514] Zu den weiteren Einzelheiten der Gewährung einer Ruhezeit s. § 9 2. DV LuftBO.
[515] ABl. EG L 370, S. 1.

VIII. Arbeitszeit

verkehrs auch die Verbesserung der Arbeitsbedingungen.[516] Anders als die Arbeitszeitrichtlinie knüpft die Verordnung Nr. 3820/85 nicht an die Arbeitszeit, sondern an die **Lenkzeit** an. Der Begriff der Lenkzeit ist enger als der der Arbeitszeit, da die Lenkzeit nur den Dienst am Steuer erfasst.[517] Durch die am 29. 9. 1986 in Kraft getretene[518] Verordnung Nr. 3820/85 ist die bis dahin geltende **VO Nr. 543/69 aufgehoben** worden. Mit der Regelung von Lenk- und Ruhezeiten ergänzt die Verordnung Nr. 3820/85 zugleich den Arbeitszeitschutz. Bei der Verordnung Nr. 3820/85 handelt es sich um unmittelbar geltendes Recht.[519]

b) Anwendungsbereich

Die Verordnung gilt für innergemeinschaftliche Beförderungen im Straßenverkehr.[520] Straßenverkehr i. S. der Richtlinie ist nach der Legaldefinition des Art. 1 Ziff. 1 VO Nr. 3820/85 jede Fortbewegung eines zur Personen- oder Güterbeförderung benutzten leeren oder beladenen Fahrzeugs auf Straßen, zu denen die Öffentlichkeit Zugang hat. Vom Geltungsbereich der Verordnung ausgenommen sind die in Art. 4 Ziff. 1–13 VO Nr. 3820/85 aufgeführten Ausnahmen. Die Verordnung gilt danach insbesondere nicht für Fahrzeuge, die der Güterbeförderung dienen und deren zulässiges Gesamtgewicht 3,5 Tonnen nicht übersteigt, für Fahrzeuge zur Personenbeförderung, wenn das Fahrzeug einschließlich Fahrer für nicht mehr als 9 Personen bestimmt ist, für die Personenbeförderung im Linienverkehr, wenn die Linienstrecke nicht mehr als 50 km beträgt, sowie für Fahrzeuge mit einer zulässigen Höchstgeschwindigkeit von nicht mehr als 30 km/h.

c) Höchstdauer der Lenkzeiten

Nach Art. 6 Abs. 1 Satz 1 VO Nr. 3820/85 darf die Tageslenkzeit zwischen zwei täglichen Ruhezeiten oder einer täglichen und einer wöchentlichen Ruhezeit 9 Stunden nicht überschreiten. Zweimal pro Woche darf die Tageslenkzeit allerdings auf 10 Stunden verlängert werden.[521] Die Gesamtlenkzeit wird durch Art. 6 Abs. 2 VO Nr. 3820/85 für zwei aufeinander folgende Wochen auf höchstens 90 Stunden begrenzt.

d) Pausen

Art. 7 VO Nr. 3820/85 schreibt vor, dass zwischen ununterbrochenen Lenkzeiten Pausen eingelegt werden müssen. Nach einer Lenkzeit von 4½ Stunden ist eine Unterbrechung von mindestens 45 Minuten einzulegen.[522] Diese Unterbrechung kann jedoch durch Unterbrechungen von jeweils mindestens 15 Minuten ersetzt werden, wenn die Unterbrechungen bezogen auf die Lenkzeit von 4½ Stunden insgesamt mindestens 45 Minuten betragen.[523]

Unter den in Art. 7 Abs. 3 VO Nr. 3820/85 aufgeführten Voraussetzungen sind die Mitgliedstaaten berechtigt, die Unterbrechung auf mindestens 30 Minuten nach einer Lenkzeit von höchstens 4 Stunden zu reduzieren.

e) Ruhezeiten

Art. 8 Abs. 1 VO Nr. 3820/85 schreibt vor, dass der Fahrer eine tägliche Mindestruhezeit von 11 zusammenhängenden Stunden in einem Zeitraum von 24 Stunden einzuhalten

---

[516] Vgl. die Präambel der Verordnung.
[517] *Lindena*, DB 1987, S. 688.
[518] Art. 19 VO Nr. 3820/85.
[519] Vgl. 249 EGV (Art. 189 Abs. 2 EGV a. F.).
[520] Art. 2 Abs. 1 VO Nr. 3820/85.
[521] Art. 6 Abs. 1 Satz 2 VO Nr. 3820/85.
[522] Art. 7 Abs. 1 VO Nr. 3820/85.
[523] Art. 7 Abs. 2 VO Nr. 3820/85.

hat. Ruhezeit i.S. der Verordnung setzt dabei voraus, dass der Fahrer über seine Zeit frei verfügen kann.[524] Die Ruhezeit darf höchstens dreimal pro Woche auf mindestens 9 zusammenhängende Stunden verkürzt werden, wenn sie bis zum Ende der folgenden Woche wieder ausgeglichen wird. Nach Art. 8 Abs. 1 Satz 2 und 3 VO Nr. 3820/85 kann die ungekürzte Ruhezeit von 11 Stunden innerhalb von 24 Stunden auf zwei oder drei Teilabschnitte verteilt werden, wenn einer mindestens 8 zusammenhängende Stunden umfasst und die Gesamtmindestruhezeit auf 12 Stunden erhöht wird.

360 Eine Sonderregelung besteht nach Art. 9 VO Nr. 3820/85, wenn ein Fahrer im Güter- oder Personenverkehr ein Fahrzeug begleitet, das auf einem Fährschiff oder mit der Eisenbahn befördert wird. Liegen die in Art. 9 VO Nr. 3820/85 aufgeführten Voraussetzungen vor, so darf die Ruhezeit einmal unterbrochen werden.

361 Neben der täglichen Ruhezeit schreibt Art. 8 Abs. 3 VO Nr. 3820/85 eine wöchentliche Ruhezeit vor. Danach muss einmal wöchentlich die tägliche Ruhezeit auf insgesamt 45 zusammenhängende Stunden erhöht werden. Diese wöchentliche Ruhezeit kann am Standort des Fahrzeugs oder am Heimatort des Fahrers auf eine Mindestdauer von 36 Stunden zusammenhängenden Stunden oder außerhalb dieser Orte auf eine Mindestdauer von 24 zusammenhängenden Stunden verkürzt werden, wenn die Verkürzung der Ruhezeit innerhalb von 4 Wochen ausgeglichen wird.[525]

f) Erlass von Durchführungsvorschriften

362 Art. 17 Abs. 1 VO Nr. 3820/85 verpflichtet die Mitgliedstaaten, nach Anhörung der Kommission rechtzeitig die zur Durchführung dieser Verordnung notwendigen Rechts- und Verwaltungsvorschriften zu erlassen. Diese Vorschriften müssen sich u.a. auf die Organisation, das Verfahren und die Mittel zur Überwachung sowie auf die Ahndung im Falle von Zuwiderhandlungen erstrecken. Zur Durchführung der Verordnung sind im deutschen Recht das Gesetz über das Fahrpersonal von Kraftfahrzeugen und Straßenbahnen **(Fahrpersonalgesetz – FPersG)**[526] sowie die Verordnung zur Durchführung des Fahrpersonalgesetzes **(Fahrpersonalverordnung – FPersV)**[527] erlassen worden. Zuwiderhandlungen gegen die Verordnung Nr. 3820/85 stellen nach § 7a FPersG Ordnungswidrigkeiten dar, die mit Geldbußen geahndet werden.

g) Die Europäische Kontrollverordnung Verkehr Nr. 3821/85

363 Um die Höchstlenkzeiten, Arbeitszeit und Ruhezeit im Straßenverkehr kontrollieren zu können, verpflichtet die Europäische Kontrollverordnung Verkehr Nr. 3821/85 vom 20.12.1985 Fahrer und Unternehmer zur Benutzung von Kontrollgeräten, insbesondere von Fahrtenschreibern. In der **Rechtssache Shills**[528] ging es im Rahmen eines Strafverfahrens in Nottingham um die Aufzeichnungspflicht für Fahrten, die ein Fahrer von seiner Wohnung bis zu einer ihm vom Arbeitgeber zugewiesenen Übernahmestelle unternehmen musste. Der EuGH entschied, dass sich die Pflicht des Fahrers zur Aufzeichnung der Arbeitszeit auch auf die notwendige Anfahrtszeit zur Übernahme des Fahrzeugs erstreckt, in dem ein Fahrtenschreiber installiert und benutzt werden muss, wenn sich dieses Fahrzeug nicht bei der Wohnung des Fahrers oder auf dem Betriebshof des Arbeitgebers befindet. Dieses Ergebnis sei unabhängig davon, ob der Arbeitgeber Anweisungen zum Fahrweg erteilt oder dies dem Fahrer überlässt. Zugleich entschied der EuGH, dass auf-

---

[524] Vgl. die Legaldefinition in Art. 1 Ziff. 5 VO Nr. 3820/85; nach Art. 8 Abs. 7 VO Nr. 3820/85 kann die tägliche Ruhezeit im Fahrzeug verbracht werden, sofern es mit einer Schlafkabine ausgestattet ist.
[525] Art. 8 Abs. 3 Satz 2 und 3 VO Nr. 3820/85.
[526] In der Fassung der Bekanntmachung vom 19. 20. 1987 (BGBl. I, S. 640); zuletzt geändert durch Gesetz vom 14. 9. 1994 (BGBl. I, S. 2325).
[527] Vom 22. 8. 1969, zuletzt geändert durch Gesetz vom 14. 9. 1994 (BGBl. I, S. 2325).
[528] EuGH v. 8. 1. 2001 Rs. C 297/99 (Shills u.a.).

IX. Mutterschutz

zeichnungspflichtige Arbeitszeiten auch Fahrzeiten des Fahrers sind, der einen Transport durchführt, der nicht in den Anwendungsbereich dieser Verordnung fällt, bevor er ein Fahrzeug übernimmt, auf das sich die Verordnung bezieht.

IX. Mutterschutz

In ihrem Aktionsprogramm zur Anwendung der Gemeinschaftscharta der sozialen Grundrechte vom 29. 11. 1989[529] hatte die Kommission u. a. festgestellt, dass sich Frauen, die einen Beruf ausüben und gleichzeitig Kinder haben wollen, zahlreichen Schwierigkeiten ausgesetzt sehen. Dieser Zustand trägt nach Auffassung der Kommission der wachsenden Rolle der Frauen in der Wirtschaft nicht hinreichend Rechnung. Die sozialen und wirtschaftlichen Bedingungen am Arbeitsplatz seien daher so zu ändern, dass Frauen sowohl berufliche Pflichten als auch Mutterschaftspflichten erfüllen könnten.[530] Wie in ihrem Aktionsprogramm angekündigt, legte die Kommission dem Rat dann am 18. 9. 1990 den Vorschlag für eine Richtlinie über den Schutz von Schwangeren oder Wöchnerinnen am Arbeitsplatz vor,[531] der vom Wirtschafts- und Sozialausschuss in seiner Stellungnahme vom 22. 10. 1990 begrüßt wurde. Das EP billigte den Richtlinienvorschlag in seiner Entschließung vom 12. 12. 1990[532] vorbehaltlich zahlreicher Änderungen, die in dem geänderten Richtlinienvorschlag vom 8. 1. 1991[533] von der Kommission allerdings weitgehend unbeachtet blieben. Am 19. 10. 1992 verabschiedete der Rat schließlich die **Richtlinie 92/85/EWG** über die Durchführung von Maßnahmen zur Verbesserung der Sicherheit und des Gesundheitsschutzes von schwangeren Arbeitnehmerinnen, Wöchnerinnen und stillenden Arbeitnehmerinnen am Arbeitsplatz.[534] Bei dieser auf Art. 138 EGV (Art. 118a EGV a. F.) gestützten Richtlinie handelt es sich um die zehnte Einzelrichtlinie i. S. von Art. 16 Abs. 1 der Rahmenrichtlinie Arbeitsschutz (89/391/EWG).[535] Im Gegensatz zu den sonstigen Einzelrichtlinien der Rahmenrichtlinie Arbeitsschutz (89/391/EWG) enthält die Mutterschutzrichtlinie nicht nur Mindestbestimmungen des technischen Arbeitsschutzes, sondern auch solche des sozialen Arbeitsschutzes.[536] Flankiert wird die Mutterschutzrichtlinie durch die Richtlinie 96/34/EG des Rates zu der von UNICE, CEEP und EGB geschlossenen Rahmenvereinbarung über **Elternurlaub** vom 3. Juni 1996,[537] die erwerbstätigen Frauen und Männern u. a. ein individuelles Recht auf Elternurlaub im Fall der Geburt oder Adoption eines Kindes gewährt, damit sie sich für die Dauer von mindestens drei Monaten um dieses Kind kümmern können.

Zu den sozialen Regelungen der Mutterschutzrichtlinie zählt Art. 8 Abs. 1 RL MuSch, der schwangeren Arbeitnehmerinnen einen Anspruch auf **Mutterschaftsurlaub** von mindestens **14 Wochen** ohne Unterbrechung gewährt. Die Mutterschutzrichtlinie räumt der Schwangeren allerdings kein Recht ein, über die Verteilung des Mutterschaftsurlaubs auf die Zeit vor und nach der Entbindung selbst zu entscheiden. Die Verteilung des Mutterschaftsurlaubs richtet sich vielmehr nach den staatlichen Rechtsvorschriften der Mitgliedstaaten. Der 14-wöchige Mutterschaftsurlaub muss gem. Art. 8 Abs. 2 RL MuSch einen mindestens zweiwöchigen obligatorischen Mutterschaftsurlaub umfassen, der sich entsprechend den einzelstaatlichen Rechtsvorschriften auf die Zeit vor und nach der Entbindung aufteilt.

---

[529] Kom (89) 248 endg.; s. eingehend dazu § 13 Rn. 96 ff.
[530] S. 2. Teil, Ziff. 8 B. des Aktionsprogramms.
[531] ABl. EG C 281, S. 3.
[532] ABl. EG C 19, S. 165.
[533] ABl. EG C 25, S. 9.
[534] ABl. EG L 348, S. 1; im Folgenden als Mutterschutzrichtlinie – RL MuSch – bezeichnet.
[535] ABl. EG L 183, S. 1.
[536] Zu den Begriffen technischer und sozialer Arbeitsschutz s. *Wank*, EAS B 6000, Rn. 1 ff.
[537] ABl. EG L 145, S. 4; s. unten Rn. 412 ff.

366 Die Mutterschutzrichtlinie bestimmt des Weiteren, dass mit dem Arbeitsverhältnis der Schwangeren verbundenen Rechte während der gesamten Dauer des Mutterschaftsurlaubs gewährleistet sein müssen.[538] Ferner haben Arbeitnehmerinnen für die Zeit des Mutterschaftsurlaubs grundsätzlich einen **Anspruch auf Fortzahlung eines Arbeitsentgelts** oder einer angemessenen Sozialleistung.[539]

367 Im März 1999 hat die Kommission dem Rat und dem EP einen **Bericht** über die Umsetzung und die tatsächliche Befolgung der Richtlinie vorgelegt. Im Hinblick auf den Anspruch auf Mutterschaftsurlaub brauchte die Gesetzgebung nur in Großbritannien und in Portugal angepasst zu werden.[540]

368 Die Umsetzung in das deutsche Recht erfolgte durch das **Mutterschutzgesetz** und das **Bundeserziehungsgeldgesetz**.[541]

X. Jugendarbeitsschutz

Schrifttum: *Anzinger*, Die neue Kinderarbeitsschutzverordnung, BB 1998, S. 1843; *Bachmann/Lührs*, Handbuch des Jugendarbeitsschutzrechts, 8. Aufl., 1994; *Balze*, Jugendarbeitsschutz, EAS B 5200; *Dembrowsky*, Neue Entwicklungen im Kinder- und Jugendarbeitsschutz, NJW 1998, S. 3540; *Düwell*, Die Neuregelung des Kinderarbeitsschutzes, AuR 1998, S. 232; *Kollmer*, Grundzüge der neuen Kinderarbeitsschutz-Verordnung, NZA 1998, S. 1268; *Kossens*, Änderungen des Jugendarbeitsschutz- und Mutterschutzgesetzes, RdA 1997, S. 209; *Lörcher*, Die Jugendarbeitsschutzrichtlinie der EU, AuR 1994, S. 360; *Molitor/Volmer/Germelmann*, Jugendarbeitsschutzgesetz, 3. Aufl. 1986; *Rudolph*, Kinderarbeitsschutzverordnung, AiB 1999, S. 23; *Schlachter* in ErfK, 2. Aufl. 2001, JArbSchG; *Schoden*, Jugendarbeitsschutzgesetz, 3. Aufl. 1992; *Taubert*, Änderungen im Jugendarbeitsschutzgesetz, BB 1997, S. 575; *Zmarzlik*, Änderung des Jugendarbeitsschutzgesetzes, DB 1997, S. 674; *Zmarzlik/Anzinger*, Jugendarbeitsschutzgesetz, 5. Aufl. 1998.

1. Die Jugendarbeitsschutzrichtlinie 94/33/EG

a) Allgemeines

369 Die erste den Jugendarbeitsschutz betreffende Maßnahme auf Gemeinschaftsebene erging bereits im Jahre 1967 mit der **Empfehlung 67/125/EWG** zum Jugendarbeitsschutz.[542] In ihr empfahl die Kommission den Mitgliedstaaten einen 24 Punkte enthaltenden Katalog zur Verbesserung des Jugendarbeitsschutzes. Eine weitere Maßnahme im Bereich des Jugendarbeitsschutzes stellt die **Entschließung des EP** über die Kinderarbeit aus dem Jahre 1982 dar,[543] in der die Aspekte der Arbeit Jugendlicher zusammengefasst und insbesondere die Auswirkungen dieser Arbeit auf die Gesundheit, die Sicherheit sowie die körperliche und geistige Entwicklung der jungen Menschen hervorgehoben werden. Die besondere Lage der Jugendlichen am Arbeitsplatz sowie die besonderen Gefahren, denen sie ausgesetzt sind, haben auch in der **Gemeinschaftscharta der sozialen Grundrechte** der Arbeitnehmer[544] Berücksichtigung gefunden. Punkt 20 der Charta bestimmt, dass – abgesehen von auf bestimmte leichte Arbeiten beschränkten Ausnahmen

---

[538] Art. 11 Ziff. 2a RL MuSch.

[539] Art. 11 Ziff. 2b RL MuSch; zu den weiteren Einzelheiten der sozialen Regelungen sowie den Regelungen des technischen Arbeitsschutzes und der Umsetzung der Mutterschutzrichtlinie in das deutsche Recht s. ausführlich Rn. 423 ff.

[540] *Timmann* EuroAS 9–10/2000, S. 126.

[541] Zur Änderung des BErzGG durch das Gesetz vom 30. 11. 2000 s. *Sowka*, BB 2001, S. 935. Das Bundeskabinett hat am 5. 12. 2001 einen Gesetzentwurf zur Änderung des MuSchG beschlossen; s. BT-Drucks. 14/8525 v. 13. 3. 2002.

[542] ABl. EG 1967, S. 405.

[543] ABl. EG C 190, S. 44.

[544] KOM (89) 248 endg.; näher zu dieser Gemeinschaftscharta § 13 Rn. 96 ff.

– das Mindestalter für den Eintritt in das Arbeitsleben das Alter, in dem die Schulpflicht erlischt, nicht unterschreiten und in keinem Fall unter 15 Jahren liegen darf. Punkt 22 der Charta sieht des Weiteren vor, dass die notwendigen Maßnahmen zu ergreifen sind, um die arbeitsrechtlichen Vorschriften für junge Arbeitnehmer so umzugestalten, dass sie den Erfordernissen ihrer persönlichen Entwicklung und ihrem Bedarf an beruflicher Bildung und am Zugang zur Beschäftigung entsprechen; insbesondere ist die Arbeitszeit der Arbeitnehmer unter 18 Jahren zu begrenzen und die Nachtarbeit zu untersagen, wobei für bestimmte durch die einzelstaatlichen Rechtsvorschriften und Regelungen festgelegte berufliche Tätigkeiten Ausnahmen gelten können. In Punkt 23 der Charta wird außerdem unterstrichen, dass die Berufsausbildung junger Arbeitnehmer während der Arbeitszeit stattfinden sollte. In ihrem Aktionsprogramm zur Anwendung der Gemeinschaftscharta der sozialen Grundrechte vom 29. 11. 1989[545] kündigte die Kommission an, dem Rat einen Richtlinienvorschlag zur Angleichung der Rechtsvorschriften der Mitgliedstaaten über den Jugendarbeitsschutz vorzulegen. Die Vorlage des auf Art. 138 EGV (Art. 118a EGV a. F.) gestützten Richtlinienvorschlages erfolgte am 18. März 1992.[546] Mehr als 2 Jahre nach der Vorlage des Kommissionsvorschlags, und zwar am 22. Juni 1994, hat der Sozialministerrat schließlich die **Richtlinie 94/33/EG** über den Jugendarbeitsschutz[547] verabschiedet. Ziel der Jugendarbeitsschutzrichtlinie ist es, die Arbeitsbedingungen für Kinder und Jugendliche in den Mitgliedstaaten zu verbessern. Dieser Zielsetzung entsprechend handelt es sich bei den Bestimmungen der Jugendarbeitsschutzrichtlinie um Mindestarbeitsbedingungen. Nach der Nichtrückschrittsklausel des Art. 16 RL JArbSch darf die Richtlinie nicht dazu führen, dass den Kindern und Jugendlichen ein geringerer Arbeitsschutz zuteil wird, als er in den einzelnen Mitgliedstaaten zum Zeitpunkt der Annahme dieser Richtlinie besteht.

b) Anwendungsbereich

Vom Geltungsbereich der Jugendarbeitsschutzrichtlinie erfasst werden gem. Art. 2 Abs. 1 RL JArbSch alle Personen, die noch nicht 18 Jahre alt sind und die in einem Arbeitsverhältnis stehen, das durch das in einem Mitgliedstaat geltende Recht definiert ist. Nach Art. 2 Abs. 2 RL JArbSch sind die Mitgliedstaaten befugt, gelegentliche oder kurzfristige Hausarbeiten in einem Privathaushalt oder Arbeiten in Familienbetrieben vom Anwendungsbereich der Jugendarbeitsschutzrichtlinie auszuschließen, sofern diese Arbeiten für junge Menschen weder schädlich noch nachteilig noch gefährlich sind.

c) Inhalt der Richtlinie

aa) Allgemeine Zielvorgaben

Art. 1 RL JArbSch enthält allgemeine Zielvorgaben, die erst durch die nachfolgenden Artikel der Jugendarbeitsschutzrichtlinie konkretisiert werden. Nach Art. 1 RL JArbSchG haben die Mitgliedstaaten u. a. dafür zu sorgen, dass die Arbeitsbedingungen dem Alter der jungen Menschen[548] angepasst sind und dass junge Menschen vor wirtschaftlicher Ausbeutung sowie vor Arbeiten geschützt werden, die ihrer Sicherheit, ihrer Gesundheit oder ihrer physischen, psychischen, moralischen oder sozialen Entwicklung schaden oder ihre Gesamtbildung beeinträchtigen könnten.

---

[545] BR-Drucks. 717/89.
[546] ABl. EG C 84, S. 7.
[547] ABl. EG L 216, S. 12; nachfolgend Jugendarbeitsschutzrichtlinie (RL JArbSch) abgekürzt; s. zu dieser Richtlinie auch *Balze*, EAS B 5200; *Krimphove*, Europäisches Arbeitsrecht, 1996, S. 211 ff.; *Lörcher*, AuR 1994, S. 360 ff.
[548] „Junger Mensch" i. S. der Richtlinie ist gem. Art. 3 Buchst. a RL JArbSch jede in einem Arbeitsverhältnis stehende Person unter 18 Jahren.

bb) Verbot der Kinderarbeit

372 Art. 4 Abs. 1 RL JArbSch enthält ein grundsätzliches Verbot der Kinderarbeit. „Kind" i. S. der Jugendarbeitsschutzrichtlinie ist jeder Mensch, der noch nicht 15 Jahre alt ist oder gem. den Rechtsvorschriften noch der Vollzeitschulpflicht unterliegt.[549] Das Verbot der Kinderarbeit wird allerdings durch zahlreiche Ausnahmebestimmungen durchbrochen.

(1) Kulturelle, künstlerische, sportliche Tätigkeiten oder Werbetätigkeiten

373 Art. 4 Abs. 2 Buchst. a RL JArbSch ermächtigt die Mitgliedstaaten, kulturelle, künstlerische, sportliche Tätigkeiten oder Werbetätigkeiten vom Verbot der Kinderarbeit auszunehmen.

374 Die Mitwirkung von Kindern bei den genannten Tätigkeiten bedarf nach Art. 5 Abs. 1 RL JArbSch jedoch grundsätzlich der vorherigen Genehmigung durch die zuständige Stelle. Die Arbeitsbedingungen der Kinder sowie die Modalitäten des Genehmigungsverfahrens werden durch die Mitgliedstaaten mit der Maßgabe festgelegt, dass sich diese Tätigkeiten auf die Sicherheit, die Gesundheit und die Entwicklung der Kinder nicht nachteilig auswirken.[550] Ferner dürfen die genannten Tätigkeiten der Kinder auch keine nachteilige Auswirkung auf ihren Schulbesuch und auf ihre Beteiligung an von der zuständigen Stelle anerkannten Programmen zur Berufsberatung oder -ausbildung haben. Zudem darf die Fähigkeit der Kinder, dem Unterricht mit Nutzen zu folgen, nicht beeinträchtigt sein.

375 Die Mitgliedstaaten können durch Rechtsvorschriften vorsehen, dass Kinder, die mindestens 13 Jahre alt sind, im Hinblick auf ihre Mitwirkung bei kulturellen, künstlerischen oder sportlichen Tätigkeiten oder Werbetätigkeiten unter bestimmten Bedingungen beschäftigt werden dürfen.[551]

(2) Beschäftigung von Kindern ab 14 Jahren zu Ausbildungszwecken

376 Ebenfalls vom Verbot der Kinderarbeit ausgenommen werden dürfen Kinder, die mindestens 14 Jahre alt sind, und die im Rahmen eines Systems der dualen Ausbildung oder eines Betriebspraktikums arbeiten.[552] Voraussetzung ist jedoch, dass diese Arbeit unter den von der zuständigen Behörde vorgeschriebenen Bedingungen ausgeübt wird.

(3) Beschäftigung von Kindern mit „leichten Arbeiten"

377 Nach Art. 4 Abs. 2 Buchst. c RL JArbSch können die Mitgliedstaaten des Weiteren vorsehen, dass Kinder, die mindestens 14 Jahre alt sind, mit leichten Arbeiten beschäftigt werden. „Leichte Arbeit" i. S. der Jugendarbeitsschutzrichtlinie ist nach der Begriffsbestimmung des Art. 3 Buchst. d jede Arbeit, die sich auf Grund ihrer Beschaffenheit und der besonderen Bedingungen, unter denen sie ausgeführt wird, weder auf die Sicherheit, die Gesundheit oder die Entwicklung der Kinder noch auf ihren Schulbesuch, ihre Beteiligung an Programmen zur Berufsberatung oder -ausbildung oder ihre Fähigkeit, dem Unterricht mit Nutzen zu folgen, nachteilig auswirkt. Die Mitgliedstaaten dürfen darüber hinaus auch die Beschäftigung von Kindern ab 13 Jahren mit leichten Arbeiten zulassen, wenn es sich um bestimmte Kategorien von Arbeiten in einer begrenzten Stundenzahl handelt.

cc) Beurteilung und Unterrichtung

378 Art. 6 Abs. 2 RL JArbSch verpflichtet den Arbeitgeber, eine Beurteilung der Gefährdungen vorzunehmen, die sich für junge Menschen aus ihrer Beschäftigung ergeben. Die Beurteilung muss vor Beginn der Beschäftigung des jungen Menschen und bei jeder be-

---

[549] Art. 3 Buchst. b RL JArbSch.
[550] Art. 5 Abs. 2 RL JArbSch.
[551] Art. 5 Abs. 3 RL JArbSch.
[552] Art. 4 Abs. 2 Buchst. b RL JArbSch.

deutenden Änderung der Arbeitsbedingungen erfolgen und sich insbesondere auf folgende Punkte beziehen:
- Einrichtung und Gestaltung der Arbeitsstätte und des Arbeitsplatzes,
- Art, Grad und Dauer der physikalischen, chemischen und biologischen Einwirkungen,
- Gestaltung, Auswahl und Einsatz von Arbeitsmitteln, insbesondere von Arbeitsstoffen, Maschinen, Geräten und Anlagen sowie den Umgang damit,
- Gestaltung von Arbeitsverfahren und Arbeitsabläufen und deren Zusammenwirken (Arbeitsorganisation),
- Stand und Ausbildung und Unterweisung der jungen Menschen.

Ergibt die Beurteilung, dass eine Gefahr für die Sicherheit, die körperliche oder geistige Gesundheit oder die Entwicklung des jungen Menschen besteht, so müssen die Mitgliedstaaten gem. Art. 6 Abs. 2 Unterabs. 3 RL JArbSch sicherstellen, dass in regelmäßigen Zeitabständen kostenlos eine angemessene Bewertung und Überwachung des Gesundheitszustandes des jungen Menschen erfolgt. 379

Über mögliche Gefahren hat der Arbeitgeber die jungen Menschen zu unterrichten.[553] Ist der Beschäftigte noch ein Kind, so gilt diese Unterrichtungspflicht auch gegenüber den gesetzlichen Vertretern des Kindes.[554] 380

dd) Durchführung von Schutzmaßnahmen und Unterrichtung

Stellt sich auf Grund der Beurteilung heraus, dass eine Gefahr für die Sicherheit, die körperliche oder geistige Gesundheit oder die Entwicklung des jungen Menschen besteht, so verpflichtet Art. 6 Abs. 1 RL JArbSch den Arbeitgeber, die für die Sicherheit und den Gesundheitsschutz der jungen Menschen erforderlichen Maßnahmen zu treffen. Die jungen Menschen sind über die getroffenen Sicherheits- und Gesundheitsschutzmaßnahmen zu unterrichten. Sind sie noch Kinder, so müssen auch die gesetzlichen Vertreter des Kindes über die getroffenen Maßnahmen unterrichtet werden.[555] 381

ee) Beschäftigungsverbote für junge Menschen

Die Mitgliedstaaten werden durch Art. 7 Abs. 1 RL JArbSch verpflichtet, dafür zu sorgen, dass junge Menschen vor den spezifischen Gefahren für die Sicherheit, die Gesundheit und die Entwicklung geschützt werden, die aus der mangelnden Erfahrung, dem fehlenden Bewusstsein für tatsächliche oder potentielle Gefahren und der noch nicht abgeschlossenen Entwicklung des jungen Menschen herrühren. Diese sehr vage gehaltene Vorgabe wird in Art. 7 Abs. 2 RL JArbSch durch konkrete Beschäftigungsverbote präzisiert. 382

Beschäftigungsverbote für junge Menschen bestehen für Arbeiten unter schädlicher Einwirkung der in Abschnitt I des Anhangs aufgeführten physikalischen, chemischen und biologischen Agenzien. Zudem dürfen junge Menschen nicht mit den in Abschnitt 2 des Anhangs aufgeführten Verfahren und Arbeiten[556] beschäftigt werden. Darüber hinaus enthält Art. 7 Abs. 2 RL JArbSch weitere weniger konkret formulierte Beschäftigungsverbote. Junge Menschen dürfen danach auch nicht beschäftigt werden mit: 383
- Arbeiten, die objektiv ihre physische oder psychische Leistungsfähigkeit übersteigen,
- Arbeiten, die eine schädliche Einwirkung von giftigen, krebserregenden, erbgutverändernden, fruchtschädigenden oder in sonstiger Weise den Menschen chronisch schädigenden Gefahrstoffen mit sich bringen,
- Arbeiten, die eine schädliche Einwirkung von Strahlen mit sich bringen,
- Arbeiten, die mit Unfallgefahren verbunden sind, von denen anzunehmen ist, dass junge Menschen sie wegen mangelnden Sicherheitsbewusstseins oder wegen mangelnder Erfahrung oder Ausbildung nicht erkennen oder nicht abwenden können,

---

[553] Art. 6 Abs. 3 Unterabs. 1 RL JArbSch.
[554] Art. 6 Abs. 3 Unterabs. 2 RL JArbSch.
[555] Art. 5 Abs. 3 RL JArbSch.
[556] Z.B. Gläserarbeiten, Schlachtung von Tieren, Arbeiten unter Tage, Arbeiten an erhöhten Standorten oder Abbrucharbeiten.

– Arbeiten, bei denen die Gesundheit durch extreme Kälte oder Hitze oder Lärm oder Erschütterungen gefährdet wird.

ff) Arbeitszeit

384 Um den spezifischen Erfordernissen der körperlichen Entwicklung junger Menschen Rechnung zu tragen, enthält der 3. Abschnitt der Jugendarbeitsschutzrichtlinie Schutzvorschriften über Arbeits-, Ruhe- und Pausenzeiten, die über die Regelungen der Arbeitszeitrichtlinie[557] hinausgehen.

385 Mitgliedstaaten, die von den Ausnahmeregelungen des Verbots der Kinderarbeit nach Art. 4 Abs. 2 Buchst. b oder c RL JArbSch Gebrauch machen, müssen die Arbeitszeit abhängig von der Art und dem Alter der Kinder begrenzen.

386 Für Kinder, die im Rahmen eines Systems der dualen Ausbildung oder eines Betriebspraktikums arbeiten, beträgt die zulässige Arbeitszeit 8 Stunden pro Tag und 40 Stunden pro Woche.[558]

387 Bei Arbeiten, die während der Schulzeit außerhalb der Unterrichtsstunden verrichtet werden, beträgt die zulässige Höchstarbeitszeit 2 Stunden pro Schultag und 12 Stunden pro Woche, wobei die tägliche Arbeitszeit in keinem Fall 7 Stunden überschreiten darf. Für Kinder, die mindestens 15 Jahre alt sind, darf die Tagesarbeitszeit allerdings auf 8 Stunden heraufgesetzt werden.[559]

388 Bei Arbeiten während unterrichtsfreier Zeiten von mindestens einer Woche dürfen Kinder höchstens bis zu 7 Stunden täglich und 35 Stunden wöchentlich beschäftigt werden. Bei Kindern, die bereits 15 Jahre alt sind, kann die Arbeitszeit auf 8 Stunden täglich und 40 Stunden wöchentlich heraufgesetzt werden.

389 Die zulässige Höchstarbeitszeit von Jugendlichen[560] liegt gem. Art. 8 Abs. 2 RL JArbsch bei 8 Stunden täglich und 40 Stunden wöchentlich.

390 Für die Frage, ob die zulässige tägliche oder wöchentliche Arbeitszeit eingehalten ist, gelten die Zeiten als Arbeitszeit, die ein junger Mensch, der im Rahmen eines dualen Systems der theoretischen oder praktischen Berufsausbildung oder eines Betriebspraktikums arbeitet, für die Ausbildung aufwendet.[561] Ist ein junger Mensch bei mehreren Arbeitgebern beschäftigt, so müssen gem. 8 Abs. 4 RL JArbSch die geleisteten Arbeitstage und Arbeitsstunden zusammengerechnet werden.

391 Art. 8 Abs. 5 RL JArbSch ermächtigt die Mitgliedstaaten, von Art. 8 Abs. 1 Buchst. a und Abs. 2 RL JArbSch in Einzelfällen oder in Fällen, in denen dies durch objektive Gründe gerechtfertigt ist, Abweichungen vorzusehen.

gg) Nachtarbeit

392 Machen die Mitgliedstaaten von den Ausnahmeregelungen des Art. 4 Abs. 2 Buchst. b oder c RL JArbSch Gebrauch, so darf die Beschäftigung von Kindern nicht zwischen 20.00 Uhr und 6.00 Uhr erfolgen.[562]

393 Die Beschäftigung von Jugendlichen ist grundsätzlich zwischen 22.00 Uhr und 6.00 Uhr oder wahlweise zwischen 23.00 Uhr und 7.00 Uhr verboten.[563] Das Nachtarbeitsverbot für Jugendliche wird durch Ausnahmeregelungen durchbrochen.

394 Zum einen können die Mitgliedstaaten für besondere Tätigkeitsbereiche die Arbeit von Jugendlichen auch während der Nacht zulassen. In diesem Fall müssen jedoch geeignete

---

[557] Näher zur Arbeitszeitrichtlinie unter Rn. 292 ff.
[558] Art. 8 Abs. 1 Buchst. a RL JArbSch.
[559] Art. 8 Abs. 1 Buchst. b RL JArbSch.
[560] Jugendlicher i.S. der Jugendarbeitsschutzrichtlinie ist nach der Begriffsbestimmung des Art. 3 Buchst. c RL JArbSch jeder junge Mensch, der mindestens 15, aber noch nicht 18 Jahre alt ist und gem. der einzelstaatlichen Rechtsvorschriften nicht mehr der Vollzeitschulpflicht unterliegt.
[561] Art. 8 Abs. 3 RL JArbSch.
[562] Art. 9 Abs. 1 Buchst. a RL JArbSch.
[563] Art. 9 Abs. 1 Buchst. b RL JArbSch.

X. Jugendarbeitsschutz

Maßnahmen für die Beaufsichtigung des Jugendlichen durch einen Erwachsenen getroffen werden, sofern eine solche Beaufsichtigung zum Schutz des Jugendlichen erforderlich ist.[564]

Darüber hinaus können die Mitgliedstaaten in den in Art. 9 Abs. 2 Unterabs. 2 RL JArbSch aufgeführten Fällen[565] die Nachtarbeit von Jugendlichen zulassen. Voraussetzung ist jedoch, dass die Zulassung durch objektive Gründe gerechtfertigt ist, den Jugendlichen angemessene Ausgleichsruhezeiten gewährt werden und die Ziele der Jugendarbeitsschutzrichtlinie nicht in Frage gestellt werden.

hh) Tägliche und wöchentliche Ruhezeiten

Machen die Mitgliedstaaten von den Ausnahmeregelungen des Art. 4 Abs. 2 Buchst. b oder c RL JArbSch Gebrauch, so müssen die Kinder während jedes Zeitraums von 24 Stunden eine Ruhezeit von mindestens 14 aufeinander folgenden Stunden haben. Für Jugendliche beträgt die Mindestruhezeit während jedes Zeitraums von 24 Stunden 12 aufeinander folgende Stunden.

Die wöchentliche Mindestruhezeit von Kindern und Jugendlichen ist in Art. 10 Abs. 2 RL JArbSch geregelt. Danach müssen Kinder und Jugendliche während jedes Zeitraums von 7 Tagen mindestens 2 Ruhetage erhalten. Die Ruhetage müssen nach Möglichkeit aufeinander folgen.

Die Mitgliedstaaten können in den in Art. 10 Abs. 4 RL JArbSch aufgeführten Fällen[566] Ausnahmen von den täglichen oder wöchentlichen Mindestruhezeiten für Jugendliche zulassen, wenn dies durch objektive Gründe gerechtfertigt ist, den Jugendlichen angemessene Ausgleichsruhezeiten gewährt werden und die Ziele der Jugendarbeitsschutzrichtlinie nicht in Frage gestellt werden.

ii) Pausen

Die Pausengestaltung wird in Art. 12 RL JArbSch geregelt. Danach hat der Arbeitgeber Jugendlichen nach jeder Arbeitszeit von viereinhalb aufeinander folgenden Stunden eine nach Möglichkeit zusammenhängende Ruhepause von mindestens 30 Minuten zu gewähren.

jj) Jahresruhezeit

Für den Fall, dass die Mitgliedstaaten von den Ausnahmeregelungen des Art. 4 Abs. 2 Buchst. b oder c RL JArbSch Gebrauch machen, verpflichtet Art. 11 RL JArbSch die Mitgliedstaaten, dafür zu sorgen, dass bei Kindern, die der Vollzeitschulpflicht unterliegen, die Schulferien möglichst einen arbeitsfreien Zeitraum umfassen. Anforderungen an den zeitlichen Umfang des arbeitsfreien Zeitraums nennt die Jugendarbeitsschutzrichtlinie jedoch nicht.

kk) Jugendarbeit in Fällen höherer Gewalt

Art. 13 RL JArbSch räumt den Mitgliedstaaten weitere Ausnahmeregelungen bezüglich der in dieser Richtlinie festgelegten Bestimmungen über die Arbeitszeit Jugendlicher ein. Werden Jugendliche mit Tätigkeiten beschäftigt, die vorübergehend sind und keinen Aufschub dulden, dürfen die Mitgliedstaaten von Art. 8 Abs. 2 (tägliche und wöchentliche Höchstarbeitszeit), Art. 9 Abs. 1 Buchst. b (Nachtarbeit), Art. 10 Abs. 1 Buchst. b (Ruhezeiten) sowie von Art. 12 RL JArbSch (Pausen) Ausnahmen zulassen. Die Arbeiten müs-

---

[564] Art. 9 Abs. 2 RL JArbSch.
[565] Beschäftigung in der Schifffahrt, in der Fischerei, in den Streitkräften, in der Polizei, in Krankenhäusern oder ähnlichen Einrichtungen; Beschäftigung im Hinblick auf kulturelle, künstlerische, oder sportliche Tätigkeiten; Beschäftigung mit Werbetätigkeiten.
[566] Beschäftigung in der Schifffahrt, in der Fischerei, in den Streitkräften, in der Polizei, in Krankenhäusern oder ähnlichen Einrichtungen; in der Landwirtschaft; im Fremdenverkehr oder im Hotel- und Gaststättengewerbe; Beschäftigung, bei der die Arbeitszeiten über den Tag verteilt sind.

sen jedoch unter den in Art. 5 Abs. 4 der Richtlinie Rahmenrichtlinie Arbeitsschutz (89/391/EWG)[567] genannten Bedingungen erfolgen. Ferner müssen den betroffenen Jugendlichen binnen drei Wochen entsprechende Ausgleichszeiten gewährt werden.

ll) Sanktionen

402 Art. 14 RL JArbSch verpflichtet die Mitgliedstaaten, wirksame Sanktionen festzulegen, die bei einem Verstoß gegen Bestimmungen der Jugendarbeitsschutzrichtlinie und die zu ihrer Durchführung erlassenen Bestimmungen zu verhängen sind. Die Sanktionen müssen wirksam und verhältnismäßig sein.

2. Umsetzung in das deutsche Recht

403 Gem. Art. 17 Abs. 1 Buchst. a RL JArbSch waren die Mitgliedstaaten verpflichtet, die Jugendarbeitsschutzrichtlinie bis spätestens zum 22. Juni 1996 in nationales Recht umzusetzen.

404 Schon vor In-Kraft-Treten der Jugendarbeitsschutzrichtlinie gehörte die Bundesrepublik Deutschland zu den Mitgliedstaaten, in denen bereits ein weitgehend dem Schutzniveau der Jugendarbeitsschutzrichtlinie entsprechender Jugendarbeitsschutz gesetzlich verankert war.[568] Der Schutz Jugendlicher vor den mit der Eingliederung in den Arbeitsprozess verbundenen Gefahren für deren körperliche und seelische Entwicklung hat seine gesetzliche Grundlage vor allem im Gesetz zum Schutz der arbeitenden Jugend vom 12. 4. 1976 (Jugendarbeitsschutzgesetz – **JArbSchG**)[569] sowie einigen ergänzenden Regelungen.[570]

405 Gleichwohl bedurfte auch das deutsche Recht noch geringfügiger Anpassungsmaßnahmen an die Jugendarbeitsschutzrichtlinie. Zur vollständigen Umsetzung der Jugendarbeitsschutzrichtlinie hat der Gesetzgeber das Zweite Gesetz zur Änderung des Jugendarbeitsschutzgesetzes[571] verabschiedet, das am 27. 2. 1997 im Bundesgesetzblatt verkündet wurde und am 1. 3. 1997 in Kraft getreten ist.[572]

a) Anhebung der Altersgrenze

406 Zu den wesentlichsten Änderungen, die zur Umsetzung der Jugendarbeitsschutzrichtlinie erforderlich wurden, gehört die Anhebung der Altersgrenze beim Kinderarbeitsverbot. Nach bisherigem Recht galt als „Kind", wer noch nicht 14 Jahre ist. Nach dem Änderungsgesetz gilt nunmehr in Übereinstimmung mit Art. 3 Buchst. b RL JArbSch als Kind, wer noch nicht 15 Jahre alt ist.[573] Damit wird das grundsätzliche Verbot der Kinderarbeit (§ 5 Abs. 1 JArbSchG) auf Personen bis zur Vollendung des 15. Lebensjahres ausgedehnt.

407 Der Gesetzgeber hat jedoch von der Ausnahmeermächtigung des Art. 4 Abs. 2 Buchst. c RL JArbSch Gebrauch gemacht und die Beschäftigung von Kindern ab 13 Jahren nach Maßgabe des § 5 Abs. 3 JArbSchG zugelassen, sofern der Personenberechtigte einwilligt und die Beschäftigung leicht und für Kinder geeignet ist. § 5 Abs. 4a

---

[567] S. eingehend dazu Rn. 440 ff.
[568] *Lörcher*, AuR 1994, S. 360, 363; *Zmarzlik*, DB 1997, S. 647.
[569] BGBl. I S. 965; zum JArbSchG s. eingehend *Bachmann/Lührs,* Handbuch des Jugendarbeitsschutzrechts, 8. Aufl., 1994; ErfK/*Schlachter*, 2. Aufl. 2001, JArbSchG; *Molitor/Volmer/Germelmann*, Jugendarbeitsschutzgesetz, 3. Aufl. 1986; *Schoden*, Jugendarbeitsschutzgesetz, 3. Aufl. 1992; *Zmarzlik/Anzinger*, Jugendarbeitsschutzgesetz, 5. Aufl. 1998.
[570] Vgl. z. B. die Verordnung über Arbeiten in Druckluft v. 4. 10. 1972 (BGBl. I S. 1909); zuletzt geändert durch Art. 3 der Mutterschutzrichtlinienverordnung v. 15. 4. 1997, BGBl. I S. 782.
[571] BGBl. I S. 311.
[572] Zu diesem Gesetz und seiner Entstehungsgeschichte s. *Kossens*, RdA 1997, S. 209 ff.; *Taubert*, BB 1997, S. 575 ff.; *Zmarzlik*, DB 1997, S. 674 ff.
[573] § 2 Abs. 1 JArbSchG n. F.

JArbSchG verpflichtet die Bundesregierung, durch Rechtsverordnung mit Zustimmung des Bundesrates die „leichten und für Kinder geeigneten Beschäftigungen" näher zu bestimmen. Diesem Auftrag entsprechend hat die Bundesregierung am 17. Juni 1998 die **Kinderarbeitsschutzverordnung**[574] verabschiedet. In § 2 Abs. 1 KindArbSchV werden die Beschäftigungsarten, die als leichte und für Kinder geeignete Tätigkeiten gelten, im Einzelnen aufgeführt.[575]

b) Schutz Jugendlicher vor gefährlichen Arbeiten

Das grundsätzliche Verbot der Beschäftigung Jugendlicher mit gefährlichen Arbeiten wird nunmehr einheitlich im Jugendarbeitsschutzgesetz geregelt. Die bislang in § 15b der Gefahrstoffverordnung enthaltenen Schutzvorschriften sind in das Jugendarbeitsschutzgesetz übernommen worden.

Zur Umsetzung von Art. 7 Abs. 2 Buchst. a RL JArbSch bestimmt § 22 Abs. 1 Nr. 1 JArbSchG nunmehr ausdrücklich, dass die Beschäftigung Jugendlicher mit Arbeiten verboten ist, bei denen objektiv ihre physische oder psychische Leistungsfähigkeit überschritten wird.[576]

Die Umsetzung von Art. 7 Abs. 2 Buchst. b und des Anhangs I Nr. 2 RL JArbSch ist dadurch in nationales Recht umgesetzt worden, dass § 22 Abs. 1 JArbSchG um eine neue Nr. 7 ergänzt wurde. Diese Vorschrift verbietet, von den Ausnahmen des Abs. 2 abgesehen,[577] die Beschäftigung Jugendlicher mit Arbeiten, bei denen sie schädlichen Einwirkungen von biologischen Arbeitsstoffen i. S. der Richtlinie über biologische Arbeitsstoffe 90/679/EWG[578] ausgesetzt sind.

c) Arbeitsplatzbeurteilung

Eine dem Art. 6 Abs. 2 RL JArbSch entsprechende ausdrückliche Verpflichtung des Arbeitgebers, eine Beurteilung der Arbeitsplätze Jugendlicher vorzunehmen oder vornehmen zu lassen, wenn für eine Tätigkeit eine spezifische Gefahr der Exposition gegenüber den in Anhang I aufgeführten gefährlichen Arbeitsstoffen und Tätigkeiten besteht, enthielt das deutsche Recht nicht. Der neu eingefügte § 28a JArbSchG regelt nun ausdrücklich die Beurteilungspflicht des Arbeitgebers bezüglich der Arbeitsbedingungen für Jugendliche vor Beginn ihrer Beschäftigung und bei einer wesentlichen Änderung der Arbeitsbedingungen.

XI. Elternurlaub

Schrifttum: *Balze,* Die sozialpolitischen Kompetenzen der Europäischen Union, 1994; *Höland,* Partnerschaftliche Setzung und Durchführung von Recht in der Europäischen Gemeinschaft, ZIAS 1995, S. 425 ff.; *Kliemann,* Die europäische Sozialintegration nach Maastricht, 1997; *Peters-Lange/Rolfs,* Reformbedarf und Reformgesetzgebung im Mutterschutz- und Erziehungsgeldrecht, NZA 2000, S. 682; *Marlene Schmidt,* The EC Directive on Parental Leave, in: Blanpain, Bulletin of Comparative Labour Relations 32, Labour Law and Industrial Relations in the European Union, Den Haag, 1998, S. 181; *Schwarze,* Sozialer Dialog im Gemeinschaftsrecht, EAS B 8100; *Wank,* Arbeitsrecht nach Maastricht, RdA 1995, S. 10.

---

[574] Verordnung über den Kinderarbeitsschutz (KindArbSchV) vom 23. Juni 1998, BGBl. I S. 1508.
[575] S. näher zur KindArbSchV *Anzinger,* BB 1998, S. 1843 ff.; *Dembrowsky,* NJW 1998, S. 3540; *Düwell,* AuR 1998, S. 232 ff.; *Kollmer,* NZA 1998, S. 1268; *Rudolph,* AiB 1999, S. 123 ff.
[576] Demgegenüber enthielt § 22 Abs. 1 Nr. 1 JArbSchG a. F. nur das generelle Verbot, Jugendliche mit Arbeiten zu beschäftigen, die ihre Leistungsfähigkeit übersteigen.
[577] Der Gesetzgeber hat damit von der Ausnahmeermächtigung des Art. 7 Abs. 3 RL JArbSchG Gebrauch gemacht.
[578] S. zu dieser Richtlinie unten Rn. 781.

1. Die Elternurlaubsrichtlinie 96/34/EG

a) Allgemeines

412 Die nationalen Bestimmungen über den Elternurlaub wiesen zwischen den einzelnen Mitgliedstaaten erhebliche Unterschiede auf.[579] Da diese nach Auffassung der Kommission das harmonische Funktionieren des Gemeinsamen Marktes zu beeinträchtigen vermochten, legte die Kommission dem Rat – gestützt auf Art. 94 EGV (Art. 100 EGV a. F.) – am 15. November 1984 den Vorschlag für eine Richtlinie über den Elternurlaub aus familiären Gründen[580] vor. Nach dem Richtlinienvorschlag sollten erwerbstätige Väter oder Mütter u. a. einen Anspruch darauf haben, mindestens drei Monate nach jeder Geburt oder Adoption zu Hause bleiben zu dürfen, um das betreffende Kind zu betreuen.[581] Des Weiteren sah der Richtlinienvorschlag vor, dass dem Arbeitnehmer bei dringenden familiären Gründen eine von den Mitgliedstaaten festzusetzende Mindestzahl von Urlaubstagen zusteht.[582]

413 Da Großbritannien trotz verschiedener Zugeständnisse, wie etwa die zeitlich befristete Ausnahme vom Anwendungsbereich bei einzelnen Regelungen sowie lange Übergangsfristen, den Kommissionsvorschlag weiterhin strikt ablehnte, kam die für die Verabschiedung der Richtlinie notwendige einstimmige Beschlussfassung nicht zustande.

414 Angesichts der Weigerung der britischen Regierung, den Richtlinienvorschlag zum Elternurlaub mitzutragen, machten die Spitzenverbände der europäischen Arbeitgeberorganisationen[583] und der Europäische Gewerkschaftsbund erstmals von der im Maastrichter Abkommen zur Sozialpolitik eröffneten Möglichkeit Gebrauch und verabschiedeten am 14. Dezember 1995 eine Rahmenvereinbarung zum Elternurlaub,[584] die entsprechend dem Verfahren nach Art. 4 des Abkommens über die Sozialpolitik auf Vorschlag der Kommission in Übereinstimmung mit Art. 4 Abs. 2 des genannten Abkommens durch die Richtlinie 96/34/EG des Rates vom 3. Juni 1996 zu der von UNICE, CEEP und EGB geschlossenen Rahmenvereinigung über Elternurlaub[585] umgesetzt wurde.

415 Während sich die Elternurlaubsrichtlinie selbst auf Verfahrensvorschriften beschränkt, finden sich die materiell-rechtlichen Regelungen in der der Richtlinie als Anhang beigefügten Rahmenvereinbarung.[586] Die Rahmenvereinbarung legt nur Mindestanforderungen fest. Wie § 3 RV EltU ausdrücklich klarstellt, sind die Mitgliedstaaten durch die vorliegende Rahmenvereinbarung nicht gehindert, günstigere Regelungen anzuwenden oder festzulegen, als sie in dieser Rahmenvereinbarung vorgesehen sind.

b) Anwendungsbereich

416 Gem. § 1 Nr. 2 RV EltU gilt die Rahmenvereinbarung für alle Arbeitnehmer, Männer und Frauen, die nach den Rechtsvorschriften, Tarifverträgen oder Gepflogenheiten in

---

[579] Keine spezifischen Schutzbestimmungen zum Elternurlaub bestanden in Irland, Großbritannien und Luxemburg.
[580] ABl. EG C 316, S. 7.
[581] S. Art. 4 des Richtlinienvorschlags.
[582] S. Art. 7 des Richtlinienvorschlags.
[583] UNICE und CEEP.
[584] Zum Verfahren nach Art. 3 und 4 des Maastrichter Abkommens zur Sozialpolitik s. u. a. *Balze,* Die sozialpolitischen Kompetenzen der Europäischen Union, 1994, S. 272 ff.; *Höland,* ZIAS 1995, S. 425 ff.; *Kliemann,* Die europäische Sozialintegration nach Maastricht, 1997, S. 117 ff.; *Schwarze,* EAS B 8100, Rn. 6 ff. m. w. N.; *Wank,* RdA 1995, S. 10, 13 ff. Durch den Amsterdamer Vertrag sind die Bestimmungen des Abkommens über die Sozialpolitik in den EG-Vertrag (Art. 136–139) aufgenommen worden.
[585] ABl. EG L 14, S. 9; nachfolgend Elternurlaubsrichtlinie abgekürzt; s. zu dieser Richtlinie auch *Marlene Schmidt,* Labour Law and Industrial Relations in the European Union, 1998, S. 181 ff.
[586] Nachfolgend RV EltU abgekürzt.

XI. Elternurlaub

c) Materiellrechtliche Regelungen

aa) Gewährung von Elternurlaub

Gem. § 2 Nr. 1 RV EltU haben erwerbstätige Männer und Frauen ein individuelles Recht auf Elternurlaub im Fall der Geburt oder Adoption eines Kindes, damit sie sich für die Dauer von mindestens drei Monaten um dieses Kind kümmern können. Das Alter des Kindes, für das Elternurlaub in Anspruch genommen werden kann, kann bis zu 8 Jahren gehen. Um Chancengleichheit und Gleichbehandlung von Männern und Frauen zu fördern, bestimmt § 2 Nr. 2 RV EltU, dass das in § 2 Nr. 1 RV EltU vorgesehene Recht auf Elternurlaub prinzipiell nicht übertragbar sein soll.

§ 2 Nr. 3 RV EltU trägt den jeweiligen Situationen der einzelnen Mitgliedstaaten Rechnung, indem er es den Mitgliedstaaten oder Sozialpartnern überlässt, die Voraussetzungen und Modalitäten für die Inanspruchnahme des Elternurlaubs gesetzlich oder tarifvertraglich unter Einhaltung der Mindestanforderungen dieser Vereinbarung zu regeln.

bb) Schutz der Arbeitnehmer vor Entlassungen

§ 2 Nr. 4 RV EltU verpflichtet die Mitgliedstaaten oder die Sozialpartner gem. den einzelstaatlichen Rechtsvorschriften, Tarifverträgen oder Gepflogenheiten, die erforderlichen Maßnahmen zu treffen, damit Arbeitnehmer, die einen Antrag auf Elternurlaub gestellt oder Elternurlaub in Anspruch genommen haben, vor Entlassungen, die auf den Antrag oder auf der Inanspruchnahme von Elternurlaub beruhen, geschützt werden. Mit dieser Regelung soll sichergestellt werden, dass die Arbeitnehmer ihr Recht auf Elternurlaub auch tatsächlich wahrnehmen können.

cc) Rückkehr an den früheren Arbeitsplatz

Gem. § 2 Nr. 5 RV EltU haben Arbeitnehmer im Anschluss an den Elternurlaub grundsätzlich das Recht, an ihren früheren Arbeitsplatz zurückzukehren. Nur soweit die Rückkehr an den früheren Arbeitsplatz nicht möglich ist, hat der Arbeitgeber dem Arbeitnehmer einen seinem Arbeitsvertrag oder Arbeitsverhältnis entsprechenden gleichwertigen oder ähnlichen Arbeitsplatz zuzuweisen.

dd) Erhalt der zu Beginn des Elternurlaubs bestehenden Rechte

Die Rechte, die der Arbeitnehmer zu Beginn des Elternurlaubs erworben hatte oder dabei war zu erwerben, bleiben gem. § 2 Nr. 6 RV EltU bestehen. Im Anschluss an den Elternurlaub dürfen diese Rechte nur nach Maßgabe der einzelstaatlichen Rechtsvorschriften, Tarifverträge oder Gepflogenheiten geändert werden.

ee) Freistellungsanspruch in Fällen höherer Gewalt

Die Vereinbarung sieht in § 3 Nr. 1 RV EltU vor, dass Arbeitnehmern in Fällen höherer Gewalt und bei dringenden familiären Erfordernissen, die die Anwesenheit des betroffenen Arbeitnehmers notwendig machen, ein Freistellungsanspruch gem. den einzelstaatlichen Rechtsvorschriften, Tarifverträgen oder Gepflogenheiten zusteht. Die Einzelheiten des Freistellungsanspruchs, insbesondere deren zeitliche Begrenzung, bestimmen sich gem. § Nr. 2 RV EltU nach nationalem Recht.

2. Umsetzung in das deutsche Recht

Gem. Art. 2 Abs. 1 der Elternurlaubsrichtlinie waren die Mitgliedstaaten verpflichtet, diese Richtlinie bis spätestens zum 3. Juni 1998 in nationales Recht umzusetzen. Lediglich bei besonderen Schwierigkeiten oder im Fall einer Durchführung im Wege eines Tarifvertrages durfte die Umsetzungsfrist gem. Art. 2 Abs. 2 der Elternurlaubsrichtlinie um ein weiteres Jahr verlängert werden. Die Umsetzungsfrist war damit in jedem Fall spätestens am 3. Juni 1999 verstrichen.

424 Für die Bundesrepublik Deutschland kommt der Vereinbarung über den Elternurlaub nur geringe praktische Bedeutung zu. Das **Bundeserziehungsgeldgesetz** i. d. F. der Bekanntmachung vom 31. Januar 1994[587] entsprach bereits weitgehend den Vorgaben der Elternurlaubsrichtlinie. Nach deutschem Recht haben Arbeitnehmer sogar einen Anspruch auf Elternzeit bis zur Vollendung des dritten Lebensjahres eines Kindes.[588] Umsetzungsbedarf ergab sich allerdings daraus, dass nach der Vereinbarung zum Elternurlaub der dreijährige Elternurlaub bis zum 8. Lebensjahr des Kindes genommen werden kann, während nach § 15 Abs. 1 S. 2 BErzGG a. F. der Anspruch auf Erziehungsurlaub nur für Kinder bis zur Vollendung des siebten Lebensjahres genommen werden konnte. Insoweit bedurfte das deutsche Recht noch einer gemeinschaftskonformen Anpassung. Der Gesetzgeber hat das Bundeserziehungsgeldgesetz zwischenzeitlich durch das am 1. Januar 2001 in Kraft getretene Dritte Gesetz zur Änderung des Bundeserziehungsgeldgesetzes novelliert.[589] Nach § 15 Abs. 2 BErzGG n. F. besteht der Anspruch auf Elternzeit zwar nach wie vor nur bis zur Vollendung des dritten Lebensjahres. Ein Anteil von bis zu zwölf Monaten ist jedoch mit Zustimmung des Arbeitgebers auf die Zeit bis zur Vollendung des achten Lebensjahres übertragbar. Der Gesetzgeber hat damit zum einen der Vorgabe der Elternurlaubsrichtlinie entsprochen. Zudem hat er mit dieser Gesetzesänderung dem Wunsch vieler Eltern Rechnung getragen, einen Teil der Elternzeit für das erste Schuljahr des Kindes aufzusparen.[590]

425 Im Schrifttum ist die Auffassung vertreten worden, dass die in § 15 Abs. 2 BErzGG a. F. enthaltenen Beschränkungen, nach denen der Elternurlaub u. a. ausgeschlossen ist, wenn der andere Elternteil die Erziehung des Kindes sicherstellen kann, weil er entweder nicht erwerbstätig ist oder selbst Erziehungsurlaub in Anspruch nimmt, im Widerspruch zur Elternurlaubsrichtlinie stand.[591] Nach der Novellierung des Bundeserziehungsgeldgesetzes ist die Frage nach der Vereinbarkeit dieser Beschränkungen mit der Elternurlaubsrichtlinie hinfällig geworden. Der Gesetzgeber hat diese Beschränkungen aufgegeben. Gem. § 15 Abs. 3 BErzGG n. F. kann die Elternzeit, auch anteilig, von jedem Elternteil allein oder **von beiden Elternteilen gemeinsam** genommen werden. Sie bleibt jedoch auf bis zu drei Jahre für jedes Kind begrenzt. Im Gegensatz zu § 16 Abs. 1 S. 2 BErzGG a. F. kann der Erziehungsurlaub nicht nur abwechselnd von beiden Elternteilen, sondern auch gleichzeitig in Anspruch genommen werden, wobei dieser dann jedoch nur noch 1½ Jahre pro Elternteil beträgt.

426 Dem in § 2 Nr. 4 RV EltU geregelten Erfordernis nach einem Schutz der Arbeitnehmer, die einen Antrag auf Elternurlaub gestellt haben oder Elternurlaub in Anspruch genommen haben, vor Entlassungen wird im deutschen Recht durch § 18 Abs. 1 S. 1 BErzGG genügt, wonach der Arbeitgeber das Arbeitsverhältnis grundsätzlich ab dem Zeitpunkt, von dem an Elternzeit verlangt worden ist, höchstens jedoch acht Wochen vor Beginn der Elternzeit, und während der Elternzeit nicht kündigen darf.[592]

427 Das deutsche Recht kennt keine dem § 2 Nr. 5 RV EltU entsprechende Vorschrift, wonach Arbeitnehmer im Anschluss an den Elternurlaub einen Anspruch darauf haben,

---

[587] BGBl. I S. 180, geändert durch Verordnung v. 21. September 1997 (BGBl. I S. 2390).
[588] Vgl. § 15 Abs. 1 BErzGG a. F.; jetzt § 15 Abs. 2 BErzGG n. F.
[589] BGBl. I 2000, S. 1645, zuletzt geändert durch Gesetz v. 17. August 2001 (BGBl. I S. 2144); s. zur Gesetzesänderung auch *Peters-Lange/Rolfs*, NZA 2000, S. 662 ff.
[590] BT-Drucks. 14/3118, S. 20.
[591] *Klein-Jahns*, EAS B 5100, Rn. 66; *Peters-Lange/Rolfs*, NZA 2000, S. 662, 685.
[592] Zu den Einzelheiten des Sonderkündigungsschutzes gem. § 18 BErzGG s. u. a. ErfK/*Schlachter*, BErzGG, § 18 Rn. 3 ff.

soweit es möglich ist, wieder **an ihren früheren Arbeitsplatz zurückzukehren.** Das deutsche Recht bedarf auch insoweit noch einer gemeinschaftsrechtskonformen Anpassung.

Der in § 2 Nr. 6 RV EltU enthaltenen Forderung, dass die Rechte, die der Arbeitnehmer zu Beginn des Elternurlaubs erworben hatte oder dabei war zu erwerben, bestehen bleiben, wird im deutschen Recht dadurch Rechnung getragen, dass das Arbeitsverhältnis durch die Elternzeit nicht unterbrochen wird, sondern das **Arbeitsverhältnis** lediglich **ruht,** also nur die wechselseitigen Hauptpflichten des Arbeitsverhältnisses entfallen.[593] Eine speziell den Erholungsurlaub betreffende Regelung enthält § 17 Abs. 2 BErzGG, wonach der Arbeitnehmer, der den ihm zustehenden Urlaub vor dem Beginn der Elternzeit nicht oder nicht vollständig erhalten hat, den Resturlaub nach der Elternzeit im laufenden oder im nächsten Urlaubsjahr beanspruchen kann.

Auch der in § 3 RV EltU enthaltene **Freistellungsanspruch** in Fällen von höherer Gewalt und dringenden familiären Erfordernissen wird im deutschen Recht gewährleistet, und zwar durch § 616 BGB sowie durch § 45 SGB V.

XII. Technischer Arbeitsschutz

Schrifttum: *Angermaier,* Die neue Verordnung zur Umsetzung von EG-Arbeitsschutz-Richtlinien, AiB 1997, S. 76; *Balze,* Die sozialpolitischen Kompetenzen der Europäischen Union, 1994; *Barz,* Verhältnis der Maschinenrichtlinie zur Richtlinie Benutzung von Arbeitsmitteln, BG 1996, S. 222; *Becker,* Harmonisierte Normen und Konformitätsbewertungsverfahren – Elemente der Neuen Konzeption, FS für Wlotzke, 1996, S. 445; *Becker/Ostermann,* Wegweiser Maschinenrichtlinie, 2. Aufl. Loseblatt Stand 1998; *Birk,* Die Folgewirkungen des europäischen Gemeinschaftsrechts für das nationale Arbeitsrecht, EuR Beih. 1/1990, S. 17; *ders.,* Die Rahmenrichtlinie über die Sicherheit und den Gesundheitsschutz am Arbeitsplatz – Umorientierung des Arbeitsschutzes und bisherige Umsetzung in den Mitgliedstaaten der Europäischen Union, FS für Wlotzke, 1996, S. 645; *Börgmann,* Die Gefahrstoffverordnung im Spannungsfeld zwischen Verfassungs- und EG-Recht, 1996; *ders.,* Einzelrichtlinien zur Arbeitsschutzrahmenrichtlinie, EAS B 6200; *Börner,* Der deutsche Unternehmer vor dem europäischen Binnenmarkt, DB 1989, S. 613; *Bücker/Feldhoff/Kohte,* Vom Arbeitsschutz zur Arbeitsumwelt, Europäische Herausforderungen für das deutsche Arbeitsrecht, 1994; *Doll,* Vier Arbeitsschutzverordnungen erlassen, Sicher ist Sicher 1997, S. 6; *Flynn,* How will article 100a (4) work?, A comparison with article 93, CMLR 1987, S. 689; *Fritze,* EG-Richtlinien nach Art. 118a EWG-Vertrag über Benutzung von Arbeitsmitteln und Benutzung von persönlichen Schutzausrüstungen, Kompaß 1990, S. 567; *Gaul/Kühne,* Arbeitsstättenrecht, Losebl.; *Glaesner,* Die Einheitliche Europäische Akte, EuR 1986, S. 119; *ders.,* L'article 100a: Un nouveau instrument pour la réalisation du Marché Commun, CDE 1989, S. 617; *Gulmann,* The Single European Act – Some Remarks from a Danish Perspective, CMLR 1987, S. 31; *Hanau,* Arbeitsvertragliche Konsequenzen des Arbeitsschutzes, FS für Wlotzke, 1996, S. 37; *Heinen/Tentrop/Wienecke/Zerlett,* Kommentar zum technischen und medizinischen Arbeitsschutz, Erläuterungen zur Arbeitsstättenverordnung, Loseblatt; *Horst,* Gemeinsame Werte, BArbBl. 6/2000, S. 12; *Horst/Rückert,* Baustellenverordnung – Europaeinheitliches Schutzniveau, BArbBl. 7/8, 1998, S. 26; *Joerges,* Die Verwirklichung des Binnenmarktes und die Europäisierung des Produktsicherheitsrechts, FS für Ernst Steindorff, 1990, S. 1247; *Joerges/Falke/Micklitz/Brüggemeier,* Die Sicherheit von Konsumgütern und die Entwicklung der Europäischen Gemeinschaft, 1988; *Kalwa,* Die Umsetzung der EG-Maschinenrichtlinie in deutsches Recht, BG 1993, S. 296; *Kaufmann,* Die neue Gefahrstoffverordnung, DB 1986, S. 2229; *Karl,* Gefährdungsanalyse, BG 1995, S. 16; *Kittner/Pieper,* ArbSchR – Arbeitsschutzrecht, 1999; *Klein,* Neue Gefahrstoffverordnung, AiB 1994, S. 77; *Klein/Pipke/Allescher,* Biostoffverordnung, 2000; *Klein/Streffer,* Die Vorschriften der neuen Gefahrstoffverordnung über krebserzeugende Gefahrstoffe, DB 1987, S. 2307; *Kohte,* Arbeitsschutzrahmenrichtlinie, EAS B 6100; *ders.,* Die Umsetzung der Richtlinie 89/391 in den Mitgliedstaaten der EU, ZIAS 1999, S. 85; *Koll,* Die Beurteilung von Gefährdungen am Arbeitsplatz und ihre Dokumentation nach der EG-Rahmenrichtlinie Arbeitsschutz, FS für Wlotzke, 1996,

---

[593] BAG AP BErzGG § 15 Nr. 2.

S. 701; *ders.*, Arbeitsschutzgesetz, Loseblattkommentar, Stand April 1999; *Kollmer*, Inhalt und Anwendungsbereich der vier neuen Verordnungen zum Arbeitsschutzgesetz, NZA 1997, S. 138; *ders.*, Richtlinien zur Geräte- und Anlagensicherheit, EAS B 6300; *Kollmer/Vogl*, Das neue Arbeitsschutzgesetz, 2. Aufl. 1999; *Kossens*, Änderung des Jugendarbeitsschutz- und Mutterschutzgesetzes, RdA 1993, S. 209; *ders.*, Die Baustellenverordnung, AiB 1998, S. 550; *Landmann/Rohmer*, Gewerbeordnung, Loseblatt, Stand 2001; *Lazarus*, Umsetzung der neuen UVV-Lärm und der EG-Richtlinie in die Praxis, AiB 1992, S. 677; *Lenz, Carl Otto*, Arbeitsrecht vor dem Gerichtshof der Europäischen Gemeinschaften, DB Beil. Nr. 15/1990, S. 1; *Lenz, Martin*, Änderungen im Mutterschutzrecht, NJW 1997, S. 1491; *Lindl*, Arbeitsschutzrecht, Die EG-Richtlinie zur Angleichung der Rechtsvorschriften der Mitgliedstaaten für Maschinen, 1992; *Lörcher*, EG-Mutterschutzrichtlinie verabschiedet, AuR 1993, S. 54; *Marburger*, Änderungen des Mutterschutzrechts, BB 1997, S. 521; *Mattes*, Gerätesicherheitsgesetz, europäisch ausgerichtet, BArbBl. 12/2000, S. 13; *Meier*, Einheitliche Europäische Akte und freier Warenverkehr, NJW 1987, S. 537; *Morich*, Die neue Gefahrstoffverordnung, NZA 1987, S. 266; *Müller-Graff*, Die Rechtsangleichung zur Verwirklichung des Binnenmarktes, EuR 1989, S. 107; *Nöthlichs*, Arbeitsschutz und Arbeitssicherheit, Loseblatt, Stand September 2000; *Oetker*, Der Entwurf eines Arbeitsschutzrahmengesetzes, ZRP 1994, S. 219; *Opfermann/Rückert*, Neuregelungen für Persönliche Schutzausrüstungen, AuA 1997, S. 124; *dies.*, Neue Regeln zur manuellen Handhabung von Lasten bei der Arbeit, AuA 1997, S. 187; *Opfermann/Streit*, Arbeitsstätten, Loseblatt, 6. Aufl. 2002; *Partikel*, Europäische Arbeitsschutzpolitik – Risiko und Chance, Soziale Sicherheit 1989, S. 146; *Pernice*, Kompetenzordnung und Handlungsbefugnisse der Europäischen Gemeinschaft auf dem Gebiet des Umwelt- und Technikrechts, Die Verwaltung 1989, S. 1; *Pieper*, Verordnung zur Umsetzung von EG-Arbeitsschutz-Richtlinien, AuR 1997, S. 21; *Plagemann*, Die neue Berufskrankheiten-Verordnung, NJW 1998, S. 2724; *Reuter*, Die neue Maschinenrichtlinie: Ein europäischer Binnenmarkt im Maschinen- und Anlagenbau, BB 1990, S. 1213; *Schulz*, Europäischer Sozialraum – Schrittweise errichten, BArbBl. 11/1986, S. 16; *Sowka*, Änderungen im Mutterschutzrecht und im Jugendarbeitsschutz, NZA 1997, S. 296; *ders.*, Mutterschutzrichtlinienverordnung, NZA 1997, S. 928; *Steinmeyer*, Harmonisierung des Arbeits- und Sozialrechts in der Europäischen Gemeinschaft – Eine Konsequenz aus der Schaffung eines einheitlichen Binnenmarktes, ZIAS 1989, S. 208; *Storm*, Die neue Gefahrstoffverordnung, NVwZ 1987, S. 113; *Tettinger/Wank*, Gewerbeordnung, 6. Aufl. 1999; *Theuer*, Die 4. Novelle der Gefahrstoffverordnung, BB 1994, S. 208; *Wank*, Der Entwurf eines Arbeitsschutzrahmengesetzes im Spannungsfeld von Verfassungs- und Gemeinschaftsrecht, FS für Wlotzke, 1996, S. 617; *ders.*, Technischer Arbeitsschutz der EU im Überblick, EAS B 6000; *ders.*, Kommentar zum technischen Arbeitsschutz, 1999; *Wank/Börgmann*, Deutsches und europäisches Arbeitsschutzrecht, 1992; *Wittrock*, Mutterschutz-Richtlinie verabschiedet – ein Erfolg beharrlicher Bemühungen, EuroAS 1/1993, S. 3; *Wlotzke*, EG-Binnenmarkt und Arbeitsrechtsordnung – eine Orientierung, NZA 1990, S. 413; *ders.*, Umsetzung des EG-Richtlinienwerkes für Maschinen in das deutsche Arbeitsschutzrecht, BG 1990, S. 6; *ders.*, Technischer Arbeitsschutz im Spannungsverhältnis von Arbeits- und Wirtschaftsrecht, RdA 1992, S. 85; *ders.*, Auf dem Weg zu einer grundlegenden Neuregelung des betrieblichen Arbeitsschutzes, NZA 1994, S. 602; *ders.*, Fünf Verordnungen zum Arbeitsschutzgesetz von 1996, NJW 1997, S. 1469; *Zapka*, Europarechtlicher Gesundheitsschutz in Transportmitteln, AuR 1996, S. 100; *Zmarzlik*, Überblick über die EG-Mutterschutz-Richtlinie und ihre Umsetzung, DB 1994, S. 96.

1. Das System des technischen EG-Arbeitsschutzrechts

430 Von allen Teilgebieten des Arbeits- und Sozialrechts gehört der technische Arbeitsschutz[594] zu den weitestgehend durchnormierten Bereichen. Will man den vorhandenen Bestand der EG-Richtlinien zum Arbeitsschutzrecht systematisieren, so bieten sich unterschiedliche Formen an.[595] Am zweckmäßigsten erweist es sich, den technischen Arbeitsschutz der Europäischen Gemeinschaft zunächst in zwei unterschiedliche Vorschriftengruppen zu unterteilen, nämlich in die Gruppe der unmittelbar das betriebliche Geschehen betreffenden **Arbeitsschutzrichtlinien** nach Art. 138 EGV (Art. 118a EGV a. F.) und in die mittelbar auch dem Arbeitsschutz zugute kommenden **Binnenmarktrichtlinien** nach Art. 94, 95 EGV (Art. 100, 100a EGV a. F.).

---

[594] Zur Begriffsbestimmung s. *Wank*, EAS B 6000, Rn. 1 ff.
[595] S. dazu *Wank/Börgmann*, Deutsches und europäisches Arbeitsschutzrecht, 1992, S. 86.

XII. Technischer Arbeitsschutz   431–435   § 18

a) Arbeitsschutzrichtlinien nach Art. 138 EGV (Art. 118 a EGV a. F.)

Bis zum In-Kraft-Treten der EEA vom 17. 2. 1986[596] enthielt der EG-Vertrag keine **431** speziellen Ermächtigungsgrundlagen zum Erlass arbeitsschutzrechtlicher Regelungen. Die Mitgliedstaaten waren sich nach Art. 117 Abs. 1 EGV a. F. (Art. 136 Abs. 1 a. F.) lediglich über die Notwendigkeit einig, auf eine Verbesserung der Lebens- und Arbeitsbedingungen der Arbeitskräfte hinzuwirken und dadurch auf dem Weg des Fortschritts ihre Angleichung zu ermöglichen. **Art. 118 EGV a. F. (jetzt Art. 138 EGV)** verpflichtete die Kommission, eine enge Zusammenarbeit zwischen den Mitgliedstaaten in sozialen Fragen zu fördern. Die Sozialpolitik[597] als solche sollte im Zuständigkeitsbereich der Mitgliedstaaten verbleiben.[598] Arbeitsschutzrelevante EG-Richtlinien konnten allein auf die allgemeinen Ermächtigungsgrundlagen der **Art. 100 und 235 EGV a. F. (jetzt: Art. 95 und 308 EGV)** gestützt werden, die beide Einstimmigkeit im Rat erforderten.

Mit der Änderung des Vertrages durch die EEA wurden dem Rat auf dem Gebiet des **432** technischen Arbeitsschutzes erstmals weitreichende Rechtssetzungskompetenzen eingeräumt. Art. 138 EGV (Art. 118 a EGV a. F.) gehört zu den sozialen Flankierungen, die in den Vertrag aufgenommen worden sind.[599]

Nach Art. 138 EGV (Art. 118 a EGV a. F.) bemühen sich die Mitgliedstaaten, die Ver- **433** besserung insbesondere der Arbeitsumwelt zu fördern, um die Sicherheit und die Gesundheit der Arbeitnehmer zu schützen, und setzen sich die Harmonisierung der in diesem Bereich bestehenden Bedingungen bei gleichzeitigem Fortschritt zum Ziel. Als Beitrag zur Verwirklichung dieses Ziels erlässt der Rat auf Vorschlag der Kommission, in Zusammenarbeit mit dem EP und nach Anhörung des Wirtschafts- und Sozialausschusses unter Berücksichtigung der in den einzelnen Mitgliedstaaten bestehenden Bedingungen und technischen Regelungen mit qualifizierter Mehrheit durch **Richtlinien** Mindestnormen, die schrittweise anzuwenden sind.

Art. 138 EGV (Art. 118 a EGV a. F.) ermächtigt zum Erlass solcher Richtlinien, die den **434** Schutz der Sicherheit und der Gesundheit der Arbeitnehmer bezwecken. Dazu gehört jedenfalls der sog. technische oder betriebliche Arbeitsschutz.[600] In den Regelungsbereich fallen somit vor allem die betriebliche Organisation des betrieblichen Gefahrenschutzes durch den Arbeitgeber und das sicherheitsgerechte Verhalten der Arbeitnehmer,[601] das Arbeitsstättenrecht,[602] die sichere Benutzung der Arbeitsgeräte[603] sowie der Umgang mit Gefahrstoffen durch die Arbeitnehmer.[604]

Anders als bei den Binnenmarktrichtlinien nach Art. 95 EGV (Art. 100 a EGV a. F.), **435** sind die Mitgliedstaaten nicht gehindert, weiterreichende Maßnahmen zum verstärkten Schutz der Arbeitnehmer beizubehalten oder zu ergreifen, vorausgesetzt dass sie mit dem Gemeinschaftsrecht vereinbar sind.[605]

---

[596] ABl. EG L 169, S. 29; zur EEA s. § 11 Rn. 27 ff.
[597] Zum Begriff der Sozialpolitik s. *Balze*, Die sozialpolitischen Kompetenzen der Europäischen Union, S. 35; *Birk*, EuR Beih. 1/1990, S. 17; *Bleckmann*, Europarecht, Rn. 1834, S. 722; *Jansen*, EuR Beih. 1/1990, S. 5, 6; *Steinmeyer*, ZIAS 1989, S. 208, 212.
[598] *Streil*, in: Beutler/Bieber/Pipkorn/Streil, Die Europäische Union, 4. Aufl. 1993, S. 448; *Schulz*, BArbBl. 11/1986, S. 16, 17.
[599] *Wlotzke*, RdA 1992, S. 85, 88.
[600] Zum Streit, ob der Begriff „Arbeitsumwelt" i. S. des Art. 138 Abs. 1 EGV (Art. 118 Abs. 1 EGV a. F.) auf den gesamten Bereich der Arbeitsbedingungen und der Arbeitsorganisation auszudehnen ist, vgl. *Balze*, Die sozialpolitischen Kompetenzen, S. 80 ff.; *Steinmeyer*, RdA 2001, S. 10, 12 ff.; *Wank/Börgmann*, Arbeitsschutzrecht, S. 84 ff.
[601] S. dazu unten Rn. 440.
[602] S. dazu unten Rn. 456.
[603] S. dazu unten Rn. 565.
[604] S. dazu unten Rn. 661.
[605] Art. 138 EGV (Art. 118 a Abs. 3 EGV a. F.). Zur Umsetzung der Richtlinie in den Mitgliedstaaten s. *Kohte*, ZIAS 1999, S. 85.

b) Binnenmarktrichtlinien nach Art. 95 EGV (Art. 100 a EGV a. F.)

436 Der durch die EEA neu in den Vertrag eingefügte 100a EGV (nunmehr Art. 95 EGV) ermächtigt den Rat, für die Verwirklichung der Ziele des Art. 14 EGV (Art. 7a EGV a. F.) mit qualifizierter Mehrheit Maßnahmen zur Angleichung der Rechts- und Verwaltungsvorschriften der Mitgliedstaaten zu erlassen, die die Errichtung und das Funktionieren des Binnenmarktes zum Gegenstand haben. Mit Art. 7a EGV a. F. (nunmehr Art. 14 EGV) wurde neben der bisherigen Zielsetzung der Gemeinschaft aus Art. 2 EGV, der Errichtung eines Gemeinsamen Marktes, als neue Zielsetzung die Verwirklichung des Binnenmarktes bis zum 31. Dezember 1992 eingeführt.[606] Der Binnenmarkt umfasst nach der Begriffsbestimmung des Art. 14 EGV (Art. 7a EGV a. F.) einen Raum ohne Binnengrenzen, in dem der freie Verkehr von Waren, Personen, Dienstleistungen und Kapital gewährleistet ist. Obwohl weder in Art. 14 EGV (Art. 7a EGV a. F.) noch in Art. 95 EGV (Art. 100a EGV a. F.) der Arbeitsschutz ausdrücklich erwähnt wird, spielen diese Vorschriften gleichwohl für den Arbeitsschutz eine erhebliche Rolle. Nationale Vorschriften, die den freien Warenverkehr behindern können, sind nämlich nicht nur Zollbestimmungen oder mengenmäßige Einfuhrbeschränkungen, sondern auch einzelstaatliche Vorschriften über **sicherheitstechnische Anforderungen** an Geräte und Maschinen sowie Anforderungen an das Inverkehrbringen und die Verwendung gefährlicher Stoffe.[607] Wenn das primäre Ziel solcher produktbezogenen Binnenmarktrichtlinien auch nicht der Schutz der Arbeitnehmer vor den jeweiligen von den Produkten ausgehenden Gefahren ist, sondern vielmehr die Sicherung des freien Warenverkehrs innerhalb der Gemeinschaft, so regeln sie gleichwohl neben Belangen des allgemeinen Gesundheitsschutzes, des Umwelt- und des Verbraucherschutzes auch Belange des technischen Arbeitsschutzes, und zwar i. S. eines vorbeugenden Gefahrenschutzes.[608]

437 Die Verwirklichung des freien Warenverkehrs lässt sich nicht mit Richtlinien durchsetzen, die nur Mindeststandards festlegen und den Mitgliedstaaten weitergehende Anforderungen gestatten;[609] andererseits soll aus politischen Gründen das in den Mitgliedstaaten bereits erreichte Sicherheitsniveau nicht unterschritten werden. Eine Kompromisslösung zwischen diesen Interessen sieht Art. 95 Abs. 3 EGV (Art. 100a Abs. 3 EGV a. F.) vor. Danach hat die Kommission bei ihren Vorschlägen in den Bereichen Gesundheit, Sicherheit, Umweltschutz und Verbraucherschutz „von einem **hohen Schutzniveau**" auszugehen. Die Maßnahmen nach Art. 95 EGV (Art. 100a EGV a. F.) brauchen somit nicht dem höchsten bereits in einem Mitgliedstaat bestehenden Schutzniveau zu entsprechen.[610] Das Schutzniveau ist vielmehr so festzulegen, dass einerseits die Belastung für Mitgliedstaaten mit einem niedrigeren Schutzniveau zumutbar bleibt, andererseits ein Abbau eines hohen Schutzniveaus in einem Mitgliedstaat politisch vertretbar ist.[611]

438 Eine Neuerung gegenüber Art. 94 EGV (Art. 100 EGV a. F.) stellt das **Ausscherrecht** des Art. 95 Abs. 4 EGV (Art. 100a Abs. 4 EGV a. F.) dar. Es eröffnet den Mitgliedstaaten die Möglichkeit, strengere nationale Bestimmungen anzuwenden, wenn diese durch wichtige Erfordernisse i. S. des Art. 30 EGV (Art. 36 EGV a. F.) oder in Bezug auf den Schutz der Arbeitsumwelt oder den Verbraucherschutz gerechtfertigt sind. Voraussetzung für die Anwendung abweichender mitgliedstaatlicher Bestimmungen ist jedoch, dass diese ein höheres Schutzniveau als die gemeinschaftlichen Harmonisierungsmaßnahmen vorsehen.[612]

---

[606] Grabitz-Hilf/*Grabitz*, Art. 8a EGV a. F., Rn. 2.
[607] *Joerges*, FS für Steindorff, 1990, S. 1247, 1248; *Wlotzke*, NZA 1990, S. 417; vgl. auch *Lenz*, DB Beil. Nr. 15/1990, S. 4.
[608] *Wlotzke*, NZA 1990, S. 417; *ders.*, RdA 1993, S. 85, 87.
[609] *Falke*, in: Joerges/Falke/Micklitz/Brüggemeier, Die Sicherheit von Konsumgütern und die Entwicklung der Europäischen Gemeinschaft, S. 368.
[610] *Pernice*, DÖV 1989, S. 1, 9.
[611] *Glaesner*, EuR 1986, S. 119, 131.
[612] Grabitz-Hilf/*Langeheine*, Art. 100a EGV a. F., Rn. 68.

XII. Technischer Arbeitsschutz   439, 440 § 18

Als wichtige Erfordernisse i. S. des Art. 30 EGV (Art. 36 EGV a. F.), die eine Sonderregelung im Bereich des Arbeitsschutzes rechtfertigen können, kommen vor allem der Schutz der öffentlichen Gesundheit und des Lebens von Menschen in Betracht.[613] Bei den in Art. 30 EGV (Art. 36 EGV a. F.) genannten Gründen handelt es sich um eng auszulegende Ausnahmen.[614] Die Rechtfertigung einer abweichenden einzelstaatlichen Maßnahme setzt insbesondere voraus, dass die nationale Regelung i. S. der konkretisierenden Rechtsprechung des EuGH zu Art. 30 EGV (Art. 36 EGV a. F.) verhältnismäßig ist. Hält ein Mitgliedstaat die Voraussetzungen von Art. 95 Abs. 4 EGV (Art. 100a Abs. 4 EGV a. F.) für gegeben, so teilt er die Bestimmungen der EG-Kommission mit, die die betreffenden Bestimmungen bestätigt, nachdem sie sich vergewissert hat, dass sie kein Mittel zur willkürlichen Diskriminierung und keine verschleierte Beschränkung des Handels zwischen den Mitgliedstaaten darstellen. Im Schrifttum umstritten ist, ob die nationale Bestimmung bereits vor ihrer Bestätigung durch die Kommission angewendet werden kann.[615] Mit Urteil vom 17. Mai 1994[616] hat der EuGH zur vorliegenden Streitfrage Stellung bezogen und entschieden, dass ein Mitgliedstaat erst dann befugt ist, die mitgeteilten einzelstaatlichen Bestimmungen anzuwenden, wenn er von der Kommission die Bestätigung erhalten hat.

In der Rechtssache Kemikalieinspektionen[617] hat der EuGH im Hinblick auf Art. 36 **439** EGV ein gegenüber der Richtlinie strengeres nationales Verbot von Trichlorethylen für zulässig gehalten.

2. Gemeinschaftsrechtliche Vorschriften des technischen Arbeitsschutzes

a) Arbeitsschutzrahmenrichtlinie 89/391/EWG

aa) Allgemeines

Im Jahre 1987 hat die Kommission in der Mitteilung über ihr Aktionsprogramm für Si- **440** cherheit, Arbeitshygiene und Gesundheitsschutz am Arbeitsplatz[618] ihren Willen bekräftigt, ihre Initiativen im Bereich des Gesundheitsschutzes, der Arbeitshygiene und der Sicherheit am Arbeitsplatz weiter auszubauen und Richtlinien u. a. über die Organisation der Sicherheit am Arbeitsplatz sowie über die Wahl und die Verwendung der geeigneten Anlagen, Ausrüstungen, Maschinen und Arbeitsstoffe auszuarbeiten. Der Rat hat in seiner Entschließung vom 21. Dezember 1987[619] die Mitteilung der Kommission über ihr Aktionsprogramm begrüßt und die Absicht der Kommission, ihm binnen kurzem eine Richtlinie über die Organisation der Sicherheit und des Gesundheitsschutzes der Arbeitnehmer am Arbeitsplatz vorzulegen, zur Kenntnis genommen. Wie angekündigt, hat die Kommission dem Rat Anfang 1988 einen entsprechenden Richtlinienvorschlag unterbreitet.[620] Gestützt auf Art. 118a EGV a. F. (jetzt: Art. 138 EGV) hat der Rat in Zusammenarbeit mit dem EP[621] und nach Anhörung des Wirtschafts- und Sozialausschusses[622] am 12. Juni 1989 die Richtlinie 89/391/EWG über die Durchführung von Maßnahmen zur Verbesserung der Sicherheit und des Gesundheitsschutzes der Arbeitnehmer bei der Arbeit[623] verabschie-

---

[613] Grabitz-Hilf/*Matthies,* Art. 36 EGV a. F., Rn. 14.
[614] Grabitz-Hilf/*Langeheine,* Art. 100a EGV a. F., Rn. 71.
[615] Befürwortend: *Glaesner,* CDE 1989, S. 615, 625; *Gulmann,* CMLR 1987, S. 31, 38; ablehnend: *Flynn,* CMLRV 1987, S. 689; *Meier,* NJW 1987, S. 537, 542; *Wlotzke,* RdA 1993, S. 85, 87; differenzierend: *Lindl,* Arbeitsschutzrecht, 1992, S. 43; *Müller-Graff,* EuR 1989, S. 107, 149 f.
[616] Rs. 41/93, Slg. 1994, S. 1829.
[617] EuGH, EuZW 2000, S. 638.
[618] ABl. EG C 28, S. 3.
[619] ABl. EG C 28, S. 1.
[620] ABl. EG C 141, S. 1.
[621] ABl. EG C 326, S. 102.
[622] ABl. EG C 175, S. 22.
[623] ABl. EG L 183, S. 1; nachfolgend Richtlinie 89/391/EWG abgekürzt.

det.[624] Sie regelt für alle Tätigkeitsbereiche und alle Beschäftigungsgruppen die grundlegenden Pflichten von Arbeitgebern und Arbeitnehmern im betrieblichen Arbeitsschutz.

441 Die Bestimmungen der Richtlinie 89/391/EWG stellen **Mindestnormen** dar. Bereits geltende oder künftige nationale und gemeinschaftsrechtliche Bestimmungen, die für die Sicherheit und den Gesundheitsschutz der Arbeitnehmer am Arbeitsplatz günstiger sind, werden durch die Richtlinie nicht berührt.[625]

442 Bei der Richtlinie 89/391/EWG handelt es sich um eine Rahmenrichtlinie. Gem. Art. 16 der Richtlinie 89/391/EWG erlässt der Rat für die im Anhang aufgeführten Bereiche[626] auf Vorschlag der Kommission Einzelrichtlinien. Bei den folgenden vom Rat bereits verabschiedeten Richtlinien handelt es sich um **Einzelrichtlinien i. S. der Rahmenrichtlinie:**
- Richtlinie 89/654/EWG über Mindestvorschriften für Sicherheit und Gesundheitsschutz in Arbeitsstätten vom 30. November 1989;[627]
- Richtlinie 89/655/EWG über Mindestvorschriften für Sicherheit und Gesundheitsschutz bei Benutzung von Arbeitsmitteln durch Arbeitnehmer bei der Arbeit vom 30. November 1989;[628]
- Richtlinie 89/656/EWG über Mindestvorschriften für Sicherheit und Gesundheitsschutz bei Benutzung persönlicher Schutzausrüstungen durch Arbeitnehmer bei der Arbeit vom 30. November 1989;[629]
- Richtlinie 90/269/EWG über Mindestvorschriften bezüglich der Sicherheit und des Gesundheitsschutzes bei der manuellen Handhabung von Lasten, die für die Arbeitnehmer insbesondere eine Gefährdung der Lendenwirbelsäule mit sich bringt vom 29. Mai 1990;[630]
- Richtlinie 90/270/EWG über die Mindestvorschriften bezüglich der Sicherheit und des Gesundheitsschutzes bei der Arbeit an Bildschirmgeräten vom 29. Mai 1990;[631]
- Richtlinie 90/394/EWG über den Schutz der Arbeitnehmer gegen Gefährdung durch Karzinogene bei der Arbeit vom 28. Juni 1990;[632]
- Richtlinie 2000/54/EG über den Schutz der Arbeitnehmer gegen Gefährdung durch biologische Arbeitsstoffe bei der Arbeit vom 18. September 2000 (Neufassung der RL 90/679/EWG);[633]
- Richtlinie 92/57/EWG über die auf zeitlich begrenzte oder ortsveränderliche Baustellen anzuwendenden Mindestvorschriften für die Sicherheit und den Gesundheitsschutz vom 24. Juni 1992;[634]

---

[624] Zur Arbeitsschutzrahmenrichtlinie s. auch *Balze*, Die sozialpolitischen Kompetenzen, S. 198 ff.; *Bücker/Feldhoff/Kohte*, Arbeitsschutz, Rn. 245 ff.; *Kohte*, EAS B 6100; *Wlotzke*, RdA 1992, S. 95, 91 f.

[625] Vgl. Art. 1 Abs. 3 der Richtlinie 89/391/EWG.

[626] Zu diesen Bereichen gehören: Arbeitsstätten; Arbeitsmittel; Persönliche Schutzausrüstungen; Arbeiten mit Bildschirmgeräten; Handhabung schwerer Lasten, die Gefährdungen der Lendenwirbelsäule mit sich bringen; Baustellen und Wanderbaustellen; Fischerei und Landwirtschaft.

[627] Erste Einzelrichtlinie i. S. des Art. 16 Abs. 1 der Richtlinie 89/391/EWG; ABl. EG L 393, S. 1.

[628] Zweite Einzelrichtlinie i. S. des Art. 16 Abs. 1 der Richtlinie 89/391/EWG; ABl. EG L 391, S. 13.

[629] Dritte Einzelrichtlinie i. S. des Art. 16 Abs. 1 der Richtlinie 89/391/EWG; ABl. EG L 393, S. 18.

[630] Vierte Einzelrichtlinie i. S. des Art. 16 Abs. 1 der Richtlinie 89/391/EWG; ABl. EG L 156, S. 9.

[631] Fünfte Einzelrichtlinie i. S. des Art. 16 Abs. 1 der Richtlinie 89/391/EWG; ABl. EG L 156, S. 14.

[632] Sechste Einzelrichtlinie i. S. des Art. 16 Abs. 1 der Richtlinie 89/391/EWG; ABl. EG L 196, S. 1.

[633] Siebte Einzelrichtlinie i. S. des Art. 16 Abs. 1 der Richtlinie 89/391/EWG; ABl. EG L 374, S. 1.

[634] Achte Einzelrichtlinie i. S. des Art. 16 Abs. 1 der Richtlinie 89/391/EWG; ABl. EG L 254, S. 6.

- Richtlinie 92/58/EWG über Mindestvorschriften für die Sicherheits- und/oder Gesundheitsschutzkennzeichnung am Arbeitsplatz vom 24. Juni 1992;[635]
- Richtlinie 92/85/EWG über die Durchführung von Maßnahmen zur Verbesserung der Sicherheit und des Gesundheitsschutzes von schwangeren Arbeitnehmerinnen, Wöchnerinnen und stillenden Arbeitnehmerinnen am Arbeitsplatz vom 19. Oktober 1992;[636]
- Richtlinie 92/91/EWG über Mindestvorschriften zur Verbesserung der Sicherheit und des Gesundheitsschutzes der Arbeitnehmer in den Betrieben, in denen durch Bohrungen Mineralien gewonnen werden vom 3. November 1992;[637]
- Richtlinie 92/104/EWG über Mindestvorschriften zur Verbesserung der Sicherheit und des Gesundheitsschutzes der Arbeitnehmer in übertägigen oder untertägigen mineralgewinnenden Betrieben vom 3. Dezember 1992;[638]
- Richtlinie 93/103/EWG über Mindestvorschriften für Sicherheit und Gesundheitsschutz bei der Arbeit an Bord von Fischereifahrzeugen vom 23. November 1993;[639]
- Richtlinie 98/24/EG vor der Gefährdung durch chemische Arbeitsstoffe bei der Arbeit vom 7. April 1998;[640]
- Richtlinie 1999/92/EG über Mindestvorschriften zur Verbesserung des Gesundheitsschutzes und der Sicherheit der Arbeitnehmer, die durch explosionsfähige Atmosphäre gefährdet werden können, vom 16. Dezember 1992.[641]

Nach Art. 18 Abs. 1 der Richtlinie 89/391/EWG waren die Mitgliedstaaten verpflichtet, die für die Umsetzung erforderlichen Rechts- und Verwaltungsvorschriften bis spätestens zum 31. Dezember 1992 zu erlassen.

bb) Anwendungsbereich

Die Richtlinie 89/391/EWG ist auf alle privaten oder öffentlichen Tätigkeitsbereiche sowie auf alle Beschäftigungsgruppen mit Ausnahme der Hausangestellten anzuwenden.[642] Vom Anwendungsbereich der Rahmenrichtlinie erfasst werden insbesondere gewerbliche, landwirtschaftliche, kaufmännische und Verwaltungstätigkeiten sowie dienstleistungs- oder ausbildungsbezogene Tätigkeiten. Keine Anwendung findet die Rahmenrichtlinie, soweit dem Besonderheiten bestimmter spezifischer Tätigkeiten im öffentlichen Dienst oder bestimmter spezifischer Tätigkeiten bei den Katastrophenschutzdiensten zwingend entgegenstehen.[643] In diesen Fällen haben die Mitgliedstaaten jedoch dafür Sorge zu tragen, dass unter Berücksichtigung der Zielsetzung der Richtlinie eine größtmögliche Sicherheit und ein größtmöglicher Gesundheitsschutz der Arbeitnehmer gewährleistet sind.[644]

cc) Arbeitgeberpflichten

Die grundsätzliche Verpflichtung für die Sicherheit und den Gesundheitsschutz am Arbeitsplatz trifft den Arbeitgeber.[645] Der zweite Abschnitt der Rahmenrichtlinie bestimmt, welche grundlegenden Pflichten vom Arbeitgeber im Einzelnen zu erfüllen sind.

---

[635] Neunte Einzelrichtlinie i. S. des Art. 16 Abs. 1 der Richtlinie 89/391/EWG; ABl. EG L 245, S. 23.
[636] Zehnte Einzelrichtlinie i. S. des Art. 16 Abs. 1 der Richtlinie 89/391/EWG; ABl. EG L 348, S. 1.
[637] Elfte Einzelrichtlinie i. S. des Art. 16 Abs. 1 der Richtlinie 89/391/EWG; ABl. EG L 348, S. 9.
[638] Zwölfte Einzelrichtlinie i. S. des Art. 16 Abs. 1 der Richtlinie 89/391/EWG; ABl. EG L 404, S. 10.
[639] Dreizehnte Einzelrichtlinie i. S. des Art. 16 Abs. der Richtlinie 89/391/EWG; ABl. EG L 307, S. 1.
[640] Vierzehnte Einzelrichtlinie i. S. des Art. 16 Abs. der Richtlinie 89/391/EWG; ABl. EG L 131, S. 11.
[641] Fünfzehnte Einzelrichtlinie i. S. des Art. 16 Abs. 1 der Richtlinie 89/391/EWG; ABl. EG L 23, S. 57; bereinigt ABl. EG L 134 v. 7. 6. 2000, S. 36.
[642] Art. 2 Abs. 1 der Richtlinie 89/391/EWG.
[643] Art. 2 Abs. 2 Unterabs. 1 der Richtlinie 89/391/EWG.
[644] Art. 2 Abs. 2 Unterabs. 2 der Richtlinie 89/391/EWG.
[645] Vgl. Art. 5 Abs. 3 der Richtlinie 89/391/EWG.

446 Nach Art. 5 Abs. 1 der Richtlinie 89/391/EWG ist der Arbeitgeber verpflichtet, für den Gesundheitsschutz der Arbeitnehmer in Bezug auf alle Aspekte, die die Arbeit betreffen, zu sorgen. Um dieser grundlegenden Pflicht nachzukommen, hat der Arbeitgeber die für die Sicherheit und den Gesundheitsschutz der Arbeitnehmer erforderlichen Maßnahmen zu treffen.[646] Art. 6 Abs. 5 der Richtlinie 89/391/EWG verbietet es dem Arbeitgeber, die Kosten für die Sicherheits-, Hygiene- und Gesundheitsschutzmaßnahmen dem Arbeitnehmer aufzuerlegen. Bei der Festlegung der Maßnahmen sind die in Art. 6 Abs. 2 Buchst. a bis i der Richtlinie 89/391/EWG bestimmten **allgemeinen Grundsätze der Gefahrenverhütung** zugrunde zu legen. Vom Arbeitgeber zu beachten sind insbesondere der Grundsatz der Vermeidung von Risiken, die Gefahrenbekämpfung an der Quelle sowie die Ausschaltung oder Verringerung von Gefahrenmomenten. Bei der Gestaltung von Arbeitsplätzen sowie bei der Auswahl von Arbeitsmitteln und Arbeits- und Fertigungsverfahren hat der Arbeitgeber den Faktor „Mensch" zu berücksichtigen. Der vom Arbeitgeber zu berücksichtigende Sicherheitsstandard wird durch Art. 6 Abs. 2 Buchst. e i.V.m. Art. 5 Abs. 4 der Richtlinie 89/391/EWG hoch angesetzt. Der Arbeitgeber muss bei der Festsetzung der für die Sicherheit und den Gesundheitsschutz der Arbeitnehmer erforderlichen Maßnahmen vom jeweiligen **„Stand der Technik"** ausgehen.[647] Die Mitgliedstaaten sind lediglich berechtigt, die Verantwortung des Arbeitgebers für solche Vorkommnisse einzuschränken oder auszuschließen, die auf nicht ihm zu vertretende anormale und unvorhersehbare Umstände oder auf außergewöhnliche Ereignisse zurückzuführen sind, deren Folgen trotz aller Sorgfalt nicht hätten vermieden werden können.[648]

447 Mit der alleinigen Festsetzung der für die Sicherheit und den Gesundheitsschutz der Arbeitnehmer erforderlichen Maßnahmen ist ein effektiver Schutz der Arbeitnehmer nicht gewährleistet. Demgemäß schreibt Art. 6 Abs. 1 Unterabs. 2 der Richtlinie 89/391/EWG vor, dass der Arbeitgeber zusätzlich verpflichtet ist, die getroffenen Maßnahmen den sich ändernden Gegebenheiten **anzupassen** sowie eine Verbesserung der bestehenden Arbeitsbedingungen anzustreben.

448 Neben den allgemeinen Pflichten der Art. 5 und 6 der Richtlinie 89/391/EWG normiert die Richtlinie **weitere vom Arbeitgeber einzuhaltende Pflichten.** Art. 7 Abs. 1 der Richtlinie 89/391/EWG verpflichtet den Arbeitgeber, einen oder mehrere Arbeitnehmer zu benennen, die er mit Schutzmaßnahmen und Maßnahmen zur Verhütung berufsbedingter Gefahren im Unternehmen oder im Betrieb beauftragt.[649] Nach Art. 8 Abs. 1 der Richtlinie 89/391/EWG muss der Arbeitgeber die der Art der Tätigkeiten und der Größe des Unternehmens oder Betriebs angepassten Maßnahmen treffen, die zur Ersten Hilfe, Brandbekämpfung und Evakuierung der Arbeitnehmer erforderlich sind sowie die erforderlichen Verbindungen zu außerbetrieblichen Stellen, insbesondere im Bereich der Ersten Hilfe, der medizinischen Notversorgung, der Bergung und der Brandbekämpfung organisieren.[650] Des Weiteren ist der Arbeitgeber verpflichtet, die am Arbeitsplatz bestehenden Gefahren für die Sicherheit und die Gesundheit der Arbeitnehmer zu evaluieren.[651] Art. 9 Abs. 2 der Richtlinie 89/391/EWG legt dem Arbeitgeber die Einhaltung bestimmter Dokumentationspflichten auf.[652] Die Richtlinie 89/391/EWG

---

[646] Art. 6 Abs. 1 der Richtlinie 89/391/EWG.
[647] Art. 6 Abs. 2 Buchst. e der Richtlinie 89/391/EWG.
[648] Vgl. Art. 5 Abs. 4 der Richtlinie 89/391/EWG.
[649] Zu den Einzelheiten vgl. Art. 7 Abs. 2 bis 8 der Richtlinie 89/391/EWG sowie *Kohte*, EAS B 6100, Rn. 69 ff.; *Wank/Börgmann*, Arbeitsschutz, S. 91.
[650] Zu den Einzelheiten vgl. Art. 8 Abs. 2, 3, und 5 der Richtlinie 89/391/EWG sowie *Kohte*, EAS B 6100, Rn. 76 ff.; *Wank/Börgmann*, Arbeitsschutz, S. 91 f.
[651] Art. 9 Abs. 1 Buchst. a Richtlinie 89/391/EWG; näher zu dieser Gefährdungsbeurteilungspflicht *Karl*, BG 1995, S. 16 ff.; *Kohte*, EAS B 6100, Rn. 42 ff.; *Koll*, FS für Wlotzke, S. 701 ff.
[652] Zu den Dokumentationspflichten des Arbeitgebers s. *Kohte*, EAS B 6100, Rn. 62 ff.; *Koll*, FS für Wlotzke, S. 701 ff.; *Wank/Börgmann*, Arbeitsschutz, S. 92.

verpflichtet den Arbeitgeber ferner zur Einhaltung von Unterrichtungs-, Anhörungs-, Beteiligungs- sowie Unterweisungspflichten.[653]

dd) Arbeitnehmerpflichten

Neben dem Arbeitgeber unterliegt auch der Arbeitnehmer einer Reihe von Pflichten. Nach Art. 13 Abs. 1 der Richtlinie 89/391/EWG ist jeder Arbeitnehmer verpflichtet, nach seinen Möglichkeiten **für seine eigene Sicherheit und Gesundheit** sowie für die Sicherheit und die Gesundheit derjenigen Personen zu **sorgen,** die von seinen Handlungen oder Unterlassungen bei der Arbeit betroffen sind, und zwar entsprechend seiner Unterweisung und den Anweisungen des Arbeitgebers. Zur Verwirklichung dieser Ziele hat jeder Arbeitnehmer insbesondere die in Art. 13 Abs. 2 der Richtlinie 89/391/EWG normierten Verhaltensregeln zu beachten. Dazu gehört z. B. die Pflicht des Arbeitnehmers, Maschinen, Geräte, Werkzeuge, gefährliche Stoffe, Transportmittel und sonstige Mittel ordnungsgemäß zu benutzen. Ferner müssen die dem Arbeitnehmer zur Verfügung gestellten Schutzausrüstungen ordnungsgemäß benutzt und nach der Benutzung an dem dafür vorgesehenen Platz gelagert werden. Stellt der Arbeitnehmer eine ernste und unmittelbare Gefahr oder Defekte an den Schutzsystemen fest, so ist er verpflichtet, dies dem Arbeitgeber oder den Arbeitnehmern mit einer besonderen Funktion bei der Sicherheit und dem Gesundheitsschutz unverzüglich zu melden. **449**

Die Richtlinie 89/391/EWG regelt auch die Voraussetzungen, unter denen Arbeitnehmern ein **Zurückbehaltungs- sowie ein Anzeigerecht** einzuräumen ist. Gem. Art. 8 Abs. 4 der Richtlinie 89/391/EWG dürfen einem Arbeitnehmer, der bei ernster, unmittelbarer und nicht vermeidbarer Gefahr seinen Arbeitsplatz oder einen gefährlichen Bereich verlässt, dadurch keine Nachteile entstehen; zudem muss er gegen alle nachteiligen und ungerechtfertigten Folgen entsprechend den einzelstaatlichen Rechtsvorschriften geschützt werden. Art. 11 Abs. 6 der Richtlinie 89/391/EWG räumt Arbeitnehmern oder ihren Vertretern das Recht ein, sich gem. den nationalen Rechtsvorschriften oder Praktiken an die für die Sicherheit und den Gesundheitsschutz am Arbeitsplatz zuständige Behörde zu wenden, wenn sie der Auffassung sind, dass die vom Arbeitgeber getroffenen Maßnahmen und bereitgestellten Mittel nicht ausreichen, um die Sicherheit und den Gesundheitsschutz am Arbeitsplatz sicherzustellen. **450**

ee) Umsetzung in das deutsche Recht

Die Richtlinie 89/391/EWG hätte bis spätestens zum 31. 12. 1992 in nationales Recht umgesetzt werden müssen.[654] Erst Ende der 12. Legislaturperiode brachte die Bundesregierung zur Umsetzung der Richtlinie 89/391/EWG den „**Entwurf** eines Gesetzes über Sicherheit und Gesundheitsschutz bei der Arbeit (**Arbeitsschutzrahmengesetz – ArbSchRG)**" in das parlamentarische Gesetzgebungsverfahren ein.[655] Dieser Gesetzentwurf, mit dem u. a. der Inhalt der Richtlinie 89/391/EWG und das bestehende Arbeitssicherheitsgesetz in ein neues Gesetz mit umfassendem Geltungsbereich aufgenommen und veraltete Vorschriften über den betrieblichen Arbeitsschutz in der Gewerbeordnung abgelöst werden sollten, wurde auf Grund politischer Widerstände im 12. Deutschen Bundestag nicht mehr verabschiedet.[656] Im Juli 1995 legte das Bundesministerium für Arbeit und Sozial- **451**

---

[653] S. dazu Art. 10 bis 12 der Richtlinie 89/391/EWG sowie *Kohte,* EAS B 6100, Rn. 62 ff.; *Wank/Börgmann,* Arbeitsschutz, S. 92 f.

[654] Art. 18 Abs. 1 der Richtlinie 89/391/EWG; zur Umsetzung der Richtlinie 89/391/EWG in den anderen Mitgliedstaaten der Europäischen Union s. *Birk,* FS für Wlotzke, S. 645 ff.

[655] BT-Drucks. 12/6752; nachfolgend E-ArbSchRG abgekürzt.

[656] S. zu diesem Gesetzesentwurf u. a. *Bücker/Feldhoff/Kohte,* Vom Arbeitsschutz zur Arbeitsumwelt, Rn. 561 ff.; *Hanau,* FS für Wlotzke, S. 37 ff.; *Oetker,* ZRP 1994, S. 219 ff.; *Wank,* FS für Wlotzke, S. 617 ff.; *Wlotzke,* NZA 1994, S. 602, 604 ff.; *ders.,* FS für Raiser, 1995, S. 327, 345 ff.

ordnung einen gegenüber dem E-ArbSchRG **reduzierten Entwurf** vor, der vom Kabinett am 23. November 1995 verabschiedet wurde. Am 29. Dezember wurde der Entwurf dem Bundesrat[657] zugeleitet und am 22. Januar 1996 in den Bundestag eingebracht.[658] Nachdem die wichtigsten Forderungen der Bundesländer, insbesondere zum Vollzug, in den Entwurf aufgenommen worden waren, hat der Bundestag am 13. Juni 1996 mit großer Mehrheit das Gesetz zur Umsetzung der EG-Rahmenrichtlinie und weiterer Arbeitsschutz-Richtlinien verabschiedet.[659] Der Bundesrat hat das Gesetz in seiner Sitzung am 5. Juli 1996 angenommen. Es wurde am 28. 8. 1996 im Bundesgesetzblatt verkündet[660] und trat mit Ausnahme der Regelung zur Dokumentation der Gefährdungsbeurteilung am 21. 8. 1996 in Kraft.

452   Das als Artikelgesetz ausgestaltete ArbSchUmsG enthält als Kernstück in Art. 1 das **Arbeitsschutzgesetz**. Inhaltlicher Maßstab für das ArbSchG ist eine 1:1-Umsetzung der Richtlinie 89/391/EWG. Den Betrieben sollen keine Kosten dadurch entstehen, dass Arbeitgeberpflichten festgelegt werden, die über die Richtlinie 89/391/EWG hinausgehen und zu denen andere Arbeitgeber in anderen europäischen Ländern nicht verpflichtet sind.[661]

453   Der Erste Abschnitt (§§ 1 und 2) des Arbeitsschutzgesetzes regelt Zielsetzung und Anwendungsbereich des Gesetzes sowie Begriffsbestimmungen. Im Zweiten Abschnitt (§§ 3 bis 14) folgen die grundlegenden Pflichten des Arbeitgebers im Arbeitsschutz. Der Dritte Abschnitt (§§ 15 bis 17) befasst sich mit den Pflichten und Rechten der Beschäftigten. Die Bestimmungen der ersten drei Abschnitte entsprechen inhaltlich den Vorgaben aus den Art. 1 bis 6, 8, 9, 11 bis 13, 14 Abs. 2 und 15 der Richtlinie 89/391/EWG. Der Vierte Abschnitt (§§ 18 bis 20) enthält Verordnungsermächtigungen zur Umsetzung von EG-Einzelrichtlinien zur Richtlinie 89/391/EWG. Der Fünfte Abschnitt (§§ 21 bis 26) enthält u. a. Vorschriften über die Kompetenzen und das Zusammenwirken der Aufsichtsbehörden sowie Bußgeldvorschriften.

454   Die weiteren Artikel des ArbSchUmsG enthalten die erforderlichen Anpassungen des geltenden Rechts an die EG-rechtlichen Vorgaben durch Ergänzungen des Arbeitssicherheitsgesetzes, des Betriebsverfassungsgesetzes sowie des Arbeitnehmerüberlassungsgesetzes.[662]

b) Weitere Arbeitsschutzrichtlinien

455   Will man die weiteren Richtlinien betreffend den technischen Arbeitsschutz systematisieren, so bieten sich unterschiedliche Ansätze an. Die nachfolgende Systematisierung orientiert sich an der herkömmlichen Aufteilung des technischen Arbeitsschutzes in die Bereiche Arbeitsstätten, Geräte- und Anlagensicherheit sowie Gefahrstoffe und physikalische Einwirkungen. Soweit eine Zuordnung zu den genannten drei Bereichen nicht möglich ist, werden sie unter dem Punkt „Sonstige Richtlinien" behandelt.[663]

---

[657] BR-Drucks. 881/95.
[658] BT-Drucks. 13/3530.
[659] Nachfolgend ArbSchUmsG abgekürzt.
[660] BGBl. I S. 1246.
[661] BR-Drucks. 13/3540 S. 12.
[662] Zu weiteren Einzelheiten betreffend die Umsetzung der Rahmenrichtlinie 89/391/EWG wird auf die zwischenzeitlich erschienenen Kommentierungen zum ArbSchG verwiesen; s. dazu *Heilmann/Aufhauser*, Arbeitsschutzgesetz, 1999; *Kittner/Pieper*, Arbeitsschutzrecht, 1998, S. 63 ff.; *Koll*, Arbeitsschutzgesetz, Loseblatt; *Kollmer*, Praxiskommentar Arbeitsschutzgesetz, Loseblatt; *Kollmer/Vogl*, Das neue Arbeitsschutzgesetz, 2. Aufl. 1999; *Nöthlichs*, Arbeitsschutz und Arbeitssicherheit, Loseblatt; *Wank*, Kommentar zum technischen Arbeitsschutz, 1999, A.; MünchArbR/*Wlotzke*, § 211. Zum Richtlinienverstoß betr. § 5 ArbSchG s. EuGH Rs. 5/00, NZA 2002, S. 321 = EAS RL 89/391/EWG Art. 9 Nr. 1.
[663] Zur Systematisierung der Arbeitsschutzrichtlinien s. auch *Börgmann*, EAS 6200, Rn. 3.

XII. Technischer Arbeitsschutz   456–459   § 18

aa) Richtlinien betreffend Arbeitsstätten

Übersicht

	Rn.		Rn.
(1) Arbeitsstättenrichtlinie 89/654/EWG	456	(5) Mineralgewinnungsrichtlinie 92/104/EWG	509
(2) Baustellenrichtlinie 92/57/EWG	466	(6) Fischereifahrzeugrichtlinie 93/103/EG	524
(3) Sicherheitskennzeichnungsrichtlinie 92/58/EWG	484	(7) Bordausstattungsrichtlinie 92/29/EWG	538
(4) Bohrungsrichtlinie 92/91/EWG	495	(8) Vorschlag für eine Transportmittelrichtlinie	549

(1) Arbeitsstättenrichtlinie 89/654/EWG

(a) Allgemeines. Die Einhaltung von Mindestvorschriften zur Verbesserung der Sicherheit und des Gesundheitsschutzes in Arbeitsstätten ist eine unabdingbare Voraussetzung für die Gewährleistung der Sicherheit und des Gesundheitsschutzes der Arbeitnehmer. Hiervon ausgehend hat die Kommission dem Rat im Jahre 1988 einen der deutschen Arbeitsstättenverordnung weitgehend nachgebildeten Richtlinienvorschlag vorgelegt, der die Mindestvorschriften in Bezug auf Sicherheit und Gesundheitsschutz in Arbeitsstätten festlegt.[664] Der Rat hat diesen Vorschlag aufgegriffen und, gestützt auf Art. 138 EGV (Art. 118a EGV a.F.), am 30. November 1989 die Richtlinie 89/654/EWG über Mindestvorschriften für Sicherheit und Gesundheitsschutz in Arbeitsstätten verabschiedet.[665] Diese Richtlinie stellt die erste Einzelrichtlinie i.S. von Art. 16 Abs. 1 der Richtlinie 89/391/EWG dar.   **456**

(b) Anwendungsbereich. Die Arbeitsstättenrichtlinie legt in Art. 2 fest, was als **Arbeitsstätte** i.S. der Richtlinie anzusehen ist. Danach gelten als Arbeitsstätten die Orte in den Gebäuden des Unternehmens oder Betriebs, die zur Nutzung für Arbeitsplätze vorgesehen sind, einschließlich jedes Orts auf dem Gelände des Unternehmens oder Betriebs, zu dem Arbeitnehmer im Rahmen ihrer Arbeit Zugang haben. Vom Anwendungsbereich der Richtlinie **ausgenommen** sind:[666] Transportmittel, die außerhalb des Unternehmens oder des Betriebs genutzt werden, sowie Arbeitsstätten in Transportmitteln;[667] Baustellen und Wanderbaustellen;[668] die mineralgewinnende Industrie;[669] Fischereifahrzeuge[670] sowie Felder, Wälder und sonstige Flächen, die zu einem land- oder forstwirtschaftlichen Betrieb gehören, aber außerhalb seiner bebauten Fläche liegen.   **457**

(c) Pflichten des Arbeitgebers. *(aa) Anforderungen an Arbeitsstätten.* Die Arbeitsstättenrichtlinie differenziert zwischen Arbeitsstätten, die erstmalig nach oder vor dem 31. Dezember 1992 genutzt werden.   **458**

Art. 3 RL ArbSt verpflichtet den Arbeitgeber, dafür zu sorgen, dass Arbeitsstätten, die **erstmalig nach dem 31. Dezember 1992 genutzt** werden, den in Anhang I aufgeführten Mindestvorschriften in Bezug auf Sicherheit und Gesundheitsschutz entsprechen. Anhang I regelt Mindestanforderungen in Bezug auf folgende Punkte: Stabilität und Festigkeit; elektrische Anlagen; Fluchtwege und Notausgänge; Brandmeldung und -be-   **459**

---

[664] ABl. EG C 141, S. 6.
[665] ABl. EG L 393, S. 1; im Folgenden Arbeitsstättenrichtlinie – RL ArbSt – abgekürzt; s. zur Arbeitsstättenrichtlinie und ihrer Umsetzung in das deutsche Recht auch *Börgmann*, EAS B 6200, Rn. 4ff.; MünchArbR/*Wlotzke*, § 206, Rn. 96.
[666] S. Art. 1 Abs. 2 RL ArbSt.
[667] S. dazu den geänderten Vorschlag für eine Richtlinie des Rates über Mindestvorschriften für Sicherheit und Gesundheitsschutz bei Transporttätigkeiten sowie in Arbeitsstätten in Transportmitteln; näher zu diesem Richtlinienvorschlag unten Rn. 549.
[668] S. dazu die Baustellenrichtlinie 92/57/EWG; näher zu dieser Richtlinie unten Rn. 466ff.
[669] S. dazu die Bohrungsrichtlinie 92/91/EWG sowie die Mineralgewinnungsrichtlinie 91/104/EWG; näher zu diesen Richtlinien unten Rn. 495ff., 509ff.
[670] S. dazu die Fischereifahrzeugrichtlinie 93/103/EWG sowie die Richtlinie 92/29/EWG; näher zu diesen Richtlinien unten Rn. 524ff., 538ff.

kämpfung; Lüftung umschlossener Arbeitsräume; Raumtemperatur; natürliche und künstliche Beleuchtung der Räume; Fußböden, Wände, Decken und Dächer der Räume; Fenster und Oberlichter der Räume; Türen und Tore; Verkehrswege – Gefahrenbereiche; Besondere Anforderungen an Rolltreppen und Rollsteige; Laderampen; Raumabmessungen und Luftraum der Räume; Bewegungsfläche am Arbeitsplatz; Pausenräume; schwangere Frauen und stillende Mütter; Sanitärräume; Räume für die Erste Hilfe; behinderte Arbeitnehmer und Arbeitsstätten im Freien.

460 Für Arbeitsstätten, die **bereits vor dem 1. Januar 1992 genutzt** wurden, gelten die weniger konkreten Mindestanforderungen des Anhangs II. Die im Anhang II aufgeführten Mindestanforderungen für am 31. Dezember 1992 bereits genutzte Arbeitsstätten brauchten zudem erst seit dem 1. 1. 1996 erfüllt zu werden.[671] Etwas anderes galt allerdings dann, wenn an Arbeitsstätten nach dem 31. Dezember 1992 Änderungen, Erweiterungen oder Umgestaltungen vorgenommen wurden. In diesen Fällen verpflichtete Art. 5 RL ArbSt den Arbeitgeber, die erforderlichen Maßnahmen zu treffen, damit diese Änderungen, Erweiterungen oder Umgestaltungen mit den entsprechenden Mindestvorschriften des Anhangs I übereinstimmen.

461 *(bb) Unterrichtung der Arbeitnehmer.* Art. 7 RL ArbSt verpflichtet den Arbeitgeber – unbeschadet des Art. 10 der Richtlinie 89/391/EWG –, die Arbeitnehmer oder die Arbeitnehmervertreter über alle Maßnahmen zu unterrichten, die im Hinblick auf die Sicherheit und den Gesundheitsschutz in Arbeitsstätten getroffen werden.

462 *(cc) Anhörung der Arbeitnehmer.* Art. 8 RL ArbSt stellt klar, dass Arbeitgeber gem. Art. 11 der Rahmenrichtlinie 89/391/EWG verpflichtet sind, die Arbeitnehmer oder deren Vertreter in den unter die Arbeitsstättenrichtlinie – einschließlich ihrer Anhänge – fallenden Bereichen anzuhören und dass sie deren Beteiligung zu ermöglichen haben.

463 **(d) Umsetzung in das deutsche Recht.** Die Arbeitsstättenrichtlinie hätte bis spätestens zum 31. 12. 1992 vollständig in nationales Recht umgesetzt werden müssen.[672] In materiellrechtlicher Hinsicht genügte die deutsche Arbeitsstättenverordnung vom 20. März 1975[673] zwar den Anforderungen der Arbeitsstättenrichtlinie, Umsetzungsbedarf bestand jedoch insofern, als der Anwendungsbereich der Arbeitsstättenverordnung, anders als der der Arbeitsstättenrichtlinie, auf Gewerbe- und Handelsbetriebe beschränkt war.

464 Der Gesetzgeber ist seiner Verpflichtung zur Umsetzung der Arbeitsstättenrichtlinie durch die Verordnung zur Umsetzung von EG-Einzelrichtlinien zur EG-Rahmenrichtlinie Arbeitsschutz vom 4. Dezember 1996[674] nachgekommen. Durch Art. 4 der genannten Verordnung[675] wurde der bisherige Anwendungsbereich der Arbeitsstättenverordnung auf den **Anwendungsbereich** des neuen Arbeitsschutzgesetzes[676] ausgedehnt. Die Arbeitsstättenverordnung gilt nun grundsätzlich in allen Bereichen, in denen Beschäftigte i. S. des § 2 Abs. 2 ArbSchG beschäftigt werden. Vom sachlichen Anwendungsbereich der Arbeitsstättenverordnung erfasst werden nunmehr auch die Arbeitsstätten im öffentlichen Dienst sowie die Arbeitsstätten von Freiberuflern.[677]

---

[671] Art. 4 RL ArbSt.
[672] Art. 10 RL ArbSt.
[673] BGBl. I S. 729; zuletzt geändert durch Gesetz vom 4. Dezember 1996, BGBl. I S. 1841.
[674] BGBl. I S. 1841.
[675] S. dazu auch *Angermaier*, AiB 1997, 76, 79; *Kollmer*, NZA 1997, 138, 142 f.; *Wlotzke*, NJW 1997, 1469, 1474 f.
[676] Zum Anwendungsbereich des neuen Arbeitsschutzgesetzes s. *Wank*, Kommentar zum technischen Arbeitsschutz, A., Rn. 5 ff.
[677] Hinsichtlich weiterer Einzelheiten der ArbStättV sowie der sie ergänzenden UVV wird auf die einschlägige Literatur verwiesen; s. u. a. *Gaul/Kühne*, Arbeitsstättenrecht, 1979; *Heinen/Tentrop/Wienecke/Zerlett*, Kommentar zum technischen und medizinischen Arbeitsschutz, Erläuterungen zur Arbeitsstättenverordnung, Loseblatt; *Landmann/Rohmer/Meyer*, Gewerbeordnung, Loseblatt, Bd. II Nr. 600 ArbStättV; *Opfermann/Streit*, Arbeitsstätten, Loseblatt, Stand 1992; *Wank*, Kommentar zum technischen Arbeitsschutz, E.; MünchArbR/*Wlotzke*, § 212.

XII. Technischer Arbeitsschutz 465–467 § 18

Für am 20. 12. 1996 bereits bestehende Arbeitsstätten, die bisher nicht in den Geltungs- 465
bereich der Arbeitsstättenverordnung fielen, enthält § 56 Abs. 3 der neu gefassten Arbeitsstättenverordnung eine Übergangsregelung. Danach brauchten diese Arbeitsstätten den
Mindestanforderungen des Anhangs II der Arbeitsstättenrichtlinie grundsätzlich erst am
1. Januar 1999 zu entsprechen.

(2) Baustellenrichtlinie 92/57/EWG

(a) Allgemeines. Etwa 10% der gesamten Arbeitnehmer der EG sind im Bausektor 466
beschäftigt. 15% aller Arbeitsunfälle und 30% aller Arbeitsunfälle mit tödlichem Ausgang entfallen auf diesen Sektor. Die meisten dieser Unfälle ereignen sich in der ersten
Woche nach der Errichtung einer Baustelle.[678] In mehr als der Hälfte der Arbeitsunfälle
auf Baustellen in der Gemeinschaft haben nicht geeignete bauliche oder organisatorische
Entscheidungen oder eine schlechte Planung der Arbeiten bei der Vorbereitung des Bauprojekts eine Rolle gespielt.[679] Angesichts der besonders großen Gefahren, denen Arbeitnehmer auf zeitlich begrenzten oder ortsveränderlichen Baustellen ausgesetzt sind, hat die
Kommission in ihrem Aktionsprogramm für Sicherheit, Arbeitshygiene und Gesundheitsschutz am Arbeitsplatz eine Richtlinie vorgesehen, die die Sicherheit und den Gesundheitsschutz der Arbeitnehmer auf zeitlich begrenzten oder ortsveränderlichen Baustellen
gewährleisten soll. Im Jahre 1990 hat die Kommission dem Rat einen entsprechenden
Richtlinienvorschlag vorgelegt.[680] Am 24. Juni 1992 hat der Rat schließlich die auf
Art. 138 EGV (Art. 118a EGV a. F.) gestützte Richtlinie 92/57/EWG über die auf zeitlich begrenzte oder ortsveränderliche Baustellen anzuwendenden Mindestvorschriften für
die Sicherheit und den Gesundheitsschutz verabschiedet.[681] Bei dieser Richtlinie handelt es sich um die achte Einzelrichtlinie i. S. des Art. 16 Abs. 1 der Richtlinie 89/391/
EWG.

(b) Anwendungsbereich. In den Anwendungsbereich fallen „zeitlich begrenzte oder 467
ortsveränderliche Baustellen".[682] Dazu zählen alle Baustellen, an denen die im Anhang I
der Baustellenrichtlinie aufgeführten Hoch- und Tiefbauarbeiten ausgeführt werden.[683]
Die Richtlinie gilt nicht für Bohr- und Förderarbeiten der mineralgewinnenden Betriebe
i. S. des Art. 1 Abs. 2 des Beschlusses 74/326/EWG des Rates über die Erstreckung der
Zuständigkeit des Ständigen Ausschusses für die Betriebssicherheit und den Gesundheitsschutz im Steinkohlebergbau auf alle mineralgewinnenden Betriebe vom 27. Juni 1974.[684]
Der Verbesserung der Sicherheit und des Gesundheitsschutzes der Arbeitnehmer in den
mineralgewinnenden Industriezweigen, die vom Anwendungsbereich der Baustellenrichtlinie ausgenommen sind, dienen die Richtlinie 92/29/EWG über Mindestvorschriften zur
Verbesserung der Sicherheit und des Gesundheitsschutzes der Arbeitnehmer in den Betrieben, in denen durch Bohrungen Mineralien gewonnen werden, vom 3. November
1992[685] sowie die Richtlinie über Mindestvorschriften zur Verbesserung der Sicherheit

---

[678] Vgl. Ziff. 2.1. der Stellungnahme des Wirtschafts- und Sozialausschusses vom 20. März 1991 zu
dem Vorschlag für eine Richtlinie des Rates über die auf zeitlich begrenzte oder ortsveränderliche
Baustellen anzuwendenden Mindestvorschriften für die Sicherheit und den Gesundheitsschutz, ABl.
EG C 120, S. 24.
[679] Vgl. die 6. Erwägung des Kommissionsvorschlags aus dem Jahre 1990, ABl. EG C 213, S. 2.
[680] ABl. EG C 213, S. 2.
[681] ABl. EG L 245, S. 6; nachfolgend Baustellenrichtlinie – RL BauSt – abgekürzt. Zur Baustellenrichtlinie s. auch *Börgmann*, EAS B 6200, Rn. 12 ff.
[682] Nachfolgend „Baustellen" genannt.
[683] Zu den im Anhang I aufgeführten Arbeiten zählen: Aushub; Erdarbeiten; Bauarbeiten im engeren Sinne; Errichtung und Abbau von Fertigbauelementen; Einrichtung oder Ausstattung; Umbau;
Renovierung; Reparatur; Abbauarbeiten; Abbrucharbeiten; Wartung; Instandhaltungs-, Maler- und
Reinigungsarbeiten sowie Sanierung.
[684] ABl. EG L 185, S. 18.
[685] ABl. EG L 348, S. 9; s. dazu unten Rn. 495.

und des Gesundheitsschutzes der Arbeitnehmer in übertägigen oder untertägigen mineralgewinnenden Betrieben vom 3. Dezember 1992.[686]

468 **(c) Pflichten des Bauherrn oder Bauleiters.** *(aa) Koordinatoren, Sicherheits- und Gesundheitsschutzplan, Vorankündigung.* Art. 3 Abs. 1 RL BauSt verpflichtet den Bauherrn[687] oder den Bauleiter,[688] auf einer Baustelle, auf der mehrere Unternehmen anwesend sein werden, einen oder mehrere „Sicherheits- und Gesundheitsschutz**koordinatoren** für die Vorbereitungsphase des Bauprojekts"[689] sowie einen oder mehrere „Sicherheits- und Gesundheitsschutzkoordinatoren für die Ausführungsphase des Bauwerks"[690] zu bestellen.

469 Des Weiteren trifft den Bauherrn oder den Bauleiter die Pflicht, vor Eröffnung der Baustelle einen **Sicherheits- und Gesundheitsschutzplan** zu erstellen oder erstellen zu lassen.[691] In dem Sicherheits- und Gesundheitsschutzplan müssen die auf die betreffende Baustelle anwendbaren Bestimmungen aufgeführt sein, wobei gegebenenfalls betriebliche Tätigkeiten auf dem Gelände zu berücksichtigen sind.[692] Sind auf der Baustelle Arbeiten durchzuführen, die unter eine oder mehrere der im Anhang II der Baustellenrichtlinie aufgeführten Kategorien[693] fallen, so muss der Sicherheits- und Gesundheitsschutzplan spezifische Maßnahmen bezüglich dieser Arbeiten enthalten.

470 Beträgt die voraussichtliche Dauer der Arbeiten auf der Baustelle mehr als 30 Arbeitstage und werden auf der Baustelle mehr als 20 Arbeitnehmer gleichzeitig beschäftigt, so hat der Bauherr oder Bauleiter der zuständigen Behörde vor Beginn der Arbeiten eine Vorankündigung zu übermitteln.[694] Die Pflicht zur Vorankündigung gilt auch dann, wenn die Arbeiten auf der Baustelle voraussichtlich 500 Manntage übersteigen.[695] Der Inhalt der Vorankündigung hat den im Anhang III aufgeführten Anforderungen zu entsprechen. Die Vorankündigung muss auf der Baustelle sichtbar ausgehängt werden und erforderlichenfalls auf dem Laufenden gehalten werden.

471 Art. 3 Abs. 2 Unterabs. 2 RL BauSt ermächtigt die Mitgliedstaaten, von der Pflicht des Bauherrn oder Bauleiters, vor Eröffnung der Baustelle einen Sicherheits- und Gesundheitsschutzplan zu erstellen oder erstellen zu lassen, nach Anhörung der Sozialpartner abzusehen. Dies gilt jedoch nicht, wenn die Arbeiten auf der Baustelle mit besonderen Gefahren, wie sie im Anhang II der Baustellenrichtlinie aufgeführt sind, verbunden sind oder die Voraussetzungen für eine Vorankündigung vorliegen.

472 *(bb) Berücksichtigung allgemeiner Grundsätze bei der Vorbereitung.* Bei Entwurf, Ausführungsplanung und Vorbereitung des Bauprojekts sind die in der Richtlinie 89/391/EWG aufgeführten allgemeinen Grundsätze zur Verhütung von Gefahren für Sicherheit und

---

[686] ABl. EG L 404, S. 10; s. dazu unten Rn. 509.
[687] „Bauherr" i. S. der Richtlinie ist jede natürliche oder juristische Person, in deren Auftrag ein Bauwerk ausgeführt wird, Art. 2 Buchst. b RL BauSt.
[688] „Bauleiter" ist nach der Legaldefinition des Art. 2 Buchst. c RL BauSt jede natürliche oder juristische Person, die mit der Planung, Ausführung oder Überwachung des Bauwerks im Auftrag des Bauherrn beauftragt ist.
[689] „Sicherheits- und Gesundheitsschutzkoordinator für die Vorbereitsphase des Bauprojekts" ist jede natürliche oder juristische Person, die vom Bauherrn oder Bauleiter mit der Durchführung der in Art. 5 RL BauSt genannten Aufgaben für die Vorbereitungsphase des Bauwerks betraut wird.
[690] „Sicherheits- und Gesundheitsschutzkoordinator für die Ausführungsphase des Bauprojekts" ist jede natürliche oder juristische Person, die vom Bauherrn oder Bauleiter mit der Durchführung der in Art. 6 RL BauSt genannten Aufgaben für die Ausführungsphase des Bauwerks betraut wird.
[691] Art. 3 Abs. 2 RL BauSt.
[692] Die Anforderungen, die die Richtlinie an einen Sicherheits- und Gesundheitsschutzplan stellt, sind in Art. 5 Buchst. b RL BauSt geregelt.
[693] Z. B. Arbeiten, bei denen die Arbeitnehmer der Gefahr des Verschüttetwerdens, des Versinkens oder des Absturzes ausgesetzt sind, die durch die Art der Tätigkeit, die angewandten Verfahren oder die Umgebungsbedingungen am Arbeitsplatz oder auf der Baustelle verstärkt wird.
[694] Art. 3 Abs. 3 1. Spiegelstrich RL BauSt.
[695] Art. 3 Abs. 3 2. Spiegelstrich RL BauSt.

XII. Technischer Arbeitsschutz

Gesundheit[696] vom Bauleiter und gegebenenfalls vom Bauherrn zu berücksichtigen. Dies gilt insbesondere im Hinblick auf die architektonische, technische oder organisatorische Planung, um die verschiedenen Arbeiten oder Arbeitsabschnitte einzuteilen, die gleichzeitig oder nacheinander durchgeführt werden.[697] Die allgemeinen Grundsätze zur Verhütung von Gefahren für Sicherheit und Gesundheit müssen zudem auch bei der Abschätzung der voraussichtlichen Dauer für die Durchführung dieser verschiedenen Arbeiten oder Arbeitsabschnitte berücksichtigt werden.[698]

(d) Aufgaben der Koordinatoren. Gem. Art. 5 RL BauSt haben die „Sicherheits- und Gesundheitsschutzkoordinatoren für die **Vorbereitungsphase** des Bauprojekts" folgende Aufgaben wahrzunehmen: Sie haben die Anwendung der in Art. 4 RL BauSt vorgesehenen Bestimmungen zu koordinieren, einen Sicherheits- und Gesundheitsschutzplan[699] auszuarbeiten oder ausarbeiten zu lassen sowie eine Unterlage zusammenzustellen, die den Merkmalen des Bauwerks Rechnung trägt und zweckdienliche Angaben in Bezug auf Sicherheit und Gesundheitsschutz enthält.

Art. 6 Buchst. a bis f RL BauSt enthält einen umfangreichen Katalog von Aufgaben, für deren Einhaltung die „Sicherheits- und Gesundheitsschutzkoordinatoren für die **Ausführungsphase** des Bauwerks" sorgen müssen. Zu deren Aufgaben gehört es z.B.: die Anwendung der allgemeinen Grundsätze für die Verhütung von Gefahren und für die Sicherheit zu koordinieren; Anpassungen des Sicherheits- und Gesundheitsschutzplans und der Unterlagen nach Art. 5 Buchst. c RL BauSt unter Berücksichtigung des Fortschritts der Arbeiten und eingetretener Änderungen vorzunehmen oder vorzunehmen lassen; die Überwachung der ordnungsgemäßen Anwendung der Arbeitsverfahren zu koordinieren sowie erforderliche Maßnahmen zu treffen, damit nur befugte Personen die Baustellen betreten.

(e) Verantwortung. Gem. Art. 7 Abs. 1 RL BauS wird ein Bauleiter oder Bauherr nicht dadurch von seiner Verantwortung frei, dass er einen oder mehrere Koordinatoren mit der Wahrnehmung der in den Art. 5 und 6 RL BauSt genannten Aufgaben betraut.

Art. 7 Abs. 2 RL BauSt stellt klar, dass die Verantwortung des Arbeitgebers gem. der Richtlinie 89/391/EWG unbeschadet der Anwendung der Art. 5 und 6 RL BauSt aufrechterhalten bleibt.

(f) Anwendung der allgemeinen Grundsätze bei der Ausführung. Die in Art. 6 der Richtlinie 89/391/EWG aufgeführten allgemeinen Grundsätze zur Verhütung von Gefahren für Sicherheit und Gesundheit sind nicht nur bei der Vorbereitung des Bauprojekts anzuwenden,[700] sondern auch bei der Ausführung des Bauwerks.[701] Dies gilt insbesondere in Bezug auf die in Art. 8 Buchst. a bis j RL BauSt aufgeführten Punkte. Die genannten Grundsätze sind danach z.B. anzuwenden hinsichtlich der Aufrechterhaltung von Ordnung und Sauberkeit auf der Baustelle sowie bei der Wahl des Standorts der Arbeitsplätze, und zwar unter Berücksichtigung der Zugangsbedingungen zu diesen Arbeitsplätzen und der Festlegung der Verkehrswege oder -zonen.

(g) Verpflichtungen der Arbeitgeber. Art. 9 Buchst. a RL BauSt verpflichtet Arbeitgeber, zum Schutz der Sicherheit und der Gesundheit auf der Baustelle Maßnahmen zu ergreifen, die mit den im Anhang IV der Baustellenrichtlinie enthaltenen Mindestvorschriften übereinstimmen. Teil A des Anhangs IV regelt allgemeine Mindestvorschriften für Arbeitsstätten auf Baustellen. Die dort aufgeführten Mindestanforderungen betreffen folgende Punkte: Standsicherheit und Festigkeit; Energieverteilungsanlagen; Fluchtwege

---

[696] Vgl. Art. 6 der Richtlinie 89/391/EWG; s. auch oben Rn. 445 ff.
[697] Art. 4 Abs. 1 1. Spiegelstrich RL BauSt.
[698] Art. 4 Abs. 1 2. Spiegelstrich RL BauSt.
[699] Zu den Einzelheiten des Sicherheits- und Gesundheitsschutzplanes s. Art. 5 Buchst. b RL BauSt.
[700] S. oben Rn. 445 ff.
[701] Art. 8 RL BauSt.

und Notausgänge; Brandmeldung und -bekämpfung; Lüftung; Arbeit unter besonderen Gefahren; Temperatur; natürliche und künstliche Beleuchtung der Arbeitsplätze, der Räume und der Verkehrswege auf der Baustelle; Türen und Tore; Verkehrswege und Gefahrenbereiche; Laderampen; Bewegungsfläche am Arbeitsplatz; Erste Hilfe; Sanitärräume; Pausenräume oder Unterbringungsmöglichkeiten; Schwangere und stillende Mütter; behinderte Arbeitnehmer; Verschiedenes. Teil B des Anhangs IV, der in zwei Abschnitte unterteilt ist, normiert besondere Mindestvorschriften für Arbeitsplätze auf Baustellen. Während Abschnitt I Mindestanforderungen für Baustellenarbeitsplätze innerhalb von Räumen enthält,[702] regelt Abschnitt II Mindestanforderungen für Baustellenarbeitsplätze außerhalb von Räumen.[703]

479 Nach Art. 9 Buchst. b RL BauSt haben Arbeitgeber ferner die Hinweise des oder der Sicherheits- und Gesundheitsschutzkoordinatoren zu berücksichtigen.

480 **(h) Verpflichtungen anderer Personengruppen.** Ausgehend von der Erkenntnis, dass Selbständige und Arbeitgeber, die selbst eine berufliche Tätigkeit auf der Baustelle ausüben, die Sicherheit und die Gesundheit der Arbeitnehmer durch ihre Tätigkeit gefährden können, verpflichtet Art. 10 RL BauSt diese Personen, die Hinweise des oder der Sicherheits- und Gesundheitsschutzkoordinatoren zu berücksichtigen. Ferner werden Selbständige sowie selbst beruflich tätige Arbeitgeber auf der Baustelle verpflichtet, die in Art. 10 RL BauSt im Einzelnen aufgeführten Richtlinienbestimmungen einzuhalten.

481 **(i) Unterrichtung der Arbeitnehmer.** Nach Art. 11 Abs. 1 RL BauSt müssen unbeschadet des Art. 10 der Richtlinie 89/391/EWG die Arbeitnehmer oder ihre Vertreter über alle Maßnahmen unterrichtet werden, die in Bezug auf ihre Sicherheit und den Schutz ihrer Gesundheit auf der Baustelle zu ergreifen sind. § 11 Abs. 2 RL BauSt stellt klar, dass die Angaben für die betreffenden Arbeitnehmer verständlich sein müssen.

482 **(j) Anhörung und Beteiligung der Arbeitnehmer.** Die Arbeitnehmer oder ihre Vertreter sind in den durch die Art. 6, 8 und 9 RL BauSt abgedeckten Bereichen anzuhören und zu beteiligen. Sofern es angesichts des Ausmaßes des Risikos und des Umfangs der Baustelle erforderlich erscheint, muss eine angemessene Abstimmung zwischen den Arbeitnehmern oder Vertretern der Arbeitnehmer der Unternehmen, die auf der Baustelle tätig sind, erfolgen. Der Vorschlag des Wirtschafts- und Sozialausschusses,[704] vorzusehen, dass ein Arbeitnehmerausschuss für Sicherheit und Gesundheit auf Baustellen eingerichtet wird, auf denen Arbeitnehmer verschiedener Arbeitgeber beschäftigt sind, hat in der Richtlinie keine Aufnahme gefunden.[705]

483 **(k) Umsetzung in das deutsche Recht.** Gem. Art. 14 Abs. 1 RL BauSt waren die Mitgliedstaaten verpflichtet, die erforderlichen Rechts- und Verwaltungsvorschriften zu

---

[702] Geregelt werden Anforderungen in Bezug auf: die Standsicherheit und Festigkeit; Türen von Notausgängen; Lüftung; Temperatur; natürliche und künstliche Beleuchtung; Fußböden, Wände und Decken der Räume; Fenster und Oberlichter der Räume; Türen und Tore; Verkehrswege; besondere Anforderungen an Rolltreppen und Rollsteige; Raumabmessungen und Luftraum der Räume.

[703] Abschnitt II enthält Anforderungen zu folgenden Punkten: Standsicherheit und Festigkeit; Überprüfung; Energieverteilungsanlagen; Witterungseinflüsse; Herabfallen von Gegenständen; Absturz; Gerüste und Leitern; Hebezeuge; Fahrzeuge, Erdbaumaschinen und Förderzeuge; Anlagen, Maschinen, Ausrüstungen; Ausschachtungen, Brunnenbau, unterirdische Arbeiten, Tunnelbau, Erdarbeiten; Abbrucharbeiten; Stahl- oder Betonkonstruktionen, Schalungen und schwere Fertigbauteile; Spundwände und Senkkästen sowie Dacharbeiten.

[704] Vgl. Ziff. 3.9. der Stellungnahme des Wirtschafts- und Sozialausschusses vom 20. 3. 1991, ABl. EG C 120, S. 24.

[705] Einen solchen Arbeitnehmerausschuss gibt es bereits in einigen EG-Mitgliedstaaten. Die Ausschüsse wurden dort mit dem Ziel eingerichtet, die Unfallhäufigkeit auf Baustellen zu senken. Der koordinierende Arbeitnehmerausschuss wird während des gesamten Verlaufs der Bauarbeiten an allen Entscheidungen beteiligt, die die Planung oder die Änderung von Maßnahmen im Bereich der Sicherheit und Gesundheit der Arbeitnehmer betreffen; vgl. Ziff. 3.9.2. der Stellungnahme des Wirtschafts- und Sozialausschusses vom 20. 3. 1991, ABl. EG C 120, S. 24.

erlassen, um die Baustellenrichtlinie bis spätestens zum 31. Dezember 1993 in nationales Recht umzusetzen. Das deutsche Recht entsprach zu diesem Zeitpunkt nur teilweise den in Deutschland bereits geltenden materiell-rechtlichen Bestimmungen der Baustellenrichtlinie.[706] Zur vollständigen Umsetzung der Baustellenrichtlinie hat die Bundesregierung am 10. 6. 1998 die Verordnung über Sicherheit und Gesundheitsschutz auf Baustellen (**Baustellenverordnung – BaustellV**) beschlossen.[707] Regelungsumfang und Regelungsdichte der Baustellenverordnung beschränken sich auf das unumgängliche Mindestmaß.[708] Pflichten der Arbeitgeber, Beschäftigten und Bauherren nach anderen Gesetzen, insbesondere nach dem Arbeitsschutzgesetz, bleiben durch die Baustellenverordnung unberührt.[709] Für das deutsche Recht neu ist insbesondere die in § 2 Abs. 2 BaustellV enthaltene Vorankündigungspflicht für größere Bauvorhaben.[710]

(3) Sicherheitskennzeichnungsrichtlinie 92/58/EWG

(a) **Allgemeines.** Im Bereich der Sicherheits- und Gesundheitsschutzkennzeichnung bestehen derzeit noch erhebliche Unterschiede zwischen den Mitgliedstaaten. Daraus ergeben sich Unsicherheitsfaktoren, die angesichts der Freizügigkeit der Arbeitnehmer im Rahmen des Binnenmarkts noch zunehmen können. Wie in ihrer Mitteilung über das Aktionsprogramm zur Anwendung der Gemeinschaftscharta der sozialen Grundrechte der Arbeitnehmer[711] angekündigt, hat die Kommission dem Rat im Jahre 1991 den Vorschlag über Mindestvorschriften für die Sicherheits- und Gesundheitsschutzkennzeichnung vorgelegt.[712] Auf der Grundlage dieses Vorschlags hat der Rat am 24. Juni 1992 die Richtlinie 92/58/EWG über Mindestvorschriften für die Sicherheits- und/oder Gesundheitsschutzkennzeichnung am Arbeitsplatz verabschiedet.[713] Diese neunte Einzelrichtlinie i.S. von Art. 16 Abs. 1 der Richtlinie 89/391/EWG ist das Ergebnis der Überarbeitung und Erweiterung des Anwendungsbereichs der Richtlinie 77/576/EWG zur Angleichung der Rechts- und Verwaltungsvorschriften der Mitgliedstaaten über die Sicherheitskennzeichnung am Arbeitsplatz vom 25. 7. 1977.[714] Die neue Sicherheitskennzeichnungsrichtlinie führt weitere Schilder sowie verschiedene andere Formen der Kennzeichnung ein, und zwar: Kennzeichnung und Hinweis auf den Standort von Behältern und Rohrleitungen sowie Brandbekämpfungsmitteln, Kennzeichnung bestimmter Fahrwege, Leucht- und Schallzeichen, angemessene verbale Kommunikation und Handzeichen.

(b) **Anwendungsbereich.** Die Sicherheitskennzeichnungsrichtlinie ist auf die Sicherheits- oder Gesundheitsschutzkennzeichnung am Arbeitsplatz anzuwenden. Als „Sicherheits- oder Gesundheitsschutzkennzeichnung" i.S. der Richtlinie gilt eine Kennzeichnung, die – bezogen auf einen bestimmten Gegenstand, eine bestimmte Tätigkeit oder einen bestimmten Sachverhalt – jeweils mittels eines Schildes, einer Farbe, eines Leucht- oder Schallzeichens, einer verbalen Kommunikation oder eines Handzeichens eine Aussage

---

[706] Den materiell-rechtlichen Anforderungen der Baustellenrichtrichtlinie teilweise entsprechende Vorschriften ergaben sich z.B. aus der Arbeitsstättenverordnung, den sie ergänzenden UVV sowie den Bauordnungen der Länder.
[707] BGBl. I S. 1283.
[708] Vgl. BR-Drucks. 306/98, S. 8.
[709] Vgl. Begr. BR-Drucks. 306/8, S. 8.
[710] Hinsichtlich der Einzelheiten der Baustellenverordnung wird auf die einschlägige Literatur verwiesen; s. dazu *Horst/Rückert*, BArbBl. Heft 7/8, 1998, S. 26; *Kittner/Pieper*, Arbeitsschutzrecht, 1998, S. 221 ff.; *Kossens*, AiB 1998, S. 550; *Wank*, Kommentar zum technischen Arbeitsschutz, B. V.; MünchArbR/*Wlotzke*, § 212, Rn. 76 ff.
[711] Dok. KOM (89), 568 endg.
[712] ABl. EG C 53, S. 46.
[713] ABl. EG L 245, S. 23; nachfolgend Sicherheitskennzeichnungsrichtlinie – RL SichK – abgekürzt. Zur Sicherheitskennzeichnungsrichtlinie und ihrer Umsetzung in nationales Recht s. auch *Börgmann*, EAS B 6200, Rn. 26 ff.; MünchArbR/*Wlotzke*, § 212, Rn. 85 ff.
[714] ABl. EG L 229, S. 12.

oder eine Vorschrift betreffend den Sicherheits- oder Gesundheitsschutz am Arbeitsplatz ermöglicht.[715]

486 Soweit gemeinschaftsrechtlich nicht etwas anderes vorgeschrieben ist, betrifft die Sicherheitskennzeichnungsrichtlinie nicht die Gemeinschaftsbestimmungen über das Inverkehrbringen von gefährlichen Stoffen und Zubereitungen, von Erzeugnissen oder von Ausrüstungen, es sei denn, dass in diesen Gemeinschaftsbestimmungen etwas anderes vorgeschrieben ist.[716] Vom Anwendungsbereich der Richtlinie ausgenommen ist die Kennzeichnung zur Regelung des Straßen-, Eisenbahn-, Binnenschiffs-, See- und Luftverkehrs.[717]

487 **(c) Pflichten des Arbeitgebers.** *(aa) Allgemeine Pflichten.* Art. 3 Abs. 1 RL SichK verpflichtet den Arbeitgeber, eine Sicherheits- oder Gesundheitsschutzkennzeichnung am Arbeitsplatz gem. der vorliegenden Richtlinie vorzusehen oder sich über das Vorhandensein einer solchen Kennzeichnung zu vergewissern, wenn die Risiken nicht durch kollektive technische Schutzmittel oder durch arbeitsorganisatorische Maßnahmen, Methoden oder Verfahren vermieden oder ausreichend begrenzt werden können. Die Anforderungen, die an die Sicherheits- oder Gesundheitsschutzkennzeichnung gestellt werden, ergeben sich aus den der Richtlinie beigefügten Anhängen. Anhang I enthält allgemeine Bestimmungen für die Sicherheits- oder Gesundheitsschutzkennzeichnung am Arbeitsplatz. Anhang II legt Mindestvorschriften für Sicherheitszeichen, insbesondere die zu verwendenden Zeichen, fest. Die zu verwendenden Sicherheitszeichen sind in 5 Kategorien unterteilt, und zwar in Verbotszeichen,[718] Warnzeichen,[719] Gebotszeichen,[720] Erste Hilfe- oder Rettungszeichen[721] sowie Hinweisschilder für Material zur Brandbekämpfung. Die Anhänge III bis IX regeln Mindestvorschriften für folgende Bereiche: Kennzeichnung von Behältern und Rohrleitungen;[722] Kennzeichnung und Standorterkennung von Ausrüstungen zur Brandbekämpfung;[723] Leuchtzeichen;[724] Schallzeichen;[725] verbale Kommunikation;[726] Handzeichen.[727]

488 Hinsichtlich des Zeitpunktes, bis zu dem Arbeitsplätze den Richtlinienanforderungen an die Sicherheits- oder Gesundheitsschutzkennzeichnung entsprechen müssen, unter-

---

[715] Art. 2 Buchst. a RL SichK.
[716] Art. 1 Abs. 2 RL SichK.
[717] Art. 1 Abs. 3 RL SichK.
[718] Verbotszeichen sind Zeichen, die ein gefährdendes oder gefahrenträchtiges Verhalten untersagen, Art. 2 Buchst. b RL SichK.
[719] Warnzeichen sind Zeichen, die vor einem Risiko oder einer Gefahr warnen, Art. 2 Buchst. c RL SichK.
[720] Gebotszeichen sind Zeichen, die ein bestimmtes Verhalten vorschreiben, Art. 2 Buchst. d RL SichK.
[721] Erste Hilfe- oder Rettungszeichen sind Zeichen mit Angaben über Notausgänge oder über Erste-Hilfe- oder Rettungsmittel, Art. 2 Buchst. e RL SichK.
[722] Anhang IV.
[723] Anhang V.
[724] Anhang VI; Leuchtzeichen ist nach der Begriffsbestimmung des Art. 2 Buchst. k RL SichK ein Zeichen, das von einer Vorrichtung erzeugt wird, die aus durchsichtigem oder durchscheinendem Material besteht, das von innen oder von hinten durchleuchtet wird und dadurch wie eine Leuchtfläche erscheint.
[725] Anhang VII; Schallzeichen ist nach der Begriffsbestimmung des Art. 2 Buchst. l RL SichK ein codiertes Schallzeichen, das von einer spezifischen Vorrichtung ohne Verwendung einer menschlichen oder synthetischen Stimme ausgesandt und verbreitet wird.
[726] Anhang VIII; verbale Kommunikation ist nach der Begriffsbestimmung des Art. 2 Buchst. m RL SichK eine verbale Mitteilung mit festgelegtem Wortlaut unter Verwendung einer menschlichen oder synthetischen Stimme.
[727] Anhang IX; Handzeichen ist nach der Begriffsbestimmung des Art. 2 Buchst. n RL SichK eine codierte Bewegung oder Stellung von Armen oder Händen zur Anleitung von Personen bei Handhabungsvorgängen, die ein Risiko oder eine Gefahr für Arbeitnehmer darstellen.

scheidet die Richtlinie zwischen Sicherheits- oder Gesundheitsschutzkennzeichnungen, die zum ersten Mal nach dem 24. Juni 1994 verwendet werden, und solchen, die bereits vorher bestanden haben.

Für die ab dem 24. Juni 1994 erstmals verwendeten Sicherheits- oder Gesundheitsschutzkennzeichen gilt, dass sie bereits den in den Anhängen I bis IX enthaltenen Mindestanforderungen entsprechen müssen.[728] Dagegen gelten die in den Anhängen I bis IX enthaltenen Mindestanforderungen für bereits vor dem 24. Juni 1994 verwendete Sicherheits- oder Gesundheitsschutzkennzeichen erst seit dem 24. Dezember 1995.[729]

Nach Art. 3 Abs. 2 RL SichK ist die auf den Straßen-, Eisenbahn-, Binnenschiffs-, See- und Luftverkehr anwendbare Kenzeichnung unbeschadet des Anhangs V gegebenenfalls auch für diese Verkehrsarten innerhalb von Betrieben zu verwenden.

(bb) Befreiungen. Art. 6 RL SichK enthält zugunsten der Mitgliedstaaten einige Ausnahmeermächtigungen. Danach können die Mitgliedstaaten nach Anhörung der Sozialpartner unter Berücksichtigung der Art der Tätigkeit sowie der Größe des Unternehmens die Unternehmenskategorien festlegen, die die in der vorliegenden Richtlinie vorgesehenen Leucht- oder Schallzeichen insgesamt, teilweise oder zeitweise durch Maßnahmen ersetzen dürfen, die das gleiche Sicherheitsniveau gewährleisten. Ferner sind die Mitgliedstaaten berechtigt, nach Anhörung der Sozialpartner, von der Anwendung des Anhangs VIII Nr. 2 sowie des Anhangs IX Nr. 3 abzuweichen, indem sie alternative Maßnahmen vorsehen, die das gleiche Sicherheitsniveau gewährleisten.

(cc) Unterrichtung und Schulung der Arbeitnehmer. Art. 7 Abs. 1 RL SichK verpflichtet den Arbeitgeber, die Arbeitnehmer oder ihre Vertreter über sämtliche zu ergreifenden Maßnahmen im Hinblick auf die Sicherheits- oder Gesundheitsschutzkennzeichnung am Arbeitsplatz zu unterrichten. Zudem müssen die Arbeitnehmer eine angemessene Schulung, insbesondere in Form präziser Anweisungen hinsichtlich der Sicherheits- und Gesundheitsschutzkennzeichnung am Arbeitsplatz, erhalten.

(dd) Anhörung und Beteiligung der Arbeitnehmer. Art. 8 RL SichK stellt klar, dass sich die Anhörung und Beteiligung der Arbeitnehmer oder ihrer Vertreter zu allen in dieser Richtlinie behandelten Fragen nach Art. 11 der Richtlinie 89/391/EWG richtet.

(ee) Umsetzung in das deutsche Recht. Gem. Art. 11 Abs. 1 RL SichK waren die Mitgliedstaaten verpflichtet, die Sicherheitskennzeichnungsrichtlinie bis spätestens zum 24. Juni 1994 in nationales Recht umzusetzen. Eine teilweise Umsetzung der Sicherheitskennzeichnungsrichtlinie, und zwar bezogen auf den Gefahrstoffbereich, ist durch die 2. Novelle der Gefahrstoffverordnung vom 19. 9. 1994[730] erfolgt. Für den bergbaulichen Bereich hat der Gesetzgeber die Sicherheitskennzeichnungsrichtlinie durch § 19 i. V. m. Anhang IV der Bergverordnung für alle bergbaulichen Bereiche (Allgemeine Bundesbergverordnung – ABBergV) vom 23. Oktober 1995 in nationales Recht umgesetzt.[731] Die vollständige Umsetzung der Sicherheitskennzeichnungsrichtlinie ist durch die UVV **„Sicherheits- und Gesundheitsschutzkennzeichnung am Arbeitsplatz"** (VBG 125) erfolgt.

(4) Bohrungsrichtlinie 92/91/EWG

(a) Allgemeines. In den mineralgewinnenden Industriezweigen liegt das Unfall- und Gesundheitsrisiko um ein Vielfaches höher als im Durchschnitt der übrigen gewerblichen Wirtschaft. Insoweit kommt der Verbesserung der Sicherheit, des Gesundheitsschutzes und des Schutzes vor Berufskrankheiten der Arbeitnehmer eine besondere Bedeutung zu. Obwohl in mehreren Ländern der EG bereits nationale Rechts- und Verwaltungsvorschriften für diese Industriezweige bestehen, gab es bis zum Jahre 1992 auf Gemein-

---

[728] Art. 4 RL SichK.
[729] Art. 5 RL SichK.
[730] BGBl. I S. 2557.
[731] BGBl. I S. 1466.

schaftsebene keine entsprechenden Rechtsvorschriften. Um diese Lücke in Bezug auf den Sicherheits- und Gesundheitsschutz der Arbeitnehmer zu schließen, hat der Rat auf Vorschlag der Kommission[732] am 3. November 1992 die Richtlinie 92/91/EWG über Mindestvorschriften zur Verbesserung der Sicherheit und des Gesundheitsschutzes der Arbeitnehmer in den Betrieben, in denen durch Bohrungen Mineralien gewonnen werden,[733] verabschiedet. Diese elfte Einzelrichtlinie i. S. des Art. 16 Abs. 1 der Richtlinie 89/391/EWG stellt zugleich eine Ergänzung der Richtlinie 89/654/EWG über Mindestvorschriften für Sicherheit und Gesundheitsschutz in Arbeitsstätten vom 30. November 1989 dar.[734]

496 **(b) Anwendungsbereich.** In den Anwendungsbereich der Bohrungsrichtlinie fallen Betriebe, in denen durch Bohrungen Mineralien gewonnen werden. Dazu gehören alle Betriebe, deren Tätigkeit das eigentliche Gewinnen von Mineralien durch Bohrungen oder das Aufsuchen zum Zwecke einer späteren Gewinnung oder die Aufbereitung des Förderguts für den Verkauf mit Ausnahme der Tätigkeiten zur Weiterveräußerung dieses Förderguts ist.[735]

497 **(c) Pflichten des Arbeitgebers.** *(aa) Allgemeine Verpflichtungen.* Art. 3 Abs. 1 RL Bohr normiert allgemeine, vom Arbeitgeber einzuhaltende Pflichten. So hat der Arbeitgeber insbesondere zu gewährleisten, dass die **Arbeitsstätten** i. S. dieser Richtlinie[736] so konzipiert, errichtet, in Betrieb genommen, ausgestattet und unterhalten werden, dass die Arbeitnehmer die ihnen übertragenen Arbeiten ohne Gefährdung, und zwar weder ihrer Sicherheit und ihrer Gesundheit noch der Sicherheit und Gesundheit anderer Arbeitnehmer, ausführen können.[737] Ferner hat der Arbeitgeber die erforderlichen Maßnahmen zu treffen, damit folgende Verpflichtungen eingehalten werden: der Betrieb von mit Arbeitnehmern belegten Arbeitsstätten muss der Überwachung durch eine verantwortliche Person unterliegen; die mit einem besonderen Risiko verbundenen Arbeiten dürfen nur fachkundigen Arbeitnehmern übertragen und entsprechend den Anweisungen ausgeführt werden; Sicherheitsanweisungen müssen für alle Arbeitnehmer verständlich sein; es müssen angemessene Einrichtungen zur Leistung von Erster Hilfe bereitstehen; die erforderlichen Sicherheitsübungen müssen in regelmäßigen Zeitabständen durchgeführt werden.

498 Des Weiteren trifft den Arbeitgeber die Pflicht, ein **Sicherheits- und Gesundheitsschutzdokument** nach Maßgabe der Art. 6, 9 und 10 der Richtlinie 89/391/EWG zu erstellen und auf dem letzten Stand zu halten.[738] Aus dem Dokument muss vor allem hervorgehen, dass die Gefährdungen, denen die Arbeitnehmer an den Arbeitsstätten ausgesetzt sind, ermittelt und einer Bewertung unterzogen werden und dass die Arbeitsstätten und die Ausrüstung sicher gestaltet, betrieben und gewartet werden. Ferner müssen in dem Dokument die getroffenen Maßnahmen zur Erreichung der Ziele dieser Richtlinie angegeben werden.

499 Art. 3 Abs. 3 RL Bohr regelt die Verantwortlichkeit für den Fall, dass an einer Arbeitsstätte Arbeitnehmer mehrerer Betriebe tätig sind. In diesem Fall ist jeder Arbeitgeber für den Bereich verantwortlich, der seiner Kontrolle untersteht. Zudem hat der

---

[732] ABl. EG C 32, S. 7.
[733] ABl. EG L 348, S. 9; nachfolgend Bohrungsrichtlinie – RL Bohr – abgekürzt. Zur Bohrungsrichtlinie und ihrer Umsetzung in nationales Recht s. auch *Börgmann*, EAS B 6200, Rn. 34 ff.
[734] S. dazu oben Rn. 456.
[735] Art. 2 Buchst. a RL Bohr.
[736] Arbeitsstätten i. S. der Bohrungsrichtlinie sind nach der Begriffsbestimmung des Art. 2 Buchst. b alle Örtlichkeiten, die für die Einrichtung von Arbeitsplätzen vorgesehen sind, und die Haupt- und Nebenbetriebe sowie Anlagen der Betriebe, in denen durch Bohrungen Mineralien gewonnen werden, umfassen – einschließlich vorhandener Unterkünfte, zu denen die Arbeitnehmer im Rahmen ihrer Arbeit Zugang haben.
[737] Art. 3 Abs. 1 Buchst. a RL Bohr.
[738] Art. 3 Abs. 2 RL Bohr.

XII. Technischer Arbeitsschutz

Arbeitgeber, der nach den einzelstaatlichen Rechtsvorschriften die Verantwortung für die Arbeitsstätte hat, die Durchführung aller die Sicherheit und den Gesundheitsschutz der Arbeitnehmer betreffenden Maßnahmen zu koordinieren und in seinem Sicherheits- und Gesundheitsschutzdokument genauere Angaben über das Ziel, die Maßnahmen und die Modalitäten der Durchführung dieser Koordinierung festzuhalten. Gem. Art. 3 Abs. 4 RL Bohr ist der Arbeitgeber des Weiteren verpflichtet, tödliche oder schwere Betriebsunfälle sowie gefährliche Vorkommnisse den zuständigen Behörden unverzüglich zu melden.

(bb) Besondere Verpflichtungen. Art. 4 RL Bohr verpflichtet den Arbeitgeber, der Art des Betriebes entsprechende Maßnahmen zu treffen, um die Entstehung und Ausbreitung von Bränden, Explosionen oder einer explosionsfähigen oder gesundheitsgefährdenden Atmosphäre zu verhindern. **500**

Ferner hat der Arbeitgeber für die Bereitstellung und Wartung geeigneter Flucht- und Rettungsmittel zu sorgen, um zu gewährleisten, dass die Arbeitnehmer die Arbeitsstätten bei Gefahr sicher verlassen können. Es muss zudem gewährleistet sein, dass die erforderlichen Alarm- und Kommunikationssysteme vorhanden sind, damit im Bedarfsfall unverzüglich Hilfs-, Evakuierungs- und Rettungsmaßnahmen eingeleitet werden können.[739] **501**

(cc) Präventivmedizinische Maßnahmen. Es muss gewährleistet werden, dass Arbeitnehmer vor Übertragung von Aufgaben, die in den Anwendungsbereich dieser Richtlinie fallen, einen Anspruch darauf haben, sich einer präventivmedizinischen Überwachung zu unterziehen.[740] Diese Überwachung ist in regelmäßigen Abständen zu wiederholen. **502**

(dd) Mindestanforderungen. Hinsichtlich der Mindestanforderungen an Arbeitsstätten i.S. der Bohrungsrichtlinie differenziert Art. 10 RL Bohr zwischen Arbeitsstätten, die vor und solchen, die nach dem 3. November 1994 zum ersten Mal genutzt werden. **503**

Arbeitsstätten, die erstmals **nach dem 3. November 1994** genutzt werden, mußten den im Anhang aufgeführten Mindestvorschriften für Sicherheit und Gesundheitsschutz entsprechen. Der Anhang ist in drei Abschnitte unterteilt. Abschnitt A enthält gemeinsame Mindestanforderungen für den Onshore- und Offshore-Bereich.[741] Abschnitt B normiert besondere Mindestvorschriften für den Onshore-Bereich.[742] Abschnitt C legt besondere Mindestanforderungen für den Offshore-Bereich fest.[743] **504**

Arbeitsstätten, die bereits **vor dem 3. November 1994** genutzt wurden, mussten möglichst bald, spätestens jedoch am 3. November 1997 die im Anhang aufgeführten Mindestvorschriften für Sicherheit und Gesundheitsschutz erfüllen. Etwas anderes galt allerdings dann, wenn an Arbeitsstätten nach dem 3. November 1994 Änderungen, Er- **505**

---

[739] Art. 6 RL Bohr.
[740] Art. 8 RL Bohr.
[741] Die Mindestanforderungen betreffen: Stabilität und Festigkeit; Organisation und Aufsicht; maschinelle und elektrische Betriebsmittel und Anlagen; Wartung; Bohrlochkontrolle; Schutz gegen gesundheitsgefährdende Atmosphäre, Explosionsschutz; Fluchtwege und Notausgänge; Lüftung umschlossener Arbeitsräume; Raumtemperatur; natürliche und künstliche Beleuchtung; Fenster und Oberlichter der Räume; Türen und Tore; Verkehrswege; Gefahrenbereiche; Raumabmessungen und Luftraum der Räume, Bewegungsfläche am Arbeitsplatz; Pausenräume; Arbeitsstätten im Freien; schwangere Frauen und stillende Mütter; behinderte Arbeitnehmer.
[742] Die Mindestanforderungen betreffen: Brandmeldung und -bekämpfung; Fernbedienung in Notfällen; Kommunikation, allgemein und in Notfällen; Sammelstellen und Namensliste; Rettungs- und Fluchteinrichtungen; Sicherheitsübungen; Sanitäreinrichtungen; Räume und Einrichtungen für Erste Hilfe; Verkehrswege.
[743] Die Mindestanforderungen betreffen: Brandmeldung und -bekämpfung; Fernbedienung in Notfällen; Kommunikation, allgemein und in Notfällen; Sammelstellen und Namensliste; Rettungs- und Fluchteinrichtungen; Sicherheitsübungen; Sanitäreinrichtungen; Räume und Einrichtungen für Erste Hilfe; Unterbringung; Hubschraubereinsätze; Positionierung der Anlagen auf See – Sicherheit und Stabilität.

weiterungen oder Umgestaltungen vorgenommen werden. In diesen Fällen verpflichtet Art. 10 Abs. 3 RL Bohr den Arbeitgeber, die erforderlichen Maßnahmen zu treffen, damit diese Änderungen, Erweiterungen oder Umgestaltungen mit den entsprechenden Mindestanforderungen des Anhangs übereinstimmen.

506 *(ee) Unterrichtung der Arbeitnehmer.* Gem. Art. 7 RL Bohr müssen die Arbeitnehmer oder ihre Vertreter von allen Maßnahmen unterrichtet werden, die zum Schutz von Sicherheit und Gesundheit an der Arbeitsstätte getroffen werden müssen. Die Informationen müssen für die betreffenden Arbeitnehmer verständlich sein.

507 *(ff) Anhörung und Beteiligung der Arbeitnehmer.* Art. 9 RL Bohr stellt klar, dass sich die Anhörung und Beteiligung der Arbeitnehmer oder ihrer Vertreter zu allen in dieser Richtlinie behandelten Fragen nach Art. 11 der Richtlinie 89/391/EWG richtet.

508 **(d) Umsetzung in das deutsche Recht.** Gem. Art. 12 Abs. 1 RL Bohr waren die Mitgliedstaaten verpflichtet, die Bohrungsrichtlinie bis spätestens zum 3. November 1994 in nationales Recht umzusetzen. Die Umsetzung in das deutsche Recht ist durch die Bergverordnung für alle bergbaulichen Bereiche (**Allgemeine Bundesbergverordnung – ABBergV**) vom 23. Oktober 1995[744] erfolgt.

(5) Mineralgewinnungsrichtlinie 92/104/EWG

509 **(a) Allgemeines.** Der Rat hat am 3. November 1992 die Bohrungsrichtlinie 92/91/EWG,[745] erlassen. Von der Bohrungsrichtlinie wird jedoch nur ein Teilbereich der mineralgewinnenden Industrie erfasst. Überdurchschnittlich hohe Risiken bestehen für Arbeitnehmer insbesondere aber auch bei Tätigkeiten in übertägigen oder untertägigen mineralgewinnenden Betrieben. Zur Verbesserung der Sicherheit und des Gesundheitsschutzes der in diesen Bereichen tätigen Arbeitnehmer hat der Rat auf Vorschlag der Kommission[746] am 3. Dezember 1992 die Richtlinie 92/104/EWG über Mindestvorschriften zur Verbesserung der Sicherheit und des Gesundheitsschutzes der Arbeitnehmer in übertägigen oder untertägigen mineralgewinnenden Betrieben verabschiedet.[747] Sie ist die zwölfte Richtlinie i.S. des Art. 16 Abs. 1 der Richtlinie 89/391/EWG.

510 **(b) Anwendungsbereich.** In den Geltungsbereich der Richtlinie fallen übertägige sowie untertägige mineralgewinnende Betriebe. Betriebe in diesem Sinne sind solche, deren Tätigkeit auf einen der folgenden Bereiche ausgerichtet ist: Gewinnen von Mineralien über oder unter Tage; Aufsuchen von Mineralien zum Zwecke einer späteren Gewinnung; Aufbereitung des Förderguts für den Verkauf mit Ausnahme der Tätigkeiten zur Weiterverarbeitung dieses Förderguts.[748] Vom Anwendungsbereich der Mineralgewinnungsrichtlinie ausgenommen sind die unter den Geltungsbereich der Bohrungsrichtlinie 92/91/EWG fallenden Betriebe,[749] in denen Mineralien durch Bohrungen gewonnen werden.

511 **(c) Pflichten des Arbeitgebers.** *(aa) Allgemeine Verpflichtungen.* Den Arbeitgeber treffen zum einen die in Art. 3 RL Min enthaltenen allgemeinen Pflichten. Nach Art. 3 Buchst. a RL Min hat der Arbeitgeber insbesondere die erforderlichen Maßnahmen zu treffen, damit die **Arbeitsstätten** i.S. dieser Richtlinie so konzipiert, errichtet, in Betrieb genommen, ausgestattet und unterhalten werden, dass die Arbeitnehmer die ihnen übertragenen Arbeiten ohne Gefährdung ihrer Sicherheit und ihrer Gesundheit oder der Sicherheit und Gesundheit anderer Arbeitnehmer ausführen können. Zu den Arbeitsstätten

---

[744] BGBl. I S. 1466.
[745] ABl. EG L 348, S. 9; s. dazu oben Rn. 495.
[746] ABl. EG C 58, S. 3.
[747] ABl. EG L 404, S. 10; nachfolgend Mineralgewinnungsrichtlinie – RL Min – abgekürzt. Zur Mineralgewinnungsrichtlinie und ihrer Umsetzung in nationales Recht s. auch *Börgmann*, EAS B 6200, Rn. 46 ff.
[748] Art. 2 Buchst. a RL Min.
[749] S. dazu oben Rn. 496.

XII. Technischer Arbeitsschutz

i. S. der Richtlinie zählen nach der Begriffsbestimmung des Art. 2 Buchst. b RL Min alle Örtlichkeiten, die zur Errichtung von Arbeitsplätzen vorgesehen sind, und die Haupt- und Nebenbetriebe sowie Anlagen der übertägigen oder untertägigen mineralgewinnenden Betriebe umfassen – einschließlich der Abraumhalden und sonstigen Halden sowie gegebenenfalls vorhandener Unterkünfte –, zu denen die Arbeitnehmer im Rahmen ihrer Arbeit Zugang haben.

Des Weiteren hat der Arbeitgeber die erforderlichen Maßnahmen zu treffen, damit folgende **Verpflichtungen** eingehalten werden: der Betrieb von mit Arbeitnehmern belegten Arbeitsstätten muss der Überwachung durch eine verantwortliche Person unterliegen; die mit einem besonderen Risiko verbundenen Arbeiten dürfen nur fachkundigen Arbeitnehmern übertragen und entsprechend den Anweisungen ausgeführt werden; Sicherheitsanweisungen müssen für alle Arbeitnehmer verständlich sein; es müssen angemessene Einrichtungen zur Leistung von Erster Hilfe bereitstehen; die erforderlichen Sicherheitsübungen müssen in regelmäßigen Zeitabständen durchgeführt werden.

Gem. Art. 3 Abs. 2 RL Min hat der Arbeitgeber die Pflicht, ein **Sicherheits- und Gesundheitsschutzdokument** nach Maßgabe der Art. 6, 9 und 10 der Richtlinie 89/391/EWG zu erstellen und auf dem letzten Stand zu halten. Aus dem Dokument muss vor allem hervorgehen, dass die Gefährdungen, denen die Arbeitnehmer an den Arbeitsstätten ausgesetzt sind, ermittelt und einer Bewertung unterzogen werden und dass die Arbeitsstätten und die Ausrüstung sicher gestaltet, betrieben und gewartet werden. Ferner müssen in dem Dokument die getroffenen Maßnahmen zur Erreichung der Ziele dieser Richtlinie angegeben werden.

Sind an einer Arbeitsstätte **Arbeitnehmer mehrerer Betriebe** tätig, so ist jeder Arbeitgeber für den Bereich verantwortlich, der seiner Kontrolle untersteht.[750] Zudem hat der Arbeitgeber, der nach den einzelstaatlichen Rechtsvorschriften die Verantwortung für die Arbeitsstätte hat, die Durchführung aller die Sicherheit und den Gesundheitsschutz der Arbeitnehmer betreffenden Maßnahmen zu koordinieren und in seinem Sicherheits- und Gesundheitsschutzdokument genauere Angaben über das Ziel, die Maßnahmen und die Modalitäten der Durchführung dieser Koordinierung festzuhalten.

Tödliche oder schwere Betriebsunfällen hat der Arbeitgeber den zuständigen Behörden unverzüglich zu **melden.** Die unverzügliche Anzeigepflicht gilt auch für gefährliche Vorkommnisse.[751]

(bb) Besondere Verpflichtungen. Gem. Art. 4 RL Min trifft den Arbeitgeber die Pflicht, der Art des Betriebes entsprechende Maßnahmen zu treffen, um die Entstehung und Ausbreitung von Bränden, Explosionen oder einer explosionsfähigen oder gesundheitsgefährdenden Atmosphäre zu verhindern.

Zudem hat der Arbeitgeber zu gewährleisten, dass geeignete Flucht- und Rettungsmittel bereitstehen, um sicherzustellen, dass die Arbeitnehmer die Arbeitsstätten bei Gefahr sicher verlassen können. Darüber hinaus hat der Arbeitgeber dafür Sorge zu tragen, dass die erforderlichen Alarm- und Kommunikationssysteme vorhanden sind, damit im Bedarfsfall unverzüglich Hilfs-, Evakuierungs- und Rettungsmaßnahmen eingeleitet werden können.[752]

(cc) Präventivmedizinische Maßnahmen. Art. 8 RL Min räumt Arbeitnehmern das Recht ein, sich vor der Übertragung von Aufgaben sowie in regelmäßigen Abständen präventivmedizinisch überwachen zu lassen.

(dd) Mindestanforderungen. Hinsichtlich der Mindestanforderungen an Arbeitsstätten i. S. der Mineralgewinnungsrichtlinie unterscheidet die Richtlinie zwischen Arbeitsstätten, die vor und solchen, die nach dem 3. Dezember 1994 erstmals genutzt werden.

---

[750] Art. 3 Abs. 3 RL Min.
[751] Art. 3 Abs. 4 RL Min.
[752] Art. 6 RL Min.

520 Erstmalig nach dem **3. Dezember 1994** genutzte Arbeitsstätten müssen den im Anhang aufgeführten Mindestvorschriften für Sicherheit und Gesundheitsschutz entsprechen.[753] Der Anhang ist in drei Abschnitte unterteilt. Abschnitt A normiert gemeinsame Mindestanforderungen für übertägige und untertägige mineralgewinnende Betriebe und zugehörige Anlagen.[754] Die Abschnitte B und C enthalten jeweils besondere Mindestvorschriften für übertägige und untertätige mineralgewinnende Betriebe.

521 Bereits **vor dem 3. Dezember** 1994 genutzte Arbeitsstätten mussten möglichst bald, spätestens jedoch am 3. November 2001 die im Anhang aufgeführten Mindestvorschriften für Sicherheit und Gesundheitsschutz erfüllen.[755] Etwas anderes galt allerdings dann, wenn an Arbeitsstätten nach dem 3. November 1994 Änderungen, Erweiterungen oder Umgestaltungen vorgenommen werden. In diesen Fällen verpflichtete Art. 10 Abs. 3 RL Min den Arbeitgeber, die erforderlichen Maßnahmen zu treffen, damit diese Änderungen, Erweiterungen oder Umgestaltungen mit den entsprechenden Mindestanforderungen des Anhangs übereinstimmen.[756]

522 *(ee) Unterrichtung, Anhörung und Beteiligung der Arbeitnehmer.* Gem. Art. 7 RL Min müssen die Arbeitnehmer oder ihre Vertreter von allen Maßnahmen in einer für die betreffenden Arbeitnehmer verständlichen Form unterrichtet werden. Art. 9 RL Min stellt klar, dass sich die Anhörung und Beteiligung der Arbeitnehmer oder ihrer Vertreter zu allen in dieser Richtlinie behandelten Fragen nach Art. 11 der Richtlinie 89/391/EWG richtet.

523 **(d) Umsetzung in das deutsche Recht.** Gem. Art. 12 Abs. 1 RL Min waren die Mitgliedstaaten verpflichtet, die Mineralgewinnungsrichtlinie bis spätestens zum 3. Dezember 1994 in nationales Recht umzusetzen. Im deutschen Recht ist der Gesetzgeber seiner Umsetzungsverpflichtung durch die Bergverordnung für alle bergbaulichen Bereiche (**Allgemeine Bundesbergverordnung** – ABBergV) vom 23. Oktober 1995[757] nachgekommen.

(6) Fischereifahrzeugrichtlinie 93/103/EG

524 **(a) Allgemeines.** Die Fischerei gehört zu den Hochrisikosektoren. Die dortigen Arbeitsbedingungen sowie die Bedingungen in Bezug auf Sicherheit und Gesundheitsschutz sind an diesem hohen Risiko maßgeblich beteiligt. Aus den Unfallstatistiken geht hervor, dass in allen EG-Mitgliedstaaten mit direktem Zugang zum Meer die Seefischerei der gefährlichste aller größeren Wirtschaftszweige ist. Im Schnitt liegt die Zahl der Unfälle mit tödlichem Ausgang in der Seefischerei fast 10mal höher als in anderen gefahrenträchtigen Sektoren, wie etwa Bergbau, Bausektor und Landwirtschaft.[758] In Anbetracht dieses hohen Risikos hat die Kommission dem Rat im Jahre 1991 den Vorschlag für eine Richtlinie des Rates über Mindestvorschriften für Sicherheit und Gesundheitsschutz bei der Arbeit an Bord von Fischereifahrzeugen vorgelegt.[759] Im Anschluss an die Stellungnahmen des Wirtschafts- und Sozialausschusses vom 29. April

---

[753] Art. 10 Abs. 1 RL Min.

[754] Die Mindestvorschriften betreffen: Organisation und Aufsicht; maschinelle und elektrische Betriebsmittel und Anlagen; Wartung; Explosionsschutz, Schutz gegen gesundheitsgefährdende Atmosphäre und Brandschutz; Sprengstoffe und Zündmittel; Verkehrswege; Arbeitsstätten im Freien; Gefahrenbereiche; Fluchtwege und Notausgänge; Flucht- und Rettungseinrichtungen; Sicherheitsübungen; Einrichtungen für die Erste Hilfe; natürliche und künstliche Beleuchtung; Sanitäreinrichtungen; Abraumhalden und sonstige Halden; Tagesanlagen; schwangere Frauen und stillende Mütter; behinderte Arbeitnehmer.

[755] Art. 10 Abs. 2 RL Min.

[756] Art. 10 Abs. 3 RL Min.

[757] BGBl. I S. 1466.

[758] Vgl. die Stellungnahme des Wirtschafts- und Sozialausschusses vom 29. April 1992, ABl. EG C 169, S. 46.

[759] ABl. EG C 15, S. 18.

1992[760] sowie des EP vom 8. Juli 1992[761] wurde dieser Vorschlag von der Kommission am 12. Oktober 1992 dem Rat in geänderter Form vorgelegt.[762] Am 23. November 1993 hat der Rat schließlich die Richtlinie 93/103/EG über Mindestvorschriften für Sicherheit und Gesundheitsschutz bei der Arbeit an Bord von Fischereifahrzeugen[763] verabschiedet. Sie ist die 13. Einzelrichtlinie i.S. von Art. 16 Abs. 1 der Richtlinie 89/391/EWG. Die Bestimmungen der Fischereifahrzeugrichtlinie sowie die der Richtlinie über Mindestvorschriften für die Sicherheit und den Gesundheitsschutz zum Zweck einer besseren medizinischen Versorgung auf Schiffen vom 31. März 1992[764] sind unbeschadet strengerer oder spezifischer Bestimmungen der vorliegenden Richtlinie im Bereich der Arbeit an Bord von Fischereifahrzeugen in vollem Umfang anzuwenden.

(b) Anwendungsbereich. Der Anwendungsbereich der Richtlinie umfasst Fischereifahrzeuge. „Fischereifahrzeug" i.S. der Richtlinie ist jedes zu gewerblichen Zwecken für den Fang oder für den Fang und die Verarbeitung von Fisch oder sonstigen Seelebewesen eingesetzte Fahrzeug, das die Flagge eines Mitgliedstaats führt oder unter der beschränkten Hoheitsgewalt eines Mitgliedstaats eingetragen ist.[765]

(c) Allgemeine Bestimmungen. Gem. Art. 3 Abs. 1 RL BvF haben die Mitgliedstaaten die erforderlichen Maßnahmen zu ergreifen, damit folgende allgemeine Anforderungen erfüllt werden: Reeder[766] müssen sich darüber vergewissern, dass ihre Fischereifahrzeuge, insbesondere bei ungünstigen Witterungsverhältnissen, unter der Verantwortung des Schiffsführers so eingesetzt werden, dass die Sicherheit und die Gesundheit der Arbeitnehmer[767] nicht gefährdet sind; bei Anwendung von Art. 8 Abs. 4 der Richtlinie 89/391/EWG[768] ist auch eine eventuelle Gefährdung der übrigen Besatzungsmitglieder zu berücksichtigen; die Begebenheiten auf See, die Auswirkungen auf die Sicherheit und Gesundheit der Arbeitnehmer haben oder haben können, müssen in einem ausführlichen Bericht dargelegt werden, der für die dazu benannte zuständige Behörde bestimmt ist. Sie müssen sorgfältig und ausführlich im Schiffstagebuch vermerkt oder, falls ein solches für den betreffenden Schiffstyp auf Grund der geltenden einzelstaatlichen Rechtsvorschriften nicht vorgesehen ist, in einem dafür vorgesehenen Dokument festgehalten werden.

Art. 3 Abs. 2 RL BvF verlangt, dass Fischereifahrzeuge von eigens mit dieser Aufgabe betrauten Behörden regelmäßigen Kontrollen in Bezug auf die Einhaltung dieser Richtlinie unterzogen werden, wobei bestimmte Kontrollen in Bezug auf die Einhaltung dieser Richtlinie auch auf See durchgeführt werden können.

---

[760] ABl. EG C 169, S. 46.
[761] ABl. EG C 241, S. 99.
[762] ABl. EG C 311, S. 21.
[763] ABl. EG L 307, S. 1; nachfolgend Fischereifahrzeugrichtlinie – RL BvF – abgekürzt. Zur Fischereifahrzeugrichtlinie s. auch *Börgmann*, EAS B 6200, Rn. 58 ff.
[764] ABl. EG L 113, S. 19; s. dazu oben Rn. 538 ff.
[765] Art. 2 Buchst. a RL BvF.
[766] Reeder i.S. der Richtlinie ist der eingetragene Eigentümer eines Fahrzeugs, es sei denn, das betreffende Fahrzeug wird als Bare-Boat-Charter-Fahrzeug eingesetzt oder es wird gem. einer Bewirtschaftungsvereinbarung ganz oder teilweise von einer natürlichen oder juristischen Person verwaltet, die mit dem eingetragenen Eigentümer nicht identisch ist; in diesem Fall gilt als Reeder der Bare-boat-Charterer oder die mit der Verwaltung des Schiffes betraute natürliche oder juristische Person.
[767] Arbeitnehmer i.S. der Richtlinie ist nach der Begriffsbestimmung des Art. 2 Buchst. e RL BvF jede Person, die an Bord eines Fahrzeugs eine berufliche Tätigkeit ausübt, einschließlich Praktikanten und Auszubildende, mit Ausnahme von nicht seefahrendem Personal, das Arbeiten an Bord eines am Kai liegenden Fahrzeugs ausführt, und von Hafenlotsen.
[768] Art. 8 Abs. 4 der Richtlinie 89/391/EWG räumt dem Arbeitnehmer das Recht ein, bei ernster, unmittelbarer und nicht vermeidbarer Gefahr seinen Arbeitsplatz zu verlassen, ohne dass ihm daraus Nachteile erwachsen dürfen.

528 **(d) Mindestanforderungen an Fischereifahrzeuge.** Hinsichtlich der Mindestanforderungen, die Fischereifahrzeuge erfüllen müssen, differenziert die Fischereifahrzeugrichtlinie zwischen neuen Fischereifahrzeugen[769] und vorhandenen Fischereifahrzeugen.[770]

529 Gem. Art. 4 RL BvF müssen **neue Fischereifahrzeuge** seit dem 23. November 1995 den in Anhang I aufgeführten Mindestvorschriften in Bezug auf Sicherheit und Gesundheitsschutz entsprechen. Anhang I enthält Mindestanforderungen hinsichtlich folgender Punkte: Festigkeit und Stabilität; elektrische Anlagen; Fluchtwege und Notausgänge; Brandmeldung und -bekämpfung; Lüftung umschlossener Arbeitsstätten; Raumtemperatur; natürliche und künstliche Beleuchtung der Arbeitsräume; Türen; Verkehrswege – Gefahrenbereiche; Ausstattung der Arbeitsstätten; Unterkunftsräume; Sanitäranlagen; Erste Hilfe; Fallreeps und Landgangsstege; Lärm.

530 **Vorhandene Fischereifahrzeuge** müssen spätestens am 23. November 2002 den weniger strengen Mindestanforderungen des Anhangs II entsprechen.[771] Werden an vorhandenen Fischereifahrzeugen allerdings zum 23. November 1995 oder danach umfangreiche Instandsetzungsarbeiten, Umbauten oder Veränderungen vorgenommen, so müssen diese die in Anhang I aufgeführten Mindestvorschriften erfüllen.[772]

531 **(e) Pflichten des Reeders hinsichtlich Ausrüstung und Wartung.** Art. 7 Abs. 1 RL BvF verpflichtet den Reeder zur Beachtung allgemeiner Pflichten. Er hat dafür zu sorgen, dass die Fischereifahrzeuge sowie Anlagen und Einrichtungen instandgehalten werden und festgestellte Mängel, die die Sicherheit und die Gesundheit der Seefischer beeinträchtigen könnten, möglichst umgehend beseitigt werden. Des Weiteren muss er Maßnahmen ergreifen, damit die Fischereifahrzeuge sowie alle Anlagen und Einrichtungen zur Gewährleistung angemessener Hygienebedingungen regelmäßig gereinigt werden. Der Reeder ist ferner verpflichtet, geeignete Rettungs- und Überlebensmittel in gutem Betriebszustand und in ausreichender Zahl an Bord des Fischereifahrzeugs bereitzuhalten. Die Rettungs- und Überlebensmittel müssen den Spezifikationen von Anhang III gerecht werden. Darüber hinaus trifft den Reeder die Pflicht, bei Anwendung der Richtlinie 89/656/EWG über Mindestvorschriften für Sicherheit und Gesundheitsschutz bei Benutzung persönlicher Schutzausrüstungen durch Arbeitnehmer bei der Arbeit vom 30. November 1989[773] den Mindestanforderungen des Anhangs IV über persönliche Schutzausrüstungen Rechnung zu tragen.

532 Nach Art. 7 Abs. 2 RL BvF hat der Reeder dem Schiffsführer im Hinblick auf die Sicherheit und den Gesundheitsschutz der Arbeitnehmer alle Mittel zur Verfügung zu stellen, die er zur Erfüllung der nach dieser Richtlinie auferlegten Verpflichtungen benötigt.

533 **(f) Ausbildung der Arbeitnehmer.** Arbeitnehmer sind gem. Art. 9 RL BvF angemessen auszubilden, insbesondere im Hinblick auf die Erteilung genauer und verständlicher Anweisungen in Fragen der Sicherheit und des Gesundheitsschutzes an Bord von Fahrzeugen sowie ganz speziell der Unfallverhütung. Zu den weiteren Schwerpunkten der

---

[769] Neues Fischereifahrzeug ist nach der Begriffsbestimmung des Art. 2 Buchst. b RL BvF jedes Fischereifahrzeug, dessen Länge zwischen den Loten 15 Meter oder mehr beträgt und für das am 23. November 1995 oder danach der Bau- oder Umbauvertrag erteilt wird. Ist der Bau- oder Umbauvertrag vor dem 23. November 1995 erteilt worden, so handelt es sich dann um ein neues Fischereifahrzeug, wenn es frühestens drei Jahre nach diesem Zeitpunkt abgeliefert wird. Falls kein Bauvertrag vorliegt, ist darauf abzustellen, wann der Kiel gelegt wird oder der für ein bestimmtes Fahrzeug erkennbare Bau begonnen wird oder schließlich die Montage von mindestens 50 Tonnen oder 1 v. H. des geschätzten Gesamtbedarfs des Baumaterials begonnen hat, je nachdem welcher Wert kleiner ist.

[770] Vorhandenes Fischereifahrzeug ist nach der Begriffsbestimmung des Art. 2 Buchst. c RL BvF jedes Fischereifahrzeug, dessen Länge zwischen den Loten 18 Meter oder mehr beträgt und das kein neues Fischereifahrzeug ist.

[771] Art. 5 RL BvF.

[772] Art. 6 RL BvF.

[773] ABl. EG L 393, S. 18; s. zu dieser Richtlinie unten Rn. 582.

XII. Technischer Arbeitsschutz 534–540 § 18

Ausbildung gehört die Brandbekämpfung sowie die Benutzung von Rettungs- und Überlebensmitteln. Die in Frage kommenden Arbeitnehmer sind zudem im Umgang mit dem Fischfanggerät und den Zugförderungsanlagen zu schulen. Bei einer Veränderung der Tätigkeiten an Bord ist eine entsprechende Nachschulung vorzusehen.

Darüber hinaus ist gem. Art. 10 RL BvF zu gewährleisten, dass jede Person, die in 534 die Lage versetzt werden könnte, die Führung eines Fischereifahrzeugs zu übernehmen, über eine erweiterte Ausbildung in folgenden Bereichen verfügt: Verhütung von Krankheiten und Arbeitsunfällen an Bord und bei Unfällen zu ergreifende Maßnahmen; Stabilität des Fahrzeugs und ihre Sicherstellung bei allen vorhersehbaren Ladegegebenheiten und bei den Fangvorgängen; Navigation und Funkverkehr, einschließlich der Verfahren.[774]

(g) Unterrichtung und Beteiligung der Arbeitnehmer. Die Arbeitnehmer oder 535 ihre Vertreter müssen gem. Art. 8 RL BvF über alle Maßnahmen in verständlicher Form unterrichtet werden, die hinsichtlich der Sicherheit und des Gesundheitsschutzes an Bord von Fischereifahrzeugen getroffen werden müssen.

Gem. Art. 11 RL BvF hat die Anhörung und Beteiligung der Seefischer oder deren 536 Vertreter in den unter die vorliegende Richtlinie fallenden Bereichen nach Maßgabe des Art. 11 der Richtlinie 89/391/EWG zu erfolgen.

(h) Umsetzung in das deutsche Recht. Nach Art. 13 Abs. 1 RL BvF war die 537 Richtlinie bis zum 23. November 1995 in nationales Recht umzusetzen. Die Umsetzung der Fischereifahrzeugrichtlinie in deutsches Recht ist durch eine Änderung der **UVV „See"** (VBG 108) erfolgt. Die praktische Bedeutung der Fischereifahrzeugrichtlinie ist angesichts eines Anteils der deutschen Fischereiflotte an der EG von nur 1% allerdings als relativ gering einzustufen.

(7) Bordausstattungsrichtlinie 92/29/EWG

(a) Allgemeines. Schiffe sind Arbeitsstätten, denen unter anderem auf Grund ihrer 538 möglichen geographischen Isolierung sowie auf Grund der hohen Gefahrenschwelle für die Sicherheit und die Gesundheit der an Bord befindlichen Arbeitnehmer besondere Bedeutung beizumessen ist. Auf Gemeinschaftsebene ist eine erste Maßnahme zur Verbesserung des Schutzes der Arbeitnehmer auf Schiffen mit der Verabschiedung der Richtlinie über Mindestvorschriften für die Sicherheit und den Gesundheitsschutz zum Zwecke einer besseren medizinischen Versorgung auf Schiffen vom 31. März 1992[775] geschaffen worden.[776] Ziel dieser Richtlinie ist es, die Vereinheitlichung bei der medizinischen Ausstattung an Bord von Schiffen zu fördern, die unter der Flagge eines Mitgliedstaates zu kommerziellen Zwecken eingesetzt werden.

(b) Anwendungsbereich. In den Geltungsbereich der Richtlinie zur Verbesserung 539 der medizinischen Versorgung auf Schiffen fällt jedes zur Seeschifffahrt zugelassene oder zum Fischfang in Mündungsgewässern eingesetzte Wasserfahrzeug, sei es im Besitz der öffentlichen Hand, sei es in Privatbesitz, das unter der Flagge eines Mitgliedstaats fährt oder unter der unbeschränkten Hoheitsgewalt eines Mitgliedstaats eingetragen ist. Vom Anwendungsbereich ausgenommen sind die Binnenschifffahrt, Kriegsschiffe, zu nichtkommerziellen Zwecken eingesetzte Sportfahrzeuge mit nichtprofessioneller Besatzung sowie im Hafenbereich eingesetzte Schleppschiffe.

(c) Medizinische Versorgung. Gem. Art. 2 RL MedSch muss an Bord eines in den 540 Geltungsbereich der Richtlinie fallenden Schiffes stets eine medizinische Ausstattung mit-

---

[774] Art. 10 RL BvF.
[775] ABl. EG L 113, S. 19; nachfolgend Bordausstattungsrichtlinie – RL MedSch – abgekürzt.
[776] Der Gesundheitsschutz und die medizinische Betreuung der Seeleute ist zudem Gegenstand des Übereinkommens Nr. 164 der Internationalen Arbeitsorganisation (IAO), das im Oktober 1967 angenommen wurde. Dieses Übereinkommen ist bislang noch von keinem Mitgliedstaat ratifiziert worden. Aus diesem Grund kommt der Richtlinie über die medizinische Versorgung auf Schiffen ein größerer Stellenwert zu.

Wank 749

geführt werden, die den in den Ziffern 1 und 2 näher bezeichneten Anforderungen genügt.[777] Darüber hinaus muss auf Schiffen von mehr als 500 BRZ und mit einer Besatzung von 15 oder mehr Arbeitnehmern[778] bei Fahrten mit einer Dauer von mehr als drei Tagen ein Raum zu Verfügung stehen, in dem eine medizinische Versorgung unter befriedigenden materiellen und hygienischen Bedingungen erfolgen kann.[779] Bei Schiffen mit einer Besatzung von 100 oder mehr Arbeitnehmern muss bei internationalen Fahrten mit einer Dauer von mehr als drei Tagen zudem ein Arzt an Bord sein, dem die medizinische Versorgung der Arbeitnehmer obliegt.[780]

541 Befördert ein Schiff i. S. der Bordausstattungsrichtlinie einen oder mehrere der im Anhang III der Richtlinie aufgeführten gefährlichen Stoffe,[781] müssen als Teil der medizinischen Ausstattung die in Anhang II Abschnitt III genannten Antidote[782] mitgeführt werden.[783] Die in Anhang II Abschnitt III aufgeführten Antidote müssen gem. Art. 3 Ziff. 2 RL MedSch als Teil der medizinischen Ausstattung auch dann mitgeführt werden, wenn ein Schiff i. S. der Bordausstattungsrichtlinie als Fähre eingesetzt wird und dessen Betriebsbedingungen es nicht immer ermöglichen, die Art der zu befördernden gefährlichen Stoffe früh genug im Voraus zu erfahren.[784]

542 Der Inhalt der medizinischen Ausstattung in Bezug auf Antidote muss auf einem Kontrolldokument festgehalten werden, das zumindest dem allgemeinen Rahmen des Anhangs IV Abschnitte A, B und C, Nummer II 3, entspricht.[785]

543 **(d) Verantwortlichkeiten.** Gem. Art. 4 Ziff. 1 RL MedSch trifft den Reeder[786] die Verantwortung für die Beschaffung und Erneuerung der medizinischen Ausstattung. Eine

---

[777] Der Umfang der medizinischen Ausstattung ist abhängig von der Kategorie, in die ein Schiff einzuordnen ist. Anhang I enthält eine Unterteilung in die Kategorien A, B und C. Schiffe der Kategorie A sind Seeschifffahrts- oder Seefischereifahrzeuge, für die keine Beschränkung des Fahrgebietes besteht. Zur Kategorie B gehören Seeschifffahrts- oder Seefischereifahrzeuge mit einem Fahrgebiet in einer Entfernung von weniger als 150 Seemeilen bis zum nächsten Hafen mit angemessenen medizinischen Versorgungseinrichtungen. Die Kategorie B erstreckt sich ferner auf Seeschifffahrts- oder Seefischereifahrzeuge mit einem Fahrgebiet in einer Entfernung von weniger als 175 Seemeilen bis zum nächsten Hafen mit angemessenen medizinischen Versorgungseinrichtungen, die sich aus der Reichweite der Rettungshubschrauber entfernen. Der Kategorie C unterfallen im Hafen eingesetzte Schiffe sowie Schiffe und Boote, die sich in Küstennähe aufhalten oder nur mit einem Ruderhaus ausgestattet sind.

[778] Arbeitnehmer i. S. der Bordausstattungsrichtlinie ist nach der Begriffsbestimmung des Art. 1 Buchst. b RL MedSch jede Person, die an Bord eines Schiffes eine berufliche Tätigkeit ausübt, einschließlich Praktikanten und Auszubildende, mit Ausnahme von Hafenlotsen und nicht seefahrendem Personal, das Arbeiten an Bord eines am Kai liegenden Schiffes ausführt.

[779] Art. 2 Ziff. 3 RL MedSch.

[780] Art. 2 Ziff. 4 RL MedSch.

[781] Zu den gefährlichen Stoffen, die in Anhang III aufgeführt sind, gehören: explosionsgefährliche Stoffe und Gegenstände; Druckgas, Flüssigkeitsgas oder unter Druck gelöstes Gas; entzündliche Stoffe, Stoffe, die bei Berührung mit Wasser entzündliche Gase freisetzen; brandfördernde Stoffe, organische Peroxide; toxische, infektiöse, radioaktive, ätzende Stoffe sowie verschiedenartige gefährliche Stoffe, d. h. sämtliche sonstige Stoffe, die erfahrungsgemäß eine Gefahr mit sich bringen, so dass die Vorschriften von Art. 3 RL MedSch auf sie angewandt werden sollten.

[782] Antidot ist nach der Begriffsbestimmung des Art. 1 Buchst. e ein Stoff, der zur Verhütung oder Behandlung der direkten oder indirekten schädlichen Auswirkungen eines oder mehrerer der im Anhang III aufgeführten Stoffe eingesetzt wird.

[783] Art. 3 Ziff. 1 RL MedSch.

[784] Etwas anderes gilt dann, wenn die Überfahrt auf einer regelmäßig befahrenen Route voraussichtlich weniger als 2 Stunden dauert. In diesem Fall genügt es, die Antidote mitzuführen, die in ganz besonders dringlichen Fällen innerhalb einer die normale Fahrtdauer nicht überschreitenden Frist zu verabreichen sind, Art. 3 Ziff. 2 S. 2 RL MedSch.

[785] Art. 3 Ziff. 3 RL MedSch.

[786] Reeder ist der eingetragene Eigentümer eines Schiffes, es sei denn, das betreffende Schiff wird als Bareboat-Charter-Schiff eingesetzt oder es wird gem. einer Bewirtschaftsvereinbarung ganz oder teilweise von einer natürlichen oder juristischen Person verwaltet, die mit dem eingetragenen Eigen-

finanzielle Belastung für die Arbeitnehmer darf damit nicht verbunden sein. Dagegen ist der Schiffskapitän für die Verwaltung der medizinischen Ausstattung verantwortlich. Unbeschadet dieser Verantwortlichkeit ist der Kapitän jedoch befugt, den Gebrauch und die Instandhaltung der medizinischen Ausstattung einem oder mehreren sachkundigen Arbeitnehmern zu übertragen, die namentlich bezeichnet werden müssen.

Die Mitgliedstaaten müssen ferner die erforderlichen Maßnahmen treffen, damit die medizinische Ausstattung in gutem Zustand gehalten und so bald wie möglich, auf jeden Fall aber bei der normalen Verproviantierung mit Vorrang vervollständigt oder erneuert wird.[787] Ferner muss gewährleistet sein, dass bei einem vom Schiffskapitän festgestellten Notfall die Arzneimittel, das medizinische Material und die Antidote, die erforderlich, aber an Bord nicht vorhanden sind, möglichst rasch zur Verfügung gestellt werden können.[788]

(e) **Information, Ausbildung und funkärztliche Beratung.** Eine angemessene medizinische Versorgung setzt die Ausbildung und Information der Seeleute für die Anwendung und Verwendung der medizinischen Ausstattung voraus. Demgemäß verpflichtet Art. 5 RL MedSch die Mitgliedstaaten, die erforderlichen Maßnahmen zu treffen, damit der medizinischen Ausstattung ein oder mehrere Benutzerhandbücher beigefügt werden, die eine Anleitung zur Anwendung mindestens der in Anhang II Abschnitt III genannten Antidote enthalten. Des Weiteren muss gewährleistet sein, dass alle Personen, die eine seemännische Berufsausbildung erhalten und beabsichtigen, an Bord von Schiffen zu arbeiten, eine Grundausbildung in Bezug auf medizinische Hilfsmaßnahmen oder Erste Hilfe bei Unfällen oder bei Lebensgefahr erhalten. Zudem müssen der Kapitän und der oder die Arbeitnehmer, denen er gegebenenfalls den Gebrauch der medizinischen Ausstattung des Schiffes übertragen hat, eine besondere Ausbildung nach den in Anhang V genannten allgemeinen Leitlinien erhalten. Die Ausbildung muss in regelmäßigen Abständen, zumindest aber alle 5 Jahre, aufgefrischt werden.

Zur Sicherstellung einer besseren Notfallbehandlung der Arbeitnehmer haben die Mitgliedstaaten ferner die erforderlichen Maßnahmen zu treffen, damit eine funkärztliche Beratung nach Maßgabe des Art. 6 RL MedSch gewährleistet wird.

(f) **Kontrolle.** Gem. Art. 7 RL MedSch muss sich eine von den Mitgliedstaaten zu benennende Stelle im Rahmen einer jährlich durchzuführenden Kontrolle u. a. darüber vergewissern, dass die medizinische Ausstattung den Mindestvorschriften der Bordausstattungsrichtlinie entspricht und vorschriftsmäßig aufbewahrt wird.

(g) **Umsetzung in das deutsche Recht.** Gem. Art. 9 Abs. 1 RL MedSch waren die Mitgliedstaaten verpflichtet, die Bordausstattungsrichtlinie bis spätestens zum 31. Dezember 1994 in nationales Recht umzusetzen. Gesetzliche Vorschriften über die medizinische Versorgung von Arbeitnehmern auf Schiffen bestanden im deutschen Recht nicht. Die Bordausstattungsrichtlinie ist durch die **Krankenfürsorgeverordnung** in deutsches Recht umgesetzt worden.[789]

(8) **Vorschlag für eine Transportmittelrichtlinie**

(a) **Allgemeines.** Transporttätigkeiten erfolgen oft außerhalb der Gebäude der Unternehmen und erfordern häufig die Anwesenheit von Arbeitnehmern über längere Zeiträume hinweg. Die Sicherheit in Transportmitteln hängt insbesondere von den Fähigkeiten und vom Gesundheitszustand einzelner Arbeitnehmer ab. Eine auch nur vorübergehende Einschränkung ihrer Fähigkeiten bei der Ausführung bestimmter Aufgaben kann die Sicherheit des Transportmittels und der sich dort aufhaltenden Personen unmittelbar gefähr-

---

tümer nicht identisch ist. In diesem Fall gilt als Reeder der Bareboat-Charterer oder die mit der Verwaltung des Schiffes betraute natürliche oder juristische Person.

[787] Art. 4 Ziff. 2 RL MedSch.
[788] Art. 4 Ziff. 3 RL MedSch.
[789] Vgl. *Kittner/Pieper,* Arbeitsschutzrecht, S. 141.

den. Da die Richtlinie 89/654/EWG über Mindestvorschriften für Sicherheit und Gesundheitsschutz in Arbeitsstätten vom 30. November 1989[790] Transportmittel, die außerhalb des Betriebs genutzt werden, sowie Arbeitsstätten in Transportmitteln von ihrem Geltungsbereich ausschließt,[791] bedarf es insoweit einer gesonderten Regelung. Hiervon ausgehend hatte die Kommission dem Rat am 17. November 1992 den Vorschlag für eine Richtlinie des Rates über Mindestvorschriften für Sicherheits- und Gesundheitsschutz bei Transporttätigkeiten sowie in Arbeitsstätten in Transportmitteln vorgelegt.[792] Der Vorschlag ist zwischenzeitlich von der Kommission überarbeitet und dem Rat am 1. Oktober 1993 als geänderter Vorschlag vorgelegt worden.[793] Die Transportmittelrichtlinie soll eine weitere Einzelrichtlinie i. S. von Art. 16 Abs. 1 der Richtlinie 89/391/EWG darstellen. Strengere oder spezifische Bestimmungen im Bereich der Transporttätigkeiten werden durch die Richtlinie nicht berührt. Da Transportmittel besondere Arbeitsmittel sind, unterliegen sie insbesondere auch den Bestimmungen der Richtlinie 89/655/EWG über Mindestvorschriften für Sicherheit und Gesundheitsschutz bei Benutzung von Arbeitsmitteln durch Arbeitnehmer bei der Arbeit vom 30. November 1989.[794]

550 **(b) Anwendungsbereich.** Die Transportmittelrichtlinie findet Anwendung auf Arbeitsstätten in Transportmitteln sowie bei Transporttätigkeiten. Transportmittel i. S. der Transportmittelrichtlinie sind die Arbeitsmittel, die jeglichem Transport im Luft-, Straßen-, Eisenbahn- oder Schiffsverkehr dienen.[795] Unter den Begriff der Transporttätigkeiten fallen zum einen alle Tätigkeiten, die in Transportmitteln ausgeführt werden.[796] Transporttätigkeiten i. S. der Transportmittelrichtlinie sind ferner die im Anhang I aufgeführten Tätigkeiten, wie beispielsweise Tätigkeiten, die unmittelbar mit einem Transportmittel in Verbindung stehen und die außerhalb dieses Transportmittels von Arbeitnehmern ausgeführt werden, deren eigentliche Arbeitsstätte sich im Transportmittel befindet.

551 Nach Art. 1 Abs. 3a RL TransP gilt die Transportmittelrichtlinie auch für in Drittländern ansässige Unternehmen, wenn sie Transportdienstleistungen innerhalb der Gemeinschaft erbringen. Keine Anwendung findet die Transportmittelrichtlinie auf Arbeitsstätten, zeitlich begrenzte oder ortsveränderliche Baustellen, Betriebe, die Minerale fördern, oder Fischereifahrzeuge, die bereits durch die Richtlinien 89/654/EWG,[797] 92/57/EWG,[798] 92/91/EWG[799] und 93/103/EG[800] erfasst sind.[801]

552 **(c) Pflichten des Arbeitgebers.** *(aa) Allgemeine Verpflichtungen.* Art. 5 RL Transp verpflichtet den Arbeitgeber, sich darüber zu vergewissern, dass die folgenden allgemeinen Anforderungen erfüllt sind: Die Transportmittel müssen stets ein ausreichendes Sicherheitsniveau aufweisen; die Arbeitsstätten in Transportmitteln sowie Ausrüstungen und Einrichtungen müssen instand gehalten werden; festgestellte Mängel, die sich auf die Sicherheit und Gesundheit der Arbeitnehmer negativ auswirken können, sind möglichst umgehend zu beseitigen; Arbeitsstätten in Transportmitteln sowie Ausrüstungen und Einrichtungen, insbesondere die in Anhang II Teil A Punkt 6 erwähnten, sind zur Gewährleistung angemessener Hygienebedingungen regelmäßig zu reinigen; die Sicherheitsausrüstung, die Not-, Steuerungs- und Meldeeinrichtungen und -vorrichtungen zur Verhütung

---

[790] ABl. EG L 393, S. 1.
[791] S. dazu oben Rn. 456.
[792] ABl. EG C 25, S. 17; nachfolgend Transportmittelrichtlinie – RL Transp – abgekürzt.
[793] ABl. EG C 294, S. 4; zum Vorschlag der Kommission für eine Transportmittelrichtlinie s. auch *Börgmann*, EAS B 6200, Rn. 177; *Zapka*, AuR 1996, S. 100 f.
[794] Näher dazu unten Rn. 565 ff.
[795] Art. 2 Ziff. 2 RL Transp.
[796] Art. 2 Ziff. 1 RL Transp.
[797] S. dazu oben Rn. 456 ff.
[798] S. dazu oben Rn. 466 ff.
[799] S. dazu oben Rn. 495 ff.
[800] S. dazu oben Rn. 524 ff.
[801] Art. 1 Abs. 3 RL Transp.

XII. Technischer Arbeitsschutz 553–557 § 18

oder Beseitigung von Gefahren, insbesondere die in den Anhängen II und III erwähnten, müssen regelmäßig gewartet und auf ihre Funktionsfähigkeit hin geprüft werden.

(bb) Organisatorische Maßnahmen. Gem. Art. 6 RL Transp trifft den Arbeitgeber die **553** Pflicht, angemessene organisatorische Maßnahmen zur Sicherstellung der Sicherheit und des Gesundheitsschutzes der Arbeitnehmer während der Transporttätigkeiten zu ergreifen. Des Weiteren hat er den Arbeitnehmern geeignete Ausrüstungen zur Verfügung zu stellen, die ihre Sicherheit und den Schutz ihrer Gesundheit während der Transporttätigkeiten gewährleisten. Bei der Festlegung der organisatorischen Maßnahmen und der Auswahl der Ausrüstungen muss der Arbeitgeber die jeweiligen Arbeitsgegebenheiten und die Besonderheiten der Tätigkeiten, der Strecke und der betreffenden Infrastruktur sowie die Gefahren, die bei Transporttätigkeiten für die Sicherheit und Gesundheit der Arbeitnehmer bestehen, berücksichtigen. Die in Anhang III enthaltenen Mindestvorschriften für die Sicherheit und den Gesundheitsschutz sind anzuwenden.

(cc) Mindestanforderungen an Arbeitsstätten in Transportmittel. Nach Art. 3 Abs. 1 RL **554** Transp müssen erstmals nach dem 31. Dezember 1994 genutzte Arbeitsstätten in Transportmitteln den in Anhang II Teil A enthaltenen Mindestvorschriften für Sicherheit und Gesundheitsschutz entsprechen. Sie normieren Anforderungen hinsichtlich folgender Punkte: Stabilität, Festigkeit; elektrische Anlagen und Energiequellen; Fluchtwege und Notausgänge; Brandmeldung und -bekämpfung; Lüftung umschlossener Arbeitsstätten; Raumtemperatur; natürliche und künstliche Beleuchtung der Räume; Fußböden, Wände, Decken; Türen; Verkehrswege – Gefahrenbereiche; Zugang zu den Transportmitteln; Einrichtung der Arbeitsstätten; Mittel für die Erste Hilfe und Rettungsmittel; behinderte Arbeitnehmer; Arbeitsstätten im Freien.

Für bereits vor dem 31. Dezember 1994 genutzte Arbeitsstätten in Transportmitteln **555** brauchten die in Anhang II Teil 1 enthaltenen Mindestvorschriften für Sicherheit und Gesundheitsschutz erst vom 1. 1. 1998 an erfüllt zu werden.[802]

(dd) Maßnahmen zur Gewährleistung der Sicherheit und Gesundheit. Nach dem neu in den **556** Vorschlag eingefügten Art. 3a hat der Arbeitgeber die notwendigen Maßnahmen zu ergreifen, um sicherzustellen, dass die Arbeitsmittel oder Transportmittel für die durchzuführende Transporttätigkeit geeignet sind und für den vorgesehenen Zweck benutzt oder für diesen Zweck entsprechend angepasst werden; sie müssen von den Arbeitnehmern ohne Gefährdung ihrer Sicherheit oder Gesundheit benutzt werden können. Der Arbeitgeber wird zudem verpflichtet, bei der Auswahl geeigneter Arbeitsmittel für Transporttätigkeiten die bestehenden Risiken sowie zusätzliche Risiken zu berücksichtigen, die durch die Benutzung der Arbeitsmittel bei der betreffenden Transporttätigkeit entstehen können.

(ee) Sanitär-, Pausen- und Unterkunftsräume. Art. 4 Abs. 1 RL Transp verpflichtet den Ar- **557** beitgeber, unter Berücksichtigung der Länge der Zeiträume, in denen Arbeitnehmer sich gezwungenermaßen ununterbrochen in dem Transportmittel aufhalten sowie der Art der Tätigkeit, ihnen im Transportmittel selbst die entsprechenden Sanitär-, Pausen- und Unterkunftsräume bereitzustellen. Sanitär-, Pausen- und Unterkunftsräume in Transportmitteln, die erstmals nach dem 31. Dezember 1994 genutzt werden, müssen den in Anhang II Teil B aufgeführten Mindestvorschriften für Sicherheit und Gesundheitsschutz entsprechen.[803] Für bereits vor dem 31. Dezember 1994 genutzte Sanitär-, Pausen- und Unterkunftsräume brauchten die in Anhang II Teil B normierten Mindestanforderungen erst vom 1. 1. 1998 an erfüllt zu sein.[804] Die in Art. 4 Abs. 1 RL Transp normierte Pflicht zur Bereitstellung von Sanitär-, Pausen- und Unterkunftsräumen im Transportmittel selbst gilt ausnahmsweise nicht, wenn die Länge der Zeiträume, in denen die Arbeitnehmer sich gezwungenerweise ununterbrochen in dem Transportmittel aufhalten, dies nicht erforder-

---

[802] Art. 3 Abs. 2 RL Transp.
[803] Art. 4 Abs. 2 RL Transp.
[804] Art. 4 Abs. 3 RL Transp.

lich macht.[805] Der Arbeitgeber ist jedoch verpflichtet, sofern die Strecke und die Art der Tätigkeiten dies erfordern, den Arbeitnehmern anderweitig entsprechende Sanitär-, Pausen- und Unterkunftsräume bereitzustellen oder geeignete Maßnahmen zu ergreifen, damit die Arbeitnehmer Zugang zu vergleichbaren Räumen an geeigneten und günstig gelegenen Standorten haben.

558 *(ff) Medizinische Überwachung.* Arbeitnehmer, die mit der Ausführung von Transporttätigkeiten betraut sind und bei denen Risiken bestehen, die unmittelbar ihre eigene Sicherheit und die der übrigen sich im Transportmittel aufhaltenden Arbeitnehmer gefährden können, sind gem. Art. 7 RL Transp einer medizinischen Überwachung zu unterziehen. Die medizinische Untersuchung hat vor Aufnahme der Tätigkeit, in regelmäßigen Abständen danach sowie dann zu erfolgen, wenn die Umstände dies erforderlich machen oder auf Bitte der Arbeitnehmer.

559 *(gg) Konkretisierung des Art. 8 der Richtlinie 89/391/EWG.* Die vorliegende Richtlinie ist eine Einzelrichtlinie i. S. von Art. 16 Abs. 1 der Richtlinie 89/391/EWG. Soweit nichts anderes bestimmt ist, sind die Vorschriften der Richtlinie 89/391/EWG daher in vollem Umfang anzuwenden. Art. 8 Abs. 1 Transp RL konkretisiert Art. 8 der Richtlinie 89/391/EWG[806] dahingehend, dass der Arbeitgeber bei deren Anwendung verpflichtet ist, Art und Größe des Transportmittels sowie die Merkmale der Ladung und der Strecke zu berücksichtigen.

560 Das sich aus Art. 8 Abs. 4 der Richtlinie 89/391/EWG ergebende Recht des Arbeitnehmers, bei ernster, unmittelbarer und nicht vermeidbarer Gefahr seinen Arbeitsplatz zu verlassen, ohne dass ihm daraus Nachteile erwachsen dürfen, wird durch Art. 8 Abs. 2 RL Transp eingeschränkt. Das Recht des Arbeitnehmers aus Art. 8 Abs. 4 der Richtlinie 89/391/EWG besteht danach nicht, wenn das Verlassen der Arbeitsstätte durch den Arbeitnehmer eine bedeutende Beeinträchtigung der kollektiven Sicherheit im Transportmittel bewirken würde.

561 *(hh) Unterrichtung und Ausbildung der Arbeitnehmer.* Der Arbeitgeber hat sicherzustellen, dass die Arbeitnehmer angemessen, gegebenenfalls auch in schriftlicher Form, über alle die Sicherheit und den Gesundheitsschutz im Verlauf von Transporttätigkeiten betreffenden Vorkehrungen informiert werden.[807] Den Informationen müssen zumindest folgende Angaben zu entnehmen sein: normaler Verlauf der Transporttätigkeiten, einschließlich des Be- und Entladens; voraussehbare anormale Gegebenheiten sowie zu ergreifende Gegenmaßnahmen; Rückschlüsse, die aus den während der Transporttätigkeiten gegebenenfalls gesammelten Erfahrungen zu ziehen sind.

562 Gem. Art. 10 RL Transp muss der Arbeitgeber des Weiteren gewährleisten, dass die mit Transporttätigkeiten betrauten Arbeitnehmer eine angemessene Ausbildung erhalten. Ziel dieser Ausbildung ist es, die Arbeitnehmer insbesondere über die mit den Transporttätigkeiten verbundenen Risiken und die Unfallverhütung oder Minimierung der Unfallfolgen aufzuklären. Je nach Art des Transportmittels und der Betriebsbedingungen umfasst die Ausbildung der Arbeitnehmer auch praktische Evakuierungs- und Rettungsübungen.

563 *(ii) Anhörung und Beteiligung der Arbeitnehmer.* Gem. Art. 11 RL Transp i. V. mit Art. 8 der Richtlinie 89/391/EWG hat der Arbeitgeber die Arbeitnehmer oder deren Vertreter in den unter die vorliegende Richtlinie fallenden Bereichen anzuhören und ihre Beteiligung zu ermöglichen.

564 **(d) Umsetzung in das deutsche Recht.** Dem Richtlinienvorschlag entsprechende Vorschriften zum Schutz der Sicherheit und Gesundheit der Arbeitnehmer in Transportmitteln sowie bei Transporttätigkeiten kennt das deutsche Recht nicht. Insbesondere sind Straßen-, Schienen- und Luftfahrzeuge im öffentlichen Verkehr vom Anwendungsbereich

---

[805] Art. 4 Abs. 4 RL Transp.
[806] Art. 8 der Richtlinie 89/391/EWG enthält Regelungen in Bezug auf: Erste Hilfe; Brandbekämpfung; Evakuierung der Arbeitnehmer; ernste und unmittelbare Gefahren; s. dazu oben Rn. 440 ff.
[807] Art. 9 RL Transp.

der Arbeitsstättenverordnung ausgenommen.[808] Das deutsche Recht bedürfte somit noch einer richtlinienkonformen Umsetzung.

bb) Richtlinien betreffend die Geräte- und Anlagensicherheit

Übersicht

	Rn.		Rn.
(1) Arbeitsmittelrichtlinie 89/655/EWG	565	(4) Produktbezogene Richtlinien	614
(2) PSA-Benutzerrichtlinie 89/656/EWG	582	(a) Maschinenrichtlinie 89/392/EWG	614
(3) Bildschirmarbeitsplatzrichtlinie 90/270/EWG	595	(b) Weitere Binnenmarktrichtlinien	647

(1) Arbeitsmittelrichtlinie 89/655/EWG

(a) **Allgemeines.** Ausgehend von der Erkenntnis, dass die Einhaltung von Mindestvorschriften zur Verbesserung der Sicherheit und des Gesundheitsschutzes bei der Benutzung von Arbeitsmitteln eine unabdingbare Voraussetzung für die Gewährleistung der Sicherheit und des Gesundheitsschutzes der Arbeitnehmer ist, hat die Kommission in der Mitteilung über ihr Aktionsprogramm für Sicherheit, Arbeitshygiene und Gesundheitsschutz am Arbeitsplatz aus dem Jahre 1988[809] die Ausarbeitung eines entsprechenden Richtlinienvorschlages angekündigt. Noch im selben Jahr legte die Kommission dem Rat einen entsprechenden Richtlinienvorschlag vor.[810] Gestützt auf den Vorschlag der Kommission hat der Rat am 30. November 1989 die Richtlinie 89/655/EWG über Mindestvorschriften für Sicherheit und Gesundheitsschutz bei Benutzung von Arbeitsmitteln durch Arbeitnehmer bei der Arbeit verabschiedet.[811] Bei dieser Richtlinie handelt es sich um die zweite Einzelrichtlinie i. S. des Art. 16 Abs. 1 der Richtlinie 89/391/EWG über die Durchführung von Maßnahmen zur Verbesserung der Sicherheit und des Gesundheitsschutzes der Arbeitnehmer bei der Arbeit. Die Bestimmungen der letztgenannten Richtlinie finden daher auf die Benutzung von Arbeitsmitteln durch Arbeitnehmer bei der Arbeit – unbeschadet strengerer oder spezifischer Bestimmungen der vorliegenden Richtlinie – in vollem Umfang Anwendung. **565**

In der Arbeitsmittelrichtlinie werden lediglich allgemeine Mindestvorschriften für Arbeitsmittel festgelegt. Zusätzliche Mindestvorschriften für besondere Arbeitsmittel enthält die Richtlinie nicht. Art. 9 Abs. 1 RL ArbM sieht jedoch vor, dass diese zusätzlichen Mindestvorschriften vom Rat nach dem Verfahren des Art. 138 EGV (Art. 118 a EGV a. F.) verabschiedet werden sollen. Um dem Rechnung zu tragen, hat der Rat am 5. Dezember 1995 die Änderungsrichtlinie 95/63/EWG[812] verabschiedet, mit der die Arbeitsmittelrichtlinie um zusätzliche Vorschriften, auch im Hinblick auf besondere Arbeitsmittel, erweitert wird.[813] **566**

(b) **Anwendungsbereich.** Die vorliegende Richtlinie betrifft die sicherheitsgerechte Benutzung von Arbeitsmitteln. Arbeitsmittel in diesem Sinne sind Maschinen, Apparate, **567**

---

[808] § 1 Abs. 2 ArbStättV.
[809] ABl. EG C 28, S. 3.
[810] ABl. EG C 114, S. 3.
[811] ABl. EG L 393, S. 13; nachfolgend Arbeitsmittelrichtlinie – RL ArbM – abgekürzt. Zur Arbeitsmittelrichtlinie und ihrer Umsetzung in nationales Recht s. auch *Börgmann*, EAS B 6200, Rn. 67 ff.; MünchArbR/*Wlotzke*, § 213, Rn. 62 ff.
[812] Richtlinie 95/63/EG zur Änderung der Richtlinie 89/655/EWG über Mindestvorschriften für Sicherheit und Gesundheitsschutz bei Benutzung von Arbeitsmitteln durch Arbeitnehmer bei der Arbeit vom 5. Dezember 1995, ABl. EG L 335, S. 28.
[813] Zur Änderungsrichtlinie s. nachfolgend Rn. 576.

Werkzeuge oder Anlagen, die für die Arbeit benutzt werden.[814] „Benutzen" i. S. der Arbeitsmittelrichtlinie umfasst alle ein Arbeitsmittel betreffenden Tätigkeiten, wie z. B. An- und Abschalten, Gebrauch, Transport, Instandsetzung, Umbau, Instandhaltung, Wartung und Reinigung.[815]

568   **(c) Pflichten des Arbeitgebers.** *(aa) Allgemeine Pflichten.* Art. 3 Abs. 1 RL ArbM verpflichtet den Arbeitgeber, die erforderlichen Maßnahmen zu treffen, damit die den Arbeitnehmern im Betrieb zur Verfügung gestellten Arbeitsmittel für die jeweiligen Arbeiten geeignet sind oder zweckentsprechend angepasst werden, so dass bei der Benutzung die Sicherheit und der Gesundheitsschutz der Arbeitnehmer gewährleistet sind. Bei der Auswahl der einzusetzenden Arbeitsmittel hat der Arbeitgeber folgende Kriterien zu berücksichtigen: die besonderen Bedingungen und Eigenschaften der Arbeit; die am Arbeitsplatz bestehenden Gefahren für die Sicherheit und die Gesundheit der Arbeitnehmer sowie die Gefahren, die aus der Benutzung der betreffenden Arbeitsmittel zusätzlich erwachsen. Ist die Gewährleistung eines vollständigen Sicherheits- und Gesundheitsschutzes bei der Benutzung der Arbeitsmittel nicht möglich, so ist der Arbeitgeber nach Art. 3 Abs. 2 RL ArbM verpflichtet, die Gefahren weitestgehend zu verringern.

569   *(bb) Anforderungen an Arbeitsmittel.* Hinsichtlich der Mindestanforderungen, die Arbeitsmittel erfüllen müssen, unterscheidet Art. 4 RL ArbM zwischen vor und nach dem 31. Dezember 1992 den Arbeitnehmern erstmals zur Verfügung gestellten Arbeitsmitteln.

570   Erstmalig **nach dem 31. Dezember 1992** zur Verfügung gestellte Arbeitsmittel müssen den Bestimmungen aller geltenden einschlägigen Gemeinschaftsrichtlinien entsprechen. Sofern keine anderen Gemeinschaftsrichtlinien anwendbar sind oder eine etwaige Gemeinschaftsrichtlinie nur teilweise Anwendung findet, müssen Arbeitsmittel die im Anhang aufgeführten Mindestvorschriften erfüllen. Zu den in der Anlage normierten Mindestanforderungen gehören z. B. folgende Mindestbedingungen: Betätigungssysteme, die Einfluss auf die Sicherheit haben, müssen deutlich sichtbar, als solche identifizierbar und gegebenenfalls entsprechend gekennzeichnet sein; die Inbetriebnahme eines Arbeitsmittels darf nur durch absichtliche Betätigung eines hierfür vorgesehenen Betätigungssystems möglich sein; jedes Arbeitsmittel muss mit einem Betätigungssystem zum sicheren Abschalten des gesamten Arbeitsmittels ausgerüstet sein.

571   Für Arbeitsmittel, die bereits **vor dem 31. Dezember 1992** im Betrieb zur Verfügung gestellt wurden, brauchten die Mindestvorschriften i. S. des Anhangs erst am 1. 1. 1997 erfüllt zu sein.

572   Ist die Benutzung eines Arbeitsmittels mit einer möglichen spezifischen Gefährdung der Sicherheit oder Gesundheit der Arbeitnehmer verbunden, so hat der Arbeitgeber gem. Art. 5 RL ArbM die erforderlichen Vorkehrungen zu treffen, damit die Benutzung des Arbeitsmittels den hierzu beauftragten Personen vorbehalten bleibt und die Instandsetzungs-, Umbau-, Instandhaltungs- sowie Wartungsarbeiten nur von eigens hierzu befugten Arbeitnehmern durchgeführt werden.

573   *(cc) Unterrichtung der Arbeitnehmer.* Den Arbeitgeber trifft die Pflicht, sicherzustellen, dass den Arbeitnehmern angemessene Informationen und gegebenenfalls Betriebsanleitungen für die bei der Arbeit benutzten Arbeitsmittel zur Verfügung stehen.[816] Die Informationen und die Betriebsanleitungen müssen für die betroffenen Arbeitnehmer verständlich sein und zumindest folgende Angaben enthalten: Einsatzbedingungen des jeweiligen Arbeitsmittels; absehbare Störfälle; Rückschlüsse aus den bei der Benutzung von Arbeitsmitteln gegebenenfalls gesammelten Erfahrungen.

574   *(dd) Unterweisung, Anhörung und Beteiligung der Arbeitnehmer.* Art. 7 RL ArbM verpflichtet den Arbeitgeber dafür zu sorgen, dass die mit der Benutzung der Arbeitsmittel beauf-

---

[814] Art. 2 Buchst. a RL ArbM.
[815] Art. 2 Buchst. b RL ArbM.
[816] Art. 6 RL ArbM.

XII. Technischer Arbeitsschutz   575–581 § 18

tragten Arbeitnehmer eine angemessene Unterweisung erhalten, die sich insbesondere auch auf die mit der Benutzung verbundenen Gefahren zu erstrecken hat. Arbeitnehmer, die mit Instandsetzungs-, Umbau-, Instandhaltungs- oder Wartungsarbeiten von Arbeitsmitteln unter einer möglichen spezifischen Gefährdung der Sicherheit oder Gesundheit betraut sind, müssen eine angemessene Spezialunterweisung erhalten.

Art. 8 RL ArbM stellt klar, dass sich die Anhörung und Beteiligung der Arbeitnehmer 575 oder ihrer Vertreter in den unter die vorliegende Richtlinie fallenden Bereichen nach Art. 11 der Richtlinie 89/391/EWG richten.

(d) **Änderungsrichtlinie 95/63/EG.** Wie oben bereits erörtert, bezweckt die Ände- 576 rungsrichtlinie 95/63/EG die schrittweise Verbesserung der Sicherheit und des Gesundheitsschutzes der Arbeitnehmer bei der Benutzung von Arbeitsmitteln sowie die Harmonisierung der Mindestvorschriften für Gesundheitsschutz und Sicherheit, deren Einhaltung bei der Benutzung von Arbeitsmitteln unerlässlich ist, insbesondere was die wiederkehrenden Überprüfungen anbelangt.

(aa) Anforderungen an besondere Arbeitsmittel. Gem. Art. 1 Ziff. 1 Buchst. c der Ände- 577 rungsrichtlinie 95/63/EG wird Art. 4 RL ArbM der Absatz 3 hinzugefügt. Dieser verweist auf die Benutzungsvorschriften des neu eingefügten Anhangs II.

(bb) Überprüfung der Arbeitsmittel. Durch Art. 1 Ziff. 2 der Änderungsrichtlinie 95/63/ 578 EG wird in die Arbeitsmittelrichtlinie ein neuer Artikel 4a aufgenommen, der die Überprüfung der Arbeitsmittel betrifft. Danach hat der Arbeitgeber dafür zu sorgen, dass die Arbeitsmittel, deren Sicherheit von den Montagebedingungen abhängt, einer Erstüberprüfung nach der Montage und vor der ersten Inbetriebnahme und einer Überprüfung nach jeder Montage auf einer neuen Baustelle unterzogen werden, um sich von der korrekten Montage und dem korrekten Funktionieren zu überzeugen.[817] Der Arbeitgeber hat ferner dafür zu sorgen, dass die Arbeitsmittel, die Schäden verursachenden Einflüssen unterliegen, welche zu gefährlichen Situationen führen können, regelmäßig überprüft werden, damit diese Schäden rechtzeitig entdeckt und behoben werden können. Eine außerordentliche Überprüfung der Arbeitsmittel hat jedes Mal dann zu erfolgen, wenn außergewöhnliche Ereignisse stattgefunden haben, die schädigende Auswirkungen auf die Sicherheit des Arbeitsmittels haben können. Als Beispiele hierfür nennt die Änderungsrichtlinie Veränderungen der Arbeitsmittel, Unfälle, starke Stürme sowie längere Zeiträume, in denen das Arbeitsmittel nicht benutzt wurde.[818]

Absatz 3 des neu in die Arbeitsmittelrichtlinie eingefügten Art. 4a bestimmt, dass die 579 Ergebnisse der Überprüfungen schriftlich festgehalten, den zuständigen Behörden zur Verfügung stehen und für einen angemessenen Zeitraum aufbewahrt werden müssen. Die Festlegung der Modalitäten dieser Überprüfungen bleibt den Mitgliedstaaten überlassen.[819]

(cc) Ergonomie und Arbeitsmedizin. Nach Art. 1 Ziff. 3 der Änderungsrichtlinie 95/63/ 580 EG wird in die Arbeitsmittelrichtlinie des Weiteren ein Artikel 5a eingefügt. Dieser verpflichtet den Arbeitgeber, bei der Anwendung der Mindestvorschriften für Gesundheitsschutz und Sicherheit sowohl Körperhaltung als auch Körperposition der Arbeitnehmer bei der Ausführung ihrer Aufgaben in vollem Umfang zu berücksichtigen und nach ergonomischen Grundsätzen zu verbessern.

(e) **Umsetzung in das deutsche Recht.** Die Mitgliedstaaten waren verpflichtet, die 581 Arbeitsmittelrichtlinie in ihrer Grundfassung bis spätestens zum 31. Dezember 1992 in nationales Recht umzusetzen.[820] Zur Umsetzung der Arbeitsmittelrichtlinie hat die Bundesregierung gestützt auf § 19 ArbSchG die Verordnung über Sicherheit und Gesundheitsschutz bei der Benutzung von Arbeitsmitteln bei der Arbeit (Arbeitsmittelbenutzungs-

---

[817] Art. 4a Abs. 1 RL ArbM.
[818] Art. 4a Abs. 2 RL ArbM.
[819] Art. 4 Abs. 4 RL ArbM.
[820] Art. 10 Abs. 1 RL ArbM.

Wank

verordnung – AMBV) vom 11. März 1997[821] verabschiedet.[822] Für den bergbaulichen Bereich ist die Umsetzung der Arbeitsmittelrichtlinie durch die Bergverordnung für alle bergbaulichen Bereiche (Allgemeine Bundesbergverordnung – ABBergB) vom 23. Oktober 1995[823] erfolgt. Die bisherigen Umsetzungsmaßnahmen betreffen nur die Arbeitsmittelrichtlinie in ihrer Grundfassung. Die Umsetzung der Änderungsrichtlinie 95/63/EG, deren Umsetzungsfrist am 5. Dezember 1998 verstrichen ist, steht dagegen noch aus.

(2) PSA-Benutzerrichtlinie 89/656/EWG

582 (a) **Allgemeines.** Um ein höheres Maß an Sicherheit und Gesundheitsschutz bei Benutzung persönlicher Schutzausrüstungen sicherzustellen, hat die Kommission dem Rat im Jahre 1988 – wie in der Mitteilung über ihr Aktionsprogramm für Sicherheit, Arbeitshygiene und Gesundheitsschutz am Arbeitsplatz angekündigt[824] – einen Vorschlag über die Verwendung persönlicher Schutzausrüstungen[825] übermittelt. Gestützt auf den Vorschlag der Kommission hat der Rat am 30. November 1989 die Richtlinie des Rates über Mindestvorschriften für die Benutzung persönlicher Schutzausrüstungen durch Arbeitnehmer bei der Arbeit[826] verabschiedet. Diese dritte Einzelrichtlinie i.S. des Art. 16 Abs. 1 der Richtlinie 89/391/EWG über die Durchführung von Maßnahmen zur Verbesserung der Sicherheit und des Gesundheitsschutzes der Arbeitnehmer bei der Arbeit vom 12. Juni 1989 steht im Zusammenhang mit der Richtlinie 89/896/EWG zur Angleichung der Rechtsvorschriften der Mitgliedstaaten für persönliche Schutzausrüstungen vom 21. Dezember 1989.[827] Von ihrer Konzeption her ist die Richtlinie von dem Grundsatz geleitet, dass persönliche Schutzausrüstungen verwandt werden sollen, wenn die Risiken nicht durch kollektive technische Schutzmittel oder durch arbeitsorganisatorische Maßnahmen, Methoden oder Verfahren vermieden oder ausreichend begrenzt werden können.[828] Die vorliegende Richtlinie darf nicht dazu führen, dass persönliche Schutzausrüstungen, deren Konzeption und Konstruktion im Hinblick auf Sicherheit und Gesundheit mit den diesbezüglichen Gemeinschaftsrichtlinien im Einklang stehen, Veränderungen unterworfen werden müssen.[829]

583 (b) **Anwendungsbereich.** Die vorliegende Richtlinie betrifft die sicherheitsgerechte Benutzung von persönlichen Schutzausrüstungen. Als persönliche Schutzausrüstung in diesem Sinne gilt jede Ausrüstung, die dazu bestimmt ist, vom Arbeitnehmer benutzt oder getragen zu werden, um sich gegen ein Risiko oder gegen Risiken zu schützen, die seine Sicherheit oder seine Gesundheit bei der Arbeit beeinträchtigen könnten, sowie jede mit demselben Ziel verwendete Zusatzausrüstung.[830] Vom Anwendungsbereich ausgenommen sind gem. Art. 2 Abs. 2 RL BenPSA die folgenden Gegenstände und Ausrüstungen: normale Arbeitskleidung und Uniformen, die nicht speziell dem Schutz von Sicherheit und Gesundheit des Arbeitnehmers dienen; Ausrüstungen für Not- und Rettungsräume; persönliche Schutzausrüstungen für Militär, Polizei und Angehörige von Ordnungsdiensten;

---

[821] BGBl. I S. 450.
[822] Zur Arbeitsmittelbenutzungsverordnung s. eingehend *Kittner/Pieper,* Arbeitsschutzrecht, 1998, S. 161 ff.; *Wank,* Kommentar zum technischen Arbeitsschutz, B. IV; MünchArbR/*Wlotzke,* § 213, Rn. 62 ff.
[823] BGBl. I S. 1466.
[824] ABl. EG C 28, S. 3.
[825] ABl. EG C 161, S. 1.
[826] ABl. EG L 393, S. 18; nachfolgend PSA-Benutzerrichtlinie – RL BenPSA – abgekürzt. Zur PSA-Benutzerrichtlinie und ihre Umsetzung in nationales Recht s. auch *Börgmann,* EAS B 6200, Rn. 83 ff.; *Fritze,* Kompaß 1990, S. 567 ff.; *Opfermann/Rückert,* AuA 1997, S. 124 f.; MünchArbR/*Wlotzke,* § 216, Rn. 18 ff.; *ders.,* RdA 1992, S. 85, 92.
[827] ABl. EG L 399, S. 18; näher dazu unten Rn. 440 ff.
[828] Vgl. Art. 3 RL BenPSA.
[829] Vgl. die 9. Erwägung der vorliegenden Richtlinie.
[830] Art. 2 Abs. 1 RL BenPSA.

persönliche Schutzausrüstungen bei Straßenverkehrsmitteln; Sportausrüstungen; Selbstverteidigungs- und Abschreckungsmittel; tragbare Geräte zur Feststellung und Signalisierung von Risiken und Schadstoffen.

(c) Pflichten des Arbeitgebers. *(aa) Allgemeine Bestimmungen.* Gem. Art. 4 Abs. 1 RL **584** BenPSA trifft den Arbeitgeber die Pflicht, zu gewährleisten, dass die folgenden allgemeine Anforderungen in Bezug auf die Benutzung von persönlichen Schutzausrüstungen erfüllt sind: persönliche Schutzausrüstungen müssen gegenüber den zu verhütenden Risiken Schutz bieten, ohne selbst ein größeres Risiko mit sich zu bringen; sie müssen für die am Arbeitsplatz gegebenen Bedingungen geeignet sein; persönliche Schutzausrüstungen müssen dem Träger passen und den ergonomischen Anforderungen und den gesundheitlichen Erfordernissen des Arbeitnehmers Rechnung tragen.

Sofern verschiedene Risiken den gleichzeitigen Einsatz mehrerer persönlicher Schutz- **585** ausrüstungen notwendig machen, müssen diese Ausrüstungen aufeinander abgestimmt sein; ihre Schutzwirkung gegenüber den betreffenden Risiken muss gewährleistet sein.[831]

(bb) Bewertung der persönlichen Schutzausrüstung. Vor der Auswahl einer persönlichen **586** Schutzausrüstung muss der Arbeitgeber eine Bewertung der von ihm vorgesehenen persönlichen Schutzausrüstungen vornehmen, um festzustellen, ob sie den in Art. 4 Abs. 1 und 2 BenPSA genannten allgemeinen Bedingungen entsprechen.[832] Bei der Bewertung sind die in Art. 5 Abs. 2 Buchst. a bis c RL BenPSA genannten Risiken zu berücksichtigen. Der Arbeitgeber hat insbesondere diejenigen Risiken, die anderweitig nicht verhindert werden können, zu untersuchen und abzuwägen.

(cc) Hygienemaßnahmen, Kosten. Art. 4 Abs. 4 RL BenPSA verlangt, dass persönliche **587** Schutzausrüstungen grundsätzlich für den persönlichen Gebrauch bestimmt sind. Sofern es die Umstände im Einzelfall erfordern, dass eine persönliche Schutzausrüstung von mehreren Personen benutzt wird, hat der Arbeitgeber die erforderlichen Maßnahmen zu treffen, damit sich dadurch für die verschiedenen Benutzer keine Gesundheits- und Hygieneprobleme ergeben.

Den Arbeitgeber trifft des Weiteren die Pflicht, die persönlichen Schutzausrüstungen **588** kostenlos zur Verfügung zu stellen. Ferner muss er durch die erforderlichen Wartungs-, Reparatur- und Ersatzmaßnahmen ein gutes Funktionieren und einwandfreie hygienische Bedingungen gewährleisten.[833] Art. 6 Unterabs. 2 RL BenPSA räumt den Mitgliedstaaten allerdings das Recht ein, eine Kostenbeteiligung der Arbeitnehmer für die Fälle vorzusehen, in denen das Tragen dieser Schutzausrüstungen nicht auf die Arbeit beschränkt ist.

(dd) Vorschriften für die Benutzung. Nach Art. 6 RL BenPSA haben die Mitgliedstaaten **589** allgemeine Vorschriften für die Benutzung von persönlichen Schutzausrüstungen festzulegen. Die Vorschriften müssen insbesondere Angaben über die Umstände oder Risikosituationen enthalten, in denen die Benutzung von persönlichen Schutzausrüstungen erforderlich ist. Zur Festlegung dieser Vorschriften bieten die Anhänge I, II und III zweckdienliche Orientierungsangaben. Anhang I gibt eine tabellarische Übersicht zur Ermittlung von Risiken im Hinblick auf die Verwendung persönlicher Schutzausrüstungen. Anhang II enthält eine nicht erschöpfende Liste persönlicher Schutzausrüstungen. Die Liste ist in folgende Bereiche unterteilt: Kopfschutz; Schallschutz; Augen- und Gesichtsschutz; Atemschutz; Hand- und Armschutz; Fuß- und Beinschutz; Hautschutz; Rumpf- und Bauchschutz; Ganzkörperschutz. In Anhang III werden in einer nicht erschöpfenden Liste Arbeiten und Arbeitsbereiche aufgeführt, für die die Bereitstellung persönlicher Schutzausrüstungen erforderlich sein kann.

---

[831] Art. 4 Abs. 2 RL BenPSA.
[832] Art. 5 Abs. 1 RL BenPSA.
[833] Art. 4 Abs. 6 Unterabs. 1 RL BenPSA.

590 *(ee) Unterrichtung und Schulung.* Der Arbeitgeber hat die Arbeitnehmer oder die Arbeitnehmervertreter über alle Maßnahmen zu unterrichten, die hinsichtlich der Sicherheit und der Gesundheit der Arbeitnehmer bei Benutzung persönlicher Schutzausrüstungen durch Arbeitnehmer bei der Arbeit zu treffen sind.[834] Dessen ungeachtet trifft den Arbeitgeber die Pflicht, Arbeitnehmer vorab darüber zu unterrichten, gegen welche Risiken sie geschützt sind, wenn sie die persönliche Schutzausrüstung tragen.[835]

591 Außer zur Unterrichtung ist der Arbeitgeber auch verpflichtet, für eine entsprechende Ausbildung in der Benutzung der persönlichen Schutzausrüstung zu sorgen; gegebenenfalls hat er entsprechende Schulungen durchzuführen.[836]

592 *(ff) Anhörung und Beteiligung.* Art. 8 RL BenPSA stellt klar, dass sich die Anhörung und Beteiligung der Arbeitnehmer oder ihrer Vertreter in den unter die vorliegende Richtlinie fallenden Bereichen nach Art. 11 der Richtlinie 89/391/EWG richtet.

593 **(d) Umsetzung in das deutsche Recht.** Die Mitgliedstaaten waren verpflichtet, die Arbeitsmittelrichtlinie bis spätestens zum 31. Dezember 1992 in nationales Recht umzusetzen. Zur Umsetzung der Arbeitsmittelrichtlinie hat die Bundesregierung gestützt auf § 19 ArbSchG die Verordnung über Sicherheit und Gesundheitsschutz bei der Benutzung persönlicher Schutzausrüstungen bei der Arbeit (**PSA-Benutzungsverordnung** – PSA-BV)[837] beschlossen.[838] Für den bergbaulichen Bereich ist die Umsetzung der Arbeitsmittelrichtlinie durch § 18 der Bergverordnung für alle bergbaulichen Bereiche (Allgemeine Bundesbergverordnung – ABBergV) vom 23. Oktober 1995[839] erfolgt.

594 Die PSA-Benutzungsverordnung, die eng an die Arbeitsmittelrichtlinie angelehnt ist, enthält jedoch keine dem Art. 5 RL BenPSA entsprechende Vorschrift zur Bewertung der persönlichen Schutzausrüstungen vor ihrer Auswahl. Da Art. 5 RL BenPSA inhaltlich unbedingt und auch hinreichend bestimmt ist, gilt die Vorschrift im öffentlichen Dienst unmittelbar.[840] Für den privaten Bereich ist § 5 ArbSchG gemeinschaftskonform dahingehend auszulegen, dass die Gefährdungsbeurteilung auch die Bewertung der persönlichen Schutzausrüstungen nach Maßgabe des Art. 5 RL BenPSA umfasst.[841]

(3) Bildschirmarbeitsplatzrichtlinie 90/270/EWG

595 **(a) Allgemeines.** Die Mitteilung der Kommission über ihr Aktionsprogramm für Sicherheit, Arbeitshygiene und Gesundheitsschutz am Arbeitsplatz aus dem Jahre 1988 sieht die Verabschiedung von Maßnahmen im Hinblick auf die neuen Technologien vor.[842] Gemäß ihrer Ankündigung hat die Kommission dem Rat am 7. März 1988 eine die Arbeit an Bildschirmgeräten betreffende Richtlinie vorgelegt.[843] Ziel dieser Richtlinie ist es, Mindestvorschriften in Bezug auf die Sicherheit und den Gesundheitsschutz bei der Arbeit an Bildschirmgeräten festzusetzen, um so ein höheres Maß an Sicherheit an Bildschirmarbeitsplätzen sicherzustellen. Gestützt auf den Vorschlag der Kommission hat der Rat am 29. Mai 1990 die Richtlinie 90/270/EWG über die Mindestvorschriften bezüglich der

---

[834] Art. 7 RL BenPSA.
[835] Art. 4 Abs. 7 BenPSA.
[836] Art. 4 Abs. 8 BenPSA.
[837] Art. 1 der Verordnung zur Umsetzung von EG-Einzelrichtlinien zur EG-Rahmenrichtlinie Arbeitsschutz, BGBl. I S. 1841.
[838] Näher zur PSA-Benutzungsverordnung *Angermaier,* AiB 1997, S. 76, 77; *Kittner/Pieper,* Arbeitsschutzrecht, 1998, S. 274 ff.; *Kollmer,* NZA 1997, S. 138, 140; *Opfermann/Rückert,* AuA 1997, S. 124 ff.; *Pieper,* AuR 1997, S. 21, 22; *Wank,* Kommentar zum technischen Arbeitsschutz, B. I.; *Wlotzke,* NJW 1997, S. 1469, 1471; MünchArbR/*Wlotzke,* § 216, Rn. 18 ff.
[839] BGBl. I S. 1466.
[840] Zur unmittelbaren Anwendbarkeit nicht (vollständig) umgesetzter Richtlinienbestimmungen s. § 10 Rn. 80.
[841] *Börgmann,* EAS B 6200, Rn. 97.
[842] ABl. EG C 28, S. 3.
[843] ABl. EG C 113, S. 7.

XII. Technischer Arbeitsschutz **596–600 § 18**

Sicherheit und des Gesundheitsschutzes bei der Arbeit an Bildschirmgeräten verabschiedet.[844] Bei ihr handelt es sich um die fünfte Einzelrichtlinie i. S. von Art. 16 Abs. 1 der Richtlinie 89/391/EWG.

(b) Anwendungsbereich. Gem. Art. 1 Abs. 2 und Art. 2 RL BildSch gilt die Richtlinie für jeden Arbeitnehmer, der gewöhnlich bei einem nicht unwesentlichen Teil seiner normalen Arbeit ein Bildschirmgerät benutzt. Mit dieser weiten Fassung des Anwendungsbereichs wird sichergestellt, dass auch außerhalb von Büroräumen verwendete Bildschirme in die Bildschirmarbeitsplatzrichtlinie einbezogen werden. Vom Anwendungsbereich der Bildschirmarbeitsplatzrichtlinie erfasst werden nicht nur alle privaten Bereiche, sondern auch der öffentliche Dienst und der Bergbau. 596

Als Bildschirm i. S. der Richtlinie gilt jeder Schirm zur Darstellung alphanumerischer Zeichen oder zur Grafikdarstellung, ungeachtet des Darstellungsverfahrens.[845] Bildschirm zur Grafikdarstellung i. S. des Art. 2 Buchst. a der Richtlinie 90/270/EWG des Rates ist auch der Arbeitsplatz einer Cutterin.[846] Eine sinnvolle Einschränkung des Anwendungsbereichs sieht Art. 1 Abs. 3 RL BildSch vor. Danach sind die in den Buchst. a bis f aufgeführten Geräte und Bereiche vom Anwendungsbereich ausgenommen. Keine Anwendung findet die Bildschirmarbeitsplatzrichtlinie insbesondere auf Rechenmaschinen, Registrierkassen, Geräte mit einer kleinen Daten- oder Messwertanzeigevorrichtung, die zur direkten Benutzung des Geräts erforderlich ist, sowie auf Schreibmaschinen klassischer Bauart.[847] 597

(c) Pflichten des Arbeitgebers. *(aa) Arbeitsplatzanalyse.* Gem. Art. 3 Abs. 1 RL BildSch ist der Arbeitgeber verpflichtet, die Bildschirmarbeitsplätze dahin zu überprüfen, ob und inwieweit sich aus der jeweiligen Bildschirmarbeit für die Arbeitnehmer Gesundheitsgefahren, insbesondere hinsichtlich des Sehvermögens und der körperlichen Belastungen, ergeben. Auf der Grundlage dieser Analyse hat der Arbeitgeber die zweckdienlichen Maßnahmen zu treffen, um die festgestellten Gefahren zu beseitigen.[848] 598

(bb) Anforderungen an Bildschirmarbeitsplätze. Hinsichtlich der Anforderungen differenziert die Richtlinie zwischen vor und nach dem 31. 12. 1992 in Betrieb genommenen Bildschirmarbeitsplätzen. 599

Bildschirmarbeitsplätze, die erstmals nach dem 31. 12. 1992 in Betrieb genommen worden sind oder werden, müssen gem. Art. 4 RL BildSch die im Anhang aufgeführten Mindestvorschriften bezüglich des Gerätes,[849] der Umgebung[850] sowie der Mensch-Maschine-Schnittstelle[851] erfüllen. Bei den Mindestanforderungen des Anhangs handelt es sich nicht um detaillierte Regelungen, sondern um Schutzziele, die der Konkretisierung durch die Mitgliedstaaten bedürfen.[852] 600

---

[844] ABl. EG L 156, S. 14; nachfolgend Bildschirmarbeitsplatzrichtlinie – RL BildSch – abgekürzt. Zur Bildschirmarbeitsplatzrichtlinie und ihrer Umsetzung in nationales Recht s. auch *Börgmann*, EAS B 6200, Rn. 100 ff.; *Bücker/Feldhoff/Kohte*, Vom Arbeitsschutz zur Arbeitsumwelt, Rn. 284 ff.; *Fritze*, BG 1990, S. 598, 600 f.; *Kittner/Pieper*, Arbeitsschutzrecht, 1998, S. 235 ff.; *Riechenhagen*, Bildschirmarbeitsplätze, 2. Aufl. 1996, S. 13 ff.; *Riese/Rückert*, BArbBl. 9/1992, S. 20 ff.; *Wank/Börgmann*, Arbeitsschutz, S. 97 ff.; *Wahlers*, PersV 1991, S. 336 ff.; MünchArbR/*Wlotzke*, § 212, Rn. 60 ff.; *ders.*, RdA 1992, S. 85, 92.
[845] Art. 2 Buchst. a RL BildSch.
[846] EuGH Rs. C 11/99, EWS 2000, S. 420 m. Anm. *Kohte*, BB 2000, S. 2578.
[847] Sog. Display-Schreibmaschinen.
[848] Art. 3 Abs. 2 RL BildSch.
[849] Die Mindestanforderungen betreffen das Gerät selbst, den Bildschirm, die Tastatur, den Arbeitstisch oder die Arbeitsfläche sowie den Arbeitsstuhl.
[850] Hinsichtlich der Umgebung werden Mindestanforderungen in Bezug auf folgende Punkte festgesetzt: Platzbedarf, Beleuchtung, Reflexe und Blendung, Lärm, Wärme, Strahlungen sowie Feuchtigkeit.
[851] Die Anforderungen beziehen sich auf die Konzipierung, die Auswahl, den Erwerb und die Änderung der Software sowie die Gestaltung von Tätigkeiten, bei denen Bildschirmgeräte eingesetzt werden.
[852] *Börgmann*, EAS B 6200, Rn. 106; *Wlotzke*, NJW 1997, S. 1469, 1473.

601 Arbeitsplätze, die bereits vor dem 31. Dezember 1992 in Betrieb genommen wurden, brauchten den Mindestanforderungen des Anhangs gem. Art. 5 RL BildSch erst seit dem 1. Januar 1997 zu entsprechen.

602 Für Bildschirmarbeitsplätze, die der Bildschirmarbeitsplatzrichtlinie angepasst werden müssen, gelten die Mindestanforderungen des Anhangs nicht nur im Hinblick auf die Geräte, sondern hinsichtlich aller Vorschriften, die in den drei Abschnitten „Gerät", „Umgebung" und „Mensch-Maschine-Schnittstelle" aufgeführt sind.[853] Nach der Rechtsprechung des EuGH[854] bezieht sich die Verpflichtung des Arbeitgebers aus Art. 4 und 5 RL BildSch auf alle Bildschirmarbeitsplätze i. S. der Bildschirmarbeitsplatzrichtlinie, also auch auf solche, die nicht mit Arbeitnehmern i. S. des Art. 2 Buchst. c RL BildSch besetzt sind.[855]

603 *(cc) Täglicher Arbeitsablauf.* Gem. Art. 7 RL BildSch ist der Arbeitgeber verpflichtet, die Tätigkeit des Arbeitnehmers so zu organisieren, dass die tägliche Arbeit an Bildschirmgeräten regelmäßig durch Pausen oder andere Tätigkeiten unterbrochen wird, die die Belastung durch die Arbeit an Bildschirmgeräten verringern.

604 *(dd) Schutz der Augen und des Sehvermögens.* Zum Schutz der Augen und des Sehvermögens räumt Art. 9 Abs. 1 RL BildSch Arbeitnehmern das Recht auf eine angemessene Untersuchung der Augen und des Sehvermögens durch eine Person mit entsprechender Qualifikation ein. Dieses Recht besteht vor Aufnahme der Bildschirmarbeit, in regelmäßigen Abständen nach Aufnahme der Tätigkeit sowie bei Auftreten von Sehbeschwerden, die auf die Bildschirmarbeit zurückgeführt werden können.

605 Die Arbeitnehmer haben das Recht auf eine augenärztliche Untersuchung, wenn sie sich auf Grund der Ergebnisse der Untersuchung gem. Absatz 1 als erforderlich erweist.[856]

606 Art. 9 Abs. 3 RL BildSch verpflichtet Arbeitgeber zudem, Arbeitnehmern spezielle Sehhilfen zur Verfügung zu stellen, wenn dies auf Grund des Ergebnisses einer Untersuchung notwendig ist und normale Sehhilfen nicht verwendet werden können.

607 Die auf Grund des Art. 9 RL BildSch getroffenen Maßnahmen dürfen in keinem Fall zu einer finanziellen Mehrbelastung des Arbeitnehmers führen.[857]

608 *(ee) Unterrichtung und Unterweisung der Arbeitnehmer.* Art. 6 Abs. 1 RL BildSch verpflichtet den Arbeitgeber, die Arbeitnehmer umfassend über alle gesundheits- und sicherheitsrelevanten Fragen im Zusammenhang mit ihrem Arbeitsplatz zu unterrichten. In jedem Fall sind die Arbeitnehmer oder die Arbeitnehmervertreter über alle gemäß der Bildschirmarbeitsplatzrichtlinie getroffenen Maßnahmen zu unterrichten. Ferner ist jeder Arbeitnehmer vor Aufnahme seiner Tätigkeit am Bildschirm und bei jeder wesentlichen Veränderung der Organisation des Arbeitsplatzes im Umgang mit dem Gerät zu unterweisen.[858]

609 *(ff) Anhörung und Beteiligung der Arbeitnehmer.* Art. 8 RL BildSch stellt klar, dass Arbeitgeber gem. Art. 11 der Richtlinie 89/391/EWG verpflichtet sind, die Arbeitnehmer oder deren Vertreter in den unter die vorliegende Richtlinie fallenden Fragen anzuhören und deren Beteiligung zu ermöglichen.

610 *(gg) Umsetzung in das deutsche Recht.* Die Mitgliedstaaten waren verpflichtet, die Bildschirmarbeitsplatzrichtlinie bis spätestens zum 31. Dezember 1992 in nationales Recht umzusetzen. Zur Umsetzung der Bildschirmarbeitsplatzrichtlinie hat die Bundesregierung – gestützt auf § 19 ArbSchG – die Verordnung über Sicherheit und Gesundheitsschutz bei der Arbeit an Bildschirmgeräten (**Bildschirmarbeitsverordnung** – BildscharbV)[859] beschlossen.

---

[853] EuGH, Rs. 74/95 und 129/95, Slg. 1996, S. 307 = NZA 1997, S. 307.
[854] Rs. 74/95 und 129/95, Slg. 1996, S. 4609 = NZA 1997, S. 307.
[855] Kritisch dazu *Börgmann*, EAS B 6200, Rn. 109.
[856] Art. 9 Abs. 2 RL BildSch.
[857] Art. 9 Abs. 4 RL BildSch.
[858] Art. 6 Abs. 2 RL BildSch.
[859] Art. 3 der Verordnung zur Umsetzung von EG-Einzelrichtlinien zur EG-Rahmenrichtlinie Arbeitsschutz vom 4. Dezember 1996, BGBl. I S. 1841.

XII. Technischer Arbeitsschutz   611–614 § 18

Der sachliche Anwendungsbereich der Bildschirmarbeitsverordnung ist umfassend und 611
schließt nach deren § 1 Abs. 1 grundsätzlich alle Arten von Tätigkeiten an Bildschirmarbeitsplätzen ein. Die Bildschirmarbeitsverordnung gilt damit nicht nur für alle privaten Bereiche, sondern erfasst auch den **öffentlichen Dienst**.

In personeller Hinsicht gilt die Bildschirmarbeitsverordnung für **Beschäftigte** i. S. des 612
§ 2 Abs. 3 BildscharbV. Danach werden aus dem Personenkreis der Beschäftigten i. S. des § 2 Abs. 2 ArbSchG nur diejenigen Beschäftigten erfasst, die gewöhnlich bei einem nicht unwesentlichen Teil ihrer normalen Arbeit ein Bildschirmgerät benutzen. Wie diese Einschränkung, die wörtlich Art. 2 Buchst. c der Bildschirmarbeitsplatzrichtlinie entspricht, zu verstehen ist, ist weder der Bildschirmarbeitsplatzrichtlinie noch der Bildschirmarbeitsverordnung zu entnehmen. Der EuGH hat in seinem Vorabentscheidungsurteil vom 12. Dezember 1996[860] diesbezüglich ausgeführt, dass der nicht unwesentliche Charakter der Zeit, die ein Beschäftigter gewöhnlich vor seinem Bildschirm verbringt, im Vergleich zur normalen Arbeit dieses Beschäftigten zu beurteilen sei. In Anbetracht des vagen Charakters des fraglichen Ausdrucks muss den Mitgliedstaaten beim Erlass der Umsetzungsmaßnahmen ein weiter Spielraum zu erkannt werden.[861]

Die Bildschirmarbeitsverordnung ist eng an die Bildschirmarbeitsplatzrichtlinie angelehnt. 613
Mit der Bildschirmarbeitsplatzrichtlinie unvereinbar ist die **Übergangsregelung** des § 4 Abs. 2 BildscharbV. Danach brauchte der Arbeitgeber die geeigneten Maßnahmen erst dann zu treffen, wenn sich diese Arbeitsplätze wesentlich ändern oder wenn die Beurteilung der Arbeitsbedingungen nach § 3 BildscharbV ergibt, dass durch die dortige Tätigkeit Leben oder Gesundheit der Beschäftigten gefährdet sind, spätestens jedoch bis zum 31. Dezember 1999. Für bereits eingerichtete Bildschirmarbeitsplätze im öffentlichen Dienst blieb die Übergangsregelung entsprechend der Rechtsprechung des EuGH zur vertikalen Drittwirkung von Richtlinien[862] unberührt.[863]

(4) Produktbezogene Richtlinien

(a) Maschinenrichtlinie 89/392/EWG. (aa) *Allgemeines*. Der Maschinenbausektor 614
stellt einen der industriellen Kernbereiche in der Wirtsch0aft der Gemeinschaft dar.[864] Angesichts dieser herausragenden Bedeutung des Maschinenbaus sowie der Erkenntnis, dass die innerstaatlichen Bestimmungen für Sicherheit und Gesundheit zur Verhütung von Gefahren, die von Maschinen ausgehen, insbesondere die Systeme des Konformitätsnachweises für Maschinen, in den Mitgliedstaaten sehr unterschiedlich sind[865] und dadurch der freie Verkehr mit Maschinen beeinträchtigt wird, hat die Kommission dem Rat am 14. 12. 1987 den Vorschlag für eine Richtlinie zur Angleichung der Rechtsvorschriften der Mitgliedstaaten für Maschinen vorgelegt.[866] Der Richtlinienvorschlag wurde nach den Grundsätzen der in der Entschließung vom 7. Mai 1985[867] festgelegten „Neuen Konzep-

---

[860] EuGH v. 12. 12. 1996, Rs. 74/95 und 129/95, Slg. 1996, S. 4609 = NZA 1997, S. 307.
[861] EuGH v. 12. 12. 1996, Rs. 74/95 und 129/95, Slg. 1996, S. 4609 = NZA 1997, S. 307.
[862] S. dazu *Wank*, EAS B 6000, Rn. 63.
[863] *Kittner/Pieper*, Arbeitsschutzrecht, S. 256; *Opfermann/Rückert*, AuA 1997, S. 70, 71; *Wlotzke*, NJW 1997, S. 1469, 1474; s. auch BR-Drucks. 656/96, S. 30. Zu weiteren Einzelheiten betreffend die Bildschirmarbeitsverordnung sei auf die einschlägige Literatur verwiesen, s. *Angermaier*, AiB 1997, S. 76, 78 f.; *Kittner/Pieper*, Arbeitsschutzrecht, S. 235 ff.; *Kollmer*, NZA 1997, S. 138, 141 f.; *Opfermann/Rückert*, AuA 1997, S. 70 ff.; *Pieper*, AuR 1997, S. 21, 22; *Riese*, CR 1997, S. 27 ff.; *Wank*, Kommentar zum technischen Arbeitsschutz, B. III.; *Wlotzke*, NJW 1997, S. 1469, 1472 ff.; MünchArbR/*Wlotzke*, § 212, Rn. 60 ff.
[864] Nach einer Schätzung der Kommission lag der Produktionswert des gesamten Maschinenbausektors in der EG im Jahre 1987 bei über 200 Milliarden ECU, wobei mehr als die Hälfte davon in den Anwendungsbereich der Maschinenrichtlinie fiel; s. KOM (87) 564 endg.
[865] S. dazu *Lindl*, Arbeitsschutzrecht – Die EG-Richtlinie zur Angleichung der Rechtsvorschriften für Maschinen, 1992, S. 62.
[866] ABl. EG C 29, S. 1.
[867] ABl. EG C 136, S. 1.

tion" ausgearbeitet.[868] Nach Durchlaufen des gemeinschaftlichen Gesetzgebungsverfahrens[869] hat der Rat am 14. Juni 1989 die Richtlinie 89/392/EWG zur Angleichung der Rechtsvorschriften für Maschinen[870] verabschiedet.[871] Die auf Art. 95 EGV (Art. 100a EGV a. F.) gestützte Maschinenrichtlinie verfolgt vorrangig das Ziel, den freien Verkehr der in ihren Anwendungsbereich fallenden Maschinen und Geräte sicherzustellen.[872] Gleichzeitig soll mit der Maschinenrichtlinie aber auch das in den Mitgliedstaaten erreichte Sicherheitsniveau beibehalten oder verbessert werden. Die Bestimmungen der Maschinenrichtlinie über die Konzeption und den Bau von Maschinen, die für das Bestreben nach mehr Sicherheit am Arbeitsplatz wesentlich sind, werden ergänzt durch die Bestimmungen der zeitgleich mit der Maschinenrichtlinie verabschiedeten Arbeitsschutzrahmenrichtlinie 89/391/EWG[873] sowie durch die PSA-Benutzerrichtlinie 89/656/EWG.[874]

615 Zur Maschinenrichtlinie sind inzwischen drei Änderungsrichtlinien verabschiedet worden. Mit der 1. Änderungsrichtlinie vom 20. Juni 1991[875] ist vor allem der bisherige Geltungsbereich der Maschinenrichtlinie auf auswechselbare Ausrüstungen zur Änderung der Funktion einer Maschine erweitert worden.

616 Die Gefahren, die sich beim Heben von Personen für die betreffenden Personen ergeben können, sind in der ursprünglichen Maschinenrichtlinie nicht berücksichtigt. Die zweite Änderungsrichtlinie vom 14. Juni 1993[876] gleicht diese Lücke aus, indem sie zusätzliche grundlegende Sicherheits- und Gesundheitsanforderungen im Hinblick auf die Gefahren festlegt, denen in vertikaler Richtung fahrende Personen ausgesetzt sind. Ferner erstreckt die 2. Änderungsrichtlinie den Geltungsbereich der Maschinenrichtlinie auf Sicherheitsbauteile, die einzeln in den Verkehr gebracht werden.[877]

617 Mit der Richtlinie 93/68/EWG vom 22. Juli 1993[878] ist die Konformitätskennzeichnung für Erzeugnisse, die in den Geltungsbereich mehrerer Richtlinien, u. a. der Maschinenrichtlinie, fallen können, harmonisiert worden.

618 Die Kommission hat inzwischen einen **Vorschlag zur Neuregelung der Maschinenrichtlinie** vorgelegt. Ziel der Novellierung ist es, den Anwendungsbereich der Regelung klarer zu umreißen, die Rechtssicherheit zu verbessern sowie einen weitreichenden Gesundheits- und Verbraucherschutz zu garantieren.

619 *(bb) Anwendungsbereich.* Unter den Geltungsbereich der Maschinenrichtlinie fallen dem Grundsatz nach alle Maschinen i. S. des Art. 1 Abs. 2 RL Masch sowie einzeln in Verkehr gebrachte Sicherheitsbauteile.

620 Als **Maschine** i. S. der Richtlinie gilt eine Gesamtheit von miteinander verbundenen Teilen oder Vorrichtungen, von denen mindestens eines beweglich ist. Zu der Gesamtheit aus Teilen und Vorrichtungen treten gegebenenfalls noch die für den Betrieb der Maschi-

---

[868] Näher zur „Neuen Konzeption" *Anselmann*, in: Müller-Graff, Technische Regeln im Binnenmarkt, S. 101, 102 ff.; *Becker*, FS für Wlotzke, S. 445 ff.; *Kollmer*, EAS B 6300, Rn. 7; *Lindl*, Arbeitsschutzrecht, S. 49 ff.; *Joerges*, FS für Steindorff, S. 1247, 1252 ff.; *Wank/Börgmann*, Arbeitsschutz, S. 147 f.
[869] S. dazu *Lindl*, Arbeitsschutzrecht, S. 61.
[870] ABl. EG L 183, S. 9; nachfolgend Maschinenrichtlinie – RL Masch – abgekürzt.
[871] Zur Maschinenrichtlinie s. auch *Balze*, Die sozialpolitischen Kompetenzen, S. 223 ff.; *Barz*, BG 1996, S. 222; *Becker/Ostermann*, Wegweiser Maschinenrichtlinie, 2. Aufl. Loseblatt Stand 1998; *Bücker/Feldhoff/Kohte*, Arbeitsschutz, Rn. 446 ff.; *Kalwa*, BG 1993, S. 296 ff.; *Kollmer*, EAS B 6300, Rn. 28 ff.; *Lindl*, Arbeitsschutzrecht, S. 60 ff.; *Reuter*, BB 1990, S. 1213 ff.; *Wlotzke*, BG 1990, S. 6 ff.
[872] Vgl. die Begründung zum Vorschlag der Kommission, Kom (87) 564, endg., S. 2.
[873] S. dazu oben Rn. 440 ff.
[874] S. dazu oben Rn. 582 ff.
[875] Richtlinie 91/368/EWG zur Änderung der Richtlinie 89/392/EWG zur Angleichung der Rechtsvorschriften der Mitgliedstaaten für Maschinen; ABl. EG L 198, S. 16.
[876] Richtlinie 93/44/EWG zur Änderung der Richtlinie 89/392/EWG zur Angleichung der Rechtsvorschriften der Mitgliedstaaten für Maschinen; ABl. EG L 175, S. 12.
[877] Den folgenden Erörterungen liegt die Maschinenrichtlinie in der geänderten Fassung zugrunde.
[878] ABl. EG L 220, S. 1.

XII. Technischer Arbeitsschutz 621–623 § 18

ne erforderlichen Betätigungsgeräte, Steuer- und Energiekreise usw. hinzu. Die Gesamtheit der Teile, Vorrichtungen oder Betätigungsgeräte, Steuer- und Energiekreise muss für eine bestimmte Anwendung, wie z. B. die Verarbeitung, die Behandlung, die Fortbewegung und die Aufarbeitung eines Werkstoffes, zusammengefügt worden sein. Als „Maschine" i. S. der Richtlinie gilt ferner auch eine **Gesamtheit von Maschinen,** die, damit sie zusammenwirken, so angeordnet sind und betätigt werden, dass sie als Gesamtheit funktionieren.[879] Durch die Änderungsrichtlinie[880] ist der Geltungsbereich außerdem auf **auswechselbare Ausrüstungen** erweitert worden. Der neu eingefügte Art. 2 Abs. 2 Unterabs. 2 RL Masch bestimmt, dass zu den Maschinen i. S. der Richtlinie auch auswechselbare Ausrüstungen zur Änderung der Funktion einer Maschine gehören, die nach dem Inverkehrbringen vom Bedienungspersonal selbst an einer Maschine oder einer Reihe verschiedener Maschinen oder an einer Zugmaschine anzubringen sind, sofern diese Ausrüstungen keine Ersatzteile oder Werkzeuge sind.

Soweit es sich nicht um auswechselbare Ausrüstungen handelt, gelten gem. Art. 1 Abs. 2 Unterabs. 4 RL Masch als **Sicherheitsbauteile** i. S. dieser Richtlinie jene Bauteile, die vom Hersteller oder seinem in der Gemeinschaft niedergelassenen Bevollmächtigten mit dem Verwendungszweck der Gewährleistung einer Sicherheitsfunktion in den Verkehr gebracht werden und deren Ausfall oder Fehlfunktion die Sicherheit oder die Gesundheit der Person im Wirkbereich der Maschine gefährdet. 621

Vom Anwendungsbereich der Maschinenrichtlinie ausgenommen sind die in Art. 1 Abs. 3 RL Masch aufgeführten Maschinen, Geräte und Anlagen, wie z. B. Maschinen für medizinische Zwecke, die in direktem Kontakt mit den Patienten verwendet werden, feststehende und verfahrbare Jahrmarktgeräte sowie Dampfkessel und Druckbehälter. Mit der 1. Änderungsrichtlinie 91/368/EWG ist die generelle Herausnahme beweglicher Maschinen aus dem Anwendungsbereich aufgehoben worden. An die Stelle der generellen Ausnahme sind **spezielle Ausnahmen** getreten. Vom Geltungsbereich der Richtlinie ausgenommen sind: Beförderungsmittel,[881] Seeschiffe und bewegliche Offshore-Anlagen sowie die Ausrüstungen an Bord dieser Schiffe oder Anlagen, seilgeführte Einrichtungen für die öffentliche und nicht-öffentliche Personenbeförderung, land- und forstwirtschaftliche Zugmaschinen gem. Art. 1 Abs. 1 der Richtlinie 74/150/EWG[882] sowie speziell für militärische Zwecke oder zur Aufrechterhaltung der öffentlichen Ordnung konzipierte und gebaute Maschinen. 622

Eine weitere Einschränkung des Anwendungsbereichs wird durch Art. 1 Abs. 4 RL Masch normiert. Danach findet die Maschinenrichtlinie keine Anwendung, soweit die Gefahren, die von einer Maschine ausgehen, ganz oder teilweise von anderen **besonderen Gemeinschaftsrichtlinien** erfasst werden. Eine ausdrückliche Regelung für die Abgrenzung der Maschinenrichtlinie zur Richtlinie 73/23/EWG zur Angleichung der Rechtsvorschriften der Mitgliedstaaten betreffend elektrische Betriebsmittel zur Verwendung innerhalb bestimmter Spannungsgrenzen vom 19. Februar 1973 (Niederspannungsrichtlinie)[883] enthält Art. 1 Abs. 5 RL Masch.[884] Gehen von einer Maschine hauptsächlich 623

---

[879] Art. 1 Abs. 2 Unterabs. 2 RL Masch.
[880] S. Art. 1 Ziff. 1 Buchst. a der Änderungsrichtlinie 91/368/EWG.
[881] Beförderungsmittel i. S. der Richtlinie sind Fahrzeuge und dazugehörige Anhänger, die ausschließlich für die Beförderung von Personen in der Luft, auf Straßen- und Schienennetzen oder auf dem Wasserwege bestimmt sind, und Beförderungsmittel, soweit sie für den Transport von Gütern in der Luft, auf öffentlichen Straßen- und Schienennetzen oder auf dem Wasserwege konzipiert sind; nicht ausgenommen sind Fahrzeuge in mineralgewinnenden Betrieben.
[882] Richtlinie 74/150/EWG des Rates zur Angleichung der Rechtsvorschriften der Mitgliedstaaten über die Betriebserlaubnis für land- und forstwirtschaftliche Zugmaschinen auf Rädern vom 4. März 1974, ABl. EG L 84, S. 10; zuletzt geändert durch die Richtlinie 88/297/EWG, ABl. EG L 126, S. 52.
[883] ABl. EG L 77, S. 29.
[884] Näher zu dieser Abgrenzung *Lindl*, Arbeitsschutzrecht, S. 72 f.

Gefahren auf Grund von Elektrizität aus, so fällt diese Maschine ausschließlich in den Anwendungsbereich der Niederspannungsrichtlinie.

624 Dem Wortlaut der Maschinenrichtlinie ist nicht zu entnehmen, ob sie auch auf gebrauchte Maschinen Anwendung findet. Aus der Zielsetzung der Richtlinie, den freien Warenverkehr innerhalb der Gemeinschaft sicherzustellen und die Vermarktung von Maschinen durch die Hersteller in der Gemeinschaft zu erleichtern, folgt jedoch, dass die Richtlinie nur auf **neu hergestellte Maschinen** zugeschnitten ist.[885] Gestützt wird diese Auslegung dadurch, dass auch nach der Vorstellung der Kommission gebrauchte Maschinen von der Richtlinie nicht erfasst werden sollten.[886]

625 *(cc) Adressat.* Normadressat der Maschinenrichtlinie ist zum einen der Hersteller oder sein in der Gemeinschaft niedergelassener Bevollmächtigter. Wie sich aus Art. 4 Abs. 1 RL Masch ergibt, richtet sich die Maschinenrichtlinie aber auch an jede sonstige Person, die die Maschine „in den Verkehr" bringt.[887] Eine Einschränkung des Adressatenkreises sieht die Richtlinie lediglich im Hinblick auf Aussteller bei Messen, Vorführungen und dergleichen vor. Nach Art. 2 Abs. 3 RL Masch haben es die Mitgliedstaaten nämlich zuzulassen, dass bei Messen, Ausstellungen, Vorführungen und dergleichen den geltenden Bestimmungen nicht entsprechende Vorführmaschinen ausgestellt werden, sofern ein sichtbares Schild deutlich darauf hinweist, dass sie nicht den Anforderungen entsprechen und erst erworben werden können, wenn der Hersteller oder sein in der Gemeinschaft niedergelassener Bevollmächtigter die Übereinstimmung hergestellt hat. Bei Vorführungen müssen dann allerdings die entsprechenden Sicherheitsmaßnahmen getroffen werden, um den Schutz von Personen zu gewährleisten. Mit dieser Regelung ermöglicht es die Maschinenrichtlinie, dass Maschinen bereits im Vorfeld ihrer Serienreife präsentiert werden können.[888]

626 *(dd) Anforderungen an Maschinen.* Art. 2 RL Masch verlangt, dass nur Maschinen oder Sicherheitsbauteile in Verkehr gebracht und in Betrieb genommen werden, die bei bestimmungsgemäßer Verwendung die Sicherheit und die Gesundheit von Personen und gegebenenfalls von Haustieren oder Gütern bei angemessener Installierung und Wartung und bestimmungsgemäßem Betrieb nicht gefährden. Die an Maschinen im Einzelnen gestellten Anforderungen ergeben sich aus Art. 3 RL Masch. Danach müssen die in den Anwendungsbereich der Richtlinie fallenden Maschinen die in Anhang I aufgeführten grundlegenden Sicherheits- und Gesundheitsanforderungen erfüllen.

627 Der erste Abschnitt des Anhangs I enthält grundlegende Sicherheits- und Gesundheitsschutzanforderungen in Bezug auf die Konzipierung und den Bau von Maschinen und Sicherheitsbauteilen. Erfasst werden dabei neben allgemeinen Grundsätzen für die Integration der Sicherheit folgende Sicherheitsaspekte: Materialien und Erzeugnisse; Beleuchtung; Konzipierung der Maschine im Hinblick auf die Handhabung; Steuerungen und Befehlseinrichtungen; Schutzmaßnahmen gegen mechanische Gefahren; Anforderungen an Schutzeinrichtungen; Schutzmaßnahmen gegen sonstige Gefahren; Instandhaltung sowie Hinweise. Abschnitt 2 des Anhangs I regelt darüber hinaus grundlegende Sicherheits- und Gesundheitsanforderungen für bestimmte Maschinengattungen, und zwar für Nahrungsmittelmaschinen, Maschinen, die in der Hand gehalten oder von Hand geführt werden sowie Maschinen zur Bearbeitung von Holz und gleichartigen Werkstoffen. Die durch die 1. Änderungsrichtlinie 91/368/EWG dem Anhang I neu angefügten Abschnitte 3 bis 5 enthalten grundlegende Sicherheits- und Gesundheitsanforderungen zur Ausschaltung der speziellen Gefahren auf Grund der Beweglichkeit von Maschinen,[889] zur

---

[885] *Lindl,* Arbeitsschutzrecht, S. 69; *Reuter,* BB 1990, S. 1213, 1214; *Wlotzke,* RdA 1992, S. 85, 88; *ders.,* BG 1990, S. 6, 7.
[886] Vgl. *Wlotzke,* BG 1990, S. 6, 7.
[887] *Lindl,* Arbeitsschutzrecht, S. 75.
[888] *Lindl,* Arbeitsschutzrecht, S. 79.
[889] Abschnitt 3.

XII. Technischer Arbeitsschutz 628–633 § 18

Ausschaltung der speziellen Gefahren durch Hebevorgänge[890] sowie für Maschinen, die im Untertagebau eingesetzt werden sollen.[891]

Der „Neuen Konzeption" folgend, handelt es sich bei den in Anhang I enthaltenen **628** Anforderungen um abstrakt formulierte Sicherheitsziele, die Herstellern oder Importeuren einen weiten Beurteilungsspielraum ermöglichen.[892] Die Konkretisierung dieser grundlegenden Sicherheitsanforderungen ist den privatrechtlich organisierten europäischen Normungsorganisationen **CEN**[893] und **CENELEC**[894] übertragen worden. Bisher liegen allerdings erst für einen Teil von Maschinen entsprechende Normen vor. Solange jedoch für die von der Maschinenrichtlinie erfassten Geräte und Maschinengruppen keine europäischen Normen vorhanden sind, besteht die Gefahr, dass in einigen Mitgliedstaaten der Auslegungsspielraum der in Anhang I enthaltenen grundlegenden Sicherheitsanforderungen nach unten ausgeschöpft wird.[895]

(ee) Zulässigkeit des Inverkehrbringens und der Inbetriebnahme. Genügen die von der Ma- **629** schinenrichtlinie erfassten Maschinen oder Sicherheitsbauteile den grundlegenden Sicherheits- und Gesundheitsanforderungen dieser Richtlinie, so dürfen die Mitgliedstaaten gem. Art. 4 Abs. 1 RL Masch das Inverkehrbringen und die Inbetriebnahme dieser Maschinen in ihrem Gebiet weder verbieten noch beschränken oder behindern.

Eine Sonderregelung besteht nach Art. 4 Abs. 2 RL Masch für Maschinen, die für den **630** **Einbau** in eine andere Maschine bestimmt sind. Danach dürfen die Mitgliedstaaten das Inverkehrbringen von Maschinen auch dann nicht verbieten, beschränken oder behindern, wenn diese entsprechend der Erklärung des Herstellers oder seines in der Gemeinschaft niedergelassenen Bevollmächtigten gem. Anhang II Abschnitt B in eine Maschine eingebaut oder mit anderen Maschinen zu einer Maschine i. S. dieser Richtlinie zusammengefügt werden sollen, es sei denn, dass sie unabhängig voneinander funktionieren können. Auswechselbare Ausrüstungen gelten als Maschinen. Das Verbot der Beeinträchtigung des Inverkehrbringens gilt für sie, wenn sie mit der CE-Kennzeichnung versehen sind und die EG-Konformitätserklärung gem. Anhang II Buchst. A besitzen.

Das Inverkehrbringen von **Sicherheitsbauteilen** dürfen die Mitgliedstaaten nicht un- **631** tersagen, beschränken oder behindern, wenn diesen die in Anhang II Buchst. C vorgesehene EG-Konformitätserklärung des Herstellers oder seines in der Gemeinschaft niedergelassenen Bevollmächtigten beigefügt ist.[896]

Das Verbot der Beeinträchtigung des Inverkehrbringens gilt unter den genannten Vo- **632** raussetzungen auch dann, wenn die Maschinen, auswechselbaren Ausrüstungen oder Sicherheitsbauteile den Bestimmungen der Richtlinie nicht entsprechen.[897]

(ff) Konformitätsvermutung. Das in Art. 4 Abs. 1 RL Masch normierte Verbot, das Inver- **633** kehrbringen oder die Inbetriebnahme von Maschinen zu verbieten, zu beschränken oder zu behindern, setzt voraus, dass die Maschinen den Bestimmungen dieser Richtlinie entsprechen. Die Maschinen müssen also vor allem mit den in Anhang I enthaltenen grundlegenden Sicherheitsanforderungen übereinstimmen. Der Nachweis dieser Konformität wird in der Praxis mittels zweier verschiedener Vermutungen geführt.[898]

---

[890] Abschnitt 4.
[891] Abschnitt 5.
[892] *Wlotzke*, RdA 1992, S. 85, 89; *ders.*, BG 1990, S. 6, 7.
[893] Comitée Européen de Normalisation (Europäisches Komitee für Normung).
[894] Comitée Européen de Normalisation Électrotechnique (Europäisches Komitee für elektrotechnische Normung).
[895] Näher zu diesem Problemkreis *Börner*, DB 1989, S. 613, 614; *Lindl*, Arbeitsschutzrecht, S. 91 ff.; *Partikel*, Soziale Sicherheit 1989, S. 146, 147 ff.; *Reuter*, BB 1990, S. 1213, 1214 ff.; *Wank/Börgmann*, Arbeitsschutz, S. 147 f.; *Wlotzke*, BG 1990, S. 6 ff.; *ders.*, NZA 1990, S. 417, 418; *ders.*, BArbBl. 6/1989, S. 14, 17; *ders.*, RdA 1992, S. 85, 90 f.
[896] Art. 4 Abs. 3 RL Masch.
[897] Näher dazu *Lindl*, Arbeitsschutzrecht, S. 85 ff.
[898] *Lindl*, Arbeitsschutzrecht, S. 87.

634 Nach Art. 5 Abs. 1 Unterabs. 1 RL Masch gehen die Mitgliedstaaten bei den Maschinen, die mit CE-Kennzeichnung[899] versehen sind und denen die EG-Konformitätserklärung gem. dem Anhang II Buchst. A beigefügt sind, von der Übereinstimmung mit den in Art. 3 RL Masch genannten grundlegenden Sicherheitsanforderungen aus. Der sich aus Art. 5 Abs. 1 RL Masch ergebende **Vermutungstatbestand** wird durch Art. 7 RL Masch begrenzt. Stellt ein Mitgliedstaat nämlich fest, dass Maschinen, die mit der CE-Kennzeichnung versehen sind oder Sicherheitsbauteile, denen die EG-Konformitätserklärung beigefügt ist, die Sicherheit von Personen und gegebenenfalls von Haustieren oder Gütern zu gefährden drohen, so hat er alle zweckdienlichen Maßnahmen zu treffen, um die Maschinen aus dem Verkehr zu ziehen, das Inverkehrbringen und die Inbetriebnahme zu verbieten oder den freien Verkehr für die Maschinen einzuschränken. Art. 7 Abs. 2 RL Masch verpflichtet die Mitgliedstaaten, bei einem Einschreiten gem. Art. 7 Abs. 1 RL Masch das in Absatz 2 vorgesehene Schutzklauselverfahren einzuleiten.[900]

635 Ein **zweiter Vermutungstatbestand** wird durch Art. 5 Abs. 2 RL Masch aufgestellt. Danach spricht eine widerlegliche Vermutung für eine Übereinstimmung der Maschine oder der Sicherheitsbauteile mit den grundlegenden Anforderungen der Maschinenrichtlinie, wenn die Maschine den nationalen Normen entspricht, die in Umsetzung harmonisierter Normen erlassen worden sind.[901]

636 *(gg) Bescheinigungsverfahren.* Die Vermutung der Konformität setzt voraus, dass das in Art. 8 RL Masch vorgeschriebene Bescheinigungsverfahren eingehalten wurde. Für Maschinen, die nicht zu den in Anhang IV als kritisch eingestuften Maschinentypen gehören, gilt das sog. **Selbstbescheinigungsverfahren.** Danach muss der Hersteller oder sein in der Gemeinschaft niedergelassener Bevollmächtigter, um die Übereinstimmung der Maschinen oder Sicherheitsbauteile mit den Bestimmungen der Maschinenrichtlinie zu bescheinigen, für jede hergestellte Maschine oder jedes hergestellte Sicherheitsbauteil eine EG-Konformitätserklärung nach dem in Anhang II Buchst. A oder C enthaltenen Muster ausstellen. Auf Maschinen muss der Hersteller oder sein in der Gemeinschaft niedergelassener Bevollmächtigter zudem die in Art. 10 RL Masch genannte CE-Kennzeichnung an der Maschine anbringen.[902] Eine Prüfung der Maschine findet nicht statt. Der Hersteller oder sein in der Gemeinschaft niedergelassener Bevollmächtigter ist lediglich verpflichtet, die Unterlagen gem. Anhang V zusammenzustellen.[903]

637 Für die in Anhang IV als **kritisch eingestuften Maschinentypen,** wie z.B. Kreissägen zum Bearbeiten von Holz und Fleisch, Handkettensägen für die Holzbearbeitung und Bolzengeräte mit Treibladung, richtet sich das Bescheinigungsverfahren danach, ob für die Maschinen die einschlägigen Normen nach Art. 5 Abs. 2 RL Masch eingehalten wurden.

638 Für die in Anhang IV aufgelisteten Maschinen, bei deren Herstellung die Normen des Art. 5 Abs. 2 RL Masch nicht oder nur zum Teil beachtet wurden, ist der Hersteller oder sein in der Gemeinschaft niedergelassener Bevollmächtigter gem. Art. 8 Abs. 2 Buchst. b RL Masch verpflichtet, die Maschine einer EG-Baumusterprüfung zu unterziehen. Entsprechendes gilt, wenn für die in Anhang IV aufgeführten Maschinen Normen i.S. des Art. 5 Abs. 2 RL Masch im Zeitpunkt der Herstellung noch nicht vorhanden waren.[904]

639 Sind die in Anhang IV aufgelisteten Maschinen entsprechend den Normen i.S. von Art. 5 Abs. 2 RL Masch hergestellt worden, so räumt Art. 8 Abs. 2 Buchst. c RL Masch

---

[899] Seit 1992 gibt es daneben die „Keymark", ein Logo in Gestalt eines Schlüssel; es geht über die gesetzlichen Mindestvorschriften hinaus.
[900] Zu den Einzelheiten dieses Schutzklauselverfahrens s. *Lindl,* Arbeitsschutzrecht, S. 105 ff.
[901] Näher zu der Konformitätsvermutung des Art. 5 Abs. 2 RL Masch *Lindl,* Arbeitsschutzrecht, S. 88 ff.
[902] Art. 8 Abs. 1 RL Masch.
[903] Art. 8 Abs. 2 RL Masch.
[904] Näher dazu *Lindl,* Arbeitsschutzrecht, S. 123 ff.

XII. Technischer Arbeitsschutz 640–643 § 18

dem Hersteller oder seinem in der Gemeinschaft niedergelassenen Bevollmächtigten ein **Wahlrecht** ein. Sie können danach entweder die Unterlagen gem. Anhang VI selbst zusammenstellen und sie einer gemeldeten Stelle übermitteln, die den Empfang dieser Unterlagen unverzüglich bestätigt und sie aufbewahrt. Stattdessen kann der Hersteller oder sein in der Gemeinschaft niedergelassener Bevollmächtigter die Unterlagen aber auch gem. Anhang IV der gemeldeten Stelle vorlegen und prüfen lassen, ob die Normen gem. Art. 5 Abs. 2 RL Masch korrekt angewendet wurden. Die gemeldete Stelle erstellt dann eine Bescheinigung darüber, dass die vorgelegten Unterlagen den Vorschriften entsprechen. Schließlich können die Bescheinigungspflichtigen auch das Modell der Maschine einer EG-Baumusterprüfung nach Anhang VI unterziehen.[905]

Auf **Sicherheitsbauteile** sind die für Maschinen geltenden Bescheinigungsverfahren anzuwenden.[906] 640

Falls die Maschinen auch von **anderen Richtlinien** erfasst werden, die andere Aspekte behandeln und in denen die CE-Kennzeichnung gem. Art. 10 RL Masch vorgesehen ist, wird mit der CE-Kennzeichnung angegeben, dass auch von der Konformität dieser Maschinen mit der Bestimmung einer anderen Richtlinie auszugehen ist.[907] 641

(hh) Umsetzung in das deutsche Recht. Die Mitgliedstaaten waren verpflichtet, die Maschinenrichtlinie, einschließlich der 1. Änderungsrichtlinie 91/368/EWG, bis spätestens zum 31. 12. 1991 in nationales Recht umzusetzen.[908] Die Frist zur Umsetzung der 2. Änderungsrichtlinie 93/44/EWG lief bis zum 30. Juni 1994.[909] Wegen der weitgehenden Verwandtschaft der Maschinenrichtlinie mit dem **Gerätesicherheitsgesetz** (GSG) bot sich für deren Umsetzung eine entsprechende Verordnung auf der Grundlage der Verordnungsermächtigung des § 4 GSG an. Da die Verordnungsermächtigung des § 4 Abs. 1 GSG jedoch auf den Geltungsbereich des Gerätesicherheitsgesetzes beschränkt war und dieser teilweise hinter demjenigen der Richtlinie zurückblieb, bedurfte es zunächst noch einer Erweiterung der Verordnungsermächtigung.[910] Der Gesetzgeber nahm dies zum Anlass für eine Novellierung des Gerätesicherheitsgesetzes. Mit dem Zweiten Gesetz zur Änderung des Gerätesicherheitsgesetzes vom 26. August 1992[911] sind der Anwendungsbereich, das Prüfwesen, die Verordnungsermächtigungen und die behördlichen Überwachungs- und Vollzugsaufgaben so umgestaltet worden, dass alle EG-Richtlinien zur Harmonisierung der Sicherheitsanforderungen für technische Arbeitsmittel, die Sachbereiche des Gesetzes betreffen, in das nationale Recht transformiert werden können.[912] Zudem sind die die Errichtung und den Betrieb überwachungsbedürftiger Anlagen betreffenden Vorschriften der §§ 24 ff. GewO in das Gerätesicherheitsgesetz übernommen worden.[913] 642

Die Verordnungsermächtigung des § 4 GSG ist so erweitert worden, dass alle EG-Richtlinien, die Sachbereiche des Gerätesicherheitsgesetzes betreffen, auch dann in nationales Recht umgesetzt werden können, wenn sie über den Anwendungsbereich des Gerätesicherheitsgesetzes hinausgehen.[914] Gestützt auf die so erweiterte Verordnungsermächtigung des § 4 Abs. 1 GSG hat die Bundesregierung die Neunte Verordnung zum 643

---

[905] Zu weiteren Einzelheiten zum erleichterten Bescheinigungsverfahren nach Art. 8 Abs. 2 Buchst. c s. *Lindl*, Arbeitsschutzrecht, S. 126 ff.
[906] Art. 8 Abs. 4 a) RL Masch.
[907] Art. 8 Abs. 5 a) RL Masch.
[908] Vgl. Art. 13 Abs. 1, Art. 3 Abs. 1 der 1. Änderungsrichtlinie 91/368/EWG.
[909] Vgl. Art. 2 Abs. 1 der 2. Änderungsrichtlinie 93/44/EWG.
[910] Vgl. *Jeiter*, Das neue Gerätesicherheitsgesetz, S. 57.
[911] BGBl. I S. 1564.
[912] Zur Novellierung des Gerätesicherheitsgesetzes s. *Jeiter*, Gerätesicherheitsgesetz, S. 7 ff.; MünchArbR/*Wlotzke*, § 213, Rn. 5.
[913] S. dazu amtl. Begründung des Entwurfs zur Novelle zum GSG 1992, BT-Drucks. 12/2693, S. 18 f.
[914] *Jeiter*, Gerätesicherheitsgesetz, S. 57; MünchArbR/*Wlotzke*, § 213, Rn. 45 ff.

Gerätesicherheitsgesetz (**Maschinenverordnung** – 9. GSGV) vom 12. Mai 1993[915] verabschiedet. Sie trat am 20. 5. 1993 in Kraft.

644 Mit der Novelle zum Gerätesicherheitsgesetz sowie der Maschinenverordnung wurden die Maschinenrichtlinie sowie die 1. Änderungsrichtlinie 91/368/EWG in deutsches Recht umgesetzt. Bedenken gegen die Richtlinienkonformität bestehen allerdings insofern, als die in § 1 GSG enthaltene Begrenzung auf ein Inverkehrbringen im Rahmen einer gewerbsmäßigen oder selbständigen wirtschaftlichen Betätigung erhalten geblieben ist. Die Maschinenrichtlinie kennt diese Begrenzung nicht. Nach der Begründung des Regierungsentwurfs[916] sind die EG-Richtlinien über sicherheitstechnische Anforderungen und sonstige Voraussetzungen jedoch nach ihrem erkennbaren Zweck, nämlich die Herstellung des freien Warenverkehrs bei gleichzeitigem Verbraucherschutz, auf ein Inverkehrbringen im Rahmen einer gewerbsmäßigen oder selbständigen wirtschaftlichen Betätigung beschränkt.

645 Die zweite Änderungsrichtlinie 93/44/EWG sowie die dritte Änderungsrichtlinie 93/68/EWG sind durch die Zweite Verordnung zur Änderung von Verordnungen zum Gerätesicherheitsgesetz vom 26. September 1995[917] in deutsches Recht umgesetzt worden.

646 Seit dem 11. 5. 2001 ist das „Gesetz zur Änderung des Gerätesicherheitsgesetzes und des Chemikaliengesetzes" in Kraft.[918]

647 **(b) Weitere Binnenmarktrichtlinien.** Neben der Maschinenrichtlinie bestehen auf Gemeinschaftsebene über 60 weitere die technische Geräte- und Anlagensicherheit betreffende Richtlinien. Im Vordergrund dieser Richtlinien steht das Ziel, den freien Warenverkehr innerhalb der Gemeinschaft sicherzustellen. Da dem Aspekt des Arbeitsschutzes bei diesen Richtlinien nur untergeordnete Bedeutung zukommt, beschränkt sich die folgende Darstellung darauf, die wichtigsten dieser Richtlinien sowie die sie in nationales Recht umsetzenden Rechtsvorschriften aufzulisten:

648 *(aa) Persönliche Schutzausrüstungen.* Richtlinie 89/686/EWG des Rates vom 21. Dezember 1989 zur Angleichung der Rechtsvorschriften der Mitgliedstaaten für persönliche Schutzausrüstungen.[919] Die Umsetzung der Richtlinie in deutsches Recht ist durch die Achte Verordnung zum Gerätesicherheitsgesetz (Verordnung über das Inverkehrbringen von persönlichen Schutzausrüstungen – 8. GSVG) vom 10. Juni 1992,[920] die Zweite Verordnung zur Veränderung von Verordnungen zum Gerätesicherheitsgesetz vom 28. 9. 1995[921] sowie durch die Erste Verordnung zur Änderung der Achten Verordnung zum Gerätesicherheitsgesetz vom 20. 2. 1997[922] erfolgt.

649 *(bb) Elektrische Betriebsmittel.* Richtlinie 73/23/EWG des Rates vom 19. Februar 1973 zur Angleichung der Rechtsvorschriften der Mitgliedstaaten betreffend elektrische Betriebsmittel zur Verwendung innerhalb bestimmter Spannungsgrenzen.[923] Die Umsetzung der Richtlinie in deutsches Recht ist durch die Erste Verordnung zum Gerätesicherheitsgesetz (Verordnung über das Inverkehrbringen elektrischer Betriebsmittel zur Verwendung innerhalb bestimmter Spannungsgrenzen – 1. GSVG) vom 11. Juni 1979[924] erfolgt.

---

[915] BGBl. I, S. 704; zur Maschinenverordnung s. näher MünchArbR/*Wlotzke,* § 213, Rn. 27 ff.
[916] BT-Drucks. 12/2693, S. 19.
[917] BGBl. I 1995 S. 1213.
[918] BGBl. I 2000 S. 2049; dazu *Mattes,* BArbBl. 12/2000, S. 13.
[919] ABl. EG L 399, S. 18; geändert durch die Richtlinie 93/68/EWG des Rates vom 22. Juli 1993 (ABl. EG L 2220, S. 11); die Richtlinie 93/95/EWG des Rates vom 29. Oktober 1993 (ABl. EG L 276, S. 11); die Richtlinie 96/58/EG des Rates vom 3. September 1996 (ABl. EG L 236, S. 44).
[920] BGBl. I S. 1019, zuletzt geändert durch Verordnung vom 28. 9. 1995, BGBl. I S. 1213.
[921] BGBl. I S. 315.
[922] BGBl. I S. 1213.
[923] ABl. EG L 77, S. 39; geändert durch die Richtlinie 93/68/EWG des Rates vom 22. Juli 1993 (ABl. EG L 220, S. 1).
[924] BGBl. I S. 629; zuletzt geändert durch Verordnung vom 28. 9. 1995 (BGBl. I S. 1213).

XII. Technischer Arbeitsschutz 650–656 § 18

(cc) Druckbehälter. Richtlinie 76/767/EWG des Rates vom 27. Juli 1976 zur Anglei- **650** chung der Rechtsvorschriften der Mitgliedstaaten über gemeinsame Vorschriften für Druckbehälter sowie über Verfahren zu deren Prüfung.[925] Bei der Richtlinie 76/767/EWG handelt es sich um eine Rahmenrichtlinie, die durch Einzelrichtlinien ergänzt wird. Die Umsetzung der Rahmenrichtlinie in deutsches Recht ist durch die Verordnung über Druckbehälter, Druckgasbehälter und Füllanlagen (Druckbehälterverordnung – DruckbehV) vom 27. 2. 1980[926] sowie die Verordnung über Dampfkesselanlagen (Dampfkesselverordnung – DampfkV) vom 27. 2. 1980[927] erfolgt.

Richtlinie 84/525/EWG des Rates vom 17. September 1984 zur Angleichung der **651** Rechtsvorschriften der Mitgliedstaaten über nahtlose Gasflaschen aus Stahl.[928] Bei der Richtlinie 84/525/EWG sowie den beiden nachfolgend aufgeführten Richtlinien handelt es sich um Einzelrichtlinien zur Rahmenrichtlinie 76/767/EWG. Die Umsetzung der Einzelrichtlinie 84/525/EWG sowie der beiden nachfolgend aufgeführten Einzelrichtlinien ist durch die Erste Verordnung zur Änderung der Druckbehälterverordnung vom 21. 4. 1989[929] erfolgt.

Richtlinie 84/526/EWG des Rates vom 17. September 1984 zur Angleichung der **652** Rechtsvorschriften der Mitgliedstaaten über nahtlose Gasflaschen aus unlegiertem Aluminium und Aluminiumlegierungen.[930]

Richtlinie 84/527/EWG des Rates vom 17. September 1984 zur Angleichung der Rechts- **653** vorschriften der Mitgliedstaaten über geschweißte Gasflaschen aus unlegiertem Stahl.[931]

Richtlinie 87/404/EWG des Rates vom 25. Juni 1987 zur Angleichung der Rechts- **654** vorschriften der Mitgliedstaaten über einfache Druckbehälter vom 25. Juni 1987.[932] Die Umsetzung der Richtlinie in deutsches Recht ist durch die Sechste Verordnung zum Gerätesicherheitsgesetz (Verordnung über das Inverkehrbringen von einfachen Druckbehältern – 6. GSGV) vom 25. Juni 1992[933] erfolgt.

(dd) Hebezeuge und Fördergeräte. Richtlinie 95/16/EG des Rates vom 19. Juni 1995 zur **655** Angleichung der Rechtsvorschriften der Mitgliedstaaten über Aufzüge.[934] Die Mitgliedstaaten waren verpflichtet, die Richtlinie bis spätestens zum 1. Januar 1997 in deutsches Recht umzusetzen. Die Umsetzung der Richtlinie ist durch die neu gefasste Aufzugsverordnung in der Fassung vom 19. 6. 1998[935] erfolgt.

Richtlinie 84/529/EWG zur Angleichung der Rechtsvorschriften der Mitgliedstaaten **656** über elektrisch betriebene Aufzüge.[936] Die Umsetzung der Richtlinie in deutsches Recht ist durch die Erste Verordnung zur Änderung der Aufzugsverordnung vom 17. 8. 1988[937] erfolgt.

---

[925] ABl. EG L 262, S. 152; geändert durch Richtlinie 88/665/EWG vom 21. Dezember 1988 (ABl. EG L 382, S. 42).
[926] In der Fassung der Bekanntmachung vom 21. April 1989 (BGBl. I S. 483; zuletzt geändert durch Art. 6 der Verordnung vom 23. 6. 1999 (BGBl. I S. 1914).
[927] BGBl I S. 173; zuletzt geändert durch Art. 3 der Verordnung vom 12. 12. 1996 (BGBl. I S. 1914).
[928] ABl. EG L 300, S. 1.
[929] BGBl. I 1989 S. 830.
[930] ABl. EG L 300, S. 20.
[931] ABl. EG L 300, S. 48.
[932] ABl. EG L 220, S. 48, geändert durch Richtlinie 90/488/EWG vom 17. September 1990 (ABl. EG L 270, S. 25) und Richtlinie 93/68/EWG vom 22. Juli 1993 (ABl. EG L 220, S. 1).
[933] BGBl. I 1992 S. 1171; zuletzt geändert durch Verordnung vom 28. September 1995 (BGBl. I S. 1213).
[934] ABl. EG L 213, S. 7.
[935] BGBl. I S. 1410.
[936] ABl. EG L 300, S. 86; geändert durch die Richtlinie 90/486/EWG vom 17. September 1990 (ABl. EG L 270, S. 21).
[937] BGBl. I S. 1685.

657 *(ee) Baugeräte, -maschinen, -produkte.* Richtlinie 84/534/EWG des Rats vom 26. Mai 1986 zur Angleichung der Rechtsvorschriften der Mitgliedstaaten betreffend den zulässigen Schalleistungspegel bei Turmdrehkränen.[938] Die Umsetzung der Richtlinie in deutsches Recht ist durch die Fünfzehnte Verordnung zur Durchführung des Bundes-Immissionsschutzgesetzes (Baumaschinenlärm-Verordnung) vom 10. November 1986[939] erfolgt.

658 Richtlinie 86/662/EWG des Rates vom 22. Dezember 1986 zur Begrenzung des Geräuschemissionspegels von Hydraulikbaggern, Seilbaggern, Planiermaschinen, Ladern und Baggerladern.[940] Die Umsetzung der Richtlinie in deutsches Recht ist durch die Fünfzehnte Verordnung zur Durchführung des Bundes-Immissionsschutzgesetzes (Baumaschinenlärm-Verordnung) vom 10. November 1986[941] erfolgt.

659 Richtlinie 89/106/EWG des Rates vom 21. Dezember 1988 zur Angleichung der Rechts- und Verwaltungsvorschriften der Mitgliedstaaten über Bauprodukte.[942] Die Umsetzung der Richtlinie in deutsches Recht ist durch das Bauproduktengesetz – BauPG vom 10. August 1992[943] erfolgt.

660 *(ff) Gasverbrauchseinrichtungen.* Richtlinie 90/396/EWG des Rates vom 29. Juni 1990 zur Angleichung der Rechtsvorschriften der Mitgliedstaaten für Gasverbrauchseinrichtungen vom 29. Juni 1990.[944] Die Umsetzung der Richtlinie in deutsches Recht ist durch die Siebte Verordnung zum Gerätesicherheitsgesetz (Gasverbrauchseinrichtungsverordnung – 7. GSGV) vom 26. Januar 1993[945] sowie die Zweite Verordnung zur Veränderung von Verordnungen zum Gerätesicherheitsgesetz vom 28. 9. 1995[946] erfolgt.

cc) Richtlinien betreffend Gefahrstoffe und physikalische Einwirkungen

Übersicht

	Rn.		Rn.
(1) Vinylchloridmonomerrichtlinie 78/610/EWG	661	(9) Richtlinie über chemische Arbeitsstoffe 98/24/EG	802
(2) Rahmenrichtlinie Arbeitsstoffe 80/1107/EWG	675	(10) Explosionsschutzrichtlinie	839
(3) Bleirichtlinie 82/605/EWG	690	(11) (Geänderter) Vorschlag für eine Richtlinie über physikalische Einwirkungen	862
(4) Asbestrichtlinie 83/477/EWG	705		
(5) Lärmrichtlinie 86/188/EWG	729	(12) Binnenmarktrichtlinien	887
(6) Richtlinie über das Verbot bestimmter Arbeitsstoffe 88/364/EWG	745	(a) Gefahrstoffrichtlinie 67/548/EWG	887
		(b) Zubereitungsrichtlinie 88/379/EWG	892
(7) Karzinogenrichtlinie 90/394/EWG	755	(c) Beschränkungsrichtlinie 76/769/EWG	896
(8) Richtlinie über biologische Arbeitsstoffe 2000/54/EG (früher 90/679/EWG)	781	(d) Weitere Binnenmarktrichtlinien	899

---

[938] ABl. EG L 300, S. 130; geändert durch Richtlinie 87/405/EWG vom 25. Juni 1987 (ABl. EG L 220, S. 60).
[939] BGBl. I S. 1729; geändert durch Verordnung vom 27. 4. 1993 (BGBl. I S. 512).
[940] ABl. EG L 384, S. 1; angepasst durch Richtlinie 89/514/EWG vom 2. August 1989 (ABl. EG L 253, S. 35) und geändert durch Richtlinie 95/27/EG vom 29. Juni 1995 (ABl. EG L 168, S. 14).
[941] BGBl. I S. 1729; geändert durch Verordnung vom 18. Dezember 1992 (BGBl. I S. 2075).
[942] ABl. EG L 40, S. 12; geändert durch Richtlinie 93/68/EWG vom 22. Juli 1993 (ABl. EG L 220, S. 1).
[943] BGBl. I S. 1495; geändert durch Gesetz vom 29. 10. 2001 (BGBl. I S. 2798).
[944] ABl. EG L 196, S. 15; geändert durch Richtlinie 93/68/EWG (ABl. EG L 220, S. 1).
[945] BGBl. I S. 133.
[946] BGBl. I S. 1213.

(1) Vinylchloridmonomerrichtlinie 78/610/EWG

(a) Allgemeines. Epidemiologische Untersuchungen und auf Tierversuchen beruhende Erkenntnisse haben gezeigt, dass ein sog. „Vinylchloridmonomer-Syndrom" entstehen kann, wenn Arbeitnehmer längere Zeit oder wiederholt Vinylchlorid-Luftkonzentrationen ausgesetzt werden. Dieses Syndrom besteht aus der berufsbedingten Akroosteolyse. Hinzu kommen Leberfunktionsstörungen sowie Erkrankungen der Haut. Darüber hinaus handelt es sich bei Vinylchloridmonomer um eine karzinogene Substanz, die zum Angiosarkom, einer selten vorkommenden bösartigen Geschwulst, führen kann. Angesichts der Dringlichkeit der Rechtsangleichung auf diesem Gebiet hat der Rat bereits am 29. Juni 1979 die Richtlinie 78/610/EWG zur Angleichung der Rechts- und Verwaltungsvorschriften der Mitgliedstaaten über den Schutz der Gesundheit von Arbeitnehmern, die Vinylchloridmonomer ausgesetzt sind,[947] verabschiedet. Sie ist die erste Richtlinie auf Gemeinschaftsebene, die sich mit der Überwachung der Belastung der Arbeitnehmer durch ein chemisches Karzinogen befasst.

(b) Anwendungsbereich. Vom Geltungsbereich der Vinylchloridmonomerrichtlinie erfasst werden alle Arbeitnehmer, die in Betrieben beschäftigt werden, in denen Vinylchloridmonomer hergestellt, wiedergewonnen, gelagert, abgefüllt, befördert oder sonst verwendet wird oder in denen Vinylchloridmonomer in Vinylchloridpolymerisate umgewandelt wird, und die in einem Arbeitsbereich der Einwirkung von Vinylchloridmonomer ausgesetzt sind.[948] Arbeitsbereich in diesem Sinne ist ein räumlich begrenzter Teil eines Betriebs, der einen bis mehrere Arbeitsplätze umfassen kann. Er ist dadurch gekennzeichnet, dass sich der einzelne Arbeitnehmer im Rahmen seiner Tätigkeiten an den verschiedenen Arbeitsplätzen innerhalb dieses Bereiches unregelmäßig lange aufhält, die Aufenthaltsdauer an den einzelnen Arbeitsplätzen nicht genauer bestimmbar und eine weitere Unterteilung des Arbeitsbereichs in kleinere Einheiten nicht möglich ist.[949]

(c) Technische Maßnahmen zur Gefahrenverhütung. Gem. Art. 3 Abs. 1 RL Vcm muss die Exposition von Arbeitnehmern gegen Vinylchloridmonomer auf möglichst niedrige Werte reduziert werden. In den unter die Vinylchloridmonomerrichtlinie fallenden Betrieben ist der Arbeitgeber daher verpflichtet, die Vinylchloridmonomer-Konzentration in der Luft nach Maßgabe der Art. 3 und 4 RL Vcm zu überwachen.

(d) Grenzwert. Der technische Langzeitgrenzwert wird durch Art. 3 Abs. 2 RL Vcm auf 3 ppm festgesetzt. Als technischer Langzeitgrenzwert i.S. der Vinylchlridnomomerrichtlinie gilt der Wert, den die nach der Zeit integrierte durchschnittliche Vinylchloridmonomer-Konzentration in der Luft eines Arbeitsbereichs nicht überschreiten darf.[950] Auszugehen ist von einem Bezugszeitraum von einem Jahr, wobei lediglich die während der Betriebszeiten gemessenen Konzentrationen und die Dauer der Betriebszeiten berücksichtigt werden.

(e) Maßnahmen bei erhöhter Konzentration. Für den Fall, dass es zu normalen Erhöhungen der Vinylchloridmonomer-Konzentration kommen kann, ist der Arbeitgeber gem. Art. 6 Abs. 1 RL Vcm verpflichtet, ein Monitorsystem anzuordnen, mit dem diese Erhöhungen festgestellt werden können.

Kommt es zu einer derartigen Erhöhung der Konzentration, so hat der Arbeitgeber unverzüglich technische Vorkehrungen zu treffen, mit denen die Ursache der Konzentrationserhöhung ermittelt und ausgeschaltet werden kann.

Art. 6 Abs. 3 RL Vcm legt einen Alarmschwellenwert fest, bei dessen Überschreitung der Arbeitgeber unverzüglich individuelle Schutzmaßnahmen ergreifen muss. Die Alarmschwelle wird überschritten, wenn die Konzentration an einer Messstelle bei Mittelwerten über eine Stunde oberhalb 15 ppm liegt. Bei Mittelwerten über 20 Minuten darf die Kon-

---

[947] ABl. EG L 197, S. 12; nachfolgend Vinylchloridrichtlinie – RL Vcm – abgekürzt.
[948] Art. 1 Abs. 1 RL Vcm.
[949] Art. 2 Buchst. a RL Vcm.
[950] Art. 2 Buchst. b RL Vcm.

zentration nicht über 20 ppm und bei Mittelwerten über zwei Minuten nicht über 30 ppm liegen.

668 Kann bei bestimmten Arbeiten, wie z.B. Wartungs- und Reparaturarbeiten, trotz Ausschöpfung der verfahrens- und lüftungstechnischen Maßnahmen nicht sichergestellt werden, dass die Konzentration unterhalb der Grenzwerte liegt, so ist der Arbeitgeber nach Art. 7 RL Vcm verpflichtet, geeignete individuelle Schutzmaßnahmen vorzusehen.

669 **(f) Unterrichtung der Arbeitnehmer.** Art. 8 RL Vcm verlangt, dass die in den Anwendungsbereich der Vinylchloridmonomerrichtlinie fallenden Arbeitnehmer bei der Einstellung oder vor Aufnahme ihrer Tätigkeit über die gesundheitlichen Gefahren und die Vorsichtsmaßnahmen beim Umgang mit Vinylchloridmonomer zu unterrichten sind. Diese Unterrichtung hat der Arbeitgeber auch später in regelmäßigen Abständen zu wiederholen. Die Arbeitnehmervertreter haben einen Anspruch darauf, dass ihnen die Ergebnisse der am Arbeitsplatz durchgeführten Messungen auf Antrag zur Verfügung gestellt werden.[951]

670 **(g) Verzeichnis exponierter Arbeitnehmer.** Art. 9 Abs. 1 RL Vcm normiert die Pflicht des Arbeitgebers, über die in den Anwendungsbereich der Vinylchloridmonomerrichtlinie fallenden Arbeitnehmer ein Verzeichnis zu führen. In dem Verzeichnis müssen sowohl die Art und Dauer der Tätigkeiten als auch die hierdurch bedingten Expositionen angegeben werden. Das Verzeichnis ist dem zuständigen Arzt[952] zu übermitteln. Es muss für mindestens 30 Jahre nach Ende der Exposition aufbewahrt werden. Art. 9 Abs. 2 RL Vcm räumt den Arbeitnehmern das Recht ein, die sie betreffenden Angaben des Verzeichnisses zur Kenntnis zu nehmen.

671 **(h) Gesundheitsüberwachung.** Der Arbeitgeber muss sicherstellen, dass die in den Anwendungsbereich der Vinylchloridmonomerrichtlinie fallenden Arbeitnehmer bei der Einstellung oder vor Aufnahme ihrer Tätigkeit und auch später vom zuständigen Arzt untersucht werden.[953] Anhang II der Vinylchloridmonomerrichtlinie enthält eine Liste von Leitlinien, die bei der ärztlichen Überwachung der Arbeitnehmer zu berücksichtigen sind. Häufigkeit und Art der Untersuchungen werden – unbeschadet innerstaatlicher Regelungen – vom zuständigen Arzt in jedem Einzelfall festgelegt. Die medizinischen Unterlagen der Arbeitnehmer müssen mindestens 30 Jahre lang, gerechnet ab dem Beginn der Tätigkeit der Arbeitnehmer, aufbewahrt werden.

672 **(i) Aufhebung der Richtlinie mit Wirkung vom 29. April 2003.** Im Interesse der Konsistenz und der Rechtsklarheit hat der Rat mit der Verabschiedung der Richtlinie 1999/38/EG vom 29. April 1999 zur zweiten Änderung der Richtlinie 90/394/EWG über den Schutz der Arbeitnehmer gegen Gefährdung durch Karzinogene bei der Arbeit und zu ihrer Ausdehnung auf Mutagene[954] beschlossen, die wesentlichen Bestimmungen der Vinylchloridmonomerrichtlinie in die Karzinogenrichtlinie 90/394/EWG aufzunehmen, ohne dadurch das Niveau des Gesundheitsschutzes und der Sicherheit der Arbeitnehmer zu senken.[955]

673 Gem. Art. 2 der Richtlinie 1999/38/EG wird die Vinychloridmonomerrichtlinie mit Wirkung vom 29. April 2003, also dem Tag, bis zu dem die Richtlinie 1999/38/EG spätestens in nationales Recht umgesetzt werden muss, aufgehoben.

674 **(j) Umsetzung in das deutsche Recht.** Gem. Art. 11 RL Vcm waren die Mitgliedstaaten verpflichtet, die erforderlichen Rechts- und Verwaltungsvorschriften zu erlassen,

---

[951] Art. 9 Abs. 3 RL Vcm.
[952] Zuständiger Arzt ist nach der Begriffsbestimmung des Art. 2 Buchst. c RL Vcm der Arzt, der für die ärztliche Überwachung der in den Anwendungsbereich der Richtlinie fallenden Arbeitnehmer verantwortlich ist.
[953] Art. 10 Abs. 1 RL Vcm.
[954] ABl. EG L 138, S. 66, zur Karzinogenrichtlinie 90/394/EWG sowie ihrer Änderungsrichtlinien s. näher Rn. 755 ff.
[955] S. den 6. Erwägungsgrund der Richtlinie 199/38/EG.

XII. Technischer Arbeitsschutz   675–677 § 18

um der Vinylchloridmonomerrichtlinie innerhalb von 18 Monaten nach ihrer Bekanntgabe nachzukommen. Im deutschen Recht ist die Vinylchloridmonomerrichtlinie durch die Verordnung über gefährliche Stoffe (Gefahrstoffverordnung – GefStoffV) vom 26. 8. 1986[956] in nationales Recht umgesetzt worden.

(2) Rahmenrichtlinie Arbeitsstoffe 80/1107/EWG

(a) Allgemeines. Nach einer Untersuchung wiesen die von den Mitgliedstaaten getroffenen Maßnahmen zum Schutz der Arbeitnehmer vor der Gefährdung durch chemische, physikalische und biologische Arbeitsstoffe bei der Arbeit gewisse Unterschiede auf. Im Interesse einer ausgewogenen Entwicklung sah die Entschließung des Rates vom 29. Juni 1978 über ein Aktionsprogramm der Europäischen Gemeinschaft für Sicherheit und Gesundheitsschutz am Arbeitsplatz[957] daher die Harmonisierung der Bestimmungen und Maßnahmen zum Schutz der Arbeitnehmer gegen bestimmte chemische, physikalische und biologische Arbeitsstoffe vor. Im Jahre 1979 übermittelte die Kommission dem Rat einen entsprechenden Richtlinienvorschlag.[958] Gestützt auf diesen Vorschlag verabschiedete der Rat am 27. November 1980 **die Richtlinie 80/1107/EWG** über den Schutz der Arbeitnehmer vor der Gefährdung durch chemische, physikalische und biologische Arbeitsstoffe bei der Arbeit.[959] Die Rahmenrichtlinie Arbeitsstoffe sieht vor, dass die Grenzwerte sowie die sonstigen spezifischen Vorschriften für bestimmte Arbeitsstoffe in Einzelrichtlinien festgelegt werden.[960] Gestützt auf Art. 8 RL ArbStoffe sind zwischenzeitlich vier Einzelrichtlinien verabschiedet worden, und zwar die Richtlinie 82/605/EWG über den Schutz der Arbeitnehmer gegen Gefährdung durch metallisches Blei und seine Ionenverbindungen am Arbeitsplatz vom 28. Juni 1982,[961] die Richtlinie 83/477/EWG über den Schutz der Arbeitnehmer gegen Gefährdung durch Asbest am Arbeitsplatz vom 19. September 1983,[962] die Richtlinie 86/188/EWG über den Schutz der Arbeitnehmer gegen Gefährdung durch Lärm am Arbeitsplatz vom 12. Mai 1986 sowie die Richtlinie 88/364/EWG zum Schutz der Arbeitnehmer durch ein Verbot bestimmter Arbeitsstoffe und/oder Arbeitsverfahren vom 9. Juni 1988.[963]

Die Bestimmungen der Rahmenrichtlinie Arbeitsstoffe sind durch die Richtlinie 88/642/EWG vom 16. Dezember 1988 zur Änderung der Richtlinie 80/1107/EWG[964] strenger gefasst worden. Zudem ist mit dieser Änderungsrichtlinie der Anhang II a zur Bestimmung der Referenzmethode gem. Art. 4 Ziff. 4 Buchst. b in die Richtlinie eingefügt worden.

Gestützt auf Art. 8 Abs. 3 Unterabs. 3 RL ArbStoffe hat die Kommission die Richtlinien 91/322/EWG[965] und 96/94/EG[966] erlassen. Diese Richtlinien legen für die im Anhang dieser Richtlinien aufgeführten Arbeitsstoffe Richtgrenzwerte bei berufsbedingten Expositionen fest.

---

[956] BGBl. I S. 1470. Die Gefahrstoffverordnung ist mehrfach novelliert und durch die „Verordnung zur Novellierung der Gefahrstoffverordnung, zur Aufhebung der Gefährlichkeitsmerkmaleverordnung und zur Änderung der Ersten Verordnung zum Sprengstoffgesetz" vom 26. Oktober 1993 (BGBl. I S. 1782) konstitutiv neu gefasst worden; s. zu dieser Neufassung der Gefahrstoffverordnung *Börgmann*, Die Gefahrstoffverordnung im Spannungsfeld zwischen Verfassungs- und EG-Recht, 1996, S. 37 ff.; *Klein*, AiB 1994, S. 77 ff.; *Theuer*, BB 1994, S. 208 ff.; MünchArbR/*Wlotzke*, § 214, Rn. 18 ff.
[957] ABl. EG C 165, S. 1.
[958] ABl. EG C 59, S. 73.
[959] ABl. EG L 327, S. 8; nachfolgend Rahmenrichtlinie Arbeitsstoffe – RL ArbStoffe – abgekürzt.
[960] Art. 8 Abs. 1 RL ArbStoffe.
[961] ABl. EG L 247, S. 12; s. dazu Rn. 690 ff.
[962] ABl. EG L 265, S. 25; s. dazu Rn. 705 ff.
[963] ABl. EG L 179, S. 44; s. dazu Rn. 729 ff.
[964] ABl. EG L 356, S. 74.
[965] Richtlinie vom 29. Mai 1991; ABl. EG L 177, S. 22.
[966] Richtlinie vom 18. Dezember 1996; ABl. EG L 338, S. 86.

678 Der Gemeinschaftsgesetzgeber hat die Rahmenrichtlinie Arbeitsstoffe und die dazu ergangenen Einzelrichtlinien 82/605/EWG und 88/363/EWG nunmehr zwecks Vereinheitlichung und Klarstellung sowie aus technischen Gründen überarbeitet und in einer einzigen Richtlinie, nämlich der **Richtlinie 98/24/EG des Rates vom 7. April 1998** zum Schutz von Gesundheit und Sicherheit der Arbeitnehmer vor der Gefährdung durch chemische Arbeitsstoffe bei der Arbeit[967] zusammengefasst. Gem. Art. 13 Abs. 1 der Richtlinie 98/24/EWG wird die Rahmenrichtlinie Arbeitsstoffe mit Wirkung zum 5. Mai 2001 außer Kraft gesetzt.

679 **(b) Anwendungsbereich.** Vom sachlichen Geltungsbereich der Rahmenrichtlinie Arbeitsstoffe erfasst werden Arbeitsstoffe i. S. der Richtlinie. Nach der Begriffsbestimmung des Art. 2 Buchst. a RL ArbStoffe gilt als Arbeitsstoff i. S. der Richtlinie das während der Arbeit vorhandene chemische, physikalische oder biologische Agens, das als gesundheitsschädigend beurteilt wird. In den persönlichen Geltungsbereich fallen grundsätzlich alle Arbeitnehmer, also alle im Lohn- oder Gehaltverhältnis stehenden Personen, die während ihrer Arbeit Belastungen durch einen Arbeitsstoff ausgesetzt sind oder ausgesetzt werden könnten.[968] Ausgenommen sind Arbeitnehmer, die den unter den Vertrag zur Gründung der Europäischen Atomgemeinschaft fallenden Strahlungen ausgesetzt sind. Die Rahmenrichtlinie Arbeitsstoffe gilt ferner nicht für die Seeschifffahrt sowie für die Luftfahrt.[969]

680 **(c) Maßnahmen zum Schutz der Arbeitnehmer.** Art. 3 Abs. 1 RL ArbStoffe verpflichtet die Mitgliedstaaten, bei der Regelung von Arbeitsschutzmaßnahmen bezüglich eines Arbeitsstoffes die in Art. 4 Ziff. 1 bis 14 RL ArbStoffe aufgeführten Maßnahmen zu treffen, um die Belastung der Arbeitnehmer durch Arbeitsstoffe zu vermeiden oder auf dem niedrigsten in der Praxis vertretbaren Niveau zu halten. Zu den **Maßnahmen i. S. des Art. 4 RL** ArbStoffe gehören insbesondere folgende Schutzvorkehrungen: begrenzte Verwendung des Arbeitsstoffes am Arbeitsplatz; Begrenzung der Anzahl der Arbeitnehmer, die einer Belastung ausgesetzt sind oder sein könnten; Vorbeugung durch technische Maßnahmen; Festlegung von Grenzwerten; Regelung der Probenahme, der Messung und der Bewertung der Ergebnisse;[970] Schutzmaßnahmen unter Anwendung geeigneter Arbeitsprozesse und -methoden; kollektive Schutzmaßnahmen oder individuelle Schutzmaßnahmen, wenn die Belastung nicht in vertretbarer Weise durch andere Mittel vermieden werden kann.

681 Darüber hinaus müssen die Mitgliedstaaten die in **Art. 5 RL** ArbStoffe aufgeführten **ergänzenden Maßnahmen** treffen, wenn es sich um einen Arbeitsstoff handelt, der in Anhang I aufgelistet ist.[971] Die ergänzenden Maßnahmen i. S. des Art. 5 RL ArbStoffe bestehen u. a. darin, dass Arbeitnehmer vor ihrer Belastung und anschließend in regelmäßigen Abständen überwacht werden und dass jeder betroffene Arbeitnehmer Zugang zu den Ergebnissen seiner biologischen Tests über die Belastung erhält.

682 Gem. Art. 3 Abs. 2 RL ArbStoffe steht die Entscheidung, welche der in Art. 4 und 5 RL ArbStoffe vorgesehenen Maßnahmen ergriffen werden, im **Ermessen der Mitgliedstaaten.** Sie sind jedoch verpflichtet, bei ihrer Entscheidung die Art des Arbeitsstoffes, die

---

[967] ABl. EG L 131, S. 11; s. näher zu dieser Richtlinie Rn. 802 ff.
[968] Art. 2 Buchst. b RL ArbStoffe.
[969] Art. 1 Abs. 2 RL ArbStoffe.
[970] Durch die Änderungsrichtlinie 88/642/EWG sind die Bestimmungen über die Probenahme, Messung und Bewertung der Ergebnisse verschärft worden. Gem. Art. 4 Buchst. b hat bei chemischen Arbeitsstoffen die Regelung der Probenahme, der Messung und der Bewertung der Ergebnisse nach Maßgabe der in Anhang II a beschriebenen Referenzmethode oder einer zu gleichwertigen Ergebnissen führenden Methode zu erfolgen.
[971] Zu den in Anhang I aufgeführten Arbeitsstoffen gehören: Acrylnitril, Arsen und seine Verbindungen, Asbest, Benzol, Blei und seine Verbindungen, Kadmium und seine Verbindungen, Nickel und seine Verbindungen, Quecksilber und seine Verbindungen sowie die Chlorkohlenwasserstoffe Chloroform, Paradichlorbenzol, Tetrachlorkohlenwasserstoff.

XII. Technischer Arbeitsschutz   683–688   § 18

Intensität und die Dauer der Belastung, das Ausmaß des Risikos und die vorhandenen Kenntnisse über den Arbeitsstoff sowie den Grad der Dringlichkeit der zu ergreifenden Maßnahmen zu berücksichtigen.

Darüber hinaus verpflichtet Art. 3 Abs. 3 RL ArbStoffe die Mitgliedstaaten, zu gewährleisten, dass Arbeitnehmer, die einer Exposition gegenüber den in Anhang II Buchst. A aufgeführten Arbeitsstoffen[972] ausgesetzt sind, während der Zeit der Belastung angemessen überwacht werden. Ferner müssen die Mitgliedstaaten sicherstellen, dass die Arbeitnehmer oder ihre Vertreter am Arbeitsplatz bezüglich der in Anhang II Buchst. B aufgeführten Arbeitsstoffe[973] Zugang zu einer angemessenen Information über die von diesen Arbeitsstoffen ausgehenden Gefahren haben. 683

(d) Festsetzung von Richtgrenzwerten. Art. 8 Abs. 1 RL ArbStoffe sieht vor, dass der Rat für die in Anhang I aufgeführten Arbeitsstoffe verbindliche Grenzwerte und gegebenenfalls sonstige spezifische Vorschriften in Einzelrichtlinien festsetzt. Gestützt auf Art. 8 Abs. 1 RL ArbStoffe hat der Rat bisher die eingangs bereits genannten vier Einzelrichtlinien erlassen. 684

Unbeschadet des Absatzes 1 sieht Art. 8 Abs. 4 RL ArbStoffe vor, dass für Arbeitsstoffe, die nicht in Anhang I aufgeführt sind, Richtgrenzwerte nach dem Verfahren des Art. 10 RL ArbStoffe festgelegt werden. Auf der Grundlage dieser Ermächtigungsnorm hat die Kommission durch die Richtlinie 91/322/EWG vom 29. Mai 1991[974] und die Richtlinie 96/94/EG vom 18. Dezember 1996[975] Richtgrenzwerte für 50 Arbeitsstoffe festgesetzt.[976] 685

(e) Zuweisung eines anderen Arbeitsplatzes. Gem. Art. 6 2. Spiegelstrich RL ArbStoffe hat jeder Arbeitnehmer, der aus medizinischen Gründen in Übereinstimmung mit den einzelstaatlichen Rechtsvorschriften der Belastung durch einen Arbeitsstoff vorübergehend entzogen wird, einen Anspruch auf Zuweisung eines anderen Arbeitsplatzes. Voraussetzung für diesen Anspruch ist jedoch, dass dem Arbeitgeber die Zuweisung eines anderen Arbeitsplatzes möglich ist. 686

(f) Beteiligung der Arbeitnehmervertreter. Die Arbeitnehmervertreter in den Betrieben müssen sich gem. Art. 6 1. Spiegelstrich RL ArbStoffe von der Anwendung der in Art. 3 RL ArbStoffe vorgesehenen Maßnahmen zumindest vergewissern können. 687

(g) Umsetzung in das deutsche Recht. Gem. Art. 11 Abs. 1 RL ArbStoffe waren die Mitgliedstaaten verpflichtet, die erforderlichen Rechts- und Verwaltungsvorschriften zu erlassen, um dieser Richtlinie binnen drei Jahren nach ihrer Bekanntgabe nachzukommen. Zur Umsetzung der Änderungsrichtlinie 91/322/EWG stand den Mitgliedstaaten eine Frist bis zum 21. Dezember 1990[977] zu. Der deutsche Gesetzgeber hat die Rahmenrichtlinie durch die Verordnung über gefährliche Stoffe (Gefahrstoffverordnung – GefStoffV) vom 26. 8. 1986[978] in deutsches Recht umgesetzt. Die Änderungsrichtlinie 91/322/EWG ist durch die Zweite Verordnung zur Änderung der Gefahrstoffverordnung vom 23. April 1990[979] in nationales Recht umgesetzt worden. 688

---

[972] Zu den in Anhang II Buchst. A aufgeführten Arbeitsstoffen gehören Asbest sowie Blei und seine Verbindungen.
[973] Zu den in Anhang II Buchst. A aufgeführten Arbeitsstoffen gehören Arsen und seine Verbindungen, Asbest, Blei und seine Verbindungen, Kadmium und seine Verbindungen sowie Quecksilber und seine Verbindungen.
[974] ABl. EG L 356, S. 74.
[975] ABl. EG L 338, S. 86.
[976] Zu diesen gehören u.a. Ameisensäure, Brom, Essigsäure, Kohlendioxid, Methanol, Naphtalin, Phosphorpentachlorid sowie Stickstoffmonoxid.
[977] Art. 2 Abs. 2 der Richtlinie 88/642/EWG.
[978] BGBl. I S. 1470; zu der am 1. 10. 1986 in Kraft getretenen Gefahrstoffverordnung s. *Kaufmann*, DB 1986, S. 2229 ff.; *Klein/Streffer*, DB 1987, S. 2307 ff.; *Morich*, NZA 1987, S. 266 ff.; *Storm*, NVwZ 1987, S. 113 ff.
[979] BGBl. I S. 790.

689 Art. 2 Abs. 1 der Richtlinie 91/322/EWG vom 29. Mai 1991 zur Festsetzung von Richtgrenzwerten zur Durchführung der Richtlinie 80/1107/EWG[980] verpflichtete die Mitgliedstaaten zur Umsetzung dieser Richtlinie bis spätestens zum 31. Dezember 1993. Der deutsche Gesetzgeber ist dieser Umsetzungsverpflichtung durch die Verordnung zur Novellierung der Gefahrstoffordnung, zur Aufhebung der Gefahrstoffverordnung und zur Änderung der Ersten Verordnung zum Sprengstoffgesetz vom 26. Oktober 1993[981] fristgemäß nachgekommen.

(3) Bleirichtlinie 82/605/EWG

690 **(a) Allgemeines.** Metallisches Blei und seine Ionenverbindungen sind giftige Substanzen, die an vielen Arbeitsplätzen auftreten. Dementsprechend war die Schaffung spezieller harmonisierter Maßnahmen zum Schutz der Arbeitnehmer gegen Blei bereits Gegenstand der Entschließung des Rates vom 29. Juni 1978 über ein Aktionsprogramm der Europäischen Gemeinschaft für Sicherheit und Gesundheitsschutz am Arbeitsplatz.[982] Art. 8 Abs. 1 der Rahmenrichtlinie Arbeitsstoffe[983] sieht vor, dass die Festlegung von Grenzwerten und besonderen Anforderungen für die in ihrem Anhang I aufgeführten Arbeitsstoffe, zu denen auch Blei gehört, in Einzelrichtlinien erfolgen soll. Die Kommission hat dem Rat im Jahre 1979 einen entsprechenden Richtlinienvorschlag vorgelegt.[984] Gestützt auf diesen Vorschlag hat der Rat die Richtlinie 82/605/EWG über den Schutz der Arbeitnehmer gegen Gefährdung durch metallisches Blei und seine Ionenverbindungen am Arbeitsplatz vom 28. Juli 1982[985] verabschiedet. Bei ihr handelt es sich um die erste Einzelrichtlinie i.S. des Art. 8 Abs. 1 der Rahmenrichtlinie Arbeitsstoffe. Die Richtlinie hindert die Mitgliedstaaten nicht, Rechts- oder Verwaltungsvorschriften anzuwenden oder einzuführen, die einen umfassenderen Schutz der Arbeitnehmer oder einer besonderen Gruppe von Arbeitnehmern gewährleisten.[986]

691 Der Gemeinschaftsgesetzgeber hat die Rahmenrichtlinie Arbeitsstoffe und die dazu ergangene Bleirichtlinie in der **Richtlinie 98/24/EG** des Rates vom 7. April 1998 zum Schutz von Gesundheit und Sicherheit der Arbeitnehmer vor der Gefährdung durch chemische Arbeitsstoffe bei der Arbeit[987] zusammengefasst. Gem. Art. 13 Abs. 1 der Richtlinie 98/24/EWG wurde die Bleirichtlinie mit Wirkung zum 5. Mai 2001 außer Kraft gesetzt.

692 **(b) Anwendungsbereich.** Unter den persönlichen Geltungsbereich der Bleirichtlinie fielen alle Arbeitnehmer, die bei ihrer Arbeit der Gefahr einer Belastung durch metallisches Blei und seine Ionenverbindungen ausgesetzt sind. Der Anwendungsbereich wurde allerdings durch Art. 1 Abs. 2 RL Blei eingeschränkt. Danach galt die Bleirichtlinie nicht für die Seeschifffahrt, für die Luftfahrt sowie für den Abbau von bleihaltigen Erzen und die Zubereitung von Bleikonzentraten.

693 **(c) Beurteilung der Belastungsgefahr.** Art. 2 Abs. 1 RL Blei verpflichtete den Arbeitgeber, für jede Arbeit, bei der die Gefahr einer Aufnahme von Blei besteht, eine Beurteilung dieser Gefahr vorzunehmen, um die Art und das Ausmaß zu ermitteln, in dem die Arbeitnehmer dem Blei ausgesetzt sind. Eine Vermutung für die Gefahr einer Aufnahme von Blei bestand für Tätigkeiten, die in Anhang I aufgelistet sind. Dazu gehörten beispielsweise die Handhabung von Bleikonzentrat, die Blei- und Zinkverhüttung, die Bleikristallherstellung sowie die Kraftfahrzeugproduktion und -reparatur, soweit Blei verwendet wird oder vorhanden ist. Bestand Grund zu der Annahme, dass die Beurtei-

---

[980] ABl. EG L 177, S. 22.
[981] BGBl. 1993 I S. 1782.
[982] ABl. EG C 165, S. 1.
[983] ABl. EG L 327, S. 8; s. dazu oben Rn. 675 ff.
[984] ABl. EG C 324, S. 3.
[985] ABl. EG L 247, S. 12; nachfolgend Bleirichtlinie – RL Blei – abgekürzt.
[986] Art. 1 Abs. 3 RL Blei.
[987] ABl. EG L 131, S. 11; s. näher zu dieser Richtlinie Rn. 802 ff.

XII. Technischer Arbeitsschutz 694–700 § 18

lung unrichtig war, oder war bei der Arbeit eine wesentliche Änderung eingetreten, so war der Arbeitgeber gem. Art. 2 Abs. 5 RL Blei verpflichtet, diese Beurteilung zu überprüfen.

(d) **Abhilfemaßnahmen.** Ob und gegebenenfalls welche Abhilfemaßnahmen zu treffen waren, hing davon ab, welche Belastungen aus der Beurteilung hervorgingen. 694

Ergab die Beurteilung, dass der durch die Aufnahme von Blei bedingte Blutbleispiegel der Arbeitnehmer über 40 μg/100 ml Blut lag oder Arbeitnehmer einer Konzentration von mehr als 40 μg/m³ Blei in der Luft[988] ausgesetzt waren, so mussten die Arbeitnehmer sowie ihre Vertreter über die in Art. 11 Abs. 1 RL Blei aufgeführten Punkte[989] in angemessener Weise unterrichtet werden. Ferner hatte der Arbeitgeber die geeigneten Maßnahmen zu treffen, um die Gefahr der Aufnahme von Blei durch Rauchen, Essen und Trinken am Arbeitsplatz soweit wie möglich zu verringern.[990] 695

Eine sehr vage formulierte Abhilfemaßnahmen sah Art. 2 Abs. 3 RL Blei vor. Danach sollten sich die Mitgliedstaaten „bemühen", dass die betroffenen Arbeitnehmer nach den von den Mitgliedstaaten vorgesehenen Modalitäten biologisch überwacht werden, wenn aus der vom Arbeitgeber vorzunehmenden Beurteilung hervorging, dass der durch die Aufnahme von Blei bedingte individuelle Blutwertspiegel zwischen 40 μg und 50 μg/100 ml Blut lag. 696

Ging aus der Beurteilung hervor, dass der durch die Aufnahme von Blei bedingte individuelle Blutbleispiegel der Arbeitnehmer über 50 μg/100 ml Blut lag oder Arbeitnehmer einer Konzentration von mehr als 75 μg/m³ Blei in der Luft[991] ausgesetzt waren, so hatte der Arbeitgeber die in Art. 10 Abs. 1 RL Blei aufgeführten Maßnahmen zu treffen. So musste u.a. die Gefahr einer Bleiaufnahme beim Rauchen, Essen und Trinken ausgeschaltet werden. Ferner musste den Arbeitnehmern geeignete Arbeits- oder Schutzkleidung zur Verfügung gestellt werden. Die Kosten für die Maßnahmen nach Art. 10 Abs. 1 RL Blei durften nicht zu Lasten der Arbeitnehmer gehen. 697

Neben den Maßnahmen nach Art. 10 RL Blei hatte der Arbeitgeber den Bleigehalt der Luft zu kontrollieren[992] und die betroffenen Arbeitnehmer medizinisch (ärztlich und biologisch) zu überwachen.[993] 698

(e) **Grenzwerte.** Art. 6 RL Blei legte die zulässigen Grenzwerte für die Bleikonzentration in der Luft sowie im Blut fest. Danach lag der Grenzwert für die Bleikonzentration in der Luft bei 150 μg/m³.[994] Der Grenzwert für den individuellen Blutbleispiegel betrug 70 μg/100 ml Blut.[995] Das Verfahren zur Feststellung, ob der Grenzwert für den Bleigehalt der Luft überschritten worden ist, bestimmte sich nach Art. 7 RL Blei. 699

(f) **Maßnahmen bei Überschreiten der zulässigen Grenzwerte.** Wurde der Grenzwert für den Bleigehalt der Luft überschritten, so verpflichtete Art. 8 Abs. 1 RL Blei den Arbeitgeber, die Ursachen für diese Überschreitung festzustellen und so bald wie möglich geeignete Abhilfemaßnahmen zu treffen. Konnten geeignete Abhilfemaßnahmen auf Grund ihrer Art oder ihres Umfangs nicht binnen eines Monats getroffen werden und stellte sich bei einer erneuten Ermittlung der Bleikonzentration in der Luft heraus, dass die Grenzwerte für den Bleigehalt in der Luft weiterhin überschritten werden, so durfte die Arbeit in dem betreffenden Bereich nur dann fortgesetzt werden, wenn angemessene Maßnahmen zum Schutz der Arbeitnehmer getroffen wurden. Die Stellungnahme des 700

---

[988] Gewogener zeitlicher Mittelwert bezogen auf 40 Stunden pro Woche.
[989] Z.B. über die Gefahren für die Gesundheit infolge Bleiexposition, einschließlich der Gefahren für den Fötus und das mit Muttermilch gestillte Neugeborene.
[990] Art. 2 Abs. 2 RL Blei.
[991] Gewogener zeitlicher Mittelwert bezogen auf 40 Stunden pro Woche.
[992] Zu den Einzelheiten der Messungen und Kontrollen s. Art. 3 RL Blei.
[993] Die Einzelheiten der medizinischen Überwachung bestimmten sich nach Art. 4 und 5 RL Blei. Zur Unterrichtung der Arbeitnehmer oder ihrer Vertreter s. Art. 11 Abs. 2 RL Blei.
[994] Gewogener zeitlicher Mittelwert bezogen auf 40 Stunden pro Woche.
[995] Zu den Sonderregelungen für den Blutbleispiegel s. Art. 6 Abs. 1 Buchst. b und Abs. 2 RL Blei.

zuständigen Arztes oder der für die medizinische Überwachung zuständigen Behörde war zu berücksichtigen.⁹⁹⁶

701 Bei Überschreiten des biologischen Grenzwertes hatte der Arbeitgeber ebenfalls unverzüglich die Ursachen für diese Überschreitung festzustellen und Abhilfe zu schaffen.⁹⁹⁷ Zu diesen Maßnahmen konnte es gehören, dass die betreffenden Arbeitnehmer unverzüglich die bleigefährdete Umgebung verlassen, wenn der für ihre medizinische Kontrolle zuständige Arzt oder die dafür zuständige Behörde dies für angezeigt hielten.⁹⁹⁸

702 **(g) Zugang zu Auskünften.** Gem. Art. 12 RL Blei war dem für die medizinische Kontrolle der Arbeitnehmer zuständigen Arzt oder der zuständigen Behörde Zugang zu allen Auskünften zu gewähren, die zur Beurteilung der Bleiexposition der Arbeitnehmer erforderlich sind. Zu den Auskünften gehörten auch die Ergebnisse der Kontrolle des Bleigehalts der Luft.

703 **(h) Erfassung und Aufbewahrung der persönlichen Unterlagen.** Art. 13 RL Blei schrieb vor, dass die Erfassung und Aufbewahrung der persönlichen Angaben über Exposition und klinische und biologische Untersuchungen jedes Arbeitnehmers in geeigneter Form sichergestellt werden mussten. Die Einzelheiten der Erfassung und Aufbewahrung richteten sich nach den nationalen Rechtsvorschriften und Praktiken.

704 **(i) Umsetzung in das deutsche Recht.** Gem. Art. 14 Abs. 1 RL Blei waren die Mitgliedstaaten verpflichtet, die erforderlichen Rechts- und Verwaltungsvorschriften zu erlassen, um dieser Richtlinie spätestens am 1. Januar 1986 nachzukommen. Im deutschen Recht ist die Richtlinie durch die Verordnung über gefährliche Stoffe (**Gefahrstoffverordnung** – GefStoffV) vom 26. 8. 1986⁹⁹⁹ in nationales Recht umgesetzt worden.

(4) Asbestrichtlinie 83/477/EWG

705 **(a) Allgemeines.** Asbest ist ein besonders gefährlicher Stoff, der zu schweren Krankheiten führen kann und der an vielen Arbeitsplätzen in unterschiedlichen Formen auftritt. Nach den neuesten wissenschaftlichen Erkenntnissen ist es nicht möglich, „sichere" Grenzwerte in Bezug auf die schädlichen Eigenschaften von Asbest festzulegen. Vielmehr kann schon eine ganz geringe Asbestdosis Krebs erzeugen. Durch die Verringerung der Asbestexposition wird jedoch die Gefahr asbestbedingter Krankheiten herabgesetzt. Dementsprechend war die Schaffung spezieller harmonisierter Maßnahmen zum Schutz der Arbeitnehmer gegen Asbest bereits Gegenstand der Entschließung des Rates vom 29. Juni 1978 über ein Aktionsprogramm der Europäischen Gemeinschaft für Sicherheit und Gesundheitsschutz am Arbeitsplatz.¹⁰⁰⁰ Art. 8 Abs. 1 der Rahmenrichtlinie Arbeitsstoffe¹⁰⁰¹ sieht vor, dass die Festlegung von Grenzwerten und besonderen Anforderungen für Asbest der Regelung durch Einzelrichtlinien vorbehalten bleiben soll. Die Kommission hat dem Rat im Jahre 1979 einen entsprechenden Richtlinienvorschlag vorgelegt.¹⁰⁰² Gestützt auf diesen Vorschlag hat der Rat am 19. September 1983 die Richtlinie 83/477/EWG über den Schutz der Arbeitnehmer gegen Gefährdung durch Asbest am Arbeitsplatz¹⁰⁰³ verabschiedet. Die **Asbestrichtlinie** stellt die zweite Einzelrichtlinie i.S. des Art. 8 Abs. 1 der Richtlinie 80/1107/EWG dar. Sie enthält Mindestvorschriften, die auf Grund der Erfah-

---

⁹⁹⁶ Art. 8 Abs. 2 Unterabs. 1 RL Blei; zu den weiteren Einzelheiten s. Art. 8 RL Blei.
⁹⁹⁷ Art. 9 Abs. 1 RL Blei.
⁹⁹⁸ Zu den weiteren Einzelheiten s. Art. 9 RL Blei.
⁹⁹⁹ BGBl. 1986 I S. 1470; neu gefasst durch die „Verordnung zur Novellierung der Gefahrstoffverordnung, zur Aufhebung der Gefährlichkeitsmerkmaleverordnung und zur Änderung der Ersten Verordnung zum Sprengstoffgesetz" vom 26. Oktober 1993 (BGBl. I S. 1782), zuletzt geändert durch die Zweite Verordnung zur Änderung chemikalienrechtlicher Verordnungen vom 22. Dezember 1998 (BGBl. I S. 3956).
¹⁰⁰⁰ ABl. EG C 165, S. 1.
¹⁰⁰¹ ABl. EG L 327, S. 8; s. dazu oben Rn. 675 ff.
¹⁰⁰² ABl. EG C 324, S. 3.
¹⁰⁰³ ABl. EG L 263, S. 25; nachfolgend Asbestrichtlinie – RL Asb – abgekürzt.

rung sowie der Entwicklung der Technik auf diesem Gebiet überprüft werden sollen. Die Mitgliedstaaten werden durch die Asbestrichtlinie nicht daran gehindert, Rechts- oder Verwaltungsvorschriften anzuwenden oder einzuführen, die, insbesondere durch den Einsatz weniger gefährlicher Ersatzstoffe für Asbest, einen umfassenderen Schutz der Arbeitnehmer gewährleisten.

Die Erfahrungen bei der Anwendung der Asbestrichtlinie sowie die Fortschritte bei den wissenschaftlichen Kenntnissen und der Technologie haben die Kommission im Jahre 1990 veranlasst, dem Rat einen Vorschlag zur Verbesserung des Schutzes der Arbeitnehmer in Bezug auf Asbest vorzulegen.[1004] Gestützt auf diesen Änderungsvorschlag hat der Rat am 25. Juni 1991 die Richtlinie 91/382/EWG zur Änderung der Richtlinie 83/477/EWG über den Schutz der Arbeitnehmer gegen Gefährdung durch Asbest[1005] verabschiedet. Inhaltlich führt die **Änderungsrichtlinie** vor allem in drei Punkten zu einer Verbesserung des Arbeitsschutzes: Zum einen werden die Grenzwerte für die höchstzulässige Belastung herabgesetzt. Zum zweiten werden bestimmte Verwendungsarten verboten. Zum dritten schreibt die Änderungsrichtlinie bestimmte Maßnahmen vor, die vor Beginn von Abbrucharbeiten oder der Entfernung von asbesthaltigen Materialien ergriffen werden müssen. **706**

Anders als die Rahmenrichtlinie Arbeitsstoffe[1006] und die dazu ergangene Bleirichtlinie wird die Asbestrichtlinie nicht durch die Richtlinie 98/24/EG des Rates vom 7. April 1998 zum Schutz von Gesundheit und Sicherheit der Arbeitnehmer vor der Gefährdung durch chemische Arbeitsstoffe bei der Arbeit[1007] zusammengefasst, sondern bleibt auch über den 5. Mai 2001, den Umsetzungstermin für die Richtlinie 98/24/EG, bestehen. Gem. Art. 13 Abs. 2 der Richtlinie 98/24/EG werden lediglich die Bezugnahmen auf die Rahmenrichtlinie Arbeitsstoffe gestrichen und durch Bezugnahmen auf die Rahmenrichtlinie 89/391/EWG ersetzt. **707**

(b) Anwendungsbereich. Die Asbestrichtlinie erfasst Tätigkeiten, bei denen die Arbeitnehmer bei ihrer Arbeit Asbeststaub oder Staub von asbesthaltigen Materialien ausgesetzt sind oder ausgesetzt sein könnten. Nach der Begriffsbestimmung des Art. 2 RL Asb gelten als Asbest i.S. dieser Richtlinie folgende Silikate mit Faserstruktur: Aktinolith,[1008] Amosit,[1009] Anthophyllit,[1010] Chrysolit,[1011] Krokydolith,[1012] Tremolit.[1013] Vom Anwendungsbereich der Asbestrichtlinie ausgenommen sind die Seeschifffahrt und die Luftfahrt.[1014] **708**

(c) Beurteilung der Belastungsgefahr. Art. 3 Abs. 2 RL Asb verpflichtet den Arbeitgeber, für jede Tätigkeit, bei der eine Gefährdung durch Asbeststaub oder Staub von asbesthaltigen Materialien auftreten kann, eine Beurteilung dieser Gefährdung vorzunehmen, um die Art und das Ausmaß zu ermitteln, in dem die Arbeitnehmer dem Asbeststaub oder dem Staub von asbesthaltigen Materialien ausgesetzt sind. Die Arbeitnehmer oder ihre Vertreter im Betrieb sind zu der Ermittlung anzuhören.[1015] **709**

Besteht Grund zu der Annahme, dass die Beurteilung unrichtig ist, oder ist bei der Arbeit eine wesentliche Änderung eingetreten, so ist der Arbeitgeber gem. Art. 3 Abs. 4 RL Asb verpflichtet, diese Beurteilung zu überprüfen. **710**

[1004] ABl. EG C 161, S. 14.
[1005] ABl. EG L 206, S. 16.
[1006] ABl. EG L 327, S. 8; s. zu dieser Richtlinie Rn. 679 ff.
[1007] ABl. EG L 131, S. 11; s. näher zu dieser Richtlinie Rn. 802 ff.
[1008] CAS-Nr. 77536-66-4.
[1009] CAS-Nr. 12172-73-5.
[1010] CAS-Nr. 77536-67-5.
[1011] CAS-Nr. 12001-29-5.
[1012] CAS-Nr. 12001-28-4.
[1013] CAS-Nr. 77536-68-6.
[1014] Art. 1 Abs. 2 RL Asb.
[1015] Art. 3 Abs. 4 S. 1 RL Asb.

711 **(d) Konzentrationen unterhalb festgelegter Werte.** Ergibt sich aus der Beurteilung nach Art. 3 Abs. 2 RL Asb, dass die Konzentration von Asbestfasern in der Luft am Arbeitsplatz bei Fehlen jeglicher persönlicher Schutzausrüstung unterhalb der in Art. 3 Abs. 3 RL Asb festgelegten Konzentrationen[1016] liegt, so muss der Arbeitgeber die in Art. 6, 12 sowie 14 Abs. 1 RL Asb vorgesehenen Maßnahmen ergreifen.

712 Nach Art. 6 RL Asb muss für Tätigkeiten, bei denen die Arbeitnehmer bei ihrer Arbeit Asbeststaub oder Staub von asbesthaltigen Materialien ausgesetzt sind oder sein können, die Exposition der Arbeitnehmer gegenüber diesen Stäuben mittels der in Art. 6 Ziff. 1 bis 6 RL Asb aufgeführten **Maßnahmen** auf dem niedrigsten in der Praxis vertretbaren Niveau gehalten werden. Eine Einschränkung erfährt dieser Grundsatz jedoch dadurch, dass die Maßnahmen nur getroffen zu werden brauchen, wenn sie angemessen sind. Zu den Maßnahmen i. S. des Art. 6 RL Asb gehören beispielsweise: Beschränkung der jeweils eingesetzten Asbestmenge auf die geringste in der Praxis vertretbare Menge; Beschränkung der Anzahl der Arbeitnehmer, die Asbeststaub oder Staub von asbesthaltigen Materialien ausgesetzt sind oder sein können, auf ein weitestgehend mögliches Maß; Aufbewahrung und Transport von Asbest in geeigneten geschlossenen Behältnissen.

713 Art. 12 Abs. 1 RL Asb verpflichtet den Arbeitgeber, vor Beginn der Abbrucharbeiten oder der Entfernung von Asbest oder asbesthaltigen Materialien aus Gebäuden, Bauten, Geräten und Anlagen sowie aus Schiffen einen **Arbeitsplan** nach Maßgabe des Absatzes 2 aufzustellen. Der zuständigen Behörde muss auf Verlangen der Arbeitsplan nach Absatz 1 vor Beginn der vorgesehenen Arbeiten bekanntgegeben werden.[1017]

714 Gem. Art. 14 Abs. 1 RL Asb trifft den Arbeitgeber die Pflicht, die Arbeitnehmer sowie ihre Vertreter in dem Betrieb vor Aufnahme der in Art. 3 Abs. 1 RL Asb genannten Tätigkeiten in angemessener Weise über die in Art. 14 Abs. 1 RL Asb aufgeführten Punkte, u. a. über die Gefahren für die Gesundheit infolge Exposition gegenüber Asbeststaub oder Staub von asbesthaltigen Materialien, zu unterrichten.

715 **(e) Maßnahmen bei Überschreiten festgelegter Werte.** Ergibt sich aus der Ermittlung nach Art. 3 Abs. 2 RL Asb, dass die Konzentration von Asbestfasern in der Luft am Arbeitsplatz bei Fehlen jeglicher persönlicher Schutzausrüstung die in Art. 3 Abs. 3 RL Asb festgelegten Werte überschreitet, so hat der Arbeitgeber zusätzlich die in Art. 4, 7, 13, 14 Abs. 2, 15 und 16 RL Asb aufgeführten Maßnahmen zu ergreifen.

716 Nach Art. 4 Ziff. 1 RL Asb müssen die Tätigkeiten gem. Art. 3 Abs. 1 RL Asb einer von der zuständigen Behörde des Mitgliedstaats anzuwendenden **Mitteilungsregelung** unterliegen.[1018] Sofern wesentliche Veränderungen bei der Verwendung von Asbest oder asbesthaltigen Materialien auftreten, trifft den Arbeitgeber die Pflicht, eine erneute Mitteilung vorzunehmen.[1019] Ferner müssen die Arbeitnehmer oder ihre Vertreter die Möglichkeit haben, die Mitteilung über ihren Betrieb einzusehen.[1020]

717 Art. 7 RL Asb verpflichtet den Arbeitgeber, **Messungen** des Asbestgehalts der Luft nach Maßgabe dieser Vorschrift durchzuführen, um so die Einhaltung der in Art. 8 RL Asb festgelegten Grenzwerte zu gewährleisten.

718 Art. 13 RL Asb schreibt eine Reihe **weiterer Schutzvorkehrungen** vor. Danach müssen z. B. Bereiche, in denen die in Art. 3 Abs. 1 RL Asb genannten Tätigkeiten durch-

---

[1016] Die Konzentrationen sind durch die Änderungsrichtlinie 91/382/EWG v. 25. Juni 1991 (ABl. EG L 206, S. 16) herabgesetzt worden. Für Chrysotil gelten folgende Werte: niedriger als 0,20 Fasern je cm^3 für eine Referenzzeit von acht Stunden oder während eines Zeitraums von drei Monaten eine Gesamtdosis von insgesamt weniger als 12,00 Fasern mal Tage je cm^3. Für alle sonstigen Asbestarten, allein oder in Gemischen einschließlich chrysoltilhaltiger Gemische gelten folgende Werte: niedriger als 0,10 Fasern je cm^3 für eine Referenzzeit von acht Stunden oder während eines Zeitraums von drei Monaten eine Gesamtdosis von insgesamt weniger als 6,00 Fasern mal Tage je cm^3.
[1017] Art. 12 Abs. 3 RL Asb.
[1018] Zum Inhalt der Mitteilung s. Art. 4 Ziff. 2 RL Asb.
[1019] Art. 4 Ziff. 4 RL Asb.
[1020] Art. 4 Ziff. 3 RL Asb.

XII. Technischer Arbeitsschutz 719–725 § 18

geführt werden, deutlich abgegrenzt und mit Warnschildern versehen werden. Es müssen zudem Bereiche eingerichtet werden, in denen die Arbeitnehmer ohne die Gefahr einer Verunreinigung durch Asbeststaub essen und trinken können. Zu den weiteren vom Arbeitgeber zu beachtenden Pflichten i. S. des Art. 13 RL Asb gehören auch verschiedene Maßnahmen in Bezug auf eine geeignete Arbeits- und Schutzkleidung. Die Kosten für die in Art. 13 RL Asb vorgesehenen Maßnahmen dürfen nicht zu Lasten der Arbeitnehmer gehen.[1021]

Nach Art. 14 Abs. 2 RL Asb hat der Arbeitgeber die geeigneten Maßnahmen zu treffen, damit den Arbeitnehmern oder ihren Vertretern in dem Betrieb die Ergebnisse der Messungen des Asbestgehalts der Luft zugänglich sind und sie Auskünfte über die Bedeutung dieser Ergebnisse erhalten können. 719

Art. 15 RL Asb enthält verschiedene Maßnahmen, die die gesundheitliche Überwachung der Arbeitnehmer betreffen. Dazu gehört insbesondere, dass ein Arbeitnehmer, bevor er erstmals Asbeststaub oder Staub von asbesthaltigen Materialien ausgesetzt wird, Gelegenheit zu einer **Gesundheitskontrolle** erhält. Ferner muss für jeden Arbeitnehmer eine persönliche Gesundheitsakte angelegt werden.[1022] 720

Art. 16 RL Asb verpflichtet den Arbeitgeber schließlich, für die Arbeitnehmer, die die in Art. 3 Abs. 1 RL Asb genannten Tätigkeiten ausüben, ein Verzeichnis zu führen, in dem Art und Dauer ihrer Tätigkeit sowie die Gefährdung, der sie ausgesetzt sind, angegeben werden.[1023] Gem. Art. 16 Ziff. 2 RL Asb müssen diese Verzeichnisse sowie die nach Art. 15 RL Asb angelegten Gesundheitsakten nach Ende der Exposition mindestens dreißig Jahre lang aufbewahrt werden. Zudem sind die Mitgliedstaaten verpflichtet, ein Verzeichnis aller anerkannten Fälle von Asbestose und Mesotheliom zu führen.[1024] 721

(f) Grenzwerte. Art. 8 RL Asb legt die zulässigen Grenzwerte für die Asbestkonzentration in der Luft fest. Danach liegt der Grenzwert für die Konzentration von Chrysotil-Fasern in der Luft am Arbeitsplatz bei 0,60 Fasern je cm^3, gemessen oder berechnet für eine Referenzzeit von 8 Stunden. Für Fasern aller sonstigen Asbestarten, allein oder in Gemischen einschließlich chrysolithaliger Gemische, beträgt der Grenzwert für die Konzentration in der Luft am Arbeitsplatz 0,30 Fasern je cm^3, gemessen oder berechnet für eine Referenzzeit von acht Stunden.[1025] 722

(g) Maßnahmen bei Überschreiten der zulässigen Grenzwerte. Werden die in Art. 8 RL Asb festgelegten Grenzwerte überschritten, so ist der Arbeitgeber gem. Art. 10 Abs. 1 RL Asb verpflichtet, die Ursachen für diese Überschreitung festzustellen und sobald wie möglich geeignete Abhilfemaßnahmen zu treffen. Die Arbeit in dem betreffenden Bereich darf nur fortgesetzt werden, wenn für die betroffenen Arbeitnehmer geeignete Schutzmaßnahmen ergriffen werden. 723

Sobald der Arbeitgeber die in Art. 10 Abs. 1 RL Asb normierten Abhilfemaßnahmen getroffen hat, muss zur Überprüfung der Wirksamkeit dieser Maßnahmen der Asbestgehalt in der Luft unverzüglich neu ermittelt werden.[1026] 724

Kann der Arbeitgeber die Exposition nicht anders als durch das Tragen von individuellen Atemschutzgeräten in angemessener Weise verringern, so darf es sich dabei nicht um eine ständige Maßnahme handeln. Zudem muss die Zeit, in der die Geräte zu tragen sind, für jeden Arbeitnehmer auf das unbedingt erforderliche Mindestmaß beschränkt werden.[1027] 725

[1021] Art. 13 Abs. 2 RL Asb.
[1022] Zu den weiteren Einzelheiten der gesundheitlichen Überwachung s. Art. 15 RL Asb.
[1023] Zum Zugangsrecht zu diesen Verzeichnissen s. Art. 16 Ziff. 1 RL Asb.
[1024] Art. 17 RL Asb.
[1025] Die Konzentrationen sind durch die Änderungsrichtlinie 91/382/EWG herabgesetzt worden.
[1026] Art. 10 Abs. 2 RL Asb.
[1027] Art. 10 Abs. 3 RL Asb.

726 Bei bestimmten Tätigkeiten, bei denen eine Überschreitung der in Art. 8 RL Asb festgelegten Grenzwerte von vornherein absehbar ist und bei denen technische Vorbeugemaßnahmen zur Begrenzung des Asbestgehalts der Luft nicht unter vertretbaren Bedingungen getroffen werden können, ist der Arbeitgeber gem. Art. 11 RL Asb verpflichtet, besondere Vorkehrungen zum Schutz der Arbeitnehmer während dieser Tätigkeit zu ergreifen. Zu diesen Maßnahmen gehört insbesondere, dass der Arbeitgeber den Arbeitnehmern ein geeignetes Atemschutzgerät und weitere individuelle Schutzausrüstungen, die getragen werden müssen, zur Verfügung stellt. Ferner müssen Warnschilder aufgestellt werden, die darauf hinweisen, dass mit einer Überschreitung der in Art. 8 RL Asb festgelegten Grenzwerte zu rechnen ist. Der Arbeitgeber hat die Arbeitnehmer oder ihre Vertreter in dem Betrieb vor Durchführung dieser Tätigkeiten zu den betreffenden Maßnahmen anzuhören.[1028]

727 **(h) Verbot für bestimmte Verwendungsarten.** Während Art. 5 RL Asb in seiner ursprünglichen Fassung ein gänzliches Verbot der Asbestverarbeitung lediglich für die Spritzverarbeitung von Asbest mittels Beflockung enthielt, ist das Verbot durch die Änderungsrichtlinie 91/382/EWG ausgedehnt worden. Außer der bisher erfassten Spritzverarbeitung mittels Beflockung erfasst das Verbot des Art. 5 RL Asb nunmehr auch Tätigkeiten, bei denen asbesthaltige Isoliermaterialien oder Dämmstoffe mit geringer Dichte (weniger als 1 g/cm³) verarbeitet werden.

728 **(i) Umsetzung in das deutsche Recht.** Gem. Art. 18 Abs. 1 RL Asb waren die Mitgliedstaaten verpflichtet, die erforderlichen Rechts- und Verwaltungsvorschriften zu erlassen, um der Asbestrichtlinie bis spätestens zum 31. Dezember 1986 nachzukommen. Zur Umsetzung der Änderungsrichtlinie 91/382/EWG stand den Mitgliedstaaten eine Frist bis zum 31. 12. 1992 zur Verfügung.[1029] Im deutschen Recht ist die Asbestrichtlinie durch die Verordnung über gefährliche Stoffe (Gefahrstoffverordnung – GefStoffV) vom 26. 8. 1986[1030] umgesetzt worden. Die Änderungsrichtlinie 91/382/EWG hat der Gesetzgeber mit der Verordnung zur Novellierung der Gefahrstoffverordnung zur Aufhebung der Gefährlichkeitsmerkmaleverordnung und zur Änderung der Ersten Verordnung zum Sprengstoffgesetz vom 26. Oktober 1993[1031] in deutsches Recht umgesetzt.

(5) Lärmrichtlinie 86/188/EWG

729 **(a) Allgemeines.** Gesundheit und Sicherheit zahlreicher Arbeitnehmer sind durch einen hohen Lärmpegel am Arbeitsplatz potentiell gefährdet. Die zum Schutz der Arbeitnehmer gegen Lärm getroffenen Maßnahmen in den Mitgliedstaaten wiesen lange Zeit Unterschiede auf. Im Interesse einer ausgewogenen Entwicklung sah die Entschließung des Rates vom 29. Juni 1978 über ein Aktionsprogramm der Europäischen Gemeinschaft für Sicherheit und Gesundheitsschutz am Arbeitsplatz[1032] daher die Schaffung spezieller vereinheitlichter Verfahren zum Schutz der Arbeitnehmer gegen Lärm vor. Im Jahre 1982 hat die Kommission dem Rat einen entsprechenden Richtlinienvorschlag[1033] übermittelt. Nach Durchlaufen des gemeinschaftsrechtlichen Gesetzgebungsverfahrens hat der Rat am 12. Mai 1986 die Richtlinie 86/188/EWG über den Schutz der Arbeitnehmer gegen Gefährdung durch Lärm am Arbeitsplatz[1034] verabschiedet. Diese dritte Einzelrichtlinie i. S. des Art. 8 der Rahmenrichtlinie Arbeitsstoffe[1035] bezweckt den Schutz der Arbeitnehmer vor Gefährdungen ihres Gehörs und, soweit in dieser Richtlinie ausdrücklich vorgesehen,

---

[1028] Art. 11 Abs. 2 RL Asb.
[1029] Art. 2 Abs. 1 der Richtlinie 91/382/EWG.
[1030] BGBl. 1986 I. S. 1470.
[1031] BGBl. 1993 I. S. 1782; zuletzt geändert durch Art. 338 der VO vom 29. 10. 2001 (BGBl. I S. 2785).
[1032] ABl. EG C 165, S. 1.
[1033] ABl. EG C 289, S. 1.
[1034] ABl. EG L 137, S. 28; nachfolgend Lärmrichtlinie – RL Lärm – abgekürzt.
[1035] ABl. EG L 327, S. 8; s. zu dieser Richtlinie Rn. 675 ff.

XII. Technischer Arbeitsschutz 730–735 § 18

ihrer Gesundheit und ihrer Sicherheit, einschließlich der Verhütung solcher Gefährdungen, die sich aus der Lärmexposition während der Arbeit ergeben oder ergeben können.[1036] Die Lärmrichtlinie berührt nicht die Befugnis der Mitgliedstaaten, unter Wahrung der Vertragsbestimmungen Rechts- und Verwaltungsvorschriften anzuwenden oder einzuführen, mit denen, soweit möglich, ein weitergehender Schutz der Arbeitnehmer gewährleistet oder der Lärmpegel bei der Arbeit durch an der Lärmquelle wirkende Maßnahmen verringert wird, um insbesondere Expositionswerte zu erreichen, die unnötige Belastungen vermeiden.

Ergänzt wird die Lärmrichtlinie durch verschiedene Richtlinien, die für bestimmte Maschinen und Geräte Bestimmungen zur Begrenzung des Schallleistungspegels vorschreiben.[1037] Anders als bei der Lärmrichtlinie steht bei diesen produktbezogenen Richtlinien jedoch nicht der Arbeitsschutz, sondern der allgemeine Schutz der Menschen und der Umwelt vor Belästigungen durch Lärm im Vordergrund. **730**

Anders als die Rahmenrichtlinie Arbeitsstoffe[1038] und die dazu ergangene Bleirichtlinie wird die Lärmrichtlinie nicht durch die Richtlinie 98/24/EG des Rates vom 7. April 1998 zum Schutz von Gesundheit und Sicherheit der Arbeitnehmer vor der Gefährdung durch chemische Arbeitsstoffe bei der Arbeit[1039] zusammengefasst, sondern bleibt auch über den 5. Mai 2001, den Umsetzungstermin für die Richtlinie 98/24/EG, besteht. Gem. Art. 13 Abs. 3 der Richtlinie 98/24/EG werden lediglich die Bezugnahmen auf die Rahmenrichtlinie Arbeitsstoffe gestrichen und durch Bezugnahmen auf die Rahmenrichtlinie 89/391/EWG ersetzt. **731**

(b) Anwendungsbereich. In den persönlichen Geltungsbereich der Lärmrichtlinie fallen alle Arbeitnehmer, einschließlich derjenigen, die den unter den EAG-Vertrag fallenden Strahlungen ausgesetzt sind. Vom Anwendungsbereich der Lärmrichtlinie ausgenommen sind jedoch Arbeitnehmer der Seefahrt und der Luftfahrt. Der Begriff der „Arbeitnehmer der Seefahrt und der Luftfahrt" i. S. dieser Richtlinie bezeichnet lediglich das Bordpersonal.[1040] **732**

(c) Ermittlung des Lärms. Art. 3 Abs. 1 RL Lärm verpflichtet den Arbeitgeber, den Lärm während der Arbeit zu ermitteln und, falls erforderlich, zu messen, um festzustellen, ob und welche Maßnahmen zur Verringerung der Lärmexposition erforderlich sind. Die Ermittlung und Messung des Lärms hat nach Maßgabe der Absätze 2 und 3 des Art. 3 RL Lärm zu erfolgen. Gem. Art. 3 Abs. 4 RL Lärm sind die Arbeitnehmer oder ihre Vertreter im Betrieb zu der Ermittlung und Messung des Lärms hinzuzuziehen. Besteht Anlass zu der Vermutung, dass die Ermittlung und Messung unrichtig sind, oder ist bei der Arbeit eine wesentliche Änderung eingetreten, so ist der Arbeitgeber verpflichtet, sie zu revidieren.[1041] **733**

Art. 3 Abs. 5 RL Lärm verlangt, dass die Erfassung und Aufbewahrung der in Anwendung dieses Artikels enthaltenen Daten in geeigneter Form sichergestellt werden. Ferner hat der Arbeitgeber dem Arzt oder der zuständigen Behörde sowie den Arbeitnehmern oder ihren Vertretern im Betrieb Zugang zu diesen Angaben zu gewähren. **734**

(d) Maßnahmen zur Verringerung der Lärmexposition. Nach Art. 5 Abs. 1 RL Lärm trifft den Arbeitgeber die Pflicht, die Gefahren der Lärmexposition unter Berücksichtigung des technischen Fortschritts und der verfügbaren Maßnahmen zur Minderung des Lärms, insbesondere an der Quelle, auf das niedrigste in der Praxis vertretbare Niveau zu senken. **735**

[1036] Art. 1 Abs. 1 RL Lärm.
[1037] Vgl. z.B. Richtlinien 84/534/EWG vom 17. September 1984 und 86/662/EWG vom 22. Dezember 1986; s. zu diesen Richtlinien oben Rn. 899.
[1038] ABl. EG L 327, S. 8; s. zu dieser Richtlinie Rn. 675ff.
[1039] ABl. EG L 131, S. 11; s. näher zu dieser Richtlinie Rn. 802ff.
[1040] Art. 1 Abs. 2 RL Lärm.
[1041] Art. 3 Abs. 4 RL Lärm.

736 **(e) Maßnahmen bei voraussichtlichem Überschreiten von Höchstwerten.** Übersteigt die tägliche persönliche Lärmexposition[1042] eines Arbeitnehmers voraussichtlich 85 dB (A) oder übersteigt der nichtbewertete momentane Schalldruck voraussichtlich den Höchstwert von 200 PA, so hat der Arbeitgeber die in Art. 4 Abs. 1 RL Lärm aufgeführten Maßnahmen sicherzustellen. Danach müssen die Arbeitnehmer oder ihre Vertreter im Betrieb in geeigneter Weise über folgende Punkte unterrichtet und gegebenenfalls belehrt werden: mögliche Gefahren der Lärmexposition für ihr Gehör; gemäß dieser Richtlinie ergriffene Maßnahmen; Pflicht zur Befolgung der Schutz- und Verhütungsmaßnahmen nach Maßgabe der einzelstaatlichen Rechtsvorschriften; Tragen von persönlichen Gehörschutzmitteln und Überwachung der Hörfähigkeit gem. Art. 7 RL Lärm.[1043] Die Arbeitnehmer oder ihre Vertreter im Betrieb haben Anspruch auf Zugang zu den Ergebnissen der Lärmermittlung und -messung, wobei sie Auskünfte über die Bedeutung dieser Ergebnisse verlangen können.[1044] Ferner ist der Arbeitgeber gem. Art. 6 Abs. 2 RL Lärm verpflichtet, den Arbeitnehmern individuelle Gehörschutzmittel zur Verfügung zu stellen.

737 Überschreitet die tägliche persönliche Lärmexposition der Arbeitnehmer am Arbeitsplatz voraussichtlich 86 dB (A), so sind sie außerdem darüber zu unterrichten, wann und wo die Vorschriften des Art. 6 RL Lärm über den Einsatz von Gehörschutzmitteln anzuwenden sind.[1045]

738 An Arbeitsplätzen, an denen voraussichtlich eine tägliche persönliche Lärmexposition des Arbeitnehmers von mehr als 90 dB (A) besteht oder der nichtbewertete momentane Schalldruck den Höchstwert von 200 PA übersteigt, hat der Arbeitgeber die Unterrichtung nach Art. 4 Abs. 1 RL Lärm, sofern in der Praxis vertretbar, in Form einer geeigneten Beschilderung vorzunehmen. Außerdem müssen die Arbeitsplätze und der Zugang zu ihnen beschränkt werden. Dies gilt jedoch nur dann, wenn dies durch das Expositionsrisiko gerechtfertigt ist und diese Maßnahmen in der Praxis vertretbar sind.[1046]

739 **(f) Maßnahmen bei Überschreiten der zulässigen Grenzwerte.** Übersteigt die tägliche persönliche Lärmexposition eines Arbeitnehmers 90 dB (A) oder übersteigt der nichtbewertete momentane Schalldruck den Höchstwert von 200 PA, so verpflichtet Art. 5 Abs. 2 RL Lärm den Arbeitgeber, die Ursachen hierfür zu ermitteln. Der Arbeitgeber hat zudem ein Programm technischer Maßnahmen oder Maßnahmen der Arbeitsgestaltung festzulegen und durchzuführen, um die Lärmexposition, soweit in der Praxis vertretbar, herabzusetzen. Darüber hinaus sind die Arbeitnehmer oder ihre Vertreter im Betrieb über diese Überschreitung sowie über die getroffenen Abhilfemaßnahmen angemessen zu unterrichten.

740 **(g) Einsatz von Gehörschutzmitteln.** Nach Art. 6 Abs. 1 RL Lärm sind Arbeitnehmer verpflichtet, persönliche Gehörschutzmittel zu benutzen, wenn die tägliche persönliche Lärmexposition eines Arbeitnehmers 90 dB (A) oder der nichtbewertete momentane Schalldruck den Höchstwert von 200 PA übersteigt.[1047] Soweit die Benutzung der Gehörschutzmittel ein Unfallrisiko zur Folge hat, muss der Arbeitgeber dieses Risiko durch geeignete Maßnahmen so weit verringern, wie dies in der Praxis vertretbar ist.[1048]

741 **(h) Überwachung der Hörfähigkeit.** Für den Fall, dass es in der Praxis nicht vertretbar ist, die tägliche persönliche Lärmexposition des Arbeitnehmers auf weniger als 85 dB (A) zu verringern, räumt Art. 7 Abs. 1 RL Lärm dem betroffenen Arbeitnehmer einen

---

[1042] Vgl. die Legaldefinition des Art. 2 Abs. 1 RL Lärm.
[1043] Art. 4 Abs. 1 Buchst. a RL Lärm.
[1044] Art. 4 Abs. 1 Buchst. b RL Lärm.
[1045] Art. 4 Abs. 2 Unterabs. 1 RL Lärm.
[1046] Art. 4 Abs. 2 Unterabs. 2 RL Lärm.
[1047] Zu den Anforderungen an die Benutzung von Gehörschutzmitteln vgl. Art. 6 Abs. 3 RL Lärm sowie die Richtlinie 89/656/EWG über Mindestvorschriften für Sicherheit und Gesundheitsschutz bei Benutzung persönlicher Schutzausrüstungen durch Arbeitnehmer bei der Arbeit vom 30. November 1989; näher zu dieser Richtlinie Rn. 675 f.
[1048] Art. 6 Abs. 4 RL Lärm.

XII. Technischer Arbeitsschutz   742–745 § 18

Anspruch auf Überwachung seiner Hörfähigkeit ein. Die Überwachung muss von einem Arzt oder unter der Verantwortung eines Arztes vorgenommen werden.[1049] Hält der betroffene Arbeitnehmer es für erforderlich, ist die Überwachung von einem Facharzt vorzunehmen. Die Überwachung hat darauf abzuzielen, jede lärmbedingte Verminderung der Hörfähigkeit zu diagnostizieren und das Hörvermögen des Ohres zu erhalten. Die Ergebnisse der Überwachung sind gemäß den einzelstaatlichen Rechtsvorschriften oder der einzelstaatlichen Praxis aufzubewahren.[1050]

(i) Abweichungen. Art. 9 RL Lärm enthält verschiedene Ausnahmeermächtigungen, 742 die es den Mitgliedstaaten erlauben, nach Maßgabe dieser Vorschrift Abweichungen von den Art. 5 Abs. 2, 6 Abs. 1 und Abs. 3, 7 Abs. 1 RL Lärm zuzulassen.

(j) Schutzmaßnahmen für neue Anlagen. Art. 8 Abs. 1 RL Lärm verpflichtet die 743 Mitgliedstaaten dazu, geeignete Maßnahmen zu treffen, damit die Planung, Erstellung oder Einrichtung neuer Anlagen[1051] dem in Art. 5 Abs. 1 RL Lärm enthaltenen Grundsatz der Lärmminimierung entsprechen. Ferner haben die Mitgliedstaaten gem. Art. 5 Abs. 1 Buchst. b RL Lärm sicherzustellen, dass bei der Verwendung eines neuen Geräts,[1052] das bei der Arbeit eingesetzt werden soll und das bei sachgemäßem Gebrauch beim Arbeitnehmer eine tägliche persönliche Lärmexposition von 85 dB (A) oder mehr oder einen nichtbewerteten momentanen Schalldruck mit dem Höchstwert von 200 PA oder mehr verursachen kann, sachdienliche Informationen über den Lärm zur Verfügung gestellt werden. Die Verwendungsbedingungen, unter denen der Lärm entsteht, müssen im Einzelnen angegeben werden.

(k) Umsetzung in das deutsche Recht. Gem. Art. 13 RL Lärm hatten die Mit- 744 gliedstaaten die erforderlichen Rechts- und Verwaltungsvorschriften zu erlassen, um der Lärmrichtlinie spätestens bis zum 1. Januar 1990 nachzukommen. Im deutschen Recht wird die Lärmrichtlinie nur im Hinblick auf die Vorgabe des Art. 8 Abs. 2 RL Lärm durch gesetzliche Vorschriften umgesetzt, und zwar durch die Dritte Verordnung zum Gerätesicherheitsgesetz (**Maschinenlärminformations-VO** vom 18. Januar 1991).[1053] Im Übrigen erfolgte die Umsetzung durch die Neufassung der Unfallverhütungsvorschrift „Lärm" (VBG 121) aus dem Jahre 1990,[1054] also durch autonomes Recht.[1055]

(6) Richtlinie über das Verbot bestimmter Arbeitsstoffe 88/364/EWG

(a) Allgemeines. Ausgehend von der Erkenntnis, dass die Verwendung bestimmter 745 Arbeitsstoffe, insbesondere solcher, deren krebserzeugende Wirkung anerkannt ist, sowie bestimmte Arbeitsverfahren ernsthafte Auswirkungen auf die Gesundheit der Arbeitnehmer haben können, sah die Entschließung des Rates vom 27. Februar 1984 über ein zweites Aktionsprogramm der Europäischen Gemeinschaften für Sicherheit und Gesundheitsschutz am Arbeitsplatz[1056] die Entwicklung von Maßnahmen vor, um einen angemessenen Schutz der Arbeitnehmer vor den genannten Gefahren zu gewährleisten. Die Kommission hat dem Rat bereits im Jahre 1984 einen entsprechenden Richtlinienvor-

---

[1049] Anhang II der Lärmrichtlinie enthält eine Liste von Punkten, die bei der Überwachung der Hörfähigkeit der Arbeitnehmer zu berücksichtigen sind.
[1050] Art. 7 Abs. 3 RL Lärm.
[1051] Unter den Begriff Anlagen i. S. des Art. 8 Buchst. a RL Lärm fallen neue Werke, Einrichtungen oder Maschinen, die Erweiterung oder wesentliche Veränderung bestehender Gebäude oder Anlagen sowie die Ersetzung von Anlagen.
[1052] Unter den Begriff Gerät i. S. des Art. 8 Abs. 1 Buchst. b RL Lärm fallen Werkzeuge, Maschinen, Apparate usw.
[1053] BGBl. 1991 I, S. 146; s. näher zur Maschinenlärminformations-VO MünchArbR/*Wlotzke*, § 215, Rn. 4.
[1054] Näher dazu *Lazarus*, AiB 1992, S. 677 ff.
[1055] Zur Zulässigkeit der Umsetzung von Arbeitsschutzrichtlinien durch Unfallverhütungsvorschriften s. § 10 Rn. 61 ff.
[1056] ABl. EG C 67, S. 2.

schlag vorgelegt.¹⁰⁵⁷ Gestützt auf diesen Vorschlag hat der Rat am 9. Juni 1988 die Richtlinie 88/364/EWG zum Schutz der Arbeitnehmer durch ein Verbot bestimmter Arbeitsstoffe und Arbeitsverfahren¹⁰⁵⁸ verabschiedet. Diese vierte Einzelrichtlinie i. S. des Art. 8 der Rahmenrichtlinie Arbeitsstoffe¹⁰⁵⁹ berührt nicht die Befugnis der Mitgliedstaaten, unter Wahrung der Vertragsbestimmungen Rechts- und Verwaltungsvorschriften anzuwenden oder einzuführen, die einen besseren Schutz der Arbeitnehmer gewährleisten.

746 Der Gemeinschaftsgesetzgeber hat die Rahmenrichtlinie Arbeitsstoffe und die dazu ergangene Richtlinie über das Verbot bestimmter Arbeitsstoffe in der **Richtlinie 98/24/EG** des Rates vom 7. April 1998 zum Schutz von Gesundheit und Sicherheit der Arbeitnehmer vor der Gefährdung durch chemische Arbeitsstoffe bei der Arbeit¹⁰⁶⁰ zusammengefasst. Gem. Art. 13 Abs. 1 der Richtlinie 98/24/EWG wurde die Richtlinie über das Verbot bestimmter Arbeitsstoffe mit Wirkung zum 5. Mai 2001 außer Kraft gesetzt.

747 **(b) Anwendungsbereich.** In den persönlichen Geltungsbereich der Richtlinie fielen grundsätzlich alle Arbeitnehmer. Vom Anwendungsbereich der Richtlinie ausgenommen waren jedoch die Seeschifffahrt und die Luftfahrt.

748 **(c) Verbot von Arbeitsstoffen und Arbeitsverfahren.** Gem. Art. 3 Abs. 1 RL ArbstV war die Verwendung der im Anhang aufgeführten Stoffe¹⁰⁶¹ nach Maßgabe der dort festgelegten Modalitäten verboten. Ziff. 1 des Anhangs enthielt ein grundsätzliches Verbot der Herstellung und Verwendung für folgende vier Stoffe: 2-Naphtylamin und seine Salze,¹⁰⁶² 4-Aminobiphenyl und seine Salze,¹⁰⁶³ Benzidin und seine Salze¹⁰⁶⁴ sowie 4-Nitrodiphenyl.¹⁰⁶⁵ Bei den im Anhang aufgeführten Stoffen handelte es sich nicht um eine erschöpfende Liste. Der Rat war vielmehr befugt, mit qualifizierter Mehrheit auf Vorschlag der Kommission, in Zusammenarbeit mit dem EP und nach Anhörung des Wirtschafts- und Sozialausschusses den Anhang zu ändern, um insbesondere zusätzliche Arbeitsstoffe oder Arbeitsverfahren darin aufzunehmen. Die Entscheidung, welche Arbeitsstoffe oder Arbeitsverfahren in den Anhang aufgenommen werden, hatte unter Berücksichtigung folgender Gesichtspunkte zu erfolgen: es bestehen ernste Risiken für die Gesundheit und die Sicherheit der Arbeitnehmer; Vorsichtsmaßnahmen bieten keinen zufrieden stellenden Schutz der Gesundheit und der Sicherheit der Arbeitnehmer; das Verbot führt nicht zur Verwendung von Ersatzerzeugnissen, die eine gleich hohe oder noch höhere Gefahr für Gesundheit und Sicherheit der Arbeitnehmer mit sich bringen können.

749 **(d) Ausnahmen.** Die Verwendungs- und Herstellungsverbote der Ziff. 1 des Anhangs fanden keine Anwendung, wenn die Arbeitsstoffe in Form von Fremdstoffen,¹⁰⁶⁶ Nebenprodukten¹⁰⁶⁷ oder als Bestandteil von Abfallprodukten¹⁰⁶⁸ in Stoffen oder Zubereitun-

---

¹⁰⁵⁷ ABl. EG C 270, S. 3.
¹⁰⁵⁸ ABl. EG L 179, S. 44; nachfolgend Richtlinie über das Verbot bestimmter Arbeitsstoffe – RL ArbstV – abgekürzt.
¹⁰⁵⁹ ABl. EG L 327, S. 8; s. zu dieser Richtlinie Rn. 675 ff.
¹⁰⁶⁰ ABl. EG L 131, S. 11; s. näher zu dieser Richtlinie Rn. 802 ff.
¹⁰⁶¹ Stoffe sind nach der Begriffsbestimmung des Art. 2 Buchst. a chemische Elemente und ihre Zusammensetzungen im Naturzustand oder gewerblich hergestellt, einschließlich erforderlicher Zusatzstoffe für ihre Vermarktung.
¹⁰⁶² CAS-Nr. 91-59-8.
¹⁰⁶³ CAS-Nr. 92-67-1.
¹⁰⁶⁴ CAS-Nr. 92-87-5.
¹⁰⁶⁵ CAS-Nr. 92-93-3.
¹⁰⁶⁶ Fremdstoffe sind nach der Begriffsbestimmung des Art. 2 Buchst. d Stoffe, die von vornherein in unbedeutenden Mengen in anderen Stoffen enthalten sind.
¹⁰⁶⁷ Nebenprodukte sind nach der Begriffsbestimmung des Art. 2 Buchst. f Stoffe, die während einer chemischen Reaktion entstehen und am Ende der Reaktion oder des Arbeitsvorgangs zurückbleiben.
¹⁰⁶⁸ Abfallprodukte sind nach der Begriffsbestimmung des Art. 2 Buchst. g die Rückstände aus einer chemischen Reaktion, die am Ende der Reaktion oder des Arbeitsvorgangs zu beseitigen sind.

XII. Technischer Arbeitsschutz   750–755 § 18

gen[1069] enthalten waren, sofern ihre Konzentration in diesen Stoffen oder Zubereitungen sich jeweils unter 0,1 Gewichtshundertteilen hielt.[1070]

Ziff. 3 des Anhangs ermächtigte die Mitgliedstaaten für die folgenden Zwecke **Ausnahmen** von den in Ziff. 1 des Anhangs enthaltenen Herstellungs- und Verwendungsverboten vorzusehen: für die Herstellung und Verwendung ausschließlich zu Forschungs- und wissenschaftlichen Versuchszwecken einschließlich Analysen; für Tätigkeiten, die auf die Beseitigung von Abfallstoffen abzielen, die in Form von Nebenprodukten oder Abfallprodukten auftreten; für die unter Ziff. 1 des Anhangs genannten Stoffe zum Zwecke ihrer Verwendung als Zwischenprodukt[1071] sowie für eine entsprechende Verwendung. 750

Für den Fall, dass eine der im Anhang vorgesehenen Ausnahmen vorlag, hatte der Arbeitgeber die in Art. 4 RL ArbstV normierten **Schutz- und Meldemaßnahmen** zu beachten. Art. 4 Buchst. a RL ArbstV verpflichtete den Arbeitgeber, angemessene Vorkehrungen zum Schutz der Gesundheit und der Sicherheit der betroffenen Arbeitnehmer zu treffen. Zu den Schutzmaßnahmen gehörte insbesondere die vollständige Unterrichtung der Arbeitnehmer oder ihrer Vertreter im Betrieb über die Sicherheits- und Gesundheitsgefährdung, welche von den jeweiligen Arbeitsstoffen oder Arbeitsverfahren ausgeht. 751

Nach Art. 4 Buchst. b RL ArbstV hatte der Arbeitgeber zudem der zuständigen Behörde eine Meldung zu erstatten, aus der zumindest folgende Angaben hervorgehen mussten: die jährlich verwendeten Mengen; die betreffenden Tätigkeiten, Reaktionen oder Arbeitsvorgänge; die Zahl der exponierten Arbeitnehmer sowie die technisch-organisatorischen Maßnahmen zur Verhütung der Gefährdung der Arbeitnehmer. Ferner mussten die Meldeunterlagen Informationen umfassen, mit denen sichergestellt wird, dass die Arbeitnehmer oder ihre Vertreter in dem Betrieb voll über die jeweilige Sicherheits- und Gesundheitsgefährdung unterrichtet sind.[1072] 752

(e) Einsichtsrecht. Art. 5 Abs. 1 RL ArbstV räumte den Arbeitnehmern oder ihren Vertretern im Betrieb das Recht ein, die nach Art. 4 RL ArbstV vorzulegenden Unterlagen betreffend ihren Betrieb einzusehen. 753

(f) Umsetzung in das deutsche Recht. Gem. Art. 7 Abs. 1 RL ArbV waren die Mitgliedstaaten verpflichtet, die erforderlichen Rechts- und Verwaltungsvorschriften zu erlassen, um dieser Richtlinie spätestens bis zum 1. Januar 1990 nachzukommen. Im deutschen Recht ist die vorliegende Richtlinie durch die Zweite Verordnung zur **Änderung der Gefahrstoffverordnung** vom 23. April 1990[1073] in nationales Recht umgesetzt worden. 754

(7) Karzinogenrichtlinie 90/394/EWG

(a) Allgemeines. Berufsbedingte Krebserkrankungen stellen in den Industrieländern ein ernsthaftes Problem dar. Beim gegenwärtigen Stand der wissenschaftlichen Kenntnisse kann ein Niveau, unter dem eine Gefährdung der Gesundheit der Arbeitnehmer durch Karzinogene am Arbeitsplatz nicht mehr gegeben ist, nicht festgestellt werden. Durch die Verringerung der Exposition gegenüber Karzinogenen kann jedoch die Gefahr karzinogenbedingter Erkrankungen vermindert werden. Um einen Beitrag zu einer Verminderung der Gefährdung der Arbeitnehmer durch Karzinogene zu leisten, hat die Kommission dem Rat im Jahre 1988 einen Richtlinienvorschlag zugeleitet,[1074] der die Einhaltung 755

[1069] Zubereitungen sind nach der Begriffsbestimmung des Art. 2 Buchst. c Gemische oder Lösungen aus zwei oder mehr Stoffen.
[1070] Ziff. 2 des Anhangs.
[1071] Zwischenprodukte sind nach der Begriffsbestimmung des Art. 2 Buchst. e Stoffe, die während einer chemischen Reaktion entstehen, umgewandelt werden und daher am Ende der Reaktion oder des Arbeitsvorgangs nicht mehr vorhanden sind.
[1072] Art. 5 Abs. 2.
[1073] BGBl. 1990 I, S. 790.
[1074] ABl. EG C 34, S. 9.

Wank   789

von Mindestvorschriften vorsieht, mit denen ein höheres Niveau an Sicherheit und Gesundheitsschutz im Rahmen des Schutzes der Arbeitnehmer gegen die Gefährdung durch Karzinogene bei der Arbeit sichergestellt werden soll. Gestützt auf diesen Vorschlag hat der Rat am 28. Juni 1990 die Richtlinie 90/394/EWG über den Schutz der Arbeitnehmer gegen Gefährdung durch Karzinogene bei der Arbeit[1075] verabschiedet. Die Karzinogenrichtlinie ist die sechste Einzelrichtlinie i. S. von Art. 16 Abs. 1 der Rahmenrichtlinie Arbeitsschutz (89/391/EWG).[1076] Die Bestimmungen jener Richtlinie sind daher in vollem Umfang auf die Exposition der Arbeitnehmer gegenüber karzinogenen Stoffen anzuwenden, unbeschadet strengerer oder spezifischer Bestimmungen in der vorliegenden Richtlinie. Die Karzinogenrichtlinie ist durch die Richtlinie 97/42/EG vom 27. Juni 1997[1077] sowie die Richtlinie 1999/38/EG[1078] geändert worden.

756 **(b) Anwendungsbereich.** Die Karzinogenrichtlinie ist auf Tätigkeiten anzuwenden, bei denen Arbeitnehmer auf Grund ihrer Arbeit Karzinogenen ausgesetzt sind oder sein können.[1079] Als Karzinogen i. S. der Karzinogenrichtlinie gilt gem. der Begriffsbestimmung des Art. 2 RL Karz zum einen ein Stoff, dem in Anhang I der Richtlinie 67/548/EWG zur Angleichung der Rechts- und Verwaltungsvorschriften für die Einstufung, Verpackung und Kennzeichnung gefährlicher Stoffe vom 27. Juni 1967,[1080] der R-Satz 46 „kann Krebs erzeugen" zugeordnet wurde. Zu den Karzinogenen gehört ferner eine Zubereitung, die gem. Art. 3 Abs. 5 Buchst. j der Richtlinie 88/379/EWG zur Angleichung der Rechts- und Verwaltungsvorschriften der Mitgliedstaaten für die Einstufung, Verpackung und Kennzeichnung gefährlicher Zubereitungen vom 7. Juni 1988[1081] mit dem R-Satz 45 „kann Krebs erzeugen" zu kennzeichnen ist. Schließlich zählen zu den Karzinogenen i. S. der Karzinogenrichtlinie auch Stoffe, Zubereitungen oder Verfahren i. S. des Anhangs I der Karzinogenrichtlinie[1082] sowie Stoffe oder Zubereitungen, die bei einem in Anhang I genannten Verfahren freigesetzt werden.

757 Vom persönlichen Geltungsbereich der Karzinogenrichtlinie ausgenommen sind jedoch Arbeitnehmer, die nur den unter den Vertrag zur Gründung der Europäischen Atomgemeinschaft fallenden Strahlungen ausgesetzt sind.[1083]

758 **(c) Ermittlung und Bewertung der Belastungsgefahr.** Art. 3 Abs. 2 RL Karz verpflichtet den Arbeitgeber, für jede Tätigkeit, bei der eine Exposition gegenüber Karzinogenen auftreten kann, die Art, das Ausmaß und die Dauer der Exposition der Arbeitnehmer zu ermitteln, damit alle Gefahren für die Sicherheit und die Gesundheit der Arbeitnehmer bewertet und entsprechende Maßnahmen festgelegt werden.

759 Die Bewertung muss in regelmäßigen Abständen und auf jeden Fall bei jeder Änderung der Bedingungen, die sich auf die Exposition der Arbeitnehmer gegenüber Karzinogenen auswirken können, erneut vorgenommen werden. Bei der Bewertung müssen auch alle sonstigen relevanten Expositionen, wie z. B. auf die Haut einwirkende Expositionen, berücksichtigt werden.[1084]

[1075] ABl. EG L 196, S. 1; nachfolgend Karzinogenrichtlinie – RL Karz – abgekürzt.
[1076] ABl. EG L 183, S. 1; s. zu dieser Richtlinie Rn. 675 ff.
[1077] S. dazu unten Rn. 771 ff.
[1078] S. dazu unten Rn. 774 ff.
[1079] Art. 3 Abs. 1 RL Karz.
[1080] ABl. EG 196, S. 1; s. zu dieser Richtlinie Rn. 862 ff.
[1081] ABl. EG L 187, S. 14; s. zu dieser Richtlinie Rn. 862 ff.
[1082] Die in Anhang I enthaltene Liste von Stoffen, Zubereitungen und Verfahren umfasst: das Herstellen von Auramin; Arbeiten, bei denen die betreffenden Arbeitnehmer polyzyklischen aromatischen Kohlenwasserstoffen ausgesetzt sind, die im Steinkohlenruß, Steinkohlenteer, Steinkohlenpech, Steinkohlenrauch oder Steinkohlenstaub vorhanden sind; Arbeiten, bei denen die betreffenden Arbeitnehmer Staub, Rauch oder Nebel beim Rösten oder bei der Raffination von Nickelmatte ausgesetzt sind; Starke-Säure-Verfahren bei der Herstellung von Isopropylalkohol.
[1083] Art. 1 Abs. 2 RL Karz.
[1084] Art. 3 Abs. 3 RL Karz.

XII. Technischer Arbeitsschutz   760–766 § 18

Erhöhte Aufmerksamkeit hat der Arbeitgeber bei seiner Bewertung den Arbeitnehmern 760 zu widmen, die besonders gefährdet sind.[1085] Hinsichtlich dieser Personen ist zu prüfen, ob es sich empfiehlt, sie in Bereichen zu beschäftigen, in denen sie nicht mit Karzinogenen in Berührung kommen können.

(d) **Allgemeine Schutzmaßnahmen.** In all den Fällen, in denen ein Karzinogen am 761 Arbeitsplatz verwendet wird, hat der Arbeitgeber die in Art. 5 Abs. 4 RL Karz aufgeführten Maßnahmen anzuwenden. Zu diesen Maßnahmen gehören beispielsweise: die Begrenzung der Karzinogenmengen am Arbeitsplatz; die Begrenzung der Zahl der Arbeitnehmer, die exponiert werden oder exponiert werden können, auf das geringste Maß; Gestaltung der Arbeitsverfahren und der technischen Maßnahmen mit dem Ziel, am Arbeitsplatz die Freisetzung von Karzinogenen zu vermeiden oder möglichst gering zu halten; Abführung der Karzinogene an der Quelle.

(e) **Maßnahmen bei Bestehen eines sich aus der Bewertung ergebenden Risi-** 762 **kos.** Ergibt die vom Arbeitgeber nach Art. 3 Abs. 2 RL Karz vorzunehmende Bewertung ein Risiko für die Sicherheit oder die Gesundheit der Arbeitnehmer, so treffen den Arbeitgeber die in Art. 5 Abs. 1 bis 3, 6, 9 RL Karz festgelegten Pflichten.

Gem. Art. 5 Abs. 1 RL Karz ist er vorrangig dazu verpflichtet, die Karzinogene durch 763 Stoffe, Zubereitungen oder Verfahren zu ersetzen, die unschädlich oder weniger schädlich sind. Die Verpflichtung des Arbeitgebers, die Karzinogenexposition zu vermeiden oder zu verringern, hängt vom Ergebnis der Gefahrenbewertung nach Art. 3 RL Karz ab.[1086] Eine nationale Vorschrift, die den Arbeitgeber dazu verpflichtet, die Exposition der Arbeitnehmer gegenüber dem Karzinogen unabhängig von der Gefahrenbewertung zu verringern, verstößt nicht gegen die Karzinogenrichtlinie, da sie eine nach der Karzinogenrichtlinie zulässige Maßnahme zum verstärkten Schutz der Arbeitsbedingungen darstellt.[1087] Sofern eine derartige Substitution technisch nicht möglich ist, muss die Herstellung und Verwendung des betreffenden Karzinogens in einem geschlossenen System stattfinden.[1088] Ist auch dies technisch nicht möglich, so hat der Arbeitgeber dafür zu sorgen, dass die Exposition der Arbeitnehmer auf das geringste technisch mögliche Niveau verringert wird.[1089]

Auf Anforderung der zuständigen Behörde ist der Arbeitgeber gem. Art. 6 RL Karz 764 verpflichtet, sachdienliche Informationen über die in dieser Vorschrift aufgeführten Punkte[1090] zur Verfügung zu stellen.

Ferner verlangt Art. 9 RL Karz, dass die Bereiche, die nach der Beurteilung ein Risiko 765 für die Sicherheit oder die Gesundheit der Arbeitnehmer darstellen, nur den Arbeitnehmern zugänglich sind, die sie zur Ausübung ihrer Arbeit oder zur Durchführung bestimmter Aufgaben betreten müssen.

(f) **Maßnahmen bei unvorhersehbarer Exposition.** Die Maßnahmen, die der Ar- 766 beitgeber bei einem unvorhersehbaren Ereignis oder einem Unfall, der eine anormale Exposition der Arbeitnehmer bedingen könnte, sicherzustellen hat, werden in Art. 7 RL Karz festgelegt. Zum einen ist der Arbeitgeber verpflichtet, die Arbeitnehmer von dem unvorhergesehenen Ereignis oder Unfall zu unterrichten.[1091] Solange der Normalzustand nicht wieder eingetreten ist und die Ursachen der Exposition nicht beseitigt sind, müssen des Weiteren die in Art. 7 Abs. 2 RL Karz aufgestellten Voraussetzungen erfüllt werden. Danach dürfen nur die für Reparaturen und sonstige notwendige Arbeiten benötigten

---

[1085] Art. 3 Abs. 4 RL Karz.
[1086] EuGH (Borsana Srl), Rs. 2/97, NZA 1999, S. 811.
[1087] EuGH (Borsana Srl), Rs. 2/97, NZA 1999, S. 811.
[1088] Art. 5 Abs. 2 RL Karz.
[1089] Art. 5 Abs. 3 RL Karz.
[1090] Z.B. über durchgeführte Tätigkeiten oder angewandte industrielle Verfahren und die Gründe für die Verwendung von Karzinogenen.
[1091] Art. 7 Abs. 1 RL Karz.

Arbeitnehmer Zugang zu dem betroffenen Bereich haben. Ferner müssen die betreffenden Arbeitnehmer Schutzkleidung und Atemschutzgeräte benutzen, die vom Arbeitgeber zur Verfügung zu stellen sind. Arbeitnehmer ohne Schutzkleidung dürfen in dem betroffenen Bereich nicht arbeiten.

767 **(g) Maßnahmen bei vorhersehbarer Exposition.** Ist bei bestimmten Tätigkeiten, wie z.B. Wartungsarbeiten, die Möglichkeit vorherzusehen, dass sich die Exposition beträchtlich erhöht und sind die technischen Möglichkeiten zur Begrenzung dieser Exposition ausgeschöpft, so verpflichtet Art. 8 RL Karz den Arbeitgeber, die erforderlichen Maßnahmen festzulegen, um die Dauer der Exposition der Arbeitnehmer soweit wie möglich zu verkürzen und den Schutz der Arbeitnehmer während dieser Tätigkeiten zu gewährleisten. Die Arbeitnehmer oder ihre Vertreter im Betrieb sind vorher zu konsultieren. Zu den erforderlichen Maßnahmen i.S. dieser Vorschrift gehört, dass den betreffenden Arbeitnehmern Schutzkleidung und Atemschutzgeräte zur Verfügung gestellt werden, die sie während der gesamten Dauer der anormalen Exposition zu tragen haben. Außerdem sind geeignete Maßnahmen zu ergreifen, um die Bereiche, in denen die betreffenden Tätigkeiten ausgeführt werden, klar abzugrenzen und kenntlich zu machen oder um mit anderen Mitteln zu verhindern, dass Unbefugte sich Zugang zu diesen Bereichen verschaffen.

768 **(h) Individuelle Schutz- und Hygienemaßnahmen.** Für Tätigkeiten, bei denen die Gefahr einer Kontamination durch Karzinogene besteht, hat der Arbeitgeber geeignete Maßnahmen zu treffen, damit die in Art. 10 Buchst. a bis d RL Karz aufgeführten Anforderungen gewährleistet sind. So hat der Arbeitgeber z.B. sicherzustellen, dass die Arbeitnehmer in den Arbeitsbereichen, in denen die Gefahr einer Kontamination durch Karzinogene besteht, nicht essen, trinken oder rauchen. Ferner muss den Arbeitnehmern geeignete Schutzkleidung oder sonstige geeignete Spezialkleidung zur Verfügung gestellt werden. Die Kosten für die vom Arbeitgeber nach Art. 10 Abs. 1 RL Karz zu treffenden Maßnahmen dürfen nicht zu Lasten der Arbeitnehmer gehen.

769 **(i) Unterrichtungs- und Unterweisungspflichten.** Nach Art. 11 Abs. 1 RL Karz müssen Arbeitnehmer oder ihre Vertreter im Betrieb eine angemessene Unterweisung auf der Grundlage aller verfügbaren Auskünfte in Bezug auf folgende Punkte erhalten: mögliche Gefahren für die Gesundheit, einschließlich der zusätzlichen Risiken durch Tabakkonsum; Maßnahmen, die zur Verhütung einer Exposition zu ergreifen sind; Hygienevorschriften; das Tragen und Benutzen von Schutzausrüstung und Schutzkleidung; Maßnahmen, die von den Arbeitnehmern, insbesondere von den Rettungsmannschaften, bei Zwischenfällen und zur Verhütung von Zwischenfällen zu treffen sind. Diese Unterweisung muss an die Entwicklung der Gefahrenmomente und an die Entstehung neuer Gefahren angepasst sein und erforderlichenfalls regelmäßig wiederholt werden. Art. 11 Abs. 2 RL Karz verlangt vom Arbeitgeber, dass er die Arbeitnehmer über Apparaturen und zugehörige Behältnisse, die Karzinogene enthalten, unterrichtet. Zudem müssen alle Behältnisse, Verpackungen und Apparaturen, die Karzinogene enthalten, mit einer klaren und leserlichen Aufschrift und gut sichtbaren Warn- und Sicherheitszeichen versehen werden. Darüber hinaus enthält Art. 12 RL Karz einen umfangreichen Katalog von Maßnahmen, die der besseren Information der Beteiligten (Arbeitnehmer, Vertreter der Arbeitnehmer im Betrieb, Arzt, zuständige Behörde) dienen.[1092]

770 **(j) Ärztliche Überwachung.** Die Mitgliedstaaten sind gem. Art. 14 RL Karz verpflichtet, Maßnahmen zur Durchführung einer geeigneten Gesundheitsüberwachung für solche Arbeitnehmer festzulegen, bei denen die Ergebnisse der in Art. 3 Abs. 2 RL Karz vorgesehenen Bewertung ein Risiko hinsichtlich ihrer Sicherheit oder Gesundheit haben erkennen lassen.[1093] Praktische Empfehlungen für die Gesundheitsüberwachung von Arbeitnehmern werden in Anhang II der Karzinogenrichtlinie vorgeschlagen. Art. 14 Abs. 4

[1092] S. dazu im einzelnen Art. 12 Buchst. a bis f RL Karz.
[1093] Zu den weiteren Einzelheiten der Gesundheitsüberwachung s. Art. 14 Abs. 2 bis 8 RL Karz.

RL Karz verlangt, dass in den Fällen, in denen eine Gesundheitsüberwachung erfolgt, eine persönliche Gesundheitsakte angelegt wird. Diese Gesundheitsakten sowie die in Art. 12 Buchst. c RL Karz genannte Liste der exponierten Arbeitnehmer müssen nach Ende der Exposition mindestens vierzig Jahre lang aufbewahrt werden.[1094]

(k) Erste Änderungsrichtlinie 97/42/EG. Mit der Änderungsrichtlinie 97/42/EG vom 27. Juni 1997[1095] wird der Anwendungsbereich der Karzinogenrichtlinie durch eine neue Definition des Begriffs Karzinogen ausgeweitet. Zudem wird dem Art. 1 RL Karz ein Absatz 4 angefügt, durch den klargestellt wird, dass für Asbest und Vinylchloridmonomer, die in Einzelrichtlinien behandelt werden,[1096] die Bestimmungen der Karzinogenrichtlinie gelten, soweit sie ein höheres Sicherheits- und Gesundheitsschutzniveau bei der Arbeit vorsehen. Des Weiteren wird Art. 3 Abs. 3 RL Karz dahingehend geändert, dass der Arbeitgeber bei der Ermittlung und Bewertung der Gefahren sämtliche Resorptionswege, einschließlich der Möglichkeit einer Hautpenetration, zu berücksichtigen hat.

Die Änderungsrichtlinie 97/42/EG führt ein Grenzwertkonzept ein. Danach dürfen die in Anhang III aufgeführten Grenzwerte nicht überschritten werden. Schließlich werden durch die Änderungsrichtlinie 97/42/EG Anhang I Nr. 2 sowie Anhang III Teil A neu gefasst.

Gem. Art. 2 der Änderungsrichtlinie 97/42/EG waren die Mitgliedstaaten verpflichtet, diese Richtlinie bis spätestens zum 27. Juni 2000 in nationales Recht umzusetzen.

(l) Zweite Änderungsrichtlinie 1999/38/EG. Durch die Richtlinie 1999/38/EG vom 29. April 1999 zur zweiten Änderung der Richtlinie 90/394/EWG über den Schutz der Arbeitnehmer gegen Gefährdung durch Karzinogene bei der Arbeit und zu ihrer Ausdehnung auf Mutagene[1097] wird der Anwendungsbereich der Karzinogenrichtlinie auf Keimzellenmutagene ausgedehnt. Keimzellenmutagene sind Stoffe, die bleibende qualitative oder quantitative Veränderungen des genetischen Materials einer Keimzelle auslösen können, die zu einer Änderung der phänotypischen Merkmale dieser Zelle führen und auf künftige Generationen von Tochterzellen übertragen werden können. Aufgrund ihrer Wechselwirkung mit der DNA haben Keimzellenmutagene wahrscheinlich karzinogene Wirkung.[1098]

Gem. Art. 1 der Richtlinie wird in Art. 2 der Karzinogenrichtlinie eine Legaldefinition des Begriffs „Mutagen" hinzugefügt. Danach gilt als „Mutagen" i.S. der Karzinogenrichtlinie zum einen ein Stoff, der die in Anhang VI der Richtlinie 67/548/EWG genannten Kriterien für die Einstufung als erbgutverändernder Stoff der Kategorie 1 oder 2 erfüllt. Zum anderen gilt als „Mutagen" eine Zubereitung, die einen oder mehrere der zuvor genannten Stoffe enthält, sofern die Konzentration eines oder mehrerer der einzelnen Stoffe die Anforderungen für Konzentrationsgrenzen für die Einstufung einer Zubereitung als erbgutverändernder Stoff der Kategorie 1 oder 2 erfüllt, die entweder in Anhang I der Richtlinie 67/548/EWG, oder sofern der Stoff oder die Stoffe in Anhang I der Richtlinie 67/548/EWG nicht oder ohne Konzentrationsgrenzen aufgeführt sind, in Anhang I der Richtlinie 88/379/EWG aufgeführt sind.

Ferner werden durch Art. 1 der Richtlinie 1999/38/EG die in Anhang III Teil A der Karzinogenrichtlinie aufgeführten Grenzwerte für berufsbedingte Expositionen teilweise neu festgelegt. Die in Anhang III Teil A der Karzinogenrichtlinie festgelegten Grenzwerte für Eichen- und Buchenholzstäube werden auf alle Stäube von Hartholzarten ausgedehnt. Damit soll der Erkenntnis Rechnung getragen werden, dass es sehr wahrscheinlich ist, dass nicht nur Eichen- und Buchenholzstäube, sondern auch Stäube anderer Hartholzarten

---

[1094] Art. 15 Abs. 1 RL Karz.
[1095] ABl. EG L 179, S. 4.
[1096] S. dazu Rn. 661 ff. und Rn. 705 ff.
[1097] ABl. L 138, S. 66.
[1098] S. den vierten Erwägungsgrund der Richtlinie 1999/38/EG.

beim Menschen ebenfalls Krebs hervorrufen können und die betroffenen Arbeitnehmer daher einem schweren potentiellen Risiko ausgesetzt sind, an Krebs zu erkranken.[1099]

777 Durch Art. 2 der Richtlinie 1999/38/EG wird die Vinylchloridnomomerrichtlinie 78/610/EWG[1100] mit Wirkung vom 29. April 2003 aufgehoben.

778 Art. 3 der Richtlinie 1999/38/EG erweitert den Anhang I dahingehend, dass von der Karzinogenrichtlinie Arbeiten erfasst werden, bei denen die betreffenden Arbeitnehmer Hartholzstäuben ausgesetzt sind.

779 Gem. Art. 4 der Richtlinie 1999/38/EG sind die Mitgliedstaaten verpflichtet, diese Richtlinie bis spätestens zum 29. April 2003 in nationales Recht umzusetzen.

780 **(m) Umsetzung in das deutsche Recht.** Die Mitgliedstaaten waren gem. Art. 19 Abs. 1 RL Karz verpflichtet, die erforderlichen Rechts- und Verwaltungsvorschriften zu erlassen, um die Karzinogenrichtlinie in ihrer Grundfassung bis spätestens zum 31. Dezember 1992 in nationales Recht umzusetzen. Der deutsche Gesetzgeber hat die Grundfassung der Karzinogenrichtlinie mit der Verordnung zur Novellierung der Gefahrstoffverordnung und zur Änderung der Ersten Verordnung zum Sprengstoffgesetz vom 26. Oktober 1992[1101] in nationales Recht umgesetzt. Die Umsetzung der Ersten Änderungsrichtlinie 97/42/EG ist durch die Vierte Verordnung zur Änderung der Gefahrstoffverordnung vom 18. Oktober 1999[1102] erfolgt. Die Umsetzung der Zweiten Änderungsrichtlinie 1999/38/EG in nationales Recht steht noch aus.

(8) Richtlinie über biologische Arbeitsstoffe 2000/54/EG (früher 90/679/EWG)

781 **(a) Allgemeines.** Verschiedene Tätigkeiten können zu einer Exposition der Arbeitnehmer mit biologischen Arbeitsstoffen führen. In Betracht kommen z. B. Tätigkeiten in Forschungs- und Entwicklungslabors, in Isolierstationen von Krankenhäusern, in klinischen, veterinärmedizinischen und Untersuchungslaboratorien sowie in Industriezweigen, in denen biologische Arbeitsstoffe verwendet werden. Da von zahlreichen biologischen Arbeitsstoffen Gefahren für die Gesundheit ausgehen, bedarf es des Schutzes der Arbeitnehmer vor der Gefährdung ihrer Sicherheit und Gesundheit, der sie auf Grund der Exposition gegenüber biologischen Arbeitsstoffen bei der Arbeit ausgesetzt sind oder sein können, einschließlich der Vorbeugung gegen eine solche Gefahr. Aus diesen Erwägungen hat die Kommission dem Rat im Jahre 1988 einen entsprechenden Richtlinienvorschlag[1103] unterbreitet. Nach Durchlaufen des gemeinschaftsrechtlichen Gesetzgebungsverfahrens hat der Rat am 26. November 1990 die Richtlinie über den Schutz der Arbeitnehmer gegen Gefährdung durch biologische Arbeitsstoffe bei der Arbeit verabschiedet.[1104] Sie ist die siebte Einzelrichtlinie i. S. von Art. 16 Abs. 1 der Rahmenrichtlinie Arbeitsschutz (89/391/EWG).[1105] Die Bestimmungen jener Richtlinie finden daher in vollem Umfang Anwendung auf die Exposition der Arbeitnehmer gegenüber biologischen Arbeitsstoffen, unbeschadet strengerer oder spezifischer Bestimmungen in der vorliegenden Richtlinie. Durch die vorliegende Richtlinie unberührt bleibt auch die Richtlinie 90/219/EWG über die Anwendung genetisch veränderter Mikroorganismen in geschlossenen Systemen vom 23. April 1990[1106] sowie die Richtlinie 90/220/EWG über die ab-

---

[1099] Ein Verzeichnis einiger Hartholzarten findet sich in Band 62 der vom Internationalen Krebsforschungszentrum (IARC) veröffentlichen Monographiereihe zur Evaluierung von Krebsrisiken für den Menschen: Wood Dust and Formaldehyde, Lyon 1995.
[1100] S. dazu oben Rn. 661 ff.
[1101] BGBl. 1992 I S. 1782.
[1102] BGBl. I S. 2059.
[1103] ABl. EG C 150, S. 6.
[1104] ABl. EG L 374, S. 1; nachfolgend Richtlinie über biologische Arbeitsstoffe – RL BArbSt – abgekürzt.
[1105] ABl. EG L 183, S. 1; s. zu dieser Richtlinie Rn. 440 ff.
[1106] ABl. EG L 117, S. 1.

sichtliche Freisetzung genetisch veränderter Organismen in die Umwelt vom 23. April 1990.[1107] Die beiden zuletzt genannten Richtlinien sind in der Bundesrepublik Deutschland durch das Gentechnikrecht in nationales Recht umgesetzt worden. Die Richtlinie über biologische Arbeitsstoffe hat durch die Richtlinie 93/88/EWG vom 12. Oktober 1993[1108] eine erste Änderung erfahren. Mit dieser Änderungsrichtlinie wird der Anhang III durch eine erste Liste biologischer Arbeitsstoffe der Gruppen 2, 3 und 4 ergänzt. Ferner ist der Richtlinie ein Anhang VII mit einer Empfehlung von Verhaltensregeln für die Impfung von Arbeitnehmern angefügt worden.[1109] Anhang III der Richtlinie über biologische Arbeitsstoffe ist zwischenzeitlich durch die Richtlinie 95/30/EG vom 30. Juni 1995,[1110] die Richtlinie 97/59/EG[1111] vom 7. Oktober 1995 sowie die Richtlinie 97/65/EG vom 26. November 1997[1112] an den technischen Fortschritt angepasst worden.

Am 6. 11. 2000 ist die **Richtlinie 2000/54/EG** des Europäischen Parlaments und des Rates vom 18. September 2000 über den Schutz der Arbeitnehmer gegen Gefährdung durch biologische Arbeitsstoffe bei der Arbeit als Siebte Einzelrichtlinie i.S. von Art. 16 Abs. 1 der Richtlinie 89/391/EWG in Kraft getreten.[1113] Sie ersetzt die Richtlinie 90/679/EWG. Die Neufassung wurde wegen mehrerer Änderungen der ursprünglichen Richtlinie aus Gründen der Übersichtlichkeit und Klarheit erforderlich. Inhaltliche Änderungen ergeben sich durch die Neufassung nicht.[1114]

(b) **Anwendungsbereich.** Die Richtlinie über biologische Arbeitsstoffe gilt für Tätigkeiten, bei denen die Arbeitnehmer im Rahmen ihres Berufes biologischen Arbeitsstoffen ausgesetzt sind oder sein können. Nach der Begriffsbestimmung des Art. 2 Buchst. a RL BArbSt gelten als biologische Arbeitsstoffe i.S. dieser Richtlinie Mikroorganismen,[1115] einschließlich genetisch veränderter Mikoorganismen, Zellkulturen[1116] und Humanendoparasiten, die Infektionen, Allergien oder toxische Wirkungen hervorrufen können.

(c) **Ermittlung und Abschätzung der Risiken.** Art. 3 Abs. 2 RL BArbSt verpflichtet den Arbeitgeber, für jede Tätigkeit, bei der eine Exposition gegenüber biologischen Arbeitsstoffen auftreten kann, die Art, das Ausmaß und die Dauer der Exposition der Arbeitnehmer zu ermitteln, damit alle Risiken für die Sicherheit oder die Gesundheit der Arbeitnehmer abgeschätzt und entsprechende Maßnahmen festgelegt werden können. Bei Tätigkeiten, die mit einer Exposition gegenüber mehreren Gruppen biologischer Arbeitsstoffe verbunden sind, müssen die Risiken ausgehend von der Gefahr abgeschätzt werden, die von allen gefährlichen Arbeitsstoffen ausgeht, gegenüber denen eine Exposition stattfindet. Die Abschätzung muss in regelmäßigen Abständen erfolgen. Ändern sich die Bedingungen, die sich auf die Exposition der Arbeitnehmer gegenüber biologischen Arbeitsstoffen auswirken können, so muss auf jeden Fall eine erneute Abschätzung der Risiken vorgenommen werden. Bei der Risikoabschätzung hat der Arbeitgeber alle verfügbaren Informationen, einschließlich der in Art. 3 Abs. 3 RL ArbStV aufgeführten Faktoren,[1117] zu berücksichtigen.

[1107] ABl. EG L 117, S. 15.
[1108] ABl. EG L 268, S. 71.
[1109] Zur Änderungsrichtlinie 93/88/EWG s. auch nachfolgend Rn. 800.
[1110] ABl. EG L 155, S. 41.
[1111] ABl. EG L 282, S. 33.
[1112] ABl. EG L 335, S. 17.
[1113] ABl. EG L 262, S. 21 v. 17. 10. 2000.
[1114] Materialien: Bull. EU 7/8-2000, S. 14.
[1115] Nach der Begriffsbestimmung des Art. 2 Buchst. b RL BArbSt sind Mikroorganismen alle zellularen oder nichtzellularen mikrobiologischen Einheiten, die zur Vermehrung oder zur Weitergabe von genetischem Material fähig sind.
[1116] Zellkulturen sind nach der Begriffsbestimmung des Art. 2 Buchst. c RL BArbSt in-vitro-Vermehrungen von aus vielzelligen Organismen isolierten Zellen.
[1117] Z.B. die Einstufung der biologischen Arbeitsstoffe nach Art. 18 RL BArbSt.

785 Art. 3 Abs. 2 Buchst. d RL BArbSt legt fest, dass der Arbeitgeber der zuständigen Behörde die der Abschätzung zugrundeliegenden Kriterien mitteilen muss.

786 **(d) Beabsichtigter Umgang mit einem biologischen Arbeitsstoff.** Die Richtlinie über biologische Arbeitsstoffe unterscheidet zwischen Tätigkeiten, bei denen der Umgang mit einem biologischen Arbeitsstoff beabsichtigt ist, und Tätigkeiten, die eine zufällige Exposition mit sich bringen. Für die erstgenannten Tätigkeiten hat der Arbeitgeber die in Art. 5 bis 17, 19 RL BArbSt festgelegten Anforderungen zu erfüllen, es sei denn, dass sich aus der Risikoabschätzung nach Art. 3 RL BArbSt ergibt, dass es sich um eine Exposition oder eine mögliche Exposition gegenüber einem biologischen Arbeitsstoff der Gruppe 1[1118] handelt.

787 *(aa) Ersetzung.* Gem. Art. 5 RL BArbSt hat der Arbeitgeber die Verwendung eines gefährlichen biologischen Arbeitsstoffes dadurch zu vermeiden, dass er ihn, soweit die Art der Tätigkeit dies zulässt, durch einen biologischen Arbeitsstoff ersetzt, der nach dem gegenwärtigen Erkenntnisstand bei seiner Verwendung oder Anwendung nicht oder gegebenenfalls weniger gefährlich für die Gesundheit der Arbeitnehmer ist.

788 *(bb) Verringerung der Risiken.* Ergibt die vom Arbeitgeber nach Art. 3 RL BArbSt vorzunehmende Bewertung ein Risiko für die Sicherheit oder die Gesundheit der Arbeitnehmer, so hat der Arbeitgeber die Exposition vorrangig zu vermeiden.[1119] Ist dies in Anbetracht der Tätigkeit technisch nicht durchführbar, so ist die Gefahr einer Exposition so weit zu verringern, wie dies zum angemessenen Schutz von Gesundheit und Sicherheit der betroffenen Arbeitnehmer erforderlich ist. Unter Berücksichtigung der Ergebnisse der Risikoabschätzung muss der Arbeitgeber zu diesem Zweck insbesondere die in Art. 6 Abs. 2 Buchst. a bis i RL BArbSt aufgelisteten Maßnahmen treffen. Dazu gehören u. a. die Begrenzung der Anzahl der tatsächlich oder möglicherweise exponierten Arbeitnehmer auf das niedrigstmögliche Niveau, die Verwendung eines Symbols für Biogefährdung gem. der Anlage II und geeigneter anderer Warnzeichen sowie Vorkehrungen für Unfälle mit biologischen Arbeitsstoffen.

789 *(cc) Unterrichtung der zuständigen Behörde.* In den Fällen, in denen die Abschätzung ein Risiko für die Sicherheit oder die Gesundheit der Arbeitnehmer erkennen lässt, sind die Arbeitgeber verpflichtet, der zuständigen Behörde auf Anforderung sachdienliche Informationen über die in Art. 7 Abs. 1 RL BArbSt aufgeführten Punkte zur Verfügung zu stellen. Zu diesen Informationen gehören z. B. die Ergebnisse der Risikoabschätzung, die Zahl der exponierten Arbeitnehmer sowie die Tätigkeiten, bei denen Arbeitnehmer tatsächlich oder möglicherweise biologischen Arbeitsstoffen ausgesetzt sind. Des Weiteren hat der Arbeitgeber die zuständige Behörde über jeden Unfall oder Zwischenfall zu unterrichten, der möglicherweise zur Freisetzung eines biologischen Arbeitsstoffes geführt hat und beim Menschen schwere Infektionen oder Krankheiten verursachen kann. Stellt das Unternehmen seine Tätigkeit ein, so hat es im Einklang mit den Rechtsvorschriften der Mitgliedstaaten das Verzeichnis nach Art. 11 RL BArbSt sowie die Gesundheitsakte nach Art. 14 RL BArbSt der zuständigen Behörde zur Verfügung zu stellen.[1120]

790 *(dd) Hygienemaßnahmen und individuelle Schutzmaßnahmen.* Art. 8 RL BArbSt legt eine Reihe von Hygienemaßnahmen sowie individuellen Schutzmaßnahmen fest, die der Arbeitgeber stets dann zu gewährleisten hat, wenn die Gesundheit oder Sicherheit der Arbeitnehmer auf Grund ihrer Arbeit mit biologischen Arbeitsstoffen gefährdet ist. So hat der Arbeitgeber z. B. geeignete Maßnahmen zu treffen, damit die Arbeitnehmer in den Arbeitsbereichen, in denen die Gefahr einer Kontamination durch biologische Arbeitsstoffe besteht, weder essen noch trinken. Ferner muss den Arbeitnehmern geeignete

---

[1118] Nach Art. 2 Buchst. d Ziff. 1 RL BArbSt zählen zu den biologischen Arbeitsstoffen der Gruppe 1 solche Stoffe, bei denen es unwahrscheinlich ist, dass sie beim Menschen eine Krankheit verursachen.
[1119] Art. 6 Abs. 1 RL BArbSt.
[1120] Art. 7 Abs. 3 RL BArbSt.

XII. Technischer Arbeitsschutz 791–793 § 18

Schutzkleidung oder sonstige geeignete Spezialkleidung zur Verfügung gestellt werden. Besondere Anforderungen an den Umgang mit der Arbeitskleidung und persönlichen Schutzausrüstung einschließlich Schutzkleidung sind in Art. 8 Abs. 2 RL BArbSt vorgeschrieben. Der Arbeitgeber hat danach u. a. für die Desinfektion, Reinigung oder erforderlichenfalls Vernichtung der betreffenden Kleidung und persönlichen Schutzausrüstungen Sorge zu tragen. Die Kosten für die in Art. 8 RL BArbSt vorgeschriebenen Maßnahmen dürfen nicht zu Lasten der Arbeitnehmer gehen.[1121]

(ee) Unterrichtung und Unterweisung der Arbeitnehmer. Nach Art. 9 BArbSt müssen Arbeitnehmer oder ihre Vertreter im Betrieb eine angemessene Unterweisung auf der Grundlage aller verfügbaren Auskünfte in Bezug auf folgende Punkte erhalten: mögliche Gefahren für die Gesundheit; Maßnahmen, die zur Verhütung einer Exposition zu ergreifen sind; Hygienevorschriften; das Tragen und Benutzen von Schutzausrüstung und Schutzkleidung; Maßnahmen, die von den Arbeitnehmern, insbesondere von den Rettungsmannschaften, bei Zwischenfällen und zur Verhütung von Zwischenfällen zu treffen sind. Diese Unterweisung muss am Anfang der betreffenden Tätigkeit erfolgen, an die Entwicklung der Gefahrenmomente und an die Entstehung neuer Gefahren angepasst sein und erforderlichenfalls regelmäßig wiederholt werden. Darüber hinaus legt Art. 10 RL BArbSt einen umfangreichen Katalog von weiteren Unterrichtungspflichten für besondere Fälle fest. Dazu gehört, dass der Arbeitgeber am Arbeitsplatz schriftliche Anweisungen bereitzustellen und gegebenenfalls bekanntzugeben hat, die zumindest das Verfahren behandeln, das bei einem schweren Unfall oder Zwischenfall bei Arbeiten mit einem biologischen Arbeitsstoff oder bei Arbeiten mit einem biologischen Arbeitsstoff der Gruppe 4[1122] zu befolgen ist.[1123] 791

(ff) Verzeichnis exponierter Arbeitnehmer. Art. 11 Abs. 1 RL BArbSt legt fest, dass der Arbeitgeber ein Verzeichnis der Arbeitnehmer führen muss, die biologischen Arbeitsstoffen der Gruppe 3[1124] oder der Gruppe 4 ausgesetzt sind. In dem Verzeichnis müssen die Art der Arbeit und nach Möglichkeit der biologische Arbeitsstoff, dem die Arbeitnehmer ausgesetzt waren, angegeben werden. Je nach den Umständen sind in dem Verzeichnis auch Expositionen, Unfälle und Zwischenfälle aufzuführen. Das Verzeichnis muss für mindestens 10 Jahre nach Ende der Exposition aufbewahrt werden. Kann eine Exposition zu einer der in Art. 11 Abs. 2 RL BArbSt aufgeführten Infektionen führen,[1125] so ist das Verzeichnis für eine entsprechend längere Frist bis zu vierzig Jahren nach der letzten bekannten Exposition aufzubewahren. Der Arbeitgeber ist nach Art. 11 Abs. 3 RL BArbSt verpflichtet, der für die Sicherheit und den Gesundheitsschutz am Arbeitsplatz zuständigen Behörde sowie jeder anderen zuständigen Person Zugang zu dem Verzeichnis zu gewähren. 792

(gg) Anmeldung bei der zuständigen Behörde. Art. 13 RL BArbSt legt bestimmte vom Arbeitgeber einzuhaltende Meldepflichten fest. Danach hat der Arbeitgeber die erstmalige Verwendung biologischer Arbeitsstoffe der Gruppe 2,[1126] 3 und 4 bei der zuständigen Be- 793

[1121] Art. 8 Abs. 2 RL BArbSt.
[1122] Nach Art. 2 Buchst. d Ziff. 4 RL BArbSt gehören zu den biologischen Arbeitsstoffen der Gruppe 4 solche Stoffe, die eine schwere Krankheit beim Menschen hervorrufen und eine ernste Gefahr für Arbeitnehmer darstellen; die Gefahr einer Verbreitung in der Bevölkerung ist unter Umständen groß; normalerweise ist eine wirksame Vorbeugung oder Behandlung nicht möglich.
[1123] Zu den weiteren Informationspflichten s. Art. 10 Abs. 2 bis 6 RL BArbSt.
[1124] Biologische Arbeitsstoffe der Gruppe 3 sind Stoffe, die eine schwere Krankheit beim Menschen hervorrufen und eine ernste Gefahr für Arbeitnehmer darstellen können; die Gefahr einer Verbreitung in der Bevölkerung kann bestehen, doch ist normalerweise eine wirksame Vorbeugung oder Behandlung möglich, Art. 2 Buchst. d Ziff. 3 RL BArbSt.
[1125] Z.B. Infektionen, die bekanntlich dauerhafte oder latente Infektionen hervorrufen.
[1126] Biologische Arbeitsstoffe der Gruppe 2 sind Stoffe, die eine Krankheit beim Menschen hervorrufen können und eine Gefahr für Arbeitnehmer darstellen könnten; eine Verbreitung des Stoffes in der Bevölkerung ist unwahrscheinlich; eine wirksame Vorbeugung oder Behandlung ist normalerweise möglich.

hörde mindestens dreißig Tage vor dem Beginn der Arbeiten nach Maßgabe des Art. 13 Abs. 4 RL BArbSt anzumelden. Außerdem ist die erstmalige Verwendung aller nachfolgend entstandenen biologischen Arbeitsstoffe der Gruppe 4 und aller nachfolgend entstandenen neuen biologischen Arbeitsstoffe der Gruppe 3 im Voraus anzumelden, wenn der Arbeitgeber selbst die vorläufige Einstufung des betreffenden biologischen Arbeitsstoffes vornimmt.[1127] Eine Neuanmeldung muss zudem stets dann erfolgen, wenn an den Arbeitsprozessen oder -verfahren wesentliche Änderungen vorgenommen werden, die für die Sicherheit oder Gesundheit am Arbeitsplatz von Bedeutung sind und auf Grund deren die Anmeldung überholt ist.

794 *(hh) Gesundheitsüberwachung.* Die Mitgliedstaaten sind gem. Art. 14 RL BArbSt verpflichtet, Vorkehrungen zur Durchführung einer geeigneten Gesundheitsüberwachung für Arbeitnehmer festzulegen, bei denen die Ergebnisse der Abschätzung nach Art. 3 RL BArbSt ein Risiko für ihre Sicherheit oder Gesundheit erkennen lassen. Praktische Empfehlungen für die Gesundheitsüberwachung werden in Anhang IV der vorliegenden Richtlinie vorgeschlagen.

795 Bei der Abschätzung nach Art. 3 RL BArbSt soll festgestellt werden, für welche Arbeitnehmer besondere Schutzmaßnahmen angezeigt sind. Soweit erforderlich sollen denjenigen Arbeitnehmern, die gegen den biologischen Arbeitsstoff, dem sie ausgesetzt sind oder möglicherweise ausgesetzt werden, noch nicht immun sind, wirksame Impfstoffe zur Verfügung gestellt werden. Bei der Bereitstellung von Impfstoffen hat der Arbeitgeber die empfohlenen Verhaltensregeln in Anhang VII zu berücksichtigen.[1128]

796 Nach Art. 14 Abs. 4 RL BArbSt muss für mindestens 10 Jahre nach Ende der Exposition eine persönliche Gesundheitsakte geführt werden. In den in Art. 11 Abs. 2 RL BArbSt aufgeführten Fällen verlängert sich die Aufbewahrungspflicht um einen entsprechenden Zeitraum von bis zu vierzig Jahren.[1129]

797 *(ii) Besondere Maßnahmen für bestimmte Einrichtungen und Verfahren.* Besondere Maßnahmen zum Schutz der Gesundheit und Sicherheit der Arbeitnehmer in human- und veterinärmedizinischen Gesundheitseinrichtungen werden durch Art. 15 RL BArbSt vorgegeben. Diese Maßnahmen betreffen u. a. Angaben zu geeigneten Dekontaminierungs- und Desinfektionsmaßnahmen sowie die Festlegung von Verfahren für den sicheren Umgang mit kontaminiertem Abfall, einschließlich der sicheren Beseitigung derartiger Abfälle.[1130] Ferner schreibt Art. 15 Abs. 3 RL BArbSt vor, dass auf Isolierstationen, auf denen sich menschliche Patienten oder Tiere befinden, die mit biologischen Arbeitsstoffen der Gruppen 3 oder 4 infiziert sind oder sein könnten, aus den Maßnahmen nach Anhang V Spalte A geeignete Sicherheitsmaßnahmen auszuwählen sind, um die Infektionsgefahr so gering wie möglich zu halten.

798 Weitere besondere Maßnahmen für Laboratorien, Tierhaltungsräume sowie für industrielle Verfahren finden sich in Art. 16 RL BArbSt. Art. 16 Abs. 1 RL BArbSt bestimmt, dass in Laboratorien, einschließlich Untersuchungslaboratorien, und Räumen zur Haltung von Laboratorien, die absichtlich mit biologischen Arbeitsstoffen der Gruppen 2, 3 und 4 infiziert wurden oder Träger solcher Arbeitsstoffe sind oder sein könnten, die unter Buchst. a bis c aufgeführten Maßnahmen zu ergreifen sind. Für industrielle Verfahren, bei denen biologische Arbeitsstoffe der Gruppen 2, 3 oder 4 eingesetzt werden, müssen die in Absatz 2 Buchst. a bis c vorgesehenen Maßnahmen getroffen werden.

[1127] Eine Ausnahme gilt nach Abs. 2 für Laboratorien, die eine Diagnose über biologische Arbeitsstoffe der Gruppe 4 erstellen. Sie brauchen nur eine erste Anmeldung bezüglich ihrer Absicht vorzunehmen.
[1128] Anhang VII ist durch die Änderungsrichtlinie 93/88/EWG neu in die Richtlinie eingefügt worden.
[1129] Zu den weiteren Einzelheiten der Gesundheitsüberwachung s. Art. 14 Abs. 2 bis 9 RL BArbSt.
[1130] Art. 15 Abs. 2 RL BArbSt.

XII. Technischer Arbeitsschutz   799–802 § 18

(e) **Zufällige Expositionen mit biologischen Arbeitsstoffen.** Zeigen die Ergebnisse der Risikoabschätzung nach Art. 3 RL BArbSt, dass die Tätigkeit zwar nicht den absichtlichen Umgang mit einem biologischen Arbeitsstoff oder seine absichtliche Verwendung umfasst, jedoch zu einer Exposition der Arbeitnehmer gegenüber einem biologischen Arbeitsstoff führen kann, so finden die Art. 5, 7, 8, 10 bis 14 RL BArbSt Anwendung, es sei denn, dies erweist sich auf Grund der Risikoabschätzung nach Art. 3 RL BArbSt als nicht erforderlich. Anhang I enthält eine informatorische Liste von Tätigkeiten, die zu einer nicht beabsichtigten Exposition mit einem biologischen Arbeitsstoff führen können.[1131]   **799**

(f) **Einstufung der biologischen Arbeitsstoffe.** Mit der Änderungsrichtlinie 93/88/EWG vom 12. Oktober 1993 hat der Rat, wie in Art. 18 RL BArbSt vorgesehen, eine erste Liste der biologischen Arbeitsstoffe der Gruppen 2, 3 und 4 für Anhang III erstellt. In die Einstufungsliste aufgenommen wurden nur Arbeitsstoffe, die bekanntermaßen Infektionskrankheiten beim Menschen hervorrufen können. Genetisch veränderte Mikroorganismen sind bei der Erstellung dieser ersten Liste nicht berücksichtigt worden.   **800**

(g) **Umsetzung in das deutsche Recht.** Die Mitgliedstaaten waren verpflichtet, die erforderlichen Rechts- und Verwaltungsvorschriften zu erlassen, um dieser Richtlinie spätestens drei Jahre nach ihrer Bekanntgabe nachzukommen.[1132] Da die Richtlinie über biologische Arbeitsstoffe den Mitgliedstaaten am 29. November 1990 bekanntgegeben wurde, war sie bis spätestens zum 23. November 1993 in nationales Recht umzusetzen. Der Gesetzgeber hat zur Umsetzung der Richtlinie über biologische Arbeitsstoffe, einschließlich ihrer Änderungsrichtlinie sowie der ersten drei Anpassungsrichtlinien,[1133] die Verordnung zur Umsetzung von EG-Richtlinien über den Schutz der Beschäftigten gegen Gefährdung durch biologische Arbeitsstoffe bei der Arbeit verabschiedet.[1134] Die als Artikelverordnung ausgestaltete Verordnung enthält als Kernstück in Art. 1 die Verordnung über Sicherheit und Gesundheitsschutz bei Tätigkeiten mit biologischen Arbeitsstoffen (**Biostoffverordnung** – BioStoffV).[1135]   **801**

(9) Richtlinie über chemische Arbeitsstoffe 98/24/EG

(a) **Allgemeines.** Die Richtlinie 80/1107/EWG zum Schutz der Arbeitnehmer vor der Gefährdung durch chemische, physikalische und biologische Arbeitsstoffe bei der Arbeit vom 27. November 1980,[1136] die Richtlinie 82/605/EWG über den Schutz der Arbeitnehmer gegen Gefährdung durch metallisches Blei und seine Ionenverbindungen am Arbeitsplatz vom 28. Juli 1982[1137] und die Richtlinie 88/364/EWG zum Schutz der Arbeitnehmer durch ein Verbot bestimmter Arbeitsstoffe oder Arbeitsverfahren vom 9. Juni 1988[1138] bedurften nach Feststellung der Kommission aus klarstellenden sowie aus technischen Gründen einer Überarbeitung. Ferner hielt es die Kommission für angezeigt, die Gefährdung durch chemische Arbeitsstoffe künftig nicht mehr durch einzelne Vorschriften und Anforderungen, sondern durch einen Rahmen allgemeiner Grundsätze zu regeln. Hiervon ausgehend sollten die drei genannten Richtlinien in einer einzigen Richtlinie zusammengefasst werden. Die Kommission legte dem Rat daher am 17. Mai 1993 einen entsprechenden Vorschlag für eine Richtlinie des Rates zum Schutz von Gesundheit und Sicherheit der Arbeitnehmer vor der Gefährdung durch chemische Arbeits-   **802**

[1131] Z. B. Arbeiten in Nahrungsmittelproduktionsanlagen, in Müllbeseitigungsanlagen oder Abwasserkläranlagen.
[1132] Art. 20 Abs. 1 RL BArbSt.
[1133] S. dazu oben Rn. 781.
[1134] BGBl. I S. 50.
[1135] S. näher zur BioStoffV *Allescher*, BArbBl. 1999, Heft 5, S. 15 ff.; MünchArbR/*Wlotzke*, § 215, Rn. 18 ff.
[1136] ABl. EG L 327, S. 8; näher zu dieser Richtlinie oben Rn. 679 ff.
[1137] ABl. EG L 247, S. 12; näher zu dieser Richtlinie oben Rn. 690 ff.
[1138] ABl. EG L 179, S. 44; näher zu dieser Richtlinie oben Rn. 749 ff.

stoffe bei der Arbeit vor.[1139] Der Vorschlag wurde von der Kommission überarbeitet und dem Rat am 9. Juni 1994 in geänderter Fassung vorgelegt.[1140] Am 7. April 1998 hat der Rat die Richtlinie 98/24/EG zum Schutz von Gesundheit und Sicherheit der Arbeitnehmer vor der Gefährdung durch chemische Arbeitsstoffe bei der Arbeit[1141] verabschiedet. Die Richtlinie über chemische Arbeitsstoffe soll nicht nur die Gesundheit und die Sicherheit jedes einzelnen Arbeitnehmers schützen, sondern darüber hinaus für die gesamte Arbeitnehmerschaft der Gemeinschaft einen Mindestschutz sicherstellen, um so eventuellen Wettbewerbsverzerrungen vorzubeugen. Bei der Richtlinie über chemische Arbeitsstoffe handelt es sich um die vierzehnte Einzelrichtlinie i. S. von Art. 16 Abs. 1 der Rahmenrichtlinie Arbeitsschutz (89/391/EWG).[1142] Die Bestimmungen jener Richtlinie sind daher, unbeschadet strengerer oder spezifischer Vorschriften der vorliegenden Richtlinie, auf dem Gebiet der Belastung der Arbeitnehmer durch chemische Arbeitsstoffe in vollem Umfang anwendbar. Für die Umsetzung der Richtlinie über chemische Arbeitsstoffe in nationales Recht wurde den Mitgliedstaaten eine Frist bis spätestens zum 5. Mai 2001 eingeräumt.[1143] Die Richtlinie 80/1107/EWG, die Richtlinie 82/605/EWG und die Richtlinie 88/364/EWG wurden zu dem genannten Zeitpunkt außer Kraft gesetzt.[1144]

803 **(b) Ziel und Anwendungsbereich.** Gem. Art. 1 Abs. 1 RL ChemArbSt bezweckt die Richtlinie den Schutz der Arbeitnehmer gegen tatsächliche oder mögliche Gefährdungen ihrer Gesundheit und Sicherheit durch die Wirkungen von am Arbeitsplatz vorhandenen chemischen Arbeitsstoffen oder auf Grund von Tätigkeiten mit chemischen Arbeitsstoffen. Chemische Arbeitsstoffe i. S. der Richtlinie sind alle chemischen Elemente und Verbindungen, einzeln oder in einem Gemisch, wie sie in der Natur vorkommen oder durch eine Arbeitstätigkeit hergestellt, verwendet oder freigesetzt werden, einschließlich der Freisetzung als Abfall.[1145] Unerheblich ist, ob die chemischen Arbeitsstoffe absichtlich oder unabsichtlich erzeugt und ob sie in Verkehr gebracht werden. Eine „Tätigkeit mit chemischen Arbeitsstoffen" ist jede Arbeit, bei der chemische Arbeitsstoffe im Rahmen eines Prozesses einschließlich Produktion, Handhabung, Lagerung, Beförderung, Entsorgung und Behandlung verwendet werden oder verwendet werden sollen oder bei dieser Arbeit auftreten.[1146]

804 Für Karzinogene am Arbeitsplatz gilt die vorliegende Richtlinie unbeschadet strengerer oder spezifischer Bestimmungen der Karzinogenrichtlinie 90/394/EWG.[1147] Für die Beförderung gefährlicher chemischer Arbeitsstoffe[1148] gilt die Richtlinie über chemische Arbeitsstoffe unbeschadet strengerer oder spezifischer Bestimmungen in den in Art. 1 Abs. 5 RL ChemArbSt aufgeführten Rechtsquellen.

805 **(c) Arbeitsplatzgrenzwerte und biologische Grenzwerte.** Art. 3 Abs. 1 und 2 RL ChemArbSt bestimmt, dass die Kommission nach dem Verfahren des Art. 17 der Rahmenrichtlinie Arbeitsschutz (89/391/EWG)[1149] und unter Berücksichtigung der verfügbaren Messtechniken Grenzwerte für chemische Arbeitsstoffe festlegt. Die Mitgliedstaaten sind verpflichtet, die Organisationen der Arbeitnehmer und der Arbeitgeber regelmäßig über die auf Gemeinschaftsebene festgelegten Arbeitsplatzgrenzwerte zu unterrichten.

[1139] ABl. EG C 165, S. 4.
[1140] ABl. EG C 191, S. 7.
[1141] ABl. EG L 131, S. 11; nachfolgend Richtlinie über chemische Arbeitsstoffe – RL ChemArbSt – abgekürzt.
[1142] ABl. EG C 183, S. 1; s. zu dieser Richtlinie Rn. 440 ff.
[1143] Art. 14 Abs. 1 RL ChemArbSt.
[1144] Art. 13 Abs. 1 RL ChemArbSt.
[1145] Vgl. die Begriffsbestimmung in Art. 2 Buchst. a RL ChemArbSt.
[1146] Vgl. die Begriffsbestimmung in Art. 2 Buchst. c RL ChemArbSt.
[1147] Zur Karzinogenrichtlinie 90/394/EWG s. Rn. 795 ff.
[1148] Zum Begriff „gefährliche chemische Arbeitsstoffe" s. die Begriffsbestimmung in Art. 2 Buchst. b.
[1149] ABl. EG C 183, S. 1; s. zu dieser Richtlinie Rn. 440 ff.

Für jeden chemischen Arbeitsstoff, für den ein **Arbeitsplatz-Richtgrenzwert** auf Gemeinschaftsebene festgelegt wurde, haben die Mitgliedstaaten unter Berücksichtigung des gemeinschaftlichen Grenzwerts einen nationalen Arbeitsplatzgrenzwert[1150] festzulegen, dessen Natur sie gem. ihren innerstaatlichen Rechtsvorschriften und Gepflogenheiten bestimmen.[1151] Gem. Art. 3 Abs. 4 können auf Gemeinschaftsebene zudem nach dem Verfahren des Art. 138 EGV (Art. 118a EGV a. F.) **verbindliche Arbeitsplatzgrenzwerte** festgelegt werden, die zusätzlich zu den Faktoren, die bei der Festlegung der Arbeitsplatz-Richtgrenzwerte berücksichtigt wurden, Durchführbarkeitsfaktoren widerspiegeln und gleichzeitig die Zielsetzung des Schutzes der Gesundheit der Arbeitnehmer bei der Arbeit wahren. Diese Grenzwerte sind in Anhang I wiedergegeben.[1152] Art. 3 Abs. 5 RL ChemArbSt verpflichtet die Mitgliedstaaten, für jeden chemischen Arbeitsstoff, für den ein verbindlicher Arbeitsplatzgrenzwert festgelegt wurde, einen entsprechenden verbindlichen nationalen Arbeitsplatzgrenzwert festzulegen, der sich auf den gemeinschaftlichen Grenzwert stützt, aber nicht höher sein darf als dieser.

Auf Gemeinschaftsebene können des Weiteren nach dem Verfahren des Art. 138 EGV (Art. 118a EGV a. F.) für jeden chemischen Arbeitsstoff auch verbindliche **biologische Grenzwerte** festgelegt werden. Biologischer Grenzwert ist nach der Begriffsbestimmung des Art. 2 Buchst. e RL ChemArbSt der Grenzwert für die Konzentration in dem entsprechenden biologischen Material für den jeweiligen Arbeitsstoff, einen Metaboliten oder einen Beanspruchungsindikator.[1153] Biologische Grenzwerte werden zusammen mit anderen maßgeblichen Angaben zur Gesundheitsüberwachung in Anhang II wiedergegeben.[1154]

Wird für einen chemischen Arbeitsstoff ein biologischer Grenzwert festgelegt, so sind die Mitgliedstaaten gem. Art. 3 Abs. 7 RL ChemArbSt verpflichtet, einen entsprechenden nationalen verbindlichen Grenzwert festzulegen, der sich auf den gemeinschaftlichen Grenzwert stützen muss.

(d) Arbeitgeberpflichten. *(aa) Ermittlung und Bewertung des Risikos.* Art. 5 Abs. 1 verpflichtet den Arbeitgeber, im Rahmen seiner Pflichten gem. Art. 6 Abs. 3 und Art. 9 Abs. 1 der Rahmenrichtlinie Arbeitsschutz (89/391/EWG) zunächst festzustellen, ob es am Arbeitsplatz gefährliche chemische Arbeitsstoffe gibt. Ist dies der Fall, so hat der Arbeitgeber alle Risiken, die sich auf Grund des Vorhandenseins dieser chemischen Arbeitsstoffe für die Sicherheit und Gesundheit der Arbeitnehmer ergeben, einer Bewertung zu unterziehen, bei der den in Art. 4 Abs. 1 Satz 2 RL ChemArbSt aufgeführten Aspekten (z. B. Ausmaß, Art und Dauer der Exposition) Rechnung zu tragen ist.

Nach Art. 4 Abs. 2 RL ChemArbSt muss der Arbeitgeber im Besitz einer Risikobewertung gem. Art. 9 der Rahmenrichtlinie Arbeitsschutz (89/391/EWG) sein. In der Risikobewertung ist anzugeben, welche Maßnahmen gem. den Art. 5 und 6 der vorliegenden Richtlinie getroffen sind. Die Risikobewertung ist gem. einzelstaatlichen Vorschriften und Praktiken zu dokumentieren.[1155]

Art. 4 Abs. 5 RL ChemArbSt bestimmt, dass im Falle einer neuen Tätigkeit mit gefährlichen chemischen Arbeitsstoffen die Arbeit erst aufgenommen werden darf, nachdem eine Bewertung des Risikos dieser Tätigkeit vorgenommen worden ist und alle ausgewiesenen Vorbeugemaßnahmen durchgeführt worden sind.

[1150] Arbeitsplatzgrenzwert i. S. der Richtlinie über chemische Arbeitsstoffe ist, soweit nichts anderes bestimmt ist, der Grenzwert für die zeitlich gewichtete durchschnittliche Konzentration eines chemischen Arbeitsstoffs in der Luft im Atembereich eines Arbeitnehmers in Bezug auf einen gegebenen Referenzzeitraum, Art. 2 Buchst. d RL ChemArbSt.
[1151] Art. 3 Abs. 3 RL ChemArbSt.
[1152] Anhang I enthält bisher lediglich einen Grenzwert, und zwar für anorganisches Blei und seine Verbindungen.
[1153] Art. 3 Abs. 6 RL ChemArbSt.
[1154] Anhang II enthält bislang lediglich einen biologischen Grenzwert, und zwar für Blei und seiner Ionenverbindungen.
[1155] Wegen weiterer Einzelheiten der Risikobewertung s. Art. 4 Abs. 2 bis 4 RL ChemArbSt.

812 *(bb) Allgemeine Grundsätze für die Verhütung von Risiken.* Art. 5 Abs. 1 RL ChemArbSt verpflichtet den Arbeitgeber, zum Schutz von Sicherheit und Gesundheit der Arbeitnehmer die erforderlichen Vorbeugungsmaßnahmen nach Maßgabe von Art. 6 Abs. 1 und 2 der Rahmenrichtlinie Arbeitsschutz (89/391/EWG) zu ergreifen. § 5 Abs. 2 RL ChemArbSt führt eine Liste von Vorkehrungen auf, durch die die Risiken für die Gesundheit und die Sicherheit der Arbeitnehmer bei Arbeiten mit gefährlichen chemischen Arbeitsstoffen ausgeschaltet oder auf ein Minimum reduziert werden können. Hierzu zählen z.B.: Begrenzung der Anzahl der Arbeitnehmer, die den chemischen Arbeitsstoffen ausgesetzt sind oder ausgesetzt sein können, auf ein Mindestmaß; Begrenzung der Dauer und Intensität der Exposition auf ein Mindestmaß; angemessene Hygienemaßnahmen.

813 Folgt aus den Ergebnissen der Bewertung nach Art. 4 Abs. 1 RL ChemArbSt ein Risiko für die Sicherheit und die Gesundheit der Arbeitnehmer, so müssen die besonderen Schutz-, Vorbeugungs- und Überwachungsmaßnahmen der Art. 6, 7 und 10 RL ChemArbSt angewandt werden.[1156] Dies gilt nicht, wenn aus den Ergebnissen der Risikobewertung nach Art. 4 Abs. 1 RL ChemArbSt folgt, dass auf Grund der am Arbeitsplatz vorhandenen Mengen eines gefährlichen chemischen Arbeitsstoffes nur ein geringfügiges Risiko für die Sicherheit und Gesundheit der Arbeitnehmer besteht, und die nach Art. 5 Abs. 1 und 2 RL ChemArbSt ergriffenen Maßnahmen zur Verringerung dieses Risikos ausreichen.

814 *(cc) Besondere Schutz- und Vorbeugungsmaßnahmen.* Nach Art. 6 Abs. 1 RL ChemArbSt hat der Arbeitgeber dafür zu sorgen, dass das durch einen gefährlichen chemischen Arbeitsstoff bedingte Risiko für die Sicherheit und die Gesundheit der Arbeitnehmer bei der Arbeit ausgeschaltet oder auf ein Mindestmaß verringert wird. Dies ist vorrangig durch eine **Substitution** eines gefährlichen Arbeitsstoffes vorzunehmen, d. h. der Arbeitgeber hat die Verwendung eines gefährlichen Arbeitsstoffes zu vermeiden und diesen durch einen chemischen Arbeitsstoff oder ein Verfahren zu ersetzen, der oder das unter den jeweiligen Verwendungsbedingungen für die Sicherheit und Gesundheit der Arbeitnehmer nicht oder weniger gefährlich ist.[1157]

815 Lässt sich unter Berücksichtigung des Arbeitsvorgangs und der Risikobewertung nach Art. 4 RL ChemArbSt das Risiko nicht durch Substitution ausschalten, so hat der Arbeitgeber sicherzustellen, dass das Risiko durch die Anwendung von **Schutz- und Vorbeugungsmaßnahmen** auf ein Mindestmaß verringert wird.[1158] Zu diesen Maßnahmen gehört vorrangig die Gestaltung geeigneter Arbeitsverfahren und technischer Steuerungseinrichtungen sowie die Verwendung geeigneter Arbeitsmittel und Materialien. An zweiter Stelle steht die Durchführung kollektiver Schutzmaßnahmen, wie z.B. angemessene Be- und Entlüftung und geeignete organisatorische Maßnahmen. An letzter Stelle steht die Durchführung von individuellen Schutzmaßnahmen, die auch eine persönliche Schutzausrüstung umfassen.

816 Art. 6 Abs. 3 RL ChemArbSt verpflichtet den Arbeitgeber, die Maßnahmen gem. Art. 6 Abs. 2 RL ChemArbSt durch eine Gesundheitsüberwachung nach Art. 10 RL ChemArbSt zu ergänzen, sofern diese der Art des Risikos angemessen ist.

817 Art. 6 Abs. 4 RL ChemArbSt regelt die Verpflichtung des Arbeitgebers zur Durchführung von **Messungen.** Danach ist der Arbeitgeber verpflichtet, in Bezug auf chemische Arbeitsstoffe, die für die Gesundheit der Arbeitnehmer am Arbeitsplatz ein Risiko darstellen können, insbesondere im Hinblick auf die Arbeitsplatzgrenzwerte, die erforderlichen regelmäßigen Messungen durchzuführen. Diese Messungen sind auch dann durchzuführen, wenn sich die Bedingungen ändern, welche die Exposition der Arbeitnehmer gegenüber chemischen Arbeitsstoffen beeinflussen können. Die Verpflichtung des Arbeitgebers zur Durchführung von Messungen entfällt, sofern der Arbeitgeber mittels anderer Beur-

---

[1156] Art. 5 Abs. 3 RL ChemArbSt.
[1157] Art. 6 Abs. 2 Unterabs. 1 RL ChemArbSt.
[1158] Art. 6 Abs. 2 Unterabs. 2 RL ChemArbSt.

XII. Technischer Arbeitsschutz   818–825 § 18

teilungen eindeutig nachweist, dass in angemessener Weise Vorbeugung und Schutz gem. Art. 6 Abs. 2 RL ChemArbSt erzielt worden sind.

Im Falle einer Überschreitung eines im Hoheitsgebiet eines Mitgliedstaats wirksam fest- **818** gelegten Arbeitsplatzgrenzwerts ist der Arbeitgeber gem. Art. 6 Abs. 5 RL ChemArbSt verpflichtet, unverzüglich unter Berücksichtigung der Natur dieses Grenzwerts Vorbeugungs- und Schutzmaßnahmen zu treffen, um Abhilfe zu schaffen.

Gem. Art. 6 Abs. 6 hat der Arbeitgeber auf der Grundlage der umfassenden Risikobe- **819** wertung und der allgemeinen Grundsätze der Risikoverhütung i. S. der Art. 4 und 5 RL ChemArbSt der Art der Tätigkeit angemessene technische oder organisatorische Maßnahmen, einschließlich Lagerung, Handhabung und Trennung unvereinbarer chemischer Arbeitsstoffe, zu ergreifen, um die Arbeitnehmer gegen die auf Grund der physikalisch-chemischen Eigenschaften chemischer Arbeitsstoffe auftretenden Gefahren zu schützen. Er ist insbesondere verpflichtet, die in Art. 6 Abs. 6 Buchst. a bis c RL ChemArbSt festgelegten Vorkehrungen in der angegebenen Rangordnung zu ergreifen.[1159]

(dd) Vorkehrungen für das Verhalten bei Unfällen. Art. 7 Abs. 1 RL ChemArbSt verpflichtet **820** den Arbeitgeber zum Schutz der Arbeitnehmer bei einem Unfall, Zwischenfall oder Notfall, der mit dem Vorhandensein gefährlicher Arbeitsstoffe am Arbeitsplatz in Verbindung steht, Verfahren (**Aktionspläne**) festzulegen, die beim Eintreten eines derartigen Ereignisses angewendet werden können. Diese Verpflichtung gilt unbeschadet der Verpflichtungen des Arbeitgebers nach Art. 8 der Rahmenrichtlinie Arbeitsschutz (89/391/EWG). Zu den vom Arbeitgeber nach Absatz 1 zu treffenden Vorkehrungen zählen alle einschlägigen Sicherheitsübungen, die in regelmäßigen Abständen durchzuführen sind, sowie die Bereitstellung angemessener Erste-Hilfe-Einrichtungen.

Tritt ein Unfall, Zwischenfall oder Notfall i. S. des Art. 7 Abs. 1 RL ChemArbSt ein, so **821** hat der Arbeitgeber unverzüglich Maßnahmen zur Minderung der Auswirkungen des Ereignisses und zur Unterrichtung der betroffenen Arbeitnehmer zu ergreifen.[1160]

Der Arbeitgeber ist verpflichtet, zur **Wiederherstellung der normalen Situation** so **822** bald wie möglich geeignete Abhilfemaßnahmen zu treffen. Für Instandsetzungsarbeiten und sonstige notwendige Tätigkeiten dürfen in dem betroffenen Bereich nur die unbedingt benötigten Arbeitnehmer beschäftigt werden. Die Arbeitnehmer, die in dem betroffenen Bereich arbeiten dürfen, müssen mit geeigneter Schutzkleidung, persönlicher Schutzausrüstung, speziellen Sicherheitseinrichtungen und besonderen Arbeitsmitteln ausgestattet werden, die sie solange zu benutzen haben, wie die Situation fortbesteht.[1161] Diese Situation darf kein Dauerzustand sein. Zudem dürfen ungeschützte Personen in dem betroffenen Bereich nicht verbleiben.

Gem. Art. 7 Abs. 4 RL ChemArbSt muss der Arbeitgeber unbeschadet des Art. 8 der **823** Rahmenrichtlinie Arbeitsschutz (89/391/EWG) die erforderlichen Maßnahmen ergreifen, um **Warn- und sonstige Kommunikationsmittel** zur Verfügung zu stellen. Warn- und Kommunikationsmittel i. S. dieser Bestimmung sind solche, die erforderlich sind, um ein erhöhtes Risiko für die Sicherheit und die Gesundheit anzuzeigen, so dass eine angemessene Reaktion möglich ist und Abhilfemaßnahmen sowie Hilfs-, Evakuierungs- und Rettungsmaßnahmen im Bedarfsfall unverzüglich eingeleitet werden können.

Der Arbeitgeber muss nach Art. 7 Abs. 5 RL ChemArbSt zudem sicherstellen, dass In- **824** formationen über die Notfallvorkehrungen in Bezug auf gefährliche chemische Arbeitsstoffe zur Verfügung stehen. Den zuständigen innerbetrieblichen und betriebsfremden Unfall- und Notfalldiensten ist Zugang zu diesen Informationen zu gewähren.[1162]

(ee) Unterrichtung und Unterweisung der Arbeitnehmer. Gem. Art. 8 Abs. 1 RL ChemArbSt **825** hat der Arbeitgeber sicherzustellen, dass die Arbeitnehmer oder ihre Vertreter die in dieser

---

[1159] Zu weiteren Einzelheiten s. Art. 6 Abs. 6 RL ChemArbSt.
[1160] Art. 7 Abs. 2 RL ChemArbSt.
[1161] Art. 7 Abs. 3 RL ChemArbSt.
[1162] Zum Umfang der Informationen Art. 7 Abs. 5 RL ChemArbSt.

Bestimmung aufgelisteten Informationen erhalten. Diese Verpflichtung gilt unbeschadet der Verpflichtungen des Arbeitgebers aus Art. 10 und 12 der Rahmenrichtlinie Arbeitsschutz (89/391/EWG). Die Informationen müssen in einer Form zur Verfügung gestellt werden, die dem Ergebnis der Risikobewertung nach Art. 4 RL ChemArbSt Rechnung trägt. Die Informationen sind zudem zu aktualisieren, um veränderten Gegebenheiten Rechnung zu tragen.

826 Sind Behälter und Rohrleitungen, die für gefährliche chemische Arbeitsstoffe verwendet werden, nicht in Übereinstimmung mit den einschlägigen gemeinschaftlichen Rechtsvorschriften über die Kennzeichnung von chemischen Arbeitsstoffen und über die Sicherheitskennzeichnung am Arbeitsplatz gekennzeichnet, hat der Arbeitgeber gem. Art. 8 Abs. 2 RL ChemArbSt sicherzustellen, dass der Inhalt der Behälter und Rohrleitungen sowie die Art des Inhalts und die davon ausgehenden Gefahren eindeutig identifizierbar sind.

827 **(e) Verbot bestimmter chemischer Arbeitsstoffe oder Tätigkeiten.** Zum Schutze der Arbeitnehmer vor einer Gesundheitsgefährdung durch bestimmte chemische Arbeitsstoffe oder Tätigkeiten mit chemischen Arbeitsstoffen sind gem. Art. 9 Abs. 1 RL ChemArbSt die Herstellung und Verarbeitung der in Anhang III genannten chemischen Arbeitsstoffe, ihre Verwendung bei der Arbeit sowie die dort genannten Tätigkeiten in dem angegebenen Umfang verboten.[1163]

828 Art. 9 Abs. 2 RL ChemArbSt ermächtigt die Mitgliedstaaten, in den dort aufgeführten Fällen (z.B. für ausschließlich wissenschaftliche Forschungs-, Versuchs- und Analysezwecke) Ausnahmen zuzulassen. Eine Exposition der Arbeitnehmer gegenüber den chemischen Arbeitsstoffen i.S. des Art. 9 Abs. 1 RL ChemArbSt muss jedoch insbesondere dadurch vermieden werden, dass die Herstellung und die möglichst baldige Verwendung dieser Stoffe als Zwischenprodukte in einem einzigen geschlossenen System erfolgen, dem sie nur entnommen werden dürfen, soweit dies für die Kontrolle des Arbeitsvorgangs oder für die Wartung des Systems erforderlich ist.

829 Machen die Mitgliedstaaten von der Ausnahmeermächtigung des Art. 9 Abs. 2 RL ChemArbSt Gebrauch, so hat die zuständige Behörde vom Arbeitgeber die in Art. 9 Abs. 3 RL ChemArbSt aufgelisteten Angaben anzufordern.

830 Nach Art. 9 Abs. 4 RL ChemArbSt kann der Rat nach dem Verfahren des Art. 138 EGV (Art. 118a EGV a.F.) die Verbotsliste gem. Art. 9 Abs. 1 RL ChemArbSt ändern, um weitere chemische Arbeitsstoffe oder Tätigkeiten einzubeziehen.

831 **(f) Gesundheitsüberwachung.** Gem. Art. 10 Abs. 1 RL ChemArbSt treffen die Mitgliedstaaten unbeschadet des Art. 14 der Rahmenrichtlinie Arbeitsschutz (89/391/EWG) Vorkehrungen für die Durchführung einer angemessenen[1164] Überwachung der Gesundheit der Arbeitnehmer, für die die Ergebnisse der Bewertung nach Art. 4 RL ChemArbSt ein Gesundheitsrisiko erkennen lassen.

832 Ist für einen chemischen Arbeitsstoff ein verbindlicher biologischer Grenzwert nach Anhang II festgelegt worden, so ist die Gesundheitsüberwachung für Arbeiten mit dem betreffenden Arbeitsstoff gem. den in **Anhang II vorgesehenen Verfahren** zwingend.[1165] Die Arbeitnehmer müssen über diese Anforderung unterrichtet werden, und zwar bevor ihnen eine Arbeit zugewiesen wird, die mit dem Risiko einer Exposition gegenüber dem angegebenen gefährlichen chemischen Arbeitsstoff verbunden ist.

[1163] In die Liste des Anhang III bereits aufgenommen sind vier Arbeitsstoffe, und zwar: 2-Naphtylamin und seine Salze, 4-Aminodiphenyl und seine Salze, Benzidin und seine Salze sowie 4-Nitrodiphenyl. Das Verbot gilt nicht, wenn der chemische Arbeitsstoff in einem anderen chemischen Arbeitsstoff oder als Bestandteil von Abfällen vorliegt, sofern seine Konzentration unter der in der Liste angegebenen Grenze liegt.

[1164] Eine Gesundheitsüberwachung ist unter den in Art. 10 Abs. 1 Unterabs. 2 und 3 RL ChemArbSt aufgeführten Voraussetzungen angemessen.

[1165] Art. 10 Abs. 1 Unterabs. 4 RL ChemArbSt.

XII. Technischer Arbeitsschutz   833–838 § 18

Art. 10 Abs. 2 RL ChemArbSt verpflichtet die Mitgliedstaaten sicherzustellen, dass für 833
jeden Arbeitnehmer, der der Gesundheitsüberwachung nach Absatz 1 unterliegt, **persönliche Gesundheits- und Expositionsakten**[1166] geführt und auf dem neuesten Stand gehalten werden. Die Gesundheits- und Expositionsakten müssen so geführt werden, dass sie zu einem späteren Zeitpunkt unter Berücksichtigung der Schweigepflicht konsultiert werden können. Der zuständigen Behörde ist auf Verlangen eine Kopie der entsprechenden Akten zu übermitteln.

Dem einzelnen Arbeitnehmer ist auf sein Verlangen Zugang zu der ihn persönlich 834
betreffenden Gesundheits- und Expositionsakte zu gewähren.[1167] Stellt ein Unternehmen seine Tätigkeit ein, so müssen die Gesundheits- und Expositionsakten der zuständigen Behörde zur Verfügung gestellt werden.[1168]

Für den Fall, dass die Gesundheitsüberwachung ergibt, dass ein Arbeitnehmer an einer 835
bestimmten Krankheit leidet oder dass sich bei ihm eine gesundheitsschädliche Auswirkung zeigt, die nach Auffassung eines Arztes oder eines Arbeitsmediziners das Ergebnis der Exposition gegenüber einem gefährlichen chemischen Arbeitsstoff bei der Arbeit ist, muss der Arbeitnehmer von dem Arzt oder einer anderen entsprechend qualifizierten Person über die ihn persönlich betreffenden Ergebnisse unterrichtet werden.[1169] Dies gilt auch, wenn ein verbindlicher biologischer Grenzwert überschritten worden ist. Zur Unterrichtung gehören auch Informationen und Beratung über Gesundheitsüberwachungsmaßnahmen, denen sich der Arbeitnehmer nach Abschluss der Exposition unterziehen sollte. In den genannten Fällen muss der Arbeitgeber zudem die in Art. 10 Abs. 4 RL ChemArbSt aufgelisteten Maßnahmen und Vorkehrungen (z.B. Überprüfung der gem. Art. 4 Abs. 1 RL ChemArbSt vorgenommenen Risikobewertung) treffen.

(g) Anhörung und Beteiligung der Arbeitnehmer. Art. 10 S. 1 RL ChemArbSt 836
stellt klar, dass die Anhörung und Mitwirkung der Arbeitnehmer oder ihrer Vertreter in den von dieser Richtlinie und ihren Anhängen erfassten Angelegenheiten nach Art. 11 der Rahmenrichtlinie Arbeitsschutz (89/391/EWG) erfolgt.

(h) Außerkraftsetzung. Die Richtlinie 80/1107/EWG zum Schutz der Arbeitnehmer 837
vor der Gefährdung durch chemische, physikalische und biologische Arbeitsstoffe bei der Arbeit vom 27. November 1980,[1170] die Richtlinie 82/605/EWG über den Schutz der Arbeitnehmer gegen Gefährdung durch metallisches Blei und seine Ionenverbindungen am Arbeitsplatz vom 28. Juli 1982[1171] und die Richtlinie 88/364/EWG zum Schutz der Arbeitnehmer durch ein Verbot bestimmter Arbeitsstoffe oder Arbeitsverfahren vom 9. Juni 1988[1172] wurden gem. Art. 13 Abs. 1 **RL 98/24/EG** zum 5. Mai 2001 außer Kraft gesetzt.

(i) Umsetzung in das deutsche Recht. Gem. Art. 15 Abs. 1 RL ChemArbSt war 838
die Richtlinie bis spätestens zum 5. Mai 2001 in nationales Recht umzusetzen. Im deutschen Recht fehlt es teilweise an der vorliegenden Richtlinie entsprechenden Regelungen, und zwar insbesondere im Hinblick auf die Dokumentationspflichten nach Art. 4 Abs. 2 RL ChemArbSt. Der Gesetzgeber hat die Chemikalienrichtlinie bereits teilweise in nationales Recht umgesetzt, und zwar durch die Vierte Verordnung zur **Änderung der Gefahrstoffverordnung** vom 18. Oktober 1999.[1173]

[1166] Nach Art. 10 Abs. 3 Unterabs. 1 RL ChemArbSt enthalten Gesundheits- und Expositionsakten eine Zusammenfassung der Ergebnisse der durchgeführten Gesundheitsüberwachung und der für die Exposition der betreffenden Person repräsentativen Überwachungsdaten.
[1167] Art. 10 Abs. 3 Unterabs. 3 RL ChemArbSt.
[1168] Art. 10 Abs. 3 Unterabs. 4 RL ChemArbSt.
[1169] Art. 10 Abs. 4 RL ChemArbSt.
[1170] ABl. EG L 327, S. 8; näher zu dieser Richtlinie oben Rn. 679 ff.
[1171] ABl. EG L 247, S. 12; näher zu dieser Richtlinie oben Rn. 690 ff.
[1172] ABl. EG L 179, S. 44; näher zu dieser Richtlinie oben Rn. 749 ff.
[1173] BGBl. I S. 2059.

(10) Explosionsschutzrichtlinie

839 **(a) Allgemeines.** Der Explosionsschutz zählt zu den besonders sicherheitsrelevanten Aufgabenbereichen. Im Explosionsfall sind das Leben und die Gesundheit der Arbeitnehmer durch unkontrollierte Flammen- und Druckwirkung sowie durch schädliche Reaktionsprodukte und Verbrauch des zum Atmen benötigten Sauerstoffs aus der Umgebung gefährdet. Die Richtlinie 94/9/EG des EP und des Rates vom 23. März 1994 zur Angleichung der Rechtsvorschriften der Mitgliedstaaten für Geräte und Schutzsysteme zur bestimmungsgemäßen Verwendung in explosionsgefährdeten Bereichen[1174] regelt die grundlegenden Sicherheitsanforderungen, die Geräte und Schutzsysteme erfüllen müssen, die in explosionsgefährdeten Bereichen verwendet werden.[1175] In dieser Richtlinie ist zudem festgelegt, dass eine ergänzende Richtlinie nach Art. 138 EGV (Art. 118a EGV a. F.) vorgesehen ist, die sich insbesondere mit der Gefahr durch Explosionen auf Grund der Verwendung oder der Art und Weise der Installation der Geräte befasst. Einen entsprechenden Vorschlag für eine Richtlinie über Mindestvorschriften zur Verbesserung des Gesundheitsschutzes und der Sicherheit der Arbeitnehmer, die durch explosionsfähige Atmosphäre gefährdet werden können, hat die Kommission dem Rat am 18. September 1995 vorgelegt.[1176] Der Vorschlag wurde von der Kommission zwischenzeitlich überarbeitet und dem Rat am 11. April 1997 in geänderter Fassung erneut vorgelegt.[1177] Das EP und der Rat haben am 16. Dezember 1999 die Richtlinie 1999/92/EG über Mindestvorschriften zur Verbesserung des Gesundheitsschutzes und der Sicherheit der Arbeitnehmer, die durch explosionsfähige Atmosphären gefährdet werden können,[1178] verabschiedet. Bei der Explosionsschutzrichtlinie handelt es sich um die fünfzehnte Einzelrichtlinie i. S. von Art. 16 Abs. 1 der Rahmenrichtlinie Arbeitsschutz (89/391/EWG).[1179]

840 **(b) Zweck und Anwendungsbereich.** Die Explosionsschutzrichtlinie legt Mindestvorschriften in Bezug auf Sicherheit und Gesundheitsschutz von Arbeitnehmern fest, die durch explosionsfähige Atmosphäre gefährdet werden können.[1180] Als explosionsfähige Atmosphäre i. S. der Explosionsschutzrichtlinie gilt nach der Begriffsbestimmung des Art. 2 RL Ex ein Gemisch aus Luft und brennbaren Gasen, Dämpfen, Nebeln oder Stäuben unter atmosphärischen Bedingungen, in dem sich der Verbrennungsvorgang nach erfolgter Entzündung auf das gesamte Gemisch überträgt.

841 Vom Anwendungsbereich der Explosionsschutzrichtlinie ausgenommen sind die in Art. 1 Abs. 2 RL Ex aufgeführten Bereiche. Nicht in den Anwendungsbereich der Richtlinie fallen danach:
– Bereiche, die unmittelbar für die medizinische Behandlung von Patienten und während dieser Behandlung genutzt werden;
– die Verwendung von Gasverbrauchseinrichtungen gem. der Richtlinie 90/369/EWG;[1181]
– Herstellung, Handhabung, Verwendung, Lagerung und Transport von Sprengstoffen oder chemisch instabilen Stoffen;
– mineralgewinnende Betriebe, die der Bohrungsrichtlinie 92/91/EWG[1182] oder der Mineralgewinnungsrichtlinie 92/104/EWG[1183] unterliegen;

[1174] ABl. EG Nr. L 100, S. 1.
[1175] Die Richtlinie 94/9/EG ist durch die Zweite Verordnung zum Gerätesicherheitsgesetz und zur Änderung von Verordnungen zum Gerätesicherheitsgesetz vom 12. 12. 1996 (BGBl. I S. 1914) in deutsches Recht umgesetzt worden.
[1176] ABl. EG C 332, S. 10; nachfolgend Explosionsschutzrichtlinie – RL Ex – abgekürzt.
[1177] ABl. EG C 184, S. 1.
[1178] ABl. EG L 23, S. 57.
[1179] S. zu dieser Richtlinie Rn. 440 ff.
[1180] Art. 1 Abs. 1 RL Ex.
[1181] ABl. EG L 196, S. 15. Richtlinie geändert durch die Richtlinie 93/68/EWG, ABl. EG L 220, S. 1.
[1182] S. dazu Rn. 495 ff.
[1183] S. dazu Rn. 509 ff.

XII. Technischer Arbeitsschutz   842–847 § 18

– die Benutzung von Transportmitteln auf dem Land-, Wasser- und Luftweg, auf die die einschlägigen Bestimmungen der internationalen Übereinkünfte (z.B. ADNR, ADR, ICAO, IMO, RID) und die Gemeinschaftsrichtlinien zur Umsetzung dieser Übereinkünfte angewandt werden.

Nicht ausgenommen sind allerdings Transportmittel zur bestimmungsgemäßen Verwendung in explosionsgefährdeten Bereichen.

(c) Pflichten des Arbeitgebers. Abschnitt II der Explosionsschutzrichtlinie regelt die Pflichten des Arbeitgebers. 842

(aa) Grundsätze. Art. 3 RL Ex ergänzt Art. 6 Abs. 2 der Rahmenrichtlinie Arbeitsschutz (89/391/EWG). Danach ist der Arbeitgeber verpflichtet, zur Vermeidung von Explosionen und zum Schutz gegen Explosionen der Art des Betriebes entsprechende technische oder organisatorische Maßnahmen zu treffen, wobei von den nachfolgend aufgeführten Grundsätzen auszugehen ist: 843
– Verhinderung der Bildung explosionsfähiger Atmosphäre;
– Vermeidung der Zündung explosionsfähiger Atmosphäre;
– Abschwächung der schädlichen Auswirkungen einer Explosion, um die Gesundheit und Sicherheit der Arbeitnehmer zu gewährleisten.

Soweit erforderlich hat der Arbeitgeber die zuvor genannten Maßnahmen mit Maßnahmen gegen die Ausbreitung von Explosionen zu kombinieren oder durch diese zu ergänzen. Die Maßnahmen müssen regelmäßig überprüft werden. Dies gilt auf jeden Fall dann, wenn sich wesentliche Änderungen ergeben.

(bb) Beurteilung des Explosionsrisiken. Art. 4 RL Ex konkretisiert die sich aus Art. 6 Abs. 3 und Art. 9 Abs. 1 der Rahmenrichtlinie Arbeitsschutz (89/391/EWG) ergebenden Pflichten. Gem. Art. 4 Abs. 1 RL Ex ist der Arbeitgeber verpflichtet, die spezifischen Risiken, die von explosionsfähigen Atmosphären ausgehen, in ihrer Gesamtheit zu beurteilen. Im Rahmen der Beurteilung hat der Arbeitgeber mindestens folgende Punkte zu berücksichtigen: 844
– Wahrscheinlichkeit und Dauer des Auftretens von explosionsfähigen Atmosphären;
– Wahrscheinlichkeit des Vorhandenseins und der Aktivierung und des Wirksamwerdens von Zündquellen, einschließlich elektrostatischer Entladungen;
– die Anlagen, verwendeten Stoffe, Verfahren und ihre möglichen Wechselwirkungen;
– das Ausmaß der zu erwartenden Auswirkungen.

Bei der Beurteilung müssen auch Bereiche berücksichtigt werden, die über Öffnungen mit Bereichen verbunden sind oder verbunden werden können, in denen explosionsfähige Atmosphären auftreten können. 845

(cc) Allgemeine Verpflichtungen. Gem. Art. 5 RL Ex hat der Arbeitgeber zur Gewährleistung der Sicherheit und zum Schutz der Gesundheit der Arbeitnehmer und in Anwendung der Grundsätze der Risikobewertung sowie der in Art. 3 RL Ex festgelegten Grundsätze die erforderlichen Maßnahmen zu treffen. Durch die Maßnahmen muss sichergestellt werden, dass das Arbeitsumfeld, in dem explosionsfähige Atmosphäre in einer Menge auftreten kann, die die Gesundheit und Sicherheit von Arbeitnehmern oder anderen gefährden kann, so gestaltet ist, dass die Arbeit gefahrlos ausgeführt werden kann. Ferner muss durch die Maßnahmen gewährleistet werden, dass während der Anwesenheit von Arbeitnehmern, in einem Arbeitsumfeld, in dem explosionsfähige Atmosphäre in einer Menge, die die die Gesundheit und Sicherheit von Arbeitnehmern gefährden kann, auftreten kann, eine angemessene Aufsicht gem. den Grundsätzen der Risikobewertung durch Verwendung von geeigneten technischen Mitteln gewährleistet ist. 846

(dd) Koordinierung von Arbeitnehmern mehrerer Betriebe. Gem. Art. 6 RL Ex ist der Arbeitgeber, der nach den einzelstaatlichen Rechtsvorschriften oder Praktiken die Verantwortung für die Arbeitsstätte hat, verpflichtet, die Durchführung aller die Sicherheit und den Gesundheitsschutz der Arbeitnehmer betreffenden Maßnahmen zu koordinieren. Zudem hat er in dem von ihm gem. Art. 8 RL Ex zu erstellenden Explosionsschutzdokument 847

genauere Angaben über das Ziel, die Maßnahmen und die Modalitäten der Durchführung dieser Koordinierung zu machen. Die Koordinierung berührt nicht die Verantwortung eines jeden Arbeitgebers für die Bereiche, die seiner Kontrolle unterstehen.

848 *(ee) Festlegung der Bereiche mit explosionsfähiger Atmosphäre.* Art. 7 Abs. 1 RL Ex verpflichtet den Arbeitgeber, Bereiche, in denen auf Grund der örtlichen und betrieblichen Verhältnisse explosionsfähige Atmosphäre in solcher Menge auftreten kann, dass Schutzmaßnahmen gem. den Art. 3 bis 5 RL Ex erforderlich werden, entsprechend Anhang I der vorliegenden Richtlinie in Zonen[1184] zu unterteilen. In den Bereichen, die unter Anhang I fallen, hat der Arbeitgeber gem. Art. 7 Abs. 2 RL Ex sicherzustellen, dass die Mindestvorschriften des Anhangs II angewendet werden.

849 Bereiche, in denen explosionsfähige Atmosphäre in einer die Sicherheit und die Gesundheit der Arbeitnehmer gefährdenden Menge auftreten kann, müssen gem. Art. 7 Abs. 3 RL Ex erforderlichenfalls an ihren Zugängen gem. Anhang III gekennzeichnet werden.

850 *(ff) Explosionsschutzdokument.* Gem. Art. 8 Abs. 1 RL Ex hat der Arbeitgeber sich zu vergewissern, dass ein Sicherheits- und Gesundheitsschutzdokument (sog. Explosionsschutzdokument) erstellt und auf dem letzten Stand gehalten wird. Es muss die einschlägigen Anforderungen nach Art. 6, 9 und 10 der Rahmenrichtlinie Arbeitsschutz (89/391/EWG) erfüllen. Aus dem Explosionsschutzdokument müssen insbesondere die in Art. 8 Abs. 2 RL Ex aufgeführten Angaben hervorgehen. So muss beispielsweise aus dem Dokument hervorgehen, dass die Explosionsrisiken, denen die Arbeitnehmer ausgesetzt sind, ermittelt und einer Bewertung unterzogen worden sind.

851 Das Explosionsschutzdokument muss vor Aufnahme der Arbeit erstellt werden. Im Falle wesentlicher Änderungen, Erweiterungen oder Umgestaltungen der Arbeitsstätte, der Arbeitsmittel oder des Arbeitsablaufes muss das Explosionsschutzdokument überarbeitet werden.

852 Das Explosionsschutzdokument kann ein Dokument oder eine Reihe von Dokumenten sein. Art. 8 Abs. 3 RL Ex gestattet dem Arbeitgeber, bereits vorhandene Explosionsrisikoabschätzungen, Dokumente oder andere gleichwertige Berichte, die im Rahmen anderer gemeinschaftlicher Akte erstellt wurden, miteinander zu kombinieren.

853 *(gg) Übergangsvorschriften für Arbeitsmittel und Arbeitsstätten.* Art. 9 RL Ex enthält für Arbeitsmittel und Arbeitsstätten Übergangsregelungen. Nach Abs. 1 brauchen Arbeitsmittel zur Verwendung in Bereichen, in denen explosionsfähige Atmosphäre auftreten kann, nur den in Anhang II Abschnitt A aufgeführten Mindestvorschriften zu entsprechen, wenn sie nach In-Kraft-Treten dieser Richtlinie und vor dem 1. Juli 2003 erstmalig im Unternehmen oder Betrieb zur Verfügung gestellt werden. Dies gilt allerdings nur dann, wenn keine andere Gemeinschaftsrichtlinie anwendbar ist oder wenn eine etwaige andere Gemeinschaftsrichtlinie nur teilweise anwendbar ist.

854 Arbeitsmittel i.S. des Absatzes 1, die nach dem 30. Juni 2003 erstmalig im Unternehmen oder Betrieb zur Verfügung gestellt werden, müssen den Anforderungen des Anhangs II Abschnitte A und B entsprechen.[1185]

855 Gem. Art. 9 Abs. 3 RL Ex müssen Arbeitsstätten mit Bereichen, in denen explosionsfähige Atmosphäre auftreten kann, den Mindestvorschriften dieser Richtlinie entsprechen, wenn diese Arbeitsstätten erstmalig nach In-Kraft-Treten der vorliegenden Richtlinie genutzt werden.

856 Wurden solche Arbeitsstätten bereits vor dem Zeitpunkt des In-Kraft-Tretens dieser Richtlinie genutzt, so brauchen sie den Mindestanforderungen dieser Richtlinie grundsätzlich erst 3 Jahre nach diesem Zeitpunkt zu genügen.[1186] Werden an solchen Arbeitsstätten allerdings nach dem In-Kraft-Treten der Richtlinie Änderungen, Er-

---

[1184] Nach Anhang I sind sechs Zonen zu unterscheiden.
[1185] Art. 9 Abs. 2 RL Ex.
[1186] Art. 9 Abs. 4 RL Ex.

XII. Technischer Arbeitsschutz   857–862 § 18

weiterungen oder Umgestaltungen vorgenommen, so hat der Arbeitgeber die erforderlichen Maßnahmen zu treffen, damit diese Änderungen, Erweiterungen oder Umgestaltungen mit den entsprechenden Mindestvorschriften dieser Richtlinie übereinstimmen.

(d) **Schlussbestimmungen.** Gem. Art. 10 RL Ex werden rein technische Anpassungen der Anhänge dieser Richtlinie, die durch die Verabschiedung von Richtlinien zur technischen Harmonisierung und Normierung betreffend den Explosionsschutz oder durch den technischen Fortschritt, die Entwicklung der internationalen Regelwerke oder Spezifikation des Wissensstandes betreffend die Vorbeugung vor und den Schutz gegen Explosionen bedingt sind, nach dem Verfahren des Art. 17 der Rahmenrichtlinie Arbeitsschutz (89/391/EWG) vorgenommen. 857

Art. 11 RL Ex legt fest, dass die Kommission einen unverbindlichen Leitfaden erstellen soll, der Orientierungshilfen für Möglichkeiten aufzeigt, wie die in dieser Richtlinie enthaltenen Mindestvorschriften erfüllt werden können. 858

Gem. Art. 12 RL Ex haben die Mitgliedstaaten sich zu bemühen, Arbeitgeber gem. Art. 11 RL Ex einschlägige Informationen zugänglich zu machen, und zwar mit besonderer Bezugnahme auf den nach Art. 11 RL Ex von der Kommission zu erstellenden Leitfaden. 859

Art. 13 Abs. 1 RL EX verpflichtet die Mitgliedstaaten, die vorliegende Richtlinie bis spätestens am 30. Juni 2003 in nationales Recht umzusetzen. 860

(e) **Umsetzung in das deutsche Recht.** Im deutschen Recht bestehen nur zum Teil den Vorgaben dieser Richtlinie entsprechende Vorschriften. Insbesondere fehlen Regelungen in Bezug auf die Erstellung eines Explosionsschutzdokumentes. Das deutsche Recht bedarf somit noch entsprechender Umsetzungsmaßnahmen. 861

(11) (Geänderter) Vorschlag für eine Richtlinie über physikalische Einwirkungen

(a) **Allgemeines.** Bestimmte physikalische Phänomene, wie z.B. Schwingungen und elektromagnetische Strahlungen, stellen oft eine nicht mehr hinzunehmende Gefährdung dar. Die negativen Auswirkungen auf die Gesundheit der Arbeitnehmer treten häufig erst nach einem sehr langen Zeitraum zutage. Hiervon ausgehend sieht die Mitteilung der Kommission über ihr Aktionsprogramm zur Anwendung der Gemeinschaftscharta der sozialen Grundrechte vom 29. November 1989[1187] die Festlegung von Mindestvorschriften zum Schutz von Sicherheit und Gesundheit der Arbeitnehmer vor der Gefährdung durch physikalische Einwirkungen vor. Das EP hat im September 1990 eine Entschließung zu diesem Aktionsprogramm verabschiedet,[1188] in der es die Kommission insbesondere auffordert, Einzelrichtlinien in den Bereichen Gefährdung durch Lärm, Schwingungen und sonstige physikalische Einwirkungen auszuarbeiten. Wie in ihrem Aktionsprogramm angekündigt, hat die Kommission am 8. Februar 1993 dem Rat den auf Art. 138 EGV (Art. 118a EGV a. F.) gestützten Vorschlag für eine Richtlinie über Mindestvorschriften zum Schutz von Sicherheit und Gesundheit der Arbeitnehmer vor der **Gefährdung durch physikalische Einwirkungen (mechanische Vibration)** vorgelegt.[1189] Dieser Vorschlag wurde von der Kommission zwischenzeitlich überarbeitet. Die Vorlage des geänderten Vorschlags an den Rat erfolgte am 8. Juli 1994.[1190] 862

[1187] KOM (89) 568 endg.
[1188] ABl. EG C 260, S. 167.
[1189] ABl. EG C 77, S. 12; nachfolgend Richtlinienvorschlag über physikalische Einwirkungen – RL PhysE – abgekürzt.
[1190] ABl. EG C 230, S. 3; den nachfolgenden Ausführungen liegt der geänderte Vorschlag vom 8. Juli 1994 zugrunde.

863 Die Festlegung eines gemeinsamen Standpunktes erfolgte am 28. November 2000.[1191] Inzwischen haben die Minister die Richtlinie verabschiedet.[1192]

864 Die Richtlinie soll nicht nur die Gesundheit und die Sicherheit jedes einzelnen Arbeitnehmers schützen, sondern darüber hinaus für die gesamte Arbeitnehmerschaft der Gemeinschaft einen Mindestschutz sicherstellen, umso eventuellen Wettbewerbsverzerrungen vorzubeugen. Bei der Richtlinie über physikalische Einwirkungen handelt es sich um eine weitere Einzelrichtlinie i.S. von Art. 16 Abs. 1 der Rahmenrichtlinie Arbeitsschutz (89/391/EWG).[1193] Die Bestimmungen jener Richtlinie finden daher, unbeschadet strengerer oder spezifischer Vorschriften der vorliegenden Richtlinie, auf dem Gebiet der Belastung der Arbeitnehmer durch physikalische Einwirkungen in vollem Umfang Anwendung.

865 **(b) Anwendungsbereich.** Die Richtlinie über physikalische Einwirkungen gilt für Tätigkeiten, bei denen die Arbeitnehmer auf Grund ihrer Arbeit physikalischen Einwirkungen ausgesetzt sind oder sein können. Nach der Begriffsbestimmung des Art. 2 Ziff. 1 RL PhysE zählen zu den physikalischen Einwirkungen i.S. dieser Richtlinie hörbare Schallfelder, Vibrationen, elektrische und magnetische Felder sowie Kombinationen dieser Felder mit Frequenzen bis höchstens 3 mal 10^{15} Hz (Wellenlänge mindestens 100 Nanometer). Vom Anwendungsbereich der vorliegenden Richtlinie nicht erfasst werden Arbeitnehmer, die in den Geltungsbereich des Euratom-Vertrags fallen.

866 **(c) Ermittlung und Bewertung der Gefahren.** Art. 3 Abs. 2 RL PhysE verpflichtet den Arbeitgeber, für jede Tätigkeit, bei der Arbeitnehmer physikalischen Einwirkungen ausgesetzt sein können, eine Bewertung der sich aus diesen Einwirkungen ergebenden Gefahr nach Art. 6 Abs. 3 der Rahmenrichtlinie Arbeitsschutz (89/391/EWG) vorzunehmen. Bewertung i.S. der vorliegenden Richtlinie ist die qualitative Beurteilung oder Abschätzung.[1194] Die Bewertung unterscheidet sich damit von der Messung, die rein quantitativ ist und den Einsatz einer entsprechenden Messtechnik erfordert. Der Arbeitgeber hat bei seiner Bewertung in besonderem Maße etwaige Auswirkungen auf die Sicherheit oder Gesundheit besonders gefährdeter Arbeitnehmergruppen zu berücksichtigen.

867 **(d) Meldepflicht für besonders gefährliche Tätigkeiten.** Die Anhänge I bis IV[1195] führen in der jeweiligen Ziff. 3 Bedingungen auf, unter denen bestimmte Tätigkeiten als Tätigkeiten mit erhöhtem Risiko gelten.[1196] Derartige Tätigkeiten müssen nach Art. 3 Abs. 4 RL PhysE der zuständigen Behörde gemeldet werden. Zudem müssen die Mitgliedstaaten dafür sorgen, dass die erforderlichen Maßnahmen getroffen werden, um die mit diesen Tätigkeiten verbundene Gefahr in Grenzen zu halten.

868 **(e) Bewertung und Messung.** Gem. Art. 4 RL PhysE hat der Arbeitgeber jede während der Arbeit auftretende physikalische Einwirkung einer Bewertung und erforderlichenfalls einer Messung zu unterziehen, um die Arbeitnehmer und Arbeitsstätten zu ermitteln, für die die Richtlinie gilt. Ferner dienen die Bewertung und die Messung dazu, die jeweiligen Anwendungsbedingungen festzulegen. Die Bewertungen und Messungen müssen nach Maßgabe des Art. 4 Abs. 2 RL PhysE sowie der in den entsprechenden

---

[1191] Bull. EU 11-2000, S. 20.
[1192] *Barth,* EuroAS 1-2/2001, S. 10.
[1193] S. zu dieser Richtlinie unter Rn. 440 ff.
[1194] Art. 2 Ziff. 3 RL PhysE.
[1195] Die Anhänge I–IV enthalten spezielle Regelungen für folgende Einwirkungen: Lärm (Anhang I), Vibrationen (Anhang II), optische Strahlung (Anhang III) sowie elektrische und magnetische Felder und Wellen (Anhang IV).
[1196] Nach Ziff. 3 des Anhangs I gehören zu den Tätigkeiten mit erhöhtem Risiko i.S. der Richtlinie z.B. Tätigkeiten, bei denen die Arbeitnehmer einem personenbezogenen täglichen Lärmexpositionspegel von mehr als 105 db (A) oder einem Spitzenschalldruck von mehr als 600 PA ausgesetzt sind.

XII. Technischer Arbeitsschutz   869–872 § 18

Anhängen festgelegten Bedingungen erfolgen.[1197] Die gewonnenen Daten müssen in angemessener Form gespeichert und für eine spätere Einsichtnahme bereitgehalten werden.[1198] Gem. Art. 7 Abs. 3 RL PhysE trifft den Arbeitgeber die Pflicht, die Ergebnisse der vorgenommenen Bewertung und Messung der physikalischen Einwirkungen zusammen mit Erläuterungen zu ihrer praktischen Bedeutung den betroffenen Arbeitnehmern sowie den Arbeitnehmervertretern[1199] vorzulegen.

(f) **Maßnahmen zur Verringerung der Exposition.** Art. 5 Abs. 1 RL PhysE enthält 869 die Verpflichtung des Arbeitgebers, die Gefährdung durch physikalische Einwirkungen unter Berücksichtigung der Verfügbarkeit von Mitteln zur Begrenzung der physikalischen Einwirkung auf das niedrigste technisch mögliche Niveau zu verringern. Ziel des Arbeitgebers muss es sein, die Exposition unter den im entsprechenden Anhang genannten Schwellenwert[1200] zu senken. Unter den in den Anhängen festgelegten Bedingungen muss der Arbeitgeber ein auf die Verringerung der Gefahr abzielendes Programm technischer und arbeitsorganisatorischer Maßnahmen festlegen und anwenden.[1201] Kann mit diesen Maßnahmen nicht sichergestellt werden, dass die maximal zulässige Expositionsobergrenze nicht überschritten wird, so ist der Arbeitgeber gem. Art. 5 Abs. 3 RL PhysE verpflichtet, die entsprechenden Maßnahmen zu treffen, damit die Gefahren nicht über den Gefahren liegen, denen eine nicht geschützte Person bei einer Exposition in Höhe der maximal zulässigen Obergrenze ausgesetzt ist.[1202] Kann der Arbeitgeber auch dieses Ergebnis nicht sicherstellen, so finden die Bestimmungen des Art. 8 Abs. 3, 4 und 5 der Rahmenrichtlinie Arbeitsschutz (89/391/EWG) Anwendung.

Das ausgearbeitete Maßnahmenprogramm ist den betroffenen Arbeitnehmern sowie den 870 Arbeitnehmervertretern mitzuteilen.[1203] Außerdem sind sie über die Anwendung von Art. 5 Abs. 3 RL PhysE unverzüglich zu unterrichten.

(g) **Persönliche Schutzausrüstungen.** Art. 6 Abs. 1 RL PhysE verpflichtet den Arbeitgeber, Arbeitnehmern unter den in den Anhängen festgelegten Bedingungen[1204] persönliche Schutzausrüstungen zur Verfügung zu stellen, die von ihnen zu verwenden sind. Die Bestimmungen der PSA-Benutzerrichtlinie 89/656/EWG[1205] und Art. 13 Abs. 2 der Rahmenrichtlinie Arbeitsschutz (89/391/EWG) sind dabei zu beachten. Der Arbeitgeber hat sich gem. Art. 6 Abs. 2 RL PhysE von der Wirksamkeit der getroffenen Maßnahmen zu überzeugen.

(h) **Zugang zu Gefahrenzonen.** Unter den in den Anhängen genannten Bedingungen 872 müssen die Arbeitsbereiche, auf die spezifische Schutzbestimmungen anzuwenden

---

[1197] Wenn in der vorliegenden Richtlinie auf die Anhänge verwiesen wird, so ist jeweils ausschließlich der die betreffende Einwirkung behandelnde Teil der Anhänge gemeint.
[1198] Art. 4 Abs. 3 RL PhysE.
[1199] Mit dem Begriff des Arbeitnehmervertreters sind die in Art. 3 Buchst. c der Rahmenrichtlinie Arbeitsschutz (89/391/EWG) genannten Arbeitnehmervertreter mit einer besonderen Funktion bei der Sicherheit und beim Gesundheitsschutz der Arbeitnehmer gemeint. Dazu zählt jede Person, die gemäß den nationalen Rechtsvorschriften oder Praktiken gewählt, ausgewählt oder benannt wurde, um die Arbeitnehmer in Fragen der Sicherheit und des Gesundheitsschutzes der Arbeitnehmer bei der Arbeit zu vertreten.
[1200] Schwellenwert ist nach der Begriffsbestimmung des Art. 2 Ziff. 2 RL PhysE der Expositionswert, unterhalb dessen eine beständige oder wiederholte Exposition keine schädlichen Auswirkungen auf Gesundheit und Sicherheit der Arbeitnehmer hat; nach Anhang I Ziff. 2 beträgt er z. B. für Lärm 75 dB (A).
[1201] Art. 5 Abs. 2 RL PhysE.
[1202] Als letzte Möglichkeit darf der Arbeitgeber auch auf persönliche Schutzausrüstungen zurückgreifen.
[1203] Art. 7 Abs. 3 RL PhysE.
[1204] Ziff. 4 des Anhangs I legt z. B. fest, dass persönliche Schutzausrüstungen verwendet werden müssen, wenn die tägliche Lärmexposition über 90 dB (a) oder der Spitzenschalldruck über 200 PA liegt.
[1205] ABl. EG L 393, S. 18.

§ 18 873–877   Einzelne Richtlinien

sind, durch eine entsprechende Beschilderung gekennzeichnet werden.[1206] Sofern das Expositionsrisiko es erfordert, sind diese Bereiche zusätzlich abzugrenzen und Zugangsbeschränkungen zu unterwerfen.

873   **(i) Unterrichtung und Unterweisung der Arbeitnehmer.** Gem. Art. 7 Abs. 1 RL PhysE muss der Arbeitgeber die Arbeitnehmer über die Sicherheit und die Gesundheit im Zusammenhang mit den physikalischen Einwirkungen bei der Arbeit informieren. Er hat sie insbesondere dann, wenn die Exposition den Schwellenwert überschreitet, über die sich daraus ergebenden potentiellen Gefahren zu unterrichten. Darüber hinaus muss die Unterrichtung gem. Art. 7 Abs. 2 RL PhysE folgende Aspekte einbeziehen: die in Anwendung dieser Richtlinie getroffenen Maßnahmen; die Pflicht der Arbeitnehmer, sich gemäß den einzelstaatlichen Vorschriften an die Schutz- und Präventivmaßnahmen zu halten; das Tragen der persönlichen Schutzausrüstungen und die Bedeutung einer eventuellen Gesundheitsüberwachung nach Art. 11 RL PhysE. Weitere Aspekte, auf die sich die Information zu erstrecken hat, ergeben sich aus den jeweiligen Anhängen.[1207]

874   Art. 9 RL PhysE verpflichtet den Arbeitgeber ferner, dafür zu sorgen, dass die Arbeitnehmer entsprechend den in den Anhängen der vorliegenden Richtlinie festgelegten Bedingungen eine Unterweisung erhalten. Die Unterweisung muss insbesondere die in Art. 7 Abs. 2 RL Phys aufgeführten Aspekte behandeln.

875   **(j) Gesundheitsüberwachung.** In den Anhängen zu der vorliegenden Richtlinie ist geregelt, unter welchen Voraussetzungen Arbeitnehmer einen Anspruch auf eine Gesundheitsüberwachung haben.[1208] Die Gesundheitsüberwachung hat nach Maßgabe der in den Anhängen festgelegten Bedingungen durch einen Arzt oder unter Aufsicht eines Arztes zu erfolgen.[1209] Hält der Arbeitnehmer es für erforderlich, so ist die Gesundheitsüberwachung durch einen Facharzt vorzunehmen. Die Kosten der Gesundheitsüberwachung dürfen nicht zu Lasten des Arbeitnehmers gehen.

876   Gem. Art. 11 Abs. 2 RL PhysE muss die Gesundheitsüberwachung die Schwere der Gefährdung berücksichtigen sowie der Vorbeugung und der Frühdiagnose aller durch eine physikalische Einwirkung verursachten Gesundheitsschäden dienen. Sie muss ferner Aufschluss darüber geben, ob ein Arbeitnehmer auf einen Arbeitsplatz, an dem es zu der betreffenden physikalischen Einwirkung kommt, eingesetzt werden kann. Arbeitnehmer, deren Tätigkeit das Tragen von persönlichen Schutzausrüstungen erfordert oder deren Tätigkeit zu den meldepflichtigen gefährlichen Tätigkeiten i.S. dieser Richtlinie gehören, haben gem. Art. 11 Abs. 3 RL PhysE einen Anspruch auf systematische Gesundheitsüberwachung. Art. 11 Abs. 3 RL schreibt ferner vor, dass in Fällen des Verdachts auf eine Exposition oberhalb des Expositionsgrenzwertes[1210] den betroffenen Arbeitnehmern in angemessener Frist eine ärztliche Untersuchung angeboten werden muss.

877   Die Ergebnisse der Gesundheitsüberwachung sind in einer Form zu speichern, die eine spätere Einsichtnahme ermöglicht.[1211] Der zuständige Arzt oder die zuständige Gesundheitsbehörde müssen Zugang zu den Gesundheitsdaten der Arbeitnehmer erhalten, deren Tätigkeit das Tragen von persönlichen Schutzausrüstungen erfordert oder de-

---

[1206] Art. 8 RL PhysE.
[1207] So schreibt beispielsweise Ziff. 6 des Anhangs vor, dass Arbeitnehmer, die einem elektrischen Feld von mehr als 5 kV mal m^{-1} ausgesetzt sind, darüber unterrichtet werden müssen, dass es zu einer offenbar ungefährlichen Perzeption an der Körperoberfläche kommen kann.
[1208] Nach Ziff. 5 des Anhangs I hat z.B. der Arbeitnehmer ein Anrecht auf eine Überwachung seines Hörvermögens, dessen tägliche Lärmexposition 80 db (A) überschreitet.
[1209] Art. 11 Abs. 1 RL PhysE.
[1210] Expositionsgrenzwert ist nach der Begriffsbestimmung des Art. 2 Ziff. 2 RL PhysE der Expositionswert, dessen Überschreitung für eine ungeschützte Person eine unannehmbare Gefährdung mit sich bringt. Eine Überschreitung dieses Wertes ist untersagt und muss durch die Anwendung der Bestimmungen dieser Richtlinie verhindert werden.
[1211] Art. 11 Abs. 4 RL PhysE.

XII. Technischer Arbeitsschutz   878–882 § 18

ren Tätigkeit zu den meldepflichtigen gefährlichen Tätigkeiten i. S. dieser Richtlinie gehört.[1212] Zudem muss sichergestellt sein, dass der zuständige Arzt oder die zuständige Gesundheitsbehörde für den genannten Personenkreis angemessene Anweisungen und die gegebenenfalls zu treffenden Schutz- oder Präventivmaßnahmen geben.

(k) Bestimmungen über Arbeitsmittel und Arbeitsverfahren. Art. 12 Abs. 1 RL 878
PhysE verpflichtet den Arbeitgeber, bei der Gestaltung von Arbeitsplätzen und Arbeitsstätten und bei der Auswahl von Arbeitsmitteln sowie Fertigungsverfahren i. S. des Art. 6 Abs. 2 Buchst. d der Rahmenrichtlinie Arbeitsschutz (89/391/EWG) die möglicherweise daraus erwachsenden physikalischen Einwirkungen zu berücksichtigen. Bei der Auswahl der Arbeitsmittel hat der Arbeitgeber ihre Emissionen in Rechnung zu stellen und sie mit den Emissionen anderer Arbeitsmittel des gleichen Typs zu vergleichen.[1213]

Kann das eingesetzte Arbeitsmittel zu einer Exposition führen, die die in den Anhängen 879
festgelegten Auslöseschwellen[1214] überschreitet, so muss der Arbeitgeber entweder für jede physikalische Einwirkung die in Art. 4 Abs. 1 RL PhysE beschriebene Bewertung durchführen[1215] oder für jede physikalische Einwirkung die erforderlichen Messungen vornehmen.[1216] Des Weiteren verpflichtet Art. 12 Abs. 2 Buchst. b RL PhysE den Arbeitgeber, Arbeitnehmern solche Arbeitsmittel zur Verfügung zu stellen, die Gegenstand von Gemeinschaftsbestimmungen sind, die darauf abzielen oder zur Folge haben, dass eine physikalische Einwirkung begrenzt wird. Dies gilt jedoch nur, wenn die Art der Tätigkeit dies zulässt.

(l) Ausdehnung der Exposition. Unter den in den Anhängen festgelegten Bedin- 880
gungen muss der Arbeitgeber sicherstellen, dass die schädlichen Folgen einer Exposition gegenüber der betreffenden physikalischen Einwirkung unter Kontrolle gebracht werden, wenn sie sich aus Gründen, die mit der Arbeit zusammenhängen, über die Arbeitszeit hinaus ausdehnt.[1217] Diese Bestimmung gilt vor allem dann, wenn die Art der Tätigkeit dazu führt, dass ein Arbeitnehmer vom Arbeitgeber überwachte Freizeit- oder Ruheräume benutzt.[1218]

(m) Interferenzen, indirekte Gefährdung. Art. 13 Abs. 1 Buchst. b RL PhysE ver- 881
langt, dass in Anwendung von Art. 6 Abs. 3 der Rahmenrichtlinie Arbeitsschutz (89/391/EWG) die betreffenden physikalischen Einwirkungen immer dann auf Werte unterhalb der in der vorliegenden Richtlinie festgelegten Werte gesenkt werden, wenn der Gesundheits- oder Arbeitsschutz dies erfordert. Bezogen auf die Exposition gegenüber Lärm gilt dies insbesondere dann, wenn die Art der Tätigkeit eine besondere Wachsamkeit erfordert.[1219]

Werden Arbeitnehmer bei der Arbeit durch eine auftretende physikalische Einwirkung 882
einer mittelbaren Gefahr ausgesetzt, so muss der Arbeitgeber diese Gefahr unter Kontrolle

---

[1212] Art. 11 Abs. 5 RL PhysE.
[1213] S. auch Art. 3 der Arbeitsmittelrichtlinie 89/655/EWG; näher dazu Rn. 565.
[1214] Auslöseschwelle ist nach der Begriffsbestimmung des Art. 2 Ziff. 2 RL PhysE der Wert, bei dessen Überschreitung eine oder mehrere der in den entsprechenden Anhängen festgelegten Maßnahme(n) ergriffen werden (muss) müssen. Dies setzt allerdings voraus, dass der Arbeitgeber über die hierfür erforderlichen Informationen verfügt, die ihm der Hersteller des Arbeitsmittels entsprechend den Bestimmungen in den Gemeinschaftsrichtlinien über den freien Verkehr von Arbeitsmitteln liefert.
[1215] Dies setzt allerdings voraus, dass der Arbeitgeber über die hierfür erforderlichen Informationen verfügt, die ihm der Hersteller des Arbeitsmittels entsprechend den Bestimmungen in den Gemeinschaftsrichtlinien über den freien Verkehr von Arbeitsmitteln liefert.
[1216] Art. 12 Abs. 2 Buchst. a RL PhysE.
[1217] Art. 13 Abs. 1 Buchst. a RL PhysE.
[1218] Nach Ziff. 6 des Anhangs I muss z. B. der Lärm in diesen Räumlichkeiten auf ein mit ihrer Funktion und den entsprechenden Nutzungsbedingungen vereinbares Niveau gesenkt werden, und zwar bis auf 60 dB (A) in Schlafzeiten.
[1219] S. Ziff. 7 des Anhangs I.

bringen.[1220] Eine indirekte Gefährdung in diesem Sinne ist z.B. gegeben, wenn optische Strahlung einen Brand verursachen oder gefährliche Stoffe erzeugen könnte.[1221]

883 **(n) Ausnahmen.** Gem. Art. 14 RL Phys dürfen die Mitgliedstaaten ausschließlich im Rahmen der in den Anhängen festgelegten Bedingungen Ausnahmen von bestimmten Vorschriften dieser Richtlinie zulassen. Ferner müssen die in Art. 14 Abs. 2 RL PhysE vorgegebenen Bedingungen erfüllt werden.[1222]

884 **(o) Anhörung.** Art. 10 RL PhysE stellt klar, dass Arbeitgeber gem. Art. 11 der Rahmenrichtlinie Arbeitsschutz (89/391/EWG) verpflichtet sind, die Arbeitnehmer oder ihre Vertreter hinsichtlich der unter die vorliegende Richtlinie einschließlich ihrer Anhänge fallenden Bereiche anzuhören und deren Beteiligung zu ermöglichen.

885 **(p) Aufhebung.** Die Lärmrichtlinie 86/188/EWG[1223] soll durch die Richtlinie über physikalische Einwirkungen außer Kraft gesetzt werden.[1224] Soweit in Gemeinschaftsrichtlinien auf die Richtlinie 86/188/EWG verwiesen wird, sind diese Verweise als Verweise auf die vorliegende Richtlinie zu verstehen. Anhang V enthält eine Tabelle, in der aufgeführt wird, welche Vorschriften der Richtlinie 86/188/EWG den Vorschriften der vorliegenden Richtlinie entsprechen.

886 **(q) Umsetzung in das deutsche Recht.** Im deutschen Recht existieren dem vorliegenden Richtlinienvorschlag entsprechende Regelungen lediglich im Hinblick auf die Exposition der Arbeitnehmer gegenüber Lärm.[1225] Dagegen bedürfte der überwiegende Teil der Richtlinienvorschriften noch einer Umsetzung in deutsches Recht.

(12) Binnenmarktrichtlinien

887 **(a) Gefahrstoffrichtlinie 67/548/EWG.** Sehr früh wurde auf Gemeinschaftsebene erkannt, dass die Unterschiede zwischen den innerstaatlichen Vorschriften der Mitgliedstaaten für die Einstufung, Verpackung und Kennzeichnung gefährlicher Stoffe und Zubereitungen eine Behinderung des Handels mit diesen Stoffen und Zubereitungen in der Gemeinschaft zur Folge haben und sie sich damit unmittelbar auf die Errichtung und das Funktionieren des Gemeinsamen Marktes auswirken. Diese Erkenntnis sowie die Erwägung, dass alle Vorschriften über das Inverkehrbringen von gefährlichen Stoffen und Zubereitungen dem Schutz der Bevölkerung dienen müssen, und zwar insbesondere dem Schutz der Personen, die mit solchen Stoffen und Zubereitungen umgehen, haben dazu geführt, dass der Rat am 27. Juni 1967 die Richtlinie 67/548/EWG zur Angleichung der Rechts- und Verwaltungsvorschriften für die Einstufung, Verpackung und Kennzeichnung gefährlicher Stoffe[1226] verabschiedet hat. Wegen der noch durchzuführenden Vorarbeiten beschränkte sich der Rat in dieser Richtlinie auf die Angleichung der Vorschriften für gefährliche Stoffe und überließ die Angleichung der Vorschriften für die Einstufung, Verpackung und Kennzeichnung gefährlicher Zubereitungen sowie die Angleichung für Beschränkungen des Inverkehrbringens und der Verwendung gewisser gefährlicher Stoffe und Zubereitungen späteren Richtlinien. Die vorliegende Richtlinie, die sozusagen den Grundstein für das Gefahrstoffrecht der Europäischen Gemeinschaft darstellt, ist zwischenzeitlich durch acht Änderungsrichtlinien[1227] und 26 Anpassungsrichtlinien,[1228] die sich überwiegend auf die verschiedenen Anhänge der Richtlinie beziehen, umgestaltet worden.

[1220] Art. 13 Abs. 3 RL PhysE.
[1221] S. Ziff. 8 des Anhangs III.
[1222] Danach bedarf die Gewährung von Ausnahmen u.a. der vorherigen Anhörung der Sozialpartner.
[1223] ABl. EG L 137, S. 28; näher dazu Rn. 729 ff.
[1224] Vgl. Art. 17 Abs. 1 RL PhysE.
[1225] S. oben Rn. 744.
[1226] ABl. EG L 196, S. 1; nachfolgend Gefahrstoffrichtlinie – RL GefSt – abgekürzt.
[1227] Zuletzt geändert durch die Richtlinie 2000/32/EG vom 14. 5. 2001.
[1228] Zuletzt angepasst durch die Richtlinie 98/98/EG der Kommission vom 15. Dezember 1998 zur fünfundzwanzigsten Anpassung der Richtlinie 67/548/EWG (ABl. EG L 355, S. 1).

XII. Technischer Arbeitsschutz 888–892 § 18

Nach Art. 4 Abs. 1 RL GefSt sind Stoffe auf Grund ihrer Eigenschaften nach den in 888
Art. 2 Abs. 2 RL GefSt festgelegten Kategorien[1229] einzustufen. Die allgemeinen Grundsätze für die Einstufung bestimmen sich nach den Kriterien des Anhangs VI. Eine Liste der nach den Grundsätzen dieser Vorschrift bereits eingestuften Stoffe mit ihrer harmonisierten Einstufung und Kennzeichnung enthält Anhang I.

Art. 5 Abs. 1 RL GefSt bestimmt, dass Stoffe als solche oder in Zubereitungen nur in 889
den Verkehr gebracht werden dürfen, wenn sie entsprechend dieser Richtlinie bei der zuständigen Behörde eines Mitgliedstaates angemeldet sind. Das Verfahren der Anmeldung wird in Art. 6 bis 14 RL GefSt geregelt.

Gem. Art. 16 Abs. 1 RL GefSt sind die Mitgliedstaaten verpflichtet, alle zweckdienli- 890
chen Maßnahmen zu treffen, dass gefährliche Stoffe nur in Verkehr gebracht werden, wenn sie entsprechend der Gefahrstoffrichtlinie gekennzeichnet sind.[1230]

Die Mitgliedstaaten waren verpflichtet, die Richtlinie über gefährliche Stoffe in ihrer 891
Grundfassung bis spätestens zum 1. Januar 1972 in nationales Recht umzusetzen. Für die Änderungs- und Anpassungsrichtlinien ergeben sich die Umsetzungsfristen aus den jeweiligen Richtlinien. Der deutsche Gesetzgeber hat die Grundrichtlinie, die 1. bis 7. Änderungsrichtlinie sowie die 1. bis 25. Anpassungsrichtlinie durch folgende Rechtsvorschriften in nationales Recht umgesetzt: durch das Chemikaliengesetz vom 16. 9. 1980,[1231] die Verordnung über gefährliche Stoffe (Gefahrstoffverordnung – GefStV) vom 26. 10. 1993,[1232] die Verordnung über Prüfnachweise und sonstige Anmelde- und Mitteilungsunterlagen nach dem Chemikaliengesetz (Prüfnachweisverordnung – ChemPrüfV) vom 1. August 1994[1233] sowie die Bekanntmachung der Liste der gefährlichen Stoffe und Zubereitungen nach § 4a GefStoffV vom 11. Mai 1994.[1234]

(b) Zubereitungsrichtlinie 88/379/EWG. Die Unterschiede zwischen den inner- 892
staatlichen Vorschriften der Mitgliedstaaten für die Einstufung, Verpackung und Kennzeichnung gefährlicher Stoffe und Zubereitungen stellen eine Behinderung des Handels mit diesen Stoffen und Zubereitungen in der Gemeinschaft dar und können sich damit unmittelbar auf die Errichtung und das Funktionieren des Gemeinsamen Marktes auswirken. Mit der Gefahrstoffrichtlinie 67/548/EWG[1235] hat sich der Rat zunächst auf die Regelung gefährlicher Stoffe beschränkt. Die Angleichung der Vorschriften für gefährliche Zubereitungen sollte späteren Richtlinien vorbehalten bleiben. In der Folgezeit verabschiedete der Rat zwei Richtlinien, die Regelungen für bestimmte gefährliche Zubereitungen und für genau festgelegte Verwendungszwecke enthielten, und zwar die Richtlinie 73/173/EWG zur Angleichung der Rechts- und Verwaltungsvorschriften der Mitgliedstaaten für die Einstufung, Verpackung und Kennzeichnung von Zubereitungen gefährlicher Stoffe (Lösemittel) vom 4. Juni 1973[1236] sowie die Richtlinie 77/728/EWG zur Angleichung der Rechts- und Verwaltungsvorschriften der Mitgliedstaaten für die Einstufung, Verpackung und Kennzeichnung von Anstrichmitteln, Druckfarben, Klebstoffen

---

[1229] In Art. 2 Abs. 2 RL GefSt werden insgesamt 15 Kategorien aufgeführt. Es handelt sich um folgende Kategorien: explosionsgefährlich, brandfördernd, hochentzündlich, leicht entzündlich, entzündlich, sehr giftig, giftig, mindergiftig, ätzend, reizend, sensibilisierend, krebserzeugend, erbgutverändernd, fortpflanzungsgefährdend und umweltgefährlich.
[1230] Wegen weiterer Einzelheiten der Gefahrstoffrichtlinie wird auf die einschlägige Literatur verwiesen.
[1231] BGBl. I S. 1718, zuletzt geändert durch das 2. Gesetz zur Änderung des Chemikaliengesetzes vom 25. 7. 1994, BGBl. I S. 1689.
[1232] BGBl. I S. 1782; in der Fassung der Bekanntmachung vom 15. November 1999 (BGBl. I S. 1286); zuletzt geändert durch die Verordnung v. 26. Juni 2000 (BGBl. I S. 932).
[1233] BGBl. I S. 1877.
[1234] BAnz. Nr. 113, S. 6439.
[1235] S. dazu Rn. 887.
[1236] ABl. EG L 73/173/EWG; zuletzt geändert durch die Richtlinie 86/944/EG vom 25. 3. 1986, ABl. EG L 80, S. 51.

und dergleichen vom 7. November 1977.[1237] Trotz der erwähnten Gemeinschaftsrichtlinien konnten bestimmte gefährliche Zubereitungen je nach Mitgliedstaat Regelungen unterliegen, die beträchtliche Unterschiede aufwiesen. Um die bestehenden Handelshemmnisse zu beseitigen, hat der Rat am 7. Juni 1988 die Richtlinie 88/379/EWG zur Angleichung der Rechts- und Verwaltungsvorschriften der Mitgliedstaaten für die Einstufung, Verpackung und Kennzeichnung gefährlicher Zubereitungen[1238] verabschiedet. Mit dieser umfassenderen Regelung wurden zugleich auch die Bestimmungen über die Angaben auf dem Kennzeichnungsschild, dessen Abmessungen sowie die Zuordnung der einzelnen Gefahrensymbole und Standardaufschriften sowie die Sicherheitsratschläge in Einklang mit der Richtlinie 67/548/EWG gebracht. Mit der Anwendung der Zubereitungsrichtlinie sind die Richtlinien 73/173/EWG und 77/728/EWG außer Kraft getreten. Zur Zubereitungsrichtlinie sind zwischenzeitlich drei Anpassungsrichtlinien ergangen.[1239] Außerdem wurden drei Richtlinien zur Ausfüllung einzelner Artikel der Richtlinie erlassen.[1240]

893 In den Regelungsbereich der Richtlinie fallen sämtliche Zubereitungen, die in den Mitgliedstaaten in Verkehr gebracht werden und die mindestens einen gefährlichen Stoff i. S. der Gefahrstoffrichtlinie 67/548/EWG enthalten und nach Art. 3 der Zubereitungsrichtlinie als gefährlich eingestuft sind.

894 Die Art. 3 bis 9 der Zubereitungsrichtlinie enthalten Anforderungen in Bezug auf die Einstufung sowie die Verpackung und Kennzeichnung von Zubereitungen, die in den Verkehr gebracht werden sollen.[1241]

895 Die Mitgliedstaaten waren verpflichtet, die Zubereitungsrichtlinie in ihrer Grundfassung bis spätestens zum 7. Juni 1991 in nationales Recht umzusetzen. Für die Anpassungs- und Ergänzungsrichtlinien ergeben sich die Umsetzungsfristen aus den jeweiligen Richtlinien. Im deutschen Recht sind die Zubereitungsrichtlinie sowie deren drei Anpassungsrichtlinien durch die Verordnung zur Novellierung der Gefahrstoffverordnung, zur Aufhebung der Gefährlichkeitsmerkmaleverordnung und zur Änderung der Ersten Verordnung zum Sprengstoffgesetz vom 26. Oktober 1993[1242] in das deutsche Recht transformiert worden. Durch dieselbe Verordnung ist auch die Umsetzung der zur Zubereitungsrichtlinie ergangenen Ergänzungsrichtlinien 90/35/EWG, 91/442/EWG sowie 91/155/EWG erfolgt.

896 **(c) Beschränkungsrichtlinie 76/769/EWG.** Ausgehend von der Erwägung, dass die in Gemeinschaftsrichtlinien bereits bestehenden Beschränkungen für gefährliche Stoffe und Zubereitungen nicht ausreichen, um bestehende Handelshemmnisse zu beseitigen, sah der Rat im Jahre 1976 die Notwendigkeit, Beschränkungen des Inverkehrbringens und der Verwendung für weitere Erzeugnisse zu regeln, insbesondere für solche, für die internationale Organisationen eine Beschränkung beschlossen haben. Dazu gehören z. B. die polychlorierten Biphenyle (PCB), für die der Rat der OECD bereits am 13. Februar 1973 einen Beschluss für eine Beschränkung der Herstellung und Verwendung gefasst hatte.

[1237] ABl. EG L 303, S. 23, zuletzt geändert durch die Richtlinie 83/265/EWG vom 16. Mai 1983, ABl. EG L 147, S. 11.

[1238] ABl. EG L 187, S. 14; nachfolgend Zubereitungsrichtlinie abgekürzt; Berichtigungen: ABl. EG L 110 vom 1. 5. 1981, S. 81; ABl. EG L 140, S. 22; ABl. EG L 317, S. 83.

[1239] Richtlinie 89/178/EWG vom 22. Februar 1989 (ABl. EG L 64, S. 18); Richtlinie 90/492/EWG vom 5. September 1990 (ABl. EG L 275, S. 35); Richtlinie 93/18/EWG vom 5. April 1993 (ABl. EG L 104, S. 46); Richtlinie 96/65/EG vom 11. Oktober 1996 (ABl. L 265, S. 15).

[1240] Richtlinie 90/35/EWG vom 19. Dezember 1989 (ABl. EG L 19, S. 14); Richtlinie 91/442/EWG vom 23. Juni 1991 (ABl. EG L 238, S. 25); Richtlinie 91/155/EWG vom 5. Mai 1991 (ABl. EG L 76, S. 35); geändert durch Richtlinie 93/112/EWG vom 10. Dezember 1993 (ABl. EG L 314, S. 38).

[1241] Wegen weiterer Einzelheiten der Zubereitungsrichtlinie wird auf die einschlägige Literatur verwiesen.

[1242] BGBl. I S. 1782; in der Fassung der Bekanntmachung vom 15. November 1999 (BGBl. I S. 1286), zuletzt geändert durch die Verordnung v. 26. Juni 2000 (BGBl. I S. 932).

XII. Technischer Arbeitsschutz **897–899 § 18**

Demgemäß wurde am 27. Juli 1976 die Richtlinie 76/769/EWG zur Angleichung der Rechts- und Verwaltungsvorschriften der Mitgliedstaaten für Beschränkungen des Inverkehrbringens und der Verwendung gewisser gefährlicher Stoffe und Zubereitungen[1243] verabschiedet. In der Folgezeit sind zur Beschränkungsrichtlinie insgesamt 16 Änderungsrichtlinien[1244] sowie 4 Anpassungsrichtlinien[1245] ergangen, die für zahlreiche weitere Stoffe, Stoffgruppen sowie Zubereitungen Beschränkungen des Inverkehrbringens und der Verwendung vorsehen.[1246]

Die Beschränkungsrichtlinie trifft Beschränkungen des Inverkehrbringens und der Verwendung der im Anhang der Richtlinie aufgeführten gefährlichen Stoffe und Zubereitungen in den Mitgliedstaaten der Gemeinschaft. Art. 2 der Beschränkungsrichtlinie verpflichtet die Mitgliedstaaten, alle zweckdienlichen Maßnahmen zu treffen, damit die im Anhang der Beschränkungsrichtlinie aufgeführten Stoffe und Zubereitungen (z. B. Asbest, Benzol, polychlorierte Biphenyle und polychlorierte Terphenyle) nur nach Maßgabe dieser Richtlinie in Verkehr gebracht oder verwendet werden. **897**

Im deutschen Recht sind die Beschänkungsrichtlinie in ihrer Grundfassung und die erste bis neunte Änderungsrichtlinie ursprünglich durch unterschiedliche Verordnungen in nationales Recht umgesetzt worden, u. a. durch die Verordnung über gefährliche Stoffe vom 26. 8. 1986,[1247] die PCB-, PCT-, VC-Verbotsverordnung vom 18. Juli 1989[1248] sowie die Pentachlorphenolverbotsverordnung vom 12. Dezember 1989.[1249] Mit der Verordnung über Verbote und Beschränkungen des Inverkehrbringens gefährlicher Stoffe, Zubereitungen und Erzeugnisse nach dem Chemikaliengesetz (Chemikalien-Verbotsverordnung) vom 14. Oktober 1993[1250] sind die Verbote des Inverkehrbringens gefährlicher Stoffe, Zubereitungen und Erzeugnisse nunmehr in einer Verordnung zusammengefasst. Die 10. bis 15. Änderungsrichtlinie sowie die fünf Anpassungsrichtlinien sind durch die Chemikalien-Verbotsverordnung in der Fassung der Bekanntmachung vom 19. Juli 1996,[1251] die Gefahrstoffverordnung vom 26. Oktober 1993[1252] sowie die Verordnung über die Entsorgung polychlorierter Biphenyle, polychlorierter Terphenyle sowie halogenierter Monomethyldiphenylmethane und zur Änderung chemikalienrechtlicher Vorschriften vom 26. Juni 2000[1253] in das deutsche Recht umgesetzt worden. **898**

(d) Weitere Binnenmarktrichtlinien. Neben den soeben aufgeführten Binnenmarktrichtlinien bestehen auf Gemeinschaftsebene weitere den Gefahrstoffbereich betreffende Binnenmarktrichtlinien. Im Vordergrund dieser Richtlinien steht das Ziel, den freien Warenverkehr innerhalb der Gemeinschaft sicherzustellen. Der Aspekt des Arbeitsschutzes spielt bei diesen Richtlinien nur eine untergeordnete Bedeutung. Zu den weiteren den Gefahrstoffbereich regelnden Binnenmarkrichtlinien gehören vor allem drei Richtlinien, die die Beförderung gefährlicher Güter regeln. Im Einzelnen handelt es sich um folgende Richtlinien: **899**

[1243] ABl. EG L 262, S. 201; nachfolgend Beschränkungsrichtlinie abgekürzt.
[1244] Zuletzt geändert durch die Richtlinie 97/56/EG des EP und des Rates vom 10. April 1997 zur fünfzehnten Änderung der Richtlinie 76/769/EWG (ABl. EG L 116, S. 31).
[1245] Zuletzt angepasst durch die Richtlinie 99/51/EG der Kommission v. 26. Mai 1999 zur fünften Anpassung der Richtlinie 76/769/EWG (ABl. EG L 142, S. 22).
[1246] S. zu dem Vorschlag für eine 21. Änderung der Richtlinie Bull. EU 11–2000, S. 24.
[1247] In der Neufassung vom 15. November 1999, BGBl. I S. 2233; zuletzt geändert durch die Verordnung v. 26. Juni 2000 (BGBl. I S. 932).
[1248] BGBl. I S. 1482.
[1249] BGBl. I S. 2235.
[1250] BGBl. I S. 1720; zuletzt geändert durch Art. 3 des Gesetzes vom 25. Juli 1994; BGBl. I S. 1689.
[1251] BGBl. I S. 1152; zuletzt geändert durch Art. 1 der Verordnung zur Änderung chemikalienrechtlicher Verordnung vom 25. Mai 2000 (BGBl. I S. 747).
[1252] In der Neufassung vom 15. November 1999, BGBl. I 1999 S. 2233; zuletzt geändert durch die Verordnung v. 26. Juni 2000 (BGBl. I S. 932).
[1253] BGBl. I S. 932.

- Richtlinie 94/55/EG des Rates vom 21. November 1994 zur Angleichung der Rechtsvorschriften der Mitgliedstaaten für den Gefahrguttransport auf der Straße,[1254]
- Richtlinie 96/49/EG des Rates vom 23. Juli 1996 zur Angleichung der Rechtsvorschriften der Mitgliedstaaten für die Eisenbahnbeförderung gefährlicher Güter,[1255]
- Richtlinie 93/75/EWG des Rates vom 13. September 1993 über die Mindestanforderungen an Schiffe, die Seehäfen der Gemeinschaft anlaufen oder aus ihnen auslaufen und gefährliche oder umweltschädliche Güter befördern.[1256]

dd) Sonstige Arbeitsschutzrichtlinien

Übersicht

	Rn.
(1) Lastenschutzrichtlinie 90/269/EWG	900
(2) Mutterschutzrichtlinie 92/85/EWG	909
(3) Gesundheitsschutzrichtlinie 91/383/EWG	926

(1) Lastenschutzrichtlinie 90/269/EWG

900 **(a) Allgemeines.** Erkrankungen der Lendenwirbelsäule sind eine der Hauptursachen für die Arbeitsunfähigkeit von Arbeitnehmern in der Gemeinschaft.[1257] Da die Gefahr einer Überbelastung der Lendenwirbelsäule insbesondere beim manuellen Transport schwerer Lasten besteht, hat die Kommission dem Rat im Jahre 1988 den Vorschlag für eine Richtlinie über die Handhabung schwerer Lasten vorgelegt.[1258] Am 29. Mai 1990 hat der Rat die Richtlinie 90/269/EWG über die Mindestvorschriften bezüglich der Sicherheit und des Gesundheitsschutzes bei der manuellen Handhabung von Lasten, die für die Arbeitnehmer insbesondere eine Gefährdung der Lendenwirbelsäule mit sich bringt, verabschiedet.[1259] Ziel dieser Richtlinie ist es, dem Arbeitgeber Kriterien an die Hand zu geben, um die Arbeitnehmer entsprechend ihren körperlichen Fähigkeiten nicht zu überlasten. Die Richtlinie über die Handhabung schwerer Lasten ist die vierte Einzelrichtlinie i. S. von Art. 16 Abs. 1 der Rahmenrichtlinie Arbeitsschutz (89/391/EWG).[1260]

901 **(b) Anwendungsbereich.** Vom sachlichen Anwendungsbereich der Richtlinie erfasst werden manuelle Handhabungen von Lasten, die für Arbeitnehmer insbesondere eine Gefährdung der Lendenwirbelsäule mit sich bringen. Als manuelle Handhabung von Lasten i. S. der Richtlinie gilt nach der Begriffsbestimmung des Art. 2 RL Last jede Beförderung oder das Abstützen einer Last durch einen oder mehrere Arbeitnehmer, unter anderem das Heben, Absetzen, Schieben, Ziehen, Tragen und Bewegen einer Last, die auf Grund ihrer Merkmale oder ungünstiger ergonomischer Bedingungen für die Arbeitnehmer eine Gefährdung, insbesondere der Lendenwirbelsäule, mit sich bringen.

902 **(c) Pflichten des Arbeitgebers.** *(aa) Vermeidung des manuellen Transports von Lasten.* Art. 3 Abs. 1 RL Last verpflichtet den Arbeitgeber, den manuellen Transport von Lasten, insbesondere durch den Einsatz mechanischer Ausrüstungen, möglichst zu vermeiden.

[1254] ABl. EG L 319, S. 7; geändert durch die Richtlinie 2001/7/EG vom 29. 1. 2001, ABl. EG L 30 S. 43.
[1255] ABl. EG L 235, S. 25; geändert durch die Richtlinie 96/87/EG (ABl. EG L 335, S. 45).
[1256] ABl. EG L 247, S. 19; geändert durch die Richtlinie 97/34/EG (ABl. EG L 158, S. 40).
[1257] Vgl. die Stellungnahme des Wirtschafts- und Sozialausschusses vom 28. September 1988, ABl. EG C 318, S. 37.
[1258] ABl. EG C 117, S. 8.
[1259] ABl. EG L 156, S. 9; nachfolgend Richtlinie über die Handhabung von Lasten – RL Last – abgekürzt; s. zu dieser Richtlinie auch *Börgmann*, EAS B 6200, Rn. 154 ff.; *Opfermann/Rückert*, AuA 1997, S. 69; *Wlotzke*, RdA 1992, S. 85, 92.
[1260] S. zu dieser Richtlinie Rn. 440 ff.

XII. Technischer Arbeitsschutz

Sofern es sich nicht vermeiden lässt, dass die Arbeitnehmer Lasten manuell handhaben, hat der Arbeitgeber unter Berücksichtigung der in Anhang I aufgeführten Gegebenheiten[1261] die geeigneten organisatorischen Maßnahmen zu treffen, die geeigneten Mittel einzusetzen oder den Arbeitnehmern zur Verfügung zu stellen, um die Gefährdung bei der manuellen Handhabung dieser Lasten gering zu halten.

(bb) Gestaltung des Arbeitsplatzes. In allen Fällen, in denen es sich nicht umgehen lässt, dass der Arbeitnehmer Lasten manuell handhaben muss, verpflichtet Art. 4 RL Last den Arbeitgeber, den Arbeitsplatz so zu gestalten, dass die Handhabung möglichst sicher und mit möglichst geringer Gesundheitsgefährdung erfolgt. Zu diesem Zweck muss der Arbeitgeber möglichst im Vorhinein die Bedingungen in Bezug auf die Sicherheit und den Gesundheitsschutz, die für die Art der jeweiligen Arbeit gelten, analysieren. Bei der Analyse sind die im Anhang I der Richtlinie aufgeführten Gegebenheiten zu berücksichtigen.

(cc) Unterrichtung der Arbeitnehmer. Gem. Art. 6 Abs. 1 RL Last ist der Arbeitgeber verpflichtet, die Arbeitnehmer oder deren Vertreter über alle Maßnahmen zu unterrichten, die gemäß dieser Richtlinie für Sicherheit und Gesundheitsschutz zu treffen sind. Ferner haben die Arbeitgeber dafür zu sorgen, dass die Arbeitnehmer oder deren Vertreter allgemeine Angaben und, wann immer dies möglich ist, genaue Angaben über das Gewicht einer Last sowie den Schwerpunkt oder die schwerste Seite einer Last erhalten, wenn der Inhalt exzentrisch angeordnet ist.

(dd) Unterweisung der Arbeitnehmer. Arbeitgeber haben ferner zu gewährleisten, dass die Arbeitnehmer unter Zugrundelegung der Anhänge I und II[1262] eine angemessene Unterweisung und genaue Angaben über die sachgemäße Handhabung von Lasten und die Gefahren, denen sie insbesondere bei einer unsachgemäßen Ausführung dieser Tätigkeiten ausgesetzt sind, erhalten.[1263]

(ee) Anhörung und Beteiligung der Arbeitnehmer. Art. 7 RL Last stellt klar, dass Arbeitgeber gem. Art. 11 der Rahmenrichtlinie Arbeitsschutz (89/391/EWG) verpflichtet sind, die Arbeitnehmer oder deren Vertreter in den unter die vorliegende Richtlinie fallenden Fragen anzuhören und deren Beteiligung zu ermöglichen.

(d) Umsetzung in das deutsche Recht. Gem. Art. 9 RL Last waren die Mitgliedstaaten verpflichtet, diese Richtlinie bis spätestens zum 31. Dezember 1992 in nationales Recht umzusetzen. Der Lastenschutzrichtlinie entsprechende Regelungen waren im Zeitpunkt des In-Kraft-Tretens dieser Richtlinie nur vereinzelt vorhanden.[1264] Zur Umsetzung der Lastenschutzrichtlinie hat die Bundesregierung am 21. 11. 1996 die Verordnung über Sicherheit und Gesundheitsschutz bei der manuellen Handhabung von Lasten bei der Arbeit (**Lastenhandhabungsverordnung** – LasthandhabV)[1265] beschlossen. Regelungsumfang und Regelungsdichte der Lastenhandhabungsverordnung beschränken sich auf das unumgängliche Mindestmaß.[1266]

[1261] Anhang I enthält Hinweise zu folgenden Punkten: Merkmale der Last; geforderter körperlicher Kraftaufwand; Merkmale der Arbeitsumgebung; Erfordernis der Aufgabe.

[1262] In Anhang II werden individuelle Faktoren aufgezählt, bei denen eine Gefährdung des Arbeitnehmers gegeben sein kann. Zu diesen Faktoren gehören: mangelnde körperliche Eignung zur Ausführung der Aufgaben; ungeeignete Kleidung, ungeeignetes Schuhwerk und sonstige ungeeignete persönliche Gegenstände; unzureichende oder unangemessene Kenntnisse oder unzureichende oder unangemessene Unterweisung.

[1263] Art. 6 Abs. 2 RL Last.

[1264] Vgl. § 4 Abs. 2 Nr. 1 MuSchG.

[1265] Art. 2 der Verordnung zur Umsetzung von EG-Einzelrichtlinien zur EG-Rahmenrichtlinie Arbeitsschutz vom 4. Dezember 1996, BGBl. I S. 1841.

[1266] Zur Lastenhandhabungsverordnung s. im Einzelnen *Angermaier* AiB 1997, S. 76, 77 f.; *Börgmann,* EAS B 6200, Rn. 161 f.; *Doll,* Sicher ist Sicher 1997, S. 6, 8 und 9; *Kittner/Pieper,* ArbSchR – Arbeitsschutzrecht, 1999, S. 263 ff.; *Kollmer,* NZA 1997, S. 138, 140 f.; *Opfermann/Rückert,* AuA 1997, S. 187 ff.; *Pieper,* AuR 1997, S. 21, 22; *Wank,* Kommentar zum technischen Arbeitsschutz, 1999, B. II.; MünchArbR/*Wlotzke,* § 212, Rn. 56 ff.; *ders.,* NJW 1997, S. 1469, 1472.

(2) Mutterschutzrichtlinie 92/85/EWG

909 **(a) Allgemeines.** In ihrem Aktionsprogramm zur Anwendung der Gemeinschaftscharta der sozialen Grundrechte vom 29. 11. 1989[1267] hatte die Kommission bemängelt, dass die bisherigen Maßnahmen zum Schutz der Gesundheit und Sicherheit der Frau am Arbeitsplatz die besonderen Probleme von Schwangeren nicht hinreichend berücksichtigen und der Rat daher durch den Erlass von Mindestvorschriften auf Gemeinschaftsebene Abhilfe schaffen müsse.[1268] Ferner hatte die Kommission festgestellt, dass sich Frauen, die einen Beruf ausüben und gleichzeitig Kinder haben wollen, zahlreichen Schwierigkeiten ausgesetzt sehen. Angesichts der wachsenden Rolle der Frauen in der Wirtschaft könne dieser Zustand nicht weiter hingenommen werden. Die sozialen und wirtschaftlichen Bedingungen am Arbeitsplatz müssten daher so geändert werden, dass Frauen sowohl berufliche Pflichten als auch Mutterschaftspflichten erfüllen könnten.[1269] Wie in ihrem Aktionsprogramm angekündigt, legte die Kommission dem Rat dann am 18. 9. 1990 den Vorschlag für eine Richtlinie über den Schutz von Schwangeren oder Wöchnerinnen am Arbeitsplatz vor.[1270] In seiner Stellungnahme vom 22. 10. 1990 begrüßte der Wirtschafts- und Sozialausschuss den Richtlinienvorschlag und regte lediglich geringfügige Änderungen an.[1271] Das EP billigte den Richtlinienvorschlag in seiner Entschließung vom 12. 12. 1990[1272] vorbehaltlich zahlreicher Änderungen, die in dem geänderten Richtlinienvorschlag vom 8. 1. 1991[1273] von der Kommission so gut wie unbeachtet blieben. Am 19. 10. 1992 verabschiedete der Rat schließlich die Richtlinie 92/85/EWG über die Durchführung von Maßnahmen zur Verbesserung der Sicherheit und des Gesundheitsschutzes von schwangeren Arbeitnehmerinnen, Wöchnerinnen und stillenden Arbeitnehmerinnen am Arbeitsplatz.[1274] Bei dieser auf Art. 138 EGV (Art. 118a EGV a. F.) gestützten Richtlinie handelt es sich um die zehnte Einzelrichtlinie i. S. von Art. 16 Abs. 1 der Rahmenrichtlinie Arbeitsschutz (89/391/EWG).[1275] Im Gegensatz zu den sonstigen Einzelrichtlinien der Rahmenrichtlinie Arbeitsschutz (89/391/EWG) enthält die Mutterschutzrichtlinie nicht nur Mindestbestimmungen des technischen, sondern auch solche des sozialen Arbeitsschutzes.[1276] Art. 14 Abs. 1 RL MuSch verpflichtete die Mitgliedstaaten, diese Richtlinie spätestens bis zum 19. Oktober 1994 in nationales Recht umzusetzen.[1277]

910 **(b) Persönlicher Anwendungsbereich.** Unter den persönlichen Geltungsbereich der Mutterschutzrichtlinie fallen schwangere Arbeitnehmerinnen, Wöchnerinnen und stillende Arbeitnehmerinnen. Als „schwangere Arbeitnehmerin" i. S. der Richtlinie gilt nach der Legaldefinition des Art. 2 Buchst. a RL MuSch jede schwangere Arbeitnehmerin, die den Arbeitgeber gemäß den einzelstaatlichen Rechtsvorschriften von ihrer Schwangerschaft unterrichtet. „Wöchnerin" ist jede Arbeitnehmerin kurz nach einer Entbindung i. S. der einzelstaatlichen Rechtsvorschriften, die den Arbeitgeber gemäß diesen Rechtsvorschriften von ihrer Entbindung unterrichtet.[1278] „Stillende Arbeitnehmerin" i. S. dieser Richtlinie ist

---

[1267] Kom (89) 248 endg.; s. eingehend dazu § 13 Rn. 96 ff.
[1268] S. 2. Teil, Ziff. 8 B. des Aktionsprogramms.
[1269] S. 2. Teil, Ziff. 8 B. des Aktionsprogramms.
[1270] ABl. C 281, S. 3.
[1271] ABl. C 41, S. 29.
[1272] ABl. C 19, S. 165.
[1273] ABl. C 25, S. 9.
[1274] ABl. L 348, S. 1; im Folgenden als Mutterschutzrichtlinie – RL MuSch – bezeichnet; *Lörcher*, AuR 1993, S. 54 f.; *Wittrock*, EuroAS 1/1993, S. 3 ff.; *Zmarzlik*, DB 1994, S. 96 f.; s. auch den Bericht der Kommission über die Umsetzung in KOM (1999) 100 sowie Bull. EU 10-2000, S. 18.
[1275] ABl. EG L 183, S. 1.
[1276] Zu den Begriffen technischer und sozialer Arbeitsschutz s. *Wank*, EAS B 6000, Rn. 1 ff.
[1277] Zur Mutterschutzrichtlinie s. auch *Börgmann*, EAS B 6200, Rn. 163 ff.; *Lörcher*, AuR 1993, S. 54 f.; *Zmarzlik*, DB 1994, S. 96 f.
[1278] Art. 2 Buchst. b RL MuSch.

XII. Technischer Arbeitsschutz   911–915 § 18

jede stillende Arbeitnehmerin gemäß den einzelstaatlichen Rechtsvorschriften, die den Arbeitgeber nach diesen Rechtsvorschriften darüber unterrichtet, dass sie stillt.[1279]

(c) Inhalt der Richtlinie. *(aa) Arbeitsplatzbeurteilung und Unterrichtung.* Gem. Art. 4 Abs. 1 RL MuSch ist der Arbeitgeber verpflichtet, eine Beurteilung der Arbeitsplätze von Schwangeren und stillenden Arbeitnehmerinnen vorzunehmen oder durch einen der in Art. 7 der Rahmenrichtlinie Arbeitsschutz (89/391/EWG) genannten Dienste für die Gefahrenverhütung vornehmen zu lassen, wenn für eine Tätigkeit ein besonderes Risiko einer Exposition gegenüber den in der nicht erschöpfenden Liste in Anhang I genannten Agenzien, Verfahren und Arbeitsbedingungen besteht. **911**

Zu den im Anhang I aufgeführten Agenzien gehören zum einen **physikalische Agenzien**,[1280] sofern sie als Agenzien gelten, die zu Schädigungen des Fötus führen oder eine Lösung der Plazenta verursachen können. Zu den Agenzien zählen ferner **biologische Agenzien** der Risikogruppen 2 bis 4 i. S. des Art. 2 Buchst. d der Richtlinie über biologische Arbeitsstoffe 90/679/EWG,[1281] soweit bekannt ist, dass diese Agenzien oder die im Fall einer durch sie hervorgerufenen Schädigung anzuwendenden therapeutischen Maßnahmen die Gesundheit der schwangeren Arbeitnehmerin und des ungeborenen Kindes gefährden und soweit sie noch nicht in Anhang II der Mutterschutzrichtlinie aufgenommen sind. Agenzien i. S. des Art. 4 Abs. 1 RL MuSch sind ferner die im Anhang I unter A. 3. Buchst. a bis f aufgeführten **chemischen** Agenzien, soweit bekannt ist, dass sie die Gesundheit der schwangeren Arbeitnehmerin und des ungeborenen Kindes gefährden und soweit sie noch nicht in Anhang II der Mutterschutzrichtlinie aufgenommen sind. **912**

Verfahren i. S. des Art. 4 Abs. 1 RL MuSch sind die in Anhang I der Karzinogenrichtlinie 90/394/EWG[1282] aufgeführten industriellen Verfahren.[1283] Zu den **Arbeitsbedingungen** i. S. des Art. 4 Abs. 1 RL MuSch zählen gem. deren Anhang I C. Bergbauarbeiten unter Tage. **913**

Die Arbeitsplatzbeurteilung erstreckt sich auf **Art, Ausmaß** und **Dauer der Exposition** der in den persönlichen Geltungsbereich der Mutterschutzrichtlinie fallenden Arbeitnehmerinnen. Die Arbeitnehmerinnen i. S. des Art. 2 RL MuSch sowie diejenigen Arbeitnehmerinnen, die sich in einer der in Art. 2 RL MuSch genannten Situationen befinden können, sind gem. Art. 4 Abs. 2 RL MuSch über die Ergebnisse der Arbeitsplatzbeurteilung zu unterrichten. An Stelle der betroffenen Arbeitnehmerinnen können auch ihre „Vertreter" unterrichtet werden. Wer als „Vertreter" i. S. des Art. 4 Abs. 2 RL MuSch anzusehen ist, wird offengelassen. Da es sich bei der Mutterschutzrichtlinie um eine Einzelrichtlinie i. S. von Art. 16 Abs. 1 der Rahmenrichtlinie Arbeitsschutz (89/391/EWG) handelt, bestimmt sich der Begriff des „Vertreters" nach der Rahmenrichtlinie. „Vertreter" sind danach die Arbeitnehmervertreter. **914**

(bb) Durchführung von Schutzmaßnahmen und Unterrichtung. Ergibt die Arbeitsplatzbeurteilung das Vorhandensein einer Gefährdung für Sicherheit oder Gesundheit sowie eine mögliche Auswirkung auf Schwangerschaft und Stillzeit einer Arbeitnehmerin, so hat der Arbeitgeber vorrangig durch eine einstweilige Umgestaltung der Arbeitsbedingungen oder **915**

[1279] Art. 2 Buchst. c RL MuSch.
[1280] Zu den physikalischen Agenzien gehören insbesondere die im Anhang I unter A. 1. a)–g) aufgeführten Agenzien.
[1281] S. zu dieser Richtlinie eingehend Rn. 789. Biologische Arbeitsstoffe der Gruppe 2 i. S. der Richtlinie über biologische Arbeitsstoffe sind „Stoffe, die eine Krankheit beim Menschen hervorrufen können und eine Gefahr für Arbeitnehmer darstellen könnten; eine Verbreitung des Stoffes in der Bevölkerung ist unwahrscheinlich; eine wirksame Vorbeugung oder Behandlung ist normalerweise möglich". Biologische Arbeitsstoffe der Gruppe 3 sind „Stoffe, die eine schwere Krankheit beim Menschen hervorrufen und eine ernste Gefahr für Arbeitnehmer darstellen können; die Gefahr einer Verbreitung in der Bevölkerung kann bestehen, doch ist normalerweise eine wirksame Vorbeugung oder Behandlung möglich".
[1282] S. zu dieser Richtlinie eingehend Rn. 755.
[1283] S. Anhang I. B. RL MuSch.

Arbeitszeiten auszuschließen, dass die Arbeitnehmerin dieser Gefährdung ausgesetzt ist.[1284] Ist dem Arbeitgeber die Umgestaltung der Arbeitsbedingungen oder Arbeitszeiten entweder technisch oder sachlich nicht möglich oder aber aus gebührend nachgewiesenen Gründen nicht zumutbar, so hat er die erforderlichen Maßnahmen für einen Arbeitsplatzwechsel der betreffenden Arbeitnehmerin vorzunehmen.[1285] Ist auch ein Arbeitsplatzwechsel technisch oder sachlich nicht möglich oder aber aus gebührend nachgewiesenen Gründen dem Arbeitgeber nicht zumutbar, so ist der Arbeitgeber verpflichtet, die betreffende Arbeitnehmerin während des gesamten zum Schutz ihrer Sicherheit und Gesundheit erforderlichen Zeitraums entsprechend den einzelstaatlichen Rechtsvorschriften zu beurlauben.[1286]

916 Die vom Arbeitgeber nach Art. 5 RL MuSch durchzuführenden Maßnahmen zum Schutze der Arbeitnehmerinnen i. S. des Art. 2 RL MuSch dürfen zu keiner Beeinträchtigung der mit dem Arbeitsvertrag verbundenen Rechte führen. Die Fortzahlung eines Arbeitsentgelts oder des Anspruchs auf eine angemessene Sozialleistung entsprechend den einzelstaatlichen Rechtsvorschriften muss gewährleistet sein.[1287]

917 Die betroffenen Arbeitnehmerinnen oder ihre Arbeitnehmervertreter sind über die in Bezug auf Sicherheit und Gesundheitsschutz am Arbeitsplatz zu ergreifenden Maßnahmen zu unterrichten.[1288]

918 *(cc) Expositionsverbot.* Ein absolutes Expositionsverbot sieht Art. 6 RL MuSch für besonders aufgezählte Gefährdungen vor. So dürfen schwangere Arbeitnehmerinnen in keinem Fall zu Tätigkeiten verpflichtet werden, bei denen die Beurteilung ergeben hat, dass das Risiko einer die Sicherheit oder Gesundheit gefährdenden Exposition gegenüber den in Anhang II Abschnitt A aufgeführten Agenzien und Arbeitsbedingungen besteht. Anhang II nennt als physikalische Agenzien die Arbeit bei Überdruck.[1289] Biologische Agenzien des Anhangs II sind Toxoplasma sowie Rötelvirus, es sei denn, dass nachgewiesen wird, dass die Arbeitnehmerin durch Immunisierung ausreichend gegen diese Agenzien geschützt ist.[1290] Zu den chemischen Agenzien gehören Blei und Bleiderivate, soweit die Gefahr besteht, dass diese Agenzien vom menschlichen Organismus absorbiert werden.[1291] Zu den Arbeitsbedingungen, denen schwangere Arbeitnehmerinnen nicht ausgesetzt werden dürfen, zählen Bergbauarbeiten unter Tage.[1292] Übt eine Arbeitnehmerin eine unter das Expositionsverbot des Art. 6 RL MuSch fallende Tätigkeit aus und wird sie schwanger oder stillt sie, so hat der Arbeitgeber die in Art. 5 RL MuSch aufgeführten Maßnahmen in sinngemäßer Anwendung zu ergreifen.[1293] Die mit dem Arbeitsvertrag verbundenen Rechte der Arbeitnehmerinnen i. S. des Art. 2 RL MuSch, einschließlich der Fortzahlung eines Arbeitsentgelts oder des Anspruchs auf eine angemessene Sozialleistung, müssen gewährleistet sein.[1294]

919 *(dd) Nachtarbeit.* Art. 7 Abs. 1 RL MuSch verpflichtet die Mitgliedstaaten, die erforderlichen Maßnahmen zu treffen, damit schwangere Arbeitnehmerinnen während der Schwangerschaft nicht zu Nachtarbeit verpflichtet werden dürfen, wenn sie durch ärztliches Attest nachweisen, dass das Nachtarbeitsverbot im Hinblick auf die Sicherheit und den Gesundheitsschutz der Arbeitnehmerin notwendig ist. Für die Zeit nach der Entbindung steht es den Mitgliedstaaten frei, einen entsprechenden Zeitraum für ein Nachtar-

---

[1284] Art. 5 Abs. 1 RL MuSch.
[1285] Art. 5 Abs. 2 RL MuSch.
[1286] Art. 5 Abs. 3 RL MuSch.
[1287] Art. 11 Ziff. 1 RL MuSch.
[1288] Art. 4 Abs. 2 RL MuSch.
[1289] S. Anhang II. A. 1. a).
[1290] S. Anhang II A. 1. b).
[1291] S. Anhang II. 1. c).
[1292] S. Anhang II A. 2 RL MuSch.
[1293] Art. 5 Abs. 4 RL MuSch.
[1294] Art. 11 Ziff. 1 RL MuSch.

XII. Technischer Arbeitsschutz

beitsverbot festzulegen. Die Regelung der Einzelheiten über das vorzulegende ärztliche Attest bleibt den Mitgliedstaaten vorbehalten. Besteht für eine schwangere Arbeitnehmerin ein Nachtarbeitsverbot, so hat der Arbeitgeber die betreffende Arbeitnehmerin vorrangig auf einen Arbeitsplatz mit Tagarbeit umzusetzen.[1295] Ist dies aus technischen oder sachlichen Gründen nicht möglich oder ist dem Arbeitgeber eine Umsetzung aus gebührend nachgewiesenen Gründen nicht zumutbar, so ist der Arbeitgeber verpflichtet, die betreffende Arbeitnehmerin zu beurlauben oder deren Mutterschutzurlaub zu verlängern.[1296]

Die vom Arbeitgeber nach Art. 7 RL MuSch durchzuführenden Maßnahmen zum Schutze der Arbeitnehmerinnen i.S. des Art. 2 RL MuSch dürfen zu keiner Beeinträchtigung der mit dem Arbeitsvertrag verbundenen Rechte führen. Die Fortzahlung eines Arbeitsentgelts oder des Anspruchs auf eine angemessene Sozialleistung entsprechend den einzelstaatlichen Rechtsvorschriften muss sichergestellt sein.[1297]

(ee) Mutterschaftsurlaub. Art. 8 Abs. 1 RL MuSch gewährt schwangeren Arbeitnehmerinnen einen Anspruch auf **Mutterschaftsurlaub** von mindestens **14 Wochen** ohne Unterbrechung. Anders als nach dem Richtlinienvorschlag[1298] kann die Schwangere über die Verteilung des Mutterschaftsurlaubs auf die Zeit vor und nach der Entbindung nicht selbst entscheiden; die Verteilung richtet sich vielmehr nach den staatlichen Rechtsvorschriften der Mitgliedstaaten. Der 14-wöchige Mutterschaftsurlaub muss gem. Art. 8 Abs. 2 RL MuSch einen mindestens zweiwöchigen obligatorischen Mutterschaftsurlaub umfassen, der sich entsprechend den einzelstaatlichen Rechtsvorschriften auf die Zeit vor und nach der Entbindung aufteilt.

Die Aufrechterhaltung der mit dem Arbeitsverhältnis verbundenen Rechte muss während der gesamten Dauer des Mutterschaftsurlaubs gewährleistet sein.[1299] Für die Zeit des Mutterschaftsurlaubs haben Arbeitnehmerinnen grundsätzlich einen **Anspruch auf Fortzahlung eines Arbeitsentgelts** oder einer angemessenen Sozialleistung.[1300] Nach der Legaldefinition des Art. 11 Ziff. 3 RL MuSch gilt die Sozialleistung als angemessen, wenn sie mindestens den Bezügen entspricht, die die betreffende Arbeitnehmerin im Falle einer Unterbrechung ihrer Erwerbstätigkeit aus gesundheitlichen Gründen erhalten würde, wobei es gegebenenfalls eine von den einzelstaatlichen Gesetzgebern festgelegte Obergrenze gibt. Allerdings steht es den Mitgliedstaaten frei, die Fortzahlung des Arbeitsentgelts oder der angemessenen Sozialleistung davon abhängig zu machen, dass die betreffende Arbeitnehmerin die in den einzelstaatlichen Rechtsvorschriften vorgesehenen Bedingungen für das Entstehen eines Anspruchs auf diese Leistungen erfüllt.[1301] Unzulässig ist jedoch eine Bedingung, wonach dem voraussichtlichen Zeitpunkt der Entbindung eine Erwerbstätigkeit von mehr als zwölf Monaten unmittelbar vorausgegangen sein muss.[1302]

(ff) Vorsorgeuntersuchungen. Schwangere Arbeitnehmerinnen haben gem. Art. 9 RL MuSch einen Anspruch darauf, dass der Arbeitgeber ihnen zur Wahrnehmung von Vorsorgeuntersuchungen eine Freistellung von der Arbeit gewährt, wenn diese Untersuchungen während der Arbeitszeit stattfinden müssen. Die Freistellung darf nicht zu Lohn- oder Gehaltseinbußen der betreffenden Arbeitnehmerin führen.

(gg) Kündigungsverbot. Art. 10 RL MuSch verpflichtet die Mitgliedstaaten, die Kündigung der Arbeitnehmerinnen i.S. des Art. 2 RL MuSch während der Zeit vom Beginn der Schwangerschaft bis zum Ende des Mutterschaftsurlaubs zu verbieten. Vom Kündigungsverbot ausgenommen sind Kündigungen, die nicht im Zusammenhang mit dem

---

[1295] Art. 6 Abs. 2 Buchst. a) RL MuSch.
[1296] Art. 6 Abs. 2 Buchst. b) RL MuSch.
[1297] Art. 11 Ziff. 1 RL MuSch.
[1298] Vgl. Art. 5 Abs. 1 des Richtlinienvorschlags vom 18. 9. 1990, ABl. EG C 281, S. 5.
[1299] Art. 11 Ziff. 2 a) RL MuSch.
[1300] Art. 11 Ziff. 2 b) RL MuSch.
[1301] Art. 11 Ziff. 4 Unterabs. 1 RL MuSch.
[1302] Art. 11 Ziff. 4 Unterabs. 2 RL MuSch.

Zustand der Arbeitnehmerin stehen und entsprechend den einzelstaatlichen Rechtsvorschriften zulässig sind, wobei gegebenenfalls die zuständige Behörde ihre Zustimmung erteilen muss. Wird einer Arbeitnehmerin während der Zeit vom Beginn der Schwangerschaft bis zum Ende des Mutterschaftsurlaubs gekündigt, so muss der Arbeitgeber in der Kündigung schriftlich berechtigte Kündigungsgründe anführen.

925 (d) **Umsetzung in das deutsche Recht.** Die Mitgliedstaaten waren gem. Art. 14 Abs. 1 RL 92/58/EWG verpflichtet, diese Richtlinie bis spätestens zum 19. Oktober 1994 in nationales Recht umzusetzen. Arbeitsschutzbestimmungen für schwangere Arbeitnehmerinnen, Wöchnerinnen sowie Arbeitnehmerinnen, die stillen, waren im deutschen Recht vor allem im Gesetz zum Schutze der erwerbstätigen Mütter (Mutterschutzgesetz – MuSchG),[1303] in der Gefahrstoffverordnung,[1304] in der Verordnung über Arbeiten in Druckluft (Druckluftverordnung)[1305] sowie in § 64a des Bundesberggesetzes[1306] geregelt. Diese Vorschriften genügten jedoch nur teilweise den Vorgaben der Mutterschutzrichtlinie. Zur vollständigen Umsetzung der Mutterschutzrichtlinie 92/85/EWG hat der Gesetzgeber zunächst das Gesetz zur Änderung des Mutterschutzrechts vom 20. 12. 1996[1307] verabschiedet. Mit diesem Gesetz wurde zum einen die Regelung des § 9 Abs. 3 MuSchG über die ausnahmsweise zulässige Kündigung richtlinienkonform präzisiert. Des Weiteren wurde § 16 MuSchG der Vorgabe des Art. 9 RL MuSch angepasst. Nach dem neu gefassten § 16 MuSchG haben nunmehr auch Arbeitnehmerinnen, die nicht in der gesetzlichen Krankenkasse versichert sind, einen Anspruch darauf, dass sie für erforderliche ärztliche Untersuchungen wegen Schwangerschaft und Mutterschaft von der Arbeit ohne Entgeltausfall freigestellt werden. Um auch die Regelungen der Art. 4 bis 6 RL MuSch in deutsches Recht umsetzen zu können, wurde ferner die Verordnungsermächtigung des § 2 Abs. 4 MuSchG erweitert. Nach dem neugefassten § 2 Abs. 4 MuSchG ist die Bundesregierung ermächtigt, durch Rechtsverordnung mit Zustimmung des Bundesrates nähere Einzelheiten zur Umsetzung der Art. 4 bis 6 der Mutterschutzrichtlinie zu regeln.[1308] Die Bundesregierung hat von dieser Ermächtigungsgrundlage Gebrauch gemacht und die Verordnung zur ergänzenden Umsetzung der EG-Mutterschutz-Richtlinie (Mutterschutzrichtlinienverordnung – MuSchRiV) vom 15. April 1997[1309] verabschiedet. Durch sie werden die Art. 4 bis 6 RL MuSch inhaltsgleich („1:1-Umsetzung") in deutsches Recht umgesetzt.[1310] Für Beamtinnen im Bundesbereich ist die Umsetzung der Mutterschutzrichtlinie in nationales Recht durch die 3. Verordnung zur Änderung mutterschutz- und urlaubsrechtlicher Vorschriften vom 18. 4. 1997[1311] erfolgt.

(3) Gesundheitsschutzrichtlinie 91/383/EWG

926 (a) **Allgemeines.** Die Gesundheitsschutzrichtlinie zielt darauf ab, der höheren Gefährdung von Arbeitnehmern in befristeten Arbeitsverhältnissen oder Leiharbeitsverhältnissen

---

[1303] Mutterschutzgesetz in der Bekanntmachung vom 17. 1. 1997, BGBl. I S. 22, zuletzt geändert 23. 10. 2001, BGBl. I S. 2762.

[1304] Vom 26. Oktober 1993, BGBl. I 1993 S. 1782; in der Fassung der Bekanntmachung vom 15. November 1999 (BGBl. I 1999 S. 2233), zuletzt geändert durch die Verordnung v. 26. Juni 2000 (BGBl. I S. 932).

[1305] Vom 4. Oktober 1972, BGBl. I 1972 S. 1909; zuletzt geändert durch Art. 3 der Mutterschutzrichtlinienverordnung vom 15. April 1997, BGBl. I S. 782.

[1306] Vom 13. August 1980, BGBl. I S. 1310; zuletzt geändert durch das Arbeitszeitrechtsgesetz vom 6. Juni 1994, BGBl. I S. 1170.

[1307] BGBl. I S. 2110.

[1308] Zur Neufassung des Mutterschutzgesetzes in der Fassung der Bekanntmachung vom 17. Januar 1997 (BGBl. I S. 22) s. näher *Marburger*, BB 1997, S. 521 ff.; *Zmarzlik*, DB 1994, S. 96 ff.

[1309] BGBl. I S. 782.

[1310] Zur Mutterschutzrichtlinienverordnung s. näher *Kossens*, RdA 1997, S. 209, 211 f.; *Lenz*, NJW 1997, S. 1491, 1492; *Sowka*, NZA 1997, S. 927 f.

[1311] BGBl. I S. 810.

durch besondere Arbeitsschutzvorschriften, insbesondere über die Unterrichtung, die Unterweisung und die ärztliche Überwachung der betreffenden Arbeitnehmer, entgegenzuwirken. Bei der Gesundheitsschutzrichtlinie handelt es sich um eine Ergänzungsrichtlinie zur Rahmenrichtlinie Arbeitsschutz (89/391/EWG).[1312]

Art. 2 Abs. 3 RL GesSch stellt klar, dass die Bestimmungen der Arbeitsschutzrahmenrichtlinie sowie die Einzelrichtlinien i. S. von Art. 16 Abs. 1 der Arbeitsschutzrahmenrichtlinie unbeschadet strengerer oder spezifischer Vorschriften der vorliegenden Richtlinie auf Teilzeitarbeitnehmer voll Anwendung findet. Der Gesundheitsschutzrichtlinie liegt das französische Modell der Leiharbeit zugrunde, nach dem der Leiharbeitnehmer mit dem Verleiher grundsätzlich nur einen befristeten Arbeitsvertrag schließt, der auf die Dauer der Überlassung beschränkt ist. Da im deutschen Recht das Arbeitsverhältnis des Leiharbeitnehmers mit dem Verleiher grundsätzlich ein unbefristetes Arbeitsverhältnis ist,[1313] ist die Richtlinie mit dem deutschen Rechtssystem nur schwer in Einklang zu bringen.[1314]

(b) Anwendungsbereich. Die Richtlinie findet auf Zeitarbeitsverhältnisse, also auf Leiharbeit und befristete Arbeitsverhältnisse, Anwendung. Der Forderung des EP,[1315] die Richtlinie auf alle atypischen Arbeitsverhältnisse auszudehnen, ist der Ministerrat nicht gefolgt. Befristete Arbeitsverhältnisse sind nach Art. 1 Abs. 1 Nr. 1 RL GesSch Arbeitsverhältnisse auf der Grundlage eines befristeten Arbeitsvertrages, die unmittelbar zwischen Arbeitgeber und Arbeitnehmer geschlossen werden und in denen das Vertragsende nach objektiven Bedingungen festgelegt wird. Als objektive Beendigungsbedingungen des befristeten Arbeitsvertrages kommen z. B. in Betracht: das Erreichen eines bestimmten Datums, der Abschluss eines bestimmten Arbeitsauftrags oder der Eintritt eines bestimmten Ereignisses.

Leiharbeitsverhältnisse i. S. der Gesundheitsschutzrichtlinie sind Arbeitsverhältnisse, die zwischen einem Leiharbeitsunternehmen als Arbeitgeber einerseits und einem Arbeitnehmer andererseits geschlossen werden, wobei letzterer zur Verfügung gestellt wird, um für und unter der Kontrolle eines entleihenden Unternehmens oder einer entleihenden Einrichtung zu arbeiten.[1316]

(c) Inhalt der Richtlinie. Da der Richtlinie das französische Modell der Leiharbeit zugrunde liegt, ist der überwiegende Teil der Vorschriften auf (befristete) Leiharbeitsverhältnisse zugeschnitten. Die Regelungen, die auch auf solche befristeten Arbeitsverhältnisse Anwendung finden, die keine Leiharbeitsverhältnisse sind, haben nur geringe praktische Bedeutung.

(aa) Benachteiligungsverbot. Nach Art. 2 Abs. 2 RL GesSch dürfen die Arbeitsbedingungen befristet beschäftigter Arbeitnehmer im Hinblick auf die Sicherheit und den Gesundheitsschutz am Arbeitsplatz nicht schlechter ausgestaltet sein als die der unbefristet beschäftigten Arbeitnehmer. Dies gilt insbesondere, soweit es um die Inanspruchnahme individueller Schutzeinrichtungen geht.[1317]

[1312] Zur Rahmenrichtlinie Arbeitsschutz (89/391/EWG) s. eingehend Rn. 440 ff.

[1313] § 9 Nr. 2 AÜG erklärt Befristungen des Arbeitsverhältnisses zwischen Verleiher und Leiharbeitnehmer für unwirksam, es sei denn, dass sich für die Befristung aus der Person des Leiharbeitnehmers ein sachlicher Grund ergibt. Mit diesem grundsätzlichen Befristungsverbot wollte der Gesetzgeber verhindern, dass der Verleiher das Arbeitgeberrisiko zwar äußerlich übernimmt, dieses Risiko aber durch den Abschluss befristeter Arbeitsverträge mit Leiharbeitnehmern umgeht; vgl. die amtl. Begr. des Regierungsentwurfs, BT-Drucks. VI/2304, S. 11; s. zum Synchronisationsverbot ErfK-*Wank*, AÜG, Einl. Rn. 38 ff.

[1314] Vgl. auch die Stellungnahme des Bundesrates vom 14. 12. 1990, BR-Drucks. 609/90, S. 4.

[1315] ABl. EG (1990), C 305, S. 12.

[1316] Art. 1 Nr. 2 RL GesSch.

[1317] Zur Sicherstellung eines höheren Maßes an Sicherheit und Gesundheitsschutz bei Benutzung von persönlichen Schutzausrüstungen ist die Richtlinie 89/656/EWG vom 30. 11. 1989 über Mindestvorschriften für Sicherheit und Gesundheitsschutz bei Benutzung persönlicher Schutzausrüstungen durch Arbeitnehmer bei der Arbeit verabschiedet worden; näher zu dieser Richtlinie Rn. 582 ff.

932 *(bb) Unterrichtung und Unterweisung der Arbeitnehmer.* Art. 3 Nr. 1 RL GesSch verpflichtet die Mitgliedstaaten, die erforderlichen Vorkehrungen zu treffen, damit jeder Leiharbeitnehmer vom entleihenden Unternehmen über die Risiken, denen er ausgesetzt sein könnte, unterrichtet wird, bevor er eine Tätigkeit aufnimmt. Im Rahmen dieser Unterrichtung muss den Arbeitnehmern mitgeteilt werden, ob die Verrichtung der Tätigkeit besondere Qualifikationen oder berufliche Fähigkeiten voraussetzt.

933 Ferner muss die Unterrichtung Aufschluss darüber geben, ob die Verrichtung der Tätigkeit nach den nationalen Bestimmungen einer besonderen ärztlichen Überwachung unterliegt oder etwaige erhöhte spezifische Risiken des zu besetzenden Arbeitsplatzes bestehen. Die Unterrichtungspflicht des Verleihers nach Art. 10 der Arbeitsschutzrahmenrichtlinie wird durch die Regelung des Art. 3 RL GesSch nicht berührt.

934 Nach Art. 4 RL GesSch haben die entleihenden Unternehmen zudem dafür zu sorgen, dass jeder Leiharbeitnehmer vor Aufnahme seiner Tätigkeit eine ausreichende Unterweisung erhält. Dabei sind die Qualifikation und Erfahrung des Leiharbeitnehmers sowie die besonderen Merkmale des Arbeitsplatzes zu berücksichtigen. Die Unterweisungspflicht des Entleihers befreit den Verleiher als Arbeitgeber nicht davon, seinerseits seiner Unterweisungspflicht nach Art. 12 der Arbeitsschutzrahmenrichtlinie nachzukommen.

935 *(cc) Einsatz und ärztliche Überwachung.* Art. 5 Abs. 1 RL GesSch regelt den Einsatz und die Überwachung befristet beschäftigter Arbeitnehmer. Während der Richtlinienvorschlag noch vom grundsätzlichen Verbot des Einsatzes von befristet beschäftigten Arbeitnehmern für Tätigkeiten, die eine **besondere ärztliche Überwachung** über einen längeren Zeitraum erfordern, ausging,[1318] räumt Art. 5 Abs. 1 RL GesSch den Mitgliedstaaten lediglich die Möglichkeit ein, ein derartiges Beschäftigungsverbot zu erlassen. Machen die Mitgliedstaaten von der Ausnahmeermächtigung des Art. 5 Abs. 1 RL GesSch keinen Gebrauch, so sind sie gem. Art. 5 Abs. 2 RL GesSch verpflichtet, dafür zu sorgen, dass befristet beschäftigten Arbeitnehmern, die für Arbeiten eingesetzt werden, für die eine besondere ärztliche Überwachung vorgesehen ist, tatsächlich auch eine angemessene besondere ärztliche Überwachung zugute kommt. Allerdings sieht Art. 5 RL GesSch nicht obligatorisch vor, dass diese besondere ärztliche Überwachung auch nach Beendigung des Arbeitsverhältnisses fortgesetzt wird. Den Mitgliedstaaten wird in Art. 5 Abs. 3 RL GesSch lediglich die Möglichkeit eingeräumt, eine derartige ärztliche Überwachung nach Beendigung des Arbeitsverhältnisses vorzusehen. Art. 5 Abs. 3 RL GesSch enthält keine echte Ausnahmeermächtigung, sondern nur eine Klarstellung. Das Recht der Mitgliedstaaten, Maßnahmen zum verstärkten Schutz der Arbeitsbedingungen beizubehalten oder zu ergreifen, ergibt sich nämlich bereits aus Art. 138 EGV (Art. 118a EGV a. F.).[1319]

936 *(dd) Unterrichtung der mit Arbeitsschutzaufgaben betrauten Stellen.* Art. 6 RL GesSch verpflichtet die Mitgliedstaaten, die erforderlichen Vorkehrungen zu treffen, damit die Arbeitnehmer, Dienste oder Personen, die nach Art. 7 der Arbeitsschutzrahmenrichtlinie mit Schutzmaßnahmen und Maßnahmen zur Verhütung berufsbedingter Gefahren beauftragt werden, über den Einsatz von befristet beschäftigten Arbeitnehmern informiert werden. Diese Unterrichtungspflicht gilt jedoch nur, soweit dies erforderlich ist, damit die mit Arbeitsschutzaufgaben beauftragten Personen oder Dienste für alle Arbeitnehmer des Unternehmens oder des Betriebes in angemessener Weise Schutz- und Verhütungsmaßnahmen durchführen können.[1320]

937 *(ee) Besondere Unterrichtungspflicht.* Eine besondere, über Art. 3 RL GesSch hinausgehende Unterrichtungspflicht schreibt Art. 7 RL GesSch vor. Danach müssen Leiharbeitneh-

---

[1318] Vgl. Art. 6 des Richtlinienvorschlages, ABl. EG (1990), C 224, S. 8.
[1319] Aus demselben Grund kommt auch der in Art. 9 RL GesSch bestimmten Günstigkeitsklausel lediglich Klarstellungsfunktion zu.
[1320] Das EP hatte dagegen die Regelung des Art. 6 RL GesSch ohne die nunmehr aufgenommene Einschränkung vorgeschlagen.

mer auch über die erforderliche „berufliche" Qualifikation sowie über die besonderen Merkmale des zu besetzenden Arbeitsplatzes unterrichtet werden. Was mit dem Begriff der beruflichen Qualifikation gemeint ist, lässt die Richtlinie offen. Ein Vergleich mit Art. 3 RL GesSch, in dem von „besonderen Qualifikationen" und „beruflichen Fähigkeiten" die Rede ist, lässt jedoch vermuten, dass die Richtlinienverfasser mit dem Merkmal „berufliche Qualifikation" national anerkannte Berufsabschlüsse meinen. Art. 7 Unterabs. 2 RL GS stellt klar, dass die Mitgliedstaaten bestimmen können, dass die Angabe der erforderlichen beruflichen Qualifikation sowie die besonderen Merkmale des zu besetzenden Arbeitsplatzes in den Arbeitnehmerüberlassungsvertrag aufzunehmen sind.

(ff) Verantwortung des Entleihers. Art. 8 RL GesSch enthält eine Regelung über die Verantwortung von Verleiher und Entleiher. Nach dieser Vorschrift trägt der Entleiher während der Dauer der Tätigkeit des Leiharbeitnehmers die Verantwortung für die Bedingungen der Arbeitsausführung im Hinblick auf Sicherheit, Gesundheitsschutz und Arbeitshygiene. Die Mitgliedstaaten werden verpflichtet, die erforderlichen Vorkehrungen zu treffen, damit diese Verantwortung des Entleihers nicht durch die Verantwortung, die der Verleiher nach den nationalen Bestimmungen gegenüber dem Leiharbeitnehmer zu übernehmen hat, berührt wird. 938

(d) Umsetzung in deutsches Recht. Gem. Art. 10 Abs. 1 RL GesSch waren die Mitgliedstaaten verpflichtet, die vorliegende Richtlinie bis spätestens zum 31. Dezember 1992 in nationales Recht umzusetzen. Im Folgenden soll geprüft werden, ob das deutsche Recht den Anforderungen der Gesundheitsschutzrichtlinie entspricht. 939

(aa) Benachteiligungsverbot. Gem. § 11 Abs. 6 S. 1 AÜG unterliegt die Tätigkeit des Leiharbeitnehmers bei dem Entleiher den für den Betrieb des Entleihers geltenden öffentlich-rechtlichen Vorschriften des Arbeitsschutzrechts. Die sich hieraus ergebenden Pflichten für den Arbeitgeber obliegen dem Entleiher unbeschadet der Pflichten des Verleihers. Eine Gleichbehandlung von Leiharbeitnehmern mit den anderen Arbeitnehmern des entleihenden Betriebs ist somit, was den zwingenden technischen Arbeitsschutz angeht, bereits nach deutschem Recht sichergestellt. Fraglich ist, ob eine Pflicht des Entleihers zur Gleichbehandlung von Leiharbeitnehmern mit den übrigen Arbeitnehmern auch im Bereich des privatrechtlichen autonomen Arbeitsschutzes besteht. Der arbeitsrechtliche Gleichbehandlungsgrundsatz vermag eine solche Pflicht nicht zu begründen, da er nur in Betracht kommt, soweit es sich um Arbeitnehmer des entleihenden Unternehmens handelt. Leiharbeitnehmer sind aber nur Arbeitnehmer des verleihenden Unternehmens. Die Pflicht des entleihenden Unternehmens, Leiharbeitnehmer im Hinblick auf Sicherheit, Gesundheitsschutz und Arbeitshygiene nicht schlechter zu behandeln, ist jedoch aus der Fürsorgepflicht des Entleihers gegenüber den bei ihm tätigen Leiharbeitnehmern herzuleiten. Den Entleiher trifft nämlich eine eigenständige Fürsorgepflicht gegenüber den bei ihm tätigen Leiharbeitnehmern.[1321] Die eigenständige Fürsorgepflicht des Entleihers ist das Korrelat zu seinem Weisungsrecht.[1322] Gestützt wird diese Auffassung durch § 11 Abs. 6 S. 1 AÜG. Wenn nämlich der Entleiher verpflichtet wird, die für seinen Betrieb geltenden öffentlich-rechtlichen Arbeitsschutzvorschriften auch gegenüber den Leiharbeitnehmern zu beachten, dann deutet dies darauf hin, dass der Gesetzgeber von einer eigenständigen Fürsorgepflicht des Entleihers ausgegangen ist.[1323] Das deutsche Recht genügte somit schon vor Ablauf der Umsetzungsfrist dem in Art. 2 Abs. RL GesSch geforderten Gleichbehandlungsgebot. 940

[1321] *Becker/Wulfgramm,* AÜG, Art. 1 § 1 Rn. 58; ErfK-*Wank,* AÜG, Einl. Rn. 53, 55, 60 f.; *Mayer-Maly,* ZfA 1972, S. 1, 23; *Vor,* Zeitarbeit im Rechtsvergleich Deutschland – Großbritannien sowie bei Grenzüberschreitung, 1992, S. 53 ff.; a.A. *Hueck/Nipperdey,* Lehrbuch des Arbeitsrechts, Bd. I, 1963, S. 524.
[1322] *Becker/Wulfgramm,* AÜG, Art. 1 § 1, Rn. 58; ErfK-*Wank,* AÜG, Einl. Rn. 55; *Mayer-Maly,* ZfA 1972, S. 1, 23.
[1323] *Becker/Wulfgramm,* AÜG, Art. 1 § 1, Rn. 58; *Schüren,* AÜG, Einl., Rn. 323 ff.

941 *(bb) (Besondere) Unterrichtung und Unterweisung der Leiharbeitnehmer.* Zur vollständigen Umsetzung der sich aus § 3 RL GesSch ergebenden Unterrichtspflicht hat der deutsche Gesetzgeber durch Art. 5 Nr. 1 Buchst b des Gesetzes zur Umsetzung der EG-Rahmenrichtlinie Arbeitsschutz und weiterer Arbeitsschutz-Richtlinien vom 7. August 1996[1324] dem § 11 Abs. 6 S. 1 AÜG die Sätze 2 und 3 angefügt. Danach ist der Entleiher in Übereinstimmung mit Art. 3 RL GesSch verpflichtet, den Leiharbeitnehmer vor Beginn der Beschäftigung und bei Veränderungen in seinem Arbeitsbereich über Gefahren für Sicherheit und Gesundheit, denen er bei der Arbeit ausgesetzt sein kann, sowie über die Maßnahmen und Einrichtungen zur Abwendung dieser Gefahren zu unterrichten. Zudem wird der Entleiher verpflichtet, den Leiharbeitnehmer zusätzlich über die Notwendigkeit besonderer Qualifikationen oder beruflicher Fähigkeiten oder einer besonderen ärztlichen Überwachung sowie über erhöhte besondere Gefahren des Arbeitsplatzes zu unterrichten.

942 Die in Art. 4 RL GesSch enthaltene Verpflichtung zur Unterweisung der Leiharbeitnehmer ist im deutschen Recht durch Art. 12 Abs. 1 i. V. mit Abs. 2 des ArbSchG in deutsches Recht umgesetzt worden.[1325]

943 *(cc) Einsatz und ärztliche Überwachung.* Ein Verbot des Einsatzes von Leiharbeitnehmern für Tätigkeiten, die eine besondere ärztliche Überwachung über einen längeren Zeitraum erfordern, besteht im deutschen Recht nicht. Da Art. 5 Abs. 1 RL GesSch ein solches Verbot jedoch nur fakultativ vorsieht, verstößt das deutsche Recht nicht gegen die Richtlinie. Die Vorgabe des Art. 5 Abs. 2 RL GesSch, nach der besondere ärztliche Überwachungen auch Leiharbeitnehmern zuteil werden müssen, ist im deutschen Recht ebenfalls bereits gewährleistet. Die am 1. 10. 1984 in Kraft getretene Unfallverhütungsvorschrift Arbeitsmedizinische Vorsorge (VBG 100) bestimmt, bei welchen gefährdenden Tätigkeiten medizinische Erst- und Nachuntersuchungen in welchen Fristen durchgeführt werden müssen. Nach § 3 Abs. 3 Nr. 3 VBG 100 hat eine Nachuntersuchung u. a. auch auf Wunsch des Beschäftigten zu erfolgen. Leiharbeitnehmer kommen somit, wie es die Richtlinie verlangt, in den Genuss besonderer medizinischer Überwachungsmaßnahmen.

944 *(dd) Unterrichtung der mit Arbeitsschutzaufgaben beauftragten Stellen.* Eine dem Art. 6 RL GesSch entsprechende Verpflichtung des Entleihers, die mit Arbeitsschutzaufgaben beauftragten Stellen über die Beschäftigung von Leiharbeitnehmern zu unterrichten, soweit dies für eine gleichmäßige Durchführung von Schutz- und Verhütungsmaßnahmen erforderlich ist, bestand im deutschen Recht vor In-Kraft-Treten der Gesundheitsschutzrichtlinie nicht. Zur Umsetzung dieser Richtlinienvorgabe hat der Gesetzgeber in § 2 Abs. 2 und § 5 Abs. 2 ASiG eine Regelung aufgenommen, nach der der Betriebsarzt und die Fachkraft für Arbeitssicherheit über den Einsatz von Beschäftigten mit befristetem Arbeitsvertrag sowie von Leiharbeitskräften zu unterrichten sind.[1326]

945 *(ee) Verantwortung.* Nach § 11 Abs. 6 S. 1 AÜG sind die für den Entleiherbetrieb geltenden Arbeitsschutzvorschriften auch auf den Leiharbeitnehmer anzuwenden. Damit bringt das Arbeitnehmerüberlassungsgesetz zum Ausdruck, dass die Verantwortung für die Einhaltung öffentlich-rechtlicher Arbeitsschutzbestimmungen sowohl den Verleiher als auch den Entleiher trifft.[1327] Wegen des zwingenden Charakters der öffentlich-rechtlichen Arbeitsschutzvorschriften[1328] steht die in § 11 Abs. 6 S. 1 AÜG verankerte gemeinsame Verantwortung von Verleiher und Entleiher auch nicht zur Disposition der

---

[1324] BGBl. I S. 1246.
[1325] S. dazu auch *Wank*, Kommentar zum technischen Arbeitsschutz, § 12 ArbSchG.
[1326] Die Ergänzung ist durch Art. 2 Nr. 1 und 3b des Gesetzes zur Umsetzung der EG-Rahmenrichtlinie Arbeitsschutz und weiterer Arbeitsschutz-Richtlinien vom 7. August 1996 (BGBl. I 1996 S. 1246) erfolgt.
[1327] *Becker/Wulfgramm*, AÜG, Art. 1 § 11 Rn. 60.
[1328] S. dazu auch *Wank/Börgmann*, Arbeitsschutzrecht, S. 12.

Vertragsparteien. Das deutsche Recht entspricht damit der Anforderung des Art. 8 RL GesSch.

Zusammenfassend ist somit festzuhalten, dass der deutsche Gesetzgeber die Gesundheitsschutzrichtlinie, wenn auch mit erheblicher Verspätung, vollständig in das nationale Recht umgesetzt hat.

c) Verordnungen, Entscheidungen, Beschlüsse und Empfehlungen

aa) Entscheidung des Ministerrats vom 9. Juli 1956

Ein schwerer Brand in einer belgischen Kohlenzeche, bei dem 264 Bergarbeiter ums Leben kamen, veranlasste den Ministerrat der Europäischen Gemeinschaft für Kohle und Stahl im Jahre 1956, eine Dreierkonferenz einzuberufen. Ziel dieser Konferenz war es, die Bereiche festzuhalten, in denen die Betriebssicherheit der Verbesserung bedurfte. Aufgrund dieser Konferenz verabschiedete der Ministerrat auf seiner 44. Ratstagung vom 9. Juli 1957 die Entscheidung betreffend das Mandat und die Geschäftsordnung des **Ständigen Ausschusses für die Betriebssicherheit im Steinkohlebergbau.**[1329] Dem Ständigen Ausschuss wurde u.a. die Aufgabe übertragen, die Entwicklung der Betriebssicherheit einschließlich der staatlichen Sicherheitsvorschriften zu verfolgen und Vorschläge für die Verbesserung der Betriebssicherheit auszuarbeiten. Durch die Entscheidung des Ministerrats vom 11. März 1965[1330] wurden die Befugnisse des Ständigen Ausschusses auf den Gesundheitsschutz ausgedehnt.

Da sich ähnliche Sicherheitsprobleme wie im Steinkohlebergbau auch bei anderen Tätigkeiten der Mineralgewinnung abzeichneten, beschloss der Rat am 27. Juni 1974, die Zuständigkeit des Ständigen Ausschusses auf alle **mineralgewinnenden Betriebe,**[1331] mit Ausnahme der Arbeiten zur Herstellung einfacher Hohlräume[1332] sowie des Gesundheitsschutzes der Arbeitskräfte gegen die Gefahren ionisierender Strahlen,[1333] zu erstrecken.[1334] Zugleich bekam der Ausschuss seine heutige Bezeichnung „Ständiger Ausschuss für die Betriebssicherheit und den Gesundheitsschutz im Steinkohlebergbau und in den mineralgewinnenden Industriezweigen".

Der Vorsitz des Ständigen Ausschusses wird von einem Mitglied der Kommission der Europäischen Gemeinschaft wahrgenommen. Im Ausschuss sitzen vier Mitglieder aus jedem Mitgliedstaat, und zwar je zwei Vertreter der nationalen Regierungen sowie je ein Vertreter der Arbeitgeber und Arbeitnehmer, die von den Regierungen benannt werden. Jede Regierung kann zu den einzelnen Sitzungen des Ständigen Ausschusses einen oder zwei Berater entsenden. Vertreter der Internationalen Arbeitsorganisation sind eingeladen, an den Arbeiten des Ständigen Ausschusses in beratender Eigenschaft teilzunehmen.[1335]

bb) Beschluss 74/325/EWG des Rates vom 27. Juni 1974

Die Verhütung von Berufsunfällen und Berufskrankheiten sowie der Gesundheitsschutz bei der Arbeit gehören zu den Zielen des Vertrages zur Gründung der Europäischen Gemeinschaft. Hiervon ausgehend und angesichts der Tatsache, dass tiefgreifende Verände-

---

[1329] ABl. EG 1957, S. 487.
[1330] ABl. EG 1965, S. 698.
[1331] Mineralgewinnende Betriebe i.S. des Beschlusses sind Betriebe, deren Gegenstand das Schürfen, das eigentliche Gewinnen und die Aufbereitung des Förderguts für den Verkauf (Zerkleinerung, Sieben und Waschen) mit Ausnahme der Tätigkeiten zur Weiterverarbeitung dieses Förderguts ist.
[1332] Arbeiten zur Herstellung einfacher Hohlräume sind die Tätigkeiten, deren Zweck nicht die Gewinnung nutzbarer Stoffe ist.
[1333] Für diesen Bereich gelten auf Grund des Vertrages zur Gründung der Europäischen Gemeinschaft besondere Regelungen.
[1334] ABl. EG L 185, S. 18.
[1335] Zu den weiteren Einzelheiten vgl. die Geschäftsordnung des Ständigen Ausschusses.

rungen der Produktionsmethoden in allen Wirtschaftszweigen und die Zunahme gefährlicher Verfahren und Stoffe zu neuen Problemen in Bezug auf die Sicherheit, die Arbeitshygiene und den Gesundheitsschutz der Arbeitnehmer geführt haben, hat sich die Kommission veranlasst gesehen, einen ständigen Ausschuss zu ihrer Unterstützung vorzusehen.

951 Der durch den Beschluss 74/325/EWG des Rates vom 27. Juni 1974[1336] eingesetzte **Beratende Ausschuss für Sicherheit, Arbeitshygiene und Gesundheitsschutz am Arbeitsplatz**[1337] hat die Aufgabe, die Kommission bei der Vorbereitung und Durchführung der Tätigkeiten auf den Gebieten der Sicherheit, der Arbeitshygiene und des Gesundheitsschutzes am Arbeitsplatz zu unterstützen. Diese Aufgabe gilt für die gesamte Wirtschaft. Ausgenommen sind lediglich die mineralgewinnenden Betriebe[1338] sowie der Gesundheitsschutz der Arbeitskräfte gegen die Gefahren ionisierender Strahlen, für den auf Grund des Vertrages zur Gründung der Europäischen Atomgemeinschaft besondere Regeln gelten. Dem Ausschuss obliegen insbesondere folgende Aufgaben: auf der Grundlage der ihm zur Verfügung gestellten Informationen einen Meinungs- und Erfahrungsaustausch über bestehende oder in Betracht gezogene Vorschriften vorzunehmen; sich an der Ausarbeitung einer gemeinsamen Vorgehensweise bei Problemen, die im Bereich Sicherheit, Arbeitshygiene und Gesundheitsschutz am Arbeitsplatz auftreten, zu beteiligen; sich an der Festlegung der Gemeinschaftsprioritäten und der für deren Umsetzung in die Praxis erforderlichen Maßnahmen zu beteiligen; die Aufmerksamkeit der Kommission auf Bereiche zu lenken, in denen der Erwerb neuer Kenntnisse und die Durchführung geeigneter Ausbildungs- und Forschungsmaßnahmen notwendig erscheinen; im Rahmen der Aktionsprogramme der Gemeinschaft und in Zusammenarbeit mit dem Ständigen Ausschuss für die Betriebssicherheit und den Gesundheitsschutz im Steinkohlebergbau die Kriterien und Ziele des Kampfes gegen Arbeitsunfälle oder die Gesundheitsgefährdung im Unternehmen festzulegen, einschließlich der Methoden, anhand deren die Unternehmen und ihre Belegschaft die Wirksamkeit des Schutzes bewerten und verbessern können; zur Unterrichtung der nationalen Behörden und der Arbeitnehmer- und Arbeitgeberorganisationen über die auf Gemeinschaftsebene unternommenen Schritte beizutragen, um so deren Zusammenarbeit zu erleichtern und ihre Initiative für einen Erfahrungsaustausch und zur Erarbeitung von Verhaltensregeln zu fördern.

952 Der Ausschuss setzt sich aus ordentlichen **Mitgliedern** zusammen. Davon entfallen auf jeden Mitgliedstaat zwei Regierungsvertreter, zwei Vertreter der Arbeitnehmerorganisationen und zwei Vertreter der Arbeitgeberorganisationen. Diese Mitglieder werden auf Vorschlag der Regierungen für eine Amtszeit von drei Jahren durch den Rat ernannt, der sich dabei um eine gerechte Vertretung der verschiedenen Wirtschaftszweige bemüht.[1339]

953 Den Vorsitz des Ausschusses führt der für die Generaldirektion Beschäftigung, soziale Angelegenheiten und Bildung[1340] zuständige Kommissar. Der Ausschuss erstellt jährlich einen **Tätigkeitsbericht,** den die Kommission dem EP, dem Rat, dem Wirtschafts- und Sozialausschuss und dem Beratenden Ausschuss der Europäischen Gemeinschaft für Kohle und Stahl übermittelt.[1341]

[1336] ABl. EG L 185, S. 15.
[1337] Nachstehend „Ausschuss" genannt.
[1338] Für sie ist der Ständige Ausschuss für die Betriebssicherheit und den Gesundheitsschutz im Steinkohlebergbau zuständig; s. dazu oben Rn. 947 f.
[1339] Die Liste der Mitglieder wird vom Rat im Amtsblatt der Europäischen Gemeinschaften veröffentlicht.
[1340] Generaldirektion V.
[1341] Zu den weiteren Einzelheiten vgl. den Beschluss 74/325/EWG des Rates vom 27. Juni 1974, ABl. EG L 185, S. 15.

XII. Technischer Arbeitsschutz 954–958 § 18

cc) Entscheidung 88/383/EWG der Kommission vom 24. Februar 1988

Zur Verbesserung der Information im Bereich Sicherheit, Arbeitshygiene und Gesundheitsschutz am Arbeitsplatz hat die Kommission am 24. Februar 1988 die Entscheidung 88/383/EWG[1342] erlassen, mit der sichergestellt werden soll, dass die Kommission **vor der Verabschiedung einzelstaatlicher Rechts- und Verwaltungsvorschriften** im Bereich Sicherheit, Arbeitshygiene und Gesundheitsschutz am Arbeitsplatz über die erforderlichen **Informationen** verfügt. Mit dieser Entscheidung wird das bereits auf dem Gebiet der Normen und technischen Vorschriften bestehende Informationsverfahren gem. der Richtlinie 83/189/EWG vom 28. März 1983[1343] ergänzt. 954

Durch die vorliegende Entscheidung werden die Mitgliedstaaten verpflichtet, der Kommission unverzüglich ihre Rechts- und Verwaltungsvorschriften im Bereich der Sicherheit, der Arbeitshygiene und des Gesundheitsschutzes am Arbeitsplatz sowie sämtliche **Entwürfe** von Rechts- und Verwaltungsvorschriften in diesem Bereich **mitzuteilen.** Hiervon ausgenommen sind Entwürfe technischer Vorschriften i. S. von Art. 1 Ziff. 6 der Richtlinie 83/189/EWG. Die Kommission übermittelt ihrerseits den Mitgliedstaaten alle Entwürfe von Rechts- und Verwaltungsvorschriften, die in Anwendung dieser Entscheidung bei ihr eingehen und die sie wegen der Zielsetzung dieser Entscheidung für wichtig hält. Dem Mitgliedstaat, dessen Entwurf gemäß dieser Entscheidung übermittelt wurde, können die Kommission und die übrigen Mitgliedstaaten Anmerkungen zukommen lassen, die von diesen soweit wie möglich zu berücksichtigen sind. Die Anmerkungen werden von der Kommission weitergeleitet. 955

Unterstützt wird die Kommission von einer **Sachverständigengruppe.** Die Gruppe setzt sich aus zwei Sachverständigen je Mitgliedstaat zusammen, die von der Kommission auf Vorschlag der Mitgliedstaaten ernannt werden. Der Vorsitz wird von einem Vertreter der Kommission geführt. 956

Die Kommission unterrichtet den Beratenden Ausschuss für Sicherheit, Arbeitshygiene und Gesundheitsschutz am Arbeitsplatz[1344] sowie gegebenenfalls den gem. Art. 5 der Richtlinie 83/189/EWG eingesetzten ständigen Ausschuss regelmäßig über die sich aus der Durchführung der vorliegenden Entscheidung ergebenden Maßnahmen. Von der Mitteilung ausgenommen werden jedoch die von den Mitgliedstaaten als vertraulich betrachteten Angaben. 957

dd) Empfehlung 90/326/EWG der Kommission vom 22. Mai 1990

In Ziff. 1 ihrer Empfehlung betreffend die Annahme einer Europäischen Liste von Berufskrankheiten vom 22. Mai 1990 empfiehlt die Kommission den Mitgliedstaaten, die in Anhang I aufgeführte Liste von Berufskrankheiten möglichst unverzüglich in ihre Rechts- oder Verwaltungsvorschriften über die Erkrankungen, deren berufliche Verursachung auf der Basis wissenschaftlicher Erkenntnisse anerkannt wird und die zur Entschädigung berechtigen und Präventivmaßnahmen erforderlich machen, zu übernehmen.[1345] Die Liste ist in die folgenden 5 Abschnitte untergliedert: durch chemische Arbeitsstoffe ausgelöste Berufskrankheiten; Hautkrankheiten durch anderweitig nicht erfasste Substanzen und Arbeitsstoffe; durch Einatmen von anderweitig nicht erfassten Substanzen und Arbeitsstoffen verursachte Krankheiten; durch Infektionserreger oder Parasiten verursachte Krankheiten; durch physikalische Einwirkungen verursachte Krankheiten. Um als Berufskrankheit anerkannt zu werden, müssen die in Anhang I aufgeführten Krankheiten in 958

[1342] ABl. EG L 183, S. 4.
[1343] ABl. EG L 109, S. 8; geändert durch Richtlinie vom 22. März 1988, ABl. EG L 81, S. 75.
[1344] S. dazu oben Rn. 950 ff.
[1345] Die Liste der in Anhang I der vorliegenden Empfehlung aufgeführten Berufskrankheiten geht über die am 1. 12. 1997 in Kraft getretene neue Berufskrankheiten-Verordnung vom 31. 10. 1997 (BGBl. I S. 2623) hinaus; s. zur neuen Berufskrankheiten-Verordnung u. a. *Plagemann,* NJW 1998, S. 2724 ff.

unmittelbarem Zusammenhang mit der ausgeübten Berufstätigkeit stehen. Zudem plant die Kommission, für jede der in Anhang I aufgeführten Berufskrankheiten Kriterien für deren Anerkennung festzulegen.

959 Die Kommission empfiehlt den Mitgliedstaaten des Weiteren, sich zu bemühen, zugunsten von Arbeitnehmern, die an einer Krankheit leiden, die nicht in Anhang I aufgeführt ist, deren berufliche Verursachung und Berufsbezogenheit jedoch vermutet wird, einen Anspruch wie im Fall der Berufskrankheiten in ihre Rechts- oder Verwaltungsvorschriften aufzunehmen. Dies soll insbesondere dann gelten, wenn die betreffende Erkrankung in Anhang II der Empfehlung genannt ist.

960 Außer den bereits genannten Empfehlungen werden noch eine Reihe weiterer Empfehlungen an die Mitgliedstaaten gerichtet. Sie betreffen die Meldung und statistische Erfassung von Berufskrankheiten, die Verbesserung von Präventivmaßnahmen, die Ausbildung des mit der Durchführung der einzelstaatlichen Bestimmungen betrauten Personals, die Datensammlung sowie die Forschung im Bereich der berufsbedingten Erkrankungen, insbesondere der in Anhang II genannten.[1346]

ee) Verordnung Nr. 2062/94 des Rates vom 28. Juli 1994

961 In seiner **Entschließung vom 21. Dezember 1987** über Sicherheit, Arbeitshygiene und Gesundheitsschutz am Arbeitsplatz[1347] begrüßte der Rat die Mitteilung der Kommission über ihr Programm für Sicherheit, Arbeitshygiene und Gesundheitsschutz am Arbeitsplatz und ersuchte die Kommission unter anderem zu prüfen, wie der Austausch von Informationen und Erfahrungen auf den von der Entschließung erfassten Gebieten, insbesondere hinsichtlich der Sammlung und Verbreitung von Daten, verbessert werden kann. Zugleich forderte der Rat die Kommission auf zu prüfen, ob es zweckmäßig ist, einen gemeinschaftlichen Mechanismus zur Untersuchung der sich auf einzelstaatlicher Ebene ergebenden Auswirkungen der Gemeinschaftsmaßnahmen in diesem Bereich zu schaffen. In dieser Entschließung befürwortete der Rat überdies eine Verstärkung der Zusammenarbeit mit und zwischen den Stellen, die Aufgaben in dem unter die Entschließung fallenden Bereich wahrnehmen.

962 In der Erkenntnis, dass die umfassende, zuverlässige und objektive Sammlung, Verarbeitung und Analyse wissenschaftlicher, technischer und wirtschaftlicher Daten unerlässlich ist, um der Kommission und den Mitgliedstaaten die Informationen zur Verfügung stellen zu können, die sie benötigen, um den an sie gerichteten Anforderungen gerecht zu werden, die erforderlichen Maßnahmen zum Schutz der Sicherheit und der Gesundheit der Arbeitnehmer zu ergreifen und eine angemessene Unterrichtung der betroffenen Stellen gewährleisten zu können, legte die Kommission dem Rat am 30. September 1991 den Vorschlag für eine Verordnung des Rates zur Schaffung einer Europäischen Agentur für Sicherheit und Gesundheitsschutz am Arbeitsplatz vor, der nach Durchlaufen des gemeinschaftlichen Gesetzgebungsverfahrens vom Rat am 18. Juli 1994 verabschiedet wurde.[1348] Die **Verordnung 2062/94** hat durch die Verordnung Nr. 1643/95 vom 19. Juni 1995[1349] bereits eine erste Änderung erfahren.[1350]

963 Mit der ersten Sitzung des Verwaltungsrates und der Wahl des Präsidiums wurde am 25. Oktober 1995 die Gründung der **Europäischen Agentur für Sicherheit und Gesundheitsschutz am Arbeitsplatz,**[1351] die Rechtspersönlichkeit besitzt[1352] und ihren Sitz in der nordspanischen Stadt Bilbao hat, vollzogen.

[1346] Zu den Einzelheiten s. Ziff. 3 bis 7 der vorliegenden Empfehlung.
[1347] ABl. EG C 28, S. 1.
[1348] VO Nr. 2062/94; ABl. EG L 216, S. 1; s. dazu auch *Horst*, BArbBl. 6/2000, S. 12, 15 f.
[1349] ABl. EG L 156, S. 1.
[1350] Die Änderung betrifft die Zusammensetzung des Verwaltungsrats.
[1351] Nachfolgend Agentur abgekürzt.
[1352] S. Art. 7 VO 2062/94.

(1) Ziel der Agentur

Gem. Art. 2 VO Nr. 2062/94 verfolgt die Agentur das Ziel, den Gemeinschaftseinrichtungen, Mitgliedstaaten und betroffenen Kreisen alle sachdienlichen technischen, wissenschaftlichen und wirtschaftlichen Informationen auf dem Gebiet der Sicherheit und des Gesundheitsschutzes am Arbeitsplatz zur Verfügung zu stellen.

(2) Aufgaben

Die Aufgaben der Agentur sind in Art. 3 Abs. 1 Buchst. a bis i VO Nr. 2062/94 aufgeführt. Danach hat die Agentur insbesondere folgende Aufgaben wahrzunehmen:
– Sammlung und Verbreitung von technischen, wissenschaftlichen und wirtschaftlichen Informationen in den Mitgliedstaaten zur Unterrichtung der Gemeinschaftseinrichtungen, der Mitgliedstaaten und der betroffenen Kreise;
– Sammlung von technischen, wissenschaftlichen und wirtschaftlichen Informationen über die Forschung im Sicherheits- und Gesundheitsschutz;
– Förderung und Unterstützung der Zusammenarbeit und Informationen und Erfahrungen zwischen den Mitgliedstaaten;
– Veranstaltung von Konferenzen und Seminaren sowie Austausch von Sachverständigen der Mitgliedstaaten im Bereich der Sicherheit und des Gesundheitsschutzes am Arbeitsplatz;
– Sammlung der aus Drittländern und von internationalen Organisationen (WHO, IAO, PAHO, IMO usw.) stammenden Informationen über Fragen der Sicherheit und des Gesundheitsschutzes am Arbeitsplatz sowie Bereitstellung der betreffenden Informationen für sie;
– Mitwirkung an der Entwicklung der künftigen gemeinschaftlichen Aktionsprogramme zur Förderung der Sicherheit und des Gesundheitsschutzes am Arbeitsplatz.

(3) Netzwerke

Zu den weiteren Aufgaben der Sicherheitsschutz-Agentur gehört der Aufbau eines Netzwerkes. Nach Art. 4 Abs. 1 VO 2062/94 setzt sich das Netzwerk aus den wichtigsten Bestandteilen der einzelstaatlichen Informationsnetze, den innerstaatlichen Anlaufstellen und gegebenenfalls den themenspezifischen Ansprechstellen zusammen. Um einen möglichst raschen und wirksamen Aufbau des Netzwerks zu gewährleisten, verpflichtet Art. 4 Abs. 2 VO 2062/94 die Mitgliedstaaten u. a., der Agentur binnen sechs Monaten nach In-Kraft-Treten dieser Verordnung[1353] die wichtigsten Bestandteile ihres innerstaatlichen Informationsnetzes für Sicherheit und Gesundheitsschutz am Arbeitsplatz mitzuteilen.[1354]

(4) Informationen

Die der Agentur übermittelten oder von ihr verbreiteten Informationen können gem. Art. 6 VO 2062/94 der Öffentlichkeit entsprechend den vom Verwaltungsrat festzulegenden Leitlinien veröffentlicht und zugänglich gemacht werden, soweit sie insbesondere in Bezug auf ihre Vertraulichkeit mit den Regeln der Gemeinschaft und der Mitgliedstaaten für die Verbreitung von Informationen im Einklang stehen.

(5) Verwaltungsrat

Gem. Art. 8 VO 2062/94 setzt sich der Verwaltungsrat der Agentur aus 48 Mitgliedern zusammen, und zwar aus 15 Vertretern der Regierungen der Mitgliedstaaten, 15 Vertretern der Arbeitgeberverbände sowie 15 Vertretern der Arbeitnehmerorganisationen. Diese werden vom Rat ernannt, und zwar jeweils ein Vertreter je Mitgliedstaat für jede der genannten Gruppen. Zudem gehören dem Verwaltungsrat 3 Vertreter der Kommission an. Die Amtszeit der Mitglieder des Verwaltungsrats beträgt drei Jahre, wobei eine Wie-

---

[1353] Die VO 2062/94 ist am zwanzigsten Tag nach ihrem Erscheinen, also am 19. 91994, in Kraft getreten.
[1354] S. zu den weiteren Einzelheiten Art. 4 Abs. 2 bis 6 VO 2062/94.

derbenennung möglich ist. Der Verwaltungsrat wählt aus den Reihen seiner Mitglieder für die Dauer eines Jahres einen Vorsitzenden und drei stellvertretende Vorsitzende.[1355] Nach Art. 8 Abs. 5 VO 2062/94 hat der Vorsitzende den Verwaltungsrat zweimal jährlich sowie auf Antrag von mindestens der Hälfte seiner Mitglieder einzuberufen.[1356] Die Beschlüsse des Verwaltungsrats werden mit Zweidrittelmehrheit seiner Mitglieder gefasst. Während die Stimmen der Vertreter der Regierungen der Mitgliedstaaten zweifach zählen, haben die weiteren Mitglieder des Verwaltungsrats jeweils nur eine Stimme.[1357]

969   Der Verwaltungsrat verabschiedet gem. Art. 10 Abs. 1 VO 2062/94 das jährliche Arbeitsprogramm der Agentur, und zwar auf der Grundlage eines vom Direktor nach Anhörung der Kommission und des Beratenden Ausschusses für Sicherheit, Arbeitshygiene und Gesundheitsschutz am Arbeitsplatz erarbeiteten Entwurfs. Art. 10 Abs. 2 VO 2061/94 verpflichtet den Verwaltungsrat, spätestens zum 31. Januar jeden Jahres einen allgemeinen **Jahresbericht** über die Tätigkeit der Agentur in sämtlichen Amtssprachen der Gemeinschaft abzufassen. In dem allgemeinen Jahresbericht sind insbesondere die erzielten Ergebnisse mit den Zielsetzungen des jährlichen Aktionsprogramms zu vergleichen.

(6) Direktor

970   Die Agentur wird von einem Direktor geleitet, der auf Vorschlag der Kommission vom Verwaltungsrat für fünf Jahre ernannt wird.[1358] Der Direktor ist der gesetzliche Vertreter der Agentur. Ihm obliegen gem. Art. 11 Abs. 2 V0 2061/94 folgende Aufgaben: die sachgerechte Ausarbeitung und Durchführung der vom Verwaltungsrat gefassten Beschlüsse und angenommenen Programme; die laufende Verwaltung der Agentur; die Erstellung und Veröffentlichung des allgemeinen Jahresberichts über die Tätigkeiten der Agentur; die Durchführung der vorgesehenen Aufgaben; alle Entscheidungen in Personalfragen; die Vorbereitung der Sitzungen des Verwaltungsrats.

(7) Haushaltsplan

971   Die Agentur verfügt über einen eigenen Haushaltsplan, in dem sämtliche Einnahmen und Ausgaben der Agentur für jedes Haushaltsjahr, das dem Kalenderjahr entsprechen muss, veranschlagt werden. Die Einnahmen der Agentur umfassen unbeschadet anderer Einkünfte, die aus Zahlungen für von der Agentur geleistete Dienste stammen können, einen im Gesamthaushaltsplan der Europäischen Gemeinschaften veranschlagten Zuschuss der Gemeinschaft.[1359] Für das Haushaltsjahr 1995 belief sich der Zuschuss auf 5 Mio. ECU.

XIII. Datenschutz

Schrifttum: *Auernhammer,* Die Europäische Datenschutz-Konvention und ihre Auswirkungen auf den grenzüberschreitenden Datenverkehr, DuD 1985, S. 7 ff.; *Bachmeier,* EG-Datenschutzrichtlinie – rechtliche Konsequenzen für die Datenschutzpraxis, RDV 1995, S. 49; *Burkert,* Die Konvention des Europarates zum Datenschutz, Rückblick und Ausblick, CR 1988, S. 715; *Däubler,* Arbeitnehmer-Datenschutz – Ein Problem der EU?, DB 1995, S. 73; *ders.,* Verabschiedung der EG-Datenschutzrichtlinie, EuroAS 9/1995, S. 148; *ders.,* Übereinkommen zum Schutz des Menschen bei der automatisierten Verarbeitung personenbezogener Daten, in: Däubler/Kittner/Lörcher, Internationale Arbeits- und Sozialordnung, 2. Aufl. 1994; *Dammann/Simitis,* EG-Datenschutzrichtlinie, 1997; *Ellger,* Der Datenschutz im grenzüberschreitenden Datenverkehr, 1990; *ders.,* Datenexport in Drittstaaten, CR 1993, S. 2; *ders.,* Konvergenz oder Konflikt bei der Harmonisierung des Datenschutzes in Euro-

---

[1355] Art. 8 Abs. 4 VO 2062/94.
[1356] Zum Abstimmungsmodus s. Art. 8 Abs. 6 VO 2062/94.
[1357] Art. 8 Abs. 6 VO 2062/94.
[1358] Art. 11 Abs. 1 VO 2062/94.
[1359] Zu den weiteren Einzelheiten des Haushaltsplans s. Art. 12 bis 15 VO 2062/94.

XIII. Datenschutz 972 § 18

pa?, CR 1994, S. 558; *Franzen,* Datenschutz im Arbeitsverhältnis, EAS B 5300; *Geis,* Individualrechte in der sich verändernden europäischen Datenschutzlandschaft, CR 1995, S. 171; *Gola,* Die Entwicklung des Datenschutzrechts in den Jahren 1999/2000, NJW 2000, S. 3749; *Gola/Schomerus,* Bundesdatenschutzgesetz, 6. Aufl., 1997; *Hoeren,* Datenschutz in Europa, WM 1994, S. 1; *Kopp,* Das EG-Richtlinienvorhaben zum Datenschutz, RDV 1993, S. 1; *Mengel,* Die Datenschutzkonvention des Europarates vom 28. Januar 1981, EUGRZ 1981, S. 376; *Mütsch,* Der geänderte EU-Datenschutzrichtlinien-Vorschlag und der Änderungsvorschlag der dänischen, deutschen und britischen Ratsgruppen-Delegationen, RDV 1994, S. 67; *ders.,* Der geänderte Vorschlag für eine Richtlinie des Rates zum Datenschutz in Europa, DuD 1994, S. 187; *Rüpke,* Aspekte zur Entwicklung eines EU-Datenschutzrechts, ZRP 1995, S. 185; *Schild,* Die EG-Datenschutzrichtlinie, EuZW 1996, S. 549; *Simitis,* Verarbeitung von Arbeitnehmerdaten, Die Empfehlung des Europarates, CR 1991, S. 161; *ders.,* Die EU-Datenschutzrichtlinie – Stillstand oder Anreiz?, NJW 1997, S. 281; *Wank,* in: Erfurter Kommentar zum Arbeitsrecht, 2. Aufl. 2001, Bundesdatenschutzgesetz; *Weber,* EG-Datenschutzrichtlinie, CR 1995, S. 297; *Wind/Siegert,* Entwurf für eine EG-Richtlinie zum Datenschutz, CR 1993, S. 46; *Wohlgemuth,* Auswirkungen der EG-Datenschutzrichtlinie auf den Arbeitnehmer-Datenschutz, BB 1996, S. 690; *Wuermeling,* Umsetzung der Europäischen Datenschutzrichtlinie, 1996, S. 663.

1. Die Datenschutzrichtlinie 95/46/EG

a) Allgemeines

Nach Auffassung der Kommission wird die wirtschaftliche und soziale Integration, die 972 sich aus der Errichtung und dem Funktionieren des Binnenmarktes i.S. von Art. 14 EGV (Art. 7a EGV a.F.) ergibt, notwendigerweise dazu führen, dass die grenzüberschreitenden Ströme personenbezogener Daten zwischen allen am wirtschaftlichen und sozialen Leben der Mitgliedstaaten Beteiligten im öffentlichen wie im privaten Bereich spürbar zunehmen. Hiervon ausgehend, sieht die Kommission die Gefahr, dass das in den Mitgliedstaaten bestehende unterschiedliche Datenschutzniveau[1360] zu einem Hemmnis für die Ausübung einer Reihe von Wirtschaftstätigkeiten auf Gemeinschaftsebene führen kann. Um den Austausch personenbezogener Daten von einem Mitgliedstaat in einen anderen zu ermöglichen, zugleich aber auch die Grundrechte der Person zu gewährleisten, hat die Kommission im Jahre 1990 einen **ersten Entwurf für eine Richtlinie** des Rates zum Schutz natürlicher Personen bei der Verarbeitung personenbezogener Daten und zum freien Dienstleistungsverkehr[1361] vorgelegt, der auf erhebliche Kritik der Wirtschaft gestoßen ist.[1362] Ziel des Richtlinienvorschlages war zugleich die Präzisierung und Ergänzung des Übereinkommens 108 des Europarates zum Schutze des Menschen bei der automatischen Verarbeitung personenbezogener Daten vom 28. Januar 1981.[1363] Der Wirtschafts- und Sozialausschuss hat sich in seiner Stellungnahme vom 24. April 1991[1364] im Grundsatz für die Notwendigkeit einer Datenschutzrichtlinie ausgesprochen und verschiedene Änderungsvorschläge unterbreitet. Das EP hat den Richtlinienvorschlag in seiner Entschließung vom 11. März 1992[1365] vorbehaltlich zahlreicher Änderungen gebilligt. Unter Berücksichtigung dieser Stellungnahmen hat die Kommission am 16. Oktober 1992 einen geänderten Richtlinienvorschlag vorge-

---

[1360] Zum unterschiedlichen Datenschutzniveau in den EG-Mitgliedstaaten s. *Franzen,* EAS B 5300, Rn. 16 m.w.N.
[1361] ABl. EG EG C 277, S. 3.
[1362] Vgl. dazu *Hoeren,* WM 1994, S. 1, 2; *Wuermeling,* DB 1996, S. 663.
[1363] BGBl. 1985 II, S. 539; näher zu dieser Datenschutzkonvention *Auernhammer,* DuD 1985, S. 7ff.; *Burkert,* CR 1988, S. 751ff.; *Däubler,* in: Internationale Arbeits- und Sozialordnung, 1994, S. 647ff.; *Ellger,* Der Datenschutz im grenzüberschreitenden Datenverkehr, 1990, S. 496ff.; *Mengel,* EuGRZ 1981, S. 376ff.; *Simitis,* CR 1991, S. 161ff.
[1364] ABl. EG C 159, S. 38.
[1365] ABl. EG C 94, S. 173.

legt.[1366] Knapp fünf Jahre nach dem ersten Vorschlag der Kommission hat der Rat schließlich am 24. Juni 1995 die **Richtlinie 95/46/EG zum Schutz natürlicher Personen bei der Verarbeitung personenbezogener Daten und zum freien Datenverkehr**[1367] verabschiedet. Die Datenschutzrichtlinie ist in folgende sieben Kapitel unterteilt: Allgemeine Bestimmungen (Art. 1–4); Allgemeine Bedingungen für die Rechtmäßigkeit der Verarbeitung personenbezogener Daten (Art. 5–21); Rechtsbehelfe, Haftung und Sanktionen (Art. 22–24); Übermittlung personenbezogener Daten in Drittländer (Art. 25–26); Verhaltensregeln (Art. 27), Kontrollstelle und Gruppe für den Schutz von Personen bei der Verarbeitung personenbezogener Daten (Art. 28–30); Gemeinschaftliche Durchführungsmaßnahmen (Art. 31). Ferner enthält die Datenschutzrichtlinie in Art. 32–34 noch Schlussbestimmungen.

973   Ihrer Konzeption nach ist die Datenschutzrichtlinie darauf ausgerichtet, dass die in ihr enthaltenen Grundsätze des Schutzes der Rechte und Freiheiten der Personen und insbesondere der Achtung der Privatsphäre bei der Verarbeitung personenbezogener Daten durch spezifische Regeln, insbesondere für bestimmte Bereiche, ergänzt oder präzisiert werden.[1368] Eine solche bereichsspezifische Ergänzung stellt die Richtlinie 97/66/EG des Europäischen Parlaments und des Rates vom 15. Dezember 1997 über die Verarbeitung personenbezogener Daten und den Schutz der Privatsphäre im Bereich der Telekommunikation[1369] dar. Zudem hat die Kommission wiederholt ihre Absicht bekräftigt, eine Richtlinie zum **Arbeitnehmerdatenschutz** vorzulegen.[1370] Im Herbst 2001 hat die Kommission hierzu die erste Phase der Anhörung der Sozialpartner eingeleitet.

b) Anwendungsbereich

974   Gem. Art. 3 RL DatSch finden die Bestimmungen der Richtlinie Anwendung auf die ganz oder teilweise automatisierte Verarbeitung personenbezogener Daten sowie auf die nichtautomatisierte Verarbeitung personenbezogener Daten, die in Dateien gespeichert sind oder gespeichert werden sollen. Der Richtliniengeber ist damit dem Änderungsvorschlag des EP,[1371] die Datenschutzrichtlinie auch auf personenbezogene Daten zu erstrecken, die nicht in Dateien gespeichert sind oder gespeichert werden sollen, nicht gefolgt.

975   **Personenbezogene Daten** sind nach der Legaldefinition des Art. 2 Buchst. a RL DatSch alle Informationen über eine bestimmte oder bestimmbare natürliche Person („betroffene Person"). Als bestimmbar wird eine Person angesehen, die direkt oder indirekt identifiziert werden kann, insbesondere durch Zuordnung zu einer Kennnummer oder zu einem oder mehreren spezifischen Elementen, die Ausdruck ihrer physischen, physiologischen, psychischen, wirtschaftlichen, kulturellen oder sozialen Identität sind.

976   Eine **Datei** i. S. der Datenschutzrichtlinie ist jede strukturierte Sammlung personenbezogener Daten, die nach bestimmten Kriterien zugänglich sind, gleichgültig ob diese

---

[1366] ABl. EG C 311, S. 30; zum Änderungsvorschlag s. *Ellger*, Der Datenschutz im grenzüberschreitenden Datenverkehr, 1990; *ders.*, CR 1993, S. 2; *Franzen*, EAS B 5300, Rn. 17; *Geis*, CR 1995, S. 171; *Hoeren*, WM 1994, S. 1; *Kopp*, RDV 1993, S. 1; *Mütsch*, DuD 1994, S. 187; *Rüpke*, ZRP 1995, S. 185.

[1367] ABl. EG L 281, S. 31; nachfolgend Datenschutzrichtlinie (RL DatSch) abgekürzt. Zur Datenschutzrichtlinie und ihrer Entstehungsgeschichte s. auch *Dammann/Simitis*, EG-Datenschutzrichtlinie, 1997; *Däubler*, EuroAS 9/1995, S. 148 f.; *Ellger*, CR 1994, S. 558; *Geis*, CR 1995, S. 171 ff.; *Hoeren*, WM 1994, S. 1 ff.; *Kopp*, RDV 1993, S. 1 ff.; *Mütsch*, RDV 1994, S. 67 ff.; *Schild*, EuZW 1996, S. 549 ff.; *Simitis*, NJW 1997, S. 281 ff.; *Weber*, CR 1995, S. 297 ff.; *Wind/Siegert*, CR 1993, S. 46 ff.; *Wohlgemuth*, BB 1996, S. 690 ff.; *Wuermeling*, DB 1996, S. 663.

[1368] Vgl. Erwägungsgrund Nr. 68.

[1369] ABl. EG L 24, S. 1.

[1370] Vgl. The Social and Labour Market Dimension of the Information Society, COM (97), 390 final, Nr. 28, 29. Informationen können im Internet über http://europa.eu.int/comm/internal_market/de/media/dataprot. abgerufen werden.

[1371] Änderung Nr. 21 der Entschließung des EP vom 11. 3. 1992, ABl. EG C 94, S. 173.

Sammlung zentral, dezentralisiert oder nach funktionalen oder geographischen Gesichtspunkten aufgeteilt geführt wird.[1372]

Unter **Verarbeitung** personenbezogener Daten ist jeder mit oder ohne Hilfe automatisierter Verfahren vorgenommene Vorgang oder jede Vorgangsreihe im Zusammenhang mit personenbezogenen Daten zu verstehen.[1373] Unter den Begriff der Verarbeitung fallen beispielsweise das Erheben, das Speichern, die Organisation, die Aufbewahrung, die Ausarbeitung oder Veränderung, die Erstellung von Auszügen, das Abfragen, die Benutzung, die Weitergabe durch Übermittlung, die Verbreitung oder jede andere Form der Bereitstellung, die Kombination oder die Verknüpfung sowie das Sperren, Löschen oder Vernichten.

Vom Anwendungsbereich der Datenschutzrichtlinie ausgeschlossen sind zum einen Verarbeitungen für die Ausübung von Tätigkeiten, die nicht in den Anwendungsbereich des Gemeinschaftsrechts fallen.[1374] Hierzu zählen beispielsweise Tätigkeiten gemäß den Titeln V und VI des EU-Vertrages sowie Verarbeitungen betreffend die öffentliche Sicherheit, die Landesverteidigung, die Sicherheit des Staates, einschließlich seines wirtschaftlichen Wohls, und die Tätigkeiten des Staates im strafrechtlichen Bereich. Die Datenschutzrichtlinie findet ferner keine Anwendung auf die Verarbeitung personenbezogener Daten durch eine natürliche Person für die Ausübung ausschließlich persönlicher oder familiärer Tätigkeiten.[1375] Dazu zählen z.B. Verarbeitungen, die den Schriftverkehr oder die Führung von Adressenverzeichnissen betreffen.[1376]

Art. 4 RL DatSch regelt den örtlichen Geltungsbereich der zur Umsetzung der Datenschutzrichtlinie geschaffenen nationalen Rechtsvorschriften. Danach ist für die Verarbeitung personenbezogener Daten grundsätzlich das nationale Datenschutzrecht des Mitgliedstaats maßgebend, in dem das Unternehmen seinen Sitz hat. Dies gilt jedoch nicht, wenn das Unternehmen in einem anderen Mitgliedstaat eine Niederlassung[1377] hat. Nach Art. 4 Buchst. a RL DatSch finden auf alle Verarbeitungen personenbezogener Daten, die im Rahmen der Tätigkeiten einer Niederlassung ausgeführt werden, die dort geltenden Datenschutzvorschriften Anwendung. Ist der Verantwortliche der Verarbeitung[1378] im Hoheitsgebiet mehrerer Mitgliedstaaten niedergelassen, insbesondere mit einer Filiale, muss er sicherstellen, dass jede dieser Niederlassungen die Datenschutzvorschriften einhält, die im jeweiligen einzelstaatlichen Recht vorgesehen sind.[1379]

Um zu verhindern, dass nationale Datenschutzvorschriften dadurch umgangen werden, dass sich der Verantwortliche der Verarbeitung in einem Staat außerhalb des Gebiets der Gemeinschaft niederlässt und zum Zwecke der Verarbeitung personenbezogener Daten auf automatisierte oder nichtautomatisierte Mittel zurückgreift, die im Hoheitsgebiet eines Mitgliedstaats belegen sind, bestimmt Art. 4 Buchst. c RL DatSch, dass in diesem Falle für die Verarbeitung das Recht des Mitgliedstaats gilt.[1380] Zudem muss der Verantwortliche

---

[1372] Vgl. die Legaldefinition des Art. 2 Buchst. c RL DatSch.
[1373] Vgl. die Legaldefinition des Art. 2 Buchst. b RL DatSch.
[1374] Art. 3 Abs. 2 1. Spiegelstrich RL DatSch.
[1375] Art. 3 Abs. 2 2. Spiegelstrich RL DatSch.
[1376] Vgl. den 12. Erwägungsgrund.
[1377] Eine Niederlassung im Hoheitsgebiet eines Mitgliedstaats setzt die effektive und tatsächliche Ausübung einer Tätigkeit mittels einer festen Einrichtung voraus. Die Rechtsform einer solchen Niederlassung, die eine Agentur oder eine Zweigstelle sein kann, ist in dieser Hinsicht nicht entscheidend; s. den 19. Erwägungsgrund.
[1378] „Verantwortlicher der Verarbeitung" ist nach der Legaldefinition des Art. 2 Buchst. d RL DatSch die natürliche oder juristische Person, Behörde, Einrichtung oder jede andere Stelle, die über die Zwecke und Mittel der Verarbeitung von personenbezogenen Daten entscheidet.
[1379] Der Richtliniengeber hat damit den Bedenken, die gegen ein reines Sitzprinzip erhoben worden waren, Rechnung getragen; näher zu diesen Bedenken *Weber*, CR 1995, S. 297, 299.
[1380] Dies gilt jedoch nicht, wenn diese Mittel nur zum Zweck der Durchfuhr durch das Gebiet der Europäischen Gemeinschaft verwendet werden.

c) Bedingungen für die Rechtmäßigkeit der Datenverarbeitung

981 Das in neun Abschnitte unterteilte zweite Kapitel der Datenschutzrichtlinie regelt die allgemeinen Bedingungen für die Rechtmäßigkeit der Verarbeitung personenbezogener Daten. Gem. Art. 5 RL DatSch können die Mitgliedstaaten nach Maßgabe des zweiten Kapitels die Voraussetzungen präzisieren, unter denen die Verarbeitung personenbezogener Daten rechtmäßig ist. Die Datenschutzrichtlinie räumt den Mitgliedstaaten somit einen Spielraum zur Gestaltung nationaler Datenschutzvorschriften ein. Dabei wird in Kauf genommen, dass innerhalb dieses Spielraums Unterschiede bei der Durchführung der Datenschutzrichtlinie möglich sind, die sich auf den Datenverkehr sowohl innerhalb eines Mitgliedstaats als auch in der Gemeinschaft auswirken können.[1382]

aa) Grundsätze über die Qualität der Daten

982 Abschnitt I stellt allgemeine Grundsätze für die Qualität der Daten auf, die im Wesentlichen den Bestimmungen im Übereinkommen 108 des Europarates zum Schutze des Menschen bei der automatischen Verarbeitung personenbezogener Daten vom 28. Januar 1981[1383] entsprechen. Gem. Art. 6 Abs. 1 RL DatSch sind die Mitgliedstaaten verpflichtet, folgende Grundsätze über den Umgang mit Daten in ihrem nationalen Recht vorzusehen: die Verarbeitung personenbezogener Daten hat nach Treu und Glauben sowie auf rechtmäßige Weise zu erfolgen; die Daten müssen für festgelegte eindeutige und rechtmäßige Zwecke erhoben und dürfen nicht in einer mit diesen Zweckbestimmungen nicht zu vereinbarenden Weise weiterverarbeitet werden;[1384] die Daten müssen den Zwecken entsprechen, für die sie erhoben oder weiterverarbeitet werden, dafür erheblich sein und nicht darüber hinausgehen; die Daten müssen sachlich richtig und, wenn nötig, auf dem neuesten Stand sein; es sind alle angemessenen Maßnahmen zu treffen, damit im Hinblick auf die Zwecke, für die die Daten erhoben wurden, nicht zutreffende oder unvollständige Daten gelöscht oder berichtigt werden; die Daten dürfen nicht länger in einer Form aufbewahrt werden, die die Identifizierung der betroffenen Person ermöglicht, als für die Realisierung der angestrebten Zwecke erforderlich ist.[1385] Für die Einhaltung dieser Grundsätze zu sorgen, ist Aufgabe des Verantwortlichen i. S. der Datenschutzrichtlinie.[1386]

bb) Rechtmäßigkeit der Verarbeitung

983 Der zweite Abschnitt legt fest, unter welchen Voraussetzungen die Verarbeitung personenbezogener Daten als rechtmäßig anzusehen ist. Anders als der ursprüngliche Richtlinienvorschlag,[1387] differenziert die Datenschutzrichtlinie nicht mehr zwischen der Rechtmäßigkeit der Verarbeitung im öffentlichen und im privaten Bereich.[1388]

[1381] Art. 4 Abs. 2 RL DatSch. Die Möglichkeit eines Vorgehens gegen den Verantwortlichen selbst wird dadurch nicht berührt.

[1382] S. den 9. Erwägungsgrund; zum Handlungsspielraum des Gesetzgebers s. auch *Simitis*, NJW 1998, S. 2473, 2476.

[1383] BGBl. 1985 II, S. 539.

[1384] Art. 6 Abs. 1 Buchst. b RL DatSch stellt klar, dass die Weiterverarbeitung von Daten zu historischen, statistischen oder wissenschaftlichen Zwecken im Allgemeinen nicht als unvereinbar mit den Zwecken der vorausgegangenen Datenerhebung anzusehen ist, sofern die Mitgliedstaaten geeignete Garantien vorsehen.

[1385] Zu den Ausnahmeermächtigungen von Art. 6 Abs. 1 RL DatSch s. unten Rn. 1011.

[1386] Art. 6 Abs. 2 RL DatSch.

[1387] Vgl. Kapitel II und III des ursprünglichen Richtlinienvorschlages aus dem Jahre 1990, ABl. EG C 277, S. 1.

[1388] Kritisch dazu *Wuermeling*, DB 1996, S. 663, 664.

XIII. Datenschutz

984 Die Verarbeitung personenbezogener Daten ist zum einen dann zulässig, wenn die betroffene Person ohne jeden Zweifel ihre **Einwilligung** erteilt hat.[1389] Einwilligung ist nach der Legaldefinition des Art. 2 Buchst. h RL DatSch jede Willensbekundung,[1390] die ohne Zwang, für den konkreten Fall und in Kenntnis der Sachlage erfolgt und mit der die betroffene Person akzeptiert, dass personenbezogene Daten, die sie betreffen können, verarbeitet werden.

985 Neben der Einwilligung ist die Verarbeitung personenbezogener Daten auch dann zulässig, wenn sie aus einem der folgenden Gründe[1391] **erforderlich ist:** für die Erfüllung des Vertrages, dessen Vertragspartei die betroffene Person ist oder für die Durchführung vorvertraglicher Maßnahmen, die auf Antrag der betroffenen Person erfolgen; zur Erfüllung einer rechtlichen Verpflichtung, der die für die Verarbeitung verantwortliche Person unterliegt; zur Wahrung lebenswichtiger Interessen der betroffenen Person; für die Wahrnehmung einer Aufgabe, die im öffentlichen Interesse liegt oder in Ausübung der öffentlichen Gewalt erfolgt und dem Verantwortlichen der Verarbeitung oder dem Dritten, dem die Daten übermittelt werden, übertragen wurde; zur Verwirklichung des berechtigten Interesses, das vom Verantwortlichen der Verarbeitung oder von dem oder den Dritten wahrgenommen wird, dem die Daten übermittelt werden, sofern nicht das Interesse oder die Grundrechte und Grundfreiheiten der betroffenen Person überwiegen.[1392]

cc) Besondere Datenkategorien

986 Für eine Reihe von **besonders sensiblen Daten** schreibt Art. 8 Abs. 1 RL DatSch ein grundsätzliches Verbot der Verarbeitung vor. Untersagt ist danach die Verarbeitung von Daten, aus denen die rassische und ethnische Herkunft, politische Meinungen, religiöse, philosophische oder moralische Überzeugungen oder die Gewerkschaftszugehörigkeit hervorgehen, sowie von Daten über Gesundheit oder Sexualleben. Dieses grundsätzliche Verbot wird dadurch eingeschränkt, dass die Datenschutzrichtlinie den Mitgliedstaaten in einer Reihe von Fällen die Befugnis einräumt, nationalstaatliche Ausnahmeregelungen von dem Verarbeitungsverbot vorzusehen.[1393] Eine nationalstaatliche Ausnahmeregelung von dem Verarbeitungsverbot ist in folgenden Fällen zulässig: wenn die betroffene Person ausdrücklich ihre **Einwilligung** zu einer solchen Verarbeitung gegeben hat und die Ausnahmeregelung mit den Rechtsvorschriften des Mitgliedstaates vereinbar ist;[1394] wenn die Verarbeitung erforderlich ist, um den Rechten und Pflichten des Verantwortlichen der Verarbeitung auf dem Gebiet des Arbeitsrechts Rechnung zu tragen, sofern dies auf Grund von einzelstaatlichem Recht, das angemessene Garantien vorsieht, zulässig ist; wenn die Verarbeitung zum Schutz lebenswichtiger Interessen der betroffenen Person oder eines Dritten erforderlich ist, sofern die Person aus physischen oder rechtlichen Gründen außerstande ist, ihre Einwilligung zu geben; wenn die Verarbeitung auf der Grundlage angemessener Garantien durch eine politisch, philosophisch, religiös oder gewerkschaftlich

---

[1389] Art. 7 Buchst. a RL DatSch.
[1390] Einer schriftlichen Erteilung der Einwilligung bedarf es nicht.
[1391] Art. 7 Buchst. b–f RL DatSch. Der ursprüngliche Richtlinienvorschlag sah ferner vor, dass die Verarbeitung personenbezogener Daten im privaten Bereich auch dann rechtmäßig sein soll, wenn die Daten aus jedermann zugänglichen Quellen stammen und ihre Verarbeitung ausschließlich Korrespondenzzwecken dient. Nachdem der Wirtschafts- und Sozialausschuss diesen Grund als „fragwürdig und gefährlich" kritisiert hatte (vgl. Ziff. 2.2.8.3. der Stellungnahme des Wirtschafts- und Sozialausschusses vom 24. 4. 1991, ABl. EG C 159, S. 38), ist er in der Datenschutzrichtlinie nicht mehr enthalten.
[1392] Dagegen wollte das EP das berechtigte Interesse des Verantwortlichen als sachlichen Grund für die Rechtmäßigkeit der Verarbeitung personenbezogener Daten nicht ausreichen lassen; vgl. Änderung Nr. 30 der Entschließung des EP vom 11. 3. 1992, ABl. EG C 94, S. 173.
[1393] Im Vergleich zum Kommissionsvorschlag ist der Katalog möglicher nationaler Ausnahmeregelungen in der Datenschutzrichtlinie erheblich erweitert worden.
[1394] Art. 8 Abs. 2 Buchst. a RL DatSch.

ausgerichtete Stiftung, Vereinigung oder sonstige Organisation, die keinen Erwerbszweck verfolgt, im Rahmen ihrer berechtigten Tätigkeiten erfolgt;[1395] wenn sich die Verarbeitung auf Daten bezieht, die die betroffene Person offenkundig öffentlich gemacht hat oder die Verarbeitung zur Geltendmachung, Ausübung oder Verteidigung rechtlicher Ansprüche vor Gericht erforderlich ist.

987   Das in Art. 8 Abs. 1 RL DatSch enthaltene Verbot der Verarbeitung der dort aufgeführten personalbezogenen Daten gilt gem. Art. 8 Abs. 3 RL DatSch nicht, wenn die Verarbeitung der Daten zum Zwecke der Gesundheitsvorsorge, der medizinischen Diagnostik, der Gesundheitsversorgung oder Behandlung oder für die Verwaltung von Gesundheitsdiensten erforderlich ist. Es muss jedoch sichergestellt sein, dass die Verarbeitung dieser Daten durch Ärzte oder sonstige Personen erfolgt, die nach dem einzelstaatlichen Recht dem Berufsgeheimnis unterliegen.

988   Eine sehr vage formulierte Ausnahmeermächtigung enthält Art. 8 Abs. 4 RL DatSch. Danach können die Mitgliedstaaten aus Gründen eines wichtigen öffentlichen Interesses neben den Ausnahmen gem. Art. 8 Abs. 2 RL DatSch weitere Ausnahmen vorsehen. Was unter dem Begriff des „wichtigen öffentlichen Interesses" zu verstehen ist, lässt die Datenschutzrichtlinie allerdings offen.[1396]

989   Eine Sonderregelung sieht die Datenschutzrichtlinie in Art. 8 Abs. 5 ferner für die Verarbeitung von Daten über **Straftaten, strafrechtliche Verurteilungen oder Sicherungsmaßregelungen** vor. Diese dürfen nur unter hoheitlicher Aufsicht oder auf Grund von einzelstaatlichem Recht, das angemessene Garantien vorsieht, verarbeitet werden. Anders als der ursprüngliche Richtlinienvorschlag,[1397] räumt die Datenschutzrichtlinie den Mitgliedstaaten auch hinsichtlich dieser Daten eine weitreichende Ausnahmeermächtigung ein. Danach sind die Mitgliedstaaten ermächtigt, durch nationale Rechtsvorschriften, in denen geeignete besondere Garantien festgelegt sind, weitere Ausnahmen zuzulassen.[1398] Ferner überlässt es Art. 8 Abs. 7 RL DatSch den Mitgliedstaaten, zu bestimmen, unter welchen Bedingungen eine nationale Kennziffer oder andere Kennzeichen allgemeiner Bedeutung Gegenstand einer Verarbeitung sein dürfen.[1399]

990   Ausnahmeregelungen schreibt die Datenschutzrichtlinie für die Verarbeitung personenbezogener Daten vor, die allein zu journalistischen, künstlerischen oder literarischen Zwecken erfolgt. Soweit die Meinungsäußerungsfreiheit dies erfordert, haben die Mitgliedstaaten für die Verarbeitung dieser Daten von der Richtlinie abweichende Bestimmungen zu erlassen.[1400]

dd) Information der betroffenen Personen

991   Nach Art. 10 RL DatSch sehen die Mitgliedstaaten vor, dass die Person, bei der die betreffenden Daten erhoben werden, vom Verantwortlichen der Verarbeitung oder seinem Vertreter zumindest über die Identität des Verantwortlichen der Verarbeitung und gegebenenfalls seines Vertreters sowie die Zweckbestimmungen der Verarbeitung, für die

---

[1395] Die Verarbeitung darf sich jedoch nur auf die Mitglieder der Organisation oder auf Personen beziehen, die im Zusammenhang mit deren Tätigkeitszweck regelmäßige Kontakte mit ihr unterhalten. Zudem dürfen die Daten nicht ohne Einwilligung der betroffenen Person an Dritte weitergegeben werden.
[1396] Kritisch dazu *Simitis*, NJW 1998, S. 2473, 2477 f.
[1397] Vgl. Art. 17 Abs. des ursprünglichen Richtlinienvorschlages aus dem Jahre 1990, ABl. EG C 277, S. 1.
[1398] Ein vollständiges Register der strafrechtlichen Verurteilungen darf allerdings nur unter hoheitlicher Aufsicht geführt werden.
[1399] Der Richtliniengeber ist damit der Entschließung des EP nicht gefolgt, wonach die Verarbeitung einer von den Behörden zugeteilten Personalnummer nur zulässig sein soll, wenn dafür eine freie, ausdrückliche und schriftliche Einwilligung der betroffenen Person vorliegt; vgl. Änderung Nr. 63 der Entschließung des EP vom 11. 3. 1992, ABl. EG C 94, S. 173.
[1400] Art. 9 RL DatSch.

die Daten bestimmt sind, informiert wird. Sofern es unter Berücksichtigung der spezifischen Umstände, unter denen die Daten erhoben werden, notwendig ist, um gegenüber der betroffenen Person eine Verarbeitung nach Treu und Glauben zu gewährleisten, müssen weitere Informationen erfolgen. Diese Informationen können z. B. folgende Punkte betreffen: die Empfänger[1401] oder Kategorien der Empfänger der Daten; die Frage, ob die Beantwortung der Fragen verpflichtend oder freiwillig ist, sowie mögliche Folgen einer unterlassenen Beantwortung; das Bestehen von Auskunfts- und Berichtigungsrechten.[1402]

Auch für den Fall, dass die Daten nicht bei der betroffenen Person erhoben wurden, ist die betroffene Person – sofern ihr die Informationen noch nicht vorliegen – gem. Art. 11 Abs. 1 RL DatSch vom Verantwortlichen der Verarbeitung oder seinem Vertreter über die soeben aufgeführten Mindestangaben zu informieren. Die Information muss bei Beginn der Speicherung und im Fall einer beabsichtigten Weitergabe der Daten an Dritte[1403] spätestens bei der ersten Übermittlung erfolgen. Die Informationspflicht des Art. 11 Abs. 1 RL DatSch gilt nach Abs. 2 nicht, wenn die Information der betroffenen Person unmöglich ist, unverhältnismäßigen Aufwand erfordert oder die Speicherung oder Weitergabe durch Gesetz ausdrücklich vorgesehen ist.[1404] In diesen Fällen haben die Mitgliedstaaten jedoch geeignete Garantien vorzusehen.[1405]

ee) Auskunftsrecht der betroffenen Personen

Abschnitt V des zweiten Kapitels bestimmt, unter welchen Voraussetzungen betroffene Personen Auskunft über sie betreffende Daten sowie Berichtigung, Löschung oder Sperrung von Daten verlangen können. Diese Bestimmungen entsprechen im Wesentlichen den Bestimmungen des Übereinkommens 108 des Europarates zum Schutze des Menschen bei der automatischen Verarbeitung personenbezogener Daten vom 28. Januar 1981.[1406]

Gem. Art. 12 Buchst. a RL DatSch haben betroffene Personen das Recht, in angemessenen Abständen ohne unzumutbare Verzögerung eine Auskunft darüber zu erhalten, ob sie betreffende personenbezogene Daten verarbeitet werden. Ist dies der Fall, so kann die Person Informationen über die Zweckbestimmungen dieser Verarbeitungen, über die Kategorien der Daten, die Gegenstand der Verarbeitung sind, sowie über die Empfänger oder Kategorien der Empfänger, an die die Daten übermittelt werden, verlangen. Ferner hat die betroffene Person einen Anspruch auf eine Mitteilung in verständlicher Form über die Daten, die Gegenstand der Verarbeitung sind, sowie auf die verfügbaren Informationen über die Herkunft. Darüber hinaus kann die betroffene Person Auskunft über den logischen Aufbau automatisierter Entscheidungen i. S. von Art. 15 Abs. 1 RL DatSch verlangen. Der auskunftsberechtigten Person dürfen für die Auskunft keine überhöhten Kosten in Rechnung gestellt werden. Den Vorschlag des Wirtschafts- und Sozialausschusses, die Unentgeltlichkeit der Wahrnehmung des Auskunftsrechts festzuschreiben,[1407] hat der Richtliniengeber nicht aufgegriffen.

[1401] „Empfänger" ist nach der Legaldefinition des Art. 2 Buchst. g RL DatSch die natürliche oder juristische Person, Behörde, Einrichtung oder jede andere Stelle, die Daten erhält, gleichgültig, ob es sich bei ihr um einen Dritten handelt oder nicht. Behörden, die im Rahmen eines einzelnen Untersuchungsauftrags möglicherweise Daten erhalten, gelten jedoch nicht als Empfänger.
[1402] Zu den Ausnahmeermächtigungen von Art. 10 RL DatSch s. unten Rn. 1011.
[1403] „Dritter" i. S. der Datenschutzrichtlinie ist die natürliche oder juristische Person, Behörde, Einrichtung oder jede andere Stelle, außer der betroffenen Person, dem Verantwortlichen der Verarbeitung, dem Auftragsverarbeiter und den Personen, die unter der unmittelbaren Verantwortung des Verantwortlichen der Verarbeitung oder des Auftragsverarbeiters befugt sind, die Daten zu verarbeiten.
[1404] Eine Freistellung von der Informationspflicht kommt insbesondere bei Verarbeitungen für Zwecke der Statistik oder der historischen oder wissenschaftlichen Forschung in Betracht.
[1405] Zu den weiteren Ausnahmeermächtigungen von Art. 11 Abs. 1 RL DatSch s. unten Rn. 1011.
[1406] Vgl. Art. 8 Buchst. b) und c) des Übereinkommens, BGBl. 1985 II, S. 539.
[1407] Vgl. Ziff. 2.2.11.4. der Stellungnahme des Wirtschafts- und Sozialausschusses vom 24. 4. 1991, ABl. EG C 159, S. 38.

995 Sind personenbezogene Daten nicht entsprechend den Bestimmungen der Datenschutzrichtlinie verarbeitet worden, so hat die betroffene Person je nach Fall einen Anspruch auf **Berichtigung, Löschung oder Sperrung**.[1408] Sofern die Daten bereits an Dritte weitergegeben wurden, ist die Berichtigung, Löschung oder Sperrung diesen Dritten mitzuteilen, sofern sich dies nicht als unmöglich erweist oder damit ein unverhältnismäßiger Aufwand verbunden ist.[1409]

ff) Widerspruchsrecht der Betroffenen

996 Während nach dem geänderten Richtlinienvorschlag dem Betroffenen noch das Recht zustehen sollte, jederzeit aus „berechtigten Gründen" dagegen Widerspruch einzulegen, dass ihn betreffende Daten Gegenstand einer Verarbeitung sind, ist das Widerspruchsrecht in der Datenschutzrichtlinie eingeschränkt worden.

997 Gem. Art. 14 Buchst. a RL DatSch steht der betroffenen Person „zumindest" in den Fällen des Art. 7 Buchst. e[1410] und f[1411] RL DatSch das Recht zu, jederzeit aus überwiegenden, schutzwürdigen Gründen dagegen Widerspruch einzulegen, dass sie betreffende Daten verarbeitet werden. Dieses Widerspruchsrecht gilt jedoch nicht, wenn im einzelstaatlichen Recht eine entgegenstehende Bestimmung vorgesehen ist. Im Fall eines berechtigten Widerspruchs darf sich die vom Verantwortlichen der Verarbeitung vorgenommene Verarbeitung nicht mehr auf diese Daten beziehen.

998 Nach Art. 14 Buchst. b RL DatSch steht der betroffenen Person ein kostenfreies Widerspruchsrecht ferner dann zu, wenn die Datenverarbeitung für Zwecke der Direktwerbung erfolgt oder Daten für Zwecke der Direktwerbung weitergegeben oder erstmals genutzt werden. Auf das Recht, gegen die Weitergabe oder Nutzung kostenfrei Widerspruch einlegen zu können, müssen die betroffenen Personen ausdrücklich hingewiesen werden.

gg) Automatisierte Einzelentscheidungen

999 Der auf Drängen Frankreichs in die Richtlinie aufgenommene Art. 16 Abs. 1 RL DatSch räumt jeder Person das Recht ein, keiner Entscheidung unterworfen zu werden, die ausschließlich auf Grund einer automatisierten Verarbeitung von Daten zum Zwecke der Bewertung einzelner Aspekte ihrer Person[1412] ergeht, wenn diese Entscheidung rechtliche Folgen nach sich zieht oder die Person erheblich beeinträchtigt.[1413] Automatisierte Einzelentscheidungen sind nach Art. 15 Abs. 2 Buchst. a RL DatSch jedoch zum einen dann zuzulassen, wenn sie im Rahmen des Abschlusses oder der Erfüllung eines Vertrages ergehen und dem Ersuchen der betroffenen Person stattgegeben wurde oder die Wahrung ihrer berechtigten Interessen durch geeignete Maßnahmen[1414] garantiert wird. Eine Ausnahme vom Verbot des Art. 15 Abs. 1 RL DatSch besteht ferner dann, wenn ein Gesetz, das Garantien zur Wahrung der berechtigten Interessen der Betroffenen vorsieht, die Entscheidung erlaubt.[1415]

[1408] Art. 12 Buchst. b RL DatSch.
[1409] Art. 12 Buchst. c RL DatSch.
[1410] Die Datenverarbeitung ist erforderlich für die Wahrnehmung einer Aufgabe, die im öffentlichen Interesse liegt oder in Ausübung öffentlicher Gewalt erfolgt und dem Verantwortlichen der Verarbeitung oder dem Dritten, dem die Daten übermittelt werden, übertragen wurde.
[1411] Die Datenverarbeitung ist erforderlich zur Verwirklichung des berechtigten Interesses, das von dem Verantwortlichen der Verarbeitung oder von dem oder den Dritten wahrgenommen wird, denen die Daten übermittelt werden, sofern nicht das Interesse oder die Grundrechte und Grundfreiheiten der betroffenen Person überwiegen.
[1412] Z. B. berufliche Leistungsfähigkeit, Kreditwürdigkeit, Zuverlässigkeit.
[1413] Kritisch zu dieser Vorschrift *Wuermeling*, DB 1996, S. 663, 668.
[1414] Z. B. die Möglichkeit, ihren Standpunkt geltend zu machen.
[1415] Art. 15 Abs. 2 Buchst. b RL DatSch.

XIII. Datenschutz

hh) Vertraulichkeit und Sicherheit der Verarbeitung

Abschnitt VIII des zweiten Kapitels enthält Bestimmungen, die die Vertraulichkeit und Sicherheit der Verarbeitung personenbezogener Daten gewährleisten sollen. **1000**

Gem. Art. 16 RL DatSch dürfen Personen, die dem Verantwortlichen der Verarbeitung oder dem Auftragsverarbeiter[1416] unterstellt sind und Zugang zu personenbezogenen Daten haben, sowie der Auftragsverarbeiter selbst personenbezogene Daten nur auf Weisung des Verantwortlichen der Verarbeitung verarbeiten. Dies gilt nicht, sofern gesetzliche Verpflichtungen bestehen. **1001**

Die Sicherheitsbestimmungen des Art. 17 RL DatSch entsprechen Art. 7 des Übereinkommens 108 des Europarates zum Schutze des Menschen bei der automatischen Verarbeitung personenbezogener Daten vom 28. Januar 1981,[1417] werden allerdings konkretisiert. Gem. Art. 17 Abs. 1 Satz 1 RL DatSch hat der Verantwortliche der Verarbeitung die geeigneten technischen und organisatorischen Maßnahmen zu treffen, die für den Schutz der Daten gegen die zufällige oder unrechtmäßige Zerstörung, den zufälligen Verlust, die unberechtigte Änderung, die unberechtigte Weitergabe oder den unberechtigten Zugang und gegen jede andere Form der unrechtmäßigen Verarbeitung personenbezogener Daten erforderlich sind. Diese Maßnahmen müssen ein Schutzniveau gewährleisten, das den von der Verarbeitung ausgehenden Risiken und der Art der zu schützenden Daten angemessen ist. Dabei sind sowohl der Stand der Technik als auch die entstehenden Kosten[1418] bei der Durchführung der Schutzmaßnahmen zu berücksichtigen. **1002**

Werden Daten im Auftrag des Verantwortlichen der Verarbeitung verarbeitet, so hat der Verantwortliche der Verarbeitung nach Art. 17 Abs. 2 RL DatSch einen Auftragsverarbeiter auszuwählen, der hinsichtlich der für die Verarbeitung zu treffenden technischen Sicherheitsmaßnahmen und organisatorischen Vorkehrungen ausreichende Gewähr bietet. Zudem ist der Verantwortliche der Verarbeitung verpflichtet, sich von der Einhaltung dieser Maßnahmen zu überzeugen. **1003**

Art. 17 Abs. 3 RL DatSch verlangt, dass die Durchführung einer Verarbeitung im Auftrag nur auf der Grundlage eines Vertrages oder Rechtsakts, durch den der Auftragsverarbeiter an den Verantwortlichen der Verarbeitung gebunden ist, erfolgt. In dem Vertrag oder Rechtsakt muss vorgesehen sein, dass der Auftragsverarbeiter nur auf Weisung des Verantwortlichen der Verarbeitung handeln darf und dass die in Art. 17 Abs. 1 RL DatSch genannten Verpflichtungen auch für den Auftragsverarbeiter gelten, und zwar nach Maßgabe der Rechtsvorschriften des Mitgliedstaats, in dem er seinen Sitz hat. Zum Zwecke der Beweissicherung müssen die datenschutzrechtlichen Elemente des Vertrags oder Rechtsakts sowie die Anforderungen in Bezug auf Maßnahmen nach Art. 17 Abs. 1 RL DatSch schriftlich oder in einer anderen gleichwertigen Form dokumentiert werden.[1419] **1004**

ii) Meldung

Die im 8. Abschnitt des 2. Kapitels enthaltenen Vorschriften über das Meldeverfahren gehörten zu den besonders umstrittenen Regelungen der Datenschutzrichtlinie.[1420] **1005**

Nach Art. 18 Abs. 1 RL DatSch hat der Verantwortliche oder gegebenenfalls sein Vertreter, bevor eine vollständig oder teilweise automatisierte Verarbeitung oder eine Mehrzahl von Verarbeitungen zur Realisierung einer oder mehrerer verbundener Zweckbe- **1006**

[1416] Auftragsverarbeiter ist nach der Legaldefinition des Art. 2 Buchst. e RL DatSch die natürliche oder juristische Person, Behörde, Einrichtung oder jede andere Stelle, die personenbezogene Daten im Auftrag des Verantwortlichen der Verarbeitung bearbeitet.
[1417] BGBl. 1985 II S. 539.
[1418] Der Richtliniengeber ist damit der Kritik des Wirtschafts- und Sozialausschusses nicht gefolgt, der befürchtete, dass die Berücksichtigung des Kostenfaktors zu einer Herabsetzung des bisherigen Schutzniveaus in den Mitgliedstaaten führen würde; vgl. Ziff. 2.2.15.1. der Stellungnahme des Wirtschafts- und Sozialausschusses vom 24. 4. 1991, ABl. EG C 159, S. 38.
[1419] Art. 17 Abs. 4 RL DatSch.
[1420] S. *Weber*, CR 1995, S. 297, 298.

stimmungen durchgeführt wird, eine Meldung bei der in Art. 28 RL DatSch genannten Kontrollstelle zu erstatten. Den Inhalt der Meldung legen die Mitgliedstaaten fest. Die Meldung muss nach Art. 19 Abs. 1 RL DatSch jedoch zumindest folgende Angaben enthalten: Name und Anschrift des für die Verarbeitung Verantwortlichen und gegebenenfalls seines Vertreters; die Zweckbestimmung(en) der Verarbeitung; eine Beschreibung der Kategorie(n) der betroffenen Personen und der diesbezüglichen Daten oder Datenkategorien; die Empfänger oder Kategorien von Empfängern, denen die Daten mitgeteilt werden könnten; geplante Datenübermittlung nach Drittländern; eine allgemeine Beschreibung, die es ermöglicht, vorläufig zu beurteilen, ob die Maßnahmen nach Art. 17 RL DatSch zur Gewährung der Sicherheit der Verarbeitung angemessen sind.

1007 Die Pflicht zur Meldung der Verarbeitung bei der Kontrollstelle wird allerdings durch zahlreiche Ausnahmeermächtigungen durchbrochen. So können die Mitgliedstaaten eine Vereinfachung oder ein Entfallen der Meldung für bestimmte Verarbeitungskategorien vorsehen, bei denen unter Berücksichtigung der verarbeiteten Daten eine Beeinträchtigung der Rechte und Freiheiten der betroffenen Personen unwahrscheinlich ist.[1421] Die Mitgliedstaaten können eine Meldung ferner unter der Voraussetzung entfallen lassen, dass der Verantwortliche der Verarbeitung entsprechend dem einzelstaatlichen Recht, dem er unterliegt, einen Datenschutzbeauftragten bestellt, dem insbesondere die unabhängige Überwachung der Anwendung der einzelstaatlichen Datenschutzvorschriften sowie die Führung eines Verzeichnisses mit den in Art. 21 Abs. 2 RL DatSch vorgesehenen Informationen unterliegt.[1422] Darüber hinaus können die Mitgliedstaaten vorsehen, dass die Meldepflicht gem. Art. 18 Abs. 1 RL DatSch in folgenden Fällen entfällt oder vereinfacht wird: wenn der einzige Zweck der Verarbeitung das Führen eines Registers ist, das zur Information der Öffentlichkeit bestimmt ist und entweder der gesamten Öffentlichkeit oder allen Personen, die ein berechtigtes Interesse nachweisen können, zur Einsichtnahme offen steht;[1423] wenn es um die Verarbeitung der in Art. 8 Abs. 2 Buchst. d RL DatSch genannten Daten geht;[1424] wenn personenbezogene Daten nichtautomatisiert verarbeitet werden.[1425]

1008 Art. 20 RL DatSch verpflichtet die Mitgliedstaaten, für Verarbeitungen, die spezifische Risiken für die Rechte und Freiheiten der Person aufweisen, eine Vorabkontrolle[1426] festzulegen. Es ist Aufgabe der Mitgliedstaaten festzulegen, welche Verarbeitungen hierunter zu zählen sind. Zuständig für solche Vorabprüfungen sind die Kontrollstelle oder der Datenschutzbeauftragte, der im Zweifelsfall die Kontrollstelle konsultieren muss.[1427]

1009 Nach Art. 21 RL DatSch müssen die Mitgliedstaaten öffentliche Melderegister einzuführen. Das Register ist von der Kontrollstelle zu führen. In ihm sind die Meldungen gem. Art. 18 RL DatSch mit den in Art. 19 Abs. 1 Buchst. a bis e RL DatSch aufgeführten Informationen einzutragen. Das Register kann von jeder Person eingesehen werden.

1010 Für Verarbeitungen, die von der Meldung ausgenommen sind, müssen die Verantwortlichen der Verarbeitung oder eine andere von den Mitgliedstaaten benannte Stelle zumindest die in Art. 19 Abs. 1 Buchst. a bis e RL DatSch vorgesehenen Angaben auf Anfrage jedermann in geeigneter Weise verfügbar machen.[1428]

[1421] Art. 8 Abs. 2 1. Spiegelstrich RL DatSch.
[1422] Art. 8 Abs. 2 2. Spiegelstrich RL DatSch. Diese Regelung ist auf Drängen der Bundesrepublik Deutschland in die Datenschutzrichtlinie aufgenommen worden; näher dazu *Wohlgemuth*, BB 1996, S. 690, 695.
[1423] Art. 18 Abs. 3 RL DatSch.
[1424] Art. 18 Abs. 4 RL DatSch.
[1425] Art. 18 Abs. 5 RL DatSch.
[1426] Vorabkontrolle bedeutet, dass die Daten vor ihrer Verarbeitung geprüft werden müssen.
[1427] Art. 20 Abs. 2 RL DatSch.
[1428] Art. 21 Abs. 3 RL DatSch.

jj) Ausnahmen und Einschränkungen

Art. 13 Abs. 1 RL DatSch ermächtigt die Mitgliedstaaten, durch Rechtsvorschriften die Pflichten und Rechte gem. Art. 6 Abs. 1, 10, 11 Abs. 1, 12 und 21 RL DatSch zu beschränken, wenn eine solche Beschränkung aus den nachfolgenden Gründen notwendig ist: für die Sicherheit des Staates; für die Landesverteidigung; für die öffentliche Sicherheit; für die Verhütung, Ermittlung, Feststellung und Verfolgung von Straftaten oder Verstößen gegen die berufsständischen Regeln bei reglementierten Berufen; für ein zwingendes wirtschaftliches oder finanzielles Interesse eines Mitgliedstaats oder der Europäischen Union einschließlich Währungs-, Haushalts- und Steuerangelegenheiten; für Kontroll-, Überwachungs- und Ordnungsfunktionen, die dauernd oder zeitweise mit der Ausübung öffentlicher Gewalt für die unter Art. 13 Abs. 1 Buchst. c bis e RL DatSch genannten Zwecke verbunden sind; für den Schutz der betroffenen Person und der Rechte und Freiheiten anderer.

d) Rechtsbehelfe, Haftung und Sanktionen

Das dritte Kapitel der Datenschutzrichtlinie regelt die Rechtsfolgen, die sich aus einer Verletzung der Bestimmungen dieser Richtlinie ergeben.

Gem. Art. 22 RL DatSch muss gewährleistet sein, dass jede Person bei der Verletzung der Rechte, die ihr durch die für die betreffende Verarbeitung geltenden einzelstaatlichen Rechtsvorschriften garantiert sind, bei Gericht einen Rechtsbehelf einlegen kann.

Art. 23 Abs. 1 RL DatSch verlangt, dass jede Person, der wegen einer rechtswidrigen Verarbeitung oder jeder anderen mit den einzelstaatlichen Vorschriften zur Umsetzung dieser Richtlinie nicht zu vereinbarenden Handlung ein Schaden entsteht, das Recht hat, von dem Verantwortlichen der Verarbeitung Schadensersatz zu verlangen. Die Mitgliedstaaten können nach Absatz 2 jedoch vorsehen, dass der Verantwortliche der Verarbeitung teilweise oder vollständig von seiner Haftung befreit wird, wenn er nachweist, dass der Umstand, durch den der Schaden eingetreten ist, ihm nicht zur Last gelegt werden kann.

Ferner haben die Mitgliedstaaten nach Art. 24 RL DatSch geeignete Maßnahmen zu ergreifen, um die volle Anwendung der Bestimmungen dieser Richtlinie sicherzustellen. Dazu gehört insbesondere die Festlegung von Sanktionen, die bei Verstößen gegen die zur Umsetzung dieser Richtlinie erlassenen Vorschriften anzuwenden sind.

e) Datentransfer in Drittländer

Die Zulässigkeitsvoraussetzungen für die Übermittlung personenbezogener Daten in Drittländer werden im 4. Kapitel der Datenschutzrichtlinie geregelt. Art. 25 Abs. 1 RL DatSch stellt den Grundsatz auf, dass die Übermittlung personenbezogener Daten, die Gegenstand einer Verarbeitung sind oder nach der Übermittlung verarbeitet werden sollen, zulässig ist, wenn die Datenübermittlung mit den anderen Bestimmungen der Datenschutzrichtlinie vereinbar ist und das Drittland ein angemessenes Schutzniveau[1429] gewährleistet. Gem. Art. 25 Abs. 2 RL DatSch ist die Angemessenheit des Schutzniveaus, das ein Drittland bietet, unter Berücksichtigung aller Umstände zu beurteilen, die bei einer Datenübermittlung oder einer Kategorie von Datenübermittlungen eine Rolle spielen.[1430] Um über die Frage der Angemessenheit des Schutzniveaus in einem Drittland ein

---

[1429] Dem Vorschlag des Wirtschafts- und Sozialausschusses, den Begriff „angemessenes Schutzniveau" durch „gleichwertigen Schutz" zu ersetzen (vgl. Ziff. 2.2.19.1. der Stellungnahme des Wirtschafts- und Sozialausschusses vom 24. 4. 1991, ABl. EG C 159, S. 38), ist der Richtliniengeber nicht gefolgt.
[1430] Zu den zu berücksichtigenden Umständen gehören insbesondere die Art der Daten, die Zweckbestimmung sowie die Dauer der geplanten Verarbeitung, das Herkunfts- und das Endbestimmungsland, die in dem betreffenden Drittland geltenden allgemeinen oder sektoralen Rechtsnormen sowie die dort beachteten Standesregeln und Sicherheitsmaßnahmen.

abgestimmtes Verhalten der Mitgliedstaaten herbeizuführen, sieht die Datenschutzrichtlinie ein bestimmtes Konsultationsverfahren vor.[1431]

1017 Der Grundsatz des Art. 25 Abs. 1 RL DatSch wird durch zahlreiche Ausnahmeregelungen durchbrochen. Gem. Art. 26 Abs. 1 RL DatSch sehen die Mitgliedstaaten – vorbehaltlich entgegenstehender Regelungen für bestimmte Fälle im innerstaatlichen Recht[1432] – vor, dass eine Übermittlung oder eine Kategorie von Übermittlungen personenbezogener Daten in ein Drittland, das kein angemessenes Schutzniveau i. S. des Art. 25 Abs. 2 RL DatSch gewährleistet, unter den nachfolgenden Voraussetzungen vorgenommen werden kann: die betroffene Person hat ohne jeden Zweifel ihre Einwilligung gegeben; die Übermittlung ist für die Erfüllung eines Vertrags zwischen der betroffenen Person und dem für die Verarbeitung Verantwortlichen oder zur Durchführung von vorvertraglichen Maßnahmen auf Antrag der betroffenen Person erforderlich; die Übermittlung ist zum Abschluss oder zur Erfüllung eines Vertrags erforderlich, der im Interesse der betroffenen Person vom Verantwortlichen der Verarbeitung mit einem Dritten geschlossen wurde oder geschlossen werden soll; die Übermittlung ist für die Wahrung eines wichtigen öffentlichen Interesses oder zur Geltendmachung, Ausübung oder Verteidigung von Rechtsansprüchen vor Gericht erforderlich; die Übermittlung ist für die Wahrung lebenswichtiger Interessen der betroffenen Person erforderlich; die Übermittlung erfolgt aus einem Register, das gemäß den Rechts- oder Verwaltungsvorschriften zur Information der Öffentlichkeit bestimmt ist und entweder der gesamten Öffentlichkeit oder allen Personen, die ein berechtigtes Interesses nachweisen können, zur Einsichtnahme offen steht, soweit die gesetzlichen Voraussetzungen für die Einsichtnahme im Einzelfall gegeben sind.

1018 Nach Art. 26 Abs. 2 RL DatSch kann ein Mitgliedstaat zudem eine Übermittlung oder eine Kategorie von Übermittlungen personenbezogener Daten in ein Drittland, das kein angemessenes Schutzniveau i. S. des Art. 25 Abs. 2 RL DatSch gewährleistet, genehmigen. Voraussetzung für die Genehmigung ist, dass der Verantwortliche der Verarbeitung ausreichende Garantien hinsichtlich des Schutzes der Privatsphäre, der Grundrechte und der Grundfreiheiten der Person sowie hinsichtlich der Ausübung der damit verbundenen Rechte bietet.[1433]

f) Verhaltensregeln

1019 Art. 27 Abs. 1 RL DatSch bestimmt, dass die Mitgliedstaaten und die Kommission die Ausarbeitung von Verhaltensregeln fördern, die nach Maßgabe der Besonderheiten der einzelnen Bereiche zur ordnungsgemäßen Durchführung der einzelstaatlichen Vorschriften beitragen sollen. Die Einzelheiten zur Ausarbeitung nationaler und gemeinschaftlicher Verhaltensregeln sind in Art. 27 Abs. 2 und 3 RL DatSch geregelt.

g) Kontrollstelle und Datenschutzgruppe

1020 Kapitel VI der Datenschutzrichtlinie enthält Regelungen betreffend die Kontrollstelle und die Datenschutzgruppe.

1021 Art. 28 Abs. 1 RL DatSch verpflichtet die Mitgliedstaaten, eine oder mehrere öffentliche Stellen damit zu beauftragen, die Anwendung der von den Mitgliedstaaten zur Umsetzung dieser Richtlinie erlassenen einzelstaatlichen Vorschriften in ihrem Hoheitsgebiet zu überwachen. Diese Stellen müssen die ihnen zugewiesenen Aufgaben in völliger Unabhängigkeit wahrnehmen.

1022 Der **Kontrollstelle** sind bestimmte Befugnisse einzuräumen. Zu diesen Befugnissen gehören zum einen Untersuchungsbefugnisse. Diese umfassen das Recht auf Zugriff zu

---

[1431] Zu den Einzelheiten s. Art. 25 Abs. 3 bis 6 RL DatSch.
[1432] Mit dieser Formulierung wird zum Ausdruck gebracht, dass es den Mitgliedstaaten freisteht, von dem vorgegebenen Ausnahmekatalog Gebrauch zu machen; s. *Weber*, CR 1995, S. 297, 303.
[1433] Diese Garantien können sich insbesondere aus entsprechenden Vertragsklauseln ergeben.

Daten, die Gegenstand von Verarbeitungen sind, und das Recht auf Einholung aller für die Erfüllung ihres Kontrollauftrags erforderlichen Informationen.[1434] Die Kontrollstelle muss ferner über wirksame Eingriffsbefugnisse verfügen. Zu diesen Eingriffsbefugnissen gehört z. B. das Recht, die Sperrung, Löschung oder Vernichtung anzuordnen sowie die Befugnis, eine Verwarnung oder eine Ermahnung an den Verantwortlichen der Verarbeitung zu richten oder die Parlamente oder andere politische einzelstaatliche Institutionen einzuschalten.[1435] Schließlich ist der Kontrollstelle das Klagerecht oder eine Anzeigebefugnis bei Verstößen gegen die einzelstaatlichen Vorschriften zur Umsetzung dieser Richtlinie einzuräumen.[1436] Gegen beschwerende Entscheidungen der Kontrollstelle muss der Rechtsweg offen stehen.

Art. 29 Abs. 1 RL DatSch sieht die Einsetzung einer Gruppe für den Schutz von Personen bei der Verarbeitung personenbezogener Daten vor. Diese **Datenschutzgruppe** ist unabhängig und hat beratende Funktion.

Nach Art. 29 Abs. 2 RL DatSch setzt sich die Datenschutzgruppe aus je einem Vertreter der von den einzelnen Mitgliedstaaten bestimmten Kontrollstellen und einem Vertreter der Stelle(n), die für die Institutionen und Organe der Gemeinschaft eingerichtet sind, sowie einem Vertreter der Kommission zusammen.[1437] Die Datenschutzgruppe hat folgende Aufgaben: alle Fragen im Zusammenhang mit der zur Umsetzung dieser Richtlinie erlassenen einzelstaatlichen Vorschriften zu prüfen, um zu einer einheitlichen Anwendung beizutragen; zum Schutzniveau in der Gemeinschaft und in Drittländern gegenüber der Kommission Stellung zu nehmen; die Kommission bei jeder Vorlage zur Änderung dieser Richtlinie, zu allen Vorgaben zusätzlicher oder spezifischer Maßnahmen zur Wahrung der Rechte und Freiheiten natürlicher Personen bei der Verarbeitung personenbezogener Daten sowie zu allen anderen Gemeinschaftsvorhaben zu beraten, die sich auf diese Rechte und Freiheiten auswirken; Stellungnahmen zu den auf Gemeinschaftsebene erarbeiteten Verhaltensregeln abzugeben.[1438]

Gem. Art. 30 Abs. 4 RL DatSch steht jeder Person das Recht zu, sich zum Schutz ihrer Rechte und Freiheiten bei der Verarbeitung personenbezogener Daten an jede Kontrollstelle mit einer Eingabe zu wenden.[1439] Die Person ist darüber zu informieren, wie mit ihrer Eingabe verfahren wurde. Art. 30 Abs. 4 RL DatSch räumt zudem jeder Person das Recht ein, bei der Kontrollstelle zu beantragen, die Rechtmäßigkeit einer Verarbeitung zu prüfen, wenn einzelstaatliche Vorschriften gem. Art. 13 RL DatSch Anwendung finden. Die Person muss darüber unterrichtet werden, dass eine Überprüfung stattgefunden hat.[1440]

h) Gemeinschaftliche Durchführungsmaßnahmen

Art. 31 Abs. 1 RL DatSch sieht die Einsetzung eines „Ausschusses" vor, der sich aus Vertretern der Mitgliedstaaten zusammensetzt und dessen Vorsitz ein Vertreter der Kommission führt. Gem. Art. 31 Abs. 2 RL DatSch unterbreitet der Vertreter der Kommission dem Ausschuss einen Entwurf der zu treffenden gemeinschaftlichen Durchführungsmaßnahmen. Aufgabe des Ausschusses ist es, zu diesem Entwurf seine Stellungnahme abzugeben.[1441] Stimmen die beabsichtigten Maßnahmen mit der Stellungnahme des Aus-

---

[1434] Art. 30 Abs. 2 1. Spiegelstrich RL DatSch.
[1435] Art. 30 Abs. 2 2. Spiegelstrich RL DatSch.
[1436] Art. 30 Abs. 2 3. Spiegelstrich RL DatSch.
[1437] Zu den einzelnen die Datenschutzgruppe betreffenden Verfahrensvorschriften s. Art. 29 Abs. 2 bis 7 RL DatSch.
[1438] Zu weiteren die Datenschutzgruppe betreffenden Einzelheiten s. Art. 30 Abs. 2 bis 6 RL DatSch.
[1439] Dieses Recht kann auch durch einen die Person vertretenden Verband wahrgenommen werden.
[1440] Zu weiteren die Kontrollstelle betreffenden Einzelheiten s. Art. 28 Abs. 5 bis 7 RL DatSch.
[1441] Zum Verfahren s. Art. 31 Abs. 2 Unterabs. 2 RL DatSch.

i) Schlussbestimmungen

1027 Gem. Art. 32 Abs. 1 RL DatSch sind die Mitgliedstaaten verpflichtet, die Datenschutzrichtlinie spätestens drei Jahre nach ihrer Annahme in nationales Recht umzusetzen. Die Frist zur Umsetzung lief somit am 24. Juli 1998 ab. Verarbeitungen, die bereits im Zeitpunkt des In-Kraft-Tretens der einzelstaatlichen Vorschriften zur Umsetzung der Richtlinie begonnen wurden, mussten spätestens drei Jahre nach diesem Zeitpunkt mit diesen Bestimmungen in Einklang gebracht werden.[1443] Hiervon abweichend können die Mitgliedstaaten nach Art. 32 Abs. 2 Unterabs. 2 RL DatSch vorsehen, dass die Verarbeitung von Daten, die zum Zeitpunkt des In-Kraft-Tretens der einzelstaatlichen Vorschriften zur Umsetzung dieser Richtlinie bereits in manuellen Dateien enthalten sind, binnen zwölf Jahren nach Annahme dieser Richtlinie mit den Art. 6, 7 und 8 RL DatSch in Einklang gebracht werden. In diesem Fall müssen die Mitgliedstaaten jedoch gestatten, dass der Betroffene auf Antrag und insbesondere bei Ausübung des Zugangsrechts die Berichtigung, Löschung oder Sperrung von Daten erreichen kann, die unvollständig, unzutreffend oder auf eine Art und Weise aufbewahrt sind, die mit den vom Verantwortlichen der Verarbeitung verfolgten rechtmäßigen Zwecken unvereinbar ist.

1028 Eine weitere Ausnahmeregelung enthält Art. 32 Abs. 3 RL DatSch. Danach können die Mitgliedstaaten vorsehen, dass Daten, die ausschließlich zum Zweck der historischen Forschung aufbewahrt werden, nicht mit den Art. 6, 7 und 8 RL DatSch in Einklang gebracht werden müssen.

2. Umsetzung in das deutsche Recht

a) Allgemeines

1029 Das Datenschutzrecht der Bundesrepublik Deutschland besteht aus einer Vielzahl von Datenschutzbestimmungen.[1444] Von grundsätzlicher Bedeutung sind vor allem das Bundesdatenschutzgesetz (BDSG)[1445] sowie die zum Teil über das BDSG hinausgehenden Datenschutzgesetze der Länder. Des weiteren bestehen zahlreiche spezialgesetzliche Regelungen des Datenschutzes.[1446] Insgesamt befindet sich das Datenschutzrecht der Bundesrepublik auf einem hohen Standard.

1030 Nachdem die dreijährige Frist zur Umsetzung der Richtlinie am 24. 10. 1998 abgelaufen war, hat der Gesetzgeber nunmehr mit einer ca. zweieinhalbjährigen Verspätung die Umsetzung in nationales Recht vollzogen.[1447] Das seit einigen Jahren angekündigte Arbeitnehmerdatenschutzgesetz wurde allerdings bis heute nicht erlassen.[1448]

1031 Aufgrund der verspäteten Umsetzung und des damit verbundenen Zeitdrucks sah sich der Gesetzgeber veranlasst, die Änderung des Bundesdatenschutzgesetzes zunächst einmal zügig zu betreiben und sich bei der Transformation der Richtlinie auf das Nötigste zu be-

---

[1442] Hat der Rat nach Ablauf einer Frist von drei Monaten von seiner Befassung an keinen Beschluss gefasst, so werden die vorgeschlagenen Maßnahmen von der Kommission erlassen; s. Art. 31 Abs. 2 Unterabs. 5 RL DatSch.

[1443] Art. 32 Abs. 2 Unterabs. 1 RL DatSch.

[1444] Zur Entwicklung des Datenschutzes in letzter Zeit *Gola/Klug*, NJW 2001, S. 3747ff.

[1445] Vom 20. Dezember 1990, BGBl. I S. 2954; zuletzt geändert durch Gesetz vom 18. Mai 2001, BGBl. I S. 904; zum Ganzen *Gola/Schomerus*, Bundesdatenschutzgesetz, 6. Aufl. 1997; ErfK/*Wank*, BDSG m.w.N.

[1446] Vgl. z.B. §§ 30ff. AO, § 41 BZRG, § 35 SGB I, §§ 67ff. SGB X, § 202 StGB und die Regelungen des TDDSG und der TDSV.

[1447] BGBl. 2001, I S. 904.

[1448] Vgl. *Gola/Wronka*, Handbuch zum Arbeitnehmerdatenschutz, 2. Auflage, S. 22ff.

XIII. Datenschutz   1032–1035 § 18

schränken.[1449] Zugleich verfolgte er aber auch das Ziel, das Datenschutzrecht zu modernisieren und zu vereinfachen. Noch während der Reform wurde bereits eine weitere Änderung des Bundesdatenschutzgesetzes angekündigt.[1450] Einige Bundesländer hatten bereits vor der Gesetzgebung durch den Bund ihr Datenschutzrecht der EG-Richtlinie angepaßt.

Die folgenden Ausführungen beschränken sich darauf, die für das Arbeitsleben besonders wichtigen Änderungen aufzuzeigen,[1451] die aufgrund der Richtlinie im Bundesdatenschutzgesetz vorgenommen wurden.   1032

b) Anwendbares örtliches Recht

Eine dem Art. 4 RL DatSch entsprechende Regelung, die festlegt, welches einzelstaatliche Datenschutzrecht bei einem grenzüberschreitenden Datentransfer innerhalb der Gemeinschaft Anwendung findet, enthielt das Datenschutzgesetz bisher nicht. Durch § 1 Abs. 5 BDSG n. F. wird Art. 4 RL DatSch – die Anwendbarkeit des BDSG für grenzüberschreitenden Datentransfer – jetzt geregelt. Das bisherige BDSG ging vom Territorialprinzip aus. Aufgrund der Richtlinie ist in § 1 Abs. 5 Satz 1 BDSG jetzt das Sitzprinzip verankert, sofern eine in einem anderen Mitgliedstaat der Europäischen Union oder in einem anderen Vertragsstaat des Abkommens über den Europäischen Wirtschaftsraum belegene verantwortliche Stelle Daten erhebt, verarbeitet oder nutzt. Der Gesetzgeber bleibt jedoch im Grundsatz bei dem Territorialprinzip, das insbesondere in § 1 Abs. 5 Satz 1 letzter Halbs. und in § 1 Abs. 5 Satz 2 BDSG zum Ausdruck kommt. Das Sitzprinzip in § 1 Abs. 5 Satz 1 BDSG stellt insofern eine Ausnahme dar; § 1 Abs. 5 Satz 2 BDSG hat daher auch nur deklaratorische Bedeutung.   1033

c) Begriff der „Datei"

Das Bundesdatenschutzgesetz unterschied in seiner bisherigen Fassung zwischen automatisierten und nicht automatisierten Dateien. Eine automatisierte Datei lag vor, wenn eine Sammlung[1452] personenbezogener Daten durch automatisierte Verfahren nach bestimmten Merkmalen ausgewertet werden konnte. Eine nichtautomatisierte Datei war nach der Legaldefinition des § 3 Abs. 2 Nr. 2 BDSG jede sonstige Sammlung personenbezogener Daten, die gleichartig aufgebaut ist und nach bestimmten Merkmalen geordnet, umgeordnet und ausgewertet werden konnte.[1453] Anders als nach dem Dateibegriff des Art. 2 Buchst. c RL DatSch genügte für den Begriff der nichtautomatisierten Datei i. S. des Bundesdatenschutzgesetzes somit nicht jede irgendwie strukturierte Sammlung von Daten, die zu einer Erleichterung bei der Benutzung personenbezogener Daten führt, sondern außer auf die „gleichartig aufgebaute Sammlung" kam es nach deutschem Recht darauf an, dass die Datensammlung auch nach bestimmten Merkmalen geordnet oder umgeordnet werden konnte. Durch die Neufassung des § 3 Abs. 2 BDSG ist nun das Erfordernis, dass die Datensammlung umgeordnet werden kann, entfallen und der Anwendungsbereich insoweit erweitert worden.   1034

d) „Erhebung" personenbezogener Daten

Eine detaillierte Regelung, unter welchen Voraussetzungen die Erhebung personenbezogener Daten zulässig ist, war im Bundesdatenschutzgesetz vor der Änderung lediglich   1035

[1449] Dazu *Gola,* NJW 2000, S. 3749.
[1450] S. dazu *Simitis,* DuD 2000, S. 12.
[1451] Wegen weiterer Detailfragen wird auf die einschlägige Fachliteratur verwiesen.
[1452] Eine Datensammlung liegt vor, wenn Daten, die zu einander in einem inneren Zusammenhang stehen, auf einem oder mehreren zusammengehörenden Datenträgern gespeichert sind; vgl. *Gola/Schomerus,* Bundesdatenschutzgesetz, § 3 BDSG, Anm. 4.2.
[1453] Näher zu den einzelnen Tatbestandsmerkmalen des Dateibegriffs i. S. des BDSG *Gola/Schomerus,* Bundesdatenschutzgesetz, § 3 BDSG, Anm. 4.2 ff.

für den öffentlichen Sektor vorhanden.[1454] Dagegen bestimmte § 28 Abs. 1 Satz 2 a. F. BDSG für die Erhebung personenbezogener Daten im privaten Sektor für geschäftliche Zwecke lediglich, dass personenbezogene Daten „nach Treu und Glauben und auf rechtmäßige Weise erhoben werden müssen". Das Bundesdatenschutzgesetz hat zwischen dem öffentlichen und dem privatrechtlichen Sektor und auch zwischen der Erhebung und der Verarbeitung unterschieden (und nimmt diese Unterscheidung auch in der heute gültigen Fassung noch vor). Diese Unterscheidung kennt die Datenschutzrichtlinie nicht. Nach Art. 2 Buchst. b RL DatSch fällt die „Erhebung" personenbezogener Daten vielmehr unter den Begriff der „Verarbeitung personenbezogener Daten". Die in der Datenschutzrichtlinie aufgestellten Anforderungen an die Rechtmäßigkeit der Datenverarbeitung gelten somit grundsätzlich auch schon für die Erhebung personenbezogener Daten. Der deutsche Gesetzgeber hat zwar die Unterscheidung zwischen dem öffentlichen und privaten Sektor nicht aufgehoben, jedoch die Generalklausel des § 28 Abs. 1 Satz 2 a. F. BDSG für den privaten Sektor durch strengere – der Richtlinie entsprechende – Anforderungen in § 28 BDSG n. F. ersetzt. Dadurch wird jetzt auch der Datenschutz in privatrechtlichen Verhältnissen gewährleistet. Entgegen der Richtlinie wird die Erhebung im BDSG nicht wie in der Richtlinie als Verarbeitung personenbezogener Daten verstanden, sondern der gleiche Schutz wird dadurch erreicht, dass in allen entsprechenden Normen neben der Verarbeitung auch die Erhebung als eigene Stufe in den Schutzbereich der Norm einbezogen wird.

e) Begriff des „Empfängers"

1036   In verschiedenen Bestimmungen des Bundesdatenschutzgesetzes wird der Begriff des „Empfängers" verwandt. So hat der Betroffene z. B. gem. § 34 Abs. 1 Nr. 2 n. F. BDSG einen Anspruch darauf, Auskunft über die zu seiner Person gespeicherten Daten, auch soweit sie sich auf Herkunft und Empfänger beziehen, zu erhalten.[1455] Nach dem Bundesdatenschutzgesetz in seiner bisherigen Fassung war der Begriff des „Empfängers" mit dem des „Dritten" identisch. „Dritter" i. S. des Bundesdatenschutzgesetzes war nach der Begriffsbestimmung des § 3 Abs. 9 BDSG „jede Person oder Stelle außerhalb der speichernden Stelle". Dagegen ist der Begriff des „Empfängers" i. S. der Datenschutzrichtlinie weiter, da dieser auch den Auftragsverarbeiter selbst mit einbezieht.[1456] Empfänger i. S. der Datenschutzrichtlinie sind damit auch die verschiedenen Organisationseinheiten innerhalb einer speichernden Stelle.[1457] Empfänger ist jetzt gem. § 3 Abs. 8 BDSG jede Person oder Stelle, die Daten erhält. Der Empfängerbegriff wurde somit der Richtlinie entsprechend erweitert.

f) Widerspruchsrecht

1037   Dem französischen Datenschutzrecht folgend,[1458] bestimmt Art. 14 Buchst. a RL DatSch, dass dem Betroffenen zumindest in den Fällen von Art. 7 Buchst. e und f RL DatSch ein Widerspruchsrecht auch für den Fall einer rechtmäßigen Verarbeitung seiner Daten zusteht. Dagegen sah das Bundesdatenschutzgesetz ein Widerspruchsrecht lediglich für die Verarbeitung und Nutzung personenbezogener Daten zum Zwecke der Werbung

---

[1454] S. § 13 a. F. BDSG.
[1455] Der Begriff des „Empfängers" taucht ferner in §§ 4 Abs. 3 Nr. 3, 4b Abs. 3, 4e Nr. 6, 19 Abs. 1 Nr. 2, 19a Abs. 1, 29 Abs. 3, 33 Abs. 1, 34 Abs. 1 u. 2 BDSG (jeweils neue Fassung) auf. bezüglich des alten Empfängerbegriffs s. § 46 Abs. 3 BDSG als Übergangsvorschrift.
[1456] S. die Begriffsbestimmung des Art. 2 Buchst. g RL DatSch, nach der „Empfänger" die natürliche oder juristische Person, Behörde, Einrichtung oder jede andere Stelle ist, die Daten erhält, gleichgültig, ob es sich bei ihr um einen Dritten handelt oder nicht.
[1457] *Weber*, CR 1995, S. 297, 300.
[1458] S. dazu *Weber*, CR 1995, S. 297, 302.

XIII. Datenschutz §18

oder der Markt- oder Meinungsforschung vor.[1459] Art. 14 Buchst. a RL DatSch räumte den Mitgliedstaaten allerdings das Recht ein, das genannte Widerspruchsrecht durch einzelstaatliche entgegenstehende Bestimmungen auszuschließen. Das Widerspruchsrecht des Betroffenen auch für den Fall an sich rechtmäßiger Datenerhebung, -verarbeitung oder -nutzung wurde nun in § 38 Abs. 5 BDSG aufgenommen, sowie auch die Möglichkeit, den Widerspruch an eine Wirksamkeitsvoraussetzung zu koppeln. Als Wirksamkeitsvoraussetzung ist eine Abwägung der widerstreitenden Interessen in § 38 Abs. 5 BDSG vorgesehen. Das schutzwürdige Interesse des Betroffenen wegen seiner besonderen persönlichen Situation muss das Interesse der verantwortlichen Stelle an dieser Erhebung, Verarbeitung oder Nutzung überwiegen. Ferner besteht gem. § 38 Abs. 5 Satz 2 BDSG kein Widerspruchsrecht, wenn eine Rechtsvorschrift zur Erhebung, Verarbeitung oder Nutzung verpflichtet.

g) Automatisierte Einzelentscheidungen

Das Bundesdatenschutzgesetz kannte vor seiner letzten Änderung keine dem Art. 15 RL DatSch entsprechende Regelung, die es grundsätzlich verbietet, den Betroffenen einer ausschließlich aufgrund einer automatisierten Verarbeitung ergangenen Entscheidung zu unterwerfen, wenn diese Entscheidung für ihn rechtliche Folgen nach sich zieht oder ihn erheblich beeinträchtigt. Dieses Verbot wurde jetzt in § 6 a Abs. 1 BDSG aufgenommen. Die in Art. 15 Abs. 2 RL DatSch vorgesehenen Ausnahmen von diesem Verbot wurden in § 6 a Abs. 2 BDSG normiert. Von arbeitsrechtlicher Bedeutung sind dabei insbesondere die Fälle der Einstellung von Arbeitnehmern (vgl. § 6 a Abs. 2 Nr. 1 BDSG) und der Fall, dass die Wahrung der berechtigten Interessen des Betroffenen durch geeignete Maßnahmen gewährleistet ist und der Betroffene über die automatisierte Entscheidung informiert ist.

1038

h) Meldepflichten

Eine dem Art. 18 Abs. 1 RL DatSch entsprechende allgemeine Pflicht des Verantwortlichen der Verarbeitung oder gegebenenfalls seines Vertreters, der Kontrollstelle vor einer vollständigen oder automatisierten Verarbeitung oder einer Mehrzahl von Verarbeitungen zur Realisierung einer oder mehrerer verbundener Zweckbestimmungen eine Meldung nach Maßgabe des Art. 19 RL DatSch zu erstatten, war im deutschen Recht nicht vorgesehen. Bisher waren im Bundesdatenschutzgesetz Meldepflichten lediglich für den privaten Sektor vorgeschrieben, und zwar auch nur für Stellen, die personenbezogene Daten geschäftsmäßig zum Zwecke der Übermittlung oder anonymisierten Übermittlung speichern oder im Auftrag als Dienstleistungsunternehmen verarbeiten oder nutzen.[1460] Die Meldepflicht für Verfahren automatisierter Verarbeitungen in nicht öffentlichen verantwortlichen Stellen ist nun in § 4 d Abs. 1 BDSG normiert. Zugleich wurden in § 4 d Abs. 2, 3, 5 BDSG Ausnahmeregelungen getroffen, die im Wesentlichen mit den Ausnahmeermächtigungen des Art. 18 Abs. 2 RL DatSch übereinstimmen; danach können die Mitgliedstaaten die Meldepflicht vereinfachen oder entfallen lassen. Für die betriebliche Praxis bedeutsam ist vor allem die Ausnahmeregelung des Art. 18 Abs. 2 2. Spiegelstrich RL DatSch – umgesetzt in § 4 d Abs. 2 BDSG –, nach der die Mitgliedstaaten die Meldepflicht entfallen lassen können, wenn der Verantwortliche der Verarbeitung entsprechend dem einzelstaatlichen Recht, dem er unterliegt, einen Datenschutzbeauftragten bestellt. Dem Datenschutzbeauftragten muss insbesondere die unabhängige Überwachung der Anwendung der datenschutzrechtlichen Bestimmungen sowie die Führung eines Verzeichnisses mit den in Art. 21 Abs. 2 RL DatSch vorgesehenen Informationen obliegen. Die Rechtsstellung des Datenschutzbeauftragten ist nun in § 4 f BDSG gere-

1039

[1459] § 28 Abs. 3 a. F. BDSG; entspricht § 28 Abs. 4 n. F. BDSG.
[1460] S. § 32 a. F. BDSG.

gelt.[1461] Die Aufgaben des Datenschutzbeauftragten, die zuvor in § 37 a. F. BDSG geregelt waren, finden sich nun in § 4 g BDSG wieder.

1040 In der Literatur[1462] sind Zweifel geäußert worden, ob der betriebliche Datenschutzbeauftragte nach deutschem Recht die erforderliche Unabhängigkeit hat, da er gem. § 36 Abs. 1 a. F. BDSG von der zu speichernden Stelle selbst berufen wurde[1463] (jetzt: § 4 f Abs. 1 BDSG). Diese Bedenken können jedoch nicht überzeugen. Die Ausnahmeregelung des Art. 18 Abs. 2 2. Spiegelstrich RL DatSch ist gerade auf Drängen Deutschlands in die Richtlinie aufgenommen worden, um das deutsche System des betrieblichen Datenschutzbeauftragen beibehalten zu können. Der Gemeinschaftsgesetzgeber wollte somit die Rechtsstellung des betrieblichen Datenschutzbeauftragten, wie sie im deutschen Recht verankert ist, akzeptieren.[1464] Art. 21 Abs. 2 RL DatSch sieht die Führung eines Registers durch die Kontrollstelle vor, s. § 38 Abs. 2 Satz 1 BDSG.

i) Vorabkontrolle

1041 Eine Vorabkontrolle, wie sie Art. 20 RL DatSch für Datenverarbeitungen mit spezifischen Risiken für die Rechte und Freiheiten der Personen vorschreibt, war dem deutschen Datenschutzrecht bisher fremd. Eine solche Vorabkontrolle bei der automatisierten Verarbeitung sensitiver Daten wurde jedoch nun in § 4 d Abs. 5 BDSG aufgenommen, für sie ist gem. § 4 d Abs. 6 BDSG der Datenschutzbeauftragte zuständig.

j) Datentransfer in Drittländer

1042 Eine spezielle Zulässigkeitsregelung für die Übermittlung von personenbezogenen Daten an Stellen außerhalb des Geltungsbereichs des Bundesdatenschutzgesetzes war in § 17 a. F. BDSG lediglich für die Übermittlung durch öffentliche Stellen vorgesehen. Diese Vorschrift differenzierte jedoch nicht zwischen dem grenzüberschreitenden Datentransfer innerhalb und außerhalb der Gemeinschaft. Für den Datentransfer in Drittländer bedurfte es daher noch einer den Art. 25 und 26 RL DatSch entsprechenden Regelung. Sie wurde nun mit § 4 b BDSG geschaffen,[1465] der in Absatz 1 eine Privilegierung für die Übermittelung an Stellen in EU-Mitgliedstaaten vorsieht, soweit die Übermittlung im Rahmen von Tätigkeiten erfolgt, die ganz oder zum Teil in den Anwendungsbereich des EG-Rechts fallen. Absatz 2 regelt die Übermittlungen an EU-Mitgliedstaaten außerhalb der ersten Säule des EU-Vertrages und an Drittstaaten. Wie sich aus der Formulierung des Art. 26 Abs. 1 RL DatSch „vorbehaltlich entgegenstehender Regelungen im innerstaatlichen Recht" ergibt, steht es dem nationalen Gesetzgeber frei, inwieweit er von den Ausnahmeermächtigungen der Nr. 1 bis 6 Gebrauch macht.[1466] In Deutschland ist dies durch § 4 c BDSG erfolgt.

XIV. Schutz der Würde am Arbeitsplatz

Schrifttum: *Berger-Delhey,* Ein Zweites Gleichberechtigungsgesetz, ZTR 1993, S. 267; *Höland,* Sexuelle Belästigung am Arbeitsplatz, RdA 1993, S. 286; *Hohmann,* Thesen zur Weiterentwicklung

---

[1461] Früher § 36 a. F. BDSG.
[1462] *Däubler,* DB 1995, S. 73, 74; *Wohlgemuth,* BB 1996, S. 690, 695; s. auch die Bedenken bei *Simitis,* NJW 1998, S. 2473, 2476.
[1463] S. *Däubler,* DB 1995, S. 73, 74; *Wohlgemuth,* BB 1996, S. 690, 695.
[1464] *Bachmeier,* RDV 1995, S. 49, 51; *Franzen,* EAS B 5300, Rdnr. 71; *Weber,* CR 1995, S. 297, 298.
[1465] S. dazu auch *Gaul,* Aktuelles Arbeitsrecht, S. 361 f.
[1466] *Weber,* CR 1995, S. 297, 303; zur Zulässigkeit der Übermittlung von Arbeitnehmerdaten in Drittländer s. auch *Wohlgemuth,* BB 1996, S. 690, 695.

XIV. Schutz der Würde am Arbeitsplatz

des Beschäftigtenschutzgesetzes mit dem Ziel eines besseren Schutzes vor sexueller Belästigung am Arbeitsplatz, ZRP 1995, S. 167; *Hohmann/Moors*, Schutz vor sexueller Belästigung am Arbeitsplatz im Recht der USA (und Deutschlands), KritJ 1995, S. 151 ff.; *Linde*, Sexuelle Belästigung am Arbeitsplatz, BB 1994, S. 2412; *Mästle*, Der zivilrechtliche Schutz vor sexueller Belästigung am Arbeitsplatz, 2000; *Mauer*, Das Zweite Gleichberechtigungsgesetz, BB 1994, S. 1283; *Merkel*, 2. GleiBG: wichtige Signale auch für die private Wirtschaft, AuA 1994, S. 265; *Mittmann*, Das Zweite Gleichberechtigungsgesetz – eine Übersicht, NJW 1994, S. 3048; *Pfarr*, Das Zweite Gleichberechtigungsgesetz, RdA 1995, S. 204; *Reiche*, Gedanken zum Entwurf eines Gesetzes zur Durchsetzung der Gleichberechtigung von Frauen und Männern, ZTR 1993, S. 103; *Rubenstein*, The dignity of women at work: Report on the problem of sexual harrassment in the Member States of the European Communities, 1987; *Schiek*, 2. Gleichberechtigungsgesetz – Änderungen des Arbeitsrechts, AiB 1994, S. 450; *Schlachter*, in: Erfurter Kommentar zum Arbeitsrecht, BeschäftigtenschutzG, 2. Aufl. 2001; *dies.*, Sexuelle Belästigung am Arbeitsplatz – Inhalt und Funktion des Arbeitsplatzbezugs, NZA 2001, S. 121; *Worzalla*, Das Beschäftigtenschutzgesetz in der Praxis, NZA 1994, S. 1016.

1. Empfehlung 92/131/EWG der Kommission zum Schutz der Würde von Frauen und Männern am Arbeitsplatz vom 27. November 1991

a) Allgemeines

Laut einem im Auftrag der Kommission erstellten **Expertenbericht**[1467] ist die sexuelle Belästigung für viele berufstätige Frauen in der Europäischen Gemeinschaft ein ernsthaftes Problem; zugleich stellt sie ein Hindernis für die angemessene Integration von Frauen in den Arbeitsmarkt dar. Gleichwohl hatten die Mitgliedstaaten sich der Problematik der sexuellen Belästigung am Arbeitsplatz in ihren Rechtsordnungen kaum angenommen. 1043

Eine Ausnahme bildete Frankreich, das mit dem Gesetz Nr. 92–1179 zum „Sexuellen Missbrauch in Arbeitsbeziehungen"[1468] einen Versuch unternommen hatte, das Problem durch gesetzliche Regelungen in den Griff zu bekommen.[1469] 1044

In ihrem Aktionsprogramm zur Durchführung der Gemeinschaftscharta der sozialen Grundrechte vom 29. 11. 1989[1470] verpflichtete sich die Kommission, den Schutz der Arbeitnehmer und ihrer Würde am Arbeitsplatz unter Berücksichtigung des in Auftrag gegebenen Expertenberichts zu untersuchen. 1045

In seiner **Entschließung vom 29. Mai 1990** zum Schutz der Würde von Frauen und Männern am Arbeitsplatz[1471] erklärte der Rat, dass ein Verhalten sexueller Natur oder sonstiges Verhalten auf Grund der Geschlechtszugehörigkeit, das die Würde von Frauen und Männern am Arbeitsplatz beeinträchtigt, einschließlich eines solchen Verhaltens von Vorgesetzten und Kollegen, eine unerträgliche Verletzung der Würde von Arbeitnehmern und Auszubildenden darstellt. Der Rat forderte die Mitgliedstaaten und die Institutionen der Europäischen Gemeinschaft auf, positive Maßnahmen zu entwickeln, mit denen am Arbeitsplatz ein Klima geschaffen werden soll, in dem Männer und Frauen gegenseitig die Unverletzlichkeit ihrer Person respektieren. Zugleich wurde die Kommission beauftragt, bis zum 1. Juli 1991 einen Verhaltenskodex über den Schutz der Würde von Frauen und Männern am Arbeitsplatz zu verfassen.[1472] 1046

Gemäß dem ihr erteilten Auftrag legte die Kommission noch im Jahre 1991 einen Entwurf für eine Empfehlung der Kommission zum Schutz der Würde von Frauen und Män- 1047

[1467] *Rubenstein*, The dignity of women at work: Report on the problem of sexual harrassment in the Member States of the European Communities, 1987.
[1468] Loi No 92-1179 du 2 novembre 1992 relative à l'abus d'autorité en matière sexuelle dans les relations de travail et modifiant le code du travail et le code de procédure pénale.
[1469] Näher zu diesem Gesetz *Höland*, RdA 1993, S. 286 ff.
[1470] BR-Drucks. 717/89; s. eingehend dazu § 13 Rn. 96 ff.
[1471] ABl. EG C 157, S. 2.
[1472] S. Abs. 3 S. 2 der Entschließung.

nern am Arbeitsplatz vor.[1473] In seiner Stellungnahme vom 30. 10. 1991[1474] begrüßte der Wirtschafts- und Sozialausschuss den Kommissionsentwurf im Grundsatz und regte einige Änderungen an.[1475] Das EP billigte den Entwurf der Kommission in seiner Entschließung vom 22. Oktober 1991[1476] vorbehaltlich einer ganzen Reihe von Abänderungen. Am 27. November 1991 verabschiedete die Kommission die **Empfehlung 92/131/EWG zum Schutz der Würde von Frauen und Männern am Arbeitsplatz,** der als Anlage ein Verhaltenskodex gegen sexuelle Belästigung beigefügt ist.[1477]

b) Unannehmbarkeit sexueller Belästigungen

1048   Die Kommission empfiehlt den Mitgliedstaaten, Maßnahmen zur Förderung des Bewusstseins zu treffen, dass ein Verhalten sexueller Natur oder ein sonstiges Verhalten auf Grund der Geschlechtszugehörigkeit, das die Würde von Frauen und Männern am Arbeitsplatz beeinträchtigt, einschließlich des Verhaltens von Vorgesetzten und Kollegen, unannehmbar ist, wenn ein solches Verhalten für die betroffene Person unerwünscht, unangebracht und anstößig ist.[1478] Ein derartiges Verhalten ist ferner dann nicht hinnehmbar, wenn der Umstand, dass die betroffene Person ein solches Verhalten seitens Arbeitgebern/Arbeitgeberinnen oder Arbeitnehmern/Arbeitnehmerinnen zurückweist oder duldet, ausdrücklich oder stillschweigend zur Grundlage einer Entscheidung mit Auswirkungen auf den Zugang dieser Person zu Berufsausbildung, Beschäftigung, auf die Weiterbeschäftigung, Beförderung oder Entlohnung oder zur Grundlage irgendeiner anderen Entscheidung über das Arbeitsverhältnis gemacht wird oder ein derartiges Verhalten eine einschüchternde, feindselige oder demütigende Arbeitsumwelt für die betroffene Person schafft.[1479]

c) Maßnahmen zur Anwendung des Verhaltenskodexes

1049   Die Kommission empfiehlt den Mitgliedstaaten, im öffentlichen Sektor Maßnahmen zur Anwendung der im Anhang enthaltenen praktischen Verhaltensregeln der Kommission zum Schutz der Würde von Frauen und Männern am Arbeitsplatz zu ergreifen.[1480] Ferner wird den Mitgliedstaaten empfohlen, Arbeitgeber und Arbeitnehmervertreter dazu anzuregen, ebenfalls Maßnahmen zur Anwendung des im Anhang enthaltenen Verhaltenskodexes zu treffen.[1481]

d) Verhaltenskodex

1050   Der als Anlage beigefügte Verhaltenskodex gliedert sich in die folgenden sieben Abschnitte: Einleitung, Begriffsbestimmung, Rechtslage und Pflichten auf der Arbeitgeberseite, Tarifverhandlungen, Empfehlungen für die Arbeitgeberseite, Empfehlungen für die Gewerkschaften, Arbeitnehmerpflichten.

aa) Einleitung

1051   In der Einleitung wird zunächst der Zweck der praktischen Verhaltensregeln herausgestellt. Durch sie soll vor allem sichergestellt werden, dass es nicht zu sexuellen Belästigun-

---

[1473] KOM (91) 1397.
[1474] ABl. EG C 14, S. 8.
[1475] Enttäuschung äußerte der Wirtschafts- und Sozialausschuss darüber, dass die im Anhang vorgeschlagenen praktischen Verhaltensregeln lediglich die Form einer Empfehlung der Kommission aufweisen, vgl. Ziff. 1.2. der Stellungnahme.
[1476] ABl. EG C 305, S. 30.
[1477] ABl. EG C 14, S. 4.
[1478] Art. 1 Buchst. a der Empfehlung.
[1479] Art. 1 Buchst. b und c der Empfehlung.
[1480] Art. 2 der Empfehlung.
[1481] Art. 3 der Empfehlung.

gen kommt oder dass, falls es dennoch dazu kommt, auf angemessene Verfahren zur Bewältigung des Problems zurückgegriffen werden kann. Ferner soll die Entwicklung und Anwendung von Grundsätzen und Verfahrensweisen gefördert werden, durch die eine von sexueller Belästigung freie Arbeitsumwelt entsteht, in der Frauen und Männer gegenseitig die Menschenwürde des anderen respektieren.

In der Einleitung setzt sich die Kommission mit dem Problem der sexuellen Belästigung auch in rechtstatsächlicher Hinsicht auseinander. Hervorgehoben werden insbesondere auch die Folgen sexueller Belästigung für die Betroffenen. Es wird u. a. festgestellt, dass sexuelle Belästigung das Arbeitsklima verschlechtert und sich katastrophal auf Gesundheit, Vertrauen, Moral und Leistung der davon betroffenen Personen auswirken kann. Ferner wird darauf hingewiesen, dass die von sexueller Belästigung verursachten Angst- und Stressgefühle bei den betroffenen Personen häufig dazu führen, dass sie wegen Krankheit vom Arbeitsplatz fernbleiben, dass sie weniger leistungsfähig sind oder dass sie kündigen und einen anderen Arbeitsplatz suchen.

bb) Begriffsbestimmung

Der Begriff der sexuellen Belästigung wird in Ziffer 2 des Anhangs definiert und näher erläutert. Die Definition deckt sich mit der des Art. 1 der Empfehlung.[1482] Ergänzend wird darauf hingewiesen, dass sexuelle Belästigung unerwünschte körperliche, verbale oder nichtverbale Verhaltensweisen einschließt. Die Kommission führt des Weiteren aus, das das wesentliche Merkmal einer sexuellen Belästigung in der Tatsache zu sehen sei, dass sie von der betroffenen Person nicht erwünscht werde. Jeder Mensch müsse selbst bestimmen können, welches Verhalten für ihn akzeptabel sei und welches Verhalten er als beleidigend empfinde. Sexuelles Interesse werde jedenfalls dann zu sexueller Belästigung, wenn es fortgesetzt werde, nachdem die betroffene Person deutlich gemacht habe, dass sie es als beleidigend empfindet. Aber auch ein einmaliger Zwischenfall erfülle den Tatbestand der sexuellen Belästigung, wenn er entsprechend schwerwiegend sei.

cc) Rechtliche Einordnung sexueller Belästigungen

Der 3. Abschnitt beschäftigt sich mit der rechtlichen Einordnung sexueller Belästigungen. Es wird zunächst festgestellt, dass ein Verhalten sexueller Natur oder ein sonstiges Verhalten auf Grund der Geschlechtszugehörigkeit, das die Würde von Männern und Frauen am Arbeitsplatz beeinträchtigt, gegen den Grundsatz der Gleichbehandlung i. S. der Art. 3, 4 und 5 der Richtlinie 76/207/EWG zur Verwirklichung des Grundsatzes der Gleichbehandlung von Männern und Frauen hinsichtlich des Zugangs zur Beschäftigung, zur Berufsbildung und zum beruflichen Aufstieg sowie in Bezug auf die Arbeitsbedingungen vom 9. Februar 1976[1483] verstoßen kann.

Ferner wird darauf hingewiesen, dass sexuelle Belästigungen je nach den einzelstaatlichen Rechtsvorschriften auch strafbare Handlungen darstellen können. Zudem können sexuelle Belästigungen auch gegen Pflichten im Zusammenhang mit der Gesundheit und Sicherheit von Arbeitnehmern oder gegen die Fürsorgepflicht des Arbeitgebers verstoßen.

dd) Gewerkschaften als Tarifvertragspartner

In der Empfehlung appelliert die Kommission an die Gewerkschaften; sie könnten in ihrer Rolle als Tarifvertragspartner einen wichtigen Beitrag zur Vermeidung sexueller

---

[1482] S. oben Rn. 1048. Das EP wollte den Begriff der sexuellen Belästigung genauer definiert sehen und hat in seinem Änderungsvorschlag Nr. 21 folgende Definition beschlossen: „Sexuelle Belästigung bedeutet unerwünschtes Verhalten sexueller Natur oder ein sonstiges Verhalten auf Grund der Geschlechtszugehörigkeit, das die Würde von Frauen und Männern am Arbeitsplatz beeinträchtigt. Dies kann unerwünschte entwürdigende körperliche, verbale oder nichtverbale Verhaltensweisen (Anspielungen, unsittliche Anträge, unerwünschte Berührungen, Zeigen pornographischer Abbildungen am Arbeitsplatz) einschließen."
[1483] ABl. EG L 39, S. 40; näher zu dieser Richtlinie § 16 Rn. 192 ff.

Belästigungen am Arbeitsplatz leisten. Die Kommission empfiehlt den Gewerkschaften, im Rahmen der Tarifverhandlungen die Aufnahme entsprechender Klauseln in die Tarifverträge zu prüfen.

ee) Empfehlungen für die Arbeitgeberseite

1057 Den Schwerpunkt der Empfehlungen bildet der 5. Abschnitt, der sich an die Arbeitgeber richtet. Die Kommission weist in diesem Abschnitt nachdrücklich darauf hin, dass ein charakteristisches Merkmal der sexuellen Belästigung darin besteht, dass betroffene Beschäftigte häufig davor zurückschrecken, sich zu beschweren. Aus dem Fehlen von Beschwerden über sexuelle Belästigungen dürfe deshalb nicht unbedingt geschlossen werden, dass es das Problem in einem Unternehmen nicht gebe.

1058 Die Empfehlungen für die Arbeitgeberseite sind primär auf die Vermeidung sexueller Belästigungen ausgerichtet.[1484] Für den Fall, dass es dennoch zu sexuellen Belästigungen kommt, enthält der Verhaltenskodex Empfehlungen, die sicherstellen sollen, dass durch angemessene Verfahren die Probleme wirksam und gründlich gelöst werden.[1485]

(1) Vermeidung

1059 Als ersten Schritt zur Vermeidung sexueller Belästigungen empfiehlt die Kommission den Erlass einer Grundsatzerklärung, in der ausdrücklich festgestellt wird, dass alle Beschäftigten ein Recht auf eine ihre Würde nicht verletzende Behandlung haben, dass sexuelle Belästigung nicht erlaubt ist und nicht geduldet wird und dass die Beschäftigten das Recht haben, sich wegen sexueller Belästigung zu beschweren. Die Grundsatzerklärung sollte ferner folgende Anforderungen erfüllen: verdeutlichen, was als unangebrachtes Verhalten am Arbeitsplatz gilt; erläutern, dass ein derartiges Verhalten unter bestimmten Umständen gesetzeswidrig sein kann; die Verpflichtung der Führungskräfte und Aufsichtspersonen festhalten, die Grundsätze in die Tat umzusetzen und korrigierend einzugreifen, um ihre Einhaltung sicherzustellen; sämtliche Beschäftigte verpflichten, sich an die Grundsätze zu halten und sicherzustellen, dass ihre Arbeitskollegen mit Respekt behandelt und in ihrer Würde nicht verletzt werden; erläutern, wie Beschäftigte, die am Arbeitsplatz sexuell belästigt werden, vorgehen können, um Hilfe zu erhalten; garantieren, dass Beschwerden über sexuelle Belästigungen ernst genommen sowie rasch und vertraulich abgewickelt werden; erklären, dass Beschäftigte, die sich über sexuelle Belästigung beschwert haben, vor Schikanierung und Vergeltung geschützt werden; darlegen, dass gegen Beschäftigte, die sich sexueller Belästigung schuldig gemacht haben, angemessene disziplinarische Schritte unternommen werden.

1060 Nach Festlegung der Unternehmensgrundsätze kommt es darauf an, dass sie allen Beschäftigten in deutlicher Weise bekanntgegeben werden und dass alle Beschäftigten in die Verantwortung für die Sicherstellung einer Arbeitsumwelt, in der die Würde der Beschäftigten respektiert wird, einbezogen werden. Führungskräfte und Aufsichtspersonen müssen den Unternehmensgrundsätzen entsprechend unterwiesen werden.

(2) Verfahren

1061 Die im Teil B. des 5. Abschnitts enthaltenen praktischen Leitlinien sollen dazu beitragen, dass das Problem der sexuellen Belästigung in einem frühen Stadium angegangen wird.

1062 Die praktischen Verhaltensregeln empfehlen, vorrangig eine **informelle Lösung** des Problems zu versuchen. Es wird darauf hingewiesen, dass es in einigen Fällen ausreichen kann, wenn die betroffene Person der sie belästigenden Person unmissverständlich klarmacht, dass deren Verhalten unerwünscht ist, dass es als beleidigend und belastend emp-

---

[1484] S. Anhang 5. Abschn. Teil A.
[1485] S. Anhang 5. Abschn. Teil B.

funden wird und dass es sich nachteilig auf die Arbeit der betroffenen Person auswirkt.

Ferner wird den Arbeitgebern empfohlen, eine Vertrauensperson zu benennen, die sexuell belästigten Beschäftigten Beratung und Unterstützung anbietet.[1486]

Wenn eine betroffene Person eine informelle Problemlösung für ungeeignet hält, wenn informelle Problemlösungsversuche zurückgewiesen wurden oder wenn ihr Ergebnis nicht zufrieden stellend war, wird empfohlen, der betroffenen Person die Möglichkeit zu geben, ein **formelles Beschwerdeverfahren** einzuleiten. Im Rahmen des Beschwerdeverfahrens ist u. a. festzulegen, an wen die Beschwerde zu richten ist. Dabei ist dem Umstand Rechnung zu tragen, dass es Fälle gibt, in denen die betroffene Person das normale Verfahren nicht anwenden kann, z. B. weil der Beschuldigte der betroffenen Person direkt vorgesetzt ist. Es wird auch empfohlen, dafür Sorge zu tragen, dass die Beschäftigten ihre Beschwerde in erster Instanz einer Person des eigenen Geschlechts vorbringen können, falls sie dies wünschen.

Die sich der Beschwerde anschließenden **Untersuchungen** sollen mit Takt und unter Respektierung der Rechte sowohl der beschwerdeführenden als auch der beschuldigten Person durchgeführt werden. Es ist darauf zu achten, dass die Untersuchung unabhängig und objektiv ist. Beschwerden sollte sofort nachgegangen werden. Ferner wird empfohlen, eine Frist für die Bearbeitung von Beschwerden vorzusehen. Zum Schutz der Würde der betroffenen Person sollte von ihr nicht verlangt werden, die betreffenden Ereignisse mehrmals zu schildern, wenn dies nicht erforderlich ist.

Die praktischen Verhaltenregeln empfehlen, Verstöße gegen die Grundsätze des Unternehmens oder der Verwaltung hinsichtlich des Schutzes der Würde der Beschäftigten am Arbeitsplatz als **Disziplinarvergehen** zu behandeln. Wird einer Beschwerde stattgegeben und erweist es sich als notwendig, eine der Parteien zu versetzen, dann sollte erwogen werden, wenn immer machbar der beschwerdeführenden Person die Wahl zu überlassen, den Arbeitsplatz beizubehalten oder versetzt zu werden. Auf keinen Fall darf der Eindruck entstehen, dass eine Beschwerde, der stattgegeben wurde, für die beschwerdeführende Person irgendeine als Strafe erscheinende Folge hat.[1487]

ff) Empfehlungen für Gewerkschaften

Wie den Arbeitgebern wird auch den Gewerkschaften empfohlen, eine klare Grundsatzerklärung über sexuelle Belästigung zu formulieren und sie bekanntzumachen. Die Gewerkschaften werden aufgerufen, weitere Maßnahmen zu ergreifen, die das Bewusstsein für das Problem der sexuellen Belästigung am Arbeitsplatz wachrufen; insbesondere sollten sie ihre Mitglieder über ihr Recht informieren, am Arbeitsplatz von sexueller Belästigung verschont zu bleiben, ihnen praktische Ratschläge für das Verhalten im Falle sexueller Belästigung geben und sie hinsichtlich ihrer gesetzlich geschützten Rechte beraten.[1488]

gg) Arbeitnehmerpflichten

Die praktischen Verhaltensregeln wenden sich schließlich an die Arbeitnehmer selbst. Sie könnten zur Vermeidung sexueller Belästigung beitragen, indem sie sich das Problem bewusst machen, sensibel darauf reagieren und für sich und ihre Kollegen Verhaltensnormen durchsetzen, die derartige Belästigungen unmöglich machen. Die Arbeitnehmer sollten deutlich zeigen, dass eine sexuelle Belästigung für sie unannehmbar ist und bei derartigen Belästigungen eine Beschwerde in Betracht ziehen. Sie sollten auch Kollegen unterstützen, die sexuellen Belästigungen ausgesetzt sind.

[1486] Zu weiteren Einzelheiten zur Stellung der Vertrauensperson s. Anhang 5. Abschn. Teil B. Buchst. ii.
[1487] Näher zu den Disziplinarmaßnahmen Anhang 5. Abschn. Teil B Buchst. v.
[1488] Zu weiteren Einzelheiten s. Anhang 6. Abschnitt.

2. Umsetzung in das deutsche Recht

1069 Bis zum In-Kraft-Treten des Zweiten Gleichberechtigungsgesetzes vom 24. Juni 1994[1489] gab es im deutschen Recht keine ausdrücklichen gesetzlichen Bestimmungen zum Schutz der Arbeitnehmer vor sexuellen Belästigungen am Arbeitsplatz. Durch das am 1. September 1994 in Kraft getretene Zweite Gleichberechtigungsgesetz, das in Art. 10 das Gesetz zum Schutz der Beschäftigten vor sexueller Belästigung am Arbeitsplatz (**Beschäftigtenschutzgesetz** – BeschSchG)[1490] enthält, werden erstmals detaillierte Regelungen zum Schutz vor sexuellen Belästigungen am Arbeitsplatz normiert.

1070 Ziel des Beschäftigtenschutzgesetzes ist die Wahrung der Würde von Frauen und Männern durch den Schutz vor sexueller Belästigung am Arbeitsplatz.[1491] § 1 Abs. 2 BeschSchG regelt den Anwendungsbereich und den Begriff der Beschäftigten i. S. dieses Gesetzes. Danach gilt das Gesetz für alle Beschäftigten in der Privatwirtschaft und im öffentlichen Dienst.

1071 Gem. § 2 Abs. 1 BeschSchG haben Arbeitgeber und Dienstvorgesetzte die Beschäftigten vor sexueller Belästigung am Arbeitsplatz zu schützen. Dieser Schutz umfasst auch vorbeugende Maßnahmen. § 2 Abs. 2 BeschSchG definiert den Begriff der sexuellen Belästigung. Sexuelle Belästigung ist danach jedes vorsätzliche, sexuell bestimmte Verhalten, das die Würde von Beschäftigten am Arbeitsplatz verletzt. Neben sexuellen Handlungen und Verhaltensweisen, die nach strafgesetzlichen Vorschriften unter Strafe gestellt sind, gehören zu den Belästigungen alle sonstigen vorsätzlich sexuell bestimmten Handlungen und Aufforderungen zu diesen, sexuell bestimmte körperliche Berührungen, Bemerkungen eindeutig sexuellen Inhalts sowie Zeigen und sichtbares Anbringen von pornographischen Darstellungen, die von den Betroffenen erkennbar abgelehnt werden. § 2 Abs. 3 BeschSchG bestimmt, dass sexuelle Belästigung am Arbeitsplatz stets auch eine Verletzung der arbeitsvertraglichen Pflichten oder ein Dienstvergehen ist.

1072 § 3 BeschSchG räumt den betroffenen Beschäftigten das Recht ein, sich bei den zuständigen Stellen des Betriebes oder der Dienststelle zu beschweren, wenn sie sich vom Arbeitgeber, von Vorgesetzten, von anderen Beschäftigten oder von Dritten am Arbeitsplatz sexuell belästigt fühlen. § 3 Abs. 1 S. 2 BeschSchG stellt klar, dass die bestehenden betriebsverfassungsrechtlichen Bestimmungen der §§ 84, 85 BetrVG über das Beschwerderecht des Arbeitnehmers unberührt bleiben. Nach § 3 Abs. 2 BeschSchG hat der Arbeitgeber oder der Dienstvorgesetzte die Beschwerde zu prüfen und unverzüglich geeignete Maßnahmen zu treffen, um die Fortsetzung einer festgestellten Belästigung zu unterbinden.

1073 Gem. § 4 Abs. 1 Ziff. 1 BeschSchG hat der Arbeitgeber bei (erwiesener) sexueller Belästigung die im Einzelfall angemessenen arbeitsrechtlichen Maßnahmen wie Abmahnung, Umsetzung, Versetzung oder Kündigung zu ergreifen. Die Beteiligungs- und Mitbestimmungsrechte des Betriebs- oder Personalrates bleiben unberührt. § 4 Abs. 1 Ziff. 2 BeschSchG regelt die über § 3 Abs. 2 BeschSchG hinausreichenden dienstrechtlichen Verpflichtungen des Dienstvorgesetzten gegenüber dem Belästiger im Beamtenverhältnis. Der Dienstvorgesetzte ist demnach verpflichtet, die erforderlichen dienstrechtlichen und personalwirtschaftlichen Maßnahmen zu treffen.

1074 Ergreift der Arbeitgeber oder der Dienstvorgesetzte keine oder offensichtlich ungeeignete Maßnahmen zur Unterbindung der sexuellen Belästigung, sind die belästigten Be-

---

[1489] BGBl. I S. 1406; zum Zweiten Gleichberechtigungsgesetz und seiner Entstehungsgeschichte s. *Berger-Delhey*, ZTR 1993, S. 267 ff.; *Mauer*, BB 1994, S. 1283 ff.; *Mittmann*, NJW 1994, S. 3048 ff.; *Pfarr*, RdA 1995, S. 204 ff.; *Reiche*, ZTR 1994, S. 6 ff.; *Schiek*, AiB 1994, S. 450 ff.
[1490] Zum Beschäftigtenschutzgesetz s. auch *Hohmann*, ZRP 1995, S. 167 ff.; *Hohmann/Moors*, KritJ 1995, S. 150, 163 ff.; *Linde*, BB 1994, S. 2412 ff.; *Merkel*, AuA 1994, S. 265 ff.; *Pfarr*, RdA 1995, S. 204, 206; *Schlachter*, in: Erfurter Kommentar zum Arbeitsrecht, BeschäftigtenschutzG; *Worzalla*, NZA 1994, S. 1016 ff.
[1491] Vgl. § 1 Abs. 1 BeschSchG.

schäftigten gem. § 4 Abs. 2 BeschSchG berechtigt, ihre Tätigkeit am betreffenden Arbeitsplatz ohne Verlust des Arbeitsentgelts und der Bezüge einzustellen, soweit dies zu ihrem Schutz erforderlich ist.

§ 4 Abs. 3 BeschSchG entspricht dem Maßregelungsverbot in § 612a BGB. Der Arbeitgeber oder Dienstvorgesetzte darf die belästigten Beschäftigten danach nicht benachteiligen, weil diese sich gegen eine sexuelle Belästigung gewehrt und in zulässiger Weise ihre Rechte ausgeübt haben.

Eine Sollvorschrift für die berufliche Bildung im öffentlichen Dienst ist in § 5 BeschSchG vorgesehen. Danach sollen im Rahmen der beruflichen Aus- und Fortbildung von Beschäftigten im öffentlichen Dienst die Problematik der sexuellen Belästigung am Arbeitsplatz, der Rechtsschutz für die Betroffenen und die Handlungsverpflichtungen des Dienstvorgesetzten berücksichtigt werden.

Schließlich bestimmt § 6 BeschSchG, dass in Betrieben und Dienststellen das Gesetz an geeigneter Stelle zur Einsicht auszulegen oder auszuhängen ist.

XV. Entschließung 1999/C 186/02 des Rates betreffend gleiche Beschäftigungschancen für behinderte Menschen

Um für behinderte Menschen Chancengleichheit in Bezug auf den Zugang zu einer Beschäftigung, die Erhaltung einer Beschäftigung und den Aufstieg in einer Beschäftigung herzustellen, werden die Mitgliedstaaten in dem Übereinkommen 159 und in der Empfehlung 168 der Internationalen Arbeitsorganisation über die berufliche Rehabilitation und die Beschäftigung der Behinderten vom 20. Juni 1983, der Empfehlung Nr. R(92) 6 des Europarates für eine kohärente Politik für behinderte Menschen vom 9. April 1992 und in den Rahmenbestimmungen für die Herstellung der Chancengleichheit für Behinderte, die als Resolution von der Generalversammlung der Vereinten Nationen am 20. Dezember 1993 verabschiedet wurden, dazu aufgerufen, in vielfältiger Weise auf dem Gebiet der Beschäftigung **Förderprogramme** für die Eingliederung behinderter Menschen zu schaffen, zu bewerten und zu überprüfen.

Gleichwohl sind behinderte Menschen bei der Suche nach geeigneten dauerhaften Arbeitsplätzen sowie im Hinblick auf die vollwertige Teilnahme am wirtschaftlichen und sozialen Leben der Gemeinschaften, denen sie angehören, weiterhin mit höherer Wahrscheinlichkeit von Einschränkungen und Nachteilen betroffen. Um dem Ziel, **gleiche Beschäftigungschancen** für behinderte Menschen in den Mitgliedstaaten der Gemeinschaft zu gewährleisten, näher zu kommen, hat der Rat am 17. Juni 1999 die Entschließung 1999/C 186/02 betreffend gleiche Beschäftigungschancen für behinderte Menschen[1492] verabschiedet.

In dieser Entschließung werden die Mitgliedstaaten aufgefordert,
– im Rahmen ihrer nationalen Beschäftigungspolitik und in Zusammenarbeit mit den Sozialpartnern und nichtstaatlichen Behindertenorganisationen besonderes Schwergewicht auf die Förderung der Beschäftigungschancen Behinderter zu legen und geeignete präventive und aktive politische Ansätze zu entwickeln, um deren Eingliederung in den Arbeitsmarkt sowohl in der Privatwirtschaft, einschließlich der Tätigkeit als Selbständige, als auch im öffentlichen Sektor besonders zu fördern;
– die bestehenden und künftigen Möglichkeiten der Europäischen Strukturfonds, insbesondere des Europäischen Sozialfonds, sowie einschlägiger Gemeinschafts-initiativen in vollem Umfang zu nutzen, um gleiche Beschäftigungschancen für behinderte Menschen zu fördern;

[1492] ABl. EG C 186, S. 3.

– den durch die Entwicklung der Informationsgesellschaft sich eröffnenden Möglichkeiten zur Schaffung neuer Beschäftigungsmöglichkeiten für behinderte Menschen besonderes Augenmerk zu schenken.

1081 In seiner Entschließung ruft der Rat zudem die Organe der Gemeinschaft dazu auf, bei ihren Dienststellen auf gleiche Beschäftigungschancen für behinderte Menschen hinzuarbeiten, indem Regelungen erlassen und gleichzeitig die verfügbaren rechtlichen Instrumente und Praktiken vollständig ausgeschöpft werden.

1082 Des Weiteren wird die Kommission aufgefordert, die Entwicklung der Beschäftigung behinderter Menschen zusammen mit den Mitgliedstaaten, insbesondere im Rahmen der europäischen beschäftigungspolitischen Leitlinien und im Einklang mit dem Grundsatz des „Mainstreaming" anhand vergleichbarer Daten zu beobachten, zu analysieren und unter Berücksichtigung nationaler, regionaler und lokaler Unterschiede neue Strategien und Aktionen zu entwickeln.

1083 Die Bundesregierung plant ein **Gleichstellungsgesetz** für behinderte Menschen.[1493] Zu den Schwerpunkten des geplanten Gesetzes sollen neben dem Verbot der Benachteiligung Behinderter die Herstellung von Barrierefreiheit in allen Lebensbereichen, die Gleichstellung behinderter Frauen, die Anerkennung der Gebärdensprache und eine verbesserte Rechtsdurchsetzung gehören.

XVI. Die neue sozialpolitische Agenda

1084 Die Kommission der Europäischen Gemeinschaften hat am 28. 6. 2000 eine sozialpolitische Agenda als Mitteilung an den Rat vorgelegt.[1494] Ihr Ziel ist es, das volle Beschäftigungspotenzial zu verwirklichen, den Sozialschutz zu modernisieren und zu verbessern, die Gleichstellung der Geschlechter zu verstärken, sowie Grundrechte zu stärken und Diskriminierungen zu bekämpfen.

§ 19 Kollektives Arbeitsrecht

Übersicht

	Rn.		Rn.
I. Tarifverträge und Arbeitskämpfe	1	4. Rechtsmittel der Sozialpartner	20
1. Europarechtliche Tarifautonomie?	1	5. Europäisches Arbeitskampfrecht?	21
2. Kollektivvereinbarungen auf Gemeinschaftsebene (Art. 139 EGV)	7	**II. Der Europäische Betriebsrat**	22
a) Durchführung durch Ratsbeschluss	7	1. Rechtsgrundlagen	22
aa) Rechtsgrundlage	7	2. Anwendungsbereich	32
bb) Die europäischen Kollektivvertragsparteien	8	a) Gemeinschaftsweite Unternehmen mit Sitz in Deutschland	32
cc) Das Verhältnis der europäischen Kollektivverträge zu den Befugnissen der Gemeinschaftsorgane	9	b) Der europarechtliche Unternehmensbegriff	33
		c) Der europarechtliche Betriebsbegriff	35
dd) Die Reichweite der Ermächtigungsgrundlage, insbesondere im Entgeltbereich	11	d) Zentrale Leitung	37
		e) Gemeinschaftsweite Unternehmen mit Sitz in einem anderen Mitgliedstaat der Europäischen Union oder des Europäischen Wirtschaftsraums	39
b) Durchführung nach den Verfahren und Gepflogenheiten der Sozialpartner und der Mitgliedstaaten	17	f) Gemeinschaftsweite Unternehmen mit Sitz außerhalb der Gemeinschaft	42
3. Durchführung von Richtlinien durch die Sozialpartner (Art. 137 Abs. 4 EGV)	18	g) Gemeinschaftsweit tätige Unternehmensgruppen	43

[1493] BMA, Presseerklärung, 4. 5. 2001.
[1494] KOM (2000) 379 endg.; dazu *Barth*, EuroAS 9-10/2000, S. 118; *Gaul*, Aktuelles Arbeitsrecht, 2000, S. 384 f.

I. Tarifverträge und Arbeitskämpfe § 19

	Rn.		Rn.
h) Sitzverlegung	54	3. Öffnungsklauseln für Tarifverträge	109
i) Arbeitnehmer	55	4. Beteiligung auf betrieblicher Ebene	121
3. Das besondere Verhandlungsgremium	57	a) Absichtserklärungen	121
4. Fortgeltung bestehender, gesetzesverdrängender Vereinbarungen	64	b) Information der Arbeitnehmer	123
a) Rechtsgrundlage	64	c) Anhörung und Beratung	126
aa) § 41 EBRG	64	aa) Gesundheitsschutz	126
bb) Rechtliche Einordnung	68	bb) Massenentlassung	128
cc) Notwendig beteiligte Arbeitnehmer	69	cc) Betriebsübergang	129
dd) Weitere Voraussetzungen	70	dd) Allgemeine Richtlinie für Information und Konsultation	130
ee) Rechtsfolgen fehlender Voraussetzungen	72	**IV. Die Europäische Aktiengesellschaft**	**137**
b) Beispiele	75	1. Ursprünge und historische Entwicklung	137
5. Vereinbarungen mit dem besonderen Verhandlungsgremium	76	a) Die Ursprünge der Europäischen Aktiengesellschaft	137
a) Rechtsgrundlage	76	b) Die Vorschläge zur Europäischen Aktiengesellschaft von 1970/1975	139
b) Vereinbarung über einen Europäischen Betriebsrat	77	c) Die Vorschläge zur Europäischen Aktiengesellschaft von 1989/1991	142
c) Ergänzende Vorschriften	78	d) Die Wiederbelebung des Projekts der Europäischen Aktiengesellschaft	148
d) Dauer	81	e) Der sog. Davignon-Bericht	149
e) Sonstige Verfahren zur Unterrichtung und Anhörung	82	f) Die weiteren Bemühungen der Ratspräsidentschaften	152
6. Europäische Betriebsräte kraft Gesetzes	83	2. Die Beteiligung der Arbeitnehmer	153
a) Bildung	83	a) Rechtsgrundlagen	153
b) Geschäftsführung	88	b) Anwendungsbereich	154
c) Zuständigkeit und Mitwirkungsrechte	91	c) Verhältnis zu anderen Regelungen	155
d) Tendenzunternehmen	95	d) Unterrichtung und Anhörung eines Vertretungsorgans	159
7. Schutzvorschriften und Sanktionen	97	aa) Das vereinbarte Vertretungsorgan	159
III. Europarechtliche Regelungen zum nationalen kollektiven Arbeitsrecht	**101**	bb) Gesetzliches Vertretungsorgan	164
1. Rechtsgrundlagen	101	e) Mitbestimmung im Verwaltungs- oder Aufsichtsorgan	166
2. Beteiligung auf überbetrieblicher Ebene	103	f) Inkrafttreten	178
a) Absichtserklärungen	103		
b) Anhörung der Sozialpartner	106		

I. Tarifverträge und Arbeitskämpfe

Neueres Schrifttum: *Balze,* Die sozialpolitischen Kompetenzen der Europäischen Union, 1994; *Birk,* Vereinbarungen der Sozialpartner im Rahmen des Sozialen Dialogs und ihre Durchführung, EuZW 1997, S. 453; *ders.,* Münchener Handbuch zum Arbeitsrecht, Band I, 2. Aufl. 2000, §§ 18, 19; *Blank,* Europäische Kollektivverträge und sozialer Dialog, FS für Albert Gnade, 1992, 649; *Bödding,* Die europarechtlichen Instrumentarien der Sozialpartner, 1996; *Britz/Schmidt,* Die institutionalisierte Mitwirkung der Sozialpartner an der Rechtsetzung der EG, EuR 1997, S. 467; *Coen,* Die europäische Dimension der Tarifautonomie nach Maastricht, FS für Albert Bleckmann, 1993, S. 1; *ders.,* Europäische Gemeinschaft und Tarifautonomie, BB 1992, S. 2068; *Däubler,* Möglichkeiten und Grenzen europäischer Tarifverträge in: Heinemann, Hermann (Hrsg.), Das kollektive Arbeitsrecht in der Europäischen Gemeinschaft, 1991, S. 16; *ders.,* Europäische Tarifverträge nach Maastricht, EuZW 1992, S. 329; *ders.,* Die Koalitionsfreiheit im EG-Recht, FS Peter Hanau, 1999, S. 489; *ders.,* EU-Grundrechts-Charta und kollektives Arbeitsrecht, AuR 2001, 380; *Dederer,* Vereinbarungen der europäischen Sozialpartner, RdA 2000, S. 216; *Deinert,* Der europäische Kollektivvertrag, 1999; *Gilles,* Das Zustandekommen und die Durchführung von Sozialpartnervereinbarungen im Rahmen des europäischen sozialen Dialogs, 1999; *Heinze,* Die Rechtsgrundlagen des sozialen Dialogs auf Gemeinschaftsebene, ZfA 1997, S. 505; *Hergenröder/Jacobs,* Der Arbeitskampf im europäischen Zusammenhang, in: Heinemann, Hermann (Hrsg.), Das kollektive Arbeitsrecht in der Europäischen Gemeinschaft, 1991, S. 49, 107; *Höland,* Partnerschaftliche Setzung und Durchführung von Recht in der EG, ZIAS 1995, S. 425; *Kampmeyer,* Protokoll und Abkommen für die Sozialpolitik der Europäischen Union, 1998; *Lohmann,* Grenzüberschreitende Firmentarifverträge, 1993; *Le Friant,* Die Tarifverhandlungen in grenzüberschreitenden Unternehmen, NZA 1994, S. 158; *Ojeda Aviles,* Sind europäische Tarifverträge bloße Empfehlungen ?, FS für Wolfgang Däubler, 1999, S. 519; *Pitschas* (Hrsg.), Sozialer Dialog für Europa, 1998; *Piazolo,* Der soziale Dialog nach dem Abkommen über die Sozialpolitik und dem Vertrag von Amsterdam, 1999; *Schmidt, Marlene,* Die neue EG-Richtlinie zur Teilzeitarbeit, NZA 1998, S. 376; *Schnorr,* Kollektivverträge in einem integrierten Europa, DRdA 1994, S. 193; *Schwarze,* Legitimation kraft virtueller Repräsentation – ein gemeinschaftsrechtliches Prinzip?, RdA 2001, 208, *Steinmeyer,* Der Vertrag von Amsterdam und seine Bedeutung für das Arbeits- und Sozialrecht, RdA 2001, S. 10; *Treber,* Sozialer Dialog in der Europäischen Union und Gleichbehandlung bei Teilzeitarbeit, ZTR 1998, S. 256; *Timmesfeld,* Chancen und Perspektiven europäischer Kollektivverhandlungen, 1994; *Weiss,* Der soziale Dialog als Katalysator koordinierter Tarifpolitik in der EG, FS für Otto Rudolf Kissel, 1994, S. 1993; *ders.,* Die Bedeutung von Maastricht für die EG-Sozialpolitik, FS für Albert Gnade, 1992, S. 583; *Wisskirchen,* Der soziale Dialog in der Europäischen Gemeinschaft, in: Die Arbeitsgerichtsbarkeit, FS zum 100 jährigen Bestehen des Deutschen Arbeitsgerichtsverbandes, 1994, S. 653.

1. Europarechtliche Tarifautonomie?

1 Die im Jahre 2001 verabschiedete, aber noch nicht rechtsgültige **Charta der Grundrechte** der Europäischen Union garantiert in Art. 28 ein „Recht auf Kollektivverhandlungen und Kollektivmaßnahmen": „Die Arbeitnehmerinnen und Arbeitnehmer sowie die Arbeitgeberinnen und Arbeitgeber oder ihre jeweiligen Organisationen haben nach dem Gemeinschaftsrecht und den einzelstaatlichen Rechtsvorschriften und Gepflogenheiten das Recht, Tarifverträge auf den geeigneten Ebenen auszuhandeln und zu schließen sowie bei Interessenkonflikten kollektive Maßnahmen zur Verteidigung ihrer Interessen, einschließlich Streiks, zu ergreifen." Nach ihrem Art. 51 gilt die Charta aber nur für die Organe und Einrichtungen der Union, für die Mitgliedstaaten ausschließlich bei der Durchführung des Rechts der Union. Es ist also nicht an eine generelle Absicherung der nationalen Kollektivverhandlungen und Kollektivmaßnahmen gedacht, sondern an eine Garantie kollektiver Interessenvertretung im Rahmen des Gemeinschaftsrechts und bei seiner Durchführung auf nationaler Ebene.[1]

2 Dieser Artikel der Grundrechtscharta hat **Vorläufer und Vorbilder.** Nach Art. 6 EU-Vertrag achtet die Union die Grundrechte, wie sie in der Europäischen Konvention zum Schutz der Menschenrechte und Grundfreiheiten gewährleistet sind. Diese Konvention garantiert in Art. 11 Abs. 1 das Recht aller Menschen, zum Schutz ihrer Interessen Gewerkschaften zu bilden und diesen beizutreten. Eine wenn auch indirekte Bezugnahme auf soziale Grundrechte enthält auch Art. 136 EGV, nach dem die Gemeinschaft und die Mitgliedstaaten „eingedenk der sozialen Grundrechte, wie sie in der Europäischen Sozialcharta und in der Gemeinschaftscharta der sozialen Grundrechte der Arbeitnehmer" festgelegt sind, ihre sozialen Ziele verfolgen. Art. 6 der Europäischen Sozialcharta enthält ein umfassendes Recht auf Kollektivverhandlungen einschließlich des Rechts der Arbeitnehmer und der Arbeitgeber auf kollektive Maßnahmen im Fall von Interessenkonflikten. Die Gemeinschaftscharta der sozialen Grundrechte, die durch die Bezugnahme in Art. 136 EGV eine gewisse Rechtsverbindlichkeit erhalten hat, schützt das Recht der Arbeitnehmer und Arbeitgeber in der Europäischen Gemeinschaft, sich zur Bildung beruflicher oder gewerkschaftlicher Vereinigungen frei zusammenzuschließen, die das Recht haben, unter den Bedingungen der einzelstaatlichen Rechtsvorschriften und Gepflogenheiten Tarifverträge auszuhandeln und zu schließen. Auch kann danach der europaweite Dialog zwischen den Sozialpartnern, falls sie dies als wünschenswert ansehen, zu Vertragsverhältnissen namentlich auf branchenübergreifender und sektorieller Ebene führen. Schließlich wird das Recht garantiert, bei Interessenkonflikten Kollektivmaßnahmen einschließlich des Streiks zu ergreifen.

3 Diese allgemeinen und in ihrer Rechtsverbindlichkeit nicht ganz klaren Gewährleistungen werden durch die unmittelbar geltenden **Sozialvorschriften des EGV** konkretisiert. Diese enthalten keine eigenständige Grundrechtsgewährleistung, weisen aber den europäischen und nationalen Tarifverträgen eine herausragende Rolle bei der Entstehung und Durchführung der Sozialvorschriften der Gemeinschaft zu. Andererseits bestimmt Art. 137

---

[1] *Däubler,* AuR 2001, 380.

I. Tarifverträge und Arbeitskämpfe 4, 5 § 19

Abs. 6 EGV, dass die Ermächtigung zu Sozialvorschriften in Art. 137 nicht gilt für das Arbeitsentgelt, das Koalitionsrecht, das Streikrecht sowie das Aussperrungsrecht. Der EGV und die anderen vorstehend zitierten Quellen behandeln aber das Recht zu Kollektivverhandlungen so deutlich und vielfältig als selbständige Befugnis, dass es in Art. 137 Abs. 6 nicht als stillschweigend mit ausgeschlossener Bestandteil der Koalitionsfreiheit aufgefasst werden kann.[2] Dafür spricht besonders ein Vergleich zwischen Art. 137 Abs. 6 und Art. 140, in dem das Koalitionsrecht und die Kollektivverhandlungen nebeneinander aufgeführt sind. Zudem gilt Art. 137 Abs. 6, wie *Deinert*, a.a.O., zu Recht betont, für die in Art. 139 geregelten Vereinbarungen der Sozialpartner nur, soweit sie durch Ratsbeschluss umgesetzt werden sollen.

Kann man nach alledem von einem **europäischen Grundrecht auf Kollektivverhandlungen** sprechen? Diese Frage hat Generalanwalt *Jacobs* in seinem Schlussantrag vom 28. 1. 1999 in der Rechtssache C 67/96[3] aufgeworfen, in der es darum ging, ob auf allgemeinverbindlichen Tarifverträgen beruhende Pensionskassen den Wettbewerbsvorschriften des Vertrages entzogen sind. *Jacobs* stellt fest, die Kommission wie auch die niederländische und die französische Regierung leiteten aus den internationalen Vereinbarungen ab, dass es in der Rechtsordnung der Gemeinschaft ein Grundrecht auf Kollektivverhandlungen gebe.[4] Andererseits meint *Jacobs*, dass der EGV selbst kein Grundrecht der Koalitionsfreiheit und der Tarifautonomie enthalte, obwohl er Kollektivverhandlungen fördere. Die Gemeinschaftscharta der sozialen Grundrechte sei nicht rechtsverbindlich. Weitergehende Bedeutung legt *Jacobs* einem älteren Urteil des EuGH[5] bei, das in einem europäische Beamte betreffenden Fall die Freiheit, Gewerkschaften zu gründen, und das Recht der Gewerkschaften, die Interessen ihrer Mitglieder zu vertreten, zu den allgemeine Prinzipien des Arbeitsrechts gerechnet hatte. Die grundlegende Natur dieser Rechte sei im Fall Bosman allgemein für die Vereinigungsfreiheit[6] und im Fall Maurissen[7] speziell für Gewerkschaften bestätigt worden. Damit sei aber die Frage noch nicht entschieden, ob es ein drittes Grundrecht auf Kollektivverhandlungen gibt. Auch der Europäischen Menschenrechtskonvention und der Europäischen Sozialcharta lasse sich ein Grundrechtsschutz für Kollektivverhandlungen nicht entnehmen. Trotzdem kommt *Jacobs*[8] zu dem Ergebnis, dass das Kartellverbot in Art. 81 (bisher 85) EGV nicht auf allgemeinverbindliche Tarifverträge zur Gründung von Pensionskassen angewendet werden könne, da das der durch Art. 136 ff. EGV geschützten Funktion der Tarifverträge widerspreche.

Das anschließende Urteil des EuGH vom 21. 9. 1999[9] kommt zum gleichen Ergebnis. 5 Die Frage nach einem Grundrecht auf Kollektivverhandlungen wird hier gar nicht aufgeworfen, doch wird aus den Art. 136 ff. EGV eine **Einschränkung des Kartellverbots** in Art. 81 EGV abgeleitet. Zwar seien mit Tarifverträgen zwischen Organisationen, die Arbeitgeber und Arbeitnehmer vertreten, zwangsläufig den Wettbewerb beschränkende Wirkungen verbunden. Die Erreichung der mit derartigen Verträgen angestrebten sozialpolitischen Ziele sei jedoch ernsthaft gefährdet, wenn für die Sozialpartner bei der gemeinsamen Suche nach Maßnahmen zur Verbesserung der Beschäftigungs- und Arbeitsbedingungen Art. 81 Abs. 1 Geltung hätte.[10] Die Verweisung auf die Art. 136 ff. zum

---

[2] *Deinert*, Der Europäische Kollektivvertrag, 1999, S. 454 geht ebenfalls davon aus, dass eine Subsumtion des Tarifvertragsrechts unter den Begriff des Koalitionsrechts hier nicht in Frage kommt.
[3] Albany, Slg. 1999, 5754.
[4] Rn. 132.
[5] C 175/73, Slg. 1994, S. 917.
[6] C 415/93, Slg. 1995, S. 4921 Rn. 79, 80.
[7] 193 u. 194/87, Slg. 1989, S. 1045 Rn. 11–16, 21.
[8] Rn. 167 ff.
[9] Slg. 5863; ebenso Urteil vom gleichen Tage in den verbundenen Rechtssachen 115/97–117/97 „Brentjens", EuZW 2000, S. 174 = Slg. 1999, 6025.
[10] Urteil im Fall „Brentjens" Rn. 56; dazu *Berg* EuZW 2000, S. 170; *Fleischer*, DB 2000, S. 821; früher *Graf von Wallwitz*, Tarifverträge und die Wettbewerbsordnung des EG-Vertrages, 1997.

Schutz nationaler Tarifverträge, um die es hier ging, ist nicht zielführend, soweit diese Artikel Kollektivverträge auf Gemeinschaftsebene betreffen. Generalanwalt und EuGH, a. a. O., weisen aber mit Recht darauf hin, dass Art. 136 (früher Art. 1 Sozialabkommen) die Gemeinschaft und die Mitgliedstaaten zur Förderung des sozialen Dialogs und eines angemessenen sozialen Schutzes anhält. Ferner wird betont, dass die Kommission nach Art. 140 (früher 118) EGV die Aufgabe hat, die Zusammenarbeit zwischen den Mitgliedstaaten zu fördern. Aus alledem folgt keine umfassende europarechtliche Garantie nationaler (mitgliedstaatlicher) Tarifautonomien, wohl aber, dass das europäische Recht die gemeinschaftsweiten und die nationalen Sozialpartnervereinbarungen zu respektieren und zu praktischer Konkordanz mit den anderen Grundsätzen der Gemeinschaft zu bringen hat.

6 Deshalb ist nicht nur gegenüber den Wettbewerbsregeln des EGV, sondern ganz allgemein zu fragen, wann europarechtliche Vorschriften zurücktreten müssen, um die Kollektivverträge zur Entfaltung kommen zu lassen.[11] Dies deckt sich mit der Auffassung *Däublers*[12] und *Deinerts*,[13] das geschriebene Gemeinschaftsrecht gebe aus mehreren Gesichtspunkten eine **Wertentscheidung zugunsten der Koalitionsfreiheit** zu erkennen. Die Bildung und Existenz von Koalitionen werde primärrechtlich anerkannt. Die Koalitionsfreiheit umfasse die Freiheit der Koalitionen, autonom zu verhandeln und Kollektivverträge zu schließen. Die Kollektivautonomie gewährleiste zugleich die rechtliche Verbindlichkeit der Kollektivverträge inter partes. *Deinert* sieht dies durch die verschiedenen internationalen Grundrechtsgewährleistungen bestätigt, die allerdings nur wenig konkreter seien als die aus dem EGV selbst zu gewinnenden Ergebnisse.[14]

2. Kollektivvereinbarungen auf Gemeinschaftsebene (Art. 139 EGV)

a) Durchführung durch Ratsbeschluss

aa) Rechtsgrundlage

7 Der Dialog zwischen den Sozialpartnern auf Gemeinschaftsebene kann zur Herstellung vertraglicher Beziehungen führen, einschließlich des Abschlusses von Vereinbarungen. Dies bestimmt Art. 139 EGV, der aus dem Abkommen und Protokoll über die Sozialpolitik hervorgegangen ist.[15] Vertragspartner sind hier keine nationalen Tarifparteien, sondern allgemeine oder branchenbezogene Vereinigungen der Sozialpartner in der Gemeinschaft. Insofern handelt es sich um wirklich europäische Kollektivverträge. Auch die Wirkung dieser Verträge kann (muss aber nicht s. unten b) genuin europäisch sein. Art. 139 EGV bestimmt nämlich, dass die Durchführung dieser Tarifverträge in den durch Art. 137 erfassten Bereichen auf gemeinsamen Antrag der Tarifparteien durch einen Beschluss des Rats auf Vorschlag der Kommission erfolgen kann. Art. 137 umschreibt Bereiche, in denen die Kommission arbeitsrechtliche Richtlinien erlassen kann. Bisher sind drei europäische Vereinbarungen über den Elternurlaub, die Teilzeitarbeit und befristete Arbeitsverträge auf dieser Grundlage durch Richtlinien umgesetzt und für die Mitgliedstaaten verbindlich gemacht worden (zu diesen Richtlinien s. schon oben § 18 XI, IV, V).

bb) Die europäischen Kollektivvertragsparteien

8 Diese drei bisher durch Ratsbeschluss umgesetzten Vereinbarungen sind von den großen allgemeinen europäischen Arbeitgeberverbänden UNICE und, für die öffentlichen Unternehmen, CEEP, mit dem europäischen Gewerkschaftsbund EGB abgeschlossen worden. In den Ratsbeschlüssen wird jeweils gesagt, dass die Kommission ihren Vorschlag unter Berücksichtigung der Repräsentativität der Vertragsparteien gemacht habe. Auf der

---

[11] Dazu Rn. 20, 21, 109, 120.
[12] FS für Hanau, S. 489.
[13] Der europäische Kollektivvertrag, 1999, S. 269.
[14] S. 288; ähnlich *Birk*, MünchArbR Bd. 1, 2. Aufl. 2000, § 18 Rn. 78; § 19 Rn. 434.
[15] Zu dessen Vorgeschichte *Schuster*, EuZW 1992, S. 178.

I. Tarifverträge und Arbeitskämpfe

Grundlage des Art. 138 hört die Kommission aber alle von ihr als repräsentativ betrachteten Arbeitgeber- und Arbeitnehmervereinigungen auf europäischer Ebene, insgesamt 44. In drei Dokumenten (93/600; 96/448; 98/322) hat die Kommission die Anforderungen an repräsentative Verbände konkretisiert und die Verbände benannt. Die Kommission überlässt es aber den Verbänden, wen sie an dem Abschluss europäischer Verträge beteiligen.[16] Eine europäische Vereinigung des Handwerks und der kleinen und mittleren Unternehmen bzw. ihrer Verbände (UEAPME) hat beim Europäischen Gericht erster Instanz die Feststellung beantragt, dass die Richtlinie über den Elternurlaub nichtig sei, weil UEAPME nicht an der zugrundeliegenden Vereinbarung von UNICE, CEEP und EGB beteiligt wurde. Die Klage ist als unzulässig abgewiesen worden,[17] doch hat das Gericht betont, die Parteien der Vereinbarung müssten möglichst repräsentativ sein als Ausgleich für das demokratische Defizit des Verfahrens nach Art. 139, das keine Zustimmung des Europäischen Parlaments voraussetzt. Das Gericht befand allerdings, dass die kleinen und mittleren Unternehmen durch UNICE und CEEP hinreichend repräsentiert gewesen seien. Das gegen das Urteil eingelegte Rechtsmittel an den EuGH ist zurückgenommen worden. Die Klage war aber nicht ganz vergeblich, sondern soll dazu geführt haben, dass UNICE und CEEP die UEAPME bei späteren Vereinbarungen zwar nicht formell beteiligt, aber doch in den Willensbildungsprozess eingebunden haben. Zu Vereinbarungen kleinerer Vereinigungen auf europäischer Ebene dürfte es auf Branchenebene kommen.

cc) Das Verhältnis der europäischen Kollektivverträge zu den Befugnissen der Gemeinschaftsorgane

Hier gibt es zunächst eine große Debatte darüber, ob die Einschaltung der Sozialpartner in das Gesetzgebungsverfahren unter Ausschaltung des Europäischen Parlaments dem demokratischen Prinzip entspricht. So wird geltend gemacht, dass es den Sozialpartnern an einer **demokratischen Legitimation** zur Rechtssetzung fehle, soweit mittels eines Ratsbeschlusses in die Rechtsbeziehungen von Außenseitern eingegriffen werden könne.[18] Dem hat *Deinert*[19] zu Recht entgegengehalten, dass die Sozialpartner nicht von sich aus zur Rechtssetzung befugt sind. Vielmehr müssen Rat und Kommission ihre Entscheidungen in selbständiger Verantwortung treffen; sie machen sich nur die Kompetenz und Sachnähe der Sozialpartner zunutze. *Deinert*[20] weist in diesem Zusammenhang auf die Parallele zur Allgemeinverbindlicherklärung von Tarifverträgen nach § 5 TVG hin, die vom BVerfG aus dem Zusammenwirken von autonomer Rechtssetzung der Koalitionen und staatlicher Zustimmung gerechtfertigt wird.[21] Dem wird allerdings entgegengehalten, das demokratische Prinzip erfordere zwingend die Mitwirkung des Europäischen Parlaments, die in Art. 139 EGV nicht vorgesehen ist und von der Kommission notdürftig durch eine Anhörung ersetzt wird.[22] Eine Beteiligung des Parlaments ist aber, wie die vergleichbare Allgemeinverbindlicherklärung von Tarifverträgen zeigt, nicht einmal in Staaten wie Deutschland, in denen das demokratische Prinzip viel stärker parlamentarisiert ist als in der Union, vorgesehen. Wie auch die UEAPME-Entscheidung des Europäischen Gerichts erster Instanz (s. Rn. 8) hervorhebt, reicht das Zusammenwirken des mittelbar ebenfalls demokratisch legitimierten Ministerrats mit den bürgernahen repräsentativen Verbänden der Arbeitgeber und Arbeitnehmer aus.

---

[16] Kritisch *Gilles*, Das Zustandekommen und die Durchführung von Sozialpartnervereinbarungen im Rahmen des europäischen sozialen Dialogs, 1999, S. 107 ff.; *Franssen/Jacobs*, Common Market Law Review 1998, S. 1295; auch *Deinert*, Der europäische Kollektivvertrag, 1999, S. 459 ff.
[17] 17. 6. 1998 Slg. 1998 II, 2335; kritisch *Schwarze* RdA 2001, 208.
[18] *Weiss*, FS für Gnade 1992, S. 583, 595.
[19] Der europäische Kollektivvertrag, 1999, S. 205. Ebenso *Schwarze* RdA 2001, 208, 217.
[20] A. a. O.; ebenso *Birk*, S. 106.
[21] BVerfGE 44, S. 322, 346; 55, S. 7, 24.
[22] *Dederer*, RdA 2000, S. 216; *Britz/Schmidt*, EuR 1999, S. 467.

10 Neben dieser Grundsatzfrage nach dem **Verhältnis öffentlicher zu autonomer Rechtssetzung** stellt sich die konkrete Frage, wie weit beide in ihrer Wirksamkeit voneinander abhängig sind. Anerkannt ist, dass Rat und Kommission zur Übernahme der Sozialpartnervereinbarungen nicht verpflichtet sind, sie aber auch nicht ändern, also nur Ja oder Nein sagen können.[23] Deshalb kann der Ratsbeschluss auch nicht den fachlichen oder regionalen Geltungsbereich ändern.[24] Im Übrigen wird vertreten, dass die Richtlinie ein selbständiger gemeinschaftsrechtlicher Rechtsakt sei, der zwar hinsichtlich seines Zustandekommens, nicht aber hinsichtlich seines Bestandes von der Vereinbarung abhängig sei. So könne eine Richtlinie die Existenz einer Vereinbarung zeitlich überdauern, sofern ihre Geltungsdauer nicht akzessorisch an die der Vereinbarung gekoppelt wurde; sie könne ansonsten nur durch einen actus contrarius aus der Welt geschafft werden, entweder im Normalverfahren oder aufgrund einer erneuten Sozialpartnervereinbarung.[25] Die bisher im Rahmen des Art. 137 erlassenen Richtlinien verweisen auf die jeweilige im Anhang der Richtlinie wiedergegebene Sozialpartnervereinbarung, die deshalb für die Auslegung maßgeblich sein muss. Dementsprechend heißt es in der Rahmenvereinbarung über den Elternurlaub, unbeschadet der Rolle der Kommission, der einzelstaatlichen Gerichte und des EuGH müsse jede Frage, die die Auslegung dieser Vereinbarung auf europäischer Ebene betrifft, zunächst von der Kommission an die Unterzeichnerparteien zur Stellungnahme zurückverwiesen werden. In den beiden anderen Rahmenvereinbarungen ist dies als Bitte formuliert. Dagegen wird man annehmen müssen, dass etwaige Mängel der Vereinbarung ebenso unerheblich sein sollen wie ihre spätere Aufhebung durch die Vertragsparteien. Durch die Bezugnahme auf die Sozialpartnervereinbarung ist diese ja auch zum Inhalt der Richtlinie geworden. Insoweit dürfte die Wirkung der Richtlinie weiter gehen als die einer Allgemeinverbindlicherklärung gem. § 5 TVG. Die Wirksamkeit der innerstaatlichen Umsetzungsgesetzgebung ist ohnehin unabhängig von der Wirksamkeit von Richtlinie und Rahmenvereinbarung.

dd) Die Reichweite der Ermächtigungsgrundlage, insbesondere im Entgeltbereich

11 Die Durchführung der auf Gemeinschaftsebene geschlossenen Vereinbarungen durch Ratsbeschluss beschränkt sich nach Art. 139 Abs. 2 auf die durch Art. 137 erfassten Bereiche, wie es entsprechend auch schon in dem Abkommen und Protokoll über die Sozialpolitik vorgesehen war. Diese Bereiche sind in diesem Handbuch bereits oben (§ 12) von *Steinmeyer* erläutert worden, so dass hier einige ergänzende Bemerkungen zu der Ermächtigungsgrundlage für die drei bisher durch Ratsbeschluss durchgeführten Sozialpartnervereinbarungen genügen. Bei ihnen fällt auf, dass sie die **Ermächtigungsgrundlage nur ungenau** angeben. Die Richtlinie zu der Rahmenvereinbarung über den Elternurlaub verweist eingangs auf Art. 4 Abs. 2 des Abkommens über die Sozialpolitik (heute Art. 139 Abs. 2 EGV), geht aber nicht darauf ein, dass die Umsetzung von Sozialpartnervereinbarungen durch Ratsbeschluss nur in dem Bereich des Art. 2 Sozialprotokoll und 137 EGV möglich war und ist. Stattdessen wird auf Nr. 16 der Gemeinschaftscharta der sozialen Grundrechte Bezug genommen, auf die zwar zu Beginn des Sozialprotokolls und des Art. 136 EGV verwiesen wird, die aber die Erfüllung der Tatbestandsmerkmale des Art. 2 Sozialprotokoll (= Art. 137 EGV) nicht ersetzen kann. Auch die Richtlinie zu der Rahmenvereinbarung über Teilzeitarbeit stützt sich nach einer allgemeinen Erwähnung des Art. 4 Abs. 2 Sozialprotokoll (= Art. 139 Abs. 2 EGV) auf die Gemeinschaftscharta der sozialen Grundrechte. Außerdem wird auf die Schlussfolgerungen des Europäischen Rats in Essen verwiesen, der u. a. die Förderung der Chancengleichheit von Männern und Frauen gefordert hat. Die Richtlinie zu der Rahmenvereinbarung über befristete Arbeitsverhältnisse stützt sich auf Art. 139 Abs. 2 EGV und ignoriert wiederum, dass Sozialpartnervereinbarungen nach dieser Vorschrift nur

---

[23] *Buchner*, RdA 1993, 201; *Deinert*, a.a.O., S. 447; *Gilles*, a.a.O., S. 180; *Steinmeyer*, RdA 2001, S. 10, 21.
[24] *Deinert*, a.a.O.
[25] *Birk*, 6. Bonner Europa-Symposium, S. 109; *Deinert*, a.a.O., S. 450.

I. Tarifverträge und Arbeitskämpfe

im Bereich des Art. 137 durch Ratsbeschluss umgesetzt werden können. Stattdessen wird auch hier auf die Gemeinschaftscharta der sozialen Grundrechte verwiesen.

Diese Zitierfehler stellen die Wirksamkeit der Richtlinien nicht auf Dauer in Frage, da sie sich auf die Ermächtigung in Art. 2 Sozialpolitik und Art. 137 EGV zur Regelung von Arbeitsbedingungen stützen lassen. Die Ignorierung dieser Ermächtigungsgrundlage verdeckt freilich das Problem, ob die Vereinbarungen und die sie umsetzenden Richtlinien **Entgeltfragen** regeln dürfen, obwohl Art. 137 EGV wie schon Art. 2 Sozialprotokoll nach Abs. 6 nicht für Arbeitsentgelte gilt. Im Schrifttum ist daraus geschlossen worden, dass sich das Diskriminierungsverbot in der Teilzeitrichtlinie nicht auf Arbeitsentgelte beziehen kann.[26] Eine vermittelnde Auffassung vertritt *Steinmeyer*.[27] Sofern Regelungen, auch Entgeltregelungen, geeignet seien, einen Beitrag zur Verwirklichung der Chancengleichheit von Männern und Frauen zu leisten, seien sie von der speziellen Ermächtigung in Art. 2 Sozialprotokoll (= Art. 137 EGV) abgedeckt.

Richtlinie und Rahmenvereinbarung über den Elternurlaub enthalten keine Entgeltregelung, sondern nur ein Recht auf Freistellung von der Arbeit. Teilzeit- und Befristungsvereinbarungen und -richtlinien enthalten dagegen einen „**Grundsatz der Nichtdiskriminierung**" in Bezug auf die Beschäftigungsbedingungen, ohne die Entgelte als die wichtigsten Beschäftigungsbedingungen auszuschließen. Die auf Art. 2 des Sozialprotokolls gestützte Richtlinie über europäische Betriebsräte sah sich durch die Ausklammerung der Arbeitsentgelte nicht gehindert, für die Lohn- und Gehaltsfortzahlung den gleichen Schutz zu verlangen wie für nationale Arbeitnehmervertretungen.

Auch auf **andere Ermächtigungsgrundlagen** gestützte Richtlinien enthalten Entgeltregelungen. Das ist in diesem Zusammenhang erheblich, da es nahe liegt, die Ausklammerung der Arbeitsentgelte auch auf andere Ermächtigungsgrundlagen zu übertragen.[28] Das gilt besonders für auf die allgemeine Vorschrift des Art. 100 (jetzt Art. 94) gestützte Richtlinien, da die Ausklammerung der Arbeitsentgelte leicht umgangen werden könnte, wenn arbeitsrechtliche Richtlinien über Entgelte weiter auf Art. 100 (Art. 94) gestützt werden könnten. Auf Art. 100 ist z.B. die unmittelbar auf Entgelte bezogene Richtlinie zur Angleichung der Rechtsvorschriften über die Anwendung des Grundsatzes des gleichen Entgelts für Männer und Frauen gestützt. Ihr tritt allerdings Art. 119 (jetzt Art. 141) EGV als zusätzliche Legitimation hinzu, doch enthält dieser Artikel keine Ermächtigung zum Erlass von Richtlinien. Ebenfalls auf Art. 100 ist die Betriebsübergangsrichtlinie gestützt, die die Kontinuität der Arbeitsbedingungen und damit auch der Arbeitsentgelte bei einem Betriebsinhaberwechsel vorsieht. Auch die auf die Niederlassungs- und Dienstleistungsfreiheit gestützte Entsenderichtlinie betrifft schwerpunktmäßig Arbeitsentgelte, ebenso der Kommissionsvorschlag einer Richtlinie über Leiharbeiter v. 20. 3. 2002, KOM (2002) 149.

All dies zeigt, dass dem europäischen Arbeitsrecht eine **zentrale Dimension** fehlen würde, könnte es sich nicht auf **Arbeitsentgelte beziehen.** Auch die einzelnen Tatbestände des Art. 137 weisen darauf hin, dass Entgeltfragen nicht völlig ausgeklammert sein sollen. Dies zeigt die allgemeine Ermächtigung zur Regelung von Arbeitsbedingungen ebenso wie das Gebot der Gleichbehandlung von Männern und Frauen am Arbeitsplatz. Auch bei den Beschäftigungsbedingungen von Drittstaatsangehörigen ist in erster Linie an die Gleichbehandlung beim Entgelt zu denken. Welche besonderen Beschäftigungsbedingungen sollte es sonst für Drittstaatsangehörige geben?

Aus alledem ist mit *Birk*[29] eine enge Auslegung des Art. 137 VI zu fordern, zumal es sich hier um eine Ausnahmevorschrift handelt. *Birk*[30] will allerdings im Anschluss an *Mar-*

---

[26] Schmidt, NZA 1998, S. 376; MünchArbR/Birk, 2. Aufl., § 19 Rn. 103.
[27] RdA 2001, S. 10, 18.
[28] So auch MünchArbR/Birk, 2. Aufl, § 18 Rn. 35; s. auch Preis/Gotthardt EAS B 1100 Rn. 28: Soweit Art. 137 eine Befugnis zur Rechtssetzung gibt, kann nicht auf Art. 94 zurückgegriffen werden.
[29] MünchArbR, 2. Aufl. § 18 Rn. 35.
[30] A.a.O., § 19 Rn. 103.

lene Schmidt[31] Entgeltfragen aus der Teilzeitrichtlinie ausklammern. Damit verliert diese aber einen wesentlichen Teil ihrer Bedeutung. M. E. lässt sich das Nebeneinander von Ermächtigungstatbeständen, die nach ihrem Sinn und Zweck eindeutig auch Entgeltfragen umfassen, und der Ausnahmeregelung für Arbeitsentgelte nur so erklären, dass eine europäische Mindestlohngesetzgebung ausgeschlossen sein soll,[32] nicht aber die **Erstreckung von Diskriminierungsverboten auf Arbeitsentgelt.** Mit Diskriminierungsverboten werden ja nicht die Arbeitsentgelte selbst festgelegt, sondern es wird nur verlangt, dass sie nicht diskriminierend angewendet werden. Der Kampf gegen Diskriminierungen ist seit langem so zentral für die Sozialpolitik der EG, dass nicht angenommen werden kann, er habe durch Art. 137 Abs. 6 im Bereich der wichtigsten Arbeitsbedingungen, der Entgelte, gestoppt werden sollen. Von Diskriminierung kann freilich nur gesprochen werden, soweit eine Unterscheidung grundsätzlich sachfremd erscheint. Bei Leiharbeitnehmern ist dies nicht der Fall.

b) Durchführung nach den Verfahren und Gepflogenheiten der Sozialpartner und der Mitgliedstaaten

17 Neben der Durchführung der auf Gemeinschaftsebene geschlossenen Vereinbarungen durch Ratsbeschluss sieht Art. 139 Abs. 2 die Durchführung nach den jeweiligen Verfahren und Gepflogenheiten der Sozialpartner und der Mitgliedstaaten vor. Dem liegt Art. 139 Abs. 1 zugrunde, nach dem der Dialog zwischen den Sozialpartnern auf Gemeinschaftsebene, falls sie es wünschen, zur Herstellung vertraglicher Beziehungen einschließlich des Abschlusses von Vereinbarungen führen kann. Im Schrifttum wird nachhaltig diskutiert, welche Rechtswirkungen die Vereinbarungen haben, soweit sie nicht durch Ratsbeschluss umgesetzt werden. Herrschend ist die Annahme einer schuldrechtlichen **Verpflichtung** der europäischen und ihnen gegenüber der nationalen Verbände, die Vereinbarungen **innerstaatlich durchzusetzen.**[33] Dem steht die Auffassung gegenüber, dass ein europäischer Kollektivvertrag seine Wirkungen im Einzelarbeitsverhältnis nach den Normen des im jeweiligen Mitgliedstaat geltenden Rechts entfaltet.[34] In der Tat kann sich eine solche Wirkung ergeben, wenn die europäischen Verbände eine entsprechende Vollmacht der ihnen angeschlossenen nationalen Verbände haben. Eine weitergehende Wirkung der auf europäischer Ebene geschlossenen Vereinbarungen wäre unvereinbar damit, dass sie nach den Verfahren und Gepflogenheiten der Sozialpartner und der Mitgliedstaaten wirksam werden sollen. Die Brücke von der europäischen Vereinbarung zur nationalen Wirkung kann hier nur durch eine entsprechende Bevollmächtigung der europäischen Verbände geschlagen werden. Damit ist die Wirksamkeit der auf europäischen Ebene geschlossenen Sozialpartnervereinbarungen aber nicht in das Belieben der nationalen Verbände gelegt, da sich aus dem möglichen Ziel des sozialen Dialoges, vertragliche Beziehungen herzustellen, ergibt, dass an dem Dialog nur solche Verbände auf europäischer Ebene teilnehmen können, deren Abschlüsse von den Mitgliedsverbänden respektiert werden, sei es unmittelbar aufgrund Bevollmächtigung oder mittelbar durch eine schuldrechtliche Verpflichtung. Von der Möglichkeit zur Verpflichtung der nationalen Sozialpartner gehen UNICE, CEEP und EGB aus.[35] Darauf weist *Deinert*[36] zu Recht hin.

---

[31] NZA 1998, S. 376.
[32] Ebenso *Däubler,* FS für Hanau, S. 498.
[33] *Preis/Gotthardt;* EAS B 1100 Rn. 99; *Gilles,* Das Zustandekommen und die Durchführung von Sozialpartnervereinbarungen im Rahmen des europäischen Dialogs, S. 151 ff.; einschränkend *Heinze,* 6. Bonner Europa-Symposium, S. 51: Schuldrechtlich wirkende Vereinbarungen als Empfehlungen an die nationalen Sozialpartner.
[34] *Deinert,* Der europäische Kollektivvertrag, 436 ff.; *Ojeda Aviles,* FS für Däubler, S. 519.
[35] Vgl. Vorschläge der Sozialpartner für die Umsetzung des dem Protokoll über die Sozialpolitik beigefügten Abkommens vom 29. 10. 1993, Soziales Europa 2/1995, S. 176.
[36] A. a. O., S. 453.

I. Tarifverträge und Arbeitskämpfe

3. Durchführung von Richtlinien durch die Sozialpartner (Art. 137 Abs. 4 EGV)

Diese Regelung spielt in Deutschland keine Rolle. Deshalb sei dazu nur aus einem Hintergrundpapier der Europäischen Kommission, Generaldirektion V, vom 10. 12. 1996 (D 2/MH D) 96) zitiert. Dieses Papier bezieht sich noch auf Art. 2 Abs. 4 des Abkommens über die Sozialpolitik, doch gilt es ebenso für den gleichlautenden Art. 137 Abs. 4 EGV n. F. Hier heißt es zunächst, der Wortlaut der Bestimmung decke sich mit der Rechtsprechung des Gerichtshofs.[37] Obwohl die Ausdrücke „übertragen" und „auf deren gemeinsamen Antrag" verwendet werden, müssten die Mitgliedstaaten keine speziellen Verfahren für die Durchführung durch Tarifverträge einführen. Weder eine ausdrückliche formale Übertragung durch den Staat noch ein gemeinsamer Antrag der Sozialpartner vor ihren Verhandlungen seien für die Durchführung der Richtlinie erforderlich. Die Richtlinie müsse von ihrem wesentlichen Inhalt her in die in jedem Mitgliedstaat vereinbarte tarifliche Zuständigkeit der Sozialpartner fallen. Richtlinien für Bereiche, für die ausschließlich die nationalen Parlamente zuständig seien, könnten nicht durch Tarifverträge durchgeführt werden. Der erforderliche Schutz für alle Arbeitnehmer könne nicht durch faktische Gleichbehandlung hergestellt werden, sondern nur durch eine rechtliche Bindungswirkung gegenüber der gesamten unter den Anwendungsbereich der Richtlinie fallenden Arbeitnehmerschaft.[38] Bei der Anwendung durch Tarifverträge müsse durch lange Kündigungsfristen oder andere mögliche Mittel dafür gesorgt werden, dass die Richtlinie nicht ihre Rechtskraft verliert, sobald der Tarifvertrag ausläuft.

Von besonderem Interesse für das Verhältnis von Gemeinschaftsrecht und Tarifautonomie ist schließlich die Bemerkung des Papiers, man könne prüfen, ob bei der Ausarbeitung sozialpolitischer Richtlinien die Möglichkeit einer Durchführung durch Tarifvertrag stärker berücksichtigt werden sollte. Insbesondere könne das Gemeinschaftsrecht den Rückgriff auf Rahmenrichtlinien vorsehen, und die Richtlinien könnten ggf. Ausnahmeregelungen über Tarifverträge auf nationaler Ebene zulassen.

4. Rechtsmittel der Sozialpartner

Nach Art. 230 (früher Art. 173) Abs. 4 EGV kann jede natürliche oder juristische Person gegen Entscheidungen von Gemeinschaftsorganen Klage bei den Gemeinschaftsgerichten erheben, von denen sie unmittelbar und individuell betroffen ist. Dies können auch die überbetrieblichen und betrieblichen Sozialpartner sein. Eine mögliche Grundlage für deren Betroffenheit ist Art. 18 Abs. 4 der VO 4064/89 über die Kontrolle von Unternehmenszusammenschlüssen, nach dem rechtlich anerkannte Vertreter der Arbeitnehmer der beteiligten Unternehmen Antrag auf Anhörung im Genehmigungsverfahren stellen können. Die europäische Rechtsprechung ist aber restriktiv. So lehnte sie in 2 Entscheidungen vom 27. 4. 1995[39] ein Klagerecht der Arbeitnehmervertretungen bei Fusionen ab, da sowohl die Rechtsstellung der Arbeitnehmervertretungen als auch die Rechte der Arbeitnehmer durch die Betriebsübergangsrichtlinie hinreichend geschützt seien. Ein Urteil vom 23. 5. 2000[40] versagt den Arbeitnehmervertretungen eines Unternehmens ein Klagerecht gegen eine Entscheidung der Kommission, mit der die Rückzahlung einer dem Unternehmen gewährten Beihilfe verlangt wurde. Zwar könnten bei der Beurteilung der Vereinbarkeit einer staatlichen Beihilfe mit dem Gemeinsamen Markt soziale Belange

---

[37] Das Papier bezieht sich hier auf die Entscheidungen Kommission ./. Italien Slg. 1982, 2133; Kommission ./. Dänemark, Slg. 1985, 427; Kommission ./. Belgien Slg. 1985, 1039; Kommission ./. Italien, Slg. 1985, 3531 und 1986, 2291; Kommission ./. Frankreich, Slg. 1988, 6315.
[38] Dies würde in Deutschland eine Allgemeinverbindlicherklärung voraussetzen. S. auch Rn. 119.
[39] T 12/93, Slg. 1995, 1247 = NZA 1995, 1015 (LS); T 96/92 (Gericht).
[40] Slg. 2000, 3680 (Gerichtshof).

berücksichtigt werden, allerdings nur im Rahmen einer Globalbeurteilung, die eine Vielzahl verschiedenartiger Erwägungen einbezieht, wie u. a. den Wettbewerbsschutz, die regionale Entwicklung, die Förderung der Kultur oder den Umweltschutz. Die Eigenschaft als Verhandlungspartner hinsichtlich der sozialen Belange des Unternehmens reiche aber nicht aus, um ein Klagerecht zu begründen. Die Entscheidung deutet an, es könne anders sein, wenn die Arbeitnehmervertretung an dem Verfahren nach Art. 93 (jetzt Art. 89) Abs. 2 EGV beteiligt sei. Diese restriktive Handhabung des Klagerechts der Arbeitnehmervertretungen entspricht dem geringen Stellenwert von Sozialpartnervereinbarungen im Beihilferecht. Ob sich das nach der Aufwertung der Tarifverträge im Wettbewerbsrecht (s. Rn. 5) ändert, bleibt abzuwarten.

5. Europäisches Arbeitskampfrecht?

21   Während die Tarifverträge auf Gemeinschaftsebene fest verankert sind, gibt es im EGV zum Arbeitskampfrecht nur die negative Aussage des Art. 137 Abs. 6. Trotzdem leitet *Däubler*[41] aus den völkerrechtlichen und mitgliedstaatlichen Gewährleistungen des Streikrechts ein Streikrecht und möglicherweise Aussperrungsrecht auf europäischer Ebene ab, ebenso *Antoine Jacobs*.[42] *Hergenröder*[43] sucht dagegen die Grundlage für grenzüberschreitende Arbeitskämpfe in den gebündelten nationalen Arbeitskampfrechten. Kehrseite eines solchen grenzüberschreitenden Streikrechts könnte der Wegfall von Entgeltansprüchen in Betrieben sein, die mittelbar durch ausländische Arbeitskämpfe stillgelegt werden. Zwischen beiden Auffassungen dürfte kein grundsätzlicher Gegensatz bestehen. Die Europäisierung des Arbeitskampfrechts muss der Europäisierung der Tarifverträge folgen. Allerdings reicht die allgemeine europäische Solidarität von Arbeitnehmern und Arbeitgebern nicht als Grundlage grenzüberschreitender Sympathiekampfmaßnahmen aus. Ein gemeinsamer grenzüberschreitender Tarifvertrag kann aber auch mit Arbeitskampf er- bzw. bekämpft werden. Rechtliche Einzelheiten lassen sich erst beurteilen, wenn solche Tarifverträge faktisch er- bzw. bestritten werden.

II. Der Europäische Betriebsrat

Schrifttum: *Ahrens,* Europäischer Betriebsrat, Fortgeltung und Änderung bestehender freiwilliger Vereinbarungen, AG 1997, S. 298; *Altmeyer,* Interessenmanager vor neuen Herausforderungen. Eine empirissche Studie über Belegschaftsvertretungen in Deutschland, Frankreich, Spanien und Großbritannien, 2001; *Bachner/Nielebock,* Ausgewählte Aspekte des EBRG, AuR 1997, S. 129; *Blank/Geissler/Jäger,* Euro-Betriebsräte, Grundlagen, Praxisbeispiele, Mustervereinbarungen, 1996; *Blanke,* Kommentar zum EBRG, 1999; *ders.,* Die Mitbestimmung in Tendenzunternehmen nach dem EBRG, FS für Däubler, 1999, S. 841; *Däubler,* Europäische Betriebsräte und Rechte der Gewerkschaften, AuR 1996, S. 303; *ders.,* Die Vereinbarungen zur Errichtung eines Europäischen Betriebsrats, FS für Schaub, 1998, S. 95; *Däubler/Klebe,* Der Euro-Betriebsrat, AiB 1995, S. 558; *Engels/Müller,* Regierungsentwurf eines Gesetzes über Europäische Betriebsräte, DB 1996, S. 981; *Gaul,* Die Einrichtung Europäischer Betriebsräte, NJW 1995, S. 228; *Glückert,* Die Implementierung der Richtlinie 94/95 EG über Europäische Betriebsräte in Deutschland und Frankreich, 2001; *Hanau,* Nationale Regelungen für internationale (europäische) Betriebsräte, FS für Vieregge, 1995, S. 319; *Hauß,* Grenzüberschreitende Betriebsverfassung in Europa, 1996; *Heinze,* Der Europäische Betriebsrat, AG 1995, S. 385; *Hohenstatt,* Der Europäische Betriebsrat und seine Alternativen, EuZW 1995, S. 169; *Hromadka,* Rechtsfragen zum Eurobetriebsrat, DB 1995, S. 1125; *Joost,* Münchener Handbuch zum Arbeitsrecht, 2. Aufl. Band 3, 2000, §§ 366, 367; *Junker,* Der europäische Betriebsrat in rechtsvergleichender Perspektive, JZ 1992, S. 1100; *Kilian,* Die Umsetzung der RL 94/95 EG in

---

[41] FS für Hanau, 1999, S. 489, 496.
[42] In Heinemann (Hrsg.), Das kollektive Arbeitsrecht in der Europäischen Gemeinschaft, 1999, S. 107.
[43] In Heinemann, a. a. O., S. 49.

II. Der Europäische Betriebsrat

Großbritannien, RdA 2001, 166; *Kirschbaum,* Handbuch zum internationalen Betriebsverfassungsrecht, Wien 2001; *Klinkhammer/Welslau,* Europäische Betriebsräte in der Praxis, 1995; *Klebe/Kunz,* Europäische Betriebsräte: Eine praktische und rechtliche Zwischenbilanz, FS für Däubler, 1999, S. 823; *Köstler,* Euro-Betriebsräte zügig bilden, AiB 1995, S. 753; *Kolvenbach,* Die weitere Entwicklung der Betriebsverfassung und der Unternehmensmitbestimmung in den Mitgliedstaaten der EU, FS für Everling, 1995, S. 669; *ders.,* NZA 2000, S. 518; *Kolvenbach/Kolvenbach,* Massenentlassungen bei Renault in Belgien, NZA 1997, S. 695; *Lecher/Platzer/Rüb/Weiner,* Europäische Betriebsräte – Perspektiven ihrer Entwicklung und Vernetzung, 1999; *dies.,* Verhandelte Europäisierung. Die Einrichtung europäischer Betriebsräte zwischen gesetzlichem Rahmen und sozialer Dynamik, 2000; *dies.,* Beachtliche Dynamik, Mitbestimmung 2000, S. 28; *Lorenz/Zumfelde,* Der europäische Betriebsrat und die Schließung des Renault-Werkes in Vilvoorde/Belgien, RdA 1998, S. 168; *Martens,* Europaweite Kooperation von Betriebsräten multinationaler Konzerne – Das Beispiel des Volkswagen-Konzerns, 1993; *Mayer,* Europäische Betriebsräte – Harmonisierungsprobleme bei der Umsetzung, BB 1995, S. 1794; *Müller,* Kommentar zum EBRG, 1997; *Oetker,* Europäisches Betriebsverfassungsrecht, EAS B 8300; *Pipkorn,* Europäische Aspekte der Information- und Mitwirkungsrechte der Arbeitnehmer, 1995; *Rademacher,* Der europäische Betriebsrat, 1996; *Sandmann,* Die Euro-Betriebsratsrichtlinie, 1996; *Schiek,* Europäische Betriebsvereinbarungen?, RdA 2001 S. 218; *Schmidt, Ingrid,* Betriebliche Arbeitnehmervertretung insbesondere im Europäischen Recht, RdA 2001, Heft 5 Beilage S. 12; *Stöckli,* Betriebliche Arbeitnehmervertretung im Schweizerischen und im Europäischen Recht, RdA 2001 Heft 5 Beilage S. 1; *Weiss,* Die Umsetzung der Richtlinie über europäische Betriebsräte, AuR 1995, S. 438; *Willemsen/Hohenstatt,* Chancen und Risiken von Vereinbarungen gemäß Art. 13 der Euro-Betriebsrats-Richtlinie, NZA 1995, S. 399; *Wirmer,* Die Richtlinie Europäische Betriebsräte, DB 1994, S. 2135; *Wunsch/Semmler,* Entwicklungslinien einer europäischen Arbeitnehmermitwirkung, 1994; *Zügel,* Mitwirkung der Arbeitnehmer nach der EU-Richtlinie über die Einsetzung eines europäischen Betriebsrats, 1995.

1. Rechtsgrundlagen

Die europarechtlichen Regelungen zur Betriebsverfassung, insbesondere zur Unterrichtung und Anhörung der Arbeitnehmervertreter, betreffen zum einen die transnationale, europäische Betriebsverfassung, zum anderen enthalten sie Richtlinien für die nationalen Betriebsverfassungsrechte. Im Folgenden wird zunächst die europäische Betriebsverfassung behandelt, da sie zwar zeitlich zuletzt kam, der transnationalen Aufgabe der Gemeinschaft aber am nächsten steht. Daran schließt sich eine Darstellung der europarechtlichen Vorgaben für die nationalen Betriebsverfassungen an (unten Rn. 101 ff.). Die Abgrenzung europäischer und deutscher Betriebsverfassung hängt davon ab, welche Ausstrahlungen ins Ausland das deutsche Betriebsverfassungsrecht haben kann, wenn Arbeitnehmer deutscher Betriebe ins Ausland entsandt werden (dazu BAG 7. 12. 1989 AP Nr. 2 Internationales Privatrecht, Arbeitsrecht und zuletzt U. Fischer, Der internationale Betrieb – Prüf- oder Stolperstein für das Territorialprinzip? RdA 2002). Entsendungsvorgänge sind vom europäischen Recht bisher nur unter dem Aspekt der Freizügigkeit und der Dienstleistungsfreiheit erfasst worden, während die betriebsverfassungsrechtliche Zuordnung noch dem nationalen Recht unterliegt. Da es sich um grenzüberschreitende Tätigkeiten handelt, besteht aber auch in betriebsratsverfassungsrechtlicher Hinsicht ein Sachzusammenhang mit dem europäischen Recht, insbesondere durch die Notwendigkeit einer Zuordnung ins Ausland entsandter Arbeitnehmer entweder zur europäischen oder zur nationalen Betriebsverfassung. Seit der Einführung der europäischen Betriebsverfassung zeichnet sich die Möglichkeit einer lückenlosen betriebsverfassungsrechtlichen Zuordnung ab, entweder zur nationalen oder zur europäischen Betriebsverfassung des entsendenden Unternehmens (s. Rn. 32).

Das **EBRG** v. 28. 10. 1996[44] ist das deutsche Umsetzungsgesetz der Richtlinie 94/45/EG „über die Einsetzung eines Europäischen Betriebsrats oder die Schaffung eines Verfahrens zur Unterrichtung und Anhörung der Arbeitnehmer in gemeinschaftsweit operie-

---

[44] BGBl. I S. 1548.

renden Unternehmen und Unternehmensgruppen" vom 22. 9. 1994.[45] Das Gesetz ist am 1. 11. 1996 in Kraft getreten. Damit wurde die in Art. 14 Abs. 1 der EBR-RL den Mitgliedstaaten vorgeschriebene Frist zur Umsetzung der Richtlinie in nationales Recht bis spätestens 22. 9. 1996 geringfügig überschritten. Mit der Verabschiedung der EBR-RL und ihrer Umsetzung in nationales Recht wird erstmals eine eigenständige Institution des kollektiven Arbeitsrechts auf Gemeinschaftsebene geschaffen.

24 Die **EBR-RL** gilt seit dem 15. 12. 1997 auch in Großbritannien und Nordirland und damit in allen 15 Mitgliedstaaten der EU sowie in den Staaten des Europäischen Wirtschaftsraumes.[46]

25 Dies war jedoch nicht von Anfang an der Fall. Rechtsgrundlage der EBR-RL ist das Maastrichter Protokoll und Abkommen über Sozialpolitik v. 7. 2. 1992.[47] Sie galt danach zunächst nur für die Unterzeichnerstaaten dieses Abkommens. Dies waren die damaligen 11 EU-Mitglieder Belgien, Dänemark, Deutschland, Frankreich, Griechenland, Irland, Italien, Luxemburg, Niederlande, Portugal und Spanien.

26 Das **Vereinigte Königreich** von Großbritannien und Nordirland hatte von der Möglichkeit des „opt-out" nach dem EG-Vertrag in Fragen der Sozialpolitik Gebrauch gemacht und das Protokoll und Abkommen über die Sozialpolitik v. 7. 2. 1992 nicht mitunterzeichnet. Die RL gilt dagegen für die zum 1. 1. 1995 der EU beigetretenen Länder Österreich, Finnland und Schweden sowie die Staaten des Europäischen Wirtschaftsraumes Island, Liechtenstein und Norwegen.

27 Inzwischen ist durch den Vertrag von Amsterdam das Abkommen über die Sozialpolitik in den EG-Vertrag integriert worden (Art. 136 ff. EG-Vertrag). Daraufhin ist durch die Richtlinie 97/74/EG vom 15. 12. 1997 der Geltungsbereich der EBR-RL 94/45/EG auf das Vereinigte Königreich erstreckt worden.[48] Dies machte geringfügige redaktionelle Änderungen der RL und des EBRG erforderlich.[49] Außerdem musste Großbritannien eine spezielle zweijährige Umsetzungsfrist bis 15. 12. 1999 eingeräumt werden, die um einen Monat überschritten wurde.

28 Langjährige Bemühungen der Kommission, die insbesondere mit dem Namen des früheren Kommissars *Vredeling* verbunden sind, eine Regelung über Europäische Betriebsräte zu schaffen, waren immer wieder gescheitert.[50] Der Versuch, gem. Art. 4 des Abkommens über die Sozialpolitik eine Einigung der Sozialpartner herbeizuführen, war zwar weit gediehen, am Ende aber gescheitert.[51] Dagegen ermöglichte das Abkommen über die Sozialpolitik sehr rasch die Verabschiedung der Richtlinie; sie ist sogar die erste Richtlinie, die aufgrund dieses Abkommens verabschiedet wurde. Sie stützt sich auf Art. 2 Abs. 1 des Abkommens, nach dem die Gemeinschaft die Tätigkeit der Mitgliedstaaten u. a. auf dem Gebiet der Unterrichtung und Anhörung der Arbeitnehmer unterstützt. Darüber kann sogar mit qualifizierter Mehrheit beschlossen werden (Art. 2 Abs. 2), doch ist diese Richtlinie schließlich einstimmig bei Stimmenthaltung Portugals[52] durch den Rat der Arbeits- und Sozialminister am 22. 9. 1994 verabschiedet worden.

---

[45] ABl. EG v. 30. 9. 1994, L 254/64 ff.; Kommissionsentwürfe ABl. EG 1991 C 39/10; 336/11; 1994 C 199/10; 244/37.
[46] Beschluss des Gemeinsamen EWR-Ausschusses vom 22. 6. 1995, ABl. EG 1995 L 140/52.
[47] ABl. EG Nr. C 191 v. 29. 7. 1992, S. 91 ff. = BGBl. 1992 II, S. 1251, 1314 ff.
[48] ABl. EG Nr. L 10 S. 22 v. 16. 1. 1998; siehe hierzu *Kolvenbach*, NZA 1998, S. 582, 583; *Kilian* RdA 2001, 166.
[49] Vgl. hierzu *Blanke*, EBRG-Kommentar, Einl. Rn. 8.
[50] Dazu *Nowak*, Die EWG-Richtlinie über die Unterrichtung und Anhörung der Arbeitnehmer (sog. Vredeling-Richtlinie), 1985.
[51] Der EGB hat im März 1994 das Angebot der UNICE abgelehnt, Verhandlungen nach Art. 3 des Abkommens über die Sozialpolitik aufzunehmen.
[52] Informationsdienst Europäisches Arbeits- und Sozialrecht 10/94, S. 3; *Däubler/Klebe*, Arbeitsrecht im Betrieb 1995, S. 558, 559.

II. Der Europäische Betriebsrat

Eine Übersicht über Rechtsgrundlagen und Zeitpunkt der **Umsetzung in den verschiedenen Ländern** findet sich in einem Bericht der Kommission an das europäische Parlament und den Rat über den Stand der Anwendung der Richtlinie über die Einsetzung eines europäischen Betriebsrats oder die Schaffung eines Verfahrens zur Unterrichtung und Anhörung der Arbeitnehmer in gemeinschaftsweit operierenden Unternehmen und Unternehmensgruppen vom 4. 4. 2000 (KOM 2000, 188, endgültig). Danach erfolgte die Einbeziehung der Richtlinie in die nationalen Rechtssysteme ohne Schwierigkeiten. Weiterer Interpretation bedürfe es aber zu folgenden Punkten: Begriff des herrschenden Unternehmens; Auswirkungen der geographischen Kriterien und des Kriteriums der Proportionalität; Bedingungen für die Weitergeltung bestehender Vereinbarungen; Veränderungen in der Struktur der Unternehmensgruppe; Begriff des Sachverständigen; Rechtspersönlichkeit des Betriebsrats; Bestimmung des auf die Vereinbarungen anwendbaren Rechts und der Rechtsnatur der Vereinbarungen. Eine Entschließung des europäischen Parlaments v. 4. 9. 2001 fordert u. a. eine Ausdehnung der Richtlinie auf kleinere Unternehmen, Stärkung der Rolle der Gewerkschaften sowie Sanktionen gegen richtlinienwidriges Arbeitgeberverhalten.

Nach Feststellungen von *Lecher/Platzer/Rüb/Weimer* (Mitbestimmung 2000, S. 28 f.) gibt es inzwischen mehr als 600 europäische Betriebsräte. Etwa 450 wurden vor Inkrafttreten des Gesetzes auf der Grundlage von Art. 13 der Richtlinie gegründet. Seit September 1996 werden pro Jahr etwa 50 neue EBR gegründet.

Die **Umsetzung in Deutschland** ist wie folgt verlaufen: Der im Januar 1996 fertiggestellte Referentenentwurf des Bundesarbeitsministeriums[53] wurde mit geringfügigen Änderungen als Regierungsentwurf am 12. 4. 1996 dem Bundesrat[54] und am 6. 5. 1996 dem Bundestag zugeleitet.[55] Die vom Bundesrat auf seiner Sitzung am 24. 5. 1996 gemachten Änderungsvorschläge wurden von der Bundesregierung mit Gegenäußerungen vom 21. 6. 1996 durchweg abgelehnt.[56] Die Beschlussfassung des zuständigen Bundestagsausschusses für Arbeit und Sozialordnung vom 25. 9. 1996[57] enthielt nur geringfügige Modifikationen des Gesetzesentwurfs. Sie führten insbesondere zur Einfügung der Soll-Vorschriften in § 11 Abs. 5 und § 23 Abs. 5, wonach Frauen und Männer im besonderen Verhandlungsgremium (BVG) und im Europäischen Betriebsrat (EBR) kraft Gesetzes entsprechend ihrem zahlenmäßigen Verhältnis vertreten sein sollen, sowie zur Klarstellung, dass Sachverständige auch Beauftragte von Gewerkschaften sein können (§§ 13 Abs. 4, 29). Daraufhin wurde das EBRG am 28. 10. 1996 verabschiedet und trat am 1. 11. 1996 in Kraft.[58] Das EBRG hält sich weitgehend an die Vorgaben der Richtlinie, ergänzt durch ins Einzelne gehende Vorschriften über die Bestellung inländischer Arbeitnehmervertreter. Für die Rechtsanwendung in Deutschland wird in erster Linie dieses Gesetz maßgeblich sein, so dass die Richtlinie nur noch zu seiner Auslegung heranzuziehen ist.[59]

2. Anwendungsbereich

a) Gemeinschaftsweite Unternehmen mit Sitz in Deutschland

Das EBRG gilt nach § 2 Abs. 1 zunächst für gemeinschaftsweit tätige Unternehmen mit Sitz im Inland. Ein Unternehmen ist gemeinschaftsweit tätig, wenn es mindestens 1000 Arbeitnehmer in den 18 Mitgliedstaaten (einschließlich europäischer Wirtschaftsraum) und

---

[53] Hierzu *Bachner/Kunz*, Arbeit und Recht 1996, S. 81 ff.
[54] BR-Drucksache 251/96.
[55] BT-Drucksache 13/4520; vgl. dazu *Engels/Müller*, Der Betrieb 1996, S. 981 ff.
[56] BT-Drucksache 13/5021.
[57] BT-Drucksache 13/5608.
[58] BGBl. I, S. 1548.
[59] *Däubler/Kittner/Klebe*, BetrVG, 7. Aufl. 2000, EBRG Vorbem., Rn. 14; *Müller*, EBRG-Kommentar, § 1 Rn. 6.

davon jeweils mindestens 150 Arbeitnehmer in mindestens 2 Mitgliedstaaten (einschließlich europäischer Wirtschaftsraum) beschäftigt (§ 3 Abs. 1 EBRG). Die grenzübergreifende Unterrichtung und Anhörung erstreckt sich in gemeinschaftsweit tätigen Unternehmen auf alle in einem Mitgliedstaat liegenden Betriebe (§ 1 Abs. 2 EBRG). Auch an anderen Stellen beziehen sich die EBR-RL und das EBRG (§§ 4, 9 Abs. 2, 22 Abs. 2) auf Betriebe. Insbesondere heißt es in § 22 Abs. 2 EBRG, aus jedem Mitgliedstaat, in dem das Unternehmen oder die Unternehmensgruppe einen Betrieb hat, werde ein Arbeitnehmervertreter in den Europäischen Betriebsrat entsandt. Hier wird also davon ausgegangen, dass nicht schon jeder einzelne im Ausland tätige Arbeitnehmer an dem Europäischen Betriebsrat zu beteiligen sei, sondern nur solche Arbeitnehmer, die in einem im Ausland gelegenen Betrieb tätig sind. Ebenso bestimmt § 9 Abs. 2 EBRG, dass der Antrag auf Bildung eines BVG zur Einrichtung eines Europäischen Betriebsrates oder eines entsprechenden Verfahrens von mindestens 100 Arbeitnehmern oder ihren Vertretern aus mindestens zwei Betrieben in verschiedene Mitgliedstaaten unterzeichnet sein muss. Dies steht in einem gewissen Gegensatz zu der grundlegenden Aufgreifvorschrift des § 3 EBRG, die nicht auf im Ausland gelegene Betriebe, sondern nur auf die Arbeitnehmerzahl abstellt. Freilich kann man davon ausgehen, dass die erforderliche Mindestzahl von 150 Arbeitnehmern in mindestens zwei Mitgliedstaaten in der Regel zur Bildung von Betrieben im Ausland führt. Dies gilt um so mehr, als der EuGH in einem Urteil vom 7. 12. 1995[60] zum Betriebsbegriff in Art. 1 Abs. 1a der Massenentlassungsrichtlinie den europarechtlichen Betriebsbegriff recht weit gefasst hat (dazu sogleich Rn. 35). Es bleibt aber denkbar, dass nur ein Teil der mindestens 150 Arbeitnehmer in einem Betrieb tätig ist, während andere vereinzelt arbeiten und aus einem anderen Land gesteuert werden. Es liegen dann sogenannte Ausstrahlungen des heimischen Arbeitsverhältnisses und der heimischen Betriebszugehörigkeit vor, so dass diese Arbeitnehmer der heimischen Betriebsverfassung zuzurechnen sind (dazu Rn. 22).[61] Soweit dagegen keine Ausstrahlung vorliegt, weil der Zusammenhang mit dem heimischen Betrieb zu sehr und/oder zu lange gelockert ist, sollten die Arbeitnehmer generell der europäischen Betriebsverfassung zugerechnet werden (Prinzip der Lückenlosigkeit von nationaler und europäischer Betriebsverfassung).

b) Der europarechtliche Unternehmensbegriff

33 Der Begriff des Unternehmens wird in der EBR-RL und im EBRG nicht definiert. Der EuGH geht in seiner Rechtsprechung zu wettbewerbsrechtlichen und sozialrechtlichen Fällen davon aus, dass es einen europarechtlichen Unternehmensbegriff gibt. Dazu heißt es in einem Urteil vom 23. 4. 1991,[62] im Rahmen des Wettbewerbsrechts umfasse der Begriff des Unternehmens jede eine wirtschaftliche Tätigkeit ausübende Einheit, unabhängig von ihrer Rechtsform und der Art ihrer Finanzierung. Dies umfasse auch öffentlich-rechtliche Körperschaften. Ein Urteil vom 8. 6. 1994[63] überträgt dies auf die arbeitsrechtlichen Vorschriften des Europarechts und folgert, die Tatsache, dass die von einem Unternehmen ausgeübte Tätigkeit nicht auf Gewinn ausgerichtet ist, sei allein nicht geeignet, ihren wirtschaftlichen Charakter zu beseitigen oder das Unternehmen vom Anwendungsbereich der Richtlinie auszuschließen.

34 Man wird dies auf die EBR-RL und das EBRG übertragen können: damit ist vom Geltungsbereich der EBR-Richtlinie im Ergebnis nur der hoheitliche Tätigkeitsbereich der öffentlichen Verwaltung ausgenommen.[64]

---

[60] Rs. C 449/93 (Rockfon) EAS RL 75/129/EWG Art. 1 Nr. 2 = EuZW 1996, 181.
[61] Nach *Däubler/Klebe*, AiB 1995, S. 558, 565 sind entsandte Arbeitskräfte im Einsatzland mitzuzählen, soweit die Entsendung über drei Monate hinausgeht.
[62] Rs. C 41/90 *(Höfner/Elser)* Slg. 1991, 1979 = EAS EG-Vertrag Art. 59 Nr. 13.
[63] Rs. C 382/92 (Kommission/Vereinigtes Königreich), Slg. 1994, 2461 = EAS RL 77/187/EWG Art. 5 Nr. 1.
[64] EuGH v. 15. 10. 1996, Rs. C-298/94 Slg. 5013.

II. Der Europäische Betriebsrat   35–37 § 19

c) Der europarechtliche Betriebsbegriff

Auch der Betriebsbegriff wird vom EuGH europarechtlich bestimmt. Dazu heißt es 35 in einem Urteil vom 7. 12. 1995[65] zum Betriebsbegriff in Art. 1 Abs. 1a der Massenentlassungsrichtlinie,[66] der „Betrieb" im Sinn der Richtlinie sei ein gemeinschaftsrechtlicher Begriff, dessen Inhalt sich nicht nach den Rechtsvorschriften der Mitgliedstaaten bestimmen könne. Das Urteil stellt dann Überlegungen zu den verschiedenen sprachlichen Fassungen der Richtlinie und zu ihrem Schutzzweck an, mit dem Ergebnis, der Betriebsbegriff in der Massenentlassungsrichtlinie sei dahin auszulegen, dass er nach Maßgabe der Umstände die Einheit bezeichnet, der die von der Entlassung betroffenen Arbeitnehmer zur Erfüllung ihrer Aufgabe angehören. Ob die fragliche Einheit eine Leitung hat, die selbständig Massenentlassungen vornehmen könne, sei für die Definition des Begriffes nicht entscheidend. Der EuGH verweist auf ein Urteil vom 7. 2. 1985 (Slg. 519), in dem es um die Frage ging, welche Arbeitsverhältnisse einem auf einen anderen Inhaber übergegangenen Betriebsteil zuzuordnen sind. Danach ist allein entscheidend, welche Abteilung den organisatorischen Rahmen bildete, innerhalb dessen sich das Arbeitsverhältnis konkretisierte. Das Arbeitsverhältnis werde durch die Verbindung zwischen dem Arbeitnehmer und dem Unternehmens- oder Betriebsteil gekennzeichnet, dem er zur Erfüllung seiner Aufgabe angehöre. Es reiche also nicht aus, dass ein Arbeitnehmer nur bestimmte Tätigkeiten mit Betriebsmitteln des übertragenen Teils verrichte oder dass er als Beschäftigter einer nicht übertragenen Abteilung Tätigkeiten für den übertragenen Teil verrichte.

Aus alledem wird man folgern müssen, dass ein Betrieb jedenfalls ein Mindestmaß an 36 organisatorischer Einheit voraussetzt. Dies erfordert, dass in der jeweiligen Einheit eine Leitung vorhanden ist, die den Arbeitseinsatz steuert. Dies ist nach der Rechtsprechung des BAG[67] die Mindestvoraussetzung für einen Betriebsteil. Dagegen wird man nicht verlangen können, dass ein Betrieb im vollen Sinne der Rechtsprechung zum BetrVG vorliegt, d. h. eine Einheit mit einer selbständigen Personalleitung. Dies um so weniger, als § 4 BetrVG räumlich weit entfernte Betriebsteile den Betrieben gleichstellt.

d) Zentrale Leitung

Die EBR-RL ist so formuliert, dass die in ihr vorgesehenen Rechte und Pflichten nicht 37 unmittelbar auf die gemeinschaftsweit tätigen Unternehmen bezogen sind, sondern auf deren zentrale Leitung. Diese muss z.B. die Verhandlungen über die Einrichtung eines Europäischen Betriebsrats führen, die Vereinbarung über seine Errichtung abschließen und ihn unterrichten und anhören. Art. 2 Abs. 1e der EBR-RL definiert die zentrale Leitung als die zentrale Unternehmensleitung eines gemeinschaftsweit operierenden Unternehmens (oder bei gemeinschaftsweit operierenden Unternehmensgruppen als zentrale Unternehmensleitung des herrschenden Unternehmens). Die Anknüpfung an die zentrale Leitung weicht von der deutschen Rechtssystematik ab, die stets den Unternehmensträger selbst, sei er juristische Person, Personengemeinschaft oder natürliche Person, und nicht dessen Leitung als Träger der das Unternehmen betreffenden Rechte und Pflichten ansieht. Da es für den Zweck der Richtlinie nicht nachteilig, sondern eher förderlich ist, diese Systematik zugrundezulegen, dürfte anzunehmen sein, dass die nationalen Gesetzgeber den Unternehmensträger anstelle seiner zentralen Leitung als Träger der Rechte und Pflichten aus dem Gesetz bezeichnen dürfen.[68] Der deutsche Gesetzgeber tut dies nicht ausdrücklich, aber der Sache nach. Da das EBRG (§ 1 Abs. 3) die zentrale Leitung so definiert, dass sie mit dem Unternehmen identisch ist, wird man es so deuten müssen, dass

---

[65] Rs. C 449/93 (Rockfon) EAS RL 75/129/EWG Art. 1 Nr. 2 = EuZW 1996, 181 = Slg. 4306.
[66] ABl. EG 1975 L 48, S. 29.
[67] BAG 29. 5. 1991 AP Nr. 6 zu § 4 BetrVG = DB 1992, S. 231.
[68] A. A. MünchArbR/*Joost*, 2. Aufl. § 366 Rn. 28.

in Wahrheit nicht die zentrale Leitung, sondern das Unternehmen selbst Träger der Rechte und Pflichten ist.

38 Sinnvoll ist die Erwähnung der zentralen Leitung nur, soweit es um die Bestimmung der Organe und Personen geht, die im Rahmen der EBR-RL/des EBRG für das Unternehmen auftreten können oder müssen. Dass Richtlinie und Gesetz die zentrale Leitung als Berechtigten und Verpflichteten in Bezug auf alle erforderlichen Handlungen bezeichnen, könnte dafür sprechen, dass die zentralen Unternehmensorgane stets selbst tätig zu werden hätten. Dies wäre freilich wenig praktikabel. Die EBR-RL bestimmt denn auch in Art. 2 Abs. 2f., unter Anhörung im Sinne der Richtlinie seien der Meinungsaustausch und die Einrichtung eines Dialogs zwischen den Arbeitnehmervertretern „und der zentralen Leitung oder einer anderen, angemesseneren Leitungsebene" zu verstehen. Das EBRG bezeichnet ebenso in § 1 Abs. 4 als Anhörung den Meinungsaustausch und die Einrichtung eines Dialogs zwischen den Arbeitnehmervertretern und der zentralen Leitung oder einer anderen geeigneten Leitungsebene. In § 19 S. 1 EBRG heißt es, dass in der Vereinbarung über ein Verfahren zur Unterrichtung und Anhörung festzulegen sei, wie die Arbeitnehmervertreter ihre Vorschläge „mit der zentralen Leitung oder einer anderen geeigneten Leitungsebene" erörtern können. Die zentrale Leitung muss also die Rechte und Pflichten nicht selbst ausüben, sondern kann sie einer anderen geeigneten Leitungsebene übertragen. Dabei kann als geeignet nur eine Leitungsebene gelten, die über die nach EBR-RL/EBRG zu gebenden Informationen verfügt und zu den Entscheidungen befugt ist, zu denen die Arbeitnehmervertretung anzuhören ist. Die bloße Anhörung könnte freilich auch durch Empfangsvertreter oder -boten geschehen, doch verlangt das Gesetz ja einen Dialog. Und der Dialog kann sinnvoll nur mit Entscheidungsbefugten geführt werden.[69]

e) Gemeinschaftsweite Unternehmen mit Sitz in einem anderen Mitgliedstaat der Europäischen Union oder des Europäischen Wirtschaftsraums

39 Das EBRG gilt nach § 2 Abs. 1 vor allem für gemeinschaftsweit tätige Unternehmen mit Sitz im Inland. Nach § 2 Abs. 4 EBRG gilt es, wenn die zentrale Leitung nicht im Inland liegt, für die Berechnung der Anzahl der im Inland beschäftigten Arbeitnehmer (§ 4 EBRG), die Bestellung der auf das Inland entfallenden Arbeitnehmervertreter (§§ 11, 23 Abs. 1–5, 18 Abs. i.V. mit 23 EBRG) und die in § 40 EBRG genannten Schutzbestimmungen (§§ 37 Abs. 1–5, 78, 103 BetrVG sowie § 15 Abs. 1, 3–5 KSchG) entsprechend. Dies bezieht sich also auf die in Deutschland tätigen Arbeitnehmer von EU- und EWR-Unternehmen. In § 2 Abs. 4 EBRG nicht ausdrücklich genannt, für diesen Arbeitnehmerkreis aber ebenfalls bedeutsam sind die abschließenden Straf- und Bußgeldvorschriften des Gesetzes und die in Art. 2 des EBRG vorgesehene Änderung des Arbeitsgerichtsgesetzes. Die Strafandrohung in § 44 Abs. 1 Nr. 1 EBRG gegen Behinderungen der Errichtung und Tätigkeit des Europäischen Betriebsrats oder entsprechender Gremien schützt auch die Entsendung und die Tätigkeit inländischer Arbeitnehmer in Europäischen Betriebsräten oder entsprechende Gremien bei ausländischen Unternehmen. Umgekehrt richtet sich die Strafandrohung der §§ 43, 44 EBRG wegen Verletzung von Geheimnissen auch gegen diesen Personenkreis. Dies gilt nach § 40 Abs. 2 EBRG ebenso für die Mitglieder des besonderen Verhandlungsgremiums und die Arbeitnehmervertreter im Rahmen eines Verfahrens zur Unterrichtung und Anhörung.

40 Im Widerspruch zu dieser vielfältigen Erstreckung der materiellrechtlichen Vorschriften des Gesetzes auf die Beteiligung inländischer Betriebe und Arbeitnehmervertreter an Europäischen Betriebsräten oder vergleichbaren Vertretungen im Ausland soll der neue § 82 S. 4 des ArbGG die örtliche **Zuständigkeit der deutschen Arbeitsgerichte** nur auf die

---

[69] Vgl. auch *Rademacher*, Der Europäische Betriebsrat, S. 104 f.; *Hromadka*, DB 1995, S. 1125, 1128; *Lörcher*, AuR 1996, S. 297, 300.

II. Der Europäische Betriebsrat   41, 42   § 19

Bezirke erstrecken, in denen das gemeinschaftsweit tätige Unternehmen oder das herrschende Unternehmen einer gemeinschaftsweit tätigen Gruppe seinen Sitz hat (§ 2 EBRG). Hier ist also keine örtliche Zuständigkeit für Streitigkeiten im Zusammenhang mit Entsendung und Tätigkeit deutscher Arbeitnehmervertreter bei ausländischen Unternehmen vorgesehen. Die neue Vorschrift des § 2a Nr. 3b ArbGG erstreckt allerdings die sachliche Zuständigkeit der Arbeitsgerichte auf „Angelegenheiten aus dem Gesetz über Europäische Betriebsräte, soweit nicht für Maßnahmen nach seinen §§ 43–45 die Zuständigkeit eines anderen Gerichts gegeben ist". Für Rechtsstreitigkeiten über das Arbeitsverhältnis oder einzelne Ansprüche daraus von deutschen Arbeitnehmervertretern in Europäischen Betriebsräten im Ausland, z. B. über Arbeitsfreistellung und Kündigungsschutz gem. § 40 EBRG i. V. m. §§ 37 Abs. 1–5, 78, 103, BetrVG, 15 Abs. 1, 3–5 KSchG, bleibt es ohnehin bei der Zuständigkeit der deutschen Arbeitsgerichte für individualrechtliche Streitigkeiten.

Nicht geregelt ist dagegen die örtliche und sachliche Zuständigkeit der deutschen **41** Arbeitsgerichte für betriebsverfassungsrechtliche Streitigkeiten über Voraussetzungen und Verfahren der grenzüberschreitenden Entsendung deutscher Arbeitnehmervertreter in Europäischen Betriebsräte. Trotz der einschränkenden Abgrenzung der örtlichen Zuständigkeit in § 82 ArbGG n. F. wird man insofern eine Zuständigkeit der deutschen Arbeitsgerichte annehmen müssen, die für den Sitz des jeweiligen Betriebes zuständig sind.

f) Gemeinschaftsweite Unternehmen mit Sitz außerhalb der Gemeinschaft

Liegt die zentrale Leitung eines gemeinschaftsweit tätigen Unternehmens außerhalb der **42** Gemeinschaft, hat also das Unternehmen seinen Sitz außerhalb, während es innerhalb der Gemeinschaft mindestens 1000 Arbeitnehmer und davon jeweils mindestens 150 Arbeitnehmer in mindestens zwei Mitgliedstaaten beschäftigt (§ 3 EBRG), findet das EBRG Anwendung, wenn eine nachgeordnete Leitung für in Mitgliedstaaten liegende Betriebe oder Unternehmen besteht (§ 2 Abs. 2 S. 1 EBRG). Gibt es keine nachgeordnete Leitung, findet das Gesetz Anwendung, wenn die zentrale Leitung einen Betrieb oder ein Unternehmen im Inland als ihren Vertreter benennt (S. 2). Wird kein Vertreter benannt, findet das Gesetz Anwendung, wenn der Betrieb oder das Unternehmen im Inland liegt, in dem verglichen mit anderen in den Mitgliedstaaten liegenden Betrieben des Unternehmens oder Unternehmen der Unternehmensgruppe die meisten Arbeitnehmer beschäftigt sind (S. 3). Diese Stellen gelten als zentrale Leitung (§ 2 Abs. 2 S. 2–4 EBRG). Dies weicht von der Richtlinie (Art. 3 Abs. 6; Art. 4 Abs. 2) ab, die in erster Linie auf den „ggf. benannten Vertreter" des ausländischen Unternehmens/Unternehmensgruppe in der Gemeinschaft abstellt. Das EBRG schränkt dies insofern ein, als es nicht die Bestellung beliebiger Vertreter zulässt, sondern immer nur einen Betrieb oder ein Unternehmen. Außerdem erklärt das EBRG eine nachgeordnete Leitung für in Mitgliedstaaten liegende Betriebe oder Unternehmen zur zentralen Leitung für alle in den Mitgliedstaaten liegenden Betriebe oder Unternehmen, selbst wenn die Leitung an sich nicht einen so weiten Zuständigkeitsbereich hatte. Man wird hierin aber keinen Verstoß gegen die EBR-RL zu sehen haben, da es sich um eine sinnvolle und die Anwendung der Richtlinie nicht behindernde Regelung handelt. Die Vertretungsregelung war erforderlich, weil das europäische Recht und das Recht der Mitgliedstaaten außerhalb der Gemeinschaft ansässige Unternehmen nicht *verpflichten* konnten, sich selbst unmittelbar an der europäischen Betriebsverfassung zu beteiligen. Es bleibt aber die Frage, ob das außerhalb der Gemeinschaft gelegene Unternehmen dazu *berechtigt* ist, die Rechte und Pflichten aus der EBR-RL und dem EBRG an sich zu ziehen, anstatt sie einer nachgeordneten Leitung im Inland zu überlassen. Man wird dies bejahen müssen, da es dem Zweck der EBR-RL besser entspricht, die Arbeitnehmervertretungen unmittelbar mit dem herrschenden Unternehmen außerhalb der Gemeinschaft in Verbindung zu bringen, anstatt eine nachgeordnete

Leitungsebene in der Gemeinschaft zwischenzuschieben. So im Ergebnis auch *Stöckli,* RdA 2001 Heft 5 Beilage S. 7.

g) Gemeinschaftsweit tätige Unternehmensgruppen

43 Das EBRG bezieht sich nicht nur auf gemeinschaftsweit tätige Unternehmen, sondern auch auf gemeinschaftsweit tätige Unternehmensgruppen. Während das gemeinschaftsweite Unternehmen selbst mindestens 1000 Arbeitnehmer in den Mitgliedstaaten und davon jeweils mindestens 150 in mindestens zwei Mitgliedstaaten beschäftigen muss, reicht es bei der Unternehmensgruppe aus, dass die ihr angehörenden Unternehmen insgesamt mindestens 1000 Arbeitnehmer in den Mitgliedstaaten beschäftigen (§ 3 Abs. 2 EBRG). Darunter müssen allerdings mindestens zwei Unternehmen mit Sitz in verschiedenen Mitgliedstaaten sein, die jeweils mindestens 150 Arbeitnehmer in verschiedenen Mitgliedstaaten beschäftigen.[70] Dies soll nicht etwa bedeuten, dass mindestens zwei Unternehmen der Gruppe selbst je 150 Arbeitnehmer in verschiedenen Mitgliedstaaten beschäftigen müssten. Die Richtlinie ist hier klarer formuliert, wenn sie folgende Voraussetzungen aufstellt: Die Unternehmensgruppe hat mindestens 1000 Arbeitnehmer in den Mitgliedstaaten; sie umfasst mindestens zwei der Unternehmensgruppe angehörende Unternehmen in verschiedenen Mitgliedstaaten; mindestens ein der Unternehmensgruppe angehörendes Unternehmen hat mindestens 150 Arbeitnehmer in einem Mitgliedstaat und ein weiteres der Unternehmensgruppe angehörendes Unternehmen hat mindestens 150 Arbeitnehmer in einem anderen Mitgliedstaat (Art. 2 Abs. 1 c RL). Das nicht ganz so klar formulierte EBRG ist ebenso zu verstehen.

44 Kern einer gemeinschaftsweit tätigen Unternehmensgruppe ist ein **herrschendes Unternehmen,** das unmittelbar oder mittelbar einen beherrschenden Einfluss auf ein anderes Unternehmen (abhängiges Unternehmen) ausüben kann (§ 6 Abs. 1 EBRG). Einzelheiten sind in § 6 Abs. 2 bis 4 EBRG geregelt. Mit dem Abstellen auf Beherrschung bzw. Abhängigkeit wird, wie es in der amtlichen Begründung zum Regierungsentwurf[71] ausdrücklich heißt, der weiten Fassung des Art. 3 Abs. 1 der EBR-RL entsprochen, die abweichend vom deutschen aktienrechtlichen Konzernbegriff keine Zusammenfassung eines herrschenden und eines oder mehrerer abhängiger Unternehmen unter einheitlicher Leitung erfordert. Deshalb seien grundsätzlich auch die Fälle einzubeziehen, in denen nur die Möglichkeit eines beherrschenden Einflusses durch Mehrheitsbeteiligungen und sogenannte schlichte Abhängigkeitsverhältnisse im Sinne der §§ 16, 17 AktG besteht.

45 In einer Unternehmensgruppe kann es immer **nur ein herrschendes Unternehmen** geben; Unterkonzernspitzen, Zwischenholdings und dergleichen kommen nicht in Betracht. Gehören einer gemeinschaftsweit tätigen Unternehmensgruppe ein oder mehrere gemeinschaftsweit tätige Unternehmen an, wird ein Europäischer Betriebsrat nur bei dem herrschenden Unternehmen der Gruppe errichtet, sofern nichts anderes vereinbart wird (§ 7 EBRG). Dies gilt entsprechend, wenn der gemeinschaftsweit tätigen Unternehmensgruppe ein oder mehrere gemeinschaftsweit tätige Unternehmensgruppen angehören.[72] Auch wenn ein Unternehmen einer Unternehmensgruppe unselbständige Niederlassungen mit mindestens 150 Arbeitnehmern in einem anderen Mitgliedstaat hat, ist also immer nur ein Europäischer Betriebsrat bei dem herrschenden Unternehmen zu bilden, an dem dann alle diese Arbeitnehmer zu beteiligen sind. Freilich kann in einer **Vereinbarung nach §§ 17, 18 EBRG** geregelt werden, dass auch bei beherrschten Unternehmen unter Einbeziehung der Arbeitnehmer seiner Tochterunternehmen oder unselbständigen Niederlassungen in anderen Mitgliedstaaten ein Europäischer Betriebsrat errichtet wird. Die

---

[70] *Engels/Müller,* DB 1996, S. 981.
[71] BT-Drucksache v. 6. 5. 1996, 13/4520, S. 19.
[72] *Engels/Müller,* DB 1996, S. 981, 983; *Däubler/Klebe,* AiB 1995, S. 558, 563; *Müller,* EBRG-Kommentar, § 7 Rn. 2.

II. Der Europäische Betriebsrat

abweichende Vereinbarung ist nicht darauf beschränkt, den Europäischen Betriebsrat bei dem herrschenden Unternehmen durch Betriebsräte bei den beherrschten Unternehmen zu ergänzen, sondern kann die Arbeitnehmervertretung in der Gruppe auch auf mehrere Unternehmen aufteilen. Es muss nur dafür Sorge getragen werden, dass der Europäische Betriebsrat jeweils bei einer „angemessenen Leitungsebene" errichtet wird und alle der Gruppe zuzuordnenden Arbeitnehmer einbezogen werden.

Däubler/Klebe[73] haben auf die Konstellation aufmerksam gemacht, dass ein Unternehmen in einem anderen Mitgliedstaat **zwei Tochterunternehmen mit je unter 150,** zusammen aber über 150 Arbeitnehmern hat. Dann sind die Voraussetzungen für die Anwendung des EBRG nicht gegeben, während sie vorlägen, wenn die Arbeitnehmer in dem anderen Land nicht von Tochterunternehmen, sondern im Rahmen von Filialen oder unselbständigen Niederlassungen von dem Mutterunternehmen selbst beschäftigt würden. Angesichts des klaren Wortlauts (Art. 2 Abs. 1c RL) und der auch im innerstaatlichen Recht anerkannten grundlegenden Unterscheidung zwischen selbständigen Unternehmen und unselbständigen Niederlassungen ist dieses Ergebnis hinzunehmen.[74]

Nach der amtlichen Begründung lässt die Regelung in § 6 Abs. 2 EBRG, nach der es auf die Mehrheit der Stimmrechte oder des Kapitals ankommt, erwarten, dass sich auch ohne die Voraussetzung der einheitlichen Leitungsmacht das herrschende Unternehmen in annähernd gleicher Weise bestimmt, wie dies bei Anwendung des § 18 Abs. 1 AktG der Fall wäre.[75] Nicht erfasst würden demgegenüber die Fälle des § 18 Abs. 2 AktG (sogenannter **Gleichordnungskonzern**), in denen rechtlich selbständige Unternehmen unter einheitlicher Leitung zusammengefasst sind, ohne dass das eine Unternehmen von dem anderen abhängig ist. Ein beherrschender Einfluss eines Unternehmens in Bezug auf ein anderes Unternehmen werde hier gerade nicht ausgeübt.[76] Die Vermutung des § 6 Abs. 2 EBRG ist nach der amtlichen Begründung widerlegbar, so dass auch hier Entherrschungsverträge[77] in Betracht zu ziehen sind.

Im Einzelnen ist § 6 EBRG in Übereinstimmung mit § 17 AktG auszulegen. In beiden Fällen gilt, dass die auf Mehrheitsbeteiligung gegründete **Abhängigkeitsvermutung** nicht abschließend ist, so dass weitere Gründe für die Abhängigkeit in Betracht kommen. Welche dies sind, ist allerdings streitig.[78]

Schwierigkeiten bereiten **Gemeinschaftsunternehmen** in der europäischen Betriebsverfassung ebenso wie schon in der deutschen. Die deutsche Rechtsprechung geht davon aus, dass in Gemeinschaftsunternehmen eine betriebs- und unternehmensverfassungsrechtliche Konzernbeziehung zu allen zu gleichen Anteilen beteiligten Muttergesellschaften bestehen könne.[79] Beim Europäischen Betriebsrat ist die Frage streitig.[80] Es wäre nicht praktikabel, die Arbeitnehmer des Gemeinschaftsunternehmens an den Europäischen

---

[73] AiB 1995, S. 558, 565.
[74] So auch *Hornung-Draus*, Arbeitgeber 1994, S. 759, 760; a. A. *Däubler/Klebe*, AiB 1995, S. 558, 565; *Bachner/Kunz*, AuR 1996, S. 81, 83; kritisch auch *Blanke*, EBRG-Kommentar, § 3 Rn. 6 ff.
[75] BT-Drucksache 13/4520, S. 20; vgl. auch *Bachner/Kunz*, AuR 1996, S. 81, 84; *Engels/Müller*, DB 1996, S. 981, 983.
[76] Vgl. auch *Müller*, EBRG-Kommentar, § 6 Rn. 12 m.w.N.
[77] Dazu *Hanau*, FS für Kissel, 1994, S. 347, 354.
[78] Vgl. *Blanke*, EBRG-Kommentar, § 6 Rn. 9 ff; *Hüffer*, Aktiengesetz-Kommentar, 5. Aufl., § 17 Rn. 17.
[79] BAG AP Nr. 20 zu § 76 BetrVG 1952 = BAGE 22, 390 = NJW 1970, 1766; LAG Hamm v. 17. 8. 1977, DB 1977, 2052 zum MitbestG 1976.
[80] BT-Drucksache 13/4520, S. 20. Nach der amtlichen Begründung werden Gemeinschaftsunternehmen nicht in die Unternehmensgruppen der jeweiligen Muttergesellschaften einbezogen, wenn diese die gleichen Kapitalanteile halten (z.B. 50% zu 50%) und auch im übrigen kein beherrschender Einfluss ausgeübt wird. Das Gesetz finde in diesen Fällen auf Gemeinschaftsunternehmen nur Anwendung, wenn sie für sich betrachtet die Anwendungsvoraussetzungen erfüllen. Anders MünchArbR/ *Joost*, 2. Aufl., § 366 Rn. 18 mit weiteren Nachweisen.

Betriebsräten aller Mutterunternehmen zu beteiligen oder gar zu ihrer Begründung heranzuziehen. Anderseits können die Gemeinschaftsunternehmen auch nicht außerhalb der europäischen Betriebsverfassung bleiben, da hier das gleiche Schutzbedürfnis der Arbeitnehmer besteht, zudem eine leichte Umgehungsmöglichkeit gegeben wäre. Anzuknüpfen ist deshalb an das Gremium, in dem die gemeinsame Willensbildung (Pooling) der Herrschaftsrechte der Muttergesellschaften über die gemeinsame Tochter erfolgt. Dort ist der Europäische Betriebsrat anzusiedeln, soweit die Voraussetzungen für seine Errichtung unter Anrechnung der Arbeitnehmer aller beteiligten Unternehmen gegeben sind. Lässt sich ein solches Gremium nicht feststellen, kommt die entsprechende Anwendung des § 2 Abs. 2 EBRG über die Vertretung von Muttergesellschaften außerhalb der Gemeinschaft in Betracht (Vertreterbestellung; Anknüpfung an das größte Unternehmen).

50   Liegt die zentrale Leitung einer Unternehmensgruppe nicht in einem Mitgliedstaat, gilt ein im Inland gelegenes Unternehmen als herrschendes Unternehmen, wenn ihm die nachgeordnete Leitung aller Unternehmen in den Mitgliedstaaten obliegt. Gibt es keine nachgeordnete Leitung in den Mitgliedstaaten, gilt ein Unternehmen im Inland als herrschendes Unternehmen, wenn es von der zentralen Leitung als Vertreter benannt wird. Wird kein Vertreter benannt, gilt ein Unternehmen im Inland als herrschendes Unternehmen, wenn dort verglichen mit anderen in den Mitgliedstaaten liegenden Unternehmen oder der Unternehmensgruppe die meisten Arbeitnehmer beschäftigt sind (§ 2 Abs. 2 EBRG). Dies entspricht der oben dargestellten Regelung für Einzelunternehmen außerhalb der Gemeinschaft, die selbst unmittelbar in Filialen oder unselbständigen Betriebsstätten Arbeitnehmer in der Gemeinschaft beschäftigen.[81]

51   In der Praxis ist häufig nicht klar, ob die Voraussetzungen für die Einrichtung eines Europäischen Betriebsrats in einer Unternehmensgruppe gegeben sind. Zur in § 5 EBRG nicht klar geregelten Frage, ob es entsprechende **Auskunftsansprüche** gibt, haben deutsche Gerichte zwei Vorlagebeschlüsse an den EuGH gerichtet. Zunächst hat das LAG Düsseldorf mit Entscheidung vom 22. 1. 1999[82] angefragt, ob die Leitung eines Unternehmens verpflichtet ist, bereits vor dem offiziellen Beginn des Verfahrens zur Einsetzung des Betriebsrats die Informationen und Unterlagen zur Verfügung zu stellen, die zur Durchführung des Verfahrens dienen sollen. In diesem Verfahren, das beim EuGH unter dem Aktenzeichen C 62/99 geführt wird, hat der Generalanwalt *A. Saggio* mit Schlussantrag vom 26. 9. 2000 folgenden Entscheidungsvorschlag gemacht: Art. 11 der Richtlinie über Europäische Betriebsräte ist dahin auszulegen, dass die Verpflichtung, den Arbeitnehmervertretungen die für die Einleitung des Verfahrens zur Einsetzung des Europäischen Betriebsrats erforderlichen Informationen zu erteilen, nicht nur die Unternehmen trifft, deren beherrschende Stellung innerhalb einer gemeinschaftsweit operierenden Gruppe nach Art. 2 I b der Richtlinie festgestellt ist, sondern alle Unternehmen im Gemeinschaftsgebiet. Der Anspruch auf Informationen über das Unternehmen, den die Richtlinie den Arbeitnehmervertretungen einräumt, umfasst auch allgemeine Angaben über das Vorliegen der Voraussetzungen für eine Einstufung eines Unternehmens als herrschendes Unternehmen innerhalb einer Gruppe nach Art. 3 Abs. II der Richtlinie. Er umfasst jedoch nicht eingehendere Informationen, die nach dem Recht des Staates, in dem das Unternehmen seinen Sitz hat, als vertraulich einzustufen sind. Die Unternehmensleitung hat an die Arbeitnehmervertretungen auch die für die Einsetzung des Europäischen Betriebsrats erforderlichen Unterlagen herauszugeben, es sei denn, diese Unterlagen sind nach dem anwendbaren nationalen Recht als vertraulich einzustufen. Der EuGH ist dem mit Urteil vom 29. 3. 2001 gefolgt (AP Nr. 2 zu EWG-RL Nr. 94/95; dazu *Coen* AuR 2002, 30; *Joost* BB 2001, 2214; *Junker* RdA 2002, 32; s. auch *Schmidt* RdA 2001, Heft 5 Beilage S. 16).

52   Das BAG hat mit Beschluss vom 27. 6. 2000 (NZA 2000, S. 1330) folgende Fragen an den EuGH gerichtet:

---

[81] Vgl. auch *Müller*, EBRG-Kommentar, § 6 Rn. 14.
[82] NZA-RR 1999, S. 476; dazu MünchArbR/*Joost*, § 366 Rn. 44.

II. Der Europäische Betriebsrat

Fordert die Richtlinie über die Europäischen Betriebsräte, insbesondere Art. 4 und 11, dass Unternehmen, die einer Unternehmensgruppe mit einem außerhalb der Gemeinschaft ansässigen herrschenden Unternehmen angehören, verpflichtet sind, dem Unternehmen, das nach Art. 4, 3 der Richtlinie als zentrale Leitung gilt, Auskunft zu erteilen haben über die durchschnittliche Gesamtzahl der Arbeitnehmer, deren Verteilung auf die Mitgliedstaaten, die Betriebe des Unternehmens und von diesem abhängige Unternehmen, sowie über die Struktur des Unternehmens und der von diesem abhängigen Unternehmen? Falls der Gerichtshof die erste Frage bejaht: Umfasst die Auskunftspflicht auch die Bezeichnungen und Anschriften der Arbeitnehmervertretungen, die für die Arbeitnehmer des Unternehmens oder der von ihm abhängigen Unternehmen bei der Bildung eines besonderen Verhandlungsgremiums nach Art. 5 der Richtlinie oder bei der Errichtung eines Europäischen Betriebsrats zu beteiligen sind? Man wird das bejahen müssen.

h) Sitzverlegung

Die EBR-RL und das EBRG regeln nicht die Folge einer Sitzverlegung eines herrschenden Unternehmens bzw. einer zentralen Leitung in ein anderes Land. Soweit das EBRG überhaupt anwendbar bleibt, dürfte keine Notwendigkeit bestehen, den Europäischen Betriebsrat oder das sonst bestehende Vertretungsgremium neu zu bilden. Vielmehr kann die neue zentrale Leitung an die Stelle der bisherigen treten.

i) Arbeitnehmer

Der Arbeitnehmerbegriff wird in der EBR-RL nicht definiert. Der Zweck der Richtlinie erfordert nicht die Anwendung des einheitlichen europäischen Arbeitnehmerbegriffs, sondern im Gegenteil die Zugrundelegung der nationalen Arbeitnehmerbegriffe, die ja der Bestellung der jeweiligen nationalen Arbeitnehmervertretung zugrunde liegen (Art. 2 Abs. 2 RL). In den Erwägungsgründen der Richtlinie heißt es ausdrücklich, nach dem Grundsatz der Subsidiarität obliege es den Mitgliedstaaten, die Arbeitnehmervertreter zu bestimmen und insbesondere – falls sie dies für angemessen halten – eine ausgewogene Vertretung der verschiedenen Arbeitnehmerkategorien vorzusehen. Dies gilt auch für die leitenden Angestellten. Zu der Richtlinie 80/987 über den Schutz der Arbeitnehmer bei Zahlungsunfähigkeit des Arbeitgebers hat der EuGH in einer Entscheidung vom 16. 12. 1993[83] ausgesprochen, **leitende Angestellte** könnten nicht vom Geltungsbereich dieser Richtlinie ausgenommen werden, wenn sie vom nationalen Recht als Arbeitnehmer qualifiziert werden. Hier besteht die Schwierigkeit, dass sie in Deutschland aus der allgemeinen Betriebsverfassung ausgegrenzt sind, ersatzweise aber mit den Sprecherausschüssen eine besondere betriebsverfassungsrechtliche Vertretung bekommen haben. Es wäre nicht gerecht und praktikabel, die Sprecherausschüsse gleichberechtigt mit den Betriebsräten an der Bestellung der deutschen Vertreter in den Europäischen Betriebsräten zu beteiligen, da dies zu einer krassen Überrepräsentation der leitenden Angestellten führen würde. Andererseits wäre es bedenklich, die leitenden Angestellten ganz aus der europäischen Betriebsverfassung auszuklammern, obwohl sie zweifellos Arbeitnehmer sind. Das EBRG zählt die leitenden Angestellten grundsätzlich nicht zu den Arbeitnehmern im Rahmen der europäischen Betriebsverfassung;[84] sie werden deshalb auch bei der Feststellung der Schwellen-

---

[83] Rs. C 334/92 *(Wagner)* EAS RL 80/987 EWG Art. 1 Nr. 1 = EuZW 1994, S. 192.
[84] Amtliche Begründung des Regierungsentwurfs S. 18: „Ebenso wie im BetrVG zählen die leitenden Angestellten nicht zu den Arbeitnehmern im Sinne des Gesetzes. Leitende Angestellte können aber von den inländischen Arbeitnehmervertretern zu Mitgliedern des besonderen Verhandlungsgremiums und dem Europäischen Betriebsrat kraft Gesetzes bestellt werden. Im Rahmen eines Europäischen Betriebsrats kraft Vereinbarung nach § 18 oder eines Unterrichtungs- und Anhörungsverfahrens nach § 19 ist auch eine weiterreichende Berücksichtigung der leitenden Angestellten möglich." Ebenso MünchArbR/*Joost,* 2. Aufl; § 366 Rn. 24; *Schmidt* RdA 2001, Beilage zu Heft 5, S. 15, auch *Ramme* DB 1995, 1066.

werte gem. § 3 i. V. mit § 4 EBRG nicht berücksichtigt. Nach § 11 Abs. 4 EBRG können sie aber zu Mitgliedern des besonderen Verhandlungsgremiums bestellt werden. Darüber hinaus kann gemäß § 23 Abs. 6 EBRG das zuständige Sprecherausschussgremium eines gemeinschaftsweit tätigen Unternehmens oder einer gemeinschaftsweit tätigen Unternehmensgruppe mit einer zentralen Leitung im Inland einen leitenden Angestellten bestimmen, der das Recht hat, mit Rederecht an den Sitzungen des besonderen Verhandlungsgremiums und des Europäischen Betriebsrats teilzunehmen. Im Rahmen von Vereinbarungslösungen können leitende Angestellte noch stärker einbezogen werden (z. B. Mitgliedschaft statt Gaststatus im EBR). Die zu berücksichtigenden **Arbeitnehmerzahlen** errechnen sich im Inland gemäß § 4 S. 1 EBRG nach dem Durchschnitt der während der letzten zwei Jahre beschäftigten Arbeitnehmer im Sinn des § 5 Abs. 1 BetrVG. Die Verweisung auf § 5 BetrVG bedeutet – neben dem zuvor behandelten Problem der leitenden Angestellten –, dass Teilzeitbeschäftigte ohne Rücksicht auf die Dauer der Tätigkeit und ihrer Berufsausbildung Beschäftigte voll mitzuzählen und zu beteiligen sind. Die Zwei-Jahres-Frist ist rückwirkend von dem Zeitpunkt an zu berechnen, in dem gem. § 9 Abs. 1, 2 EBRG die Bildung des besonderen Verhandlungsgremiums beantragt wird (§ 4 S. 2 EBRG). Auf diesen Antrag kann allerdings nicht abgestellt werden, soweit das gesetzliche Bestellungsverfahren nach § 41 EBRG durch die Fortgeltung bestehender Vereinbarungen verdrängt wird. Hier dürfte auf die zwei Jahre vor dem 22. 9. 1996, bzw. dem 15. 12. 1999 für Großbritannien/Nordirland, abzustellen sein.[85]

56 Fraglich ist, wieweit die ausschließliche Bezugnahme der EBR-RL und des EBRG auf die vergangenen zwei Jahre eine **Berücksichtigung zukünftiger Veränderungen** zulässt. In der Vereinbarung zur Errichtung eines Europäischen Betriebsrats soll nach § 18 Abs. 1 Nr. 6 EBRG auch eine Klausel enthalten sein zur Anpassung an Strukturänderungen. Ferner hat die zentrale Leitung nach § 36 Abs. 2 EBRG alle zwei Jahre vom Tage der konstituierenden Sitzung des Europäischen Betriebsrats an zu prüfen, ob sich die Arbeitnehmerzahlen in den einzelnen Mitgliedstaaten derart geändert haben, dass sich eine andere Zusammensetzung des Europäischen Betriebsrats errechnet. Diese Prüfung soll sich also nach dem Wortlaut des EBRG nicht darauf beziehen, ob die Voraussetzungen für die Errichtung eines Europäischen Betriebsrats überhaupt noch gegeben sind. Insofern kommt aber eine analoge Anwendung in Betracht, zumal der Zwei-Jahresrhythmus dieser Prüfung mit dem für die Ermittlung der Mindestzahl von Arbeitnehmern maßgeblichen zwei Jahreszeitraum übereinstimmt. Demgegenüber wollen *Däubler/Klebe*[86] stärker auf die zukünftige Entwicklung abstellen. Diese ist aber immer zweifelhaft und gefährdet die Kontinuität der Arbeit des Europäischen Betriebsrats. Seine Existenz muss freilich enden, wenn ein Unternehmen oder eine Unternehmensgruppe nur noch in einem Mitgliedstaat Betriebe hat. Bloße Schwankungen der Zahlen sollten dagegen, wovon § 36 Abs. 2 EBRG ausgeht, nur alle zwei Jahre berücksichtigt werden. Ist danach eine andere Zusammensetzung des Europäischen Betriebsrats erforderlich, veranlasst dieser bei den zuständigen Stellen, dass seine Mitglieder in den Mitgliedstaaten neu bestellt werden, in denen sich eine gegenüber dem vorhergehenden Zeitraum abweichende Anzahl der Arbeitnehmervertreter ergibt.

3. Das besondere Verhandlungsgremium

57 Die EBR-RL und das EBRG gehen davon aus, dass die Errichtung eines Europäischen Betriebsrats oder vergleichbarer Arbeitnehmervertretungen möglichst auf einer Vereinbarung zwischen einem besonderen Verhandlungsgremium der Arbeitnehmer und dem gemeinschaftsweit tätigen Unternehmen bzw. dem herrschenden Unternehmen der gemeinschaftsweit tätigen Unternehmensgruppe beruhen soll.[87] Dementsprechend heißt es

---

[85] Vgl. *Kolvenbach,* NZA 1998, S. 582, 584.
[86] AiB 1995, S. 558, 565; dagegen MünchArbR/*Joost,* § 366 Rn. 25.
[87] Vgl. *Blanke,* EBRG-Kommentar, § 8 Rn. 1.

II. Der Europäische Betriebsrat

in § 8 Abs. 1 EBRG, das besondere Verhandlungsgremium habe die Aufgabe, mit der zentralen Leitung eine Vereinbarung über eine grenzüberschreitende Unterrichtung und Anhörung der Arbeitnehmer abzuschließen. Die zentrale Leitung hat dem besonderen Verhandlungsgremium rechtzeitig alle zur Durchführung seiner Aufgaben erforderlichen Auskünfte zu erteilen und die erforderlichen Unterlagen zur Verfügung zu stellen (Abs. 2). Zeitpunkt, Häufigkeit und Ort der Verhandlungen, die vertrauensvoll sein sollen, werden zwischen der zentralen Leitung und dem Gremium einvernehmlich festgelegt (Abs. 3).

Die **Bildung des besonderen Verhandlungsgremiums** ist nach § 9 Abs. 1 EBRG von den Arbeitnehmern oder ihren Vertretern schriftlich bei der zentralen Leitung zu beantragen oder erfolgt auf Initiative der zentralen Leitung, die allerdings nicht erzwungen werden kann. Der an die zentrale Leitung gerichtete Antrag[88] muss von mindestens 100 Arbeitnehmern oder ihren Vertretern aus mindestens zwei Betrieben oder Unternehmen unterzeichnet werden, die in verschiedenen Mitgliedstaaten liegen (§ 9 Abs. 2 EBRG mit weiteren Einzelheiten). Daraus dürfte folgen, dass auch Rechtsstreitigkeiten über die Bildung eines besonderen Verhandlungsgremiums nur von einer entsprechenden Arbeitnehmerzahl bzw. ihren Vertretern betrieben werden können.[89]

Aus jedem Mitgliedstaat, in dem das Unternehmen oder die Unternehmensgruppe einen Betrieb hat, wird ein **Arbeitnehmervertreter** in das besondere Verhandlungsgremium entsandt (§ 10 Abs. 1 EBRG). Aus Mitgliedstaaten, in denen mindestens 25% der Arbeitnehmer des Unternehmens oder der Unternehmensgruppe beschäftigt sind, wird ein zusätzlicher Vertreter entsandt. Aus Mitgliedstaaten, in denen mindestens 50% der Arbeitnehmer beschäftigt sind, werden zwei zusätzliche Vertreter, aus einem Mitgliedstaat, in dem mindestens 75% der Arbeitnehmer beschäftigt sind, 3 zusätzliche Vertreter (§ 10 Abs. 2 EBRG). Es können Ersatzmitglieder bestellt werden (§ 10 Abs. 3 EBRG). Die auf die im Inland beschäftigten Arbeitnehmer entfallenden Mitglieder des besonderen Verhandlungsgremiums werden nach § 11 EBRG grundsätzlich vom Gesamtbetriebsrat bzw. bei Unternehmensgruppen vom Konzernbetriebsrat bestellt; wegen der Einzelheiten sei auf die gesetzliche Regelung verwiesen.[90]

Nach § 13 EBRG lädt die zentrale Leitung unverzüglich nach Benennung der Mitglieder zur **konstituierenden Sitzung** des besonderen Verhandlungsgremiums ein. In dieser Sitzung oder später kann das Gremium nach § 15 Abs. 1 S. 1 EBRG mit mindestens 2/3 der Stimmen seiner Mitglieder beschließen, keine Verhandlungen aufzunehmen oder diese zu beenden. Ein neuer Antrag auf Bildung eines besonderen Verhandlungsgremiums kann dann frühestens nach zwei Jahren gestellt werden, sofern das besondere Verhandlungsgremium und die zentrale Leitung nicht schriftlich eine kürzere Frist festlegen (§ 15 Abs. 2 EBRG).

Dies ist so formuliert, dass nicht etwa das bereits bestellte Verhandlungsgremium, sondern nur ein neu zu bildendes das Verfahren wieder aufnehmen kann. Das bereits bestellte Verhandlungsgremium würde also mit diesem Beschluss erlöschen. Demgegenüber heißt es in der EBR-RL, ein neuer Antrag auf Einberufung des besonderen Verhandlungsgremiums könne frühestens zwei Jahre nach dem vorgenannten Beschluss gestellt werden, es sei denn, die betroffenen Parteien setzen eine kürze Frist fest (Art. 5 Abs. 5 RL). Dies ist eher so zu verstehen, dass das Verhandlungsgremium nicht neu zu bilden, sondern nach Ablauf der Frist wieder einberufen werden kann.[91] In der amtlichen Begründung des Regierungsentwurfs[92] heißt es allerdings, § 15 EBRG entspreche Art. 5 Abs. 5 der Richt-

---

[88] Musterentwurf bei *Kunz*, Arbeitsrecht im Betrieb 1997, S. 267 ff.
[89] Vgl. auch *Blanke*, EBRG-Kommentar, § 9 Rn. 10; *Müller*, EBRG-Kommentar, § 9 Rn. 8 f.
[90] Vgl. zu Einzelfragen bzgl. der Bestellung Leitender Angestellter *Blanke*, EBRG-Kommentar, § 11 Rn. 17; zur Mitgliederzahl MünchArbR/*Joost* § 366 Rn. 50 f.
[91] Ebenso *Weiss*, AuR 1995, S. 438, 441 gegen *Hromadka*, DB 1995, S. 1125, 1130; *Rademacher*, Der Europäische Betriebsrat, S. 112; *Müller*, EBRG-Kommentar, § 15 Rn. 3.
[92] BT-Drucksache 13/4520, S. 22.

linie. In Bezug auf die Frage, ob das bisherige oder ein neues Gremium tätig werden kann, scheint dies aber nicht der Fall zu sein.

62 Verweigert die zentrale Leitung die Aufnahme von Verhandlungen innerhalb von 6 Monaten nach Stellung des in § 9 EBRG erwähnten Antrages, ist ein **Europäischer Betriebsrat kraft Gesetzes** zu errichten (§ 21 Abs. 1 S. 1 EBRG). Fraglich ist, ob dann überhaupt kein Verhandlungsgremium einzusetzen oder ein Verhandlungsgremium doch einzusetzen ist, das dann aber nicht tätig werden kann. Mit anderen Worten: Bezieht sich die Überlegungsfrist des Arbeitgebers schon darauf, ob ein Verhandlungsgremium gebildet werden soll, oder nur darauf, ob er mit einem gebildeten Gremium verhandeln soll? Zweckmäßig erscheint allein erstere Auffassung, denn warum ein Gremium erst bilden, wenn der Arbeitgeber doch nicht mit ihm verhandeln will? Dafür spricht auch, dass § 21 EBRG auf § 9 EBRG verweist, der die Bildung des Verhandlungsgremiums betrifft. Die Verweigerung von Verhandlungen liegt nicht nur vor, wenn die zentrale Leitung dies ausdrücklich und grundsätzlich erklärt, sondern auch wenn sie innerhalb der Frist keinen Verhandlungstermin einräumt.[93]

63 Liegt ein gesetzmäßiger Antrag auf Bildung des besonderen Verhandlungsgremiums vor und verweigert die zentrale Leitung nicht innerhalb von 6 Monaten seine Bildung, hat die zentrale Leitung nach § 9 Abs. 2 EBRG die örtlichen Betriebs- oder Unternehmensleitungen über die Bildung eines besonderen Verhandlungsgremiums sowie seine Zusammensetzung zu unterrichten. Dies dürfte bedeuten, dass die zentrale Leitung von sich aus die zahlenmäßige Zusammensetzung des Gremiums zu ermitteln und bekannt zu machen hat.[94] Die Bestellung der Mitglieder obliegt dann aber den Arbeitnehmern und Arbeitnehmervertretern der einzelnen Länder. Entsprechend heißt es in § 12 EBRG, dass der zentralen Leitung unverzüglich die Namen der Mitglieder des besonderen Verhandlungsgremiums, ihre Anschriften sowie die jeweilige Betriebszugehörigkeit mitzuteilen sind. Diese Mitteilung kann nur von den nach den einzelnen Gesetzen zuständigen Arbeitnehmervertretungen der einzelnen Mitgliedstaaten ausgehen.

4. Fortgeltung bestehender, gesetzesverdrängender Vereinbarungen

a) Rechtsgrundlage

aa) § 41 EBRG

64 Die Bildung des vorstehend beschriebenen besonderen Verhandlungsgremiums ist nicht der einzige Weg zu einer Vereinbarung über die Arbeitnehmervertretung in gemeinschaftsweiten Unternehmen und Unternehmensgruppen. § 41 EBRG bestimmt nämlich, dass das Gesetz in Unternehmen und Unternehmensgruppen überhaupt nicht anwendbar ist, in denen vor dem 22. 9. 1996 bzw. 15. 12. 1999 für Großbritannien/Nordirland[95] eine Vereinbarung über grenzübergreifende Unterrichtung und Anhörung bestand, solange diese Vereinbarung wirksam ist. In Deutschland und in anderen Mitgliedstaaten haben viele Unternehmen und die bei ihnen bestehenden zentralen Arbeitnehmervertretungen diesen Weg gewählt, weil er ihnen schneller und leichter gangbar erschien als das gesetzliche Verfahren.[96] Denn für diese freiwilligen Vereinbarungen, denen Art. 13 der Richtlinie zugrunde liegt, macht § 41 EBRG nur wenige Vorschriften.

65 Die Vereinbarung muss sich auf **alle in den Mitgliedstaaten beschäftigten Arbeitnehmer** erstrecken und eine Vertretung der Arbeitnehmer aus den Mitgliedstaaten vorse-

---

[93] Hierzu *Blanke*, EBRG-Kommentar, § 21 Rn. 10.
[94] *Blanke*, EBRG-Kommentar, § 9 Rn. 7.
[95] *Kolvenbach*, NZA 1998, S. 582, 584.
[96] Eine Liste der in der EU geschlossenen Konzern-Vereinbarungen findet sich unter anderem bei *Blank/Geissler/Jaeger*, Euro-Betriebsräte, 1996, S. 242 ff. Zur Einbeziehung von Drittstaaten *Stöckli* RdA 2001, Heft 5 Beilage S. 7 f.

hen, in denen das Unternehmen oder die Unternehmensgruppe einen Betrieb hat (§ 41 Abs. 1 EBRG). Zulässig ist, dass die Vereinbarung auf Seiten der Arbeitnehmer nur von einer im BetrVG vorgesehenen Arbeitnehmervertretung geschlossen worden ist (Abs. 2 S. 1). Das Gleiche gilt, wenn für ein Unternehmen oder eine Unternehmensgruppe anstelle einer Vereinbarung mehrere Vereinbarungen geschlossen worden sind (Abs. 2 S. 2). Erfasste die Vereinbarung am 22. 9. 1996 bzw. 15. 12. 1999 nicht alle Arbeitnehmer, konnten die Parteien deren Einbeziehung innerhalb einer Frist von 6 Monaten nachholen (Abs. 3). Bestehende Vereinbarungen können auch nach dem 22. 9. 1996 bzw. 15. 12. 1999 an Änderungen der Struktur des Unternehmens oder der Unternehmensgruppe sowie der Zahl der beschäftigten Arbeitnehmer angepasst werden (Abs. 4). Ist eine Vereinbarung befristet geschlossen worden, können die Parteien ihre Fortgeltung beschließen (Abs. 5). Überwiegend wird angenommen, dass für die Anpassung nicht die ursprünglichen Vertragsparteien, sondern der europäische Betriebsrat und die zentrale Leitung zuständig seien.[97]

Fehlt eine **Befristungs- oder Kündigungsregelung** – in der Praxis selten – ist die Vereinbarung jederzeit kündbar. Eine Vereinbarung gilt auch nach ihrem Ablauf fort, wenn zuvor die Bildung des besonderen Verhandlungsgremiums nach § 9 EBRG beantragt wurde (Abs. 6). Das Antragsrecht kann auch ein aufgrund der Vereinbarung bestehendes Arbeitnehmervertretungsgremium ausüben. Die Nachwirkung der Vereinbarung endet, wenn sie durch eine grenzübergreifende Unterrichtung und Anhörung nach § 18f. EBRG ersetzt oder ein europäischer Betriebsrat errichtet worden ist oder das Verhandlungsgremium davon absieht.

§ 41 EBRG verlangt nicht die Bildung eines Europäischen Betriebsrats, sondern lässt, wie es in § 17 EBRG für die Vereinbarung mit den Verhandlungsgremien vorgesehen ist, auch die Bildung **mehrerer Europäischer Betriebsräte** in einem Unternehmen oder einer Gruppe oder ganz andere Verfahren zu. Davon wird in der Regel aber kein Gebrauch gemacht.

bb) Rechtliche Einordnung

Die rechtliche Einordnung dieser Vereinbarungen und der durch sie gebildeten Arbeitnehmervertretungsgremien fällt schwer,[98] weil auf sie grundsätzlich weder das europäische noch das nationale Betriebsverfassungsrecht anwendbar ist. § 41 EBRG bestimmt ja ausdrücklich, dass das Gesetz unanwendbar ist, solange die Vereinbarung wirksam ist. Dies wird so konsequent durchgeführt, dass eine im Referentenentwurf vorgesehene analoge Anwendung der Vorschriften über vertrauensvolle Zusammenarbeit, Geheimhaltung und Schutz der Arbeitnehmer einschließlich der Strafvorschriften nicht in den Regierungsentwurf übernommen worden ist. Dies dürfte auch eine analoge Anwendung einzelner Bestimmungen des EBRG ausschließen. Auch eine unmittelbare oder analoge Anwendung des BetrVG kommt nicht in Frage, da das EBRG bewusst von einer Anwendung der Vorschriften abgesehen hat, die es aus dem BetrVG übernommen hat. Dies bedeutet allerdings nicht, dass sich die Vereinbarung im rechtsfreien Raum bewegt, da sie ja in § 41 EBRG anerkannt ist. Es handelt sich deshalb um eine **schuldrechtliche Vereinbarung**,[99] die dem Recht des Landes unterliegt, in dem das an der Vereinbarung beteiligte Unternehmen seinen Sitz hat. Des Näheren wird man von einer betriebsverfassungsrechtlichen Vereinbarung eigener Art sprechen dürfen, da es der Sache nach um Betriebsverfassung geht und § 41 Abs. 2 EBRG ausdrücklich die Beteiligung einer im BetrVG vorgesehenen Arbeitnehmervertretung zulässt. Für Rechtsstreitigkeiten dürfte deshalb in analoger An-

---

[97] *Däubler/Kittner/Klebe*, 7. Aufl., § 41 EBRG Rn. 14; *Blanke*, § 41 EBRG Rn. 26.
[98] Vgl. hierzu *Sandmann*, Die Euro-Betriebsrats-RL 94/45/EG, S. 154 ff. m.w.N.; *Müller*, EBRG-Kommentar, § 17 Rn. 3, 10; § 41 Rn. 3.
[99] So auch *Sandmann*, Die Euro-Betriebsrats-RL 94/45/EG, S. 156 ff. (164); a.A. *Blanke*, EBRG-Kommentar, § 41 Rn. 36, der diese Vereinbarungen als Kollektivverträge ansieht.

wendung das Beschlussverfahren nach dem BetrVG gegeben sein. Allerdings hat das EBRG den Anwendungsbereich des Beschlussverfahrens durch Änderung von § 2a Arbeitsgerichtsgesetz nur auf „Angelegenheiten aus dem Gesetz über Europäische Betriebsräte" ausgedehnt, das im Fall des § 41 EBRG gerade nicht anwendbar ist. Dies schließt aber eine entsprechende Anwendung der Vorschriften über das Beschlussverfahren nicht aus, zumal das BAG im Fall der vor- und außergesetzlichen Sprecherausschüsse leitender Angestellter schon anerkannt hatte, dass das Beschlussverfahren für alle Streitfragen der betriebsverfassungsrechtlichen Ordnung im weiten Sinne die sachgemäße Verfahrensart ist.[100] Dies muss umso mehr für die gesetzlich anerkannte Vereinbarung nach § 41 EBRG gelten. Folgerichtig muss dann auch die Parteifähigkeit des aufgrund des § 41 EBRG gebildeten Arbeitnehmervertretungsgremiums im Beschlussverfahren anerkannt werden. All dies ändert aber nichts daran, dass die materiell-rechtlichen Vorschriften des EBRG und des BetrVG auf die Vereinbarung und das Gremium nach § 41 EBRG nicht anwendbar sind. Die Vereinbarungen müssen deshalb selbst regeln, welche Rechte und Pflichten zwischen den Vereinbarungsparteien bestehen sollen und welche Rechte und Pflichten die Mitglieder des Gremiums haben sollen. Soweit die Vereinbarungen lückenhaft erscheinen, wird man auch im Wege ergänzender Auslegung (§ 157 BGB) grundsätzlich nicht auf die Vorschriften des EBRG oder des BetrVG zurückgreifen dürfen.

cc) Notwendig beteiligte Arbeitnehmer

69 Für die Vereinbarung nach § 41 EBRG besteht also weitgehende Vertragsfreiheit. Eine Mindestvoraussetzung besteht darin, dass sich die Vereinbarung 1. auf alle in den Mitgliedstaaten beschäftigten Arbeitnehmer erstrecken und 2. eine Vertretung der Arbeitnehmer aus den Mitgliedstaaten vorsehen muss, in denen das Unternehmen oder die Unternehmensgruppe einen Betrieb hat (§ 41 Abs. 1 S. 2 EBRG). Mit diesem doppelten Erfordernis geht § 41 EBRG über Art. 13 der Richtlinie hinaus, der nur eine für alle Arbeitnehmer geltende Vereinbarung verlangt. Es ist fraglich, was der deutsche Gesetzgeber damit bezweckt; die Begründung des Regierungsentwurfs erklärt es nicht. Die Grundvoraussetzung der **Erstreckung auf alle Arbeitnehmer** dürfte besagen, dass das Informations- und Anhörungsverfahren auf alle diese Arbeitnehmer zu erstrecken ist, das Gremium also das Recht und die Pflicht haben muss, die Interessen dieser Arbeitnehmer zu vertreten, soweit sie von Maßnahmen im Bereich seiner Zuständigkeit betroffen werden.[101] Die Notwendigkeit einer Erstreckung besagt dagegen nicht, dass alle Arbeitnehmer auf irgendeine Weise in dem Gremium vertreten sein müssen. Eine solche Vertretung ist von § 41 EBRG nur für Arbeitnehmer aus den Mitgliedstaaten vorgesehen, in denen das Unternehmen oder die Unternehmensgruppe einen Betrieb hat. Vertretung dürfte hier bedeuten, dass ein Mitglied des Gremiums von den jeweiligen Arbeitnehmern in irgendeiner Weise legitimiert sein muss, sei es durch Wahl zum europäischen Gremium, sei es durch Wahl in ein nationales betriebsverfassungsrechtliches Amt.[102] Fraglich ist allerdings, ob die Legitimation zur Vertretung von allen Arbeitnehmern der Mitgliedstaaten ausgehen muss, oder ob es ausreicht, dass die **Legitimation durch die Arbeitnehmer einzelner Betriebe** erteilt wurde. Der Wortlaut ist insofern nicht eindeutig. Immerhin ist festzustellen, dass an dieser Stelle nicht von allen Arbeitnehmern die Rede ist. Außerdem ist die Grundregel des EBRG wie der EBR-RL, dass eine objektive Erstreckung ausreicht, so

---

[100] BAG 19. 2. 1975 AP Nr. 9 § 5 BetrVG.
[101] Vgl. hierzu *Blanke*, EBRG-Kommentar, § 41 Rn. 15f.; *Rademacher*, Der Europäische Betriebsrat, S. 155.
[102] Zweifelhaft ist, ob die Vertretung auch von Gewerkschaftsrepräsentanten ausgeübt werden kann. § 41 EBRG verlangt nicht, dass dem Gremium nur Arbeitnehmer der Gruppe angehören, so dass auch externe Gewerkschaftsvertreter in Betracht kommen. Das führt aber dann zu der weiteren Frage, ob auch nicht organisierte Arbeitnehmer durch sie im Sinn des § 41 vertreten werden können. Da jedenfalls die deutsche Praxis eine solche Vertretung bisher nicht vorsieht, kann auf eine Vertiefung der Frage hier verzichtet werden. Allgemein ablehnend *Schwarze* RdA 2001, 208.

dass eine subjektive Beteiligung an der Vertretung nicht von allen Arbeitnehmern verlangt werden kann.[103] Es dürfte auch nicht erforderlich sein, dass jedes Mitgliedsland, in dem ein Betrieb besteht, durch einen eigenen Repräsentanten vertreten ist. Im Gegensatz zur Regelung des besonderen Verhandlungsgremiums und des Europäischen Betriebsrats kraft Gesetzes (§§ 10 Abs. 1, 22 Abs. 1 EBRG) sieht § 41 EBRG nämlich nicht vor, dass aus jedem Mitgliedstaat, in dem ein Betrieb besteht, ein Arbeitnehmervertreter zu entsenden ist. Deshalb muss es zulässig sein, mehrere Länder zu einem Vertretungskreis zusammenzuziehen, wobei allerdings Arbeitnehmer aus allen beteiligten Ländern an der Legitimation des Vertreters beteiligt sein müssen.[104]

dd) Weitere Voraussetzungen

Weniger Probleme bereiten die anderen Voraussetzungen des § 41 EBRG. Verlangt wird eine Vereinbarung, die nicht notwendig schriftlich sein muss,[105] auch von einer Seite aufgestellt sein kann, von der anderen Seite aber mindestens stillschweigend akzeptiert sein muss. Während sich die Vereinbarungspartei auf Arbeitgeberseite aus den **Vertretungsregelungen** für die betroffenen Unternehmen und Unternehmensgruppen ergibt, besteht auf Arbeitnehmerseite größere Freiheit. Die EBR-RL enthält dazu keine Regelung, weil sie die von ihr vorgefundenen Vereinbarungen legitimieren wollte, an denen ganz verschiedene Parteien beteiligt waren, vor allem aber betriebsverfassungsrechtliche Vertretungen und Gewerkschaften. § 41 EBRG erwähnt ausdrücklich die betriebsverfassungsrechtlichen Arbeitnehmervertretungen, lässt aber auch andere Vertretungen zu. Praktische Probleme scheinen insoweit nicht zu bestehen. 70

Notwendiger Inhalt der Vereinbarung ist weiter die **grenzübergreifende Unterrichtung und Anhörung**. Anhörung im Sinne des EBRG bezeichnet nach § 1 Abs. 4 den Meinungsaustausch und die Einrichtung eines Dialogs zwischen den Arbeitnehmervertretern und der zentralen Leitung oder einer anderen geeigneten Leitungsebene.[106] Allerdings ist das EBRG auf die Vereinbarung nach § 41 EBRG grundsätzlich nicht anwendbar, doch dürfte insoweit eine Ausnahme gelten, weil § 41 EBRG selbst von Unterrichtung und Anhörung der Arbeitnehmer spricht. Ebenso dürfte das weitere Merkmal des § 41 EBRG, es müsse sich um grenzübergreifende Unterrichtung und Anhörung handeln, § 31 EBRG in Bezug nehmen, nach dem grenzübergreifende Angelegenheiten mindestens zwei Betriebe oder zwei Unternehmen in verschiedenen Mitgliedstaaten betreffen müssen. § 31 EBRG verweist dazu auf §§ 32 und 33 EBRG, welche die Angelegenheiten im einzelnen benennen. Soweit dürfte die stillschweigende Bezugnahme von § 41 EBRG auf § 31 EBRG aber nicht gehen. Für § 41 EBRG muss es vielmehr ausreichen, dass ein Kernbereich der in § 32 EBRG und § 33 EBRG genannten Angelegenheiten einbezogen ist, dessen Abgrenzung schwierig sein mag, in der Praxis aber anscheinend bewältigt wird. 71

ee) Rechtsfolgen fehlender Voraussetzungen

Erfüllt eine Vereinbarung die gesetzlichen Mindestvoraussetzungen nicht, bleibt das EBRG anwendbar, so dass nach Maßgabe der §§ 8ff. EBRG die Bildung eines besonderen Verhandlungsgremiums eingeleitet werden kann. In diesem Fall steht einem aufgrund der Vereinbarung bestehenden Arbeitnehmervertretungsgremium das **Antragsrecht** nicht zu. Ist § 41 EBRG nicht erfüllt, weil die Arbeitnehmer einzelner Mitgliedstaaten nicht hinreichend vertreten sind, haben auch die Arbeitnehmer aus anderen Mitgliedstaaten das Recht, gem. § 9 Abs. 1 und 2 EBRG die Bildung eines besonderen Verhandlungsgremiums zu betreiben. Umgekehrt haben die Arbeitnehmer aus Mitgliedstaaten, die nicht hinreichend in dem außergesetzlichen Arbeitnehmervertretungsgremium repräsentiert 72

---

[103] Vgl. *Heinze,* Arbeitgeber 1995, S. 396, 400; *Hromadka,* DB 1995, S. 1125, 1127.
[104] Vgl. *Bachner/Nielebock,* AuR 1997, S. 129, 135 f.; *Müller,* EBRG-Kommentar, § 41 Rn. 11.
[105] Vgl. *Sandmann,* Die Euro-Betriebsrats-RL 94/45/EG, S. 175.
[106] Vgl. *Buschak,* AiB 1996, S. 208, 213.

sind, grundsätzlich nicht die Möglichkeit, sich in dieses einzuklagen, sondern sind auf den Weg des § 9 EBRG verwiesen.

73 Fraglich ist, ob eine Vereinbarung, die die Voraussetzungen des § 41 EBRG nicht erfüllt, ganz unwirksam ist oder rechtswirksam bestehen bleibt, bis ein Europäischer Betriebsrat oder eine sonstige gesetzliche Arbeitnehmervertretung gebildet wurde. § 41 Abs. 1 EBRG sagt ausdrücklich, dass die **gesetzesverdrängende Wirkung** nur besteht, solange die Vereinbarung wirksam ist. Dies besagt aber nicht notwendig, dass eine Vereinbarung, welche die gesetzesverdrängende Wirkung nicht hat, schlechthin unwirksam sein muss.[107] Vielmehr dürfte die betriebsverfassungsrechtliche Vertragsfreiheit, die zur Anerkennung der außergesetzlichen Sprecherausschüsse leitender Angestellter geführt hatte, auch die Rechtswirksamkeit von Vereinbarungen abdecken, die hinter den Anforderungen des § 41 EBRG zurückbleiben; nur eine gesetzesverdrängende Wirkung können solche Vereinbarungen nicht entfalten.

74 Ausdrücklich angesprochen ist dieses Problem in der Vereinbarung zwischen der BASF und Arbeitnehmervertretungen der BASF-Gruppe in der EU.[108] Hier heißt es, sollten einzelne Bestimmungen der Vereinbarung unwirksam sein oder Art. 13 der Richtlinie nicht genügen, werde hierdurch die Vereinbarung nicht berührt. Die vertragschließenden Parteien wollen in diesem Fall unverzüglich eine entsprechende **Änderung oder Ergänzung der Vereinbarung** vornehmen. Dies bestätigt die Auffassung, dass auch Vereinbarungen, die nicht die Voraussetzungen des § 41 EBRG bzw. des Art. 13 der Richtlinie erfüllen, Rechtswirksamkeit haben können. Nicht zutreffend ist allerdings die in der BASF-Vereinbarung zum Ausdruck kommende Auffassung, die gesetzesverdrängende Wirkung könne auch nachträglich herbeigeführt werden. Sowohl nach der Richtlinie als auch nach § 41 EBRG gilt, dass die Vereinbarung am 22. 9. 1996 bzw. 15. 12. 1999 so bestehen muss, dass sie die Mindestvoraussetzungen erfüllt. Eine Ausnahme, die die Regel bestätigt, ist die in § 41 Abs. 3 EBRG eingeräumte Nachfrist von 6 Monaten für den Fall, dass die am 22. 9. 1996 bzw. 15. 12. 1999 bestehende Vereinbarung nicht alle Arbeitnehmer erfasst.

b) Beispiele

75 Zahlreiche Praxisbeispiele und Vereinbarungen enthält die Schrift von *Blank/Geissler/Jaeger*, Euro-Betriebsräte, 1996. Die Zusammenfassung dieser Schrift (S. 162 ff.) zeigt, dass sich die meisten Vereinbarungen mit dem Nötigsten begnügen. So sind Regelungen zum Schutz der Arbeitnehmervertreter selten, und auch eine Geheimhaltungspflicht ist keineswegs immer statuiert. Regelmäßig finden sich dagegen Vorschriften über die Zusammensetzung des Gremiums, die Häufigkeit der Treffen, die Gegenstände der Unterrichtung, die Kostenübernahme durch das Unternehmen sowie die Geltungsdauer der Vereinbarung. Typisch sind auch Regelungen über die beratende Beteiligung von Gewerkschaftsvertretern, deren Voraussetzungen (z.B. Mehrheit des Gremiums, Zustimmung des Unternehmens) allerdings verschieden geregelt sind.[109]

5. Vereinbarungen mit dem besonderen Verhandlungsgremium

a) Rechtsgrundlage

76 Kommt es in einem vom EBRG erfassten Unternehmen (Unternehmensgruppe) nicht rechtzeitig zu einer gesetzesverdrängenden Vereinbarung nach § 41 EBRG, kann die Bildung eines besonderen Verhandlungsgremiums (dazu Rn. 57 ff.) betrieben werden. Für die zwischen diesem Gremium und der jeweiligen zentralen Leitung schriftlich zu treffen-

---

[107] Für eine Unwirksamkeit *Sandmann*, Die Euro-Betriebsrats-RL 94/45/EG, S. 169; a. A. *Blanke*, EBRG-Kommentar, § 41 Rn. 24.

[108] Wiedergegeben bei *Blank/Geissler/Jaeger*, Euro-Betriebsräte 1996, S. 177, 180.

[109] Dazu *Blank/Geissler/Jaeger*, a. a. O., S. 162 ff.

II. Der Europäische Betriebsrat

de Vereinbarung lassen die EBR-RL und das EBRg weitgehende Vertragsfreiheit. § 17 EBRG bestimmt ausdrücklich, dass die gesetzlichen Vorschriften über den Europäischen Betriebsrat nicht maßgeblich sind. Verlangt wird allerdings, dass sich die Vereinbarung auf alle Arbeitnehmer in den Mitgliedstaaten erstrecken muss, in denen das Unternehmen oder die Unternehmensgruppe einen Betrieb hat. Dies bleibt sogar hinter § 41 Abs. 1 EBRG zurück, nach dem sich die Vereinbarung auf alle in den Mitgliedstaaten beschäftigten Arbeitnehmer erstrecken muss.[110] Auch ist im Gegensatz zu § 41 EBRG nicht vorgesehen, dass alle Arbeitnehmer vertreten sein müssen. Auf den ersten Blick ist es überraschend, dass an die vorgesetzliche, gesetzesverdrängende Vereinbarung insoweit etwas stärkere Anforderungen gestellt werden als an die Vereinbarung mit dem besonderen Verhandlungsgremium, doch beruht dies darauf, dass dem Verhandlungsgremium Arbeitnehmervertreter aus allen Mitgliedstaaten, in denen ein Betrieb besteht, angehören müssen, so dass eine hinreichende Berücksichtigung der Interessen aller Arbeitnehmer zu erwarten ist.

b) Vereinbarung über einen Europäischen Betriebsrat

Der Richtlinie folgend gehen §§ 17, 18 EBRG davon aus, dass die Vereinbarung typischerweise, wenn auch nicht notwendig, zur Gründung eines oder mehrerer, etwa nach Ländern oder Sparten getrennten Europäischen Betriebsräte im Unternehmen oder der Gruppe führen wird. § 18 EBRG regelt den Inhalt der entsprechenden Vereinbarung nur als Soll-Vorschrift und ähnlich knapp, wie es sich in der Praxis zu § 41 EBRG durchgesetzt hat. Soll-Vorschrift bedeutet hier nicht Programmsatz, frommer Wunsch, sondern eine Muss-Vorschrift mit Ausnahmemöglichkeit. Das entspricht Art. 6 Abs. 2 der Richtlinie, der eine Muss-Vorschrift enthält, aber unter dem Vorbehalt der Autonomie der Parteien.[111] Stets muss es sich um einen grenzübergreifenden Dialog im Sinn der §§ 1 Abs. 4, 31 EBRG handeln.[112] Im Einzelnen soll Folgendes geregelt werden: Bezeichnung der erfassten Betriebe und Unternehmen, einschließlich der außerhalb des Hoheitsgebiets der Mitgliedstaaten liegenden Niederlassungen, sofern diese in den Geltungsbereich einbezogen werden; Zusammensetzung des Europäischen Betriebsrats, Anzahl der Mitglieder, Ersatzmitglieder, Sitzverteilung und Mandatsdauer; Zuständigkeit und Aufgaben des Betriebsrats sowie das Verfahren zu seiner Unterrichtung und Anhörung; Ort, Häufigkeit und Dauer der Sitzungen; die für den Europäischen Betriebsrat zur Verfügung zu stellenden finanziellen und sachlichen Mittel; Klausel zur Anpassung der Vereinbarung an Strukturänderungen, die Geltungsdauer der Vereinbarung und das bei ihrer Neuverhandlung anzuwendende Verfahren, einschließlich einer Übergangsregelung.[113] Die Vereinbarung von Mitbestimmungsrechten, auch von Vetorechten, findet in der Richtlinie und im EBRG keine Grundlage.[114] Sie kann aber als Selbstverpflichtung der betroffenen Unternehmen nach allgemeinem Recht zulässig sein.

c) Ergänzende Vorschriften

Diese knappe Regelung wird durch die im 5. Teil des EBRG enthaltenen zwingenden Grundsätze der Zusammenarbeit und Schutzbestimmungen ergänzt.[115] Am Anfang steht

---

[110] Vgl. zu dieser Diskrepanz auch *Kohte*, Informationsdienst Europäisches Arbeits- und Sozialrecht 1996, S. 115, 118.
[111] Vgl. *Müller*, EBRG-Kommentar, § 18 Rn. 2; Däubler/Kittner/Klebe/*Däubler*, BetrVG, 6. Aufl., EBRG § 18 Rn. 4.
[112] Vgl. *Buschak*, AiB 1996, S. 208, 213.
[113] Vgl. hierzu den Vereinbarungsentwurf bei *Asshoff/Bachner/Kunz* Europäisches Arbeitsrecht im Betrieb, 1996, S. 219 ff. sowie die Beispiele aus der Praxis in *IG Metall-Handbuch*, Europäische Betriebsräte, Kap. 8.
[114] MünchArbR/*Joost*, § 366 Rn. 103.
[115] Es scheint, dass man sich bei den Vereinbarungen gem. § 41 häufig an dem Katalog des § 18 orientiert hat, ohne die im 5. Teil des Gesetzes enthaltenen Grundsätze der Zusammenarbeit und

hier die aus § 2 BetrVG übernommene Pflicht zur vertrauensvollen Zusammenarbeit zum Wohl der Arbeitnehmer und des Unternehmens bzw. der Unternehmensgruppe (§ 38 EBRG). Dem § 106 Abs. 2 BetrVG nachgebildet ist die Begrenzung der Informationspflicht durch § 39 EBRG, soweit **Betriebs- oder Geschäftsgeheimnisse** des Unternehmens oder der Unternehmensgruppe gefährdet werden. Das in § 109 BetrVG bei Meinungsverschiedenheiten über den Umfang des Geheimhaltungsrechts vorgesehene Einigungsstellenverfahren ist dagegen nicht übernommen worden. Der Bundesrat[116] hielt dem entgegen, dass Art. 8 Abs. 2 der Richtlinie ein Geheimhaltungsrecht der zentralen Leitung nur in besonderen Fällen vorsieht und auch nur, wenn die Informationen die Arbeitsweise des Unternehmens nach objektiven Kriterien erheblich beeinträchtigen oder ihm schaden könnten. Außerdem hielt es der Bundesrat für unzweckmäßig, dass der Regierungsentwurf weder von der Möglichkeit des Art. 8 Abs. 2 der Richtlinie, die Befreiung von einer vorherigen behördlichen oder gerichtlichen Genehmigung abhängig zu machen, Gebrauch gemacht, noch, wie es § 109 BetrVG vorsieht, ein schnelles und praktikables Verfahren zur Streitschlichtung zur Verfügung gestellt hat. Die Bundesregierung hat das zurückgewiesen,[117] da § 39 EBRG keine missbräuchliche Zurückhaltung von Informationen erlaube. Die Anknüpfung an Betriebs- und Geschäftsgeheimnisse stelle sicher, dass die Zurückhaltung von Informationen nur dann zulässig ist, wenn ein objektives Geheimhaltungsinteresse der zentralen Leitung vorliege. Damit sei der in Art. 8 Abs. 2 der Richtlinie bestehende Umsetzungsspielraum in sachgerechter Weise ausgefüllt. Dem ist zuzustimmen, wobei richtlinienkonforme Auslegung verlangt, dass ein Geheimhaltungsinteresse nur angenommen wird, wenn eine erhebliche Beeinträchtigung oder ein Schaden für das Unternehmen droht.

79 Werden den Mitgliedern oder Ersatzmitgliedern wegen ihrer Zugehörigkeit zum Europäischen Betriebsrat Betriebs- oder Geschäftsgeheimnisse bekannt, müssen sie diese geheimhalten, wenn sie von der zentralen Leitung ausdrücklich als geheimhaltungsbedürftig bezeichnet wurden. Dies gilt allerdings nicht gegenüber den örtlichen Arbeitnehmervertretern, soweit diese über den Inhalt der Unterrichtungen und die Ergebnisse der Anhörungen zu unterrichten sind, den Arbeitnehmervertretern im Aufsichtsrat sowie gegenüber Dolmetschern und Sachverständigen (§ 39 Abs. 2 EBRG).

80 Nach § 40 EBRG gelten für die Mitglieder eines Europäischen Betriebsrats, die im Inland beschäftigt sind, entsprechend aus dem BetrVG §§ 37 Abs. 1 bis 5 (Anspruch auf Freistellung und Ersatz von Verdienstausfall, aber nicht auf Schulung gem. Abs. 6 und 7),[118] 78 (Schutz vor Störungen oder Behinderungen; Benachteiligungs- und Begünstigungsverbot) und § 103 i.V.m. § 15 Abs. 1, 3 bis 5 KSchG (Kündigungsschutz).[119] Auch die Straf- und Bußgeldvorschriften der §§ 42–45 EBRG gelten (dazu unten Rn. 97).

d) Dauer

81 Eine mit dem Verhandlungsgremium abgeschlossene Vereinbarung gilt nach § 20 EBRG fort, wenn vor ihrer Beendigung das Antrags- oder Initiativrecht nach § 9 Abs. 1 EBRG ausgeübt worden ist. Der Zeitpunkt der Beendigung kann in der Vereinbarung

---

Schutzbestimmungen zu übernehmen. In der Tat gilt dieser Teil des Gesetzes nicht für die gesetzesverdrängende Arbeitnehmervertretung gem. § 41, aber es läge ja nahe, entsprechende vertragliche Vereinbarungen zu treffen.

[116] BT-Drucksache 13/5021, S. 4 Nr. 18.
[117] BT-Drucksache 13/5021, S. 8 Nr. 16, 18.
[118] Vgl. zu der hieran bestehenden Kritik *Blanke,* EBRG-Kommentar, § 40 Rn. 3 m.w.N.
[119] Die entsprechende Anwendung des betriebsverfassungsrechtlichen Kündigungsschutzes dürfte auch bedeuten, dass die außerordentliche Kündigung von Mitgliedern eines Europäischen Betriebsrats während ihrer Amtszeit nur mit Zustimmung dieses Betriebsrats möglich ist; so auch *Müller* § 40 Rn. 6; vgl. des Weiteren *Blanke* § 40 Rn. 12 ff. m.w.N.

II. Der Europäische Betriebsrat

e) Sonstige Verfahren zur Unterrichtung und Anhörung

Die Vereinbarung mit dem Verhandlungsgremium muss nicht zur Gründung eines Europäischen Betriebsrats führen, sondern kann nach §§ 17, 19 EBRG auch ein sonstiges Verfahren zur Unterrichtung und Anhörung der Arbeitnehmer einführen. In diesem Fall ist nach § 19 EBRG schriftlich zu vereinbaren, unter welchen Voraussetzungen die Arbeitnehmervertreter das Recht haben, die ihnen übermittelten Informationen gemeinsam zu beraten und wie sie ihre Vorschläge oder Bedenken mit der zentralen Leitung oder einer anderen geeigneten Leitungsebene erörtern können. Die Unterrichtung muss sich insbesondere auf grenzübergreifende Angelegenheiten erstrecken, die erhebliche Auswirkungen auf die Interessen der Arbeitnehmer haben. Der Unterschied zu einem Europäischen Betriebsrat dürfte vor allem darin liegen, dass im Rahmen dieser Vorschrift keine neuen Gremien errichtet werden müssen, sondern die Befugnisse existierender nationaler Arbeitnehmervertretungen ausgedehnt werden können.[120] Die Praxis der vorgesetzlichen Vereinbarungen gem. § 41 EBRG dürfte allerdings lehren, dass von dieser Alternative kaum Gebrauch gemacht werden wird.

6. Europäische Betriebsräte kraft Gesetzes

a) Bildung

Verweigert die zentrale Leitung die Aufnahme von Verhandlungen mit dem besonderen Gremium innerhalb von 6 Monaten nach Antragstellung, ist kraft Gesetzes ein Europäischer Betriebsrat zu errichten, falls es nicht zu einer vorgesetzlichen Vereinbarung gem. § 41 EBRG gekommen ist. Das Gleiche gilt, wenn innerhalb von drei Jahren nach Antragstellung keine Vereinbarung mit dem Verhandlungsgremium zustande kommt oder von beiden Seiten das vorzeitige Scheitern der Verhandlungen erklärt wird (§ 21 Abs. 1 EBRG). Ein Europäischer Betriebsrat ist nicht zu errichten, wenn das besondere Verhandlungsgremium vor Ablauf dieser Fristen mit 2/3 Mehrheit beschließt, keine Verhandlungen aufzunehmen oder sie zu beenden (Abs. 2).

Nach § 22 EBRG können dem Europäischen Betriebsrat nur Arbeitnehmer des jeweiligen Unternehmens bzw. der Gruppe angehören; maximal 30 Mitglieder. Ersatzmitglieder können bestellt werden (Abs. 1). Aus jedem Mitgliedstaat, in dem das Unternehmen oder die Unternehmensgruppe einen Betrieb hat, wird ein Arbeitnehmervertreter in den Europäischen Betriebsrat entsandt. § 22 Abs. 3–4 EBRG regeln ausführlich die Entsendung zusätzlicher Vertreter aus Mitgliedstaaten mit einer größeren Arbeitnehmerzahl.

Die Bestimmung der **Höchstzahl** ist infolge der Ende 1997 erfolgten Erstreckung der EBR-RL durch die RL 97/74/EG auf das Vereinigte Königreich allerdings unrichtig geworden und beträgt seitdem 31. Die Zahl der Mitgliedstaaten ist dadurch auf 18 angestiegen. Wenn aus jedem Mitgliedstaat gem. Abs. 2 ein Arbeitnehmervertreter zu entsenden ist und gem. Abs. 4 S. 3 aus einem Mitgliedstaat dreizehn zusätzliche Vertreter entsandt werden, weil in diesem mindestens 80% der Arbeitnehmer beschäftigt sind, dann umfasst der EBR insgesamt 31 Mitglieder.

Die Art und Weise der Entsendung wird in § 23 EBRG nur für die im Inland beschäftigten Arbeitnehmer Europäischer Betriebsräte geregelt, während die Entsendung der Vertreter aus anderen Mitgliedstaaten in Europäische Betriebsräte bei herrschenden Unternehmen in Deutschland dem jeweiligen nationalen Recht überlassen bleibt.

Die **Dauer der Mitgliedschaft** im Europäischen Betriebsrat beträgt nach § 36 Abs. 1 EBRG 4 Jahre von der Bestellung an, wenn sie nicht durch Abberufung oder aus anderen

---

[120] *Däubler/Klebe*, AiB 1995, S. 558, 561.

Gründen vorzeitig endet. Der Europäische Betriebsrat selbst hat, wie die amtliche Begründung klarstellt,[121] keine bestimmte Amtsdauer, sondern ist eine Dauereinrichtung wie Gesamtbetriebsrat und Konzernbetriebsrat.[122] 4 Jahre nach der konstituierenden Sitzung hat der Europäische Betriebsrat, der kraft Gesetzes gebildet wurde, gem. § 37 EBRG darüber zu beschließen, ob er sich als besonderes Verhandlungsgremium konstituieren und gem. § 17 EBRG die Bildung eines Europäischen Betriebsrats kraft Vereinbarung oder eines sonstigen Verfahrens zur Unterrichtung und Anhörung betreiben soll. Das Amt des Europäischen Betriebsrats kraft Gesetz endet, wenn eine solche Vereinbarung geschlossen wird (§ 37 S. 3 EBRG). Angesichts des durchgängigen Bestrebens des Gesetzes, flexible Regelungen zu ermöglichen, wird man annehmen müssen, dass die 4-Jahres-Frist nur für die Pflicht zur Beschlussfassung, d.h. zur Befassung mit der Angelegenheit gilt, während der Europäische Betriebsrat stets das Recht hat, Verhandlungen gem. § 17 EBRG aufzunehmen.[123]

b) Geschäftsführung

88   Nach § 25 EBRG lädt die zentrale Leitung unverzüglich nach Benennung der Mitglieder zur konstituierenden **Sitzung** des Europäischen Betriebsrats ein. Dies schließt das Recht ein, Zeit und Ort der Sitzung zu bestimmen. Der Europäische Betriebsrat wählt dann aus seiner Mitte einen Vorsitzenden und dessen Stellvertreter; besteht er aus 9 oder mehr Mitgliedern, bildet er aus seiner Mitte einen geschäftsführenden Ausschuss von drei Mitgliedern, die in verschiedenen Mitgliedstaaten beschäftigt sein sollen (§ 26 Abs. 1 EBRG). Nach § 27 EBRG hat der Europäische Betriebsrat das Recht, im Zusammenhang mit der Unterrichtung durch die zentrale Leitung eine Sitzung durchzuführen, deren Zeitpunkt und Ort mit der zentralen Leitung abzustimmen ist. Mit Einverständnis der zentralen Leitung kann der Europäische Betriebsrat weitere Sitzungen durchführen, die alle nicht öffentlich sind. Für die Tätigkeit des Ausschusses gilt dies entsprechend.

89   Nach § 28 EBRG werden die **Beschlüsse** des Europäischen Betriebsrats, soweit im Gesetz nichts anderes bestimmt ist, mit der Mehrheit der anwesenden Mitglieder gefasst. Eine Stimmgewichtung nach der Anzahl der von den einzelnen Mitgliedern vertretenen Arbeitnehmer ist also nicht zulässig.[124]

90   Nach § 29 EBRG können sich der Europäische Betriebsrat und der Ausschuss durch **Sachverständige** ihrer Wahl unterstützen lassen, soweit dies zur ordnungsgemäßen Erfüllung ihrer Aufgaben erforderlich ist. Das Unternehmen hat aber nur die Kosten für einen Sachverständigen zu tragen (§ 30 S. 2 EBRG). Anders als in § 80 Abs. 3 BetrVG wird eine vorherige Zustimmung des Unternehmens nicht verlangt. Dies ermöglicht auch die Hinzuziehung von Gewerkschaftsvertretern, soweit sie die zur Unterstützung des Betriebsrats erforderliche Sachkunde haben und einbringen sollen.

c) Zuständigkeit und Mitwirkungsrechte

91   Nach § 32 EBRG hat die zentrale Leitung den Europäischen Betriebsrat einmal im Kalenderjahr über die Entwicklung der Geschäftslage und die Perspektiven des Unternehmens bzw. der Gruppe unter Vorlage der erforderlichen Unterlagen zu unterrichten und ihn anzuhören. Hier wird also weder eine schriftliche noch eine vorherige Unterrichtung noch eine Aushändigung, sondern eben nur Vorlage der erforderlichen Unterlagen verlangt. Dies hat eine Grundlage in der EBR-RL, die insoweit auch nur eine Unterrichtung und Anhörung „auf der Grundlage eines von der zentralen Leitung vorgelegten Berichts" verlangt (Anhang Nr. 2 S. 1 RL). Der Bundesrat hatte gefordert, dass die **Information**

---

[121] BT-Drucksache 13/4520, S. 26.
[122] DB 1995, 1125 (1130); a. A. *Rademacher*, Der Europäische Betriebsrat, S. 126.
[123] Vgl. *Blanke*, EBRG-Kommentar, § 37 Rn. 2f.
[124] *Müller*, EBRG-Kommentar, § 28 Rn. 2.

II. Der Europäische Betriebsrat

rechtzeitig und stets schriftlich erfolgen müsse und die **Unterlagen** in den Landessprachen der jeweiligen Mitglieder des Europäischen Betriebsrats abzufassen seien.[125] Die Bundesregierung hat dem zugestimmt, soweit eine rechtzeitige Vorlage der Unterlagen verlangt wird.[126] Das Erfordernis der Schriftlichkeit der Unterrichtung lehnte sie dagegen ab, da es aufgrund der angeordneten Pflicht zur Vorlage der erforderlichen Unterlagen in angemessener Weise gewahrt sei.[127] Im Übrigen soll in Eilfällen eine mündliche Unterrichtung nicht ausgeschlossen werden. Dies dürfte bedeuten, dass der Europäische Betriebsrat in der Regel schon vor der jeweiligen Sitzung eine vorbereitende Information bekommen muss. Dies ergibt sich auch aus § 45 Abs. 1 Nr. 2 EBRG, nach dem ordnungswidrig handelt, wer entgegen § 32 Abs. 1 oder § 33 Abs. 1 S. 1 oder Abs. 1 S. 1 EBRG den Europäischen Betriebsrat oder seinen geschäftsführenden Ausschuss nicht, nicht richtig, nicht vollständig, nicht in der vorgeschriebenen Weise oder nicht rechtzeitig unterrichtet. Ähnlich hat das Bundesarbeitsgericht[128] zu § 106 BetrVG, nach dem der Wirtschaftsausschuss rechtzeitig und umfassend über die wirtschaftlichen Angelegenheiten des Unternehmens unter Vorlage der erforderlichen Unterlagen zu unterrichten ist, entschieden, dass die Mitglieder des Wirtschaftsausschusses die Möglichkeit haben müssen, sich auf die Sitzungen des Ausschusses gründlich vorzubereiten. Deshalb könne der Unternehmer im Einzelfall verpflichtet sein, den Mitgliedern des Ausschusses die erforderlichen Unterlagen zur Vorbereitung zu überlassen, die allerdings nicht berechtigt seien, davon Abschriften anzufertigen.

Die **Gegenstände von Unterrichtung und Anhörung** werden in § 32 Abs. 2 EBRG in Anlehnung an §§ 106, 111 BetrVG im Einzelnen umschrieben. Grundvoraussetzung ist nach § 31 Abs. 2 EBRG stets, dass mindestens zwei Betriebe oder Unternehmen in verschiedenen Mitgliedstaaten betroffen sind. Es reicht, dass zwar nur ein Betrieb unmittelbar betroffen ist, dies aber mit einer Entscheidung zu einem Betrieb in einem anderen Mitgliedstaat zusammenhängt.[129]

Eine weitergehende Pflicht zur Unterrichtung und Anhörung besteht nach § 33 EBRG bei **außergewöhnlichen Umständen,** die erhebliche Auswirkungen auf die Interessen der Arbeitnehmer haben. Hier hat die zentrale Leitung den Europäischen Betriebsrat unter Vorlage der erforderlichen Unterlagen unverzüglich zu unterrichten und auf Verlangen rechtzeitig anzuhören. Als außergewöhnliche Umstände gelten insbesondere die Verlegung und Stilllegung von Unternehmen, Betrieben oder wesentlichen Betriebsteilen sowie Massenentlassungen, für deren Abgrenzung die Massenentlassungsrichtlinie maßgeblich sein dürfte. Besteht ein geschäftsführender Ausschuss, ist er anstelle des Europäischen Betriebsrats zu beteiligen (Abs. 2). In dem Referentenentwurf war noch vorgesehen, dass die Unterrichtung nach § 33 EBRG schriftlich sein müsse[130] und die Anhörung auf Verlangen so rechtzeitig erfolgen müsse, dass die Vorschläge oder Bedenken der Arbeitnehmervertreter noch berücksichtigt werden können. Dies ist im Regierungsentwurf entfallen, doch heißt es in der amtlichen Begründung,[131] die Anhörung müsse grundsätzlich so rechtzeitig sein, dass die Vorschläge oder Bedenken des Betriebsrats bzw. Ausschusses noch berücksichtigt werden können.[132]

Das Erfordernis der **Rechtzeitigkeit** hat also in § 33 EBRG eine andere Bedeutung als in § 32 EBRG. Stehen außergewöhnliche Umstände bevor, hat die Unterrichtung und Anhörung nach § 33 EBRG grundsätzlich so rechtzeitig zu erfolgen, dass erst danach über

---

[125] BT-Drucksache 13/5021, S. 3.
[126] BT-Drucksache 13/5021, S. 8.
[127] Kritisch hierzu *Blanke,* EBRG-Kommentar, § 32 Rn. 6.
[128] 20. 11. 1984, AP Nr. 3 zu § 106 BetrVG.
[129] MünchArbR/*Joost* § 367 Rn. 35.
[130] MünchArbR/*Joost* § 367 Rn. 51: Richtlinienkonforme Auslegung verlangt einen vorherigen schriftlichen Bericht.
[131] BT-Drucksache 13/4520, S. 26.
[132] Ebenso *Bachner/Nielebock,* AuR 1997, S. 129, 134; *Gaul,* NJW 1996, S. 3378, 3383; Däubler/Kittner/Klebe-*Kittner,* BetrVG, 7. Aufl., EBRG § 33 Rn. 5; MünchArbR/*Joost* § 367 Rn. 52/55.

die wegen der außergewöhnlichen Umstände zu treffenden Maßnahmen entschieden wird.[133] In § 32 EBRG bezieht sich das Erfordernis der Rechtzeitigkeit dagegen nicht auf bestimmte Maßnahmen, sondern auf den Sitzungstermin, zu dessen Vorbereitung dann eben rechtzeitig die erforderlichen Informationen zu geben sind (zu den Sanktionen sogleich Rn. 97 ff.).

d) Tendenzunternehmen

95   Auf Unternehmen und herrschende Unternehmen, die unmittelbar und überwiegend den in § 118 Abs. 1 S. 1 Nr. 1 und 2 BetrVG genannten Bestimmungen oder Zwecken dienen, findet die Pflicht zur Unterrichtung und Anhörung nur in Bezug auf die in §§ 32 Abs. 1, 5–10 EBRG genannten Angelegenheiten mit der Maßgabe Anwendung, dass Unterrichtung und Anhörung nur über den Ausgleich oder die Milderung der wirtschaftlichen Nachteile erfolgen müssen, die den Arbeitnehmern infolge der Unternehmens- oder Betriebsänderungen entstehen (§ 34 EBRG). Dies entspricht der Regelung in § 118 Abs. 1 S. 2 BetrVG, nach der die §§ 111–113 BetrVG nur insoweit anzuwenden sind, als sie den Ausgleich oder die Milderung wirtschaftlicher Nachteile für die Arbeitnehmer infolge von Betriebsänderungen, also den Sozialplan, regeln, während der Interessenausgleich über die Betriebsänderung selbst ausgeschlossen ist.

96   Die Sonderregelung für Tendenzunternehmen hat ihre Grundlage in Art. 8 Abs. 3 der EBR-RL, nach dem jeder Mitgliedstaat besondere Bestimmungen für Unternehmen vorsehen kann, die in Bezug auf Berichterstattung und Meinungsäußerung unmittelbar und überwiegend eine bestimmte weltanschauliche Tendenz verfolgen, falls die innerstaatlichen Rechtsvorschriften solche besondere Bestimmungen zum Zeitpunkt der Annahme dieser Richtlinie bereits enthalten. Nach dem Wortlaut erfasst dies einen engeren Kreis von Unternehmen als § 118 Abs. 1 BetrVG, doch wies die Bundesregierung[134] auf eine gemeinsame Protokollnotiz von Rat und Kommission[135] hin, wonach die Richtlinie Unternehmen und Betriebe meint, die unmittelbar und hauptsächlich nicht nur Zwecke der Berichterstattung oder Meinungsäußerung verfolgen, sondern auch politische, berufsständische, konfessionelle, karitative, erzieherische, wissenschaftliche oder künstlerische Zwecke. Damit wird der Richtlinientext (fast) wörtlich über die Bestimmung des § 118 Abs. 1 S. 1 Nr. 2 BetrVG hinaus auch auf die in Nr. 1 dieser nationalen Vorschrift genannten Zwecke ausgeweitet. Die RL bezieht sich zudem in Art. 8 Abs. 3 im Gegensatz zur Protokollerklärung lediglich auf Unternehmen, nicht etwa auch auf Betriebe. Angesichts der verbreiteten (Un-)Sitte, nicht veröffentlichte Materialien zur Auslegung von Normen heranzuziehen, dürfte auch hier die Verwertung des Ratsprotokolls zulässig sein.[136]

7. Schutzvorschriften und Sanktionen

97   Der 5. und 7. Teil des Gesetzes (§§ 38–40, 42–45 EBRG) enthalten Schutzvorschriften und Sanktionen für die Mitglieder der Europäischen Betriebsräte kraft Gesetzes und kraft Vereinbarung, die Mitglieder des besonderen Verhandlungsgremiums und die Arbeitnehmervertreter im Rahmen eines Verfahrens zur Unterrichtung und Anhörung, dagegen nicht für die Mitglieder der aufgrund des § 41 EBRG gebildeten gesetzesverdrängenden Arbeitnehmervertretungsgremien.[137] § 39 EBRG regelt die Geheimhaltungspflicht, § 40

---

[133] Vgl. Däubler/Kittner/Klebe/*Däubler*, BetrVG, 7. Aufl., EBRG § 33 Rn. 4; *Blanke*, EBRG-Kommentar, § 33 Rn. 10.
[134] BT-Drucksache 13/1521, S. 8 Nr. 15.
[135] DOK 9067/94, S. 8.
[136] Einzelheiten bei *Oetker*, Europäischer Betriebsrat und Pressefreiheit, DB, Beilage 10/96, S. 1 ff.; hierzu auch *Blanke*, AiB 1996, S. 204, 207; *Rademacher*, Der Europäische Betriebsrat, S. 140 m. zahlr. N.; *Sandmann*, Die Euro-Betriebsrats-RL 94/45/EG, S. 225; MünchArbR/*Joost* § 367 Rn. 74 ff.
[137] *Sandmann*, Die Euro-Betriebsrats-RL 94/45/EG, S. 175.

II. Der Europäische Betriebsrat

EBRG Freistellungsansprüche und Kündigungsschutz,[138] § 42 EBRG den Errichtungs- und Tätigkeitsschutz, dies alles nach §§ 43–45 EBRG mit Straf- bzw. Bußgeldandrohungen bewehrt. Dies ist den §§ 78, 79, 119–121 BetrVG nachgebildet, doch sieht das EBRG strengere Strafen und Bußgelder vor als das BetrVG. In diesem Zusammenhang findet sich in § 44 Abs. 3 die einzige Bestimmung des EBRG, in der die Gewerkschaften erwähnt werden. Danach wird die Störung der Errichtung oder der Tätigkeit der aufgrund des Gesetzes gebildeten Gremien nur auf einen Antrag verfolgt, den neben den Gremien selbst die zentrale Leitung oder eine im Betrieb vertretene Gewerkschaft stellen können.[139]

Fraglich ist, wie weit die Rechte und Pflichten aus dem EBRG nicht nur mit den Mitteln des Strafrechts und des Ordnungswidrigkeitenrechts durchgesetzt werden können, sondern auch durch **arbeitsgerichtliche Klagen.** Nach dem durch das EBRG in das ArbGG eingefügten § 2a Nr. 3b erstreckt sich die Zuständigkeit der Arbeitsgerichtsbarkeit auf alle Angelegenheiten aus dem Gesetz über Europäische Betriebsräte, soweit nicht für Maßnahmen nach seinen § 43–45 EBRG die Zuständigkeit eines anderen Gerichts gegeben ist. Ferner hat das EBRG § 10 ArbGG dahin ergänzt, dass alle nach dem EBRG beteiligten Personen und Stellen im Arbeitsgerichtsverfahren parteifähig sind. Sie können deshalb im Beschlussverfahren vor den Arbeitsgerichten Rechtsstreitigkeiten über ihre wechselseitigen Rechte und Pflichten führen, so z. B. auf Erteilung der geschuldeten Auskünfte. Damit ist auch § 85 ArbGG über den einstweiligen Rechtsschutz im Beschlussverfahren anwendbar.[140]

In diesem Zusammenhang führt § 33 EBRG zu der im Rahmen des BetrVG sehr umstrittenen Frage,[141] **ob der Betriebsrat** Unterlassung der dort geregelten Maßnahmen, insbesondere der Verlegung und Stillegung von Unternehmen, Betrieben oder wesentlichen Betriebsteilen sowie von Massenentlassungen **verlangen kann,** wenn sie vorgenommen werden sollen, bevor das Unterrichtungs- und Anhörungsverfahren abgeschlossen ist.[142] Gegen einen Unterlassungsanspruch spricht im Rahmen des EBRG, dass dieses Gesetz nicht einmal die im BetrVG für einen vergleichbaren Fall vorgesehene schwache Sanktion des § 113 Abs. 3 BetrVG übernommen hat. Offenbar meinte der Gesetzgeber, dass die Straf- und Bußgeldvorschriften sowie der Anspruch des Betriebsrats auf rechtzeitige Unterrichtung und Anhörung ausreichten.[143] Nach Art. 11 Abs. 3 der EBR-RL müssen die Mitgliedstaaten dafür sorgen, dass Verwaltungs- oder Gerichtsverfahren vorhanden sind, mit deren Hilfe die Erfüllung der sich aus dieser Richtlinie ergebenden Verpflichtungen durchgesetzt werden kann. Zu den vergleichbaren Bestimmungen in den Richtlinie über den Betriebsübergang (RL 77/187/EWG) und die Massenentlassungen (RL 75/129/EWG) hat der EuGH mit Urteilen vom 8. 6. 1994[144] entschieden, die Mitgliedstaaten seien nach Art. 5 EWG-Vertrag verpflichtet, alle geeigneten Maßnahmen zu treffen, um die Geltung und die Wirksamkeit des Gemeinschaftsrechts zu gewährleisten. Dabei müssten die Mitgliedstaaten, denen allerdings die Wahl der Sanktionen verbleibe, namentlich darauf achten, dass die Verstöße gegen das Gemeinschaftsrecht nach ähnlichen sachlichen und verfahrensrechtlichen Regeln geahndet werden wie nach Art und Schwere gleichartige Verstöße gegen nationales Recht, wobei die **Sanktion wirksam, verhältnismäßig und abschreckend** sein müsse. Der deutsche Gesetzgeber könnte deshalb dadurch gegen

---

[138] Dazu schon oben Fn. 116.
[139] Vgl. *Blanke,* EBRG-Kommentar, § 44 Rn. 6.
[140] Vgl. *Hanau,* in FS für Vieregge, S. 319, 333; MünchArbR/*Joost* § 367 Rn. 91.
[141] S. Gemeinschaftskommentar zum BetrVG-*Wiese,* 6. Aufl., § 23 Rn. 144 ff.
[142] Bejahend *Däubler/Kittner/Klebe,* BetrVG, 7. Aufl. § 33 Rn. 5; a. A. *Bachner/Nielebock,* AuR 1997, S. 129, 134 f. Zweifelnd *Schmidt* RdA 2001, Heft 5 Beilage S. 22.
[143] Vgl. auch *Hromadka,* DB 1995, S. 1125, 1130; *Lercher,* Der Europäische Betriebsrat und der deutsche Wirtschaftsausschuss, S. 288.
[144] Rs. C 382/92 (Kommission/Großbritannien) Slg. 1994, 2461 = EAS RL 77/187 EWG Art. 5 Nr. 1; C 383/92 (Kommission/Vereinigtes Königreich), Slg. 1994, 2479 = EAS RL 75/129/EWG Art. 2 Nr. 1.

die Richtlinie verstoßen haben, dass er nicht eine § 113 Abs. 3 BetrVG entsprechende Vorschrift in das EBRG aufgenommen hat, der den Arbeitgeber zu Abfindungen verpflichtet, wenn Arbeitnehmer aufgrund einer Betriebsänderung entlassen werden oder sonstige Nachteile erleiden, falls der Arbeitgeber keinen hinreichenden Interessenausgleich mit dem Betriebsrat versucht hatte. Dagegen könnte man anführen, dass für eine Verletzung der Unterrichtungs- und Beratungspflicht des Unternehmers gegenüber dem Wirtschaftsausschuss gem. § 106 BetrVG keine entsprechende Sanktion vorgesehen ist. Im Schrifttum ist in der Tat die Auffassung vertreten worden, dass der Europäische Betriebsrat mehr dem Wirtschaftsausschuss als dem deutschen Betriebsrat ähnele.[145] Die Vorschrift des § 33 EBRG steht aber dem § 111 BetrVG näher als dem § 106, weil sie sich auf ganz bestimmte, außergewöhnliche Maßnahmen bezieht.[146] Deshalb spricht manches dafür, dass das EBRG insoweit hinter den Anforderungen der Richtlinie zurückgeblieben ist. Allerdings enthält eine Vorschrift wie § 113 Abs. 3 BetrVG nach Auffassung des EuGH auch keine ausreichende Sanktion, weil die danach geschuldeten Abfindungen mit den in der Regel ohnehin geschuldeten Sozialplanabfindungen verrechnet werden können.[147] In das System des EBRG passt nur eine Klage des RBR auf Erfüllung der dem Gesetz entsprechenden Verpflichtungen, notfalls mit einstweiligem Rechtsschutz.[148]

100   Ebenfalls noch unklar ist, ob **Vereinbarungen zwischen dem europäischen Betriebsrat und der zentralen Leitung** über betriebliche Maßnahmen, zu denen eine Anhörung erfolgt ist, **normative Wirkung** haben, so dass sie unmittelbar und zwingend in den betroffenen Unternehmen gelten. Richtlinie und Gesetz sehen Vereinbarungen nur im organisatorischen Bereich vor, nicht aber als Konsequenz von Unterrichtung und Anhörung. Dies dürfte bewusst geschehen sein, so dass Vieles dafür spricht, dass die Vereinbarungen nicht auf einer spezifischen europäischen, sondern nur aufgrund nationaler Rechtsgrundlagen wirksam sein können.[149]

III. Europarechtliche Regelungen zum nationalen kollektiven Arbeitsrecht

1. Rechtsgrundlagen

101   Das europäische Recht begnügt sich nicht mit der vorstehend behandelten Richtlinie zur grenzüberschreitenden Betriebsverfassung, sondern will auch auf die in den einzelnen Mitgliedstaaten bestehenden Arbeitnehmervertretungen einwirken. Art. 137 EGV (früher Art. 2 des Sozialabkommens) sieht eine Mehrheitsentscheidung gemäß Art. 251 EG-Vertrag über die „Unterrichtung und Anhörung der Arbeitnehmer" vor. Abs. 3 ermöglicht darüber hinaus einstimmige Beschlüsse über die „Vertretung und kollektive Wahrnehmung der Arbeitnehmer- und Arbeitgeberinteressen, einschließlich der Mitbestimmung". Die Gemeinschaft ist aber schon vor dem Sozialabkommen davon ausgegangen, dass die von ihr als Grundlage arbeitsrechtlicher Richtlinien herangezogenen **Art. 100, 117, 118, 235 EG-Vertrag** auch die Ermächtigung zu Regelungen darüber enthalten,

---

[145] *Oetker,* Europäischer Betriebsrat und Pressefreiheit, DB, Beilage 10/96, S. 1 ff; MünchArbR/ *Joost* § 367 Rn. 73: Kein Anspruch auf Unterlassung, wohl aber auf Unterrichtung und Anhörung.
[146] *Rademacher,* Der Europäische Betriebsrat, S. 129; *Müller,* EBRG-Kommentar, § 33 Rn. 1.
[147] Nachweise Fn. 14; BAG 20. 11. 2001 EzA § 113 BetrVG Nr. 29.
[148] Erste Fälle bzgl. eines Unterlassungsanspruchs sind im französischen Recht entschieden worden. Zum Fall von Renault vgl. *Kolvenbach/Kolvenbach,* NZA 1997, S. 695 ff.; *Kolvenbach,* NZA 1998, S. 582 ff., und *Lorenz/Zumfelde,* RdA 1998, S. 168 ff.; zum Fall Panasonic s. *Blanke,* EBRG-Kommentar, § 32 Rn. 39. S. auch Rn. 128.
[149] *Hanau,* FS für Vieregge, S. 334; MünchArbR/*Joost* § 366 Rn. 114; zweifelnd *Däubler/Kittner/ Klebe,* 7. Aufl., § 18 EBRG Rn. 14; eingehender Versuch, die normative Wirkung zu begründen, bei *Schiek,* Europäische Betriebsvereinbarungen?, RdA 2001, S. 218.

III. Europarechtliche Regelungen zum nationalen kollektiven Arbeitsrecht 102–106 § 19

wie weit die Arbeitnehmer und ihre Vertreter an den jeweiligen Angelegenheiten zu beteiligen sind. Dies betrifft vor allem die zahlreichen Richtlinien über den Arbeitsschutz und die Richtlinie zur Angleichung der Rechtsvorschriften über die Wahrung von Ansprüchen der Arbeitnehmer beim Übergang von Unternehmen, Betrieben und Betriebsteilen. Die Richtlinie zur Angleichung der Rechtsvorschriften über Massenentlassungen hat sogar die Pflicht zur Konsultation der Arbeitnehmervertretungen zum Hauptinhalt. Dagegen sehen die Gleichbehandlungsrichtlinien keine Beteiligung von Arbeitnehmervertretungen vor; offenbar erhofft man sich von diesen keinen Einsatz für die Gleichbehandlung der Geschlechter im Arbeitsleben. Auch die Richtlinien über den Jugendarbeitsschutz und den Mutterschutz schalten die Arbeitnehmervertretungen nicht ein. S. auch § 18 mit einer Gesamtdarstellung der Richtlinien.

Im Folgenden wird eine Übersicht über die verschiedenen Regelungen gegeben, gestaffelt nach Ebenen und Intensität der vorgesehenen Arbeitnehmerbeteiligung. 102

2. Beteiligung auf überbetrieblicher Ebene

a) Absichtserklärungen

Zunächst sprechen mehrere Richtlinien in ihren Einleitungen eine Beteiligung der Sozialpartner an. So weist RL 78/610 (Schutz der Arbeitnehmer, die Vinylchloridmonomer ausgesetzt sind) darauf hin, die Dringlichkeit der Rechtsangleichung auf dem betreffenden Gebiet werde auch von den Sozialpartnern, die in die Diskussion über das gesamte Problem eingeschaltet worden seien, bejaht. Es geht dabei also um eine Beteiligung der Sozialpartner im Vorfeld der Richtlinie. 103

Die anderen Richtlinien, die in ihrer Einleitung auf eine Beteiligung der Sozialpartner eingehen, sprechen Zielsetzungen für die Zukunft aus. RL 80/1107 (Schutz der Arbeitnehmer vor Gefährdung durch chemische, physikalische und biologische Arbeitsstoffe bei der Arbeit) fordert, dass die Sozialpartner bei den Arbeiten auf dem Gebiet des Schutzes der Arbeitnehmer eine Rolle spielen müssen. Nach RL 88/364 (Schutz der Arbeitnehmer durch ein Verbot bestimmter Arbeitsstoffe oder Arbeitsverfahren) „sollten" die Sozialpartner bei der Durchführung von Maßnahmen zum Schutz der Arbeitnehmer hinzugezogen werden. RL 89/686 (Angleichung der Rechtsvorschriften über persönliche Schutzausrüstungen) sieht vor, dass der rechtliche Rahmen verbessert werden muss, um eine „angemessene Mitwirkung der Sozialpartner am Normungsprozess sicherzustellen". Weiter noch geht RL 93/104 (Arbeitszeit), wonach die Mitgliedstaaten oder die Sozialpartner „die Möglichkeit haben sollten, von einzelnen Bestimmungen dieser Richtlinie abzuweichen". 104

Insgesamt handelt es sich hierbei aber mehr um Zielsetzungen als um verbindliche Anweisungen an die Mitgliedstaaten oder konkrete Rechtszuweisungen an die Sozialpartner. Dazu sind die aufgestellten Forderungen zu vage, zumal sie Teil der Einleitung der Richtlinien darstellen. Sie können jedoch zur Auslegung der in den jeweiligen Richtlinien enthaltenen Vorschriften herangezogen werden. 105

b) Anhörung der Sozialpartner

Der überwiegende Teil der arbeitsrechtlichen Richtlinien enthält eine Klausel, wonach die Mitgliedstaaten der Kommission in regelmäßigen Abständen über die Anwendung der Bestimmungen der Richtlinie Bericht erstatten und dabei die „Standpunkte der Sozialpartner" angeben. Gemäß Art. 16 Abs. 3 der Rahmenrichtlinie 89/391 (**Sicherheit und Gesundheitsschutz der Arbeitnehmer bei der Arbeit**), wonach die Bestimmungen dieser Richtlinie uneingeschränkt für alle Bereiche gelten, die unter die nach Art. 16 Abs. 1 erlassenen Einzelrichtlinien fallen, gilt diese Klausel auch für die Einzelrichtlinien zur RL 89/391, die dies nicht ausdrücklich wiederholen. Es wird jedoch nicht geregelt, wie die Mitgliedstaaten verfahren sollen, um die Standpunkte der Sozialpartner zu erfahren. 106

Hanau 897

107 RL 92/58 (Sicherheit und Gesundheitsschutzkennzeichnung am Arbeitsplatz) sieht in Art. 6 Abs. 2 vor, dass die Mitgliedstaaten nach Anhörung der Sozialpartner von bestimmten Vorschriften in den Anhängen abweichen können, indem sie alternative Maßnahmen vorsehen, die das gleiche Sicherheitsniveau gewährleisten. Des Weiteren müssen die Mitgliedstaaten nach Art. 6 Abs. 3 bei der Festlegung von Unternehmenskategorien, die von bestimmten Sicherheitsschutzkennzeichnungserfordernissen abweichen dürfen, die Arbeitgeber- und Arbeitnehmerorganisationen nach Maßgabe der innerstaatlichen Rechtsvorschriften und Gepflogenheiten anhören. Ebenso sieht Art. 3 Abs. 2 S. 2 RL 92/57 (Sicherheit und Gesundheitsschutz auf Baustellen) vor, dass die Mitgliedstaaten nach Anhörung der Sozialpartner von bestimmten Vorschriften abweichen können.

108 Gemäß Art. 6 der Rahmenrichtlinie 80/1107 **(Schutz der Arbeitnehmer vor Gefährdung durch chemische, physikalische und biologische Arbeitsstoffe bei der Arbeit)** haben die Mitgliedstaaten dafür zu sorgen, dass die Arbeitnehmer- und die Arbeitgeberorganisationen vor Verabschiedung der Bestimmungen zur Durchführung in der Richtlinie vorgeschriebener Maßnahmen angehört werden. Art. 11 der dritten Einzelrichtlinie (RL 86/188 – Schutz der Arbeitnehmer gegen Gefährdung durch Lärm am Arbeitsplatz) übernimmt diese Vorschrift nahezu wörtlich. Die drei anderen gemäß Art. 8 RL 80/1107 erlassenen Einzelrichtlinien hingegen sehen keine solche Anhörung vor. Anders als die Rahmenrichtlinie 89/391 enthält RL 80/1107 auch keine Bestimmung, die den Inhalt der Richtlinie für die in ihrem Sinne erlassenen Einzelrichtlinien für verbindlich erklärt. Auch die Teilzeit- und die Befristungsrichtlinie verlangen, dass die Sozialpartner zu ihrer Umsetzung gehört werden. Als Wirksamkeitsvoraussetzung für die innerstaatlichen gesetzlichen Regelungen sind diese Anhörungsrechte wohl nicht gedacht. Sie begründen aber klagbare Ansprüche der repräsentativen Sozialpartner auf Beteiligung am Gesetzgebungsverfahren.

3. Öffnungsklauseln für Tarifverträge

109 Die **Arbeitszeitrichtlinie** (RL 93/104) nimmt in großem Umfang Bezug auf tarifvertragliche Regelungen. So bleiben die Einzelheiten der in Art. 4 vorgesehenen Ruhepausen einer tarifvertraglichen Regelung oder sonstigen Vereinbarungen zwischen den Sozialpartnern vorbehalten. Ebenso sieht Art. 17 Abs. 3 die Möglichkeit vor, von den in Art. 3 (tägliche Ruhezeit), 4 (Ruhepause), 5 (wöchentliche Ruhezeit), 8 (Dauer der Nachtarbeit) und 16 (Bezugszeiträume) im Wege von Tarifverträgen oder sonstigen Vereinbarungen zwischen den Sozialpartnern abzuweichen. Jedoch bestimmt Art. 17 Abs. 3 der Richtlinie auch, dass die Mitgliedstaaten für die Anwendung dieses Absatzes durch die Sozialpartner Vorschriften vorsehen können, so dass sich die Frage stellt, ob damit die Möglichkeit eröffnet wird, durch derartige Vorschriften eine Beteiligung der Sozialpartner völlig auszuschließen. Die Bestimmung dürfte aber dahingehend auszulegen sein, dass die Mitgliedstaaten lediglich die Modalitäten der Anwendung durch die Sozialpartner regeln können.

110 Ferner sieht die Richtlinie die Regelung von Einzelheiten „durch innerstaatliche Rechts- und Verwaltungsvorschriften oder in Tarifverträgen oder Vereinbarungen zwischen den Sozialpartnern" (Art. 6 Nr. 1 – wöchentliche Höchstarbeitszeit, Art. 8 – Nachtarbeit), bzw. die Möglichkeit einer Abweichung von einzelnen Bestimmungen der Richtlinie (Art. 17 – Abweichungen für bestimmte Tätigkeiten) vor. Da hier eine Regelung wahlweise durch innerstaatliche Rechtsvorschriften oder Vereinbarungen zwischen den Sozialpartnern gestattet ist, kommt eine Beteiligung der Sozialpartner nur dann in Betracht, wenn ein Mitgliedstaat keine abweichende gesetzliche Regelung trifft. Eine Subsidiarität der innerstaatlichen Rechtsvorschriften gegenüber einer tarifvertraglichen Regelung sieht nur Art. 4 bei der Festlegung der Einzelheiten der vorgeschriebenen Ruhepause vor.

111 Art. 15 stellt den Mitgliedstaaten frei, die Anwendung von günstigeren Tarifverträgen oder Vereinbarungen zwischen den Sozialpartnern zu fördern und zu gestatten. Hier be-

III. Europarechtliche Regelungen zum nationalen kollektiven Arbeitsrecht 112–119 § 19

darf es zunächst einer Regelung der jeweiligen Mitgliedstaaten, damit eine Beteiligung der Sozialpartner möglich wird.

Nach Art. 16 Nr. 3 „können" die Mitgliedstaaten einen Bezugszeitraum für Art. 8 **112** (Dauer der Nachtarbeit) vorsehen, den sie nach Anhörung der Sozialpartner oder direkt in Tarifverträgen oder Vereinbarungen der Sozialpartner festlegen. Auch in diesem Fall hängt eine Beteiligung der Sozialpartner von den Mitgliedstaaten ab.

Gemäß Art. 17 Abs. 4 S. 2 wird es den Mitgliedstaaten unter bestimmten Voraussetzungen **113** freigestellt, in Tarifverträgen oder Vereinbarungen zwischen den Mitgliedstaaten längere Bezugszeiträume zuzulassen.

Art. 5 der Richtlinie zur Angleichung der Rechtsvorschriften über **Massenentlassun-** **114** **gen**[150] hebt hervor, dass sie nicht die Möglichkeit der Mitgliedstaaten einschränkt, für die Arbeitnehmer günstigere tarifvertragliche Vereinbarungen zuzulassen oder zu fördern. Neue Mitbestimmungsrechte für die Sozialpartner ergeben sich hieraus nicht.

Ähnliches gilt auch für **RL 91/533 (Unterrichtung des Arbeitnehmers** über die für **115** seinen Arbeitsvertrag oder sein Arbeitsverhältnis geltenden Bedingungen).[151] Art. 7 sieht das Recht der Mitgliedstaaten vor, die Anwendung von für die Arbeitnehmer günstigeren tarifvertraglichen Bestimmungen zu fördern oder zu ermöglichen. Nach Art. 9 Abs. 1 vergewissern sich die Mitgliedstaaten, dass die Sozialpartner im Verhandlungswege die erforderlichen Maßnahmen einführen, ohne dass aber die Richtlinie selbst konkrete Mitwirkungsrechte der Sozialpartner vorsieht.

RL 76/207 (Gleichbehandlung hinsichtlich des Zugangs zu Beschäftigung, Berufsbil- **116** dung und zum beruflichen Aufstieg sowie in Bezug auf die Arbeitsbedingungen)[152] sieht vor, dass die Mitgliedstaaten die notwendigen Maßnahmen treffen, um sicherzustellen, dass mit dem Grundsatz der Gleichbehandlung unvereinbare Bestimmungen in Tarifverträgen für nichtig erklärt oder geändert werden können (Art. 3 Abs. 2b, Art. 4b, Art. 5 Abs. 2b) und dass in diesem Fall die Sozialpartner zu den wünschenswerten Revisionen aufgefordert werden können (Art. 3c, Art. 5 c). S. aber auch Rn. 120.

Nach Art. 5 RL **89/686** (Angleichung der Rechtsvorschriften über persönliche Schutz- **117** ausrüstungen)[153] mussten die Mitgliedstaaten sicherstellen, dass bis zum 30. Juni 1991 die geeigneten Maßnahmen getroffen wurden, die den Sozialpartnern auf nationaler Ebene eine Einflussmöglichkeit bei der Erarbeitung und der weiteren Verfolgung harmonisierter Normen eröffnen sollten. Damit wurde zum ersten Mal eine ausdrückliche Verpflichtung der Mitgliedstaaten geschaffen, den Sozialpartnern Mitwirkungsbefugnisse bei der Umsetzung einer Richtlinie einzuräumen.

Die Richtlinie über den **Elternurlaub** überträgt die Festlegung von Voraussetzun- **118** gen und Modalitäten gleichermaßen den Gesetzen wie den Tarifverträgen. Ebenso die Richtlinien über die Teilzeitarbeit und die befristeten Arbeitsverhältnisse in Bezug auf die Anwendungsmodalitäten des Diskriminierungsverbots. Der Entwurf einer Richtlinie über die Information und Anhörung der Arbeitnehmer (s. unten Rn. 130) ermächtigt die Mitgliedstaaten, den Sozialpartnern auf geeigneter Ebene, einschließlich Unternehmensebene, zu gestatten, nach freiem Ermessen und zu jedem beliebigen Zeitpunkt im Wege einer Vereinbarung die Modalitäten von Information und Konsultation festzulegen.

Insgesamt gesehen erwähnen die untersuchten Richtlinien die Möglichkeit einer **Um-** **119** **setzung mittels tarifvertraglicher Regelungen** häufig. Zumeist bleibt es aber den Mitgliedstaaten überlassen, ob und in welchen Fällen sie diesen Weg wählen. Lediglich die Arbeitszeitrichtlinie[154] weist ausschließlich den Sozialpartnern die Ausgestaltung gewisser

---

[150] RL 75/129, ABl. Nr. L 28/29, geändert durch RL 92/56, ABl. Nr. L 245/3.
[151] ABl. Nr. L 288/32.
[152] ABl. Nr. L 39/40.
[153] ABl. Nr. L 399/18.
[154] RL 93/104, ABl. Nr. L 307/18.

Einzelheiten zu, und RL 89/686[155] geht so weit, die Mitgliedstaaten zu verpflichten, den Sozialpartnern neue Einflussmöglichkeiten zu eröffnen. Fraglich ist, wie sich das zu dem anerkannten Grundsatz (oben Rn. 18) verhält, dass Richtlinien nur durch allgemeinverbindliche Tarifverträge umgesetzt werden können. Man wird unterscheiden müssen. Soweit der innerstaatliche Gesetzgeber eine Richtlinie durch tarifdispositives Gesetz umsetzt, kann auch eine Öffnung für nicht allgemeinverbindliche Tarifverträge vorgesehen werden. Soweit ein solcher Tarifvertrag nicht anwendbar ist, gilt dann eben das Gesetz. Dagegen sind allgemeinverbindliche Tarifverträge und bei ihrem Fehlen eine hilfsweise gesetzliche Regelung erforderlich, soweit zur Durchführung einer Richtlinie ein innerstaatlicher Rechtsakt erforderlich ist. Zusätzliche, von der Richtlinie nicht unbedingt geforderte Regelungen können wiederum durch nicht allgemeinverbindliche Tarifverträge getroffen werden.

120 All dies betraf die Frage, wie weit sich das europäische Recht für Tarifverträge öffnen *kann*. Daran schließt sich die schon oben (Rn. 6) aufgeworfene Frage an, wie weit sich das europäische Recht für Tarifverträge und sonstige Beteiligungen der Sozialpartner öffnen *muss*. Bei den Wettbewerbsvorschriften ist, wie Rn. 5 gleichfalls schon dargelegt, eine **Pflicht zur Rücksichtnahme auf Tarifverträge** anerkannt, dagegen noch nicht bei den Diskriminierungs- und Beihilfeverboten. Bei den Diskriminierungsverboten bahnt sich allerdings ein Wandel an. Während die Richtlinie über die Anwendung des Grundsatzes des gleichen Entgelts für Männer und Frauen (75/117) vom 10. 2. 1975 unterschiedslos mit dem Grundsatz des gleichen Entgelts unvereinbare Bestimmungen in Tarifverträgen und Einzelarbeitsverträgen für nichtig erklärte, überlassen die Teilzeit- und die Befristungsrichtlinie die Festlegung der Anwendungsmodalitäten der jeweiligen Diskriminierungsverbote gleichrangig den Mitgliedstaaten und den Sozialpartnern. Dies gibt ihnen kein Diskriminierungsprivileg, wohl aber die Möglichkeit, im Rahmen von Beurteilungsspielräumen konkretisierende Regelungen zu treffen. Ob der Tarifvertrag auch im Beihilferecht eine Rolle spielen kann, wird noch zu klären sein. Dass der EuGH dem Tarifvertrag auch im Wettbewerbsrecht Raum geschaffen hat (s. oben Rn. 5), spricht dafür.

4. Beteiligung auf betrieblicher Ebene

a) Absichtserklärungen

121 Auch hinsichtlich der Arbeitnehmerbeteiligung auf betrieblicher Ebene enthalten einige Richtlinien Zielvorgaben, die zu unbestimmt sind, um konkrete Rechte und Pflichten zu begründen, aber zur Auslegung der Richtlinien herangezogen werden können.

122 So ist es nach der Rahmenrichtlinie 89/391 (Verbesserung der Sicherheit und des Gesundheitsschutzes der Arbeitnehmer bei der Arbeit) unerlässlich, dass die Arbeitnehmer bzw. ihre Vertreter in die Lage versetzt werden, durch eine angemessene Mitwirkung entsprechend den nationalen Rechtsvorschriften bzw. Praktiken zu überprüfen und zu gewährleisten, dass die erforderlichen Schutzmaßnahmen getroffen werden. Da gemäß Art. 18 Abs. 3 die Bestimmungen der Richtlinie uneingeschränkt für alle Bereiche gelten, die unter die gemäß Art. 18 Abs. 1 erlassenen Einzelrichtlinien fallen, ist die genannte Zielvorgabe auf die Einzelrichtlinien übertragbar. Hier wird in erster Linie auf die bereits in den einzelnen Mitgliedstaaten bestehenden Strukturen verwiesen und die Art der Mitwirkung nicht näher konkretisiert.

b) Information der Arbeitnehmer

123 Eine Vielzahl von Richtlinien schreibt eine Information der Arbeitnehmer oder ihrer Vertreter über bestimmte Punkte vor.

---

[155] Über die Angleichung der Rechtsvorschriften über persönliche Schutzausrüstungen, ABl. Nr. L 399/18.

III. Europarechtliche Regelungen zum nationalen kollektiven Arbeitsrecht 124–126 § 19

So bestimmt ein Großteil der gemäß Art. 18 Abs. 1 der Rahmenrichtlinie 89/391 über 124
die Durchführung von Maßnahmen zur **Verbesserung der Sicherheit und des Gesundheitsschutzes** der Arbeitnehmer bei der Arbeit erlassenen Einzelrichtlinien, dass die Arbeitnehmer bzw. ihre Vertreter von allen Maßnahmen unterrichtet werden müssen, die zum Schutz von Sicherheit und Gesundheit am Arbeitsplatz getroffen werden. Gleichzeitig verweisen diese Einzelrichtlinien auf Art. 10 RL 89/391. Nach dieser Vorschrift ist der Arbeitgeber dazu verpflichtet, die „geeigneten Maßnahmen" zu treffen, damit die Arbeitnehmer bzw. ihre Vertreter im Unternehmen bzw. Betrieb gemäß den nationalen Rechtspraktiken alle erforderlichen Informationen über näher konkretisierte Punkte betreffend Sicherheit und Gesundheitsschutz erhalten. Des Weiteren wird der Arbeitgeber dazu verpflichtet, die „geeigneten Maßnahmen" zu treffen, damit die Arbeitnehmer oder die Arbeitnehmervertreter mit einer besonderen Funktion für Sicherheit und Gesundheitsschutz der Arbeitnehmer gemäß den nationalen Rechtsvorschriften bzw. Praktiken Zugang zu bestimmten Informationen bekommen. Gleiches gilt wegen Art. 18 Abs. 3 RL 89/391 auch für die übrigen Einzelrichtlinien, die aber ohnehin selbst umfangreiche Informationsrechte der Arbeitnehmer vorsehen. Auch RL 91/383 (Sicherheit und Gesundheitsschutz von Arbeitnehmern mit befristetem Arbeitsverhältnis oder Leiharbeitsverhältnis), die keine ausdrückliche Einzelrichtlinie i.S.d. Art. 18 Abs. 1 RL 89/391 ist, verweist auf die in Art. 10 RL 89/391 geregelten Rechte auf Information. Zudem findet diese Vorschrift aufgrund einer Generalverweisung auf die Bestimmungen der RL 89/391 in ihrer Einleitung auch im Rahmen der RL 93/104 über bestimmte Aspekte der Arbeitszeitgestaltung Anwendung.

Nach Art. 5 der Rahmenrichtlinie 80/1107 zum Schutz der Arbeitnehmer vor Gefährdung 125
durch chemische, physikalische und biologische Arbeitsstoffe bei der Arbeit ist der Arbeitgeber verpflichtet, den Arbeitnehmern und/oder ihren Vertretern Zugang zu einer Reihe näher aufgeführter Informationen, die mit Gefahren am Arbeitsplatz in Verbindung stehen, zu gewähren oder sie darüber zu unterrichten. Ähnliche Regelungen enthalten auch die gemäß Art. 8 RL 80/1107 erlassenen Einzelrichtlinien.[156]

c) Anhörung und Beratung

aa) Gesundheitsschutz

Die Mehrzahl der gemäß Art. 16 RL 89/391 erlassenen Einzelrichtlinien zur Sicherheit 126
und zum Gesundheitsschutz der Arbeitnehmer sieht eine Anhörung der Arbeitnehmer bzw. ihrer Vertreter zu allen in der jeweiligen Richtlinie behandelten Fragen vor. Für das Verfahren wird dabei auf Art. 11 der Rahmenrichtlinie verwiesen. Die Verweisung ist insofern überflüssig, als diese Vorschrift gemäß Art. 16 Abs. 3 RL 89/391 vorbehaltlich strengerer Vorschriften ohnehin für alle Bereiche, die unter die Einzelrichtlinie fallen, gilt. Gemäß Art. 11 Abs. 1 RL 89/391 haben die Arbeitgeber die Arbeitnehmer bzw. ihre Vertreter anzuhören und diese das Recht, Vorschläge zu unterbreiten, dabei ist eine ausgewogene Beteiligung zu gewährleisten. Art. 11 Abs. 2 enthält einen Katalog von Maßnahmen und Themen, zu denen die Arbeitnehmer bzw. die Arbeitnehmervertreter mit einer besonderen Funktion für Sicherheit und Gesundheitsschutz vom Arbeitgeber *im voraus* gehört werden müssen. Nach Art. 11 Abs. 3 haben die Arbeitnehmervertreter mit einer solchen Funktion das Recht, den Arbeitgeber um geeignete Maßnahmen zu ersuchen und ihm diesbezüglich Vorschläge zu unterbreiten, um so jeder Gefahr für die Ar-

---

[156] Art. 5 RL 88/364 (Verbot bestimmter Arbeitsstoffe und/oder Arbeitsverfahren), ABl. Nr. L 179/44; Art. 3–5 RL 86/188 (Schutz der Arbeitnehmer gegen Gefährdung durch Lärm am Arbeitsplatz), ABl. Nr. L 137/28; Art. 14 RL 83/477 (Schutz der Arbeitnehmer gegen Gefährdung durch Asbest am Arbeitsplatz), ABl. Nr. L 263/25; Art. 11 RL 82/605 (Schutz der Arbeitnehmer gegen Gefährdung durch metallisches Blei und seine Ionenverbindungen am Arbeitsplatz), ABl. Nr. L 247/12. Zu diesen Richtlinien schon § 18 Rn. 430 ff.

beitnehmer vorzubeugen und Gefahrenquellen auszuschalten. Arbeitnehmervertreter mit einer besonderen Funktion für Sicherheit und Gesundheitsschutz sind nach Art. 3 c Personen, die gemäß den nationalen Rechtsvorschriften bzw. Praktiken gewählt oder benannt werden, um die Arbeitnehmer in Fragen der Sicherheit und des Gesundheitsschutzes bei der Arbeit zu vertreten. Sofern es nach dem Recht der einzelnen Mitgliedstaaten Arbeitnehmervertreter mit den beschriebenen Funktionen nicht gibt, ist davon auszugehen, dass die Richtlinie sie zur Einrichtung einer derartigen Institution verpflichtet, da sonst viele der dort vorgesehenen Maßnahmen nicht umgesetzt werden könnten. Zudem haben gemäß Art. 11 Abs. 6 die Arbeitnehmer bzw. deren Vertreter das Recht, sich gemäß den nationalen Rechtsvorschriften und Praktiken an die für die Sicherheit und den Gesundheitsschutz am Arbeitsplatz zuständige Behörde zu wenden, wenn sie der Auffassung sind, dass die vom Arbeitgeber getroffenen Maßnahmen und bereitgestellten Mittel nicht ausreichen, um die Sicherheit und den Gesundheitsschutz am Arbeitsplatz sicherzustellen. Auch müssen die Arbeitnehmer bei Besuchen und Kontrollen der zuständigen Behörde die Möglichkeit erhalten, ihre Bemerkungen vorzubringen. Die Einrichtung einer solchen Behörde ist Voraussetzung für die Wahrnehmung der genannten Rechte und damit für die Mitgliedstaaten zwingend. Die Richtlinie macht jedoch keine Angaben zu Funktionsweise und Befugnissen dieser Behörde. Auch im Anwendungsbereich der Arbeitszeitrichtlinie findet Art. 11 RL 89/391 Anwendung.

127 Zwei der zu Rahmenrichtlinie 80/1107 (Schutz der Arbeitnehmer vor Gefährdung durch chemische, physikalische und biologische Arbeitsstoffe bei der Arbeit) erlassenen Einzelrichtlinien sehen ebenfalls eine Anhörung der Arbeitnehmer oder ihrer Vertreter zu den zu treffenden Maßnahmen vor. Dabei soll aber teilweise in dringenden Fällen eine bloße Unterrichtung der Arbeitnehmer oder ihrer Vertreter genügen. Die Rahmenrichtlinie selbst sieht keine Anhörungsrechte auf Betriebsebene vor.

bb) Massenentlassung

128 Die Richtlinie des Rates zur Angleichung der Rechtsvorschriften der Mitgliedstaaten über Massenentlassungen[157] regelt die Konsultation der Arbeitnehmervertreter nicht nur am Rande, wie es bei den bisher behandelten Richtlinien der Fall war, sondern hat sie zum Hauptinhalt. Wegen der Einzelheiten kann auf die Darstellung oben § 18 Rn. 190 ff. verwiesen werden. Erörterungsbedürftig ist, ob das deutsche Recht eine hinreichende Sanktion für Verletzungen der Informations- und Konsultationspflicht aus der Massenentlassungsrichtlinie enthält. Dazu hat der EuGH mit Urteil vom 8. 6. 1994[158] entschieden, die Mitgliedstaaten müssten darauf achten, dass die Verstöße gegen das Gemeinschaftsrecht nach ähnlichen sachlichen und verfahrensrechtlichen Regeln geahndet werden wie nach Art und Schwere gleichartige Verstöße gegen nationales Recht. Diese Voraussetzung ist durch die Anwendung der §§ 17 KSchG, 102, 112, 113 BetrVG erfüllt. Der EuGH hat aber weiter ausgeführt, dass ein Abfindungsanspruch keine hinreichende Sanktion darstellt, wenn er von den Beträgen abgezogen werden kann, die der Arbeitgeber sonst dem Arbeitnehmer aufgrund des mit ihm geschlossenen Arbeitsvertrages oder wegen Bruchs dieses Vertrages zahlen muss. Durch die Regelung, dass die Abfindung ganz oder teilweise an die Stelle eines ohnehin geschuldeten Betrages tritt, verliere die Sanktion weitgehend ihre praktische Wirksamkeit und ihren abschreckenden Charakter. Denn der Arbeitgeber werde durch diese Sanktion nicht einmal mild oder leicht bestraft, außer – und nur in diesem Maß –, wenn die Abfindung die sonst geschuldeten Beträge übersteigt. Diese Entscheidung ist zu einem englischen Fall ergangen, aber auch im deutschen Recht zu beachten, weil die Abfindungen nach § 113 Abs. 3 BetrVG nach ganz herrschender Mei-

---

[157] Amtsblatt der EG 1975 L 48/29; Änderung in Amtsblatt 1992 L 245/3. Gute Übersicht bei *Weiss*, Die europarechtlichen Regelungen der Massenentlassung, RdA 1992, S. 367. Neuestens *Oda Hinrichs*, Kündigungsschutz und Arbeitnehmerbeteiligung bei Massenentlassungen, 2002.
[158] C 383/92, Slg. 1994, 2483 = EAS RL 75, 129/EWG Art. 2 Nr. 1. Dazu auch schon Rn. 99.

III. Europarechtliche Regelungen zum nationalen kollektiven Arbeitsrecht **129** § 19

nung[159] auf die bei Massenentlassungen ohnehin üblichen Sozialplanabfindungen anrechenbar sind. Es kommt deshalb darauf an, ob die Nichtigkeit von Kündigungen nach Maßgabe der §§ 17 KSchG, 102 BetrVG, die Pflicht zum Abschluss von Sozialplänen und die Sanktionen des § 113 I, Abs. 1, 3 als hinreichende Sanktion anzusehen sind.[160] BAG 20. 11. 2001, EzA § 113 BetrVG Nr. 29, lässt die Frage offen und betont, dass die RL jedenfalls nicht die Einschaltung einer Einigungsstelle verlangt. Das Schwergewicht der Sanktion sollte auf § 17 KSchG liegen, da dieser seine heutige Fassung im Hinblick auf die Massenentlassungsrichtlinie erhalten hat und im Gegensatz zum BetrVG, aber in Übereinstimmung mit der Richtlinie, uneingeschränkt auch für Tendenzbetriebe und kirchliche Einrichtungen gilt. Ebenso oben § 18 Rn. 208f., *Hinrichs* (Fn. 157).

cc) Betriebsübergang

Die Richtlinie 77/187/EWG zur Angleichung der Rechtsvorschriften über die Wahrung von Ansprüchen der Arbeitnehmer beim Übergang von Unternehmen, Betrieben oder Betriebsteilen[161] ist in Deutschland stark beachtet worden, soweit sie die in § 613a BGB geregelten Fragen des Überganges der Arbeitsverhältnisse betrifft. Die Vorschrift über Information und Konsultation der Arbeitnehmervertretungen in Art. 6 der Richtlinie hat dagegen in Deutschland ebensowenig Aufmerksamkeit gefunden wie die entsprechende Regelung in der Massenentlassungsrichtlinie. (Erst neuestens hat sie zur Regelung von Informationspflichten gegenüber den Arbeitnehmern in § 613a Abs. 5, 6 n.F. BGB geführt). Danach sind Veräußerer und Erwerber verpflichtet, die Vertreter der von einem Betriebs- oder Betriebsteilübergang betroffenen Arbeitnehmer zu informieren über den Grund für den Übergang, seine rechtlichen, wirtschaftlichen und sozialen Folgen für die Arbeitnehmer und die hinsichtlich der Arbeitnehmer in Aussicht genommenen Maßnahmen (s dazu oben Rn. 18). Mitgliedstaaten, in denen die Vertreter der Arbeitnehmer eine Schiedsstelle anrufen können, um eine Entscheidung über die hinsichtlich der Arbeitnehmer zu treffenden Maßnahmen zu erhalten, können diese Verpflichtung aber auf den Fall beschränken, dass der Übergang eine Betriebsänderung hervorruft, die wesentliche Nachteile für einen erheblichen Teil der Arbeitnehmer zur Folge haben kann. Dies zielt auf das deutsche Recht, das in § 112 Abs. 4, 5 BetrVG eine Entscheidung über den Sozialplan durch eine Einigungsstelle vorsieht. Für Deutschland bedeutsam ist weiter die Bestimmung, dass die Mitgliedstaaten die Verpflichtungen aus der Richtlinie auf Unternehmen oder Betriebe beschränken können, die hinsichtlich der Zahl der beschäftigten Arbeitnehmer die Voraussetzungen für die Wahl oder Bestellung eines Kollegiums als Arbeitnehmervertretung erfüllen. Damit ist erreicht worden, dass die Sozialplanregelung in §§ 111, 112 BetrVG, die eine Mindestzahl von 21 Arbeitnehmern voraussetzt, der Richtlinie entspricht, weil nach § 9 BetrVG der Betriebsrat erst in Betrieben mit mehr als 20 Arbeitnehmern ein Kollegium bildet. Allerdings können die Arbeitnehmer auch in Betrieben dieser Größenordnung nicht immer eine Einigungsstelle zur Erzwingung des Sozialplanes anrufen, da § 112a BetrVG den erzwingbaren Sozialplan von einer höheren Mindestzahl von Arbeitnehmern und von einem zeitlichen Mindestbestand des Unternehmens abhängig macht. Der Wortlaut des Art. 6 Abs. 3 der Richtlinie gestattet allerdings auch die Auslegung, es reiche aus, dass in einem Mitgliedstaat überhaupt ein erzwingbarer Sozialplan vorgeschrieben ist, ohne dass dies in allen Fällen des Betriebsüberganges der Fall sein müsste. Eine solche Wortlautauslegung würde allerdings dem Schutzzweck der Richtlinie nicht gerecht. Deshalb dürfte sich empfehlen, § 112a im Wege der richtlinienkonformen

---

[159] BAG 13. 12. 1978 AP Nr. 6 zu § 112 BetrVG; 15. 10. 1979 AP Nr. 5 zu § 111 BetrVG.
[160] Dazu *Löwisch*, RdA 1997, S. 80; *Oetker*, NZA 1998, S. 1193; *Wißmann*, RdA 1998, S. 221; zur Unwirksamkeit bei Nichtbeachtung des § 17 KSchG BAG 24. 10. 1996 AP Nr. 8 § 17 KSchG; KR-*Weigand*, 7. Aufl., § 17 KSchG Rn. 63; A/P/S, Großkommentar zum Kündigungsrecht/*Moll*, § 17 Rn. 70.
[161] S. oben § 18 Rn. 37 ff.

Auslegung dahin zu interpretieren, dass er nur den erzwingbaren Sozialplan, nicht aber die Pflicht zur Konsultation des Betriebsrats über den Ausgleich oder die Milderung der wirtschaftlichen Nachteile aus einer Betriebsänderung entfallen lässt. Ebenso oben § 18 Rn. 151. Zur Sanktion Rn. 134.

dd) Allgemeine Richtlinie für Information und Konsultation
Schrifttum: *Deinert,* NZA 1999, S. 800; *Giesen,* RdA 2000, S. 298; *Hassiotis,* Die Entwicklung des Rechts auf Arbeitnehmervertretung in der EU, Zürich und Bern 2000.

130 Diese von der EG-Kommission am 17. November 1998 vorgelegte und im Amtsblatt der EG vom 5. 1. 1999, C 2/3, Stellungnahme des Europäischen Parlaments ABl. 1999 C 219, des Wirtschafts- und Sozialausschusses, ABl. 1999 C 258, veröffentlichte, am 19. Juli 2001 als gemeinsamer Standpunkt vom Ministerrat verabschiedete und schließlich im ABl. v. 23. 3. 02, L 80/29, publizierte nunmehr auf Art. 137 Abs. 2 EGV gestützte RL hat folgenden ausführlichen Titel: Richtlinie des Rates zur Festlegung eines allgemeinen Rahmens für die Information und Anhörung der Arbeitnehmer in der Europäischen Gemeinschaft. Er soll die vorstehend geschilderten Sonderregelungen über Information und Konsultation nicht ersetzen, sondern ergänzen. Obwohl im Titel von Information und Anhörung der Arbeitnehmer die Rede ist, bezieht sich die Richtlinie nur auf die Anhörung von Arbeitnehmervertretungen in Unternehmen oder Betrieben, die mindestens 50 (20) Arbeitnehmer beschäftigen. Eine **Pflicht zur Errichtung von Arbeitnehmervertretungen ist nicht vorgesehen.** Allerdings hat die in Fn. 158 zitierte Entscheidung des EuGH eine britische Regelung verworfen, nach der die Errichtung einer betrieblichen Arbeitnehmervertretung von der Zustimmung des Arbeitgebers abhängig war, doch lässt sich daraus nicht schließen, dass die Informations- und Konsultationsregelungen der Gemeinschaft eine Pflicht zur Errichtung von Arbeitnehmervertretungen mit sich bringen. Sonderregeln für Tendenzunternehmen, deren Definition dem § 118 BetrVG entnommen wird, sind zulässig.

131 **Die Modalitäten von Information und Konsultation** können von den Sozialpartnern auf geeigneter Ebene, einschließlich der Unternehmensebene, festgelegt werden. Dies dürfte sich in Deutschland auf Tarifverträge und Betriebsvereinbarungen beziehen. Unbeschadet etwaiger für die Arbeitnehmer günstigerer einzelstaatlicher Bestimmungen sollen Information und Anhörung folgendes umfassen: Die jüngste Entwicklung und die vorhersehbare weitere Entwicklung der Tätigkeit des Unternehmens bzw. Betriebes und seiner wirtschaftlichen Situation; die Beschäftigungssituation, Beschäftigungsstruktur und vorhersehbare Beschäftigungsentwicklung im Unternehmen, und – für den Fall, dass die vom Arbeitgeber vorgenommene Bewertung auf eine potenzielle Bedrohung der Beschäftigung im Unternehmen schließen lässt – geplante antizipative Maßnahmen; Entscheidungen, die wesentliche Veränderungen der Arbeitsorganisation sowie der Arbeitsverträge mit sich bringen können – über diese Entscheidungen soll eine Einigung angestrebt werden. Damit sieht die Richtlinie erstmals im europäischen Recht Vereinbarungen zwischen Unternehmen und Arbeitnehmervertretung über materielle Fragen der Betriebsführung vor. Die Regelung der Sanktionen in Art. 8 des Entwurfs bezieht sich allerdings nur auf Verletzungen der Richtlinie, nicht auf das Abweichen von einer Einigung über wesentliche Veränderungen der Arbeitsorganisation sowie der Arbeitsverträge. Daraus wird man schließen müssen, dass die Sanktionen der Richtlinie nicht auf die Einigungen über Unternehmensentscheidungen bezogen sind.

132 Im Einzelnen sollten die Mitgliedstaaten ursprünglich vorsehen, dass im Falle eines **schwerwiegenden Verstoßes des Arbeitgebers gegen** die Informations- und Anhörungspflicht bei Entscheidungen, die wesentliche Veränderungen der Arbeitsorganisation sowie der Arbeitsverträge mit sich bringen können, die betreffenden Entscheidungen, wenn sie unmittelbar Konsequenzen im Sinne einer wesentlichen Änderung und Beendigung von Arbeitsverträgen oder Arbeitsverhältnissen hätten, keinerlei Rechtswirkungen

hinsichtlich Arbeitsvertrag und Arbeitsverhältnis der betroffenen Arbeitnehmer haben. Dies sollte gelten, solange der Arbeitgeber seinen Verpflichtungen nicht nachgekommen ist oder, falls dies nicht mehr möglich ist, solange keine angemessene Entschädigung gemäß den von den Mitgliedstaaten zu bestimmenden Modalitäten festgelegt wurde. Als schwerwiegender Verstoß sollten gelten: Das völlige Fehlen einer Information und/oder Anhörung vor einer Entscheidung oder vor der öffentlichen Bekanntgabe einer Entscheidung sowie Zurückhaltung wichtiger Informationen oder Weitergabe falscher Informationen, wenn dadurch das Recht auf Information und Anhörung seiner Wirkung beraubt wird.

In der endgültigen Fassung sind diese Bestimmungen ersetzt worden durch die Verpflichtung dafür zu sorgen, dass es Verwaltungs- und Gerichtsverfahren gibt, mit deren Hilfe die Erfüllung sich aus der Richtlinie ergebenden Verpflichtungen durchgesetzt werden kann, einschließlich Verfahren, nach denen der Arbeitgeber oder Arbeitnehmervertreter auf dem Verwaltungs- oder Gerichtsweg Rechtsbehelfe einlegen können, wenn sie der Auffassung sind, dass die andere Partei ihren Verpflichtungen nicht nachkommt. Ferner sind angemessene Sanktionen vorzusehen, die im Falle eines Verstoßes gegen die Bestimmungen dieser Richtlinie durch den Arbeitgeber oder Arbeitnehmervertreter Anwendung finden; die Sanktionen müssen wirksam und angemessen sein. **133**

Dies geht über die entsprechenden Regelungen in den Richtlinien u. a. über Massenentlassungen, Betriebsübergang und Europäische Betriebsräte hinaus, da es nicht nur Vorkehrungen zur Durchsetzung der Vorschriften verlangt, sondern auch Sanktionen für den Fall eines Verstoßes. Fraglich ist, ob das BetrVG dem bereits Rechnung trägt oder ob zur Umsetzung der Richtlinie zusätzliche Regelungen erforderlich sind. In Bezug auf die Möglichkeit der Durchsetzung der Verpflichtungen ist zwar heute schon anerkannt, dass der Betriebsrat im Beschlussverfahren Erfüllung der ihm gegenüber bestehenden Informations- und Konsultationspflichten durchsetzen kann, doch wäre eine Klarstellung zur Umsetzung der Richtlinie empfehlenswert. Als Sanktion im Falle eines Verstoßes besteht die allgemeine Regelung des § 23 Abs. 3 BetrVG. Diese beschränkt sich zwar auf grobe Verstöße, doch dürfte das ausreichen, wie auch die ursprüngliche, dann aber als zu weitgehend fallen gelassene Regelung zeigt (s. Rn. 132). Allerdings dürfte das europarechtliche Postulat des effektiven Rechtsschutzes erfordern, dass § 23 Abs. 3 BetrVG um die Möglichkeit einstweiligen Rechtsschutzes ergänzt wird. **134**

nicht besetzt **135/136**

IV. Die Europäische Aktiengesellschaft

Neueres Schrifttum (s. auch Rn. 153): *Abeltshauser, Thomas E.,* Der neue Statutvorschlag für eine Europäische Aktiengesellschaft – Formelle und materiell-rechtliche Probleme, AG 1990, S. 289ff.; *ders.,* Strukturalternativen für eine europäische Unternehmensverfassung. Eine rechtsvergleichende Untersuchung zum 5. gesellschaftsrechtlichen EG-Richtlinienvorschlag, 1990; *Behrens, Peter,* Das Gesellschaftsrecht im Europäischen Binnenmarkt, EuZW 1990, S. 13ff.; *ders.,* Gesellschaftsrecht, in: Dauses, Manfred A.(Hrsg.), Handbuch des EG-Wirtschaftsrechts, Loseblattsammlung, Stand: Sept. 1997; *Blank, Peter,* Perspektiven der Mitbestimmung in der EG, AuR 1993, S. 229ff.; *Blanpain, Roger,* Representation of Employees at the Level of the Enterprise and the EEC, RdA 1992, 127ff.; *Breit, Ernst,* Durchbruch dank Davignon, Die Mitbestimmung 1998, Heft 10, S. 48ff.; *Däubler, Wolfgang,* Grenzüberschreitende Fusionen von Aktiengesellschaften – ein neues Stück der Regulierung? in: Breit, Ernst (Hrsg.), Europäischer Binnenmarkt: Wirtschafts- oder Sozialraum?, 1988, S. 18ff.; *ders.,* Mitbestimmung – ein Thema für Europa?, KJ 1990, S. 14ff.; *Dauses, Manfred A.,* Handbuch des EG-Wirtschaftsrechts (Hrsg.), Loseblattsammlung, Stand: Sept. 1997; *Deckert, Martina,* Europäisches Gesellschaftsrecht – Eine Zwischenbilanz, DStR 1997, S. 874ff.; *Dreher, Meinhard,* Sockellösung statt Optionsmodell für die Mitbestimmung in der Europäischen Aktiengesellschaft, EuZW 1990, S. 476ff.; *Figge, Jutta,* Mitbestimmung auf der Unternehmensebene in Vorschlägen der Europäischen Gemeinschaften, Diss. Bonn 1991; *Goeke, Christian,* Die europäische Aktiengesellschaft;

Goerdeler, Reinhard, Überlegungen zum künftigen Gesellschaftsrecht in der EG, in: FS für Ernst Steindorff zum 70. Geburtstag, Berlin 1990, S. 1211 ff.; *Großfeld, Bernhard,* Europäisches Gesellschaftsrecht, WM 1992, S. 2121 ff.; *ders.,* Internationales Gesellschaftsrecht in: Staudinger, 13. Auflage, 14. Bearbeitung 1998; *ders.,* Internationales und Europäisches Unternehmensrecht: das Organisationsrecht transnationaler Unternehmen, 2. Aufl., 1995; *Grote, Ralf,* Das neue Statut der Europäischen Aktiengesellschaft zwischen europäischem und nationalem Recht, Diss. Göttingen 1990; *Hanau, Peter,* Neuer Anlauf zur mitbestimmten SE, RdA 1998, S. 231 ff.; *Hauschka, Christoph E.,* Die europäische Aktiengesellschaft (SE) im Entwurf der Kommission von 1991: Vor der Vollendung?, EuZW 1992, S. 147 ff.; *ders.,* Kontinuität und Wandel im Statut für die Europäische Aktiengesellschaft (SE) 1989, EuZW 1992, S. 181 ff.; *Heinze, Meinhard,* Ein neuer Lösungsweg für die Europäische Aktiengesellschaft, AG 1997, S. 289 ff.; *Herfs-Röttgen,* Probleme der Arbeitnehmerbeteiligung in der Europäischen Aktiengesellschaft, NZA 2002, 358; *Hommelhoff, Peter,* Gesellschaftsrechtliche Fragen im Entwurf eines SE-Statuts, AG 1990, S. 422 ff.; *ders.,* Konzernrecht für den Europäischen Binnenmarkt, Kurzreferat anlässlich eines an der Universität Heidelberg abgehaltenen Kongresses, ZGR 1992, S. 125 ff., 422 ff.; *Hopt, Klaus,* Europäisches Gesellschaftsrecht – Krise und neue Anläufe, ZIP 1998, S. 96 ff.; *Jaeger, Carsten,* Die Europäische Aktiengesellschaft – europäischen oder nationalen Rechts. Eine rechtsvergleichende Untersuchung anhand des britischen, deutschen, französischen und niederländischen Aktienrechts zur Ausfüllung des Verordnungsvorschlags für das Statut der Europäischen Aktiengesellschaft vom 16. 5. 1991, Diss. Bonn 1993/94; *ders.,* Wie europäisch ist die europäische Aktiengesellschaft, ZEuP 1994, S. 206 ff.; *ders.,* Europäische Aktiengesellschaft – was ist das schon wieder? Zur Zukunft der Mitbestimmung in transnationalen Unternehmen, BetrR 1998, S. 5 ff.; *Jürgens, Peter,* Die europäische Aktiengesellschaft nimmt Strukturen an, BB 1990, S. 1145 ff.; *Kallmayer, Harald,* Die Europäische Aktiengesellschaft – Praktischer Nutzen und Mängel des Statuts, AG 1990, S. 103 ff.; *Klebe, Thomas,* Mitbestimmung in Grenzen, in: FS für Albert Gnade, 1992, S. 661 ff.; *Knobbe-Keuk, Brigitte,* Umzug von Gesellschaften in Europa, ZHR 154 (1990), S. 325 ff.; *Koch, Ulrich,* Die Entwicklung des Gesellschaftsrechts in den Jahren 1989/90. Rechtspolitische Entwicklungen, Steuerrecht, deutsches internationales Gesellschaftsrecht, Recht der Personengesellschaften, NJW 1992, S. 404 ff.; *Kohlhepp, Kay H.,* Die Europäische Aktiengesellschaft, RIW 1989, S. 89 ff.; *Kolvenbach, Walter,* Die Europäische Aktiengesellschaft- eine wohlgemeinte Utopie, in: FS für Heinsius zum 65. Geburtstag, 1991, S. 379 ff.; *ders.,* Die Europäische Gemeinschaft und die deutsche Mitbestimmung, DB 1986, S. 1973 ff. und S. 2023 ff.; *ders.* in: Kolvenbach/Hanau, Part IV: General Section in: Handbook on European Employee Co-Management, Suppl. 3 (November 1990); *ders.,* Scheitert die Europäische Aktiengemeinschaft an der Mitbestimmung?, NZA 1998, S. 1323; *Köstler, Roland,* Das Parlament hat nachgebessert – Zum aktuellen Stand der Europa-AG, Die Mitbestimmung 1991, S. 305 ff., *ders.,* Ein schlechter Entwurf – Der geänderte Vorschlag der Kommission zur Europäischen Aktiengesellschaft, Die Mitbestimmung 1991, S. 608 ff.; *Krieger, Albrecht,* Muß die Mitbestimmung der Arbeitnehmer das europäische Gesellschaftsrecht blockieren?, in: FS für Fritz Rittner, 1991, S. 313 ff.; *Leupold, Andreas,* Die Europäische Aktiengesellschaft unter besonderer Berücksichtigung des deutschen Rechts: Chancen und Probleme auf dem Weg zu einer supranationalen Gesellschaftsform, Diss. Konstanz 1992/93; *Lutter, Marcus,* Europäisches Gesellschaftsrecht, ZGR-Sonderheft 1., 2., 3. und 4. Auflage von 1996 erschienen unter dem geänderten Titel „Europäisches Unternehmensrecht – Grundlagen, Stand und Entwicklung nebst Texten und Materialien zur Rechtsangleichung" und Genügen die vorgeschlagenen Regeln für eine „Europäische Aktiengesellschaft"?, AG 1990, S. 413 ff.; *ders.,* Europäische Aktiengesellschaft – Rechtsfigur mit Zukunft?, BB 2002, 1; *Mävers,* Die Mitbestimmung der Arbeitnehmer in der Europäischen Aktiengesellschaft, Diss. jur. Köln 2002; *Maydell, Bernd von,* Die vorgeschlagenen Regeln zur Mitbestimmung für eine Europäische Aktiengesellschaft, AG 1990, S. 442 ff.; *Monti, Mario,* Statut der Europäischen Aktiengesellschaft, WM 1997, S. 607 ff.; *Nagel, Bernhard,* Verschlechternde Regelungen und Vereinbarungen zur Mitbestimmung in der Europäischen Aktiengesellschaft, AuR 2001, 406; *Pipkorn, Jörn,* Arbeitnehmerbeteiligung in Unternehmen auf Europäischer Grundlage, RdA 1992, S. 120 ff.; *ders.,* Die Mitwirkungsrechte der Arbeitnehmer aufgrund der Kommissionsvorschläge der Strukturrichtlinie über die Unterrichtung und Anhörung der Arbeitnehmer, ZGR 1985, S. 567 ff.; *Raiser, Thomas,* Führungsstruktur und Mitbestimmung in der Europäischen Aktiengesellschaft nach dem Verordnungsvorschlag der Kommission vom 25. August 1989, in: FS für Ernst Steindorff zum 70. Geburtstag, 1990, S. 201 ff.; *Rasner, Henning,* Die Europäische Aktiengesellschaft (SE) – ist sie wünschenswert?, ZGR 1992, S. 314 ff.; *Ring, Gerhard,* Strukturkonzept eines Statuts über die Europäische Aktiengesellschaft, BuW 1998, S. 24 ff.; *Ring, Gerhard,* Strukturkonzept eines Statuts über die Europäische Aktiengesellschaft, BuW 1998, S. 24 ff.; *Trojan-Limmer, Ursula,* Die geänderten Vorschläge für ein Statut der Europäischen Aktiengesellschaft (SE) – Gesellschaftsrechtliche Probleme, RIW 1991, S. 1010 ff.; *Wahlers, Henning,*

IV. Die Europäische Aktiengesellschaft

Art. 100a – eine unzulässige Rechtsgrundlage für den geänderten Vorschlag über das Statut einer Europäischen Aktiengesellschaft?, AG 1990, S. 447 ff.; *Wehlau, Andreas*, Die Europäische Aktiengesellschaft vor der Vollendung, DWiR 1992, S. 80 ff.; *Weitnauer, Wolfgang*, Die europäische grenzüberschreitende Gesellschaft – zum gegenwärtigen Stand des europäischen Gesellschaftsrechts, EWS 1992, S. 165 ff.; *Wenz, Martin*, Die Societas Europaea – Analyse der geplanten Rechtsform und die Nutzungsmöglichkeiten für eine europäische Konzernunternehmung, Diss. Mannheim 1993; *Werder, Axel von*, Formen der Führungsorganisation einer europäischen Aktiengesellschaft, RIW 1997, S. 304 ff.; *Wiesner, Peter M.*, Europäisches Gesellschaftsrecht, in: Münchener Handbuch zum Gesellschaftsrecht, Bd. 3, München 1996, S. 1315 ff.; *ders.*, Europäisches Unternehmensrecht im Umbruch, AG 1996, S. 390 ff.; *ders.*, Stand des Europäischen Gesellschaftsrechts, EuZW 1995, S. 821 ff.; *Wißmann, Hellmut*, Die Mitbestimmung der Arbeitnehmer in der Europäischen Aktiengesellschaft (SE), RdA 1992, S. 320 ff.

1. Ursprünge und historische Entwicklung

a) Die Ursprünge der Europäischen Aktiengesellschaft

Die Idee, eine **eigenständige europäische Gesellschaftsform**[162] zu schaffen, ist älter als die Europäische Wirtschaftsgemeinschaft selbst, welche zusammen mit der Europäischen Atomgemeinschaft am 25. 3. 1957 gegründet wurde (sog. Römische Verträge).[163] Bereits 1949 und 1952 wurden dem Europarat Vorschläge für eine europäische Gesellschaft vorgelegt.[164] Allerdings handelte es sich bei diesen Bemühungen nicht um die Schaffung einer neuen europäischen – und damit supranationalen – Gesellschaftsform. Die Gesellschaften sollten erst durch das Zusammenwirken der beteiligten Staaten entstehen. Der auf die seit 1949 andauernde Vorarbeiten des Europäischen Rates gründende Entwurf von 1952 sah lediglich die Schaffung einiger weniger, besonders zugelassener privater Gesellschaften für bestimmte öffentliche Zwecke vor. Vorgesehen war die Gewährung eines europäischen Status an Unternehmen, deren Kapital zwischen Privatleuten oder Regierungen verschiedener Staaten aufgegliedert ist und die eine Genehmigung besitzen, nach der sie einen öffentlichen Dienst versorgen oder eine öffentliche Arbeitsleistung erbringen. Beabsichtigt war in erster Linie die Erteilung von Vorrechten an bestimmte Unternehmen mit öffentlich-rechtlicher Beteiligung, um so die wirtschaftliche Integration dieser Unternehmen auf europäischer Ebene voranzutreiben. Angesichts der sich aufgrund dieser Vorrechte ergebenden Problematik der Diskriminierung anderer Gesellschaften war dem Entwurf auch ein nur geringer Erfolg beschieden; nach kurzen Beratungen wurde über ihn nicht mehr verhandelt. Auch die Internationale Handelskammer befasste sich 1952 mit dem Problem der Harmonisierung des Aktienrechts, nachdem sie bereits 1947

137

---

[162] Die Darstellung der historischen Entwicklung stützt sich auf die Dissertation von *Mävers* a. a. O. Eine kurze Übersicht bietet *Lutter*, BB 2002, 1. Zu den zahlreichen Bestrebungen zur Schaffung europäischer Gesellschaften auf der Grundlage von Staatsverträgen vgl. u. a. *Grote*, S. 9 f., und *Sanders*, AWD 1960, S. 1 ff., 1 f., mit ausführlichen Vorstellung von Vorhaben wie bspw. der *Eurofima* (Europäische Gesellschaft für die Finanzierung von Eisenbahnmaterial, BGBl. II 1956, S. 907), der *Société Internationale de la Moselle* (BGBl. II 1956, S. 1838) oder der *Société européenne pour le traitement chimique des combustibles tradiés – EUROCHEMIC* (BGBl. II 1959, S. 621). All diesen Gesellschaften ist gemeinsam, dass die jeweilige Konvention den nationalen Rechten vorgeht und erst subsidiär das Recht des Sitzstaates für anwendbar erklärt wird. Sie weisen mithin zwar in einem gewissen Sinne europäischen Charakter auf, beruhen jedoch auf zwischenstaatlichen Verträgen und nicht auf Gemeinschaftsrecht. Sie sollen daher in der vorliegenden Darstellung vernachlässigt werden.

[163] Vertrag zur Gründung der Europäischen Gemeinschaft; BGBl. 1957 II, S. 766 ff.; Vertrag zur Gründung der Europäischen Atomgemeinschaft (EURATOM), BGBl. 1957 II, S. 1014; Vertrag über die Gründung der Europäischen Gemeinschaft für Kohle und Stahl, BGBl. 1952 II, S. 447 ff.

[164] Nachweise bei *Sanders*, AWD 1960, S. 1 f., Fn. 8: „In den Veröffentlichungen des Europarates erschien der Entwurf von 1949 mit Kommentar in Doc. AS/EC (49) 20 vom 16. 12. 1949 und der Entwurf von 1952 in Doc. 71 der Beratenden Versammlung vom 24. 9. 1952." Ausführlich zu diesen Bestrebungen *Bärmann*, AcP 156 (1957), S. 156 ff., 158 ff.

ein Statut für ausländische Gesellschaften vorgelegt hatte. Die Resonanz auf diese Vorschläge war jedoch gering.[165]

138 Über das Thema eines umfassenden europäischen Gesellschaftsrechts sowie die Schaffung einer einheitlichen europäischen Handelsgesellschaft enthielten die vorgenannten Vorschläge keine Ausführungen. Die Ausarbeitung dieser Vorschläge ging erst in der Folgezeit von der Wissenschaft aus: Das Konzept für eine Europäische Aktiengesellschaft geht bis in das Jahr 1959 zurück. In diesem Jahr hielt der niederländische Universitätsprofessor *Pieter Sanders* am 22. 10. 1959 seine Antrittsvorlesung vor der Niederländischen Wirtschaftshochschule in Rotterdam unter dem engagierten Titel **„Auf dem Weg zu einer Europäischen Aktiengesellschaft?"**.[166] *Sanders* wollte mit dem von ihm gewählten Thema keineswegs bereits ein ausformuliertes Statut für eine solche Handelsgesellschaft europäischen Zuschnitts vorstellen; vielmehr ging es ihm nach eigenen Angaben darum, „bei einigen Teilen anzudeuten, in welcher Richtung die Lösung gesucht werden könnte".[167] Hiermit wollte er neben der teilweise bereits in Angriff genommenen Angleichung der Rechtsvorschriften auf dem Gebiete des Rechts der Kapitalgesellschaften eine erste Diskussionsgrundlage für die Schaffung einer neuen eigenständigen europäischen Rechtsform, deren sich bestimmte Unternehmen bedienen können, aber nicht bedienen müssen, geben.

b) Die Vorschläge zur Europäischen Aktiengesellschaft von 1970/1975

139 Seit dem in erster Linie von *Sanders* in seiner Antrittsvorlesung ausgehenden ersten Anstoß zur Schaffung einer eigenständigen europäischen Handelsgesellschaft in Gestalt einer Aktiengesellschaft entwickelte sich in der Folgezeit eine lebhafte Debatte. Diese Diskussion spielte sich nicht nur auf der Ebene der Europäischen Gemeinschaften und ihrer Mitgliedstaaten ab, sondern auch die zahlreichen Verbände beteiligten sich mit umfangreichen Stellungnahmen. Sie mündete – gestützt auf weitere Vorarbeiten seitens der Kommission und *Sanders'*, – schließlich im Juni 1970 in einem ersten, auf der Grundlage von Art. 235 EWG-Vertrag erlassenen **Vorschlag der Kommission** über ein Statut für Europäische Aktiengesellschaften.[168] Nach zahlreichen Stellungnahmen nicht nur der Gesellschaften und Verbände, sondern vor allem auch der Regierungen der Mitgliedstaaten, des Wirtschafts- und Sozialausschusses sowie des Europäischen Parlaments hat die Kommission fünf Jahre später eine vollständige Revision dieses Entwurfs vorgelegt.[169] Beide Entwürfe verfolgten die ehrgeizige Idee einer umfangreichen einheitlichen europäischen Kodifizierung des gesamten Aktienrechts auf supranationaler Ebene.[170] Damit schien – aus damaliger Sicht – ein lange währendes europäisches Gesetzgebungsverfahren in sein entscheidendes und letztes Stadium getreten zu sein.[171]

140 Es zeichnete sich jedoch relativ schnell ab, das dieser von der Kommission revidierte Vorschlag nicht konsensfähig gewesen ist und schon sehr bald in das Kreuzfeuer der **Kritik** geriet.[172] Er war – so *Lutter* – „von den Fragen der politischen und wirtschaftlichen Zweckmäßigkeit über die rechtlichen Grundlagen der Rechtssetzung selbst und die Zweckmäßigkeit von Einzelaspekten bis hin zu seinen rechtlichen und wirtschaftspolitischen Folgen umstritten".[173] Als Haupthindernis erwies sich vor allen Dingen der

---

[165] *Bärmann,* AcP 156 (1957), S. 156ff., 158.
[166] *Sanders,* AWD 1960, S. 1ff.
[167] *Sanders,* AWD 1960, S. 1ff., 4.
[168] Vorschlag einer EWG-VO des Rates über das Statut für Europäische Aktiengesellschaften vom 30. 6. 1970, ABlEG Nr. C 124 v. 10. 10. 1970, S. 1ff.
[169] Geänderter Vorschlag einer Verordnung des Rates über das Statut für Europäische Aktiengesellschaften, KOM (75) 150 endg.
[170] *Trojan-Limmer,* RIW 1991, S. 1010ff., 1011.
[171] Vgl. zu dieser Einschätzung *Lutter,* Europäisches Unternehmensrecht, 1996, S. 716.
[172] Vgl. *Abeltshauser,* AG 1990, S. 289 m.w.Nachw.
[173] *Lutter,* Europäisches Unternehmensrecht, 1996, S. 716.

IV. Die Europäische Aktiengesellschaft

Streit um die weitreichenden Regelungen der Mitbestimmung der Arbeitnehmer in den Unternehmensorganen. Beide Entwürfe wiesen in dieser Frage eine weitgehende Prägung vom deutschen Recht als dem damals am weitesten entwickelten nationalen Recht auf.[174] Sie sahen eine paritätische Zusammensetzung des Aufsichtsrats vor, wobei je ein Drittel von Aktionären und Arbeitnehmern gewählt werden sollte, die dann als Rumpfaufsichtsrat gemeinsam das letzte Drittel kooptieren. Bei diesem letzten Drittel sollte es sich um unabhängige Mitgliedern handeln, die „allgemeine Interessen" vertreten. Hiermit lag eine Verbindung von Elementen der deutschen Mitbestimmung mit dem niederländischen Mitbestimmungsmodell von 1971 vor. Diese sehr weitreichende Regelung ging aber einigen Mitgliedstaaten mit einer weniger ausgeprägten Mitbestimmungstradition als sie sich in Deutschland in den Vorjahren entwickelt hatte, entschieden zu weit. In Frankreich und Italien gab es beispielsweise lediglich Ansätze zu einer unternehmerischen Mitbestimmung, wohingegen eine Mitbestimmung nach deutschem Verständnis Staaten wie Großbritannien völlig fremd war. Hier setzte man auf eine Einigung zwischen Arbeitgebern und Arbeitnehmern bzw. ihre Vertretungsorgane; eine direkte, gesetzlich festgeschriebene Einflussmöglichkeit auf das Aufsichts- und Verwaltungsorgan wäre hier undenkbar gewesen und ist wohl auch heute noch kaum vorstellbar.[175] Diese Meinungsunterschiede in der Frage der unternehmerischen Mitbestimmung waren daher – wie sich anlässlich der Beratungen des Statuts immer mehr herausstellte – unüberwindlich.

Da sich keine Einigung erzielen ließ, wurde der Entwurf 1982 mehr oder weniger stillschweigend fallengelassen; der Rat verhandelte nicht mehr über ihn.[176]

c) Die Vorschläge zur Europäischen Aktiengesellschaft von 1989/1991

Nachdem die Kommission nach diesem vorläufigen Scheitern des Projekts der Europäischen Aktiengesellschaft zwischenzeitlich ihre Bemühungen um zwei andere Vorhaben verstärkt hatte (sog. Strukturrichtlinie; sog. Verschmelzungsrichtlinie),[177] um in deren Rahmen eine politische Lösung des Mitbestimmungsproblems zu erreichen, und auch diese Arbeiten ins Stocken geraten waren, unternahm sie 1988 einen neuen Anlauf zur Vollendung des Projekts. Unter dem Titel „Memorandum der Kommission an das Parlament, den Rat und die Sozialpartner: Binnenmarkt und industrielle Zusammenarbeit – Statut für die Europäische Aktiengesellschaft" legte die Kommission am 15. 7. 1988 ein **Memorandum** vor, in welchem sie die Wiederaufnahme der Arbeiten am Entwurf von 1975 im Zusammenhang mit der Einleitung umfassender Maßnahmen zur Errichtung des Binnenmarktes forderte.[178] Mit diesem Memorandum beabsichtigte die Kommission, die Grundzüge des neuen Vorhabens zu erläutern und dadurch ein günstiges Klima für die beabsichtigten Vorschläge zu schaffen.[179] Wenig später führte diese Vorgehensweise zu einem ersten Ergebnis: Mitte November forderte der Ministerrat in einem Beschluss die Kommission auf, einen neuen Verordnungsvorschlag vorzulegen. Bereits knapp ein Jahr später – nämlich am 25. 8. 1989 – legte die Kommission dem Ministerrat sowohl einen Entwurf einer Verordnung des Rates über das Statut der Europäischen Aktiengesellschaft als auch eine Richtlinie zur Ergänzung des SE-Statuts hinsichtlich der Stellung der Arbeit-

---

[174] *Wißmann*, RdA 1992, S. 320 ff., 321.
[175] Vgl. zu dieser Einschätzung auch *Wißmann*, RdA 1992, S. 320 ff., 327.
[176] Vgl. *Wißmann*, RdA 1992, 320 ff., 321.
[177] Geänderter Vorschlag einer fünften Richtlinie nach Artikel 54 Absatz 3 Buchstabe g des EWG-Vertrags über die Struktur der Aktiengesellschaft sowie die Befugnisse und Verpflichtungen ihrer Organe; AblEG Nr. C 240 v. 9. 9. 1983, S. 2 ff.; Vorschlag einer 10. Richtlinie des Rates nach Artikel 54 Absatz 3 Buchstabe g) des Vertrages über die grenzüberschreitende Verschmelzung von Aktiengesellschaften, AblEG Nr. C 23 v. 25. 1. 1985, S. 11 ff.
[178] Memorandum der Kommission, Beilage 3/88 zum EG-Bulletin.
[179] *Wißmann*, RdA 1992, S. 320 ff., 322.

nehmer vor.[180] Nach zahlreichen Stellungnahmen[181] der anderen EU-Organe und der Sozialpartner wurde schließlich im Mai 1991 eine überarbeitete Fassung dieser beiden Entwürfe vorgelegt.[182]

143   Von den bisherigen Vorschlägen unterschieden sich diese beiden Entwürfe sowohl in formeller als auch in materieller Hinsicht in nicht unerheblicher Art und Weise. Formell fiel sofort die eingangs erwähnte Aufspaltung in eine auf Art. 100a EWG-Vertrag gestützte Verordnung und eine auf der Grundlage von Art. 54 Abs. 3 lit g) EWG-Vertrag erlassene Richtlinie auf, so dass – anders als bislang auf der Grundlage von Art. 235 EWG-Vertrag – kein einstimmiger Beschluss mehr erforderlich gewesen wäre, um die Regelungen über die Mitbestimmung zu verabschieden.[183] Des Weiteren unterschieden sich die Vorschläge schon rein äußerlich durch ihren unterschiedlichen Regelungsumfang: enthielt der alte Entwurf noch über 400 Artikel, so wiesen die neuen Entwürfe nur noch 137 bzw. 108 Vorschriften auf. Dies beruhte auf materiellen Änderungen, da zum einen manche Bereiche – wie beispielsweise das Konzernrecht – aus dem Statut herausgenommen wurden und nunmehr nicht mehr geregelt waren. Zum anderen machte der europäische Gesetzgeber angesichts der bestehenden Schwierigkeiten hinsichtlich einer politischen Einigung der Entscheidungsträger in bestimmten Sachfragen des öfteren von einer Technik der Verweisung auf das nationale Sitzstaatrecht Gebrauch. Schließlich ist zu berücksichtigen, dass bereits weite Bereiche des Aktienrechts durch gesellschaftsrechtliche Richtlinien harmonisiert waren,[184] so dass es auch hier im Interesse einer mehrheitsfähigen Lösung nahe lag, auf bereits bestehende Formulierungen zu verweisen.

144   Insbesondere hinsichtlich der hier vor allen Dingen interessierenden Frage der Mitbestimmung der Arbeitnehmer war ein „Strategiewechsel" zu verzeichnen. Aus der Erkenntnis der Verordnungsentwürfe von 1970 und 1975 heraus, dass ein einheitliches Modell angesichts der Vielgestaltigkeit der Formen der Mitbestimmung in den einzelnen Mitgliedstaaten nicht konsensfähig war, sahen die Richtlinien-Entwürfe von 1989 und 1991 nunmehr ein mehrfaches **Wahlrecht** vor:

145   Eine erste Wahlmöglichkeit bestand hinsichtlich der Organisationsverfassung der Europäischen Aktiengesellschaft, welcher auch für die Frage der Mitbestimmung der Arbeitnehmer maßgebliche Bedeutung zukommt. Die Struktur der Europäischen Aktiengesellschaft sollte nach den Vorschlägen von 1989 bzw. 1991 nur noch teilweise gemeinschaftsrechtlich vorgegeben werden, d. h. die Mitgliedstaaten sollten aufgrund eines ihnen übertragenen Wahlrechts weitgehend den unterschiedlichen nationalen Traditionen folgen können. Es war eine Wahlmöglichkeit vorgesehen zwischen dem **sog. dualistischen**

---

[180] Vorschlag für eine Verordnung (EWG) des Rates über das Statut der Europäischen Aktiengesellschaft vom 25. 8. 1989, AblEG Nr. C 263 v. 16. 10. 1989, S. 41 ff. und Vorschlag für eine Richtlinie des Rates zur Ergänzung des SE-Statuts hinsichtlich der Stellung der Arbeitnehmer vom 25. 8. 1989, AblEG Nr. C 263 v. 16. 10. 1989, S. 69 ff.

[181] Vgl. zu diesen Stellungnahmen *Wiesner*, AG-Report 1989, R 2 ff., und 1990, R 306 ff.

[182] Geänderter Vorschlag für eine Verordnung (EWG) des Rates über das Statut der Europäischen Aktiengesellschaften v. 16. 5. 1991, AblEG Nr. C 176 v. 8. 7. 1991, S. 1 ff. und Geänderter Vorschlag für eine Richtlinie des Rates zur Ergänzung des SE-Statuts hinsichtlich der Stellung der Arbeitnehmer v. 6. 5. 1991, AblEG Nr. C 138 vom 29. 5. 1991, S. 8 ff.

[183] Dieses Aufspalten ist im Hinblick auf die Regelung des Art. 100a Abs. 2 EWG-Vertrag, wonach bei Bestimmungen über die Rechte und Interessen der Arbeitnehmer abweichend von Art. 100a Abs. 1 EWG-Vertrag ein einstimmiger Beschluss erforderlich ist, sehr scharf kritisiert worden. Man sah in dem Vorgehen der Kommission eine Umgehung dieses im Vertrag verankerten Erfordernisses der Einstimmigkeit.

[184] In diesem Zusammenhang ist beispielsweise die alle Kapitalgesellschaften betreffende und in der Praxis sehr wichtige Vierte Richtlinie über den Jahresabschluss vom 25. 7. 1978 – AblEG Nr. L 222 v. 14. 8. 1978, S. 11 ff. – sowie die Siebte Richtlinie über die Rechnungslegung im Konzern vom 13. 6. 1983 – AblEG Nr. L 193 v. 18. 7. 1983, S. 1 ff. – zu nennen, welche in Deutschland durch das sog. Bilanzrichtliniengesetz (BiRiLiG v. 19. 12. 1985, BGBl. 1985 I, S. 2355) umgesetzt worden sind.

IV. Die Europäische Aktiengesellschaft

System – d. h. Vorstand als Leitungsorgan und Aufsichtsrat als Kontrollorgan wie zum Beispiel im deutschen, niederländischen und dänischen Recht – und dem **sog. monistischen System** angelsächsischen Ursprungs, bei dem es nur ein Verwaltungsorgan ohne zusätzliches Kontrollorgan gibt. Jeder Mitgliedstaat sollte allerdings für die Europäischen Aktiengesellschaften mit Sitz auf seinem Gebiet eines der beiden Systeme verbindlich vorschreiben können.

Eine weitere Wahlmöglichkeit sollte hinsichtlich der Regelungen über die Mitbestimmung der Arbeitnehmer bestehen. In Abkehr von einem einheitlichen Mitbestimmungsmodell sollten die Unternehmen hinsichtlich der Beteiligung der Arbeitnehmer die Wahl zwischen drei von der Richtlinie als gleichwertig erachteten Mitbestimmungsmodellen haben. Zur Wahl standen hierbei zunächst das **sog. deutsche Modell** einer Vertretung der Arbeitnehmer im Aufsichtsrat, d. h. Bestellung der Mitglieder des Aufsichts- oder Verwaltungsorgans zu mindestens einem Drittel und höchstens zur Hälfte von den Arbeitnehmern. Die sog. niederländische Variante dieser Aufsichtsratslösung sah ein Kooptationsmodell vor, wonach die Mitglieder des ersten Aufsichtsrats von der Hauptversammlung bestellt und die übrigen Aufsichtsratsmitglieder sodann von diesen kooptiert werden sollten, wobei die Arbeitnehmervertretung nur unter bestimmten Voraussetzungen Widerspruch einlegen können sollte. Des Weiteren sah das **sog. französische Modell** für die Beteiligung der Arbeitnehmer ein separates Organ vor, in welchem allerdings auch Arbeitgebervertreter vertreten sein können sollten. Die Rechtsstellung dieses separaten Organs sollte in etwa der des deutschen Wirtschaftsausschusses des BetrVG 1972 entsprechen, d. h. im Unterschied zu der Vertretung im Aufsichtsrat sollte die Beteiligung über solch ein separates Organ den Arbeitnehmern keine Mitentscheidungs-, sondern nur Unterrichtungs- und Beratungsrechte geben. Einen völlig anderen Ansatz verfolgte schließlich das **sog. skandinavische Modell** oder **Vereinbarungsmodell:** Die Reichweite der Mitbestimmung der Arbeitnehmer sollte nach diesem Modell völlig auf tarifvertraglichen Regelungen zwischen dem Leitungs- und Verwaltungsorgan der Gründungsgesellschaften beruhen. Ergebnis dieser Verhandlungen sollte auch das „Standardmodell" des Sitzstaates sein können, wenn und soweit es die Mindestrechte des französischen Modells gewährleistet. Dieses „Standardmodell" sollte auch bei Scheitern der Verhandlungen Anwendung finden. Hinsichtlich dieser drei Modelle bestand jedoch auch hier die Möglichkeit für die Mitgliedstaaten, die jeweiligen nationalen Regelungen über die Mitbestimmung der Arbeitnehmer in den Unternehmensorganen für im Inland ansässige Europäische Aktiengesellschaften vorzuschreiben.

Doch auch diese Vorschläge der Kommission vermochten den seit langem geforderten Durchbruch nicht zu bringen. Wieder einmal war es vor allen Dingen die Problematik der Mitbestimmung der Arbeitnehmer in den Unternehmensorganen, die seitens der Mitgliedstaaten Vorbehalte hervorrief. Hierbei wurde insbesondere die Vorgehensweise der Kommission bezüglich der mehrfachen Wahlmöglichkeit kritisiert, die zu einer weiteren Abkehr von einer eigenständigen europäischen Rechtsform zugunsten einer stärkeren Einbeziehung der nationalen Vorstellungen – und damit zu nicht unerheblichen Problemen – geführt hätte. Aber auch die vom Entwurf propagierte Gleichwertigkeit der zur Wahl stehenden Mitbestimmungsmodelle wurde – zu Recht – sehr in Frage gestellt. Entgegen der Auffassung der Kommission handelte es sich um sehr unterschiedliche Mitbestimmungsmodelle, was die Qualität der Mitbestimmungsrechte der Arbeitnehmer angeht. Das sich anschließende erneute Scheitern des Projekts der Europäischen Aktiengesellschaft war damit vorprogammiert.

d) Die Wiederbelebung des Projekts der Europäischen Aktiengesellschaft

Erneuten Schwung erhielt das Projekt wenige Jahre später zum einen durch einen erneuten Vorstoß der Kommission, der offensichtlich sehr viel daran lag und liegt, das symbolträchtige Projekt der Europäischen Aktiengesellschaft in die Tat umzusetzen. Sie hat trotz des wiederholten Scheiterns von dem Projekt nie abgelassen und nahm die Europäische Aktiengesellschaft zum wiederholten Mal in einen von ihr verfassten Maßnahmenkatalog auf, in dem sie die bislang unvollendeten Vorhaben auflistete, die ihrer Auffassung nach von Bedeutung für den Binnenmarkt waren.[185] Zum anderen ging aber auch ein deutlicher Impuls von der 1994 erlassenen Richtlinie über die Europäischen Betriebsräte aus.[186] Auch hier war aufgrund der unterschiedlichen Vorstellungen in den Mitgliedstaaten mehr als 25 Jahre lang keine Einigung in Sicht. Ausgehend von einem neuen, flexiblen Ansatz ist es bei dieser Richtlinie jedoch gelungen, eine konsensfähige Lösung zu finden. Dieses Modell hoffte man nunmehr auf die Europäischen Aktiengesellschaft – zumindest ansatzweise – übertragen zu können.

e) Der sog. Davignon-Bericht

149 Dies führte im November 1996 zur Einsetzung einer Sachverständigengruppe, die nach mehreren Sitzungen unter dem Namen ihres Vorsitzenden im Mai 1997 den sog. *Davignon-Bericht* vorlegte.[187]

150 In diesem Bericht wurden Empfehlungen gegeben, wie man nach Ansicht der Sachverständigengruppe zu einer für alle akzeptablen Lösung in der Mitbestimmungsfrage gelangen könnte. Aufgrund einer umfassenden Analyse der bestehenden Divergenzen in der Frage der Unternehmensmitbestimmung gelangte die Sachverständigengruppe zu dem Ergebnis, dass eine generelle Harmonisierung nicht möglich sei. Hierbei sah sie sich durch die Erfahrungen der bisherigen Vorschläge bestätigt. Ausgehend von einer selektiven Arbeitsmethode – d. h. einer Konzentration auf die wesentlichen Fragen, um ohne Anspruch auf Vollständigkeit einen realisierbaren Vorschlag zu unterbreiten – ging sie in ihrem Abschlussbericht daher davon aus, dass die beste und adäquateste Lösung primär auf dem Verhandlungsweg zu suchen sei. Der Lösungsansatz sollte darin bestehen, ein bestimmtes Ziel vorzugeben und es den Verhandlungspartnern dann zu überlassen, wie sie dieses erreichen und wie sie es ausgestalten wollen. Der Abschlussbericht beinhaltete dabei auch sehr konkrete Vorschläge zum Verhandlungsverfahren, d. h. zum Zeitpunkt und zum Ablauf, zu den Verhandlungspartnern, aber auch zu den Verfahrensgrundsätzen und zu den Modalitäten der Verhandlungen. Zur Sicherung der Unternehmensmitbestimmung und im Interesse der Rechtssicherheit schlug die Sachverständigengruppe eine Auffangregelung vor. Diese sollte der Schaffung eines in allen Situationen praktikablen Verfahrens dienen und somit eine ausgewogene, für alle Beteiligten annehmbare Lösung präsentieren. Diese Auffangregelung enthielt nicht nur eine klare Definition der Zuständigkeit der Arbeitnehmervertretung und eine Umschreibung der eine Information oder Anhörung der Arbeitnehmer auslösenden Tatbestände, sondern auch eine Regelung der Mitbestimmung der Arbeitnehmer in den Unternehmensorganen. Das dem Bericht zugrunde liegende Mitbestimmungsmodell sah eine Mitbestimmung von Arbeitnehmervertretern im Verwaltungsrat und im Aufsichtsrat auf der Basis eines gleichberechtigten Status vor, wobei die Arbeitnehmervertretung ein Fünftel der Sitze innehaben, mindestens aber zwei Mitglieder stellen sollten.

---

[185] Vgl. auch die das Vorhaben der Europäischen Aktiengesellschaft einbeziehende Mitteilung der Kommission v. 14. 11. 1995 zur Information und Konsultation der Arbeitnehmer, KOM (95) 547 endg.

[186] Richtlinie 94/45/EG des Rates vom 22. September 1994 über die Einsetzung eines Europäischen Betriebsrats oder die Schaffung eines Verfahrens zur Unterrichtung und Anhörung der Arbeitnehmer in gemeinschaftsweit operierenden Unternehmen und Unternehmensgruppen, AblEG Nr. L 254 v. 30. 9. 1994, S. 64 ff.; vgl. zur Vorgeschichte dieser Richtlinie überblicksmäßig *Gaul*, NJW 1995, S. 228 ff., 229 m. w. Nachw. Dazu oben II, Rn. 22 ff.

[187] „European systems of worker involvement (with regard to the European Company Statute and the other pending proposals)".

IV. Die Europäische Aktiengesellschaft   151–153 § 19

Trotz einer teilweise sehr positiven Würdigung[188] vermochte auch dieser Ansatz noch 151
nicht den nötigen Durchbruch zu erbringen. Immerhin gab es auch – insbesondere auf
Seiten der Mitgliedstaaten – zahlreiche befürwortende Stimmen, sieht man einmal von
unterschiedlichen Vorstellungen im Einzelfall ab. Zumindest das Hauptproblem der unternehmerischen Mitbestimmung schien endlich einer realisierbaren Lösung zugeführt worden zu sein. Doch auch, wenn sich die einzelnen Positionen durch die Vorschläge dieses
Berichts deutlich angenähert haben, waren die Diskrepanzen dennoch zu groß, als dass es
bereits zu einer Einigung hätte kommen können.

f) Die weiteren Bemühungen der Ratspräsidentschaften

Die Vorlage des Davignon-Berichts verhalf dem Vorhaben der Europäischen Aktien- 152
gesellschaft zu neuem Schwung und löste eine ganze Serie von Beratungen auf der Ebene
der jeweiligen Präsidentschaft aus. Diese Beratungen konzentrierten sich in erster Linie auf
die Problematik der Mitbestimmung der Arbeitnehmer, so dass der Verordnungsvorschlag
vorerst in den Hintergrund rückte. Nachdem bereits sowohl die luxemburgische[189] und
die britische[190] als auch die österreichische[191] Präsidentschaft Kompromissvorschläge vorgelegt hatten, knüpfte die deutsche Präsidentschaft an diese Bemühungen an und legte
ihrerseits einen Kompromissvorschlag vor. Es dauerte aber noch bis zur Ratstagung am
20. 12. 2000, bis eine Einigung über eine Verordnung über das Statut einer Europäischen
Aktiengesellschaft und eine Richtlinie zur Ergänzung des Statuts hinsichtlich der Beteiligung der Arbeitnehmer zustande kam. Die Mitgliedstaaten hingen stärker an ihren Mitbestimmungs- bzw. Nichtmitbestimmungsregelungen als an ihren Währungen. Aber jetzt
wird auf den Euro die Euro-AG folgen, die Europäische Aktiengesellschaft, offiziell SE
abgekürzt.

2. Die Beteiligung der Arbeitnehmer

a) Rechtsgrundlagen

Auf der Ratstagung in Nizza am 20. 12. 2000 ist politische Einigkeit erzielt worden 153
über eine Verordnung über das Statut der Europäische Aktiengesellschaften (SE) und über
eine Richtlinie zur Ergänzung des Statuts der Europäischen Aktiengesellschaft hinsichtlich
der Beteiligung der Arbeitnehmer (dazu *Pluskat* DStR 2001, 1483, *Wiesner* ZIP 2001, 397,
Herfs-Röttgen NZA 2001, 424). Nach Stellungnahme des EP vom 4. 9. 2001 und endgültiger Beschlußfassung am 8. 10. 2001 wurde sie in ABlEG L 294 vom 10. 11. 2001, S. 1 ff.,
22 ff. veröffentlicht. Rechtsgrundlage soll Art. 308 (früher Art. 235) EGV sein, die Generalklausel zur Verwirklichung eines der Ziele der Gemeinschaft. Als zu verwirklichendes
Ziel wird in der Verordnung der Binnenmarkt genannt, in der Richtlinie der soziale Be-

---

[188] So insbesondere *Heinze,* AG 1997, S. 289 ff.
[189] PE 224.669 mit Ratsvorschlag 10020/97 vom 18. 7. 1997. Eine Zusammenfassung dieses – nicht amtlich veröffentlichten – Vorschlags findet sich bei *Kolvenbach,* NZA 1998, S. 1323 ff.
[190] Arbeitsunterlage des Generalsekretariats des Rats für die Ad-hoc-Gruppe „Europäische Aktiengesellschaft": Geänderter Vorschlag für eine Verordnung über das Statut der Europäischen Aktiengesellschaft (SE) v. 23. 2. 1998, Dok. 6018/98 SE 3 Anlage II sowie die – aus den Beratungen des Rates (Binnenmarkt) vom 18. 5. 1998 hervorgegangene – geänderte Fassung dieses Vorschlags v. 28. 5. 1998, Dok. 8772/98 SE 27 SOC 25; beide nicht amtlich veröffentlicht.
Textvorschlag für eine Richtlinie des Rates zur Ergänzung des Statuts der Europäischen Aktiengesellschaft hinsichtlich der Beteiligung der Arbeitnehmer v. 1. 4. 1998, Dok. 7391/98 SE 13 SOC 116, sowie die – im Folgenden zugrunde gelegte – geänderte Fassung dieses Vorschlags vom 23. 4. 1998, Dok. 7816/98, nicht amtlich veröffentlicht.
[191] Textvorschlag für eine Richtlinie des Rates zur Ergänzung des Statuts der Europäischen Aktiengesellschaft hinsichtlich der Beteiligung der Arbeitnehmer v. 15. 10. 1998, Dok. 11997/98 SE 33 SOC 353, nicht amtlich veröffentlicht.

reich. In der „Maastricht-Entscheidung" des BVerfG[192] hat dieses entschieden, während eine dynamische Erweiterung der bestehenden Verträge sich bisher auf eine großzügige Handhabung des Art. 235 EGV gestützt hat, werde in Zukunft zu beachten sein, dass der Unions-Vertrag grundsätzlich zwischen der Wahrnehmung einer begrenzt eingeräumten Hoheitsbefugnis und der Vertragsänderung unterscheide, seine Auslegung deshalb im Ergebnis nicht einer Vertragserweiterung gleichkommen dürfe; eine solche Auslegung von Befugnisnormen würde für Deutschland keine Bindungswirkung entfalten. Bei der Verordnung über das SE-Statut dürften in soweit keine Bedenken bestehen, da die SE offensichtlich der Verwirklichung des Binnenmarktes dient und in dieser Funktion auch noch nicht angezweifelt wurde. Allerdings würde das EP Art. 95 (Beseitigung von Handelshürden) als Grundlage vorziehen. Bedenklich ist dagegen, Art. 308 in den Dienst von Zielen im sozialen Bereich zu stellen, zumal in Art. 137 EGV eine ins Einzelne gehende Regelung der Gemeinschaftskompetenzen im sozialen Bereich vorliegt.[193] Dies ist aber im Ergebnis unschädlich, da sich die Richtlinie auf Art. 137 Abs. 1 und 2 stützen kann, soweit sie die Unterrichtung und Anhörung der Arbeitnehmer regelt, und auf Abs. 3, soweit sie die Mitbestimmung der Arbeitnehmer betrifft. Die Vorläufervorschrift des Art. 137, Art. 2 des Sozialabkommens, ist ja auch als Rechtsgrundlage für die Richtlinie über den Europäischen Betriebsrat herangezogen worden. Das EP hätte ebenfalls Art. 137 Abs. 3 vorgezogen, will aber anscheinend entgegen früheren Überlegungen von einer Klage absehen.

b) Anwendungsbereich

154 Die Richtlinie gilt, soweit sie die Unterrichtung und Anhörung der Arbeitnehmer regelt, für alle SE. Art. 2 der VO regelt, wie es zur Bildung von SE kommen kann. Aktiengesellschaften, die nach dem Recht eines Mitgliedstaates gegründet worden sind und ihren Sitz sowie ihre Hauptverwaltung in der Gemeinschaft haben, können eine SE durch Verschmelzung gründen, sofern mindestens zwei von ihnen dem Recht verschiedener Mitgliedstaaten unterliegen. Aktiengesellschaften und Gesellschaften mit beschränkter Haftung können unter den gleichen Voraussetzungen eine Holding-SE gründen. Andere Gesellschaften und Körperschaften aus der Gemeinschaft können eine Tochter-SE gründen, sofern mindestens zwei von ihnen dem Recht verschiedener Mitgliedstaaten unterliegen oder seit zwei Jahren eine dem Recht eines anderen Mitgliedstats unterliegende Tochtergesellschaft oder eine Niederlassung in einem anderen Mitgliedstaat haben. Schließlich kann eine Aktiengesellschaft aus der Gemeinschaft in eine SE umgewandelt werden, wenn sie seit mindestens zwei Jahren eine dem Recht eines anderen Mitgliedstaates unterliegende Tochtergesellschaft hat; eine bloße Niederlassung reicht hier nicht aus. Unter bestimmten Voraussetzungen können auch Gesellschaften, die ihre Hauptverwaltung nicht in der Gemeinschaft haben, an der Gründung einer SE beteiligt werden.

c) Verhältnis zu anderen Regelungen

155 Nach Nr. 15 der Präambel der Richtlinie soll diese andere Beteiligungsrechte nicht berühren und keine automatischen Auswirkungen auf andere Vertretungsstrukturen aufgrund gemeinschaftlicher oder einzelstaatlicher Rechtsvorschriften oder Gepflogenheiten haben. Zur Wahrung dieser Beteiligungsrechte können die Mitgliedstaaten nach Art. 13 Abs. 4 der Richtlinie sicherstellen, dass die Strukturen der Arbeitnehmervertretung in den beteiligten Gesellschaften, die als eigenständige juristische Personen erlöschen, nach der Eintragung der SE fortbestehen. Dies dürfte im Fall der **Umwandlung** einer deutschen Gesellschaft in eine SE mit Sitz in Deutschland bedeuten, dass bei der SE Betriebsräte,

---

[192] 12. 10. 1993 BVerfGE 89, S. 155, 210.
[193] *Heinze* HzA Gruppe 25 Rn. 95 lehnt Art. 308 als Rechtsgrundlage generell ab; *Preis/Gotthardt* EAS-B 1100 Rn. 50: nur in Ausnahmefällen.

IV. Die Europäische Aktiengesellschaft

Gesamt- und Konzernbetriebsräte bestehen können. Obwohl nur von einer Kontinuität der Strukturen der Arbeitnehmervertretung und nicht der Vertretung selbst die Rede ist, könnte bei im Übrigen unveränderten Verhältnissen auch der Fortbestand der Gremien selbst vorgesehen werden. Die Vorschrift erfasst aber auch den Fall, dass eine deutsche Gesellschaft ihre Rechtspersönlichkeit verliert, weil sie durch Fusion in einer ausländischen SE aufgeht. In diesem Fall dürfte der deutsche Gesetzgeber anordnen können, dass bei dem deutschen Hauptbetrieb nicht nur der Betriebsrat, sondern auch ein bisheriger Gesamt- und Konzernbetriebsrat fortbestehen können, soweit von diesem Hauptbetrieb entsprechende Leitungsbefugnisse auf andere Niederlassungen ausgehen.

Von dem Grundsatz, dass die Richtlinie andere Arbeitnehmervertretungsregelungen **156** nicht berührt, gibt es zwei **Ausnahmen.** Zum einen sollen die Richtlinie 94/45 über Europäische Betriebsräte und die nationalen Umsetzungsgesetze auf die SE und ihre Tochtergesellschaften und Niederlassungen nicht anwendbar sein, es sei denn, das besondere Verhandlungsgremium (dazu sogleich d)) beschließt, keine Verhandlungen aufzunehmen oder bereits eröffnete Verhandlungen zu beenden. Dies betrifft nicht nur Tochter-SE, sondern auch innerstaatliche Tochtergesellschaften (Richtlinie, Präambel Nr. 14 und Art. 13 I).

Die zweite Ausnahme vom Fortbestand der nationalen Arbeitnehmervertretungsrege- **157** lungen betrifft die einzelstaatlichen Rechtsvorschriften oder Gepflogenheiten in Bezug auf die Mitbestimmung der Arbeitnehmer in den Gesellschaftsorganen. Diese sind auf SE grundsätzlich nicht anwendbar, außer bei einer durch Umwandlung gegründeten SE, auf die Vorschriften eines Mitgliedstaats über die Mitbestimmung der Arbeitnehmer im Verwaltungs- oder im Aufsichtsorgan Anwendung fanden. Die Richtlinie (Auffangregelung Teil 3) drückt das so aus, dass alle Komponenten der Mitbestimmung der Arbeitnehmer weiterhin Anwendung finden. Auch bei Tochtergesellschaften von SE, die nicht selbst SE sind, bleiben die einzelstaatlichen Regelungen über die Mitbestimmung in den Gesellschaftsorganen anwendbar (Art. 13 III b).

Nach Art. 66 der VO kann eine SE in eine dem Recht ihres Sitzstaats unterliegende **158** Aktiengesellschaft umgewandelt werden, ohne dass es erst zur Auflösung und Neugründung der Gesellschaft kommen müsste. Dann werden wieder die nationalen Mitbestimmungsrechte und gegebenenfalls die Regelung des Europäischen Betriebsrats anwendbar.

d) Unterrichtung und Anhörung eines Vertretungsorgans

aa) Das vereinbarte Vertretungsorgan

In jeder SE, auch in jeder Tochter-SE, soll zum Zwecke der Unterrichtung und An- **159** hörung durch das zuständige Organ der SE ein Vertretungsorgan der Arbeitnehmer der SE und ihrer Tochtergesellschaften, die keine SE sind, bestehen. Dies ist das Gegenstück zum Europäischen Betriebsrat, der bei einer SE nur zu errichten ist, wenn das besondere Verhandlungsgremium mit 2/3-Mehrheit beschließt, Verhandlungen über ein besonderes Vertretungsorgan nicht aufzunehmen oder abzubrechen. Es dürfte aber nichts entgegenstehen, das Vertretungsorgan der Arbeitnehmer bei der SE als Europäischen Betriebsrat zu bezeichnen.

Wie bei den Europäischen Betriebsräten im engeren Sinn soll möglichst eine **Verein- 160 barung** über das **Vertretungsorgan** abgeschlossen werden. Wenn die Leitungs- oder Verwaltungsorgane der beteiligten Gesellschaften die Gründung einer SE planen, leiten sie nach dem Gründungsplan, aber vor der Eintragung der SE die erforderlichen Schritte für die Aufnahme von Verhandlungen mit den Arbeitnehmervertretern ein. Welches Organ die Verhandlungen auf Unternehmensseite zu führen und abzuschließen hat, wird dagegen offengelassen („das zuständige Organ"). Eine SE kann erst eingetragen werden, wenn eine Vereinbarung über die Beteiligung der Arbeitnehmer gemäß Art. 4 der Richtlinie geschlossen worden ist oder nach Art. 3 Ab. 6 der Richtlinie beschlossen wurde, keine Vereinbarung abzuschließen, oder die Verhandlungsfrist nach Art. 5 der Richtlinie (sechs

Monate nach der Einsetzung des Verhandlungsgremiums oder einverständliche Verlängerung bis zu einem Jahr) erfolglos abgelaufen ist (Art. 12 Abs. 2 VO). Anders als in den anderen Regelungen von Information und Konsultation der Arbeitnehmer trifft hier aber auch die Unternehmen eine Obliegenheit, die Bestellung der Verhandlungsgremien zu betreiben.

161 Die Vorschriften über das **besondere Verhandlungsgremium,** das die Verhandlungen über das Vertretungsorgan führen soll, decken sich weitgehend mit der entsprechenden Vorschrift in der Richtlinie über den Europäischen Betriebsrat (s. oben Rn. 57 ff.). Allerdings ist hier keine Höchstzahl von Mitgliedern vorgesehen, sondern eine Mindestzahl der vertretungsberechtigten Arbeitnehmer (10% aller in den Mitgliedstaaten beschäftigten Arbeitnehmer der beteiligten Gesellschaften oder ein Bruchteil dieser Tranche). Ausdrücklich ist bestimmt, dass die Mitgliedstaaten externe Gewerkschaftsvertreter in das besondere Verhandlungsgremium zulassen können.

162 Auch die Vorschriften über den Inhalt der Vereinbarung zur Gründung eines Vertretungsorgans, über Geheimhaltung und den Schutz der Arbeitnehmervertreter decken sich weitgehend mit der Richtlinie über Europäische Betriebsräte (s. oben Rn. 76 ff.).

163 Welches das **zuständige Organ der beteiligten Gesellschaften** für den Abschluss der Vereinbarung ist, lässt die Richtlinie offen. Ein Gegenschluss zu Art. 7 (1) b der Richtlinie, in der das zuständige Organ *jeder* der beteiligten Gesellschaften angesprochen ist, erlaubt den Schluss, dass die beteiligten Gesellschaften auch ein einheitliches Verhandlungsorgan bilden können. Die Bestimmung des zuständigen Organs dürfte nicht der nationalen Gesetzgebung sondern den beteiligten Unternehmen selbst obliegen. Ergänzend bestimmt Art. 23 II VO, dass sich die Hauptversammlung jeder der verschmelzenden Gesellschaften das Recht vorbehalten kann, die Eintragung der SE davon abhängig zu machen, dass die geschlossene Vereinbarung von ihr ausdrücklich genehmigt wird. Dies gilt nach Art. 32 Abs. 6 VO entsprechend für die an der Gründung einer Holding-SE beteiligten Gesellschaften.

bb) Gesetzliches Vertretungsorgan

164 Eine im Anhang zu der Richtlinie enthaltene Auffangregelung, die durch den Mitgliedstaat des Sitzlandes der SE umzusetzen ist, findet **nach der Eintragung der SE** Anwendung, wenn die Parteien (zuständiges Organ der beteiligten Unternehmen und besonderes Verhandlungsgremium) dies vereinbaren oder bis zum Ende der Verhandlungsfrist des Art. 5 keine Vereinbarung zustande gekommen ist, das zuständige Organ jeder der beteiligten Gesellschaften der Anwendung der Auffangregelung auf die SE und damit der Fortsetzung des Verfahrens zur Eintragung der SE zugestimmt hat und das besondere Verhandlungsgremium nicht beschlossen hat, Verhandlungen nicht aufzunehmen oder abzubrechen. Anders als bei den Vereinbarungen ist bei der Anwendung der Auffangregelung kein Hauptversammlungsvorbehalt vorgesehen. Jede der beteiligten Gesellschaften kann aber durch das von ihr selbst bestimmte zuständige Organ entscheiden, ob es sich endgültig an der Gründung der SE beteiligen will, auch wenn dies mit der Anwendung der Auffangregelung verbunden ist.

165 Die Vorschriften der Auffangregelung, Teil 1 und 2, über die Zusammensetzung des Vertretungsorgans und seine Unterrichtung und Anhörung decken sich weitgehend mit den entsprechenden Vorschriften in der Richtlinie über die Europäischen Betriebsräte (dazu oben Rn. 83 ff.). Wie bei dem vereinbarten Vertretungsorgan ist hier keine Höchstzahl der Mitglieder festgelegt, sondern dieselbe Mindestzahl der vertretungsberechtigten Arbeitnehmer. Ausdrücklich ist gesagt, dass die Mitgliedstaaten durch entsprechende Vorschriften dafür zu sorgen haben, dass Änderungen innerhalb der SE und ihrer Tochtergesellschaften und Betriebe durch Anpassung der Zahl der Mitglieder des Vertretungsorgans und der Zuteilung der Sitze Rechnung getragen wird. Die Zuständigkeiten des Vertretungsorgans beschränken sich auf die Angelegenheiten, die die SE selbst oder eine ihrer Tochtergesellschaften oder einen ihrer Betriebe in einem anderen Mitgliedstaat betreffen

oder die über die Befugnisse der Entscheidungsorgane auf der Ebene des einzelnen Mitgliedstaats hinausgehen. Weitergehend als in der Betriebsrats-Richtlinie wird bestimmt, dass die SE dem Vertretungsorgan die Tagesordnung aller Sitzungen des Verwaltungsorgans oder des Leitungs- und des Aufsichtsorgans sowie die Kopien aller Unterlagen für die Hauptversammlung der Aktionäre übermitteln muss. Weitergehend ist auch, dass das Vertretungsorgan das Recht zu einem weiteren Zusammentreffen mit dem zuständigen Organ der SE hat, um eine Einigung herbeizuführen, wenn dieses beschlossen hat, nicht im Einklang mit einer von dem Vertretungsorgan abgegebenen Stellungnahme zu außergewöhnlichen Umständen mit erheblichen Auswirkungen auf die Interessen der Arbeitnehmer zu handeln. Ob diese Einigung nach Art einer europäischen Betriebsvereinbarung oder Regelungsabrede rechtsverbindlich ist, hängt von dem in der Einigung selbst enthaltenen Regelungs- und Verpflichtungsumfang ab.

e) Mitbestimmung im Verwaltungs- oder Aufsichtsorgan

Neben den Vorschriften über die Unterrichtung und Anhörung des Vertretungsorgans ist eine Mitbestimmung der Arbeitnehmer im Verwaltungs- oder im Aufsichtsorgan vorgesehen. Die Unterscheidung der beiden Organe beruht auf der Verordnung, die für das monistische System der Gesellschaftsverfassung einen einheitlichen Verwaltungsrat und für das dualistische System ein Leitungs- und ein Aufsichtsorgan nach deutschem Muster vorsieht. Diese Mitbestimmung kann, auch wenn sie in den beteiligten Unternehmen bisher nicht vorgesehen war, in der **Vereinbarung über** die Errichtung des Vertretungsorgans geregelt werden, doch ist eine solche Regelung für den Abschluss der Vereinbarung nicht erforderlich. Als Inhalt einer solchen Regelung gibt Art. 4 II g der Richtlinie an: die Zahl der Mitglieder des Verwaltungs- oder des Aufsichtsorgans der SE, welche die Arbeitnehmer wählen oder bestellen können oder deren Bestellung sie empfehlen oder ablehnen können, das Verfahren, nach dem die Arbeitnehmer diese Mitglieder wählen oder bestellen oder deren Bestellung empfehlen oder ablehnen können, und die Rechte dieser Mitglieder.

Eine Vertretung der Arbeitnehmer in dem Leitungsorgan des dualistischen Systems nach dem Muster des **Arbeitsdirektors** nach dem Montanmitbestimmungsgesetz ist nicht vorgesehen. Der Gesetzgeber des Sitzlandes der SE dürfte aber einen Arbeitsdirektor nach dem Muster von § 33 des Mitbestimmungsgesetzes 1976 vorsehen können, da es sich hier nicht um eine Regelung der Mitbestimmung, sondern der Organisation des Leitungsgremiums handelt.

Kommt eine Vereinbarung über die Mitbestimmung der Arbeitnehmer in dem Verwaltungs- oder Aufsichtsorgan der SE nicht zustande, so greift Teil 3 der Auffangregelung ein (dazu schon Rn. 164). Fanden im Falle einer durch **Umwandlung** gegründeten SE Vorschriften eines Mitgliedstaats über die Mitbestimmung der Arbeitnehmer im Verwaltungs- oder im Aufsichtsrat vor der Eintragung Anwendung, sollen alle Komponenten dieser Mitbestimmung weiterhin Anwendung finden. Dies dürfte bedeuten, dass die Betriebsräte, einschließlich Konzern- und Gesamtbetriebsräte für den nationalen Bereich bestehen bleiben und im Verwaltungs- oder Aufsichtsorgan dieselbe Zahl von Arbeitnehmervertretern vertreten sein muss wie vorher.

Ferner findet die kraft Gesetzes in dem Mitgliedstaat, in dem die SE eingetragen wird, eingeführte Auffangregelung nur Anwendung, wenn im Falle einer durch **Verschmelzung** gegründeten SE: vor der Eintragung der SE in einer oder mehreren der beteiligten Gesellschaften eine oder mehrere Formen der Mitbestimmung bestanden und sich auf mindestens 25% der Gesamtzahl der Arbeitnehmer aller beteiligten Gesellschaften erstrecken oder vor der Eintragung der SE in einer oder mehreren der beteiligten Gesellschaften eine oder mehrere Formen der Mitbestimmung bestanden und sich auf weniger als 25% der Gesamtzahl der Arbeitnehmer aller beteiligten Gesellschaften erstreckten und das besondere Verhandlungsgremium einen entsprechenden Beschluss fasst;

170 Im Falle einer durch Errichtung einer **Holdinggesellschaft** oder einer **Tochtergesellschaft** gegründeten SE: vor der Eintragung der SE in einer oder mehreren der beteiligten Gesellschaften eine oder mehrere Formen der Mitbestimmung bestanden und sich auf mindestens 50% der Gesamtzahl der Arbeitnehmer aller beteiligten Gesellschaften erstreckten oder vor der Eintragung der SE in einer oder mehreren der beteiligten Gesellschaften eine oder mehrere Formen der Mitbestimmung bestanden und sich auf weniger als 50% der Gesamtzahl der Arbeitnehmer aller beteiligten Gesellschaften erstreckten und das besondere Verhandlungsgremium einen entsprechenden Beschluss fasst.

171 Bestanden **mehr als eine Mitbestimmungsform** in den verschiedenen beteiligten Gesellschaften, so entscheidet das besondere Verhandlungsgremium, welche von ihnen in der SE eingeführt wird. Die Mitgliedstaaten können Regeln festlegen, die anzuwenden sind, wenn kein einschlägiger Beschluss für eine in ihrem Hoheitsgebiet eingetragene SE gefasst worden ist. Das besondere Verhandlungsgremium unterrichtet die zuständigen Organe der beteiligten Gesellschaften über die Beschlüsse, die es in Anwendung dieses Absatzes gefasst hat.

172 In den Fällen der **Gründung einer SE** haben die Arbeitnehmer der SE, ihrer Tochtergesellschaften und Betriebe und/oder ihr Vertretungsorgan das Recht, einen Teil der Mitglieder des Verwaltungs- oder des Aufsichtsorgans der SE zu wählen oder zu bestellen oder deren Bestellung zu empfehlen oder abzulehnen, wobei die Zahl dieser Mitglieder sich nach dem höchsten maßgeblichen Anteil in den beteiligten Gesellschaften vor der Eintragung der SE bemisst.

173 Da hier den Arbeitnehmern und dem Vertretungsorgan alternativ das Recht zugeschrieben wird, die Arbeitnehmervertreter im Verwaltungs- oder Aufsichtsorgan der SE zu wählen oder zu bestellen, stellt sich die Frage, wer über die **Alternative** zu entscheiden hat. Nach der Auffangregelung entscheidet das Vertretungsorgan über die Verteilung der Sitze im Verwaltungs- oder im Aufsichtsorgan auf die Mitglieder, die Arbeitnehmer aus verschiedenen Mitgliedstaaten vertreten, oder über die Art und Weise, in der die Arbeitnehmer der SE Mitglieder dieser Organe empfehlen oder ablehnen können, entsprechend den jeweiligen Anteilen der in den einzelnen Mitgliedstaaten beschäftigten Arbeitnehmer der SE. Dies könnte so verstanden werden, dass das Vertretungsorgan nur über die Verteilung der Sitze auf die verschiedenen Mitgliedstaaten und nicht über die Auswahl der Arbeitnehmervertreter entscheidet. Allerdings heißt es weiter, blieben Arbeitnehmer aus einem oder mehreren Mitgliedstaaten bei der anteilmäßigen Verteilung unberücksichtigt, bestelle das Vertretungsorgan eines der Mitglieder aus einem dieser Mitgliedstaaten und zwar vorzugsweise – sofern angemessen – aus dem Sitzstaat der SE. Danach wird also ein Arbeitnehmervertreter unmittelbar vom Vertretungsorgan bestellt. Andererseits soll jeder Mitgliedstaat das Recht haben, die Verteilung der ihm im Verwaltungs- oder im Aufsichtsorgan zugewiesenen Sitze festzulegen. Diese Regelung ist wohl nicht zu Ende gedacht, wie sich auch daran zeigt, dass sie bis zur Schlussredaktion Leitungs- und Aufsichtsorgan verwechselte.

174 Auch wenn die Auffangregelung an sich anwendbar ist, kann ein Mitgliedstaat vorsehen, dass dies im Fall einer durch Verschmelzung gegründeten SE nicht der Fall ist. Allerdings kann eine durch Verschmelzung gegründete SE in einem solchen Mitgliedstaat nicht registriert werden, außer wenn die Gesellschaften sich freiwillig über die Mitbestimmung einigen.

175 Auch die Verordnung enthält einige Bestimmungen zum Schutz der oder vor der Mitbestimmung. Dem Schutz der Mitbestimmung dient die Regelung in Art. 37 Abs. 8, nach der ein Mitgliedstaat die Umwandlung in eine SE davon abhängig machen kann, dass das Organ der umzuwandelnden Gesellschaft, in dem die Mitbestimmung der Arbeitnehmer vorgesehen ist, bei uns also der **Aufsichtsrat,** der Umwandlung mit qualifizierter Mehrheit oder einstimmig zustimmt. Der Effektivität der Mitbestimmung im Aufsichtsrat dient auch Art. 48 VO, nach dem in der Satzung der SE die **Arten von Geschäften** aufgeführt werden, für die im dualistischen System das Aufsichtsorgan dem Leitungsorgan seine Zustimmung erteilen muss und im monistischen System ein ausdrücklicher Beschluss des Verwaltungsorgans erforderlich ist. Die Mitgliedstaaten können für die in ihrem Hoheitsgebiet eingetragene SE festlegen, welche Arten von Geschäften auf jeden Fall in die Satzung aufzunehmen sind. Sie können auch vorsehen, dass im dualistischen System das Aufsichtsorgan selbst bestimmte Arten von Geschäften von seiner Zustimmung abhängig machen kann.

Dem Schutz vor der Mitbestimmung dient vor allem die Übernahme des **Zweitstimmrechts** aus dem MitbestG 1976. Wird die Hälfte der Mitglieder des Aufsichtsorgans von den Arbeitnehmern bestellt, darf nach Art. 42 VO nur ein von der Hauptversammlung der Aktionäre bestelltes Mitglied zum Vorsitzenden gewählt werden. Sofern die Satzung keine einschlägige Bestimmung enthält, gibt die Stimme des Vorsitzenden des jeweiligen Organs bei Stimmengleichheit den Ausschlag. Eine anders lautende Satzungsbestimmung ist nicht möglich, wenn sich das Aufsichtsorgan zur Hälfte aus Arbeitnehmervertretern zusammensetzt.

Dem deutschen Aktienrecht entspricht es auch, dass die Mitglieder des Leitungsorgans vom Aufsichtsorgan bestellt und abberufen werden. Nach Art. 38 Abs. 2 können die Mitgliedstaaten jedoch vorschreiben – oder vorsehen, dass in der Satzung festgelegt werden kann –, dass die Mitglieder des Leitungsorgans von der Hauptversammlung unter den Bedingungen, die für Aktiengesellschaften mit Sitz in ihrem Hoheitsgebiet gelten, bestellt und abberufen werden. Da es im deutschen Aktienrecht eine solche Regelung nicht gibt, ist sie für SEs mit Sitz in Deutschland unerheblich.

f) Inkrafttreten

Die Richtlinie muss spätestens bis zum 8. 10. 2004 umgesetzt werden. Entsprechend soll die Verordnung an dem Tag in Kraft treten, an dem die Mitgliedstaaten die Richtlinie spätestens umgesetzt haben müssen. Die Verordnung darf in einem Mitgliedsland nur angewendet werden, wenn auch die Richtlinie anwendbar ist.

5. Abschnitt. Das Sozialrecht im Gemeinschaftsrecht

Schrifttum: *Eichenhofer,* Sozialrecht der Europäischen Union, 2001; *Fuchs (Hrsg.),* Kommentar zum Europäischen Sozialrecht, 2. Aufl. Baden-Baden 2000; *Haverkate, Görg/Huster, Stefan,* Europäisches Sozialrecht, Baden-Baden 1999; *Klang, Klaus,* Soziale Sicherheit und Freizügigkeit im EWG-Vertrag, Baden-Baden 1986; *Pompe, Peter,* Leistungen der sozialen Sicherheit bei Alter und Invalidität für Wanderarbeitnehmer nach Europäischem Gemeinschaftsrecht, Köln 1984; *Schulte, Bernd,* Allgemeine Regeln des internationalen Sozialrechts – supranationales Recht, in: v. Maydell, Bernd/ Ruland, Franz, Sozialrechtshandbuch (SRH), Kapitel 32, 2. Aufl. Neuwied 1996; *ders.,* Soziale Sicherheit in der EG, 2. Auflage, München 1993; *ders.,* Europäisches Sozialrecht, SDSRV Band 36 (1992), S. 7ff.; *Steinmeyer, Heinz-Dietrich,* Freizügigkeit und soziale Rechte in einem Europa der Bürger, in: Magiera, Siegfried (Hrsg.), Das Europa der Bürger in einer Gemeinschaft ohne Binnengrenzen, Baden-Baden 1990; *ders.,* Das europäische Sozialrecht nach Maastricht, VSSR 1996, S. 49ff.; *ders.,* Der Vertrag von Amsterdam und seine Bedeutung für das Arbeits- und Sozialrecht, RdA 2001, S. 10ff.; *Wiegand, Dietrich,* Das europäische Gemeinschaftsrecht in der Sozialversicherung, Sankt Augustin 1983; *Willms, Benno,* Soziale Sicherung durch Europäische Integration, Baden-Baden 1990.

§ 20 Einführung

Schrifttum: *Balze,* Die sozialpolitischen Kompetenzen, 1994; *ders.,* Überblick zum sozialen Arbeitsschutz in der EU, in: EAS B 5000; *Birk,* Arbeitnehmerschutz – Vom internationalen zum supranationalen Recht –, ZfA 1991, S. 355ff.

Der **1958** in Kraft getretene Vertrag zur Gründung der Europäischen Wirtschaftsgemeinschaft enthielt zunächst **punktuelle sozialrechtliche Regelungen.** Die damalige Struktur des Gemeinschaftsvertrages war von der ursprünglichen Annahme geprägt, dass die beste Sozialpolitik eine erfolgreiche Wirtschaftspolitik sei.[1] Eine Gemeinschaftssozialordnung sollte sich gewissermaßen automatisch als Folge des wirtschaftlichen Intergrationsprozesses einstellen.[2] Als Sozialvorschriften fanden zunächst die Vorschriften über die Sozialpolitik der Art. 117 ff. EWGV (Art. 136 ff. EGV n. F.) Eingang in den Gründungsvertrag. Dabei handelte es sich jedoch im Wesentlichen um Programmsätze, die auch nach ihrem Wortlaut die Zuständigkeit für die Sozialpolitik bei den Mitgliedstaaten beließen. Eine weitergehende Regelung wurde allerdings mit Art. 119 EWGV (Art. 141 EGV n. F.) in den Gründungsvertrag aufgenommen. Die darin geregelte Entgeltgleichheit für Männer und Frauen sorgte in der Folge für eine intensive Gleichstellungspolitik im Gemeinschaftsrecht. Darüber hinaus waren auch die Regelungen über den Europäischen Sozialfonds in Gestalt der Art. 123 ff. EWGV (Art. 146 ff. EGV n. F.) bereits in den Gründungsvertrag aufgenommen. 1

Im Bereich des **Sekundärrechts** wurden in der Folgezeit die **Freizügigkeitsverordnung** VO (EWG) 1612/68 und die **Wanderarbeitnehmerverordnung** VO (EWG) Nr. 1408/71 nebst Durchführungsverordnung VO (EWG) Nr. 574/72 erlassen. Ein entsprechender Verordnungsauftrag war dem Gemeinschaftsgesetzgeber von vornherein durch Art. 51 EWGV (Art. 42 EGV n. F.) erteilt worden. Es bestand bereits zum Zeitpunkt der Gründung der Gemeinschaft zwischen den Mitgliedstaaten Einigkeit darüber, dass die Freizügigkeit der Arbeitnehmer im Sinne von Art. 48 EWGV (Art. 39 EGV n. F.) sozialrechtlich zu flankieren sei. 2

---

[1] *Birk,* ZfA 1991, S. 355, 364.
[2] Vgl. dazu *Ipsen,* Europäisches Gemeinschaftsrecht, 1972, S. 932 ff.

3   Im Jahre 1974 beschloss der Rat ein **sozialpolitisches Aktionsprogramm**;[3] geleitet von der Vorstellung, der Wirtschaftsunion eine gleichrangige Sozialunion an die Seite zu stellen. Als Folge des Aktionsprogramms und unter Berücksichtigung der Rechtsprechung des Europäischen Gerichtshofs zu Art. 119 EWGV[4] (Art. 141 EGV n. F.) ergingen mehrere Richtlinien zur Gleichbehandlung von Mann und Frau.

4   Erste primärrechtliche Änderungen des Gemeinschaftsvertrages ergaben sich durch die 1987 in Kraft getretene Einheitliche Europäische Akte. Diese hatte in erster Linie das Ziel der schrittweisen Verwirklichung des europäischen Binnenmarktes. Gleichfalls fanden auch einige sozialpolitische Regelungen Eingang in den EWGV. So sah Art. 100a Abs. 1 EWGV (Art. 95 Abs. 1 EGV n. F.) den Erlass von sozialpolitischen Maßnahmen zur Errichtung und zum Funktionieren des Binnenmarktes vor.

5   Art. 118a EWGV (Art. 138 EGV n. F.) wurde zur Verbesserung der Arbeitsumwelt zum Schutz der Sicherheit und Gesundheit der Arbeitnehmer eingefügt. Mit Art. 118a Abs. 2 EWGV (Art. 138 Abs. 2 EGV n. F.) wurde dem Rat die Möglichkeit gegeben, Richtlinien mit Mindestvorschriften mit qualifizierter Mehrheit zu beschließen. Aus dieser Ermächtigung gingen zahlreiche Richtlinien zum Arbeitsschutz hervor.[5]

6   Mit Art. 118b EWGV (Art. 139 EGV n. F.) wurde eine Vorschrift über den sozialen Dialog zwischen den Sozialpartnern auf europäischer Ebene in den Vertrag eingefügt. In den neu eingefügten Art. 130a bis 130e EWGV (Art. 158 bis 162 EGV n. F.) wurde als Ziel der Gemeinschaftspolitik der wirtschaftliche und soziale Zusammenhalt festgelegt. In diesem Zusammenhang wurde auch der bereits 1975 geschaffene Regionalfonds durch Art. 130c EWGV (Art. 160 EGV n. F.) im Gemeinschaftsvertrag installiert.

7   Die Vorstellung von einer **sozialen Dimension des Binnenmarktes** führte 1989 zur Annahme der Gemeinschaftscharta der Sozialen Grundrechte der Arbeitnehmer. Die – von der Regierung Großbritanniens nicht unterzeichnete – Gemeinschaftscharta hatte lediglich den Stellenwert einer politischen Selbstverpflichtung der Mitgliedstaaten und diente der inhaltlichen Weichenstellung der gemeinschaftlichen Sozialpolitik. Auf ihrer Grundlage erließ die Gemeinschaft in erster Linie Richtlinien zur Gesundheit und Sicherheit am Arbeitsplatz.[6]

8   Durch den am 1. 11. 1993 in Kraft getretenen **Vertrag über die Europäische Union** fanden weitere sozialpolitische Regelungen Eingang in den EWGV (von nun an EGV). Durch Art. 2 EGV machte es sich die Gemeinschaft unter anderem zur Aufgabe, eine hohes Beschäftigungsniveau, ein hohes Maß an sozialem Schutz, die Hebung der Lebenshaltung und der Lebensqualität sowie den wirtschaftlichen und sozialen Zusammenhalt und die Solidarität zwischen den Mitgliedstaaten zu fördern. In Art. 3 EGV wurde eine Sozialpolitik mit einem Europäischen Sozialfonds, die Stärkung des wirtschaftlichen und sozialen Zusammenhalts, der Beitrag zur Erreichung eines hohen Gesundheitsschutzniveaus und der Beitrag zu einer qualitativ hochstehenden allgemeinen und beruflichen Bildung sowie zur Entfaltung des Kulturlebens in den Mitgliedstaaten als Tätigkeitsbereiche der Gemeinschaft in den EGV aufgenommen. Im Rahmen der Tätigkeitsbereiche der allgemeinen und beruflichen Bildung und des Gesundheitswesen wurden der Gemeinschaft durch die Art. 126 und 127 EGV (Art. 149 und 150 EGV n. F.) sowie durch Art. 129 EGV (Art. 152 EGV n. F.) Handlungsbefugnisse eingeräumt. Neben der Reformierung des Europäischen Sozialfonds in Art. 123 ff. EGV (Art. 146 ff. EGV n. F.) wurde darüber hinaus die Einrichtung eines Kohäsionsfonds in Art. 130d Abs. 2 EGV (Art. 161 Abs. 2 EGV n. F.) festgeschrieben. Die Vorschriften über die Sozialpolitik in Art. 117 bis 122 EGV (Art. 136 bis 145 EGV n. F.) blieben durch den EUV weitestgehend unverändert.

---

[3] Entschließung des Rates v. 21. 1. 1974 über ein sozialpolitisches Aktionsprogramm, ABl. C 13/1 v. 12. 2. 1974.
[4] EuGH v. 8. 4. 1976 (Defrenne II), Rs. 43/75, Slg. 1976, 455; vgl. auch oben 4. Abschnitt.
[5] Vgl. dazu *Balze*, EAS B 5000; siehe dazu auch § 18.
[6] Vgl. auch *Balze*, Die sozialpolitischen Kompetenzen, S. 197 ff.

Letztlich ist noch die Einführung der Unionsbürgerschaft in Art. 8 ff. EGV (Art. 17 ff. **9**
EGV n. F.) als sozialrechtlich relevante Neuerung durch EUV zu nennen, da sich insbesondere das Freizügigkeitsrecht gemäß Art. 8 a EGV (Art. 18 EGV n. F.) auf die Sozialversicherungs- bzw. Sozialleistungssysteme der Mitgliedstaaten auswirken kann.

Mit dem EG-Vertrag wurde auch das Protokoll und das **Abkommen über die Sozi- 10 alpolitik** von allen Mitgliedstaaten mit Ausnahme von Großbritannien beschlossen.[7] Die Regierung Großbritanniens war weiterhin nicht bereit, eine Reform der Sozialvorschriften des EGV mit anzugehen. Abkommen und Protokoll basierten in erster Linie auf dem Gedanken der Weiterentwicklung der in der Gemeinschaftscharta von 1989 festgeschriebenen Ziele der Gemeinschaft. Das Abkommen über die Sozialpolitik ist mittlerweile durch den Vertrag von Amsterdam in den EGV eingeflochten worden, wodurch dessen Zielsetzung nunmehr auch von Großbritannien getragen wird.

Durch den am 1. 5. 1999 in Kraft getretenen Vertrag von Amsterdam haben weitere so- **11** zialpolitische Vorschriften zunächst auch in die allgemeinen Vorschriften des EGV Eingang gefunden. Gemäß Art. 3 Buchst. i) EGV n. F. gehört nunmehr auch die Beschäftigungspolitik ausdrücklich zum Tätigkeitsbereich der Gemeinschaft. Art. 2 EGV n. F. sieht die Förderung der Gleichstellung von Männern und Frauen ausdrücklich als Aufgabe der Gemeinschaft vor. In Art. 13 EGV n. F. wird der Rat ermächtigt, im Rahmen der Gemeinschaftszuständigkeiten Vorkehrungen zur Bekämpfung der Diskriminierung aus Gründen des Geschlechts, der Rasse, ethnischen Herkunft, der Religion oder der Weltanschauung, einer Behinderung, des Alters oder der sexuellen Ausrichtung zu treffen.

Als die im Rahmen der sozialrechtlichen Vorschriften weitgehendste Neuerung kann **12** die Einbeziehung des Abkommens über die Sozialpolitik in die Sozialvorschriften des EGV gemäß Art. 136 ff. EGV n. F. bezeichnet werden.[8]

Darüber hinaus ist nunmehr ein eigenes Kapitel zur Beschäftigungspolitik der Gemein- **13** schaft in den EGV aufgenommen worden (Art. 125 bis 130 EGV n. F.). In diesem Zusammenhang wurde zudem eine Entschließung zu Wachstum und Beschäftigung verabschiedet.[9] Die Vorschriften zum Gesundheitswesen gemäß Art. 152 EGV n. F. haben eine Überarbeitung erfahren.

Durch die entsprechenden Änderungen des EGV – insbesondere aufgrund des Amster- **14** damer Vertrages – hat die europäische Sozialpolitik eine große Stärkung erfahren.[10] Es ist mittlerweile unbestritten, dass der Sozialpolitik in der Europäischen Union eine eigenständige Bedeutung zukommt. Gleichwohl verfügen weiterhin die Mitgliedstaaten im Wesentlichen über die gesetzgeberischen Kompetenzen in diesem Bereich. Es bleibt daher abzuwarten wie schnell und in welchem Umfang sich die Wirtschaftsunion weiterhin einer Sozialunion annähert.

§ 21 Das Koordinierungssystem der Verordnung Nr. 1408/71

Schrifttum: *Becker,* Die Bedeutung des gemeinschaftsrechtlichen Diskriminierungsverbots für die Gleichstellung von Sachverhalten im koordinierenden Sozialrecht, VSSR 2000, S. 221 ff.; *Devetzi,* Die Kollisionsnormen des Europäischen Sozialrechts, 2000; *Ebsen* (Hrsg.), Europarechtliche Gestaltungsvorgaben für das deutsche Sozialrecht, 2000, *Eichenhofer* (Hrsg.), Reform des Europäischen koordinierenden Sozialrechts, 1995; *ders.,* Sozialrecht der Europäischen Union, 2001; *ders.,* Neuere Rechtsprechung des EuGH zum Europäischen Sozialrecht, JZ 1995, S. 1047 ff.; *European Observatory*

---

[7] Vgl. zum Abkommen auch Balze, Die sozialpolitischen Kompetenzen, S. 252 ff.
[8] Vgl. näher dazu § 12.
[9] Entschließung des Europäischen Rates über Wachstum und Beschäftigung v. 16. 6. 1997 (97/C 236/2), ABl. C 236 v. 2. 8. 1997, S. 3.
[10] S. näher *Steinmeyer,* RdA 2001, S. 10 ff.

§ 21   Das Koordinierungssystem der Verordnung Nr. 1408/71

on Social Security for Migrant Workers, European Report, München 2001; *Frank,* Enthalten die Artikel 13 bis 17 VO Nr. 1408/71 (EWG) allseitige Kollisionsnormen; DAngVers 1996, S. 132 ff.; *Fuchs,* Anmerkung zum Urteil des EuGH vom 22. 11. 1995, Rs: C-443/93, ZBR 1996, S. 152 ff.; *Giesen,* Die Vorgaben des EG-Vertrages für das Internationale Sozialrecht, 1999; *Fuchs* (Hrsg.), Kommentar zum Europäischen Sozialrecht, 2. Aufl. 2000; *Haverkate/Huster,* Europäisches Sozialrecht, 1999; *Igl,* Probleme der europäischen Sozialrechtskoordinierung auf Grund von Veränderungen in den Sozialleistungssystemen der EU-Mitgliedsstaaten, in: FS für Krasney, 1997, S. 199 ff.; *Joussen,* Die Stellung europäischer Sozialpolitik nach dem Vertrag von Amsterdam, ZIAS 2000, S. 191 ff.; *Klang,* Soziale Sicherheit und Freizügigkeit im EWG-Vertrag, 1986; *Langer,* Der Beitrag des Europäischen Gerichtshofs zu den gemeinschaftsrechtlichen Gestaltungsvorgaben für das Sozialrecht, in Ebsen (Hrsg.), Europarechtliche Gestaltungsvorgaben für das deutsche Sozialrecht, 2000, S. 44 ff; *Lüderitz,* Internationales Privatrecht, 2. Aufl. 1992; *Magiera* (Hrsg.), Das Europa der Bürger in einer Gemeinschaft ohne Binnengrenzen, 1990; *Magnus,* Englisches Kündigungsrecht auf deutschem Schiff – Probleme des internationalen Seearbeitsrechts, IPRax 1991, S. 382 ff.; *Neumann*-Duesberg, Wechselwirkung zwischen dem europäischen Sozialrecht und dem Sozialrecht der Bundesrepublik Deutschland aus der Sicht der gesetzlichen Krankenversicherung; *Pompe,* Leistungen der sozialen Sicherheit bei Alter und Invalidität für Wanderarbeitnehmer nach Europäischen Gemeinschaftsrecht, 1986; *Resch,* Nationale Sozialversicherungsabkommen und EG-Verordnungen zur Sozialen Sicherheit, NZS 1996, S. 603 ff.; *Schuler,* Das Internationale Sozialrecht der Bundesrepublik Deutschland, 1988; Schulte, Europäisches Sozialrecht – Juristische Einführung und Überblick, S. 7 ff.; in: Europäisches Sozialrecht, Schriftenreihe des deutschen Sozialrechtsverbandes, Band 361992; *Schulte/Barwig* (Hrsg.), Freizügigkeit und Soziale Sicherheit, 1999; *Steinmeyer,* Überblick über die Gestaltungsprinzipien des Europäischen Sozialrechts, EAS B 9000; *ders.,* Die Einstrahlung im internationalen Sozialversicherungsrecht, 1981; *ders.,* Familienleistungen und Ausbildungsförderung, in: Europäisches Sozialrecht, Schriftenreihe des Deutschen Sozialrechtsverbandes, Band 36, Wiesbaden 1992; *ders.,* Die deutsche gesetzliche Unfallversicherung und das europäische koordinierende Sozialrecht, FS für Gitter, 1995, S. 963 ff.; *ders.,* Europäische Rechtsprechung und Gesetzgebung im Grenzbereich von Arbeits- und Sozialrecht, FS für Krasney, 1997, S. 567 ff.; *ders.,* Das Europäische Sozialrecht nach Maastricht, VSSR 1996, S. 49 ff.; *ders.,* Die Problematik der Scheinselbständigkeit, ZSR 1996, S. 348 ff.; *ders.,* Sozialdumping in Europa – Perspektiven einer arbeits- und sozialrechtlichen Rechtsprechung, DVBl. 1995, S. 962 ff.; *ders.,* Grundfragen des Europäischen Sozialrechts, AuA 1992, S. 210 ff.; *Wank,* Die „neue Selbständigkeit", DB 1992, S. 90 ff.; *Wiegand,* Das europäische Gemeinschaftsrecht in der Sozialversicherung, 1983; *Willms,* Soziale Sicherung durch Europäische Integration, 1990; *Wissenschaftlicher Beirat beim Bundesministerium der Finanzen,* Freizügigkeit und soziale Sicherung in Europa, 2001; *Zuleeg,* Zur Anwendung der VO/EWG 1408/71 zur sozialen Sicherheit auf die in einem Mitgliedsstaat erworbenen Rentenansprüche vor dessen Beitritt zu den Gemeinschaften, DRV 1991, S. 512 ff.

Übersicht

	Rn.		Rn.
I. Grundlagen	1	5. Sondersysteme für Beamte	65
II. Persönlicher Geltungsbereich	12	6. Art. 4 Abs. 2a als Bindeglied zwischen Abs. 1 und Abs. 4	70
1. Derzeitiger Stand	12		
a) Einführung	12	IV. Gleichbehandlung	73
b) Die Arbeitnehmereigenschaft	22	V. Kollisionsnormen	79
c) Die Selbständigen	29	1. Art. 6 bis 8 VO 1408/71	80
d) Die Beamten	36	a) Abkommen über soziale Sicherheit, an deren Stelle die Verordnung tritt	84
e) Staatenlose und Flüchtlinge	39		
f) Familienangehörige und Hinterbliebene	40	b) Ausnahmen vom Vorrang der Verordnung	97
2. Ausblick	42	aa) Internationale Bestimmungen	98
III. Sachlicher Geltungsbereich	51	bb) Abkommen zwischen den Mitgliedstaaten	101
1. Einführung	51	2. Bestimmung der anzuwendenden Rechtsvorschriften	103
2. Art. 4 Abs. 1 und 2 als umgrenzende Regelungen	53	a) Allgemeines	103
3. Art. 5 als Präzisierungsvorschrift	58	b) Die kollisionsrechtliche Grundnorm	113
4. Nicht erfasste Sozialleistungen	62		

aa) Allgemeines	113	d) Kollision von freiwilliger und Pflichtversicherung	161
bb) Die maßgebliche Anknüpfung	116	e) Abweichende Vereinbarungen	165
cc) Sonderregelung für Selbständige	122	**VI. Gemeinsame Strukturelemente**	173
dd) Sonderregelung für Seeleute	125	1. Verbot des Zusammentreffens von Leistungen	175
ee) Sonderregelung für Beamte	127	a) Grundsatz	175
ff) Sonderregelung für Zivil- und Wehrdienstleistende	129	b) Der Verweis in Art. 12 Abs. 1 Satz 2	178
gg) Auffangregelung	130	c) Die Problematik nationaler Antikumulierungsvorschriften	179
c) Entsendung und vorübergehende selbständige Tätigkeit	133	d) Zusammenfassung	189
aa) Die Entsendungsregelung des Absatzes 1	135	2. Die Zusammenrechnung von Versicherungszeiten	190
bb) Abweichungen vom Grundsatz des Absatzes 1	150	3. Die Exportierbarkeit von Leistungen	192
cc) Sonderregelung für grenzüberschreitende Betriebe	159	**VII. Perspektiven des Europäischen Sozialrechts**	194

I. Grundlagen

Eine der tragenden Säulen und vielleicht die bedeutendste europarechtliche Regelung im Bereich der Sozialen Sicherheit ist die Verordnung Nr. 1408/71 über die Anwendung der Systeme der sozialen Sicherheit auf Arbeitnehmer und Selbständige sowie deren Familienangehörige, die innerhalb der Gemeinschaft zu- und abwandern.[1] **1**

Ihre Existenz verdankt die VO 1408/71 dem **Art. 42 EGV**. Dort wird der Rat der Europäischen Gemeinschaft aufgefordert, die „auf dem Gebiet der sozialen Sicherheit für die Herstellung der Freizügigkeit der Arbeitnehmer notwendigen Maßnahmen" zu beschließen. Diese Formulierung macht deutlich, dass diese „Maßnahmen" im **direkten Zusammenhang mit der Freizügigkeit der Arbeitnehmer** zu sehen sind. Aus diesem Grund spricht man auch von dem freizügigkeitsspezifischen Sozialrecht.[2] Als eine der vier Grundfreiheiten des EGV gesteht die in den Art. 39 bis 42 EGV normierte Freizügigkeit den Arbeitnehmern der Mitgliedstaaten vor allem das Recht zu, sich in einem anderen Mitgliedstaat um eine Arbeitsstelle zu bewerben und dort eine Beschäftigung auszuüben. Diese Möglichkeit grenzüberschreitender Freizügigkeit würde aber behindert, wenn der im Binnenmarkt wandernde Arbeitnehmer befürchten müsste, dadurch Sozialleistungsansprüche und Anwartschaften einzubüßen oder bestimmte Sozialleistungen vorenthalten zu bekommen, denn Sozialleistungen knüpfen regelmäßig nur an Verbindungen zu einem bestimmten Staat an.[3] Um dieser Gefahr entgegenzuwirken sieht Art. 42 EGV vor, dass ein System eingeführt wird, welches aus- und einwandernden Arbeitnehmern a) die Zusammenrechnung aller nach verschiedenen innerstaatlichen Rechtsvorschriften berücksichtigten Zeiten für den Erwerb und die Aufrechterhaltung des Leistungsanspruchs sowie für die Berechnung der Leistungen sichert und b) die Zahlung der Leistungen an Personen sichert, die in den Hoheitsgebieten der Mitgliedstaaten wohnen. **2**

Damit soll gewährleistet werden, dass der von der VO 1408/71 erfasste Personenkreis durch die Grenzüberschreitung nicht in eine ungünstigere Rechtslage gerät, als wenn er insgesamt nur in einem Mitgliedstaat tätig wäre. Das verfolgte Ziel ist die in Art. 39 Abs. 2 EGV angesprochene Abschaffung jeder Diskriminierung aufgrund der Staatsangehörigkeit. **3**

Schon sehr früh wurden diese Vorgaben in konkrete Rechtsakte der Gemeinschaft umgesetzt. Gestützt auf Art. 42 EGV (Art. 51 EGV a. F.[4]) wurden im Jahre 1958 die **Verordnungen Nr. 3 des Rates über die soziale Sicherheit der Wanderarbeitnehmer und** **4**

---

[1] Verordnung vom 14. 6. 1971, ABl. EG Nr. L 149 vom 5. 7. 1971.
[2] *Schulte*, in: von *Maydell/Ruland* (Hrsg.), Handbuch des Sozialrechts, Rn. 4.
[3] *Schulte*, in: SDSRV, Band 36 1992, S. 7, 18.
[4] In der Fassung vor der Änderung durch den Amsterdamer Vertrag.

die **VO Nr. 4 des Rates zur Durchführung und Ergänzung der VO Nr. 3** erlassen. Die Verordnungen Nr. 3 und Nr. 4 lehnten sich an das für die Arbeitnehmer im Montanbereich geschaffene Abkommen „über die soziale Sicherheit der Wanderarbeitnehmer"[5] an.

5 Systematisch konnte man die **VO Nr. 3 und die VO Nr. 4 mit multilateralen Sozialversicherungsabkommen vergleichen.** Diese Abkommen regelten als zwischenstaatliches Recht den Export von Sozialleistungen und die Zusammenrechnung von leistungserheblichen Faktoren. Diese Strukturelemente wurden in die VO Nr. 3 und Nr. 4 als supranationales Recht übernommen.[6]

6 Ebenfalls nach Art. 42 EGV (Art. 51 EGV a. F.) und damit auch als soziale Maßnahme zur Herstellung der Arbeitnehmerfreizügigkeit wurde am 14. Juni 1971 die VO 1408/71 erlassen.[7] Zusammen mit der **VO 574/72** des Rates vom 21. März 1972 über die Durchführung der Verordnung 1408/71 löste sie die Verordnungen Nr. 3 und 4 aus dem Jahr 1958 ab. Inhaltlich führen die Verordnungen 1408/71 und 574/72 die durch die VO Nr. 3 und 4 begonnene Zielsetzung und deren Strukturelemente fort. Die Übergangsbestimmungen in Art. 94 ff. VO 1408/71 sollen sicherstellen, dass das Außerkrafttreten der VO Nr. 3 nicht zu Nachteilen bei den Betroffenen führt.[8] Die seit 1958 gewonnenen Erfahrungen und die seitdem ergangene Rechtsprechung des Europäischen Gerichtshofs zum freizügigkeitsspezifischen Sozialrecht wurden bei der Fassung der Verordnungen berücksichtigt. Die dynamische Entwicklung der Integration in der Gemeinschaft und die große Zahl von Entscheidungen des Europäischen Gerichtshofs in diesem Bereich haben bis heute zu mehrfachen Änderungen und Ergänzungen der Verordnungen 1408/71 und 574/72 geführt. Da in dem größer werdenden und sich weiter verdichtenden Binnenmarkt die Bedeutung der sozialen Sicherheit im Rahmen der Herstellung der Freizügigkeit wächst, wird auch in Zukunft weiterhin die stetige Änderung und Ergänzung der Verordnungen notwendig sein.

7 Angesichts der Tatsache, dass das System durch die Verknüpfung der Systeme von fünfzehn Mitgliedstaaten der Europäischen Gemeinschaft zuzüglich der Systeme der übrigen Staaten des **Europäischen Wirtschaftsraums** (EWR) sowie eventueller weiterer Beitrittsstaaten inzwischen an die Grenzen seiner Leistungsfähigkeit gekommen ist,[9] gibt es Bestrebungen in Richtung einer grundsätzlichen Reform der Verordnungen 1408/71 und 574/72.[10]

8 Während die VO 574/72 als Nachfolgeregelung der VO Nr. 4 verfahrensrechtlich die Koordinierung der mitgliedstaatlichen Systeme sozialer Sicherheit regelt, enthält die VO 1408/71 überwiegend materiellrechtliche Regelungen.

9 Neben allgemeinen Vorschriften (Art. 1 bis 12) und Bestimmungen der anzuwendenden Rechtsvorschriften (Art. 13 bis 17a) sind vor allem die besonderen Vorschriften für die einzelnen Leistungsarten (Art. 18 bis 79) für die Rechtsanwendungspraxis der VO 1408/71 von Bedeutung. Nicht jede in den nationalen Rechtsordnungen enthaltene Sozialleistung wird auch von der VO 1408/71 erfasst. Sie enthält Vorschriften über Krankheit und Mutterschaft (Art. 18 bis 36), Invalidität (Art. 37 bis 43 a), Alter und Tod (Art. 44 bis 51 a), Arbeitsunfälle und Berufskrankheiten (Art. 52 bis 63 a), Sterbegeld (Art. 64 bis 66), Arbeitslosigkeit (Art. 67 bis 71 a), Familienleistungen (Art. 72 bis 75) und Leistungen für unterhaltsberechtigte Kinder von Rentnern und für Waisen (Art. 77 bis 79).

---

[5] BABl. 1958, S. 101 ff.
[6] *Schulte*, in: SDSRV, Band 36 1992, S. 7, 18.
[7] *Pompe*, Leistungen der sozialen Sicherheit, S. 41 ff., geht ausführlich auf die Entstehung der VO 1408/71 ein.
[8] EuGH v. 4. 5. 1988 (Viva), Rs. 83/87, Slg. 1988, S. 2521.
[9] Vgl. auch *Steinmeyer*, VSSR 1996, S. 49 ff.
[10] Vgl. dazu näher *Schulte*, in Schulte/Barwig (Hrsg.), Freizügigkeit und Soziale Sicherheit, 1999, S. 39, 40 f; *Eichenhofer*, ebd., S. 411 f.

II. Persönlicher Geltungsbereich

Diese aufgeführten **Regelungen gewähren keine originären Ansprüche auf Sozialleistungen**; es finden sich weder anspruchsbegründende Normen, noch wird in der VO 1408/71 ein europäischer Sozialleistungsträger bestimmt. Ein einheitliches (materielles) europäisches Sozialrecht existiert demzufolge nicht. Die Ansprüche und die zuständigen Stellen bestimmen sich nach den jeweiligen Rechtsordnungen der Mitgliedstaaten, wobei gewisse Vorgaben durch die VO 574/72 bestehen. Die besonderen Vorschriften der VO 1408/71 haben vielmehr die Aufgabe, die mitgliedstaatlichen Systeme der sozialen Sicherheit untereinander soweit zu koordinieren, wie es die Zielsetzung erfordert.

Hierbei ist zu beachten, dass die Regelungen der VO 1408/71 – Gleiches gilt für die VO 574/72 – gemäß Art. 249 EGV in allen ihren Teilen verbindlich ist und unmittelbar, ohne einen Umsetzungsakt, in allen Mitgliedstaaten gelten.[11] Sie **gewähren den Personen, die in den Geltungsbereich der VO fallen, subjektive Rechte**. Als supranationaler Rechtsakt geht sie überdies dem nationalen Recht vor, mit der Konsequenz, dass nationale Gesetze nicht gegen die VO 1408/71 verstoßen oder sie umgehen dürfen. Nicht ausgeschlossen ist hingegen eine weitergehende Rechtsgewährung durch nationales Recht, da die VO 1408/71 eine Mindestvorschrift ist;[12] nationale Rechtsvorschriften dürfen also für Wanderarbeitnehmer bessere Leistungen vorsehen als das Gemeinschaftsrecht.

II. Persönlicher Geltungsbereich

1. Derzeitiger Stand

a) Einführung

Versucht man den persönlichen Geltungsbereich der VO 1408/71 vor dem Hintergrund zu bestimmen, dass es sich um einen Rechtsakt zur Herstellung der Freizügigkeit der Arbeitnehmer handelt, so läge es nahe, den persönlichen Anwendungsbereich auch nur auf **Arbeitnehmer** zu begrenzen. Der den persönlichen Geltungsbereich bestimmende Art. 2 VO 1408/71 zeigt jedoch deutlich, dass der persönliche Anwendungsbereich nicht auf Arbeitnehmer begrenzt ist.

Nach Art. 2 Abs. 1 VO 1408/71 gilt die Verordnung „für Arbeitnehmer und **Selbständige** sowie für **Studierende**, für welche die Rechtsvorschriften eines oder mehrerer Mitgliedstaaten gelten oder galten, soweit sie Staatsangehörige eines Mitgliedstaats sind oder als Staatenlose oder Flüchtlinge im Gebiet eines Mitgliedstaats wohnen, sowie für deren Familienangehörige und Hinterbliebene". Ferner dehnt Art. 2 Abs. 2 VO 1408/71 den persönlichen Anwendungsbereich auf **Hinterbliebene** von Arbeitnehmern und Selbständigen sowie von Studierenden unabhängig von ihrer Staatsangehörigkeit aus, wodurch auch Drittstaatsangehörige erfasst sein können.

Von einem sozialen Sicherungssystem nur für Wanderarbeitnehmer kann man angesichts des Wortlauts von Art. 2 VO 1408/71 nicht mehr sprechen. Der Hintergrund dieses weiten persönlichen Geltungsbereichs wird durch die Entscheidungsgründe des Europäischen Gerichtshofs in der Rechtssache „**Singer et fils**"[13] deutlich. Dort führte das Gericht aus, dass die Herbeiführung einer möglichst weitgehenden Freizügigkeit der Arbeitnehmer zu den Grundlagen der Gemeinschaft gehört. Sie stellt den Endzweck des Art. 42 EGV dar und ist die Richtschnur für gemeinschaftsrechtliches Handeln. Diesem Geist entspricht es nicht, den Arbeitnehmerbegriff auf die Wanderarbeitnehmer im eigentlichen Sinn oder auf Ortsveränderungen einzuschränken, die mit dem Arbeitsverhältnis im Zusammenhang stehen.[14] Deshalb hat der Europäische Gerichtshof die VO 1408/71 auch dann für anwend-

---

[11] Vgl. *Klang*, Soziale Sicherheit und Freizügigkeit, S. 36.
[12] *Schulte*, in: von Maydell/Ruland (Hrsg.), SRH D 32 Rn. 23
[13] EuGH v. 9. 12. 1965 (Singer et fils), Rs. 44/65, Slg. 1965, S. 1274.
[14] EuGH v. 9. 12. 1965 (Singer et fils), Rs. 44/65, Slg. 1965, S. 1274, 1275.

bar erklärt, wenn ein versicherter Arbeitnehmer während eines Urlaubsaufenthalts Leistungen begehrt. Schon vor dieser Entscheidung war anerkannt, dass die Geltendmachung von Leistungen der sozialen Sicherheit nicht notwendig mit dem Arbeitsverhältnis in Zusammenhang stehen muss.[15] Neben der weiten Interpretation des Europäischen Gerichtshofs, was die Merkmale der „Arbeitnehmer" und der „Wanderungsbewegung" anbelangt, sind zwei Faktoren wesentlich für die Ausweitung des persönlichen Geltungsbereichs:

15 Einerseits das soziale Schutzbedürfnis auch anderer Personen als Arbeitnehmer und andererseits die Verwirklichung der vertraglichen Grundfreiheiten.

16 Beide Faktoren sind ursächlich für die Vorgehensweise der europäischen Rechtsprechung und des Gemeinschaftsgesetzgebers, die zu einer Abkehr von einer strengen Verknüpfung der sozialen Absicherung an die Erwerbstätigkeit führten.[16]

17 Dies zeigt sich als erstes an der Ausweitung des persönlichen Geltungsbereichs der VO 1408/71 auf Selbständige. Die heute anzutreffende **ausdrückliche Einbeziehung von Selbständigen** wurde durch die Rechtsprechung im Fall „De Cicco" ausgelöst, die noch zur VO Nr. 3 erging. In diesem Urteil stellte das Gericht im Jahre 1968 fest, dass der Kreis, für den die Verordnung Nr. 3 gilt, weit zu ziehen ist. Nicht nur Arbeitnehmer sind davon erfasst, sondern auch alle ihnen Gleichgestellten. Insoweit kommt eine allgemeine Tendenz zum Ausdruck, die dahin geht, die Sozialversicherung auf neue Personengruppen zu erstrecken, die den gleichen Risiken und Wechselfällen des Lebens unterliegen. Dies hat das Gericht für Selbständige – in diesem Fall für einen Handwerker – angenommen, soweit das für Arbeitnehmer geschaffene Sozialversicherungssystem auf sie zumindest hinsichtlich einzelner Risiken erstreckt wird.[17] Kennzeichen dieser Entscheidung und gleichsam der rote Faden der Ausweitung des persönlichen Geltungsbereichs ist die Vergleichbarkeit der Schutzbedürftigkeit.

18 Es darf jedoch auch nicht verkannt werden, dass die soziale Absicherung der **Selbständigen** mit dazu beiträgt, **ihre Grundfreiheiten vollständig zu nutzen.** Auch Selbständige würden beispielsweise in der Niederlassungsfreiheit (Art. 43 ff. EGV)[18] und der Dienstleistungsfreiheit (Art. 49 ff. EGV) behindert, wenn die Grenzüberschreitung soziale Nachteile mit sich bringen würde.

19 Das **soziale Schutzbedürfnis** ist auch Motivation gewesen, die VO 1408/71 auf **Familienangehörige** auszudehnen. Da auch sie durch Wanderungen innerhalb der Europäischen Union nicht benachteiligt werden dürfen, erweiterte die VO 1390/81 für sie den persönlichen Anwendungsbereich. Der Europäische Gerichtshof hat jedoch herausgestellt, dass der Begriff des Familienangehörigen sich zwar nach den einzelnen Rechtsvorschriften des jeweiligen Landes richtet, gleichwohl aber auch unter Wahrung der Grundsätze des Gemeinschaftsrechts auszulegen ist.[19]

20 Arbeitnehmer, Selbständiger, Familienangehöriger, Hinterbliebener, Studierender, Staatenloser, Flüchtling durch Art. 1 VO 1408/71 definiert werden. In dieser Bestimmung sind die Begriffe dem Art. 2 VO 1408/71 zugrunde zu legen. Daran wird deutlich, dass es sich um gemeinschaftsrechtliche Begriffe handelt. Zwar weisen überwiegend auch die Sozialrechtsordnungen der einzelnen Mitgliedstaaten diese Begriffe auf, doch darf eine Begriffsbestimmung nicht anhand der nationalen Begriffe erfolgen.[20] Ansonsten könnte

---

[15] EuGH v. (Van Dijk), Rs. 33/64, Slg. 1965, S. 133, 145.
[16] Vgl. zuletzt EuGH v. 11. 6. 1998 (Kuusijärvi), Rs. C-275/96, Slg. 1998, S. 3419, 3452, wonach von Art. 2 Abs. 1 VO 1408/71 jede Person erfasst ist, die im Rahmen einer der in Art. 1 lit a) aufgeführten Systeme der sozialen Sicherheit gegen die in dieser Vorschrift angegebenen Risiken unter den dort genannten Voraussetzungen versichert ist.
[17] EuGH v. 19. 12. 1968 (De Cicco), Rs. 19/68, Slg. 1968, S. 710, 718, *Steinmeyer*, Freizügigkeit und soziale Rechte in einem Europa der Bürger in: *Magiera* (Hrsg.), Das Europa der Bürger, S. 63, 67 f.
[18] S. hierzu EuGH v. 15. 2. 1996 (Kemmler), Rs. C-53/95, EuroAS 1996, S. 52 f.
[19] EuGH v. 16. 12. 1976 (Inzirillo), Rs. 63/76, Slg. 1976, S. 2057, 2067.
[20] EuGH v. 23. 3. 1982 (Levin), Rs. 53/81, Slg. 1982, S. 1035, 1049; EuGH v. 11. 7. 1985 (Danmols Inventar), Rs. 105/84, Slg. 1985, S. 2639, 2652.

II. Persönlicher Geltungsbereich

jeder Staat einseitig festlegen, wer unter den persönlichen Anwendungsbereich der VO 1408/71 fällt und damit die Reichweite dieses europarechtlichen Rechtsaktes bestimmen und dessen Zielsetzung vereiteln. Die maßgeblichen Rechtsbegriffe müssen folglich in ihrer gemeinschaftsrechtlichen Bedeutung verstanden werden.

Bei der Bestimmung des persönlichen Geltungsbereichs der VO 1408/71 muss schließlich noch beachtet werden, dass die Mitgliedstaaten in einem Anhang I zur VO 1408/71 eine weitere Begriffsbestimmung vorgenommen haben. Dies ist notwendig, um den jeweiligen Besonderheiten des nationalen Systems der sozialen Sicherheit Rechnung zu tragen. Beispielsweise sieht Anhang I vor, dass in dem Fall, in dem ein deutscher Träger zuständig ist für die Gewährung von Familienleistungen nach den Art. 72ff. VO 1408/71, auch derjenige als Arbeitnehmer gilt, der für den Fall der Arbeitslosigkeit pflichtversichert ist oder im Anschluss an diese Versicherung Krankengeld oder entsprechende Leistungen erhält. Es soll gewährleistet werden, dass die jeweiligen nationalen Unterschiede in den Systemen der sozialen Sicherheit nicht dazu führen, dass bestimmte Personengruppen von dem Schutz ausgenommen werden.

b) Die Arbeitnehmereigenschaft

Nach wie vor sind es die Arbeitnehmer, die den persönlichen Geltungsbereich der VO 1408/71 kennzeichnen. In Art. 1 lit. a VO 1408/71 wird der Begriff des Arbeitnehmers und des Selbständigen definiert. Diese Definition ist allerdings so konturlos, dass sie eine eindeutige Begriffsbestimmung nicht vornimmt. Insbesondere vermag diese Begriffsbestimmung keine Abgrenzung zum Begriff des Selbständigen zu geben; beide Begriffe werden einheitlich definiert, womit die Trennung zwischen Arbeitnehmer und Selbständigen aufgegeben wurde.

Die Definition hebt aber hervor, dass es **für den Arbeitnehmerbegriff entscheidend ist, ob die Person in den betreffenden Systemen der sozialen Sicherheit versichert ist.** Das bedeutet, dass der Arbeitnehmerbegriff der VO 1408/71 ausschließlich durch sozialrechtliche und nicht, wie sonst üblich, auch durch arbeitsrechtliche Kriterien bestimmt wird.[21]

Angesichts der hier aufgezeigten Schwierigkeiten den Arbeitnehmerbegriff zu bestimmen, fällt dem Europäischen Gerichtshof eine wichtige Präzisierungsfunktion zu. Noch während der Geltung der VO Nr. 3 hatte sich der Europäische Gerichtshof in der Rechtssache „Unger"[22] erstmals mit dem Arbeitnehmerbegriff auseinanderzusetzen und entschied, dass auch vormals pflichtversicherte Arbeitnehmer, die gegenwärtig nicht arbeiten, unter den persönlichen Anwendungsbereich fallen. Selbst Personen, die überhaupt nicht mehr arbeiten, wurden durch den Europäischen Gerichtshof in der Rechtssache „Pierik"[23] als Arbeitnehmer anerkannt, womit Rentner über den speziellen Bereich der Art. 27ff. VO 1408/71 hinaus in den gesamten Anwendungsbereich einbezogen wurden.

Diese Rechtsprechung verdeutlicht, dass für die Annahme der Arbeitnehmereigenschaft im Sinne der VO 1408/71 nicht darauf abzustellen ist, ob eine Person arbeitet oder nicht. Wesentlich ist nur, dass das Begehren der Person von Sinn und Zweck der VO 1408/71 umfasst ist.

Die Abkehr von arbeitsrechtlichen Kriterien des Arbeitnehmerbegriffs und die **Herausbildung eines eigenständigen Begriffsmaßstabs** zeigt sich auch an den Entscheidungen, die Personen betrafen, die eine Beschäftigung ausübten. Erfüllt eine Person die materiellen Voraussetzungen des für sie geltenden Systems der sozialen Sicherheit, ohne dass die hierfür erforderlichen Schritte (z.B. Antragstellung) bereits geschehen sind, so ist sie dennoch Arbeitnehmer im Sinne der VO 1408/71.[24] Hingegen ist eine Beschäftigung im

---

[21] *Klang*, Soziale Sicherheit und Freizügigkeit, S. 104.
[22] EuGH (Unger), Rs 75/63, Slg. 1964, S. 379ff.
[23] EuGH v. 31. 5. 1979 (Pierik) Rs 182/79, Slg. 1979, S. 1977, 1993.
[24] EuGH v. 15. 12. 1976 (Mouthaan), Rs 39/76, Slg. 1976, S. 1901, 1910f.

Rahmen einer sozialen Rehabilitationsmaßnahme nicht geeignet, die Arbeitnehmereigenschaft zu begründen,[25] wobei hier grundsätzlich ein weite Sichtweise vorherrscht. Der zeitliche Umfang der Beschäftigung wird durch die Rechtsprechung nicht als Kriterium zur Bestimmung des persönlichen Anwendungsbereichs herangezogen.[26] Auch die Tatsache, dass eine Person vor ihrer Beschäftigung selbständig tätig war, hat keinen Einfluss auf seine Arbeitnehmereigenschaft.[27]

27 Obwohl Art. 42 EGV von einem System sozialer Sicherheit für Wanderarbeitnehmer spricht, fand auch in Bezug auf das **Merkmal der Wanderung eine Begriffsausweitung** statt. Heute wird diesem Merkmal nur noch eine marginale Bedeutung zuteil. So werden Fahrten durch einen Mitgliedstaat zu einem Arbeitsplatz in einem anderen Mitgliedstaat als Wanderungen angesehen.[28] Auch reine **Privataufenthalte** (z.B. Urlaub) sind durch die Rechtsprechung als Wanderungen anerkannt.[29] Am deutlichsten zeigt sich die sich verändernde Bedeutung des Wanderungsbegriffs daran, dass der Europäische Gerichtshof es genügen lässt, dass Familienangehörige und nicht der Arbeitnehmer die Grenzen überschreiten.[30]

28 Damit ist faktisch das Koordinierungssystem der Verordnung zu einem System gemacht worden, das allgemein die Freizügigkeit derjenigen sicherstellt, die von einem staatlichen System sozialer Sicherung erfasst werden.

c) Die Selbständigen

29 Art. 2 VO 1408/71 sieht durch seine Erweiterung seit 1981 vor, dass auch Selbständige unter den persönlichen Anwendungsbereich fallen. Da diese Einbeziehung den Zweck hat, die Grundfreiheiten der Selbständigen zu verwirklichen, besteht eine im Verhältnis zu den Arbeitnehmern vergleichbare Situation und ein gleiches Schutzbedürfnis, so dass auch der Begriff des Selbständigen ausschließlich **in seinem gemeinschaftsrechtlichen Verständnis extensiv ausgelegt** werden muss.[31] Nur eine weite Interpretation des Selbständigen-Begriffs kann gewährleisten, dass der wie ein Arbeitnehmer mit den gleichen Risiken und Wechselfällen des Lebens konfrontierte Selbständige auch den gleichen sozialen Schutz erhält.[32] Hier zeigt sich das funktionale Begriffsverständnis, wonach sich die Reichweite eines Begriffs durch den Systemzusammenhang ergibt. In anderen Rechtsakten der Europäischen Union ist der Selbständigen-Begriff enger gefasst, da die Zielrichtung eine andere ist.

30 Vor diesem Hintergrund hat der Europäische Gerichtshof in der Rechtssache „**Van Roosmalen**"[33] den weiten Begriff des Selbständigen so aufgefasst, dass hierunter Personen zählen, die außerhalb eines Arbeitsvertrags oder der Ausübung eines freien Berufs oder des selbständigen Betriebs eines Unternehmens eine Berufstätigkeit ausüben oder ausgeübt haben, in deren Rahmen sie Leistungen erhalten, die es ihnen ermöglichen, ganz oder teilweise ihren Lebensunterhalt zu bestreiten. Dies gilt selbst dann, wenn diese Leistungen von Dritten erbracht werden, zu deren Gunsten der Betroffene seinerseits tätig wird. So wurde die Tätigkeit eines Priester-Missionars als selbständige Tätigkeit anerkannt.[34]

31 Maßgeblich für die Annahme einer Selbständigeneigenschaft ist auch hier die Stellung im System der sozialen Sicherheit. Der Selbständige muss eine Berufstätigkeit ausüben, mit

---

[25] EuGH v. 31.5.1989 (Bettray), Rs. 344/87, Slg. 1989, S. 1621.
[26] EuGH v. 3.5.1990 (Kits van Heijnigen), Rs. C-2/89, Slg. 1990 S. I-1755, 1773.
[27] EuGH v. 31.3.1981 (Galinsky), Rs. 99/80, Slg. 1981, S. 941, 956.
[28] EuGH Rs. 31/64, Slg. 1965, S. 111 ff., (Bertholet).
[29] *Klang*, Soziale Sicherheit und Freizügigkeit, S. 122 f., gibt einen kurzen Überblick über die Rechtsprechung.
[30] EuGH v. 16.3.1978 (Laumann), Rs. 115/77, Slg. 1978, S. 807, 814 f.
[31] *Willms*, Soziale Sicherung, S. 79.
[32] Vgl. *Steinmeyer*, in: Magiera (Hrsg.), Das Europa der Bürger, S. 63, 67 f.
[33] EuGH v. 23.10.1986 (Van Roosmalen), Rs. 300/84, Slg. 1986, S. 3097, 3128.
[34] EuGH v. 23.10.1986 (Van Roosmalen), Rs. 300/84, Slg. 1986, S. 3097, 3128 f.

II. Persönlicher Geltungsbereich

der er seinen Lebensunterhalt bestreiten kann, ohne dass er ein Entgelt als unmittelbare Gegenleistung für seine Tätigkeit erhalten muss.[35]

Darüber hinaus kommt es darauf an, ob Selbständige in den allgemeinen Systemen der sozialen Sicherheit pflichtversichert oder freiwillig versichert sind oder in Sondersystemen gegen Risiken versichert sind. Bezogen auf die Bundesrepublik Deutschland sind alle Selbständigen, die nach dem Sozialgesetzbuch, der Alterssicherung und Krankenversicherung für Landwirte und dem Handwerkerversicherungsgesetz pflichtversichert oder freiwillig versichert sind, von dem persönlichen Geltungsbereich der VO 1408/71 umfasst.

Dagegen sind die eigenen Versorgungssysteme der **Angehörigen freier Berufe** ausweislich des Anhangs II zur VO 1408/71 von der Anwendung der Verordnung ausgenommen. Bezogen auf die dort geregelten Versorgungsleistungen können sie sich nicht auf die VO 1408/71 berufen. Zu dem Kreis der davon betroffenen Personen zählen in der Bundesrepublik Deutschland in erster Linie Ärzte und Apotheker, Rechtsanwälte und Notare, Wirtschaftsprüfer, Steuerbevollmächtigte und Steuerberater, Seelotsen und Architekten. Für diese Ausnahme sprechen in erster Linie rechtstechnische Gründe. Gerade in der Bundesrepublik Deutschland sind die Versorgungswerke in größerer Zahl auf Länderebene organisiert, was die Einbeziehung in das Koordinierungssystem der VO 1408/71 außerordentlich erschwert. Trotzdem bestehen Überlegungen, diese Systeme in das europäische Sozialrecht zu integrieren.[36] Diese Überlegungen werden dadurch befördert, dass sich bei einer fehlenden Verknüpfung Hindernisse für Freizügigkeit und Niederlassungsfreiheit ergeben können, die **primärrechtlich problematisch** sind.

Die sozialen Sicherungssysteme werden hinsichtlich der Selbständigen auf nationaler wie auf gemeinschaftsrechtlicher Ebene mit einem zunehmenden **Formenmissbrauch** konfrontiert. Gerade die Entlassung von Arbeitnehmern in die sog. „**neue Selbständigkeit**",[37] also die bewusste Ausnutzung der mit der Selbständigkeit verbundenen arbeits- und sozialrechtlichen Konsequenzen bei weiter fortbestehenden wirtschaftlichen Abhängigkeiten, wirft neue Probleme auf. Wenn beispielsweise davon auszugehen ist, dass nahezu 60% aller in Großbritannien im Baubereich Erwerbstätigen Selbständige sind, wobei es sich zudem in der Mehrzahl um Ein-Mann-Unternehmen handelt, so kann durch gezielte Subunternehmerverträge eine bessere Wettbewerbsposition für die Generalunternehmer erreicht werden. Mit den ehemaligen Arbeitnehmern werden nunmehr Subunternehmerverträge geschlossen, so dass der Generalunternehmer keine Lohn- und Lohnnebenkosten zahlen braucht und durch die faktische Abhängigkeit überdies den zahlenden Werklohn drücken kann. Eine solche Externalisierung der Sozialkosten führt zu einer Verzerrung des Wettbewerbs.[38] Diese Möglichkeit der neuen Selbständigkeit ergibt sich aus den unterschiedlichen nationalen Selbständigkeitsbegriffen.

Insoweit hat die **Entscheidung des Europäischen Gerichtshofs vom 30. 3. 2000**[39] eine Klärung insoweit gebracht, als eine von einem Mitgliedstaat nach den Verordnungen 1408/71 und 574/72 ausgestellte Bescheinigung über die Anwendbarkeit nationaler Rechtsvorschriften (vgl. Art. 14 VO 1408/71 und Art. 11a VO 574/72) grundsätzlich auch hinsichtlich der Feststellung bindet, dass es sich bei der betreffenden Person um einen Selbständigen handelt. Damit können zwar Unterschiede zwischen den Mitgliedstaaten ausgenutzt werden, dies ist jedoch im System des koordinierenden Sozialrechts begründet.

d) Die Beamten

Beamte unterliegen insgesamt dem persönlichen Anwendungsbereich der VO 1408/71, unabhängig davon, ob sie einem allgemeinen Systemen der sozialen Sicherheit unterliegen

---

[35] *Willms,* Soziale Sicherung, S. 79.
[36] Vgl. *Igl,* in: FS für Krasney, S. 199, 212 ff.
[37] Hierzu *Wank,* DB 1992, S. 90 ff.; s. auch *Steinmeyer,* ZSR 1996, S. 348 ff.
[38] Vgl. hierzu auch *Steinmeyer,* DVBl. 1995, S. 962 ff.
[39] Rs C-178/97 – Banks- EAS VO (EWG) 574/72 Art. 11 a Nr. 1.

oder in Sondersystemen für Beamte versichert sind. Sowohl im System des EG-Vertrages[40] als auch im Koordinierungssystem der VO 1408/71[41] werden Beamte als Arbeitnehmer angesehen.

37 So hat der Europäische Gerichtshof beispielsweise für Studienreferendare angenommen, dass diese, auch wenn sie national als Beamte angesehen werden, immer Arbeitnehmer sind. Sie üben keine Beschäftigung in der öffentlichen Verwaltung im Sinne des Art. 39 Abs. 4 EGV (Art. 48 Abs. 4 EGV a. F.) aus.[42] Nach der Rechtsprechung des Europäischen Gerichtshofs fallen auch Berufssoldaten im aktiven Dienst unter den persönlichen Geltungsbereich der VO 1408/71, wenn sie nach dem nationalen Recht dem Sozialversicherungssystem der Arbeitnehmer unterliegen.[43]

38 Durch die am 25. 10. 1998 in Kraft getretene Änderungsverordnung (EG) Nr. 1606/98[44] werden nunmehr auch die **Sondersysteme für Beamte** in das Koordinierungssystem der VO 1408/71 **einbezogen.**[45]

e) Staatenlose und Flüchtlinge

39 Die Einbeziehung von Staatenlosen und Flüchtlingen, die im Gebiet eines Mitgliedstaats wohnen, in den Anwendungsbereich der VO 1408/71 ist eo ipso systemwidrig. Als solche weisen sie keinen Bezug zur Europäischen Union auf und sind deshalb nicht Adressaten der Art. 39 ff. EGV. Es entspricht aber einer **allgemeinen Praxis in bi- und multilateralen Sozialversicherungsabkommen,** diese Personen in den persönlichen Anwendungsbereich miteinzubeziehen, da sie ansonsten keinen sozialen Schutz genießen würden. Diesem Schutzgedanken verschließt sich auch die VO 1408/71 nicht und übernimmt diesen Grundsatz der Sozialversicherungsabkommen in das sekundäre Gemeinschaftsrecht. Der Status als Flüchtling oder Staatenloser bestimmt sich gemäß Art. 1 lit. d und e VO 1408/71 anhand des Abkommens über die Rechtsstellung der Flüchtlinge vom 28. Juli 1951[46] und des Übereinkommens über die Rechtsstellung der Staatenlosen vom 28. September 1954.[47]

f) Familienangehörige und Hinterbliebene

40 Art. 2 VO 1408/71 bezieht auch Familienangehörige und Hinterbliebene von Arbeitnehmern, Selbständigen, Flüchtlingen und Staatenlosen in den persönlichen Geltungsbereich mit ein. Ihre Rechtsstellung ist keine originäre, sondern leitet sich von der Rechtsstellung des Arbeitnehmers, Selbständigen, Flüchtlings oder Staatenlosen ab. Wer Familienangehöriger und Hinterbliebener ist, **bestimmt sich gemäß den Definitionen in Art 1 lit. f und g nach den Rechtsvorschriften des Staates, der die betreffenden Leistungen gewährt.**[48] Deshalb können sie auch nur die Leistungen in Anspruch nehmen, die Familienangehörigen oder Hinterbliebenen nach nationalem Recht zukommen und zudem europarechtlich koordiniert werden (z. B. Sterbegeld nach Art. 64 ff. VO 1408/71). Infolgedessen hat der Europäische Gerichtshof es auch abgelehnt, eine Altersbeihilfe, die unabhängig von der verwandtschaftlichen Beziehung geleistet wird, einem

---

[40] Vgl. EuGH v. 8. 3. 1979 (Lohmann), Rs. 129/78, Slg. 1979, S. 853, 860; zuletzt EuGH v. 5. 3. 1998 (Kulzer), Rs. C-194/96, Slg. 1998, S. 895, 931.
[41] Vgl. Art. 1 lit a).
[42] EuGH v. 16. 6. 1987 (Kommission/Italien), Rs. 225/85, Slg. 1987, S. 2625, 2638 f.
[43] EuGH v. 24. 3. 1994 (Guido van Poucke), Rs. C-71/93, EuroAS 4/1994, S. 9 ff.
[44] Verordnung (EG) Nr. 1606/98 des Rates vom 29. 6. 1998 zur Änderung der Verordnung (EWG) Nr. 1408/71 und der Verordnung (EWG) Nr. 574/72 zwecks Einbeziehung der Sondersysteme für Beamte und ihnen gleichgestellte Personen, ABl. L 209/1 v. 25. 7. 1998.
[45] Vgl. dazu unten § 25.
[46] BGBl. II 1953, S. 560.
[47] BGBl. II 1976, S. 474; 1977, S. 235.
[48] *Pompe,* Leistungen der sozialen Sicherheit, S. 148 f.

II. Persönlicher Geltungsbereich

Familienangehörigen eines Arbeitnehmers zuzusprechen, denn die Verwandtschaft ist nicht anspruchsbegründend.[49]

Aus der abgeleiteten Stellung ergibt sich auch, dass die **Staatsangehörigkeit der Familienangehörigen und Hinterbliebenen keine Rolle** spielt. Ist der Hinterbliebene Staatsangehöriger eines Mitgliedstaats oder wohnt er als Flüchtling oder Staatenloser in einem Mitgliedstaat, so ist die Staatsangehörigkeit des Arbeitnehmers oder Selbständigen, von dem er sein Recht ableitet, ohne Bedeutung (Art. 2 Abs. 2 VO 1408/71). Ohne Konsequenz ist es auch, welche Person einen grenzüberschreitenden Ortswechsel vornimmt, da die VO 1408/71 auch dann anwendbar ist, wenn der Hinterbliebene und nicht der Arbeitnehmer oder Selbständige in einem anderen Mitgliedstaat wohnt.[50] Aufgrund des Schutzzwecks gilt dies auch für Familienangehörige.

2. Ausblick

Die VO 1408/71 hat sich schrittweise von einem System sozialer Sicherheit für Arbeitnehmer zu einem Koordinierungssystem für weite Teile der mitgliedstaatlichen Bevölkerung entwickelt. Mit einer extensiven Auslegung der Begriffe des Selbständigen und des Arbeitnehmers, aber auch durch das weite Verständnis der Wanderungsbewegung zeigen sich deutliche Entwicklungslinien auf.[51] Der persönliche Geltungsbereich der VO 1408/71 ist aber immer dadurch gekennzeichnet, dass sich die Rechtsstellung der Berechtigten aus dem Schutzgedanken der Verordnung und ihrer Aufgabe als die Grundfreiheiten des EG-Vertrags fördernde Maßnahme herleitet. Lediglich die Flüchtlinge und Staatenlosen lassen sich nicht ohne weiteres in dieses Koordinationssystem einordnen.

Die bisherige Ausweitung des persönlichen Geltungsbereichs auf Selbständige, Studierende, Flüchtlinge und Staatenlose, Familienangehörige und Hinterbliebene, aber auch die extensive Auslegung durch den Europäischen Gerichtshof indizieren auch eine zukünftige Erweiterung des persönlichen Anwendungsbereichs. So ist es nicht verwunderlich, dass auf europäischer Ebene diskutiert wird, alle Personen, die in einem System der sozialen Sicherheit versichert sind, in den persönlichen Geltungsbereich miteinzubeziehen. Eine solche **Ausdehnung des persönlichen Geltungsbereichs** hätte zur Folge, dass die VO 1408/71 nicht mehr als Teil des freizügigkeitsspezifischen Sozialrechts angesehen werden könnte. Ihr Charakter als Regelung zur Herstellung der Grundfreiheiten würde zugunsten eines allgemeinen Sicherungscharakters aufgegeben.

In diese Zielrichtung geht auch ein Vorschlag der Kommission aus dem Jahr 1991,[52] Art. 2 VO 1408/71 dahingehend zu novellieren, dass er einerseits Personen erfasst, die in Sondersystemen versichert sind. Dies gilt nach der Aufnahme der Sondersysteme für Beamte in die VO 1408/71 insbesondere noch für die Sondersysteme der selbständig Erwerbstätigen.

Der Vorschlag sieht ferner einen neuen Art. 2 Abs. 3 VO 1408/71 vor, der den Anwendungsbereich auf Personen, die in den Absätzen 1 und 2 des Art. 2 VO 1408/71 n. F. nicht genannt sind, erstreckt.

Auch wenn dieser Vorschlag bislang nur in Teilen vom Rat verabschiedet worden ist, so zeigt vor allem die Formulierung „Personen, die ... nicht genannt sind" die Bestrebung, **de lege ferenda ein europäisches Koordinierungssystem für alle Versicherten** zu schaffen. Dies zeigt sich auch an den Überlegungen, die berufsständischen Versorgungswerke sowie die Drittstaatsangehörigen in den Kreis der koordinierten Sozialleistungen miteinzubeziehen.

---

[49] EuGH v. 6. 6. 1985 (Frascogna I), Rs. 157/84, Slg. 1985, S. 1739, 1748.
[50] EuGH v. 16.3.1978 (Laumann), Rs. 115/77, Slg. 1978, S. 807, 814f.
[51] *Steinmeyer,* in: Magiera (Hrsg.), Das Europa der Bürger, S. 63, 67ff.
[52] ABl. EG 1992 Nr. C 46 S. 1 v. 20. 2. 1992.

47 Diese Tendenz fügt sich ein in die Abkehr von einem vorwiegend wirtschaftlichen Verständnis der Gemeinschaft. Soll das Schlagwort vom **„Europa der Bürger"** auf breiter Basis in der Europäischen Union verwirklicht werden, so ist es geradezu eine Notwendigkeit die soziale Sicherung der Unionsbürger zu gewährleisten.[53] Insoweit wäre hier eine Abkehr von der Freizügigkeit der Arbeitnehmer, wie sie Art. 39ff. EGV vorsieht, und statt dessen eine Hinwendung zu der Freizügigkeit der Bürger gegeben.

48 Andererseits zeigt die zögerliche Umsetzung des Kommissionsvorschlags, dass man nicht allzu euphorisch die Ausdehnung des persönlichen Geltungsbereichs erwarten darf, denn diese Erweiterung bringt auch weitreichende legislative, verwaltungstechnische und nicht zuletzt finanzielle Konsequenzen mit sich. Schließlich stellt sich auch die Frage, ob der EG-Vertrag eine ausreichende Ermächtigungsgrundlage für eine derart weitreichende Ausdehnung beinhaltet.

49 Seit dem 1. Mai 1999 sind vom persönlichen Anwendungsbereich der Verordnung auch **Studierende** erfasst. Eine Erstreckung der Verordnung auf Drittstaatsangehörige wird diskutiert. Ebenfalls wird eine Vereinfachung der Verordnungen Nr. 1408/71 und 574/72 diskutiert.[54]

50 **Drittstaatsangehörige** genießen grundsätzlich nicht die Freiheiten des Binnenmarktes. Gleichwohl spricht eine Reihe von praktischen Gründen dafür, sie in den persönlichen Anwendungsbereich der Verordnung einzubeziehen. Bei grenzüberschreitenden Tätigkeiten innerhalb der Europäischen Union ergeben sich nicht selten Schwierigkeiten, wenn Unternehmen bei ihnen beschäftigte Drittstaatsangehörige entsenden. Die Dienstleistungsfreiheit ist also insoweit beeinträchtigt, so dass von der Europäischen Kommission vorgeschlagen worden ist, den persönlichen Anwendungsbereich auf Drittstaatsangehörige zu erstrecken.[55] Dies betrifft Drittstaatsangehörige, die in einem der Mitgliedstaaten arbeiten und dessen sozialen Sicherungssystem unterfallen. Bisher sind aber die Bemühungen um eine Erstreckung auf die Drittstaatsangehörigen nicht erfolgreich gewesen. Dabei spielt insbesondere eine Rolle, dass man bei den Familienleistungen einen dadurch ausgelösten Nachzugeffekt befürchtet, dass man bei der Gewährung von Leistungen bei Arbeitslosigkeit Bedenken hat, dass man auch für diesen Personenkreis bestimmte bedürftigkeitsabhängige Leistungen gewähren müsste und dass der dann auch für diese anwendbare Gleichbehandlungsgrundsatz zu einer Einbeziehung auch solcher Drittstaatsangehörigen führen würde, die sich irgendwann in der Vergangenheit in einem der Mitgliedstaaten gewöhnlich aufgehalten haben.[56]

III. Sachlicher Geltungsbereich

1. Einführung

51 Wie der persönliche Geltungsbereich, so wird auch der sachliche Geltungsbereich von der Zielsetzung der VO 1408/71 geprägt. Es soll ermöglicht werden, dass die vom persönlichen Geltungsbereich umfassten Personen ihre Anwartschaften und Sozialleistungsansprüche trotz einer Grenzüberschreitung innerhalb der Europäischen Union behalten. Darüber hinaus soll dieser Personenkreis in einem anderen Mitgliedstaat **wie ein Inländer** Anwartschaften und Sozialleistungsansprüche erwerben und in einem anderen Mitglied-

---

[53] Vgl. auch *Steinmeyer*, in: Magiera (Hrsg), Das Europa der Bürger, S. 73 f.

[54] Vgl. Bericht der Kommission an den Rat und das Europäische Parlament, Ergebnisse der dritten Phase der SLIM-Initiative und die Folgemaßnahmen zu den Empfehlungen der ersten und der zweiten Phase, KOM (1999) 88 endg.

[55] Vorschlag v. 10. 12. 1997 – ABl. Nr. C 6/15; s. auch *Eichenhofer*, Sozialrecht der Europäischen Union, Rn. 87.

[56] Siehe *European Observatory on Social Security for Migrant Workers*, European Report, München 2001, S. 42 f.

III. Sachlicher Geltungsbereich

staat realisieren können. Um diese Ziele zu erreichen, koordiniert die VO 1408/71 die nationalen Systeme der sozialen Sicherheit.

Welche Zweige der sozialen Sicherheit der Inländergleichbehandlung und dem Leistungsexport unterliegen, richtet sich nach Art. 4 VO 1408/71. Diese Norm bestimmt den sachlichen Geltungsbereich der VO 1408/71.

2. Art. 4 Abs. 1 und 2 als umgrenzende Regelungen

Nicht jede Sozialleistung wird von der VO 1408/71 erfasst. Art. 4 Abs. 1 VO 1408/71 grenzt den sachlichen Geltungsbereich ein auf Leistungen bei Krankheit und Mutterschaft, Leistungen bei Invalidität einschließlich der Leistungen, die zur Erhaltung oder Besserung der Erwerbsfähigkeit bestimmt sind, Leistungen bei Alter, Leistungen an Hinterbliebene, Leistungen bei Arbeitsunfällen und Berufskrankheiten, Sterbegeld, Leistungen bei Arbeitslosigkeit und Familienleistungen.

In Art. 4 Abs. 2 VO 1408/71 wird der sachliche Geltungsbereich in einem zweiten Schritt anhand struktureller Kriterien umgrenzt. Die VO 1408/71 gilt sowohl für die allgemeinen als auch für die besonderen, für die beitragsfreien und die beitragspflichtigen Systeme der sozialen Sicherheit, einschließlich der Systeme, nach denen die Arbeitgeber und Reeder zu Leistungen verpflichtet sind.

Des weiteren wird in den Absätzen 2a bis 4 durch Abgrenzungen der sachliche Geltungsbereich für bestimmte Teilbereiche der sozialen Sicherheit näher bestimmt.

Um den sachlichen Geltungsbereich der VO 1408/71 zu bestimmen, muss man Abs. 1 und Abs. 2 in einer Gesamtschau betrachten. Hier zeigt sich, dass der sachliche Geltungsbereich der VO 1408/71 in sehr weitem Umfang die sozialen Risiken und Leistungen abgedeckt hat und sich **nicht an der in den nationalen Rechtsordnungen anzutreffenden Unterscheidung hinsichtlich beitragsfinanzierter oder steuerfinanzierter Sozialleistungen orientiert.**[57] Es kommt folglich nicht darauf an, ob das System der sozialen Sicherheit der ganzen oder nur Teilen der Bevölkerung offen steht und welche Finanzierungsform für das System besteht. Bei den Leistungen braucht es sich nicht nur um die Beseitigung aktueller Risiken zu handeln. Auch vorbeugende Maßnahmen, wie etwa eine Tbc-Prävention, sind Leistungen im Sinne des Art. 4 VO 1408/71.[58]

Da sich der sachliche Geltungsbereich auf alle „Rechtsvorschriften" bezieht, werden bestehende oder künftige Tarifverträge, selbst wenn eine Allgemeinverbindlichkeitserklärung vorliegt, grundsätzlich nicht miteinbezogen. Lediglich unter den in Art. 1 lit. j, i) und ii) VO 1408/71 genannten Voraussetzungen ist eine Einbeziehung in den sachlichen Geltungsbereich möglich.

3. Art. 5 als Präzisierungsvorschrift

Art. 5 VO 1408/71 bestimmt, dass die Mitgliedstaaten in Erklärungen diejenigen Rechtsvorschriften zu benennen haben, die unter Art. 4 Abs. 1 und 2 VO 1408/71 fallen. Diese Erklärungen werden gemäß Art. 97 VO 1408/71 notifiziert und veröffentlicht, so dass alle Mitgliedstaaten Kenntnis des Umfangs der sachlichen Reichweite erlangen.

Der Europäische Gerichtshof hatte sich verschiedentlich mit den **Erklärungen der Mitgliedstaaten** auseinanderzusetzen. Schon in Bezug auf die VO Nr. 3, die eine mit Art. 5 vergleichbare Regelung enthielt, wurde festgestellt, dass nationale Leistungen vom sachlichen Geltungsbereich erfasst werden, wenn sie in der Erklärung aufgeführt sind.[59] Dass die Aufzählung von Leistungsarten zwingend auch den sachlichen Anwendungsbe-

---

[57] Schulte, in: von Maydell/Ruland, SRH D 32 Rn. 33.
[58] EuGH v. 16. 11. 1972 (Heinze), Rs. 15/72, Slg. 1972, S. 1105, 1114.
[59] EuGH (Van der Veen), Rs. 100/63, Slg. 1964, S. 1213 ff.

reich der VO 1408/71 bestimmt, wurde durch den Europäischen Gerichtshof wiederholt festgestellt.[60]

60 Umgekehrt schließt die fehlende Erwähnung einer Leistung nicht automatisch auch den sachlichen Geltungsbereich der VO 1408/71 aus.[61] Vielmehr bestimmt sich die sachliche Zugehörigkeit danach, ob die betreffende Norm den Betroffenen eine gesetzlich umschriebene, von jeder Ermessensbeurteilung der persönlichen Bedürftigkeit und der Verhältnisse im Einzelfall unabhängige Rechtsposition einräumt.[62]

61 Die einschlägige Notifikation der Bundesrepublik Deutschland findet sich im ABl. 1980 Nr. C 139 S. 6–7 mit Änderungen in ABl. 1983 Nr. C 351 S. 1. Hiermit werden den jeweiligen in Art. 4 genannten Systemen die einschlägigen deutschen Rechtsvorschriften zugeordnet.[63]

4. Nicht erfasste Sozialleistungen

62 Art. 4 Abs. 4 VO 1408/71 schließt die **Sozialhilfe** sowie **Leistungen für Opfer des Krieges und seiner Folgen** aus. Dabei bildet insbesondere das Verhältnis zwischen Sozialhilfe und Art. 4 VO 1408/71 einen besonderen Problemkreis.

63 Um eine Abgrenzung zwischen den Leistungen der sozialen Sicherheit im Sinne des Art. 4 Abs. 1 VO 1408/71 und der Sozialhilfe zu treffen, wird seitens der Rechtsprechung darauf abgestellt, ob die Leistungen dem Betroffenen einen konkreten Leistungsanspruch zubilligen und sich an der Bedürftigkeit orientieren. So wurde eine belgische Sozialleistung, die einkommensschwachen Rentnern neben der Rente gezahlt wurde, nicht als Sozialhilfe angesehen, da sich der Begünstigte in einer gesetzlich genau umschriebenen Rechtsposition befindet, die ihm einen konkreten Rechtsanspruch verschafft und die Leistung nicht die Gewährung des Existenzminimums ist, sondern eine unzureichende soziale Absicherung kompensiert.[64]

64 Der Ausschluss der **Sozialhilfe** nach dem BSHG aus dem sachlichen Geltungsbereich der VO 1408/71 bedeutet aber nicht eine Ausklammerung dieser Sozialleistung aus dem europäischen Sozialrecht durch das Europäische Gemeinschaftsrecht. Auch wenn sie nicht in den sachlichen Geltungsbereich der VO 1408/71 fällt, so ist sie eine **„soziale Vergünstigung" im Sinne des Art. 7 Abs. 2 VO 1612/68**. Danach gilt auch für die Sozialhilfe der Grundsatz der Inländergleichbehandlung.[65]

5. Sondersysteme für Beamte

65 Bis ins Jahr 1998 waren die Sondersysteme für Beamte und ihnen Gleichgestellte vom Anwendungsbereich der Verordnung ebenfalls gem. Art. 4 Abs. 4 VO 1408/71 ausgeschlossen. Dabei war der Verordnungsgeber bei Erlass der Verordnung noch von der Vorstellung geleitet, dass eine Koordinierung dieser Sondersysteme aufgrund deren unterschiedlicher Ausgestaltung technisch schwierig und daher nicht sinnvoll sei.

66 Diese **fehlende Koordinierung** führte zu einem **Freizügigkeitshemmnis** für die in Sondersystemen versicherten Beamten, was lange Zeit mit Art. 39 Abs. 4 EGV (Art. 48 Abs. 4 EGV a. F.) begründet wurde. Danach findet die Freizügigkeitsregelung keine An-

---

[60] EuGH v. 12. 7. 1979 (Toia,) Rs. 237/78, Slg. 1979, S. 2645, 2652 f.; siehe hierzu auch *Klang*, Soziale Sicherheit und Freizügigkeit, S. 43 ff.
[61] EuGH v. 29. 11. 1977 (Beerens) Rs. 35/77, Slg. 1977, S. 2249, 2254.
[62] Vgl. zuletzt EuGH v. 12. 5. 1998 (Martínez Sala), Rs. C-85/96, EAS, VO 1408/71 Art. 4 Nr. 2; s. auch Schulte, in: von Maydell/Ruffert (Hrsg.), SRH D 32 Rn. 37.
[63] S. näher *Fuchs*, in Fuchs (Hrsg.), Kommentar zum Europäischen Sozialrecht, 2. Aufl. 2000, Art. 5 Rn. 7.
[64] EuGH v. 22. 6. 1972 (Frilli), Rs. 1/72, Slg. 1972, S. 457 ff.
[65] S. auch § 23 Rn. 413 ff.

III. Sachlicher Geltungsbereich

wendung auf die Beschäftigung in der öffentlichen Verwaltung. Der persönliche Geltungsbereich der VO 1408/71 gem. Art. 4 Abs. 4 und der Anwendungsbereich von Art. 39 Abs. 4 EGV (Art. 48 Abs. 4 EGV a. F.) schienen deckungsgleich.

Mit seiner **Entscheidung vom 22. 11. 1995**[66] hat der Europäische Gerichtshof nunmehr deutlich gemacht, dass die Besonderheiten eines Sicherungssystems kein Hinderungsgrund dafür sind, auch diese Systeme dem Freizügigkeitsgebot zu unterwerfen. In dieser Entscheidung ordnete der Europäische Gerichtshof die Anrechnung deutscher Beschäftigungszeiten in einem griechischen Sondersystem für Beamte ohne Rücksicht darauf an, dass dieses System von der Verordnung Nr. 1408/71 an sich nicht erfasst war. Der Gerichtshof stellte dabei zum einen fest, dass sich der Begriff „Beamte" in Artikel 4 Absatz 4 der Verordnung Nr. 1408/71 nicht nur auf die Beamten beziehe, für die die Ausnahmeregelung des Artikels 48 Abs. 4 EG-Vertrag (jetzt Art. 39 EGV) gelte, sondern auf alle in der öffentlichen Verwaltung beschäftigten Beamten und ihnen Gleichgestellte. Das führte dann zur Ausklammerung dieser Systeme aus der Koordinierung. Dies hinderte den Gerichtshof aber nicht daran, gleichwohl die Beachtung des Freizügigkeitsgebots einzufordern.

Zwar hielt der Europäische Gerichtshof Art. 4 Abs. 4 der Verordnung für gültig; gleichwohl kam der Gerichtshof jedoch zu einer unmittelbaren Durchsetzung des Freizügigkeitsgebots, indem er feststellte, dass dem Antrag des Klägers unmittelbar gemäß den Art. 39 bis 42 EGV (Art. 48 bis 51 a. F.) stattgegeben werden könne, ohne dass auf die vom Rat erlassenen Koordinierungsvorschriften zurückgegriffen werden müsse.[67]

Dieser Problematik im Bereich der Beamtenversorgung nahm sich die Verwaltungskommission für die soziale Sicherheit der Wanderarbeitnehmer an und legte einen Entwurf vor, aus dem die mit Wirkung vom 25. 10. 1998 in Kraft getretene Änderungsverordnung (EG) Nr. 1606/98 hervor gegangen ist. Danach sind nunmehr auch die Sondersysteme für Beamte vom sachlichen Anwendungsbereich der VO 1408/71 erfasst.[68]

6. Art. 4 Abs. 2 a als Bindeglied zwischen Abs. 1 und Abs. 4

Art. 4 Abs. 2 a VO 1408/71 bezieht **beitragsunabhängige Sonderleistungen,** die weder Leistungen im Sinne des Abs. 1 noch nach Abs. 4 ausgeschlossene Leistungen sind, in den sachlichen Anwendungsbereich der VO 1408/71 mit ein. Es muss sich aber um Leistungen handeln, die entweder den in Abs. 1 aufgeführten Leistungen entsprechen, sie ersetzen oder ergänzen oder zusätzlich gewährt werden oder allein zum besonderen Schutz der Behinderten bestimmt sind.

Anhang II a zur VO 1408/71 enthält eine Erklärung der Mitgliedstaaten, wonach beitragsunabhängige Sonderleistungen auf jeden Fall einbezogen werden. So zählt in Frankreich beispielsweise die Beihilfe für erwachsene Behinderte hierzu. Die immer wieder in der sozialpolitischen Diskussion angesprochene beitragsunabhängige Altersrente für jedermann (Grundrente, Mindestrente) würde z. B. auch von Art. 4 Abs. 2 a VO 1408/71 erfasst werden. Bei den Mitgliedstaaten ist allerdings eine erhebliche Unsicherheit darüber festzustellen, ob und in welchem Umfang man von dieser Möglichkeit Gebrauch machen sollte.[69]

Unsicherheit besteht auch hinsichtlich der Frage, welche **rechtliche Wirkung mit einer Eintragung** in Anhang II a verbunden ist. In einer neuen Entscheidung zum öster-

---

[66] EuGH v. 22. 11. 1995 (Vougioukas./.IKA), Rs. C-443/93, Slg. 1995. S. 4033 = EAS VO (EWG) 1408/71 Art. 4 Nr. 16; s. auch EuGH v. 17. 10. 1995 (Olivieri-Coenen), Rs. C-227/94, Slg. 1995, S. 3301.
[67] Vgl. dazu *Steinmeyer,* in FS für Krasny, 1997, S. 567 ff.; *Fuchs,* ZBR 1996, S. 152 ff.
[68] Vgl. dazu unten § 25.
[69] *European Observatory on Social Security for Migrant Workers,* European Report, München 2001, S. 39, 42.

reichischen Pflegegeld[70] erklärt der Gerichtshof, Art. 4 Abs. 2a VO 1408/71 betreffe beitragsunabhängige Sonderleistungen, die unter andere als die in Art. 4 Abs. 1 der Verordnung erfassten Rechtsvorschriften der traditionellen Zweige der sozialen Sicherheit fielen oder als Leistungen der Sozialhilfe nach ihrem Art. 4 Abs. 4 sogar ausdrücklich vom Anwendungsbereich der VO 1408/71 ausgeschlossen sind, die aber dennoch dem von der Verordnung erfassten Bereich der sozialen Sicherheit zugeordnet werden können, sofern sie in Versicherungsfällen, die den in Art. 4 Abs. 1 VO 1408/71 aufgeführten Zweigen der sozialen Sicherheit entsprechen, ersatzweise, ergänzend oder zusätzlich gewährt werden. Dem Gemeinschaftsgesetzgeber stehe es frei, Vorschriften zu erlassen, die Ausnahmen vom Grundsatz der Exportierbarkeit von Leistungen vorsehen. Im Lichte der Grundfreiheiten seien aber Ausnahmevorschriften wie die in Art. 10a VO 1408/71 eng auszulegen. Das bedeute, dass sie nur auf Vorschriften anwendbar sei, die ihren Tatbestand erfüllten. Art. 10a erfasse folglich nur solche Leistungen, die den Tatbestand des Art. 4 Abs. 2a VO 1408/71 erfüllten, d.h. Leistungen, die sowohl Sonderleistungen als auch beitragsunabhängig und zudem in Anhang IIa aufgeführt seien.

IV. Gleichbehandlung

73 Die VO 1408/71 enthält Regelungen, die die Gleichbehandlung der unter den persönlichen Geltungsbereich der Verordnung fallenden Personen gewährleisten.[71] Art. 3 VO 1408/71 konkretisiert das in Art. 39 Abs. 2 EGV angesprochene Verbot einer auf der Staatsangehörigkeit beruhenden unterschiedlichen Behandlung und das allgemeine Diskriminierungsverbot des Art. 12 Abs. 1 EGV in der Weise, dass alle unter den persönlichen Anwendungsbereich der Verordnung fallenden Personen auf dem Gebiet der sozialen Sicherheit **ohne Unterschied der Staatsangehörigkeit gleichgestellt** werden.[72] Damit wird diesem Personenkreis, sofern er in einem anderen Mitgliedstaat wohnt, diejenige Rechtsstellung eingeräumt, die Inländer innehaben.[73] Nicht vom persönlichen Geltungsbereich der VO 1408/71 erfasste Dritte genießen nicht den Schutz des Gleichbehandlungsgebots.

74 Ungleichbehandlungen können sich auch dadurch ergeben, dass die einzelnen Rechtsvorschriften der VO 1408/71 von dem Gleichbehandlungsgebot des Art. 3 VO 1408/71 abweichen, was Art. 3 Abs. 1 VO 1408/71 ausdrücklich ermöglicht. Art. 3 Abs. 1 VO 1408/71 verbietet nicht nur **direkte,** sondern auch jedwede Formen der **indirekten Diskriminierung.**[74] Die Verwirklichung der Grundfreiheiten der Arbeitnehmer und Selbständigen ließe sich nicht vollständig realisieren, wenn nicht sämtliche Barrieren im Bereich der Sozialen Sicherheit beseitigt würden. Der Europäische Gerichtshof hat deshalb festgestellt, dass die Vorschriften über die Gleichbehandlung nicht nur offensichtliche Diskriminierungen aufgrund der Staatsangehörigkeit, sondern auch alle versteckten Formen der Diskriminierung, die durch die Anwendung anderer Unterscheidungsmerkmale tatsächlich zu dem gleichen Ergebnis führen, verboten sind.[75] Dagegen sind Ungleichbehandlungen zulässig, die sich aus Unterschieden der Rechtsordnungen ergeben, sofern

---

[70] EuGH v. 8. 3. 2001, Rs C-215/99 (Jauch).
[71] S. dazu auch *Becker,* VSSR 2000, S. 221; *Langer,* in Ebsen (Hrsg.), Europarechtliche Gestaltungsvorgaben, S. 44 ff.
[72] EuGH v. 7. 11. 1973 (Smieja), Rs. 51/73, Slg. 1973, S. 1213 ff., 1214; *Schulin/Igl,* Sozialrecht, 6. Aufl. 1999, Rn. 1122; EuroAS 2/93, S. 6.
[73] *Steinmeyer,* AuA 1992, S. 210, 211; *Wiegand,* Gemeinschaftsrecht in der Sozialversicherung, Rn. 36.
[74] *Eichenhofer,* Sozialrecht der Europäischen Union, Rn. 99.
[75] EuGH v. 12. 2. 1974 (Sotgiu), Rs. 152/73, Slg. 1974, S. 153, 154; EuGH v. 10. 10. 1996 – Rs C-245/94 – Hover, Slg. 1996, I-4895; *Steinmeyer,* AuA 1992, S. 210, 211.

objektive Kriterien und sachliche Gründe diese Ungleichbehandlung rechtfertigen und nicht die Staatsangehörigkeit zur Ungleichbehandlung führt.[76]

Art. 3 Abs. 2 VO 1408/71 stellt ausdrücklich heraus, dass der Gleichbehandlungsgrundsatz auch für das aktive – nicht aber für das passive – Wahlrecht bei der Wahl der Mitglieder der Organe der Träger der sozialen Sicherheit und für das Recht, sich an ihrer Benennung zu beteiligen, gilt. Diese Vorschrift ermöglicht es, dass Personen, die unter den persönlichen Geltungsbereich der VO 1408/71 fallen, europaweit an den Sozialwahlen teilnehmen können.

Überdies dehnt Art. 3 Abs. 3 VO 1408/71 den Gleichbehandlungsgrundsatz auf die **Abkommen über die soziale Sicherheit** aus, die neben der VO 1408/71 fortgelten. Beruft sich eine von der VO 1408/71 erfasste Person auf ein solches Abkommen, so kann sie auch hier einen möglichen Verstoß gegen den Gleichbehandlungsgrundsatz geltend machen.

Eine weitere Ausprägung des Gleichbehandlungsgrundsatzes findet sich in Art. 10 VO 1408/71. Ansprüche auf Geldleistungen bei Invalidität, Alter oder für die Hinterbliebenen, die Renten bei Arbeitsunfällen oder Berufskrankheiten und die Sterbegelder, dürfen, vorbehaltlich ausdrücklicher Regelungen, nicht deshalb gekürzt, geändert, zum Ruhen gebracht, entzogen oder beschlagnahmt werden, weil der Berechtigte im Gebiet eines anderen Mitgliedstaats als des Staates wohnt, in dessen Gebiet der zur Zahlung verpflichtete Träger seinen Sitz hat. Diese Norm hebt mitgliedstaatliche **Wohnortklauseln** auf und verwirklicht so die Gebietsgleichstellung.[77] Damit wird ermöglicht, dass beispielsweise Erwerbsunfähigkeitsrenten in das Ausland gezahlt werden.

Einen neuen Weg hat der Europäische Gerichtshof in der Rechtssache **Cabanis-Issarte** hinsichtlich des **Diskriminierungsverbots im Zusammenhang mit Familienangehörigen** eingeschlagen.[78] Nach der bisherigen Rechtsprechung des Europäischen Gerichtshofs konnten sich Familienangehörige von Wanderarbeitnehmern, die selbst nicht in einem anderen Mitgliedstaat berufstätig gewesen sind, nur auf die VO 1408/71 berufen, soweit es um Leistungen ging, die ihnen gerade aus abgeleitetem Recht als Familienangehörigen gewährt werden.[79] In der Rechtssache Cabanis-Issarte nahm der Europäische Gerichtshof jedoch die Anwendbarkeit des Art. 3 Abs. 1 VO 1408/71 an, obwohl es sich unstreitig um ein eigenes, und nicht um ein vom Ehepartner abgeleitetes Recht handelte. Diese Entscheidung begründete der Europäische Gerichtshof im Wesentlichen mit dem Hinweis auf die nationalen Sicherungssysteme, wonach die Tendenz bestehe, einen immer größeren Personenkreis zu erfassen. Dadurch verwische die Unterscheidung zwischen eigenem und abgeleitetem Recht zunehmend. Darüber hinaus schließe die gem. Art. 39 EGV gewährleistete Arbeitnehmerfreizügigkeit das Recht auf Integration im Aufnahmestaat, insbesondere für die Familie des Arbeitnehmers ein, weshalb die Anwendbarkeit des Art. 3 Abs. 1 VO 1408/71 in derartigen Fällen gerechtfertigt sei.[80]

V. Kollisionsnormen

Kollisionsnormen bestimmen, welches Recht einen abstrakt formulierten Sachverhalt regelt.[81] Weil die VO 1408/71 mitgliedstaatliche Sozialordnungen koordiniert, ist es unerlässlich, durch Kollisionsnormen abstrakt zu bestimmen, welche Rechtsordnung maß-

---

[76] EuGH v. 28. 6. 1978 (Kenny), Rs. 1/78, Slg. 1978, S. 1489, 1498.
[77] EuroAS 2/1993, S. 6.
[78] EuGH v. 30. 4. 1996 (Cabanis-Issarte), Rs. 308/93, Slg. 1996, S. 2097 ff. = EAS VO 1408/71 Art. 3 Nr. 12.
[79] Vgl. EuGH v. 23. 11. 1976 (Kermaschek), Rs. 40/76, Slg. 1976, S. 1669.
[80] EuGH v. 30. 4. 1996 (Cabanis-Issarte), Rs. 308/93, Slg. 1996, S. 2097, 2133.
[81] *Lüderitz*, Internationales Privatrecht, 2. Aufl. 1992, Rn. 50.

geblich ist. Aus diesem Grund findet man an zwei Stellen Regelungen, die Antworten auf die Frage nach der anwendbaren Rechtsordnung geben.

1. Art. 6 bis 8 VO 1408/71

80 Die Art. 6 bis 8 VO 1408/71 regeln das **Rangverhältnis zwischen den bi- und multilateralen Abkommen über soziale Sicherheit und der VO 1408/71.** Gemäß Art. 6 VO 1408/71 tritt die VO 1408/71 im Rahmen ihres persönlichen und sachlichen Geltungsbereichs an die Stelle von Abkommen über die soziale Sicherheit, sofern diese Abkommen ausschließlich zwischen zwei oder mehr Mitgliedstaaten bestehen oder es sich um Abkommen handelt, die zwischen mindestens zwei Mitgliedstaaten und einem oder mehreren anderen Staaten in Kraft sind, sofern es sich um Fälle handelt, an deren Regelung kein Träger einer dieser anderen Staaten beteiligt ist. Diese Aufhebung der Anwendbarkeit der Abkommen über soziale Sicherheit soll gewährleisten, dass das System der VO 1408/71 nicht durch zwischenstaatliche Abkommen überlagert und der gewährte Schutz nicht durch anderslautende Rechtsakte in Frage gestellt wird. Jeder, der in den Anwendungsbereich der VO 1408/71 einbezogen ist, soll sich auch stets auf die Verordnung berufen können.[82]

81 Vom **grundsätzlichen Vorrang der VO 1408/71** werden in Art. 7 und 8 VO 1408/71 Ausnahmen zugelassen. Art. 7 Abs. 1 VO 1408/71 lässt die von den Mitgliedstaaten ratifizierten Abkommen der ILO[83] und die zwischen den Mitgliedstaaten des Europarats geschlossenen Vorläufigen Abkommen vom 11. Dezember 1953 über die soziale Sicherheit von dem Vorrang der VO 1408/71 unberührt. Der Europäische Gerichtshof geht im Verhältnis der genannten Abkommen zu der VO 1408/71 vom Bestehen eines Günstigkeitsprinzips aus. Nach Ansicht des Gerichts genießt die VO 1408/71 einen Vorrang vor diesen Abkommen über Soziale Sicherheit, wenn sie für den von ihnen erfassten Personenkreis günstigere Regelungen enthält.[84] Ebenso bleiben die multilateralen Abkommen vom 27. Juli 1950 und vom 30. November 1979 über die soziale Sicherheit der Rheinschiffer sowie das multilaterale Europäische Abkommen vom 9. Juli 1956 über die soziale Sicherheit der Arbeitnehmer im Verkehrswesen anwendbar.[85]

82 Die für die Praxis wohl wesentlichste Ausnahme besteht in der **Fortgeltung** der in Anhang III zur VO 1408/71 aufgezählten **Bestimmungen der bilateralen Abkommen zwischen den Mitgliedstaaten über Soziale Sicherheit.** Damit wird den jeweiligen Besonderheiten in den Beziehungen der Mitgliedstaaten untereinander Rechnung getragen, was in dieser Form nicht durch abstrakt generelle Regelungen in der VO 1408/71 geleistet werden könnte.

83 Art. 8 VO 1408/71 ermöglicht den Mitgliedstaaten, miteinander **zwischenstaatliche Abkommen** zu schließen, wenn die Grundsätze und der Geist der VO 1408/71 in den Abkommen Beachtung finden und darüber hinaus ein Bedürfnis für ein solches Abkommen besteht. Damit soll erreicht werden, dass die Mitgliedstaaten nicht das System der VO 1408/71 durch zwischenstaatliche Abkommen leer laufen lassen. Art. 8 VO 1408/71 soll nur die Möglichkeit eröffnen, darüber hinausgehende Regelungen zu treffen.[86]

a) Abkommen über soziale Sicherheit, an deren Stelle die Verordnung tritt

84 Aus der Supranationalität des koordinierenden europäischen Sozialrechts ergibt sich, dass die bisherigen zwischen den Mitgliedstaaten geschlossenen Abkommen über soziale

---

[82] EuGH v. 2. 8. 1993 (Grana-Novoa), Rs. C-23/92, EuZW 1994, S. 59 f.
[83] Siehe § 6 Rn. 6.
[84] EuGH v. 28. 5. 1974 (Callemeyn), Rs. 187/73, Slg. 1974, S. 553, 563; v. 6. 6. 1985 (Frascogna), Rs 157/84, Slg. 1985, S. 1739, 1747.
[85] Art. 7 Abs. 2 lit. a, b.
[86] S. auch unten § 32.

Sicherheit durch das System der Verordnung ersetzt werden. Treffen verschiedene Rechtsakte unterschiedlicher Herkunft aufeinander, so stellt sich immer die Frage des Rangverhältnisses zwischen diesen Normen. Es gilt dann zu klären, welche der Rechtsordnungen, die materielle Überschneidungen aufweisen, zur Anwendung kommt und welche zurückzutreten hat. Diese Konfliktlage tritt im europäischen Bereich im Verhältnis des europäischen Sozialrechts zum zwischenstaatlichen Sozialrecht auf. Da beide überstaatlichen Rechtssysteme auf die nationalen Sozialrechtsordnungen Einfluss nehmen, treten in gewissen Anwendungsbereichen überschneidende und sich widersprechende Regelungen auf, so dass geklärt werden muss, ob das zwischenstaatliche oder das europäische Sozialrecht zur Anwendung kommt.

Gemäß Art. 6 tritt die **VO (EWG) Nr. 1408/71** im Rahmen ihres persönlichen und sachlichen Geltungsbereichs **an die Stelle von Abkommen über die soziale Sicherheit,** sofern diese Abkommen ausschließlich zwischen zwei oder mehr Mitgliedstaaten bestehen oder es sich um Abkommen handelt, die zwischen mindestens zwei Mitgliedstaaten und einem oder mehreren anderen Staaten in Kraft sind, sofern es sich um Fälle handelt, an deren Regelung kein Träger eines dieser anderen Staaten beteiligt ist. Diese Aufhebung der Anwendbarkeit der Abkommen über soziale Sicherheit soll gewährleisten, dass das System der VO (EWG) Nr. 1408/71 nicht durch zwischenstaatliche Abkommen überlagert und der gewährte Schutz nicht durch anderslautende Rechtsakte in Frage gestellt wird. Jeder, der in den Anwendungsbereich der VO (EWG) Nr. 1408/71 einbezogen ist, soll sich auch stets auf die Verordnung berufen können.[87]

Die Regelung des **Art. 6 bedeutet nicht, dass die Abkommen über Soziale Sicherheit in ihrer Rechtswirksamkeit aufgehoben werden.** Das Gemeinschaftsrecht ist nicht in der Lage, völkerrechtliche Verträge der einzelnen Mitgliedstaaten wirksam aufzuheben. Diese Befugnis steht nur den Vertragsparteien zu. Auf Gemeinschaftsebene ist es aber möglich, die Anwendbarkeit dieser zwischenstaatlichen Abkommen zu beschränken, was im Bereich der Sozialen Sicherheit durch die Art. 6 ff. VO (EWG) Nr. 1408/71 erfolgt ist. Damit soll sichergestellt werden, dass vorbehaltlich der abschließend geregelten Ausnahmen die bestehenden Abkommen den Angehörigen dieser Staaten der Vorteil der durch die VO (EWG) Nr. 1408/71 errichteten Regelung zur Koordinierung der nationalen Systeme der sozialen Sicherheit nicht vorenthalten wird. Gleichzeitig wird damit sichergestellt, dass neue Abkommen zwischen den Mitgliedstaaten über die Soziale Sicherheit nicht die Verordnung aushebeln, so dass es gewährleistet ist, dass sich die Gemeinschaftsbürger stets auf die Verordnung berufen können.

Die VO (EWG) Nr. 1408/71 tritt nach Art. 6 nur im Rahmen ihres persönlichen und sachlichen Geltungsbereichs an die Stelle der Abkommen über Soziale Sicherheit tritt. Außerhalb des Anwendungsbereichs der Verordnung bleibt die Anwendbarkeit der Abkommen uneingeschränkt bestehen. Diese Regelung hat klarstellenden Charakter, denn die Reichweite der VO (EWG) Nr. 1408/71 wird generell durch die Art. 2 und 4 VO (EWG) Nr. 1408/71 begrenzt. Ferner sind von dem Vorrang der Verordnung nur solche Abkommen betroffen, die ausschließlich zwischen zwei und mehr Mitgliedstaaten in Kraft sind (Art. 6 lit. a) oder solche Abkommen, an den zwei Mitgliedstaaten und mindestens ein Drittstaat beteiligt sind, sofern das Verhältnis der Mitgliedstaaten zueinander betroffen ist (Art. 6 lit. b).

Diese Einschränkungen zeigen, dass das europäische Sozialrecht nur insoweit zwischenstaatliche Abkommen aussetzt, als diese rein gemeinschaftsinterne Regelungsbereiche tangieren. Damit soll **verhindert werden, dass innerhalb der EG ein Nebeneinander komplexer Koordinierungssysteme der Sozialen Sicherheit existiert.** Dieses Bedürfnis besteht außerhalb des Geltungsbereichs des Gemeinschaftsrechts nicht, weshalb die Rechtsbeziehungen von Mitgliedstaaten zu Drittstaaten unberührt bleiben, wie sich aus Art. 6. lit.b im Umkehrschluss ergibt.

---

[87] EuGH v. 2. 8. 1993 – Rs. C-23/92, (Grana-Novoa), EuZW 1994, S. 59f.

89 Diese Regelungen stehen unter dem Vorbehalt, dass die Art. 7, 8 und 46 Abs. 4 VO (EWG) Nr. 1408/71 nichts Abweichendes regeln. Art. 46 Abs. 4 VO (EWG) Nr. 1408/71 sieht den Vorrang der Verordnung gegenüber zwischenstaatlichen Regelungen im Bereich der Leistungsbeträge in der Rentenversicherung vor. Art. 8 VO (EWG) Nr. 1408/71 ermöglicht den Mitgliedstaaten, miteinander zwischenstaatliche Abkommen zu schließen. Diese Möglichkeit steht unter der doppelten Prämisse, dass erstens die Grundsätze und der Geist der VO (EWG) Nr. 1408/71 in den Abkommen Beachtung finden und zweitens ein Bedürfnis für ein solches Abkommen besteht. Mit diesen Einschränkungen wird sichergestellt, dass der grundsätzliche Vorrang der VO (EWG) Nr. 1408/71 nicht durch die Mitgliedstaaten konterkariert wird. Mit diesen Vorgaben wird auch gewährleistet, dass zwischenstaatliche Abkommen den durch die VO (EWG) Nr. 1408/71 vorgegebenen Standard nicht unterbieten, sondern durch Art. 8 VO (EWG) Nr. 1408/71 nur die Möglichkeit eröffnet wird, darüber hinausgehende Regelungen zu treffen.

90 Zum **grundsätzlichen Verhältnis des zwischenstaatlichen Sozialrechts und dem europäischen Gemeinschaftsrecht der VO (EWG) Nr. 1408/71** ergeben sich aus der Rechtsprechung des Europäischen Gerichtshofs etwas widersprüchliche Signale. So führt der Europäische Gerichtshof in dem Urteil vom 7. 6. 1973[88] zur Rechtssache 32/72 aus, dass die Verordnung 1408/71 für den von ihr erfassten Personenkreis an die Stelle der zwischen den Mitgliedstaaten bestehenden Abkommen über Soziale Sicherheit tritt, sofern diese nicht in den Art. 6 und 7 bzw. in dem Anhang III aufgeführt sind. Insoweit mag dieses Urteil nicht verwundern, gibt es doch letztlich die Gesetzeslage wieder. Der EuGH führte aber weiter aus, dass diese Abkommen aber auch dann nicht anwendbar seien, wenn sie dem Leistungsberechtigten höhere Leistungen zubilligen, als dies nach der VO (EWG) Nr. 1408/71 der Fall ist. Damit wurde festgestellt, dass für die Anwendung der vor dem Inkrafttreten der VO (EWG) Nr. 1408/71 geschlossenen Abkommen außer in den vorgesehenen Ausnahmen kein Raum mehr besteht und zwar selbst dann nicht, wenn die Abkommen günstigere Regelungen enthalten. Durch dieses Urteil wurde die Bedeutung der zwischen den Mitgliedstaaten bestehenden Sozialversicherungsabkommen auf ein Minimum reduziert.

91 In dem Urteil vom 7. 2. 1991 zur **Rechtssache C-227/89 (Rönfeldt)**[89] hat sich der EuGH hingegen dafür ausgesprochen, dass Vergünstigungen der Sozialen Sicherheit, die aufgrund zwischenstaatlicher Abkommen in das nationale Recht eingeführt wurden, nicht deshalb entfallen dürfen, weil die Abkommen über Soziale Sicherheit mit Inkrafttreten der VO (EWG) Nr. 1408/71 unanwendbar geworden sind.

92 Daraus hat sich die Frage ergeben, ob das Rönfeldt-Urteil im Widerspruch zu der bisherigen Rechtsprechung des EuGH steht und nunmehr zu einer „Renaissance" der vor Inkrafttreten der VO (EWG) Nr. 1408/71 geschlossenen Sozialversicherungsabkommen führt, wie dies vereinzelt angenommen wird.[90]

93 Im Rönfeldt-Urteil hatte der EuGH darüber zu entscheiden, ob vor Inkrafttreten der VO 1408/71 in Dänemark zurückgelegte Rentenversicherungszeiten bei der Geltendmachung eines Anspruchs auf vorgezogenes Altersruhegeld nach Erreichen des 63. Lebensjahres mit zu berücksichtigen sind. Das Abkommen zwischen der Bundesrepublik Deutschland und dem Königreich Dänemark vom 14. August 1953 sah in Art. 17 Abs. 1 Nr. 2b vor, dass Deutsche, die in Dänemark Aufenthaltszeiten zurückgelegt hatten, diese bei der Berechnung der deutschen Rente bis zu einer Höchstdauer von fünfzehn Jahren angerechnet erhielten. Diese Regelung ist, wie das gesamte Abkommen, durch die VO (EWG) Nr. 1408/71 ersetzt worden. Der EuGH begründet die Berücksichtigung der in Dänemark zurückgelegten Zeiten mit dem Argument, dass es dem Zweck der Vorschriften über die Freizügigkeit der Arbeitnehmer (Art. 39–42 [ex-Art. 48–51] EGV) zuwiderlaufen

---

[88] EuGH v. 7. 6. 1973 – Rs 37/72 – (Walder), Slg. 1973, 599.
[89] EuGH v. 7. 2. 1991 – Rs C-227/89 – (Rönfeldt), Slg. 1991, 323.
[90] *Költzsch,* SGb 1992, S. 591, 592.

würde, wenn Arbeitnehmer, die von diesem Recht Gebrauch machen, Vergünstigungen verlören, die ihnen durch die Rechtsvorschriften eines Mitgliedstaats zugesprochen würden. Damit wird konsequent an der Rechtsprechung festgehalten, dass die Wahrnehmung der Arbeitnehmerfreizügigkeit nicht zu einem Abbau der Besitzstände führen darf, was auch – in Anlehnung an das hierzu erstmalig ergangene Urteil des EuGH im Fall Petroni[91] – als sogenanntes **Petroni-Prinzip** bezeichnet wird. Diese Statuierung eines Günstigkeitsprinzips im Bereich der Sozialen Sicherheit, dass auf der Vermeidung von wanderungsbedingten Nachteilen basiert, führt in diesem Fall zu einem Vorteil für diejenigen Personen, die sich auf vormalige Abkommen berufen können gegenüber denjenigen, für die nur die VO (EWG) Nr. 1408/71 Anwendung findet. Diese Aufrechterhaltung auf zwischenstaatlichen Abkommen zurückzuführender Vergünstigungen steht aus Sicht des Gerichtshofes auch nicht im Widerspruch zu dem **Walder-Urteil des EuGH**. Im Walder-Urteil wurde die Unanwendbarkeit der Abkommen über Soziale Sicherheit neben der VO (EWG) Nr. 1408/71 herausgestellt. Im Rönfeldt-Urteil ist aber nicht das Sozialversicherungsabkommen begünstigend, sondern dessen ins nationale Recht transformierte Inhalt. Damit wird der Konflikt zwischen europäischen und zwischenstaatlichen Recht vermieden und sich nur dem Verhältnis von europäischem zu nationalem Recht zugewandt, in dem das Petroni-Prinzip Anwendung findet.

Es erscheint fraglich, ob diese Differenzierung möglich ist. Nimmt man die Aussage des EuGH im Walder-Urteil ernst, so muss dies auch bedeuten, dass die nationalen Vorschriften zur Umsetzung der Abkommen über Soziale Sicherheit auch nicht anwendbar sind, denn Vergünstigungen aus zwischenstaatlichen Abkommen leiten sich in der Regel erst durch die Transformation dieser völkerrechtlichen Verträge in innerstaatliches Recht her. Dieser Systembesonderheit schenkt der EuGH in dem Rönfeldt-Urteil keine Beachtung, obwohl das Walder-Urteil hierzu hätte Anstoß geben sollen.[92]

Der allgemein gehaltene Wortlaut des Urteils, der von „Vergünstigungen der sozialen Sicherheit" spricht, ohne sie in zeitlicher Hinsicht zu präzisieren, lässt es wohl zu, nicht nur vor Inkrafttreten der VO (EWG) Nr. 1408/71 entstandene Anwartschaften zu berücksichtigen, sondern auch seitdem entstandene Ansprüche und Anwartschaften, die unter die nationalen Regelungen fallen, die zur Umsetzung der Abkommen erlassen wurden.[93] Ist dies der Fall – was der Wortlaut nahe legt – werden in Zukunft häufig Sachverhalte auftreten, denen eine Vergünstigung zugesprochen werden muss, was faktisch den im Walder-Urteil aufgestellten Grundsatz aushebeln könnte, denn dann müssen künftig auch auf zwischenstaatlichem Recht beruhende Regelungen bei der Anwendung der VO (EWG) Nr. 1408/71 beachtet werden. Aus nationaler Sicht kann dem nur entgegengewirkt werden, indem die zwischen den Mitgliedstaaten weiterhin bestehenden Abkommen über Soziale Sicherheit gekündigt und die Transformation aufgehoben wird, bzw. der personelle Anwendungsbereich nur auf die Personen beschränkt wird, der nicht unter die Vorschriften der VO (EWG) Nr. 1408/71 fällt. Der EuGH hat allerdings insoweit inzwischen klargestellt, dass sich für Arbeitnehmer, die ihr Recht auf Freizügigkeit erst nach Inkrafttreten der VO (EWG) Nr. 1408/71 ausgeübt haben, nicht behaupten können, dass sie einen Verlust an Vergünstigungen der sozialen Sicherheit erlitten haben, die sich aus vorher geschlossenen Abkommen ergeben hätten.[94] Damit bleibt die weitere Anwendung der zwischen den Mitgliedstaaten der Europäischen Union abgeschlossenen Sozialversicherungsabkommen auf besondere Konstellationen beschränkt.[95] In einer weiteren Ent-

---

[91] EuGH v. 21. 10. 1975 – Rs 24/75, Slg. 1975, 1149.
[92] Zur Kritik am Rönfeldt-Urteil vgl. auch *Eichenhofer*, JZ 1995, S. 1047 ff., 1049; *S. Zuleeg*, DRV 1991, S. 512 ff.
[93] *Költzsch*, SGb 1992, S. 591, 597.
[94] EuGH v. 9. 11. 1995 – Rs. C-475/93 – (Thévenon), Slg. 1995 I-3813; siehe hierzu auch *Resch*, NZS 1996, S. 603 ff., 605).
[95] So auch *Zuleeg-Feuerhahn*, EuroAS 1995, S. 204.

scheidung hat der Gerichtshof zum Ausdruck gebracht, dass der Grundsatz, wonach Arbeitnehmer Vergünstigungen der sozialen Sicherheit nicht verlieren dürfen, weil ein bilaterales Abkommen über soziale Sicherheit infolge des Inkrafttretens der Verordnung unanwendbar geworden sei, insoweit nicht gelten könne, als bei der ersten Feststellung der Leistungen aufgrund der Verordnung bereits ein Vergleich der sich jeweils aus dieser und aus den Abkommen ergebenden Vergünstigungen mit dem Ergebnis vorgenommen worden ist, dass die Anwendung der Verordnung günstiger ist als das Vertragsrecht.[96]

96 Dass das Verhältnis von zwischenstaatlichem Recht und der VO 1408/71 alles andere als bis in die Einzelheiten geklärt ist, zeigt sich auch in einem weiteren Urteil des EuGH zur **Rechtssache „Grana-Novoa".**[97] Die spanische Staatsangehörige, Frau Grana-Novoa, die ausschließlich in der Schweiz und Deutschland beschäftigt war, beantragte in Deutschland eine Rente wegen Erwerbsunfähigkeit. Der Antrag wurde wegen fehlender Beitragszeiten in der Bundesrepublik abgelehnt. Sie machte daraufhin geltend, dass das deutsch-schweizerische Sozialversicherungsabkommen[98] anzuwenden sei. Hiernach werden auch in der Schweiz zurückgelegte Versicherungszeiten berücksichtigt. Dieses Sozialversicherungsabkommen erfasst aber nur Angehörige der Vertragsstaaten. Dagegen wurde geltend gemacht, dass die in der Schweiz zurückgelegte Beschäftigung aus Gründen des Diskriminierungsverbots (Art. 3 VO (EWG) Nr. 1408/71) mit zu berücksichtigen sei. Damit wird die Frage angesprochen, inwieweit Bestimmungen der VO (EWG) Nr. 1408/71 in weiterhin bestehende bilaterale Sozialversicherungsabkommen hineinwirken können. Der EuGH stellt in dieser Entscheidung deutlich heraus, dass der Anwendungsbereich der Art. 6 ff. VO (EWG) Nr. 1408/71 nicht durch ein Abkommen zwischen nur einem Mitgliedstaat und einem oder mehrerer Drittstaaten tangiert wird. Angehörige von Mitgliedstaaten können sich nicht auf einen Verstoß gegen Art. 3 Abs. 1 VO (EWG) Nr. 1408/71 berufen. Wenn Art. 3 von den gleichen Rechten und Pflichten auf Grund der Rechtsvorschriften eines Mitgliedstaats spricht, zählen zu diesen „Rechtsvorschriften" nicht die nur zwischen einem Mitgliedstaat und einem Drittstaat geschlossenen Abkommen über die Soziale Sicherheit. In diesem Zusammenhang weist der EuGH darauf hin, dass diese Auslegung nicht dadurch beeinträchtigt wird, dass ein derartiges Abkommen in Form eines Gesetzes in die Rechtsordnung bestimmter Mitgliedstaaten inkorporiert wurde und damit Bestandteil des innerstaatlichen Rechts ist. Dies begründet das Gericht mit dem Argument, dass die einheitliche Anwendung der VO (EWG) Nr. 1408/71 in der gesamten Gemeinschaft zu sichern ist und folglich nicht von der Methode abhängen kann, mit der die von den einzelnen Mitgliedstaaten geschlossenen zwischenstaatlichen Abkommen über die Soziale Sicherheit in die Rechtsordnung dieser Staaten übernommen werden. Die **innerstaatliche Umsetzung macht diese Abkommen folglich nicht zu „Rechtsvorschriften" im Sinne der VO (EWG) Nr. 1408/71,** gegen die aus Gründen der Gleichbehandlung nicht verstoßen werden darf. Dieses Urteil ist in zweierlei Hinsicht bemerkenswert. Auf der einen Seite wird deutlich, dass das Gebot der Inländergleichbehandlung nicht bedeutet, den größtmöglichen sozialen Schutz zu verwirklichen. Im Gegensatz zum Rönfeldt-Urteil wird die soziale Situation nicht verschlechtert, denn für Angehörige eines Staates, der nicht Unterzeichnerstaat des Abkommens ist, bestand zu keiner Zeit ein Anspruch auf Berücksichtigung der Versicherungszeiten. Da die VO (EWG) Nr. 1408/71 nur an Stelle bestimmter Abkommen getreten ist, kann eine Ungleichbehandlung nicht damit geltend gemacht werden, dass bilaterale Abkommen nur einen bestimmten Personenkreis umfassen. Insoweit wird auch nicht das Petroni-Prinzip tangiert. Zum anderen deutet das Urteil an, dass sich der EuGH bei Fragen, die das Verhältnis von zwischenstaatlichem und europäischem Sozialrecht betreffen, von der Sicht-

---

[96] EuGH v. 7. 5. 1998 – Rs. C-113/96 – (Rodriguez), NZS 1998, S. 473 ff.
[97] EuGH v. 2. 8. 1993 – Rs C-23/92 – (Grana-Novoa), EuZW 1994, S. 59 f.
[98] Abkommen zwischen der Bundesrepublik Deutschland und der Schweizerischen Eidgenossenschaft über Soziale Sicherheit vom 25. 2. 1964, BGBl. 1964 II Nr. 37 S. 1293.

V. Kollisionsnormen   97–100 § 21

weise löst, zwischen dem völkerrechtlichen Vertrag und dem inkorporierten Recht streng zu trennen. Wie das Rönfeldt-Urteil bereits gezeigt hat, wird man dem Ziel der Art. 6 ff VO (EWG) Nr. 1408/71 nicht gerecht, wenn diese Trennung beibehalten wird. Die Anwendbarkeit bestimmter Sozialleistungen kann nicht davon abhängen, ob ein Mitgliedstaat zwischenstaatliche Abkommen transformieren muss oder nicht. Das Verhältnis zwischen der VO (EWG) Nr. 1408/71 und den zwischenstaatlichen Abkommen lässt sich nur sachgerecht lösen, indem der Dualismus von Völkerrecht und nationalem Recht hier aufgehoben wird, wie dies der EuGH erstmals deutlich praktiziert.

b) Ausnahmen vom Vorrang der Verordnung

Von grundsätzlichen Vorrang der VO (EWG) Nr. 1408/71 werden in Art. 7 und 8 VO (EWG) Nr. 1408/71 Ausnahmen zugelassen. **97**

aa) Internationale Bestimmungen

Art. 7 Abs. 1 VO (EWG) Nr. 1408/71 lässt die von den Mitgliedstaaten ratifizierten **98** **Übereinkommen der ILO** und die zwischen den Mitgliedstaaten des **Europarats** geschlossenen **Vorläufigen Abkommen** vom 11. Dezember 1953 über die soziale Sicherheit von dem Vorrang der VO (EWG) Nr. 1408/71 **unberührt**. Diese Abkommen, die weitgehend nur soziale Mindeststandards setzen, werden wohl deshalb von dem Grundsatz des Art. 6 VO (EWG) Nr. 1408/71 ausgenommen, weil es sich bei der ILO und dem Europarat um eigenständige völkerrechtliche Organisationen und nicht um Staaten handelt. Der Europäische Gerichtshof geht im Verhältnis der genannten Abkommen zu der VO (EWG) Nr. 1408/71 vom Bestehen eines Günstigkeitsprinzips aus. Nach Ansicht des Gerichts genießt die VO (EWG) Nr. 1408/71 einen Vorrang vor diesen Abkommen über Soziale Sicherheit, wenn sie für den von ihnen erfassten Personenkreis günstigere Regelungen enthält.[99]

Ebenso bleiben die multilateralen Abkommen vom 27. Juli 1950 und vom 30. November 1979 über die **soziale Sicherheit der Rheinschiffer** sowie das multilaterale **Europäische Abkommen vom 9. Juli 1956 über die soziale Sicherheit der Arbeitnehmer im Verkehrswesen** anwendbar (Art. 7 Abs. 2 Buchst. a) und b)). Damit wird den Besonderheiten dieser speziellen Materien Rechnung getragen. Die für die Praxis wohl wesentlichste Ausnahme besteht in der Fortgeltung der in Anhang III zur VO (EWG) Nr. 1408/71 aufgezählten Bestimmungen der bilateralen Abkommen zwischen den Mitgliedstaaten über Soziale Sicherheit. Damit wird den jeweiligen Besonderheiten in den Beziehungen der Mitgliedstaaten untereinander Rechnung getragen, was in dieser Form nicht durch abstrakt generelle Regelungen in der VO (EWG) Nr. 1408/71 geleistet werden könnte. In Bezug auf die Abkommen der Bundesrepublik Deutschland mit anderen Mitgliedstaaten zeigt sich, dass selektiv meist einzelne allgemeine Bestimmungen, wie beispielsweise die Gebietsgleichstellung und die Gleichstellung hinsichtlich der Staatsangehörigkeit,[100] fortgelten. Damit soll erreicht werden, dass das durch die Abkommen erreichte soziale Schutzniveau wegen bilateraler Besonderheiten erhalten bleibt und nicht durch die allgemeinen Regeln der VO (EWG) Nr. 1408/71 ersetzt wird. Dies impliziert, dass es sich bei diesen Ausnahmeregelungen um Vorschriften handelt, die über den durch die VO (EWG) Nr. 1408/71 gewährleisteten Standard hinausgehen, da ansonsten keine Notwendigkeit für eine solche Ausnahmeregelung besteht. **99**

Ein Beispiel für die Funktion des Art. 7 VO (EWG) Nr. 1408/71 sind Art. 2 und 3 der **100** Vierten Zusatzvereinbarung vom 21. 12 1956 zum Abkommen zwischen der Bundesre-

---

[99] EuGH v. 28. 5. 1974 – Rs 187/73 (Callemeyn), Slg. 1974, 553, 563; EuGH v. 6. 6. 1985 – Rs 157/84 – (Frascogna), Slg. 1985, 1739, 1747.
[100] Z.B. Art. 3 Abs. 1 des Abkommens zwischen der Bundesrepublik Deutschland und dem Vereinigten Königreich Großbritannien und Nordirland über Soziale Sicherheit, BGBl. 1961 II, S. 242.

publik Deutschland und dem Königreich der Niederlande vom 29. 3. 1951 (Regelung der Ansprüche, die von niederländischen Arbeitskräften zwischen dem 13. 5. 1940 und dem 1. 9. 1945 in der deutschen Sozialversicherung erworben worden sind). Dies bedeutet, dass abweichend vom System der Verordnung die in der deutschen Sozialversicherung erworbenen Zeiten in der niederländischen Rentenversicherung berücksichtigt werden, als wären sie in den Niederlanden geleistet worden. Ein Anspruch auf Leistungen zu Lasten der deutschen gesetzlichen Rentenversicherung wird nicht begründet.[101]

bb) Abkommen zwischen den Mitgliedstaaten

101   Art. 8 VO 1408/71 ermöglicht den Mitgliedstaaten, miteinander zwischenstaatliche Abkommen zu schließen, wenn die Grundsätze und der **Geist der VO 1408/71** in den Abkommen **Beachtung** finden und darüber hinaus ein Bedürfnis für ein solches Abkommen besteht. Damit soll erreicht werden, dass die Mitgliedstaaten nicht das System der VO 1408/71 durch zwischenstaatliche Abkommen leerlaufen lassen. Art. 8 VO 1408/71 soll nur die Möglichkeit eröffnen, darüber hinausgehende Regelungen zu treffen, die aufgrund von Besonderheiten im Verhältnis zwischen zwei oder mehr Mitgliedstaaten erforderlich sind. Art. 8 betrifft nur die Abkommen, die die Mitgliedstaaten nach dem In-Kraft-Treten der Verordnung miteinander schließen. Arzt. 8 greift deshalb nicht für die in Anhang III genannten Abkommen.[102]

102   Die in Art. 7 und 8 VO (EWG) Nr. 1408/71 enthaltenen Ausnahmen zeigen, dass es in einem bestimmten Umfang möglich ist, durch zwischenstaatliche Abkommen den Schutz der Sozialen Sicherheit in den Mitgliedstaaten auszudehnen, was zugleich für die immanente Zugrundelegung des Günstigkeitsprinzips in den Art. 6 ff. VO (EWG) Nr. 1408/71 spricht.

2. Bestimmung der anzuwendenden Rechtsvorschriften

a) Allgemeines

103   Titel II der Verordnung befasst sich mit der Bestimmung der anzuwendenden Rechtsvorschriften und stellt zu diesem Zweck einen detaillierten Katalog von Kollisionsnormen auf. Der Katalog weist Parallelen zu den §§ 3 bis 6 SGB IV ebenso auf wie zu den Regelungen über die anwendbaren Rechtsvorschriften nach den zwischenstaatlichen Abkommen über Soziale Sicherheit. Von den Kollisionsnormen des nationalen Rechts unterscheiden sich die der Verordnung dadurch, dass sie nicht nur eine Rechtsordnung für anwendbar oder nicht anwendbar erklären, wie dies bei den **§§ 3 bis 6 SGB IV** der Fall ist. Diese Vorschriften treffen nur eine Aussage darüber, ob ein Sachverhalt mit Auslandsberührung vom deutschen Recht erfasst wird oder nicht; ob der Sachverhalt von einer ausländischen Rechtsordnung erfasst wird, bleibt unberücksichtigt; es handelt sich dort um sog. **einseitige Kollisionsnormen.** Die **Verordnung** hingegen enthält **allseitige Kollisionsnormen,** die für den Sachverhalt mit Berührung zu mehreren Mitgliedstaaten die anwendbare Sozialrechtsordnung bezeichnen.[103] Diese dogmatische Einordnung als allseitige Kollisionsnorm hat *Frank*[104] in Frage gestellt. Er arbeitet durchaus zutreffend die Unterschiede dieser Vorschriften der Verordnung zu den klassischen allseitigen Kollisionsnormen des internationalen Privatrechts heraus, zieht daraus dann aber zu voreilig den Schluss, dass es sich hier nicht um allseitige Kollisionsnormen handeln könne. Diese Vorschriften der Verordnung haben ebenso wie die Kollisionsnormen des internationalen

---

[101] Vgl. EuGH v. 28. 4. 1994 – Rs. C-305/92 – (Hoorn), Slg. 1994 I 1525.
[102] Vgl. EuGH v. 28. 4. 1994 Rs. C-305/92 – (Hoorn), Slg. 1994 I 1525.
[103] Vgl. dazu *Eichenhofer,* Internationales Sozialrecht, S. 216 ff.; *Steinmeyer,* Einstrahlung, S. 24, 38 f., 82 ff.; vgl. dazu auch *Schuler,* Das Internationale Sozialrecht, S. 276 ff.
[104] *Frank,* DAngVers 1996, S. 132 ff.; siehe auch *Devetzi,* Kollisionsnormen, S. 121 ff.

V. Kollisionsnormen

Privatrechts die Aufgabe, das anwendbare nationale Recht zu bestimmen und geben Antwort nicht einseitig pro und contra deutsches Recht sondern treffen eine Aussage darüber, welche der beteiligten Rechtsordnungen Anwendung findet. Das kann nicht dadurch in Frage gestellt werden, dass man die Regelungen der Art. 13 bis 17 als solche mit Kompromisscharakter bezeichnet, denn das Zustandekommen von Normen kann nichts über ihre Einordnung als Kollisionsnormen aussagen. Dies kann auch nicht dadurch in Frage gestellt werden, dass man behauptet, die international-privatrechtliche Gerechtigkeit habe im Sozialrecht kein Äquivalent. Das Gegenteil ist richtig, denn die Art. 13 bis 17a bezeichnen gerade im klassischen international-privatrechtlichen Sinn den Schwerpunkt des fraglichen Sachverhalts oder Rechtsverhältnisses und suchen nach der engsten Berührung zu einer nationalen Rechtsordnung. Dass hier für verschieden konstruierte nationale Systeme eine einheitliche Anknüpfung erfolgt, ergibt sich aus der Natur der Sache. Letztlich reduziert sich die Diskussion auf die eher begriffliche Frage, ob mit dem Begriff der allseitigen Kollisionsnorm notwendigerweise verbunden ist, dass das normanwendende Organ je nach Entscheidung durch die Kollisionsnorm das eine oder das andere Recht anwendet. Eine Kollisionsnorm hat die Aufgabe, die für einen grenzüberschreitenden Sachverhalt maßgebliche Rechtsordnung zu benennen. Einseitige Kollisionsnormen treffen nur eine Aussage über die Anwendbarkeit oder Nichtanwendbarkeit einer Rechtsordnung und allseitige bestimmen in jedem Fall die maßgebliche Rechtsordnung.

Die **Artikel 13 bis 17a treffen keine materiellrechtlichen Regelungen** und erfüllen den Koordinierungsauftrag der Verordnung, indem sie **jedem der relevanten Sachverhalte eine bestimmte Rechtsordnung zuweisen.** Sie stellen so sicher, dass Arbeitnehmer und Selbständige sowie ihre Familienangehörigen, die innerhalb der Gemeinschaft zu- und abwandern, lückenlos von den mitgliedstaatlichen Systemen der sozialen Sicherheit erfasst werden. Sie stellen zugleich sicher, dass die Personen, die unter den persönlichen Geltungsbereich dieser Verordnung fallen, den Rechtsvorschriften nur eines Mitgliedstaates unterliegen. So werden Doppelversicherungen mit den entsprechenden doppelten Beitragslasten vermieden. Eine Ausnahme davon stellen Art. 14c und 14f dar, auf den Art. 13 Abs. 2 ausdrücklich verweist; auf die dortigen Erläuterungen wird verwiesen. Eine Doppelversicherung wird unter engen Voraussetzungen auch von Art. 15 beim Zusammentreffen von freiwilliger Versicherung oder freiwilliger Weiterversicherung einerseits und Pflichtversicherung andererseits zugelassen.

Im Unterschied zu den §§ 3 bis 6 SGB IV unterscheiden die Kollisionsnormen der Art. 13 bis 17a der Verordnung nicht zwischen Beitragsseite und Leistungsseite; sie gelten für die Beitragsseite und die Leistungsseite gleichermaßen.[105] Die Parallelen zur Anknüpfung im internationalen Sozialversicherungsrecht finden darin ihren Grund, dass die **Verordnung im Grundsatz an die Beschäftigung anknüpft und nur hilfsweise an den Wohnort.** Zwar erfasst sie sowohl beitragsfinanzierte als auch steuerfinanzierte Sozialleistungssysteme; da sie aber in Ausführung der Art. 39 ff. (ex-Art. 48 ff.) EGV ergangen ist, beschränkt sie sich im Grundsatz auf die Herstellung der Freizügigkeit der Arbeitnehmer und Selbständigen.[106] Die Anknüpfung an das Beschäftigungsverhältnis bedeutet, dass grundsätzlich der Ort der Beschäftigung oder im Falle der selbständigen Tätigkeit dieser Ort der regelmäßige Anknüpfungspunkt ist. Die Verordnung sieht die Anknüpfung an das Beschäftigungsverhältnis und damit den Beschäftigungsort als die sachgerechteste an.

Allerdings wird auch diskutiert, das Beschäftigungsland-Prinzip zumindest teilweise durch das Wohnlandprinzip zu ersetzen. Gedacht wird hier etwa an situationsgebundene Familienleistungen. Allerdings ist insoweit erhebliche Zurückhaltung spürbar. Die Anknüpfung an den Beschäftigungsort mag nicht jede Konstellation vollständig überzeugend lösen, für sie spricht jedoch die damit bestehende Einheitlichkeit. Sonderanknüpfungen

---

[105] Vgl. EuGH v. 19. 2. 1981 – Rs 104/80 – (Beeck) – SozR 6050 Art. 73 Nr. 3.
[106] Vgl. *Steinmeyer,* in: Magiera (Hrsg.), Das Europa der Bürger, S. 63 ff.

hingegen bringen zwingend Abgrenzungsfragen mit sich und dürften ebenso viele Probleme hervorrufen wie sie lösen.[107]

107 Die Art. 13 bis 17a gehen von diesem Grundsatz aus und regeln in ausgesprochen kasuistischer Weise die sich bei Anwendung dieses Grundsatzes ergebenden möglichen Fallkonstellationen. Dabei konzentriert sich **Art. 13** auf die **allgemeine Regelung dieser Kollisionsfälle,** wenn er auch bereits auf die Situation spezieller Personenkreise eingeht. Art. 13 beschränkt sich aber auf die Regelung der Grundsätze.

108 Die Art. **14 bis 14f** regeln die **Ausnahmen von diesen Grundsätzen,** indem sie zum Teil eine Sonderreglung für bestimmte Berufsgruppen schaffen – wie etwa Seeleute; zum Teil befassen sie sich mit besonderen Fallkonstellationen, wie dies etwa bei Art. 14c der Fall ist, der sich mit der gleichzeitigen Ausübung einer abhängigen und einer selbständigen Tätigkeit beschäftigt. Es geht bei diesen Vorschriften zum einen darum, die Fälle vorübergehenden Aufenthalts in einem anderen Mitgliedstaat kollisionsrechtlich zu erfassen. Hier sollen unter engen Voraussetzungen die Rechtsvorschriften des „Entsendestaats" weiterhin anwendbar bleiben. Bei dauernder Tätigkeit in mehreren Mitgliedstaaten werden die Rechtsvorschriften eines einzelnen Mitgliedstaats für anwendbar erklärt. Beides dient der **Vermeidung von Doppelversicherungen. Art. 16** hat **Sonderregelungen** für das Geschäftspersonal der diplomatischen Vertretungen und der konsularischen Dienststellen sowie für Hilfskräfte der Europäischen Gemeinschaften zum Gegenstand. Sieht man einmal von der Regelung für die Hilfskräfte der Europäischen Gemeinschaften in Art. 16 ab, so betreffen die Art. 14ff. Fälle, in denen bei Zuhilfenahme des in Art. 13 niedergelegten Regel-Anknüpfungspunkts die anwendbare Rechtsordnung nicht verlässlich ermittelt werden kann. **Art. 15** nimmt insoweit eine Sonderstellung ein, als er sich speziell mit der **freiwilligen Zugehörigkeit zu einer Sozialversicherung** befasst.

109 Kennzeichen des Normensystems der Art. 14 bis 17a ist es, dass **Ausgangspunkt** das **Beschäftigungslandprinzip** bleibt. Unter Fortführung dieses Grundsatzes werden die Konsequenzen für Ausnahmefälle gezogen. Kann mit dieser Ableitung eine sinnvolle Anknüpfung nicht gefunden werden, so werden **subsidiär** das **Wohnlandprinzip,** das auf den Wohnsitz oder gewöhnlichen Aufenthalt des Arbeitnehmers abstellt und das **Sitzlandprinzip,** das den Wohnsitz des Arbeitgebers oder den Sitz des Unternehmens maßgebend sein lässt, herangezogen. Dabei gibt die Verordnung grundsätzlich dem Wohnlandprinzip den Vorrang vor dem Sitzlandprinzip.

110 Die Kollisionsnormen der Art. 13 bis 17a gehen als supranationales Recht grundsätzlich innerstaatlichem Recht vor. Das bringt § 6 SGB IV expressis verbis zum Ausdruck, würde sich aber angesichts des Rangverhältnisses zwischen nationalem und supranationalem Recht auch sonst ergeben. Nach Auffassung des *BSG* gehen jedoch die speziellen Kollisionsnormen des NATO-Truppenstatuts den Kollisionsnormen der VO Nr. 1408/71 vor.[108] Dagegen spricht jedoch, dass die Verordnung nach ihrem Art. 6 grundsätzlich allen zwei- oder mehrseitigen Abkommen vorgeht und Art. 7 davon nur für die Abkommen über die soziale Sicherheit der Rheinschiffer und das Europäische Abkommen über die Soziale Sicherheit der Arbeitnehmer im Internationalen Verkehrswesen eine Ausnahme macht; die VO (EWG) Nr. 1408/71 soll im Verhältnis zwischen den Mitgliedstaaten der Gemeinschaft ein einheitliches Koordinierungssystem schaffen, in diesem Teilbereich also eine Rechtsvereinheitlichung bewirken. Von diesem System können nur eng begrenzte Ausnahmen zugelassen werden, wobei die Art. 6 und 7 der Verordnung der Maßstab sind.[109]

111 Die Art. 13 bis 16 der Verordnung treffen eine zum Teil **etwas starre Regelung,** die nicht bei allen Sachverhalten mit Berührung zu einem anderen Mitgliedstaat zu sachge-

---

[107] So *European Observatory on Social Security for Migrant Workers,* European Report, München 2001, S. 12.
[108] BSG SozR 6180 Art. 13 Nr. 3 = SGb 1983, 117ff. m. Anm. *Schuler/Schulte.*
[109] Wie hier *Schuler/Schulte,* ebd., S. 125ff.

rechten Ergebnissen führen. Deshalb sieht **Art. 17** die Möglichkeit vor, **Ausnahmen** von den Art. 13 bis 16 zu vereinbaren, wovon durchaus rege Gebrauch gemacht wird, was man als Symptom für ein reformbedürftiges Regelungssystem deuten kann.

Die Vorschriften des Titels II der Verordnung können **auch Anwendung** finden, **wenn es um Tätigkeiten außerhalb des Gebietes der Gemeinschaft** geht. Der bloße Umstand, dass die Tätigkeiten eines Arbeitnehmers außerhalb des Gebiets der Gemeinschaft ausgeübt werden, reicht nicht aus, um die Anwendung der Gemeinschaftsvorschriften über die Freizügigkeit der Arbeitnehmer auszuschließen, wenn das Arbeitsverhältnis eine hinreichend enge Anknüpfung an das Gebiet der Gemeinschaft behält.[110] Das bedeutet auch, dass es die Rechtsvorschriften dieses Titels verbieten, dass von einem Arbeitnehmer, der im Gebiet eines Mitgliedstaates wohnt und im Rahmen eines Arbeitsverhältnisses mit in einem anderen Mitgliedstaat ansässigen Unternehmen ausschließlich außerhalb des Gebiets der Mitgliedstaaten Tätigkeiten ausübt, aufgrund deren er nach den sozialen Rechtsvorschriften dieses anderen Mitgliedstaats beitragspflichtig ist, Beiträge nach den sozialen Rechtsvorschriften seines Wohnstaats erhoben werden.[111] Titel II stellt also auch bei Tätigkeiten außerhalb des Gebiets der Gemeinschaft die Vermeidung von Doppelversicherung und Lücken im Schutz sicher, soweit es um Rechtsvorschriften und Systeme von Mitgliedstaaten der Gemeinschaft geht.

b) Die kollisionsrechtliche Grundnorm

aa) Allgemeines

Art. 13 enthält die **kollisionsrechtlichen Grundnormen der Verordnung**. In Absatz 1 wird als Grundsatz festgelegt, dass für Personen, die der Verordnung unterliegen, die Rechtsvorschriften nur eines Mitgliedstaats gelten. Dies ist ein Grundprinzip des zwischenstaatlichen und supranationalen Sozialrechts,[112] das sich so von den Kollisionsnormen nationalen Ursprungs unterscheidet (vgl. §§ 3 bis 6 SGB IV). Auf diese Weise wird sowohl verhindert, dass der betroffene Wanderarbeitnehmer ohne sozialen Schutz bleibt, als auch das Zusammentreffen von Leistungen mit gleicher Zielrichtung aufgrund der Rechtsvorschriften mehrerer Mitgliedstaaten ebenso vermieden wie die mit einer Doppelversicherung verbundenen doppelten Beitragslasten. Dieser Grundsatz bedeutet auch, dass der Verweis auf die Rechtsvorschriften eines bestimmten Mitgliedstaats für alle von der Verordnung erfassten Zweige der sozialen Sicherheit gilt; es kann also für die Krankenversicherung bei einem Arbeitnehmer oder Selbständigen keine andere anwendbare Rechtsordnung geben als für die Rentenversicherung.

Der **Grundsatz des Verbots der Doppelversicherung** soll nicht nur eine doppelte Beitragsbelastung verhindern, sondern auch sicherstellen, dass der soziale Schutz eines Wanderarbeitnehmers lückenlos ist.[113] Es kann sich aber ergeben, dass die ausschließliche Anwendung des Rechts nur eines Mitgliedstaats zu Nachteilen für den Wanderarbeitnehmer führt. Dies ist zum Beispiel dann der Fall, wenn durch die Verweisung auf eine einzelne mitgliedstaatliche Rechtsordnung aufgrund der Rechtsvorschriften eines anderen Mitgliedstaats keine Leistung wegen Invalidität nach den Rechtsvorschriften des letzteren Mitgliedstaates gewährt wird. So hatte der niederländische Träger die Gewährung von Invaliditätsleistungen verweigert, weil aufgrund niederländischer Rechtsvorschriften derjenige nicht nach dem Gesetz über die allgemeine Arbeitsunfähigkeitsversicherung (AAW) versichert sei, der bei Wohnsitz im Inland aufgrund ausländischer Rechtsvorschriften

---

[110] EuGH v. 12. 7. 1984 – Rs 237/83 – Prodest, Slg. 1984, 3153 Rz. 6.
[111] EuGH, v. 29. 6. 1994 – Rs C-60/03 – Aldewereld, EAS VO [EWG] 1408/71 Nr. 11 = Slg. 1994, I-2991.
[112] Vgl. dazu für das zwischenstaatliche Recht *Frank,* in: von Maydell/Ruland (Hrsg.), SRH, D.33 Rz 63 ff.
[113] EuGH v. 3. 5. 1990 – Rs C-2/89 – (Kits van Heijningen), Slg. 1990, I-1755, Randnr. 12.

bestimmte Leistungen erhalte. Dies führte dazu, dass der betreffenden Person eine Leistung wegen Invalidität entzogen wurde, die ihr sonst allein aufgrund der niederländischen Rechtsvorschriften zugestanden hätte. Hierzu entschied der *EuGH,* dass bei dieser Fallkonstellation am Grundsatz der Anwendbarkeit nur einer nationalen Rechtsordnung festzuhalten sei.[114] Er stellte entscheidend darauf ab, dass der nationale Gesetzgeber nicht die Befugnis habe, im Verhältnis zu anderen Mitgliedstaaten Geltungsbereich und Anwendungsvoraussetzungen seiner nationalen Rechtsvorschriften zu bestimmen; das Gemeinschaftsrecht habe hier Vorrang. Diesem Ergebnis stehe auch nicht der vom Gerichtshof aufgestellte Grundsatz entgegen, dass die Anwendung der VO Nr. 1408/71 nicht zum Verlust von Ansprüchen führen dürfe, die allein nach den Rechtsvorschriften eines Mitgliedstaates erworben worden sind. Der *EuGH* stellte sich in der Entscheidung aus 1986 auf den Standpunkt, dass dieser auch als **„Petroni-Prinzip"** bezeichnete Grundsatz nur für die Fälle der Kumulierung von Leistungen aufgrund der Rechtsvorschriften mehrerer Mitgliedstaaten gelte, nicht aber für die Regeln über die Bestimmung der anwendbaren Rechtsvorschriften. Diese Entscheidung ist in ihrer Begründung überzeugend, in ihrem Ergebnis aber unbefriedigend. Das Petroni-Prinzip rechtfertigt sich aus Art. 42 EG-Vertrag (Art. 51 a. F.), der nur die Fälle erfassen will, in denen die Zusammenrechnung mitgliedstaatlicher Zeiten „für den Erwerb und die Aufrechterhaltung des Leistungsanspruchs sowie für die Berechnung der Leistungen" erforderlich ist. Es bleibt dann beim Grundsatz der Anwendung nur einer Rechtsordnung; hier aber müssten zur Vermeidung des o. g. Ergebnisses die Rechtsvorschriften mehrerer Mitgliedstaaten parallel angewandt werden.

115 Allerdings kann dieser Grundsatz nicht uneingeschränkt gelten, wie bereits die Erwähnung der Art. 14c und 14f der Verordnung in Absatz 1 Satz 1 des Art. 13 zeigt; Art. 14c befasst sich mit der gleichzeitigen Tätigkeit als Arbeitnehmer und als Selbständiger im Gebiet verschiedener Mitgliedstaaten. Art. 14f befasst sich mit einem vergleichbaren Fall insofern, als Beamte und ihnen Gleichgestellte, die in mindestens einem Mitgliedstaat in einem Sondersystem für Beamte versichert sind und in zwei oder mehr Mitgliedstaaten tätig sind, den Rechtsvorschriften jedes dieser Mitgliedstaaten unterliegen. Vergleichbare Konstellationen können sich aber auch im Zusammenhang mit der freiwilligen Versicherung und der freiwilligen Weiterversicherung ergeben. Satz 2 des Absatzes 1 hat nur deklaratorische Bedeutung, indem er klarstellt, dass sich aus dem Titel II der Verordnung ergibt, welche nationalen Rechtsvorschriften anwendbar sind. Dies ist nicht zu verstehen als Verweis auf einzelne Normen des nationalen Rechts eines Mitgliedstaats sondern als kollisionsrechtliche Verweisung auf die für den betreffenden Lebenssachverhalt anwendbare nationale Rechtsordnung.

bb) Die maßgebliche Anknüpfung

116 Während Absatz 1 nur eine allgemeine Aussage über das kollisionsrechtliche Grundverständnis der Verordnung trifft, enthält Absatz 2 Grundsatzregelungen über die maßgebliche Anknüpfung. Sowohl Absatz 1 als auch Absatz 2 stehen unter dem Vorbehalt abweichender Regelungen der Verordnung.

117 Absatz 2 Buchstabe a) erklärt den **Beschäftigungsort** bei abhängiger Beschäftigung zum grundsätzlichen Anknüpfungspunkt. Diese Anknüpfung gilt für alle im Lohn- oder Gehaltsverhältnis Beschäftigten, also „Arbeitnehmer". Wer als Arbeitnehmer anzusehen ist, bestimmt sich nach gemeinschaftsrechtlicher und nicht nach nationaler Begriffsbestimmung. Diese Vorschrift normiert damit also das Beschäftigungslandprinzip und trifft so eine wichtige Grundentscheidung für das gesamte supranationale koordinierende Sozialrecht. Die Entscheidung für dieses Prinzip ist für solche sozialen Sicherungssysteme konsequent und richtig, die auch national an das Beschäftigungsverhältnis anknüpfen, wie dies

---

[114] EuGH v. 12. 6. 1986 – Rs 302/84 – (Ten Holder), Slg. 1986, 1821 ff. = SozR 6050 Art. 13 Nr. 8.

V. Kollisionsnormen

bei der deutschen Sozialversicherung der Fall ist. Sie führt aber zu Schwierigkeiten bei solchen Systemen, bei denen Wohnsitz oder gewöhnlicher Aufenthalt maßgebend sind. Dies zeigt sich zum Beispiel bei den Familienleistungen nach den Art. 72 ff.[115] Soweit es die Beschäftigungsverhältnisse anbetrifft, deckt sich die Entscheidung des Art. 13 Abs. 2 Buchstabe a) mit der des § 3 SGB IV.

Bei den Kollisionsnormen geht es jeweils darum, unter mehreren möglichen Anknüpfungspunkten den maßgeblichen festzustellen. Deshalb bringt Absatz 2 Buchstabe a) zum Ausdruck, dass die **Anknüpfung an den Beschäftigungsort der an den Wohnort vorgeht,** indem der Beschäftigungsort auch dann maßgeblich ist, wenn die Person in einem anderen Mitgliedstaat wohnt. Das Beschäftigungslandprinzip hat also Vorrang vor dem Wohnlandprinzip.[116] Dies bedeutet auch, dass einer Person, die in einem Mitgliedstaat beschäftigt ist und in einem anderen wohnt, vom ersteren Mitgliedstaat nicht entgegengehalten werden kann, dass für die Aufnahme in ihr System eine Wohnsitzvoraussetzung bestehe. In diesen Fällen führt Art. 13 Abs. 2 Buchstabe a) dazu, dass anstelle des Wohnsitzerfordernisses das Beschäftigungserfordernis tritt.[117] Vom Beschäftigungslandprinzip geht die Verordnung zugunsten des Wohnlandprinzips nur in besonderen Fallgestaltungen und aus zwingenden Gründen praktischer Wirksamkeit ab, sofern nämlich die Anknüpfung an den Wohnstaat sach- und interessengerechter erscheint.[118]

Die Vorschrift räumt dem **Beschäftigungslandprinzip** auch den **Vorrang vor dem Sitzlandprinzip** ein, indem sie den Beschäftigungsort auch dann für maßgeblich erklärt, wenn der Arbeitgeber oder das Unternehmen, das den Arbeitnehmer beschäftigt, den Wohnsitz oder Betriebssitz in einem anderen Mitgliedstaat hat.[119] Dies gilt nicht nur für Personen, die in einem Lohn- oder Gehaltsverhältnis beschäftigt sind, sondern auch für die nur vorübergehend und unentgeltlich Tätigen. Das *BSG* hat deshalb Art. 13 Abs. 2 Buchstabe a) auch in einem Fall angewandt, in dem es um den Versicherungsschutz wegen Arbeitsunfalls nach § 539 Abs. 2 RVO (jetzt § 2 Abs. 2 SGB VII) ging. Es sah die Pannenhilfe in Deutschland für einen Franzosen mit Wohnsitz im Elsass durch einen deutschen Arbeitnehmer als vom deutschen Unfallversicherungsrecht erfasst an.[120] Maßgebend war auch hier nicht der Wohnsitz des Franzosen – in diesem Fall als Arbeitgeber zu qualifizieren – sondern der Ort der Beschäftigung. Allerdings hätte hier im Ergebnis die Verordnung nicht angewendet werden dürfen, da es sich bei diesen Fällen der unechten Unfallversicherung um solche der sozialen Entschädigung handelt, die vom sachlichen Geltungsbereich der Verordnung auszunehmen ist.[121]

Allerdings ist es nach der Judikatur des *EuGH* Sache jedes Mitgliedstaats, durch den Erlass von Rechtsvorschriften die Voraussetzungen festzulegen, unter denen eine Person einem System der sozialen Sicherheit oder einem bestimmten Zweig eines solchen Systems beitreten kann oder muss.[122] Daraus folgert der Gerichtshof in einer späteren Entscheidung,[123] dass es mit dem Gemeinschaftsrecht vereinbar sei, wenn das niederländische Sozialrecht vorsehe, dass die in den Niederlanden beschäftigte Ehefrau, deren Ehemann in einem anderen Mitgliedstaat – hier Deutschland – tätig ist, für den Zeitraum der Beschäftigung ihres Ehemannes in Deutschland in den Niederlanden nicht

---

[115] Siehe dazu näher *Steinmeyer*, SDSRV 1992, S. 169 ff.
[116] Vgl. dazu auch EuGH v. 5. 5. 1977 – Rs 102/76 – (Perenboom), Slg. 1977, 815 ff. = SozR 6050 Art. 13 Nr. 1.
[117] EuGH v. 3. 5. 1990 – Rs C-2/89 – (Kits van Heijningen), Slg. 1990, I-1755 ff. = NZA 1991, S. 614 f.
[118] Vgl. dazu EuGH v. 29. 6. 1988 – Rs 58/87 – (Rebmann), Slg. 1988, 3467 ff.= SozR 6050 Art. 71 Nr. 9.
[119] Vgl. dazu auch *BSG* SozR 2200 § 646 Nr. 5.
[120] BSG SozR 2200 § 539 Nr. 107.
[121] S. *Steinmeyer*, in: FS für Gitter, 1995, S. 963 ff..
[122] EuGH v. 24. 4. 1980 – Rs 110/79 – (Coonan), Slg. 1980, 1445 ff.
[123] EuGH v. 23. 9. 1982 – Rs 275/81 – (Koks), Slg. 1982, 3013 ff.

altersrentenversichert ist. Abgesehen davon, dass diese Ungleichbehandlung nicht im Einklang mit der Richtlinie 79/7/EWG zur schrittweisen Verwirklichung des Grundsatzes der Gleichbehandlung von Männern und Frauen im Bereich der sozialen Sicherheit steht, ist die Entscheidung des Gerichtshofs bedenklich, da die fragliche Regelung wegen der für Wanderarbeitnehmer daraus resultierenden Nachteile ein Freizügigkeitshindernis darstellt. Der Gerichtshof hat aber auch ausgesprochen, dass die nationalen Rechtsvorschriften nicht dazu führen dürfen, dass eine Person, die unter den Anwendungsbereich der VO Nr. 1408/71 fällt, vom Anwendungsbereich dieser nationalen Rechtsvorschriften ausgeschlossen wird.[124] Damit wird deutlich gemacht, dass die **gemeinschaftsrechtlichen Kollisionsnormen nicht zur Disposition der Mitgliedstaaten** stehen.

121 Die übrigen Buchstaben des Absatzes 2 des Art. 13 knüpfen an die Grundentscheidung der Vorschrift an und stellen ihre konsequente Fortführung dar. Sie dienen deshalb im Wesentlichen der Klarstellung; aus Art. 13 Absatz 2 Buchstabe a) hätten sich die Ergebnisse ebenfalls ableiten lassen. Die gewählte kasuistische Aufzählung hat den Vorteil der besseren Verwaltungspraktikabilität aber den Nachteil der Unübersichtlichkeit.

cc) Sonderregelung für Selbständige

122 Art. 13 Abs. 2 Buchstabe b) sieht Sonderregelungen für Selbständige vor. Wie § 3 SGB IV knüpft auch Art. 13 Absatz 2 Buchstabe b an den **Tätigkeitsort** an, wenn die Rechtsvorschriften des Mitgliedstaats als maßgeblich angesehen werden, in dem die selbständige Tätigkeit ausgeübt wird. Diese Anknüpfung stellt das Pendant zur Anknüpfung an den Beschäftigungsort für Arbeitnehmer dar. Die Vorschrift macht deutlich, dass auch in diesem Fall das Wohnlandprinzip zurücktreten muss. Auch hier gilt wieder der Grundsatz, dass ausschließlich die Rechtsvorschriften des Staates anwendbar sind, in dem der Selbständige seine Tätigkeit ausübt.

123 Spezielle Entsendungs- und Sonderregelungen für diesen Personenkreis finden sich in Art. 14 a. Dazu gehört etwa der Fall der Ausübung der Tätigkeit in mehreren Mitgliedstaaten. Grundsätzlich wird hier der Wohnsitz für maßgeblich erklärt.

124 Den **Konfliktfall von gleichzeitiger Ausübung einer selbständigen und einer abhängigen Tätigkeit** regelt Art. 14 c, der dies in Buchstabe a) grundsätzlich zugunsten der Anknüpfung an die abhängige Beschäftigung entscheidet. Die Entscheidung des Art. 14 c Buchstabe a) führt nicht in allen möglichen Fallkonstellationen zu befriedigenden Ergebnissen. Deshalb lässt Buchstabe b) in bestimmten in Anhang VII der Verordnung näher bezeichneten Ausnahmefällen eine Doppelversicherung zu. Aus deutscher Sicht einschlägig ist der Fall der Ziffer 3 des Anhangs VII. Diese Ziffer lautet: „Für die Systeme der landwirtschaftlichen Unfallversicherung und der Altersversicherung der Landwirte: Ausübung einer selbständigen Tätigkeit in Deutschland und einer Beschäftigung im Lohn- oder Gehaltsverhältnis in einem anderen Mitgliedstaat." Diese Ausnahme erklärt sich aus den Besonderheiten der landwirtschaftlichen Sozialversicherung, angesichts derer es bestimmt wurde, die Sicherung nach deutschen Rechtsvorschriften neben der nach den Vorschriften des Beschäftigungsstaats vorzusehen. Der deutsche Landwirt enthält so Altersgeld nach dem Gesetz über eine Altershilfe für Landwirte neben Leistungen aus der Alterssicherung für Arbeitnehmer im Beschäftigungsstaat. Für den Fall von mehreren Beschäftigungsverhältnissen in verschiedenen Mitgliedstaaten bzw. von mehreren selbständigen Tätigkeiten in verschiedenen Mitgliedstaaten verweist Buchstabe b) ebenfalls auf Art. 14 Abs. 2 und 3 für Beschäftigungsverhältnisse und auf Art. 14 a Abs. 2 bis 4 für die selbständige Tätigkeit. Diese Regelung ist nicht unproblematisch, da diese Doppelversicherung die Freizügigkeit der Arbeitnehmer bzw. die Niederlassungsfreiheit der Selb-

---

[124] EuGH v. 3. 5. 1990 – Rs C-2/89 – (Kits van Heijningen), Slg. 1990, I-1755 ff. = NZA 1991, 614 f.

V. Kollisionsnormen 125–129 § 21

ständigen zu beeinträchtigen geeignet ist.[125] Deshalb sieht Generalanwalt Jacobs diese Vorschrift auch als unwirksam an.[126]

dd) Sonderregelung für Seeleute

Für Seeleute bedarf es zumindest zur Klarstellung einer Bestimmung über die bei Tätigkeit an Bord eines Schiffes anwendbare Rechtsordnung. Die Verordnung hat sich insoweit in Art. 13 Absatz 2 Buchstabe c) für eine Anknüpfung entsprechend dem **Flaggenrecht** entschieden, wie sie auch sonst allgemein üblich ist.[127] Art. 13 Abs. 2 Buchstabe c) der Verordnung gilt nicht nur für die als Arbeitnehmer zu qualifizierenden Seeleute sondern auch für die an Bord eines Schiffes tätigen Selbständigen. 125

Spezielle Entsendungs- und Ausnahmenregelungen für diesen Personenkreis finden sich in Art. 14 b. 126

ee) Sonderregelung für Beamte

Die VO (EWG) Nr. 1408/71 galt nach Art. 2 Abs. 3 a. F. für Beamte und die ihnen nach den anzuwendenden Rechtsvorschriften gleichgestellten Personen insoweit, als für sie Rechtsvorschriften Anwendung finden, die unter den sachlichen Geltungsbereich der Verordnung fallen. Nach Art. 4 Abs. 4 a. F. fand die Verordnung allerdings keine Anwendung auf Sondersysteme für Beamte und ihnen Gleichgestellte; neuere Entwicklungen ließen aber eine Ausklammerung dieser Systeme immer zweifelhafter erscheinen.[128] Deshalb ist durch VO (EWG) Nr. 1606/98 vom 29. 6. 1998 diese Ausgrenzung gefallen. Diese **Neuregelung** hat die Regelung des Art. 13 Abs. 2 Buchstabe d) vom Wortlaut her unangetastet gelassen, ihr aber eine neue Bedeutung gegeben, da sie nun auch betrifft nicht die Sondersysteme für Beamte betrifft und nicht nur die Fälle, in denen Beamte und ihnen Gleichgestellte von den allgemeinen unter den sachlichen Geltungsbereich der Verordnung fallenden Systemen erfasst werden. Indem sie das Recht des Beschäftigungsstaates für anwendbar erklärt, dessen Behörde den Beamten bzw. den ihm Gleichgestellten beschäftigt, zieht die Verordnung für diesen Personenkreis die Konsequenzen aus dem Beschäftigungslandprinzip. 127

Die Art. 14 e und f der Verordnung regeln insoweit die einschlägigen Sondertatbestände. 128

ff) Sonderregelung für Zivil- und Wehrdienstleistende

Ein Beschäftigungsverhältnis liegt nicht vor, wenn jemand zur Erfüllung einer Wehrpflicht oder Zivildienstpflicht einberufen oder wiedereinberufen wird. Die betreffende Person erfüllt in diesem Fall eine **öffentlich-rechtliche Dienstpflicht**. Es bedurfte deshalb einer **besonderen Regelung** dieser Frage, wobei auch hier wieder deutlich wird, dass der Verordnungsgeber am Beschäftigungslandprinzip als Grundsatz festhält. Hier wird das Dienstverhältnis als Entsprechung des Beschäftigungsverhältnisses für maßgebend erklärt. Art. 13 Abs. 2 Buchstabe e) gilt nur für diejenigen, die der Erfüllung der Wehrpflicht bzw. der Erfüllung einer Pflicht zum Zivildienst nachkommen. Auf Berufs- oder Zeitsoldaten ist diese Vorschrift nicht anzuwenden. Sie unterfallen den verschiedenen Sonderreglungen der Verordnung für Beamte und ihnen Gleichgestellte. Typischerweise 129

---

[125] Zur Kritik siehe *Devetzi*, Die Kollisionsnormen des Europäischen Sozialrechts, 1998, S. 62 f. m. w. N.; *Horn*, System der Kollisionsvorschriften Verordnung (EWG) 1408/71 – Teil 3, Sozialrecht und Praxis 2000, S. 751 ff., 755 ff.

[126] Opinion of the Advocate General Jacobs – delivered on April 5, 2001, Joined Cases C-393/99 (Inasti ./. Hervein) and C-394/99 (Inasti ./. Lorthiois).

[127] Vgl. dazu etwa im deutschen Recht § 4 Abs. 2 SGB IV sowie BSGE 36, 276 ff. und BSG SozR 2400 § 8 Nr. 1; vgl. zum Arbeitsrecht *BAG* NZA 1990, S. 841 ff. = IPRax 1991, S. 407 ff. sowie *Magnus*, IPRax 1991, S. 382 ff.

[128] Vgl. EuGH v. 22. 11. 1995 – Rs C-443/93 – (Vougioukas gegen IKA), Slg. 1995, I-4033 ff.; EuGH v. 17. 10. 1995 – Rs C-227/94 – (Olivieri-Coenen gegen Bestuur van de nieuwe algemene Bedrijfsvereniging), Slg. 1995, I-3301 ff.; *Steinmeyer*, in: FS für Krasney, S. 567 ff.

sieht der Staat bei Erfüllung einer derartigen Dienstpflicht einen fortbestehenden sozialen Schutz im Rahmen seines allgemeinen Sozialleistungssystems vor. Im deutschen Sozialrecht geschieht dies dadurch, dass bestimmt wird, das Beschäftigungsverhältnis gelte als durch den Wehrdienst oder den Zivildienst nicht unterbrochen. Dies sieht etwa § 26 Abs. 1 Nr. 2 SGB III für das Arbeitsförderungsrecht, § 193 SGB V für die Krankenversicherung und § 3 Satz 1 Nr. 2 SGB VI für die Rentenversicherung vor. Für eine zum deutschen Wehr- oder Zivildienst einberufene Person gelten damit die deutschen Rechtsvorschriften. Die nationalen deutschen Regelungen erklären das Beschäftigungsverhältnis als nicht unterbrochen. Sie gehen also von dem Bild des fortbestehenden deutschen Versicherungsschutzes aus. Dies macht kollisionsrechtlich eine Regelung erforderlich, die sich mit den Fällen befasst, in denen die Ableistung des Wehr- oder Zivildienstes in dem einen Mitgliedstaat erfolgt und das Beschäftigungsverhältnis bisher in einem anderen Mitgliedstaat bestand mit der Folge einer Geltung der sozialrechtlichen Rechtsvorschriften des anderen Staates für dieses Beschäftigungsverhältnis. Deshalb sieht insoweit Satz 2 des Buchstaben e) vor, dass Versicherungszeiten in einem anderem Mitgliedstaat wie Versicherungszeiten zu berücksichtigen sind, die in dem Staat der Ableistung des Wehr- oder Zivildienstes zurückgelegt sind.

gg) Auffangregelung

130 Durch die VO (EWG) Nr. 2195/91 neu eingefügt wurde Buchstabe f) des Art. 13 Abs. 2. Ausweislich der Erwägungsgründe dieser Verordnung ist diese Vorschrift eine Konsequenz aus der Entscheidung des *Europäischen Gerichtshofs* in der Rechtssache 302/84.[129] Es erscheine aufgrund dessen erforderlich, diese neue Regelung aufzunehmen, „damit die Rechtsvorschriften eines Mitgliedstaats nicht weiterhin anwendbar sind, ohne dass die Rechtsvorschriften eines anderen Mitgliedstaats gemäß einer der in den vorausgehenden Buchstaben eben dieses Artikels 13 Abs. 2 genannten Vorschriften oder einer der in den Artikeln 14 bis 17 der betreffenden Verordnung vorgesehenen Ausnahmen auf sie anwendbar würden."[130] Diese Vorschrift entscheidet den **Konflikt zwischen Wohnlandprinzip und Beschäftigungslandprinzip bei einer besonderen Fallkonstellation.** In der Entscheidung **Ten Holder** ging es um die kollisionsrechtliche Zuordnung nach Beendigung einer Beschäftigung. Der *Gerichtshof* hatte sich für die weitere Anwendung der Rechtsvorschriften des bisherigen Beschäftigungsstaats entschieden, und zwar auch dann, wenn die betreffende Person in einem anderen Mitgliedstaat wohnt. Da Art. 13 Abs. 2 grundsätzlich ein Beschäftigungsverhältnis voraussetzt, war es mangels einer anderslautenden ausdrücklichen Regelung konsequent, in diesen Fällen weiterhin die Rechtsvorschriften des bisherigen Beschäftigungsstaates anzuwenden. Davon ist Buchstabe f) nunmehr abgewichen und spricht sich für diesen speziellen Fall für die Geltung des Wohnlandprinzips aus.

131 Buchstabe f) nennt dafür zwei Voraussetzungen. Die betreffende Person darf den Vorschriften des einen Mitgliedstaats nicht mehr unterliegen. Damit kann nur gemeint sein, dass ein Beschäftigungsverhältnis oder eines der anderen in Art. 13 Abs. 2 genannten Verhältnisse nicht mehr besteht, das die Anwendbarkeit der jeweiligen nationalen Rechtsordnung auslöst. Daher bestimmt auch der ebenfalls neu eingefügte Art. 10 b VO (EWG) Nr. 574/72, dass Zeitpunkt und Voraussetzungen, zu denen die Rechtsvorschriften eines Mitgliedstaats nicht weiter für die hier betroffenen Personen gelten, nach den Rechtsvorschriften dieses Mitgliedstaats bestimmt wird. Mit der zweiten Voraussetzung wird die Subsidiarität dieser Kollisionsregel zum Ausdruck gebracht. Sie kann nur gelten, wenn nicht die anderen allgemeinen Kollisionsregeln des Art. 13 und die Sonderregelungen der Art. 14 bis 17 anwendbar sind. Vor einer Anwendung des Wohnlandprinzips nach Buchstabe f) ist deshalb zunächst zu prüfen, ob der Sachverhalt unter eine dieser Regelungen zu

---

[129] EuGH v. 12. 6. 1986 – Rs 302/84 – (Ten Holder), Slg. 1986, 1821 ff.; vgl. hierzu auch *Haverkate/Huster,* Europäisches Sozialrecht, S. 111 f.
[130] ABl. Nr. L 206/2 vom 29. 7. 1991.

V. Kollisionsnormen   132–134   § 21

subsumieren ist. Schließlich wird zum Ausdruck gebracht, dass allein die Rechtsvorschriften des Wohnsitzstaates in diesen Fällen gelten. Dies entspricht der Grundentscheidung des Absatzes 1 insofern, als sichergestellt ist, dass die Rechtsvorschriften nur eines Mitgliedstaats anwendbar sind.

Fraglich ist allerdings, wie vor dem Hintergrund dieser Neuregelung die Sachverhalte 132 zu bewerten sind, die Gegenstand der Rechtssachen **Rebmann**[131] und **Kits van Heijningen**[132] des *Europäischen Gerichtshofs* waren. In beiden Fällen ging es um die Berücksichtigung von Zeiten einer Nichtbeschäftigung; im Unterschied zu dem Sachverhalt in der Rechtssache Ten Holder waren in beiden Fällen jedoch noch fortwirkende Verknüpfungen mit dem Beschäftigungsverhältnis gegeben. Für den der Rechtssache Rebmann zugrundeliegenden Fall hat nunmehr Art. 45 Abs. 8, der durch VO (EWG) Nr. 2195/91 eingefügt wurde, eine besondere Regelung getroffen, die für diesen Fall die Vorschriften des Wohnsitzstaates als maßgeblich erklärt und es dem Träger des Wohnsitzstaates aufgibt, die Zeiten der Vollarbeitslosigkeit so zu berücksichtigen, als habe die betreffende Person während ihrer letzten Beschäftigung den Rechtsvorschriften des Wohnsitzstaates unterlegen. Anders ist dies hinsichtlich der Rechtssache Kits van Heijningen. Hier stand im Vordergrund, dass der zeitliche Umfang der Beschäftigung nicht maßgebend sein kann für die Anwendbarkeit der Verordnung. An der Gültigkeit dieser Aussage hat Buchstabe f) Art. 13 Abs. 2 nichts geändert, so dass diese Fallkonstellation von der Neuregelung unberührt bleibt. Dies ist in der Rechtssache **Kuusijärvi**[133] weiter konkretisiert und verallgemeinert worden. Danach erfasst diese Bestimmung jeden Fall, in dem eine Person, gleichgültig aus welchem Grund, den Rechtsvorschriften eines Mitgliedstaates nicht mehr unterliegt. Sie ist danach nicht auf die Fälle beschränkt, in denen der Betroffene seine Berufstätigkeit in einem bestimmten Mitgliedstaat endgültig oder vorübergehend beendet hat. Die Vorschrift soll die Lückenlosigkeit der Erfassung sicherstellen.

c) Entsendung und vorübergehende selbständige Tätigkeit

Die wichtigste Modifikation der Grundsatznorm des Art. 13 – technisch ausgestaltet als 133 Ausnahmevorschrift zu Art. 13 Absatz 2 Buchstabe a) der Verordnung – findet sich in Art. 14. Sie stellt damit zwar einerseits wie die Buchstaben b) bis f) des Art. 13 Abs. 2 eine Modifikation des Beschäftigungslandprinzips dar, indem für die Anknüpfung an das Beschäftigungsverhältnis die Ausnahmen bestimmt werden. Während sich aber die Modifikationen der Buchstaben b) bis f) des Art. 13 Abs. 2 im wesentlichen mit besonderen vom typischen Beschäftigungsverhältnis abweichenden Tätigkeiten befassen, hat **Art. 14 das typische Beschäftigungsverhältnis** zum Gegenstand und regelt verschiedene Fallkonstellationen bei Sachverhalten mit Berührung zu mehreren Mitgliedstaaten.

Aus Art. 13 Abs. 2 Buchstabe a) ergibt sich, dass bei einer Person, die im Gebiet eines 134 Mitgliedstaats im Lohn- oder Gehaltsverhältnis beschäftigt ist, grundsätzlich der Ort der Beschäftigung maßgebend ist. Dies beruht darauf, dass bei Anknüpfung an das Beschäftigungsverhältnis für die Bestimmung der anzuwendenden nationalen Rechtsordnung grundsätzlich auf den **Schwerpunkt dieses Rechtsverhältnisses** abzustellen ist. Eine derartige Konstruktion bestimmt die Anwendbarkeit von nationalen Rechtsvorschriften danach, zu welcher Rechtsordnung der Sachverhalt die engsten Verknüpfungen hat. In den Fällen der vorübergehenden Tätigkeit in einem anderen Staat und bei Tätigkeiten im Verkehrswesen vermag der tatsächliche Beschäftigungsort anders als sonst nicht den Schwerpunkt des Beschäftigungsverhältnisses zu bezeichnen. Es ist dann nach anderen Anknüpfungspunkten zu suchen. Dies ist der Zweck des Art. 14 der Verordnung ebenso wie der Aus- und Einstrahlungsregelungen der §§ 4 und 5 SGB IV.

---

[131] EuGH, Rs 58/87, Slg. 1988, 3467 ff.
[132] EuGH, Rs C-2/89, Slg. 1990, I-1755 ff.
[133] EuGH v. 11. 6. 1998 – Rs C-275/96 – EAS VO (EWG) 1408/71 Art. 22 Nr. 3.

Steinmeyer

aa) Die Entsendungsregelung des Absatzes 1

135 Abs. 1 enthält dabei die typische Entsendungsregelung, wie sie sich im nationalen deutschen Sozialversicherungsrecht in den §§ 4 und 5 SGB IV und im zwischenstaatlichen Recht in den Sozialversicherungsabkommen findet.[134]

136 Die Entsendungsregelung des Abs. 1 spricht aus, dass trotz tatsächlicher Beschäftigung in einem anderen Mitgliedstaat die Rechtsvorschriften des Staates weiterhin anwendbar bleiben, aus dessen Gebiet die betreffende Person in das Gebiet eines anderen Mitgliedstaats entsandt wird. Aus diesem Grundgedanken ergibt sich, dass **Voraussetzungen für eine** derartige **Entsendung** sind: 1. das Bestehen eines Beschäftigungsverhältnisses zu einem Unternehmen im Gebiet eines Mitgliedstaats, 2. der Tatbestand der Entsendung, 3. der Fortbestand des Beschäftigungsverhältnisses zum bisherigen Arbeitgeber während der Entsendung und 4. die vorherige zeitliche Befristung der Entsendung.

137 Da in den Entsendungsfällen nicht der tatsächliche Beschäftigungsort sondern das im bisherigen Mitgliedstaat fortbestehende Beschäftigungsverhältnis für die Anknüpfung maßgebend ist, muss zunächst geprüft werden, ob ein Beschäftigungsverhältnis zu einem Unternehmen in diesem Mitgliedstaat besteht. Vom Wortlaut her nicht ausgeschlossen ist die Anwendung dieser Regelung auch auf solche Fälle, in denen der Arbeitnehmer nur zum Zwecke der Entsendung eingestellt worden ist. Hier ergeben sich Zweifel, ob auch diese Fälle noch vom Zweck der Vorschrift gedeckt sind.[135]

138 Dazu sieht der Beschluss Nr. 128 der Verwaltungskommission der Europäischen Gemeinschaften für die soziale Sicherheit der Wanderarbeitnehmer vom 17. 10. 1985 zur Durchführung des Artikels 14 Absatz 1 Buchstabe a) und des Artikels 14b Absatz 1 der Verordnung (EWG) Nr. 1408/71 des Rates hinsichtlich der auf entsandte Arbeitnehmer anzuwendenden Rechtsvorschriften vor, dass auch eine Einstellung zum Zwecke der Entsendung für die Anwendung der Entsendungsregelung des Art. 14 ausreicht.[136] Begründet wird dies, indem als Aufgabe des Art. 14 die Vermeidung von Verwaltungsaufwand bei kurzfristigen Beschäftigungszeiten in anderen Mitgliedstaaten genannt wird. Dies ist sicherlich einer der Zwecke dieser Vorschrift, aber nicht der alleinige, so dass gegen diese Argumentation der Verwaltungskommission Bedenken zu erheben sind. Gleichwohl ist sie im Ergebnis zutreffend, da auch der in einem Mitgliedstaat zum Zwecke der Entsendung eingestellte Arbeitnehmer regelmäßig daran interessiert sein wird, in seinem bisherigen Sozialleistungssystem zu verbleiben. Der Beschluss der Verwaltungskommission verlangt aber, dass zwischen dem Unternehmen und dem Arbeitnehmer während der Dauer der Entsendung weiterhin eine arbeitsrechtliche Bindung besteht und das Unternehmen seine Tätigkeit gewöhnlich in dem Mitgliedstaat ausübt, aus dem die Arbeitnehmer entsandt wurden. Dieser Beschluss Nr. 128 ist inzwischen durch Beschluss Nr. 162 vom 31. Mai 1996 zur Auslegung des Artikels 14 Abs. 1 und des Artikels 14b Abs. 1 der Verordnung (EWG) Nr. 1408/71 des Rates hinsichtlich der auf entsandte Arbeitnehmer anzuwendenden Rechtsvorschriften[137] weiter konkretisiert worden. Danach sollen die Regelungen der Art. 14 Abs. 1 und 14b Abs. 1 auch gelten, wenn der gewöhnliche entsandte Arbeitnehmer, der nicht nur zum Zwecke der Entsendung eingestellt wurde, in einem Beschäftigungsstaat in mehr als einem Unternehmen tätig wird. Da die durch den Beschluss Nr. 128 eingeräumten Möglichkeiten bei zum Zwecke der Entsendung eingestellten Arbeitnehmern offenbar zu Missbräuchen geführt haben, verlangt der Beschluss Nr. 162 neben dem fortbestehenden arbeitsrechtlichen Band, dass das betreffende entsendende Unternehmen seine Geschäftstätigkeit gewöhnlich im Entsendestaat ausübt. Weiterhin verbietet der Beschluss die Anwendung der Art. 14 Abs. 1 und 14b Abs. 1, wenn

---

[134] Vgl. zu den Entsendungsregelungen des nationalen, internationalen und supranationalen Rechts Steinmeyer, Einstrahlung.
[135] So aber EuGH Rs 19/67 [Van der Vecht] Slg. 1967, 462 ff. zur VO Nr. 3.
[136] ABl. Nr. C 141 vom 7. 6. 1986.
[137] ABl. EG Nr. L 241/28 v. 21. 9. 1996.

diese Arbeitnehmer aus dem Beschäftigungsstaat in einen weiteren Staat überlassen oder entsandt werden. Dieser Beschluss trägt dem Sinn der Vorschrift Rechnung, da in diesen Grenzfällen der Schwerpunkt des Beschäftigungsverhältnisses als maßgeblicher Anknüpfungspunkt zweifelhaft sein kann. In den Fällen, in denen der Beschluss die genannten Vorschriften für unanwendbar erklärt, liegt der Schwerpunkt des Beschäftigungsverhältnisses nicht mehr im ursprünglichen Beschäftigungsstaat.

Unter **Entsendung** ist **eine durch den Arbeitgeber veranlasste und in seinem Interesse erfolgte Ortsveränderung** zu verstehen. Eine Entsendung liegt deshalb nicht vor bei sog. **Ortskräften**, d. h. solchen Arbeitnehmern, die erst in dem anderen Mitgliedstaat eingestellt worden sind. Sie unterliegen den Rechtsvorschriften des Mitgliedstaats, in dem sie eingestellt worden sind. Um einen Grenzfall handelt es sich in einer Entscheidung des *Bundessozialgerichts* aus dem Jahre 1994,[138] wo ein in Spanien ansässiger Arbeitnehmer spanischer Staatsangehörigkeit mit einer in Deutschland ansässigen Firma einen Arbeitsvertrag schloss und nach einer dreiwöchigen Einarbeitungszeit vereinbarungsgemäß in Spanien tätig wurde. Hier ließ sich daran denken, von einer Entsendung nach Spanien nach Ende der Einarbeitungszeit auszugehen; es spricht aber mehr dafür, von einer Ortskraft in Spanien auszugehen, die zur Einarbeitungszeit nach Deutschland geschickt wird. Die Tätigkeit in Spanien war auch nicht zeitlich befristet und eine spätere Tätigkeit in Deutschland nicht vorgesehen. Es musste deshalb in jedem Fall bei der Anwendung des spanischen Rechts bleiben. **139**

Während einer derartigen Entsendung muss das Beschäftigungsverhältnis zum entsendenden Unternehmen fortbestehen. Es muss eine den **Wechsel des Beschäftigungsorts überdauernde Verknüpfung** vorliegen. Dies bringt die Verordnung auch dadurch zum Ausdruck, dass sie verlangt, der Arbeitnehmer müsse von seinem Unternehmen zur Ausführung einer Arbeit für dessen Rechnung in das Gebiet eines anderen Mitgliedstaats entsandt sein. Wenn Art. 13 Abs. 2 Buchstabe a) den Arbeitnehmer den Rechtsvorschriften am Beschäftigungsort unterwirft ohne Rücksicht auf den Sitz des Arbeitgebers oder des Unternehmens, so folgt daraus für Art. 14 Abs. 1 Buchstabe a), dass auch hier nicht maßgebend sein kann, ob dieser Sitz sich in dem Staat befindet, aus dem der Arbeitnehmer entsandt wird. Ansonsten ließe sich nicht die Fortsetzung des Versicherungsverhältnisses zum Sozialleistungsträger des Staates sicherstellen, bei dem der Arbeitnehmer aufgrund der Grundsatzregelung des Art. 13 Abs. 2 Buchstabe a) versichert gewesen ist. **140**

Das Vorliegen einer fortbestehenden Verknüpfung kann in den Fällen zweifelhaft werden, in denen etwa ein Arbeitnehmer in ein **Tochterunternehmen** oder eine **Repräsentanz** entsandt worden ist. Er kann dort in einer Weise eingegliedert sein, die gegen eine fortbestehende Verknüpfung zum bisherigen mitgliedstaatlichen System spricht. Dies ist im Einzelfall schwierig zu prüfen; es wird dabei dann darauf ankommen, ob über die Konzernzugehörigkeit hinausgehende Verknüpfungen bestehen. Ein – wenn auch mit Vorsicht zu handhabendes – Indiz ist dabei die fortdauernde Gehaltszahlung durch das entsendende Unternehmen. Ein weiteres Indiz ist die fortdauernde Bindung des Arbeitnehmers an Weisungen des entsendenden Unternehmens. Ein wichtiges Indiz gibt schließlich die Verordnung, wenn sie verlangt, dass der Arbeitnehmer für die Ausführung einer Arbeit entsandt sein muss. Es muss also auch bei der Entsendung in ein Tochterunternehmen um die Erfüllung einer konkret abgrenzbaren Aufgabe gehen. **141**

Werden Arbeitnehmer eines Unternehmens innerhalb der Europäischen Gemeinschaft grenzüberschreitend einem anderen Unternehmen überlassen, so stellt sich die Frage, ob ein davon betroffener Arbeitnehmer als dem **Verleih- oder dem Entleihunternehmen** angehörig zu qualifizieren ist, wovon dann im Einzelfall die Anwendung der Entsendungsregelung abhängig ist. Der *Europäische Gerichtshof* entschied hierzu, dass in diesem Fall der betreffende Arbeitnehmer weiterhin als dem Verleihunternehmen zugehörig zu **142**

---

[138] BSG, SozR 3-6050 Art. 14 Nr. 4.

betrachten sei.[139] Er begründete dies mit der Erwägung, dass es Sinn der Entsendungsregelung sei, Hindernisse für die Freizügigkeit von Arbeitnehmern zu überwinden. Es sei daher nicht sinnvoll, sie während der Tätigkeit beim Entleihunternehmen den Rechtsvorschriften eines anderen Mitgliedstaats zu unterwerfen. Die Problematik besteht hier aber darin, dass angesichts der Unterschiedlichkeit der Sozialleistungssysteme zwischen den Mitgliedstaaten und der unterschiedlichen Beitragsbelastung dies von Verleihunternehmen missbraucht werden könnte. Deshalb sehe der Beschluss Nr. 128 (nunmehr auch Beschluss Nr. 162) der Verwaltungskommission vor, dass das entsendende Unternehmen seine Geschäftstätigkeit gewöhnlich im Entsendestaat ausüben müsse. Das heiße im Falle eines Unternehmens, dessen Geschäftstätigkeit darin bestehe, anderen Unternehmen vorübergehend Arbeitnehmer zu überlassen, dass es gewöhnlich Personal solchen Entleihern zur Verfügung stelle, die im Gebiet des Entsendestaates niedergelassen sind. Arbeitnehmer eines Unternehmens also, das ausschließlich oder überwiegend grenzüberschreitend verleiht, unterfallen bei der Tätigkeit bei einem Entleiher in einem anderen Mitgliedstaat nicht weiter den Rechtsvorschriften des Entsendestaates. In einer Entscheidung vom 10. Februar 2000 hat der Europäische Gerichtshof[140] nunmehr klargestellt, dass ein Zeitarbeitsunternehmen nur dann unter Art. 14 Abs. 1 Buchst. a fällt, wenn es seine Geschäftstätigkeit überwiegend im Entsendestaat ausübt.

143 Die Entsendung muss **zeitlich begrenzt** sein. Anders als die §§ 4 und 5 SGB IV enthält Art. 14 eine feste Höchstfrist. Anders als diese Vorschriften sieht Art. 14 auch nicht vor, dass sich die zeitliche Begrenzung aus dem Vertrag oder aus der Eigenart der Beschäftigung ergeben müsse. Art. 14 differenziert insoweit nicht; wenn es aber um die Frage geht, aufgrund welcher Kriterien die Dauer der Arbeit zu ermitteln ist, so wird auf den Vertrag oder die Eigenart der Beschäftigung zurückzugreifen sein. Die Dauer der Arbeit darf voraussichtlich **zwölf Monate** nicht überschreiten. Damit ist erforderlich, dass die zeitliche Begrenzung bereits bei Beginn der Tätigkeit feststeht.

144 Zusätzlich sieht Art. 14 Abs. 1 Buchstabe a) vor, dass die Rechtsvorschriften des Entsendestaates nur dann weitergelten, wenn der betreffende Arbeitnehmer **nicht an Stelle eines anderen Arbeitnehmers entsandt wird, dessen Entsendezeit abgelaufen ist.** Die Vorgängerin der VO (EWG) Nr. 1408/71, die VO Nr. 3 des Rates der EWG über die soziale Sicherheit der Wanderarbeitnehmer[141] enthielt eine solche Einschränkung in ihrer ursprünglichen Fassung nicht. Erst als sich herausstellte, dass mit dieser Vorschrift Missbrauch getrieben wurde, sah man sich zu einer Änderung veranlasst.[142] Verschiedene Unternehmen mit langfristigen Bauaufträgen außerhalb des Mitgliedstaats, in dem der Betrieb liegt, von dem aus die Arbeitnehmer entsandt worden sind, gingen dazu über, die entsandten Arbeitnehmer turnusmäßig abzulösen, um die Abführung höherer Beiträge im Beschäftigungsland zu vermeiden. Es ist aber zu bemerken, dass dies nur eine pragmatische Entscheidung **zur Vermeidung von Missbräuchen** ist; der Systematik der Kollisionsnormen des supranationalen Sozialrechts hätte es eher entsprochen, auch die ablösenden Arbeitnehmer von den Rechtsvorschriften des Entsendestaats zu erfassen, da das Schutzbedürfnis das gleiche ist. Die Vorschrift ist deshalb auch eng auszulegen und kann nicht alle Ablösungen eines Arbeitnehmers durch einen anderen betreffen, sondern nur solche, wo der Grund für die Ablösung der Ablauf der Entsendezeit ist.

145 Eine **zwölf Monate überschreitende Dauer der Tätigkeit** in einem anderen Mitgliedstaat führt nach Abs. 1 Buchstabe b) nur unter sehr engen Voraussetzungen zur Weitergeltung der Rechtsvorschriften des Entsendestaats. Zunächst verlangt die Vorschrift, dass die ursprünglich vorgesehene Dauer zwölf Monate nicht überschreitet. Die Gründe, die zur Fristüberschreitung führen, dürfen nicht vorhersehbar gewesen sein. Hinter dieser

---

[139] EuGH v. 17. 12. 1970 – Rs 35/70 – (Manpower), Slg. 1970, 1251 ff.
[140] EuGH v. 10. 2. 2000 – Rs 202/97 – (Fitzwilliam), EAS VO 1408/71 Art. 14 Nr. 4.
[141] ABl. 1958, 561.
[142] Vgl. dazu BT-Drucks. 4/1669 und 4/1727.

Regelung steht der Gedanke, dass es nicht sinnvoll ist, einen Arbeitnehmer, dessen Tätigkeit im anderen Mitgliedstaat ursprünglich zwölf Monate nicht überschreiten sollte, in solchen besonderen Fällen bei Überschreitung der Frist für die zusätzlichen Monate den Rechtsvorschriften dieses anderen Mitgliedstaats zu unterwerfen oder gar die Fortgeltung der Rechtsvorschriften des Entsendestaats rückwirkend entfallen zu lassen. Die Weitergeltung der Rechtsvorschriften des Entsendestaats ist in diesen Fällen abhängig von einer Genehmigung durch die zuständige Behörde des Staates, in dessen Gebiet der Arbeitnehmer entsandt worden ist. Diese Behörde – in Deutschland der Bundesminister für Arbeit und Sozialordnung – kann die Genehmigung für höchstens zwölf Monate erteilen. Der Antrag ist vor Ablauf der ersten zwölf Monate vom Arbeitgeber zu stellen (vgl. Art. 11 Abs. 2 VO [EWG] Nr. 574/72).

Im Vergleich zu den Entsendungsregelungen in den zwischenstaatlichen Abkommen und im SGB IV ist der Zeitraum in Art. 14 **außerordentlich kurz bemessen.** So findet sich in den §§ 4 und 5 SGB IV keine bestimmte Frist, es wird lediglich verlangt, dass die Entsendung aufgrund der Eigenart der Beschäftigung oder vertraglich im Voraus zeitlich begrenzt ist. Bei den Abkommen wird zum Teil wie im nationalen deutschen Recht auf eine bestimmte Frist verzichtet; im übrigen ist über die Jahre eine Entwicklung hin zu einer Verlängerung der Höchstfrist festzustellen. Die überwiegende Mehrzahl der Abkommen sieht eine Frist von 24 Monaten vor; eine Verlängerung ist regelmäßig möglich. Die kurze Frist des Art. 14 erscheint deshalb auch – insbesondere angesichts der Komplexität der Tätigkeit – manchen entsandten Arbeitnehmers als zu kurz.

Unternehmen nehmen deshalb in beträchtlichem Maße den Art. 17 in Anspruch und beantragen die Vereinbarung von Ausnahmen. Dies hat auch zu einer Diskussion über die Dauer dieser Frist und ihre Veränderung geführt. Im Interesse transnational tätiger Unternehmen erscheint es sinnvoll, die Frist zu verlängern. Andererseits besteht bei langen Fristen die Gefahr des Missbrauchs und der Wettbewerbsverzerrungen. Es kann derzeit keine verlässliche Aussage darüber gemacht werden, wohin die Entwicklung gehen und welchen Weg die Europäische Kommission einschlagen wird. Die kurze Frist gerät verstärkt in die Kritik.[143]

Art. 14 Abs. 1 kann auch nicht die Fälle erfassen, in denen ein entsandter Arbeitnehmer nunmehr von dem zweiten Mitgliedstaat in einen dritten entsandt werden soll. Diese Fälle müssen dann als erneute Entsendung aus dem ersten Mitgliedstaat – nunmehr in einen anderen – interpretiert bzw. ausgestaltet werden. In diesen Fällen ist es sinnvoll, dass der Arbeitnehmer auch weiterhin den Rechtsvorschriften des ersten Entsendestaates unterliegt.

Der Nachweis über die Fortgeltung der Vorschriften des Entsendestaates wird nach Art. 11 Abs. 1 VO (EWG) Nr. 574/72 geführt durch eine Bescheinigung des Mitgliedstaats, dessen Rechtsvorschriften weitergelten (Vordruck E 101). Bei Entsendungen bis zu drei Monaten wird die Entsendebescheinigung in vereinfachter Form ausgestellt (Vordruck E 102). Art. 12 VO (EWG) Nr. 574/72 sieht eine Sonderregelung für den Fall der nach Art. 14 Abs. 1 der Verordnung erfolgenden Weitergeltung deutscher Rechtsvorschriften vor, die ihren Grund in dem gegliederten deutschen Sozialversicherungssystem findet, in dem jeweils der örtlich zuständige Träger bestimmt werden muss. Für diese Fälle sieht die VO (EWG) Nr. 574/72 auch eine Auffang-Anknüpfung am Wohnort und hilfsweise am Zuständigkeitsbereich der AOK Bonn vor.

bb) Abweichungen vom Grundsatz des Absatzes 1

Die Eigenart der Tätigkeit der **Arbeitnehmer von Verkehrsbetrieben** weicht von den üblichen Entsendungsfällen ab. Während wie gezeigt bei den Fällen des Abs. 1 des Art. 14 noch der gewöhnliche Beschäftigungsort als maßgeblich bestimmt werden konnte

---

[143] *European Observatory on Social Security for Migrant Workers,* European Report, München 2001, S. 12.

und der Sitz des Unternehmens grundsätzlich unmaßgeblich ist, kann das für Arbeitnehmer in Verkehrsbetrieben nicht mehr gelten. Der gewöhnliche Beschäftigungsort kann hier keine verlässliche Aussage über die anwendbare Rechtsordnung liefern. Maßgeblich und anwendbar sind deshalb bei Arbeitnehmern im internationalen Verkehrswesen grundsätzlich die Rechtsvorschriften des Mitgliedstaats, in dem das Unternehmen seinen Sitz hat (**Sitzlandprinzip**). Dies gilt diesem Grundgedanken gemäß allerdings nur für das fahrende oder fliegende Personal und nicht für die stationär tätigen Arbeitnehmer.

151 Diese Anknüpfung nach dem Sitzlandprinzip erleidet **Ausnahmen** nach den Ziffern i) und ii) in den Fällen, in denen die Anknüpfung an den Sitz des Beschäftigungsunternehmens wegen Verknüpfungen des Arbeitnehmers mit einem anderen Mitgliedstaat nicht sachgerecht erscheint. So ist der Ort einer Zweigstelle oder einer ständigen Vertretung als Anknüpfungspunkt sinnvoller, wenn eine Person von einer solchen Zweigstelle oder ständigen Vertretung beschäftigt wird. Liegt dieser Ort in einem anderen Mitgliedstaat als der Sitz des Unternehmens, so ist ersterer maßgebend (Ziffer i). Hier wird das Sitzlandprinzip modifiziert, aber an seinem Grundgedanken festgehalten.

152 Nach der Konzeption der Verordnung soll grundsätzlich das Beschäftigungsverhältnis für die Anknüpfung maßgebend sein. Das Sitzlandprinzip spielt deshalb dann eine Rolle, wenn so mangels anderer Kriterien der Schwerpunkt des Beschäftigungsverhältnisses bezeichnet werden kann. Bei Tätigkeiten im internationalen Verkehrswesen spielt daher auch der Sitz des Unternehmens bzw. Wohnsitz des Arbeitgebers eine besondere Rolle. Art. 14 Nr. 1 Buchstabe b) Ziffer ii) der Verordnung sieht deshalb hier nur für einen Ausnahmefall die Anknüpfung an das Wohnland vor. Im internationalen Verkehrswesen kann es vermehrt vorkommen, dass der Arbeitnehmer in einem Staat wohnt, in dem das Unternehmen weder seinen Sitz noch eine Zweigstelle oder ständige Vertretung hat. Hier würde eine andere Anknüpfung als die an den Wohnsitz im Unterschied zu den Fällen der Grenzgänger nicht sachgerecht sein, da die Verbindungen des Arbeitnehmers zum Sitzland des Unternehmens oder zu dem nach Ziffer i) bestimmten Mitgliedstaat möglicherweise gering sind und dieser weit entfernt ist.

153 **Die Frage der Anknüpfung bei Tätigkeit in mehreren Mitgliedstaaten taucht nicht nur im internationalen Verkehrswesen auf.** Da aber Art. 13 nur für die Tätigkeit in einem Mitgliedstaat die anwendbare Rechtsordnung bestimmt und Art. 14 Abs. 1 nur die Fälle regelt, in denen bei Schwerpunkt des Beschäftigungsverhältnisses in einem Mitgliedstaat die tatsächliche Beschäftigung vorübergehend in einem anderen Mitgliedstaat stattfindet, bedurfte es neben der Regelung für das internationale Verkehrswesen einer weiteren Sonderregelung für damit vergleichbare Fälle außerhalb dieses speziellen Bereichs, in denen die Beschäftigung typischerweise und nicht nur vorübergehend grenzüberschreitend ausgeübt wird. Buchstabe b) unterscheidet dabei mehrere Fallgruppen. Die beiden Ziffern i) und ii) unterscheiden sich dabei hinsichtlich des Anknüpfungspunkts, den sie für maßgeblich erklären.

154 Eine Anknüpfung an den **Wohnsitz** der betreffenden Person findet in zwei Fallkonstellationen statt. Ist eine Person in zwei oder mehr Mitgliedstaaten im Lohn- oder Gehaltsverhältnis beschäftigt, so ist die Anknüpfung an den Beschäftigungsort untauglich. Die Anknüpfung an den Sitz oder Wohnsitz des Unternehmens bzw. Arbeitgebers erscheint ebenfalls nicht sinnvoll, da er bei Tätigkeiten der betreffenden Person in mehreren Mitgliedstaaten nicht zuverlässig die sachgerechteste Rechtsordnung bezeichnet. Hier greift deshalb die nach dem System der Verordnung subsidiäre Anknüpfung an den Wohnsitz ein. Voraussetzung ist, dass die betreffende Person typischerweise ihre Tätigkeit im Gebiet mehrerer Mitgliedstaaten ausübt. Dies hat der *Europäische Gerichtshof* auch in einem Fall eines dänischen Arbeitnehmers angenommen, der in Dänemark wohnt und ausschließlich von einem Unternehmen mit Sitz in Deutschland beschäftigt wird und der im Rahmen dieses Arbeitsverhältnisses einen Teil seiner Tätigkeit regelmäßig im Umfang von mehreren Stunden pro Woche während eines Zeitraums, der nicht auf zwölf Monate

V. Kollisionsnormen

beschränkt ist, in Dänemark ausübt.[144] Die gleiche Anknüpfung gilt für solche Fälle, in denen die betreffende Person für mehrere Unternehmen oder mehrere Arbeitgeber tätig ist, die ihren Sitz oder Wohnsitz im Gebiet verschiedener Mitgliedstaaten haben. Voraussetzung ist in beiden Fällen weiterhin, dass sie für ihre Tätigkeit dem dortigen System sozialer Sicherheit angeschlossen ist; anderenfalls gelten die Vorschriften des anderen Beschäftigungsstaates.[145]

Bemerkenswert dabei ist, dass beim **Vorliegen mehrerer Beschäftigungsverhältnisse** nicht für jedes Beschäftigungsverhältnis separat angeknüpft wird, sondern auf die **gesamte Berufstätigkeit der betreffenden Person** abgestellt wird. Dadurch wird die gleichzeitige Anwendung mehrerer Rechtsordnungen vermieden, die insbesondere im Leistungsrecht bei solchen Risiken zu unlösbaren Schwierigkeiten führen würde, die sich ihrer Natur nach nicht dem territorialen Anwendungsbereich einer der betroffenen Rechtsordnungen zuordnen lassen.[146]

Mit dieser Ziffer i) unvereinbar ist eine nationale Bestimmung eines Mitgliedstaats, „die besagt, dass ein in diesem Mitgliedstaat wohnender Arbeitnehmer nicht altersrentenversichert ist, weil er nach den Rechtsvorschriften eines anderen Mitgliedstaats altersrentenversichert ist, und zwar auch dann nicht, wenn er im Gebiet des ersten Mitgliedstaats wohnt und dort zugleich – neben seiner Tätigkeit im Gebiet des anderen Mitgliedstaats – in einem Arbeitsverhältnis steht. Der Umstand, dass die Beschäftigung im Wohnstaat gegenüber der im anderen Mitgliedstaat ausgeübten Haupttätigkeit des Betroffenen nur Nebentätigkeitscharakter hat, ändert nichts hieran."[147] Anderenfalls würde der Mitgliedstaat selbst bestimmen können, inwieweit seine eigenen Rechtsvorschriften oder die eines anderen Mitgliedstaats anwendbar sind.

Subsidiär kann auch der Sitz des Unternehmens bzw. der Wohnsitz des Arbeitgebers maßgebend sein (Ziffer ii). Dies ist dann anzunehmen, wenn Wohnsitzstaat und Beschäftigungsstaat bei Tätigkeit in mehreren Mitgliedstaaten sich auch nicht zum Teil decken, wenn also eine Person in keinem dieser Mitgliedstaaten wohnt. Hier kommt dann wieder der Grundgedanke der prinzipiellen Anknüpfung an das Beschäftigungsverhältnis zum Tragen, indem der Sitz der einen Partei des Beschäftigungsverhältnisses für maßgeblich erklärt wird. In diesen Fällen besteht wie beim Grenzgänger keine Beziehung zwischen Beschäftigungsverhältnis und Wohnsitz.

Eine solche Person, die ihre Tätigkeit gewöhnlich im Gebiet von zwei oder mehr Mitgliedstaaten ausübt, hat davon den Träger ihres Wohnsitzstaates zu unterrichten. Dieser hat im Fall der Ziffer ii) den Träger des Staates zu unterrichten, dessen Rechtsvorschriften gelten (Art. 12a Abs. 1 VO [EWG] Nr. 574/72). Der zuständige Träger des jeweiligen Mitgliedstaats, dessen Rechtsvorschriften anwendbar sind, stellt eine Bescheinigung über die Anwendung seiner Rechtsvorschriften aus und übermittelt sie den Trägern der beteiligten Mitgliedstaaten (Art. 12a Abs. 2 und 4 VO [EWG] Nr. 574/72). Die Träger der anderen beteiligten Mitgliedstaaten müssen bei Anwendung des Art. 14 Abs. 2 Buchstabe b) Ziffer i) erforderlichenfalls die zur Beitragsberechnung notwendigen Auskünfte erteilen (Art. 12a Abs. 2 Buchstabe b) VO [EWG] Nr. 574/72). Für den Fall der Anwendung deutscher Rechtsvorschriften sieht Art. 12 VO (EWG) Nr. 574/72 eine Sonderregelung zur Bestimmung des zuständigen Trägers vor.

---

[144] EuGH v. 16. 2. 1995 – Rs C-425/93 (Calle Grenzshop), EAS VO [EWG] 1408/71 Art. 14 Nr. 3 = Slg. 1995, I-269.

[145] EuGH, Rs 8/75 (Caisse primaire d'assurance maladie de Sélestat gegen Association du foot-ball club d'Andlau), Slg. 1975, 739 ff. – zu VO [EWG] Nr. 3).

[146] EuGH v. 1. 3. 1973 Rs 73/72 – (Bentzinger), Slg. 1973, 283 ff..

[147] EuGH v. 23. 9. 1982 – Rs 276/81 – (Kuijpers), Slg. 1982, 3027 ff. = SozR 6050 Art. 14 Nr. 2).

cc) Sonderregelung für grenzüberschreitende Betriebe

159 Die Anknüpfung an das Beschäftigungsverhältnis und damit den Beschäftigungsort versagt schließlich auch bei grenzüberschreitenden Betrieben, wenn es sich um solche handelt, durch die die gemeinsame Grenze zweier Mitgliedstaaten führt. Hier entscheidet Art. 14 Abs. 3 zugunsten der Anknüpfung an den Sitz des Unternehmens. Diese Vorschrift hat **Bedeutung für Bergbaubetriebe und für landwirtschaftliche Betriebe**.

160 Diese Regelung ist Ausdruck einer Detailverliebtheit des Gesetzgebers der Verordnung, der kasuistisch alle denkbaren Fallkonstellationen zu erfassen versucht.

d) Kollision von freiwilliger und Pflichtversicherung

161 Kennzeichnend für die Sozialversicherungssysteme der Mitgliedstaaten ist, dass sie zumeist **neben der Pflichtversicherung auch die freiwillige Versicherung** zulassen. Es kommt aber auch vor, dass es für einzelne Zweige in einem Mitgliedstaat nur ein System der freiwilligen Versicherung gibt. Aufgrund dieser Situation kann es sowohl zu einem Zusammentreffen von freiwilliger Versicherung und Pflichtversicherung kommen als auch dazu, dass die Kollisionsregeln der Verordnung auf eine Rechtsordnung verweisen, die keine Pflichtversicherung, sondern **nur eine freiwillige Versicherung** oder freiwillige Weiterversicherung vorsieht. Art. 15 Abs. 1 regelt diesen im gewissen Sinne negativen Kollisionsfall, während die Absätze 2 und 3 sich dem Zusammentreffen von freiwilliger Versicherung und Pflichtversicherung widmen.

162 Art. 13 bestimmt für die relevanten Sachverhalte mit Berührung zu mehreren Mitgliedstaaten die anwendbaren Rechtsvorschriften und folgt dabei dem Grundsatz, dass jeweils nur eine mitgliedstaatliche Rechtsordnung anwendbar sein darf. Von diesem Grundsatz macht Art. 15 Abs. 1 eine Ausnahme, wenn eines der in Art. 4 der Verordnung genannten Systeme der sozialen Sicherheit in einem Mitgliedstaat nur die Möglichkeit einer freiwilligen Versicherung oder freiwilligen Weiterversicherung vorsieht. Hier wird also hinsichtlich der Anwendbarkeit einer bestimmten Rechtsordnung allein auf das nationale Recht verwiesen; Art. 13 bis 14d bleiben insoweit unanwendbar.[148] In diesem Fall wird eine freiwillige Versicherung neben einer Pflichtversicherung zugelassen, der Grundsatz der alleinigen und ausschließlichen Versicherungszugehörigkeit zum System eines einzigen Mitgliedstaats gilt insoweit nicht. Der Vorrang der Pflichtversicherung bleibt so erhalten. Die Vorschrift ist dahin zu verstehen, dass in diesen Fällen hinsichtlich der Pflichtversicherung die nach den Kollisionsregeln der Verordnung subsidiär zuständige Rechtsordnung greift. Davon zu unterscheiden ist der ebenfalls in Art. 15 Abs. 1 angesprochene Fall, dass ein nationales System für einen der in Art. 4 genannten Zweige der sozialen Sicherheit nur die freiwillige Versicherung vorsieht; in diesem Fall finden auch für die freiwillige Versicherung die Art. 13 bis 14d Anwendung.

163 Ein Zusammentreffen von freiwilliger Versicherung und Pflichtversicherung kann sich in den Fällen ergeben, in denen die Verordnung die Anwendung der Rechtsvorschriften mehrerer Mitgliedstaaten zulässt. Die Bedeutung des Art. 15 Abs. 2 geht aber darüber hinaus; die Vorschrift will auch allgemein die Fälle erfassen, in denen es um die Entscheidung zwischen zwei oder mehreren Rechtsordnungen geht. Hier soll an die Stelle der Rangfolge der unterschiedlichen Anknüpfungskriterien der Vorrang der Pflichtversicherung vor der freiwilligen Versicherung bzw. der freiwilligen Weiterversicherung treten. Der Grundsatz der Anwendung nur einer Rechtsordnung bleibt hier erhalten.

164 Diese Konstellation ergibt sich aber nicht nur im Verhältnis zwischen Pflichtversicherung und freiwilliger Versicherung; vielmehr können auch freiwillige Versicherung und freiwillige Weiterversicherung nach mehreren Systemen zusammentreffen. Um auch hier nur eine Rechtsordnung anzuwenden, wird bestimmt, dass sich der Versicherte für eines der Systeme zu entscheiden habe. Es wird ihm hier entsprechend dem Grundgedanken

---

[148] S. dazu auch *Devetzi*, Kollisionsnormen, S. 89.

von freiwilliger Versicherung und freiwilliger Weiterversicherung die Möglichkeit eingeräumt, über seinen Versicherungsschutz hinsichtlich der mitgliedstaatlichen Zuordnung frei zu entscheiden.

e) Abweichende Vereinbarungen

Art. 17 VO 1408/71 sieht vor, dass zwei oder mehr Mitgliedstaaten von den Art. 13 bis 16 VO 1408/71 abweichende Vereinbarungen treffen können. Bedeutung erlangt diese Regelung bei der Befristung von Entsendungen. Von der ansonsten bewährten Vorschrift des Art. 14 Abs. 1 VO 1408/71 wird abgewichen, um die Zeitspanne der Entsendung zu verlängern, da die Versicherten in der Regel ein Interesse daran haben, in der nationalen Sozialordnung verbleiben zu können.[149] Die relativ kurze und starre Frist des Art. 14 VO 1408/71 führt bei den entsendenden Unternehmen zu praktischen Schwierigkeiten und zu einem erhöhten Verwaltungsaufwand.[150] Sollen beispielsweise Arbeiter eines deutschen Unternehmens für drei Jahre nach Spanien entsandt werden, so kann mit der zuständigen Verbindungsstelle vereinbart werden, dass die Betreffenden weiterhin in der Bundesrepublik sozialversichert sind.

Von der Möglichkeit der Vereinbarung nach Art. 17 VO 1408/71 wird **in der Praxis relativ großzügig Gebrauch** gemacht. Dabei spielt eine Rolle, dass die Entsendungsfristen des Art. 14 VO 1408/71 als sehr restriktiv angesehen werden, andererseits aber auch diese kurzen Fristen unter Wettbewerbsaspekten befürwortet werden. Wenn längere Fristen wegen des Beitragsgefälles zwischen den Mitgliedstaaten zu Wettbewerbsverzerrungen führen, so erweist sich Art. 17 VO 1408/71 als Instrument, um einerseits den Fällen längerer Tätigkeit in einem anderen Mitgliedstaat Rechnung zu tragen, andererseits aber auch Missbräuche des Beitragsgefälles verhindern zu können. Die Praxis variiert im Einzelnen. So sind die meisten Mitgliedstaaten bereit, etwa die Höchstdauer der Entsendung flexibel zu handhaben, während Belgien und die Niederlande nicht bereit sind, einer Freistellung von den jeweiligen Rechtsvorschriften über soziale Sicherheit zuzustimmen, wenn es einen Zeitraum von fünf Jahren übersteigt. Mit einer solchen Frist von fünf Jahren arbeiten auch Dänemark, Griechenland, Großbritannien, Italien und Irland. Frankreich und Deutschland akzeptieren generell Zeiträume von bis zu acht Jahren, sind aber auch – wie allgemein Portugal – zu weiterer Flexibilität bereit.[151]

Einer Vereinbarung nach Art. 17 bedarf es etwa, wenn von vornherein absehbar ist, dass die Tätigkeit in einem anderen Mitgliedstaat zwölf Monate übersteigen wird. Einer solchen Vereinbarung bedarf es auch, wenn zunächst an eine kurzfristige Entsendung gedacht worden ist, sich aber hernach herausstellt, dass die Tätigkeit den nach Art. 14 der Verordnung höchstzulässigen Zeitraum von vierundzwanzig Monaten übersteigt. Art. 17 soll nicht faktisch die Möglichkeit einer Rechtswahl einräumen sondern für Fälle, in denen trotz längeren Aufenthalts in einem anderen Mitgliedstaat der Schwerpunkt des Beschäftigungsverhältnisses weiterhin im Entsendestaat verbleibt, eine sachgerechte Zuordnung ermöglichen.

Art. 17 nennt als **Partner einer derartigen Vereinbarung** die Mitgliedstaaten, die zuständigen Behörden dieser Staaten und die von diesen Behörden bezeichneten Stellen. Zu den letzteren ist Anhang 10 zur VO (EWG) Nr. 574/72 heranzuziehen. Für die Bundesrepublik Deutschland ist dies in der Regel der AOK-Bundesverband. Zuständige Behörde ist nach Anhang 1 zur VO (EWG) Nr. 574/72 der Bundesminister für Arbeit und Sozialordnung.

Die **Rechtsnatur der Vereinbarungen** richtet sich nach den jeweiligen Vertragspartnern. Vereinbarungen zwischen Mitgliedstaaten haben völkerrechtlichen Charakter. Da zur Erfüllung einer Vereinbarung nach Art. 17 in der Regel kein gesetzgeberischer Akt

---

[149] *Neumann-Duesberg,* Wechselwirkung, S. 83, 84 f.
[150] *Steinmeyer,* in: Fuchs (Hrsg.), Art. 17 Rn. 1.
[151] *Devetzi,* Kollisionsnormen, S. 80 m. w. N.

erforderlich ist, handelt es sich um ein Verwaltungsabkommen, das keiner Zustimmung des Parlaments bedarf.[152] Allerdings vertritt das *BSG*[153] die Auffassung, dass Sonderabkommen nach Art. 17 der Verordnung, die die Versicherungszugehörigkeit einer nach abstrakt-generellen Merkmalen bestimmten Gruppe von Arbeitnehmern abweichend von Art. 13 f. der Verordnung regeln, für ihre innerstaatliche Wirksamkeit des hierfür nach nationalem Recht vorgesehenen Anwendungsbefehls bedürfen (Verkündung des Vertragsinhalts mit Gesetzes- bzw. Verordnungskraft). Dem ist für diese besondere Konstellation zuzustimmen, wenn auch die daraus resultierenden Schwierigkeiten nicht unterschätzt werden dürfen. Abstrakt-generelle Regelungen haben nach deutschem öffentlichem Recht Rechtsnormcharkter.[154] In den anderen Fällen handelt es sich um öffentlich-rechtliche Verträge.

170 Nach der Rechtsprechung des *Europäischen Gerichtshofs*[155] haben die Mitgliedstaaten die Möglichkeit, die Anwendung der Rechtsvorschriften eines dieser Mitgliedstaaten auch mit **rückwirkender Kraft** zu beschließen. Art. 17 gewährt nach seinem Wortlaut den Mitgliedstaaten eine umfassende Vereinbarungsbefugnis, wenn es heißt, dass sie Ausnahmen von den Art. 13 bis 16 vereinbaren können. Art. 17 enthält weder Anhaltspunkte, aus denen auf ein Verbot von Vereinbarungen mit rückwirkender Kraft geschlossen werden könnte, noch hindert er, dass für einen längeren Zeitraum pauschal die Rechtsvorschriften eines der Mitgliedstaaten für anwendbar erklärt werden. Dies kann selbst für den Fall geschehen, dass es ein Arbeitnehmer versäumt hat, dem durch Art. 13 Abs. 2 Buchstabe a) bezeichneten Sozialversicherungssystem beizutreten.

171 Mit einer Vereinbarung nach Art. 17 kann aber nur die **Anwendbarkeit der Rechtsvorschriften eines Mitgliedstaates über soziale Sicherheit insgesamt** vereinbart werden. Die Vereinbarung einer Anwendbarkeit nur einzelner Bereiche des jeweiligen mitgliedstaatlichen Systems, also etwa nur der Krankenversicherung oder nur der Rentenversicherung, ist nicht möglich.

172 Art. 17 verschafft zwar ein gewisses Maß an **Flexibilität,** ist jedoch von seiner Durchführung her für die Beteiligten **zeitraubend** und führt zu einer stark variierenden Praxis unter den Mitgliedstaaten.[156] Es ist festzustellen, dass insbesondere in Deutschland Art. 17 besonders oft angewendet wird, was sicherlich auch darauf zurückzuführen ist, dass die Ein- und Ausstrahlungsregelungen des deutschen Rechts (§§ 4 und 5 SGB IV)[157] keine konkrete zeitliche Begrenzung kennen.[158]

VI. Gemeinsame Strukturelemente

173 Die besonderen Vorschriften für die einzelnen Leistungsarten betreffen sehr unterschiedliche soziale Risiken, mit der Folge, dass die jeweiligen Regelungen den strukturellen Besonderheiten gerecht werden müssen.[159] Trotz der Verschiedenheit finden sich gemeinsame Strukturelemente, die das Regelungswerk der VO 1408/71 kennzeichnen. Es

---

[152] Anders wohl *Baumeister-Schroeter* GesKomm SGB-SozVers., Anm. 2 zu Art. 17 VO Nr. 1408/71.
[153] *BSG* SozR 6180 Art. 13 Nr. 3.
[154] So auch *Schuler/Schulte,* SGb 1983, S. 125 ff., 126 f.
[155] EuGH v. 17. 5. 1984 – Rs 101/83 -Brusse, Slg. 1984, 2223 ff. = SozR 6050 Art. 17 Nr. 2. Art. 17.
[156] Siehe *European Observatory on Social Security for Migrant Workers,* European Report, München 2001, S. 13, 38.
[157] S. *Steinmeyer,* Die Einstrahlung im internationalen Sozialversicherungsrecht, Berlin 1981.
[158] Darauf weist hin *European Observatory on Social Security for Migrant Workers,* European Report, München 2001, S. 13, 38.
[159] S. auch § 23.

VI. Gemeinsame Strukturelemente

handelt sich um tragende Prinzipien, die wiederum Ausdruck des mit der VO 1408/71 angestrebten Ziels sind. Wie unterschiedlich einzelne Regelungen auch sein mögen, gemeinsame Strukturelemente tragen wie eine Klammer dazu bei, ein in sich geschlossenes System zu bilden, das der übergeordneten Aufgaben- und Zielvorstellung gerecht wird.

Die Verordnung 1408/71 ist ein Mittel, die sich aus dem Gebrauch der Grundfreiheiten, insbesondere des Freizügigkeitsrechts, ergebenden sozialen Nachteile zu beseitigen, indem sie Überschneidungen und die Diversität der nationalen Rechtsordnungen auf Gemeinschaftsebene so regelt, dass demjenigen, der von seinem Recht auf Freizügigkeit Gebrauch macht, keine Nachteile entstehen.[160] Eine solche, allen Regelungen der VO 1408/71 gemeinsame Regelung ist die bereits dargestellte Gleichbehandlung.

1. Verbot des Zusammentreffens von Leistungen

a) Grundsatz

Ein weiterer, sehr bedeutender Grundsatz der VO 1408/71 ist das Verbot des Zusammentreffens von Leistungen oder auch **Antikumulierungsgrundsatz** genannt. Seine rechtliche Verankerung hat der Grundsatz in Art. 12 VO 1408/71 mit der näheren Ausgestaltung in den Art. 7 ff. VO 574/72 erfahren. Art. 12 Abs. 1 S. 1 VO 1408/71 stellt den Grundsatz auf, dass aufgrund dieser Verordnung ein Anspruch auf mehrere Leistungen gleicher Art aus derselben Pflichtversicherungszeit weder erworben noch aufrechterhalten werden kann. Diese Vorschrift soll verhindern, dass die von der VO 1408/71 erfassten Personen aufgrund der Verordnung hinsichtlich gleichartiger Leistungen besser oder schlechter gestellt werden als Personen, die nur dem Recht eines Mitgliedstaates unterliegen. Insofern kann man den Antikumulierungsgrundsatz auch als Ausprägung des Gleichbehandlungsgrundsatzes auffassen.

Das **Verbot der Leistungskumulation** ist leistungs- und nicht personenbezogen; es umfasst damit auch Leistungen verschiedener Personen für denselben Zweck, etwa einen Anspruch beider Elternteile auf eine Leistung für dasselbe Kind. Demzufolge sind auch die Personen von dem Kumulierungsverbot erfasst, die ihre Rechtsstellung von einer anderen Person ableiten, wie Familienangehörige und Hinterbliebene. Ausgenommen von dem Verbot des Zusammentreffens von Leistungen sind Leistungen bei Invalidität, Alter, Tod (Renten) oder Berufskrankheiten, die von den Trägern von zwei oder mehr Mitgliedstaaten gemäß Art. 41, 43 Abs. 2 und 3, 46, 50, 51 oder 60 Abs. 1 lit. b festgestellt werden.

Die Verordnung muss verhindern, dass von nicht ausreichend abgestimmten nationalen Sozialrechtsordnungen Wanderarbeitnehmer dadurch profitieren, dass sie mehrfach aus der gleichen Pflichtversicherungszeit nach verschiedenen Sozialrechtsordnungen Leistungen beziehen können. Es soll also verhindert werden, dass aus derselben Anwartschaft gleich mehrere Leistungen erwachsen. Der in den Kollisionsnormen zum Ausdruck gekommene Grundsatz, dass grundsätzlich nur das Recht eines Mitgliedstaates angewendet werden soll, wird hier auf das Leistungsrecht übertragen.

b) Der Verweis in Art. 12 Abs. 1 Satz 2

Wenn Satz 2 des Absatzes 1 davon eine Ausnahme macht, so vermittelt das auf den ersten Blick den Eindruck, dass bei den dort bezeichneten Leistungen eine Kumulierung möglich ist. Satz 2 verweist aber nur auf die Vorschriften, bei denen es um die Gewährung bzw. Feststellung von Leistungen geht. Ausgeklammert sind also die Vorschriften, die die Berücksichtigung von Zeiten behandeln, also die Zusammenrechnung usw. regeln. Mit diesem Verweis kann nur gemeint sein, dass die Problematik der Kumulierung hier in den speziellen Vorschriften geregelt ist, eine pauschale Anwendung des allgemeinen Grundsat-

---

[160] *Klang*, Soziale Sicherheit und Freizügigkeit, S. 36 f.

zes also nicht angemessen wäre. Für diese Leistungen ist deshalb auf die Vorschriften zu diesen Leistungen Bezug zu nehmen, die die Problematik der Kumulierung insoweit speziell regeln.

c) Die Problematik nationaler Antikumulierungsvorschriften

179 Absatz 2 der Vorschrift betrifft den Fall, dass **nationale Rechtsvorschriften für den Fall des Zusammentreffens mehrerer Leistungen** der sozialen Sicherheit sowie einer Leistung der sozialen Sicherheit mit sonstigen Einkünften die Kürzung, das Ruhen oder den Entzug dieser Leistung vorsehen. Art 12 Abs. 2 bewirkt hier, dass für die Anwendung dieser Anrechnungs- und Entziehungsvorschriften entsprechende Leistungen oder Einkünfte anderer Mitgliedstaaten den deutschen Leistungen oder Einkünften grundsätzlich gleichgestellt werden.

180 Hiervon wird allerdings eine Ausnahme insofern gemacht, als über diese Anwendung nationaler Antikumulierungsvorschriften die Verordnung ebenfalls nähere Bestimmungen treffen kann. Derartige Sondervorschriften finden sich für die nach Kapitel 3 der Verordnung (Alter und Tod – Renten) zu berechnenden Renten in den Art. 46a bis c der Verordnung.

181 Für Waisenrenten und Kinderzuschüsse als Leistungen des Kapitels 8 der Verordnung gelten diese Sonderregelungen nicht, wie sich aus Art. 44 Abs. 3 der Verordnung ergibt. Insoweit gilt weiter Art. 12 Abs. 2 und die dazu ergangene Rechtsprechung. Diese Rechtsprechung wurde eingeleitet durch die Entscheidung in der Rechtssache Petroni v. 21. 10. 1975.[161] Diese Entscheidung erklärte Art. 46 Abs. 3 der Verordnung als mit Art. 51 des Vertrages (jetzt Art. 42 EG-Vertrag) für unvereinbar, als er vorschreibt, dass die Kumulierung zweier in verschiedenen Mitgliedstaaten erworbener Leistungen durch eine Kürzung der in einem Mitgliedstaat allein nach dessen Rechtsvorschriften erworbenen Leistung beschränkt wird. Eine Kürzung der erworbenen Ansprüche kommt also nicht in Betracht, soweit dafür eine Legitimation durch Gemeinschaftsrecht fehlt. Diesen auch als Petroni-Prinzip bezeichneten Grundsatz hat der Gerichtshof damit begründet, dass Gemeinschaftsrecht nicht rechtsverkürzend sondern immer nur rechtserweiternd wirken könne. Wenn ein Leistungsanspruch bereits nach dem Recht eines Mitgliedstaates erworben worden ist, so dürfe er nicht im Hinblick auf konkurrierende Leistungsansprüche gekürzt werden.

182 Dieser **Petroni-Grundsatz** mag sich als Konsequenz aus primärem Gemeinschaftsrecht ergeben, führte jedoch in der Praxis zu Problemen, was den Verordnungsgeber zur Modifikation und zur Einführung der Art. 46a ff. der Verordnung veranlasste.

183 Er führte auch zur Neufassung des Art. 12 Abs. 2, der vorher lautete:

„Ist in den Rechtsvorschriften eines Mitgliedstaates für den Fall des Zusammentreffens einer Leistung mit anderen Leistungen der sozialen Sicherheit oder mit anderen Einkünften vorgesehen, dass die Leistungen gekürzt, zum Ruhen gebracht oder entzogen werden, so sind diese Vorschriften einem Berechtigten gegenüber auch dann anwendbar, wenn es sich um Leistungen, die nach den Rechtsvorschriften eines anderen Mitgliedstaats erworben wurden, oder um Einkünfte handelt, die im Gebiet eines anderen Mitgliedstaats bezogen werden. Dies gilt jedoch nicht, wenn der Berechtigte Leistungen gleicher Art bei Invalidität, Alter, Tod (Renten) oder Berufskrankheit erhält, die von den Trägern zweier oder mehrerer Mitgliedstaaten gemäß den Artikeln 46, 50 und 51 oder gemäß Art. 60 Absatz 1 Buchstabe b) festgestellt werden."

184 Nach Art. 46 Abs. 3 alter Fassung lag eine nicht gerechtfertigte Kumulierung von Leistungen vor, wenn die betreffende Person Leistungen gleicher Art erhielt, deren Summe den höchsten der theoretischen Beträge überstieg. Der theoretische Betrag wurde in Artikel 46 Abs. 2 Buchstabe a) als eine Leistung definiert, auf die die betreffende Person in einem Mitgliedstaat Anspruch gehabt hätte, wenn sie ihre gesamte Laufbahn dort zurückgelegt hätte.

---

[161] EuGH v. 21. 10. 1975 (Petroni) – Rs 24/75 –, Slg. 1975, S. 1149.

VI. Gemeinsame Strukturelemente

Zum Zusammentreffen von Leistungen gleicher Art findet sich nunmehr eine Regelung **185** in Art. 46a Abs. 1, wonach es sich dabei handelt um das Zusammentreffen „von Leistungen bei Invalidität, Alter oder für Hinterbliebene, die auf der Grundlage von ein und derselben Person zurückgelegten Versicherungs- und/oder Wohnzeiten berechnet und gewährt wurden."

Das Zusammenspiel von Art. 12 Abs. 2 und Art. 46a Abs. 1 führt aber dazu, dass wei- **186** terhin die Frage nach der Gleichartigkeit der Leistungen von Bedeutung ist. Eine neuere **Entscheidung des EuGH aus dem Jahre 1995**[162] fasst die bisherige Rechtsprechung dahin zusammen, dass Leistungen der sozialen Sicherheit unabhängig von den besonderen Merkmalen der verschiedenen nationalen Rechtsvorschriften als **Leistungen gleicher Art** zu betrachten sind, wenn ihr Gegenstand und ihr Zweck sowie ihre Berechnungsgrundlage und die Voraussetzungen für ihre Gewährung identisch sind. Die an den EuGH in dieser Rechtssache gestellte Frage lautete deshalb dahin, ob eine Altersrente, die nach den Rechtsvorschriften eines Mitgliedstaates aufgrund der von dem Betroffenen in diesem Staat persönlich zurückgelegten Versicherungszeiten gewährt wird, und eine Altersrente, die der Betroffene nach den Rechtsvorschriften eines anderen Mitgliedstaates als geschiedener Ehegatte aufgrund der vom früheren Ehegatten zurückgelegten Versicherungszeiten erhält, Leistungen gleicher Art im Sinne von Art. 12 Abs. 2 VO 1408/71 a.F. und Art. 12 Abs. 2 und 46a VO 1408/71 n.F. sind.

In seinem Schlussantrag zu der o.g. Entscheidung macht Generalanwalt Lenz die **187** Rechtslage nach altem Recht wie folgt deutlich:
– Wird eine Rente ausschließlich auf der Grundlage nationaler Vorschriften berechnet, dann kommen auch die nationalen (externen) Antikumulierungsvorschriften zur Anwendung.
– Wird hingegen eine Berechnung auf der Grundlage des Artikels 46 vorgenommen, dann muss die Verordnung 1408/71 insgesamt zur Anwendung kommen, so dass nationale Antikumulierungsvorschriften bei Leistungen *gleicher Art* im Sinne des Artikels 12 Absatz 2 Satz 2 nicht zur Anwendung kommen und dies auch nicht bei der Berechnung der selbständigen Leistung im Sinne des Artikels 46 Absatz 1.

Die Neuregelung ist danach wie folgt zu verstehen: **188**

Die Anwendbarkeit nationaler Antikumulierungsvorschriften ist gemäß Art. 12 Abs. 2 grundsätzlich zu bejahen, „sofern diese Verordnung nichts anderes bestimmt." Bei der „gemeinschaftlichen" Berechnung einer Rente nach Artikel 46 Absatz 2 werden nationale Antikumulierungsvorschriften beim Zusammentreffen von Leistungen gleicher Art nicht angewendet laut Artikel 46b Abs. 1. Bei der Berechnung der „autonomen Rente" nach Artikel 46 Absatz 1 Buchstabe a Ziffer i werden nationale Antikumulierungsvorschriften nur in den zwei Fällen des Artikels 46b Absatz 2 Buchstabe a und b angewendet. Im zu entscheidenden Fall ging es dann darum, ob es sich im Sinne der Neufassung um eine Leistung gleicher Art im Sinne des Artikels 46a (n.F.) handelt, damit die nationalen – hier belgischen – Antikumulierungsvorschriften nicht zur Anwendung kommen.

d) Zusammenfassung

Die Regelung des Artikels 12 ist also zu verstehen in ihrer Funktion als Vorschrift, die **189** Kumulierungen einerseits verhindern andererseits aber auch die Möglichkeit von nationalen Antikumulierungsvorschriften begrenzen soll.

2. Die Zusammenrechnung von Versicherungszeiten

Bei Leistungen, zu deren Geltendmachung Versicherungs- und/oder Beschäftigungs- **190** zeiten vorliegen müssen, ist das Zusammenrechnungsprinzip von Bedeutung. Als prägen-

---

[162] EuGH v. 11.8.1995 (Schmidt) Rs C-98/94 Slg. I-1995, S. 2559 kritisch dazu *Heinze,* SGb 2001, 157 ff.

des Strukturelement der VO 1408/71 beruht es auf der Vorgabe des Art. 42 lit. a EGV. Dort ist vorgesehen, dass ein System für aus- und einwandernde Arbeitnehmer und deren anspruchsberechtigte Angehörige eingeführt wird, das die Zusammenrechnung aller nach den verschiedenen innerstaatlichen Rechtsvorschriften berücksichtigten Zeiten für den Erwerb und die Aufrechterhaltung des Leistungsanspruchs sowie für die Berechnung der Leistungen sichert.

191 Im Gegensatz zum Antikumulierungsgrundsatz oder zum Grundsatz der Gleichbehandlung findet sich keine allgemeine Vorschrift, die dieses Prinzip für die gesamte Verordnung ausgestaltet. Statt dessen enthalten die besonderen Vorschriften in ihren **einzelnen Kapiteln Normen, die Regelungen über die Zusammenrechnung der Versicherungs-, Beschäftigungs- und Wohnzeiten** treffen (Artt. 18, 38, 45, 64, 67, 72). Diese Normen ordnen an, dass – soweit erforderlich – der jeweilig zuständige Träger eines Mitgliedstaats die Versicherungs-, Beschäftigungs- und Wohnzeiten, die in einem anderen Mitgliedstaat nach den dortigen Rechtsvorschriften zurückgelegt worden sind, berücksichtigt. Der Sinn und Zweck dieser Regelungen besteht wiederum darin, dass der Gebrauch der gemeinschaftlichen Grundfreiheiten nicht zu Nachteilen führen darf. Wie die Zeiten berücksichtigt werden, ist in Art. 15 VO 574/72 ausführlich geregelt.

3. Die Exportierbarkeit von Leistungen

192 In engem Zusammenhang mit der Zusammenrechnung von Versicherungszeiten steht auch das **Leistungsexportprinzip**. Auch dieses Prinzip ist ein die VO 1408/71 beherrschendes Strukturelement. Es lässt sich auf Art. 42 lit. b EGV zurückführen. Seine Konkretisierung in der Verordnung findet sich in Art. 10 Abs. 1 VO 1408/71.[163] Das mit dem Leistungsexportprinzip verfolgte Anliegen ist es, Ansprüche auf Leistungen auch dann zu gewähren, wenn sich der Betreffende in einen anderen Mitgliedstaat begibt. Die Freizügigkeit der Arbeitnehmer, wie überhaupt die Verwirklichung der Grundfreiheiten der in den persönlichen Geltungsbereich einbezogenen Personen, wäre in dem vollendeten Binnenmarkt beeinträchtigt, wenn es nicht möglich wäre, in einem Mitgliedstaat erworbene Rechtspositionen in einen anderen Mitgliedstaat ohne Verlust zu exportieren. Die in Art. 10 VO 1408/71 vorgesehene **Unbeachtlichkeit des Wohnorts als Anknüpfung für die Gewährung von Leistungen** bewirkt, dass territoriale Anknüpfungspunkte wie der Wohnort für die Gewährung der Sozialleistungen nicht freizügigkeitsbeschneidend sein dürfen. Dadurch wird die Möglichkeit der Mitnahme von Sozialleistungen geschaffen.[164] Auch dieses Strukturelement trägt somit dazu bei, dass die Grenzüberschreitung keine sozialen Nachteile mit sich bringt.

193 Eine Einschränkung dieses Grundsatzes trifft Art. 10 VO 1408/71 dahingehend, dass die Aufhebung der Wohnortklausel sich nur auf Geldleistungen bei Invalidität, Alter oder für die Hinterbliebenen, die Rente bei Arbeitsunfällen oder Berufskrankheiten und die Sterbegelder bezieht. Ferner sind Ausnahmen von Art. 10 Abs. 1 VO 1408/71 möglich.

VII. Perspektiven des Europäischen Sozialrechts

194 Wie auch die weiteren Ausführungen noch zeigen werden, ist das europäische Sozialrecht von hoher Komplexität. Allerdings kann angesichts des immer komplexer werdenden nationalen Sozialrechts dem europäischen Gesetzgeber aus deutscher Sicht nicht so recht ein Vorwurf gemacht werden, da es mit dem Koordinierungssystem der Verordnung immerhin gelungen ist, die 15 Systeme der EU-Mitgliedstaaten und die des Europäischen Wirtschaftsraums miteinander zu verknüpfen. Dem System kann auch bescheinigt werden, dass es unter den obwaltenden Umständen ordentlich funktioniert.

---

[163] *Pompe*, Leistungen der Sozialen Sicherheit, S. 50.
[164] *Pompe*, Leistungen der Sozialen Sicherheit, S. 50; *Steinmeyer*, AuA 1992, S. 210, 211.

Eine der Ursachen für die Komplexität ist sicherlich, dass das Koordinierungssystem zunächst „geschneidert" wurde für die sechs Gründungsstaaten der Europäischen Wirtschaftsgemeinschaft, die alle dem Bismarck'schen System der Sozialversicherung folgen. Als dann andere Staaten mit anderen Systemen hinzukamen, erhöhte das die Komplexität erheblich.[165]

Allerdings ist angesichts des nach wie vor bestehenden Einstimmigkeitserfordernisses bei der Gesetzgebung nach Art. 42 EG-Vertrag die Änderungsprozedur sehr schwerfällig, was bei noch mehr Mitgliedstaaten irgendwann zur Inflexibilität führen kann.[166]

Änderungen in der Grundstruktur des Koordinierungssystems erscheinen jedoch nicht angezeigt. Allerdings hat der Wissenschaftliche Beirat beim Bundesministerium der Finanzen in einer Studie „Freizügigkeit und Soziale Sicherung in Europa"[167] grundlegende Änderungen vorgeschlagen. In dieser Studie wird insbesondere kritisiert, dass das Beschäftigungslandprinzip die Tendenz habe, Wanderungsentscheidungen allokativ zu verzerren, wenn die Abweichungen vom Äquivalenzprinzip zwischen den Mitgliedstaaten unterschiedlich groß sei. Es wird deshalb der Vorschlag einer „verzögerten Integration" gemacht. Dies soll bedeuten, dass sich die Veränderung einer Ansässigkeit über die Grenze sozialrechtlich nur mit gewisser Verzögerung auswirke. Die Übergangs- oder Wartezeit könnte etwa fünf Jahre betragen. Damit soll keine Beschneidung des Freizügigkeitsrechts verbunden sein; vielmehr sei nur eine veränderte Zuordnung von wandernden Personen zu den Trägern der sozialen Sicherung intendiert.

Es ist hier nicht der Ort, die volkswirtschaftlichen Argumente des Beirates in Frage zu stellen. Es sprechen aber mehrere Gründe gegen diesen Vorschlag. Ausgangsbasis des Vorschlages ist die Unterschiedlichkeit der Systeme auch in ökonomischer Hinsicht. Der EG-Vertrag zielt aber gerade darauf ab, diese Unterschiede auszugleichen und die Mitgliedstaaten ökonomisch einander anzunähern. Mit der Sichtweise des Beirates würde man aber diese Unterschiedlichkeiten zwar nicht zementieren, die Zielvorstellung des EG-Vertrages jedoch relativieren. Hinzu kommt aber entscheidend, dass eine solche Relativierung des Beschäftigungslandprinzips praktisch kaum durchführbar ist. Die Autoren der Studie weisen selbst auf administrative Schwierigkeiten hin, beschränken sich dabei aber allein auf die Beitragsseite, vernachlässigen also den entscheidenden Unterschied zwischen Sozialrecht und Steuerrecht. Die verzögerte Integration führt aber zu erheblichen Zuordnungsproblemen im Leistungsrecht, da dies – wie noch zu zeigen sein wird – sowohl in den zu koordinierenden nationalen Sozialrechtsordnungen als auch im europäischen Sozialrecht zumeist von einer Zuordnung zur konkreten Beschäftigung ausgeht. Diese Zuordnungsprobleme lassen sich dann aber nicht befriedigend über ein – dann noch komplexer werdendes -Koordinierungssystem der Verordnung lösen; die Brüche wären europarechtlich nicht zu lösen. Eine Angleichung der nationalen Systeme zur Erreichung dieses Ziels ist aber kaum zu erwarten.

§ 22 Die Regelung des Art. 7 Abs. 2 der VO 1612/68

Schrifttum: *Everling,* Von der Freizügigkeit der Arbeitnehmer zum Europäischen Bürgerrecht, EuR 1990, S. 81 ff.; *Hailbronner,* Handkommentar zum EU-Vertrag, Stand: 1991; *ders.,* Die soziale Dimension der EG-Freizügigkeit, EuZW 1991, S. 171 ff.; *ders.,* Die Freizügigkeit im Spannungsfeld zwischen Staatsräson und europäischem Gemeinschaftsrecht, DÖV 1978, S. 857 ff.; *Haverkate/Huster,* Europäisches Sozialrecht, 1999; *Huster,* Grundfragen der Exportpflicht im europäischen Sozialrecht,

---

[165] Siehe *European Observatory on Social Security for Migrant Workers,* European Report, München 2001, S. 8; zu Vorschlägen zur Vereinfachung siehe auch *Eichenhofer,* SGb 2001, 157 ff.
[166] Darauf weist auch hin *European Observatory on Social Security for Migrant Workers,* European Report, München 2001, S. 10.
[167] Berlin 2001.

NZS 1999, S. 10 ff.; *Klang,* Soziale Sicherheit und Freizügigkeit im EWG-Vertrag, 1986; *Lippert,* Gleichbehandlung bei sozialen Vergünstigungen und Arbeitnehmerfreizügigkeit in der Europäischen Gemeinschaft, 1993; *Pompe,* Leistungen der sozialen Sicherheit bei Alter und Invalidität für Wanderarbeitnehmer nach Europäischem Gemeinschaftsrecht, 1986; *Schuler,* Europäisches Sozialrecht – Einführung und Überblick, in: Europäisches Sozialrecht, SDRSV Band 36 (1992), S. 7 ff.; *Schulte,* Armut und Armutsbekämpfung in der Europäischen Gemeinschaft – Mindesteinkommenssicherung und Sozialhilfe, in: EG-Sozialrecht und EG-Sozialpolitik, ZfSH/SGB 1992, S. 393 ff.; *ders.,* Grundsicherung – Sozialhilfe, in: Europäisches Sozialrecht, Schriftenreihe des Deutschen Sozialrechtsverbandes, Band 36 (1992), S. 199 ff.; *Steinmeyer,* Freizügigkeit und soziale Rechte in einem Europa der Bürger, in: Magiera, Das Europa der Bürger in einer Gemeinschaft ohne Binnengrenzen, 1990, S. 63 ff.; *ders.,* Familienleistung und Ausbildungsförderung, in: Europäisches Sozialrecht, SDSRV Band 36, (1992), S. 169 ff; *Teske,* BAföG und EG-Recht – Anmerkung zum Urteil EuGH, EuZW 1991, S. 30, in EuZW 1991, S. 54 f.; *Willms,* Soziale Sicherung durch Europäische Integration, 1990; *Ziekow,* Der gemeinschaftsrechtliche Status der Familienangehörigen, DÖV 1991, S. 363 ff.; *Zuleeg,* Zur Einwirkung des Europäischen Gemeinschaftsrechts auf die Sozialhilfe nach dem Bundessozialhilfegesetz, in: Nachrichtendienst des deutschen Vereins für öffentliche und private Fürsorge (NDV) 1987, S. 342 ff.

Übersicht

	Rn.		Rn.
I. Stellung und Bedeutung der Norm im Rahmen des europäischen Sozialrechts	1	III. Der persönliche Anwendungsbereich	60
II. Der sachliche Anwendungsbereich	29	1. Der Begriff des Arbeitnehmers	65
1. Soziale Vergünstigung	31	2. Familienangehörige	79
2. Nicht von Art. 7 Abs. 2 erfasste Leistungen	55	IV. Fazit	87

I. Stellung und Bedeutung der Norm im Rahmen des europäischen Sozialrechts

1   Art. 7 Abs. 2 der VO 1612/68[1] bestimmt, dass ein Arbeitnehmer, der Staatsangehöriger eines Mitgliedstaates ist, im Hoheitsgebiet eines anderen Mitgliedstaates die gleichen sozialen und steuerlichen Vergünstigungen genießt wie die inländischen Arbeitnehmer.

2   Als Teil der auf Grundlage des Art. 49 EWG-Vertrag ergangenen Verordnung über die Freizügigkeit der Arbeitnehmer innerhalb der Gemeinschaft liegt dieser Regelung der Gedanke zugrunde, mittels eines **„Diskriminierungsverbotes"**[2] jede unterschiedliche Behandlung aufgrund der Staatsangehörigkeit in tatsächlicher und rechtlicher Hinsicht zu vermeiden, um die völlige Freizügigkeit der Arbeitnehmer auf dem Gebiet der Europäischen Union zu erwirken.[3] Die Gleichbehandlung muss sich i.S. der fünften Begründungserwägung der VO 1612/68 auf alles erstrecken, „was mit der eigentlichen Tätigkeit im Lohn- oder Gehaltsverhältnis und mit der Beschaffung einer Wohnung im Zusammenhang steht." Darüber hinaus „müssen alle Hindernisse beseitigt werden, die sich der Mobilität der Arbeitnehmer entgegenstellen, insbesondere in bezug auf das Recht des Arbeitnehmers, seine Familie nachkommen zu lassen, und die Bedingungen für die Integration seiner Familie im Aufnahmeland".[4]

---

[1] ABl. L 257/1 vom 15. 10. 1968
[2] *Wölker* in: Groeben/Thiesing/Ehlermann, Kommentar zum EU-/EG-Vertrag, 5. Aufl. 1997, Art. 48, Rn. 41.
[3] Siehe auch die Präambel der VO 1612/68.
[4] Ebda.

I. Stellung und Bedeutung der Norm im Rahmen des europäischen Sozialrechts 3–12 § 22

Nach einem erfolgreichen Arbeitsplatzwechsel soll über Art. 7 Abs. 2 die soziale Integration des Arbeitnehmers im Aufnahmestaat gefördert werden, die neben der geographischen und der beruflichen Mobilität die dritte Komponente der Freizügigkeit darstellt. 3

Daneben sollen alle Vorteile ausgeglichen werden, die den Erwerb einer beruflichen Qualifizierung und den sozialen Aufstieg erleichtern.[5] 4

Es kommt nicht darauf an, ob die sozialen Vergünstigungen durch Vorschriften der Zentralgewalt, der Organe des Gliedstaates eines Bundesstaates oder sonstiger Gebietskörperschaften festgelegt werden.[6] 5

Auch ist unerheblich, ob Gesetz, Arbeitsvertrag, Kollektivvereinbarung oder eine autonome Entscheidung des Arbeitgebers die Rechtsgrundlage der Leistung bildet.[7] 6

Insgesamt soll in Ergänzung zu den Regelungen der VO 1408/71, welche lediglich die dort genannten Leistungsbereiche der sozialen Sicherheit erfassen, mittels Art. 7 Abs. 2 der VO 1612/68 der soziale Schutz des Arbeitnehmers auf dem Gebiet der Europäischen Union in Form einer möglichst weitgehenden Gleichbehandlung aller Unionsbürger vervollständigt werden.[8] 7

Diese der VO 1612/68 gegebene Bestimmung gibt bereits Aufschluss über das **Verhältnis der VO 1612/68 im allgemeinen und Art. 7 Abs. 2 dieser VO im Besonderen zu den Regelungen der VO 1408/71.** 8

Zunächst besteht insofern Konformität zwischen beiden Regelungsgefügen, als ihnen gleichermaßen die Zielvorstellung zugrunde liegt, das gemeinschaftsrechtliche Grundrecht des Arbeitnehmers auf Freizügigkeit zu schaffen und auf Dauer zu gewährleisten.[9] 9

Zentrales Instrument zur Erreichung dieses Ziels ist bei **beiden Konzeptionen die normative Gleichstellung des zugewanderten Arbeitnehmers mit den inländischen Arbeitnehmern.** Für den Bereich von Sozialleistungen, die von der VO 1408/71 explizit erfasst sind und eine abhängige Beschäftigung voraussetzen, bestimmt bereits das spezielle Diskriminierungsverbot des Art. 3 der VO 1408/71, dass die Personen, für die diese Verordnung gilt, die „gleichen Rechte und Pflichten haben", wie die Staatsangehörigen des Zuwanderstaates. 10

Für weitere soziale Vergünstigungen, gleich ob sie an eine abhängige Beschäftigung anknüpfen oder nicht,[10] statuiert Art. 7 Abs. 2 quasi ein allgemeines Diskriminierungsverbot zur Komplettierung des sozialrechtlichen Schutzes eines zugewanderten Arbeitnehmers. Daraus folgt, dass Art. 7 Abs. 2 immer nur für Fälle gelten kann, die von der VO 1408/71 mangels Anwendbarkeit nicht erfasst werden.[11] Erfüllt demnach ein Arbeitnehmer die engeren anspruchsbegründenden Voraussetzungen der VO 1408/71, so ist diese zugunsten des Arbeitnehmers als lex specialis[12] vorrangig anzuwenden. 11

Erfüllt er diese Voraussetzungen nicht, ist Art. 7 Abs. 2 der VO 1612/68 gleichwohl nicht sofort anzuwenden. Es ist weiterhin zu fragen, ob die begehrte Leistung an ein Beschäftigungsverhältnis anknüpft und somit unter den Begriff der Beschäftigungs- und Arbeitsbedingungen i.S.d. Art. 7 Abs. 1 der VO 1612/68 zu fassen ist, mit der Folge, dass diese ebenfalls speziellere Regelung,[13] die eine Gleichbehandlung mit den inländischen Arbeitnehmern im Rahmen der Beschäftigungs- und Arbeitsbedingungen bestimmt, zur Anwendung gelangt. In bezug auf die Zweckbestimmung beider Normen bezieht sich 12

---

[5] EuGH v. 27. 9. 1988 (Matteuci), RS 235/87, Slg. 1988, S. 5589, 5610.
[6] EuGH v. 3. 7. 1974 (Casagrande), RS 9/74, Slg. 1974, S. 773, 778.
[7] *Hailbronner,* in: Handkommentar EU, Art. 48, Rn. 44.
[8] *Steinmeyer,* in Magiera, Das Europa der Bürger, S. 63 ff., 73.
[9] *Schulte,* Gutachten, „Die Indikatur des Europäischen Gerichtshofs zur Abgrenzung des sachlichen Anwendungsbereichs der VO 1408/71 im Hinblick auf Sozialhilfe und sozialhilfeähnliche Leistungen", 1994, S. 131.
[10] EuGH v. 14. 1. 1982 (Reina), RS 65/81, Slg. 1982, S. 33, 44.
[11] Siehe auch EuGH v. 27. 3. 1985 (Scrivner), RS 122/84, Slg. 1985, S. 1027, 1034.
[12] *Schulte,* ZfSH/SGB 1992, S. 393 ff., 462 ff., 470.
[13] EuGH v. 21. 6. 1988 (Lair), RS 39/86, Slg. 1988, S. 3161, 3196.

Art. 7 Abs. 1 der VO 1612/68 allerdings primär auf die Gleichbehandlung im arbeitsrechtlichen Bereich, während Art. 7 Abs. 2 die Gleichbehandlung auf dem sozial- bzw. steuerrechtlichen Sektor reglementiert. Legt man dies zugrunde, und geht man von einem Anwendungsvorrang des Art. 7 Abs. 1 der VO 1612/68 aus, könnte sich die Frage der Anwendbarkeit des Art. 7 Abs. 1 der VO 1612/68 für den hier thematisierten Bereich des Sozialrechts grundsätzlich nur stellen, sofern sich eine soziale Leistung derartig stark auf das Beschäftigungsverhältnis auswirkt, dass sie möglicherweise als Arbeits- und Beschäftigungsbedingung zu qualifizieren ist.

13 Allerdings ist die Grenze zumindest zwischen der arbeits- und sozialrechtlichen Materie in vielen Fällen so fließend, dass sich keine hinreichend konkretisierten und voneinander abgrenzbaren Anwendungsbereiche von Art. 7 Abs. 1 und Abs. 2 ausmachen lassen, was jedoch wegen der Gleichartigkeit der Rechtsfolgen von Art. 7 Abs. 1 und 2 auch nicht notwendig ist.[14]

14 Erst wenn eine Leistung hinreichend zweifelsfrei nicht unter die vorstehenden, spezielleren Diskriminierungsverbote fällt, bleibt Raum für die Anwendung des Art. 7 Abs. 2 der VO 1612/68.

15 Rechtlich bildet Art. 7 Abs. 2 der VO 1612/68 im System des europäischen Sozialrechts somit einen klassischen Auffangtatbestand zur Komplettierung des sozialrechtlichen Schutzes zugewanderter Arbeitnehmer. Mit dieser Feststellung geht die Frage einher, ob diese Regelungssystematik je nach Anwendung unterschiedliche Auswirkungen auf die Rechtsstellung des Arbeitnehmers haben kann.

16 Dabei steht die Überlegung im Vordergrund, ob der an die persönlichen Voraussetzungen des Arbeitnehmers anknüpfende Anwendungsvorrang der VO 1408/71 zwingend mit einer höheren Intensität des sozialrechtlichen Schutzes korrespondiert, als dies im Rahmen des Art. 7 Abs. 2 der VO 1612/68 der Fall ist.[15]

17 Wie sich aus der Begründungserwägung und der Präambel der VO 1612/68 sowie aus den vom EuGH entwickelten Grundsätzen[16] zu Art. 7 Abs. 2 ergibt, steht das weitreichende Gleichbehandlungsgebot des Art. 7 Abs. 2 der VO 1612/68 dem des Art. 3 der VO 1408/71, welches jede offene oder versteckte Form von Diskriminierung, sofern sie allein auf der Staatsangehörigkeit beruht, verbietet,[17] in bezug auf den Umfang der Gleichbehandlung nicht nach. Beide Normenkomplexe verfolgen den Zweck, von vornherein jede auch nur mögliche, im Zusammenhang mit der Ausübung des Rechts auf Freizügigkeit stehende Ungleichbehandlung des Arbeitnehmers in Bezug auf Rechte und Pflichten auszuschließen, um insgesamt einen qualitativ hochwertigen sozialrechtlichen Schutz zu bieten.

18 Ein wesentlicher Vorzug der **VO 1408/71** liegt in dem Umstand, dass **Leistungen der sozialen Sicherheit wegen der Aufhebung der Wohnortklauseln** gem. Art. 10 der VO „exportfähig" sind.

19 Dieses Sonderrecht gegenüber Art. 7 Abs. 2 der VO ist allerdings weniger eine Konsequenz aus einem unterschiedlichen Niveau des sozialrechtlichen Schutzes beider VOen; der Grund dafür liegt vielmehr in dem Anknüpfungspunkt der Anspruchsberechtigung, der im Gegensatz zur VO 1408/71 bei der VO 1612/68 neben der Arbeitnehmereigenschaft vor allem nicht zuletzt wegen des Wohnsitzprinzips[18] in der Zugehörigkeit des Arbeitnehmers zur Gesellschaft des Gastlandes zu sehen ist,[19] so dass sich das Problem eines

---

[14] Vgl. auch *Wölker,* in: Groeben/Thiesing/Ehlermann, Art. 48, Rn. 41.
[15] Vgl. etwa *Willms,* Soziale Sicherung, S. 113f., der davon spricht, dass die Gleichstellungsvorschriften der VO 1408/71 weit über die bloße Inländergleichbehandlung des Art. 7 Abs. 2 der VO 1612/68 hinausgehen; *Hailbronner,* EuZW 1991, S. 171 ff., 176, hingegen spricht davon, dass es für den Arbeitnehmer u. U. günstiger sein kann, sich auf die Gleichbehandlungsklausel der VO 1612/68 zu berufen.
[16] Vgl. Rn. 29 ff.
[17] EuGH v. 12. 7. 1979 (Toia), RS 237/78, Slg. 1979, S. 2645.
[18] Vgl. *Wölker,* in: Groeben/Thiesing/Ehlermann, Art. 48 Rn. 62.
[19] So die Analyse der EuGH-Rechtsprechung von *Everling,* EuR 1990, S. 81 ff., 86.

typischen Leistungsexports i. S. d. der VO 1408/71 bei Anwendung des Art. 7 Abs. 2 der VO 1612/68 grundsätzlich nicht stellt.

In diesem Zusammenhang muss darüber hinaus berücksichtigt werden, dass bei konsequenter Anwendung des Art. 7 Abs. 2 der VO 1612/68 zur Gewährleistung der Gleichbehandlung von inländischen und zugewanderten Arbeitnehmern in Ausnahmefällen auch bei dieser Norm ein Leistungsexport durchaus dem Sinn und Zweck der VO 1612/68 entsprechen kann.

In der RS di Leo[20] sprach der EuGH der Tochter eines in Deutschland lebenden Italieners auf Grundlage des Art. 12 Abs. 1 i. V. m. Art 7 Abs. 2 der VO 1612/68 einen Anspruch auf Ausbildungsförderung zu, obwohl sie aufgrund in Deutschland bestehender Zulassungsbeschränkungen in Italien Medizin studierte. Die nationalen Bestimmungen[21] hingegen sahen nur dann eine Ausbildungsförderung für Kinder von in Deutschland ansässigen Arbeitnehmern aus EG-Mitgliedstaaten vor, sofern die Ausbildung in einem Mitgliedstaat durchgeführt wird, dessen Staatsangehörigkeit sie nicht besitzen.

Bei dieser Entscheidung stellte der EuGH zu Recht im Besonderen den Integrationsfaktor als entscheidenden Bestandteil der Freizügigkeit in den Vordergrund. Die Gewährung der Ausbildungshilfe diene in diesem Fall dazu, die „bestmöglichen Bedingungen für die Integration der Familie des EG-Arbeitnehmers" zu schaffen.[22] Aus diesem Grund sei es erforderlich, dem Kind eines zugewanderten Arbeitnehmers die gleichen Ausbildungsbedingungen zu ermöglichen, wie dem Kind eines inländischen Arbeitnehmers, dem ohne weiteres eine Ausbildungsförderung im Ausland zusteht.

In dieser vieldiskutierten Entscheidung stellte sich die Frage, ob eine derartige länderübergreifende Leistung in den Heimatstaat des Leistungsempfängers im Ergebnis zu einem Leistungsexport führt, für den der Text der VO 1612/68 – im Gegensatz zur VO 1408/71 – offensichtlich keine gesetzliche Grundlage enthält.

Integration bedeutet in erster Linie die **rechtliche Gleichstellung mit den inländischen Bürgern.** Insofern kann es bei konsequenter Verfolgung des Ziels einer europaweiten sozialrechtlichen Gleichbehandlung innerhalb der Mitgliedstaaten zur Gewährleistung des Grundrechts auf Freizügigkeit keine Rolle spielen, ob der Leistungsempfänger in seinem Heimatstaat die Leistung beansprucht oder in irgendeinem anderen Mitgliedstaat, solange der Zweck der Leistung die Integration des Arbeitnehmers und seiner Familie im Zuwanderstaat bleibt. Würde man in diesen Fällen differenzieren, könnte die Leistung wie in der RS di Leo jedenfalls dann nicht gewährt werden, wenn der Anspruchsteller die Staatsangehörigkeit des Landes hat, in dem die Leistung erbracht werden soll. Dieses Kriterium zur Anspruchsvoraussetzung zu machen, wäre allerdings eine Diskriminierung wegen der Staatsangehörigkeit[23] durch die Hintertür, denn jede Begünstigung nach Art. 7 Abs. 2, gleich ob die Leistung an den Arbeitnehmer oder an seine Familienangehörigen erfolgt, muss dem Arbeitnehmer i. d. R. durch eine hierdurch bedingte finanzielle Entlastung im Zuwanderstaat selbst förderlich sein. Die Versagung einer derartigen Leistung würde sich demnach unmittelbar auf die Position des Arbeitnehmers im Zuwanderstaat auswirken, wenn er wie in diesem Fall die Ausbildung seiner Kinder selbst finanzieren müsste, obwohl einem Inländer bei gleicher Konstellation eine Ausbildungshilfe gewährt werden müsste. Gerade diese Ungleichbehandlung im Zuwanderstaat soll allerdings durch die Freizügigkeitsregelungen vermieden werden. Auch unter Berücksichtigung der verstärkten Belastung von nationalen Systemen mit hohem Sozialleistungsstandart, die bspw. eine länderübergreifende Leistungsgewährung vorsehen, wäre es nicht mit der Idee eines

---

[20] EuGH v. 13. 11. 1990, Slg. 1990, S. 4185, zu den Auswirkungen der Entscheidung auf das deutsche Recht siehe Teske, BAföG und EG-Recht – Anmerkung zum Urteil EuGH, EuZW 1991, S. 30, in EuZW 1991, S. 54 f.
[21] Vgl. § 3 Abs. 1 Nr. 5 i. V. m. § 5 Abs. 2 BAföG.
[22] EuGH v. 13. 11. 1990 (di Leo), Slg. 1990, S. 4185, 4208.
[23] A. A. *Hailbronner*, EuZW 1991, S. 171, 175.

freien Personenverkehrs in Einklang zu bringen, die Mobilität und die damit zusammenhängende Wanderbereitschaft eines Arbeitnehmers bzw. seiner gesamten Familie einzuschränken, nur weil ein Familienmitglied aus nachvollziehbaren Gründen in seinem Heimatland verbleibt bzw. dorthin zurückkehrt.[24]

25 In diesem Zusammenhang muss darüber hinaus berücksichtigt werden, dass ein **Leistungsexport auf Grundlage der VO 1612/68** wegen des Vergleichs mit den inländischen Arbeitnehmern immer nur dann erfolgen kann, wenn die nationalen Bestimmungen der Mitgliedstaaten eine länderübergreifende Zahlung für ihre eigenen Staatsangehörigen vorsehen, d. h. die soziale Vergünstigung auch nach nationalem Recht exportiert würde. Die Möglichkeit des Leistungsexports wird somit allein durch die innerstaatlichen Rechtsvorschriften geschaffen. Art. 7 Abs. 2 der VO 1612/68 dehnt diese Rechtswirkungen dem Sinn und Zweck der Freizügigkeitsregelungen entsprechend konsequenterweise lediglich auf den zugewanderten Arbeitnehmer aus.[25] Im Übrigen wird ein Leistungsexport auf Grundlage innerstaatlicher Regelungen wegen des alle Sozialrechtsordnungen bestimmenden Territorialprinzips ohnehin immer die Ausnahme bleiben, sofern das nationale Sozialrechtssystem keine Ausstrahlungswirkung hat. Dieses Prinzip ist zwar wegen seiner Unschärfe nicht geeignet, Sachverhalte mit Auslandsberührung kollisionsrechtlich zu beurteilen;[26] es besagt aber doch, dass jede Staatsgewalt grundsätzlich auf das eigene Hoheitsgebiet beschränkt ist,[27] so dass die nationalen Vorschriften im sozialrechtlichen Bereich bis auf sehr wenige Ausnahmen[28] selbst für ihre Staatsangehörigen keine länderübergreifenden Leistungen vorsehen. Abweichende Leistungsmodalitäten, wie durch das gemeinschaftsrechtlich koordinierende Sozialrecht in Gestalt der VO 1408/71 grundsätzlich vorgesehen, sind auf Grundlage der VO 1612/68 eben grundsätzlich nicht möglich, so dass der Aspekt einer in Einzelfällen möglichen Mitfinanzierung der Ausbildung[29] oder einer sonstigen Art von Hilfeleistung anderer EU-Bürger in ihrem Heimatstaat als Auswirkungen dieser Rechtsprechung hinter der konsequenten Fortführung der Integration als zentrales Element des Europäischen Unionsprozesses zurücktreten muss.

26 Mit der grundsätzlichen Versagung einer Exportmöglichkeit ist noch nicht geklärt, inwieweit für einen Anspruch aus Art. 7 Abs. 2 der VO 1612/68 tatsächliche Umstände zu berücksichtigen sind, die im leistungspflichtigen Mitgliedstaat anspruchsbegründend wirken, jedoch in einem anderen Mitgliedstaat eingetreten sind.

27 Im Bereich der Leistungen der sozialen Sicherheit auf Grundlage der VO 1408/71 existiert eine Reihe von Regelungen, die eine Berücksichtigung von Tatsachen oder Gegebenheiten vorsehen, sofern sie im Zuwanderstaat für die Entstehung eines Anspruchs von Bedeutung sind.[30]

28 In Anlehnung an die freizügigkeitsfördernde Rechtsprechung des EuGH hat die Europäische Kommission einen Vorschlag unterbreitet, nachdem derartige Umstände nach Maßgabe eines neu einzufügenden Art. 7 Abs. 5 der VO 1612/68 so zu berücksichtigen

---

[24] Selbst aus Sicht der beschäftigenden Unternehmen wirken sich mangelnde soziale Integration im allgemeinen sowie fehlende Flexibilität bei Transfers von Ansprüchen im arbeits- und sozialrechtlichen Bereich im Besonderen mobilitätshemmend aus; vgl. die Untersuchung von *Werner/Wallwei*, Zur Freizügigkeit für Arbeitskräfte in der EG, in MittAB 1992, S. 1 ff., 7.
[25] *Steinmeyer*, SDSRV 1992, S. 169 ff., 186.
[26] *Steinmeyer*, in SRH, D. 31 Rn. 17.
[27] Vgl. *Klang*, Soziale Sicherheit und Freizügigkeit, S. 26 m. w. N.
[28] Für das deutsche Recht bspw. nur im Bereich des BAföG und nur unter sehr engen Voraussetzungen im Bereich der Sozialhilfe, wenn das Aufnahmeland seine Pflichten nicht erfüllt, keine Heimschaffung geboten ist und das Europäische Fürsorgeabkommen vom 11. 12. 1953 keinen (ausreichenden) sozialrechtlichen Schutz bietet.
[29] Insbesondere einer möglichen Mitfinanzierung der Ausbildungsförderung in anderen EG-Mitgliedstaaten für deren eigene Staatsangehörige, vgl. *Hailbronner*, EuZW 1991, S. 171 ff.
[30] Bspw. muss der Bezug von Krankengeld in einem anderen als dem leistungspflichtigen Mitgliedstaat berücksichtigt werden, sofern ein derartiger Bezug Leistungsvoraussetzung ist.

sind, als lägen sie im eigenen Mitgliedstaat vor.³¹ Bis zur möglichen Fixierung einer gesetzlichen Regelung wird es allerdings dem EuGH vorbehalten bleiben, diesbezüglich im Einzelfall die Reichweite des Art. 7 Abs. 2 zu bestimmen.

II. Der sachliche Anwendungsbereich

Obwohl die VO 1408/71 und Art. 7 Abs. 2 gleichermaßen das Ziel absoluter Freizügigkeit verfolgen, ist das Verhältnis beider Regelungen in bezug auf Fragen des persönlichen und sachlichen Anwendungsbereichs nicht unproblematisch. 29

Bei der Bestimmung des sachlichen Anwendungsbereichs des Art. 7 Abs. 2 der VO 1612/68 gilt es im wesentlichen in zweierlei Hinsicht eine Abgrenzung zu treffen. Zunächst muss gefragt werden, ob es sich bei einer Leistung um eine der sozialen Sicherheit handelt, mit der Folge, dass sich ein Leistungsrecht unmittelbar aus der VO 1408/71 ergeben kann. Ist dies nicht der Fall, muss eine Abgrenzung in die andere Richtung erfolgen, und zwar, ob überhaupt eine soziale Vergünstigung vorliegt. 30

1. Soziale Vergünstigung

In der Terminologie des europäischen Sozialrechts wird der Begriff der sozialen Vergünstigung in Art. 7 Abs. 2 der VO 1612/68 erstmals verwendet. 31

Schwierigkeiten bereitet zunächst die Titulierung einer Leistung als eine der sozialen Sicherheit oder als soziale Vergünstigung im Sinne des Art. 7 Abs. 2 der VO 1612/68. 32

Bei Beurteilung dieser Frage kann nicht ohne weiteres auf die Begrifflichkeit der VOen zurückgegriffen werden, denn der **Begriff der sozialen Vergünstigung ist weiter gefasst als der Begriff der sozialen Sicherheit,** was bedeutet, dass eine Leistung der sozialen Sicherheit der VO 1408/71 stets eine spezielle Form der sozialen Vergünstigung darstellt. 33

Gleichwohl ist es zur Bestimmung des sachlichen Anwendungsbereichs von Art. 7 Abs. 2 der VO 1612/68 sinnvoll, bei einer Leistung, die nicht von spezielleren Diskriminierungsverboten erfasst wird, von einer sozialen Vergünstigung i.S.v. Art. 7 Abs. 2 zu sprechen, weil gerade dieser Terminus in und für Art. 7 Abs. 2 erstmals Berücksichtigung findet. 34

Nach der Rechtsprechung des **EuGH** umfasst der **Begriff der sozialen Vergünstigung** alle Vergünstigungen, die – ob sie an einen Arbeitsvertrag anknüpfen oder nicht – den inländischen Arbeitnehmern wegen ihrer objektiven Arbeitnehmereigenschaft oder einfach wegen ihres Wohnsitzes im Inland gewährt werden und deren Ausdehnung auf die Arbeitnehmer, die Staatsangehörige eines anderen Mitgliedstaates sind, deshalb als geeignet erscheint, deren Mobilität in der Gemeinschaft zu fördern.³² 35

Für die Bestimmung des sachlichen Anwendungsbereichs im Verhältnis zu den Leistungen der VO 1408/71 ist diese sehr globale Definition zunächst insoweit tauglich, als hierdurch bei Art. 7 Abs. 2, im Gegensatz zu der VO 1408/71, ausdrücklich auf ein Enumerativprinzip zugunsten einer extensiven Auslegungsmöglichkeit dieser Norm in Bezug auf die Erfassung von Leistungen verzichtet wird, was im Übrigen mit der Auffangfunktion Art. des Art. 7 Abs. 2 konform läuft. 36

Die Verordnung 1408/71 gilt demnach zunächst für die in Art. 4 Abs. 1 lit. a-h genannten Leistungsbereiche, so dass die abschließende Aufzählung der Zweige der sozialen Sicherheit den Ausgangspunkt für die Einordnung einer Leistung als soziale Sicherheit oder als soziale Vergünstigung bildet. Die mitgliedstaatliche Bezeichnung einer Leistung als solche der sozialen Sicherheit bindet die gemeinschaftsrechtliche Klassifizierung zwar 37

---

³¹ ABl. Nr. C 100/6 v. 21. 4. 1989; vgl. dazu Schuler, SDRSV Band 36, S. 11f.
³² Ständige Rspr. des EuGH seit EuGH v. 30. 11. 1975 (Christini), RS 32/75, Slg. 1975, S. 1085.

nicht, sie ist aber grundsätzlich ein Indiz für die Zugehörigkeit zu den Leistungen, die von der VO 1408/71 erfasst werden. Sofern die in Frage stehende Leistung nicht ohne weiteres dem sachlichen Anwendungsbereich der VO 1408/71 zugeordnet werden kann, ist die Leistung gleichwohl nicht sofort als eine soziale Vergünstigung i. S. d. VO 1612/68 anzusehen. Eine Leistung der sozialen Sicherheit i. S. d. VO 1408/71 liegt auch vor, wenn sie nach ihren Merkmalen, ihrer Zielsetzung und den Voraussetzungen ihrer Gewährung mit den Leistungen der VO 1408/71 vergleichbar ist.[33] Dies kann nach der Rechtsprechung des EuGH der Fall sein, wenn eine gesetzliche Regelung unter anderem einen Bezug zu einem der in Art. 4 Abs. 1 der VO 1408/71 aufgezählten Risiken hat.[34]

38 Eine eigene Abgrenzung nimmt Art. 4 Abs. 4 der VO 1408/71 vor, wenn diese Norm bestimmt, dass die VO 1408/71 weder auf die Sozialhilfe noch auf Leistungssysteme für Opfer des Krieges und seiner Folgen noch auf Sondersysteme für Beamte und ihnen Gleichgestellte Anwendung findet. Schwierigkeiten bereitet insbesondere die **Abgrenzung der Sozialhilfe von den Leistungen der sozialen Sicherheit**.[35]

39 Die Abgrenzung ist in erster Linie deshalb problematisch, weil die nationale Bezeichnung einer Leistung für die gemeinschaftsrechtliche Klassifizierung nicht maßgeblich ist und in den Mitgliedstaaten in zunehmenden Maße Leistungssysteme bestehen, die zur Prüfung der Anspruchsberechtigung eine Einkommensanrechnung vorsehen, obwohl eines der maßgeblichen Abgrenzungskriterien aber die Bedürftigkeitsprüfung bei der Gewährung von Sozialhilfeleistungen ist. Hinzu kommt, dass es sich bei den in Frage stehenden Leistungen in zahlreichen Fällen um beitragsunabhängige Mischleistungen[36] handelt, die ihrem persönlichen Anwendungsbereich, ihren Zielen und den Einzelheiten ihrer Anwendung nach sowohl einem System der sozialen Sicherheit als auch einem sozialhilfeähnlichen System zugeordnet werden können,[37] so dass eine zwingende Einordnung kaum möglich ist.

40 Bis heute ist in einer Reihe von Entscheidungen versucht worden, taugliche, allgemeine Abgrenzungskriterien zu entwickeln, die eine Einordnung der in Frage stehenden Leistung ermöglicht oder zumindest erleichtert.

41 In der ersten Entscheidung, die diese Problematik zum Gegenstand hatte, stellte der EuGH darauf ab, ob der Leistungsgewährung nach den gesetzlichen Regelungen eine typischerweise der Sozialhilfe eigene Bedürftigkeitsprüfung im Einzelfall vorauszugehen hat, so dass ein Anspruch auf Sozialhilfe nicht von dem gesetzlichen Status des Arbeitnehmers oder von bestimmten zurückgelegten Wohn- oder Beschäftigungszeiten abhängt, sondern von der Ermessensentscheidung der zuständigen Behörde abhängt.[38] Aufgrund der

---

[33] So z. B. für die niederländische Versorgung älterer und teilweise arbeitsunfähiger arbeitsloser Arbeitnehmer (IOAW), EuGH v. 2. 8. 1993 (Acciardi) RS 66/92 Slg. 1993, S. 4567.
[34] EuGH v. 27. 3. 1985 (Scrivner), RS 122/84, Slg. 1985, S. 1027, 1034.
[35] Vgl. zu dieser Problematik eingehend *Pompe*, Leistungen der sozialen Sicherheit, S. 155 ff.; *Lippert*, Gleichbehandlung bei sozialen Vergünstigungen und Arbeitnehmerfreizügigkeit, S. 99 ff.; der ursprünglich bestehende Streit, ob die Sozialhilfe überhaupt eine soziale Vergünstigung ist, wurde vom EuGH zugunsten der herrschenden Meinung entschieden, nach der die Sozialhilfe zumindest dem Art. 7 Abs. 2 der VO 1612/68 unterfällt, vgl. hierzu die Nachweise bei *Willms*, Soziale Sicherheit, S. 113.
[36] *Pompe*, Leistungen der sozialen Sicherheit, S. 156, 157.
[37] EuGH v. 22. 6. 1972 (Frilli), RS 1/72, Slg. 1972, S. 457, 466; infolge der Abgrenzungsschwierigkeiten hat die Kommission der EU bereits im Jahr 1985 einen Vorschlag zur Änderung der VO 1408/71 unterbreitet, nachdem diese Mischleistungen Gegenstand einer gemeinschaftsrechtlichen Regelung werden sollen.
[38] EuGH a. a. O. (Frilli) S. 457; EuGH v. 9.10.74 (Biason), RS 24/74, Slg. 1974, S. 999 ff., für eine Leistung mit Doppelcharakter, die der sozialen Sicherheit zuzuordnen ist; in dem Urt. v. 5. 5. 1983 (Piscitello), RS 139/82, Slg. 1983, S. 1427, wurde die italienische pensione sociale obwohl sie national als Sozialhilfeleistung angesehen wird, als Leistung der sozialen Sicherheit qualifiziert, weil der Leistungsgewährung nach den italienischen Rechtsvorschriften im Einzelfall keine Bedürftigkeitsprüfung vorauszugehen hat.

II. Der sachliche Anwendungsbereich

immer noch bestehenden Abgrenzungsprobleme wurde das Kriterium der Bedürftigkeit später durch das oben bereits angesprochene Merkmal der Zweckbestimmung der Leistung und den Voraussetzungen ihrer Gewährung ergänzt.[39] Ein Risikobezug zu den Leistungen der VO 1408/71 ist insbesondere bei „retrospektiven" Leistungen zu bejahen, die in Fällen gewährt werden, in denen ansonsten Leistungen der sozialen Sicherheit erbracht werden.[40]

Allerdings konnte auch mit diesem Kriterium das Abgrenzungsproblem zumindest in diesem Bereich nicht befriedigend gelöst werden, es wurde vielmehr auf die Ebene der ebenfalls schwierigen Subsumtion der von den nationalen Leistungsregelungen verfolgten Ziele unter die Zweckbestimmungen der VOen 1408/71 und 1612/68 verlagert.

Sofern eine bestimmte Leistung sowohl an Bedürftige ohne jegliche Einkommensquelle als auch an erwerbstätige Personen wie Arbeitnehmer oder ihnen Gleichgestellten als einkommensunterstützende Sozialleistung gewährt wird, ist sie als Leistung der sozialen Sicherheit zu qualifizieren, obwohl sie aus der Sicht der einkommenslosen bezugsberechtigten Personen eindeutig eine Sozialhilfeleistung darstellt.[41]

Gerade wegen des angesprochenen breiten Spektrums an divergierenden Leistungssystemen innerhalb der Grauzone zwischen sozialer Sicherheit und Sozialhilfe und der damit zusammenhängenden permanenten Konfrontation mit andersartigen Sozialleistungsprinzipen orientierten sich die Entscheidungen des **EuGH** dann auch weniger an generellen Abgrenzungskriterien als vielmehr an den **jeweiligen Umständen des Einzelfalls**.[42]

Innerhalb dieses Grenzbereichs[43] wurden einkommensergänzende Sozialrenten zur Sicherung des notwendigen Lebensbedarfs,[44] vorbeugende Schutzmaßnahmen zur Seuchenbekämpfung sowie Leistungen mit Doppelcharakter[45] als Leistungen der sozialen Sicherheit angesehen. Beiden Sozialleistungsbereichen wurden bspw. Behindertenbeihilfen zugeordnet.[46]

Dem **Problem der beitragsunabhängigen Leistungen** sollte mit der Einfügung des neuen Art. 4 Abs. 2a der VO 1408/71[47] begegnet werden.[48] Danach werden besondere, in einem Anhang II a aufgeführte, beitragsunabhängige Leistungen in den sachlichen Anwendungsbereich der VO 1408/71 einbezogen und somit teilweise mit den sonstigen Leistungen der sozialen Sicherheit gleichgestellt, die entweder in den Art. 4 Abs. 1 lit a–h der VO 1408/71 entsprechenden Versicherungsfällen ersatzweise, ergänzend oder zusätzlich gewährt werden oder allein zum Schutz der Behinderten bestimmt sind. Insoweit sind bei der Prüfung der Anspruchsberechtigung für eine derartige Leistung in anderen Mitgliedstaaten zurückgelegte Wohnzeiten wie bei anderen Risiken so zu berücksichtigen, als seien sie im leistungspflichtigen Staat zurückgelegt. Diese beitragsunabhängigen Leistungen

---

[39] EuGH Scrivner, a.a.O.
[40] *Fuchs* in: Fuchs (Hrsg.), Kommentar zum Europäischen Sozialrecht, 2. Aufl. 2000, Art. 4 Rn. 36.
[41] EuGH v. 22. 6. 1972 (Frilli), RS 1/72, Slg. 1972, S. 457.
[42] Vgl. die Analyse der Rechtsprechung von *Pompe*, Leistungen der sozialen Sicherheit.
[43] Siehe hierzu *Klang*, Soziale Sicherheit und Freizügigkeit, S. 46 ff.
[44] EuGH v. 5. 5. 1983 (Piscitello), RS 139/82, Slg. 1983, S. 1427 ff.
[45] Diese werden aufgrund von Leistungsregelungen gewährt, die sowohl auf eine Bedürftigkeitsprüfung im Einzelfall verzichten als auch Fürsorgebestimmungen enthalten, vgl. EuGH v. 9.10 1974 (Biason).
[46] Vgl. EuGH v. 28. 5. 1974 (Callemeyn), RS 187/73, Slg. 1974, S. 553; Urt. v. 13. 11. 1974 (Costa), RS 39/74, Slg. 1974, S. 1251 für soziale Sicherheit; Urt. v. 27. 5. 1993 (Hugo Schmid), RS 310/91, Slg. 1993, S. 3043 für soziale Vergünstigung.
[47] Eingefügt durch die VO Nr. 1247/92 des Rates vom 30. April 1992, ABl. EG Nr. L 136 v. 19. 5. 1992, S. 1.
[48] *Fuchs* in: Fuchs (Hrsg.), Art. 4 Rn. 25 ff.

sind gem. Art. 10a Abs. 1[49] allein nach dem Recht des Wohnstaates zu gewähren. Sofern es sich um Geldleistungen handelt, können diese gem. Art. 10 Abs. 1 allerdings nicht in einen anderen Mitgliedstaat exportiert werden.

47 Nachdem der Begriff der sozialen Vergünstigung vom EuGH zunächst eher restriktiv[50] ausgelegt wurde, hat der EuGH später in Bezug auf die zu gewährenden Leistungen zur Verwirklichung der von Art. 39 EGV verfolgten Ziele von der Möglichkeit einer weiten Auslegung[51] des Art. 7 Abs. 2 konsequent und umfassend Gebrauch gemacht.

48 Neben der Sozialhilfe[52] oder ähnlichen bedürftigkeitsabhängigen Leistungen zur Sicherung eines Existenzminimums,[53] sind nach der Rechtsprechung des EuGH eine Reihe von **Leistungen als soziale Vergünstigung** für den Arbeitnehmer i. S. d. VO 1612/68 anzusehen:

49 Garantierte Mindesteinkommen im Alter,[54] Sozialleistungen für Behinderte bzw. für deren Integration,[55] Arbeitslosengeld,[56] Teilnahme am Unterricht,[57] Geburtsbeihilfen bzw. zinslose Geburtsdarlehen,[58] Fahrpreisermäßigungen,[59] Aufenthaltsrecht für den Lebenspartner,[60] Ausbildungsförderung bzw. Stipendium und Zugang zum Hochschulunterricht,[61] Zugang zur Berufsausbildung bzw. zum Unterricht und Einschreibegebühren,[62] Ausbildungsförderung für Auslandsstudium,[63] Erziehungsgeld nach dem Bundeserziehungsgeldgesetz,[64] Abfindungsleistungen an landwirtschaftliche Arbeitnehmer wegen Flächenstillegungen ihres früheren Arbeitgebers[65] und das Recht auf eine andere Verfahrenssprache in einem Strafprozess.[66]

---

[49] Eingefügt durch die VO Nr. 1247/92 vom 30. 4. 1992, ABl. 1992, Nr. L 136, S. 1.

[50] In der RS 76/72 (Michel), Urt. v. 11. 4. 1973, Slg. 1973, S. 457, EuGH nur solche Vergünstigungen unter Art. 7 Abs. 2, die mit der Beschäftigung im Zusammenhang stehen.

[51] Kritisch hierzu *Hailbronner*, EuZW 1991, S. 171, 172, der davon spricht, dass nach Auffassung des EuGH „schlechterdings alles" unter das Gleichbehandlungsgebot des Art. 7 Abs. 2 der VO 1612/68 fällt.

[52] Zur Sozialhilfe siehe auch unten § 24 VII.

[53] EuGH a. a. O. (Scrivner); Urt. v. 27. 3. 1985 (Hoeckx), RS 249/83, Slg. 1985, S. 973; Urt. v. 6. 6. 1985 (Frascogna I); Urt. v. 9. 7. 1987 (Frascogna II), RS 256/86, Slg. 1987, S. 3431. Urt. v. 18. 6. 1986 (Lebon), RS 316/85, Slg. 1987, S. 2811.

[54] EuGH (Frilli) a. a. O. Urt. v. 12. 7. 1984 (Castelli), RS 261/83, Slg. 1984, S. 3199.

[55] EuGH v. 11. 4. 1973 (Michel), RS 76/72, Slg. 1973, S. 457; Urt. v. 28.5.74 (Callemeyn), RS 187/73, Slg. 1974, S. 553; Urt. v. 16. 12. 1976 (Inzirillo), RS 63/76, Slg. 1967, S. 2057; Urt. v. 8. 7. 1992 (Thagawi), RS 243/91, Slg. 1992, S. 4401.

[56] EuGH v. 20. 6. 1985 (Deak), RS 94/84, Slg. 1985, S. 1873.

[57] EuGH v. 3. 7. 1974 (Casagrande), RS 9/74, Slg. 1974, S. 773; Urt. v. 29. 1. 1975 (Alaimo), RS 68/74, Slg. 1975. S. 109.

[58] EuGH v. 10. 3. 1993, (Kommission/Luxemburg), RS 111/91, Slg. 1993, 817; Urt. v. 14. 1. 1982 (Reina), RS 65/81, Slg. 1982, S. 33, aus deutscher Sicht auch Baby-Geld, vgl. BVerwG, NJW 1988, S. 2195.

[59] EuGH v. 30. 9. 1975 (Christini), RS 32/75, Slg. 1975, S. 1085.

[60] EuGH v. 17. 4. 1986 (Reed), RS 95/85, Slg. 1986, S. 1238.

[61] EuGH v. 21. 6. 1988 (Lair), RS 39/86, Slg. 1988, S. 3161 ;Urt. v. 21. 6. 1988 (Brown), RS 198/86, Slg. 1988, S. 3105; Urt. v. 27. 9. 1988 (Matteuci), RS 235/87, Slg. 1988, S. 5589; Urt. v. 26. 2. 1992 (Raulin), RS 357/89 Slg. 1992, S. 1027; (Bernini), RS 3/90, Slg. 1992, S. 1071; Urt. v. 8. 6. 1999 (Meeusen), RS 337/97; vgl. hierzu ausführlich *Hailbronner*, Handkommentar EU, Rn. 46 ff.

[62] EuGH v. 27. 9. 1988 (Kommission/Belgien), RS 42/87, Slg. 1988, S. 5445; (Humbel), RS 263/86, Slg. 1988, S. 5365.

[63] EuGH v. 13. 11. 1990 (di Leo), RS 308/89, Slg. 1990, S. 4185.

[64] EuGH v. 12. 5. 1998 (Martinez Sala), RS 85/96, Slg. 1998, I-2691, wobei diese Leistung vorrangig ebenfalls als Familienleistung nach Art. 4 Abs. 1 lit. a von der VO 1408/71 erfasst wird.

[65] EuGH v. 27. 11. 1997 (Meints), RS 57/96, Slg. 1997 I-6689.

[66] EuGH v. 11. 7. 1985 (Mutsch), RS 137/84, Slg. 1985, S. 2681.

II. Der sachliche Anwendungsbereich

Aus deutscher Sicht werden alle im BSHG genannten Leistungen[67] sowie Jugendhilfeleistungen und Unterhaltsvorschüsse von Art. 7 Abs. 2 der VO 1612/68 erfasst. 50

Bei Betrachtung der Leistungen wird erkennbar, dass der EuGH die Norm des Art. 7 Abs. 2 in verschiedener Hinsicht extensiv ausgelegt hat. Neben der Erweiterung des Anwendungsbereichs in bezug auf materielle Leistungen an den Arbeitnehmer selbst wurden zunehmend auch immaterielle Leistungen[68] und entgegen der Systematik[69] sogar Leistungen an Familienangehörige[70] in den Anwendungsbereich des Art. 7 Abs. 2 VO 1612/68 einbezogen. 51

Die Gewährung von sozialen Vergünstigungen i. S. v. Art. 7 Abs. 2 der VO 1612/68 **an Familienangehörige entgegen dem Wortlaut** rechtfertigt der EuGH mit der Feststellung, dass diese Leistungen im Grunde soziale Vergünstigungen für den Arbeitnehmer selbst sind,[71] so dass auch diese von dem Anwendungsbereich des Art. 7 Abs. 2 erfasst werden müssen. Diese Annahme ist konsequent, denn das Grundrecht auf Freizügigkeit des Arbeitnehmers kann seine Schranken nicht darin finden, dass seinen Familienangehörigen eine Leistung versagt wird, die in einem vergleichbaren Fall den Angehörigen eines Inländers gewährt werden würde.[72] Allerdings hat es der EuGH in einer neueren Entscheidung offen gelassen, ob auch die unbefristete Aufenthaltserlaubnis des Ehegatten eines Wanderarbeitnehmers eine soziale Vergünstigung sein kann.[73] 52

Da nach dem EuGH der Anknüpfungspunkt der Anspruchsberechtigung auch bei Leistungen an Familienangehörige weiterhin beim Arbeitnehmer selbst liegt, hat diese Rechtsprechung zur Folge, dass auf diesem Wege rechtlich der sachliche, faktisch hingegen der persönliche Anwendungsbereich des Art. 7 Abs. 2 der VO 1612/68 erweitert wird. 53

Die Verschiedenartigkeit der zu gewährenden Leistungen macht eine wirklich zweckmäßige Gruppierung in verschiedene Leistungsbereiche kaum möglich. Fest steht, dass die Sicherung des notwendigen Lebensunterhalts und jegliche Art der (Berufs-)-Ausbildungsförderung wegen ihrer vorrangigen Bedeutung für die Integration des Arbeitnehmers im Gastland den Schwerpunkt des sachlichen Anwendungsbereichs des Art. 7 Abs. 2 der VO 1612/68 bilden. 54

2. Nicht von Art. 7 Abs. 2 erfasste Leistungen

Obwohl der Begriff der sozialen Vergünstigung zugunsten einer weitgehenden sozialrechtlichen Gleichbehandlung in den Mitgliedstaaten weit auszulegen ist, unterliegen nicht alle Sozialleistungen dem Gleichbehandlungsgebot des Art. 7 Abs. 2. 55

Bei der Frage nach den Grenzen des sachlichen Anwendungsbereichs von Art. 7 Abs. 2 der VO 1612/68, gilt es im Wesentlichen drei Bereiche zu nennen, die jedenfalls nicht von Art. 7 Abs. 2 der VO 1612/68 erfasst werden. 56

Im Vordergrund stehen dabei zunächst die Rechte, die nur aufgrund der Staatsangehörigkeit gewährt werden. Art. 7 Abs. 2 der VO 1612/68 verbietet zwar eine Ungleichbehandlung wegen der Staatsangehörigkeit, solange aber gerade die Staatsangehörigkeit die 57

---

[67] Zur Vergleichbarkeit mit ähnlichen Leistungsarten anderer Mitgliedstaaten, die bereits Gegenstand der EuGH-Rechtsprechung sind siehe *Zuleeg*, in: NDV 1987, S. 342 ff.
[68] Wie ein Aufenthaltsrecht für den Lebenspartner, vgl. EuGH Rs 94/84 Slg. 1985, 1873; Am weitesten wohl EuGH v. 11. 7. 1985 (Mutsch), a. a. O. für das Recht auf Durchführung eines Strafverfahrens in einer anderen Verfahrenssprache.
[69] Die Rechte der Familienangehörigen werden erst im folgenden Titel III. „Familienangehörige der Arbeitnehmer" statuiert.
[70] EuGH a. a. O. (Schmid).
[71] EuGH, a. a. O. (Christini); a. a. O. (Frascogna).
[72] So die Entscheidungsgründe in der RS Christini a. a. O.; Schulte, Rn. 64.
[73] EuGH v. 11. 4. 2000 – Rs C-356/98 – (Kaba), EAS VO (EWG) 1612/68 Art. 7 Nr. 31.

wesentliche Voraussetzung für den Leistungsanspruch ist, muss berücksichtigt werden, dass diese Leistungen in besonderer Weise an das Verhältnis des Bürgers zu seinem Heimatstaat anknüpfen. Zu diesen Leistungen zählen bspw. das Wahlrecht zu den Volksvertretungen und die bürgerlichen und politischen Grundrechte.[74]

58 Auch nicht von Art. 7 Abs. 2 der VO 1612/68 erfasste Leistungen sind **solche, die aus Gründen gewährt werden, die nicht im Zusammenhang mit der Verwirklichung der Europäischen Union stehen.** Dies ergibt sich schon aus dem Umstand, dass Art. 7 Abs. 2 allein dazu dient, das im Vordergrund stehende Ziel der Freizügigkeit als Bestandteil eines freien Personenverkehrs auf dem Gebiet der Europäischen Union zu erreichen. So wurde einem in Belgien lebenden französischem Arbeitnehmer der an eine belgische Behörde gestellte Anspruch auf Kriegsopferentschädigung mit der Begründung versagt, die Entschädigung verfolge im Wesentlichen den Zweck der Vergünstigung im Hinblick auf die für sein Heimatstaat erduldeten Prüfungen.[75]

59 Schließlich findet Art. 7 Abs. 2 **keine Anwendung, wenn ein Erwerbsloser nur deshalb in einen anderen Mitgliedstaat übersiedelt, um dort in den Genuss von sozialen Vergünstigungen zu kommen.** Art. 7 Abs. 2 knüpft nämlich nur an Fälle an, in denen ein Arbeitsplatzwechsel oder eine Arbeitsaufnahme bestimmte Sozialleistungen mit sich bringen oder die Beendigung dieses Arbeitsverhältnisses Sozialleistungsansprüche auslösen.[76] Dies ergibt sich bereits aus der systematischen Stellung der Norm innerhalb der VO 1612/68, denn Art. 7 Abs. 2 ist Bestandteil des Titels über die „Ausübung der Beschäftigung und Gleichbehandlung" (Art. 7–9), während der vorausgehende Titel (Art. 1–6) den Zugang zur Beschäftigung reglementiert. In diesem Zusammenhang dient das Recht auf Freizügigkeit allein dazu, solche tatsächlichen oder rechtlichen Hindernisse zu beseitigen, die sich auf die Wanderbereitschaft des Arbeitnehmers im Rahmen einer freien Arbeitsplatzwahl auf dem Gebiet der europäischen Union mobilitätshemmend auswirken könnten. Es berechtigt hingegen nicht zur Wahl des besten oder eines besseren Sozialleistungssystems. Dies wird besonders im Bereich der Sicherung des notwendigen Lebensunterhalts relevant, wenn bspw. ein Bürger in einen anderen Mitgliedstaat übersiedelt, nur um dort aufgrund anderer Voraussetzungen Sozialhilfe in Anspruch nehmen zu können, die ihm in seinem Heimatstaat versagt bliebe.[77]

III. Der persönliche Anwendungsbereich

60 Der persönliche Anwendungsbereich des Art. 7 Abs. 2 der VO 1612/68 erstreckt sich dem Wortlaut und der Systematik[78] der Verordnung nach zunächst nur auf den **Arbeitnehmer**[79] selbst und nicht auch auf dessen Familienangehörige. Gleichwohl hat der EuGH frühzeitig auch die Familienangehörigen i.S.v. Art. 10 der VO 1612/68 mit in den Schutzbereich des Art. 7 Abs. 2 der VO 1612/68 einbezogen. Nachdem zunächst unklar war, ob der EuGH den **Familienangehörigen** aufgrund der fundamentalen Be-

---

[74] G/T/E-Wölker, Art. 48 Rn. 63.
[75] EuGH v. 31. 5. 1979 (Even), Rs. 207/78, S. 2019, 2034.
[76] Allerdings lehnte die Kommission einen Änderungsvorschlag des Europäischen Parlaments ab, nachdem sich die soziale und steuerliche Gleichstellung auch auf nicht mehr erwerbstätige Arbeitnehmer erstrecken sollte., vgl. ABl. EG Nr. C 68 v. 19. 3. 1990, Kom (90) 108 endg. – Syn. 185.
[77] *Eichenhofer*, Internationales Sozialrecht, 1994, spricht insoweit von „Erschleichung der Sozialhilfe".
[78] S. o. Rn. 2 ff).
[79] Arbeitnehmer ist insoweit, wer während einer bestimmten Zeit für einen anderen nach dessen Weisungen Leistungen erbringt, für die er als Gegenleistung eine Vergütung erhält; siehe EuGH v. 12. 5. 1998 (Martinez Sala), RS 85/96, Slg. 1998, I-2691, 2719; Urt. v. 26. 11. 1998 (Birden), RS 1/97, EAS EG-Vertrag Art. 238 Nr. 19.

III. Der persönliche Anwendungsbereich

deutung des Art. 7 Abs. 2 für die Gewährleistung der Freizügigkeit ein eigenes Recht aus Art. 7 Abs. 2 der VO 1612/68 zusprechen wollte, stellte der Gerichtshof später klar, dass derartige Leistungen als soziale Vergünstigungen für den Arbeitnehmer selbst anzusehen sind.[80]

Darüber hinaus können sich nur solche Personen auf das Gleichbehandlungsgebot des Art. 7 Abs. 2 der VO 1612/68 berufen, bei denen die Arbeitnehmereigenschaft von Bedeutung ist.

Aus diesem Grunde findet Art. 7 Abs. 2 der VO 1612/68 keine Anwendung auf Selbständige, Dienstleistungserbringer bzw. -empfänger und deren Familienangehörige. Ihnen bleibt u. U. der Rückgriff auf das allgemeine Diskriminierungsverbot des Art. 12 EGV.[81]

Für Nichterwerbstätige, wie bspw. Studenten und Rentner, gilt seit dem 1. Juli 1992, dass sie gem. den RL 364–366/90 EWG des Rates[82] grundsätzlich nur dann ein anspruchsbegründendes Aufenthaltsrecht in einem anderen Mitgliedstaat haben, wenn ihre finanzielle Konstitution so stabil ist, dass sie keine Unterstützung zur Deckung des notwendigen Lebensbedarfs oder ähnliche Existenzminima beanspruchen müssen und sie über einen ausreichenden Krankenversicherungsschutz verfügen.

Obwohl diese Gruppierung den anspruchsberechtigten Personenkreis auf den ersten Blick klar zu definieren scheint, bestehen in Bezug auf die Bestimmung des arbeits- bzw. sozialrechtlichen Status des Anspruchsstellers oft erhebliche Abgrenzungs- bzw. Zuordnungsprobleme, die in erster Linie auf die Vielfalt der Beschäftigungs- und Ausbildungsformen in den Mitgliedstaaten zurückzuführen sind.

1. Der Begriff des Arbeitnehmers

Der Begriff des Arbeitnehmers wird durch das Gemeinschaftsrecht selbst nicht näher konkretisiert. So stellte sich von selbst die Frage, ob man bei der Behandlung gemeinschaftsrechtlicher Fragen in diesem Bereich auf den entsprechenden Arbeitnehmerbegriff des Mitgliedstaates zurückgreifen sollte, nach dessen Recht der jeweilige Sachverhalt neben den gemeinschaftsrechtlichen Regelungen zu beurteilen ist.

Diese Frage hat der EuGH[83] frühzeitig dahingehend entschieden, dass der **Arbeitnehmerbegriff einen „übernationalen Inhalt"** habe und sich nicht nach dem Recht der einzelnen Mitgliedstaaten bestimmen lasse. Anderenfalls wäre jeder Staat in der Lage, über innerstaatliche Gesetzgebung und Rechtsprechung auf den Umfang des gemeinschaftsrechtlich geschützten Personenkreises Einfluss nehmen zu können.[84]

Als Konsequenz dieser Beurteilung galt es somit einen gemeinschaftsrechtlichen Arbeitnehmerbegriff zu entwickeln und auszufüllen, der es ermöglicht, eine hinreichend exakte Feststellung der Arbeitnehmereigenschaft im Rahmen der gemeinschaftsrechtlichen Regelungen zu finden.

In Anlehnung an den deutschen und den niederländischen Arbeitnehmerbegriff sind zunächst solche Personen als Arbeitnehmer i. S. des Gemeinschaftsrechts anzusehen, die eine **Beschäftigung in einem Abhängigkeitsverhältnis** ausüben.[85]

---

[80] Vgl. *Ziekow*, DÖV 1991, S. 363, 365.
[81] Vgl. hierzu *Schulte*, in: SDSRV 1992, Band 36, S. 199, 224 f.
[82] Die RL 364/90 EWG des Rates wurde bereits von allen Mitgliedstaaten umgesetzt; die RL 365/90 EWG des Rates von allen Mitgliedstaaten mit Ausnahme der Bundesrepublik Deutschland; in Bezug auf die RL 366/90 EWG des Rates bedarf es noch einer Umsetzung in der Bundesrepublik Deutschland, Belgien, Frankreich und Großbritannien.
[83] EuGH v. 19. 3. 1963 (Unger), RS 75/63, Slg. 1964, S. 379 ff., 395 f.
[84] Ebda.
[85] *Randelzhofer*, in Grabitz/Hilf, Kommentar zur Europäischen Union, Stand 1998, Art. 48 Rn. 2.

69 Nach einer Reihe von Fällen,[86] in denen sich der EuGH mit der Konkretisierung des Arbeitnehmerbegriffs zu befassen hatte, ist mittlerweile von dem Grundsatz auszugehen, dass der Arbeitnehmerbegriff gemeinschaftseinheitlich als weisungsgebundene Tätigkeit im Lohn- oder Gehaltsverhältnis, unabhängig vom Zweck der Arbeit, der Höhe des Lohnes und der Beschäftigungszeit sowie der Finanzierungsart zu verstehen ist.[87]

70 Tätigkeit im Lohn oder Gehaltsverhältnis bedeutet dabei die entgeltliche Erbringung einer Arbeitsleistung während einer bestimmten Zeit für eine andere Person unter deren Leitung,[88] wobei es unerheblich ist, ob das Entgelt zur Deckung des notwendigen Lebensunterhalts des Beschäftigten ausreicht,[89] so dass grundsätzlich auch Teilzeitbeschäftigten eine Arbeitnehmereigenschaft zukommen kann.[90]

71 Sofern sich die Tätigkeit allerdings als völlig untergeordnet oder unwesentlich darstellt, kann dies nach dem EuGH kein Indiz für eine Arbeitnehmereigenschaft sein.[91] Angesichts der Tatsache, dass der EuGH[92] bereits einem Arbeitnehmer, der zweimal wöchentlich für zwei Stunden arbeitet, die Berufung auf die Freizügigkeitsrechte zugesprochen hat, ist die Tauglichkeit dieses Kriteriums jedoch zu bezweifeln.

72 Grundlegende Voraussetzung bei allen Tätigkeiten ist jedenfalls, dass ein Bezug zum Wirtschaftsleben i. S. d. Art. 2 EGV besteht.

73 Im Übrigen hat der EuGH zur Bestimmung des Arbeitnehmerbegriffs hervorgehoben, dass dieser wegen der prinzipiellen Bedeutung der Freizügigkeit für die Gemeinschaft weit auszulegen ist.[93]

74 So hat der EuGH Studienreferendare[94] genauso als Arbeitnehmer i. S. d. Gemeinschaftsrechts qualifiziert wie Beschäftigte in internationalen Organisationen.[95]

75 Entgegen den o. g. Grundsätzen hat der EuGH sogar Studenten unter gewissen Voraussetzungen Rechte aus Art. 7 Abs. 2 der VO 1612/68 zugesprochen. Damit der Studierende derartige, prinzipiell den Arbeitnehmern vorbehaltene Rechte geltend machen kann, muss er vor seiner Hochschulausbildung allerdings bereits Arbeitnehmer i. S. d. Gemeinschaftsrechts gewesen sein, und das zu fördernde Studium muss mit der früheren Berufstätigkeit im Zusammenhang stehen.[96]

76 Mit dieser **Ausweitung des Arbeitnehmerbegriffs** trägt der EuGH dem Gedanken Rechnung, die unter Inanspruchnahme des Rechts auf Freizügigkeit bereits erlangte Stellung eines Erwerbstätigen im Zuwanderstaat, durch Aufrechterhaltung des arbeits- und sozialrechtlichen Status während einer beruflichen Weiterbildung möglichst schnell wiederzuerlangen, so dass eine Unterstützung in diesen Fällen quasi als Überbrückungshilfe zwischen dem Ende des alten und dem Beginn eines neuen Arbeitsverhältnisses zu verstehen ist.

77 Für Arbeitsuchende hingegen gilt das Gleichbehandlungsgebot des Art. 7 Abs. 2 aus Gründen der Systematik der VO 1612/68 nicht,[97] wobei unter diesem Begriff arbeitswilli-

---

[86] Vgl. hierzu ausführlich *Everling*, S. 33 ff.; auch *Randelzhofer*, in: Grabitz/Hilf, Kommentar zum EWGV, Art. 48 Rdnr 2.
[87] So *Hailbronner*, EuZW 1991, S. 173.
[88] EuGH, a. a. O. (Brown).
[89] EuGH Urt. v. 23. 3. 1982 (Levin), RS 53/81, Slg. 1982, S. 1035, 1051; Urt. v. 3. 6. 1986 (Kempf), RS 139/85, Slg. 1986, S. 1741.
[90] EuGH RS 53/81 (Levin), a. a. O.
[91] EuGH, Slg. 1982, S. 1035.
[92] EuGH v. 3. 5. 1990 (van Heijningen), RS C-2/89 Slg. 1990, S. 1755.
[93] EuGH RS 53/81 (Levin), a. a. O.
[94] EuGH v. 3. 7. 1986 (Lawrie-Blum), RS 66/85, Slg. 1986, S. 2121.
[95] EuGH v. 15. 3. 1989, (Echternach und Moritz), RS 389–390/87, Slg. 1989, S. 723; EuGH, a. a. O. (Hugo Schmid).
[96] EuGH v. 21. 6. 1988 (Lair), RS 39/86, Slg. 1988, S. 3161 ff; ausführlich hierzu *Hailbronner*, Handkommentar EU, § 48 Rn. 46 ff.
[97] S. o. Rn. 2 ff.

ge und arbeitsfähige Personen zusammengefasst werden, die in einen anderen Mitgliedstaat einreisen, um dort auf Arbeitsuche zu gehen.[98]

Personen, die im Rahmen von Arbeitsbeschaffungsmaßnahmen oder ähnlichen zur Erhaltung, Wiederherstellung oder Förderung der Arbeitsfähigkeit geeigneten Beschäftigungsformen tätig sind, sind ebenfalls keine Arbeitnehmer im gemeinschaftsrechtlichen Sinn.[99] **78**

2. Familienangehörige

Im Gegensatz zum Arbeitnehmerbegriff finden sich in Art. 10 Abs. 1 der VO 1612/68 konkrete Angaben über Personen, die in den Kreis der von dieser Verordnung geschützten Familienangehörigen einbezogen sind.[100] **79**

Nach Art. 10 Abs. 1 zählen hierzu zunächst der **Ehegatte des Arbeitnehmers** sowie die **Verwandten in absteigender Linie,** die noch nicht 21 Jahre alt sind oder denen Unterhalt gewährt wird und die Verwandten des Arbeitnehmers oder die seines Ehegatten in aufsteigender Linie, denen er Unterhalt gewährt. **80**

Bei dem Merkmal der Unterhaltsgewährung kommt es nur auf das Vorliegen einer tatsächlichen Unterhaltsleistung an.[101] Die Gründe für die Unterhaltsleistung spielen dabei ebenso wenig eine Rolle wie die Möglichkeit, den notwendigen Lebensunterhalt anderweitig decken zu können. **81**

Der EuGH verzichtet damit auf eine Art Bedürftigkeitsprüfung im Rahmen familienrechtlicher Unterhaltsgewährung. **82**

Allen übrigen Familienangehörigen ist gem. Art. 10 Abs. 2 der VO 1612/68 der Zugang zu begünstigen, sofern ihnen von dem betreffenden Arbeitnehmer Unterhalt gewährt wird oder sie mit diesem im Herkunftsland in häuslicher Gemeinschaft leben.[102] **83**

Sofern ein Partner unter Ausübung seines Aufenthaltsrechts mit dem Arbeitnehmer in einer **nichtehelichen Lebensgemeinschaft** lebt, muss dieser wie ein Familienangehöriger behandelt werden, weil das Aufenthaltsrecht des Partners nach der o. g. Rechtsprechung[103] eine soziale Vergünstigung für den Arbeitnehmer darstellt.[104] **84**

Stirbt der Arbeitnehmer, bleiben die Familienangehörigen auch nach dem Tod des Arbeitnehmers weiterhin anspruchsberechtigt.[105] **85**

Für die Begünstigung eines Familienangehörigen ist dessen Staatsangehörigkeit ohne Bedeutung, so dass auch Staatsangehörige von Drittstaaten Leistungen nach Art. 7 Abs. 2 der VO 1612/68 empfangen können.[106] **86**

IV. Fazit

Die bisherige Rechtsprechung des EuGH und die Einfügung des Art. 4 Abs. 2a in die VO 1408/71 lassen die Tendenz erkennen, den sachlichen Anwendungsbereich des Art. 7 Abs. 2 der VO 1612/68 abgesehen von den Sozialhilfeleistungen durch eine weite **87**

---

[98] *Hailbronner,* DÖV 1978, S. 857 ff., 858.
[99] EuGH v. 31. 5. 1989 (Bettray), RS 344/87, Slg. 1989, S. 1621.
[100] Vgl. hierzu ausführlich *Ziekow,* DÖV 1991, S. 363 ff.
[101] EuGH v. 18. 6. 1987 (Lebon), a. a. O.
[102] Dazu kritisch *Hailbronner,* EuZW 1991, S. 173.
[103] EuGH, a. a. O. (Reed).
[104] *Willms,* Soziale Sicherung, S. 116.
[105] EuGH, a. a. O. (Christini).
[106] EuGH, a. a. O. (Deak).

Fassung des Anwendungsbereichs der VO 1408/71 auf die Gleichstellung in Randzonen sozialer Sicherheit zu beschränken.

88 Daran anknüpfend wird Art. 7 Abs. 2 der VO 1612/68 durch die vom EuGH praktizierte weite Auslegung der Begriffe soziale Vergünstigung und Arbeitnehmer seiner Funktion als Auffangtatbestand zur Komplettierung des sozialrechtlichen Schutzes im System des europäischen Sozialrechts umfassend gerecht.

89 Betrachtet man die Wirkungen des Art. 7 Abs. 2 sowohl in Bezug auf den Umfang des sozialrechtlichen Schutzes als auch in bezug auf den Kreis der begünstigten Personen, so ist festzustellen, dass bei der Anwendung des Art. 7 Abs. 2 der VO 1612/68 in bezug auf die Gewährung von sozialen Vergünstigungen **auf weiten Strecken die gleichen Ergebnisse erzielt werden, wie bei der Anwendung der VO 1408/71 für die Leistungen der sozialen Sicherheit.**

90 Demzufolge begründet die Anwendung des Art. 7 Abs. 2 der VO 1612/68 in bezug auf die noch nicht von speziellen Diskriminierungsverboten erfassten sozialen Vergünstigungen für den Arbeitnehmer einen diskriminierungsfreien Status mit der Möglichkeit eines Leistungsexports, der zumindest für den hier relevanten Bereich der Gleichbehandlung in dieser Form auch von der VO 1408/71 für den Bereich der sozialen Sicherheit begründet wird, so dass die Ausdehnung des Gleichbehandlungsgebotes über die Fälle der VO 1408/71 hinaus im Ergebnis die Erweiterung des sachlichen Anwendungsbereichs der Verordnung über die soziale Sicherheit der Wanderarbeitnehmer bedeutet.[107]

91 In diesem Zusammenhang stellt sich abschließend die Frage, ob der sozialrechtliche Schutz des Art. 7 Abs. 2 letztlich nicht darunter leidet, dass bei Leistungen der sozialen Sicherheit auf Grundlage der VO 1408/71 die Möglichkeit der Zusammenrechnung von Versicherungs- oder Expositionszeiten in verschiedenen Mitgliedstaaten besteht. Ein Blick auf die Leistungen, die von der VO 1408/71 in dem Bereich der sozialen Sicherheit zusammengefasst sind, macht allerdings deutlich, dass dort bereits alle wesentlichen Leistungen berücksichtigt worden sind, bei denen typischerweise langfristige Beitrags- bzw. Beschäftigungszeiten für die Erlangung von Ansprüchen oder Anwartschaften von Bedeutung sind. Leistungen nach Art. 7 Abs. 2 hingegen knüpfen grundsätzlich an das einmalige Ereignis eines Arbeitsplatzwechsels an, so dass derartigen sozialen Vergünstigungen bezeichnenderweise keine anspruchsbegründenden Erfüllungszeiten vorauszugehen haben. Dies bestätigt zum einen die Betrachtung der Leistungen, die vom sachlichen Anwendungsbereich des Art. 7 Abs. 2 der VO 1612/68 erfasst werden, zum anderen hat der EuGH[108] selbst herausgestellt, dass Leistungen auf Grundlage des Art. 7 Abs. 2 noch nicht einmal eine bestimmte Aufenthaltsdauer voraussetzten. Darüber hinaus hängt die Frage der Anwendung der VO 1408/71 oder der VO 1612/68 in Grenzfällen nach der o. g. Definition des EuGH neben der Zielsetzung der Leistung auch von den Voraussetzungen ihrer Gewährung ab. Demnach fallen Leistungen u. a. gerade deshalb in den Anwendungsbereich der VO 1408/71, weil sie gewisse Anrechnungszeiten vorsehen oder voraussetzen und somit mit den ausdrücklich genannten Leistungen der sozialen Sicherheit vergleichbar sind.

92 Schließlich nimmt Art 4. Abs. 4 der VO 1408/71 sowohl die Sozialhilfe als auch die Kriegsopferentschädigung selbst von dem Anwendungsbereich der VO 1408/71 aus. Bei diesen Leistungsarten spielen nicht evtl. Beitrags- oder Beschäftigungszeiten eine Rolle, sondern die finanzielle Notlage einer Person bzw. die Auswirkungen eines Krieges auf diese.

93 Aus dem Gesagten folgt, dass die Leistungen der VO 1612/68 im Gegensatz zu denen der VO 1408/71 einen Charakter haben, der die Möglichkeit einer Zusammenrechnung von Zeiten nicht vermissen lässt.

---

[107] *Steinmeyer*, in: Magiera (Hrsg), Das Europa der Bürger, S. 63 ff.
[108] EuGH v. 27. 3. 1985 (Scrivner), RS 122/84, Slg. 1985, S. 1027.

§ 23 Einzelne Risiken

Übersicht

	Rn.		Rn.
I. Krankheit und Mutterschaft	2	3. Begriff und Feststellung der Invalidität	125
1. Einleitung	2	4. Leistungen	145
2. Die gesetzlichen Grundlagen	5	5. Verschlimmerung und Wiederaufnahme	158
3. Der Anwendungsbereich des europäischen koordinierenden Krankenversicherungsrechts	8	**III. Alter und Tod**	162
a) Der Anwendungsbereich aus deutscher Sicht	8	1. Einleitung	162
b) Der Anwendungsbereich der VO 1408/71	9	2. Das Koordinierungssystem der Verordnung Nr. 1408/71	170
4. Bestimmung der anzuwendenden Rechtsvorschriften	15	a) Allgemeines	171
a) Bestimmung des anzuwendenden Rechts bei Sachleistungsgewährung	17	aa) Leistungen bei Alter	171
aa) Arbeitnehmer und Selbständige sowie ihre Familienangehörigen	18	bb) Leistungen bei Tod	173
bb) Grenzgänger und ihre Familienangehörigen	51	cc) Abgrenzung zu anderen Leistungen	174
cc) Arbeitslose und ihre Familienangehörigen	55	dd) Rentenantrag und Festsetzungsverfahren	177
dd) Rentenantragsteller und ihre Familienangehörigen	58	b) Grundansatz des koordinierenden Sozialrechts in diesem Bereich	180
ee) Rentenberechtigte und ihre Familienangehörigen	59	c) Reichweite dieses Systems	190
b) Bestimmung anzuwendenden Rechts bei Geldleistungen	65	d) Die Regelungen über Alter und Tod der VO 1408/71 im Einzelnen	203
5. Die Leistungsgewährung	67	aa) Allgemeines	203
a) Die Zusammenrechnung der Versicherungs-, Beschäftigungs- oder Wohnzeiten	68	bb) Erfüllung der Leistungsvoraussetzungen	205
b) Die verschiedenen Leistungsarten	69	cc) Die Bewertung ausländischer Zeiten	214
c) Naturalleistungs- und Kostenerstattungsprinzip	72	dd) Die Antikumulierungsregelungen	223
d) Das Kumulierungsverbot des Art. 12 VO 1408/71	75	**IV. Arbeitsunfälle und Berufskrankheiten**	238
e) Einzelheiten der Leistungsgewährung an Arbeitslose und deren Familienangehörige	77	1. Einleitung	238
f) Die Gewährung von Sachleistungen von erheblicher Bedeutung nach den Art. 24, 31 VO 1408/71	87	2. Gesetzliche Grundlagen und Anwendungsbereich der europäischen Unfallversicherung	240
g) Besondere Voraussetzungen für die Leistungsgewährung	88	a) Der Anwendungsbereich aus deutscher Sicht	241
h) Besonderheiten bei der Gewährung von Geldleistungen	89	b) Der Anwendungsbereich der VO 1408/71	242
6. Erstattung zwischen den Trägern	91	c) Einzelfragen des Anwendungsbereichs	244
7. Zusammenfassung	95	aa) Anwendbarkeit in Bezug auf Arbeitslose	245
II. Invalidität	98	bb) Die unechte Unfallversicherung	252
1. Allgemeines	98	cc) Die Selbständigen in der europäischen Unfallversicherung	258
2. Leistungsbestimmung nach Gemeinschaftsrecht	108	3. Bestimmung der anzuwendenden Rechtsvorschriften	261
a) Bestimmung der Anspruchsberechtigung bei Systemen des Typs A	108	a) Beschäftigung bei mehreren Arbeitgebern	264
b) Bestimmung der Anspruchsberechtigung bei Systemen des Typs B	113	b) Grenzgänger	269
		c) Die unechte Unfallversicherung	271
		4. Versicherte Risiken und Leistungsgewährung	272
		a) Voraussetzungen	274
		b) Sachleistungen	277
		aa) Leistungsgewährung am Wohnort	278
		bb) Leistungsgewährung im zuständigen Staat	279

Steinmeyer

cc) Leistungsgewährung bei Wohnortwechsel 280
dd) Leistungsgewährung an Grenzgänger 284
ee) Leistungsinhalt 285
c) Geldleistungen 287
aa) Grundlagen 288
bb) Pflegegeld 294
d) Die Leistungsgewährung an Angehörige und Hinterbliebene 296
e) Einzelfragen 302
5. Besonderheiten bei Berufskrankheiten 304
a) Berechnung der Expositionszeiten 305
b) Lastenteilung bei sklerogener Pneumokoniose 307
c) Gegenseitige Anerkennung von Berufskrankheiten 313
d) Verschlimmerung einer Berufskrankheit, für die ein Leistungsanspruch besteht 315
6. Die Sachleistungsaushilfe 316
7. Die Erstattung zwischen den Unfallversicherungsträgern 317
8. Der Rechtsübergang des Anspruchs gegen den Drittschädiger auf ausländische Unfallversicherungsträger 319

V. Arbeitslosigkeit 320
1. Einleitung 320
2. Sachlicher Anwendungsbereich 327
3. Zusammenrechnung von Versicherungszeiten 331
4. Berechnung der Leistungen 337
5. Arbeitslose, die sich in einen anderen Staat als den zuständigen Staat begeben ... 339
6. Auseinanderfallen von Wohnstaat und Beschäftigungsstaat 343
7. Perspektiven 345

VI. Familienleistungen und Ausbildungsförderung 347
1. Einleitung 347
2. Familienleistungen 352
a) Kindergeld 353
b) Erziehungsgeld 359
c) Die europarechtlichen Probleme des deutschen Familienlastenausgleichs 364
d) Europarechtliche Einwirkungen aufgrund der Rechtsnormen des europäischen Gemeinschaftsrechts und der Rechtsprechung des Europäischen Gerichtshofs 370
aa) Zahlung von Kindergeld ins EG-Ausland 372
bb) Die Antikumulierungsvorschrift des Art. 76 VO Nr. 1408/71 381
cc) Leistungen für unterhaltsberechtigte Kinder von Rentnern und für Waisen 383
dd) Zwischenbewertung 387
3. Recht der Ausbildungsförderung 388
a) Einführung 389
b) Die europarechtlichen Probleme des deutschen Ausbildungsförderungsrechts 401
4. Synthese der bisherigen Rechtsentwicklung 408

VII. Sozialhilfe 413
1. Begriff und Stellung der Sozialhilfe im Gemeinschaftsrecht 413
a) Die Sozialhilfe im supranationalen und europäischen Recht 418
b) Sozialhilfe als soziale Vergünstigung i. S. d. Art. 7 Abs. 2 der VO 1612/68 . 423
2. Auswirkungen auf das Aufenthaltsrecht ... 442

1 Die in Art. 42 EGV (Art. 51 EGV a. F.) zur Gewährung der Freizügigkeit allgemein aufgestellten Grundsätze müssen, um Wirksamkeit zu entfalten, u. a. in den einzelnen Materien des koordinierenden Gemeinschaftssozialrechts spezifisch umgesetzt werden. Die Anforderungen, die dabei in den einzelnen Bereichen des Systems erfüllt werden müssen, sind durchaus unterschiedlich und erfordern bei aller Stringenz eine gewisse Flexibilität der einzelnen Systeme, die – wie die nachfolgenden Ausführungen belegen – zuweilen noch nicht im erforderlichen Maße erreicht ist. So sollen im folgenden neben den Grundlagen der spezifischen Risiken des europäischen Sozialrechts auch die Problemfelder unter Berücksichtigung der entsprechenden Rechtsprechung dargestellt werden.

I. Krankheit und Mutterschaft

Schrifttum: *Association Internationale de la Mutualité,* Implications of recent jurisprudence on the co-ordination of health care protection schemes, Brüssel 2000; *Eichenhofer,* Die Stellung der Ausländer im deutschen Sozialrecht, ZAR 1987, S. 108 ff.; *Giesen,* in: Schulte/Barwig (Hrsg.), Freizügigkeit und Soziale Sicherheit, 1999, S. 359 ff.; *Igl* (Hrsg.), Europäische Union und gesetzliche Krankenversicherung, 1999; *Klein,* Deutsches Pflegeversicherungsrecht versus Europarecht?, 1998; *Künkele,* Kostenerstattung für medizinische Leistungen im EG-Ausland?, 2000; *Langer,* Grenzüberschreitende Behandlungsleistungen – Reformbedarf für die Verordnung 1408/71, NZS 1999, S. 537 ff.; *Lenz,* Aktuelle Probleme auf dem Gebiet des EWG-Sozialrechts, SGb 1988, S. 1 ff.; *Marschner,* Krankheit und Mutterschaft, in: Oetker/Preis, Europäisches Arbeits- und Sozialrecht (EAS), Teil B, Loseblatt,

I. Krankheit und Mutterschaft   2–7 § 23

Stand: Februar 2001, B 9110; *Meydam,* Harmonisierung von nationalen Krankheitsleistungen durch Europäisches Gemeinschaftsrecht, BKK 1981, S. 248 ff.; *Neumann-Duesberg,* in: Schulte/Barwig (Hrsg.), Freizügigkeit und Soziale Sicherheit, 1999, S. 89 ff.; *ders.,* Krankenversicherung, in: Schulte/Zacher (Hrsg.), Wechselwirkungen zwischen dem Europäischen Sozialrecht und dem Sozialrecht der Bundesrepublik Deutschland, 1991, S. 83 ff.; *Schuler,* Zur Leistungspflicht der gesetzlichen Krankenkassen bei Erkrankungen während eines vorübergehenden Aufenthalts im Ausland, SGb 1983, S. 469 ff.; *Schulte,* Allgemeine Regeln des internationalen Sozialrechts – supranationales Recht, in: v. Maydell/Ruland, Sozialrechtshandbuch, 2. Aufl. 1996, D 32; *Steinmeyer,* Gesundheitsreformen in den Mitgliedstaaten der Europäischen Union, in: 8. Bonner Europa-Symposium – Die Krankenversicherung in der Europäischen Union, 1997, S. 1 ff.; *ders.,* Veränderte rechtliche Dimensionen (Vertragsfreiheiten), in: Igl (Hrsg.), Europäische Union und gesetzliche Krankenversicherung, 1999, S. 79 ff.; *Willms,* Soziale Sicherung durch Europäische Integration, 1990; *Wortmann,* Zur Leistungspflicht der gesetzlichen Krankenkassen bei Erkrankungen während eines vorübergehenden Aufenthalts im Ausland, SGb 1984, S. 473 ff.

1. Einleitung

Gerade das europäische Krankenversicherungsrecht ist durch eine schwierige Ausgangssituation geprägt. 2

Zum einen sind die verschiedenen Gesundheitsversorgungssysteme von ihrer Rechtsnatur unterschiedlich ausgestaltet und durch verschieden hohe Leistungsniveaus geprägt, so dass eine Verbindung der einzelnen Systeme nicht ganz unproblematisch erscheint und vereinzelt auch nicht gewünscht wird. 3

Zum anderen tritt gerade das **Risiko „Krankheit"** in der Regel kurzfristig und nur vorübergehend auf, mit der Folge, dass insbesondere in diesem Bereich die Leistungsgewährung kurzfristig und reibungslos vonstatten gehen muss. Dies soll durch den Gebrauch einheitlicher Formulare und die Möglichkeit der Leistungsaushilfe durch den Träger des Aufenthaltsortes sichergestellt werden, was im Falle von unverzüglich benötigten Sachleistungen dazu führt, dass der Versicherte partiell in das betreffende Gesundheitssystem integriert wird und dort nur die ortsüblichen Leistungen beanspruchen kann. Dies kann einerseits für den Versicherten, der sich ggf. mit schlechteren Leistungen als in seinem Heimatstaat abfinden muss, und andererseits für den zuständigen Krankenversicherungsträger, der ggf. die erhöhten Kosten des fremden Gesundheitssystems tragen muss, unbefriedigend sein. Darüber hinaus setzt die kurzfristige Leistungsaushilfe zu Lasten des zuständigen Trägers voraus, dass Beurteilungen, insbesondere Gesundheitszeugnisse der vor Ort tätigen Ärzte der Einfachheit halber gegenseitig anerkannt werden müssen. Gerade dieser Punkt hat in der Vergangenheit zu kontroversen Diskussionen geführt und ist bis heute nicht abschließend geklärt. 4

2. Die gesetzlichen Grundlagen

Die zentralen rechtlichen Grundlagen des europäischen Krankenversicherungsrechts bilden auf nationaler Ebene die §§ 16–18 SGB V, die §§ 3–5 SGB IV und auf europäischer Ebene die Art. 18–36 VO 1408/71 sowie hinsichtlich der Durchführung die Art. 16–34 VO 574/72. 5

Grundsätzlich tritt die EWG-Verordnung 1408/71 im Rahmen ihres persönlichen und sachlichen Geltungsbereichs an die Stelle von Abkommen, die ausschließlich zwischen zwei oder mehr Mitgliedstaaten in Kraft sind (Art. 6 Buchst. a VO 1408/71) und Abkommen, die zwischen mindestens zwei Mitgliedstaaten und einem oder mehreren anderen Staaten in Kraft sind, sofern es sich um Fälle handelt, an deren Regelung sich kein Träger eines dieser anderen Staaten zu beteiligen hat (Art. 6 Buchst. b VO 1408/71). 6

Ausnahmsweise sieht Art. 7 VO 1408/71 vor, dass die Verpflichtungen der dort genannten Übereinkünfte nicht berührt werden. Insbesondere bleiben nach Art. 7 Abs. 2 7

Buchst. c VO 1408/71 die im Anhang III[1] aufgeführten zahlreichen Bestimmungen aus Abkommen über die soziale Sicherheit anwendbar. Daneben lässt Art. 8 VO 1408/71 den Abschluss weiterer, der VO entsprechender Abkommen zwischen den Mitgliedstaaten zu. Um dem in Art. 3 Abs. 1 VO 1408/71 zum Ausdruck gebrachten Gleichbehandlungsgrundsatz hinsichtlich aller von VO erfassten Personen Rechnung zu tragen, gelten die sonstigen (Sozialversicherungs-)Abkommen, soweit sie weiter bestehen bleiben bzw. neu geschlossen werden, nach Art. 3 Abs. 3 VO 1408/71 für den gesamten von der VO 1408/71 erfassten Personenkreis.

3. Der Anwendungsbereich des europäischen koordinierenden Krankenversicherungsrechts

a) Der Anwendungsbereich aus deutscher Sicht

8   Der Anwendungsbereich der deutschen Krankenversicherung ist in den §§ 5–10 SGB V festgelegt und von der Mitgliedschaft abhängig. Differenziert wird zwischen dem versicherungspflichtigen Personenkreis, den freiwillig Versicherten und der Familienversicherung. Diese Voraussetzungen gelten unabhängig von der Staatsangehörigkeit. Nur soweit die Vorschriften über Versicherungspflicht und Versicherungsberechtigung eine Beschäftigung oder selbständige Tätigkeit voraussetzen, muss diese nach § 3 Nr. 1 SGB IV vorbehaltlich der Grundsätze über die Ausstrahlung (§ 4 SGB IV) in der Bundesrepublik Deutschland ausgeübt werden. Anders sieht dies im Falle der freiwilligen Versicherung oder der freiwilligen Weiterversicherung aus. Zwar setzt § 3 Nr. 2 SGB IV in diesen Fällen voraus, dass der Wohnsitz oder gewöhnliche Aufenthalt in Deutschland liegt, doch ist nach dem unmittelbar und zwingend geltenden Art. 9 Abs. 1 VO 1408/71[2] eine freiwillige Versicherung oder freiwillige Weiterversicherung auch bei einem Wohnsitz in einem anderen Mitgliedstaat möglich, wenn für diese Personen zu irgendeiner Zeit ihrer früheren Laufbahn als Arbeitnehmer oder Selbständiger die Rechtsvorschriften des Staates gegolten haben. Durch die Einschränkung soll die erforderliche Inlandsberührung hergestellt werden.[3] Ebenso werden nach Art. 9 Abs. 2 VO 1408/71 Versicherungs- oder Wohnzeiten, soweit sie für die freiwillige Versicherung oder freiwillige Weiterversicherung vorausgesetzt werden, auch angerechnet, wenn sie in anderen Mitgliedstaaten zurückgelegt werden. So werden bei der vorgeschriebenen Mindestbelegung von Zeiten für die Pflichtversicherung der Rentner nach § 5 Nr. 11 SGB V nach Anhang VI C 13 VO 1408/71 auch die Versicherungszeiten berücksichtigt, die im Ausland zurückgelegt wurden. Aus deutscher Sicht sind sowohl der Zugang als auch die Mitgliedschaft in der Krankenversicherung entterritorialisiert.

b) Der Anwendungsbereich der VO 1408/71

9   In bezug auf die europäische Krankenversicherung ist der allgemeine persönliche Anwendungsbereich nach Art. 2 VO 1408/71 zu berücksichtigen, wonach die Verordnung für Arbeitnehmer und Selbständige sowie Studierende gilt, für welche die Rechtsvorschriften eines oder mehrerer Mitgliedstaaten gelten oder galten, soweit sie Staatsangehörige eines Mitgliedstaates sind oder als Staatenlose oder Flüchtlinge im Gebiet eines Mitgliedstaates wohnen. Gleichfalls gilt die Verordnung für deren Familienangehörige und Hinterbliebene. Arbeitnehmer i. S. d. VO 1408/71 sind alle gegen Entgelt beschäftigten

---

[1] Anhang III ist abgedruckt in *Plöger/Wortmann/Kerger*, Sozialversicherung International, EWG Teil A, VO 1408/71, Loseblatt, Stand: März 2000, A 262 ff. und *Wiegand*, Europäisches Gemeinschaftsrecht in der Sozialversicherung, 1983, S. 216.
[2] Der in § 6 SGB IV normierte Vorbehalt abweichender Regelungen des zwischen- oder überstaatlichen Rechts hat insoweit nur deklaratorischen Charakter, vgl. *Willms*, S. 136.
[3] *Willms*, S. 137.

I. Krankheit und Mutterschaft

Arbeitnehmer sowie alle Personen, die im Rahmen der im Lohnverhältnis geschaffenen Systeme der Sozialen Sicherheit gegen ein oder mehrere Existenzrisiken geschützt sind, ohne Rücksicht auf die vom nationalen Gesetzgeber verwendeten Rechtsformen oder Bezeichnungen.[4] Dies gilt sowohl für freiwillig als auch pflichtversicherte Personen.[5] Soweit jedoch neben der Rentenberechtigung auch ein Anspruch auf Leistungen wegen Ausübung einer Erwerbstätigkeit besteht, fällt der aus der Rentenberechtigung resultierende Anspruch nach Art. 34 Abs. 2 VO 1408/71 weg und es gelten nur die Vorschriften über Arbeitnehmer und ihre Familienangehörigen.[6] Durch letzteres wird deutlich gemacht, dass die Erfassung durch eine Rentnerkrankenversicherung gegenüber einer aufgrund der Erwerbstätigkeit zurücktritt.

Durch die VO 1390/81 des Rates vom 12. Mai 1981 wurde der Anwendungsbereich der VO 1408/71 auf die Selbständigen und ihre Familienangehörigen ausgedehnt.[7] Die Berücksichtigung dieses Personenkreises war erforderlich, weil einige Mitgliedstaaten die Selbständigen und ihre Familienangehörigen in ihr System der Sozialen Sicherheit einbezogen hatten.[8] Die daraus resultierende Gleichstellung von Arbeitslosen und Selbständigen hinsichtlich der Gewährung von Leistungen der Krankenversicherung ist jedoch keineswegs selbstverständlich. Nach deutschem Recht beispielsweise fallen Selbständige nämlich nicht unter die Arbeitslosenversicherung und somit auch nicht unter die Krankenversicherung. Diese im Hinblick auf die Regelungen in anderen EG-Mitgliedstaaten unbefriedigende Rechtslage hat der EG-Gesetzgeber erkannt und mit dem, über Art. 89 VO 1408/71 neu eingefügten Anhang VI C Nr. 10[9] zu lösen versucht. Danach wird bei Selbständigen der Bezug von Arbeitslosenhilfe davon abhängig gemacht, dass der Betreffende vor seiner Arbeitslosmeldung mindestens ein Jahr lang eine selbständige Tätigkeit hauptberuflich im Gebiet der Bundesrepublik ausgeübt und sie nicht nur vorübergehend aufgegeben hat.

Der sachliche Anwendungsbereich umfasst nach Art. 4 VO 1408/71 alle Rechtsvorschriften über Zweige der sozialen Sicherheit, insbesondere nach Art. 4 Abs. 1 Buchst. a VO 1408/71 auch **Leistungen bei Krankheit und Mutterschaft.** Dabei ist zu beachten, dass der hier verwendete Begriff „Leistungen bei Krankheit" nicht nach den Kriterien der nationalen Rechtsordnungen ausgelegt werden darf, sondern **eigenständiger Natur** ist.[10] So fallen hierunter nach der Rechtsprechung des Europäischen Gerichtshofs alle im Falle von Krankheit und Mutterschaft erbrachten Leistungen einschließlich der Gesundheitspflege unabhängig von der Art der entsprechenden nationalen Anspruchsgrundlagen, soweit sie nur auf Rechtsvorschriften über einen Zweig der sozialen Sicherheit beruhen.[11] Dazu zählen somit neben den nach deutschem Krankenversicherungsrecht üblichen Leistungen[12] nach der Rechtsprechung des Europäischen Gerichtshofs ebenfalls die Leistungen zur medizinischen Rehabilitation, die in Deutschland durch die Rentenversicherung gewährt werden (§ 15 SGB VI).[13]

Zwar werden die **Rehabilitationsleistungen** in Art. 4 Abs. 1 Buchst. b) VO 1408/71 erwähnt, doch fehlen konkrete Vorkehrungen für ihre Koordination in der Invaliden- und

---

[4] *Plöger/Wortmann/Kerger,* VO 1408/71, Art. 1 A 20.
[5] *Schulte,* Das Sozialrecht in der Rechtsprechung des Europäischen Gerichtshofs 1986 und 1987, JbSozR, Band 10 (1988), S. 453, 455.
[6] Vgl. auch oben § 21 Rn. 161 ff.
[7] S. auch die Ausführungen unter § 21 Rn. 29 ff.; *Wiegand,* S. 70 f.
[8] *Zuleeg,* NDV 1991, S. 20, 25.
[9] Vgl. Art. 1 Nr. 60 VO 1390/81 v. 12. 5. 1981, ABl. (EG) Nr. L 143 v. 29. 5. 1981.
[10] *Schulte,* in: v. Maydell/Ruland, D 32 Rn. 56.
[11] Vgl. EuGH v. 10. 1. 1980, Rs 69/79 (Jordens-Vosters), Slg. 1980, S. 75 ff.
[12] Vgl. §§ 27–51 SGB V.
[13] EuGH v. 16. 11. 1972, Rs 14/72 (Heinze), Slg. 1972, S. 1105 ff.; EuGH v. 16. 11. 1972 (AOK Hamburg), Rs 16/72, Slg. 1972, S. 1141, 1151; EuGH v. 10. 1. 1980, (Jordens-Vosters), Rs. 69/79, Slg. 1980, S. 75; EuGH v. 18. 9. 1980, Rs 818/79 (AOK Mittelfranken), Slg. 1980, S. 2792 ff.

Rentenversicherung. Diese Lücke ließe sich zwar nicht für die berufliche, zumindest aber für die medizinische Rehabilitation durch eine weite Interpretation des Begriffs „Leistungen bei Krankheit" schließen.[14] Auch Beihilfen an Behinderte fallen unter den Begriff der „Leistungen bei Krankheit", sofern die einschlägigen Vorschriften für den Personenkreis des Art. 1 Buchst. a VO 1408/71 gelten und einen Leistungsanspruch begründen.[15] Ähnliches gilt für den Versicherungsfall der Pflegebedürftigkeit eines erkrankten Kleinkindes, der in der VO 1408/71 nicht ausdrücklich erwähnt ist. Da § 45 SGB V jedoch zu den Leistungsvorschriften im Krankheitsfall gehört, dem Versicherungsfall die Erkrankung eines Familienmitgliedes zugrunde liegt und die Leistungen für das pflegende Familienmitglied durch die Krankheit des Kindes bedingt sind, gilt das nach § 45 SGB V gewährte Krankengeld als Verdienstausfall auch als eine Leistung bei Krankheit i. S. des Art. 4 Abs. 1 Buchst. a VO 1408/71.[16] Schließlich fallen sogar Arbeitgeberleistungen wie die Lohnfortzahlung bei Krankheit[17] und der Zuschuss zum Mutterschaftsgeld nach § 14 MuSchG[18] unter Art. 4 Abs. 1 Buchst. a VO 1408/71, so dass es für die Einordnung einer Leistung i. S. der VO 1408/71 nicht auf die Art der Finanzierung ankommt.[19] Insgesamt sind Leistungen sowohl heilender als auch vorbeugender Art umfasst.[20]

13 Besonderen Anlass zur Auseinandersetzung mit dem sachlichen Anwendungsbereich und der genauen Umschreibung des Risikos Krankheit hatte der Europäische Gerichtshof in der Rechtssache **Molenaar**, in der es um die **deutsche Pflegeversicherung** ging.[21] Der Gerichtshof ordnete sie den „Leistungen bei Krankheit" zu. Die Leistungen der Pflegeversicherung sollten die Selbständigkeit der Pflegebedürftigen – namentlich in finanzieller Hinsicht – fördern. Die Pflegeversicherung solle insbesondere Vorbeugung und Rehabilitation gegenüber der Pflege fördern und der häuslichen Pflege den Vorrang vor der Pflege im Heim geben. Die Pflegeversicherung eröffne Anspruch auf Übernahme sämtlicher oder eines Teils bestimmter durch die Pflegebedürftigkeit des Versicherten verursachten Kosten, etwa für die häusliche oder stationäre Pflege, für den Kauf von Pflegehilfsmitteln, für Maßnahmen zur Verbesserung des Wohnumfeldes sowie auf Zahlung eines monatlichen Pflegegeldes, mit dem der Versicherte die Pflege in der von ihm selbst gewählten Weise sicherstellen, beispielsweise Pflegepersonen entlohnen kann. Die Pflegeversicherung gewährleiste ferner unter bestimmten Umständen den Pflegepersonen eine Absicherung der Risiken von Unfall, Alter und Invalidität. Leistungen dieser Art bezwecken somit im wesentlichen eine Ergänzung der Leistungen der Krankenversicherung, mit der sie auch organisatorisch verknüpft seien, um den Gesundheitszustand und die Lebensbedingungen der Pflegebedürftigen zu verbessern. Sie seien daher ungeachtet gewisser Besonderheiten „Leistungen bei Krankheit" im Sinne von Art. 4 der Verordnung.

14 Diese Rechtsprechung zur deutschen Pflegeversicherung hat der Europäische Gerichtshof jüngst bestätigt in der Rechtssache **Jauch**,[22] in der es um das **österreichische Pflegegeld** ging. Dies bezwecke – so der Gerichtshof – wie die Leistungen aus der deutschen Pflegeversicherung im Wesentlichen eine Ergänzung der Leistungen der Krankenversi-

---

[14] *Fuchs,* in: Fuchs (Hrsg.), Kommentar zum Europäischen Sozialrecht, 2. Auflage 2000, Art. 4 Rn. 8.
[15] EuGH v. 28. 5. 1974, Rs 187/73 (Verbeke), Slg. 1974, S. 553 ff.; Wiegand, S. 85.
[16] *Bieback,* in Fuchs (Hrsg.), Art. 19 Rn. 16.
[17] Vgl. EuGH v. 3. 6. 1992, Rs. 45/90 (Paletta I), Slg. 1992, S. 3423 ff.
[18] *Fuchs,* in: Fuchs (Hrsg.), Art. 4 Rn. 8.
[19] EuGH v. 24. 2. 1987, Rs 379–381/85, 93/86, (Giletti), Slg. 1987, S. 955, 975; EuGH v. 3. 6. 1992, Rs. 45/90, (Paletta I), Slg. 1992, S. 3423; vgl. hierzu auch *Steinmeyer,* Die Austauschbarkeit arbeits- und sozialrechtlicher Gestaltungsformen und das Europäische Gemeinschaftsrecht, in: FS für Kissel, 1994, S. 1165 ff.
[20] EuGH v. 16. 11. 1972, Rs 16/72, (AOK Hamburg), Slg. 1972, S. 1141, 1151; vgl. auch §§ 20–26 SGB V.
[21] EuGH v. 5. 3. 1998, Rs C-160/96 (Molenaar), NZS 1998, 240 ff.; siehe dazu auch *Klein,* a. a. O.
[22] EuGH v. 8. 3. 2001, Rs C-215/99 (Jauch).

I. Krankheit und Mutterschaft

cherung, mit der sie auch organisatorisch verknüpft sei. Es sei deshalb unbeachtlich, dass das Pflegegeld die Rente, die aus anderen Gründen als Krankheit gewährt werde, im Hinblick auf die Pflegebedürftigkeit des Betroffenen ergänzen solle. Das Pflegegeld sei somit unabhängig davon, ob es beitragsunabhängig sei oder nicht, als eine finanzielle Leistung bei Krankheit im Sinne des Art. 4 Abs. 1 Buchstabe a VO 1408/71 anzusehen.

4. Bestimmung der anzuwendenden Rechtsvorschriften[23]

Bei der Bestimmung des anzuwendenden Rechts sind grundsätzlich mehrere Möglichkeiten in Betracht zu ziehen. Neben den Vorschriften des zuständigen Staates, d. h. des Versicherungs- oder Beschäftigungsstaates,[24] kommen die Regelungen des Wohnstaates, in dem der Versicherungsnehmer und/oder seine Familienangehörigen ihren Wohnsitz haben und die Normen des Aufenthaltsstaates, in dem die Leistungsempfänger sich während des Leistungsfalles aufhalten, in Betracht.

In Art. 13 Abs. 2 Buchst. a VO 1408/71 legt man für die Bestimmung des anzuwendenden Rechts das Beschäftigungslandprinzip zugrunde. Nur in den Fällen, in denen eine Anknüpfung an den Wohnstaat sach- und interessengerechter erscheint, ist dem Wohnlandprinzip der Vorrang einzuräumen.[25]

a) Bestimmung des anzuwendenden Rechts bei Sachleistungsgewährung

Das Krankenversicherungsrecht ist in bezug auf die Gewährung von Sachleistungen ein solcher Ausnahmefall. Wie eingangs bereits erwähnt, ist es durch besondere Anforderungen geprägt. So erfordern die Umstände in der Regel eine schnelle und reibungslose Sachleistungsgewährung. Im Geltungsbereich des jeweiligen Krankenversicherungsträgers wird dies regelmäßig unproblematisch sein. Schwierigkeiten treten jedoch dann auf, wenn der Betreffende sich außerhalb des Geltungsbereichs des jeweiligen Krankenversicherungsträgers aufhält, wenn also ein Fall mit Auslandsberührung vorliegt. **Anders als die Geldleistungen sind Sachleistungen schlecht exportierbar.**[26]

aa) Arbeitnehmer und Selbständige sowie ihre Familienangehörigen

Man hat sich deshalb in der allgemeinen Regelung des Art. 19 Abs. 1 Buchst. a VO 1408/71 dafür entschieden, Sachleistungen, wie dies im internationalen Sozialversicherungsrecht üblich ist,[27] im Wege der **Leistungsaushilfe** durch den Träger des Wohnstaates nach dessen Vorschriften und zu Lasten des zuständigen Trägers erbringen zu lassen, und zwar so, als ob der Betreffende dort versichert wäre.

(1) Arbeitnehmer und Selbständige

Entsprechendes gilt für den Fall, dass sich der Versicherte sich nicht im Wohnstaat, sondern in einem Drittstaat, dem sog. Aufenthaltsstaat aufhält, was durchaus auch der Staat sein kann, in dem der zuständige Träger seinen Sitz hat.[28] Insoweit erfolgt also eine punktuelle Integration des Versicherten in das entsprechende (ausländische) Versicherungssystem des Wohn- oder Aufenthaltsstaates.[29] Dies kann im Einzelfall aufgrund der unterschiedlichen Leistungsniveaus der verschiedenen Krankenversicherungsträger freilich zu Verbesserungen oder Verschlechterungen des Leistungsumfangs führen,[30] je nachdem, ob

---

[23] Vgl. insoweit auch die Ausführungen unter § 21 Rn. 103 ff.
[24] *Schulte,* JbSozR, Band 10 (1988), S. 453, 457.
[25] *Steinmeyer,* in: Fuchs (Hrsg.), Art. 13 Rn. 7.
[26] Vgl. zur Unterscheidung von Sach- und Geldleistungen die Ausführungen unter Punkt 5 b.
[27] *Bieback,* in: Fuchs (Hrsg.), Vorb. Art. 18 Rn. 9.
[28] Vgl. dazu die Regelung des Art. 21 VO 1408/71.
[29] *Bieback,* in: Fuchs (Hrsg.), Kommentar zum Europäischen Sozialrecht, Vorb. Art. 18 Rn. 9.
[30] *Schulte,* in: v. Maydell/Ruland, D 32 Rn. 60; *Wiegand,* S. 112.

der Betreffende aus einem Staat mit einer guten oder weniger guten Gesundheitsversorgung kommt.

20 Was bereits für den Aufenthalt in dem zuständigen Staat gilt, ergibt sich aus Art. 21 Abs. 4 VO 1408/71 entsprechend für einen Wohnortwechsel des Arbeitnehmers in den zuständigen Staat. Die Sachleistungen werden in diesen Fällen wiederum nach dessen Rechtsvorschriften gewährt.

(2) Familienangehörige

21 Die Art. 19 Abs. 2, Art. 21 Abs. 2 und 4, Art. 22 Abs. 3 VO 1408/71 übertragen Entsprechendes auf die Familienangehörigen, soweit sie im Rahmen der Familienversicherung von der Krankenversicherung mit umfasst werden und nach den Rechtsvorschriften des Wohnortes etwa durch eine eigene Berufstätigkeit keinen eigenen Leistungsanspruch nach dortigem Recht besitzen (vgl. Art. 19 Abs. 2 Satz 2 VO 1408/71), der dem Anspruch als Familienangehöriger vorgine. Dabei sind jedoch noch weitere Aspekte zu beachten.

22 Zunächst kann die Beurteilung, ob Familienangehörige bei einem langfristigen Aufenthalt im Ausland noch unter die Familienkrankenhilfe fallen, im einzelnen sehr problematisch sein. So hatte das BSG[31] die Frage zu entscheiden, ob ein Student Leistungen aus der deutschen Krankenversicherung im Rahmen der Familienkrankenhilfe auch dann (noch) beanspruchen kann, wenn seine Eltern in Deutschland wohnen, er selbst indessen seit Jahren an einer Hochschule im Ausland studiert. Das BSG bejahte den Fortbestand eines solchen Anspruchs trotz des Auslandsaufenthaltes, weil das Kind seinen Wohnsitz nach wie vor in der Bundesrepublik habe. Bei der Bestimmung des Wohnsitzes sei nicht eine zurückschauende, sondern eine vorausschauende Betrachtung ausschlaggebend. Nach ihr bestehe auch bei Studenten an ausländischen Hochschulen ein inländischer Wohnsitz fort, wenn der Student ins Inland zurückkehren wolle, seine Semesterferien im Inland verbringe und für den ausländischen Staat nur befristet eine Aufenthaltserlaubnis bestehe.

23 Ferner ergibt sich eine Besonderheit für den Fall, dass die Familienangehörigen in einem Mitgliedstaat wohnen, nach dessen Rechtsvorschriften der Leistungsanspruch nicht von Versicherungs- oder Beschäftigungszeiten abhängt. Insoweit richten sich die gewährten Leistungen nach den Regelungen des zuständigen Versicherungsträgers des Arbeitnehmers oder Selbständigen (Art. 19 Abs. 2 Satz 2 VO 1408/71).

24 In diesem Zusammenhang hat der Europäische Gerichtshof in der Rechtssache **Delavant** entschieden, dass sich, wenn ein Arbeitnehmer mit seinen Familienangehörigen im Gebiet eines anderen Mitgliedstaats als des Mitgliedstaats wohnt, in dem er beschäftigt ist und nach dessen Rechtsvorschriften er gemäß der Verordnung versichert ist, die Frage, ob seine Familienangehörigen einen Sachleistungsanspruch bei Krankheit dem Grunde nach besitzen, nicht nach dem Recht des Wohnsitzstaates, sondern vielmehr nach dem Recht des zuständigen Beschäftigungsstaates zu beantworten ist, sofern die Familienangehörigen nicht aufgrund der Rechtsvorschriften des Wohnsitzstaates einen Anspruch auf diese Leistung haben.[32] Nach der Auslegung durch den EuGH **unterliegen die Familienangehörigen eines Arbeitnehmers ebenso wie der Arbeitnehmer selbst hinsichtlich der Entstehung des Leistungsanspruchs dem Grunde nach den Rechtsvorschriften des Staates, in dem der Arbeitnehmer beschäftigt ist.** Lediglich der Inhalt und Umfang eines in diesem Sinne anerkannten Leistungsanspruchs richten sich dann nach den Rechtsvorschriften des aushelfenden Wohnsitzstaates.[33]

25 Wohnen die Familienangehörigen im Gebiet eines (dritten) Mitgliedstaates, der nicht dem Wohnstaat des Arbeitnehmers entspricht, so werden die Sachleistungen durch den

---

[31] BSG, SozR 2200, § 205 Nr. 65 = JbSozR, Band 11 (1989), S. 439.
[32] EuGH v. 8. 6. 1995, Rs. C-451/93, (Delavant), Slg. 1995, S. 1545, 1564 f. = EAS C Art. 19 VO 1408/71 Nr. 2.
[33] Vgl. auch *Bieback*, in: Fuchs (Hrsg.), Art. 19 Rn. 19; *Fuchs*, in: EAS C Art. 19 VO 1408/71 Nr. 2, S. 12 ff.

I. Krankheit und Mutterschaft 26–31 § 23

Träger des Aufenthaltsortes nach dessen Recht für Rechnung des Trägers des Wohnortes der Familienangehörigen gewährt (Art. 21 Abs. 2 Satz 2 VO 1408/71). Befinden sich die Familienangehörigen nun in einem Zustand, der unverzüglich Leistungen erfordert[34] oder haben sie vom zuständigen Träger die Genehmigung erhalten, sich für eine angemessene Behandlung in das Gebiet eines anderen Mitgliedstaates zu begeben,[35] gilt für den Umfang der Sachleistungen nach Art. 22 Abs. 3 Buchst. a VO 1408/71 folgendes:

Die **Leistungen** werden **für Rechnung des Trägers des Wohnstaates vom Träger des Aufenthaltsortes nach den für diesen geltenden Rechtsvorschriften gewährt,** als ob der Arbeitnehmer oder Selbständige dort versichert wäre. Über die Dauer und die Genehmigung der Leistungsgewährung entscheidet allerdings der Träger des Wohnortes (Art. 22 Abs. 3 Buchst. a) VO 1408/71). 26

Schließlich bleibt noch zu erwähnen, dass der Leistungsanspruch von Familienangehörigen nach Art. 22 Abs. 4 VO 1408/71 unabhängig von dem des (versicherten) Arbeitnehmers besteht, d. h. nicht durch einen gleichzeitigen Anspruch des Arbeitnehmers beeinträchtigt wird. 27

(3) Sachleistungsexport bei vorübergehendem Auslandsaufenthalt

Darüber hinaus gilt der oben genannte Grundsatz, dass die Leistungen im Rahmen von Sozialrechtsbeziehungen[36] im Wege der Leistungsaushilfe durch die Ärzte und Krankenhäuser des Wohn- oder Aufenthaltsortes nach den dortigen Rechtsvorschriften für Rechnung des zuständigen Trägers erbracht werden,[37] als ob der Betreffende dort versichert wäre, auch in den drei Konstellationen des Art. 22 VO 1408/71. 28

Dies ist zum einen der Fall, wenn ein Arbeitnehmer während seines Aufenthalts im Gebiet eines anderen Mitgliedstaates **unverzüglich Leistungen benötigt** (Art. 22 Abs. 1 Buchst. a) VO 1408/71). Leistungen sind danach dann unverzüglich, wenn sie nicht bis zur Rückkehr in den zuständigen Staat aufgeschoben werden können, wobei die Frage des Leistungsumfangs auch immer von der Dauer des geplanten Aufenthalts abhängt. In der Praxis ergeben sich allerdings gewisse Schwierigkeiten bei der Frage, wann ein solcher Fall gegeben ist.[38] 29

Zum anderen fällt unter Art. 22 Abs. 1 Buchst. b) VO 1408/71 die Situation, dass jemand, nachdem er zu Lasten des zuständigen Trägers leistungsberechtigt geworden ist, von diesem die **Genehmigung erhalten hat, an seinen Wohnort zurückzukehren** oder in das Gebiet eines anderen Mitgliedstaates umzuziehen. Fraglich ist in diesem Zusammenhang, ob der zuständige Krankenversicherungsträger hinsichtlich der Erteilung der Genehmigung einen Ermessensspielraum hat oder an konkrete Vorgaben gebunden ist. Die Antwort hierauf findet sich in Art. 22 Abs. 2 S. 1 VO 1408/71, wonach die Genehmigung nur verweigert werden darf, wenn die Rückkehr oder der Wohnortwechsel den Gesundheitszustand des Betroffenen gefährden oder die Durchführung der ärztlichen Behandlung in Frage stellen würden. 30

Schließlich wird auch der Fall erfasst, dass der Leistungsempfänger vom zuständigen Träger die **Genehmigung erhalten hat, sich in das Gebiet eines anderen Mitgliedstaates zu begeben, um dort eine seinem Zustand angemessene Behandlung zu erhalten** (Art. 22 Abs. 1 Buchst. c) VO 1408/71), die im Leistungsstaat nicht gewährt werden kann. Danach besteht grundsätzlich ein durch Art. 22 Abs. 2 Satz 2 VO 31

---

[34] Art. 22 I a VO 1408/71.
[35] Art. 22 I c VO 1408/71.
[36] Vgl. z. B. Art. 14 dt.-finnisches, Art. 13 dt.-israelisches, Art. 14 dt.-jugoslawisches Art. 14 dt.-österreichisches, Art. 14 dt.-schwedisches und Art. 14 dt.-türkisches Sozialversicherungsabkommen.
[37] Vgl. *Eichenhofer*, ZAR 1987, S. 108, 110.
[38] *European Observatory on Social Security for Migrant Workers,* European Report, München 2001, S. 44 f.

1408/71 manifestierter Anspruch auf Erteilung der Genehmigung[39] mit der Folge, dass unter den Begriff der „Sachleistungen" auch Leistungen der zuständigen Träger anderer Mitgliedstaaten fallen. Der Judikatur des EuGH zufolge besteht die Verpflichtung, eine Behandlung in einem anderen Staat zu genehmigen, selbst dann, wenn der Versicherte anderswo eine wirksamere Behandlung erfahren kann. Der zuständige Träger hat dabei für die entstehenden Kosten im Erstattungswege nach Art. 36 VO 1408/71 aufzukommen.[40] Diese Rechtsprechung geht allerdings über eine bloße Koordinierung der Leistungssysteme der einzelnen Mitgliedstaaten hinaus und wirkt auf eine soziale Harmonisierung hin, da der zuständige Träger letztendlich gezwungen wird, die Inanspruchnahme des Leistungsrechts des Staates mit dem höchsten Leistungsniveau hinzunehmen, sofern die dort gewährte Behandlung „erforderlich und wirksam" ist.[41]

32   Die Neufassung des Art. 22 Abs. 2 VO 1408/71 beschränkt die Genehmigungspflicht nun jedoch auf Fälle, in denen die Behandlungsdauer aufgrund des Gesundheitszustandes und des voraussichtlichen Verlaufs der Krankheit den in dem Wohnstaat normalerweise erforderlichen Zeitraum überschreitet. Die Dauer der Leistungsgewährung richtet sich in diesen Fällen allerdings nach den Rechtsvorschriften des zuständigen Staates (Art. 22 Abs. 1 Buchst. i) VO 1408/71).

(4) Sachleistungsexport und Grundfreiheiten

33   Unabhängig von der Gewährung von Sachleistungen durch den zuständigen Träger ist in diesem Zusammenhang streitig, ob für vom Versicherten im Ausland selbst beschaffte Krankenhilfeleistungen ein Anspruch auf Kostenerstattung besteht.[42] Zwei neuere Entscheidungen des Europäischen Gerichtshofs haben sich mit dieser Problematik befasst und für erheblichen Diskussionsstoff gesorgt.[43]

34   In den Rechtssachen der luxemburgischen Staatsangehörigen **Decker** und **Kohll**[44] hatte sich der Gerichtshof mit der Frage zu befassen, ob die Beschränkung der Inanspruchnahme von Sachleistungen in einem anderen Mitgliedstaat mit den Grundfreiheiten des EG-Vertrages, insbesondere mit der Warenverkehrsfreiheit gem. Art. 28 und 30 EGV (Art. 30 und 36 EGV a. F.) und der passiven Dienstleistungsfreiheit gem. Art. 49 und 50 EGV (Art. 59 und 60 EGV a. F.), vereinbar ist.

35   Im Ausgangsverfahren von Herrn Decker verlangte dieser von seiner Krankenkasse die Pauschalerstattung der Kosten für eine Brille, die er aufgrund einer Verschreibung seines luxemburgischen Arztes bei einem Optiker in Belgien erworben hatte. Die Krankenkasse lehnte die Erstattung mit der Begründung ab, Herr Decker habe die nach nationalem Recht notwendige Genehmigung für den Erwerb der Brille im Ausland nicht eingeholt.

36   Im Ausgangsverfahren von Herrn Kohll beantragte dieser bei seiner Krankenkasse für seine Tochter die Genehmigung einer Zahnregulierung bei einem Zahnarzt in Deutschland, wobei die Behandlung nach den in Luxemburg üblichen Sätzen für eine derartige Behandlung erstattet werden sollte.

---

[39] EuGH v. 16. 3. 1978, Rs. 117/77, (Pierik I), Slg. 1978, S. 825 ff.; a. A. *Wortmann*, DOK 1979, S. 380 ff.; siehe auch: *Ewert*, Der Beitrag des Gerichtshofs der Europäischen Gemeinschaften zur Entwicklung des Europäischen Sozialrechts, 1987, S. 191 f.

[40] *Meydam*, BKK 1981, 248; *Ewert*, S. 348.

[41] EuGH v. 31. 5. 1979, Rs. 182/78, (Pierik II), Slg. 1979, S. 1977, 1995; vgl. auch *Schulte*, in: v. Maydell/Ruland, D 32 Rn. 63.

[42] Vgl. *Schuler*, SGb 1983, S. 469, 472; *Wortmann*, SGb 1984, S. 473, 479.

[43] Siehe dazu eingehend und mit ausführlichem Rechtsvergleich *Association Internationale de la Mutualité*, Implications of recent jurisprudence on the co-ordination of health care protection systems – General report produced for the Directorate-General for Employment and Social Affairs of the European Commission, Brüssel 2000.

[44] EuGH v. 28. 4. 1998, Rs. C-120/95 (Decker), Slg. 1998, S. 1831 f.; EuGH v. 28. 4. 1998, Rs. C-158/95 (Kohll), Slg. 1998, S. 1931 f.; s. dazu *Langer*, NZS 1999, 537 ff.; *Steinmeyer*, in: Igl, S. 79 ff.

I. Krankheit und Mutterschaft

In beiden Fällen hat der Europäische Gerichtshof einen **Verstoß gegen die Grundfreiheiten des EG-Vertrages** aufgrund der luxemburgischen Rechtsvorschriften angenommen, da diese die Erstattung von einer vorherigen Genehmigung abhängig machen. In diesem Zusammenhang stellte der Gerichtshof zunächst fest, dass diese nationalen Vorschriften nicht der Regelung des Art. 22 Abs. 1 Buchst. c) VO 1408/71 entsprechen. Demzufolge dient die Regelung des Art. 22 Abs. 1 Buchst. c) VO 1408/71 vielmehr dem Zweck, sicherzustellen, dass ein Versicherter, der sich in das Gebiet eines anderen Mitgliedstaats begibt, um dort eine seinem Zustand entsprechende Behandlung zu erhalten, aufgrund der Genehmigung auch tatsächlich eine Behandlung für Rechnung des zuständigen Trägers ohne weitere eigene Kosten erhält. Dies hat zur Folge, dass bei Vorliegen der Voraussetzungen von Art. 22 Abs. 1 Buchst. c) VO 1408/71 die Kosten nicht auf die innerstaatlichen Sätze des zuständigen Trägers beschränkt sind. 37

In den Rechtssachen Decker und Kohll wurde im Unterschied dazu von vornherein lediglich eine Kostenerstattung nach den luxemburgischen Vorschriften beantragt. Der Europäische Gerichtshof hatte danach ausschließlich die Vereinbarkeit der nationalen luxemburgischen Vorschriften mit den Bestimmungen des EG-Vertrages über den **freien Warenverkehr** bzw. den **freien Dienstleistungsverkehr** zu überprüfen. Dabei kam der Gerichtshof zu dem Schluss, dass die Mitgliedstaaten, auch wenn sie die Kompetenz für die Ausgestaltung ihrer Sozialsysteme besitzen, dabei doch stets das Gemeinschaftsrecht zu beachten haben. Eine Rechtfertigung der Beschränkung der Grundfreiheiten aufgrund der finanziellen Stabilität der nationalen Leistungssystemen ließ der Gerichtshof in diesen Fällen nicht gelten, führte aber aus, dass es Ausnahmen von der Warenverkehrs- bzw. Dienstleistungsfreiheit im Zusammenhang mit der sozialen Sicherheit geben könne.[45] Eine Einschränkung der Grundfreiheiten ist aber danach nur dann gerechtfertigt, wenn ein zwingender Grund des Allgemeininteresses gegeben ist. Ein solcher kann hier angenommen werden bei einer erheblichen Gefährdung des finanziellen Gleichgewichts des Systems der sozialen Sicherheit. 38

Die entscheidende Frage ist dann aber, wann diese gegeben ist, d. h. unter welchen Voraussetzungen und bei welchen Gestaltungsformen sich eine **Gefährdung ergibt, die eine Beschränkung der Grundfreiheiten im Allgemeininteresse rechtfertigt**. 39

Das jeweilige nationale Recht der Gesundheitsversorgung, das im übrigen in der Mehrheit der Staaten der Europäischen Union inzwischen als staatlicher Gesundheitsdienst ausgestaltet ist, kann in seiner Ausgestaltung so konstruiert sein, dass es als in sich geschlossenes System konzipiert ist.[46] Dies ist für die hier interessierende Problematik deshalb und insoweit von Bedeutung, wie Leistungserbringung im Ausland zu Lasten des inländischen Systems etwa die Kalkulationsgrundlagen und Steuerungsinstrumente in Frage stellt. 40

Sieht ein nationales System etwa eine **Mengensteuerung** vor, die auf der Basis von Regelleistungen pro Arzt beruht, wie dies etwa im deutschen Recht mit den Regelleistungsvolumina nach § 85 II SGB V der Fall ist, so stellt sich bei den hier interessierenden grenzüberschreitenden Sachverhalten konkret das Problem, wie die Behandlungen im Ausland in diesem System zu berücksichtigen sind. Dies kann von der Ausgestaltung des deutschen Systems her nicht befriedigend erfolgen, da diese Mengenbegrenzung nur für die an der deutschen kassenärztlichen Versorgung teilnehmenden Ärzte gelten kann. Das Instrument der Mengensteuerung kann also insoweit geschwächt werden. Allerdings rechtfertigt das nicht schon per se die Beschränkung einer Grundfreiheit, da diese Effekte 41

---

[45] EuGH v. 28. 4. 1998, Rs. C-120/95 (Decker), Slg. 1998, S. 1831, 1884 ff.; EuGH v. 28. 4. 1998, Rs. C-158/95 (Kohll), Slg. 1998, S. 1931, 1947 ff.; vgl. auch *Neumann-Duesberg*, in: Schulte/Barwig (Hrsg.), S. 93 f.; *Giesen*, in: Schulte/Barwig (Hrsg.), S. 366; *Künkele*, a. a. O.

[46] Zur Ausgestaltung der Systeme s. *Europäische Kommission – Generaldirektion für Beschäftigung, Arbeitsbeziehungen und soziale Angelegenheiten*, Soziale Sicherheit in Europa 1993, 1994, S. 97 ff.; *dies.*, Soziale Sicherheit in Europa 1995, 1996, S. 107 ff.; *Steinmeyer*, in: 8. Bonner Europa-Symposium – Die Krankenversicherung in der Europäischen Union, S. 1 ff.

angesichts der offenkundig begrenzten Zahl der grenzüberschreitenden Fälle nicht so schwerwiegend sind, dass sie eine erhebliche Gefährdung des finanziellen Gleichgewichts des Systems der sozialen Sicherheit darstellen können.

42 Eine in diesem Zusammenhang sich stellende Frage ist dann aber, was bei einer größeren Ausdehnung der grenzüberschreitenden Fälle zu geschehen hat, da insbesondere in Grenzregionen nicht auszuschließen ist, dass eine erhebliche Bewegung über die Grenzen hinweg einsetzt. Heißt das nun, dass dies nunmehr Beschränkungen für das gesamte nationale System etwa der gesetzlichen Krankenversicherung rechtfertigt oder muss vielleicht in bestimmten Fällen der nationale Gesetzgeber mit Sonderregelungen für Grenzregionen versuchen, einen Ausgleich zu finden zwischen den Grundfreiheiten des Binnenmarktes und dem **finanziellen Gleichgewicht des jeweiligen Systems der sozialen Sicherheit?**

43 Inwieweit verlangt auch das europäische Recht eine gewisse Anpassungsfähigkeit der nationalen Systeme, die sich wohl nicht einfach darauf berufen können, dass das derzeitige System in allen seinen Einzelheiten so bestehen bleiben müsse? Wer solches nämlich fordern würde, übersieht, dass die Rechtsprechung des Europäischen Gerichtshofs **nicht als Dogma der Unberührbarkeit nationaler Sozialversicherungssysteme zu verstehen** ist. Man kennt vom europäischen koordinierenden Sozialrecht her, dass dies nur verknüpfen aber nicht inhaltlich ändern solle; bereits die Entscheidung in der Rechtssache Molenaar zur Pflegeversicherung macht aber deutlich, dass der Gerichtshof hier keine Rücksicht darauf nimmt, welche Auswirkung seine Entscheidung auf das nationale System hat. Es ist in diesem Zusammenhang zwar einzuräumen, dass diese Entscheidung zur Freizügigkeit erging, also eine Diskrepanz zwischen nationalem Sozialrecht und europäischem koordinierenden Sozialrecht aufweist; warum aber andere Grundfreiheiten wie die Dienstleistungsfreiheit eine geringere Wertigkeit haben sollen, wird nicht recht deutlich. Es zeigt aber für den hier interessierenden Zusammenhang zumindest, dass das nationale Recht eine gewisse Europagängigkeit aufweisen muss bzw. von ihm verlangt werden kann.

44 Dies zeigt auch, dass der Europäische Gerichtshof mit seiner Formulierung zu den Beschränkungen der Dienstleistungsfreiheit zwar den Kern der Sache getroffen hat, **eine weitere Konkretisierung und Differenzierung dieser Formel aber unerlässlich ist.**

45 Diese Gesichtspunkte müssen grundsätzlich in gleicher Weise auch für Systeme gelten, die mit **festen Budgets** arbeiten. Hier ist aber zusätzlich zu bedenken, dass es auf die konkrete Ausgestaltung der Budgets ankommt. Sind hier die Budgets angelegt auf einen begrenzten Teilnehmerkreis, so erweist sich das System als empfindlich. Allerdings würde je nach Ausgestaltung des Systems die grenzüberschreitende Leistungserbringung nicht zu Lasten des finanziellen Gleichgewichts des Systems als solchem gehen, sondern „lediglich" zu einer Verschiebung beim Honorarvolumen der beteiligten Leistungserbringer führen.

46 Der **Europäische Gerichtshof** hat durch seine Entscheidungen zu der Bedeutung der Grundfreiheiten für das europäische Sozialrecht eine **neue Perspektive eröffnet.** Allerdings ist hier festzustellen, dass es sich bei der in den Rechtssachen Decker und Kohll angesprochenen Problematik nicht um eine üblicherweise von der VO 1408/71 zu erfassende handelt, da die Verordnung sich gestützt auf Art. 42 EGV (Art. 51 EGV a. F.) mit der Verwirklichung der Freizügigkeit befasst während es hier um die Grundfreiheiten der Dienstleistungsfreiheit und der Warenverkehrsfreiheit geht.

47 Ohne allzu viel prophetische Gabe lässt sich voraussagen, dass wir noch weitere Entscheidungen dieser Art vom Europäischen Gerichtshof zu erwarten haben. Es lassen sich noch weitere Fallkonstellationen denken, die zu ähnlichen Fragestellungen führen. Zu erwähnen sei hier nur die Frage der Inanspruchnahme von Leistungen der Rehabilitation im EU-Ausland. Eine Entscheidung des Gerichtshofs, die möglicherweise die Formel für die Rechtfertigung der Beschränkung modifizieren könnte, steht an. Der Generalanwalt Ruiz-Jarabo stellt in seinen Schlussanträgen vom 18. 5. 2000 in der Rechtssache C-157/99 **(Geraets-Smits und Peerboms)** zur Rechtfertigung der Beschränkung der Dienstleistungsfreiheit offenbar nur noch auf die Wahrung des finanziellen Gleichgewichts der dort betroffenen Krankenpflichtversicherung ab. Der Generalanwalt hat sich hier der

Argumentation zahlreicher Mitgliedstaaten im Verfahren angeschlossen, wonach die Wahrung des finanziellen Gleichgewichts der Krankenpflichtversicherung und die Garantie einer ausgewogenen und allen Versicherten zugänglichen ärztlichen und klinischen Versorgung sowie die Sicherstellung der nötigen Pflegekapazität und des erforderlichen Niveaus der Heilkunde eine Einschränkung des Dienstleistungsverkehrs rechtfertigen können. In der Rechtssache Geraets u. Peerbooms hat der Gerichtshof die Sichtweise des Generalanwalts in seiner **Entscheidung vom 12. 7. 2001** weitgehend bestätigt[47] und darauf hingewiesen, dass bei Vorliegen derartiger zwingender Gründe die betreffende Regelung nicht über das hinausgehen darf, was zu diesem Zweck objektiv notwendig ist und dass das gleiche Ergebnis nicht durch weniger einschneidende Regelungen erreicht werden kann. In der Rechtssache Vanbraekel hat der Gerichtshof in einer Entscheidung vom gleichen Tage[48] allerdings auch darauf hingewiesen, dass beim Umfang der Kostenerstattung der niedrigere Erstattungssatz im Aufenthaltsstaat ggf. um die Differenz zu den Sätzen des Staates der Versicherungszugehörigkeit von letzterem zu ergänzen ist.

Für einen Wissenschaftler liegt es nahe, einmal rechts- und systemvergleichend die europäischen Gesundheitssysteme darauf zu untersuchen, wo – wenn überhaupt – sich erheblichen Gefährdungen des finanziellen Gleichgewichts des Systems der sozialen Sicherheit durch die Grundfreiheiten ergeben, was eine Beschränkung rechtfertigen könnte. Eine solche Untersuchung wäre hilfreich für die Frage eines möglichen europäischen Gesundheitsmarktes.

Insgesamt dürfte deutlich geworden sein, dass wir mit diesen Entscheidungen erst am Anfang einer Entwicklung zur Europäisierung der Gesundheitsmärkte stehen. Die rechtlichen Rahmenbedingungen mögen sich nicht verändert haben, die Situation für die nationalen Gesundheitsmärkte aber doch.

Um die Auswirkungen dieser Entscheidungen sachgerecht zu erfassen, wird vorgeschlagen, die Vorschriften zur Genehmigung nach Art. 22 zu erleichtern.[49]

bb) Grenzgänger und ihre Familienangehörigen

Für Grenzgänger i. S. des Art. 1 Buchst. b) VO 1408/71 bestehen aufgrund der außergewöhnlichen Umstände Sonderregelungen.

Grenzgänger sind in einem anderen Staat als dem Wohnstaat beschäftigt und kehren täglich oder mindestens einmal wöchentlich an ihren Wohnort zurück.[50] Soweit ein Grenzgänger von dem Unternehmen, dem er gewöhnlich angehört, innerhalb des Gebietes des gleichen oder in das Gebiet eines anderen Mitgliedstaats entsandt wird oder dort eine Dienstleistung erbringt, behält er bis zur Höchstdauer von vier Monaten die Eigenschaft eines Grenzgängers, selbst wenn er während dieser Zeit nicht täglich oder mindestens einmal wöchentlich an seinen Wohnort zurückkehren kann. In der Bundesrepublik Deutschland bilden die niederländischen Arbeitnehmer den Hauptanteil der Grenzgänger.[51]

Nach Art. 20 VO 1408/71 haben **Grenzgänger** ein **Wahlrecht**. Danach können sie entscheiden, ob sie die Leistungen im Wohn- oder Aufenthaltsstaat oder im zuständigen Staat beanspruchen. Dementsprechend bestimmt sich das anzuwendende Recht. Nimmt ein Grenzgänger Leistungen im Wohnstaat in Anspruch, gilt entsprechend dem Grundsatz des Art. 19 Abs. 1 Buchst. a VO 1408/71 auch das Recht des Wohnstaates. Entscheidet er sich aber für die Inanspruchnahme des zuständigen Trägers in dessen Mitgliedstaat,

---

[47] NZS 2001, 478.
[48] NZS 2001, 483.
[49] *European Observatory on Social Security for Migrant Workers*, European Report, München 2001, S. 51.
[50] Vgl. hierzu im Einzelnen: *Eichenhofer*, in: Fuchs (Hrsg.), Kommentar zum Europäischen Sozialrecht, 2. Aufl. 2000, Art. 1 Rn. 15.
[51] Vgl. das Abkommen zwischen der Bundesrepublik und den Niederlanden vom 15. 2. 1982 in Kraft gesetzt durch VO v. 8. 11. 1982, BGBl. II, S. 958, 1203.

bestimmen sich die Leistungen auch nach dessen Recht. Der Grenzgänger wird insoweit behandelt, wie der in Art. 21 VO 1408/71 erwähnte Arbeitnehmer, der in einem anderen Mitgliedstaat wohnt, aber in das Gebiet des zuständigen Staates zurückkehrt. Dahinter steht der Gedanke, dass es eine Erleichterung für den Grenzgänger darstellt, wenn er sich an die Verwaltung seines Wohnstaates wenden könne, mit der ihn außer der räumlichen Nähe auch eine stärkere soziale Integration verbinde.[52] Soweit es sich um vollarbeitslose oder ehemalige Grenzgänger handelt, die jetzt rentenberechtigt sind, muss auf die Ausführungen zu den entsprechenden Personengruppen verwiesen werden.

54 Für die **Familienangehörigen der Grenzgänger** ergibt sich Ähnliches. Zwar können sie gleichsam Sachleistungen beanspruchen, doch ist ihr Anspruch – von dringenden Fällen abgesehen – ohne eine entsprechende Vereinbarung zwischen den zuständigen Behörden dieser Staaten[53] von der vorherigen Genehmigung durch den zuständigen Träger abhängig.

cc) Arbeitslose und ihre Familienangehörigen

55 Hinsichtlich der Krankenversicherung der Arbeitslosen sind zwei Gruppen von Arbeitslosen zu unterscheiden.

56 Zunächst sind die in Art. 69 Abs. 1, 71 Abs. 1 Buchst. b) ii) Satz 2 VO 1408/71 erwähnten **Arbeitslosen** zu berücksichtigen. Die Art. 69 Abs. 1, 71 Abs. 1 Buchst. b) ii) Satz 2 VO 1408/71 gehen tatbestandlich wiederum von zwei denkbaren Situationen aus. Zum einen wird in Betracht gezogen, dass sich ein Arbeitsloser in einen oder mehrere Mitgliedstaaten begibt, um dort eine Beschäftigung zu suchen.[54] Zum anderen wird davon ausgegangen, dass ein Arbeitsloser schon in einem anderen Mitgliedstaat wohnt, obwohl ihm noch Leistungen vom zuletzt zuständigen Krankenversicherungsträger zuerkannt worden waren.[55]

57 Weiterhin werden in Art. 25 Abs. 2 VO 1408/71 sowohl **vollarbeitslose Grenzgänger** berücksichtigt, die während ihrer letzten Beschäftigung in einem anderen Mitgliedstaat als dem zuständigen Staat wohnten,[56] als auch **vollarbeitslose Arbeitnehmer, die gleichfalls während ihrer letzten Beschäftigung in einem anderen als dem zuständigen Mitgliedstaat wohnten,** sich darüber hinaus aber der dortigen Arbeitsverwaltung zur Verfügung gestellt haben.[57] In beiden Fällen müssen jedoch die Voraussetzungen für einen Leistungsanspruch ggf. wieder mit Hilfe des Zusammenrechnungsprinzips nach Art. 18 VO 1408/71 erfüllt werden. Ist dies der Fall, werden die Leistungen nach den Rechtsvorschriften des Trägers des Wohn- oder Aufenthaltsstaates zu Lasten des zuständigen Trägers gewährt. Welcher Träger dabei zuständig ist, richtet sich danach, in welchem Mitgliedstaat der Träger, der die Leistungen bei Arbeitslosigkeit gewährt, seinen Sitz hat. Für die Einzelheiten kann im Hinblick auf die besonderen Voraussetzungen auf die Ausführungen im Rahmen der Leistungsgewährung verwiesen werden.

dd) Rentenantragsteller und ihre Familienangehörigen

58 Auch aus der Sicht der Rentenantragsteller gilt in Bezug auf die Bestimmung des anzuwendenden Rechts in der Krankenversicherung das **Wohnstaatprinzip**. So erhalten Arbeitnehmer sowie ihre Familienangehörigen und Hinterbliebenen, deren Anspruch auf Sachleistungen nach den Regelungen des zuletzt zuständigen Staates während der Bearbeitung eines Rentenantrags erlischt, nach Art. 26 Abs. 1 Satz 1 VO 1408/71 Leistungen nach den im Wohnstaat geltenden Rechtsvorschriften, sofern sie nur die An-

---

[52] *Lenz*, SGb 1988, S. 1, 6.
[53] Vgl. bspw. das Abkommen zwischen der Bundesrepublik Deutschland und den Niederlanden v. 15. 2. 1982 in Kraft gesetzt durch VO v. 8. 11. 1982, BGBl. II, S. 958, 1203.
[54] Art. 69 Abs. 1 VO 1408/71.
[55] Art. 71 Abs. 1 Buchst. b) ii) Satz 2 VO 1408/71.
[56] Art. 71 Abs. 1 Buchst. a) ii) VO 1408/71.
[57] Art. 71 Abs. 1 Buchst. b) ii) Satz 1 VO 1408/71.

spruchsvoraussetzungen eines Mitgliedstaates erfüllt haben. Hat der Rentenantragsteller bereits einen Anspruch nach den Vorschriften des Staates, in dem er auch selbst die Beiträge zur Krankenversicherung entrichtet, so erlischt gemäß Art. 26 Abs. 2 VO 1408/71 der Anspruch auf Sachleistungen nach Ablauf des zweiten Monats nach der letzten (fälligen) Beitragsentrichtung. Welcher Träger insoweit zuständig ist, ergibt sich aus Art. 26 Abs. 3 VO 1408/71. Danach werden im Falle von Absatz 2 die Sachleistungen zu Lasten desjenigen Trägers gewährt, an den auch die Krankenversicherungsbeiträge entrichtet wurden. Im übrigen ist der Träger zur Kostenerstattung verpflichtet, der auch die Rentenlast zu tragen hat (Art. 26 Abs. 3 Satz 2 VO 1408/71.

ee) Rentenberechtigte und ihre Familienangehörigen

Die Frage, welche Rechtsvorschriften für Rentenberechtigte und ihre Familienangehörigen gelten, bestimmen sich nach den Art. 27–34 VO 1408/71.

Soweit der Rentenberechtigte die Voraussetzungen für einen Bezug von Renten gegenüber dem **Rentenversicherungsträger des Wohnortes** erfüllt, werden die Leistungen auch nach den Rechtsvorschriften des Krankenversicherungsträgers des entsprechenden Wohnortes und zu dessen Lasten gewährt (Art. 27 VO 1408/71). Die Zuständigkeit des Krankenversicherungsträgers folgt hier der Zuständigkeit des Trägers der Rentenlast. Handelt es sich bei dem Rentenberechtigten um einen ehemaligen Grenzgänger, der mindestens drei Monate vor Beginn des Rentenbezugs oder ggf. des Todeseintritts auch Grenzgänger war, werden die Kosten zwischen dem Träger des Wohnortes und dem Träger, bei dem der Grenzgänger zuletzt versichert war, halbiert. Insoweit erfolgt entsprechend den Sonderregelungen für Grenzgänger auch während des Rentenbezugs eine Risikoteilung.

Daran schließt sich unmittelbar die Frage an, wie in den Fällen zu verfahren ist, in denen eine **Rente nach dem pro-rata-temporis-Prinzip von mehreren Mitgliedstaaten**[58] gewährt wird. Diesen Fall greift Art. 28 VO 1408/71 auf. Danach erhalten der Rentenberechtigte und seine Familienangehörigen selbst dann nach den Rechtsvorschriften des Trägers des Wohnortes zu Lasten des zuständigen Trägers Leistungen, wenn die Voraussetzungen nicht erfüllt werden. Dies gilt allerdings nur dann, wenn der Rentenberechtigte zumindest nach den Vorschriften eines der Mitgliedstaaten, nach deren Rechtsvorschriften eine Rente geschuldet wird, Anspruch auf Sachleistungen hätte, wenn er dort wohnte. Das bedeutet, dass die Erfüllung der Voraussetzungen bereits dann angenommen wird, wenn in irgendeinem anderen an der Rentenlast beteiligten Mitgliedstaat die Voraussetzungen erfüllt werden. Unbefriedigend erscheint dies im Hinblick auf die Fälle, in denen Träger mit hohem Leistungsniveau und entsprechend hohen Anspruchsvoraussetzungen gegenüber Rentenberechtigten verpflichtet werden, die nur die Voraussetzungen in einem System niedrigeren Niveaus erfüllt haben. Denn der zuständige Träger muss in diesen Fällen unabhängig von seinen Voraussetzungen die Kosten, die das Wohnortsystem verursacht erstatten.

Welcher Träger in diesen Fällen zuständig ist, ergibt sich aus Art. 27 Abs. 2 VO 1408/71. Sofern ein Leistungsanspruch nur gegenüber einem Staat besteht, übernimmt der zuständige Träger dieses Staates auch die Kosten. Hat der Rentner nach den Rechtsvorschriften von mehreren Mitgliedstaaten Anspruch auf die Leistungen, werden die Kosten von dem Träger desjenigen Mitgliedstaates übernommen, dessen Rechtsvorschriften für den Rentner am längsten gegolten haben. Sofern danach mehrere Träger zuständig wären, wird auf den Träger abgestellt, dessen Vorschriften zuletzt gegolten haben.

Ist nach den Rechtsvorschriften des Wohnstaates eines Rentners, der zum Bezug von Rentenleistungen berechtigt ist, der Anspruch auf Sachleistungen nicht von Versicherungs- oder Beschäftigungsbedingungen abhängig und wird nach diesen Vorschriften

---

[58] Mehrere Renten, die nach den Vorschriften nur eines Mitgliedstaates gewährt werden, gelten nach Art. 34 Abs. 1 VO 1408/71 als eine Rente.

keine Rente geschuldet, so werden nach Art. 28a VO 1408/71 die an den Rentner oder seinen Familienangehörigen gewährten Leistungen ebenfalls von dem nach Art. 28 Abs. 2 VO 1408/71 zu bestimmenden Träger übernommen.

64 Sofern sich ein **Rentner oder seine Familienangehörigen im Gebiet eines anderen als des Wohnstaates aufhalten,** erhalten sie die Sachleistungen nach den Rechtsvorschriften des dortigen Trägers zu Lasten des Trägers des Wohnortes (Art. 31 VO 1408/71). Dies gilt auch dann, wenn die Familienangehörigen sich dort getrennt von dem Rentenberechtigten aufhalten (Art. 29 VO 1408/71). In diesem Fall trägt der Träger des Wohnorts des Rentners die Lasten. Soweit die Familienangehörigen ihren Wohnort zu dem Wohnort des Rentners verlegen, bestimmt sich der Leistungsanspruch wiederum nach den Vorschriften des (dann gemeinsamen) Wohnstaates zu Lasten des zuständigen Trägers.

b) Bestimmung anzuwendenden Rechts bei Geldleistungen

65 **Geldleistungen sind alle in Geld gewährten Leistungen, die keine Sachleistungen sind.**[59] Im Gegensatz zu Sachleistungen sind sie leicht exportierbar, zumal bei der Gewährung nicht in dem Maße eine Eilbedürftigkeit besteht, wie dies bei der Sachleistungsgewährung der Fall ist. Geldleistungen werden deshalb einheitlich vom zuständigen Träger nach dessen Rechtsvorschriften gewährt.[60]

66 Es besteht jedoch die Möglichkeit, dass sich der zuständige Träger mit dem Träger des Wohnortes bzw. mit dem Träger des Aufenthaltsortes dahingehend einigt, dass letzterer die Geldleistungen für Rechnung des zuständigen Trägers gewährt.[61] Anders als bei den Sachleistungen richtet sich der Umfang der gewährten Geldleistungen aber unverändert nach den Rechtsvorschriften des zuständigen Trägers, mit der Folge, dass sich die Höhe der gewährten Geldleistungen aufgrund der unterschiedlichen Berechnungsmodalitäten[62] im Einzelfall von Staat zu Staat unterscheiden kann. Damit ist letzteres kein Fall der Leistungsaushilfe. Vielmehr stehen hier nur Praktikabilitätsgesichtspunkte bei der Auszahlung des Geldbetrages durch den Träger vor Ort im Vordergrund. Werden sie vom Träger des Aufenthalts- oder Wohnortes gewährt, so sind sie in der Währung des auszahlenden Staates zu erstatten.[63]

5. Die Leistungsgewährung

67 Da die VO 1408/71 keine eigenständigen Leistungsansprüche begründet, sondern nur einzelne Sozialrechtsordnungen koordiniert, richtet sich der Umfang der gewährten Sach- oder Geldleistungen regelmäßig nach den Vorschriften des im Einzelfall anzuwendenden Rechts.

---

[59] *Schulte,* in: v. Maydell/Ruland, D 32 Rn. 64.
[60] Vgl. Art. 19 Abs. 1 Buchst. b), Art. 22 Abs. 1 Buchst. ii) (bei Aufenthalts- oder Wohnortwechsel), 25 Abs. 1 Buchst. b), Art. 25 Abs. 3 Buchst. ii) (bei Arbeitslosen), Art. 28 Abs. 1 Buchst. b), Art. 29 Abs. 1 Buchst. b), Art. 29 Abs. 2 Buchst. b) (bei Rentenberechtigten und deren Familienangehörigen) VO 1408/71.
[61] Vgl. Art. 19 Abs. 1 Buchst. b), Satz 2, Art. 22 Abs. 1 Buchst. ii), Satz 2, Art. 25 Abs. 1 Buchst. b), Satz 2, Art. 28 Abs. 1 Buchst. b) Satz 2, Art. 29 Abs. 1 Buchst. b) Satz 2, Art. 29 Abs. 2 Buchst. b) Satz 2 VO 1408/71.
[62] Art. 23 VO 1408/71 berücksichtigt drei Berechnungsmöglichkeiten, nämlich die Orientierung am Durchschnittsarbeitsentgelt, -einkommen oder Durchschnittsbeitrag der in diesem Staat zurückgelegten Zeiten, an einem pauschalen Arbeitsentgelt oder -einkommen für die in diesem Mitgliedstaat zurückgelegten Zeiten oder schließlich eine Zugrundelegung der Zahl der Familienangehörigen, jedoch unabhängig davon, wo diese im Einzelnen wohnen.
[63] *Schulte,* in: v. Maydell/Ruland, D 32 Rn. 68.

I. Krankheit und Mutterschaft

a) Die Zusammenrechnung der Versicherungs-, Beschäftigungs- oder Wohnzeiten

Soweit ein **Leistungsanspruch von Versicherungs- oder Beschäftigungszeiten abhängt,** werden im Rahmen des Zusammenrechnungsprinzips[64] nach Art. 18 I VO 1408/71 auch die nach den Rechtsvorschriften anderer Mitgliedstaaten zurückgelegten Versicherungs-, Beschäftigungs- oder Wohnzeiten gleichrangig angerechnet. Für einen Leistungsanspruch gegenüber dem deutschen gesetzlichen Krankenversicherungträger ist dies jedoch ohne Bedeutung, da die Inanspruchnahme von Regelleistungen ausschließlich von der aktuellen Mitgliedschaft in der gesetzlichen Krankenversicherung und nicht von Wartezeiten oder Ähnlichem abhängt.[65]

68

b) Die verschiedenen Leistungsarten

Wie schon bei Bestimmung des anzuwendenden Rechts muss auch im Rahmen der Leistungsgewährung **zwischen Geld- und Sachleistungen unterschieden** werden.[66] Dabei werden im folgenden unter dem Begriff der Sachleistungen die Präventions-, die Restitutions- und die Kompensationsleistungen zusammengefasst; insbesondere gehören zu den Sachleistungen auch der Pauschbetrag für die ärztliche Betreuung anlässlich der Entbindung,[67] die Kosten für eine Haushaltshilfe nach § 38 SGB V, sowie die Erstattung sonstiger ärztlicher Behandlungs- oder Arzneimittelkosten. Dies gilt unabhängig davon, dass diese Leistungen möglicherweise in Geld gewährt werden.[68] Alle anderen in Geld gewährten Leistungen fallen unter den Begriff der Geldleistungen.[69] Dies gilt beispielsweise für Beiträge zur Krankenversicherung der Rentner in Form von Zuschlägen zur Rente.

69

Der Entgeltfortzahlungsanspruch im Krankheitsfall hingegen ist nach deutschem Recht keine Lohnersatz- – bzw. Sozialleistung, sondern ein arbeitsvertraglicher Erfüllungsanspruch. Trotzdem wird die Entgeltfortzahlung durch den Europäischen Gerichtshof als Leistung der sozialen Sicherheit eingeordnet. Dies im wesentlichen mit der Begründung, die Entgeltfortzahlung knüpfe an das Risiko der Krankheit und ersetze das Krankengeld, welches unstreitig als Sozialleistung anzusehen sei.[70] Daraus folgt, dass die Entgeltfortzahlung ebenso wie das Krankengeld als Geldleistung exportiert werden muss.

70

Geldleistungen gewährt grundsätzlich der Träger desjenigen Staates, in dem der Berechtigte krankenversichert ist (zuständiger Träger) nach seinen Rechtsvorschriften. Insoweit kann er mit dem Träger des Wohn- oder Aufenthaltsstaates ausnahmsweise eine Vereinbarung treffen, dass letzterer die Leistungen erbringt.[71]

71

c) Naturalleistungs- und Kostenerstattungsprinzip

Die Unterscheidung in Sach- und Geldleistungen ist für die Bestimmung der Modalitäten der Leistungserbringung entscheidend.

72

---

[64] Vgl. hierzu EuGH v. 12. 1. 1983, Rs. 150/82 (Coppola), Slg. 1983, S. 43, 56, *v. Maydell,* in: Zacher, Sozialrechtsprechung: Verantwortung für den sozialen Rechtsstaat; FS zum 25jährigen Bestehen des Bundessozialgerichts, 1979, S. 943, 956.
[65] *Schulte,* in: v. Maydell/Ruland, D 32 Rn. 59.
[66] Vgl. beispielsweise EuGH v. 01. 12. 1965, Rs. 33/65 (Dekker), Slg. 1965, S. 1186 ff.; EuGH v. 30. 6. 1966, Rs. 61/65, (Vaassen-Göbbels), Slg. 1966, S. 583 ff.; EuGH v. 25. 6. 1975, Rs. 17/75, (Anselmetti), Slg. 1975, S. 781 ff.; EuGH v. 10. 1. 1980, Rs. 69/75, (Jordens-Vosters), Slg. 1980, S. 75 ff.; EuGH v. 18. 9. 1980, Rs. 818/79, (AOK Mittelfranken), Slg. 1980, S. 2729 ff.
[67] Anhang VI C Nr. 6 zur VO 1408/71, abgedruckt in *Plöger/Wortmann/Kerger,* VO 1408/71, A 134 u. A 140 und *Wiegand,* S. 231 u. 236.
[68] *Schulte,* in: v. Maydell/Ruland, D 32 Rn. 64.
[69] *Schulte,* in: v. Maydell/Ruland, D 32 Rn. 64.
[70] EuGH v. 3. 6. 1992, Rs. C-45/90, (Paletta I), Slg. 1992, S. 3423, 3462 ff.
[71] Vgl. hierzu auch Rn. 89 f.

73 Allgemein können Sachleistungen auf verschiedene Art und Weise gewährt werden: Entweder erhält der Berechtigte die Leistungen kostenlos vom Staat bzw. einem Sozialleistungsträger (**Naturalleistungsprinzip**), wie es bei den staatlichen Gesundheitsdiensten z.B. in Großbritannien und mit der kassenärztlichen Versorgung grundsätzlich auch in Deutschland praktiziert wird;[72] oder der zuständige Krankenversicherungsträger erstattet dem Berechtigten die für die Inanspruchnahme einer Leistung entstandenen Kosten (**Kostenerstattungsprinzip**). Dies entspricht der Vorgehensweise der bundesdeutschen privaten Krankenversicherungen. Als gesetzliches System findet sich das Kostenerstattungsprinzip in Frankreich.[73] Streitig ist in diesem Zusammenhang auch die Ablehnung der Kostenerstattung für selbst beschaffte Krankenhilfeleistungen, soweit diese unverzüglich erforderlich waren.[74]

74 **Gemeinschaftsrechtlich bleiben die verschiedenen Leistungsprinzipien** der einzelnen Mitgliedstaaten dadurch, dass sich der EG-Gesetzgeber in den Art. 19ff. VO 1408/71 nur für eine Koordinierung der Rechtssysteme entschlossen hat, **unberührt**. Dies führt im Rahmen des europabezogenen Krankenversicherungsrechts zu einer Art „Vermengungsprinzip" aus Naturalleistungsgesichtspunkten und Kostenerstattungsgedanken. So werden Sachleistungen zwar regelmäßig für Rechnung des zuständigen Krankenversicherungsträgers erbracht (Naturalleistungsgedanke); doch gewährt der Träger des Wohn- oder Aufenthaltsstaates die Sachleistungen, insbesondere hinsichtlich des Umfanges, nach seinen (eigenen) Rechtsvorschriften. Dies bedeutet, dass der Leistungsberechtigte – sofern er sich in einem Land aufhält, dass das Kostenerstattungsprinzip favorisiert[75] – die Behandlungs- oder Arzneimittelkosten vorfinanzieren muss.[76]

d) Das Kumulierungsverbot des Art. 12 VO 1408/71[77]

75 Unabhängig von den vorangegangenen Differenzierungen gilt nach Art. 12 VO 1408/71 uneingeschränkt der Grundsatz, dass ein Anspruch auf mehrere Leistungen gleicher Art aufgrund der Verordnung nicht erworben oder aufrechterhalten werden kann.[78] Im Hinblick auf die Zielsetzung des EG-Gesetzgebers, den Wanderarbeitnehmern und ihren Familienangehörigen nur eine Gleichstellung und keine Besserstellung als den Inländern zu garantieren, erscheint diese Regelung konsequent. Trotzdem wird in einzelnen Fällen immer wieder eine Besserstellung der Wanderarbeitnehmer gegenüber Inländern gerügt.[79] Zumindest aber ist anerkannt, dass dann kein Fall einer **verbotenen Kumulierung** vorliegt, wenn nach der Inanspruchnahme von Leistungen, die ein Staat nach der Entbindung gewährt, für einen zusätzlichen Zeitraum Leistungen nach dem Recht eines anderen Mitgliedstaats beansprucht werden.[80]

76 Ebenfalls kann es nicht als Verstoß gegen das Kumulierungsverbot angesehen werden, wenn Sachleistungen bei einem Wohnortwechsel auch dann gewährt werden, wenn bereits vor dem Wohnortwechsel für den gleichen Fall einer Krankheit oder Mutterschaft

---

[72] Durch § 2 II 1 SGB V wird jedoch der Weg für zahlreiche Ausnahmeregelungen geöffnet. So galt das Kostenerstattungsprinzip bislang schon für Notfälle, bei zu Unrecht abgelehnten Leistungen (§ 13 II SGB V) und bei Beschäftigung im Ausland (§ 17 II SGB V). In der neueren Zeit sind zahlreiche Anwendungsfälle hinzugekommen (§§ 14, 29, 30, 72 SGB V); vgl. hierzu *Knieps*, in: v. Maydell/Ruland, D 14 Rn. 82.
[73] Vgl. Code de la sécurité sociale, Art. L 257, L 283.
[74] Vgl. hierzu die Ausführungen unter Rn. 28ff.
[75] Vgl. z.B. die Rechtslage in Frankreich.
[76] Dies hat freilich keinen Einfluss darauf, dass die durch die Leistungsgewährung entstehenden Aufwendungen von dem Versicherungsstaat als Sachleistung erstattet werden.
[77] Ausführlich hierzu *Frank*, DAngVers 1989, S. 347ff.
[78] *Schulte*, in: v. Maydell/Ruland, D 32 Rn. 69
[79] *Schulte*, EuR 1982, 357, 366; *Groeben/Thiesing/Ehlermann*, Kommentar zum EU-/EG-Vertrag, 5. Auflage 1997, Art. 51 Rn. 13.
[80] EuGH v. 22. 5. 1980, Rs. 143/79, (Walsh), Slg. 1980, S. 1639ff.

I. Krankheit und Mutterschaft

e) Einzelheiten der Leistungsgewährung an Arbeitslose und deren Familienangehörige

Bei der Geltendmachung von Leistungsansprüchen durch Arbeitslose müssen zwei zeitliche Phasen unterschieden werden. Für einen bestimmten Zeitraum bestehen Leistungsansprüche gegen den bisherigen Krankenversicherungsträger auch im Ausland fort. Dies bedeutet, dass deutsche Arbeitslose, die in anderen Mitgliedstaaten eine Beschäftigung suchen, **für einen gewissen Zeitraum noch Leistungen gegenüber dem deutschen Krankenversicherungsträger** beanspruchen können. Umgekehrt haben Ausländer, die sich in der Bundesrepublik auf Arbeitsuche befinden, für einige Zeit noch Ansprüche gegen den Krankenversicherungsträger ihres bisherigen Wohnstaates. Erst nach Ablauf dieser Frist entstehen unter bestimmten Voraussetzungen Leistungsansprüche gegen den neuen Krankenversicherungsträger. Im einzelnen gestaltet sich dies wie folgt:

Zunächst ist von der Situation auszugehen, dass sich ein Arbeitsloser oder Selbständiger, der die Voraussetzungen für einen Leistungsanspruch nach den Rechtsvorschriften eines Mitgliedstaats ggf. mit Hilfe des Zusammenrechnungsprinzips des Art. 18 VO 1408/71 erfüllt, entweder in einen oder mehrere Mitgliedstaaten begibt, um dort eine Beschäftigung zu suchen,[82] oder – sofern er in einem anderen als dem zuständigen Staat wohnt – bereits Leistungen nach den Rechtsvorschriften und zu Lasten des zuletzt zuständigen Trägers erhalten hat.[83] In der zuvor beschriebenen Situation stehen dem Betroffenen innerhalb eines bestimmten Zeitraums Sach- und Geldleistungen zu.

Nach Art. 25 Abs. 1 Satz 1 VO 1408/71 sind die Leistungen bei Krankheit und Mutterschaft auf den in Art. 69 Abs. 1 Buchst. c) VO 1408/71 vorgegebenen Zeitraum begrenzt. Danach besteht ein Leistungsanspruch **höchstens drei Monate** von dem Zeitpunkt an fort, von dem ab der Arbeitslose der Arbeitsverwaltung des Staates, den er verlassen hat, nicht mehr zur Verfügung steht. Die dreimonatige Frist ist jedoch als Minimalabsicherung aufzufassen, denn nach Art. 25 Abs. 4 VO 1408/71 kann der zuständige Träger diesen Zeitraum in Fällen höherer Gewalt bis zu der nach den einschlägigen Rechtsvorschriften vorgesehenen Höchstdauer verlängern. Nach dem Wortlaut der VO hat der zuständige Träger dabei einen Ermessensspielraum. Der EuGH hat diesen Spielraum jedoch insoweit eingegrenzt, als dass der Grundsatz der Verhältnismäßigkeit beachtet werden muss.[84] Bei der Festlegung der Höchstdauer haben die Mitgliedstaaten allerdings einen freien Gestaltungsspielraum (Art. 25 Abs. 4 2. Hs. VO 1408/71).

Innerhalb des zuvor genannten Zeitraums erhält der Arbeitsuchende gemäß Art. 25 Abs. 1 Buchst. a) VO 1408/71 Sachleistungen von dem Träger des Mitgliedstaates, in dem er eine Beschäftigung sucht, nach dessen Rechtsvorschriften. Dies hat zur Folge, dass sich der Umfang der Leistungsgewährung nach dem üblichen Standard des entsprechenden Staates richtet, obwohl die Gewährung auf Rechnung des bis Fristablauf noch zuständigen Staates erfolgt. Soweit der Arbeitslose in den ursprünglich zuständigen Staat zurückkehrt, erhält er die Leistungen nach den Rechtsvorschriften dieses Staates, als hätte der Anspruchsteller diesen Staat nie verlassen. Praktische Auswirkungen hat dies für den Anspruchsteller z.B. bei Medikamentenzuschüssen, sofern er sich in ein Mitgliedsland begibt, in dem der Medikamentenzuschuss höher angesetzt ist.[85]

---

[81] Art. 21 Abs. 4, Art. 29 Abs. 2 Buchst. a) VO 1408/71.
[82] Art. 69 Abs. 1 VO 1408/71.
[83] Art. 71 I b ii Satz 2 VO 1408/71.
[84] EuGH v. 19. 6. 1980 (Testa, Maggio und Vitale), Rs. 41, 121 und 796/79, Slg. 1980, S. 1979.
[85] In Frankreich liegt z.B. der Satz der Medikamentenzuschüsse höher als in der Bundesrepublik.

81 Neben den Sachleistungen besteht ebenfalls ein Anspruch auf Geldleistungen. Die Geldleistungen werden jedoch – wie schon bei den Arbeitnehmern dargelegt – grundsätzlich vom zuständigen Träger nach den für diesen Träger geltenden Rechtsvorschriften gewährt. Entsprechend besteht auch die Möglichkeit der Vereinbarung, die Geldleistungen (nach wie vor für Rechnung und nach den Rechtsvorschriften des zuständigen Trägers) durch den Träger des Mitgliedstaates zu gewähren, in dem der Arbeitslose oder Selbständige eine Beschäftigung sucht. Zu beachten ist allerdings, dass während des Bezugs der Geldleistungen keine Zahlungen nach Art. 69 Abs. 1 VO 1408/71 geleistet werden.

82 Des weiteren werden in Art. 25 Abs. 2 VO 1408/71 sowohl vollarbeitslose Grenzgänger berücksichtigt, die während ihrer letzten Beschäftigung in einem anderen Mitgliedstaat als dem zuständigen Staat wohnten,[86] als auch vollarbeitslose Arbeitnehmer, die gleichfalls während ihrer letzten Beschäftigung in einem anderen als dem zuständigen Mitgliedstaat wohnten, sich darüber hinaus aber der dortigen Arbeitsverwaltung zur Verfügung gestellt haben.[87] In beiden Fällen müssen jedoch die Voraussetzungen für einen Leistungsanspruch ggf. wieder mit Hilfe des Zusammenrechnungsprinzips nach Art. 18 VO 1408/71 erfüllt werden.

83 Ausgehend von dieser Situation erhält ein Betroffener Sach- und Geldleistungen vom Träger des Wohnlandes nach dessen Rechtsvorschriften, als ob diese Rechtsvorschriften während seiner letzten Beschäftigung gegolten hätten.

84 Inwieweit die **Familienangehörigen von Arbeitslosen** krankenversicherungsrechtlich abgesichert sind, ist in Art. 25 Abs. 3 VO 1408/71 geregelt. Dabei ist davon auszugehen, dass der Arbeitslose ggf. unter Anwendung des Art. 18 VO 1408/71 die nach den Vorschriften desjenigen Mitgliedstaats, der die Leistungen bei Arbeitslosigkeit zu tragen hat, für den Anspruch auf Leistungen bei Krankheit und Mutterschaft erfüllt. Unterstellt man dies, so erhalten die Familienangehörigen die Leistungen in dem Mitgliedstaat, in dessen Gebiet sie wohnen oder sich aufhalten. Im einzelnen ist auch an dieser Stelle zwischen Sach- und Geldleistungen zu unterscheiden.

85 Die Sachleistungen werden Art. 25 Abs. 3 Buchst. i) VO 1408/71 zufolge vom Träger des Wohn- oder Aufenthaltsortes der Familienangehörigen nach dessen Rechtsvorschriften und für Rechnung des Trägers gewährt, zu dessen Lasten auch die Leistungen bei Arbeitslosigkeit gehen.

86 Demgegenüber werden nach Art. 25 Abs. 3 ii) VO 1408/71 die Geldleistungen wiederum von dem zuständigen Träger des Mitgliedstaates ausbezahlt, der auch die Leistungen bei Arbeitslosigkeit zu tragen hat. Dementsprechend richtet sich der Umfang auch nach dessen Rechtsvorschriften.

f) Die Gewährung von Sachleistungen von erheblicher Bedeutung nach den Art. 24, 31 VO 1408/71

87 Wurde einem Arbeitnehmer bzw. Selbständigen oder einem der Familienangehörigen vom zuständigen Träger der Anspruch auf ein Körperersatzstück, ein größeres Hilfsmittel oder eine andere Sachleistung von erheblicher Bedeutung zuerkannt, so erfolgt die Gewährung zu Lasten dieses Trägers auch, wenn der Leistungsempfänger zu diesem Zeitpunkt bereits beim zweiten Träger Mitglied ist (Art. 24 Abs. 1 VO 1408/71). Die Liste der davon betroffenen Leistungen wird nach Art. 24 Abs. 2 VO 1408/71 von der Verwaltungskommission festgelegt. Für die Gewährung von Sachleistungen an Rentner gilt nach Art. 30 VO 1408/71 Entsprechendes.

g) Besondere Voraussetzungen für die Leistungsgewährung

88 Voraussetzung für den Bezug von Sachleistungen vom Träger des Wohnortes ist regelmäßig, dass ein Arbeitnehmer oder Rentner sich und seine Familienangehörigen bei dem

---

[86] Art. 71 I a ii VO 1408/71.
[87] Art. 71 I b ii Satz 1 VO 1408/71.

I. Krankheit und Mutterschaft

h) Besonderheiten bei der Gewährung von Geldleistungen

Die Berechnung der durch den zuständigen Träger bzw. bei entsprechender Vereinbarung durch den Träger vor Ort gewährten Geldleistungen bestimmt sich nach Art. 23 VO 1408/71. Dabei gilt der Grundsatz, dass unabhängig von der Berechnungsmethode, also der Berechnung nach dem Durchschnittseinkommen, pauschalen Arbeitseinkommen oder Anzahl der Familienmitglieder, bei der Berechnung **nur die Zeiten berücksichtigt werden, die im betreffenden Staat zurückgelegt wurden.**

Probleme können sich in diesem Zusammenhang ergeben, wenn ein Versicherter, der in einem anderen als dem zuständigen Staat seinen Wohnsitz hat, Krankengeld beantragt. Nach Art. 18 VO 574/72 muss er sich dafür an den Träger des Wohnortes wenden und dort eine vom behandelnden Arzt ausgestellte Arbeitsunfähigkeitsbescheinigung vorlegen oder unmittelbar durch den Träger des Wohnortes ausstellen lassen. Die Feststellung des Eintritts und der Dauer der Arbeitsunfähigkeit ist dabei Sache des Trägers des Wohnortes, die den zuständigen Träger sowohl in tatsächlicher als auch in rechtlicher Hinsicht bindet.[89] Der zuständige Träger hat lediglich die Möglichkeit, den Versicherten durch einen Arzt seiner Wahl untersuchen zu lassen.[90] Der Betroffene ist allerdings nicht dazu verpflichtet, zwecks Durchführung der ärztlichen Kontrolluntersuchung in den Staat des zuständigen Trägers zurückzukehren.[91] Nach der Rechtsprechung des Europäischen Gerichtshofs gilt dies selbst für den lohnfortzahlenden Arbeitgeber.[92]

6. Erstattung zwischen den Trägern

Gemäß Art. 36 Abs. 1 VO 1408/71 sind die Aufwendungen für Sachleistungen, die der Träger eines Mitgliedstaates für Rechnung eines anderen Mitgliedstaates gewährt hat, in voller Höhe zu erstatten.[93]

Im einzelnen wird die Erstattung durch Art. 98 VO 574/72 geregelt. Danach erfolgt die Erstattung entweder gegen Nachweis der tatsächlichen Aufwendungen oder Zugrundelegung von Pauschalbeträgen, die den wirklichen Angaben möglichst genau entsprechen müssen.[94]

Die Abrechnung selbst erfolgt über sog. Verbindungsstellen[95] der Mitgliedstaaten mittels von den Krankenkassen ausgegebenen speziellen Krankenscheinen.[96]

---

[88] Vgl. Art. 17 I VO 574/72 und Formular Nr. 106 für die „Bescheinigung des Anspruchs der in einem anderen als dem zuständigen Staat wohnenden Versicherten auf Sachleistungen bei Krankheit und Mutterschaft".
[89] *Schulte*, JbSozR, Band 10 (1988), S. 453, 456.
[90] EuGH v. 12. 3. 1987, Rs 22/86, (Rindone), Slg. 1987, S. 1339 ff.; *Schulte*, JbSozR, Band 10 (1988), S. 453, 457; *Lenz*, SGb 1988, S. 1, 6.
[91] EuGH v. 12. 3. 1987, Rs. 22/86, (Rindone), Slg. 1987, S. 1339 ff.; *Schulte*, JbSozR, Band 10 (1988), S. 453, 457.
[92] Vgl. EuGH v. 3. 6. 1992, Rs. 45/90, (Paletta I), Slg. 1992, 3423 ff. und hierzu eingehend *Steinmeyer*, Austauschbarkeit, S. 1165 ff.
[93] Eine Ausnahme bildet insoweit Art. 32 VO 1408/71, der die Kostenerstattung bei Aufwendungen für ehemalige Grenzgänger, den Familienangehörigen oder Hinterbliebenen auf die Hälfte begrenzt.
[94] Vgl. Art. 36 II VO 1408/71.
[95] Vgl. *Behn*, Verfahrensrechtliche Integration im Sozialrecht und der EG-Beitritt Spaniens, DVBl. 1988, S. 218, 222 mit der Frage, ob die Verbindungsstellen im Rahmen der Einlegung eines Rechtsmittels als „sonstige Einrichtungen" anzusehen sind.
[96] Vgl. Krankenscheinformular-Nr. 876, 876a, 877, 877a.

94 Art. 36 Abs. 3 VO 1408/71 sieht in Ergänzung zu Art. 32 VO 1408/71 die Möglichkeit einer Vereinbarung zwischen zwei oder mehreren Mitgliedstaaten über andere Erstattungsverfahren oder einen völligen Erstattungsverzicht zwischen den entsprechenden Trägern vor. Ein solches Abkommen existiert zwischen der Bundesrepublik Deutschland und Frankreich in Bezug auf die Kostenerstattung von Sachleistungen, welche bei Krankheit an Rentner, die ehemalige Grenzgänger oder Hinterbliebene eines Grenzgängers sind, sowie an deren Familienangehörige gewährt worden sind.[97]

7. Zusammenfassung

95 Versucht man, die Behandlung der vorgenannten weitverschachtelten Fallkonstellationen in Bezug auf die daran anknüpfenden Sach- und Geldleistungen unter eine Faustformel zu fassen, so kann man unter Aussparung der Besonderheiten festhalten, dass Sachleistungen wie z.B. eine ambulante oder stationäre Behandlung grundsätzlich vom Träger des Wohn- oder Aufenthaltsstaates nach den für diesen maßgeblichen Rechtsvorschriften gewährt werden. Demgegenüber besteht der Anspruch auf Geldleistungen gegenüber dem zuständigen Träger (d.h. dem Träger des Versicherungs- oder Beschäftigungsstaates), wobei die betroffenen Träger vereinbaren können, die bloße Auszahlung der Einfachheit halber durch den Träger des Wohnortes oder Aufenthaltsstaates vornehmen zu lassen.

96 Durch die Koordinierung der Systeme der Gesundheitsversorgung ist ein Zustand erreicht, der zumindest auf dem Papier sicherstellt, dass bei grenzüberschreitenden Sachverhalten eine angemessene Behandlung gewährt wird und auch die Erbringung von Geldleistungen gewährleistet ist.

97 In der **Praxis** ergibt sich aber immer wieder, dass einzelne Leistungserbringer sich – möglicherweise auch aus **Unkenntnis** – weigern, ihre Leistungen nach dem Regime der Leistungsaushilfe zu erbringen. Das System kann einzelne Staaten auch in Schwierigkeiten hinsichtlich der Versorgungsstruktur bringen. Treten die Fälle der Leistungsaushilfe massenhaft auf, dann müssen entsprechende Kapazitäten vorgehalten werden. Dem Verfasser wurde von Beamten des spanischen Sozialministeriums berichtet, dass die spanische Regierung von der Europäischen Kommission aufgefordert wurde, ausreichend Krankenhausbetten vorzuhalten, um die Behandlung von Touristen aus den EU-Mitgliedstaaten und den EWR-Staaten sicherzustellen. Dies führt insbesondere in den Regionen zu Problemen, die nicht ganzjährig Saison haben.

II. Invalidität

Schrifttum: *Acker*, Die Alterssicherungssysteme in der Europäischen Union, SozSich 1994, S. 139 ff.; *Bellinghausen*, Die Verweisung in der Berufsunfähigkeitsversicherung, VersR 1995, S. 5 ff.; *Bouqet*, Die Versicherung gegen Arbeitsunfähigkeit im europäischen Recht, IRSS 1979, S. 485 ff.; *Gesellschaft für Versicherungswissenschaft und Gestaltung e. V.*, Soziale Sicherung in West- Mittel- und Osteuropa, 1994; *Gould*, Arbeitslosigkeit und Invalidität: Soziologische Aspekte des Ausscheidens aus dem Arbeitsmarkt, IRSS 1985, S. 23 ff.; *Grotzer*, Wichtige Regelungen des § SGB VI aus der Sicht der VO (EWG) Nr. 1408/71, DRV 1993, S. 67 ff.; *Kaufmann/Köhler*, Invaliditätssicherung in den Ländern der EG, DAngVers 105 ff., 218 ff.; *Pflüger-Demann*, Soziale Sicherung bei Invalidität in rechtsvergleichender und europarechtlicher Sicht, 1991; *Marschner*, Invalidität und Alter, in: Oetker/Preis, Europäisches Arbeits- und Sozialrecht (EAS) B 9120; *Pompe*, Leistungen der sozialen Sicherheit bei Alter und Invalidität für Wanderarbeitnehmer nach Europäischem Gemeinschaftsrecht, 1986; *Resch*, Invaliditätsfeststellung nach europarechtlichen Vorschriften, SGb 1997, S. 608 ff.; *Ruland*, Deutsches und europäisches Rentenversicherungsrecht, DRV 1990, S. 709 ff.; *Schuler*, Strukturen und Methoden zwischenstaatlicher und gemeinschaftsrechtlicher Sozialrechtsbeziehungen, in Lichtenberg, Sozialpolitik in der EG, 1986, S. 51 ff.; *ders.*, Soziale Sicherung für den Fall der Invali-

---

[97] Abk. v. 26. 5. 1981, in Kraft getreten durch VO v. 25. 2. 1982 (BGBl. II, S. 200).

II. Invalidität

dität, des Alters und des Todes, in: Deutscher Sozialrechtsverband (Hrsg.), Schriftenreihe des Deutschen Sozialrechtsverbands (SDRSV) Band 36 (1992), Europäisches Sozialrecht, S. 79 ff.; *Steininger*, Auswirkungen des Europäischen Gemeinschaftsrechts auf das soziale Netz in der Bundesrepublik Deutschland, NJW 1992, S. 1860 ff.; *Steinmeyer*, Die Alters-, Invaliditäts- und Hinterbliebenensicherung Selbständiger in den Mitgliedstaaten der Europäischen Gemeinschaft, NZS 1994, S. 103 ff.; *Villars*, Methoden und Verfahren der internationalen Koordinierung der Systeme der Invalidensicherung im Rahmen des Europäischen Abkommens über soziale Sicherheit, IRSS 1978, S. 439 ff.; *Wiegand*, Das europäische Gemeinschaftsrecht in der Sozialversicherung, 1983; *Zacher*, Alterssicherung im Rechtsvergleich, 1991.

1. Allgemeines

In sämtlichen Mitgliedstaaten der EU bestehen Regelungen zur Absicherung des Invaliditätsrisikos, die sich allerdings sowohl in ihrer Konzeption als auch in den **Voraussetzungen der Leistungsgewährung fundamental voneinander unterscheiden**.[98]

So existieren eigenständige Invaliditätsrentensysteme neben solchen, in denen die Invaliditätsrenten nur einen Teil eines Gesamtsicherungssystems ausmachen.[99]

Darüber hinaus finden sich beitrags-, steuer- oder staatlich finanzierte Systeme sowie Systeme, deren Finanzierungsstruktur eine Kombination verschiedener Finanzierungsquellen aufweist. Ferner sind teilweise bestimmte Versicherungs- teilweise Wohnzeiten für die Gewährung oder die Höhe einer Invalidenrente von Bedeutung. Die Verschiedenartigkeit der Systeme wird auch an dem Kreis der abgesicherten Personen deutlich.[100] Schließlich sehen die Rechtsvorschriften einiger Mitgliedstaaten abgestufte Invaliditätsgrade vor, andere hingegen kennen nur eine Invaliditätsform, wieder andere lassen das Vorliegen formeller Voraussetzungen für die Begründung eines Rentenanspruchs genügen.

Dieser fragmentarische Überblick über die **unterschiedlichen Leistungssysteme**[101] der Mitgliedstaaten im Bereich der Invaliditätssicherung gibt bereits darüber Aufschluss, wie komplex sich die Behandlung länderübergreifender Sachverhalte auf diesem Gebiet darstellt.[102]

Die gemeinschaftsrechtliche Koordinierung der nationalen Regelungen über die Leistungen bei Invalidität[103] erfolgt auf Grundlage der Art. 37–43a der VO 1408/71.

Dieser gemeinschaftsrechtliche Zweig der sozialen Sicherheit weist aufgrund der eingangs skizzierten erheblichen Differenzen zwischen den nationalen Leistungssystemen im Gegensatz zu den anderen Rentenarten der VO 1408/71 insofern eine Besonderheit auf, als die VO für den Bereich der Invaliditätssicherung zwei verschiedene Modelle zur Lösung länderübergreifender Sachverhalte zur Verfügung stellt.[104]

Welche Form dieser **alternativen Koordinierung** zur Anwendung gelangt, hängt davon ab, ob der Anspruchsteller in den Geltungsbereich nationaler Regelungen zur Absicherung des Invaliditätsrisikos einbezogen war, bei denen die Höhe der Rentenleistungen

---

[98] Der EuGH spricht von *besonders ausgeprägten Unterschieden*, vgl. Urt. v. 27. 6. 1991, Rs 344/89, Slg. (Vidal), 1991, S. 3245, 3274.

[99] Siehe hierzu die Übersicht der Systeme in: MISSOC, Sozialer Schutz in den Mitgliedstaaten der EU und des Europäischen Wirtschaftsraums, Brüssel 2001.

[100] Zu der in diesem Zusammenhang vordergründigen Frage nach der Position der Selbständigen siehe *Steinmeyer*, NZS 1994, S. 103 ff.

[101] Eine Übersicht der verschiedenen Systeme zur Absicherung des Invaliditätsrisikos geben *Kaufmann/Köhler*, DAngVers 1993, S. 105 ff., S. 218 ff.

[102] Einen Überblick über die wesentlichen Probleme der Koordinierung im Bereich der Invaliditätsrenten gibt *Pflüger-Demann*, S. 215 f; siehe auch *Villars*, IRSS 1978, S. 439.

[103] In der Terminologie des deutschen Sozialrechts wird statt Invalidität der Begriff *geminderte Erwerbsfähigkeit* verwandt.

[104] Die beachtlichen Diskrepanzen zwischen den nationalen Systemen nahm der Gemeinschaftsgesetzgeber zum Anlass einer alternativen Koordinierung, vgl. *Schuler*, in: Fuchs (Hrsg.), Kommentar zum Europäischen Sozialrecht, 2. Auflage 2000, Vorb. Titel III Kap. 2 Rn. 8.

von der Dauer der Versicherungszeit abhängig ist, oder nicht.[105] Leistungssysteme, die die Versicherungsdauer bei der Ermittlung der Rentenhöhe unberücksichtigt lassen, sind sog. **Risiko- oder Umlagesysteme**[106] und werden im Rahmen des koordinierenden Sozialrechts als solche des **Typs A** bezeichnet. Derartige Systeme finden sich in Belgien, Frankreich, Griechenland, Großbritannien, Irland, den Niederlanden und Spanien. Die **anderen Systeme** werden dementsprechend als solche des **Typs B** bezeichnet und gelten in der Bundesrepublik Deutschland, in Dänemark, Finnland, Italien, Luxemburg, Österreich, Portugal und Schweden.

105 Aufgrund dieser Zweiteilung der Leistungssysteme sind im Bereich der Leistungen bei Invalidität drei Konstellationen denkbar. Der Anspruchsteller hatte entweder ausschließlich Berührung mit den Leistungssystemen des Typs A oder des Typs B, oder er unterfiel dem Geltungsbereich beider Leistungssysteme. War der Anspruchsteller allein den Leistungssystemen des Typs A unterworfen, erfolgt die Koordinierung allein auf Grundlage des 1. Abschnitts (Art. 37–39). Sachverhalte mit ausschließlichem Bezug zu Leistungssystemen des Typs B oder mit Bezug zu solchen des Typs A und B[107] werden gem. der Verweisung des Art. 40 Abs. 1 der VO 1408/71 nach den Berechnungsvorschriften des Kapitels *Alter und Tod* (Art. 44–51) beurteilt.[108]

106 Grundsätzlich kann, wie auch bei der Absicherung anderer Risiken, grundsätzlich nur Anspruch auf eine Rente bestehen.[109]

107 Neu in die Verordnung 1408/71 aufgenommen ist Art 43a, der nunmehr auch weitgehend die Anwendung der Vorschriften über die Invalidität für Personen vorschreibt, die von einem Sondersystem für Beamte erfasst sind.

2. Leistungsbestimmung nach Gemeinschaftsrecht

a) Bestimmung der Anspruchsberechtigung bei Systemen des Typs A

108 Die gemeinschaftsrechtliche Leistungsbestimmung bei ausschließlicher Beteiligung von A-Systemen bereitet i. d. R. keine Schwierigkeiten.

109 Die Entscheidung über die Berechtigung eines Rentenanspruchs für Personen, die ausschließlich Systemen des Typs A unterworfen waren, obliegt nach der Kollisionsregelung des Art. 39 Abs. 1 VO 1408/71 i. V. m. Art. 44 Abs. 1 der VO 574/72 dem **Träger des Mitgliedstaats, dessen Rechtsvorschriften zum Zeitpunkt des Eintritts von Arbeitsunfähigkeit mit anschließender Invalidität anzuwenden waren**. Besteht nach diesen Rechtsvorschriften kein Anspruch, kann nachrangig ein anderer Mitgliedstaat leistungspflichtig sein, nach dessen Rechtsvorschriften – ggf. unter Berücksichtigung des Art. 38 – die anspruchsbegründenden Leistungsvoraussetzungen erfüllt sind (Art. 39 Abs. 3). Dieser Leistungsträger ist dann zur **Zahlung der gesamten Rente** verpflichtet, so dass nach keinem anderen Recht mehr ein Rentenanspruch bestehen kann (Art. 39 Abs. 2). Da sich der Leistungsanspruch immer nur anhand des Rechts eines Mitgliedstaates feststellen lässt und der Versicherte von diesem Mitgliedstaat die volle Rente erhält, han-

---

[105] Diese Unterscheidung geht bereits auf Art. 24 Abs. 1 der VO Nr. 3. des Rates über die soziale Sicherheit der Wanderarbeitnehmer, ABl. EG Nr. 30 v. 16. 12. 1958, zurück, die nach zahlreichen Änderungen von der VO 1408/71 abgelöst wurde; in welchen Mitgliedstaaten Leistungssysteme des Typs A bestehen, wird aus dem Anhang IV Teil A der VO 1408/71 ersichtlich.

[106] Vgl. *Acker,* SozSich 1994, S. 139, 143 f.

[107] Mit Ausnahme der Fälle des Art. 40 Abs. 2 der VO 1408/71; dazu unten Rn. 115.

[108] Demzufolge gelten für Anspruchsteller, die einmal vom Geltungsbereich des deutschen Systems zur Absicherung des Invaliditätsrisikos erfasst wurden, immer die Regelungen des 2. Abschnitts, mit der Folge, dass sich die Rente wie eine Alters- oder Hinterbliebenenrente errechnet.

[109] Damit bei der Beteiligung von Systemen des Typs A und B keine doppelte Rentengewährung erfolgt, existieren sog. Antikumulierungsvorschriften zur Vermeidung einer positiven Diskriminierung; *Acker,* SozSich 1994, S. 139, 143 f.

delt es sich in diesen Fällen auf den ersten Blick weniger um eine Koordinierung im Sinne einer wechselseitigen Verflechtung der nationalen Sozialrechtsordnungen als eher um die Lösung einer Gesetzeskonkurrenz aller einschlägigen nationalen sozialrechtlichen Regelungen zu Lasten eines Mitgliedstaats. Gleichwohl enthält das Kapitel 2 der VO 1408/71 wesentliche Elemente der Koordinierung im Bereich der A-Systeme, und zwar in Form der Berücksichtigung von Versicherungsverhältnissen oder anderen Zeiten, die in mehreren Mitgliedstaaten zurückgelegt worden sind. Denn bei der Ermittlung des einschlägigen letzten Leistungssystems auf Grundlage des Art. 39 Abs. 1 der VO 1408/71 wird man feststellen, dass in allen Mitgliedstaaten mit Leistungssystemen des Typs A Versicherungs- oder Wohnzeiten alternativ oder kumulativ für die Erlangung eines Rentenanspruchs von Bedeutung sind. Um zu verhindern, dass ein Anspruchsteller, der Folgeinvalide ist, mangels einzelner, verschiedener Voraussetzungen[110] in keinem Mitgliedstaat einen Leistungsanspruch erwerben könnte, statuiert Art. 38 Abs. 1 der VO 1408/71, dass ein Leistungsträger, sofern es für die Begründung des Rentenanspruchs erforderlich ist, auch derartige in anderen Mitgliedstaaten zurückgelegte Zeiten so berücksichtigt, als handelte es sich um nach den eigenen Rechtsvorschriften zurückgelegte Zeiten. Weil auf diesem Wege ausgehend von dem Recht des letzten Mitgliedstaates einzelne Lücken in der Anspruchsberechtigung geschlossen werden können, hat diese Regelung neben einer Steigerung des sozialrechtlichen Schutzes für den Anspruchsteller auch zur Folge, was bereits Zweck der Grundnorm des Art. 39 Abs. 1 der VO 1408/71 ist, nämlich die Verpflichtung eines Leistungsträgers, der einer Folgeinvalidität zeitlich am nächsten steht.

Auf diese Weise kann verhindert werden, dass in der Kette der beteiligten Mitgliedstaaten derjenige verpflichtet wird, nach dessen Recht das Vorliegen einer Arbeitsunfähigkeit deshalb zweifelhaft ist, weil die Beschäftigung schon zu lange zurückliegt.[111] Auch für den vorletzten Aufenthaltsstaat wird sich dieses Problem selbst dann nicht stellen, wenn der Anspruchsteller sehr lange in dem letzten Mitgliedstaat beschäftigt war, da in diesen Fällen gerade wegen des dazwischenliegenden Zeitraums in der Regel die Wohn- oder Versicherungszeiten nach den Rechtsvorschriften des letzten Aufenthaltsstaates erfüllt sein werden.

Gleich den Wohn- oder Versicherungszeiten werden gem. Art. 38 Abs. 2 und 3 auch besondere Versicherungszeiten in Sondersystemen für bestimmte Berufsgruppen oder selbständige berücksichtigt, sofern diese für die Anspruchsbegründung von Bedeutung sind.

Die **Zusammenrechnung von Versicherungszeiten** wirkt bei Leistungen des **Typs A** also lediglich **anspruchsbegründend** und **nicht auch leistungserhöhend**. Eine Leistungserhöhung kann sich bei ausschließlicher Beteiligung von Systemen des Typs A nur aus der Berücksichtigung von Familienangehörigen ergeben. Diesbezüglich regelt Art. 39 Abs. 4, dass bei der Bestimmung der Rentenhöhe Kinder und andere Familienmitglieder berücksichtigt werden müssen, sofern die Rechtsvorschriften des Gewährungsstaates dies vorsehen und die Angehörigen im Gebiet eines anderen Mitgliedstaates wohnen.

b) Bestimmung der Anspruchsberechtigung bei Systemen des Typs B

Sofern der Anspruchsteller nicht ausschließlich Leistungssystemen des Typs A unterworfen war, erfolgt die Begründung eines Rentenanspruchs auf Grundlage des 2. Abschnitts (Art. 40–44).[112]

Die Berücksichtigung von Versicherungszeiten und die Berechnung der Rente folgt demnach den **Grundsätzen der Bestimmungen über die Alters- und Hinterbliebenenrenten**.[113]

---

[110] *Kaufmann/Köhler*, DAngVers 1993, S. 105 ff., 218 ff. bezeichnen diese als *technisch administrative* Voraussetzungen.
[111] So die Bedenken von *Wiegand*, S. 139.
[112] Früher Art. 24–26 der VO Nr. 3.
[113] Siehe Rn. 203 ff.

115 Eine **Ausnahme** hiervon regelt **Art. 40 Abs. 2 der VO** 1408/71, der bestimmt, dass sich die Gewährung einer Invalidenrente selbst bei Bestehen von Versicherungszeiten des Typs B nach dem 1. Abschnitt richtet, sofern drei Voraussetzungen erfüllt sind. Zunächst muss der Anspruchsteller bei Eintritt der Folgeinvalidität in den Geltungsbereich eines Leistungssystems des Typs A einbezogen sein. Darüber hinaus muss ihm allein aufgrund der Berücksichtigung von Versicherungszeiten in Systemen des Typs A ein Rentenanspruch zustehen. Schließlich darf er keinen Rentenanspruch allein aufgrund der Zusammenrechnung von Versicherungszeiten haben, die in Mitgliedstaaten mit Leistungssystemen des Typs B zurückgelegt worden sind. Sinn und Zweck der alternativen Koordinierungskonzeption des 2. Kapitels der VO 1408/71 im allgemeinen wie auch des Art. 40 Abs. 2 dieser VO im besonderen ist, den sozialrechtlichen Lebenslauf des Anspruchstellers zu Art und Umfang der Rentengewährung in Relation zu setzen. Würde man einem Anspruchsteller, der nur kurz einem Leistungssystem des Typs B, jedoch langfristig einem oder mehreren des Typs A unterworfen war, die Möglichkeit einer Rentenerhöhung durch Berücksichtigung der Versicherungszeiten einräumen, könnte der dominierende Kontakt mit Sozialleistungssystemen, die zeitenunabhängige Rentenleistungen vorsehen, nicht angemessen berücksichtigt werden. Die Regelung des Art. 40 Abs. 2 statuiert somit ein Korrektiv im Rahmen der von der VO 1408/71 determinierten Zweiteilung im Bereich der Invaliditätsrenten.

116 Bei Leistungen nach Systemen des Typs A können gem. Art 40 Abs. 3 der VO 1408/71 auch Zeiten berücksichtigt werden, in denen der Anspruchsteller – gleich ob in Systemen des Typs A oder B – Lohnfortzahlung im Krankheitsfall oder Krankengeld bezogen hat.[114] Diese Gleichstellungsregelung wird bedeutsam, wenn nach den Rechtsvorschriften eines Mitgliedstaates derartige Bezüge oder dadurch bedingte Zeiten der Arbeitsunfähigkeit vorausgesetzt werden, um einen Rentenanspruch zu erwerben. So kann bspw. ein Anspruchsteller nach den Rechtsvorschriften Großbritanniens (Typ A) nur dann einen Anspruch auf Invaliditätsrente haben, wenn er vorher mindestens 168 Tage Krankengeld bezogen hat. Hat er für den genannten Zeitraum nicht in Großbritannien, sondern in einem anderen Mitgliedstaat Krankengeld bezogen, muss der Leistungsträger Großbritanniens diesen Krankengeldbezug bei Vorliegen einer Folgeinvalidität berücksichtigen, sofern es für den Leistungsanspruch von Bedeutung ist.[115] Diese Konstruktion ist nicht unbedenklich. Auf diese Weise wird das Vorliegen eines formellen Tatbestandsmerkmals fingiert, welches in einem Mitgliedstaat Leistungsvoraussetzung ist, jedoch in einem anderen Mitgliedstaat erfüllt wurde.[116] Dabei werden die verschiedenen Krankengeldleistungen der Mitgliedstaaten zu einem gemeinschaftsrechtlichen Begriff zusammengefasst, ohne dass die Möglichkeit bleibt, die verschiedenen Motivationen für, bzw. Arten von Krankengeldleistungen zu berücksichtigen. Mit Berufung auf Art. 35 der VO 574/72 und Art. 42 EGV würde das Ziel der Freizügigkeit nach dem EuGH verfehlt, wenn im Rahmen des koordinierenden Sozialrechts nicht sämtliche Zeiten, die nach innerstaatlichen Rechtsvorschriften für die Entstehung oder Aufrechterhaltung eines Rentenanspruchs von Bedeutung sind, auf Grundlage der VO 1408/71 berücksichtigt werden können. Diese grundsätzlich richtige Einschätzung darf allerdings nicht dazu führen, dass ein rein innerstaatlicher Invaliditätstatbestand durch Transformation eines gleichlautenden Tatbestandsmerkmals einer anderen Rechtsordnung beeinflusst wird. An dieser Stelle kann die Freizügigkeit mit der europaweiten Gleichbehandlung der Unionsbürger kollidieren, wenn ein Wanderarbeitnehmer wegen der Berücksichtigung derartiger Zeiten einen Rentenan-

---

[114] Vgl. auch EuGH v. 12. 1. 1983, Rs 150/82 (Coppola), Slg. 1983, S. 43, 57.
[115] Vgl. hierzu EuGH v. 9. 11. 1979, Rs 41/77 (The Queen), Slg. 1977, S. 2085 ff.
[116] *Pompe*, S. 189, spricht von einer *Fiktion formeller Anspruchsvoraussetzungen;* da dieser Rentenanspruch nur unter Berücksichtigung von in anderen Mitgliedstaaten zurückgelegten Zeiten begründet werden kann, konnte die zu gewährende Rente nach Maßgabe des Art. 46 Abs. 3 a.F. der VO 1408/71 gekürzt werden.

II. Invalidität

spruch erwirbt, der einheimische Arbeitnehmer unter den gleichen Voraussetzungen hingegen keine Rente beziehen kann, weil im eigenen Land andere Voraussetzungen für den Krankengeldbezug gelten.[117] Eine Berücksichtigung sollte in diesen Fällen nur dann erfolgen, sofern die Leistung bei Krankheit mit der des berücksichtigenden Mitgliedstaates in bezug auf Leistungsvoraussetzungen und Art der Gewährung vergleichbar ist.

Abgesehen von dieser Besonderheit bestehen bei Beteiligung von **B-Systemen** drei Möglichkeiten zur Berechnung der Rentenhöhe.

Im Vordergrund stehen dabei zunächst die Fälle, in denen der Anspruchsteller bereits in Folge der Erfüllung sämtlicher Leistungsvoraussetzungen eines Mitgliedstaates allein nach dessen Recht einen Rentenanspruch erwirbt. Unter diesen Umständen erfolgt die Rentenberechnung zunächst allein auf Grundlage der nationalen Rechtsvorschriften unter Berücksichtigung der in diesem Mitgliedstaat zurückgelegten Zeiten. Dieser Rentenbestimmung schließt sich gem. Art. 46 Abs. 1a eine **zwischenstaatliche Vergleichsberechnung**[118] nach Maßgabe des Art. 46 Abs. 2 an, bei der eine (Teil-)Rente unter Zusammenrechnung aller Versicherungszeiten, die in anderen Mitgliedstaaten zurückgelegt worden sind, mit der Folge errechnet wird, dass der höhere Leistungsbetrag gewährt werden muss (Art. 46 Abs. 3).[119] Sofern in einem anderem Mitgliedstaat die Höhe der Invaliditätsleistung von der Höhe des bei Eintritt der Invalidität bezogenen Arbeitsentgelts abhängt, muss der zuständige Träger im Rahmen des Art. 46 Abs. 2 lit a der VO 1408/71 den theoretischen Betrag der Leistung auf Grundlage des vom Arbeitnehmer zuletzt in diesem Mitgliedstaat bezogenen Arbeitsentgelts berechnen.[120] Gem. Art. 46 lit b kann die Vergleichsrechnung entbehrlich sein, wenn die so zu ermittelnde Rente ohne Berücksichtigung von Doppelleistungs- oder Antikumulierungsvorschriften bereits theoretisch nicht höher ausfallen kann als die innerstaatliche Rente.[121] Art. 46 Abs. 1 stellt insoweit auf den Betrag ab, den der Arbeitnehmer nach den nationalen Rechtsvorschriften beanspruchen könnte, wenn er nicht nach den Rechtsvorschriften eines anderen Mitgliedstaates eine Rente beziehen würde.[122]

Die so zu gewährende Rente darf dann aufgrund nationaler Bestimmungen weder gekürzt, noch entzogen oder zur Ruhe gebracht werden.[123] Ergibt die Vergleichsrechnung, dass beide Leistungsbeträge gleich hoch sind, so wird die Rente allein aufgrund der nationalen Rechtsvorschriften gewährt.[124] Dem Grundsatz einer zwischenstaatlichen Vergleichsrechnung, jedoch abweichenden Berechnungsmodalitäten folgend, ist die Rente zu ermitteln, sofern dem Anspruchsteller in mindestens zwei Mitgliedstaaten bereits allein nach den jeweiligen innerstaatlichen Rechtsvorschriften ein Rentenanspruch zusteht.[125]

Dieser Sachlage stehen die Fälle gegenüber, in denen ein Rentenanspruch unter Berücksichtigung von Art. 45 Abs. 1 der VO 1408/71 erst nach Zusammenrechnung von in verschiedenen Mitgliedstaaten zurückgelegten Versicherungszeiten entsteht. In diesen

---

[117] Dieses Problem stellt sich allgemein bei der gemeinschaftsrechtlichen Leistungsbestimmung auf Grundlage unterschiedlicher Invaliditätsbegriffe, siehe dazu unten 2.

[118] *Pflüger-Demann*, S. 236, mit ausführlicher Erläuterung dieses Verfahrens; zu den ergänzenden Berechnungsmodalitäten des Art. 47 Abs. 1 im Bereich der Invaliditätsrenten siehe EuGH v. 29. 11. 1984, Rs 181/83 (Weber), Slg. 1984, S. 4007 ff.

[119] EuGH v. 14. 3. 1978, Rs 98/77 (Schaap), Slg. 1978, 707, 714; Urt. v. 19. 6. 1979, Rs 180/78 (Brouwer-Kaune), Slg. 1979, S. 2111, 2120; zur Rentenberechnung auf Grundlage des Art. 46 Abs. 2 siehe auch *Grotzer*, DRV 1993, S. 67, 83.

[120] EuGH v. 9. 8. 1994, Rs 406/93 (Reichling), Slg. 1994, S. 4061 ff.

[121] *Schuler*, in: Fuchs (Hrsg.), Art. 46 Rn. 12.

[122] EuGH v. 2. 7. 1981, verb. Rsen 116, 117, 119, 120 und 121/80 (RWP/Celestre), Slg. 1981, S. 1737, 1754.

[123] EuGH v. 2. 7. 1981, verb. Rsen 116, 117, 119, 120 und 121/80 (RWP/Celestre), Slg. 1981, S. 1737, 1754.

[124] EuGH v. 18. 2. 1993, Rs 193/92 (Bogana), Slg. 1993, S. 755 ff.

[125] *Schuler*, in: Fuchs (Hrsg.), Art. 46 Rn. 7 ff.

Fällen zahlt jeder beteiligte Mitgliedstaat anteilig **(pro rata)** den Betrag, der dem Verhältnis seiner Versicherungszeiten zu allen zurückgelegten Versicherungszeiten entspricht.[126]

121 In diesem Zusammenhang stellt sich die Frage, auf welche Weise sich eine Änderung der nationalen Rechtsvorschriften, (respektive des Systemtyps), auf die Anspruchsberechtigung bzw. auf die Höhe des Leistungsbetrages auswirken kann. Zunächst ist problematisch, inwieweit einem Anspruchsteller eine Rentengewährung versagt werden muss, wenn er nationalen Bestimmungen zur Absicherung des Invaliditätsrisikos unterlag, die **vor dem Erlass der VO 1408/71 außer Kraft getreten waren,** obgleich für ihn in einem anderen Mitgliedstaat noch in Kraft befindliche Bestimmungen gelten. Diesbezüglich entschied der EuGH im Lichte des Art. 42 EGV entgegen dem Wortlaut des Art. 1 Abs. j der VO 1408/71, der nur von bestehenden oder künftigen Bestimmungen spricht, dass das durch die Verordnung 1408/71 geschaffene System der Koordinierung der nationalen Rechtsvorschriften auf dem Grundsatz basiert, einem Anspruchsteller auch dann einen Leistungsanspruch zuzubilligen, wenn zur Zeit des Erlasses andere als die bestehenden Bestimmungen gegolten haben bzw. wenn sich erstere im Typ geändert haben.[127]

122 Von erheblicher praktischer Bedeutung sind die Auswirkungen einer Änderung der **Rechtsvorschriften nach Erlass der VO 1408/71**. Diese Änderungen beziehen sich in erster Linie auf die ständig wechselnden Leistungssätze und Berechnungsmodalitäten der nationalen Sozialrechtsordnungen. Dem Sinn und Zweck der Freizügigkeit würde es widersprechen, wenn ein Anspruchsteller im Anschluss an die bereits erwähnte zwischenstaatliche Vergleichsrechnung die höhere Rente aufgrund des Rechts eines Mitgliedstaates erhält, diese aber aufgrund einer Änderung der Rechtsvorschriften geringer ist, als die ursprünglich gegenübergestellte Vergleichsrente, so dass sich die Frage nach der Notwendigkeit einer erneuten Vergleichsrechnung bei Änderungen stellt.[128] Bei der Fülle von Änderungen im Leistungsbereich wäre es jedoch impraktikabel, ständig neue Vergleichsberechnungen anzustellen, um somit permanent den günstigsten Leistungsbetrag zu ermitteln. Aus diesem Grund differenziert Art. 51 der VO 1408/71 zwischen anpassungsbedingten Änderungen (Abs. 1),[129] bei denen keine neue Vergleichsberechnung angestellt werden muss, und Änderungen des Feststellungsverfahrens oder der Berechnungsmethode (Abs. 2), bei denen eine Neuberechnung zu erfolgen hat.[130] Diese Regelung gilt dem Wortlaut, der Systematik und dem Zweck des Art. 51 entsprechend nur für Leistungen, die unter das Kapitel 3 des Titels III der VO 1408/71 fallen.[131] Sofern der Leistungsbetrag dem der ursprünglichen Vergleichsrechnung entspricht, erfolgt die Anpassung des Leistungsbetrages aus den bereits erwähnten Gründen der Verringerung des Verwaltungsaufwandes immer nach Maßgabe des Art. 51, obwohl sich die Gewährung der Rente allein nach mitgliedstaatlichen Rechtsvorschriften richtet.[132]

123 Wie auch in anderen Bereichen des Gemeinschaftsrechts steht somit im Bereich der Invaliditätsrenten sowohl bei einer Änderung der Rechtsvorschriften vor als auch nach Erlass der VO 1408/71 die gemeinschaftsrechtliche Überlegung im Vordergrund, dass eine Änderung der Rechtsvorschriften jedenfalls nicht zu Lasten des Anspruchstellers gehen darf.

---

[126] *Wiegand,* S. 142, Art. 40 Anm. 5 (mit Verweis auf die Sammlung der Gemeinschaftsbestimmungen, EG-Kommission, 1980, Nr. 4699 u. Art. 46, mit Ausführungen zu den Auswirkungen auf das deutsche Recht); auch dieses Verfahren wird eingehend von *Pflüger-Demann,* a. a. O. erläutert.

[127] EuGH v. 9. 6. 1977, Rs 109/76 (Blottner), Slg. 1977, S. 1141, 1150.

[128] Siehe hierzu auch EuGH v. 2. 2. 1982, Rs 7/81 (Sinatra I), Slg. 1982, S. 137 ff.

[129] Bspw. als Folge einer Änderung der Lebenshaltungskosten oder des Lohnniveaus, vgl. Art. 51 Abs. 1.

[130] Zur Frage der Anpassung einer Leistung eines Arbeitnehmers, die zum Teil seinem getrennt lebenden Ehegatten in einem anderen Mitgliedstaat gewährt wird siehe EuGH Urt. v. 2. 10. 1997, Rs 144/96 (Cirotti), Slg. 1997, S. I-5349.

[131] EuGH v. 22. 9. 1994, Rs 301/93 (Bettaccini), Slg. 1994, S. 4361.

[132] EuGH v. 18. 2. 1993, Rs 193/92 (Bogona), Slg. 1993, S. 755 ff.; Urt. v. 20. 3. 1991, Rs 93/90 (Cassamali), Slg. 1991, S. 1404 ff.

II. Invalidität

In Abweichung von Leistungen, die auf Grundlage des 1. Abschnitts gewährt werden, wirken die **Zusammenrechnung von Versicherungs- oder anderen Zeiten in verschiedenen Mitgliedstaaten hier anspruchsbegründend und leistungserhöhend,** weil die mitgliedstaatlichen Leistungssysteme des Typs B die Rentenhöhe von der Versicherungsdauer abhängig machen und dieser Umstand nicht zu einer Benachteiligung von Personengruppen führen darf, die von ihrem Recht auf Freizügigkeit Gebrauch machen.

3. Begriff und Feststellung der Invalidität

Der Begriff der Invalidität wird weder durch das gemeinschaftsrechtliche Sozialrecht im allgemeinen noch durch die VO 1408/71 im besonderen näher konkretisiert. Auch in der Rechtsprechung des EuGH findet sich keine Definition der Invalidität. Das **Fehlen eines übernationalen gemeinschaftsrechtlichen Invaliditätsbegriffs** beruht auf der Koordinierungskonzeption der VO 1408/71 selbst. Diese sieht für den ersten wie für den zweiten Abschnitt des 3. Kapitels vor, dass die gemeinschaftsrechtliche Berechnung und Gewährung einer Invaliditätsrente voraussetzt, dass in mindestens einem Mitgliedstaat sämtliche innerstaatliche Anspruchsvoraussetzungen – ggf. unter Berücksichtigung von in anderen Mitgliedstaaten zurückgelegten Zeiten – erfüllt sind. Daraus folgt, dass die Einschlägigkeit nationaler Rechtsvorschriften die Erfüllung des jeweils geltenden Tatbestandsmerkmals der Invalidität voraussetzt, so dass zunächst **kein Bedürfnis für einen einheitlichen Invaliditätsbegriff** besteht.

Von den Mitgliedstaaten wird der Invaliditätsbegriff in verschiedenster Weise ausgefüllt, wobei insbesondere die jeweiligen Tatbestandsvoraussetzungen divergieren.[133]

Die Unterschiedlichkeit dieses Merkmals ist in erster Linie auf die Struktur des Invaliditätsrisikos zurückzuführen. Im Gegensatz zu anderen sozialen Risiken, bei denen in erster Linie Umstände natürlicher Art – wie das Erreichen der Altersgrenze[134] oder der Tod – von Bedeutung sind, kann eine Invalidität durch ein Zusammenwirken verschiedenster Ursachen bedingt sein.

Ungeachtet der verschiedensten Nuancen dieses Tatbestandsmerkmals, auf die an dieser Stelle nicht näher eingegangen werden kann,[135] lassen sich bei Betrachtung der nationalen Invaliditätstatbestände im wesentlichen **zwei Formen des Invaliditätsrisikos** unterscheiden, die sich in eben dieser Ursächlichkeit unterscheiden.

In einigen Mitgliedstaaten sind für die Feststellung einer Invalidität **allein medizinische und/oder formelle Gesichtspunkte** maßgebend. Nach diesen Rechtsvorschriften ist ein Anspruchsteller invalide, sofern entweder ein gewisser Grad der Behinderung festgestellt wird, der objektiv, ggf. über einen festgelegten Zeitraum, zu einer Einschränkung der Arbeitskraft führt, oder ein bestimmter Zeitraum von Krankengeldbezug nachgewiesen werden kann.

Demgegenüber wird die Invalidität in den übrigen Mitgliedstaaten als **echte Erwerbsunfähigkeit** verstanden. Die Einschränkung der Arbeitskraft kann nach diesem Verständnis nur dann einen Invaliditätsstatus begründen, wenn dem Betroffenen der Arbeitsmarkt aufgrund der Behinderung verschlossen bleibt. In diesem Fall wird das Invaliditätsrisiko von sozialökonomischen und medizinischen Faktoren bestimmt bzw. beeinflusst, so dass bei der Feststellung einer Arbeitsunfähigkeit die Krankengeschichte, der Allgemeinzustand, das Alter und das Geschlecht des Anspruchstellers genauso zu berücksichtigen sind wie die

---

[133] Vgl. *Gesellschaft für Versicherungswissenschaft und -gestaltung,* Soziale Sicherung in West- Mittel und Osteuropa, 1994.
[134] Die natürliche Beschaffenheit des Altersrisikos schließt nicht aus, dass rechtliche Aspekte, insbesondere die gesetzlich festzulegenden Altersgrenzen, bei der Feststellung dieses Risikos ebenfalls von Bedeutung sind; vgl. hierzu *Eichenhofer,* Internationales Sozialrecht, 1994, Rn. 338 ff.
[135] Siehe hierzu eingehend *Kaufmann/Köhler,* DAngVers 1993, S. 105 ff., 218 ff.

Anforderungen des Berufs, die Ausbildung, der Arbeitsmarkt sowie die Möglichkeiten einer Neuzuteilung der Arbeit.[136]

131 Der Feststellung der Invalidität durch die jeweiligen Träger hat wie bei allen Risiken zunächst ein Antrag vorauszugehen.

132 Die Modalitäten betreffend die Einreichung und Bearbeitung der Leistungsanträge auf Feststellung der Invalidität sind in der DurchführungsVO 574/72 geregelt, in der ebenfalls zwischen A- und B-Systemen differenziert wird. Nach Art. 35 der DurchführungsVO ist der Antrag bei ausschließlicher Berührung mit A-Systemen entweder bei dem Träger zu stellen, der gem. Art. 39 Abs. 1 der VO 1408/71 für die Feststellung der Leistungen zuständig ist, oder bei dem Träger des Wohnorts, der den Antrag dem erstgenannten Träger unter Angabe des Tages der Antragstellung übermittelt.[137]

133 Form und notwendiger Inhalt des Antrages richten sich nach Art. 37 der DurchführungsVO, die weitere Bearbeitung folgt den Grundsätzen des Art. 39 dieser VO.

134 Für alle anderen Anträge (Beteiligung von B-Systemen) gelten gem. Art. 36 der VO 574/72 die gleichen Grundsätze wie über die Anträge auf Alters- oder Hinterbliebenenrenten.[138]

135 Sofern von einem vorher zuständigen Träger eines anderen Mitgliedstaats ein form- und fristgebundener Antrag für den Erhalt von Krankengeld gefordert wird, so gilt dieser als gestellt, soweit ein solcher Antrag nach den Rechtsvorschriften des Wohnortstaates ordnungsgemäß gestellt worden ist.[139]

136 Bei der Prüfung eines Leistungsanspruchs auf Grundlage nationaler Bestimmungen ist der zuständige Träger grundsätzlich nicht an die Feststellung einer Invalidität in einem anderen Mitgliedstaat gebunden. Zur Begegnung der Inhomogenität der Invaliditätstatbestände im allgemeinen und zur Vereinfachung der Beurteilung länderübergreifender Sachverhalte im besonderen hat der Gemeinschaftsgesetzgeber mittels der Konkordanzregelung des Art. 40 Abs. 4 der VO 1408/71 versucht, eine Richtschnur in Form einer **wechselseitigen Anerkennung des Invaliditätszustandes** vorzugeben.[140] Aufgrund der Tatbestandswirkung obliegt den Mitgliedstaaten dann lediglich noch die Prüfung formaler Voraussetzungen, deren Erfüllung i. d. R. leichter festgestellt werden kann. Auf die Möglichkeit der wechselseitigen Anerkennung kann allerdings nur zurückgegriffen werden, sofern die Konformität der jeweiligen Invaliditätsbegriffe in dem Anhang V der 1408/71 anerkannt wurde. Derzeit gilt diese Regelung nur für Belgien, Frankreich, Italien und Luxemburg.[141]

137 Bindend ist jedoch nur die Anerkennung der Invalidität, nicht auch eine spätere Aufhebung oder Aberkennung des Invaliditätsstatus.[142]

138 Sofern eine derartige Übereinkunft nicht besteht, wird die Einschränkung der Arbeitskraft, bzw. der Invaliditätsgrad durch ärztliche Untersuchung festgestellt. Von besonderer Bedeutung ist in diesem Zusammenhang die Frage, welcher Arzt diese Untersuchung

---

[136] *Bouqet*, IRSS 1979, S. 485, 487; zu den verschiedenen Ursachen siehe auch *Gould*, IRSS 1985, S. 23 ff.; *Kaufmann/Köhler*, DAngVers 1993, S. 105 ff., 218 ff. unterscheiden drei Gruppen von Invaliditätstatbeständen: Nachweis von Krankengeldbezug, vollständige Erwerbsunfähigkeit und abgestufte Invaliditätstatbestände; letztere weist allerdings tatbestandlich keine von den anderen abweichende Struktur auf, da die Abstufung lediglich zur Bemessung der Rentenhöhe dient.

[137] Aufgrund eines Redaktionsversehens fehlen die kursivgedruckten Worte in der Neufassung durch die VO 2001/83 v. 2. 6. 1983; siehe *Schulte*, Soziale Sicherheit in Europa, 1993, S. 260 Fn. 3.

[138] Siehe hierzu Rn. 177 ff.

[139] EuGH v. 9. 11. 1977, Rs 41/77 (The Queen), Slg. 1977, S. 2085, 2095.

[140] Eine derartige Anerkennung war auf Grundlage der VO Nr. 3 noch nicht möglich.

[141] In bezug auf die Bedeutung dieser Regelung für das deutsche Sozialrecht ist davon auszugehen, dass eine wechselseitige Anerkennung wegen der im deutschen Sozialrecht getroffenen Differenzierung zwischen Berufs- und Erwerbsunfähigkeit vorläufig nicht zu erwarten ist.

[142] EuGH v. 10. 3. 1983, Rs 232/82 (Baccini), Slg. 1983, S. 583, 597.

II. Invalidität

durchzuführen hat, sofern sich der Anspruchsteller nicht mehr im Gebiet des leistungspflichtigen Mitgliedstaates aufhält. Nach Art. 51 Abs. 1 der VO 574/42 wird die Untersuchung in diesen Fällen im Gegensatz zu den Leistungen bei Krankheit und Mutterschaft auf Verlangen des leistungspflichtigen Trägers von dem Träger des Aufenthalts- oder Wohnstaats durchgeführt oder veranlasst.[143] Dem leistungspflichtigen Träger bleibt jedoch vorbehalten, den Anspruchsteller durch einen Arzt seiner Wahl untersuchen zu lassen, wobei er allerdings ärztliche Unterlagen und Berichte sowie die verwaltungsmäßigen Auskünfte des Trägers des Wohnstaates berücksichtigen muss.[144] Obgleich Art. 51 Abs. 1 der VO 574/42 insoweit ein Wahlrecht des leistungspflichtigen Trägers zu statuieren scheint, hat die ärztliche Kontrolle, sofern sie wegen völlig offensichtlicher Arbeitsunfähigkeit nicht entbehrlich ist, in jedem Fall durch den Träger des Aufenthalts- oder Wohnstaats zu erfolgen. Nur bei begründeten Zweifeln kann der zuständige Träger eine zusätzliche Untersuchung durch einen Arzt seiner Wahl durchführen lassen.[145]

Zu diesem Zweck kann der Anspruchsteller verpflichtet werden, sich in den Mitgliedstaat des zuständigen Trägers zu begeben, sofern die Reise keine Gefahr für seine Gesundheit darstellt und die Reisekosten von dem zuständigen Träger erstattet werden.[146] **139**

Zugunsten des Anspruchstellers ist der Antrag auf Invalidität aufgrund der unterschiedlichen Invaliditätsbegriffe stets auch auf Leistungen bei Krankheit zu prüfen.[147] **140**

Eine **Besonderheit** in bezug auf die Feststellung einer Invalidität besteht, sofern die Feststellung einem **deutschen Rentenversicherungsträger** obliegt. Den vom BSG aufgestellten Grundsätzen folgend kann eine Invaliditätsrente im deutschen Recht nur gewährt werden, wenn der Anspruchsteller seine vor der Behinderung ausgeübte, oder eine qualifikationsmäßig nachrangige Tätigkeit nicht mehr ausüben kann.[148] Die **bisherige Tätigkeit des Anspruchstellers** wird zunächst einer der vier Qualifikationsstufen[149] zugeordnet. Ergibt die Prüfung, dass es ihm nicht möglich ist, einer dieser Stufe entsprechenden Beschäftigung nachzugehen, begründet dies allein noch keinen Invaliditätsstatus. Der zuständige Träger prüft sodann, ob der Anspruchsteller in der Lage ist, eine erwerbsmäßige Tätigkeit auszuüben, die der folgenden Tätigkeitsstufe zugeordnet werden kann. Erst wenn auch in diesem Tätigkeitsfeld keine Beschäftigungsmöglichkeit besteht, kann eine Rente nach den deutschen Vorschriften gewährt werden.[150] In diesem Zusammenhang stellte sich die Frage, ob der deutsche Rentenversicherungsträger bei der Klassifizierung des bisherigen Berufs allein auf die in Deutschland ausgeübten Tätigkeiten abstellen sollte. Zur Korrektur der Rechtsprechung des BSG,[151] nach der auch die in anderen Mitgliedstaaten ausgeübten Beschäftigungen zu berücksichtigen waren, regelte die im Anhang VI Abschnitt C der VO 1408/71 neu eingefügte Nr. 15, dass nur in Deutschland ausgeübte Beschäftigungen zu berücksichtigen seien. Diese Bestimmung wurde dann vom EuGH wegen mittelbarer Diskriminierung verworfen und für nicht anwendbar erklärt,[152] so dass im Rahmen der Feststellung einer Erwerbsunfähigkeit durch einen deutschen **141**

---

[143] Zum Fall eines ehemaligen Grenzgängers, der näher zum leistungspflichtigen Träger als zum Träger des Wohnstaates wohnt siehe EuGH v. 10. 12. 1998, Rs 279/97 (Voeten/Beckers), Slg. 1998, S. 8293 ff.

[144] EuGH v. 10. 12. 1998, Rs 279/97 (Voeten/Beckers), Slg. 1998, S. 8293 ff.

[145] EuGH v. 27. 6. 1991, Rs 344/89 (Vidal), Slg. 1991, S. 3245, 3272.

[146] EuGH v. 27. 6. 1991, Rs 344/89 (Vidal), Slg. 1991, S. 3245, 3272.

[147] EuGH v. 12. 1. 1983, Rs 150/82 (Coppola), Slg. 1983, S. 43 ff.

[148] Zu dieser Verweisungsmöglichkeit vgl. BSGE 43, S. 243, 246; 59, S. 201, 203 ff.; vgl. § 240 SGB VI.

[149] Vorarbeiter bzw. besonders hoch qualifizierter Arbeiter, Facharbeiter, angelernter Arbeiter und ungelernter Arbeiter.

[150] Zu der Verweisung in der Berufsunfähigkeitsversicherung nach deutschem Recht siehe *Bellinghausen*, VersR 1995, S. 5 ff.

[151] *Schuler*, in: SDSRV, S. 100.

[152] EuGH v. 7. 6. 1988, Rs 20/85 (Roviello), Slg. 1988, S. 2805 ff.

Rentenversicherungsträger auf sämtliche in den Mitgliedstaaten ausgeübte Beschäftigungen abzustellen ist.[153]

142 Die Inhomogenität der einzelnen Invaliditätstatbestände und die daraus resultierende Komplexität der Koordinierung im Bereich der Invaliditätsrenten muss zu der Erkenntnis führen, dass die Koordinierung **durch einen einheitlichen gemeinschaftsrechtlichen Invaliditätsbegriff entscheidend vereinfacht werden könnte.** Darüber hinaus kann ein Nebeneinander von verschiedenen Invaliditätsbegriffen sowohl zu Lasten des Wanderarbeitnehmers als aber auch zu Lasten des einheimischen Arbeitnehmers unbefriedigende Ergebnisse hervorrufen. Da das Risiko der Invalidität nicht einheitlich definiert ist, hat ein Anspruchsteller, obwohl er in zwei Mitgliedstaaten versichert war, nur Anspruch auf die Teilrente eines Mitgliedstaates, wenn er nur in einem Mitgliedstaat den Tatbestand der Invalidität erfüllt.[154] Andererseits machen es die Anrechnungs- und Berücksichtigungsbestimmungen der VO 1408/71 möglich, dass ein Wanderarbeitnehmer durch Berührung verschiedener Sozialleistungssysteme bewusst oder unbewusst Leistungsvoraussetzungen sammelt, die der einheimische Arbeitnehmer bei vergleichbaren Umständen nach innerstaatlichen Rechtsvorschriften nie erfüllen könnte.[155] Derartige koordinierungsrechtliche Ungereimtheiten werden vom EuGH durchweg zugunsten des Wanderarbeitnehmers entschieden, weil dieser mobilitätsbedingt grundsätzlich mit genügend (anderen) Problemen konfrontiert wird.[156]

143 Ungeachtet der zu erwartenden politischen Widerstände muss allerdings gefragt werden, ob die Vorstellung eines übernationalen Invaliditätsbegriffs im Rahmen der bereits vom EGV determinierten grundsätzlichen Unantastbarkeit der nationalen Sozialrechtsordnungen nicht zu weit von der Realität entfernt ist. Der durch einen gemeinsamen Invaliditätsbegriff gewonnenen Praktikabilität steht die Einebnung jahrzehntelanger, teilweise sehr unterschiedlicher traditioneller und kultureller Entwicklungen im Bereich sozialer Sicherheit gegenüber, die eine Vereinheitlichung in naher Zukunft noch sehr unwahrscheinlich wenn nicht unmöglich erscheinen lässt. Denkbar wäre eine Teilharmonisierung des Invaliditätsrisikos in der Form, dass das Risiko der Invalidität in allen Mitgliedstaaten als medizinisch und arbeitsmarktabhängig bedingte Erwerbsunfähigkeit verstanden wird, die an der innerstaatlichen oder regionalen Arbeitsmarktsituation festgemacht werden muss.

144 Fest steht jedenfalls, dass derartige Überlegungen zukünftig stets Bestandteil der Reformbemühungen im Bereich gemeinschaftsrechtlicher Koordinierung von nationalen Sozialleistungssystemen sein sollten.

4. Leistungen

145 Als Parallele zu der Frage nach dem Inhalt des Invaliditätsbegriffs gibt das Gemeinschaftsrecht auch keinen Aufschluss über Art und Umfang der Leistungen, die in dem Bereich der Invaliditätsrenten zusammengefasst sind. Lediglich Art. 4 Abs. 1 lit. b der VO

---

[153] Kritisch zu dieser Rechtsprechung *Schuler,* in: Eichenhofer (Hrsg.), Reform des Europäischen koordinierenden Sozialrechts, 1993, der diese Rechtsprechung als qualitative Koordinierung in Ergänzung zur quantitativen Koordinierung in Form der Zusammenrechnung von Versicherungszeiten bezeichnet, die u. U. zum Verlust des im Inland erworbenen Berufsschutzes führen kann.
[154] *Ruland,* Der Europäische Binnenmarkt und die sozialen Alterssicherungssysteme, DRV 1989, S. 605, 622 f.
[155] *Kaltenbach,* DAngVers 1989, S. 157, 162 spricht von Mitnahmeeffekten; kritisch zu diesem Begriff *Pflüger-Demann,* S. 267 Fn. 259.
[156] *Ewert,* Der Beitrag des Gerichtshofs der Europäischen Gemeinschaft zur Entwicklung eines Europäischen Sozialrechts, 1987, S. 165; diese Rechtsprechung ist konsequent, wenn man auf dem Standpunkt steht, dass selbst derartige Besserstellungen der Wanderarbeitnehmer nicht die vielen Nachteile zu kompensieren vermögen, die aus der konsequenten Anwendung der Koordinierungsverordnung 1408/71 resultieren, vgl. *Jacobs,* Das Prinzip der Freizügigkeit in seiner Bedeutung für das Sozialrecht in: von Maydell, Soziale Rechte in der EG, 1990, S. 34, 37.

II. Invalidität

1408/71 verrät, dass jedenfalls Leistungen zur Erhaltung oder Besserung der Erwerbsfähigkeit[157] vom sachlichen Anwendungsbereich der Art. 37–43 erfasst werden.

Allerdings hat der EuGH den Leistungsbereich des 3. Kapitels der VO 1408/71 in einer Reihe von Entscheidungen näher bestimmt. Diese Entscheidungen befassten sich i.d.R. mit der Abgrenzung einer Leistung bei Krankheit von der bei Invalidität.[158]

Grundlegend hat der EuGH zunächst herausgestellt, dass **Leistungen bei Invalidität nur in Form von Geldleistungen** gewährt werden, demgegenüber Sachleistungen nur auf Grundlage des 1. Kapitels des Titels 3 beansprucht werden können.[159]

Eine daran anknüpfende weitere Konkretisierung erfährt dieser Leistungsbereich durch die Feststellung, dass diese Geldleistungen stets im Zusammenhang mit der Erwerbsfähigkeit des Anspruchstellers stehen müssen, sofern nicht ausdrücklich etwas anderes bestimmt ist.[160] Im Zusammenhang mit der Erwerbstätigkeit stehende Leistungen sind solche, die als Folge der Arbeitsunfähigkeit zum Ausgleich eines nicht mehr erwirtschaftbaren Arbeitslohnes gezahlt werden. Im Gegensatz dazu zählen Leistungen zur Förderung der Heilbehandlung und Gesundheitspflege zu den Leistungen bei Krankheit, auch wenn sie als Sachleistungen im Rahmen einer Invaliditätsversicherung gewährt werden.[161]

Die Leistungen der deutschen **Pflegeversicherung** hat der EuGH nicht den Leistungen bei Invalidität, sondern den **Leistungen bei Krankheit** zugeordnet.[162]

Bei der Frage, ob die vom EuGH geschaffenen Instrumentarien genügen, im Einzelfall eine gemeinschaftsrechtliche Leistungsbestimmung vorzunehmen, ist zunächst zu berücksichtigen, dass den Großteil der Leistungen bei Invalidität ohnehin die klassischen Rentenzahlungen in Folge dauernder Arbeitsunfähigkeit ausmachen, bei denen eine Zuordnung keine Schwierigkeiten bereitet.

Im übrigen reichen diese wenigen Kriterien i.d.R. aus, in Grenzfällen eine hinreichend konsequente Einordnung der in Frage stehenden Leistungen zu ermöglichen, weil sie wegen der klaren Differenzierung zwischen Geld- und Sachleistung einerseits bzw. Lohnausfallleistung und Leistung zur Wiedergenesung andererseits genügend Schärfe besitzen, um sie zweckmäßig anwenden zu können.

Unter Zugrundelegung dieser Kriterien wurden **Leistungen zur medizinischen und chirurgischen Versorgung zu den Leistungen bei Krankheit gezählt,** obwohl sie auf Grundlage nationaler Rechtsvorschriften für Leistungen bei Invalidität gewährt werden.[163] Auch werden Rehabilitationsleistungen vorbehaltlich anderslautender, ausdrücklicher Bestimmung wegen des grundsätzlichen Sachleistungscharakters prinzipiell zu den Leistungen bei Krankheit zu zählen sein. Sofern die **Rehabilitationsleistungen** aus-

---

[157] Diese Regelung entfaltet im deutschen Rentenversicherungsrecht keine Wirkung, da eine Zusammenrechnung deutscher und anderer Versicherungszeiten zur Komplettierung der Leistungsvoraussetzungen für die Gewährung von Rehabilitationsleistungen mangels entsprechender Bestimmungen unzulässig ist, *Ruland*, DRV 1990, S. 709, 719.

[158] Insbesondere waren deutsche Leistungen der Tuberkulosehilfe nach § 1244a RVO a.F. Gegenstand der Rechtsprechung des EuGH.

[159] EuGH v. 10. 1. 1980, Rs 69/79 (Jordens-Vosters), Slg. 1980, S. 75, 84.

[160] EuGH v. 16. 11. 1972, Rs 14/72 (Heinze), Slg. 1972, S. 1105; Rs 15/72 (Niedersachsen/Landesversicherungsanstalt), Slg. 1972, S. 1127 ff.; Rs 16/72 (Ortskrankenkasse Hamburg/Landesversicherungsanstalt Schleswig-Holstein), Slg. 1972, S. 1141 ff.; insbesondere zur Frage der Einordnung von Tuberkulosehilfe.

[161] *Pflüger-Demann*, S. 223; vgl. auch EuGH v. 10. 1. 1980, Rs 69/79 (Jordens-Vosters), Slg. 1980, S. 75 ff.; zu den Leistungen bei Krankheit s. o. Rn. 2 ff.

[162] EuGH Urt. v. 5. 3. 1998, RS 160/96 (Molenaar), Slg. 1998, S. 843 ff.

[163] EuGH v. 10. 1. 1980, Rs 69/79 (Jordens-Vosters), Slg. 1980, S. 75 ff.; Geldleistungen, die wie in Belgien als Invaliditätsleistungen aus einer gemischten Kranken- und Invaliditätsversicherung erbracht werden, sind ungeachtet ihrer Bezeichnung als Rentenleistungen anzusehen, sofern die volle oder teilweise Arbeitsunfähigkeit nicht nur vorübergehend ist, EuGH v. 25. 6. 1975, Rs 17/75 (Anselmetti), Slg. 1975, S. 781 ff.

nahmsweise überwiegend Geldleistungscharakter aufweisen, werden sie ebenfalls als Leistungen bei Krankheit angesehen werden müssen, sofern ihnen Wiederherstellungsfunktion im Rahmen der Gesunderhaltung zukommt. Darüber hinaus gelten die allgemeinen Kriterien zur Abgrenzung einer Leistung der sozialen Sicherheit von Leistungen, die nicht unter den sachlichen Anwendungsbereich der VO 1408/71 fallen. So schließt die Klassifizierung als Leistung bei Invalidität nicht aus, dass die Leistung auch Merkmale andersartiger Sozialleistungen aufweisen kann. Die Strukturunterschiede nationaler Leistungssysteme bringen es mit sich, dass eine Leistung aus Elementen verschiedener Leistungszweige bzw. -typen besteht und somit grundsätzlich mehreren Bereichen zugeordnet werden kann. In diesem Zusammenhang hat der EuGH eine nach den Rechtsvorschriften des Vereinigten Königreichs zu gewährende finanzielle Beweglichkeitsbeihilfe für Behinderte als Leistung bei Invalidität qualifiziert, obwohl diese Leistung aufgrund ihrer charakteristischen Merkmale viel mit der Sozialhilfe gemein hat.[164]

153   Leistungen, die in Form einer **Zulage zur eigentlichen Invaliditätsleistung**[165] gewährt werden, können ebenso zu den Leistungen bei Invalidität zählen wie Leistungen an Behinderte, sofern die innerstaatlichen Rechtsvorschriften auf Arbeitnehmer Anwendung finden und einen dahingehenden Rechtsanspruch begründen.[166]

154   Das Verhältnis von den Leistungen bei Invalidität zu den Leistungen bei Alter wird weniger durch materiellrechtliche Abgrenzungsprobleme, als vielmehr durch die Frage nach den Folgen einer Leistungsumwandlung gekennzeichnet. Mit Ausnahme von Spanien wird die Invaliditätsrente nämlich in allen Mitgliedstaaten mit **Erreichen der Regelaltersgrenze in eine Altersrente** umgewandelt.

155   Aufgrund **unterschiedlicher Altersgrenzen in den Mitgliedstaaten**[167] kann es zu der Konstellation kommen, dass nach den Rechtsvorschriften eines Mitgliedstaats die ursprünglich zu gewährende Invaliditätsrente mit Erreichen der Altersgrenze in eine Altersrente umgewandelt wird, während in einem anderen Mitgliedstaat weiterhin nur Anspruch auf eine Invalidenrente besteht. In diesen Fällen findet die Regelung des Art. 43 der VO 1408/71 Anwendung. Nach dessen Abs. 1 werden Leistungen bei Invalidität nach Maßgabe innerstaatlicher Rechtsvorschriften gemäß Kapitel 3 in Leistungen bei Alter umgewandelt. Der Wortlaut dieser Regelung ist allerdings missverständlich. Die Leistungsumwandlung selbst erfolgt keineswegs gemäß Kapitel 3, da dieses Kapitel diesbezüglich überhaupt keine Vorschriften enthält. Die Umwandlung erfolgt allein auf Grundlage der nationalen Rechtsvorschriften. Art. 43 Abs. 1 stellt lediglich klar, dass die umgewandelten Leistungen nun Leistungen bei Alter i. S. d. 3. Kapitels sind und demnach den Grundsätzen der Art. 44–51 der VO 1408/71 folgen. Der EuGH hat zunächst festgestellt, dass in Altersrenten umgewandelte Leistungen bei Invalidität und nicht umgewandelte Leistungen als gleichartig anzusehen sind, so dass Kapitel 3 auf diese gleichermaßen Anwendung findet.[168] Damit ein Mitgliedstaat, nach dessen Rechtsvorschriften der Leistungsberechtigte (noch) Leistungen bei Invalidität erhält, seine Zahlungen nicht mit der Begründung verweigern oder einstellen kann, der Berechtigte erhalte bereits eine Altersrente nach den Rechtsvorschriften eines anderen Mitgliedstaates, bestimmt Art. 43 Abs. 2 und 3 für diese Fälle, dass Leistungen bei Invalidität bis zum Erreichen der Altersgrenze in dem betreffenden Mitgliedstaat bzw. in den übrigen Mitgliedstaaten, jedenfalls aber für die Dauer der Erfüllung der anspruchsbegründenden Voraussetzungen für Invaliditätsleistungen gewährt werden müssen. Die Umwandlung der Leistung in einem Mitgliedstaat än-

---

[164] EuGH v. 20. 6. 1991, Rs 356/89 (Stanton/Newton), Slg. 1991, S. 3035 ff.; kritisch dazu *Steininger*, NJW 1992, S. 1860, 1862.
[165] EuGH v. 9. 10. 1974, Rs 24/74 (Biason), Slg. 1974, S. 99 ff.
[166] EuGH v. 28. 5. 1974, Rs 187/73 (Callemeyn), Slg. 1974, S. 553 ff.
[167] Siehe hierzu die Übersicht von *Schuler*, in: Fuchs (Hrsg.), Art. 43 Rn. 2.
[168] EuGH v. 15. 10. 1980, Rs 4/80 (D'Amico), Slg. 1980, S. 2951 ff.; Urt. v. 2. 7. 1981, verb. Rsen 116, 117, 119, 120 und 121/80 (RWP/Celestre), Slg. 1981, S. 1737, 1757.

II. Invalidität

dert nichts an den Grundsätzen über die Feststellung der Leistung bei Invalidität. Dies gilt auch, sofern die Leistungsumwandlung in einem Mitgliedstaat erfolgt, bevor in einem anderen Mitgliedstaat eine Invalidität festgestellt wurde.[169] Sofern das Rentenalter für Männer und Frauen unterschiedlich festgesetzt ist, kann die Invaliditätsrente für Personen, die vor Erreichung des Rentenalters invalide werden, auf die tatsächliche Höhe der Altersrente begrenzt werden und eine zusätzliche Invaliditätsbeihilfe an unterschiedliche Altersgrenzen geknüpft werden.[170]

Als entscheidender Unterschied zum Invaliditätsbegriff auf der Tatbestandseite kommt es bei der **Qualifizierung der Leistung auf der Rechtsfolgenseite** insoweit nicht (mehr) auf die mitgliedstaatliche Bezeichnung, sondern auf die vom EuGH entwickelten objektiven gemeinschaftsrechtlichen Merkmale an.

Auf den ersten Blick scheint dies in der Praxis europäischer Rentenrechtskoordinierung zu Schwierigkeiten zu führen, sofern der zuständige Träger nach seinen Rechtsvorschriften die tatbestandlichen Voraussetzungen für eine Invaliditätsrente als erfüllt ansieht, die nach diesen Rechtsvorschriften zu gewährende Leistung nach gemeinschaftsrechtlichem Verständnis allerdings eine Leistung bei Krankheit darstellt oder umgekehrt. Bei genauerer Betrachtung wird allerdings deutlich, dass diese Konzeption in sich keinesfalls widersprüchlich ist. Tatsächlich prüft der nach innerstaatlichem Recht zuständige Sozialleistungsträger auf Antrag, ob die Voraussetzungen für eine Invaliditätsrente nach nationalen und/oder gemeinschaftsrechtlichen Vorschriften erfüllt sind. Welche gemeinschaftsrechtlichen Regelungen der nationale Träger bei der Prüfung der Anspruchsvoraussetzungen zu berücksichtigen hat, hängt davon ab, unter welchen Leistungsbereich der VO 1408/71 die nach innerstaatlichem Recht zu gewährende Leistung zu subsumieren ist.[171] Demzufolge bleiben die innerstaatlichen Rechtswirkungen von der gemeinschaftsrechtlichen Klassifizierung unberührt; lediglich die Art und Weise der Koordinierung in Form der Berücksichtigung von Zeiten bzw. die Aufteilung der Rentenleistungen unter den Mitgliedstaaten werden länderübergreifend festgelegt, so dass ein Nebeneinander von mitgliedstaatlichen Invaliditätsbegriffen und gemeinschaftsrechtlichem Leistungsbegriff zumindest de jure zu keinen Friktionen führen muss.

5. Verschlimmerung und Wiederaufnahme

Die Art. 41 und 42 der VO 1408/71 legen Modalitäten für die Verschlimmerung des Invaliditätszustandes, bzw. für die Wiederaufnahme von Invaliditätsleistungen fest.

Verschlimmert sich der Invaliditätszustand, sehen die nationalen Rechtsvorschriften u. U. eine **Neufeststellung der Rente(n)** vor. Welche Auswirkungen dies auf die tatsächlich zu gewährende gemeinschaftsrechtliche Rente hat, hängt zunächst davon ab, ob der Leistungsberechtigte Leistungen bei Invalidität nur von einem (Art. 41 Abs. 1) oder mehreren (Art. 41 Abs. 2) Mitgliedstaaten erhält. Erhält er **Leistungen nur von einem Mitgliedstaat,** und fanden seit Beginn der Leistungsgewährung keine anderen Rechtsvorschriften auf ihn Anwendung, erfolgt die **Neuberechnung allein auf Grundlage der innerstaatlichen Rechtsvorschriften** (Art 41 Abs. 1 lit a).[172] Bei Berührung mit Rechtsvorschriften weiterer Mitgliedstaaten nach Beginn der Leistungsgewährung, ist bei der Neufeststellung genauso vorzugehen, wie bei der erstmaligen Rentenfeststellung. In diesem Fall ist demzufolge maßgeblich, ob es sich bei den beteiligten Systemen um A oder

---

[169] EuGH v. 19. 6. 1979, Rs 180/78 (Brouwer-Koune), Slg. 1979, S. 2111 ff.
[170] *Schuler,* in: Fuchs (Hrsg.), Art. 43 Rn. 4 mit Verweis auf EuGH Urt. v. 11. 8. 1995, RS 92/94 (Graham/Conell/Nicholas), Slg. 1995, S. 2521 ff.
[171] Vgl. EuGH v. 16. 11. 1972, Rs 15/72 (Niedersachsen/Landesversicherungsanstalt), Slg. 1972 S. 1127, 1136.
[172] Wie bspw. im deutschen Recht, wonach bei Verschlimmerung des Invaliditätszustandes eine Umwandlung der Berufs- in eine Erwerbsunfähigkeitsrente erfolgen kann.

B Systeme handelt, mit der Folge, dass die Neuberechnung den Grundsätzen des 1. oder 2. Abschnitts des 3. Kapitels der VO 1408/71 folgt.

160 Erhält der Leistungsberechtigte von **zwei oder mehr Mitgliedstaaten Leistungen bei Invalidität,** werden die Leistungen bei Verschlimmerung des Invaliditätszustandes nach **Maßgabe des Art. 40 Abs. 1 der VO 1408/71** gewährt. Eine Erstfeststellung und keine Neufeststellung liegt vor, wenn die Verschlimmerung des Invaliditätszustandes nach den Rechtsvorschriften eines Mitgliedstaates erstmalig einen Leistungsanspruch begründet.[173]

161 Für die Wiederaufnahme ruhender oder entzogener Leistungen gilt gem. Art. 42 der VO 1408/71, dass der Träger, der bei Unterbrechung der Leistungsgewährung leistungspflichtig war, wieder zur Leistungsgewährung verpflichtet ist, sofern der Zustand des Betroffenen eine erneute Leistungsgewährung rechtfertigt.

III. Alter und Tod

Schrifttum: *Acker,* Die Alterssicherungssysteme in der Europäischen Union, SozSich 1994, S. 139 ff.; *dies.* Renten in Europa, 1996; *Hannemann/Kunhardt,* Berechnung der Rente nach europäischem Recht, DAngVers 1990, S. 27 ff; *Magosch,* Anspruchsprüfung nach EG – Recht, DRV 1995, S. 110 ff.; *Pompe,* Leistungen der sozialen Sicherheit bei Alter und Invalidität für Wanderarbeitnehmer nach Europäischem Gemeinschaftsrecht, 1986; *Ruland,* Deutsches und europäisches Rentenversicherungsrecht, DRV 1990, S. 709 ff.; *Schuler,* Strukturen und Methoden zwischenstaatlicher und gemeinschaftsrechtlicher Sozialrechtsbeziehungen, in: Lichtenberg, Sozialpolitik in der EG, 1986, S. 51 ff.; *ders.,* Soziale Sicherung für den Fall der Invalidität, des Alters und des Todes, in: Schriftenreihe des Deutschen Sozialrechtsverbands (SDRSV) Band 36 (1992), Europäisches Sozialrecht, S. 79 ff.; *Stahlberg,* Europäisches Sozialrecht, 1997, S. 252 ff.; *Steinmeyer,* Arbeitsrechtliche Probleme der betrieblichen Altersversorgung im europäischen Binnenmarkt, in: Förster (Hrsg.), Betriebliche Altersversorgung in der Diskussion zwischen Praxis und Wissenschaft, FS Ahrend, 1992, S. 475 ff; *ders.,* Die Alters-, Invaliditäts- und Hinterbliebenensicherung Selbständiger in den Mitgliedstaaten der Europäischen Gemeinschaft, NZS 1994, 103 ff.; *ders.,* Harmonisierung des Betriebsrentenrechts in der Europäischen Gemeinschaft?, EuZW 1991, S. 43 ff.; *Zacher,* Alterssicherung im Rechtsvergleich, 1991.

1. Einleitung

162 Art. 42 des EG-Vertrages sieht die Einführung eines Systems vor,
„welches aus- und einwandernden Arbeitnehmern und deren anspruchsberechtigten Angehörigen folgendes sichert:
a) die Zusammenrechnung aller nach den verschiedenen innerstaatlichen Rechtsvorschriften berücksichtigten Zeiten für den Erwerb und die Aufrechterhaltung des Leistungsanspruchs sowie für die Berechnung der Leistungen;
b) die Zahlung der Leistungen an Personen, die in den Hoheitsgebieten der Mitgliedstaaten wohnen."

163 Dies ist zwar eine Umschreibung des gesamten Systems der Wanderarbeitnehmer-Verordnung, nur im Bereich der Alters- und Invaliditätssicherung kommt der so umschriebene Mechanismus jedoch voll zur Geltung. Während es beim Risiko Krankheit vorrangig um Probleme der Leistungsaushilfe geht und dort sowie in den anderen Risikobereichen die Anwartschaftsphase und auch die Leistungsphase eher kurz ist, wird ein Anspruch auf eine Leistung wegen Alter, Invalidität oder Tod typischerweise über einen mehrere Jahrzehnte umfassenden Anwartschaftszeitraum erworben und in einer langjährigen Leistungsphase ausgezahlt.

164 Deshalb zeigt sich in diesem Bereich die Verknüpfung der verschiedenen nationalen Sicherungssysteme in besonderer Weise. Nur hier taucht in reiner Form die Konstellation auf, dass ein Leistungsberechtigter aus mehreren Sicherungssystemen verschiedener Mit-

---

[173] *Wiegand,* Art 41 Rn. 4.

III. Alter und Tod

gliedstaaten Leistungen bezieht. Die **Zusammenrechnung von Zeiten** für den Erwerb oder die Aufrechterhaltung eines Anspruchs gewinnt hier ihre **besondere Bedeutung.**

Hier gewinnt auch Bedeutung für die praktische Sozialpolitik der Umstand, dass die Verordnung Nr. 1408/71 **nur die staatlichen Systeme der sozialen Sicherheit** miteinander verknüpft und auch dabei einzelne Systeme ausnimmt. Die Absicherung gegen das Risiko Alter, Invalidität und Tod erfolgt üblicherweise durch eine Kombination verschiedener Sicherungsformen. In Deutschland tritt neben die gesetzliche Rentenversicherung die betriebliche Altersversorgung und wird oft ergänzt durch eine zusätzliche Eigenvorsorge. In anderen Mitgliedstaaten der Europäischen Union stellt das staatliche System nur eine Grundversorgung sicher, die dann durch andere Sicherungsformen aufgestockt werden muss.[174] Wieder andere Systeme sind wegen ihrer Komplexität oder ihrer Ausrichtung auf einen bestimmten Personenkreis ausgenommen. 165

Sieht man diesen Befund vor dem Hintergrund des Art. 39 EG-Vertrag, so liegt die Frage auf der Hand, **ob durch die Koordinierung allein der staatlichen Systeme** – und bei diesen auch mit Ausnahmen – **tatsächlich in ausreichender Weise dem Gebot der Freizügigkeit der Arbeitnehmer Rechnung getragen ist.** Diese Frage kann so nicht pauschal beantwortet werden, da dies unter anderem eine Frage der Strukturen der jeweiligen Systeme ist. So hat etwa die deutsche betriebliche Altersversorgung keine Probleme mit der Gewährung von Rentenleistungen ins Ausland, würde sich aber schwer tun bei der Zusammenrechnung von Zeiten der Betriebszugehörigkeit bei verschiedenen Unternehmen. Andere Systeme wie etwa die Beamtenversorgung und die berufsständische Versorgung betreffen nur einen bestimmten Personenkreis und haben zum Teil besondere Finanzierungsregeln, die ihre Einpassung in das europäische Koordinierungssystem erschweren. 166

Das bedeutet aber zugleich auch, dass zum einen ein Gesamtblick vorzunehmen ist, der hier **private und öffentliche Sicherungsformen gemeinsam betrachtet,** da sie im Zusammenspiel das gemeinsame Ziel erreichen sollen. Zum anderen muss der Versuch unternommen werden, in beiden Teilbereichen in gleicher Weise die Freizügigkeitshindernisse anzubauen, was aber angesichts unterschiedlicher Strukturen mit erheblichen Schwierigkeiten verbunden ist.[175] 167

Für die staatlichen sozialen Sicherungssysteme existiert seit 1958 ein System, das zur Herstellung der Freizügigkeit die mitgliedstaatlichen Systeme koordiniert und so sicherstellt, dass Arbeitnehmer, Beamte und Selbständige bei Ausübung der Freizügigkeit, Dienstleistungsfreiheit oder Niederlassungsfreiheit keine Nachteile hinsichtlich ihrer sozialen Sicherheit erleiden.[176] Jeder Kenner der Materie wird bestätigen können, dass dieses System den Anforderungen an die Freizügigkeit außerordentlich weitgehend Rechnung trägt, es sich aber durch eine außerordentliche Kompliziertheit auszeichnet, die darin begründet liegt, dass unterschiedliche ausgestaltete und unterschiedlich strukturierte Systeme miteinander verknüpft werden müssen ohne dass diese inhaltlich verändert werden. Dem europäischen Gesetzgeber fällt aber ein koordinierender Eingriff in staatliche Sicherungssysteme noch „vergleichsweise leicht", auch wenn Änderungen der seit 1972 geltenden VO 1408/71 immer recht zäh ablaufen. 168

Demgegenüber ist eine **Koordinierung im Bereich der Zusatzversorgungssysteme** von anderer Dimension, wenn man sie denn überhaupt anstreben will. Zusatzversorgungssysteme sind geschaffen worden auf Initiative der Arbeitgeber oder der Sozialpartner. Sozialpartner und Unternehmen verfolgen mit Zusatzversorgungssystemen zum Teil andere Ziele als die, die von den staatlichen Sicherungssystemen verfolgt werden. Darüber 169

---

[174] Vgl. näher *Steinmeyer,* EuZW 1991, S. 43 ff.
[175] Vgl. dazu im Einzelnen *Steinmeyer,* Betriebliche Altersversorgung in Europa – Eine Zustandsbeschreibung, in: FS Förster, Köln 2001, S. 453 ff.
[176] Siehe dazu *Steinmeyer,* Grundfragen des Europäischen Sozialrechts, AuA 1992, S. 210 ff.; *Fuchs* (Hrsg.), Kommentar zum Europäischen Sozialrecht, 2. Aufl. 2000.

hinaus ist die Vielfalt ungleich größer und die Rolle der Zusatzversorgungssysteme im jeweiligen nationalen Gesamtsystem der Alterssicherung variiert enorm. So finden wir Staaten, in denen angesichts eines eher großzügigen staatlichen Sicherungssystems Zusatzversorgungssysteme eine eher bescheidene Rolle spielen, während etwa in Großbritannien die Zusatzversorgung nahezu die Rolle übernommen hat, die in anderen Staaten die staatlichen Sicherungssysteme spielen. Die Finanzierungsart mag bei der Koordinierung von staatlichen sozialen Sicherungssystemen eine geringere Rolle spielen; im Bereich der Zusatzversorgung wird sie jedoch zum Problem. Eine Rolle spielt schließlich auch, dass in einer Reihe von Staaten wie Deutschland die Schaffung einer betrieblichen Altersversorgung von der freiwilligen Entscheidung des Arbeitgebers abhängt.[177]

2. Das Koordinierungssystem der Verordnung Nr. 1408/71

170 Das Koordinierungssystem für den Bereich Alter und Tod findet seine Rechtsgrundlage in den Art. 44 ff. der Verordnung. Es erfasst die Leistungen nach Art. 4 Abs. 1 Buchstabe c (Leistungen bei Alter) und Buchstabe d (Leistungen an Hinterbliebene).

a) Allgemeines

aa) Leistungen bei Alter

171 Unter Leistungen bei Alter sind dabei solche zu verstehen, die der **Sicherung des Lebensunterhalts ab Erreichen einer bestimmten Altersgrenze** dienen. Abgrenzungsschwierigkeiten ergeben sich hier insbesondere zu Leistungen des Vorruhestandes, da diese beschäftigungspolitisch motiviert sind und deshalb nicht in diesem Sinne Leistungen des Alters sind.[178]

172 Die Schwierigkeit besteht darin, dass zumindest sozialpolitisch die Grenze zwischen vorgezogener Altersgrenze und speziellen Leistungen des Vorruhestands fließend ist. Man wird hier wohl danach abgrenzen müssen, ob es sich um eine eigenständige Leistung wie etwa nach dem deutschen Vorruhestandsgesetz handelt oder ob lediglich die Anspruchsvoraussetzungen für das allgemeine System hinsichtlich der Altersgrenze modifiziert sind.

bb) Leistungen bei Tod

173 Demgegenüber ist die Abgrenzung von Leistungen bei Tod unproblematischer. Es geht hier um Leistungen, die den Lebensunterhalt von Personen sichern sollen, bei denen durch Tod eines Angehörigen ein Unterhaltsausfall eingetreten ist. In der Bestimmung des Kreises der begünstigten Angehörigen ist der jeweilige nationale Gesetzgeber frei; man wird auch Regelungen zu akzeptieren haben, in denen einzelne Mitgliedstaaten Formen des Zusammenlebens außerhalb der klassischen Ehe und Familie bei Hinterbliebenenleistungen berücksichtigen.

cc) Abgrenzung zu anderen Leistungen

174 Im Hinblick auf die Abgrenzung zu sonstigen Leistungsarten (Renten)[179] gibt teils das Verordnungsrecht selbst, teils die Rechtsprechung des EuGH Aufschluss darüber, welche Rechtsvorschriften anzuwenden sind.

175 So regelt Art. 44 Abs. 3 der Verordnung[180] für **Waisenrenten und Kinderzuschüsse** die Anwendung der Regelungen des 8. Kapitels (Art. 77 ff.). Eine Ausnahme hiervon

---

[177] Zur Vielfalt der Systeme der betrieblichen Altersversorgung in Europa vgl. *Steinmeyer*, EuZW 1991, S. 43 ff.; *ders.*, Arbeitsrechtliche Probleme, in: Förster (Hrsg.), FS für Ahrend, S. 475 ff.
[178] EuGH v. 5. 7. 1983, Rs 171/82 (Valentini), Slg. 1983, 2157 ff.; EuGH v. 17. 11. 1996 Rs 25/95 (Otte), Slg. 1996, 3745 ff.
[179] Zum Verhältnis von Leistungen der betrieblichen Altersversorgung s. o.
[180] Geändert durch VO (EG) Nr. 1606/98 des Rates vom 29. Juni 1998 mit Wirkung vom 25. Oktober 1998.

bestimmt neuerdings Art. 79a insoweit, als es hinsichtlich von Waisenrenten aus einem Sondersystem für Beamte bei der Anwendung der Vorschriften des 3. Kapitels bleibt.

Im Verhältnis zu den Leistungen bei Invalidität bedarf es im Einzelfall einer Differenzierung nach Leistungsart bzw. -charakter, um die anzuwendenden Rechtsvorschriften zu bestimmen. Der EuGH hat in seiner Rechtsprechung hierzu gewisse Abgrenzungskriterien geliefert.[181]

dd) Rentenantrag und Festsetzungsverfahren

Hat der betreffende Arbeitnehmer, der von diesen Systemen während seines Erwerbslebens erfasst worden ist, in einem der Mitgliedstaaten einen Antrag auf Gewährung einer Rente gestellt, so werden gemäß Art. 44 Abs. 2 in der Prüfung auch die Rechtsvorschriften anderer Mitgliedstaaten herangezogen, sofern sie für den Antragsteller während seines Erwerbslebens Anwendung gefunden haben. Die **Rentenantragstellung wirkt** also **europaweit**.[182]

Auf diese Weise wird für den Antragsteller insoweit ein einheitlicher europäischer Sozialraum hergestellt, als die Verfahrensvorschriften dafür sorgen, dass bei der Entscheidung über die Rente eines Wanderarbeitnehmers automatisch ein europäisches Leistungsfestsetzungsverfahren eingeleitet wird, die beteiligten Sozialleistungsträger also in Zusammenarbeit miteinander das Verfahren betreiben und nicht den Rentenantragsteller die Last der Koordinierung trifft.

Allerdings ist ein solches **europäisches Leistungsfestsetzungsverfahren** naturgemäß aufwendiger als ein rein nationales Verfahren, so dass hier üblicherweise mit einem erheblich längeren Bearbeitungszeitraum zu rechnen ist, weshalb Art. 45 VO 574/72 auch die Möglichkeit einer Zahlung von vorläufigen Leistungen vorsieht.

b) Grundansatz des koordinierenden Sozialrechts in diesem Bereich

Das europäische koordinierende Sozialrecht steht in den Bereichen Alter und Tod vor der Aufgabe, der Langfristigkeit des Vorgangs des Anspruchserwerbs als auch der Langfristigkeit des Vorgangs der Leistungsgewährung Rechnung zu tragen. Es steht auch vor der Aufgabe, die **vielfältigen Leistungsformeln der beteiligten nationalen Sicherungssysteme miteinander zu verknüpfen.** Jedes nationale Sicherungssystem geht bei der Bestimmung von Leistungsvoraussetzungen und bei der Festlegung der Leistungsformel im Grundsatz davon aus, dass der Arbeitnehmer oder Selbständige seine gesamte Erwerbstätigkeit unter diesem einen nationalen Sicherungssystem zurücklegt. Es mögen noch Vorschriften über die Abstimmung verschiedener Sicherungssysteme innerhalb eines Mitgliedslandes existieren und die verschiedenen Sicherungssysteme innerhalb eines Mitgliedstaates auch hinsichtlich der Leistungsformeln aufeinander abgestimmt sein. Eine nationale Sozialgesetzgebung im Bereich Alter und Tod, die bei ihrer Ausgestaltung eine derartige Abstimmung für grenzüberschreitende Sachverhalte vornimmt, wäre beim gegenwärtigen Stand völlig atypisch.

Das koordinierende europäische Sozialrecht muss auch der Tatsache Rechnung tragen, dass **einige nationale Systeme als steuerfinanzierte Altersversorgung aller Ansässigen und andere als Sozialversicherungssysteme ausgestaltet sind.** Die Anspruchsvoraussetzungen sind dann einmal auf die Beschäftigungsdauer oder Dauer der Versicherungszugehörigkeit und ein anderes Mal auf die Dauer der Ansässigkeit im betreffenden Mitgliedstaat bezogen.

Schließlich mag die **Leistungsformel** bei der Rentenberechnung die Versicherungszeit als Berechnungsfaktor haben, so dass die Höhe der Rente abhängig ist von der Zugehörigkeit zur Versicherung, zumeist der Dauer der Beschäftigung. Es kann aber auch eine Leistungsformel angetroffen werden, die nach einer bestimmten Mindestdauer einen ein-

---

[181] Zur Abgrenzung siehe dort.
[182] *Schuler*, in: Fuchs (Hrsg.), Kommentar zum Europäischen Sozialrecht, Art. 44 Rn. 6 ff.

heitlichen hohen Rentenbetrag gewährt. Treffen zwei Systeme der letztgenannten Art aufeinander, so stellt sich für einen Wanderarbeitnehmer, der diese Mindestdauer in beiden Systemen zurückgelegt hat, die Frage, ob er die volle Leistung aus beiden Staaten beziehen kann, was bei ihm zu einer Leistungskumulation führen würde, die ihn gegenüber einem Arbeitnehmer erheblich begünstigt, der seine Erwerbstätigkeit nur in einem Mitgliedstaat ausgeübt hat.

183 Ein Koordinierungssystem für den Bereich Alter und Tod steht deshalb vor der Aufgabe, **Nachteile zu vermeiden,** die für den Arbeitnehmer oder Selbständigen durch Wechsel von einem Mitgliedstaat in den anderen entstehen können, dabei aber zugleich sicherzustellen, dass er **gegenüber demjenigen Erwerbstätigen, der während seines gesamten Erwerbslebens einem nationalen Sicherungssystem unterlegen hat, nicht bevorzugt** wird.

184 Im Sinne einer **Vermeidung von Nachteilen** regelt Art. 45 der Verordnung 1408/71 die Berücksichtigung der Versicherungs- und Wohnzeiten, die nach den Rechtsvorschriften zurückgelegt worden sind, die für den Arbeitnehmer oder Selbständigen im Hinblick auf den Erwerb, die Aufrechterhaltung oder das Wiederaufleben des Leistungsanspruchs galten. Es handelt sich hier um die konkrete Ausgestaltung des Gesetzgebungsauftrags des Art. 42 Buchst. a EG-Vertrag, der dem europäischen Gesetzgeber aufgibt, „die **Zusammenrechnung** aller nach den verschiedenen innerstaatlichen Rechtsvorschriften berücksichtigten Zeiten für den Erwerb und die Aufrechterhaltung des Leistungsanspruchs…" zu sichern. Das gesetzgeberische Ziel wird dadurch erreicht, dass für Erwerb, Aufrechterhaltung oder Wiederaufleben des Leistungsanspruchs nicht nur die in einem, sondern die in allen beteiligten Mitgliedstaaten zurückgelegten Zeiten zu berücksichtigen sind. Dies gilt auch für Zeiten, die vor Inkrafttreten der Verordnung zurückgelegt worden sind (Art. 94 VO 1408/71).[183] Dies ist eine zwingende Konsequenz aus der Langfristigkeit des Anspruchserwerbs und gilt auch für Zeiten, die in Staaten vor ihrem Beitritt zur Gemeinschaft zurückgelegt worden sind. Das bedeutet zugleich, dass der Sozialraum Europa insofern sofort greift und nicht mit einer langen Übergangsperiode eingeführt wird.

185 Da nicht alle nationalen Systeme auf Zeiten der Beschäftigung abstellen, wie dies bei Sozialversicherungssystemen zumeist der Fall ist, sieht Art. 45 je nach Ausgestaltung im nationalen Recht die **Zusammenrechnung von Versicherungs- oder Wohnzeiten** vor. Die Vorschrift stellt auch auf Versicherungszeiten und nicht auf Beschäftigungszeiten ab, da Beschäftigungszeiten nur eine Möglichkeit zum Erwerb von Versicherungszeiten sind. Unter dem Gesichtspunkt des Abbaus von Hindernissen für die Freizügigkeit zu sehen ist auch, dass es bei der Zusammenrechnung unmaßgeblich ist, ob die Zeiten in einem allgemeinen oder einem Sondersystem, in einem für Arbeitnehmer oder einem für Selbständige zurückgelegt worden sind. Die **innerstaatliche Vielfalt der Sicherungssysteme geht** also **nicht zu Lasten desjenigen, der von seinem Recht auf Freizügigkeit Gebrauch macht.** Eine Ausnahme gilt in Bezug auf Deutschland lediglich insofern, als gemäß Art. 1 Buchstabe j 4. Unterabsatz in Verbindung mit Anhang II C als Sondersysteme für Selbständige nicht in den Geltungsbereich der Verordnung fallen die „für Ärzte, Zahnärzte, Tierärzte, Apotheker, Rechtsanwälte, Patentanwälte, Notare, Wirtschaftsprüfer, Steuerberater, Steuerbevollmächtigter, Seelotsen und Architekten aufgrund von Landesrecht errichteten Versicherungs- und Versorgungswerke sowie andere Versicherungs- und Versorgungseinrichtungen, insbesondere Fürsorgeeinrichtungen und die erweiterte Honorarverteilung." Rechtstechnisch ist dies eine Ausnahme von der Definition der Rechtsvorschriften in Art. 1 und bedeutet, dass in Art. 45 diese Zeiten nicht zu berücksichtigen sind, da sie nicht „nach den Rechtsvorschriften…" zurückgelegt worden sind. Allerdings ist mit dieser Ausnahme nicht zugleich festgelegt, dass die Ausklammerung dieser Sicherungssysteme mit dem Freizügigkeitsgebot in Einklang steht. Neuere Ent-

---

[183] Siehe dazu auch EuGH Urt. v. 7. 2. 1991, Rs 227/89 (Rönfeldt), Slg. 1991, S. 323 ff. = DRV 1991, 512 ff. m. Anm. von *Zuleeg*.

scheidungen des EuGH machen vielmehr deutlich, dass bei der Durchsetzung des Freizügigkeitsgebots dieser formale Einwand nicht zieht.[184] Auch in der Literatur mehren sich die Bedenken. So führt etwa *Eichenhofer* aus, der Ausschluss der Sonderversorgung bewirke, dass diejenigen, die die Grundfreiheiten des Gemeinschaftsrechts in Anspruch nehmen, Einbußen an sozialer Sicherheit erlangen. Insoweit sei die Bereichsausnahme für die berufsständischen Versorgungswerke primärrechtlich problematisch. Seine Nagelprobe auf die Verträglichkeit mit den Grundfreiheiten dürfte nach seiner Auffassung der Vorbehalt nicht be- oder überstehen. Der Vorbehalt sei also höchst reformbedürftig.[185]

Allerdings sieht die Verordnung auch eine **Differenzierung nach Sondersystemen** vor, um zu gewährleisten, dass besondere Vorteile aus solchen Sondersystemen nur denjenigen zukommen, die Zeiten innerhalb vergleichbarer Berufe oder Sondersysteme zurückgelegt haben. Dies findet sich in Art. 45 Abs. 2 für Arbeitnehmer und in Abs. 3 für Selbständige.

Bei der Berechnung der Sozialleistungen wegen Alter oder Tod muss berücksichtigt werden, dass der Arbeitnehmer oder Selbständige Beiträge zu verschiedenen nationalen Sozialversicherungssystemen entrichtet bzw. Aufenthaltszeiten in verschiedenen Staaten zurückgelegt hat. Hier wäre es denkbar, den Arbeitnehmer bzw. Selbständigen so zu behandeln, als habe er immer in dem Staat gelebt und gearbeitet, in dem er schließlich den Rentenantrag stellt (sog. **Eingliederungsprinzip**). Nach diesem Prinzip ist während der Teilung Deutschlands verfahren worden, wenn es um Personen ging, die von der DDR in die Bundesrepublik übergesiedelt sind. Ein solches Prinzip ist aber in einer Gemeinschaft mit unterschiedlichem Sozialleistungsniveau und starken Wanderungsbewegungen in alle Richtungen nicht sehr sinnvoll.

Der Gemeinschaftsgesetzgeber hat sich deshalb für ein System entschieden, nach dem zunächst jeder beteiligte Träger nach seinen Rechtsvorschriften die Rentenleistung berechnet. Er stellt dabei auch eine theoretische Berechnung dahingehend an, welcher Betrag sich ergeben würde, wenn alle mitgliedstaatlichen Zeiten nur in diesem einen Staat zurückgelegt worden wären. Dieser theoretische Betrag ist dann nach dem Verhältnis aufzuteilen, das sich aus der Zeit in diesem Staat zu allen mitgliedstaatlichen Zeiten ergibt (**pro-rata-temporis-Prinzip**). Hat also etwa ein Angestellter von den 40 Jahren seines Berufslebens 20 Jahre in Deutschland zugebracht, 10 Jahre in Italien und 10 Jahre in Spanien, so berechnen alle Träger die Rente auf der Basis von 40 Versicherungsjahren nach ihren Rechtsvorschriften und auf der Basis ihres Leistungsniveaus. Der deutsche Träger wird dann seinen Betrag zu 50% und die beiden anderen nationalen Träger ihren Betrag zu je 25% auszahlen. In den Fällen, in denen ein Rentenanspruch allein nach den innerstaatlichen Rechtsvorschriften bereits erfüllt ist, findet ein Vergleich zwischen dem sich daraus ergebenden Betrag und dem pro-rata-temporis-Betrag statt. Nur der höhere der beiden Beträge wird berücksichtigt. Die Obergrenze bildet der oben genannte theoretische Betrag.

Dieses so skizzierte System der Vorschriften über Alter und Tod der VO 1408/71 beschränkt sich auf einen Teil der staatlichen Systeme und erfasst private und betriebliche Systeme nicht, obgleich sich dort die Problematik der Freizügigkeit grundsätzlich in gleicher Weise stellt.

c) Reichweite dieses Systems

Eine die Vielfalt der möglichen Gestaltungsformen betreffende Vorschrift findet sich in Abs. 2 des Art. 4 VO 1408/71, wenn es dort heißt, dass die Verordnung gilt für die allgemeinen und die besonderen, die auf Beiträgen beruhenden und die beitragsfreien Systeme

---

[184] Vgl. etwa EuGH v. 22. 11. 1995, Rs 443/93 (Vougioukas), Slg. 1995, S. 4033 ff. = *Oetker/Preis*, Europäisches Arbeits- und Sozialrecht (EAS), Loseblatt, Stand: Dezember 2000, A 2020, VO (EWG) 1408/71 Art. 4 Nr. 16.
[185] *Eichenhofer*, in: Fuchs (Hrsg.), Art. 1 Rn. 36.

der sozialen Sicherheit sowie für die Systeme, nach denen die Arbeitgeber, einschließlich der Reeder, zu Leistungen gemäß Abs. 1 verpflichtet sind. Abs. 4 klammert aus die Sozialhilfe und die Leistungssysteme für Opfer des Krieges und seiner Folgen sowie die Sondersysteme für Beamte und ihnen Gleichgestellte.

191 Abs. 2 macht damit grundsätzlich deutlich, dass es auf die Ausgestaltung der Systeme nicht entscheidend ankommen kann, soweit es um den **sachlichen Geltungsbereich** der Verordnung geht. Das Ziel der Herstellung der Freizügigkeit soll also nicht an der Vielfalt der beteiligten Systeme scheitern. Aus Abs. 2 wird sogar deutlich, dass nicht nur Leistungen des Staates oder öffentlich-rechtlicher Systeme sondern auch solche des Arbeitgebers unter den sachlichen Geltungsbereich der Verordnung fallen können, wenn der Arbeitgeber zu Leistungen nach Abs. 1 verpflichtet ist. Dies ist u. a. der Fall der Entgeltfortzahlung des Arbeitgebers im Krankheitsfall, also der, der Gegenstand der beiden Rechtssachen Paletta war. Es handelt sich hier um eine das Krankengeld ersetzende Leistung des Arbeitgebers, die über Art. 4 Abs. 2 der Verordnung Nr. 1408/71 in den sachlichen Geltungsbereich mit einbezogen ist.[186]

192 Auf der anderen Seite erfasst die Verordnung nicht Systeme, die auf **tarifvertraglicher Basis** beruhen. Dies ergibt sich aus Art. 1 Buchstabe j der Verordnung, wonach der Begriff „Rechtsvorschriften" im Regelfall nicht tarifvertragliche Vereinbarungen erfasst, und zwar auch dann nicht, wenn sie für allgemeinverbindlich erklärt worden sind. Damit fallen alle Systeme aus dem sachlichen Geltungsbereich der Verordnung heraus, die auf tarifvertraglichen oder in der Rangfolge darunter liegenden Rechtsquellen beruhen. Dies schließt die deutsche betriebliche Altersversorgung ebenso aus wie die britischen Zusatzversorgungssysteme. Die Verordnung lässt aber die Möglichkeit offen, tarifvertragliche Vereinbarungen zu erfassen, sofern sie der Erfüllung einer Versicherungspflicht dienen oder ein System schaffen, dessen Verwaltung von einem Träger gewährleistet wird, der auch Systeme verwaltet, die auf Gesetz oder Verordnung beruhen; es bedarf jedoch einer Erklärung des betreffenden Mitgliedstaates, in der die Systeme dieser Art genannt sind, auf die die Verordnung anwendbar ist. Beispielsfall hierfür ist das französische System der Arbeitslosenversicherung, das durch einen am 31. 12. 1958 geschlossenen Tarifvertrag eingeführt wurde.[187]

193 Zur Ausklammerung dieser Systeme hat wohl beigetragen, dass ihre Koordinierung auf erhebliche technische und rechtliche Schwierigkeiten stößt, wie der Autor dieses Beitrages aus eigener Anschauung im Rahmen von Arbeiten für die Europäische Kommission weiß.

194 Ein vergleichbarer Grund war auch bestimmend für die **Ausklammerung der Systeme der berufsständischen Versorgung.** Sie fallen nach Art. 1 Buchstabe j nicht unter die Verordnung. Hier findet sich in der Literatur als Hauptargument für die Nichterfassung durch die Verordnung, dass sich die Vielfalt der unterschiedlichen Regelungen einer gemeinschaftsrechtlichen Koordinierung entziehe. Es wird – etwa für die berufsständische Versorgung – auch vorgebracht, dass ein Nebeneinander regionaler Systeme innerhalb eines Mitgliedstaates einer gemeinschaftsrechtlichen Koordinierung entgegenstehe, da dies zumindest eine derzeit nicht existente Koordinierung auf nationaler Ebene voraussetze.[188]

195 Es bleibt also festzuhalten, dass das Koordinierungssystem der Verordnungen Nr. 1408/71 und 574/72 keinen Anspruch auf vollständige Erfassung aller sozialen Sicherungssysteme erhebt, vielmehr beträchtliche Bereiche ausschließt. Sucht man nach einer Systematik dieser Ausgrenzung, so zeigt sich, dass sich der europäische Gesetzgeber hier pragmatisch auf die staatlichen Systeme sozialer Sicherheit konzentriert hat und auch bei diesen solche ausgeschlossen hat, die wegen ihrer besonderen Eigenart auf einen Mitgliedstaat beschränkt bleiben sollen (Leistungssysteme für Opfer des Krieges und seiner Folgen). Es

---

[186] Vgl. auch *Steinmeyer*, in: Heinze (Hrsg.), Arbeitsrecht in der Bewährung, FS Kissel, 1994, S. 1171 ff.
[187] ABl. EG 1973 L 90 vom 6. 4. 1973; vgl. auch *Fuchs*, in: Fuchs (Hrsg.), Art. 4 Rn. 5.
[188] Kritisch jedoch *Eichenhofer* in: Fuchs (Hrsg.), Art. 1 Rn. 36.

findet sich schließlich das Argument, dass es bei einigen Systemen rechtlich und praktisch zu schwierig sei, sie in das Koordinierungssystem einzubeziehen.

Führt man sich diesen Befund vor Augen, so drängt sich die Frage auf, ob diese Situation mit dem Freizügigkeitsgebot des Art. 39 EG-Vertrag vereinbar ist. Die fehlende Koordinierung führt in aller Regel zu Beeinträchtigungen der Freizügigkeit. Art. 39 Abs. 2 EG-Vertrag macht deutlich, dass die Freizügigkeit die Abschaffung jeder auf der Staatsangehörigkeit beruhenden unterschiedlichen Behandlung der Arbeitnehmer der Mitgliedstaaten in Bezug auf Beschäftigung, Entlohnung und sonstige Arbeitsbedingungen umfasst. Art. 42 sieht eine Ermächtigungsgrundlage für den Rat vor, auf dem Gebiet der sozialen Sicherheit die für die Herstellung der Freizügigkeit erforderlichen Maßnahmen zu beschließen.

Es sei hier als Beispiel die **betriebliche Altersversorgung** herangezogen. Zwar gibt es kein dem Autor dieses Beitrags bekanntes Zusatzversorgungssystem, das Staatsangehörige verschiedener Mitgliedstaaten ausdrücklich ungleich behandelt. Hinsichtlich Zugang und Bezug sieht insbesondere das deutsche Betriebsrentenrecht keine Unterschiede vor. Es ist jedoch anerkannt, dass die Freizügigkeit der Arbeitnehmer nicht nur darin besteht, in einem anderen Land ohne Diskriminierung und wie ein Inländer Arbeit aufzunehmen, sich dort frei zu bewegen und um dort angebotene Stellen zu bewerben. Vielmehr – und das bringt Art. 42 EG-Vertrag zum Ausdruck – soll derjenige, der von seinem Recht auf Freizügigkeit Gebrauch macht, dadurch keine Nachteile hinsichtlich seiner sozialen Sicherungsrechte haben.[189]

Im Bereich der **staatlichen Alterssicherungssysteme** wird dem Freizügigkeitsgebot dadurch Rechnung getragen, dass zur Erfüllung von Leistungsvoraussetzungen grundsätzlich auch Zeiten aus einem anderen Mitgliedstaat angerechnet werden. Jedes beteiligte staatliche Alterssicherungssystem berechnet dann im Grundsatz die Leistungen, als hätte der Arbeitnehmer das gesamte Erwerbsleben in diesem System zugebracht und zahlt dann eine Rentenleistung aus, die dem Verhältnis der bei ihm zurückgelegten Zeiten zur gesamten Erwerbstätigkeit entspricht. Weiterhin ist vorgesehen, dass die Rentenleistung in jedem Staat der Europäischen Union bezogen werden kann.

Für den Bereich der **betrieblichen Altersversorgung** ergeben sich aber Behinderungen der Freizügigkeit etwa dadurch, dass Zeiten, die bei verschiedenen Unternehmen zurückgelegt sind, zur Erfüllung von Leistungsvoraussetzungen nicht zusammengerechnet werden können. Die deutschen Unverfallbarkeitsvorschriften sind also als solche freizügigkeitshemmend, sollen es allerdings nach ihrer Intention auch sein. Es ergeben sich auch Freizügigkeitsbehinderungen durch unterschiedliche Steuersysteme, wenn etwa das deutsche Steuerrecht anders als das Steuerrecht der anderen Mitgliedstaaten bei bestimmten Formen der betrieblichen Altersversorgung die vorgelagerte Besteuerung kennt.

All dies legt zwar eine Erstreckung von Koordinierungsvorschriften auch auf diesen Bereich nahe. Zugleich bestehen aber große Schwierigkeiten, ein solches Koordinierungssystem auch für diesen Bereich zu schaffen. Es geht hier um eine außerordentliche Vielfalt unterschiedlicher Systeme, die zum Teil obligatorisch, zum Teil freiwillig sind und die auf Tarifvertrag, Betriebsvereinbarung oder Einzelarbeitsvertrag beruhen können. Bei einer Koordinierung sind neben Fragen des Arbeitsrechts u.a. solche des Privatversicherungsrechts und des Steuerrechts zu beachten. Es ist auch zu beachten, dass die Herstellung der Freizügigkeit hier nicht allein dadurch erreicht werden kann, dass die Systeme miteinander verknüpft werden, ohne sie inhaltlich zu verändern, wie dies bei den staatlichen Systemen unter der Verordnung Nr. 1408/71 möglich ist. Maßnahmen zur Herstellung der Freizügigkeit haben deshalb sehr viel einschneidendere Wirkung, was insbesondere bei Systemen problematisch ist, die auf einer freiwilligen Entscheidung des Arbeitgebers zu ihrer Errichtung beruhen, wie dies zumeist in Deutschland der Fall ist. Dies zeigt die

---

[189] Vgl. hierzu auch *Steinmeyer*, AuA 1992, S. 210 ff.

Schwierigkeiten des Ausgreifens der Koordinierung auf Systeme, die nicht von der Verordnung Nr. 1408/71 erfasst sind.[190]

201 Eine etwas anders gelagerte aber gleichwohl vergleichbare Problematik stellte sich im Bereich der **Beamtenversorgung,** da bis zu einer Änderung der Verordnung mit Wirkung zum 25. 10. 1998 diese gem. Art 4 Abs. 4 ausdrücklich nicht auf Sondersysteme für Beamte und ihnen Gleichgestellte anwendbar war. Im Zuge einer Reihe von Urteilen,[191] in denen sich der EuGH mit den Schwierigkeiten hinsichtlich der Freizügigkeit von Beamten auseinandergesetzt hatte, wurde der Koordinierungsbedarf in diesem Bereich immer offenkundiger. Schließlich wurde die Verordnung zugunsten einer Einbeziehung derartiger Sondersysteme durch Änderung des Art. 4 Abs. 4 der Verordnung sowie Einfügung spezieller Regelungen für die einzelnen Leistungen geändert. Für den hier relevanten Bereich Alter und Tod reglementiert nunmehr Art. 51a ausdrücklich die entsprechende Anwendung der Art. 44, 45 Abs. 1, 5 und 6 sowie 46 bis 51 für Personen, die von einem Sondersystem für Beamte erfasst sind.

202 Vergleichbares gilt schließlich für die **Systeme der berufsständischen Versorgung.** Auch sie sind nicht aus dem Anwendungsbereich der Freizügigkeit bzw. Niederlassungsfreiheit ausgeklammert und ihre derzeitige Behandlung im Rahmen der Verordnung Nr. 1408/71 hat eher pragmatische Züge, die einer Überprüfung am primären Gemeinschaftsrecht nicht unbedingt standhalten müssen.

d) Die Regelungen über Alter und Tod der VO 1408/71 im Einzelnen

aa) Allgemeines

203 Art. 44 der Verordnung setzt den Rahmen für eine Festsetzung von Rentenleistungen wegen Alters oder Tod bei Arbeitnehmern, die während ihres Erwerbslebens in verschiedenen Mitgliedstaaten tätig gewesen sind. Er stellt die europaweite Wirkung der Antragstellung klar und führt zu einem europäischen Leistungsfestsetzungsverfahren. Damit sind bereits die einzelnen mitgliedstaatlichen Sozialleistungsträger in einer Weise miteinander verbunden, die einen lebenden **europäischen Sozialraum** ausmacht. Es muss allerdings auch konzediert werden, dass das Zusammenwirken der verschiedenen Rechtsordnungen nicht immer reibungslos klappt, so dass das europäische Leistungsfestsetzungsverfahren oft lange Zeit in Anspruch nimmt, z.T. mehrere Jahre.

204 Die Verordnung gebraucht mehrere verschiedene Methoden, um sicherzustellen, dass der Wechsel in einen anderen Mitgliedstaat für den Wanderarbeitnehmer oder den vergleichbaren Selbständigen nicht zu Nachteilen führt. Diese Methoden tragen den Besonderheiten der jeweiligen Sozialleistung Rechnung, wobei immer zu berücksichtigen ist, dass hier Sozialleistungssysteme unterschiedlichster Konzeption zusammengeführt werden müssen, was naturgemäß zu sehr komplizierten Einzelregelungen führt.

bb) Erfüllung der Leistungsvoraussetzungen

205 Die Vermeidung von Nachteilen bei Wechsel in einen anderen Mitgliedstaat geschieht zum einen dadurch, dass zur Erfüllung von Leistungsvoraussetzungen die in den verschiedenen Mitgliedstaaten zurückgelegten Zeiten zusammengerechnet werden **(Zusammenrechnungsprinzip).** Sieht etwa § 50 Abs. 2 SGB VI eine Wartezeit von 20 Jahren vor und hat der betreffende Arbeitnehmer – sei er nun Deutscher oder EG-Ausländer – in

---

[190] S. dazu näher *Steinmeyer,* Welche Auswirkungen müssen wir vom europäischen Freizügigkeitsgebot und dem Gebot der Entgeltgleichheit für Männer und Frauen noch erwarten?, in: Beratungs-GmbH Dr. Dr. Ernst Heissmann (Hrsg.), Betriebliche Altersversorgung in Deutschland unter dem Einfluss internationaler Faktoren, 1996, 59 ff., *ders.,* Arbeitsrechtliche Probleme, in: Förster (Hrsg.), FS für Ahrend, 1992, S. 475 ff.

[191] EuGH v. 3. 7. 1986, Rs 66/85 (Lawrie-Blum), Slg. 1986, S. 2121 ff.; EuGH v. 16. 6. 1987, Rs 225/85 (CNR), Slg. 1987, S. 2625 ff.; EuGH v. 22. 11. 1995, Rs 443/93 (Vougioukas), Slg. 1995, S. 4033 ff.; s. auch EuGH v. 17. 10. 1995, Rs 227/94 (Olivieri-Coenen), Slg. 1995, S. 3301 ff.

III. Alter und Tod

Deutschland nur anrechenbare Zeiten von insgesamt 10 Jahren zurückgelegt, so werden für die Erfüllung der Wartezeit auch ausländische Zeiten angerechnet. Wie dieses Beispiel zeigt, spielt dieses Prinzip besonders bei Sozialleistungen für den Fall von Alter, Invalidität oder Tod eine Rolle.

Für Alter und Tod (Renten) sieht Art. 45 dazu vor, dass im Hinblick auf den Erwerb, die Aufrechterhaltung oder das Wiederaufleben des Anspruchs auf die Leistungen eines Systems – soweit erforderlich – die nach den Rechtsvorschriften jedes anderen Mitgliedstaates zurückgelegten Versicherungs- oder Wohnzeiten berücksichtigt werden. Dabei ist es für die Erfüllung der Anspruchsvoraussetzungen im allgemeinen System unerheblich, ob es sich bei den **Zeiten um solche des allgemeinen Systems oder von Sondersystemen** eines anderen Staates handelt. Die ausländischen Zeiten werden so behandelt, als wären es Zeiten im Inland gewesen. 206

Die Vorschrift nimmt in Absatz 2 aber auch Rücksicht darauf, dass **Sondersystéme** für bestimmte Personengruppen nach ihrer Ausgestaltung nur solche Zeiten honorieren wollen, die in einem entsprechenden Sondersystem eines anderen Staates oder – falls ein solches nicht vorhanden ist – in einem gleichen Beruf oder in einer gleichen Beschäftigung zurückgelegt worden sind. In diesem Fall kann es aber passieren, dass der Versicherte die Voraussetzungen für diese Leistungen auch unter Berücksichtigung solcher Zeiten nicht erfüllt. Dann werden diese Zeiten für die Gewährung von Leistungen im allgemeinen System, oder falls ein solches nicht vorhanden ist, im System für Arbeiter bzw. Angestellten berücksichtigt. Dies spielt in Deutschland eine Rolle für die knappschaftliche Rentenversicherung. Dies spielt auch eine Rolle für Selbständige (Abs. 3).[192] 207

Es entsteht so ein Koordinierungssystem, in dem die Systeme der Alterssicherung der Mitgliedstaaten für die Erfüllung von Anspruchsvoraussetzungen **fast lückenlos miteinander verknüpft** werden. Die Regelung nimmt dabei auch Rücksicht auf besondere Ausgestaltung von Systemen sowie auf Sondersysteme. 208

Von dieser Vorschrift zur Erfüllung der Anspruchsvoraussetzungen ist zu unterscheiden die Frage der Rentenberechnung. Da die Leistungsformeln der Rentensysteme der Mitgliedstaaten zumeist auf das gesamte Erwerbsleben oder zumindest auf einen längeren Zeitraum vor Eintritt des Versicherungs- oder Versorgungsfalles abstellen, musste mit Art. 46 VO 1408/71 eine gemeinschaftsrechtliche Rentenberechnung eingeführt werden. Allerdings stellt die Vorschrift eine rein innerstaatliche Rentenberechnung und eine gemeinschaftsrechtliche zueinander in Relation. 209

Da es Sinn des Koordinierungssystems ist, Nachteile zu vermeiden, die sich aus der Ausübung des Rechts auf Freizügigkeit ergeben, sieht Art. 46 vor, dass der zuständige Sozialleistungsträger **bei der Rentenberechnung einen Unterschied danach zu machen hat, ob der Leistungsberechtigte die Anspruchsvoraussetzungen bereits allein mit den jeweiligen nationalen Rechtsvorschriften des Trägers erfüllt oder nicht**. Im ersteren Fall berechnet er die Rente auf der Basis der eigenen nationalen Rechtsvorschriften. Daneben aber ist die **Rente nach den gemeinschaftsrechtlichen Rechtsvorschriften** (Art. 46 Abs. 2) zu berechnen. Auf diese Berechnung darf nur dann verzichtet werden, wenn sie bereits theoretisch zu keiner höheren Teilrente führen kann, als es sich bereits aus der Anwendung der nationalen Rechtsvorschriften ergibt. Die derzeitige Rentenformel in Deutschland führt dazu, dass regelmäßig gleichwohl die Vergleichsberechnung angestellt wird.[193] 210

Daneben entfaltet Art. 46 Abs. 2 seine Hauptbedeutung für den Fall, dass die Leistungsvoraussetzungen erst erfüllt sind bei der Zusammenrechnung von Zeiten verschiedener Mitgliedstaaten. 211

Das Bild, das dieser Art der Rentenberechnung zugrunde liegt, lässt sich dahin charakterisieren, dass der europäische Gesetzgeber auch bei der Rentenberechnung wie über- 212

---

[192] Siehe die Ausführungen zur Sozialen Sicherung Selbständiger.
[193] Siehe dazu *Schuler*, in: Fuchs (Hrsg.), Art. 46 Rn. 13.

haupt bei der sozialrechtlichen Koordinierung **keine Angleichung** – hier des Rentenniveaus – vornimmt, **sondern es bei den nationalen Unterschieden belässt.** Grundsätzlich wird die gesamte Lebensarbeitszeit oder die gesamte Zugehörigkeit zu sozialen Sicherungssystemen einschlägiger Art bis Erreichen der Altersgrenze bei der Berechnung zugrundegelegt, um dann aber die konkrete Leistung des einzelnen beteiligten Trägers auf der Basis der in seinem System zurückgelegten Zeiten zu ermitteln, so dass der Wanderarbeitnehmer oder vergleichbare Selbständige eine Gesamt-Rentenleistung erhält, die sich zusammensetzt aus einer Anzahl von Teilrenten, die seiner Zugehörigkeit zu verschiedenen Systemen während seines Erwerbslebens entspricht: jedes Teilsystem gewährt die Leistung auf der Basis seiner Rentenformel.

213   Dieses Ergebnis wird durch ein **zweistufiges pro-rata-temporis-Verfahren** erreicht. In einem ersten Schritt wird ein sogenannter theoretischer Betrag ermittelt (Art. 46 Abs. 2 Buchstabe a)). Dies bedeutet, dass der jeweilige zuständige Träger zunächst die Rente so berechnet, als hätte die betreffende Person alle Versicherungs- oder Wohnzeiten bei diesem Träger zugebracht.[194] Sodann wird (Buchstabe b)) auf der Basis dieses Betrages der tatsächlich geschuldete Betrag ermittelt nach dem Verhältnis „zwischen den nach seinen Rechtsvorschriften vor Eintritt des Versicherungsfalles zurückgelegten Versicherungs- oder Wohnzeiten und den gesamten nach den Rechtsvorschriften aller beteiligten Mitgliedstaaten vor Eintritt des Versicherungsfalles zurückgelegten Versicherungs- oder Wohnzeiten." Damit ist das pro-rata-temporis-Verfahren angesprochen.

cc) Die Bewertung ausländischer Zeiten

214   Bei der **Berechnung des theoretischen Betrages** steht jeder Leistungsträger vor dem Problem, die ausländischen Zeiten bewerten zu müssen, ohne dass ihm dafür konkrete Maßstäbe des ausländischen Rechts vorliegen – und auch nicht vorliegen sollen. Die dafür erforderliche Hilfestellung bietet Art. 47 VO 1408/71 und widmet sich **Besonderheiten der jeweiligen nationalen Rechtsordnungen** bzw. den sich aus dem Zusammenwirken sich ergebenden Konstellationen.

215   So versucht Buchstabe a) des Absatzes 1 dieser Vorschrift zu verhindern, dass durch Zusammenrechnung aller Zeiten bei vorgesehener Höchstdauer der Zeiten für die Berechnung nach nationalem Recht überhöhte Zeiten und damit widersinnige Ergebnisse mit ggf. überhöhten Renten zustande kommen.

216   Der Buchstabe c) befasst sich dann mit der Besonderheit, dass in Systemen bei der Rentenberechnung mit Durchschnittswerten gearbeitet wird. Hier ist die Kernaussage die, dass die Durchschnittswerte nach nationalem Recht und aufgrund der Zeiten ermittelt wird, die im Inland zurückgelegt worden sind. Bevor die Vorschrift diese Rechtsfolge benennt, zählt die aus der Sicht der Verfasser relevanten Fälle auf, nämlich die Leistungsberechnung auf der Basis eines Durchschnittsarbeitsentgelts, eines Durchschnittsarbeitskommens, eines Durchschnittsbeitrags, eines Durchschnittssteigerungsbetrages und schließlich des persönlichen Durchschnittsarbeitsentgelts oder -arbeitseinkommens zu den jeweils entsprechenden Durchschnittswerten aller Versicherten. Jeweils aber gilt hier, dass die ausländischen Zeiten auf der Basis inländischer Durchschnitte berechnet werden, um so weder eine Bevorzugung noch eine Benachteiligung von Wanderarbeitnehmern und vergleichbaren Selbständigen zu bewirken. Das Ergebnis ist in allen diesen Fällen, dass wegen der Orientierung der Leistungsformel an einem der genannten Bewertungsmaßstäbe auch die spätere „theoretische" Leistung dem Durchschnitt der inländischen Werte entspricht und entsprechen soll. Dabei nimmt Buchstabe c) des Absatzes 1 des Art. 47 VO 1408/71 Bezug auf die typischen Rentenformeln, die praktisch enumerativ bezeichnet sind. Die Methodik der geltenden Verordnung zeichnet sich – wie vielfältig festgestellt werden kann – dadurch aus, dass sie keine abstrakten Regelungen vorsieht, wie dies etwa

---

[194] Dabei sind auch etwaige Ergänzungsleistungen zur Erreichung eines Mindestruhegehaltes zu berücksichtigen, EuGH v. 24. 11. 1998, Rs 132/96 (Stinco), Slg. 1998, S. 5225 ff.

klassisch dem österreichischen ABGB oder dem deutschen BGB eigen ist, sondern Einzelregelungen vornimmt.

Buchstabe d) des Absatzes 1 des Art. 47 VO 1408/71 befasst sich dann mit dem Fall, dass das betreffende nationale System nicht mit Durchschnittsbeträgen arbeitet sondern für nationale Sachverhalte einen konkreten Wert vorsieht. Auch hier ist dann die Rechtsfolge wieder, dass man sich an einem Durchschnitt auszurichten habe. Hier wird dann in Ermangelung der konkreten Werte für die ausländischen Sachverhalte der Durchschnitt der inländischen Werte zugrundegelegt. Auch hier steht als Ziel im Hintergrund, für die Berechnung des theoretischen Betrages einen Durchschnittswert zu erreichen, der für den ausländischen Teil zu Renten bzw. Rententeilen führt, die dem inländischen Durchschnitt entsprechen. **217**

Buchstabe e) der Vorschrift wiederholt das Gleiche für Systeme, die mit Pauschalwerten arbeiten. Auch hier wird wieder in der oben beschriebenen Weise verfahren. **218**

Buchstabe f) schließlich befasst sich mit dem Sonderfall, dass bestimmte Berechnungsmethoden in einem Mitgliedstaat in Kombination auftreten und sieht auch dafür eine wieder eine Regelung vor, die einen Gleichklang zwischen den inländischen Zeiten und den mit zu berücksichtigenden ausländischen Zeiten vorsieht. **219**

Dieser Katalog wird dann mit der gleichen Aussage in Buchstabe g) abgeschlossen für solche Systeme, bei denen für die Berechnung von Leistungen die durchschnittliche Beitragsbemessungsgrundlage heranzuziehen ist. **220**

Dieser Katalog – so detailliert wie er ist – vermittelt den Eindruck, als seien alle Besonderheiten der bisher beteiligten Systeme angemessen berücksichtigt; er vermittelt aber nicht den Eindruck, dass alle nur denkbaren Formen mit ihm erfasst sind. Das macht etwa der Buchstabe f) deutlich, der eine Sonderregelung für eine bestimmte Kombination vorsieht, wo aber theoretisch auch andere Kombinationen denkbar sind. **221**

Damit sind **Bewertungskriterien** aufgestellt, die **für die Berechnung des theoretischen Betrages** erforderlich sind. **222**

dd) Die Antikumulierungsregelungen

Im Sinne eines Nachteilsausgleichs sieht Absatz 3 dann vor, dass von den nach Absatz 1 oder 2 errechneten Beträgen der jeweils höchste Betrag maßgebend ist. Dabei dürfen aber die jeweiligen nationalen Kürzungs-, Ruhens- oder Entziehungsbestimmungen zur Anwendung kommen. **223**

Allerdings muss die Verordnung verhindern, dass von nicht ausreichend abgestimmten nationalen Sozialrechtsordnungen Wanderarbeitnehmer dadurch profitieren, dass sie mehrfach aus der gleichen Pflichtversicherungszeit nach verschiedenen Sozialrechtsordnungen Leistungen beziehen können. Es soll also **verhindert werden, dass aus derselben Anwartschaft gleich mehrere Leistungen erwachsen.** Der in den Kollisionsnormen zum Ausdruck gekommene Grundsatz, dass grundsätzlich nur das Recht eines Mitgliedstaates angewendet werden soll, wird hier auf das Leistungsrecht übertragen. **224**

Deshalb bringt Artikel 12 Abs. 1 Satz 1 der Verordnung den – an sich selbstverständlichen – Grundsatz zum Ausdruck, dass ein Anspruch auf mehrere Leistungen gleicher Art aus derselben Pflichtversicherungszeit nach der Verordnung weder erworben noch aufrechterhalten werden kann. Wenn Satz 2 des Absatzes 1 dieser Vorschrift davon eine Ausnahme macht, so vermittelt das auf den ersten Blick den Eindruck, dass bei den dort bezeichneten Leistungen eine Kumulierung möglich ist. Satz 2 verweist aber nur auf die Vorschriften, bei denen es um die Gewährung bzw. Feststellung von Leistungen geht. Ausgeklammert sind also die Vorschriften, die die Berücksichtigung von Zeiten behandeln, also die Zusammenrechnung usw. regeln. Mit diesem Verweis kann nur gemeint sein, dass die Problematik der Kumulierung hier in den speziellen Vorschriften geregelt ist, eine pauschale Anwendung des allgemeinen Grundsatzes also nicht angemessen wäre. Für diese Leistungen ist deshalb auf die Vorschriften zu diesen Leistungen Bezug zu nehmen, die die Problematik der Kumulierung insoweit speziell regeln. **225**

226 Absatz 2 der Vorschrift betrifft den Fall, dass **nationale** Rechtsvorschriften für den Fall des Zusammentreffens mehrerer Leistungen der sozialen Sicherheit sowie einer Leistung der sozialen Sicherheit mit sonstigen Einkünften die Kürzung, das Ruhen oder den Entzug dieser Leistung vorsehen. Art 12 Abs. 2 bewirkt hier, dass für die Anwendung dieser Anrechnungs- und Entziehungsvorschriften entsprechende Leistungen oder Einkünfte anderer Mitgliedstaaten den deutschen Leistungen oder Einkünften grundsätzlich gleichgestellt werden.

227 Hiervon wird allerdings eine Ausnahme insofern gemacht, als über diese Anwendung **nationaler Antikumulierungsvorschriften** die Verordnung ebenfalls nähere Bestimmungen treffen kann. Derartige Sondervorschriften finden sich für die nach Kapitel 3 der Verordnung (Alter und Tod – Renten) zu berechnenden Renten in den Art. 46a bis c der Verordnung.

228 Diese Regelung wurde eingeführt als Folge der Entscheidung in der **Rechtssache Petroni** v. 21. 10. 1975. Diese Entscheidung erklärte Art. 46 Abs. 3 der Verordnung als mit Art. 42 des EG – Vertrages insoweit für unvereinbar, als er vorschreibt, dass die Kumulierung zweier in verschiedenen Mitgliedstaaten erworbener Leistungen durch eine Kürzung der in einem Mitgliedstaat allein nach dessen Rechtsvorschriften erworbenen Leistung beschränkt wird. Eine Kürzung der erworbenen Ansprüche kommt also nicht in Betracht, soweit dafür eine Legitimation durch Gemeinschaftsrecht fehlt. Diesen auch als Petroni-Prinzip bezeichneten Grundsatz hat der Gerichtshof damit begründet, dass Gemeinschaftsrecht nicht rechtsverkürzend sondern immer nur rechtserweiternd wirken könne. Wenn ein Leistungsanspruch bereits nach dem Recht eines Mitgliedstaates erworben worden ist, so dürfe er nicht im Hinblick auf konkurrierende Leistungsansprüche gekürzt werden.

229 Dieser **Petroni-Grundsatz** mag sich als Konsequenz aus primärem Gemeinschaftsrecht ergeben, führte jedoch in der Praxis zu Problemen, was den Verordnungsgeber zur Modifikation und zur Einführung der Art. 46a ff. der Verordnung veranlasste.

230 Er führte auch zur Neufassung des Art. 12 Abs. 2, der vorher lautete:

„Ist in den Rechtsvorschriften eines Mitgliedstaates für den Fall des Zusammentreffens einer Leistung mit anderen Leistungen der sozialen Sicherheit oder mit anderen Einkünften vorgesehen, dass die Leistungen gekürzt, zum Ruhen gebracht oder entzogen werden, so sind diese Vorschriften einem Berechtigten gegenüber auch dann anwendbar, wenn es sich um Leistungen, die nach den Rechtsvorschriften eines anderen Mitgliedstaats erworben wurden, oder um Einkünfte handelt, die im Gebiet eines anderen Mitgliedstaats bezogen werden. Dies gilt jedoch nicht, wenn der Berechtigte Leistungen gleicher Art bei Invalidität, Alter, Tod (Renten) oder Berufskrankheit erhält, die von den Trägern zweier oder mehrerer Mitgliedstaaten gemäß den Artikeln 46, 50 und 51 oder gemäß Art. 60 Absatz 1 Buchstabe b) festgestellt werden."

231 Nach Art. 46 Abs. 3 alter Fassung lag eine nicht gerechtfertigte Kumulierung von Leistungen vor, wenn die betreffende Person Leistungen gleicher Art erhielt, deren Summe den höchsten der theoretischen Beträge überstieg. Der theoretische Betrag wurde in Artikel 46 Abs. 2 Buchstabe a) als eine Leistung definiert, auf die die betreffende Person in einem Mitgliedstaat Anspruch gehabt hätte, wenn sie ihre gesamte Laufbahn dort zurückgelegt hätte.

232 Zum **Zusammentreffen von Leistungen gleicher Art** findet sich nunmehr eine Regelung in Art. 46a Abs. 1, wonach es sich dabei handelt um das Zusammentreffen „von Leistungen bei Invalidität, Alter oder für Hinterbliebene, die auf der Grundlage der von ein und derselben Person zurückgelegten Versicherungs- und/oder Wohnzeiten berechnet und gewährt wurden."

233 Das Zusammenspiel von Art. 12 Abs. 2 und Art. 46a Abs. 1 führt aber dazu, dass weiterhin die Frage nach der Gleichartigkeit der Leistungen von Bedeutung ist. Eine neuere Entscheidung des EuGH[195] fasst die bisherige Rechtsprechung dahin zusammen, dass

---

[195] EuGH v. 11. 8. 1995, Rs 98/94 (Schmidt), Slg. 1995, S. 2559 ff.

Leistungen der sozialen Sicherheit unabhängig von den besonderen Merkmalen der verschiedenen nationalen Rechtsvorschriften als Leistungen gleicher Art zu betrachten sind, wenn ihr Gegenstand und ihr Zweck sowie ihre Berechnungsgrundlage und die Voraussetzungen für ihre Gewährung identisch sind. Die an den EuGH in dieser Rechtssache gestellte Frage lautete deshalb dahin, ob eine Altersrente, die nach den Rechtsvorschriften eines Mitgliedstaates aufgrund der von dem Betroffenen in diesem Staat persönlich zurückgelegten Versicherungszeiten gewährt wird, und eine Altersrente, die der Betroffene nach den Rechtsvorschriften eines anderen Mitgliedstaates als geschiedener Ehegatte aufgrund der vom früheren Ehegatten zurückgelegten Versicherungszeiten erhält, Leistungen gleicher Art im Sinne von Art. 12 Abs. 2 VO 1408/71 a. F. und Art. 12 Abs. 2 und 46a VO 1408/71 n. F. sind.[196]

In seinem Schlussantrag zu der o. g. Entscheidung macht Generalanwalt Lenz die Rechtslage nach altem Recht wie folgt deutlich:

Wird eine Rente ausschließlich auf der Grundlage nationaler Vorschriften berechnet, dann kommen auch die nationalen (externen) Antikumulierungsvorschriften zur Anwendung.

Wird hingegen eine Berechnung auf der Grundlage des Artikels 46 vorgenommen, dann muss die Verordnung 1408/71 insgesamt zur Anwendung kommen, so dass nationale Antikumulierungsvorschriften bei Leistungen *gleicher Art* im Sinne des Artikels 12 Absatz 2 Satz 2 nicht zur Anwendung kommen und dies auch nicht bei der Berechnung der selbständigen Leistung im Sinne des Artikels 46 Absatz 1.

Die Neuregelung ist danach wie folgt zu verstehen:

Die **Anwendbarkeit nationaler Antikumulierungsvorschriften** ist gemäß Art. 12 Abs. 2 grundsätzlich zu bejahen, „sofern diese Verordnung nichts anderes bestimmt." Bei der „gemeinschaftlichen" Berechnung einer Rente nach Artikel 46 Absatz 2 werden nationale Antikumulierungsvorschriften beim Zusammentreffen von Leistungen gleicher Art nicht angewendet laut Artikel 46b Abs. 1. Bei der Berechnung der „autonomen Rente" nach Artikel 46 Absatz 1 Buchstabe a Ziffer i werden nationale Antikumulierungsvorschriften nur in den zwei Fällen des Artikels 46b Absatz 2 Buchstabe a und b angewendet. Im zu entscheidenden Fall ging es dann darum, ob es sich im Sinne der Neufassung um eine Leistung gleicher Art im Sinne des Artikels 46a (n. F.) handelt, damit die nationalen – hier belgischen – Antikumulierungsvorschriften nicht zur Anwendung kommen.

IV. Arbeitsunfälle und Berufskrankheiten

Schrifttum: *Aulmann,* Der Arbeitsunfall mit Auslandsberührung in den deutschen und den internationalen Rechtsvorschriften unter Berücksichtigung der Rechtsprechung des Bundessozialgerichts und des Europäischen Gerichtshofes, RV 1991, S. 221 ff.; *ders.,* Die deutsche Unfallversicherung im über- und zwischenstaatlichen Recht, in: Hauptverband der gewerblichen Berufsgenossenschaft e. V. (Hrsg.), Grundsatzfragen der sozialen Unfallversicherung, FS Lauterbach, Band II, 1981, S. 98 ff.; *ders.,/Watermann,* Situation und Probleme der durch die deutsche gesetzliche Unfallversicherung betreuten ausländischen Arbeitnehmer, BG 1984, S. 223 ff.; *Eichenhofer,* Zum internationalen Geltungsbereich des Unfallversicherungsschutzes für Arbeitslosengeldbezieher (§§ 165 AFG, 539 Abs. 1 Nr. 4 RVO), SGb 1985, S. 97 ff.; *Fuchs,* Soziale Sicherung für den Fall des Arbeitsunfalls und der Berufskrankheit, in: Deutscher Sozialrechtsverband (Hrsg.), Schriftenreihe des Deutschen Sozialrechtsverbandes (SDRSV), Band 36 (1992), Europäisches Sozialrecht, S. 123 ff., *Mehrhoff,* Berufskrankheiten in der Europäischen Union, BG 1996, S. 487 ff.; *Podzun,* Der Unfallsachbearbeiter, Loseblatt, Stand Juni 1999, Kz. 280, S. 35 ff.; *Raschke,* § 37 Überstaatliches Recht, in: Schulin (Hrsg.), Handbuch des Sozialversicherungsrechts Band 2 – Unfallversicherungsrecht, 1996; *ders.,* Berufskrankheitenentschädigung nach über- und zwischenstaatlichem Recht – Lösungen und Reformerfordernisse, BG 1988, S. 129 ff.; *ders.,* Deutsche gesetzliche Unfallversicherung: Anmerkungen

---

[196] Vgl. zu dieser Frage auch EuGH v. 12. 2. 1998, Rs 366/96 (Cordelle), Slg. 1998, S. 583 ff.

zur Weiterentwicklung der EWG-Verordnung Nr. 1408/71, BG 1998, S. 414ff.; *ders.*, EWG-Verordnung Nr. 1408/71: Anwendung und Perspektiven, BG 1997, S. 254ff.; *ders.*, Grundsätzliche Rechtsnormen mit Auslandsbezug in der gesetzlichen Unfallversicherung, BG 1979, S. 272ff.; *ders.*, Hinterbliebenenleistungen und eherechtliche Fragen mit Auslandsbezug, BG 1983, S. 97ff.; *Sokoll*, Die gesetzliche Unfallversicherung und der EG-Binnenmarkt, in: Schmähl (Hrsg.), Soziale Sicherung im EG-Binnenmarkt: Aufgaben und Probleme aus deutscher Sicht, 1990, S. 136ff.; *Steinmeyer*, Die deutsche gesetzliche Unfallversicherung und das europäische koordinierende Sozialrecht, in: Heinze/Schmitt (Hrsg.), FS für Gitter, 1995, S. 963ff.; *ders.*, Die Unfallversicherung in Europa, BG 1994, S. 963ff.; *ders.*, Die Einstrahlung im internationalen Sozialversicherungsrecht, 1979; *Watermann*, Die Neuregelung der Entschädigung von Berufskrankheiten nach der EWG-Verordnung Nr. 8/63, BG 1963, S. 321ff.; *Wickenhagen*, Die deutsche Unfallversicherung im über- und zwischenstaatlichen Recht, in: Schimmelpfennig (Hrsg.), Grundsatzfragen der sozialen Unfallversicherung, FS für Lauterbach, Band I, 1961, S. 325ff.; *Willms*, Soziale Sicherung durch Europäische Integration, 1990.

1. Einleitung

238 Auch aus der Sicht der Unfallversicherung ist die Schaffung einer Europäischen Gemeinschaft ein Programm ohne Alternative.[197] Dies ist freilich nicht so einfach, wie es beim ersten Blick in die VO 1408/71 erscheinen mag. Denn gerade beim **Unfallversicherungsrecht** treffen **verschiedene historisch gewachsene Rechtsbereiche** aufeinander. In den Niederlanden beispielsweise gibt es keine eigenständige Unfallversicherung. Die entsprechenden Risiken werden dort durch die Kranken-, die Invaliden- und die Hinterbliebenenversicherung abgedeckt. Divergenzen gibt es auch hinsichtlich der Organisation, der Leistungsvoraussetzungen und des Leistungsumfangs.[198] Teils können die Aufgaben der Unfallversicherung fakultativ privaten Versicherungsgesellschaften (so in Belgien) bzw. betrieblichen Arbeitsunfallkassen auf Gegenseitigkeit (so in Spanien) übertragen werden. Teils wird die Entschädigung von Arbeitsunfällen durch private Versicherungsgesellschaften abgewickelt. Ein weiteres Beispiel für die Unterschiedlichkeit der Systeme der Unfallversicherung auf der Leistungsseite bietet schließlich die einprozentige Minderung der Erwerbsunfähigkeit in Irland gegenüber einer 33,3-prozentigen Minderung der Erwerbsunfähigkeit in Griechenland als Voraussetzung für die Gewährung einer Unfallrente.[199]

239 Die hier nur ansatzweise wiedergegebene **rechtsdogmatische Unterschiedlichkeit** führt im Rahmen der Koordination durch die VO 1408/71 in der Praxis zu nicht unerheblichen Anpassungsproblemen. Diese sollen neben den Grundlagen des europäischen Unfallversicherungsrechts dargestellt werden.

2. Gesetzliche Grundlagen und Anwendungsbereich der europäischen Unfallversicherung

240 Die gesetzlichen Grundlagen der europäischen Unfallversicherung finden sich einerseits auf nationaler Ebene im SGB VII und der Berufskrankheiten-Verordnung vom 31. 10. 1997 (BGBl. I, 2623). Andererseits finden sich die europäischen Vorschriften zur gesetzlichen Unfallversicherung in den Art. 52 bis 63a der VO 1408/71 und den Art. 60 bis 77 der entsprechenden Durchführungsverordnung VO 574/72. Soweit internationalsozialrechtliche Fragen außerhalb der EU betroffen sind, ist auf das entsprechende Sozialversicherungsabkommen abzustellen.

---

[197] *Sokoll*, in: Schmähl (Hrsg.), S. 137
[198] Vgl. hierzu und zum folgenden: *Fuchs*, S. 125; *Aulmann*, RV 1991, S. 221 ff.; *Sokoll*, in: Schmähl (Hrsg.), S. 138 f.
[199] *Fuchs*, S. 125.

IV. Arbeitsunfälle und Berufskrankheiten

a) Der Anwendungsbereich aus deutscher Sicht

Der Anwendungsbereich der deutschen Unfallversicherung richtet sich nach den § 3 SGB IV und §§ 2 ff. SGB VII, die hinsichtlich der persönlichen Voraussetzungen des Versicherungsschutzes nicht zwischen Deutschen und Ausländern differenzieren. Dies gebietet schon das Gleichbehandlungsgebot des Art. 3 Abs. 1 VO 1408/71, so dass der Zugang zur gesetzlichen Unfallversicherung aus deutscher Sicht entterritorialisiert ist.[200]

b) Der Anwendungsbereich der VO 1408/71

Die VO 1408/71 beschränkt sich auf eine Koordinierung der europäischen Sozialversicherungssysteme. Mithin definiert sie keinen speziellen Kreis von unfallversicherten Personen. Wohl aber ist auch insoweit der allgemeine persönliche Anwendungsbereich der Verordnung zu beachten. So enthält Art. 2 VO 1408/71 eine allgemeine Definition des persönlichen Anwendungsbereichs der VO 1408/71. Danach gilt die Verordnung für Arbeitnehmer und Selbständige, für welche die Rechtsvorschriften eines oder mehrerer Mitgliedstaaten gelten oder galten, soweit sie Staatsangehörige eines Mitgliedstaats sind oder als Staatenlose oder Flüchtlinge im Gebiet eines Mitgliedstaates wohnen. Gleichfalls gilt die Verordnung für deren Familienangehörigen und Hinterbliebenen. Insoweit kann auf die obigen Ausführungen verwiesen werden.[201]

Dass die gesetzliche Unfallversicherung auch unter den sachlichen Anwendungsbereich der VO 1408/71 fällt, ergibt sich aus Art. 4 Abs. 1 Buchst. e VO 1408/71. Dieser besagt, dass die Verordnung auch für Rechtsvorschriften über den Zweig der sozialen Sicherheit gilt, der Leistungen bei Arbeitsunfällen und Berufskrankheiten betrifft.

c) Einzelfragen des Anwendungsbereichs

Die recht allgemein gehaltenen Definitionen des persönlichen und sachlichen Anwendungsbereichs der VO 1408/71 erscheinen auf den ersten Blick durchaus praktikabel; sie haben jedoch in konkreten Einzelfällen zu einer Reihe von Abgrenzungsschwierigkeiten geführt.

aa) Anwendbarkeit in Bezug auf Arbeitslose

Soweit Arbeitslose ihren Meldepflichten gem. §§ 117, 309, 322 SGB III nur im Inland nachkommen, sind sie aus deutscher Sicht nach § 2 Abs. 1 Nr. 14 SGB VII gegen Arbeitsunfälle versichert, wenn sie zur Erfüllung ihrer Meldepflicht im Inland die hierfür bestimmten Stellen aufsuchen. Dies gilt mit Ausnahme der ersten Anmeldung der Arbeitslosigkeit[202] für alle Wege zum Arbeitsamt sowie für Wege von und zu Vorstellungsgesprächen bei in- und ausländischen Unternehmen gleichermaßen.

Zweifelhaft ist die Anwendbarkeit des § 2 Abs. 1 Nr. 14 SGB VII auf Arbeitslose, die sich im **Rahmen ihrer Arbeitsuche in ein europäisches Ausland** begeben. Dabei sind zwei Situationen zu unterscheiden. Einerseits kann der Arbeitslose unter den Voraussetzungen des Art. 69 Abs. 1 Buchst. b VO 1408/71 die Arbeitsuche in einem anderen Mitgliedstaat der EU fortsetzen. Andererseits kann er sich auch eigenständig, d.h. ohne dies dem Arbeitsamt mitzuteilen und die Voraussetzungen des Art. 69 Abs. 1 VO 1408/71 zu erfüllen, im europäischen Ausland um eine Arbeitsstelle bemühen.

---

[200] *Willms*, S. 144.
[201] Vgl. zu den Einzelheiten die Ausführungen unter § 21 Rn. 39 ff.
[202] Erst durch die erstmalige Anmeldung der Arbeitslosigkeit wird das arbeitsförderungsrechtliche Verhältnis und damit die Rechtsgrundlage für den Unfallversicherungsschutz begründet, so dass Arbeitslose, die sich erstmalig zum Arbeitsamt begeben, um sich dort arbeitslos zu melden und Leistungen zu beantragen, noch nicht unter Unfallversicherungsschutz stehen; vgl. auch *Eichenhofer*, SGb 1985, S. 95, 99.

247 Die erste Konstellation, also die Arbeitsuche in einem anderen Mitgliedstaat nach Art. 69 Abs. 1 Buchst. b VO 1408/71, war bereits Gegenstand einer Entscheidung des Bundessozialgerichts.[203] In diesem Fall wollte ein Italiener, der in der Bundesrepublik arbeitslos geworden war, unter Mitnahme seines in der Bundesrepublik Deutschland erworbenen Anspruchs auf Arbeitslosengeld (Art. 69 VO 1408/71, § 117 SGB III) in Italien Arbeit suchen. Auf dem Weg zu der in Italien gelegenen Familienwohnung verunglückte er jedoch tödlich. Den von der Witwe erhobenen Anspruch auf Rente bei Tod des Versicherten durch einen Arbeitsunfall nach damals noch §§ 589 Abs. 1 Nr. 3, 590 i. V. m. § 539 Abs. 1 Nr. 4 RVO lehnte das BSG ab. Gleichwohl sprachen die Richter der Witwe eine Rente zu, da sie im vorliegenden Fall von einem Wegeunfall nach § 550 Abs. 1 S. 3 RVO ausgingen.[204]

248 Im Schrifttum[205] geht man davon aus, dass die Meldepflicht auch bei einer Arbeitsuche im Ausland aufrechterhalten wird und der Unfallversicherungsschutz nach § 2 Abs. 1 Nr. 4 SGB VII auch noch den Zeitraum bis zur Anmeldung bei der Arbeitsverwaltung eines anderen Mitgliedstaates erfasst.

249 Von den Befugnissen, die innerhalb des arbeitsförderungsrechtlichen Leistungsverhältnisses begründet und wahrgenommen werden und unter Unfallversicherungsschutz stehen, sind jedoch die Situationen zu trennen, in denen sich Arbeitslose außerhalb des zuständigen Staates selbst einen Arbeitsplatz beschaffen wollen.

250 Soweit sie sich dabei auf Einladung eines inländischen Unternehmens mit einer ausländischer Filiale zur Bewerbung in den betreffenden ausländischen Mitgliedstaat begeben, muss der Unfallversicherungsschutz ebenfalls aufrechterhalten werden, denn diese Situation ist mit der Entsendung eines Arbeitnehmers von einer inländischen Firma zu einer ausländischen Filiale durchaus vergleichbar.

251 Anders sind allerdings diejenigen Fälle zu bewerten, in denen sich Arbeitslose ohne Einladung eines inländischen Unternehmens und ohne Kenntnis des Arbeitsamtes, sozusagen auf **„gut Glück" auf Arbeitsuche in einen anderen Mitgliedstaat begeben**, ohne die Voraussetzungen des Art. 69 Abs. 1 VO 1408/71 zu erfüllen. Zwar wird auch in diesen Fällen eine arbeitsförderungswürdige Eigeninitiative entfaltet, doch liegt diese jenseits des durch das arbeitsförderungsrechtliche Leistungsverhältnis gezogenen Rahmens, so dass eine Einstandspflicht des zuständigen Unfallversicherungsträgers nicht begründet werden kann.[206] So stehen diese Handlungen, die zum Zweck der Selbstbeschaffung von Arbeitsplätzen unternommen werden, selbst wenn man bereits Schutzwirkungen aufgrund von Vorwirkungen des Rechtsverhältnisses zwischen Arbeitslosem und dem künftig zuständigen Unfallversicherungsträger annimmt, nicht unter dem Schutz der Unfallversicherung.[207]

bb) Die unechte Unfallversicherung

252 Weitere Fragen ergeben sich daraus, dass insbesondere das deutsche Unfallversicherungsrecht über den ursprünglichen Anwendungsbereich der Absicherung der Arbeitnehmer gegen das Risiko eines Arbeitsunfalls hinaus auf Tätigkeiten ausgedehnt wurde, die keinen Bezug zur typischen Gefahrenlage eines Arbeitsverhältnisses aufweisen. Dies belegt schon die begriffliche Unterscheidung zwischen „echter" und „unechter" Unfallversicherung.[208] Letztere erfasst dabei Personengruppen, die aufgrund ihrer wirtschaftlichen Situa-

---

[203] Vgl. BSGE 56, 244 ff. = SGb 1985, S. 123 ff.
[204] Das BSG nahm hier nicht einen Arbeitsunfall, sondern einen Wegeunfall an. Diese Lösung erscheint unbefriedigend, da der Rentenanspruch hätte versagt werden müssen, wenn der Verstorbene (noch) keinen Wohnsitz in Italien gehabt hätte. Kritisch zu dieser Entscheidung auch *Fuchs*, S. 127 f.; *Eichenhofer*, SGb 1985, S. 97 ff.
[205] Vgl. *Fuchs*, S. 127 f.; *Eichenhofer*, SGb 1985, S. 97 ff.
[206] BSG, SozR, 3. Folge, 2200, § 550 Nr. 1; *Eichenhofer*, SGb 1985, S. 99 f.
[207] BSG, SozR, 2200, § 550 Nr. 1; *Eichenhofer*, SGb 1985, S. 99.
[208] *Gitter*, in: v. Maydell/Ruland (Hrsg.), Sozialrechtshandbuch, 2. Aufl., 1996, C 15 Rn. 2 f.

IV. Arbeitsunfälle und Berufskrankheiten

tion des gleichen sozialen Schutzes wie abhängig Beschäftigte bedürfen, oder deren Schutz aus sozialpolitischen Gründen geboten erscheint. Hierzu zählt insbesondere die Selbsthilfe beim Bau eines Familienheims (§ 2 Abs. 1 Nr. 16 SGB VII), die Tätigkeit eines Zeugen (§ 2 Abs. 1 Nr. 11b SGB VII), Hilfe bei Unglücksfällen (§ 2 Abs. 1 Nr. 13 SGB VII) sowie durch Blutspenden oder Spenden körpereigener Organe (§ 2 Abs. 1 Nr. 13b SGB VII).

Schließlich zählen Personen, die wie ein Versicherter tätig werden, also ohne Arbeitnehmer zu sein, eine ernsthafte dem betreffenden Unternehmen dienende Tätigkeit ausüben (z. B. spontane Hilfestellungen), zur unechten Unfallversicherung.

Inwieweit die **unechte Unfallversicherung in den Anwendungsbereich der Art. 52 ff. VO 1408/71 fällt,** ist indes noch nicht abschließend geklärt. Um diese Problematik sachgerecht zu lösen, müssen drei eng zusammenhängende Fragen voneinander getrennt werden.[209] Zunächst ist von der Frage auszugehen, ob die Fälle der unechten Unfallversicherung, die strenggenommen keine Arbeitsunfälle im klassischen Sinne sind, sondern nur als solche fingiert werden, unter den Anwendungsbereich des Art. 4 VO 1408/71 fallen, der Arbeitsunfälle im originären Sinne versteht. Mithin wird die Frage zu beantworten sein, ob der von der unechten Unfallversicherung erfasste Personenkreis unter den persönlichen Anwendungsbereich der VO 1408/71 fällt. Davon zu trennen ist die Frage, wie im Einzelfall die anwendbare Rechtsordnung bestimmt werden kann.[210]

Der **EuGH** hat sich mit der Frage, ob die unechte Unfallversicherung unter den sachlichen Anwendungsbereich des Art. 4 VO 1408/71 fällt, **konkret noch nicht befasst.** In vergleichbaren Entscheidungen ist aber die Tendenz erkennbar, scharfe Abgrenzungen und die Ausgrenzung einzelner Teilbereiche zu vermeiden.[211] So werden sozialhilferechtliche Elemente entgegen dem Wortlaut des Art. 4 VO 1408/71 bereits dann in den sachlichen Anwendungsbereich einbezogen, wenn sie ihren Elementen nach dem klassischen sozialen Sicherungssystem nahe stehen.[212] Diese Praxis erscheint bedenklich. Auch im deutschen Recht liegt der primäre Anknüpfungspunkt für die Unfallversicherung in der abhängigen Beschäftigung (vgl. insbes. § 2 Abs. 1 Nr. 1 SGB VII). Während die „echte" Unfallversicherung mithin die originären Risiken des Arbeitslebens abdecken soll, entstand die „unechte" Unfallversicherung durch eine Erweiterung des Versicherungsschutzes auf Tätigkeiten, die keinen Bezug zur typischen Gefahrenlage eines Arbeitsverhältnisses aufweisen, sondern nur von der Allgemeinheit für schutzwürdig erachtet wurden.[213] Der versicherungsrechtlichen Anknüpfung hat sich der Gesetzgeber insoweit nur bedient, um einen von ihm für notwendig erachteten Schadensausgleich herbeizuführen.[214] Grundlage für diese Ausdehnung ist der Gedanke des Solidarausgleichs für soziale Opfer, der auch dem Leistungskatalog der sozialen Entschädigung zugrunde liegt.[215] Das Leistungssystem der sozialen Entschädigung wurde jedoch bewusst vom sachlichen Geltungsbereich der VO 1408/71 ausgenommen.[216] Gerade vor diesem Hintergrund erscheint es nicht gerechtfertigt, die Fälle der unechten Unfallversicherung, soweit sie Tatbestände der sozialen

---

[209] Vgl. hierzu: *Steinmeyer,* in: FS für Gitter, S. 963.
[210] Vgl. zu dieser Problematik die Ausführungen im folgenden unter Punkt 3 c.
[211] *Steinmeyer,* in: FS für Gitter, S. 963.
[212] Vgl. EuGH v. 22. 6. 1972, Rs 1/72 (Frilli), Slg. 1972, S. 457 ff.; *Schulte,* Grundsicherung – Sozialhilfe, in: Deutscher Sozialrechtsverband (Hrsg.), S. 199 ff.
[213] Schon insoweit wurde von *Gitter,* Schadensausgleich im Arbeitsunfallrecht, 1969, S. 71, vor einer unbegrenzten Ausdehnung der Unfallversicherung als Schadensordnung für Arbeitsunfälle auf Aufopferungstatbestände gewarnt.
[214] *Gitter/Schmitt,* Sozialrecht, 5. Aufl. 2001, § 17 Rn. 2 u. 20; *Henke,* Grundzüge des Sozialrechts, 1977, S. 108.
[215] *Gitter/Schmitt,* § 18 Rn. 20; *Rüfner,* Einführung in das Sozialrecht, 1991, S. 186.
[216] *Steinmeyer,* in: FS für Gitter, S. 963; auf den Aspekt der sozialen Entschädigung in seiner europarechtlichen Bedeutung weist auch Eichenhofer, Sozialrecht der Europäischen Union, 2001, Rn. 217 hin.

Entschädigung betreffen, unter die VO 1408/71 zu fassen,[217] auch wenn es ungewöhnlich ist, dass in einem Zweig der sozialen Sicherheit einzelne Teile nicht von der VO 1408/71 erfasst werden.[218]

256 Das BSG ist den dogmatisch am nächsten liegenden Fragen des persönlichen und sachlichen Anwendungsbereichs **aus dem Weg gegangen** und hat die auf ein Beschäftigungsverhältnis oder eine selbständige Tätigkeit ausgerichteten Kollisionsnormen angewendet, obwohl das gelegentlich unentgeltliche Tätigwerden die klassischen Voraussetzungen einer Beschäftigung nicht erfüllt. Zwar konnte das BSG so an seiner bisherigen Rechtsprechung festhalten und die Pannenhilfe als Arbeitnehmertätigkeit und den Halter eines Kraftfahrzeuges als Unternehmer im Sinne des Unfallversicherungsrechts qualifizieren,[219] doch ist diese Notkonstruktion aus der Sicht des europäischen Sozialrechts nicht haltbar. Der Tatbestand des § 2 Abs. 2 Satz 1 SGB VII entspricht nicht dem klassischen Beschäftigungsverhältnis, wie es in Art. 13 Abs. 2 Buchst. a VO 1408/71 vorausgesetzt wird.[220] Vielmehr handelt es sich hier um eine fremdnützige Tätigkeit außerhalb eines Arbeitsverhältnisses, die eher dem Bereich der sozialen Entschädigung nahe kommt, so dass auch die Fälle des § 2 Abs. 2 SGB VII nicht vom sachlichen Anwendungsbereich erfasst werden.[221] Da die unechte Unfallversicherung nicht mit einer Erwerbstätigkeit in Zusammenhang steht und insofern nachteilige Auswirkungen auf Wanderungsbewegungen von Arbeitnehmern nicht zu befürchten sind, liegt in dieser Ausgrenzung auch kein Verstoß gegen die Vorgaben des primären Gemeinschaftsrechts.[222] Hinzu kommt, dass die viele der in § 2 Abs. 1 SGB VII genannten Tätigkeiten in der Regel nur am Ort des Wohnsitzes oder des ständigen Aufenthalts und nicht in anderen Mitgliedstaaten ausgeübt werden, was jedoch das Leistungsniveau der einzelnen Mitgliedstaaten und weniger das Gemeinschaftsrecht betrifft.[223]

257 Entsprechendes gilt im Hinblick auf den persönlichen Anwendungsbereich. Nach Art. 2 Abs. 1 VO 1408/71 gilt die Verordnung 1408/71 (im wesentlichen) für Arbeitnehmer, für welche die Rechtsvorschriften eines Mitgliedstaates gelten, soweit sie Staatsangehörige eines Mitgliedstaates sind. Die Bereiche der „unechten Unfallversicherung" fallen demnach nur dann unter die VO 1408/71, wenn man die deutsche gesetzliche Unfallversicherung von ihrer Struktur her als einheitliches System der sozialen Sicherung für Arbeitnehmer und Selbständige i. S. d. Art. 1 Buchst. a, i VO 1408/71 auffasst und die Abtrennung der Tatbestände der unechten Unfallversicherung aufhebt.[224] Freilich wird so vermieden, dass diese Sondertatbestände aus der gemeinschaftsrechtlichen Koordinierung herausfallen.[225] Auch insoweit ist beim EuGH das Bestreben nicht zu übersehen, entsprechende Koordinierungslücken im Anwendungsbereich der VO 1408/71 durch eine großzügige Auslegung des Arbeitnehmerbegriffs bis hin zu einem in den Vogesen wandernden Arbeitnehmer, also einem Touristen,[226] zu vermeiden.[227]

---

[217] So auch *Fuchs*, in: Deutscher Sozialrechtsverband (Hrsg.), S. 131; *Willms*, S. 146; *Raschke*, in: Schulin (Hrsg.), Band 2, § 73 Rn. 25.
[218] So auch *Fuchs*, in: Fuchs (Hrsg.), Kommentar zum Europäischen Sozialrecht, 2. Aufl. 2000, Art. 52 Rn. 2.
[219] Ständige Rechtsprechung seit BSGE 35, S. 140 ff.
[220] Vgl. *Steinmeyer*, in: Fuchs (Hrsg.), Art. 13 Rn. 6 ff.
[221] So schon *Steinmeyer*, in: FS für Gitter, S. 963 ff.; wohl auch *Eichenhofer*, Internationales Sozialrecht, 1994, Rn. 436, der dieses Ergebnis auf Anknüpfungsprobleme stützt; anderer Ansicht ist *Fuchs*, in: Fuchs (Hrsg.), Art. 52 Rn. 2.
[222] *Willms*, S. 146.
[223] *Willms*, S. 146.
[224] Vgl. Anm. *Igl/Schuler* zu BSG v. 13.12.84, SGb 1986, S. 127, 127 f.; *Schuler*, Das internationale Sozialrecht der Bundesrepublik Deutschland, 1988, S. 635.
[225] So schon *Igl/Schuler*, SGb 1986, S. 127.
[226] Vgl. EuGH v. 9. 12. 1965, Rs 44/65 (Singer et fils), Slg. 1965, S. 1267 ff.
[227] *Steinmeyer*, Freizügigkeit und soziale Rechte in einem Europa der Bürger, in: Magiera, Das Europa der Bürger in einer Gemeinschaft ohne Binnengrenzen, 1990, S. 63, 69 f.

IV. Arbeitsunfälle und Berufskrankheiten　　　　258–262　§ 23

cc) Die Selbständigen in der europäischen Unfallversicherung

Ob und inwieweit die Regelungen der VO 1408/71 in bezug auf die europäische Unfallversicherung **auf Selbständige angewendet** werden können,[228] erscheint ebenfalls fraglich. 258

Soweit Selbständige in der gesetzlichen Unfallversicherung pflicht- oder freiwillig versichert sind, ergibt sich bei Auslandsaufenthalten im Falle eines Unfalls das Problem, dass das deutsche Unfallversicherungsrecht nicht im Rahmen des § 4 SGB IV anwendbar ist, da naturgemäß kein Fall der Entsendung i. S. des SGB IV vorliegt. 259

So lag auch der Sachverhalt, den das BSG zu entscheiden hatte. Ein deutscher Arzt, der freiwillig unfallversichert war, nahm an einer kunsthistorischen Studienreise nach Italien teil. Dabei erlitt eine Teilnehmerin ein Oberschenkelhalsfraktur, mit der sie ins Krankenhaus eingeliefert wurde. Da ihr die Versorgung durch die italienischen Ärzte nicht ausreichend erschien, bat sie den deutschen Arzt, der das Opfer in die Klinik begleitet hatte, Einzelheiten über den Rücktransport mit den Klinikärzten zu besprechen. Kurz nach Betreten der Klinik brach der Arzt jedoch tot zusammen. Eine Witwenrente wurde durch den Unfallversicherungsträger mit dem Argument verweigert, dass der Verstorbene während seiner Studienreise nicht unter Unfallversicherungsschutz stand und auch kein Fall von Entsendung vorlag. Das BSG bejahte indes den Unfallversicherungsschutz, weil es davon ausging, dass die Voraussetzungen des Art. 14 Ziff. 1a VO 1408/71 erfüllt seien. Nach der Auffassung des Senats kommt es nämlich nicht darauf an, dass der Versicherte von vornherein mit dem Entschluss in einen anderen Mitgliedstaat fahre, um dort seinen beruflichen Verpflichtungen nachzugehen. Vielmehr kann nach Auffassung des BSG dieser Entschluss auch ohne förmliche Entsendung wie beim Versicherten in einem abhängigen Beschäftigungsverhältnis auch nach Antritt der Reise gefasst werden.[229] 260

3. Bestimmung der anzuwendenden Rechtsvorschriften

Art. 13 Abs. 2 Buchst. a VO 1408/71 geht bei der Frage, welchen Rechtsvorschriften ein Arbeitnehmer unterliegt, grundsätzlich vom **Beschäftigungslandprinzip** aus.[230] Nur in besonderen Fallgestaltungen und aus zwingenden Gründen praktischer Wirksamkeit, sofern also die Anknüpfung an den Wohnstaat sach- und interessengerechter erscheint,[231] wird dem Wohnlandprinzip der Vorrang eingeräumt.[232] Demzufolge findet unabhängig von der Staatsangehörigkeit[233] grundsätzlich das Unfallversicherungsrecht desjenigen Mitgliedstaates Anwendung, in dem der Arbeitnehmer sein Beschäftigungsverhältnis begründet hat.[234] Aus deutscher Sicht erstreckt sich das Unfallversicherungsprinzip im Rahmen des Territorialitätsprinzip somit in der Regel auf jeden Beschäftigten, unabhängig davon, ob er Arbeitnehmer oder Selbständiger ist. 261

Eine Ausnahme zur dieser Regelung bilden die Entsendungstatbestände gemäß Art. 14 VO 1408/71 i. V. m. §§ 4, 5 SGB V.[235] 262

Teilweise wird hierin eine faktische Reduzierung der persönlichen Anwendungsvoraussetzungen gesehen; vgl. *Igl/Schuler,* SGb 1986, S. 127, 128; s. auch *Schuler,* S. 635.

[228] Vgl. allgemein zur Entwicklung der Problematik der Anwendbarkeit der VO 1408/71 auf Selbständige die Ausführungen im folgenden unter § 24.

[229] Vgl. BSG, Breithaupt 1991, S. 295, 297.

[230] *Steinmeyer,* in: Fuchs (Hrsg.), Art. 13 Rn. 6.

[231] EuGH v. 29. 6. 1988, Rs 58/87 (Rebmann), Slg. 1988, S. 3467 ff.

[232] *Steinmeyer,* in: Fuchs (Hrsg.), Art. 13 Rn. 7.

[233] *Wickenhagen,* in: Schimmelpfennig (Hrsg.), FS für Lauterbach, S. 325, 331.

[234] Vgl. hierzu auch *Wickenhagen,* Anmerkung zu BSG v. 25. 2. 1976, 8 RU 16/75, SGb 1976, S. 384; *Raschke,* BG 1979, S. 272 ff.

[235] *Steinmeyer,* Einstrahlung, S. 83.

263 Daneben ergeben sich im Hinblick auf spezielle Personenkreise, wie Arbeitnehmer, die bei mehreren Arbeitgebern beschäftigt sind, oder Grenzgängern i. S. des Art. 1 Buchst. b VO 1408/71 noch weitere Einzelfragen.

a) Beschäftigung bei mehreren Arbeitgebern

264 Etwas schwieriger sind diejenigen Fälle zu beurteilen, in denen ein Arbeitnehmer in mehreren Mitgliedstaaten bei verschiedenen Unternehmen beschäftigt ist. Insoweit ist jedoch zwischen voneinander unabhängigen rechtlich selbständigen bzw. miteinander verknüpften rechtlich abhängigen Unternehmen zu unterscheiden.

265 Soweit es sich bei dem zweiten Unternehmen um ein rechtlich unselbständiges Unternehmen handelt, wird in der Regel ein Fall der Entsendung vorliegen, so dass das Unfallversicherungsrecht des Staates Anwendung findet, in dem der Arbeitnehmer zuerst angestellt worden ist.

266 Ist das Unternehmen, in dem der Arbeitnehmer neben seiner ursprünglichen Tätigkeit beschäftigt ist, rechtlich selbständig, versagt eine Anknüpfung an den Beschäftigungsstaat, da insoweit auf alle Unfallversicherungssysteme der Beschäftigungsstaaten gleichermaßen verwiesen würde. In diesen Fällen gilt abweichend von dem Beschäftigungslandprinzip des Art. 13 Abs. 2 Buchst. a VO 1408/71 gemäß Art. 14 Abs. 2 Buchst. b, i VO 1408/71 das Wohnlandprinzip. Dies gilt dann sowohl für den Fall, dass eine Berufstätigkeit im Gebiet des Wohnstaates ausgeübt wird, als auch für die Situation, dass der Arbeitnehmer für mehrere Unternehmen bzw. Arbeitgeber tätig ist, die ihren Sitz im Gebiet verschiedener Mitgliedstaaten haben.

267 Ausgangspunkt für diese Regelung war ein Urteil, das der EuGH in der **Rechtssache Bentzinger** im Jahre 1973 gesprochen hat.[236]

268 Obwohl inzwischen die VO Nr. 3 durch die VO 1408/71 abgelöst worden war, hatte sich der EuGH dieser Frage angenommen, da die VO Nr. 3 zum Zeitpunkt des Unfalls noch galt und man einem späteren, auf den Text der VO 1408/71 bezogenen Vorlageersuchen zuvorkommen wollte. Zur Sache führte der EuGH unter Berufung auf den Wortlaut des Art. 13 Abs. 1 Buchst. c VO Nr. 3 aus, dass die Vorschrift so auszulegen sei, dass er unabhängig davon gelte, ob der Arbeitnehmer bei einem oder mehreren Arbeitgebern beschäftigt sei.[237] Dies entspricht der Regelung des heutigen Art. 14 Abs. 2 Buchst. b, i VO 1408/71.[238]

b) Grenzgänger

269 Das gleiche Ziel wird mit den Regelungen für die sog. „Grenzgänger" verfolgt. Bei dieser Personengruppe handelt es sich nach Art. 1 Buchst. b VO 1408/71 um Arbeitnehmer oder Selbständige, die in einem anderen Staat als dem Wohnstaat beschäftigt sind und täglich oder mindestens einmal wöchentlich an ihren Wohnort zurückkehren.[239] Auch insoweit stellt sich regelmäßig die Frage, welches Unfallversicherungssystem im Einzelfall anwendbar ist.

270 Ist ein Grenzgänger in einem anderen Mitgliedstaat als dem Wohnstaat beschäftigt und nicht dorthin entsandt worden, knüpft Art. 14 Abs. 2 Buchst. b, ii VO 1408/71 an den Beschäftigungsstaat an, so dass ein Grenzgänger dem Unfallversicherungsschutz des Beschäftigungsstaates unterliegt. Dies bedeutet bspw., dass ein in Aachen wohnender Arbeitnehmer, der bei einer Maastrichter Firma beschäftigt und nicht von einer deutschen Firma

---

[236] Vgl. EuGH v. 1. 3. 1973, Rs 73/72 (Bentzinger), Slg. 1973, S. 283 ff.

[237] EuGH v. 1. 3. 1973, Rs 73/72 (Bentzinger), Slg. 1973, S. 283, 288 f. (Rn. 4, 5).

[238] Insoweit wird nicht an jedes Beschäftigungsverhältnis separat, sondern an die gesamte Beschäftigung angeknüpft; vgl. Steinmeyer, in Fuchs (Hrsg.), Art. 14 Rn. 26; Raschke, BG 1979, S. 272; Lenz, SGb 1988, S. 1, 6.

[239] Vgl. hierzu auch § 23 Rn. 51 ff.

c) Die unechte Unfallversicherung

Auch bei der Bestimmung der anwendbaren Rechtsvorschriften bereitet die unechte **271**
Unfallversicherung Schwierigkeiten,[240] denn die einschlägigen Kollisionsnormen der VO
knüpfen dafür grundsätzlich an das Beschäftigungsverhältnis an. Bei den Fallgruppen der
unechten Unfallversicherung versagt diese Anknüpfung jedoch, da insoweit das Beschäftigungsverhältnis erst fingiert werden muss. Demnach erscheint es auch unter dem Aspekt
der Bestimmung des anzuwendenden Rechts angemessener, die **unechte Unfallversicherung unter das internationale Recht der sozialen Entschädigung** zu subsumieren, denn die insoweit geltende Anknüpfung an den Aufenthalts- oder Handlungsort wird
den besonderen Gegebenheiten der unechten Unfallversicherung am ehesten gerecht.[241]

4. Versicherte Risiken und Leistungsgewährung

Welche Risiken im Einzelfall versichert sind, richtet sich nach den **jeweils anzuwen-** **272**
denden unfallversicherungsrechtlichen Bestimmungen. In der Regel werden neben
den klassischen Arbeitsunfällen auch die Wegeunfälle zwischen Arbeitsplatz, Wohnort,
Unternehmenssitz und die sogenannte „Familienheimfahrt" zu den in einem anderen
Mitgliedstaat lebenden Angehörigen mitversichert sein. Dabei ist es durch die Fiktion des
Art. 56 VO 1408/71 unerheblich, ob sich der Wegeunfall innerhalb oder außerhalb des
zuständigen Staates ereignet hat. Zu den versicherten Risiken zählt ebenso der Eintritt
einer Berufskrankheit.[242]

Gemäß Art. 10 VO 1408/71 kann die Leistungsgewährung an Arbeitnehmer und Selb- **273**
ständige nicht deshalb eingeschränkt werden, weil der Berechtigte im Gebiet eines anderen Mitgliedstaats als des Staates wohnt, in dessen Gebiet der zur Zahlung verpflichtete
Träger seinen Sitz hat. Welches Recht für die Leistungsgewährung dabei im Einzelfall
Anwendung findet, richtet sich nach den Art. 52–55, 57–62a VO 1408/71. In Betracht
kommen danach Sach- oder Geldleistungen.

a) Voraussetzungen

Voraussetzung für die Leistungsgewährung ist der Eintritt des Versicherungsfalles, d.h. **274**
ein Arbeitsunfall oder eine anerkannte Berufskrankheit.

Soweit ein Arbeitsunfall als Voraussetzung für einen Leistungsanspruch gefordert wird, **275**
ist zu beachten, dass die Arbeitsunfallanzeige nach dem Recht desjenigen Mitgliedstaates
erstattet wird, in dem sich der Arbeitsunfall ereignet hat. Dies ist nicht unbedeutend, da
sich die Begriffsdefinitionen auch nach dem jeweiligen Recht richten und im Einzelfall
inhaltlich unterschiedlich ausgestattet sein können. So gilt auch die **jeweilige landes-**
rechtliche Definition von „Arbeitsunfall", die beispielsweise in Dänemark und
Großbritannien, wo für die Annahme eines Arbeitsunfalls mindestens eine Körperverletzung gefordert wird, wesentlich enger gefasst ist, als in der Bundesrepublik Deutschland.[243]
Soweit ein Arbeitnehmer Leistungen der Unfallversicherung außerhalb des zuständigen
Mitgliedstaates in Anspruch nehmen will, muss er dem Träger des Wohnortes nach
Art. 60 Abs. 1, 2 VO 574/72 Bescheinigungen des zuständigen Trägers über den An-

---

[240] Vgl. auch die Fragestellungen in Bezug auf die Anwendbarkeit der VO 1408/71 auf die unechte Unfallversicherung Rn. 252 ff.
[241] Vgl. auch *Eichenhofer*, Internationales Sozialrecht, Rn. 436.
[242] Vgl. hierzu Rn. 304 ff.
[243] Vgl. *Raschke*, Vergleichende Darstellung der Systeme der Sozialen Sicherheit in den Mitgliedstaaten der Europäischen Gemeinschaften, BG 1984, S. 285, 286 f.

spruch auf Sachleistungen und teilweise auch über den Eintritt des Arbeitsunfalls vorlegen. Diese Bescheinigungen gelten grundsätzlich bis sie widerrufen werden. Nur die Bescheinigungen französischer Träger müssen bei Bedarf jährlich neu ausgestellt werden (Art. 60 Abs. 2 VO 574/72).

276 Um Leistungen aufgrund einer **Berufskrankheit** in Anspruch nehmen zu können, muss die **Krankheit bei einer Tätigkeit entstanden** sein, die ihrer Art nach geeignet ist, die Krankheit zu verursachen (Art. 57 Abs. 1 VO 1408/71). Dies klingt plausibel, doch bereiten insbesondere die gegenseitige Anerkennung von Berufskrankheiten und die globale Betrachtung der Exposition, also derjenigen Tätigkeiten, die geeignet sind, eine Berufskrankheit herbeizuführen, auch heute noch Schwierigkeiten.[244]

b) Sachleistungen

277 Bei der Gewährung von Sachleistungen stellt sich aus Sicht der europäischen Unfallversicherung regelmäßig die Frage, in welchem Mitgliedstaat die Versicherungsleistungen in Anspruch genommen werden. Neben dem Mitgliedstaat, in dem der Arbeitnehmer seinen Wohnsitz hat, kommt für die Leistungsgewährung noch der zuständige Mitgliedstaat in Betracht. Daneben sind die Fragen zu berücksichtigen, die sich bei Aufenthalt im Gebiet des zuständigen Staates bzw. einem Wohnortwechsel in den zuständigen oder einen dritten Mitgliedstaat und für Grenzgänger ergeben.

aa) Leistungsgewährung am Wohnort

278 Die Leistungsgewährung am Wohnort stellt wohl den **Ausgangsfall** dar, den der Verordnungsgeber in Art. 52 VO 1408/71 vor Augen hatte. Dabei gewährt der am Wohnort zuständige, ausländische Unfallversicherungsträger die Leistungen nach den für ihn geltenden Rechtsvorschriften zu (den finanziellen) Lasten des zahlungspflichtigen Trägers. Dabei wird der Versicherte bei der Abwicklung der Sachleistungsgewährung den inländischen Versicherten des Mitgliedstaates, der die Leistungen gewährt, gleichgestellt. Dies hat zum einen zur Folge, dass der Versicherte Leistungsansprüche nach den Rechtsvorschriften des zuständigen Staates nur dann geltend machen kann, wenn er auch in diesen Mitgliedstaat zurückkehrt. So sieht die italienische Unfallversicherung im Rahmen ihrer Leistungsgewährung keine orthopädischen Schuhe vor. Benötigt ein deutscher Versicherter, der in Italien seinen ständigen Wohnsitz hat und dort verunglückt oder erkrankt ist, diese Schuhe, muss er sich in die Bundesrepublik Deutschland begeben, um sie zu erhalten; seinen ständigen Wohnsitz braucht er freilich nicht zu ändern.[245] Hat der zuständige Unfallversicherungsträger dagegen bereits alle seine Möglichkeiten ausgeschöpft, bestehen nur noch gegen den aushelfenden Unfallversicherungsträger Sachleistungsansprüche. Eine weitere Konsequenz der völligen Einbindung eines Versicherten in die inländische **Leistungsgewährung durch den aushelfenden Träger des Wohnortes** ist die mögliche Beteiligung des Versicherten an den Behandlungskosten, wie dies beispielsweise in Frankreich, Dänemark, Großbritannien und Italien der Fall ist.[246] Schließlich kann der Versicherte den zuständigen und kostenpflichtigen Unfallversicherungsträger auch nicht für Fehlverhalten der Ärzte des aushelfenden Unfallversicherungsträgers haftbar machen.[247]

bb) Leistungsgewährung im zuständigen Staat

279 Soweit sich ein Arbeitnehmer, der außerhalb des zuständigen Staates wohnt, im zuständigen Staat aufhält, erhält er nach den Rechtsvorschriften dieses Staates Leistungen, selbst wenn er schon vor seinem Aufenthalt Leistungen erhalten hat (Art. 54 Abs. 1 S. 1 VO 1408/71). Nach Art. 54 Abs. 2 VO 1408/71 gilt Entsprechendes für den Fall,

---
[244] Vgl. hierzu die Ausführungen im folgenden unter Punkt 5.
[245] *Raschke,* Auslandsbeziehungen der deutschen gesetzlichen Unfallversicherung, 1982, S. 20.
[246] Vgl. *Raschke,* BG 1979, S. 272, 274; *ders.,* BG 1984, S. 285, 288 f.
[247] *Aulmann/Watermann,* BG 1984, S. 223, 227.

IV. Arbeitsunfälle und Berufskrankheiten   280–284 § 23

dass der Leistungsberechtigte seinen ständigen Wohnsitz in den zuständigen Staat verlegt.

cc) Leistungsgewährung bei Wohnortwechsel

Art. 55 VO 1408/71 berücksichtigt den Fall des Wohnortwechsels, wenn der Versicherungsfall bereits eingetreten ist. Im einzelnen ist davon auszugehen, dass der Versicherte einen Arbeitsunfall erlitten oder sich eine Berufskrankheit zugezogen hat. Darauf aufbauend werden drei Fallkonstellationen gebildet. Zum einen berücksichtigt Art. 55 VO 1408/71 den Fall, dass sich ein Versicherter außerhalb des zuständigen Staates aufhält (Abs. 1 Buchst. a), ohne dort seinen Wohnsitz zu haben.[248] Zum anderen wird der Fall erfasst, dass der Versicherte bereits zu Lasten des zuständigen Trägers leistungsberechtigt geworden ist und vom zuständigen Träger die Genehmigung erhalten hat, in das Gebiet des zuständigen Trägers zurückzukehren oder seinen Wohnsitz in das Gebiet eines dritten Staates zu verlegen (Abs. 1 Buchst. b). Schließlich wird davon ausgegangen, dass der Versicherte vom zuständigen Träger die Genehmigung erhalten hat, sich in das Gebiet eines anderen Mitgliedstaates zu begeben, um dort eine angemessene Behandlung zu erhalten. 280

In allen drei Fällen hat der Versicherte **Anspruch auf Leistungen nach den Rechtsvorschriften des Trägers des Wohn- oder Aufenthaltsortes,** als ob er dort versichert wäre. Somit entscheidet der ausländische Träger (des Wohn- oder Aufenthaltsortes) über Ausmaß, Art und Weise der Sachleistungsgewährung. Anders als bei der Regelung des Art. 52 VO 1408/71 kann der zuständige Träger insoweit die Dauer der Leistungsgewährung bestimmen.[249] Eine darüber hinaus gehende Möglichkeit der Einflussnahme durch den zahlungspflichtigen Unfallversicherungsträger besteht grundsätzlich nicht. Nur in extremen Härtefällen kann der zahlungspflichtige Unfallversicherungsträger in die Leistungsgewährung des Trägers am Wohnort eingreifen und beispielsweise im Ausland nicht erhältliche Medikamente zur Verfügung stellen. 281

Soweit ein deutscher Unfallversicherungsträger zuständig ist und die Genehmigung für einen Wohnortwechsel erteilt hat, übernimmt er für die Kosten eines notwendigen Verletztentransports nach Art. 55 Abs. 1 Buchst. c i VO 1408/71 i. V. m. § 43 SGB VII als Teil Heilbehandlung. Gleichfalls werden die Kosten eines Transports in die Heimat auch während einer Heilbehandlung übernommen, wenn bei einem ausländischen Versicherten, der sich in einem Drittstaat in Heilbehandlung befindet, die Genesung trotz medizinischer Bemühungen nicht absehbar ist und man davon ausgeht, dass der Verletzte sich in gewohnter Umgebung und bei Mitbetreuung durch seine Familie schneller erholt. Erfolgt der Rücktransport ins Inland dagegen nur auf Wunsch des Versicherten, werden die Transportkosten nicht übernommen.[250] 282

Probleme hinsichtlich der Einstandspflicht können sich ergeben, wenn der ausländische Versicherte sich während der Heilbehandlung ohne Genehmigung des Versicherungsträgers aus dem Drittstaat in sein Heimatland zurückbegibt.[251] 283

dd) Leistungsgewährung an Grenzgänger

Für Grenzgänger sieht Art. 53 VO 1408/71 eine **Sonderregelung** vor. Danach kann ein Grenzgänger bei Eintritt des Leistungsfalls für die Leistungsgewährung **wahlweise** den **Unfallversicherungsträger des Wohnstaates oder den zuständigen Träger** in Anspruch nehmen. Dabei besteht jedoch nicht die Möglichkeit, sich nach der Inanspruchnahme von Leistungen des Unfallversicherungsträgers im Wohnstaat in den zuständigen 284

---

[248] Letzteres wäre ein Fall des Art. 52 VO 1408/71.
[249] *Aulmann/Watermann,* BG 1984, S. 223, 224; *Raschke,* BG 1979, S. 272, 273; *Wickenhagen,* in: Schimmelpfennig (Hrsg.), FS Lauterbach, S. 333; *ders.* Internationales Sozialversicherungsrecht, 2. Aufl., 1982, S. 83.
[250] Informationsblätter der Berufsgenossenschaften 2/83, S. 25.
[251] S. *Aulmann/Watermann,* BG 1984, S. 223, 227.

Staat zu begeben, um dort erneut Leistungen zu beanspruchen.[252] Grenzgänger haben insoweit nach Art. 54 Abs. 1 S. 2 VO 1408/71 nur ein einmaliges Wahlrecht.

ee) Leistungsinhalt

285 Art und Umfang der Leistungen bestimmen sich nach den Rechtsvorschriften desjenigen Mitgliedstaates, in dem der Anspruchsteller wohnt oder der zuständige Unfallversicherungsträger seinen Sitz hat. Insoweit muss auf die jeweiligen Rechtsordnungen verwiesen werden.

286 Die aus deutscher Sicht nach § 26 Abs. 1 SGB VII gewährten Sachleistungen umfassen im wesentlichen Heilbehandlung und Berufshilfe. Dabei ergeben sich in der Praxis insbesondere im Rahmen der nach § 35 SGB VII gewährten **Berufshilfe,** die Umschulung und Neueingliederung umfasst, häufig **Probleme** aufgrund mangelhafter Sprachkenntnis und unterschiedlicher Schulbildung der Betroffenen. Daneben besteht die Schwierigkeit, dass sich der Versicherte nach der Maßnahme wieder dem inländischen Arbeitsmarkt zur Verfügung stellen soll.[253] Nur so erhält er für die Übergangszeit gemäß § 49 SGB VII auch Übergangsgeld. In der Regel wird der Versicherte jedoch beabsichtigen, in sein Heimatland zurückzukehren und dort eine Arbeitsstelle zu suchen. Dies hat zur Folge, dass er seinen Anspruch auf Übergangsgeld verliert. Freilich hat er dann einen Anspruch auf Berufshilfe gegen den dortigen Träger (als aushilfsweise gewährte Sachleistung).[254]

c) Geldleistungen

287 Nach Eintritt des Leistungsfalls kommt neben der Gewährung von Sachleistungen auch die Zahlung von Geldleistungen in Betracht.

aa) Grundlagen

288 Soweit der Arbeitnehmer oder Selbständige im Gebiet eines anderen Mitgliedstaates als des zuständigen Staates wohnt, erhält er nach der allgemeinen Regelung des Art. 52 lit. b VO 1408/71 **Geldleistungen vom zuständigen Träger nach dessen Rechtsvorschriften.** Die beteiligten Unfallversicherungsträger können dabei vereinbaren, dass die Leistungserbringung durch den Träger des Wohnortes erfolgt. Entsprechendes gilt nach Art. 55 Abs. 1 Buchst. ii VO 1408/71 für die dort erwähnten Fälle des Wohnortwechsels.[255]

289 Die **Berechnung der Geldleistungen** richtet sich nach Art. 58 VO 1408/71. Soweit für die Berechnung der Geldleistungen nach den Vorschriften des zuständigen Trägers eines Mitgliedstaates ein Durchschnittsarbeitsentgelt, ein pauschales Arbeitsentgelt oder entsprechende Einkommen zugrunde zu legen sind, dürfen diese nur in bezug auf die nach den Rechtsvorschriften dieses Mitgliedstaates zurückgelegten Zeiten berücksichtigt werden (Art. 58 Abs. 1, 2 VO 1408/71). Dabei wird aus deutscher Sicht das im Ausland erzielte Einkommen nach der Verbrauchergeldparität, also dem Vergleich der Kaufkraft zwischen dem Inland und jeweiligem anderen Mitgliedstaat, umgerechnet und zur Ermittlung des Jahresarbeitsverdienstes nach § 82 Abs. 1 SGB VII herangezogen.[256] Soweit sich der Höhe der Geldleistung nach der Zahl der Familienmitglieder richtet, werden auch die Familienangehörigen des Versicherten berücksichtigt, die im Gebiet eines anderen Mitgliedstaates wohnen. Voraussetzung dafür ist nach Art. 70 VO 574/72 jedoch ein Nachweis, dass es sich bei den hinzuzurechnenden Personen um Familien-

---

[252] *Fuchs,* in Fuchs (Hrsg.), Art. 54 Rn. 2; *Wiegand,* Das Europäische Gemeinschaftsrecht in der Sozialversicherung, 1983, Art. 54, Rn. 2.
[253] *Aulmann/Watermann,* BG 1984, S. 226.
[254] *Podzun,* Der Unfallsachbearbeiter, Loseblattsammlung, Kz. 400, 6, 7.
[255] Vgl. zu den einzelnen Fallgruppen die Ausführungen unter Punkt cc.
[256] BSGE 36, S. 209, 211 ff.

angehörige handelt und dass diese – soweit die Rechtsvorschriften des Trägers dies verlangen – mit dem Antragsteller in häuslicher Gemeinschaft leben oder von ihm unterhalten werden.

Die **Höhe der Entschädigung für die Folgen eines Arbeitsunfalls oder einer Berufskrankheit** bzw. der Rentenbetrag ist abhängig vom Grad der Minderung der Erwerbsfähigkeit. Dabei werden nach Art. 61 Abs. 5, 6 VO 1408/71 für die Bemessung der Minderung der Erwerbsfähigkeit auch die in anderen Mitgliedstaaten früher oder später festgestellten Arbeitsunfälle und Berufskrankheiten berücksichtigt. Freilich muss der Grad der Minderung der Erwerbsfähigkeit durch ein ärztliches Gutachten nachgewiesen werden. Ein Pflicht des Arbeitnehmers, sich zur ärztlichen Untersuchung ins Inland zu begeben, besteht nicht. Der zuständige Unfallversicherungsträger kann zwar den Arzt wählen, ist jedoch an dessen Gutachten gebunden, sofern es nach den Rechtsvorschriften des Beschäftigungsstaates ordnungsgemäß zustande gekommen ist.[257] Problematisch ist in diesem Zusammenhang immer wieder die Anerkennung von Attesten, die in anderen Mitgliedstaaten ausgestellt wurden.[258]

Eine Kürzung der Geldleistungen aufgrund der Tatsache, dass sich der Berechtigte in einem anderen als dem zuständigen Mitgliedstaat aufhält, ist unter Zugrundelegung des Art. 10 VO 1408/71 unzulässig.

Soweit Grenzgänger, die gemäß Art. 14 Abs. 2 Buchst. b, i 1. Alt. VO 1408/71 eine Beschäftigung im Gebiet des zuständigen Trägers ausgeübt haben, Anspruch auf Rentenleistungen haben, wird zur Errechnung der Jahresarbeitsverdienstgrenze nicht die Verbrauchergeldparität, sondern der entsprechende Devisenkurs zur Umrechnung des im Ausland erzielten Einkommens herangezogen.

Der **Antrag für den Bezug einer Rente oder einer Zulage zu einer Rente** muss nach Art. 75 Abs. 1 VO 574/72 unter Verwendung der vorgesehenen Formblätter und unter Beifügung der amtlichen Unterlagen, die die Richtigkeit der Angaben belegen beim zuständigen Unfallversicherungsträger oder bei dem Träger des Wohnortes gestellt werden. Nach Art. 75 Abs. 2 VO 574/72 teilt der zuständige Träger dem Antragsteller seine Entscheidung unmittelbar oder über die Verbindungsstelle des zuständigen Staates mit. Unmittelbar i. S. dieser Vorschrift ist nach einer Entscheidung des EuGH[259] zu der insoweit entsprechenden Regelung des Art. 56 Abs. 2 VO 4[260] diese so auszulegen, dass die Mitteilung ohne Vermittlung erfolgen muss und dass diesem Erfordernis genügt ist, wenn bei der Übermittlung lediglich Dienste des Post- und Fernmeldewesens in Anspruch genommen werden. Nach den Ausführungen des EuGH sollen mit dieser Vorschrift bestimmte Hindernisse sachlicher und verwaltungstechnischer Art beseitigt, die Verwaltungsförmlichkeit vereinfacht und der Verfahrensablauf beschleunigt werden. Im Hinblick auf die europäische Integration sei die o. g. Handhabung den Förmlichkeiten vorzuziehen, auf die in der Regel für die Zustellung von Entscheidungen der Verwaltung zurückgegriffen werde. § 14 des deutschen Verwaltungszustellungsgesetzes, der eine Zustellung an Empfänger im Ausland mittels Ersuchens der zuständigen Behörde des fremden Staates oder der in diesem Staate befindlichen konsularischen oder diplomatischen Vertretungen der Bundesrepublik Deutschland vorsieht, ist für die Zustellung von behördlichen Entscheidungen über den Bezug einer Rente nach Art. 56 Abs. 2 VO 4 bzw. nach Art. 75 Abs. 2 VO 574/72 nicht anwendbar. Im übrigen sollen die nationalen Gerichte Nachteile vermeiden, die dadurch entstehen, dass der Arbeitnehmer die Sprache, in der die Entscheidung abgefasst ist, nicht versteht.[261]

---

[257] *Lenz*, SGb 1988, S. 1, 6; *Wickenhagen*, Internationales Sozialversicherungsrecht, S. 85.
[258] Vgl. hierzu die Ausführungen zu § 8 Rn. 297 ff.
[259] EuGH v. 18. 2. 1975, Rs 66/74 (Farrauto), Slg. 1975, S. 157 ff.
[260] Im Gegensatz zu Art. 75 Abs. 2 VO 574/72 sah Art. 56 Abs. 2 VO 4 eine Zustellung „über die Verbindungsstellen" noch nicht vor.
[261] EuGH v. 18. 2. 1975, Rs 66/74 (Farrauto), Slg. 1975, S. 157, 162.

bb) Pflegegeld

294 Ein Problem der überstaatlichen Leistungsgewährung stellt das Pflegegeld dar. In einigen Mitgliedstaaten wird es als **Geldleistung** angesehen; in den anderen Staaten, so auch in der Bundesrepublik Deutschland, wird es als Teil der Heilbehandlung und damit als Sachleistung, die in andere Staaten nicht gewährt werden kann, verstanden. 1974 einigten sich die deutschen Unfallversicherungsträger darauf, Pflegegeld bei Gewährung in andere Mitgliedstaaten als Geldleistung zu behandeln und diese Geldleistung nach den Kaufkraftverhältnissen des Aufenthaltsortes zu gewähren.[262] Liegen beispielsweise die Kosten für eine Pflegekraft, in dem Staat, in dem der Versicherte wohnt, unter den Kosten einer Pflegekraft in Deutschland, wird auch nur der niedrigere Satz gewährt. Verlegt der Anspruchsteller seinen Wohnsitz in die Bundesrepublik erhöht sich die Kostenerstattung auf den hier üblichen Satz.

295 Für die Geltendmachung seiner Ansprüche muss sich der Arbeitnehmer an die für den jeweiligen Mitgliedstaat zuständige Verbindungsstelle wenden. Aus deutscher Sicht ist darauf hinzuweisen, dass einzelne gewerbliche Berufsgenossenschaften für verschiedene Mitgliedstaaten zuständig sind.

d) Die Leistungsgewährung an Angehörige und Hinterbliebene

296 Neben den Leistungen, die an die Versicherten selbst gewährt werden, kommen auch Leistungen aus der Unfallversicherung an Hinterbliebene in Betracht, die von den Regelungen nach Art. 2 Abs. 2 VO 1408/71 gleichermaßen und unabhängig von der Staatsangehörigkeit erfasst werden.[263] Art. 57 Abs. 1 VO 1408/71 sieht beispielsweise Leistungen an Hinterbliebene für den Fall vor, dass der primär Versicherte an einer Berufskrankheit leidet bzw. verstirbt.

297 Nicht ganz unproblematisch ist häufig auch die Frage, ob der Anspruchsteller ein Hinterbliebener im Sinne der VO 1408/71 ist.

298 Zur Anerkennung des Witwen- und Witwerstatus' muss die Ehe, wenn sie nicht im Inland geschlossen wurde, formgültig nach dem Heimatrecht der beiden Verlobten im Heimatland oder Drittstaat geschlossen worden sein. Doch auch bei Nichtigkeit der Ehe aufgrund eines Formmangels kann eine Rente unter dem Gesichtspunkt des Vertrauensschutzes gewährt werden.[264]

299 Der Anspruch auf Witwen- oder Witwerrente steht den Berechtigten persönlich zu. Deshalb wird die Rentenabfindung nach § 80 SGB VII auch im Falle einer Wiederheirat im Ausland gewährt. Dies gilt unabhängig davon, ob die Hinterbliebenen einen deutschen Staatsangehörigen heiraten.[265] Anders als das Sterbegeld wird die Witwen- und Witwerrentenabfindung nach der Rechtsprechung des EuGH[266] gemäß Art. 1 Buchst. t VO 1408/71 wie eine Rente behandelt.

300 Von der Witwenrente ist die niedrigere Rente an eine frühere (jetzt geschiedene) Ehefrau zu unterscheiden. Die niedrigere Rente kann jedoch nur dann gewährt werden, wenn das Scheidungsurteil auch anerkannt ist. Soweit es sich um eine Scheidung im Heimatstaat handelt, reicht dabei die Anerkennung durch den Sozialversicherungsträger aus. Erfolgte die Scheidung in einem Drittstaat muss die jeweilige Landesjustizverwaltung die Scheidung anerkennen. Wird die Scheidung nicht anerkannt, muss die (höhere) Witwenrente in analoger Anwendung der §§ 63, 66 Abs. 2 SGB VII gewährt werden. Die an die eventuelle neue Ehefrau zu zahlende Rente bleibt davon freilich unberührt.[267]

---

[262] *Aulmann/Watermann*, BG 1984, 223, 229.

[263] *Wickenhagen*, Internationales Sozialversicherungsrecht, S. 69.

[264] BSGE 46, S. 104, 107; *Raschke*, BG 1983, S. 97, 99.

[265] BSGE 33, S. 280, 288; Anm. *Lohmann* zu BSG v. 21.12.73 – GS 6/71, SGb 1973, S. 104, 107; *Raschke*, BG 1983, S. 97, 100.

[266] EuGH v. 27. 11. 1973, Rs 130/73 (Vandeweghe), Slg. 1973, S. 1329 ff.

[267] Vgl. zu dieser Problematik *Raschke*, BG 1983, S. 97 ff.

IV. Arbeitsunfälle und Berufskrankheiten

Neben den Rentenleistungen ist die einzige Sachleistung, auf die die Angehörigen nach Art. 55 Abs. 1 Buchst. i VO 1408/71 einen Anspruch haben, die Erstattung der Reisekosten, die entstehen, wenn die Angehörigen sich in einem anderen Staat aufhalten als der sich in Heilbehandlung befindliche Verletzte. Die Reisekosten werden dann anstelle der Kosten für die Familienheimfahrt übernommen.

e) Einzelfragen

Leistungen auf Grundlage des **Fremdrentengesetzes** zählen nach dem EuGH[268] nicht zum Bereich der sozialen Sicherheit, sondern zur sozialen Entschädigung, die durch die VO 1408/71 nicht erfasst werden.

Eine weitere Frage, die sich im Rahmen der Leistungsgewährung immer wieder stellt, betrifft die **gegenseitige Anerkennung der Minderung der Erwerbsfähigkeit bei Arbeitsunfällen in anderen Mitgliedstaaten.** Die in diesem Zusammenhang ergangene Entscheidung des EuGH in der Rs Villano/Barion[269] ist ein plausibles Beispiel dafür, dass der EuGH dem Gesetzes- bzw. Verordnungswortlaut verbunden ist und nicht durch weitreichende Rechtsfortbildung die Aufgaben des europäischen Gesetzgebers übernehmen darf. In dem zugrundeliegenden Fall ging es um zwei italienische Staatsangehörige, die in Deutschland Arbeitsunfälle erlitten hatten, die eine Minderung der Erwerbsfähigkeit – wie später festgestellt wurde – von weniger als 20 v. H. verursachten. Damit war der für die nach deutschem Recht für einen Anspruch auf Unfallrente erforderliche Mindestsatz nicht erreicht. In beiden Fällen erlitten die Kläger einige Zeit später in Italien erneut Arbeitsunfälle, die wiederum eine Minderung der Erwerbsfähigkeit von weniger als 20 v. H. nach sich zogen. Die Kläger waren der Auffassung, dass der deutsche Unfallversicherungsträger die später in Italien eingetretene Minderung der Erwerbsfähigkeit bei der Bestimmung des Prozentsatzes der Minderung der Erwerbsfähigkeit hätte berücksichtigen müssen. Der EuGH entschied indes unter Berücksichtigung des Wortlautes von Art. 61 Abs. 5 VO 1408/71 a. F. anders und verneinte eine Verpflichtung der Unfallversicherungsträger zur Anrechnung später im Ausland eingetretener Arbeitsunfälle. Auch eine analoge Anwendung der Vorschrift kam für den EuGH nicht in Betracht. Das etwas unbefriedigende Ergebnis mag den europäischen Gesetzgeber dazu veranlasst haben, die VO 1408/71 durch die VO 2000/73 um einen Abs. 6 zu ergänzen, der die von den Klägern beanspruchte Berücksichtigung späterer Arbeitsunfälle künftig zumindest für diejenigen Fälle konstatiert, in denen die einzelnen Arbeitsunfälle oder Berufskrankheiten für sich genommen keinen Leistungsanspruch auslösen.[270]

5. Besonderheiten bei Berufskrankheiten

Da ein **Arbeitsunfall ein zeitlich und örtlich genau lokalisierbares Ereignis ist,** bereitet die Ermittlung des zuständigen Unfallversicherungsträgers kein Problem.[271] Schwieriger ist die Entschädigung bzw. die Rentenzahlung bei Berufskrankheiten. Die Schwierigkeiten im Rahmen dieser Materie resultieren einerseits aus tatsächlicher Umständen; die **Berufskrankheiten gehen nicht – wie ein Arbeitsunfall – auf einen einmaligen Vorgang zurück, der präzise lokalisiert werden kann,** sondern entstehen im Laufe einer längeren, oft mehrjährigen Entwicklungsphase im Rahmen eines Berufslebens. Andererseits finden sich gerade in diesem Bereich nationale Vorschriften, die dem Territorialitätsprinzip in besonderer Weise Rechnung tragen.[272] So müssen teilweise Min-

---

[268] EuGH v. 22. 2. 1979, Rs 144/78 (Tinelli), Slg. 1979, S. 757 ff.
[269] EuGH v. 29. 5. 1979, Rs 173,174/78 (Villano und Barion), Slg. 1979, S. 1581 ff.
[270] *Fuchs*, in: Deutscher Sozialrechtsverband (Hrsg.), S. 134.
[271] *Aulmann*, in: Hauptverband der gewerblichen Berufsgenossenschaft e. V. (Hrsg.), FS Lauterbach, S. 108.
[272] *Fuchs*, in: Deutscher Sozialrechtsverband (Hrsg.), S. 136.

destexpositionszeiten im Inland zurückgelegt, der Ausbruch der Krankheit innerhalb einer bestimmten Zeitspanne nach Aufgabe der Tätigkeit erfolgen oder die Krankheit muss im Inland festgestellt werden, um einen Entschädigungsanspruch zu begründen.[273]

a) Berechnung der Expositionszeiten

305 So verwundert es nicht, dass besondere Zurechnungsprobleme auftreten, wenn die **Expositionszeiten in verschiedenen Beschäftigungen oder gar in verschiedenen Mitgliedstaaten** zurückgelegt wurden. Diese Problematik hat der Europäische Gesetzgeber schon frühzeitig erkannt und aufgegriffen. Dabei wurde mit den VO Nr. 3 und 4 aus dem Jahre 1958 jedoch noch das Ziel verfolgt, eine Leistungskumulierung zu vermeiden. Aufgrund der Erkenntnis, dass sich diese Gefahr durch die restriktiven Regelungen der einzelnen Mitgliedstaaten nicht realisiert hat, und auf Drängen der deutschen Regierung wurde eine Neuregelung in der VO 8/63, einem Vorläufer des heutigen Art. 57 VO 1408/71 geschaffen.[274]

306 Zentrales Merkmal des Art. 57 VO 1408/71 ist die globale Betrachtung der Exposition, d.h. derjenigen Tätigkeiten, die geeignet sind, eine Berufskrankheit zu verursachen.[275] Besteht ein Anspruch auf Leistungen bei Berufskrankheit, so richtet sich die Gewährung nach den Rechtsvorschriften des zuletzt zuständigen Staates unter Berücksichtigung aller krankheitsrelevanten Faktoren, die Voraussetzung für den Anspruch sind und bereits in anderen Mitgliedstaaten nachgewiesen wurden (Art. 57 Abs. 1–4 VO 1408/71). Bemerkenswert ist, dass hierin eine Abweichung von dem sonst fast üblichen pro-rata-temporis Prinzip besteht, nach dem jeder Träger nur den Teil der Gesamtleistung erbringt, der der Dauer der Tätigkeit in dem entsprechenden Mitgliedstaat entspricht. Auf den ersten Blick erscheint diese Regelung gerade im Hinblick auf die Zielsetzung durchaus praktikabel. Nachteil dieser Regelung ist freilich, dass der zuletzt zuständige Träger nach dem Motto „**Den letzten beißen die Hunde!**" alleine die finanzielle Last tragen muss.[276] Dies hat zur Folge, dass bei grenzüberschreitenden Sachverhalten die Zuständigkeitsfragen regelmäßig umstritten sind und vor diesem Hintergrund seit einiger Zeit gefordert wird, dieses radikale Prinzip zugunsten eines Entschädigungssystems abzuschaffen, dass anderen Zweigen der Sozialen Sicherheit entspricht.[277]

b) Lastenteilung bei sklerogener Pneumokoniose

307 Letzteres mag den Gesetzgeber wohl dazu bewogen haben, einen Abs. 5 (ehemals Abs. 3c) einzufügen, der zumindest für die Fälle von sklerogener Pneumokoniose (z.B. Asbestose, Silikose, Quarzstaublunge) ausnahmsweise eine Lastenteilung nach den Zeiten der Altersversicherung vorsieht. Denn die sklerogene Pneumokoniose kann schon bei kurzer Exposition auftreten und zieht in der Regel eine sehr kostenintensive Behandlung nach sich.[278] Die Aufteilung erfolgt nach Art. 57 Abs. 5 S. 2 VO 1408/71 im Verhältnis der Dauer der jeweiligen Altersversicherungs- oder Wohnzeiten nach Art. 45 Abs. 1 VO 1408/71 zur Gesamtdauer der in allen Mitgliedstaaten zurückgelegten Altersversicherungs- oder Wohnzeiten im Zeitpunkt des Beginns der Leistungen. Von dem in der Alterssicherung gebräuchlichen **Pro-rata-temporis-Prinzip** weicht diese **Versicherungslastregelung** jedoch insofern ab, als dass nur die Kosten, die dem zuletzt zuständigen Träger ent-

---

[273] Vgl. zu diesen Bestimmungen des französischen Rechts: *Watermann*, BG 1963, S. 321, 323.
[274] Vgl. zu den vorangegangenen Ausführungen zur Entwicklung des Art. 57 VO 1408/71: Fuchs, in: Deutscher Sozialrechtsverband (Hrsg.), S. 137 m.w.N.
[275] *Fuchs*, in: Deutscher Sozialrechtsverband (Hrsg.), S. 137.
[276] Vgl. auch *Sokoll*, in: Schmähl (Hrsg.), S. 151.
[277] *Steinmeyer*, in: FS für Gitter, S. 963 ff.
[278] Vgl. LSG, SGb 1965, S. 344, 346 mit Anm. *Lütje*, SGb 1965, S. 347 f.; *Wickenhagen*, Internationales Sozialversicherungsrecht, S. 85; *Raschke*, BG 1979, S. 273; *ders.*, BG 1988, S. 129 f.

stehen, anteilig übernommen werden. Der Leistungsanspruch als solcher richtet sich ausschließlich nach den Rechtsvorschriften des zuletzt zuständigen Staates.[279]

Nach Art. 60 Abs. 2 VO 1408/71 findet das **Lastenteilungsprinzip** auch dann Anwendung, wenn sich der Gesundheitszustand eines Arbeitnehmers, der bereits Leistungen für sklerogene Pneumokoniose oder eine nach Art. 57 Abs. 6 VO 1408/71 entsprechende Berufskrankheit bezogen hat oder bezieht, verschlimmert. Der zuständige Träger, der schon die Leistungen nach Art. 57 Abs. 1 VO 1408/71 gewährt, übernimmt nach Art. 60 Abs. 2 Buchst. a VO 1408/71 auch die Leistungsgewährung unter Berücksichtigung der Verschlimmerung. Dabei werden die Geldleistungen, einschließlich der Renten grundsätzlich anteilig von den Trägern getragen, die auch die bisherigen Leistungen übernommen haben. Etwas anderes gilt jedoch, wenn der Anspruchsberechtigte während des Leistungsbezugs eine erneute Berufstätigkeit in einem der bereits an der Leistungsgewährung bereits beteiligten oder anderen Mitgliedstaat aufnimmt, die geeignet ist, die Berufskrankheit zu verschlimmern.[280] Zwar gewährt der zuständige Träger auch insoweit die vollen Leistungen unter Berücksichtigung der Verschlimmerung, wenn der Betroffene nach den Vorschriften des zweiten Mitgliedstaates keinen Anspruch auf Leistungen erwirbt (Art. 60 Abs. 1 Buchst. c VO 1408/71). Doch müssen die Kosten, die sich aus der Verschlimmerung ergeben, von dem Träger des zweiten Mitgliedstaates in voller Höhe übernommen werden (Art. 60 Abs. 1 Buchst. c VO 1408/71). Denn aus Art. 60 Abs. 2 Buchst. b VO 1408/71 ergibt sich, dass ein Anspruch des verpflichteten Trägers auf anteiligen Lastenausgleich in diesen Fällen nicht besteht.

In Anbetracht der Besonderheiten der Berufskrankheiten erscheint das Lastenteilungsprinzip durchaus sachgerecht. Da anstelle der aufgespaltenen Leistungszuständigkeit wie bei der Alterssicherung eine bloße Teilung der Versicherungslast gewählt wurde, werden Probleme der Risikozurechnung umgangen. Freilich muss insoweit die nicht immer unstreitige Frage geklärt werden, welche Zeiten in den jeweiligen Staaten als Altersversicherungszeiten anzusehen und damit im Rahmen der Lastenteilung zu berücksichtigen sind.[281] In Anbetracht der sonstigen Probleme erscheinen diese Nachteile allerdings akzeptabel. Um so mehr drängt sich der nächste Schritt auf, nämlich die Ausdehnung der Lastenteilungsregelung auf die übrigen Berufskrankheiten. Rechtstechnisch gesehen wäre eine Erweiterung des Anwendungsbereichs der Versicherungslastregelung durchaus machbar. Rechtspolitisch wird sie wohl an dem Widerstand derjenigen Mitgliedstaaten scheitern, deren Leistungsniveau bei Anwendung der eigenen Rechtsvorschriften niedriger wäre.[282] Doch wie auch immer man sich entscheidet, der Handlungsbedarf ist in bezug auf den Art. 57 VO 1408/71 unübersehbar. Als kleiner Schritt zur Vereinfachung ist die deutsche gängige Praxis zu erwähnen, die dort tätigen ausländischen Versicherten, die möglicherweise an sklerogener Pneumokoniose erkranken, listenmäßig zu erfassen, um so im Leistungsfall den Ausgleich zwischen den Unfallversicherungsträgern zu vereinfachen und Unklarheiten über die jeweilige Anspruchshöhe von vornherein auszuräumen.[283]

Auch die Zahlung des Sterbegeldes bereitet in den Fällen, in denen der Betreffende an Silikose verstorben ist, Schwierigkeiten. Zwar wird das Sterbegeld nach den allgemeinen Grundsätzen der Art. 64–66a VO 1408/71 gemäß Art. 65 Abs. 3 VO 1408/71 auch in den Fällen gewährt, wenn der Tod infolge eines Arbeitsunfalls oder einer Berufskrankheit eingetreten ist. Doch differiert der ausgezahlte Betrag in den einzelnen Mitgliedstaaten. So gewähren einige Unfallversicherungsträger wie beispielsweise Belgien und Frankreich das Sterbegeld nach der „herkömmlichen" Regelung als letzter zuständiger Träger komplett.

---

[279] *Steinmeyer*, in: FS für Gitter, S. 963 ff.
[280] Vgl. hierzu auch *Aulmann/Watermann*, BG 1984, S. 223, 228.
[281] Zur Feststellung siehe *Plöger/Wortmann/Kerger*, Sozialversicherung International, Loseblatt, Stand: März 2000, EWG Teil A, VO 1408/71, Art. 57 A 165.
[282] *Steinmeyer*, in: FS für Gitter, S. 963 ff.
[283] *Aulmann/Watermann*, BG 1984, S. 223, 229.

Andere Unfallversicherungsträger wie die in der Bundesrepublik Deutschland oder Italien bezahlen es nur lastenteilig und, da Sterbegeld im Innenverhältnis nicht anteilig erstattet wird, nur ihren Anteil.[284] Dies hat zur Folge, dass die Höhe des Sterbegeldes, das die Angehörigen eines Arbeitnehmers erhalten, der an sklerogener Pneumokoniose verstorben ist, davon abhängt, in welchem Mitgliedstaat der Arbeitnehmer zuletzt seiner Beschäftigung nachging. Hat ein an Silikose verstorbener Arbeitnehmer beispielsweise die zweite Hälfte seines Berufslebens in Frankreich verbracht, erhalten die Angehörigen das volle Sterbegeld. War der gleiche Arbeitnehmer dagegen in der zweiten Hälfte seines Erwerbslebens in Deutschland beschäftigt erhält er nur den anteiligen Betrag von 50% des Sterbegeldes.

311 Auch die eventuelle Verkürzung des Anspruchs auf Sterbegeld erscheint unbefriedigend und unverständlich. Das Sterbegeld wird – anders als Rentenleistungen – ohnehin nur einmalig gewährt und macht den geringsten Teil der Entschädigungsleistungen aus. Vom Rechtsgedanken her ist es eher als Leistung an die Hinterbliebenen und weniger als „Entschädigung", die sich an einer bestimmten Krankheit orientieren muss, gedacht. Schließlich ist es nicht einsehbar, warum die Hinterbliebenen die Nachteile eines mangelnden Ausgleichs im Innenverhältnis der Versicherungsträger zueinander tragen müssen.[285] Aus diesen Gründen ist eine Regelung nach belgischem oder französischem Recht oder eine lastenteilige Regelung wie bei den Rentenzahlungen im Fall von sklerogener Pneumokoniose vorzuziehen.

312 Es setzt sich immer mehr die Überzeugung durch, dass eine pro-rata-Regelung auch in den übrigen Fällen die sachgerechteste Lösung ist.[286]

c) Gegenseitige Anerkennung von Berufskrankheiten

313 Ein weiteres Problem liegt trotz erkennbarer Harmonisierungstendenzen in der gegenseitigen Anerkennung von Berufskrankheiten durch die einzelnen Mitgliedstaaten. Denn die geltend gemachte Berufskrankheit, auf der die Minderung der Erwerbsfähigkeit beruht, muss nach Art. 57 Abs. 1 VO 1408/71 von mindestens zwei Unfallversicherungsträgern anerkannt werden. Dies kann insbesondere bei der Zusammenrechnung von Minderungen der Erwerbsfähigkeit bedeutsam sein. Erkrankt ein Arbeitnehmer beispielsweise in Großbritannien an Byssinose und zieht dies eine zehnprozentige Minderung der Erwerbsfähigkeit nach sich, so kann er diese Minderung für einen Gesamtberechnung der Minderung der Erwerbsfähigkeit nicht geltend machen, weil der britische Unfallversicherungsträger diese Krankheit nicht als Berufskrankheit anerkannt. Dies kann sogar zur Ablehnung einer Rente führen, sofern die sonstige Minderung der Erwerbsfähigkeit auch nur 10 Prozent beträgt.

314 Die EG-Kommission hat nun zwar angekündigt, ein **aktuelles europäisches Verzeichnis über Berufskrankheiten** zu erstellen und den Mitgliedstaaten zur Annahme empfohlen, doch steht sie dabei vor dem Problem, dass die Liste nur dann ergänzt werden kann, wenn der Ursachenzusammenhang zwischen Einwirkung und Erkrankung in der medizinischen Wissenschaft anerkannt ist.[287] Diese Schwierigkeit resultiert daraus, dass der Nachweis der Kausalität ein unverzichtbarer Grundsatz des deutschen Unfallversicherungsrechts[288] und damit der häufig parallel strukturierten Unfallversicherungssysteme der Mit-

---

[284] *Raschke,* BG 1988, S. 129, 130.
[285] Kritisch zum geltenden System auch *Eichenhofer,* Sozialrecht der Europäischen Union, Rn. 223; *Haverkate/Huster,* Europäisches Sozialrecht – Eine Einführung, 1999, Rn. 284 f.
[286] S. *European Observatory on Social Security for Migrant Workers,* European Report, München 2001, S. 47.
[287] *Sokoll,* in: Schmähl (Hrsg.), S. 150 f., mit dem Hinweis auf die Mitteilungen der Kommission der Europäischen Gemeinschaften über ihr Aktionsprogramm zur Anwendung der Gemeinschaftscharta der sozialen Grundrechte, BR-Drucks. 717/89 v. 11. 12. 89, S. 20 ff.
[288] *Sokoll,* in: Schmähl (Hrsg.), S. 151, mit dem Hinweis auf einen Bericht der Bundesregierung über Maßnahmen zur Verringerung der Umweltbelastung durch Asbest, Woche im Bundestag (wib) 24/89 – VII/348 vom 20. 12. 1989.

gliedstaaten ist. Wahrscheinlichkeitsmaßstäbe, wie sie bei der EU befürwortet werden, oder sozialpolitische Erwägungen lassen sich dabei zwar nicht ohne weiteres auf das deutsche Entschädigungsrecht übertragen, doch ist die Hoffnung nicht ganz abwegig, dass die Entwicklung in der Europäischen Union die Chance bieten wird, die entsprechenden medizinischen Erkenntnisse über Ursachenzusammenhänge auszutauschen.[289] Es darf jedoch nicht übersehen werden, dass die Empfehlungen nach der Rechtsprechung des EuGH[290] als nur mittelbar geltendes und gerichtlich nicht durchsetzbares Recht nur beschränkte praktische Bedeutung, insbesondere als Auslegungshilfe haben.[291] Dabei ist auch insoweit der Handlungsbedarf offensichtlich, zumal sich das Problem der Heterogenität der verschiedenen nationalen Rechtsvorschriften zur Entschädigung von Berufskrankheiten am besten durch eine inhaltliche Änderung dieser Regelungen im Sinne einer zumindest partiellen Angleichung verwirklichen ließe. Eine solche Angleichung kann freilich nicht Aufgabe des EuGH sein. Hier muss vielmehr der europäische Gesetzgeber tätig werden.[292]

d) Verschlimmerung einer Berufskrankheit, für die ein Leistungsanspruch besteht

Soweit sich der Gesundheitszustand eines Arbeitnehmers oder Selbständigen, der bereits Leistungen für eine Berufskrankheit bezieht bzw. bezogen hat verschlechtert, ist der zuständige Träger nach Art. 60 Abs. 1 Buchst. a VO 1408/71 verpflichtet, diese **Verschlimmerung bei der Leistungsgewährung zu berücksichtigen.** Dies gilt jedoch dann nicht, wenn der Betreffende seit Beginn der Leistungsgewährung eine Berufstätigkeit nach den Vorschriften eines anderen Mitgliedstaates, die geeignet war, eine solche Krankheit zu verursachen oder zu verschlimmern, ausgeübt hat. In diesem Fall muss der zuständige Träger des zweiten Mitgliedstaates die Zulage, die sich aus der Verschlimmerung der Berufskrankheit ergibt, übernehmen (Art. 60 Abs. 1 Buchst. b VO 1408/71). Soweit es sich um Fälle von sklerogener Pneumokoniose handelt, gelten auch bei der Verschlimmerung dieser Krankheit besondere Vorschriften.[293]

6. Die Sachleistungsaushilfe

Anders als Geldleistungen, die direkt vom zuständigen Träger nach dessen Rechtsvorschriften erbracht werden, müssen die **Sachleistungen** nach Art. 52 Buchst. a VO 1408/71 für **Rechnung des zuständigen Trägers vom Träger des Wohnortes nach den für ihn zuständigen Rechtsvorschriften** gewährt werden, als ob der Leistungsempfänger dort versichert wäre. Soweit in dem Wohnstaat mehrere Versicherungssysteme zur Entschädigung von Arbeitsunfällen oder Berufskrankheiten vorgesehen sind, greift Art. 62 Abs. 1 VO 1408/71 ein, der in diesen Fällen auf das Sondersystem für Arbeitnehmer von Bergwerken und gleichgestellten Betrieben oder hilfsweise auf die Rechtsvorschriften des Systems für die Arbeitnehmer der Stahlindustrie verweist. Im umgekehrten Fall, d.h. soweit es in einem Mitgliedstaat keine Versicherung gegen Arbeitsunfälle oder Berufskrankheiten gibt, sind nach Art. 61 Abs. 1 VO 1408/71 die Leistungen von dem Träger gewährt, der am Aufenthalts- oder Wohnort auch die Leistungen bei Krankheit erbringen würde.

---

[289] Diese Hoffnung hegt *Sokoll,* in: Schmähl (Hrsg.), S. 152.
[290] Vgl. EuGH v. 13. 12. 1989, Rs C-322/88 (Grimaldi), Slg. 1989, S. 4407 ff.
[291] *Steinmeyer,* in: FS für Gitter, S. 963 ff.
[292] *Steinmeyer,* in: FS für Gitter, S. 963 ff., m.w.N.; vgl. dahingehend auch *Haverkate/Huster,* Rn. 285.
[293] Vgl. hierzu die vorangegangenen Ausführungen unter Rn. 307 ff.

7. Die Erstattung zwischen den Unfallversicherungsträgern

317 Die Kehrseite der Sachleistungsaushilfe ist die Erstattung zwischen den Unfallversicherungsträgern. Sie richtet sich nach Art. 63 VO 1408/71. Danach muss der zuständige Träger die Aufwendungen für die Leistungen nach den Art. 52, 55 Abs. 1 VO 1408/71 gegen Nachweis der tatsächlichen Aufwendungen übernehmen.

318 Vereinzelt haben die Mitgliedstaaten jedoch von der Möglichkeit des Art. 63 Abs. 3 VO 1408/71 Gebrauch gemacht und Erstattungsverzichtsabkommen geschlossen. Solche Abkommen bestehen beispielsweise zwischen der Bundesrepublik Deutschland einerseits und Großbritannien, Irland und Dänemark andererseits.

8. Der Rechtsübergang des Anspruchs gegen den Drittschädiger auf ausländische Unfallversicherungsträger

319 Ein weiteres Problemfeld, das bereits mehrfach Gegenstand von Urteilen des EuGH war,[294] ist der Rechtsübergang des Anspruchs gegen den Drittschädiger auf den leistungsverpflichteten Träger, der nicht in dem Mitgliedstaat ist, in dem sich der Unfall ereignet hat. Alle Entscheidungen betreffen die Auslegung des Art. 52 VO Nr. 3, einem Vorläufer des heutigen Art. 93 VO 1408/71. Ziel des Art. 52 sei es nach Auffassung des EuGH, dass jeder Mitgliedstaat alle Ansprüche anerkennt, welche die übrigen Staaten dem leistungsverpflichteten Träger, der gegen den haftenden Dritten klagt, im Wege des Forderungsübergangs oder mit Hilfe einer anderen rechtlichen Konstruktion einräumen.[295] Die Problematik ergibt sich durch die Überschneidung von sozialrechtlicher Einstands- und zivilrechtlicher Ersatzpflicht und ist heute in Art. 93 VO 1408/71 detailliert geregelt.[296]

V. Arbeitslosigkeit

Schrifttum: *Eichenhofer,* Europäisches Arbeitsförderungsrecht und Freizügigkeit, ZIAS 1991, 161 ff.; *ders.,* Arbeitsförderung, in: ders. (Hrsg.), Reform des europäischen koordinierenden Sozialrechts; *Waltermann,* Arbeitslosigkeit, in: Oetker/Preis(Hrsg.), EAS, B 9140.

1. Einleitung

320 Arbeitslosigkeit ist ein Phänomen, das nahezu alle Mitgliedstaaten betrifft. In einem zusammenwachsenden Europa bedeutet das, dass Arbeitnehmer aus anderen Mitgliedstaaten im Aufenthaltsstaat arbeitslos werden, dort Leistungen wegen Arbeitslosigkeit beziehen und ggf. auch zur neuen Arbeitssuche wieder in ihren Heimatstaat zurückkehren wollen. Daneben ist denkbar, dass ein Arbeitsloser seinen Heimatstaat verlässt, um in einem anderen Mitgliedstaat eine Beschäftigung zu suchen. Schließlich sind die Fälle zu berücksichtigen, in denen ein Arbeitnehmer für den Anspruchserwerb bei Arbeitslosigkeit anrechenbare Zeiten in mehreren Mitgliedstaaten zurückgelegt hat.

321 Die Vorschriften der Art. 67 bis 71 VO 1408/71 stellen die Verwirklichung der Grundfreiheit der **Freizügigkeit in diesem Bereich** durch verschiedene Ansätze sicher.

322 Art. 67 sieht wie auch schon die Vorschriften zum Risiko Alter eine Zusammenrechnung der Versicherungs- und Beschäftigungszeiten vor, sofern dies für den Erwerb, die Aufrechterhaltung oder das Wiederaufleben des Leistungsanspruchs erforderlich ist.

---

[294] Vgl. EuGH v. 11. 3. 1965, Rs 31/64, (Bertholet), Slg. 1965, S. 111 ff.; EuGH v. 9. 12. 1965, Rs 44/65 (Singer et Fils), Slg. 1965, S. 1267 ff.; EuGH v. 12. 11. 1969, Rs 27/69 (Entr'aide médicale), Slg. 1969, S. 405 ff.

[295] EuGH v. 12. 11. 1969, Rs 27/69 (Entr'aide médicale), Slg. 1969, S. 405, 406.

[296] *Eichenhofer,* in: Fuchs (Hrsg.), Art. 93, Rn. 4.

V. Arbeitslosigkeit

Art. 68 enthält die Vorschrift über die **Berechnung der Leistungen;** es werden zwei Einzelfragen der Leistungsbemessung geregelt und zwar die Bestimmung der Leistungshöhe und die Berücksichtigung von Familienangehörigen, die in einem anderen als dem zuständigen Mitgliedstaat wohnen.

Art. 69 befasst sich mit **Arbeitslosen, die sich in einen anderen Mitgliedstaat als den zuständigen Staat begeben** und bestimmt dabei Bedingungen und Grenzen der Aufrechterhaltung des Leistungsanspruchs. Hier besteht die koordinierungsrechtliche Besonderheit darin, dass der Arbeitslose bei Wechsel in einen anderen Mitgliedstaat seinen Leistungsanspruch nicht für den vollen Zeitraum des nach dem Recht des zuständigen Staates geltenden Leistungsdauer erhält, sondern eine zeitliche Begrenzung vorgesehen ist.

Art. 70 regelt dann im Anschluss daran die Frage der **Zahlung von Leistungen und Erstattungen bei Aufenthalt in dem anderen Staat.**

Art. 71 schließlich befasst sich mit dem Fall des **Auseinanderfallens zwischen Wohn- und Beschäftigungsstaat,** also dem Fall, dass ein Arbeitnehmer und späterer Arbeitsloser in einem anderen Staat als dem Beschäftigungsstaat wohnt. Zu denken ist hier insbesondere an Grenzgänger.

2. Sachlicher Anwendungsbereich

Unter Leistungen bei Arbeitslosigkeit im Sinne von Art. 4 der Verordnung, dessen Umschreibung für den sachlichen Anwendungsbereich der Art. 67 ff. maßgebend ist, sind zunächst die Geldleistungen zu rechnen, die bei Eintritt von Arbeitslosigkeit zu leisten sind.

Fraglich ist, ob darunter auch die Leistungen fallen, die in Deutschland einen wesentlichen Teil des Arbeitsförderungsrechts des SGB III ausmachen, nämlich die **allgemein der Bekämpfung der Arbeitslosigkeit dienenden Maßnahmen.** Hier wird man diese grundsätzlich **ausnehmen müssen.** Sie lassen sich aber als **soziale Vergünstigungen über Art. 7 Abs. 2 VO 1612/68 erfassen.**

Allerdings klammert der Europäische Gerichtshof andere als die klassischen Geldleistungen bei Arbeitslosigkeit nicht generell aus, wie sich in der Rechtssache Campana aus dem Jahr 1987 gezeigt hat. Nach dieser Entscheidung gilt Art. 67 Abs. 1 in Verbindung mit Art. 4 Abs. 1 Buchstabe g der Verordnung auch für Leistungen der beruflichen Fortbildung eines in Arbeit stehenden Arbeitnehmers, sofern für ihn eine konkrete Gefahr besteht, arbeitslos zu werden.[297] Dies ist als erweiternde Auslegung des Begriffs der Leistungen bei Arbeitslosigkeit zu verstehen, der so nicht nur Leistungen erfasst, die bei bereits eingetretener Arbeitslosigkeit gewährt werden sondern in engen Grenzen auch solche Leistungen, mit denen zukünftiger Arbeitslosigkeit vorgebeugt werden soll. Um den Zusammenhang zu den „Leistungen bei Arbeitslosigkeit" zu halten, muss deshalb die konkrete Gefahr der Arbeitslosigkeit Zielrichtung und Voraussetzung der Leistung sein. Eine solche Voraussetzung und damit einschlägige Leistung könnte deshalb im Fall des § 77 Abs. 1 Nr. 1 SGB III gegeben sein.[298]

Ein derartiger Zusammenhang ist hingegen nicht anzunehmen beim **Insolvenzgeld** (§§ 183 ff. SGB III). Dies dient nicht dem Einkommensersatz während der Arbeitslosigkeit, wenn auch ein Fall der Insolvenz des Arbeitgebers nicht selten mit nachfolgender Arbeitslosigkeit der Arbeitnehmer verbunden ist. Sinn und Zweck des Insolvenzgeldes ist aber der Ausgleich für nicht gezahltes Arbeitsentgelt.

3. Zusammenrechnung von Versicherungszeiten

In Art. 67 findet sich eine durchaus spezielle Regelung zur Zusammenrechnung insofern, als eine Unterscheidung zwischen Beschäftigungszeiten und Versicherungszeiten

---

[297] EuGH v. 4. 6. 1987 – Rs 375/85 (Campana), Slg. 1987, 2387.
[298] Ähnlich *Waltermann*, Arbeitslosigkeit, EAS B 9140 Rn. 5.

gemacht wird. Der Hintergrund dafür ist, dass nicht in allen Mitgliedstaaten Leistungen bei Arbeitslosigkeit über ein Sozialversicherungssystem sichergestellt werden. Es finden sich vielmehr auch Systeme, in denen die soziale Sicherung bei Arbeitslosigkeit durch ein Leistungsgesetz gewährleistet ist. Für letztere müsste aber mit Beschäftigungszeiten gearbeitet werden.

332 Deshalb sieht Art. 67 unterschiedliche Regelungen je nach dem vor, ob der jeweils zusammenrechnende Staat auf Versicherungszeiten oder Beschäftigungszeiten abstellt.

333 Art. 67 Abs. 1 betrifft dabei die Fälle der Zusammenrechnung aus der Sicht des Staates, der auf **Versicherungszeiten** abstellt. Art. 67 Abs. 2 auf der anderen Seite betrifft die Fälle der Zusammenrechnung aus der Sicht des Staates, der auf Beschäftigungszeiten abstellt. Hier werden **Versicherungs- und Beschäftigungszeiten zusammengerechnet.** Im Falle des Absatzes 1 aber nur insoweit, als sie als Versicherungszeiten gegolten hätten, wenn sie nach den eigenen Rechtsvorschriften zurückgelegt worden wären.

334 Das bedeutet, dass in den Fällen, in denen im Ausland ein einschlägiges Versicherungssystem nicht besteht, die Beschäftigungszeiten nur angerechnet werden, wenn sie nach deutschem Recht Versicherungszeiten gewesen wären.

335 Ausländische Versicherungszeiten sind hingegen immer zu berücksichtigen. Bemerkenswert ist hier, dass solche Versicherungszeiten bereits dann als gegeben angenommen werde, wenn überhaupt eine Versicherungspflicht des Arbeitnehmers bestand. Nach der Rechtsprechung des Europäischen Gerichtshofs macht Art. 67 Abs. 1 die Zusammenrechnung von Beschäftigungszeiten durch den zuständigen Träger eines anderen Mitgliedstates nicht davon abhängig, dass diese Zeiten nach den Rechtsvorschriften, nach denen sie zurückgelegt worden sind, als Versicherungszeiten für denselben Zweig der sozialen Sicherheit angesehen werden.[299]

336 Aus Art. 67 Abs. 3 ergibt sich, dass Arbeitnehmer nur dann in den Genuss der europarechtlichen Zusammenrechnung kommen, wenn sie Leistungen in dem Mitgliedstaat beantragen, in dem sie unmittelbar zuvor die Versicherungs- bzw. Beschäftigungszeiten zurückgelegt haben. Ob diese Voraussetzungen gegeben sind, bestimmt sich nach den Art. 13 ff. VO 1408/71.[300]

4. Berechnung der Leistungen

337 Kennzeichen der Leistungen wegen Arbeitslosigkeit ist typischerweise, dass sie für eine vorübergehende Zeit infolge Arbeitslosigkeit in einem bestimmten Staat bezogen wird. Regelmäßig ist die Bezugsdauer von Geldleistungen bei Arbeitslosigkeit zeitlich begrenzt und umfasst zumeist einen Leistungszeitraum von einem halben Jahr bis zu zwei Jahren.[301] Das gibt Anlass, bei der Leistungsberechnung nicht den komplizierten und umfassenden Ansatz wie bei der Rentenberechnung zu wählen.

338 Art. 68 bestimmt deshalb, dass der **Träger,** bei dem der Arbeitnehmer unmittelbar zuvor Versicherungs- oder Beschäftigungszeiten zurückgelegt hat, **grundsätzlich nur die Entgelte in seinem Staat zugrunde zu legen hat,** sofern sich die Leistungshöhe nach dem früheren Entgelt bemisst. Man mag über den Sinn dieses Prinzips streiten;[302] es lässt sich aber insbesondere der Gedanke der Praktikabilität anführen. Vergleichbares findet sich auch bei anderen Leistungen im Rahmen der Verordnung; verwiesen sei etwa auf die Regelungen zum Sterbegeld nach Art. 64 ff. der Verordnung. Aus den gleichen Gründen der Praktikabilität enthält Art. 68 dann eine Sonderregelung für den Fall, dass die Beschäf-

---

[299] EuGH v. 12. 5. 1989 – Rs 388/87 (Wamerdam-Steggerda), Slg. 1987, 1203.
[300] So auch *Eichenhofer,* Sozialrecht der Europäischen Union, Rn. 237; *Waltermann,* EAS B 9140 Rn. 22.
[301] MISSOC 2001, Tabelle X, S. 478 ff.
[302] *Eichenhofer,* in: Fuchs (Hrsg.), Kommentar zum Europäischen Sozialrecht, 2. Aufl., 2000, Art. 68 Rn. 2.

tigung in diesem Staat weniger als vier Wochen betragen hat. Dann werden die Entgelte danach bestimmt, was am Wohnort oder Aufenthaltsort des Arbeitslosen für eine Beschäftigung üblich ist, die der Beschäftigung, die er zuletzt im gebiet eines anderen Mitgliedstaats ausgeübt hat, gleichwertig oder vergleichbar ist.

5. Arbeitslose, die sich in einen anderen Staat als den zuständigen Staat begeben

Die Gewährung von Geldleistungen bei Arbeitslosigkeit ist üblicherweise verbunden mit der **Verfügbarkeit** für Bemühungen, einen neuen Arbeitsplatz zu finden. In Deutschland kommt dies in dem Erfordernis der Verfügbarkeit nach §§ 119f. SGB III zum Ausdruck. Angesichts der grundsätzlichen Begrenztheit der öffentlichen Arbeitsvermittlung auf das jeweilige Inland stellt sich dann die Frage, ob Leistungen bei Arbeitslosigkeit auch beim **Wechsel in einen anderen Mitgliedstaat** weitergezahlt werden können bzw. sollen.

Insofern stellt nun Art. 69 Bedingungen und Grenzen für die Aufrechterhaltung des Leistungsanspruchs auf. Danach muss der Arbeitslose vor seiner Abreise in einen anderen Mitgliedstaat mindestens vier Wochen nach Beginn der Arbeitslosigkeit bei der Arbeitsverwaltung des zuständigen Staates **als Arbeitsloser gemeldet** gewesen sein und dieser zur Verfügung gestanden haben. In dem Staat, in den sich der Arbeitslose dann begibt, muss er sich arbeitslos melden und sich der dortigen Kontrolle unterwerfen. Auf diese Weise ist an sich die Verfügbarkeit lückenlos sichergestellt. Gleichwohl **endet der Leistungsanspruch drei Monate nach Verlassen des ersten Mitgliedstaates.** Er wird nur dann weitergewährt, wenn der Arbeitslose vor Ablauf dieses Zeitraums zurückkehrt.

Diese zeitliche Begrenzung ist nicht unumstritten. So kann geltend gemacht werden, dass sichergestellt wird, dass der Arbeitslose ohne Unterbrechung einer Arbeitsvermittlung zur Verfügung steht und deshalb die Gefahr eines Missbrauchs gering ist. Weiter kann geltend gemacht werden, dass es arbeitsmarktpolitisch durchaus sinnvoll sein kann, einem Arbeitslosen einen längeren Zeitraum für die Arbeitssuche in einem anderen Mitgliedstaat einzuräumen. Der EuGH hat diese zeitliche Begrenzung in ständiger Rechtsprechung als für mit europäischem Gemeinschaftsrecht vereinbar angesehen.[303] Dabei bringt der Gerichtshof zum Ausdruck, dass der Rat es für notwendig erachtet habe, „den Anspruch auf Leistungen bei Arbeitslosigkeit von Arbeitnehmern, die eine Beschäftigung in einem anderen Mitgliedstaat als dem suchen, in dem sie unmittelbar zuvor gearbeitet oder Beiträge gezahlt haben, von Voraussetzungen abhängig zu machen, die zum Ziel haben, die Arbeitssuche im Mitgliedstaat der letzten Beschäftigung zu fördern, diesen Staat die Leistungen bei Arbeitslosigkeit tragen zu lassen und schließlich sicherzustellen, dass diese Leistungen nur denjenigen gewährt werden, die tatsächlich eine Beschäftigung suchen. Mit der Festlegung solcher Voraussetzungen in den Artikeln 67 Absatz 3 und 69 Absatz 1 der Verordnung Nr. 1408/71 hat der Rat von seinem Ermessensspielraum in zulässiger Weise Gebrauch gemacht."[304] Der Gerichtshof stellt also einen unmittelbaren Zusammenhang zwischen der Zuständigkeitsregelung des Art. 67 und der zeitlichen Begrenzung her. Dies ist rechtlich nachvollziehbar, in einem zusammenwachsenden europäischen Arbeitsmarkt aber zumindest arbeitsmarktpolitisch problematisch.

Es steht deshalb zu vermuten, dass **bei einer Überarbeitung der Verordnung die Frist zumindest verlängert** wird.[305] Dies würde auch dazu beitragen, einen europäischen Arbeitsmarkt zu entwickeln. Es mag durchaus ein Beitrag zum Abbau der Arbeitslosigkeit sein, Arbeitslosen die Möglichkeit zu erleichtern, in anderen Mitgliedstaaten als dem bisherigen Beschäftigungsstaat auf Arbeitssuche zu gehen.

---

[303] Siehe nur EuGH v. 16. 5. 1991 – Rs C-272/90 (van Noorden), SozR 3 –6050 Art. 67 EWGV 1408/71 Nr. 1; EuGH v. 8. 4. 1992 – Rs C-62/91 (Gray), EAS VO (EWG) 1408/71 Art. 67 Nr. 6.
[304] EuGH v. 8. 4. 1992 – Rs C-62/91 (Gray), EAS VO (EWG) 1408/71 Art. 67 Nr. 6 Rn. 12.
[305] S. dazu auch *Eichenhofer*, Sozialrecht der Europäischen Union, Rn. 243.

6. Auseinanderfallen von Wohnstaat und Beschäftigungsstaat

343 Art. 42 EG-Vertrag verlangt, dass die Zahlung von Leistungen an Personen sicherzustellen ist, die im Hoheitsgebiet eines anderen Staates als des Beschäftigungsstaates wohnen. In Erfüllung dieses Auftrages sieht Art. 71 Sonderregelungen für solche Personen vor, die während ihrer letzten Beschäftigung im Gebiet eines anderen Mitgliedstaates als des zuständigen Staates wohnten.

344 Die Vorschrift **differenziert** hier **zwischen Leistungen bei Vollarbeitslosigkeit** und solchen **bei Kurzarbeit oder sonstigem vorübergehendem Arbeitsausfall.** Für den Fall der Vollarbeitslosigkeit wird das Recht des Wohnsitzstaates zugrundegelegt während im Fall von Kurzarbeit oder sonstigem vorübergehendem Arbeitsausfall der Beschäftigungsstaat als Wohnsitzstaat fingiert wird. Diese Differenzierung erscheint nur auf den ersten Blick problematisch. Bei Vollarbeitslosigkeit wird hier konzediert, dass der Lebensmittelpunkt des Arbeitslosen im Wohnsitzstaat liegt. Bei vorübergehendem Arbeitsausfall hingegen wird darauf Rücksicht genommen, dass bei diesen Sozialleistungen typischerweise eine besondere Verknüpfung mit dem regelmäßig weiterbestehenden Arbeitsverhältnis besteht; hier ist es sinnvoll, auf den Beschäftigungsstaat abzustellen.

7. Perspektiven

345 Die Regelungen der Verordnung zum Risiko Arbeitslosigkeit tragen zum Ziel der Freizügigkeit auch in diesem Bereich bei. Allerdings hat sich gezeigt, dass dieses Ziel hier nicht vollständig erreicht wird. Mag auch die 3-Monatsfrist juristisch gerechtfertigt werden können, Freizügigkeit im Binnenmarkt und ein europäischer Arbeitsmarkt sind damit aber nicht erreicht.

346 Es besteht deshalb Anlass, das Koordinierungssystem in diesem Bereich zu verbessern.

VI. Familienleistungen und Ausbildungsförderung

Schrifttum: *Bradshaw/Piachaud/Parker/Schulte,* Familienleistungen in den Mitgliedsstaaten der der Europäischen Gemeinschaft im Vergleich, ZSR 1982, S. 129 ff; *Eichenhofer,* Deutsches Erziehungsgeld und Europäisches Sozialrecht, SGb 1997, S. 449 ff.; *ders.,* Deutsches Kindergeld für in Italien arbeitslose Jugendliche, SGb 1991, S. 265 ff.; *Fischer,* Der neue Art. 73 der VO (EWG) Nr. 1408/71, SGb 1990, S. 536 ff; *Hailbronner,* Die soziale Dimension der EG-Freizügigkeit – Gleichbehandlung und Territorialprinzip, EuZW 1991, S. 171 ff.; *Hustädt,* Ausbildungsförderung für ausländische studierende, InfAuslR 1987, S. 161 ff.; *Igl,* Kindergeld und Erziehungsgeld, 3. Auflage, 1993; *Magiera,* Das Europa der Bürger in einer Gemeinschaft ohne Binnengrenzen, 1990; *Ohler,* Die Rechtsprechung des EuGH zur Koordinierung der Familienleistungen für Wanderarbeitnehmer nach Europäischem Gemeinschaftsrecht – Folgeprobleme und Friktionen, Diss. Münster 1991; *Ramsauer,* Die Neuregelung des zehnten Gesetzes zur Änderung des Bundesausbildungsförderungsgesetzes (10. BaföGÄndG), NVwZ 1986, S. 815 ff.; *Ramsauer/Stallbaum,* Bundesausbildungsförderungsgesetz mit Erläuterungen, 1991; *Schuler,* Zwischenstaatliche und gemeinschaftsrechtliche Sozialrechtsintegration im Vergleich, EuR 1985, S. 113 ff.; *Schuler,* Das Internationale Sozialrecht der Bundesrepublik Deutschland, 1988; *Schulte/Barwig,* Freizügigkeit und soziale Sicherheit, 1999; *Schulte/Zacher,* Wechselwirkungen zwischen dem europäischen Sozialrecht und dem Sozialrecht der Bundesrepublik, 1991; *Seewald/Felix,* Kindergeldrecht, Kommentar, Losebl. Ausg., Stand 2000; *Seewald/Felix,* Das steuerfreie Existenzminimum der Familie – Widerspruch oder Wende in der Rechtsprechung des Bundesverfassungsgerichts, VSSR 1995, S. 277 ff; *Stahlberg,* Deutsches Kindergeld für EG- Staatsangehörige, SGb 1989, S. 238 ff.; *Steinmeyer,* Harmonisierung des Betriebsrentenrechts in der Europäischen Gemeinschaft, EuZW 1991, S. 43 ff.; *ders.,* Familienleistungen und Ausbildungsförderung, in: Europäisches Sozialrecht, Schriftenreihe des Deutschen Sozialrechtsverbandes (SDSRV) Band 36, 1992; *Teske,* BAföG und EG-Recht, EuZW 1991, S. 54 ff.; *v. Mutius,* Ausbildungsförderung und Familienlastenausgleich, 1989.

VI. Familienleistungen und Ausbildungsförderung

1. Einleitung

Mit Familienleistungen und Ausbildungsförderung sind hier zwei Themenkomplexe zusammengefügt worden, die sich aus der Sicht des nationalen deutschen Rechts durch eine gewisse Sachnähe zueinander auszeichnen, die aber europarechtlich sehr unterschiedlich ausgestaltet sind und unterschiedliche Fragen aufwerfen.

Im 1. Abschnitt des Sozialgesetzbuchs – Allgemeiner Teil – wird in § 6 SGB I von einem sozialen Recht dahingehend gesprochen, dass derjenige, der Kindern Unterhalt zu leisten hat oder leistet, ein Recht auf Minderung der dadurch entstehenden wirtschaftlichen Belastungen hat. § 25 SGB I sieht als Leistungen zur Minderung des Familienaufwands Kindergeld und Erziehungsgeld vor. Demgegenüber wird die Ausbildungsförderung in § 3 SGB I zusammen mit der Arbeitsförderung erwähnt. Nach Absatz 1 dieser Vorschrift hat derjenige, der an einer Ausbildung teilnimmt, die seiner Neigung, Eignung und Leistung entspricht, ein Recht auf individuelle Förderung seiner Ausbildung, wenn ihm die hierfür erforderlichen Mittel nicht anderweitig zur Verfügung stehen.

Für die Ausbildung der Kinder zu sorgen ist jedoch die selbstverständliche moralische Pflicht und Aufgabe einer Familie und wird von den Eltern oft mit erheblichem Einsatz betrieben. Der Staat stellt Ausbildungsstätten zur Verfügung und erhebt für deren Inanspruchnahme anders als früher einmal keine Studiengebühren und leistet bereits so einen Beitrag zur Ausbildungsförderung und damit zur Minderung des Familienaufwandes. Wenn er darüber hinausgehend nach dem Bundesausbildungsförderungsgesetz durch eine Sozialleistung individuelle Ausbildungsförderung betreibt, tut er zur Minderung des Familienaufwandes ein übriges. Eine Sachnähe ist daher unverkennbar.[306]

Schaut man nun aber in das europäische Sozialrecht, so ergibt sich ein ganz anderes Bild. Während die Verordnung Nr. 1408/71[307] den **Familienleistungen** die Art. **72–76** widmet, wird die **Ausbildungsförderung** in dieser Verordnung über die Anwendung der Systeme der sozialen Sicherheit auf Arbeitnehmer und Selbständige sowie deren Familienangehörige, die in der Gemeinschaft zu- und abwandern, gar **nicht erwähnt**. Das schlägt sich auch in den Entscheidungen des Europäischen Gerichtshofs zum eigentlichen Familienlastenausgleich einerseits und zur Ausbildungsförderung andererseits nieder. Beim eigentlichen Familienlastenausgleich geht es um die Auslegung und Anwendung der VO 1408/71, die die Aufgabe hat, die nationalen Sozialleistungssysteme der Mitgliedstaaten miteinander zu koordinieren. Eine wichtige, zur **Ausbildungsförderung** ergangene Entscheidung des Europäischen Gerichtshofs in der Rechtssache di Leo gegen das Land Berlin[308] hingegen basiert auf der **Verordnung (EWG) Nr. 1612/68** über die Freizügigkeit der Arbeitnehmer innerhalb der Gemeinschaft,[309] die auch als die arbeitsrechtliche Freizügigkeitsverordnung bezeichnet wird.

Im Folgenden soll analysiert werden, **welchen Einfluss das europäische Recht in den Bereichen Familienlastenausgleich und Ausbildungsförderung auf das nationale deutsche Recht** hat; dabei soll insbesondere versucht werden, den Widerspruch aufzulösen oder zu erklären, der sich zwischen europarechtlicher und nationaler Einordnung ergibt.

---

[306] Vgl. etwa; *Steiger*, in v. Mutius, Ausbildungsförderung und Familienlastenausgleich, 1989, S. 15 ff.; Blanke, ebenda, S. 73 ff.; *Ramsauer/Stallbaum*, Bundesausbildungsförderungsgesetz mit Erläuterungen, 3. Aufl. 1991, § 1 Rn. 15; *Rothe/Blanke*, Bundesausbildungsförderungsgesetz, Loseblatt, Einf. Anm. 1; siehe auch *Kaupper*, in: Schulte/Zacher, Wechselwirkungen S. 133, 136.

[307] Verordnung (EWG) Nr. 1408/71 über die Anwendung der Systeme der sozialen Sicherheit auf Arbeitnehmer und Selbständige, die innerhalb der Gemeinschaft zu- und abwandern vom 14. Juni 1971 (ABl. EG Nr. L 149/2).

[308] EuGH v. 13. 11. 1990 (di Leo), Rs. C-308/89, Slg. 1990, S. 4185 ff. = EuZW 1991, S. 30.

[309] Verordnung vom 15. Oktober 1968 (ABl. EG Nr. L 257/2).

2. Familienleistungen

352 Familienleistungen im Sinne der Verordnung sind gem. Art. 1 Buchst. u) i) VO 1408/71 alle Sach- oder Geldleistungen, die zum **Ausgleich von Familienlasten** bestimmt sind. Es handelt sich dabei um Leistungen, die zum Ausgleich der Unterhaltsverpflichtungen der Berechtigten gegenüber ihren Kindern gewährt werden.

Nach deutschem Recht kommen als Familienleistungen im Sinne der Verordnung das Kindergeld[310] und das Erziehungsgeld in Betracht. Leistungen an das Kind selbst stellen keine Familienleistungen dar; selbst dann nicht, wenn ansonsten die Eltern Leistungen erbringen müssten. Dies gilt insbesondere für die Ausbildungsförderung, die insoweit, wie bereits oben ausgeführt, der VO 1612/68 unterfällt.[311]

a) Kindergeld

353 Das **bis 1996 nach dem BKGG a. F. geregelte Kindergeld** war unstreitig als Familienleistung gemäß Art. 1 Abs. 1 Buchst. u) VO 1408/71 von der Verordnung erfasst.[312] Danach wurde das Kindergeld monatlich als Sozialleistung ausgezahlt. Daneben wurden steuerrechtlich Kinderfreibeträge berücksichtigt. Es bestand insoweit eine Kombination des deutschen Kindergeldrechts aus monatlichen Geldleistungen nach dem BKGG a. F. und steuerrechtlichen Freibeträgen nach dem EStG, weshalb man von einem Dualismus des Familienlastenausgleichs sprechen konnte.

354 Mit dem Jahressteuergesetz 1996[313] hat der Gesetzgeber eine **Neugestaltung des deutschen Kindergeldrechts** vorgenommen, nachdem zuvor das Bundesverfassungsgericht die entsprechenden alten Regelungen aufgrund des steuerrechtlich unzureichenden Schutzes des Existenzminimums für verfassungswidrig erachtet hatte.[314]

355 Durch die Neuregelung ist das Kindergeld nunmehr stärker in das Steuerrecht eingebunden. Nach Maßgabe der §§ 62 ff. EStG können die Betroffenen Kindergeld beantragen, die in Deutschland wohnen, sich dort gewöhnlich aufhalten oder dort unbeschränkt einkommensteuerpflichtig sind. Daneben wird im Rahmen der Veranlagung zur Einkommensteuer gemäß § 32 EStG ein Kinderfreibetrag berücksichtigt; dies allerdings nur dann, wenn eine entsprechende Entlastung nicht bereits durch das ausgezahlte Kindergeld erreicht ist.

356 Das Kindergeld wird danach nicht mehr als Sozialleistung, sondern vielmehr als **Steuervergütung** gewährt (§ 31 S. 3 EStG).[315] Ein Dualismus zwischen Steuerrecht und Geldleistung ist jedoch insoweit erhalten geblieben, als das Kindergeld seiner Funktion nach als Geldleistung im Voraus auf eine einkommensteuerrechtliche Kinderentlastung anzusehen ist. Kindergeld und Freibetrag dienen danach vorrangig dem Ziel, das Existenzminimum des Kindes steuerlich freizustellen (§ 31 S. 1 EStG).

357 Neben diesem steuerrechtlichen Kindergeld nach dem EStG wird auch weiterhin ein sozialrechtliches Kindergeld nach dem BKGG n. F.[316] gewährt. Danach haben allerdings nur diejenigen Personen Ansprüche, die nicht unbeschränkt steuerpflichtig sind oder als Waisen Kindergeld für sich selbst erhalten (§ 1 BKGG).

358 **Auch nach der Neuregelung** kann die Gewährung von Kindergeld gemäß § 62 ff. EStG als **Familienleistung im Sinne der Verordnung** angesehen werden. Die Einstufung als Steuervergütung ändert faktisch nichts an der Gewährung des Kindergeldes für die

---

[310] EuGH v. 12. 6. 1995 – Rs C-266/95, Slg. 1997, I-3279.
[311] EuGH v. 13. 11. 1990 (di Leo), Rs. C-308/89, Slg. 1990, S. 4185 ff. = EuZW 1991, S. 30.
[312] EuGH v. 22. 2. 1990 (Bronzino) Rs. C-12/88, Slg. 1990, S. 531 = NZA 1990, S. 581 ff.
[313] BGBl. I, S. 1250.
[314] BVerfGE 82, 60; 82, 198; 87, 153; 91, 93; siehe auch *Seewald/Felix*, VSSR 1995, S. 277 ff.
[315] Vgl. auch *Seewald/Felix*, Kindergeldrecht, Stand 2000, § 62 Rn. 140.
[316] BGBl. I, S. 46.

Betroffenen, die das Kindergeld nach wie vor als monatliche Geldzahlung erhalten.[317] Gleiches gilt demnach auch für das sozialrechtliche Kindergeld nach dem BKGG n. F. Der neben dem Kindergeld gemäß § 62ff. EStG gewährte Freibetrag im Sinne des § 32 EStG fällt hingegen nicht in den Anwendungsbereich der VO 1408/71, sondern ist vielmehr als steuerliche Vergünstigung im Sinne des Art. 7 Abs. 2 VO 1612/68 anzusehen.[318] § 17 BKGG n. F. betont dies ausdrücklich, indem den Personen, die vom persönlichen Geltungsbereich der Verordnung erfasst werden, Gleichbehandlung garantiert wird; darüber hinaus ist bestimmt, dass auch im übrigen die Bestimmungen der einschlägigen europäischen Verordnungen unberührt bleiben.[319]

b) Erziehungsgeld

359 Das 1985 als Sozialleistung mit dem BErzGG eingeführte Erziehungsgeld dient in erster Linie der Unterstützung und Förderung der Eltern, sich ihrem Kind zu widmen. Es soll daher insoweit den Nichterwerbstätigen zu Gute kommen, wobei Teilzeitbeschäftigungen und Beschäftigungen zur Berufsausbildung für den Bezug unschädlich sind (§ 2 BErzGG).

360 Beim Erziehungsgeld beginnt das Problem bei der **europarechtlichen Einordnung dieser Sozialleistung.** Handelt es sich nun um eine, die der Verordnung (EWG) Nr. 1408/71 unterfällt oder aber wird man sie nur mit Art. 7 Abs. 2 der Verordnung (EWG) Nr. 1612/68 erfassen können? Das Erziehungsgeld weist starke Parallelen zum Kindergeld auf, jedoch mindestens ebenso starke zu den arbeitsrechtlichen Mutterschaftsleistungen nach dem Mutterschutzgesetz. Art. 1 Buchst. u) i) VO 1408/71 versteht unter „Familienleistungen" alle Sach- und Geldleistungen, die zum Ausgleich von Familienlasten bestimmt sind. Damit ist mehr die Kompensation wirtschaftlicher Nachteile durch die Betreuung von Kindern zu verstehen; beim Erziehungsgeld geht es aber um ein besonderes Angebot des Gesetzgebers an die Eltern, sich zur Kinderbetreuung eine Zeitlang aus dem Erwerbsleben zurückziehen zu können.[320]

361 Eine klassische Familienleistung ist das deutsche Erziehungsgeld nach dem BErzGG daher nicht; gleichwohl hat der Europäische Gerichtshof es in der **Rechtssache Hoever und Zachow** als **Familienleistung** angesehen.[321] Die Unterscheidung zwischen Leistungen, die vom Geltungsbereich der Verordnung Nr. 1408/71 ausgeschlossen sind und solchen, die von ihm erfasst würden, hinge im wesentlichen von den grundlegenden Merkmalen der jeweiligen Leistung ab, insbesondere von ihrem Zweck und den Voraussetzungen ihrer Gewährung, nicht dagegen davon, ob eine Leistung von den nationalen Rechtsvorschriften als eine Leistung der sozialen Sicherheit eingestuft werde. Das Erziehungsgeld bezwecke den Ausgleich von Familienlasten im Sinne des Art. 1 Buchst. u) i) VO 1408/71. Der Europäische Gerichtshof begründet dies insbesondere damit, dass das Erziehungsgeld einem Elternteil ermöglichen solle, sich in der ersten Lebensphase eines Kindes dessen Erziehung zu widmen. Die Leistung diene dazu, die Erziehung des Kindes zu vergüten, die anderen Betreuungs- und Erziehungskosten auszugleichen und gegebenenfalls die finanziellen Nachteile abzumildern, die der Verzicht auf ein Vollerwerbseinkommen bedeute.[322] Diese Einordnung des deutschen Erziehungsgeldes hat der Europäische Gerichtshof nochmals in der **Rechtssache Martínez Sala** bestätigt.[323] Gleichfalls hat

---

[317] Vgl. auch *Becker*, in: Schulte/Barwig, Freizügigkeit und Soziale Sicherheit, 1999, S. 191, 198f.
[318] Vgl. *Igl*, in: Fuchs, Kommentar zum Europäischen Sozialrecht, 2. Aufl. 2000, Art. 72, Rn. 2.
[319] Vgl. auch *Eichenhofer*, Familienleistungen, EAS B 9200 Rn. 43.
[320] Siehe dazu auch *Eichenhofer*, Familienleistungen EAS B 9200, Rn. 11; *Steinmeyer*, SDSRV, Bd. 36, S. 189f.
[321] EuGH v. 10. 19. 1996 (Hoever u. Zachow), Rs. C-245/94, Slg. 1996, S. 4895ff. = EAS VO 1408/71 Art. 18 Nr. 4. Kritisch dazu *Heinze*, SGb 2001, 157ff.
[322] EuGH v. 10. 19. 1996 (Hoever u. Zachow), Rs. C-245/94, Slg. 1996, S. 4895, 4934ff.
[323] EuGH v. 12. 5. 1998 (Martínez Sala), Rs. C-85/96, Slg. 1998, S. 2691ff.

der Gerichtshof in einer neueren Entscheidung das Erziehungsgeld nach schwedischem Recht als Familienleistung im Sinne der VO 1408/71 eingeordnet.[324]

362 In der Rechtssache *Hoever und Zachow* hat der Europäische Gerichtshof einen Anspruch der Klägerinnen gemäß Art. 73 VO 1408/71 abgeleitet von deren Ehemännern.[325] Anders als die Klägerinnen selbst, fielen deren Ehemännern als Arbeitnehmer in den persönlichen Anwendungsbereich der VO 1408/71. Die in Deutschland berufstätigen Ehemännern hatten jedoch für ihre in den Niederlanden wohnhaften Familien – trotz der Möglichkeit entsprechend § 1 Abs. 4 BErzGG – kein Erziehungsgeld nach deutschem Recht beantragt. Damit hat der Gerichtshof den Klägerinnen faktisch eine eigenständige Sicherung zukommen lassen, da das deutsche Erziehungsgeld grundsätzlich der Person zukommt, die die Erziehungsleistung erbringt.[326]

363 Wie man sich aber auch entscheidet, in jedem Fall gilt der Grundsatz der Gleichbehandlung der Staatsangehörigen, sei es über Art. 7 Abs. 2 Verordnung (EWG) Nr. 1612/68 oder über Art. 3 der Verordnung (EWG) Nr. 1408/71. Bei Anwendung der einen wie der anderen Vorschrift bestehen aber Bedenken gegen die Regelung des § 1 Abs. 4 Ziffer 1 Bundeserziehungsgeldgesetz, der bestimmt, dass Angehörige von Mitgliedstaaten, die im Inland arbeiten, ohne hier einen Wohnsitz oder einen gewöhnlichen Aufenthalt zu haben, unter bestimmten Voraussetzungen ebenfalls einen Anspruch auf Erziehungsgeld haben. Hier werden diese EG-Ausländer einer Sonderbehandlung unterworfen und können einen Anspruch auf Erziehungsgeld nur geltend machen, wenn sie ein Arbeitsverhältnis im Inland haben, das die Geringfügigkeitsgrenzen des § 8 SGB IV hinsichtlich der wöchentlichen Arbeitszeit übersteigt; ein vergleichbares Kriterium wird für Inlandsfälle im Gesetz sonst nicht aufgestellt. Zwar soll diese Regelung offenkundig verhindern, dass Grenzgänger mit geringfügigen Beschäftigungen im Inland Erziehungsgeld beanspruchen können; sie bezieht sich aber nur auf die wöchentliche Arbeitszeit des Grenzgängers und nicht auch auf die sonstigen Voraussetzungen für eine geringfügige Beschäftigung, wie sie in § 8 SGB IV niedergelegt sind. Sie schließt also Personen aus, die aufgrund ihres Beschäftigungsverhältnisses deutliche Verknüpfungen zum Inland haben und benachteiligt damit insoweit EG-Ausländer.

c) Die europarechtlichen Probleme des deutschen Familienlastenausgleichs

364 Lässt man die europarechtlichen Probleme der Familienleistungen Revue passieren, so kristallisiert sich heraus, dass es um die Frage der Zahlung von Kindergeldleistungen ins EG-Ausland geht. Konkret stellt sich die Frage, ob das **Beschäftigungslandprinzip** oder aber das **Wohnlandprinzip** maßgebend sein soll. Damit verknüpft ist das Problem der möglichen gleichzeitigen Leistungsberechtigung in mehreren Mitgliedstaaten sowie ein Fragenkomplex, der in vielerlei Gestalt immer wieder auftaucht, nämlich der der versteckten oder verschleierten Diskriminierung.

365 Der Zugang zum Kindergeldrecht als dem zentralen Bereich der Familienleistungen erweist sich nicht nur aus europarechtlicher sondern auch aus nationaler Sicht deshalb als so schwierig, weil hier **auf bis zu drei Personen bei einer einzigen Sozialleistung abzustellen** ist. Dies kommt sinnfällig in der Konzeption und der Ausgestaltung des deutschen Kindergeldrechts zum Ausdruck. Nach deutschem Kindergeldrecht haben den Anspruch auf Kindergeld die Eltern und nicht die Kinder; das ist nicht weiter verwunderlich, wenn man sich vor Augen hält, dass Zweck dieser Sozialleistung die Minderung des Familienaufwands ist. Gleichwohl muss auch das Kind in die Betrachtungen einbezogen und auch die Tatsache berücksichtigt werden, dass es hier typischerweise um zwei Elternteile geht. Das bereitet für den Gesetzgeber keine unüberwindlichen Probleme, wenn es um reine Inlandssachverhalte geht. So sieht etwa § 64 Abs. 1 EStG vor, dass für jedes Kind

---

[324] EuGH v. 11. 6. 1998 (Kuusijärvi), Rs. C-275/96, Slg. 1998, S. 3419 ff.
[325] EuGH v. 10. 19. 1996 (Hoever u. Zachow), Rs. C-245/94, Slg. 1996, S. 4895, 4937.
[326] Vgl. kritisch dazu *Eichenhofer*, SGb 1997, S. 450 f.

VI. Familienleistungen und Ausbildungsförderung

nur einer Person Kindergeld gewährt wird; die Vorschrift enthält dann detaillierte Regelungen darüber, was zu geschehen hat, wenn mehrere Personen die Anspruchsvoraussetzungen erfüllen (§ 64 Abs. 2 u. 3 EStG). Die Berücksichtigung der 3. Person – des Kindes – führt bei rein innerstaatlichen Sachverhalten zu keinen größeren Schwierigkeiten.

Ganz anders war diese Situation bei Sachverhalten mit Auslandsberührung nach dem BKGG a. F. So machte das Gesetz bereits in § 1 Abs. 2 Nr. 1 BKGG a. F. deutlich, dass einen Anspruch auf Kindergeld grundsätzlich nur hatte, wer im Geltungsbereich des Gesetzes seinen Wohnsitz oder gewöhnlichen Aufenthalt hatte. Ausnahmen wurden für solche Personen gemacht, die trotz fehlenden Wohnsitzes oder gewöhnlichen Aufenthalts im Inland gleichwohl enge Verknüpfungen zum Inland aufwiesen.[327] Dabei waren – auch bei der kollisionsrechtlichen Ausgestaltung der Sozialleistung – mehrere Personen und daher mehrere – möglicherweise kollidierende – Anknüpfungspunkte zu beachten. So sah etwa § 2 Abs. 5 BKGG a. F. vor, dass grundsätzlich Kinder, die weder einen Wohnsitz noch einen gewöhnlichen Aufenthalt im Inland haben, nicht berücksichtigt wurden. **366**

Auf diese nationale rechtliche Situation traf nun das europäische Gemeinschaftsrecht mit Art. 73 VO Nr. 1408/71. Dieser bestimmt, dass ein Arbeitnehmer oder ein Selbständiger, der den Rechtsvorschriften eines Mitgliedstaates unterliegt, für seine Familienangehörigen, die im Gebiet eines anderen Mitgliedstaates wohnen, Anspruch nach den Rechtsvorschriften des ersten Staates hat, als ob diese Familienangehörigen im Gebiet dieses Staates wohnen. Das bedeutet bei Sachverhalten mit Auslandsberührung zu einem anderen Mitgliedstaat der EG, dass ein Arbeitnehmer, der in Deutschland beschäftigt ist, auch für diejenigen Kinder Kindergeld erhält, die in einem anderen Mitgliedstaat leben. Art. 73 VO Nr. 1408/71 normiert demnach das sog. **Beschäftigungslandprinzip**.[328] Davon ist **auch nach der Überführung des Kindergeldrechts ins Steuerrecht weiter auszugehen**. **367**

Geht man aber aus vom Beschäftigungslandprinzip, so ergibt sich ein Folgeproblem, das ebenfalls einer Regelung bedarf. Da – wie einleitend angesprochen – bis zu drei Personen kollisionsrechtlich zu berücksichtigen sind, kommt der Fall vor, dass für ein und denselben Familienangehörigen für den gleichen Zeitraum Familienleistungen auch nach den Rechtsvorschriften eines anderen Mitgliedstaates vorgesehen sind. Es wären dann zwei Familienleistungen kumuliert. Um diese Kumulierung zu vermeiden, sieht Art. 76 VO Nr. 1408/71 einen Vorrang der Leistungen des Staates vor, in dessen Gebiet der fragliche Familienangehörige (das Kind) wohnt. Das Beschäftigungslandprinzip des Art. 73 VO Nr. 1408/71 wird damit für diesen Fall modifiziert durch das Wohnlandprinzip. Allerdings wird dieses Prinzip durch Art. 76 nur scheinbar durchbrochen. Der Anspruch nach den Vorschriften des Beschäftigungslandes bleibt insoweit bestehen, als er den Betrag übersteigt, der sich aus den Vorschriften des Wohnlandes ergibt. Dies hat besondere Bedeutung zwischen Staaten mit unterschiedlichem Leistungsniveau und hat deshalb gerade dort zu Friktionen geführt. **368**

Zusätzlich kompliziert wird die Situation durch die Regelungen des **Kapitels 8 der Verordnung Nr. 1408/71** über Leistungen für unterhaltsberechtigte Kinder von Rentnern und für Waisen. Es geht hier um ergänzende Leistungen des Familienlastenausgleichs, die beim Bezug von Rentenleistungen aus der Unfallversicherung und der Rentenversicherung gewährt werden. Hier besteht die Schwierigkeit darin, dass die Funktion dieses Familienlastenausgleichs zum Teil durch Leistungen erfüllt wird, die integraler Bestandteil des Leistungssystems der Unfall- und Rentenversicherung sind, wie dies in Deutschland früher mit den Kinderzuschüssen nach § 1262 RVO/§ 39 AVG (jeweils alter Fassung) der Fall war und zum Teil durch eigenständige Leistungen wie heute nunmehr in Deutschland das Kindergeld. Hier ergeben sich Konflikte zwischen einer am Beschäftigungsverhältnis ausgerichteten Sozialleistung und einer, die unabhängig davon ist. **369**

---

[327] Vgl. zu den Kollisionsnormen des BKGG a. F. näher auch *Steinmeyer*, in: v. Maydell/Ruland, Sozialrechtshandbuch (SRH), 2. Aufl. 1996 D.31 Rn. 41 ff.
[328] Vgl. dazu *Fischer*, SGb 1990, S. 536 ff.

d) Europarechtliche Einwirkungen aufgrund der Rechtsnormen des europäischen Gemeinschaftsrechts und der Rechtsprechung des Europäischen Gerichtshofs

370 Der bundesdeutsche Gesetzgeber sah und sieht sich immer wieder veranlasst, auf Änderungen des sekundären Gemeinschaftsrechts bzw. einschlägige Entscheidungen des Europäischen Gerichtshofs und die daraus resultierenden Einwirkungen auf das nationale Recht des Familienlastenausgleichs zu reagieren. Zum Einfluss des europäischen Rechts auf das deutsche Kindergeldrecht[329] lassen sich mehrere zentrale Faktoren nennen.

371 Wichtig ist zunächst einmal die Feststellung, dass die Familienbeihilfen in den Mitgliedstaaten nicht flächendeckend als steuerfinanzierte Sozialleistungen ausgestaltet sind. Vielmehr werden diese Leistungen nach wie vor in der Mehrzahl der Mitgliedstaaten zumindest zum Teil aus Beiträgen finanziert.[330] Auch das deutsche Kindergeldrecht hat längere Zeit versicherungsrechtliche Elemente aufgewiesen.[331] Das erklärt auch, warum die VO 1408/71 in Art. 72 auch für den Bereich der Familienleistungen eine Vorschrift über die Zusammenrechnung der Versicherungs- und Beschäftigungszeiten enthält.

aa) Zahlung von Kindergeld ins EG-Ausland

372 Wie oben gezeigt, liegt den Kollisionsnormen des deutschen nationalen Kindergeldrechts das Beschäftigungslandprinzip zugrunde. Die Frage nach Beschäftigungslandprinzip und Wohnlandprinzip war Gegenstand zweier wichtiger Entscheidungen des Europäischen Gerichtshofs in den Rechtssachen **Pinna I** und **Pinna II**.[332] In beiden Fällen ging es um eine Sonderregelung, die für Frankreich geschaffen worden war. Nach dieser Regelung im früheren Art. 73 Abs. 2 der Verordnung Nr. 1408/71 a. F. galt im Bezug auf Arbeitnehmer, die französischen Rechtsvorschriften unterliegen, insoweit das Wohnlandprinzip, als Familienangehörige, die nicht in Frankreich wohnen, Familienleistungen nach dem Wohnlandprinzip erhielten. Die **Sonderregelung für Frankreich** war erfolgt, da dieser Mitgliedstaat traditionell hohe Familienleistungen vorsah und diese nicht in das Wohnland von in Frankreich tätigen Arbeitnehmern transferieren wollte.

373 Diese Sonderregelung erklärte der Gerichtshof in der Rechtssache *Pinna I* mit der Begründung für ungültig, dass das aufgrund Art. 42 EG-Vertrag erlassene Sozialrecht der Gemeinschaft keine Unterschiede einführen dürfe, die zu denen hinzutreten, die sich bereits aus der mangelnden Harmonisierung der nationalen Rechtsvorschriften ergäben. Hier kommt zum Ausdruck, dass das europäische Sozialrecht kein einheitliches Leistungssystem schafft, sondern lediglich die verschiedenen Sozialrechtsordnungen so weit koordiniert, dass EG-Bürgern durch den Wechsel von einem in das andere System oder bei Sachverhalten mit Berührung zu mehreren Mitgliedstaaten keine Nachteile entstehen.[333] Durch die französische Sonderregelung wurde aber ein Hindernis, das dem entgegensteht, nicht abgebaut sondern aufgebaut.

374 Mindestens ebenso wichtig ist aber das zweite Argument des Europäischen Gerichtshofs, das mit dem Stichwort der **verschleierten Diskriminierung** aufgrund der Staatsan-

---

[329] Vgl. dazu eingehend *Stahlberg*, SGb 1989, S. 238 ff.
[330] Vgl. *Kaupper*, in: Schulte/Zacher, Wechselwirkungen S. 132, 136; vgl. auch den Überblick bei *Bradshaw/Piachaud/Parker/Schulte*, ZSR 1982, S. 129 ff.
[331] Vgl. *Igl*, Kindergeld und Erziehungsgeld, 3. Aufl. 1993, S. 1 f.
[332] EuGH v. 15. 1. 1986 (Pinna I), Rs. 41/84, Slg. 1986, S. 1 ff.; EuGH v. 2. 3. 1989 (Pinna II), Rs. 359/87, Slg. 1989, S. 585 ff.; vgl. zu diesen Urteilen und der Thematik der Familienleistungen eingehend *Ohler*, Die Rechtsprechung des EuGH zur Koordinierung der Familienleistungen für Wanderarbeitnehmer nach Europäischem Gemeinschaftsrecht – Folgeprobleme und Friktionen, Diss. 1991.
[333] Vgl. dazu *Schuler*, Das Internationale Sozialrecht der Bundesrepublik Deutschland, 1988, S. 330 ff.; *Schulte*, Allgemeine Regeln des internationalen Sozialrechts – supranationales Recht, in: v. Maydell/Ruland, Sozialrechtshandbuch (SRH), D. 32 Rn. 16.

VI. Familienleistungen und Ausbildungsförderung 375–378 § 23

gehörigkeit bezeichnet wird.[334] Mit dem Terminus „verschleierte Diskriminierung" will der Gerichtshof auch solche Ungleichbehandlungen erfassen, die nicht ausdrücklich an die Staatsangehörigkeit anknüpfen, aufgrund anderer Merkmale aber tatsächlich zum gleichen Ergebnis kommen. Er arbeitete deshalb in der Rechtssache *Pinna I* heraus, dass von der fraglichen französischen Regelung Arbeitnehmer französischer Staatsangehörigkeit in erheblich geringerem Maße betroffen seien als Wanderarbeitnehmer. Deshalb könne die durch Art. 48 EWG-Vertrag (heute Art. 39 EG-Vertrag) vorgeschriebene Gleichbehandlung durch die Regelung des Art. 73 Abs. 2 der Verordnung Nr. 1408/71 nicht gewährleistet werden.

Mit dieser Entscheidung war die bisherige partielle Durchbrechung des Beschäftigungslandprinzips durch das Wohnlandprinzip aufgehoben. Daraus zog der Gemeinschaftsgesetzgeber angesichts französischer Widerstände erst 1989 die Konsequenz,[335] indem er rückwirkend zum Zeitpunkt der Verkündung der Entscheidung in der Rechtssache *Pinna I*, dem 15. 1. 1986, das Beschäftigungslandprinzip als einheitliches Prinzip einführte. **375**

Die durch die Rechtssache **Pinna I bewirkte Ausschließlichkeit des Beschäftigungslandprinzips** musste zu Konflikten führen. Angesichts der Unterschiedlichkeit der Lebensverhältnisse zwischen den Mitgliedstaaten und des unterschiedlichen Sozialleistungsniveaus wurde geltend gemacht, die Familienbeihilfen seien auf die Verhältnisse im Wohnland des Kindes zugeschnitten, eine Anwendung des Beschäftigungslandprinzips verfehle deshalb den Sinn dieser Sozialleistungen.[336] Aus dieser Sicht spricht also alles für das Wohnlandprinzip. **376**

Gleichwohl sprechen auch für das Beschäftigungslandprinzip gute Gründe. Es sind dies Gründe, die sich nur vor einem rechtsvergleichenden Hintergrund erschließen. Wie bereits eingangs erwähnt, sind diese Familienleistungen in einer Reihe von Mitgliedstaaten als Sozialversicherung ausgestaltet oder enthalten zumindest sozialversicherungsrechtliche Elemente. Sozialversicherungen knüpfen aber typischerweise an das Beschäftigungsverhältnis an. Dann aber ist es konsequent, auch auf der Leistungsseite an das Beschäftigungsverhältnis und die Beschäftigung anzuknüpfen, wenn auch zuzugeben ist, dass damit nur für einen Teil der mitgliedstaatlichen Systeme eine befriedigende Regelung getroffen worden ist. Aber während für die Staaten mit steuerfinanzierten Familienleistungen das Beschäftigungslandprinzip zu Schwierigkeiten führt, wäre dies umgekehrt beim Wohnlandprinzip für die Staaten mit Sozialversicherungslösung zumeist kaum anders. **377**

In dieser Weise konsequent war der Europäische Gerichtshof auch in der Rechtssache **Bronzino,** wo es um die Berücksichtigung der Arbeitslosigkeit eines Kindes in einem anderen Mitgliedstaat bei Anwendung des BKGG a. F. ging.[337] War nämlich einmal entschieden, dass ein Arbeitnehmer auch für im Heimatland gebliebene Kinder Kindergeld nach deutschen Rechtsvorschriften erhält und sieht das deutsche Kindergeldrecht eine Leistung für arbeitslose Jugendliche vor, so konnte die Gewährung dieser Leistung nicht unter Hinweis auf die fehlende Verfügbarkeit des Arbeitslosen im Inland verweigert werden. Es mochte zwar nicht gerade den Intentionen des deutschen Gesetzgebers entsprechen, so einen finanziellen Beitrag zur Bekämpfung der Jugendarbeitslosigkeit in anderen Mitgliedstaaten zu leisten; das ließ sich aber nur durch eine Änderung der Verordnung vermeiden.[338] Inzwischen werden von § 63 Abs. 2 Satz 2 EStG auch Kinder berücksichtigt, die einen Wohnsitz bzw. einen gewöhnlichen Aufenthalt in einem Mitgliedstaat der Europäischen Union oder in einem Staat haben, auf den das Abkommen über den Europäischen Wirtschaftsraum Anwendung findet. **378**

---

[334] Vgl. dazu auch *Kaupper,* a.a.O., S. 142 f.; dieses Problem taucht in entsprechender Weise auch in anderen Bereichen auf – vgl. etwa *Ruland,* in: Schulte/Zacher, Wechselwirkungen S. 47, 52 ff.; *Steinmeyer,* in: Schulte/Zacher, Wechselwirkungen, S. 159, 161 ff.
[335] VO (EWG) Nr. 3427/89 vom 30. 10. 1989 – ABl. EG Nr. 331/1 vom 16. 11. 1989.
[336] Vgl. etwa *Schuler,* EuR 1985, S. 113, 135.
[337] EuGH v. 22. 2. 1990 (Bronzino) Rs. C-12/88, Slg. 1990, S. 531 = NZA 1990, S. 581 ff.
[338] Ähnl. *Eichenhofer,* SGb 1991, S. 165, 170; vgl. auch BSG v. 22. 8. 1990 – 10 RKg 29/88, SGb 1991, S. 193 ff. = SozR 3 – 5870 § 27 BKGG Nr. 1.

379 Der **Kern der Problematik** besteht also darin, dass das **europäische Recht eine Einordnung der Familienleistungen vornimmt, die dem gewandelten Verständnis in zahlreichen Mitgliedstaaten nicht mehr entspricht.** Es erscheint sozialpolitisch vernünftiger, an das Wohnlandprinzip anzuknüpfen, da so das Ziel der Minderung des Familienaufwandes mit der größeren Präzision erreicht werden kann. Die Rechtsvorschriften des Wohnlandes sind im Prinzip besser geeignet, den tatsächlichen Bedarf zu erfassen und zu berücksichtigen, wenn auch zuzugeben ist, dass nicht durchgängig in allen Mitgliedstaaten in vom Ansatz her gleicher Weise die Bedarfsberechnung und Leistungsbemessung erfolgt. Der eine Staat erweist sich – aus welchem Grunde auch immer – als großzügiger oder weniger großzügig als der andere.

380 Dies zeigt letztlich, dass weder das eine noch das andere Prinzip zu einer allseits befriedigenden Lösung führt. Solange die Sozialleistungssysteme der Mitgliedstaaten unterschiedlich sind, werden derartige Friktionen nie ganz zu vermeiden sein. Daraus aber die Konsequenz zu ziehen, einheitliche Sozialleistungssysteme zu schaffen, ist utopisch und angesichts der unterschiedlichen Traditionen, Entwicklungslinien und Grundverständnisse auch gar nicht für wünschenswert.[339] Es bleibt deshalb nur, mit dieser vorgefundenen Situation fertig zu werden und das europarechtliche Koordinierungssystem so auszugestalten, dass sich möglichst wenig Ungereimtheiten ergeben. Wer keine Angleichung aller mitgliedstaatlichen Sozialleistungssysteme will, muss sich damit abfinden, dass die Koordinierung der nach wie vor unterschiedlichen Sozialleistungssysteme nicht immer zu allseits befriedigenden Lösungen führt.

bb) Die Antikumulierungsvorschrift des Art. 76 VO Nr. 1408/71

381 Betrachtet man nun die Antikumulierungsvorschrift des Art. 76 VO Nr. 1408/71, so ist zu konstatieren, dass auch sie auf dem **Beschäftigungslandprinzip** basiert und nur aus diesem Prinzip für den Fall der Kumulierung die Konsequenzen zieht. Das Beschäftigungslandprinzip kommt hier insoweit zum Tragen, als in jedem Fall die Leistungshöhe des Beschäftigungslandes garantiert ist; das Wohnlandprinzip greift hier insofern, als der Wohnstaat bei Kumulationsfällen leistungspflichtig ist. Von seiner sozialpolitischen Zielsetzung her folgt damit Art. 76 dem Beschäftigungslandprinzip und bemüht das Wohnlandprinzip nur zur finanziellen Lastenverteilung zwischen den Mitgliedstaaten.

382 In den achtziger Jahren gab es zur Vorschrift des Art. 76 VO Nr. 1408/71 noch Streit, mit dem sich der Europäische Gerichtshof zuletzt in der Rechtssache *Kracht*[340] zu befassen hatte. Es ergab sich die befremdliche Situation, dass die mit den Kindern in Italien wohnende Ehefrau eines in Deutschland arbeitenden Italieners keinen Antrag auf eine italienische Familienleistung stellte, so dass Kindergeld nur von der Bundesanstalt für Arbeit bezogen wurde. Die Bundesrepublik Deutschland stellte sich auf den Standpunkt, dass die Bundesanstalt für Arbeit nur die Differenz zwischen den italienischen und den höheren deutschen Leistungen zahlen müsse, weil die in Italien wohnende Ehefrau darauf verwiesen werden könne, einen entsprechenden Antrag zu stellen. Der Gerichtshof verwarf dieses Argument erneut und bestätigte damit seine Rechtsprechung in den Rechtssachen *Solzano*[341] und *Ferraoili*.[342] Diese Rechtsprechung dürfte nach ihrer dogmatischen Ableitung zutreffend sein, bleibt jedoch im Ergebnis unbefriedigend; es ist deshalb zu begrüßen, dass seit 1. 5. 1990 Art. 76 Abs. 2 der Verordnung vorsieht, dass der Beschäftigungsstaat auch dann nur die Differenz zahlen muss, wenn im Wohnland der Familienangehörigen kein Antrag gestellt wurde.[343]

---

[339] Vgl. dazu für die betrieblichen Pensionssysteme *Steinmeyer*, EuZW 1991, S. 43, 46f.
[340] EuGH v. 4. 7. 1990 (Kracht), Rs. C-117/89, EuZW 1990, S. 320f.
[341] EuGH v. 13. 11. 1984 (Solzano), Rs. 191/83, Slg. 1984, S. 3741ff.
[342] EuGH v. 23. 4. 1986 (Ferraoili), Rs. 153/84 Slg. 1986, S. 1401ff.
[343] VO Nr. 3427/89 vom 30. 10. 1989 (ABl. EG Nr. L 331/1); vgl. hierzu auch *Hailbronner*, EuZW 1991, S. 171, 174f.

cc) Leistungen für unterhaltsberechtigte Kinder von Rentnern und für Waisen

Nur schwer mit dem Vorhergehenden in Einklang zu bringen sind die Regelungen des Kapitels 8 der Verordnung Nr. 1408/71 über Leistungen für unterhaltsberechtigte Kinder von Rentnern und für Waisen sowie die dazu ergangene Rechtsprechung. Wie oben bereits angedeutet, besteht die Schwierigkeit hier darin, dass die **Funktion dieses Familienlastenausgleichs zum Teil durch Leistungen erfüllt wird, die integraler Bestandteil des Leistungssystems der Unfall- und Rentenversicherung sind,** wie dies in Deutschland früher mit den Kinderzuschüssen der Fall war und zum Teil durch eigenständige Leistungen wie heute nunmehr in Deutschland das Kindergeld.

Bei der erstgenannten Form muss insbesondere entschieden werden, aus welchem System Leistungen gewährt werden, wenn der Rentner Leistungsansprüche auf Rentenleistungen nach den Rechtsvorschriften mehrerer Mitgliedstaaten hat. Die Verordnung sieht insoweit vor, dass dann die Vorschriften des Wohnsitzstaates maßgebend sind, während beim sog. „Einfachrentner", der nur aus einem Mitgliedstaat Rentenleistungen erhält, die Rechtsvorschriften dieses Staates unabhängig vom Wohnsitz des Rentners maßgebend sind. Dies erscheint nur auf den ersten Blick im Vergleich zu den Art. 73 bis 76 der Verordnung widersprüchlich, da für den Rentenbezieher nicht länger auf das Beschäftigungsland abgestellt werden kann.

Allerdings ergibt sich hier aber wieder das Folgeproblem, dass die Verweisung auf die Vorschriften des Wohnsitzstaates zum Verlust höherer Familienleistungen aus einem anderen Staat führen kann. Sozialpolitisch wäre dies nur konsequent, da die Vorschriften des Wohnlandes typischerweise den örtlichen Bedürfnissen Rechnung tragen. Gleichwohl verpflichtet der Europäische Gerichtshof in ständiger Rechtsprechung den beteiligten Mitgliedstaat, dessen Leistungsniveau höher ist, zur Zahlung des Unterschiedsbetrages.[344] Begründet wird dies insbesondere mit der Sicherstellung der Freizügigkeit der Arbeitnehmer, dem durch den Wechsel in einen anderen Mitgliedstaat keine Nachteile entstehen sollen. Auch hier zeigt sich der Konflikt zwischen einer am Beschäftigungsverhältnis ausgerichteten Sozialleistung und einer davon im Grundsatz unabhängig ausgestalteten Leistung wie dem Kindergeld. Auch hier ist die Rechtsprechung des Europäischen Gerichtshofs aus dem Blickwinkel der Anknüpfung an das Beschäftigungsverhältnis konsequent, erregt aber angesichts des sozialpolitischen Zwecks der Sozialleistung Zweifel.

Allerdings ist darauf hinzuweisen, dass das Kapitel 8 seit 30. 6. 1999 **auf die Berechnung** von **Waisenrenten nicht mehr anwendbar** ist.[345]

dd) Zwischenbewertung

Es bleibt bei der europarechtlichen Betrachtung des Kinder- und Erziehungsgeldrechts insgesamt ein zwiespältiger Eindruck. Einerseits ist die Rechtsprechung des Europäischen Gerichtshofs in sich konsequent; andererseits sind einige Ergebnisse dieser Rechtsprechung aus deutscher Sicht unbefriedigend. Eine Schelte – gerichtet an den Europäischen Gerichtshof – geht deshalb eher an der Sache vorbei. Das Problem ist nicht der Europäische Gerichtshof, sondern vielmehr die Vielfalt der unterschiedlichen Leistungssysteme und das unterschiedliche Leistungsniveau. Wer keine europäische Rechtsvereinheitlichung oder Rechtsangleichung im Sozialrecht will, muss in Kauf nehmen, dass Friktionen bleiben und es kann dann nur darum gehen, durch vorsichtige Revisionen der Verordnung Nr. 1408/71 und ggf. des nationalen Rechts die Probleme zu mildern.

3. Recht der Ausbildungsförderung

Im Rahmen des deutschen Ausbildungsförderungsrechts ergibt sich im europäischen Kontext zunächst ein von dem der Familienleistungen abweichendes Bild.

---

[344] Vgl. zuletzt EuGH v. 11. 6. 1990 (Athanasopoulos), Rs. C-251/89, EAS C Art. 77 VO 1408/71 Nr. 6 = EuZW 1991, S. 535 ff.
[345] VO (EG) Nr. 1399/1999 v. 29. 4. 1999, ABl. L 164, S. 1.

a) Einführung

389 In diesem Bereich hat die Rechtssache *di Leo* Aufsehen erregt. In dieser Entscheidung vom 13. 11. 1990[346] stellte der Gerichtshof fest, dass Art. 12 VO Nr. 1612/68 über die Freizügigkeit der Arbeitnehmer dahin auszulegen sei, dass die in dieser Vorschrift bezeichneten Kinder den Inländern hinsichtlich der Ausbildungsförderung nicht nur dann gleichgestellt werden müssen, wenn die Ausbildung im Aufnahmestaat stattfindet, sondern auch dann, wenn sie in einem Staat erfolgt, dessen Staatsangehörigkeit sie besitzen.

390 Hieran fällt zunächst einmal auf, dass – worauf schon eingangs hingewiesen wurde – nicht die sozialrechtliche Wanderarbeitnehmer-Verordnung, sondern die arbeitsrechtliche Freizügigkeits-Verordnung Anwendung findet. Die Ausbildungsförderung ist also eine Sozialleistung, die nicht in das Koordinierungssystem der VO Nr. 1408/71 eingebunden ist. Das bedeutet aber nicht, dass diese Leistung gleichsam europarechtlich ausgeblendet wird. Vielmehr bedeutet es im wesentlichen nur, dass kein Export dieser Sozialleistungen vorgesehen ist; auch dieser Grundsatz erleidet aber wieder Ausnahmen, wie an der Rechtssache *di Leo* zu zeigen sein wird.

391 Der Gerichtshof zieht vielmehr Vorschriften dieser arbeitsrechtlichen Freizügigkeits-Verordnung heran, um mit ihrer Hilfe ein Ergebnis zu erzielen, das dem bei Anwendbarkeit der Verordnung Nr. 1408/71 zumindest ähnelt. So stützt der Gerichtshof seine Entscheidung zugunsten einer in Deutschland lebenden Italienerin, die nur in Siena/Italien einen Studienplatz in Medizin fand, in erster Linie auf Art. 12 der Verordnung, wonach Kinder eines Staatsangehörigen eines Mitgliedstaates, der im Hoheitsgebiet eines anderen Mitgliedstaates beschäftigt ist, unter den gleichen Bedingungen wie Staatsangehörige dieses Mitgliedstaates am allgemeinen Unterricht sowie an Lehr- und Berufsausbildung teilnehmen können. Hierzu könnte man meinen, dass dies nur die Zulassungsbedingungen betrifft, nicht aber auch Maßnahmen zur Erleichterung und Förderung der Ausbildung. Der Gerichtshof betont jedoch in ständiger Rechtsprechung, dass Herstellung der Freizügigkeit die Beseitigung aller Hindernisse bedeute, die der Mobilität der Arbeitnehmer entgegenstehen; nur so könne eine Integration im Aufnahmeland erreicht werden. Das aber bedeute, dass dem EG-Ausländer die gleichen Fördermaßnahmen offenstünden wie Inländern.[347] Daraus folgt dann in Konsequenz, dass **EG-Ausländer unter den gleichen Bedingungen wie Inländer Anspruch auf Ausbildungsförderung** haben. Dem ist im Bundesausbildungsförderungsgesetz Rechnung getragen worden.[348] Die entsprechende Regelung ist inzwischen aufgehoben. Mit dieser Ableitung steht aber zunächst lediglich fest, dass auch Angehörige von Mitgliedstaaten der EG grundsätzlich Anspruch auf Leistungen der Ausbildungsförderung haben, wenn sie sich in Deutschland aufhalten und hier studieren wollen. Ein Leistungsexport findet also nicht statt. Es wäre allerdings verfehlt, daraus den Schluss zu ziehen, es handele sich hier nun, da eine steuerfinanzierte Sozialleistung vorliegt, um eine Entscheidung für das Wohnlandprinzip, wie wir es beim Kindergeld kennengelernt haben.

392 Da es sich hier um eine Sozialleistung handelt, die von der Verordnung Nr. 1408/71 nicht erfasst ist und der allgemeine gemeinschaftsrechtliche Gleichbehandlungsgrundsatz des Art. 12 EGV nur beschränkte Wirkung zu entfalten vermag,[349] musste hier an das Beschäftigungsverhältnis des in Deutschland beschäftigten Vaters und den dadurch bewirkten inländischen Wohnsitz angeknüpft werden. Die studierwillige Italienerin konnte daher auch nur deshalb ihren Anspruch auf Ausbildungsförderung geltend machen, weil sie sich als Familienangehörige eines Wanderarbeitnehmers im Inland aufhielt.

---

[346] EuGH v. 13. 11. 1990 (di Leo), Rs. C-308/89, Slg. 1990, S. 4185 ff. = EuZW 1991, S. 30.
[347] EuGH v. 3. 7. 1974 (Casagrande), Rs. 9/74, Slg. 1974, S. 773 = FamRZ 1974, S. 477 f.
[348] Vgl. auch EuGH v. 15. 3. 1989 (Echternach u. a.), Rs. 389/87 und 390/87, Slg. 1989, 723 ff. = EuZW 1990, S. 448, 450.
[349] Vgl. dazu etwa EuGH v. 21. 6. 1988 (Lair), Rs. 39/86, Slg. 1988, S. 3161 = FamRZ 1988, S. 885 ff.; *Steinmeyer*, in: Magiera, S. 63, 75 f.

VI. Familienleistungen und Ausbildungsförderung

Dieses so zu verstehende **Wohnsitzerfordernis** wurde nun in dieser Entscheidung des Gerichtshofs **scheinbar durchbrochen,** indem auch ein Studium in Heimatland als nach dem Bundesausbildungsförderungsgesetz zu fördernde Ausbildung angesehen wurde. Dazu stellt sich der Gerichtshof zunächst auf den eher formalen Standpunkt, dass es für die Gleichbehandlung des Kindes eines Wanderarbeitnehmers nicht darauf ankommen könne, wo es letztlich am Unterricht teilnehme. Entscheidende Bedeutung erlangt aber dann der Gedanke der Integration. Die Verwirklichung der Freizügigkeit mache es erforderlich, die bestmöglichen Voraussetzungen für eine Integration des EG-Ausländers und seiner Familie im Aufnahmeland zu schaffen. Das aber mache es unerlässlich, dass ein Kind des EG-Arbeitnehmers, der mit seiner Familie in einem anderen Mitgliedstaat wohnt, die Möglichkeit hat, das Studium unter den gleichen Bedingungen zu wählen wie das Kind eines Staatsangehörigen dieses Staates. Hinzu kommt hier noch das Argument des Art. 7 Abs. 2 der Verordnung Nr. 1612/68, wonach ein EG-Arbeitnehmer die gleichen sozialen und steuerlichen Vergünstigungen genießt wie ein inländischer Arbeitnehmer. Diesen Gedanken erstreckt der Europäische Gerichtshof konsequenterweise auch auf den Familienangehörigen und spricht von einer ungerechtfertigten Diskriminierung für den Fall, dass ein Inländer, der im Ausland studieren will, Leistungen erhält, nicht hingegen der EG-Ausländer, der enge Verbindungen zum Inland hat und in seinem Heimatland studiert. Aus dieser Entscheidung hat der deutsche Gesetzgeber – wie bereits berichtet – rasch die Konsequenzen gezogen.

Auf den ersten Blick scheint diese Entscheidung Vorurteile gegenüber dem Europäischen Gerichtshof nur zu bestätigen. Der Gerichtshof bemüht hier die arbeitsrechtliche Freizügigkeits-Verordnung, um auch für die von der Verordnung Nr. 1408/71 nicht erfassten Sozialleistungen im Ansatz ein europäisches Sozialrecht zu schaffen. Er bemüht als ein wesentliches Argument die Schaffung bestmöglicher Integration des EG-Ausländers, obwohl durchaus die Frage aufgeworfen werden kann, welchen Beitrag zur Integration in Deutschland ein Studium einer Italienerin in Italien leisten soll.[350] Dieser Einwand gegen den EuGH ist zwar verständlich; da sich der Gerichtshof aber einmal entschlossen hat, die Gleichbehandlung aller EG-Staatsangehörigen bei der Gewährung von Sozialleistungen umfassend zu verwirklichen, ist diese Entscheidung konsequent. Sie kann auch nicht als Einführung des Leistungsexportprinzips durch die Hintertür bezeichnet werden, da hier eine Sozialleistung ins Ausland transferiert wird. Der Gerichtshof zieht nur die Konsequenzen aus dem Umstand, dass für Deutsche auch ein Studium im Ausland finanziert wird; dann muss aber ein EG-Ausländer gleichbehandelt werden. Würde nach dem BAföG ein Auslandsstudium nicht gefördert, so wäre auch keine Gewährung der Sozialleistung bei Auslandsstudium eines EG-Ausländers denkbar. Die Rechtsprechung des Gerichtshofs findet aber ihre Grenzen darin, dass nach wie vor die europarechtlichen Rechtsgrundlagen auf den Wanderarbeitnehmer abstellen. Der Gerichtshof geht insoweit zwar bis hart an die Grenze, die Freizügigkeit bleibt jedoch gleichwohl Arbeitnehmerfreizügigkeit.[351]

Das Ausbildungsförderungsrecht ist zugleich ein Beispiel, wie der Gesetzgeber jeweils auf Vorgaben des Europäischen Gerichtshofs reagiert.

So wurde der Gesetzgeber durch die Entscheidung des Gerichtshofs in der **Rechtssache Casagrande**[352] aus dem Jahre 1974 gezwungen, den Familienangehörigen von EG-Staatsangehörigen den Zugang zu bundesdeutschen Ausbildungsförderungsleistungen zu ermöglichen. Dies geschah durch das 3. Änderungsgesetz zum Bundesausbildungsförderungsgesetz.[353] Durch das 6. Änderungsgesetz wurde die Vorschrift eingeschränkt und auf solche Auszubildende reduziert, die als Kinder Freizügigkeit oder ein anschließendes Blei-

---

[350] So etwa *Teske,* EuZW 1991, S. 54, 55.
[351] Vgl. dazu *Steinmeyer,* in: Magiera, S. 63, 75 f.; vgl. auch *Hailbronner,* EuZW 1991, S. 171, 173 f.
[352] EuGH v. 3. 7. 1974 (Casagrande), Rs. 9/74, Slg. 1974, S. 773 = FamRZ 1974, S. 477 f.
[353] Vgl. zur Entwicklung näher *Hustädt,* InfAuslR 1987, S. 161 ff.

berecht genießen. Mit dem 7. Änderungsgesetz zum Bundesausbildungsförderungsgesetz wurde die einschlägige Vorschrift erneut geändert. Das 10. Änderungsgesetz zum Bundesausbildungsförderungsgesetz[354] hatte schließlich einen Schwerpunkt in der Novellierung des § 8 BAföG, der die persönlichen Voraussetzungen bei Sachverhalten mit Auslandsberührung regelt.

397 Mit dem 12. Änderungsgesetz zum Bundesausbildungsförderungsgesetz reagierte der Gesetzgeber auf die Entscheidung des EuGH in der **Rechtssache Lair** vom 21. 6. 1988[355] und fügte § 8 Abs. 1 Nr. 6 BAföG neu in das Gesetz ein. In dieser Entscheidung hatte der Europäische Gerichtshof einen EG-Ausländer **auch dann noch als Arbeitnehmer im Sinne des Art. 7 Abs. 2 der Verordnung 1612/68 angesehen, wenn er nach Beendigung seiner Berufstätigkeit ein Hochschulstudium aufnimmt.** Der Gerichtshof legt hier den Arbeitnehmerbegriff sehr weit aus, kann sich dabei aber stützen auf Art. 39 Abs. 3 Buchst. d EGV (Art. 48 Abs. 3 Buchst. d EGV a. F.), der als Arbeitnehmer auch solche Personen ansieht, die nach Beendigung der Beschäftigung im Hoheitsgebiet des Mitgliedstaates verbleiben. Der Gesetzgeber reagierte hierauf, indem er eine inhaltliche Verknüpfung zwischen der Tätigkeit und der späteren Ausbildung verlangt.

398 Eine weitere Änderung des BAföG war Folge der Entscheidung des Europäischen Gerichtshofs in der Rechtssache *Gaal*.[356] In dieser Entscheidung führte der Gerichtshof aus, dass der **Begriff des Kindes in Art. 12 VO 1612/68 nicht durch eine Altersgrenze oder das Erfordernis einer Unterhaltsgewährung** – wie in den Art. 10 Abs. 1 und Art. 11 der Verordnung der Fall – **einzuschränken** sei. Art. 12 VO 1612/68 verleihe nur solchen Kindern Rechte, die zumindest früher zusammen mit einem berufstätigen Elternteil im Aufnahmestaat gewohnt haben.[357] Entsprechende Einschränkungen wurden daraufhin aus dem deutschen Ausbildungsförderungsrecht (§ 8 Abs. 1 Nr. 7 BAföG) herausgenommen.[358]

399 Andererseits machte der Gerichtshof jedoch auch deutlich, „dass beim gegenwärtigen Entwicklungsstand des Gemeinschaftsrechts eine Förderung, die Studenten für den Lebensunterhalt und die Ausbildung gewährt wird, grundsätzlich außerhalb des Anwendungsbereichs des EG-Vertrags i. S. von Art. 12 EGV n. F. liegt. Sie fällt nämlich zum einen in den Bereich der Bildungspolitik, die als solche nicht der Zuständigkeit der Gemeinschaftsorgane unterstellt worden ist und zum anderen in den der Sozialpolitik, die zur Zuständigkeit der Mitgliedstaaten gehört, soweit sie nicht Gegenstand besonderer Vorschriften des EWGV ist."[359] Diese Argumentation erscheint auf den ersten Blick wie ein Widerspruch zu der Argumentation des Gerichtshofs in der Rechtssache *di Leo*. Bei näherer Betrachtung zeigt sich jedoch, dass beide Entscheidungen nahtlos ineinandergreifen und zusammenpassen. Der Gerichtshof hat denn auch in *di Leo* nicht Art. 7 EWG-Vertrag (jetzt Art. 6 EG-Vertrag) bemüht, sondern sich allein auf die Heranziehung der Verordnung (EWG) Nr. 1612/68 beschränkt. Aus der Entscheidung *di Leo* kann also nicht hergeleitet werden, dass nunmehr jedem ausländischen Studenten Leistungen nach dem BAföG zu gewähren sind. Vielmehr sieht der Gerichtshof den Anspruch in diesem konkreten Fall als Ausfluss der Arbeitnehmerfreizügigkeit. Insoweit decken sich beide Entscheidungen.

400 Eine Auseinandersetzung mit der Rechtsprechung des Gerichtshofs sollte weniger an Einzelfragen und Auswirkungen ansetzen als vielmehr sich zentral der Frage widmen, in welchem Ausmaß die Herstellung der Freizügigkeit der Arbeitnehmer vorangetrieben

---

[354] Vgl. dazu *Ramsauer,* NVwZ 1986, S. 815 ff.
[355] EuGH v. 21. 6. 1988 (Lair), Rs. 39/86, Slg. 1988, S. 3161 = FamRZ 1988, S. 885 ff.; vgl. dazu auch *Hailbronner,* EuZW 1991, S. 171 ff. (173 f.).
[356] EuGH v. 4. 5. 1995 (Gaal), Rs. 7/94, Slg. 1995, S. 1031 ff.
[357] EuGH v. 4. 5. 1995 (Gaal), Rs. 7/94, Slg. 1995, S. 1031 (1048); vgl. zu dieser Entscheidung auch *Trenk-Hinterberger,* in EAS C Art. 12 VO 1612/68 Nr. 9, S. 28 f.
[358] Vgl. dazu auch *Ramsauer,* NVwZ 1997, S. 131, 135.
[359] EuGH v. 21. 6. 1988 (Lair), Rs. 39/86, Slg. 1988, S. 3161 = FamRZ 1988, S. 885, 886.

werden sollte. Schließt man sich nämlich einmal dem integrationsfördernden Ansatz des Europäischen Gerichtshofs an, so ergeben sich seine weiteren Entscheidungen folgerichtig aus diesem Grundgedanken.

b) Die europarechtlichen Probleme des deutschen Ausbildungsförderungsrechts

Lässt man im Vergleich zu den Problemen des deutschen Familienlastenausgleichs die europarechtlichen Probleme des deutschen Ausbildungsförderungsrechts in Revue passieren, so ergeben sich Parallelen und Unterschiede. 401

Auch hier geht es vorrangig um die Frage der **Zahlung dieser Sozialleistung ins EG-Ausland.** Anders als beim Kindergeld stellt sich hier die Problematik der Berücksichtigung von typischerweise bis zu drei Personen und deren kollisionsrechtlicher Anknüpfung nicht. Anspruchsberechtigter und Leistungsbezieher ist hier unmittelbar der Student oder Schüler; die Eltern des Auszubildenden spielen zwar angesichts der Familienabhängigkeit der Förderung ausbildungsförderungsrechtlich eine erhebliche Rolle; es bedarf dafür jedoch nicht eines Systems von Kollisionsnormen, wie wir es beim Kindergeld kennengelernt haben. 402

Gleichwohl enthält auch das BAföG eine Reihe von Kollisionsnormen. So bestimmt § 4 BAföG, dass Ausbildungsförderung für eine Ausbildung im Inland geleistet wird. Allerdings wird dies durch die §§ 5 und 6 BAföG modifiziert. Auch wenn es nach § 4 BAföG auf den inländischen Wohnsitz des Auszubildenden grundsätzlich nicht ankommt, so bedeutet dies doch nicht, dass ein jeder EG-Ausländer mit Wohnsitz im Ausland Ausbildungsförderung etwa für das Studium an einer deutschen Universität beanspruchen könnte. Das Bundesausbildungsförderungsgesetz sieht vielmehr ein relativ kompliziertes System zweier ineinandergreifender Anknüpfungen vor. 403

Es geht für diese Sozialleistung nämlich jeweils darum, einerseits den berechtigten Personenkreis zu bezeichnen, also die Frage zu entscheiden, **ob nur Deutsche in den Genuss dieser Sozialleistung kommen oder auch andere Staatsangehörige.** Zum anderen ist die Sozialleistung Ausbildungsförderung gerichtet auf die Förderung der Ausbildung an einer bestimmten Einrichtung. Der Gesetzgeber muss deshalb auch räumlich bezeichnen, ob er nun eine Ausbildung an inländischen Ausbildungsstätten fördern will oder nicht. Dementsprechend befassen sich die §§ 4 bis 6 BAföG kollisionsrechtlich mit dem Ort der Ausbildungsstätte und § 8 BAföG mit den persönlichen Voraussetzungen. Es liegt nahe, dass die letztgenannten Anspruchsvoraussetzungen europarechtlich von größerer Relevanz sind; deshalb sei mit ihnen begonnen. 404

§ 8 BAföG beschränkt die Anspruchsberechtigung für Leistungen der Ausbildungsförderung zunächst einmal auf Deutsche im Sinne des Grundgesetzes sowie unter anderem heimatlose und asylberechtigte Ausländer, die im Inland Aufnahme gefunden haben.[360] Es ist naheliegend, dass ein solches Abstellen auf die Staatsangehörigkeit europarechtlich zu Problemen führt und einschlägige Sonderregelungen herausfordert. So bestimmt denn auch § 8 Abs. 1 Nr. 6 BAföG, dass Ausbildungsförderung auch solchen Auszubildenden mit ausländischer Staatsangehörigkeit geleistet wird, die ihren ständigen Wohnsitz im Inland haben, sofern ein Elternteil Deutscher im Sinne des Grundgesetzes ist. Nach § 8 Abs. 1 Nr. 7 BAföG wird Ausbildungsförderung auch solchen Auszubildenden gewährt, denen nach dem Aufenthaltsgesetz/EWG[361] als Kindern Freizügigkeit gewährt wird oder die danach als Kinder verbleibeberechtigt sind oder denen danach als Kindern Freizügigkeit oder Verbleiberecht nur deshalb nicht zustehen, weil sie 21 Jahre alt 405

---

[360] Vgl. hierzu allgemein *Hustädt*, InfAuslR 1987, S. 161 ff.
[361] Gesetz über Einreise und Aufenthalt von Staatsangehörigen der Mitgliedstaaten der Europäischen Wirtschaftsgemeinschaft in der Fassung der Bekanntmachung vom 31. 1. 1980 (BGBl. I, 116).

oder älter sind und von ihren Eltern oder ihrem Ehegatten keinen Unterhalt erhalten. Bereits hieraus wird deutlich, dass dem europäischen Gemeinschaftsrecht bei der Ausgestaltung des Ausbildungsförderungsrechts unmittelbare Bedeutung zukommt. Dies wird noch deutlicher bei § 8 Abs. 1 Nr. 8 BAföG, wonach Ausbildungsförderung auch gewährt wird an Auszubildende, die die Staatsangehörigkeit eines anderen Mitgliedstaates haben und im Inland vor Beginn der Ausbildung in einem Beschäftigungsverhältnis gestanden haben. Hier bestimmt das Gesetz zusätzlich, dass zwischen der darin ausgeübten Tätigkeit und dem Gegenstand der Ausbildung ein inhaltlicher Zusammenhang bestehen muss.

406 Die so erfolgte kollisionsrechtliche Bestimmung des anspruchsberechtigten Personenkreises bedeutet nun zunächst einmal nur, dass diese Personen Ausbildungsförderung für eine **Ausbildung an einer inländischen Ausbildungsstätte** beanspruchen können. Das eigentliche Problem taucht auf bei Ausbildungen im Ausland. Zentrale Vorschrift ist hier § 5 Abs. 2 BAföG, der grundsätzlich einen **Anspruch auf Ausbildungsförderung auch für den Besuch ausländischer Ausbildungsstätten** einräumt. Dies gilt allerdings nur, sofern der Besuch der Ausbildungsstätte im Ausland nach dem Ausbildungsstand förderlich ist und zumindest auf die vorgeschriebene oder übliche Ausbildungszeit angerechnet werden kann. Bis zum 1. Juli 1990 bestand außerdem noch die Möglichkeit, in numerusclausus-Fächern auf den Besuch einer ausländischen Ausbildungsstätte auszuweichen, wenn bestimmt war, dass Ausbildungsförderung im Ausland auch dann gewährt wird, wenn die Ausbildung im Inland nicht durchgeführt werden kann.[362] Bis zum 31. Juli 1991 war eine Förderung aber ausgeschlossen, wenn die Ausbildung in dem Staat durchgeführt wird, dessen Staatsangehörigkeit der betreffende Ausbildungsförderung begehrende Ausländer hat.[363] Diese Einschränkung hatte vor dem Europäischen Gerichtshof keinen Bestand.[364]

407 Auch beim Ausbildungsförderungsrecht wird also bereits in diesem Überblick deutlich, dass sich erhebliche Wechselwirkungen zwischen dem deutschen und dem europäischen Recht ergeben. Allerdings übt hier nicht die sozialrechtliche Wanderarbeitnehmerverordnung den Einfluss aus; er folgt vielmehr aus anderen gemeinschaftsrechtlichen Rechtsgrundlagen.[365]

4. Synthese der bisherigen Rechtsentwicklung

408 Macht man nun den Versuch einer Synthese der bisherigen Rechtsentwicklung, so findet man ein eher verwirrendes Bild vor. Es handelt sich beim Familienlastenausgleich und bei der Ausbildungsförderung um steuerfinanzierte Sozialleistungen und um ihre europarechtliche Einbindung. In beiden Fällen ist aus der Rechtsprechung des Europäischen Gerichtshofs die Tendenz erkennbar, den Wanderarbeitnehmer mit dem Inländer möglichst umfassend gleichzustellen.

409 Dies erfolgt angesichts der unterschiedlichen Ausgangsposition im sekundären Gemeinschaftsrecht in unterschiedlicher Weise. Die besondere Struktur der einen wie der anderen Sozialleistung führt zu jeweils unterschiedlichen Ausgestaltungen und Anknüpfungen.

410 Deutlich wird aber, dass diese Maßnahmen der Familienförderung im weiteren Sinne – also Familienleistungen und Ausbildungsförderung – europarechtlich eine Ausgestaltung erfahren haben, die jeden EG-Wanderarbeitnehmer mit Verknüpfung zum Inland sowie

---

[362] Zwölftes Gesetz zur Änderung des Bundesausbildungsförderungsgesetzes vom 22. 5. 1990 (BGBl. I, 936; vgl. auch die amtliche Begründung in BT-DS 11/5961, S. 20.

[363] Vgl. die Änderung durch das Vierzehnte Gesetz zur Änderung des Bundesausbildungsförderungsgesetzes vom 30. 7. 1991 (BGBl. I, 1732).

[364] EuGH v. 13. 11. 1990 (di Leo), Rs. C-308/89, Slg. 1990, S. 4185 ff. = EuZW 1991, S. 30 ff.; vgl. dazu auch *Teske*, EuZW 1991, S. 54 f.

[365] Vgl. zur Ausbildungsförderung insgesamt auch § 22.

seine Familienangehörigen in die gleiche Position versetzt wie Inländer. Diese Tendenz der Rechtsprechung des Gerichtshofs zieht immer wieder Änderungen des nationalen Rechts als Konsequenz nach sich.

Man mag diese Rechtsprechung kritisieren; wie gezeigt, ist sie jedoch in sich konsequent. Wer sie ablehnt, muss allgemeiner vorgehen und den integrativen Ansatz verwerfen. Hat man sich aber einmal für ihn entschieden, kann man nicht auf halbem Wege stehen bleiben.

Das Entstehen eines europäischen Sozialraums erfordert, dass EG-Ausländer in allen Mitgliedstaaten wie Inländer behandelt werden. Dies ist eines der Grundprinzipien des EG-Vertrages. Solange die Lebensverhältnisse in den Mitgliedstaaten noch nicht völlig angeglichen sind und solange noch das Leistungsniveau von Mitgliedstaat zu Mitgliedstaat unterschiedlich ist, macht das europäische Sozialrecht die Wanderung in einen Staat mit einem höheren Leistungsniveau attraktiver. Freizügigkeit kann damit also zu einer Einbahnstraße werden.[366] Das aber ist eine unvermeidliche Konsequenz, solange das europäische Sozialrecht lediglich koordiniert. Allerdings ist dies zugleich ein Beispiel für den integrativen Ansatz des europäischen Rechts. Der Spanier, der in Deutschland arbeitet, erhält hier die gleichen – hohen – Leistungen wie ein Deutscher, wird also insoweit integriert; der europäische Gedanke wird verwirklicht. Nicht anders ergeht es dem Deutschen, der in Spanien arbeitet; er erhält dort die gleichen – niedrigeren – Leistungen wie ein Spanier, wird also ebenfalls integriert und keiner Sonderbehandlung unterworfen. Das **europäische Recht bewirkt also eine Integration, sei sie nun für den einzelnen vorteilhaft oder nachteilig.**

VII. Sozialhilfe

Schrifttum: *Eichenhofer,* Export von Sozialleistungen nach Gemeinschaftsrecht, SGb 1999, S. 57 ff.; *Huster,* Grundfragen der Exportpflicht im europäischen Sozialrecht, NZS 1999, S. 10 ff.; *Igl,* Sozialhilfe, EAS B 9300; *Ketelsen,* Sozialhife und Gemeinschaftsrecht, ZSR 1990, S. 331 ff.; *Kunkel,* Die Sozial-, Ausbildungs und Jugendhilfe im EG – Binnenmarkt – Rechtsansprüche und aufenthaltsbeendende Maßnahmen; *Mäder,* Sozialer Bürgerschaft in der Europäischen Union, ZfSH/SGB 1994, S. 113 ff.; *Pompe,* Leistungen der sozialen Sicherheit bei Alter und Invalidität für Wanderarbeitnehmer nach Europäischem Gemeinschaftsrecht, 1986; *Schulte,* Grundsicherung – Sozialhilfe, in: Europäisches Sozialrecht, Schriftenreihe des Deutschen Sozialrechtsverbandes (SDSRV) 36, S. 199 ff.; *ders,* Armut und Armutsbekämpfung in der Europäischen Gemeinschaft – Mindesteinkommenssicherung und Sozialhilfe in EG-Sozialrecht und EG-Sozialpolitik –, ZfSH/SGB 1992, S. 393 ff.; *ders.,* Das Recht auf ein Mindesteinkommen in der Europäischen Gemeinschaft – Nationaler status quo und supranationale Initiativen, SF 1991, S. 7 ff., *Schulte/Trenk-Hinterberger,* Sozialhilfe, eine Einführung, 2. Aufl., 1986; *Vonk,* De coördinate van bestaansminimuitkeringen in de Europese Gemeenschap, 1991.

1. Begriff und Stellung der Sozialhilfe im Gemeinschaftsrecht

Obwohl die Sicherung von Existenzminima sozialpolitisch bedeutsam ist, spielt die Sozialhilfe im europäischen Gemeinschaftsrecht eine untergeordnete Rolle, wie ein Blick auf die gemeinschaftsrechtlichen Bestimmungen zeigt.

Zum einen **schließt die VO 1408/71** in ihrem Art. 4 Abs. 4 die **Sozialhilfe ausdrücklich von ihrem sachlichen Anwendungsbereich aus,** zum anderen findet sich mit einer Ausnahme keine weitere gemeinschaftsrechtliche Bestimmung, aus der sich ein subjektiv öffentliches Recht auf diese Art von Sozialleistungen ergeben kann.

So beschränken sich die diesbezüglichen Regelungen neben Einzelbestimmungen der **Europäischen Sozialcharta** und der **EG-Sozialcharta,** die allesamt keinen einklagba-

---

[366] Vgl. *Kaupper,* in Schulte/Zacher, Wechselwirkungen, S. 133, 145 f.

ren Anspruch auf Sozialhilfe geben, auf das **Europäische Fürsorgeabkommen**[367] (EFA) und die Generalklausel des Art. 7 Abs. 2 der Freizügigkeitsverordnung 1612/68, nach dem ein zugewanderter Arbeitnehmer die gleichen sozialen und steuerlichen Vergünstigungen genießt wie die inländischen Arbeitnehmer.

416 Der Mangel an gemeinschaftsrechtlichen Bestimmungen, die derartige Leistungen zum Gegenstand haben, ist zunächst **historisch bedingt**. Die VOen 1408/71 und 1612/68 wurden vor dem Hintergrund erlassen, die Mobilität eines Wanderarbeitnehmers oder Selbständigen durch Abbau sämtlicher sozialer Hindernisse auf dem Gebiet der Europäischen Gemeinschaft zu fördern, weswegen diese Regelungen in erster Linie an die Arbeitnehmereigenschaft oder die Selbständigkeit eines Anspruchstellers anknüpfen. Die Arbeitnehmereigenschaft und die damit zusammenhängende Erwirtschaftung eines Arbeitslohnes hingegen implizieren, dass grundsätzlich keine anderweitige Unterstützung zur Deckung des notwendigen Lebensbedarfs erforderlich ist, so dass zunächst kein Bedürfnis für derartige Regelungen bestand. Diesbezüglich vollzieht sich allerdings im Zuge der Rechtsprechung des EuGH und insbesondere seit dem Vertrag über die Europäische Union nicht nur im Bereich des europäischen Sozialrechts ein Wandel weg vom Bild des Wanderarbeitnehmers hin zum europäischen Unionsbürger[368] mit gleichen Rechten und Pflichten in nahezu allen Bereichen sozialer Sicherung.[369] Es wird abzuwarten bleiben, ob vor dem Hintergrund einer so verstandenen Unionsbürgerschaft auf Dauer mit der Generalklausel des Art. 7 Abs. 2 der VO 1612/68 auszukommen ist, oder ob es präziser Koordinierungsregelungen bedarf, im Bereich der Mindestsicherung länderübergreifende Sachverhalte zufriedenstellend beurteilen zu können.

417 Geht man der Frage nach, ob Koordinierungsregelungen in diesem Bereich denkbar und möglich sind,[370] stößt man auf den zweiten Grund für die mangelnde Präsenz von Regelungen, die die Sozialhilfe betreffen. Die nationalen Sicherungssysteme weisen in diesem Zweig sozialer Sicherheit so erhebliche Differenzen aus, dass sich eine Koordinierung als äußerst schwierig gestalten würde. Infolge unterschiedlichster Traditionen, ökonomischer und politischer Entwicklungen sogar in den Mitgliedstaaten selbst sind die Strukturunterschiede im Bereich der Grundsicherung so ausgeprägt wie in kaum einer anderen sozialrechtlichen Materie.[371]

a) Die Sozialhilfe im supranationalen und europäischen Recht

418 Nach Art. 13 der Europäischen Sozialcharta[372] hat jede Person ein „Recht auf Fürsorge". Mangels unmittelbarer Geltung dieser Charta kann sich aus dieser Bestimmung allerdings kein Anspruch auf Sozialhilfe ergeben.

419 Auch nach der EG-Sozialcharta[373] haben alle Arbeitnehmer der Mitgliedstaaten einen Anspruch auf einen angemessenen sozialen Schutz und müssen unabhängig von ihrer Stellung und von der Größe des Unternehmens, in dem sie arbeiten, Leistungen der sozialen Sicherheit in ausreichender Höhe erhalten. Sie verfolgt das Ziel, die soziale Ausgrenzung

---

[367] BGBl. 1956 II S. 564, unterzeichnet von Belgien, der Bundesrepublik Deutschland, Dänemark, Frankreich, Griechenland, Großbritannien, Irland, Island, Italien, Luxemburg, Malta, Niederlande, Norwegen, Portugal, Schweden, Spanien und der Türkei.
[368] Vgl. Art. 8 ff. EUV.
[369] Zu dieser Entwicklung siehe eingehend *Mäder*, ZfSH/SGB 1994, S. 113, 178 ff.
[370] Eingehend untersucht von *Vonk*, allerdings in niederländischer Sprache, De coördinate van bestaansminimumuitkeringen in de Europese Gemeenschap, 1991.
[371] *Schulte*, ZfSH/SGB 1992, S. 393, 400 mit Verweis auf die Darstellung der unterschiedlichen Grundsicherungssysteme in SF 1991, S. 7 ff.
[372] BGBl. 1964 II, S. 1261.
[373] KOM (89) 248 endg.; Amt für amtliche Veröffentlichungen der Europäischen Gemeinschaften, EG-Kommission, Gemeinschaftscharta der sozialen Grundrechte der Arbeitnehmer; siehe hierzu *Birk*, Europäisches Arbeitsrecht, S. 43 ff.; *Schulte*, ZfSH/SGB 1992, S. 393, 400 f.

VII. Sozialhilfe

zu bekämpfen und zu diesem Zweck allen, die vom Arbeitsmarkt ausgeschlossen sind, sowie jedem, der das Rentenalter erreicht hat, ohne über ausreichende Unterhaltsmittel zu verfügen, Leistungen insbesondere der Sozialhilfe und Sachleistungen bei Krankheit zuzusprechen, die den jeweiligen Bedürfnissen angemessen sind.[374] Bei der **EG-Sozialcharta** handelt es sich ebenfalls um eine unverbindliche **politische Absichtserklärung,** aus der sich keine unmittelbaren Rechte auf Gewährung von Sozialhilfeleistungen ableiten lassen. Vor dem Hintergrund der EG-Sozialcharta wurden im Jahre 1992 zwei Ratsempfehlungen zu Mindesteinkommen und sozialer Konvergenz erlassen, die die Absichtserklärungen der EG-Charta bekräftigen und inhaltlich konkretisieren, um die Ausgrenzung von Bedürftigen weiter zu reduzieren.

Lediglich das **Europäische Fürsorgeabkommen**[375] entfaltet als **unmittelbar geltendes Recht** Bindungswirkung für die innerstaatlichen Sozialleistungsträger und Gerichte.[376] Es statuiert einen inhaltlich einschränkbaren[377] Auftrag für die Unterzeichnerstaaten, eigene Staatsangehörige sowie Staatsangehörige anderer zum Abkommen gehörender Staaten bei der Gewährung von Existenzminima gleich zu behandeln, sofern sie sich nicht unerlaubt in dem leistungspflichtigen Staat aufhalten, so dass ausländische Staatsangehörige fürsorgerechtlich den inländischen Bürgern gleichgestellt sind. Dabei haben die nationalen Sozialleistungsträger ggf. zu berücksichtigen, dass das EFA durch einen Umsetzungsakt unmittelbar geltendes innerstaatliches Recht geworden ist und somit, soweit die nationalen Regelungen für den Betroffenen nicht günstigere Regelungen enthalten, dem Gemeinschaftsrecht, insbesondere Art. 7 Abs. 2 der VO 1612/68 zu weichen hat. Was den Leistungsumfang betrifft, kann das völkerrechtliche EFA somit hinter der gemeinschaftsrechtlichen Regelung des Art. 7 Abs. 2 der VO 1612/68[378] zurückbleiben; der persönliche Anwendungsbereich des EFA ist hingegen weiter gefasst, weil das EFA allein auf die fremde Staatsangehörigkeit und nicht wie die gemeinschaftsrechtlichen Bestimmungen auf die Arbeitnehmereigenschaft abstellt.

Aus diesem Grund können sich theoretisch alle Personen auf das EFA berufen, die nicht in den persönlichen Anwendungsbereich der VOen 1408/71 oder 1612/68 fallen, so dass das EFA nach der VO 1408/71 und dem allgemeinen Auffangtatbestand des Art. 7 Abs. 2 quasi alle Bedürftigen erfasst, die keinen gemeinschaftsrechtlichen Anspruch auf Sozialhilfeleistungen haben.

Seit dem Erlass der Richtlinien zum Aufenthaltsrecht von Nichterwerbstätigen Personen[379] ist die praktische Bedeutung des EFA allerdings weitaus geringer, weil in den Fällen, in denen dem Grundsatz nach das EFA zur Anwendung gelangt, in der Regel den gemeinschaftsrechtlichen Grundsätzen folgend kein oder nur ein kurzes Aufenthaltsrecht im fremden Mitgliedstaat besteht,[380] Leistungen nach dem EFA allerdings nur gewährt werden können, sofern sich der Betroffene berechtigt in dem Mitgliedstaat aufhält.

b) Sozialhilfe als soziale Vergünstigung i. S. d. des Art. 7 Abs. 2 der VO 1612/68

Ein subjektiv öffentliches Recht auf Sozialhilfe kann sich aus Art. 7 Abs. 2 der VO 1612/68 ergeben, der im Rahmen des europäischen Sozialrechts einen **Auffangtatbestand** zur Komplettierung des sozialrechtlichen Schutzes auf dem Gebiet der EU bildet.[381]

---

[374] Vgl. EuroAS 2/1993, S. 2 f.
[375] Zum EFA siehe *Fenge,* ZfSH 1979, S. 257 ff.
[376] *Schulte/Trenk-Hinterberger,* 1986, S. 448 ff.
[377] Bspw. hat Deutschland das Abkommen nur unter einem Vorbehalt unterzeichnet, wonach sich die Gleichbehandlung nicht auf Leistungen nach §§ 30, 72 BSHG erstreckt, vgl. Ziffer 2 des Anhangs II zum EFA.
[378] Zum sachlichen Anwendungsbereich des Art. 7 Abs. 2 s. oben § 22 Rn. 29 ff.
[379] Richtlinien des Rates 93/96, ABl. EG Nr. L 317 v. 18. 12. 1993, S. 59; 90/364, ABl. EG Nr. L 180 v. 13. 7. 1990, S. 26; 90/365, ABL. EG Nr. L 180 v. 13. 7. 1990, S. 28.
[380] Siehe dazu unten 2.
[381] Siehe hierzu oben § 22.

424 Ein Anspruch aus Art. 7 Abs. 2 setzt voraus, dass die in Frage stehende Leistung nicht von den spezielleren Bestimmungen der VO 1408/71 erfasst wird und dass es sich bei der Leistung um eine **soziale Vergünstigung** handelt.[382] Weil für den Anspruch aus Art. 7 Abs. 2 im Gegensatz zu Leistungen der sozialen Sicherheit auf Grundlage der VO 1408/71 unerheblich ist, ob die soziale Vergünstigung an eine abhängige Beschäftigung anknüpft oder nicht,[383] sondern allein auf den tatsächlichen Aufenthalt des Betreffenden abgestellt wird, statuiert Art. 7 Abs. 2 quasi ein allgemeines Diskriminierungsverbot zur Komplettierung des sozialrechtlichen Schutzes. In diesem Zusammenhang stellt sich zunächst die Frage, was unter dem Begriff der Sozialhilfe zu verstehen ist. Zwar schließt die VO 1408/71 die Sozialhilfe ausdrücklich von ihrem sachlichen Anwendungsbereich aus, das Gemeinschaftsrecht gibt jedoch selbst keinen Aufschluss darüber, welche Leistungen unter dem Begriff der Sozialhilfe zusammengefasst sind, d. h. welche Leistungen dem Ausschluss des Art. 4 Abs. 4 der VO 1408/71 unterfallen.

425 Andererseits kommt es wie bei anderen sozialen Risiken für die gemeinschaftsrechtliche Qualifizierung einer Leistung nicht auf die mitgliedstaatliche Bezeichnung einer Leistung als Sozialhilfeleistung an, so dass mit dem Begriff der Sozialhilfe zunächst wenig anzufangen ist.

426 Mangels gemeinschaftsrechtlicher Konkretisierung war es dem EuGH vorbehalten, Kriterien für die Abgrenzung der Leistungen der sozialen Sicherheit von Sozialhilfeleistungen zu entwickeln, um einen Sachverhalt gemeinschaftsrechtlich beurteilen zu können.

427 **Ursprünglich** wurden nach der Rechtsprechung des **EuGH solche Leistungen dem Bereich der Sozialhilfe zugeordnet, die im Rahmen eines beitragsfreien, steuerfinanziertem Systems gewährt werden** und für eine Leistungsgewährung eine typischerweise der Sozialhilfe eigene **Bedürftigkeitsprüfung** im Einzelfall voraussetzen, so dass ein Anspruch nicht von dem gesetzlichen Status des Arbeitnehmers, sondern von der **Ermessensentscheidung** der zuständigen Behörde abhängt.[384]

428 Allerdings handelt es sich bei den in Frage stehenden Leistungen in zahlreichen Fällen um beitragsunabhängige Mischleistungen,[385] die ihrem persönlichen Anwendungsbereich, ihren Zielen und den Einzelheiten ihrer Anwendung nach sowohl einem System der sozialen Sicherheit als auch einem sozialhilfeähnlichen System zugeordnet werden können,[386] so dass sich dieses Kriterium in bestimmten Bereichen als nicht besonders tauglich erwies.

429 Daraufhin wurde **später** vom EuGH zusätzlich danach gefragt, ob die Leistung nach ihren Merkmalen, ihrer **Zielsetzung** und den **Voraussetzungen** ihrer Gewährung **mit den Leistungen der VO 1408/71 vergleichbar** sind.[387]

430 Aufgrund des breiten Spektrums an divergierenden Leistungssystemen innerhalb der Grauzone zwischen sozialer Sicherheit und Sozialhilfe und der damit zusammenhängenden permanenten Konfrontation mit andersartigen Sozialleistungsprinzipien orientierten sich

---

[382] Zu den Voraussetzungen s. o. § 22 Rn. 31 ff.
[383] EuGH v. 14. 1. 1982 (Reina), RS 65/81, Slg. 1982, S. 33, 44.
[384] EuGH v. 22. 6. 1972 (Frilli), RS 1/72, Slg. 1972, S. 457; EuGH v. 9. 10. 1974 (Biason), RS 24/74, Slg. 1974, S. 999 ff., für eine Leistung mit Doppelcharakter, die der sozialen Sicherheit zuzuordnen ist; in dem Urt. v. 5. 5. 1983 (Piscitello), RS 139/82, Slg. 1983, S. 1427, wurde die italienische pensione sociale obwohl sie national als Sozialhilfeleistung angesehen wird, als Leistung der sozialen Sicherheit qualifiziert, weil der Leistungsgewährung nach den italienischen Rechtsvorschriften im Einzelfall keine Bedürftigkeitsprüfung vorauszugehen hat.
[385] *Pompe*, Leistungen der sozialen Sicherheit, S. 156 f.
[386] EuGH v. 22. 6. 1972 (Frilli), RS 1/72, Slg. 1972, S. 457, 466; infolge der Abgrenzungsschwierigkeiten hat die Kommission der EU bereits im Jahr 1985 einen Vorschlag zur Änderung der VO 1408/71 unterbreitet, nach dem diese Mischleistungen Gegenstand einer gemeinschaftsrechtlichen Regelung werden sollen.
[387] EuGH, v. 27. 3. 1985 (Scrivner), RS 122/84, Slg. 1985, S. 1027 ff.; so z. b. für die niederländische Versorgung älterer und teilweise arbeitsunfähiger arbeitsloser Arbeitnehmer (IOAW), EuGH, v. 2. 8. 1993 (Acciardi) RS 66/92 Slg. 1993, S. 4567.

die Entscheidungen des EuGH allerdings weniger an generellen Abgrenzungskriterien als vielmehr an den jeweiligen Umständen des Einzelfalls.³⁸⁸

Der gemeinschaftsrechtliche Begriff der Sozialhilfe umfasst somit eine Reihe verschiedenster Leistungen, die sämtlich der Sicherung des notwendigen Lebensunterhaltes dienen und zusammengenommen einen Schwerpunkt des sachlichen Anwendungsbereichs des Art. 7 Abs. 2 der VO 1612/68 bilden.³⁸⁹

Insoweit wurden vom EuGH bislang belgische Hilfen zum Lebensunterhalt,³⁹⁰ einbelgisches garantiertes Altersmindesteinkommen³⁹¹ und eine französische besondere Altersbeihilfe, die ein Mindesteinkommen garantiert,³⁹² als soziale Vergünstigung im Sinne einer Grundsicherungsleistung angesehen.

Die deutsche Sozialhilfe war bislang noch nicht Gegenstand eines Verfahrens vor dem EuGH, sie ist aber nach überwiegender Auffassung ebenfalls als soziale Vergünstigung i. S. v. Art. 7 Abs. 2 der VO 1612/68 anzusehen. In diesem Zusammenhang ist zu berücksichtigen, dass die Kommission in der Anwendung des § 120 Abs. 3 BSHG (Leistungsausschluss für Sozialhilfe) auch auf EU-Ausländer einen Verstoß gegen Art. 7 Abs. 2 VO 1612/68 sieht, so dass auch insoweit von einer sozialen Vergünstigung ausgegangen wird.

Abgesehen von einem Kernbereich echter und ausschließlicher Leistungen zur Sicherung des notwendigen Lebensbedarfs scheint Art. 7 Abs. 2 der VO 1612/68 im Rahmen der Grundsicherung allerdings zunehmend an Bedeutung zu verlieren. Bei Betrachtung der Leistungen zur Sicherung des Existenzminimums besteht im Rahmen der freizügigkeitsfreundlichen Rechtsprechung des EuGH seit langem die Tendenz, diese im Zweifel dem Anwendungsbereich der VO 1408/71 zuzuordnen. Diesbezüglich ist für bestimmte sog. **„beitragsunabhängige Sonderleistungen"**, die im Rahmen anderer Leistungen zusätzlich oder ergänzend gewährt werden und mit deren Qualifizierung sich der EuGH in zahlreichen Fällen auseinanderzusetzen hatte, die Einbeziehung mit Einfügung des neuen Art. 4 Abs. 2a VO 1408/71 bereits gemeinschaftsrechtlich vorgeschrieben.³⁹³

Ein Blick auf die nationalen Leistungen zur Grundsicherung zeigt jedoch, dass die kontinuierliche Einbeziehung derartiger Leistungen in den Anwendungsbereich der VO 1408/71 durch die extensive Auslegung des EuGH an seine Grenzen stoßen wird.

Friktionen werden wie in allen Bereichen des europäischen koordinierenden Sozialrechts insbesondere dann auftreten, wenn die Leistungen der Grundsicherung wie in den meisten Mitgliedstaaten nicht als Geld-, sondern auch oder allein als Sachleistung gewährt werden.

Die „Sozialhilfe" umfasst nach den nationalen Vorschriften neben Geldleistungen u. a. so spezifische Leistungen wie Erziehungshilfen, Pflegeleistungen, Unterbringungshilfen, Maßnahmen zur Wiedereingliederung bis hin zu verschiedensten Hilfen in besonderen Lebenslagen wie bspw. Beratungsdienste. Darüber hinaus obliegt es innerhalb der Mitgliedstaaten nicht selten den Kommunen, die allgemeinen Rahmenbedingungen zur Ge-

---

³⁸⁸ Vgl. die Analyse der Rechtsprechung von *Pompe,* Leistungen der sozialen Sicherheit, S: 156 f.; siehe auch *Scheuer* in Lenz, EGV-Kommentar, Art. 39 Rz. 49.

³⁸⁹ Zu den einzelnen Leistungen siehe EuGH, v. 27. 3. 1985 (Scrivner), RS C-122/84, Slg. 1985, S. 1027 ff.; Urt. v. 27. 3. 1985 (Hoeckx), RS C-249/83, Slg. 1985, S. 973; Urt. v. 6. 6. 1985 (Frascogna I), RS 157/84, Slg. 1985, S. 1739; Urt. v. 9. 7. 1987 (Frascogna II), RS 256/86, Slg. 1987, S. 3431; Urt. v. 22. 6. 1972 (Frilli), RS 1/72, Slg. 1972, S. 457; Urt. v. 9. 10. 1974 (Biason), RS 24/74, Slg. 1974, S. 999 ff., für eine Leistung mit Doppelcharakter, die der sozialen Sicherheit zuzuordnen.

³⁹⁰ EuGH v. 27. 3. 1985 (Hoeckx), RS 249/83, Slg. 1985, S. 973 ff.; Urt. v. 27. 3. 1985 (Scrivner), RS 122/84, Slg. 1985, S. 1027 ff.

³⁹¹ EuGH v. 12. 7. 1984 (Castelli), RS 261/83, Slg. 1984, S. 3199 ff.

³⁹² EuGH v. 6. 6. 1985 (Frascogna I), RS 157/84, Slg. 1985, S. 1739 ff.

³⁹³ Aus jüngerer Zeit siehe nur EuGH v. 11. 6. 1998 (Partridge), RS 297/96, Slg. 1998 I, S. 3467 ff.; v. 4. 11. 1997 (Snares), RS 20/96, Slg. 1997 I, S. 6082 ff.

währleistung eines sozialen Mindestschutzes durch regionale Maßnahmen inhaltlich auszufüllen.

438   Diese Regelungen zum Gegenstand einer europaweit koordinierenden Regelung zu machen, würde dazu führen, dass bei Inanspruchnahme einer Leistung in einem anderen als dem zuständigen Mitgliedstaat Bedarfsfeststellung und Leistungsgewährung u. U. durch einen weit entfernten, mit den Gegebenheiten und Bedürfnissen vor Ort nicht vertrauten Träger erfolgen würde und kontrolliert werden müsste. Bedingt durch die Bedarfs- oder Bedürftigkeitsbezogenheit sind **Sozialhilfeleistungen** aber **stark territorial gebunden** und demzufolge **grundsätzlich exportfeindlich**.[394]

439   Neben der Tatsache, dass ein koordinierendes, exportierendes System in der Praxis einen erheblichen Verwaltungsaufwand verursachen würde,[395] muss berücksichtigt werden, dass der VO 1408/71 ein derartiger Sachleistungsexport und der VO 1612/68 ganz allgemein ein Export von Sozialleistungen grundsätzlich fremd ist.[396]

440   Bei einer noch extensiveren Auslegung des sachlichen Anwendungsbereichs beider VOen müsste jedenfalls auf Dauer gewährleistet sein, dass die strukturellen und regional bedingten Unterschiede zwischen den Mitgliedstaaten und die damit in Verbindung stehenden Leistungen im Bereich der Existenzsicherung aus Gründen der Flexibilität weitgehend berücksichtigt werden können, um eine spezifische, auf den Einzelfall abgestimmte Hilfeleistung zu ermöglichen.

441   Dies wird allerdings aufgrund der bereits genannten Unterschiede zwischen den nationalen Fürsorgesystemen und den verwaltungstechnischen Schwierigkeiten schwer realisierbar sein.

2. Auswirkungen auf das Aufenthaltsrecht

442   In bezug auf die Auswirkungen einer Inanspruchnahme von Sozialhilfeleistungen auf das Aufenthaltsrecht des Leistungsempfängers gilt es danach zu unterscheiden, ob der Anspruchsteller im Zeitpunkt des Mitgliedstaatswechsels auf derartige Leistungen angewiesen ist oder ob er die Leistung erst nach einer erstmaligen Arbeitsaufnahme im Zuwanderstaat in Anspruch nehmen muss.

443   Zur Vermeidung eines in diesem Zusammenhang oft befürchteten „Sozialtourismus" berechtigen die Freizügigkeitsrechte nicht zur Wahl des besten oder eines besseren Sozialleistungssystems, so dass ein erstmaliger oder höherer Bezug einer Leistung zur Grundsicherung niemals als Wanderungsmotiv angesehen werden und zu einer damit zusammenhängenden Gleichbehandlung führen kann. Insoweit ist die **Aufenthaltserlaubnis** in einem Mitgliedstaat für Nichterwerbstätige wie insbesondere Studenten und Rentner, die typischerweise über keine eigene Einkommensquelle erfolgen, bereits **gemeinschaftsrechtlich an den Nachweis ausreichender finanzieller Mittel sowie eines ausreichenden Krankenversicherungsschutzes geknüpft**.[397]

444   Sofern diese Voraussetzungen nicht erfüllt sind, kann der Betreffende vom Mitgliedstaat aufgefordert werden, das Land zu verlassen.

445   Infolge dieser Einschränkung des Aufenthaltsrechts stellt sich dann kaum noch die Frage, ob Nichterwerbstätige Ansprüche auf existenzsichernde Leistungen aus dem allge-

---

[394] *Schulte*, Grundsicherung – Sozialhilfe, Europäisches Sozialrecht, SDRSV 36, S. 199, 216; siehe auch *Huster*, NZS 1999, S. 10 ff.

[395] Hier sei nur verwiesen auf die erheblichen Schwierigkeiten im Bereich der grenzüberschreitenden Arbeitsvermittlung.

[396] Zum einen sind die Leistungen der sozialen Sicherheit größtenteils Geldleistungen, zum anderen ist in Bereichen, in denen, wie bspw. bei dem Risiko Krankheit, verstärkt Sachleistungen gewährt werden, ein Leistungsexport für Sachleistungen ausgeschlossen. Siehe hierzu auch *Huster*, NZS 1999, S. 10 ff.; *Eichenhofer*, SGb 1999, S. 57 ff.

[397] Richtlinien des Rates, 93/96, ABl. EG Nr. L 317 v. 18. 12. 1993, S. 59; 90/364, ABl. EG Nr. L 180 v. 13. 7. 1990, S. 26; 90/365, ABL. EG Nr. L 180 v. 13. 7. 1990, S. 28.

meinen Diskriminierungsverbot des Art. 7 EGV ableiten können, der nach der Rechtsprechung des EuGH[398] auch für den Bereich des Sozialrechts gilt, da die Berufung auf diese gemeinschaftsrechtliche Bestimmung eine Aufenthaltserlaubnis voraussetzt.

Davon zu unterscheiden sind die Fälle, bei denen im Zeitpunkt des Leistungsfalles bereits eine Aufenthaltserlaubnis besteht, was in der Regel bei vorheriger Arbeitsaufnahme im Zuwanderstaat der Fall sein wird. Benötigt der Betreffende bspw. nach Beendigung seines Arbeitsverhältnisses Leistungen zur Grundsicherung, so berührt dies sein Aufenthaltsrecht und damit das Recht auf Sozialleistungen nicht. Das Aufenthaltsrecht bleibt ebenfalls bestehen, wenn das Einkommen des Betreffenden so gering ist, dass zur Sicherung des Existenzminimums zusätzlich Sozialhilfe beansprucht werden muss oder wenn der Anspruchsteller für seine nachzugsberechtigten Familienangehörigen Leistungen der Sozialhilfe beantragt oder erhält.[399] Lediglich bei einer befristeten Aufenthaltserlaubnis können die nationalen Behörden eine Verlängerung mit dem Hinweis auf die zu schwache finanzielle Konstitution des Betreffenden verweigern. **446**

Arbeitsuchenden wird grundsätzlich eine Aufenthaltserlaubnis von 3 Monaten zugebilligt, nach deren Ablauf der Betreffende bei erfolgloser Arbeitsuche aufgefordert werden kann, das Land zu verlassen. **447**

§ 24 Soziale Sicherung Selbständiger

Schrifttum: *Boecken,* Die Pflichtaltersversorgung der verkammerten freien Berufe und der Bundesgesetzgeber, 1986; *Joan C. Brown,* A Policy Vacuum – Social Security for the Self-Employed, York 1992; *Grillberger,* Österreichisches Sozialrecht, 4. Aufl. 1998; *Meager/Court/Moralee,* Self-Employment and the Distribution of Income, Institute of Manpower Studies, Brighton 1994; *Steinmeyer,* Die Alters-, Invaliditäts- und Hinterbliebenensicherung Selbständiger in den Mitgliedstaaten der Europäischen Gemeinschaft, NZS 1994, 103 ff.; *ders.,* Die Problematik der Scheinselbständigkeit, ZSR 1996, S. 348 ff.; *v. Maydell/Boecken,* Weiterentwicklung des landwirtschaftlichen Sozialrechts, Münster 1988; *Wank,* Die „neue Selbständigkeit", DB 1992, S. 90 ff.; *Zacher,* Alterssicherung im Rechtsvergleich, 1991.

Übersicht

	Rn.		Rn.
I. Einführung	1	III. Ausblick auf andere Risiken und die Entwicklungen in Mittel- und Osteuropa	62
II. Entwicklungstendenzen im Bereich der Alters- und Hinterbliebenensicherung in der Europäischen Union	8	1. Risiko der Krankheit	63
1. Der erfasste Personenkreis	9	2. Die Absicherung für den Fall des Berufs- oder Arbeitsunfalls	70
a) Allgemeine staatliche Grundsicherung versus Sozialversicherungssysteme	10	3. Die Absicherung gegen das Risiko der Arbeitslosigkeit	71
b) Einbeziehung einzelner Selbständigen-Gruppen in das allgemeine System	18	4. Die Situation in den Reformländern Mittel- und Osteuropas	74
c) Freiwillige Sicherungsformen	23	IV. Die Vorgaben des primären Gemeinschaftsrechts	75
d) Spezielle Sicherungsformen für bestimmte Gruppen Selbständiger	30	V. Probleme der Einbeziehung der Selbständigen in das europäische koordinierende Sozialrecht	79
e) Schwierigkeiten im Beitragsrecht bei der Alterssicherung Selbständiger	34	VI. Zukunftsperspektiven	99
f) Mitarbeitende Familienangehörige	36		
g) Soziale Sicherung der Frau	38		
2. Die Leistungen	40		
a) Alterssicherung	41		
b) Sicherung bei Invalidität	47		
c) Hinterbliebenensicherung	49		
3. Bewertung	51		

---

[398] EuGH v. 2. 2. 1989 (Cowan) RS 186/87, Slg. 1989, S. 195.
[399] *Ketelsen,* ZSR 1990, S. 331, 339.

I. Einführung

1   Im **Blickpunkt der Sozialpolitik** steht – zumindest in Deutschland – regelmäßig der **Arbeitnehmer**. Die Gruppe der Selbständigen ist wenig homogen und die soziale Schutzbedürftigkeit innerhalb dieser Personengruppe deshalb höchst unterschiedlich. Das Spektrum der Selbständigen reicht von Inhabern größerer Betriebe über Freiberufler und Handwerker bis hin zu Personen im Grenzbereich zwischen Arbeitnehmereigenschaft und Selbständigkeit, deren Zugehörigkeit zum Personenkreis der Selbständigen häufig darauf beruht, dass die Auftraggeber so nicht den Fesseln des Arbeitsrechts unterliegen und nicht die für Arbeitnehmer anfallenden Sozialversicherungsbeiträge entrichten müssen (sog. Scheinselbständigkeit oder neue Selbständigkeit).[1] Angesichts dieser Bandbreite ist es nicht verwunderlich, dass die Struktur der sozialen Sicherung Selbständiger in den Mitgliedstaaten der Europäischen Union höchst unterschiedlich ist und Lücken aufweist. Dieser Problematik hat sich die Sozialpolitik der Mitgliedstaaten bisher nur recht zögerlich angenommen, so dass *Joan C. Brown* sich veranlasst sah, ihr Buch zur sozialen Sicherung Selbständiger – insbesondere mit Bezug auf Großbritannien – mit „A Policy Vacuum" zu betiteln.[2]

2   Der **Umfang der selbständigen Erwerbstätigkeit** ist **in den Mitgliedstaaten der Union höchst unterschiedlich**. Ungeachtet möglicher unterschiedlicher nationaler Begrifflichkeiten zur Abgrenzung des Selbständigen von anderen Erwerbstätigen kann soviel gesagt werden, dass die Zahl der Selbständigen im Verhältnis zur gesamten Erwerbsbevölkerung im europäischen Vergleich eher niedrig ist. So ergibt sich aus dem Bericht der Europäischen Kommission „Soziale Sicherheit in Europa 1995", dass in Deutschland der Anteil der selbständig Tätigen bezogen auf die gesamte Erwerbsbevölkerung 9% beträgt; geringer ist mit 8% der Anteil lediglich noch in Dänemark.[3] Im Durchschnitt aller 15 Mitgliedstaaten liegt der Anteil bei etwa 15% und ist in Griechenland mit 34% am höchsten, gefolgt von 25% in Portugal.

3   Über die **Einkommensverhältnisse Selbständiger** gibt es – auch angesichts der Variationsbreite dieser Personengruppe – **kaum verlässliche Daten**. Untersuchungen aus Großbritannien zeigen lediglich, dass bei durchschnittlich höherem Einkommen der Selbständigen als der abhängig Beschäftigten die Einkommensverhältnisse der Selbständigen erheblich breiter gestreut sind als bei abhängig Beschäftigten.[4] Dies spricht also dafür, bei der Frage nach sozialer Sicherung und Sicherungsbedarf innerhalb der Personengruppe der Selbständigen zu differenzieren. Das haben auch Studien im Auftrag der Europäischen Kommission ergeben.[5]

4   Wendet man sich der sozialen Sicherung Selbständiger zu, so lässt sich feststellen, dass diese lückenhafter ist als bei den abhängig Beschäftigten. Angesichts des aus der Sicht der Sozialpolitik sehr inhomogenen Personenkreises spielt die Eigenvorsorge eine dominierende Rolle, wobei festzustellen ist, dass Selbständige mit höherem Einkommen diese in den unterschiedlichsten Formen in ausreichender Weise besorgen, einzelne Gruppen von Selbständigen berufsgruppenspezifische Versorgungsformen geschaffen haben und die

---

[1] *Steinmeyer*, ZSR 1996, S. 348 ff.; *Wank*, DB 1992, S. 90 ff.
[2] *Brown*, A Policy Vacuum-Social Security for the Self-Employment.
[3] Vgl. hierzu und zum folgenden *Europäische Kommission – Generaldirektion für Beschäftigung, Arbeitsbeziehungen und soziale Angelegenheiten*, Soziale Sicherheit in Europa 1995, Luxembourg 1996, S. 117 ff.
[4] S. dazu *Meager/Court/Moralee*, Self-Employment and the Distribution of Income, Institute of Manpower Studies, Brighton 1994.
[5] *Steinmeyer*, Study on Social Protection of the Self-Employed on Germany, November 1991 – unveröffentlicht.

Selbständigen am unteren Ende der Einkommensskala oft nicht in der Lage sind, die Lücken in der sozialen Sicherung selbst zu schließen.

Das hat den **deutschen Sozialgesetzgeber** in der Vergangenheit immer wieder veranlasst, einzelne Gruppen von Selbständigen in die sozialen Sicherungssysteme aufzunehmen oder neue für sie zu schaffen. Zu verweisen ist auf das landwirtschaftliche Sozialrecht, auf die Sozialversicherung der Künstler und Publizisten, auf die Handwerkerversicherung und zahlreiche Einzelregelungen bei den Vorschriften zum versicherten Personenkreis der einzelnen Zweige der Sozialversicherung. All diesen Regelungen gemeinsam ist, dass sogenannte kleine Selbständige erfasst werden, bei denen der Gesetzgeber ein besonderes nur durch staatliche Systeme ausreichend zu befriedigendes soziales Sicherungsbedürfnis konstatiert hat. Diese in der Rechtsentwicklung festzustellende immer weitere Erfassung kleiner Selbständiger ist inzwischen insoweit an ihre Grenzen gelangt, als sie immer zusätzliche klar abgrenzbare Selbständigengruppen einbezogen hat, die Gruppe der kleinen Selbständigen sich inzwischen aber außerordentlich diversifiziert, wie die Diskussion um die Scheinselbständigkeit gezeigt hat.

Es reicht deshalb nicht mehr, bestimmte abgrenzbare Berufsgruppen Selbständiger in die sozialen Sicherungssysteme einzubeziehen. Es liegt vielmehr nahe, eine allgemeine subsidiäre Mindestsicherung für Selbständige aufzubauen; zumindest liegt dies im Trend einer Entwicklung, wie der Überblick über die Invaliditäts- und Alterssicherung Selbständiger in den Mitgliedstaaten der Europäischen Union zeigt.

In dieser Weise stellt sich die Problematik bei den Sicherungssystemen, die – typischerweise als Sozialversicherung – von der Beschäftigung als Anknüpfungspunkt für soziale Sicherungssysteme ausgehen. Anders ist dies, wenn ein Sicherungssystem die gesamte Bevölkerung erfasst. Hier sind die Selbständigen naturgemäß mit erfasst.

II. Entwicklungstendenzen im Bereich der Alters- und Hinterbliebenensicherung in der Europäischen Union

Es ist bereits vorab festzustellen, dass die Alterssicherungssysteme Selbständiger in den Mitgliedstaaten der Gemeinschaft die entsprechenden Systeme für Arbeitnehmer an Vielfalt noch übertreffen; eine Darstellung aller Sicherungsformen in den Mitgliedstaaten ist deshalb an dieser Stelle nicht möglich. Es kann lediglich der Versuch gemacht werden, einen Überblick zu liefern. Dabei soll der Schwerpunkt auf der Herausarbeitung von Strukturen liegen, umso Ansätze für eine gemeinschaftsweite Vorgehensweise zu finden.

1. Der erfasste Personenkreis

Die Vielfalt der verschiedenen Sicherungssysteme für Selbständige drückt sich bereits darin aus, dass der von den Systemen erfasste Personenkreis höchst unterschiedlich ist. Dies findet zum Teil seinen Grund in der grundsätzlichen Ausgestaltung des allgemeinen Systems in den jeweiligen Mitgliedstaaten. Dies findet aber auch seinen Grund in der Tatsache, dass die Rolle der Eigeninitiative bei der Absicherung im Fall der Selbständigen offenbar stärker ausgeprägt ist.

a) Allgemeine staatliche Grundsicherung versus Sozialversicherungssysteme

Deshalb ist Situation der Selbständigen grundsätzlich unterschiedlich zwischen den Staaten, die von Sozialversicherungssystemen geprägt sind und denen, die über eine allgemeine staatliche Grundsicherung verfügen. Knüpft ein Sicherungssystem für die **Leistungsberechtigung nur an Staatsbürgerschaft und/oder Wohnsitz oder gewöhnlichen Aufenthalt an,** so sind **Selbständige** ohne weiteres **mit erfasst**. **Sozialversicherungssysteme** hingegen knüpfen häufig an die **Arbeitnehmereigenschaft** an, so dass Selbständige von ihnen zunächst ausgeschlossen sind. Allerdings ist auch dies wiederum nur eine eher grobe Kategorie, wie der nachfolgende Überblick zeigen wird.

11   Die klassischen Länder mit Grundsicherungssystemen, die alle Staatsbürger bzw. Personen mit Wohnsitz oder gewöhnlichem Aufenthalt in dem betreffenden Land erfassen, sind Dänemark, das Vereinigte Königreich, und die Niederlande. Die klassischen Länder mit Sozialversicherungssystemen sind Deutschland, Österreich und Frankreich.

12   In den **Ländern mit Basissicherungssystemen**[6] existieren für Arbeitnehmer typischerweise ergänzende Systeme, die sich entweder als staatliche oder als betriebliche (private) Systeme darstellen. Soweit es die Selbständigen anbetrifft, ist für diese Staaten kennzeichnend, dass sich die Absicherung auf das Basissystem beschränkt. Die Absicherung durch das staatliche System ist dann also eher bescheiden und bewegt sich in diesen Staaten für die Alterssicherung zwischen einem Netto-Leistungsniveau von 29 % des letzten Einkommens im Vereinigten Königreich, 48,6% in den Niederlanden und 52% in Dänemark.[7] Teilweise wird durch Spezialregelungen den Besonderheiten selbständiger Erwerbstätigkeit Rechnung getragen.

13   Auf der anderen Seite finden sich in den **klassischen Sozialversicherungsländern spezielle staatliche Sicherungssysteme für Selbständige,** die typischerweise berufsgruppenbezogen sind und deshalb nicht von vornherein flächendeckend sein können, also nicht unbedingt alle Selbständigen erfassen. Dabei sind sowohl Sicherungssysteme anzutreffen, die eine Grundsicherung bereitstellen, als auch solche, die für sich allein weitgehend in der Lage sind, den bisherigen Lebensstandard zu sichern. Die Ausgestaltung im Einzelnen ist sowohl in Frankreich[8] als auch in Deutschland[9] vielfältig. Dieser Gruppe lässt sich mit einer gewissen Berechtigung auch noch Griechenland zuordnen; in diesem Mitgliedstaat ist das soziale Sicherungssystem gekennzeichnet durch eine Vielzahl eigenständiger Sozialversicherungssysteme, worunter sich auch solche für bestimmte Gruppen Selbständiger finden. Kennzeichnend für diese Gruppe von Ländern ist, dass sich insbesondere spezielle Systeme für Landwirte und für die sogenannten freien Berufe finden.

14   In den übrigen Mitgliedstaaten finden sich Sicherungssysteme für Selbständige, die mit denen für Arbeitnehmer mehr oder weniger harmonisiert sind. Hervorzuheben ist hier etwa Luxemburg,[10] wo seit dem 1. Januar 1988 für Arbeitnehmer und für Selbständige das selbe Alterssicherungssystem gilt. Das bedeutet dort, dass die Leistungen für Arbeitnehmer und für Selbständige weitgehend harmonisiert sind, aber die Organisation des Systems weiterhin nach Berufsgruppenkategorien erfolgt. Eine ähnliche Entwicklung hat sich bereits früher in Spanien[11] und Portugal ergeben. In diesen Ländern ist also eine weit fortgeschrittene Angleichung der Alterssicherungssysteme für Arbeitnehmer und Selbständige festzustellen. Dies drückt sich dort auch im Leistungsniveau aus, das dem der Arbeitnehmer entspricht. In Österreich sind seit dem Jahr 2000 grundsätzliche alle Erwerbstätigen – also auch die Selbständigen – von der Sozialversicherung erfasst. Allerdings können

---

[6] Vgl. zu Großbritannien *Joan C. Brown,* S. 19 ff.; *Schulte,* Landesbericht Vereinigtes Königreich, in: Zacher, Alterssicherung, S. 497 ff.; vgl. zu Irland *Joan C. Brown,* S. 141 ff.; vgl. zu den Niederlanden *Pieters,* Landesbericht Niederlande, in: Zacher, Alterssicherung, S. 349 ff.

[7] Diese Zahlen sind im Rahmen der Tätigkeit der Expertengruppe erhoben worden, die auf Grund der Konvergenz-Empfehlung von der Generaldirektion V der Kommission der Europäischen Gemeinschaften zur Erstellung des Berichts „Social protection in Europe" berufen worden ist; der Verf. gehört dieser Expertengruppe an.

[8] Vgl. zu Frankreich *Brown,* S. 152 ff.; *Igl/Kaufmann,* Landesbericht Frankreich, in Zacher, Alterssicherung, S. 225 ff.

[9] Vgl. zu Deutschland *Steinmeyer,* Study on Social Protection of the Self-Employed – Report on Germany, November 1991.

[10] Vgl. dazu näher: *Brown,* S. 146 ff.; *Ministère de la Securité Sociale – Inspection Générale de la Securité Sociale,* Aperçu sur la Législation de la Securité Sociale au Grand-Duché de Luxembourg, Luxembourg 1992, S. 20, 55 ff.

[11] Zu Spanien vgl. auch *Reinhard,* Landesbericht Spanien, in: Zacher, Alterssicherung, S. 429 ff.

sich einzelne Berufsgruppen von Selbständigen bei einer gleichwertigen anderweitigen Versorgung befreien lassen.[12]

Eine Annäherung der Alterssicherung für Selbständige an die für Arbeitnehmer ist auch für Belgien und Italien zu konstatieren. In Belgien erfolgte die Entwicklung der Alterssicherungssysteme für Selbständige bis 1984 weitgehend unabhängig von der für Arbeitnehmer. Durch ein Gesetz vom 15. Mai 1984 erfolgte eine gewisse Harmonisierung der Leistungsstruktur, die insbesondere für Beitragszeiten ab 1985 Bedeutung hat.[13] Es finden sich aber nach wie vor Unterschiedlichkeiten, die zum Teil auf Besonderheiten der selbständigen Tätigkeit beruhen. Eine flexible Altersgrenze ist nur für die Arbeitnehmer, nicht aber für die Selbständigen vorgesehen. Italien schließlich weist sowohl Elemente der Harmonisierung der Arbeitnehmer-Systeme und der Selbständigen-Systeme als auch Parallelen zu den klassischen Sozialversicherungsländern Deutschland und Frankreich auf.[14] So werden die Systeme für Landwirte, Handwerker und Händler vom allgemeinen System (INPS) verwaltet und sind mit ihm weitgehend harmonisiert, während die freien Berufe über ein eigenständiges System verfügen. Sofern die Selbständigen vom allgemeinen System erfasst werden, trägt dies den Besonderheiten der selbständigen Tätigkeit Rechnung. In beiden Ländern ist aber festzustellen, dass das Netto-Leistungsniveau für die staatliche Alterssicherung der Selbständigen bisher noch vergleichsweise bescheiden ist (42,4% in Belgien und ca. 50% in Italien).[15]

Es ergibt sich also eine **breite Palette unterschiedlicher staatlicher Sicherungssysteme für Selbständige in den Mitgliedstaaten der Gemeinschaft.** Diese zeigen auch in ihrer historischen Entwicklung und hinsichtlich des von ihnen erfassten Personenkreises, dass bestimmte Gruppen von Selbständigen Gegenstand besonderer staatlicher Aufmerksamkeit sind. Das muss nicht zwingend einhergehen mit einer besonderen Schutzbedürftigkeit dieser Personengruppen. Vielmehr lässt sich feststellen, dass in den Staaten mit Sozialversicherungssystemen insbesondere die traditionellen und etablierten Berufe erfasst sind, sehr viel weniger aber die neu entstandenen. Dies liegt zum Teil daran, dass die Ausdehnung des Schutzbereichs der Sozialversicherungssysteme schrittweise erfolgte und jeweils eine abgegrenzte Gruppe erfasste. Dies muss notwendig dazu führen, dass der soziale Schutz Selbständiger für den Fall des Alters in diesen Staaten lückenhaft bleibt. Eine umfassende Harmonisierung, wie sie insbesondere in Luxemburg anzutreffen ist, vermeidet dies.

Insgesamt lässt sich feststellen, dass die Basissicherungssysteme für alle Einwohner naturgemäß auch eine Grundsicherung für Selbständige sicherstellen. In diesen Ländern ist eine Differenzierung zwischen einzelnen Gruppen Selbständiger nicht erforderlich, während dies bei einer gruppenbezogenen Erfassung unvermeidlich ist. In den Staaten, die die Systeme für Arbeitnehmer und Selbständige mehr oder weniger harmonisiert haben, hat die Differenzierung bei der administrativen Umsetzung noch Bedeutung.

b) Einbeziehung einzelner Selbständigen-Gruppen in das allgemeine System

Werden in Ländern mit Sozialversicherungssystemen einzelne Gruppen von Selbständigen vom allgemeinen System erfasst, so hat dies zumeist zur Folge, dass die Regeln des auf Arbeitnehmer ausgerichteten Systems modifiziert werden müssen. Andererseits kann auch an die typischen Besonderheiten der Erwerbsbiographie eines Selbständigen angeknüpft werden.

Diese ist häufig dadurch gekennzeichnet, dass er zunächst eine Arbeitnehmertätigkeit ausgeübt hat, um sich dann selbständig zu machen. Soziale Sicherungssysteme Selbständi-

---

[12] Vgl. § 5 GSVG; siehe auch *Grillberger*, S. 19 f.
[13] Vgl. hierzu und zum folgenden näher *Pieters*, Landesbericht Belgien, in: Zacher, Alterssicherung, S. 117, 134 f.
[14] Vgl. zu Italien auch *Simons*, Landesbericht Italien, in: Zacher, Alterssicherung, S. 273, 289 f.
[15] Dies haben die Erhebungen der Expertengruppe zur Konvergenz-Empfehlungen ergeben.

ger sollten diesem Umstand Rechnung tragen. Dies geschieht in Deutschland etwa dadurch, dass für selbständige Handwerker eine Fortsetzung ihrer Zugehörigkeit zur gesetzlichen Rentenversicherung, der sie als Arbeitnehmer zunächst ohnehin angehört haben, vorgesehen ist, bis sie eine Sockelsicherung aus 18 Beitragsjahren erworben haben. Sofern sich die betroffenen Handwerker nach Ablauf dieses Zeitraums nicht von der Versicherungspflicht befreien lassen, können sie so eine Alterssicherung aufbauen, die der eines Arbeitnehmers entspricht; anderenfalls ist zumindest eine Grundsicherung sichergestellt.

20 Neben dieser befristeten weiteren Zugehörigkeit zum allgemeinen System finden sich auch Modelle einer generellen Einbeziehung bestimmter Gruppen Selbständiger. Dies ist in Deutschland schon sehr frühzeitig geschehen für solche Selbständige, deren Schutzbedürfnis dem von Arbeitnehmern vergleichbar ist. Dabei hat sich der Gesetzgeber darauf beschränkt, bestimmte Gruppen von Selbständigen zu bezeichnen. Zu nennen sind hier etwa Lehrer und Erzieher, die im Zusammenhang mit ihrer selbständigen Tätigkeit keine Arbeitnehmer beschäftigen, Hebammen und Entbindungspfleger, Seelotsen und Küstenschiffer sowie Küstenfischer. Diese Aufzählung zeigt bereits, dass es sich hier um kleine Gewerbetreibende handelt, die sich in einer sozialen Situation befinden, die der von Arbeitnehmern vergleichbar ist. Dieser Personenkreis wird während seines gesamten Erwerbslebens von der Versicherungspflicht im allgemeinen System erfasst.

21 Eine spezielle Art der Einbeziehung von Selbständigen in das allgemeine System findet sich in Deutschland für die Künstler und Publizisten. Da es bei diesem Personenkreis Probleme bei der Erfassung und der Beitragserhebung und Finanzierung gibt, wurde eine spezielle Institution (Künstlersozialkasse) geschaffen, die den versicherten Personenkreis erfasst und die Beiträge einzieht. Die Leistungsgewährung erfolgt durch die Sozialleistungsträger des allgemeinen Systems.

22 All diese speziellen Sicherungsformen für Selbständige können selbstverständlich nur in den Staaten eine Rolle spielen, die die Sicherungssysteme von Arbeitnehmern und Selbständigen nicht angeglichen haben und die auch nicht über eine alle Einwohner erfassendes Grundsicherungssystem verfügen.

c) Freiwillige Sicherungsformen

23 Gerade bei der Personengruppe der Selbständigen kann aus diesem Befund aber noch nicht unmittelbar geschlossen werden, dass für die von den staatlichen Systemen nicht erfassten Gruppen von Selbständigen ein angemessener sozialer Schutz für den Fall des Alters nicht gegeben ist. Es darf auch nicht ohne weiteres aus dem Leistungsniveau der staatlichen Systeme für Selbständige auf das tatsächliche Niveau der Absicherung geschlossen werden. Es ist anzunehmen, dass sich gerade Selbständige in erheblichem Maße auch durch Eigenvorsorge absichern.

24 Freiwillige Sicherungsformen haben für **Selbständige eine erheblich größere Bedeutung als für Arbeitnehmer.** Dies reicht von dem Abschluss von Lebensversicherungen über Kapitalerträge und die Verwertung des Betriebes oder der Praxis durch Verpachtung oder Verkauf bis hin zur freiwilligen Mitgliedschaft in einem staatlichen Sicherungssystem sowie zur Schaffung von berufsgruppenbezogenen Sicherungssystemen aus eigener Initiative.

25 Wie die Absicherung der Selbständigen durch den Abschluss von Lebensversicherungen oder Verwertung ihres Betriebes oder Kapitalvermögens im Einzelnen beschaffen ist, lässt sich naturgemäß nur schwer feststellen. Es kann lediglich vermutet werden, dass bei den etablierten und wirtschaftlich gutstehenden Selbständigen-Gruppen diese Art freiwilliger Absicherung leichter möglich und daher weiter verbreitet ist als bei den Gruppen, die sich mit schlechteren wirtschaftlichen Bedingungen abfinden müssen. Hier fehlen dann die Mittel für eine derartige Absicherung.

26 Versteht man Freiwilligkeit als Eigeninitiative des Selbständigen zur Vorsorge im Alter, so kann mit einer gewissen Berechtigung auch eine besondere Gestaltungsform der Alters-

sicherung Selbständiger hierunter gefasst werden, die bei den **freien Berufen** anzutreffen ist und deren Errichtung jeweils auf der Eigeninitiative einer einzelnen Berufsgruppe beruht. Diese Systeme sind insbesondere in Deutschland, Frankreich und Österreich anzutreffen. In Deutschland und in Österreich zeichnen sie sich dadurch aus, dass sie mit der Kammerorganisation dieser Berufe verknüpft sind.[16] Angehörige freier Berufe sind in Deutschland kraft Berufszugehörigkeit obligatorisch Mitglied einer Kammer. Im Rahmen dieser Kammer kann dann beschlossen werden, für die Mitglieder eine Alterssicherung zu schaffen, der alle selbständig erwerbstätigen Mitglieder kraft Satzungsrecht angehören. Diese berufsständischen Versorgungssysteme sind zumindest in Deutschland vom staatlichen Einfluss weitgehend frei. Die Solidität dieser Systeme wird auch daran ersichtlich, dass als Arbeitnehmer tätige Angehörige dieser freien Berufe sich bei Nachweis einer Mitgliedschaft in einem berufsständischen Versorgungswerk von der Versicherungspflicht in der gesetzlichen Rentenversicherung befreien lassen können. Angesichts seines Leistungsniveaus kann dieses System sowohl die Funktionen der ersten als auch die der zweiten Säule erfüllen. Dieses System berücksichtigt auch den Umstand des Übergangs von der Arbeitnehmereigenschaft zur Selbständigkeit. Es handelt sich hier um eine Versicherungspflicht kraft Satzung für die selbständig Tätigen, während die als Arbeitnehmer tätigen Angehörigen dieser Berufe die Möglichkeit haben, sich bei Zugehörigkeit zu diesem System von der Versicherungspflicht im allgemeinen System (gesetzliche Rentenversicherung) befreien zu lassen. Dies ermöglicht es etwa dem Arzt oder Anwalt, bereits zu Beginn seines Berufslebens während einer Arbeitnehmertätigkeit dem Sicherungssystem beizutreten.

In Österreich ist für die meisten verkammerten freien Berufe in den einschlägigen Berufsgesetzen eine besondere Alters- und Hinterbliebenensicherung vorgesehen, die dann durch Satzungsrecht weiter ausgeformt und zum Teil Zusatzleistungen ergänzt wird.

Das Konzept der verschiedenen Säulen der Alterssicherung, das im Bereich der Arbeitnehmer kennzeichnend ist, ist im Bereich der Alterssicherung Selbständiger deutlich weniger ausgeprägt. Auf denjenigen, der vom allgemeinen staatlichen System nicht erfasst wird, kann dieses Konzept ohnehin nicht zutreffen. Eine zweite Säule in dem Sinne, wie wir es von den Arbeitnehmern kennen, fehlt weitgehend. Sie findet sich typischerweise bei den Arbeitnehmern als eine Leistung des Arbeitgebers oder als eine auf Tarifverträgen basierende gemeinsam ausgestaltete Sicherungsform. Eine Besonderheit stellt insoweit Belgien dar, wo eine Zusatzversorgung auch für Selbständige existiert, die dahin ausgestaltet ist, dass sie von einer privaten Versicherungsgesellschaft angeboten wird und die Beiträge über die Sozialversicherung an die Privatversicherung weitergeleitet werden. Auf diese Weise soll denjenigen Selbständigen, deren Einkommen über einem Mindestsatz liegt, den das System für Selbständige sonst zugrunde legt, eine zusätzliche Sicherung ermöglicht werden.[17] Allerdings handelt es sich hier in den Kategorien der Alterssicherung der Arbeitnehmer eher um einen Fall der vom staatlichen System geförderten Eigenvorsorge. Typischerweise werden staatliche Grundsicherungssysteme – sofern vorhanden – durch Eigenvorsorge (3. Säule) ergänzt und berufsgruppenbezogene Systeme erfüllen die Funktion einer Vollsicherung. Vergleichbares findet sich auch in Frankreich.[18] In den Niederlanden wird dies für einige Gruppen von Selbständigen sogar zur Pflicht gemacht.[19]

---

[16] Vgl. näher *Boecken,* Die Pflichtaltersversorgung; *Boecken,* Berufsständische Versorgungswerke, in: v. Maydell/Ruland, Sozialrechtshandbuch, C 18, S. 829 ff.
[17] *Wuiame,* La protection sociale des travailleurs indépendants en Belgique, Bericht für die Kommission der Europäischen Gemeinschaften, August 1991, S. 31.
[18] Vgl. dazu. *Lyon-Caen,* La protection sociale des travailleurs indépendants, Bericht für die Kommission der Europäischen Gemeinschaften, 1991.
[19] *Berghman,* Social protection of the self-employed in the Netherlands, Bericht für die Kommission der Europäischen Gemeinschaften, 1991, S. 32 ff.

29   Auch freiwillige Sicherungsformen entziehen sich nicht völlig der Einflussnahme des Staates. Er kann durch Regelungen der steuerlichen Abzugsfähigkeit eine derartige Absicherung für den Selbständigen attraktiv machen und Anreize schaffen. Insofern ist etwa Großbritannien hervorzuheben,[20] während sich in Deutschland keine besonderen Vorkehrungen finden, die einen ausgeprägten Steuerungseffekt haben könnten.

d) Spezielle Sicherungsformen für bestimmte Gruppen Selbständiger

30   Aus den bisherigen Überlegungen ist bereits deutlich geworden, dass es einen **einheitlichen Typus des Selbständigen nicht gibt.** Es finden sich vielmehr die traditionellen Berufe wie Landwirte, Kaufleute und Handwerker sowie freie Berufe, also Anwälte, Ärzte, Zahnärzte, Architekten usw. Diese sind regelmäßig voneinander und von abhängiger Beschäftigung ohne allzu große Schwierigkeit abgrenzbar. Gruppenbezogene Sicherungssysteme für Selbständige beschränken sich regelmäßig auf die oben bezeichneten traditionellen Berufe.

31   Sie sind entweder in das allgemeine System einbezogen oder werden – wenn auch nicht flächendeckend – von Sondersystemen für bestimmte Selbständigen-Gruppen erfasst. In diesem Sinne stellt die deutsche Künstlersozialversicherung eine Form der Einbeziehung in das allgemeine System dar.

32   Bei den Sondersystemen kann es sich um staatliche Systeme handeln oder aber auch um solche, die auf Eigeninitiative eines Personenkreises beruhen.

33   So kann ein staatliches Sondersystem vorgesehen werden, das nur einen bestimmten Personenkreis erfasst und im Beitrags- und Leistungsrecht eigenständig ist. Dies ist in Deutschland für die Altershilfe der Landwirte der Fall. Es handelt sich hier um einen Personenkreis, bei dem der Gesetzgeber davon ausgehen konnte, dass er neben seiner Absicherung durch das staatliche System noch über andere Quellen verfügt – und sei es durch die traditionelle Familiensolidarität auf einem Hof. Deshalb sieht das deutsche System auch nur eine Grundsicherung vor, die zudem als einkommensunabhängiger Festbetrag ausgestaltet ist. Konsequenterweise ist auch nur ein einheitlicher Beitrag vorgesehen. Auf diese Weise wird auch das Problem der Bestimmung der Beitragsbemessungsgrundlage verringert. Allerdings ergibt sich bei einem Einheitsbetrag das Problem, dass einzelne Berufsangehörige durch die Beitragshöhe finanziell überfordert werden, was zu einem System von Beitragszuschüssen geführt hat.[21]

e) Schwierigkeiten im Beitragsrecht bei der Alterssicherung Selbständiger

34   Die Erwerbstätigkeit des Selbständigen ist dadurch gekennzeichnet, dass sein **Einkommen nicht in der gleichen Regelmäßigkeit fließt** wie das eines Arbeitnehmers, der ein auf seine Arbeitszeit bezogenes Arbeitsentgelt erhält. Da in Sozialversicherungssystemen der Arbeitgeber üblicherweise einen Teil der Beiträge übernimmt, kann auch die Beitragsbelastung für den Selbständigen erheblich werden, wenn er den gleichen Standard der Absicherung erreichen will wie ein Arbeitnehmer. Das Problem der Beitragsbelastung stellt sich für ihn insbesondere in der Anfangsphase seiner selbständigen Erwerbstätigkeit sowie in wirtschaftlichen Krisensituationen. Bei der Ausgestaltung der Systeme muss daher darauf in geeigneter Weise Rücksicht genommen werden.

35   Bei der Ausgestaltung der Systeme muss auch darauf Rücksicht genommen werden, dass ein am Erwerbseinkommen anknüpfendes beitragspflichtiges Sicherungssystem erhebliche Schwierigkeiten bei der Ermittlung der Bemessungsgrundlage für die Beiträge hat. Dies führt in Deutschland etwa dazu, dass z.T. von einem vermuteten Einkommen des

---

[20] Vgl. *Brown*, S. 67 ff.
[21] Vgl. zum landwirtschaftlichen Sozialrecht auch *Breuer*, Sondersysteme der Sozialversicherung – Landwirte, in: v. Maydell/Ruland, Sozialrechtshandbuch, C 18 (S. 859 ff.); vgl. zur Reform dieses Systems auch *v. Maydell/Boecken*, Weiterentwicklung.

Selbständigen in Höhe der Bezugsgröße ausgegangen wird, d. h. bei ihm wird davon ausgegangen, dass er über ein Jahreseinkommen in Höhe von 28 140 € für 2002[22] verfügt.[23] Ihm bleibt dann die Möglichkeit des Nachweises eines niedrigeren oder höheren Arbeitseinkommens. Das Gesetz sieht dann angesichts der Schwierigkeiten, denen sich ein Selbständiger typischerweise in den Anfangsjahren ausgesetzt sieht vor, dass in den ersten drei Jahren nach Aufnahme seiner Tätigkeit der Beitragsberechnung ein Wert von 50% der Bezugsgröße zugrundegelegt werden kann. Dies setzt allerdings einen Antrag des Selbständigen voraus.

f) Mitarbeitende Familienangehörige

Ein weiteres Kennzeichen selbständiger Erwerbstätigkeit ist die **verbreitete Mitarbeit Familienangehöriger.** Dies zeigt sich insbesondere im Bereich der Landwirtschaft. Leistungssysteme für Selbständige erfassen deshalb zum Teil auch die mitarbeitenden Familienangehörigen. Dies ist etwa in Deutschland der Fall, aber auch in Frankreich.[24]

Dabei ist zu unterscheiden zwischen dem Ehepartner des Selbständigen und den anderen Familienangehörigen. Regelmäßig widmen die Systeme, die mitarbeitende Familienangehörige erfassen, den Ehegatten größere Aufmerksamkeit als den sonstigen Familienangehörigen.

g) Soziale Sicherung der Frau

Die Frage nach der sozialen Sicherung der selbständig erwerbstätigen Frau ist differenziert zu beantworten. Soweit ein soziales Sicherungssystem auch Selbständige erfasst, werden dort Männer und Frauen gleich behandelt. Die Ausgestaltung der sozialen Sicherungssysteme ist also nicht der Grund für eine etwa festzustellende schlechtere Absicherung der selbständig erwerbstätigen Frau. Vielmehr kann dies allenfalls daran liegen, dass Frauen in den Selbständigen-Berufen weniger vertreten sind, die von sozialen Sicherungssystemen Selbständiger erfasst werden.

Typischerweise ist jedoch in den sozialen Sicherungssystemen der Mitgliedstaaten, soweit sie auch Selbständige gruppenweise erfassen, eine besondere staatliche soziale Absicherung mitarbeitender Familienangehöriger nur teilweise vorgesehen. Hiervon dürften überwiegend Frauen betroffen sein.

2. Die Leistungen

Vorliegend sollen die Sicherungssysteme für Selbständige analysiert werden, die das Risiko von Alter, Invalidität und Tod abdecken. Diese drei Risiken sind an dieser Stelle zusammengefasst worden, da sie typischerweise vom gleichen Sicherungssystem erfasst werden und ähnlichen Regeln folgen.

a) Alterssicherung

Alle bisher erwähnten Systeme sehen eine Sicherung für den Fall des Alters vor. Dies gilt für die staatlichen Basissicherungssysteme ebenso wie für die Sozialversicherungssysteme und die Sicherungssysteme für besondere Gruppen von Selbständigen.

Das **Leistungsniveau** ist jedoch **sehr unterschiedlich.** Angesichts der Bedeutung freiwilliger Sicherungssysteme und verschiedener Formen von Eigenvorsorge kann daraus jedoch noch nicht auf Lücken im sozialen Schutz dieses Personenkreises geschlossen werden.

---

[22] Zahl für Westdeutschland; für die neuen Bundesländer gilt ein Betrag von 23 520 € pro Jahr.
[23] Vgl. hierzu und zum folgenden § 165 Sozialgesetzbuch Sechstes Buch – Gesetzliche Rentenversicherung.
[24] Vgl. dazu *Lyon-Caen*, La protection sociale des travailleurs indépendants, Bericht für die Kommission der Europäischen Gemeinschaften, 1991.

43 Sofern Selbständige vom allgemeinen System erfasst werden, erhalten sie die gleichen Leistungen wie Arbeitnehmer, wenn auch gewisse Leistungseinschränkungen zu verzeichnen sind, die den Besonderheiten der selbständigen Tätigkeit Rechnung tragen. So wird etwa regelmäßig für den Bezug einer Altersrente der vollständige Rückzug aus der Tätigkeit verlangt. In Dänemark ist für Selbständige der gleitende Übergang in den Ruhestand nicht in gleicher Weise möglich wie für Arbeitnehmer.

44 Schließen sich Selbständige auf freiwilliger Basis dem allgemeinen beitragsfinanzierten System an, so haben sie es häufig durch die Höhe der entrichteten Beiträge und deren Anzahl in beitragsfinanzierten Systemen in der Hand, die Höhe der späteren Leistungen durch eigene Entscheidung zu steuern. Diese Art der **Freiwilligkeit** führt allerdings nicht selten zu unzureichender Absicherung. Dem versucht das Rentenversicherungsrecht in Deutschland dadurch zu begegnen, dass es eine Versicherungspflicht auf Antrag vorsieht, die es dem Selbständigen überlässt, sich dem gesetzlichen System anzuschließen, ihn aber danach beitrags- und leistungsrechtlich zum Versicherungspflichtigen macht. Einen ähnlichen Weg geht in Deutschland die Handwerkerversicherung, wenn sie für einen Zeitraum von 18 Jahren eine Versicherungspflicht vorsieht und danach den Handwerker nur auf Antrag aus dieser Versicherungspflicht entlässt.

45 Bei den **Sondersystemen** ist zu unterscheiden zwischen denen, die eine **Vollsicherung** anstreben und denen, die nur eine **Basissicherung** vorsehen. Als Beispiel für ein System der Basissicherung mag das deutsche Alterssicherungssystem der Landwirte dienen, das einen festen Betrag für jeden Landwirt im Fall des Alters vorsieht, der durch einen Einheitsbeitrag und Staatszuschüsse finanziert wird. Als Sondersystem mit dem Ziel einer Vollsicherung sind etwa die berufsständischen Versorgungswerke in Deutschland zu nennen, die zugleich zeigen, dass ein Sicherungssystem für eine abgeschlossene Berufsgruppe, dem alle in diesem Beruf selbständig Tätigen angehören, in der Lage ist, eine Vollsicherung bei wirtschaftlich tragbaren Beiträgen zu erreichen.

46 Dieses etwas bunte Bild ist aber gerade bei den Selbständigen unvollständig, wenn die **Eigenvorsorge** dieses Personenkreises ausgeklammert wird. Sie ist vielfältig und kann in ihrer tatsächlichen Bedeutung für die Alterssicherung Selbständiger bisher noch nicht zuverlässig festgestellt werden. Allerdings lässt sich mit einiger Sicherheit annehmen, dass die von den allgemeinen oder besonderen Sicherungssystemen erfassten Selbständigen bei einer Zusammenschau aller Einkommensquellen eine ausreichende Sicherung haben, während die im Grenzbereich zwischen Arbeitnehmereigenschaft und Selbständigkeit anzusiedelnden Selbständigen einen ausreichenden Schutz nur haben, sofern sie zu den traditionellen vom allgemeinen System erfassten Personenkreisen gehören. Die sogenannten „neuen" Selbständigen werden von diesen allgemeinen und besonderen Systemen nicht erfasst; ein freiwilliger Anschluss scheitert nicht selten an niedrigem Erwerbseinkommen, das den Aufbau einer eigenen Alterssicherung erheblich erschwert oder unmöglich macht. Alle diese Bewertungen kranken allerdings daran, dass verlässliche Zahlen fehlen; hier ist Bedarf für zukünftige Forschung.

b) Sicherung bei Invalidität

47 Das Risiko der Invalidität stellt sich für Selbständige üblicherweise anders dar als für Arbeitnehmer. Für den Selbständigen ist **Invalidität existentiell**, wenn seine Arbeitskraft im Vordergrund steht. Dies gilt etwa für die Selbständigen, die keine oder nur wenige Arbeitnehmer beschäftigen. Dazu gehören regelmäßig auch die Angehörigen der freien Berufe. Andere Selbständige wiederum können ihre Arbeit so organisieren, dass sie auch bei eingeschränkter Erwerbsfähigkeit ihren Betrieb noch weiterführen können.

48 Das bedeutet, dass Invalidität je nach Art der Tätigkeit einen unterschiedlichen Bedeutungsinhalt hat. Dieses findet im deutschen Recht der gesetzlichen Rentenversicherung (allgemeines System) etwa darin seinen Ausdruck, dass ein Selbständiger, der aus medizi-

nischer Sicht erwerbsunfähig ist, keine Erwerbsunfähigkeitsrente erhält, sofern er noch tatsächlich selbständig erwerbstätig ist.

c) Hinterbliebenensicherung

Den Arbeitnehmern gleichgestellt sind die Selbständigen bei der Hinterbliebenensicherung jedenfalls dann, wenn sie in der einen oder der anderen Weise in das allgemeine System integriert sind und dieses eine Hinterbliebenensicherung vorsieht. Dies ist in allen Mitgliedstaaten mit Ausnahme Dänemarks der Fall. 49

Sofern Sondersysteme für Selbständige existieren, kommt es auf deren Ausgestaltung an. Dabei kann davon ausgegangen werden, dass eine Hinterbliebenensicherung in aller Regel vorgesehen ist. Diese unterscheidet sich dann regelmäßig nicht wesentlich von der sonst für Hinterbliebene vorgesehenen Sicherung. 50

3. Bewertung

Eine wissenschaftliche Bewertung der Alterssicherung Selbständiger in den Mitgliedstaaten der Gemeinschaft steht vor der Schwierigkeit, dass die Systeme nicht nur von Mitgliedstaat zu Mitgliedstaat sondern auch innerhalb eines Mitgliedstaats außerordentlich unterschiedlich sind. Sie steht auch vor der Schwierigkeit, dass in sehr viel höherem Maße als bei Arbeitnehmern die Alterssicherung durch freiwillige Vorsorge sichergestellt wird. Die Formen sind dabei erheblich vielfältiger und lassen sich nicht immer in die bekannten typischen Kategorien einordnen. 51

Um Ansatzpunkte für eine Förderung des Aufbaus oder Ausbaus eines angemessenen sozialen Schutzes für Selbständige im Bereich der Alterssicherung zu finden, ist es aber erforderlich, alle Komponenten zu berücksichtigen. 52

So kann es nicht allein darum gehen, die staatlichen Sicherungssysteme für Selbständige einander gegenüberzustellen. Die Vorzüge eines alle Einwohner erfassenden staatlichen Grundsicherungssystems sind dann unbestreitbar. Allerdings zeigt das Beispiel der obligatorischen Zusatzsysteme für bestimmte Gruppen von Selbständigen in den Niederlanden, dass dem Schutzbedürfnis nicht allein durch die staatliche Basissicherung Rechnung getragen werden kann. 53

Es ist auch unbestreitbar, dass diejenigen Mitgliedstaaten, die die Systeme für Arbeitnehmer und Selbständige harmonisiert haben, einen umfassenderen sozialen Schutz der Selbständigen sicherstellen können. 54

Gleichwohl sind Systeme wie das deutsche, die jeweils nur einzelne Gruppen Selbständiger in das allgemeine Systeme einbeziehen oder aber Sondersysteme vorsehen, besser als es zunächst den Anschein hat. Die Erscheinungsformen selbständiger Tätigkeit sind vielfältig und der Bedarf nach sozialer Sicherung unter den Selbständigengruppen unterschiedlicher als in der Arbeitnehmerschaft. Deshalb zeichnen sich die Sondersysteme für Selbständige auch jeweils durch spezielle Gestaltungsformen aus. 55

Darüber hinaus ist bei der Beurteilung sozialer Sicherungssysteme, insbesondere der des Alters, zu berücksichtigen, dass sie je nach Mitgliedsland über lange Jahre historisch gewachsen sind. Gerade bei dem ältesten der Systeme – dem deutschen – führt dies dazu, dass es im Verlauf der Entwicklung immer wieder ergänzt worden ist und sich in den vom allgemeinen System nicht unmittelbar erfassten Bereichen eigenständige Sicherungsformen entwickelt haben, die sich den jeweiligen Bedürfnissen einer bestimmten Personengruppe flexibel anpassen können. Deshalb haben Staaten mit derartigen Systemen auch keinen Anlass gesehen, um einer Einheitlichkeit willen bestehende Strukturen zu zerschlagen. 56

Staatliche Sozialpolitik setzt jeweils dann ein, wenn sich ein Bedürfnis ergibt, sich also eine Sicherungslücke aufgetan hat. Diese Vorgehensweise lässt sich exemplarisch an der Entwicklung der Alterssicherung für Selbständige in Deutschland ablesen. Bereits sehr 57 frühzeitig wurden Selbständige, die in ihrer Schutzbedürftigkeit den Arbeitnehmer weitgehend gleichstehen, in das allgemeine System aufgenommen. Jeweils dann, wenn sich die Schutzbedürftigkeit eines bisher nicht erfassten Personenkreises herausstellte, wurde dieser in das allgemeine System einbezogen oder aber es wurde für ihn ein eigenständiges Sicherungssystem geschaffen. So erfolgte etwa in Deutschland die Einbeziehung selbständiger Handwerker in die allgemeine Rentenversicherung im Jahre 1938.[25] Die Schaffung eines Alterssicherungssystems für selbständige Landwirte geschah im Jahr 1957, als deutlich geworden war, dass wegen des dörflichen Strukturwandels und der gestiegenen Lebenserwartung die bisherigen traditionellen Formen der Alterssicherung nicht mehr funktionierten.[26] Die späte Einbeziehung der Künstler und Publizisten in das allgemeine System in Deutschland lässt sich mit ähnlichen Gesichtspunkten erklären.

58 Allerdings ist dieser Ansatz nun an seine Grenzen gekommen, da er jeweils **eindeutig abgrenzbare Selbständigengruppen** voraussetzt. Bei den traditionellen Formen der Selbständigkeit lässt sich das vernünftig realisieren; die heutige Situation ist aber gekennzeichnet durch **neue Formen der Selbständigkeit,** die sich nicht in bestimmte abgrenzbare Berufsbilder einordnen lassen. Deshalb bereitet es einem solchen System erhebliche Schwierigkeiten, solche Selbständigen zu erfassen, die formal Selbständige sind, aber mindestens ebenso sozial abhängig und schutzbedürftig sind wie Arbeitnehmer. Gemeint sind hiermit die sogenannten Schein-Selbständigen. An der Behandlung dieses Personenkreises scheiden sich die Geister. Es ließe sich zur Lösung etwa denken an eine allgemeine Versicherungspflicht aller Erwerbstätigen gegen das Risiko von Alter, Invalidität und Tod, durch die eine Basissicherung erreicht wird.

59 Damit kommt man allerdings zu einer der grundsätzlichen Fragen der Alterssicherung Selbständiger. Es stellt sich bei diesem Personenkreis die Frage, ob er nicht zu Recht auf **gleichwertige private Sicherungsformen** verweisen darf. Dem mag man entgegenhalten, dass einige dieser Sicherungsformen einen hohen Unsicherheitsfaktor in sich bergen. Es sei insofern etwa verwiesen auf die Erwartung des Selbständigen, mit dem Erlös aus dem Verkauf oder der Verpachtung seines Unternehmens im Falle von Alter und Invalidität seinen Lebensunterhalt finanzieren zu können; durch vielerlei Einflüsse kann es dazu kommen, dass diese Kalkulation nicht aufgeht. Es erscheint deshalb sinnvoll, dass der Selbständige sich zumindest um eine Basissicherung aus einem staatlichen System bemüht, wie dies auch häufig der Fall ist. Andererseits lassen sich zahlreiche Sicherungsformen denken, die im engeren oder weiteren Sinne auf der Eigeninitiative des oder der Selbständigen beruhen und als durchaus sicher zu bezeichnen sind. Hierbei ist nicht nur an die Versorgungssysteme für Freiberufler zu denken, die in ihrer Sicherheit den Sozialversicherungssystemen nicht nachstehen; auch eine Eigenvorsorge durch Lebensversicherung kann diese Qualität haben. Eine solche Mindestsicherung für alle Erwerbstätigen müsste deshalb großzügige Befreiungsregelungen für den Fall einer ausreichenden anderweitigen Absicherung vorsehen.

60 Funktionierende private Sicherungsformen müssen also erhalten bleiben. Dies besagt auch der Auftrag der Konvergenz-Empfehlung (vgl. § 28). Es geht darum, den sozialen Schutz Selbständiger dort aufzubauen, wo er nicht vorhanden ist und vorhandene Systeme auszubauen, sofern das Sicherungsziel des angemessenen sozialen Schutzes noch nicht erreicht ist. Dazu gehört es etwa auch, bei der **steuerlichen Abzugsfähigkeit** von Aufwendungen zur Altersvorsorge Anreize zu schaffen oder zumindest dafür zu sorgen, dass die erforderlichen und angemessenen Aufwendungen auch vollständig und nicht nur teilweise absetzbar sind.

61 Es ist schließlich festzustellen, dass die jeweils unterschiedliche Situation in den Mitgliedstaaten auch häufig unterschiedliche Lösungen erfordert. Gerade deshalb muss hier – wie es auch die Konvergenzempfehlung feststellt – die Wahl der Konzeption, der Finan-

---

[25] Vgl. dazu *Steinmeyer,* in: Ergänzbares Lexikon des Rechts, Loseblatt, Gruppe 11 Nr. 160.
[26] *Steinmeyer,* in: Ergänzbares Lexikon des Rechts, Loseblatt, Gruppe 11 Nr. 310.

zierungsmodalitäten und der Organisation der Systeme des sozialen Schutzes Selbständiger den Mitgliedstaaten überlassen bleiben.[27]

III. Ausblick auf andere Risiken und die Entwicklungen in Mittel- und Osteuropa

Die Feststellungen, die hier für die Risiken Alter, Invalidität und Tod getroffen sind, gelten – ohne in die Einzelheiten gehen zu wollen – auch für andere Risiken.

1. Risiko der Krankheit

Dabei ist insbesondere an das Risiko der Krankheit zu denken. Im Bereich der Absicherung gegen das Risiko der Krankheit ist für den Personenkreis der Selbständigen zu unterscheiden zwischen den Leistungen für Heilbehandlung und den Einkommensersatzleistungen.[28]

Bei den Leistungen der Heilbehandlung findet sich die Unterscheidung zwischen Staaten mit Sicherungssystemen, die die gesamte Bevölkerung erfassen und solchen, die nach Arbeitnehmern und Selbständigen unterscheiden.

Dänemark, Großbritannien, Irland, Italien, die Niederlande, Portugal und Spanien verfügen über ein die gesamte Bevölkerung erfassendes System, das in Dänemark, Irland, Portugal und Großbritannien als staatlicher Gesundheitsdienst organisiert ist, der sich vollständig oder weit überwiegend aus allgemeinen Steuermitteln finanziert. In Italien, den Niederlanden und Spanien findet sich ein allgemeines Versicherungssystem für das Risiko der Krankheit, das die gesamte Bevölkerung erfasst.

In Belgien, Frankreich, Griechenland und Luxemburg sind Selbständige erfasst, indem entweder der persönliche Anwendungsbereich der für Arbeitnehmer geltenden Systeme auf sie erstreckt wurde oder spezielle Systeme für Selbständige geschaffen wurden, die Leistungen vorsehen, die denen für Arbeitnehmer entsprechen.

Feststellbar ist allerdings in mehreren Staaten eine **zumindest teilweise Einschränkung des Leistungsspektrums für Selbständige im Vergleich zu dem für Arbeitnehmer.** So sind die Leistungen für Selbständige in Griechenland niedriger als die für Arbeitnehmer und in Belgien sind sie nicht gegen die sog. „kleinen Risiken" versichert. In Frankreich sind die Selbständigen außerhalb des landwirtschaftlichen Sektors nur zu 50% abgesichert.

Einen Sonderfall stellt hier Deutschland dar, wo nur einige Gruppen von Selbständigen vom allgemeinen System der gesetzlichen Krankenversicherung oder einem Sondersystem erfasst werden. Zu nennen sind hier die selbständigen Künstler und Publizisten, die über das Künstlersozialversicherungsgesetz in der allgemeinen Krankenversicherung versichert sind[29] und die selbständigen Landwirte, die nach dem Gesetz über die Krankenversicherung für Landwirte versichert sind, dessen Leistungskatalog dem der allgemeinen Krankenversicherung weitgehend entspricht.[30]

Deutlich **geringer ausgebildet ist die Absicherung von Selbständigen für den Einkommensverlust während einer Krankheit.** Sie existiert gar nicht in Irland, Italien und den Niederlanden und beschränkt sich in Griechenland, Deutschland, Frankreich und Portugal auf einzelne Gruppen von Selbständigen. In anderen Staaten sind die Leistungen für Selbständige niedriger als für Arbeitnehmer oder eine Wartezeit ist vorgesehen. Dies ist

---

[27] Vgl. die Erwägungsgründe der Empfehlung vom 27. Juli 1992.
[28] Hierzu und zum folgenden näher *Put*, Social Protection, Social Protection of the Self-Employed in the Countries of the European Community, 1993 – unveröffentlicht.
[29] Vgl. dazu näher *Schulte*, Künstlersozialversicherung, in: Ergänzbares Lexikon des Rechts, Loseblatt.
[30] Vgl. näher *Steinmeyer*, in: Ergänzbares Lexikon des Rechts, Loseblatt, Gruppe 11 Nr. 310.

etwa der Fall in Belgien, Dänemark, Großbritannien, Luxemburg, Portugal und Spanien. Da Selbständigen oft eine reine Einkommensersatzleistung im Fall der krankheitsbedingten Arbeitsunfähigkeit nicht wirklich weiterhilft, finden sich verbreitet Bestimmungen, die es dem Selbständigen ermöglichen, auf Kosten der Krankenversicherung für die Zeit seiner Arbeitsunfähigkeit eine Ersatzkraft einzustellen.

2. Die Absicherung für den Fall des Berufs- oder Arbeitsunfalls

70 Eine Absicherung von Selbständigen gegen das Risiko des Berufs- oder Arbeitsunfalls findet sich **nur in wenigen Mitgliedstaaten.** Dass wie in Deutschland die sog. kleinen Selbständigen wie Küstenschiffer etc. in enumerativer Auszählung erfasst sind (vgl. etwa § 2 Abs. 1 Nr. 7 SGB VII) und im Übrigen die Versicherungspflicht kraft Satzung ermöglicht wird (§ 3 SGB VII) ist atypisch. Lediglich in Luxemburg findet sich eine Absicherung der Selbständigen insgesamt und in Italien, Spanien und Portugal werden einzelne Gruppen erfasst.

3. Die Absicherung gegen das Risiko der Arbeitslosigkeit

71 **Noch weniger verbreitet** als eine Absicherung gegen das Risiko des Berufs- oder Arbeitsunfalls ist in den Mitgliedstaaten der Europäischen Union die **Absicherung Selbständiger gegen das Risiko der Arbeitslosigkeit.** Dahinter steht nicht zuletzt wohl auch die Vorstellung, dass der Selbständige anders als der Arbeitnehmer das wirtschaftliche Risiko für seine Tätigkeit trägt. Eine Versicherung gegen Arbeitslosigkeit kann aber beim Selbständigen zu einer Versicherung gegen dieses wirtschaftliche Risiko werden.

72 Deshalb sieht auch nur Dänemark für die Selbständigen die Möglichkeit einer freiwilligen Absicherung gegen das Risiko der Arbeitslosigkeit vor.[31] In Luxemburg haben Selbständige bei Arbeitslosigkeit einen Leistungsanspruch nur unter im Vergleich zu Arbeitnehmern sehr eingeschränkten Voraussetzungen.

73 Allerdings sind in mehreren Ländern Programme anzutreffen, die Arbeitslosen den Weg in die Selbständigkeit eröffnen sollen. Für Deutschland ist hier auf §§ 57f. SGB III zu verweisen; weitere Länder mit vergleichbaren Regelungen sind Großbritannien und Dänemark.

4. Die Situation in den Reformländern Mittel- und Osteuropas

74 Was die sozialen Sicherungssysteme der Reformländer Mittel- und Osteuropas anbetrifft, so lässt sich hier eine Tendenz zur Einbeziehung der Selbständigen in das allgemeine System feststellen. Dies findet seinen Grund darin, dass in der kommunistischen Zeit die Personengruppe der Selbständigen äußerst klein war; auch diese waren oft vom allgemeinen System erfasst. Es macht dann einen Sinn, Selbständige im allgemeinen System zu belassen, da der weit überwiegende Teil der heute Selbständigen bis zur Wende vom allgemeinen System erfasst war. Dann aber liegt es nahe, sie dort auch weiterhin zu belassen.

IV. Die Vorgaben des primären Gemeinschaftsrechts

75 Bei der sozialen Sicherung Selbständiger in der Europäischen Union sind mehrere Fragen zu unterscheiden. Zum einen geht es um Soziale Sicherung Selbständiger die bei den einzelnen Risiken bereits angerissene Problematik der Einbeziehung von Selbständigen in das Koordinierungssystem der Verordnung (EWG) Nr. 1408/71. Hier hat sich gezeigt,

---

[31] Dazu näher *Trier,* Auf dem Weg zu einer wirklichen Arbeitslosenversicherung für die Selbständigen, Vortrag in Florenz/Siena 1993 – unveröffentlicht.

dass die Verordnung grundsätzlich auch Selbständige erfasst, obwohl Art. 42 EGV sich nur auf Arbeitnehmer bezieht. Dies hat zu einer Einbeziehung der Selbständigen geführt, soweit sie von den allgemeinen Systemen sozialer Sicherheit erfasst werden. Als spezielles deutsches System ist auch die Altershilfe für Landwirte in den sachlichen Geltungsbereich der Verordnung einbezogen. Andere Systeme wie etwa das der berufsständischen Versorgung sind aber ausgeklammert worden. Dies ergibt sich aus Art. 1 Buchst. j Unterabsatz 4 VO 1408/71 in Verbindung mit Anhang II unter I C.

Wenn für die Arbeitnehmer gilt, dass die Freizügigkeit erst dann wirklich gewährleistet 76 ist, wenn demjenigen, der das Recht auf Freizügigkeit ausübt, keine Nachteile hinsichtlich seiner sozialen Sicherung entstehen, so muss dies in entsprechender Weise auch für die Ausübung der **Dienstleistungsfreiheit** oder der **Niederlassungsfreiheit** durch Selbständige gelten.[32] Es fehlt allerdings in den Art. 43 ff. EG-Vertrag (Niederlassungsfreiheit) und Art. 49 ff. EG-Vertrag (Dienstleistungsfreiheit) eine dem Art. 42 EG-Vertrag entsprechende Regelung, die eine Ermächtigung enthält für die auf dem Gebiet der sozialen Sicherheit für die Verwirklichung dieser Freiheiten notwendigen Maßnahmen. Es stellt sich deshalb zum einen die Frage nach der rechtlichen Basis für eine Einbeziehung weiterer Systeme, zum anderen – und damit unmittelbar verbunden – die Frage danach, welche sozialrechtlichen Maßnahmen zur Verwirklichung dieser Freiheiten europarechtlich und sozialpolitisch erforderlich, möglich oder sinnvoll sind.

Art. 43 EG-Vertrag verlangt von den Mitgliedstaaten die Aufhebung aller Beschrän- 77 kungen der freien Niederlassung. Die Niederlassungsfreiheit umfasst die Aufnahme und Ausübung selbständiger Erwerbstätigkeiten sowie die Gründung und Leitung von Unternehmen. Es handelt sich im hier interessierenden Zusammenhang also um den Fall der dauerhaften selbständigen Tätigkeit in einem anderen Mitgliedstaat. Eine entsprechende Regelung findet sich in Art. 49 EG-Vertrag für die Dienstleistungsfreiheit. Nach dieser Vorschrift sind die Beschränkungen des freien Dienstleistungsverkehrs innerhalb der Gemeinschaft für Angehörige der Mitgliedstaaten, die in einem anderen Staat als demjenigen des Leistungsempfängers ansässig sind, aufzuheben. Durch die Dienstleistungsfreiheit wird die Niederlassungsfreiheit im Rahmen selbständiger Tätigkeit ergänzt in Bezug auf Tätigkeiten, die ohne eine Niederlassung in einem anderen Mitgliedstaat erbracht werden.

Zwar findet sich weder im Kapitel zur Niederlassungsfreiheit noch in dem zur Dienst- 78 leistungsfreiheit eine dem Art. 42 EG-Vertrag vergleichbare Regelung. Dies kann aber nicht bedeuten, dass für Selbständige Nachteile hinsichtlich der sozialen Sicherheit durch Wechsel in einen anderen Mitgliedstaat nicht auch eine Beeinträchtigung der Niederlassungs- oder Dienstleistungsfreiheit darstellen können. Vielmehr muss das, was zur Arbeitnehmerfreizügigkeit unbestritten ist, in gleicher Weise auch für diese beiden Freiheiten gelten. Insofern **fordern auch die Art. 43 und 49 EG-Vertrag die Einbeziehung der Personengruppe der Selbständigen in das europäische koordinierende Sozialrecht.**

V. Probleme der Einbeziehung der Selbständigen in das europäische koordinierende Sozialrecht

Hat man sich für eine Einbeziehung der Systeme in die Koordinierung nach der Ver- 79 ordnung (EWG) Nr. 1408/71 entschieden, so ist zu fragen, ob und wie den möglichen Besonderheiten dieser Systeme Rechnung zu tragen ist.

Dabei ist zu bedenken, dass Ausgangspunkt der Entwicklung eine Entscheidung des 80 Europäischen Gerichtshofs aus dem Jahre 1968 ist,[33] die den persönlichen Anwendungsbereich der alten EWG-Verordnung Nr. 3 über die soziale Sicherheit der Wanderarbeit-

---

[32] Vgl. dazu auch *Eichenhofer*, in: Fuchs, Kommentar zum Europäischen Sozialrecht, Art. 1, Rn. 14.
[33] EuGH (de Cicco), Rs. 19/68, Slg. 1968, 709, 718.

nehmer aus dem Jahre 1958[34] auf Selbständige, in diesem Fall einen Handwerker, erstreckte. Hintergrund war dabei, dass diese Verordnung alle Arbeitnehmer und diesen gleichgestellte Personen erfasste. Der Gerichtshof sah dies als Ausdruck einer allgemeinen Tendenz des Sozialrechts der Mitgliedstaaten, den Schutz durch die Sozialversicherung zu erstrecken auf andere Personen, die mit den gleichen Risiken und Wechselfällen des Lebens konfrontiert sind. Sofern deshalb das für Arbeitnehmer geschaffene Sozialversicherungssystem auf sie zumindest hinsichtlich einzelner Risiken erstreckt wird, seien sie im Sinne der Verordnung als den Arbeitnehmern gleichgestellt anzusehen. Bei dieser Entscheidung fällt auf, dass sie die Einbeziehung der Selbständigen nicht in Beziehung bringt zur wirtschaftlichen Integration, die durch die Nichterfassung dieses Personenkreises gefährdet würde. Vielmehr wird allein auf die vergleichbare Schutzbedürftigkeit abgestellt. Die nunmehr geltende **Verordnung Nr. 1408/71** hat daran angeknüpft und erfasst seit 1981 als Verordnung über die Anwendung der Systeme der sozialen Sicherheit auf **Arbeitnehmer und Selbständige** sowie deren Familienangehörige, die innerhalb der Gemeinschaft zu- und abwandern, ausdrücklich auch die Selbständigen.[35]

81 Die Einbeziehung der Selbständigen ist im Wesentlichen dadurch erfolgt, dass an zentralen Stellen der Verordnung Vorschriften eingeführt wurden, die den Besonderheiten der selbständigen Tätigkeit Rechnung tragen. Daneben ist jeweils dann, wenn in der Verordnung von Arbeitnehmern die Rede ist, die Formulierung „… und Selbständige" angefügt worden.

82 Dieser Ansatz zeigt sich bereits bei der Begriffsbestimmung des Art. 1 der Verordnung, wenn dort als Selbständige diejenigen bezeichnet werden, die in einem für diese Personengruppe geltenden System sozialer Sicherheit erfasst werden. Durch diese Formulierung ist aber zugleich auch deutlich gemacht, dass das europäische sozialrechtliche Koordinierungssystem in seiner Gesamtheit grundsätzlich auch für Selbständige gilt, sofern sie nicht ausdrücklich aus dem Koordinierungssystem ausgenommen sind, wie dies nach Art. 1 Buchstabe j Unterabsatz 4 VO 1408/71 für Sondersysteme für Selbständige der Fall ist, deren Schaffung der Initiative der Betreffenden überlassen ist oder deren Geltung auf einen Teil des Gebietes des betreffenden Mitgliedstaates beschränkt ist. Davon werden in Deutschland insbesondere die berufsständischen Versorgungswerke erfasst. Sondersysteme für Selbständige im Sinne dieser Vorschrift bestehen ausweislich der Anlage II zur Verordnung auch in Spanien, Frankreich und Österreich. Die Ausklammerung erfolgt rechtstechnisch dadurch, dass die Rechtsgrundlagen für diese Systeme vom Begriff „Rechtsvorschriften" nicht erfasst werden.

83 Eine eingehendere Regelung bezüglich der Selbständigen findet sich in den Art. 13 bis 17 der Verordnung, die die Bestimmung der anzuwendenden Rechtsvorschriften zum Gegenstand haben. Diese Vorschriften gehen von dem in Art. 13 Abs. 1 zum Ausdruck kommenden Grundsatz aus, dass alle Personen, für die die Verordnung gilt, grundsätzlich den Rechtsvorschriften nur eines Mitgliedstaates unterliegen sollen. Allerdings macht Art. 14 c hiervon gerade für Selbständige eine nicht unwichtige Ausnahme.

84 Die Artikel 13 bis 17 a der Verordnung treffen keine materiellrechtlichen Regelungen und erfüllen den Koordinationsauftrag der Verordnung, indem sie jedem der relevanten Sachverhalte eine bestimmte Rechtsordnung zuweisen. Sie stellen so sicher, dass Arbeitnehmer und Selbständige sowie ihre Familienangehörigen, die innerhalb der Gemeinschaft zu- und abwandern, lückenlos von den mitgliedstaatlichen Systemen der sozialen Sicherheit erfasst werden. Sie stellen zugleich sicher, dass die Personen, die unter den persönlichen Geltungsbereich dieser Verordnung fallen, den Rechtsvorschriften nur eines Mitgliedstaates unterliegen. So werden Doppelversicherungen mit den entsprechenden doppelten Beitragslasten vermieden.

---

[34] Verordnung Nr. 3 des Rates vom 25. September 1958 über die soziale Sicherheit der Wanderarbeitnehmer, ABl. 1958, 561.

[35] Vgl. Änderungsverordnung (EWG) Nr. 1390/81, ABl. L 143/1.

V. Probl. d. Einbeziehung der Selbständigen

Art. **13 Abs. 2 VO** 1408/71 stellt als **Grundsatz** auf, dass vorrangig die Anknüpfung 85 an den Beschäftigungsort maßgeblich ist und dieser Vorrang vor dem Wohnort hat. Dies musste für Selbständige dahin modifiziert werden, dass der Ort der selbständigen Tätigkeit maßgeblich ist (Art. 13 Abs. 2 Buchstabe b). Dieser Linie folgend ist in den weiteren Vorschriften dieses Titels jeweils der Ort der selbständigen Tätigkeit für die Selbständigen mit der gleichen Rangbedeutung wie der Beschäftigungsort für die Arbeitnehmer aufgeführt.

Eine Ausnahme hiervon stellt **Art. 14 c** der Verordnung dar, der den Konflikt entscheidet, der entsteht, wenn jemand **in einem Land als Arbeitnehmer und in einem anderen Land als Selbständiger** arbeitet. Hier entscheidet Art. 14 c Buchstabe a) den Konflikt dahingehend, dass er der Anknüpfung an das Beschäftigungsverhältnis den Vorrang gibt.[36] Dies ist sachgerecht, da die jeweiligen nationalen Sozialleistungssysteme zumeist ebenfalls vorrangig an das Beschäftigungsverhältnis anknüpfen und auch in der Verordnung eine entsprechende Abstufung festzustellen ist. Da die Entscheidung des Buchstaben a) dieser Vorschrift nicht in allen Fällen zu befriedigenden Ergebnissen führt, werden in Buchstabe b) Ausnahmen zugelassen, die zu einer Doppelversicherung führen. Die Vorschrift verweist auf Anhang VII, wo in Ziffer 3 auf die deutschen Systeme der landwirtschaftlichen Unfallversicherung und der landwirtschaftlichen Alterssicherung Bezug genommen worden ist. Eine Doppelversicherung wird unter engen Voraussetzungen auch von Art. 15 VO 1408/71 zugelassen. 86

Allerdings verstößt es nicht gegen Gemeinschaftsrecht, wenn im Falle des Art. 14 c Abs. 1 Buchst. b) VO 1408/71 der Betroffene nach den Vorschriften eines der beiden Mitgliedstaaten nur gegen einen Teil der durch das System der sozialen Sicherheit dieses Mitgliedstaates abgedeckten Risiken versichert ist, solange dabei nicht in diskriminierender Weise zwischen den Angehörigen dieses Staates und den Angehörigen der übrigen Mitgliedstaaten unterschieden wird.[37] 87

Vor diesem Hintergrund gewinnt die Ausnahmeregelung für Sondersysteme für Selbständige nach Art. 1 Buchst. j) VO 1408/71 juristisch eine interessante Bedeutung. Nähert man sich der Frage mit den klassischen juristischen Arbeitstechniken, so ergibt sich, dass die definitorische Ausnahme (nicht Rechtsvorschriften) bedeutet, dass die Versicherungslastenregelung auf Systeme, die so ausgenommen sind, nicht Anwendung finden kann. Art. 13 verweist zwar einheitlich auf das jeweilige nationale Recht, wenn die kollisionsrechtlichen Voraussetzungen für dessen Anwendbarkeit vorliegen, nicht aber auf die Geltung der nationalen Rechtsvorschriften über die in Art. 1 Buchst. j) Unterabsatz 4 VO 1408/71 bezeichneten Sondersysteme. 88

Es muss aber andererseits beachtet werden, dass die betreffenden Personen in einem anderen Mitgliedstaat von einem System erfasst sein können, das der Verordnung unterliegt und wo keine Bereichsausnahme im Rahmen des Art. 1 Buchstabe j) VO 1408/71 vorliegt. Hier muss entschieden werden, ob bei einem grenzüberschreitenden Sachverhalt die betreffende Person den Vorschriften dieses Staates unterliegt. 89

Eine solche **Normenkollision** war auch Gegenstand der Entscheidung des Europäischen Gerichtshofs in der Rechtssache *Zinnecker*,[38] wo die Besonderheit noch darin bestand, dass nach Anhang I Ziffer I Buchst. I der Verordnung in den Niederlanden als Selbständiger im Sinne des Art. 1 Buchst. a) ii) VO 1408/71 gilt, wer eine Tätigkeit oder einen Beruf außerhalb eines Arbeitsvertrages ausübt. Nach dieser Vorschrift muss also der Betroffene, um die Eigenschaft eines Selbständigen zu haben, nicht unbedingt in den Niederlanden wohnen. Nach niederländischem Recht war damit der Betroffene als Selbständiger anzusehen, der in den persönlichen Geltungsbereich der Verordnung fällt, was 90

---

[36] Vgl. *Steinmeyer,* in: Fuchs, Kommentar zum Europäischen Sozialrecht, Art. 14 c, Rn. 1 ff.
[37] EuGH v. 30. 1. 1997 (de Jaeck), Rs. C-340/94 = EuroAS 1–2/1997, 9 ff.
[38] EuGH v. 13. 10. 1993 (Zinnecker), Rs. C-212/92, Slg. 1993, S. 5023 ff. = EAS Vo (EWG) 1408/71 Art. 14 a Nr. 1.

konsequent ist. Dies kommt deutlich auch in dem Schlussantrag des Generalanwalts *Jacobs* zum Ausdruck, der als Antwort vorgeschlagen hat:

„Wenn eine in Deutschland wohnende Person ihre Tätigkeit als Selbständiger teilweise in Deutschland und teilweise in den Niederlanden ausübt und in den Geltungsbereich der Verordnung fällt, da sie, würde sie in den Niederlanden wohnen, in diesem Mitgliedstaat pflichtversichert wäre, ist die Verordnung Nr. 1408/71 dahin auszulegen, dass diese Person ausschließlich den deutschen Rechtsvorschriften unterliegt."

91 Dieser Schlussantrag findet sich inhaltlich übereinstimmend in der Entscheidungsformel wieder.

92 Ähnliches lässt sich auch aus der Entscheidung des Europäischen Gerichtshofs in der Rechtssache *Van Poucke*[39] herleiten, in der der Betroffene der belgischen obligatorischen Kranken- und Invaliditätsversicherung angeschlossen war. Es lag also auch hier ein Kollisionsfall vor. Hier spielte nur noch zusätzlich die Regelung des Art. 14c der Verordnung hinein.

93 Es kann aus diesen Entscheidungen nicht allgemein die Schlussfolgerung gezogen werden, dass von ihr auch Personenkreise erfasst werden, deren Versorgungssysteme unter Umständen nicht unter den sachlichen Anwendungsbereich der Verordnung fallen. Vielmehr **muss ein Kollisionsfall vorliegen.** Das bedeutet, dass etwa Art. 13 der Verordnung heranzuziehen ist, wenn die Frage ansteht, ob der Betreffende den Rechtsvorschriften eines Staates unterliegt, der diesen Personenkreis an sich erfassen will.

94 Die Aussage der Entscheidungen, soweit sie auf deutsches Recht verweisen, besteht dann auch darin, dass die hiesigen Rechtsvorschriften Anwendung finden, sofern sie vorhanden sind. Für die unter Art. 1 Buchst. j) Unterabsatz 4 VO 1408/71 fallenden Sondersysteme für Selbständige kann dies nur bedeuten, dass dann Art. 13 zwar auf das jeweilige nationale Recht verweist, nicht aber die durch Art. 1 Buchst. j) VO 1408/71 ausgeklammerten Systeme für anwendbar erklärt, weil es sich nicht um Rechtsvorschriften im Sinne der Verordnung handelt. Die Verweisung geht insoweit gewissermaßen ins Nichts, was konsequent ist. Die angeführten Entscheidungen können auch nur so verstanden werden, dass sie allgemein das deutsche Recht für anwendbar erklären, nicht aber ein Sondersystem für Selbständige. Andernfalls wäre der Ausschluss dieser Systeme nur ein teilweiser.

95 Diese Rechtsprechung löst also solche Fälle, in denen es darum geht, ob deutsches oder ausländisches Recht anwendbar ist. Wenn auf Grund der Regelungen und der Zugehörigkeit zu anderen der Verordnung unterfallenden Systemen die Kollisionsfrage zur Entscheidung ansteht, kann nicht argumentiert werden, dass der Betreffende zwar den deutschen Rechtsvorschriften unterliegen möge, er aber gleichwohl in einem anderen Land zur Beitragszahlung herangezogen werden könne, weil ein einzelnes System in Deutschland nicht der Verordnung unterfalle (in einem untechnischen Sinne „nicht existiere").

96 Bei einer Durchsicht der Regelungen der Verordnung erweist sich, dass der Verordnungsgeber sich im Wesentlichen darauf beschränkt hat, die Selbständigen jeweils neben den Arbeitnehmern als erfassten Personenkreis zu benennen. **Sonderregelungen finden sich nur, sofern Besonderheiten der selbständigen Tätigkeit dies erfordern.** Dies ist etwa der Fall bei den Kollisionsnormen der Art. 13 bis 17 der Verordnung.

97 Eine Sonderregelung findet sich auch in Art. 45 Abs. 3, der die Berücksichtigung fremdmitgliedstaatlicher Zeiten in Sondersystemen für Selbständige regelt. Diese Vorschrift betrifft nur solche Selbständige, die in Sondersysteme für Selbständige versichert sind, nicht aber solche, die vom allgemeinen System erfasst werden. Die Vorschrift ist außerdem auch nur für bestimmte Systeme anwendbar, die im Einzelnen in Anhang G IV Teil B der Verordnung aufgeführt sind. Aus dem deutschen Sozialrecht handelt es sich

---

[39] EuGH v. 24.3.1994 (Van Poucke), Rs. C-71/93, Slg. 1994, S. 1101 ff. = EAS VO (EWG) 1408/71 Art. 14c Nr. 1.

hier nur um das System der Altershilfe für Landwirte. Diese Sonderregelung bedeutet, dass im deutschen Sondersystem der Alterssicherung für Landwirte nur solche Zeiten im Ausland angerechnet werden, die dort als Selbständiger in der Landwirtschaft zurückgelegt worden sind und damit – falls in Deutschland zurückgelegt – dem deutschen Gesetz über die Alterssicherung der Landwirte unterlegen hätten. Dadurch kann aber der Fall eintreten, dass ein Selbständiger auch unter Berücksichtigung dieser Zeiten nicht die Anspruchsvoraussetzungen für das Sondersystem erfüllt. Um zu verhindern, dass diese Zeiten dann für die Alterssicherung gar nicht gewertet werden, sieht Art. 45 Abs. 3 Satz 3 VO 1408/71 vor, dass dann, wenn der Betreffende auch unter Berücksichtigung der ausländischen Zeiten nicht die Anspruchsvoraussetzungen für diese Leistungen erfüllt, diese Zeiten für die Gewährung von Leistungen des allgemeinen Systems oder, falls es ein solches nicht gibt, des Systems für Arbeiter bzw. für Angestellte berücksichtigt, sofern die betreffende Person dem einen oder anderen dieser Systeme angeschlossen war. Eine Anrechnung im einen Staat nach Art. 45 Abs. 3 Satz 1 VO 1408/71 im Sondersystem verbraucht aber nicht die Anrechnungsmöglichkeit im allgemeinen System oder dem System für Arbeiter bzw. Angestellten des anderen Mitgliedstaates. Auf diese Weise wird sichergestellt, dass im Sondersystem nur „systemkonforme" Zeiten angerechnet werden, andererseits aber auch Leistungen im allgemeinen System berücksichtigt werden.

Der Verordnung ist allerdings noch anzumerken, dass sie zunächst nur für den Personenkreis der Arbeitnehmer geschaffen worden ist, da etwa der Beratende Ausschuss für die soziale Sicherheit der Wanderarbeitnehmer nach Art. 82 der Verordnung sich neben Regierungsvertretern nur aus Vertretern der Arbeitnehmerverbände und der Arbeitgeberverbände zusammensetzt, eine besondere Vertretung der Selbständigen also nicht vorgesehen ist. **98**

VI. Zukunftsperspektiven

Angesichts der Tatsache, dass kürzlich die Einbeziehung von Beamten in das Koordinierungssystem der Verordnung erfolgt ist,[40] ist es absehbar, dass auch die bisher noch nicht von der Koordinierung erfassten Systeme in der einen der anderen Weise von der europäischen sozialrechtlichen Koordinierung erfasst werden. **99**

Das primäre Gemeinschaftsrecht macht eine solche vollständige Einbeziehung auf Dauer erforderlich. **100**

§ 25 Die Einbeziehung der Beamten in das Koordinierungssystem der Verordnung 1408/71

Schrifttum: *Böse*, Arbeitnehmer-Freizügigkeit und öffentlicher Dienst, EuZW 1992, S. 639 ff.; *Eichenhofer*, Reform des Europäischen koordinierenden Sozialrechts, 1993; *Everling*, Zur Rechtsprechung des Europäischen Gerichtshofs über die Beschäftigung von EG-Ausländern in der öffentlichen Verwaltung, DVBl. 1990, S. 225 ff.; *Igl*, Probleme der europäischen Sozialrechtskoordinierung auf Grund von Veränderungen in den Sozialleistungssystemen der EU-Mitgliedstaaten, in: Gitter, FS für Otto Krasney zum 65. Geburtstag, 1997, S. 199 ff.; *Magiera*, Das Europa der Bürger in einer Gemeinschaft ohne Binnengrenzen, 1990; *v. Maydell/Schulte*, Zukunftsperspektiven des europäischen Sozialrechts, 1995; *Meyer*, Die europäische Integration und das deutsche Beamtenrecht, BayVBl. 1990, S. 97 ff.; *Steinmeyer*, Europäische Rechtsprechung und Gesetzgebung im Grenzbe-

---

[40] Vgl. Änderungsverordnung (EG) Nr. 1606/98 des Rates vom 29. 6. 1998, ABl. L 209/1 v. 25. 7. 1998.

reich von Arbeits- und Sozialrecht, in: Gitter, FS für Otto Krasney zum 65. Geburtstag, 1997, S. 567 ff.; *Stürner/Biller,* Die Einbeziehung der Beamten in den Anwendungsbereich der Verordnung (EWG) Nr. 1408/71 – Auswirkungen auf das deutsche Beamtenversorgungsrecht, DöD 2001, S. 105 ff.

1 Eine mit der Einbeziehung privater Sicherungssysteme vergleichbare Problematik stellt sich im Bereich der Beamtenversorgung. Stellt man eine Verknüpfung her zwischen Art. 39 Abs. 4 EGV, wonach die Freizügigkeitsregelung des Art. 39 EGV keine Anwendung findet auf die Beschäftigung in der öffentlichen Verwaltung, und den Sondersystemen für Beamte und ihnen Gleichgestellte, so scheint auf den ersten Blick kein Koordinierungsbedarf zu bestehen, denn der persönliche Geltungsbereich dieser Versorgungssysteme und der Anwendungsbereich des **Art. 39 Abs. 4 EGV** scheinen deckungsgleich. So hat auch der Europäische Gerichtshof in seiner diesbezüglich ersten Entscheidung aus dem Jahre 1979 in der Rechtssache *Lohmann* noch festgestellt, dass der Ausschluss der Sondersysteme für Beamte aus dem sachlichen Anwendungsbereich der VO 1408/71 nichts anderes als die logische Folge von Art. 39 Abs. 4 EGV sei.[1]

2 Maßgebend für den Anwendungsbereich des Art. 39 Abs. 4 EGV kann aber nicht sein, was eine beteiligte nationale Rechtsordnung unter **Beschäftigung in der öffentlichen Verwaltung** versteht. Art. 39 Abs. 4 EGV ist vielmehr **autonom gemeinschaftsrechtlich auszulegen.**

3 Der Europäische Gerichtshof vertritt eine eher enge Auslegung,[2] so dass nicht alle Beamten im Sinne des deutschen Beamtenrechts unter Art. 39 Abs. 4 EGV fallen. Danach sind nur solche Tätigkeiten von der Bereichsausnahme des Art. 39 Abs. 4 EGV erfasst, die eine unmittelbare Teilhabe an der Ausübung hoheitlicher Befugnisse und an der Wahrung der allgemeinen Belange des Staates mit sich bringen. Die Beschäftigung auf derartigen Stellen setzte nämlich ein Verhältnis besonderer Verbundenheit des jeweiligen Stelleninhabers zum Staat sowie die Gegenseitigkeit von Rechten und Pflichten voraus, die dem Staatsangehörigkeitsband zugrunde lägen.[3]

4 Es ergab sich also auch hier die Notwendigkeit einer Koordinierung, denn das Argument, die Freizügigkeitsvorschriften gelten nicht für Beamte, war nach der genannten Rechtsprechung des Europäischen Gerichtshof in dieser Allgemeinheit nicht mehr zutreffend.[4]

5 Daher hat der Europäische Gerichtshof in einigen neueren Entscheidungen deutlich gemacht, dass die Besonderheiten eines Sicherungssystems kein Hinderungsgrund dafür sind, auch diese Systeme dem Freizügigkeitsgebot zu unterwerfen. So hat der Gerichtshof in der Entscheidung in der **Rechtssache Vougioukas** vom 22. 11. 1995[5] die **Anrechnung deutscher Beschäftigungszeiten in einem griechischen Sondersystem für Beamte** ohne Rücksicht darauf angeordnet, dass dieses System von der Verordnung Nr. 1408/71 a. F. an sich nicht erfasst war. Der Gerichtshof stellte dabei zum einen fest, dass sich der Begriff „Beamte" in Artikel 4 Abs. 4 der VO 1408/71 a. F. nicht nur auf die Beamten beziehe, für die die Ausnahmeregelung des Art. 39 Abs. 4 EGV gelte, sondern

---

[1] EuGH v. 8. 3. 1979 (Lohmann), Rs. 129/78, Slg. 1979, S. 853, Rn. 3; vgl. auch *Altmaier,* in: Eichenhofer, Reform des Europäischen koordinierenden Sozialrechts, 1993, S. 41 f.

[2] EuGH v. 17. 12. 1980 (Kommission/Belgien) Rs. 149/79, Slg. 1980, S. 3881 ff.; EuGH v. 3. 7. 1986, (Lawrie-Blum), Rs. 66/85, Slg. 2121 ff.; EuGH v. 2. 7. 1996 (Kommission/Griechenland), Rs. C-290/94, Slg. 1996, S. 3285 ff.

[3] EuGH v. 3. 7. 1986, (Lawrie-Blum), Rs. 66/85, Slg. 2121, 2147; vgl. auch *Battis,* in: Magiera, S. 47 ff.; *Böse,* EuZW 1992, S. 639 ff.; *Everling,* DVBl. 1990, S. 225 ff.; *Rungaldier,* in: EAS B 2000 Rn. 95 ff.; *Meyer,* BayVBl. 1990, S. 97 ff.

[4] Vgl. auch *Steinmeyer,* in: FS für Krasney, S. 567, 574.

[5] EuGH v. 22. 11. 1995 (Vougioukas), Rs. C-443/93, Slg. 1995, S. 4033 = EAS VO (EWG) 1408/71 Art. 4 Nr. 16; s. auch EuGH v. 17. 10. 1995 (Olivieri-Coenen), Rs. C-227/94 Slg. 1995, S. 3301.

auf alle in der öffentlichen Verwaltung beschäftigten Beamten und ihnen Gleichgestellten. Das führte dann zur Ausklammerung dieser Systeme aus der Koordinierung. Dies hinderte den Gerichtshof aber nicht daran, gleichwohl die Beachtung des Freizügigkeitsgebots einzufordern. Hierzu heißt es in der Entscheidung:

„Nach Artikel 51 des Vertrages (Art. 42 EGV n. F.) hat der Rat, um die wirksame Ausübung des in Artikel 48 (Art. 39 EGV n. F.) verankerten Rechts auf Freizügigkeit zu gewährleisten, ein System einzuführen, das es den Arbeitnehmern erlaubt, die für sie aus den nationalen Rechtsvorschriften über die soziale Sicherheit etwa resultierenden Hindernisse zu überwinden. Der Rat ist dieser Verpflichtung durch den Erlass der Verordnung Nr. 1408/71 grundsätzlich nachgekommen.

Der Gemeinschaftsgesetzgeber hat jedoch noch nicht die erforderlichen Maßnahmen erlassen, um den sachlichen Geltungsbereich der Verordnung Nr. 1408/71 auf die Sondersysteme für Beamte und ihnen Gleichgestellte auszudehnen, so dass auf Grund von Artikel 4 Absatz 4 der Verordnung eine erhebliche Lücke in der gemeinschaftsrechtlichen Koordinierung der Systeme der sozialen Sicherheit bestehen bleibt."

Die Ausklammerung von Systemen war zunächst damit gerechtfertigt worden, dass **6** **technische Schwierigkeiten** einer Einbeziehung in die Verordnung entgegenstünden. Dieses Argument ließ der Gerichtshof nicht länger gelten:

„Das Bestehen derartiger technischer Schwierigkeiten kann indessen in Anbetracht der dem Rat durch Art. 51 des Vertrages (Art. 42 EGV n. F.) zugewiesenen Aufgabe das Fehlen jeglicher Koordinierung der Sondersysteme für Beamte und ihnen Gleichgestellte nicht auf unbegrenzte Zeit rechtfertigen..."

Daraus zog der Gerichtshof dann allerdings nicht den Schluss, dass der derzeitige Zu- **7** stand bis zu einer anstehenden Einbeziehung der Sondersysteme hinzunehmen sei. Er hielt zwar den Art. 4 Abs. 4 VO 1408/71 a. F. für gültig, wenn er ausführt:

„Die vorstehenden Überlegungen berühren ... nicht die Gültigkeit des Artikels 4 Absatz 4 der Verordnung Nr. 1408/71, da es dem Rat in Anbetracht des weiten Ermessensspielraums, über den er bei der Auswahl der zur Erreichung des in Artikel 51 des Vertrages (Art. 42 EGV n. F.) genannten Ziels am besten geeigneten Maßnahmen verfügt, freisteht, bei der Durchführung der Koordinierung der Sondersysteme für Beamte und ihnen Gleichgestellte zumindest zum Teil von den gegenwärtig in der Verordnung Nr. 1408/71 vorgesehenen Techniken abzugehen."

Wichtig aber ist, dass der Gerichtshof gleichwohl zu einer **unmittelbaren Durchset-** **8** **zung des Freizügigkeitsgebots** gelangte:

„Die Gültigkeit des Artikels 4 Absatz 4 in diesem Sinne impliziert jedoch nicht die Ablehnung eines Antrages auf Zusammenrechnung von Beschäftigungszeiten, wenn diesem Antrag unmittelbar gemäß den Artikeln 48 bis 51 des Vertrages (Art. 39–42 EGV n. F.) stattgegeben werden kann, ohne dass auf die vom Rat erlassenen Koordinierungsvorschriften zurückgegriffen werden muss."

Es sei festzustellen, **9**

„dass die Gesamtheit der Vertragsbestimmungen über die Freizügigkeit nach der Rechtsprechung des Gerichtshofes den Gemeinschaftsbürgern die Ausübung jeder Art von Erwerbstätigkeit im gesamten Gebiet der Gemeinschaft erleichtern soll und einer nationalen Regelung entgegensteht, die sie dann benachteiligt, wenn sie ihre Tätigkeit über das Hoheitsgebiet eines einzigen Mitgliedstaats hinaus ausdehnen wollen. Der Zweck der Artikel 48 bis 51 des Vertrages (Art. 39–42 EGV n. F.) würde nämlich nicht erreicht, wenn Arbeitnehmer, die von ihrem Recht auf Freizügigkeit Gebrauch gemacht haben, Vergünstigungen der sozialen Sicherheit verlören, die ihnen die Rechtsvorschriften eines Mitgliedstaates sichern; ein solcher Verlust könnte Arbeitnehmer der Gemeinschaft davon abhalten, von ihrem Recht auf Freizügigkeit Gebrauch zu machen, und würde somit diese Freizügigkeit beeinträchtigen."

Der Gerichtshof ordnete deshalb an, dass die Beschäftigungszeiten aus dem nicht der **10** Verordnung Nr. 1408/71 unterliegenden System zu berücksichtigen seien.

Der Gerichtshof ließ also bei der Durchsetzung des Freizügigkeitsgebots Einwände **11** der technischen Schwierigkeiten einer Koordinierung anderer Systeme nicht gelten. Der Einwand, es handele sich um ein arbeitsrechtlich bzw. privatrechtlich strukturiertes

System, konnte deshalb nicht überzeugen. Die Grundstruktur des Systems ist angesichts des Art. 39 EGV also kein maßgebliches Kriterium. Vielmehr muss jedes System gleich welcher Grundstruktur den Anforderungen des Freizügigkeitsgebots genügen.

12 Damit hatte der Europäische Gerichtshof den Verordnungsgeber unmissverständlich aufgefordert, für eine Koordinierung der Sondersystem für Beamte zu sorgen. Dieser Aufforderung ist der Verordnungsgeber nachgekommen, indem er auf der Grundlage eines bereits 1992 durch die Verwaltungskommission für die soziale Sicherheit der Wanderarbeitnehmer vorgelegten Reformentwurfes[6] die **Änderungsverordnung (EG) Nr. 1606/98** erließ.[7] Durch die am 25. 10. 1998 in Kraft getretene Änderungsverordnung werden nunmehr auch die Sondersysteme für Beamte in das Koordinierungssystem der VO 1408/71 einbezogen.[8]

13 Wie bereits dargestellt, sind nicht alle Beamten von der Bereichsausnahme des Art. 39 Abs. 4 EGV betroffen. Für diejenigen Bereiche der öffentlichen Verwaltung, die nicht unter Art. 39 Abs. 4 EGV fallen, besteht daher uneingeschränkt das Recht auf Freizügigkeit gemäß Art. 39 Abs. 1 u. 2 EGV mit der Folge, dass die Änderungsverordnung für diesen Personenkreis auf der Grundlage von Art. 42 EGV erlassen werden konnte. Für den übrigen – von Art. 39 Abs. 4 erfassten – Personenkreis musste die Änderungsverordnung – wie bereits anlässlich der Ausweitung des persönlichen Geltungsbereichs auf Selbständige geschehen – auf Art. 308 EGV gestützt werden. Der Verzicht auf eine entsprechende koordinierungsrechtliche Differenzierung zwischen den verschiedenen Beamtengruppen beruht in erster Linie auf Zweckmäßigkeitserwägungen und ist angesichts der ausschließlich positiven Auswirkungen für die – von Art. 39 Abs. 4 EGV – betroffenen Beamten zu begrüßen.[9]

14 Durch die Änderungsverordnung wurden allerdings die **bestehenden Koordinierungsvorschriften nicht uneingeschränkt auf die Sondersysteme für Beamte übertragen.** Vielmehr wurden einige abweichende Regelungen mit Rücksicht auf die unterschiedlich ausgestalteten nationalen Beamtenversorgungssysteme in die VO 1408/71 aufgenommen. Dies hat der Europäische Gerichtshof dem Verordnungsgeber in der Rechtssache Vougioukas auch durch den Hinweis zugestanden, dass es dem Rat in Anbetracht des weiten Ermessensspielraums bei der Auswahl der zur Erreichung des in Art. 42 EGV genannten Ziels freistehe, bei der Durchführung der Koordinierung der Sondersysteme für Beamte und ihnen Gleichgestellte zumindest zum Teil von den gegenwärtig in der Verordnung Nr. 1408/71 vorgesehenen Techniken abzuweichen, um den Besonderheiten dieser Systeme Rechnung zu tragen.[10]

15 Zunächst hat die Einbeziehung der Sondersysteme für Beamte im allgemeinen Teil der Verordnung zur Erweiterung des Arbeitnehmerbegriffs des Art. 1 Buchst. a) geführt. Ebenso wird der Begriff des Sondersystems für Beamte in Art. 1 Buchst. ja) definiert. Gemäß Art. 1 Buchst. c) gilt nunmehr eine Zeit als Versicherungszeit, die im Rahmen eines Sondersystems zurückgelegt wurde.

16 Zu den Kollisionsnormen sind durch die Art. 14 Buchst. e) und f) Sonderregelungen für die im Rahmen von Sondersystemen für Beamte versicherten Personen neu aufgenommen worden.[11]

---

[6] Vgl. KOM (91) 528 endg. v. 20. 2. 1992, ABl. C 46, S. 1.
[7] Verordnung (EG) Nr. 1606/98 des Rates vom 29. 6. 1998 zur Änderung der Verordnung (EWG) Nr. 1408/71 und der Verordnung (EWG) Nr. 574/72 zwecks Einbeziehung der Sondersysteme für Beamte und ihnen gleichgestellte Personen, ABl. L 209/1 v. 25. 7. 1998.
[8] Vgl. allgemein zur Einbeziehung der Sondersysteme für Beamte *Altmaier*, in: Eichenhofer, S. 41 f.; *Igl*, in: FS für Krasney, S. 199, 212; *Langer*, in: v. Maydell/Schulte, Zukunftsperspektiven des europäischen Sozialrechts, 1995, S. 25 f; *Steinmeyer*, in: FS für Krasney, S. 567, 574.
[9] Vgl. dazu insbesondere *Altmaier*, in: Eichenhofer, S. 41, 47 ff.
[10] EuGH v. 22. 11. 1995 (Vougioukas), Rs. C-443/93, Slg. 1995, S. 4033, 4062.
[11] Vgl. auch *Steinmeyer*, in: Fuchs, Kommentar zum Europäischen Sozialrecht, 2. Aufl. 2000, Art. 14 e) u. f).

Während im Kapitel Krankheit und Mutterschaft keine Sonderregelungen aufgenommen wurden, haben die **Kapitel Invalidität, Alter und Tod eine Sonderbestimmung erhalten.** Danach sind die allgemeinen Koordinierungsregeln grundsätzlich auch auf die Sondersysteme anzuwenden. Von diesem Grundsatz wird jedoch für den Fall eine Ausnahme, dass nach den Rechtsvorschriften eines Staates der Erwerb eines Anspruchs davon abhängig ist, dass alle Zeiten in einem Sondersystem zurückgelegt wurden, bzw. als in einem Sondersystem zurückgelegt gelten. In diesen Fällen müssen die ausländischen Zeiten aber zur Begründung eines Anspruchs in einem allgemeinen System der sozialen Sicherheit berücksichtigt werden; dies auch dann, wenn die betreffenden Person keine Versicherungszeiten in diesem System zurückgelegt hat (Art. 43a und Art. 51a). Das Kapitel Arbeitslosigkeit sowie das Kapitel Leistungen für unterhaltsberechtigte Kinder von Rentnern und für Waisen enthalten entsprechende Vorschriften (Art. 71a und Art. 79a).¹²

Grundsätzlich werden auch hier also die Maßstäbe des Koordinierungsrechts übertragen., wenn in einem anderen Mitgliedstaat zurückgelegte Dienstzeiten für die Erfüllung der Wartezeit von fünf Jahren (§ 4 Abs. 1 Satz 1 Nr. 1 BeamtVG) berücksichtigt werden. Allerdings bestimmen insoweit Art. 43a Abs. 2 und 51a Abs. 2, dass dann, wenn nach den Rechtsvorschriften eines Mitgliedstaates der Erwerb, die Auszahlung oder das Wiederaufleben des Leistungsanspruchs im Rahmen eines Sondersystems für Beamte davon abhängig ist, dass alle Versicherungszeiten in einem oder mehreren Sondersystemen für Beamte in dem betreffenden Mitgliedstaat zurückgelegt worden oder durch die Rechtsvorschriften dieses Mitgliedstaates solchen Zeiten gleichgestellt sind, so werden nur solche Zeiten berücksichtigt, die nach den Rechtsvorschriften dieses Mitgliedstaats anerkannt werden können. Es erfolgt jedoch hilfsweise eine Berücksichtigung im allgemeinen System (Satz 2 des jeweiligen Absatzes 2).

§ 26 Probleme der Integration privatrechtlicher Sicherungssysteme in das System der Verordnung 1408/71

Schrifttum: *Arbeitsgemeinschaft für betriebliche Altersversorgung,* Memorandum zur Sicherung und Förderung der betrieblichen Altersversorgung in Deutschland, 1995; *Berenz,* Lohnfortzahlung an im Urlaub erkrankte Arbeitnehmer, DB 1992, S. 2442 ff.; *Brennan,* 1992 and Beyond: An Explosion in Employee Benefits?, Brookfield, Wisconsin (USA) 1991; *ders.,* Arbeitsrechtliche Probleme der betrieblichen Altersversorgung im europäischen Binnenmarkt, in FS für Ahrend, Köln 1992, S. 475 ff.; *Daykin,* Pension Provision in Britain, A Report to the European Commission by the Government Actuary, London 1994; *Heinze/Giesen,* Die Arbeitsunfähigkeitsbescheinigung und der Europäische Gerichtshof, BB 1996, S. 1830 ff.; *Kluge,* Das internationale Steuerrecht, 4. Aufl., 2000; *Reiter,* Möglichkeiten zum Ausbau der sozialrechtlichen Qualitätskontrolle des die gesetzliche Krankenversicherung substituierenden privaten Krankenversicherungsschutzes im Hinblick auf die Liberalisierung des europäischen Versicherungsmarktes, Köln 1993; *Steinmeyer,* Öffentliche und private Sicherungsformen im System der Alterssicherung der Vereinigten Staaten von Amerika, VSSR 1982, S. 101 ff.; *ders.,* Die Austauschbarkeit arbeitsrechtlicher und sozialrechtlicher Gestaltungsformen und das Europäische Gemeinschaftsrecht – Eine Analyse der Entscheidung des Europäischen Gerichtshofs im sog. Paletta-Fall, in: FS für Kissel, München, 1994, S. 1165 ff.; *ders.,* Harmonisierung des Betriebsrentenrechts in der Europäischen Gemeinschaft?, EuZW 1991, S. 43 ff.; *ders.,* Die Richtlinie 98/49/EG zur Wahrung ergänzender Rentenansprüche, EuZW 1999, S. 645 ff.; *ders.,* Deutsche Steuerregelungen im internationalen Kontext, in: Münsterische Sozialrechtsvereinigung, 6. Münsterische Sozialrechtstagung – Steuerrecht und Reform der Alterssicherung am 10. und 11. November 2000, 2001; *ders.,* Reformpläne zur Altersversicherung im internationalen Vergleich, DRV 1997, S. 474 ff.

---

¹² S. dazu auch § 21.

Übersicht

	Rn.		Rn.
I. Einleitung	1	1. Entstehungsgeschichte	47
II. Mögliche Gestaltungsformen einer Kombination öffentlicher und privater Sicherungsformen	5	2. Wesentlicher Inhalt	54
		VI. Versuch einer Bewertung anhand des wesentlichen Inhalts der Richtlinie	60
III. Koordinationsrechtliche Problemstellungen aus der Kombination öffentlicher und privater Sicherungsformen	10	1. Ziel und Anwendungsbereich der Richtlinie	60
1. Der gegenwärtige Rechtszustand	12	2. Gleichbehandlung hinsichtlich der Aufrechterhaltung von Rentenansprüchen	62
2. Die Problematik einer Einbeziehung privatrechtlicher Sicherungssysteme in das Koordinierungssystem der Verordnung	17	3. Grenzüberschreitende Zahlungen	66
		4. Regelungen für entsandte Arbeitnehmer	69
a) Notwendigkeit einer Einbeziehung	18	5. Unterrichtung anspruchsberechtigter Personen	74
b) Optionen	27	VII. Fazit aus der Richtlinie	76
c) Gesetzgebungskompetenz	30	VIII. Perspektiven	80
IV. Die Herstellung der Freizügigkeit bei den privaten Systemen als Herausforderung	33	1. Rentenreform 2001	80
		2. Steuerrechtliche Probleme bei der betrieblichen Altersversorgung	83
V. Die Richtlinie zur Wahrung ergänzender Rentenansprüche – Entstehungsgeschichte und wesentlicher Inhalt	46	3. Der Vorschlag einer Richtlinie über Einrichtungen der betrieblichen Altersversorgung	98

I. Einleitung

1   Absicherung gegen die klassischen Risiken, die typischerweise Gegenstand von sozialen Sicherungssystemen sind, erfolgt nicht nur durch staatliche Systeme sondern auch durch private.[1]

2   Dies ist in Deutschland insbesondere im Bereich der Alterssicherung geläufig und dort unter dem Bild der verschiedenen Säulen der Altersvorsorge bekannt. Hier ergänzen sich die staatliche Rentenversicherung, die betriebliche Altersversorgung und private Ersparnisse und Eigenvorsorge zu einem Gesamtsystem der Altersvorsorge. Die Betonung liegt hier auf der Ergänzung, d.h. jede der Sicherungsformen steht mehr oder weniger unabhängig neben der anderen und in ihrer Kombination werden sie zu einem Gesamtsicherungssystem.

3   Eine andere Art der Verknüpfung zeigt sich in Deutschland im Bereich der Sicherung gegen Krankheit. Als Lohnersatzleistung der gesetzlichen Krankenversicherung ist das Krankengeld nach §§ 44 ff. SGB V vorgesehen. § 44 Abs. 3 SGB V stellt eine Verbindung zur arbeitsrechtlichen Lohnfortzahlung her, die seit dem 1. Juni 1994 für alle Arbeitnehmergruppen einheitlich im Gesetz über die Zahlung des Arbeitsentgelts an Feiertagen und im Krankheitsfall (Entgeltfortzahlungsgesetz)[2] geregelt ist. Anders als im Fall der Alterssicherung ergänzt hier aber die private Entgeltfortzahlung nicht die Krankengeldzahlung des staatlichen Systems sondern ersetzt sie für den Zeitraum der ersten sechs Wochen der Arbeitsunfähigkeit.

4   Das **Koordinierungssystem der VO 1408/71** ist geschaffen worden, um die **staatlichen Systeme sozialer Sicherheit miteinander zu verknüpfen.** Da aber die Kombination staatlicher und privater Sicherungssysteme in den Mitgliedstaaten der Europäischen

---

[1] Vgl. dazu für die USA *Steinmeyer*, VSSR 1982, 101 ff.; *ders.*, in: FS für Kissel, München 1994, S 1165 ff.

[2] Art. 53 des Gesetzes zur sozialen Absicherung des Risikos der Pflegebedürftigkeit vom 26. 5. 1994 (BGBl. I, 1065).

Gemeinschaft äußerst unterschiedlich ist und etwa im Bereich der Alterssicherung in einem Land von staatlicher Seite nur ein Grundsicherungssystem und im anderen eine sehr viel großzügigere Sicherung vorgesehen ist,[3] stellt sich die Frage, ob der Auftrag der Art. 39 ff. EGV bereits dann ausreichend erfüllt ist, wenn allein die staatlichen Systeme koordiniert sind oder ob dies nicht auch erfordert, dass bei Wechsel in einen anderen Mitgliedstaat für den von der Verordnung erfassten Personenkreis keine Nachteile auch hinsichtlich der privaten Sicherungssysteme entstehen.[4]

II. Mögliche Gestaltungsformen einer Kombination öffentlicher und privater Sicherungsformen

Die dargestellten Beispiele aus dem deutschen Recht vermögen nicht erschöpfend die möglichen Kombinationen in den Mitgliedstaaten der Europäischen Gemeinschaft zu umreißen bzw. zu charakterisieren.

So ist etwa für den Fall der Alterssicherung zu verweisen auf die Regelung in Großbritannien, wonach eine Befreiungsmöglichkeit vom staatlichen System besteht, wenn der Arbeitnehmer Mitglied eines Betriebsrentensystems ist, das bestimmte Mindestanforderungen erfüllt. In Großbritannien geht dies sogar so weit, dass auch mit einer eigenen nicht auf Arbeitsvertrag beruhenden Alterssicherung die Befreiung vom staatlichen System erreicht werden kann.[5]

Es ist auch darauf zu verweisen, dass **Zusatzversorgungssysteme zum Teil obligatorisch** sind, d. h. etwa alle Arbeitnehmer oder **bestimmte Gruppen von Arbeitnehmern** oder die Arbeitnehmer eines **bestimmten Industriezweiges** ihr angehören müssen.

Schließlich finden sich private Systeme, die vom Gesetzgeber insofern in das staatliche System sozialer Sicherung eingebunden sind, als sie eine **Substitutionsfunktion** erfüllen. Zu verweisen ist insoweit auf die Situation der privaten Krankenversicherung in Deutschland. Künstler und Publizisten, die an sich nach § 5 KSVG krankenversicherungspflichtig sind, können sich gemäß § 6 KSVG von dieser Versicherungspflicht befreien lassen, wenn sie der Künstlersozialkasse eine Versicherung für den Krankheitsfall bei einem privaten Krankenversicherungsunternehmen nachweisen. Außerdem erhalten etwa Beschäftigte, die nur wegen Überschreiten der Jahresarbeitsverdienstgrenze versicherungsfrei sind, für den Fall der Versicherung bei einem Unternehmen der privaten Krankenversicherung gemäß § 257 Abs. 2 Satz 1 Nr. 1 SGB V einen Beitragszuschuss, wenn sie Vertragsleistungen beanspruchen können, die der Art nach den Leistungen des SGB V entsprechen.[6]

Diese Schilderung möglicher Gestaltungsformen erhebt keinen Anspruch auf Vollständigkeit. Sie macht aber deutlich, dass die verschiedenen Sicherungsformen vielfältig miteinander vernetzt sind, was aus europarechtlicher Sicht zu Schwierigkeiten führen kann.

III. Koordinationsrechtliche Problemstellungen aus der Kombination öffentlicher und privater Sicherungsformen

Die dargestellte Kombination öffentlicher und privater Sicherungsformen gewinnt koordinationsrechtliche Relevanz, sofern die Freizügigkeit der Arbeitnehmer (Art. 39 ff. EG-

---

[3] Vgl. dazu *Kommission der Europäischen Gemeinschaften*, Soziale Sicherheit in Europa, Luxembourg 1994, S. 53 ff.; *Steinmeyer*, EuZW 1991, S. 43 ff.

[4] Siehe dazu auch *European Observatory on Social Security for Migrant Workers*, European Report, München 2001, S. 9.

[5] Vgl. dazu *Daykin*, S. 6 ff.

[6] Vgl. zu den europarechtlichen Aspekten dieser Situation *Reiter*, Möglichkeiten zum Ausbau der sozialrechtlichen Qualitätskontrolle.

Vertrag) betroffen ist. Auch hier wieder kann die Vielfalt der möglichen Fallgestaltungen nicht vollständig erfasst sondern nur ansatzweise skizziert werden.

11 Es ist zunächst einmal zu unterscheiden zwischen der Situation de lege lata und einer Situation de lege ferenda.

1. Der gegenwärtige Rechtszustand

12 Nach gegenwärtigem Rechtszustand scheinen private Sicherungssysteme vom sachlichen **Geltungsbereich der Verordnung** nicht erfasst zu sein. Jedoch weisen zwei Vorschriften der Verordnung bereits auf den Grenzbereich zwischen staatlicher und privater Sicherung hin.

13 Nach Art. 4 Abs. 2 der Verordnung gilt sie auch für Systeme, nach denen der Arbeitgeber zu Leistungen verpflichtet ist, die zu den in Art. 4 Abs. 1 VO 1408/71 genannten Leistungsarten gehören.[7] Hierzu wird man etwa die deutsche Lohnfortzahlung im Krankheitsfall rechnen können.[8] Daneben ist auch – wenn auch eher in negativer Hinsicht – Art. 1 Buchst. j) VO 1408/71 zu rechnen, der als Rechtsvorschriften im Sinne der Verordnung tarifvertragliche Vereinbarungen auch dann nicht erfasst, wenn sie für allgemein verbindlich erklärt worden sind. Dieser Ausschluss kann allerdings durch Erklärung des betreffenden Mitgliedstaates aufgehoben werden, was Frankreich bezüglich seines 1958 durch Tarifvertrag eingeführten Systems der Arbeitslosenversicherung getan hat.[9]

14 Durch die Einbeziehung solcher Systeme in den sachlichen Geltungsbereich der Verordnung, nach denen die **Arbeitgeber zu Leistungen verpflichtet** sind, werden Fälle erfasst, in denen Arbeitgeber durch Gesetz zur Gewährung von Leistungen verpflichtet sind. Es handelt sich also um die Fälle, in denen durch gesetzliche Anordnung eine privatrechtliche Leistung zu gewähren ist. Diese Leistung tritt klassischerweise – muss es aber nach der Verordnung nicht zwingend – an die Stelle einer staatlichen Sozialleistung. Die – privatrechtliche – Leistung unterliegt aber in Konsequenz allen Regeln der Verordnung. Für sie gelten die allgemeinen Prinzipien des europäischen koordinierenden Sozialrechts und die besonderen Regelungen der Verordnung für das von der Leistung des Arbeitgebers abgedeckte Risiko. Schwierigkeiten entstehen hier dadurch, dass das System der Verordnung auf staatliche Leistungssysteme ausgerichtet ist und deshalb die Regelungen für privatrechtliche Leistungen nicht oder nicht richtig passen. Dies hat letztlich zu den in diesem Zusammenhang im Ergebnis unbefriedigenden Entscheidungen des Europäischen Gerichtshofs in den Rechtssachen Paletta I[10] und Paletta II[11] und in der Folge zu einer kontroversen Diskussion geführt.[12]

15 Die Ausklammerung der Systeme, die auf **tarifvertraglicher Basis** beruhen, ergibt sich aus Art. 1 Buchst. j) der Verordnung, wonach der Begriff „Rechtsvorschriften" im Regelfall nicht tarifvertragliche Vereinbarungen erfasst, und zwar auch dann nicht, wenn sie für allgemeinverbindlich erklärt worden sind. Damit fallen alle Systeme aus dem sachlichen

---

[7] Vgl. dazu auch *Baumeister/Schröter*, in: SGB-SozVersGesKomm, EWG-Verordnung Nr. 1408/71, Art. 4 Anm. 2; *Steinmeyer*, in FS für Kissel, S. 1165, 1171 ff.

[8] Vgl. *Steinmeyer*, in FS für Kissel, S. 1165, 1171 ff.; siehe auch EuGH v. 3. 6. 1992 (Paletta I), Rs. C-45/90, Slg. 1992, S. 3423 ff. = EuZW 1992, 480 ff.

[9] ABl. EG 1973 Nr. L 90 vom 6. 4. 1973; vgl. zu dieser Problematik insgesamt auch *Schulte*, in: Fuchs, Kommentar zum Europäischen Sozialrecht, Art. 4; Rn. 6.

[10] EuGH v. 3. 6. 1992 (Paletta I), Rs. C-45/90, Slg. 1992, S. 3423 ff. = EuZW 1992, 480 ff.

[11] EuGH v. 2.5196 (Paletta II), Rs. C-206/94, Slg. 1996, S. 2357 ff.

[12] *Steinmeyer*, in FS für Kissel, S. 1165 ff.; *Berenz*, Lohnfortzahlung an im Urlaub erkrankte Arbeitnehmer, DB 1992, 2442 ff.; *Wank*, Anm. zu EuGH, Urt. vom 3. 6. 1992 – Rs. C-45/90 – AR-Blattei Krankheit III LohnfortzahlungsG Nr. 164; *Abele*, Anm. zu EUGH Urt. v. 3. 6. 1992 RS C- 45/90 (Alberto, Vittorio, Raffeala u. Carmela Paletta/Brennet Arbeitgeber), EuZW 1992, S. 482 f.; *Heinze/Giesen*, BB 1996, S: 1834; *Schlachter*, Anm. zu EuGH, Urt. v. 2.5. 1996, RS C-206/94 (Brennet AG/Vittorio Paletta) EuZW 1996, S. 378.

III. Koordinationsrechtliche Problemstellungen

Geltungsbereich der Verordnung heraus, die auf tarifvertraglichen oder in der Rangfolge darunter liegenden Rechtsquellen beruhen. Dies schließt die deutsche betriebliche Altersversorgung ebenso aus wie die britischen Zusatzversorgungssysteme. Die Verordnung lässt aber die Möglichkeit offen, tarifvertragliche Vereinbarungen zu erfassen, sofern sie der Erfüllung einer Versicherungspflicht dienen oder ein System schaffen, dessen Verwaltung von einem Träger gewährleistet wird, der auch Systeme verwaltet, die auf Gesetz oder Verordnung beruhen; es bedarf jedoch einer Erklärung des betreffenden Mitgliedstaates, in der die Systeme dieser Art genannt sind, auf die die Verordnung anwendbar ist. Beispielsfall hierfür ist das französische System der Arbeitslosenversicherung, das durch einen am 31. 12. 1958 geschlossenen Tarifvertrag eingeführt wurde.[13] Zur Ausklammerung dieser Systeme hat wohl beigetragen, dass ihre Koordinierung auf erhebliche technische und rechtliche Schwierigkeiten stößt.

Es bleibt also festzuhalten, dass das **Koordinierungssystem** der Verordnungen Nr. 1408/71 und 574/72 **keinen Anspruch auf vollständige Erfassung aller sozialen Sicherungssysteme** erhebt, vielmehr beträchtliche Bereiche ausschließt. Sucht man nach einer Systematik dieser Ausgrenzung, so zeigt sich, dass sich der europäische Gesetzgeber hier pragmatisch auf die staatlichen Systeme sozialer Sicherheit konzentriert hat und auch bei diesen solche ausgeschlossen hat, die wegen ihrer besonderen Eigenart auf einen Mitgliedstaat beschränkt bleiben sollen (Leistungssysteme für Opfer des Krieges und seiner Folgen). Es findet sich schließlich das Argument, dass es bei einigen Systemen rechtlich und praktisch zu schwierig sei, sie in das Koordinierungssystem einzubeziehen.

2. Die Problematik einer Einbeziehung privatrechtlicher Sicherungssysteme in das Koordinierungssystem der Verordnung

Wie oben bereits deutlich gemacht, ist die Verordnung (EWG) Nr. 1408/71 ausgerichtet auf die Koordination staatlicher Systeme der sozialen Sicherheit. Dabei könnte es bleiben, wenn damit dem Ziel der Freizügigkeit der Arbeitnehmer in ausreichender Weise Rechnung getragen ist.

a) Notwendigkeit einer Einbeziehung

Ziel der **Art. 39 ff. EG-Vertrag** ist es, die Freizügigkeit der Arbeitnehmer innerhalb der Europäischen Gemeinschaft sicherzustellen. Hierzu gehört auch, dafür Sorge zu tragen, dass der Arbeitnehmer hinsichtlich seiner sozialen Sicherung keine Nachteile bei Ausübung der Freizügigkeit erleidet. In Konsequenz sieht Art. 42 des Vertrages eine Kompetenznorm vor, die dem Rat das Recht zur Schaffung eines Systems einräumt, das ein- und auswandernden Arbeitnehmern und deren anspruchsberechtigten Angehörigen folgendes sichert: a) die Zusammenrechnung aller nach den verschiedenen innerstaatlichen Rechtsvorschriften berücksichtigten Zeiten für den Erwerb und die Aufrechterhaltung des Leistungsanspruchs sowie für die Berechnung der Leistungen; b) die Zahlung der Leistungen an Personen, die in den Hoheitsgebieten der Mitgliedstaaten wohnen.

Dieses Ziel ist für die staatlichen Systeme der sozialen Sicherheit praktisch erfüllt. Es **fragt sich aber, ob es ausreicht, nur die staatlichen Systeme in dieser Weise miteinander zu verknüpfen.**

Dagegen spricht zum einen, dass das Sicherungsniveau der staatlichen Systeme insbesondere im Bereich der Alterssicherung außerordentlich unterschiedlich ist und damit ein Nachteil für denjenigen eintritt, der Beschäftigungszeiten in einem Staat mit einer niedrigen Grundsicherung aufzuweisen hat. Hieraus resultiert für ihn nur eine niedrige Rentenleistung; diese steht dann aber zumeist in einem gewissen Widerspruch zu der sozialpo-

---

[13] Abl. EG 1973 L 90 vom 6. 4. 1973; vgl. auch *Fuchs*, in Fuchs, Kommentar zum Europäischen Sozialrecht, 2. Aufl. 2000, Art. 4 Rn. 5.

litischen Situation in dem fraglichen Mitgliedstaat. Rechtsvergleichende Analysen haben erwiesen, dass Mitgliedstaaten mit Grundsicherung zumeist über ein ausgebautes Zusatzversorgungssystem verfügen, das – wie in den Niederlanden – auch obligatorisch ausgestaltet sein kann.[14] Führt der Wechsel in einen anderen Mitgliedstaat zu Nachteilen bei der Zusatzversorgung, so erweist sich, dass dem Auftrag der Art. 39 ff. EG-Vertrag nicht vollständig Genüge getan ist.

21 Es sei hier als Beispiel die **betriebliche Altersversorgung** herangezogen. Zwar gibt es offensichtlich kein bekanntes Zusatzversorgungssystem, das Staatsangehörige verschiedener Mitgliedstaaten ausdrücklich ungleich behandelt. Hinsichtlich Zugang und Bezug sieht insbesondere das deutsche Betriebsrentenrecht keine Unterschiede vor. Es ist jedoch anerkannt, dass die **Freizügigkeit der Arbeitnehmer** nicht nur darin besteht, in einem anderen Land ohne Diskriminierung und wie ein Inländer Arbeit aufzunehmen, sich dort frei zu bewegen und um dort angebotene Stellen zu bewerben. Vielmehr – und das bringt Art. 42 EG-Vertrag zum Ausdruck – soll derjenige, der von seinem Recht auf Freizügigkeit Gebrauch macht, dadurch keine Nachteile hinsichtlich seiner sozialen Sicherungsrechte haben.[15]

22 Im Bereich der staatlichen Alterssicherungssysteme wird dem Freizügigkeitsgebot dadurch Rechnung getragen, dass zur Erfüllung von Leistungsvoraussetzungen grundsätzlich auch Zeiten aus einem anderen Mitgliedstaat angerechnet werden. Jedes beteiligte staatliche Alterssicherungssystem berechnet dann im Grundsatz die Leistungen, als hätte der Arbeitnehmer das gesamte Erwerbsleben in diesem System zugebracht und zahlt dann eine Rentenleistung aus, die dem Verhältnis der bei ihm zurückgelegten Zeiten zur gesamten Erwerbstätigkeit entspricht. Weiterhin ist vorgesehen, dass die Rentenleistung in jedem Staat der Europäischen Union bezogen werden kann.

23 Für den Bereich der betrieblichen Altersversorgung ergeben sich aber Behinderungen der Freizügigkeit etwa dadurch, dass Zeiten, die bei verschiedenen Unternehmen zurückgelegt sind, zur Erfüllung von Leistungsvoraussetzungen nicht zusammengerechnet werden können. Die deutschen **Unverfallbarkeitsvorschriften** sind also als solche freizügigkeitshemmend, sollen es allerdings nach ihrer Intention auch sein. Es ergeben sich auch Freizügigkeitsbehinderungen durch unterschiedliche Steuersysteme, wenn etwa das deutsche Steuerrecht anders als das Steuerrecht der anderen Mitgliedstaaten bei bestimmten Formen der betrieblichen Altersversorgung die vorgelagerte Besteuerung kennt.

24 Der gleiche Befund stellt sich auch ein, wenn eine nationale Rechtsordnung es den Arbeitnehmern und Selbständigen ermöglicht, sich zugunsten eines privaten Systems von der staatlichen Sicherung befreien zu können. Erleidet hier der Betreffende Nachteile beim Wechsel in einen anderen Mitgliedstaat, so stellt sich die Frage in gleicher Weise.

25 Diese Beispiele machen deutlich, dass ein Bedarf bestehen kann, auch bei privaten Sicherungssystemen dafür zu sorgen, dass sich ein Wechsel in einen anderen Mitgliedstaat nicht nachteilig auf die Risikovorsorge des Wanderarbeitnehmers oder vergleichbaren Selbständigen auswirkt.

26 Das bedeutet aber zunächst nur, dass auch für diese Systeme die Problematik der Herstellung der Freizügigkeit von Bedeutung ist. Auf welche Weise dies im Bereich der privaten Sicherungssysteme zu lösen ist, ist eine andere Frage. Dies muss nicht zwingend über eine förmliche Einbeziehung dieser Vorsorgesysteme in das Koordinierungssystem der Verordnung (EWG) Nr. 1408/71 geschehen.

b) Optionen

27 So ist etwa denkbar, dass das privatrechtliche Sicherungssystem in einer Weise ausgestaltet ist, dass bei Wechsel in einen anderen Mitgliedstaat für den Wanderarbeitnehmer

---

[14] *Steinmeyer*, EuZW 1991, 43 ff.
[15] Vgl. hierzu auch *Steinmeyer*, AuA 1992, S. 210 ff.

keine Nachteile entstehen. So sind etwa die Regelungen in Großbritannien so beschaffen, dass Angehörige der privaten Zusatzversorgungssysteme, die zur Befreiung vom staatlichen System führen können, die Leistungen des Systems in jedem Mitgliedstaat in Anspruch nehmen können, erworbene Ansprüche nur entfallen, wenn der Betreffende einem Unternehmen weniger als zwei Jahre angehört hat (Unverfallbarkeitsfristen) und ein Transfer erworbener Ansprüche in ein anderes auch ausländisches System möglich ist. Ein Transfer von erworbenen Ansprüchen nach Großbritannien ist ebenfalls möglich.[16] Damit besteht für das britische Zusatzversorgungssystem zunächst keine Notwendigkeit, in das Koordinierungssystem der Verordnung Nr. 1408/71 einbezogen zu werden, wenn man einmal davon absieht, dass die Unverfallbarkeitsfrist von zwei Jahren eine Benachteiligung gegenüber den staatlichen Systemen darstellt, die eine Zusammenrechnung bzw. Aufrechterhaltung von Ansprüchen nicht von einer Mindestzugehörigkeit abhängig machen. Probleme können hier aber auftauchen, wenn es um den Transfer erworbener Rechte von einem Mitgliedstaat in einen anderen geht, da insoweit zurzeit Regelungen nationalen Steuerrechts einer Reihe von Mitgliedstaaten einen derartigen Transfer so erschweren, dass er wirtschaftlich unattraktiv wird.[17]

Andere private Systeme sehen etwa im Bereich der Altersvorsorge längere Unverfallbarkeitsfristen vor, die durchaus transnational als Freizügigkeitshindernisse betrachtet werden können. Hier ergeben sich zwei Fragen; die eine geht dahin, ob die grenzüberschreitende Freizügigkeit über das Maß an Freizügigkeit hinausgehen muss, das innerstaatlich gewährt wird; die andere ist die, ob eine Herstellung der Freizügigkeit auch in diesem Bereich ohne inhaltliche Änderung nur durch Verknüpfung erfolgen kann oder ob hier als Folge auch die nationalen Systeme privater Zusatzversorgung umgestaltet werden müssen.

Es zeigt sich also, dass die Frage der **Einbeziehung privatrechtlicher Sicherungsformen in das System der Verordnung sehr differenziert zu beantworten** ist. Zum einen sind die Fragen je nach abgedecktem Risiko besonders zu stellen; die Vielfalt der Gestaltungsformen macht es auch schwierig, zu einer kohärenten Lösung zu kommen. Zum anderen ist deutlich geworden, dass eine Lösung der Freizügigkeitsproblematik nicht notwendig durch eine Einbeziehung dieser Systeme in die Verordnung (EWG) Nr. 1408/71 geschehen muss. Eine genauere Analyse soll deshalb im Folgenden bei den einzelnen Risiken erfolgen.

c) Gesetzgebungskompetenz

Dieses Zwischenergebnis hat auch Bedeutung für die Frage der möglichen Gesetzgebungskompetenz der Europäischen Gemeinschaft zur Herstellung oder Verbesserung der Freizügigkeit.

Sofern es um die Koordinierung im klassischen Sinne geht, ließe sich auf **Art. 42 des EG-Vertrages** zurückgreifen, wenn auch fraglich ist, ob es sich auch bei den privatrechtlichen Sicherungssystemen um Systeme der sozialen Sicherheit im Sinne des Vertrages handelt. Dies wird man angesichts des allgemeinen Sprachgebrauchs auf europäischer Ebene bejahen können, da etwa die betrieblichen Versorgungssysteme in der Richtlinie 86/378/EWG als betriebliche Systeme der sozialen Sicherheit bezeichnet werden.[18] Die Reichweite der Kompetenznorm des Art. 42 EGV ist aber beschränkt auf Fälle der Koor-

---

[16] Vgl. näher *Daykin*, S. 59 f.
[17] Vgl. dazu *Kommission der Europäischen Gemeinschaften*, Mitteilung der Kommission an den Rat – Ergänzende Systeme der sozialen Sicherheit: Die Rolle der betrieblichen Altersversorgungssysteme für den Sozialschutz der Arbeitnehmer und ihre Auswirkungen auf die Freizügigkeit vom 22. Juli 1991, SEK (91) 1332 endg., S. 25.
[18] Richtlinie des Rates 86/378/EWG zur Verwirklichung des Grundsatzes der Gleichbehandlung von Männern und Frauen bei den betrieblichen Systemen der sozialen Sicherheit vom 24. 7. 1986 (ABl. Nr. L 225/40).

dinierung; sofern eine **inhaltliche Änderung der beteiligten nationalen** Systeme betroffen ist, muss auf andere Rechtsgrundlagen zurückgegriffen werden.

32   Hier ist an erster Stelle Art. 94 EGV zu nennen. Soweit es Anpassungen im Steuerrecht anbetrifft, ist zwischen den direkten und den indirekten Steuern zu unterscheiden. Für die Harmonisierung der indirekten Steuern ist Art. 93 EGV ausdrückliche Rechtsgrundlage, während für direkte Steuern Art. 94 und ggf. Art. 96 EGV heranzuziehen sind.

IV. Die Herstellung der Freizügigkeit bei den privaten Systemen als Herausforderung

33   Die Problematik der Einbeziehung privatrechtlicher Sicherungssysteme in das Koordinierungssystem der Verordnung ist noch weitgehend ungelöst und wirft zahlreiche grundsätzliche und spezielle Fragen auf.

34   Es ist aber bereits so viel deutlich geworden, dass die **Freizügigkeitsproblematik** sich **nicht auf die staatlichen Systeme beschränkt.**

35   Dies kann in Zukunft deshalb noch erhebliche Bedeutung erlangen, weil sich in einigen Ländern der Europäischen Union aber auch in Reformländern Mittel- und Osteuropas Tendenzen abzeichnen, die sich mit dem Stichwort der Privatisierung sozialer Sicherungssysteme charakterisieren lassen.[19]

36   Vor welchen Schwierigkeiten der europäische Gesetzgeber hier steht, soll exemplarisch an den bei uns auch als betriebliche Altersversorgung bekannten Zusatzversorgungssystemen analysiert werden, da eine Untersuchung aller noch zu koordinierenden Systeme den Umfang dieses Abschnitts sprengen würde.

37   Die Europäische Kommission hat sich erstmals 1990 mit der Freizügigkeitsproblematik befasst. Sie setzte damals durch ihre Generaldirektion V zur Frage der Übertragbarkeit von Ansprüchen und Anwartschaften aus betrieblichen Zusatzversorgungssystemen eine Expertengruppe ein.[20] Auf der Grundlage dieser Beratungen hat die Kommission dann eine **Mitteilung** an den Rat veröffentlicht mit dem Titel „**Ergänzende Systeme der Sozialen Sicherheit: Die Rolle der betrieblichen Altersversorgungssysteme für den Sozialschutz der Arbeitnehmer und ihre Auswirkungen auf die Freizügigkeit.**"[21]

38   In dieser Mitteilung hat die Kommission für die betriebliche Altersversorgung kein System empfohlen, das eine Übernahme der Systematik der Verordnung Nr. 1408/71 bedeuten würde, da sich schon sehr früh die Erkenntnis durchsetzte, dass der Mechanismus dieser Verordnung für die betriebliche Altersversorgung nicht passt. Vielmehr war die Fragestellung, welche Hindernisse der Freizügigkeit entgegenstehen und wie diese beseitigt werden können.

39   Als Hindernisse für den Erwerb von Ansprüchen bei Ausübung des Rechts auf Freizügigkeit hat die Kommission die besonderen Anspruchsvoraussetzungen in Gestalt von **Verfallklauseln und Wartezeiten** erkannt. Dass es sich dabei um Hindernisse für die Freizügigkeit handelt, dürfte kaum zu bestreiten sein. Sinn der Verfallklauseln ist es ja, den Arbeitnehmer an den Betrieb zu binden, die Inanspruchnahme von Freizügigkeit also gerade zu verhindern.

40   Ein weiterer Schwerpunkt der Überlegungen der Kommission liegt bei der Frage der **Aufrechterhaltung oder Übertragung von Anwartschaften;** diese Frage war laut Aktionsprogramm der Kommission zur Anwendung der Gemeinschaftscharta der sozialen

---

[19] Vgl. *Steinmeyer*, DRV 1997, S. 474 ff.
[20] Vgl. dazu *Steinmeyer*, EuZW 1991, S. 43 ff.; *ders.*, The Variety of Occupational Pension Systems in the EC Member States as an Obstacle for Mobility?, in: Brennan, 1992 and Beyond, S. 13 ff.; *ders.*, Arbeitsrechtliche Probleme der betrieblichen Altersversorgung im europäischen Binnenmarkt, in FS für Ahrend, S. 475 ff.
[21] Mitteilung vom 22. Juli 1991 (SEK (91) 1332 endg.).

Grundrechte auch der Ausgangspunkt für die Überlegungen der Kommission.[22] Hier geht es um die Frage, inwieweit Anwartschaften bei Wechsel in einen anderen Staat übertragen werden können.

Schließlich ist in dieser Mitteilung auch die **steuerliche Problematik** angesprochen worden. Sowohl bei der Übertragung als auch bei Erwerb und Leistungsgewährung können Probleme der Doppelbesteuerung auftauchen.

Mit diesen drei Themenkomplexen ist auch im Wesentlichen das angesprochen, was seither die Diskussion prägt und auch Schwerpunkt der Richtlinie 98/49/EG zur Wahrung ergänzender Rentenansprüche ist. Bevor aber auf die Einzelheiten und Perspektiven dieser Richtlinie eingegangen wird, seien kurz die Grundproblematik und die möglichen Fallkonstellationen skizziert.

Zum einen ist denkbar, dass ein Arbeitnehmer das **Arbeitsverhältnis zu einem inländischen Arbeitgeber beendet,** um für einen ausländischen Arbeitgeber tätig zu werden. Er macht so von seinem Recht auf Freizügigkeit Gebrauch. Zum anderen ist denkbar, dass ein **Arbeitnehmer für seinen Arbeitgeber für eine kürzere oder längere Zeit im Ausland tätig werden soll.** Dies kann geschehen durch eine vorübergehende Entsendung aber auch durch eine Versetzung an den ausländischen Unternehmensteil.

Im ersten Fall kann der Wanderarbeitnehmer nicht von vornherein damit rechnen, dass der neue Arbeitgeber etwa die beim alten Arbeitgeber zurückgelegten Beschäftigungszeiten für die betriebliche Altersversorgung berücksichtigen wird. Der Arbeitnehmer erleidet also einen Nachteil hinsichtlich seiner betrieblichen Altersversorgung bei Ausübung des Freizügigkeitsrechts, wenn er etwa mit einer noch verfallbaren Anwartschaft ausscheidet. Allerdings geht es ihm hier nicht anders als dem Arbeitnehmer, der nicht grenzüberschreitend sondern nur innerhalb Deutschlands den Arbeitgeber wechselt. Innerhalb Deutschlands stellt sich rechtlich die Frage der Freizügigkeit nicht, da es insoweit an einer einschlägigen Rechtsgrundlage fehlt, innerhalb Europas aber sehr wohl. Dies ist der europarechtliche Ansatz, über die deutschen Unverfallbarkeitsfristen zu diskutieren.

Im zweiten Fall kann der Arbeitnehmer zumeist damit rechnen, dass der Arbeitgeber in geeigneter Weise sicherstellt, dass durch die Tätigkeit im Ausland keine Nachteile hinsichtlich der betrieblichen Altersversorgung eintreten. Allerdings sehen sich Arbeitgeber und Arbeitnehmer einer Reihe von Schwierigkeiten gegenüber, die es ihnen schwer machen, dies im Einzelfall umzusetzen. So stellt sich für den Arbeitgeber die Frage, wo und wie er Aufwendungen für die betriebliche Altersversorgung als Betriebsausgaben steuerlich geltend machen kann. Für den Arbeitnehmer ergibt sich trotz Doppelbesteuerungsabkommen mit allen Mitgliedstaaten der Europäischen Union die Gefahr der Doppelbesteuerung. Oft lassen sich Probleme dadurch in Grenzen halten, dass der Arbeitnehmer schließlich in das Ausgangsland zurückkehrt. Dies kann jedoch immer weniger als gesichert angesehen werden; die tatsächlichen Verhältnisse ändern sich insoweit.

V. Die Richtlinie zur Wahrung ergänzender Rentenansprüche – Entstehungsgeschichte und wesentlicher Inhalt

Die nunmehr geltende **Richtlinie 98/49/EG des Rates vom 29. 6. 1998** zur Wahrung ergänzender Rentenansprüche von Arbeitnehmern und Selbständigen, die innerhalb der Europäischen Gemeinschaft zu- und abwandern, geht nicht alle bisher angesprochenen Probleme an, sondern beschränkt sich auf einige Aspekte, die offenbar im Sinne eines politischen Kompromisses von den Mitgliedstaaten akzeptiert werden konnten.[23]

---

[22] Vgl. Mitteilung der Kommission über ihr Aktionsprogramm zur Anwendung der Gemeinschaftscharta der sozialen Grundrechte – KOM (89) 586 endg., veröffentlicht auch in Bundestags-Drucksache 11/7232, insbes. S. 13.

[23] S. hierzu auch *Steinmeyer*, EuZW 1999, S. 645 ff.

1. Entstehungsgeschichte

47 Es soll bei der Entstehungsgeschichte nicht der klassische Bericht über den Gesetzgebungsprozess erfolgen, der bei dieser Richtlinie, soweit es um die formalen Aspekte geht, auch nicht sonderlich aufregend ist. Vielmehr geht es dem Verfasser darum, aus eigener Erfahrung die Entwicklungen zu schildern, die zu dieser „abgespeckten" Version geführt haben.

48 Nachdem erkannt worden war, dass eine umfassende Lösung nicht ohne eine gewisse Rechtsangleichung abgeht, ergaben sich **Widerstände von Mitgliedstaaten** und zwar – es soll nicht verschwiegen werden – insbesondere von der Bundesrepublik Deutschland. Systeme, die mit Fondslösungen operieren, haben mit grenzüberschreitenden Tätigkeiten geringere Schwierigkeit als Systeme, wo die Finanzierung über Rückstellungen weit verbreitet ist und die mit langen Unverfallbarkeitsfristen arbeiten. Deshalb wurden insbesondere von britischer aber auch französischer Seite weitergehende Vorschläge gemacht, die sich dann auch in Vorentwürfen wiederfanden.

49 Dabei wurde insbesondere angeregt, die **deutschen Unverfallbarkeitsfristen** zu verkürzen. Für eine gewisse Zeit schien sich auch die deutsche Regierung damit anfreunden zu können, als nämlich auch auf deutscher nationaler Ebene über eine Verkürzung der Unverfallbarkeitsfristen diskutiert wurde.[24] Eine Fassung des Richtlinienentwurfs sah deshalb vor, dass die Unverfallbarkeitsfristen acht Jahre nicht mehr überschreiten dürften und bis zum Jahre 2010 auf fünf Jahre zu verringern seien. Da dies für die nationale Ebene aber nur unter der Bedingung der Verbesserung der gesamten Rahmenbedingungen für die deutsche betriebliche Altersversorgung realistisch erschien, es dazu aber nicht in ausreichendem Maße kam, wurde zunächst auf nationaler Ebene die Idee der Verkürzung der Unverfallbarkeitsfristen nicht weiter verfolgt, was dann auch in der Konsequenz dazu führte, dass sich die Bundesregierung einer solchen Regelung auf europäischer Ebene widersetzte.

50 Vielmehr wurde darauf verwiesen, dass nationale und grenzüberschreitende Sachverhalte gleich zu behandeln seien. Wenn aber bei Arbeitgeberwechsel innerhalb Deutschlands die Regelungen des § 1 BetrAVG über die Verfallbarkeit gelten, so sei eine andere Betrachtungsweise bei grenzüberschreitenden Sachverhalten nicht geboten. Auf die europarechtlichen Risiken dieser Sichtweise wurde bereits hingewiesen.

51 Die Idee einer **grenzüberschreitenden Übertragung von Anwartschaften** wurde relativ früh aufgegeben, da bald deutlich wurde, dass eine Übertragung bereits innerstaatlich zu erheblichen Schwierigkeiten führen musste, wie einige nationale Fallstudien im Rahmen der Beratungen der Expertengruppe bewiesen.

52 Vielmehr wurde intensiv erwogen, wie eine **grenzüberschreitende Mitgliedschaft bei Betriebsrentensystemen** sichergestellt werden könne. Hier wurde jeweils auf die Kollisionsnormen der Verordnung Nr. 1408/71 (Art. 13–17) verwiesen, was aus der Sicht des Verfassers dieses Beitrags nicht unproblematisch ist, da es sich beim Betriebsrentenrecht um international-arbeitsrechtliche Anknüpfungen[25] handelt, während die VO 1408/71 öffentlich-rechtliche Systeme miteinander verknüpft und damit dem Mechanismus öffentlich-rechtlicher Kollisionsnormen[26] folgt.

53 Lange wurde darüber diskutiert, welches die zutreffende Rechtsgrundlage für eine mögliche europäische Gesetzgebung in diesem Bereich sein könnte. Da es um die Herstellung oder zumindest Verbesserung der Freizügigkeit geht, erschien Art. 42 (51 a. F.)

---

[24] Vgl. etwa *Arbeitsgemeinschaft für betriebliche Altersversorgung*, Memorandum zur Sicherung und Förderung der betrieblichen Altersversorgung in Deutschland, 1995, S. 12 f.

[25] *Steinmeyer*, in: Dieterich/Hanau/Schaub, Erfurter Kommentar zum Arbeitsrecht, 2. Aufl. 2001, BetrAVG Vorbem. Rn. 43 ff.

[26] *Steinmeyer*, in Fuchs, Kommentar zum Europäischen Sozialrecht, Vorbem vor Art. 13, Rn. 1 ff.

EG-Vertrag nahe liegend. Der erste Halbsatz dieser Vorschrift scheint dies zunächst voll zu bestätigen, wenn er dem Rat die Kompetenz gibt, „einstimmig auf Vorschlag der Kommission die auf dem Gebiet der sozialen Sicherheit für die Herstellung der Freizügigkeit der Arbeitnehmer notwendigen Maßnahmen" zu beschließen. Im Sprachgebrauch des Europarechts werden Systeme der betrieblichen Altersversorgung auch als betriebliche Systeme der sozialen Sicherheit bezeichnet, so dass die Zusatzversorgungssysteme an sich erfasst sind. Bei den bisher beschriebenen Maßnahmen handelt es sich sicherlich auch um solche, die für die Herstellung der Freizügigkeit der Arbeitnehmer notwendig sind. Der zweite Halbsatz der Vorschrift macht aber deutlich, dass zumindest in erster Linie an Koordinierungsvorschriften gedacht ist, die die Systeme nur verknüpfen ohne sie inhaltlich zu ändern, wenn auch die Formulierung „insbesondere" eine weitere Auslegung zulässt. Man sollte sich jedoch darüber im Klaren sein, dass Rechtsangleichung nicht klassischerweise von Art. 42 (51 a. F.) EG-Vertrag erfasst ist. Insofern sollte zumindest zusätzlich Art. 94 (100 a. F.) EG-Vertrag herangezogen werden.

2. Wesentlicher Inhalt

Die nunmehr in Kraft getretene Richtlinie 98/49/EG des Rates vom 29. 6 1998 zur Wahrung ergänzender Rentenansprüche von Arbeitnehmern und Selbständigen, die innerhalb der Europäischen Gemeinschaft zu- und abwandern,[27] stützt sich auf Art. 42 und Art. 308 des Vertrages, wobei angesichts der besonderen Ausgestaltung der hier vorzustellenden Richtlinie die Vernachlässigung des Art. 94 noch akzeptabel erscheint. Auf Art. 308 EG-Vertrag scheint man sich deshalb stützen zu wollen, um auch Selbständige einbeziehen zu können.

In den Erwägungsgründen wird allgemein auf die Bedeutung der Freizügigkeit und die der ergänzenden Systeme (Zusatzversorgungssysteme) Bezug genommen. Es wird auch betont, dass mit der Verordnung 1408/71 für die staatlichen Systeme zwar für diesen Bereich die Freizügigkeit hergestellt sei, die Beschränkung auf gesetzliche Rentensysteme aber sozialpolitisch angesichts der Bedeutung der Zusatzversorgungssysteme unbefriedigend sei. Es wird aber auch zutreffend erkannt, dass die sozialrechtliche Wanderarbeitnehmer-Verordnung sich für die Zusatzversorgungssysteme nicht eignet, wenn auch weiterhin die Übertragbarkeit der Kollisionsnormen der Verordnung zumindest in ihren Grundstrukturen befürwortet wird.

Als Ziel der Richtlinie wird in Art. 1 genannt, „Ansprüche von Anspruchsberechtigten ergänzender Rentensysteme, die sich von einem Mitgliedstaat in einen anderen begeben, zu schützen und dadurch dazu beizutragen, dass Hindernisse für die Freizügigkeit von Arbeitnehmern und Selbständigen in der Gemeinschaft beseitigt werden." Durch diese zurückhaltende Formulierung wird bereits deutlich gemacht, dass die Richtlinie nicht eine umfassende Lösung des Freizügigkeitsproblems verfolgt.

Es wird in Art. 1 weiter deutlich gemacht, dass die **Richtlinie sowohl die obligatorischen als auch die freiwilligen Systeme erfassen soll.** Indem die Richtlinie in Art. 2 ihren Anwendungsbereich auf Anspruchsberechtigte sowie sonst im Rahmen dieser Systeme Berechtigten erstreckt, wird bewusst ein insoweit umfassender Anwendungsbereich angestrebt.

Bei den in Art. 3 anzutreffenden Begriffsbestimmungen wird – ohne hier auf Einzelheiten eingehen zu wollen – deutlich gemacht, dass betriebliche Altersversorgung in einem umfassenden Sinne von der Richtlinie erfasst sein soll.

Die materiellen Regelungen beschränken sich auf vier Aspekte:
– die Gleichbehandlung hinsichtlich der Aufrechterhaltung von Rentenansprüchen (Art. 4)
– die grenzüberschreitenden Zahlungen (Art. 5)

---

[27] ABl. EG Nr. L 209/46 v. 25. 7. 1998.

- die durch oder für einen entsandten Arbeitnehmer geleisteten Beiträge an ein ergänzendes Rentensystem
- die Unterrichtung anspruchsberechtigter Personen

VI. Versuch einer Bewertung anhand des wesentlichen Inhalts der Richtlinie

1. Ziel und Anwendungsbereich der Richtlinie

60   Wenn Art. 1 der Richtlinie als ihr Ziel nennt, Ansprüche von Anspruchsberechtigten ergänzender Rentensysteme, die sich von einem Mitgliedstaat in einen anderen begeben und dadurch dazu beizutragen, dass Hindernisse für die Freizügigkeit von Arbeitnehmern und Selbständigen innerhalb der Gemeinschaft beseitigt werden, so kommt darin bereits eine gewisse – berechtigte – Bescheidenheit zum Ausdruck. Die Richtlinie kann nur als **Beitrag zur Herstellung der Freizügigkeit** in diesem Bereich betrachtet werden, einen höheren Anspruch kann sie nicht erfüllen. Dazu ist zu vieles ungeregelt geblieben, was im Vorfeld die Gemüter bewegte und als Freizügigkeitshindernis erkannt wurde. Dass die Richtlinie auch obligatorische und nicht nur freiwillige Systeme erfasst, ist als solches konsequent, da die Problematik der Freizügigkeit sich nicht unterschiedlich stellt je nach dem, ob die Systeme auf der Entscheidung des Arbeitgebers beruhen oder aber durch einen nationalen Gesetzgeber deren Einrichtung vorgeschrieben worden ist. Maßgebend kann nur die Funktion dieser Systeme als Zusatzversorgungssysteme sein.

61   Art. 2 macht zutreffend deutlich, dass die Anwendbarkeit der Regelungen der Richtlinie nicht abhängig davon ist, dass die betroffene Person die Staatsangehörigkeit eines der EU-Mitgliedstaaten besitzt. Vielmehr wird nur darauf abgestellt, dass es sich um Berechtigte der ergänzenden Rentensysteme handeln muss. Mit der Formulierung „Anspruchsberechtigte ... und sonstige ... Berechtigte" wird deutlich gemacht, dass etwa auch Hinterbliebene erfasst sind, wenn sie Ansprüche aus den ergänzenden Systemen erwarten können. Der Verzicht auf das Erfordernis der Staatsangehörigkeit ist sinnvoll und fortschrittlich, auch wenn Art. 39 EG-Vertrag dies nicht zwingend erfordert. Nachdem aber auch bei der Verordnung 1408/71 ein Verzicht auf das Erfordernis der Staatsangehörigkeit ansteht, konnte hier die Entscheidung nicht anders sein. Alles andere hindert auch unnötig die praktische Durchführung.

2. Gleichbehandlung hinsichtlich der Aufrechterhaltung von Rentenansprüchen

62   Von ihrem rechtlichen Gehalt her problematisch ist die Vorschrift des Art. 4 der Richtlinie, die mit Gleichbehandlung hinsichtlich der Aufrechterhaltung von Rentenansprüchen überschrieben ist, aber in Wahrheit die – problematische – Kernvorschrift zur Verbesserung der Freizügigkeit ist. Nach dieser Vorschrift treffen die Mitgliedstaaten die erforderlichen Maßnahmen, um die Aufrechterhaltung erworbener Rentenansprüche für Anspruchsberechtigte eines ergänzenden Rentensystems sicherzustellen, für die als Folge des Wechsels von einem Mitgliedstaat in einen anderen keine weiteren Beiträge in dieses System gezahlt werden und zwar im gleichen Umfang wie für anspruchsberechtigte Personen, für die keine Beiträge mehr gezahlt werden, die jedoch im selben Mitgliedstaat verbleiben.

63   Das bedeutet auf die deutsche Rechtslage übersetzt, dass den Anforderungen dieser Vorschrift der Richtlinie Rechnung getragen ist, wenn die Ansprüche eines Arbeitnehmers aufrechterhalten werden, der mit einer unverfallbaren Anwartschaft ausscheidet und ins Ausland geht. Ist seine Anwartschaft hingegen noch nicht unverfallbar, so verliert er

VI. Versuch einer Bewertung anhand des wesentlichen Inhalts der Richtlinie 64–70 § 26

wie ein im Inland Verbliebener seine Anwartschaft. Ein Wechsel von Stuttgart nach Paris wird also ebenso behandelt wie ein Wechsel von Stuttgart nach Frankfurt.

64 Dies erscheint auf den ersten Blick plausibel, ist jedoch **europarechtlich nicht ohne Risiko**. Das Freizügigkeitsgebot des Art. 39 EG-Vertrag erschöpft sich nämlich nicht in einer Gleichbehandlung von grenzüberschreitenden Sachverhalten mit reinen Inlandssachverhalten; die Zielrichtung ist eine andere. Freizügigkeit verlangt die Beseitigung aller Hindernisse, die einer Tätigkeit eines Arbeitnehmers in einem anderen Land entgegenstehen können. Die langen deutschen Unverfallbarkeitsfristen, die ohne Zweifel ein Freizügigkeitshindernis darstellen, erscheinen nicht dadurch in einem anderen Licht, dass von ihnen Inlands- wie grenzüberschreitende Sachverhalte gleichermaßen erfasst und betroffen sind. Das europäische Recht fragt nur, ob ein Hindernis der Freizügigkeit besteht, nicht ob auch innerhalb des Staates die Freizügigkeit begrenzt ist; anderenfalls hätte es der Mitgliedstaat in der Hand, den Umfang der grenzüberschreitenden Freizügigkeit durch Begrenzungen der innerstaatlichen Freizügigkeit zu steuern. Die Richtlinie stellt insbesondere auch aus diesem Grund eben nur einen *Beitrag* zur Herstellung der Freizügigkeit dar, das Ziel ist mit ihr nicht erreicht.

65 Es ist klar, dass der deutsche Gesetzgeber des Betriebsrentengesetzes deshalb durch diese Vorschrift nicht zu einer Gesetzesänderung aufgefordert ist.

3. Grenzüberschreitende Zahlungen

66 **Aus deutscher Sicht unproblematisch** sind auch die Anforderungen, die Art. 5 stellt. Danach stellen die Mitgliedstaaten sicher, dass für Anspruchsberechtigte ergänzender Rentensysteme sowie für sonstige Berechtigte dieser Systeme die ergänzenden Rentensysteme die Auszahlung sämtlicher nach diesen Systemen fälligen Leistungen abzüglich gegebenenfalls zu erhebender Steuern und Transaktionsgebühren in anderen Mitgliedstaaten leisten.

67 Dies wird von der deutschen betrieblichen Altersversorgung schon immer so praktiziert, so dass sich keine Änderungen ergeben.

68 Es handelt sich hierbei um einen Grundsatz, der für die Freizügigkeit im Bereich der sozialen Sicherungssysteme von entscheidender Bedeutung ist, der aber praktisch nur bei den öffentlich-rechtlichen Systemen zu Beginn der Koordinierung zu Anpassungsbedarf führte, der aber bei privaten Systemen regelmäßig unproblematisch ist.

4. Regelungen für entsandte Arbeitnehmer

69 Ein weiteres Anliegen der Richtlinie besteht darin, **vorübergehend in einem anderen Mitgliedstaat tätigen Personen einen angemessenen Schutz zuteil werden zu lassen**. Art. 6 fordert deshalb, dass die Mitgliedstaaten die erforderlichen Maßnahmen treffen, damit in ein in einem Mitgliedstaat eingerichtetes ergänzendes Rentensystem weiterhin Beiträge durch oder für einen entsandten Arbeitnehmer als Anspruchsberechtigten eines Systems während des Zeitraums seiner Entsendung in einen anderen Mitgliedstaat eingezahlt werden kann. Es ist hier an die Arbeitnehmer zu denken, die bei fortbestehender Verknüpfung mit dem Inland vorübergehend in einem anderen Mitgliedstaat arbeiten (Ausstrahlungsfälle).

70 Hier hatte es im Vorfeld die Überlegung gegeben, die Kollisionsnormen der VO 1408/71 (Art. 13 bis 17)[28] entsprechend heranzuziehen, was auch noch in Erwägungsgrund 12 seinen Ausdruck findet. Dazu hat der Verfasser dieses Beitrages in den Diskussionen stets darauf hingewiesen, dass es sich bei der Anknüpfungen in den Art. 13 bis 17

---

[28] S. dazu näher *Steinmeyer*, in: Fuchs, Kommentar zum Europäischen Sozialrecht, Kommentierungen zu Art. 13 bis 17.

um solche für öffentlich-rechtliche Systeme handelt, die insbesondere auf freiwillige nicht einfach übertragen werden dürfen.

71 Die Formulierung ist deshalb demgegenüber zurückgenommen und verlangt nur die Ermöglichung der Aufrechterhaltung der Zugehörigkeit zum bisherigen System. Da in Deutschland Arbeitnehmerbeiträge bei der betrieblichen Altersversorgung nur mäßige Verbreitung finden ist eher die zweite Alternative von Bedeutung.

72 Nicht ausdrücklich geregelt ist die Frage, ob dies auch bedeutet, dass gleiche steuerrechtliche Regelungen für die Beiträge entsandter Arbeitnehmer gelten sollen, ob sie also der Arbeitgeber weiterhin im Inland geltend machen kann. Aus der Sicht des Verfassers dieses Beitrages ist auch dies gemeint, da nur so die Möglichkeit der Einzahlung während der Entsendung wirklich gewährleistet ist.

73 Absatz 2 des Art. 6 ist nicht für das deutsche System, wohl aber für ausländische obligatorische von Bedeutung, wenn bestimmt wird, dass im Fall des Absatzes 1 der entsandte Arbeitnehmer und ggf. sein Arbeitgeber von der Verpflichtung freigestellt werden, Beiträge zu einem ergänzenden System in einem anderen Mitgliedstaat zu zahlen. Allerdings können hier problematische Fälle dann entstehen, wenn es um die Frage geht, welches ergänzende System des Aufenthaltsstaates dem deutschen System der betrieblichen Altersversorgung als Entsprechung zuzuordnen ist. Es finden sich inzwischen mehrstufige ergänzende Systeme im Ausland.

5. Unterrichtung anspruchsberechtigter Personen

74 Schließlich sieht die Richtlinie in Art. 7 eine Unterrichtung anspruchsberechtigter Personen vor. Nach dieser Vorschrift treffen die Mitgliedstaaten Maßnahmen, um sicherzustellen, dass die Arbeitgeber, Treuhänder oder sonstigen für die Verwaltung der ergänzenden Rentensysteme verantwortlichen Personen, wenn sie sich in einen anderen Mitgliedstaat begeben, angemessen über deren Rentenansprüche und über die Wahlmöglichkeiten informieren, die ihnen in dem System offen stehen.

75 Nimmt man diese Regelung, so erwartet man eine Änderung des deutschen Rechts hin zu einer allgemeinen Informationspflicht für grenzüberschreitende Fälle. Doch dürfte der deutsche Gesetzgeber bereits durch **§ 2 Abs. 6 BetrAVG**[29] die **Informationspflichten ausreichend normiert** haben. In Satz 2 des Art. 7 heißt es nämlich, dass diese Informationen mindestens den Informationen entsprechen (müssen), die anspruchsberechtigte Personen erhalten, für die keine Beiträge mehr gezahlt werden, die jedoch im selben Mitgliedstaat verbleiben. Dies ist in das deutsche Recht übersetzt der Fall des vorzeitigen Ausscheidens mit unverfallbarer Anwartschaft.

VII. Fazit aus der Richtlinie

76 Insgesamt ergibt sich, dass das deutsche Recht durch die Richtlinie keine Änderung erfahren muss. Das bedeutet jedoch nicht, dass es damit das Prädikat des freizügigkeitsgerechten Systems erhält. Freizügigkeitshindernisse, die sich aus der Ausgestaltung des deutschen Rechts ergeben, bestehen weiter.

77 Es ist vielmehr lediglich eine Einigung auf dem kleinsten gemeinsamen Nenner, da die Richtlinie einstimmig verabschiedet werden musste. Besonders der deutsche Widerstand gegen Änderungen war hartnäckig und hat deshalb zu einer Lösung geführt, die aus der Sicht des deutschen Gesetzgebers harmlos ist.

78 Offenkundig wollte man nach einer zehnjährigen zum Teil heftigen Diskussion ein Ergebnis vorweisen, das aber ausgesprochen bescheiden ist. Ein Ende der Diskussion und ein

---

[29] S. näher *Steinmeyer*, in: Dieterich/Hanau/Schaub, Erfurter Kommentar, § 2 BetrAVG, Rn. 78 ff.

Ende der Beschäftigung mit der Problematik ist damit nicht erreicht. Spätestens eine einschlägige Entscheidung des Europäischen Gerichtshofs wird die Debatte erneut in Gang setzen.

Aus Gesprächen mit Fachleuten international tätiger deutscher Unternehmen weiß der Verfasser auch, dass in der Praxis ein Bedarf an weiteren Erleichterungen der Freizügigkeit besteht.

VIII. Perspektiven

1. Rentenreform 2001

Im Gesetz zur Reform der gesetzlichen Rentenversicherung und zur Förderung eines kapitalgedeckten Altersvorsorgevermögens (**Altersvermögensgesetz**)[30] findet sich bei den Vorschriften zur Änderung des Gesetzes zur Verbesserung der betrieblichen Altersversorgung eine Verkürzung der Unverfallbarkeitsfrist auf 5 Jahre. Dies wird begründet mit der dadurch bewirkten Benachteiligung von Frauen aber auch mit dem Hinweis, dass sich die im internationalen Vergleich unverhältnismäßig langen bisherigen Unverfallbarkeitsfristen von 10 Jahren als Flexibilitätshindernis auf dem Arbeitsmarkt erwiesen haben. Allerdings soll diese Regelung nur gelten für Anwartschaften, die auf ab dem 1. Januar 2001 erteilten Zusagen beruht.

Bemerkenswert ist auch, dass es im Gesetz weiter heißt: „Wechselt ein Arbeitnehmer vom Geltungsbereich dieses Gesetzes in einen anderen Mitgliedstaat der Europäischen Gemeinschaft, bleibt die Anwartschaft in gleichem Umfang wie für Personen erhalten, die auch nach Beendigung eines Arbeitsverhältnisses innerhalb des Geltungsbereichs dieses Gesetzes verbleiben."

Die Verkürzung der Unverfallbarkeitsfristen ist aus dem europäischen Blickwinkel durchaus begrüßenswert. Dadurch werden auch die europarechtlichen Risiken verringert. Allerdings ändert das nichts an der Tatsache, dass bei vor dem 1. 1. 2001 erteilten Zusagen dann weiterhin ein europarechtswidriger Zustand bestehen dürfte. Die Neuregelung greift deshalb insoweit zu kurz. Die Regelung bezüglich des Wechsels in einen anderen Mitgliedstaat wird als Umsetzung der Richtlinie 98/49/EG bezeichnet. Dies ist so sicherlich zutreffend; allerdings ergibt sich die Rechtsfolge auch bereits jetzt bei Anwendung deutschen Betriebsrentenrechts. Die **Regelung** hat also **nur deklaratorischen Charakter**.

2. Steuerrechtliche Probleme bei der betrieblichen Altersversorgung

Die Probleme der betrieblichen Altersversorgung bei grenzüberschreitenden Tätigkeiten in Europa sind aber nicht nur arbeitsrechtlicher Art. Deutschland hat mit seinen Unterschieden bei der Besteuerung einzelner Versorgungsformen (**Stichwort „vor- bzw. nachgelagerte Besteuerung)** eine gewisse Sonderstellung, die auch zu europarechtlichen Problemen führen kann,[31] denn die Besonderheiten des deutschen Systems sind nicht „eben deutsche Besonderheiten" sondern haben unmittelbare und durchaus nachteilige Auswirkungen bei grenzüberschreitenden Tatbeständen. Hat etwa ein Arbeitnehmer seine Anwartschaften auf Zusatzversorgung in einem Land begründet, das die Beiträge steuerlich abzugsfähig macht und später die Leistungen wie Arbeitseinkom-

---

[30] BT-Drucks. 14/4595.
[31] Siehe dazu näher *Steinmeyer*, Deutsche Steuerregelungen im internationalen Kontext, in: Münsterische Sozialrechtsvereinigung, 6. Münsterische Sozialrechtstagung – Steuerrecht und Reform der Alterssicherung am 10. und 11. November 2000, Karlsruhe 2001.

men besteuert, so gerät er in Schwierigkeiten, wenn er nach Deutschland wechselt, wo seine Beiträge nur begrenzt abzugsfähig sind und die Leistungen dementsprechend nur teilweise besteuert werden. Bezieht er die Altersleistungen schließlich im Herkunftsland, so wird er im Ergebnis doppelt besteuert – eine sicherlich unangenehme Benachteiligung dessen, der das Recht auf Freizügigkeit in der Europäischen Gemeinschaft ausübt.

84   Das bedeutet zum Beispiel im Verhältnis zwischen den Niederlanden und Deutschland, dass ein niederländischer Arbeitnehmer, dessen Altersversorgung bei Tätigkeit in Deutschland über eine Pensionskasse oder eine Direktversicherung durchgeführt wird, hier die Arbeitgeberbeiträge versteuern muss und zusätzlich im Versorgungsfall, sollte er in den Niederlanden seine Rente beziehen wollen, diese voll und nicht nur zum Ertragsanteil zu versteuern hat. Es liegt insoweit also der Fall einer **Doppelbesteuerung** vor, **der durch die Doppelbesteuerungsabkommen nicht zufrieden stellend geregelt ist.** Diese sehen für die Steuerpflicht von Renten bzw. Versicherungsleistungen das Wohnortprinzip vor,[32] führen also in unserem Fall zu einer Anwendung niederländischen Rechts, ohne dass dieses die während der Erwerbsphase bereits in Deutschland gezahlten Steuern berücksichtigen würde. Im umgekehrten Fall einer Tätigkeit in den Niederlanden und einem Rentenbezug in Deutschland kann dies sogar zu praktisch steuerfreien Einkünften führen, da die Niederlande die Arbeitgeberbeiträge in der Erwerbsphase nicht der Steuerpflicht unterwerfen und in Deutschland nur der Ertragsanteil in Ansatz gebracht wird.

85   Zwar sehen die Doppelbesteuerungsabkommen sog. Verständigungsvereinbarungen vor, mit deren Hilfe dieses Problem möglicherweise gelöst werden könnte, wenn auch deren Funktion an sich eine andere ist. Dem Autor dieses Beitrages zugängliche Erfahrungen aus der Praxis zeigen aber, dass die nationalen Steuerbehörden offenbar kaum bereit sind, sich dieses Problems anzunehmen. Man begegnet dem Argument, diese Doppelbesteuerung sei zwar misslich, werde aber dadurch ausgeglichen, dass bei anderen Fällen Steuerfreiheit eintrete – eine für den Betroffenen recht unbefriedigende Antwort. Hier besteht offenbar Anlass, bilaterale Lösungen zu finden.

86   Die Schwierigkeit einer Lösung dieses Problems besteht darin, dass einer der beteiligten Staaten abweichend von den für die Doppelbesteuerungsabkommen maßgebenden Grundsätzen auf Steuereinnahmen verzichten muss, ohne dafür eine Kompensation erwarten zu können. Um bei den gewählten Beispiel Deutschlands und der Niederlande zu bleiben, besteht nur die Möglichkeit, entweder die Aufwendungen für eine in den Niederlanden belegene Altersversorgung in Deutschland steuerlich voll abzugsfähig zu stellen und damit eine Ungleichbehandlung zu vergleichbaren inländischen Sachverhalten in Deutschland hervorzurufen oder aber im Alter in den Niederlanden von der vollen Besteuerung der Altersleistungen abzusehen – mit den entsprechenden Konsequenzen und Ergebnissen dort. Im Grunde kann hier nur eine Angleichung der Besteuerung helfen. Es ließe sich allenfalls daran denken, gewisse Regelungen für grenzüberschreitende Tatbestände in Doppelbesteuerungsabkommen vorzusehen, wobei aber auf die Komplexität einer solchen Regelung hinzuweisen ist.

87   Allgemein lässt sich insoweit feststellen, dass die Schwierigkeiten bei grenzüberschreitenden Sachverhalten in den hier interessierenden Fällen darin bestehen, dass jeder Staat ein in sich geschlossenen steuerrechtliches System hat, das beim Zusammenwirken mit anderen Besteuerungssystemen zu Schwierigkeiten führt.

88   **Doppelbesteuerungsabkommen können hier nicht weiterhelfen und sind auch nicht darauf angelegt.** Sie befassen sich im Grundsatz nur mit der Frage, ob und inwieweit die Vertragstaaten bei grenzüberschreitenden Sachverhalten ihr Besteuerungsrecht behalten oder verlieren.[33] Die Doppelbesteuerungsabkommen befassen sich deshalb mit

---

[32] Vgl. Art. 18 und 21 OECD-Musterabkommen.
[33] S. dazu näher *Kluge*, Das internationale Steuerrecht, S. 20 ff.

VIII. Perspektiven

der Frage der Zuordnung von Einkünften zum Steuersystem eines der beteiligten Staaten und sehen dabei im Grundsatz den Vorrang der Besteuerung im Wohnsitzstaat vor, sofern nicht andere ausdrückliche Zuordnungen gegeben sind.[34] Hier geht es aber gerade nicht darum sondern um die Verteilung der Steuerlast auf verschiedene Phasen des Erwerbslebens bzw. des Ruhestandes.

Es liegt nahe, die so beschriebene steuerrechtliche Situation unter dem Gesichtspunkt der Freizügigkeit kritisch zu bewerten. Ein Arbeitnehmer, der etwa aus den Niederlanden nach Deutschland wechselt, wird durch die geschilderte Doppelbesteuerung bei Ausübung seines Freizügigkeitsrechts faktisch benachteiligt; die Regelung stellt also eine Einschränkung der Freizügigkeit dar, bei der fraglich ist, ob man sie allein mit dem Hinweis auf die Kohärenz nationaler Steuersysteme rechtfertigen kann.

International stellt sich aber auch ein weiteres steuerrechtliches Problem insofern, als nach wie vor nationale Steuerrechtssysteme die Absetzbarkeit von Aufwendungen an die Belegenheit der Versorgungseinrichtung im jeweiligen Inland knüpfen.

Das bedeutet, dass dann, wenn die Lohnkosten eines im Ausland tätigen Arbeitnehmers nur im Ausland steuerlich geltend gemacht werden können, die Zahlungen an die heimische Einrichtungen keine steuermindernde Wirkung haben – und zwar sowohl für den Arbeitgeber als auch für den Arbeitnehmer.

Es ist offenkundig, dass dies die **Freizügigkeit erheblich behindert,** da so die Auslandstätigkeit im Vergleich zur Inlandstätigkeit stark verteuert wird.

Zwar sind die viele nationale Steuersysteme inzwischen dahingehend einander angepasst, dass im Grundsatz auch Leistungen an nicht im Inland belegene Einrichtungen steuerlich geltend gemacht werden; entscheidend ist aber hier, dass die jeweiligen nationalen Zusatzversorgungssysteme je besondere Anforderungen aufstellen. Ein in einem Land anerkanntes Altersversorgungssystem erfüllt oft nicht die steuerlichen Anforderungen des Gastlandes.

Allerdings wird man hier noch vergleichsweise leicht zu einer sinnvollen Lösung kommen können. Es ist „nur" erforderlich, dass auch Beitragsleistungen an ausländische Systeme steuerlich geltend gemacht werden können. Dazu bedarf es einschlägiger Schritte, die dem Prinzip der gegenseitigen Anerkennung folgen.

Steuerrechtliche Behinderungen für die Freizügigkeit können sich auch aus unterschiedlichen Detailregelungen ergeben. So sehen die Mitgliedstaaten unterschiedliche Höchstgrenzen für die Abzugsfähigkeit voraus. Diese mögen aus nationaler Sicht gerechtfertigt sein und geben oft auch den Stellenwert wieder, den die Zusatzversorgung in einem Mitgliedstaat hat. Geht es aber etwa darum, Aufwendungen für ein Zusatzversorgungssystem geltend zu machen, das wie in Großbritannien fast den Charakter einer Basissicherung hat, so stößt man bei Höchstbeträgen schnell an freizügigkeitsbeschränkende Hindernisse.

Die Lösung dieser steuerrechtlichen Probleme stellt keine einfache Aufgabe dar. Die Harmonisierung des Steuerrechts erweist sich als eines der schwierigsten Kapitel im europäischen Integrationsprozess. Dies liegt nicht zuletzt daran, dass bei einer Steuerharmonisierung die einzelnen Mitgliedstaaten dafür sorgen müssen, dass trotz des Verlustes steuerlicher Gestaltungsfreiheiten die eigenen fiskalpolitischen Ziele, d. h. die Finanzierung der Staatsausgaben, weiterhin sichergestellt ist. Angesichts der Unterschiedlichkeit der Steuersysteme in Europa und der Interdependenzen der Teilbereiche des jeweiligen nationalen Steuerrechts zueinander, ist dieses Harmonisierungsvorhaben hochkomplex. Die Angleichung einzelner Steuerarten muss dann bereits große Probleme bereiten, da sie in ihrer fiskalischen Bedeutung unterschiedlich sein können, auch wenn sie von gleichen Strukturen geprägt werden.

Angesichts dieser Probleme hat sich die Kommission jüngst in einer **Mitteilung „Beseitigung der steuerlichen Hemmnisse für die grenzüberschreitende betrieb-**

---

[34] S. dazu näher *Kluge,* Das internationale Steuerrecht, S. 4 ff.

liche Altersversorgung" mit diesem Thema befasst.[35] Sie weist auf die hier bereits erörterten Fragestellungen hin. Sie weist darauf hin, dass die derzeitige Situation der diskriminierenden steuerlichen Behandlung von Alters- und Lebensversicherungsverträgen mit Versorgungseinrichtungen mit Sitz in anderen Mitgliedstaaten die im EG-Vertrag garantierten Grundfreiheiten verletzt. Insoweit kündigt die Kommission einschlägige rechtliche Schritte an. Daneben regt sie an, bei nationaler steuerlicher Gesetzgebung für eine größere Einheitlichkeit insoweit zu sorgen, als bei künftiger Gesetzgebung die Auswirkungen bei grenzüberschreitenden Sachverhalten verstärkte Beachtung finden sollten.

3. Der Vorschlag einer Richtlinie über Einrichtungen der betrieblichen Altersversorgung

98 Kennzeichen der Behandlung der betrieblichen Altersversorgung auf europäischer Ebene ist der Umstand, dass sich in Brüssel zwei Generaldirektionen um dieses Gebiet kümmern. Die Generaldirektion Beschäftigung und Soziales befasst sich mit der Thematik unter dem Gesichtspunkt des sozialen Schutzes der Arbeitnehmer und hat insbesondere die Freizügigkeit im Auge, während die Generaldirektion Binnenmarkt die zusätzliche Altersversorgung unter dem Aspekt Finanzdienstleistungen sieht. Entsprechend unterschiedlich sind auch die Ansätze.

99 Das führt etwa dazu, dass die Generaldirektion Binnenmarkt bei ihren Richtlinienvorschlägen Systeme, die nach dem Umlageverfahren finanziert werden ebenso ausklammert wie solche, die mit Pensionsrückstellungen arbeiten während die Generaldirektion Beschäftigung und Soziales die Systeme ohne diese Einschränkungen einbezieht.

100 Dementsprechend sind auch beim Vorschlag für eine Richtlinie des Europäischen Parlaments und des Rates zur Koordinierung der Rechts- und Verwaltungsvorschriften für Einrichtungen der betrieblichen Altersversorgung,[36] der von der Generaldirektion Binnenmarkt vorgelegt worden ist, diese Systeme ausgenommen, ebenso die deutsche Unterstützungskasse. Die Richtlinie beschränkt sich der Zuständigkeitsverteilung innerhalb der Europäischen Kommission gemäß auch auf **Fragen der Aufsicht, der Anlage der Mittel und der grenzüberschreitenden Verwaltung betrieblicher Altersversorgungssysteme**. Steuerrechtliche Fragen, die auch bei den hier erfassten Systemen eine Rolle spielen, werden wiederum ausgeklammert, was aber in der o. g. Mitteilung inzwischen aufgegriffen wurde, die eine Berücksichtigung auch der steuerlichen Aspekte fordert.

101 Hervorzuheben sind bei diesem Richtlinienvorschlag verschiedene Kernelemente:
1. In Art. 8 des Entwurfs wird die rechtliche Trennung zwischen dem Trägerunternehmen und der Einrichtung zur betrieblichen Altersversorgung gefordert, umso im Insolvenzfall das für die betriebliche Altersversorgung vorgesehene Vermögen im Interesse der Leistungsberechtigten zu sichern.
2. In Art. 9 des Entwurfs werden Voraussetzungen für den Betrieb von Einrichtungen zur betrieblichen Altersversorgung aufgestellt. Im Interesse des Schutzes des Leistungsempfängers soll die jeweilige staatliche Finanzaufsicht die Einrichtungen der betrieblichen Altersversorgung überwachen können. Bei dieser Überwachung soll etwa die Zuverlässigkeit und fachliche Eignung der verantwortlichen Personen überprüft werden können, die technischen Rückstellungen sollen fachkundig berechnet und die Versorgungsanwärter ausreichend und angemessen unterrichtet werden.
3. In Art. 11 wird eine Auskunftspflicht gegenüber Versorgungsanwärtern und Leistungsempfängern statuiert, die etwa den Jahresabschluss und den Lagebericht umfasst, sich

---

[35] *Kommission der Europäischen Gemeinschaften*, Mitteilung der Kommission an den Rat, das Europäische Parlament und den Wirtschafts- und Sozialausschuss, Beseitigung der steuerlichen Hemmnisse für die grenzüberschreitende betriebliche Altersversorgung, KOM (2001) 214 v. 19. 4. 2001.

[36] KOM (2000) 507 endg. siehe hierzu auch *Bittner*, ZIAS 2001, 297 ff.

VIII. Perspektiven

ggf. auch auf die voraussichtliche Höhe der Leistung erstreckt und auch die verschiedenen Anlagemöglichkeiten und das Anlagenportfolio und Informationen über Risikopotential und die mit den Anlagen verbundenen Kosten betrifft, sofern der Versorgungsanwärter das Anlagerisiko trägt.

4. Den zuständigen Aufsichtsbehörden werden insgesamt erhebliche Kontrollmöglichkeiten und Eingriffsbefugnisse eingeräumt Dabei spielen insbesondere angemessen technische Rückstellungen eine wichtige Rolle.
5. Weiterhin enthält der Richtlinienvorschlag Anlagevorschriften, die davon geprägt sind, dass bei der Anlage der Vermögenswerte nach dem Grundsatz der Vorsicht zu verfahren ist. Hinsichtlich der Wahl der Anlagevorschriften dürfen die Mitgliedstaaten den Einrichtungen keine Vorschriften machen.
6. Wichtig ist schließlich noch Art. 20 des Vorschlags, der sich mit grenzüberschreitenden Tätigkeiten befasst. Nach dieser Vorschrift ermöglichen die Mitgliedstaaten Unternehmen bzw. Privatpersonen mit Standort in ihrem Hoheitsgebiet, Träger von im anderen Staat zugelassenen Einrichtungen der betrieblichen Altersversorgung zu sein und lassen es umgekehrt zu, dass die in ihrem Hoheitsgebiet zugelassenen Einrichtungen von Unternehmen mit Standort in anderen Mitgliedstaaten getragen werden. Auf diese Weise sollen auch Mobilitätshindernisse beseitigt werden.

Von deutscher Seite wird dieser Richtlinienvorschlag kritisch begleitet. Wenn aber wegen dieser Richtlinie eine Gefährdung der deutschen betrieblichen Altersversorgung beklagt oder befürchtet wird, so sollen diese Bedenken zwar nicht von der Hand gewiesen werden. Es ist aber erstaunlich, dass eine **allgemeine Diskussion zu europagängigen Formen der deutschen betrieblichen Altersversorgung nur zögerlich in Gang kommt.** Die Notwendigkeit ist von international tätigen Unternehmen schon lange erkannt worden und die Notwendigkeit zur Anpassung an veränderte Verhältnisse in Europa ist nicht nur vom Verfasser dieses Beitrages bereits Anfang der neunziger Jahre geltend gemacht worden.[37] Stattdessen hat man sich darauf verlegt, die derzeitige Ausgestaltung in allen Einzelheiten zu verteidigen, was dann auch zu der eher harmlosen aber mit einem europarechtlichen Risiko behafteten Richtlinie zur Wahrung ergänzender Rentenansprüche führte. Die Unterstützungskasse als europataugliche deutsche Alternative zu den Pensionsfonds zu propagieren, erweist sich als offenbar zu kurz gegriffen. Hier wäre von deutscher Seite im Vorfeld mehr Weitsicht angesagt gewesen.

Der Verfasser möchte mit dieser Bemerkung nicht zur Schelte an Verbänden oder der Politik ansetzen sondern vielmehr daraus einen Appell herleiten, europäische Fragen offensiv anzugehen und den Erfordernissen einer Wirtschafts- und Währungsunion Rechnung zu tragen und dementsprechend vermehrt über neue Formen und Veränderungen bestehender Formen nachzudenken. Auch bei den infolge der Rentenreform anstehenden Änderungen des Gesetzes zur Verbesserung der betrieblichen Altersversorgung sollten verstärkt die europäischen Aspekte miteinbezogen werden.

Als entscheidender Mangel ist auch anzusehen, dass die **steuerrechtlichen Fragen im Richtlinienvorschlag nicht angegangen werden.** Aus dem Europäischen Parlament werden deshalb zu Recht Vorstöße unternommen, die Kommission dazu zu bewegen, auch flankierende steuerrechtliche Vorschriften vorzusehen.[38]

Derzeit liegt dieser Richtlinienvorschlag „auf Eis", da die recht hohen Sicherheitsstandards des Richtlinienvorschlages auf Widerstand stoßen.

---

[37] *Steinmeyer,* EuZW 1991, 43 ff.
[38] S. dazu Handelsblatt Nr. 6 vom 9. 1. 2001, S. 10.

§ 27 Europäisches Behindertenrecht

Schrifttum: *Council of Europe,* Legislation to Counter Discrimination against Persons with Disabilities, Report drawn up by the Working Group on Legislation against Discrimination of Persons with disabilities (P-RR-LADI), in co-operation with Prof. Dr. Heinz-Dietrich Steinmeyer, Strasbourg 2000; *Santiago Muñoz Machado/Rafael de Lorenzo* (Hrsg.), European Disability Law, Madrid 1997; *dies.,* European Union Social Policy on Handicap Issues, Madrid 1997.

Übersicht

	Rn.		Rn.
I. Grundlagen	1	**VI. Verpflichtungen zur Förderung im einfachen Recht**	35
II. Unterschiedliche grundsätzliche Herangehensweisen	10	**VII. Einzelne Politikbereiche**	38
III. Regelungen in den Verfassungen europäischer Staaten	14	1. Erziehung und Ausbildung	39
		a) Schulen	39
		b) Universitäten	41
1. Ausdrückliche Regelung des Verbots der Diskriminierung Behinderter	15	2. Mobilitätshilfen	46
2. Allgemeine Diskriminierungsverbote	18	3. Behindertengerechter Zugang zu Gebäuden	49
3. Wirkungen des verfassungsrechtlichen Diskriminierungsverbots	21	4. Arbeitsleben	53
		a) Allgemeine Fördermaßnahmen	54
IV. Anti-Diskriminierungsregeln im einfachen Recht	23	b) Individuelle Fördermaßnahmen	60
		c) Kündigungsschutz	63
1. Regelungen im Strafrecht	24	d) Spezielle Behindertenvertretungen	66
2. Regelungen in anderen Bereichen der Gesetzgebung	27	e) Einkommen	67
		VIII. Resümee	72
V. Verpflichtungen zur Förderung in Verfassungen	30		

I. Grundlagen

1 Spezielle die Behinderten betreffende Regelungen finden sich in jeder nationalen Rechtsordnung an unterschiedlichen Stellen. Sie sind zum Teil Gegenstand des klassischen Sozialrechts in Gestalt von speziellen Sozialleistungen oder der besonderen Berücksichtigung der Bedürfnisse Behinderter bei bestimmten Sozialleistungen. Sie können aber auch Regelungsgegenstände des Arbeitsrechts sein, wie insbesondere das alte Schwerbehindertengesetz[1] sowie das neue Sozialgesetzbuch Neuntes Buch – Rehabilitation und Teilhabe behinderter Menschen[2] zeigen. Weiterhin finden sich Vorschriften in einer Vielzahl von Regelungsbereichen, in denen besondere Regelungen für Behinderte sinnvoll erscheinen.

2 Für eine europarechtliche Betrachtung bedeutet dies, dass auf die einzelnen Regelungen die Grundsätze des europäischen Sozialrechts bzw. des europäischen Arbeitsrechts anzuwenden sind. So findet etwa auf Sozialleistungen für Behinderte das koordinierende europäische Sozialrecht Anwendung und für die Beschäftigungsbedingungen gilt die Verordnung (EWG) Nr. 1612/68. Für die besondere Behandlung grenzüberschreitender Sachverhalte kann deshalb auf die bisherigen Ausführungen zum europäischen Arbeitsrecht und zum europäischen Sozialrecht verwiesen werden.

---

[1] S. dazu die Kommentierungen in ErfK/*Steinmeyer* (2.Aufl. 2001) zum Schwerbehindertengesetz
[2] vom 19. 6. 2001 (BGBl. I S. 1046); siehe dazu auch *Löschau/Marschner,* Das neue Rehabilitations- und Schwerbehindertenrecht, Neuwied/Kriftel 2001.

I. Grundlagen

Eine andere Frage ist die nach einer **europäischen Behindertenpolitik,** die sich ein 3 gemeinsames Vorgehen zur besseren Integration Behinderter zum Ziel setzt. Hier konzentriert sich die Tätigkeit der Europäischen Gemeinschaft auf eine Politik der Gleichstellung Behinderter. Zu verweisen ist hier insbesondere auf die 1. Mitteilung der Kommission zur Chancengleichheit für behinderte Menschen – Eine neue Strategie der Europäischen Gemeinschaft in der Behindertenthematik vom 20. Dezember 1996, die vom Europäischen Rat angenommen und befürwortet wurde[3]. Am 17. Juni 1999 schließlich hat der Rat eine Entschließung betreffend gleiche Beschäftigungschancen für behinderte Menschen[4] verabschiedet.

Eine zusätzliche Dimension hat diese Thematik unter dem Gesichtspunkt der Gleichbehandlung erhalten durch **Art. 13 des EG-Vertrages,** nach dem der Rat geeignete Vorkehrung treffen kann, um Diskriminierungen aus Gründen des Geschlechts, der Rasse, der ethnischen Herkunft, der Religion oder der Weltanschauung, *einer Behinderung,* des Alters oder der sexuellen Ausrichtung zu bekämpfen. Auf der Basis dieser Vorschrift ist inzwischen die Richtlinie 2000/78/EG des Rates zur Festlegung eines allgemeinen Rahmens für die Verwirklichung der Gleichbehandlung in Beschäftigung und Beruf[5] ergangen, die nicht nur die mittelbare und die unmittelbare Diskriminierung definiert sondern auch angemessene Vorkehrungen verlangt, um den Gleichbehandlungsrundsatz auch für behinderte Menschen zu gewährleisten. Eine besondere Richtlinie zur Verwirklichung der Gleichbehandlung Behinderter steht noch aus.

Wenn damit von der Europäischen Gemeinschaft in der Behindertenpolitik der Gleich- 5 behandlungsansatz verfolgt wird, so scheint dies vordergründig eine Grundentscheidung zu einem der beiden **in Europa praktizierten und sich in gewisser Weise widerstreitenden Ansätze** zu sein. Denn Fragen der Behinderung und Rehabilitation lassen sich juristisch und gesetzgeberisch in unterschiedlicher Weise angehen. So mag man etwa die Gleichstellung Behinderter durch Ausgleichsmaßnahmen bewirken oder bewirken wollen. Dieser Ansatz findet sich recht weitgehend im deutschen Recht. Ebenso denkbar bzw. verbreitet ist aber auch der Ansatz, durch Diskriminierungsverbote und entsprechende Sanktionen für eine Gleichstellung und Eingliederung Behinderter zu sorgen.

Allerdings sind die Ergebnisse dann nicht so weit entfernt, wie es bei einer Grundsatz- 6 betrachtung zunächst den Anschein haben mag. Eine Betrachtung der Lösungsansätze verschiedener Staaten führt nämlich zu dem für Rechtsvergleicher geläufigen Resultat, dass die Herangehensweise zwar unterschiedlich sein mag, das tatsächliche Ergebnis in gesellschaftlicher bzw. sozialer Hinsicht recht ähnlich ist. Das mag zu der voreiligen Schlussfolgerung veranlassen, dass sich dann Rechtsvergleichung nicht lohne, wenn es doch nur zu der Feststellung führe, dass die anderen es anders machten aber doch zum gleichen Ergebnis kommen. Dies würde verkennen, dass man aus ausländischen Ansätzen Erfahrungen sammeln kann, die sich auch in unserem System umsetzen lassen und dass der europäische Einigungsprozess für die Rechtsintegration Rechtsvergleichung braucht, um europäische Maßstäbe und Richtlinien setzen zu können.

Diese Ausführungen sprechen deshalb nicht nur die sozialrechtlichen Regelungen an 7 sondern verfolgen einen weiten Ansatz, indem sie alle Regelungssysteme mit einbeziehen, die sich – in welcher systematischen Ausgestaltung auch immer – mit Rehabilitation und Behinderung befassen und für Gleichbehandlung, Chancengleichheit und Eingliederung Behinderter sorgen.

Der Verfasser hat seit 1997 eine Gruppe von Regierungsdelegationen beraten, die im 8 Rahmen des Europarates als Arbeitsgruppe zur Gesetzgebung gegen Diskriminierung Behinderter Bericht und Stellungnahme zu diesem Fragenbereich erarbeitet hat. Der Verfasser hat auf der Basis der Informationen der Regierungsdelegationen und eigener For-

---

[3] ABl. EG Nr. C 12 vom 13. 1. 1997, S. 1.
[4] 1999/C 186/02 vom 17. 6. 1999 – ABl. EG Nr. C 186 v. 2. 7. 1999, S. 3.
[5] vom 27. 11. 2000 – ABl. EG Nr. L 303 v. 2. 12. 2000, S. 21.

schungen den Bericht über die Gesetzgebung in den verschiedenen Staaten erstellt. Der Gesamtbericht ist im Herbst 2000 erschienen[6].

9   Diese Ausführungen basieren auf diesen Arbeiten für den Europarat und geben das Ergebnis der in diesem Zusammenhang angestellten Forschungen wieder[7].

II. Unterschiedliche grundsätzliche Herangehensweisen

10   Eine zentrale Erfahrung aus den Arbeiten für den Europarat besteht darin, dass es zwei unterschiedliche Grundphilosophien gibt, mit denen Staaten an die hier interessierende Fragestellung herangehen.

11   Im **angelsächsischen Bereich** steht im Vordergrund das **Verbot der Diskriminierung Behinderter.** Die Eingliederung Behinderter, die Sicherstellung der Chancengleichheit und deren Gleichbehandlung sollen zuvörderst verwirklicht werden durch Gesetze, die Diskriminierungen aufgrund der Behinderung verbieten.

12   Dem steht gegenüber ein in den **kontinentaleuropäischen Ländern** weitverbreiteter Ansatz, der auch etwa in Deutschland und Frankreich[8] zu finden ist. Danach stehen im **Vordergrund aktive Fördermaßnahmen,** durch die gezielt die Situation der Behinderten verbessert werden soll. Beispiel dafür ist das deutsche Schwerbehindertengesetz, das mit Beschäftigungsquoten arbeitet, dem Arbeitgeber zusätzliche Pflichten auferlegt und soziale Fördermaßnahmen vorsieht.

13   Dies führt – so die Erfahrungen aus der Arbeit für den Europarat – zu einer Art Glaubenskrieg. In der Arbeitsgruppe des Europarates hat sich aber im weiteren Verlauf der Arbeiten gezeigt, dass dieser Grundansatz zwar unterschiedlich ist, es aber – wie noch zu zeigen sein wird – gewisse Konvergenz-Effekte gibt.

III. Regelungen in den Verfassungen europäischer Staaten

14   Ungeachtet unterschiedlicher Ansätze in den verschiedenen Staaten sehen die meisten Staaten in irgendeiner Weise in ihren Verfassungen Regelungen vor, die die Diskriminierung Behinderter verbieten. Dabei ist festzustellen, dass eine Reihe von Verfassungen ausdrückliche Regelungen vorsieht, die die Diskriminierung Behinderter verbieten, während in anderen Länder Rechtsgrundlage das allgemeine Diskriminierungsverbot ist.

1. Ausdrückliche Regelung des Verbots der Diskriminierung Behinderter

15   Ausdrückliche verfassungsrechtliche Vorschriften zum Verbot der Diskriminierung Behinderter finden sich – wie bekannt – in der deutschen Verfassung in Art. 3 Abs. 3 GG. Aber auch die österreichische Verfassung ist inzwischen geändert worden und enthält nunmehr in Art. 7 Abs. 1 ein ausdrückliches Verbot der Diskriminierung aufgrund von Behinderung.

16   In der finnischen Verfassung enthält das allgemeine verfassungsrechtliche Prinzip der Gleichbehandlung eine ausdrückliche Bezugnahme auf die Behinderten.

---

[6] Legislation to Counter Discrimination against Persons with Disabilities, Report drawn up by the Working Group on Legislation against Discrimination of Persons with disabilities (P-RR-LADI), in co-operation with Prof. Dr. Heinz-Dietrich Steinmeyer, Strasbourg 2000.

[7] Siehe auch *Santiago Muñoz Machado/Rafael de Lorenzo* (Hrsg.), European Disability Law, Madrid 1997; *dies.,* European Union Social Policy on Handicap Issues, Madrid 1997.

[8] Zu Frankreich siehe näher *Camille Hermange/Annie Triomphe,* Personnes handicapées – Droits & Démarches, 4. Aufl. Paris 1996; *Annie Triomphe* (Hrsg,.) Les personnes handicapées en France, 2. Aufl. Paris 1995.

IV. Anti-Diskriminierungsregeln im einfachen Recht

17 Die portugiesische Verfassung enthält in Art 71 eine ausdrückliche Regelung zur rechtlichen Position von Menschen mit Behinderungen. Diese Regelung bringt insbesondere zum Ausdruck, dass Personen mit körperlichen oder geistigen Behinderungen die gleichen Rechte und Pflichten wie Nichtbehinderte haben, mit Ausnahme der Rechte und Pflichten, die auszuüben sie aufgrund ihrer Behinderung nicht in der Lage sind.

2. Allgemeine Diskriminierungsverbote

18 Die meisten europäischen Staaten, die betrachtet wurden, haben eine **allgemeine Regelung zum Diskriminierungsverbot, die sich nicht ausdrücklich auf die Behinderung bezieht.**

19 Zumeist findet sich eine generelle Regelung, die Ungleichbehandlungen verbietet, worauf dann auch die Bekämpfung der Ungleichbehandlung Behinderter gestützt werden kann. Hier ist zu verweisen auf Art. 11 der belgischen Verfassung, Art. 12 der estnischen Verfassung, auf die Präambel der französischen Verfassung vom 4. Oktober 1958 mit Bezug auf die Deklaration der Menschen- und Bürgerrechte von 1789, Art. 70 A der ungarischen Verfassung, Art. 11 der Verfassung von Luxemburg, Art 1 der niederländischen Verfassung[9], Art. 32 der polnischen Verfassung, Art. 4 der schweizerischen Bundesverfassung sowie Art. 14 der spanischen Verfassung. Ähnliches findet sich auch in Art. 70 und 71 der dänischen Verfassung, Art. 4 Absätze 1 und 2 der griechischen Verfassung, Art. 3 und 4 der italienischen Verfassung sowie in Kapitel 2 § 15 der schwedischen Verfassung.

20 Interessant ist, dass in Belgien[10] jede Person mit einer Behinderung, die ein Gesetz, eine Verordnung oder eine behördliche Entscheidung als diskriminierend ansieht, dies auf der Basis von Art. 10 und 11 der Verfassung vor das zuständige belgische Gericht bringen kann.

3. Wirkungen des verfassungsrechtlichen Diskriminierungsverbots

21 Grundsätzlich binden diese verfassungsrechtlichen Regelungen nur die Staatsgewalt im Verhältnis zum Bürger.

22 Anders ist dies in Belgien, Deutschland und der Schweiz, wo den Grundrechten Geltung auch im privatrechtlichen Bereich in der Weise zuerkannt werden, dass die privatrechtlichen Regelungen im Lichte der grundrechtlichen Wertungen anzuwenden und auszulegen sind.

IV. Anti-Diskriminierungsregeln im einfachen Recht

23 Es ist festzustellen, dass sich im einfachen Recht Anti-Diskriminierungsregeln an recht unterschiedlichen Stellen finden. Es wird in den Regeln des einfachen Rechts insbesondere dafür gesorgt, dass auch Bürger im Verhältnis zueinander – also insbesondere im privatrechtlichen Verkehr – keine Diskriminierung Behinderter vornehmen.

1. Regelungen im Strafrecht

24 Regelungen diesbezüglich finden sich zum einen im Strafrecht. So sieht etwa das finnische Strafgesetzbuch vor, dass eine Straftat begeht, wer bei wirtschaftlicher oder berufli-

---

[9] Zu den Niederlanden siehe näher *A. C. Hendriks*, Gehandicaptenrecht – Een onedrzoek naar de juridische aspecten van discriminatie van mesen met een handicap on Nederland, Utrecht 1996.
[10] Siehe zu Belgien näher *Ministerium der sozialen Angelegenheiten, der Volksgesundheit und der Umwelt, Dienststelle für Behindertenpolitik*, Das Handbuch für Personen mit Behinderung, Brüssel 1996.

cher Tätigkeit, in Ausübung öffentlicher Aufgaben oder bei der Organisation von öffentlichen Treffen oder Unterhaltungen jemand ohne rechtfertigenden Grund ungleich behandelt. Eine rechtswidrige Ungleichbehandlung ist etwa dann gegeben, wenn bei Stellenanzeigen und im Zusammenhang mit der Einstellung eine Differenzierung nach Gesundheitsstatus vorgenommen wird. Verstöße können zu einer Geldstrafe oder zu Haft bis zu 6 Monaten führen.

25   Das französische Strafgesetzbuch sieht eine vergleichbare Regelung vor, die hier mit Geldstrafe bis zu 200 000 Francs oder mit Freiheitsentzug von bis zu 2 Jahren bewehrt ist. Hier steht etwa unter Strafe die Weigerung, Personen wegen ihrer Behinderung eine Leistung zu erbringen oder ihnen einen Gegenstand zur Verfügung zu stellen. Das gleiche gilt für die Behinderung der normalen Ausübung wirtschaftlicher Aktivitäten. Die Strafe erhöht sich auf bis zu 300 000 Francs oder 3 Jahre Freiheitsentzug, wenn die Diskriminierung durch eine Amtsperson in Ausübung ihrer Tätigkeit erfolgte.

26   Vergleichbare strafrechtliche Regelungen finden sich etwa auch in den Niederlanden, Österreich und Portugal.

2. Regelungen in anderen Bereichen der Gesetzgebung

27   In Irland – einem Land, das der „Anti-Diskriminierungs-Tradition" folgt – verbietet das Employment Equality Act von 1998 die Diskriminierung aus neun verschiedenen Gründen, darunter Behinderung. Dieses Gesetz befasst sich mit der Ungleichbehandlung in allen Bereichen des Arbeitslebens, angefangen von der Berufsausbildung über den Zugang zur Beschäftigung zu Beschäftigungsbedingungen allgemein. Dieses Gesetz erlaubt auch dem Arbeitgeber zusätzliche positive Maßnahmen, um die Eingliederung voranzubringen. Auf diese Weise wird also auch der positive fördernde Ansatz in die Anti-Diskriminierungsregelungen eingefügt. Ein Anti-Diskriminierungsgesetz für Lebensbereiche außerhalb des Arbeitslebens ist zur Zeit in Arbeit.

28   In Großbritannien ist maßgebliche Rechtsgrundlage das Disability Discrimination Act of 1995, das Diskriminierungen aufgrund von Behinderungen in einer Reihe von Lebensbereichen, darunter auch im Arbeitsleben verbietet. Darüber hinaus erfasst es aber auch den Zugang zu Leistungen, Einrichtungen und Gütern sowie Kauf, Miete und Verwaltung von Grundbesitz bzw. Eigentum. Eine Diskriminierung ist gegeben, wenn eine Person wegen ihrer Behinderung schlechter behandelt wird. Interessant ist dabei nun, dass diese Schlechterbehandlung auch gegeben ist, wenn es der Arbeitgeber versäumt, angemessene und zumutbare Veränderungen bei Dienstleistungen oder Einrichtungen vorzunehmen, wenn es ansonsten für Behinderte unmöglich oder unverhältnismäßig schwierig ist, diese in Anspruch zu nehmen. Im Bereich des Arbeitslebens greift diese Regelung, wenn es der Arbeitgeber verabsäumt, die nötigen Änderungen am Arbeitsplatz oder bei den Arbeitsbedingungen vorzunehmen.

29   Diese Betrachtung zeigt, dass die Länder, die den **Ansatz der Anti-Diskriminierungsgesetze** verfolgen, in ihnen **mittelbar mit einem Förder-Ansatz arbeiten,** indem sie eine Diskriminierung auch dann annehmen, wenn eine zumutbare Fördermaßnahme nicht vorgenommen worden ist.

V. Verpflichtungen zur Förderung in Verfassungen

30   Eine Reihe von europäischen Verfassungen sieht auch eine Pflicht zur aktiven Förderung Behinderter vor.

31   So fordert etwa Art. 49 der spanischen Verfassung vom Staat, eine Politik der Prävention, Pflege, Rehabilitation und Integration von Personen mit Behinderungen zu verfolgen. Damit wird ein Leitprinzip nationaler Sozial- und Wirtschaftspolitik bestimmt.

Vergleichbares findet sich in der portugiesischen Verfassung. Die dort einschlägige Verfassungsbestimmung fordert vom Staat, dass er öffentliche Aufmerksamkeit für die Belange der Behinderten und für ihre Förderung weckt. Darüber hinaus wird der Staat bei der Verwirklichung der Rechte Behinderter in die Pflicht genommen. 32

Nach Art. 15 a der finnischen Verfassung hat jedermann einen Anspruch auf die notwendigen Mittel für Unterhalt und Pflege. Davon werden auch Maßnahmen für Behinderte erfasst. 33

Art. 21 Abs. 2 der griechischen Verfassung verpflichtet den Staat zu spezieller Fürsorge für Personen mit unheilbaren körperlichen oder geistigen Behinderungen. 34

VI. Verpflichtungen zur Förderung im einfachen Recht

Auf einfachrechtlicher Ebene ist insbesondere auf das deutsche Schwerbehindertengesetz zu verweisen. 35

Vergleichbares findet sich im schwedischen Gesetz betreffend Unterstützung und Dienstleistungen für Personen mit Behinderungen (LSS). 36

Interessant ist, dass sich auch für Großbritannien Regelungen fördernden Charakters finden. So enthält etwa das Gesetz zum Nationalen Gesundheitsdienst eine Verpflichtung zur Bereitstellung von Maßnahmen und Einrichtungen für Behinderte in seinem Zuständigkeitsbereich. Das Disabled Persons Employment Act of 1944 sieht etwa berufliche Rehabilitation und berufliche Trainingsmaßnahmen vor. Auch hier zeigt sich wieder die Konvergenz der Ansätze, die besonders augenfällig wird, wenn man an die derzeitige deutsche Diskussion zu einem Gleichstellungsgesetz denkt. 37

VII. Einzelne Politikbereiche

Im folgenden soll ohne einen Anspruch auf Vollständigkeit ein Überblick über verschiedene Politikbereiche gegeben werden, in denen die Mitgliedsländer des Europarats Maßnahmen zum Schutz oder zur Förderung Behinderter ergriffen haben. 38

1. Erziehung und Ausbildung

a) Schulen

Generell kann gesagt werden, dass alle Staaten, die in die Betrachtungen einbezogen wurden, über ein Schulsystem verfügen, das aus den allgemeinen Schulen und besonderen Schulen für Behinderte besteht. Im Grundsatz wird ein **integrativer Ansatz** verfolgt, d. h. behinderte Kinder werden regelmäßig und vorrangig gemeinsam mit nichtbehinderten Kindern unterrichte, sofern dies möglich ist. 39

Allerdings sind hier auch Grenzen festzustellen. So hat etwa das deutsche **Bundesverfassungsgericht** im Jahre 1997[11] entscheiden, dass eine Überweisung eines behinderten Schülers an eine Sonderschule gegen seinen und seiner Eltern Willen nicht schon für sich eine verbotene Benachteiligung im Sinne des Art. 3 Abs. 3 Satz 2 GG darstellt. Eine solche Benachteiligung ist jedoch aus der Sicht des Bundesverfassungsgerichts gegeben, wenn die Überweisung erfolgt, obwohl ein Unterrichtung an der allgemeinen Schule mit sonderpädagogischer Förderung möglich ist, der dafür benötigte personelle und sächliche Aufwand mit vorhandenen Personal- und Sachmitteln bestritten werden kann und auch organisatorische Belange Dritter der integrativen Beschulung nicht entgegenstehen. Eine 40

---

[11] BVerfG Beschl. vom 8. 10. 1997 – 1 BvR 9/97, NJW 1998, 131 ff.

Entscheidung mit vergleichbarer Aussage ist für Norwegen festzustellen, wo das Oberste Gericht im sog. „Malvik-Fall" entschied, dass die Verpflichtung des Staates ihre Grenzen in angemessenen technischen, personellen und organisatorischen Aufwendungen findet.

b) Universitäten

41 Im Bereich der Universitäten und sonstigen Hochschulen finden sich Fördermaßnahmen unterschiedlicher Art. So verlangt etwa Art. 7 des spanischen Königlichen Dekrets 1060/92 vom 4. September 1992, dass 3% aller Studienplätze für Behinderte mit einem Grad der Behinderung von 65% oder mehr oder für solche mit vollständiger Sprach- oder Hörbehinderung vorzuhalten sind. Ähnliches findet sich in Portugal.

42 Viele Staaten sehen besondere Rücksichtnahmen bei Examina vor.

43 Ein wichtiges Instrumentarium zur Förderung behinderter Studenten sind Stipendien oder vergleichbare finanzielle Fördermaßnahmen. Dies geschieht in unterschiedlicher Weise. So ist etwa in Deutschland ein teilweiser Erlass der Rückzahlungspflicht des Darlehens nach dem Bundesausbildungsförderungsgesetz vorgesehen. Ähnlich wie hier findet sich auch in Belgien und Österreich ein höherer Leistungssatz, der den besonderen Bedürfnissen Behinderter Rechnung trägt.

44 In Großbritannien existiert eine spezielle staatliche Leistung für behinderte Studenten, mit der sie zusätzliche Hilfen und zusätzlichen Aufwand finanzieren können.

45 Interessant ist auch die Praxis in Schweden, wo jährlich in den Haushaltszuweisungen an die Universitäten festgelegt wird, in welchem Umfange Haushaltsmittel für die Belange behinderter Studenten zu verwenden sind. 1994/95 betrug der Satz 0,5% des Haushalts.

2. Mobilitätshilfen

46 Hier sind insbesondere **Fahrtkostenermäßigungen** im öffentlichen Verkehr gebräuchlich. Einschlägige Regelungen finden sich etwa in Österreich, Belgien, Frankreich, Deutschland, Polen, Luxemburg und Spanien. In Großbritannien ist dies abhängig von Entscheidungen lokaler Behörden.

47 Für den Bereich des Individualverkehrs sind in zahlreichen Staaten finanzielle Förderleistungen für den Kauf, die Spezialausstattung und die Nutzung von Kraftfahrzeugen vorgesehen. Dies geschieht zum Teil durch Ermäßigungen bei der Kraftfahrzeugsteuer oder hinsichtlich der Mehrwertsteuer beim Kauf eines Autos. So entfällt etwa in Spanien die Kraftfahrzeugsteuer und in Belgien die Mehrwertsteuer beim Kauf, während in Finnland und Spanien in diesen Fällen die Mehrwertsteuer reduziert ist.

48 In Großbritannien existiert seit 1997 ein sog. **„Mobility Scheme"**, das Personen mit Behinderungen helfen soll, Fahrzeuge zu günstigen Bedingungen zu erhalten. Sofern bestimmte Voraussetzungen erfüllt sind, können Fahrzeuge zu günstigen Bedingungen im Wege des Abzahlungskaufes oder über Leasing erworben werden. Leistungen sind auch vorgesehen, um Fahrzeuge behindertengerecht ausstatten zu können.

3. Behindertengerechter Zugang zu Gebäuden

49 Bei der Frage des behindertengerechten Zugangs zu Gebäuden finden sich zwar unterschiedliche Regelungen, denen aber insgesamt das Bestreben entnommen werden kann, den behindertengerechten Zugang im erforderlichen Umfang möglichst umfassend zu verwirklichen.

50 Im Vordergrund stehen dabei **öffentliche Gebäude.** Zumeist wird bei Neuerrichtung gefordert, dass sie behindertengerecht ausgestaltet und ausgestattet sind. Daneben sind

auch von diesen Vorschriften öffentlich zugängliche Gebäude erfasst. Allerdings lässt sich noch eine Fülle von Ausnahmetatbeständen feststellen, so dass Behinderte oft nicht sicher sein können, ob die Gebäude für sie zugänglich sind oder nicht.

Das Problem besteht für die Staaten zumeist darin, auch für bereits existierende Gebäude derartige Anforderungen vorzusehen. Deshalb gelten die Regelungen zumeist für den Neubau von Gebäuden oder im Falle des Umbaus existierender Gebäude. In Frankreich, Portugal und Spanien werden auch im Falle existierender Gebäude einschlägige Umbaumaßnahmen veranlasst.

Teilweise sind auch finanzielle Förderungen zur behindertengerechten Ausstattung vorgesehen. Zu verweisen ist hier neben Deutschland etwa auf Belgien und Großbritannien.

4. Arbeitsleben

Für den Bereich des Arbeitslebens findet sich neben den bereits erwähnten Regelungen zum verbot der Diskriminierung eine Reihe von einschlägigen Fördermaßnahmen. Hier lässt sich unterscheiden zwischen allgemeinen Fördermaßnahmen und solchen individueller Art.

a) Allgemeine Fördermaßnahmen

Bei den allgemeinen Fördermaßnahmen sind insbesondere die Beschäftigungsquoten zu nennen, also Regelungen, nach denen Betriebe in einem bestimmten Umfang Behinderte beschäftigen müssen.

Diese **Beschäftigungsquoten** setzen grundsätzlich ab einer bestimmte Größe ein. Während in Deutschland die Beschäftigungspflicht bereits bei einem Arbeitgeber mit mindestens 16 Arbeitnehmern einsetzt, beträgt dieser Wert 20 in Ungarn und Frankreich, 25 in Österreich und Polen und 50 in Spanien. Die Quote bewegt sich zumeist um die 5%, wobei aber zum Teil – wie etwa in Luxemburg – Abstufungen nach Betriebsgröße vorzufinden sind.

In aller Regel gelten die Beschäftigungsquoten sowohl für die Privatwirtschaft als auch für den öffentlichen Dienst, wenn auch zum Teil Differenzierungen vorgenommen werden. In Belgien gelten die Beschäftigungsquoten nur für den öffentlichen Dienst.

Durchaus verbreitet ist das System der Ausgleichsabgabe bei unbesetzten Pflichtplätzen; das Aufkommen aus dieser Abgabe wird dann zur Finanzierung von Fördermaßnahmen verwendet.

Allgemeine Fördermaßnahmen können auch finanzieller Art insofern sein, als Arbeitgebern spezielle Einarbeitungszuschüsse gewährt werden; hier ist etwa auf Spanien zu verweisen. Auch kann die behindertengerechte Ausstattung von Arbeitsplätzen gefördert werden; hier sind neben Deutschland etwa Österreich, Belgien, Luxemburg, Polen und Portugal zu nennen.

Interessant ist auch eine andere spanische Fördermaßnahme. So sind 50prozentige Ermäßigungen der Sozialversicherungsbeiträge für Arbeitgeber vorgesehen, die Behinderte zu vorherigen Bedingungen wieder einstellen oder mit Behinderten sog. Trainings-Verträge abschließen.

b) Individuelle Fördermaßnahmen

Personen mit Behinderungen erhalten in einer Reihe von Ländern **berufliche Fördermaßnahmen,** wie etwa berufliche Aus- und Fortbildung. Hier ist zu verweisen etwa auf Österreich, Deutschland, Luxemburg, Polen, Portugal und Spanien. Es handelt sich hierbei regelmäßig um Maßnahmen im Rahmen des allgemeinen Sozialleistungssystems.

61 Eine häufig anzutreffende Einrichtung sind **Werkstätten für Behinderte** oder auch **geschützte Werkstätten,** wie die internationale Begrifflichkeit dies vorsieht.

62 Neben dem bekannten deutschen System der Werkstätten für Behinderte ist auf vergleichbare Einrichtungen in Polen, Spanien und Luxemburg, insbesondere aber Frankreich zu verweisen. In Frankreich existieren in diesem Bereich zum einen Zentren für Hilfen im Arbeitsleben (Centres d'Aide par le Travail – CAT) und zum anderen geschützte Werkstätten (Ateliers Protégés – AP). Beide Einrichtungen haben im Grundsatz die Aufgabe, Beschäftigung im allgemeinen Arbeitsmarkt zu ermöglichen und dabei unterstützend tätig zu sein. Der Unterschied zwischen den Zentren für Hilfe im Arbeitsleben (CAT) und den geschützten Werkstätten (AP) besteht darin, dass erstere sich üblicherweise mit solchen Behinderten befassen, die ein erhebliches Maß an Unterstützung und Förderung benötigen. Die dort tätigen Behinderten werden nicht als Arbeitnehmer angesehen sondern als Personen die Dienstleistungen benötigen und erhalten. Hingegen werden Behinderte, die in den geschützten Werkstätten arbeiten, als Teilzeit-Arbeitnehmer betrachtet. Ihre Verträge werden als Arbeitsverträge angesehen und die einschlägigen Gesetze und Tarifverträge finden Anwendung. Grundsätzlich werden sie entsprechend ihrer Leistungsfähigkeit entlohnt. Allerdings ist für sie ebenso wie für die in den Zentren für Hilfen im Arbeitsleben tätigen Behinderten eine Einkommensgarantie vorgesehen, die sich am staatlich festgesetzten Mindesteinkommen ausrichtet (Salaire Minimum Interprofessionel de Croissance – SMIC). Der SMIC beträgt zur Zeit (seit 1. 7. 2001) 43,72 Francs pro Stunde.

c) Kündigungsschutz

63 Einen speziellen Kündigungsschutz für Schwerbehinderte sehen verschiedene Länder vor. Ähnlich wie in Deutschland der besondere Kündigungsschutz unter Einschaltung der Hauptfürsorgestelle erfolgt[12], bedarf in Österreich die Kündigung eines Schwerbehinderten der Zustimmung des Behindertenausschusses.

64 Großbritannien sieht ebenfalls einen Kündigungsschutz für Schwerbehinderte vor, der aber vom Anti-Diskriminierungsansatz geprägt ist. Eine Kündigung eines Behinderten darf also einer besonderen Rechtfertigung, die etwa darin bestehen kann, dass seine Behinderung eine Fortsetzung der Arbeit faktisch unmöglich macht. Hervorzuheben ist, dass eine Kündigung in der Regel nur dann gerechtfertigt werden kann, wenn eine Anpassungsmaßnahme vom Arbeitgeber sinnvollerweise nicht erwartet werden kann.

65 An diesem Beispiel zeigt sich wieder die Konvergenz beider Ansätze.

d) Spezielle Behindertenvertretungen

66 Spezielle Behindertenvertretungen finden sich nur in Deutschland und in Österreich. Die österreichische Schwerbehindertenvertretung hat ähnliche Befugnisse wie die deutsche.

e) Einkommen

67 Zur Frage des Einkommens Behinderter und der Berücksichtigung der Sondersituation der Behinderten in diesem Zusammenhang können hier keine umfassenden Aussagen gemacht werden, da die einschlägigen Bestimmungen der nationalen Sozialleistungssysteme nicht Gegenstand der Arbeiten des Europarats waren.

68 Es ist aber festzustellen, dass eine Reihe von Ländern Vorschriften vorsehen, die ein **niedrigeres Gehalt für Behinderte verbieten,** wenn es allein auf die Behinderung gestützt ist. Zu nennen sind hier etwa Österreich, Deutschland und Luxemburg. In Großbritannien sieht das Disability Discrimination Act 1995 vor, dass Behinderten zwar wegen

---

[12] Vgl. näher *ErfK-Steinmeyer*, 2. Aufl. 2001, Kommentierungen zu §§ 15 ff. SchwbG.

geringerer Leistungsfähigkeit ein niedrigeres Gehalt gezahlt werden kann. Dies darf aber erst dann erfolgen, wenn der Arbeitgeber zuvor die Möglichkeiten von Anpassungsmaßnahmen mit negativem Ergebnis geprüft hat.

Zahlreiche Länder sehen **besondere Steuerfreibeträge für Behinderte** vor. Diese können je nach Grad bzw. Art der Behinderung in ihrer Höhe differieren. Daneben finden sich auch spezielle Steuerermäßigungen, um den Zusatzaufwand zu berücksichtigen. Deshalb sind etwa diverse notwendige Aufwendungen in diesem Zusammenhang im allgemeinen steuerlich abzugsfähig. Zu verweisen ist hier etwa auf Fahrtkosten, Kosten für Heilbehandlung soweit nicht anderweitig abgedeckt, aber auch Kosten für besondere Betreuungsmaßnahmen. 69

Dies kann auch die Kosten im Falle eines behinderten Kindes betreffen. 70

Eine Reihe von Ländern, die in die Betrachtung einbezogen worden sind, sieht auch Regelungen über Mindesteinkommen vor, die dann auch für Menschen mit Behinderungen bedeutsam werden können. Hier ist etwa zu verweisen auf Belgien, Frankreich, Ungarn, Luxemburg und Spanien sowie Österreich. Zum Teil wird – wie in Spanien – bei erwerbsunfähigen Behinderten ein Einkommen garantiert, das man aber im Ergebnis auch der Sozialhilfe zuordnen könnte. Daneben finden sich aber auch Regelungen wie in Großbritannien, nach denen Behinderte, die in bestimmten Programmen arbeiten, das Entgelt nicht nach ihrer Leistungsfähigkeit sondern nach dem allgemein für diese Tätigkeit vorgesehenen Entgelt bezahlt. 71

VIII. Resümee

Zusammenfassend lässt sich feststellen, dass der Glaubenskrieg zwischen der Förderkonzeption und dem Anti-Diskriminierungsansatz im Ergebnis sich nahezu in Wohlgefallen auflöst. Es ist – wie so oft – feststellbar, dass unterschiedliche Ansätze im Ergebnis konvergieren. Die britische Politik und Gesetzgebung in diesem Bereich ist ein beredtes Beispiel dafür. 72

Alle betrachteten Länder haben die Notwendigkeit von Fördermaßnahmen für Behinderte aber auch von Diskriminierungsverboten erkannt und sehen entsprechende Regelungen und Maßnahmen vor. Die Art und Weise der Ausgestaltung spiegelt die europäische Vielfalt wieder. 73

Auf das europäische Behindertenrecht bezogen bedeutet das, dass beide Ansätze trotz der Ausflaggung „Gleichbehandlung" verfolgt werden können. Dies kommt in Art. 5 der **Richtlinie 2000/78/EG** deutlich dadurch zum Ausdruck, dass zum einen die Vorschrift mit „Angemessene Vorkehrungen für Menschen mit Behinderung" überschrieben ist und der erste Satz der Regelung lautet: „Um die Anwendung des Gleichbehandlungsgrundsatzes auf Menschen mit Behinderung zu gewährleisten, sind angemessene Vorkehrungen zu treffen." Es heißt dann weiter: „Das bedeutet, dass der Arbeitgeber die geeigneten und im konkreten Fall erforderlichen Maßnahmen ergreift, um den Menschen mit Behinderung den Zugang zur Beschäftigung, die Ausübung eines Berufes, den beruflichen Aufstieg und die Teilnahme an Aus- und Weiterbildungsmaßnahmen zu ermöglichen, es sei denn, diese Maßnahmen würden den Arbeitgeber unverhältnismäßig belasten. Diese Belastung ist nicht unverhältnismäßig, wenn sie durch geeignete Maßnahmen im Rahmen der Behindertenpolitik des Mitgliedstaates ausreichend kompensiert wird." Auch das Gesetz zur Gleichstellung behinderter Menschen und zur Änderung anderer Gesetze[13] verfolgt diesen Ansatz. 74

---

[13] Vom 27. 4. 2002 (BGBl. I S. 1467).

§ 28 Die Konvergenz der Ziele und Politiken der sozialen Sicherheit in den Mitgliedstaaten der Europäischen Union

Schrifttum: *Bateman/Pigott*, Private Pensions in OECD Countries – Australia, OECD Labour Market and Social Policy Occasional Papers No. 23, Paris 1997; *Daykin*, Bericht über die Zusatzversorgungssysteme im Vereinigten Königreich, in: Gesellschaft für Versicherungswissenschaft und -gestaltung (Hrsg.), Zusatzversorgungssysteme in der Bundesrepublik Deutschland, Frankreich und Großbritannien – Entwicklung, Tendenzen und offene Fragen, Köln 1995, S. 217 ff.; *Dupeyroux*, Entwicklung und Tendenzen der Systeme der sozialen Sicherheit in den Mitgliedstaaten der Europäischen Gemeinschaften und in Großbritannien, Luxembourg 1966; *Eichenhofer*, Recht der sozialen Sicherheit in den USA, 1990; *Graser*, Magic Money – Riester's American Dream?, in: *Boecken/Hänlein/Kruse/Steinmeyer*, Öffentliche und private Sicherung gegen soziale Risiken, 2000, 161 ff.; *Hohnerlein*, Formen der Privatisierung sozialer Sicherheit: Pluralismus in der Alterssicherung auf italienisch, in: Boecken/Hänlein/Kruse/Steinmeyer, Öffentliche und private Sicherung gegen soziale Risiken, 2000, 143 ff.; *Hamann*, The Reform of the Pension System in Italy, IMF Working Paper, 1997 (WP/97/1); *Hughes/Stewart* (Hrsg.), Pensions in the European Union: Adapting to Economic and Social Change, Boston/Dordrecht/London, 2000; *Hunout/Kißler/Steinmeyer/Zumfelde*, Der Teilstreik und seine rechtliche Bearbeitung in den Arbeitskampfordnungen Frankreichs und der Bundesrepublik Deutschland, ZIAS 1995; *International Labour Office (Central and Eastern European Team)*, Pension Reform in Central and Eastern Europe: An Update on the Restructuring of National Pension Schemes in Selected Countries, Budapest 2000; *Klein*, Deutsches Pflegeversicherungsrecht versus Europarecht?, 1998; *Köhler*, Private Altersvorsorge im Rahmen obligatorischer Alterssicherung – das Beispiel Schweden, in: Boecken/Hänlein/Kruse/Steinmeyer, Öffentliche und private Sicherung gegen soziale Risiken, 2000, S. 143 ff.; *Kramer/Li*, Reform of the Canada Pension Plan: Analytical Considerations, IMF Working Paper 1997; *Kritzer*, Privatizing Social Security: The Chilean Experience, Social Security Bulletin, Vol. 59, No. 3 Fall 1996; *Oeter*, Nahezu ohne Probleme. Das schweizerische Renten- und Altersversorgungssystem, SozV 1997, 309 ff.; *Pipkorn*, Der Einfluss der Europäischen Gemeinschaft auf das Unternehmens- und Betriebsverfassungsrecht, Hamburg/Baden-Baden 1984; *Queisser*, Chile und darüber hinaus: Die Rentenreformen der zweiten Generation in Lateinamerika, IRSS 1995; *Reynaud*, Private Pensions in OECD Countries – France, OECD Labour Market and Social Policy Occasioanl Papers No. 30, Paris 1997; *Steinmeyer*, Grundfragen des Europäischen Sozialrechts, AuA 1992, S. 210 ff.; *ders.*, Gesundheitsreform in den Mitgliedstaaten der Europäischen Union, in: 8. Bonner Europa-Symposium – Die Krankenversicherung in der Europäischen Union, 1997, S. 1 ff.; *ders.*, Basic and complementary pension schemes, in: van Ginneken, Finding the balance: Financing and coverage of social protection in Europe, Genf 1996, S. 25 ff.; *ders.*, Reformpläne zur Alterssicherung im internationalen Vergleich, DRV 1997, S. 474 ff.; *ders.*, Öffentliche und private Sicherungsformen im System der Alterssicherung der Vereinigten Staaten von Amerika, VSSR 1982, 101 ff.; *ders.*, Die Reform der sozialen Sicherung des nicht erwerbstätigen Ehegatten in Kanada, DRV 1984, S. 601 ff.; *Vittas/Iglesias*, The Rationale and Performance of Personal Pension Plans in Chile, The World Bank, Working Paper Feb. 1992, WPS 867.

Übersicht

	Rn.		Rn.
I. Einführung	1	a) Konvergenz der Ziele	24
		b) Konvergenz der Politiken	28
II. Die Empfehlung des Rates vom 27. Juli 1992 über die Annäherung der Ziele und Politiken im Bereich des sozialen Schutzes	6	4. Bewertung der Konvergenz-Strategie	30
		III. Perspektiven und Ausblick	35
1. Allgemeines	6	IV. Übertragung der Überlegungen auf den Bereich des Arbeitsrechts	38
2. Gegenstand der Konvergenz	20		
3. Analyse der wesentlichen Ergebnisse des Berichts „Soziale Sicherheit in Europa"	24	V. Konvergenz als Ergebnis europarechtlicher Koordinierung	44

	Rn.		Rn.
VI. Gesundheitsreform in den Mitgliedstaaten der Europäischen Union ...	47	1. Einführung	102
1. Strukturen der Gesundheitssysteme in der Europäischen Union	48	2. Strukturen der Alterssicherungssysteme und Ansätze für Reformen	108
2. Die Situation in den verschiedenen Mitgliedstaaten	62	3. Überblick über Situation und Entwicklung in verschiedenen Ländern	113
a) Belgien	62	a) Das lateinamerikanische bzw. chilenische Modell	114
b) Dänemark	64	b) Auf dem Wege zur möglichen Privatisierung der Alterssicherung und verstärkten Kapitaldeckung	124
c) Griechenland	67		
d) Spanien	69		
e) Frankreich	71	aa) Die Vereinigten Staaten von Amerika	125
f) Irland	74		
g) Italien	76	bb) Kanada	133
h) Luxemburg	78	cc) Großbritannien	137
i) Niederlande	80	dd) Australien	146
j) Österreich	84	ee) Neuseeland	152
k) Portugal	86	ff) Singapur	155
l) Finnland	88	gg) Niederlande	156
m) Schweden	90	hh) Schweiz	159
n) Großbritannien	92	ii) Schweden	163
3. Vergleichende Bewertung	95	jj) Frankreich	168
		kk) Italien	171
VII. Tendenzen zur Einführung von Kapitaldeckung bei der Altersversorgung	101	4. Resümee	177
		VIII. Bewertung des Konvergenzgedankens und weitere Entwicklungen	180

I. Einführung

Bei Abschluss der Römischen Verträge fanden die Gründungsväter Systeme der sozialen 1 Sicherheit in den Mitgliedstaaten vor, die außerordentlich unterschiedlich sind. Es lassen sich zwar gemeinsame Wurzeln erkennen,[1] gleichwohl haben die jeweiligen nationalen Systeme jeweils unterschiedliche Entwicklungen genommen.

Die Europäische Gemeinschaft hat darauf verzichtet, diese Systeme anzugleichen und 2 sich darauf beschränkt, die nationalen Sozialrechtsordnungen miteinander zu koordinieren, um die Freizügigkeit der Arbeitnehmer aber auch der Selbständigen sicherzustellen. Dieses Vorhaben ist bereits sehr früh durch die Verordnungen des Rates Nr. 3 vom 25. September 1958[2] über die soziale Sicherheit der Wanderarbeitnehmer und der zu ihrer Durchführung und Ergänzung ergangenen Verordnung Nr. 4 vom 3. Dezember 1958[3] in Angriff genommen worden. Seine derzeitige Ausgestaltung hat dieses Koordinierungssystem in der Verordnung Nr. 1408/71[4] und der zu ihrer Durchführung ergangenen Verordnung Nr. 574/72[5] gefunden.[6] Das Koordinierungssystem hat sich auf eine Verknüpfung der Systeme beschränkt und sie inhaltlich unangetastet gelassen. Diesem Grundsatz ist das System der Verordnung Nr. 1408/71 bis heute treu geblieben.

Der Umstand, dass sich in der Europäischen Union inzwischen fünfzehn und in absehbarer Zeit noch mehr verschiedene nationale Sozialrechtsordnungen finden, gibt Anlass zu 3

---

[1] Vgl. dazu insbesondere *Dupeyroux*, Entwicklung und Tendenzen.
[2] ABl. 1958, 561, zuletzt geändert durch VO Nr. 419/68 v. 27. 3. 1968 ABl. Nr. L 87/1.
[3] ABl. 1958, 597, zuletzt geändert durch VO Nr. 419/68 v. 27. 3. 1968 ABl. Nr. L 87/1.
[4] Verordnung (EWG) Nr. 1408/71 über die Anwendung der Systeme der sozialen Sicherheit auf Arbeitnehmer und Selbständige sowie deren Familienangehörige, die innerhalb der Gemeinschaft zu- und abwandern v. 14. 6. 1971 ABl. Nr. L 149/2, zuletzt geändert durch VO (EWG) Nr. 1248/92 v. 30. 4. 1992, ABl. Nr. L 136/7.
[5] VO (EWG) Nr. 574/72 v. 21. 3. 1972, ABl. Nr. L 74/1.
[6] Vgl. dazu *Steinmeyer*, AuA 1992, S. 210 ff.; nunmehr umfassend Fuchs, Kommentar zum Europäischen Sozialrecht.

Überlegungen, ob nicht die europäische Integration eine mehr oder weniger weitgehende Vereinheitlichung der Systeme voraussetzt.

4   Das Funktionieren des Gemeinsamen Marktes macht im sozialpolitischen Bereich nur in begrenztem Maße Angleichungen erforderlich. So muss etwa verhindert werden, dass sich Unternehmen Unterschiede in den Sozialstandards zunutze machen.[7] Als Beispiel sei hier verwiesen auf die Richtlinie 75/129 des Rates vom 17. 2. 1975 zur Angleichung der Rechtsvorschriften der Mitgliedstaaten über Massenentlassungen. Anlass für diese Richtlinie war eine Massenentlassung durch den AKZO-Konzern, die dieser ursprünglich in seinen Niederlassungen in Deutschland und den Niederlanden durchführen wollte, davon aber angesichts des ausgebauten Kündigungsschutzes in diesen Ländern Abstand nahm und die Entlassungen in Belgien vornahm, das lediglich eine – wenn auch erhebliche – Kündigungsentschädigung vorsieht.[8]

5   Allerdings ist auch hier die Grenze schwer zu bestimmen, will man nicht auf diesem Umweg wieder zu einer allgemeinen Angleichung kommen. Es ist nämlich die Frage zu stellen, welche Unterschiede hinzunehmen sind und welche nicht. Dabei stellt sich auch die Frage der Vergleichbarkeit der Standards. So kann häufig nur ein Globalvergleich sinnvoll sein.

II. Die Empfehlung des Rates vom 27. Juli 1992 über die Annäherung der Ziele und Politiken im Bereich des sozialen Schutzes

1. Allgemeines

6   Gestalterischen Spielraum kann die Europäische Gemeinschaft nutzen, indem sie durch Richtlinien Mindestanforderungen aufstellt, die dann von den Mitgliedstaaten gesetzgeberisch zu erfüllen sind. Eine solche Vorgehensweise ist aber aus zwei Gründen problematisch.

7   Zum einen werden Mitgliedstaaten Vorschriften, die ihnen Vorgaben für die Ausgestaltung nationaler sozialer Schutzsysteme machen, nur ungern akzeptieren; europäische Gesetzgebung in diesem Bereich kann aber nur einstimmig erfolgen. Zum anderen sind die jeweiligen nationalen Schutzsysteme in ihrer Ausgestaltung außerordentlich komplex und zeichnen sich teilweise durch außerordentlich unterschiedliche Kombinationen öffentlicher und privater Sicherungsformen aus, was ein gesetzgeberisches Vorgehen der Gemeinschaft außerordentlich erschwert, da für jeden einzelnen Schritt die Komplexität von zwölf verschiedenen nationalen Schutzsystemen zu beachten ist. Es liegt deshalb nahe, sich auf die Formulierung von Leitlinien für die mitgliedstaatliche Gesetzgebung zu beschränken und dafür das Gestaltungsmittel der Empfehlung zu wählen.

8   Vor diesem Hintergrund ist die Empfehlung des Rates vom 27. Juli 1992 über die Annäherung der Ziele und der Politiken im Bereich des sozialen Schutzes[9] zu sehen, in der es in den Erwägungsgründen heißt:

9   „Die Kommission hat in ihrem Aktionsprogramm zur Anwendung der Gemeinschaftscharta der sozialen Grundrechte der Arbeitnehmer festgestellt, dass die Unterschiede in der sozialen Sicherung die Freizügigkeit der Arbeitnehmer beträchtlich behindern und das Regionalgefälle, insbesondere zwischen dem Süden und dem Norden der Gemeinschaft, verschärfen können. Demzufolge ist vorgeschlagen worden, eine Strategie zur Annäherung der Politiken der Mitgliedstaaten in diesem Bereich auf der Grundlage gemeinsam

---

[7] Vgl. dazu *Steinmeyer*, ZIAS 1989, S. 208 ff., 216 f.
[8] *Pipkorn*, S. 8.
[9] ABl. EG Nr. L 245/49 vom 26. 8. 1992.

II. Die Empfehlung des Rates vom 27. Juli 1992

festgelegter Ziele zu fördern, um so eine Beseitigung der vorgenannten Nachteile zu ermöglichen.

Ausgehend von der Feststellung, dass in den meisten Mitgliedstaaten vergleichbare Entwicklungen eingesetzt haben, die zu gemeinsamen Problemen führen können (insbesondere Überalterung der Bevölkerung, Veränderung der Familienstrukturen, anhaltend hohe Arbeitslosigkeit und Entwicklung von Armut und Verarmung) hat der Rat auf seiner Tagung vom 29. September 1989 angeregt, diese faktische Annäherung durch Vorgabe gemeinsamer Ziele für die Weiterentwicklung der einzelstaatlichen Politik stärker zu fördern.

Diese **Annäherungsstrategie** zielt darauf ab, gemeinsame Ziele festzulegen, die die Politik der Mitgliedstaaten leiten können, um die Koexistenz der verschiedenen einzelstaatlichen Systeme zu ermöglichen und sie sowohl im Einklang miteinander als auch in Übereinstimmung mit den grundlegenden Zielen der Gemeinschaft weiterzuentwickeln.

Die gemeinsam festgelegten spezifischen Ziele sollen als Anhaltspunkte für die Anpassung dieser Systeme an die Entwicklung der Schutzbedürfnisse und insbesondere an Schutzbedürfnisse in Verbindung mit den Umgestaltungen des Arbeitsmarktes, dem Wandel der Familienstrukturen und mit der demographischen Entwicklung dienen.

Diese Annäherung soll außerdem im Zuge der Vollendung des Binnenmarktes den Bestand des sozialen Schutzes wahren und seine Weiterentwicklung anregen. Der Binnenmarkt wird die Mobilität der Erwerbstätigen und ihrer Familien in der Gemeinschaft erleichtern, und es sollte vermieden werden, dass diese Mobilität durch zu große Niveauunterschiede beim sozialen Schutz behindert wird."

Der Komplexität der verschiedenen nationalen Schutzsysteme trägt die Empfehlung dadurch Rechnung, dass sie ausführt:

„Wegen der Unterschiedlichkeit der Systeme und ihrer Verankerung in der jeweiligen nationalen Kultur bleibt die Wahl der Konzeption, der Finanzierungsmodalitäten und der Organisation der Systeme des sozialen Schutzes den Mitgliedstaaten überlassen."

Die **Konvergenz-Strategie** zielt also darauf, die Mitgliedstaaten zu einer aufeinander abgestimmten Sozialpolitik anzuhalten.

Die Konvergenz-Strategie, wie sie sich aus der Konvergenz-Empfehlung ergibt, erfasst allerdings zum einen nicht den gesamten Bereich der Sozialvorschriften, wie er von Titel VIII Kapitel 1 des EG-Vertrages verstanden wird. Zum anderen geht sie darüber hinaus, indem sie auch den sozialen Schutz der Selbständigen mit umfasst, die von Kapitel 1 des Titels VIII des EG-Vertrages zumindest nicht ausdrücklich mit einbezogen sind.

Der Begriff des sozialen Schutzes ist daher hier im Rahmen der Konvergenz-Diskussion zu verstehen als Zusammenfassung aller Systeme, die die sozialen Risiken von Krankheit, Mutterschaft, Arbeitslosigkeit, Arbeitsunfähigkeit und Alter sowie Familie abdecken. Der Begriff ist damit dem der sozialen Sicherheit stark angenähert.

Für diesen Bereich wird auf rechtlich verbindliche Vorgaben verzichtet und vielmehr mit den Mitteln des „Soft Law" gearbeitet.

2. Gegenstand der Konvergenz

Man mag sich fragen, was konvergieren soll. Obwohl **Dupeyroux** in seinem bereits zitierten Werk aus dem Jahre 1966 in rechtsvergleichender Perspektive zu einer **Konvergenz der Systeme** der sozialen Sicherheit kommt,[10] kann die heute verfolgte Konvergenz-Strategie nicht dieses Ziel haben. Die Schlussfolgerung von *Dupeyroux* mag in den sechziger Jahren ihre Berechtigung gehabt haben; es soll hier auch nicht geleugnet werden, dass auch eine Annäherung der Systeme erfolgt ist. Die seitherige Entwicklung ist jedoch weniger von einer Annäherung der Grundstrukturen der Systeme geprägt als viel-

---

[10] *Dupeyroux*, Entwicklung und Tendenzen.

mehr davon, dass die sozialen Sicherungssysteme der Mitgliedstaaten der Europäischen Union vor den gleichen oder zumindest ähnlichen Herausforderungen stehen, die in den Erwägungsgründen der Empfehlung mit Überalterung der Bevölkerung, Veränderung der Familienstrukturen, anhaltend hoher Arbeitslosigkeit und Entwicklung von Armut und Verarmung umschrieben sind. Sie ist auch dadurch gekennzeichnet, dass die Mitgliedstaaten vergleichbare Sicherungsziele anstreben, bei ihrer Realisierung aber unterschiedlich vorgehen. So ist eine adäquate Alterssicherung Ziel der Sozialpolitik in jedem Mitgliedstaat; dieses Ziel wird in einem Land allein oder überwiegend durch das staatliche System erreicht während in einem anderen Land die private bzw. betriebliche Alterssicherung eine größere Rolle spielt, wobei hier dann auch wieder zwischen obligatorischen und freiwilligen Systemen zu differenzieren ist.

21 Reduziert man die **Konvergenz** aber auf die **Ziele und die Politiken,** so müssen Zielvorgaben gemacht werden, wie dies in der Empfehlung denn auch zu den einzelnen Risiken geschehen ist.

22 Der erste Schritt muss es dann sein, einen Überblick über den bisher erreichten Stand zu gewinnen. Demzufolge sieht auch die Empfehlung eine Aufforderung an die Kommission vor, „dem Rat in regelmäßigen Abständen einen Bericht vorzulegen, in dem die Fortschritte bei der Verwirklichung der obengenannten Ziele bewertet werden, und in Zusammenarbeit mit den Mitgliedstaaten hierfür geeignete Indikatoren auszuarbeiten und zu entwickeln." Dieser Aufforderung ist die Kommission erstmals nachgekommen durch den 1993 erschienen Bericht „Soziale Sicherheit in Europa",[11] an dessen Erstellung der Verfasser als deutscher Experte mitgearbeitet hat.

23 An dieser Stelle sollen die Ergebnisse dieses Berichts nicht wiedergegeben werden; es sei insofern vielmehr auf seine Lektüre verwiesen. Außerdem wird er in diesem Handbuch an den Stellen eingearbeitet, wo die Informationen jeweils am Platz sind. Es geht hier vielmehr darum, den Bericht und die Konvergenz-Strategie als solche zu analysieren und vor diesem Hintergrund zu bewerten. Beispielhaft soll aber im Anschluss an diese allgemeinen Überlegungen unter VI und VII, Rn. 47 ff. und 101 ff. für den Bereich der Krankenversicherung und den der Alterssicherung aufgezeigt werden, ob und inwieweit sich Reformen angesichts vergleichbarer Rahmenbedingungen in ähnliche Richtung bewegen. Während sich dabei die Übersicht über die Reformen der Krankenversicherung weitgehend auf Mitgliedstaaten der Europäischen Union beschränkt, ist der Ansatz im Bereich der Alterssicherung bewusst ein weiterer, um deutlich zu machen, dass eine Reihe von Herausforderungen nicht nur europäisch sonder global sind.

3. Analyse der wesentlichen Ergebnisse des Berichts „Soziale Sicherheit in Europa"

a) Konvergenz der Ziele

24 Der von dem Bericht „Soziale Sicherheit in Europa" vorgenommene Vergleich der nationalen sozialen Schutzsysteme steht zunächst vor der Schwierigkeit, geeignete Vergleichsparameter zu entwickeln.

25 Will man feststellen, wie bei einem bestimmten Risiko das Leistungsniveau in den Mitgliedstaaten beschaffen ist, so muss zunächst sichergestellt sein, dass die jeweiligen nationalen Sicherungssysteme auch tatsächlich jeweils die gleichen Risiken abdecken. Dies kann in Grenzbereichen zu Problemen führen. So sieht die Konvergenz-Empfehlung etwa

---

[11] *Kommission der Europäischen Gemeinschaften – Generaldirektion für Beschäftigung, Arbeitsbeziehungen und soziale Angelegenheiten,* Soziale Sicherheit in Europa, Büssel/Luxemburg 1994. Die deutsche Fassung des Titels gibt den Unterschied zwischen sozialer Sicherheit und sozialem Schutz nicht wieder. In der französischen und englischen Fassung ist dies jedoch der Fall, wenn von „protection social" statt „securité sociale" und von „social protection" statt „social security" im Titel des Berichts die Rede ist.

unter dem Stichwort „Krankheit" eine Einkommensersatzleistung vor, der in Deutschland durch das Krankengeld aus der gesetzlichen Krankenversicherung und die Lohn- und Gehaltsfortzahlung im Krankheitsfall Rechnung getragen ist. Sie sieht gleichzeitig aber auch unter dem Stichwort „Arbeitsunfähigkeit" Einkommensersatzleistungen vor, die nach deutschem Verständnis wohl eher den Bereich der Invalidität betreffen. Der Übergang von der krankheitsbedingten Arbeitsunfähigkeit zur Invalidität ist aber fließend. Dies gilt insbesondere hinsichtlich der Frage, ab wann ein nationales Schutzsystem das Eingreifen der Invaliditätssicherung annimmt. Diese Frage ist deshalb von Bedeutung, weil die Einkommensersatzleistung bei krankheitsbedingter Arbeitsunfähigkeit in den meisten Mitgliedstaaten dem bisherigen Arbeitsentgelt nahe kommt oder ihm sogar entspricht, während die auf längere Unfähigkeit zur Arbeitsleistung angelegten Invaliditätsrenten im Niveau regelmäßig niedriger sind. Da für **Vergleiche des Leistungsniveaus der Systeme** in diesen Fällen nur die Dauer der Arbeitsunfähigkeit als Maßstab dienen kann, führt einerseits eine kurze Frist zu zutreffenden Ergebnisse, da sie zuverlässig den Einkommensausgleich bei Kurzzeiterkrankungen wiedergibt. Zu zutreffenden Ergebnissen führt auch eine Frist von etwa drei Jahren und mehr, da dann jedes System eine Invalidität annehmen dürfte. Problematisch ist aber der Zwischenbereich, in dem ein frühes Eingreifen von Invaliditätsleistungen in einem Mitgliedstaat ein unzutreffendes Bild im Verhältnis zu den anderen Mitgliedstaaten ergibt.

Der Vergleich kann nur erfolgen, wenn dem unterschiedlichen Einkommensniveau in den verschiedenen Mitgliedstaaten Rechnung getragen wird. Eine Aussage über die Leistungen in EURO oder in nationaler Währung vermag deshalb aus vergleichender Sicht nicht ausreichend etwas über das Leistungsniveau auszusagen. Es muss deshalb mit Prozentsätzen zum Erwerbseinkommen vergleichbarer Arbeitnehmer gearbeitet werden. Dabei muss sowohl bei den Einkommen als auch bei den Sozialleistungen der Nettobetrag herangezogen werden, d.h. der nach Abzug von direkten Steuern und Sozialabgaben verbleibende Betrag. Aber auch dies kann wiederum ein etwas schiefes Bild vermitteln, da es nicht dem Umstand Rechnung tragen kann, dass die Relation zwischen direkten und indirekten Steuern unter den Mitgliedstaaten unterschiedlich ist. 26

Der Vergleich steht vor der weiteren Schwierigkeit, dass eine Gegenüberstellung allein der staatlichen Systeme nur ein unvollständiges Bild liefert. Insbesondere im Bereich der Alterssicherung ist die Kombination privater und öffentlicher Sicherungssysteme unter den Mitgliedstaaten höchst unterschiedlich. Ein Vergleich müsste deshalb beide Komponenten einbeziehen. Das stößt jedoch auf praktische Schwierigkeiten insofern, als verlässliche Zahlen über die staatlichen Systeme überall verfügbar sind, während man insbesondere bei den freiwilligen Zusatzversorgungssystemen auf Schätzungen angewiesen ist. Von daher ist auch in dem vorliegenden ersten Bericht[12] auf eine Einbeziehung der privaten Sicherungssysteme in den Vergleich des Schutzniveaus verzichtet worden. In einem späteren Bericht soll dies nachgeholt werden. Für die privaten Formen der Alterssicherung kann jedoch bereits jetzt auf den Bericht der Beobachtergruppe „Zusatzversorgungssysteme" verwiesen werden, der von der Kommission der Europäischen Gemeinschaft eingerichtet wurde und dem der Verfasser als deutscher Experte angehört.[13] 27

b) Konvergenz der Politiken

Vor einer anderen Schwierigkeit steht eine Analyse der Konvergenz der Politiken. Es lässt sich durchaus ein gemeinsames Politikziel definieren, wie dies zu den einzelnen Risiken ja auch in der Konvergenz-Empfehlung geschehen ist. 28

---

[12] *Kommission der Europäischen Gemeinschaften,* Soziale Sicherheit in Europa.
[13] Vgl. Supplementary Pensions in the European Union – Development, Trends and Outstanding Issues, Report by the European Commission's Network of Experts on Supplementary Pensions, Brüssel 1994.

29 So sind sich etwa alle Mitgliedstaaten einig über die Notwendigkeit einer Kostendämpfung im Gesundheitswesen bei Aufrechterhaltung der Qualität der Versorgung. Die Mittel zur Erreichung dieses Ziels sind jedoch von Mitgliedstaat zu Mitgliedstaat höchst unterschiedlich. Dies hängt zusammen mit der unterschiedlichen Ausgestaltung der jeweiligen nationalen Systeme, von denen einige als Sozialversicherung und andere als steuerfinanzierter staatlicher Gesundheitsdienst ausgestaltet sind. Die Strategien zur Kostendämpfung sind nun höchst unterschiedlich. Eine Reihe von Ländern experimentiert mit der Verstärkung von Wettbewerbselementen. Als Beispiel seien hier das Vereinigte Königreich und die Niederlande genannt. Andere Länder hingegen – wie etwa Deutschland – versuchen zur Zeit die Probleme eher administrativ zu lösen, indem sie Budgets vorgeben. Man mag hier von einer Konvergenz der Probleme und einer Divergenz der Lösungen sprechen, wobei über das Ziel wiederum Einigkeit besteht.

4. Bewertung der Konvergenz-Strategie

30 Der Konvergenz-Strategie kann der Vorwurf gemacht werden, sie betrachte Sozialpolitik nur unter dem Aspekt einer Anhebung des Leistungsniveaus und einer Konsolidierung auf einem möglichst hohen Stand. Dieser Vorwurf könnte dann auch dem Bericht „Soziale Sicherheit in Europa" gemacht werden, wenn er einen Vergleich der Leistungsniveaus anstellt.

31 Dem ist jedoch entgegenzuhalten, dass ein **hohes soziales Schutzniveau** als solches kein Unwert ist sondern vielmehr durch die Sicherung des sozialen Friedens und die Absicherung der sozialen Lebensrisiken eine positive Auswirkung auf die Produktivität einer Volkswirtschaft hat.

32 Davon zu unterscheiden ist die Frage der **Belastung der Volkswirtschaft** durch die Kosten dieses sozialen Sicherungssystems. Hier wird man dem Problem nicht gerecht, wenn man nur auf die Kostenbelastung sieht. Es muss vielmehr auch darum gehen, die Effizienz sozialer Sicherungssysteme zu verbessern, indem nach Sparpotentialen gesucht wird, durch die der Leistungsstandard des Systems nicht gesenkt, die Ressourcen jedoch zielgenauer eingesetzt werden. So mögen marktwirtschaftliche Elemente im Gesundheitswesen diesen Effekt erzielen; auch der Ausbau von Prävention kann insgesamt zu Einsparungen führen. Geldleistungen aus sozialen Sicherungssystemen müssen auch so bemessen sein, dass für Arbeitsfähige der Anreiz erhalten bleibt, wieder eine Arbeit aufzunehmen.

33 Es sollten unter dem Gesichtspunkt der globalen Wettbewerbsfähigkeit auch Untersuchungen darüber angestellt werden, wie sich die europäischen Sozialstandards im internationalen Vergleich mit den Hauptkonkurrenten USA und Japan auswirken. Es wird lediglich immer behauptet, dass die Europäische Gemeinschaft gegenüber ihren globalen Wettbewerbern wegen hoher Sozialkosten zurückfalle, ohne dass der Beweis hierfür angetreten wird.

34 Aus Gesprächen mit Regierungsvertretern verschiedener Mitgliedstaaten konnte der Verfasser entnehmen, dass die Konvergenz-Strategie und der sich daraus ergebende erste Bericht „Soziale Sicherheit in Europa" auf die nationale Sozialpolitik durchaus einen Einfluss hat. Bei der Diskussion werden die Vorgaben der Konvergenz-Empfehlung durchaus ernst genommen und die Ergebnisse des ersten Berichts mit seiner Gegenüberstellung der Leistungshöhen und Sicherungsstandards der Mitgliedstaaten wirken sich insofern aus, als sie Anlass sein können für eine Forderung nach Anhebung der eigenen Standards oder für eine Neubesinnung hinsichtlich der Rolle des Sicherungssystems. Es mag auch vorkommen, dass ein Mitgliedstaat die Vergleichszahlen zum Anlass für eine Senkung des Leistungsniveaus nimmt, etwa dann, wenn das Land im europäischen Vergleich deutlich an der Spitze liegt. Es ist schließlich auch denkbar, dass sich ein Mitgliedstaat mit einem niedrigeren Niveau in der Grundphilosophie seiner Sozialpolitik bestätigt fühlt. In allen Fällen bietet der Bericht jedoch Vergleichsmöglichkeiten, die den Ausgang der politischen

Diskussion nicht eindeutig voraussehbar machen. In diesem Sinne funktioniert dann die Konvergenz-Strategie.

III. Perspektiven und Ausblick

Die Arbeiten an dem ersten Bericht haben ergeben, dass die Verfolgung der Konvergenz-Strategie einhergehen muss mit einem intensiven Systemvergleich, um vor diesem Informationshintergrund Konvergenz bewerten und fördern zu können.

Weitere Berichte müssen sich deshalb verstärkt einzelnen Aspekten annehmen und die in der Konvergenz-Empfehlung genannten sozialen Risiken und ihre Absicherung in den einzelnen Mitgliedstaaten eingehend untersuchen.

Es muss auch die Bedeutung der sozialen Sicherungssysteme im globalen Wettbewerb der Volkswirtschaften stärker untersucht werden.

IV. Übertragung der Überlegungen auf den Bereich des Arbeitsrechts

Überträgt man diese Überlegungen zur Konvergenz sozialer Sicherungssysteme auf den Bereich des Arbeitsrechts, so ergeben sich ähnliche Schlussfolgerungen.

Wie bereits oben deutlich gemacht, verlangt das Funktionieren des Gemeinsamen Marktes kein einheitliches europäisches Arbeitsrecht ebenso wie es kein einheitliches europäisches Sozialrecht verlangt. Es können durchaus Unterschiede bestehen bleiben, diese dürfen lediglich nicht das Funktionieren dieses Marktes beeinträchtigen. Das aber gibt nur Anlass zur Annäherung der Schutzstandards, um ein Ausnutzen der Unterschiede zu verhindern, verlangt aber nicht gleichlautende Regelungen in allen Mitgliedstaaten. Letzteres würde zwar die grenzüberschreitende Tätigkeit erheblich vereinfachen, da sich das Einstellen auf eine andere Rechtsordnung erübrigt; wollte man aber auch das unter die Angleichungskompetenz nach Art. 95 EGV fassen, so stünde dies im Widerspruch zur Systematik der Vorschrift, die gerade keine allgemeine Angleichung will, sondern nur, sofern eine unmittelbare Auswirkung auf die Errichtung und das Funktionieren des Gemeinsamen Marktes festzustellen ist.

Geht man von diesem Grundansatz aus, so reduziert sich die allgemeine Angleichungskompetenz im Arbeitsrecht ebenso wie im Sozialrecht. In einigen Bereichen ist die Setzung von Mindeststandards möglich, wie dies bereits auch in den von Art. 138 EGV erfassten Bereichen geschehen ist. In anderen Bereichen ist eine gewisse Vereinheitlichung möglich und erforderlich; als Beispiel hierfür mag die Richtlinie des Rates 75/129/EWG zur Angleichung der Rechtsvorschriften der Mitgliedstaaten über Massenentlassungen[14] dienen. In diesen Zusammenhang gehören aber auch alle Richtlinien, die im weitesten Sinne der Verwirklichung der Ziele des Art. 141 EGV dienen.

Keine Angleichung in diesem Sinne, wohl aber eine **Konvergenz-Strategie** kann verfolgt werden in **Bereichen, die sich durch hohe Komplexität auszeichnen.** Hier wird die Parallele zum Sozialrecht deutlich. So mag es etwa sinnvoll sein, im Bereich des Streikrechts und des Tarifvertragsrechts zu gewissen Angleichungen zu kommen, will man die Ausnutzung von Unterschieden verhindern. Auch das Kündigungsschutzrecht gehört in diese Kategorie. In beiden Bereichen ist aber die Setzung von Mindeststandards schwierig oder muss zumindest punktuell bleiben. Will man etwa den Schutz bei betriebsbedingten Kündigungen auf europäischer Ebene gesetzgeberisch angehen, so kann dies praktisch nur bedeuten, dass ein einheitliches Modell in der gesamten Europäischen Union eingeführt wird. Die nationalen Kündigungsschutzvorschriften, die auf die Besonderheiten

---

[14] Richtlinie des Rates 75/129/EWG, v. 17. 2. 1975 (ABl. Nr. L 48/29).

dieses Arbeitsmarktes zugeschnitten sind, würden ihre Bedeutung verlieren. Das Arbeitskampfrecht und das Tarifvertragsrecht eines Mitgliedstaates spiegeln die tatsächliche Arbeitsverfassung eines Staates wieder und sind Ergebnisse einer mehr als hundertjährigen jeweils nationalen Entwicklung. Bei einer Rechtsangleichung würde das System schlicht nicht funktionieren, wie etwa aus einem Vergleich des deutschen und des französischen Arbeitskampfrechts deutlich wird,[15] mit dem das Tarifvertragsrecht unmittelbar zusammenhängt. Es lassen sich aber Ziele formulieren, etwa die bisweilen anzutreffende Starrheit des Tarifvertragsrechts oder auch fehlende Stringenz des Arbeitskampfrechts zu beseitigen.

42 Das zeigt beispielhaft, dass **auch im Arbeitsrecht eine Konvergenzstrategie** sinnvoll ist, die die Mitgliedstaaten dazu veranlasst, ihre Ziele und Politiken in diesem Bereich abzustimmen und gemeinsame Zielvorstellungen zu formulieren.

43 Allerdings ist hier anders als im Bereich der sozialen Sicherheit zu konstatieren, dass es noch einer Verständigung über solche gemeinsamen Ziele bedarf, was zunächst auch eine stärkere Rechtsvergleichung verlangt.

V. Konvergenz als Ergebnis europarechtlicher Koordinierung

44 Unter dem Begriff der Konvergenz lässt sich auch noch eine andere Entwicklung des europäischen Sozialrechts diskutieren. Je mehr das europäische koordinierende Sozialrecht praktische Bedeutung erlangt, um so stärker ist auch festzustellen, dass der nationale Gesetzgeber bei Neuregelungen die Auswirkungen des europäischen koordinierenden Sozialrechts mit bedenkt. So hat sich der deutsche Gesetzgeber beim Pflegeversicherungsgesetz bemüht, die Exportpflichtigkeit möglichst zu vermeiden. Bei der deutschen Gesetzgebung im Sozialrecht spielen also die europarechtlichen Konsequenzen einer bestimmten gesetzgeberischen Option eine immer größere Rolle. Dies zeigt sich besonders deutlich beim schon erwähnten Pflegeversicherungsgesetz, wo der Gesetzgeber die Hoffnung hatte, durch die vorgenommene Ausgestaltung das europarechtliche Risiko ausgeschaltet zu haben. Die Entscheidung des Europäischen Gerichtshofs in der Rechtssache Molenaar[16] hat den deutschen Gesetzgeber eines Besseren belehrt und wird ihn zu nicht unerheblichen Anpassungen zwingen.[17]

45 Es lässt sich also feststellen, dass die **Regelungen des europäischen koordinierenden Sozialrechts unmittelbare Auswirkungen auf die Ausgestaltung des jeweiligen nationalen Sozialrechts** haben. Dies ist ein evolutionärer Prozess, da er bewirkt wird durch das Verfahren der europäischen Koordinierung, wie es in den Verordnungen zum europäischen koordinierenden Sozialrecht niedergelegt ist. Dabei spielt zusammen das Koordinierungsverfahren als solches mit der inzwischen umfangreichen einschlägigen Rechtsprechung des Europäischen Gerichtshofs.

46 Es handelt sich um einen Prozess, den zu analysieren den Rahmen dieses Handbuches sprengen würde. Er kann hier nur konstatiert werden; die Analyse muss einer besonderen Forschungsarbeit vorbehalten bleiben. Im Anschluss sollen lediglich beispielhaft Übersichten über Reformen im Bereich der Krankenversicherung und der Alterssicherung erfolgen.

VI. Gesundheitsreform in den Mitgliedstaaten der Europäischen Union

47 Es dürfte nicht weiter verwundern, dass die 15 Mitgliedstaaten der Europäischen Union jeweils eigene Wege für die Ausgestaltung ihrer Systeme der Gesundheitsversorgung ge-

---

[15] *Hunout/Kißler/Steinmeyer/Zumfelde*, ZIAS 1995, S. 1 ff.
[16] EuGH v. 5. 3. 1998 Rs C-160/96 – Molenaar ./. AOK Baden-Württemberg, NZS 1998, 240 ff.
[17] S. näher *Klein*, Deutsches Pflegeversicherungsrecht versus Europarecht?, 1998.

funden haben. Es kann und soll hier nicht jedem einzelnen System detailliert nachgegangen werden. Vielmehr möchte ich zunächst einen Überblick liefern, der die wesentlichen Strukturen der Gesundheitssysteme aufzeigt, um dann überzugehen zu den Problemen, denen sich diese Systeme ausgesetzt sehen.[18]

1. Strukturen der Gesundheitssysteme in der Europäischen Union

In der Empfehlung des Rates der Europäischen Gemeinschaften über die Konvergenz der Ziele und der Politiken im Bereich des sozialen Schutzes vom 27. 7. 1992[19] heißt es unter der Überschrift **Krankheit** u. a.: 48

„Der Beitrag des sozialen Schutzes zur Krankheitsvorsorge, Gesundheitsvorsorge und Rehabilitation der betroffenen Personen sollte so organisiert werden, dass folgenden Zielen entsprochen wird:
a) Allen rechtmäßig im Hoheitsgebiet eines Mitgliedstaates ansässigen Personen sollte unter den von jedem Mitgliedstaat festgesetzten Bedingungen Zugang zur notwendigen Gesundheitsversorgung sowie zu den Krankheitsvorsorgemaßnahmen ermöglicht werden.
b) Es sollte auf die Beibehaltung und gegebenenfalls die Weiterentwicklung eines hochwertigen Gesundheitsversorgungssystems geachtet werden, das der Entwicklung der Bedürfnisse der Bevölkerung, insbesondere aufgrund der Abhängigkeit alter Menschen, der Entwicklung von Krankheiten und Heilverfahren sowie der erforderlichen Intensivierung der Vorsorge angepasst ist."

In der Empfehlung heißt es darüber hinaus: 49

„Die Systeme des sozialen Schutzes sind ... hinsichtlich der Rechte, Bedürfnisse und Lebensumstände der Betroffenen sowie organisatorisch und arbeitstechnisch mit größtmöglicher Effizienz zu verwalten."

Es wird so in dieser Empfehlung das Spannungsverhältnis herausgearbeitet, in dem die Gesundheitssysteme – darunter auch das deutsche – naturgemäß stehen. 50

Ein beherrschendes Thema der Politik in allen Mitgliedstaaten der Europäischen Union war in den letzten Jahre und ist auch heute die **Kostendämpfung im Gesundheitswesen** einerseits vor dem Hintergrund des **steigenden Bedarfs** einer immer älter werdenden Bevölkerung, andererseits aufgrund der Entwicklung neuer Behandlungsmethoden und technologischer Fortschritte und schließlich der zunehmenden Zahl der Leistungsanbieter. In allen Mitgliedstaaten sind die Ausgaben für die Gesundheit seit 1980 real gestiegen. Auch der Anteil der Gesundheitsausgaben am Bruttoinlandsprodukt steigt in den meisten Mitgliedstaaten. Die Gesamtausgaben für das Gesundheitswesen betrugen nach Zahlen der OECD 1998 im Durchschnitt 8% des Bruttoinlandsprodukts; sie reichen von 10,4% in der Schweiz bis 6,8% in Großbritannien. 51

Versucht man die Probleme und Lösungsansätze zu systematisieren, so bietet es sich an, nach den Grundstrukturen der Systeme zu unterscheiden. So sind sicherlich Unterschiede feststellbar je nachdem, ob es sich um ein staatliches Gesundheitssystem oder um ein Krankenversicherungssystem handelt. Bei einem **staatlichen Gesundheitssystem** werden die Leistungen unmittelbar aus dem allgemeinen Steueraufkommen finanziert, werden regelmäßig unmittelbar vom Staat erbracht und sind größtenteils kostenlos zugänglich. In einem **Sozialversicherungssystem** sind üblicherweise verschiedene hauptsächlich beitragsfinanzierte Krankenkassen für das Erbringen von Leistungen an die verschiedenen Berufsgruppen zuständig. In diesem Fall übt der Staat regelmäßig nur eine indirekte Ausgabenkontrolle aus. 52

In Dänemark, Finnland, Portugal, Schweden und dem Großbritannien ist die Gesundheitsversorgung als staatliches Gesundheitssystem ausgestaltet. Über ein als Sozialversicherung ausgestaltetes System verfügen in einer mehr oder weniger reinen Form Belgien, 53

---

[18] S. dazu auch *Steinmeyer,* Gesundheitsreform in den Mitgliedstaaten der Europäischen Union, in: 8. Bonner Europa-Symposium – Die Krankenversicherung in der Europäischen Union, 1997, S. 1 ff.
[19] Empfehlung 92/442/EWG, ABl. EG Nr. L 245 v. 26. 8. 1992, S. 49.

Deutschland, Frankreich, Luxemburg, die Niederlande und Österreich, während Italien, Griechenland und Spanien ein aus Elementen beider Systeme bestehendes Mischsystem haben.

54 Ein weiterer wichtiger Unterschied ist, wieweit das Gesundheitswesen **zentral organisiert** ist oder aber **dezentral,** wobei regionale und kommunale Behörden oder Träger über mehr Autonomie verfügen. Allerdings ist dieser Unterschied im wesentlichen ein gradueller, da auch in den eher zentral organisierten Staaten die Behörden auf den unteren Ebenen, die für die konkrete Bereitstellung der Leistungen zuständig sind, einen gewissen Einfluss auf die Ausgabengestaltung haben. Eher zentral ist das Gesundheitswesen in Frankreich, in Großbritannien, in Portugal und in Spanien organisiert, eher dezentral in den skandinavischen Ländern und – wie wir wissen – auch in Deutschland. Es lässt sich also bereits feststellen, dass eine enge Beziehung zwischen der Finanzierungsweise und der Organisationsform nicht besteht.

55 Wird ein System aus Steuermitteln finanziert, so hat die Zentralregierung im Grundsatz die unmittelbare Kontrolle über die gesamten Ausgaben, denn sie legt regelmäßig Jahr für Jahr oder für einen bestimmten Zeitraum ein Gesamtbudget fest, das auf die Stellen verteilt wird, die für die Leistungserbringung zuständig sind. Es erweist sich aber in der Praxis, dass dies als Ausgabenkontrolle nur begrenzt tauglich ist, da nur die Ausgaben aber nicht die Leistungsfälle so kontrolliert und begrenzt werden können. Es entstehen zusätzliche Ausgabenforderungen, denen man nur entweder mit einer Erweiterung des Budgets oder einer Leistungsstreichung oder Rationierung begegnen kann.

56 Zu den **typischen Problemen,** die in **staatlichen Gesundheitssystemen** dieser Art auftreten können, gehören ein gewisser Mangel an Flexibilität, Wartelisten und mögliche Vergeudung von Mitteln. Die **mangelnde Flexibilität** beruht insbesondere darauf, dass die sich verändernden lokalen Bedürfnisse und Ansprüche der Patienten nicht notwendigerweise effektiv an die Zentralbehörden weitergeleitet werden, die dann auch zögern, die Budgets entsprechend zu vergrößern. Wartelisten sind in diesen Systemen eine fast unvermeidbare Folge des Bemühens um Senkung der Ausgaben, die so hinter der Nachfrage zurückbleiben. Schließlich hat ein solches System relativ wenige Anreize, die Effizienz zu erhöhen und die Mittel effektiver einzusetzen.

57 Diese Systeme konzentrieren sich deshalb bei ihren Reformen auf die Lösung dieser Probleme.

58 In den Ländern, in denen das Gesundheitssystem nach dem **Versicherungsprinzip** funktioniert, besteht das Hauptproblem zumeist nicht in langen Wartelisten und einem unzureichenden Leistungsniveau, sondern eher darin, die **Ausgaben in Grenzen zu halten.**

59 Da die Krankenkassen, die das System verwalten, im allgemeinen die Leistungen nicht direkt erbringen, sondern damit die Träger der medizinischen Versorgung, also Ärzte und Krankenhäuser beauftragen, sind sie potentiell in der Lage, durch geeignete Sanktionen und Anreize bei der Ausgestaltung der Vertragsbeziehungen zu diesen Leistungserbringern für ausreichende Qualität und ein entsprechendes Niveau der Gesundheitsfürsorge zu sorgen. Hier konzentriert sich die Politik in den in Frage kommenden Staaten zumeist darauf, die Ausgestaltung dieser Verträge zu beeinflussen sowie die Gesamtausgaben zu kontrollieren.

60 Aus dem Ausmaß der Zentralisation oder Dezentralisation des Systems ergeben sich Unterschiede in der Problemstellung insofern, als es zentralistischeren Systemen im Prinzip möglich sein sollte, die Mittel gleichmäßiger zwischen regionalen oder kommunalen Trägern zu verteilen, als dies in weniger zentralistisch organisierten Systemen möglich ist, obwohl es andererseits bei stärkerem Zentralismus schwieriger wird, eine Ausgabenkontrolle durchzuführen. Sie stehen in der Praxis vor dem Problem, dass eine gerechte Mittelzuweisung schwierig ist und bei der Feststellung des Mittelbedarfs viele Merkmale zu ermitteln sind, deren Erhebung einem zentralisierten System größere Schwierigkeiten bereitet.

61 Alle Systeme gleichermaßen stehen aber vor dem Problem der Kostendämpfung. Sie müssen die Wirksamkeit der Ausgaben erhöhen und dafür sorgen, dass die Art und Weise,

wie sie auf die verschiedenen Formen der Behandlung und Versorgung verteilt werden, die tatsächlichen Bedürfnisse der Bevölkerung angemessen widerspiegeln. Sie müssen also alle einen Weg finden, mit beschränkten Mitteln gestiegenen Anforderungen und Herausforderungen zu begegnen.

2. Die Situation in den verschiedenen Mitgliedstaaten

a) Belgien

In Belgien, das ein **Krankenversicherungssystem** hat, sind in den letzten Jahren insbesondere die Ausgaben für Labortests, Arzneimittel, stationäre Versorgung in Krankenhäusern und die häusliche Pflege älterer Menschen gestiegen. Die Maßnahmen der Kostendämpfung konzentrieren sich hier insbesondere darauf, ein bestimmtes Jahresbudget im voraus vorzugeben, um so – ähnlich wie bisher in Deutschland – einen Druck auszuüben, sich im Verlaufe des Jahres innerhalb dieses Budgets zu halten. Daneben wird versucht, die Verschreibung teurer Medikamente mit umstrittener Wirksamkeit zu steuern. Darüber hinaus wurde ein Informationssystem eingeführt, das die Ärzte davon in Kenntnis setzt, wenn ihre Verschreibungsrate pro Patient einen bestimmten Durchschnittswert überschreitet. Wir finden hier also interessante Parallelen zur deutschen Situation.

Wie in Deutschland wird auch in Belgien nach Wegen gesucht, die Versicherungsträger effektiv in die Verantwortung der von ihnen gemachten Ausgaben einzubeziehen. In Belgien wurden früher die Einnahmen auf nationaler Ebene auf die einzelnen Versicherungen nach den entstandenen oder entstehenden Ausgaben verteilt ohne Rücksicht auf die Versichertenstruktur. Seit 1995 wird ein Teil der Einkünfte einer jeden Versicherung nicht mehr nur aufgrund der tatsächlichen Gesundheitsausgaben für ihre Mitglieder festgelegt, sondern aufgrund eines festen Betrages je Mitglied, der auf bestimmten persönlichen Merkmalen dieser Mitglieder (Alter, Geschlecht, Einkommen etc.) beruht. Dieser Teil sollte im Zeitraum 1995 bis 1997 10% des Krankenversicherungsbudgets ausmachen, zwischen 1998 und 2001 20% und danach 30%. Übersteigen die Ausgaben einer Versicherung die Einnahmen, so muss sie auf ihre Rücklagen zurückgreifen, um das Defizit auszugleichen und erforderlichenfalls die Beiträge erhöhen. Man hofft so, einen Anreiz für die Versicherungen zu schaffen, ihre Ausgaben zu dämpfen.

b) Dänemark

Das dänische System ist eine interessante Variante des skandinavischen Modells, das sich aus Steuermitteln finanziert. Es ist **dezentral organisiert.** Die zentralstaatlichen Verwaltungseinheiten legen aber fest, wie viel die **lokalen Gemeinden (Amtsbezirke)** insgesamt für das Gesundheitswesen ausgeben dürfen. Hiervon hängt die Zahl der Beschäftigten im Gesundheitswesen und die Verfügbarkeit der Leistungen ab. da die kommunalen Körperschaften großes Interesse an der Einhaltung des Haushalts haben, besteht der Druck, die Effizienz zu verbessern. Der Bürger bestimmt bei Kommunalwahlen deshalb zugleich über die Qualität und den Preis der Krankenbehandlung ab.

Es wird also insbesondere mit dem Instrumentarium des knappen Budgets gearbeitet, was auch Maßnahmen der Kostenbeteiligung der Bürger mit sich bringt. Wie andere steuerfinanzierte Systeme hat aber auch Dänemark das systemimmanente Problem langer Wartezeiten. Dem versucht man dadurch zu begegnen, dass man die Wartezeit auf in der Regel höchstens drei Monate begrenzt und zur Durchsetzung dieses Ziels den Krankenhäusern finanzielle Anreize gibt und die lokalen Gebietskörperschaften verpflichtet, für die Beachtung dieser zeitlichen Grenze zu sorgen.

Ein gewisses Element des Wettbewerbs unter den Regionen wurde 1993 dadurch eingeführt, dass man den Patienten die Wahl des Krankenhauses auch außerhalb des Heimatbezirks ermöglichte.

c) Griechenland

67 Ein zwiespältiges Bild ergibt sich für Griechenland. Zwar hat Griechenland die geringsten Ausgaben für das öffentliche Gesundheitssystem – gemessen am Bruttoinlandsprodukt. Gleichwohl besteht Einigkeit darüber, dass dieses System grundlegend reformiert werden muss. Es gibt keine wirksame Haushaltskontrolle und die Gesundheitspolitik hat sich lange Zeit zwischen Ansätzen zur Verbesserung der Qualität des Gesundheitswesens verbunden mit einem kostspieligen Ausbau der Infrastruktur einerseits und Sparmaßnahmen zur Steuerung der Ausgaben verbunden mit Einschränkungen – etwa dem radikalen Abbau von Krankenhausausgaben – andererseits bewegt. Im Bereich der niedergelassenen Ärzteschaft, die aus dem staatlichen System eher bescheiden entlohnt wird, ist das System der „Fakelaki" (Briefumschlag) offenbar nicht auszurotten, das darin besteht, dass der Patient sich anlässlich der Behandlung veranlasst sieht, das Salär des Arztes durch einen Stapel Drachmen in einem Briefumschlag aufzubessern.

68 Die derzeit diskutierten Reformvorschläge bestehen insbesondere in Maßnahmen zur Effizienzerhöhung, zur Einführung eines zentralen Krankenversicherers, der für die Versicherten Verträge mit den Leistungserbringern schließt und durch Einführung moderner Management-Methoden sowie der Stärkung der Rolle des Hausarztes.

d) Spanien

69 In Spanien finden wir ein System **im Aufbau und im Übergang.** Viele Jahre bestand das Hauptanliegen im Bereich des Gesundheitswesens in Spanien darin, eine vollständige Versorgung der Bevölkerung zu erreichen. Gleichzeitig wies das bestehende System tendenziell die typischen Schwächen eines zentral verwalteten Budgets auf, da es nur sehr wenige und unzureichende Ansätze für die Träger der medizinischen Versorgung gab, auf die Kosten zu achten.

70 Man versucht nunmehr, effizientere Verwaltungstechniken einzuführen. Darüber hinaus wird an einer Regionalisierung gearbeitet, die dann die Vorteile einer Dezentralisation haben soll. Sie beginnt bei den autonomen Regionen.

e) Frankreich

71 Das französische System ist in Europa offenbar eines der kostspieligsten. In unserem Nachbarland wird das Gesundheitsbudget **zentral verwaltet;** die Träger der medizinischen Versorgung arbeiten im allgemeinen auf Vertragsbasis; die Budgets der öffentlichen Krankenhäuser werden von den Krankenkassen finanziert, müssen aber vom Gesundheitsministerium genehmigt werden.

72 Anlass zur Sorge bereiten die Effizienz des öffentlichen Krankenhauswesens und die Nachteile eines zentralistischen Haushaltssystems, in dessen Rahmen es schwierig ist, den tatsächlichen Bedarf vorauszusagen und Anreize für eine effiziente Nutzung der verfügbaren Ressourcen zu schaffen, da die Finanzmittel auf der Grundlage der geplanten Leistungserbringung zugewiesen werden.

73 Ein solches System schließt die Möglichkeit von Überversorgung und Verschwendung mit ein. Um dies zu vermeiden, besteht inzwischen die Tendenz, Vereinbarungen zwischen den Krankenkassen als Kostenträger und den öffentlichen Krankenhäusern abzuschließen. Auch wird versucht, Anreize für ein effizientes Management und für eine Vermeidung von Überversorgung in das System aufzunehmen.

f) Irland

74 Eine Insel der Seligen im Bereich des Gesundheitswesens ist die westliche der britischen Inseln – Irland. Dies Land hat ein vergleichsweise hohes Wirtschaftswachstum und eine junge Bevölkerung aufzuweisen, was die öffentlichen Gesundheitsausgaben gemessen am Bruttoinlandsprodukt auf einem für Europa niedrigen Wert von ca. 5% hält.

VI. Gesundheitsreform in den Mitgliedstaaten der Europäischen Union

Reformschritte zielen daher eher auf gerechtere Verteilung und bessere Qualität der Leistungen ab, weniger auf die Steigerung der Effizienz oder die Kostendämpfung. Allerdings bestehen auch Bemühungen, die Organisation und die Integration der Leistungen der praktischen Ärzte zu verbessern und die Gesundheitserziehung zu fördern.

g) Italien

Italien ist bei einem zunächst eher zentralistischen System den Weg der **Dezentralisierung** gegangen. In mehreren Reformschritten seit Anfang der neunziger Jahre wurden die USL, d.h. die lokalen Gesundheitsdienste als Kern des italienischen Gesundheitssystems, in öffentliche Unternehmen mit weitgehender Selbstverwaltung und Verantwortung auf örtlicher Ebene umgewandelt. Sie werden nun nicht mehr von einem politischen Ausschuss verwaltet, sondern unterstehen einem von der Region mit einem erneuerbaren Fünfjahresvertrag eingestellten Geschäftsführer. Größere Krankenhäuser, die früher Zweigstellen einer USL waren, können nun in unabhängige Krankenhäuser mit autonomer Organisation und Verwaltung umgewandelt werden, die einen ausgeglichenen Haushalt aufweisen müssen.

Bestandteil dieser Reformen war auch eine **Umstellung des Finanzierungssystems**. Zwar behalten die Zentralbehörden die Verantwortung für die Gesamtplanung und finanzieren auch eine Standardversorgung, die jedem Bürger in jeder Region garantiert wird. Auch erhalten die Regionen weiterhin einen im voraus auf der Grundlage der Bevölkerungszahl festgelegten Betrag von der Zentralregierung, sie müssen jedoch die darüber hinausgehenden Ausgaben aus ihren eigenen Mitteln finanzieren.

h) Luxemburg

Luxemburg litt lange an einem kaum strukturierten System der Verhandlungen zwischen Kassen und Leistungserbringern. Mechanismen und Anreize zur Kostendämpfung waren kaum vorhanden.

Es sind deshalb detaillierte Regelungen für die **Aushandlung von Vereinbarungen** aufgestellt worden; es wurde auch ein Verzeichnis der zu erbringenden Leistungen unter Angabe des Vergleichswertes gegenüber anderen Leistungen erstellt. Im Krankenhausbereich wird das System der Tagespflegesätze durch ein System individueller, zwischen jedem einzelnen Krankenhaus und der Krankenkasse ausgehandelten Budget ersetzt.

i) Niederlande

Ein sehr interessanter Versuch einer Reform ist in den Niederlanden unternommen worden. Die Anfang der neunziger Jahre initiierten Reformversuche stellen einen radikalen Ansatz dar, Marktelemente in das Gesundheitswesen einzuführen. Wettbewerb sollte sowohl unter den Trägern der medizinischen Versorgung als auch unter den Kostenträgern erreicht werden. Ein wichtiger Aspekt bestand darin, dass die Krankenkassen nicht mehr verpflichtet sind, Verträge mit allen Anbietern von Gesundheitsleistungen abzuschließen, und dass die Versicherten frei zwischen den Krankenkassen wählen können. Die unterschiedlichen Versicherungssysteme sollten parallel dazu zu einem einzigen, für alle Einwohner geltenden System zusammengefasst werden.

Gerade das niederländische Beispiel verdeutlicht aber anschaulich, wie **schwierig es ist, grundlegende Neuerungen einzuführen**. Der Versuch, Marktkräfte ins Spiel zu bringen, führte zwar zu marktkonformem Verhalten, aber nicht immer mit den Ergebnissen, die die Initiatoren der Reform sich erhofft hatten. Neue Kostendämpfungsmaßnahmen erwiesen sich als erforderlich, also auch Eingriffe des Staates; dies geschah in einer Situation, in der als Folge der Reform die Akzeptanz eines größeren staatlichen Einflusses geschwunden war. Die Ergebnisse der Reform hinterlassen deshalb eher ein zwiespältiges Bild und haben zahlreiche politische Widerstände hervorgerufen.

82 Es nimmt deshalb nicht Wunder, dass nach einem Regierungswechsel die extremeren Aspekte der Reform fallengelassen wurden. Die Veränderungen des Systems, die jetzt vorgenommen wurden, laufen darauf hinaus, den **staatlichen Einfluss wieder zu vergrößern** und eine strengere Budgetkontrolle einzuführen wenn auch unter Beibehaltung der in das System eingeführten Marktelemente, die aber angesichts der Einschränkungen viel von ihrer Wirksamkeit eingebüßt haben.

83 Interessant ist aber, dass die Niederlande ein System haben, in dem die private und die öffentlich-rechtliche Krankenversicherung zueinander in direkten Wettbewerb treten. Es geht hier um einen Teilbereich der Sachleistungen, der aus dem obligatorischen Leistungskatalog herausgenommen wurde und den sowohl die private als auch die öffentlich-rechtliche Krankenversicherung anbieten kann. Der nächste Schritt wird darin bestehen, diesen Wettbewerb auch in den Bereich der obligatorischen Leistungen zu erstrecken, wenn auch hier vom Staat gewisse Vorgaben gemacht werden.

j) Österreich

84 Unser südliches Nachbarland Österreich ist ein gutes Beispiel dafür, wie ein Sozialversicherungssystem ohne ausreichende Kontrollmechanismen zu übermäßigem Verbrauch auf der Nachfragerseite und Überversorgung auf der Anbieterseite führt. Außerdem wird die kostspielige stationäre Behandlung zu stark favorisiert, was zu einer Aufblähung des Krankenhauswesens geführt hat.

85 Dem soll deshalb durch Zwischenformen zwischen stationärer und ambulanter Versorgung und die Einführung von kosten- und leistungsbezogenen Entgelten anstelle des bisherigen pauschalen Pflegesatzes begegnet werden.

k) Portugal

86 Portugal hat wie andere südliche Mitgliedstaaten das Problem einer ungleichen Verteilung der Mittel auf die Regionen, der Unzufriedenheit mit der Qualität der öffentlichen Gesundheitsdienste, einer ineffizienten Organisation und Verwaltung des Systems und damit auch unzureichender Möglichkeiten der Kostendämpfung.

87 Wie in anderen Ländern – insbesondere mit staatlichen Gesundheitssystemen – gehen auch hier die Maßnahmen dahin, das System **stärker zu regionalisieren;** der staatliche Gesundheitsdienst kann auch Verträge mit anderen Leistungsanbietern schließen. Interessant ist ein Ansatz, der die Rolle der privaten Krankenversicherung fördert. Die Privatversicherer erhalten vom Staat für jedes Mitglied einen Betrag, der unter den durchschnittlichen Kosten pro Kopf des staatlichen Gesundheitsdienstes liegt. Den privaten Krankenversicherern steht es dann frei, ihrerseits Verträge mit Leistungsanbietern zu schließen. So enthält das System Anreize für die Versicherer, die Kosten in Grenzen zu halten. Zugleich wird auch ein Druck auf die Kosten im staatlichen Gesundheitssystem ausgeübt.

l) Finnland

88 Das finnische System ähnelt recht weitgehend dem dänischen. Es basiert wie dieses auf der Zuständigkeit der Gemeinden für die Erbringung der Leistungen. Wohl wegen der Größe des Landes und der relativ dünnen Besiedelung ist hier aber eine unzureichende Koordination der Infrastruktur feststellbar. Es **fehlt** auch an **Anreizen zur Steigerung der Produktivität.**

89 Gleichwohl ist Finnland nicht den Weg zur Zentralisierung gegangen, sondern hat die Möglichkeit der Gemeinden vergrößert, Beiträge selbst festzusetzen und die Erbringung von Leistungen zu organisieren. Insgesamt wurden die Bestimmungen zur Kontrolle der Tätigkeit der Gemeinden stark gelockert. Außerdem erhielten die Gemeinden die Möglichkeit einer effektiven Kontrolle des Krankenhaussektors, da sie zu den Hauptkunden der Krankenhäuser wurden.

VI. Gesundheitsreform in den Mitgliedstaaten der Europäischen Union   90–96 § 28

m) Schweden

Schweden hat ein staatliches Gesundheitssystem mit stark **regionaler Dezentralisierung**. Es wird von den Bezirksräten verwaltet und in erster Linie aus den Einkommensteuern der Gemeinden finanziert. Dieses System sorgte in den achtziger Jahren für stabile Kosten, führte aber zu Unterschieden zwischen den Bezirken. In den Großstädten kam es zu Wartelisten für bestimmte Behandlungen. 90

Diese Probleme wurden ähnlich wie in Dänemark angegangen, indem dem Patienten nach einer bestimmten Höchst-Wartezeit die Behandlung in einer Einrichtung einer anderen Region angeboten werden muss. Den Kostenträgern wurde auch die Möglichkeit eingeräumt, mit anderen Leistungserbringern zu kontrahieren. 91

n) Großbritannien

Das **klassische Land mit nationalem Gesundheitsdienst** ist aus deutscher Sicht Großbritannien. An den Grundstrukturen hat auch die lange konservative Herrschaft nichts Entscheidendes geändert. Gleichwohl ist Großbritannien von allen Übeln geplagt worden, die ein solches System mit sich bringen kann, d. h. Wartezeiten, Ineffizienz und Entstehung eines privaten Sektors mit besserer und schnellerer Behandlung für denjenigen, der es sich leisten kann. 92

Interessant ist, dass in dieses System nun marktwirtschaftliche Elemente eingefügt worden sind. Diesen Reformen lag die Philosophie zugrunde, zwischen Käufern und Erbringern von Leistungen zu unterscheiden und einen Wettbewerb zwischen den Leistungserbringern einzuleiten, wobei sie ihre Leistungen auf der Grundlage von mit den Käufern ausgehandelten Verträgen erbringen. Hier gibt es zwei Arten von Käufern solcher Leistungen. Am wichtigsten sind die DHA, die Gesundheitsbehörden auf Bezirksebene, die stationäre Betreuung sowohl organisieren als auch bereitstellen, die benötigten Leistungen auswählen und die Verträge mit den Erbringern der Leistungen abschließen. Die zweite Art von Kunden sind die praktischen Ärzte (General Practitioner) als Verwalter von Budgets, die als selbständige Ärzte für die medizinische Grundversorgung zuständig sind und über ein auf der Zahl der bei ihnen registrierten Patienten beruhendes Budget verfügen, mit dem ein bestimmter Umfang von stationärer und sonstiger medizinischer Grundversorgung ihrer Patienten abgedeckt werden soll. Für diese Ärzte besteht der Anreiz, die verfügbaren Mittel vernünftig einzusetzen, um mehr Patienten anzuziehen und so ihr Einkommen zu erhöhen. Auf Seiten der Leistungserbringer wurden – zumindest im Grundsatz – Wettbewerbsbedingungen zwischen Krankenhäusern und kommunalen Gesundheitszentren hergestellt. 93

Erste Ergebnisse und Untersuchungen zeigen, dass die Auswirkungen dieser Reform nur begrenzt sind. Insbesondere hat sich hinsichtlich der DHAs, also der regionalen Gesundheitsbehörden, ergeben, dass ein Wettbewerb so nicht herstellbar ist, da sie in ihrem Bezirk eine Monopolstellung haben und das an Gesundheits*verwaltung* gewöhnte Management der Behörde seine Mentalität kaum ändert. Das Budgetsystem für praktische Ärzte scheint demgegenüber besser zu funktionieren. 94

3. Vergleichende Bewertung

Angesichts der Vielfalt der vorgestellten Maßnahmen, Reformschritte und Probleme erscheint es schwierig, eine vergleichende Bewertung zu ziehen. 95

Es kann aber zunächst konstatiert werden, dass die Probleme in den Mitgliedstaaten recht ähnlich sind. Nahezu alle Mitgliedstaaten haben sich mit steigenden Kosten, Ineffizienz, Verschwendung, Verzerrung von Anreizen und Mangel an Flexibilität herumzuschlagen. Einen Schwerpunkt bilden hier die Beziehungen zwischen den Kostenträgern und den Trägern der medizinischen Versorgung sowie die Bereitstellung effektiver Anreize zur Erzielung einer besseren Nutzung der verfügbaren Mittel. Andererseits ist die Qua- 96 lität der Versorgung regelmäßig nicht das Problem. Man kann also von einer **Konvergenz der Probleme** sprechen.

97 Dem steht aber **keine Konvergenz der Lösungen** gegenüber. Vielmehr ist hier eine Vielfalt festzustellen. Es kann allerdings sehr grob eine gemeinsame Richtung festgestellt werden. So wird mit eher mäßigem Erfolg mit marktwirtschaftlichen Elementen experimentiert. Konzentriert man zutreffend eine gewisse Nähe von Marktwirtschaft und Dezentralisierung, so lassen sich Parallelen zwischen diesen marktwirtschaftlichen Ansätzen und der Dezentralisierung etwa in Dänemark, Finnland, Spanien und Italien ziehen. Anreizstrukturen wie etwa in Belgien für die Träger der Krankenversicherung lassen sich ebenfalls diesem Trend zuordnen, da sie autonomes Verhalten dieser Einrichtungen anregen.

98 Es lässt sich aber auch – wie in Griechenland – die gegenteilige Tendenz feststellen.

99 Das Beispiel der Niederlande zeigt schließlich die Problematik von möglicherweise zu radikalen marktwirtschaftlichen Ansätzen.

100 Insgesamt ist aber festzustellen, dass alle marktwirtschaftlichen und dezentralen Ansätze innerhalb öffentlich-rechtlicher vom Staat ausgestalteter Systeme verfolgt werden. Der durch diese Maßnahmen erzeugte Markt muss notwendigerweise ein künstlicher bleiben.

VII. Tendenzen zur Einführung von Kapitaldeckung bei der Altersversorgung

101 Am Beispiel der Entwicklung zur verstärkten Einführung der Kapitaldeckung ´bei der Altersversorgung soll ebenfalls die Konvergenz verdeutlicht werden. Der Ansatz der Konvergenz-Empfehlung ist ein europäischer, Entwicklungen im Bereich der Sicherungssystemen gewinnen jedoch immer mehr globalen Charakter, so dass hier auf eine Beschränkung auf Europa bewusst verzichtet werden soll.

1. Einführung

102 Die staatlichen Sicherungssysteme der großen Industriestaaten sind je nach Zugehörigkeit zu einer bestimmten „System-Familie" entweder steuerfinanziert **(Familie Beveridge)** oder basieren auf der Finanzierung durch Beiträge **(Familie Bismarck)**. Daneben finden sich zahlreiche Mischformen. Die beitragsfinanzierten Systeme haben sich in großer Zahl aus dem ursprünglich sehr oft praktizierten **Kapitaldeckungsverfahren** verabschiedet, nachdem sich aus damaliger Sicht gezeigt hatte, dass eine Lebensstandardsicherung nur bei der Wahl eines **Umlageverfahrens** (international auch **Pay-As-You-Go**) finanzierbar war. Man stellte einen Wechsel auf die Zukunft aus, indem man unterstellte, dass die Finanzierung der jetzigen Rentnergeneration durch die jetzige Erwerbstätigengeneration ihre Entsprechung in der Finanzierung der Renten dieser Generation durch die dann erwerbstätige Generation finden wird. Ich muss an dieser Stelle nicht näher ausführen, dass diese Rechnung nicht so aufgeht, wie es die Schöpfer der umlagefinanzierten Systeme sich gedacht haben. Es sei nur so viel gesagt, dass sich in fast allen Industriestaaten die Zahl der Erwerbstätigen im Verhältnis zu den nicht Erwerbstätigen verringert und zwar nicht nur durch die sinkende Geburtenraten, sondern auch durch längere Ausbildungszeiten, frühere Verrentung und längere Lebenserwartung. Die zusätzlich sich durch die Arbeitslosigkeit ergebenden Probleme sollen hier ausgeklammert bleiben, da Altersversorgung eine langfristige Angelegenheit ist und mich der Optimismus beseelt, dass wir die Arbeitslosigkeit in absehbarer Zeit deutlich reduzieren können, sei es durch strukturelle Veränderung der Wirtschaft oder durch den demographisch bedingten Rückgang der erwerbsfähigen Bevölkerung.

103 In dieser Situation befinden sich alle Industriestaaten, wenn auch in unterschiedlichem Maße. Die Ergebnisse einer Studie, die ich zu diesem Thema für die Internationale Ar-

beitsorganisation im Jahre 1994 angefertigt habe und die die Länder Westeuropas umfasst, lassen sich dahin zusammenfassen, dass die Probleme überall gleich sind; es ergeben sich nur zeitliche Unterschiede. So ist die Lage in Irland deutlich weniger dramatisch, was jedem klar wird, der einmal in Dublin oder sonst wo in Irland gewesen ist. Es fallen die vielen jungen Leute auf, was im Kontrast etwa zu Deutschland auffällt. Das heißt aber nicht, dass Irland es besser hat. Die Betonung liegt hier auf „noch". Auch für Irland gilt, was uns schon sehr gegenwärtig ist. Der Unterschied ist nur der, dass der Höhepunkt der **demographischen Belastungen** in Deutschland in den meisten westeuropäischen Staaten auf dem Kontinent etwa im Jahr 2030 erreicht sein wird, wonach die Belastung dann langsam aber kontinuierlich zurückgehen dürfte, während der Höhepunkt in Irland etwa im Jahre 2045 oder später erreicht sein wird.

Diese Beobachtung des **gleichen Grundproblems, das bloß zeitversetzt zum Tragen kommt,** lässt sich auf eine globale Sichtweise erweitern. Die wirtschaftlich dynamischen aber inzwischen ins Rutschen gekommenen Länder Ost- und Südasiens haben heute eine sehr junge Bevölkerung, die in einem dann voll industrialisierten Land irgendwann alt wird. Die Tendenz zur Kleinfamilien wird sich auch dort verstärken, so dass auch hier die sog. Reproduktionsrate deutlich sinken dürfte. Wir sind also ganz und gar nicht allein mit unseren Problemen sondern finden uns in Europa in guter Gesellschaft und sind international unter denjenigen Ländern die das Problem jetzt lösen müssen, während andere Länder noch etwas Zeit haben, also vielleicht von uns lernen können.

In einer besonderen aber nicht besseren Situation befinden sich die Länder Mittel- und Osteuropas. Ihre demographischen Zahlen sind nicht besser sondern teilweise gleich oder schlechter, zumal die Zeiten des Umbruchs zu einem dramatischen Absinken besagter Reproduktionsrate geführt haben. Dass in Russland die Lebenserwartung insbesondere der Männer sinkt, was nach Aussagen ernstzunehmender Wissenschaftler u. a. auf den übermäßigen Wodkagenuss zurückzuführen ist, kann für jemand, der verantwortungsvoll Sozialpolitik betreibt, kein Trost sein. Wer etwa in Deutschland den Vorschlag machen würde, zur Rettung der Rentenfinanzen die Branntweinsteuer zu senken, um so den Alkoholkonsum zu erhöhen, würde bei den einen für Gelächter sorgen und von anderen als Zyniker beschimpft. Das Problem der Länder Mittel- und Osteuropas besteht – bestätigt durch eigene Forschungen – darin, dass sie zur Entlastung des Arbeitsmarkts entweder großzügig Frühpensionierungen zulassen oder aber die oft eher niedrigen Altersgrenzen aus der kommunistischen Zeit bestehen lassen. Eine nur auf die Altersversorgung konzentrierte Sicht verbietet sich hier, da in dieser Übergangszeit die Arbeitsmarktproblematik mindestens den gleichen Stellenwert hat und die Vermeidung sozialer Spannungen für diese Länder überlebenswichtig ist.

Diese **Problematik** stellt sich nun **nicht nur für die beitragsfinanzierten Umlagesysteme sondern auch für die steuerfinanzierten staatlichen Alterssicherungssysteme.** Dies ist unmittelbar einleuchtend, da aus dem derzeitigen Steueraufkommen die derzeitigen Altersleistungen finanziert werden und dies auch in Zukunft so sein wird. Auch hier kann man von einem Generationenvertrag sprechen, wenn auch dieses Beispiel zeigt, wie problematisch der Begriff des Generationenvertrages ist, der immer wieder eher zu Fehldeutungen Anlass gibt. Für steuerfinanzierte Systeme kann sich die Situation nur dann als weniger schwerwiegend herausstellen, wenn das Leistungsniveau niedrig ist; der prozentuale Anstieg der finanziellen Belastung aufgrund der geschilderten Entwicklung wird aber auch hier eintreten.

Das führt dazu, dass in nahezu allen industrialisierten Ländern über eine Reform des Alterssicherungssystem nachgedacht wird oder aber Reformschritte bereits eingeleitet sind. Es findet sich ein Spektrum, das reicht von kleineren Verbesserungen bzw. Veränderungen des geltenden Systems bis hin zu radikalen Umstellungen. Einzelne Staaten – wie etwa Japan – verharren noch im bisherigen System, ohne es bislang ändern oder auch nur verbessern zu wollen. Allerdings steigt dort der Druck im Kessel gewaltig.

2. Strukturen der Alterssicherungssysteme und Ansätze für Reformen

108 Bevor einzelne Länder, ihre Reformvorhaben und Erfahrungen erörtert werden, soll zunächst auf einige Strukturen hingewiesen werden, von denen Systeme der Alterssicherung typischerweise geprägt sind. Es werden Gruppen gebildet, um die besondere Situation einzelner Länder deutlich machen zu können.[20]

109 Die **Staaten mit Sozialversicherungssystemen,** die nach dem Umlageverfahren finanziert werden, also neben Deutschland etwa Frankreich, Belgien, Luxemburg, Italien, Spanien, Griechenland, Österreich und Portugal sowie die USA, knüpfen regelmäßig die Beitragspflicht an die Erwerbstätigkeit an. Diese Systeme sind in ihrer Leistungsformel mehr oder weniger großzügig und haben deshalb neben sich eine im Verhältnis eher bescheidene zusätzliche und freiwillige betriebliche Altersversorgung wie in Deutschland oder eine obligatorische Zusatzversorgung wie in Frankreich, wobei diese Zusatzversorgung in Frankreich bezeichnenderweise ebenfalls nach dem Umlageverfahren finanziert wird. Sie zeichnen sich dadurch aus, dass sie einkommensbezogene Beiträge erheben und auch einkommensbezogene Leistungen vorsehen.

110 In einer **anderen Gruppe** von Ländern wird die erste Säule gebildet von einer **staatlichen Grundversorgung,** die alle Einwohner erfasst und zumeist aus Steuern und Beiträgen, manchmal nur aus Steuern, zum Teil aber auch allein aus Beiträgen finanziert wird. Hier sind zu nennen die skandinavischen Staaten, Großbritannien und Irland sowie die Niederlande. Im Grundsatz jeder Einwohner erhält bei Alter und Invalidität eine einkommensunabhängige Grundversorgung, deren Niveau zumeist über der Sozialhilfe liegt, die aber nur ein eher bescheidenes Auskommen im Leistungsfall sicherstellt. Bemerkenswert ist, dass diese Länder zumeist über ein obligatorisches Zusatzversorgungssystem verfügen, das eine einkommensabhängige Alterssicherung für Erwerbstätige sicherstellt. Dieses System ist zumeist später, d.h. einige Zeit nach Einführung der Basisversorgung, etabliert worden, da dem Druck der Erwerbstätigen nach einer am Einkommen orientierten Altersversorgung nachgegeben werden musste. Beispiele sind etwa die Niederlande und außereuropäisch etwa Kanada. Dieses Phänomen sollte jeder im Auge behalten, der die Ablösung der einkommensorientierten Rentenversicherung durch eine einkommensunabhängige Basisversorgung fordert. Er muss damit rechnen, dass nach einer vierzigjährigen Übergangszeit die bisherige 2. Säule unwiderruflich auf eine allgemeine Grundversorgung umgestellt ist und dann angesichts der veränderten Bedingungen der Druck entsteht, ein einkommensabhängiges – möglicherweise obligatorisches – Zusatzversorgungssystem einzuführen, so dass man am Ende wieder nahezu das gleiche System hat wie zuvor, nur dass es jetzt aus zwei Komponenten besteht und insgesamt möglicherweise noch teurer ist.

111 Eine **dritte Gruppe** von Systemen lässt sich dahin charakterisieren, dass sie einen radikal privaten Ansatz versuchen. Es lässt sich unter dem Stichwort **Privatisierung der Altersversorgung** klassifizieren. Ein europäisches Beispiel dafür ist Großbritannien. Außereuropäisch ist insbesondere auf Chile aber auch Mexiko, Peru und Argentinien hinzuweisen sowie auf Neuseeland.

112 Allen diesen Systemen gemeinsam ist, dass sie über die **Einführung neuer Finanzierungsformen** – insbesondere der Kapitaldeckung – nachdenken, sofern sie sie nicht bereits eingeführt haben.

3. Überblick über Situation und Entwicklung in verschiedenen Ländern

113 Nach diesen mehr allgemeinen Überlegungen soll nunmehr ein Streifzug gemacht werden durch eine Reihe von Staaten, die exemplarisch sind für eine Entwicklung hin zu verstärkter Kapitaldeckung oder aber bereits über längere Erfahrungen mit der Kapi-

---

[20] Vgl. näher *Steinmeyer,* in: van Ginneken, Finding the balance, S. 25 ff.; ders., DRV 1997, S. 474 ff.

taldeckung verfügen. Dabei erhebt dieser Überblick natürlich keinen Anspruch auf Vollständigkeit, da dies den Rahmen dieses Handbuches und den Zweck dieses Überblicks sprengen würde. Er beschränkt sich auch weitgehend auf die westlichen Industriestaaten.

a) Das lateinamerikanische bzw. chilenische Modell

Beginnen möchte ich mit einem Staat, der sich nicht unmittelbar den westlichen Industriestaaten zurechnen lässt, der aber sozusagen Experimentierfeld für die radikalste Alternative zum sonst weitgehend üblichen System der Alterssicherung ist, mit Chile.[21]

Chile hatte bis 1981 ein System, das nach dem Umlageverfahren finanziert war und immer höhere staatliche Zuschüsse benötigte. Es stand praktisch vor dem finanziellen Ruin. Diese Krise ergab sich aus einem eher großzügig strukturierten System, das zu hohen Beitragssätzen führte, die wiederum zu einem Ausweichen in die Schattenwirtschaft Anlass gaben. Da außerdem im System eine einkommensunabhängige Mindestrente vorgesehen war, wichen Arbeitnehmer und Arbeitgeber einer Beitragszahlung ganz aus oder entrichteten nur reduzierte Beiträge. Da bei der Rentenberechnung nur die letzten fünf Jahre zählten, reduzierte sich die Beitragsehrlichkeit auf diese Jahre. Schließlich lag die Altersgrenze für Frauen bei 55 und für Männer bei 60. Es ist vorstellbar und ohne weiteres nachvollziehbar, dass das auf die Dauer nicht gut gehen konnte.

Deshalb wurde 1981 ein **privatisiertes System individueller Rentenkonten** geschaffen und das alte System mit langdauernden Übergangsregelungen beendet. Das neue System wurde obligatorisch für die neu in das Berufsleben eintretenden Arbeitnehmer und fakultativ für Selbständige. Den Arbeitnehmern, die noch dem alten System unterlegen hatten, wurde die Option eingeräumt, in das neue System zu wechseln. Das neue System ist dadurch gekennzeichnet, dass – wie bereits angedeutet – individuelle Rentenkonten bei neugeschaffenen Pensionsfonds-Verwaltungsgesellschaften (AFP – administradoras de fondos de pensiones) eingerichtet werden. Jeder Arbeitnehmer muss 10% seines Lohnes pro Monat in sein Rentenkonto einzahlen, allerdings nur bis zu einer Höhe von 60 Rechnungseinheiten. Die Rechnungseinheit betrug 1999 US-$ 31,70, so dass die Bemessungsgrenze US$ 1902 pro Monat betrug. Der Arbeitnehmer kann darüber hinaus noch zusätzliche Beiträge entrichten, die allerdings in der Höhe begrenzt sind. Die Pflichtbeiträge sind steuerlich abzugsfähig, die anderen nicht. Für Leistungen bei Erwerbsunfähigkeit und Tod ist noch ein zusätzlicher Beitrag in Höhe von 3% zu entrichten. Die Leistungen finanzieren sich unmittelbar aus den individuellen Beiträgen und der Rendite aus ihrer Anlage. Es handelt sich also um ein konsequent kapitalgedecktes System. Der Arbeitnehmer hat im Ruhestand die Möglichkeit, sich für eine unter mehreren Auszahlungsformen zu entscheiden. So kann er einmal sein Rentenkonto wie ein Sparkonto abrufen mit der Folge, dass bei Frühversterben die übrigbleibenden Beträge vererbt werden, bei langem Ruhestand hingegen das Geld ausgehen kann. Er kann sich aber auch für eine Rentenleistung entscheiden, deren Beträge aber – da versicherungsmathematisch kalkuliert – regelmäßig niedriger sind. Das klingt zunächst wie eine rein private Pflichtaltersversorgung ohne allzu großen staatlichen Einfluss. Es muss jedoch konzediert werden, dass auch nach diesem neuen System der Einfluss des Staates beträchtlich ist. Er garantiert nämlich eine Mindestrente für diejenigen, die mindestens zwanzig Jahre eingezahlt haben und deren angesammelte Mittel eine bestimmte Mindesthöhe nicht überschreiten. Eine solche wird auch denen gewährt, die ihr Rentenkonto wegen höherer als „geplanter" Lebenserwartung aufgebraucht haben. Diese Mindestrente betrug 1995 US$ 113 für Personen unter 70

---

[21] S. insbes. *Kritzer*, Privatizing Social Security: The Chilean Experience, Social Security Bulletin, Vol. 59, No. 3 Fall 1996, S. 45 ff.; *Queisser*, IRSS 1995, S. 37 ff.; *Vittas/Iglesias*, The Rationale and Performance of Personal Pension Plans in Chile, The World Bank, Working Paper Feb. 1992, WPS 867.

und US$ 120 für ältere Personen. Der gesetzliche Mindestlohn – zum Vergleich – betrug im gleichen Zeitraum US$ 143.

117 Dass auch ein solches System **nicht frei von Problemen** ist, wird bereits daraus deutlich, dass etwa 30 bis 40% der Arbeitnehmer, die gegenwärtig von diesem System erfasst werden, für eine solche Mindestrente anspruchsberechtigt werden dürften. Woran liegt das? Man vermutet, dass es nicht nur an dem vielleicht zu geringen Einkommen dieses Personenkreises liegt sondern daran, dass ein geringeres als das tatsächliche Einkommen angegeben wird – denn die Mindestrente gibt's ja allemal.

118 Die Besonderheit dieses Systems besteht nun darin, dass die Rentenkonten von privaten Gesellschaften – den AFPs – verwaltet werden. Ein Arbeitnehmer muss sich für eine dieser Gesellschaften entscheiden, die zueinander im Wettbewerb stehen und von denen jede nur einen Rentenfonds verwalten darf. Der Arbeitnehmer kann auch später zwischen den Fonds wechseln. Die Gesellschaften unterliegen einer staatlichen Oberaufsicht. Diese AFPs legen die ihnen anvertrauten Mittel an, unterliegen aber nicht unbeträchtlichen Einschränkungen bei ihrer Anlagepolitik. 1981 waren die Anlagemöglichkeiten zunächst beschränkt auf risikoarme Formen wie staatliche Schatzbriefe, Anleihen und Anteile an anderen Pensionsfonds. Das führte zu einer weitgehenden Bindung der Renditeentwicklung der Fonds an die Entwicklung der nationalen chilenischen Wirtschaft. Inzwischen sind diese Bestimmungen gelockert; es ist nun die Schaffung internationaler geschlossener und offener Investment-Fonds erlaubt, die auch zu 100% ihr Vermögen außerhalb Chiles anlegen dürfen, wenn auch faktisch zur Zeit fast ausschließlich im Inland angelegt wird.

119 Nach den letzten mir vorliegenden Zahlen sind inzwischen 5 Millionen Personen von diesem System erfasst – bei einer Bevölkerung von 14 Millionen. Man kann davon ausgehen, dass der weitaus größte Teil der erwerbstätigen Bevölkerung inzwischen von diesem System erfasst ist. Die Probleme dieses Systems bestehen neben dem bereits Angedeuteten darin, dass sie für den Arbeitgeber den Verwaltungsaufwand erhöhen, da er Beiträge nicht mehr nur an einen Träger sondern je nach Wahl durch den Arbeitnehmer an verschiedene AFPs, darüber hinaus aber ggf. auch noch für Altfälle an die alte staatliche Sozialversicherung bezahlen muss. Die Rendite des Systems schwankt und hat im Spitzenjahr 1991 29,7% betragen, während 1995 ein Verlust von 2,5% zu verzeichnen war. Das Vermögen der Fonds beläuft sich inzwischen auf US$ 25 Milliarden – knapp ein Viertel des Bruttosozialprodukts. Diese Fonds haben sich – wie sollte es auch anders sein – als nicht völlig krisenresistent erwiesen. So sind von den ursprünglich 12 AFPs in der Rezession 1982–84 vier der größten in Schwierigkeiten geraten und von der Regierung übernommen worden, die sie später wieder privatisierte, z.T. durch Verkauf an US-amerikanische Konsortien. Die Schwierigkeiten von 1995 führten zur Liquidation eines der Fonds. Die Verwaltungskosten dieses Systems sind nicht unbeträchtlich, zumal in den letzten Jahren die Zahl der Wechsler zwischen den Fonds dramatisch gestiegen ist. So betrug die Rate 1987 10% der Beitragszahler und ist 1994 auf 34% angestiegen. Der Wettbewerb unter den Fonds hat auch zu einer erheblichen Personalausweitung von 1900 in 1982 auf 15 000 in 1994 geführt. Um hier zu steuern, ist inzwischen (1996) ein Gesetz verabschiedet worden, das den Wechsel nur einmal pro Jahr erlaubt.

120 Dieses Modell einer weitgehend privatisierten und konsequent kapitalgedeckten Altersvorsorge hat **Zeichen gesetzt.** In den USA findet der Grundansatz dieses Systems immer mehr Anhänger und die **Weltbank** propagiert dieses Modell in Ihrer Analyse „Averting the Old Age Crisis – Policies to Protect the Old and Promote Growth".[22] Sie versucht die Staaten Mittel- und Osteuropas mit beträchtlichem Erfolg davon zu überzeugen, dass dies ein geeignetes System ist. Konkrete Nachahmer hat das System in verschiedenen Staaten Lateinamerikas gefunden, wo es inzwischen bereits so verbreitet ist, dass man mit einer

---

[22] A World Bank Policy Research Report, Oxford etc. 1994; kritisch dazu *Hughes/Stewart,* Pensions in the European Union.

gewissen Berechtigung vom lateinamerikanischen Modell sprechen kann. Dieses System findet sich nach Chile auch in Argentinien, Peru, Kolumbien, Uruguay. Jüngst sind noch Mexiko, Bolivien und El Salvador hinzugekommen. Diese Staaten haben das chilenische System nicht einfach kopiert sondern für ihre besonderen Bedürfnisse modifiziert und es zum Teil auch nur als System der zweiten Stufe neben einer bescheidenen staatlichen Grundversorgung etabliert. Dies findet sich etwa in Argentinien.

Eine solche radikale Änderung führt naturgemäß zu **Übergangsproblemen,** so dass diese Länder als ein Lehrbeispiel dienen können für einen Übergang von umlagefinanzierten zu kapitalgedeckten Systemen. Es geht nämlich darum, dass einerseits die Leistungsversprechen aus dem Umlageverfahren eingelöst werden müssen, die jetzt arbeitende Generation also für die jetzige Rentnergeneration sorgen muss. Gleichzeitig soll sie aber für die eigene Altersversorgung einen Kapitalstock anlegen. Dies muss ohne Übergangsregelung zu einer Doppelbelastung der jetzt arbeitenden Generation führen, was eine Umstellung vom einen auf das andere System praktisch unmöglich machen würde. In Chile wurde dieses Problem dadurch gelöst, dass die Arbeitgeber sofort von der Beitragspflicht zur Sozialversicherung befreit wurden; gleichzeitig wurde ihnen eine 18%ige Lohnerhöhung auferlegt, was für Arbeitnehmer, die sich für das neue System entschieden, eine Netto-Lohnerhöhung von 10% bedeutete. Für Arbeitnehmer, die im alten System bleiben wollten, reichten die 18%, um sowohl Arbeitnehmer- als auch Arbeitgeberanteil zu tragen. Für diejenigen, die sich für das neue System entschieden, aber bereits vor 1981 unter dem alten System versichert waren, gab die Regierung nicht übertragbare Wertpapiere – die sog. Recognition Bonds – aus, mit denen die zurückliegenden Beiträge entschädigt wurden. Diese Papiere repräsentieren in etwa den Wert der nach dem alten System bereits erworbenen Anwartschaftsteile.

Resümiert man diese lateinamerikanischen Erfahrungen, so zeigt sich hier ein Systemansatz, der die **Kapitaldeckung umfassend verwirklicht** und dessen Fonds eine respektable Rendite abwerfen. Auf diese Weise wurde auch Kapital angesammelt, das den Volkswirtschaften Lateinamerikas sehr genützt hat, wie etwa das Beispiel Chiles zeigt, wo ein stabiler Wirtschaftsaufschwung festzustellen ist. Gerade das Beispiel Chiles zeigt aber auch, welchen Schwierigkeiten ein solcher radikaler Neuansatz gegenübersteht. Die anderen Staaten, die dem chilenischen Beispiel gefolgt sind, haben daraus gelernt und versucht, die Fehler zu vermeiden. Wie sich ein solches System eines Tages bewährt, muss sich erst noch zeigen, da die Systeme alle noch in einer Phase der Kapitalansammlung sind und Leistungsauszahlungen in größerem Ausmaße erst noch anstehen. Das System muss auch noch zeigen, ob und wie gut es wirtschaftliche Krisensituationen meistert; allerdings ist auch etwa ein Umlageverfahren in seiner Leistungsfähigkeit von der jeweiligen wirtschaftlichen Situation abhängig. Ein gewisser Optimismus erscheint jedoch angebracht.

Es lässt sich aber im internationalen Vergleich feststellen, dass der chilenische Ansatz nur als Teil eines Systems mehrerer Säulen oder Schichten adaptiert wird. Auch in der Analyse der Weltbank kommt dies zum Ausdruck, die in dem von ihr propagierten Modell ein staatliches Basissystem vorsieht, das durch Einkommens- und Verbrauchssteuern zu finanzieren ist. Der Grundgedanke des chilenischen System findet sich dann in der zweiten Säule oder zweiten Schicht wieder. Eine solche Kombination schwächt dann auch mögliche Übergangsprobleme ab.

b) Auf dem Wege zur möglichen Privatisierung der Alterssicherung und verstärkten Kapitaldeckung

Diese lateinamerikanischen Reformen und ersten Erfahrungen haben ohne Zweifel eine weltweite Diskussion um die Privatisierung sozialer Sicherungssysteme ausgelöst, die anderweitig zu gesetzgeberischen Schritten geführt hat oder zumindest die aktuelle Sozialpolitik beherrscht.

aa) Die Vereinigten Staaten von Amerika

125 Die Vereinigten Staaten haben ein System der Alterssicherung,[23] das im staatlichen Bereich geprägt ist von einer **umlagefinanzierten Rentenversicherung – Social Security** genannt, das in seiner Rentenformel aus europäischer Sicht erstaunliche Umverteilungselemente aufweist, die auf der Philosophie beruhen, dass je höher das Einkommen umso größer die Fähigkeit zur Selbstvorsorge. Daneben finden sich zur Alterssicherung die sog. Pension Plans, die wie unsere betriebliche Altersversorgung vom Arbeitgeber aber oft unter Beteiligung auch der Arbeitnehmer eingerichtet werden und nach dem Kapitaldeckungsverfahren finanziert werden. Diese **Pension Funds** haben enormes Kapital angesammelt, das weltweit angelegt wird, so dass deren Investment-Aktivitäten auch in der europäischen Wirtschaftspresse immer wieder ihren Platz finden. Sehr dynamisch entwickeln sich daneben als dritte Form der Alterssicherung die sog. **401 (k)-Vorsorgesparpläne** – so genannt nach der Vorschrift des Internal Revenue Code (Steuergesetzbuch). Danach können Arbeitnehmer einen Betrag von maximal 15% ihres Bruttogehalts steuerbegünstigt in einen Sparplan einzahlen. Ein beträchtlicher Teil des so angesammelten Vermögens wird von Fondsgesellschaften verwaltet; es handelt sich dabei um eine Art von Investment-Sparen, wo der Anlageerfolg über den Auszahlungsbetrag entscheidet, der Arbeitnehmer es aber auch in der Hand hat, darauf Einfluss zu nehmen, da er selbst über die Anlage entscheidet.

126 Das amerikanische System ist hinsichtlich seiner staatlichen Komponente – also Social Security – in die Diskussion geraten. Schon immer wurden Zweifel geäußert, ob die amerikanische Rentenversicherung finanziell solide ist. Um Bedenken zu zerstreuen, ist vor einigen Jahren der Beitrag erhöht worden um einen Betrag, der für die aktuelle Finanzierung nach dem Umlageverfahren so nicht erforderlich ist. Dieser erhöhte Beitrag sollte vielmehr einen Anspareffekt haben, stellte also eine – wenn auch verdeckte – Teil-Kapitaldeckung dar. Aber auch mit dieser Methode scheinen die Probleme nicht bewältigt werden zu können, zumal es der amerikanischen Sozialversicherungsverwaltung nie ermöglicht war, die Gelder renditeorientiert anzulegen. Die Social Security Administration wurde vielmehr veranlasst, Regierungsanleihen mit mäßiger Rendite zu zeichnen und half so mit beim Abbau des Defizits.

127 Berechnungen zeigten nun, dass auch bei einem Beitrag von 12% das System 2029 zahlungsunfähig sein werde. Die Clinton-Administration hat darauf zunächst reagiert, wie es viele Regierungen bei heiklen Themen tun – sie hat eine Kommission von Experten eingesetzt. Die Ergebnisse der Kommissionsarbeit, die nach zweieinhalbjähriger Arbeit seit Januar 1997 vorliegen,[24] haben eine öffentliche Diskussion ausgelöst, in der nun die Grundsatzfragen der amerikanischen Sozialversicherung diskutiert werden.

128 Die Expertenkommission hat sich nicht auf einen einheitlichen Vorschlag festlegen können, sondern vielmehr verschiedene Vorschläge vorgelegt. Einig waren sich die Kommissionsmitglieder darin, dass die Versicherungspflicht auf alle staatlichen Angestellten ausgedehnt werden sollte, insofern also die letzten Lücken geschlossen werden. Die Kommission war sich auch einig, dass von der Rente ein Ertragsanteil besteuert werden sollte. Weitgehende Einigkeit bestand auch hinsichtlich einer weiteren Anhebung der Altersgrenzen.

129 Im übrigen lassen sich die Vorschläge wie folgt gruppieren. Eine Gruppe schlägt vor, dass die Social Security Administration auch in lukrativen Anlagen solle investieren dürfen. Ein Teil der Kommission schlägt die Einrichtung persönlicher Vorsorgekonten (individual accounts) vor, die nach Meinung einiger Experten privat verwaltet werden sollten; die Anklänge an das chilenische Modell sind hier unverkennbar. Eine andere Gruppe teilt den Vorschlag der Einrichtung persönlicher Vorsorgekonten, möchte sie aber durch den Staat

---

[23] Zu den USA siehe *Eichenhofer*, Recht der sozialen Sicherheit; *Steinmeyer*, VSSR 1982, S. 101 ff.; *Graser*, in: Boecken/Hänlein/Kruse/Steinmeyer, S. 161 ff.

[24] Report of the 1994–1996 Advisory Council on Social Security, Washington, D. C. 1997.

verwaltet wissen. Eine gewisse Einigkeit besteht aber wieder darin, das bisherige Umlageverfahren durch eine mehr oder weniger ausgeprägte Kapitaldeckung zu modifizieren. Die Befürworter dieser Vorschläge versprechen sich davon erheblich bessere Renditen und legen zum Beweis die Kapitalmarktrenditen der Vergangenheit vor, die über der „Rendite" der staatlichen Sozialversicherung liegen.

Die Traditionalisten hingegen wollen das System so wie bisher bestehen lassen und wie auch in anderen Ländern kleinere Korrekturen vornehmen.

Vermutlich wird vorläufig nicht allzu viel passieren, da eine dramatische Situation erst im Jahr 2030 eintreten wird und deshalb sich die Politik nur zögerlich engagieren wird. Allerdings haben sich jetzt zahlreiche politiknahe Forschungsinstitute der Thematik angenommen, die auch in der allgemeinen Politik in den USA diskutiert wird, so dass die weitere Entwicklung schwer abzuschätzen ist. Hier ist im Sinne eines radikalen Privatisierungsansatzes insbesondere das konservative CATO-Institute zu nennen, in dem sich auch die Schöpfer und Verfechter des chilenischen Systems wiederfinden.[25] Auch die den Demokraten nahestehende Brookings Institution ist nicht grundsätzlich gegen diesen Gedanken sondern wägt in ihren Untersuchungen die Vor- und Nachteile nüchtern ab, wobei eine Sympathie für zumindest eine Teil-Privatisierung unverkennbar ist.

Die neue **Bush-Administration** zeigt zwar eine Neigung zur stärkeren Kapitaldeckung, hat aber bisher noch keine konkreten Schritte unternommen.

bb) Kanada

Einen kleinen Schritt weiter ist man im nördlichen Nachbarland der USA – in Kanada.[26] In Kanada geht es zur Zeit um die Reform der **staatlichen Zusatzversorgung Canada Pension Plan** (für die Provinz Quebec ist es der Quebec Pension Plan), die auf der staatlichen Grundsicherung aufbaut. Die Probleme sind die gleichen wie auch sonst in der industrialisierten Welt; die Stichworte, die das Problem umschreiben sind auch hier die alternde Bevölkerung, die höhere Lebenserwartung und die Baby-Boom-Generation, die in absehbarer Zeit in den Ruhestand geht.

Der Chef-Versicherungsmathematiker der kanadischen Zusatzversorgung hat kürzlich festgestellt, dass der Canada Pension Plan unter Zugrundelegung der geplanten Beitragsentwicklung von z. Zt. 5,8% auf 10,1% im Jahre 2015 gleichwohl zahlungsunfähig sein werde und der Beitragssatz bis 2030 auf 14% ansteigen müsse, um der Kostenentwicklung Herr werden zu können. Es geht hier also fast um eine Verdreifachung des Beitrags.

Die vorgeschlagene Reform geht dahin, dass man beim **Umlageverfahren gewisse Modifikationen** vornehmen will, indem man die Vorhaltung einer Reserve in Höhe von 5 Jahresausgaben verlangt. Die Beiträge sollen bis 2003 nur auf 9,9% steigen und dann dort verharren. Dem Canada Pension Plan werden freiere Anlagemöglichkeiten eingeräumt; er ist nicht länger auf Regierungsanleihen beschränkt. Die Leistungsformel wird geringfügig nach unten korrigiert, indem das Einkommen der letzten fünf Jahre und nicht mehr das der letzten drei Jahre zugrundelegt wird. Ebenfalls sollen die Voraussetzungen für Erwerbsunfähigkeitsrenten verschärft werden. Bei den Altersgrenzen hingegen ist eine Änderung nicht geplant.

Die Reformvorschläge sind im Februar 1997 vorgelegt worden und zum 1. 1. 1998 in Kraft getreten. Insgesamt zeigt sich am kanadischen Beispiel, dass die Probleme mit den unseren weitgehend vergleichbar sind und eine Lösung innerhalb des bestehenden Systems gesucht wird; allerdings sucht man einen Weg der **Teil-Kapitaldeckung.**

---

[25] Vgl. etwa *Feldstein,* Privatizing Social Security: The $10 Trillion Opportunity, The Cato Project on Social Security Privatization No. 7, Januar 1997 (http://www.cato.org/pubs/ssps/ssp7.htm); *Ostaszewski,* Privatizing the Social Security Trust Fund? Don't Let the Government Invest, The Cato Project on Social Security Privatization, No 6, Januar 1997 (http://www.cato.org/pubs/ssps/ssp6.htm).

[26] Vgl. auch *Kramer/Li,* Reform of the Canada Pension Plan: Analytical Considerations, IMF Working Paper 1997 (WP/97/141); siehe auch *Steinmeyer,* DRV 1984, S. 601 ff.

cc) Großbritannien

137 In Großbritannien wurde nach längerem Hin und Her und einem bisweilen in seiner Ausgestaltung fast schon chaotischen Alterssicherungssystem ein radikaler Schnitt gemacht. In kurzen Worten lässt sich das derzeitige System dahin kennzeichnen, dass der **Staat eine bescheidene Basissicherung bereitstellt**, die zur Zeit etwa 60 Pfund Sterling pro Woche beträgt, was etwa 15% des durchschnittlichen britischen Bruttogehalts entspricht. Hinzu kommt eine **entgeltbezogene Rente** (State Earnings Related Pension – **SERPS**), von der es aber eine **Befreiungsmöglichkeit** gibt, wenn der Arbeitgeber eine mindestens dem entsprechende betriebliche Altersversorgung sicherstellt oder der Arbeitnehmer selbst eine eigene dem entsprechende Altersvorsorge vornimmt – **System des contracting out**.[27]

138 Dadurch wird die umlagefinanzierte 2.Säule entlastet durch kapitalgedeckte Systeme der Arbeitgeber, zu deren Einrichtung diese aber in einem gewissen Umfang verpflichtet sind, wenn sie ihre Arbeitnehmer aus dem staatlichen System herausnehmen. Etwa die Hälfte aller britischen Arbeitnehmer ist so von der staatlichen 2. Säule befreit. Die Arbeitgeber werden durch steuerliche Anreize dazu veranlasst, sich für dieses System zu entscheiden.

139 Dieses System hat enormes Kapital angesammelt, das auch anderweitig in der britischen Wirtschaft und auch schon hier auf dem Kontinent Bedeutung erlangt. Es hat aber auch – Sie erinnern sich – Begehrlichkeiten eines Mannes geweckt, der seinen wirtschaftlichen Schwierigkeiten nur noch durch den – allerdings tödlich ausgegangenen – sprichwörtlichen Sprung ins kalte Wasser entgehen konnte. Robert Maxwell hat sich im Abwärtsstrudel seiner Unternehmen zum Schluss bei seinen Pensionsfonds „bedient", was für die Arbeitnehmer und Ruheständler seiner Unternehmen fatale Folgen hatte. Dies war Anlass, die sog. Goode Kommission einzusetzen, die Vorschläge entwickelt hat, die verhindern sollen, dass so etwas nicht wieder vorkommt. Dies ist insbesondere dadurch geschehen, dass die Bestimmungen für die Verwaltung der Pensionsfonds verschärft wurden. Ein Pension Ombudsman erhält zusätzliche Befugnisse zur Sicherstellung der Interessen insbesondere der Arbeitnehmer und Rentner. Ebenfalls verschärft wurden die Vorschriften über die Kapitaldeckung. Insgesamt hat dies zu einer erheblich verstärkten Regulierung des Systems geführt, was von Arbeitgeberseite in Großbritannien zum Teil bitter beklagt wird.

140 Die Möglichkeit, sich bei gleichwertiger Eigenvorsorge befreien zu lassen, wurde 1987 eingeführt. Es wurde die Möglichkeit eingeführt, sich von der staatlichen Zusatzaltersversorgung SERPS auch mit Hilfe einer beitragsbezogenen **persönlichen Altersversorgung** befreien zu lassen **(personal pensions)**, also nicht mehr nur über ein vom Arbeitgeber bereitgestelltes Zusatzversorgungssystem. Dies führte bald zu Problemen, da die Beratung durch eine Reihe auch namhafter Versicherungsunternehmen mangelhaft war und die Betroffenen häufig untaugliche Versicherungsprodukte erwarben oder gar gegen eine gute und sichere Betriebsrente eintauschten.

141 Die befreiende und jeweils kapitalgedeckte betriebliche Altersversorgung kann in ihrer Rentenformel sowohl leistungs- als auch beitragsbezogen sein, wobei festzustellen ist, dass die Befreiungsmöglichkeit zunächst auf solche Systeme beschränkt war, die einen bestimmten Rentenbetrag im Alter **(defined benefit)** versprachen. Die beitragsbezogenen Systeme **(defined contribution)** wurde erst später als zur Befreiung taugliche Zusatzversorgungssysteme zugelassen. Die Verbreitung dieser Systeme ist naturgemäß hoch bei großen Unternehmen und eher bescheiden bei kleineren Unternehmen.

142 Kennzeichnend für das britische Zusatzversorgungssystem ist, dass das Pensionssystem auf der Basis eines unwiderruflichen Treuhandverhältnisses **(Trust)** zu errichten ist und der von Treuhändern **(Trustees)** zu verwaltende Fonds vom Vermögen des Arbeitgebers getrennt zu halten ist. Die Treuhänder sind relativ frei bei ihren Anlageentscheidungen und können etwa das Geld auch bei Versicherungsunternehmen anlegen, indem sie indivi-

---

[27] S. hierzu näher *Daykin*, in: Gesellschaft für Versicherungswissenschaft und -gestaltung (Hrsg.), S. 217 ff.

duelle Policen auf das Leben der Mitglieder des Versorgungssystems erwerben. Hiervon wird in erheblichem Maße Gebrauch gemacht. Im Versorgungsfall wird die Leistung zumeist als Rentenleistung gewährt. Für die Möglichkeit der Kapitalleistung im Versorgungsfall sind gewisse Grenzen gesetzt.

Diese Überlegungen dürften deutlich gemacht haben, dass auch das britische System Mängel hat. All diese Probleme führten deshalb dazu, dass sich die Regierung Blair der britischen Alterssicherung annahm und sie derzeit nicht unbeträchtlich umgestaltet. So soll ein Mindestrente von 20% des Durchschnittseinkommens in Großbritannien für jeden garantiert sein. Die bisherige staatliche Zusatzrente wird mit einer Übergangszeit bis 2009 ersetzt durch eine **State Second Pension (S2P),** die auch Geringverdienern ein angemessenes Alterseinkommen sichern soll. Dahinter steht der Gedanke, dass im britischen System bisher diejenigen vernachlässigt worden sind, die wegen geringen Einkommens nicht selbst vorsorgen konnten; ihnen will der Staat helfen. Das insoweit einschlägige Gesetz ist Ende Juli 2000 von der Königin unterzeichnet worden.

Daneben wird aber das System der privaten Zusatzrenten weiterentwickelt und verfeinert. Hervorzuheben ist hier insbesondere die Einführung der sog. Stakeholder Pension, die eine Alternative zu den eher problematischen Personal Pensions darstellen sollen und seit April 2001 zum Abschluss verfügbar sind. Sie will Sicherheit wie die betrieblichen Systeme bieten, zugleich aber auch so flexibel sein wie die Personal Pensions und soll für jedermann verfügbar sein. Es handelt sich faktisch um eine stärker regulierte private Rentenversicherung mit niedrigen Verwaltungskosten, die steuerlich gefördert wird.

Insgesamt finden wir hier ein westeuropäisches System, das sich sehr weitgehend der Privatisierung verschrieben hat. Die Privatisierung hat hier auch bereits die ersten Stürme überstanden und Fehler sind beseitigt worden. Dass das mit einer hohen Regelungsdichte einhergeht, ist für die Praxis sicher bedauerlich, möglicherweise aber nur schwer vermeidbar.

dd) Australien

In Australien existiert seit 1908 eine eher **bescheidene staatliche Grund-Alterssicherung,** die nicht einkommensbezogen ist und zunächst nur gewährt wurde, wenn bestimmte Einkommens- und Vermögensgrenzen nicht überschritten waren; nach dem 2. Weltkrieg ist diese Einkommensprüfung praktisch immer weiter zurückgenommen worden, was dann schließlich Anfang der neunziger Jahre zu Problemen für dieses System führte.[28]

Deshalb hat man 1992 diese Einkommensprüfung wieder vollständig hergestellt. Die Einkommensgrenze entspricht etwa 60% des Durchschnittsverdienstes bei Alleinstehenden und 100% des Durchschnittsverdienstes bei Verheirateten. Man geht davon aus, dass die anderen zur Eigenvorsorge in der Lage sind.

Als private Altersvorsorge haben sich dann die sog. Superannuation Funds entwickelt, die sich mit einer gewissen Berechtigung als Pensionsfonds bezeichnen lassen. Im Jahre 1992 hat der australische Gesetzgeber dieses Zusatzversorgungssystem obligatorisch gemacht **(Superannuation Guarantee).** Dies hat zu einem rasanten Anstieg der Absicherung durch dieses Zusatzversorgungssystem geführt. Während vor 1992 etwa 10 bis 20% erfasst waren, liegt dieser Prozentsatz inzwischen bei über 90%. Jeder Arbeitgeber muss für seine Arbeitnehmer Beiträge an einen Superannuation Fund (Pensionsfonds) seiner Wahl machen.

Diese **Zusatzversorgung** muss **voll kapitalgedeckt** sein; eine Verfallbarkeit darf nicht vorgesehen werden und das Kapital darf nur bei Erfüllung der Leistungsvoraussetzungen ausgezahlt werden. Es sind sowohl beitragsbezogene als auch leistungsbezogene Systeme verbreitet. Es ist ein Mindestbeitrag von 9% durch den Arbeitgeber und 3% durch den Arbeitnehmer bis zu einer Beitragsbemessungsgrenze vorgesehen, die bei etwas mehr als dem Doppelten des derzeitigen Durchschnittsverdienstes angesiedelt ist.

---

[28] Zu Australien siehe auch *Bateman/Pigott,* Private Pensions in OECD Countries – Australia.

150 Die Leistung im Fall des Alters kann in sehr unterschiedlicher Weise in Anspruch genommen werden. Zum einen kann eine **Rentenleistung unter Einschaltung einer Lebensversicherung** erworben werden; diese Leistung kann aber auch als Kapitalleistung ausgestaltet sein. Es ist schließlich auch möglich, dass der Arbeitnehmer das angesammelte Kapital in Form von **Annuities** in Anspruch nimmt, was nach australischem Recht bedeutet, dass er bis zu einer bestimmten jährlichen Obergrenze das Kapital abrufen darf. Hieraus hat sich dank des Erfindungsreichtums des Privatsektors eine ganze Fülle von Optionen ergeben. Die Kapitalabfindung scheint die bevorzugte Leistungsoption zu sein.

151 Übersieht man hierzu die Diskussion in Australien, so lässt sie sich dahin charakterisieren, dass das System weitgehend angenommen wird. Ein demographisches Problem wird naturgemäß nicht diskutiert. Vielmehr kreist die aktuelle Diskussion um die Nichterfassung von Selbständigen, deren Einbeziehung gefordert wird. Es wird auch festgestellt, dass Bezieher niedriger Einkommen weniger von diesem System profitieren. Da das australische Recht nicht zwingend eine versicherungsmathematisch berechnete Rentenleistung vorsieht, ergibt sich eine Art Langlebigkeits-Risiko. Nimmt nämlich ein Leistungsbezieher Annuities in Anspruch und lebt er zu lange, so kann das Kapital vorzeitig aufgebraucht sein. Hier sind Parallelen zur Problematik in Chile nicht zu verkennen; es liegt nahe, dass dies auf die Dauer auf eine zwingend versicherungsmathematisch fundierte Lösung herausläuft.

ee) Neuseeland

152 Neuseeland verfügt als Basissystem über eine staatliche Grundsicherung, die nicht einkommensabhängig ist.[29] Allerdings wird vom gesamten Alterseinkommen ab einer bestimmten Einkommensgrenze eine Steuer von 25% erhoben, die bei hohen Einkommen zum faktischen Verschwinden der Grundrente führt.

153 Interessant ist für Neuseeland, dass die **Einführung eines obligatorischen Alters-Sparsystems** im September 1997 **in einer Volksabstimmung** sehr eindrucksvoll (91,8% Ablehnung) **gescheitert** ist. Nach diesem Vorschlag sollten Personen ab einem bestimmten Mindesteinkommen einen festgesetzten Prozentsatz in private Pensionsfonds einzahlen. Der Beitragssatz sollte bei 3% starten und ab etwa 2004 bei 8% liegen. Der Staat sollte ein bestimmtes Sparziel garantieren. Das angesparte Kapital sollte vererblich sein bei Tod vor Vollendung des 65. Lebensjahres. Im Leistungsfall sollte eine lebenslängliche Rentenleistung vorgesehen werden, wobei der Staat die höhere Lebenserwartung von Frauen diesen gegenüber finanziell ausgleichen wollte. Neuseeländischen Quellen zufolge ist das Referendum gescheitert, weil es von der Bevölkerung als risikoreich und teuer angesehen wurde. Es wird deshalb auf absehbare Zeit beim bisherigen System verbleiben.

154 Es verbleibt deshalb dort bei privaten freiwilligen Zusatzversorgungssystemen.

ff) Singapur

155 Über ein sehr innovatives System verfügt schließlich der Stadtstaat Singapur, wo gemeinsam von Arbeitgeber und Arbeitnehmer ein Beitrag in Höhe von 40% bis zu einer Beitragsbemessungsgrenze von einem Fünftel des gegenwärtigen Durchschnittsverdienstes in ein Zwangs-Sparsystem eingezahlt wird. Die angesparten Mittel können nicht nur zur Alterssicherung – etwa Erwerb einer Lebensversicherung – sondern auch zur Finanzierung der Ausbildung der Kinder, dem Kauf oder Bau eines Hauses oder einer Wohnung oder für Ausgaben bei Krankheit verwendet werden.

gg) Niederlande

156 Das niederländische System ist gekennzeichnet durch eine **staatliche Grundversorgung,** die durch Beiträge finanziert wird und dem Umlageverfahren folgt. Hinzu kommt eine **obligatorische Zusatzversorgung,** von der nahezu 95% der Erwerbsbevölkerung erfasst ist. Es finden sich hier u.a branchenweite Pensionspläne, unternehmenseigene Pen-

---

[29] Zu Neuseeland vgl. 1997 Retirement Income Report, Wellington 1997.

sionspläne und Pensionsfonds für Selbständige. Das Steuerrecht bewirkt, dass bei den Zusatzversorgungssystemen in der Regel eine Zielrente – von zumeist 70% des letzten Verdienstes – festgesetzt wird, in der die staatliche Altersrente bereits enthalten ist; man kann dies in der deutschen Terminologie auch als Gesamtversorgungssysteme bezeichnen. Den Arbeitnehmern wird in erheblichem Maße eine individuelle Leistungsauswahl eingeräumt.

Die **Zusatzversorgungssysteme** sind **konsequent kapitalgedeckt.** Gleichwohl tauchen auch hier nach der Jahrtausendwende Finanzierungsprobleme auf, die insbesondere darauf beruhen, dass es sich um Gesamtversorgungssysteme handelt, die auf einen bestimmten Prozentsatz des letzten Verdienstes abstellen. Hier ist eine vorsichtige Abkehr von der Gesamtversorgungs-Zusage festzustellen, was zu einem Absinken des Rentenniveaus führt und deshalb Raum für private Rentenvorsorge schafft. Niederländische Experten sehen aber die Zusatzrente als demographisch nicht gefährdet, wenn nur gewisse bereits eingeleitete Korrekturen vorgenommen werden.

Anders ist die Situation bei der **staatlichen Basisversorgung.** Sie sieht sich aus den gleichen Gründen wie das deutsche System vor erhebliche Finanzierungsprobleme gestellt. Insoweit werden derzeit verschiedene Reformalternativen diskutiert. Der eine Vorschlag geht dahin, auch die Basisversorgung auf Kapitaldeckung umzustellen; dieser Vorschlag hat jedoch wenig Aussicht auf Realisierung, da eine solche Umstellung zunächst mit erheblichem finanziellem Aufwand verbunden sei und sich wohl erst im Jahre 2045 rechnen werde. Es werden auch Beitragserhöhungen diskutiert sowie eine Beitragspflicht auch der Rentner, was aber dem Versicherungscharakter dieser Grundrente widersprechen würde. Wahrscheinlicher erscheint inzwischen, dass aus Steuermitteln ein Kapitalstock aufgebaut wird, der zu einer **Teil-Kapitaldeckung** führen soll.

hh) Schweiz

Wir finden in der Schweiz als **Basisversorgung** die **beitragsfinanzierte Alters- und Hinterlassenenversicherung (AHV)** sowie die Invalidenversicherung (IV), für die der von Arbeitgeber und Arbeitnehmer zu gleichen Teilen zu tragende Beitrag 10,1% beträgt; es besteht keine Beitragsbemessungsgrenze, wohl aber eine Leistungsbemessungsgrenze. Die Basisrente beträgt derzeit zwischen 1190 und 2380 DM im Monat. Dieses Basissystem ist umlagefinanziert und zeigt nachvollziehbarerweise die Probleme, denen sich Umlagesysteme gegenüberstehen. Die Probleme werden zur Zeit durch die Erhöhung des Bundeszuschusses abgemildert.[30]

Daneben findet sich eine im Jahr 1985 eingeführte 2. Säule, die obligatorisch alle Arbeitnehmer erfasst, die zwischen 23000 und 70000 Franken im Jahr verdienen. Es handelt sich hier um die sogenannte **berufliche Vorsorge (BV).** Das Ziel dieser Zusatzversorgung ist es, zusammen mit der 1. Säule die „Fortsetzung der gewohnten Lebenshaltung in angemessener Weise" zu ermöglichen. Der Beitragssatz beträgt mindestens je 6% für Arbeitnehmer und Arbeitgeber. Die Mittel müssen in Pensionskassen eingezahlt werden, die entweder auf Unternehmensebene oder Branchenebene geführt werden. Sie können auch als Stiftungen bei Verbänden und Versicherungen geführt werden. Entscheidend ist, dass das angesammelte Kapital einem separaten Rechtsträger zu übertragen ist. Es gibt Versicherungs- und Spareinrichtungen, wobei letztere die Rentenleistungen als periodische Auszahlungen des angesammelten Kapitals vorsehen, mit der Folge einerseits des Langlebigkeits-Risikos und andererseits der Nichtvererbbarkeit bei Frühversterben. Bei Wechsel des Arbeitsplatzes kann das angesammelte Kapital – falls erforderlich – übertragen werden. Die schweizerischen Lebensversicherungsgesellschaften erbringen Dienstleistungen in Gestalt von Rückdeckungsversicherungen bzw. übernehmen die integrale Deckung aller Risiken (Alter, Tod und Invalidität). Daneben führten alle Lebensversicherungsgesellschaften eine Sammelstiftung, der sich Arbeitgeber zur Durchführung der beruflichen

---

[30] Zur Schweiz siehe *Oeter*, S. 309ff.

Vorsorge anschließen können. In diesem Fall ist dann die Stiftung Transmitter für das dahinter stehende Leistungsangebot der Versicherung.

161 Die sog. 3. Säule ist die Eigenvorsorge, die steuerlich begünstigt ist und üblicherweise bei Versicherungen oder Banken erfolgt.

162 Von den Problemen der Basissicherung einmal abgesehen, scheint man in der Schweiz der Zukunft gelassen entgegenzusehen.

ii) Schweden

163 Bevor mit den Problemfällen Frankreich und Italien die Betrachtungen abgeschlossen werden, soll am Beispiel Schwedens kurz noch auf die Situation eines skandinavischen Landes und die dort gefundenen Lösungsmöglichkeiten eingegangen werden.

164 Das bisherige System ist gekennzeichnet durch eine **Grundrente für alle Einwohner und eine beitragsbezogene Zusatzrente.** Es führte insgesamt zu einer Rente von rund 60% des Gehalts und beinhaltet Arbeitgeberbeiträge von 19,06% sowie ggf. zwischen 6 und 8% für tarifliche ergänzende Systeme. Die gesamten Arbeitgeberbeiträge lagen bei 41%, während die Arbeitnehmer 6,95% (unter Einbeziehung der Krankenversicherung) zu zahlen haben.

165 Dabei wird die Grundrente im Umlageverfahren und die Zusatzrente in einem Mischsystem aus Umlage- und Kapitaldeckungsverfahren finanziert. Dieses System sieht sich den nach unseren bisherigen Betrachtungen schon als üblich zu bezeichnenden Schwierigkeiten gegenüber.

166 Die **Rentenreform**[31] hat nun ein System eingeführt, das dem deutschen System ähnelt: Arbeitgeber und Arbeitnehmer sollen sich in Zukunft die Rentenbeiträge teilen. Ein erster Schritt soll in einer Erhöhung des Arbeitnehmerbeitrages um 2,3 Prozentpunkte erfolgen. Die Regierung ging davon aus, dass die Mehrbelastung der Arbeitnehmer und die Minderbelastung der Arbeitgeber durch Lohnerhöhungen im entsprechenden Umfang voll kompensiert werden könne. Außerdem soll ein Element der Kapitaldeckung eingeführt werden, indem 2,5% des Rentenbeitrages der Arbeitnehmer auf einem individuellen Rentenkonto angelegt werden. Hierzu sollen Pensionsfonds angelegt werden, an die die Beiträge im Zweifel überwiesen werden. Der Arbeitnehmer kann sie aber auch über staatliche oder private Investmentunternehmen anlegen. Es soll durch diese sog. „Premiereserve" bis 2020 ein Kapital von insgesamt 170 Milliarden DM angehäuft werden.

167 Die Zusatzrente soll an die Lohnentwicklung gekoppelt werden. Außerdem soll der Rentenbetrag wie in Deutschland auf der Basis aller Berufsjahre berechnet werden und nicht mehr wie bisher nur die besten 15 Jahre berücksichtigt werden.

jj) Frankreich

168 Nur eher bescheidene Änderungen finden wir in Frankreich.[32] Das allgemeine System stellt beitrags- und umlagefinanziert einen Rentenbetrag von etwa 50%. Hinzu kommt eine größere Zahl von obligatorischen, umlage- und beitragsfinanzierten Sondersystemen, von denen die wichtigsten AGIRC für Führungskräfte und ARRCO für die Mehrzahl der übrigen Arbeitnehmer sind.

169 Das Aufregendste in Frankreich ist schon, dass dieses Land **von seiner bisherigen Tradition umlagefinanzierter Zusatzversorgungssysteme abweicht und Pensionsfonds zulässt.** So soll die dritte Säule gestärkt werden. Das neue Gesetz sieht vor, dass Arbeitnehmer und Arbeitgeber auf freiwilliger Basis gemeinsam Beiträge in eine Pensionskasse einzahlen können. Es ist damit zu rechnen, dass Großunternehmen eigene Pensionskassen gründen, während kleinere Unternehmen Zusammenschlüsse bilden dürften. Der Staat gewährt dem Arbeitnehmer hierfür einen Steuerabzug bis höchstens 5% seines Brut-

---

[31] S. näher *Köhler*, in: Boecken/Hänlein/Kruse/Steinmeyer, S. 143ff.
[32] Zum französischen System siehe auch *Reynaud*, Private Pensions in OECD Countries – France, OECD Labour Market and Social Policy Occasional Papers No. 30, Paris 1997.

toeinkommens und räumt den Unternehmen Vergünstigungen bei der Zahlung von Sozialbeiträgen ein. Die Anlage der Beiträge obliegt professionellen Vermögensverwaltern bei Banken, Versicherungen und anderen Finanzinstituten. Bei Eintritt in den Ruhestand besitzt der Arbeitnehmer Anspruch auf eine monatliche Rente, deren Höhe sich nach dem angesammelten Kapital berechnet. Auf diese Weise soll dem Arbeitnehmer die Möglichkeit gegeben werden, sich privat gegen die wegen der demographischen Entwicklung absehbaren Verringerung der Leistungen aus den Rentenkassen abzusichern.

Es hat auch Diskussionen über eine Teil-Kapitaldeckung der Sondersysteme gegeben, die aber meines Wissens bisher noch nicht zu einem konkreten Ergebnis geführt haben.

kk) Italien

Über ein dem unseren vergleichbares System verfügt auch Italien, wo in jüngster Zeit das **Rentensystem nachhaltig reformiert** worden ist. Allerdings vermitteln die derzeitigen Diskussionen in Italien den Eindruck, dass diese Reform offenbar wieder auf halben Wege steckengeblieben ist. Die italienische Rentenversicherung ist nach wie vor gekennzeichnet durch ein recht großzügiges Leistungsniveau und die Möglichkeit eines frühen Rentenbezuges – mit 53 bei 35 Beitragsjahren. Hinzu kamen in letzter Zeit finanzielle Probleme als Folge eines Urteils des italienischen Verfassungsgerichts, das 1994 entschied, dass Witwen- und Zweitpensionen in jedem Fall bis zum Betrag der italienischen Mindestpension – etwa 600 DM aufgerundet werden müssten.

1995 wurde – nachdem 1992 erste Schritte gemacht wurden – das System relativ weitgehend reformiert. Besonderes Kennzeichen ist, dass sich die Rente zukünftig nicht mehr am Gehalt, sondern an den eingezahlten Beiträgen orientieren soll.[33]

Allerdings ist eine lange Übergangsregelung vorgesehen. Für alle diejenigen, die bis zum 31. 12. 1995 in Ruhestand gegangen sind, gelten die alten Regeln weiter. Diese basieren hinsichtlich der Rentenformel auf einer kombinierten Anrechnung von Inflationsrate und Veränderung des Sozialprodukts im Umlageverfahren. Bis zum Jahre 2008 sollte das Mindestalter für die Möglichkeit, Altersrente bereits nach 35 Versicherungsjahren zu erhalten, stufenweise auf 57 Jahre heraufgesetzt werden. Bei 40 Beitragsjahren ist mit einem Leistungsniveau von 80% des Bruttoeinkommens zu rechnen.

Wer ab Anfang 1996 die Arbeit aufgenommen hat, erreicht nach dem neuen System das volle Rentenalter mit 62 Jahren. Er kann, wenn er immer den vollen Beitrag gezahlt hat, 80% des letzten Lohnes als Rentenzahlung erreichen. Arbeitet er weiter, dann erhält er für jedes Jahr, das über 62 hinausgeht, einen Bonus.

Eine solche **Großzügigkeit** hat natürlich ihren Preis und führte nach dem alten System zu einer Beitragsbelastung für Arbeitgeber und Arbeitnehmer von insgesamt 33%. Ob der Beitragssatz in Zukunft sinken wird, ist vorsichtig gesagt eher fraglich. Es ist denn auch bezeichnend, dass inzwischen über eine Reform der Reform nachgedacht wird, was allerdings bei der üblichen Schwäche italienischer Regierungen ein Unterfangen ist, dessen Ausgang man mit Skepsis entgegenblicken sollte. Im Herbst letzten Jahres hat es eine Einigung über Änderungen am Rentensystem gegeben, deren wichtigstes Element das Vorziehen der Anhebung des Mindestalters für den vorzeitigen Rentenbezug mit 35 Versicherungsjahren auf 57 Jahre bereits im Jahre 2002 ist.

Für eine zusätzliche Altersversorgung bestand in Italien angesichts der Generosität des staatlichen Systems für die Betroffenen lange kein ernsthafter Anlass. Dies hat sich jedoch bei den jüngsten Reformen geändert, so dass nun auch Pensionsfonds eingerichtet werden, die wohl weitgehend dem angelsächsischen Muster folgen. Allerdings hat der Staat diese Entwicklung durch sein Gesetz über Pensionsfonds von 1993 eher behindert, so dass es insbesondere steuerlich nachgebessert werden soll.

---

[33] S. näher *Hohnerlein*, in: *Boecken/Hänlein/Kruse/Steinmeyer*, S. 143 ff.; *Hamann*, The Reform of the Pension System in Italy, IMF Working Paper, 1997 (WP/97/1).

4. Resümee

177 Es ist hier angezeigt, die Entwicklung in Europa im Gesundheitswesen und die global im Bereich der Alterssicherung einmal einander gegenüber zu stellen.

178 Es ergeben sich in beiden Fällen gewisse ähnlich verlaufende Tendenzen, die aber noch nicht im Sinne einer Konvergenz interpretiert werden können. Im Bereich der Gesundheitspolitik ist festzustellen, dass man es durchaus mit stärker dezentralisierten Ansätzen versucht, um so auch Effizienz zu erhöhen. Andererseits kann aber auch nicht übersehen werden, dass gegenläufige Tendenzen feststellbar sind, indem die Dezentralisierung zum Teil wieder zurückgenommen wird oder – wie etwa in Deutschland – durch eine hohe Regelungsdichte zu steuern versucht wird.

179 Im Vergleich dazu macht die globale Betrachtung der Entwicklung der Alterssicherungssysteme schon eher eine gleichläufige Tendenz bemerkbar, die hin auf Kapitaldeckung geht, wobei sich das Ausmaß und die genaue Ausgestaltung der Kapitaldeckung jeweils unterscheiden.

VIII. Bewertung des Konvergenzgedankens und weitere Entwicklungen

180 Auf dem Gipfel in Lissabon am 23. und 24. März 2000 wurde auch für den Bereich der Sozialpolitik die Methode der **„offenen Koordinierung"** eingeführt.[34] Darunter ist zu verstehen eine prozessgesteuerte Konvergenz der Sozialsysteme durch Vereinbarung gemeinsamer Ziele und Indikatoren. Hiermit wird an den Konvergenzgedanken angeknüpft und die Vorgehensweise über die Abfassung von Berichten über den Sozialschutz in den Mitgliedstaaten hinaus mit der Definition von Politikzielen und Leitlinien, der Festsetzung von Indikatoren und Benchmarks sowie der Einrichtung eines Überwachungssystems zur Evaluierung des Fortschritts der nationalen Reformbemühungen aus europäischer Sicht effizienter und zielgerichteter gemacht, wenn auch nicht verkannt werden darf, dass so der Einfluss der europäischen Institutionen auf die nationalen Institutionen der Mitgliedstaaten wächst.

181 Es handelt sich also um eine **Fortsetzung der Konvergenzstrategie mit effektiveren Mitteln**. Im Bereich des Sozialschutzes ist diese „Verschärfung" eingeleitet worden durch die Mitteilung der Kommission „Eine konzertierte Strategie zur Modernisierung des Sozialschutzes".[35] In dieser Mitteilung wurde eine engere Zusammenarbeit auf dem Gebiet des Sozialschutzes vorgeschlagen, die auf einem Austausch von Erfahrungen, auf einer gegenseitigen Abstimmung und Bewertung der aktuellen Entwicklungen im Hinblick auf die Ausarbeitung vorbildlicher Verfahren beruhen soll. Angesprochen wurden vier allgemeine Ziele, nämlich

– dafür zu sorgen, dass Arbeit sich lohnt und dass das Einkommen gesichert ist
– dafür zu sorgen, dass die Renten sicher sind und die Rentensysteme langfristig finanzierbar,
– die soziale Eingliederung zu fördern und
– eine hohen Qualitätsansprüchen genügende und langfristig finanzierbare Gesundheitsversorgung zu sichern.

182 Es handelt sich hier jeweils um Ansätze über den Weg des sog. **Soft Law**. Die Mitgliedstaaten sind nicht gebunden und bleiben weiterhin frei bei der Gestaltung ihrer Sozialpolitik. Allerdings darf die faktische und politische Wirkung nicht verkannt werden.

---

[34] Siehe Schlussfolgerungen des Vorsitzes, Europäischer Rat (Lissabon), 23. und 24. März 2000, SN 100/00. Vgl. auch *Schulte*, ZSR 2002, 1 ff.
[35] Mitteilung der Europäischen Kommission „Eine konzertierte Strategie zur Modernisierung des Sozialschutzes", KOM (99) 347 endg.

Eine Bewertung nationaler Sozialpolitiken durch europäische Institutionen hat fast zwangsläufig innenpolitische Auswirkungen, was dann zu einem gewissen Druckpotential durch die europäischen Institutionen führt.

Eine derartige neue Strategie ist sicherlich angesichts der fortschreitenden Integration unabdingbar. Durch sie vermeidet man auch weiterhin die allgemeine Harmonisierung der Systeme sozialer Sicherheit, bewegt sich aber in einem langsamen Prozess durch Verfolgung gemeinsamer Strategien auf dieses Ziel zu. **183**

§ 29 Kartellrecht und Sozialrecht

Schrifttum: *Baumbach/Hefermehl,* Wettbewerbsrecht, 22. Aufl. München 2001; *Berg,* Neue Entscheidungen des EuGH zur Anwendung des EG-Kartellrechts im Bereich der sozialen Sicherheit, EuZW 2000, S. 170 ff.; *Beuthien,* Krankenkassen zwischen Wirtschaftlichkeitsgebot und Wettbewerbsrecht, in: MedR 1994, S. 253 ff.; *Bieback,* Die Kranken- und Pflegeversicherung im Wettbewerbsrecht der EG, EWS 1999, S. 361 ff.; *Ehricke,* Der Art. 90 EWGV – eine Neubetrachtung, in EuZW 1993, S. 211 ff.; *Eichenhofer,* Sozialrecht der Europäischen Union, 2001, S. 187 ff.; *Emmerich,* Kartellrecht, 9. Aufl. München 2001; *Engelmann,* Sozialrechtsweg in Streitigkeiten zwischen Institutionen der gesetzlichen Krankenversicherung und Leistungserbringern bei wettbewerbs- und kartellrechtlichem Bezug, NZS 2000, 213 ff.; *ders.,* Einführung: „Wettbewerb und soziale Krankenversicherung" – Zur Notwendigkeit einer öffentlich-rechtlichen Wettbewerbsordnung, VSSR 1999, S. 167 ff.; *Fleischer,* Tarifverträge und Europäisches Wettbewerbsrecht – Besprechung der Albany-International-Entscheidung des EuGH, DB 2000, S. 821 ff.; *Fuchs/Giubboni,* Das Monopol der gesetzlichen Unfallversicherung auf dem Prüfstand des Europäischen Gerichtshofs, Die BG 2001, S. 320 ff.; *Glassen/Bauer,* Frankfurter Kommentar zum Gesetz für Wettbewerbsbeschränkungen (GWB), Loseblatt, Stand: 1999; *Gleiß*, Kommentar zum EG-Kartellrecht, 4. Aufl. Heidelberg 1993; *Gloy-Wilde,* Handbuch des Wettbewerbsrechts, 2. Aufl. München 1997; *Immenga/Mestmäcker,* GWB – Gesetz gegen Wettbewerbsbeschränkungen, 3. Aufl. München 2001; *Langen/Bunte,* Komm. zum deutschen und europäischen Kartellrecht, 9. Aufl. Neuwied 2001; *Müller-Hennenberg,* Kommentar zum Gesetz gegen Wettbewerbsbeschränkungen, 4. Aufl. Köln 1981; *Orlowski,* Integrationsversorgung, BKK 2000, S. 191 ff.; *Rittner,* Wettbewerbs- und Kartellrecht, 6. Aufl. Heidelberg 1999; *Schulz,* Krankenkassen als Adressaten des Kartellrechts, NZS 1998, 269 ff.; *Steinmeyer,* Wettbewerbs- und kartellrechtliche Probleme neuer Vertrags- und Versorgungsformen in der gesetzlichen Krankenversicherung, in: 5. Münsterische Sozialrechtstagung. Managed Care – Neue Vertrags- und Versorgungsformen in der Krankenversicherung, 2000, S. 98 ff.; *ders.,* Wettbewerbsrecht im Gesundheitswesen – Kartellrechtliche Beschränkungen in der gesetzlichen Krankenversicherung, Berlin 2000; *ders.,* Kartellrecht und deutsche gesetzliche Krankenversicherung, in: FS Sandrock, Heidelberg 2000, S. 943 ff.; *ders.,* Die Richtlinie 98/49/EG zur Wahrung ergänzender Rentenansprüche, in: EuZW 1999, S. 645 ff.; *ders.,* Der Vertrag von Amsterdam und seine Bedeutung für das Arbeits- und Sozialrecht, RdA 2000; *van Venroy,* Vertrag und Unwirksamkeit, 1980; *P. v. Wilmowsky,* Mit besonderen Aufgaben betraute Unternehmen unter dem EWG-Vertrag, ZHR 155 (1991), S. 545 ff.

Übersicht

	Rn.		Rn.
I. Einleitung	1	bb) Verhaltenskontrolle bei marktbeherrschenden und marktmächtigen Unternehmen	34
II. Deutsches und europäisches Kartellrecht	11	cc) Das Empfehlungsverbot des § 22 Abs. 1 GWB	44
1. Grundzüge des deutschen Kartellrechts	17	2. Grundzüge des europäischen Kartellrechts	48
a) Unternehmensbegriff	18	a) Allgemeine Vorbemerkung	48
b) Durch das GWB vorgegebene Grenzen des Verhaltens	26	b) Der Unternehmensbegriff im europäischen Kartellrecht	51
aa) Die Generalklausel des § 1 GWB	27		

	Rn.		Rn.
c) Das Kartellverbot des Art. 81 EG-Vertrag	56	a) Anwendbarkeit des Kartellrechts auch nach dem GKV-Gesundheitsreformgesetz 2000?	95
d) Missbrauch einer marktbeherrschenden Stellung nach Art. 82 EG-Vertrag (Art. 86 a. F.)	60	b) Die Rechtswegfrage	100
e) Öffentliche Unternehmen i. S. d. Art. 86 EG-Vertrag (Art. 90 a. F.)	63	V. Fazit für das Sozialrecht	103
III. Zwischenergebnis	71	VI. Folgewirkungen im Arbeitsrecht	109
IV. Aktuelle Einzelfragen	73	1. Allgemeines	109
1. Festbeträge bei Arzneimitteln	74	2. Ausnahme vom europäischen Kartellrecht für Tarifverträge	112
2. Änderungen durch das GKV-Gesundheitsreformgesetz 2000	93	3. Die Zusatzversorgungseinrichtungen als Adressaten des Kartellrechts	119

I. Einleitung

1 Dass Kartellrecht und Sozialrecht etwas miteinander zu tun haben, ist eine recht neue Erscheinung. Wer vor einigen Jahren noch die Verbindung von Kartellrecht und Sozialrecht angesprochen hätte, wäre allenfalls auf ungläubiges Erstaunen gestoßen; inzwischen aber ist es ein Thema, das insbesondere im Bereich der gesetzlichen Krankenversicherung die Gemüter bewegt und bei anstehenden Gesetzgebungen eine nicht unerhebliche Rolle spielt.

2 Für jedermann ist augenfällig, dass das Leistungssystem der gesetzlichen Krankenversicherung entscheidenden Einfluss auf den **Markt für Gesundheitsleistungen** hat. Mehr als 90% der Bevölkerung ist bei einem der Träger der gesetzlichen Krankenversicherung versichert. Das hat etwa zur Folge, dass der Arzneimittelmarkt vom Nachfrager gesetzliche Krankenversicherung abhängt. Können bestimmte Medikamente nicht mehr zu Lasten der gesetzlichen Krankenversicherung verschrieben werden, so ist das für das betreffende Unternehmen gleichbedeutend mit dem Wegbrechen des Marktes. Übernimmt die gesetzliche Krankenversicherung auf der anderen Seite die Kosten für bestimmte Medikamente, ohne Einfluss auf die Preisgestaltung zu nehmen, so kann dies dazu führen, dass zwischen konkurrierenden Anbietern praktisch kein Preiswettbewerb mehr stattfindet. Räumt man einem Träger der gesetzlichen Krankenversicherung die Möglichkeit ein, nicht mit allen Leistungsanbietern einer Region kontrahieren zu müssen, sondern sich auf eine von ihm vorgenommene Auswahl zu beschränken, so kann die Marktmacht eines Krankenversicherungsträgers für den ausgeschlossenen Leistungsanbieter existenzbedrohend sein. Empfiehlt ein Träger der gesetzlichen Krankenversicherung bestimmte Medikamente und rät von anderen ab oder veröffentlicht er etwa eine Art von Ranking von Ärzten oder Krankenhäusern, so ist eine deutliche wirtschaftliche Auswirkung zu erwarten.

3 Jeder Kartellrechtler wird sich bei dieser Darlegung die Frage stellen, ob die Träger der gesetzlichen Krankenversicherung nicht **Unternehmen** im Sinne des deutschen und des europäischen Kartellrechts sind; das führt dann gleich zur Frage nach der Qualifizierung der Spitzenverbände als Unternehmensvereinigungen. Sind hier nicht auch möglicherweise Nachfragekartelle gegeben und besteht nicht die Gefahr, dass die Träger der gesetzlichen Krankenversicherung ihrer Marktmacht bei der Auswahl möglicher Vertragspartner oder bei Empfehlungen missbrauchen? Ein Kartellrechtler wird sich die gleiche Frage auch bei den anderen Akteuren im Gesundheitswesen stellen.

4 Auf der anderen Seite haben wir es hier mit einem **öffentlich-rechtlich strukturierten System** der Daseinsvorsorge zu tun. Können die Regelungen und Grundsätze des deutschen und des europäischen Kartellrechts hierauf unbedenklich Anwendung finden? Möglicherweise sind gewisse auf den ersten Blick kartellrechtlich problematische Erscheinungsformen gerechtfertigt, da nur so die Funktionsfähigkeit des Systems der gesetzlichen Krankenversicherung aufrechterhalten werden kann!?

II. Deutsches und europäisches Kartellrecht

Überschaut man nun die derzeitige Diskussion zum Thema Kartellrecht und Sozialrecht, so wird deutlich, dass die Stimmung im Bereich des Sozialrechts geprägt ist von Befürchtungen gegenüber dem Kartellrecht, das (scheinbar?) die überkommenen Gestaltungsformen des Sozialrechts bedroht. Es wird (wurde) auch befürchtet, dass die klassischen Kartellrechtler – insbesondere bei den für das Kartellrecht grundsätzlich zuständigen Zivilgerichten – in Unkenntnis sozialrechtlicher Zusammenhänge viel sozialrechtliches Porzellan zerschlagen.

Durch das GKV-Gesundheitsreformgesetz 2000 wurde nun der gesetzgeberische Versuch unternommen, dem Recht der gesetzlichen Krankenversicherung eine Sonderbehandlung zuteil werden zu lassen, durch die die kartellrechtlichen Gefahren gebannt werden sollen.

Wir finden also eine Situation vor, in der man sich im Sozialrecht und dabei insbesondere im Recht der gesetzlichen Krankenversicherung durch das Kartellrecht bedroht sieht und nach Wegen gesucht wird, dieser Bedrohung zu entkommen. Ob dabei der durch das GKV-Gesundheitsreformgesetz 2000 eingeschlagene Weg der richtige ist, erscheint zweifelhaft aus verschiedenen im weiteren noch im einzelnen anzusprechenden Gründen.

Entscheidender aber ist, dass der Eindruck besteht, hier sei eine neue rechtliche Fragestellung über das Sozialrecht hereingebrochen, die zu Abwehrreaktionen führt und geführt hat, bevor man sich eingehend mit dem Kartellrecht auseinandergesetzt hat. Unter diese Abwehrreaktion sind die Regelungen im GKV-Gesundheitsreformgesetz 2000 zu verbuchen aber auch die Aussage von Trägern der gesetzlichen Krankenversicherung und anderen Sozialversicherungsträgern, man sei nicht Unternehmen im Sinne des Kartellrechts. Es soll hier noch dahingestellt bleiben, ob sie dies sind oder nicht; aus dieser Diskussion im Sozialrecht lässt aber herleiten, dass es noch eines Gewöhnungsprozesses an andere Begrifflichkeiten und andere Grundsätze bedarf.

In diesem Kapitel des Handbuches soll auf diese **neue Entwicklung eingegangen werden, die vom europäischen Kartellrecht ausgegangen ist,** die erhebliche Unruhe in das Sozialrecht – aber auch Teile des Arbeitsrechts – gebracht hat und noch lange nicht abgeschlossen ist. Hier lassen sich europäisches und deutsches Kartellrecht nicht immer sauber voneinander trennen, da beide weitgehend Deckungsleiches regeln aber auf unterschiedlichen Ebenen in der Normenhierarchie ansetzen.

Eine neuere Entwicklung ist auch, dass der Europäische Gerichtshof jüngst die Systeme der gesetzlichen Unfallversicherung der kartellrechtlichen Überprüfung unterzogen hat und dabei bezogen auf das italienische System für die Kerntätigkeit der Versicherung gegen Arbeitsunfälle und Berufskrankheiten die Unternehmenseigenschaft im Sinne des europäischen Kartellrechts verneint hat.[1]

II. Deutsches und europäisches Kartellrecht

Nähert man sich dem Kartellrecht, so ist zunächst zu beachten, dass sich dieses rechtlich auf zwei Ebenen findet und zwar zum einen auf nationaler Ebene in Gestalt des Gesetzes gegen Wettbewerbsbeschränkungen **(Kartellgesetz)** und zum anderen auf europäischer Ebene in den **Art. 81 ff. EG-Vertrag.**[2] Dies ist gerade für das Sozialrecht von besonderer Bedeutung, da durch das höherrangige europäische Recht auch nationales Gesetzes-(Sozial-) Recht einer kartellrechtlichen Überprüfung unterworfen werden kann.

Das Kartellrecht gehört als das Recht gegen Wettbewerbsbeschränkungen zu den wichtigsten Teilen des Allgemeinen Wirtschaftsrechts und soll dafür Sorge tragen, dass es in der

---

[1] Vgl. EuGH vom 22. 1. 2002 – C-128/00 – Cisal di Battistello Venanzio & C./. INAIL; siehe hierzu auch *Fuchs/Guibboni*, Die BG 2001, 320 ff.

[2] Vgl. eingehend *Steinmeyer*, Wettbewerbsrecht im Gesundheitswesen – Kartellrechtliche Beschränkungen in der gesetzlichen Krankenversicherung; ders., in: FS für Sandrock, S. 943 ff., ders., in: Münsterische Sozialrechtsvereinigung (Hrsg.), 5. Münsterische Sozialrechtstagung: Managed Care, S. 98 ff.

Wirtschaftsordnung überhaupt Wettbewerb gibt.³ Es umfasst insgesamt diejenigen Rechtsnormen, die der Bekämpfung von Beschränkungen des Wettbewerbs durch Wettbewerber dienen und somit die Schaffung eines marktwirtschaftlich-wettbewerblichen Wirtschaftssystems ermöglichen.

13 Das einschlägige **Gesetz gegen Wettbewerbsbeschränkungen** (GWB) verbietet bestimmte tatbestandlich festgelegte Beschränkungen des Wettbewerbs, welche v. a. zwei Stoßrichtungen enthalten: Die Verbote richten sich zum einen gegen Kartelle und beschränkende Austauschverträge, die durch die partiellen Generalklauseln der §§ 1, 14 und 17 GWB unterbunden werden. Zum anderen werden Formen des Missbrauchs wirtschaftlicher Macht verboten; im dritten, vierten und sechsten Abschnitt verleiht das GWB der Kartellbehörde die Befugnis, gegenüber marktbeherrschenden, preisbindenden und marktstarken Unternehmen ein missbräuchliches Verhalten zu untersagen. Darüber hinaus enthält das GWB zivilrechtliche Ansprüche auf Schadensersatz und Unterlassung sowie Vorschriften für Sanktionen gegen Wettbewerbsverstöße.

14 Abzugrenzen ist das Recht gegen Wettbewerbsbeschränkungen gegenüber demjenigen gegen **unlauteren Wettbewerb:** beide regeln unterschiedliche Aspekte des Rechts zur Ordnung des wirtschaftlichen Wettbewerbs. Geht es bei dem erstgenannten um die Sicherung des Bestandes des Wettbewerbs, hat das zweitgenannte die Bekämpfung unlauterer Wettbewerbshandlungen zum Ziel. Hier ist zu unterscheiden zwischen solchen Verhaltensweisen im wirtschaftlichen Wettbewerb, *die wegen ihrer Unlauterkeit* nicht geduldet werden sollen und solchen, die wegen der typischen *Gefahr des unlauteren Wettbewerbs* nicht geduldet werden sollen.⁴ Zweck des Gesetzes gegen den unlauteren Wettbewerb (UWG) ist die Unterbindung unlauterer Wettbewerbshandlungen, weil sie mit den Interessen der Mitbewerber, aber auch der Allgemeinheit und der Verbraucher in Konflikt geraten.⁵

15 Das **deutsche Kartellrecht** wird durch das **europäische Kartellrecht** ergänzt und mit einer stark zunehmenden Tendenz auch immer mehr harmonisiert.⁶ Dies folgt daraus, dass die europäischen Normen nicht nur grundsätzlich eine unmittelbare Geltung⁷ für die Mitgliedstaaten entfalten, sondern auch gegenüber dem nationalen Recht vorrangig⁸ sind. Ein solcher Einfluss zeigt sich auch an der 6. GWB-Novelle, die das Gesetz gegen Wettbewerbsbeschränkungen mit Wirkung vom 1. 1. 1999 entscheidend umgestaltet hat. Durch diese Novelle hat der deutsche Gesetzgeber die Systematik des GWB weitgehend an das europäische Recht angenähert.

16 Das europäische Kartellrecht ist im wesentlichen im EG-Vertrag (Art. 81 ff. neuer Fassung⁹ und Art. 85 ff. a. F.) normiert. Daneben finden sich noch Vorschriften in Ausführungsverordnungen. Eine Konkretisierung erfahren diese Normen durch die wachsende Rechtsprechung des Europäischen Gerichtshofes (EuGH) sowie das erstinstanzliche Gericht (EuG) und die Europäische Kommission, denen ein Interpretationsrecht aus Art. 211 (155 a. F.), 220 (164 a. F.), 225 (168 a a. F.), 230 (173 a. F.), 234 (177 a. F.) EG-Vertrag zusteht.

1. Grundzüge des deutschen Kartellrechts

17 Das GWB hat nach dem zuvor Gesagten die Aufgabe, den wirtschaftlichen Wettbewerb – im Inland – zu schützen. Die Vorschriften des GWB sind deutlich in subjektiver Hinsicht begrenzt, d. h. sie gelten, von wenigen Ausnahmen wie etwa § 17 GWB abgesehen, nur für Unternehmen.

---

[3] *Emmerich,* Kartellrecht, S. 1 f.; *Baumbach/Hefermehl,* Wettbewerbsrecht, Allg. Rn. 84.
[4] *Rittner,* Wettbewerbs- und Kartellrecht, § 1 Rn. 1.
[5] *Rittner,* Wettbewerbs- und Kartellrecht, § 1 Rn. 14.
[6] *Emmerich,* Kartellrecht, S. 12.
[7] Grdl. EuGH, 13. 2. 1969, Slg. 1969, 1 ff., 13 ff., Rs. 14/68 – Walt Wilhelm.
[8] Vgl. EuGH, 13. 2. 1969, Slg. 1969, 1 ff., 13 ff. Rs. 14/68 – Walt Wilhelm; auch BVerfGE 73, S. 393 – Solange II; *Rittner,* Wettbewerbs- u. Kartellrecht, Einl. Rn. 21.
[9] In der Fassung des zum 1. 5. 1999 in Kraft getretenen Amsterdamer Vertrages.

a) Unternehmensbegriff

Nachdem der wettbewerbsrechtliche Unternehmensbegriff lange Zeit umstritten war, besteht heute weitgehende Einigkeit darüber, dass der Begriff entsprechend dem skizzierten Zweck des Gesetzes selbst, den Wettbewerb umfassend in allen Wirtschaftsbereichen und auf allen Wirtschaftsstufen zu schützen,[10] **möglichst weit zu verstehen ist**.[11] Ein Unternehmen im Sinne des GWB ist daher grundsätzlich jede selbständige, nicht rein private und außerhalb des Erwerbslebens liegende Tätigkeit einer Person in der Erzeugung oder Verteilung von Waren oder gewerblichen Leistungen.[12] Unerheblich ist, in welcher Rechtsform diese Tätigkeit verfolgt wird. Eine Gewinnerzielungsabsicht ist nicht erforderlich, so dass auch gemeinnützige Unternehmungen an das GWB gebunden sind.[13]

Die Anwendung des GWB setzt darüber hinaus nicht voraus, dass die betreffende Person immer und in jeder Beziehung Unternehmen ist; es genügt vielmehr, dass sie gerade in der fraglichen Beziehung – und nur in ihr – unternehmerisch tätig wird, mag sie auch im übrigen durchweg als Privatperson oder Hoheitsträger handeln.

Diesbezüglich wird auch die Differenzierung zwischen „absoluten" und „relativen" Unternehmen verwandt:[14] „Absolute" Unternehmen sind alle Handelsgesellschaften und sonstige rechtlich selbständigen Unternehmensträger des Privatrechts bis hin zur Unternehmensträgerstiftung, d.h. der formale handels- bzw. gesellschaftsrechtliche Tatbestand ist maßgeblich. Diese Unternehmen kennen keinen nichtunternehmerischen Tätigkeitsbereich: sie sind stets und in jeder Hinsicht Unternehmen, so auch für ihre Nachfrageseite.[15] Demgegenüber werden unter relativen Unternehmen[16] alle diejenigen Personen, Vereinigungen oder sonstigen selbständigen Einheiten verstanden, die nur für einen bestimmten Bereich ihrer Tätigkeiten als Unternehmen in Frage kommen (**Unternehmen als Tätigkeitsbegriff**).[17] Dieser zweitgenannte Begriff führt dazu, dass Privatpersonen oder Hoheitsträger, die sich, durch welche Tätigkeit auch immer, im Wettbewerb mit anderen Unternehmen am wirtschaftlichen Verkehr beteiligen, das GWB genauso wie die anderen wirtschaftslenkenden Gesetze beachten müssen.[18] Demzufolge sind etwa die Apothekenkammern[19] oder auch die gesetzliche Krankenkassen[20] sowie die Ersatzkrankenkassen[21] als Unternehmen im kartellrechtlichen Sinne anerkannt worden.

---

[10] *Emmerich,* Kartellrecht, S. 145.
[11] Vgl. die Darstellungen bei *Mestmäcker* in Immenga/Mestmäcker, GWB – Gesetz gegen Wettbewerbsbeschränkungen, Einl. Rn. 1 ff.
[12] BGHZ 19, S. 72, 79 ff.; BGHZ 36, S. 91, 102 ff.; BGHZ 52, S. 65, 66; BGH NJW 1979, S. 2401; *Gloy-Wilde,* Handbuch des Wettbewerbsrechts, § 5 Rn. 7.
[13] *Gloy-Wilde,* Handbuch des Wettbewerbsrechts, § 5 Rn. 7.
[14] *Rittner,* Wettbewerbs- und Kartellrecht, § 6 Rn. 6 ff.; kritisch gegenüber dieser Unterteilung hingegen *Huber/Baums* in: Frankfurter Kommentar zum GWB (FK), Loseblatt, Bearbeitung 1993 Köln, § 1, Rn. 40.
[15] Dazu auch *Schwartz,* in: Müller-Hennenberg, Kommentar zum Gesetz gegen Wettbewerbsbeschränkungen, § 1 Rn. 8 nennt sie auch „Muß-Unternehmen".
[16] *Schwartz,* in: Müller-Hennenberg, Kommentar zum Gesetz gegen Wettbewerbsbeschränkungen, § 1 Rn. 8 spricht insoweit von „Kann-Unternehmen".
[17] Diesem funktionalen Unternehmensbegriff neigt offenkundig auch der BGH zu, vgl. BGH WuW 1980, S. 261 = NJW 1980, S. 1046 („Berliner Musikschule"); ebenso auch *Zimmer* in Immenga/Mestmäcker, GWB – Gesetz gegen Wettbewerbsbeschränkungen, § 1, Rn. 24.
[18] KG, WuM 1992, S. 234, 235.
[19] OLG Koblenz, WuW/E OLG S. 2307, 2309.
[20] BGHZ 36, S. 91, 102 ff., 104; BGHZ 69, S. 59; BGHZ 119, S. 93; OLG Düsseldorf, WuW/E OLG S. 3082, 3083 f.
[21] Soweit sie mit privaten Krankenversicherungsunternehmen einen Kartellvertrag iSd § 1 GWB abschließen: BGHZ 64, S. 232, 234.

21 Dem sehr weiten Unternehmensbegriff steht als Korrektiv gegenüber, dass die Anwendung einer Vielzahl von Normen entweder eine marktbeherrschende oder marktstarke Stellung voraussetzt (etwa die §§ 19, 20, 35 ff. GWB) oder doch eine zumindest spürbare Wettbewerbsbeschränkung fordert (§§ 1 ff., 16 GWB), so dass im Regelfall nur Vorgänge von Relevanz für den betreffenden Markt erfasst werden.[22]

22 Der **Unternehmensbegriff** des Kartellrechts ist ein **funktionaler Begriff.** Es wird damit kein Status verliehen. Er führt – bei Bejahung – lediglich dazu, dass ein Sachverhalt kartellrechtlich überprüft wird, wobei – wie noch zu zeigen sein wird – ausreichend Korrektive vorhanden sind, mit denen den Besonderheiten etwa öffentlich-rechtlicher Körperschaften Rechnung getragen werden kann. Dem sehr weiten Unternehmensbegriff steht als Korrektiv gegenüber, dass die Anwendung einer Vielzahl von Normen entweder eine marktbeherrschende oder marktstarke Stellung voraussetzt (etwa die §§ 19, 20, 35 ff. GWB) oder doch eine zumindest spürbare Wettbewerbsbeschränkung fordert (§§ 1 ff., 16 GWB), so dass im Regelfall nur Vorgänge von Relevanz für den betreffenden Markt erfasst werden.[23]

23 Die grundsätzliche Möglichkeit des **Einschlusses der öffentlichen Hand in den Zentralbegriff des Unternehmens** erfolgt im deutschen Kartellrecht über § 130 GWB, der bestimmt, dass das Gesetz „auch Anwendung findet auf Unternehmen, die ganz oder teilweise im Eigentum der öffentlichen Hand stehen oder die von ihr verwaltet oder betrieben werden". Wesentliches Ziel dieser Vorschrift ist die Klarstellung, dass Unternehmen nicht deswegen dem GWB entzogen sind, weil die öffentliche Hand sie innehat oder betreibt, da auch diese Unternehmen wirtschaftliche Leistungen für den Markt ebenso wie privatwirtschaftliche Unternehmen erbringen und mit diesen auch im Wettbewerb stehen.[24] Die Rechtsform, unter der sich der Staat am wirtschaftlichen Verkehr beteiligt, spielt dabei ebenso wenig eine Rolle wie die von ihm verfolgten Zwecke.[25] Demzufolge ist auch bei staatlicher Unternehmenstätigkeit allein entscheidend, ob der Staat bei der fraglichen wirtschaftlichen Handlung im Wettbewerb mit anderen Unternehmen tätig wird. Es gelten insofern die oben angesprochenen Kriterien.

24 Dass grundsätzlich auf die öffentliche oder private Rechtsform nicht entscheidend abgestellt wird, findet seinen Grund darin, dass das Ziel des Kartellrechts, Beschränkungen des Wettbewerbs durch Wettbewerber zu bekämpfen, nur dann umfassend verwirklicht werden kann, wenn sämtliche derartigen Beschränkungen – unabhängig von der Rechtsform der Wettbewerber – vom Kartellrecht erfasst werden. Demnach gilt, dass auch Körperschaften des öffentlichen Rechts, Gebietskörperschaften, Krankenkassen usw. den Bestimmungen des Kartellrechts unterliegen, soweit sie am privaten Geschäftsverkehr teilnehmen und auf der jeweiligen Marktgegenseite Wettbewerb in dem Sinne herrscht, dass die jeweiligen Anbieter ihre Leistungen auch an Dritte absetzen oder die Abnehmer der Leistungen der öffentlichen Hand diese auch von Dritten beziehen können.[26]

25 Dies hat zur Folge, dass das GWB – ebenso wie das UWG – insbesondere uneingeschränkt anwendbar ist beispielsweise auf sämtliche Wettbewerbsbeziehungen der öffentlich-rechtlichen Rundfunkanstalten, mag auch die Ausstrahlung der Sendungen hoheitlich erfolgen.[27] Von entscheidender, hier relevanter Bedeutung sind die wirtschaftlichen Aktivitäten der Sozialversicherungsträger, deren diesbezügliche Beurteilung jedoch umstritten ist.[28] Es besteht aber in der kartellrechtlichen Literatur praktisch Übereinstimmung darin,

---

[22] *Gloy-Wilde,* Handbuch des Wettbewerbsrechts, § 5, Rn. 7.
[23] *Gloy-Wilde,* Handbuch des Wettbewerbsrechts, § 5, Rn. 7.
[24] *Rittner,* Wettbewerbs- und Kartellrecht, § 6, Rn. 18 ff.
[25] BGHZ 36, 91, 102 ff.; BGHZ 64, 232; *Emmerich,* Kartellrecht, S. 14.
[26] *Gloy-Wilde,* Handbuch des Wettbewerbsrechts, § 5 Rn. 8.
[27] BGHZ 110, S. 278; BGH NJW 1992, S. 2089.
[28] Dazu unten ausführlich; siehe auch *Emmerich,* 1999, S. 24.

II. Deutsches und europäisches Kartellrecht

dass das GWB für die Sozialversicherungsträger nicht nur gilt, soweit sie im Wettbewerb mit privaten Versicherungen stehen, sondern auch, wenn und soweit sie Verträge mit Dritten über Leistungen abschließen, die von ihren Mitgliedern in Anspruch genommen werden können.[29]

b) Durch das GWB vorgegebene Grenzen des Verhaltens

Die vom Wettbewerbsrecht festgelegten Grenzen für das Verhalten der Unternehmen 26 in den Märkten gliedern sich in insgesamt fünf Gruppen:
– das Kartellverbot gemäß der Generalklausel des § 1 GWB und die dazugehörigen Ausnahmen,
– die Wettbewerbsbeschränkungen in Austauschverträgen gemäß § 14 GWB einerseits
– sowie durch Empfehlungen gemäß § 22 Abs. 1 GWB andererseits,
– die Verhaltenskontrolle bei marktbeherrschenden und marktmächtigen Unternehmen gemäß §§ 19 ff. GWB,
– sowie schließlich die in den §§ 35 ff. GWB geregelte Zusammenschlusskontrolle.

aa) Die Generalklausel des § 1 GWB

Zentrale Bedeutung hat im deutschen Wettbewerbsrecht die Generalklausel des § 1 27 GWB mit dem in ihr enthaltenen **Kartellverbot**. Systematisch handelt es sich dabei um ein sehr weit gespanntes, umfassendes Verbot von Vereinbarungen von im Wettbewerb stehenden Unternehmen, Beschlüssen von Unternehmensvereinigungen und aufeinander abgestimmten Verhaltensweisen, das durch die gesetzlich vorgesehenen Ausnahmen jedoch stark eingeschränkt wird: vertragliche Absprachen im Sinne des § 1 GWB sind demzufolge grundsätzlich verboten, es sei denn, sie sind ausnahmsweise durch die Vorschriften der §§ 2 ff. GWB erlaubt.

Entscheidend für diesen Bereich ist, dass die beteiligten Unternehmen miteinander im 28 Wettbewerb stehen müssen, was übertragen etwa auf die Träger der gesetzlichen Krankenversicherung und ihre Verbände solche Vereinbarungen betrifft, die zwischen verschiedenen Trägern oder ihren Verbänden bzw. mit Unternehmen der privaten Krankenversicherung geschlossen werden, nicht aber etwa Vereinbarungen mit Leistungserbringern etc., die kartellrechtlich unter den Begriff der Vertikalvereinbarung fallen. Auf die Leistungserbringer bezogen bedeutet dies, dass Horizontalvereinbarungen hier solche zwischen den Leistungserbringern bzw. ihren Verbänden sind.

Der vom Kartellverbot gebrauchte Begriff der Vereinbarung deckt sich grundsätz- 29 lich mit dem aus dem allgemeinen Zivilrecht bekannten.[30] Partner des Vertrages müssen Unternehmen oder Vereinigungen von Unternehmen sein, wobei ausreicht, dass diese Voraussetzung bei nur einer der Vertragsparteien vorliegt.[31] Der Begriff erfasst aber auch die sog. gentlemen's agreements,[32] was seit dem 1. 1. 1999 dadurch deutlicher zum Ausdruck kommt, als nicht mehr von „Verträgen" sondern von „Vereinbarungen" die Rede ist.

Der Tatbestand des § 1 GWB setzt sich aus vier wesentlichen Elementen zusammen, 30 die zusammen zu einem grundsätzlichen Kartellverbot führen. Zu unterscheiden sind demnach
– Vereinbarungen, die Unternehmen schließen und Beschlüsse, die Unternehmensvereinigungen fassen sowie aufeinander abgestimmte Verhaltensweisen
– Wettbewerbsbeschränkungen

---

[29] *Gloy-Wilde*, Handbuch des Wettbewerbsrechts, § 5 Rn. 8.
[30] BGHSt 24, S. 54; *van Venroy*, Vertrag und Unwirksamkeit, 1980, bes. S. 42 ff.; *Rittner*, Wettbewerbs- und Kartellrecht, § 7 Rn. 18.
[31] *Emmerich*, Kartellrecht, S. 33 f.
[32] *Emmerich*, Kartellrecht, S. 34.

- Spürbarkeit
- Zweck oder Wirkung.

31 Hinzukommen muss – wie oben bereits ausgeführt – in Abgrenzung zur Vertikalvereinbarung, dass die an der Vereinbarung, dem Beschluss, der abgestimmten Verhaltensweise Beteiligten untereinander im Wettbewerb stehen müssen.

32 Zu § 1 GWB ist darauf hinzuweisen, dass Kartelle gebildet von Sozialversicherungsträgern der gesetzlichen Krankenversicherung kaum in der Weise vorkommen dürften, die sonst für das Kartellrecht typisch ist, da etwa die Träger der gesetzlichen Krankenversicherung zueinander zwar in einem Wettbewerb stehen, nicht aber in einem solchen, der kartellrechtlich bedeutsam werden könnte. Dies kann bei Verbindungen von Leistungserbringern untereinander schon sehr viel eher der Fall sein.

33 Das bedeutet aber auch für die Träger der gesetzlichen Krankenversicherung aber auch für andere Sozialversicherungsträger nicht eine Irrelevanz des § 1 GWB. Vielmehr können hier Wettbewerbsbeschränkungen zu Lasten Dritter im Sinne einer Wettbewerbsverfälschung vorliegen, die nach wenn auch nicht unumstrittener Auffassung ebenfalls den Tatbestand des § 1 GWB erfüllen können. Hierunter werden nämlich in wachsender Tendenz auch solche Maßnahmen von Unternehmen und Unternehmensvereinigungen erfasst, die – ohne unmittelbar eine Einschränkung ihrer wirtschaftlichen Handlungsfreiheit zu bezwecken oder zu bewirken – zu einer künstlichen Veränderung der Wettbewerbsbedingungen im Widerspruch zum System unverfälschten Wettbewerbs führen.[33] Dies kann gerade für die Träger der gesetzlichen Krankenversicherung erhebliche Bedeutung entfalten, wie etwa aktuell die Diskussion unter den Vorzeichen des europäischen Kartellrechts bei den Festbeträgen zeigt.

bb) Verhaltenskontrolle bei marktbeherrschenden und marktmächtigen Unternehmen

34 Von hoher Bedeutung insbesondere für den Bereich der gesetzlichen Krankenversicherung ist die Verhaltenskontrolle bei marktbeherrschenden und marktmächtigen Unternehmen. Hierzu bestimmt § 19 GWB, dass die **missbräuchliche Ausnutzung einer marktbeherrschenden Stellung** durch ein oder mehrere Unternehmen verboten ist. In § 20 GWB findet sich die Aussage, dass marktbeherrschende Unternehmen ein anderes Unternehmen weder unmittelbar noch mittelbar unbillig behindern oder gegenüber gleichartigen Unternehmen ohne sachlich gerechtfertigten Grund unmittelbar oder mittelbar unterschiedlich behandeln darf. Es handelt sich hier also um das allgemeine Verbot des Missbrauchs wirtschaftlicher Macht.

35 Träger der gesetzlichen Krankenversicherung können in mehrfacher Hinsicht Unternehmen relativer Marktstärke sein. Zwar wird die nachfragebedingte Abhängigkeit wohl die größte Bedeutung entfalten; in Betracht kommen kann aber ebenfalls zumindest auch die unternehmensbedingte Abhängigkeit. Aber auch auf der Seite der Leistungserbringer können Unternehmen relativer Marktstärke anzutreffen sein.

36 Dabei ist besonderer Wert auf die Feststellung zu legen, dass nicht die schiere Größe eines Unternehmens nach § 19 GWB kartellrechtliche Sanktionen auslöst, sondern nur der *Missbrauch* wirtschaftlicher Macht. Angesichts der Größenordnung der am Gesundheitswesen beteiligten Akteure sind Fälle marktbeherrschender Stellung gut denkbar. Auch § 20 GWB verbietet nur die unbillige Behinderung oder sachlich ungerechtfertigte Benachteiligung.

37 Träger der gesetzlichen Krankenversicherung können in mehrfacher Hinsicht Unternehmen relativer Marktstärke sein. Zwar wird die nachfragebedingte Abhängigkeit wohl die größte Bedeutung entfalten; in Betracht kommen kann aber ebenfalls zumindest auch die unternehmensbedingte Abhängigkeit. Aber auch auf der Seite der Leistungserbringer können Unternehmen relativer Marktstärke anzutreffen sein.

---

[33] *Emmerich*, Kartellrecht, S. 40 f.

II. Deutsches und europäisches Kartellrecht

Entscheidende Voraussetzung ist jedoch etwa bei § 20 GWB nicht die Ungleichbehandlung selbst. Behinderungen und Ungleichbehandlungen generell zu verbieten, würde das Modell eines freien Wettbewerbs nicht fördern sondern im Gegenteil diesen beeinträchtigen, da damit etwa die Vertragsfreiheit und die Partnerwahlfreiheit entscheidend beeinträchtigt würden. Unterschiedliche Behandlung anderer Unternehmen gehört zum Wettbewerb, so dass eine Grenze deshalb nur für marktbeherrschende Unternehmen oder Unternehmen relativer Marktstärke gezogen wird, die ihre Marktmacht möglicherweise missbräuchlich ausnützen.[34] Auf die Träger der gesetzlichen Krankenversicherung bezogen bedeutet dies also, dass sie bei Vertragsschlüssen mit Leistungserbringern diese zwar an sich selektiv behandeln dürfen, ihnen aber wohl regelmäßig wegen ihrer Marktstärke Grenzen gezogen sind. Das heißt nicht, dass sie ihre wirtschaftliche Stärke und möglicherweise Dominanz gar nicht ausspielen dürfen; die Schranke ist lediglich die **missbräuchliche Ausnutzung**. Das gilt in gleicher Weise auch für die Leistungsanbieter. 38

Daraus lässt sich bereits als allgemeines Prinzip und allgemeiner Grundsatz für sämtliche Sozialleistungsbereiche und für das gesamte Kartellrecht herleiten, dass Größe als solches nicht das Problem ist, sondern die *missbräuchliche* Ausnutzung wirtschaftlicher Macht. 39

Das marktbeherrschende Unternehmen darf seine Vertragspartner vielmehr nicht unbillig oder sachlich ungerechtfertigt ungleich behandeln. Denn grundsätzlich dürfen sich auch marktbeherrschende Unternehmen frei betätigen und sich der ihnen zur Verfügung stehenden wettbewerblichen Mittel bedienen.[35] Erforderlich ist demzufolge für eine Ungleichbehandlung der einzelnen Vertragspartner eine sachliche Rechtfertigung. Ob eine solche vorliegt, kann nur aufgrund einer umfassenden Interessenabwägung unter Berücksichtigung der auf die Freiheit des Wettbewerbs gerichteten Zielsetzung des Gesetzes entschieden werden.[36] Verlässliche Maßstäbe lassen sich in diesem Bereich kaum aufstellen, eine sichere Prognose, ob für ein bestimmtes ungleich behandelndes Verhalten ein sachlich rechtfertigender Grund vorliegt, ist demzufolge nicht möglich. 40

Für die Träger der gesetzlichen Krankenversicherung bedeutet dies, dass bei Erfüllung der übrigen Voraussetzungen diese Interessenabwägung entscheidend sein wird. Stützt sich das Vorgehen auf ein legitimes Interesse der Krankenkasse, so dürfte die Interessenabwägung zu ihren Gunsten ausgehen. Dies wird etwa bei Verträgen mit Leistungserbringern bedeutsam werden, wenn eine Selektion hier unvermeidlich ist. Es wird hier allerdings kein allgemeiner Freibrief für die Selektion gegeben sein; vielmehr werden hier mit zunehmender Marktstärke höhere Anforderungen zu Lasten der Krankenkassen bei der Interessenabwägung zu stellen sein. Diese Konstellation und die damit verbundene Interessenabwägung kann sich auch bei den Leistungsanbietern ergeben. 41

In jedem Fall ist bei einer in diesem Zusammenhang vorzunehmenden Abwägung zwischen den Interessen des marktbeherrschenden Unternehmens und denjenigen der Marktgegenseite immer zu berücksichtigen, dass der Blickwinkel nicht allein auf die – wenngleich legitimen – Interessen des jeweiligen marktstarken Unternehmens beschränkt werden darf. Vielmehr muss bedacht werden, dass gerade auch die Rechtsprechung dazu neigt, Versuche der Krankenkassen, den Markt einseitig zu gestalten, einzugrenzen,[37] um so offensichtlich dem Umstand Rechnung zu tragen, dass immer auch mit gleichem Rang die berechtigten Interessen der Unternehmen der Marktgegenseite in die Abwägung mit einzubeziehen sind. 42

Mit zunehmender Marktstärke werden **höhere Anforderungen** zu Lasten der Krankenkassen oder auch der Leistungserbringer bei der Interessenabwägung zu stellen sein. 43

---

[34] Vgl. näher *Rittner,* Wettbewerbs- und Kartellrecht, § 10, Rn. 63 ff.
[35] *Beuthien,* MedR 1994, S. 253, 262.
[36] *Emmerich,* Kartellrecht, S. 211 ff.
[37] Siehe nur BGH, NJW 1991, S. 2963, 2966 ff.; BGHZ 67, S. 389, 391; *Beuthien,* MedR 1994, S. 253, 263.

cc) Das Empfehlungsverbot des § 22 Abs. 1 GWB

44 Weiterhin kann das Empfehlungsverbot des § 22 Abs. 1 GWB insbesondere für die Träger der gesetzlichen Krankenversicherung Bedeutung erlangen, wie das Beispiel der Arznei-Verordnungsreports zeigt.

45 Anders als § 1 GWB betrifft § 22 Abs. 1 GWB nicht ein Verhalten mehrerer Unternehmen, sondern allein **einseitige Maßnahmen**. Ähnlich wie § 1 GWB hat jedoch auch er das Ziel, Umgehungen der klassischen Verbote vertraglicher Verhaltensweisen zu unterbinden, da die Unternehmen in zahlreichen Fällen dieselben Wirkungen, wie sie mit den genannten Verträgen intendiert sind, auch ohne Vertrag oder Verhaltensabstimmung auf andere Weise zu erreichen vermögen.[38] Der Begriff der „Empfehlung" ist im GWB nicht definiert, wird jedoch vom BGH umschrieben als eine Erklärung, durch die jemand einem anderen etwas als für ihn gut oder vorteilhaft bezeichnet und es ihm deshalb anrät, nahe legt oder vorschlägt. Sie ist zwar unverbindlich, strebt aber danach, den Willen des Adressaten in einem bestimmten Sinn zu beeinflussen. Dabei braucht sie nicht ausdrücklich erklärt zu werden, sondern kann sich auch aus den Umständen ergeben.[39]

46 Die **Arzneiverordnungs-Reports** selber stellen eine Empfehlung im Sinne des § 22 Abs. 1 GWB dar. Entscheidende Frage für einen wettbewerbsrechtlichen Verstoß wird jedoch dann, ob der Träger der gesetzlichen Krankenversicherung als Empfehlender anzusehen ist.

47 Selbst wenn man sie als Empfehlende ansehen sollte, bleibt ein Weg offen zur Berücksichtigung der Besonderheiten der gesetzlichen Krankenversicherung. Da es sich bei § 22 GWB um ein Umgehungsverbot handelt, könnte hier unter Bezugnahme auf § 1 GWB eine Wettbewerbsbeschränkung verneint werden. Eine Vereinbarung oder Empfehlung, die schützenswerte Ziele verfolgt, hat in diesem Sinne aus der Sicht des Verfassers dieses Beitrages keine wettbewerbsbeschränkende Funktion.[40] Will man sich auf eine derartige Argumentation stützen, muss aber deutlich gemacht werden, dass diese nur dann eine Funktion hat, wenn man an sich zu dem Ergebnis gekommen ist, dass der Träger der gesetzlichen Krankenversicherung Empfehlender ist. Es muss außerdem deutlich gemacht werden, welche Funktion die Arznei-Verordnungsreports aus der Sicht des Trägers der gesetzlichen Krankenversicherung als Empfehlender haben.

2. Grundzüge des europäischen Kartellrechts

a) Allgemeine Vorbemerkung

48 Nach **Art. 81 Abs. 1 EG-Vertrag** (Art. 85 Abs. 1 a. F.) sind mit dem Gemeinsamen Markt unvereinbar und verboten alle Vereinbarungen zwischen Unternehmen, Beschlüsse von Unternehmensvereinigungen und aufeinander abgestimmte Verhaltensweisen, die den Handel zwischen Mitgliedstaaten zu beeinträchtigen geeignet sind und eine Verhinderung, Einschränkung oder Verfälschung des Wettbewerbs bezwecken und bewirken, insbesondere

– die unmittelbare oder mittelbare Festsetzung der An- oder Verkaufspreise oder sonstiger Geschäftsbedingungen;
– die Einschränkung oder Kontrolle der Erzeugung, des Absatzes, der technischen Entwicklung oder der Investitionen;
– die Aufteilung der Märkte oder Versorgungsquellen;
– die Anwendung unterschiedlicher Bedingungen bei gleichwertigen Leistungen gegenüber Handelspartnern, wodurch diese im Wettbewerb benachteiligt werden;

---

[38] *Emmerich*, Kartellrecht, S. 57.
[39] BGHSt 24, S. 55; BGH WuW 1978, S. 145, 146; BGHZ 125, S. 315.
[40] So im Ansatz auch *Rittner*, Wettbewerbs- und Kartellrecht, § 7 Rn. 64.

– die an den Abschluss von Verträgen geknüpfte Bedingung, dass die Vertragspartner zusätzliche Leistungen annehmen, die weder sachlich noch als Handelsbrauch in Beziehung zum Vertragsgegenstand stehen.

Zu nennen ist weiter der **Missbrauch einer marktbeherrschenden Stellung nach Art. 82 EG-Vertrag** (Art. 86 a. F.). Danach ist mit dem Gemeinsamen Markt unvereinbar und verboten die *missbräuchliche* Ausnutzung einer beherrschenden Stellung auf dem Gemeinsamen Markt oder auf einem wesentlichen Teil desselben durch ein oder mehrere Unternehmen, soweit dies dazu führen kann, den Handel zwischen den Mitgliedstaaten zu beeinträchtigen. 49

Als Besonderheit enthält das europäische Kartellrecht eine **spezielle Regelung für öffentliche Unternehmen in Art. 86 EG-Vertrag**. Nach Art. 86 Abs. 1 EG-Vertrag (Art. 90 a. F.) werden die Beziehungen der Mitgliedstaaten zu ihren öffentlichen Unternehmen ausdrücklich den Regelungen des EG-Vertrages unterworfen.[41] Dabei werden nicht nur die nach nationalem Recht als öffentlich zu qualifizierenden Unternehmen erfasst, sondern nach dem Zweck der Vorschrift auch solche, auf die der Staat einen maßgeblichen Einfluss ausüben kann.[42] Art. 86 Abs. 2 EG-Vertrag sieht vor, dass die Wettbewerbsregeln des EG-Vertrages auch gelten für Unternehmen, die mit Dienstleistungen von allgemeinem wirtschaftlichem Interesse betraut sind, soweit die Anwendung dieser Vorschriften nicht die Erfüllung der ihnen übertragenen Aufgaben rechtlich oder tatsächlich verhindert. Es ist gut nachvollziehbar, dass diese Vorschrift für das Recht der gesetzlichen Krankenversicherung besondere Bedeutung erlangen kann. 50

b) Der Unternehmensbegriff im europäischen Kartellrecht

Im europäischen Wettbewerbsrecht wird ebenso wie im deutschen Wettbewerbsrecht zentral auf den Unternehmensbegriff abgestellt. Der Unternehmensbegriff im deutschen und der im europäischen Kartellrecht sind faktisch identisch. 51

Allerdings sind hier in letzter Zeit einige Entscheidungen des Europäischen Gerichtshofs ergangen, die für den Bereich sozialer Sicherungssysteme den Unternehmensbegriff näher konkretisiert haben. Insgesamt ist zu den Begriffen des Unternehmens und der wirtschaftlichen Tätigkeit anzumerken, dass eine gewisse Uneinheitlichkeit in der Terminologie besteht, da zum Teil die Unternehmenseigenschaft bejaht und dann die wirtschaftliche Tätigkeit verneint wird, zum Teil aber auch alles auf den Unternehmensbegriff bezogen wird. Diese **Uneinheitlichkeit** kennzeichnet auch die Entwicklung der Rechtsprechung des Europäischen Gerichtshofs. 52

So hat der EuGH in der Rechtssache **Poucet/Pistre**[43] einen Sozialversicherungsträger nicht als Unternehmen im Sinne des europäischen Kartellrechts angesehen, wenn dieser eine Aufgabe mit ausschließlich sozialem Charakter wahrnimmt. Zur Feststellung eines solchen sozialen Charakters hat der EuGH die Kriterien des fehlenden Gewinnstrebens, eines sozialen Ziels und die Anwendung des Solidaritätsgrundsatzes aufgestellt. Diese Entscheidung ist allerdings in der kartellrechtlichen Literatur eher auf Verwunderung gestoßen;[44] neuere Tendenzen in der Rechtsprechung des Europäischen Gerichtshofs sowie Argumentationen des Generalanwalts Jacobs lassen jedoch ein vorsichtiges Abrücken von dieser vielleicht etwas pauschalen Linie erkennen. 53

In Entscheidungen vom 21. 9. 1999[45] hat der Europäische Gerichtshof seine Rechtsprechung zum Unternehmensbegriff weiter konkretisiert. Der Gerichtshof weist insoweit darauf hin, dass er im Rahmen des Wettbewerbsrechts entschieden habe, dass der Begriff 54

---

[41] S. hierzu eingehend auch *Haverkate/Huster,* Europäisches Sozialrecht, S. 287 ff.
[42] *Jung,* in Calliess/Ruffert, EUV/EGV, Art. 86 Rdnr. 13.
[43] EuGH, 17. 2. 1993, Slg. 1993 I, 637 – verb. Rs. C-159/91 und C-160/91- Poucet.
[44] *Emmerich* in Immenga/Mestmäcker, EG-Wettbewerbsrecht, Bd. I, Art. 85 Abs. 1 Rn. 26.
[45] Vgl. etwa Rs. C-67/96 – Albany International BV ./. Stichting Bedrijfspensioenfonds Textielindustrie; DB 2000, S. 826.

des Unternehmens jede eine wirtschaftliche Tätigkeit ausübende Einheit unabhängig von ihrer Rechtsform und der Art ihrer Finanzierung erfasst. Die vorgenannt erwähnten Entscheidungen des Gerichtshofs werden in dieses System dahingehend eingeordnet, dass nach dem Urteil Poucet und Pistre Einrichtungen, die obligatorische, auf dem Grundsatz der Solidarität beruhende Systeme der sozialen Sicherheit verwalten, nicht unter den Begriff des Unternehmens fallen. Im Urteil Fédération française des sociétés d'assurance habe er zum Ausdruck gebracht, dass eine Einrichtung ohne Gewinnerzielungsabsicht, die ein zur Ergänzung einer Grundpflichtversicherung durch Gesetz geschaffenes, auf Freiwilligkeit beruhendes Rentenversicherungssystem verwalte, das nach dem Kapitalisierungsprinzip arbeite, ein Unternehmen im Sinne der Art. 85 ff. EG-Vertrag (nunmehr Art. 81 ff. EG-Vertrag) sei.

55 Mit dieser Entscheidung hat der Gerichtshof die im Urteil Poucet und Pistre zum Ausdruck gebrachte **Ausklammerung sozialer Sicherungssysteme deutlich eingeschränkt.** Die fehlende Gewinnerzielungsabsicht kann keine ausschlaggebende Rolle spielen und Solidaritätsgesichtspunkte zählen insoweit ebenfalls nicht. Mit den auf die spezifische Situation niederländischer Betriebsrentenfonds bezogenen Ausführungen macht der Gerichtshof aber deutlich, dass auch hier ein funktionaler Unternehmensbegriff zu gelten hat. Auf die in jüngster Zeit unter diesem Gesichtspunkt besonders intensiv diskutierten Träger der gesetzlichen Krankenversicherung und die öffentlich-rechtlich organisierten Institutionen auf Leistungserbringerseite in der gesetzlichen Krankenversicherung[46] übertragen bedeutet dies, dass sie nicht als solche aus dem Unternehmensbegriff des europäischen Wettbewerbsrechts ausgeklammert bleiben. Es kommt vielmehr darauf an, in welchen Zusammenhängen sie tätig werden. Hieran hat auch die jüngste Entscheidung des EuGH zur Unternehmenseigenschaft italienischer Unfallversicherungsträger nichts geändert,[47] da sie nur aussagt, dass diese Träger in ihrem Kernbereich die Voraussetzungen für eine Unternehmenseigenschaft nicht erfüllen.

c) Das Kartellverbot des Art. 81 EG-Vertrag

56 Nach Art. 81 Abs. 1 EG-Vertrag (Art. 85 Abs. 1 a. F.) sind mit dem Gemeinsamen Markt unvereinbar und verboten alle **Vereinbarungen** zwischen Unternehmen, **Beschlüsse** von Unternehmensvereinigungen und **aufeinander abgestimmte Verhaltensweisen,** die den Handel zwischen Mitgliedstaaten zu beeinträchtigen geeignet sind und eine Verhinderung, Einschränkung oder Verfälschung des Wettbewerbs bezwecken und bewirken, insbesondere a) die unmittelbare oder mittelbare Festsetzung der An- oder Verkaufspreise oder sonstiger Geschäftsbedingungen ...

57 Gemäß Art. 81 EG-Vertrag (Art. 85 a. F.) ist weiter erforderlich, dass die Unternehmen durch entsprechende Maßnahmen eine **Einschränkung oder gar Verhinderung des Wettbewerb bezwecken oder bewirken.** Unter wettbewerbsbeschränkenden Maßnahmen im Sinne des europäischen Wettbewerbsrechts sind Vereinbarungen, Beschlüsse und abgestimmte Verhaltensweisen zu verstehen. Insoweit ist auf das zu verweisen, was bereits zum nationalen Kartellrecht ausgeführt wurde.

58 Als zusätzliches ungeschriebenes Tatbestandsmerkmal in Art. 81 Abs. 1 EG-Vertrag (Art. 85 Abs. 1 a. F.) fordert der Europäische Gerichtshof in ständiger Rechtsprechung die **Spürbarkeit der Wettbewerbsbeschränkung.**[48] Darunter wird die Eignung der Wettbewerbsbeschränkung verstanden, Auswirkungen auf den sog. relevanten Markt vorzunehmen. Dieser relevante Markt umfasst den Marktanteil der beteiligten Unternehmen am Binnenmarkt, wobei hier üblicherweise eine Größenordnung von 5% gefordert

---

[46] S. hierzu näher *Steinmeyer,* Wettbewerbsrecht im Gesundheitswesen.
[47] EuGH vom 22. 1. 2002 – C-128/00 – Cisal di Battistello Venanzio & C ./. INAIL; siehe hierzu auch *Fuchs/Guibboni, Die BG* 2001, 320 ff.
[48] Vgl. etwa EuGH, 30. 6. 1966, Slg. 1966, S. 281, 303 f. – Rs. 56/65 – LTM/MBU; EuGH, 25. 10. 1983, NJW 1984, S. 1281, 1284 – AEG.

wird.[49] Dazu ergänzend zieht der Gerichtshof auch den Anteil der beteiligten Unternehmen am innergemeinschaftlichen Handel als Kriterium heran; bei einer Größenordnung von 10% sei eine Spürbarkeit auf jeden Fall anzunehmen.[50] Allerdings ist bei diesen Prozentsätzen zu beachten, dass sie keine starren Kriterien sind. So mag die Kommission auch allein auf das 5% – Kriterium abstellen.[51] Angesichts der Bedeutung der Bundesrepublik Deutschland innerhalb der Europäischen Union ist das 5%-Kriterium des europäischen Kartellrechts sehr häufig erfüllt. Maßgebend sind grundsätzlich die Umstände des Falles, so dass etwa auf oligopolistischen Märkten die Spürbarkeit einer Wettbewerbsbeschränkung eher als auf Wettbewerbsmärkten bejaht werden kann.[52]

Nach Art. 81 Abs. 1 EG-Vertrag muss die **Wettbewerbsbeschränkung Zweck oder Wirkung der Maßnahme** sein. Da hier diese beiden Kriterien fakultativ nebeneinander stehen, reicht die Erfüllung der Voraussetzungen eines Merkmals aus. Zweck der Maßnahme bedeutet, dass sie eine objektiv dahingehende Tendenz haben und auch dazu geeignet sein muss.[53] Unter Wirkung ist zum einen die Auswirkung der Maßnahme auf die beteiligten Unternehmen zu verstehen, daneben aber auch im Falle der Wettbewerbsverfälschung die Auswirkung auf Dritte.[54]

d) Missbrauch einer marktbeherrschenden Stellung nach Art. 82 EG-Vertrag (Art. 86 a. F.)

Zu nennen ist weiter der Missbrauch einer marktbeherrschenden Stellung nach Art. 82 EG-Vertrag (Art. 86 a. F.). Danach ist mit dem Gemeinsamen Markt unvereinbar und verboten die **missbräuchliche Ausnutzung einer beherrschenden Stellung auf dem Gemeinsamen Markt oder auf einem wesentlichen Teil desselben** durch ein oder mehrere Unternehmen, soweit dies dazu führen kann, den Handel zwischen den Mitgliedstaaten zu beeinträchtigen.

Angesichts des Verbreitungsgrades der gesetzlichen Krankenversicherung in Deutschland kann zumindest bei einem Zusammenwirken aller Träger der gesetzlichen Krankenversicherung eine marktbeherrschende Stellung wohl nicht in Abrede gestellt werden. Das gleiche kann abhängig vom jeweiligen relevanten Markt auch für einzelne Träger der gesetzlichen Krankenversicherung gelten.

Entscheidend ist aber auch hier, dass der Missbrauchstatbestand erfüllt ist.[55]

e) Öffentliche Unternehmen i. S. d. Art. 86 EG-Vertrag (Art. 90 a. F.)

Nach Art. 86 Abs. 1 EG-Vertrag (Art. 90 a. F.) werden die Beziehungen der Mitgliedstaaten zu ihren öffentlichen Unternehmen ausdrücklich den Regelungen des EG-Vertrages unterworfen. Dabei werden nicht nur die nach nationalem Recht als öffentlich

---

[49] EuGH, 25. 10. 1983, NJW 1984, S. 1281, 1284 – AEG; die Kommission hat diese Kriterien in ihrer Bagatellbekanntmachung bestätigt: EuGH v. 12. 9. 1986, Abl. Nr. C 231 S. 2 Ziff. 7.
[50] EuGH, v. 14. 12. 1983 – Rs. 319/82 (Kerpen) Slg. 1983, S. 4173, 4183.
[51] *Emmerich,* in: Immenga/Mestmäcker, EG-Wettbewerbsrecht, Bd. I, Art. 85 Abs. 1 Rn. 209 f.
[52] S. dazu *Emmerich,* in: Immenga/Mestmäcker, EG-Wettbewerbsrecht, Bd. I, Art. 85 Abs. 1 Rn. 210.
[53] S. dazu *Emmerich,* in: Immenga/Mestmäcker, EG-Wettbewerbsrecht, Bd. I, Art. 85 Abs. 1 Rn. 240 ff.; *Bunte* in Langen/Bunte, Kommentar zum deutschen und europäischen Kartellrecht, Art. 81 –Generelle Prinzipien – Rn. 97; KOMM.v. 13. 12. 1989, Abl. 1990 Nr. L 21/71, 76 – Bayo-noxtl.
[54] S. dazu *Emmerich,* in: Immenga/Mestmäcker, EG-Wettbewerbsrecht, Bd. I, Art. 85 Abs. 1 A. Rn. 246 ff.; *Bunte,* in: Langen/Bunte, Kommentar zum deutschen und europäischen Kartellrecht, Art. 81 – Generelle Prinzipien – Rn. 62; *Hirsch,* in: Gleiß, Kommentar zum EG-Kartellrecht, Art. 85 Rn. 158 ff.
[55] EuGH v. 13. 2. 1979, – Rs. 85/76 – (Hoffmann-La Roche), Slg. 1979 I, S. 461, 541.

zu qualifizierenden Unternehmen erfasst, sondern nach dem Zweck der Vorschrift auch solche, auf die der Staat einen maßgeblichen Einfluss ausüben kann.[56]

64 Art. 86 Abs. 1 EG-Vertrag (Art. 90 Abs. 1 a.F.) ist insofern eine **staatsgerichtete Vorschrift,** als den Mitgliedstaaten umfangreiche Pflichten auferlegt werden, um eine Umgehung der Vorschriften im öffentlich-rechtlichen Bereich auszuschließen.[57] So werden den Mitgliedstaaten im Hinblick auf öffentliche Unternehmen keine Maßnahmen gestattet, die dem EG-Vertrag insgesamt und insbesondere den Art. 12, 81 bis 89 (85 bis 94 a.F.) EG-Vertrag zuwiderlaufen. Gewissermaßen werden damit die den Mitgliedstaaten bereits allgemein durch Art. 10 Abs. 2 EG-Vertrag (Art. 5 Abs. 2 a.F.) auferlegten Pflichten wiederholt und näher konkretisiert. Vor diesem Hintergrund entnimmt der Gerichtshof Art. 86 Abs. 1 EG-Vertrag (Art. 90 Abs. 1 a.F.) „einen besonderen Anwendungsfall bestimmter allgemeiner die Mitgliedstaaten verpflichtender Grundsätze", aus welchem folge, dass die Mitgliedstaaten weder selbst noch mittelbar, indem sie durch gesetzliche Vorgaben entsprechende Voraussetzungen für die Unternehmen schaffen, Maßnahmen treffen dürfen, die namentlich gegen die Art. 81 bis 89 EG-Vertrag Art. (85 bis 94) verstoßen.[58]

65 Dagegen wendet sich **Art. 86 Absatz 2 EG-Vertrag** (Art. 90 Abs. 2 a.F.) **direkt an die benannten Unternehmen.** Diese Vorschrift lässt in engen Grenzen Ausnahmen von der Anwendbarkeit der europäischen Wettbewerbsregeln zu.

66 Die beiden Absätze des Art. 86 EG-Vertrag (Art. 90 a.F.) sind trotz dieser auf den ersten Blick scheinenden Differenzierung jedoch als unmittelbar zusammenhängend einzuordnen.[59] Denn wenn Art. 86 Abs. 2 EG-Vertrag (Art. 90 Abs. 2 a.F.) in engen Grenzen Ausnahmen von der Anwendung des Gemeinschaftsrechts hinsichtlich der betroffenen Unternehmen erlaubt, erscheint es sachgerecht, dass dies auch für die Mitgliedstaaten als Träger dieser Einrichtung gilt.[60] Im Kern bezweckt Art. 86 EG-Vertrag (Art. 90 a.F.) den Schutz des Systems des unverfälschten Wettbewerbs vor den Risiken, die sich aus der Verbindung von staatlicher und unternehmerischer Tätigkeit ergeben. Der Europäische Gerichtshof führt in einer Entscheidung zur Funktion des Art. 86 EG-Vertrag (Art. 90 a.F.) aus: Art. 86 Abs. 1 EG-Vertrag (Art. 90 a.F.) verbietet sämtliche Maßnahmen der Mitgliedstaaten bezüglich öffentlicher Unternehmen, die mit dem Gemeinschaftsrecht nicht vereinbar sind".[61]

67 Die **Ausnahmevorschrift des Art. 86 Abs. 2 EG-Vertrag** (Art. 90 Abs. 2 a.F.) ist **nicht als eine generelle Freizeichnung des Unternehmens von der Anwendung der europäischen Wettbewerbsregeln zu sehen.** Im Gegensatz dazu wird das betroffene Unternehmen nur dann vom Anwendungsbereich ausgeklammert, wenn die Anwendung im Einzelfall die Tatbestandsvoraussetzungen erfüllt. Insofern sind bei jeder in Betracht kommenden Maßnahme der gesetzlichen Krankenversicherung die Voraussetzungen einzeln auf ihr Vorliegen zu überprüfen. Es ist aber darauf hinzuweisen, dass die Vorschrift des Art. 86 Abs. 2 EG-Vertrag (Art. 90 Abs. 2 a.F.) in ihrer genauen Anwendbarkeit höchst umstritten ist. Die Gemeinschaftsorgane legten bisher diese Ausnahmevorschrift sehr restriktiv aus. Aus diesem Grunde wurden die Voraussetzungen lange Zeit in keinem einzigen Fall endgültig bejaht.[62] Daraus wurde auch zum Teil geschlossen, dass die Vorschrift eigentlich obsolet sei.[63]

---

[56] *Jung,* in: Calliess/Ruffert, EUV/EGV, Art. 86 Rn. 13.
[57] *Mestmäcker,* in: Immenga/Mestmäcker, EG-Wettbewerbsrecht Bd. II, Art. 90, Rn. 1ff.
[58] Grundlegend EuGH, 16. 11. 1977, Slg. 1977, 2115, 2145, 2147ff., Rs. 13/77 – Inno/ATAB, seitdem st. Rspr.
[59] EuGH, EuZW 1993, S. 422, 423 – Corbeau.
[60] Ebenso *Ehricke,* EuZW 1993, S. 211, 214; **str.**
[61] EuGH v. 6. 7. 1982, Slg. 1982 III, 2545, 2575 – verb. Rs. 188 bis 190/80- Transparenz-Richtlinie I.
[62] *Mestmäcker,* in: Immenga/Mestmäcker, EG-Wettbewerbsrecht, Bd. II, Art. 90 Abs. 2, Rn. 14ff.
[63] Mit ausführlicher Begründung *P. v. Wilmowsky,* ZHR 155 (1991), S. 545, 553ff.

Insoweit hat aber der **Europäische Gerichtshof** in seiner Entscheidung vom 21. 9. 68
1999[64] mehr Klarheit gebracht und dem **Art. 86 Abs. 2 EG-Vertrag** (Art. 90 Abs. 2
a. F.) einen **durchaus bemerkenswerten Anwendungsbereich** zugewiesen. Der Gerichtshof macht zunächst klar: „Artikel 90 Absatz 2 (nunmehr Art. 86 Abs. 2) soll dadurch, dass er unter bestimmten Voraussetzungen Ausnahmen von den allgemeinen Vorschriften des Vertrages zulässt, das Interesse der Mitgliedstaaten am Einsatz bestimmter Unternehmen, insbesondere solcher des öffentlichen Sektors, als Instrument der Wirtschafts- und Sozialpolitik mit dem Interesse der Gemeinschaft an der Einhaltung der Wettbewerbsregeln und der Wahrung der Einheit des Gemeinsamen Marktes in Einklang bringen. Unter Berücksichtigung dieses Interesses der Mitgliedstaaten kann es diesen nicht verboten sein, bei der Umschreibung der Dienstleistungen von allgemeinem wirtschaftlichem Interesse, mit denen sie bestimmte Unternehmen betrauen, die eigenen Ziele ihrer staatlichen Politik zu berücksichtigen und diese durch Verpflichtungen und Beschränkungen zu verwirklichen suchen, die sie diesen Unternehmen auferlegen".

Nach der neuen Entscheidung ist dieser „Tatbestand des Artikels 90 Absatz 2 des Vertrages (nunmehr Art, 86 Abs. 2) nicht erst dann erfüllt, wenn das finanzielle Gleichgewicht oder das wirtschaftliche Überleben des mit einer Dienstleistung von allgemeinem wirtschaftlichem Interesse betrauten Unternehmens bedroht ist. Vielmehr genügt es, dass ohne die streitigen Rechte die Erfüllung der dem Unternehmen übertragenen besonderen Aufgaben gefährdet wäre, wie sie sich aus den ihm obliegenden Verpflichtungen und Beschränkungen ergeben, oder dass die Beibehaltung dieser Rechte erforderlich ist, um ihrem Inhaber die Erfüllung seiner im allgemeinen wirtschaftlichen Interesse liegenden Aufgaben zu wirtschaftlich tragbaren Bedingungen ermöglichen."

Damit sind die Kriterien für die Anwendung dieser Ausnahmevorschrift deutlich zu- 70
rückgenommen worden, was ihr einen weiteren Anwendungsbereich gibt.

III. Zwischenergebnis

Aus den bisherigen Überlegungen hat sich ergeben, dass das **Kartellrecht grundsätz-** 71
lich auch im Sozialrecht Anwendung finden kann. Der Bereich des Sozialrechts ist geprägt durch erhebliche wirtschaftliche Dimensionen, die sich auch in wirtschaftlicher Macht niederschlagen können. Soweit dieser Bereich mit engen öffentlich-rechtlichen Vorgaben strukturiert ist, mag das Kartellrecht zurücktreten. Wird aber wirtschaftliche Macht ausgeübt, so stellt das Kartellrecht Rahmenbedingungen auf, an die sich auch Träger und Unternehmen der Daseinsvorsorge zu halten haben.

Es geht an sich nur um die an sich selbstverständliche Verhinderung des Missbrauchs 72
wirtschaftlicher Macht.

IV. Aktuelle Einzelfragen

Die Thematik Kartellrecht und Sozialrecht ist im Fluss und zeigt inzwischen sogar ge- 73
wisse Tendenzen hin zu einer Thematik Kartellrecht und Arbeits- und Sozialrecht. Dies legt es nahe, anhand einiger Einzelfragen die künftige Entwicklung zwar nicht zu prognostizieren aber eine gewisse Zielrichtung anzuzeigen.

1. Festbeträge bei Arzneimitteln

Für erhebliche Furore hat der Streit um die Festsetzung von Festbeträgen in der gesetz- 74
lichen Krankenversicherung gesorgt.

---

[64] Rs. C-67/96 – Albany International BV ./. Stichting Bedrijfspensioenfonds Textielindustrie, DB 2000, S. 826.

75 Nach § 35 SGB V bestimmt der Bundesausschuss der Ärzte und Krankenkassen in den Richtlinien nach § 92 Abs. 1 Satz 2 Nr. 6 SGB V, für welche Gruppen von Arzneimitteln Festbeträge festgesetzt werden können. In den Gruppen sollen Arzneimittel mit 1. denselben Wirkstoffen, 2. pharmakologisch-therapeutisch vergleichbaren Wirkstoffen, insbesondere mit chemisch verwandten Stoffen und 3. therapeutisch vergleichbarer Wirkung, insbesondere Arzneimittelkombinationen, zusammengefasst werden. Festgesetzt werden die Festbeträge durch die Spitzenverbände der Krankenkassen.

76 Die kartellrechtliche Fragestellung wird in Entscheidungen des LG Düsseldorf vom 28. 8. 1998[65] und vom 6. 1. 1999[66] sowie einer Entscheidung des Oberlandesgerichts Düsseldorf vom 28. 8. 1998[67] behandelt. Das Oberlandesgericht Düsseldorf kommt zu dem Ergebnis, dass die **Krankenkassen bzw. ihre Verbände Unternehmen bzw. Unternehmensvereinigungen** im Sinne des Art. 85 (jetzt Art. 81) EGV seien. Bei der Festbetragsfestsetzung handele es sich auch um eine wirtschaftliche Tätigkeit im Sinne des Art. 85 Abs. 1 (jetzt Art. 81 Abs. 1) EGV; von ihr gehe ein starker preisregulierender Einfluss aus. Sie sei auch geeignet, den Handel zwischen Mitgliedstaaten zu beeinträchtigen. Insgesamt handele es sich bei der beanstandeten Festbetragsfestsetzung um eine Wettbewerbsbeschränkung im Sinne des Art. 85 Abs. 1 (jetzt Art 81 Abs. 1) EGV. Ein Ausnahmefall im Sinne des Art. 90 Abs. 2 (jetzt Art. 86 Abs. 2) EGV sei nicht ausreichend dargetan.

77 Das hat zu einer intensiven Diskussion geführt, die unter anderem dazu geführt hat, dass gesetzgeberische Schritte erwogen werden, das Bundeskartellamt mit einem Beanstandungsbescheid auf den Plan gerufen haben und das LSG Nordrhein-Westfalen und den BGH bewogen haben, dem Europäischen Gerichtshof die europarechtlichen Fragen vorzulegen.[68]

78 Für die hier vorliegende Problematik ist entscheidend, ob es sich bei den Krankenkassen und ihren Spitzenverbänden um Unternehmen bzw. Unternehmensvereinigungen im Sinne des europäischen Wettbewerbsrechts handelt, ob die Festbetragsfestsetzung eine Maßnahme im Sinne dieser Vorschrift ist und sie den Wettbewerb innerhalb des Gemeinsamen Marktes beeinträchtigt.

79 Es besteht Anlass, hier im Sinne der Rechtsprechung von einer wirtschaftlichen Tätigkeit auszugehen und damit das Vorliegen des Unternehmensbegriffs zu bejahen, da
 – die Rechtssubjektivität ohne Frage gegeben ist,
 – eine hoheitliche Tätigkeit im Sinne des sehr engen Verständnisses des Europäischen Gerichtshofs nicht gegeben ist, wenn auch der öffentlich-rechtliche Charakter der Maßnahme hier bedeutsam ist für die Frage des Verstoßes gegen europäisches Wettbewerbsrecht,
 – die Festbetragsfestsetzung wirtschaftliche Auswirkungen auf die Preisfestsetzung durch die Arzneimittelindustrie hat und deshalb grundsätzlich als wirtschaftliche Tätigkeit zu qualifizieren ist.

80 Allerdings ist hier bedeutsam, dass die **Festbetragsfestsetzung nicht den Wettbewerb von an dieser Maßnahme beteiligten Unternehmen beschränkt,** da insoweit kein Wettbewerb unter den Krankenkassen besteht. Eine Wettbewerbsbeschränkung im Sinne des Art. 81 EG-Vertrag (Art. 85 a. F.) ist also nicht gegeben. Man mag hier argumentieren, dass unter den Kassen ein Wettbewerb hinsichtlich des Beitragssatzes besteht, der auch durch die Arzneimittelpreise als Ausgabeposten beeinflusst wird. Als maßgebliche hypothetische Alternative ist hier aber angesichts des geltenden Systems der gesetzlichen

---

[65] 38 O (Kart) 74/97.
[66] 34 O (Kart) 182/98 Q.
[67] U (Kart) 19/98 – NZS 1998., 567 ff.
[68] LSG NRW Beschluss v. 28. 9. 2000 – L 5 KR 11/95; inzwischen wegen Klagerücknahme erledigt; siehe aber BGH v. 3. 7. 2001 KZR 31/99 und 32/99.

IV. Aktuelle Einzelfragen

Krankenversicherung nicht die Einzelverhandlung der Arzneimittelpreise zwischen Hersteller und Krankenkasse anzusehen sondern die freie Festsetzung der Preise durch den Hersteller, was aber alle Krankenkassen dann in gleicher Weise trifft.

Auch eine **Wettbewerbsverfälschung** im Sinne dieser Vorschrift kann nicht angenommen werden. Es ist nämlich geltend zu machen, dass angesichts der besonderen Strukturen des Gesundheitswesens ein Anreiz zum Preiswettbewerb unter den Arzneimittelherstellern nur in begrenztem Maße vorhanden ist. Marktanreize, die Medikamente möglichst billig anzugeben, um so Marktanteile zu gewinnen, sind – die Festbetragsfestsetzung einmal weggedacht – in einem System kaum gegeben, in dem die Medikamente unabhängig von ihrem Verkaufspreis und allenfalls mit einer allerdings nicht in Relation zum Preis stehenden Zuzahlung durch den Versicherten (§ 31 Abs. 3 SGB V) vom Träger der gesetzlichen Krankenversicherung (und vergleichbar auch von den Unternehmen der privaten Krankenversicherung) dem Versicherten zur Verfügung gestellt werden. Die Situation ohne Festbetragsfestsetzung hat zwar zum Vorteil, dass in den Markt nicht regulierend eingegriffen wird; es dürfte aber nicht in Abrede zu stellen sein, dass dieser Markt aufgrund der besonderen Situation im Gesundheitswesen vom Idealbild des unverfälschten Wettbewerbs deutlich entfernt ist. Wenn aber mit der Festbetragsfestsetzung nun der Versuch unternommen wird, einen Preis vorzugeben, der sich näherungsweise bei einem echten Preiswettbewerb unter den Arzneimittelherstellern ergeben würde, so entspricht auch dies sicherlich nicht dem Idealbild des unverfälschten Wettbewerbs; es ist aber nicht gerechtfertigt, nunmehr dies als Wettbewerbsverfälschung zu bezeichnen. Es handelt sich um eine Maßnahme, die den besonderen Marktsituationen im Gesundheitssektor in durchaus angemessener Weise Rechnung trägt.

Letztlich wird hier deutlich, dass in einem Sektor der Wirtschaft, in dem die klassischen Marktmechanismen nur begrenzt funktionieren, das Bild des unverfälschten Wettbewerbs zwar Vorgabe sein sollte; Eingriffe in den Markt oder Einflussnahmen auf den Markt können aber hier nicht pauschal mit dem Negativattest bedacht werden.

Die Spitzenverbände der gesetzlichen Krankenversicherung **missbrauchen auch nicht ihre marktbeherrschende Stellung** im Sinne des Art. 82 EG-Vertrag (Art. 86 a. F.). Hier fehlt es bereits am Tatbestand des Missbrauchs, im übrigen aber auch sicherlich an der Unangemessenheit der Bestimmung von Preisen.

Eine hilfsweise Prüfung des Art. 86 Abs. 2 EG-Vertrag (Art. 90 Abs. 2 a. F.) hat ergeben, dass es sich hier ohne Frage um **Unternehmen handelt, die mit Dienstleistungen im allgemeinen wirtschaftlichen Interesse betraut sind.** Die Anwendung der Wettbewerbsvorschriften würde hier die Erfüllung der übertragenen Aufgaben insoweit verhindern, als ansonsten die Gefahr besteht, dass die Krankenkassen die Dienstleistung Gesundheitsversorgung nicht zu wirtschaftlich zumutbaren Bedingungen erbringen können. In einem Sektor, in dem die klassischen Wettbewerbsmechanismen nur eingeschränkt funktionieren, führt eine freie Preisgestaltung der Arzneimittelindustrie nicht zu mehr, sondern eher zu weniger Wettbewerb, was zu Lasten der Versichertengemeinschaft geht. Eine Alternative, die nach einem geregelten Verfahren darauf abzielt, einen Richtpreis zu ermitteln, der einem unter echten Wettbewerbsbedingungen ermittelten Marktpreis nahe kommt, ist ein angemessenes und dem Prinzip der Verhältnismäßigkeit genügendes Mittel, um – unter Beachtung der Idee des unverfälschten Wettbewerbs in der Gemeinschaft – die das europäische Wettbewerbsrecht durchzieht, zu einer Lösung zu kommen, die es den Trägern der gesetzlichen Krankenversicherung ermöglicht, die ihnen übertragene Aufgabe zu erfüllen. Der Europäische Gerichtshof hat in anderem Zusammenhang zum Ausdruck gebracht, dass eine Gefährdung des finanziellen Gleichgewichts des Systems der sozialen Sicherheit geeignet ist, Beschränkungen der Grundfreiheiten des EG-Vertrages zu rechtfertigen.[69]

---

[69] EuGH v. 28. 4. 1998, – Rs. C-158/96 – (Kohll), NZS 1998, S. 280, 282; Urt. v. 28. 4. 1998, – Rs. C-120/95 – (Decker), NZS 1998, S. 283, 284.

85 Dann aber muss dieser Gesichtspunkt auch im europäischen Wettbewerbsrecht greifen und eine Maßnahme wie die Festbetragsfestsetzung insbesondere dann rechtfertigen, wenn ein Verfahren gewählt wird, das zwar nicht dem Idealbild des unverfälschten Wettbewerbs entspricht, sich gegenüber dem alternativen Zustand aber kaum weiter vom Idealbild des unverfälschten Wettbewerbs wegbewegt. Es kann angesichts der in Frage kommenden Alternativen auch nicht behauptet werden, dass die Entwicklung des Handelsverkehrs in einem Ausmaß beeinträchtigt ist, das dem Interesse der Gemeinschaft zuwiderläuft (Art. 86 Abs. 2 Satz 2 EG-Vertrag = Art. 90 Abs. 2 Satz 2 a. F.). Dies wird verstärkt durch die neue Rechtsprechung des Europäischen Gerichtshofs, wie sie in den Entscheidungen vom 21. 9. 1999[70] zum Ausdruck gekommen ist. Danach genügt es, „dass ohne die streitigen Rechte die Erfüllung der dem Unternehmen übertragenen besonderen Aufgaben gefährdet wäre, wie sie sich aus den ihm obliegenden Verpflichtungen und Beschränkungen ergeben, oder dass die Beibehaltung dieser Rechte erforderlich ist, um ihrem Inhaber die Erfüllung seiner im allgemeinen wirtschaftlichen Interesse liegenden Aufgaben zu wirtschaftlich tragbaren Bedingungen ermöglichen."

86 Man mag noch geltend machen, ob durch die im SGB V vorgesehene Regelung zur Festbetragsfestsetzung dem **Verhältnismäßigkeitsgrundsatz** in ausreichende Weise Rechnung getragen wird. Aus den bisherigen Ausführungen dürfte deutlich geworden sein, dass eine Preisbeeinflussung angesichts der besonderen Situation unvermeidlich oder doch zumindest durch wichtige Gründe gerechtfertigt ist. Die Alternative zum bestehenden Verfahren unter Einbeziehung der Spitzenverbände der gesetzlichen Krankenversicherung ist eine staatliche Preisfestsetzung. Beide Alternativen greifen in den Markt ein und eine Abstufung nach stärkerem oder geringerem Eingriff lässt sich nicht sinnvoll führen.

87 Insgesamt ist damit für das europäische Wettbewerbsrecht festzustellen, dass angesichts der noch kaum vorhandenen Rechtsprechung zu diesem Fragenkreis eine sichere Prognose nicht möglich ist, aus mehreren Gesichtspunkten aber herzuleiten ist, dass die Festbetragsfestsetzung nicht gegen europäisches Gemeinschaftsrecht verstößt.

88 Die ergangenen Urteile zur Festbetragsfestsetzung haben zu einer weitgehenden Blockade des Instrumentariums des § 35 SGB V geführt, so dass dieses Steuerungsinstrument zur Zeit praktisch nicht nutzbar ist. Dies hat den Gesetzgeber dazu veranlasst, durch das Gesetz zur Anpassung der Regelungen über die Festsetzung von Festbeträgen für Arzneimittel in der gesetzlichen Krankenversicherung (**Festbetrags-Anpassungsgesetz – FBAG**) vom 27. 7. 2001[71] diese Blockade zu durchbrechen und einmalig bis zum 31. 12. 2003 die Festbeträge durch Rechtsverordnung festzusetzen.

89 Der Kern dieses Gesetzes lässt sich dahin zusammenfassen, dass man hofft, so die Festbetragsfestsetzung zu einer hoheitlichen dem europäischen Kartellrecht entzogenen Tätigkeit zu machen. Die bisherige Regelung im SGB V wird bis Ende 2003 ausgesetzt, so dass zumindest die nächste Festbetragsfestsetzung ohne Blockade durchgeführt werden kann.

90 Der **Gesetzgeber** hat sich vorgenommen, die **Problematik für die Zeit nach 2003 neu zu regeln oder zumindest die bisherige Regelung zu überdenken.** Dahinter steckt sicher auch die Hoffnung, vom Europäischen Gerichtshof im anhängigen Verfahren Hinweise zu bekommen; die zunehmende Anwendung von Art. 90 Abs. 2 EGV durch den Gerichtshof gibt begründete Hoffnung, dass er eine der jetzt zeitweilig außer Kraft gesetzten Festbetragsregelung ähnliche Lösung europarechtlaich akzeptieren wird.

91 Aus der Sicht des Rechtswissenschaftlers bedauerlich ist diese geplante Neuregelung deshalb, weil hier nur durch die Übernahme der Regulierungsfunktion durch den Staat ein angesichts des Fehlens höchstrichterlicher Entscheidungen möglicherweise sogar nur vorübergehendes kartellrechtliches Problem nicht durch Deregulierung sondern durch Regulierung gelöst wird. Es erscheint widersinnig, wenn man dem europäischen Kartell-

---

[70] Rs. C-67/96 – Albany International BV ./. Stichting Bedrijfspensioenfonds Textielindustrie; noch u. v.
[71] BGBl. I 1948.

IV. Aktuelle Einzelfragen

recht, das angetreten ist, einen freien und von staatlichen Einflüssen möglichst losgelösten Wettbewerb zu garantieren, nur dadurch Rechnung tragen kann, dass man dem Staat wieder höheren Einfluss einräumt. Es lässt sich durchaus geltend machen, dass der deutsche Gesetzgeber hierdurch der aus Art. 86 Abs. 2 EG-Vertrag sich ergebenden Verpflichtung zur Förderung der freien Wettbewerbsordnung der Gemeinschaft zuwiderhandelt.[72]

Die jüngste Entwicklung stellt diesen Gesetzentwurf insoweit in Frage, als man nunmehr auch darüber nachdenken dürfte, ob nicht auch der Erlass von Arzneimittelrichtlinien anders ausgestaltet werden muss.

2. Änderungen durch das GKV-Gesundheitsreformgesetz 2000

Dieser „Einbruch des Kartellrechts in das Sozialrecht" hat zu erheblicher Verunsicherung geführt, was den Gesetzgeber des GKV-Gesundheitsreformgesetzes 2000 zu Abwehrreaktionen veranlasst hat.

Es stellt sich deshalb die Frage, ob die bisherigen Überlegungen sich nicht möglicherweise durch das GKV-Gesundheitsreformgesetz 2000 erledigt haben, da durch § 69 SGB V in der neuen Fassung eine auch für unseren Fragenkreis relevante und einschlägige Spezialregelung getroffen ist und zudem nunmehr den Kartellgerichten die einschlägigen Rechtssachen genommen worden sein.

a) Anwendbarkeit des Kartellrechts auch nach dem GKV-Gesundheitsreformgesetz 2000?

Zur Anwendung des Kartellrechts kann geltend gemacht werden, dass durch § 69 SGB V in der Fassung der GKV-Gesundheitsreform 2000 eine kartellrechtliche Prüfung bei Rechtsbeziehungen von Krankenkassen und ihren Verbänden zu Ärzten und ihren Verbänden grundsätzlich nicht mehr stattzufinden hat.

§ 69 SGB V bringt zunächst nur zum Ausdruck, dass sich alle Rechtsbeziehungen zwischen Krankenkassen und Leistungserbringern nach den Vorschriften des Fünften Buches Sozialgesetzbuch richten, was nichts weiter ist als die Feststellung einer abschließenden Regelung. Hieraus kann nicht bereits zwingend etwa auf eine öffentlich-rechtliche Ausgestaltung geschlossen werden. Dass für die Rechtsbeziehungen „im Übrigen" auf das Bürgerliche Gesetzbuch verwiesen wird, besagt zunächst einmal nur, dass in diesem Kapitel die Rechtsbeziehungen möglichst umfassend geregelt werden sollten. Satz 4 der neugefassten Vorschrift macht dann deutlich, dass der Charakter der abschließenden Regelung auch für die Rechtsbeziehungen zu Dritten gilt. Diese Rechtsbeziehungen zu Dritten können etwa solche zu Konkurrenten sein.[73] Allerdings findet sich in den einschlägigen Vorschriften des SGB V nichts zu diesen Rechtsbeziehungen, so dass praktisch auf eine nicht existente abschließende Regelung verwiesen wird. Die Regelungen des Kapitels beschränken sich auf die Regelungen der Rechtsbeziehungen zwischen den in Satz 1 und Satz 2 genannten Parteien. Das Verhältnis etwa der Leistungsanbieter untereinander wird nicht geregelt, ebenso wenig deren Verhältnis zu den Krankenkassen außerhalb der sozialrechtlichen Rechtsbeziehung. **Aus § 69 SGB V kann deshalb nicht auf die Unanwendbarkeit des GWB auf das Recht der gesetzlichen Krankenversicherung geschlossen werden.**

§ 69 SGB V in der jetzigen Fassung geht zurück auf den weitgehend identischen § 69 des Entwurfs eines Gesetzes zur Reform der gesetzlichen Krankenversicherung ab dem Jahr 2000 (GKV-Gesundheitsreform 2000),[74] dessen „abgespeckte" Version zum 1. 1.

---

[72] So *Bieback*, EWS 1999, S. 361, 369.
[73] So zu § 51 SGG *Meyer-Ladewig*, SGG, 7. Aufl. 2002, RdNr. 20.
[74] BT-Drucks 14/1721.

2000 Gesetz geworden ist. Im damaligen Entwurf glaubte man ausweislich der amtlichen Begründung, durch diese Art von Regelung deutlich machen zu können, dass die Krankenkassen und ihre Verbände in den im 4. Kapitel des SGB V abschließend geregelten Rechtsbeziehungen ihren öffentlich-rechtlichen Versorgungsauftrag erfüllen und deshalb nicht als Unternehmen im Sinne des Privatrechts einschließlich des Wettbewerbs- und Kartellrechts handelten.

98 Offenbar hat sich im Gesetzgebungsverfahren dann die Erkenntnis durchgesetzt, dass durch die materiellrechtliche Regelung des § 69 SGB V die prozessuale Frage der Rechtswegzuweisung wohl kaum geregelt werden kann und die Rechtsprechung der Kartellgerichte auf diese Weise vermutlich nicht geändert würde. Der ausdrückliche Verweis auf die §§ 87 und 96 GWB in § 51 SGG n.F. stellt deshalb das Eingeständnis des Gesetzgebers dar, dass die **gesetzliche Krankenversicherung keine kartellrechtsfreie Zone** ist und sein kann und man sich deshalb darauf **beschränkt, die Rechtswegzuweisung eindeutig zu regeln**, also im Ergebnis die Sozialgerichte mit den kartellrechtlichen Streitigkeiten in der gesetzlichen Krankenversicherung zu betrauen.[75]

99 Das **Kartellrecht** ist damit **grundsätzlich weiterhin anwendbar.** Die hier vertretene Auffassung wird geteilt von *Engelmann*,[76] der darlegt, dass die Neuregelung des GWB nicht generell die Anwendung des UWG und des GWB und auch nicht des europäischen Kartellrechts auf Verwaltungshandeln der Institutionen der gesetzlichen Krankenversicherung im Verhältnis zu Leistungserbringern und Dritten ausschließe. *Orlowski* hält zumindest eine analoge Anwendung wettbewerbes- und kartellrechtlicher Prinzipien durch die Sozialgerichte für denkbar,[77] spricht sich aber an anderer Stelle für die wohl direkte Anwendung des europäischen Wettbewerbs- und Kartellrechts aus.[78] Man muss nicht so weit gehen wie *Schwerdtfeger*, der § 69 SGB V als gegen Verfassungsrecht und EG-Recht verstoßend bewertet,[79] da den Betroffenen hier in entscheidender Weise Rechtsschutzmöglichkeiten genommen würden, da eine Auslegung der Vorschrift bereits weiterhilft. Generell gegen eine weitere Anwendbarkeit des Wettbewerbs- und Kartellrechts spricht sich *Knispel* aus,[80] indem er allerdings nur auf die Neuregelung in § 69 SGB V hinweist, ohne sich mit der Problematik dieser Vorschrift auseinander zu setzen. Das Bundessozialgericht hat in einer Entscheidung vom 31. 8. 2000[81] einen Mittelweg gewählt, indem es aus § 69 SGB V herleitet, dass nicht mehr das nationale Kartellrecht des GWB, sondern nur noch das europäische Kartellrecht anzuwenden sei. Damit zieht das BSG Konsequenzen aus dem Umstand, dass der nationale Gesetzgeber höherrangiges europäisches Recht nicht ausschließen kann. Das bedeutet aber zugleich auch, dass faktisch auch im SGB V das Kartellrecht gilt. Ob man nun die Vorgehensweisen am deutschen oder am europäischen Kartellrecht prüft, macht insoweit keinen Unterschied, als das Recht des GWB den Art. 81 ff. EG-Vertrag praktisch angeglichen ist. Ein Unterschied kann sich nur ergeben aus dem Umstand, dass die Anwendung des europäischen Kartellrechts die Spürbarkeit der Beeinträchtigung des Handels zwischen den Mitgliedstaaten voraussetzt. Mit diesem Kriterium geht der Europäische Gerichtshof aber eher großzügig um und dürfte es angesichts

---

[75] Vgl. zu diesem Fragenkomplex insgesamt näher *Steinmeyer*, Wettbewerbsrecht im Gesundheitswesen, S. 81 ff.

[76] *Engelmann*, NZS 2000, 213 ff., 220 f.

[77] *Orlowski*, BKK 2000, S. 191 ff., 193.

[78] *Orlowski*, in: Maaßen/Schermer/Wiegand/Zipperer, GKV-Kommentar, Loseblatt, Stand 2000, § 69 SGB V Rn. 16.

[79] So *Schwerdtfeger* in einem Rechtsgutachten „Die Neufassung des § 69 SGB V im Gesetzentwurf „GKV-Gesundheitsreform 2000" – ein rechtsstaatlicher Rückschritt ohne sachliche Rechtfertigung, 1999.

[80] *Knispel*, EG-Wettbewerbswidrige Festbetragsfestsetzungen und Arzneimittelrichtlinien? – Anmerkungen zu den Urteilen des OLG Düsseldorf vom 21. 7. 1999 und des LG München vom 30. 6. 1999, NZS 2000, 379.

[81] SozR 3-2500 § 35 Nr. 1.

der im deutschen Krankenversicherungsrecht anzutreffenden Größenordnungen auch nicht selten als erfüllt ansehen. Sobald etwa ein ausländischer Leistungsanbieter betroffen ist bzw. dies geltend macht, ist die Anwendung europäischen Kartellrechts hier in der Regel unvermeidlich. Der Europäische Gerichtshof sieht die Voraussetzungen dieser sogenannten Zwischenstaatlichkeitsklausel immer dann bereits als erfüllt an, wenn sich die wettbewerbsbeschränkende Maßnahme auf das gesamte Hoheitsgebiet eines Mitgliedstaates erstreckt. Der durch § 69 SGB V versuchte Ausschluss des Kartellrechts aus dem Krankenversicherungsrecht kann deshalb auch nach der Rechtsprechung des BSG nur begrenzt Wirkung entfalten.

b) Die Rechtswegfrage

Anlässlich der Diskussion um die Festbeträge ist vielfach erwogen worden, ob es nicht sinnvoller sei, die kartellrechtliche Problematik im Sozialrecht den Sozialgerichten statt wie bisher den Zivilgerichten zuzuweisen; man erwartet sich damit eine sachkundigere Behandlung der sozialrechtlichen Besonderheiten.

Dies hat den Gesetzgeber dazu veranlasst, mit Wirkung vom 1. 1. 2000 die kartellrechtlichen Streitigkeiten – und zwar sowohl nach deutschem Kartellrecht (§ 87 GWB) als auch nach europäischem Kartellrecht (§ 96 GWB) – den Sozialgerichten zugewiesen, soweit es Streitigkeiten nach dem Fünften Buch SGB anbetrifft. Das bedeutet aber zugleich, dass kartellrechtliche Streitigkeiten, die sich angesichts vergleichbarer Rechtsbeziehungen zwischen Sozialversicherungsträger und Leistungserbringer etwa auch in der sozialen Pflegeversicherung, der gesetzlichen Rentenversicherung, ggf. auch in der gesetzlichen Unfallversicherung ergeben können, weiterhin den Kartellgerichten und nicht den Sozialgerichten zugewiesen sein werden. Dies weckt gewisse Zweifel an der Sinnhaftigkeit der Neuregelung. Zwar findet sich in § 51 Abs. 2 SGG auch eine Zuweisung von Angelegenheiten nach dem Sozialgesetzbuch Elftes Buch (Pflegeversicherung) und eine Regelung zur Kriegsopferversorgung; durch die Stellung der Neuregelung in Satz 2 – also im unmittelbaren Anschluss an die Regelungen betr. Streitigkeiten nach dem Fünften Buch Sozialgesetzbuch – wird deutlich gemacht, dass sie nur für das Recht der gesetzlichen Krankenversicherung gelten soll. Dies wird noch verstärkt dadurch, dass die korrespondierenden Regelungen in §§ 87 und 96 GWB ausschließlich auf § 69 SGB V verweisen.

Der Gesetzgeber hat also offenkundig eine **Regelung nur für die gesetzliche Krankenversicherung** getroffen und damit angesichts der schon feststellbaren Dynamik des Themas Kartellrecht und Sozialrecht eine bereits jetzt absehbare **Rechtswegzersplitterung** bewirkt, die zahlreichen Stimmen zuwiderläuft, die sich gerade angesichts der europäischen Dimensionen für eine möglichst einheitliche Gerichtszuständigkeit aussprechen. Man befindet sich bei der Rechtswegfrage in einem gewissen Dilemma. Einerseits ist den Zivilgerichten, soweit sie aktuell Rechtsstreitigkeiten zum hier interessierenden Themenbereich entschieden haben, durchaus vorzuwerfen, dass dadurch Situationen entstehen bzw. entstanden sind, in denen sozialgerichtliche Rechtsprechung und zivilgerichtliche Rechtsprechung nicht mehr „zusammenpassen",[82] also Blockaden entstehen bzw. entstehen können, wie dies bei der Festbetragsfestsetzung zu beobachten ist. Legt man dies einheitlich in die Hände der Sozialgerichtsbarkeit, lassen sich derartige Probleme vermeiden. Andererseits reißt man die Materie des Kartellrechts auseinander und weist gleiche kartellrechtliche Rechtsfragen unterschiedlichen Gerichtsbarkeiten zu, woraus ebenfalls sich widersprechende Entscheidungen entstehen können und ein erheblicher Abstimmungsbedarf notwendig wird. **Die Sozialgerichtsbarkeit ist dann aufgerufen, die Rechtseinheit beim Kartellrecht zu wahren.** Zumindest unglücklich ist aber, dass die Rechtswegzuweisung auf die Krankenversicherung beschränkt ist, wo absehbar ist, dass

---

[82] Siehe dazu *Engelmann*, VSSR 1999, S. 167, 173.

sich in Bälde die entsprechenden Rechtsfragen auch in anderen Bereichen unseres sozialen Sicherungssystems stellen werden.

V. Fazit für das Sozialrecht

103 Insgesamt dürfte sich gezeigt haben, dass das Kartellrecht für das Sozialrecht nicht so bedrohlich ist, wie es auf den ersten Blick erscheint. Mit den Kernaussagen und dem Grundanliegen wird man sich auch aus der Sicht des Sozialrechts ohne weiteres anfreunden können.

104 Dass das Kartellrecht eine besondere Verunsicherung über das Sozialrecht gebracht hat, dürfte vorrangig daran liegen, dass wir es im Sozialrecht und dort besonders in der gesetzlichen Krankenversicherung mit einer Entwicklung zu tun haben, die zwar die **öffentlich-rechtlichen Gestaltungsformen noch weitgehend beibehält, jedoch Marktelemente einführt und die Träger und Leistungserbringer in einen Wettbewerb stellt.** Auf der einen Seite steht noch das Hoheitliche und auf der anderen Seite wird Markt- und Wettbewerbselementen eine immer größere Rolle eingeräumt. Es kann immer noch geltend gemacht werden, dass öffentlich-rechtliche sozialrechtliche Instrumentarien das System steuern. Andererseits wird aber auch deutlich, dass diese im wettbewerblichen Umfeld an ihre Grenzen stoßen. Bei den Festbeträgen hat sich auch erwiesen, dass öffentliche Träger angesichts ihres Einflusses im Markt ins Visier des Kartellrechts geraten.

105 Man mag im Sozialrecht versucht sein, das Kartellrecht auszugrenzen und für unanwendbar zu erklären oder der „Hausgerichtsbarkeit" zu überstellen. Dies sind jedoch Versuche, die die Problematik nicht lösen und nicht einmal geeignet sind, ihr auszuweichen. Das deutsche Kartellrecht mag man durch Spezialgesetze ausschließen, wobei man dann aber – was bisher nicht ausreichend erfolgt ist – entsprechende öffentlich-rechtliche Mechanismen vorhalten muss, die die Aufgabe des Kartellrechts übernehmen. Das europäische Kartellrecht als höherrangiges Recht kann der nationale Gesetzgeber so ohnehin nicht beeinflussen. Dieser Einfluss des europäischen Kartellrechts könnte sich noch erhöhen, wenn der Vorschlag der Europäischen Kommission für eine Verordnung des Rates zur Durchführung der in den Artikeln 81 und 82 EG-Vertrag niedergelegten Wettbewerbsregeln und zur Änderung der Verordnungen (EWG) Nr. 1017/68. (EWG) Nr. 2988/74, (EWG) 4056/86 und (EWG) Nr. 3975/87 („Durchführungsverordnung zu den Artikeln 81 und 82 EG-Vertrag")[83] europäisches Recht wird, da es dort in Art. 3 heißt: „Bei Vereinbarungen zwischen Unternehmen, Beschlüssen von Unternehmensvereinigungen und aufeinander abgestimmten Verhaltensweisen im Sinne von Art. 81 EG-Vertrag und bei Fällen der missbräuchlichen Ausnutzung einer marktbeherrschenden Stellung im Sinne von Art. 82, die geeignet sind, den Handel zwischen den Mitgliedstaaten zu beeinträchtigen, ist allein das Wettbewerbsrecht der Gemeinschaft unter Ausschluss des Wettbewerbsrechts der Mitgliedstaaten anwendbar."

106 Es wäre fatal, wenn der Gesetzgeber auf den Einfluss des Kartellrechts auf das Recht der gesetzlichen Krankenversicherung mit einer Rückkehr zu einer strikt hoheitlichen Ausgestaltung des Systems reagieren würde. Dies ist auch gar nicht notwendig, wenn man sich dem Kartellrecht öffnet und es in seine Überlegungen einbezieht, zugleich aber auch den Dialog zwischen Kartellrecht und Sozialrecht betreibt und fördert, um so Verständnis für die jeweils anderen Mechanismen zu erzeugen.

107 So wird man bei der integrierten Versorgung nach §§ 140a ff. SGB V nicht ohne das Kartellrecht auskommen können; hier ergeben sich Konstellationen, auf die das Kartellrecht klassischerweise zugeschnitten ist. Eine „erfolgreiche" Abkehr vom Kartellrecht wäre gleichbedeutend mit der Abkehr von innovativen und flexiblen Versorgungsformen und von einer sinnvollen Weiterentwicklung des Gesundheitswesens.

---

[83] V. 27. 9. 2000 – KOM(2000) 582 endg.

VI. Folgewirkungen im Arbeitsrecht

Wie oben bereits erwähnt, gerät jetzt auch die **gesetzliche Unfallversicherung** in das 108
Visier des europäischen Kartellrechts. Ob man nach den bisherigen Ausführungen den
Berufsgenossenschaften die Unternehmenseigenschaft generell absprechen kann,[84] erscheint fraglich. Es spricht jedoch vieles dafür, dass man den Besonderheiten der gesetzlichen Unfallversicherung erfolgreich mit Art. 86 Abs. 2 EG-Vertrag Rechnung tragen
kann.

VI. Folgewirkungen im Arbeitsrecht

1. Allgemeines

Auch im Arbeitsrecht beginnt eine solche Diskussion um das Kartellrecht. Sie hat ihren 109
Ausgangspunkt gefunden bei den Zusatzversorgungssystemen, die – wenn wie in den
Niederlanden obligatorisch ausgestaltet – ihr Obligatorium kartellrechtlich rechtfertigen
müssen.

Durch die Entscheidungen des Europäischen Gerichtshofs vom 21. 9. 1999 in den 110
Rechtssachen C-67/96 (Albany International BV ./. Stichting Bedrijfspensioenfonds
Textielindustrie),[85] C-115/97 bis 117/97 (Brentjens' Handelsonderneming BV ./. Stich-
ting Bedrijfspensioenfonds voor de Handel in Bouwmaterialien)[86] und C-219/97
(Maatschappij Drijvende Bokken BV ./. Stichting Pensioenfonds voor de Vervoer- en
Havenbedrijven)[87] ist das niederländische System der obligatorischen zusätzlichen Alters-
versorgung auf den europarechtlichen Prüfstand gestellt worden.[88] Dabei ging es in diesen
Entscheidungen um die Vereinbarkeit mit den Vorschriften des europäischen Wettbe-
werbs- und Kartellrechts.

Die genannten Entscheidungen sind sämtlich zu niederländischen Zusatzversorgungs- 111
systemen ergangen, die auf Tarifverträgen beruhen und branchenweit obligatorisch sind.
Die Rechtsprechung ist für die deutsche betriebliche Altersversorgung in mehrfacher
Hinsicht von Bedeutung.

2. Ausnahme vom europäischen Kartellrecht für Tarifverträge

Zum einen hat der Gerichtshof für Tarifverträge eine allgemeine Ausnahme vom Kar- 112
tellverbot des Art. 81 EG-Vertrag angenommen, so dass die per se wettbewerbsbeschränkende Wirkung von Tarifverträgen im Hinblick auf die mit diesen Verträgen angestrebten
Ziele kartellrechtlich akzeptiert wird.

Zwar konzediert der Gerichtshof, dass mit Tarifverträgen zwischen Organisationen, die 113
die Arbeitgeber und die Arbeitnehmer vertreten, zwangsläufig gewisse den Wettbewerb
beschränkende Wirkungen verbunden sind. Die Erreichung der mit derartigen Verträgen
angestrebten sozialpolitischen Ziele wäre jedoch ernsthaft gefährdet, wenn für die Sozialpartner bei der gemeinsamen Suche nach Maßnahmen zur Verbesserung der Beschäfti-
gungs- und Arbeitsbedingungen Art. 81 Abs. 1 EG-Vertrag (Art. 85 Abs. 1 a. F.) Geltung
hätte.

Unter Hinweis auf die Vorschriften des EG-Vertrages zur Sozialpolitik und insbeson- 114
dere derer zum **sozialen Dialog** und zur **besonderen Rolle der Sozialpartner bei der**

---

[84] Anders offenbar *Fuchs/Guibboni*, Die BG 2001, S. 320 ff.
[85] DB 2000, S. 826 ff.; EAS EG-Vertrag Art. 85 Nr. 5.
[86] EAS EG-Vertrag Art. 85 Nr. 4.
[87] EAS EG-Vertrag Art. 85 Nr. 6.
[88] Siehe hierzu auch *Fleischer*, DB 2000, S. 821 ff.; siehe auch EuGH v. 12. 9. 2000 – Rs C-184/98
– Pavlov.

Rechtssetzung (vgl. insbesondere Art. 137 bis 139 EG-Vertrag)[89] reklamiert der Gerichtshof insoweit Ausnahmen.

115 Damit wird im Ergebnis eine **allgemeine Ausnahme für die Tarifpartner und damit auch für das Instrumentarium des Tarifvertrages** gemacht.[90] Dies wird besonders deutlich, wenn der Gerichtshof darauf hinweist, dass die im Rahmen von Tarifverhandlungen zwischen den Sozialpartnern im Hinblick auf das Ziel der Verbesserung der Beschäftigungs- und Arbeitsbedingungen geschlossenen Verträge aufgrund ihrer Art und ihres Gegenstandes nicht unter Art. 81 Abs. 1 EG-Vertrag (Art. 85 Abs. 1 a. F.) fallen. Im kartellrechtlichen Sprachgebrauch formuliert könnte man das als eine **Bereichsausnahme für Tarifverträge** bezeichnen; allerdings bedeutet dies – wie weiter zu zeigen ist – noch keinen allgemeinen kartellrechtlichen Freibrief für die Gestaltungsform Tarifvertrag.

116 Vielmehr beschränkt sich der Gerichtshof nicht auf die Feststellung der Ausnahme von Tarifverträgen aus dem europäischen Kartellrecht, da er offenbar Umgehungsversuche vermeiden will. Vielmehr stellt er **drei Voraussetzungen auf, die erfüllt sein müssen, um Verträge von Sozialpartnern dem Anwendungsbereich des Art. 81 EG-Vertrag zu entziehen:**

1. Es muss sich um eine durch den Dialog zwischen den Sozialpartnern zugestandegekommene Vereinbarung in Form eines Tarifvertrages handeln, die das Ergebnis einer Verhandlung zwischen den Organisationen ist, die Arbeitgeber und Arbeitnehmer vertreten.
2. Der Vertrag muss im Hinblick auf das Ziel der Verbesserung der Beschäftigungs- und Arbeitsbedingungen geschlossen werden. Damit soll verhindert werden, dass das Instrumentarium des Tarifvertrages kartellrechtswidrig missbraucht wird.
3. Schließlich dürfen die Verträge nicht aufgrund ihres Gegenstandes und ihrer Art unter Art. 81 EG-Vertrag fallen. Damit ist gemeint, dass Tarifverträge Wettbewerbsbeschränkungen enthalten können und diese dann von Art. 85 EG-Vertrag sollen erfasst werden können. Zu dieser Voraussetzung ist aus der Sicht des Rechtswissenschaftler zu bemerken, dass damit ein schwieriges und unsicheres Abgrenzpotential eröffnet wird. Mit einer gewissen Berechtigung sind alle Tarifverträge Kartelle, da über die Arbeitsbedingungen unter Konkurrenten am Markt eine Abrede getroffen wird, man also einen Wettbewerbsparameter weitgehend neutralisiert. Wann dann aber die kartellrechtswidrige Wettbewerbsbeschränkung im Sinne der Rechtsprechung des Gerichtshofs anfängt, ist nur unter großen Schwierigkeiten und ohne die nötige Verlässlichkeit zu bestimmen.

117 Im Ergebnis hat der Gerichtshof diese Voraussetzungen als gegeben angesehen, die für die Errichtung der maßgeblichen Betriebrentenfonds geschlossenen Tarifverträge also aus dem Anwendungsbereich des Art. 81 EG-Vertrag ausgenommen.

118 Dies bedeutet auch eine allgemeine Freizeichnung von Tarifverträgen von den Kartellverboten, sofern die o. g. Voraussetzungen erfüllt sind.

3. Die Zusatzversorgungseinrichtungen als Adressaten des Kartellrechts

119 Der Gerichtshof sieht aber Einrichtungen der betrieblichen Altersversorgung durchaus als Unternehmen im Sinne des europäischen Kartellrechts an, was sie der Überprüfung durch die Art. 81 ff. EG-Vertrag unterwirft. Die Ausschließlichkeitsbindung von obligatorischen Systemen, wie sie etwa im Baugewerbe vorkommt (Zusatzversorgungskasse des Baugewerbes), die eine Beitragspflicht aller vom Tarifvertrag erfassten Arbeitgeber zur Zusatzversorgungseinrichtung vorsieht, muss sich deshalb den Kriterien des Art. 82 EG-Vertrag (Missbrauch einer marktbeherrschenden Stellung) stellen, lässt sich zugleich aber auch an der Ausnahmevorschrift der Art. 86 Abs. 2 EG-Vertrag messen.

---

[89] Zum sozialpolitischen Teil des Amsterdamer Vertrages vgl. *Steinmeyer,* RdA 2001, 10 ff.
[90] Siehe hierzu auch *Berg,* EuZW 2000, 170 ff.

VI. Folgewirkungen im Arbeitsrecht

Der Gerichtshof bejaht zunächst die Voraussetzungen einer marktbeherrschenden Stellung und kommt dann zur Prüfung eines Missbrauchs, der gegeben wäre, wenn sich die Ausschließlichkeitsbindung nicht deshalb erforderlich ist, weil sie zur Erfüllung einer im allgemeinen Interesse liegenden besonderen Aufgabe erforderlich ist. Der Gerichtshof prüft daher in seinen Entscheidungen vom 21. 9. 1999, **ob das ausschließliche Recht der Betriebsrentenfonds, die niederländischen Zusatzrenten in einem bestimmten Wirtschaftszweig zu verwalten und die sich daraus ergebenden Wettbewerbsbeschränkungen nach Art. 86 Abs. 2 EG-Vertrag gerechtfertigt werden kann.** Danach gelten für Unternehmen, die mit Dienstleistungen von allgemeinem wirtschaftlichem Interesse betraut sind, die Wettbewerbsregeln des EG-Vertrages, soweit die Anwendung dieser Vorschriften nicht die Erfüllung der ihnen übertragenen Aufgabe rechtlich oder tatsächlich verhindert. Der Gerichtshof qualifiziert die Tätigkeit eines obligatorischen Betriebsrentenfonds grundsätzlich als Dienstleistung von allgemeinem wirtschaftlichem Interesse, wenn bestimmte Voraussetzungen erfüllt sind und prüft, ob ein Abgehen vom Obligatorium die Erfüllung der besonderen Funktion gefährdet oder verhindert wird.

Er stellt dabei folgende Kriterien auf:
1. *Erfüllung einer wesentlichen sozialen Funktion.* Die niederländische Zusatzversorgung erfülle wegen der geringen Höhe der gesetzliche Rente diese Funktion. Außerdem sei die Bedeutung der Zusatzversorgung jüngst durch die Richtlinie 98/49/EG des Rates vom 29. Juni 1998 zur Wahrung ergänzender Rentenansprüche von Arbeitnehmern und Selbständigen, die innerhalb der Europäischen Gemeinschaft zu- und abwandern.[91]
2. *Gefährdung der Erfüllung der dem Unternehmen übertragenen besonderen Aufgaben.* Hier weist der Gerichtshof in Bezug auf die niederländischen Betriebsrentenfonds auf die Gefahr hin, dass bei Wegfall der Ausschließlichkeit ein dann beginnendes und fortschreitendes Ausscheiden sog. guter Risiken zu einem wachsenden Anteil schlechter Risiken führe verbunden mit einem höheren Beitragsaufwand, den dann insbesondere kleine und mittlere Unternehmen nicht mehr aufbringen könnten.
3. *Erhöhter Grad an Solidarität als Kennzeichen des Zusatzrentensystems.* Dies sieht der Gerichtshof in
   a) der Unabhängigkeit der Beiträge vom Risiko,
   b) der Verpflichtung, alle Arbeitnehmer ohne vorherige ärztliche Untersuchung aufzunehmen,
   c) der Fortsetzung der Begründung von Rentenansprüchen unter Befreiung von der Beitragszahlung bei Arbeitsunfähigkeit,
   d) der Übernahme von vom Arbeitgeber bei dessen Konkurs geschuldeten Beitragsrückständen durch den Fonds sowie
   e) der Indexierung der Renten zur Erhaltung ihres Wertes.
4. *Festlegung von Mindestanforderungen für anbietende Versicherungsgesellschaften keine Alternative.* Hier weist der Gerichtshof darauf hin, dass zwar theoretisch als Alternative eine Festlegung von Mindestanforderungen denkbar sei, denen die von Versicherungsgesellschaften angebotenen Renten genügen müssten. In Anbetracht der sozialen Funktion der Zusatzrentensysteme und des Ermessensspielraums, über den die Mitgliedstaaten nach ständiger Rechtsprechung bei der Ausgestaltung ihrer Systeme sozialer Sicherheit verfügten, sei es Sache jedes Mitgliedstaates, unter Berücksichtigung der Besonderheiten seines nationalen Rentensystems zu prüfen, ob die Festlegung von Mindestanforderungen ihm noch ermöglichen würde, dass er in einem Wirtschaftszweig dadurch zu gewährleisten beabsichtigt, dass er die Mitgliedschaft in einem Rentenfonds verbindlich vorschreibe.[92]

Dieser Katalog ist so nicht abschließend gemeint, nennt aber die wichtigsten Gesichtspunkte. Überträgt man diesen Katalog auf deutsche Zusatzversorgungssysteme mit Aus-

---

[91] ABl. EG Nr. L 209, S. 46; vgl. auch *Steinmeyer*, EuZW 1999, S. 645 ff.
[92] S. Rn. 122 der Entscheidung Rs. C-67/96 – Albany International BV ./. Stichting Bedrijfspensioenfonds Textielindustrie, DB 2000, S. 826 ff.

schließlichkeitsbindung, so dürften diese vor dem Europäischen Gerichtshof Bestand haben. Zugleich stellt diese Rechtsprechung aber auch die Grenzen für Modifikationen innerhalb eines obligatorischen Systems auf, die nicht überschritten werden dürfen, will man nicht kartellrechtliche Probleme riskieren.

126 Obligatorische Systeme dieser Art sind damit also grundsätzlich möglich. Allerdings **muss die Ausschließlichkeitsbindung einen guten Grund haben.** Der Gerichtshof hat hier eine kartellrechtliche Frage beurteilt, aber zugleich auch umschrieben, aus welchen allgemeinen Gründen Ausschließlichkeitsbindungen gerechtfertigt sein können. Die vom Gerichtshof benannten Kriterien sind geeignet, über den eigentlichen Anlass hinaus aufzuzeigen, unter welchen Voraussetzungen Anschlusspflicht und Beitragspflicht bei Zusatzversorgungssystemen gerechtfertigt werden können.

§ 30 Die Ost-Erweiterung der Europäischen Union und das europäische Sozialrecht

Übersicht

	Rn.		Rn.
I. Einleitung	1	1. Wettbewerb der Systeme und „Sozialdumping"	19
II. Das europäische Gemeinschaftsrecht in seiner derzeitigen Ausgestaltung	7	2. Die Wirtschafts- und Währungsunion	24
		V. Praktische Herausforderungen für die Beitrittsländer	26
III. Die Reform des europäischen koordinierenden Sozialrechts	16	VI. Zusammenfassung und Ausblick	37
IV. Der Sozial- und Wirtschaftsraum Europa	18		

I. Einleitung

1 Betrachtet man zur Zeit die Diskussion zur Ost-Erweiterung und sucht man Bezüge zur Sozialpolitik, so gewinnt man den Eindruck, dass es letztlich nur um die Dauer der Übergangsfristen bis zur endgültigen Herstellung der Freizügigkeit geht. Wer sich aber näher mit dem hier interessierenden Themenkreis beschäftigt hat, weiß, dass dies nur die Frage einer zeitlichen Verschiebung der vollen Wirkung u. a. des europäischen Sozialrechts ist.

2 Im den folgenden Überlegungen soll deshalb unabhängig von der endgültigen Entscheidung über die Dauer der Übergangsfristen der Frage nachgegangen werden, welche Auswirkungen die Ost-Erweiterung auf die europäische Sozialpolitik und insbesondere das europäische Sozialrecht hat bzw. haben wird.[1]

3 Seit den Wendejahren 1989 und 1990 haben die Länder Mittel- und Osteuropas in bemerkenswerter Weise Aufbauarbeit geleistet. Sie haben ihre Wirtschaft völlig umgestellt und dabei radikale Änderungen vollzogen, um in einer von Konkurrenz geprägten marktwirtschaftlichen Ordnung wettbewerbsfähig zu sein. Dies ist bemerkenswerterweise geschehen ohne erhebliche soziale Spannungen. Für diesen unter den gegebenen Umstän-

---

[1] Siehe hierzu auch *Steinmeyer*, Die Heranführung der sozialen Sicherungssysteme in Mittel- und Osteuropa an das europäische Sozialrecht – dargestellt am Beispiel Polens, in: von Maydell/Zielinski (Hrsg.), Die Sozialordnung in Polen und Deutschland in einem zusammenwachsenden Europa – Gedächtnisschrift für Czeslaw Jackowiak, Warschau 1999, S. 495 ff. 139; *ders.*, Die Ost-Erweiterung der Europäischen Union – Voraussetzungen und Folgen für die Systeme der sozialen Sicherung, Die Sozialversicherung 1999, 40 ff.

den als harmonisch zu bezeichnenden **Übergang** von der Staatsverwaltungswirtschaft und Planwirtschaft zur Marktwirtschaft haben die **sozialen Sicherungssysteme den entscheidenden Beitrag geleistet.** Diese mussten zum Teil völlig neu entwickelt werden, was insbesondere in den baltischen Staaten der Fall ist, die nach fast fünfzig Jahren sowjetischer Besetzung ihre staatliche Unabhängigkeit wiedererlangt haben. Aber auch die anderen Reformstaaten standen vor großen Herausforderungen, galt es doch ein soziales Sicherungssystem zu schaffen oder wieder zu beleben, das den Anforderungen der Marktwirtschaft gerecht wird, zugleich den Übergang sozial abfedert, sowie Identifikationskraft für die Bevölkerung besitzt.

All diesen Zielsetzungen gleichzeitig gerecht zu werden, erscheint wie die berühmte Quadratur des Kreises. Die Reformstaaten Mittel- und Osteuropas haben hier Bemerkenswertes geleistet und Systeme geschaffen, die – wie der Blick von außen erahnen lässt – offenbar ohne schwerwiegende soziale Spannungen eingeführt wurden und die Übergangsprobleme bewältigt haben.

Einige Beitrittsländer haben auch die Aufspaltung eines Staates sozialrechtlich bewältigen müssen. Hier sei etwa verwiesen auf Slowenien, das als ein unabhängiger Staat auf dem Gebiet des ehemaligen Jugoslawien in seinem sozialen Sicherungssystem mit der Frage konfrontiert ist, welchen Personenkreis es eigentlich erfassen will; die Frage der Staatsangehörigkeit stellt sich insbesondere in Übergangsfällen hier in durchaus rechtlich delikater Weise. Die Staaten haben aber auch dies, wie der Verfasser dieses Beitrages etwa aus Beratungstätigkeiten in Slowenien weiß, in sinnvoller Weise und mit intelligenten Lösungen bewältigt.

Dies ist der sozialpolitische Hintergrund für die Ost-Erweiterung der Europäischen Union.

II. Das europäische Gemeinschaftsrecht in seiner derzeitigen Ausgestaltung

Mit dem Beitritt zur Europäischen Union müssen diese Staaten nun auch den gesamten europäischen Rechtsbestand übernehmen. Es handelt sich dabei um eine **„Rechtsmasse" enormen Ausmaßes,** die darüber hinaus noch durch die Rechtsprechung des Europäischen Gerichtshofs erheblich verfeinert und koordiniert ist. Übernommen wird aber die supranationale Rechtsordnung in dieser Ausgestaltung.

Dies bedeutet für die Beitrittsländer eine außerordentliche Herausforderung. Deutschland hat als Gründungsmitglied der Europäischen Wirtschaftsgemeinschaft das europäische Gemeinschaftsrecht aller Rechtsebenen entscheidend mitgestalten können. Die Bevölkerung hat sich über Jahrzehnte an die Bedeutung des europäischen Gemeinschaftsrechts gewöhnen können. Die Fachleute sind lange im europäischen Gemeinschaftsrecht eingeübt. Nun aber muss diese Rechtsmasse übernommen werden von Ländern, die vor 1989 keinen Gedanken an einen EU-Beitritt verschwendet haben. Außerdem kann Deutschland auf das Potential eines 80-Millionen-Volkes zurückgreifen, während eine Reihe von Beitrittsländer nur über eine Bevölkerungszahl zwischen einer und zwei Millionen verfügen; entsprechend geringer ist die Basis zur Gewinnung von Fachleuten oder zur (nötigen) Spezialisierung. Gleichwohl kann der Verfasser dieses Beitrages aus Beratungserfahrungen in den Beitrittsländern feststellen, dass diese Herausforderung in bemerkenswert guter Weise bewältigt wird.

Eine Präzisierung der anzugleichenden Normen erfolgte mit dem von der Europäischen Kommission **im Mai 1995 vorgelegten Weißbuch „Vorbereitung der assoziierten Staaten Mittel- und Osteuropas auf die Integration in den Binnenmarkt der Union",**[2] welches vom Europäischen Rat in Cannes im Juni 1995 zustimmend zur

---

[2] Dokument vom 3.5. 1995 KOM(95) 163 endg.

Kenntnis genommen wurde. In diesem Buch beschreibt die Europäische Gemeinschaft ihre Heranführungsstrategie und benennt in einer Prioritätenliste diejenigen Bereiche, in denen die Beitrittskandidaten ihre Angleichung an das europäische Recht vorrangig verwirklichen müssen. Das Weißbuch ist jedoch nicht Gegenstand der Beitrittsverhandlungen und soll auch nicht den Einzelheiten dieser Verhandlungen vorgreifen. Gleichwohl können die Vorgaben des Weißbuches als Richtschnur für die Beitrittskandidaten dienen.

10 Die Übernahme des europäischen Gemeinschaftsrechts in diesen Ländern bedeutet, dass die **Vorschriften des primären Gemeinschaftsrechts der Art. 39 ff. EG-Vertrag über die Freizügigkeit und die Art. 136 ff. EG-Vertrag über Sozialvorschriften** – also in unserem Sinne Sozialpolitik – **uneingeschränkt gelten**.[3] Für die sozialen Sicherungssysteme von ebenso großer Bedeutung sind aber auch die Regelungen über die anderen Grundfreiheiten, d. h. der Dienstleistungsfreiheit, Kapitalverkehrsfreiheit, Warenverkehrsfreiheit und Niederlassungsfreiheit, wie jüngste Entscheidungen des Europäischen Gerichtshofs wieder eindrucksvoll unter Beweis gestellt haben.[4] Aber auch etwa die Wettbewerbsregeln des EG-Vertrages können erhebliche Bedeutung erlangen.[5]

11 Im **sekundären Gemeinschaftsrecht** geht es insbesondere um die **Anwendung der Verordnung (EWG) Nr. 1408/71** über die Anwendung der Systeme der sozialen Sicherheit auf Arbeitnehmer und Selbständige sowie deren Familienangehörige, die innerhalb der Gemeinschaft zu- und abwandern[6] sowie der dazu ergangenen Durchführungs-Verordnung Nr. 574/72.[7] Hier mag man sich damit trösten, dass dieses koordinierende europäische Sozialrecht die nationalen sozialen Sicherungssysteme zur Herstellung der Freizügigkeit lediglich miteinander verknüpft, nicht aber angleicht.[8] Die Systeme bleiben in ihrer Ausgestaltung als solche bestehen. Wie aber der Verfasser selbst bei Beratungen in Slowenien praktisch feststellen kann, kommt eine enorme Herausforderung auf die Regierungen der Beitrittsländer zu, die in Zukunft diese Verordnung praktizieren müssen.

12 Mit dem Inkrafttreten der Verordnung auch in den Beitrittsländern ergibt sich eine Pflicht zur Leistungsaushilfe bei Auslandsaufenthalt, was insbesondere im Bereich der Krankenversicherung bedeutsam ist, eine Pflicht zur Zusammenrechnung von Versicherungszeiten aus verschiedenen Mitgliedstaaten zur Erfüllung der Leistungsvoraussetzungen für die beteiligten Systeme sowie eine Gleichbehandlung der Staatsangehörigen aller Mitgliedstaaten und die Gleichstellung der Gebiete aller Mitgliedstaaten. In Arbeit ist eine Änderung der Verordnung, die den persönlichen Anwendungsbereich in gewissem Umfang auch auf Staatsangehörige von Drittstaaten erstreckt. Insgesamt bedeutet dies für die Beitrittsländer, dass sie weder direkt noch indirekt Leistungen nur auf eigene Staatsangehörige beschränken dürfen und dass sie Leistungen auch ins EU-Ausland exportieren müssen.

13 Was die Verwirklichung der Grundfreiheiten anbetrifft, so sollte man bei der Betrachtung sozialer Sicherungssysteme nicht nur auf die Freizügigkeit der Arbeitnehmer nach Art. 39 ff. EG-Vertrag schauen.

---

[3] S. zu diesen Vorschriften näher *Steinmeyer,* Der Vertrag von Amsterdam und seine Bedeutung für das Arbeits- und Sozialrecht, in: Recht der Arbeit 2001, S. 10 ff.

[4] Vgl. *Steinmeyer,* Der Zugang zu Leistungen der Kranken- und Pflegeversicherung der EU-Bürger – Veränderte rechtliche Dimensionen (Vertragsfreiheiten), in: Igl (Hrsg.), Europäische Union und gesetzliche Krankenversicherung – Status und Entwicklungen der Gesundheitspolitik in der EU, Wiesbaden 1999, S. 79 ff.

[5] S. näher *Steinmeyer,* Festbeträge für Arzneimittel, Kassen sind kein Kartell, in: Gesundheit und Gesellschaft 5/2000, S. 44 ff.; *ders.,* Kartellrecht und deutsche gesetzliche Krankenversicherung, in: FS für Otto Sandrock, Heidelberg 2000, S. 943 ff.; *ders.,* Wettbewerbsrecht im Gesundheitswesen, Kartellrechtliche Beschränkungen in der gesetzlichen Krankenversicherung, Berlin 2000.

[6] Vom 14. Juni 1971 – ABl. Nr. L 149/2.

[7] Vom 21. März 1972 – ABl. Nr. L 74/1.

[8] S. näher *Steinmeyer,* Überblick über die Gestaltungsprinzipien des Europäischen Sozialrechts, in: *Oetker/Preis* (Hrsg.), Europäisches Arbeits- und Sozialrecht, Teil B – Systematische Darstellungen B 9000, Heidelberg, Loseblatt (Mai 2000).

So spielt etwa die Niederlassungs- und Dienstleistungsfreiheit eine erhebliche Rolle bei 14
der Einbeziehung Selbständiger in das europäische koordinierende Sozialrecht. Was sich
für die Arbeitnehmer aus den Art. 39 ff. EG-Vertrag ergibt, folgt für die Selbständigen aus
den einschlägigen Vorschriften des Rechts der Niederlassungsfreiheit und des Rechts der
Dienstleistungsfreiheit. Selbständige sollten also in gleicher Weise in das Koordinierungssystem einbezogen werden wie Arbeitnehmer.

Die Grundfreiheiten des EG-Vertrages haben aber auch Auswirkungen auf das Leis- 15
tungsrecht der sozialen Sicherungssysteme. Die Zahlung von Geldleistungen kann nicht
wegen Aufenthalt in einem anderen Staat verweigert werden. Nach jüngeren Entscheidungen des Europäischen Gerichtshofs gelten die Vorschriften über die Dienstleistungsfreiheit und Warenverkehrsfreiheit auch für das Leistungsrecht der sozialen Sicherungssysteme; gedacht ist hier an die Entscheidungen Kohll[9] und Decker.[10] Die elementaren
Grundsätze des freien Warenverkehrs und des freien Dienstleistungsverkehrs dürften auch
bei Inanspruchnahme medizinischer Leistungen im Ausland oder dem Erwerb medizinischer Erzeugnisse im Ausland nicht beeinträchtigt werden. Nur eine erhebliche Gefährdung des finanziellen Gleichgewichts des Systems der sozialen Sicherheit kann hier einen
zwingenden Grund des Allgemeininteresses darstellen, der eine Einschränkung rechtfertigen mag. Es kann sicherlich prophezeit werden, dass ausländische Leistungserbringer in
allen Sicherungssystemen eine größere Rolle spielen werden und es auf Dauer nicht zu
verhindern ist, dass Versicherte in dieser Weise Leistungserbringer im Ausland in Anspruch nehmen. Auch die mittel- und osteuropäischen Staaten müssen also nach dem
Beitritt zur Europäischen Union damit rechnen, dass ihnen etwa Brillenrechnungen aus
dem Ausland präsentiert werden oder sie für eine Zahnbehandlung im Ausland leisten
müssen. Sie werden sich aber darauf beschränken dürfen, die Leistung nur in der Höhe zu
erbringen, wie sie bei Gewährung im Inland angefallen wäre. Es ist aber nicht zu verhehlen, dass hier ein erhebliches Potential für eine indirekte Änderung der nationalen Systeme
– veranlasst durch europäisches Recht – abzusehen ist.

III. Die Reform des europäischen koordinierenden Sozialrechts

In der Europäischen Kommission wird immer wieder über eine Reform der Verord- 16
nung Nr. 1408/71 nachgedacht. Hiervon ist **keine vollständige Umstellung der Koordinierungssysteme** zu erwarten; vielmehr dürften eine gewisse Vereinfachung, eine
größere Transparenz und eine bessere Lesbarkeit die mit einer solchen Reform vorrangig
verfolgten Ziele sein. Damit wird ausdrücklich auch dem Umstand Rechnung getragen,
dass sich die Zahl der beteiligten sozialen Sicherungssysteme immer mehr vergrößert und
insbesondere die Zahl der am Wohnortprinzip orientierten Systeme wächst. Die Koordinierung der sozialen Sicherungssysteme von bald über 20 und mittelfristig noch mehr
Staaten erfordert zwingend eine gewisse Vereinfachung, soll verhindert werden, dass sich
das System „heißläuft", d. h. dass es nicht mehr praktikabel ist. Darüber hinaus muss der
Grundsatz der Gleichstellung von Sachverhalten weiter konkretisiert und verfeinert werden.

Im Zusammenhang mit der Reform des koordinierenden europäischen Sozialrechts darf 17
aber eine durchaus heikle Thematik nicht ausgeklammert bleiben. Die Mitgliedstaaten
haben bisher argwöhnisch darauf geachtet, dass für Fragen der sozialen Sicherheit das
Einstimmigkeitsprinzip bestehen bleibt. Das bedeutet, dass etwa auch Änderungen
bzw. die Reform der Verordnung 1408/71 nur durch einstimmige Entscheidung aller

---

[9] EuGH Rs C-158/96, NZS 1998, 280 ff.; siehe auch *Künkele*, Kostenerstattung für medizinische
Leistungen im EG-Ausland? – Zu den Auswirkungen der EuGH-Entscheidungen Kohll und Decker
auf das deutsche Krankenversicherungssytem, St. Augustin 2000.
[10] EuGH Rs C-120/95, NZS 1998, 283 ff.

Mitgliedstaaten erfolgen kann. Dies hat dazu geführt, dass der Prozess der Änderungen äußerst schwerfällig ist und manchmal den Charakter eines politischen Kuhhandels annimmt. Zweifelsfragen können auch nicht zügig durch den europäischen Gesetzgeber geklärt werden. Dem Europäischen Gerichtshof ist dann oft die undankbare Rolle zugefallen, Lücken zu schließen oder sich mit Widersprüchlichkeiten auseinanderzusetzen; in der öffentlichen Meinung wurde und wird dann der Gerichtshof für etwas verantwortlich gemacht, was an sich dem europäischen Gesetzgeber zuzurechnen ist. Vergrößert sich aber die Zahl der Mitgliedstaaten weiter, so wird es noch schwieriger werden, die erforderliche Einstimmigkeit zu erzielen. Das **Koordinierungssystem läuft dann Gefahr zu versteinern.** Hier sei die Frage erlaubt, ob nicht bei der nächsten Runde der Überarbeitung des EG-Vertrages der Einstimmigkeitsgrundsatz in diesem Bereich fallen muss.

IV. Der Sozial- und Wirtschaftsraum Europa

18   Die Ost-Erweiterung der Europäischen Union wird zu einem Zeitpunkt erfolgen, in dem mindestens 11 der derzeit 15 Mitgliedstaaten die Währungsunion verwirklicht haben. Der Markt ohne Binnengrenzen, in dem die Grundfreiheiten des EG-Vertrages verwirklicht sind, ist Realität. Dieser Umstand stellt nicht nur die sozialen Sicherungssysteme der derzeitigen Mitgliedstaaten vor neue Anforderungen sondern auch die der Beitrittsländer.

1. Wettbewerb der Systeme und „Sozialdumping"

19   Bereits jetzt vor dem Beitritt zeigt sich im gewissen Sinne ein Wettbewerb der Systeme. Die – mindestens zur Zeit noch – niedrigeren Lohnkosten der Staaten Mittel- und Osteuropas haben zum Verlust von Arbeitsplätzen in Deutschland geführt, was Anlass zu gesetzgeberischen Maßnahmen war; zu verweisen ist insofern auf das Gesetz über zwingende Arbeitsbedingungen bei grenzüberschreitenden Dienstleistungen (**Arbeitnehmer-Entsendegesetz – AEntG**).[11] Für den Bereich der Mitgliedstaaten der Europäischen Union ist dies durch die **Entsende-Richtlinie** ergänzt worden.

20   Hier sollte erkannt werden, dass derartige Maßnahmen und Befürchtungen von einem protektionistischen Geist geprägt sind, der sich mit der Idee des Marktes ohne Binnengrenzen nicht recht verträgt.[12] Das Ausnutzen von Unterschieden zwischen nationalen Rechtsordnungen und Sicherungssystemen ist legitim; es kann lediglich Anlass sein, Mindeststandards und gewisse Angleichungsmaßnahmen vorzusehen. Jedenfalls ist der Begriff „Sozialdumping", der in diesem Zusammenhang verwendet wird, unzutreffend. Sucht man nach näheren Erläuterungen des Begriffs „Dumping", so stößt man auf Art. 133 EG-Vertrag, wonach Gegenstand der gemeinsamen Handelspolitik u. a. „Schutzmaßnahmen, zum Beispiel im Falle von Dumping und Subventionen" ist. Unter Dumping wird im Außenhandelsrecht der Europäischen Gemeinschaft die Ausfuhr einer Ware nach der Gemeinschaft verstanden, deren Ausfuhrwert niedriger ist als ihr Normalwert im Ausfuhrland.[13] Überträgt man dies auf das Sozialrecht, so wäre Sozialdumping nur dann anzunehmen, wenn für die hier interessierenden Fälle noch unter das Niveau des jeweiligen Landes heruntergegangen würde. Dies ist – soweit ersichtlich – nie der Fall, so dass sich ein Fall von Sozialdumping danach also an sich gar nicht ergeben könnte.

---

[11] Vom 26. Februar 1996 BGBl. I S. 227.

[12] S. näher *Steinmeyer*, Sozialdumping in Europa – Perspektiven einer arbeits- und sozialrechtlichen Rechtsprechung, DVBl. 1995, 962 ff.

[13] Art. 1 VO (EWG) Nr. 2423/88; vgl. auch *Hailbronner/Bierwagen*, Neuere Entwicklungen im Außenwirtschaftsrecht der Europäischen Gemeinschaften, NJW 1989, 1385 ff., 1392; *Müller-Ibold* in *Lenz*, EGV-Kommentar, Köln/Basel/Wien 1994, Art. 113, Rn. 21.

Wir sollten uns vielmehr damit abfinden, dass Unterschiede bestehen, die dem einen oder anderen Staat im Binnenmarkt zum Vorteil gereichen können. Wenn die ost- und mitteleuropäischen Beitrittskandidaten derzeit mit günstigeren Lohnkosten Wettbewerbsvorteile beim Kampf um Arbeitsplätze haben, so sollte dies aus europäischer Sicht kein Grund für Abwehrmaßnahmen sein, zumal damit andere Nachteile dieser Standorte kompensiert werden. Es darf auch nicht übersehen werden, dass die Staaten Mittel- und Osteuropas sehr oft hohe Beitragssätze zur Sozialversicherung haben, die nicht selten über das in Westeuropa Übliche deutlich hinausgehen; dies kann – falls nicht Reformen erfolgen – zu erheblichen Nachteilen im Wettbewerb der Systeme führen.

Diesem **Systemwettbewerb** sind aber auch für den Bereich der sozialen Sicherheit Grenzen gesetzt. Art. 87 des EG-Vertrages verbietet staatliche oder aus staatlichen Mitteln gewährte Beihilfen gleich welcher Art, die durch die Begünstigung bestimmter Unternehmen oder Produktionszweige den Wettbewerb verfälschen oder zu verfälschen drohen. Als derartige Beihilfen werden auch Beitragsermäßigungen bei sozialen Sicherungssystemen angesehen, soweit sie auf einzelne Produktionszweige oder Unternehmen beschränkt sind. So würde sich etwa eine Förderung des Steinkohlebergbaus in einem Mitgliedstaat durch Ermäßigung der Sozialversicherungsbeiträge grundsätzlich als Verstoß gegen Art. 87 des EG-Vertrages ausmachen.[14]

Aus diesen Überlegungen kann auch hergeleitet werden, dass der Verfasser dieses Beitrages gegenüber protektionistischen Übergangsfristen ablehnend eingestellt ist.

2. Die Wirtschafts- und Währungsunion

Die Verwirklichung aller Grundfreiheiten im Binnenmarkt wird auf die Systeme der sozialen Sicherheit der Beitrittskandidaten auch noch weitere Auswirkungen haben. So neigen sie aus verständlichen Gründen derzeit oft dazu, die Anlage von Kapital – etwa aus Zusatzversorgungssystemen – auf Investitionen und Anteile im eigenen Staatsgebiet zu beschränken. Dies wird nach einem Beitritt angesichts der Kapitalverkehrsfreiheit nicht länger zu halten sein.

Welche Konsequenzen sich für die sozialen Sicherungssysteme aus der Einführung des Euro ergeben, ist noch nicht deutlich herausgearbeitet worden. Es ist aber davon auszugehen, dass sich nachhaltige Veränderungen ergeben werden, denen sich auch die Beitrittskandidaten auf Dauer nicht entziehen können.

V. Praktische Herausforderungen für die Beitrittsländer

Für die Beitrittsländer bedeutet der Vorgang der Übernahme des europäischen Gemeinschaftsrechts eine erhebliche Umstellung und einen erheblichen Aufwand.

Es müssen sämtliche nationalen Gesetze durchgesehen werden, die europarechtliche Relevanz haben könnten und zwar in mehrerlei Hinsicht.

Zum einen sind nationale Regelungen daraufhin durchzusehen, ob sie möglicherweise gegen europäisches Gemeinschaftsrecht verstoßen. Dies kann in mehrfacher Hinsicht der Fall sein.

So mag ein Land aus Gründen der Devisenknappheit oder zum Schutz des eigenen Kapitalmarktes den Export von nationalen Devisen einschränken und auch Zahlungen von Sozialleistungen ins Ausland restriktiv gehandhabt haben. Derartige Begrenzungen sind aber mit den Grundfreiheiten nicht vereinbar.

---

[14] Vgl. näher *Steinmeyer*, Consistency between Contribution Relief and the European Legislation on Competition, in: *Paganetto* (Hrsg.), Social Protection and Single European Market – the Evolution of the Social Security Systems and Free Circulation: Problems and Perspectives, Rom 1997, S. 87 ff.

30 Ein anderes Land mag Sozialleistungen an die Staatsangehörigkeit knüpfen, was ebenfalls – bezogen auf die Mitgliedstaaten der Europäischen Union – nicht mehr zulässig ist.

31 Zusammenfassend sei insoweit bemerkt, dass sich die Beitrittsländer der Aufgabe unterziehen müssen, bei jedem Gesetz europarechtlich relevante Fragestellungen zu durchdenken und dies ggf. zum Anlass zu nehmen, das Gesetz noch vor dem Beitritt zu ändern. Hier kann der Verfasser dieses Aufsatzes aus eigener Erfahrung feststellen, dass sich die Beitrittsländer sehr intensiv und unter tatkräftiger Hilfe der Europäischen Kommission im Rahmen der von ihr aufgelegten Programme PHARE/CONSENSUS dem widmen.

32 Daneben ist aber auch an die Belastungen zu denken, die das europäische koordinierende Sozialrecht mit sich bringt. Die wichtige und sinnvolle Verknüpfung der sozialen Sicherungssysteme durch die **Verordnung Nr. 1408/71** hat inzwischen sowohl angesichts ihrer Regelungstechnik aber auch vor dem Hintergrund der vielfältig dazu ergangenen Rechtsprechung des Europäischen Gerichtshof eine **hohe Komplexität** angenommen.

33 Das bedeutet eine erhebliche Herausforderung für jene, die diese Verordnung in den Beitrittsländern zu exekutieren haben. Wenn auch das europäische koordinierende Sozialrecht gewisse Ähnlichkeiten mit den Sozialversicherungsabkommen aufweist, ist doch seine Regelungstechnik eine andere und sein Anspruch umfassender. Während die Abkommen zumeist nur einen Teil der sozialen Sicherungssysteme erfassen, ist der Ansatz der Verordnung der, alle sozialen Sicherungssysteme mit Ausnahme der Sozialhilfe und der Kriegsopferversorgung zu erfassen. Während die Sozialversicherungsabkommen zumeist nur bilateral sind, erfolgt unter der Verordnung bereits jetzt eine Koordinierung von 18 nationalen Systemen – nämlich der EU-Mitgliedstaaten zuzüglich Island, Liechtenstein und Norwegen (EWR). Diese Multilateralität stellt die Mitarbeiter der **Verwaltungen der sozialen Sicherungssysteme der Beitrittsländer vor neue Herausforderungen.** Es muss auch beachtet werden, dass bei der Anwendung und Auslegung des sekundären europäischen Gemeinschaftsrecht jeweils auch die Vorgaben des primären Gemeinschaftsrechts zu beachten sind.

34 Für alles ist es erforderlich, das Regelungssystem der Verordnung kennen zu lernen und an praktischen Beispielen durchzuspielen.

35 Eine Befassung mit der Verordnung kann die Beitrittsländer auch dazu veranlassen, ihr **nationales Sozialrecht in Maßen anzupassen.** Zwar ist der Ansatz der Verordnung nur der der Koordinierung ohne inhaltliche Angleichung. Die langjährige Erfahrung der „alten" Mitgliedstaaten lehrt jedoch, dass es zahlreichen Anlass gibt, bei nationaler Gesetzgebung die Auswirkungen durch die Koordinierung und die Bedeutung der Grundfreiheiten zu bedenken. Verwiesen sei hier nur auf die Rechtssachen Kohll und Decker sowie auf die Entscheidung des Europäischen Gerichtshof zur deutschen Pflegeversicherung in der Rechtssache Molenaar.[15] Zu der in den Rechtssachen Kohll und Decker angesprochenen Problematik ist noch nicht ausgestanden, ob sich nicht flankierende nationale Regelungen empfehlen – nicht um die Geltung dieser Grundfreiheiten auszuschließen sondern um die vermehrt auftretenden Auslandssachverhalte sinnvoll in das nationale System einzupassen. Der Rechtssache Molenaar lässt sich entnehmen, dass bei Auseinanderfallen von Wohnsitz und Beschäftigungsort der Leistungsanspruch auf eine Geldleistung nicht allein an den Beschäftigungsort angeknüpft werden kann.

36 Im Bereich der Alterssicherung schließlich muss der Rechtsprechung des Europäischen Gerichtshofs zur Abgrenzung von Sozialhilfe und Rentenleistung Rechnung getragen werden. Ist etwas als Sozialhilfe zu qualifizieren, so ist eine Exportpflichtigkeit nicht gegeben. Allerdings sieht der Europäische Gerichtshof nicht jede bedürftigkeitsabhängige Leistung als Sozialhilfe an. Vielmehr werden etwa Leistungen nicht als Sozialhilfe sondern als unter die Verordnung Nr. 1408/71 fallend angesehen, die neben der Aufgabe, Perso-

---

[15] EuGH Rs C-160/96, NZS 1998, 240 ff.; siehe dazu auch *Klein*, Deutsches Pflegeversicherungsrecht versus Europarecht? Vereinbarkeit der deutschen Pflegeversicherung mit der europarechtlichen Arbeitnehmerfreizügigkeit, Baden-Baden 1998.

nen, die völlig außerhalb des Systems der sozialen Sicherheit stehen, ein Existenzminimum zu gewährleisten, auch die Funktion haben, den Empfängern unzureichender Leistungen der sozialen Sicherheit eine zusätzliches Alterseinkommen zu sichern. Dies bedeutet dann die Exportpflichtigkeit dieser Leistung,[16] was auch zum Überdenken einzelner Gestaltungsform in den Beitrittsländern geführt hat.

VI. Zusammenfassung und Ausblick

Es ist schwierig, hier eine bündige Zusammenfassung und einen klaren Ausblick zu liefern. Es kann aber festgestellt werden, dass das europäische Recht auf die Integration zusätzlicher Mitglieder und ihrer sozialen Sicherungssysteme vorbereitet ist. Die Beitrittskandidaten haben in „vorauseilendem Gehorsam" viele ihrer Hausarbeiten bereits gemacht. Dies ändert allerdings nichts daran, dass noch eine Menge Feinarbeit erforderlich ist.

Aus den nicht zu bestreitenden wirtschaftlichen Niveau-Unterschieden zwischen den derzeitigen Mitgliedern und den Beitrittskandidaten werden sich sicher Probleme ergeben, die uns auch aus der Süderweiterung der Europäischen Gemeinschaft bekannt sind. Hier ist es aber insbesondere den Staaten der Iberischen Halbinsel in den letzten Jahren in bemerkenswerter Weise gelungen, aufzuholen. Es besteht aller Anlass, dies auch den Kandidaten der Ost-Erweiterung zuzutrauen.

Natürlich sind hier Übergangsregelungen und Übergangsfristen erforderlich, um die notwendigen Umstellungen auch in der Praxis sinnvoll umsetzen zu können. Durch die mit den Beitrittsstaaten geschlossenen Europa-Abkommen sind schon wichtige Schritte und Vorarbeiten geleistet.

Insgesamt ist der Verfasser auch aufgrund einschlägiger eigener Erfahrungen bei Beratungstätigkeiten in den Beitrittsländern optimistisch. Sie stehen vor beträchtlichen Herausforderungen in allen Bereichen der sozialen Sicherheit. Im Bereich des Gesundheitswesens kommt noch hinzu, dass die Infrastruktur in einer Reihe von Beitrittsländern noch verbesserungsbedürftig ist. Die beteiligten Personen gehen aber mit Optimismus und Engagement an die neue Aufgabe heran.

Man mag die Dinge pessimistischer sehen – so wie auch die Süderweiterung zunächst pessimistisch gesehen wurde, bis wir eines Besseren beehrt worden sind. Die europäische Integration hat ihren Preis, aber auch erhebliche ökonomische, soziale und politische Vorteile. Insgesamt wird gerade Deutschland von der Osterweiterung ökonomisch profitieren. Es verwundert gleichwohl nicht, dass erneut eine Sozialtourismus-Debatte aufkommt und auch die Befürchtung geäußert wird, die Osterweiterung würde angesichts der Migranten und der auf diese anwendbaren VO 1407/71 zu untragbaren Belastungen für die deutschen sozialen Sicherungssysteme führen.[17] Angesichts zu erwartender Übergangsregelungen werden sich diese Auswirkungen aber in Grenzen halten und auch nach deren Ablauf werden nach allen bisherigen Erfahrungen die Auswirkungen tragbar sein und in einem angemessenen Verhältnis zum Nutzen der Erweiterung stehen. Wer aber geltend macht, dass durch die Osterweiterung eine existielle Gefährdung der verfassungsrechtlich unabdingbaren sozialen Sicherungsstandards eintreten könne und dafür aus dem Maastricht-Urteil des Bundesverfassungsgerichts ein inländisches Anwendungsverbot europäischen Sozialrechts herleitet, sollte mit nachhaltigen Zahlen aufwarten können. Eine **verfassungswidrige Gefährdung deutscher sozialer Sicherungssysteme durch die Osterweiterung kann nicht schon darin gesehen werden,** dass polnische Arbeitnehmer in Deutschland später arbeitslos werden und dann Arbeitslosengeld und Arbeitslosenhilfe sowie ggf. Kindergeld sowie Krankenversicherungsschutz nach deutschem Recht in

---

[16] EuGH Rs 139/82 – Piscitello, Slg. 1983, 1427, 1439; vgl. auch *Fuchs*, in *Fuchs* (Hrsg.), Kommentar zum Europäischen Sozialrecht, 2. Aufl. 2000, Art. 4 Rn. 33 ff.

[17] *Sodan*, EU-Osterweiterung und soziale Sicherungssysteme, JZ 2002, 53 ff.

Anspruch nehmen können.[18] Dies liegt in der Logik eines seit 45 Jahren praktizierten Systems des europäischen Sozialrechts und hat bisher noch nicht zu Problemen geführt. Im übrigen ist darauf hinzuweisen, dass durch die Mechanismen des europäischen Sozialrechts auch auf die Beitrittsstaaten Belastungen zukommen. Wer insoweit verfassungsrechtlichen Anwendungsverboten das Wort redet, stellt dieses Koordinierungssystem in Frage und damit ein wesentliches Element der Freizügigkeit nach Art. 39 ff. EGV.

---

[18] So aber offenbar *Sodan*, JZ 2002, 59.

6. Abschnitt. Internationales Recht

§ 31 Internationales Arbeitsrecht

Schrifttum: *Behr,* Zum österreichischen und deutschen internationalen Arbeitsvertragsrecht, IPRax 1989, S. 319; *Bergner,* Die Zulässigkeit kollektivvertraglicher Arbeitszeitregelungen und ihr Verhältnis zu abweichenden individualvertraglichen Vereinbarungen im Lichte des Günstigkeitsprinzips, 1995; *Birk,* Das internationale Arbeitsrecht der Bundesrepublik Deutschland, RabelsZ (46) 1982, S. 384; *ders.,* Die internationale Zuständigkeit in arbeitsrechtlichen Streitigkeiten nach dem Europäischen Gerichtsstands- und Vollstreckungsabkommen, RdA 1983, S. 143; *ders.,* Das Arbeitskollisionsrecht der Bundesrepublik Deutschland, RdA 1984, S. 129; *ders.,* Die Bedeutung der Parteiautonomie im internationalen Arbeitsrecht, RdA 1989, S. 201; *ders.,* in: Münchener Handbuch zum Arbeitsrecht (MünchArbR), Bd. 1, 2. Auflage 2000, § 20; *Däubler,* Das Internationale Arbeitsrecht, RIW 1987, S. 249; *ders.,* Arbeitsrecht und Ausländerbeziehungen, AuR 1990, S. 1; *Deinert,* Arbeitnehmerentsendung im Rahmen der Erbringung von Dienstleistungen innerhalb der Europäischen Union, RdA 1996, S. 339 ff.; *Elwan,* Kollisionsrechtliche Probleme bei Arbeitsstreitigkeiten zwischen einer Internationalen Organisation und ihren Ortskräften, dargestellt am Beispiel der Arabischen Liga, IPRax 1995, S. 1; *Eser,* Kollisionsrechtliche Probleme bei grenzüberschreitenden Arbeitsverhältnissen, RIW 1992, S. 1; *Franzen,* Anm. zu BAG EzA Art. 30 EGBGB Nr. 3; *ders.,* Kündigungsschutz im transnational tätigen Konzern, IPrax 2000, S. 506 ff.; *Gamillscheg,* Internationales Arbeitsrecht, 1959; *ders.,* Ein Gesetz über das Internationale Arbeitsrecht, ZfA 1983, S. 307; *Ganzert,* Das internationale Arbeitsverhältnis im deutschen und französischen Kollisionsrecht, 1992; *Gaul,* Aktuelles Arbeitsrecht Band 2, 2000; *Geisler,* Die engste Verbindung im Internationalen Privatrecht, 2001; *Gitter,* Zum Maßstab des Günstigkeitsvergleichs, FS für Wlotzke, 1996, S. 297; *Giuliano/Lagarde,* Bericht über das Übereinkommen über das auf vertragliche Schuldverhältnisse anzuwendende Recht, BT-Drucks. 10/503, S. 36; *Hanau,* in: Erfurter Kommentar zum Arbeitsrecht, 2. Auflage 2001, AEntG; *Heilmann,* Arbeitsvertragsstatut, 1991; *Hickl,* Arbeitsverhältnisse mit Auslandsberührung, NZA Beil. 1/1987, S. 10; *Hönsch,* Die Neuregelung des Internationalen Privatrechts aus arbeitsrechtlicher Sicht, NZA 1988, S. 113; *v. Hoffmann,* Internationales Privatrecht einschließlich der Grundzüge des Internationalen Zivilverfahrensrechts, 6. Aufl., 2000; *Hohloch,* Arbeitsverhältnisse mit Auslandsbezug und Vergütungspflicht, RIW 1987, S. 353; *Isele,* Auslandsmontage im Arbeitsrecht, FS für Ficker, 1967, S. 241; *Junker,* Die „zwingenden Bestimmungen" im neuen internationalen Arbeitsrecht, IPrax 1989, S. 69; *ders.,* Die einheitliche europäische Auslegung nach dem EG-Schuldvertragsübereinkommen, RabelsZ 55 (1991) S. 674; *ders.,* Internationales Arbeitsrecht im Konzern, 1992; *Kegel/Schurig,* Internationales Privatrecht, 8. Aufl. 2000; *Kindler,* Zur Anknüpfung von Handelsvertreter- und Vertragshändlerverträgen im neuen bundesdeutschen IPR, RIW 1987, S. 660; *ders.* Anm. zu EuGH Urteil v. 9. 11. 2000 – Rs. C-381/98 –, BB 2001, S. 11 ff.; *Koberski/Sahl/Hold,* Arbeitnehmer-Entsendegesetz, 1997; *Kohler,* Kein Weg zur Rechtsvereinheitlichung – Zur Übernahme des EG-Übereinkommens vom 19. Juni 1980 über das auf vertragliche Schuldverhältnisse anzuwendende Recht –, EuR 1984, S. 155; *Krauss,* Günstigkeitsprinzip und Autonomiebestreben am Beispiel der Arbeitszeit, 1995; *Kronke,* Das Arbeitsrecht im Gesetzentwurf zur Neuregelung des Internationalen Privatrechts, DB 1984, S. 404; *Kropholler,* Internationales Privatrecht, 4. Auflage 2001; *Lagoni,* Koalitionsfreiheit und Arbeitsverträge auf Seeschiffen, JZ 1995, S. 499; *Lehmann,* Koalitionsfreiheit und Arbeitsverträge auf Seeschiffen, JZ 1995, S. 499; *Lorenz,* Das objektive Arbeitsstatut nach dem Gesetz zur Neuregelung des Internationalen Privatrechts, RdA 1989, S. 220; *Meyer-Sparrenberg,* Staatsvertragliche Kollisionsnormen, 1990; *Magnus,* Englisches Kündigungsrecht auf deutschem Schiff – Probleme des internationalen Seearbeitsrechts, IPrax 1991, S. 382; *Mankowski,* Wichtige Klärungen im Internationalen Arbeitsrecht, IPRax 1984, S. 88; *ders.,* Arbeitsverträge zur See, RabelsZ 53 (1989), S. 487; *ders.,* Anm. zu BAG EWiR § 21 FlRG 2/1995, S. 1191, 1192; *Nolte,* Zur Technik der geplanten Einführung des EG-Schuldvertragsübereinkommens in das deutsche Recht aus völkerrechtlicher Sicht, IPrax 1985, S. 71; *Rasmussen,* A New Generation of Community Law, CMLRV 15 (1978), S. 249; *Reinhart,* Zur einheitlichen Auslegung vereinheitlichter IPR-Normen nach Art. 36 EGBGB; *Reithmann/Martiny,* Internationales Vertragsrecht, 5. Aufl. 1996; *Sandrock,* Die Bedeutung des Gesetzes zur Neuregelung des Internationalen Privatrechts für die Unternehmenspraxis, RIW 1986, S. 841; *Schmidt-Hermesdorf,* Internationale Personengesellschaft im internationalen Arbeitsrecht, RIW 1988, S. 938; *Seidl-Hohenveldern,* Leiharbeitnehmer keine Bedienstete Internationaler Organisationen, IPRax 1985, S. 14; *Steinmeyer,* Die Einstrahlung im internationalen Sozialversicherungsrecht, 1979; *Wank,* Anm. zu BVerfG AP Nr. 76 zu Art. 9 GG; *Wank/Börgmann,* Die Einbeziehung ausländischer Arbeitnehmer in das deutsche Urlaubskassenverfahren, NZA 2001, S. 177 ff.; *Weber,* Das Zwingende an den zwingenden Vorschriften im neuen internationalen Arbeitsrecht, IPRax 1988, S. 82; *Wimmer,* Neuere Entwicklungen im internationalen Arbeitsrecht – Überlegungen zur Politik des Arbeitskollisionsrechts, IPRax 1995, S. 207.

Übersicht

	Rn.		Rn.
I. Einführung	1	c) Anknüpfung an die engere Verbindung, Art. 30 Abs. 2 letzter Halbs. EGBGB	103
1. Internationales Privatrecht und Internationales Arbeitsrecht	1	5. Die Einschränkungen des Arbeitsvertragsstatuts durch zwingendes Recht	112
2. Inkorporation des EuSchVÜ und einheitliche Auslegung	8	a) Art. 27 Abs. 3 EGBGB	120
II. Individualarbeitsrecht	16	b) Art. 30 Abs. 1 EGBGB	123
1. Anwendbarkeit der kollisionsrechtlichen Vorschriften	16	c) Das Verhältnis von Art. 30 Abs. 1 zu Art. 27 Abs. 3 EGBGB	124
2. Struktur der gesetzlichen Regelung	21	d) Art. 34 EGBGB	128
3. Die Rechtswahl der Parteien	28	e) Das Verhältnis von Art. 34 zu Art. 27 Abs. 3 EGBGB	146
a) Rechtliche Einordnung und Wirksamkeit der Rechtswahlvereinbarung	28	f) Das Verhältnis von Art. 34 zu Art. 30 Abs. 1 EGBGB	148
b) Formen der Rechtswahl	31	g) Ordre public, Art. 6 EGBGB	153
aa) Ausdrückliche Rechtswahl	34	h) Zwingendes Recht dritter Staaten	160
bb) Konkludente Rechtswahl	38	6. Umfang des Arbeitsvertragsstatuts	165
cc) Teilweise Rechtswahl	44	a) Grundsatz	167
dd) Nachträgliche Rechtswahl	48	b) Ausnahmen: spezielle Kollisionsnormen	168
c) Rechtswahl bei reinen Inlandsfällen	50	c) Einzelfragen	170
d) Einschränkung der Parteiautonomie gem. Art. 30 Abs. 1 EGBGB	60	aa) Zustandekommen des Arbeitsvertrages	170
aa) Zwingende Bestimmungen i. S. von Art. 30 Abs. 1 EGBGB	65	bb) Der Inhalt des Arbeitsvertrages	172
bb) Der Günstigkeitsvergleich	70	cc) Beendigung des Arbeitsverhältnisses	174
4. Die Anknüpfung ohne Rechtswahl	80	d) Auslegung	175
a) Anknüpfung an das Recht des gewöhnlichen Arbeitsortes, Art. 30 Abs. 2 Nr. 1 EGBGB	84	7. Anwendbarkeit des EGBGB n. F. auf vor dem 1. 9. 1986 begründete Arbeitsverhältnisse	177
b) Anknüpfung an das Recht der einstellenden Niederlassung, Art. 30 Abs. 2 Nr. 2 EGBGB	93		

I. Einführung

1. Internationales Privatrecht und Internationales Arbeitsrecht

1 In den vorangegangenen Abschnitten ging es um das Verhältnis des Gemeinschaftsrechts zum deutschen Recht. Nunmehr wird die Frage behandelt, wie sich das nationale Recht eines anderen oder mehrerer anderer Mitgliedstaaten zum deutschen Recht verhält.

2 Der Einsatz von Arbeitskräften im Ausland stellt sich durch die zunehmende Internationalisierung der Wirtschaft nicht mehr nur als Ausnahmefall dar.[1] Gerade in multinationalen Unternehmen ist der Faktor Flexibilität hinsichtlich des Einsatzortes auch bei untergeordneten Mitarbeitern zur teilweise unabdingbaren Voraussetzung des Arbeitsverhältnisses geworden.

---

[1] *Eser,* RIW 1992, S. 1; *Wimmer,* IPRax 1995, S. 207.

I. Einführung

Daneben bringt es die gerade durch den EG-Binnenmarkt in großem Umfang ermöglichte grenzüberschreitende Mobilität der Arbeitnehmer mit sich, dass hinsichtlich einer Vielzahl von Arbeitsverträgen die Anwendung mehrerer nationaler Arbeitsrechtsordnungen möglich erscheint.[2] An dieser Stelle kommt das Internationale Arbeitsrecht als Teil des Internationalen Privatrechts zum Tragen.

Allgemein geht es im Internationalen Privatrecht als einem Teil des Kollisionsrechts um die Entscheidung, welche von mehreren für einen Fall in Betracht kommenden Rechtsordnungen auf den Sachverhalt anwendbar ist. Das Kollisionsrecht steht als Summe der Verweisungsnormen dem eigentlichen Privatrecht als der Summe der Sachnormen gegenüber.[3] Das Internationale Arbeitsrecht umfasst demnach die Gesamtheit aller Regelungen, die darüber entscheiden, welches nationale Arbeitsrecht (d. h. letztlich welche Sachnormen) auf einen Sachverhalt mit Beziehungen zu mehr als einer Rechtsordnung anwendbar ist.

Das deutsche Internationale Arbeitsrecht hat durch das **Gesetz zur Neuregelung des Internationalen Privatrechts** vom 25. 7. 1986 (IPRNG)[4] erstmalig eine ausdrückliche gesetzliche Regelung erfahren, nachdem es bis zu dieser Kodifizierung im Wesentlichen auf richterrechtlichen Erkenntnissen und den Ergebnissen der Rechtswissenschaft beruht hatte.[5] Die Regelung des internationalen Schuldvertragsrechts in den Art. 27–37 EGBGB und damit auch des internationalen Arbeitsvertragsrechts (Art. 30 EGBGB) geht auf eine weitgehende Übernahme des römischen Übereinkommens über das auf vertragliche Schuldverhältnisse anwendbare Recht **(EuSchVÜ)**[6] zurück, das die EG-Mitgliedsländer am 19. 6. 1980 zur Vereinheitlichung des Internationalen Privatrechts abgeschlossen haben.[7] Zwar wird damit noch immer keine generelle Vereinheitlichung des Schuldrechts in der Europäischen Gemeinschaft erreicht, aber immerhin eine begrüßenswerte Teilharmonisierung verwirklicht. Ferner sind seit dem 1. Juni 2000 die Art. 38–46 EGBGB in Kraft,[8] die sich mit außervertraglichen Schuldverhältnissen, unter anderem mit den Ansprüche aus unerlaubter Handlung, befassen.

Die unter den Unterzeichnerstaaten einheitlichen Normen für die Festlegung des auf vertragliche Schuldverhältnisse anwendbaren Rechts schaffen innerhalb der Vertragsstaaten gleiche Bedingungen, erleichtern den Rechtsverkehr und vermindern die Attraktivität des sogenannten „forum shopping".[9] Das Übereinkommen ist am 1. 4. 1991 mit der Ratifizierung durch das Vereinigte Königreich in Kraft getreten.[10] Für die Bundesrepublik Deutschland gilt es heute im Verhältnis zu Belgien, Dänemark, Frankreich, Griechenland, Irland,[11] Italien, Luxemburg, Niederlande[12] und dem Vereinigten Königreich.[13]

---

[2] Zum Problem der Internationalisierung der Arbeitsbeziehungen durch den Europäischen Binnenmarkt vgl. *Däubler*, AuR 1990, S. 2 ff.

[3] *Raape/Sturm*, Internationales Privatrecht, § 1 I 2.

[4] BGBl. I S. 1142.

[5] *Hickl*, NZA Beil. 1/1987, S. 10; *Kronke*, DB 1984, S. 404; *Lorenz*, RdA 1989, S. 220; zur früheren Rechtslage *Birk*, RabelsZ 46 (1982), S. 384 ff.; *Gamillscheg*, Internationales Arbeitsrecht, 1959; ders., ZfA 1983, S. 307, 316 ff.

[6] Auch EuVÜ, EVÜ oder (so die amtliche Abkürzung) EuIPRÜ genannt.

[7] BGBl. II S. 810; s. dazu auch BT-Drucks. 10/503, S. 6 ff. mit Denkschrift zum Übereinkommen und Bericht von *Giuliano/Lagarde*.

[8] BGBl. I S. 1026.

[9] Vgl. dazu den Bericht von *Giuliano/Lagarde*, BT-Drucks. 10/503, S. 37 f.; MK-*Martiny*, Vor Art. 27, Rn. 8.

[10] Nach Art. 29 EuSchVÜ tritt das Übereinkommen am ersten Tag des dritten Monats nach der Hinterlegung der siebten Ratifizierungsurkunde in Kraft. Die siebte Ratifizierung erfolgte am 29. 1. 1991 durch das Vereinigte Königreich.

[11] Seit dem 1. 2. 1992.

[12] Seit dem 1. 2. 1992.

[13] Vgl. BR-Drucks. 547/91, S. 8.

7 Die Europäische Gemeinschaft betreibt auf dem Gebiet des Arbeitskollisionsrechts grundsätzlich keine Rechtsangleichungsbemühungen.[14] Eine Ausnahme bildet insoweit die Entsenderichtlinie,[15] die Berührungspunkte zum Arbeitskollisionsrecht enthält. Hierdurch werden Sonderanknüpfungen außerhalb des EuSchVÜ vorgeschrieben.[16]

2. Inkorporation des EuSchVÜ und einheitliche Auslegung

8 Das EuSchVÜ ist rechtlich als völkerrechtliche Übereinkunft der Mitgliedstaaten zu qualifizieren; es bewegt sich im Grenzbereich zwischen allgemeinem Völkerrecht und Gemeinschaftsrecht.[17]

9 Gem. Art. 1 Abs. 2 des Zustimmungsgesetzes vom 25. 7. 1986[18] ist die unmittelbare Anwendung des Übereinkommens in Deutschland ausgeschlossen. Der deutsche Gesetzgeber hat also im Gegensatz zu der generellen Transformation,[19] bei der Völkervertragsrecht unmittelbar im innerstaatlichen Bereich Rechtswirkungen entfaltet, durch die Aufnahme der Übereinkommensbestimmungen in das nationale Recht (Art. 27–37 EGBGB) die Inkorporation im Wege einer speziellen Transformation bewirkt.[20] Damit wurde das EuSchVÜ im Kern zwar unverändert, aber insgesamt doch mit zahlreichen kleineren Umformulierungen, Umstellungen und zum Teil auch Auslassungen in die Art. 27 ff. EGBGB übernommen.[21]

10 Der internationalen Herkunft wird jedoch durch Art. 36 EGBGB Rechnung getragen. Danach sind die auf das EuSchVÜ zurückgehenden Vorschriften des EGBGB i. S. des EuSchVÜ einheitlich auszulegen. Damit wird nicht nur ein bloßer Programmsatz aufgestellt, sondern es wird vielmehr die Rechtspflicht zu einer einheitlichen Auslegung statuiert.[22] Die Regelung des Art. 36 EGBGB geht auf Art. 18 EuSchVÜ zurück, dessen Wortlaut bis auf sprachliche Nuancen übernommen wurde.[23] Dem EuSchVÜ kommt also trotz der vom Bundesgesetzgeber gewählten Inkorporationslösung neben der Regelung des Internationalen Vertragsrechts im EGBGB im Rahmen der einheitlichen Auslegung eigenständige Bedeutung zu.[24]

11 Die einheitliche Auslegung erfasst nicht nur die unmittelbar in dem Unterabschnitt „Vertragliche Schuldverhältnisse" enthaltenen Vorschriften des EGBGB, sondern alle

---

[14] Im folgenden geht es nur um materielles (Individual-)Arbeitsrecht. Verfahrensrecht, grenzüberschreitende Zustellungen sowie die EG-Verordnung Nr. 44/2001 bleiben unberücksichtigt; s. dazu *Micklitz/Rott*, EuZW 2001, S. 325 ff. m. w. N.

[15] Richtlinie 96/71/EG des Europäischen Parlaments und des Rates vom 16. Dezember 1996 über die Entsendung von Arbeitnehmern im Rahmen der Erbringung von Dienstleistungen, ABl. EG L 18 v. 21. 1. 1997, S. 1.

[16] Zur Entsenderichtlinie s. näher § 15 Rn. 471 ff.

[17] *Heilmann*, Arbeitsvertragsstatut, 1993, S. 11.

[18] BGBl. II S. 809.

[19] Zur Terminologie vgl. *Matscher/Siehr/Delbrück*, Multilaterale Staatsverträge, 1986, S. 22.

[20] Die Völkerrechtmäßigkeit dieser Inkorporationsmethode ist nicht unbestritten; vgl. dazu *Heilmann*, Arbeitsvertragsstatut, S. 11 ff.; Reithmann/*Martiny*, Internationales Vertragsrecht, Rn. 11 ff. und *Sandrock*, RIW 1986, S. 841, 843 m. w. N.; vgl. auch MK-*Martiny*, Art. 36 EGBGB, Rn. 8 zu den mit der Inkorporation verbundenen Schwierigkeiten im Hinblick auf die in Art. 36 EGBGB festgelegte einheitliche Auslegung.

[21] *Reinhart*, RIW 1994, S. 445; ausführlich dazu *Kohler*, EuR 1984, S. 155 ff.

[22] MK-*Martiny*, Art. 36, Rn. 7. Art. 18 EuSchVÜ lautet: „Bei der Auslegung und Anwendung der vorstehenden einheitlichen Vorschriften ist ihrem internationalen Charakter und dem Wunsch Rechnung zu tragen, eine einheitliche Auslegung und Anwendung dieser Vorschriften zu erreichen."

[23] Die insbesondere von *Däubler*, RIW 1987, S. 249 vertretene Ansicht, Art. 36 EGBGB entfalte bis zum Inkrafttreten des EuSchVÜ keine volle Rechtswirkung, ist seit dem In-Kraft-Treten des EuSchVÜ überholt.

[24] Reithmann/*Martiny*, Internationales Vertragsrecht, Rn. 14 spricht in diesem Fall von einer „Rückinkorporation" des Übereinkommens.

I. Einführung

Vorschriften, die mit dem Schuldstatut in unmittelbarem Zusammenhang stehen (z.B. Art. 6 = ordre public, Art. 11 = Form).[25]

Die Pflicht zur einheitlichen Auslegung lässt die Frage aufkommen, welche Prinzipien zu Grunde zu legen sind. Das EuSchVÜ enthält dazu keine Direktiven, so dass die Rechtsnatur des Abkommens das maßgebliche Kriterium für die hier anzuwendenden Auslegungsgrundsätze bilden muss. Mangels einer entsprechenden gemeinschaftsrechtlichen Kompetenz liegt der Gedanke nahe, dass es sich um eine gewöhnliche völkerrechtliche Übereinkunft der Mitgliedstaaten handelt.[26] Folgerichtig kämen auch die für die Auslegung völkerrechtlicher Verträge entwickelten Prinzipien zur Anwendung. Dafür könnte auch Art. 18 EuSchVÜ sprechen, der festlegt, dass dem „internationalen Charakter" der Normen bei deren Auslegung und Anwendung Rechnung zu tragen ist.[27] Es darf jedoch nicht unberücksichtigt bleiben, dass die Vertragsstaaten berücksichtigt haben, dem EuGH hinsichtlich des EuSchVÜ eine Auslegungskompetenz zuzuweisen. Dementsprechend könnten die vom EuGH für die Auslegung des EuGVÜ entwickelten Prinzipien zum Tragen kommen.[28] Im übrigen spricht *Junker* mit Recht von einer gewissen substanziellen Verknüpfung von EuSchVÜ und EuGVÜ, wodurch es ebenso wie dieses einer Zone zugehörig ist, „in die das Gemeinschaftsrecht hineinstrahlt".[29]

Grundsätzlich ließe sich sagen, dass die anzuwendenden **Auslegungskriterien** sich kaum von dem Methodenarsenal des internen Rechts unterscheiden.[30] Nur muss die Schwerpunktsetzung so erfolgen, dass mit der Akzeptanz der anderen Unterzeichnerstaaten zu rechnen ist.[31]

Neben den Fassungen des Übereinkommens in den Sprachen der übrigen Vertragsstaaten als Grundlage der grammatikalischen Auslegung ist vor allem der Bericht von *Giuliano* und *Lagarde*[32] für die historische Auslegung heranzuziehen.[33] Sonstige Quellen subjektiv-historischer Auslegung bestehen nicht. Sofern hier teilweise auf Materialien aus den Unterzeichnerstaaten verwiesen wird,[34] sollte man deren Aussagekraft allenfalls indiziell würdigen, da sie nicht ohne Weiteres für die Auffassung aller Unterzeichnerstaaten repräsentativ sein können. Der systematischen Auslegung kann in Anbetracht der deutschen Inkorporationslösung nicht viel Gewicht zukommen, da die im zugrundeliegenden Vertrag bestehenden Zusammenhänge hier nicht deutlich werden.[35] Die letztlich entscheidende Rolle spielt die teleologische Auslegung, mit der es dem vordringlichsten Ziel des Vertrages – der Vereinheitlichung des IPR – Rechnung zu tragen gilt. Mithin ist regelmäßig nach einer integrationsfreundlichen Auslegungsmöglichkeit zu fragen. Denn eine

---

[25] *Heilmann*, Arbeitsvertragsstatut, S. 21 f. Inwieweit sich die einheitliche Auslegung auch im Bereich der zwingenden Bestimmungen des nationalen Rechts auswirkt, wird im folgenden noch erörtert werden. Vgl. hierzu *Junker*, IPRax 1989, S. 69, 70; *Weber*, IPRax 1988, S. 82, 83.

[26] *Nolte*, IPRax 1985, S. 71, 74 f.

[27] Deshalb geht auch *Junker*, RabelsZ 55 (1991), S. 674, 677, davon aus, dass die Auslegungsgrundsätze in der Wiener Konvention über das Recht der Verträge als Basis für die einheitliche Auslegung heranzuziehen seien; *Meyer-Sparrenberg*, Staatsvertragliche Kollisionsnormen, 1990, S. 101 und 159, geht davon aus, dass es sich um eine bloße Hinweisnorm bezogen auf die Regeln der Wiener Konvention handelt.

[28] Vgl. dazu ausführlich *Martiny*, RabelsZ 45 (1981), S. 427 ff.

[29] *Junker*, RabelsZ 55 (1991), S. 674, 683; vgl. ausführlich zum EuGVÜ *Rasmussen*, CMLRV 15 (1978), S. 249.

[30] Ausführlich zur der Vorgehensweise bei der Auslegung des EuSchVÜ *Reinhart*, RIW 1994, S. 445, 449 f.

[31] *Junker*, RabelsZ 55 (1991), S. 674, 679; *Reinhart*, RIW 1994, S. 445, 459.

[32] BT-Drucks. 10/503.

[33] BGHZ 123, S. 384; *Däubler*, RIW 1987, S. 249; *Gamillscheg*, ZfA 1983, S. 307, 314; *Heilmann*, Arbeitsvertragsstatut, S. 24 f.; Palandt/*Heldrich*, Art. 36 EGBGB, Rn. 1; Reithmann/*Martiny*, Internationales Vertragsrecht, Rn. 15.

[34] So etwa MK-*Martiny*, Art. 36 EGBGB, Rn. 18; *Reinhart*, RIW 1994, S. 445, 449.

[35] Ähnlich MK-*Martiny*, Art. 36 EGBGB, Rn. 17.

„uniforme Auslegung",[36] die an sich nur möglich ist, wenn eine gemeinsame Gerichtsinstanz besteht, lässt sich nur verwirklichen, wenn nationale Sonderlösungen außer Betracht bleiben. Ferner ist die Gerichtspraxis der Vertragsstaaten[37] sowie der rechtswissenschaftliche Diskussionsstand als Ausdruck rechtsvergleichender Auslegung zu berücksichtigen.[38] Daneben dürften die sich aus der Gesamtheit der Rechtsordnungen der Signaturstaaten ergebenden allgemeinen Rechtsgrundsätze eine gewisse Rolle spielen. Diese sind bereits vielfach in der Rechtsprechung des EuGH zum EuGVÜ herangezogen worden.[39]

15 Eine der Kompetenz des EuGH im Bereich des EuGVÜ vergleichbare Auslegungszuständigkeit, wonach nationale Gerichte dem EuGH unter bestimmten Voraussetzungen das EuGVÜ betreffende Auslegungsfragen vorlegen können,[40] besteht hinsichtlich des EuSchVÜ zur Zeit noch nicht. Denn die nach dem Vorbild des Protokolls vom 3. 6. 1971 betreffs Auslegung des EuGVÜ erarbeiteten Auslegungsprotokolle[41] wurden bisher noch nicht ratifiziert.[42] Folglich liegt die Pflicht zu einer einheitlichen Auslegung bis zu deren In-Kraft-Treten allein in den Händen der nationalen Gerichte.

II. Individualarbeitsrecht

1. Anwendbarkeit der kollisionsrechtlichen Vorschriften

16 Grundidee für die Anwendbarkeit des Internationalen Privatrechts auf einen Sachverhalt ist ganz allgemein, dass es sich um einen Fall mit **„Auslandsberührung"** handelt (vgl. Art. 3 Abs. 1 S. 1 EGBGB).

17 Daraus lässt sich jedoch, entgegen der Ansicht *Kindlers*,[43] nicht ohne weiteres herleiten, dass die Anwendung des internationalen Schuldvertragsrechts stets das Vorliegen einer objektiven Verbindung zum Recht eines ausländischen Staates voraussetzt.

18 Ein solch objektiver Auslandsbezug ist aus arbeitsrechtlicher Sicht beispielsweise zu bejahen, wenn einer der Vertragspartner (Arbeitnehmer oder Arbeitgeber) eine ausländische Staatsbürgerschaft besitzt, sich die Niederlassung des Arbeitgebers im Ausland befindet, der Arbeitnehmer in Erfüllung des Vertrages seine Arbeit gewöhnlich im Ausland verrichtet[44] oder sich aus den sonstigen Umständen eine engere Verbindung zu einem anderen Staat ableiten lässt (vgl. Art 30 Abs. 2 EGBGB).

19 Entscheidend für die Frage der Anwendbarkeit der Vorschriften des Internationalen Vertragsrechts ist vielmehr, ob überhaupt die Anwendbarkeit mehrerer Rechtsordnungen

---

[36] So *Däubler*, RIW 1987, S. 249.
[37] So ausdrücklich die Gesetzesbegründung der Bundesregierung, BT-Drucks. 10/504, S. 84: „Dies bedeutet, dass gegebenenfalls auch gerichtliche Entscheidungen anderer Vertragsstaaten berücksichtigt werden müssen."
[38] BGH, IPRrax 1990, S. 254, 256; *Gamillscheg*, ZfA 1983, S. 307, 314; *Magnus*, IPRax 1991, S. 382, 384; Palandt/*Heldrich*, Art. 36 EGBGB, Rn. 1; *Reinhart*, RIW 1994, S. 445, 450; kritisch zum Ganzen *Däubler*, RIW 1987, S. 249, 250; *Lorenz*, RdA 1989, S. 222; Reithmann/*Martiny*, Internationales Vertragsrecht, Rn. 19; *Weber*, IPRax 1988, S. 82; zur Sicherstellung einer möglichst einheitlichen Gerichtspraxis ist von den Unterzeichnerstaaten in der gemeinsamen Erklärung v. 19. 12. 1988, ABl. EG L 48, S. 8, vereinbart worden, Informationen über rechtskräftige, das EuSchVÜ betreffende nationale Entscheidungen auszutauschen.
[39] Dazu *Martiny*, RabelsZ 45 (1981), S. 427, 442 f.
[40] Dieses Verfahren orientiert sich an dem Vorabentscheidungsverfahren des Art. 234 EGV (Art. 177 EGV a. F.).
[41] Vgl. dazu ABl. EG v. 20. 2. 1989, L 48, S. 1 ff., 17 ff.
[42] Ausführlich zu der sehr kompliziert ausgestalteten Form des Ratifikationsverfahrens bezüglich der die Zuständigkeit des EuGH betreffenden Protokolle MK-*Martiny*, Art. 36 EGBGB, Rn. 4.
[43] *Kindler*, RIW 1987, S. 660, 661; zumindest missverständlich insofern *Däubler*, RIW 1987, S. 249, 250 und *Hönsch*, NZA 1988, S. 113.
[44] *Heilmann*, Arbeitsvertragsstatut, S. 37; *Hönsch*, NZA 1988, S. 113.

II. Individualarbeitsrecht   20–23 § 31

auf einen Sachverhalt in Frage kommt.[45] Das ergibt sich schon aus dem Wortlaut der englischen und französischen Fassung des Art. 1 Abs. 1 EuSchVÜ.[46] Der Auslandsbezug kann sich demnach auch allein aus der Rechtswahl der Parteien ergeben.[47]

Letztlich ist ein subjektives Verständnis der Auslandsberührung auch im Hinblick auf 20 die Regelung des Art. 27 Abs. 3 EGBGB geboten. Die Vorschrift setzt notwendig die Möglichkeit einer Rechtswahl der Parteien auch bei reinen Inlandsfällen ohne objektiven Auslandsbezug voraus.[48] Würde man für die generelle Anwendbarkeit der kollisionsrechtlichen Normen (zu denen auch Art. 27 Abs. 3 EGBGB gehört) einen solchen objektiven Auslandsbezug verlangen, so liefe die Vorschrift ins Leere.[49]

2. Struktur der gesetzlichen Regelung

Das deutsche internationale Vertragsrecht ist geprägt durch die gesetzliche Veranke- 21 rung der Privatautonomie **(Rechtswahlfreiheit)**.[50] Gem. Art. 27 EGBGB, der für alle vertraglichen Schuldverhältnisse, also auch für Arbeitsverhältnisse gilt, bestimmt sich das Vertragsstatut zunächst nach der Rechtswahl der Parteien. Fehlt ein kollisionsrechtlicher Verweisungsvertrag der Parteien, so wird das Vertragsstatut durch objektive Anknüpfung bestimmt. Für Schuldverträge im allgemeinen ist dafür gem. Art. 28 EGBGB das Recht des Staates zu ermitteln, zu dem der Vertrag die engsten Verbindungen aufweist.

Für das Arbeitsrecht enthält Art. 30 Abs. 2 EGBGB eine davon abweichende beson- 22 dere Regelung, die zum einen in Abweichung von Art. 27 EGBG die Privatautonomie einschränkt[51] und zum anderen festlegt, in welcher Weise eine **objektive Anknüpfung** an das Arbeitsverhältnis erfolgen soll.[52] Danach ist, sofern nicht eine engere Verbindung zu einem anderen Staat besteht (Art. 30 Abs. 2 letzter Halbs. EGBGB), auf das Recht des gewöhnlichen Arbeitsortes (Art. 30 Abs. 2 Nr. 2 EGBGB) oder, falls sich ein solcher nicht feststellen lässt, auf das Recht des Ortes der einstellenden Niederlassung (Art. 30 Abs. 2 Nr. 2 EGBGB) abzustellen. Maßgeblich ist also grundsätzlich der Ort, wo die Arbeit gewöhnlich verrichtet wird, insbesondere im Falle einer Eingliederung des Arbeitnehmers in den Betrieb. Bei einer betrieblichen Eingliederung ist der Ort maßgeblich, an dem sich dieser befindet, ansonsten der Ort, an dem der Schwerpunkt der Tätigkeit liegt.[53]

Art. 30 EGBGB spricht von Arbeitsverträgen und **„Arbeitsverhältnissen"**. Gemeint 23 ist damit, dass Art. 30 EGBGB auch fehlerhafte, aber in Vollzug gesetzte Arbeitsverhältnisse erfasst.[54] Ob sich die rechtliche Qualifikation als Arbeitsvertrag oder als anderer Ver-

---

[45] *Reithmann/Martiny*, Internationales Vertragsrecht, Rn. 30.
[46] Abgedruckt in BT-Drucks. 10/503.
[47] *Heilmann*, Arbeitsvertragsstatut, S. 38; *Hönsch*, NZA 1988, S. 113, 114; *Palandt/Heldrich*, Art. 3 EGBGB, Rn. 2; a.A. *Kindler*, RIW 1987, S. 661.
[48] Dazu eingehend unten Rn. 50.
[49] So auch *Heilmann*, Arbeitsvertragsstatut, S. 38.
[50] Vgl. dazu ausführlich *Junker*, IPRax 1993, S. 1 ff.: „ureigene Domäne des internationalen Schuldvertragsrechts"; *ders.*, Internationales Arbeitsrecht im Konzern, 1992, S. 51 ff.; allgemein zur Parteiautonomie im internationalen Vertragsrecht *Ganzert*, Das internationale Arbeitsverhältnis im deutschen und französischen Kollisionsrecht, 1992, S. 45 ff.
[51] Allerdings nur insoweit, als dies zu Schutzzwecken erforderlich ist.
[52] Dazu unten Rn. 80.
[53] *v. Hoffmann*, Internationales Privatrecht, Rn. 81 und *Reithmann/Martiny*, Internationales Vertragsrecht, Rn. 721: „lex loci laboris". So auch die bisherige deutsche Rechtsprechung, vgl. nur BAG, NJW 1985, S. 2910 = BAG AP Nr. 23 zu Internationales Privatrecht.
[54] Bericht *Guiliano/Lagarde*, BT-Drucks. 10/503, S. 58; *Lorenz*, RdA 1989, S. 220; *Palandt/Heldrich*, Art. 30 EGBGB, Rn. 2. Diese Klarstellung ist hinsichtlich nichtiger Verträge an sich überflüssig, da das Vertragsstatut gem. Art. 32 Abs. 1 Nr. 5 EGBGB ohnehin für die Folgen solcher Vereinbarungen maßgeblich ist. So auch *Däubler*, RIW 1987, S. 249, 250; MK-*Martiny*, Art. 30 EGBGB, Rn. 9.

tragstyp nach deutschem Recht[55] oder nach der lex fori[56] bemisst, bedarf im Hinblick auf Art. 36 EGBGB keiner Entscheidung: die Begriffsbestimmung muss jedenfalls im Wege einheitlicher Auslegung erfolgen,[57] so dass auf diesem Wege eine einheitliche Rechtsanwendung gesichert werden kann.[58] Art. 30 Abs. 1 EGBGB stellt eine Einschränkung der Rechtswahlfreiheit für Arbeitsvertragsparteien dar: durch die Rechtswahl darf dem Arbeitnehmer nicht der Schutz entzogen werden, der ihm durch die zwingenden Bestimmungen des nach Art. 30 Abs. 2 zu ermittelnden objektiven Arbeitsvertragsstatuts gewährleistet wird.[59]

24 Weitere Einschränkungen des Vertragsstatuts, und zwar unabhängig davon, ob es durch Rechtswahl vereinbart oder durch objektive Anknüpfung gewonnen wird, ergeben sich aus Art. 34 EGBGB (zwingende Vorschriften der lex fori) und Art. 6 EGBGB (ordre public).[60]

25 Für die Lösung eines Rechtsfalles mit Auslandsbezug ergibt sich daraus folgendes:

26 Zunächst ist zu klären, ob nach dem Vertragstyp ein Arbeitsvertrag oder ein anderer Schuldvertrag vorliegt. Handelt es sich um einen Arbeitsvertrag, so ist Art. 30 EGBGB anzuwenden. Sodann ist festzustellen, ob eine Rechtswahlvereinbarung der Vertragsparteien vorliegt. Ist das nicht der Fall, so ergibt sich das maßgebliche Recht durch objektive Anknüpfung gem. 30 Abs. 2 EGBGB. Liegt hingegen eine Rechtswahl vor, so bedarf es dennoch der Ermittlung des nach Abs. 2 maßgeblichen Rechts: die Rechtswahlfreiheit ist gemäß Art. 30 Abs. 1 EGBGB insofern eingeschränkt, als es auf einen Günstigkeitsvergleich mit dem durch objektive Anknüpfung ermittelten Recht ankommt.

27 Letztlich ist das so gewonnene Arbeitsvertragsstatut im Hinblick auf die Einschränkungen der Art. 34 und 6 EGBGB zu überprüfen.

3. Die Rechtswahl der Parteien

a) Rechtliche Einordnung und Wirksamkeit der Rechtswahlvereinbarung

28 Die Rechtswahlvereinbarung der Parteien steht als sogenannter „kollisionsrechtlicher Verweisungsvertrag" rechtlich selbständig neben dem materiellen Vertragsschluss. Als solcher ist er in seinem rechtlichen Schicksal unabhängig von der Wirksamkeit des Arbeitsvertrages.[61] Daran ändert sich auch dadurch nichts, dass die Rechtswahl regelmäßig nur als Klausel des Hauptvertrages auftritt.

Beispiel: Ein französischer Arbeitgeber schließt einen an sich wirksamen Arbeitsvertrag mit einem irischen Arbeitnehmer. Beide erklären im Zusammenhang mit dem Vertragsschluss ihr jeweiliges Heimatrecht für anwendbar.

---

[55] So wohl *Däubler*, RIW 1987, S. 249, 250.
[56] *Gamillscheg*, ZfA 1983, S. 307, 365; MK-*Martiny*, Art. 30 EGBGB, Rn. 7, der jedoch darauf hinweist, dass nach Möglichkeit einheitlich ausgelegt werden soll; LAG Düsseldorf, RIW 1992, S. 402, 403; Bericht *Guiliano/Lagarde*, BT-Drucks. 10/503, S. 70.
[57] MünchArbR/*Birk*, § 20, Rn. 3; *v. Hoffmann*, Internationales Privatrecht, Rn. 75; *Magnus*, IPRax 1989, S. 382, 384; eingehend zu einer europäischen Definition der Begriffe „Arbeitsvertrag" und „Arbeitsverhältnis" *Heilmann*, Arbeitsvertragsstatut, S. 40 ff. S. zum Arbeitnehmerbegriff im EG-Recht s. § 13 Rn. 3 ff.
[58] So auch *v. Hoffmann*, Internationales Privatrecht, Rn. 75, der allerdings in diesem Zusammenhang vorschlägt, auf die durch den EuGH zum Gemeinschaftsrecht gewonnene Definition zurückzugreifen. Überzeugend ist allein der etwa von *Birk*, RdA 1983, S. 143, 144 und *Magnus*, IPRax 1991, S. 382, 384 gemachte Vorschlag, autonom auszulegen.
[59] Hier bedarf es eines kollisionsrechtlichen Günstigkeitsvergleichs, s. dazu unten II. 3. d.
[60] Dazu unten Rn. 128, 153.
[61] MünchArbR/*Birk*, § 20, Rn. 13; *Heilmann*, Arbeitsvertragsstatut, S. 45; Reithmann/*Martiny*, Internationales Vertragsrecht, Rn. 27.

II. Individualarbeitsrecht

Hier fehlt es zwar an einer gültigen Rechtswahl (Dissens); das Vertragsstatut kann mithin nur durch objektive Anknüpfung bestimmt werden. An der Wirksamkeit des Arbeitsvertrages ändert sich dadurch jedoch regelmäßig nichts. 29

Das Zustandekommen und die Wirksamkeit des Verweisungsvertrages richten sich gem. Art. 27 Abs. 4 i. V. m. Art. 31 Abs. 1 EGBGB nach den Vorschriften des (gewählten) Vertragsstatuts. Man kann insofern von einer gewissen Vorwirkung des Vertragsstatuts sprechen.[62] 30

b) Formen der Rechtswahl

Gem. Art. 27 Abs. 1 S. 2 EGBGB kann die Rechtswahl der Parteien ausdrücklich oder stillschweigend erfolgen. Eine solche Berücksichtigung der Parteiautonomie entspricht der bisherigen Rechtslage.[63] Art. 27 Abs. 1 S. 3 EGBGB gestattet darüber hinaus auch die Teilrechtswahl. Darin ist keine Gefährdung arbeitsrechtlichen Schutzes zu sehen,[64] denn arbeitsrechtlicher Schutz wird auch bei einer mehrfachen Rechtswahl über Art. 30 Abs. 1 EGBGB gewährleistet.[65] 31

Die Parteien können auch nachträglich die Geltung eines bestimmten Rechts – abweichend von einer früheren Rechtswahl oder dem durch objektive Anknüpfung gewonnenen Vertragsstatut – vereinbaren, Art. 27 Abs. 2 EGBGB. 32

Sowohl bezüglich der Rechtswahl (Art. 27 Abs. 4 EGBGB) als auch bezüglich des Arbeitsvertrages selbst (Art. 11 EGBGB) besteht – anders als bei Art. 29 Abs. 3 EGBGB – keine spezielle Formvorschrift, so dass hier die allgemeinen Grundsätze gelten.[66] Insbesondere ist das auf der Grundlage der Nachweisrichtlinie erlassene Nachweisgesetz zu beachten.[67] 33

aa) Ausdrückliche Rechtswahl

Eine ausdrückliche Rechtswahl der Parteien setzt voraus, dass durch den Wortlaut der Vereinbarung unmissverständlich das gewählte Recht bezeichnet wird.[68] 34

Die ausdrücklichen Rechtswahl i. S. v. Art. 27 EGBGB stellt grundsätzlich eine individualvertragliche Übereinkunft der Parteien[69] dar; sie kann etwa durch individuelle Vereinbarung (als Klausel des Arbeitsvertrages), durch einseitig vorformulierte Rechtswahlklauseln oder durch Verweisung auf ein anderes Vertragswerk (z. B. Tarifverträge) erfolgen. 35

Insbesondere der Rechtswahl durch in vorformulierten Allgemeinen Arbeitsbedingungen enthaltene Klauseln kommt dabei rechtstatsächlich eine große Bedeutung zu, zumal in der Praxis der überwiegende Teil der Arbeitsverträge mit Auslandsbezug standardisierte, vom Arbeitgeber vorgegebene Rechtswahlklauseln enthält.[70] Angesichts der Regelung der Art. 27 ff. EGBGB ist diesbezüglich keine besondere Einbeziehungskontrolle geboten, die 36

---

[62] MünchArbR/*Birk*, § 20, Rn. 13.
[63] Vgl. ausführlich MK-*Martiny*, Art. 30 EGBGB, Rn. 2 mit umfangreichen Nachw. in Fußn. 3.
[64] *Gamillscheg*, ZfA 1983, S. 307, 328: „Übertreibung des nützlichen Prinzips der Privatautonomie"; in dieser Richtung auch *Hönsch*, NZA 1988, S. 113, 115, der fordert, dass es sich um jeweils abgrenzbare Vertragsteile handelt; vgl. auch *Hickl*, NZA Beil. 1/1987, S. 10, 12.
[65] Vgl. auch *Däubler*, RIW 1987, S. 249, 253 und Reithmann/*Martiny*, Internationales Vertragsrecht, Rn. 715.
[66] Demgemäß genügt es, wenn die Form des Ortes gewahrt wird, an dem das Rechtsgeschäft vorgenommen wird („locus regit actum"). Kritisch dazu *Birk*, RdA 1984, S. 129, 132.
[67] Zur Nachweisrichtlinie und ihrer Umsetzung in das deutsche Recht s. § 18 Rn. 1 ff., 8 ff.
[68] MünchArbR/*Birk*, § 20, Rn. 7; Formulierungsvorschlag bei *Heilmann*, Arbeitsvertragsstatut, S. 46.
[69] KR-*Weigand*, 5. Abschn., Rn. 12.
[70] Vgl. *Kronke*, Rechtstatsachen, kollisionsrechtliche Methodenentfaltung und Arbeitnehmerschutz im internationalen Arbeitsrecht, 1980, S. 61 f.

auf eine kollisionsrechtliche Abschlusskontrolle hinausliefe.[71] Der Schutz des Arbeitnehmers wird durch eine inhaltliche Beschränkung der Rechtswahlfreiheit mittels der kollisionsrechtlichen Vorschriften, insbesondere des Art. 30 Abs. 1 EGBGB, in hinreichendem Maße gewährleistet.[72]

37 Eine Rechtswahl ist grundsätzlich auch durch tarifvertragliche Regelung oder Betriebsvereinbarung möglich.[73] Soweit deutsches Recht auf den Tarifvertrag anwendbar ist, ergibt sich die Zulässigkeit der Rechtswahl aus § 1 Abs. 1 TVG. Allerdings regeln die Art. 27 ff. EGBGB nur den Fall der Rechtswahl durch die Parteien des einzelnen Vertrages. Eine Anwendung der Art. 27 ff. EGBGB auf tarifvertragliche Rechtswahl ist somit nicht statthaft.[74]

bb) Konkludente Rechtswahl

38 Neben der ausdrücklichen Rechtswahlvereinbarung genügt gem. Art. 27 Abs. 1 S. 2 EGBGB auch eine stillschweigende Rechtswahl der Parteien. Allerdings muss sich in diesen Fällen der entsprechende Parteiwille „mit hinreichender Sicherheit" aus den Vertragsbestimmungen oder den sonstigen Umständen ergeben. Es kommt also im Gegensatz zur früheren Rechtslage auf den realen Parteiwillen und nicht auf den hypothetischen Willen der Parteien an.[75]

39 In Abgrenzung zur objektiven Anknüpfung nach Art. 30 Abs. 2 EGBGB bedarf es also konkreter Hinweise auf den Willen der Parteien, den Vertrag einer bestimmten Rechtsordnung zu unterwerfen.

40 Auf einen solchen Willen wird beispielsweise aus den nachfolgenden Indizien geschlossen: die Vereinbarung der Geltung deutschen Tarifrechts oder eines Katalogs deutscher materieller Arbeitsrechtsvorschriften,[76] die Verwendung von für eine Rechtsordnung typischen Formularverträgen,[77] die Vereinbarung einer Gerichtsstandsklausel,[78] die Weiterversicherung des Arbeitnehmers in der deutschen Sozialversicherung,[79] das Zitat von Rechtsnormen einer bestimmten Rechtsordnung,[80] eine Rechtswahl bei früheren Verträgen zwischen den Parteien[81] oder die Vereinbarung der Vertragsauslegung nach einem bestimmten Recht.[82]

Beispiel:[83] Die Parteien eines Arbeitsvertrages mit einem Angestellten mit Bezug zu Deutschland und den Niederlanden haben die Kündigungsfrist von 6 Wochen zum Quartalsende als „gesetzlich" bezeichnet.

---

[71] So aber *Mook*, DB 1987, S. 2252, 2255, der auf eine analoge Anwendung der Vorschriften des AGBG abstellt.

[72] So zutreffend *Birk*, RdA 1989, S. 201, 203; ders., MünchArbR, § 19, Rn. 9.

[73] *Birk*, RdA 1989, S. 201, 203; *Däubler*, NZA 1990, S. 675; *Heilmann*, Arbeitsvertragsstatut, S. 46. Streit besteht nur insoweit, ob es sich bei den tarifvertraglichen Rechtswahlklauseln um Abschlussnormen (so *Birk*, FS für Beitzke, S. 449; *Däubler*, NZA 1990, S. 673, 675) oder um Inhaltsnormen (so *Heilmann*, Arbeitsvertragsstatut, S. 49 f.) handelt.

[74] *Heilmann*, Arbeitsvertragsstatut, S. 50.

[75] *Hickl*, NZA 1987 Beil. 1, S. 10, 12; BT-Drucks. 10/504, S. 77.

[76] BAG AP Nr. 6 zu IPR ArbR; ArbG Düsseldorf, IPRax 1990, S. 328, 330; *Birk*, RdA 1989, S. 201, 204; *Heilmann*, Arbeitsvertragsstatut, S. 53; KR-*Weigand*, 5. Abschn., Rn. 13.

[77] *Däubler*, RIW 1987, S. 249, 253; KR-*Weigand*, 5. Abschn., Rn. 14; *Hönsch*, NZA 1988, S. 113, 115 m. w. N.

[78] MünchArbR/*Birk*, § 20 Rn. 11; *Däubler*, RIW 1987, S. 249, 253; *Hönsch*, NZA 1988, S. 113, 115.

[79] *Birk*, RdA 1989, S. 201, 204; *Heilmann*, Arbeitsvertragsstatut, S. 53.

[80] *Däubler*, RIW 1987, S. 249, 253; *Hickl*, NZA Beil. 1/1987, S. 10, 12; KR-*Weigand*, 5. Abschn., Rn. 14; *Hönsch*, NZA 1988, S. 113, 115 m. w. N.

[81] *Birk*, RdA 1989, S. 201, 204.

[82] LG München, IPRax 1984, S. 318.

[83] Nach einem Fall aus der niederländischen Rechtsprechung, zit. bei *Gamillscheg*, ZfA 1983, S. 307, 329.

Darin kann (im Hinblick auf § 622 BGB a. F.) ein Hinweis auf eine stillschweigende 41
Wahl des deutschen Rechts für den gesamten Vertrag gesehen werden.

Hingegen wird eine ausreichende Indizwirkung – im Hinblick auf die Internationalisierung der Arbeitswelt – aufgrund der Vertragssprache oder der Währung, in der die Vergütung erfolgt, teilweise von der Literatur verneint.[84] Auch die Einstellung in einem bestimmten Betrieb kann nicht als stillschweigende Vereinbarung des Rechts des Betriebssitzes angesehen werden;[85] andernfalls würde die Grenze zwischen objektiver Anknüpfung und konkludenter Rechtswahl verwischt werden. 42

Die Frage, ob eine konkludente Rechtswahl der Parteien vorliegt, kann nur für den 43
konkreten Einzelfall entschieden werden. Ergeben die vorliegenden Indizien nicht mit hinreichender Sicherheit einen entsprechenden Parteiwillen, so ist eine stillschweigende Rechtswahl zu verneinen.

cc) Teilweise Rechtswahl

Gem. Art. 27 Abs. 1 Satz 3 EGBGB können die Parteien eine Rechtswahl sowohl für 44
den ganzen Vertrag als auch nur für einen Teil oder für einzelne Fragen des Vertrages treffen (sogenannte kollisionsrechtliche Teilverweisung).[86] Das Vertragsstatut des übrigen Teils wird dann durch objektive Anknüpfung (Art. 30 Abs. 2 EGBGB) bestimmt.[87]

Denkbar ist jedoch auch eine ausdrückliche oder konkludente Kombination verschiedener Rechtsordnungen,[88] die jedoch nicht dazu führen darf, dass es bei deren Anwendung zu widersprüchlichen Ergebnissen kommt.[89] Der Arbeitnehmerschutz, der durch die Unabdingbarkeit zwingender Arbeitnehmerschutzvorschriften gewährleistet wird, wenn mangels Rechtswahl eine bestimmte Rechtsordnung anzuwenden ist (Art. 30 Abs. 1 EGBGB), kann auch im Wege der Teilrechtswahl nicht durchbrochen werden. Die Gefahr, dass sich die „stärkere" Partei durch Teilrechtswahl jeweils die „Rosinen" aus unterschiedlichen Rechtsordnungen heraussucht, ist demnach gering.[90] 45

Eine Teilrechtswahl bietet sich insbesondere für Bereiche des Arbeitsverhältnisses an, 46
die sich durch eine gewisse Selbstständigkeit gegenüber dem Arbeitsvertrag auszeichnen. Dies sind etwa die Zusage und Durchführung einer betrieblichen Altersversorgung oder das nachvertragliche Wettbewerbsverbot.[91]

Die kollisionsrechtliche Teilrechtswahl ist von der bloß materiell-rechtlichen **Teilverweisung** abzugrenzen, die immer dann vorliegt, wenn das Vertragstatut zwar nur von einer Rechtsordnung gestellt wird, hinsichtlich einer Einzelfrage jedoch auf die materielle Regelung eines anderen Rechts Bezug genommen wird.[92] Die zur Beantwortung der Teilfrage eingeschalteten Vorschriften der fremden Rechtsordnung gelten dann nur innerhalb des feststehenden Rahmens des primär gewählten oder objektiv bestimmten Vertragsstatuts.[93] Bei der Vereinbarung zweier oder mehrerer Rechtsordnungen hinsichtlich eines Vertragswerkes besteht eine Vermutung gegen eine kollisionsrechtliche Teilverweisung. Angesichts der Tatsache, dass die Parteien ihre vertraglichen Rechte und Pflichten in der Regel einer einheitlichen Rechtsordnung unterstellen wollen, ist im Zweifel von einer 47

---

[84] KR-*Weigand*, 5. Abschn., Rn. 14; *Hönsch*, NZA 1988, S. 113, 115 m. w. N.; a. A. *Heilmann*, Arbeitsvertragsstatut, S. 53.
[85] So aber *Birk*, RdA 1989, S. 201, 204.
[86] MK-*Martiny*, Art. 27 EGBGB, Rn. 34.
[87] *Lorenz*, RIW 1987, S. 569, 573; *Reithmann/Martiny*, Internationales Vertragsrecht, Rn. 32.
[88] BAG AP Nr. 33 zu § 1 KSchG 1969 Betriebsbedingte Kündigung; MK-*Martiny*, Art. 30 EGBGB, Rn. 14.
[89] MünchArbR/*Birk*, § 20, Rn. 15; *Hönsch*, NZA 1988, S. 113, 115; *Reithmann/Martiny*, Internationales Vertragsrecht, Rn. 32.
[90] Vgl. zu dieser Problematik bereits oben Rn. 21.
[91] *Birk*, RdA 1989, S. 201, 204 f. mit weiteren Beispielen.
[92] MK-*Martiny*, Art. 27 EGBGB, Rn. 35.
[93] *Simitis*, JuS 1966, S. 209, 213.

kollisionsrechtlichen Rechtswahl und einer oder mehreren materiellrechtlichen Teilverweisungen auszugehen.

dd) Nachträgliche Rechtswahl

48 Den Parteien steht es frei, eine ursprüngliche Wahl des anwendbaren Rechts später wieder zu ändern (Art. 27 Abs. 2 S. 1 EGBGB: „jederzeit"). Die Bestandskraft des Verweisungsvertrages bleibt also solange bestehen, wie die Parteien sich nicht für dessen Änderung entscheiden.[94] Diese kann sowohl ausdrücklich als auch konkludent – selbst durch schlüssiges Parteiverhalten im Prozess[95] – erfolgen und sich auf eine geänderte Rechtswahl ex tunc oder ex nunc erstrecken. Regelmäßig ist jedoch von einem auf eine Rückwirkung gerichteten Parteiwillen auszugehen.[96]

49 Zwar können die Parteien das auf den Arbeitsvertrag anwendbare Recht jederzeit nachträglich ändern; dadurch werden aber die Formgültigkeit des Vertrages nach Art. 11 EGBGB und Rechte Dritter nicht berührt (Art. 27 Abs. 2 S. 2 EGBGB). Hinsichtlich der Rechte Dritter bedarf es eines Günstigkeitsvergleichs zwischen dem ursprünglichen und dem neuen Vertragsstatut.[97]

c) Rechtswahl bei reinen Inlandsfällen

50 Art. 27 Abs. 3 EGBGB sieht eine Rechtswahlbeschränkung für solche Sachverhalte vor, die im Zeitpunkt der Rechtswahl nur mit einem Staat verbunden sind. Die Geltung der zwingenden Bestimmungen dieses Staates wird von der Rechtswahl nicht berührt. Damit ist zugleich gesagt, dass eine Rechtswahl auch bei reinen Inlandsfällen, ohne objektiven Auslandsbezug, zulässig ist.[98] Umstritten ist jedoch, welche Rechtsnatur die Rechtswahl bei reinen Inlandsfällen hat.

51 Nach einer Auffassung hat die Rechtswahl bei reinen Inlandsfällen nur die Wirkung jeder anderen Vereinbarung, mit der die Parteien ihr Vertragsverhältnis gestalten. Der Rechtswahl komme nur die Wirkung einer materiellrechtliche Verweisung zu;[99] d. h. die Macht der Parteiautonomie wirkt im Internationalen Privatrecht nicht weiter als die des innerstaatlichen Rechts, nämlich nur in den Grenzen der zwingenden Bestimmungen des inländischen Rechts.

52 Nach der Gegenauffassung[100] kommt auch bei reinen Inlandsfällen die Möglichkeit einer kollisionsrechtlichen Verweisung in Betracht. Art. 27 Abs. 3 EGBGB schließe eine solche nicht aus, sondern schränke sie nur insoweit ein, als durch eine derartige Verweisung das zwingende Recht des Staates, der eine ausschließliche Verbindung zum Sachverhalt hat, nicht abbedungen werden kann.

---

[94] *Birk,* RdA 1989, S. 201, 205.
[95] MünchArbR/*Birk,* § 20, Rn. 17; *Däubler,* RIW 1987, S. 249, 253; *Heilmann,* Arbeitsvertragsstatut, S. 55; *Hönsch,* NZA 1988, S. 113, 115; MK-*Martiny,* Art. 30 EGBGB, Rn. 13; so auch bereits BAG, NJW 1965, S. 319.
[96] *Hönsch,* NZA 1988, S. 113, 115; *Reithmann/Martiny,* Internationales Vertragsrecht, Rn. 32; a. A. für den Bereich der Arbeitsverträge BAG, NJW 1965, S. 319 und *Heilmann,* Arbeitsvertragsstatut, S. 55, der einer nachträglichen Rechtswahl im Zweifel nur ex nunc-Wirkung beilegen will. Das zur Begründung angeführte Urteil des OLG Saarbrücken stützt diese These jedoch nicht.
[97] *Reithmann/Martiny,* Internationales Vertragsrecht, Rn. 62. Hier zeigt sich eine Parallele zu dem im Rahmen von Art. 30 Abs. 1 EGBGB durchzuführenden Günstigkeitsvergleich, vgl. dazu unten Rn. 70.
[98] Vgl. oben Rn. 16.
[99] *Gamillscheg,* ZfA 1983, S. 307, 327; *Heilmann,* Arbeitsvertragsstatut, S. 85 f.; *Kegel/Schurig,* Internationales Privatrecht, § 18 I 1 c; *Lüderitz,* Internationales Privatrecht, 2. Aufl. 1992, Rn. 273; *Reithmann/Martiny,* Internationales Privatrecht, Rn. 63; *Sandrock,* RIW 1986, S. 841, 846.
[100] *Birk,* RdA 1989, S. 201, 204; *ders.,* MünchArbR, § 20, Rn. 5; *Ferid,* Internationales Privatrecht, S. 219; *Lorenz,* RIW 1987, S. 569; *ders.,* RdA 1989, S. 220, 221; Palandt/*Heldrich,* Art. 27 EGBGB, Rn. 2.

Beispiel: Ein deutscher Arbeitgeber und ein deutscher Arbeitnehmer vereinbaren für einen Arbeitsvertrag, der ausschließlich in Deutschland vollzogen werden soll, die Anwendung französischen Rechts.

Nach der Theorie der materiellrechtlichen Verweisung gilt deutsches Recht; nur der dispositive Teil des Arbeitsvertrages ist nach französischem Recht zu behandeln.

Nach der Theorie der kollisionsrechtlichen Verweisung ist Vertragsstatut das französische Recht. Die Geltung des französischen Rechts ist jedoch durch die unabdingbaren Vorschriften des deutschen Rechts beschränkt.

In erster Linie ist der Unterschied zwischen den beiden Auffassungen rein theoretischer Natur. Denn letztlich ist nach beiden Auffassungen jeweils zu fragen, wann ein hinreichender (die Beschränkung des Art. 27 Abs. 3 EGBGB ausschließender) objektiver Auslandsbezug vorliegt, so dass es sich nicht um einen reinen Inlandsfall handelt.[101] Geht es der einen Auffassung um die Frage, ob überhaupt eine kollisionsrechtliche Verweisung zulässig ist, so geht es der Gegenauffassung darum, ob die kollisionsrechtliche Rechtswahl des ausschließlich mit dem Sachverhalt verbundenen Staates beschränkt ist. Für die Frage, was unter „zwingenden Vorschriften" zu verstehen ist sowie wie für die nach dem erforderlichen Maß der Auslandsberührung hat der Meinungsstreit mithin keine Konsequenzen.

Gleichwohl streitet für die Annahme einer **kollisionsrechtlichen Verweisung** die Entstehungsgeschichte des Art. 3 Abs. 3 EuSchVÜ, dem der inkorporierte Art. 27 Abs. 3 EGBGB entspricht. Dieser enthält einen Kompromiss zwischen der von englischer Seite befürworteten, völlig freien, und der von der anderen Seite gänzlich abgelehnten Rechtswahl bei reinen Inlandsfällen.[102] Geht man von einer bloß materiellrechtlichen Verweisung aus, so fällt es schwer, in der Regelung des Art. 27 Abs. 3 EGBGB noch einen echten Kompromiss zu sehen; denn die Möglichkeit einer bloß schuldrechtlichen Verweisung bildete eine unbestrittene Voraussetzung beider Auffassungen,[103] so dass letztlich nur eine kollisionsrechtliche Verweisung den Kompromiss darstellen kann.

Von Relevanz war der Meinungsstreit beispielsweise für die Frage der Anwendbarkeit des § 12 AGBG. Nahm man einen kollisionsrechtlichen Verweisungsvertrag an, so war die Anwendbarkeit der Vorschriften des AGBG nur unter den einschränkenden Voraussetzungen des § 13 AGBGB (besonderer Inlandsbezug) gegeben. Ging man hingegen von einer materiellrechtlichen Verweisung aus, so griff § 12 AGBG nicht ein; es blieb bei der unbeschränkten Anwendbarkeit des AGBG. *Heilmann*[104] sah darin einen Grund für die Annahme einer bloßen materiellrechtlichen Verweisung. Gehe man von einer kollisionsrechtlichen Verweisung aus, so bliebe es für Kaufleute, auf die § 12 AGBG gem. § 24 Abs. 1 AGBG keine Anwendung findet, bei einer Inhaltskontrolle am Maßstab des § 9 AGBG; im nichtkaufmännischen Bereich liefe Art. 27 Abs. 3 EGBGB (hinsichtlich des AGBG) jedoch leer. Darin liege ein Wertungswiderspruch, der durch die Annahme einer materiellrechtlichen Verweisung behoben werden könne.

Diese Argumentation vermag jedoch nicht zu überzeugen. Schon die von *Heilmann* angenommene Prämisse, dass es auch bei ausländischem Vertragsstatut wegen der Nichtanwendbarkeit des § 12 AGBG zur uneingeschränkten Anwendung des § 9 AGBG im kaufmännischen Bereich käme, ist unzutreffend. § 12 AGBG entfiel im Handelsverkehr ersatzlos (§ 24 Abs. 1 AGBG); das war jedoch so zu verstehen, dass auch § 9 AGBG im Rahmen von Verträgen, die einem fremden Schuldstatut unterstehen, nicht (nicht einmal

---

[101] *Junker*, IPRax 1989, S. 69, 70.
[102] Bericht *Guiliano/Lagarde*, BT-Drucks. 10/503, S. 36, 50.
[103] So zutreffend *Junker*, Internationales Arbeitsrecht im Konzern, 1992, S. 250; *Lorenz*, RIW 1987, S. 569; *ders.*, RdA 1989, S. 220, 221; a. A. *Heilmann*, Arbeitsvertragsstatut, S. 86 und *Sandrock*, RIW 1986, S. 841, 846, der sich für den gegenteiligen Standpunkt allerdings ebenfalls auf den Bericht *Guiliano/Lagarde*, BT-Drucks. 10/503, S. 36, 50, beruft.
[104] *Heilmann*, Arbeitsvertragsstatut, S. 86.

unter den Voraussetzungen des § 12 AGBG) zu berücksichtigen war.[105] Der von *Heilmann* behauptete Wertungswiderspruch bestand also nicht. Selbst wenn man jedoch einen solchen Wertungswiderspruch annehmen wollte, so wäre dieser materiellrechtlicher, nicht kollisionsrechtlicher Natur. Die Auslegung kollisionsrechtlicher Vorschriften könnte dadurch nicht beeinträchtigt werden.

59 Für das Arbeitsrecht spielte die Frage früher wegen § 23 Abs. 1 AGBG keine Rolle. Heute ist der ehemalige § 12 AGBG in Art. 29 a EGBGB aufgenommen und europarechtlich modifiziert worden, so dass sich die anhand von § 12 AGBG erarbeitete Lösung des Meinungsstreites heute bei Art. 29 a EGBGB fortsetzt. Die ebengenannte Unanwendbarkeit des AGBG für das Arbeitsrecht nach § 23 Abs. 1 AGBG wurde durch § 310 Abs. 4 S. 2 BGB dahingehend aufgeweicht, dass die im Arbeitsrecht geltenden Besonderheiten angemessen zu berücksichtigen sind.

d) Einschränkung der Parteiautonomie gem. Art. 30 Abs. 1 EGBGB

60 Das Verhältnis des Schwächerenschutzes zur Sonderanknüpfung zu bestimmen, stellt de lege lata die vordringlichste Aufgabe im Internationalen Privatrecht dar.[106] Deshalb darf gem. Art. 30 Abs. 1 EGBGB die Rechtswahl bei Arbeitsverträgen nicht dazu führen, dass dem Arbeitnehmer der Schutz entzogen wird, der ihm durch die zwingenden Bestimmungen des Rechts gewährt wird, das nach Abs. 2 mangels einer Rechtswahl anzuwenden wäre. Die Rechtswahl ist also durch die zwingenden Vorschriften des objektiven Vertragsstatuts beschränkt. Der im Rahmen von Art. 27 Abs. 3 EGBGB bestehende Streit zwischen den Vertretern der Theorie der Sachnormverweisung und den Befürwortern einer kollisionsrechtlichen Verweisung[107] besteht im Rahmen der Rechtswahl bei Arbeitsverträgen nicht. Nach einhelliger Ansicht stellt die Rechtswahl i.S. des Art. 30 Abs. 1 EGBGB eine kollisionsrechtliche Verweisung dar.[108]

61 Das gewählte Recht bildet jeweils das Arbeitsstatut. Es bleibt also auch in den Fällen des Art. 30 Abs. 1 BGB als kollisionsrechtliche Verweisung wirksam. Diese Auslegung kann sich auf den ersten Halbsatz von Art. 30 Abs. 1 EGBG, den Wortlaut zu Beginn des Art. 30 Abs. 2 EGBGB („mangels einer Rechtswahl") und auf den Bericht *Giuliano/ Lagarde* berufen.[109]

62 Daneben sind jedoch viele die Anwendung und Auslegung von Art. 30 Abs. 1 EGBGB betreffende Fragen stark umstritten. Dies ist nicht verwunderlich, da sich Art. 30 EGBGB wegen seiner nicht ganz eindeutigen Formulierungen und der Verweisungsproblematik als eine der schwierigsten Normen des neuen Internationalen Privatrechts darstellt.[110]

63 Art. 30 Abs. 1 EGBGB ist nicht so auszulegen, dass die Schutzvorschriften der objektiv anwendbaren Rechtsordnung in jedem Fall vorrangig sind.[111] Andernfalls müssten auch dem Arbeitnehmer ungünstige zwingende Normen angewandt werden, was dem Zweck des Art. 30 Abs. 1 EGBGB – Schutz der sozial Schwächeren – entgegenliefe.[112] Es bedarf

---

[105] MK-*Gerlach*, § 12 AGBG, Rn. 7; Soergel-*Stein*, 12. Aufl. 1991, § 24 AGBG, Rn. 9; Staudinger-*Schlosser*, 13. Aufl. 1998, § 24 AGBG, Rn. 9.
[106] *Junker*, IPRax 1993, S. 1, 4.
[107] Vgl. oben Rn. 50.
[108] Vgl. nur *Heilmann*, Arbeitsvertragsstatut, S. 98 und *Junker*, IPRax 1989, S. 69, 71, jeweils m.w.N.; zumindest missverständlich insofern jedoch MK-*Martiny*, Art. 30 EGBGB, Rn. 18.
[109] In dem Bericht *Giuliano/Lagarde*, BT-Drucks. 10/503, S. 36, 57 heißt es: „Gewährt das nach Abs. 2 anwendbare Recht den Arbeitnehmern einen größeren Schutz als das von den Parteien gewählte Recht, so bedeutet dies nicht, daß diese Rechtswahl insgesamt unwirksam ist. In diesem Fall bleibt das gewählte Recht vielmehr grundsätzlich anwendbar."
[110] *Eser*, RIW 1992, S. 1, 2.
[111] Bericht *Giuliano/Lagarde*, BT-Drucks. 10/503, S. 36, 57; Begründung des Regierungsentwurfes, BT-Drucks. 10/504, S. 81.
[112] *Heilmann*, Arbeitsvertragsstatut, S. 99; *Junker*, IPRax 1989, S. 69, 71.

II. Individualarbeitsrecht

daher im Rahmen von Art. 30 Abs. 1 EGBGB eines kollisionsrechtlichen Günstigkeitsvergleichs.[113] Es sind nur die Normen des objektiv bestimmten Arbeitsstatuts zu berücksichtigen, die für den Arbeitnehmer im Vergleich zu den ansonsten anwendbaren Vorschriften des gewählten Vertragsstatuts günstiger sind.[114]

Die eigentliche, von *Junker* als das Kardinalproblem des neuen internationalen Arbeitsrechts bezeichnete Schwierigkeit bei der Anwendung des Art. 30 Abs. 1 EGBGB[115] liegt neben der Frage, welche Normen zu den zwingenden Bestimmungen i. S. v. Art. 30 Abs. 1 EGBGB gehören, vor allem darin, wie der Günstigkeitsvergleich durchzuführen ist. **64**

aa) Zwingende Bestimmungen i. S. von Art. 30 Abs. 1 EGBGB

Zunächst ist im Rahmen des Art. 30 Abs. 1 EGBGB unklar, welche Bestimmungen als „zwingende Bestimmungen" i. S. dieser Vorschrift einzuordnen sind. Grundsätzlich dürfte zunächst dahingehend Einigkeit bestehen, dass damit die materiellen in- oder ausländischen Normen gemeint sind, die den Arbeitnehmer schützen sollen und nicht vertraglich abdingbar sind.[116] **65**

Dies ergibt sich aus der notwendigen Abgrenzung zu den zwingenden Bestimmungen des Art. 27 Abs. 3 EGBGB.[117] Die so erfassten Bestimmungen können sich als solche des Privatrechts, als tarifvertragliche Regelungen – die nur dann zum Zuge kommen, wenn beide Parteien von einem Tarifvertrag erfasst werden[118] – oder als Schutzvorschriften des öffentlichen Rechts darstellen.[119] Diese sind im Einzelfalle schwer von den Schutznormen abzugrenzen, die allgemein wirtschaftlichen, sozialen oder politischen Zwecken dienen und für die es bei der Anwendung der allgemeinen Regeln – speziell Art. 34 EGBGB – bleibt.[120] **66**

Im deutschen Recht werden von Art. 30 EGBGB beispielsweise Kündigungsvorschriften, das Urlaubsrecht, Normen über Lohnzahlung, Mutterschutz, Jugendarbeitsschutz, Arbeitszeitrecht und andere arbeitsschutzrechtliche Regelungen erfasst.[121] Weiter muss es sich, wie oben festgestellt, um gegenüber vergleichbaren Vorschriften des gewählten Rechts für den Arbeitnehmer günstigere Bestimmungen handeln. **67**

Dabei ist in Fällen mit Auslandsbezug die Interpretation der einschlägigen Sachvorschrift nicht immer einfach. Beispielsweise kann es Schwierigkeiten bereiten, die Vorschriften des Kündigungsschutzgesetzes auf Fälle mit Auslandsbezug anzuwenden oder zu übertragen.[122] So war z. B. in einem vom BAG entschiedenen Fall fraglich, ob eine Sozialauswahl bei **68**

---

[113] Krit. zum Begriff *Birk*, RdA 1989, S. 201, 206.
[114] *Däubler*, RIW 1987, S. 249, 253; *Hickl*, NZA Beil. 1/1987, S. 10, 13; *Hönsch*, NZA 1988, S. 113, 116; *Kronke*, DB 1984, S. 404, 405; *Lorenz*, RIW 1987, S. 569, 577.
[115] *Junker*, IPRax 1989, S. 69, 71.
[116] *Junker*, IPRax 1989, S. 69, 72; MK-*Martiny*, Art. 30 EGBGB, Rn. 22.
[117] *Birk*, RdA 1989, S. 201, 206; *Heilmann*, Arbeitsvertragsstatut, S. 99; *Junker*, IPRax 1989, S. 69, 72; MK-*Martiny*, Art. 30 EGBGB, Rn. 19; Palandt/*Heldrich*, Art. 30 EGBGB, Rn. 4.
[118] *Däubler*, RIW 1987, S. 249, 253; *Gamillscheg*, ZfA 1983, S. 307, 336; *Kronke*, DB 1984, S. 404, 405; *Lorenz*, RIW 1987, S. 569, 577; KR-*Weigand*, 5. Abschn., Rn. 27; vgl. auch BT-Drucks. 10/503, S. 57 und 81; ausführlich Reithmann/*Martiny*, Internationales Privatrecht, Rn. 752 m.w.N.
[119] Eingehend zu der Frage, inwieweit die Anwendung öffentlich-rechtlicher Normen nach der Lehre vom „privatrechtlichen Kern" beschränkt ist, *Heilmann*, Arbeitsvertragsstatut, S. 100 f.
[120] MK-*Martiny*, Art. 30 EGBGB, Rn. 19: Für eine Anwendung deutscher Tarifnormen auch bei einem ausländischen Arbeitsvertragsstatut durch eine Sonderanknüpfung nach Art. 34 EGBGB *Stiller*, ZIAS 5 (1994), S. 194, 217 f.; *Wimmer*, Die Gestaltung internationaler Arbeitsverhältnisse durch kollektive Normenverträge, 1993, S. 198 ff.; zutreffend gegen eine Sonderanknüpfung über Art. 34 EGBGB *Franzen*, Anm. zu BVerfG AR-Blattei ES 1550.15 Nr. 1, S. 23 und *Heilmann*, Arbeitsvertragsstatut, S. 138 f., der nur in besonders begründeten Ausnahmefällen im Rahmen eines allgemeinverbindlichen Tarifvertrages eine Möglichkeit für die Anknüpfung an Art. 34 EGBGB sieht.
[121] *Eser*, RIW 1992, S. 1, 3; MK-*Martiny*, Art. 30 EGBGB, Rn. 20.
[122] Allgemein anerkannt ist, dass inländische Sachnormen wegen der Auslandsberührung abzuwandeln und gegebenenfalls sogar erst herauszubilden sind, vgl. dazu Kegel/Schurig, § 1 VIII 2. a), S. 57.

einer Änderungskündigung zur Umstellung eines unbefristeten Arbeitsvertrages in einen befristeten durch einen sachlichen Grund gerechtfertigt ist, weil das ausländische Haushaltsrecht des Arbeitgebers nur noch Stellen für befristet beschäftigte Arbeitnehmer vorsieht. Dies wurde vom BAG zu Recht verneint. Vielmehr sei, sofern eine Befristung überhaupt zulässig wäre, weiter nach dem sachlichen Grund zu fragen, da es sonst durch die bloße Umetikettierung der Bezeichnungen der Arbeitsverhältnisse zu einer Umgehung des zwingenden deutschen Befristungs- und Kündigungsrechts kommen könne.[123]

69 Für die zwingende Bestimmung i. S. d. Art. 30 Abs. 1 EGBGB sind letztlich drei Kriterien maßgeblich: Es muss sich um
– nichtdispositive
– Arbeitnehmerschutzvorschriften handeln, die
– aufgrund Günstigkeitsvergleichs arbeitnehmerfreundlicher sind als vergleichbare Vorschriften des gewählten Vertragsstatuts.

bb) Der Günstigkeitsvergleich

70 Das aufgrund objektiver Anknüpfung bestehende Statut bildet das Minimum des dem Arbeitnehmer zu gewährenden Schutzes. Wie die Ermittlung der für den Arbeitnehmer jeweils günstigeren Norm erfolgen soll, ist mangels legislatorischer Vorgaben stark umstritten.[124]

71 Die Durchführung eines Gesamtvergleichs zwischen den beteiligten Rechtsordnungen verbietet sich schon deswegen, weil die Feststellung, welche von zwei gleichwertigen Rechtsordnungen „besser" ist, nicht ohne einen großen Anteil von Dezisionismus getroffen werden kann.[125]

72 Das andere Extrem läge in einem Einzelvergleich der jeweils betroffenen Vorschriften. Die Abwägung würde dann in einem Vergleich der konkreten Ergebnisse erfolgen, zu denen die betreffenden Rechtsordnungen im Einzelfall führen.[126] Der Arbeitnehmer könnte sich jeweils das ihm Genehme heraussuchen. *Gamillscheg*[127] befürchtet daher zu Recht, dass bei einer strikten Durchführung des Einzelvergleichs „die Rosinentheorie wahre Orgien" feiern würde.

73 Dieser Entwicklung lässt sich nur durch einen **Gruppenvergleich** entgegensteuern. Dafür sind jeweils sinnvoll abgrenzbare Teilbereiche der beiden Rechtsordnungen heranzuziehen, die bestimmte Regelungskomplexe umfassen.[128] Dem Vergleich sind daher diejenigen Bestimmungen zu Grunde zu legen, die funktional betrachtet die geltend gemachte Frage regeln.[129]

Beispiel: Das gewählte Recht sieht eine Kündigungsfrist von vier Wochen zum Quartalsende und daneben einen generellen Abfindungsanspruch des Arbeitnehmers bei Auflösung des Arbeitsverhältnisses vor.

---

[123] BAG AP Nr. 1 zu § 18 GVG.
[124] Zum Streitstand ausführlich *Eser*, Arbeitsrecht im multinationalen Konzern, 1993, S. 44 ff.
[125] *Birk*, RdA 1989, S. 201, 206; *Eser*, RIW 1992, S. 1, 3; *Gamillscheg*, ZfA 1983, S. 307, 339; *Heilmann*, Arbeitsvertragsstatut, S. 102; *Junker*, IPRax 1989, S. 69, 72; MK-*Martiny*, Art. 30 EGBGB, Rn. 25.
[126] *Heilmann*, Arbeitsvertragsstatut, S. 103.
[127] *Gamillscheg*, ZfA 1983, S. 307, 339.
[128] MünchArbR/*Birk*, § 20, Rn. 25; ders., RdA 1989, S. 201, 206; *Hönsch*, NZA 1988, S. 113, 117; *Junker*, IPRax 1989, S. 69, 72; KR-*Weigand*, 5. Abschn., Rn. 30; *Hickl*, NZA Beil 1/1987, S. 10, 13 m.w.N.; *v. Hoffmann*, Internationales Privatrecht, Rn. 77. Das Ergebnis entspricht dem Günstigkeitsvergleich nach § 4 Abs. 3 TVG; vgl. dazu *Wank*, in: Wiedemann, Tarifvertragsgesetz, 6. Aufl. § 4 Rn. 405 ff. Insgesamt bestehen jedoch erhebliche strukturelle Unterschiede, die etwa im Anwendungsbereich (horizontal/vertikal), im Vergleichsumfeld (national/international) und in den Vergleichsgegenständen liegen; dazu ausführlich *Junker*, Internationales Arbeitsrecht im Konzern, 1992, S. 254 ff.
[129] *Birk*, RdA 1989, S. 201, 207.

II. Individualarbeitsrecht

Das nach Art. 30 Abs. 2 anwendbare Recht schreibt eine längere Kündigungsfrist vor, 74
gewährt aber keine Abfindungsansprüche.

In den Regelungskomplex des Kündigungsschutzes fallen neben den Kündigungsfristen 75
auch die Abfindungsregelungen. Die Abwägung führt im Beispielsfall aufgrund der qualitativ günstigeren Regelung des gewählten Rechts nicht zu einer Verdrängung durch das
nach Art. 30 Abs. 2 anwendbare Recht.

Zu ähnlichen Ergebnissen dürften auch die Vertreter des Einzelvergleichs[130] immer 76
dann gelangen, wenn sie in den Vergleich die mit der Einzelfrage in unmittelbarem Zusammenhang stehenden Rechtsfragen mit einbeziehen wollen.[131]

In der Literatur wird zutreffend darauf hingewiesen, dass auch der Gruppenvergleich die 77
jeweilige Kumulation der jeweils günstigeren Ansprüche nicht gänzlich ausschließen könne.[132] *Heilmann*[133] schlägt daher vor, im Wege einer extensiven Auslegung des Art. 30
Abs. 1 EGBGB die jeweils gegenüberstehenden Regelungskomplexe dann prinzipiell als
gleichwertig anzusehen, wenn solche Rechtsordnungen aufeinander treffen, deren Arbeitnehmerschutzstandard ein ähnlich hohes Niveau aufweist. Ausgehend von dieser Prämisse
wäre dann im Verhältnis der Industriestaaten zueinander – denen *Heilmann* einen gleichwertigen Schutzstandard unterstellt – prinzipiell das gewählte Recht ausschließlich anwendbar; nur in begründeten Ausnahmefällen käme es zu einer Überlagerung des gewählten Rechts durch Vorschriften der objektiv anwendbaren Rechtsordnung.

Dieser Auslegungsansatz ist – auch unter dem Aspekt, dass die Bildung adäquater Ver- 78
gleichsgruppen nicht möglich ist[134] – begrüßenswert; allerdings muss sich die Richtigkeit
seiner These erst noch anhand der Entscheidung praktischer Fälle beweisen lassen.

Der Günstigkeitsvergleich ist auf einer **objektiven Grundlage** zu treffen, also unabhän- 79
gig davon, ob der betroffene Arbeitnehmer die Regelung selbst als günstig empfindet.[135]

4. Die Anknüpfung ohne Rechtswahl

Soweit die Parteien weder ausdrücklich noch konkludent eine Rechtswahl getroffen 80
haben, gilt für Schuldverträge allgemein, dass dann die Rechtsordnung anzuwenden ist,
mit der der Vertrag die engste Verbindung aufweist, Art. 28 Abs. 1 EGBGB.

Art. 30 Abs. 2 EGBGB enthält eine davon abweichende Regelung der objektiven An- 81
knüpfung für Arbeitsverträge. Diese unterliegen mangels einer Rechtswahl dem Recht des
Staates,
– in dem der *gewöhnliche Arbeitsort* des Arbeitnehmers liegt, selbst wenn er vorübergehend
in einen anderen Staat entsandt ist, Art. 30 Abs. 2 Nr. 1 EGBGB,[136]

---

[130] Prinzipiell auf einen Einzelvergleich abstellend *Schurig*, RabelsZ 54 (1990), S. 217, 225, der nur zur Vermeidung „absurder Auswüchse" von dieser Vorgehensweise abzugehen bereit ist.
[131] So etwa Reithmann/Martiny, Internationales Vertragsrecht, Rn. 718; MK-Martiny, Art. 30 EGBGB, Rn. 25.
[132] *Heilmann*, Arbeitsvertragsstatut, S. 106. Für *Birk*, RdA 1989, S. 201, 206 kommt das Günstigkeitsprinzip daher „jedenfalls kollisionsrechtlich einer Bankrotterklärung nahe".
[133] *Heilmann*, Arbeitsvertragsstatut, S. 106.
[134] So auch *Eser*, RIW 1992, S. 1, 3. Dabei sollte auch nicht vergessen werden, dass in praxi bei den Gerichten kaum Kenntnisse über ausländische Rechtsordnungen bestehen, so dass es für einen Günstigkeitsvergleich – in welcher Form auch immer – der Einholung von Sachverständigengutachten bedürfen würde.
[135] *Heilmann*, Arbeitsvertragsstatut, S. 107; *Hönsch*, NZA 1988, S. 113, 117; KR-*Weigand*, 5. Abschn., Rn. 18; *Kronke*, DB 1984, S. 404, 405; a. A. *Birk*, RdA 1989, S. 201, 206. Umfassend zum Günstigkeitsprinzip Wiedemann-*Wank*, TVG, 6. Aufl. 1999, § 4 Rn. 381 ff. (zum objektiven Maßstab Rn. 451 ff.). Zum Tarifvertragsgesetz hat das BAG in der „Burda-Entscheidung", AP Nr. 89 zu Art. 9 GG m. Anm. *Richardi*, den subjektiven Ansatz abgelehnt; zur subjektiven Theorie vgl. *Bergner*, Die Zulässigkeit kollektivvertraglicher Arbeitszeitregelungen, S. 38 ff.; *Gitter*, FS für Wlotzke, 1996, S. 297 ff.; umfangr. Nachw. bei *Krauss*, Günstigkeitsprinzip und Autonomiebestreben, S. 92 ff.
[136] Dazu unten Rn. 84 ff.

– in dem sich die *einstellende Niederlassung* des Arbeitgebers befindet, sofern der Arbeitnehmer gewöhnlich nicht in ein und demselben Staat arbeitet, Art. 30 Abs. 2 Nr. 2 EGBGB.[137]

82 Art. 30 Abs. 2 letzter Halbs. EGBGB enthält schließlich eine Ausweichklausel:[138] Auf den gewöhnlichen Arbeitsort oder den Ort der einstellenden Niederlassung kommt es dann nicht an, wenn sich aus den gesamten Umständen ergibt, dass der Arbeitsvertrag engere Verbindungen zu einem anderen Staat aufweist. Dann gilt das Recht dieses Staates.

83 Ein Sonderproblem im Bereich der Fälle ohne Rechtswahl stellen die **Arbeitnehmer internationaler Organisationen** dar. Sofern es sich um bei diesen beschäftigte Beamte oder leitende Angestellte handelt, hat sich die Auffassung durchgesetzt, dass es weder zu einer Anwendung des Rechts des Gaststaates noch zu einer solchen des Völkerrechts kommen soll.[139] Deren Verträge weisen sowohl verwaltungs- als auch privatrechtliche Elemente auf, so dass sich das anwendbare Recht nicht nach den Bestimmungen des Internationalen Privatrechts des Forumstaates bestimmt. Diese Beschäftigungsverhältnisse unterliegen daher einem eigenständigen, einen Bestandteil des Völkergewohnheitsrechts bildenden internen Dienstrecht.[140] Für sonstige arbeitsrechtliche Beziehungen kommt jedoch die Heranziehung des Internationalen Privatrechts in Betracht.[141]

a) Anknüpfung an das Recht des gewöhnlichen Arbeitsortes, Art. 30 Abs. 2 Nr. 1 EGBGB

84 Verrichtet der Arbeitnehmer seine vertragliche Tätigkeit gewöhnlich in ein und demselben Staat, so ist nach Art. 30 Abs. 2 Nr. 1 EGBGB das Recht dieses Staates Arbeitsvertragsstatut (lex loci labori). Damit wird der statistisch wichtigste Fall des Arbeitsverhältnisses mit Auslandberührung, die Beschäftigung – nicht entsandter – ausländischer Arbeitnehmer (Gastarbeiter)[142] erfasst. Für diese Arbeitsverhältnisse gilt uneingeschränkt deutsches Recht.

85 Es kommt grundsätzlich auf die regelmäßige Tätigkeit in nur einem bestimmten Staat an. Ob damit wechselnde Einsatzorte innerhalb dieses Staates verbunden sind, ist unerheblich.[143] Der Arbeitsort bestimmt sich grundsätzlich nach dem gewöhnlichen Einsatz- oder Tätigkeitsort; bei der Eingliederung in einen Betrieb ist das in der Regel der Betriebsort.[144] Ob der Arbeitnehmer von der Hauptniederlassung eines Unternehmens oder einer Zweigstelle eingestellt wurde, spielt für die Bestimmung des gewöhnlichen Arbeitsortes keine Rolle; entscheidend ist allein, wo der wirtschaftlich-technische, organisatorische Schwerpunkt des Arbeitsverhältnisses liegt.[145] Vorübergehende Entsendungen des Arbeitnehmers vermögen an dieser grundsätzlichen Bestimmung des Arbeitsortes nicht zu ändern. Diese Art der Bestimmung der lex loci labori entspricht auch der bisherigen Rechtslage.[146]

---

[137] Dazu unten Rn. 93 ff.
[138] MünchArbR/*Birk*, § 20, Rn. 50; MK-*Martiny*, Art. 30 EGBGB, Rn. 46; dazu unten Rn. 103 ff.
[139] Dazu eingehend *Elwan*, IPRax 1995, S. 1, 6.
[140] *Seidl-Hohenveldern*, IPRax 1985, S. 14, 15.
[141] *Elwan*, IPRax 1995, S. 1, 6.
[142] *Däubler*, RiW 1987, S. 249, 251; ders., AuR 1990, S. 1, 5.
[143] MünchArbR/*Birk*, § 20, Rn. 35.
[144] BAG, NZA 1997, S. 334, 335; *Heilmann*, Arbeitsvertragsstatut, S. 57; MK-*Martiny*, Art. 30 EGBGB, Rn. 31 m. w. Nachw.
[145] *Reithmann/Martiny*, Internationales Vertragsrecht, Rn. 722; KR-*Weigand*, 5. Abschn., Rn. 47 m.w.N.
[146] Vgl. BAG, AuR 1979, S. 122; *Däubler*, AuR 1990, S. 1, 6; *Hickl*, NZA Beil. 1/1987, S. 10, 12.

Mit Art. 30 Abs. 1 Nr. 1 EGBGB hat die sogenannte **Ausstrahlungswirkung**[147] des 86
Rechts des gewöhnlichen Arbeitsortes auf die Entsendefälle erstmals eine ausdrückliche
gesetzliche Regelung erfahren. Damit ist das Arbeitsrecht mit den entsprechenden sozialversicherungsrechtlichen Vorschriften gleichgezogen. Genau wie beim Fall des § 4
SGB IV (Ausstrahlung) und dem den umgekehrten Fall betreffenden § 5 SGB IV
(Einstrahlung)[148] bleibt nach der Regelung des Art. 30 Abs. 2 Nr. 1 EGBGB sowohl eine
vorübergehende Tätigkeit im Ausland als auch eine entsprechende Tätigkeit eines ausländischen Arbeitnehmers im Inland kollisionsrechtlich ohne Folgen.[149]

Beispiel: Der deutsche Arbeitnehmer des deutschen Arbeitgebers wird für gewöhnlich in einem in
Deutschland befindlichen Stammwerk des Arbeitgebers oder auf in dessen Umkreis befindlichen
Baustellen eingesetzt. In Abständen von ca. zwei Jahren kommt es zu kurzfristigen Entsendungen von
jeweils zwei bis drei Monaten Dauer in das benachbarte Ausland. Eine Rechtswahl ist weder ausdrücklich noch stillschweigend getroffen worden.

Arbeitsstatut ist auch für die Zeiträume der Entsendung gem. Art. 30 Abs. 2 Nr. 1 87
EGBGB das deutsche Recht. Der Schwerpunkt des Arbeitsverhältnisses und damit der
gewöhnliche Arbeitsort liegt in Deutschland. Bei den Auslandseinsätzen handelt es sich
nur um Fälle einer vorübergehenden Entsendung i. S. v. Art. 30 Abs. 2 Nr. 1 EGBGB.

Fraglich ist, wann noch von einer nur vorübergehenden Entsendung gesprochen wer- 88
den kann und wann bereits ein Wechsel des gewöhnlichen Arbeitsortes vorliegt. Während
auf der einen Seite angenommen wird, dass nur endgültige Verlagerungen des Arbeitsortes
in das Ausland nicht mehr nur vorübergehende Entsendungen sein können,[150] wird von
anderen Autoren vertreten, dass das Merkmal „vorübergehend" schon durch den Fall
einer „länger dauernden" Entsendung ausgeschlossen sei.[151] Wann letztlich der Zeitpunkt
erreicht ist, zu dem nicht mehr von nur einer vorübergehenden Entsendung gesprochen
werden kann, wird unterschiedlich beurteilt. Während *Gamillscheg* der Auffassung ist, dass
eine Auslandsbeschäftigung jedenfalls drei Jahre nicht überschreiten dürfe,[152] geht *Heilmann*[153] im Anschluss an *Isele*[154] von einem Zeitraum von nicht mehr als zwei Jahren aus.
Reithmann/Martiny[155] und *Bittner* – letzterer in Anlehnung an das Sozialversicherungsrecht[156] – wollen bereits einen Zeitraum ausreichen lassen, der länger als ein Jahr dauert.[157]
Denkbar ist letztlich auch, wie von *Behr* vorgeschlagen, die Entsendung nicht mit einer
zeitlichen Fixierung, sondern mit einem bestimmten Projektbezug zu versehen. Auch auf
diesem Wege ließe sich der Fortbestand einer weiterhin bestehenden „sozialen Einbettung
im Entsendungsland" demonstrieren.[158]

Zutreffend dürfte nach wie vor die schon zum früheren Recht ergangene Rechtspre- 89
chung[159] sein, nach der sich ein bestimmter Zeitraum nicht festlegen lässt. Eine Höchstfrist

---

[147] Zum Begriff vgl. *Däubler*, RIW 1987, S. 249, 250; *Hickl*, NZA Beil. 1/1987, S. 10, 12; *Lorenz*, RdA 1989, S. 220, 222. Vgl. auch *Hohloch*, RIW 1987, S. 353, 356, der allerdings unnötigerweise zwischen „Ausstrahlung" und „Entsendung" unterscheidet.
[148] Dazu ausführlich *Steinmeyer*, Die Einstrahlung im internationalen Sozialversicherungsrecht, 1979. Eingehend zur sozialen Arbitrage in Europa: *Heilmann*, Arbeitsvertragsstatut, S. 152 ff.
[149] *Däubler*, RIW 1987, S. 249, 251.
[150] MünchArbR/*Birk*, § 20, Rn. 37.
[151] *Gamillscheg*, ZfA 1983, S. 307, 333; ebenso *Lorenz*, RdA 1989, S. 220, 223.
[152] *Gamillscheg*, ZfA 1983, S. 307, 333.
[153] *Heilmann*, Arbeitsvertragsstatut, S. 144.
[154] *Isele*, FS für Ficker, 1967, S. 241, 244.
[155] *Reithmann/Martiny*, Internationales Vertragsrecht, Rn. 725.
[156] Damit ist die Regelung in der EG-Verordnung 1408/71 gemeint, nach welcher bei einer bis zu 12 Monate dauernden Entsendung und bis zu 12-monatiger Verlängerung der Entsendung das Sozialversicherungsrecht des Entsendestaates zur Anwendung kommt.
[157] *Bittner*, NZA 1993, S. 161, 162.
[158] *Behr*, IPRax 1989, S. 319, 323.
[159] Vgl. BAG AP Nr. 16 zu Internationales Privatrecht, Arbeitsrecht.

existiert also nicht.¹⁶⁰ Ausschlaggebend ist vielmehr, ob bei einer **Gesamtbetrachtung** von einer **dauerhaften Verlagerung** des gewöhnlichen Arbeitsortes ausgegangen werden kann und damit die Schwelle zur Dauerlösung überschritten ist.¹⁶¹

90   Weitgehend besteht darüber Einigkeit, dass es dafür entscheidend auf den Willen der Parteien ankommt.¹⁶² Die vertragliche Vereinbarung muss sich einigermaßen exakt über den Zeitpunkt der Rückkehr des entsandten Arbeitnehmers verhalten.¹⁶³ Fehlt es an einer Vereinbarung, besteht also eine Entsendung auf unbestimmte Zeit, so kommt es mangels einer i.S. des Art. 30 Abs. 2 Nr. 1 EGBGB nur vorübergehenden Entsendung zu der Anwendung des Rechtssystems des Entsendeortes.¹⁶⁴

91   Dementsprechend fehlt es auch an einer Ausstrahlungswirkung, wenn der Arbeitnehmer ohne vorherige inländische Tätigkeit nur für einen einmaligen befristeten Auslandseinsatz eingestellt wurde.¹⁶⁵

92   Aufgrund der Regelung des Art. 30 Abs. 2 Nr. 1 EGBGB können am tatsächlichen Arbeitsort geltende Rechte auseinanderfallen. Nun findet sich aber gerade im Arbeitsrecht die Problematik, dass „gewisse Gegebenheiten am tatsächlichen Arbeitsort – auch wenn dieser nur vorübergehend ist – nach der Natur der Sache unabhängig vom Arbeitsstatut nicht übergangen werden können". Dies gilt insbesondere für die am (vorübergehenden) Arbeitsort geltenden Sicherheitsbestimmungen sowie die Feiertags- und Arbeitszeitregelungen. Diese sind in entsprechender Anwendung des Art. 32 Abs. 2 EGBGB zu beachten.¹⁶⁶ Danach ist für die Art und Weise der Erfüllung das Recht des Staates, in dem die Erfüllung erfolgt, „zu berücksichtigen". Insoweit ist ungeklärt, ob durch diese Berücksichtigung die Regeln des Vertragsstatuts verdrängt oder lediglich ergänzt werden.¹⁶⁷ Zumindest für den Bereich der Feiertagsregelungen muss von einer Verdrängungswirkung des Rechts am tatsächlichen Arbeitsort ausgegangen werden, da es sonst zu einer unterträglichen Kumulation von Feiertagen käme.¹⁶⁸

b) Anknüpfung an das Recht der einstellenden Niederlassung, Art. 30 Abs. 2 Nr. 2 EGBGB

93   Soweit der Arbeitnehmer seine Arbeit nicht gewöhnlich in ein und demselben Staat verrichtet, gilt das Recht des Staates, in dem sich die Niederlassung befindet, die den Arbeitnehmer eingestellt hat, Art. 30 Abs. 2 Nr. 2 EGBGB. Die Vorschrift erfasst folglich die Fälle, in denen es an der Feststellbarkeit eines territorialen Schwerpunktes in einem bestimmten Staat mangelt.¹⁶⁹ Dadurch wird ein ständiger Wechsel des Arbeitsvertragsstatuts vermieden und so eine der Rechtsklarheit dienliche Kontinuität in der Rechtsordnung gewährleistet.

94   Das ist zum Beispiel der Fall im Bereich des grenzüberschreitenden **Zug- und Flugverkehrs,** bei Handelsvertretern oder auch Monteuren, die ohne zwischenzeitliche

---

¹⁶⁰ Ebenso *Däubler*, AuR 1990, S. 1, 6; *Schmidt-Hermesdorf*, RIW 1988, S. 938, 940.
¹⁶¹ *Däubler*, AuR 1990, S. 1, 6; *Hönsch*, NZA 1988, S. 113, 114.
¹⁶² MünchArbR/*Birk*, § 20, Rn. 38; *Däubler*, AuR 1990, S. 1, 6; *Heilmann*, Arbeitsvertragsstatut, S. 148; *Lorenz*, RdA 1989, S. 220, 223.
¹⁶³ *Däubler*, RIW 1987, S. 249, 251.
¹⁶⁴ *Bittner*, NZA 1993, S. 161, 162; *Gamillscheg*, ZfA 1983, S. 307, 333; *Heilmann*, Arbeitsvertragsstatut, S. 148.
¹⁶⁵ BAG AP Nr. 17 zu Internationales Privatrecht = BAG, AuR 1981, S. 252 mit Anm. *Corts*; Reithmann/*Martiny*, Internationales Vertragsrecht, Rn. 725; vgl. dazu auch *Behr*, IPRax 1989, S. 319, 323.
¹⁶⁶ *Gamillscheg*, ZfA 1983, S. 307, 352.
¹⁶⁷ Vgl. *Lorenz*, RdA 1989, S. 220, 224 und eingehend dazu *Heilmann*, Arbeitsvertragsstatut, S. 144f.
¹⁶⁸ *Däubler*, RIW 1987, S. 249, 251; *ders.*, AuR 1990, S. 1, 6; *Heilmann*, Arbeitsvertragsstatut, S. 145; *Lorenz*, RdA 1989, S. 220, 224.
¹⁶⁹ MünchArbR/*Birk*, § 20, Rn. 44.

II. Individualarbeitsrecht

Rückkehr zu einem „festen" – in einem bestimmten Staat liegenden – Arbeitsort in ständig wechselnden Staaten eingesetzt werden.[170] Die Notwendigkeit einer Anknüpfung an die Niederlassung besteht auch in den Fällen, in denen der gewöhnliche Arbeitsort im staatsfreien Gebiet liegt.[171]

Nach Ansicht des LAG Bremen verrichtet ein Handelsvertreter seine Arbeit auch dann nicht gewöhnlich in ein und demselben Staat, wenn er ein länderübergreifendes Vertragsgebiet betreut.[172] Die Ziffer 2 des Art. 30 Abs. 2 EGBGB soll danach auch dann einschlägig sein, wenn die Tätigkeit in einem anderen Staat nicht ungewöhnlich ist. Die weitgehende Freiheit des Handelsvertreters bei der Setzung der regionalen Schwerpunkte könne nicht dazu führen, dass sich sein Arbeitsvertragsstatut nach seiner tatsächlichen Reisetätigkeit (bzw. dessen Schwerpunkt) richtet; vielmehr sei in solchen Fällen Art. 30 Abs. 2 Nr. 2 EGBGB anzuwenden.

Ob sich auch das Recht der Arbeitsverträge der Besatzungen von **Hochseeschiffen** nach Art. 30 Abs. 2 Nr. 2 EGBGB beurteilt,[173] oder ob, wie dies vor dem In-Kraft-Treten des IPRNG der Fall war, in Anknüpfung an Art. 30 Abs. 2 Nr. 1 EGBGB das Recht der Flagge ausschlaggebend ist,[174] stellt ein Problem dar, das auch unter der neuen Regelung weiterhin stark umstritten ist.[175] Unstreitig dürfte es dann zu einer Anknüpfung nach Art. 30 Abs. 2 Nr. 2 EGBGB kommen, wenn es sich um einen Seemann handelt, der zum Wechseldienst auf Schiffen unter verschiedenen Flaggen eingestellt wurde.[176]

Nunmehr hat das Bundesverfassungsgericht[177] zum sogenannten „**Zweitflaggenregister**" entgegen der herrschenden Lehre und der an den Ort der Niederlassung anknüpfenden Auffassung entschieden, dass auf das Arbeitsvertragsstatut für Seeleute aus Drittländern ohne Wohnsitz oder ständigen Aufenthalt im Inland Art. 30 Abs. 2 zweiter Halbs. EGBGB Anwendung findet.[178] Aufgrund der regelmäßig beim Anheuern von Seeleuten i. S. von § 21 Abs. 4 Satz 2 FlRG bestehenden Umstände – „zu denen neben der Flagge etwa Nationalität von Arbeitgeber und Arbeitnehmer, Ort des Vertragsschlusses, Vertragssprache, Zahlungsort und -modalitäten für die Heuer gehören"[179] – soll bei Seeleuten der eigentlich als genuine Ausnahme[180] konzipierte Fall des Art. 30 Abs. 2 zweiter Halbs. EGBGB regelmäßig auf den Heuervertrag Anwendung finden. Zu dieser Einordnung sah sich das Bundesverfassungsgericht aufgrund der Regelung des § 21 Abs. 4 S. 1 FlRG, dessen Wortlaut gerade den Vorrang der Flagge ausschließt, veranlasst.[181] Dem

---

[170] Weitere Beispiele bei *Bittner*, NZA 1993, S. 161, 162; *Kraushaar*, BB 1989, S. 2121, 2123 und KR-*Weigand*, 5. Abschn., Rn. 53.

[171] Vgl. dazu eine britische Entscheidung zu einem auf einer Bohrinsel beschäftigten Arbeitnehmer in Sayers v. International Drilling Co. N. V. 1 WLR 1176 (Court of Appeal).

[172] LAG Bremen AP Nr. 5 zu Art. 30 EGBGB n. F.

[173] So Palandt/*Heldrich*, Art. 30 EGBGB, Rn. 7; *Hönsch*, NZA 1988, S. 113, 114 m. w. N.

[174] So die wohl herrschende Auffassung, vgl. *Däubler*, RIW 1987, S. 249, 251 f.; *Gamillscheg*, ZfA 1983, S. 307, 342; *Mankowski*, RabelsZ (1989), S. 487, 509; s. auch Reithmann/Martiny, Internationales Vertragsrecht, Rn. 733. Diese Auffassung beruht vornehmlich auf der Argumentation, dass sich trotz des ständigen Ortswechsels das Arbeitsumfeld der Seeleute nicht ändere.

[175] Eingehend dazu *Lorenz*, RdA 1989, S. 220, 224 f.; *Magnus*, IPRax 1990, S. 141, 144; *Mankowski*, RabelsZ 53 (1989), S. 478 ff.

[176] So *Junker*, Internationales Arbeitsrecht im Konzern, 1992, S. 188 m. w. N. in Fußn. 60.

[177] BVerfG AP Nr. 76 zu Art. 9 GG = JZ 1995, S. 507 ff.; ausführlich zu dieser Entscheidung *Lagoni*, JZ 1995, S. 499 ff.; *Wank*, Anm. zu BVerfG AP Nr. 76 zu Art. 9 GG und *Wimmer*, NZA 1995, S. 250 ff.

[178] So auch eine bis dahin bestehende Mindermeinung. Nachw. bei *Lagoni*, JZ 1995, S. 499, 502, Fußn. 25; ebenso GA *Darmon* in seinen Schlussanträgen zu den Rechtssachen C 72/91 und C 73/91, IPRax 1994, S. 199, 202.

[179] BVerfG AP Nr. 76 zu Art. 9 GG.

[180] So *Mankowski*, IPRax 1994, S. 88, 92.

[181] BVerfG AP Nr. 76 zu Art. 9 GG; § 21 Abs. 4 S. 1 lautet: „Arbeitsverhältnisse von Besatzungsmitgliedern eines im Internationalen Seeschifffahrtsregister eingetragenen Kauffahrteischiffes, die im

schloss sich das Bundesarbeitsgericht in seiner Entscheidung vom 3. 5. 1995 an.[182] Zwar vermag die vom Bundesarbeitsgericht erweiternd angeführte Erwägung, ein Schiff sei ein Ort, aber kein Staat,[183] in der Sache nicht zu überzeugen, denn bei der Anknüpfung nach Art. 30 Abs. 2 Nr. 1 EGBGB geht es entgegen dem Wortlaut der Bestimmung um die Ausübung der Hoheitsgewalt.[184] Insoweit kann man die Flaggenhoheit als eine Form der Ausprägung staatlicher Hoheitsgewalt für die Zwecke einer Anknüpfung der Gebietshoheit gleichstellen.[185] Jedoch wird die an sich damit mögliche Anknüpfung an Art. 30 Abs. 2 Nr. 1 EGBGB durch die Regelung des § 21 Abs. 4 Satz 1 FlRG ausgeschlossen.

98 Von dieser Entscheidung sind zunächst nur alle die Heuerverträge erfasst, bei denen es um Schiffe unter deutscher Flagge geht, die gem. § 12 Abs. 1 FlRG in das Internationale Schiffsregister (Zweitflaggenregister) eingetragen sind. Die Erwägungen des Bundesverfassungsgerichts, die zur Anwendung der Ausnahmeregelung führten, führen jedoch auch in jedem anderen Fall, in dem entsprechende Umstände bestehen, zu deren Anwendung, ohne dass die geführte Flagge eine Rolle spielt.[186]

99 Damit ist noch nicht gesagt, dass der zweite Halbsatz des Art. 30 Abs. 2 EGBGB nach der Auffassung des Bundesverfassungsgerichts eine eigenständige dritte Variante darstellt,[187] sondern nach den Darlegungen des Gerichts bilden nur im Rahmen des § 21 Abs. 4 FlRG geschlossenen Heuerverträge bei der Abwägung der Gesamtumstände regelmäßig einen unter die Ausnahmeklausel zu subsumierenden Sonderfall.

100 Durch die vom BVerfG verneinte Regelanknüpfung an das Arbeitsrecht des Flaggenstaates liegt auch kein Verstoß gegen das in Art. 36 EGBG verankerte Gebot der einheitlichen Auslegung vor; für einen Verstoß fehlt der Vergleichsmaßstab für eine einheitliche Auslegung.[188]

101 Unter dem Begriff der **Niederlassung** ist in jedem Fall der einzelne Betrieb zu verstehen.[189] Er braucht keine eigene Rechtspersönlichkeit zu haben.[190] Problematischer wird die Gleichsetzung des Betriebsbegriffs mit dem der Niederlassung jedoch dann, wenn kein einstellender Betrieb im rechtstechnischen Sinne besteht. Deshalb erscheint es angemessen, für den Begriff der „Niederlassung" einen Ort ausreichen zu lassen, der den Ausgangspunkt für die Arbeitgeberaktivitäten bildet, für die Arbeitnehmer eingesetzt werden müssen.[191]

Inland keinen Wohnsitz oder ständigen Aufenthalt haben, unterliegen bei der Anwendung des Artikels 30 des Einführungsgesetzes zum Bürgerlichen Gesetzbuch vorbehaltlich der Rechtsvorschriften der Europäischen Gemeinschaft nicht schon aufgrund der Tatsache, dass das Schiff die Bundesflagge führt, dem deutschen Recht."

[182] BAG AP Nr. 32 zu Internationales Privatrecht, Arbeitsrecht = BAG, NZA 1995, S. 1191 ff.; vgl. dazu *Franzen*, Anm. zu BAG EzA Art. 30 EGBGB Nr. 3 und die Anm. von *Mankowski* zu BAG EWiR § 21 FlRG 2/1995, S. 1191, 1192, in der er darlegt, dass das BAG damit im Ergebnis die Anknüpfungsregel formuliert, die der Gesetzgeber sich nicht ausdrücklich zu normieren getraute.

[183] BAG AP Nr. 32 zu Internationales Privatrecht, Arbeitsrecht = BAG, NZA 1995, S. 1191, 1193.

[184] Anders *Puttfarken*, RIW 1995, S. 617, 623, der darauf abstellt, dass die Regelung des Art. 30 Abs. 2 Nr. 1 EGBGB ausschließlich territorial und keinesfalls politisch verstanden werden könne.

[185] Zutreffend *Lagoni*, JZ 1995, S. 499, 502. Die Möglichkeit, auf die verschiedenen Ausübungsformen der Hoheitsgewalt zurückzugreifen, erkennt das BAG in AP Nr. 32 zu Internationales Privatrecht, Arbeitsrecht = BAG, NZA 1995, S. 1191, 1193 ebenfalls prinzipiell an, indem es feststellt, dass ein ausschließlicher Einsatz innerhalb deutscher Hoheitsgewässer zu einer Tätigkeit innerhalb eines Staates i. S. des Art. 30 Abs. 2 Nr. 1 EGBGB führen würde.

[186] KR-*Weigand*, 5. Abschn., Rn. 64 m. w. N. aus der Rechtsprechung.

[187] Anders *Lagoni*, JZ 1995, S. 499, 502 und *Puttfarken*, RIW 1995, S. 617, 624; vgl. dazu unten Rn. 103.

[188] *Lagoni*, JZ 1995, S. 499, 503; *Magnus*, IPRax 1994, S. 178, 179; vgl. auch die Schlussanträge des GA *Darmon* zu den Rechtssachen C 72/91 und C 73/91, IPRax 1994, S. 199, 202.

[189] MünchArbR/*Birk*, § 20, Rn. 46; *Gamillscheg*, ZfA 1983, S. 307, 334.

[190] *Reithmann/Martiny*, Internationales Vertragsrecht, Rn. 726.

[191] *Franzen*, IPRax 1995, S. 257, 259; *Junker*, Internationales Arbeitsrecht im Konzern, S. 184.

Für die Anknüpfung ist die einstellende Niederlassung und nicht der Ort des Vertragsschlusses ausschlaggebend. Andernfalls ließe sich nicht ausschließen, dass insbesondere Arbeitgeber mit vielen Zweigstellen und Tochtergesellschaften einseitig über den Ort des Vertragsschlusses entscheidenden Einfluss auf die anzuwendende Rechtsordnung nehmen könnten.[192] Um dem entgegenzuwirken, ist bei der Bestimmung des Merkmals „Einstellung" nicht auf den beliebig lokalisierbaren Vertragsschluss abzustellen, sondern zusätzlich – entsprechend § 99 BetrVG – die Eingliederung des Arbeitnehmers in die vom Arbeitgeber bestimmte Organisation zu fordern.[193] Für die Zurechnung zur Organisationsstruktur eines bestimmten Betriebes genügt es jedoch, wenn der Arbeitnehmer in dessen Personalverwaltung organisatorisch eingebunden und betreut wird.[194]

c) Anknüpfung an die engere Verbindung, Art. 30 Abs. 2 letzter Halbs. EGBGB

Die Regelanknüpfung nach Art 30 Abs. 2 Nr. 1 und Nr. 2 EGBGB wird durch die „es sei denn-Klausel" des Art. 30 Abs. 2 letzter Halbs. EGBGB in ihrer Wirkung eingeschränkt. Ergibt sich aus der Gesamtheit der Umstände, dass der Arbeitsvertrag engere Verbindungen zu einem anderen Staat aufweist als dem, in dem der Arbeitnehmer gewöhnlich seine Arbeit verrichtet oder zu dem, in dem sich die einstellende Niederlassung des Arbeitgebers befindet, so ist das Recht dieses Staates anzuwenden.

Diese der allgemeinen schuldvertraglichen Anknüpfung nach Art. 28 Abs. 1 und Abs. 5 EGBGB entsprechende Regelung schafft angesichts der starren Regelung der Ziff. 1 und 2 größere Flexibilität und kommt damit den Bedürfnissen der Praxis entgegen, indem sie unzutreffende Ergebnisse bei der Anwendung der Regelanknüpfung vermeidet.[195] Der Gesetzgeber hat damit die Tatsache berücksichtigt, dass es Fälle geben kann, in denen der Arbeitsort oder die einstellende Niederlassung nicht die räumlich beste Anknüpfung herstellen.[196]

Beispiel: Ein in der Bundesrepublik Deutschland lebender Italiener wird vom italienischen Konsulat als Lehrkraft zur Unterrichtung italienischer Gastarbeiterkinder (außerhalb der deutschen Schulpflicht) in der italienischen Sprache eingestellt. Der Arbeitnehmer wird gerade in seiner Eigenschaft als Italiener eingestellt, der Schriftverkehr zwischen den Parteien wird in italienischer Sprache abgewickelt, Einstellungsvoraussetzung waren entsprechende in Italien erworbene Qualifikationen. Lediglich die Bezahlung erfolgt in DM.

Grundsätzlich gilt nach der Regelanknüpfung des Art. 30 Abs. 2 Nr. 1 EGBGB deutsches Recht, da der gewöhnliche Arbeitsort in Deutschland liegt. Die übrigen Vertragsumstände weisen jedoch auf eine engere Beziehung zum italienischen Recht hin. Die Vertragspartner haben die italienische Staatsangehörigkeit, der Vertrag ist in italienischer Sprache abgefasst, die Korrespondenz in Italienisch geführt worden. Aufgabengebiet und Einstellungsvoraussetzungen weisen starken Bezug zum italienischen Staat auf. Es gilt daher gem. Art. 30 Abs. 2 letzter Halbs. EGBGB italienisches Recht.

Das Gesetz enthält bezüglich der Frage, welche Umstände für die Heranziehung der Ausnahmeklausel in Betracht zu ziehen sind, keinen klärenden Hinweis.

Entgegen der Auffassung *Gamillschegs*[197] ist bei Art. 30 Abs. 2 letzter Halbs. EGBGB jedenfalls davon auszugehen, dass Art. 30 Abs. 2 letzter Halbs. als Ausnahmefall anzusehen

---

[192] So zutreffend KR-*Weigand*, 5. Abschn., Rn. 28.
[193] *Däubler*, RIW 1987, S. 249, 251; *Reithmann/Martiny*, Internationales Vertragsrecht, Rn. 726; krit. *Heilmann*, Arbeitsvertragsstatut, S. 59 f. und KR-*Weigand*, 5. Abschn., Rn. 52.
[194] MünchArbR/*Birk*, § 20, Rn. 49.
[195] *Heilmann*, Arbeitsvertragsstatut, S. 61; *Hönsch*, NZA 1988, S. 113, 114; KR-*Weigand*, 5. Abschn., Rn. 30.
[196] So die die Begründung des Regierungsentwurfes, BT-Drucks. 10/504, S. 81.
[197] *Gamillscheg*, ZfA 1983, S. 307, 340; ihm folgend *Hönsch*, NZA 1988, S. 113, 114 und *Hohloch*, RIW 1987, S. 353, 356; vgl. auch *Puttfarken*, RIW 1995, S. 617, 623.

ist.[198] Andernfalls würden die Fälle der Anknüpfung gem. den Ziffern 1 und 2 ihrer Funktion als Regelfall enthoben.[199] Es bedarf einer Mehrzahl von Einzelumständen, die insgesamt das Gewicht der jeweils einschlägigen Regelanknüpfung nach Ziff. 1 oder 2 deutlich überwiegen. Die Verbindung zu dem anderen Staat muss stärker sein als die räumliche Beziehung zum Recht des Arbeitsortes oder der einstellenden Niederlassung.[200] Für die Frage, welche Gesichtspunkte im Einzelnen für die Bestimmung der engeren Verbindung herangezogen werden können, kann grundsätzlich auf die von der Rechtsprechung zur früheren Rechtslage entwickelten Kriterien zurückgegriffen werden.[201] Diese sind in primäre und sekundäre Anknüpfungsmerkmale zu unterteilen.[202] Danach kommen als primäre Anknüpfungskriterien die Staatsangehörigkeit der Vertragsparteien und der Sitz des Arbeitgebers in Betracht.[203] Indizfunktion haben daneben der Ort des Vertragsschlusses, die Vertragssprache, die Währung, in der die Vergütung bezahlt wird, und der Wohnsitz des Arbeitnehmers.[204] Bei der Handhabung ist allerdings zu bedenken, dass eine Verdrängung der Regelanknüpfung nur erfolgt, wenn „die Gesamtheit wichtiger und nicht nur nebensächlicher Anknüpfungsmerkmale zu einem anderen Ergebnis führt".[205]

Beispiel:[206] Zwei amerikanische Staatsbürger waren als Piloten im Berlinverkehr bei dem amerikanischen Luftfahrtunternehmen Pan AM, dessen eingetragener Sitz New York ist, beschäftigt. Beide flogen überwiegend innerdeutsche Strecken und hatten ihren Wohnsitz in Berlin. Die Regelanknüpfung nach Art. 30 Abs. 1 Nr. 1 EGBGB führt zur Geltung deutschen Rechts. Die Arbeitsleistung wurde überwiegend in Deutschland erbracht. Der gelegentliche Einsatz der Piloten für Anschlussflüge ins Ausland ist als vorübergehende Entsendung unerheblich.

108 Das BAG hat jedoch eine engere Verbindung zum Staat New York i. S. v. Art. 30 Abs. 2 letzter Halbs. EGBGB angenommen. Für eine solche engere Verbindung sprachen die Staatsangehörigkeit der Parteien, der Sitz des Arbeitgebers, die Registrierung der eingesetzten Flugzeuge in den USA, die englische Vertragssprache, die Gewährung einer Auslandszulage, die Altersversorgung nach amerikanischem Recht sowie die Zuständigkeit der Betriebskrankenkasse in New York.

109 Die Abwägung dieser Umstände mit den für die Nähe zum deutschen Recht sprechenden Kriterien (Wohnsitz der Arbeitnehmer, der regelmäßig von Berlin aus erfolgende Arbeitseinsatz, die Planung der Flugeinsätze und des Urlaubes in der Berliner Basis) ergibt ein deutliches Übergewicht zugunsten der Anwendung amerikanischen Rechts. Dies gilt insbesondere angesichts der Tatsache, dass die amerikanische Staatsangehörigkeit der Piloten Voraussetzung für ihre Einstellung war.

110 Die Ausweichklausel des Art. 30 Abs. 2 letzter Halbsatz EGBGB führt also zur Anwendung des Rechts des Staates New York.

111 An diese Entscheidungspraxis knüpfen die oben bereits genannten Urteile des Bundesverfassungsgerichts und des Bundesarbeitsgerichts an.[207] Bedingt durch die Regelung des § 21 Abs. 4 S. 1 FlRG, nach der die geführte Flagge als Anknüpfungsmerkmal außer Be-

---

[198] BAG, DB 1993, S. 637, 639; Begründung des Regierungsentwurfs, BT-Drucks. 10/504, S. 81; *Mankowski*, IPRax 1994, S. 88, 92 f.
[199] Ähnlich *Bittner*, NZA 1993, S. 161, 162, Fußn. 18 m. w. N.
[200] BAG, DB 1993, S. 637, 639.
[201] So zutreffend *Heilmann*, Arbeitsvertragsstatut, S. 62 und *Mankowski*, IPRax 1994, S. 88, 93.
[202] Vgl. dazu *Franzen*, Anm. zu BAG EzA Art. 30 EGBGB Nr. 3.
[203] BAG, DB 1993, S. 637, 639; MünchArbR/*Birk*, § 20, Rn. 53; Reithmann/*Martiny*, Internationales Vertragsrecht, Rn. 728.
[204] BAG, DB 1993, S. 637, 639; MünchArbR/*Birk*, § 20, Rn. 53; KR-*Weigand*, 5. Abschn., Rn. 30, jeweils m. w. N.
[205] BAG, DB 1993, S. 637, 639.
[206] Nach BAG, DB 1993, S. 637 ff.
[207] BVerfG AP Nr. 76 zu Art. 9 GG = JZ 1995, S. 507; BAG AP Nr. 32 zu Internationales Privatrecht, Arbeitsrecht = BAG, NZA 1995, S. 1119.

II. Individualarbeitsrecht

tracht bleiben muss,[208] standen dem Sitz der Reederei in Deutschland als Anknüpfungspunkt für deutsches Recht der Abschluss des Heuervertrages in Indien, also in dem Staat, dessen Staatsangehörigkeit der Arbeitnehmer besaß, der dort befindliche Wohnsitz des Arbeitnehmers und die Sprache des Vertrages gegenüber.[209] Allerdings ist die Summe der angeführten Indizien nicht so überzeugend wie die in der Entscheidung des Bundesarbeitsgerichts im Falle der Pan Am-Piloten. Ausschlaggebend muss aber letztlich sein, dass sie gegenüber den für die Anknüpfung an das Recht eines anderen Staates – in diesem Falle Deutschland – sprechenden Indizien überwiegen.

5. Die Einschränkungen des Arbeitsvertragsstatuts durch zwingendes Recht

Sowohl das durch subjektive als auch das durch objektive Anknüpfung gefundene Arbeitsvertragsstatut unterliegt nach der Neuregelung des deutschen internationalen Arbeitsrechts im EGBGB nicht unerheblichen Beschränkungen in seiner Geltungsweite. Große Bedeutung kommt in diesem Zusammenhang „zwingenden Bestimmungen" zu, die nicht dem Vertragsstatut, sondern einer anderen, in- oder ausländischen Rechtsordnung entstammen.

Das EGBGB kennt insgesamt vier die Geltung des Vertragsstatuts einschränkende kollisionsrechtliche Bestimmungen:
– Art. 27 Abs. 3 EGBGB
– Art. 30 Abs. 1 EGBGB
– Art. 34 EGBGB
– Art. 6 EGBGB.

Die ersten beiden Vorschriften enthalten **Einschränkungen der Rechtswahlfreiheit**. So können die Parteien nach Art. 27 Abs. 3 EGBGB durch die Wahl des Rechts eines anderen Staates die zwingenden Bestimmungen des Rechts des Staates nicht abbedingen, zu dem – objektiv gesehen – allein eine Beziehung besteht.[210]

Ebenso wie Art. 27 Abs. 3 EGBGB ist auch Art. 30 Abs. 1 EGBGB als spezielle Rechtswahlbeschränkung bei Arbeitsverhältnissen oben schon im Rahmen der Darstellung der Rechtswahl besprochen worden.[211] Im Hinblick auf ihr Verhältnis untereinander und die Frage, was jeweils unter „zwingenden Bestimmungen" zu verstehen ist, verdienen jedoch beide Vorschriften im Zusammenhang mit den übrigen beiden das Vertragsstatut einschränkenden Bestimmungen eine gesonderte Betrachtung.

Ebenfalls von **„zwingenden Bestimmungen"** ist in Art. 34 EGBGB die Rede. Im Unterschied zu den erstgenannten Vorschriften ist Art. 34 EGBGB keine reine Rechtswahlbegrenzung, sondern betrifft in gleicher Weise das durch objektive Anknüpfung bestimmte Vertragsstatut. Dieses wird durch die Bestimmungen des deutschen Rechts überlagert, die den Sachverhalt „ohne Rücksicht auf das auf den Vertrag anzuwendende Recht" zwingend regeln.

Eine weitere Schranke des Vertragsstatuts findet sich in Art. 6 EGBGB. Geregelt ist dort – wie bisher in Art. 30 EGBGB a. F. – der Vorbehalt des ordre public. Das Vertragsstatut gilt dann nicht, wenn seine Vorschriften mit elementaren Grundsätzen des deutschen Rechts unvereinbar sind.

Eine einheitliche Begriffsbestimmung der „zwingenden Bestimmungen" ist nicht möglich. Dem Begriff kommt in den Art. 27 Abs. 3, 30 Abs. 1 und 34 EGBGB jeweils eine unterschiedliche Bedeutung zu. Das ergibt sich schon aus der Gesetzesstruktur und der unterschiedlichen Verwendung des Begriffs in den genannten Vorschriften. Es bedarf also

---

[208] Vgl. oben Rn. 93.
[209] BAG AP Nr. 32 zu Internationales Privatrecht, Arbeitsrecht = BAG, NZA 1995, S. 1119.
[210] Vgl. oben Rn. 50.
[211] Vgl. oben Rn. 60.

für die Frage, welche Art von Normen das Tatbestandsmerkmal der „zwingenden Bestimmungen" erfüllen, jeweils einer getrennten Auslegung im Rahmen der einzelnen Normen.[212] Das Verhältnis der einzelnen kollisionsrechtlichen Bestimmungen untereinander ist daher problematisch und im Einzelfall von erheblich praktischer Bedeutung.[213]

119 Der Begriff der „zwingenden Bestimmungen" unterliegt jeweils der (europa-) einheitlichen Auslegung nach Art. 36 EGBGB.[214] Die Gegenansicht[215] verliert schon dann jegliche Überzeugungskraft, wenn man richtigerweise davon ausgeht, dass Gegenstand der einheitlichen Auslegung nicht die Frage ist, welche der einzelnen nationalen Vorschriften der betroffenen Rechtsordnungen zwingend i. S. d. jeweiligen Bestimmung des EGBGB sind, sondern dass die einheitliche Auslegung sich allein darauf bezieht, welche Art von Normen das Tatbestandsmerkmal der „zwingenden Bestimmungen" erfüllen.

a) Art. 27 Abs. 3 EGBGB

120 Wie oben[216] bereits festgestellt, ist eine Rechtswahl der Parteien auch bei reinen Inlandsfällen, also in Fällen ohne objektiven Auslandsbezug, möglich. Nach der hier vertretenen Ansicht handelt es sich auch dabei um eine kollisionsrechtliche Verweisung.[217] Nach Art. 27 Abs. 3 EGBGB kann die Vereinbarung der Rechtsordnung eines anderen Staates jedoch die zwingenden Bestimmungen des Rechts jenes Staates, mit dem der Sachverhalt ausschließlich verbunden ist, nicht berühren.

121 Nach der Legaldefinition des Art. 27 Abs. 3 EGBGB fallen darunter all jene Normen, von denen nach dem Recht des maßgeblichen Staates nicht durch Vertrag abgewichen werden kann. Mithin wird darunter einhellig das gesamte nichtdispositive Recht des normsetzenden Staates verstanden.[218]

122 Von dieser Begriffsbestimmung werden sowohl privatrechtliche als auch öffentlich-rechtliche Normen[219] sowie das insbesondere im Arbeitsrecht bedeutsame Richterrecht erfasst.[220] Zur Klarstellung sei gesagt, dass Art. 27 Abs. 3 EGBGB sich nicht nur auf deutsche zwingende Bestimmungen bezieht, sondern in entsprechend gelagerten Fällen ebenso die Berücksichtigung ausländischen Rechts durch den deutschen Richter verlangt.

Beispiel: Ein Arbeitsvertrag weist objektiv ausschließlich Bezüge zu Italien auf. Die Parteien haben jedoch deutsches Recht gewählt. Der deutsche Richter muss nach Art. 27 Abs. 3 EGBGB die zwingenden Vorschriften des italienischen Rechts anwenden.

b) Art. 30 Abs. 1 EGBGB

123 Die Einschränkung der Rechtswahl bei Arbeitsverträgen durch die zwingenden Bestimmungen des objektiven Arbeitsvertragsstatuts nach Art. 30 Abs. 1 EGBGB wurde

---

[212] *Heilmann*, Arbeitsvertragsstatut, S. 83; *Junker*, IPRax 1989, S. 69, 70; a. A. wohl *Weber*, IPRax 1988, S. 82, 83, soweit er davon ausgeht, dass Art. 27 Abs. 3 EGBGB eine allgemeine Legaldefinition der „zwingenden Bestimmungen" enthält.

[213] Vgl. dazu unten Rn. 124, 146, 148.

[214] So zutreffend *Gamillscheg*, ZfA 1983, S. 307, 345; *Junker*, IPRax 1989, S. 69, 74; ebenso *Heilmann*, Arbeitsvertragsstatut, S. 84. Zur einheitlichen Auslegung vgl. oben Rn. 8.

[215] *Weber*, IPRax 1988, S. 82 ff.

[216] Vgl. o. Rn. 50.

[217] Vgl. o. Rn. 50.

[218] *Bittner*, NZA 1993, S. 161, 164; *Heilmann*, Arbeitsvertragsstatut, S. 89; *Lorenz*, RIW 1987, S. 569, 574; MK-*Martiny*, Art. 27 EGBGB, Rn. 64.

[219] MK-*Martiny*, Art. 27, Rn. 65.

[220] Eingehend dazu *Heilmann*, Arbeitsvertragsstatut, S. 90 ff.; *ders.* auch zur Frage der Erfassung von kollektivrechtlichen Bestimmungen, S. 93 ff.; vgl. auch *Bittner*, NZA 1993, S. 161, 164, die darauf hinweist, dass es allein darauf ankommt, ob eine Rechtsordnung bestimmte Normen – unabhängig davon, worauf sich diese Einordnung gründet – als zwingend einstuft.

bereits oben eingehend erörtert.[221] Wie bei Art. 27 Abs. 3 EGBGB muss es sich um vertragsfeste Normen handeln. Im Unterschied zu Art. 27 Abs. 3 EGBGB wird der Kreis der nach Art. 30 Abs. 1 EGBGB anzuwendenden zwingenden Vorschriften jedoch durch zwei weitere Kriterien eingeengt. Zum einen muss es sich nach ihrer Zweckbestimmung um Arbeitnehmerschutzvorschriften handeln; zum anderen sind die zwingenden Bestimmungen i. S. v. Art. 30 Abs. 1 EGBGB nicht ohne weiteres, sondern nur dann anzuwenden, wenn sie im Vergleich zu den ansonsten anwendbaren Vorschriften des gewählten Rechts für den Arbeitnehmer günstiger sind.[222]

c) Das Verhältnis von Art. 30 Abs. 1 zu Art. 27 Abs. 3 EGBGB

Zweifelhaft ist das Verhältnis von Art. 27 Abs. 3 zu Art. 30 Abs. 1 EGBGB. Zu einer Konkurrenz der beiden Vorschriften kann es bei Arbeitsverträgen (mit Rechtswahlklausel) kommen, die zugleich reine Inlandsfälle sind.[223]

Beispiel:[224] Die deutsche Tochtergesellschaft einer niederländischen Muttergesellschaft beschäftigt einen deutschen Arbeitnehmer (Ortskraft) und vereinbart mit ihm die Geltung niederländischen Rechts, um ihn mit den von der Muttergesellschaft entsandten Arbeitnehmern gleichzustellen. Ein objektiver Auslandsbezug fehlt,[225] der Sachverhalt ist also ausschließlich mit Deutschland verbunden. Mithin kommen gem. Art. 27 Abs. 3 EGBGB die zwingenden Vorschriften des deutschen Rechts zur Anwendung.

Darüber hinaus ist das deutsche Recht gem. Art. 30 Abs. 2 Nr. 1 EGBGB objektives Vertragsstatut, so dass die zwingenden Arbeitnehmerschutzvorschriften über Art. 30 Abs. 1 EGBGB zu berücksichtigen sind.

Dass Art. 27 Abs. 3 EGBGB in diesem Zusammenhang kaum Bedeutung zukommen soll,[226] ist insofern unzutreffend, als sich die von Art. 27 Abs. 3 EGBGB umfassten Bestimmungen im Gegensatz zu den Arbeitnehmerschutzvorschriften i. S. d. Art. 30 Abs. 1 EGBGB ohne Rücksicht darauf durchsetzen, ob sie für den Arbeitnehmer günstiger sind als die entsprechenden Vorschriften des gewählten Rechts.

Soweit – im Beispielsfall – das niederländische Recht beispielsweise günstigere Kündigungsvorschriften enthält als das deutsche Recht (was hier unterstellt werden soll), ist das deutsche Kündigungsschutzrecht nach Art. 30 Abs. 1 EGBGB nicht anzuwenden. Allerdings würden die niederländischen Vorschriften trotz ihrer Arbeitnehmerfreundlichkeit nach Art. 27 Abs. 3 EGBGB durch das deutsche Recht verdrängt, da es sich beim Kündigungsschutzrecht um nichtdispositives Recht handelt.

Man kommt also zu unterschiedlichen Ergebnissen, je nachdem ob man Art. 30 Abs. 1 oder Art. 27 Abs. 3 EGBGB anwendet. Richtigerweise ist von einem Vorrang des Art. 27 Abs. 3 EGBGB auszugehen.[227] Die Geltung der in Art. 27 Abs. 3 EGBGB bezeichneten zwingenden Vorschriften ist beim reinen Inlandsfall zwingend angeordnet.[228] Das dadurch geschützte Ordnungsinteresse ist nach der gesetzgeberischen Absicht gegenüber dem durch Art. 30 Abs. 1 EGBGB geschützten Arbeitnehmerinteresse höherrangig.[229]

d) Art. 34 EGBGB

Nach Art 34 EGBGB vermag das Vertragsstatut nicht die Anwendung der Bestimmungen des deutschen Rechts zu berühren, die ohne Rücksicht auf das auf den Vertrag anzuwendende Recht den Sachverhalt zwingend regeln. Neben den Art. 27 Abs. 3 und 30

---

[221] Vgl. o. Rn. 60.
[222] Vgl. o. Rn. 70.
[223] *Lorenz*, RIW 1987, S. 569, 574.
[224] Nach *Junker*, IPRax 1989, S. 69, 72.
[225] Der Konzernverbund genügt nach h. M. nicht, vgl. dazu oben Rn. 16.
[226] So MK-*Martiny*, Art. 30 EGBGB, Rn. 27; Palandt/*Heldrich*, Art. 30 EGBGB, Rn. 4 f.
[227] *Heilmann*, Arbeitsvertragsstatut, S. 109; *Lorenz*, RIW 1987, S. 569, 574.
[228] Begründung des Regierungsentwurfs, BT-Drucks. 10/504, S. 77.
[229] *Heilmann*, Arbeitsvertragsstatut, S. 109.

Abs. 1 EGBGB enthält das internationale Vertragsrecht also eine dritte Kategorie von „zwingenden Bestimmungen".

129 Zwei Unterschiede zu den beiden erstgenannten Vorschriften lassen sich unschwer ausmachen:

130 Während die „zwingenden Bestimmungen" i. S. v. Art. 27 Abs. 3 und 30 Abs. 1 EGBGB je nach der konkreten Fallgestaltung sowohl inländischen als auch ausländischen Rechtsordnungen zugehörig sein können,[230] beschränkt sich Art. 34 EGBGB auf das zwingende Recht der deutschen lex fori; und während Art. 27 Abs. 3 und Art. 30 Abs. 1 EGBGB reine Rechtswahlbeschränkungen enthalten, setzt sich das zwingende Recht i. S. v. Art. 34 EGBGB ebenso gegenüber den Normen des objektiven Vertragsstatuts durch.

131 Problematisch ist die Frage, welche Bestimmungen der deutschen Rechtsordnung vom Begriff des zwingenden Rechts i. S. v. Art. 34 EGBGB umfasst werden. Sicher muss es sich zunächst – wie bei Art. 27 Abs. 3 und 30 Abs. 1 EGBGB – um nichtdispositive Vorschriften handeln.[231] Die (nationale) Vertragsfestigkeit allein kann jedoch – anders als bei Art. 27 Abs. 3 EGBGB – nicht für eine Subsumtion unter Art. 34 EGBGB genügen. Andernfalls könnten fremde Rechtsordnungen letztlich nur dispositive Vorschriften des eigenen Rechts ersetzen.[232] Art. 34 EGBGB erfasst nur „international zwingende Normen",[233] d. h. nur solche, die den Sachverhalt ohne Rücksicht auf das nach den allgemeinen Kollisionsnormen des im Forumstaates maßgebenden Rechts zwingend regeln. Diese sogenannten **„Eingriffsnormen"**[234] bilden nur einen Bruchteil der sonstigen, von Art. 27 Abs. 3 EGBGB erfassten Bestimmungen; es handelt sich um „besonders zwingende" Normen, in denen unverzichtbare nationale Wertvorstellungen zum Ausdruck kommen.[235] Andererseits darf bei der Definition der Eingriffsnormen nicht die Grenze zum ordre public (Art. 6 EGBGB)[236] verwischt werden, will man dem Art. 34 EGBGB nicht seinen eigenständigen Anwendungsbereich entziehen.[237] Der These, dass es sich bei den Eingriffsnormen um Vorschriften handelt, die „als Säulen der staatlichen und sozialen Ordnung nicht hinweggedacht werden können, ohne dass diese Ordnung gefährdet würde",[238] kann daher nur eingeschränkt zugestimmt werden.

132 „Zwingende Bestimmungen" i. S. v. Art. 34 EGBGB sind letztlich alle Normen, die der deutsche Gesetzgeber mit einem „kollisionsrechtlichen Eingriffsbefehl" ausgestattet hat, denen also ein **universaler Anwendungswille** entnommen werden kann.[239] Das kann sowohl bei privatrechtlichen als auch bei öffentlich-rechtlichen Normen der Fall sein.[240]

---

[230] Vgl. dazu oben Rn. 60, 120, 123.
[231] MK-*Martiny*, Art. 34 EGBGB, Rn. 6.
[232] *Däubler*, RIW 1987, S. 249, 255; *Gamillscheg*, ZfA 1983, S. 307, 345; *Heilmann*, Arbeitsvertragsstatut, S. 109.
[233] *Bittner*, NZA 1993, S. 161, 165; *Heilmann*, Arbeitsvertragsstatut, S. 110; MK-*Martiny*, Art. 34 EGBGB, Rn. 7.
[234] Zum Begriff vgl. die Nachw. bei MK-*Martiny*, Art. 34 EGBGB, Rn. 9; zu den rechtstheoretischen Grundlagen vgl. *Heilmann*, Arbeitsvertragsstatut, S. 109.
[235] *Däubler*, RIW 1987, S. 249, 255; *Junker*, IPRax 1989, S. 69, 73.
[236] Vgl. dazu unten Rn. 153.
[237] *Weber*, IPRax 1988, S. 82, 84.
[238] *Gamillscheg*, ZfA 1983, S. 307, 345.
[239] *Heilmann*, Arbeitsvertragsstatut, S. 112; *Junker*, IPRax 1989, S. 69, 73; *Lorenz*, RIW 1987, S. 569, 578; MK-*Martiny*, Art. 34 EGBGB, Rn. 8. Vgl. auch die weiteren Definitionsansätze bei *Franzen*, Anm. zu BAG EzA Art. 30 EGBGB Nr. 3.; a. A. wohl MünchArbR/*Birk*, § 20 Rn. 90, der auch einseitig zwingende Normen einbeziehen will.
[240] *Hönsch*, NZA 1988, S. 113, 117; *Lorenz*, RIW 1987, S. 569, 579; MK-*Martiny*, Art. 34 EGBGB, Rn. 11; Palandt/*Heldrich*, Art. 34 EGBGB, Rn. 3; a. A. *Gamillscheg*, ZfA 1983, S. 307, 346, der eine Unterscheidung danach treffen will, ob die Vorschrift privatrechtlicher oder öffentlich-rechtlicher Natur ist, und nur im letzteren Fall aufgrund der dann gegebenen Möglichkeit von Verwaltungszwang und Strafsanktionen eine Qualifikation als Eingriffsnorm für möglich hält. In diese Richtung auch *v. Hoffmann*, Internationales Privatrecht, Rn. 78.

II. Individualarbeitsrecht

133–138 § 31

Der universale Geltungswille der Norm kann entweder ausdrücklich angeordnet sein **133** (das ist beispielsweise der Fall bei § 307 BGB und § 98 Abs. 2 GWB)[241] oder sich aus der Zwecksetzung der fraglichen Norm ergeben.[242] Die Auslegung der Norm im Hinblick auf diese Frage ist allerdings schwierig.

Anhaltspunkte gibt die Begründung zum Entwurf des IPRNG:[243] danach sind für den **134** Bereich der Eingriffsnormen ohne Rücksicht auf ihre privat- oder öffentlich-rechtliche Natur sowohl zwingende Vorschriften wirtschaftspolitischen Gehalts (wie Ein- und Ausfuhrbestimmungen, Preis- und Devisenvorschriften oder Vorschriften des Kartellrechts) als auch sozialpolitische Vorschriften zum Schutze Einzelner, z. B. Mieterschutzvorschriften – auch im Hinblick auf ihre starke Verflechtung mit öffentlich-rechtlichen Vorschriften – sowie Vorschriften zum Schutz der Erwerber von Eigenheimen in Betracht zu ziehen.

Das Bundesarbeitsgericht hat die Kriterien für das Vorliegen eines kollisionsrechtlichen **135** Eingriffsbefehls in zwei neueren Entscheidungen unter Zugrundelegung der Regierungsbegründung konkretisiert. Eingriffsnormen i. S. v. Art. 34 EGBGB zeichnen sich danach dadurch aus, dass sie zumindest **auch im Gemeininteresse** und nicht nur im Individualinteresse erlassen worden sind.[244]

Das LAG Hessen hat ein weiteres Kriterium herausgearbeitet: Es soll darauf ankommen, **136** ob die Durchsetzung der Norm dem Arbeitnehmer überlassen bleibt oder ob staatliche Stellen involviert werden.[245] Unter Zugrundelegung dieses Kriteriums kam das LAG zu der Auffassung, dass § 14 Abs. 1 MuSchG[246] und § 3 EFZG[247] nicht als Eingriffsnormen zu qualifizieren sind, die §§ 15, 18 BErzGG[248] hingegen schon.

Ein universaler Anwendungswille ist den Vorschriften des Kündigungsschutzgesetzes **137** über den allgemeinen Kündigungsschutz nicht zu entnehmen, weil sie in erster Linie dem Ausgleich zwischen Bestandsschutzinteressen des Arbeitnehmers und der Vertragsfreiheit des Arbeitgebers dienen und der Gesetzgeber auch die Durchsetzung dieses Schutzes hauptsächlich dem Arbeitnehmer überlässt.[249] Anderes gilt lediglich hinsichtlich der Massenentlassungen i. S. der §§ 17 ff. KSchG.[250] Nicht zu den Eingriffsnormen zählt auch § 613a BGB,[251] während das Betriebsverfassungsrecht wegen seiner Bedeutung für die Allgemeinheit unter Art. 34 EGBGB subsumiert werden kann.[252]

Das jüngste Beispiel für Eingriffsnormen i. S. des Art. 34 EGBGB bildet das am 1. 3. **138** 1996 in Kraft getretene **Arbeitnehmer-Entsendegesetz** (AEntG).[253] Zum Schutz der Klein- und Mittelbetriebe der deutschen Bauwirtschaft werden ausländische Arbeitgeber

---

[241] BAG AP Nr. 32 zu Internationales Privatrecht, Arbeitsrecht = BAG, NZA 1995, S. 1119.
[242] *Heilmann*, Arbeitsvertragsstatut, S. 112; *Junker*, IPRax 1989, S. 69, 72; *Lorenz*, RIW 1987, S. 569, 578.
[243] BT-Drucks. 10/504, S. 83.
[244] BAG AP Nr. 30 zu Internationales Privatrecht, Arbeitsrecht = BAG, DB 1990, S. 1666, 1668; BAG, DB 1993, S. 637, 640; vgl. dazu auch *Wimmer*, IPRax 1995, S. 207, 210 f.
[245] LAG Hessen, LAGE Nr. 5 zu Art. 30 EGBGB.
[246] A. A. *Reithmann/Martiny*, Internationales Vertragsrecht, Rn. 1375; *Gamillscheg*, ZfA 1983, S. 360; Soergel-*von Hoffmann*, Art. 30 EGBGB Rn. 23.
[247] So auch *Franzen*, AR-Blattei, Internationales Arbeitsrecht, Rn. 123; a. A. *Reithmann/Martiny*, Internationales Vertragsrecht, Rn. 1373; Soergel-*von Hoffmann*, Art. 30 EGBGB Rn. 23; *Gamillscheg*, ZfA 1983, S. 360.
[248] So auch *Soergel*, Art. 30 EGBGB Rn. 23; MK-*Martiny*, Art. 30 EGBGB, Rn. 73, 55; a. A. *Franzen*, AR-Blattei, Internationales Arbeitsrecht, Rn. 120.
[249] BAG AP Nr. 30 zu Internationales Privatrecht = BAG, DB 1990, S. 1666, 1668; *Däubler*, RIW 1987, S. 249, 255; *Heilmann*, Arbeitsvertragsstatut, S. 122; MK-*Martiny*, Art. 30 EGBGB, Rdnr. 60; a. A. *Birk*, RdA 1989, S. 201, 207.
[250] BAG AP Nr. 30 zu Internationales Privatrecht = BAG, DB 1990, S. 1666, 1668; *Heilmann*, Arbeitsvertragsstatut, S. 122.
[251] BAG, DB 1993, S. 637, 640.
[252] *Däubler*, RIW 1987, S. 249, 255.
[253] BGBl. I S. 227.

verpflichtet, ihren in Deutschland tätigen Arbeitnehmern die hier geltenden wettbewerbsrelevanten Arbeitsbedingungen zu gewähren. Von § 1 Abs. 1 S. 1 AEntG wird die Anwendbarkeit allgemeinverbindlicher Tarifverträge, die für eine der in den §§ 1, 2 Baubetriebe-Verordnung aufgeführten Tätigkeiten gelten und eine einheitliche Mindestentgeltregelung vorsehen, auch auf Arbeitgeber mit Sitz im Ausland und ihre im Inland beschäftigten Arbeitnehmer erstreckt. Damit wird der den deutschen Arbeitnehmern zukommende Schutz den ausländischen, nach Art. 30 Abs. 2 Nr. 1 EGBGB eigentlich nur ihrem Heimatrecht unterliegenden, entsandten Arbeitnehmern ebenfalls zuteil.[254]

139 Als weitere Eingriffsnorm ergibt sich, nach richtigem Verständnis des Urteils des EuGH vom 9. 11. 2000,[255] **§ 89 b HGB**. Der EuGH, der auf dem Gebiet des internationalem Vertragsrechts eigentlich keine Vorabentscheidungsbefugnis zusteht,[256] kam innerhalb der Auslegung des internationalem Geltungswillens einer Sachnorm (bzgl. dieser hat er eine Auslegungskompetenz) zu dem Ergebnis, dass Art. 17, 18 der Richtlinie 86/653/EWG zwingendes Recht seien. Richtig ist aber, dass anerkanntermaßen eine Richtlinie keine unmittelbare Anwendung im Privatrecht findet, sondern nur die Durchführungsgesetze.[257] Für das deutsche Recht folgt somit, dass § 89 b HGB, der die Richtlinie umsetzt, als zwingende Norm iSd. § 34 EGBGB anzusehen ist, welche sich nur gegen die Wahl des Rechts eines Nicht-EG-Staaten richtet.[258]

140 Außer an den kollisionsrechtlichen Anwendungswillen ist an die Klassifizierung einer Norm als Eingriffsnorm noch eine weitere Voraussetzung zu knüpfen:

141 Die Anwendung einer Bestimmung auf auslandsbezogene Sachverhalte ist letztlich nur geboten, wenn ein entsprechender **Inlandsbezug** des Sachverhalts gegeben ist.[259] Der Sachverhalt muss den Schutzbereich der fraglichen Bestimmung tangieren. Dies wird in all jenen Fällen zu bejahen sein, in denen objektives Arbeitsvertragsstatut nach Art. 30 Abs. 2 EGBGB das deutsche Recht ist (also eine territoriale Beziehung zu Deutschland besteht), muss jedoch für alle übrigen Fälle gesondert festgestellt werden.[260]

142 So setzt beispielsweise die Anwendung des Mutterschutzgesetzes auf grenzüberschreitende Sachverhalte voraus, dass der gewöhnliche Arbeitsort im Inland liegt.[261] Beim Schwerbehindertengesetz handelt es sich um ein von Art. 34 EGBGB erfasstes Gesetz, dessen Schutz jedoch nur eingreift, wenn der Arbeitnehmer seinen Wohnsitz, seinen gewöhnlichen Aufenthaltsort oder seinen gewöhnlichen Arbeitsort im Geltungsbereich des Gesetzes hat.[262] Inländische Arbeitszeit- und Arbeitsschutzvor-schriften können ebenfalls nur über Art. 34 EGBGB durchgesetzt werden, sofern der Arbeitsort in der Bundesrepublik Deutschland liegt.[263]

---

[254] Ausführlich zum AEntG s. u. a. *Hanau*, in: Erfurter Kommentar zum Arbeitsrecht, AEntG; *Koberski/Sahl/Hold*, Arbeitnehmer-Entsendegesetz 2. Aufl. 2001; s. ferner *Deinert*, RdA 1996, S. 339 ff.; *Wank/Börgmann* NZA 2001, S. 178 ff.

[255] EuGH vom 9. 11. 2000, Rs. – C-381/98, BB 2001, S. 10 f.

[256] *Kindler*, BB 2001, S. 12.

[257] *Kindler*, BB 2001, S. 12.

[258] *Kindler*, BB 2001, S. 12; a. A. noch MK-*Sonnenberger* Einl. IPR, Rn. 179 f.; MK-*Martiny* Art. 28 EGBGB Rn. 158 a.

[259] So zutreffend *Heilmann*, Arbeitsvertragsstatut, S. 115; wohl ebenso MünchArbR/*Birk*, § 20, Rn. 88; *Lorenz*, RdA 1989, S. 220, 227.

[260] *Heilmann*, Arbeitsvertragsstatut, S. 115.

[261] MünchArbR/*Birk*, § 20, Rn. 175; *Hickl*, NZA Beil. 1/1987, S. 10, 16; *Lorenz*, RdA 1983; S. 220, 227; MK-*Martiny*, Art. 30 EGBGB, Rn. 72. *Heilmann*, Arbeitsvertragsstatut, S. 128 f. qualifiziert hingegen die Bestimmungen des Mutterschutzgesetzes generell nicht als Eingriffsnormen i. S. v. Art. 34 EGBGB.

[262] MünchArbR/*Birk*, § 20, Rn. 177; *Gamillscheg*, ZfA 1983, S. 307, 358; *Lorenz*, RdA 1989, S. 220, 227; MK-*Martiny*, Art. 30 EGBGB, Rn. 73; einschränkend *Heilmann*, Arbeitsvertragsstatut, S. 133.

[263] MK-*Martiny*, Art. 30 EGBGB, Rn. 74 m. w. N.

II. Individualarbeitsrecht

Zusammenfassend lässt sich also zu den zwingenden Bestimmungen i.S.v. Art. 34 **143**
EGBGB sagen:

Es muss sich um **vertragsfeste, inländische** Normen handeln, die einen „**kollisions-** **144**
rechtlichen Eingriffsbefehl" in sich tragen – also staats-, wirtschafts- oder sozialpolitische Zwecke verfolgen – und auf den konkreten Sachverhalt kraft ausreichenden **Inlandsbezuges** anwendbar sind.

Damit ist der Charakter einer Eingriffsnorm zwar noch nicht erschöpfend konkretisiert, **145**
aber es bestehen Kriterien, die eine Prüfung und Feststellung im Einzelfalle möglich machen.[264]

e) Das Verhältnis von Art. 34 zu Art. 27 Abs. 3 EGBGB

Das Verhältnis von Art. 34 EGBGB zu Art. 27 Abs. 3 EGBGB ist für den Fall unproblematisch, dass der Sachverhalt ausschließlich mit Deutschland verbunden ist, ein anderes **146**
Recht aber von den Parteien per Rechtswahl berufen wurde. In diesem Fall sind schon alle vertragsfesten Bestimmungen des deutschen Rechts über Art. 27 Abs. 3 EGBGB anzuwenden, eine Unterscheidung nach „national zwingenden" und „international zwingenden" Vorschriften ist nicht erforderlich.

Weist der Sachverhalt ausschließlich Bezüge zu einer fremden Rechtsordnung auf, so **147**
setzen sich deren zwingende Bestimmungen nach Art. 27 Abs. 3 EGBGB gegen die Vorschriften des gewählten Rechts durch; stets anzuwenden sind jedoch die Eingriffsnormen der deutschen lex fori gem. Art. 34 EGBGB.[265]

f) Das Verhältnis von Art. 34 zu Art. 30 Abs. 1 EGBGB

Weitgehend ungeklärt ist bislang das Verhältnis von Art. 34 zu Art. 30 Abs. 1 EGBGB. **148**
Zum Konflikt zwischen beiden kollisionsrechtlichen Bestimmungen kann es in unterschiedlichen Fallkonstellationen kommen.

Haben die Parteien für einen Arbeitsvertrag, der ohne Rechtswahl einem ausländischen **149**
Recht unterläge, das deutsche Recht gewählt, so kommt es für die Anwendung der deutschen Arbeitnehmerschutzvorschriften nach Art. 30 Abs. 1 EGBGB auf den Günstigkeitsvergleich an. Sind die ausländischen Vorschriften arbeitnehmerfreundlicher, so stellt sich die Frage, ob sich die deutschen Vorschriften entgegen Art. 30 Abs. 1 EGBGB nicht dennoch nach Art. 34 EGBGB durchsetzen, sofern es sich bei den betroffenen Arbeitnehmerschutzvorschriften um Eingriffsnormen handelt.

Die gleiche Problematik ergibt sich im umgekehrten Fall, wenn für einen nach **150**
Art. 30 Abs. 2 EGBGB mangels Rechtswahl dem deutschen Recht unterliegenden Arbeitsvertrag ein ausländisches Recht gewählt wurde. Auch hier könnte die Wirkung des Günstigkeitsvergleiches durch die Anwendung des Art. 34 EGBGB aufgehoben werden.

Der überwiegende Teil der Literatur geht in den aufgezeigten Konfliktsfällen vom **151**
Vorrang des „günstigeren", nach Art. 30 Abs. 1 EGBGB berufenen Rechts aus.[266]
Diese Ansicht kann auf die Regierungsbegründung[267] gestützt werden, in der es heißt:
„Zwingende Vorschriften ... können allerdings nur angewandt werden, soweit in den Art. 29 und 30 EGBGB für den Bereich des Verbraucherschutzes und des Arbeitsrechts nicht schon speziellere Regeln getroffen worden sind."

---

[264] Sehr skeptisch hingegen *Franzen*, Anm. zu BVerfG AR-Blattei ES 1550,15 Nr. 1, S. 23: „noch nicht annähernd ausgelotet".
[265] *Lorenz*, RIW 1987, S. 569, 580.
[266] *Birk*, RdA 1989, S. 201, 207; *Hönsch*, NZA 1988, S. 113, 117; KR-*Weigand*, 5. Abschn., Rn. 21; *Lorenz*, RIW 1987, S. 569, 580; MK-*Martiny*, Art. 30 EGBGB, Rn. 29; für einen Vorrang des Art. 34 EGBGB Palandt/*Heldrich*, Art. 34 EGBGB, Rn. 6.
[267] BT-Drucks. 10/504, S. 83.

152 Dementsprechend wird für den Vorrang der nach Art. 30 Abs. 1 EGBGB angeknüpften Vorschriften auch unter anderem angeführt, dass es sich um leges speciales gegenüber den nach Art. 34 EGBGB anzuwendenden Normen handelt.[268] Andere sehen in Art. 30 Abs. 1 EGBGB die „engere sachliche Regelung".[269] *Heilmann*[270] schlägt eine differenzierende Betrachtung vor: Vorrang gebühre den ausländischen nach Art. 30 Abs. 1 EGBGB berufenen Vorschriften nur dann, wenn sie den inländischen (den nach Art. 34 anzuwendenden deutschen Bestimmungen zugrundeliegenden) Interessen ausreichend Rechnung tragen.

g) Ordre public, Art. 6 EGBGB

153 Nach Art. 6 EGBGB ist eine Rechtsnorm eines anderen Staates dann nicht anzuwenden, wenn das Ergebnis mit wesentlichen Grundsätzen des deutschen Rechts offensichtlich unvereinbar wäre. Nach Art. 6 S. 2 EGBGB gilt dies insbesondere für den Fall der Unvereinbarkeit mit den Grundrechten.

154 Die Neufassung der ordre-public-Klausel ist hinsichtlich ihres sachlichen Inhalts im Wesentlichen deckungsgleich mit der früheren Regelung in Art. 30 EGBGB a. F.[271] An der ordre-public-Klausel wird nicht die abstrakte ausländische Rechtsnorm als solche, sondern das Ergebnis ihrer konkreten Anwendung gemessen.[272] Bei Art. 6 EGBGB handelt es sich um eine Ausnahmevorschrift, die restriktiv auszulegen ist.[273] Ein Verstoß gegen den deutschen ordre public liegt daher nur dann vor, wenn die Anwendung des ausländischen Rechts im konkreten Fall zu einem Ergebnis führt, das zu der in der entsprechenden deutschen Regelung liegenden Gerechtigkeitsvorstellung in so starkem Widerspruch steht, dass die Anwendung des ausländischen Rechts schlechthin untragbar wäre.[274]

155 Als Beispiele aus dem Bereich des Arbeitsrechts nennt *Gamillscheg*[275] Diskriminierungen wegen der Rasse oder Herkunft, Arbeitsvertrag auf Lebenszeit, Wucherlohn, Fehlen von Vorschriften über die Anfechtung eines Arbeitsvertrages und das Fehlen jeglichen Kündigungsschutzes.

156 Insbesondere hinsichtlich des in anderen Rechtsordnungen fehlenden Kündigungsschutzes hat sich die Rechtsprechung jedoch bislang bei der Anwendung des ordre-public-Vorbehalts sehr zurückhaltend gezeigt. So wurde weder in dem Verzicht auf Kündigungsgründe im amerikanischen Recht[276] noch in dem (zusätzlichen) Fehlen von Kündigungsfristen[277] ein Verstoß gegen den deutschen ordre public gesehen.

157 Ein Verstoß gegen den deutschen ordre public ist letztlich nur dann anzunehmen, wenn ein hinreichend starker Inlandsbezug des Sachverhalts zu verzeichnen ist.[278] Dies gilt insbesondere hinsichtlich der Bedeutung der Grundrechte gem. Art. 6 Satz 2 EGBGB.[279]

---

[268] *Hönsch*, NZA 1988, S. 113, 117; KR-*Weigand*, 5. Abschnitt, Rn. 33.
[269] *Birk*, RdA 1989, S. 201, 207; ähnlich *Lorenz*, RIW 1987, S. 569, 580.
[270] *Heilmann*, Arbeitsvertragsstatut, S. 119 f.
[271] BT-Drucks. 10/504, S. 42; *Gamillscheg*, ZfA 1983, S. 307, 315; *Hönsch*, NZA 1988, S. 113, 115.
[272] BT-Drucks. 10/504, S. 43.
[273] Palandt/*Heldrich*, Art. 6 EGBGB, Rn. 4; *Hönsch*, NZA 1988, S. 113, 115.
[274] BAG AP Nr. 30 zu Internationales Privatrecht = BAG, DB 1990, S. 1666, 1668; BAG, DB 1993, S. 637, 641; BAG AP Nr. 32 zu Internationales Privatrecht, Arbeitsrecht = BAG, NZA 1995, S. 1191, 1193: „mit der in der deutschen Regelung liegenden Gerechtigkeitsvorstellung in unerträglichem Widerspruch".
[275] *Gamillscheg*, ZfA 1983, S. 307, 315.
[276] BAG AP Nr. 10 zu Internationales Privatrecht, Arbeitsrecht; BAG AP Nr. 30 zu Internationales Privatrecht, Arbeitsrecht = BAG, DB 1990, S. 1666, 1668.
[277] BAG AP Nr. 12 zu Internationales Privatrecht, Arbeitsrecht. Gegen diese stark restriktive Auslegung im Bereich des Kündigungsschutzrechts MünchArbR/*Birk*, § 20, Rn. 101.
[278] *Heilmann*, Arbeitsvertragsstatut, S. 140; *Hönsch*, NZA 1988, S. 113, 115 f.
[279] Vgl. dazu MünchArbR/*Birk*, § 20, Rn. 104 ff.

Vereinfachend lässt sich dazu sagen: Je schwächer der Inlandsbezug des Sachverhalts ausgeprägt ist, desto eklatanter muss der Widerspruch zu den wesentlichen Wertungen der deutschen Rechtsordnung sein, um eine Anwendung des Art. 6 EGBGB zu rechtfertigen.[280]

158 Rechtsfolge des Verstoßes gegen den ordre public ist der Ausschluss der betroffenen ausländischen Vorschrift von der Anwendung im Inland. Nach h. M.[281] ist die so entstehende Lücke in der fremden Rechtsordnung primär aus der lex causae selbst und nur subsidiär aus der lex fori zu schließen, das deutsche Recht fungiert insofern als Ersatzrecht. Dies folgt aus dem Grundsatz des geringstmöglichen Eingriffs.[282]

159 Für das Verhältnis des Art. 6 EGBGB zu Art. 34 EGBGB ist vor allem der Unterschied in der Rechtsfolge bedeutsam: der ordre-public-Vorbehalt hat ausschließlich negative Funktion, während durch Art. 34 EGBGB Vorschriften der lex fori zwingend zur Anwendung berufen werden. Die Bedeutung der ordre-public-Klausel dürfte im Bereich des Arbeitsrechts neben Art. 34 und Art. 30 Abs. 1 EGBGB eher gering sein.[283]

h) Zwingendes Recht dritter Staaten

160 Die Frage, inwieweit und in welchen Fällen ausländisches zwingendes Recht von deutschen Gerichten berücksichtigt werden muss, ist im Gesetz weitgehend ungeregelt geblieben. Insbesondere fehlt es an einer Inkorporation des die Berücksichtigung drittstaatlicher Eingriffsnormen[284] betreffenden Art. 7 Abs. 1 EuSchVÜ in das deutsche Recht.[285]

161 Es ist zwischen verschiedenen Fallkonstellationen zu differenzieren. Ausländische zwingende Normen finden jedenfalls dann Anwendung, wenn es sich um solche des Vertragsstatuts handelt; die Rechtswahl bezieht sich nicht nur auf die dispositiven, sondern auch auf die nichtdispositiven Vorschriften des Vertragsrechts.[286] Für das objektiv bestimmte Vertragsstatut gilt nichts anderes.[287] Allerdings gilt das nichtdispositive wie das dispositive Recht des Vertragsstatuts in den Schranken der Art. 30 Abs. 1 und 34 EGBGB.

162 Ausländische Arbeitnehmerschutznormen können darüber hinaus nach Maßgabe des Art. 30 Abs. 1 EGBGB angewandt werden, wenn sie der mangels Rechtswahl zu berufenden Rechtsordnung angehören und günstiger sind als die entsprechenden Bestimmungen des gewählten Vertragsstatuts.[288]

163 Letztlich beansprucht auch zwingendes Recht dritter Staaten – d.h. Bestimmungen einer Rechtsordnung, die weder das subjektive oder objektive Vertragsstatut stellt, noch die lex fori – Berücksichtigung durch den deutschen Richter.[289] Dies gilt im Arbeitsrecht insbesondere hinsichtlich des am tatsächlichen Arbeitsort geltenden Rechts. Unbeschadet der Nicht-Übernahme des Art. 7 Abs. 1 EuSchVÜ in die Neuregelung des deutschen internationalen Privatrechts sind unabhängig von Vertragsstatut und lex fori die am tatsächlichen Arbeitsort geltenden Vorschriften über Arbeitszeit und Arbeitsschutz anzuwenden.[290]

---

[280] *Gamillscheg*, ZfA 1983, S. 307, 311.
[281] Nachw. bei MK-*Sonnenberger*, Art. 6 EGBGB, Rn. 81, Fußn. 250.
[282] Palandt/*Heldrich*, Art. 6 EGBGB, Rn. 13; MK-*Sonnenberger*, Art. 6 EGBGB, Rn. 81.
[283] MünchArbR/*Birk*, § 20, Rn. 98; *Ganzert*, Das internationale Arbeitsverhältnis, 1992, S. 82; *Heilmann*, Arbeitsvertragsstatut, S. 141.
[284] Zum Begriff vgl. oben Rn. 128.
[285] Zur Begründung vgl. BT-Drucks. 10/504, S. 100 ff.
[286] MünchArbR/*Birk*, § 20, Rn. 77; *Lehmann*, ZRP 1987, S. 319, 319 m. w. N.
[287] MünchArbR/*Birk*, § 20, Rn. 78.
[288] Vgl. oben Rn. 60.
[289] Vgl. dazu auch *Anderegg*, Ausländische Eingriffsnormen im internationalen Vertragsrecht, 1989, und *Lehmann*, Zwingendes Recht dritter Staaten im internationalen Vertragsrecht, 1986.
[290] MünchArbR/*Birk*, § 20, Rn. 83; MK-*Martiny*, Art. 30 EGBGB, Rn. 65 m. w. N.

Beispiel: Eine deutsche Tochtergesellschaft eines niederländischen Konzerns beschäftigt einen deutschen Arbeitnehmer in einem deutschen Betrieb. Die Parteien haben das Arbeitsverhältnis per Rechtswahl dem niederländischen Recht unterstellt. Der Arbeitnehmer wird für vier Monate zu Montagearbeiten nach Saudi-Arabien entsandt.

164 Arbeitsvertragsstatut ist das niederländische Recht. Im Rahmen des Günstigkeitsvergleichs sind die zwingenden deutschen Arbeitnehmerschutzvorschriften anzuwenden, da der gewöhnliche Arbeitsort in Deutschland liegt und es sich bei der Tätigkeit in Saudi-Arabien um eine bloß vorübergehende Entsendung handelt (Art. 30 Abs. 2 Nr. 1 EGBGB). Dennoch setzen sich die saudi-arabischen Schutzbestimmungen gegenüber denen der beiden anderen Rechtsordnungen durch.

6. Umfang des Arbeitsvertragsstatuts

165 In Zusammenhang mit den bereits behandelten Fragen der kollisionsrechtlichen Ermittlung des konkreten Arbeitsvertragsstatuts[291] und der Einschränkung des Arbeitsvertragsstatuts durch zwingendes Recht[292] steht die generelle Frage nach der rechtlichen Reichweite des Vertragsstatuts.

166 Grundsätzliche Regelungen über den Geltungsbereich des Arbeitsvertragsstatuts enthalten die Art. 31 und 32 EGBGB.[293] Für einige Teilfragen bestehen speziellere Kollisionsnormen.[294] Die Tatsache, dass gerade im internationalen Arbeitsrecht die Grundregel vielfältige Durchbrechungen erfährt, die teilweise auf allgemeinen kollisionsrechtlichen Regeln beruhen, teilweise auf Überlegungen des Arbeitsschutzes, macht eine Darlegung der Geltungsweite des Arbeitsvertragsstatuts anhand von Einzelfragen des Arbeitsrechts erforderlich.[295]

a) Grundsatz

167 Nach Art. 31 Abs. 1 EGBGB richten sich das Zustandekommen und die Wirksamkeit des Arbeitsvertrages nach dem Vertragsstatut.[296] Die Voraussetzungen des Vertragsschlusses sowie die sonstigen Wirksamkeitsvoraussetzungen bestimmen sich also nach dem Recht, das anzuwenden wäre, wenn der Vertrag wirksam wäre. Eine nicht abschließende Regelung des weiteren Geltungsbereiches des Vertragsstatuts enthält Art. 32 EGBGB. Danach ist das Arbeitsvertragsstatut maßgebend für die Auslegung des Vertrages, die Erfüllung, die Folgen von Leistungsstörungen, die verschiedenen Arten des Erlöschens der Verpflichtungen, die Verjährung und die Rechtsverluste, die sich aus dem Ablauf einer Frist ergeben, sowie für die Folgen der Nichtigkeit des Vertrages. Nach Art. 32 Abs. 2 EGBGB ist für die Art und Weise der Erfüllung das Recht des Staates, in dem die Erfüllung erfolgt, zu berücksichtigen.[297] Hinter diesen beiden Regelungen steht der Grundsatz, nach Möglichkeit das gesamte Vertragsverhältnis einer Rechtsordnung zu unterstellen.[298]

b) Ausnahmen: spezielle Kollisionsnormen

168 Spezielle Kollisionsnormen und damit eine gesonderte Anknüpfung greifen für die Fragen der Arbeitsvertragsfähigkeit und der Form des Arbeitsvertrages ein.

---

[291] Vgl. dazu Rn. 28 ff., 80 ff.
[292] Vgl. dazu Rn. 112.
[293] Dazu unten Rn. 167.
[294] Dazu unten Rn. 168.
[295] Vgl. dazu unten Rn. 170.
[296] Gleiches gilt auch für den (rechtlich selbständigen) Verweisungsvertrag, vgl. oben Rn. 28.
[297] Vgl. dazu oben Rn. 84.
[298] *v. Hoffmann,* Internationales Privatrecht, Rn. 84: „materielle Harmonie".

II. Individualarbeitsrecht 169–172 § 31

Nach Art. 7 Abs. 1 EGBGB richtet sich die **Rechts- und Geschäftsfähigkeit** der 169
Parteien unabhängig vom Vertragsstatut nach dem Recht des Staates, dem die jeweilige
Person angehört. Für die **Form** des (Arbeits-) Vertrages sieht Art. 11 EGBGB eine alternative Anknüpfung vor: die Formgültigkeit ist danach gegeben, wenn entweder die
Formerfordernisse des Vertragsstatuts oder die des Staates, in dem das Rechtsgeschäft
vorgenommen wird, erfüllt sind.[299] Die Hinlänglichkeit der Wahrung der Ortsform zum
Zweck der schnellstmöglichen Erlangung von Rechtssicherheit steht jedoch dem Zweck
der Formvorschriften im Arbeitsrecht – Schutz des Arbeitnehmers vor ungünstigen Abreden oder Erklärungen – entgegen. Aus Arbeitnehmersicht hat sich mit der Verankerung
der Alternativanknüpfungen in Formfragen die Regel *locus regit actum*, also das Interesse an
der Schnelligkeit und Sicherheit des Rechtsverkehrs gegenüber dem Arbeitnehmerschutz,
durchgesetzt.[300]

c) Einzelfragen

aa) Zustandekommen des Arbeitsvertrages

Das Zustandekommen des Arbeitsvertrages richtet sich, wie oben festgestellt, grundsätz- 170
lich nach dem Vertragsstatut, Art. 31 Abs. 1 EGBGB. Allerdings gibt es für diesen Bereich
einige Ausnahmen.

Zunächst ist das Arbeitsvertragsstatut nicht maßgebend für die die Anbahnung des Ar- 171
beitsvertrages betreffenden Vorschriften über Arbeitsvermittlung.[301] Aufgrund ihrer arbeitsmarktpolitischen Intention ist für die entsprechenden deutschen Vorschriften eine
Anknüpfung über Art. 34 EGBGB denkbar. Gleiches gilt für die Vorschriften über Beschäftigungserlaubnis, Beschäftigungsverbote oder Einstellungspflichten.[302] Ebenfalls über
Art. 34 EGBGB kommen die deutschen Vorschriften über befristete Arbeitsverhältnisse
und Teilzeitbeschäftigung zur Anwendung, sofern ein ausreichender Inlandsbezug bejaht
werden kann.[303] Für die Arbeitnehmerüberlassung ist eine differenzierte Betrachtung
geboten:[304] Während sich die Rechtmäßigkeit und die Voraussetzungen der echten Leiharbeit nach dem Arbeitsvertragsstatut richten, dem der Arbeitnehmer bereits vor der
Überlassung unterstellt war,[305] können bei der unechten Leiharbeit die Vorschriften des
Arbeitnehmerüberlassungsgesetzes über Art. 34 EGBGB zur Anwendung kommen.[306]
Auch § 99 Abs. 1 S. 1 BetrVG (Zustimmung des Betriebsrats bei der Einstellung) ist als
Eingriffsnorm i.S.v. Art. 34 EGBGB anzusehen und überlagert mithin gegebenenfalls das
Arbeitsvertragsstatut.[307]

bb) Der Inhalt des Arbeitsvertrages

Grundsätzlich richten sich die Rechte und Pflichten der Arbeitsvertragsparteien nach 172
dem Vertragsstatut, Art. 32 Abs. 1 EGBGB. Lohnzahlungspflicht, Arbeitspflicht und
Weisungsrecht des Arbeitgebers, darin eingeschlossen die Möglichkeit der Umsetzung,

---

[299] Kritisch dazu MünchArbR/*Birk*, § 20, Rn. 67; *Gamillscheg*, ZfA 1983, S. 307, 355; eine rechtsvergleichende Darstellung zu den Formerfordernissen einiger europäischer Staaten findet sich bei *Heilmann*, Arbeitsvertragsstatut, S. 65 ff. Inzwischen hat die Nachweisrichtlinie 91/533/EWG (s. dazu eingehend § 18 Rn. 1 ff. für eine Vereinheitlichung gesorgt.
[300] Vgl. kritisch dazu *Junker*, IPRax 1993, S. 1, 5: „Es gilt folglich in Formfragen das Ungünstigkeitsprinzip".
[301] MünchArbR/*Birk*, § 20, Rn. 120; *Hönsch*, NZA 1988, S. 113, 117.
[302] MünchArbR/*Birk*, § 20, Rn. 126 f.; *Hönsch*, NZA 1988, S. 113, 117.
[303] MünchArbR/*Birk*, § 20, Rn. 131 ff. m.w.N. zum Inlandsbezug vgl. oben Rn. 128.
[304] Ausführlich dazu *Heilmann*, Arbeitsvertragsstatut, S. 165 ff.
[305] *Birk*, RabelsZ 1982, S. 396; *Heilmann*, Arbeitsvertragsstatut, S. 166.
[306] *Heilmann*, Arbeitsvertragsstatut, S. 167 f.; vgl. speziell zu § 10 AÜG *Mankowski*, Anm. zu LAG Hessen, AR-Blattei ES, Internationales Arbeitsrecht Nr. 4, S. 8, 14 f.
[307] *Hönsch*, NZA 1988, S. 113, 118 unter Verweis auf BAG AP Nr. 13 zu Internationales Privatrecht, Arbeitsrecht.

Versetzung und der Entsendung sowie alle Nebenpflichten und Fragen der vertraglichen Haftung und der nachvertraglicher Wettbewerbsverbote unterliegen also der gewählten oder durch objektive Anknüpfung ermittelten Rechtsordnung.[308] Die Arbeitgeberpflichten, zu denen insbesondere die Lohnzahlungspflicht gehört, unterliegen ebenfalls dem Vertragsstatut.[309]

173 Eine Ausnahme gilt für die Lohnfortzahlung im Krankheitsfall: Wegen der engen Verbindung zum Krankenversicherungsrecht ist eine Anknüpfung der entsprechenden Normen über das jeweilige Sozialversicherungsstatut geboten.[310] Darüber hinaus ist für Fragen des Arbeitsschutzes, der Arbeitszeit und der Feiertagsregelungen das Recht des tatsächlichen Arbeitsortes maßgeblich. Das ergibt sich aus einer entsprechenden Anwendung des Art. 32 Abs. 2 EGBGB sowie aus allgemeinen kollisionsrechtlichen Regeln (Territorialitätsprinzip).[311]

cc) Beendigung des Arbeitsverhältnisses

174 Sowohl die Zulässigkeit von Aufhebungsverträgen[312] als auch der allgemeine Kündigungsschutz[313] unterliegt dem nach Art. 30 EGBGB berufenen Recht, Art. 32 Abs. 1 Nr. 4 EGBGB. Bei dem Kündigungsschutz nach dem Kündigungsschutzgesetz handelt es sich um zwingende Schutzvorschriften i.S. des Art. 30 Abs. 1 EGBGB, deren Schutz dem Arbeitnehmer nicht durch Rechtswahl entzogen werden kann, soweit sie nach Abs. 2 anzuwenden wären.[314] Eingriffsnormen i.S.v. Art. 34 EGBGB finden sich jedoch in den Vorschriften des besonderen Kündigungsschutzes, beispielsweise für Schwerbehinderte, Betriebsratsmitglieder und Schwangere, so dass das Arbeitsvertragsstatut abweichend vom Grundsatz auch hinsichtlich der Beendigung von Arbeitsverhältnissen eine Überlagerung erfährt.[315]

d) Auslegung

175 Grundsätzlich sind die Sachnormen aller Staaten so verfasst, dass sie speziell auf das Inland zugeschnitten sind und auch so angewandt werden sollen. Die Sachnormen sind somit nicht originär für Fälle mit Auslandsbezug geschaffen worden. Deshalb ist anerkannt, dass für internationale Sachverhalte inländische Sachnormen gegebenenfalls abzuwandeln oder gar erst herauszubilden sind.[316] Das galt z.B. in einem Fall, in dem die Anwendbarkeit des Kündigungsschutzgesetzes problematisch war, weil ein Arbeitnehmer eines in Deutschland gelegenen Betriebes mit weniger als fünf Arbeitnehmern in einem Rumpfarbeitsverhältnis beschäftigt war. Der Arbeitnehmer wurde aufgrund erweiterten Weisungsrechts in Brasilien bei einer Tochtergesellschaft mit vielen Arbeitnehmern beschäftigt.[317] In diesem Fall des Doppel-Arbeitsverhältnisses stellt sich die Frage, ob das KSchG anzuwenden ist. Das BAG will § 1 KSchG analog anwenden und scheinbar auf das Erfordernis

---

[308] *Däubler*, RIW 1987, S. 249, 254 m.w.N.; *Ganzert*, Das internationale Arbeitsverhältnis, 1992, S. 192 f.

[309] MK-*Martiny*, Art. 30 EGBGB, Rn. 53.

[310] Vgl. MünchArbR/*Birk*, § 20, Rn. 148 m.w.N.; ähnlich *Hönsch*, NZA 1988, S. 113, 118.

[311] Vgl. oben Rn. 84, 160. Differenziert wird auch die Frage behandelt, ob sich die Übertragung der Arbeitspflicht auf Dritte, die bei der Leiharbeit möglich ist, nach dem Vertragstatut richtet. Bejahend etwa *Gamillscheg*, ZfA 1983, S. 303, 359; ablehnend *Birk*, RabelsZ 46 (1982) S. 384, 396.

[312] MünchArbR/*Birk*, § 20, Rn. 190; *Hönsch*, NZA 1988, S. 113, 119.

[313] BAG AP Nr. 30 zu internationales Privatrecht = BAG, DB 1990, S. 1666, 1668; *Däubler*, RIW 1987, S. 249, 255; *Heilmann*, Arbeitsvertragsstatut, S. 122; MK-*Martiny*, Art. 30 EGBGB, Rn. 60; a.A. *Birk*, RdA 1989, S. 201, 207.

[314] MK-*Martiny*, Art. 30 EGBGB, Rn. 60.

[315] *Birk*, RdA 1984, S. 135; *Hönsch*, NZA 1988, S. 113, 119.

[316] *Franzen* IPrax 2000, S. 510; *Kegel/Schurig*, § 1 VIII 2. a), S. 57; speziell für internationales Arbeitsrecht: *Däubler*, AuR 1990, S. 7; *Lorenz*, RdA 1989, S. 220, 224.

[317] BAG AP Nr. 9 zu § 1 KSchG 1969 Konzern.

einer Betriebszugehörigkeit verzichten.³¹⁸ In der Literatur hingegen wird auf die hypothetische Eingliederung des Arbeitnehmers in einen Inlandsbetrieb abgestellt.³¹⁹ *Franzen* will die Voraussetzungen der Betriebszugehörigkeit des § 23 Abs. 1 S. 2 KSchG als Anwendungsvoraussetzung beibehalten, aber die Eingliederung in den brasilianischen Betrieb ausreichen lassen.³²⁰

Insofern besteht also nur Konsens darüber, dass eine strikte Anwendung der jeweiligen Sachnorm nicht geboten ist, sondern wegen der Auslandsberührung eine Auslegung oder Modifizierung der einschlägigen Sachnormen geboten ist. **176**

7. Anwendbarkeit des EGBGB n. F. auf vor dem 1. 9. 1986 begründete Arbeitsverhältnisse

Nach Art. 220 Abs. 1 EGBGB bleibt das bisherige internationale Privatrecht auf „vor dem 1. 9. 1986 abgeschlossene Vorgänge" anwendbar. **177**

Ob das frühere internationale Privatrecht bei Dauerschuldververhältnissen wie dem Arbeitsverhältnis auch dann anwendbar bleibt, wenn der ihnen zugrundeliegende Vertrag vor dem 1. 9. 1986 abgeschlossen worden ist, ist im Schrifttum umstritten.³²¹ **178**

Nach der neuesten Rechtsprechung des BAG³²² kann ein laufendes Dauerschuldverhältnis nicht als abgeschlossener Vorgang i. S. v. Art. 220 Abs. 1 EGBGB angesehen werden. Vor dem 1. 9. 1986 begründete und noch nicht beendete Arbeitsverhältnisse unterliegen also von diesem Stichtag an dem neuen internationalen Privatrecht.³²³ **179**

§ 32 Internationales Sozialrecht

Schrifttum: *Abendroth,* Die Sozialversicherungsabkommen der DDR – Anwendung im Rahmen des bundesdeutschen Rechts, DAngVers 1992, S. 339 ff.; *ders.,* Beendigung der Sozialversicherungsabkommen der DDR – Weitreichende Übergangsregelungen vorgesehen, DAngVers 1993, S. 209 ff.; *Devetzi,* Die Kollisionsnormen des Europäischen Sozialrechts, Berlin 2000; *Eichenhofer,* Internationales Sozialrecht und Internationales Privatrecht, Baden-Baden 1987; *ders.* Internationales Sozialrecht, München 1994; *Eichenhofer,* Internationales Sozialversicherungsrecht – Versuch einer Grundlegung, VSSR 1994, S. 1 ff.; *Frank,* Enthalten die Artikel 13 bis 17 VO Nr. 1408/71 (EWG) allseitige Kollisionsnormen?, DAngVers 1996, S. 132 ff.; *Friedrich,* Das Abkommen über den Europäischen Wirtschaftsraum, DB 1994, S. 313 ff.; *Giesen,* Die Anwendung der sozialrechtlichen Ein- und Ausstrahlungsregeln durch die Sozialversicherungsträger, NZS 1996, S. 309 ff.; *ders.,* Die Vorgaben des EG-Vertrages für das Internationale Sozialrecht, ZfSH/SGB 1993, S. 356 ff.; *Haase,* Rang und Bedeutung des internationalen Sozialrechts, ZfSH/SGB 1993, S. 356 ff.; *Hackspiel,* Opferentschädigung und Euorpäisches Gemeinschaftsrecht, NJW 1989, S. 2166 ff.; *Klang,* Soziale Sicherheit und Freizügigkeit im EWG-Vertrag, 1986, S. 31 ff.; *Louven/Louven,* Das Territorialitätsprinzip im Internationalen Sozialrecht, NZA 1991, S. 497 ff.; *v. Maydell,* Die dogmatischen Grundlagen des inter- und supranationalen Sozialrechts, VSSR 1973/1974, S. 347 ff.; *v. Maydell,* Sach- und Kollisionsnormen im internationalen Sozialversicherungsrecht, 1967; *ders.,* 75 Jahre Internationale Arbeitsorganisation, Soziale Sicherheit 1994,

---

³¹⁸ BAG AP Nr. 9 zu § 1 KSchG 1969 Konzern.
³¹⁹ Vgl. *Kraft,* SAE 1999, 272, 273.
³²⁰ *Franzen,* IPrax 2000, S. 510.
³²¹ Bejahend *Basedow,* NJW 1986, S. 2973; *Hönsch,* NZA 1988, S. 113, 119; *Lorenz,* RdA 1989, S. 220, 228; Palandt/*Heldrich,* Art. 220 EGBGB, Rn. 4.
Für eine Anwendung des neuen internationalen Privatrechts auf solche Verträge, die zwar vor dem 1. 9. 1986 abgeschlossen, aber noch nicht beendet worden sind, *Däubler,* RIW 1987, S. 249, 256; Reithmann/*Martiny,* Internationales Vertragsrecht, Rn. 134f.
³²² BAG, DB 1993, S. 637, 638.
³²³ Dazu kritisch – insbesondere unter verfassungsrechtlichen Aspekten – *Mankowski,* IPRax 1994, S. 88f.

§ 32 Internationales Sozialrecht

S. 180 ff.; *Plöger/Wortmann/Kerger*, Sozialversicherung International, Loseblatt; *Rauscher/Krasney*, „Kollisionsnormen" des Internationalen Sozialrechts und die Auswirkungen der Verträge der Bundesrepublik mit Polen und der DDR, VSSR 1973/1974, S. 369 ff.; *Schuler*, Das internationale Sozialrecht der Bundesrepublik Deutschland, Baden-Baden 1988; *Schulte*, Europäisches Sozialrecht – Juristische Einführung und Überblick, in: Europäisches Sozialrecht, Schriftenreihe des Deutschen Sozialrechtsverbandes (SDSRV) Bd. 36 (1992), S. 7 ff.; *Selb*, Internationales Sozialversicherungsrecht (Versuch einer Emanzipation), VSSR 1976, S. 293 ff.; *Sieveking*, Auswirkungen des Assoziationsrecht der EG auf das nationale Sozialrecht, DRV 1/1994, S. 40 ff.; *Steinmeyer*, Die Einstrahlung im internationalen Sozialversicherungsrecht, Berlin 1981; *ders.*, Der Vertrag von Amsterdam und seine Bedeutung für das Arbeits- und Sozialrecht, RdA 2001, S. 10 ff.; *ders.*, Familienleistungen und Ausbildungsförderung, in: Europäisches Sozialrecht, Schriftenreihe des Deutschen Sozialrechtsverbandes (SDSRV), Bd. 36 (1992), S. 169 ff.; *ders.*, Grundfragen des Europäischen Sozialrechts, AuA 1992, S. 210 ff.; *ders.*, Freizügigkeit und soziale Rechte in einem Europa der Bürger, in: Magiera, Das Europa der Bürger in einer Gemeinschaft ohne Binnengrenzen, S. 63 ff.; *Vogel*, Internationales und interlokales Sozialverwaltungsrecht -Systematische Grundlagen-, in: Das Sozialrecht im geteilten Deutschland, Schriftenreihe des Deutschen Sozialgerichtsverbandes, Bd. IV, 1968; *Wickenhagen/Aulmann*, Internationales Sozialversicherungsrecht, 3. Aufl. 1997; *Yoffee*, International Social Security Agreements, 1973.

Übersicht

	Rn.
I. Begriff des internationalen Sozialrechts	1
1. Kollisionsrechtliche Begriffsbestimmung	4
2. Ursprung der Norm	7
3. Regelungsgegenstand der Norm	9
II. Die Rechtsquellen des internationalen Sozialrechts	14
1. Internationale Normen	16
2. Supranationale Normen	21
3. Multilaterale Normen	27
4. Nationale Rechtsquellen	30
III. Regelungen des Geltungsbereichs inländischen Sozialrechts	36
1. Die Kollisionsnormen im internationalen Sozialrecht	37
a) Begriff der Kollisionsnorm	38
b) Die Systematik der Kollisionsnorm	43
c) Kollisionsrechtliche Unterschiede zwischen steuerfinanzierten und beitragsfinanzierten Sozialleistungen	55
2. Das internationale Sozialrecht der steuerfinanzierten Sozialleistungen	59
a) § 30 SGB I als Ausgangspunkt des steuerfinanzierten Sozialrechts	59
aa) Der Wohnsitz als Anknüpfungspunkt	61
bb) Der gewöhnliche Aufenthalt als Anknüpfungspunkt	63
cc) Der Systemhintergrund der Anknüpfungspunkte des § 30 SGB I	65
b) Besondere Anknüpfungspunkte im steuerfinanzierten Sozialrecht	66
aa) Das Bundesausbildungsförderungsgesetz (BAföG)	67
bb) Kinder- und Jugendhilfegesetz (KJHG/SGB VIII)	74
cc) Bundeskindergeldgesetz (BKGG)	76
dd) Bundeserziehungsgeldgesetz (BErzGG)	78

	Rn.
ee) Soziales Entschädigungsrecht	79
ff) Bundessozialhilfegesetz (BSHG)	85
gg) Rehabilitation und Teilhabe behinderter Menschen-SGB IX	89
3. Das internationale Sozialversicherungsrecht	91
a) Grundsatznorm des § 3 SGB IV	93
b) Die Aus- und Einstrahlung als besondere Kollisionsregelung	98
c) Die Vorbehaltsregelung des § 6 SGB IV	113
d) Besonderheiten im Unfallversicherungsrecht	117
e) Sozialversicherungsrechtliche Anknüpfung bezüglich der Leistungsseite	118
4. Das Arbeitsförderungsrecht	125
IV. Internationales Sozialrecht und internationales Privatrecht	130
1. Grundsätzliches Verhältnis von internationalem Sozialrecht und internationalem Privatrecht	131
2. Arbeit als Regelungsgegenstand	139
3. Schadensausgleich als Regelungsgegenstand	142
V. Das zwischenstaatliche Sozialrecht	143
1. Die typische Struktur von Abkommen über soziale Sicherheit	147
a) Die Vertragsparteien und der persönliche Anwendungsbereich der Abkommen über Soziale Sicherheit	148
aa) Die Vertragsparteien	148
bb) Der persönliche Anwendungsbereich	150
b) Allgemeine Grundsätze	152
aa) Der Grundsatz der Inländergleichbehandlung	153
bb) Der Grundsatz der Gebietsgleichstellung	155

I. Begriff des internationalen Sozialrechts

	Rn.
cc) Vermeidung der Leistungskumulation	156
dd) Das Leistungsexportprinzip	158
ee) Grundsatz der Zusammenrechnung von Versicherungszeiten	159
c) Der sachliche Anwendungsbereich	162
2. Das Verhältnis zwischenstaatlichen Sozialrechts zum nationalen Sozialrecht	165
3. Vergleich der Strukturen des zwischenstaatlichen Sozialrechts mit denen des europäischen Sozialrechts	169
a) Die rechtssystematische Stellung des zwischenstaatlichen und des europäischen Sozialrechts	170
b) Die Aufgabenstellung des zwischenstaatlichen und des europäischen Sozialrechts	172
c) Die Wirkungsweise des zwischenstaatlichen und des europäischen Sozialrechts	178
d) Die Vergleichbarkeit der Grundprinzipien im zwischenstaatlichen und im europäischen Sozialrecht	182
aa) Der Gleichbehandlungsgrundsatz	183
bb) Der Antikumulierungsgrundsatz	185
cc) Das Leistungsexportprinzip	187
dd) Die Zusammenrechnung von Versicherungszeiten	188
4. Verhältnis zwischenstaatlichen zum europäischen Sozialrecht	189
a) Der grundsätzliche Vorrang des europäischen Sozialrechts	190
b) Ausnahmen vom Vorrang der VO 1408/71	191
5. Das Sozialrecht im Europäischen Wirtschaftsraum	195

I. Begriff des internationalen Sozialrechts

Wählt man die Begriffsbestimmung des internationalen Sozialrechts zum Ausgangspunkt für die Darstellung dieses Teilrechtsgebiets des Sozialrechts,[1] so kann dies nicht ohne eine kurze Einführung in diesen Themenkreis erfolgen. **1**

Würde – global gesehen – jeder Staat bestimmen, dass das jeweilige Sozialrecht nur innerhalb der Staatsgrenzen und auch nur für die Staatsbürger des Landes gilt, so läge ein Nebeneinander vieler nationaler Sozialrechtsordnungen vor, ohne dass eine Berührung der Sozialrechtssysteme stattfände. Einer solchen Ordnung wäre das Merkmal der Internationalität fremd. Angesichts der vielfältigen internationalen Verflechtungen der Staaten untereinander und einer immer stärker werdenden Mobilität der Bevölkerung, insbesondere in einem Europa ohne Binnengrenzen, treten sozialrechtliche Sachverhalte auf, die keinen ausschließlichen nationalen Bezug mehr aufweisen, sondern durch eine Auslandsberührung gekennzeichnet sind. Damit stellt sich beispielsweise die Frage, ob ins Ausland entsandte Arbeitnehmer auch Anspruch auf Schlechtwettergeld nach dem Arbeitsförderungsrecht haben, wenn sie dort nicht arbeiten können.[2] Oder es gilt zu entscheiden, ob ein in der gesetzlichen Krankenversicherung Versicherter, der im Ausland erkrankt, Leistungen erhält. Die diesen Beispielsfällen gemeinsame Auslandsberührung macht es erforderlich, festzulegen, welches nationale Sozialrecht dazu berufen ist, das Ob und Wie der betreffenden Sozialleistungen zu bestimmen. Es ist die Aufgabe des internationalen Sozialrechts diese Frage zu beantworten. **2**

Besteht nach über hundertjähriger Diskussion bis heute noch Uneinigkeit darüber, was unter dem Begriff des Sozialrechts zu verstehen ist,[3] so ist es nicht verwunderlich, dass auch für den Begriff des internationalen Sozialrechts **mehrere Definitionen** existieren. Zur Begriffsbestimmung finden sich im wesentlichen drei unterschiedliche Ausgangspunkte: **3**

1. Kollisionsrechtliche Begriffsbestimmung

In Anlehnung an das internationale Privatrecht (IPR) und eine für das internationale Verwaltungsrecht vertretenen Lehre[4] kann das internationale Sozialrecht als **Gesamtheit solcher sozialrechtlichen Normen** verstanden werden, die **bestimmen, welches** **4**

---

[1] v.Maydell, VSSR 1973/1974, S. 347, 348.
[2] Vgl. hierzu: Rauscher/Krasney, VSSR 1973/1974, S. 369 ff.
[3] Bley/Kreikebohm/Marchner, Sozialrecht, 8. Aufl. 2001, S. 2 ff.; Schuler, S. 50 ff.
[4] Grundlegend: Neumayer, Internationales Verwaltungsrecht, Bd. 4, 1936, S. 83 ff.

nationale Recht zur Anwendung kommt, ohne aber selbst eine materielle Regelung zu treffen. Solche Regelungen werden aufgrund ihrer Funktion als Kollisionsnormen bezeichnet, im **Gegensatz zu Sachnormen**, die materiell-rechtliche Regelungen enthalten. Insoweit würde das internationale Sozialrecht dem internationalen Arbeitsrecht gleichgestellt werden, das ebenfalls durch den kollisionsrechtlichen Charakter geprägt ist.[5]

5   Als kollisionsrechtlicher Ansatz ist auch die Definition *Eichenhofers* anzusehen, wonach das internationale Sozialrecht der **„Inbegriff der Sozialrechtsnormen eines Staates, die den internationalen Geltungsbereich des betreffenden Sozialrechts oder die Wirkungen ausländischen Sozialrechts auf die Sozialrechtsordnung des betreffenden Staates regeln"** ist.[6]

6   Auch wenn die Definition *Eichenhofers* richtigerweise auf die Ambivalenz der Internationalität des zu regelnden Sozialrechts hinweist, muss dennoch eine ausschließlich kollisionsrechtliche Begriffsbestimmung als zu eng abgelehnt werden. Eine umfassende Bewältigung sozialrechtlicher Sachverhalte kann nicht durch ausschließlich kollisionsrechtliche Normen erfolgen, zumal ein dem IPR vergleichbares, geschlossenes System umfassender Kollisionsnormen im Sozialrecht nicht besteht. In der Vergangenheit wurde sogar die Existenz sozialrechtlicher Kollisionsnormen insgesamt bestritten, weil man das Sozialrecht als Teilrechtsgebiet des Verwaltungsrechts ansah und das Verwaltungsrecht rein national ausgerichtet sei, so dass es keiner Kollisionsnormen bedürfe.[7] Durch die (fortschreitende) Eigenständigkeit des Sozialrechts kann diese Meinung inzwischen als widerlegt abgelehnt werden.[8] Vielmehr ist heute anerkannt, dass sowohl Kollisionsnormen als auch Sachnormen sozialrechtliche Sachverhalte mit Auslandsberührung erfassen.[9]

2. Ursprung der Norm

7   Ein **anderer Ansatz** zur Begriffsbestimmung des internationalen Sozialrechts ist in dem Abstellen auf den Ursprung sozialrechtlicher Normen zu sehen. Danach ist das **internationale Sozialrecht der Inbegriff aller sozialrechtlichen Normen internationalen und supranationalen Ursprungs.**

8   Anhand dieser Definition lässt sich der Kreis des internationalen Sozialrechts zwar genau bestimmen, doch führt diese sehr formale Abgrenzung auch zu keiner sachgerechten Begriffsbestimmung, da das Ineinandergreifen internationaler, supranationaler und nationaler Sozialrechtsnormen – man denke an die Ausdehnung nationaler Regelungen durch bilaterale Sozialversicherungsabkommen oder das EG-Recht – unberücksichtigt bleibt.[10] Aus diesem Grund muss auch dieser Ansatz als zu eng abgelehnt werden.

3. Regelungsgegenstand der Norm

9   Statt dessen ist der heute herrschenden Meinung zu folgen, die das internationale Sozialrecht als Zusammenfassung aller **Normen mit internationalem Regelungsgegenstand** definiert.[11]

---

[5] Siehe 5. Abschnitt A; sowie insb. *Gamillscheg*, Internationales Arbeitsrecht, 1959, S. 1 ff.

[6] *Eichenhofer*, Internationales Sozialrecht und Internationales Privatrecht, S. 65; *ders.* Internationales Sozialrecht, 1994, Rn. 16; siehe hierzu: *Steinmeyer*, in: v. Maydell/Ruland, Sozialrechtshandbuch, 2. Aufl. 1996, Kap. 31 Rn. 7.

[7] *Vogel*, Internationales und interlokales Sozialverwaltungsrecht S. 45, 47 ff.; hierzu auch *Eichenhofer*, VSSR 1994, S. 1, 3 f.

[8] Vgl. *v. Maydell*, Sach- und Kollisionsnormen S. 19 ff.; *ders.*, VSSR 1973/1974, S. 347, 358; *Steinmeyer*, Einstrahlung, S. 22 ff.

[9] *Schuler*, S. 56.

[10] *v. Maydell*, Sach- und Kollisionsnormen, S. 17; *ders.* VSSR 1973/1974, S. 347, 349.

[11] *Steinmeyer*, in: Sozialrechtshandbuch, Kap. 31 Rn. 5; *v. Maydell*, in: Kretschmer/v. Maydell/Schellhorn, Gemeinschaftskommentar zum Sozialgesetzbuch, Allgemeiner Teil (GK-SGB I), 3. Auflage 1996, § 30 Rn. 8 m. w. N.

Diese weit gefasste Definition ermöglicht es, sowohl Kollisions- und Sachnormen als auch nationale, supranationale und internationale Normen zu erfassen, ohne sich der Gefahr mangelnder Abgrenzbarkeit auszusetzen. Damit wird anstelle einer formalen Betrachtung das Augenmerk auf den materiellen Gehalt der Normen gelenkt und so das enge Beziehungsgeflecht der unterschiedlichen Vorschriften berücksichtigt. Die Internationalität des Sozialrechts ergibt sich demzufolge nicht aus dem Ursprung seiner Normen, sondern aus deren Auslandsbezug.[12]

Schuler erkennt diese – den Erfordernissen der Rechtswirklichkeit Rechnung tragende – Meinung an, entwickelt aber eine weitergehende Definition, um insbesondere auch rein binnensozialrechtliche Normen zu erfassen, die in Fällen mangelnder spezieller Normen internationale Sachverhalte regeln müssen.[13] Zu diesem Zweck umfasst der von *Schuler* vertretene Begriff des internationalen Sozialrechts das „seinem Ursprung oder seinem Gegenstand und Regelungsauftrag nach transnationale Sozialrecht".[14]

Dieser Definition muss entgegengehalten werden, dass sie eine weitergehende begriffliche Präzisierung des internationalen Sozialrechts nicht herzustellen vermag.[15] Des weiteren ist dieser Begriffsbestimmung entgegenzuhalten, dass auch die herrschende Meinung die angeführten Binnennormen als international ansehen würde, da sie zur Entscheidung internationaler Sachverhalte herangezogen werden und somit ihr Regelungsgegenstand in diesen Fällen einen Auslandsbezug aufweist.

Insoweit stellt dieser Ansatz keine Alternative zu der herrschenden Meinung dar, die im folgenden den Ausführungen zugrunde gelegt wird.

II. Die Rechtsquellen des internationalen Sozialrechts

Sieht man das internationale Sozialrecht als Zusammenfassung der Normen mit internationalem Regelungsgegenstand an, so wurde bereits gezeigt, dass hiervon sowohl internationale, supranationale als auch nationale Sach- und Kollisionsnormen umfasst werden. Damit legt diese Definition zugleich den Bereich der Rechtsquellen des internationalen Sozialrechts fest.

Die folgende Darstellung soll einen Überblick der verschiedenen Rechtsquellen geben, ohne eine detaillierte Betrachtung der einzelnen Normen vorwegzunehmen oder das gegenseitige Verhältnis der Rechtsquellen schon an dieser Stelle zu erörtern.

1. Internationale Normen

Normen internationalen Ursprungs haben ihre Grundlage im **Völkerrecht.** Für das Sozialrecht ist hierbei das Völkervertragsrecht von ausschlaggebender Bedeutung. Darunter versteht man völkerrechtliche Verträge, Konventionen und Abkommen zwischen Staaten oder anderen Völkerrechtssubjekten. Werden völkerrechtliche Verträge zwischen zwei Staaten geschlossen, so spricht man von bilateralen Verträgen, die meist als Abkommen bezeichnet werden; sind mehrere Vertragspartner beteiligt, liegen multilaterale Verträge vor, wobei auch von Übereinkünften gesprochen wird.[16] Solche bi- und multilateralen Verträge sind für das internationale Sozialrecht charakteristisch, während das Völkergewohnheitsrecht mangels einschlägiger verfestigter allgemeiner Rechtsgrundsätze für das Sozialrecht bedeutungslos ist.[17] Grundsätzlich sind allgemeine Regeln des Völkerrechts

---

[12] *v. Maydell*, VSSR 1973/1974, S. 347, 350.
[13] *Schuler*, S. 57 f.
[14] *Schuler*, S. 59 f.
[15] Dies wird von *Schuler*, S. 57 selbst eingeräumt.
[16] *Haase*, ZfSH/SGB 1993, S. 356, 357.
[17] *v. Maydell*, in: GK-SGB I, § 30 Rn.11.

gemäß Art. 25 GG Bestandteil des Bundesrechts. Im Sozialrecht ist es aber nicht möglich, solche allgemeinen Regeln, d. h. gewohnheitsrechtliche Grundsätze, auszumachen.[18] So hat das Bundessozialgericht beispielsweise festgestellt, dass es keinen völkerrechtlichen Grundsatz gibt, wonach Sozialleistungen ins Ausland exportiert werden müssen.[19]

17 **Bi- und multilaterale Verträge im Bereich des Sozialrechts** werden meist dann zwischen den Vertragspartnern geschlossen, wenn sich in der Praxis Sachverhalte häufen, die Überschneidungen der betreffenden Sozialrechtsordnungen aufweisen und nunmehr koordiniert werden müssen.[20] Sozialversicherungsabkommen über die verschiedensten sozialrechtlichen Probleme, die durch eine Auslandsberührung entstehen, bestehen zwischen der Bundesrepublik Deutschland und zahlreichen anderen Staaten.[21] Dabei betreffen diese Abkommen im allgemeinen nur die klassischen Bereiche der Kranken-, Unfall-, und Rentenversicherung.[22] Die Arbeitslosenversicherung wird in die Abkommen nicht einbezogen. Als Zweig des Sozialrechts, der nicht nur Elemente der Sozialversicherung beinhaltet, vielmehr auch als Instrument der Arbeitsmarktpolitik dient, soll dieser Bereich nicht zusätzlich beansprucht werden.

18 Eine besondere Stellung im Rahmen der völkerrechtlichen Verträge im Bereich des Sozialrechts nehmen die **Übereinkommen der Internationalen Arbeitsorganisation** ein. Die Internationale Arbeitsorganisation (IAO) oder auch International Labour Office (ILO) genannt, wurde 1919 gegründet und hat ihren Sitz in Genf, wo sämtliche der jetzt 169 Mitgliedstaaten durch Delegierte (Regierungs-, Arbeitnehmer- und Arbeitgebervertreter) vertreten sind, die die Übereinkommen verabschieden.[23] Diese Übereinkommen legen für das betroffene Rechtsgebiet Mindeststandards fest, ohne dass diese jedoch unmittelbar national anwendbar sind. Sie bedürfen regelmäßig der Umsetzung in nationales Recht.[24] Bislang wurden etwa 6000 Übereinkommen durch die Staaten ratifiziert.[25]

19 Als Beispiele für IAO – Übereinkommen im Bereich des Sozialrechts sei auf die Übereinkommen Nr. 102 und Nr. 157 hingewiesen. Das IAO-Übereinkommen Nr. 102 von 1952 über die Soziale Sicherheit bestimmt Mindestnormen für Leistungen in den Hauptzweigen der Sozialen Sicherheit. So werden beispielsweise Mindestnormen für Leistungen bei Arbeitsunfällen und Berufskrankheiten festgelegt. Im IAO-Übereinkommen Nr. 157 von 1982 über die Wahrung der Rechte in der sozialen Sicherheit wird eine flexible Koordinierung der innerstaatlichen Systeme der sozialen Sicherheit angestrebt. Dabei geht es insbesondere um die Ausweitung sozialer Leistungen auf Familienangehörige und um die Berechnung von Versicherungs- und Anwartschaftszeiten.

20 Dadurch, dass die IAO durch eine breite Basis von Mitgliedstaaten getragen wird, haben die IAO-Übereinkommen – selbst wenn sie nicht ratifiziert sind – globalen Signalcharakter und sind zumindest eine Richtschnur internationaler Mindeststandards im Bereich des Arbeits- und Sozialrechts.[26]

2. Supranationale Normen

21 Eine weitere Quelle internationalen Sozialrechts stellt das supranationale Recht dar.[27] Damit wird das **Recht der Europäischen Union (EU)** angesprochen, das überstaatlichen und somit supranationalen Charakter hat. Diese Termininologie soll verdeutlichen,

---

[18] *Haase*, ZfSH/SGB 1993, S. 356, 360.
[19] BSG-Urteil vom 31. 7. 1969 Az.: 4 RJ 211/68 Breithaupt 1970, S. 122.
[20] *Eichenhofer*, Internationales Sozialrecht und Internationales Privatrecht, S. 71 f.
[21] Siehe *Plöger/Wortmann/Kerger*, Sozialversicherung International, Loseblatt, Stand 3/2000.
[22] *v. Maydell*, in: GK-SGB I § 30 Rn. 17.
[23] Grundlegend: *v. Maydell*, Soziale Sicherheit 1994, S. 180 ff.
[24] *v. Maydell*, VSSR 1973/1974, 347, 354.
[25] *v. Maydell*, Soziale Sicherheit 1994, 180, 181.
[26] *v. Maydell*, Soziale Sicherheit 1994, S. 180, 181.
[27] Näheres zu diesem Begriff bei *Schweitzer/Hummer*, Europarecht, 5. Aufl. 1996 Rn. 872.

II. Die Rechtsquellen des internationalen Sozialrechts

dass die EU, obwohl sie selbst keine Staatlichkeit besitzt, als Gemeinschaft sui generis[28] für die Mitgliedstaaten verbindliche Rechtsakte erlassen kann, die den nationalen Vorschriften vorgehen.[29]

Die Organe der EU können jedoch nur in solchen Bereichen Rechtsakte erlassen, in denen der EG-Vertrag eine Rechtssetzungskompetenz vorsieht. Eine Allzuständigkeit der Rechtsetzung, wie sie Nationalstaaten auszeichnet, besteht bei der EU nicht; vielmehr gilt das Prinzip der begrenzten Einzelermächtigung.[30] Eine allgemeine Kompetenz zur Regelung sozialrechtlicher Sachverhalte auf Gemeinschaftsebene besteht nicht. Diese Ausgangslage bleibt auch unter dem Amsterdamer Vertrag weiterhin bestehen.[31] Der Bereich der Sozialpolitik, worunter im Europäischen Gemeinschaftsrecht sowohl das Arbeits- als auch das Sozialrecht verstanden wird,[32] bleibt grundsätzlich der Gesetzgebung der einzelnen Mitgliedstaaten vorbehalten.[33]

Zu verweisen ist allerdings auf die die VO 1408/71 des Rates zur Anwendung der Systeme der sozialen Sicherheit auf Arbeitnehmer und deren Familien, die innerhalb der Gemeinschaft zu- und abwandern und die VO 574/72 des Rates über die Durchführung der VO 1408/71 abgelöst. Beide Verordnungen bilden das Kernstück gemeinschaftsrechtlicher Regelungen im Bereich der sozialen Sicherheit und geben dem Bürger selbst einklagbare Rechte.[34]

Beide Verordnungen koordinieren die unterschiedlichen Systeme der sozialen Sicherheit der Mitgliedstaaten bei einem Wechsel in einen anderen Mitgliedstaat in den Bereichen der Krankheit und Mutterschaft, Invalidität, Alter und Tod, Arbeitsunfälle und Berufskrankheiten sowie der Arbeitslosigkeit.

Es zeigt sich, dass die VO 1408/71 und die bilateralen Sozialversicherungsabkommen einen ähnlichen Regelungsgegenstand haben.[35] Der eigenständige Rechtscharakter der VO 1408/71 ist jedoch Grundlage dafür, dass diese Verordnung im Rahmen ihres persönlichen und sachlichen Geltungsbereichs derartige Abkommen verdrängt (Art. 6 VO 1408/71).[36]

Neben der VO 1408/71 verwirklicht die VO 1612/68 die Freizügigkeit der Arbeitnehmer, indem sie auf die Staatsangehörigkeit aufbauende Beschränkungen der Freizügigkeit abbaut. Diese Verordnung trifft in erster Linie arbeitsrechtliche Regelungen, doch enthält sie auch sozialrechtliche Bestimmungen, etwa das Gleichbehandlungsgebot bei Arbeitslosigkeit (Art. 7 Abs. 1 VO 1612/68) und das Gebot der Einräumung gleicher sozialer und steuerlicher Vergünstigungen, womit diese Rechtsquelle auch im Bereich des internationalen Sozialrechts Beachtung findet.[37]

3. Multilaterale Normen

Im Bereich der europäischen Rechtsquellen sind auch die **Konventionen** (zwischenstaatliche Übereinkünfte) des **Europarates** (nicht zu verwechseln mit dem Rat der Europäischen Union) zu nennen. Hierbei handelt es sich nicht um eine supranationale Rechts-

---

[28] BVerfGE 37, S. 217, 278.
[29] *Schulte*, in: Sozialrechtshandbuch, Kap. 32, Rn. 2.
[30] *Ipsen*, Europäisches Gemeinschaftsrecht, 1972, S. 425; *Oppermann*, Europarecht, 2. Aufl. 1999, Rn. 513.
[31] *Steinmeyer*, RdA 2001, S. 10 ff.
[32] *Steinmeyer*, Freizügigkeit und soziale Rechte in einem Europa der Bürger, in: Magiera S. 63, 65 f.
[33] *Schulte*, SDSRV Bd. 36 (1992) S. 7, 10.
[34] *Steinmeyer*, AuA 1992, S. 210, 211.
[35] *Klang*, S. 31; *v. Maydell*, in: GK-SGB I, § 30 Rn. 19; *ders.*, VSSR 1973/1974, S. 347, 355.
[36] Nähere Ausführungen hierzu unter § 21 Rn. 80 ff.; siehe auch *v. Maydell*, VSSR 1973/1974, S. 347, 356.
[37] Speziell zu Art. 7 Abs. 2 VO 1612/68 siehe § 22.

quelle, sondern um multilaterale, völkerrechtliche Verträge. Aus dogmatischer Sicht handelt es sich streng genommen um internationale Normen. Ihre Erwähnung als „multilaterale Normen" unmittelbar im Anschluss an die supranationalen Normen soll jedoch verdeutlichen, dass sie sich in räumlicher Sicht auf fast alle europäische Staaten erstrecken und damit eine gewisse Nähe zu den supranationalen Normen besteht.

28 Für das internationale Sozialrecht ist vor allem die 1961 verabschiedete **Europäische Sozialcharta** von Bedeutung, in der sich die Unterzeichnerstaaten zu den Grundsätzen wie Gesundheitsschutz, soziale Sicherheit und Fürsorge, soziale Eingliederung Behinderter bekennen und sich zu ihrer Durchsetzung verpflichten. Da die Sozialcharta nur eine zwischenstaatliche Verpflichtung und kein unmittelbar geltendes Recht ist, bleibt ihr Inhalt weitgehend nur ein politischer Appell.

29 Ein sehr anschauliches Beispiel für das Ineinandergreifen von internationalen und supranationalen Regelungen auf dem Gebiet des Sozialrechts stellt das **Übereinkommen über die soziale Sicherheit der Rheinschiffer** dar.[38] Dieses mehrseitige Übereinkommen passt die besondere rechtliche Situation der Rheinschiffer an die bereits bestehenden Regelungen der Europäischen Gemeinschaft und an das Abkommen des Europarats über soziale Sicherheit an, um so einen möglichst umfassenden sozialen Schutz für diese Personengruppe zu gewährleisten.[39]

4. Nationale Rechtsquellen

30 Für den bundesdeutschen Rechtsanwender sind die nationalen Vorschriften des internationalen Sozialrechts von überragender Bedeutung. Im Gegensatz zum IPR sind diese Sozialrechtsnormen nicht in einem eigenständigen Gesetz kodifiziert, sondern finden sich vereinzelt im Sachzusammenhang der zu regelnden Materien, was die Rechtsanwendung mitunter erschwert.

31 Die innerstaatlichen Regelungen für Sachverhalte mit Auslandsberührung sind einerseits kollisionsrechtlicher Natur, andererseits sind auch Sachnormen anzutreffen, die unmittelbar internationale Sachverhalte regeln.

32 Als wichtigste Kollisionsnorm ist **§ 30 SGB I** zu nennen, denn sie legt den Geltungsbereich des Sozialrechts fest. Von dieser grundsätzlichen Regelung kann gemäß § 37 SGB I abgewichen werden. Die **§§ 3 bis 6 SGB IV** stellen eine solche Ausnahme von § 30 SGB I für den gesamten Bereich des Sozialversicherungsrechts dar, weshalb sie für die Rechtsanwendung von ebenso großer Bedeutung sind.[40]

33 In den einzelnen Gesetzen finden sich aber auch materielle Regelungen für Sachverhalte mit Auslandsberührung, so beispielsweise in den **§§ 110 ff. SGB VI** für den Bezug von Rentenversicherungsleistungen im Ausland.

34 Doch nicht nur im Sozialgesetzbuch finden sich innerstaatliche Regelungen des internationalen Sozialrechts. So trifft etwa § 1 Bundeskindergeldgesetz (BKGG) eine Regelung zur Abgrenzung des Personenkreises, der einen Anspruch auf die Gewährung von Kindergeld haben kann. Diese Regelung zeigt, dass nicht immer eine eindeutige Trennung von Sach- und Kollisionsnorm vorliegen muss, sondern auch eine Vermischung beider Prinzipien gegeben sein kann.

35 Eine geradezu exemplarische Regelung von Sachverhalten mit Auslandsberührung durch nationale Sach- und Kollisionsregelungen stellt das Fremdrentengesetz[41] dar,[42] dessen gesamte Regelungen nur darauf abzielen, im Ausland zurückgelegte Versicherungszeiten oder sozialversicherungsrechtlich erhebliche Zeiten mit deutschen Zeiten gleichzu-

---

[38] BGBl. 1983 II S. 594.
[39] *Plöger/Wortmann/Kerger*, Sozialversicherung International, Bd. VII, Rheinschiffer, S. 3.
[40] *Schuler*, S. 205.
[41] BGBl. 1960 I S. 93.
[42] *Schuler*, S. 205.

III. Regelungen des Geltungsbereichs inländischen Sozialrechts 36–40 § 32

stellen.⁴³ Die Besonderheit dieses Gesetzes liegt darin, dass es für die Bereiche der gesetzlichen Unfall- und Rentenversicherung Regelungen zugunsten von Personen trifft, die infolge der geschichtlichen und politischen Situation des geteilten Deutschlands und kriegsbedingter Vertreibung in die Bundesrepublik kommen.⁴⁴ Während das Fremdrentenrecht zu Beginn der Öffnung der osteuropäischen Staaten eine große Bedeutung vor allem für die Spätaussiedler hatte, nimmt mit fortschreitender Entwicklung die Bedeutung wohl ab.

III. Regelungen des Geltungsbereichs inländischen Sozialrechts

Es wurde bereits angesprochen, dass die gesetzessystematische Stellung der innerstaatlichen Sozialrechtsnormen mit Auslandsbezug überwiegend von der zu regelnden Materie abhängt. Daraus resultieren unterschiedliche Eigenheiten der betreffenden Regelungen, die im folgenden näher aufgeschlüsselt werden sollen. So bestehen Unterschiede zwischen den innerstaatlichen Normen des internationalen Sozialversicherungsrechts und den Regelungen der steuerfinanzierten, transnationalen Sozialleistungen sowie dem internationalen Arbeitsförderungsrecht. 36

1. Die Kollisionsnormen im internationalen Sozialrecht

Ein Eingehen auf die unterschiedlichen innnerstaatlichen Regelungen des internationalen Sozialrechts setzt zunächst die Kenntnis der Normentypik voraus. Es wurde schon verschiedentlich auf den Unterschied von Sach- und Kollisionsnormen hingewiesen, doch kann man die Unterschiede zwischen dem Sozialversicherungsrecht, dem steuerfinanzierten Sozialrecht und dem Arbeitsförderungsrecht nicht ohne ein ausreichendes Verständnis des Begriffs und der Systematik der Kollisionsnorm erfassen. 37

a) Begriff der Kollisionsnorm

Der Begriff der Kollisionsnorm **entstammt dem IPR.** Im Gegensatz zur Sachnorm, die einen unmittelbar zugrundeliegenden Lebenssachverhalt regelt, bestimmt die Kollisionsnorm in viel abstrakterer Weise, **welches Recht anzuwenden ist.**⁴⁵ Das bedeutet, dass grundsätzlich die Sachnorm nicht nur einen engeren Tatbestand erfasst, sondern auch eine ganz bestimmte Rechtsfolge vorgibt. So sieht etwa § 111 SGB VI vor, dass derjenige, der den Tatbestand erfüllt, Leistungen zur Rehabilitation erhält. 38

Dagegen bestimmen Kollisionsnormen nur, welcher Rechtsordnung die Rechtsfolge zu entnehmen ist.⁴⁶ Dies kann entweder durch sog. einseitige Kollisionsnormen geschehen, die lediglich den Anwendungsbereich des eigenen Rechts bestimmen oder geschieht mittels mehrseitiger Kollisionsnormen, die eine Bestimmung hinsichtlich der Anwendbarkeit des eigenen oder fremden Rechts treffen. Letztere bestimmen bspw., dass ein Sachverhalt nicht nach deutschem Recht, sondern nach französischem Recht zu beurteilen ist, während einseitige Kollisionsnormen nur die Aussage treffen können, dass deutsches Recht Anwendung findet oder nicht. 39

Die Geltung der Begriffe des Sach- und Kollisionsrechts im internationalen Sozialrecht ist nicht unumstritten. Vor allem wurde dagegen der Einwand erhoben, dass im öffentlichen Recht, dem auch das Sozialrecht zuzuordnen ist, der Staat nur sein eigenes Recht 40

---

⁴³ *Eichenhofer*, Internationales Sozialrecht, Rn. 382.
⁴⁴ *v. Maydell*, Sach- und Kollisionsnormen, S. 24; *Eichenhofer*, Internationales Sozialrecht, Rn. 378.
⁴⁵ *Lüderitz*, Internationales Privatrecht, 2. Aufl. 1992, Rn. 50; *Steinmeyer*, Einstrahlung, S. 22.
⁴⁶ *Lüderitz*, Rn. 51; *Steinmeyer*, in: Sozialrechtshandbuch, Kap. 31 Rn. 13 ff.

anwenden kann und deshalb eine Kollision unterschiedlicher Rechtsordnungen ausgeschlossen ist.[47]

41 Dieser Einwand muss heutzutage jedoch als widerlegt angesehen werden. Die Territorialität eines Staates setzt ihm ohne Zweifel Grenzen hinsichtlich des Vollzugs von Hoheitsakten, da der Souveränität – nicht nur wörtlich – Grenzen gesetzt sind.[48] Das hindert den Staat jedoch nicht daran, den Anwendungsbereich seines Rechts bei Sachverhalten mit Auslandsberührung zu bestimmen.[49] Genau in dieser Bestimmung liegt aber schon eine (einseitige) kollisionsrechtliche Regelung.[50] Auch die Rechtswirklichkeit spricht gegen diesen Einwand: So bestimmen etwa die Art. 13 ff. VO 1408/71 als in der Bundesrepublik Deutschland anzuwendendes Recht die Maßgeblichkeit der Rechtsordnung für internationale Sachverhalte. Gleiches geschieht durch eine Vielzahl mit der Bundesrepublik Deutschland abgeschlossener Sozialversicherungsabkommen.[51]

42 Die heute ganz herrschende Meinung bejaht aus diesen Gründen heraus die Geltung der Termini Sach- und Kollisionsnorm für das internationale Sozialrecht.[52]

b) Die Systematik der Kollisionsnorm

43 Die Verweisung der Rechtsfolgeanordnung durch die Kollisionsnorm wird im IPR durch sog. Anknüpfungspunkte bewirkt.[53] Hierbei handelt es sich um das in der Kollisionsnorm enthaltene Kriterium, das den Sachverhalt einer bestimmten Rechtsordnung zuweist.[54]

44 Solche Anknüpfungspunkte finden sich ebenfalls in den Normen des internationalen Sozialrechts,[55] was auch als starkes Indiz für die Existenz der Kollisionsnormen in diesem Teilrechtsgebiet angesehen werden kann. Grundsätzlich trifft § 30 Abs. 1 SGB I die Regelung, dass alle Personen, die ihren Wohnsitz oder gewöhnlichen Aufenthalt im Geltungsbereich dieses Gesetzes haben, seinen Regelungen unterfallen. Anknüpfungspunkte für die Geltung des SGB sind hier also der **Wohnsitz** oder der **gewöhnliche Aufenthaltsort**.

45 Dagegen sehen die §§ 3 ff. SGB IV für den Bereich der Sozialversicherung den Anknüpfungspunkt des **Beschäftigungsortes** oder des **Ortes der selbständigen Tätigkeit** als maßgeblich an. Diese Abweichung, die schon vor Inkrafttreten der §§ 3 ff. SGB IV anerkannt war[56] und durch Art. 13 VO 1408/71 auch im Bereich der Europäischen Union vorgenommen wird, zeigt die individuelle Differenzierung, um der Natur der einzelnen Sozialrechtsgebiete gerecht zu werden: Im deutschen Internationalen Sozialrecht resultiert die Anknüpfung an den Beschäftigungsort aus der Anknüpfung an die Versicherungspflicht. Die Versicherungspflicht knüpft ihrerseits an das Beschäftigungsverhältnis an,

---

[47] *Vogel*, Der räumliche Anwendungsbereich der Verwaltungsnorm, 1965, S. 275 ff.; siehe hierzu die eingehende kritische Darstellung bei *Schuler*, S. 242 ff.
[48] BSGE 33, 280, 285.
[49] *Selb*, VSSR 1976, S. 293 ff. sieht eine solche Bestimmung für das Sozialversicherungsrecht durch die Zugehörigkeit zum Risikoverband der Sozialversicherung als gegeben an.
[50] *Steinmeyer*, Einstrahlung, S. 23; ders., in: Sozialrechtshandbuch, Kap. 31 Rn. 16.
[51] *Steinmeyer*, in: Sozialrechtshandbuch, Kap. 31 Rn. 16.
[52] BSG, SGb 1984, S. 360, 361; aus der Literatur: grundlegend: *Eichenhofer*, Internationales Sozialrecht, Rn. 18; *v. Maydell*, Sach- und Kollisionsnormen, S. 22 ff.; ders. VSSR 1973/1974, S. 347, 358; *Steinmeyer*, Einstrahlung S. 24; ders., in: Sozialrechtshandbuch, Kap. 31 Rn. 13 f.; *Eichenhofer*, Internationales Sozialrecht und Internationales Privatrecht, S. 233 ff.; *Schuler*, S. 248 ff.; krit. *Rauscher/Krasney*, VSSR 1973/1974, S. 369, 372 f.
[53] *Steinmeyer*, Einstrahlung, S. 22.
[54] *Sonnenberger*, in: Münchener Kommentar zum Bürgerlichen Gesetzbuch, Band 10, 3. Aufl. 1998, Einl. IPR Rn. 603.
[55] *Louven/Louven*, NZA 1991, S. 497, 499 f.
[56] BSGE 68, 24, 26; *Steinmeyer*, in: Sozialrechtshandbuch, Kap. 31 Rn. 47.

III. Regelungen des Geltungsbereichs inländischen Sozialrechts 46–52 § 32

das wiederum maßgeblich von dem Beschäftigungsort bestimmt wird, da hier die tatsächliche Arbeit erbracht wird.[57]

Wenngleich nicht in allen Sozialversicherungssystemen der Mitgliedstaaten durchgängig 46 an den Beschäftigungsort angeknüpft wird, so übernimmt die VO 1408/71 dennoch in Art. 13 Abs. 2 Lit. a den Beschäftigungsort als grundsätzlichen Anknüpfungspunkt. Dies gilt für alle abhängig Beschäftigten. Grund für diese Anknüpfung ist der Umstand, dass die abhängig geleistete Arbeit ein wesentliches Charakteristikum für die Solidargemeinschaft der Versicherten ist.[58] Gleiches gilt entsprechend für den Ort der selbständigen Tätigkeit bei den Selbständigen.

Schwierigkeiten können dann auftreten, wenn Sozialversicherungsleistungen der Mit- 47 gliedstaaten an den Wohnsitz oder gewöhnlichen Aufenthaltsort anknüpfen, auf europäischer Ebene jedoch das Beschäftigungslandprinzip gilt. In diesem Fall treffen unterschiedliche Kollisionsnormen unterschiedlicher Ebenen aufeinander.

Bei kritischer Betrachtung muss man feststellen, dass das kollisionsrechtliche Ziel des 48 Art. 13 VO 1408/71, die betreffenden Personen nur einer Rechtsordnung zu unterstellen, nicht in jedem Fall durch das Beschäftigungslandprinzip realisiert werden kann. Das zum Teil diffuse Bild der kollisionsrechtlichen Regelungen in den einzelnen Bereichen der nationalen Sozialleistungen lässt sich auf europäischer Ebene nicht durch die Anknüpfung an den Beschäftigungsort samt und sonders lösen. Auch hier bedarf es Abweichungen, um den Besonderheiten einzelner Teilrechtsgebiete Rechnung zu tragen.

Ebenso wie für das Sozialversicherungsrecht bestehen auch für andere Sozialrechtsge- 49 biete spezialgesetzliche Anknüpfungspunkte, so bspw. in §§ 119 f. BSHG. Auch die internationalen Abkommen beinhalten andere Anknüpfungspunkte, wie etwa den des Unternehmenssitzes nach Art. 11 Rheinschifferübereinkommen.

Angesichts der Tatsache, dass heute der weit überwiegende Teil des Sozialrechts einer 50 kollisionsrechtlichen Regelung unterliegt, was beispielsweise an der Geltung des § 30 Abs. 1 SGB I für den gesamten Bereich des Art. II § 1 SGB I und an Art. 13 VO 1408/71 als unmittelbar geltendes Recht zu sehen ist, werden nur ausnahmsweise Sachverhalte nicht von einer Kollisionsnorm erfasst. In diesen Fällen fragt es sich, ob statt dessen auf ein allgemeines Prinzip zurückgegriffen werden kann.

In diesem Zusammenhang wurde früher auf das Territorialitätsprinzip abgestellt.[59] Die- 51 sem Prinzip zufolge ist der Anwendungsbereich des Sozialrechts räumlich auf das Territorium des Staates beschränkt.[60]

Die **Eignung des Territorialitätsprinzips als Abgrenzungsgrundsatz** wurde durch 52 Rechtsprechung und Literatur jedoch widerlegt.[61] Allein der Umstand, dass heutzutage die meisten gesetzlichen Regelungen im Ausland verwirklichte Sachverhalte als für das nationale Recht relevante Umstände anerkennen, zeigt die mangelnde Eignung dieses Grundsatzes.[62] Ferner darf nicht übersehen werden, dass das Territorialitätsprinzip keine konkrete Aussage trifft, anhand welcher Kriterien der räumliche Geltungsbereich der Normen bestimmt wird.[63] Es bleibt damit offen, ob die Territorialität anhand des Beschäftigungsortes, des Wohnortes, des Aufenthaltsortes, des Unternehmenssitzes oder dergleichen bestimmt wird. Deshalb ist das Territorialitätsprinzip für eine allgemeine Bestimmung des Anwendungsbereichs sozialrechtlicher Normen untauglich und kann nur als

---

[57] *v. Maydell*, in: Gleitze/Krause/v.Maydell/Merten, Gemeinschaftskommentar zum Sozialgesetzbuch – Gemeinsame Vorschriften für die Sozialversicherung (GK-SGB IV), 1992, § 3 Rn. 3.
[58] *v. Maydell*, in GK-SGB IV, § 3 Rn. 3 f.
[59] BSGE 7, 257, 263; *Hauck, in:* Hauck, SGB I Loseblatt, Stand 5/2000, § 30 SGB I, Rn. 1 sieht in dem Territorialitätsprinzip den beherrschenden Grundsatz.
[60] *Wannagat*, Lehrbuch des Sozialversicherungsrechts Bd. I, 1965, S. 399.
[61] BSGE 33, 280, 282 f.; *v. Maydell*, Sach- und Kollisionsnormen, S. 68 ff.; *Schuler*, S. 204 ff.; *Louven/Louven*, NZA 1991, S. 497 ff.
[62] *Louven/Louven*, NZA 1991, S. 497, 500.
[63] BSGE 33, S. 280, 285.

Oberbegriff für Normen verwendet werden, **die bestimmte territoriale Anknüpfungen aufweisen.**[64]

53 Fehlen kollisionsrechtliche Regelungen, müssen an ihrer Stelle – wie im IPR – Anknüpfungspunkte herausgearbeitet werden, die die Maßgeblichkeit der Rechtsordnung bestimmen.[65] Diese Methode wird mittlerweile auch durch die Rechtsprechung anerkannt.[66] Damit ist ein Entwicklungsstand im internationalen Sozialrecht erreicht, der die Anwendbarkeit international-privatrechtlicher Regeln im internationalen Sozialrecht festschreibt und auch die Systematik des weiteren Fortschreitens vorgibt.

54 Kollisionsnormen finden sich in den §§ 3 bis 6 SGB IV ebenso auf wie in den Regelungen über die anwendbaren Rechtsvorschriften nach den zwischenstaatlichen Abkommen über Soziale Sicherheit. Von den Kollisionsnormen des nationalen Rechts unterscheiden sich die der VO 1408/71 dadurch, dass sie nicht nur eine Rechtsordnung für anwendbar oder nicht anwendbar erklären, wie dies bei den §§ 3 bis 6 SGB IV der Fall ist. Diese Vorschriften treffen nur eine Aussage darüber, ob ein Sachverhalt mit Auslandsberührung vom deutschen Recht erfasst wird oder nicht; ob der Sachverhalt von einer ausländischen Rechtsordnung erfasst wird, bleibt unberücksichtigt; es handelt sich dort um sog. **einseitige Kollisionsnormen.** Die Verordnung hingegen enthält **allseitige Kollisionsnormen,** die für den Sachverhalt mit Berührung zu mehreren Mitgliedstaaten die anwendbare Sozialrechtsordnung bezeichnen[67] Diese dogmatische Einordnung als allseitige Kollisionsnorm hat jüngst *Frank*[68] in Frage gestellt. Er arbeitet durchaus zutreffend die Unterschiede dieser Vorschriften der Verordnung zu den klassischen allseitigen Kollisionsnormen des internationalen Privatrechts heraus, zieht daraus dann aber zu voreilig den Schluss, dass es sich hier nicht um allseitige Kollisionsnormen handeln könne. Diese Vorschriften der Verordnung haben ebenso wie die Kollisionsnormen des internationalen Privatrechts die Aufgabe, das anwendbare nationale Recht zu bestimmen und geben Antwort nicht einseitig pro und contra deutsches Recht sondern treffen eine Aussage darüber, welche der beteiligten Rechtsordnungen Anwendung findet. Das kann nicht dadurch in Frage gestellt werden, dass man die Regelungen der Art. 13 bis 17 als solche mit Kompromisscharakter bezeichnet, denn das Zustandekommen von Normen kann nichts über ihre Einordnung als Kollisionsnormen aussagen. Dies kann auch nicht dadurch in Frage gestellt werden, dass man behauptet, die international-privatrechtliche Gerechtigkeit habe im Sozialrecht kein Äquivalent. Das Gegenteil ist richtig, denn die Art. 13 bis 17a bezeichnen gerade im klassischen international-privatrechtlichen Sinn den Schwerpunkt des fraglichen Sachverhalts oder Rechtsverhältnisses und suchen nach der engsten Berührung zu einer nationalen Rechtsordnung. Dass hier für verschieden konstruierte nationale Systeme eine einheitliche Anknüpfung erfolgt, ergibt sich aus der Natur der Sache. Letztlich reduziert sich die Diskussion auf die eher begriffliche Frage, ob mit dem Begriff der allseitigen Kollisionsnorm notwendigerweise verbunden ist, dass das normanwendende Organ je nach Entscheidung durch die Kollisionsnorm das eine oder das andere Recht anwendet[69] Eine Kollisionsnorm hat die Aufgabe, die für einen grenzüberschreitenden Sachverhalt maßgebliche Rechtsordnung zu benennen. Einseitige Kollisionsnormen treffen nur eine Aussage über die Anwendbarkeit oder Nichtanwendbarkeit einer Rechtsordnung und allseitige bestimmen in jedem Fall die maßgebliche Rechtsordnung.

---

[64] *v. Maydell,* Sach- und Kollisionsnormen, S. 70; *Schuler,* S. 206 ff.
[65] *v. Maydell,* Sach- und Kollisionsnormen, S. 84 f.; *Steinmeyer,* in: Sozialrechtshandbuch, Kap. 31 Rn. 17.
[66] BSGE 33, S. 280, 284 ff.; 68, S. 24, 30.
[67] Vgl. dazu *Eichenhofer,* Internationales Sozialrecht und Internationales Privatrecht, S. 216 ff.; *Steinmeyer,* Einstrahlung, S. 24, 38 f., 82 f.; vgl. dazu auch *Schuler,* S. 276 ff.
[68] *Frank,* DAngVers 1996, 132 ff.; siehe auch *Devetzi,* S. 121 ff.
[69] Vgl. dazu *Devetzi,* S. 121 ff.

III. Regelungen des Geltungsbereichs inländischen Sozialrechts   55–61 § 32

c) Kollisionsrechtliche Unterschiede zwischen steuerfinanzierten und beitragsfinanzierten Sozialleistungen

Die Wahl besonderer Anknüpfungspunkte für das Sozialversicherungsrecht ist nicht zufällig. Sie dokumentiert vielmehr den Unterschied von beitragsfinanzierten Sozial(versicherungs)leistungen und den übrigen, meist steuerfinanzierten Sozialleistungen. 55

Für die beitragsfinanzierten Sozialleistungen ist es wichtig, nicht nur den erfassten Personenkreis zu bestimmen, sondern auch die Reichweite der Leistungsgewährung festzulegen. Würden solche Begrenzungen nicht getroffen, so wäre das Versicherungsprinzip des Risikoverbandes der Sozialversicherten[70] in seinem Bestand gefährdet. Die Eigenschaft der Solidargemeinschaft, mitgliedschaftlich organisiert zu sein, um aus dieser Mitgliedschaft heraus Leistungsansprüche zu erhalten, weicht von den steuerfinanzierten Sozialleistungen ab, die nicht eine Mitgliedschaft als Leistungsvoraussetzung aufweisen. Diese strukturellen Wesensverschiedenheiten begründen die unterschiedliche Wahl der Anknüpfungspunkte zur kollisionsrechtlichen Bestimmung der Geltungsbereiche. 56

Vor diesem Hintergrund wird deutlich, dass das primäre **Abstellen auf den Beschäftigungsort im Sozialversicherungsrecht systembedingt** ist, da die Solidargemeinschaft der Versicherten durch das sie verbindende Element der unselbständigen Arbeit geprägt ist.[71] 57

Die aufgezeigte Unterschiedlichkeit von beitrags- und steuerfinanzierten Sozialleistungen und dessen kollisionsrechtlichen Ausprägungen rechtfertigt eine getrennte Betrachtung der jeweiligen Teilrechtsgebiete. 58

2. Das internationale Sozialrecht der steuerfinanzierten Sozialleistungen

a) § 30 SGB I als Ausgangspunkt des steuerfinanzierten Sozialrechts

Das steuerfinanzierte internationale Sozialrecht wird im wesentlichen durch die Grundsatznorm des § 30 Abs. 1 SGB I bestimmt. Hiernach gelten die Vorschriften des SGB für alle Personen, die ihren Wohnsitz oder gewöhnlichen Aufenthalt in seinem Geltungsbereich haben. Der Wohnsitz oder der gewöhnliche Aufenthalt sind die Anknüpfungspunkte für die Geltung des SGB. Auf Grund dieser territorialen Anknüpfungspunkte von dem Territorialitätsprinzip des steuerfinanzierten Sozialrechts zu sprechen, wie dies vereinzelt anzutreffen ist,[72] muss in Anbetracht der bereits erörterten geringen kollisionsrechtlichen Aussagekraft dieses Begriffs, als unzweckmäßig angesehen werden. Statt dessen kann man zur Verdeutlichung bestenfalls von der **Geltung des Wohnsitzgrundsatzes im steuerfinanzierten Sozialrecht sprechen**.[73] 59

Dass der Gesetzgeber die Anwendbarkeit des SGB auf dessen Geltungsbereich beschränkt und in diesem Zusammenhang nicht von Inland oder Bundesrepublik Deutschland spricht, ist ein Relikt aus der Zeit des geteilten Deutschlands, da aus der Sicht der Bundesrepublik Deutschland die DDR Inland war, das SGB dort aber nicht galt.[74] Insofern mußte eine sprachliche Regelung gefunden werden, die dieser besonderen staatsrechtlichen Situation Rechnung trug. 60

aa) Der Wohnsitz als Anknüpfungspunkt

§ 30 SGB I nimmt im dritten Absatz eine eigenständige Begriffsbestimmung des Wohnsitzes vor. Danach hat **jemand dort einen Wohnsitz, wo er eine Wohnung unter Umständen innehat, die darauf schließen lassen, dass er die Wohnung beibehalten und benutzen wird.** Die Orientierung an dem objektiven Kriterium des Inneha- 61

---

[70] Selb, VSSR 1976, S. 293, 295.
[71] v. Maydell, in: GK-SGB IV, § 3 Rn. 3.
[72] Hauck, in: Hauck, § 30 SGB I Rn. 1.
[73] v. Maydell, in: GK-SGB I, § 30 Rn. 33.
[74] Hauck, in: Hauck § 30 SGB I Rn. 10.

Steinmeyer   1241

bens einer Wohnung soll vermeiden, dass Wohnsitze nur zum Zwecke des Sozialleistungsempfangs begründet werden. Insofern besteht ein Unterschied zum bürgerlich-rechtlichen Wohnsitzbegriff des § 7 BGB, der auch die subjektive Komponente des Wohnsitzbegründungswillens beinhaltet.[75] Der Wohnsitzbegriff des § 30 SGB I ist dagegen der im Steuerrecht anzutreffenden Definition des § 8 Abgabenordnung (AO) entnommen.[76]

62 Auch wenn nur von Wohnsitz gesprochen wird, so schließt dies nicht das Innehaben mehrerer Wohnsitze aus, wenn diese benutzt werden.[77] Eine vorübergehende Abwesenheit, selbst über einen zweijährigen Zeitraum, beeinträchtigt die Wohnsitzbestimmung nicht, wenn die anschließende Benutzung der Wohnung möglich ist und der Rückkehr keine tatsächlichen Hindernisse entgegenstehen.[78]

bb) Der gewöhnliche Aufenthalt als Anknüpfungspunkt

63 **Besteht kein Wohnsitz,** so ist der **gewöhnliche Aufenthaltsort der entscheidende Anknüpfungspunkt.** Auch der gewöhnliche Aufenthalt wird durch § 30 Abs. 3 SGB I definiert. Danach hat jemand dort seinen gewöhnlichen Aufenthalt, wo er sich unter Umständen aufhält, die erkennen lassen, dass er an diesem Ort oder in diesem Gebiet nicht nur vorübergehend verweilt. Diese Begriffsbestimmung ist ebenfalls auf die steuerrechtliche Definition des Aufenthalts zurückzuführen (§ 9 AO), was anhand der objektiven Kriterien zu erkennen ist.[79] Auch hier besteht die Möglichkeit mehrere Aufenthaltsorte anzunehmen.[80]

64 Der Umstand, dass mehrere gewöhnliche Aufenthaltsorte und Wohnsitze bestehen können, beeinträchtigt die Funktion dieser Vorschrift. Die Kollisionsnorm soll Sachverhalte mit Auslandsberührung zuordnen, doch die Möglichkeit mehrerer Wohnsitze und Aufenthaltsorte anzunehmen, lässt eine Auslandsberührung durch die mögliche Annahme eines Auslandswohnsitzes oder Auslandsaufenthaltsortes erst entstehen. Um eine daraus sich ergebende mehrfache Inanspruchnahme von Sozialleistungen zu vermeiden, ist in diesen Fällen nur dann von einem Inlandswohnsitz bzw. Inlandsaufenthaltsort auszugehen, wenn hierzu die engeren wirtschaftlichen und personellen Beziehungen bestehen.[81]

cc) Der Systemhintergrund der Anknüpfungspunkte des § 30 SGB I

65 Der Wohnsitz und der gewöhnliche Aufenthaltsort i. S. d. § 30 SGB I sind – vorbehaltlich anderer Regelungen – die für das steuerfinanzierte Sozialrecht entscheidenden Anknüpfungspunkte. Dass diese Begriffe bewusst **mit der steuerrechtlichen Terminologie abgestimmt** worden sind, ist ein Zeichen dafür, dass eine Beziehung zwischen der Steuerpflichtigkeit und der Inanspruchnahme von Sozialleistungen besteht. Durch § 30 SGB I soll erreicht werden, dass nur diejenigen Personen einen Leistungsanspruch haben, die in die Rechte und Pflichten des nationalen Sozialverbandes eingebunden sind.[82] Dies gewährleistet die Anknüpfung an die räumlich abgrenzenden Merkmale des Wohnsitzes und des Aufenthalts, während die Staatsangehörigkeit als personales Element für eine Abgrenzung der steuerfinanzierten Sozialleistungen ungeeignet wäre.

b) Besondere Anknüpfungspunkte im steuerfinanzierten Sozialrecht

66 Auch wenn die Aussage richtig ist, dass die Anknüpfungspunkte des § 30 SGB I das steuerfinanzierte Sozialrecht dem Grundsatz nach prägen, so ist die tatsächliche Relevanz

---

[75] *Palandt/Heinrichs*, § 7 Rn. 2.
[76] *v. Maydell*, in: GK-SGB I, § 30 Rn. 42.
[77] *v. Maydell*, in: GK-SGB I, § 30 Rn. 44; *Hauck*, in: Hauck § 30 SGB I Rn. 8c spricht sich für eine restriktive Anwendung aus.
[78] BSG SozR 1200 § 30 SGB I, Nr. 3.
[79] *Steinmeyer*, in: Sozialrechtshandbuch, Kap. 31 Rn. 23.
[80] *v. Maydell*, in: GK-SGB I, § 30 Rn. 44.
[81] *v. Maydell*, in: GK-SGB I, § 30 Rn. 45.
[82] *Steinmeyer*, in: Sozialrechtshandbuch, Kap. 31 Rn. 25.

III. Regelungen des Geltungsbereichs inländischen Sozialrechts   67–71 § 32

dieser Norm stark eingeschränkt. Zum einen ist der in § 30 Abs. 2 SGB I eingeräumte Vorrang von über- und zwischenstaatlichen Regelungen Grund dafür, dass eine Vielzahl von Sachverhalten durch das EU-Recht oder durch zwischenstaatliche Übereinkommen kollisionsrechtlich erfasst werden.[83] Zum anderen sieht **§ 37 SGB I** die Möglichkeit vor, in den übrigen Büchern des SGB von **§ 30 SGB I abweichende Regelungen** zu treffen. Diese gehen dann als lex specialis vor. Von dieser Möglichkeit wurde insbesondere im Ausbildungsförderungsrecht, im Kinder- und Jugendhilferecht, im sozialen Entschädigungsrecht und im Sozialhilferecht Gebrauch gemacht. Auf diese speziellen Anknüpfungspunkte soll deshalb gesondert eingegangen werden.

aa) Das Bundesausbildungsförderungsgesetz (BAföG)

Der Wohnsitzgrundsatz des § 30 Abs. 1 SGB I wird im BAföG durch die **Anknüpfung an die Staatsangehörigkeit** verdrängt. Eine kollisionsrechtliche Vielfalt möglicher Anknüpfungspunkte geht damit nicht einher, da der Schüler bzw. der Student unmittelbar Anspruchsberechtigter und Leistungsbezieher ist. Dennoch enthält das BAföG ein recht kompliziertes System zweier ineinandergreifender Anknüpfungen.   67

Die sich stellende Aufgabe ist es, einerseits den Kreis der Leistungsberechtigten zu bestimmen und damit letztlich zu entscheiden, ob neben Deutschen auch ausländische Schüler und Studenten BAföG erhalten sollen. Andererseits muss auch geklärt werden, ob eine Ausbildungsförderung nur an inländischen oder auch an ausländischen Bildungseinrichtungen erfolgen soll.[84] Dementsprechend befassen sich die §§ 4 bis 6 BAföG kollisionsrechtlich mit dem Ort der Ausbildungsstätte und § 8 BAföG mit den persönlichen Voraussetzungen.   68

§ 4 BAföG verdeutlicht den Willen des Gesetzgebers, grundsätzlich nur im Inland Ausbildungsförderung zu leisten. Nur unter den Voraussetzungen der §§ 5 bis 6 BAföG ist eine Ausbildungsförderung im Ausland möglich. Zentrale Norm ist hier § 5 Abs. 2 BAföG, der einen Anspruch auf Ausbildungsförderung auch für den Besuch ausländischer Ausbildungsstätten einräumt. Zu der Anknüpfung an die Staatsangehörigkeit tritt der Wohnsitz noch hinzu. Ausbildungsförderung für eine Ausbildung im Ausland setzt für Inländer voraus, dass sie ihren ständigen Wohnsitz im Inland haben. Hierbei weicht die Definition des Wohnsitzes in § 5 Abs. 1 S. 2 BAföG von der allgemeinen Definition des § 30 Abs. 3 SGB I in der Weise ab, als es sich nicht nur um einen Ort handeln darf, der nur vorübergehend Mittelpunkt der Lebensbeziehungen ist. Damit wird der bürgerlich-rechtliche Wohnsitzbegriff zugrunde gelegt.[85] Diese Vorschrift stellt weiterhin klar, dass ein Aufenthalt an einem Ort allein zum Zwecke der Ausbildung noch keinen ständigen Wohnsitz begründet.   69

Die Leistungen stehen allerdings unter dem Vorbehalt, dass der Besuch der Ausbildungsstätte im Ausland nach dem Ausbildungsstand der Ausbildung förderlich ist und zumindest ein Teil dieser Ausbildung auf die Ausbildungszeit angerechnet werden kann.   70

Der Besuch ausländischer Ausbildungsstätten bleibt aber nicht nur inländischen Leistungsberechtigten vorbehalten, wie § 5 Abs. 2 Satz 4 BAföG zeigt. Damit wird die Konsequenz aus der Rechtsprechung des EuGH in der Rechtssache Di Leo gezogen.[86] Die ursprüngliche Fassung dieser Vorschrift sah vor, dass Ausländern – auch aus EG-Staaten – eine Leistung nicht gewährt wird, wenn die Ausbildung in einem Staat durchgeführt wird, dessen Staatsangehörigkeit sie besitzen. Der Gerichtshof hat unter Bezugnahme auf Art. 12 VO 1612/68 für Recht erkannt, dass auch Kindern von Staatsangehörigen eines anderen Mitgliedstaats Ausbildungsförderung bei Auslandsstudien zu gewähren ist, da nur so eine Gleichstellung mit den inländischen Staatsangehörigen vermieden wird. Der Rückgriff auf   71

---
[83] *Hauck*, in: Hauck, § 30 SGB I Rn. 14.
[84] *Steinmeyer*, SDSRV 1992, Bd. 36, S. 169, 174 ff.
[85] *Ramsauer/Stallbaum*, BAföG-Kommentar, 3. Aufl. München 1991, § 5 Rn. 3.
[86] EuGH, EuZW 1991, S. 30 f.

die VO 1612/68 war in dem entschiedenen Fall deshalb möglich, weil es sich bei der betroffenen Studentin um eine Angehörige eines in der Bundesrepublik tätigen Wanderarbeitnehmers aus Italien handelte und sie somit unter den persönlichen Geltungsbereich der Verordnung fiel.[87]

72 Dabei handelt es sich nicht um einen Export von Sozialleistungen, da dieser – im Gegensatz zur VO 1408/71 – in der VO 1612/68 gerade nicht vorgesehen ist.[88] Vielmehr wird nur konsequent an dem Gebot der Inländergleichbehandlung festgehalten. Art. 7 Abs. 2 VO 1612/68 verlangt ausdrücklich die gleichen sozialen und steuerlichen Vergünstigungen: Wird nach deutschen Recht einem Inländer ein Auslandsstudium finanziert, so muss ein EU-Bürger aus Gründen des Diskriminierungsverbots die gleiche Leistung erhalten.[89] Der Europäische Gerichtshof zieht hier die Konsequenz aus dem Umstand, dass für Deutsche auch ein Studium im Ausland finanziert wird; dann aber muss ein EG-Ausländer gleichbehandelt werden, auch wenn er in dem Land seiner Staatsangehörigkeit studiert. Er wird so in jeder Hinsicht wie ein Deutscher behandelt.

73 § 8 BAföG führt enumerativ die persönlichen Voraussetzungen einer Ausbildungsförderung auf. Die **Staatsangehörigkeit ist dabei nicht alleiniges Anknüpfungsmerkmal**; andere Kriterien, darunter **auch der Aufenthalt** (§ 8 Abs. 2 Nr. 1 BAföG), treten kumulierend hinzu. Neben Deutschen wird auch Ausländern BAföG gewährt, was jedoch an zusätzliche Bedingungen gebunden ist. So bestehen eigenständige Regelungen für Auszubildende aus EU-Staaten. Ihnen wird in § 8 Abs. 1 Nr. 7 BAföG die Ausbildungsförderung gewährt, sofern sie gemäß dem Aufenthaltsgesetz/EU Freizügigkeit genießen oder danach als Kind verbleibeberechtigt sind. Diese Regelung ist die Umsetzung der EuGH-Rechtsprechung zu Art. 12 VO 1612/68. Dieser Artikel besagt, vereinfacht ausgedrückt, dass Kindern von EU-Ausländern, die im Inland beschäftigt sind oder waren, die gleiche Teilnahme am Unterricht sowie an Lehr- und Berufsausbildungen, gewährt werden muss. Um die Integration und die Inländergleichbehandlung im Zuge der Arbeitnehmerfreizügigkeit zu verwirklichen, müssen auch diese Kinder an den allgemeinen Fördermaßnahmen, dazu zählt in der Bundesrepublik auch die Ausbildungsförderung, teilhaben können.[90] Des weiteren wird in § 8 Abs. 1 Nr. 8 BAföG auf die Staatsangehörigkeit bei EU-Ausländern abgestellt, um ihnen Ausbildungsförderung zu gewähren, wenn die Ausbildung an ein vorheriges Beschäftigungsverhältnis anschließt und mit diesem in einem inhaltlichen Zusammenhang steht. Auch diese Regelung ist auf die EuGH-Rechtsprechung zurückzuführen. In der Rechtssache Lair[91] wurde ein EU-Ausländer auch dann noch als Arbeitnehmer im Sinne des Art 7. Abs. 2 VO 1612/68 angesehen, wenn er nach Beendigung seiner Berufstätigkeit ein Hochschulstudium aufnimmt. Ähnlich wie in der vorgenannten Entscheidung Di Leo führt das Gebot der Inländergleichbehandlung zur Leistungsgewährung an Personen, die dem Geltungsbereich der VO 1612/68 unterfallen.[92]

bb) Kinder- und Jugendhilfegesetz (KJHG/SGB VIII)

74 Das Kinder- und Jugendhilfegesetz bestimmt in § 6 des Kinder- und Jugendhilfegesetzes, das als 8. Buch in das Sozialgesetzbuch aufgenommen worden ist, den Aufenthaltsort als Anknüpfungspunkt für die Anwendbarkeit dieses Gesetzes. Damit wird eine bewusste Abkehr von dem Wortlaut des § 1 Abs. 1 Jugendwohlfahrtsgesetzes (JWG) vorgenommen, der von deutschen Kindern sprach.[93] Diese Wortwahl verleitete zu der irrigen Annahme,

---

[87] Zum Geltungsbereich der VO 1612/68 siehe § 22.
[88] Siehe § 23 Rn. 388 ff.
[89] *Steinmeyer*, SDSRV 1992, Bd. 36, S. 169, 186.
[90] EuGH, FamRZ, 1974, 477, 478.
[91] EuGH, FamRZ, 1988, 885 ff.
[92] *Steinmeyer*, SDSRV 1992, Bd. 36, S. 169, 187.
[93] *Jans/Happe/Saurbier*, Kinder- und Jugendhilferecht, Kommentar, 3. Aufl. Loseblatt, Stand 6/1996, § 6, S. 1.

III. Regelungen des Geltungsbereichs inländischen Sozialrechts

dass ausländische Kinder nicht von dem Jugendwohlfahrtsgesetz erfasst seien.[94] Durch die Ablösung des JWG durch das SGB VIII (KJHG) seit dem 1. 1. 1991 ist dieses Missverständnis beseitigt.

In § 6 Abs. 1 SGB VIII wird von dem **tatsächlichen Aufenthalt** ausgegangen, während § 6 Abs. 2 die Leistungsgewährung an Ausländer an den gewöhnlichen Aufenthalt knüpft. Letzterer ist mit § 30 Abs. 3 S. 2 SGB I identisch. Nur der tatsächliche Aufenthalt stellt eine **Abweichung zu § 30 SGB I dar.** Der tatsächliche Aufenthalt wird als umfassenderer Begriff durch die tatsächliche Anwesenheit der betreffenden Person bestimmt, ohne dass es eines Begründungswillens bedarf.[95] Ein rechtsgeschäftlicher Begründungswille, wie ihn § 7 BGB vorsieht ist auch nicht erforderlich. In der Praxis wird der tatsächliche Aufenthalt wohl in den meisten Fällen durch das Bestimmungsrecht der Sorgeberechtigten nach § 1631 Abs. 1 BGB vorgegeben; dies ist aber kein Tatbestandsmerkmal des tatsächlichen Aufenthalts im Sinne des SGB VIII. Diese ausschließliche Anknüpfung an den faktischen Aufenthalt erweitert den Aufenthaltsbegriff und weicht damit von der Grundsatznorm des § 30 Abs. 1 SGB I ab, um möglichst viele Personen unter den Schutz des SGB VIII zu stellen. Dieses Ziel wird auch durch § 6 Abs. 3 SGB VIII verfolgt, der den räumlichen Anwendungsbereich des SGB VIII auf das Ausland ausdehnt, den personellen Anwendungsbereich aber auf Deutsche beschränkt.[96]

cc) Bundeskindergeldgesetz (BKGG)

Das Bundeskindergeldgesetz hebt in § 1 Abs. 2 Nr. 1 BKGG hervor, dass derjenige einen Anspruch auf Kindergeld für seine oder diesen gleichgestellten Kinder hat, der im Geltungsbereich dieses Gesetzes seinen Wohnsitz oder seinen gewöhnlichen Aufenthalt hat. Der Wortlaut der Norm stimmt insoweit mit § 30 Abs. 1 SGB I überein.[97] Ebenso haben unter bestimmten Voraussetzungen Kinder für sich selbst nach § 1 Abs. 2 Nr. 1 BKGG einen Anspruch auf Kindergeld, wenn sie den Wohnsitz oder gewöhnlichen Aufenthalt im Inland haben. Das bedeutet, dass entweder an den Wohnsitz der Eltern oder an den des Kindes angeknüpft wird. Diese Regelung ist erst dann verständlich, wenn man vorausschickt, dass – anders als beim BAföG – **Anspruchsberechtigte** grundsätzlich nicht die Kinder, sondern **die Eltern** sind, da die Minderung des Familienaufwands bezweckt ist.

Grundsätzlich werden Kinder, die weder einen Wohnsitz noch einen gewöhnlichen Aufenthalt im Inland haben, jedoch aufgrund § 2 Abs. 5 BKGG nicht berücksichtigt.

dd) Bundeserziehungsgeldgesetz (BErzGG)

Eine Parallele zum BKGG findet sich im BErzGG.[98] Auch dort wird in § 1 BErzGG grundsätzlich an den Wohnsitz und gewöhnlichen Aufenthalt angeknüpft, wobei beide Begriffe nicht von der Definition des § 30 Abs. 3 SGB I abweichen.[99] In § 1 Abs. 2 und 4 BErzGG finden sich aber Ausnahmen von dieser territorialen Anknüpfung. So trifft § 1 Abs. 2 Nr. 1 BErzGG eine Regelung, die die Gewährung von Erziehungsgeld in den Fällen sicherstellt, in denen der Anspruchsberechtigte von seinem im Inland ansässigen Arbeitgeber oder Dienstherrn zur vorübergehenden Dienstleistung ins Ausland entsandt, abgeordnet, versetzt oder kommandiert wird. Ferner wird in § 1 Abs. 4 BErzGG auf das Merkmal der Staatsangehörigkeit abgestellt, um Angehörige von EU-Mitgliedsstaaten und

---

[94] Vgl. hierzu *Steinmeyer*, in: Sozialrechtshandbuch, Kap. 31 Rn. 34.
[95] *Mrozynski*, Das neue Kinder- und Jugendhilfegesetz, 2. Aufl. 1994, § 6 Anm. 1.
[96] *Fasselt*, in: *Kunkel*, Kinder- und Jugendhilfe, Lehr- und Praxiskommentar SGB VIII, § 6 Rn. 21; kritisch *Eichenhofer*, Internationales Sozialrecht, Rn. 606.
[97] *Wickenhagen/Krebs*, Bundeskindergeldgesetz, Kommentar, § 1 Rn. 14.
[98] *Schulin/Igl*, Sozialrecht, 7. Aufl. 2002, Rn. 1182.
[99] *Zmarzlik/Zipperer/Viethen*, Mutterschutzgesetz, Mutterschaftsleistungen, Bundeserziehungsgeldgesetz, 8. Auflage, 1999, § 1 Rn. 8 f.; *Hönsch*, Erziehungs- und Kindergeldrecht, 3. Aufl. 1998, Rn. 33.

Grenzgänger aus den angrenzenden Nicht-EU-Staaten, die in der Bundesrepublik ein Arbeitsverhältnis haben, in die Gewährung des Erziehungsgeldes mit einzubeziehen. Mit dieser Ausnahmeregelung soll in erster Linie die Freizügigkeit der Arbeitnehmer in der EU (vgl. Art. 39 ff. EGV) verwirklicht werden.[100]

ee) Soziales Entschädigungsrecht

79 Im Recht der sozialen Entschädigung finden sich im Bundesversorgungsgesetz und im Opferentschädigungsgesetz **Abweichungen von dem Wohnsitzgrundsatz**. So wird der Anwendungsbereich des Bundesversorgungsgesetzes gemäß § 7 BVG sowohl durch den Wohnsitz oder gewöhnlichen Aufenthalt als auch durch die Staatsangehörigkeit bestimmt. Damit wird eine Einbeziehung von Ausländern in weitem Maße unterbunden und nur nach § 7 Abs. 1 Nr. 3 BVG ermöglicht.[101] Früher wurde der Wohnsitz anhand des bürgerlich-rechtlichen Begriffs bestimmt, doch seit Inkrafttreten des § 30 SGB I gilt der sozialrechtliche Wohnsitzbegriff.[102]

80 Das Opferentschädigungsrecht rückt dagegen ganz von dem Wohnsitzgrundsatz ab und begrenzt den räumlichen Anwendungsbereich des Gesetzes durch § 1 Abs. 1 OEG auf das **Hoheitsgebiet der Bundesrepublik Deutschland**.[103] Das bedeutet, dass auch die besondere Anknüpfung territorial ausgerichtet ist. Werden durch diese räumliche und nicht personelle Anknüpfung prinzipiell auch Ausländer erfasst, so wird gleichwohl in § 1 Abs. 4 OEG für Ausländer von diesem Grundsatz abgewichen. Wurde bislang der Anwendungsbereich nur auf solche Ausländer ausgedehnt, deren Heimatstaaten die Gegenseitigkeit der Opferentschädigung für Deutsche gewährleisten, so weitet § 1 Abs. 4 OEG n. F.[104] den Anspruch von Ausländern auf eine Opferentschädigung aus. Die Neufassung sieht nunmehr vor, dass Staatsangehörige eines Mitgliedstaates der EU grundsätzlich anspruchsberechtigt sind. Damit wird dem Diskriminierungsverbot des Art. 12 Abs. 1 EGV entsprochen. In diesem Zusammenhang sei auf das Urteil des EuGH in der Rechtssache Cowan verwiesen, in dem der Gerichtshof klarstellte, dass ein Mitgliedstaat die Gewährung einer staatlichen Entschädigung zur Wiedergutmachung des Schadens, der in diesem Staat dem Opfer einer Gewalttat zugefügt wurde, bei Personen, denen das Gemeinschaftsrecht die Freiheit garantiert, in diesen Mitgliedstaat insbesondere als Dienstleistungsempfänger einzureisen, nicht von zusätzlichen Anforderungen, etwa dem Bestehen eines Gegenseitigkeitsabkommens abhängig machen darf.[105]

81 Das Urteil ist insoweit bemerkenswert, als es einen Anspruch auf Opferentschädigung gibt, obwohl in diesem Fall keine Verknüpfung zur Arbeitnehmereigenschaft bestand und die Opferentschädigung auch nicht der sozialrechtlichen Freizügigkeitsverordnung unterfällt. Daraus lässt sich jedoch nicht folgern, dass Art. 12 Abs. 1 EGV eine Gleichbehandlung hinsichtlich jedweder Sozialleistung postuliert.[106] Würde jeder Staatsbürger eines Mitgliedstaats bezüglich aller Sozialleistungen einem Inländer gleichgestellt, so wären die Rechtsakte des freizügigkeitsspezifischen Sozialrechts weitgehend überflüssig. Der Vorbehalt der Mitgliedstaaten auf dem Gebiet der sozialen Sicherheit steht dem jedoch entgegen. Der EuGH beschränkt sich aus diesem Grund auch darauf festzustellen, dass die Gewährung von Sozialleistungen auf europäischer Ebene sich immer an den Grundfreiheiten des EG-Vertrags orientieren muss. Im Fall der Opferentschädigung sieht er diesen engen Zusammenhang dadurch gegeben, dass das Recht auf Einreise in einen Mitglied-

---

[100] *Hönsch,* Erziehungs- und Kindergeldrecht, Rn. 49.
[101] *Schulin/Igl,* Rn. 1177.
[102] *Wilke/Wunderlich* Soziales Entschädigungsrecht, 7. Aufl. 1993, § 7 BVG Rn. 4.
[103] *Kunz,* Opferentschädigungsgesetz, Kommentar, 4. Auflage, 1999, § 1 Rn. 6.
[104] Geändert durch das zweite Gesetz zur Änderung des Gesetzes über die Entschädigung für Opfer von Gewalttaten vom 21. 7. 1993, BGBl. 1993 I S. 1262 ff.
[105] EuGH v. 2. 2. 1989 (Cowan), Rs. 186/87, Slg. 1989, S. 195.
[106] *Steinmeyer,* in Magiera, S. 63, 74 f.

III. Regelungen des Geltungsbereichs inländischen Sozialrechts 82–89 § 32

staat zum Zweck der Inanspruchnahme von Dienstleistungen nur dann sinnvoll ausgeübt werden kann, wenn man auf den staatlichen Schutz der körperlichen Integrität vertrauen darf.[107]

EU-Bürgern werden solche Ausländer gemäß dem neu geschaffenen § 1 Abs. 5 Nr. 1 OEG gleichgestellt, die sich mindestens drei Jahre rechtmäßig in der Bundesrepublik Deutschland aufhalten. 82

§ 1 Abs. 4 Nr. 3 OEG sieht vor, dass eine Opferentschädigung auch dann zu gewähren ist, wenn zwischenstaatliche Vereinbarungen dies bestimmen, ohne dass es einer Gegenseitigkeit der Entschädigung bedarf, wie dies die bisherige Rechtslage vorsah. Auch weiterhin wird an der Gegenseitigkeit als Fallgruppe der Anspruchsberechtigung festgehalten; gleichwohl kommt diesem Merkmal in Zukunft nicht mehr die Tragweite zu wie bisher. 83

Die territorialen Anknüpfungspunkte dieser Gesetze erklären sich für das Bundesversorgungsgesetz aus dem Umstand, dass damit der Zweck erreicht werden soll, die Aufopferung des Einzelnen für den bundesdeutschen Staat zu entschädigen und für das Opferentschädigungsgesetz aus der Wiedergutmachung für auf deutschen Hoheitsgebiet erlittenen Schäden. 84

ff) Bundessozialhilfegesetz (BSHG)

Auch im Sozialhilferecht findet sich eine kollisionsrechtliche Besonderheit für diese steuerfinanzierte Sozialleistung. Das Bundessozialhilfegesetz enthält keine ausdrückliche Regelung über seinen Anwendungsbereich. Deshalb ist **§ 30 Abs. 1 SGB I grundsätzlich einschlägig.** Dies wird von dem Grundsatz gestützt, dass derjenige Sozialhilfeträger Leistungen erbringen muss, in dessen Bereich die Notlage entsteht, was nämlich regelmäßig am Wohnsitz oder am gewöhnlichen Aufenthaltsort geschieht. 85

Dieser **Grundsatz wird in den §§ 119 und 120 BSHG durchbrochen.** 86

In § 119 BSHG wird unter näher festgelegten Bedingungen auch solchen Deutschen Sozialhilfe gewährt, die ihren gewöhnlichen Aufenthalt im Ausland haben. Damit wird die Leistungsgewährung über den eigentlichen Geltungsbereich des Gesetzes hinaus ausgedehnt, da sich der Staat nicht seiner Pflicht zur sozialen Basissicherung gegenüber seinen Staatsbürgern entziehen kann, nur weil die Notlage im Ausland eintritt.[108] Eine personelle Einschränkung durch ein Abstellen auf die Staats- oder Statusangehörigkeit innerhalb des Geltungsbereichs des BSHG sieht hingegen § 120 BSHG vor. Der Rechtsanspruch der Hilfesuchenden auf Sozialhilfeleistungen wird hilfesuchenden Ausländern nicht in vollem Umfang gewährt, bzw. ganz vorenthalten, sofern sich der Ausländer in die Bundesrepublik Deutschland zum Zwecke der Hilfeerlangung begeben hat. Der Schutz der Menschenwürde (Art. 1 Abs. 1 GG) gebietet es jedoch, auch diesem Personenkreis das unbedingt zur Existenz Notwendige zu gewähren.[109] Der sachliche Anwendungsbereich wird in § 120 Abs. 2 BSHG für Asylsuchende oder zur Ausreise verpflichtete Ausländer gesondert bestimmt. Für sie gelten die Sonderregelungen des Asylbewerberleistungsgesetzes.[110] 87

Diese Abweichungen werden vorgenommen, um Personen, die in einer bestimmten Beziehung zur Bundesrepublik Deutschland stehen, nicht den Schutz einer elementaren Grundsicherung zu entziehen und andererseits auch zu begrenzen.[111] 88

gg) Rehabilitation und Teilhabe behinderter Menschen – SGB IX

Soweit es das Schwerbehindertenrecht anbetrifft, wird der Anwendungsbereich durch § 2 Abs. 2 SGB IX bestimmt, wonach für eine Schwerbehinderung im Sinne der §§ 68 ff. 89

---

[107] *Hackspiel*, NJW 1989, S. 2166 ff.
[108] *Schulin/Igl*, Rn. 1186.
[109] BVerwG, NDV 1988, S. 226.
[110] BGBl. 1993 I S. 1074.
[111] Lehr- und Praxiskommentar zum Bundessozialhilfegesetz, 5. Aufl. 1998, § 119 Rn. 1.

SGB IX neben einem Behinderungsgrad von mindestens 50% entweder Wohnsitz oder gewöhnlicher Aufenthalt oder eine rechtmäßige Beschäftigung auf einem Arbeitsplatz im Sinne von § 73 SGB IX erforderlich ist. Hier werden also die Anknüpfungspunkte des steuerfinanzierten internationalen Sozialrechts (**Wohnsitz und gewöhnlicher Aufenthalt**) neben dem sozialversicherungsrechtlichen Anknüpfungspunkt des Beschäftigungsverhältnisses genannt. Das **zusätzliche Abstellen auf das Beschäftigungsverhältnis** ist keine Berücksichtigung einer speziellen Finanzierung einer Sozialleistung. Vielmehr soll damit der Besonderheit Rechnung getragen werden, dass die Leistungen für Schwerbehinderte überwiegend auf die Eigenschaft als Arbeitnehmer abstellen.[112]

90 Interessant ist hinsichtlich der Teilhabeleistungen zur Rehabilitation, dass nach § 18 SGB IX Sachleistungen auch im Ausland erbracht werden können, wenn sie dort bei zumindest gleicher Qualität und Wirksamkeit wirtschaftlicher ausgeführt werden können. Leistungen zur Teilnahme am Arbeitsleben können danach im grenznahen Ausland auch ausgeführt werden, wenn sie für die Aufnahme oder Ausübung einer Beschäftigung oder selbständigen Tätigkeit erforderlich sind. Hiermit wird zwar grenzüberschreitenden Tatbeständen Rechnung getragen, allerdings zuvörderst zur Verbesserung der Wirtschaftlichkeit der Leistungserbringung.

3. Das internationale Sozialversicherungsrecht

91 Im Zuge einer stetig zunehmenden internationalen Verflechtung der Wirtschaft, die sich insbesondere seit der Vollendung des Binnenmarktes zum 31. 12. 1992 innerhalb der Staaten der Europäischen Union verstärkt, werden immer mehr Arbeitnehmer grenzüberschreitend tätig. Diese Entwicklung bringt auch sozialversicherungsrechtliche Probleme mit sich. So stellt sich beispielsweise die Frage, ob Arbeitnehmer eines bundesdeutschen Unternehmens, die sich zur Ausführung von Montagearbeiten im Ausland befinden, auch in dieser Zeit Sozialversicherungsbeiträge leisten müssen, bzw. Sozialversicherungsleistungen erhalten. Ebenso stellt sich spiegelbildlich das Problem, ob zeitweise in der Bundesrepublik Deutschland tätige ausländische Arbeitnehmer der deutschen Sozialversicherung unterfallen. Gerade diese Fragestellung erlangt angesichts der vermehrten Tätigkeit osteuropäischer Bauunternehmer in der Bundesrepublik eine besondere Aktualität.

92 Die hier anzutreffende Nähe von Arbeits- und Sozialversicherungsrecht bringt für das **internationale Sozialversicherungsrecht eigenständige kollisionsrechtliche Lösungen** hervor, die sich von den Regelungen des steuerfinanzierten internationalen Sozialrechts unterscheiden.

a) Grundsatznorm des § 3 SGB IV

93 Stellt § 30 SGB I für den gesamten Bereich des internationalen Sozialrechts im allgemeinen und für das steuerfinanzierte internationale Sozialrecht im besonderen die Grundsatznorm dar, so ist § 3 SGB IV die grundsätzliche Regelung für das internationale Sozialversicherungsrecht. Diese Vorschrift sieht vor, dass der **Ort der Beschäftigung oder der selbständigen Tätigkeit** die maßgeblichen Kriterien zur Bestimmung des anwendbaren Rechts sind.[113] Nur in den Fällen, in denen das Gesetz nicht auf diese Kriterien abstellt, ist der Wohnsitz oder der gewöhnlichen Aufenthaltsort maßgeblich.

94 Diese primäre Anknüpfung an die Beschäftigung steht in einem engen Zusammenhang mit der materiellen Reichweite des § 3 SGB IV. Diese Vorschrift beschränkt sich dem Wortlaut nach auf die kollisionsrechtliche Regelung der Versicherungspflicht und der Versicherungsberechtigung. Die Leistungsseite, also die Regelung, ob und wie Sozialversi-

---

[112] *v. Maydell*, in: GK-SGB I, § 30 Rn. 98.
[113] *Hauck*, in Hauck, SGB IV, Loseblatt, § 3 SGB IV Rn. 6.

III. Regelungen des Geltungsbereichs inländischen Sozialrechts

cherungsleistungen bei einer Auslandsberührung zu erbringen sind, ist dagegen nicht ausdrücklich angesprochen.

Versicherungspflicht und Versicherungsberechtigung, wie sie beispielsweise in den §§ 5 ff. SGB V für die gesetzliche Krankenversicherung oder in den §§ 1 ff. SGB VI für die gesetzliche Rentenversicherung normiert sind, stellen in erster Linie auf das Beschäftigungsverhältnis ab, weshalb auch § 3 Nr. 1 SGB IV dieses Kriterium als entscheidend ansieht, da das gemeinsame Band der Solidargemeinschaft der Versicherten durch die Leistung abhängiger Arbeit geprägt ist.[114]

Der Begriff des Beschäftigungsverhältnisses entspricht in der Regel dem des Arbeitsverhältnisses, umfasst aber auch Fälle tatsächlicher Arbeitsleistung trotz nichtiger oder fehlerhafter Arbeitsverträge. Unter kollisionsrechtlichen Gesichtspunkten ist der Ort der Beschäftigung das maßgebliche Kriterium, worunter gemäß § 9 Abs. 1 SGB IV der Ort verstanden wird, an dem die Beschäftigung tatsächlich ausgeübt wird. Gleiches gilt nach § 11 Abs. 1 SGB IV für die selbständige Tätigkeit. Der Betriebssitz ist demzufolge unmaßgeblich.[115] Für unter deutscher Flagge fahrende Schiffe wird ein inländisches Beschäftigungsverhältnis angenommen, da unter Bundesflagge fahrende Schiffe ein „schwimmender Gebietsteil des Heimatlandes" sind.[116]

Dass neben dem Beschäftigungsverhältnis auch auf die selbständige Tätigkeit abgestellt wird, erklärt sich aus der Tatsache, dass in die Sozialversicherung auch Personen einbezogen worden sind, die in keinem abhängigen Beschäftigungsverhältnis stehen.[117] Beispielhaft aufzuführen sind hier etwa Selbständige, Landwirte, Künstler und Handwerker (vgl. § 2 und 4 Abs. 2 SGB VI), aber auch Schüler und Studenten (vgl. § 1 Abs. 1 Nr. 8 SGB VII).

b) Die Aus- und Einstrahlung als besondere Kollisionsregelung

Die grundsätzliche Anknüpfung an das Beschäftigungsverhältnis oder an die selbständige Tätigkeit wird für die Ein- und Ausstrahlungstatbestände der §§ 4 und 5 SGB IV modifiziert.[118]

Beide Begriffe – Ein- und Ausstrahlung – bezeichnen in spiegelbildlicher Weise dieselbe Sache.[119] § 4 SGB IV regelt die Ausstrahlung der Sozialversicherungsverhältnisse. Nach dieser Vorschrift gelten die Vorschriften über die Versicherungspflicht und Versicherungsberechtigung, soweit sie eine Beschäftigung voraussetzen, auch für Personen, die im **Rahmen eines im Geltungsbereich dieses Gesetzbuchs bestehenden Beschäftigungsverhältnisses in ein Gebiet außerhalb dieses Geltungsbereichs entsandt werden, wenn die Entsendung infolge der Eigenart der Beschäftigung oder vertraglich im voraus zeitlich begrenzt ist.** § 5 SGB IV sieht die gleiche Regelung für die **Personen** vor, **die im Rahmen eines außerhalb des Geltungsbereichs dieses Gesetzbuchs bestehenden Beschäftigungsverhältnisses in diesen Geltungsbereich entsandt werden.** Dieser Personenkreis wird jedoch nicht in den Anwendungsbereich der bundesdeutschen Sozialversicherungsvorschriften einbezogen, sondern davon ausgenommen. Beide Normen stellen auf das Beschäftigungsverhältnis ab, jedoch wird darüber hinaus das Merkmal der zeitlich begrenzten Entsendung als weiterer Anknüpfungspunkt gewählt.

Der Inhalt dieser beiden Normen zeigt, dass die Ausstrahlung den Kreis der Versicherungspflichtigen und Versicherungsberechtigten erweitert, während die Einstrahlung den

---

[114] v. *Maydell*, in: GK-SGB IV, § 3 Rn. 3; siehe auch *Steinmeyer*, in: Sozialrechtshandbuch, Kap. 31 Rn. 46 f.
[115] *Hauck*, in: Hauck, § 3 SGB IV, Rn. 7.
[116] BSGE 36, S. 276, 278; 57, S. 96, 97.
[117] v. *Maydell*, in: GK-SGB I, § 30 Rn. 72.
[118] *Schulin/Igl*, Rn. 1170; *Steinmeyer*, in: Sozialrechtshandbuch, Kap. 31 Rn. 54 ff.; Eichenhofer, Internationales Sozialrecht, Rn. 289; *Giesen*, NZS 1996, S. 309 ff.
[119] *Steinmeyer*, Einstrahlung, S. 39 f.

Adressatenkreis begrenzt. Im Fall der Ausstrahlung unterliegen die von ihr erfassten Personen der Versicherungspflicht und Versicherungsberechtigung, als ob sie weiterhin im Geltungsbereich des Sozialgesetzbuchs tätig wären.[120]

101 Erkennt man die Weitergeltung der vor der Ein- bzw. Ausstrahlung anwendbaren Rechtsordnung an, so kommt es entscheidend auf den **Begriff der Entsendung** an. Im Zusammenhang mit der Aus- und Einstrahlung versteht man unter dem Begriff der Entsendung die durch den Arbeitgeber veranlasste Beschäftigung eines Arbeitnehmers außerhalb des Geltungsbereichs des SGB (Ausstrahlung) bzw. die Ortsveränderung des Arbeitnehmers in den Geltungsbereich des SGB (Einstrahlung). Voraussetzung ist, dass der zu entsendende Beschäftigte zuvor durch den ortsansässigen Arbeitgeber eingestellt wurde. Dafür ist ausreichend, dass die betreffende Person zum Zwecke der unmittelbar bevorstehenden Entsendung eingestellt wurde; jedoch liegt keine Entsendung vor, wenn sog. Ortskräfte eingestellt werden, da es an einer „Bewegung ins Ausland" fehlt.[121] Wird etwa ein Brasilianer von einer deutschen Firma in Brasilien für zeitlich begrenzte Montagearbeiten in Norwegen eingestellt, so liegt mangels einer „Bewegung" aus der Bundesrepublik Deutschland ins Ausland keine Entsendung vor.[122]

102 Sowohl die Ausstrahlungs- als auch die Einstrahlungsregelung sehen die **zeitliche Begrenzung der Entsendung infolge der Eigenart der Beschäftigung** (z. B. Montage) **oder auf Grund eines Vertrags** ausdrücklich vor. Das bedeutet, dass schon zu Beginn der Entsendung die zeitliche Begrenzung feststehen muss, wobei absolute Obergrenzen nicht vorgegeben sind und überdies auch nicht den Anforderungen einer wirtschaftlich flexiblen Handhabung entsprechen würden, so dass auch mehrjährige Tätigkeiten als Entsendungen angesehen werden können.[123]

103 Im Fall der Ausstrahlung ist der Lebenssachverhalt derart mit dem Inland verknüpft, dass eine Verantwortlichkeit des inländischen Systems sozialer Sicherheit trotz faktischen ausländischen Beschäftigungsortes weiterhin geboten ist. Für die Fälle der Einstrahlung gilt Entsprechendes mit umgekehrten Vorzeichen.[124]

104 Die §§ 4 und 5 SGB IV bringen dies dadurch zum Ausdruck, dass sie bei der Ausstrahlung das Fortbestehen eines innerhalb des Geltungsbereichs des Sozialgesetzbuchs bestehenden Beschäftigungsverhältnisses und bei der Einstrahlung das Fortbestehen eines außerhalb des Geltungsbereichs des Sozialgesetzbuchs bestehenden Beschäftigungsverhältnisses verlangen. Da in diesen Fällen der vorübergehende Beschäftigungsort nicht den maßgeblichen Schwerpunkt des Beschäftigungsverhältnisses bezeichnet, ist nach einem anderen Anknüpfungspunkt zu suchen, der in diesen Fällen geeignet ist, den Schwerpunkt des Beschäftigungsverhältnisses zu kennzeichnen und damit darüber Auskunft gibt, ob das jeweilige Beschäftigungsverhältnis trotz abweichenden Beschäftigungsortes ein außerhalb oder innerhalb des Geltungsbereichs des Sozialgesetzbuchs bestehendes ist.

105 Es muss sich um ein **Merkmal** handeln, **das eine den Wechsel des Beschäftigungsortes überdauernde Verknüpfung zur jeweiligen Sozialrechtsordnung bezeichnet**.[125] Verlässliche Angaben über das Fortbestehen einer Verknüpfung zur jeweils anderen Sozialrechtsordnung können nur gemacht werden bei einem Abstellen auf die vertraglichen Beziehungen etwa des Arbeitnehmers zu seinem Arbeitgeber; bei dezentral organisierten Unternehmen kommt subsidiär die Verbindung mit dem Betrieb in Betracht. Der Fortbestand eines Beschäftigungsverhältnisses innerhalb bzw. außerhalb des Sozialgesetz-

---

[120] *v. Maydell*, in: GK-SGB IV, § 4 Rn. 19.
[121] BSG, SozR 2100 § 4 SGB IV Nr. 3; *Seewald*, in: Kasseler Kommentar zum Sozialversicherungsrecht, Loseblatt § 4 SGB IV Rn. 7; *v. Maydell*, in GK-SGB IV, § 4 Rn. 14.
[122] BSG, SozR 2100 § 4 SGB IV Nr. 3.
[123] *Steinmeyer*, Einstrahlung, S. 59; *Hauck*, in: Hauck, § 4 SGB IV Rn. 6.; *v. Maydell*, in: GK-SGB IV, § 5 Rn. 15.
[124] Vgl. dazu *Steinmeyer*, Einstrahlung, S. 46.
[125] Vgl. hierzu und zum folgenden *Steinmeyer*, Einstrahlung, S. 49 ff.

III. Regelungen des Geltungsbereichs inländischen Sozialrechts

buchs ist damit abhängig vom Fortbestand der arbeitsvertraglichen Verknüpfung, die die Entsendung überdauert. Maßgeblicher Anknüpfungspunkt ist daher der Sitz des Arbeitgebers, subsidiär der Sitz des Betriebes, dem die Vertragsbeziehung zuzuordnen ist.[126]

Unter **Entsendung** i. S. d. §§ 4 und 5 SGB IV ist **eine durch den Arbeitgeber veranlasste und in seinem Interesse liegende Ortsveränderung** zu sehen. Diese muss im Falle der Ausstrahlung erfolgen von einem Ort innerhalb des Geltungsbereichs des SGB zu einem Ort außerhalb dieses Geltungsbereichs und im Falle der Einstrahlung in umgekehrter Richtung. Vom Wortlaut gedeckt sind auch solche Fälle, in denen der Arbeitnehmer lediglich zum Zwecke der Entsendung eingestellt worden ist.[127] 106

Eine Entsendung und damit ein Fall der Ausstrahlung liegt aber nicht vor, wenn ein Arbeitnehmer in seinem ausländischen Wohnstaat von einem deutschen Unternehmen für die vorübergehende Tätigkeit in einem anderen ausländischen Staat angeworben wird. Es fehlt dann an einer Ortsveränderung vom Inland ins Ausland.[128] Trotz Fehlens einer Entsendung kann aber ein Fall der Ausstrahlung trotzdem vorliegen, wenn erhebliche Verknüpfungen mit dem Inland bestehen, die die Bedeutung dieses Merkmals im Einzelfall zurücktreten lassen. Dies hat das Bundessozialgericht zutreffend in einem Fall angenommen, in dem ein Lehrer, der Beamter auf Lebenszeit ist und für Projekte der Entwicklungshilfe in Südamerika beurlaubt worden war, nacheinander mehrere jeweils befristete Arbeitsverhältnisse mit in der Bundesrepublik Deutschland ansässigen Unternehmen abschloss. Eine Entsendung i. S. einer Ortsveränderung erfolgte hier deshalb nicht, weil der Betreffende sich bereits aufgrund vorhergehender zeitlich befristeter Tätigkeiten in dem fraglichen Staat aufhielt. Das Tatbestandsmerkmal „**Entsendung**" grenzt die sog. **Ortskräfte aus,** d. h. im Ausland ansässige Arbeitnehmer, die am Ort der Auslandsbeschäftigung eingestellt werden. Für diesen Personenkreis besteht kein Bedürfnis, ihn der deutschen Sozialversicherung zu unterwerfen, da diese Arbeitnehmer regelmäßig der ausländischen Sozialrechtsordnung verhaftet sind. Anders lag es aber in dem vom Bundessozialgericht entschiedenen Fall.[129] 107

Der Schwerpunkt des Beschäftigungsverhältnisses deckt sich aber nur dann nicht mit dem Beschäftigungsort, wenn die Tätigkeit im Rahmen der Entsendung nur eine vorübergehende ist. Deshalb verlangen die §§ 4 und 5 SGB IV, dass die Entsendung infolge der Eigenart der Beschäftigung oder vertraglich im voraus zeitlich begrenzt ist. Eine bestimmte Frist ist nicht vorgesehen. 108

Allerdings ist hier eine neuere Entscheidung des Bundessozialgerichts zu beachten, die von ihrem Leitsatz her deutlich macht, dass ein Arbeitnehmer, der zum Zwecke der Entsendung eingestellt wird, während der Beschäftigung im Ausland auch bei beabsichtigter Rückkehr an den deutschen Wohnsitz dann nicht dem Schutz der gesetzlichen Unfallversicherung unterliegt, wenn für die Zeit nach Beendigung der Entsendung eine Weiterbeschäftigung beim entsendenden Arbeitgeber im Inland nicht gewährleistet ist.[130] 109

In dieser Entscheidung wird zum Ausdruck gebracht, dass die **Entsendung „im Rahmen eines bestehenden Beschäftigungsverhältnisses"** erfolgt. Zwar werde durch die Gesetzesmaterialien und die nachfolgende Rechtsprechung des BSG dies dadurch etwas eingeschränkt, dass die Ausstrahlung nicht dadurch ausgeschlossen werde, dass das Beschäftigungsverhältnis allein im Hinblick auf die Entsendung ausgeübt werde, wenn nur sichergestellt sei, dass der Schwerpunkt der rechtlichen und tatsächlichen Merkmale des Beschäftigungsverhältnisses im Geltungsbereich des Sozialgesetzbuchs liege. Das mit dem 110

---

[126] *Steinmeyer*, Einstrahlung, S. 54.
[127] *Steinmeyer*, Einstrahlung, S. 58; so auch die amtl. Begr. in BT-Drs. 7/4122, S. 30 (zu § 4); vgl. auch BSG SozR 2100 § 4 Nr. 3.
[128] So auch BSG SozR 2100 § 4 Nr. 3.
[129] Vgl. BSG SGb 1984, 360 ff. m. Anm. *Steinmeyer*.
[130] BSG SozR 3-2400 § 4 SGB IV Nr. 5.

inländischen Arbeitgeber abgeschlossene Beschäftigungsverhältnis müsse gleichsam den Rahmen für die Entsendung bilden.

111 Daraus zieht das BSG nun den Schluss, dass es nach Beendigung der Entsendung für die Anerkennung der Ausstrahlung neben der erforderlichen Rückkehr ins Inland jedenfalls in den Fällen, in denen das Beschäftigungsverhältnis erst mit der Entsendung begonnen habe, erforderlich sei, dass infolge der Eigenart der Beschäftigung feststehe oder von vornherein vereinbart sei, dass die Beschäftigung beim entsendenden Arbeitgeber weitergeführt werde. Die Bejahung einer Ausstrahlung bei fehlender vorangegangener Beschäftigung beim Entsendungsarbeitgeber im Inland ohne das Erfordernis einer derartigen Weiterbeschäftigung sei mit der Zielsetzung des § 4 Abs. 1 SGB IV, dass ins Ausland entsandte Arbeitnehmer ihren Versicherungsschutz nicht verlieren sollen, nicht zu vereinbaren.

112 Damit hat das Bundessozialgericht eine Rechtsprechung konkretisiert, die sich 1994 andeutete, als das Gericht aussprach, dass eine zeitlich begrenzte Entsendung an einen Beschäftigungsort im Ausland nur vorliege, wenn im voraus vereinbart sei oder feststehe, dass der Beschäftigte im Anschluss an die Entsendung in den Geltungsbereich des inländischen Sozialversicherungssystems zurückkehre.[131]

c) Die Vorbehaltsregelung des § 6 SGB IV

113 § 6 SGB IV sieht vor, dass Regelungen in den besonderen Vorschriften für die einzelnen Versicherungszweige und Regelungen des über- und zwischenstaatlichen Rechts, die von den §§ 3 bis 5 SGB IV abweichen, unberührt bleiben. Dieser Vorrang, der sich für die einzelnen Versicherungszweige schon aus Gründen der Spezialität und für die über- und zwischenstaatlichen Regelungen auch aus dem Rangverhältnis ergeben kann, relativiert die Bedeutung der §§ 3 bis 5 SGB IV für die Praxis.[132] Dies gilt insbesondere für Sachverhalte der Ein- und Ausstrahlung mit Bezug zu Staaten der EU.[133]

114 Ohne dass an dieser Stelle eine abschließende Aufzählung der **Abweichungen in den einzelnen Versicherungszweigen** gegeben werden soll, sei hier exemplarisch auf § 5 Abs. 1 Nr. 9 SGB V für die Versicherungspflicht in der gesetzlichen Krankenversicherung, auf § 7 Abs. 1 S. 2 SGB VI für die Versicherungsberechtigung in der gesetzlichen Rentenversicherung und auf § 2 Abs. 3 S. 2 SGB VII für die Versicherungspflicht in der gesetzlichen Unfallversicherung hingewiesen.

115 Vorrangige inter- und supranationale Regelungen finden sich einerseits in den verschiedenen **bi- und multilateralen Sozialversicherungsabkommen,** so beispielsweise in Art. 6 des Abkommens zwischen der Bundesrepublik Deutschland und der Republik Österreich über Soziale Sicherheit.

116 Wesentliche Bedeutung kommt dem Vorrang der **Art. 9, 13 und 14 VO 1408/71 als supranationale Regelungen** zu. Nach Art. 9 VO 1408/71 gelten die nationalen Vorschriften über die Versicherungsberechtigung auch für EU-Bürger, die in einem anderen Mitgliedstaat wohnen, früher aber im Geltungsbereich beschäftigt waren. Hier wirkt die Beschäftigung sozusagen nach. Art. 13 VO 1408/71 stellt zwar wie § 3 SGB IV auf den Ort der Beschäftigung ab, doch wird diese Regelung durch Art. 14 VO 1408/71 für die Fälle der Entsendung eingeschränkt. Die Unterscheidung zwischen Ein- und Ausstrahlung sucht man in Art. 14 VO 1408/71 vergeblich, da auf europäischer Ebene jede Ausstrahlung zugleich eine Einstrahlung ist und umgekehrt.[134] Die Vorschrift sieht für die Entsendung von Arbeitnehmern vor, dass diese weiterhin dem Geltungsbereich der Vorschriften des Entsendestaats unterliegen. Diese Regelung ist allerdings zeitlich auf 12 Monate befristet, wobei diese Frist nochmals um 12 Monate verlängert werden kann.

---

[131] BSG SozR 3-6050 Art 14 VO 1408/71 Nr 4.
[132] *Steinmeyer*, in: Sozialrechtshandbuch, Kap. 31 Rn. 61.
[133] *Eichenhofer*, Internationales Sozialrecht, Rn. 287.
[134] *v. Maydell*, in: GK-SGB IV, § 6 Rn. 10.

d) Besonderheiten im Unfallversicherungsrecht

Durch die Ausdehnung des Unfallversicherungsschutzes auf Personen, die in keinem abhängigen Beschäftigungsverhältnis stehen (sog. unechte Unfallversicherung)[135] wird die Beziehung von Beschäftigung und versichertem Risiko gelockert, was für das internationale Sozialversicherungsrecht zur Folge hat, dass im Bereich der **unechten Unfallversicherung** nicht an das Merkmal der Beschäftigung oder der selbständigen Tätigkeit angeknüpft wird.[136] Ansonsten gelten grundsätzlich auch die §§ 3 ff. SGB IV.[137] § 2 Abs. 3 SGB VII ersetzt die Merkmale der Beschäftigung und selbständigen Tätigkeit durch den Ort der unter Versicherungsschutz stehenden Handlung für den Personenkreis, dessen Versicherungspflicht nach § 2 Abs. 1 u. 2 SGB VII nicht durch die erstgenannten Merkmale begründet wird. Dabei wird ausdrücklich darauf verwiesen, dass das Unfallversicherungsverhältnis auch ausstrahlen kann. Dies hat im Bereich der Unfallversicherung eine besondere Bedeutung, da in § 2 SGB VII die Leistungsseite ebenfalls angesprochen ist – Versicherung gegen Arbeitsunfall – und somit von der Ausstrahlung umfasst wird.[138] Über diese Ausstrahlungsregelung hinaus wird der Geltungsbereich der Unfallversicherung für Nothelfer nach § 2 Abs. 1 Nr. 13a SGB VII durch § 2 Abs. 3 S. 2 SGB VII ausgeweitet. In diesem Zusammenhang wird anstelle der Entsendung an den Wohnsitz oder gewöhnlichen Aufenthalt im Geltungsbereich angeknüpft, so dass bspw. auch bundesdeutsche Touristen bei von ihnen vorgenommenen Rettungshandlungen im Ausland der gesetzlichen Unfallversicherung unterfallen.[139]

e) Sozialversicherungsrechtliche Anknüpfung bezüglich der Leistungsseite

Abgesehen von dem Unfallversicherungs- und dem Fremdrentenrecht wird grundsätzlich eine **kollisionsrechtliche Trennung der Beitrags- und Leistungsseite** vorgenommen. Damit stellt sich die Frage, welchen kollisionsrechtlichen Regelungen die Gewährung von Sozialversicherungsleistungen unterliegen. Zwei Möglichkeiten wären denkbar: Entweder gelten die Kollisionsnormen der §§ 3 ff. SGB IV auch für die Sozialversicherungsleistungen oder die Grundsatznorm des § 30 SGB I findet Anwendung.

Die letztgenannte Möglichkeit würde zu einer singulären kollisionsrechtlichen Betrachtung führen und hätte zur Konsequenz, dass auf einen Lebenssachverhalt zwei unterschiedliche kollisionsrechtliche Prinzipien anzuwenden wären. Dadurch würde das Abhängigkeitsverhältnis zwischen Beitrag und Leistung unberücksichtigt bleiben.[140]

Die Verzahnung von Versicherungspflicht, Versicherungsberechtigung und Versicherungsleistung gebietet stattdessen, dass die **Vorbehaltsregelung des § 37 SGB I hinsichtlich der Leistungsseite greift**.[141] Nur so lässt sich gewährleisten, dass gleiche Anknüpfungspunkte für Beitrags- und Leistungsseite bestehen. Die §§ 3 bis 5 SGB IV gelten sachlich mithin nicht nur für die Versicherungspflicht und die Versicherungsberechtigung, sondern auch für sämtliche Rechtsfolgen.[142]

Im Sozialversicherungsrecht finden sich allerdings eine Reihe von besonderen Vorschriften, die sich mit der Leistungsseite befassen.

Für den Bereich der gesetzlichen Krankenversicherung ist hier etwa auf die §§ 17, 18 SGB V als spezialgesetzliche Regelungen zu verweisen. Hiernach erhalten Mitglieder, die außerhalb des Geltungsbereichs des SGB V beschäftigt sind und während dieser Zeit er-

---

[135] Vgl. hierzu *Rüfner*, Einführung in das Sozialrecht, 2. Aufl. 1991, S. 130.
[136] *v. Maydell*, in: GK-SGB I § 30 Rn. 71.
[137] *Schulin/Igl*, Rn. 1174.
[138] *v. Maydell*, in GK-SGB IV, § 6 Rn. 5.
[139] BSGE 35, 70.
[140] *Steinmeyer*, in: Sozialrechtshandbuch, Kap. 31 Rn. 62.
[141] *Steinmeyer*, in: Sozialrechtshandbuch, Kap. 31 Rn. 62.
[142] *Eichenhofer*, Internationales Sozialrecht, Rn. 290.

kranken, die ihnen nach dem SGB V zustehenden Leistungen durch den Arbeitgeber und nicht durch die Krankenkasse, da sie keine Sachleistungen im Ausland erbringen kann. Gleiches gilt für versicherte Familienangehörige. § 18 SGB V regelt die Leistungserbringung im Ausland für den Fall, dass nach dem allgemeinen anerkannten Stand der medizinischen Erkenntnisse eine Behandlung im Inland nicht möglich ist. Dies betrifft den eher seltenen Fall, dass die Leistungsseite in dieser Form nur im Ausland zu erbringen ist.

123   In der gesetzlichen Rentenversicherung treffen die §§ 110 ff. SGB VI spezielle Regelungen für die Erbringung von Leistungen an Berechtigte im Ausland, man spricht auch vom Auslandsrentenrecht.[143] Grundsätzlich erhalten Berechtigte (gleichgültig ob Ausländer oder Deutsche), die sich nur vorübergehend außerhalb des Geltungsbereichs dieses Gesetzbuchs aufhalten, für diese Zeit Leistungen wie Berechtigte, die ihren gewöhnlichen Aufenthalt im Geltungsbereich dieses Gesetzes haben. Ebenso erhalten auch diejenigen Berechtigten diese Leistungen, die ihren gewöhnlichen Aufenthalt nicht im Geltungsbereich dieses Gesetzes haben. Für berechtigte Deutsche bestehen in § 114 SGB VI Sonderregelungen hinsichtlich der Berücksichtigung von Entgeltpunkten bei der Rentenberechnung.

124   Da nicht für jede Leistungsgewährung eine kollisionsrechtliche Regelung besteht, muss man auf allgemeine kollisionsrechtliche Prinzipien zurückgreifen und eine Schwerpunktbildung zur Anknüpfung vornehmen. Dabei kommt dem Sitz des Versicherungsträgers ein großer Stellenwert zu,[144] doch wird eine pauschale Anknüpfung an dieses Kriterium nicht möglich sein, da die Umstände des Einzelfalls eine solche Handhabung verbieten.

4. Das Arbeitsförderungsrecht

125   Das Arbeitsförderungsrecht nimmt eine Sonderstellung ein, da es nicht den Gemeinsamen Vorschriften für die Sozialversicherung unterfällt (vgl. § 1 Abs. 1 SGB IV). Dies erklärt sich u. a. aus dem nur teilweise ausgeprägten Versicherungscharakter der Leistungen nach dem SGB III.

126   Aus diesem Grund enthält § 1 SGB IV eine ausdrückliche Regelung betr. das Arbeitsförderungsrecht, die u. a. die Kollisionsnormen der §§ 3 bis 5 SGB IV für entsprechend anwendbar erklärt.[145]

127   Wird durch entsprechende Anwendung des § 3 SGB IV der **Beschäftigungsort auch für das Arbeitsförderungsrecht der grundsätzliche Anknüpfungspunkt,** so werden darüber hinaus für verschiedene SGB III-Leistungen hiervon Ausnahmen gemacht. Nach § 63 SGB III wird die Gewährung von Leistungen zur Berufsausbildung an das Merkmal der Staatsangehörigkeit geknüpft, wobei für Staatsangehörige von Mitgliedstaaten der EU eine Leistungsgewährung vorgesehen ist, sofern Verordnungen der EU dies vorsehen. Eine solche Regelung besteht in Art. 12 Abs. 1 VO 1612/68.[146]

128   Eine ungewöhnliche Regelung der Leistungsgewährung besteht bei der Wintergeldgewährung. In § 216 Abs. 1 SGB III wird die Möglichkeit eröffnet, durch Rechtsverordnung die Wintergeldgewährung auch auf entsandte Arbeitnehmer im Sinne des § 4 Abs. 1 SGB IV auszudehnen. Diese Ausstrahlung wird aber davon abhängig gemacht, dass die Arbeit in dem Entsendegebiet vergleichbare witterungsbedingte Erschwernisse aufweist, wie dies in der Bundesrepublik Deutschland der Fall ist. Diese Regelung zeigt in exemplarischer Weise, wie eine individuelle kollisionsrechtliche Regelung aufgestellt wird, um den normativ-systematischen Eigenheiten gerecht zu werden.

129   Die Berücksichtigung des individuellen Regelungsgegenstandes ist auch beim Insolvenzgeld (§§ 183 ff. SGB III) der ausschlaggebende Punkt bei der kollisionsrechtlichen

---

[143] *Niesel,* Kasseler Kommentar, Vor § 110 SGB VI Rn. 1.
[144] *v. Maydell,* in: GK-SGB I, § 30 Rn. 89.
[145] *Eichenhofer,* Internationales Sozialrecht, Rn. 290.
[146] *Gagel,* Sozialgesetzbuch III, Kommentar, Loseblatt, Stand 3/2000, § 63 Rn. 47 und Rn. 81 ff.

Regelung. Die Beitragspflicht (Umlage) für das Insolvenzgeld ist eigenständig in den §§ 358 ff. SGB III geregelt. Einerseits ist es der Zweck des Insolvenzgeldes, den Arbeitnehmer vor den finanziellen Risiken einer Insolvenz des Arbeitgebers zu schützen. Andererseits wird das Insolvenzgeld durch die Berufsgenossenschaft aufgebracht, die ihrerseits die Mittel nach § 359 SGB III auf die Arbeitgeber nach dem Entgelt der Versicherten in den Unternehmen umlegen. Diese Besonderheiten machen deutlich, dass das Beschäftigungsverhältnis der Schwerpunkt und damit der Anknüpfungspunkt ist, auf den man abstellen muss.[147] Es würde aber dem Sinn des Insolvenzgeldes widersprechen, wenn man ausschließlich auf den inländischen Ort der Beschäftigung abstellt. Auch der ins Ausland entsandte Arbeitnehmer ist hinsichtlich eines Konkurses des Arbeitgebers ebenso schützenswert wie sein inländischer Kollege. Aus diesem Grund wird man einen Anspruch auf Insolvenzgeld in Anwendung der §§ 3, 4 SGB IV für die Beitrags- und Leistungsseite bei einer inländischen Beschäftigung und bei einer Ausstrahlung gewähren können.[148] Dieser Anspruch soll nach einem Urteil des BSG sogar dann bestehen, wenn keine Entsendung im Sinne des § 4 SGB IV, sondern eine Beschäftigung einer Ortskraft vorliegt, gleichwohl der Schwerpunkt des Beschäftigungsverhältnisses im Inland liegt, etwa wegen eines ruhenden Beamtenverhältnisses, der deutschen Staatsbürgerschaft und der deutschen Gerichtsstandsvereinbarung.[149]

IV. Internationales Sozialrecht und internationales Privatrecht

An verschiedenen Stellen wurde bereits deutlich, dass sich das internationale Sozialrecht methodologisch des IPR bedient. Im folgenden soll nunmehr der Frage nachgegangen werden, inwiefern und inwieweit das internationale Sozialrecht und das IPR materielle Verbindungspunkte und Überschneidungen aufweisen.

1. Grundsätzliches Verhältnis von internationalem Sozialrecht und internationalem Privatrecht

Die rechtliche Konstellation von internationalem Sozialrecht und IPR lässt sich nur dann transparent darstellen, wenn auf das allgemeine Verhältnis von Sozialrecht und Privatrecht zurückgegriffen wird.

Mit der Entwicklung des modernen Sozialstaats fand eine Schwerpunktverlagerung sozialer Problemlösungen von dem Privatrecht hin zum Sozialrecht statt. Werden soziale Konflikte der liberalen Wirtschafts- und Sozialordnung vornehmlich durch privatrechtliche Instrumentarien beseitigt, hier sei etwa auf den Kündigungsschutz als Arbeitsplatzschutz für Arbeitnehmer hingewiesen, so setzt der moderne Sozialstaat die sozialpolitischen Vorgaben durch öffentlich-rechtliches und somit durch interventionistisches Handeln um,[150] wobei bislang eine immer größere Dichte sozialer Schutzmechanismen entstand. Privatrechtlicher und sozialrechtlicher Schutz stellen aber keinen Dualismus dar; sie stehen vielmehr in einer wechselseitigen Beziehung zueinander. Dieser Interaktionismus hat, wie noch zu zeigen sein wird, seinen Schwerpunkt in den Bereichen Familie, Arbeit und Schadensausgleich.

So setzen **sozialrechtliche Leistungen** etwa dann ein, **wenn privatrechtliche Regelungen ihre Grenzen erreichen**. Hier sei nur an die Koppelung von Lohnfortzahlung und Krankengeld gedacht. Umgekehrt können privatrechtliche Akte auch sozialrechtliches

---

[147] *v. Maydell*, in: GK-SGB I, § 30 Rn. 96; *Steinmeyer*, in: Sozialrechtshandbuch, Kap. 31 Rn. 63.
[148] *Steinmeyer*, in: Sozialrechtshandbuch, Kap. 31 Rn. 67; *ders.* Anmerkung zum Urteil BSG 10 RAr 6/82, SGb 1984, S. 362, 363 f.
[149] *BSG*, SGb 1984, S. 360 ff. mit Anm. *Steinmeyer*.
[150] *Eichenhofer*, Internationales Sozialrecht und Internationales Privatrecht, S. 36 f.

Wirken beeinflussen. Man denke bspw. an den Wegfall der Anspruchsvoraussetzungen für die Arbeitslosengeldgewährung bei Begründung eines neuen Arbeitsverhältnisses.

134 Ein anderer Aspekt des Ineinandergreifens von Privatrecht und Sozialrecht ist das gegenseitige **Abhängigkeitsverhältnis bei der Begründung von Ansprüchen**. Voraussetzung für die Gewährung einer Witwen- bzw. Witwerrente ist das vorherige Bestehen einer Ehe. Krankenversicherungsleistungen für Familienangehörige können nur bei entsprechendem familienrechtlichen Status gewährt werden.[151]

135 In allen Fällen, in denen eine Wechselbeziehung zwischen Sozialrecht und Privatrecht besteht, ist auch eine Auslandsberührung denkbar. Damit wird das Verhältnis zwischen Sozialrecht und Privatrecht international. Die dabei auftretenden Problemschwerpunkte betreffen vor allem die Fragen der Konkurrenz und der Präjudizialität.[152]

136 Eine **Konkurrenzlage** liegt dann vor, wenn ein Sachverhalt sowohl internationalsozialrechtliche als auch international-privatrechtliche Rechtsfolgen auslöst. Dagegen spricht man von Präjudizialität, wenn die Rechtsfolgen eines Sachverhalts nur einem Rechtsgebiet zu entnehmen sind, gleichwohl hierfür relevante Vorfragen durch das andere Rechtsgebiet zu klären sind.[153]

137 Von einer Konkurrenzlage ist beispielsweise auszugehen, wenn ein Deutscher anlässlich seines Urlaubs in der Türkei eine Urlauberin vor dem Ertrinken rettet, sich dabei verletzt und die Heilbehandlungskosten ersetzt verlangt. Dieser Sachverhalt löst sowohl international-privatrechtliche Rechtsfolgen hinsichtlich des anzuwenden Schadensersatzrechts als auch international-sozialrechtliche Rechtsfolgen im Hinblick auf das anzuwendende Unfallversicherungsrecht aus.

138 Das **Problem der Präjudizialität** wird für das internationale Sozialrecht in erster Linie im Bereich des Familienrechts virulent. Da privatrechtliche Rechtsinstitute, wie Ehe, Unterhalt, Güterstand und Kindschaft auch für das Sozialrecht Tatbestandsvoraussetzungen sind, es sei denn es bestehen abweichende Regelungen,[154] und dies ebenso für Sachverhalte mit Auslandsberührungen gilt, wurde im Zuge der Reformierung des IPR für diese Fälle der Präjudizialität in § 34 SGB I eine eigenständige Regelung geschaffen. Setzen Rechte und Pflichten nach dem SGB ein familienrechtliches Verhältnis voraus, so bestimmt diese Vorschrift, dass ein Rechtsverhältnis, das gemäß internationalem Privatrecht dem Recht eines anderen Staates unterliegt, hierfür nur ausreicht, wenn es dem Rechtsverhältnis im Geltungsbereich des SGB entspricht.

2. Arbeit als Regelungsgegenstand

139 Im Gegensatz zu dem Verhältnis von internationalem Familienrecht und internationalem Sozialrecht, das vornehmlich durch Fragen der Präjudizialität gekennzeichnet ist, bestimmen sowohl Konkurrenz- als auch Präjudizialitätsfragen die Beziehung zwischen internationalem Arbeitsrecht und internationalem Sozialrecht.

140 Eine bedeutender Fall der Präjudizialität ist die Bestimmung des Arbeitnehmerbegriffs für das Sozialversicherungsrecht, da dieser Begriff Tatbestandsmerkmal der Versicherungspflicht ist. Es stellt sich die Frage, ob das Sozialversicherungsrecht den Arbeitnehmerbegriff selbständig bestimmt oder die Begriffsbestimmung als Vorfrage dem jeweils maßgeblichen Arbeitsrecht zu entnehmen ist. Den Weg zur Lösung scheint § 3 SGB IV zu weisen, der u. a. die Versicherungspflicht für alle Personen vorsieht, die im Geltungsbereich dieses Gesetzbuchs beschäftigt sind. Der Wortlaut stellt zwar auf die inländische Beschäftigung ab, bestimmt aber nicht, dass die Beschäftigung deutschem Arbeitsrecht unterliegen

---

[151] *Steinmeyer*, in: Sozialrechtshandbuch, Kap. 31 Rn. 71.
[152] Diese Unterscheidung geht zurück auf *Eichenhofer*, Internationales Sozialrecht und Internationales Privatrecht, S. 50 ff., siehe auch *Eichenhofer*, Internationales Sozialrecht, Rn. 226 f.
[153] *Eichenhofer*, Internationales Sozialrecht und Internationales Privatrecht, S. 52 ff.
[154] *Hauck, in:* Hauck § 34 SGB I, Rn. 1; vgl. *Eichenhofer*, Internationales Sozialrecht, Rn. 227.

muss.[155] Damit nicht durch die Möglichkeit der Rechtswahl des Arbeitsstatuts (vgl. Art. 27, 30 EGBGB) auch der sozialversicherungsrechtliche Schutz der Beschäftigten ausgehebelt werden kann und darüber hinaus eine sozialversicherungsrechtliche Gleichbehandlung aller inländisch Beschäftigten gewährleistet wird, ist es erforderlich, dass der Arbeitnehmerbegriff durch das Sozialrecht autonom bestimmt wird.[156] Das internationale Arbeitsrecht hat insofern keine präjudizielle Wirkung.

Internationales Arbeitsrecht und internationales Sozialrecht stehen bei der Absicherung bestimmter Risiken aber auch in unterschiedlichen Konkurrenzverhältnissen zueinander. Die wesentliche Frage des Konkurrenzverhältnisses dieser Rechtsgebiete ist die der Verdrängung arbeitsrechtlicher Regelungen durch das Sozialrecht. Davon ist beispielsweise bei der Behandlung von erkrankten Arbeitnehmern auszugehen, wo arbeitsrechtliche Ansprüche durch spezielle krankenversicherungs- oder unfallversicherungsrechtliche Ansprüche verdrängt werden. Ebenso verhält es sich bei der Haftung des Arbeitgebers für Personenschäden. Auch wenn ein ausländisches Arbeitsstatut vorliegt, muss in dieser Frage der unfallversicherungsrechtlichen Lösung in §§ 104ff. SGB VII wegen ihres spezielleren Regelungscharakters Priorität eingeräumt werden.[157]

3. Schadensausgleich als Regelungsgegenstand

Ein Konkurrenzverhältnis zwischen internationalem Privatrecht und internationalem Sozialrecht findet sich ebenfalls bei dem Ausgleich von Schäden, speziell der Schäden von Nothelfern. Der privatrechtliche Ausgleich bei Auslandssachverhalten wird nach dem internationalen Recht der Geschäftsführung ohne Auftrag bestimmt, der international-sozialrechtliche Ausgleich hingegen nach der Regelung des § 2 Abs. 1 Nr. 13 SGB VII i.V.m. § 2 Abs. 3 SGB VII. Der sozialrechtliche Schadensausgleich beinhaltet die über die zivilrechtliche Kompensation hinausgehende Intention der Freistellung des Geschäftsherrn von dem unkalkulierbaren Schadenspotential des Nothelfers. Diese Erweiterung der Ausgleichssystematik lässt die internationalprivatrechtliche Haftung wegen dieser Spezialität hinter die sozialrechtliche Regelung zurücktreten.[158]

V. Das zwischenstaatliche Sozialrecht

Das zwischenstaatliche Sozialrecht hat die Aufgabe, sozialrechtliche Sachverhalte mit Auslandsberührung zu regeln. Nationale Gestaltungs- und Einwirkungsmöglichkeiten auf transnationale Sachverhalte sind, allein wegen der begrenzten Gebietshoheit der Staaten, nur beschränkt möglich. Die **grenzüberschreitende Wanderung** von Arbeitnehmern und deren Angehörigen macht es aber erforderlich, **Regelungen zu schaffen, die diese Personenkreise sozial absichern, wollte man nicht einer zunehmenden Anzahl von Personen große Bereiche des sozialen Schutzes versagen.**[159] Betrachtet man zum Beispiel die Rentenleistungen der gesetzlichen Rentenversicherung in der Bundesrepublik Deutschland, so wird zumindest die allgemeine Wartezeit von fünf Jahren vorausgesetzt (§ 50 SGB VI). Das hat für ausländische Arbeitnehmer, die nur kurzfristig in Deutschland arbeiten, zur Folge, dass sie trotz Beitragsleistungen nicht in den Genuss von Rentenleistungen kommen.[160] Schließen sich weitere kurzfristige Beschäftigungen in anderen Staaten an, so ist die Gefahr groß, eine umfassende soziale Absicherung für diese

---

[155] *Eichenhofer*, Internationales Sozialrecht und Internationales Privatrecht, S. 109.
[156] BSGE 36, S. 276 ff.
[157] *Eichenhofer*, Internationales Sozialrecht und Internationales Privatrecht, S. 100 ff.
[158] *Eichenhofer*, Internationales Privatrecht und Internationales Sozialrecht, S. 189 f.
[159] *Steinmeyer*, Einstrahlung, S. 93.
[160] *Plöger/Wortmann/Kerger*, Bd. I, Allg. Teil, 2, 2.1, S. 22.

Personen nie zu erhalten.¹⁶¹ Hier zeigen sich die allgemeinen Probleme der Ausdehnung von Leistungen auf ansonsten nicht erfasste Personenkreise, die Leistungserbringung und der Leistungserhalt bei Sachverhalten mit Auslandsberührungen.

144 Das zwischenstaatliche Sozialrecht stellt sich dieser Problemstellungen, indem es die nationalen Systeme der Sozialen Sicherheit für Fälle mit Auslandsberührung in personeller und sachlicher Hinsicht koordiniert und so versucht, Nachteile durch grenzüberschreitende Tätigkeiten zu verhindern.¹⁶² Diesen Zweck teilt das zwischenstaatliche Sozialrecht mit dem europäischen Sozialrecht. Im Gegensatz zum europäischen Sozialrecht, das seine systematische Sonderstellung aus dem Zusammenschluss der Mitgliedstaaten in der Europäischen Union als einer Organisationsform sui generis mit übertragenen Hoheitsrechten¹⁶³ ableitet, besteht beim zwischenstaatlichen Sozialrecht nicht die rechtstechnische Möglichkeit, durch eigene supranationale Organe zu handeln. Vielmehr sind es die nationalen Staaten, die diese sozialrechtlichen Konfliktfälle zwischen denselben durch Abkommen lösen.

145 Im zwischenstaatlichen Sozialrecht hat sich der Terminus der *Abkommen über Soziale Sicherheit* eingebürgert. Darunter versteht man die in der Praxis bedeutendsten Abkommen, die umfassend die maßgeblichen Zweige des Sozialrechts, also Kranken-, Unfall- und Rentenversicherung regeln und die hierbei auftretenden zwischenstaatlichen Probleme vollständig lösen.¹⁶⁴

146 Im europäischen Raum sind die zwischenstaatlichen Abkommen über Soziale Sicherheit vor allem in den Fällen von Bedeutung, wo Sachverhalte mit Auslandsberührungen nicht von der VO 1408/71 erfasst werden. Damit sind vor allem jene Sachverhalte angesprochen, die sich in Verbindung mit Nicht-EU- oder EWR-Staaten ergeben. Insbesondere für die Bundesrepublik Deutschland als einem Mitgliedstaat der EU, der im Süden und Osten an Nicht-EU-Staaten grenzt, sind die Abkommen über soziale Sicherheit von großer Relevanz, da der tägliche wechselseitige Fluss von arbeitenden Grenzgängern vielfältige Auslandsberührungen mit sich bringt. Gleichwohl bestehen nicht zu jedem anderen europäischen Staat Sozialversicherungsabkommen. Nur dort, wo es in einem erheblichen Umfang zu regelungsrelevanten Fällen kommt, werden auch Abkommen geschlossen. So fehlt deshalb bislang ein Abkommen zwischen der Bundesrepublik Deutschland und dem Fürstentum Monaco.

1. Die typische Struktur von Abkommen über soziale Sicherheit

147 Die zwischenstaatlichen Abkommen über Fragen der Sozialen Sicherheit sind völkerrechtliche Verträge zwischen den Staaten als Völkerrechtssubjekten.¹⁶⁵ Hinsichtlich der Strukturen dieser Verträge finden sich unterschiedliche Ausgestaltungen, was sowohl die vertragsschließenden Parteien und den persönlichen Anwendungsbereich als auch die inhaltliche Ausgestaltung der Abkommen anbelangt.

a) Die Vertragsparteien und der persönliche Anwendungsbereich der Abkommen über Soziale Sicherheit

aa) Die Vertragsparteien

148 Je nach Anzahl der vertragsschließenden Staaten als völkerrechtlich handelnde Subjekte unterscheidet man **bi- und multilaterale Abkommen über Soziale Sicherheit.** Von bilateralen oder zweiseitigen Abkommen spricht man, wenn nur zwei Staaten einen völ-

---

¹⁶¹ Vgl. *Yoffee*, S. 5 ff.
¹⁶² *Frank*, Allgemeine Regeln des internationalen Sozialrechts – zwischenstaatliche Regelungen, in: Sozialrechtshandbuch, Kap. 33 Rn. 1; *Steinmeyer*, Einstrahlung, S. 93.
¹⁶³ BVerfGE 37, S. 217, 278.
¹⁶⁴ *Frank*, Sozialrechtshandbuch, Kap. 33 Rn. 3.
¹⁶⁵ *Plöger/Wortmann/Kerger*, Bd. I, Allg.Teil, 2.2.1, S. 25.

V. Das zwischenstaatliche Sozialrecht 149–153 § 32

kerrechtlichen Vertrag mit international sozialrechtlichen Gegenstand schließen. Regeln mehr als zwei Staaten sozialrechtliche Fragen untereinander, so handelt es sich um mehrseitige oder multilaterale Abkommen.

Als Beispiele für bilaterale Abkommen sei hier auf das deutsch-polnische Sozialversicherungsabkommen[166] oder das deutsch-türkische Sozialversicherungsabkommen[167] hingewiesen, während das schon an anderer Stelle erwähnte Rheinschifferabkommen[168] exemplarisch für ein multilaterales Abkommen zu nennen ist. Die zu regelnden Sachverhalte oder Notwendigkeiten sind je nach beteiligtem Staat sehr unterschiedlich, weshalb die Anzahl der bilateralen Abkommen wegen ihrer individuell zugeschnittenen Lösung gegenüber multilateralen Abkommen überwiegt. 149

bb) Der persönliche Anwendungsbereich

Der Abschluss von Abkommen über Soziale Sicherheit dient regelmäßig der Begrenzung von Konfliktfällen zwischen den vertragsschließenden Staaten. Das bedeutet in der Regel aber auch, dass der Anwendungsbereich in personeller Hinsicht eingegrenzt wird, was nicht zuletzt der Beschränkung des Leistungsumfangs und der Kosten dienen soll. Vor diesem Hintergrund bestimmen viele Abkommen, dass sie nur für Staatsangehörige der Vertragsstaaten anwendbar sind. Solche Abkommen werden als geschlossene Abkommen bezeichnet.[169] Obwohl diese geschlossenen Abkommen vom Grundsatz her auf Staatsangehörige beschränkt sind, werden die auf dem Hoheitsgebiet der Vertragsstaaten wohnenden Staatenlosen und Flüchtlinge, die dort ihren gewöhnlichen Aufenthalt haben, mit einbezogen. Gleiches gilt für Angehörige und Hinterbliebene der von den Abkommen umfassten Staatsangehörigen, auch wenn sie nicht dieselbe Staatsangehörigkeit besitzen.[170] 150

Fehlt den Abkommen über Soziale Sicherheit eine Einschränkung des persönlichen Anwendungsbereichs, wie etwa Art. 3 des deutsch-niederländischen Sozialversicherungsabkommens,[171] so spricht man von offenen Abkommen.[172] 151

b) Allgemeine Grundsätze

Ungeachtet der individuellen Vertragsgestaltung kristallisieren sich in den meisten zwischenstaatlichen Abkommen gleichlautende Regelungen heraus, denen generelle Bedeutung beizumessen ist und die die Struktur des zwischenstaatlichen Sozialrechts entscheidend prägen. 152

aa) Der Grundsatz der Inländergleichbehandlung

Die meisten Abkommen über Soziale Sicherheit folgen dem Grundsatz der Inländergleichbehandlung. Hiernach werden die Staatsangehörigen der Vertragsstaaten hinsichtlich des erfassten Personenkreises und der Leistungsseite den eigenen Staatsangehörigen auf Gegenseitigkeit gleichgestellt.[173] **Ungleichbehandlungen aufgrund unterschiedlicher Staatsangehörigkeiten werden damit unterbunden.** Dies kommt auch zum Ausdruck ILO-Übereinkommen Nr. 118 über die Gleichbehandlung in der Sozialen Sicherheit.[174] 153

---

[166] Abkommen zwischen der Bundesrepublik Deutschland und der Republik Polen über Soziale Sicherheit vom 8. 12. 1990, BGBl. 1991 II S. 741.
[167] Abkommen zwischen der Bundesrepublik Deutschland und der Republik Türkei über Soziale Sicherheit, BGBl. 1965 II S. 1170.
[168] Übereinkommen über die soziale Sicherheit der Rheinschiffer vom 30. 11. 1979.
[169] *Frank*, Sozialrechtshandbuch, Kap. 33 Rn. 34.
[170] *Plöger/Wortmann/Kerger*, Bd. I, Allg. Teil, 2.3.3., S. 45; *Frank*, Sozialrechtshandbuch, Kap. 33 Rn. 35.
[171] Abkommen zwischen der Bundesrepublik Deutschland und dem Königreich der Niederlande über Sozialversicherung, BGBl. 1951 II S. 222.
[172] *Frank*, Sozialrechtshandbuch Kap. 33 Rn. 36.
[173] *Yoffee*, S. 22.
[174] BGBl. 1970 II S. 803.

In diesem Übereinkommen verpflichten sich die Vertragsstaaten den Staatsangehörigen, Flüchtlingen und Staatenlosen der anderen Vertragsstaaten gleiche Behandlung wie ihren eigenen Staatsangehörigen hinsichtlich der Sozialen Sicherheit zu gewähren.

154 Die Inländergleichbehandlung ist ferner ein wichtiges Prinzip des europäischen Sozialrechts, was insbesondere in Art. 3 VO 1408/71 verankert ist.

bb) Der Grundsatz der Gebietsgleichstellung

155 Der Grundsatz der Inländergleichbehandlung gleicht dann nicht die Nachteile einer Überschreitung nationaler Sozialordnungen aus, wenn für die Leistungsgewährung nicht die Staatsangehörigkeit, sondern ein anderer Anknüpfungspunkt, etwa der gewöhnliche Aufenthaltsort, maßgeblich ist. Um auch hier eine Gleichheit herzustellen, wird der **Auslandsaufenthalt der von den Abkommen erfassten Personen einem Inlandsaufenthalt gleichgestellt**.[175] Sieht etwa eine nationale Regelung vor, dass nur derjenige die beanspruchte Krankenversicherungsleistung erhält, der seinen gewöhnlichen Aufenthalt im Inland hat, so erstreckt der Grundsatz der Gebietsgleichstellung in einem Abkommen die Krankenversicherungsleistung auch auf Personen, die im anderen Vertragsstaat ihren gewöhnlichen Aufenthalt haben.

cc) Vermeidung der Leistungskumulation

156 Da es Sinn der Abkommen über Soziale Sicherheit ist, zwischenstaatliche Rechte zu koordinieren, besteht eine gewichtige Aufgabe auch in der **Vermeidung der Möglichkeit einer doppelten Inanspruchnahme von Leistungen**. Dieses Ziel wird auf mehreren Wegen erreicht.

157 Eine Möglichkeit besteht in der über das bislang beschriebene Maß der Gleichstellung hinausgehenden Gleichstellung von Tatbeständen. So kann Beschäftigungszeiten in einem Vertragsstaat dieselbe Rechtserheblichkeit beigemessen werden, wie inländischen Beschäftigungszeiten.[176] Ferner ist durch die inhaltliche Angleichung derjenigen nationalen Regelungen, die eine Besserstellung für einen bestimmten Personenkreis vorsehen – sog. Tatbestandsangleichung – auch ein Weg eröffnet, unerwünschte Kumulierungen zu vermeiden. Schließlich verhindern auch Kollisionsnormen die Möglichkeit der Leistungskumulation.[177] In diesem Zusammenhang ist auf die Abwehrklauseln in bilateralen Abkommen hinzuweisen. Solche Abwehrklauseln, wie sie etwa im Schlussprotokoll zum deutsch-schweizerischen Sozialversicherungsabkommen[178] oder im Schlussprotokoll zum deutsch-türkischen Sozialversicherungsabkommen[179] zu finden sind, schließen die kumulative Anwendung mehrerer Abkommen durch ihre Sperrwirkung aus. So verhindern beispielsweise derartige Klauseln die Zusammenrechnung von in verschiedenen Staaten zurückgelegter Versicherungszeiten.[180] Damit soll gewährleistet werden, dass die Vertragstaaten auch nur mit Sachverhalten konfrontiert werden, die gerade diesen bilateralen Bezug aufweisen.

dd) Das Leistungsexportprinzip

158 Die Rechtsordnungen der meisten Staaten beschneiden die Übernahme von Sozialleistungen in einen anderen Staat, entweder durch das Abstellen auf den gewöhnlichen Aufenthaltsort oder den Beschäftigungsort sowie durch ausdrückliche Regelungen.[181] Wurden bereits Leistungen erworben, muss es möglich sein, diese Leistungen auch in Anspruch zu nehmen, ohne dass ein Ortswechsel insoweit nachteilige Folgen hätte. Einem ausländi-

---

[175] *Frank*, Sozialrechtshandbuch, Kap. 33 Rn. 51.
[176] *Frank*, Sozialrechtshandbuch, Kap. 33 Rn. 56.
[177] *Yoffee*, S. 21.
[178] *Plöger/Wortmann/Kerger*, Bd. VII, Schweiz, S. 82 (5).
[179] *Plöger/Wortmann/Kerger*, Bd. VIII, Türkei, S. 30 (15).
[180] BSG. Urt. vom 21. 1. 1993 – 13 RJ 7/91.
[181] Vgl. etwa für die Bundesrepublik Deutschland §§ 110 ff. SGB VI.

schen Arbeitnehmer, der Rentenversicherungsleistungen in der Bundesrepublik Deutschland erworben hat, dürfen diese nicht verlustig gehen, wenn er in sein Heimatland zurückkehrt. Diese Gefahr einer sozialen Benachteiligung von Wanderarbeitnehmern und ihrer Angehörigen, wird durch die Möglichkeit **Sozialleistungen ins Ausland zu „exportieren"** gebannt. Die Wahrung von Ansprüchen durch den Leistungsexport mittels Abkommen über Soziale Sicherheit ist vor allem bei Rentenleistungen von großer Bedeutung. Im Hinblick auf die Zahlung von Renten sehen die Abkommen überwiegend vor, dass der zuständige Träger direkte Zahlungen ins betreffende Ausland leistet.[182] Hinsichtlich anderer Sozialleistungen – so etwa bei Krankenversicherungsleistungen – nehmen die ausländischen Träger aushilfsweise die Leistungserbringung vor.

ee) Grundsatz der Zusammenrechnung von Versicherungszeiten

Eingangs wurde bereits auf das **Problem der Erfüllung von Wartezeiten durch Wanderarbeitnehmer zur Anspruchsbegründung** von Sozialleistungen, insbesondere Rentenleistungen, hingewiesen (s. o. Rn. 143). Das deutsche Rentenrecht aber auch das Krankenversicherungs- und Arbeitsförderungsrecht kennen solche Versicherungszeiten.[183] Um auch in diesem Bereich eine Gleichstellung der Wanderarbeitnehmer und ihrer Angehörigen zu erreichen, sehen die Abkommen in der Regel die Addition der in den verschiedenen Staaten zurückgelegten Versicherungszeiten vor.[184] Das Bundessozialgericht hat darüber hinaus ausdrücklich festgestellt, dass alle Versicherungszeiten, die nach bilateralen Sozialversicherungsabkommen der Bundesrepublik Deutschland mit anderen Staaten zu berücksichtigen sind, zusammenzurechnen sind.[185] Die Zusammenrechnung der Versicherungszeiten erfolgt selbstverständlich nur in dem gleichen Versicherungszweig, bspw. in der Rentenversicherung und bzgl. der gleichen Leistung, etwa der Altersrente. Dabei bestimmen die Abkommen, welche Versicherungszeiten anzuerkennen sind. Würden zwei Sozialsysteme die gleiche Berechnungsmethode und die gleichen sachlichen Voraussetzungen für die Leistung verlangen, so brauchte man lediglich die Leistungen zu addieren.[186] Die Praxis wird jedoch mit unterschiedlichen Leistungen und Berechnungen der Versicherungszeiten konfrontiert, so dass andere Lösungswege entwickelt werden mussten, um eine sachgerechte Zusammenrechnung zu gewährleisten, damit die gesamte Arbeitsbiographie eines Wanderarbeitnehmers leistungsmäßig berücksichtigt wird.[187]

Sind die Leistungen annähernd gleich und der Umfang der Leistungen unter den Vertragsstaaten in etwa ausgewogen, so kann nach dem Integrationsprinzip verfahren werden. Das bedeutet, dass – unter Anerkennung der in dem anderen Staat zurückgelegten Zeit – die Sozialleistung nur von dem einen Vertragsstaat erbracht wird. Das **Integrationsprinzip** war aber auch im Verhältnis zu den Staaten des ehemaligen Ostblocks bedeutsam.

Das Gegenteil hierzu stellt das **Verteilungsprinzip** dar. Hiernach erbringt jeder Vertragsstaat nur die Leistung, die dort anspruchsbegründend erworben wurde, ohne Berücksichtigung der ausländischen Zeiten. Ferner werden Rentenleistungen auch pro-rata-temporis berechnet. Das bedeutet, dass in einem ersten Schritt eine theoretische Rentenleistung, nach dem Leistungsrecht eines Vertragsstaates, unter Zugrundelegung aller erworbener Versicherungszeiten, errechnet wird. In dem darauffolgenden Schritt wird dann hiervon der Teil errechnet, den die Person in dem anderen Vertragsstaat erworben hat. In dem Verhältnis von Teilrente zur fiktiven Gesamtrente erhält der Berechtigte Sozialleistungen für die im Vertragsstaat zurückgelegte Zeit.[188]

---

[182] *Yoffee*, S. 23.
[183] Vgl. etwa. § 54 SGB V, §§ 35 ff. SGB VI, § 123 SGB III.
[184] *Frank*, Sozialrechtshandbuch, Kap. 33 Rn. 80.
[185] BSG GS, BSGE 57, S. 23.
[186] *Yoffee*, S. 18.
[187] *Yoffee*, S. 19 f.
[188] *Yoffee*, S. 18, *Frank*, Sozialrechtshandbuch, Kap. 33 Rn. 100.

c) Der sachliche Anwendungsbereich

162 Jedes Abkommen über Soziale Sicherheit enthält eingangs eine Bestimmung über den sachlichen Geltungsbereich. Hierin wird festgelegt, welche Teilgebiete des Sozialrechts von der Koordinierung erfasst werden und ob diese Teilgebiete ganz oder nur in einem bestimmten Bereich Anwendung finden.[189]

163 Der sachliche Anwendungsbereich der sog. **umfassenden Abkommen**[190] erstreckt sich nicht nur auf ein Teilrechtsgebiet, sondern auf **mehrere Bereiche des Sozialrechts**. Derartige Abkommen beziehen sich meist auf die traditionellen Gebiete der Sozialversicherung, also auf die Renten-, Kranken- und Unfallversicherung. Als Beispiel für die Bestimmung des sachlichen Anwendungsbereichs eines umfassenden Abkommens sei auf Art. 2 des Abkommens zwischen der Bundesrepublik Deutschland und der Republik Türkei über Soziale Sicherheit[191] verwiesen, der den sachlichen Anwendungsbereich hinsichtlich der deutschen Rechtsvorschriften auf das Krankenversicherungs-, Unfallversicherungs- und Rentenversicherungsrecht sowie auf das Kindergeld erstreckt. Der sachliche Anwendungsbereich **kann aber auch so eng gefasst sein, dass nur ein Teilgebiet**, etwa das Rentenversicherungsrecht, **koordiniert wird**. Dies ist der Fall bei dem Abkommen der Bundesrepublik Deutschland und den Vereinigten Staaten von Amerika über die Rentenversicherung gewisser Arbeitnehmer der Landstreitkräfte der Vereinigten Staaten von Amerika.[192]

164 Unabhängig davon, ob der sachliche Anwendungsbereich einen oder mehrere Zweige der Sozialversicherung betrifft, kann der Regelungsgegenstand eine weitere sachliche Einschränkung erfahren. Die transnationalen Probleme machen es nicht in jedem Fall erforderlich, dass sämtliche bestehenden Regelungen in diesem Zweig koordiniert werden müssen. Deshalb werden Koordinierungen oft nur hinsichtlich bestimmter Teilaspekte vorgenommen, die einen umgrenzten Fragenkomplex regeln, der für das Verhältnis der Vertragsstaaten bedeutsam ist. Der sachliche Anwendungsbereich der Abkommen wird in solchen Fällen typischerweise auf Regelungen des anzuwendenden Rechts, des Umfangs der Leistungsgewährung, der Wahrung von Ansprüchen und Anwartschaften, der Amts- und Rechtshilfe sowie des Übergangs von Schadensersatzansprüchen begrenzt.[193]

2. Das Verhältnis zwischenstaatlichen Sozialrechts zum nationalen Sozialrecht

165 Die mit den Abkommen über Soziale Sicherheit angestrebte Vermeidung von Sicherungslücken und Doppelleistungen kann nur dann wirksam verwirklicht werden, wenn die Koordination auf zwischenstaatlicher Ebene auch rechtswirksam nationale Vorschriften erfasst. Eine Koordination kann mit anderen Worten nur dann Platz greifen, wenn das zwischenstaatliche Recht es vermag, den Anwendungsbereich der nationalen Vorschriften auf die zu regelnden Sachverhalte auszudehnen.

166 Ihrer Rechtsnatur nach sind die zwischenstaatlichen Abkommen über Soziale Sicherheit völkerrechtliche Verträge.[194] Als solche wirken sie nicht unmittelbar auf das nationale Recht ein, sondern bedürfen eines Umsetzungsaktes, damit sie ihre Rechtswirkung auf nationaler Ebene entfalten können.[195] Es wird damit eine **Trennung der völkerrechtlichen und der nationalen Ebene** vorgenommen. Diese Zweigleisigkeit dokumentiert sich in der Bundesrepublik Deutschland in Art. 59 GG. Nach Art. 59 Abs. 1 GG vertritt

---

[189] *Plöger/Wortmann/Kerger* Bd. I. Allg.Teil 2.3.2, S. 42.
[190] Vgl. hierzu *Plöger/Wortmann/Kerger,* Bd. I, Allg.Teil 1.1, S. 7.
[191] BGBl. 1965 II S. 1170.
[192] BGBl. 1972 II S. 99.
[193] *Frank,* Sozialrechtshandbuch, Kap. 33 Rn. 3.
[194] *v. Maydell,* VSSR 1973/1974, S. 347, 354; *Plöger/Wortmann/Kerger,* Bd. I, Allg Teil, 2.2.1. S. 25.
[195] *Plöger/Wortmann/Kerger,* Bd. I, Allg. Teil, 2.2.1. S. 26.

V. Das zwischenstaatliche Sozialrecht

der Bundespräsident die Bundesrepublik Deutschland auf völkerrechtlicher Ebene und schließt dort völkerrechtliche Verträge, was in der Praxis bedeutet, dass der zuständige Bundesminister den Bundespräsidenten vertritt. Damit wird auf der völkerrechtlichen Ebene wirksam gehandelt und sich gegenüber den Signatarstaaten auch wirksam verpflichtet. Der Abschluss völkerrechtlicher Verträge bedeutet nicht, dass diese auch unmittelbar innerstaatliche Wirkung entfalten. Hierzu bedarf es einer Verknüpfung beider Ebenen, die durch eine Umsetzung der völkerrechtlichen Verträge in innerstaatliches Recht geschaffen wird. Diese Umsetzung in innerstaatliches Recht geschieht in der Bundesrepublik Deutschland durch die sog. **Transformation** nach Art. 59 Abs. 2 GG. Transformation bedeutet, dass der Inhalt des völkerrechtlichen Vertrages durch ein förmliches Bundesgesetz, dem sog. Zustimmungsgesetz, in innerstaatliches Recht umgesetzt wird.[196] Das innerstaatliche Gesetzgebungsverfahren richtet sich dann nach den Artikeln des Grundgesetzes. Da im Bereich der Sozialen Sicherheit die Gesetzgebungskompetenz beim Bund angesiedelt ist, erfolgt die Transformation durch ein Bundesgesetz. Weil die Transformation eines völkerrechtlichen Vertrags nur ganzheitlich erfolgen kann, können die gesetzgebenden Körperschaften dem Transformationsgesetz nur zustimmen oder es ablehnen. Änderungen sind wegen der engen Verknüpfung mit der völkerrechtlichen Verpflichtung nicht möglich.[197] Die Transformation völkerrechtlicher Verträge – also der Abkommen über Soziale Sicherheit – in innerstaatliches Recht kann dann unmittelbar Rechte und Pflichten des Einzelnen begründen, wenn das Abkommen solche vorsieht, da der Vertragsinhalt sachlich unverändert transformiert wird.

Verleihen die Abkommen dem Einzelnen keine subjektiven Rechte und Pflichten, so vermag auch das (Zustimmungs-) Gesetz dieses aus sich heraus nicht zu gewähren.[198] Obwohl der transformierte völkerrechtliche Vertrag die innerstaatliche Rechtsstellung eines einfachen Gesetzes hat und demzufolge auch nicht gegen die Verfassung verstoßen darf,[199] ergibt sich aus der besonderen Funktion dieses Gesetzes eine rechtssystematische Besonderheit. Innerstaatliche Gesetze werden durch zeitlich nachfolgende Gesetze, gemäß der Regel lex posterior derogat legi priori ersetzt. Würde dieser Grundsatz auch für das transformierte Völkervertragsrecht gelten, so bestünde die Möglichkeit, durch nationale Gesetzgebungsverfahren die völkervertraglichen Verpflichtungen zu konterkarieren. Das Bestreben der Abkommen ist es aber, auch für die Zukunft eine verbindliche Rechtslage zu schaffen und gemäß dem völkerrechtlichen Grundsatz pacta sunt servanda die vertraglichen Verpflichtungen einzuhalten. Aus diesem Grund muss der lex posterior Grundsatz im Bereich der Transformation der Abkommen über Soziale Sicherheit dahingehend abgewandelt werden, dass das **jüngere Recht nicht älteres, spezielleres Recht ablöst** (lex posterior non derogat legi priori speciali).[200] Als älteres und spezielleres Recht sind hier die Abkommen über Soziale Sicherheit anzusehen.

Eine weitere völkerrechtliche Besonderheit hat sich durch den Beitritt der fünf neuen Bundesländer zu der Bundesrepublik Deutschland ergeben. Von dem Erlöschen der Deutschen Demokratischen Republik als Völkerrechtssubjekt waren auch die mit der DDR geschlossenen völkerrechtlichen Verträge über Soziale Sicherheit betroffen. Um die in dem Gebiet der ehemaligen DDR sich aufhaltenden ausländischen Personen, die bisher von den Abkommen erfasst waren, nicht schutzlos zu stellen, verordnete die Bundesregierung gemäß Art. 3 des Einigungsvertragsgesetzes[201] die vorübergehende An-

---

[196] *Leibholz/Rinck/Hesselberger*, Grundgesetz, Kommentar an Hand der Rechtsprechung des Bundesverfassungsgerichts, 7. Aufl. Köln 1993, Band II, Art. 59 Rn. 31.
[197] *Plöger/Wortmann/Kerger*, Bd. I, Allg. Teil, 1.1. S. 5.
[198] *v. Maydell*, VSSR 1973/1974, S. 347, 354.
[199] *Frank*, Sozialrechtshandbuch, Kap. 33 Rn. 22.
[200] *Plöger/Wortmann/Kerger*, Bd. I, Allg Teil, 2.2.1, S. 27; *Frank*, Sozialrechtshandbuch, Kap. 33 Rn. 22.
[201] BGBl. 1990 II S. 885.

wendung verschiedener völkerrechtlicher Verträge der Deutschen Demokratischen Republik im Bereich der Sozialen Sicherheit.[202] Von dieser vorübergehenden Weitergeltung sind in erster Linie Abkommen mit osteuropäischen Staaten betroffen. Der sachliche Geltungsbereich dieser weitergeltenden Abkommen ist nach Art. 1 der Verordnung auf das Renten-, Unfall- und Krankenversicherungsrecht sowie auf Familienleistungen begrenzt.[203]

3. Vergleich der Strukturen des zwischenstaatlichen Sozialrechts mit denen des europäischen Sozialrechts

169 Sowohl das zwischenstaatliche Sozialrecht als auch das europäische Sozialrecht befassen sich mit Sachverhalten, die grenzüberschreitend sind. Aus dieser Gemeinsamkeit der Überstaatlichkeit heraus ergeben sich strukturelle Parallelitäten.[204] Die rechtssystematische Sonderstellung des supranationalen europäischen (Sozial-) Rechts steht jedoch einer völligen strukturellen Kongruenz beider Rechtsgebiete entgegen.

a) Die rechtssystematische Stellung des zwischenstaatlichen und des europäischen Sozialrechts

170 Der Ausgangspunkt des europäischen Sozialrechts ist der EG-Vertrag. Auch er ist, wie die Abkommen über Soziale Sicherheit, ein völkerrechtlicher Vertrag.[205] Während die Abkommen über Soziale Sicherheit als völkerrechtliche Verträge selbst die Koordinierung im Bereich der sozialen Sicherheit zum Inhalt haben, ist der EG-Vertrag kein Koordinierungsinstrument, sondern die rechtliche Grundlage **für die Koordinierung durch sekundäres Gemeinschaftsrecht, also durch Verordnungen und Richtlinien.** Hierin besteht die Besonderheit des supranationalen Rechts, das staatliche Hoheitsrechte auf die EU überträgt und sie mit eigenen Organen und eigenständiger (abgeleiteter) Rechtssetzungsbefugnis ausstattet.[206] Aufgrund dieser eigenen Gemeinschaftsgewalt hat der Rat der Europäischen Gemeinschaften die Verordnungen 1408/71 und 574/72 erlassen, die im Bereich des europäischen Sozialrechts die Koordinierungsfunktion ausüben und damit maßgeblicher Bestandteil des europäischen Sozialrechts sind.[207] Obwohl diese europäischen Rechtsquellen inhaltlich weitgehend den Abkommen über Soziale Sicherheit entsprechen – man kann die Verordnungen 1408/71 und 574/72 vom Grundsatz her mit einem multilateralen Sozialversicherungsabkommen vergleichen – besteht in rechtssystematischer Hinsicht der Unterschied, dass innerhalb der EU die Koordinierung mitgliedstaatlicher Sozialrechte durch ein eigenständiges Organ erfolgt, während beim zwischenstaatlichen Recht die Nationalstaaten selbst koordinierend tätig werden.

171 Die Möglichkeit der Gemeinschaft, auf europäischer Ebene **unmittelbar koordinierend** tätig zu werden, **ohne dass es einer Transformation völkerrechtlicher Verträge in innerstaatliches Recht bedarf,** zeigt die beispiellose Prozesshaftigkeit der Integration der einzelnen Mitgliedstaaten in eine sich rechtlich verselbständigende Europäischen Gemeinschaft.

b) Die Aufgabenstellung des zwischenstaatlichen und des europäischen Sozialrechts

172 Beide Rechtsgebiete haben die Aufgabe, in dem von ihnen bestimmten persönlichen und sachlichen Anwendungsbereich koordinierend zu wirken. Die Koordination bezieht

---

[202] BGBl. 1991 II S. 614.
[203] S. dazu auch *Abendroth*, DAngVers 1992, S. 339 ff.; *ders.*, DAngVers 1993, S. 209 ff.
[204] *v. Maydell*, VSSR 1973/1974, S. 347, 355.
[205] *Wiegand*, Das europäische Gemeinschaftsrecht in der Sozialversicherung, 1983, Rn. 31.
[206] *Oppermann*, Rn. 468; *Schulte*, Sozialrechtshandbuch; Kap. 32 Rn. 2.; *Wiegand*, Rn. 34.
[207] *Schulin/Igl*, Rn. 1192 ff.

V. Das zwischenstaatliche Sozialrecht

sich in beiden Fällen auf die Anpassung unterschiedlicher nationaler Regelungen über Soziale Sicherheit in Fällen der Auslandsberührung.[208]

Während der persönliche und sachliche Anwendungsbereich der Abkommen über Soziale Sicherheit nicht von vornherein festgelegt ist, es vielmehr in der Macht der Vertragsstaaten steht, Vertragspartner, Adressat, Leistungsart und -umfang festzulegen, besteht im europäischen Sozialrecht eine andere Ausgangsposition. Das europäische Sozialrecht wird in seiner materiellen Reichweite durch die Zielsetzung des EG-Vertrags eingegrenzt. Es wirkt dort koordinierend, wo dies zur Verwirklichung der Grundfreiheiten des Gemeinsamen Marktes, speziell der Freizügigkeit der Arbeitnehmer notwendig ist.[209] Die für diesen Bereich maßgebenden Verordnungen 1408/71 und 574/72 sind aus diesem Grund auf die Ermächtigungsgrundlage des Art. 42 EGV gestützt, der ein Handeln auf dem Gebiet der Sozialen Sicherheit insoweit erlaubt, als es zur Herstellung der Freizügigkeit der Arbeitnehmer notwendig ist.

Eine solche **institutionelle Rahmenbegrenzung** fehlt den Abkommen über Soziale Sicherheit. Dabei ist allerdings anzumerken, dass der personelle Anwendungsbereich der VO 1408/71 durch spätere Änderungen auf Selbständige und deren Familienangehörige ausgedehnt wurde,[210] der persönliche Anwendungsbereich demzufolge eine wesentliche Erweiterung erfuhr.[211] Im Bereich des zwischenstaatlichen Sozialrechts steht es dagegen den vertragsschließenden Staaten frei, die Zielsetzung hinsichtlich des personellen und sachlichen Anwendungsbereichs festzulegen.

Zum **sachlichen Anwendungsbereich** ist anzumerken, dass Art. 4 VO 1408/71 **feste Vorgaben** enthält. In einem Katalog werden enumerativ die Leistungsarten festgelegt, welche in den einzelnen Sozialversicherungszweigen gelten. Von der Verordnung werden Leistungen bei Krankheit und Mutterschaft, Invalidität, Alter und Tod, Arbeitsunfällen und Berufskrankheiten sowie das Sterbegeld und Familienleistungen erfasst. Eine Bestimmung des sachlichen Geltungsbereichs durch Nennung der betreffenden Sozialversicherungszweige, wie dies in Abkommen über Soziale Sicherheit anzutreffen ist,[212] wird auf europäischer Ebene nicht vorgenommen, da keine einheitliche Zuweisung der verschiedenen Leistungsarten zu den gleichen Sozialversicherungszweigen in den Mitgliedstaaten besteht.[213] Vom sachlichen Anwendungsbereich aus gesehen, kann man die VO 1408/71 mit einem umfassenden Sozialversicherungsabkommen vergleichen. Im Unterschied zum europäischen Sozialrecht steht es den vertragschließenden Parteien auf zwischenstaatlicher Ebene aber frei, den sachlichen Anwendungsbereich zu bestimmen.

Ein weiterer systemimmanenter Unterschied besteht hinsichtlich des **räumlichen Geltungsbereichs.** Der räumliche Geltungsbereich der zwischenstaatlichen Abkommen bestimmt sich nach den vertragsschließenden Staaten. Die Vertragsstaaten haben es in der Hand, den räumlichen Geltungsbereich der Rechtsnormen zu bestimmen.[214] Eine gebräuchliche Form der räumlichen Abgrenzung besteht in der ausschließlichen Erstreckung der Regelungen auf die Hoheitsgebiete der Vertragsstaaten.[215]

Der völkerrechtliche Vertrag ist es, der den räumlichen Anwendungsbereich bestimmt. Im europäischen Sozialrecht hingegen erfolgt die Koordinierung mittels einer Verordnung. Das bedeutet, dass die Regelungen der VO 1408/71 gemäß Art. 249 Abs. 2 EGV unmittelbar und verbindlich in jedem Mitgliedstaat gelten. Die auf die Europäische Ge-

---

[208] *Schulte,* Sozialrechtshandbuch, Kap. 32 Rn. 13 ff.
[209] *Schulte,* SDSRV Bd. 36, S. 7, 10.
[210] Siehe VO 1390/81.
[211] EuroAS 2/1993, S. 6.
[212] Siehe bspw. Art. 2 Abs. 1 des Abkommens zwischen der Bundesrepublik Deutschland und Griechenland über Soziale Sicherheit, BGBl. 1963 II S. 679.
[213] *Wiegand,* Rn. 69.
[214] *Plöger/Wortmann/Kerger,* Bd. I, Allg.Teil, 2.3.1, S. 38.
[215] Siehe bspw. Art. 1, 4 Abkommen zwischen der Bundesrepublik Deutschland und dem Staat Israel über Soziale Sicherheit, BGBl. 1975 II S. 246.

meinschaft übertragene Hoheitsgewalt der einzelnen Mitgliedstaaten bestimmt somit den räumlichen Anwendungsbereich. Wird ein Rechtsakt auf europäischer Ebene erlassen, steht zugleich fest, dass seine räumliche Reichweite auf die Mitgliedstaaten der EU begrenzt ist. Das bedeutet, dass der räumliche Geltungsbereich im europäischen Sozialrecht institutionell, im zwischenstaatlichen Sozialrecht „vertragsdispositiv" begrenzt wird.

c) Die Wirkungsweise des zwischenstaatlichen und des europäischen Sozialrechts

178 Strukturelle Unterschiede zwischen beiden Rechtsgebieten bestehen auch hinsichtlich ihrer innerstaatlichen Geltung.

179 Abkommen über Soziale Sicherheit bedürfen zu ihrer innerstaatlichen Anwendbarkeit der Umsetzung in nationales Recht, was als Transformation bezeichnet wird. Dies gilt zumindest für die Bundesrepublik Deutschland und geschieht gemäß Art. 59 Abs. 2 GG durch den Erlass eines Gesetzes (s. o. VI 2).

180 Einer solchen **Transformation** bedarf es auf europäischer Ebene zur Koordinierung der mitgliedstaatlichen Sozialrechte nicht.[216] Die Möglichkeit mittels Verordnung ein für die Mitgliedstaaten unmittelbar zwingendes Recht zu setzen, bedeutet, dass die VO 1408/71 und die VO 574/72 direkt und für die Mitgliedstaaten verbindlich die europäische Sozialrechtskoordinierung vollziehen. In diesem Zusammenhang stellt sich die Frage nach dem Verhältnis zum nationalen Recht.

181 Wie bereits unter Rn. 165 ff. aufgezeigt wurde, beansprucht das zwischenstaatliche Sozialrecht auch nach der Transformation in einfaches Gesetzesrecht, einen Vorrang über entgegenstehende Regelungen. Da die Verordnungen 1408/71 und 574/72 als Rechtssätze in den Mitgliedstaaten unmittelbar gelten, ist auch hier das Verhältnis der Verordnungen zu anderslautenden nationalen Regelungen zu klären. Auch das europäische koordinierende Sozialrecht geht anderslautenden, bereits existierenden oder neu zu erlassenden Regelungen vor. Insoweit kann auch in diesem Zusammenhang nicht der Grundsatz lex posterior derogat legi priori herangezogen werden – allerdings aus anderen Gründen. Dieser Grundsatz findet nur für ein und denselben Gesetzgeber Anwendung.[217] Hier treffen jedoch Rechtsakte unterschiedlicher Hoheitsträger zusammen, so dass die lex posterior Regel gar nicht erst anwendbar ist. Einer Abwandlung des lex posterior Grundsatzes, wie sie für die Transformation von völkerrechtlichen Verträgen notwendig ist, bedarf es im europäischen Sozialrecht nicht, da das Gemeinschaftsrecht eine eigenständige Rechtsordnung mit autonomer Rechtssetzungsgewalt ist, deren Verordnungen Vorrang vor den mitgliedstaatlichen Gesetzen genießen.[218] Damit zeigt sich auch in diesem Fall, eine im Ergebnis mit dem zwischenstaatlichen Sozialrecht vergleichbare, aber in der Begründung verschiedene Struktur des europäischen Sozialrechts.

d) Die Vergleichbarkeit der Grundprinzipien im zwischenstaatlichen und europäischen Sozialrecht

182 Die unter V 1b beschriebenen Grundsätze der Abkommen über Soziale Sicherheit finden sich im Kern auch in der VO 1408/71 und somit auch in der Ausführungsverordnung 574/72 wieder. Daher ist es nicht verfehlt, bereits zu Anfang auch hinsichtlich der Grundprinzipien eine, zumindest partielle, strukturelle Vergleichbarkeit der Prinzipien anzunehmen.

---

[216] *v. Maydell*, VSSR 1973/1974 S. 347, 356; allgemein zur Wirkung der Verordnungen: *Oppermann*, Rn. 616 ff.
[217] *Schulte*, Sozialrechtshandbuch, Kap. 32 Rn. 13.
[218] *v. Maydell*, VSSR 1973/1974 S. 347, 356; vgl. zum Vorrang des Gemeinschaftsrechts *Oppermann*, Rn. 616 ff.

V. Das zwischenstaatliche Sozialrecht 183, 184 § 32

aa) Der Gleichbehandlungsgrundsatz

Die VO 1408/71 enthält wie die Abkommen über Soziale Sicherheit Regelungen, die 183 die Gleichbehandlung der unter die Verordnung fallenden Personen gewährleisten. Art. 3 VO 1408/71 **konkretisiert das in Art. 12 EGV ausgesprochene allgemeine Diskriminierungsverbot** in der Weise, dass alle unter den personellen Anwendungsbereich der Verordnung fallenden Personen auf dem Gebiet der Sozialen Sicherheit, ohne Unterschied der Staatsangehörigkeit gleichgestellt werden.[219] Damit wird diesem Personenkreis, sofern er in einem anderen Mitgliedstaat wohnt, diejenige Rechtsstellung eingeräumt, die Inländer innehaben.[220] Dabei verbieten sich nicht nur direkte sondern auch alle Formen der indirekten Diskriminierung.[221] Hierin besteht auch ein struktureller Unterschied zu den zwischenstaatlichen Sozialversicherungsabkommen. Die Freizügigkeit ließe sich nicht vollständig realisieren, wenn nicht sämtliche Barrieren im Bereich der Sozialen Sicherheit beseitigt würden. Der Europäische Gerichtshof hat deshalb festgestellt, dass die Vorschriften über die Gleichbehandlung nicht nur offensichtliche Diskriminierungen aufgrund der Staatsangehörigkeit, sondern auch alle **versteckten Formen der Diskriminierung,** die durch die Anwendung anderer Unterscheidungsmerkmale tatsächlich zu dem gleichen Ergebnis führen, verbieten.[222] Den zwischenstaatlichen Abkommen fehlt die freizügigkeitsspezifische Ausrichtung und darüber hinaus ein supranationales judikatives Organ wie den Europäischen Gerichtshof, der als authentischer Interpret des EG-Vertrags und des abgeleiteten Gemeinschaftsrechts fungiert und somit Einfluss auf die Tragweite des Gemeinschaftsrechts im allgemeinen und der VO 1408/71 im besonderen hat.[223] Ein Unterschied zwischen bilateralem und supranationalem Sozialrecht besteht darin, dass nur solche Personen der VO 1408/71 unterfallen, die in einem Mitgliedstaat wohnen. In diesem Zusammenhang ist jedoch zu erwähnen, dass auch zwischenstaatliche Abkommen dem Gleichbehandlungsgrundsatz unterfallen, sofern sie von einem Mitgliedstaat mit einem anderen Mitgliedstaat oder auch einem Drittstaat geschlossen werden. Diese Abkommen werden Teil der nationalen Rechtsvorschriften, so dass auch die Gleichbehandlung auf Personen aus dem Vertragsstaat herzustellen ist, sofern sie ihren Wohnsitz in einem Mitgliedstaat haben.[224]

Eine weitere Ausprägung des Gleichbehandlungsgrundsatzes findet sich in **Art. 10 VO** 184 **1408/71.** Diese Norm **hebt mitgliedstaatliche Wohnortklauseln auf**[225] und verwirklicht so die Gebietsgleichstellung, die ebenfalls in den Sozialversicherungsabkommen vorgesehen ist. Damit verfolgen sowohl das europäische Sozialrecht als auch das zwischenstaatliche Recht das Ziel, Ansprüche auf Geldleistungen auch bei einem Ortswechsel zu gewähren.[226] Im Rahmen der VO 1408/71 wird der Umfang der Leistungsgewährung aber auf Geldleistungen bei Invalidität, Alter oder für die Hinterbliebenen, die Renten bei Arbeitsunfällen oder Berufskrankheiten und die Sterbegelder begrenzt, während das zwischenstaatliche Recht – etwa Art. 4 Abs. 1 des deutsch-österreichisches Sozialversicherungsabkommens[227] – in den meisten Fällen eine pauschalere Gebietsgleichstellung vornimmt. Dies ändert aber nichts an der strukturellen Gleichheit beider Rechtssysteme hinsichtlich der Gebietsgleichstellung.

---

[219] *EuGH* v. 7. 11. 1973 (Smieja), Rs 51/73, Slg. 1973, 1213 ff., 1214; *Schulin/Igl,* Rn. 1122.
[220] *Steinmeyer,* AuA 1992, S. 210, 211; *Wiegand,* Rn. 36.
[221] *Eichenhofer,* in Fuchs, Kommentar zum Europäischen Sozialrecht, Art. 3 Rn. 11.
[222] *EuGH* v. 12. 2. 1974 (Sotgiu), Rs 152/73, Slg. 1974, S. 153, 154; *Steinmeyer,* AuA 1992, S. 210, 211.
[223] *Schweitzer/Hummer,* Rn. 260 ff.
[224] *Eichenhofer,* in: Fuchs, Art. 3 Rn. 14 ff.
[225] EuroAS 2/1993, S. 6.
[226] *Wiegand,* Rn. 37.
[227] Abkommen zwischen der Bundesrepublik Deutschland und der Republik Österreich über Soziale Sicherheit, BGBl. 1969 II S. 1235, 1261.

bb) Der Antikumulierungsgrundsatz

185 Strukturelle Parallelen bestehen auch hinsichtlich der Vermeidung der Leistungskumulation. Das europäische Sozialrecht enthält mit den Art. 12 VO 1408/71 und den Art. 7 ff. VO 574/72 ein detailliert geregeltes System von Antikumulierungsvorschriften. Die Vorschrift des Art. 12 Abs. 1 VO 1408/71 enthält den Grundsatz, dass Ansprüche auf gleichartige Leistungen derselben Pflichtversicherungszeit weder erworben noch aufrecht erhalten werden können. Damit soll vermieden werden, dass aus der gleichzeitigen Anwendung von Sozialversicherungsvorschriften einzelner Mitgliedstaaten Vorteile entstehen, die im nationalen System nicht auftreten würden.[228]

186 Dieser Gedanke wird auch in zwischenstaatlichen Abkommen aufgegriffen, wenngleich in allgemeinerer Form, was jedoch nichts an der strukturellen Vergleichbarkeit hinsichtlich dieses Grundsatzes ändert.

cc) Das Leistungsexportprinzip

187 Das Leistungsexportprinzip spielt **im zwischenstaatlichen wie im europäischen Sozialrecht eine wichtige Rolle.** Die Freizügigkeit im Binnenmarkt wäre nicht vorstellbar, wenn nicht die Möglichkeit bestünde, in einem Mitgliedstaat erworbene Rechtspositionen in einen anderen Mitgliedstaat zu übernehmen, ohne dass sie verlustig gingen. Auch die Abkommen über Soziale Sicherheit bezwecken den Schutz der betroffenen Personen bei transnationalen Migrationen, wenngleich nicht ausschließlich zum Zwecke der Freizügigkeit. Basis für diesen Leistungsexport auf europäischer Ebene ist wiederum Art. 10 VO 1408/71 mit der Aufhebung der Wohnortklausel. Durch die Gebietsgleichstellung wird ermöglicht, dass territoriale Anknüpfungspunkte, wie der Wohnort für die Gewährung der Sozialleistungen nicht freizügigkeitsbeschneidend sein dürfen, womit die Mitnahme von Sozialleistungen ermöglicht wird.[229] Damit entspricht das europäische Sozialrecht von der Intention her den Abkommen über Soziale Sicherheit, so dass auch hinsichtlich des Leistungsexports eine grundsätzliche Übereinstimmung der Strukturen auszumachen ist.

dd) Die Zusammenrechnung von Versicherungszeiten

188 In engem Zusammenhang mit dem Leistungsexportprinzip steht auch der Grundsatz der Zusammenrechnung von Versicherungszeiten. Art. 42 lit. a EGV gibt schon vor, dass auf Gemeinschaftsebene die Zusammenrechnung aller nach den verschiedenen innerstaatlichen Rechtsvorschriften berücksichtigten Zeiten für den Erwerb und die Aufrechterhaltung des Leistungsanspruchs sowie für die Berechnung der Leistungen herzustellen ist. Die gleiche Vorgabe enthalten auch die meisten Abkommen über Soziale Sicherheit. Unterschiede bestehen aber hinsichtlich der Art und Weise der Zusammenrechnung. Findet man in den Sozialversicherungsabkommen die Versicherungszeiten nach unterschiedlichen Prinzipien berücksichtigt (s. o. VI 1 b, ee), so gilt im europäischen Gemeinschaftsrecht grundsätzlich das pro-rata-temporis Prinzip (Art. 46 Abs. 2 VO 1408/71). Das bedeutet, dass auch bei der Berücksichtigung der Versicherungszeiten zwischen dem zwischenstaatlichen Recht und dem europäischen Sozialrecht Unterschiede bestehen, die hier bestehende **Struktur jedoch wiederum vergleichbar ist.**

4. Verhältnis des zwischenstaatlichen zum europäischen Sozialrecht

189 Treffen verschiedene Rechtsakte unterschiedlicher Herkunft aufeinander, so stellt sich immer die Frage des Rangverhältnisses zwischen diesen Normen. Es gilt dann zu klären, welche der Rechtsordnungen, die materielle Überschneidungen aufweisen, zur Anwendung kommt und welche zurückzutreten hat. Diese Konfliktlage tritt im europäischen

---

[228] *Schuler,* in: Fuchs, Art. 12 Rn. 4 ff.
[229] *Steinmeyer,* AuA 1992, S. 210, 211.

V. Das zwischenstaatliche Sozialrecht

Bereich im Verhältnis des europäischen Sozialrechts zum zwischenstaatlichen Sozialrecht auf. Da beide überstaatlichen Rechtssysteme auf die nationalen Sozialrechtsordnungen Einfluss nehmen, treten in gewissen Anwendungsbereichen überschneidende und sich widersprechende Regelungen auf, so dass geklärt werden muss, ob das zwischenstaatliche oder das europäische Sozialrecht zur Anwendung kommt.

a) Der grundsätzliche Vorrang des europäischen Sozialrechts

Die Anwendbarkeit zwischenstaatlicher Abkommen über Soziale Sicherheit in den Mitgliedstaaten der EU wird durch die **Art. 6 bis 8 VO 1408/71** geregelt. Danach werden gemäß Art. 6 VO 1408/71 zwischenstaatliche Abkommen über Soziale Sicherheit durch die Verordnung ihrer Anwendbarkeit enthoben. Das heißt nicht, dass die Abkommen über Soziale Sicherheit aufgehoben werden.[230] Das Gemeinschaftsrecht ist nicht in der Lage, völkerrechtliche Verträge der einzelnen Mitgliedstaaten wirksam aufzuheben. Diese Befugnis steht nur den Vertragsparteien zu. Auf Gemeinschaftsebene ist es aber möglich, die Anwendbarkeit dieser zwischenstaatlichen Abkommen zu beschränken, was im Bereich der Sozialen Sicherheit durch die Art. 6 ff. VO 1408/71 erfolgt ist. Damit soll sichergestellt werden, dass vorbehaltlich der abschließend geregelten Ausnahmen die bestehenden Abkommen den Angehörigen dieser Staaten der Vorteil der durch die Verordnung 1408/71 errichteten Regelung zur Koordinierung der nationalen Systeme der sozialen Sicherheit nicht vorenthalten wird. Gleichzeitig wird damit sichergestellt, dass neue Abkommen zwischen den Mitgliedstaaten über die Soziale Sicherheit nicht die Verordnung ausheben, so dass es gewährleistet ist, dass sich die Gemeinschaftsbürger stets auf die Verordnung berufen können.[231]

b) Ausnahmen vom Vorrang der VO 1408/71

Die grundsätzliche Priorität der Regelungen in der VO 1408/71 wird allerdings durch die Vorschriften der Art. 6 ff. VO 1408/71 selbst in wesentlichen Punkten eingeschränkt. So sieht Art. 6 VO 1408/71 vor, dass die VO 1408/71 nur im Rahmen ihres persönlichen und sachlichen Geltungsbereichs an die Stelle der Abkommen über Soziale Sicherheit tritt. Außerhalb des Anwendungsbereichs der Verordnung bleibt die Anwendbarkeit der Abkommen uneingeschränkt bestehen. Diese Regelung hat klarstellenden Charakter, denn die Reichweite der VO 1408/71 wird generell durch die Art. 2 und 4 VO 1408/71 begrenzt.

Ferner sind von dem Vorrang der Verordnung nur solche Abkommen betroffen, die ausschließlich zwischen zwei und mehr Mitgliedstaaten in Kraft sind (Art. 6 lit. a) oder solche Abkommen, an den zwei Mitgliedstaaten und mindestens ein Drittstaat beteiligt sind, sofern das Verhältnis der Mitgliedstaaten zueinander betroffen ist(Art. 6 lit. b).[232]

Diese Einschränkungen zeigen, dass das **europäische Sozialrecht nur insoweit zwischenstaatliche Abkommen aussetzt, als diese rein gemeinschaftsinterne Regelungsbereiche tangieren.** Damit soll verhindert werden, dass innerhalb der EG ein Nebeneinander komplexer Koordinierungssysteme der Sozialen Sicherheit existiert. Dieses Bedürfnis besteht außerhalb des Geltungsbereichs des Gemeinschaftsrechts nicht, weshalb die Rechtsbeziehungen von Mitgliedstaaten zu Drittstaaten unberührt bleiben, wie sich aus Art. 6. lit.b im Umkehrschluss ergibt.

Diese Regelungen stehen unter dem Vorbehalt, dass die Art. 7, 8 und 46 Abs. 4 VO 1408/71 nichts Abweichendes regeln. Art. 46 Abs. 4 VO 1408/71 sieht den Vorrang der Verordnung gegenüber zwischenstaatlichen Regelungen im Bereich der Leistungsbeträge in der Rentenversicherung vor. Art. 8 VO 1408/71 ermöglicht den Mitgliedstaaten, mit-

---

[230] *Steinmeyer,* in: Fuchs, Art. 6 Rn. 4.
[231] EuGH v. 2. 8. 1993 (Grana-Novoa), Rs C-23/92, EuroAS 8/93 S. 8.
[232] *Steinmeyer,* in: Fuchs, Art. 6 Rn. 4.

einander zwischenstaatliche Abkommen zu schließen. Diese Möglichkeit steht unter der doppelten Prämisse, dass erstens die Grundsätze und der Geist der VO 1408/71 in den Abkommen Beachtung finden und zweitens ein Bedürfnis für ein solches Abkommen besteht. Mit diesen Einschränkungen wird sichergestellt, dass der grundsätzliche Vorrang der VO 1408/71 nicht durch die Mitgliedstaaten konterkariert wird. Mit diesen Vorgaben wird auch gewährleistet, dass zwischenstaatliche Abkommen den durch die VO 1408/71 vorgegebenen Standard nicht unterbieten, sondern durch Art. 8 VO 1408/71 nur die Möglichkeit eröffnet wird, darüber hinausgehende Regelungen zu treffen.

5. Das Sozialrecht im Europäischen Wirtschaftsraum

195 Für das Verhältnis von internationalem und europäischen Sozialrecht ist das Abkommen über den europäischen Wirtschaftsraum (EWR-Abkommen) vom 2. 5. 1992 von besonderer Bedeutung und nimmt eine Sonderstellung ein. Dieses Abkommen, das am 1. 1. 1994 in Kraft getreten ist, verbindet die EU-Staaten und die überwiegenden Staaten der Europäischen Freihandelszone EFTA zu einem europäischen Wirtschaftsraum. Die Schweiz ist als EFTA-Staat dem EWR-Abkommen nicht beigetreten; das Fürstentum Lichtenstein wird erst nach Erfüllung bestimmter Voraussetzungen vollständig in das Abkommen miteinbezogen. Durch den Beitritt von Österreich, Schweden und Finnland zur Europäischen Union zum 1. 1. 1995 hat der EWR allerdings an Bedeutung verloren.

196 Rechtstechnisch handelt es sich um einen **multilateralen völkerrechtlichen Vertrag,** der den räumlichen Geltungsbereich bestimmter gemeinschaftsrechtlicher Rechtsakte auf diese Staaten ausdehnt. Damit wird das Ziel angestrebt, einen binnenmarktähnlichen Wirtschaftsraum zu errichten, der über die Grenzen der EU hinausgeht und sich auch auf diese EFTA-Staaten erstreckt.[233] Hemmnisse für den freien Waren-, Dienstleistungs- und Kapitalverkehr sowie für die Freizügigkeit von Personen sollen abgebaut werden, weshalb sich der Vertrag inhaltlich an die Ausgestaltung der Grundfreiheiten im EG-Vertrag anlehnt.[234] Der EWR-Vertrag ist als Assoziierungsabkommen im Sinne des Art. 310 EGV zu sehen und bildet die letzte Vorstufe zu dem Beitritt jener EFTA-Staaten zur EU. Aus sozialrechtlicher Perspektive hat dies zur Konsequenz, dass seit Inkrafttreten des EWR-Abkommens die Vorschriften über die Anwendung der Systeme der sozialen Sicherheit auf Arbeitnehmer und Selbständige sowie deren Familienangehörige, die innerhalb der Gemeinschaft zu- und abwandern (VO 1408/71) auch in den EFTA-Staaten gelten. Seit dem 1. 1. 1994 müssen somit bspw. in den EFTA-Staaten zurückgelegte Versicherungszeiten bei der Anspruchsprüfung und -berechtigung mitberücksichtigt werden. Das EWR-Abkommen zeigt deutlich die Tendenz einer ausdehnenden Vernetzung der Systeme der sozialen Sicherheit in Europa. Gerade im Zusammenhang mit der Assoziierung von EFTA-Staaten mit der EU nimmt das EWR-Abkommen wesentliche Rechtswirkungen eines Beitritts dieser Staaten zur EU vorweg. Während die VO 1408/71 die verschiedenen Abkommen über die soziale Sicherheit unter den Mitgliedstaaten weitestgehend bedeutungslos machte, bzw. ersetzte, ist das EWR-Abkommen ein zweiter Schritt, bilaterale Sozialversicherungsabkommen zwischen den Mitgliedstaaten und den EFTA-Staaten obsolet zu machen. Zwischen den Mitgliedstaaten und den EFTA-Staaten (mit Ausnahme von Lichtenstein und der Schweiz) bestehende Sozialversicherungsabkommen haben insoweit nur noch eine Bedeutung, als sie über den Geltungsbereich des europäischen Sozialrechts hinausgehen.

---

[233] *Friedrich*, DB 1994, S. 313.
[234] *Sieveking*, DRV 1/1994, S. 40, 42; *Geiger*, EUV/EGV, 3. Aufl., Art. 311 Rn. 30.

7. Abschnitt. Arbeitsvölkerrecht

§ 33 Einführung

Schrifttum: *Bleckmann,* Völkerrecht, 2001; *Buergenthal/Doehring/Kokott/Maier,* Grundzüge des Völkerrechts, 2. Aufl. 2000; *Däubler/Kittner/Lörcher,* Internationale Arbeits- und Sozialordnung, 2. Auflage 1994; *Hüffner/Neumann,* Das System der Vereinten Nationen, 1974; *Kimminich/Hobe,* Einführung in das Völkerrecht, 7. Aufl. 2000; *Meyer/Raasch,* Internationales Recht der Arbeit und Wirtschaft, 1980; *Ipsen,* Völkerrecht, 4. Auflage 1999; *Seidl-Hohenveldern,* Völkerrecht, 10. Auflage 2000; *Verdross/Simma,* Universelles Völkerrecht, 3. Aufl. 1984.

Im Gegensatz zum im vorangegangenen Abschnitt behandelten „Internationalen Arbeitsrecht" umfasst das Gebiet des „Arbeitsvölkerrechts" materiell-rechtliche Regelungen auf völkerrechtlicher Ebene. Während es sich beim Internationalen Arbeitsrecht um *innerstaatliches Kollisionsrecht* handelt, das die Anwendbarkeit bestimmter Rechtsordnungen auf Fälle mit Auslandsbezug regelt, dabei jedoch *keinen eigenständigen materiellen Gehalt* aufweist, handelt es sich beim Arbeitsvölkerrecht um **supranationales, materielles Arbeitsrecht.** 1

Normen des Völkerrechts können daher grundsätzlich neben nationalen arbeitsrechtlichen Vorschriften anwendbar sein, wobei es auf einen Auslandsbezug des entsprechenden Sachverhaltes nicht ankommt. Indizien dafür, wann das der Fall ist, gibt es nicht, so dass die Kenntnis der einzelnen Rechtsquellen des Arbeitsvölkerrechts unerlässlich ist. 2

Rechtsquellen des allgemeinen Völkerrechts sind neben völkerrechtlichen Verträgen das Völkergewohnheitsrecht sowie allgemeine, von den Kulturvölkern anerkannte Rechtsgrundsätze.[1] Völkerrechtliche Normen mit arbeitsrechtlichem Bezug entstehen normalerweise durch multinationale Verträge, die die wichtigsten Rechtsquellen des Völkerrechts und das wichtigste Instrument für die Entwicklung der internationalen Rechtsordnung bilden. Die Bezeichnungen für derartige Verträge sind ebenso vielfältig (Vertrag, Übereinkommen, Abkommen, Konvention, Pakt usw.) wie völkerrechtlich irrelevant.[2] 3

Arbeitsrechtlich bedeutsame Verträge kommen entweder im Rahmen der UNO und ihrer Unterorganisationen (insbesondere der IAO) oder im Rahmen des europäischen (Völker-)Rechts zustande, wo wiederum die völkerrechtssetzende Tätigkeit des Europarates von der der Europäischen Gemeinschaften unterschieden werden kann. 4

§ 34 Das Arbeitsvölkerrecht der Vereinten Nationen

Übersicht

	Rn.		Rn.
Vorbemerkung	1	2. Der Internationale Pakt über bürgerliche und politische Rechte (IPBPR)	10
I. Die Menschenrechtspakte der UNO ..	5	a) Arbeitsrechtlich bedeutsamer Inhalt	13
1. Die Allgemeine Erklärung der Menschenrechte	5	b) Völkerrechtliche Verbindlichkeit und Durchsetzbarkeit	14

---

[1] *Ipsen,* Völkerrecht, Vor § 16 Rn. 1, S. 181; vgl. auch Art. 38 Abs. 1 Buchst. a–c IGH-Statut.
[2] *Ipsen,* Völkerrecht, § 9 Rn. 6, S. 98.

	Rn.		Rn.		Rn.
c) Innerstaatliche Verbindlichkeit	24	b) Völkerrechtliche Verbindlichkeit und Durchsetzbarkeit	56		
d) Bedeutung für das deutsche Arbeitsrecht	26	c) Innerstaatliche Verbindlichkeit und Umsetzung in der Bundesrepublik Deutschland	57		
3. Der Internationale Pakt über wirtschaftliche, soziale und kulturelle Rechte (IPWSKR)	27	II. Die Internationale Arbeitsorganisation (IAO, ILO)	58		
a) Arbeitsrechtlich bedeutsamer Inhalt	28	1. Entstehungsgeschichte und Zielsetzung	58		
b) Völkerrechtliche Verbindlichkeit und Durchsetzbarkeit	36	2. Struktur und Organe der IAO	64		
c) Innerstaatliche Verbindlichkeit	41	3. Die Normsetzung durch die IAO	71		
d) Die Umsetzung in der Bundesrepublik Deutschland	44	a) Verfahren	75		
4. Das Übereinkommen zur Beseitigung jeder Form von Diskriminierung der Frau	47	b) Völkerrechtliche Verbindlichkeit und Durchsetzbarkeit der IAO-Übereinkommen	80		
a) Arbeitsrechtlich bedeutsamer Inhalt	48	aa) Das allgemeine Überwachungssystem	84		
b) Völkerrechtliche Verbindlichkeit und Durchsetzbarkeit	50	bb) Das Beschwerde- und Klagesystem	87		
c) Innerstaatliche Verbindlichkeit	51	c) Die Innerstaatliche Verbindlichkeit der ratifizierten Übereinkommen in der Bundesrepublik Deutschland	93		
d) Die Umsetzung in der Bundesrepublik Deutschland	52	d) Die IAO-Übereinkommen im deutschen Arbeitsrecht	99		
5. Das Übereinkommen über die Rechte des Kindes	53	4. Zusammenfassung	104		
a) Arbeitsrechtlich bedeutsamer Inhalt	54				

Vorbemerkung

1   Der UNO kommt angesichts ihrer Stellung als universellster internationaler Organisation eine herausragende Bedeutung bei der Entwicklung völkerrechtlicher Normen zu.[1] Die UNO, bestehend seit dem In-Kraft-Treten der UN-Charta am 24. 10. 1945, dient als Weltorganisation[2] in erster Linie der Sicherung des Weltfriedens.[3] Zum Aufgabenbereich der Vereinten Nationen zählt jedoch neben der Friedenssicherung auch die internationale Zusammenarbeit bei der Lösung wirtschaftlicher, sozialer, kultureller und humanitärer Probleme sowie die Förderung von Menschenrechten und Grundfreiheiten.[4]

2   Zur Bewältigung dieser Aufgaben bedient sich die UNO nicht nur ihrer eigenen Organe (Generalversammlung, Sicherheitsrat, Wirtschafts- und Sozialrat, Treuhandrat, IGH, Sekretariat),[5] sondern insbesondere auch einer Reihe von Sonderorganisationen (z.B. UNESCO, IAO, FAO, WHO) mit weltweiten, sachlich abgrenzbaren Tätigkeitsbereichen, denen gegenüber die UNO als Mutterorganisation koordinierende Funktionen ausübt.[6]

3   Ihre Rechtssetzungsbefugnis nimmt die UNO in Form von völkerrechtlichen Abkommen wahr, die, von der Generalversammlung (GV) beschlossen, erst durch die Ratifikation durch die Mitgliedstaaten völkerrechtliche Verbindlichkeiten erlangt, und deren innerstaatliche Verbindlichkeit je nach Vertragsinhalt der einzelnen Abkommen unterschiedlich ausgeprägt ist.[7] Die normsetzende Tätigkeit der UNO selbst als Mutterorganisation beschränkt sich im Bereich des Arbeitsrechts auf die Kodifikation von wirtschaftlichen und sozialen Grundrechten, deren Niveau, bedingt durch das Prinzip des gemeinsamen Nenners, eher niedrig ist und denen daher innerstaatlich in der Bundesrepublik Deutschland

---

[1] *Meyer/Raasch*, Internationales Recht der Arbeit und Wirtschaft, S. 191.
[2] Derzeit gehören ihr 185 der 192 Staaten der Welt an, vgl. *Ipsen*, Völkerrecht, § 32 Rn. 1 S. 408.
[3] *Verdross/Simma*, Universelles Völkerrecht, § 92.
[4] *Verdross/Simma*, Universelles Völkerrecht, § 92.
[5] Vgl. Art. 7 Abs. 1 der UN-Charta und das Organogramm bei *Hüffner/Neumann*, S. 183. Näher zu den Organen der UNO und ihrer Zuständigkeiten *Verdross/Simma*, Universelles Völkerrecht, §§ 116ff.
[6] *Verdross/Simma*, Universelles Völkerrecht, § 297.
[7] *Däubler/Kittner/Lörcher*, Internationale Arbeits- und Sozialordnung, S. 120f., 124.

nur eine untergeordnete Bedeutung zukommt.[8] Von arbeitsrechtlicher Relevanz sind insbesondere die im folgenden behandelten Menschenrechtspakte der UNO, namentlich
- die **Allgemeine Erklärung der Menschenrechte (AEMR)** [9] vom 10. Dezember 1948,
- der **Internationale Pakt über bürgerliche und politische Rechte (IPBPR)** [10] vom 19. Dezember 1966 sowie
- der **Internationale Pakt über wirtschaftliche, soziale und kulturelle Rechte (IPWSKR)**[11] vom 16. Dezember 1966.[12]
- das **Übereinkommen zur Beseitigung jeder Form von Diskriminierung der Frau** vom 18. 12. 1979
- das **Übereinkommen über die Rechte des Kindes** vom 20. 11. 1989.

Größere Beachtung verdient die Arbeit der Internationalen Arbeitsorganisation (IAO oder ILO = International Labour Organization), die als Sonderorganisation der UNO Quelle einer Vielzahl von völkerrechtlichen Übereinkommen auf dem Gebiet des Arbeitsrechts ist.[13]

I. Die Menschenrechtspakte der UNO

Schrifttum: *Bartsch,* Die Entwicklung des internationalen Menschenrechtsschutzes, NJW 1977, S. 474 ff.; *Beyerlin,* Max Planck Institut für ausländisches öffentliches Recht und Völkerrecht (Hrsg.), Die Koalitionsfreiheit des Arbeitnehmers, 1980, S. 1153; *Bülck,* Die Zwangsarbeit im Friedensvölkerrecht, 1953; *Däubler/Kittner/Lörcher,* Internationale Arbeits- und Sozialordnung, 2. Auflage 1994; *Dertinger,* Menschlich arbeiten – menschlich leben – Die Internationale Arbeitsorganisation, 1987; *Echterhölter,* Der Internationale Pakt über wirtschaftliche, soziale und kulturelle Rechte, BB 1973, S. 1595; *Gamillscheg,* Internationale Arbeitsorganisation, in *Strupp/Schlochauer,* Wörterbuch des Völkerrechts, Band 2, 1971, S. 38 ff.; *Goose,* Der Internationale Pakt über bürgerliche und politische Rechte, NJW 1974, S. 1305; *Haase,* Die Internationale Arbeitsorganisation, in *Hauff/Pfister-Gaspary,* Internationale Sozialpolitik, 1982, S. 113 ff.; *Hüffner/Neumann,* Das System der Vereinten Nationen, 1974; *Köhler,* Sozialpolitische und sozialrechtliche Aktivitäten in den Vereinten Nationen; *Meyer/Raasch,* Internationales Recht der Arbeit und Wirtschaft, 1980; *Nowak,* Die Durchsetzung des Internationalen Paktes über bürgerliche und politische Rechte, EuGRZ 1980, S. 532 ff.; *ders.,* UNO-Pakt über bürgerliche und politische Rechte und Fakultativprotokoll, 1989; *Preis,* Prinzipien des Kündigungsrechts bei Arbeitsverhältnissen, 1987; *Scherf,* Die Umsetzung des UN-Sozialpaktes, 1987; *Seidl-Hohenveldern/Loibl,* Das Recht der Internationalen Organisationen einschließlich der Supranationalen Gemeinschaften, 7. Auflage 2000; *Tomuschat,* Vereinte Nationen, 1978, S. 1; *Verdross/Simma,* Universelles Völkerrecht, 3. Aufl. 1984; *Wagner,* Die Verwirklichung der Menschenrechte im IPBRP, 1977; *Zuleeg,* Der Internationale Pakt über wirtschaftliche, soziale und kulturelle Rechte, RdA 1974, S. 321.

1. Die Allgemeine Erklärung der Menschenrechte

Die Allgemeine Erklärung der Menschenrechte vom 10. 12. 1948[14] ist Grundlage für alle folgenden menschenrechtlichen Aktivitäten der UNO. Es handelt sich nicht um ein völkerrechtliches Übereinkommen, sondern um eine programmatische Verkündung von

---

[8] *Meyer/Raasch,* Internationales Recht der Arbeit und Wirtschaft, S. 191.
[9] Abgedr. bei *Däubler/Kittner/Lörcher,* Internationale Arbeits- und Sozialordnung, S. 136 ff.
[10] Auszugsweise abgedr. bei *Däubler/Kittner/Lörcher,* Internationale Arbeits- und Sozialordnung, S. 144 ff.
[11] Auszugsweise abgedr. bei *Däubler/Kittner/Lörcher,* Internationale Arbeits- und Sozialordnung, S. 152 ff.
[12] Dazu unten Rn. 5.
[13] Dazu unten Rn. 57.
[14] Resolution 217 (III) Universal Declaration of Human Rights, United Nations General Assembly, Offical Records third Session (part I 9 Resolutions (Doc. A/810)), S. 71.

Menschenrechten, die erst durch die beiden späteren Menschenrechtspakte der UNO[15] in eine völkerrechtlich verbindliche Form gegossen wurde.[16]

6   Der arbeitsrechtlich relevante Inhalt der Resolution beschränkt sich auf ihren Art. 23, der das Recht auf Arbeit und gleichen Lohn sowie die Koalitionsfreiheit in sehr allgemeiner Form deklariert.

7   Da die AEMRK völkerrechtlich nicht verbindlich ist, geht von ihr auch keine innerstaatliche Wirkung aus.[17]

8   Mangels völkerrechtlicher Verbindlichkeit ist die Durchsetzbarkeit der AEMRK gegenüber anderen Staaten auch nur auf politischem Wege möglich.[18]

9   Diskrepanzen mit dem deutschen Arbeitsrecht sind schon in Anbetracht des allgemeinen Charakters des Art. 23 AEMRK nicht ersichtlich.

2. Der Internationale Pakt über bürgerliche und politische Rechte (IPBPR)

10   Dem Internationalen Pakt über bürgerliche und politische Rechte vom 19. 12. 1966 hat die Bundesrepublik Deutschland 1973 zugestimmt.[19] Es handelt sich um ein völkerrechtliches Übereinkommen, das von der UN-Generalversammlung beschlossen wurde und nach der Hinterlegung der 35. Ratifikationsurkunde am 3. 1. 1976 in Kraft getreten ist.[20]

11   Innerhalb der dreistufigen Vorgehensweise der Vereinten Nationen bei der weltweiten Verwirklichung der Menschenrechte und Grundfreiheiten bildet der IPBPR gemeinsam mit dem – beinahe zur gleichen Zeit geschlossenen – Internationalen Pakt über wirtschaftliche, soziale und kulturelle Rechte (IPWSKR)[21] die zweite Stufe. Auf der ersten Stufe ging es zunächst um die Definition der Menschenrechte in einer unverbindlichen Deklaration (AEMR, vgl. oben Rn. 5), im zweiten Schritt wurden die Staaten durch verbindliche Konventionen daran gebunden, während Gegenstand der dritten Stufe die Entwicklung eines völkerrechtlichen Durchsetzungsmechanismus sein sollte.[22]

12   Die beiden Pakte ergänzen sich gegenseitig und fungieren gemeinsam als Konkretisierung der AEMR.[23] Ihre Präambeln stimmen nahezu wörtlich überein, und beide Abkommen enthalten einen identischen Art. 1 über das Selbstbestimmungsrecht der Völker.

a) Arbeitsrechtlich bedeutsamer Inhalt

13   Der arbeitsrechtlich relevante Inhalt des IPBPR beschränkt sich auf die Gewährung der **Koalitionsfreiheit** in Art. 22. Gesondert erwähnt ist in Art. 22 Abs. 1 IPBPR das Koalitionsrecht des Arbeitnehmers („... zum Schutze seiner Interessen Gewerkschaften zu bilden und ihnen beizutreten"). Art. 22 IPBPR enthält ein reines Abwehrrecht gegen Eingriffe durch den Staat; spezifische (gewerkschaftliche) Handlungsmöglichkeiten oder kollektive Rechte werden nicht garantiert.[24] So wird insbesondere das Streik-

---

[15] Dazu unten Rn. 10, 27.
[16] *Bartsch*, NJW 1977, S. 474, 476.
[17] *Däubler/Kittner/Lörcher*, Internationale Arbeits- und Sozialordnung, S. 134.
[18] MünchArbR/*Birk*, § 17 Rn. 10.
[19] BGBl. 1973 II S. 1534.
[20] Vgl. *Bartsch*, NJW 1977, S. 474.
[21] Näher dazu unten Rn. 27.
[22] *Nowak*, EuGRZ 1980, S. 532.
[23] Zur historischen Begründung der Trennung in zwei Abkommen vgl. *Nowak*, EuGRZ 1980, S. 532, 553 und *Zuleeg*, RdA 1974, S. 321.
[24] *Beyerlin*, Koalitionsfreiheit, S. 1153, 1171.

recht nicht von der Gewährleistung des Art. 22 IPBRP umfasst.[25] Die Koalitionsfreiheit steht gem. Art. 22 Abs. 2 IPBPR unter der Beschränkung eines weitreichenden Gesetzesvorbehalts; Abs. 3 enthält eine Manifestation des völkerrechtlichen Günstigkeitsprinzips.

b) Völkerrechtliche Verbindlichkeit und Durchsetzbarkeit

Beim IPBPR handelt es sich um einen völkerrechtlichen Vertrag, der die Staaten, welche entsprechenden Ratifizierungsurkunden hinterlegt haben, völkerrechtlich bindet. Die praktische Bedeutung des Paktes bei der Bekämpfung von Menschenrechtsverletzungen ist dennoch nicht allzu hoch anzusiedeln, zumal die Sanktionsmöglichkeiten sehr gering bleiben.[26]

Der in Teil IV (Art. 28–45) des IPBRP festgeschriebene völkerrechtliche **Kontrollmechanismus** beruht auf einem Berichts- und Beschwerdesystem.

Nach Art. 40 Abs. 1 IPBRP sind die Vertragsstaaten verpflichtet, nach In-Kraft-Treten des Paktes und fortan auf Aufforderung Berichte über die Maßnahmen zu verfassen, die sie zur Verwirklichung der in diesem Pakt anerkannten Rechte getroffen haben sowie über dabei erzielte Fortschritte.

Adressat dieser Berichte ist der nach den Art. 28 ff. IPBRP eingerichtete Ausschuss für Menschenrechte (AMR), der sich aus 18 von den Vertragsstaaten in geheimer Wahl gewählten unabhängigen Experten zusammensetzt.

Der Ausschuss prüft die Staatenberichte, die alle fünf Jahre vorzulegen sind, und übermittelt den Mitgliedsstaaten seinerseits eigene Berichte. Eine effektive Sanktion für den Fall des Verstoßes gegen Pflichten aus dem Pakt ist jedoch nicht vorgesehen.[27] Der Ausschuss muss sich in seinen eigenen Berichten auf „geeignet erscheinende allgemeine Bemerkungen" (Art. 40 Abs. 4 IPBRP) beschränken; die Prüfung der Staatenberichte soll eher eine Beratungs- als eine Kontrollfunktion erfüllen.[28]

Art. 41 des Paktes regelt den Fall der **Staatenbeschwerde.** Danach können einzelne Vertragsstaaten die Verletzung von Pflichten aus dem Vertrag durch andere Vertragsstaaten im Wege entsprechender Mitteilungen an den AMR rügen. Die Anerkennung des Beschwerdeverfahrens ist jedoch fakultativ; das Beschwerdeverfahren gilt nur im Verhältnis derjenigen Staaten, die sich dem Verfahren durch gesonderte völkerrechtliche Zustimmung unterworfen haben.

Schon angesichts der geringen Zahl der entsprechenden Erklärungen[29] sind Zweifel an der Effektivität dieses Kontrollinstrumentes angebracht.[30]

Die Möglichkeit einer **Individualbeschwerde** ist im Pakt selbst **nicht vorgesehen.** Allerdings können Einzelpersonen nach Art. 1 des entsprechenden Fakultativprotokolls[31] zum IPBPR den Menschenrechtsausschuss mit der Behauptung anrufen, durch einen Vertragsstaat (der das Fakultativprotokoll ratifiziert haben muss) in einem ihrer Rechte aus dem Pakt verletzt worden zu sein.

Die Bundesrepublik Deutschland hat das Fakultativprotokoll mittlerweile ratifiziert. Es ist seit dem 25. November 1993 für Deutschland in Kraft,[32] und damit ist die Individualbeschwerde möglich. Gegen die tatsächliche Schutzwirkung der Einzelbeschwerde beste-

---

[25] *Beyerlin,* Koalitionsfreiheit, S. 1172; vgl. auch die Entscheidung des UN-Ausschusses für Menschenrechte v. 18. 7. 1986, EuGRZ 1987, S. 47, 50 f.
[26] *Goose,* NJW 1974, S. 1305, 1310.
[27] *Wagner,* Verwirklichung, S. 15 ist daher der Ansicht, das Kontrollinstrumentarium des Paktes sei äußerst mangelhaft; s. auch *Nowak,* UNO-Pakt, Art. 40 Rn. 50 ff.
[28] *Nowak,* EuGRZ 1980, S. 532, 536.
[29] Vgl. *Nowak,* EuGRZ 1980, S. 532, 537.
[30] *Beyerlin,* Koalitionsfreiheit, S. 1176.
[31] BT-Drucks. 7/660, S. 66 ff.
[32] BGBl. II 1994 S. 311.

hen ähnliche Bedenken wie gegenüber dem Verfahren der Staatenbeschwerde.[33] Einzig denkbare Sanktion für Verletzungen des Pakts durch die Vertragsstaaten ist letztlich die durch die genannten Kontrollmechanismen zu bewirkende Publizität.[34]

23 Angesichts der Grenzen, die der UNO auf dem Gebiet der Menschenrechtsverwirklichung faktisch gesetzt sind, sollte der Durchsetzungsmechanismus jedoch nicht mit justizstaatlichen Grundsätzen gemessen werden.[35]

c) Innerstaatliche Verbindlichkeit

24 Nach Art. 2 Abs. 1 IPBPR verpflichten sich die Vertragsstaaten, die nachfolgenden Rechte zu sichern und zu achten und sie den ihrer Herrschaftsgewalt unterliegenden Personen zu gewährleisten („Each State Party ... undertakes to respect and to ensure to all individuals within its territory...").

25 Ob sich daraus eine unmittelbare innerstaatliche Verbindlichkeit ergibt, die Vorschriften des Paktes also „self-executing" sind, ist bestritten,[36] wird jedoch zutreffenderweise von der h. M. in der Völkerrechtsliteratur bejaht.[37] Für den für die Arbeitswelt bedeutsamen Art. 22 IPBPR heißt das also, dass dem einzelnen Bürger die dort geregelte Koalitionsfreiheit als unmittelbar geltendes subjektives Recht eingeräumt wird. Eine Verletzung kann also vor nationalen Gerichten geltend gemacht werden.

d) Bedeutung für das deutsche Arbeitsrecht

26 Diskrepanzen zwischen der Gewährleistung durch den IPBPR und der Gewährleistung durch das innerstaatliche Recht (Art. 9 Abs. 3 GG) bestehen nicht, so dass die Bedeutung des Art. 22 IPBPR für das deutsche Recht nicht hoch einzuschätzen ist.

3. Der Internationale Pakt über wirtschaftliche, soziale und kulturelle Rechte (IPWSKR)

27 Der Internationale Pakt über wirtschaftliche, soziale und kulturelle Rechte (IPWSKR)[38] wurde am 16. 12. 1966 in unmittelbarem Zusammenhang mit dem IPBPR[39] von der UN-Generalversammlung beschlossen. Die Konvention ist seit der 35. Ratifikation im Jahre 1976 völkerrechtlich verbindlich; die Bundesrepublik Deutschland hat dem Pakt am 23. 11. 1973 zugestimmt.[40]

a) Arbeitsrechtlich bedeutsamer Inhalt

28 Der in fünf Teile untergliederte Pakt enthält in seinem dritten Teil (Art. 6–15) eine Auflistung einzelner wirtschaftlicher, sozialer und kultureller Grundrechte. Dem Bereich des Arbeitsrechts können die Regelungen der Art. 6, 7 und 8 IPWSKR zugeordnet werden.

29 Nach Art. 6 Abs. 1 IPWSKR erkennen die Vertragsstaaten das **Recht auf Arbeit** an.[41]

30 Entgegen dem möglicherweise auf die Gewährleistung eines subjektiven Rechts des Einzelnen auf einen Arbeitsplatz hindeutenden Wortlaut beschränkt sich die Verpflichtung der Vertragsstaaten aus Art. 6 IPWSKR darauf, eine Wirtschafts- und Arbeitspolitik zu

---

[33] *Wagner*, Verwirklichung, 1977, S. 14.
[34] So zutreffend *Wagner*, Verwirklichung, S. 14.
[35] *Nowak*, EuGRZ 1980, S. 532, 541.
[36] Ablehnend z.B. *Goose*, NJW 1974, S, 1305, 1306.
[37] *Beyerlin*, Koalitionsfreiheit, S. 1170; *Guradze*, Jahrbuch für internationales Recht, Bd. 15, S. 242, 254; *Tomuschat*, Vereinte Nationen 1978, S. 1, 9 m.w.N.
[38] BGBl. 1973 II S. 1570.
[39] Vgl. zu diesem Zusammenhang oben Rn. 10.
[40] Vgl. oben Rn. 38.
[41] Dazu *Bülck*, Zwangsarbeit, S. 158 ff.; *Köhler*, S. 964 ff.; *Zuleeg*, RdA 1974, S. 327 ff.

verfolgen, die dem Einzelnen die größtmögliche Chance gibt, einen frei gewählten Arbeitsplatz zu erlangen.[42] Eine andere Deutung des Art. 6 IPWSKR ist schon angesichts der faktischen Unmöglichkeit einer Arbeitsplatzgarantie in einem marktwirtschaftlich organisierten Staat ausgeschlossen.[43]

Nach Abs. 2 sollen die Vertragsstaaten das in Abs. 1 postulierte Recht durch eine auf die stetige wirtschaftliche, soziale und kulturelle Entwicklung sowie eine produktive Vollbeschäftigung gerichtete Politik verwirklichen. Die Verwirklichung muss allerdings nicht um jeden Preis vorangetrieben werden.[44] Als weitere notwendige staatliche Maßnahmen werden die Berufs- und Arbeitsberatung sowie die Förderung der beruflichen Bildung ausdrücklich genannt. 31

Nach Art. 7 IPWSKR erkennen die Paktstaaten das **Recht auf gerechte und günstige Arbeitsbedingungen** an. Eine beispielhafte Aufzählung von einzelnen Schwerpunkten findet sich in Buchst. a-d: Gewährleistet werden neben einem Arbeitsentgelt, das einerseits angemessen für die jeweilige Arbeit ist („gleicher Lohn für gleiche Arbeit") und andererseits dem Arbeitnehmer einen angemessen Lebensunterhalt ermöglichen soll, auch sichere und gesunde Arbeitsbedingungen, gleiche berufliche Aufstiegsmöglichkeiten für jedermann sowie angemessene Arbeitszeit-, Urlaubs- und Feiertagsregelungen. 32

Art. 8 IPWSKR betrifft das **Koalitionsrecht** der Arbeitnehmer, also das Recht, eine Gewerkschaft zu bilden und ihr beizutreten. Anders als Art. 22 IPBPR[45] gewährleistet Art. 8 IPWSKR auch die Betätigungsfreiheit der Gewerkschaften, insbesondere das Streikrecht (Art. 8 Abs. 1 Buchst. d IPWSKR). Allerdings stehen die Rechte aus Art. 8 IPWSKR unter einem (qualifizierten) Gesetzesvorbehalt („...darf solchen Einschränkungen unterworfen werden, die gesetzlich vorgesehen und in einer demokratischen Gesellschaft im Interessen der nationalen Sicherheit oder der öffentlichen Ordnung oder zum Schutze der Rechte und Freiheiten anderer erforderlich sind."). Insbesondere das Streikrecht gilt nur nach Maßgabe der innerstaatlichen Rechtsordnung. Für Angehörige der Streitkräfte, der Polizei und der öffentlichen Verwaltung enthält Abs. 2 einen weiteren Vorbehalt. Die Ausfüllung dieses Vorbehaltes darf jedoch nicht soweit gehen, dass die Garantien des IAO-Übereinkommens Nr. 87 von 1948 über die Vereinigungsfreiheit und den Schutz des Vereinigungsrechtes missachtet werden.[46] 33

Art. 10 Nr. 3 setzt der **Beschäftigung von Kindern und Jugendlichen** Grenzen. Geschützt werden soll die Gesundheit, die Moral und die Weiterentwicklung. 34

In Art. 12 Abs. 1 wird das Recht auf Gesundheit verbrieft und in Abs. 2 die Verbesserung der Umwelt- und Arbeitshygiene. 35

b) Völkerrechtliche Verbindlichkeit und Durchsetzbarkeit

Auch beim IPWSKR handelt es sich um einen völkerrechtlich verbindlichen Vertrag, der alle Paktstaaten bindet. 36

Als Kontrollinstrument ist ein Berichtssystem vorgesehen, das mit dem des IPBRP[47] vergleichbar ist. Die Vertragsstaaten sind verpflichtet, im Abstand von einigen Jahren Berichte über die Einhaltung des Paktes dem Wirtschafts- und Sozialrat der UNO vorzulegen (Art. 16 ff.).[48] 37

---

[42] MünchArbR/*Birk,* § 17 Rn. 16; *Echterhölter,* BB 1973, S. 1595; *Zuleeg,* RdA 1974, S. 321, 327. Zu den verschieden Interpretatationsmöglichkeiten s. *Wank,* Das Recht auf Arbeit, 1980, S. 65 ff.
[43] *Scherf,* Die Umsetzung des UN-Sozialpaktes, S. 78 f.; *Zuleeg,* RdA 1974, S. 321, 327 m.w.N.
[44] MünchArbR/*Birk,* § 17 Rn. 18; *Köhler,* S. 966 m.w.N.
[45] Vgl. oben Rn. 13.
[46] MünchArbR/*Birk,* § 17 Rn. 20.
[47] Vgl. oben Rn. 14.
[48] Seit 1985 liegt die Zuständigkeit bei einem entsprechenden Sachverständigenausschuss (Ausschuss für wirtschaftliche, soziale und kulturelle Rechte) des Wirtschafts- und Sozialrats, vgl. *Däubler/Kittner/Lörcher,* Internationale Arbeits- und Sozialordnung, S. 149.

38 Für eine Nachprüfung der Berichte stehen keine vertraglichen Instrumente zur Verfügung.[49]

39 Der aus 18 Mitgliedern bestehende Sachverständigenausschuss für wirtschaftliche, soziale und kulturelle Rechte kann seinen Berichten an die GV lediglich „Empfehlungen allgemeiner Art" (Art. 21 IPWSKR) beifügen. Im übrigen sind die Unterorganisationen der UNO, insbesondere die IAO, zur Mitarbeit im Berichtssystem berufen (vgl. Art. 18 IPWSKR).

40 Ein Staatenbeschwerdeverfahren ist ebenso wenig vorgesehen wie die Individualbeschwerde.[50] Die Wirkung des Berichtssystems liegt somit nicht im juristischen, sondern im politisch-psychologischen Bereich.[51] Der Kontrollmechanismus ist also denkbar schwach ausgestattet.[52]

c) Innerstaatliche Verbindlichkeit

41 Die innerstaatliche Tragweite der einzelnen durch den Pakt gewährten Rechte ist grundsätzlich für jeden Artikel gesondert zu untersuchen; entscheidend kommt es dabei auf deren Eignung an, nach Wortlaut, Zweck und Inhalt Entscheidungsgrundlage von Rechtsstreitigkeiten zu sein.[53]

42 Eine wesentliche Einschränkung der innerstaatlichen Verbindlichkeit ergibt sich jedoch schon aus dem den einzelnen Rechten vorangestellten Art. 2 Abs. 1 IPWSKR, der den Vertragsstaaten keine statischen Verpflichtungen auferlegt, sondern sie zur Verwirklichung der Rechte in einem dynamischen Prozess unter Ausschöpfung all ihrer Möglichkeiten auffordert.[54] Die Bindungswirkung ist daher vergleichsweise gering; die einzelnen Artikel sind grundsätzlich nicht „self-executing", so dass sich aus dem Pakt keine einklagbaren subjektiven Rechte für den Einzelnen ergeben.[55]

43 Ausnahmen werden zum Teil bejaht für Art. 6 Abs. 1 in seiner Ausprägung als Abwehrrecht hinsichtlich Eingriffen in die Berufsfreiheit – insofern handelt es sich um ein echtes Individualrecht[56] – und für Art. 8 Abs. 1, in dem sich die Vertragsstaaten verpflichten, die in ihm enthaltenen Rechte „zu gewährleisten" („undertake to ensure"). Auch der Artikel über die Koalitionsfreiheit soll daher wegen seiner Rechtsnatur als Abwehrrecht unmittelbar anwendbar sein.[57]

d) Die Umsetzung in der Bundesrepublik Deutschland

44 Das Recht auf Arbeit i. S. d. Art. 6 Abs. 1 IPWSKR und die daraus resultierende Verpflichtung zu einer Politik der qualitativen Vollbeschäftigung findet seine Entsprechung im Sozialstaatsprinzip, Art. 20 Abs. 1 GG.[58] Die nach Art. 6 Abs. 2 IPWSKR notwendigen Maßnahmen auf dem Gebiet der Berufs- und Arbeitsberatung und der beruflichen Bil-

---

[49] *Zuleeg*, RdA 1974, S. 321, 323
[50] Zur Begründung vgl. *Zuleeg*, RdA 1974, 321, 323.
[51] MünchArbR/*Birk*, § 17 Rn. 22.
[52] *Däubler/Kittner/Lörcher*, Internationale Arbeits- und Sozialordnung, S. 149; *Echterhölter*, BB 1973, S. 1595, 1598; *Zuleeg*, RdA 1974, S. 321, 323.
[53] *Scherf*, Die Umsetzung des UN-Sozialpakts, S. 46, 89.
[54] *Echterhölter*, BB 1973, S. 1595, 1596.
[55] MünchArbR/*Birk*, § 17 Rn. 16; Denkschrift der Bundesregierung, BT-Drucks. IV/558, S. 15; *Däubler/Kittner/Lörcher*, Internationale Arbeits- und Sozialordnung, S. 149; *Guradze*, Jahrbuch für internationales Recht, Bd. 15, 1971 S. 242, 251; für eine differenzierte Betrachtung *Scherf*, Die Umsetzung des UN-Sozialpakts, S. 46 f.; *Zuleeg*, RdA 1974, S. 321, 323.
[56] *Scherf*, Die Umsetzung des UN-Sozialpakts, S. 90; *Zuleeg*, RdA 1974, S. 321, 327.
[57] *Scherf*, Die Umsetzung des UN-Sozialpakts, S. 142; *Zuleeg*, RdA 1974, S. 321, 328; so wohl auch *Däubler/Kittner/Lörcher*, Internationale Arbeits- und Sozialordnung, S. 149.
[58] Vgl. dazu *Katz*, Staatsrecht, 13. Aufl. 1999, Rn. 221; *Jarass/Pieroth*, GG, 5. Aufl. 2000, Art. 20, Rn. 76.

I. Die Menschenrechtspakte der UNO	45–49 § 34

dung sind im SGB III vorgesehen. Die Berufsfreiheit wird zwar in Art. 12 GG nur für Deutsche gewährleistet; dennoch steht die damit zusammenhängende Verknüpfung von Aufenthaltserlaubnis und Arbeitserlaubnis für Ausländer nicht im Widerspruch zum Regelungsgehalt des Art. 6 IPWSKR.[59]

Auch die die Arbeitsbedingungen betreffenden Gewährleistungen des Art. 7 IPWSKR sind in der Bundesrepublik Deutschland weitgehend geltendes Recht. Zweifel bestehen allenfalls hinsichtlich des in Art. 7 Buchst. a enthaltenen Rechts auf angemessenen Lohn, das in der Bundesrepublik im Vertrauen auf eine flächenabdeckende Tarifpolitik nicht durch einen gesetzlichen Mindestlohn gesichert ist.[60] **45**

Die Koalitionsfreiheit (Art. 8 IPWSKR) unterliegt weitreichenden Vorbehalten und Einschränkungen.[61] Die grundsätzlich schrankenlos, d. h. nur unter verfassungsimmanenten Schranken stehende Gewährleistung der Koalitionsfreiheit in Art. 9 Abs. 3 GG geht daher sogar noch über den Schutz des Art. 8 IPWSKR hinaus.[62] Art. 9 Abs. 3 GG schützt auch die Betätigungsfreiheit der Gewerkschaften, letztlich auch die Streikfreiheit. Die von der Rechtsprechung gesetzten Schranken des Streikrechts (Verbot des Beamtenstreiks, Verbot des politischen Streiks, Verbot des wilden Streiks) stehen im Einklang mit Art. 8 IPWSRK, der derartige Beschränkungsmöglichkeiten ausdrücklich vorsieht.[63] **46**

4. Das Übereinkommen zur Beseitigung jeder Form von Diskriminierung der Frau

Dem Übereinkommen zur Beseitigung jeder Form von Diskriminierung der Frau vom 18. 12. 1979 hat die Bundesrepublik Deutschland 1985[64] zugestimmt. Dieses Übereinkommen stellt eine Konkretisierung und Fortführung der bereits in der AEMRK[65] geforderten Gleichberechtigung der Frau dar. Es ist in der Bundesrepublik seit dem 25. 4. 1985 in Kraft. **47**

a) Arbeitsrechtlich bedeutsamer Inhalt

Der arbeitsrechtlich relevante Teil beschränkt sich im Wesentlichen auf Art. 11. Dieser will die Gleichbehandlung der Frau im Berufsleben herbeiführen. Dies soll auf dem Wege geschehen, dass in Art. 11 Abs. 1 Buchst. a) bis f) eine Reihe von Rechten aufgezählt und gewährleistet werden (das Recht auf Arbeit, das Recht auf dieselben Arbeitsmöglichkeiten; das Recht auf freie Wahl des Arbeitsplatzes, auf beruflichen Aufstieg, Arbeitsplatzsicherheit und berufliche Ausbildung; das Recht auf gleiches Entgelt und Gleichbehandlung bei der Arbeitsbewertung; das Recht auf Lohnfortzahlung im Krankheitsfall und auf bezahlten Urlaub; das Recht auf Schutz der Gesundheit und auf Sicherheit am Arbeitsplatz). **48**

Abs. 2 will die Gleichstellung der Frauen bei Eheschließung oder Mutterschaft erreichen, indem er einerseits Diskriminierungen (Buchst. a): Verbot der Entlassung wegen Schwangerschaft und Mutterschaft sowie der Diskriminierung aufgrund des Familienstandes) verbietet und andererseits Rechte gewährt (Buchst. b): bezahlter Mutterschaftsurlaub; Buchst. c): Gewährung besonderen Schutzes während der Schwangerschaft vor schädlicher Beschäftigung). **49**

---

[59] *Zuleeg*, RdA 1974, S. 321, 328.
[60] *Zuleeg*, RdA 1974, S. 321, 329.
[61] Vgl. oben Rn. 33.
[62] *Scherf*, Die Umsetzung des UN-Sozialpakts, S. 153 f.; *Zuleeg*, RdA 1974, S. 321, 328.
[63] *Scherf*, Die Umsetzung des UN-Sozialpakts, S. 154 f.
[64] BGBl. II 1985 S. 647 f.
[65] Vgl. dazu oben Rn. 5.

b) Völkerrechtliche Verbindlichkeit und Durchsetzbarkeit

50 Auch bei dem Übereinkommen zur Beseitigung jeder Form von Diskriminierung der Frau handelt es sich um einen völkerrechtlich verbindlichen Vertrag, der die beteiligten Staaten bindet. Als Kontrollinstrument ist wiederum ein Berichtssystem vorgesehen. Die Prüfung, ob das Übereinkommen eingehalten wird, obliegt gem. Art. 17 Abs. 1 einem aus 23 Mitgliedern bestehenden Ausschuss für die Beseitigung der Diskriminierung der Frau. Auch hier ist weder ein Staatenbeschwerde, noch eine Individualbeschwerde an den Ausschuss vorgesehen.[66]

c) Innerstaatliche Verbindlichkeit

51 Das Übereinkommen begründet keine innerstaatliche Verbindlichkeit in dem Sinne, dass sich der (besser: die) Einzelne vor einem nationalen Gericht auf Art. 11 berufen kann. Die durch Art. 11 normierten Verpflichtungen treffen allein die Vertragsstaaten.

d) Die Umsetzung in der Bundesrepublik Deutschland

52 Die Umsetzung in der Bundesrepublik ist aufgrund der Dichte der Regelung recht schwierig. Insbesondere das durch Art. 11 Abs. 1 Buchst. a) zum Ausdruck gebrachte Problem der Gleichbehandlung bei der Entlassung der sog. Doppelverdiener wird z.Z. durch die Rechtsprechung bei der sozialen Auswahl zu Lasten der Doppelverdiener nicht berücksichtigt. Sofern der Ehegatte des in die Sozialauswahl einzubeziehenden Arbeitnehmers noch in einem Arbeitsverhältnis steht, soll dieser als weniger schutzwürdig einzustufen sein.[67] Die Rechtsprechung steht damit im Widerspruch zu Art. 11 Abs. 2 Buchst. a) des Übereinkommens. Es soll daher die Verpflichtung bestehen, die Rechtsprechung dem Übereinkommen anzupassen und damit zu ändern.[68]

5. Das Übereinkommen über die Rechte des Kindes

53 Das Übereinkommen über die Rechte des Kindes wurde am 20. 11. 1989 von der GV verabschiedet und trat in der Bundesrepublik Deutschland 1992 in Kraft.[69]

a) Arbeitsrechtlich bedeutsamer Inhalt

54 Von arbeitsrechtlicher Relevanz ist Art. 32, der Art. 10 Nr. 3 Satz 2 und 3 des IPWSKR konkretisiert, indem er das Kind als Person bis zur Vollendung des 18. Lebensjahres definiert und das Recht des Kindes festlegt, „vor wirtschaftlicher Ausbeutung geschützt und nicht zu einer Arbeit herangezogen zu werden, die Gefahren mit sich bringen, die Erziehung des Kindes behindern oder die Gesundheit des Kindes oder seine körperliche, seelische, sittliche oder Entwicklung schädigen könnte."

55 Wichtigster Teil des Art. 32 ist Abs. 2 Satz 2 Buchst. a), der die Vertragsstaaten verpflichtet, ein Mindestalter (einheitlich oder gestuft) einzuführen, sowie in Buchst. b) eine Regelung der Arbeitszeit und Arbeitsbedingungen zu treffen. Die Einhaltung dieser zu schaffenden Regelungen soll gem. Art. 32 Abs. 2 Satz 2 Buchst. c) durch die Einführung von Sanktionsnormen gesichert werden.

---

[66] MünchArbR/*Birk*, § 17 Rn. 24.
[67] Dazu KR-*Etzel* § 1 KSchG Rn. 324; deutlicher noch *Becker* in der Vorauflage, § 1 KSchG Rn. 357 m.w.N.
[68] So MünchArbR/*Birk*, § 17 Rn. 25; im Ergebnis gleich, jedoch ohne auf das Übereinkommen Bezug zu nehmen *Preis*, Prinzipien, S. 424.
[69] BGBl. II 1992 S. 990.

b) Völkerrechtliche Verbindlichkeit und Durchsetzbarkeit

Auch bei diesem Übereinkommen handelt es sich um einen völkerrechtlich verbindlichen Vertrag, der die beteiligten Staaten bindet. Als Kontrollinstrument ist erneut ein Berichtssystem vorgesehen, wobei der erste Bericht zwei Jahre nach In-Kraft-Treten vorzulegen ist, alle weiteren nach fünf Jahren vorzulegen sind. Die Prüfung, ob das Übereinkommen eingehalten wird, obliegt gem. Art. 43 Abs. 1 einem aus zehn Mitgliedern bestehenden Ausschuss für die Rechte des Kindes. Auch in diesem Übereinkommen ist keine Staatenbeschwerde vorgesehen.   56

c) Innerstaatliche Verbindlichkeit und Umsetzung in der Bundesrepublik Deutschland

Die innerstaatliche Verbindlichkeit dieses Übereinkommens, das für die Bundesrepublik erst 1992 in Kraft trat, ist in diesem Fall ohne Bedeutung, da das bereits am 12. 4. 1976 ergangene Jugendarbeitsschutzgesetz[70] den Vorstellungen des Art. 32 (der wichtigsten Norm) vollends entspricht, so dass der Einzelne seine Ansprüche aufgrund des Jugendarbeitsschutzgesetzes durchsetzen kann.   57

II. Die Internationale Arbeitsorganisation (IAO, ILO)

Schrifttum: *Birk,* Münchener Handbuch zum Arbeitsrecht (MünchArbR), Bd. 1, 2000, § 17; *Däubler/Kittner/Lörcher,* Internationale Arbeits- und Sozialordnung, 2. Auflage 1994; *Gamillscheg,* Internationale Arbeitsorganisation, in *Strupp/Schlochauer,* Wörterbuch des Völkerrechts, Band 2, 1971, S. 38 ff.; *Haase,* Die Internationale Arbeitsorganisation, in *Hauff/Pfister-Gaspary,* Internationale Sozialpolitik, 1982, S. 113 ff.; *Klotz,* Der Einfluß der Übereinkommen der Internationalen Arbeitsorganisation auf die innerstaatliche Gesetzgebung, BArbBl. 1973, Heft 10, S. 499 ff.; *ders.,* Das Aufsichtssystem der Internationalen Arbeitsorganisation zur Überwachung der Durchführung internationaler Arbeitsnormen, DuR 1986, S. 409 ff.; *Leinemann/Schütz,* Wirkungen der IAO-Übereinkommen auf das Recht der Bundesrepublik Deutschland, ZfA 1994, S. 1 ff.; *dies.,* Die Bedeutung internationaler und europäischer Arbeitsrechtsnormen für die Arbeitsgerichtsbarkeit, BB 1993, S. 2519 ff.; *Lörcher,* Die Normen der Internationalen Arbeitsorganisation und des Europarats – Ihre Bedeutung für das Arbeitsrecht der Bundesrepublik, AuR 1991, S. 97 ff.; *ders.,* Die Normen der Internationalen Arbeitsorganisation (IAO) und das Arbeitsrecht der Bundesrepublik, RdA 1994, S. 284 ff.; *Meyer/Raasch,* Internationales Recht der Arbeit und Wirtschaft, 1980; *Morhard,* Übereinkommen der Internationalen Arbeitsorganisation, 1988; *Muhr,* Das Arbeitsrecht der Gegenwart Bd. 29 (1992), S. 87 ff.; *Ohndorf,* Beitrag zum sozialen Fortschritt, BArbBl. 1993, Heft 10, S. 23 ff.; *Peruzzo,* International Labour Organization, NJW 1981, S, 496 ff.; *Potter,* Renewing International Labor Standards for the 21th Century, ZfA 2001, S. 205; *Schnorr,* Das Arbeitsrecht als Gegenstand internationaler Rechtssetzung, 1960; *Schregle,* Die rechtliche Funktion der Übereinkommen der Internationalen Arbeitsorganisation, RdA 1956, S. 51 ff.; *Seidl-Hohenveldern/Loibl,* Das Recht der Internationalen Organisationen einschließlich der Supranationalen Gemeinschaften, 7. Aufl. 2000.

1. Entstehungsgeschichte und Zielsetzung

Die Internationale Arbeitsorganisation (synonym IAO oder ILO = International Labour Organization)[71] wurde der UNO nach deren Gründung im Jahre 1946 als erste Sonderorganisation für den Zuständigkeitsbereich des Arbeits- und Sozialrechts beigeordnet.[72]   58

---

[70] BR-Drucks. 769/90, S. 49 f.
[71] Im folgenden immer als IAO bezeichnet.
[72] Vgl. allgemein zu Geschichte, Struktur und Tätigkeit der IAO *Muhr,* ArbR Gegw. Bd. 29, S. 3587 ff.; *Gamillscheg,* Internationale Arbeitsorganisation, S. 38 ff.; *Haase,* Die Internationale Arbeitsorganisation, S. 113 ff.

59   Die Geschichte[73] der IAO reicht jedoch weiter zurück als die der UNO. Gegründet wurde die IAO schon im Jahre 1919. Ihre Gründungsakte waren Bestandteil des Versailler Friedensvertrages, als in dessen Teil XIII („Arbeit") die Verfassung[74] der IAO aufgenommen wurde.

60   Schon während des Ersten Weltkrieges hatten die Gewerkschaften sowohl der kriegsführenden als auch der neutralen Staaten gefordert, in einem künftigen Friedensvertrag soziale Bestimmungen und arbeitsrechtliche Garantien aufzunehmen. Eine Chance für einen dauerhaften Frieden sah man nur auf der Basis einer weltweiten sozialen Gerechtigkeit.[75] Folge dieser Bestrebungen war die Schaffung der IAO, die bei ihrer Gründung 45 Mitgliedstaaten zählte.[76]

61   Die wichtigsten Ziele der IAO waren von Anfang an die Verbesserung der Arbeits- und Wirtschaftsbedingungen aller Arbeitnehmer und der weltweite Ausbau des sozialen Schutzes.[77] Hauptinstrument zur Verwirklichung dieser Zielsetzung war und ist die Aufstellung internationaler arbeitsrechtlicher Normen in der Form von Übereinkommen und Empfehlungen der Internationalen Arbeitskonferenz.[78]

62   Das Bekenntnis zu den Zielen der inzwischen aus dem Versailler Vertrag herausgelösten IAO wurde 1944 – vor der Beiordnung der IAO zur UNO – erneuert und präzisiert.[79] Die IAO ist seither als sozialpolitische Sonderorganisation des UN-Systems primär mit der Erarbeitung eines internationalen Regelwerks von Normen zur Verbesserung der Arbeitssicherheit und der Arbeitsbedingungen betraut.

63   Die IAO hat insgesamt 170 Mitgliedsstaaten.[80] Die Bundesrepublik ist seit 1951 Mitglied der IAO,[81] die vom früheren Deutschen Reich ratifizierten Übereinkommen wurden beim Beitritt als verbindlich anerkannt.[82]

2. Struktur und Organe der IAO

64   Entscheidendes Charakteristikum der IAO ist ihre Dreigliedrigkeit („systeme tripartite").[83] Beteiligt an der Entscheidungsfindung sind nicht nur die Regierungen der Mitgliedstaaten, sondern auch die Sozialpartner (Vertreter der Arbeitgeber und der Arbeitnehmer).

65   Die IAO verfügt über drei Organe, von denen zwei dreigliedrig strukturiert sind: die **Internationale Arbeitskonferenz,** den **Verwaltungsrat** und das **Internationale Arbeitsamt** (Art. 2 IAO-Verf.).

---

[73] Zur Geschichte der IAO vgl. etwa MünchArbR/*Birk*, § 17 Rn. 30ff.; *Klotz*, DuR 1986, S. 409 (Fußn. 1 und 2); *Peruzzo*, NJW 1981, S. 496, *Meyer/Raasch*, Internationales Recht der Arbeit und Wirtschaft, S. 185ff. m.w.N.

[74] Der ursprüngliche Wortlaut der Verfassung ist inzwischen mehrfach geändert worden. Der aktuelle Text ist abgedr. in BGBl. 1957 II S. 317, zuletzt geändert gem. Abänderungsgesetz von 1972 mit Wirkung vom 1. 11. 1974, Bek. vom 21. 11. 1975, BGBl. 1975 II S. 2206.

[75] Vgl. Präambel Abs. 1 IAO-Verf.

[76] Das Deutsche Reich wurde zu Beginn der ersten Internationalen Arbeitskonferenz (der Vollversammlung der IAO) aufgenommen.

[77] *Klotz*, DuR 1986, 409 Fußn. 1; vgl. die Präambel der IAO-Verfassung.

[78] Bis 1932 wurden insgesamt 33 Übereinkommen verabschiedet, von denen das Deutsche Reich 17 ratifiziert hat.

[79] *Däubler/Kittner/Lörcher*, Internationale Arbeits- und Sozialordnung, S. 180.

[80] Stand 2000. Der aktuelle Bestand findet sich im Fundstellennachweis B zu BGBl. vom 31.12. jeden Jahres; laut der Homepage der IAO sollen es jedoch sogar 175 sein, vgl. http://www.ilo.org/public/english/standards/norm/whatare/fundam/index.htm.

[81] Das Deutsche Reich war 1933 ausgetreten.

[82] *Klotz*, BArbBl. 1973, S. 499.

[83] *Morhard*, Übereinkommen der Internationalen Arbeitsorganisation, S. 7 (Fußn. 5).

II. Die Internationale Arbeitsorganisation (IAO, ILO)

Die **Internationale Arbeitskonferenz (IAK)** ist die Vollversammlung der IAO, die 66 alljährlich in Genf tagt. Sie rekrutiert sich aus jeweils vier Delegierten jedes Mitgliedstaates, von denen je zwei Regierungsdelegierte sind und je einer Vertreter der Arbeitgeber und der Arbeitnehmer ist (Art. 3 Abs. 1 IAO-Verf.).

Wichtigste Funktion der IAK ist der Beschluss von Übereinkommen und Emp- 67 fehlungen (Art. 19 IAO-Verf.). Daneben ist die IAK zuständig für die Verabschiedung von Programm und Haushalt der IAO (zweijähriger Turnus),[84] die Überprüfung der Anwendung und Einhaltung der von den Mitgliedstaaten ratifizierten Normen (Art. 23 IAO-Verf.)[85] und die Wahl des Verwaltungsrates (Art. 7 Abs. 2 IAO-Verf.). Zur Bewältigung ihrer vielfältigen Aufgaben setzt die IAK drittelparitätisch besetzte Ausschüsse ein.[86]

Der **Verwaltungsrat** (Art. 2 Buchst. b, 7 IAO-Verf.) ist das Exekutivorgan der IAO.[87] 68 Er setzt sich aus 28 Regierungsvertretern[88] und je 14 Arbeitgeber- und Arbeitnehmervertretern zusammen (Art. 7 IAO-Verf.). Dabei werden zehn der 28 Regierungsvertreter von den wirtschaftlich bedeutsamsten Mitgliedstaaten[89] bestellt (Art. 7 Abs. 2 IAO-Verf). Die übrigen 18 werden von den restlichen Mitgliedstaaten bestimmt. Die Amtsdauer beträgt 3 Jahre (Art. 7 Abs. 5 IAO Verf.).

Der Verwaltungsrat erstellt den Haushaltsplan, beaufsichtigt das Internationale Ar- 69 beitsamt, wählt dessen Generaldirektor und legt die Tagesordnung der IAK fest.

Das **Internationale Arbeitsamt (IAA)**, an dessen Spitze der Generaldirektor steht 70 (Art. 8 Abs. 1 IAO-Verf.), fungiert als ständiges Sekretariat der IAO und Ausführungsorgan des Verwaltungsrates. Dabei hat es insbesondere die Aufgabe, Unterlagen zu den Gegenständen der Tagesordnung der IAK vorzubereiten, die Regierungen bei der Durchführung der Beschlüsse zu unterstützen sowie Veröffentlichungen zu internationalen Wirtschafts- und Arbeitsfragen herauszugeben (Art. 10 Abs. 2 IAO-Verf.). Es wirkt auch bei der Kontrolle der tatsächlichen Einhaltung der Übereinkommen durch die Mitgliedstaaten mit.[90]

3. Die Normsetzung durch die IAO

Die klassische und auch heute noch wichtigste Aufgabe der IAO ist die Aufstellung in- 71 ternationaler Arbeitsnormen zur Schaffung international gültiger Mindeststandards für die Arbeits- und Lebensbedingungen der Arbeitnehmer.[91] Internationale arbeitsrechtliche Normen kann die IAO zum einen in Form von **Übereinkommen,** zum anderen in Form von **Empfehlungen** schaffen (vgl. Art. 19 IAO-Verf.).

Bei den Übereinkommen handelt es sich um multilaterale Verträge, die – von der IAK 72 beschlossen – für die Mitgliedstaaten nach Ratifikation völkerrechtlich verbindlich werden.[92]

---

[84] Der Haushalt für das Biennium 1994/95 hatte ein Volumen von 466, 5 Millionen US-Dollar, vgl. *Ohndorf*, BArBl. 1993, Heft 10, S. 23.
[85] Vgl. dazu unten Rn. 80.
[86] *Däubler/Kittner/Lörcher*, Internationale Arbeits- und Sozialordnung, S. 182; vgl. Art. 17 IAO-Verf.
[87] *Morhard*, Übereinkommen der Internationalen Arbeitsorganisation, S. 14.
[88] Von den 28 Regierungsdelegierten werden 10 durch die Mitglieder ernannt, denen wirtschaftlich die größte Bedeutung zukommt (u. a. die Bundesrepublik Deutschland). Die übrigen Mitglieder werden durch die IAK gewählt (Art. 7 Abs. 2, 3 und 4 IAO-Verf.).
[89] Diese werden in einem speziellen Verfahren gem. Art. 7 Abs. 3 IAO-Verf. festgestellt. Es sind nach MünchArbR/*Birk*, § 17 in Fn. 54 z. Z. Brasilien, Bundesrepublik Deutschland, China, Frankreich, Großbritannien, Indien, Italien, Japan, UdSSR und USA.
[90] Vgl. dazu unten Rn. 80.
[91] *Klotz*, BArBl. 1973, Heft 10, S. 499.
[92] *Däubler/Kittner/Lörcher*, Internationale Arbeits- und Sozialordnung, S. 183 f.

73   Empfehlungen der IAK sind demgegenüber nicht-ratifizierbare, arbeits- und sozialrechtliche Leitlinien ohne verbindlichen Charakter. Sie sollen den Regierungen der Mitgliedstaaten Anregungen und Richtlinien für Politik, Gesetzgebung und Verwaltung geben und fungieren oftmals als Ergänzung und Konkretisierung der Übereinkommen.

74   Die IAK hat bisher 183 Übereinkommen (von denen Deutschland 76 ratifiziert hat) [93] und eine noch größere Zahl an Empfehlungen beschlossen. Die Normsetzung der IAO umfasst damit nahezu alle wesentlichen Bereiche des Arbeitsrechts.[94] Außer für Übereinkommen und Empfehlungen ist die IAO auch Urheber einer Reihe von Entschließungen und Schlussfolgerungen, die teils von der IAK selbst und teils von Regionalkonferenzen und Fachtagungen angenommen wurden.[95]

a) Verfahren

75   Übereinkommen der IAO werden von der IAK in der Regel[96] nach zweimaliger Beratung beschlossen.

76   Nachdem der Verwaltungsrat eine bestimmte Frage auf die Tagesordnung der IAK gesetzt hat, erstellt das IAA einen ausführlichen Bericht und versendet diesen zusammen mit einem detaillierten Fragebogen an die Mitgliedstaaten (Regierungen, Arbeitgeber- und Arbeitnehmerorganisationen), um dann auf der Grundlage der entsprechenden Antworten und Stellungnahmen einen neuen, umfassenden Bericht zu erstellen. Dieser ist dann Gegenstand der ersten Beratung der IAK.

77   Die Ergebnisse der ersten Beratung nimmt das IAA sodann zur Grundlage eines Normentwurfes, der den Regierungen der Mitgliedstaaten erneut zur Stellungnahme übermittelt wird. Abschließend erstellt das IAA einen endgültigen Bericht, der den Wortlaut der Übereinkommen (Empfehlungen) enthält.

78   Zur zweiten Beratung und gegebenenfalls zur Schlussabstimmung kommt es in der Regel auf der im folgenden Jahr stattfindenden IAK.[97]

79   Für das Zustandekommen eines Übereinkommens (oder einer Empfehlung) ist eine Mehrheit von zwei Dritteln der Stimmen der anwesenden Delegierten erforderlich (Art. 19 Abs. 2 IAO-Verf.)

b) Völkerrechtliche Verbindlichkeit und Durchsetzbarkeit der IAO-Übereinkommen

80   Die Übereinkommen der IAO sind völkerrechtliche Verträge, die ihre völkerrechtliche Verbindlichkeit erst im Wege der Ratifikation durch die Mitgliedstaaten erlangen. Das Zustandekommen der Normen des internationalen Arbeitsrechts erfolgt also in einem zweistufigen Verfahren: Nach Beschluss der Übereinkommen durch die Konferenz entscheidet jeder Staat frei darüber, ob er diesen Normen innerhalb seines Hoheitsbereiches Geltung verschaffen will, indem er die Übereinkommen ratifiziert.[98] Die Normsetzung der

---

[93] Stand: Dezember 2000, Quelle: http://www.ilo.org/public/german/region/eurpro/bonn/about/index.htm (Homepage der IAO); zum Stand Okt. 1992 (173 Übereinkommen), vgl. BReg. auf eine kleine Anfrage, Das Arbeitsrecht der Gegenwart 1993, S. 157, 159. Eine Übersicht der Übereinkommen bis Nr. 174 (1993) findet sich bei *Däubler/Kittner/Lörcher*, Internationale Arbeits- und Sozialordnung, S. 248 ff.

[94] *Leinemann/Schütz*, ZfA 1994, S. 1, 2.

[95] *Däubler/Kittner/Lörcher*, Internationale Arbeits- und Sozialordnung, S. 184.

[96] Unter der Voraussetzung der besonderen Dringlichkeit gibt es auch das Verfahren der einmaligen Beratung, vgl. dazu *Morhard*, Übereinkommen, S. 21 f.

[97] Ausführlich zum Normsetzungsverfahren der IAO *Morhard*, Übereinkommen, S. 19 ff.; *Peruzzo*, NJW 1981, S. 496, 497.

[98] *Schregle*, RdA 1956, S. 51.

II. Die Internationale Arbeitsorganisation (IAO, ILO)

IAO unterscheidet sich also insofern nicht vom Zustandekommen sonstiger völkerrechtlicher Verträge.[99]

Allerdings sind alle Mitgliedstaaten gem. Art. 19 Abs. 5 Buchst. b IAO-Verf. verpflichtet, die von der Konferenz beschlossenen Übereinkommen innerhalb einer Frist von 12 (in Ausnahmefällen 18) Monaten den zuständigen gesetzgebenden Stellen vorzulegen. Durch dieses Verfahren soll die öffentliche Meinung in den Mitgliedstaaten informiert oder gar mobilisiert werden, so dass gewährleistet ist, dass die Übereinkommen nicht ohne parlamentarische Diskussion „begraben" werden können.[100] Die Vorlagepflicht wird durch eine Auskunftspflicht über die Vorlage und die Entscheidung der zuständigen Stelle untermauert (Art. 19 Abs. 5 Buchst. c IAO-Verf.).[101]

Die Übereinkommen treten regelmäßig ein Jahr nach der Eintragung der Ratifikationen zweier Mitgliedstaaten in Kraft und werden damit für alle Staaten, deren Ratifikation eingetragen ist, völkerrechtlich verbindlich.

Das Aufsichtssystem der IAO kennt zwei Kontrollinstrumente zur Durchsetzung der internationalen Arbeitsnormen: das **allgemeine Überwachungsverfahren** (Berichtssystem) und die **besonderen Verfahren zur Prüfung von Beschwerden und Klagen in Bezug auf ratifizierte Übereinkommen** (Beschwerde- und Klagesystem).[102]

aa) Das allgemeine Überwachungssystem

Die Mitgliedstaaten sind nicht nur gem. Art. 22 IAO-Verf. verpflichtet, dem IAA jährlich[103] **Berichte** über die zur Durchführung der von ihnen ratifizierten Übereinkommen getroffenen Maßnahmen vorzulegen, sondern müssen darüber hinaus auch in vom Verwaltungsrat festzusetzenden Zeitabständen Berichte über nicht ratifizierte Übereinkommen und die den Gegenstand dieser Übereinkommen betreffende innerstaatliche Gesetzgebung und Praxis anfertigen (Art. 19 Abs. 5 Buchst. e IAO-Verf.).

Die Berichte werden von einem unabhängigen **Sachverständigenausschuss** für die Anwendung von Übereinkommen und Empfehlungen geprüft, dessen Abschlussbericht Grundlage eines auf die wichtigen Probleme und besonderen Fälle konzentrierten weiteren Berichts des dreigliedrigen Konferenzausschusses für die Anwendung von Übereinkommen und Empfehlungen ist.[104]

Der Konferenzausschuss fungiert nicht als rechtliche Instanz, seine Berichte werden jedoch von den betroffenen Mitgliedstaaten durchaus als politische Sanktion angesehen.[105]

bb) Das Beschwerde- und Klagesystem

Neben dem oben geschilderten Berichtssystem sieht die Verfassung der IAO ein Beschwerdeverfahren vor, in dem Arbeitgeber- oder Arbeitnehmerverbände die unzureichende Umsetzung eines ratifizierten Übereinkommens durch einen Mitgliedstaat rügen können (Art. 24 IAO-Verf.), sowie ein Klageverfahren, das von jedem Mitgliedstaat gegen einen anderen Mitgliedstaat mit der Behauptung eingeleitet werden kann, dass die Durchführung eines von beiden Teilen ratifizierten Übereinkommens nicht in ausreichendem Maße sichergestellt sei (Art. 26 IAO-Verf.).[106]

---

[99] Vgl. oben § 33 Rn. 3.
[100] *Däubler/Kittner/Lörcher*, Internationale Arbeits- und Sozialordnung, S. 186; *Morhard*, Übereinkommen, S. 29.
[101] Vgl. *Schregle*, RdA 1956, S. 51, 53.
[102] *Klotz*, DuR 1986, S. 409, 413.
[103] Seit 1976 ist der Berichtsturnus je nach Gegenstand des Übereinkommens entweder ein, zwei oder vier Jahre lang, s. *Klotz*, DuR 1986, S. 409, 411 ff.
[104] Ein Überblick über die Bemerkungen und direkten Anfragen des Sachverständigenausschusses in den zwölf Jahren findet sich bei *Lörcher*, RdA 1994, S. 286.
[105] Vgl. zum Ganzen *Klotz*, DuR 1986, S. 409, 411 ff.
[106] Eingehend dazu *Klotz*, DuR 1986, S. 409, 417 ff.; *Morhard*, Übereinkommen, S. 89 ff.; *Schregle*, RdA 1956, S. 95, 98 ff.

88 Im Übrigen sind zwei verschiedene Beschwerdeverfahren zu unterscheiden. Zum einen das Beschwerdeverfahren zum Verwaltungsrat, der bei zulässigen Beschwerden einen Ausschuss einsetzt, der einen entsprechenden Bericht erstellt, ob ein ratifiziertes Übereinkommen verletzt ist;[107] die Überleitung ins Klageverfahren ist gem. Art. 26 Abs. 4 IAO-Verf. möglich.[108]

89 Zum anderen gibt es das Beschwerdeverfahren zum Ausschuss für Vereinigungsfreiheit. Die Besonderheit an diesem ist, dass es sich nur mit der Verletzung der Vereinigungsfreiheit befasst und dass auch ein Verhalten der Mitgliedstaaten überprüft werden kann, das keines der grundlegenden Übereinkommen über die Vereinigungsfreiheit (Nr. 87 und 98) ratifiziert hat.[109] Die Bedeutung dieses Verfahrens wird angesichts der mehr als 1800 erfolgten Verfahren deutlich.

90 Zuständig zur Behandlung der Klage ist der Verwaltungsrat, der einen Untersuchungsausschuss zur Prüfung strittiger Fragen einsetzen kann. Der abschließende Bericht wird den Beteiligten zugestellt und veröffentlicht (Art. 28, 29 IAO-Verf.). Nimmt die betroffene Regierung die Empfehlung nicht an, so kann sie den IGH zur Entscheidung anrufen (Art. 29 IAO-Verf.).[110]

91 Die Besonderheit des Klageverfahrens im Vergleich zu allen anderen bisher behandelten internationalen Durchsetzungsmechanismen[111] liegt darin, dass Art. 33 IAO-Verf. bei Nichtbefolgen der Empfehlungen des Untersuchungsausschusses oder des IGH die Möglichkeit von Sanktionen („Maßnahmen, die ihm – dem Verwaltungsrat – zur Sicherung der Ausführung dieser Empfehlungen zweckmäßig erscheinen") vorsieht.[112]

92 Im Juni und November 2000 hat die IAO erstmals in ihrer über 80-jährigen Geschichte Sanktionen gegen einen Mitgliedstaat beschlossen, um ihn zur Einhaltung eines grundlegenden Menschenrechts zu zwingen. Die Sanktionen richten sich gegen das von einer Militärregierung beherrschte Land Myanmar (früher Burma), weil sich die Regierung der Zwangsarbeit bedient.

c) Die innerstaatliche Verbindlichkeit der ratifizierten Übereinkommen in der Bundesrepublik Deutschland

93 Grundsätzlich kann der Einzelne aus den Normen der IAO – wie im allgemeinen aus Regelungen in völkerrechtlichen Verträgen – selbst keine Rechte und Pflichten herleiten. Die ausnahmsweise Heranziehung von völkerrechtlichen Normen als Grundlage für die Entscheidungen von Gerichten über die Rechtsverhältnisse von Privatpersonen setzt zum einen die innerstaatliche Geltung der betreffenden Norm und zum anderen ihre Eigenschaft als unmittelbar voraus.[113]

94 Die von der Bundesrepublik Deutschland ratifizierten Übereinkommen gelten als völkerrechtliche Verträge nach ihrem In-Kraft-Treten innerstaatlich. Das jeweilige Zustimmungsgesetz transformiert den völkerrechtlichen Vertrag nach der innerstaatlichen Ver-

---

[107] *Däubler/Kittner/Lörcher*, Internationale Arbeits- und Sozialordnung, S. 193; MünchArbR/*Birk*, § 17 Rn. 66.

[108] So geschehen 1985 bezüglich einer Beschwerde des DGB gegen die Bundesrepublik Deutschland wegen behaupteter Verletzung des Übereinkommens Nr. 111 durch die in der Bundesrepublik Deutschland bestehenden Verfahren zur Prüfung der Verfassungstreue von Beamten und Bewerbern für den öffentlichen Dienst, s. *Klotz*, DuR, S. 409, 417.

[109] *Däubler/Kittner/Lörcher*, Internationale Arbeits- und Sozialordnung, S. 194; MünchArbR/*Birk*, § 17 Rn. 66.

[110] Im oben (Fußn. 89) geschilderten Fall tat die Bundesregierung weder das eine noch das andere, s. *Däubler/Kittner/Lörcher*, Internationale Arbeits- und Sozialordnung, S. 193.

[111] Vgl. oben Rn. 14, 36.

[112] Zu den möglichen Sanktionen vgl. *Schnorr*, Das Arbeitsrecht als Gegenstand internationaler Rechtsetzung, 1960, S. 80.

[113] Ausführlich zur Geltung und Anwendbarkeit von ILO-Normen im innerstaatlichen Recht *Leinemann/Schütz*, ZfA 1994, S. 1, 6 ff.

II. Die Internationale Arbeitsorganisation (IAO, ILO)

kündung seines Wortlautes und seines völkerrechtlichen In-Kraft-Tretens in **innerstaatliches Recht** mit der Geltungskraft eines Bundesgesetzes.[114]

Von dieser innerstaatlichen Geltung ist jedoch die **unmittelbare Anwendbarkeit** (self-executing) **zu unterscheiden,** d. h. ihre Qualität, die Rechtsprechung und Verwaltung zu binden sowie gegebenenfalls einklagbare subjektive Rechte Einzelner zu schaffen.[115] Um anwendbar in diesem Sinne zu sein, müssen die Vertragsbestimmungen zur Anwendung bestimmt und geeignet sein.

Entscheidend ist, ob die einzelne Norm eines Übereinkommens nach Inhalt, Zweck und Fassung geeignet und hinreichend bestimmt ist, subjektive Rechte und Pflichten Einzelner erkennen zu lassen, so dass es dafür also keiner weiteren normativen Umsetzung bedarf.[116] Letztlich kommt es auf das Vorliegen zweier Voraussetzungen an:
– Der subjektive Wille der Vertragsparteien muss auf eine unmittelbare Anwendung gerichtet sein,
– die Regelung muss inhaltlich hinreichend bestimmt sein.[117]

Die Frage der unmittelbaren Anwendbarkeit kann also nur für jedes einzelne Übereinkommen und jede einzelne Norm getrennt entschieden werden.[118]

Allerdings müssen auch ratifizierte Übereinkommen, die nicht unmittelbar anwendbar im oben genannten Sinne sind, sowohl vom Gesetzgeber als auch von der Rechtsprechung (Prinzip der völkerrechtsfreundlichen Auslegung) und von der Verwaltung (Interpretationshilfe) beachtet werden.[119]

d) Die IAO-Übereinkommen im deutschen Arbeitsrecht

Von den bis zum Jahre 2000 insgesamt 183 Übereinkommen der IAO hat die Bundesrepublik Deutschland bislang erst 76 ratifiziert;[120] sie zählt damit dennoch zu den 10 Prozent der Mitgliedstaaten mit der höchsten Zahl an Ratifikationen.[121] Allerdings sind nicht alle Übereinkommen auf die Verhältnisse in der Bundesrepublik zugeschnitten; die Aussagekraft der Anzahl ratifizierter IAO-Übereinkommen hinsichtlich des Niveaus des sozialen Schutzes in Deutschland sollte daher nicht überschätzt werden.[122]

Die Rechtsprechung hat die Regelungen der IAO-Übereinkommen bisher nur in vereinzelten Entscheidungen zum Gegenstand der Erörterung gemacht. Dabei wird die Frage der unmittelbaren Anwendbarkeit zumeist mit der Begründung offengelassen, dass das

---

[114] BVerfGE 1, S. 396, 400; 6, S. 290, 294; 30, S. 284, 287; 42, S. 263, 284. Nach einer Auffassung im Schrifttum ist die unmittelbare Anwendbarkeit einer Vertragsnorm Voraussetzung ihrer innerstaatlichen Geltung, vgl. dazu *Leinemann/Schütz,* ZfA 1994, S. 1, 9 m. w. N.

[115] Vgl. oben Rn. 41.

[116] Antwort der BReg. auf eine kleine Anfrage, Das Arbeitsrecht der Gegenwart 1993, S. 157, 172 m. w. N.

[117] *Leinemann/Schütz,* ZfA 1994, S. 1, 11.

[118] Allerdings wird im völkerrechtlichen Schrifttum unter Hinweis auf die generelle Zielsetzung der IAO die Ansicht vertreten, dass die Übereinkommen der IAO durchweg nicht unmittelbar anwendbar sind. Nachw. bei *Leinemann/Schütz,* ZfA 1994, S. 1, 13, Fußn. 39.

[119] Antwort der BReg. auf eine kleine Anfrage, Das Arbeitsrecht der Gegenwart 1993, S. 157, 173.

[120] Stand: Dezember 2000, Quelle: http://www.ilo.org/public/german/region/eurpro/bonn/about/index.htm (Homepage der IAO); MünchArbR/*Birk,* § 17 Rn. 69; eine Auflistung der wichtigsten ratifizierten Abkommen bei MünchArbR/*Birk,* § 17 Rn. 71, der nicht ratifizierten bei MünchArbR/*Birk,* § 17 Rn. 72.

[121] Zum Stand 31. 12. 1993 vgl. *Lörcher,* RdA 1994, S. 285. Andere europäische Staaten haben weit mehr Übereinkommen ratifiziert, z.B. Spanien 124, Frankreich 114, Italien 102; vgl. Tabelle bei *Lörcher,* RdA 1994, S. 285.

[122] *Peruzzo,* NJW 1981, S. 496, 498. Eine Übersicht über wichtige, von der Bundesrepublik Deutschland trotz Aufforderung nicht ratifizierten Übereinkommen findet sich bei *Lörcher,* RdA 1994, S. 290 f.

Schutzniveau der internationalen Normen nicht über das in der Bundesrepublik erreichte hinausgeht.[123]

101   Die Bundesrepublik ratifiziert in der Regel IAO-Übereinkommen nur, wenn die nationalen Regelungen schon den Regelungen der Übereinkommen entsprechen. Erforderlichenfalls werden gesetzgeberische Maßnahmen zur Umsetzung schon vor der Ratifikation des entsprechenden Übereinkommens vorgenommen.[124]

102   Änderungen in der nationalen Gesetzgebung aufgrund von **IAO-Übereinkommen** wurden vor allem **in den Bereichen:**
  – Mutterschutz (Ü Nr. 3),
  – Gefangenenarbeit (Ü Nr. 29),
  – Arbeitsschutz (Ü Nr. 62),
  – Vereinigungsfreiheit (Ü Nr. 87),
  – Soziale Sicherheit (Ü Nr. 102),
  – Gleichstellung der Ausländer (Ü Nr. 118) und
  – Urlaubsrecht (Ü Nr. 132) erforderlich.[125]

103   In Konflikt geraten ist die Bundesrepublik mit den von ihr ratifizierten Übereinkommen, die das Streikrecht und die Einstellungspraxis im öffentlichen Dienst betreffen. So wurde die Bundesrepublik einem ausführlichen Kontrollverfahren hinsichtlich der Vereinbarkeit der Einstellungskriterien im öffentlichen Dienst („Radikalenerlass", „Berufsverbot") mit dem **Übereinkommen 111 über die Diskriminierung in Beschäftigung und Beruf** unterzogen.[126] In einem weiteren Beschwerdeverfahren gelangte der Sachverständigenausschuss des Verwaltungsrates zu der Feststellung, dass das deutsche Beamtenrecht hinsichtlich des vom Streikverbot umfassten Personenkreis und des Streikbrechereinsatzes von Beamten nicht mit dem Übereinkommen Nr. 87 über die Vereinigungsfreiheit und den Schutz des Vereinigungsrechtes im Einklang steht.[127]

4. Zusammenfassung

104   Kommt im Rahmen einer arbeitsrechtlichen Auseinandersetzung in Deutschland die Anwendung völkerrechtlicher Rechtsnormen in Betracht, sind mehrere Prüfschritte erforderlich:
  – Feststellung der völkerrechtlichen Rechtsgrundlage;
  – Ratifizierung durch die Bundesrepublik Deutschland;
  – strikte innerstaatliche Verbindlichkeit (self-executing law) oder bloße Auslegungshilfe;
  – Konkurrenzverhältnis zu entsprechenden deutschen Normen;
  – Anwendung auf den Fall.

105   Völkerrechtliche Grundlagen sind, wie oben ausgeführt, drei UN-Pakte sowie zahlreiche IAO-Übereinkommen.

106   Neben den hier behandelten Abkommen gibt es bilaterale zwischen der Bundesrepublik Deutschland und jeweils einzelnen anderen Staaten. Sie werden hier nicht besprochen.

107   Die drei UN-Pakte gelten auch für die Bundesrepublik Deutschland. Bei den IAO-Abkommen ist im Einzelfall zu prüfen, ob die Bundesrepublik das konkrete Abkommen ratifiziert hat. Wenn ja, stellt sich die Frage, ob nur der Staat daran gebunden ist; dann kann sich der einzelne Bürger nicht darauf berufen, sondern das Abkommen kann nur im

---

[123] Vgl. nur BAG v. 28. 11. 1990, AP Nr. 18 zu § 17 BUrlG (zu IAO-Übereinkommen Nr. 132). Weitere Nachweise bei *Leinemann/Schütz*, BB 1993, S. 2519 ff.; *Lörcher*, AuR 1991, S. 97 ff.; ausführlich zur Behandlung von IAO-Normen in der deutschen Rechtsprechung *Lörcher*, RdA 1994, S. 288 f.
[124] *Maurer*, Rechtliche Aspekte der Bildungsfreiheit, 1992, S. 39 Fußn. 70.
[125] Eingehend zu allen Änderungen *Klotz*, BArbBl. 1973, Heft 10, S. 499, 500 ff.
[126] Vgl. dazu *Däubler/Kittner/Lörcher*, Internationale Arbeits- und Sozialordnung, S. 323 ff. m. w. N.
[127] *Däubler/Kittner/Lörcher*, Internationale Arbeits- und Sozialordnung, S. 275 ff. m. w. N.

Wege der Auslegungshilfe für deutsches Recht herangezogen werden. Ist das Abkommen oder sind einzelne Bestimmungen daraus hingegen „self-executing", kann sich auch der einzelne Bürger unmittelbar darauf berufen.

Ob eine Völkerrechtsquelle innerstaatlich unmittelbar verbindlich ist, ist durch Auslegung zu ermitteln und ergibt sich teils erst aufgrund aller Auslegungskriterien. Im Zweifel ist es zu verneinen – wenn diese Rechtsfolge gewollt ist, soll sie auch normiert werden; die Staaten dürfen ihre Absichten nicht hinter nebulösen Texten verstecken. **108**

Soweit sich der Einzelne unmittelbar auf eine Völkerrechtsgrundlage berufen kann, ist des Weiteren ihre Konkurrenz zu entsprechenden deutschen Vorschriften zu überprüfen. In der Regel gehen beide Normenkomplexe parallel, es entsteht eine Art „Anspruchskonkurrenz". Gehen die Arbeitnehmerrechte in der Bundesrepublik weiter, so geht die weitergehende nationale Fassung vor. Gewährt die Völkerrechtsnorm (scheinbar) mehr Arbeitnehmerrechte als das deutsche Recht, so beruht das vielfach auf einer zu weiten Auslegung, die Systemabwägungen der nationalen Rechtsordnung missachtet. **109**

§ 35 Die Welthandelsorganisation (WTO)

Schrifttum: *Beise*, Die Welthandelsorganisation (WTO), 2001; *Birk*, Münchener Handbuch zum Arbeitsrecht, Bd. 1 2000, § 17; *Ipsen*, Völkerrecht, 4. Auflage 1999; *Seidl-Hohenveldern/Loibl*, Das Recht der Internationalen Organisationen einschließlich der Supranationalen Gemeinschaften, 7. Auflage 2000; *Seidl-Hohenveldern/Stein*, Völkerrecht, 10. Auflage 2000

Übersicht

	Rn.		Rn.
I. Einleitung	1	1. Allgemeines Zoll- und Handelsabkommen (GATT)	5
II. Struktur und Organisation	2	2. Allgemeines Abkommen über den Handel mit Dienstleistungen (GATS)	7
III. Inhalt und Zweck der WTO	4		

I. Einleitung

Die Welthandelsorganisation (WTO), die 1994 durch völkerrechtlichen Vertrag nach achtjährigen Verhandlungen gegründet wurde und ihren Sitz in Genf hat, umfasst mittlerweile 134 Mitgliedstaaten.[1] Die WTO wurde zur Eingliederung des GATT-Abkommens in eine eigenständige internationale Organisation gegründet, sie ist jedoch nicht Rechtsnachfolger des GATT von 1947 im strengen Sinne. Die WTO-Übereinkommen und das GATT finden parallel Anwendung.[2] **1**

II. Struktur und Organisation

An der Spitze der WTO steht gem. Art. IV Abs. 1 des WTO-Übereinkommens die Ministerkonferenz, die die Aufgaben der WTO wahrnimmt und die erforderlichen Maß- **2**

---

[1] Stand 2000; zum aktuellen Stand jeweils Fundstellennachweis B zum BGBl. am 31. 12. jeden Jahres.
[2] *Ipsen*, Völkerrecht § 44 Rn. 43.

nahmen trifft.³ Die Ministerkonferenz setzt sich aus Vertretern aller Mitgliedstaaten zusammen und trifft sich zumindest zweimal jährlich.⁴

3   Ein allgemeiner Rat, der sich ebenfalls aus Repräsentanten aller Mitgliedstaaten zusammensetzt, nimmt weitere, ihm im Übereinkommen übertragene oder von der Ministerkonferenz delegierte Aufgaben wahr.⁵

III. Inhalt und Zweck der WTO

4   Die WTO soll gem. Art. II des WTO-Übereinkommens den gemeinsamen Rahmen für die Handelsbeziehungen zwischen den Mitgliedstaaten bilden. Dies soll sie aufgrund von drei Übereinkommen, die zugleich die Säulen der WTO sind (Allgemeines Zoll- und Handelsabkommen GATT 1994, das Allgemeine Übereinkommen über den Handel mit Dienstleistungen GATS und das Übereinkommen über handelsbezogene Aspekte der Rechte des geistigen Eigentums)⁶ erreichen.

1. Allgemeines Zoll- und Handelsabkommen (GATT)

5   Das GATT-Abkommen stellt die bekannteste und wichtigste Säule der WTO dar. Im Wesentlichen besteht die wichtigste Verpflichtung gem. Art. I GATT in der Gewährung von allgemeiner Meistbegünstigung beim Marktzugang, sowie gem. Art. III GATT in der Inländergleichbehandlung im Hinblick auf innere Abgaben und Rechtsvorschriften.⁷ Arbeitsrechtlich relevant wird das GATT-Abkommen erst durch die Diskussion über Sozialklauseln in internationalen Handelsverträgen zur Abwehr von Sozialdumping.⁸

6   Bei der Diskussion geht es darum, ob Sozialklauseln in das System der WTO eingeführt werden sollen, um einen sozialen „Mindest"standard zu erzwingen. Für den Fall, dass diese Standards nicht gewahrt würden, könnten dann als Sanktionen handelsbeschränkende Maßnahmen vorgesehen werden. Solche Klauseln könnten jedoch erst durch Ergänzung oder Änderung des GATT eingeführt werden.⁹

2. Allgemeines Abkommen über den Handel mit Dienstleistungen (GATS)

7   Ähnlich wie beim GATT besteht auch bei diesem Übereinkommen die Verpflichtung, eine Meistbegünstigung beim Marktzugang (Art. XVI GATS) zu gewähren und eine Verpflichtung zur Inländergleichbehandlung (Art. XVII GATS). Anders als beim GATT geht es nicht um Handelsgüter sondern um Dienstleistungen. Die wichtigste Freiheit des GATS wird durch die Dienstleistungsdefinition des Art. I Abs. 2 Buchst. D GATS gewährleistet, indem die Mobilität der Arbeitskraft anerkannt wird.

8   Zusammenfassend kann man jedoch wohl sagen, dass die Bedeutung sowohl des GATT als auch des GATS überwiegend im wirtschaftlichen Bereich liegt. Es bleibt jedoch abzuwarten, ob sich hier nicht in Zukunft eine weitere wesentliche Säule des Arbeitnehmerschutzrechtes heranbildet.

---

³ *Ipsen*, Völkerrecht § 44 Rn. 45.
⁴ *Ipsen*, Völkerrecht § 44 Rn. 45.
⁵ MünchArbR/*Birk*, § 17 Rn. 76.
⁶ MünchArbR/*Birk*, § 17 Rn. 77; *Ipsen*, Völkerrecht, § 44 Rn. 44.
⁷ Ausführlich dazu MünchArbR/*Birk*, § 17 Rn. 77.
⁸ M. w. N. MünchArbR/*Birk*, § 17 Rn. 78.
⁹ MünchArbR/*Birk*, § 17 Rn. 79.

§ 36 Das Recht des Europarates

Schrifttum: *Birk,* Münchener Handbuch zum Arbeitsrecht, Bd. 1, 2000, § 17; *Däubler/Kittner/ Lörcher,* Internationale Arbeits- und Sozialordnung, 2. Auflage 1994; *Herdegen,* Europarecht, 2. Auflage 1999; *Hoffmeister,* Die Europäische Menschenrechts-Konventöion als Grundrechtsverfassung und ihre Bedeutung in Deutschland, Der Staat 2001, S. 349; *Ipsen,* Völkerrecht, 4. Auflage 1999; *Oppermann,* Europarecht, 2. Auflage 1999; *Seidl-Hohenveldern/Loibl,* Das Recht der Internationalen Organisationen einschließlich der Supranationalen Gemeinschaften, 7. Auflage 2000; *Seidl-Hohenveldern/ Stein,* Völkerrecht, 10. Auflage 2000; *Witting,* Die Einlegung einer Individualbeschwerde vor dem EGMR, NJW 2001, S. 1238

Übersicht

	Rn.
I. Einleitung	1
II. Die Europäische Menschenrechtskonvention	7
III. Die Europäische Sozialcharta (ESC)	15

I. Einleitung

Der ursprünglich als erster, bescheidener Schritt zu einem vereinigten Europa gedachte Europarat spielt heute neben der Europäischen Union, der die wirtschaftlich wichtigsten Mitgliedstaaten des Europarats zugleich angehören, auf dem Gebiet der Normsetzung nur eine untergeordnete Rolle. Lediglich im Bereich des Schutzes und der Weiterentwicklung der Grund- und Menschenrechte in Europa kann eine Aufgabenverteilung zugunsten des Europarates festgestellt werden.[1] **1**

Zur Zeit seiner Gründung am 5. Mai 1949 hatte der Europarat 10 Mitgliedstaaten, inzwischen sind es 23 (man spricht insofern vom „Europa der 23"). Die Bundesrepublik Deutschland wurde 1951 Vollmitglied. Mittlerweile hat sich die Anzahl der Mitglieder auf 41 erhöht.[2] **2**

Die Organe des Europarates sind gem. Art. 10 der Satzung des Europarates das **Ministerkomitee** und die **Beratende Vollversammlung** (auch „Parlamentarische Versammlung"). **3**

Das Ministerkomitee setzt sich aus den Außenministern aller Mitgliedstaaten zusammen und fungiert als Vertretung nach außen (Art. 13 Satzung des Europarates).[3] Seine Aufgabe ist es, Maßnahmen zur Verwirklichung der Ziele des Europarates zu prüfen, insbesondere der Abschluss von Abkommen und Empfehlungen (Art. 15 Satzung des Europarates). **4**

Daneben hat die parlamentarische Versammlung keinerlei Möglichkeiten, die Mitgliedstaaten völkerrechtlich zu verpflichten. Sie kann lediglich Empfehlungen abgeben. Die Parlamentarische Versammlung setzt sich aus Vertretern aller Mitgliedstaaten zusammen, die von den nationalen Parlamenten entsandt oder ausgewählt werden (Art. 25 Satzung des Europarates). **5**

---

[1] *Däubler/Kittner/Lörcher,* Internationale Arbeits- und Sozialordnung, S. 520.
[2] Quelle: Homepage des Europarates: http:\\www.europarat.de/europarat/europarat_im_ueberblick/europarat_mitglieder.html mit Aufzählung der Mitgliedstaaten.
[3] Satzung des Europarates vom 5. Mai 1949, BGBl. 1950, S. 263, zuletzt geändert durch Bek. v. 9. 12. 1996, BGBl. 1997 II, S. 159.

6 Für den Bereich des Arbeitsrechts sind vor allem zwei Übereinkommen des Europarates von Bedeutung: die **Europäische Menschenrechtskonvention** und die **Europäische Sozialcharta,** die im folgenden kurz behandelt werden sollen.

II. Die Europäische Menschenrechtskonvention

7 Die Europäische Menschenrechtskonvention ist am 4. 11. 1950 im Rom vom Ministerkomitee beschlossen worden und am 3. 9. 1953 nach der Ratifikation durch 10 Mitgliedstaaten in Kraft getreten.[4] Ihr Inhalt ist in etwa vergleichbar mit dem des IPBPR;[5] er beschränkt sich auf die Deklaration von klassischen bürgerlich-liberalen Grundfreiheiten.

8 Die hervorstechenden arbeitsrechtlichen Inhalte finden sich in den Art. 4 Abs. 2 (Verbot der Zwangsarbeit) und 11 EMRK (Vereinigungsfreiheit). Art. 11 gewährleistet neben der individuellen positiven und negativen Koalitionsfreiheit auch die kollektive Koalitionsfreiheit.[6] Ein uneingeschränktes Streikrecht wird nicht garantiert, die Gewährleistung des Art. 11 Abs. 1 steht unter dem qualifizierten Gesetzesvorbehalt des Abs. 2.[7]

9 Die Besonderheit der EMRK, im Vergleich zu dem ansonsten wesensverwandten und in seiner völkerrechtlichen und innerstaatlichen Bindungswirkung ähnlichen IPBPR der UNO, ist der stark institutionalisierte Mechanismus zur Durchsetzung der in ihr gewährleisteten Rechte.[8]

10 In den Art. 19 ff. EMRK finden sich Vorschriften über eine internationale Gerichtsbarkeit, die dem Straßburger Menschenrechtsschutzsystem seine besondere Effektivität verleihen. Nach Art. 19 EMRK wird ein **Europäischer Gerichtshof für Menschenrechte** (EGMR) zur Überwachung der Einhaltung der garantierten Rechte errichtet.

11 Neben der Möglichkeiten der Staatenbeschwerde (Art. 33 EMRK) sieht Art. 34 EMRK ein Individualbeschwerdeverfahren vor.[9]

12 Bis zum Inkrafttreten des 11. Zusatzprotokolls entschied die Europäische Kommission für Menschenrechte (EKMR) auf Beschwerde eines einzelnen Bürgers oder einer nicht staatlichen Organisation oder Personenvereinigung, ob eine Verletzung der EMRK im Einzelfall vorliegt. Wurde dies bejaht, so legte sie den Fall in der Regel dem EGMR zur Entscheidung vor. Der Gerichtshof war zunächst eine Art zweiter Instanz.[10] Im Mai 1994 hat der Europarat ein Zusatzprotokoll zur EMRK beschlossen, das mit Ausnahme Italiens von allen Mitgliedstaaten unterzeichnet wurde. Seit dem Inkrafttreten des 11. Zusatzprotokolls ist der Europäische Menschenrechtsgerichtshof einzige Instanz.[11] Damit ist es weltweit erstmalig einer Privatperson möglich, sich direkt an einen internationalen Gerichtshof zu wenden.[12]

13 Durch die Abschaffung des zweistufigen Systems soll eine Verkürzung der durchschnittlichen Verfahrensdauer von bisher fünf bis sieben Jahren auf zwei bis drei Jahre erreicht werden. Voraussetzung für die Zulässigkeit der **Individualbeschwerde** ist jedoch die

---

[4] BGBl. 1952 II, S. 686, 953.
[5] Vgl. oben B I 2.
[6] MünchArbR/*Birk,* § 17, Rn. 90 m. w. N.
[7] Ausführlich zum Gewährleistungsumfang *Kitz,* in: Max-Planck-Institut für ausländisches öffentliches Recht und Völkerrecht (Hrsg.), Die Koalitionsfreiheit des Arbeitnehmers, 1980, S. 1073, 1077 f.; *Wildhaber,* Jahrbuch für Internationales Recht 1976, S. 238, 240 ff.
[8] MünchArbR/*Birk,* § 17, Rn. 89.
[9] Dazu *Witting,* NJW 2001, S. 1238.
[10] S. dazu *Seidl-Hohenveldern/Stein,* Völkerrecht Rn. 1591.
[11] *Seidl-Hohenveldern/Stein,* Völkerrecht Rn. 1591.
[12] MünchArbR/*Birk,* § 17 Rn. 89.

Erschöpfung des innerstaatlichen Rechtsweges, bis hin zur Verfassungsbeschwerde,[13] und die Wahrung der Sechs-Monats-Frist.[14]

Der Europäische Menschenrechtsgerichtshof trifft eine Feststellung darüber, ob die EMRK verletzt ist und entscheidet unter bestimmten Voraussetzungen über die Höhe einer der verletzten Partei gegebenenfalls zuzubilligenden Entschädigung (Art. 41 EMRK). **14**

III. Die Europäische Sozialcharta (ESC)

Die Europäische Sozialcharta vom 18. 10. 1961[15] ist die zweite große Konvention des Europarates; ihr Verhältnis zur EMRK ist in etwa vergleichbar dem des IPWSKR zum IPBPR.[16] Die ESC enthält eine große Zahl von **sozialen Grundrechten,** während die EMRK den Bereich der klassischen bürgerlich-liberalen Grundrechte abdeckt. Man kann die ESC daher auch als „soziales Gegenstück" zur EMRK bezeichnen.[17] **15**

Die ESC besteht aus fünf Teilen; eine inhaltliche Ergänzung hat sie 1988 durch ein Zusatzprotokoll erfahren.[18] Am 1. 7. 1999 ist die revidierte Sozialcharta in Kraft getreten, jedoch wurde diese von der Bundesrepublik Deutschland bisweilen weder unterzeichnet noch ratifiziert, so dass diesbezüglich für Deutschland die ursprüngliche Fassung weitergilt.[19] Während Teil I (Nr. 1–19) einen Katalog von allgemeinen, programmatischen Zielbestimmungen enthält, die keine unmittelbare rechtliche Bindungswirkung erzeugen, finden sich in Teil II (Art. 1–19) insgesamt 72 Einzelbestimmungen, die sich auf alle wichtigen Bereiche des Arbeits- und Sozialrechts erstrecken und die Vertragsstaaten völkerrechtlich verpflichten. **16**

Zuordnen lassen sich die Bestimmungen im Einzelnen den Bereichen **Individualarbeitsrecht** (z. B. Art. 1 = Recht auf Arbeit, Art. 1 Zusatzprotokoll = Diskriminierungsverbot, Art. 7, 8, 15, 18, 19 = Schutzrechte für Kinder und Jugendliche, Frauen, Behinderte und Wanderarbeitnehmer), **kollektives Arbeitsrecht** (z. B. Art. 5 = Vereinigungsfreiheit, Art. 6 = kollektive Rechte, Streikrecht, Art. 3 Zusatzprotokoll = Mitbestimmungsrechte) und **soziale Sicherheit** (z. B. Art. 11 = Recht auf Gesundheitsschutz, Art. 12 = Recht auf soziale Sicherheit, Art. 13 = Recht auf Fürsorge, Art. 16 = Schutz der Familie). **17**

Die Vertragsstaaten haben jedoch nach Art. 20 ESC die Möglichkeit, Vorbehalte hinsichtlich einzelner Bestimmungen des 2. Teils zu erklären. Die Bundesrepublik hat dieses Vorbehaltsrecht hinsichtlich der Art. 4 Abs. 4 (Kündigungsfristen), 7 Abs. 1 (Mindestalter), 8 Abs. 2 (generelles Kündigungsverbot während des Mutterschaftsurlaubs), 8 Abs. 4 (Beschäftigungsbeschränkungen für weibliche Arbeitnehmer) und 10 Abs. 4 ESC (Anrechnung von Bildungsmaßnahmen auf die Arbeitszeit) in Anspruch genommen.[20] **18**

Der in Teil IV der ESC vorgesehene **Überwachungsmechanismus** zur Einhaltung der ESC durch die Vertragsstaaten ist im Gegensatz zum oben beschriebenen Durchsetzungsmechanismus der EMRK nur sehr schwach ausgebildet. **19**

Einziges Kontrollsystem ist ein Berichtssystem, wie es in ähnlicher Weise für die Kontrolle der Einhaltung des IPWSKR in Art. 16 ff. IPWSKR[21] vorgesehen ist. Auf der **20**

---

[13] EKMR, EuGRZ 1983, S. 411, 413.
[14] Ausführlich zum Verfahren vor dem Europäischen Gerichtshof für Menschenrechte vgl. *Herdegen,* S. 22 ff.
[15] BGBl. 1964 II S. 1262.
[16] Vgl. oben B. I. 2. und 3.
[17] *Däubler/Kittner/Lörcher,* Internationale Arbeits- und Sozialordnung, S. 604.
[18] Abgedruckt in RdA 1988, S. 295 ff.
[19] MünchArbR/*Birk,* § 17 Rn. 92.
[20] Vgl. das Zustimmungsgesetz, BGBl. 1964 II S. 1261.
[21] Vgl. oben B. I. 3. b).

Grundlage von – im zweijährigen Turnus vorzulegenden – Staatenberichten erstellt ein unabhängiger Sachverständigenausschuss (seit 1998 umbenannt in „Europäischer Ausschuss für soziale Rechte") einen eigenen, mit Bewertungen und Stellungnahmen versehenen Bericht (Art. 24, 25 ESC), der zunächst dem Unterausschuss des Regierungsausschusses (Art. 27 ESC), dann der Beratenden Versammlung (Art. 28 ESC) und schließlich dem Ministerkomitee zugeleitet wird.

21 Das Ministerkomitee hat von seinem Recht, „Empfehlungen" auszusprechen (Art. 29 ESC), erstmals im XII. Kontrollzyklus Gebrauch gemacht.[22] Im Februar 1998 ist zum ersten Mal eine sog. „individuelle Empfehlung" an die Bundesrepublik Deutschland ergangen. Der Sachverständigenausschuss hat festgestellt, dass die Beschränkung des Streiks auf tarifliche Ziele und das gewerkschaftliche Streikmonopol gegen die Art. 6 Nr. 4 ESC verstoßen.[23]

22 Zur Verschärfung der Überwachung wird im Turiner Ergänzungsprotokoll von 1991 eine Kompetenzabgrenzung von Sachverständigenausschuss und Regierungsausschuss angestrebt. Dieses Protokoll ist bisweilen jedoch weder in Kraft getreten noch von der Bundesrepublik unterzeichnet worden.[24]

23 Als weiteres Überwachungssystem soll durch das Zusatzprotokoll von 1995 ein kollektives Beschwerdeverfahren eingeführt werden. Das Zusatzprotokoll ist zwar schon in Kraft getreten, jedoch nicht für die Bundesrepublik Deutschland.[25]

24 Innerstaatlich haben die Vorschriften der ESC keine unmittelbare Wirkung für den Einzelnen. Die Bestimmungen des ESC richten sich ausschließlich an die Vertragsstaaten, sie sind nicht self-executing.[26]

25 Eine Ausnahme gilt jedoch, folgt man einer verbreiteten Auffassung in der einschlägigen Literatur,[27] für Art. 6 Abs. 4 ESC, der zum ersten Mal in einem internationalen Vertrag das Streikrecht ausdrücklich anerkennt.[28] Gestützt wird diese Auffassung vor allem auf den von den übrigen Bestimmungen der ESC abweichenden Wortlaut des Art. 6 Abs. 4 ESC („…, verpflichten sich die Vertragsparteien … und anerkennen …"). Diese Argumentation ist jedoch im Hinblick auf die Entstehungsgeschichte der Norm und den Willen der Vertragsparteien abzulehnen.[29]

---

[22] Vgl. EuroAS 11/1993, S. 2.
[23] Dazu *Däubler*, ArbuR 1998, S. 154.
[24] MünchArbR/*Birk*, § 17 Rn. 97.
[25] MünchArbR/*Birk*, § 17 Rn. 97.
[26] MünchArbR/*Birk*, § 17 Rn. 98.
[27] *Däubler*, Arbeitskampfrecht, 2. Auflage 1987, S. 98 ff.; w. Nachweise bei *Seiter*, Streikrecht und Aussperrungsrecht, 1975, S. 130 Fußn. 4.
[28] Vgl. *Lörcher*, AuR 1991, S. 97, 99 f.
[29] Zutr. MünchArbR/*Birk*, § 17 Rn. 98; *Seiter*, Streikrecht und Aussperrungsrecht, 1975, S. 130 ff. m. w. N. S. 130 Fußn. 5.

Sachregister

Die fett gedruckten Zahlen bezeichnen die Paragraphen, die mageren Zahlen die Randnummern

Abkommen, multilaterale **21**, 99
Abkommen über soziale Sicherheit **21**, 80 ff., **32**, 147 ff.
Abkommen von Maastricht **11**, 65 ff.
Absichtserklärung ggü. Sozialpartnern **19**, 103, 121
Administradoras de fonds de pensiones **28**, 116 ff.
Adressat von Entscheidungen **9**, 120 ff.
affirmative action **15**, 161
AGIRC **28**, 168
Aktionsprogramm der Gemeinschaft zur Verwirklichung der Chancengleichheit von Frauen und Männern **16**, 283 f.
Aktionsprogramm, sozialpolitisches 1974 **11**, 12 ff., **16**, 7
– Arbeitsrecht **11**, 18 ff.
– Umsetzung **11**, 15 ff.
Albany, Rechtssache **29**, 54, 68, 85, 110, 119 ff.
Algera, Rechtssache **9**, 268
Allgemeine Erklärung der Menschenrechte **34**, 5 ff.
Allgemeine Normzwecke **9**, 250
Allgemeine Rechtsgrundsätze **9**, 22 ff.
Allgemeinverbindlichkeitserklärung **15**, 469 f., 484, 486
Alter und Tod **23**, 162 ff.
Altersgrenze, Entlassung wegen **16**, 225 f.
Altersrente, Entgelt i. S. des Art. 141 Abs. 2 EGV **16**, 175 ff.
Alters- und Hinterlassenenversicherung, Schweiz **28**, 159
Alterssicherungssysteme
– Australien **28**, 146 ff.
– Chile **28**, 114 ff.
– Frankreich **28**, 168 ff.
– Großbritannien **28**, 137 ff.
– Italien **28**, 171 ff.
– Kanada **28**, 133 ff.
– Lateinamerika **28**, 114 ff.
– Neuseeland **28**, 152 ff.
– Niederlande **28**, 156 ff.
– Schweden **28**, 163 ff.
– Schweiz **28**, 159 ff.
– Singapur **28**, 155
– Vereinigte Staaten von Amerika **28**, 125 ff.
– Weltbank **28**, 120
Altersversorgung
– Kapitaldeckung **28**, 101 ff.

– Pay As You Go **28**, 102
– Umlageverfahren **28**, 102
Altersversorgung, betriebliche (s. auch Zusatzversorgungssysteme) **26**, 21
– Freizügigkeit **26**, 36 ff.
– steuerrechtliche Probleme **26**, 83 ff.
– Richtlinie über Einrichtungen der **26**, 98 ff.
Amsterdam, Vertrag von **1**, 3, **12**, 15, **2**, 34, **16**, 19, 203, 205, **19**, 27, **20**, 11
Amtssprachen der EG **9**, 217
Anhörung und Unterrichtung der Arbeitnehmer **12**, 52 ff.
Anknüpfung ohne Rechtswahl **31**, 80 ff.
Annexfreizügigkeit zur Dienstleistungsfreiheit **15**, 426 ff.
– Arbeitserlaubnis, deklaratorische **15**, 453
– assoziierte Staaten **15**, 495
– Aufenthaltserlaubnis **15**, 451
– dauerhafte Beschäftigung **15**, 436
– ordnungsgemäße Beschäftigung **15**, 434
– ordre-public **15**, 432
– Türkei, Assoziationsabkommen **15**, 496
– unbefristeter Arbeitsvertrag **15**, 439
– Voraussetzungen **15**, 433 ff.
– vorübergehende Entsendung **15**, 436, 440
– Zugangskontrolle **15**, 444 ff., 450
Annexkompetenzen **9**, 300
Antidiskriminierungsrichtlinie 2000/43/EG **13**, 112 ff.
Antikumulierungsgrundsatz **21**, 75, 175 ff., 185 ff., 223 ff.
Anwerbefreiheit **15**, 97
Arbeitgeberbegriff **3**, 2, **14**, 31 ff.
Arbeitgeberpflichten, technischer Arbeitsschutz **18**, 445
Arbeitnehmer
– Abhängigkeitsverhältnis **14**, 1
– atypische Arbeitnehmer **3**, 8, **18**, 213 ff.
– Begriff **21**, 22 ff., 65 ff.,
– Betriebsübergangsrichtlinie **14**, 19, **18**, 159
– Europäische Betriebsratsrichtlinie **19**, 55
– Entsenderichtlinie **15**, 471 ff.
– Entsendung **15**, 471 ff., **31**, 138
– gemeinschaftsrechtlicher Begriff **14**, 5
– im technischen Arbeitsschutz **14**, 20
– Mitwirkung der **11**, 25
– Pflichten, technischer Arbeitsschutz **18**, 449
– Überlassung **15**, 490, **18**, 285 ff.
– Unterrichtung und Anhörung der **12**, 52 f.
– Vertreter **19**, 59

Sachregister

Fette Zahlen = §§

Arbeitnehmer- und Arbeitgeberinteressen, kollektive Wahrnehmung **12**, 71 f.
Arbeits- und Sozialordnungen, Wettbewerbsrelevanz **12**, 4
Arbeitsbedingungen **12**, 51
– Diskriminierung bei **16**, 224
Arbeitserlaubnis, EG-Wanderarbeitnehmer **15**, 84, 87
Arbeitserlaubnis, türkische Wanderarbeitnehmer **15**, 263 ff.
– deklaratorisch **15**, 279
– ordnungsgemäße Beschäftigung **15**, 265
– regulärer Arbeitsmarkt, Zugehörigkeit **15**, 269
– Unterbrechung der Beschäftigung **15**, 270
– Verlängerung **15**, 275
Arbeitsförderungsrecht **32**, 125 ff.
Arbeitskampfrecht, europäisches **19**, 21
Arbeitsmittelrichtlinie **18**, 565 ff.
– Änderungsrichtlinie **18**, 576 ff.
– Umsetzung in das deutsche Recht **18**, 581
Arbeitsplatz, freie Wahl **13**, 43
Arbeitsplatzgrenzwert **18**, 805
Arbeitsrecht
– Überblick **1**, 3
Arbeitsrechtliches EG–Anpassungsgesetz **16**, 244 ff.
Arbeitsschutz **12**, 96, 430 ff.
– technischer **12**, 50
Arbeitsschutzgesetz **18**, 452
Arbeitsschutzrahmenrichtlinie **18**, 440 ff.
– Einzelrichtlinien **18**, 442 ff.
– Umsetzung in das deutsche Recht **18**, 451 ff.
Arbeitsschutzrecht (s. technischer Arbeitsschutz) **12**, 22, **18**, 430 ff.
Arbeitsschutzrichtlinien **18**, 430
Arbeitsstätten **18**, 456, 497, 554 f.
Arbeitsstättenrichtlinie **18**, 456 ff.
– Umsetzung in das deutsche Recht **18**, 463 f.
Arbeitsstoffe **18**, 675 ff.
– biologische, Richtlinie über biologische Arbeitsstoffe **18**, 781 ff.
– chemische, Richtlinie über chemische Arbeitsstoffe **18**, 802 ff.
– Rahmenrichtlinie **18**, 675 ff.
– Verbot bestimmter Arbeitsstoffe, Richtlinie über das **18**, 745 ff.
Arbeitsumwelt, Verbesserung der **12**, 45 ff.
Arbeitsunfälle und Berufskrankheiten **23**, 238 ff.
Arbeitsvermittlungsmonopol der Bundesanstalt für Arbeit **12**, 149 f.
Arbeitsvermittlungsverfahren **15**, 101 f.
Arbeitsvertragsstatut **31**, 16 ff.
– Anknüpfung ohne Rechtswahl **31**, 80 f.
– Rechtswahl **31**, 28 ff.
– Umfang **31**, 165 ff.
Arbeitsvölkerrecht **5**, 6 ff., **31**
– Einführung **5**, 6 ff., **31**
Arbeitsweise des EuGH **8**, 247 ff.
Arbeitszeit **18**, 289 ff.

Arbeitszeitgesetz **18**, 332 ff.
Arbeitszeitrecht **3**, 9, **18**, 289
Arbeitszeitrichtlinie **18**, 292 ff.
– Änderungsrichtlinie 2000/34/EG **18**, 320 ff.
– Umsetzung in das deutsche Recht **18**, 332 ff.
Arbeitszeitrichtlinie **19**, 109, 119, 126
ARRCO **28**, 168
Art. 138 EG-Richtlinien **10**, 67 ff.
Art. 95 EG-Richtlinien **10**, 63 ff.
Ärzte in der Ausbildung **18**, 327
Asbestrichtlinie **18**, 705 ff.
Assoziationsabkommen mit der Türkei **15**, 255 ff.
– Annexfreizügigkeit **15**, 496 ff.
– Arbeitsmarkt, Zugang zum **15**, 257 ff.
– Aufenthaltsrecht **15**, 280
– Ausbildungsrecht **15**, 368 ff.
– Diskriminierungsverbot **15**, 298 ff., 500
– Familienangehörige **15**, 283
– Verbleib auf dem Arbeitsmarkt **15**, 262 ff.
Assoziierte Staaten **15**, 254 ff.
– Staaten des Europaabkommen **15**, 310 ff.
– Staaten des Mittelmeerabkommen **15**, 322 ff.
– Türkei **15**, 255 ff.
Assoziierungsabkommen **11**, 103 ff.
Atypische Arbeitnehmer **3**, 8, **18**, 213 ff.
Atypische Arbeitsverhältnisse **18**, 213 ff.
Aufenthalt, gewöhnlicher **32**, 44 ff., 59 ff., 63 ff.
Aufenthaltserlaubnis, deklaratorische **15**, 36 ff., 66, 130
– Annexkompetenz zur Dienstleistungsfreiheit **15**, 451
– Familienangehörige **15**, 77
– Verlängerung **15**, 55
Aufenthaltsgenehmigung, EG **15**, 385
Aufenthaltsrecht und Sozialhilfe **23**, 442 ff.
Aufforderungsschreiben bei Untätigkeitsklage **8**, 217
– von Individuen **8**, 222
Ausbildung (s. Berufsausbildung)
Ausbildungsförderung **23**, 347 ff., 388 ff., 67 ff.
Ausgrenzung, soziale, Bekämpfung der **12**, 64 ff.
Auskunftsanspruch, Bildung eines europäischen Betriebsrats **19**, 51
Auslandsbezug **31**, 16
Auslegung
– des Gemeinschaftsrechts (s. Auslegung des Gemeinschaftsrechts)
– gemeinschaftsrechtskonforme **9**, 261 ff., **10**, 48 ff.
– rangkonforme **9**, 261
– richtlinienkonforme **10**, 48 ff.
Auslegung des Gemeinschaftsrechts **8**, 225, **9**, 175 ff.
– allgemeine Auslegungsregeln **9**, 213 ff.
– dynamische Auslegung **9**, 196 ff.
– einheitliche Auslegung, EuSchVÜ **31**, 8 ff.
– des Primärrechts **9**, 185 ff.

Magere Zahlen = Randnummern

Sachregister

– des Sekundärrechts **9**, 185 ff.
– klarer Wortlaut **9**, 220
– subjektive und objektive **9**, 189 ff.
– systematische Auslegung **9**, 227 ff.
Ausreiserecht
– Familienangehörige **15**, 27
– Wanderarbeitnehmer **15**, 24
Ausscherrecht **18**, 438
Ausschuss der Regionen **8**, 393 ff.
– akzessorische Stellungnahme **8**, 403
– Arbeitsweise und Organisation **8**, 406 ff.
– fakultative Stellungnahme **8**, 402
– Funktion und Aufgaben **8**, 397 ff.
– Initiativstellungnahme **8**, 404 f
– obligatorische Stellungnahme **8**, 400 f
– Zusammensetzung **8**, 394 ff.
Ausstrahlung **6**, 44 ff., **32**, 98 ff.
Ausübung einer Beschäftigung, Recht auf **15**, 84
Australien **28**, 146 ff.
Ayse Süzen, Rechtssache **18**, 69 ff.

BAG-Rechtsprechung, mittelbare Diskriminierung im Entgeltbereich **16**, 96 ff.
Baugeräte **18**, 657
Bauherr **18**, 468
Baustellenrichtlinie **18**, 466 ff.
– Umsetzung in das deutsche Recht **18**, 483 ff.
Baustellenverordnung **18**, 483 ff.
Beamte **21**, 127 f., 36 ff., 65 ff., **25**
Bedeutung des Gemeinschaftsrechts für die Praxis **2**
Bedienstete der Gemeinschaft **14**, 28 ff.
Befristet Beschäftigte **3**, 8
Befristung von Arbeitsverträgen **18**, 251 ff.
Befristungsrichtlinie **18**, 251 ff., **19**, 11, 13, 108, 118
– Diskriminierungsverbot **18**, 256 ff.
– Umsetzung in das deutsche Recht **18**, 268 ff.
Begriffe, gemeinschaftsrechtliche **9**, 218
Begründungen **9**, 237 ff.
Begründungspflicht **13**, 87 ff.
Behinderte
– Arbeitsleben **27**, 54 ff.
– Diskriminierung von **27**, 11, 15 ff.
– Diskriminierungsverbote **27**, 15 ff.
– Diskriminierungsverbote im einfachen Recht **27**, 23 ff.
– Diskriminierungsverbote in Verfassungen **27**, 14 ff.
– Diskriminierungsverbote, Strafrecht **27**, 24
– Einkommen **27**, 67 ff.
– Entschließung des Rates **18**, 1078 ff.
– Erziehung und Ausbildung **27**, 39 ff.
– Kündigungsschutz **27**, 63 ff.
– Mobilitätshilfen **27**, 46 ff.
– Schule **27**, 39 f
– Universität **27**, 40 ff.
– Verpflichtungen zur Förderung **27**, 35 ff.

– Verpflichtungen zur Förderung, Verfassungsrecht **27**, 30 ff.
– Werkstätten für **27**, 60 ff.
Behindertengerechter Zugang zu Gebäuden **27**, 49 ff.
Behindertenrecht, Europäisches **27**
Behindertenvertretungen **27**, 66
Behinderung **27**, 4
Beihilfen, staatliche **12**, 148
Beitragsunabhängige Sonderleistungen **21**, 70 ff., **22**, 46
Belgien **28**, 62 f.
Beratender Ausschuss für Sicherheit, Arbeitshygiene und Gesundheitsschutz am Arbeitsplatz **18**, 951 ff.
Bereitschaftsdienst **18**, 295, 297, 301, 311
Berg und Busschers, Rechtssache **18**, 124 f.
Berufliche Eingliederung **12**, 55
Berufliche Vorsorge, Schweiz **28**, 160
Berufsausbildung
– akademische Grade **15**, 415
– Anerkennung durch andere Mitgliedstaaten **15**, 390 ff.
– Anerkennungsrichtlinien **15**, 402 ff.
– Arbeitnehmereigenschaft **15**, 334
– Ausbildungsbeihilfen, -förderung **15**, 342, 349 f., 358
– Befähigungsnachweise **15**, 409
– Begriff **15**, 332 ff.
– Berufsschule **15**, 351
– Einschreibung **15**, 337
– Familienangehörige **15**, 352 ff.
– Freizügigkeit siehe Berufsausbildungsfreizügigkeit
– Hochschuldiplom **15**, 405
– numerus clausus **15**, 338
– reglementierte Berufe **15**, 394
– Umschulung **15**, 351
Berufsausbildungsfreizügigkeit **15**, 328 ff.
– allgemeines Diskriminierungsverbot **15**, 336 ff.
– Anwendbarkeit des EG **15**, 329
– Aufenthaltsrecht **15**, 380 ff.
– Einreiserecht **15**, 380 ff.
– spezielles Diskriminierungsverbot **15**, 343 ff.
Berufsfreiheit **3**, 34, **13**, 34 ff., 100
Berufskrankheiten **23**, 238 f., 304 ff.
– Expositionszeiten **23**, 305 f.
– gegenseitige Anerkennung **23**, 313 ff.
– sklerogene Pneumokoniose **23**, 307 ff.
– Verschlimmerung **23**, 315
Berufsständische Versorgung **24**, 26
Beschaffenheitsanforderungen **9**, 345 ff.
Beschäftigung **12**, 140 ff.
– Beschäftigungsbedingungen, Drittstaatsangehörige **12**, 73 f.
– Beschäftigungsförderung **12**, 75 f.
– Beschäftigungslandprinzip **21**, 106 ff., 117 ff.
– Beschäftigungsort **21**, 105 ff., **32**, 45 ff., 93 ff.
– Beschäftigungspolitik **11**, 16

1297

Sachregister

Fette Zahlen = §§

- Beschäftigtenschutzgesetz **18**, 1069
- Beschäftigung zur Wiedereingliederung, Arbeitnehmerbegriff **14**, 12 f.
- Beschäftigungsförderungsgesetz **18**, 274
- Beschäftigungsverbot **16**, 211
- Beschäftigungsverhältnis, Schwerpunkt des **32**, 93 ff.
Beschlüsse **9**, 143 ff.
Beschränkungsrichtlinie **18**, 896 ff.
Beschränkungsverbot **15**, 6, 233 ff., 431
- Drittwirkung **15**, 252
- Grenzen **15**, 246
- Wirkung **15**, 247
Bestqualifizierter Bewerber **16**, 265
Beteiligungsrechte der Arbeitnehmer **19**, 153 ff.
Betrieb, Teilbetrieb (s. Betriebsübergang im deutschen Recht)
Betriebe, grenzüberschreitende **21**, 159 f.
Betriebliche Altersversorgung, mittelbare Diskriminierung **16**, 134 ff.
Betriebsbegriff, europarechtlicher **19**, 35
Betriebsrat, europäischer **19**, 22 ff.
- Amtszeit **19**, 87
- Anwendungsbereich **19**, 32 ff.
- Bildung **19**, 86
- Geschäftsführung **19**, 88
- kraft Gesetzes **19**, 62, 83 ff.
- Mitwirkungsrechte **19**, 91 ff.
- Rechtsgrundlage **19**, 22 ff.
- Sanktionen **19**, 97 ff.
- Schutzvorschriften **19**, 97 ff.
- Unterlassungsanspruch **19**, 99
Betriebsratsschulungen **16**, 62 ff.
Betriebsübergang **3**, 5, **18**, 37 ff., **19**, 129
Betriebsübergang im deutschen Recht **18**, 112
- Betrieb, Teilbetrieb **18**, 114 ff.
- Funktionsnachfolge **18**, 115
- kollektivvertragliche Arbeitsbedingungen **18**, 129 ff.
- Kündigungsschutz **18**, 144 ff.
- Information und Konsultation **18**, 151
- rechtsgeschäftlicher Übergang **18**, 117 ff., 122 ff.
- Schutz der Arbeitnehmervertreter **18**, 148 ff.
- Übergang im Rahmen eines Insolvenzverfahrens **18**, 120 f.
- Verschmelzung **18**, 128, 140 ff., 147, 150, 152
- Widerspruch des Arbeitnehmers **18**, 123 ff.
Betriebsübergangsrichtlinie **18**, 37 ff.
- Änderungsrichtlinie 98/50/EG **18**, 153 ff.
- Arbeitnehmerbegriff **18**, 159 f.
- Arbeitnehmervertreter **18**, 105 ff., 162 f.
- Arbeitsbedingungen **18**, 97 ff.
- Beendigung des Arbeitsverhältnisses **18**, 102 ff.
- Dienstleistungen **18**, 56 ff.
- Information und Konsultation **18**, 106 ff.
- Insolvenz **18**, 90 ff.
- Mindestnormen **18**, 111

- Übergang eines Betriebsteils **18**, 42 ff.
- vertragliche Übertragung **18**, 83 ff.
Betriebsvereinbarung und Betriebsübergang **18**, 136
Betriebsverfassung, europäische **19**, 22
Bewährungsaufstieg **16**, 58, 117 ff.
Beweislastrichtlinie **16**, 273 ff.
Beweislastumkehr **16**, 80
Bezahlte Freistellung **16**, 123
Bildschirmarbeitsplatzrichtlinie **18**, 595 ff., 887 ff.
Bildschirmarbeitsplatzverordnung **18**, 610 ff.
Bildungs- und Jugendpolitik **12**, 145
Bilka, Rechtssache **16**, 36 ff.
Binnenmarkt **9**, 316
- soziale Dimension des **11**, 42 ff.
Binnenmarktrichtlinien **18**, 430, 436 ff., 647 ff., 887 ff., 889
Biologische Arbeitsstoffe, Richtlinie über **18**, 781 ff.
Biologischer Grenzwert **18**, 808
Bleirichtlinie **18**, 690 ff.
Bohrungsrichtlinie **18**, 495 ff.
Bordausstattungsrichtlinie **18**, 538 ff.
Bosmann, Rechtssache **15**, 89, 218 f., 220, 233, 236 ff., 320, **19**, 4
Bötel, Rechtssache **8**, 284 ff., **16**, 62 ff.
Brentjens, Rechtssache **29**, 110
Bronzino, Rechtssache **23**, 378
Bundesanstalt für Arbeit, Arbeitsvermittlungsmonopol **12**, 149 f.
Bundesausbildungsförderungsgesetz **32**, 67 ff.
Bundesdatenschutzgesetz **18**, 1029 ff.
Bundeserziehungsgeldgesetz **32**, 78, **18**, 424 ff.
Bundeskindergeldgesetz **32**, 76
Bundessozialhilfegesetz **32**, 85 ff.

Cabanis-Issarte, Rechtssache **21**, 78
Campana, Rechtssache **23**, 329
Casagrande, Rechtssache **23**, 396
Cassis de Dijon, Rechtssache **9**, 338 ff.
CATO-Institut **28**, 131
CEEP **19**, 8, 17
CEN **18**, 628
CENELEC **18**, 628
Chancengleichheit für Männer und Frauen **12**, 57 ff.
Charta der Grundrechte der Europäischen Union **9**, 46 ff., **13**, 4, 129 ff., **19**, 1
Chemische Arbeitsstoffe **18**, 802
Chile **28**, 114 ff.
Christel Schmidt, Rechtssache **18**, 56 ff.
Cisal di Battistello Venanzio, Rechtssache **29**, 10, 55
Contracting out **28**, 137
Cowan, Rechtssache **32**, 80

Dänemark **28**, 64 ff.
Dassonville-Formel **9**, 334 ff., **15**, 233
Dassonville, Rechtssache **9**, 334 ff.

1298

Magere Zahlen = Randnummern

Sachregister

Datei **18**, 976, 1034
Daten, personenbezogene **18**, 975
Datenschutz **18**, 972 ff.
Datenschutzgruppe **18**, 1023 ff.
Datenschutzrichtlinie **18**, 972 ff.
– Umsetzung in das deutsche Recht **18**, 1029 ff.
Datentransfer in Drittländer **18**, 1016 ff., 1042
Datenverarbeitung **18**, 981 ff.
Davignon-Bericht **19**, 149
De Cicco, Rechtssache **21**, 17
Defrenne, Rechtssache **16**, 25
Decker, Rechtssache **16**, 209 ff., **23**, 34 ff., **30**, 35
Delavani, Rechtssache **23**, 24
Delors-Plan **9**, 376 ff.
Demokratiedefizit **8**, 66
Di Leo, Rechtssache **22**, 21 ff., **23**, 389 ff., **32**, 71
Dienstleistungsfreiheit **9**, 351 ff.,**15**, 233, 363 ff., 419 ff., 422, 472
– Annexfreizügigkeit (s. Annexfreizügigkeit zur Dienstleistungsfreiheit)
– Vergabe öffentlicher Aufträge **15**, 493
Direktversicherung, mittelbare Diskriminierung **16**, 129 ff.
Diskriminierung
– ablehnende Einstellungsentscheidung **15**, 206
– mittelbare **13**, 75, **15**, 91, 152 ff., 179, 192, **16**, 25 ff.
– Prüfungsschritte **16**, 43 ff.
– Rechtfertigung **15**, 92, 157
– unmittelbare **13**, 74, **15**, 150
– verdeckte **4**, 9
Diskriminierungsformen im Entgeltbereich **16**, 22 ff.
Diskriminierungsverbot **3**, 3, **9**, 325, **22**, 2 ff.
– Arbeitsrecht **15**, 170, 304
– auf Grund der Rasse usw. **13**, 109 ff.
– Ausnahme gem. Art. 39 Abs. 4 EGV **15**, 144
– bei Teilzeitbeschäftigung **18**, 223 ff.
– Berufsausbildungsfreizügigkeit **15**, 331 ff.
– Drittwirkung, privatrechtliche **15**, 194, 201
– Einstellungsanspruch **15**, 210
– Entgelt **19**, 16
– Freizügigkeit **15**, 148 ff.
– freizügigkeitsrechtliches **15**, 144, 148 ff.
– nach Art. 12 EGV **9**, 465 ff.
– nach Art. 13 EGV **13**, 109
– ordre-public-Vorbehalt **15**, 124
– Schadensersatzanspruch **15**, 211
– Sozialrecht **15**, 175, 306
– Staatsangehörigkeit **15**, 149
– Steuerrecht **15**, 189
– Vertragsverhältnisse, innerhalb **15**, 194
– Wanderarbeitnehmer **15**, 5, 86, 149, 465 ff.
– Zugang zur Ausbildung **15**, 336
Doppelversicherung, Verbot der **21**, 113 ff.
Draempaehl, Rechtssache **16**, 213 ff.
Drijvende Bokken, Rechtssache **29**, 110
Drittländer **18**, 1016

Drittstaatsangehörige, Beschäftigungsbedingungen **12**, 73 f.
Drittwirkung **10**, 70 ff.
– horizontale **9**, 79, 85 ff.
Druckbehälter **18**, 650
Dualistisches System **19**, 145
Dupeyroux **28**, 20 ff.
Durchschaubarkeit eines Entlohnungssystems **16**, 50

EAG-Vertrag **12**, 154
effet nécessaire **9**, 205
effet utile **8**, 344, **9**, 203
EFTA **11**, 72 ff.
EFTA–Gerichtshof **11**, 90
EGB **19**, 8, 17
EGKS-Vertrag **12**, 151 ff.
Eigentumsgrundrecht **13**, 6 ff.
Einfuhrbeschränkungen, Verbot von **9**, 332 ff.
Eingliederung, berufliche **12**, 55
Eingliederungsprinzip **4**, 16
Eingriffsnormen **31**, 131
Eingruppierung **16**, 142 ff.
Einheitliche Europäische Akte **11**, 27 ff., **12**, 8
Einreise- und Aufenthaltsrecht **15**, 28
– Arbeitslosigkeit, unfreiwillige **15**, 51, 53 f.
– Beendigung der Beschäftigung **15**, 58
– Berufstätigkeit **15**, 31
– Dauer der Arbeitssuche **15**, 46
– Einschränkungen **15**, 111
– Familienangehörige **15**, 67 ff.
– Identitätskontrolle **15**, 32 f.
– Sozialhilfe **15**, 49
– Stellensuche **15**, 42
– Wohnung **15**, 73
Einstimmigkeitsprinzip **11**, 34, **12**, 39
Einstrahlung **6**, 44 ff., **32**, 98 ff.
Einstufungssysteme **16**, 48
Einzelrichtlinien **18**, 442 ff.
Elektrische Betriebsmittel **18**, 649
Elternurlaub **18**, 364, 412 ff., **19**, 11, 13, 118
– Umsetzung in das deutsche Recht **18**, 423 ff.
Elternzeit **18**, 423 ff.
Empfänger i. S. des Datenschutzrechts **18**, 1036
Empfehlung 90/326/EWG vom 22. 5. 1990 **18**, 958 ff.
Empfehlung über die Annäherung der Ziele und Politiken **28**, 6 ff.
Empfehlungen und Stellungnahmen **9**, 126 ff.
Empfehlungsverbot **29**, 44 ff.
Enderby, Rechtssache **16**, 64 ff.
Engere Verbindung **31**, 103 ff.
Enteignung **13**, 27 ff.
Entgeltbegriff i. S. des Art. 141 EGV **8**, 288 ff., **16**, 174
Entgeltgleichheit **16**, 1 ff.
Entlohnungssystem **16**, 50
Entschädigungsrecht, soziales **32**, 79 ff.
Entscheidungen **9**, 109 ff.

Sachregister

Fette Zahlen = §§

Entschließung des Rates über die ausgewogene Mitwirkung von Frauen und Männern, am Entscheidungsprozeß **16**, 281
Entschließung zur Chancengleichheit der Frauen **16**, 10, 12, 16
Entschließung **9**, 146 ff., **18**, 954 ff.
Entsenderichtlinie (s. Arbeitnehmerentsenderichtlinie) **3**, 17
Entsendung **21**, 133 ff., **32**, 101 f., 106 ff.
– Einstellung zum Zwecke der **21**, 137 f.
Entstehungsgeschichte **9**, 232 ff.
Ergänzende Kompetenznorm **12**, 107 ff.
Erhebung personenbezogener Daten **18**, 1035
Erklärung des EP vom 12. 4. 1989 **13**, 105 ff.
Ermessensmissbrauch als Nichtigkeitsgrund **8**, 203
Erziehungsgeld **23**, 359 ff. **32**, 78
Erziehungsurlaub **16**, 90
EU-Beitritt **11**, 114
Euratom **12**, 154
Euro **9**, 421
Europaabkommen **15**, 310
– Annexfreizügigkeit zur Dienstleistungsfreiheit **15**, 516
– Annexfreizügigkeit zur Niederlassungsfreiheit **15**, 509 ff.
– Dienstleistungsrecht **15**, 514 ff.
– Diskriminierungsverbot **15**, 320, 504
– Familienangehörige **15**, 318
– Niederlassungsfreiheit **15**, 502 ff.
– ordre-public-Grundsatz **15**, 505, 507
– Schlüsselpersonal **15**, 509
– Werkvertragsabkommen **15**, 520
– Zugang zum Arbeitsmarkt **15**, 312
Europäische Agentur für Sicherheit und Gesundheitsschutz am Arbeitsplatz **18**, 961 ff.
Europäische Aktiengesellschaft **19**, 137 ff.
– Bildung **19**, 154
– gesetzliches Vertretungsorgan der Arbeitnehmer **19**, 164 f.
– In-Kraft-Treten der Richtlinie **19**, 178
– Mitbestimmung im Verwaltungs- und Aufsichtsrat **19**, 166 ff.
– vereinbartes Vertretungsorgan der Arbeitnehmer **19**, 159 ff.
Europäische Kommission **7**, 116, **8**, 116 ff.
– Arbeitsweise und Organisation **8**, 137 ff.
– Aufgaben **8**, 123 ff.
– Exekutivfunktion **8**, 132 ff.
– Initiativrecht **8**, 124 ff.
– Kontrollrechte **8**, 127 ff.
– Zusammensetzung **8**, 118 ff.
Europäische Kontrollverordnung Verkehr Nr. 3821/85 **18**, 363
Europäische Menschenrechtskonvention **9**, 34, **36**, 7 ff.
Europäische Sozialcharta **36**, 15 ff.
Europäische Union als Völkerrechtssubjekt **9**, 158 ff.

Europäische Zentralbank **9**, 412, 423 ff.
Europäischer Betriebsrat **3**, 19
Europäischer Gerichtshof für Menschenrechte **36**, 10
Europäischer Gerichtshof **8**
– Analyse der Arbeitsweise **8**, 247 ff.
– als Integrationsfaktor **8**, 253 ff.
– Kritik an der Rechtsprechung **8**, 261 ff.
– Rechtsgrundlagen **8**, 154
– Spruchkörper **8**, 161 ff.
– Statistik **8**, 346 f.
– Verfahren vor dem EuGH **8**, 164 ff.
– Verfahrensarten **8**, 183 ff.
– Zusammensetzung **8**, 155 ff.
Europäischer Rat **7**, 31
Europäischer Rechnungshof **7**, 353, **8**, 353 ff.
Europäischer Rechnungshof
– Arbeitsweise und Organisation **8**, 362 ff.
– Aufgaben **8**, 356 ff.
– Zusammensetzung **8**, 354 ff.
Europäischer Sozialfonds **8**, 425 ff., **11**, 5
Europäischer Wirtschaftsraum **11**, 72 ff., **21**, 7
– Sozialrecht im **32**, 195 f.
Europäisches Behindertenrecht **27**
Europäisches Fürsorgeabkommen **23**, 420
Europäisches Kartellrecht **29**, 11 ff.
Europäisches Parlament **7**, 65, **8**, 65 ff.
– Arbeitsweise und Organisation **8**, 104 ff.
– Erklärung der Grundrechte **13**, 105 ff.
– Fragerechte **8**, 97
– Initiativrechte **8**, 98 f.
– Kontrolltätigkeit **8**, 94 ff.
– Kreationsrechte **8**, 95 f
– Rechtssetzungstätigkeit **8**, 85 ff.
– Verfahren der Mitentscheidung **8**, 87 f.
– Verfahren der Zusammenarbeit **8**, 86
– Verfahren der Zustimmung **8**, 89 ff.
– Zusammensetzung **8**, 68 ff.
– Zuständigkeiten **8**, 77 ff.
Europäisches Sozialrecht und zwischenstaatliches Sozialrecht **32**, 169 ff., 189 ff.
Europäisches System der Zentralbanken **9**, 423 ff.
Europäisches Währungsinstitut **9**, 410 ff.
Europäisches Währungssystem **9**, 371
Europarat **36**
EuSchVÜ **5**, 4, **31**, 5 ff.
EWR **11**, 72
EWR-Rat **11**, 87
Explosionsschutzrichtlinie **18**, 839 ff.
Export von Leistungen **21**, 192 f, **32**, 158
Exportierbarkeit von Leistungen **21**, 192 f
Exposition **18**, 880

Fahrpersonal (s. auch Lenkzeiten, Straßenverkehr) **18**, 362
Familienangehörige **21**, 19 ff., **22**, 79 ff.
Familienangehörige von EG Wanderarbeitnehmern

Magere Zahlen = Randnummern

Sachregister

– Aufenthaltsrecht **15**, 68
– keine Unionsbürger **15**, 104
– Verbleiberecht **15**, 79
Familienangehörige von türkischen Wanderarbeitnehmern **15**, 283 ff.
– Aufenthaltsrecht, abgeleitetes **15**, 291
– Nachzugsrecht **15**, 284
– Zugang zum Arbeitsmarkt **15**, 287
Familienleistungen **23**, 347 ff., 352 ff.
Fédération francaise, Rechtssache **29**, 54
Ferraioli, Rechtssache **23**, 382
Festbeträge bei Arzneimitteln **29**, 74 ff.
Festbetrags-Anpassungsgesetz **29**, 88
Feststellungsklage **8**, 192
Finnland **11**, 91, **28**, 88 f.
Fischereifahrzeuge **18**, 330, 524 ff.
Fischereifahrzeugrichtlinie **18**, 524 ff.
Fitzwilliam, Rechtssache **21**, 142
Formvorschriften, Verletzung wesentlicher als Nichtigkeitsgrund **8**, 202
Fortgeltung von Vereinbarungen gem. § 41 EBRG **19**, 64 ff.
Francovich, Rechtssache **8**, 261 ff.
Frankreich **28**, 71 ff., 168 ff.
Freiheit des Kapital- und Zahlungsverkehrs **9**, 361 ff.
Freiheit des Warenverkehrs **9**, 332 ff.
Freistellung, bezahlte **16**, 123 ff.
Freizügigkeit **3**, 16, **9**, 351 ff., **11**, 115 ff.
Freizügigkeit der Arbeitnehmer **12**, 18, **15**, 22, 2 ff.
– Drittstaatenangehörige **15**, 10
– EG-Staaten **15**, 9, 29
– Mitgliedstaaten des Europäischen Wirtschaftsraum **15**, 13
Freizügigkeitsspezifisches Sozialrecht **21**, 2
Freizügigkeitsverordnung **20**, 2
Freizügigkeitsvorschriften
– persönlicher Anwendungsbereich **15**, 8 ff.
– räumlicher Anwendungsbereich **15**, 17
– sachlicher Anwendungsbereich **15**, 15
Friedrich Santner, Rechtssache **18**, 72 ff.
Frilli, Rechtssache **22**, 41
Fürsorgeabkommen, Europäisches **23**, 420
Funktionsübertragung **18**, 78 ff.
Fusionsvertrag **8**, 13

Gaal, Rechtssache **23**, 398
Garantieeinrichtung **18**, 173 ff., 183 ff.
Gasverbrauchseinrichtungen **18**, 660
GATS **35**, 7 f.
GATT **35**, 5 f.
Gebietsgleichstellung **32**, 155
Gebäudereinigung, Betriebsübergang **18**, 56 ff., 69 ff.
Gefahrenverhütung **18**, 663
Gefahrstoffrichtlinie **18**, 661 ff., 887 ff., **19**, 108
Geldleistungen bei Krankheit, anzuwendende Rechtsvorschriften **23**, 65 f

Gemeinsame Politiken **9**, 289, 430 ff.
Gemeinsamer Markt
– Begriff **9**, 308 ff., **12**, 98 ff.
– Verwirklichung des **12**, 98 ff.
Gemeinschaft
– außenpolitische Kompetenzen **12**, 42
– fehlende Staatlichkeit **9**, 10 ff.
– Rechtspersönlichkeit der **9**, 14
Gemeinschaftscharta (s. Charta der Grundrechte)
Gemeinschaftscharta der sozialen Grundrechte der Arbeitnehmer **11**, 56 ff., **13**, 96 ff., **16**, 14, **20**, 7
Gemeinschaftsgrundrechte **13**
Gemeinschaftsrecht
– Auslegung (s. Auslegung des Gemeinschaftsrechts)
– primäres **9**, 16
– Rechtsquellen des **9**, 15 ff.
– sekundäres **9**, 16
– Überprüfbarkeit durch nationale Gerichte **10**, 11 ff.
– unmittelbare Geltung **9**, 4 f.
– Vorrang des **9**, 6 ff.
Gemeinschaftsunternehmen **19**, 49
Gemeinschaftsverträge **9**, 19
Generalanwälte **8**, 157
Geräte- und Anlagensicherheit **18**, 565
Gerätesicherheitsgesetz **18**, 642
Geraets–Smits und Peerboms, Rechtssache **23**, 47
Gericht erster Instanz **8**, 151, 153, 169 ff.
– Rechtsmittel **8**, 180 ff.
– Spruchkörper **8**, 175
– Verfahren **8**, 177 ff.
– Zusammensetzung **8**, 172 ff.
– Zuständigkeiten **8**, 176
Gerichtshof im engeren Sinne **8**, 154
– Zusammensetzung **8**, 155
Gesetz zur Neuregelung des Internationalen Privatrechts **5**, 3
Gesetzessinngrenze **9**, 223
Gesundheit und Sicherheit der Arbeitnehmer **12**, 45 ff.
Gesundheitsreform
– Belgien **28**, 62 f.
– Dänemark **28**, 64 ff.
– Finnland **28**, 88 f.
– Frankreich **28**, 71 ff.
– Griechenland **28**, 67 f.
– Großbritannien **28**, 92 ff.
– Irland **28**, 74 f.
– Italien **28**, 76 f.
– Luxemburg **28**, 78 f.
– Niederlande **28**, 80 ff.
– Österreich **28**, 84 f.
– Portugal **28**, 86 f.
– Schweden **28**, 90 f.
– Spanien **28**, 69 f.
Gesundheitsschutzrichtlinie **18**, 926 ff.

Sachregister

Fette Zahlen = §§

- Umsetzung in das deutsche Recht **18**, 939 ff.
Gesundheitssysteme in der Europäischen Union, Strukturen **28**, 48 ff.
Gewaltenteilungsprinzip **9**, 276
Gewerbebetrieb **13**, 17
Gewöhnlicher Arbeitsort **31**, 84 ff.
Gewohnheitsrecht **9**, 20 f.
Gleichbehandlung **21**, 73 ff., **32**, 183 f.
- allgemeiner Gleichheitssatz **13**, 60 ff.
- Entgelt bei Männer und Frauen **12**, 86 ff., **19**, 15
- Familienangehörige von Wanderarbeitnehmern **15**, 223, 226
- von Mann und Frau **12**, 22, 85 ff., **13**, 103, **16**
Gleichbehandlung in Beschäftigung und Beruf, RL 2000/78/EG **13**, 126 f.
Gleichbehandlungsgrundsatz **16**, 189
Gleichbehandlungsrichtlinie 76/207/EWG **16**, 8, 194 ff.
- Änderungsrichtlinie **16**, 195 ff.
Gleichberechtigungsgrundsatz **16**, 252
Gleiche Arbeit (= gleiche Tätigkeit) **16**, 84 ff., 181 ff., 191
Gleichwertige Tätigkeit **16**, 64 ff., 184, 191
Graf, Rechtssache **15**, 242
Grana-Novoa, Rechtssache **21**, 96
Grenzarbeitnehmer **15**, 40
Grenzgänger, Sachleistungserbringung **23**, 51 ff., 284
Grenzwert **18**, 699
Griechenland **28**, 67 f.
Großbritannien **28**, 92 ff., 137 ff.
Grundfreiheiten **9**, 25, 323 ff.
Grundgesetz und Gemeinschaftsrecht **10**, 32
Grundrechte der Gemeinschaft **13**
Grundrechtsschutz **8**, 254, **13**
Grundsatz des gleichen Entgelts **16**, 1 ff.
Günstigkeitsvergleich **31**, 70 ff.

Habermann-Beltermann, Rechtssache **18**, 211 ff.
Haftung der Mitgliedstaaten **8**, 265
Haftungsobergrenze, bei Diskriminierung **16**, 221
Handelsabkommen **11**, 111
Handelshemmnisse, technische **9**, 345 f.
Handelsfreiheit **13**, 33
Handels-og Kontorfuktionsaererens Forbund i Danmark, Rechtssache **16**, 50
Harmonisierung des Arbeits- und Sozialrechts **11**, 51
Harmonisierung im Arbeitsrecht **12**, 21
Harmonisierungsrichtlinien **10**, 63 ff.
Hauer, Rechtssache **13**, 9 ff.
Hebezeuge **18**, 655 f.
Helmig, Rechtssache **16**, 69 ff.
Herrschendes Unternehmen **19**, 44
Hertz, Rechtssache **16**, 227

Hochseeschiffe, IPR **31**, 96
Höchstquotenverbot **15**, 88
Hoechst, Rechtssache **13**, 57 f.
Hoever und Zachow, Rechtssache **23**, 361 f.

IAO (s. Internationale Arbeitsorganisation)
ILO (s. International Labour Organisation)
Implied-powers-Theorie **9**, 201, 299
Informationspflicht, -recht **19**, 123 ff.
- Anhörung und Beratung **19**, 126 ff.
- Gesundheitsschutz **19**, 126
- Massenentlassung **19**, 128
Initiativbewerbung des Arbeitnehmer **15**, 85
Inländerdiskriminierung **15**, 159 ff., 174
Inländergleichbehandlung **9**, 324, **32**, 153 f.
Insolvenzgeld **32**, 129
International Labour Organisation (IAO, ILO) **5**, 8, **6**, 3 ff., **18**, 58 ff., **34**, 58 ff.
- Entstehungsgeschichte **34**, 58 f.
- Normsetzung **34**, 71 ff.
- Struktur und Organe **34**, 64 ff.
- Übernahme von Vorschriften in deutsches Arbeitsrecht **34**, 99 ff.
Internationale Norm **32**, 16 ff.
Internationaler Pakt für wirtschaftliche, soziale und kulturelle Rechte **18**, 27 ff.
Internationaler Pakt über bürgerliche und politische Rechte **18**, 10 ff.
Internationales Arbeitsrecht **5**, 1 ff., **31**
- Arbeit als Regelungsgegenstand **32**, 139 ff.
- Überblick **5**, 1
Internationales Privatrecht **5**, 1 ff., **31**, 1 ff., **32**, 130 ff.
- Arbeitsbedingungen **15**, 466 ff.
- Entsendung von Arbeitnehmern **15**, 491
- Schadensausgleich als Regelungsgegenstand **32**, 142
Internationales Sozialrecht der steuerfinanzierten Sozialleistungen **32**, 55 ff.
Internationales Sozialrecht **30**, **32**
- Arbeit als Regelungsgegenstand **32**, 139 ff.
- Begriff **32**, 1 ff.
- nationale Rechtsquellen **32**, 30 ff.
- Rechtsquellen **32**, 14 ff.
- Schadensausgleich als Regelungsgegenstand **32**, 142
Internationales Sozialversicherungsrecht **6**, 39 ff., **32**, 91 ff.
- Leistungsseite **32**, 118 ff.
Invalidenversicherung, Schweiz **28**, 159
Invalidität **23**, 98 ff.
- Begriff **23**, 125 ff.
- Feststellung der **23**, 125 ff.
- Leistungen **23**, 145 ff.
- Systeme Typ A **23**, 108 ff.
- Systeme Typ B **23**, 113 ff.
- Verschlimmerung **23**, 158 ff.
- Wiederaufnahme von Leistungen der **23**, 158 ff.

Magere Zahlen = Randnummern

Sachregister

Irland **28**, 74 f.
Italien **28**, 76 f, 171 ff.
IPRNG **5**, 3

Jauch, Rechtssache **21**, 72, **23**, 14
Jenkins, Rechtssache **16**, 29 ff.
Jugendarbeitsschutz **18**, 369 ff.
Jugendarbeitsschutzrichtlinie **18**, 369 ff.
– Umsetzung in das deutsche Recht **18**, 403 ff.
Juristischer Vorbereitungsdienst **16**, 270

Kalanke, Rechtssache **16**, 201
Kanada **28**, 133 ff.
Kanzler des EuGH **8**, 160
– Kammer **8**, 162
– Spruchkörper **8**, 161
Kapital- und Zahlungsverkehrs, Freiheit des **9**, 361 ff.
Kartell **29**, 27 ff.
Kartellrecht
– deutsches **29**, 11 ff.
– europäisches **29**, 11 ff.
– Festbeträge bei Arzneimitteln **29**, 74 ff.
– GKV-Gesundheitsreform 2000 **29**, 93 ff.
– Rechtswegfrage **29**, 100 ff.
– Verhaltenskontrolle **29**, 34 ff.
– und Arbeitsrecht **29**, 109 ff.
– und gesetzliche Krankenversicherung **29**, 2 ff.
– und gesetzliche Unfallversicherung **29**, 10
– und Sozialrecht **29**, 1 ff.
– und Tarifverträge **29**, 112 ff.
– und Zusatzversorgungseinrichtungen **29**, 119 ff.
Kartellverbot **29**, 27 ff., 56 ff.
Karzinogenrichtlinie **18**, 755 ff.
– Änderungsrichtlinien **18**, 771 ff.
Kenntnis
– der EuGH-Rechtsprechung **2**, 8 ff.
– der gemeinschaftsrechtlichen Rechtsvorschriften **2**, 1 ff.
– der Organe **2**, 10
– des EG-Rechts **2**
Kinderarbeit **18**, 372 ff.
Kinder- und Jugendhilfe **32**, 74 f.
Kindergeld **23**, 353 ff., **32**, 76
– Beschäftigungslandprinzip **23**, 372 ff.
– Wohnlandprinzip **23**, 372 ff.
– Zahlung ins EG–Ausland **23**, 372 ff.
Kirsammer–Hack, Rechtssache **16**, 234 f.
Kits van Heijningen, Rechtssache **21**, 132
Klageerhebung vor EuGH **8**, 191 ff.
Koalitionsfreiheit **13**, 44 ff., **19**, 3, 6
Kohäsionsfonds **8**, 420
Kohll, Rechtssache **23**, 34 ff., **30**, 35
Kollektive Wahrnehmung von Arbeitnehmer- und Arbeitgeberinteressen **12**, 71 f
Kollektives Arbeitsrecht **3**, 18, **19**
Kollektivvereinbarungen **19**, 4, 6, 7
Kollisionsnormen **21**, 79 ff., **32**, 4 ff., 37 ff., 38 ff.

– allseitige **21**, 103
– Anknüpfungspunkte **32**, 43 ff.
– einseitige **32**, 39
– mehrseitige **32**, 39
Kollisionsrecht **5**, 2
kollisionsrechtliche Verweisung **31**, 54 ff.
Kollision von Gesetzeszwecken **9**, 253 ff.
Kommission, Europäische **8**, 116 ff.
Kompetenz
– ausschließliche **9**, 302
– konkurrierende **9**, 303
Kompetenznorm
– ergänzende **12**, 107 ff.
– des EGV **9**, 294 ff.
– der Gemeinschaft **9**, 202
– ungeschriebene **9**, 299
Kompetenzverteilung, vertikale **9**, 305
Kompromiss von Ioannina **8**, 53
Kompromiss von Luxemburg **8**, 58
Konsens der Mitgliedstaaten **9**, 284
Konstituierende Sitzung **19**, 60
Kontrollstelle beim Datenschutz **18**, 1022
Konvergenz
– der nationalen Systeme **11**, 6
– der Politiken **28**, 28 f.
– der Ziele **28**, 24 ff.
– und Koordinierung **28**, 44 ff.
– Gesundheitsreform siehe auch Gesundheitsreform **28**, 47 ff.
– Gesundheitsreform **28**, 47 ff.
– Übertragung auf das Arbeitsrecht **28**, 38 ff.
– Empfehlung **28**, 6 ff.
– Strategie **28**, 30 ff.
Koordinatoren **18**, 473 ff.
Koordinierung **12**, 18 f
– offene **28**, 180 ff.
– Reform **30**, 16 ff.
Koordinierungssystem der Verordnung 1408/71 **21**
Kopenhagener Beschlüsse **11**, 114
Kowalska, Rechtssache **16**, 56
Kracht, Rechtssache **23**, 382
Krankenversicherungsrecht, europäisches koordinierendes **23**, 8 ff.
Kritik an der Rechtsprechung des EuGH **8**, 260 ff.
Kündigung und Betriebsübergang **18**, 102 ff., 144 ff.
Kündigungsschutz im Kleinbetrieb **16**, 234
Kuusijärvi, Rechtssache **21**, 132

Lärmrichtlinie **18**, 729 ff.
Lair, Rechtssache **23**, 397
Lastenschutzrichtlinie **18**, 900 ff.
Lateinamerika **28**, 114 ff.
Lebens- und Arbeitsbedingungen, Verbesserung **11**, 17
Lehtonen, Rechtssache **15**, 240 ff.
Leiharbeitnehmer **3**, 8, **18**, 280, 941

1303

Sachregister

Fette Zahlen = §§

Leistungen
- bei Krankheit **23**, 11 ff.
- der Pflegeversicherung **23**, 13 f.
- Export **21**, 192 f., **32**, 158, 187

Leitende Angestellte **19**, 55
Lektoren-Rechtssache **15**, 155
Lenkzeiten **18**, 356
Lewen, Rechtssache **16**, 90 ff.
lex posterior **8**, 55
Lohmann, Rechtssache **24**, 1
Lohnausfallprinzip **8**, 295
Lohnfortzahlung **8**, 297 ff., **16**, 49, 105
Lohngleichheitsrichtlinie **16**, 182, 184 ff.
- Umsetzung in nationales Recht **16**, 188

Lücke als Voraussetzung von Rechtsfortbildung **9**, 278
Lückenausfüllung **9**, 280 ff.
Luxemburg **28**, 78 f
Luxemburger Kompromiss **8**, 58

Maastricht, Vertrag von **11**, 65 ff., **15**, 29, **16**, 18
Maastricht-Entscheidung, Bundesverfassungsgericht **10**, 7 ff., **18** ff., **19**, 153
Maastrichter Protokoll **19**, 25
Mahnschreiben **8**, 189
Manpower, Rechtssache **21**, 142
Marshall, Rechtssache **16**, 202 ff., 225 ff., 230 ff.
Maschinenrichtlinie **18**, 614 ff.
Maschinenverordnung **18**, 643
Massenentlassungen **3**, 7, **18**, 179, 190 ff.
Massenentlassungsrichtlinie **18**, 190 ff., **19**, 114
- Umsetzung in das deutsche Recht **18**, 205 ff.

Maßregelungsverbot **16**, 251
Medizinische Versorgung **18**, 540 ff.
Mehrheitsprinzip, qualifiziertes **11**, 37
Meinungsfreiheit **13**, 49 ff.
Menschenrechtspakte der UNO **5**, 8, **34**, 3 ff.
Mercks und Neuhuys, Rechtssache **18**, 66 ff.
Mindestregelungen **12**, 13 ff.
Mindestruhezeit **18**, 229 f., 334, 337 ff.
Mindesturlaub **18**, 304, 319, 340
Mineralgewinnungsrichtlinie **18**, 509 ff.
Missbrauch einer marktbeherrschenden Stellung **29**, 60 ff.
Missbrauchsverdacht **8**, 333 ff.
Missbrauch wirtschaftlicher Macht **29**, 36, 39, 49 f., 60 ff.
Mitbestimmung im Verwaltungs- und Aufsichtsrat **19**, 166
Mittelbare Diskriminierung im Entgeltbereich **16**, 25 ff., 96 ff.
- BAG-Rechtsprechung **16**, 96 ff.
- EuGH-Rechtsprechung **16**, 25 ff.
- Rechtfertigung **16**, 164 ff.
- Schrifttum **16**, 148 ff.
- Voraussetzungen **16**, 152 ff.

Mittelbare Diskriminierung **16**, 23 ff.
Mittelbare Diskriminierung, Prüfungsschritte **16**, 43 ff.

Mobile Arbeitnehmer **18**, 328
Molenaar, Rechtssache **23**, 13, **30**, 35
Monistisches System **19**, 145
Montanunionvertrag **12**, 151 ff.
Multilaterale Normen **32**, 27 ff.
Mutterschaftsurlaub **16**, 198, **18**, 365, 921
Mutterschutz **18**, 364 ff.
Mutterschutzrichtlinie **18**, 364 ff., 909 ff.
Mutterschutzzeiten **16**, 95

Nachtarbeit **18**, 342 ff., 392 ff.
- von Frauen **16**, 228
Nachtschicht **18**, 305 ff.
Nachweisrichtlinie **18**, 1 ff.
- Mindestinhalt des Nachweises **18**, 14 ff.
- Rechtsfolgen bei Verletzung einer Nachweispflicht **18**, 30 ff.
- Umsetzung in das deutsche Recht **18**, 9 ff.

Nebenorgane **8**, 20 ff., 269 ff.
ne bis in idem **13**, 95
Neuseeland **28**, 152 ff.
Nichtigkeitsklage **8**, 196 ff.
- von Gemeinschaftsorganen und Mitgliedstaaten **8**, 197 ff.
- von Individuen **8**, 209 ff.

Niederlande **28**, 80 ff., 156 ff.
Niederlassung, Anknüpfung an das Recht der **31**, 93 ff., 101
Niederlassungsfreiheit **9**, 351 ff., **15**, 1, 233, 458 ff.
- Annexfreizügigkeit zur Dienstleistungsfreiheit **15**, 459
- Schlüsselpersonal **15**, 462

Nimz, Rechtssache **16**, 58 ff.
Nizza, Vertrag von **8**, 62, 76, 351 f., **12**, 79 ff.
Normwidersprüche **9**, 231
Normzwecke, allgemeine **9**, 250
Norwegen, Beitritt **11**, 95

Öffentlichen Verwaltung
- Begriffsbestimmung **15**, 134 ff., 137 ff.
- Zugang zur **15**, 134 ff.

Öffnungsklausel für Tarifverträge **19**, 109 ff.
Offene Koordinierung **28**, 180 ff.
Offshore-Anlagen **18**, 329
Ordre public **31**, 153 ff.
Ordre-Public-Vorbehalt **15**, 112 ff., 386
- Assoziationsabkommen **15**, 294, 505, 507
- Diskriminierungsverbot **15**, 124
- öffentliche Gesundheit **15**, 129
- öffentliche Sicherheit und Ordnung **15**, 119
- persönlicher Anwendungsbereich **15**, 114
- sachlicher Anwendungsbereich **15**, 116
- strafrechtliche Verurteilung **15**, 125
- Verfahrensrechte **15**, 130
- Verhältnismäßigkeit **15**, 112, 119
- Willkürliche Ungleichbehandlung **15**, 123

Österreich **11**, 91, 96, **28**, 84 f.
Organe der EU **8**

Magere Zahlen = Randnummern

Sachregister

Ortskräfte **32**, 107
Osterweiterung **11**, 72 ff.
– und europäisches Sozialrecht **30**
Oyliikenen, Rechtssache **18**, 75

Paletta I, Rechtssache **8**, 297 ff., **26**, 14
Paletta II, Rechtssache **8**, 297 ff., **26**, 14
Panasol, Rechtssache **13**, 55 ff.
Pariser Gipfelkonferenz **11**, 11
Partnerschaftsabkommen **11**, 112
Pausen **18**, 357, 399
Pensionsfonds-Richtlinie, Vorschlag einer **26**, 98 ff.
Persönliche Schutzausrüstungen (s. auch PSA) **18**, 871
Personal Pensions **28**, 140
Personenverkehrsfreiheiten **9**, 351 ff., **15**, 1, 299
Petroni, Rechtssache **21**, 93, 181
Petroni-Prinzip **21**, 93, 114, 181, **23**, 229
Pflichtversicherung **21**, 161 ff.
Pinna I, Rechtssache **23**, 372 ff.
Pinna II, Rechtssache **23**, 372
Piscitello, Rechtssache **22**, 41
Polen **11**, 108
Politiken, gemeinsame **9**, 289, 430 ff.
Portugal **28**, 86 f.
Poucet/Pistre, Rechtssache **29**, 53 ff.
Praktikabilität einer Vorschrift **8**, 341 ff.
Praktische Konkordanz **9**, 258
Primärrecht **9**, 16, 19 ff., 234 f.
Primärrechtskonforme Auslegung **9**, 207 ff.
Prinzip der begrenzten Einzelermächtigung **9**, 451 ff.
Produktbezogene Richtlinien **18**, 614 ff.
Pro-rata-temporis-Prinzip **4**, 17, **23**, 188, 213, 307 ff.
Protokoll über die Sozialpolitik **11**, 67 ff.
PSA-Benutzerrichtlinie **18**, 582 ff.
PSA-Richtlinie **19**, 117

Qualifiziertes Mehrheitsprinzip **11**, 37, **12**, 39
Quotenregelungen **16**, 200 ff.

Rahmenrichtlinie
– zum Arbeitsschutz **11**, 41, **18**, 440 ff.
– Arbeitsstoffe **18**, 675 ff.
Rangverhältnis von Vorschriften des Gemeinschaftsrechts **8**, 50 ff.
Rat **8**, 31 ff.
– Arbeitsweise und Organisation **8**, 45 ff.
– Zusammensetzung **8**, 32 ff.
– Zuständigkeiten **8**, 37 ff.
Rau, Rechtssache **13**, 37 f.
Rebmann, Rechtssache **21**, 132
Rechtliches Gehör **13**, 84 f.
Rechtsakte der im Rat vereinigten Vertreter der Mitgliedstaaten **9**, 152 ff.
Rechtsakte sui generis **9**, 139 ff.

Rechtsfolgen der Diskriminierung **13**, 82, **16**, 113, 193, 246 ff.
Rechtsfortbildung im Gemeinschaftsrecht **8**, 268 ff., **9**, 175 ff., 266 ff.
– Befugnis des EuGH **9**, 270 ff.
– Rechtsprechung des EuGH **9**, 267 ff.
– Voraussetzungen **9**, 275 ff.
Rechtsmissbrauch **8**, 333 ff.
Rechtsnatur der EG **9**, 1
Rechtsquellen des Gemeinschaftsrechts **9**, 19
Redmond Stichting, Rechtssache **8**, 47 f.
Reeder **18**, 531 f.
Regionen, Ausschuss der **8**, 393 ff.
Rehabilitation und Teilhabe behinderter Menschen **32**, 89 f.
Rehabilitationsleistungen **23**, 12, 152
Relativität der Rechtsbegriffe **9**, 229
Rheinschiffer, soziale Sicherheit der **32**, 29
Richtgrenzwerte **18**, 684
Richtlinie 98/49/EG **26**, 46 ff.
Richtlinie über Einrichtungen der betrieblichen Altersversorgung **26**, 98 ff.
Richtlinie über physikalische Einwirkungen **18**, 862 ff.
Richtlinie zur Wahrung ergänzender Rentenansprüche **26**, 46 ff.
Richtlinien **9**, 84 ff., **12**, 13 ff.
– allgemeines **9**, 84 ff.
– Auslegung **9**, 183
– Durchführung durch die Sozialpartner **12**, 134
– Merkmale **9**, 91 ff.
– Umsetzung **9**, 95 ff. **10**, 33 ff., 55 ff.
– unmittelbare Anwendbarkeit **10**, 73 ff.
– unmittelbare Wirkung **9**, 105 ff.
– Wahlfreiheit hinsichtlich Form und Mittel **9**, 98 ff.
– zum Sozialrecht **4**, 23 ff.
Rinner-Kühn, Rechtssache **16**, 49
Rönfeldt, Rechtssache **21**, 91 ff.
Royal Copenhagen, Rechtssache **16**, 71 f.
Ruckdeschel, Rechtssache **13**, 63
Ruhepausen **18**, 336, 396 ff.
Rummler, Rechtssache **16**, 48
Rush Portuguesa, Rechtssache **15**, 428, 433, 441, 450, 454
Rygaard, Rechtssache **18**, 61 ff.

Sachleistungsaushilfe **23**, 316
Sachleistungserbringung, Erstattung zwischen den Trägern **23**, 91 ff.
Sachleistungserbringung, Grenzgänger **23**, 51 ff., 284
Sachleistungsexport
– und Grundfreiheiten **23**, 33 ff.
– vorübergehender Auslandsaufenthalt **23**, 28 ff.
Sachleistungsgewährung, anzuwendende Rechtsvorschriften **23**, 17 ff.
Schadensersatzanspruch, Obergrenze **16**, 230
Schaffung von Arbeitsplätzen **12**, 75 f.

Sachregister

Fette Zahlen = §§

Scheinselbständigkeit **15**, 489
Schengener Abkommen **15**, 34
Schichtarbeit **18**, 305
Schiedsstelle **18**, 151
Schlussanträge **8**, 158
Schmidt, Rechtssache **21**, 186 f., **23**, 233 ff.
Schnorbus, Rechtssache **16**, 223
Schrader, Rechtssache **13**, 19 ff.
Schwangere, befristetet Einstellung **16**, 238
Schwangerschaft
– Entlassung wegen Fehlzeiten **16**, 227
– Entlassung einer schwangeren Schwangerschaftsvertretung **16**, 236 f.
– Nichtverlängerung eines Arbeitsvertrages **16**, 238
– Verweigerung einer Einstellung **16**, 210
Schweden **28**, 90 f., 163 ff.
– Beitritt **11**, 91
Schweiz **11**, 106, **28**, 159 ff.
Schwerbehinderte **15**, 96
Seeleute **21**, 125 f.
Sekundärrecht **9**, 16, 49 ff., 236 ff.
Selbständige **21**, 122 ff.
– Alterssicherung **24**, 41 ff.
– Arbeitslosigkeit **24**, 71 ff.
– Arbeitsunfall **24**, 70
– freiwillige Sicherungsformen **24**, 23 ff.
– Hinterbliebenensicherung **24**, 49 f.
– Invaliditätssicherung **24**, 47 f.
– Krankheit **24**, 63 ff.
– mitarbeitende Familienangehörige **24**, 36 f
– Sondersysteme **24**, 30 ff., 97
– soziale Sicherung der Frau **24**, 38 f.
– soziale Sicherung Mittel- und Osteuropa **24**, 74
– soziale Sicherung, Grundsicherung **24**, 10 ff.
– soziale Sicherung, Sozialversicherungssysteme **24**, 10 ff.
Selbstbescheinigungsverfahren **18**, 636
Sexuelle Belästigung **18**, 1048 ff.
Shills, Rechtssache **18**, 363
Sicherheitsbauteile **18**, 631
Sicherheitskennzeichnungsrichtlinie **18**, 484 ff.
Sicherheit und Gesundheit der Arbeitnehmer **12**, 45 ff.
Simap, Rechtssache **18**, 295, 297
Singapur **28**, 155
Singer et fils, Rechtssache **21**, 14
Sinn und Zweck von Vorschriften **9**, 241 ff.
Sitzlandprinzip **21**, 150
Social Security Administration (USA) **28**, 129
Solange I-Entscheidung, Bundesverfassungsgericht **9**, 28 f, **10**, 16 f.
Solange II-Entscheidung, Bundesverfassungsgericht **9**, 32, **10**, 17
Solzano, Rechtssache **23**, 382
Sondersysteme bei Alter und Tod **23**, 186, **24**, 97
Sonstige Rechtsakte **9**, 139 ff.

Sozialauswahl bei der betriebsbedingten Kündigung **16**, 268 f.
Sozial- und Wirtschaftsraum Europa **30**, 18 ff.
Sozialdumping **11**, 45, **15**, 464, 519, **30**, 19
Soziale Ausgrenzung, Bekämpfung der **12**, 64 ff.
Soziale Dimension des Binnenmarktes **11**, 42 ff.
Soziale Grundrechte der Arbeitnehmer **13**, 96 ff.
Soziale Grundrechte, Gemeinschaftscharta der **11**, 56 ff.
Soziale Sicherheit der Arbeitnehmer **12**, 69 f.
Soziale Sicherheit in Europa, Bericht **28**, 22 ff.
Soziale Vergünstigung **15**, 176, 22,11 ff., 31 ff.
Sozialer Arbeitsschutz **3**, 10
Sozialer Dialog **11**, 21 ff., 63 ff., **12**, 113 ff., 135 ff., **13**, 123, 17
Sozialer Schutz der Arbeitnehmer **12**, 69 f
Soziales Entschädigungsrecht **32**, 79 ff.
Sozialfonds, Europäischer **8**, 425 ff.
Sozialhilfe **23**, 413 ff., **32**, 85 ff.
– als soziale Vergünstigung nach Art. 7 Abs. 2 VO 1612/68 **23**, 423 ff.
– und Aufenthaltsrecht **23**, 442
Sozialpartner **19**, 106
– Durchführung von Richtlinien durch **12**, 134
– Rolle bei der Rechtssetzung **12**, 116 ff.
– Vereinbarungen der **12**, 120 ff.
Sozialplan **19**, 129
Sozialplanabfindung **16**, 114 ff.
Sozialpolitische Agenda **18**, 1084
Sozialpolitik, Protokoll über die **11**, 67 ff.
Sozialrecht
– europäisches koordinierendes **4**, 4 ff.
– freizügigkeitsspezifisches **21**, 2
– Internationales **32**
– koordinierendes europäisches **12**, 19
– koordinierendes europäisches, Reform **30**, 16 ff.
– Strukturfonds der EG **8**, 414
– Strukturprinzipien des EGV **9**, 285
– Überblick **4**
– zwischenstaatliches **32**, 143 ff.
Sozialversicherungsrecht, internationales **6**, 39 ff., **32**, 91 ff.
Sozialversicherungsrecht, zwischenstaatliches **6**, 7 ff.
Sozialvorschriften **20**, 1 ff.
Sozialvorschriften des EGV **19**, 3
Sozialvorschriften im Verkehr **11**, 3
Spanien **28**, 69 f.
Spijkers, Rechtssache **18**, 43 ff.
Sportverband **15**, 218
Staatenverbund **9**, 3
Staatshaftung **8**, 261 ff.
Ständiger Ausschuss für Beschäftigungsfragen **11**, 23
ständiger Ausschuss für die Betriebssicherheit im Steinkohlebergbau **18**, 947
State Earnings Related Pension **28**, 137
Stellenausschreibung **16**, 250, 258

Magere Zahlen = Randnummern

Sachregister

Stoeckel, Rechtssache **16**, 228 f.
Straßenverkehr **18**, 296, 354 f.
Streikfreiheit **13**, 101
Streikrecht (siehe Arbeitskampfrecht)
Stücklohnsysteme **16**, 71 ff.
Strukturfonds **8**, 414 ff.
– Gemeinschaftsinitiativen **8**, 432 ff.
Subsidiaritätsprinzip **9**, 437 ff.
– in den Verträgen der Gemeinschaft **9**, 444 ff.
Superannuation Fund **28**, 148
Superannuation Guarantee **28**, 148
Supranationale Normen **32**, 21 ff.
Supranationalität **9**, 1

Tätigkeitsort **21**, 122
Tarifautonomie **16**, 121
– europarechtliche **19**, 1
Tarifvertrag **3**, 18
– und Betriebsübergang **18**, 129 ff.
Technischer Arbeitsschutz **3**, 13, **12**, 50, **18**, 430 ff.
– Arbeitsschutzrichtlinien nach Art. 138 EG **18**, 431 ff.
– Binnenmarktrichtlinien nach Art. 95 EG **18**, 436 ff.
– System **18**, 430
Teilzeit- und Befristungsgesetz **18**, 276 ff.
Teilzeitarbeit (s. Teilzeitbeschäftigte)
Teilzeitarbeitnehmer (s. Teilzeitbeschäftigte)
Teilzeitarbeitsrichtlinie **18**, 213 ff., 218 ff.
– Umsetzung in das deutsche Recht **18**, 235 ff.
Teilzeitbeschäftigte **3**, 8, **14**, 11, **16**, 56, 69 f., 114 ff.
– Gleichbehandlung beim Entgelt **16**, 56, 69 f., 114 ff.
Teilzeitrichtlinie **19**, 11, 13, 108, 118 ff.
Telearbeit **14**, 21 ff.
Tendenzunternehmen **19**, 95, 128, 130
Terminologie **1**, 4
Territorialitätsprinzip **32**, 51 f.
Theoretischer Betrag **23**, 188, 212
Transportmittelrichtlinie, Vorschlag **18**, 549 ff.

Überblick über das Arbeits- und Sozialrecht der EG **1**
Überblick über das Arbeitsrecht, Individualarbeitsrecht **3**, 1 ff.
Überblick über die arbeitsrechtlichen Vorschriften **3**, 1 ff.
Übereinkommen der ILO **21**, 98
Übereinkommen über die Rechte des Kindes **18**, 53 ff.
Übereinkommen zur Beseitigung jeder Form von Diskriminierung der Frau **18**, 7 ff.
Überstundenvergütung für Teilzeitarbeitnehmer **16**, 69
Übertarifliche Entlohnung **16**, 108 ff.
Umgekehrte Diskriminierung **16**, 199
Umkehr der Beweislast **18**, 34 f.

Unechte Unfallversicherung **23**, 252 ff., 271, **32**, 117
Ungarn **11**, 108
Unger, Rechtssache **21**, 24
UNICE **19**, 8, 17
Unmittelbare Anwendbarkeit des EG-Rechts **10**, 70 ff.
– des Primärrechts **10**, 71
– des Sekundärrechts **10**, 72 ff.
– von Richtlinien **9**, 73 ff.
– von Verordnungen **9**, 72
Unmittelbare Betroffenheit **8**, 210
– unmittelbare Geltung des Gemeinschaftsrechts **9**, 4 f.
Unmittelbare Wirkung des Gemeinschaftsrechts **8**, 255
UNO **5**, 7
Untätigkeitsklage **8**, 213 ff.
– von Gemeinschaftsorganen und Mitgliedstaaten **8**, 214 ff.
– von Individuen **8**, 222
Unternehmen
– absolute **29**, 20
– marktbeherrschende **29**, 34 ff.
– marktmächtige **29**, 34 ff.
– öffentliche **29**, 23 ff., 63 ff.
– relative **29**, 20
Unternehmensbegriff **29**, 18 ff., 51 ff.
– funktionaler **29**, 22
– europarechtlicher **19**, 33
– und öffentliche Hand **29**, 23 ff.
Unterrichtung des Arbeitnehmers **3**, 4, **12**, 52 ff.
– Unverletzlichkeit der Wohnung **13**, 54 ff.
Unverfallbarkeitsfristen als Freizügigkeitshindernis **26**, 27 f., **48** ff.
Unzuständigkeit als Nichtigkeitsgrund **8**, 201

Val Duchesse **11**, 63
van Gent & Loos, Rechtssache **9**, 269, **16**, 21
Vander Elst, Rechtssache **15**, 432, 433, 454, 461
Van Poucke, Rechtssache **24**, 92
Van Roosmalen, Rechtssache **21**, 30
Verarbeitung **18**, 977
Verbesserung der Arbeitsumwelt **12**, 45 ff.
Verbindlichkeit von
– Entscheidungen **9**, 116 ff.
– Richtlinien **9**, 92 ff.
– Verordnungen **9**, 74 ff.
Verbleiberecht **15**, 59 ff.
Verbot der Leistungskumulation **23**, 75 f, 381 f
Vereinbarungen der Sozialpartner **12**, 120 ff.
– Durchführung auf nationaler Ebene **12**, 128 f
– Durchführung durch Ratsbeschluss **12**, 130 ff.
Vereinigte Staaten von Amerika **28**, 125 ff.
Vereinte Nationen **34**
Verfahren vor dem EuGH **8**, 164 ff.
Verfahrensarten vor dem EuGH **8**, 183 ff.
Verfahrensgrundrechte **13**, 83 ff.
Vergleichsgruppenbildung **16**, 83

1307

Sachregister

Fette Zahlen = §§

Vergünstigung, soziale **22**, 11 ff., 31 ff.
Verhältnismäßigkeit des Eingriffs in das Eigentum **13**, 13
Verhältnismäßigkeitsprinzip **9**, 461 ff.
Verhandlungsgremium, besonderes **19**, 57 ff., 76 ff.
– Geltungsdauer der Vereinbarungen **19**, 81
– Rechtsgrundlage **19**, 76
– Unterrichtung der Arbeitnehmer **19**, 82
– Vereinbarungen **19**, 76 ff.
Verkehrsbetriebe **21**, 150
Verletzung des Vertrages **8**, 204, **13**, 13
Verordnung Nr. 1408/71 **4**, 4 ff., **21**, 2 ff.
– Abkommen über soziale Sicherheit **21**, 80 ff.
– Abkommen zwischen den Mitgliedstaaten **21**, 101 ff.
– Abweichende Vereinbarungen **21**, 165 ff.
– Alter und Tod **23**, 162 ff.
– Antikumulierungsregelungen **23**, 223 ff.
– berufsständische Versorgung **23**, 194 ff.
– betriebliche Altersversorgung **23**, 197 ff.
– Bewertung ausländischer Zeiten **23**, 214 ff.
– pro-rata-temporis-Prinzip **23**, 188, 213
– Sondersysteme **23**, 186
– theoretischer Betrag **23**, 188, 212
– Antikumulierungsgrundsatz **21**, 175 ff., **23**, 75 f., 223 ff., 381 f.
– Antikumulierungsvorschriften, nationale **21**, 179 ff.
– Arbeitnehmerbegriff **21**, 22 ff.
– Arbeitslosigkeit **23**, 320 ff.
– Arbeitsuche in anderem Staat **23**, 339 ff.
– Berechnung der Leistungen **23**, 337 f.
– Arbeitsunfälle und Berufskrankheiten **23**, 238 ff.
– Anwendungsbereich **23**, 240 ff.
– Arbeitslose **23**, 245 ff.
– Geldleistungen **23**, 287 ff.
– Grenzgänger **23**, 269 f., 284
– Hinterbliebene **23**, 296 ff.
– Pflegegeld **23**, 194 f.
– Sachleistungen **23**, 277 ff., 316
– Selbständige **23**, 258 ff.
– unechte Unfallversicherung **23**, 252 ff., 271
– Beamte **21**, 36 ff., 65 ff. 127 f., **25**
– beitragsunabhängige Sonderleistungen **21**, 70 ff.
– Berufskrankheiten **23**, 304 ff.
– Expositionszeiten **23**, 305 f.
– gegenseitige Anerkennung **23**, 313 ff.
– sklerogene Pneumokoniose **23**, 307 ff.
– betriebliche Altersversorgung **26**, 21
– Drittstaatsangehörige **21**, 49 f.
– Erstattung zwischen den Trägern **23**, 91 ff., 317 f.
– Export von Leistungen **21**, 192 f.
– Exportierbarkeit von Leistungen **21**, 192 f.
– Familienangehörige **21**, 19 ff., 40 f.
– Familienleistungen **23**, 352 ff.
– Antikumulierungsregelungen **23**, 381 f.
– Erziehungsgeld **23**, 359 ff.
– Kindergeld **23**, 353 ff.
– Geldleistungen bei Krankheit **23**, 65 f, 89 f.
– Gleichbehandlung **21**, 73 ff.
– Hinterbliebene **21**, 40 f.
– Invalidität **23**, 98 ff.
– Kollisionsnormen **21**, 79 ff.
– Krankheit und Mutterschaft **23**, 2 ff.
– Kriegsopferleistungen **21**, 62
– Leistungen bei Alter **23**, 171 f
– Leistungen bei Krankheit **23**, 11 ff.
– Leistungen bei Tod **23**, 173
– Leistungen der Pflegeversicherung **23**, 13 f.
– Leistungen für Kinder von Rentnern **23**, 383 ff.
– multilaterale Abkommen **21**, 99
– persönlicher Geltungsbereich **21**, 12 ff.
– privatrechtliche Sicherungssysteme **26**
– Rechtsvorschriften **21**, 57 ff.
– Rechtsvorschriften, anzuwendende **21**, 103 ff.
– Sachleistungsgewährung, Krankheit **23**, 17 ff.
– Selbständige **21**, 17 f, 29 ff., **24**, 79 ff.
– Sozialhilfe **21**, 62 ff.
– Staatenlose und Flüchtlinge **21**, 39
– Studierende **21**, 49
– Systeme auf tarifvertraglicher Basis **26**, 13 ff.
– Übereinkommen der ILO **21**, 98
– Verbot der Doppelversicherung **21**, 113 ff.
– Verbot der Leistungskumulation **21**, 175 ff., **23**, 75 f, 381 f.
– Verbot des Zusammentreffens von Leistungen **21**, 175 ff.
– Versorgungssysteme freier Berufe **21**, 33
– Waisenrenten **23**, 383 ff.
– Zusammenrechnung von Versicherungszeiten **21**, 190 f., **23**, 205 ff., 331 ff.
– Zusatzversorgungssysteme **26**, 7 ff.
Verordnung Nr. 1612/68 **4**, 21 ff., **22**
– Arbeitnehmerbegriff **22**, 65 ff.
– Art. 7 Abs. 2 **22**
– Art. 7 Abs. 2, sachlicher Anwendungsbereich **22**, 29 ff.
– Familienangehörige **22**, 79 ff.
– persönlicher Anwendungsbereich **22**, 60 ff.
– Studienreferendare **22**, 74
Verordnung Nr. 574/72 **21**, 6 ff.
Verordnung Nr. 2062/94 des Rates vom 28. 7. 1994 **18**, 961
Verordnungen der EG **8**, 59 ff., **9**, 59, **10**, 72
– Merkmale **9**, 67 ff.
– Zuständigkeit **9**, 64 ff.
Versicherung, freiwillige **21**, 161 ff.
Vertragsabschlusskompetenz **9**, 159 ff.
Vertragsfreiheit **15**, 214 ff.
Vertragsverletzungsverfahren **8**, 184 ff.
Verwirklichung des Gemeinsamen Marktes **12**, 98 ff.
Vibration **18**, 862 ff.

Magere Zahlen = Randnummern

Sachregister

Villano/Barion, Rechtssache **23**, 303
Vinylchloridmonomerrichtlinie **18**, 661 ff.
Völkerrecht des Arbeitsrechts (s. Arbeitsvölkerrecht)
Völkerrecht des Sozialversicherungsrechts **6**, 3 ff.
Völkerrechtliche Auslegungsgrundsätze **9**, 177
Völkerrechtliche Verträge **9**, 156 ff.
Völkerrechtssubjekt, Europäische Union als **9**, 158
Vollzeitarbeit (s. Teilzeitarbeit)
Vollzug von EuGH-Urteilen **8**, 350
Vorabentscheidungsverfahren **8**, 223 ff.
– praktische Bedeutung **8**, 244 ff., 347
– Verfahren vor dem EuGH **8**, 239
– vorlageberechtigte Gerichte **8**, 229
– Voraussetzungen **8**, 225 ff.
– Wirkungen des Urteils **8**, 240 ff.
Vorlageverpflichtung **8**, 231 ff.
Vorrang des Gemeinschaftsrechts **8**, 256 ff., **9**, 6
Vorübergehende selbständige Tätigkeit **21**, 133 ff.
Vougioukas, Rechtssache **24**, 5

Wahlrecht **19**, 144
Waisenrenten **23**, 383 ff.
Walder, Rechtssache **21**, 90 ff.
Wanderarbeitnehmer **15**, 5, 21, 24, 86
– Arbeitsvermittlung **15**, 95
– Privilegierung von EG–Arbeitnehmern **15**, 100
– türkische **15**, 261 ff.
Wanderarbeitnehmerverordnung **20**, 2
Warenverkehr, Freiheit des **9**, 332 ff., **15**, 233
Watsonrask, Rechtssache **18**, 53 ff.
Webb, Rechtssache **16**, 236 ff.
Wehrdienstleistende **21**, 129
Weihnachtsgratifikation im Erziehungsurlaub **16**, 90 ff.
Weißbuch über die Vollendung des Binnenmarktes **11**, 30
Weißbuch zur Integration Mittel- und Osteuropas 1995 **30**, 9
Weltbank **28**, 120
Welthandelsorganisation (WTO) **35**
Werkvertragsabkommen **15**, 520
Werkstätten, geschützte **27**, 60 ff.
Wertende Rechtsvergleichung **8**, 274, **9**, 269, 282, **13**, 68
Wettbewerb der Systeme **30**, 19 ff.
Wettbewerbsverfälschung **29**, 81
Wesentliche Punkte des Arbeitsverhältnisses **18**, 3
Widerspruch
– gegen Betriebsübergang **18**, 123 ff.
– gegen Datenverarbeitung **18**, 996
Wirtschaftliche Einheit **18**, 45
Wirtschafts- und Sozialausschuss **8**, 370 ff., **11**, 22 f.

– Arbeitsweise und Organisation **8**, 378 ff.
– fakultative Anhörung **8**, 374
– Funktionen **8**, 372 ff.
– obligatorische Anhörung **8**, 373
– Zusammensetzung **8**, 371
Wirtschafts- und Währungsunion **9**, 364 ff., **30**, 24 f.
Wirtschaftsdemokratie **11**, 21 ff.
Wohnlandprinzip **21**, 106, 118 f.
Wohnsitz **21**, 44 ff., **32**, 59 ff., 61 f.
Wohnung, Unverletzlichkeit **13**, 54
Wohnungsmarkt, Gleichbehandlungsanspruch **15**, 184
Worringham, Rechtssache **16**, 26 f.
Wortlautauslegung **9**, 214 ff.
Würde am Arbeitsplatz **18**, 1043

Zahlenverhältnis Männer/Frauen **16**, 89, 106
Zahlungsunfähigkeit des Arbeitgebers **3**, 6, **18**, 170 ff.
Zahlungsunfähigkeits-Richtlinie **8**, 263 ff., **18**, 170 ff.
– Umsetzung in das deutsche Recht **18**, 180 ff.
Zentrale Unternehmensleitung **19**, 37, 39, 42, 56, 57
Ziele des EG-Vertrages **9**, 243 ff.
Zinnecker, Rechtssache **24**, 90
Zivildienstleistende **21**, 129
Zollunion **9**, 332 ff.
Zubereitungsrichtlinie **18**, 892 ff.
Zugang zur Beschäftigung, Recht auf **15**, 84 ff., **16**, 209
– Familienangehörige **15**, 105
Zugangsgleichheit
– Höchstquotenverbot **15**, 88
– Qualitätsanforderungen **15**, 91
– Schwerbehinderte **15**, 96
– Sprachkenntnisse **15**, 92
Zugverkehr, IPR **31**, 94
Zusammenrechnung von Versicherungszeiten **4**, 14, **21**, 90 f., **23**, 205 ff., 331 ff., **32**, 159 ff., 188
Zusammenrechnungsprinzip **4**, 14, **21**, 190 f., **23**, 205 ff., 331 ff.
Zusatzversorgungssysteme **26**, 7 ff.
– Altersvermögensgesetz **26**, 80 ff.
– Aufrechterhaltung von Rentenansprüchen **26**, 62 ff.
– Doppelbesteuerungsabkommen **26**, 85 ff.
– entsandte Arbeitnehmer **26**, 69 ff.
– Freizügigkeit **26**, 36 ff.
– Gleichbehandlung **26**, 62 ff.
– grenzüberschreitende Zahlungen **26**, 66 ff.
– Rentenreform 2001 **26**, 80 ff.
– steuerrechtliche Probleme **26**, 83 ff.
– Unterrichtung anspruchsberechtigter Personen **26**, 74 ff.
– Verständigungsvereinbarungen **26**, 85
Zuständigkeit, ausschließliche **9**, 455 ff.

Sachregister

Fette Zahlen = §§

Zweites Gleichberechtigungsgesetz **16**, 252 ff.
Zweitflaggenregister **31**, 97 ff.
Zwingende Bestimmungen i. S. von Art. 30 Abs. 1 EGBGB **31**, 65 ff.
Zwingendes Recht, Einschränkungen des Arbeitsvertragsstatuts **31**, 112 ff.

Zwischenstaatliches Sozialrecht **32**, 143 ff.
– und europäisches Sozialrecht **32**, 169 ff., 189 ff.
– Verhältnis zum nationalen Sozialrecht **32**, 165 ff.
Zwischenstaatliches Sozialversicherungsrecht **6**, 7 ff.